2020

POLÍCIA FEDERAL AGENTE E ESCRIVÃO

CB123469

EDITORA
AlfaCon
Concursos Públicos

Diretor Presidente
Evandro Guedes

Diretor da Editora/Operações e Gestão
Javert Falco

Diretor de Marketing/TI
Jadson Siqueira

Coordenador Editorial
Wilza Castro

Supervisora de Editoração
Mariana Castro

Analista de Conteúdo
Mateus Ruhmke Vazzoller

Assistente Editorial
Tatiane Zmorzenski

Supervisor de Editoração
Alexandre Rossa

Capa
Alexandre Rossa

Projeto Gráfico e Diagramação
Alexandre Rossa
Nara Azevedo

Língua Portuguesa
Adriano Paciello
Giancarla Bombonato
Glaucia Cansian

Redação
Giancarla Bombonato

Noções de Direito Administrativo
Evandro Guedes
Thállius Moraes
Vinicius Rodrigues

Noções de Direito Constitucional
Gustavo Muzy

Noções de Direito Penal e Direito Processual Penal
(atualizada por Rodrigo Gomes e André Adriano)
Evandro Guedes
Eduardo Labruna
Robson Fachini
Wallace França

Leis Especiais
André Adriano
Rafael Medeiros
Thállius Moraes
Lilian Novakoski
Wallace França

Estatística
André Arruda

Raciocínio Lógico-Matemático
André Arruda
Daniel Lustosa

Informática
João Paulo Colet Orso
Luiz Rezende

Contabilidade
Camila Gomes
Germana Chaves

Arquivologia
Oliveira Soares
Thais Vieira

C35aepf

CASTRO, Wilza (Org.) - **Polícia Federal 2 em 1 - Agente e Escrivão - PF.** Cascavel: Editora AlfaCon, 2020.

968 p 20,5 x 27,5

ISBN: 978-85-8339-488-4

Agente de Polícia. Escrivão de Polícia. Polícia Federal. Língua Portuguesa. Redação. Raciocínio Lógico. Noções de. Direito Administrativo. Direito Constitucional. Direito Penal e Processual Penal. Legislação Especial. Estatística. Informática. Contabilidade. Arquivologia. Concurso Público. AlfaCon.

CDU: 342

Dúvidas?
Acesse: www.alfaconcursos.com.br/atendimento
Núcleo Editorial:
Rua: Paraná, nº 3193, Centro - Cascavel/PR
CEP: 85.810-010
Núcleo Comercial/Centro de Distribuição:
Rua: Dias Leme, nº 489, Mooca - São Paulo/SP
CEP: 03118-040
SAC: (45) 3037-8888

Data de fechamento 1ª impressão: 14/04/2020

EDITORA AlfaCon Concursos Públicos
www.alfaconcursos.com.br/apostilas

APRESENTAÇÃO

Fazer parte do serviço público é o objetivo de muitas pessoas. Por esse motivo, os processos seletivos relacionados a essa área de atuação costumam ser muito concorridos.

Nesse sentido, a obra para os cargos de Agente e Escrivão da Polícia Federal, reúne todos os conteúdos cobrados no último edital do concurso. Na elaboração deste material, a Editora AlfaCon teve o cuidado de trazer as indicações mais importantes dos tópicos que fazem parte do conteúdo programático das disciplinas abordadas. Além disso, durante a explanação dos conteúdos, o estudante encontrará dicas essenciais à sua compreensão (no box "Fique Ligado"), e a cada capítulo constam exercícios gabaritados, provenientes de vários concursos anteriores. Toda essa disposição de assuntos foi pensada para auxiliar o concurseiro na melhor compreensão e fixação do conteúdo.

O material também se destaca por agregar ao seu estudo a tecnologia educacional AlfaCon Notes, ferramenta cuja funcionalidade consiste em registrar suas anotações por meio do QR Code. O objetivo é justamente o de deixar tudo organizado e acessível na área do aluno AlfaCon e em seu smartphone. Por isso, você tem em mãos um material que é um grande facilitador para seus estudos, pois a finalidade maior é auxiliar você a compreender os conteúdos de forma didática e eficaz.

Trata-se, então, de uma obra de excelência, resultado da experiência e da competência da Editora e dos Autores, que são especializados em suas respectivas disciplinas. Ressaltamos a importância e a necessidade de haver uma preparação direcionada e organizada, pois somente assim o candidato pode ter o desempenho que almeja nas provas. Tenha a certeza de que esta obra será o diferencial para a conquista de sua aprovação.

Bons estudos e rumo à sua aprovação!

EDITORA
AlfaCon
Concursos Públicos

App Alfacon Notes

Neste livro você encontra o **AlfaCon Notes** que é um App perfeito para registrar suas **anotações de leitura**, mantendo tudo **organizado e acessível** em seu smartphone. Deixe **sua leitura mais prática** e armazene tudo que puder! Viva a experiência Alfacon Notes. É só seguir o passo a passo para instalação do App.

Se liga no **vídeo!**

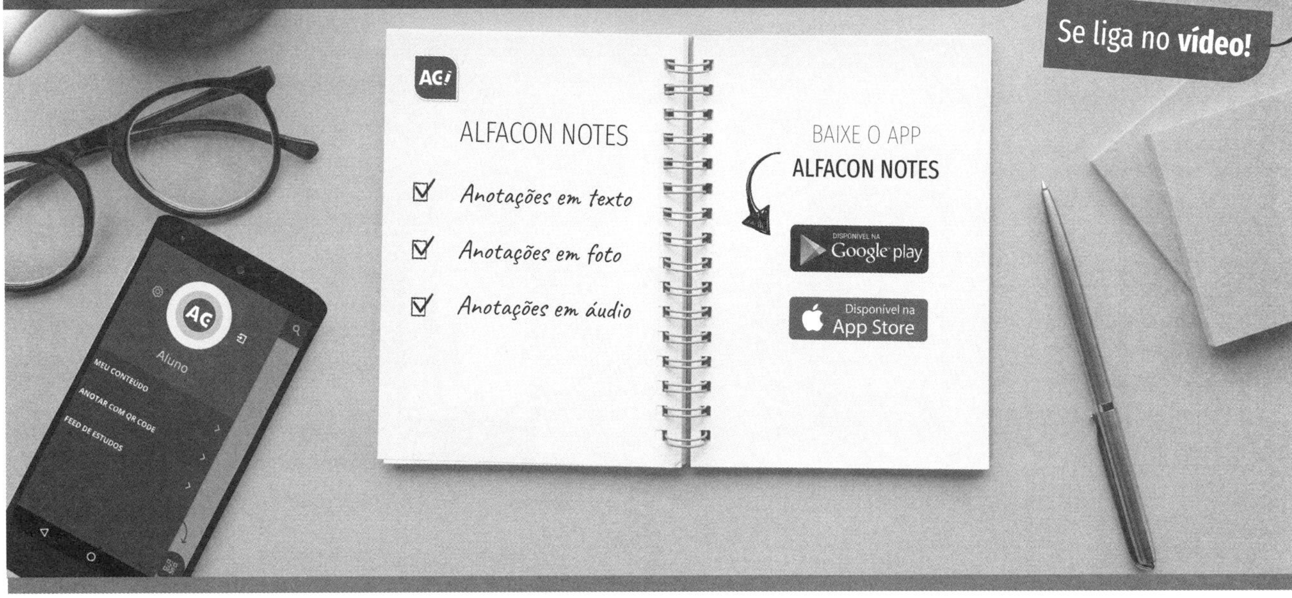

Passo 01:

Instale o **Aplicativo AlfaCon Notes** em seu smartphone.

DISPONÍVEL NA Google play

Disponível na App Store

Passo 02:

Faça o cadastro na plataforma **AlfaCon** ou entre com seu Facebook.

Passo 03:

Você terá acesso ao seu Feed de estudos, no qual poderá encontrar todas as suas anotações.

App AlfaCon Notes

Para criar uma nova anotação, clique no ícone localizado no canto inferior direito da tela.

Passo 04:

Cada tópico de seu livro contém **um Código QR** ao lado.

App AlfaCon Notes

Escolha o tópico e faça a leitura do Código QR utilizando o aplicativo AlfaCon Notes para registrar sua anotação.

Passo 05:

Pronto! Agora você poderá escolher o formato de suas anotações:

Texto:

Basta clicar no campo ***"Escreva sua anotação"*** e digitar seu comentário, **relacionado ao conteúdo** escolhido.

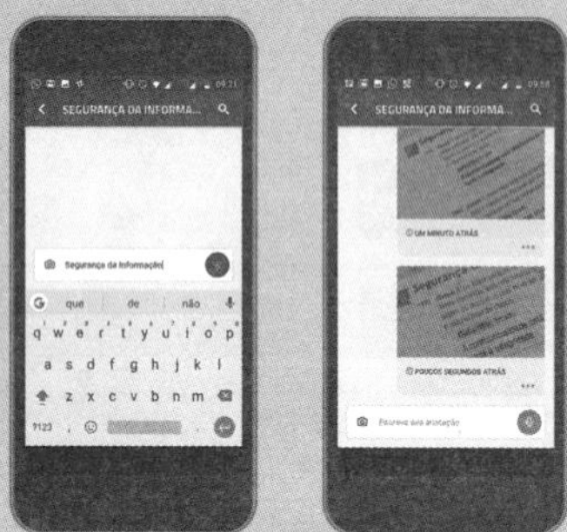

Áudio:

Clique no ícone ***"microfone"***, na lateral inferior direita, mantenha o ícone pressionado enquanto grava suas considerações de voz sobre o tópico que está lendo.

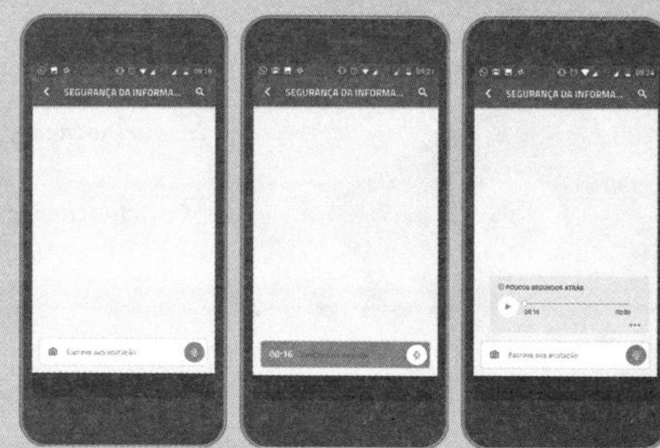

Foto:

1) Clique no ícone, na lateral **inferior esquerda**.

2) **Fotografe** as anotações realizadas durante sua leitura.

3) Envie no ícone na lateral **inferior direita**.

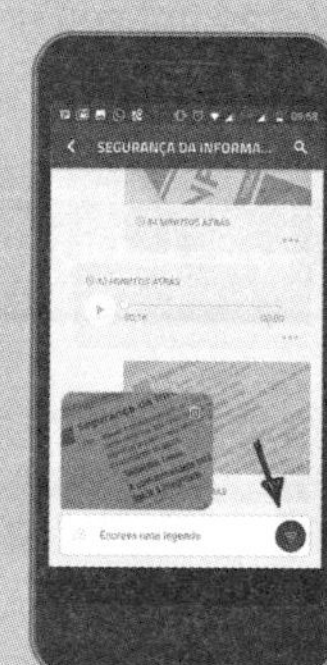

» Agora você tem suas **anotações organizadas** e sempre à mão. Elas ficarão **disponíveis** em seu smartphone.

» Pronto para essa **nova experiência?** Então, baixe o app **AlfaCon Notes** e crie suas anotações.

Disponível na App Store

DISPONÍVEL NA Google play

Mais que um livro. É uma experiência!

Utilize seu código de acesso e descubra mais sobre o seu material didático!

CÓDIGO DE ACESSO

AEPF | AGENESCR | RESGATAR

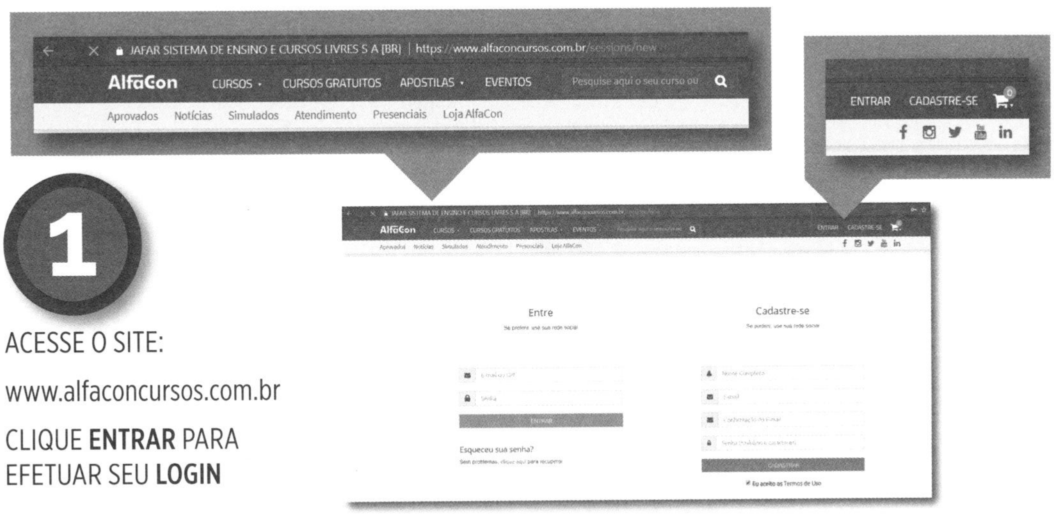

1

ACESSE O SITE:

www.alfaconcursos.com.br

CLIQUE **ENTRAR** PARA EFETUAR SEU **LOGIN**

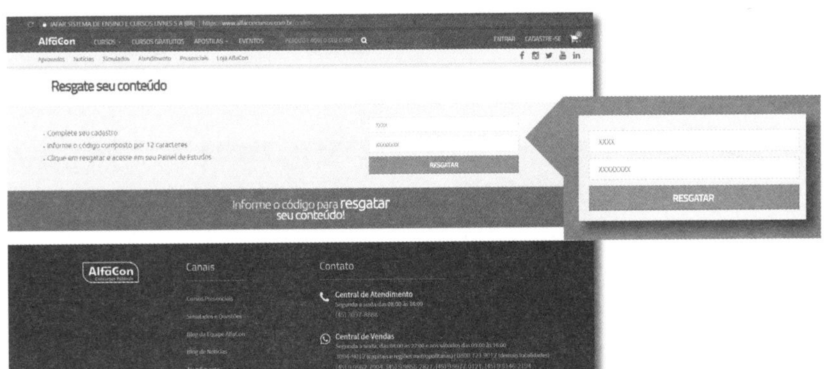

2

DIGITE O CÓDIGO:

Insira o **código** que se encontra Na **última página** do material.

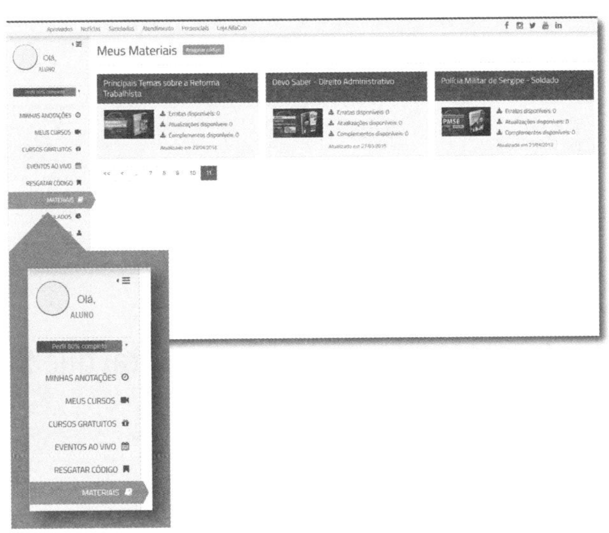

3

VISUALIZE SEUS MATERIAIS:

Você será redirecionado para a página onde constam os seus **materiais**

4

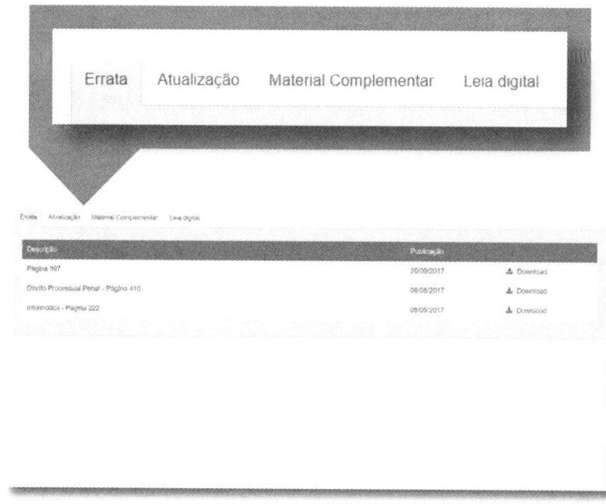

CLIQUE:
Nessa tela você terá acesso as erratas, atualizações, material complementar e o leia digital.

5

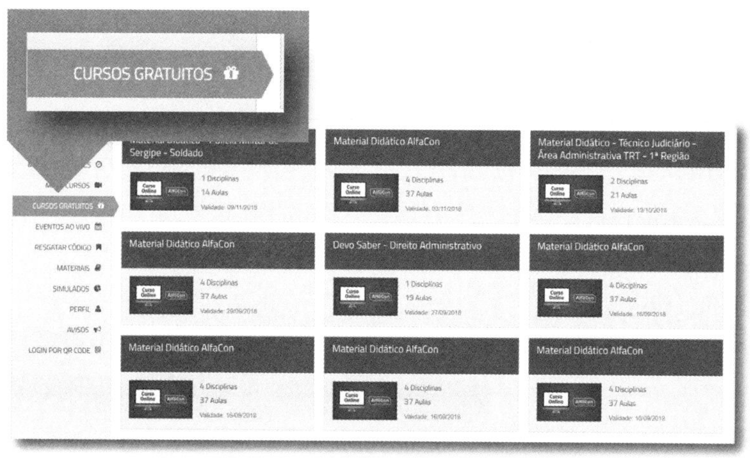

Navegue:
Nessa tela você também terá aesso ao conteúdo gratuito disponibilizado no material.

CÓDIGO DE ACESSO

AEPF AGENESCR

RESGATAR

Pronto!

Agora é só aproveitar todo o conteúdo impresso e digital que SÓ o AlfaCon proporciona para você!

COMO ESTUDAR COM SEU MATERIAL DIDÁTICO!

AlfaCon Concursos Públicos

Com a profissionalização das formas de preparar-se para um concurso público, não basta simplesmente estudar o conteúdo. É preciso que sejam usadas ferramentas, como o plano de estudo, que ajudem o concurseiro na organização e manutenção do que foi visto. Por isso, organizamos esta seção, que traz indicações de como estudar para concursos. Vale destacar que as informações aqui disponibilizadas são o produto de muitos anos de experiência nessa area. Além disso, estudar de forma direcionada traz ótimos resultados para o aluno.

CURSO ON-LINE

Como montar caderno
Como estudar
Como e quando fazer simulados
O que fazer antes, durante e depois de uma prova!

Ou pelo link

alfaconcursos.com.br/cursos/material-didatico-como-estudar

ORGANIZAÇÃO

A organização é fundamental e começa pelo conhecimento do edital que regrará o concurso público. Geralmente, os concursos seguem uma tendência e as matérias são previsíveis. Por isso, conhecer o conteúdo programático é essencial para um estudo eficiente. Usar o edital anterior como base é uma boa maneira de nortear os estudos; afinal, há um núcleo de matérias comuns que englobam 85% dos editais. Dessa maneira, quem estuda com base em um núcleo comum precisa somente ajustar os estudos quando os editais são publicados. Eis o segredo de uma preparação eficiente e, sobretudo, eficaz.

O PLANO DE ESTUDO

Organizar um plano de estudo é fundamental para que se estude corretamente e se tenha um aprendizado uniforme, seguindo o conteúdo programático do edital.

Depois de conhecer as disciplinas, as regras determinadas para seu concurso e as características das bancas examinadoras, é preciso construir uma tabela de horários, em que todas as matérias e atividades desenvolvidas na fase preparatória estejam dispostas.

PASSO A PASSO

ABAIXO, VOCÊ CONFERE OS PASSOS FUNDAMENTAIS PARA SUA ORGANIZAÇÃO

PASSO 1	PASSO 2	PASSO 3	PASSO 4	PASSO 5
Selecionar as disciplinas que serão estudadas.	Organizar sua rotina diária: marcar pontualmente tudo o que é feito durante 24 horas, inclusive o tempo que é destinado para dormir, por exemplo.	Organizar a tabela semanal: dividir o horário para que você estude duas matérias por dia e também destine um tempo para a resolução de exercícios e/ou revisão de conteúdos.	Seguir rigorosamente o que está na tabela. Ou seja, destinar o mesmo tempo de estudo para cada matéria. Por exemplo: 2 horas diárias para cada disciplina.	Reservar um dia por semana para fazer exercícios, redação e também simulados.

Esta tabela é uma sugestão de como você pode organizar seu plano de estudo. Para cada dia, você deve reservar um tempo para duas disciplinas e também para a resolução de exercícios e/ou revisão de conteúdos. Fique atento ao fato de que o horário precisa ser determinado por você. Ou seja, a duração e o momento do dia em que será feito o estudo é você quem escolhe.

AlfaCon Concursos Públicos

TABELA SEMANAL

SEMANA	SEGUNDA	TERÇA	QUARTA	QUINTA	SEXTA	SÁBADO	DOMINGO
1							
2							
3							
4							

SUMÁRIO

LÍNGUA PORTUGUESA ... **15**

1. MORFOLOGIA - SUBSTANTIVO E ADJETIVO ... 18
2. MORFOLOGIA - ARTIGO, INTERJEIÇÃO E NUMERAL ... 22
3. MORFOLOGIA - ADVÉRBIO, CONJUNÇÃO E PREPOSIÇÃO ... 24
4. MORFOLOGIA - PRONOME, PALAVRAS "QUE" E "SE" ... 26
5. MORFOLOGIA - VERBO ... 30
6. SINTAXE DA ORAÇÃO ... 35
7. SINTAXE DO PERÍODO ... 40
8. CONCORDÂNCIA VERBAL E NOMINAL ... 44
9. COLOCAÇÃO PRONOMINAL ... 48
10. REGÊNCIA VERBAL E NOMINAL ... 50
11. CRASE ... 53
12. PONTUAÇÃO ... 55
13. REESCRITURA DE FRASES E PARÁGRAFOS DO TEXTO ... 57
14. INTERPRETAÇÃO E COMPREENSÃO DE TEXTO ... 61
15. COERÊNCIA TEXTUAL ... 61
16. GÊNEROS TEXTUAIS ... 65
17. ORTOGRAFIA ... 72
18. ACORDO ORTOGRÁFICO DA LÍNGUA PORTUGUESA ... 76
19. ACENTUAÇÃO GRÁFICA ... 81
20. REDAÇÃO DE CORRESPONDÊNCIAS OFICIAIS ... 83

REDAÇÃO ... **101**

1. REDAÇÃO PARA CONCURSOS PÚBLICOS ... 102
2. DISSERTAÇÃO EXPOSITIVA E ARGUMENTATIVA ... 108

NOÇÕES DE DIREITO ADMINISTRATIVO ... **113**

1. INTRODUÇÃO AO DIREITO ADMINISTRATIVO ... 116
2. ADMINISTRAÇÃO PÚBLICA ... 119
3. ÓRGÃO PÚBLICO ... 126
4. PRINCÍPIOS FUNDAMENTAIS DA ADMINISTRAÇÃO PÚBLICA ... 130
5. AGENTES PÚBLICOS ... 135
6. LEI Nº 8.112, DE 11 DE DEZEMBRO DE 1990 - DAS DISPOSIÇÕES PRELIMINARES ... 137
7. DIREITOS E VANTAGENS ... 143
8. LICENÇAS, AFASTAMENTOS E CONCESSÕES ... 148
9. QUESTÕES RELACIONADAS AO ASPECTO DISCIPLINAR ... 154
10. DAS PENALIDADES ... 156
11. DO AFASTAMENTO PREVENTIVO ... 158
12. DA SEGURIDADE SOCIAL DO SERVIDOR - DISPOSIÇÕES GERAIS ... 161
13. ATO ADMINISTRATIVO ... 169
14. PODERES E DEVERES ADMINISTRATIVOS ... 174
15. LICITAÇÃO ... 180
16. RESPONSABILIDADE CIVIL DO ESTADO ... 190
17. CONTROLE DA ADMINISTRAÇÃO PÚBLICA ... 193

NOÇÕES DE DIREITO CONSTITUCIONAL 201
1. DIREITOS FUNDAMENTAIS - DIREITOS E GARANTIAS INDIVIDUAIS E COLETIVOS 203
2. DIREITOS SOCIAIS 219
3. DIREITOS DE NACIONALIDADE 227
4. DIREITOS POLÍTICOS E PARTIDOS POLÍTICOS 231
5. PODER EXECUTIVO 235
6. DA SEGURANÇA PÚBLICA 238
7. ORDEM SOCIAL 240
NOÇÕES DE DIREITO PENAL E DE DIREITO PROCESSUAL PENAL 247
1. INTRODUÇÃO AO DIREITO PENAL E APLICAÇÃO DA LEI PENAL 249
2. DO CRIME 260
3. DOS CRIMES CONTRA A PESSOA 272
4. DOS CRIMES CONTRA O PATRIMÔNIO 299
5. DOS CRIMES CONTRA A FÉ PÚBLICA 322
6. DOS CRIMES CONTRA ADMINISTRAÇÃO PÚBLICA 330
7. DISPOSIÇÕES CONSTITUCIONAIS APLICÁVEIS AO PROCESSO PENAL 361
8. INTRODUÇÃO AO DIREITO PROCESSUAL PENAL 363
9. INQUÉRITO POLICIAL 366
10. PROVA 375
11. DA PRISÃO, DAS MEDIDAS CAUTELARES E DA LIBERDADE PROVISÓRIA 385
LEGISLAÇÃO ESPECIAL 395
1. LEI DE SEGURANÇA PRIVADA - LEI Nº 7.102/83 397
2. ESTATUTO DO DESARMAMENTO - LEI Nº 10.826/03 405
3. SISTEMA NACIONAL DE POLÍTICAS PÚBLICAS SOBRE DROGAS (SISNAD) - LEI Nº 11.343/2006 421
4. LEI DE ABUSO DE AUTORIDADE - LEI Nº 13.869/19 434
5. LEI DE TORTURA - LEI Nº 9.455/1997 438
6. ESTATUTO DA CRIANÇA E DO ADOLESCENTE - LEI Nº 8.069/90 443
7. MEIO AMBIENTE - LEI Nº 9.605/98 458
8. LEI DE REPRESSÃO UNIFORME – ATRIBUIÇÕES DA POLÍCIA FEDERAL - LEI 10.446/02 472
9. LEI DE MIGRAÇÃO - LEI Nº 13.445/17 474
10. CONDIÇÃO JURÍDICA DO MIGRANTE 476
11. MEDIDAS DE RETIRADA COMPULSÓRIA 479
ESTATÍSTICA 489
1. ESTATÍSTICA DESCRITIVA 491
2. MEDIDAS DE DISPERSÃO OU DE VARIAÇÃO 505
3. MEDIDAS DE FORMA: ASSIMETRIA E CURTOSE 510
4. VARIÁVEIS ALEATÓRIAS (INTRODUÇÃO) 514
5. VARIÂNCIA E DESVIO PADRÃO DA VARIÁVEL ALEATÓRIA 516
6. COVARIÂNCIA 517
7. FUNÇÃO DISTRIBUIÇÃO DE PROBABILIDADE 519
8. DISTRIBUIÇÃO BINOMIAL 521
9. DISTRIBUIÇÃO POISSON 522
10. DISTRIBUIÇÃO NORMAL 524
11. AMOSTRAGEM 526

12. ESTIMADORES ... 528
13. DISTRIBUIÇÃO DA MÉDIA AMOSTRAL ... 531
14. INTERVALO DE CONFIANÇA PARA A MÉDIA ... 533
15. INTERVALO DE CONFIANÇA PARA A PROPORÇÃO ... 536
16. AMPLITUDE DO INTERVALO E ERRO MÁXIMO COMETIDO ... 538
17. TESTE DE HIPÓTESES (INTRODUÇÃO) ... 540
18. TESTE DE HIPÓTESES PARA A MÉDIA ... 541
19. DISTRIBUIÇÃO DE QUI-QUADRADO ... 543
20. CORRELAÇÃO LINEAR ... 544
21. REGRESSÃO LINEAR ... 546

RACIOCÍNIO LÓGICO ... 549

1. PROPOSIÇÕES ... 551
2. ARGUMENTOS ... 557
3. PSICOTÉCNICOS ... 560
4. ANÁLISE COMBINATÓRIA ... 564
5. PROBABILIDADE ... 568
6. TEORIA DOS CONJUNTOS ... 571
7. CONJUNTOS NUMÉRICOS ... 574
8. SISTEMA LEGAL DE MEDIDAS ... 579
9. RAZÕES E PROPORÇÕES ... 581
10. PORCENTAGEM E JUROS ... 584
11. SEQUÊNCIAS NUMÉRICAS ... 586
12. MATRIZES, DETERMINANTES E SISTEMAS LINEARES ... 590
13. FUNÇÕES, FUNÇÃO AFIM E FUNÇÃO QUADRÁTICA ... 598
14. FUNÇÃO EXPONENCIAL E FUNÇÃO LOGARÍTMICA ... 602
15. TRIGONOMETRIA ... 605
16. GEOMETRIA PLANA ... 610
17. GEOMETRIA ESPACIAL ... 618

INFORMÁTICA ... 631

1. SOFTWARE ... 634
2. LINUX ... 640
3. WINDOWS 7 ... 642
4. SISTEMA WINDOWS 10 ... 646
5. WORD 2016 ... 660
6. EXCEL 2016 ... 676
7. POWERPOINT 2016 ... 685
8. BROFFICE WRITER – EDITOR DE TEXTO ... 693
9. BROFFICE CALC – EDITOR DE PLANILHAS ... 704
10. BROFFICE IMPRESS - EDITOR DE APRESENTAÇÃO ... 711
11. BANCO DE DADOS ... 717
12. SERVIDORES ... 728
13. PROGRAMAÇÃO ... 731
14. REDES DE COMPUTADORES ... 744
15. CLOUD COMPUTING ... 750
16. ARQUITETURA DE REDES ... 752
17. SEGURANÇA DA INFORMAÇÃO ... 758

CONTABILIDADE GERAL **763**

1. CONCEITOS INICIAIS 767
2. PATRIMÔNIO 769
3. CONTAS 772
4. ESCRITURAÇÃO 776
5. COMPONENTES PATRIMONIAIS TEORIA E/OU CONTABILIZAÇÃO 784
6. OPERAÇÕES COM MERCADORIAS 793
7. DEPRECIAÇÃO, AMORTIZAÇÃO E EXAUSTÃO 810
8. DEMONSTRAÇÕES CONTÁBEIS 821
9. CPC 00 (R1) - ESTRUTURA CONCEITUAL PARA ELABORAÇÃO E DIVULGAÇÃO DE RELATÓRIO CONTÁBIL-FINANCEIRO 843
10. CPC 04 (R1)- ATIVO INTANGÍVEL 852
11. CPC 06 (R1) - OPERAÇÕES DE ARRENDAMENTO MERCANTIL 860
12. ARRENDAMENTO OPERACIONAL 864
13. TRANSAÇÃO DE VENDA E *LEASEBACK* 865
14. CPC 07 (R1) - SUBVENÇÃO E ASSISTÊNCIA GOVERNAMENTAIS 867
15. CPC 18 (R2) - INVESTIMENTO EM COLIGADA, EM CONTROLADA E EM EMPREENDIMENTO CONTROLADO EM CONJUNTO 871
16. CPC 23 - POLÍTICAS CONTÁBEIS, MUDANÇA DE ESTIMATIVA E RETIFICAÇÃO DE ERRO 881
17. CPC 25 - PROVISÕES, PASSIVOS CONTINGENTES E ATIVOS CONTINGENTES 884
18. CPC 28 – PROPRIEDADE PARA INVESTIMENTO 888
19. CPC 31 - ATIVO NÃO CIRCULANTE MANTIDO PARA VENDA E OPERAÇÃO DESCONTINUADA 892
20. RESOLUÇÃO CFC Nº 1.055/05 897

ARQUIVOLOGIA **901**

1. ARQUIVÍSTICA: PRINCÍPIOS E CONCEITOS 902
2. GESTÃO DA INFORMAÇÃO E DE DOCUMENTOS 914
3. TIPOLOGIAS DOCUMENTAIS E SUPORTES FÍSICOS 930
4. DOCUMENTOS ELETRÔNICOS E DIGITAIS 937
5. LEGISLAÇÃO ARQUIVÍSTICA 944

1. MORFOLOGIA - SUBSTANTIVO E ADJETIVO 18
1.1 Substantivo 18
1.2 Flexão do Substantivo 20
1.3 Adjetivo 21
1.4 Formação do Adjetivo 21
2. MORFOLOGIA - ARTIGO, INTERJEIÇÃO E NUMERAL 22
2.1 Artigo 22
2.2 Interjeição 22
2.3 Numeral 22
3. MORFOLOGIA - ADVÉRBIO, CONJUNÇÃO E PREPOSIÇÃO 24
3.1 Advérbio 24
3.2 Conjunção 24
3.3 Preposição 24
4. MORFOLOGIA - PRONOME, PALAVRAS "QUE" E "SE" 26
4.1 Pronome 26
4.2 Palavra QUE 28
4.3 Palavra SE 28
5. MORFOLOGIA - VERBO 30
5.1 Verbos 30
5.2 Conjugações do Verbo 30
5.3 Locução Verbal 30
5.4 Modo Indicativo 30
5.5 Modo Subjuntivo 31
5.6 Modo Imperativo 31
5.7 Correlação Verbal 32
5.8 Verbos Abundantes 32
5.9 Vozes Verbais 32
5.10 Verbos Impessoais 33
5.11 Transitividade Verbal 33
6. SINTAXE DA ORAÇÃO 35
6.1 Frase 35
6.2 Classificação da Frase 35
6.3 Oração 35
6.4 Termos Essenciais da Oração 35
6.2.2 Termos Integrantes da Oração 37
6.2.3 Termos Acessórios da Oração 37
7. SINTAXE DO PERÍODO 40
6.3.1. Período Composto por Coordenação 40
6.3.2. Período Composto por Subordinação 40
7.1 Orações Subordinadas Adverbiais 41
7.2 Orações Subordinadas Adjetivas 42

SUMÁRIO

Sumário

8. CONCORDÂNCIA VERBAL E NOMINAL 44
- 8.1 Concordância Verbal 44
- 8.2 Concordância Nominal 46

9. COLOCAÇÃO PRONOMINAL 48
- 9.1 Ênclise 48
- 9.2 Mesóclise 48
- 9.3 Próclise 48

10. REGÊNCIA VERBAL E NOMINAL 50
- 10.1 Regência Verbal 50
- 10.2 Regência Nominal 51

11. CRASE 53
- 11.1 Regras Obrigatórias 53
- 11.2 Regras Facultativas 53
- 11.3 Regras Proibitivas 53
- 11.4 Crase – Casos Especiais 53

12. PONTUAÇÃO 55
- 12.1 Principais Sinais e Usos 55

13. REESCRITURA DE FRASES E PARÁGRAFOS DO TEXTO 57
- 13.1 Substituição de Palavras ou de Trechos de Texto 57
- 13.2 Retextualização de Diferentes Gêneros e Níveis de Formalidade 58

14. INTERPRETAÇÃO E COMPREENSÃO DE TEXTO 61
- 14.1 O que é Interpretar Textos? 61
- 14.2 Ambiguidade 61
- 14.3 Coesão e Coerência 61

15. COERÊNCIA TEXTUAL 61
- 15.1 Coerência Externa 62
- 15.2 Coerência Interna 62
- 15.3 Coerência Argumentativa 62
- 15.4 Dissertação 62
- 15.5 Discurso 63

16. GÊNEROS TEXTUAIS 65
- 16.1 Tipologia Textual 65
- 16.2 Gêneros Textuais 65

17. ORTOGRAFIA 72
- 17.1 Regras Para o Emprego de Letras 72
- 17.2 Homônimos 73
- 17.3 Uso dos Porquês 74
- 17.4 Parônimos 74

18. ACORDO ORTOGRÁFICO DA LÍNGUA PORTUGUESA 76

18.1 Trema 76
18.2 Regras de Acentuação 76
18.3 Hífen com Compostos 77
18.4 Uso do Hífen com Palavras Formadas por Prefixos 77
18.5 Síntese das Principais Regras do Hífen 79
18.6 Quadro Resumo do Emprego do Hífen com Prefixos 79

19. ACENTUAÇÃO GRÁFICA 81

19.1 Proparoxítona 81
19.2 Monossílabos 81
19.3 Oxítonas 81
19.4 Paroxítonas 81
19.5 Ditongos Abertos 81
19.6 Hiato 81
19.7 Trema 81
19.8 Acentos Diferenciais 81

20. REDAÇÃO DE CORRESPONDÊNCIAS OFICIAIS 83

20.1 Aspectos Gerais da Redação Oficial 83
20.2 Redação das Comunicações Oficiais 85

1. MORFOLOGIA - SUBSTANTIVO E ADJETIVO

1.1 Substantivo

Todos os seres recebem nomes, e este nome é a classe gramatical chamada substantivo. Os substantivos nomeiam os seres: pessoas, objetos, fenômenos, sentimentos, qualidades, lugares ou ações. Observe os exemplos:

Exs.:

O ***carro*** está estacionado na ***rua***.

objeto lugar

Estava cansada da ***corrida***.

ação

A ***sinceridade*** é uma virtude desejável nos amigos.

qualidade

A ***chuva*** nos obrigou a cancelar, com ***tristeza***, a festa na piscina.

fenômeno estado

Os substantivos são classificados em:

1.1.1 Comum

São os substantivos que indicam nomes comuns, como os que aparecem no início deste capítulo: casa, criança, sol. Não indicam nada específico.

1.1.2 Próprio

São os substantivos que individualizam os seres. Nesta classe estão os nomes próprios:

Exs.: Maria Clara, Porto Alegre, Pernambuco, Japão

Classificam-se, aqui, os nomes próprios de:

- Pessoas
- Cidades
- Estados
- Países
- Rios
- Ruas

Os substantivos próprios se diferem dos comuns porque devem ser escritos com a inicial maiúscula.

1.1.3 Concreto

São os substantivos que indicam seres (reais ou imaginários) cuja existência é independente de outros seres.

Ex.: *Casa, Brasil, cama, fada.*

1.1.4 Abstrato

São os substantivos que indicam seres (reais ou imaginários) cuja existência depende de outros seres.

Exs.: *Banho*: **Alguém** toma banho.

Cansaço: **Alguém** fica cansado.

Felicidade: **Alguém** fica feliz.

Portanto, são abstratos os substantivos que indicam sentimentos, ações, estados e qualidades.

Tradicionalmente, estuda-se a noção de substantivo concreto ou abstrato considerando abstratos os substantivos que indicassem seres invisíveis, como os sentimentos. Porém, é preciso atentar-se ao fato de que os fenômenos da natureza, como vento e calor, embora não sejam palpáveis, tem existência independente e, por isso, são substantivos concretos.

1.1.5 Coletivo

São substantivos comuns que, apesar de estarem no singular, indicam mais de um ser da mesma espécie.

Exs.: ***Enxame***: grupo de insetos.

Manada: grupo de búfalos, elefantes ou cavalos.

Século: período de cem anos.

Relação de Alguns Substantivos Coletivos

- Acervo: bens patrimoniais, obras de arte;
- Alavão: ovelhas leiteiras;
- Álbum: fotografias, selos;
- Alcateia: lobos, feras;
- Antologia: reunião de textos literários;
- Armada: navios de guerra;
- Arquipélago: ilhas;
- Arsenal: armas;
- Assembleia: parlamentares, membros de associações;
- Atilho: espigas;
- Atlas: mapas reunidos em livros;
- Bagagem: objetos de viagem;
- Baixela: utensílios de mesa;
- Bandeira: garimpeiros, exploradores de minérios;
- Banca: examinadores, advogados;
- Banda: músicos;
- Bandeira: exploradores;
- Bando: aves, ciganos, crianças, salteadores;
- Batalhão: soldados;
- Bateria: peças de guerra ou de cozinha; instrumentos de percussão;
- Biblioteca: livros;
- Boiada: bois;
- Boana: peixes miúdos;
- Cabido: cônegos (conselheiros de bispo);
- Cacho: bananas, uvas, cabelos;
- Cáfila: camelos;
- Cainçalha: cães;
- Cambada: caranguejos, malandros, chaves;
- Cancioneiro: canções, de poesias líricas;

- Canzoada: cães;
- Caravana: viajantes, peregrinos, estudantes;
- Cardume: peixes;
- Casario: casas;
- Caterva: desordeiros, vadios;
- Choldra: assassinos, malfeitores, canalhas;
- Chusma: populares, marinheiros, criados;
- Cinemateca: filmes;
- Claque: pessoas pagas para aplaudir;
- Clero: a classe dos clérigos (padres, bispos, cardeais...);
- Clientela: clientes de médicos, de advogados;
- Código: leis;
- Conciliábulo: feiticeiros, conspiradores;
- Concílio: bispos em assembleia;
- Conclave cardeais para a eleição do Papa;
- Colmeia: cortiço de abelhas;
- Confraria: pessoas religiosas;
- Congregação: professores, religiosos;
- Conselho: vereadores, diretores, juízes, militares;
- Consistório: cardeais, sob a presidência do Papa;
- Constelação: estrelas;
- Corja: vadios, tratantes, velhacos, ladrões;
- Coro: anjos, cantores;
- Corpo: jurados, eleitores, alunos;
- Correição: formigas;
- Cortiço: abelhas, casas velhas;
- Elenco: atores, artistas;
- Enxame: abelhas, insetos;
- Enxoval: roupas e adornos;
- Esquadra: navios de guerra;
- Esquadrilha: aviões;
- Falange: soldados, anjos;
- Fato: cabras;
- Fauna: animais de uma região;
- Feixe: lenha, capim, varas;
- Filmoteca: filmes;
- Fornada: pães, tijolos;
- Frota: navios mercantes, ônibus;
- Galeria: quadros, estátuas;
- Girândola: foguetes, fogos de artifício;
- Grei: gado miúdo, paroquianos, políticos;
- Hemeroteca: jornais, revistas;
- Hostes: inimigos, soldados;
- Irmandade: membros de associações religiosas ou beneficentes;
- Junta: médicos, credores, examinadores;
- Júri: jurados;
- Legião: anjos, soldados, demônios;
- Magote: pessoas, coisas;
- Malta: desordeiros, ladrões, bandidos, capoeiras;
- Mapoteca: mapas;
- Matilha: cães de caça;
- Matula: desordeiros, vagabundos, vadios;
- Magote: pessoas, coisas;
- Manada: bois, búfalos, elefantes, porcos;
- Maquinaria: máquinas;
- Miríade: astros, insetos, anjos;
- Molho: chaves, verdura, capim;
- Multidão: pessoas;
- Ninhada: pintos;
- Nuvem: gafanhotos, mosquitos, poeira;
- Panapaná: borboletas em bando migratório;
- Pelotão: soldados;
- Penca: bananas, chaves, frutos;
- Pente: balas de arma automática;
- Pinacoteca: quadros, telas;
- Piquete: soldados montados, grevistas;
- Plantel: atletas, animais de raça;
- Plateia: espectadores;
- Plêiade: poetas, artistas;
- Pomar: árvores frutíferas;
- Prole: filhos de um casal;
- Quadrilha: ladrões, bandidos, assaltantes;
- Ramalhete: flores;
- Rancho: pessoas em passeio ou jornada, romeiros;
- Récua: cavalgaduras (bestas de carga);
- Rebanho: ovelhas, carneiros, cabras, reses;
- Renque: árvores, pessoas ou coisas enfileiradas;
- Repertório: peças teatrais ou musicais interpretadas por artistas;
- Resma: quinhentas folhas de papel;
- Réstia: cebolas, alhos;
- Revoada: aves voando;
- Ronda: grupo de soldados que percorre as ruas garantindo a ordem;
- Rol: lista, relação (de pessoas ou coisas);
- Ror: grande quantidade de coisas;

- > Roda: pessoas, amigos;
- > Romanceiro: conjunto de poesias narrativas;
- > Súcia: pessoas desonestas, velhacos, patifes;
- > Sínodo: párocos (sacerdotes, vigários);
- > Tertúlia: amigos, intelectuais em reunião;
- > Talha: lenha;
- > Tríade: conjunto de três pessoas ou três coisas;
- > Tríduo: período de três dias;
- > Tripulação: aeroviários, marinheiros;
- > Tropilha: cavalos;
- > Tropa: muares;
- > Trouxa: roupas;
- > Turma: estudantes, trabalhadores;
- > Vara: porcos;
- > Vocabulário: palavras.

1.2 Flexão do Substantivo

O substantivo é uma classe variável. Ou seja: os nomes sofrem alterações (variações) para indicar gênero, número e grau.

Exs.:

gato (**substantivo masculino)**

gata (**mudança de gênero: feminino)**

gatinha (**mudança de grau: diminutivo)**

gatão (**mudança de grau: aumentativo)**

A alteração do substantivo para formar o feminino não ocorre em todos os casos e nem sempre da mesma maneira. Acontecerá nos substantivos biformes, que são os que apresentam uma forma para o masculino e outra para o feminino.

1.2.1 Formação do Feminino

Nos substantivos biformes, alguns casos, por indicarem nomes de seres vivos, geralmente indicam o sexo ao qual pertence o ser, apresentando uma forma para o masculino e outra para o feminino.

Exs.: menino – menina

leão – leoa

O feminino pode ser formado de diferentes formas:

Alterando a terminação o por a:

aluno – aluna.

Alterando a terminação e por a:

mestre – mestra.

Acrescentando a no final da palavra:

português – portuguesa.

Alterando a terminação ão por ã, oa ou ona:

Exs.: aldeão – aldeã;

varão – varoa;

comilão – comilona.

Acrescentando esa, essa, isa, ina ou triz:

Exs.: barão – baronesa;

ator – atriz.

Em alguns casos, o feminino é indicado com uma palavra diferente:

Exs.: homem – mulher;

carneiro – ovelha.

1.2.2 Substantivos Uniformes

Em alguns casos, há apenas um substantivo para indicar tanto o sexo feminino quanto o masculino. Esses substantivos classificam-se em:

Epicenos

São os substantivos uniformes que indicam nomes de animais e para especificar o sexo, utiliza-se macho ou fêmea.

Exs.: a girafa fêmea;

a girafa macho.

Sobrecomuns

São substantivos uniformes que indicam tanto masculino quanto feminino. A identificação do sexo correspondente se dará através do contexto.

o indivíduo (**homem ou mulher).**

Criança de oito anos comove público ao competir em triatlo carregando irmão deficiente.

Comovente a atitude de Noah Aldrich, de 8 anos, que não queria participar sozinho de uma competição de triatlo infantil nos Estados Unidos e resolveu levar o irmão caçula, Lucas, de 6 anos, com ele. Porém, Lucas sofre de deficiência cerebral, que o impede de andar ou falar. Noah se preparou durante três meses para as provas de natação, corrida e ciclismo e usou um carrinho, uma bicicleta e um pequeno bote adaptado para que Lucas pudesse acompanhá-lo.

Fonte: http://amazonrunners1.blogspot.com.br/2014/07/menino-de-oito-anos-comove-publico-ao.html (adaptado)

Comuns de dois gêneros

São substantivos que utilizam a mesma forma para indicar tanto o masculino quanto o feminino. A diferença, nesse caso, é o artigo, que será variável para indicar o sexo:

Exs.:

O colega;

A colega;

O chefe;

A chefe.

Mudança de gênero com mudança de sentido

Em alguns casos, a mudança de gênero implicará na mudança de sentido do substantivo.

Exs.:

O moral: ânimo;

A moral: caráter;

O capital: valores (bens ou dinheiro);

A capital: cidade;

O cabeça: líder;

A cabeça: parte do corpo;

O grama: unidade de medida de peso;

A grama: planta rasteira;

O rádio: aparelho sonoro;

A rádio: estação;

1.3 Adjetivo

A palavra que caracteriza o substantivo é chamada adjetivo estas características, denominadas qualidades, podem ser positivas ou negativas.

1.4 Formação do Adjetivo

O adjetivo, assim como o substantivo, pode ser formado de diversas maneiras. Ele pode ser:

1.4.1 Primitivo

Quando não é derivado de nenhuma outra palavra:

A menina era tão ***bonita***!

1.4.2 Derivado

Quando deriva de outras palavras, como verbos ou substantivos:

Ex.:

Rancorosa, a avó não quis atender o neto.

(derivado do substantivo rancor)

1.4.3 Simples

Assim como ocorre no substantivo, o adjetivo simples é aquele formado por apenas um radical:

Ex.: As ruas da cidade estão ***agitadas***.

1.4.4 Composto

Assim como ocorre no substantivo, o adjetivo composto é aquele formado por mais de um radical:

Ex.: A Literatura ***afro-brasileira*** vem ganhando destaque.

O adjetivo não aparece sozinho na oração, sem um substantivo que o complemente. Quando isso acontecer, ele assumirá a função de substantivo. Observe:

Exs.: O professor carioca se adaptou bem ao Norte.

O carioca se adaptou bem ao Norte.

No primeiro enunciado, o termo carioca expressa uma característica ao substantivo professor. No segundo caso, não há substantivo, e o termo carioca assume a função de substantivo, sendo precedido por um artigo.

Questões

01. (CESPE - 2017) Eu seria o último dos mortais a duvidar que os bons escritores foram abençoados com uma dose inata de fluência mais sintaxe e memória para as palavras.

A palavra "último" foi empregada com valor de substantivo.

Certo ( ) Errado ( )

02. (CESPE - 2014) No fragmento "Não lhe chamo a atenção para os padres e os sacristães, nem para o sermão", todos os substantivos terminados em ditongos nasais apresentam as mesmas possibilidades de formação de plural.

Certo ( ) Errado ( )

03. (CESPE - 2017) "Contudo, ele nem sempre é valorizado como deveria. Infelizmente, muitos diretores entendem que quem atua nessa função deve apenas controlar os espaços coletivos para impedir a ocorrência de agressões, depredações e furtos, vigiar grupos de alunos, observar comportamentos suspeitos e até mesmo revistar armários e mochilas."

O vocábulo "suspeitos" foi empregado, no texto, como substantivo, no sentido de aqueles sobre os quais recaem suspeitas.

Certo ( ) Errado ( )

04. (CESPE - 2015) "Com os avanços das tecnologias informáticas, atividades como ir ao banco, assistir a filmes, fazer compras, acompanhar processos judiciais, estudar a distância e solicitar serviços passaram a ser realizadas até mesmo a partir de um simples smartphone."

Na linha 2, a alteração na posição do adjetivo "simples" em relação a "smartphone" — escrevendo-se smartphone simples — não prejudica a correção gramatical nem altera o sentido do texto.

Certo ( ) Errado ( )

05. (CESPE - 2017) "Quando me lembro do meu pai me proibindo de mudar de escola, a voz que ouço dele é a de hoje, e me pergunto se algo parecido acontece com ele: se a lembrança que ele tem de mim aos treze anos se confunde com a visão que ele tem de mim agora, depois de tudo o que ficou sabendo a meu respeito nessas quase três décadas, um acúmulo de fatos que apagam os tropeços do caminho para chegar até aqui, e o que para mim foi um capítulo decisivo da vida, a briga que tivemos por causa da mudança de escola, para ele pode não ter sido mais que um fato banal, uma entre tantas coisas que aconteciam em casa e no trabalho e na vida dele com a minha mãe e as outras pessoas ao redor durante a adolescência do filho."

Seria mantida a correção gramatical do texto caso a expressão "mais que" (l.10) fosse substituída por mais do que.

Certo ( ) Errado ( )

Gabaritos

01	C
02	E
03	E
04	E
05	C

2. MORFOLOGIA - ARTIGO, INTERJEIÇÃO E NUMERAL

2.1 Artigo

Observe a oração a seguir:

Uma ligação mudou meu dia: era o médico de minha mãe, dizendo que eu podia buscá-la.

O artigo é um nome que acompanha o substantivo, definindo-o. Observe que no primeiro caso destacado, o artigo indefine o substantivo, mostrando que é uma ligação como qualquer outra, nada específico. Já no segundo caso temos um artigo definido, especificando a pessoa: não era um médico indeterminado, mas o médico específico.

Observa-se, portanto, que o artigo classifica-se em definido ou indefinido.

Artigo definido: utilizado para especificar o substantivo - *o, a, os, as*.

Ex.: ***A*** encomenda chegou.

Artigo indefinido: utilizado para apresentar o substantivo como algo não específico, como parte de um grupo, e não um ser determinado.

Encontrei ***uma*** vizinha na festa.

Combinações e Contrações dos Artigos				
Preposições	Artigos			
	o, os	a, as	um, uns	uma, umas
a	ao, aos	à, às	-	-
de	do, dos	da, das	dum, duns	duma, dumas
em	no, nos	na, nas	num, nuns	numa, numas
por (per)	pelo, pelos	pela, pelas	-	-

2.2 Interjeição

Observe o exemplo a seguir:

Exs.: ***Cuidado!*** O piso está molhado.

Algumas palavras são utilizadas para expressar advertência, surpresa, alegria, etc. Essas palavras são classificadas como interjeições. Geralmente, aparecem sozinhas na frase, podendo ser seguidas ou não por ponto de exclamação:

Exs.: ***Parabéns!*** O trabalho ficou lindo!

Adeus, meninas, foi um prazer conhecê-las.

Aleluia! Meu projeto ficou pronto!

Puxa! A festa foi maravilhosa!

2.2.1 Locução Interjetiva

Em alguns casos, a interjeição poderá ser formada por mais de uma palavra:

Exs.: ***Meu Deus!*** Você viu essa notícia?

Que pena, não conseguirei chegar a tempo.

Advertência	Calma! Olha! Cuidado! Atenção!
Agradecimento	Obrigado!
Alegria	Oh! Oba! Viva!
Alívio	Ufa!
Animação	Força! Coragem! Firme!
Apelo	Psiu! Hei! Socorro!
Aplauso	Parabéns! Ótimo! Viva! Bis!
Concordância	Pois não! Claro! tá!
Desejo	Tomara! Oxalá!
Dor	Ai! Ui! Que pena!
Admiração	Opa! Puxa!
Pena	Coitado!
Satisfação	Boa! Oba! Opa! Upa!
Saudação	Olá! Salve! Adeus! Viva! Alô!
Silêncio	Calada! Silêncio! Psiu!
Susto	Valha-me, Deus! Nossa!
Medo	Credo! Cruzes! Ui!

2.3 Numeral

Outra classe de palavras que se relaciona com o substantivo é o numeral. Observe as orações a seguir:

Exs.: Comprei maçãs hoje cedo.

Comprei ***quatro*** maçãs hoje cedo.

O numeral especifica o substantivo dando a ideia de quantidade, ordem, multiplicação ou fração. Observe os exemplos:

Exs.: Encontrei ***dois*** amigos do tempo da faculdade. **(quantidade)**

Ele foi classificado em ***segundo*** lugar na prova.

(ordem)

O preço daqui é quase o ***dobro*** do que era no ano passado. **(multiplicação)**

Metade das contas foi paga com atraso. (fração)

De acordo com a ideia expressa pelo numeral é que se fará sua classificação. O numeral pode ser:

2.3.1 Cardinal

Quando expressa a ideia de quantidade: um, oito, trinta.

2.3.2 Ordinal

Quando expressa a ideia de ordem: primeiro, décimo, milésimo

2.3.3 Multiplicativo

Quando expressa a ideia de multiplicação: dobro, triplo, quádruplo.

2.3.4 Fracionário

Quando expressa a ideia de fração: terço, sexto, oitavo.

Questões

01. (CESPE - 2017) "O aspecto da implantação do português no Brasil explica por que tivemos, de início, uma língua literária pautada pela do Portugal contemporâneo."

O emprego do artigo definido imediatamente antes do topônimo "Portugal" torna-se obrigatório devido à presença do adjetivo "contemporâneo".

Certo ( ) Errado ( )

02. (CESPE - 2014) "A Mata Atlântica concentra cerca de 80% de todas as aves ameaçadas no país, fato que resulta de muitos anos de exploração e desmatamentos. Atualmente, restam apenas cerca de 10% da floresta original, não sendo homogênea essa proporção de floresta remanescente ao longo de toda a Mata Atlântica. A situação é mais séria na região Nordeste, especialmente nos estados de Alagoas e Pernambuco, onde a maior parte da floresta original foi substituída por plantações de cana-de-açúcar. É nessa região que ainda podem ser encontrados os últimos exemplares das aves mais raras em todo o país, como o criticamente ameaçado limpa-folha-do-nordeste (Philydor novaesi)."

Nas sequências "toda a Mata Atlântica" e "todo o país", os artigos definidos "a" e "o" são opcionais, podendo ser suprimidos sem que haja prejuízo à correção gramatical e à significação dos períodos de que fazem parte.

Certo ( ) Errado ( )

03. (CESPE - 2007) "O 29 de julho de 2007 será lembrado como o dia em que os iraquianos usaram suas armas para comemorar."

O emprego do artigo determinando a expressão "29 de julho de 2007" desrespeita as regras gramaticais da norma culta a ser usada em documentos oficiais; por isso, se a informação da primeira linha do texto for usada em um documento oficial, o artigo deve ser omitido.

Certo ( ) Errado ( )

04. (CESPE - 2012) "O Conselho Superior da Justiça do Trabalho, instância de supervisão administrativa dos tribunais trabalhistas, provocado pelo TCU, recalculou o montante devido desses passivos, reduzindo o valor de R$ 2,4 bilhões para R$ 1,2 bilhão, aproximadamente."

O emprego do plural em "bilhões" e do singular em "bilhão" deve-se à presença dos numerais "2,4" e "1,2", respectivamente.

Certo ( ) Errado ( )

05. (CESPE - 2017) "De acordo com a organização não governamental Transparência Internacional, o país ocupa a 73.ª"

Se o numeral ordinal "73.ª" fosse escrito por extenso, a forma correta seria: seteptuagésima terceira.

Certo ( ) Errado ( )

Gabaritos

01	CERTO
02	ERRADO
03	ERRADO
04	CERTO
05	ERRADO

3. MORFOLOGIA - ADVÉRBIO, CONJUNÇÃO E PREPOSIÇÃO

3.1 Advérbio

Observe os exemplos a seguir:

Pegamos nossas coisas ***rapidamente***.
Modo

Corremos muito ***naquele dia***.
Tempo

A menina caiu ***na escada***.
Lugar

O advérbio indica ou modifica a ação expressa pelo verbo. Pode indicar:

Tempo	Ontem, hoje, agora, já, sempre, etc.
Lugar	Aqui, lá, perto, longe, etc.
Modo	Rapidamente, tranquilamente (a maioria dos advérbios de modo terminará em –mente).
Intensidade	Muito, pouco, tão, tanto, etc.
Afirmação	Sim, certamente, etc.
Negação	Não, tampouco, etc.
Dúvida	Talvez, porventura, possivelmente, etc.

3.1.1 Locução Adverbial

Os netos foram almoçar ***apressadamente***.
Advérbio de modo

Os netos foram almoçar ***com pressa***.
Locução adverbial

Considera-se locução adverbial o conjunto de duas ou mais palavras que formam o advérbio, como no caso acima, em que "com pressa" é o advérbio de modo.

Exs.: O casal se animou com o passeio ***a cavalo***.

A entrevista foi feita ***ao vivo***.

Os filhos almoçam com ele **de vez em quando**.

3.1.2 Adjetivos Adverbializados

Observe a afirmação a seguir, que faz parte de uma crônica de Luis Fernando Veríssimo:

"A sintaxe é uma questão de uso, não de princípios. Escrever bem é escrever claro, não necessariamente certo. Por exemplo: dizer "escrever claro" não é certo mas é claro, certo?"

Escrever ***claro*** = escrever ***claramente***.

Escrever ***certo*** = escrever ***corretamente***.

Os adjetivos adverbializados são adjetivos empregados no lugar do advérbio. Normalmente isso ocorre na linguagem coloquial.

3.2 Conjunção

Conjunção é o elemento que liga duas orações ou dois termos em uma mesma oração.

Ela é uma menina doce, ***mas*** quando precisa, vira uma fera.

As aulas vão começar ***logo que*** o professor chegar.

Ela pode ser:

Coordenativa: Quando liga duas orações independentes:

Ex.: Vendeu tudo ***e*** mudou de cidade.

Subordinativa: Quando liga duas orações dependentes:

Ex.: Soube ***que*** a empresa vai fechar.

3.2.1 Classificação das Conjunções

Coordenativas

> Aditivas: e, nem, mas também, como também, bem como, mas ainda.
> Adversativas: mas, porém, todavia, contudo, pelo contrário, não obstante, apesar de.
> Alternativas: ou...ou, ora.... ora, quer.... quer.
> Explicativas: pois (antes do verbo), porque, que, porquanto.
> Conclusivas: pois (depois do verbo), logo, portanto, por conseguinte, por isso.

Subordinativas

> Temporais: quando, enquanto, logo que, desde que, assim que, até que.
» Mal será conjunção subordinativa temporal quando equivaler a logo que:

Mal cheguei e já me cobraram o projeto.

> Causais: porque, visto que, já que, uma vez que, como, desde que.
> Condicionais: Sse, caso, contanto que, desde que, salvo se.
> Proporcionais: à medida que, à proporção que, ao passo que.
> Finais: a fim de que, para que.
> Consecutivas: de modo que, de maneira que, de sorte que, que, para que.
> Concessivas: embora, conquanto, se bem que, ainda que, mesmo que.
> Comparativas: como, tal qual, assim como, tanto quanto.
> Conformativas: conforme, segundo, como.
> Integrantes: que, se.
» As conjunções integrantes introduzem orações substantivas (que equivalem a substantivos):

Ex.: Não sei se ele virá (não sei da sua ***vinda***).

3.3 Preposição

Observe o exemplo a seguir:

Exs.: Gosto muito das músicas ***de*** Chico Buarque;

Chegou da viagem ***com*** febre.

As palavras em destaque estabelecem uma relação entre outros termos. Elas são chamadas de preposição. São elas:

A, ante, após, até, com, contra, de, desde, em, entre, para, pelo, perante, por, sem, sobre, sob, trás.

Algumas palavras pertencentes a outras classes gramaticais podem, eventualmente, aparecer como preposição em alguns casos. Por exemplo: salvo, fora, durante, segundo, etc.

As preposições podem ser:

> Essenciais: quando são sempre preposição. São as palavras listadas acima;
> Acidentais: quando não são preposições essenciais mas em alguns casos exercem a função de preposição;
> Puras: quando não há junção com artigo;
> Contrações: quando aparecem junto com o artigo. Por exemplo: de+a, per+o, etc.

Relação estabelecida pela preposição	
Assunto	Conversamos **sobre** a viagem.
Autoria	Apaixonei-me por um quadro **de** Picasso.
Causa	Foi preso **por** roubar dinheiro público.
Companhia	Fui jantar com meu marido.
Conteúdo	Traga, por favor, um copo **de** (com) água.
Destino	Vou **para** casa mais cedo.
Distância	A casa fica **a** duas quadras da praça.
Finalidade	Eles vieram **para** a palestra.
Instrumento	Ele abriu a embalagem **com** uma faca.
Limite	As meninas correram **até** a casa da tia.
Lugar	Gostava de ficar **em** casa. As coisas estão **sobre** a mesa.
Matéria	Comprei um brinco **de** ouro.
Meio	Tivemos que fazer a viagem **de** ônibus.
Modo	As coisas foram resolvidas **com** tranquilidade.
Oposição	O movimento do bar aumenta nos dias de jogos do Brasil **contra** a Argentina.
Origem	Eles vieram **do** interior.
Posse	Gostei da camiseta **de** Raul.
Preço	Estava feliz com meu livro **de** dez reais. Vendia as tortas **por** vinte reais.
Tempo	Tivemos que sair **após** a discussão. Chegaremos **em** uma hora.

Questões

01. (CESPE - 2018) "Primeiro fazia uma cara de indecisão, depois um sorriso triste contrabalançado por um olhar heroicamente exultante, até que esse exame de consciência era cortado pela voz do interlocutor, que começava a falar chãmente em outras coisas, que, aliás, o Juca não estava ouvindo..."

Caso o advérbio "heroicamente" fosse deslocado para logo após "contrabalançado", haveria alteração de sentido do texto, embora fosse preservada sua correção gramatical.

Certo ( ) Errado ( )

02. (CESPE - 2017) "O homem que traficava — membro da classe lucrativa ou aquisitiva —, para se qualificar socialmente, embriagou-se, perdidamente, na imitação do estilo ou nos traços secundários da classe proprietária e do estamento. Elevava-se, se enriquecido — elevava-se é o termo certo — a uma categoria superior no desfrute ostentatório de rendas, transformando a natureza de seu patrimônio, ou ingressava na política e no governo, preocupado em amortecer a cintilação equívoca da origem."

Feitos os devidos ajustes de maiúsculas e minúsculas e de pontuação, o deslocamento dos advérbios "socialmente" e "perdidamente", para o início e para o fim do período em que eles ocorrem, respectivamente, manteria a correção e o sentido original do texto.

Certo ( ) Errado ( )

03. (CESPE - 2015) "Os diálogos antigos eram uma lástima. Em certos romances, os indivíduos emudeciam, em outros, falavam bonito demais, empregavam linguagem de discurso"

Os termos "escandalosamente" e "bonito" exercem, nas orações a que pertencem, a mesma função sintática..

Certo ( ) Errado ( )

04. (CESPE - 2012) "Oficialmente, o presidente Nazarbayev justificou a mudança alegando o risco permanente de terremoto em Almaty e a falta de espaço para crescimento."

Os vocábulos "Oficialmente" e "permanente" pertencem à mesma classe gramatical.

Certo ( ) Errado ( )

05. (CESPE - 2013) "Temos observado que os empregados dos postos de trabalho de pior remuneração são os que moram mais distantes dos locais de trabalho e cotidianamente saem de casa duas ou três horas antes da jornada, gastando o mesmo tempo para retornarem às suas casas."

A alteração do vocábulo "distantes" para distante manteria a correção e o sentido do texto.

Certo ( ) Errado ( )

Gabaritos

01	CERTO
02	ERRADO
03	CERTO
04	ERRADO
05	CERTO

4. MORFOLOGIA - PRONOME, PALAVRAS "QUE" E "SE"

4.1 Pronome

Observe o trecho a seguir:

O bebê de Daniela nasceu perfeito. O bebê de Daniela tem olhos azuis. As mãos do bebê de Daniela são fortes, e os cabelos do bebê de Daniela são claros.

Para que não haja esta repetição desagradável durante a comunicação, utilizamos os pronomes:

O bebê de Daniela nasceu perfeito. **Ele** tem olhos azuis, suas mãos são fortes e **seus** cabelos são claros.

Os pronomes são palavras que substituem ou acompanham os substantivos. Eles podem indicar qualquer uma das três pessoas do discurso:

1ª pessoa: quem fala;

2ª pessoa: com quem se fala;

3ª pessoa: de quem se fala.

4.1.1 Classificação dos Pronomes

Pronomes Pessoais

Pessoa do discurso	Retos	Oblíquos
1ª pessoa do singular 2ª pessoa do singular 3ª pessoa do singular	Eu Tu Ele/Ela	Me, mim, comigo Te, ti, contigo O, a, lhe, se, si, consigo
1ª pessoa do plural 2ª pessoa do plural 3ª pessoa do plural	Nós Vós Eles/Elas	Nos, conosco Vos, convosco Os, as, lhes, se, si, consigo

Os pronomes pessoais funcionam como **sujeito** da oração.

Ex.: ***Eu*** estava cansada ontem.

Os pronomes oblíquos funcionam como **complementos**.

Ex.: Eu ***lhe*** escrevi uma carta.

Observe que o verbo escrever é transitivo direto e indireto: quem escreve, escreve algo a alguém. O objeto direto, o que se escreveu, é "uma carta", e o objeto indireto, a quem se escreveu, é o pronome oblíquo lhe, que tem valor de objeto indireto porque possui a preposição a subentendida. Ou seja: lhe equivale a a ele/a ela.

As formas o, a, os, as sofrem modificações dependendo da terminação do verbo que acompanham. Observe:

> Quando o verbo terminar em **r**, **s** ou **z**, ficarão **lo, la, los, las**:

Exs.: Começa*r*: começá***-los***;

Celebramo*s*: celebramo***-lo***.

Fi*z*: fi***-lo***.

> Quando o verbo terminar em som nasal, ficarão **no**, **na**, **nos**, **nas**:

Exs.: Comemora***m***: comemora***m-no***;

Vira***m***: vira***m-no***.

O pronome oblíquo jamais inicia frase. Por isso, ele aparecerá, em início de frase, depois do verbo, ou utiliza-se algum termo para que ele possa aparecer antes do verbo:

Ex.: Eu te liguei.

Liguei-te.

Pronomes de Tratamento

São pronomes utilizados para dirigir-se ou referir-se a autoridades ou pessoas com quem se tem menos contato. Os mais utilizados são:

PRONOMES DE TRATAMENTO		USADOS PARA
Você		Um tratamento íntimo, familiar.
Senhor, Senhora	Sr., Sr.ª	Pessoas com as quais mantemos um certo distanciamento mais respeitoso.
Vossa Senhoria	V. S.ª	Pessoas com um grau de prestígio maior. Usualmente, os empregamos em textos escritos, como: correspondências, ofícios, requerimentos, etc.
Vossa Excelência	V. Ex.ª	Usados para pessoas com alta autoridade, como: Presidente da República, Senadores, Deputados, Embaixadores, etc.
Vossa Alteza	V. A.	Príncipes e duques.
Vossa Santidade	V.S.	Para o Papa.
Vossa Magnificência	V. Mag.ª	Reitores de Universidades.
Vossa Majestade	V. M.	Reis e Rainhas.

> O pronome de tratamento concorda com o verbo na 3ª pessoa:

Vossa Excelência me ***permite*** fazer uma observação?

> Quando o pronome for utilizado para referir-se à 3ª pessoa, o pronome **Vossa** será substituído por **Sua**:

Sua Alteza, o Príncipe William, casou-se com uma plebeia.

Pronomes Possessivos

São pronomes que indicam posse. Observe os exemplos:

Exs.:

Andei tanto que ***meus*** pés estão doendo.

Pegue ***tuas*** coisas e vamos embora.

Marina ficou feliz ao ver que ***sua*** mala não estava perdida.

Os pronomes destacados indicam quem é o possuidor dos itens das orações: pés, coisas e malas. Observe que pelo pronome é possível identificar a pessoa. Isso acontece porque há um pronome possessivo específico para cada pessoa:

Pessoa do discurso	Pronomes possessivos
1ª pessoa do singular 2ª pessoa do singular 3ª pessoa do singular	Meu, minha, meus, minhas Teu, tua, teus, tuas Seu, sua, seus, suas
1ª pessoa do plural 2ª pessoa do plural 3ª pessoa do plural	Nosso, nossa, nossos, nossas Vosso, vossa, vossos, vossas Seu, sua, seus, suas

O pronome possessivo concorda:

> Em pessoa, com o possuidor:

Ex.: ***Meu*** irmão chegou de viagem.

1ª pessoa do singular

> Em número, com o que se possui:

Ex.: ***Teus filhos*** são lindos!

Masculino plural

Pronomes Demonstrativos

São os pronomes que indicam a posição de algo em relação à pessoa do discurso. Observe os exemplos:

Exs.: ***Este*** mês está sendo ótimo para o comércio graças a Dia das Mães. (mês atual);

Na última semana tivemos quatro provas. ***Essa*** semana foi uma correria! (passado próximo);

Quando meus filhos eram pequenos, viajamos para a Europa. ***Aquela*** foi uma viagem inesquecível. (passado distante)

O mesmo ocorre com os mesmos pronomes em relação à localização no espaço. Observe:

Exs.:

Acho que ***esta*** camiseta ficou bem em mim. (próximo à pessoa que fala);

Esse chapéu ficou ótimo em você! (próximo à pessoa com que se fala);

Você sabe de quem é ***aquela*** pasta? (distante de quem fala e da pessoa com que se fala).

Pronomes Demonstrativos	
Variáveis	Invariáveis
Este, estas, estes, estas Esse, essa, esses, essas Aquele, aquela, aqueles, aquelas	Isto Isso aquilo

Pronomes Indefinidos

São pronomes que se referem à 3ª pessoas mas sem a função de determinar ou definir. Pelo contrário: são pronomes que dão um sentido vago, impreciso sobre quem ou o que se fala.

Exs.: ***Muitos*** querem sucesso, mas ***poucos*** estão dispostos a pagar pelo seu preço.

Não se sabe sobre quem ou quantas pessoas se fala, por isso são utilizados pronomes que dão a ideia de quantidade indefinida.

Pronomes indefinidos	
Variáveis	Invariáveis
algum, alguns, alguma, algumas; certo, certos, certa, certas; nenhum, nenhuns, nenhuma, nenhumas; todo, todos, toda, todas; outro, outros, outra, outras; muito, muitos, muita, muitas; pouco, poucos, pouca, poucas; vário, vários, vária, várias; tanto, tantos, tanta, tantas; quanto, quantos, quanta, quantas.	Alguém Ninguém Outrem Tudo Nada Cada Algo Mais Menos

Pronomes Interrogativos

São os pronomes utilizados nas perguntas diretas e indiretas. Observe o exemplo:

Exs.:

Quantas pessoas se matricularam no curso?

Quem estava aqui ontem?

Gostaria de saber ***que*** dia você viajará.

Pronomes interrogativos
Quem, quanto, quantos, quanta, quantas, qual, quais, que

Pronomes Relativos

São pronomes que se relacionam com termos já citados na oração, evitando a repetição.

Exs.:

Trouxe um livro.

O livro que eu trouxe é o livro que você me pediu.

O pronome relativo que indica e especifica o livro ao qual o interlocutor se refere:

Trouxe o livro ***que*** você pediu.

O pronome relativo concordará:

> Com o seu antecedente:

As ***ruas*** pelas quais passou traziam lembranças.

Exceção: pronome cujo (e variações), que concorda com o consequente:

Estou lendo um livro cuja ***capa*** foi feita pelo meu irmão.

> A regência do pronome relativo seguirá a regra da regência pedida pelo verbo:

Exs.:

É uma menina ***de*** quem todos ***gostam***.

Era uma pessoa ***a*** quem todos ***admiravam***.

Pronomes Substantivos

Em alguns casos, o pronome atuará como substantivo, substituindo-o. Observe:

Poucos conhecem o segredo de viver em paz.

Pronome indefinido – substitui o substantivo

Pronomes Adjetivos

Em alguns casos, o pronome atuará como adjetivo, atribuindo uma característica ao substantivo. Observe:

Este quadro é ***meu***.

Pronome possessivo adjetivo

4.2 Palavra QUE

A palavra "que" possui diversas funções e costuma gerar muitas dúvidas. Por isso, para entender cada função e identificá-las, observe os exemplos a seguir:

4.2.1 Substantivo

Senti um ***quê*** de falsidade naquela fala.

Neste caso, o que está precedido por um determinante - um artigo, e é acentuado, pois assume o papel de um substantivo. Poderia ser substituído por outro substantivo:

Senti um ***ar*** de falsidade naquela fala.

Quanto atua como substantivo, o quê será sempre acentuado e precedido por um artigo, pronome ou numeral.

4.2.2 Pronome

Exs.:

Que beleza de festa! **(pronome exclamativo)**

O livro ***que*** comprei estava em promoção. (**pronome relativo)**

Que dia é a prova? (**pronome interrogativo)**

4.2.3 Interjeição

Exs.: ***Quê***? Não entendi.

Quê! Ela sabe sim!

4.2.4 Preposição

Temos ***que*** chegar cedo.

Observe que a regência do verbo ter exige a preposição "de": *Temos de chegar cedo.* No entanto, na fala coloquial, já é aceito o uso do "que" como preposição.

4.2.5 Advérbio

Que bela está a casa!

Neste caso, antecede um adjetivo, modificando-o: **como** a casa está bela!

Que longe estava da cidade!

Neste caso, antecede um advérbio, intensificando-o: Estava **muito longe** da cidade.

4.2.6 Conjunção

Exs.:

Que gostem ou ***que*** não gostem, tomei minha decisão. (**conjunção alternativa)**

Pode entrar na fila ***que*** não será atendida. (**conjunção adversativa)**

Não falte à aula ***que*** o conteúdo é importante. **(conjunção explicativa)**

4.2.7 Conjunção Subordinativa

Exs.:

Estava tão cansada ***que*** não quis recebê-lo.
(conjunção subordinativa consecutiva)

Gostei da viagem, cara ***que*** tenha sido.
(conjunção subordinativa concessiva)

Não corra ***que*** o chão está molhado! **(conjunção subordinativa causal)**

4.2.8 Partícula Expletiva (de realce)

Que bonito ***que*** está o seu cabelo! **(não tem função na oração, apenas realça o que está sendo falado)**

4.3 Palavra SE

A palavra "se", assim como o "que", possui diversas funções e costuma gerar muitas dúvidas. Por isso, para entender cada função e identificá-las, observe os exemplos a seguir:

4.3.1 Partícula Apassivadora

Vendem-***se*** plantas. (**É possível passar a oração para a voz passiva analítica: Plantas são vendidas)**

Neste caso, o "se" nunca será seguido por preposição.

4.3.2 Pronome Reflexivo

Ex.: Penteou-***se*** com capricho.

4.3.3 Pronome Recíproco

Ex.: Amaram-***se*** durante anos.

4.3.4 Partícula Expletiva (de realce)

Ex.: Foi-***se*** o tempo em que confiávamos nos políticos. (**não possui função na oração, apenas realça o que foi dito)**

4.3.5 Pronome indeterminador do sujeito

Transforma o sujeito em indeterminado.

Exs.:

Precisa-***se*** de secretária. (**não se pode passar a oração para a voz passiva analítica)**

Nessa casa, come-***se*** muito.

4.3.6 Parte do verbo pronominal

Alguns verbos exigem a presença da partícula "se" para indicar que a ação é referente ao sujeito que a pratica:

Exs.: Arrependeu-***se*** de ter ligado.

Outros exemplos de verbos pronominais: Lembrar-***se***, queixar-***se***, enganar-***se***, suicidar-***se***.

4.3.7 Conjunção

Exs.:

Vou chegar no horário **se** não chover. (conjunção condicional)

Não sei **se** dormirei em casa hoje. (conjunção integrante)

Se vai ficar aqui, então fale comigo. (conjunção adverbial causal)

Se queria ser mãe, nunca demonstrou amor pelas crianças. (conjunção concessiva)

Questões

01. (CESPE - 2018) "Aqui, neste escritório onde a verdade não pode ser mais do que uma cara sobreposta às infinitas máscaras variantes, estão os costumados dicionários da língua e vocabulários, os Morais e Aurélios, os Morenos e Torrinhas, algumas gramáticas, o Manual do Perfeito Revisor, vademeco de ofício [...]."

O emprego de "neste" decorre da presença do vocábulo "Aqui", de modo que sua substituição por nesse resultaria em incorreção gramatical.

Certo ( ) Errado ( )

02. (CESPE - 2018) "A facilidade de comunicações acabou com esses tanques em que floresciam as diferentes culturas."

Caso o pronome "esses" (R.1) fosse substituído por estes, seriam mantidas a correção gramatical do período e as principais informações veiculadas pelo texto, mas haveria maior distanciamento do autor com relação aos "tanques em que floresciam as diferentes culturas"

Certo ( ) Errado ( )

03. (CESPE - 2007) "Quanta inútil retórica se tem desperdiçado para provar que todos os nossos males ficariam resolvidos de um momento para o outro se estivessem amplamente difundidas as escolas primárias e o conhecimento do abc."

O vocábulo "Quanta" classifica-se, na oração em que ocorre, como pronome interrogativo.

Certo ( ) Errado ( )

04. (CESPE - 2017) "A partir de Sócrates, o ser humano voltou-se para si mesmo."

O pronome na forma verbal "voltou-se" denota reciprocidade, aspecto enfatizado pela expressão "para si mesmo".

Certo ( ) Errado ( )

05. (CESPE - 2016) "Na parede da esquerda ficaria a grande e sonhada estante onde caberiam todos os meus livros."

Seria mantida a correção do texto caso o trecho "onde caberiam" fosse substituído por que caberia.

Certo ( ) Errado ( )

Gabaritos

01	CERTO
02	ERRADO
03	CERTO
04	ERRADO
05	ERRADO

5. MORFOLOGIA - VERBO

5.1 Verbos

O estudo dos verbos representa uma parte bastante importante da gramática da Língua Portuguesa. A maioria das circunstâncias comunicativas acontece em torno dessa classe gramatical. Em provas, não se costuma cobrar toda uma conjugação de determinado verbo. Todavia, pode-se solicitar a análise da mudança semântica a partir da modificação das conjugações, ou mesmo se alguma conjugação está correta. Muitas vezes, as conjugações verbais trazem uma significação completamente diferente, dependendo do contexto em que aparecem.

Exs.: Não matarás - (**verbo no futuro do presente, mas com conotação de proibição).**

Pudera eu ser milionário - (**verbo no pretérito-mais-que-perfeito, mas com conotação de hipótese).**

5.2 Conjugações do Verbo

Todos os verbos em Língua Portuguesa, quando no infinitivo, terminarão em ar, er ou ir. Essa classificação é chamada de conjugação:

1ª conjugação: Verbos terminados em AR

2ª conjugação: Verbos terminados em ER

3ª conjugação: Verbos terminados em IR

5.3 Locução Verbal

É formada por um ou mais verbos auxiliares e um principal na forma nominal (infinitivo, gerúndio ou particípio).

Exs.: Vou Querer/Pode ter ocorrido/Deve ter sido feito/ Estou estudando.

5.4 Modo Indicativo

Indica certeza. Conseguimos precisar quando algo realmente acontece, aconteceu ou acontecerá. Mas isso nem sempre é recorrente, muitas vezes, dependendo do tempo verbal, teremos noção hipótese também.

5.4.1 Presente

Indica algo que se faz neste exato momento, algo que se faça rotineiramente, algo que se fará no futuro ou, muitas vezes, pode adquirir até uma conotação de passado (presente histórico).

Reaver: defectivo, possui apenas algumas pessoas no presente do modo indicativo e **inexiste** no presente do modo subjuntivo.

Nós reavemos e vós reaveis.

Aderir: eu adiro, tu aderes, ele adere, nós aderimos, vós aderis, eles aderem. (Competir e repelir seguem a mesma conjugação.)

Intermediar: eu intermedeio, tu intermedeias, ele intermedeia, nós intermediamos, vós intermediais, eles intermedeiam (MEDIAR, ANSIAR, REMEDIAR, INCENDIAR e ODIAR seguem a mesma conjugação).

Aprazer: eu aprazo, tu aprazes, ele apraz, nós aprazemos, vós aprazeis, eles aprazem. (ter prazer)

5.4.2 Pretérito Perfeito

Indica uma ação terminada, concluída no passado. Atenção para as gírias, muitas vezes elas aparecem na linguagem do dia a dia, mas a normal culta condena o uso delas. É o caso do exemplo: "Festa hoje? Fui!". Perceba que o verbo FUI indica uma certeza de algo, porém, na linguagem tradicional, o normal seria VOU ou IREI, mantendo a ideia certa de presença no evento.

Reaver: eu reouve, tu reouveste, ele reouve, nós reouvemos, vós reouvestes, eles reouveram.

Ter: eu tive, tu tiveste, ele teve, nós tivemos, vós tivestes, eles tiveram (Derivados do Ter se conjugam igualmente, **reter, manter, obter, abster, entreter, deter, conter**).

Vir: eu vim, tu vieste, ele veio, nós viemos, vós viestes, eles vieram. (Derivados do VIR se conjugam igualmente, **intervir, advir, provir, convir**.)

Prover: eu provi, tu proveste, ele proveu, nós provemos, vós provestes, eles proveram.

5.4.3 Pretérito Imperfeito

Indica uma ação não concluída no passado. Noção de movimento, algo em andamento, mas no passado. Existe a tendência de usá-lo como ação não feita, tal qual o futuro do pretérito.

Pôr: eu punha, tu punhas, ele punha, nós púnhamos, vós púnheis, eles punham. (Derivados do PÔR se conjugam igualmente, **supor, predispor, propor, repor, transpor, justapor, depor, compor, decompor, opor** etc.)

Amar: eu amava, tu amavas, ele amava, nós amávamos, vós amáveis, eles amavam.

Reaver: eu reavia, tu reavias, ele reavia, nós reavíamos, vós reavíeis, eles reaviam.

Ter: eu tinha, tu tinhas, ele tinha, nós tínhamos, vós tínheis, eles tinham. (Derivados do Ter se conjugam igualmente, **reter, manter, obter, abster, entreter, deter, conter**).

5.4.4 Pretérito-Mais-Que-Perfeito

Indica uma ação anterior ao pretérito perfeito ou uma ação hipotética.

Ex.: Eu abri a garrafa que eu pegara (**PEGUEI** ou **TINHA PEGADO**).

Trazer: eu trouxera, tu trouxeras, ele trouxera, nós trouxéramos, vós trouxéreis, eles trouxeram.

Saber: eu soubera, tu souberas, ele soubera, nós soubéramos, vós soubéreis, eles souberam.

Fazer: eu fizera, tu fizeras, ele fizera, nós fizéramos, vós fizéreis, eles fizeram. (**SATISFAZER** conjuga-se da mesma maneira).

5.4.5 Futuro do Presente

Ação futura ou proibição. Muitas vezes esse tempo verbal pode ser trocado pelo Presente do Indicativo ou pelo Imperativo Negativo, tudo dependendo do contexto!

Querer: eu quererei, tu quererás, ele quererá, nós quereremos, vós querereis, eles quererão.

Aniversariar: eu aniversariarei, tu aniversariarás, ele aniversariará, nós aniversariaremos, vós aniversariareis, eles aniversariarão.

> Muitas bancas podem colocar verbos na mesma conjugação na locução, mas com semântica diferente.
>
> Ex.: QUEREREI ≠ DEVEREI QUERER, não se equivalem. QUEREREI indica certeza, DEVEREI QUERER, hipótese.

O correto é **VOU VIR,** e não **VOU VIM**, construção frequente na linguagem coloquial.

5.4.6 Futuro do Pretérito

Indica ação não feita, hipótese, expressão de desejo e ação no passado. Aqui temos o exemplo típico de hipótese. É o tempo verbal do indicativo com mais simbologias, portanto fique atento ao discurso.

Fazer: eu faria, tu farias, ele faria, nós faríamos, vós faríeis, eles fariam. (**SATISFAZER** se conjuga da mesma maneira).

Querer: eu quereria, tu quererias, ele quereria, nós quereríamos, vós quereríeis, eles quereriam.

Dizer: eu diria, tu dirias, ele diria, nós diríamos, vós diríeis, eles diriam. (**MALDIZER** se conjuga da mesma maneira).

5.5 Modo Subjuntivo

Hipótese: usa-se esse modo quando não se sabe a precisão dos fatos. Quando tal modo aparece, consegue-se imaginar certo tom de dúvida, de hipótese. Imaginemos determinado anfitrião perguntando a uma visita: "você quer que eu PEGUE um copo d'água?". O tempo usado é o correto, porque não se sabe qual resposta será dada.

5.5.1 Presente (que)

Vale lembrar que não só a conjunção QUE determina a flexão nesse tempo verbal, pode-se também usar AINDA, QUE, EMBORA etc.

Aderir	Caber	Intervir
adira	caiba	intervenha
adiras	caibas	intervenhas
adira	caiba	intervenha
adiramos	caibamos	intervenhamos
adirais	caibais	intervenhais
adiram	caibam	intervenham

Obs.: os verbos defectivos **INEXISTEM** nesta conjugação, tais como REAVER, EXTORQUIR, FALIR, COLORIR.

5.5.2 Pretérito Imperfeito (se)

Vale lembrar que não só a conjunção SE determina a flexão nesse tempo verbal, pode-se também usar CASO, AINDA QUE etc.

Reaver	Requerer	Intervir	Manter
reouvesse	requeresse	interviesse	mantivesse
reouvesses	requeresses	interviesses	mantivesses
reouvesse	requeresse	interviesse	mantivesse
reouvéssemos	requerêssemos	interviéssemos	mantivéssemos
reouvésseis	requerêsseis	interviésseis	mantivésseis
reouvessem	requeressem	interviessem	mantivessem

5.5.3 Futuro (quando)

Destaca-se que não só a conjunção QUANDO determina a flexão nesse tempo verbal, pode-se também usar SE, CASO etc.

Ver	Vir	Pôr	Manter
Vir	Vier	Puser	Mantiver
Vires	Vieres	Puseres	Mantiveres
Vir	Vier	Puser	Mantiver
Virmos	Viemos	Pusermos	Mantivemos
Virdes	vierdes	Puserdes	Mantiverdes
Virem	vierem	puserem	mantiverem

> Muitos tempos verbais no futuro do subjuntivo são conjugados do mesmo modo que o infinitivo impessoal. É o caso do verbo AMAR.
>
> Ex.: Ele falou para eu AMAR (infinitivo).
>
> Quando eu AMAR (futuro do subjuntivo).

5.6 Modo Imperativo

Imperativo: pode indicar ordem ou proibição.

5.6.1 Afirmativo

Ordem. Em linguagem coloquial, nota-se que, muitas vezes, o imperativo afirmativo é usado de forma inadequada, sem que o próprio falante se dê conta. Deveríamos usar a conjugação em terceira pessoa, já que esta é bastante frequente nas situações comunicativas cotidianas. O tratamento de VOCÊ é muito mais comum que o de TU. Porém, quando se usa o imperativo, nota-se a constante opção pela conjugação em segunda pessoa: TU.

Presente do Indicativo		Imperativo Afirmativo		Presente do Subjuntivo
Eu compro		-		Que eu compre
Tu compras	sem o **s**	Compra tu		Que tu compres
Ele compra		Compre você		**Que ele compre**

Nós compramos	sem os	Compremos nós		**Que nós compremos**
Vós comprais		Comprai vós		Que vós compreis
Eles compram		Comprem vocês		**Que eles comprem**

Obs.: Todos os verbos se conjugam assim, com exceção de SER.

SÊ tu, SEJA você, SEJAMOS nós, SEDE vós, SEJAM vocês.

5.6.2 Negativo

Proibição. Existe uma equivalência com uma dos significados do futuro do indicativo.

Imperativo Negativo		Presente do Subjuntivo
Não sejas tu	←	Que tu sejas
Não seja você	←	Que ele seja
Não sejamos nós	←	Que nós sejamos
Não sejais vós	←	Que vós sejais

5.7 Correlação Verbal

As conjugações dos verbos, na maioria das bancas de concurso, não são cobradas de modo direto, senão pela correlação verbal. Ela consiste em situações cujas conjugações verbais aparecem de modo correlato, numa sintonia lógica ao que se queira dizer. Muitas vezes, ficar atento à conjunção ajuda bastante.

Exs.: Ainda que ela ***suponha*** a solução, nada ***mudará***.

Ainda que ela ***supusesse*** a solução, nada ***mudaria***.

Ainda que ela ***supuser*** a solução, nada ***mudará***.

Caso nós ***cheguemos*** cedo, ***iremos*** ao show.

* Caso nós ***chegássemos*** cedo, ***iríamos*** ao show.

Caso nós ***chegarmos*** cedo, ***iremos*** ao show.

*** Percebe-se que, pela conjugação verbal, tem-se a certeza de que ninguém foi ao show.**

Vale ressaltar que unir o conhecimento do idioma com a conjugação certa dos verbos é um estudo bastante eficaz para se entender a gramática e compreender como as bancas abordam tal recurso.

5.8 Verbos Abundantes

Geralmente, os verbos trazem apenas um particípio, que pode ser regular ou irregular. No caso dos verbos abundantes, os particípios podem aparecer de duas formas: regular (-**do**) e irregular.

Exs.: nascer: nasci***do*** → nato

benzer: benzi***do*** → bento

morrer: morri***do*** → morto

inserir: inseri***do*** → inserto

pagar: paga***do*** → pago

pegar: pega***do*** → pego

enxugar: enxuga***do*** → enxuto

Observações:

Usamos o particípio regular (-do), com os verbos auxiliares **TER** e **HAVER**.

Usamos o particípio irregular com os verbos auxiliares **SER** e **ESTAR**.

Ex.: Os boletos **FORAM PAGOS**.

A menina **TINHA PAGADO** os boletos.

Obs.: TINHA PAGO é aceito.

Os padres **HAVIAM BENZIDO** o bebê.

Os bebês **ESTÃO BENTOS**.

5.9 Vozes Verbais

Indicam a relação que o sujeito mantém com o verbo. A abordagem desse tema é muito comum em provas de concurso. Geralmente, nos enunciados das questões, as vozes verbais podem aparecer associadas a uma palavra que gera dúvidas aos candidatos: transposição.

As vozes verbais são divididas em três: analítica, reflexiva e sintética.

5.9.1 Voz Passiva Analítica

Formada por verbos auxiliares e particípios. Nela, o sujeito recebe a ação e é chamado de sujeito paciente.

Exs.: Eu ***corto*** o pão. (voz ativa)

O pão É CORTADO por mim. (voz passiva analítica)

Percebe-se que o tempo verbal na voz ativa determina o tempo do verbo auxiliar na voz passiva. Fique atento nas provas, muitas vezes a transposição da voz ativa para a passiva é possível, mas o verbo aparece em outro tempo e você pode se prejudicar. Exemplo: Ele CORTA a maçã/A maçã É CORTADA por ela. Veja que os verbos CORTA e É estão no mesmo tempo verbal.

Exs.: **Pintei** – **FOI** pintado.

Pintara – **FORA** pintado.

Pintava – **ERA** pintado.

Pintará – **SERÁ** pintado.

Pintaria – **SERIA** pintado.

Estou Pintando – **ESTÁ SENDO** pintado.

Estava Pintando – **ESTAVA SENDO** pintado.

Os verbos que aceitam transposição são os **transitivos diretos**, ou seja, aqueles que aceitam como complemento **algo** ou **alguém**.

Cortar, ver, pintar, amar, selecionar, ultrapassar, transpor, prejudicar etc.: percebemos que todos estes verbos pedem complemento **algo** ou **alguém**.

Não existe **voz passiva analítica** com verbos que exigem, no complemento, uma preposição.

Exs.: Eu gosto ***de*** você.

Eu assisti ***ao*** jogo.

Eu preciso ***de*** ajuda.

Como não existe sujeito preposicionado, não existe a possibilidade de haver **voz passiva analítica**.

Exceção: verbos OBEDECER e DESOBEDECER:

Exs.: Nos desobedecemos ***ao*** pai → ***O pai foi desobedecido por nós***.

Eu obedeço ***ao*** pai → O pai é obedecido por mim.

Existem transposições que fogem do comum, mas estão perfeitamente corretas.

Exs.: ***Vives rodeado*** de mulheres. (Mulheres te rodeiam - **voz ativa**)

Pareceis cercado de problemas. (Problemas vos cercam - **voz ativa**)

5.9.2 Reflexiva

Caracteriza-se pela presença de pronome reflexivo, ou seja, o sujeito faz e recebe a ação simultaneamente.

Eu ***me*** penteio - Ele ***se*** cortou.

Vejamos as formas reflexivas e seus respectivos pronomes.

eu **me** - tu **te** - ele(a)(s) **se** - nós **nos** - vós **vos**.

5.9.3 Sintética

Quando SE é um pronome apassivador ou partícula apassivadora, é possível transformar tal oração em voz passiva analítica. O verbo concorda com o sujeito. Assim, quando o sujeito estiver no plural, o verbo também estará.

Ex.: Vendem-**se** casas. - Casas **são vendidas**.

Pronome apassivador

Ex.: Fazem-**se** reparos. – Reparos **são feitos**.

Aqui **se** analisam as propostas.

Alugam-se salas.

Entender o conceito é o melhor caminho. Em provas, temos alguns exemplos que podem trazer confusão. Portanto, encontrar o sujeito sempre é uma saída. Descobre-se também a concordância correta quando passamos a oração para a voz passiva analítica.

Exs.: Não se ***contrapuseram*** nossos pontos de vista.

Nossos pontos de vista não **foram contrapostos**.

Aqui se **veem** problemas por toda parte.

Problemas **são vistos** por toda parte.

5.10 Verbos Impessoais

Não possibilitam a alguém exercer a ação. Só existem na 3ª pessoa do singular (em todos os tempos e modos). Aparecem em orações cujo sujeito é inexistente. São 4 os verbos impessoais:

5.10.1 Haver (no sentido de existir)

*Na sala, **há** alunos.*

Há = Existem

Exs.: ***Haverá*** problemas. (vai haver)

Existirão problemas. (vão existir)

Quando for utilizado o verbo EXISTIR, o sujeito se torna PROBLEMAS. Há diferença gramatical, mas não semântica, ou seja, o sentido continua o mesmo. Cuidado: muitas vezes, a locução verbal pode trazer mudança semântica. Desse modo, se a locução for DEVERÁ HAVER PROBLEMAS, existe a possibilidade de haver ou não problemas.

5.10.2 Fazer (indicando tempo decorrido)

Exs.: Hoje ***faz*** 15 anos que me formei.

Lá ***faz*** invernos rigorosos.

5.10.3 Verbos que Indicam Fenômenos da Natureza

Exs.: ***Chove*** sem parar.

Amanheceu muito tarde.

Na oração "**O dia** amanheceu tarde", a semântica é a mesma. Porém, há sujeito. Desse modo, o verbo, mesmo representando semanticamente um fenômeno da natureza, deixa de ser impessoal.

5.10.4 Ser

Sentido de tempo e quantidade: pode vir no plural, ainda assim será impessoal.

Ex.: É meia-noite.

É 01 de maio.

É meio-dia e meia.

SÃO 14 horas.

É (dia) / ***SÃO*** 25 de agosto.

100 reais É suficiente.

Vimos, neste capítulo, como os verbos são determinantes em uma prova. Saber a conjugação para entender a correlação e os sentidos que dão ao texto é fundamental. Conhecer as regras gramaticais ajuda, porém, entender cada forma como o verbo se mostra e as relações que possui é primordial ao entendimento de uma mensagem, de um texto. Verbo é essencial em Língua Portuguesa e sempre estará presente em qualquer assunto gramatical.

5.11 Transitividade Verbal

Os verbos dividem-se conforme a sua transitividade. São eles:

5.11.1 Intransitivo

Quando o sentido do verbo é completo e não exige complemento.

Ex.: Meu vizinho morreu.

5.11.2 Transitivo

Quando o sentido do verbo não é completo e é necessário um complemento para que faça sentido. Dentre os transitivos, pode ser:

Transitivo Direto

Quando exige um complemento que não é seguido por preposição (objeto direto):

Ex.: Comprei uma bolsa.

Transitivo Indireto

Quando exige um complemento que é seguido por preposição (objeto indireto):

Ex.: Gosto de cantar.

Transitivo Direto e Indireto (bitransitivo)

Quando exige dois complementos para fazer sentido:

Ex.: Entreguei uma carta ao porteiro.

5.11.3 Verbo de Ligação

Quando não exprime uma ação e sim uma característica do sujeito:

Ex.: Marina é bonita.

São verbos de ligação:

Ser
Estar
Continuar
Andar
Parecer
Permanecer
Ficar
Tornar-se
Virar

Questões

01. (CESPE - 2019) "Raras vezes na história humana, o trabalho, a riqueza, o poder e o saber mudaram simultaneamente."

A coerência e a correção gramatical do texto seriam preservadas se a forma verbal "mudaram" (R.2) fosse substituída por mudam.

Certo ( ) Errado ( )

02. (CESPE - 2018) "Nesse futuro não tão remoto, teremos conquistado a utopia de uma verdadeira justiça social."

A substituição de "teremos conquistado" por conquistaremos manteria os sentidos originais do texto.

Certo ( ) Errado ( )

03. (CESPE - 2018) "Não sou de choro fácil a não ser quando descubro qualquer coisa muito interessante sobre ácido desoxirribonucleico. Ou quando acho uma carta que fale sobre a descoberta de um novo modelo para a estrutura do ácido desoxirribonucleico, uma carta que termine com "Muito amor, papai". Francis Crick descobriu o desenho do DNA e escreveu a seu filho só para dizer que "nossa estrutura é muito bonita"."

A forma verbal "termine", que denota uma ação incerta ou irreal, foi empregada para indicar que a carta que Crick escreveu a seu filho, na realidade, não se encerra com as palavras 'Muito amor, papai`.

Certo ( ) Errado ( )

04. (CESPE - 2018) "O Zoológico de Sapucaia do Sul abrigou um dia um macaco chamado Alemão. Em um domingo de Sol, Alemão conseguiu abrir o cadeado de sua jaula e escapou. O largo horizonte do mundo estava à sua espera. As árvores do bosque estavam ao alcance de seus dedos. Ele passara a vida tentando abrir aquele cadeado. Quando conseguiu, em vez de mergulhar na liberdade, desconhecida e sem garantias, Alemão caminhou até o restaurante lotado de visitantes. Pegou uma cerveja e ficou bebericando no balcão."

A forma verbal "passara" denota um fato ocorrido antes de duas outras ações também já concluídas, as quais são descritas nos dois períodos imediatamente anteriores ao período em que ela se insere.

Certo ( ) Errado ( )

05. (CESPE - 2018) "O Juca era da categoria das chamadas pessoas sensíveis, dessas a que tudo lhes toca e tange. Se a gente lhe perguntasse: "Como vais, Juca?", ao que qualquer pessoa normal responderia "Bem, obrigado!" — com o Juca a coisa não era assim tão simples."

Caso a forma verbal "era" fosse substituída por seria, a respectiva afirmação sobre o comportamento de Juca seria mais categórica que a que se verifica no texto.

Certo ( ) Errado ( )

Gabaritos

01	CERTO
02	ERRADO
03	ERRADO
04	ERRADO
05	ERRADO

6. SINTAXE DA ORAÇÃO

6.1 Frase

Observe os exemplos:

Cuidado!

Estou cansada.

Passei no concurso!

Mentira!

Jura?

Anda logo!

Toda palavra ou conjunto de palavras organizada de maneira coerente e que transmita informações ou tenha sentido é considerada **frase**.

6.2 Classificação da Frase

De acordo com o seu **significado**, uma frase pode ser:

Declarativa ou afirmativa:

Eu gosto de você.

Interrogativa:

Você sabe que dia é a prova?

Exclamativa:

Mentira!

Imperativa:

Fique onde está.

6.2.1 Nominal

Quando não possui verbos:

Exs.:

Silêncio!

Bom dia!

6.2.2 Verbal

Quando possui verbos:

Exs.:

João ***gosta*** de Química.

As crianças ***brincavam*** no quintal.

Os meninos ***são*** muito agitados.

A frase verbal também é considerada *oração*.

6.3 Oração

Todo enunciado que faz sentido e que possui verbo é considerado oração.

Exs.:

Cansei de esperar.

Eles ***estão estudando*** muito para a prova.

As meninas ***passaram*** horas se ***arrumando*** para a festa.

É preciso observar que:

- Nem toda frase é oração

Somente será oração quando houver verbo. Portanto, alguns enunciados serão apenas frases, pois terão sentido completo mas sem a presença de verbos:

Ex.: Que calor!

- Nem toda oração é frase

Em alguns casos, a oração não fará sentido sem um complemento. Portanto, haverá a presença de verbo, mas não será considerada uma frase:

Ex.: Gostei | de você ter falado o que sentia.

Observe que o primeiro verbo não faz sentido sem o complemento, sendo, portanto, uma oração, e não uma frase.

6.3.1 Período

Toda oração é chamada também de período, que pode ser:

Simples

Quando possui apenas um verbo, ou seja, apenas uma oração:

Exs.:

Eles ***gostaram*** do bolo.

As roupas ***secaram*** no varal.

Composto

Quando possui mais de um verbo, ou seja, mais de uma oração:

Exs.: ***Queremos*** que as coisas ***sejam resolvidas*** logo.

1ª oração 2ª oração

Era tarde quando ***chegamos*** do trabalho.

1ª oração 2ª oração

Quando houver uma locução verbal, será contado apenas o verbo principal, ou seja, será apenas uma oração:

Vai ficar tarde para ***ligar*** para ela.

1ª oração 2ª oração

6.4 Termos Essenciais da Oração

Observe o trecho a seguir:

Os alunos gostam das aulas de Inglês.

A oração faz sentido porque possui dois elementos essenciais: sujeito e predicado.

Sujeito é o termo sobre o qual a oração fala.

Predicado é o que se fala sobre o sujeito.

Os ***alunos*** gostam das aulas de Inglês.

Sujeito Predicado

6.4.1 Sujeito

Núcleo do sujeito

É o termo essencial na identificação do sujeito:

Os alunos.

Artigo substantivo

Núcleo do sujeito: alunos

Tipos de sujeito

Determinado

Quando é possível identificar o sujeito, ele é chamado sujeito determinado. Ele pode ser:

Simples

Quando possui apenas um núcleo:

Meus filhos gostam de almoçar aqui.

Núcleo: *filhos.*

Composto

Quando possui mais de um núcleo:

Meus filhos e meus netos gostam de almoçar aqui.

Núcleo: filhos, netos.

Oculto

Quando o sujeito não aparece na oração, mas é possível identificá-lo através do verbo:

Gostei de almoçar aqui.

Sujeito: eu.

Fomos embora cedo.

Sujeito: nós.

Indeterminado

Pode ser representado de duas maneiras:

01. Verbo na 3ª pessoa do plural.

Chegaram atrasado.

Falaram sobre ele.

Reclamaram dos preços.

Disseram que a fila estava enorme.

Note que nos períodos acima não é possível identificar o agente das ações. Por isso, é chamado sujeito indeterminado.

Observação: Dependendo do contexto, o verbo na 3ª pessoa não significará sujeito indeterminado.

Exs.: Os meninos vieram do banco. Disseram que a fila estava enorme.

Sujeito: os meninos – implícito na oração e identificado graças ao contexto.

02. Verbo + partícula "se"

Confia-se muito em medicamentos.

Sujeito: ?

A partícula "se", nesse caso, atua como índice de indeterminação do sujeito. Essa construção ocorrerá com verbos transitivos indiretos, verbos intransitivos e verbos de ligação. Observe:

Ex.: Precisa-se de vendedores.

verbo transitivo indireto

Quem precisa?

Sujeito indeterminado.

Ex.: Vive-se melhor no campo.

verbo intransitivo

Quem vive?

Sujeito indeterminado.

Note que as orações anteriores não estão na voz passiva, pois não é possível convertê-las para a voz ativa:

Vive-se melhor no campo.

Precisa-se de vendedores.

Diferentemente dos exemplos acima, a construção de "verbo + se" também pode indicar voz passiva sintética. Veja o exemplo a seguir:

Vende-se terreno.

verbo transitivo direto

Nesse caso, a partícula "se" é pronome apassivador, e o sujeito é "terreno". A oração na voz ativa ficará: Terreno é vendido.

Oração sem Sujeito

Em alguns casos, a ação expressa pelo verbo não terá sujeito. São eles:

Haver

Quando significar existir, acontecer, realizar:

Exs.:

Há muita gente passando fome. (existe)

O que ***houve***? (aconteceu)

Houve uma cerimônia rápida em homenagem aos pais. (realizou-se)

Fazer, ser e estar

Quando significar tempo decorrido ou tempo decorrido de um fenômeno da natureza:

Exs.:

Faz dias que não a vejo.

Faz dias que chove.

Estava calor.

Verbos que expressam fenômenos da natureza

Amanheceu, embora ninguém tivesse dormido.

Choveu a noite inteira.

Faz anos que não ***neva*** aqui.

6.4.2 Predicado

Embora seja possível existir oração sem sujeito, não existe oração sem predicado.

Faz duas semanas que não a vejo.

Predicado

Predicado verbal

É o predicado cujo verbo indica uma ação:

Os ***meninos levantaram*** com pressa.

As águas ***correm*** depressa nessa parte do rio.

O núcleo do predicado verbal sempre será o verbo:

Os meninos ***levantaram*** cedo.

Sujeito Predicado

Núcleo do predicado: *levantaram*

Predicado nominal

É o predicado cujo verbo indica um estado do sujeito:

Os alunos ***parecem*** cansados.

Raul ***estava*** atrasado quando me encontrou.

Os verbos do predicado nominal são os **verbos de ligação**, que não indicam ação mas características do sujeito. Os principais verbos de ligação são:

Andar

Continuar

Estar

Ficar

Parecer

Permanecer

Ser

Assim como ocorre no predicado verbal, o núcleo do predicado nominal será o verbo de ligação:

Os alunos ***parecem*** cansados.

Sujeito Predicado

Núcleo do predicado: parecem

Predicado verbo-nominal

Em alguns casos, o predicado verbal e o predicado nominal aparecerão juntos, ou seja, o predicado indicará uma *ação* e um *estado* do sujeito:

Os meninos ***subiram*** as escadas apressados.

Sujeito Ação Estado

(Estavam apressados.)

O predicado verbo-nominal apresentará dois núcleos: os verbo de ação e o verbo de ligação.

No exemplo apresentado acima, o núcleo será: *subiram* e *apressados*.

6.2.2 Termos Integrantes da Oração

Em alguns casos, o verbo ou nome expresso na oração não apresenta sentido completo, exigindo um complemento para que a informação seja transmitira. Estes complementos, por não serem opcionais mas obrigatórios, são chamados de termos integrantes da oração. Eles são divididos em: objeto direto, objeto indireto, complemento nominal e agente da passiva.

6.4.3 Objeto Direto

É o termo que completa o sentido do verbo transitivo direto. Observe o exemplo a seguir:

Ex.: ***Compramos*** frutas na feira.

O verbo comprar não possui sentido completo. Ou seja: é um verbo transitivo e exige um complemento para que a oração fique clara.

Como este complemento é ligado a ele de maneira direta, sem o auxilio de uma preposição, é chamado objeto **direto**.

6.4.4 Objeto Indireto

É o termo que completa o sentido do verbo transitivo indireto. Observe o exemplo a seguir:

Eu ***gostei*** da viagem.

O verbo gostar não possui sentido completo. Ou seja: é um verbo transitivo e exige um complemento para que a oração fique clara.

Como este complemento é ligado a ele de maneira indireta, com o auxilio de uma preposição, é chamado objeto **indireto**.

6.4.5 Complemento Nominal

Em alguns casos, o termo que terá o sentido incompleto e exigirá um complemento será um nome (substantivo, adjetivo ou advérbio). Observe o exemplo a seguir:

Ex.:

A **saudade de casa** agitava a menina.

Substantivo *complemento nominal*

6.4.6 Agente da Passiva

Quando o verbo aparece na voz passiva, ou seja, com sujeito paciente, o termo que pratica a ação verbal será chamado **agente da passiva**:

Ex.: ***A festa*** foi paga ***pelos funcionários do banco***.

Sujeito paciente Agente da passiva

Se a oração for passava para voz ativa, o agente da passiva será sujeito:

Os funcionários do banco pagaram a festa.

sujeito

6.2.3 Termos Acessórios da Oração

6.4.7 Adjunto Adnominal

Assim como o complemento nominal, o adjunto adnominal completa o sentido de um nome, caracterizando-o.

As luzes ***de Natal*** enfeitavam ***a*** sala.

Adjunto adnominal

Os termos que completam o sentido de um nome podem ser artigos, adjetivos ou numerais:

Ex.: ***A*** *cidade inteira acordou com* ***uma*** *sensação* ***estranha***.

Artigo numeral adjetivo

Diferença entre adjunto adnominal e complemento nominal

Considerando que ambos completam o sentido de um nome, é comum ter dúvidas entre o adjunto adnominal e o complemento nominal. Para distingui-los, é importante observar os critérios abaixo:

Complemento nominal	Adjunto adnominal
Sempre com preposição	Nem sempre com preposição
Se relaciona com substantivos, adjetivos e	Se relaciona somente com substantivos, nunca com adjetivos ou advérbios
Nunca se relaciona com substantivos concretos	Se relaciona com substantivos concretos
	Transmite a ideia de **posse**

6.4.8 Adjunto Adverbial

Este é um dos termos da oração, muito abordado em provas de concurso. Tem-se observado que a nomenclatura dos adjuntos adverbiais não é visada pelas bancas; o que se aborda é a significação que tais palavras adquirem no contexto de um enunciado.

É importante frisar que o ADVÉRBIO está ligado ao verbo, e não o complementa. Sua função é modificar um verbo ou outro advérbio.

Exs.:

Eu moro longe. *(Modificando um verbo)*

Eu moro muito longe. *(Modificando outro advérbio)*

É possível perceber que as nomenclaturas representam realmente o que simbolizam.

De Tempo (quando?)

Termo que sempre vai designar ideia de tempo.

Ex.: Hoje, geralmente, amanhã, ontem, nunca, jamais etc.

De Lugar (onde?)

Termo que sempre vai designar ideia de lugar.

Ex.: Aqui, lá, acolá, ali etc.

De Afirmação

Termo que sempre vai designar ideia de afirmação.

Ex.: Sim, certamente, com certeza, sem dúvida, amém etc.

De Negação

Termo que sempre vai designar ideia de negação.

Ex.: Não, nunca, jamais etc.

De Dúvida

Termo que sempre vai designar ideia de dúvida.

Ex.: Talvez, quiçá, oxalá, provavelmente etc.

De Causa

Termo que sempre vai designar ideia de causa.

Exs.: Tremeu com a palavra.

Vibrou com a notícia.

De Instrumento

Termo que sempre vai designar ideia de instrumento.

Exs.: Feriu-se com o anzol.

Enforcou-se com a corda.

De Companhia

Termo que sempre vai designar ideia de companhia.

Exs.: Saí com minha tia.

Viajamos com a mãe.

De Modo

Termo que sempre vai designar ideia de modo.

Ex.: Erroneamente, facilmente, às claras, às escuras etc.

De Intensidade

Termo que sempre vai designar ideia de intensidade.

Ex.: Muito, pouco, menos, mais, bastante etc.

De Assunto

Termo que sempre vai designar ideia de assunto.

Ex.: Falei sobre gramática.

De Proporção

Termo que sempre vai designar ideia de proporção.

Ex.: À medida que, à proporção que, conforme, quanto mais, quanto menos etc.

De Finalidade

Termo que sempre vai designar ideia de finalidade.

Ex.: Para que, a fim de (que), para etc.

De Consequência

Termo que sempre vai designar ideia de consequência.

Ex.: Tanto que, tamanho que, tal que, tão que etc.

De Concessão

Termo que sempre vai designar ideia de concessão.

Ex.: Embora, ainda que, por mais, apesar de, conquanto etc.

De Condição

Termo que sempre vai designar ideia de condição.

Ex.: Se, caso, desde que, contanto que etc.

De Comparação

Termo que sempre vai designar ideia de comparação.

Ex.: Como, tal qual, (do) que, qual, quão etc.

De Conformidade

Termo que sempre vai designar ideia de conformidade.

Ex.: Como, conforme, segundo, consoante, de acordo etc.

De Meio

Termo que sempre vai designar ideia de meio.

Exs.: Fui de trem.

Mandei via correio.

6.4.9 Aposto

Observe o exemplo a seguir:

João, ***morador do térreo***, reclamou do barulho das crianças na garagem.

O termo destacado acrescenta uma informação sobre o sujeito, identificando-o ou caracterizando-o. Este termo é chamado *aposto*.

Exs.:

São Paulo, ***maior cidade do país***, luta contra a poluição.

Fascinadas com o parque, as meninas não queriam ir embora.

> Geralmente, o aposto aparece entre vírgulas. Entretanto, quando aparece sem elas, é chamado aposto restritivo. Observe a diferença:
>
> Os alunos da tarde que vão viajar devem entregar a autorização até amanhã.
>
> Os alunos da tarde, que vão viajar, devem entregar a autorização até amanhã.
>
> No 1o caso, entende-se que apenas os alunos da tarde que vão viajar precisam entregar a autorização. Trata-se, portanto, de aposto restritivo.
>
> No 2o caso, entende-se que TODOS vão viajar e o aposto, portanto, é uma informação que cabe a todos os alunos da tarde. Trata-se, portanto, de aposto explicativo.

6.4.10 Vocativo

Observe os exemplos a seguir:

Exs.:

Marina, você viu o edital do concurso?

Crianças, já bateu o sinal!

Corram, ***meninas***, vocês vão se atrasar!

Observe que os termos assinalados não possuem relação sintática com os enunciados. Trata-se de uma **interlocução**, uma relação entre quem fala e quem ouve.

Questões

01. (CESPE - 2019) "Se prestarmos atenção à nossa volta, perceberemos que quase tudo que vemos existe em razão de atividades do trabalho humano."

A locução "em razão de" expressa uma ideia de causa.

Certo ( ) Errado ( )

02. (CESPE - 2019) "Se prestarmos atenção à nossa volta, perceberemos que quase tudo que vemos existe em razão de atividades do trabalho humano. Os processos de produção dos objetos que nos cercam movimentam relações diversas entre os indivíduos, assim como a organização do trabalho alterou-se bastante entre diferentes sociedades e momentos da história."

No trecho "Os processos de produção dos objetos que nos cercam movimentam relações diversas entre os indivíduos", o sujeito da forma verbal "cercam" é "Os processos de produção dos objetos".

Certo ( ) Errado ( )

03. (CESPE - 2019) "Com uma chave de fenda na mão direita, Adílson mantém, de joelhos, uma linha de produção repetitiva. Desparafusa as partes mais volumosas de uma CPU carcomida, crava sua ferramenta em fendas predeterminadas e, com os dedos da outra mão, faz vergar parte do alumínio do aparelho. Com um solavanco, arranca do corpo da máquina uma chapa fina e esverdeada conhecida como placa-mãe. Com zelo, deposita-a perto dos pés. O resto faz voar por cima de sua cabeça: com um ruído estridente, tudo se espatifa metros atrás."

Sem prejuízo dos sentidos e da correção gramatical do texto, o trecho "O resto faz voar por cima de sua cabeça" poderia ser reescrito da seguinte maneira: As outras partes arremessa por cima da própria cabeça.

Certo ( ) Errado ( )

04. (CESPE - 2019) "A cultura brasileira sempre se viu como uma cultura da mistura. Louva-se a tendência brasileira à assimilação do que é significativo e importante das outras culturas."

O sujeito da oração iniciada por "Louva-se" é indeterminado.

Certo ( ) Errado ( )

05. (CESPE - 2018) "No começo dos anos 40, os submarinos alemães estavam dizimando os cargueiros dos aliados no Atlântico Norte. O jogo virou apenas em 1943, quando Alan Turing desenvolveu a Bomba, um aparelho capaz de desvendar os segredos da máquina de criptografia nazista chamada de Enigma. A complexidade da Enigma — uma máquina eletromagnética que substituía letras por palavras aleatórias escolhidas de acordo com uma série de rotores — estava no fato de que seus elementos internos eram configurados em bilhões de combinações diferentes, sendo impossível decodificar o texto sem saber as configurações originais."

O termo "um aparelho capaz de desvendar os segredos da máquina de criptografia nazista chamada de Enigma" introduz uma explicação a respeito do aparelho "Bomba", tal como o faz o termo "uma máquina eletromagnética que substituía letras por palavras aleatórias escolhidas de acordo com uma série de rotores" em relação a "Enigma"

Certo ( ) Errado ( )

Gabaritos

01	CERTO
02	ERRADO
03	CERTO
04	ERRADO
05	CERTO

7. SINTAXE DO PERÍODO

Observe as orações a seguir:

Exs.:

***Fui** à fazenda.*

***Cheguei** à fazenda e **corri** para ver o lago.*

***Gostei** de **andar** pela fazenda.*

A primeira oração possui apenas um verbo e o sentido completo. Trata-se, portanto, de um **período simples**, ou uma oração absoluta.

No segundo caso, temos duas orações, ou seja, dois verbos, com sentidos completos e independentes uma da outra.

***Ex.: Cheguei** à fazenda. **Corri** para ver o lago.*

***Cheguei** à fazenda e **corri** para ver o lago.*

Por possuir mais de um verbo, trata-se de um **período composto.**

Por serem as orações independentes, trata-se de um período composto por coordenação. As orações são **coordenadas.**

No terceiro caso, as duas orações não possuem sentido completo e independente:

***Ex.: Gostei** de **andar** pela fazenda.*

As orações dependem uma da outra para ter sentido, não sendo, portanto, independentes. Neste caso, trata-se de um período composto por subordinação. Há uma oração principal e uma **oração subordinada.**

6.3.1. Período Composto por Coordenação

As orações coordenadas são aquelas que possuem sentido independente.

As orações coordenadas podem ser:

Sindéticas

Quando possuem elemento de ligação, normalmente representado pelas conjunções:

Ex.: *Cheguei tarde **e** logo dormi.*

Assindéticas

Quando não possuem elemento de ligação, normalmente representado pelas conjunções:

***Ex.:** Tentou, cansou, desistiu.*

1ª oração 2ª oração *3ª oração*

7.4.1 Aditivas

São as orações que dão a ideia de adição. Normalmente são ligadas por uma conjunção aditiva:

***Ex.:** <u>Chegou</u> cansada **e** logo <u>foi</u> dormir.*

7.4.2 Alternativas

São as orações que dão a ideia de alternância. Normalmente são ligadas por uma conjunção alternativa:

Ex.: ***Ou** <u>chega</u> atrasado **ou** <u>sai</u> mais cedo.*

7.4.3 Adversativas

São as orações que dão a ideia de oposição. Normalmente são ligadas por uma conjunção adversativa:

***Ex.:** <u>Chegou</u>* cansada, **mas** *<u>deu</u>* atenção aos filhos.

7.4.4 Explicativas

São as orações que dão a ideia de explicação. Normalmente são ligadas por uma conjunção explicativa:

Ex.:** <u>Estava</u> chateado, **pois não *<u>conseguiu</u> o emprego que queria.*

7.4.5 Conclusivas

São as orações que dão a ideia de conclusão. Normalmente são ligadas por uma conjunção conclusiva:

***Ex.:** <u>Choveu</u>* o dia inteiro, **portanto** não *<u>poderemos</u> <u>realizar</u>* a reunião no gramado.

6.3.2. Período Composto por Subordinação

O período composto por subordinação é caracterizado pela presença de uma oração principal e uma a ela subordinada.

A classificação das orações subordinadas é semelhante à classificação dos termos no período simples. A diferença é que o termo será representado por uma oração.

7.4.6 Oração Subordinada Substantiva

As orações subordinadas substantivas classificam-se em:

Oração subordinada substantiva:	Função:
Subjetiva	Sujeito da oração principal
Objetiva direta	Objeto direto da oração principal
Objetiva indireta	Objeto indireto da oração principal
Completiva nominal	Complemento nominal (de um termo) da oração principal
Apositiva	Aposto da oração principal
Predicativa	Predicativo do sujeito da oração principal

As orações subordinadas substantivas exercem a mesma função sintática que os substantivos exerceriam na oração. Observe:

Ex.: Mariana *gosta* <u>de doces.</u>

Gostar: VTI

De doces: OI

Ex.: Mariana *gosta* <u>de passear com o cachorro.</u>

Gostar: VTI

de <u>passear</u> com o cachorro: por possuir verbo, é uma oração subordinada com função de OI. Portanto, trata-se de uma oração subordinada substantiva objetiva indireta.

7.4.7 Subjetiva

A oração subordinada substantiva subjetiva tem a função de sujeito da oração principal:

Exs.: *Não **convém** falar mal dos outros.*

*Foi **avisado** que a reunião ia demorar.*

7.4.8 Objetiva Direta

A oração subordinada objetiva direta tem a função de objeto direto da oração principal:

Ex.: *As meninas **falaram** que você gostou do presente.*

VTD

7.4.9 Objetiva Indireta

A oração subordinada objetiva indireta tem a função de objeto indireto da oração principal:

Os alunos ***gostaram*** de falar sobre as férias

VTI

7.4.10 Completiva Nominal

A oração subordinada completiva nominal tem a função de complemento nominal de um nome da oração principal:

Ex.: Nós ficamos ***cansados*** <u>por viajar tanto tempo</u>.

nome incompleto

7.4.11 Apositiva

A oração subordinada apositiva tem a função de aposto da oração principal:

Ex.: *Uma coisa era certa: **nada seria como antes**.*

7.4.12 Predicativa

A oração subordinada predicativa tem a função de predicado da oração principal.

Acontece quando a oração principal apresenta um verbo de ligação:

Meu medo ***era*** que <u>***chovesse no dia da viagem***</u>.

7.1 Orações Subordinadas Adverbiais

Têm valor de advérbio e formam um total de 9 tipos de orações. O mais comum em provas é cobrar o valor da conjunção. Atenção: **oração = verbo** - *subordinada = dependência* - <u>adverbial = valor de advérbio</u>.

7.1.1 Oração Subordinada Adverbial Temporal

Possui valor de tempo e traz conjunções como QUANDO, DESDE QUE, ENQUANTO, ASSIM QUE, LOGO QUE etc.

Desde que trabalho, meus sonhos acontecem.

Conj. temporal

Trabalho = modo indicativo (tempo)

7.1.2 Oração Subordinada Adverbial Condicional

Possui valor de condição e traz conjunções como SE, CASO, DESDE QUE, CONTANTO QUE etc.

Desde que trabalhe, meus sonhos acontecerão.

Conj. condicional

Trabalhe = subjuntivo (hipótese)

7.1.3 Oração Subordinada Adverbial Proporcional

Possui valor de proporção e traz conjunções como À MEDIDA QUE, À PROPORÇÃO QUE, CONFORME, QUANTO MAIS, ASSIM COMO etc.

Ex.: ***À medida que*** leio, mais inteligente fico.

Conj. proporcional

Existem muitas conjunções que podem aparecer com valores distintos. Portanto, decorar não é a solução. Dependendo de como elas apareçam na oração e de como se relacionam com verbos, o valor de tais conectivos muda.

7.1.4 Oração Subordinada Adverbial Consecutiva

Possui valor de consequência e traz conjunções como TANTO QUE, TÃO QUE, TAMANHO QUE etc.

Ex.: O tombo foi ***tão*** feio ***que*** desmaiou.

Conj. consecutiva

7.1.5 Oração Subordinada Adverbial Causal

Possui valor de causa e traz conjunções como PORQUE, COMO, JÁ QUE, UMA VEZ QUE etc.

Exs.: ***Como*** você não apareceu, fui ao cinema.

Conj. causal

Nosso produto vende mais, ***porque*** é fresquinho.

Conj. causal

É comum confundir conjunções causais com as explicativas. Para não cair em armadilhas, pergunte "O que acontece primeiro?". A causa sempre vem primeiro, se houver conjunção na causa, a conjunção terá valor de causa, se não, terá valor de explicativa.

7.1.6 Oração Subordinada Adverbial Conformativa

Possui valor de conformidade e traz conjunções como CONFORME, COMO, SEGUNDO, CONSOANTE, DESTA FORMA etc.

Ex.: Segui as instruções ***como*** nós havíamos combinado.

Conj. conformativa

7.1.7 Oração Subordinada Adverbial Comparativa

Possui valor de comparação e traz conjunções como QUE, TAL QUAL, QUAL, QUÃO, COMO etc.

Ex.: Ela me tratou ***como*** se eu não existisse.

Conj. comparativa

7.1.8 Oração Subordinada Adverbial Final

Possui valor de finalidade e traz conjunções como A FIM DE (QUE), PARA QUE, PARA etc.

Ex.: Rezei ***para que*** a prova fosse adiada.

Conj. final

7.1.9 Oração Subordinada Adverbial Concessiva

Possui valor de concessão (ceder) e traz conjunções como EMBORA, AINDA QUE, CONQUANTO, APESAR DE, POR MAIS QUE etc.

Ex.: Embora odeie minha sogra, dependo dela.

Conj. concessiva

7.2 Orações Subordinadas Adjetivas

Orações que têm valor de adjetivo. Se houver conectivos nessas orações, serão pronomes relativos QUE, O(A)(S) QUAL(IS), CUJO (A)(S) etc. Não é comum aparecerem nas provas com essa nomenclatura, porém é a vírgula quem dá toda a diferença delas. Fique atento à semântica, ao entendimento do contexto das orações.

O gelo ***FRIO*** – **adjetivo explicativo.**

Que é frio

A mulher ***GANANCIOSA*** – **adjetivo restritivo.**

Que é gananciosa

QUE é **um pronome relativo.**

Para transformar adjetivos em orações, colocamos verbos neles.

7.2.1 Adjetiva Explicativa

São aquelas orações que têm valor de adjetivo explicativo, ou seja, se retiradas não fazem diferença numa oração. Sempre são isoladas por vírgulas.

Ex.: A mãe, ***que tem filhos,*** detesta fraldas de pano.

Este menino, ***que rouba livros***, é analfabeto.

A menina, ***que nunca foi santa***, aprontou mais uma.

Perceba que aqui o entendimento da oração, do idioma, fica mais evidente que a nomenclatura gramatical. Perceba que todas as orações em destaque não fazem diferença na mensagem. Todo padre faz seminário. Já se sabe quem enforcou o rato e, se a menina aprontou MAIS UMA, significa que ela nunca foi santa.

7.2.2 Adjetiva Restritiva

São aquelas orações que têm valor de adjetivo restritivo, ou seja, são essenciais para pontuar uma mensagem. Literalmente restringem uma informação. A vírgula depois dela, uma só, é opcional.

O padre ***que é bêbado*** (,) sempre atrasa a missa.

O cão ***que latiu*** (,) estava bravo.

Perceba que não é qualquer padre ou qualquer cão, todos eles estão especificados, ou seja, restritos. Na terceira oração, o tempo verbal faz a diferença, veja que se falou do "cão que latiu", apenas dele.

Ex.: Almocei com meu irmão ***que se casou***. (restritiva)

Almocei com meu irmão, ***que se casou***. (explicativa)

A diferença entre as duas é gritante. Na primeira, o sujeito possui mais de um irmão, ele especifica com qual deles almoçou. Na segunda, ele possui apenas um irmão.

As nomenclaturas reforçam a tese. Repare que na segunda, sendo explicativa, já se sabe com qual irmão ele almoçou. Na primeira ele restringe com qual irmão almoçou.

Ex.: Vi o senador ***que é meu vizinho***. (restritiva)

Vi o senador, ***que é meu vizinho***. (explicativa)

Na primeira, sei de qual senador o sujeito se refere. Na segunda, pode-se falar que o sujeito esteja na Câmara do Senado, por especificar qual senador, entre muitos que lá trabalham, ele viu.

Vimos neste capítulo como o valor das conjunções pode e vai confundir você, caso sua mente não esteja atenta. Saber quais são as conjunções é válido, porém saber o valor que possuem é ainda mais útil e eficaz para êxito numa prova de concurso. Assim como na coordenadas, as subordinadas pedem uma atenção ainda maior. O lado positivo é que representam literalmente o nome que recebem. Já nas substantivas, não se esqueça de que a conjunção é sempre integrante e que você consegue substituir toda uma oração substantiva por ISSO. Nas adjetivas, as vírgulas diferenciam uma da outra, entretanto estar atento à mensagem é o essencial para ter êxito nas provas.

Questões

01. (CESPE - 2019) "Mas é difícil dizer se a maior turbulência depende de uma crise moral (de uma diminuição da crença em princípios fundamentais) ou de outras causas, econômicas, sociais, políticas, culturais ou até mesmo biológicas."

Todo o trecho subsequente ao termo "difícil" funciona como complemento desse termo.

Certo ( ) Errado ( )

02. (CESPE - 2018) "O revisor é a pessoa mais importante na vida de quem escreve. Ele tem o poder de vida ou de morte profissional sobre o autor. A inclusão ou a omissão de uma letra ou de uma vírgula no que sai impresso pode decidir se o autor vai ser entendido ou não, admirado ou ridicularizado, consagrado ou processado."

A palavra "se" classifica-se como conjunção e introduz uma oração completiva.

Certo ( ) Errado ( )

03. (CESPE - 2017) "É claro que a gramática do inglês não é a mesma gramática do português, mas o nosso ponto é que o plural só está em um lugar na oração do inglês e isso não recebe uma avaliação negativa."

A oração "que a gramática do inglês não é a mesma gramática do português" exerce a função de complemento do vocábulo "claro".

Certo ( ) Errado ( )

04. (CESPE - 2015) "Realizar mudanças permanentes na lei por conta de circunstâncias excepcionais e episódicas não parece recomendar o bom senso."

A oração "Realizar mudanças permanentes na lei por conta de circunstâncias excepcionais e episódicas" exerce a função de complemento da forma verbal "recomendar".

Certo ( ) Errado ( )

05. (CESPE - 2015) "Desligue as luzes nos ambientes onde é possível usar a iluminação natural."

A oração "usar a iluminação natural" exerce a função de complemento do adjetivo "possível"

Gabaritos

01	ERRADO
02	CERTO
03	ERRADO
04	CERTO
05	ERRADO

8. CONCORDÂNCIA VERBAL E NOMINAL

8.1 Concordância Verbal

A concordância verbal é dos assuntos mais cobrados em provas de concurso, justamente pela complexidade que envolve a detecção de certos erros. O assunto por si só gera problemas, e as bancas agravam a abordagem do conteúdo, conduzindo, muitas vezes, o candidato ao erro. Saber as regras é importante, mas seguir alguns passos para isso é ainda melhor. Uma dica: em primeiro lugar, deve-se encontrar o sujeito. Fazendo isso, o candidato perceberá a relação do verbo com o sujeito, de modo que fica mais fácil unir o conhecimento das regras à coerência da mensagem.

A concordância verbal ocorre quando o verbo concorda com o núcleo do sujeito. Porém, levar isso à risca é perigoso, pois nem todos os casos seguem tal teoria e definição. Por isso, atenção aos exemplos. Vale lembrar que todos os verbos seguem as mesmas regras, com exceção de SER, que possui uma regra específica.

1ª pessoa > 2ª pessoa > 3ª pessoa

eu, nós tu, vós ele(a)(s)

Eu e tu **fizemos.**

(nós)

Tu e ele **fizestes** – ou – Tu e ele **fizeram.**

(vós) **(eles)**

Percebe-se que a ordem de aparição dos sujeitos pode mudar a concordância do verbo:

Eu, ela, Maria e Paula **fizemos**.

(nós)

VAIS

VÃO tu e ele.

IDES

Quando o sujeito vier posposto ao verbo, a concordância pode ser feita de duas formas: com os núcleos ou com o mais próximo.

Exs.: Fizemos eu, ela, Maria e Paula.

Fiz eu, ela, Maria e Paula.

8.1.1 Um(a) Dos(as) Que

Pode-se concordar com o mais próximo ou a quem que se quer dar ênfase:

Ela é uma **das** que **vieram** – ou – veio.

Muitas vezes, a mudança de concordância dos verbos pode influenciar em prejuízo semântico. A ênfase pode mudar. Saber unir seu domínio do idioma com as regras gramaticais é essencial para ter êxito em uma prova.

8.1.2 Núcleos com Sinônimos

A concordância é feita de duas formas, com os núcleos ou no singular, como se fosse uma coisa apenas.

8.1.3 Dor e Sofrimento

Guiam – ou – guia minha vida.

(dor e sofrimento são sinônimos)

8.1.4 Sujeito Oracional

Verbo sempre no SINGULAR.

Ex.: Amar e agir não **denota** a mesma coisa.

8.1.5 OU como Inclusão no Plural

Ex.: Manga **ou** mexerica me **aprazem**.

(valor de E)

8.1.6 Aposto Resumitivo

Verbo concorda com ele. Único caso em que o verbo não concordará com o núcleo do sujeito.

Ex.: Cinema, música, arte, dança, **tudo** me **agrada**.

aposto

8.1.7 Preposição COM

Duas concordâncias, com um dos núcleos ou com os dois.

Exs.: José **com** o cão **passeou** – ou – **passearam**.

José passeou com o cão. – mesma semântica

8.1.8 Coletivo pelo Determinante

Duas concordâncias, com o coletivo e com os determinantes.

Exs.: A maioria **das pessoas** sofre – ou – sofrem.

Parte **dos alunos** vieram – ou – veio.

8.1.9 Mais De/ Menos De

Ex.: Mais de um cliente **surgiu** – Menos de dois clientes **surgiram**.

Mais de um caminhão ***se chocaram***.

Por causa do SE (pronome reflexivo), acredita-se que seja mais de um carro mesmo, ou seja, no mínimo dois.

8.1.10 Com Pronomes

Ex.: Nem eu nem ele ***vamos***.

Equivale a "eu e ele vamos".

(Nenhum) Nem um nem outro ***vai.***

Ninguém apareceu.

Ex.: Quem de nós ***foi***? – Qual de nós ***vai***?

Concordando sempre com o pronome no singular.

Ex.: Quantos de ***nós*** vão – ou – ***vamos***?

Pronomes no plural, tanto faz concordar com o coletivo ou com o determinante.

8.1.11 Sujeito Deslocado

Muitas vezes, achar o sujeito é o meio mais seguro de saber se a concordância está correta. Claro que saber a regra constitui um aliado. Em provas, o mais comum é a mescla dos dois.

Ex.: Não se ***contrapuseram*** o meu e o seu ponto de vista.

Sujeito

São dois os pontos de vista. Verifica-se que tudo fica no singular para induzir o candidato ao erro.

Couberam (**coube**) a mim, um ator jovem, num mundo de ambição, o papel de mordomo e o de vilão.

Sujeito: o papel de mordomo e o de vilão. São dois os papéis.

Verifica-se que o verbo, por anteceder o sujeito, poderia vir no singular. Mas, em um concurso, a banca tende a induzir o candidato ao erro. Nota-se que não existe uma palavra no plural, e isso pode confundir o candidato. A flexão no singular COUBE é aceita porque o verbo está anteposto, podendo concordar com o primeiro núcleo do sujeito, no caso, PAPEL.

Vejamos algumas orações que podem causar dúvida quanto à concordância verbal:

Exs.: ***Soaram10 horas*** no relógio.

Deu meio-dia nos relógios.

Deram 1 hora ***os relógios***.

8.1.12 QUE/QUEM

Fui eu ***QUE FIZ***

QUEM FIZ

QUEM FEZ.

Fomos nós ***QUE FIZEMOS***

QUEM FIZEMOS

QUEM FEZ.

8.1.13 Países/ Estados

Mesmo que o nome esteja no plural, o verbo ficará no singular, a menos que apareça um artigo, daí o verbo se flexiona no plural.

Exs.: Estados Unidos ***invade*** o Iraque – ***Os*** Estados Unidos ***invadem*** o Iraque.

Minas Gerais ***abraça*** o Brasil – ***As*** Minas Gerais ***abraçam*** o Brasil.

Os lusíadas **narra / narram** a saga portuguesa.

8.1.14 Pronomes de Tratamento

Sempre 3ª pessoa do singular.

Vossa Santidade está bem?

8.1.15 Locução Verbal

O verbo auxiliar concorda com o núcleo do sujeito.

Eles ***vão*** sair.

Exceção ao verbo auxiliar PARECER, que pode flexionar concordando com o núcleo ou ficar no singular.

Eles ***parecem*** dormir – Eles parece ***dormirem***.

8.1.16 Haja Vista

Pode concordar com o termo sucessor no plural ou ficar invariável.

Ex.: (...) ***HAJA*** VISTA ***o problema*** da saúde.

(...) ***HAJAM*** VISTA ***os problemas*** da saúde.

(haja vista)

8.1.17 Silepse de Pessoa

O verbo concorda com um termo implícito.

Os brasileiros ***estamos*** calmos. (***nós***, termo implícito)

(**estão**)

8.1.18 Concordância do Verbo Ser

As regras do verbo SER são diferentes. Ele concorda com o pronome do caso reto e/ou com pessoas, independente se estiverem no sujeito ou no predicado. Na ausência dessas duas possibilidades, o verbo SER concorda com quem estiver no plural.

Exs.: ***As crianças são*** o inferno.

Meu sonho ***são meus pais***.

O rei ***somos nós***.

Tudo ***são*** (é) ***flores***.

O verbo "ser", quando indica tempo ou distância, concordará com o predicativo:

Ex.: São seis quilômetros daqui até a cidade.

→ Se a oração estiver na voz passiva, com sujeito indeterminado, o verbo ficará na terceira pessoa do singular:

Ex.: Precisa-se de vendedores.

→ Se o verbo vier acompanhado do pronome apassivador "se", deverá concordar com o sujeito:

Ex.: Alugam-se barcos.

→ Quando o sujeito for composto, o verbo ficará no plural quando aparecer depois do sujeito:

Ex.: Filhos e netos aplaudiram o discurso do jardineiro.

→ Quando o verbo aparecer antes do sujeito composto, poderá aparecer no plural ou no singular concordando com o primeiro termo:

Exs.: Chegaram a filha, o genro e os netos.

Chegou a filha, o genro e os netos.

→ Verbos que indicam fenômenos da natureza, por não possuírem sujeito, ficarão sempre na terceira pessoa do singular:

Exs.: Ventou a semana toda.

Choveu por três dias.

→ O verbo "haver", quando apresentar o sentido de "existir", será impessoal e ficará sempre na terceira pessoa do singular:

Ex.: Há várias coisas para fazer aqui.

→ Os verbos "haver" e "fazer", quando indicarem tempo, também serão impessoais e ficarão sempre na terceira pessoa do singular:

Exs.: Faz duas semanas que não como doces.

Há meses que não vou até lá.

8.2 Concordância Nominal

Muitas vezes, a concordância nominal aparece junto à verbal. As bancas têm o hábito de colocar as duas num mesmo exercício. O grau de atenção que o tópico pede é o mesmo que o da concordância verbal. A concordância nominal ocorre quando existe a concordância com o nome em gênero (masculino e feminino) e número (singular e plural).

Quando houver os dois gêneros, na concordância, sempre prevalecerá o masculino.

Comprei toalha e tapete ***amarelos***.

(concorda com os dois)

Comprei toalha e tapete ***amarelo***.

(concorda apenas com TAPETE)

Comprei toalha ***amarela*** e tapete.

(concorda apenas com TOALHA e deve estar "colado" ao termo feminino)

Comprei ***amarela*** toalha e tapete.

(concorda com o mais próximo)

Comprei ***amarelos*** toalha e tapete.

(concorda com os dois)

Exs.: A cerveja que desce ***REDONDO***.

(advérbio, sem variação)

É ***PROIBIDO*** entrada de estranhos.

É ***PROIBIDA A*** entrada de estranhos.

(artigo muda o gênero)

8.2.1 Anexo

Ex.: Seguem ***ANEXAS*** as planilhas.

Seguem ***EM ANEXO*** as planilhas.

8.2.2 Bom / Boa

Exs.: Salada é **bom.**

A salada é **boa**.

8.2.3 Meio / Meia

Exs.: Ela ficou ***MEIO*** tensa. (advérbio)

Já é meio-dia e ***meia***. (numeral)

8.2.4 Menos

Ex.: Faça ***MENOS*** força.

8.2.5 Mesmo

Ex.: Joana ***MESMA*** fez o bolo.

Joana fez o bolo ***MESMO.***

8.2.6 Só

Exs.: ***Ele*** ficou SÓ com a menina. **(concorda com o sujeito)**

Eles ficaram ***SÓS*** com a menina. **(concorda com o sujeito)**

8.2.7 A Sós

Exs.: Ele ficou **A SÓS** com ela.

Eles ficaram **A SÓS** com ela.

(ambos são advérbios, portanto, não há variação)

8.2.8 Quite/Quites

Ex.: Eu estou ***QUITE***.

Nós estamos ***QUITES.***

8.2.9 Alerta

Ex.: As pessoas ficaram ***ALERTA***.

Muitas vezes, saber a quem o termo se refere ajuda, e muito, para entender o conceito de concordância. Em provas, é comum deslocar a concordância do termo com o qual ela se relaciona, e o candidato pode ser induzido ao erro.

Achei ***LINDA***, entre todos os presentes, homens de negócio, ambiciosos cujo poder suplanta qualquer caráter, ***a sua atitude***.

8.2.10 Adjetivos Compostos

Quando há dois adjetivos, em um mesmo termo, apenas o segundo se flexiona em concordância ao nome.

Reuniões afro-***brasileiras.***

Clínicas médico-***cirúrgicas.***

EXCEÇÃO: Crianças **SURDAS-MUDAS.**

8.2.11 Cores

Cores compostas, apenas **CLARO e ESCURO flexionam,** os demais termos não.

Exs.: ***Blusas*** verde-***claras***

Calças verde-***escuras***

Sutiãs verde abacate

Cuecas vermelho-sangue

Exs.: ***Saias*** laranja

Camisas vinho

Blusas violeta

Calcinhas creme

Sapatos cinza

> *Quando a cor funcionar também como substantivo, apenas o substantivo flexionará o adjetivo, ou seja, a cor não. O plural de CINZA, como substantivo ficará CINZAS, a cor não.*

Vimos, neste capítulo, como a atenção ao sujeito é primordial para que tanto a concordância nominal como a verbal fiquem claras para o aluno. Saber as regras é importante, porém entender os conceitos e, principalmente, dominar a semântica da Língua Portuguesa é ainda mais essencial. A leitura ajuda muito. Quem lê bastante acaba dominando as mensagens, mesmo as mais peculiares que os discursos trazem.

Questões

01. (CESPE - 2019) "A invenção das técnicas para controlar o fogo, o início da agricultura e do pastoreio na Mesopotâmia, a organização da democracia na Grécia, as grandes descobertas científicas e geográficas entre os séculos XII e XVI, o advento da sociedade industrial no século XIX, tudo isso representa saltos de época, que desorientaram gerações inteiras."

Seria mantida a correção gramatical do texto caso a forma verbal "representa" fosse substituída por representam.

Certo ( ) Errado ( )

02. (CESPE - 2018) "A primeira turma de oficiais da PM/MA com Curso de Formação de Oficiais formou-se em 1966, na Academia de Polícia Militar do Estado de Minas Gerais; daí em diante, aconteceram formações em outras academias de diferentes estados."

A correção gramatical e o sentido original do texto seriam mantidos caso a forma verbal "aconteceram" fosse substituída por ocorreu ou por ocorreram.

Certo ( ) Errado ( )

03. (CESPE - 2018) 'Trata-se de uma visão revolucionária, já que o convencional era fazer o elogio da harmonia e da unidade."

Se a expressão "uma visão revolucionária" fosse substituída por ideias revolucionárias, seria necessário alterar a forma verbal "Trata-se" para Tratam-se, para se manter a correção gramatical do texto.

Certo ( ) Errado ( )

04. (CESPE - 2018) Seria mantida a correção gramatical do texto caso o trecho "Nenhum daqueles filhos de operários, meus irmãos ou eu havia ido ao pediatra" fosse assim reescrito: Nenhum daqueles filhos de operários, nem meus irmãos nem eu tínhamos ido ao pediatra.

Certo ( ) Errado ( )

05. (CESPE - 2017) "Houve, em resumo, uma ampliação no grau de complexidade da sociedade."

Seriam mantidos a correção gramatical e os sentidos originais do texto, caso a forma verbal "Houve" fosse substituída por Ocorreram.

Certo ( ) Errado ( )

Gabaritos

01	ERRADO
02	ERRADO
03	ERRADO
04	CERTO
05	ERRADO

9. COLOCAÇÃO PRONOMINAL

A colocação pronominal caracteriza-se quando o pronome oblíquo aparece relacionado ao verbo. Existem 3 formas de o pronome oblíquo aparecer junto ao verbo: depois, no meio e antes dele. Apesar de a próclise ser a mais recorrente em concursos, a colocação pronominal é comum nas provas, independentemente da banca.

9.1 Ênclise

Caracteriza-se quando o pronome oblíquo aparece depois do verbo. É a forma natural de o pronome aparecer. Existe apenas uma regra. É comum chamar o pronome oblíquo numa ênclise de pronome **enclítico**.

> *Não importa o pronome, importa que a ele seja dado o nome de enclítico quando vier depois do verbo.*

Jamais se inicia oração com pronomes oblíquos.

Ex.: Dê-***me*** - Fale-***me*** - Compre-***o*** - Diga-***lhe***- Faça-***o***- Fizeram-***me***.

A ênclise só é obrigatória nessas situações, fora isso, a próclise, quando o pronome oblíquo aparece antes do verbo, também pode ser correta.

> *Não é interessante decorar regras. Entender o conceito é muito mais seguro para uma prova. Observemos a oração a seguir.*

Ex.: Aqui (se) trabalha(-***se***).

O pronome SE viria antes ou depois do verbo?

É aqui que a Língua Portuguesa traz mais uma vez suas particularidades. Se a resposta for "depende", haveria alguns ajustes a serem feitos.

Vejamos a sentença a seguir:

Ex.: Aqui ***se*** trabalha.

A posição do pronome não só é correta como também é obrigatória, porque o termo AQUI é um advérbio, uma palavra atrativa, ou seja, o pronome oblíquo se torna proclítico, obrigatoriamente.

Ex.: Aqui, trabalha-***se.***

Caso se opte pela ênclise, significa que a vírgula, opcional, deve aparecer na sentença. O início da oração traz um advérbio reduzido, com isso, o uso da vírgula é opcional.

Caso se opte por colocar a vírgula, a oração vai se iniciar depois dela, logo aplica-se a regra da ênclise de jamais se iniciar oração por pronome oblíquo. O pronome tem de ser enclítico, obrigatoriamente.

Exs.: Em janeiro, permite-***se*** tudo.

Lá, perseguem-***me***.

Vejamos a oração:

Ex.: As meninas, ontem, (me) ligaram(-me).

Percebe-se que, se a regra de colocação pronominal for meramente decorada, com certeza, o candidato seria induzido ao erro. Na oração citada, tanto faz colocar o pronome antes ou depois do verbo.

O termo ONTEM, isolado por vírgulas, está no meio da oração, é como "se ele não existisse", é possível retirá-lo, de modo que a oração não será modificada sintaticamente. Convém observar que a oração começa com AS MENINAS.

> *A ênclise inexiste no particípio e nos futuros do presente e do pretérito do modo indicativo.*
> **Ex.:** *Comprado-me – Dito-lhe – Compraria-me – Darei-lhe.*

Conforme já afirmamos no início da abordagem desse tema, a próclise é tradicional no Brasil. Portanto, **tanto faz** falar "me ligaram" ou "ligaram-me".

Como as vírgulas são opcionais, ao retirá-las, o termo ONTEM (uma palavra atrativa) fica em evidência. Dessa forma, a oração apenas ficará certa com a seguinte formação:

Ex.: As meninas ontem ***ME*** ligaram.

9.2 Mesóclise

Caracteriza-se quando o pronome oblíquo aparece no meio do verbo. Os verbos que aceitam a mesóclise são os conjugados nos tempos futuro do presente e futuro do pretérito do modo indicativo. A mesóclise só será obrigatória em início de oração, caso contrário, a próclise também estará certa.

> *Percebe-se que, quando a mesóclise não aparecer no início, a próclise também estará certa. Tanto faz "O casamento REALIZAR-SE-Á à noite" ou "O casamento SE REALIZARÁ à noite".*

Exs.: Dar-***LHE***-ei - Comprar-***TE***-íamos

Ligá-***LO***-ei -

Trá-***LA***-á.

Vejamos a mesóclise em exemplos apontados a seguir. Verifica-se que, obrigatoriamente, os verbos estão no início da oração. Por isso, o pronome mesoclítico é a única forma correta:

Exs.: Comparemos a ti (TE) o pão (O).

Comprar-**TO**-emos.

Darei a ela (LHE) a palavra (A).

Dar-**LHA**-ei.

9.3 Próclise

Ocorre quando o pronome oblíquo aparece **antes** do verbo. É a forma mais comum no Brasil. Por isso, são as mais cobradas pelas bancas. A próclise só estará errada se aparecer no início da oração. Para que ela seja OBRIGATÓRIA, existem as palavras atrativas.

Vejamos as regras:

Advérbio

Ex.: Não ***me*** desanime.

Pronome indefinido, demonstrativo

Exs.: Isso ***o*** desapontou.

Tudo ***me*** anima.

Pronome relativo

Ex.: Este é o homem que ***lhe*** desobedecerá.

Conjunção subordinativa

Ex.: Ela falou que ***me*** deve dinheiro.

Frases exclamativas e interrogativas

Exs.: Como ***te*** maltrataram!

Onde ***a*** deixaram?

Expressão de desejo / Imprecação (desejo ruim)

Ex.: Deus ***o*** ilumine. O diabo ***te*** carregue.

Verbo no gerúndio precedido, porém, de outra oração.

Ex.: Em ***se*** falando de política, cale-se.

Nas orações a seguir, é possível observar que ambas estão certas:

Ex.: Joana disse ***que*** a festa se realizará amanhã.

A conjunção subordinada atrai o pronome oblíquo, mas não de forma obrigatória, a ênclise também estaria certa aqui.

Ex.: Joana disse ***que*** vai chamar-me.

Mesmo que haja a palavra atrativa, existe uma locução verbal e o verbo principal no infinitivo, assim, mesmo se tivermos a oração abaixo, também estaria correta.

> Não existe ênclise com verbos no particípio. Assim como nem toda locução verbal exigirá o pronome oblíquo igual ao exemplo anterior. Ex.: O padre (ME) tinha (ME) chamado.

Exs.: Joana disse ***que*** vai me chamar. – Joana disse ***que*** me vai chamar.

Não irá convidar-me.

Não irá me convidar.

Não me irá convidar.

Vimos, neste capítulo, como a próclise predomina na colocação pronominal. Claro que saber as regras ajuda, e muito, a usar adequadamente os pronomes oblíquos em uma oração. Porém, perceber que tais termos em nada mudarão a semântica em uma mensagem é fundamental para que não se cometam erros ao se resolver uma questão.

Questões

01. (CESPE - 2019) "De acordo com Honneth, as demandas por direitos — como aqueles que se referem à igualdade de gênero ou relacionados à orientação sexual —, advindas de um reconhecimento anteriormente denegado, criam conflitos práticos indispensáveis para a mobilidade social."

A correção gramatical do texto seria comprometida se o termo "se" fosse posicionado após a forma verbal "referem", da seguinte forma: referem-se.

Certo ( ) Errado ( )

02. (CESPE - 2019) "Em razão disso, todos os países, lugares e pessoas passam a se comportar, isto é, a organizar sua ação, como se tal "crise" fosse a mesma para todos e como se a receita para a afastar devesse ser geralmente a mesma."

A correção gramatical do texto seria mantida caso, no trecho "passam a se comportar", o vocábulo "se" fosse deslocado para depois da forma verbal "comportar", da seguinte maneira: passam a comportar-se.

Certo ( ) Errado ( )

03. (CESPE - 2018) "Nós nos tornamos o único país com mais de 100 milhões de habitantes que ousou oferecer saúde para todos."

A correção gramatical do texto seria preservada caso se substituísse "nos tornamos" por tornamo-nos.

Certo ( ) Errado ( )

04. (CESPE - 2018) "Mas o senhor acha mesmo, sargento Gabriel, que ele poderia ter-me absolvido?"

Sem prejuízo para a correção gramatical e para o sentido do texto, o trecho "que ele poderia ter-me absolvido" poderia ser assim reescrito: que ele poderia ter absolvido-me.

Certo ( ) Errado ( )

05. (CESPE - 2018) "A abordagem desse tipo de comércio, inevitavelmente, passa pela concorrência, visto que é por meio da garantia e da possibilidade de entrar no mercado internacional, de estabelecer permanência ou de engendrar saída, que se consubstancia a plena expansão das atividades comerciais e se alcança o resultado último dessa interatuação: o preço eficiente dos bens e serviços."

A correção gramatical do texto seria mantida caso o trecho "que se consubstancia" fosse alterado para que consubstancia-se.

Certo ( ) Errado ( )

Gabaritos

01	CERTO
02	CERTO
03	CERTO
04	ERRADO
05	ERRADO

10. REGÊNCIA VERBAL E NOMINAL

10.1 Regência Verbal

A relação correta entre o verbo e seus complementos, ou seja, os termos regidos por ele.

Os verbos que exigem complemento, chamados transitivos, se relacionam de duas maneiras com seus complementos:

> Verbos transitivos diretos:

São os verbos que não exigem preposição antes de seus complementos:

Ex.: ***Comprei*** frutas hoje cedo.

> Verbos transitivos indiretos:

São os verbos que não exigem preposição antes de seus complementos:

Exs.: Os moradores ***gostaram da*** pintura do prédio.

Fui à cidade de ônibus.

> Verbos transitivos diretos e indiretos:

São verbos que exigem dois complementos, sendo um ligado por preposição:

Ex.: ***Entreguei*** a carta ***ao diretor***.

> Verbos intransitivos:

São verbos que não exigem complemento:

Ex.: O vizinho do apartamento ao lado ***morreu***.

Em alguns casos, o emprego ou não de preposição poderá alterar o sentido do verbo:

Assistir:

Verbo transitivo direto quando tiver o sentido de ajudar.

Verbo transitivo indireto quando tiver o sentido de ver.

Ex.: Assistimos ao filme na minha casa.

O médico assistiu os pacientes mesmo fora de seu horário.

Verbo	Sentido	Regência/Preposição	Pronomes	Exemplos
Chamar	convocar	TD (por)	o,a	O Diretor o chamou à sua presença. Chamei por você. (ODp)
	apelidar	TD TI > a	o,a lhe	Chamaram-no (de) charlatão. (PO) Chamaram-lhe (de) charlatão. (PO)
Chegar, vir, ir		VI > a	-	Chegou ao Rio ontem.
Custar	ser custoso/difícil	TDI > a	lhe	Custa ao homem o perdão.
Implicar	acarretar	TD		Isso implica punição.
Lembrar Esquecer		TD	o,a	Lembrou o fato Esqueceu a chave.
Lembrar-se Esquecer-se		TI > de	dele	Lembrou-se do fato. Esqueceu-se da chave.
Namorar		TD	o,a	Ele namora minha irmã.
Necessitar Precisar		TD TI > de	o, a dele	O País precisa (de) agrônomos. O País precisa deles. O País precisa-os.
(Des)obedecer		TI > a	lhe (pessoa)	Os filhos obedecem aos pais. Não devemos desobedecer-lhes.
Morar, residir		VI > em	-	Mora na Rua XV de Novembro.
Pagar Perdoar	coisa	TD	o, a	Deus perdoe nossos pecados.
	pessoa	TI > a	lhe	Perdoei aos meus devedores. Perdoei-lhes.
Preferir	algo a alguma coisa	TDI > a		Prefiro água a sucos.
Proceder	dar início, realizar	TI > a	a ele/ela	O professor procedeu-lhe.
Querer	desejar	TD	o,a	Ele não a quis para esposa.
	amar, ter afeto a	TI > a	lhe	Juro que lhe quero muito.
Referir-se		TI > a	a ele	Referiu-se à ajuda coletiva. (a ela)
Responder	dizer ou escrever em resposta	TI > a TDI	lhe	Respondeu ao telegrama. Respondeu-lhe que estava doente.

Visar	fazer pontaria pôr visto em	TD	o,a	Visou o alvo e atirou. O banco visou o cheque.
	pretender	TI > a	a ele	O vestiba visa a uma vaga na universidade. (a ela)
Agradar	causar agrado	TI > a	lhe	O vestibular agradou aos calouros.
Ajudar		TD	o,a	O filho ajudava o pai na roça.
Aludir	fazer, referência	TI > a TDI	a ele	Aludiu aos fatos acontecidos. (a eles) Aludiu os fatos aos ouvintes.
Ansiar	causar mal-estar, angustiar	TD	o,a	O cansaço ansiava-o.
	desejar ardentemente	TD TI > por	o, a por ele	Minha alfa anseia o infinito. Ansiava por me ver fora de casa.
	padecer ânsias	VI	-	Anseio em viagens.
Aspirar	sorver, respirar	TD	o, a	Aspirava o cheiro das rosas abertas.
	desejar, pretender	TI > a	a ele	O vestiba aspira a ser médio. (a isso)
Assistir	prestar assistência	TD	o, a	O médico assiste o doente. Os missionários são assistidos por Deus.
	presenciar, ver	TI > a	a ele	porque não assistes às aulas, vestiba? Tenho assistido a elas (às aulas)
	caber, ser de direito	TI > a	lhe	Não lhe assiste o direito de oprimir os vestibas.
	morar, residir	VI > em		Assistirei na capital enquanto estiver estudando.

10.2 Regência Nominal

Observe os exemplos a seguir:

Exs.: Temos muito ***admiração pelo*** seu trabalho.

A atitude dele durante a reunião foi ***contrária ao*** esperado.

Tenho certeza de que você tem ***capacidade para*** fazer um ótimo trabalho.

Observe que os nomes são acompanhados por preposições que lhes dão sentido. Estas preposições ligam os nomes ao termos de maneira coerente.

Cada nome possui um ou mais preposições específicas que devem acompanha-los. Esta colocação correta é chamada **regência nominal.**

Nomes e Respectivas Regências			
Acessível : a	Contíguo: a	Imbuído: de, em	Preferível: a
Acostumado: a, com	Contrário: a	Impróprio: para	Prejudicial: a
Afável: com, para, a	Curioso: de	Imcompatível: com	Presente: a
Aflito: com, por	Descontente: com	Indeciso: em	Prestes: a
Agradável: a	Desejoso: de	Inepto: para	Propenso: a, para
Alheio: a. de	Devoto: a, de	Insensível: a	Propício: a
Alusão: a	Diferente: de	Liberal: com	Próximo: a, de
Ambicioso: de	Entendido: em	Medo: a, de	Relacionado: com, a
Análogo: a	Equivalente: a	Misericordioso: com, para, com	Residente, situado, sito, morador: em
Ansioso: de, para, por	Essencial: para	Natural: de	Respeito: a, com, para com
Apaixonado: de (entusiasmado), por (enamorado)	Fácil: de	Necessário: a	Satisfeito: com, de, em, por
Apto: a, para	Falho: de, em	Nocivo: a	Semelhante: a
Aversão: a, por	Fanático: por	Obediência: a	Sensível: a
Ávido: de, por	Favorável: a	Ódio: a, contra	Suspeito: de

Benéfico: a	Favorável: a	Ojeriza: a. por	União: a, com, de, entre
Capacidade: de, para	Generoso: com	Paralelo: a, com, entre	Único: a, em
Capaz: de, para	Grato: a	Parco: em, de	Útil: a, para
Compatível: com	Hábil: em	Parecido: a, com	Vazio: de
Conforme: a (semelhante), com (coerente), em (concorde)	Habituado: a	Passível: de	Versado: em
Constante: de, em	Horror: a	Possível: de	Vinculado: a
Conteporâneo: a, de	Idêntico: a	Possuído: de, por	

Questões

01. (CESPE - 2019) "Ninguém poderia ficar impassível diante de uma mudança dessa envergadura. Por isso a sensação mais difundida é a desorientação."

Seria mantida a correção gramatical do texto se o trecho "diante de uma mudança" fosse alterado para ante a uma mudança.

Certo ( ) Errado ( )

02. (CESPE - 2019) No trecho "poucos tentam compreender no que exatamente se inscreveram", a substituição de "no que" por o que comprometeria a correção gramatical do texto.

Certo ( ) Errado ( )

03. (CESPE - 2018) "Lançado, desde a infância, no torvelinho da sociedade, aprendi cedo, por experiência, que não era feito para viver nela, onde nunca conseguiria chegar ao estado de que meu coração precisava."

No trecho "estado de que meu coração precisava", a preposição "de" é regida pela formal verbal "precisava", não pela palavra "estado".

Certo ( ) Errado ( )

04. (CESPE - 2018) "Entramos na liça ao nascer; dela saímos ao morrer. De que vale aprender a conduzir melhor seu carro quando se está no fim do percurso? Só resta pensar então em como abandoná-lo. O estudo de um Velho, se ainda lhe resta a fazer, é unicamente o de aprender a morrer e é precisamente o que menos se faz na minha idade, pensa-se em tudo, menos nisso."

A regência do verbo restar é diferente nos trechos "resta pensar" e "resta a fazer": neste, o sentido do verbo altera-se em relação ao empregado naquele.

Certo ( ) Errado ( )

05. (CESPE - 2018) "O trabalho desenvolvido pela contrainteligência tem foco na defesa contra ameaças como a espionagem, a sabotagem, o vazamento de informações e o terrorismo, patrocinadas por instituições, grupos ou governos estrangeiros."

O sentido do texto seria prejudicado, embora sua correção gramatical fosse preservada, caso a preposição presente na expressão "contra ameaças" fosse substituída pela preposição de.

Certo ( ) Errado ( )

Gabaritos

01	ERRADO
02	CERTO
03	CERTO
04	ERRADO
05	CERTO

11. CRASE

Assunto mais do que recorrente em qualquer prova, banca e nível. Por ser tão complexa, a crase tronou-se a vilã de qualquer concurso público. O importante é entender o conceito e não apenas decorar regras. Lembre-se de que o acento indicativo da crase é o grave e que crase é o encontro vocálico entre a preposição A e o artigo A.

Existem as regras obrigatórias, as proibitivas e as facultativas. Porém, há que se ter uma base delas para entender como as bancas optam por cobrar esse assunto.

11.1 Regras Obrigatórias

11.1.1 Em Locuções Conjuntivas

Ex.: à medida que**, à** proporção que.

> A medida que tomei foi a correta. - sem crase

11.1.2 Em Locuções Adverbiais

Ex.: à direita, à esquerda, à noite, às vezes, à vista, às 10h etc.

> Quando o assunto se refere aos períodos de tempo, principalmente as horas, é importante saber diferenciar um período de uma hora exata. Observemos que "Ele ficou as 10h em jejum" não leva acento grave, por representar o tempo total do jejum. Deve-se atentar também para as preposições, com exceção do ATÉ - nunca haverá crase com elas: "Estou aqui desde as 9h".

11.1.3 Em Expressões À MODA DE

Bife à milanesa - Escrevo à Camões - Fiz um gol à Maradona.

11.1.4 Antes de Senhora, Senhorita e Dona

Eu obedeço à senhora - Ele se referiu à dona - Eu paguei à senhorita.

11.1.5 Antes de Casa, Terra e Distância, Quando tais Palavras Vierem Determinadas

Exs.: Cheguei à terra ***dos meus pais.***

Fomos à casa ***amarela.***

Fiquei à distância ***de 50 metros.***

11.2 Regras Facultativas

11.2.1 Antes de Nomes Próprios Femininos

Exs.: Ele se referiu (a) (à) Mariana.

Nós obedecemos (a) (à) Carla

Eles pagaram (a) (à) Maria.

11.2.2 Com a Preposição ATÉ

Exs.: Todos foram ***até (a) (à)*** mais bela fantasia.

Ficaremos abertos ***até (as) (às)*** 23h.

11.2.3 Pronomes Possessivos Femininos

Exs.: Fomos ***(a) (à) sua*** casa.

Ele se referiu ***(a) (à) minha*** mãe.

11.3 Regras Proibitivas

11.3.1 Antes de Palavras Masculinas

Ex.: Graças ***a Deus*** - Fomos ***a pé***.

11.3.2 Entre Palavras Repetidas

Ex.: gota ***a*** gota - uma ***a*** uma - cara ***a*** cara - face ***a*** face.

11.3.3 Antes de Verbos

Ex.: Voltamos a apresentar - Contas a pagar - A partir

11.3.4 Antes de Palavras no Plural sem que Haja Encontro Vocálico

Ex.: Ele se referiu ***a mulheres*** - Fomos ***a missas.***

Observação: verifica-se que só há preposição nos exemplos acima.

11.3.5 Antes de Numerais

Exs.: Matrículas de 15 ***a 30*** de abril.

De segunda ***a sexta.***

Ficamos ***a 10*** metros de distância.

> Quando existir a contração da preposição DE com o artigo A, haverá uso do acento grave. Ex.: Da primeira à sexta fileiras - Escrevi DA página 1 à 40.

11.3.6 Antes de Pronomes

Exs.: Um beijo ***a todos.***

Graças ***a Sua Santidade.***

Dei um recado ***a ela.***

Este é o filme ***a que*** assisti.

11.4 Crase – Casos Especiais

Decorar regras de crase pode não ser tão eficiente. É importante atentar para algumas formas de o acento grave ser cobrado em provas. A probabilidade de aparecer isso nas questões é muito grande, principalmente quando a crase aparece com regras implícitas. Vejamos:

Ex.: Vivenciei uma situação análoga à que você contou.

Verifica-se que, pelas regras, antes de pronomes, não haveria acento grave. Mas, no exemplo, há uma palavra implícita: SITUAÇÃO.

A oração ficaria assim:

Ex.: Vivenciei uma situação análoga à ***(situação)*** que você contou.

Como a palavra não pode ser repetida, pois seria um eco, a crase dá a impressão de estar errada. É preciso ter cuidado com esse tipo de situação.

Ex.: O termo À QUE pode ser trocado por À QUAL (A+A QUAL).

Muitas vezes, saber a regência do verbo ajudará, e muito, no entendimento do uso do acento grave. Além de assimilar o valor correto da mensagem, também trará ao leitor uma exatidão no uso da crase.

11.4.1 Outro Caso

Quando o aluno decora algo e toma aquilo como lei, pode sofrer consequências inesperadas. O acento grave pode aparecer em pronomes demonstrativos. Isso ocorre quando o verbo exigir a preposição A. Nesse caso, saber a regência do verbo é primordial ao entendimento.

Exs.: Ele viu aquilo. **(quem vê vê algo)**

Obedeci ***àquele*** homem. (**Quem obedece obedece a alguém)**

Muitas vezes, saber a regência do verbo ajudará, e muito, no entendimento do uso do acento grave. Além de assimilar o valor correto da mensagem, também trará ao leitor uma exatidão no uso da crase.

A preposição ligada ao verbo, no caso o A, junta-se ao A do pronome aquele e tem-se tal formação. Mesmo sendo pronome masculino: a+aquele.

Ele se referiu ***àquilo.***

(quem se refere se refere a algo) a preposição ligada ao verbo, no caso o A, junta-se ao A do pronome AQUILO e tem-se tal formação: **a+aquilo**.

11.4.2 Crase com Termos Implícitos

Ainda no campo de palavras implícitas, percebamos, nos exemplos abaixo, como o ato de simplesmente decorar pode atrapalhar o aluno.

Ex.: Não só fez uma homenagem à filha do vizinho como também à dele.

Não só fez uma homenagem à filha do vizinho como também **(fez uma homenagem)** à **(filha)** dele.

Neste capítulo, vimos como a crase é importantíssima para uma comunicação perfeita. Procuramos salientar como as bancas costumam agir, elaborando questões que tendem a eliminar o candidato que se ocupa em exclusivamente decorar regras. Entender o conceito que o conteúdo traz e associar as regras ao uso correto do acento será primordial para que o assunto se torne corriqueiro e de domínio do aluno, auxiliando-o, inclusive, em suas redações.

Questões

01. (CESPE - 2018) "Embora a chamada plasticidade das embrionárias seja maior, os desafios éticos de pesquisas com esse tipo de células levaram a atenção de muitos cientistas às células-tronco adultas."

O emprego do acento indicativo de crase em "às células-tronco adultas" é facultativo, dada a presença de termo masculino na palavra composta "células-tronco".

Certo ( ) Errado ( )

02. (CESPE - 2018) "Um zoológico serve para muitas coisas, algumas delas edificantes."

Sem prejudicar a correção gramatical tampouco alterar o sentido do trecho, a expressão "serve para" poderia ser substituída por convém à.

Certo ( ) Errado ( )

03. (CESPE - 2018) "A vida de Florence Nightingale, a criadora da moderna enfermagem, daria um romance. Florence estava destinada a receber uma boa educação, a casar-se com um cavalheiro de fina estirpe, a ter filhos, a cuidar da casa e da família."

A correção gramatical do texto seria mantida se fosse inserido o acento indicativo de crase no vocábulo "a" no trecho "destinada a".

Certo ( ) Errado ( )

04. (CESPE - 2018) "Embora a perspectiva analítica de cada um desses autores divirja entre si, eles estão preocupados em desenvolver formas de promoção de situações de justiça social e têm hipóteses concretas para se chegar a esse estado de coisas."

A correção gramatical do texto seria mantida caso se empregasse o acento indicativo de crase no vocábulo "a" em "a esse estado de coisas"

Certo ( ) Errado ( )

05. (CESPE - 2018) "Para fazer frente a essas transformações, é necessário um novo tipo de planejamento urbano. Conceitos rígidos dão lugar à flexibilidade, à análise de cenários alternativos e à inclusão da sociedade na formulação das políticas."

No trecho "à análise de cenários alternativos e à inclusão da sociedade na formulação das políticas", o emprego do sinal indicativo de crase é obrigatório em ambas as ocorrências.

Certo ( ) Errado ( )

Gabaritos

01	ERRADO
02	ERRADO
03	ERRADO
04	ERRADO
05	CERTO

12. PONTUAÇÃO

A pontuação assinala a melodia de nossa fala, ou seja, as pausas, a ênfase etc.

12.1 Principais Sinais e Usos

12.1.1 Vírgula

É o sinal mais importante para concurso público.

Usa-se a vírgula para:

Separar termos que possuem mesma função sintática no período:

Ex.: ***José, Maria, Antônio*** e ***Joana*** foram ao mercado. (função de núcleo do sujeito)

Isolar o vocativo:

Ex.: Então, ***minha cara***, não há mais o que se dizer!

Isolar um aposto explicativo (cuidado com essa regra, veja que não há verbo no aposto explicativo):

Ex.: O João, ***ex-integrante da comissão***, veio fazer parte da reunião.

Isolar termos antecipados, como: complemento, adjunto ou predicativo:

Ex.: ***Na semana passada***, comemos camarão no restaurante português. (antecipação de adjunto adverbial)

Separar expressões explicativas, conjunções e conectivos:

Ex.: isto é, ou seja, por exemplo, além disso, pois, porém, mas, no entanto, assim etc.

Separar os nomes dos locais de datas:

Ex.: Cascavel, 02 de maio de 2012.

Isolar orações adjetivas explicativas (pronome relativo + verbo + vírgula):

Ex.:O Brasil, ***que é um belíssimo país***, possui ótimas praias.

Separar termos de uma enumeração:

Ex.: Vá ao mercado e traga ***cebola, alho, sal, pimenta e coentro***.

Separar orações coordenadas:

Exs.: Esforçou-se muito, ***mas não venceu o desafio***. (oração coordenada sindética adversativa)

Roubou todo o dinheiro, ***e ainda apareceu na casa***. (oração coordenada sindética aditiva).

> A vírgula pode ser utilizada antes da conjunção aditiva "e" caso se queira enfatizar a oração por ela introduzida.

Omitir um termo, elipse (no caso da elipse verbal, chamaremos "zeugma"):

Ex.: De dia era um anjo, de noite um ***demônio***. (omissão do verbo "ser")

Separar termos de natureza adverbial deslocado dentro da sentença:

Exs.: ***Na semana passada***, trinta alunos foram aprovados no concurso. (locução adverbial temporal)

Se estudar muito, você será aprovado no concurso. (oração subordinada adverbial condicional)

12.1.2 Ponto final

Usa-se o ponto final:

Ao final de frases para indicar uma pausa total; é o que marca o fim de um período:

Ex.: Depois de passar no concurso, comprarei um carro.

Em abreviaturas:

Ex.: Sr., a. C., Ltda., num., adj., obs., máx., *bat., brit. etc.*

12.1.3 Ponto e vírgula

Usam-se ponto e vírgula para:

Separar itens que aparecem enumerados:

Ex.: Uma boa dissertação apresenta:

Coesão;

Coerência;

Progressão lógica;

Riqueza lexical;

Concisão;

Objetividade;

Aprofundamento.

Separar um período que já se encontra dividido por vírgulas:

Ex.: Não gostava de trabalhar; queria, no entanto, muito dinheiro no bolso.

Separar partes do texto que se equilibram em importância:

Exs.: Os pobres dão pelo pão o trabalho; os ricos dão pelo pão a fazenda; os de espíritos generosos dão pelo pão a vida; os de nenhum espírito dão pelo pão a alma.(Vieira).

O capitalismo é a exploração do homem pelo homem; o socialismo é exatamente o contrário.

12.1.4 Dois Pontos

São usados dois pontos quando:

Se vai fazer uma citação ou introduzir uma fala:

Exs.: José respondeu:

- Não, muito obrigado!

Se quer indicar uma enumeração:

Ex.: Quero apenas uma coisa: que vocês sejam aprovados no concurso!

12.1.5 Aspas

São usadas aspas para indicar:

Citação presente no texto. Ex.:

Ex.: "Há distinção entre categorias do pensamento" - disse o filósofo.

Expressões estrangeiras, neologismos, gírias.

Exs.: Na parede, haviam pintado a palavra "love". (expressão estrangeira)

Ficava "bailarinando", como diria Guimarães. (neologismo)

"Velho", esconde o "cano" aí e "deixa baixo". (gíria)

12.1.6 Reticências

São usadas para indicar supressão de um trecho, interrupção na fala, ou dar ideia de continuidade ao que se estava falando.

Exs.: (...) Profundissimamente hipocondríaco Este ambiente me causa repugnância Sobe-me à boca uma ânsia análoga à ânsia Que se escapa pela boca de um cardíaco(...)

Eu estava andando pela rua quando...

Eu gostei da nova casa, mas da garagem...

12.1.7 Parênteses

São usados quando se quer explicar melhor algo que foi dito ou para fazer simples indicações.

Ex.: Foi o homem que cometeu o crime (o assassinato do irmão).

12.1.8 Travessão

Indica a fala de um personagem:

Exs.: Ademar falou.

- Amigo, preciso contar algo para você.

Isola um comentário no texto.

Ex.: O estudo bem realizado - ***diga-se de passagem, que quase ninguém faz*** - é o primeiro passo para a aprovação.

Isola um aposto na sentença.

Ex.: A Semântica – ***estudo sobre as relações de sentido*** - é importantíssima para o entendimento da Língua.

Reforçar a parte final de um enunciado.

Ex.: Para passar no concurso, é preciso estudar muito — ***muito mesmo.***

Trocas

A Banca, eventualmente, costuma perguntar sobre a possibilidade de troca de termos, portanto, atenção!

» Vírgulas, travessões e parênteses, quando isolarem um aposto, podem ser trocadas sem prejuízo para a sentença;

» Travessões podem ser trocados por dois pontos, a fim de enfatizar um enunciado.

Regra de ouro

Na ordem natural de uma sentença, é proibido:

→ Separar Sujeito e Predicado com vírgulas:

"Aqueles maravilhosos velhos ensinamentos de meu pai foram de grande utilidade. (certo) Aqueles maravilhosos velhos ensinamentos de meu pai, foram de grande utilidade. (errado)."

→ Separar Verbo de Objeto:

"O presidente do maravilhoso país chamado Brasil assinou uma lei importante. (certo) O presidente do maravilhoso país chamado Brasil assinou, uma lei importante. (errado)"

Questões

01. (CESPE - 2018) "No Brasil, tal fenômeno ganhou espaço a partir do processo de redemocratização, nos anos 80 do século XX, alimentado pela difusão de discursos que enfatizam uma ampla crise da administração pública, cujo equacionamento demandaria novos paradigmas de gestão, capazes de superar as estruturas centralizadas, as hierarquias formais e os sistemas de controle tayloristas prevalentes. Em outros termos, acentuou-se a necessidade de superação dos tradicionais modelos de gestão pública, burocráticos e autocráticos, por meio da difusão de novos sistemas, mais democráticos, participativos e meritocráticos."

O emprego das vírgulas apostas aos termos "No Brasil" e "Em outros termos" justifica-se com base na mesma regra de pontuação.

Certo ( ) Errado ( )

02. (CESPE - 2018) "Após espiões poloneses terem roubado uma cópia da máquina, Turing e o campeão de xadrez Gordon Welchman construíram uma réplica da Enigma na base militar de Bletchey Park."

A vírgula logo após o termo "máquina" poderia ser eliminada sem prejuízo para a correção gramatical do período no qual ela aparece.

Certo ( ) Errado ( )

03. (CESPE - 2018) "Hospitalizados eram só os pobres, e Florence preparou-se para cuidar deles, praticando com os indigentes que viviam próximos à sua casa."

A inserção de uma vírgula logo após o termo "Hospitalizados" manteria a correção gramatical do texto.

Certo ( ) Errado ( )

04. (CESPE - 2018) "Logo após a detecção de focos positivos do mosquito em São José do Rio Preto, realizaram-se as delimitações e a aplicação de controle, as quais não foram suficientes para eliminar o vetor."

A inserção de uma vírgula imediatamente após o vocábulo "Logo" alteraria os sentidos do texto, apesar de manter sua correção gramatical.

Certo ( ) Errado ( )

05. (CESPE - 2018) "O Brasil, durante a maior parte da sua história, manteve uma cultura familista e pró-natalista. Por cerca de 450 anos, o incentivo à fecundidade elevada era justificado em função da prevalência de altas taxas de mortalidade, dos interesses da colonização portuguesa, da expansão da ocupação territorial e do crescimento do mercado interno."

A substituição do ponto empregado logo após "pró-natalista" por vírgula, com a devida alteração da letra inicial maiúscula para minúscula, manteria a correção do texto.

Certo ( ) Errado ( )

Gabaritos

01	CERTO
02	ERRADO
03	ERRADO
04	CERTO
05	ERRADO

13. REESCRITURA DE FRASES E PARÁGRAFOS DO TEXTO

A reescrita ou reescritura de frases é uma paráfrase que visa à mudança da forma de um texto. Para que o novo período esteja correto, é preciso que sejam respeitadas a correção gramatical e o sentido do texto original. Desse modo, quando há qualquer inadequação do ponto de vista gramatical e/ou semântico, o trecho reescrito deve ser considerado incorreto.

Assim, para resolver uma questão que envolve reescritura de trechos ou períodos, é necessário verificar os aspectos gramaticais (principalmente, pontuação, elementos coesivos, ortografia, concordância, emprego de pronomes, colocação pronominal, regência, etc.) e aspectos semânticos (significação de palavras, alteração de sentido, etc.).

Existem diversas maneiras de se parafrasear uma frase, por isso cada Banca Examinadora pode formular questões a partir de muitas formas. Nesse sentido, é essencial conhecer e dominar as variadas estruturas que uma sentença pode assumir quando ela é reescrita.

13.1 Substituição de Palavras ou de Trechos de Texto

No processo de reescrita, pode haver a substituição de palavras ou trechos. Ao se comparar o texto original e o que foi reestruturado, é necessário verificar se essa substituição mantém ou altera o sentido e a coerência do primeiro texto.

13.1.1 Locuções x Palavras

Em muitos casos, há locuções (expressões formadas por mais de uma palavra) que podem ser substituídas por uma palavra, sem alterar o sentido e a correção gramatical. Isso é muito comum com verbos.

Exs.:

Os alunos **têm buscad**o formação profissional.

(locução: têm buscado)

Os alunos **buscam** formação profissional.

(uma palavra: buscam)

Ambas as frases têm sentido atemporal, ou seja, expressam ações constantes, que não têm fim.

13.1.2 Significação das Palavras

Ao avaliarmos a significação das palavras, devemos ficar atentos a alguns aspectos: sinônimos, antônimos, polissemia, homônimos e parônimos.

Sinônimos

Palavras que possuem significados próximos, mas não são totalmente equivalentes.

Exs.:

Casa: lar - moradia – residência

Carro: automóvel

Para verificar a validade da substituição, deve-se também ficar atento ao significado contextual. Por exemplo, na frase "As fronteiras entre o bem e o mal", não há menção a limites geográficos, pois a palavra "fronteira" está em sentido conotativo (figurado).

Além disso, nem toda substituição é coerente. Por exemplo, na frase "Eu comprei uma casa", fica incoerente reescrever "Eu comprei um lar".

Antônimos

Palavras que possuem significados diferentes, opostos, contrários.

Exs.: Mal / Bem

Ausência / Presença

Subir / Descer

Cheio / Vazio

Possível / Impossível

Polissemia

Ocorre quando uma palavra apresenta mais de um significado em diferentes contextos.

A polissemia está relacionada ao significado contextual, ou seja, uma palavra tem um sentido específico apenas no contexto em que está inserida. Por exemplo: A eleição foi marcada por debates explosivos (ou seja: debates acalorados, e não com sentido de explodir algo).

Exs.:

Banco (**instituição comercial financeira; assento)**

Manga (**parte da roupa; fruta)**

Homônimos

Palavras com a mesma pronúncia (algumas vezes, a mesma grafia), mas com significados diferentes.

Exs.:

A**c**ender: colocar fogo. A**sc**ender: subir.

Con**c**erto: sessão musical. Con**s**erto: reparo.

Homônimos Perfeitos

Palavras com a mesma grafia e o mesmo som.

Exs.:

Eu **cedo** este lugar você. (**cedo = verbo)**

Cheguei **cedo** para jantar. (**cedo = advérbio de tempo)**

Percebe-se que o significado depende do contexto em que a palavra aparece. Portanto, deve-se ficar atento à ortografia quando a questão é de reescrita.

Parônimos

Palavras que possuem significados diferentes, mas são muito parecidas na pronúncia e na escrita.

Exs.:

Abso***l***ver: perdoar, inocentar. Abso***r***ver: aspirar.

C***o***mprimento: extensão. C***u***mprimento: saudação.

13.1.3 Conectores de Mesmo Valor Semântico

Há palavras, principalmente as conjunções, que possuem valores semânticos específicos, os quais devem ser levados em conta no momento de fazer uma substituição.

Logo, pode-se reescrever um período, alterando-se a conjunção. Para tanto, é preciso que a outra conjunção tenha o mesmo valor semântico. Além disso, é importante verificar como ficam os tempos verbais após a substituição.

Exs.:

Embora fosse tarde, fomos visitá-lo. (**conjunção subordinativa concessiva)**

Apesar de ser tarde, fomos visitá-lo. (**conjunção subordinativa concessiva)**

No exemplo acima, o verbo também sofreu alteração.

Exs.:

Toque o sinal **para que** todos entrem na sala.

(conjunção subordinativa final)

Toque o sinal **a fim de que** todos entrem na sala.

(conjunção subordinativa final)

No exemplo acima, o verbo permaneceu da mesma maneira.

13.1.4 Paralelismo

Ocorre quando há uma sequência de expressões com estrutura idêntica.

Paralelismo Sintático

É possível quando a estrutura de termos coordenados entre si é idêntica. Nesse caso, entende-se que "termos coordenados entre si" são aqueles que desempenham a mesma função sintática em um período ou trecho.

João comprou ***balas*** e ***biscoitos***.

Perceba que "balas" e "biscoitos" têm a mesma função sintática (objeto direto). Além disso, ambas são expressões nominais. Assim, apresentam, na sentença, uma estrutura sintática idêntica.

Os formandos ***estão pensando na carreira, isto é, no futuro.***

Tanto "na carreira" quanto "no futuro" são complementos do verbo pensar. Ademais, as duas expressões são formadas por preposição e substantivo.

Paralelismo Semântico

Estrutura-se pela coerência entre as informações.

Lucélia ***gosta de maçã e de pera.***

Percebe-se que há uma relação semântica entre maçã e pera, pois ambas são frutas.

Lucélia ***gosta de livros de ação e de pizza.***

Observa-se que os termos "livros de ação" e "pizza" não possuem sentidos semelhantes que garantam a sequência lógica esperada no período.

13.2 Retextualização de Diferentes Gêneros e Níveis de Formalidade

Na retextualização, pode-se alterar o nível de linguagem do texto, dependendo de qual é a finalidade da transformação proposta. Nesse caso, são possíveis as seguintes alterações: linguagem informal para a formal; tipos de discurso; vozes verbais; oração reduzida para desenvolvida; inversão sintática; dupla regência.

13.2.1 Linguagem Formal x Linguagem Informal

Um texto pode estar escrito em linguagem coloquial (informal) ou formal (norma padrão). A proposta de reescrita pode mudar de uma linguagem para outra. Veja o exemplo:

Exs.:

Pra que serve a política?

(informalidade)

Para que serve a política?

(formalidade)

> A oralidade geralmente é mais informal. Portanto, fique atento: a fala e a escrita são diferentes, ou seja, a escrita não reproduz a fala e vice-versa.

13.2.2 Tipos de Discurso

Discurso está relacionado à construção de textos, tanto orais quanto escritos, portanto, ele é considerado uma prática social.

Em um texto, podem ser encontrados três tipos de discurso: o discurso direto, o indireto e o indireto livre.

Discurso Direto

São as falas das personagens. Esse discurso pode aparecer em forma de diálogos e citações, e vêm marcadas com alguma pontuação (travessão, dois pontos, aspas, etc.). Ou seja, o discurso direto reproduz fielmente a fala de alguém.

O médico disse à paciente:

– Você precisa fazer exercícios físicos regularmente.

Discurso Indireto

É a reprodução da fala de alguém, a qual é feita pelo narrador. Normalmente, esse discurso é escrito em terceira pessoa.

Exs.: O médico disse à paciente que ela precisava fazer exercícios regulamente.

Discurso Indireto Livre

É a ocorrência do discurso direto e indireto ao mesmo tempo. Ou seja, o narrador conta a história, mas as personagens também têm voz própria.

No exemplo a seguir, há um discurso direto: "que raiva", que mostra a fala da personagem.

"*Retirou as asas e estraçalhou-a. Só tinham beleza. Entretanto, qualquer urubu... que raiva...*" (Ana Maria Machado)

No trecho a seguir, há uma fala da personagem, mesclada com a narração: "Para que estar catando defeitos no próximo?".

"*D. Aurora sacudiu a cabeça e afastou o juízo temerário. Para que estar catando defeitos no próximo? Eram todos irmãos. Irmãos.*" (Graciliano Ramos)

Exemplo de uma transposição de discurso direto para indireto:

Ana perguntou:

– Qual a resposta correta?

Ana perguntou qual era a resposta correta.

> Nas questões de reescrita que tratam da transposição de discursos, é mais frequente a substituição do direto pelo indireto. Nesse caso, deve-se ficar atento aos tempos verbais.

13.2.3 Voz Verbal

Um verbo pode apresentar-se na voz ativa, passiva ou reflexiva.

Ativa

Ocorre quando o sujeito é agente, ou seja, pratica a ação expressa pelo verbo.

O aluno resolveu o exercício.

Passiva

Ocorre quando o sujeito é paciente, ou seja, recebe a ação expressa pelo verbo.

O exercício foi resolvido pelo aluno.

Reflexiva

Ocorre quando o sujeito é agente e paciente ao mesmo tempo, ou seja, pratica e recebe a ação.

Ex.: *A criança feriu-se com a faca.*

> Não confunda o emprego reflexivo do verbo com a reciprocidade. Por exemplo:
>
> Os lutadores de MMA feriram-se. (um ao outro)"

Formação da Voz Passiva

A voz passiva pode ocorrer de forma analítica ou sintética.

Voz Passiva Analítica

Verbo SER + particípio do verbo principal.

Exs.: A academia de polícia ***será pintada***.

O relatório é ***feito*** por ele.

A variação de tempo é determinada pelo verbo auxiliar (SER), pois o particípio é invariável.

Exs.: João ***fez*** a tarefa. (pretérito perfeito do indicativo)

A tarefa ***foi*** feita por João. (pretérito perfeito do indicativo)

João ***faz*** a tarefa. (presente do indicativo)

A tarefa ***é*** feita por João. (presente do indicativo)

João ***fará*** a tarefa. (futuro do presente)

A tarefa **será** feita por João. (futuro do presente)

Voz Passiva Sintética

Verbo na 3ª pessoa, seguido do pronome apassivador SE.

Abriram-se as inscrições para o concurso.

Transposição da Voz Ativa para a Voz Passiva

Pode-se mudar de uma voz para outra sem alterar o sentido da frase.

Exs.: Os médicos brasileiros ***lançaram*** um tratamento para o câncer.

Um tratamento para o câncer ***foi lançado*** pelos médicos brasileiros.

> Nas questões de concursos, costuma-se cobrar a transposição da voz ativa para a passiva, e da voz passiva sintética para a analítica.
>
> Exs.:
>
> A fiscalização exige o passaporte.
>
> O passaporte é exigido pela fiscalização.
>
> Exige-se comprovante de pagamento.
>
> É exigido comprovante de pagamento.

13.2.4 Oração Reduzida x Oração Desenvolvida

As orações subordinadas podem ser reduzidas ou desenvolvidas. Não há mudança de sentido se houver a substituição de uma pela outra.

Exs.: Ao terminar a aula, todos podem sair. (**reduzida de infinitivo)**

Quando terminarem a prova, todos podem sair.(**desenvolvida)**

Os vizinhos ouviram uma criança chorando na rua.(reduzida de gerúndio)

Os vizinhos ouviram uma criança que chorava na rua. (**desenvolvida)**

Terminada a reforma, a família mudou-se para a nova casa. (**reduzida de particípio)**

Assim que terminou a reforma, a família mudou-se para a nova casa.(**desenvolvida)**

13.2.5 Inversão Sintática

Um período pode ser escrito na ordem direta ou indireta. Nesse caso, quando ocorre a inversão sintática, a correção gramatical é mantida. Apenas é necessário ficar atento ao sentido do período.

> Curiosidade: o Hino Nacional brasileiro é escrito em ordem indireta.
>
> "Ouviram do Ipiranga as margens plácidas
>
> De um povo heroico o brado retumbante."
>
> As margens plácidas do Ipiranga ouviram o brado retumbante de um povo heroico.

Ordem direta: sujeito - verbo - complementos/ adjuntos adverbiais.

Exs.: Os documentos foram levados para o gerente.

(direta)

Foram levados os documentos para o gerente. (**indireta)**

13.2.6 Dupla Regência

Há verbos que exigem a presença da preposição e outros não. Deve-se ficar atento ao fato de que a regência pode influenciar no significado de um verbo.

Verbos Transitivos Diretos ou Indiretos

Sem alterar o sentido, alguns verbos admitem duas construções: uma transitiva direta e outra indireta. Portanto, a ocorrência ou não da preposição mantém um trecho com o mesmo sentido.

Almejar

Exs.: Almejamos ***a*** paz entre os países que estão em guerra. / Almejamos ***pela*** paz entre os países que estão em guerra.

Atender

Exs.: O gerente atendeu ***os*** meus pedidos. / O gerente atendeu ***aos*** meus pedidos.

Necessitar

Exs.: Necessitamos algumas horas para organizar o evento. / Necessitamos ***de*** algumas horas para organizar o evento.

Transitividade e Mudança de Significado

Existem alguns verbos que, conforme a mudança de transitividade, têm o sentido alterado.

Aspirar

Aspirar é transitivo direto no sentido de sorver, inspirar (o ar), inalar.

Aspirava o suave perfume. (Aspirava-o.)

Aspirar é transitivo indireto no sentido de desejar, ter como ambição.

Aspirávamos ao cargo de diretor.

Questões

01. (CESPE - 2019) "Se prestarmos atenção à nossa volta, perceberemos que quase tudo que vemos existe em razão de atividades do trabalho humano."

Seriam mantidos os sentidos do texto caso o primeiro período do segundo parágrafo fosse assim reescrito: Quando prestamos atenção a nossa volta, percebemos que quase tudo que vemos existe pelas atividades do trabalho humano.

Certo ( ) Errado ( )

02. (CESPE - 2019) "A luta dos trabalhadores, portanto, não é mais apenas por condições melhores de subsistência, mas pela própria dignidade do ser humano."

A correção gramatical e os sentidos originais do texto seriam mantidos caso o trecho "A luta (...) humano." fosse reescrito da seguinte forma: Logo, a luta dos trabalhadores apenas deixou de ser por mais condições de melhor subsistência para priorizar a própria dignidade do ser humano.

Certo ( ) Errado ( )

03. (CESPE - 2019) "Logo atrás de mim, uma senhora furiosa levantou-se."

O deslocamento do termo "furiosa" para imediatamente após a forma verbal "levantou-se" manteria a coerência do texto.

Certo ( ) Errado ( )

04. (CESPE - 2019) "Inversamente, se houver uma ideia desfavorável sobre alguém, tudo o que essa pessoa disser ou fizer pode ser rejeitado, mesmo que diga verdades ou se comporte corretamente."

A correção gramatical do texto seria mantida caso o trecho "tudo o que essa pessoa disser ou fizer pode ser rejeitado" fosse reescrito da seguinte forma: tudo o que essa pessoa dizer ou fazer pode ser rejeitado.

Certo ( ) Errado ( )

05. (CESPE - 2019) Seriam mantidos a correção gramatical e o sentido original do texto caso o trecho "Em geral, o preconceito positivo não é percebido pela sociedade" fosse assim reescrito: Não se percebe o preconceito positivo, em geral, pela sociedade.

Certo ( ) Errado ( )

Gabaritos

01	ERRADO
02	ERRADO
03	CERTO
04	ERRADO
05	ERRADO

14. INTERPRETAÇÃO E COMPREENSÃO DE TEXTO

14.1 O que é Interpretar Textos?

Interpretar textos é, antes de tudo, compreender o que se leu. Para que haja essa compreensão, é necessária uma leitura muito atenta e algumas técnicas que veremos no decorrer dos textos. Uma dica importante é fazer o resumo do texto por parágrafos.

14.2 Ambiguidade

Ambiguidade ou anfibologia é a falta de clareza em um enunciado que lhe permite mais de uma interpretação. É conhecida, também, como duplo sentido. Observe os exemplos a seguir:

Exs.: Maria disse à Ana que sua irmã chegou. (A irmã é de Maria ou Ana?)

A mãe falou com a filha caída no chão. (Quem estava caída no chão?)

Está em dúvida quanto à configuração da sua máquina? Então, acabe com ela agora mesmo! (Acabe com a dúvida, com a configuração ou com a máquina?)

Em alguns casos, especialmente na publicidade e nos textos literários, a ambiguidade é proposital; mas, para que ocorra a compreensão necessária, é preciso que o leitor tenha conhecimento de mundo suficiente para interpretar de maneira literal e não literal.

No entanto, ela se torna um problema nos textos quando causa dúvidas em relação à interpretação. Ela também pode gerar problemas e fazer com que o autor seja mal interpretado, como na frase "Sinto falta da galinha da minha mãe".

Ao escrever, para que não haja problemas relacionados à ambiguidade, é necessária atenção do autor e uma leitura cuidadosa.

> *É importante observar que os textos não são estáticos e dificilmente apresentarão apenas uma tipologia. É comum que o texto seja, por exemplo, dissertativo-argumentativo, narrativo-descritivo ou descritivo-instrucional. É importante, portanto, identificar a tipologia que predomina.*

14.3 Coesão e Coerência

Observe as orações a seguir:

Mariana estava cansada. Viajou a noite toda. Foi trabalhar no dia seguinte.

Perceba que a relação entre elas não está clara. Agora, veja o que acontece quando são inseridos **elementos de coesão**:

Mariana estava cansada porque viajou a noite toda. Mesmo assim, foi trabalhar no dia seguinte.

Os elementos de coesão são responsáveis por criar a relação correta entre os termos do texto, tornando-o coerente.

Os elementos de coesão são representados pelas conjunções. As principais relações estabelecidas entre eles são:

Concessão	embora - ainda que - se bem que - mesmo que - por mais que.
Adversidade	mas - contudo - no entanto - todavia - se bem que - porém - entretanto.
Conclusão	dessa forma - logo - portanto - assim sendo - por conseguinte
Causa	Porque - pois - já que - visto que - uma vez que
Tempo	quando - na hora em que - logo que - assim que

Leia o trecho a seguir, publicado no jornal Correio Popular:

"Durante a sua carreira de goleiro, iniciada no Comercial de Ribeirão Preto, sua terra natal, Leão, de 51 anos, sempre impôs seu estilo ao mesmo tempo arredio e disciplinado. Por outro lado, costumava ficar horas aprimorando seus defeitos após os treinos. Ao chegar à seleção brasileira em 1970, quando fez parte do grupo que conquistou o tricampeonato mundial, Leão não dava um passo em falso. Cada atitude e cada declaração eram pensados com um racionalismo típico de sua família, já que seus outros dois irmãos são médicos."

Correio Popular, Campinas, 20 out. 2000.

Observe que neste trecho há problemas de coerência.

"(...) costumava ficar horas **aprimorando seus defeitos** (...)"

Entende-se o que o redator do texto quis dizer, mas a construção é indevida, uma vez que a definição para aprimorar, segundo o dicionário, é *aperfeiçoar, melhorar a qualidade de*. Portanto, se interpretada seguindo esta definição, entender-se-ia que o jogador *melhorava seus defeitos*.

Além da escolha inadequada do vocábulo, há também um problema causado pelo uso indevido dos elementos de coesão. Observe o uso da expressão "Por outro lado", que deveria indicar algo contrário ao que foi dito anteriormente, mas neste caso precede uma afirmação que confirma o que foi dito no período anterior, deixando o texto confuso.

Perceba, portanto, que:

Coesão é a relação entre as afirmações do texto, de maneira a deixá-lo claro e fazer sentido:

*Ontem o dia foi bom **porque** vi Lucas.*

*Ontem o dia foi bom **apesar de** eu ter visto Lucas.*

A relação de sentido estabelecida pela conjunção fará o sentido do texto.

Coerência é o sentido do texto, é o fato de o texto fazer sentido e ser compreendido pelo leitor em uma primeira leitura. O que torna um texto coerente, entre outras coisas, é a escolha correta das conjunções. Por isso, a coesão e a coerência do texto andam juntas e muitas vezes se confundem.

15. COERÊNCIA TEXTUAL

Em provas de concurso, é muito comum as bancas abordarem os uso da coerência textual nas questões. Portanto, ficar atento ao texto é mais do que essencial, é vital para seu sucesso. Coerência é a união de ideias, é a harmonia entre as partes de um texto. Há um único sentido para o entendimento de um texto. O conteúdo da linguagem usada num texto deve ser compatível, não havendo oposição ou incoerência.

> *Os nomes das coerências aparecem aqui apenas para divisar e ilustrar cada uma delas. As bancas não cobrarão tais nomenclaturas, porém a palavra COERÊNCIA é mais do que reincidente nos enunciados das questões.*

15.1 Coerência Externa

Usemos a lógica: quando nos referimos à coerência externa, há que se ter o conhecimento geral de mundo, sobre política, esportes, cultura, atualidades; é necessário um conhecimento prévio do assunto. A coerência acaba sendo vital, não somente à prova de gramática, como também ao conteúdo referente a atualidades. Uma informação errada pode gerar outras mais, tornando a propagação deste erro algo tão grande e que se torna impossível ver quais proporções isso pode tomar e quais desastres pode causar. Seja numa prova, numa conversa, as consequências de um domínio falso de determinado assunto é constrangedor, especialmente em dias de globalização com o acesso tão rápido e fácil à informação.

Em uma questão da prova de Oficial de Promotoria/SP, houve uma questão sobre o seguinte *slogan*: "Nossa **guerra** é contra a fome". E o enunciado cobrava a quem ele pertencia? Sim, era do projeto FOME ZERO, do primeiro mandato do governo Lula.

Saber tais informações foi essencial para acertar a questão. Apenas a coerência externa bastaria. Isso em uma redação ajuda, e muito.

Podemos ver a coerência externa e seus benefícios nos exemplos a seguir:

"A ***fatídica curva de Ímola*** fez o Brasil chorar".

↓

> Ayrton Senna, piloto brasileiro de Fórmula 1, morreu em 1º de maio de 1994 numa corrida no circuito de Ímola, Itália.

"O ***Boca do Inferno*** foi o primeiro escritor brasileiro". →

> **Gregório de Matos Guerra** nasceu no século XVII, no Brasil. Sua obra não foi publicada em vida, mas ficou eternizada na memória do povo. Sua poesia trazia com ironia e sarcasmo situações cômicas da sociedade e do clero baiano.

Nos dois exemplos anteriores, vemos que a coerência externa é essencial para saber quais assuntos são tratados.

> *Já discutimos, neste estudo, a importância de se ter conhecimento do mundo, quando abordamos o assunto "Crônicas". Agora essa ideia vem reforçada pelo estudo da coerência externa. Verifica-se, inclusive, uma interdisciplinaridade entre gramática e Atualidades nesse caso.*

15.2 Coerência Interna

Acabamos de conceituar a coerência externa, ou seja, aquela que vem fora do texto. A coerência interna acaba sendo o oposto: é aquela que aparece dentro do texto. Para que isso aconteça, há que se ver todo o ambiente que cerca determinado documento, narrativa ou dissertação. A maioria dos textos de concursos aborda tal coerência, principalmente no tocante ao cargo. O exemplo a seguir ilustrará melhor o assunto:

> E você vai **rasgar meu papel**.
> (...) Serei sempre seu confidente fiel.
> E você vai molhar meu papel.
> O que **está escrito em mim**
> **Comigo ficará guardado** se quiser saber
> A vida segue sempre em frente
> O que há de se fazer
> Só peço a você um favor se puder
> Não me esqueça num canto qualquer.
>
> (O CADERNO, Toquinho)

Se imaginarmos um caderno conversando com uma criança, perceberemos que nada de errado aparece nos versos. A coerência interna fica latente pela proposta do tema. É assim que deve ser feito nos textos. A coerência tem de estar ligada ao tema proposto.

15.3 Coerência Argumentativa

A argumentação deve concordar com o texto. Em concursos públicos, isso pode aparecer nos exercícios de maneira indireta para que o concursando seja induzido ao erro. Mas vejamos como a propaganda pode fazer isso:

"***Bombril*** tem mil e uma utilidades."
(slogan de uma propaganda de palha de aço)

↘ Pagando menos e com mais vantagens

"***Hollywood***, o sucesso"
(slogan de uma propaganda de cigarros)

↘ Mesmo prejudicial à saúde, o cigarro pode servir de status a alguém.

Numa prova de concurso, a coerência textual é o fator que mais aparece. A falta de habilidade de leitura dos mecanismos de coerência pode facilmente induzir o leitor ao erro. Vejamos essa característica em uma questão de prova:

15.4 Dissertação

A dissertação está presente em qualquer tipo de texto. Predomina em pensamentos, análises. Ela não poderia ficar de fora em concursos públicos, o que justifica sua maior aparição e predominância em tais provas. Este tipo de texto é mais complexo que a narração e a descrição, pois usa de um entendimento mais avançado para determinado assunto.

Dissertar é opinar sobre determinado assunto. Há que se ter, nesse caso, um conhecimento geral suficiente para que o texto possa ser mais lógico e coerente para o leitor. Uma dica: é sempre importante estar atento a noticiários, ler sobre o maior número possível de temas. E, junto a este texto, aparecem as linguagens, cada qual com um estilo, e muitas vezes o estilo do texto, o tema central pede tais linguagens, e estas vão ditar de um modo coerente o que se quer passar ao leitor.

Exemplo de dissertação:

Falar que o Brasil é um país repleto de problemas é como chover no molhado. Identificar os problemas quanto ao crescimento deixou de ser um recomeço. Talvez o lugar comum no Brasil seja mais do que promessas. A fé nunca esteve tão presente. Os sonhos se fortalecem e ficarão tão fortes que este texto acabou de dar mais um passo para o lado.

Uma dissertação está dividida em **três partes** que se interagem:

1ª parte: **introdução, apresentação do assunto**
2ª parte: **desenvolvimento, dados exatos**
informação nova
EVITE: **clichês, ditados populares**.
3ª parte: **conclusão coerente com toda a redação**

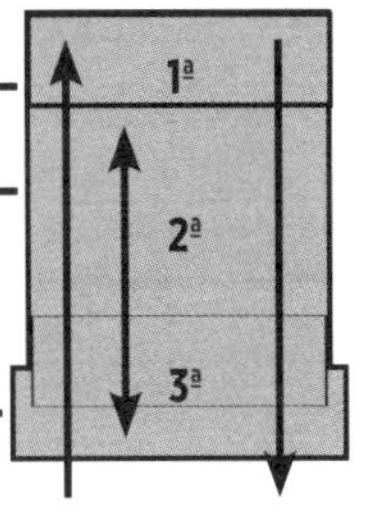

Introdução

Falar que o Brasil é um país repleto de problemas é como chover no molhado. Identificar os problemas quanto ao crescimento deixou de ser um recomeço.

Como no esquema citado encontramos um exemplo para textos dissertativos, aproveite-o para usar em suas redações, já que a dissertação é a forma textual mais frequente, no que tange à elaboração de um texto em provas.

Desenvolvimento

Talvez o lugar comum no Brasil seja mais do que promessas. A fé nunca esteve tão presente.

Conclusão

Os sonhos se fortalecem e ficarão tão fortes que este texto acabou de dar mais um passo para o lado.

15.5 Discurso

Discurso é a forma de uma mensagem aparecer. Ele pode vir em forma direta e indireta. Há bancas que pedem principalmente a transposição de um para outro. Ficar atento aos verbos, pronomes e advérbios ajuda, e muito, nos exercícios que as bancas trazem.

15.5.1 Discurso Direto

Representa a fala de alguém. Aparece literalmente num diálogo.

Ex.: "Eu não vou à sua casa hoje".

15.5.2 Discurso Indireto

Representa a fala de outrem. Aparece indiretamente, por meio da voz de uma pessoa, o que outra acabou proferindo.

Ex.: "Ele disse que não vai à minha casa hoje".

Vimos, neste capítulo, como a coerência rege um texto para que ele tenha um perfil fiel ao que se propõe a fazer. Aliada à dissertação, estilo mais comum nos concursos, ela constitui a base geral de uma comunicação clara e sem ruídos.

Questões

"O direito tributário brasileiro depara-se com grandes desafios, principalmente em tempos de globalização e interdependência dos sistemas econômicos. Entre esses pontos de atenção, destacam-se três. O primeiro é a guerra fiscal ocasionada pelo ICMS. O principal tributo em vigor, atualmente, é estadual, o que faz contribuintes e advogados se debruçarem sobre vinte e sete diferentes legislações no país para entendê-lo. Isso se tornou um atentado contra o princípio de simplificação, contribuindo para o incremento de uma guerra fiscal entre os estados, que buscam alterar regras para conceder benefícios e isenções, a fim de atrair e facilitar a instalação de novas empresas. É, portanto, um dos instrumentos mais utilizados na disputa por investimentos, gerando, com isso, consequências negativas do ponto de vista tanto econômico quanto fiscal.

A competitividade gerada pela interdependência estadual é outro ponto. Na década de 60, a adoção do imposto sobre valor agregado (IVA) trouxe um avanço importante para a tributação indireta, permitindo a internacionalização das trocas de mercadorias com a facilitação da equivalência dos impostos sobre consumo e tributação, e diminuindo as diferenças entre países. O ICMS, adotado no país, é o único caso no mundo de imposto que, embora se pareça com o IVA, não é administrado pelo governo federal — o que dá aos estados total autonomia para administrar, cobrar e gastar os recursos dele originados. A competência estadual do ICMS gera ainda dificuldades na relação entre as vinte e sete unidades da Federação, dada a coexistência dos princípios de origem e destino nas transações comerciais interestaduais, que gera a já comentada guerra fiscal.

A harmonização com os outros sistemas tributários é outro desafio que deve ser enfrentado. É preciso integrar-se aos países do MERCOSUL, além de promover a aproximação aos padrões tributários de um mundo globalizado e desenvolvido, principalmente quando se trata de Europa. Só assim o país recuperará o poder da economia e poderá utilizar essa recuperação como condição para intensificar a integração com outros países e para participar mais ativamente da globalização.

André Pereira. Os desafios do direito tributário brasileiro.
In: DCI – Diário Comércio, Indústria e Serviços. 2/mar./2017. Internet: <www.dci.com.br> (com adaptações).

Os três aspectos que representam desafios para o direito tributário brasileiro, na ordem em que aparecem no texto 1A1-I, são

01. (CESPE - 2019) A alteração de regras para benefícios e isenções, a competitividade propiciada pela interdependência dos estados e a recuperação do poder econômico do país.
Certo ( ) Errado ( )

02. (CESPE - 2019) O conflito fiscal proporcionado pelo ICMS, a competitividade produzida pela interdependência dos estados e a recuperação do poder econômico do país.
Certo ( ) Errado ( )

03. (CESPE - 2019) A alteração de regras para benefícios e isenções, a competitividade gerada pela interdependência dos estados e a recuperação do poder econômico do país.
Certo ( ) Errado ( )

04. (CESPE - 2019) O afinamento com outros sistemas tributários, a adoção do IVA e o conflito fiscal favorecido pelo ICMS.
Certo ( ) Errado ( )

05. (CESPE - 2019) O conflito fiscal propiciado pelo ICMS, a competitividade gerada pela interdependência dos estados e o afinamento com outros sistemas tributários.
Certo ( ) Errado ( )

Entre os maiores poderes concedidos pela sociedade ao Estado, está o poder de tributar. A tributação está inserida no núcleo do contrato social estabelecido pelos cidadãos entre si para que se alcance o bem comum. Desse modo, o poder de tributar está na origem do Estado ou do ente político, a partir da qual foi possível que as pessoas deixassem de viver no que Hobbes definiu como o estado natural (ou a vida pré-política da humanidade) e passassem a constituir uma sociedade de fato, a geri-la mediante um governo, e a financiá-la, estabelecendo, assim, uma relação clara entre governante e governados.

A tributação, portanto, somente pode ser compreendida a partir da necessidade dos indivíduos de estabelecer convívio social organizado e de gerir a coisa pública mediante a concessão de poder a um soberano. Em decorrência disso, a condição necessária (mas não suficiente) para que o poder de tributar seja legítimo é que ele emane do Estado, pois qualquer imposição tributária privada seria comparável a usurpação ou roubo.

Internet: <www.receita.fazenda.gov.br> (com adaptações).

06. (CESPE - 2019) O referente da forma verbal "passassem" é o termo "as pessoas".

Certo ( ) Errado ( )

07. (CESPE - 2019) As formas pronominais presentes em "geri-la" e "financiá-la" possuem referentes distintos no texto.

Certo ( ) Errado ( )

08. (CESPE - 2019) O referente da forma pronominal "ele"é a expressão "o poder de tributar".

Certo ( ) Errado ( )

09. (CESPE - 2019) A inserção do sinal indicativo de crase em "a usurpação" não prejudicaria a correção gramatical do texto.

Certo ( ) Errado ( )

10. (CESPE - 2019) "As atividades pertinentes ao trabalho relacionam-se intrinsecamente com a satisfação das necessidades dos seres humanos — alimentar-se, proteger-se do frio e do calor, ter o que calçar etc. Estas colocam os homens em uma relação de dependência com a natureza, pois no mundo natural estão os elementos que serão utilizados para atendê-las."

As formas pronominais "Estas" e "las" referem-se a "necessidades dos seres humanos".

Certo ( ) Errado ( )

Gabaritos

01	ERRADO	06	CERTO
02	ERRADO	07	ERRADO
03	ERRADO	08	CERTO
04	ERRADO	09	ERRADO
05	CERTO	10	CERTO

16. GÊNEROS TEXTUAIS

Neste capítulo, são apresentados alguns gêneros textuais que circulam na sociedade (artigo, ata, atestado, apostila, carta, charge, certidão, circular, declaração, editorial, entrevista, edital, gênero literário, história em quadrinhos, notícia, ofício, parecer, propaganda, poema, reportagem, requerimento, relatório, portaria). Sobre esse assunto, é importante saber que esses gêneros estão relacionados à tipologia textual. Portanto, vale a pena fazer uma síntese dessas tipologias antes de tratarmos diretamente dos gêneros.

16.1 Tipologia Textual

Um texto pode ter várias características. Entre elas, estão a tipologia e o gênero textual. A relação é a seguinte: cada tipologia textual possui diversos gêneros textuais. Além disso, geralmente um texto não é escrito com base em apenas uma tipologia, ou seja, podem ser encontradas várias tipologias num texto, mas sempre há alguma que se torna predominante.

As tipologias mais importantes que devemos estudar são: narração, descrição, dissertação, injunção, predição, dialogal.

16.1.1 Narração

Modalidade textual que tem o objetivo de contar um fato, fictício ou não, que aconteceu num determinado tempo e lugar, e que envolve personagens. Geralmente, segue uma cronologia em relação à passagem de tempo. Nesse tipo de texto, predomina o emprego do pretérito.

Os gêneros textuais mais comuns são: conto, fábula, crônica, romance, novela, depoimento, piada, relato, etc.

16.1.2 Descrição

A descrição consiste em fazer um detalhamento, como se fosse um retrato por escrito de um lugar, uma pessoa, um animal ou um objeto. O adjetivo é muito usado nesse tipo de produção textual. As abordagens podem ser tanto físicas quanto psicológicas (que envolvem sentimentos, emoções). Esse tipo de texto geralmente está contido em textos diversos.

Os gêneros textuais mais comuns são: cardápio, folheto turístico, anúncio classificado, etc.

16.1.3 Dissertação

Dissertar significa falar sobre algo, explicar um assunto, discorrer sobre um fato, um tema. Nesse sentido, a dissertação pode ter caráter expositivo ou argumentativo.

Dissertação-Expositiva

O texto expositivo apresenta ideias sobre um determinado assunto. Há informações sobre diferentes temas, em que o autor expõe dados, conceitos de modo objetivo. O objetivo principal é informar, esclarecer.

Os gêneros mais comuns em que se encontra esse tipo de texto são: aula, resumo, textos científicos, enciclopédia, textos expositivos de revistas e jornais, etc.

Dissertação-Argumentativa

Um texto argumentativo defende ideias ou um ponto de vista do autor. Além de trazer explicações, esse tipo de texto busca persuadir, convencer o leitor de algo. O texto, além de explicar, também persuade o interlocutor, objetivando convencê-lo de algo. O mais importante é haver uma progressão lógica e coerente das ideias, sem ficar no que é vago, impreciso.

É comum encontrar essa tipologia textual em: sermão, ensaio, monografia, dissertação, tese, ensaio, manifesto, crítica, editorial de jornais e revistas.

16.1.4 Injunção/Instrucional

Com uma linguagem objetiva e concisa, esse tipo de texto orienta como realizar uma ação. Predominantemente, os verbos são empregados no modo imperativo, todavia há também o uso do infinitivo e do futuro do presente do modo indicativo.

Temos como gêneros textuais mais comuns: ordens; pedidos; súplica; desejo; manuais e instruções para montagem ou uso de aparelhos e instrumentos; textos com regras de comportamento; textos de orientação (ex: recomendações de trânsito); receitas, cartões com votos e desejos (de natal, aniversário, etc.).

16.1.5 Predição

A predição tem por características a informação e a probabilidade. O intuito é predizer algo ou levar o interlocutor a crer em alguma coisa que ainda irá ocorrer.

Os gêneros em que mais são encontrados essa tipologia são: previsões astrológicas, previsões meteorológicas, previsões escatológicas/apocalípticas.

16.1.6 Dialogal/Conversacional

A base para esta tipologia textual é o diálogo entre os interlocutores. Nesse tipo de texto, temos um locutor (quem fala), um assunto, um receptor (quem recebe o texto). Ou seja, temos um diálogo entre os interlocutores (locutor e receptor).

Os gêneros em que essa tipologia ocorre são: entrevista, conversa telefônica, chat, etc.

16.2 Gêneros Textuais

Os gêneros textuais podem ser textos orais ou escritos, formais ou informais. Eles possuem características em comum, como a intenção comunicativa, mas há algumas características que os distinguem uns dos outros.

16.2.1 Gêneros Textuais e Esferas de Circulação

Cada gênero textual está vinculado a uma esfera de circulação, ou seja, um lugar comum em que ele pode ser encontrado.

Cotidiana

Exemplos: Adivinhas, Diário, Álbum de Família Exposição Oral, Anedotas, Fotos, Bilhetes, Músicas, Cantigas de Roda, Parlendas, Carta Pessoal, Piadas, Cartão, Provérbios, Cartão Postal, Quadrinhas, Causos, Receitas, Comunicado, Relatos de Experiências Vividas, Convites, Trava-Línguas, ***Curriculum Vitae.***

Literária/Artística

Autobiografia, Letras de Músicas, Biografias, Narrativas de Aventura, Contos, Narrativas de Enigma, Contos de Fadas, Narrativas de Ficção, Contos de Fadas Contemporâneos, Narrativas de Humor, Crônicas de Ficção, Narrativas de Terror, Escultura, Narrativas Fantásticas, Fábulas, Narrativas Míticas, Fábulas Contemporâneas, Paródias, Haicai, Pinturas, Histórias em Quadrinhos, Poemas, Lendas, Romances, Literatura de Cordel, Tankas, Memórias, Textos Dramáticos.

Científica

Artigos, Relato Histórico, Conferência, Relatório, Debate, Palestra, Verbetes, Pesquisas.

Escolar

Ata, Relato Histórico, Cartazes, Relatório, Debate, Regrado, Relatos de Experiências, Diálogo/Discussão Argumentativa Científicas, Exposição Oral, Resenha, Júri Simulado, Resumo, Mapas, Seminário, Palestra, Texto Argumentativo, Pesquisas, Texto de Opinião, Verbetes de Enciclopédias.

Jornalística

Imprensa: Agenda Cultural, Fotos, Anúncio de Emprego, Horóscopo, Artigo de Opinião, Infográfico, Caricatura, Manchete, Carta ao Leitor, Mapas, Mesa Redonda, Cartum, Notícia, Charge, Reportagens, Classificados, Resenha Crítica, Crônica Jornalística, Sinopses de Filmes, Editorial, Tiras, Entrevista (oral e escrita).

Publicidade: Anúncio, Músicas, Caricatura, Paródia, Cartazes, Placas, Comercial para TV, Publicidade Comercial, E-mail, Publicidade Institucional, Folder, Publicidade Oficial, Fotos, Texto Político, Slogan.

Política

Abaixo-Assinado, Debate Regrado, Assembleia, Discurso Político, Carta de Emprego, Fórum, Carta de Reclamação, Manifesto, Carta de Solicitação, Mesa Redonda, Debate, Panfleto.

Jurídica

Boletim de Ocorrência, Estatutos, Constituição Brasileira, Leis, Contrato, Ofício, Declaração de Direitos, Procuração, Depoimentos, Regimentos, Discurso de Acusação, Regulamentos, Discurso de Defesa, Requerimentos.

Social

Bulas, Relato Histórico, Manual Técnico, Relatório, Placas, Relatos de Experiências Científicas, Resenha, Resumo, Seminário, Texto Argumentativo, Texto de Opinião, Verbetes de Enciclopédias.

Midiática

Blog, Reality Show, Chat, Talk Show, Desenho Animado, Telejornal, E-mail, Telenovelas, Entrevista, Torpedos, Filmes, Vídeo Clip, Fotoblog, Videoconferência, Home Page.

16.2.2 Exemplos de Gêneros Textuais

Artigo

O artigo de opinião é um gênero textual que faz parte da esfera jornalística e tem por finalidade a exposição do ponto de vista sobre um determinado assunto. Assim como a dissertação, ele também se compõe de um título, uma introdução, um desenvolvimento e uma conclusão.

Ata

A ata tem como finalidade registrar ocorrências, resoluções e decisões de reuniões, sessões realizadas por algum órgão, setor, entidade, etc.

Estrutura da ata:

- dia, mês, ano e hora (por extenso)
- local da reunião
- pessoas presente, devidamente qualificadas
- ordem do dia (pauta)
- fecho

Observações:

- não há disposição quanto à quantidade de pessoas que deve assinar a ata; pode ser assinada apenas pelo presidente e secretário.
- a ata deve ser redigida de modo que não sejam possíveis alterações posteriores à assinatura (há o emprego de expressões "digo" e "em tempo").
- não há parágrafos ou alíneas.
- a ata é o registro fiel.

Atestado

Atestado é o documento mediante o qual a autoridade comprova um fato ou situação de que tenha conhecimento em razão do cargo que ocupa ou da função que exerce. Destina-se à comprovação de fatos ou situações passíveis de modificações frequentes. É uma mera declaração, ao passo que a certidão é uma transcrição. Ato administrativo enunciativo, o atestado é, em síntese, afirmação oficial de fatos.

Partes:

- título ou epígrafe: denominação do ato (atestado).
- texto: exposição do objeto da atestação. Pode-se declarar, embora não seja obrigatório, a pedido de quem e com que finalidade o documento é emitido.
- local e data: cidade, dia, mês e ano da emissão do ato, podendo-se também citar, preferentemente sob forma de sigla, o nome do órgão em que a autoridade signatária do atestado exerce suas funções.
- assinatura: nome e cargo ou função da autoridade que atesta.

Apostila

Apostila é a averbação, feita abaixo dos textos ou no verso de decretos e portarias pessoais (nomeação, promoção, ascensão, transferência, readaptação, reversão, aproveitamento, reintegração, recondução, remoção, exoneração, demissão, dispensa, disponibilidade e aposentadoria), para que seja corrigida flagrante inexatidão material do texto original (erro na grafia de nomes próprios, lapso na especificação de datas, etc.), desde que essa correção não venha a alterar a substância do ato já publicado.

Tratando-se de erro material em decreto pessoal, a apostila deve ser feita pelo Ministro de Estado que o propôs. Se o lapso houver ocorrido em portaria pessoal, a correção por apostilamento estará a cargo do Ministro ou Secretário signatário da portaria. Nos dois casos, a apostila deve sempre ser publicada no Boletim de Serviço ou Boletim Interno correspondente e, quando se tratar de ato referente a Ministro de Estado, também no Diário Oficial da União.

A finalidade da correção de inexatidões materiais por meio de apostila é evitar que se sobrecarregue o Presidente da República com a assinatura de atos repetidos, e que se onere a Imprensa Nacional com a republicação de atos.

→ **Forma e Estrutura**

> título, em maiúsculas e centralizado sobre o texto:

APOSTILA;

> texto, no qual deve constar a correção que está sendo feita, a ser iniciada com a remissão ao decreto que autoriza esse procedimento;

> data, por extenso:

Brasília, em 12 de novembro de 1990;

> identificação do signatário, abaixo da assinatura:

NOME (em maiúsculas)

Secretário da Administração Federal

No original do ato normativo, próximo à apostila, deverá ser mencionada a data de publicação da apostila no Boletim de Serviço ou no Boletim Interno.

Carta

Pode ter caráter argumentativo quando se trata de uma carta aberta ou carta do leitor. Quando se trata de carta pessoa, há a presença de aspectos narrativos ou descritivos.

A charge é um dos gêneros textuais mais cobrados em questões de concurso. Deve dar atenção à crítica feita pelo autor, a qual pode ser percebida pela relação texto verbal e não verbal (palavras e imagens).

Charge

É um gênero textual em que é feita uma ilustração cômica, irônica, por meio de caricaturas, com o objetivo de satirizar, criticar ou fazer um comentário sobre algum acontecimento, que é atual, em sua grande maioria.

Certidão

Certidão é o ato pelo qual se procede à publicidade de algo relativo à atividade Cartorária, a fim de que, sobre isso, não haja dúvidas. Possui formato padrão próprio, termos essenciais que lhe dão suas características. Exige linguagem formal, objetiva e concisão.

Termos essenciais da certidão:

> afirmação: certidão e dou fé que.

> identificação do motivo de sua expedição: a pedido da parte interessada.

> ato a que se refere: revendo os assentamentos constantes deste cartório, não logrei encontrar ação movida contra (nome).

> data de sua expedição:

> assinatura: O Escrivão.

Circular

É utilizada para transmitir avisos, ordens, pedidos ou instruções, dar ciência de leis, decretos, portarias, etc.

> destina-se a uma ou mais de uma pessoa/órgão/empresa. No caso de mais de um destinatário, todas as vias distribuídas devem ser iguais.

> a paragrafação pode seguir o estilo americano (sem entradas de parágrafo), ou estilo tradicional. No caso de estilo americano, todo o texto, a data e a assinatura devem ser alinhados à margem esquerda. No estilo tradicional, devem ser centralizados.

Partes:

> TIMBRE: impresso no alto do papel.

> TÍTULO E NÚMERO: cerca de três linhas do timbre e no centro da folha. O número pode vir seguido do ano.

> DATA: a data deve estar próxima do título e número, ao lado ou abaixo, podendo se apresentar de várias formas:

CIRCULAR Nº 01, DE 2 MARÇO DE 2002

CIRCULAR Nº 01

De 2 de março de 2002

CIRCULAR Nº 01/02 Rio de Janeiro, 2 de março de 2002

> EMENTA (opcional): deve vir abaixo do título e data, cerca de três linhas.

Ementa: Material de consumo.

Ref.: Material de consumo

> INVOCAÇÃO: cerca de quatro linhas do título. Dependendo do assunto e destinatários, a invocação é dispensável.

Excelentíssimo Senhor:

Senhor Prefeito:

Senhores Pais:

→ **TEXTO: cerca de três linhas do título. Deve conter:**

> exposição do assunto, desenvolvida a partir dos objetivos;

> a sensibilização do receptor/destinatário;

> convite a agir;

> CUMPRIMENTO FINAL:

Respeitosamente,

Atenciosamente,

> ASSINATURA: cerca de quatro linhas do cumprimento final. É composta do nome do emissor (só as iniciais maiúsculas) e cargo ou função (todo em maiúscula):

Herivelto Nascimento

DIRETOR

> ANEXOS: quando houver documentos a anexar, escreve-se a palavra anexo à margem esquerda, seguida da relação do que está anexado:

Anexo: quadro de horários.

Anexa: cópia do documento.

Anexas: tabela de horários e cópia dos documentos.

> INICIAIS: na última linha útil do papel, à esquerda, devemos escrever as iniciais de quem elaborou o texto (redator), seguido das iniciais de quem a datilografou/digitou (em maiúscula ou minúscula, tanto faz). Quando o redator e o datilógrafo forem a mesma pessoa, basta colocar a barra seguida das iniciais:

PPS/AZ

Pps/az

/pps

/PPS

Declaração

A declaração deve ser fornecida por pessoa credenciada ou idônea que nele assume a responsabilidade sobre uma situação ou a concorrência de um fato. Portanto, é uma comprovação escrita com caráter de documento.

A declaração pode ser manuscrita em papel almaço simples ou digitada. Quanto ao aspecto formal, divide-se nas seguintes etapas:

- timbre: impresso com cabeçalho, contendo o nome do órgão ou empresa. Nas declarações particulares, usa-se papel sem timbre.
- título: no centro da folha, em caixa alta.
- texto:
    - identificação do emissor.
    - o verbo atestar ou declarar deve aparecer no presente do indicativo, terceira pessoal do singular ou do plural.
    - finalidade do documento: em geral, costuma-se usar o termo "para os devidos fins". Também se pode especificar: "para fins de trabalho", "para fins escolares", etc.
    - nome e dados de identificação do interessado.
    - citação do fato a ser atestado.
- local e data: deve-se escrevê-lo a cerca de três linhas do texto.

Editorial

É um gênero textual dissertativo-argumentativo que apresenta o posicionamento de uma empresa, revista, jornal sobre determinado assunto.

Entrevista

É um gênero textual em que aparece o diálogo entre o entrevistador e o(s) entrevistado(s), para obter informações sobre o entrevistado ou algum assunto. Podem aparecer elementos expositivos, argumentativos e narrativos.

Edital

É um documento em que são apresentados avisos, citações, determinações.

São diversos os tipos de editais, de acordo com o objetivo: pode comunicar uma citação, um proclame, um contrato, uma exoneração, uma licitação de obras, serviços, tomada de preço, etc.

Entre eles, os editais mais comuns são os de concursos públicos, que determinam as etapas dos processos seletivos e as competências necessárias para a sua execução.

Gêneros literários

Os gêneros literários costumam ser cobrados em algumas provas. É importante saber que há a presença tanto da linguagem denotativa quanto da conotativa. Geralmente, as provas trazem fragmentos de textos. Alguns gêneros mais cobrados são: novela, conto, fábula, crônica, ensaio.

Novela

É um texto narrativo longo, em que são narradas várias histórias. Sempre há uma história principal que caracteriza esse gênero. Exemplos: O Alienista, de Machado de Assis, e A Metamorfose, de Kafka.

Conto

É um texto narrativo curto, em que há, geralmente, um enredo (uma história) e poucos personagens.

Fábula

É um texto narrativo em que há uma história curta que termina com uma lição de moral. Geralmente, há a personificação, pois há personagens que não são humanos (animais, objetos) que adquirem características humanas.

Crônica

É uma narrativa breve, relacionada ao cotidiano. Pode ter um tom humorístico ou reflexivo (presença de críticas).

Ensaio

É um texto com caráter também didático, em que são expostas ideias, críticas e reflexões morais e filosóficas a respeito de certo tema. É caracterizado pela defesa de um ponto de vista pessoal e subjetivo sobre um tema (humanístico, filosófico, político, social, cultural, moral, comportamental, etc.), sem a necessidade de comprovação científica.

História em quadrinhos

É um gênero narrativo que consiste em contar algo por meio de pequenos quadros. Pode haver diálogos diretos entre personagens. É caracterizado pela linguagem verbal e não verbal.

Notícia

É um texto em que podem aparecer características narrativas e descritivas. Conta-se como ocorreu um determinado fato. Aparecem as seguintes informações: o que ocorreu, como, quando, onde e quem estava envolvido.

Ofício

O ofício tem o objetivo de informar, propor convênios, ajustes, acordos, encaminhar documentos, solicitar providências e/ou informações.

É uma correspondência que pode ser dirigida tanto ao Poder Público quanto a particulares.

Formatação:

- Papel timbrado;
- Número de ordem na margem superior esquerda;

- Local e data na mesma linha do número de ordem, ao lado direito;
- Vocativo (a forma de se dirigir à pessoa a que se destina a correspondência);
- O texto pode ser dividido em parágrafos;
- Fecho;
- Assinatura e cargo do remetente;
- Endereçamento.

Parecer

O parecer é o pronunciamento fundamentado, com caráter opinativo, de autoria de comissão ou de relator, snobre matéria sujeita a seu exame.

Partes de um parecer:

- designação: número do processo, no centro superior do papel. Não é um item obrigatório.
- título: denominação do ato, seguido de numeração (Parecer nº).
- ementa: resumo do assunto do parecer, de maneira concisa, a dois espaços do título.
- texto: introdução (histórico); esclarecimentos (análise do fato); conclusão do assunto.
- fecho: compreende: local e/ou denominação do órgão (sigla);
  - data;
  - assinatura (nome e cargo de quem emite o parecer).

Propaganda

Caracterizado como um texto expositivo, o objetivo é propagar informações sobre algo, para influenciar o leitor com mensagens que despertam as emoções e a sensibilidade.

Poema

É um texto estruturado em versos (linhas) e pode também ter estrofes (conjunto de linhas). É muito comum haver a descrição e a narração.

Reportagem

É um gênero textual que pertence à esfera jornalística e tem um caráter dissertativo-expositivo. A reportagem tem, por objetivo, informar e levar os fatos ao leitor de uma maneira concisa, clara, e direta.

Requerimento

O requerimento é o instrumento por meio do qual o signatário pede, a uma autoridade, algo que lhe pareça justo ou legal. Qualquer pessoa que tenha interesse no serviço público pode valer-se de um requerimento, que será dirigido a uma autoridade competente para conhecer, analisar e solucionar o caso, podendo ser escrito ou datilografado (digitado).

Os elementos constitutivos do requerimento são:

- vocativo: indica a autoridade a quem se dirige a comunicação (alinhado à esquerda, sem parágrafo, identificando a autoridade e não a pessoa em si;
- texto: nome do requerente (letras maiúsculas), qualificação, objeto do requerimento;
- fecho: pede deferimento, espera deferimento, aguarda deferimento;
- local e data;
- assinatura.

Relatório

Relatório é um documento em que se faz uma descrição de fatos, analisados com o objetivo de orientar o serviço interessado ou o superior imediato para possíveis ações a serem tomadas.

É, em última análise, a exposição circunstanciada de atividades levadas a termo por funcionário, no desempenho das funções do cargo que exerce, ou por ordem de autoridade superior.

É geralmente feito para expor:

- situações de serviço;
- resultados de exames;
- eventos ocorridos em relação a planejamento;
- prestação de contas ao término de um exercício etc.

Suas partes componentes são:

1) Título (a palavra RELATÓRIO), em letras maiúsculas.
2) Vocativo: a palavra Senhor(a), seguida do cargo do destinatário, e de vírgula.
3) Texto paragrafado, composto de introdução, desenvolvimento e conclusão.

Introdução: enuncia-se o propósito do relatório;

Desenvolvimento: corpo do relatório - a exposição dos fatos;

Conclusão: o resultado ou síntese do trabalho, bem como a recomendação de providências cabíveis.

4) Fecho, utilizando as fórmulas usuais de cortesia, como as do ofício.
5) Local e data, por extenso.
6) Assinatura, nome e cargo ou função do signatário.
7) Anexos, complementando o Relatório, com material ilustrativo e/ou ocumental.

Classificação de Relatórios

- Informativo: aborda um problema ou situação e oferece informações.
- Reativo: aborda um problema, examina as causas e as consequências e oferece sugestões.
- Conclusivo: aborda um problema ou situação e oferece conclusões.

Portaria

É um ato pelo qual as autoridades competentes determinam providências de caráter administrativo, dão instruções sobre a execução de leis e de serviços, definem situações funcionais e aplicam medidas de ordem disciplinar.

Partes:

- > numeração (classificação): número do ato e data de expedição.
- > título: denominação completa de autoridade que expede o ato.
- > fundamentação: citação da legislação básica em que a autoridade apoia sua decisão, seguida do termo resolve.
- > texto: desenvolvimento do assunto.
- > assinatura: nome da autoridade que expede o ato.

Questões

É curioso notar que a ideia de porto está presente nas sociedades humanas desde o aparecimento das cidades. Isso porque uma das características das primeiras estruturas urbanas existentes na região do Oriente Próximo foi a presença do porto.

As primeiras cidades, no sentido moderno, surgiram no período compreendido entre 3.100 e 2.900 a.C., na Mesopotâmia, civilização situada às margens dos rios Tigre e Eufrates. A estrutura desses primeiros agrupamentos urbanos era tripartite: a cidade propriamente dita, cercada por muralhas, onde ficavam os principais locais de culto e as células dos futuros palácios reais; uma espécie de subúrbio, extramuros, local que agrupava residências e instalações para criação de animais e plantio; e o porto fluvial, espaço destinado à prática do comércio e que era utilizado como local de instalação dos estrangeiros, cuja admissão, em regra, era vedada nos muros da cidade.

Não se trata, portanto, de uma criação aleatória apenas vinculada à atividade comercial. O porto aparece como mais um elemento de uma forte mudança civilizacional que marcou o contexto do surgimento das cidades e da escrita. O comportamento fundamental dessa mudança localiza-se no aumento das possibilidades do agir humano, na diversificação dos papéis sociais e na abertura para o futuro. Houve, em resumo, uma ampliação no grau de complexidade da sociedade.

Cristiano Paixão e Ronaldo C Fleury Trabalho portuário — a modernização dos portos e as relações de trabalho no Brasil São Paulo: Método, 2008, p 17-8 (com adaptações)

01. (CESPE - 2018) O texto é predominantemente descritivo, na medida em que apresenta detalhadamente as características dos portos na Antiguidade.

Saiu a mais nova lista de coisas que devem ou não ser feitas, moda que parece ter contagiado o planeta. Desta vez, Arthur Frommer e Holly Hugues elencam os 500 locais que precisamos visitar antes que desapareçam (500 places to see before they disappear). O livro traz lugares naturais e históricos, de antigos centros de culto a paisagens em vias de extinção, assim como tesouros culturais únicos, como o Fenway Park, de Boston, inaugurado em 1912: um dos últimos estádios norte-americanos que mantêm sua construção original, diz o Atlanta Journal Constitution.

Revista da Semana, dez./2008 (com adaptações).

Certo ( ) Errado ( )

02. (CESPE - 2018) O texto é essencialmente informativo.

O Departamento de Atendimento a Grupos Vulneráveis (DAGV) da Polícia Civil de Sergipe atende a um público específico, que frequentemente se torna vítima de diversos tipos de violência. Idosos, homossexuais, mulheres, crianças e adolescentes têm recebido atenção constante no DAGV, onde o atendimento ganha força e se especializa diariamente.

A unidade surgiu como delegacia especializada em setembro de 2004. Agentes e delegados de atendimento a grupos vulneráveis realizam atendimento às vítimas, centralizam procedimentos relativos a crimes contra o público vulnerável registrados em outras delegacias, abrem inquéritos e termos circunstanciados e fazem investigações de queixas.

Internet: <www.ssp.se.gov.br> (com adaptações).

Certo ( ) Errado ( )

03. (CESPE - 2018) Predomina no texto a tipologia narrativa, a qual é adequada ao propósito comunicativo de apresentar ao leitor um relato linear e objetivo da história do DAGV desde o seu surgimento até os dias atuais.

Certo ( ) Errado ( )

As consequências da extinção de línguas são diversas e irreparáveis. O desaparecimento de línguas tem impacto imediato na perda de diversidade cultural.

O desconhecimento da diversidade linguística por grande parte da população brasileira é sustentado pela representação de uma suposta unidade da língua portuguesa, ou seja, pela ideia de que a língua portuguesa é a única língua falada no país. Essa falta de conhecimento e de valorização leva, por conseguinte, à marginalização e à discriminação de grupos falantes de outras línguas.

A construção de uma política específica para a diversidade linguística constitui uma iniciativa que busca a valorização da diversidade linguística do país. Atuar para a sustentabilidade da diversidade linguística, entretanto, exige a articulação de produção de conhecimento sobre as línguas existentes no território nacional e de valorização e promoção dessas línguas.

As línguas faladas por grupos sociais minoritários requerem atenção especial de uma política de salvaguarda da diversidade linguística, pois elas se encontram em posição de maior vulnerabilidade linguística. Tal situação decorre não só do fato de essas línguas serem faladas por grupos sociais pouco numerosos, mas também da falta de conhecimento sobre elas. Colocar no mapa as centenas de línguas ainda ocultadas pela representação majoritária de um país com uma única língua talvez seja o caminho mais significativo para o reconhecimento das línguas como patrimônio cultural.

Instituto do Patrimônio Histórico e Artístico Nacional. Guia de pesquisa e documentação para o INDL: patrimônio cultural e diversidade linguística. Brasília: IPHAN, 2016, p. 23-4 (com adaptações).

Com relação às ideias e à tipologia do texto CB3A1-I, julgue o item que segue.

04. (CESPE - 2018) O texto foi construído com o uso de elementos que caracterizam a tipologia argumentativa

Certo ( ) Errado ( )

O avião demorou a decolar, havia nevascas pela Europa, fui parar em Copenhague, perdi a conexão em Paris, me mandaram para Buenos Aires, mas gostei de chegar em casa quase à meia-noite. O menino já estaria dormindo, e mesmo a Vanda logo iria para a cama. Estaria bicando um vinho, ou fechando as cortinas, ou tomando um banho, ou em frente ao espelho, catando fios de cabelo branco, para mim era importante pegá-la desprevenida, queria ver com que gênero de surpresa me receberia. Girei a chave, na sala havia uma árvore de Natal, a Vanda estava no quarto, do corredor ouvi sua voz. Devo ter aberto a porta com muito ímpeto, pois a babá, que estava sentada na ponta da cama, se levantou num pulo. Mas o menino não se mexeu, continuou recostado na cabeceira com os olhos fitos na televisão.

Chico Buarque. Budapeste. São Paulo: Companhia das Letras, 2003 (com adaptações).

Julgue o item seguinte, relativo aos sentidos e a aspectos linguísticos do texto precedente.

05. (CESPE - 2018) O texto é predominantemente narrativo, haja vista, entre outras características, o emprego de verbos no passado.

Certo ( ) Errado ( )

Gabaritos

01	ERRADO
02	CERTO
03	ERRADO
04	CERTO
05	CERTO

17. ORTOGRAFIA

A ortografia em provas de concurso costuma ser cobrada com palavras homógrafas, homófonas e parônimas. Aborda-se também o uso de grafias similares em determinados níveis de comunicação. Nesse sentido, o hábito da leitura e o uso de dicionários ajudam muito na assimilação gradativa da grafia das palavras, bem como no processo de compreensão e de interpretação de uma mensagem.

Ortho= correto, *graphos* = escrita

A ortografia das palavras pode ser assimilada de várias formas. As mais eficazes, conforme acabamos de afirmar, consistem na leitura e na consulta ao dicionário. Todas as grafias têm sua lógica proveniente da etimologia (origem das palavras). Algumas, porém, possuem também regras que as determinam.

17.1 Regras Para o Emprego de Letras

17.1.1 Letras E e I

Emprega-se E

> Em sílabas finais dos verbos terminados em -oar, -uar

Exs.: magoar - magoe, magoes; continuar- continue, continues

> Em palavras formadas com o prefixo ante- (antes, anterior)

Exs.: antebraço, antecipar

> Em vocábulos como:

Exs.: cadeado, confete, disenteria, empecilho, irrequieto, mexerico, orquídea, etc.

Emprega-se I

> Em sílabas finais dos verbos terminados em -air, -oer, -uir

Exs.: cair- cai / doer- dói / influir- influi

> Em palavras formadas com o prefixo anti- (contra)

Exs.: Anticristo, antitetânico

> Nos seguintes vocábulos:

Exs.: aborígine, artimanha, chefiar, digladiar, penicilina, privilégio, etc.

17.1.2 Letras O e U

O emprego de o/u determina a diferença de significado de algumas palavras.

Exs.: comprimento (extensão) e cumprimento (saudação, realização) / soar (emitir som) e suar (transpirar).

Grafam-se com a letra O: bolacha, bússola, costume, moleque.

Grafam-se com a letra U: camundongo, jabuti, Manuel, tábua

17.1.3 Letra X e dígrafo Ch

Emprega-se X

> -Após um ditongo.

Exs.: caixa, frouxo, peixe

Exceção: recauchutar e seus derivados

> Após a sílaba inicial "en".

Exs.: enxame, enxada, enxaqueca

Exceção: palavras iniciadas por "ch" que recebem o prefixo en- : encharcar (de charco), enchiqueirar (de chiqueiro), encher e seus derivados (enchente, enchimento, preencher...)

> Após a sílaba inicial "me-".

Exs.: mexer, mexerica, mexicano, mexilhão

Exceção: mecha

> Em vocábulos de origem indígena ou africana e nas palavras inglesas aportuguesadas.

Exs.: abacaxi, xavante, orixá, xará, xerife, xampu

> Outros casos.

Exs.: bexiga, bruxa, coaxar, faxina, graxa, lagartixa, lixo, puxar, rixa, oxalá, praxe, roxo, vexame, xadrez, xarope, xaxim, xícara, xale, xingar, etc.

Emprega-se Ch

> Em vocábulos como:

Exs.: bochecha, bucha, cachimbo, chalé, charque, chimarrão, chuchu, chute, cochilo, debochar, fachada, fantoche, ficha, flecha, mochila, pechincha, salsicha, tchau, etc.

17.1.4 Letra G

> Nos substantivos terminados em -agem, -igem, -ugem

Exs.: barragem, miragem, viagem, origem, ferrugem

Exceção: pajem

> Nas palavras terminadas em -ágio, -égio, -ígio, -ógio, -úgio

Exs.: estágio, privilégio, prestígio, relógio, refúgio

> Nas palavras derivadas de outras que se grafam com g

Exs.: engessar (de gesso), massagista (de massagem), vertiginoso (de vertigem)

> Outros casos.

Exs.: algema, auge, bege, estrangeiro, geada, gengiva, gibi, gilete, hegemonia, herege, megera, monge, rabugento, vagem.

17.1.5 Letra J

> Nas formas dos verbos terminados em -jar ou -jear

Exs.: arranjar: arranjo, arranje, arranjem / espejar:despejo, despeje, despejem / gorjear: gorjeie, gorjeiam, gorjeando / enferrujar: enferruje, enferrujem / viajar: viajo, viaje, viajem.

> Nas palavras de origem tupi, africana, árabe ou exótica

Exs.: biju, jiboia, canjica, pajé, jerico, manjericão, Moji.

> Nas palavras derivadas de outras que já apresentam j

Exs.: laranja - laranjeira / loja - lojista / cereja: cerejeira.

> Outros casos.

Exs.: berinjela, cafajeste, jeca, jegue, majestade, jeito, jejum, laje, traje, pegajento.

17.1.6 Letras S e Z

Emprega-se S

> - Nas palavras derivadas de outras que já apresentam s no radical

Exs.: análise – analisar / casa – casinha / catálise – catalisador.

- Nos sufixos -ês e -esa, ao indicarem nacionalidade, título ou origem

Exs.: burguês – burguesa / inglês – inglesa.

- Nos sufixos formadores de adjetivos -ense, -oso e -osa

Exs.: catarinense, gostoso, teimosa.

- Nos sufixos gregos -ese, -isa, -osa

Exs.: catequese, diocese, poetisa, profetisa, sacerdotisa, glicose, metamorfose, virose.

- Após ditongos

Exs.: coisa, pouso, lousa, náusea.

- Nas formas dos verbos pôr e querer, bem como em seus derivados

Exs.: pus, pôs, pusemos, puseram, pusera, pusesse, puséssemos / quis, quisemos, quiseram, quiser, quisera, quiséssemos / repus, repusera, repusesse, repuséssemos.

- Outros casos.

Exs.: abuso, asilo, através, aviso, besouro, brasa, cortesia, decisão, despesa, empresa, /freguesia, fusível, maisena, mesada, paisagem, paraíso, pêsames, presépio, presídio, querosene, raposa, surpresa, tesoura, usura, vaso, vigésimo, visita, etc.

Emprega-se Z

- Nas palavras derivadas de outras que já apresentam z no radical

Exs.: deslize – deslizar / razão – razoável.

- Nos sufixos -ez, -eza, ao formarem substantivos abstratos a partir de adjetivos

Exs.: inválido – invalidez / limpo – limpeza.

- Nos sufixos -izar, ao formar verbos e -ização, ao formar substantivos

Exs.: civilizar – civilizaçã

17.2 Homônimos

Os homônimos se diferenciam entre palavras **homógrafas** e as **homófonas**. São vocábulos que se pronunciam ou se escrevem da mesma forma e que diferem no sentido.

17.2.1 Homônimos Perfeitos

Possuem som e grafia idênticos, mas significado diferente.

Vela: substantivo e verbo (velar).

Saia: substantivo e verbo (sair).

17.2.2 Homógrafas

Mesma grafia; som, classe gramatical e significado diferentes.

Ex.: ***Almoço***: substantivo.

Almoço: verbo almoçar, 1ª pessoa do presente.

Colher: verbo.

Colher: substantivo, talher.

Conserto: substantivo.

Conserto: verbo consertar, 1º pessoa do presente.

17.2.3 Polissemia

Mesmo som e grafia, mesma classe gramatical, mas significado diferente.

Cabo: patente militar, acidente geográfico, fio, haste da panela (substantivos).

Palavras homônimas são aquelas que possuem som e grafia iguais, mas classes gramaticais diferentes. Palavras polissêmicas possuem som e grafia iguais; além disso, pertencem às mesmas classes gramaticais.

17.2.4 Homófonas

Mesmo som; grafia e significado diferentes.

Xá: título Persa.

Chá: bebida.

Xeque: título honorífico, posto em prova.

Cheque: ordem de pagamento, talonário.

Caçar: matar.

Cassar: tirar os direitos políticos de alguém.

Intenção: desejo.

Intensão: intensidade.

Cozer: cozinhar.

Coser: costurar.

Incerto: não certo.

Inserto: inserido.

Descente: que desce.

Decente: honesto.

Passo: verbo passar.

Paço: palácio.

Expectador: que tem expectativa.

Espectador: que assiste a algo, que vê.

Experto: perito.

Esperto: inteligente.

Incipiente: iniciante.

Insipiente: ignorante.

Seção ou **secção:** divisão, departamento.

Sessão: divisão de horário, reunião.

Cessão: ato de ceder.

Mau: adjetivo, contrário de bom.

Mal: advérbio, contrário de bem.

Extrato: aquilo que foi extraído.

Estrato: faixa, camada.

Taxar: determinar taxa.

Tachar: censurar, pôr defeito.

Com quanto: quantidade.

Conquanto: conjunção concessiva (embora).

Censo: recenseamento.

Senso: juízo, entendimento.

Calda: creme.

Cauda: rabo.

Porquanto: porque (justificativa).

Por quanto: quantidade.

Ainda com relação às palavras **homófonas**, temos particularidades que são bastante recorrentes em provas.

Senão / Se Não

Se não: caso (conjunção condicional) não (advérbio). Geralmente, essa expressão traz um verbo explícito ligado a ela.

Se não chover, haverá festa.

Nem sempre o verbo ligado a este termo aparecerá explícito.

Ex.: Ele fará da mesma forma, SE NÃO (fizer) melhor.

Respondam SE SIM ou SE NÃO.

Senão: caso contrário. Semanticamente, é igual ao SE NÃO, mas o verbo estará implícito.

Faça o certo, ***senão*** seus erros dormirão ao seu lado.

O verbo FIZER está implícito, logo depois do termo. Porém, se tornarmos o verbo explícito, o SE NÃO será escrito separado.

Ex.: FAÇA o certo, SE NÃO fizer, seus erros dormirão ao seu lado.

Senão: a não ser.

Ex.: Ele nada fez, ***senão*** (a não ser) dormir o dia todo.

Senão: mas sim. MAS é uma conjunção com valor de adversidade; o oposto de SIM é Não. Logo, esse termo, sempre que aparecer com essa intenção, implicará um NÃO, na oração.

Ex.: NÃO quis fugir, ***SENÃO*** (mas sim) buscar ajuda.

17.3 Uso dos Porquês

Por que: Como pronome interrogativo. (Nem sempre quando aparecer em frases interrogativas, o termo virá assim.)

Ex.: ***Por que*** eles odeiam gramática?

Por que: No meio da oração, pode ser substituído por O MOTIVO PELO QUAL, ou A RAZÃO PELA QUAL, ou somente por PELO(A) QUAL.

Exs.: Não sei ***por que*** ela se foi. (o motivo pelo qual)

Perguntamos ***por que*** a vida é injusta.(o motivo pelo qual)

A causa ***por que*** lutamos é digna. (pela qual)

Por quê:

Perto de pontuação. A pontuação deve vir logo após o termo.

Por quê?

Não responderam como nem ***POR QUÊ***.

Não se sabe ***POR QUÊ,*** mas a aula atrasou.

Porque: Justificativa. (Mas pode aparecer em frases interrogativas, conforme veremos adiante.)

Exs.: Eles odeiam gramática, ***porque*** preferem números.

Porque a mãe dele quis, ele se formou médico?

Obs.: pode-se perceber que a resposta será "sim", "não" ou "talvez". Esse termo virá escrito assim (PORQUE), mesmo que a frase seja interrogativa.

Porquê: *Substantivado, precedido por termos determinantes (adjetivos, artigos, pronomes, numerais).*

Exs.: O ***porquê*** não apareceu.

Dois ***porquês*** não apareceram na pauta.

17.4 Parônimos

A seguir, veremos alguns parônimos que são recorrentes em provas. Parônimos apresentam som e grafia parecidos.

Descriminar: *relatar, livrar do crime.*

Discriminar: *isolar, separar.*

Mandato: *período de cumprimento de um cargo, procuração.*

Mandado: *ordem judicial.*

Eminente: *sublime, elevado.*

Iminente: *inevitável.*

Deferimento: *aprovação.*

Diferimento: *adiamento.*

Flagrante: *pego no ato.*

Fragrante: *aroma.*

Inflação: *alta de valores, alta de preços.*

Infração: *ato proibido.*

Descrição: *ato de descrever.*

Discrição: *ato de ser discreto.*

Vultoso: volumoso, pomposo.

Vultuoso: *congestão facial.*

Delatar: *revelar.*

Dilatar: *aumentar.*

Em princípio: *em tese.*

A princípio: *no início.*

Retificar: *consertar.*

Ratificar: *confirmar.*

Tráfego: *andar, trafegar, movimento.*

Tráfico: *comércio ilegal.*

De encontro: *discordar.*

Ao encontro: *concordar.*

Ao invés de: *inverso.*

Em vez de: *no lugar de.*

Evasão: *sair.*

Invasão: *entrar.*

Vimos, neste capítulo, algumas observações de como a ortografia pode se apresentar em provas de concurso. É bastante importante atentar para os termos homônimos, envolvendo palavras homófonas e homógrafas. Tais conteúdos são determinantes para solucionar questões que podem induzir o candidato a erro. Vale lembrar que, nesse sentido, os parônimos também são recorrentes em concursos. Mais uma vez, ressalta-se a importância da leitura e do uso do dicionário para a assimilação desse conteúdo.

Questões

01. (CESPE - 2013) Julgue os fragmentos de texto apresentados no seguinte item com relação à grafia das palavras.

A excelência — definida como a qualidade do que é excelente, melhor — só pode ser alcançada por meio do aprimoramento contínuo.

Certo ( ) Errado ( )

02. (CESPE - 2013) Julgue os fragmentos de texto apresentados no seguinte item com relação à grafia das palavras.

Investir na formação dos educadores de forma contínua e permanente é uma premiça básica para melhorar a educação. Entretanto, há outros fatores envolvidos.

Certo ( ) Errado ( )

03. (CESPE - 2013) Julgue os fragmentos de texto apresentado no item com relação à grafia das palavras.

Uma pesquiza mostrou que a maioria dos educadores não relaciona o déficit de aprendizagem ao própio trabalho ou às condições da escola.

Certo ( ) Errado ( )

04. (CESPE - 2019) "A sociedade requer das organizações uma nova configuração da atividade econômica, pautada na ética e na responsabilidade para com a sociedade e o meio ambiente, a fim de minimizar problemas sociais como concentração de renda, precarização das relações de trabalho e falta de direitos básicos como educação, saúde e moradia, agravados, entre outros motivos, por propostas que concebem um Estado que seja parco em prestações sociais e no qual a própria sociedade se responsabilize pelos riscos de sua existência, só recorrendo ao Poder Público subsidiariamente, na impossibilidade de autossatisfação de suas necessidades."

A substituição de "no qual" por aonde prejudicaria a correção gramatical do texto.

Certo ( ) Errado ( )

05. (CESPE - 2016) "Muita gente se espanta com o procedimento desse amigo. Não sei por quê."

Sem prejuízo para a correção gramatical do período, a expressão "por quê" poderia ser substituída por o porquê.

Certo ( ) Errado ( )

Gabaritos

01	CERTO
02	ERRADO
03	ERRADO
04	CERTO
05	CERTO

18. ACORDO ORTOGRÁFICO DA LÍNGUA PORTUGUESA

O Novo Acordo Ortográfico busca simplificar as regras ortográficas da Língua Portuguesa e unificar a nossa escrita e a das demais nações de língua portuguesa: Portugal, Angola, Moçambique, Cabo Verde, Guiné-Bissau, São Tomé e Príncipe e Timor-Leste.

Sua implementação no Brasil passou por algumas etapas:

> 2009 – vigência ainda não obrigatória

> 2010 a 2015: adaptação completa às novas regras

> A partir de 1º de janeiro de 2016: emprego obrigatório, o novo acordo ortográfico passa a ser o único formato da língua reconhecido no Brasil.

Entre as mudanças na língua portuguesa decorrentes da reforma ortográfica, podemos citar o fim do trema, alterações da forma de acentuar palavras com ditongos abertos e que sejam hiatos, supressão dos acentos diferencias e dos acentos tônicos, novas regras para o emprego do hífen e inclusão das letras w, k e y ao idioma.

Entre a proposta (em 1990) e a entrada em vigor (2016) são 16 anos. Esse processo foi longo porque era necessário que fossem alcançadas as três decisões para que o acordo fosse cumprido. Em 2006, São Tomé e Príncipe e Cabo Verde se uniram ao Brasil e ratificaram o novo acordo. Em maio de 2008, Portugal também ratificou o acordo para unificar a ortografia em todas as nações de língua portuguesa.

18.1 Trema

Não se usa mais o trema (¨), sinal colocado sobre a letra u para indicar que ela deve ser pronunciada nos grupos gue, gui, que, qui.

Exs.: aguentar, bilíngue, cinquenta, delinquente, eloquente, ensanguentado, frequente, linguiça, quinquênio, sequência, sequestro, tranquilo.

Obs.: o trema permanece apenas nas palavras estrangeiras e em suas derivadas. Exemplos: Müller, mülleriano.

18.2 Regras de Acentuação

18.2.1 Ditongos abertos em paroxítonas

Não se usa mais o acento dos ditongos abertos éi e ói das palavras paroxítonas (palavras que têm acento tônico na penúltima sílaba).

Exs.: alcateia, androide, apoia, apoio (verbo), asteroide, boia, celuloide, claraboia, colmeia, Coreia, debiloide, epopeia, estoico, estreia, geleia, heroico, ideia, jiboia, joia, odisseia, paranoia, paranoico, plateia, tramoia.

A palavra ideia não leva mais acento, assim como heroico. Mas o termo herói é acentuado.

Obs.: a regra é somente para palavras paroxítonas. Assim, continuam a ser acentuadas as palavras oxítonas e os monossílabos tônicos terminados em éi(s), ói(s). Exemplos: papéis, herói, heróis, dói (verbo doer), sóis etc.

18.2.2 I e U tônicos depois de um ditongo

Nas palavras paroxítonas, não se usa mais o acento no i e no u tônicos quando vierem depois de um ditongo.

baiuca, bocaiuva (tipo de palmeira), cauila (avarento)

Obs.:

> *se a palavra for oxítona e o i ou o u estiverem em posição final (ou seguidos de s), o acento permanece. Exemplos: tuiuiú, tuiuiús, Piauí;*

> *se o i ou o u forem precedidos de ditongo crescente, o acento permanece. Exemplos: guaíba, Guaíra.*

18.2.3 Hiatos EE e OO

Não se usa mais acento em palavras terminadas em eem e oo(s).

Exs.: abençoo, creem, deem, doo, enjoo, leem, magoo, perdoo, povoo, veem, voos, zoo

18.2.4 Acento diferencial

Não se usa mais o acento que diferenciava os pares pára/para, péla(s)/pela(s), pêlo(s)/pelo(s), pólo(s)/polo(s) e pêra/pera.

Exs.:

Ele para o carro.

Ele foi ao polo Norte.

Ele gosta de jogar polo.

Esse gato tem pelos brancos.

Comi uma pera.

Obs.:

> *Permanece o acento diferencial em pôde/pode. Pôde é a forma do passado do verbo poder (pretérito perfeito do indicativo), na 3ª pessoa do singular. Pode é a forma do presente do indicativo, na 3ª pessoa do singular.*

Ex.: Ontem, ele não pôde sair mais cedo, mas hoje ele pode.

> Permanece o acento diferencial em pôr/por. Pôr é verbo. Por é preposição. Exemplo: Vou pôr o livro na estante que foi feita por mim.

> Permanecem os acentos que diferenciam o singular do plural dos verbos ter e vir, assim como de seus derivados (manter, deter, reter, conter, convir, intervir, advir etc.).

Exs.:

Ele tem dois carros. / Eles têm dois carros.

Ele vem de Sorocaba. / Eles vêm de Sorocaba.

Ele mantém a palavra. / Eles mantêm a palavra.

Ele convém aos estudantes. / Eles convêm aos es tudantes.

Ele detém o poder. / Eles detêm o poder.

Ele intervém em todas as aulas. / Eles intervêm em todas as aulas.

> É facultativo o uso do acento circunflexo para diferenciar as palavras forma/fôrma. Em alguns casos, o uso do acento deixa a frase mais clara. Veja este exemplo: Qual é a forma da fôrma do bolo?

18.2.5 Acento agudo no u tônico

Não se usa mais o acento agudo no u tônico das formas (tu) arguis, (ele) argui, (eles) arguem, do presente do indicativo dos verbos arguir e redarguir.

18.3 Hífen com Compostos

18.3.1 Palavras compostas sem elementos de ligação

Usa-se o hífen nas palavras compostas que não apresentam elementos de ligação.

Exs.: guarda-chuva, arco-íris, boa-fé, segunda-feira, mesa-redonda, vaga-lume, joão-ninguém, porta-malas, porta-bandeira, pão-duro, bate-boca.

Exceções: Não se usa o hífen em certas palavras que perderam a noção de composição, como girassol, madressilva, mandachuva, pontapé, paraquedas, paraquedista, paraquedismo.

18.3.2 Compostos com palavras iguais

Usa-se o hífen em compostos que têm palavras iguais ou quase iguais, sem elementos de ligação.

Exs.: reco-reco, blá-blá-blá, zum-zum, tico-tico, tique-taque, cri-cri, glu-glu, rom-rom, pingue-pongue, zigue-zague, esconde-esconde, pega-pega, corre-corre.

18.3.3 Compostos com elementos de ligação

Não se usa o hífen em compostos que apresentam elementos de ligação.

Exs.: pé de moleque, pé de vento, pai de todos, dia a dia, fim de semana, cor de vinho, ponto e vírgula, camisa de força, cara de pau, olho de sogra.

Obs.: Incluem-se nesse caso os compostos de base oracional. maria vai com as outras, leva e traz, diz que diz que, deus me livre, deus nos acuda, cor de burro quando foge, bicho de sete cabeças, faz de conta.

Exceções: água-de-colônia, arco-da-velha, cor-de-rosa, mais-que-perfeito, pé-de-meia, ao deus-dará, à queima-roupa.

18.3.4 Topônimos

Usa-se o hífen nas palavras compostas derivadas de topônimos (nomes próprios de lugares), com ou sem elementos de ligação.

Exs.:

Belo Horizonte: belo-horizontino
Porto Alegre: porto-alegrense
Mato Grosso do Sul: mato-grossense-do-sul
Rio Grande do Norte: rio-grandense-do-norte
África do Sul: sul-africano

18.4 Uso do Hífen com Palavras Formadas por Prefixos

18.4.1 Casos gerais

Antes de H

Usa-se o hífen diante de palavra iniciada por h.

Exs.:

anti-higiênico
anti-histórico
macro-história
mini-hotel
proto-história
sobre-humano
super-homem
ultra-humano

Letras iguais

Usa-se o hífen se o prefixo terminar com a mesma letra com que se inicia a outra palavra.

Exs.:

micro-ondas
anti-inflacionário
sub-bibliotecário
inter-regional

Letras diferentes

Não se usa o hífen se o prefixo terminar com letra diferente daquela com que se inicia a outra palavra.

Exs.:

autoescola
antiaéreo
intermunicipal
supersônico
superinteressante
agroindustrial
aeroespacial
semicírculo

Obs.: Se o prefixo terminar por vogal e a outra palavra começar por r ou s, dobram-se essas letras.

Exs.:

minissaia
antirracismo
ultrassom
semirreta

18.4.2 Casos particulares

Prefixos SUB e SOB

Com os prefixos sub e sob, usa-se o hífen também diante de palavra iniciada por r.

Exs.:

sub-região
sub-reitor
sub-regional
sob-roda

Prefixos CIRCUM e PAN

Com os prefixos circum e pan, usa-se o hífen diante de palavra iniciada por m, n e vogal.

Exs.:

circum-murado
circum-navegação
pan-americano

Outros prefixos

Usa-se o hífen com os prefixos ex, sem, além, aquém, recém, pós, pré, pró, vice.

Exs.:

além-mar
além-túmulo
aquém-mar
ex-aluno
ex-diretor
ex-hospedeiro
ex-prefeito
ex-presidente
pós-graduação
pré-história
pré-vestibular
pró-europeu
recém-casado
recém-nascido
sem-terra
vice-rei

Prefixo CO

O prefixo co junta-se com o segundo elemento, mesmo quando este se inicia por o ou h. Neste último caso, corta-se o h. Se a palavra seguinte começar com r ou s, dobram-se essas letras.

Exs.:

coobrigação
coedição
coeducar
cofundador
coabitação
coerdeiro
corréu
corresponsável
cosseno

Prefixos PRE e RE

Com os prefixos pre e re, não se usa o hífen, mesmo diante de palavras começadas por e.

Exs.:

preexistente
preelaborar
reescrever
reedição

Prefixos AB, OB e AD

Na formação de palavras com ab, ob e ad, usa-se o hífen diante de palavra começada por b, d ou r.

Exs.:

ad-digital
ad-renal
ob-rogar
ab-rogar

18.4.3 Outros casos do uso do hífen

NÃO e QUASE

Não se usa o hífen na formação de palavras com não e quase.

Exs.:

(acordo de) não agressão
(isto é um) quase delito

MAL

Com mal*, usa-se o hífen quando a palavra seguinte começar por vogal, h ou l.

Exs.:

mal-entendido
mal-estar
mal-humorado
mal-limpo

Obs.: Quando mal significa doença, usa-se o hífen se não houver elemento de ligação.

Exs.:

mal-francês.

Se houver elemento de ligação, escreve-se sem o hífen.

mal de lázaro, mal de sete dias.

Tupi-guarani

Usa-se o hífen com sufixos de origem tupi-guarani que representam formas adjetivas: açu, guaçu, mirim.:

Exs.:

capim-açu
amoré-guaçu
anajá-mirim

Combinação ocasional

Usa-se o hífen para ligar duas ou mais palavras que ocasionalmente se combinam, formando não propriamente vocábulos, mas encadeamentos vocabulares.

Exs.:

ponte Rio-Niterói
eixo Rio-São Paulo

Hífen e translineação

Para clareza gráfica, se no final da linha a partição de uma palavra ou combinação de palavras coincidir com o hífen, ele deve ser repetido na linha seguinte.

Exs.:

Na cidade, conta-
-se que ele foi viajar.
O diretor foi receber os ex-
-alunos.
guarda-
-chuva
Por favor, diga-
-nos logo o que aconteceu.

18.5 Síntese das Principais Regras do Hífen

	Síntese do Hífen	
Letras diferentes	Não use hífen	Infraestrutura, extraoficial, supermercado
Letras iguais	Use hífen	Anti-inflamatório, contra-argumento, inter-racial, hiper-realista
Vogal + r ou s	Não use hífen (duplique r ou s)	Corréu, cosseno, minissaia, autorretrato
Bem	Use hífen	Bem-vindo, bem-humorado

18.6 Quadro Resumo do Emprego do Hífen com Prefixos

Prefixos	Letra que inicia a palavra seguinte
Ante-, Anti-, Contra-, Entre-, Extra-, Infra-, Intra-, Sobre-, Supra-, Ultra-	H / VOGAL IDÊNTICA À QUE TERMINA O PREFIXO Exemplos com H: ante-hipófise, anti-higiênico, anti-herói, contra-hospitalar, entre-hostil, extra-humano, infra-hepático, sobre-humano, supra-hepático, ultra-hiperbólico. Exemplos com vogal idêntica: anti-inflamatório, contra-ataque, infra-axilar, sobre-estimar, supra-auricular, ultra-aquecido.
Ab-, Ad-, Ob-, Sob-	B - R - D (Apenas com o prefixo "Ad") Exemplos: ab-rogar (pôr em desuso), ad-rogar (adotar) ob-reptício (astucioso), sob-roda ad-digital
Circum-, Pan-	H / M / N / VOGAL Exemplos: circum-meridiano, circum-navegação, circum-oral, pan-americano, pan-mágico, pan-negritude.
Ex- (no sentido de estado anterior), Sota-, Soto-, Vice-, Vizo-	DIANTE DE QUALQUER PALAVRA Exemplos: ex-namorada, sota-soberania (não total), soto-mestre (substituto), vice-reitor, vizo-rei.
Hiper-, Inter-, Super-	H / R Exemplos: hiper-hidrose, hiper-raivoso, inter-humano, inter-racial, super-homem, super-resistente.
Pós-, Pré-, Pró- (tônicos e com significados próprios)	DIANTE DE QUALQUER PALAVRA Exemplos: pós-graduação, pré-escolar, pró-democracia. Obs.: se os prefixos não forem autônomos, não haverá hífen. Exemplos: predeterminado, pressupor, pospor, propor.
Sub-	B - H - R Exemplos: sub-bloco, sub-hepático, sub-humano, sub-região. Obs.: "subumano" e "subepático" também são aceitas.
Pseudoprefixos (diferem-se dos prefixos por apresentarem elevado grau de independência e possuírem uma significação mais ou menos delimitada, presente à consciência dos falantes.) Aero-, Agro-, Arqui-, Auto-, Bio-, Eletro-, Geo-, Hidro-, Macro-, Maxi-, Mega, Micro-, Mini-, Multi-, Neo-, Pluri-, Proto-, Pseudo-, Retro-, Semi-, Tele-	H / VOGAL IDÊNTICA À QUE TERMINA O PREFIXO Exemplos com H: geo-histórico, mini-hospital, neo-helênico, proto-história, semi-hospitalar. Exemplos com vogal idêntica: arqui-inimigo, auto-observação, eletro-ótica, micro-ondas, micro-ônibus, neo-ortodoxia, semi-interno, tele-educação.

1) Não se utilizará o hífen em palavras iniciadas pelo prefixo 'co-'.

Ex.: *coadministrar, coautor, coexistência, cooptar, coerdeiro corresponsável, cosseno.*

2) Prefixos des- e in- + segundo elemento sem o "h" inicial.

Ex.: *desarmonia, desumano, desumidificar, inábil, inumano, etc.*

3) Não se utilizará o hífen com a palavra não.

Ex.: não violência, não agressão, não comparecimento.

4) Não se utiliza o hífen em palavras que possuem os elementos "bi", "tri", "tetra", "penta", "hexa", etc.

Ex.: bicampeão, bimensal, bimestral, bienal, tridimensional, trimestral, triênio, tetracampeão, tetraplégico, pentacampeão, pentágono, etc.

5) Em relação ao prefixo "hidro", em alguns casos pode haver duas formas de grafia.

Ex.: hidroelétrica e hidrelétrica

6) No caso do elemento "socio", o hífen será utilizado apenas quando houver função de substantivo (= de associado).

Ex.: *sócio-gerente / socioeconômico*

Questões

01. (CESPE - 2005) É correta a forma variante de grafia do vocábulo "projeto de lei" com hífen.

Certo ( ) Errado ( )

02. (CESPE - 2014) Com base no que dispõe o novo Acordo Ortográfico da Língua Portuguesa, julgue o próximo item.

Está correta a grafia dos seguintes vocábulos: bilíngue, sagui, sequência, quinquênio, Müller, colmeia, joia, paranoico, papéis, feiúra, perdoo, pera, pôde (3.ª pessoa do sing. do pretérito), sobre-humano, co-herdeiro, subumano, coedição, capim-açu, semi-analfabeto, vice-almirante, contrarregra, infrassom, semi--interno, sub-bibliotecário, panamericano.

Certo ( ) Errado ( )

03. (CESPE - 2004) "Melhorar o mecanismo de solução de controvérsias é um dos requisitos para o fortalecimento do MERCOSUL, vide as últimas divergências entre Brasil e Argentina."

Mantém-se a obediência à norma culta escrita ao se substituir a palavra "vide" por haja visto, uma vez que as relações sintáticas permanecem sem alteração.

Certo ( ) Errado ( )

04. (CESPE - 2000) "O atual prefeito da cidade Hélio Queiroz (PSDB) recolheu centenas de notas fiscais que garante serem frias e que teriam permitido a seu antessessor Paulo Marinho (PFL) desviar mais de R$ 1 milhão do caixa municipal"

No terceiro período, há um erro gráfico na palavra "antessessor".

Certo ( ) Errado ( )

05. (CESPE - 2018) "Mas e antes dos sensores, como é que se fazia? Imagino que algum funcionário trepava na antena mais alta no topo do maior arranha-céu e, ao constatar a falência da luz solar, acionava um interruptor, e a cidade toda se iluminava."

A substituição da locução "a cidade toda" por toda cidade preservaria os sentidos e a correção gramatical do período.

Certo ( ) Errado ( )

Gabaritos

01	ERRADO
02	ERRADO
03	ERRADO
04	CERTO
05	ERRADO

20. REDAÇÃO DE CORRESPONDÊNCIAS OFICIAIS

20.1 Aspectos Gerais da Redação Oficial

20.1.1 Panorama da comunicação oficial

A finalidade da língua é comunicar, quer pela fala, quer pela escrita. Para que haja comunicação, são necessários:

a) alguém que comunique;

b) algo a ser comunicado;

c) alguém que receba essa comunicação.

No caso da redação oficial, quem comunica é sempre o serviço público (este/esta ou aquele/aquela Ministério, Secretaria, Departamento, Divisão, Serviço, Seção); o que se comunica é sempre algum assunto relativo às atribuições do órgão que comunica; e o destinatário dessa comunicação é o público, uma instituição privada ou outro órgão ou entidade pública, do Poder Executivo ou dos outros Poderes. Além disso, deve-se considerar a intenção do emissor e a finalidade do documento, para que o texto esteja adequado à situação comunicativa.

A necessidade de empregar determinado nível de linguagem nos atos e nos expedientes oficiais decorre, de um lado, do próprio caráter público desses atos e comunicações; de outro, de sua finalidade. Os atos oficiais, aqui entendidos como atos de caráter normativo, ou estabelecem regras para a conduta dos cidadãos, ou regulam o funcionamento dos órgãos e entidades públicos, o que só é alcançado se, em sua elaboração, for empregada a linguagem adequada. O mesmo se dá com os expedientes oficiais, cuja finalidade precípua é a de informar com clareza e objetividade.

20.1.2 O que é redação oficial

Em uma frase, pode-se dizer que redação oficial é a maneira pela qual o Poder Público redige comunicações oficiais e atos normativos. Neste Manual, interessa-nos tratá-la do ponto de vista da administração pública federal.

A redação oficial não é necessariamente árida e contrária à evolução da língua. É que sua finalidade básica – comunicar com objetividade e máxima clareza – impõe certos parâmetros ao uso que se faz da língua, de maneira diversa daquele da literatura, do texto jornalístico, da correspondência particular etc.

Apresentadas essas características fundamentais da redação oficial, passemos à análise pormenorizada de cada um de seus atributos.

20.1.3 Atributos da redação oficial

→ A redação oficial deve caracterizar-se por:

> clareza e precisão;
> objetividade;
> concisão;
> coesão e coerência;
> impessoalidade;
> formalidade e padronização; e
> uso da norma padrão.

Fundamentalmente, esses atributos decorrem da Constituição, que dispõe, no art. 37: "A administração pública direta, indireta, de qualquer dos Poderes da União, dos Estados, do Distrito Federal e dos Municípios obedecerá aos princípios de legalidade, impessoalidade, moralidade, publicidade e eficiência (...)". Sendo a publicidade, a impessoalidade e a eficiência princípios fundamentais de toda a administração pública, devem igualmente nortear a elaboração dos atos e das comunicações oficiais.

Clareza e precisão

Clareza

A clareza deve ser a qualidade básica de todo texto oficial. Pode-se definir como claro aquele texto que possibilita imediata compreensão pelo leitor. Não se concebe que um documento oficial ou um ato normativo de qualquer natureza seja redigido de forma obscura, que dificulte ou impossibilite sua compreensão. A transparência é requisito do próprio Estado de Direito: é inaceitável que um texto oficial ou um ato normativo não seja entendido pelos cidadãos. O princípio constitucional da publicidade não se esgota na mera publicação do texto, estendendo-se, ainda, à necessidade de que o texto seja claro.

→ Para a obtenção de clareza, sugere-se:

> utilizar palavras e expressões simples, em seu sentido comum, salvo quando o texto versar sobre assunto técnico, hipótese em que se utilizará nomenclatura própria da área;
> usar frases curtas, bem estruturadas; apresentar as orações na ordem direta e evitar intercalações excessivas. Em certas ocasiões, para evitar ambiguidade, sugere-se a adoção da ordem inversa da oração;
> buscar a uniformidade do tempo verbal em todo o texto;
> não utilizar regionalismos e neologismos;
> pontuar adequadamente o texto;
> explicitar o significado da sigla na primeira referência a ela; e
> utilizar palavras e expressões em outro idioma apenas quando indispensáveis, em razão de serem designações ou expressões de uso já consagrado ou de não terem exata tradução. Nesse caso, grafe-as em itálico, conforme orientações do subitem 10.2 deste Manual.

Precisão

→ O atributo da precisão complementa a clareza e caracteriza-se por:

> articulação da linguagem comum ou técnica para a perfeita compreensão da ideia veiculada no texto;
> manifestação do pensamento ou da ideia com as mesmas palavras, evitando o emprego de sinonímia com propósito meramente estilístico; e
> escolha de expressão ou palavra que não confira duplo sentido ao texto.

É indispensável, também, a releitura de todo o texto redigido. A ocorrência, em textos oficiais, de trechos obscuros provém principalmente da falta da releitura, o que tornaria possível sua correção. Na revisão de um expediente, deve-se avaliar se ele será de fácil compreensão por seu destinatário. O que nos parece óbvio pode ser desconhecido por terceiros. O domínio que adquirimos sobre certos assuntos, em decorrência de nossa experiência profissional, muitas vezes, faz com que os tomemos como de conhecimento geral, o que nem sempre é verdade. Explicite, desenvolva, esclareça, precise os termos técnicos, o significado das siglas e das abreviações e os conceitos específicos que não possam ser dispensados.

A revisão atenta exige tempo. A pressa com que são elaboradas certas comunicações quase sempre compromete sua clareza. "Não há assuntos urgentes, há assuntos atrasados", diz a máxima. Evite-se, pois, o atraso, com sua indesejável repercussão no texto redigido.

A clareza e a precisão não são atributos que se atinjam por si sós: elas dependem estritamente das demais características da redação oficial, apresentadas a seguir.

Objetividade

Ser objetivo é ir diretamente ao assunto que se deseja abordar, sem voltas e sem redundâncias. Para conseguir isso, é fundamental que o redator saiba de antemão qual é a ideia principal e quais são as secundárias.

Procure perceber certa hierarquia de ideias que existe em todo texto de alguma complexidade: as fundamentais e as secundárias. Essas últimas podem esclarecer o sentido daquelas, detalhá-las, exemplificá-las; mas existem também ideias secundárias que não acrescentam informação alguma ao texto, nem têm maior relação com as fundamentais, podendo, por isso, ser dispensadas, o que também proporcionará mais objetividade ao texto.

A objetividade conduz o leitor ao contato mais direto com o assunto e com as informações, sem subterfúgios, sem excessos de palavras e de ideias. É errado supor que a objetividade suprime a delicadeza de expressão ou torna o texto rude e grosseiro.

Concisão

A concisão é antes uma qualidade do que uma característica do texto oficial. Conciso é o texto que consegue transmitir o máximo de informações com o mínimo de palavras. Não se deve de forma alguma entendê-la como economia de pensamento, isto é, não se deve eliminar passagens substanciais do texto com o único objetivo de reduzi-lo em tamanho. Trata-se, exclusivamente, de excluir palavras inúteis, redundâncias e passagens que nada acrescentem ao que já foi dito.

Detalhes irrelevantes são dispensáveis: o texto deve evitar caracterizações e comentários supérfluos, adjetivos e advérbios inúteis, subordinação excessiva. A seguir, um exemplo1 de período mal construído, prolixo:

Exemplo:

Apurado, com impressionante agilidade e precisão, naquela tarde de 2009, o resultado da consulta à população acriana, verificou-se que a esmagadora e ampla maioria da população daquele distante estado manifestou-se pela efusiva e indubitável rejeição da alteração realizada pela Lei nº 11.662/2008. Não satisfeita, inconformada e indignada, com a nova hora legal vinculada ao terceiro fuso, a maioria da população do Acre demonstrou que a ela seria melhor regressar ao quarto fuso, estando cinco horas a menos que em Greenwich.

Nesse texto, há vários detalhamentos desnecessários, abusou-se no emprego de adjetivos (impressionante, esmagadora, ampla, inconformada, indignada), o que lhe confere carga afetiva injustificável, sobretudo em texto oficial, que deve primar pela impessoalidade. Eliminados os excessos, o período ganha concisão, harmonia e unidade:

Exemplo:

Apurado o resultado da consulta à população acreana, verificou-se que a maioria da população manifestou-se pela rejeição da alteração realizada pela Lei no 11.662/2008. Não satisfeita com a nova hora legal vinculada ao terceiro fuso, a maioria da população do Acre demonstrou que a ela seria melhor regressar ao quarto fuso, estando cinco horas menos que em Greenwich.

Coesão e coerência

É indispensável que o texto tenha coesão e coerência. Tais atributos favorecem a conexão, a ligação, a harmonia entre os elementos de um texto. Percebe-se que o texto tem coesão e coerência quando se lê um texto e se verifica que as palavras, as frases e os parágrafos estão entrelaçados, dando continuidade uns aos outros.

Alguns mecanismos que estabelecem a coesão e a coerência de um texto são: referência, substituição, elipse e uso de conjunção.

A referência diz respeito aos termos que se relacionam a outros necessários à sua interpretação. Esse mecanismo pode dar-se por retomada de um termo, relação com o que é precedente no texto, ou por antecipação de um termo cuja interpretação dependa do que se segue.

Exemplos:

O Deputado evitou a instalação da CPI da corrupção. Ele aguardou a decisão do Plenário. O TCU apontou estas irregularidades: falta de assinatura e de identificação no documento.

A substituição é a colocação de um item lexical no lugar de outro(s) ou no lugar de uma oração.

Exemplos:

O Presidente assinou o acordo. O Chefe do Poder Executivo federal propôs reduzir as alíquotas.

O memorando está pronto. O documento trata da exoneração do servidor.

Os governadores decidiram acatar a decisão. Em seguida, os prefeitos fizeram o mesmo.

A elipse consiste na omissão de um termo recuperável pelo contexto.

Exemplo:

O decreto regulamenta os casos gerais; a portaria, os particulares. (Na segunda oração, houve a omissão do verbo "regulamenta").

Outra estratégia para proporcionar coesão e coerência ao texto é utilizar conjunção para estabelecer ligação entre orações, períodos ou parágrafos.

Exemplo:

O Embaixador compareceu à reunião, pois identificou o interesse de seu Governo pelo assunto.

Impessoalidade

A impessoalidade decorre de princípio constitucional (Constituição, art. 37), e seu significado remete a dois aspectos: o primeiro é a obrigatoriedade de que a administração pública proceda de modo a não privilegiar ou prejudicar ninguém, de que o seu norte seja, sempre, o interesse público; o segundo, a abstração da pessoalidade dos atos administrativos, pois, apesar de a ação administrativa ser exercida por intermédio de seus servidores, é resultado tão-somente da vontade estatal.

A redação oficial é elaborada sempre em nome do serviço público e sempre em atendimento ao interesse geral dos cidadãos. Sendo assim, os assuntos objetos dos expedientes oficiais não devem ser tratados de outra forma que não a estritamente impessoal.

Percebe-se, assim, que o tratamento impessoal que deve ser dado aos assuntos que constam das comunicações oficiais decorre:

- > da ausência de impressões individuais de quem comunica: embora se trate, por exemplo, de um expediente assinado por Chefe de determinada Seção, a comunicação é sempre feita em nome do serviço público. Obtém-se, assim, uma desejável padronização, que permite que as comunicações elaboradas em diferentes setores da administração pública guardem entre si certa uniformidade;
- > da impessoalidade de quem recebe a comunicação: ela pode ser dirigida a um cidadão, sempre concebido como público, ou a uma instituição privada, a outro órgão ou a outra entidade pública. Em todos os casos, temos um destinatário concebido de forma homogênea e impessoal; e
- > do caráter impessoal do próprio assunto tratado: se o universo temático das comunicações oficiais se restringe a questões que dizem respeito ao interesse público, é natural não caber qualquer tom particular ou pessoal.

Não há lugar na redação oficial para impressões pessoais, como as que, por exemplo, constam de uma carta a um amigo, ou de um artigo assinado de jornal, ou mesmo de um texto literário. A redação oficial deve ser isenta da interferência da individualidade de quem a elabora. A concisão, a clareza, a objetividade e a formalidade de que nos valemos para elaborar os expedientes oficiais contribuem, ainda, para que seja alcançada a necessária impessoalidade.

Formalidade e padronização

As comunicações administrativas devem ser sempre formais, isto é, obedecer a certas regras de forma (BRASIL, 2015a). Isso é válido tanto para as comunicações feitas em meio eletrônico (por exemplo, o e-mail , o documento gerado no SEI!, o documento em html etc), quanto para os eventuais documentos impressos.

É imperativa, ainda, certa formalidade de tratamento. Não se trata somente do correto emprego deste ou daquele pronome de tratamento para uma autoridade de certo nível, mais do que isso: a formalidade diz respeito à civilidade no próprio enfoque dado ao assunto do qual cuida a comunicação.

A formalidade de tratamento vincula-se, também, à necessária uniformidade das comunicações. Ora, se a administração pública federal é una, é natural que as comunicações que expeça sigam o mesmo padrão. O estabelecimento desse padrão, uma das metas deste Manual, exige que se atente para todas as características da redação oficial e que se cuide, ainda, da apresentação dos textos.

A digitação sem erros, o uso de papéis uniformes para o texto definitivo, nas exceções em que se fizer necessária a impressão, e a correta diagramação do texto são indispensáveis para a padronização. Consulte o Capítulo II, "As comunicações oficiais", a respeito de normas específicas para cada tipo de expediente.

Em razão de seu caráter público e de sua finalidade, os atos normativos e os expedientes oficiais requerem o uso do padrão culto do idioma, que acata os preceitos da gramática formal e emprega um léxico compartilhado pelo conjunto dos usuários da língua. O uso do padrão culto é, portanto, imprescindível na redação oficial por estar acima das diferenças lexicais, morfológicas ou sintáticas, regionais; dos modismos vocabulares e das particularidades linguísticas.

→ Recomendações:

- > a língua culta é contra a pobreza de expressão e não contra a sua simplicidade;
- > o uso do padrão culto não significa empregar a língua de modo rebuscado ou utilizar figuras de linguagem próprias do estilo literário;
- > a consulta ao dicionário e à gramática é imperativa na redação de um bom texto.

Pode-se concluir que não existe propriamente um padrão oficial de linguagem, o que há é o uso da norma padrão nos atos e nas comunicações oficiais. É claro que haverá preferência pelo uso de determinadas expressões, ou será obedecida certa tradição no emprego das formas sintáticas, mas isso não implica, necessariamente, que se consagre a utilização de uma forma de linguagem burocrática. O jargão burocrático, como todo jargão, deve ser evitado, pois terá sempre sua compreensão limitada.

20.2 Redação das Comunicações Oficiais

20.2.1 Introdução

A redação das comunicações oficiais deve, antes de tudo, seguir os preceitos explicitados no Capítulo I, "Aspectos gerais da redação oficial". Além disso, há características específicas de cada tipo de expediente, que serão tratadas em detalhe neste capítulo. Antes de passarmos à sua análise, vejamos outros aspectos comuns a quase todas as modalidades de comunicação oficial.

20.2.2 Pronomes de tratamento

Tradicionalmente, o emprego dos pronomes de tratamento adota a segunda pessoa do plural, de maneira indireta, para referenciar atributos da pessoa à qual se dirige. Na redação oficial, é necessário atenção para o uso dos pronomes de tratamento em três momentos distintos: no endereçamento, no vocativo e no corpo do texto. No vocativo, o autor dirige-se ao destinatário no início do documento. No corpo do texto, pode-se empregar os pronomes de tratamento em sua forma abreviada ou por extenso. O endereçamento é o texto utilizado no envelope que contém a correspondência oficial.

A seguir, alguns exemplos de utilização de pronomes de tratamento no texto oficial.

Autoridade	Endereçamento	Vocativo	Tratamento no corpo do texto	Abreviatura
Presidente da República	A Sua Excelência o Senhor	Excelentíssimo Senhor Presidente da República,	Vossa Excelência	Não se usa
Presidente do Congresso Nacional	A Sua Excelência o Senhor	Excelentíssimo Senhor Presidente do Congresso Nacional,	Vossa Excelência	Não se usa
Presidente doSupremo Tribunal Federal	A Sua Excelência o Senhor	Excelentíssimo Senhor Presidente do Supremo Tribunal Federal,	Vossa Excelência	Não se usa
Vice-Presidente da República	A Sua Excelência o Senhor	Senhor Vice-Presidente da República,	Vossa Excelência	V. Exa.
Ministro deEstado	A Sua Excelência o Senhor	Senhor Ministro,	Vossa Excelência	V. Exa.
Secretário- Executivo deMinistério edemais ocupantes de cargos denatureza especial	A Sua Excelência o Senhor	Senhor Secretário- Executivo,	Vossa Excelência	V. Exa.

Autoridade	Endereçamento	Vocativo	Tratamento no corpo do texto	Abreviatura
Embaixador	A Sua Excelência o Senhor	Senhor Embaixador,	Vossa Excelência	V. Exa.
Oficial-General das Forças Armadas	A Sua Excelência o Senhor	Senhor + Posto,	Vossa Excelência	V. Exa.
Outros postos militares	Ao Senhor	Senhor + Posto,	Vossa Senhoria	V. Sa.
Senador daRepública	A Sua Excelência o Senhor	Senhor Senador,	Vossa Excelência	V. Exa.
Deputado Federal	A Sua Excelência o Senhor	Senhor Deputado,	Vossa Excelência	V. Exa.
Ministro do Tribunal deContas da União	A Sua Excelência o Senhor	Senhor Ministro do Tribunal de Contas da União,	Vossa Excelência	V. Exa.
Ministro dosTribunais Superiores	A Sua Excelência o Senhor	Senhor Ministro,	Vossa Excelência	V. Exa.

Os exemplos acima são meramente exemplificativos. A profusão de normas estabelecendo hipóteses de tratamento por meio do pronome "Vossa Excelência" para categorias específicas tornou inviável arrolar todas as hipóteses.

20.2.3 Concordância com os pronomes de tratamento

Exemplo:

Vossa Senhoria designará o assessor.

Os pronomes de tratamento apresentam certas peculiaridades quanto às concordâncias verbal, nominal e pronominal. Embora se refiram à segunda pessoa gramatical (à pessoa com quem se fala), levam a concordância para a terceira pessoa. Os pronomes Vossa Excelência ou Vossa Senhoria são utilizados para se comunicar diretamente com o receptor.

Da mesma forma, os pronomes possessivos referidos a pronomes de tratamento são sempre os da terceira pessoa.

Exemplo:

Vossa Senhoria designará seu substituto. (E não "Vossa Senhoria designará vosso substituto")

Já quanto aos adjetivos referidos a esses pronomes, o gênero gramatical deve coincidir com o sexo da pessoa a que se refere, e não com o substantivo que compõe a locução.

Exemplos:

Se o interlocutor for homem, o correto é: Vossa Excelência está atarefado.

Se o interlocutor for mulher: Vossa Excelência está atarefada.

O pronome Sua Excelência é utilizado para se fazer referência a alguma autoridade (indiretamente).

Exemplo:

A Sua Excelência o Ministro de Estado Chefe da Casa Civil (por exemplo, no endereçamento do expediente)

20.2.4 Signatário

Cargos interino e substituto

Na identificação do signatário, depois do nome do cargo, é possível utilizar os termos interino e substituto, conforme situações a seguir: interino é aquele nomeado para ocupar transitoriamente cargo público durante a vacância; substituto é aquele designado para exercer as atribuições de cargo público vago ou no caso de afastamento e impedimentos legais ou regulamentares do titular. Esses termos devem ser utilizados depois do nome do cargo, sem hífen, sem vírgula e em minúsculo.

Exemplos:

Diretor-Geral interino Secretário-Executivo substituto

Signatárias do sexo feminino

Na identificação do signatário, o cargo ocupado por pessoa do sexo feminino deve ser flexionado no gênero feminino.

Grafia de cargos compostos

Exemplos:

Ministra de Estado Secretária-Executiva interina Técnica Administrativa

Coordenadora Administrativa

- → Escrevem-se com hífen:
  - > cargos formados pelo adjetivo "geral": diretor-geral, relator-geral, ouvidor-geral;
  - > postos e gradações da diplomacia: primeiro-secretário, segundo-secretário;
  - > postos da hierarquia militar: tenente-coronel, capitão-tenente;

Atenção: nomes compostos com elemento de ligação preposicionado ficam sem hífen: general de exército, general de brigada, tenente-brigadeiro do ar, capitão de mar e guerra;

- > cargos que denotam hierarquia dentro de uma empresa: diretor-presidente, diretor-adjunto, editor-chefe, editor-assistente, sócio-gerente, diretor-executivo;
- > cargos formados por numerais: primeiro-ministro, primeira-dama;
- > cargos formados com os prefixos "ex" ou "vice": ex-diretor, vice-coordenador.

O novo Acordo Ortográfico tornou opcional o uso de iniciais maiúsculas em palavras usadas reverencialmente, por exemplo para cargos e títulos (exemplo: o Presidente francês ou o presidente francês). Porém, em palavras com hífen, após se optar pelo uso da maiúscula ou da minúscula, deve-se manter a escolha para a grafia de todos os elementos hifenizados: pode-se escrever "Vice-Presidente" ou "vice-presidente", mas não "Vice-presidente".

20.2.5 Vocativo

O vocativo é uma invocação ao destinatário. Nas comunicações oficiais, o vocativo será sempre seguido de vírgula.

Em comunicações dirigidas aos Chefes de Poder, utiliza-se a expressão Excelentíssimo Senhor ou Excelentíssima Senhora e o cargo respectivo, seguidos de vírgula.

Exemplos:

Excelentíssimo Senhor Presidente da República,

Excelentíssimo Senhor Presidente do Congresso Nacional,

Excelentíssimo Senhor Presidente do Supremo Tribunal Federal,

As demais autoridades, mesmo aquelas tratadas por Vossa Excelência, receberão o vocativo Senhor ou Senhora seguido do cargo respectivo.

Exemplos:

Senhora Senadora, Senhor Juiz, Senhora Ministra,

Na hipótese de comunicação com particular, pode-se utilizar o vocativo Senhor ou Senhora e a forma utilizada pela instituição para referir-se ao interlocutor: beneficiário, usuário, contribuinte, eleitor etc.

Exemplos:

Senhora Beneficiária, Senhor Contribuinte,

Ainda, quando o destinatário for um particular, no vocativo, pode-se utilizar Senhor ou Senhora seguido do nome do particular ou pode-se utilizar o vocativo "Prezado Senhor" ou "Prezada Senhora".

Exemplos:

Senhora [Nome], Prezado Senhor,

Em comunicações oficiais, está abolido o uso de Digníssimo (DD) e de Ilustríssimo (Ilmo.).

Evite-se o uso de "doutor" indiscriminadamente. O tratamento por meio de Senhor confere a formalidade desejada.

O padrão ofício

Até a segunda edição deste Manual, havia três tipos de expedientes que se diferenciavam antes pela finalidade do que pela forma: o ofício, o aviso e o memorando. Com o objetivo de uniformizá-los, deve-se adotar nomenclatura e diagramação únicas, que sigam o que chamamos de padrão ofício.

- → A distinção básica anterior entre os três era:
  - > aviso: era expedido exclusivamente por Ministros de Estado, para autoridades de mesma hierarquia;
  - > ofício: era expedido para e pelas demais autoridades; e
  - > memorando: era expedido entre unidades administrativas de um mesmo órgão.

Atenção: Nesta nova edição ficou abolida aquela distinção e passou-se a utilizar o termo ofício nas três hipóteses.

A seguir, será apresentada a estrutura do padrão ofício, de acordo com a ordem com que cada elemento aparece no documento oficial.

20.2.6 Partes do documento no padrão ofício

Cabeçalho

O cabeçalho é utilizado apenas na primeira página do documento, centralizado na área determinada pela formatação (ver subitem "5.2 Formatação e apresentação").

→ No cabeçalho deverão constar os seguintes elementos:

- brasão de Armas da República2: no topo da página. Não há necessidade de ser aplicado em cores. O uso de marca da instituição deve ser evitado na correspondência oficial para não se sobrepor ao Brasão de Armas da República.
- nome do órgão principal;
- nomes dos órgãos secundários, quando necessários, da maior para a menor hierarquia; e
- espaçamento: entrelinhas simples (1,0).

Exemplo:

[Nome do órgão] [Secretaria/Diretoria]

[Departamento/Setor/Entidade]

Os dados do órgão, tais como endereço, telefone, endereço de correspondência eletrônica, sítio eletrônico oficial da instituição, podem ser informados no rodapé do documento, centralizados.

Identificação do expediente

Os documentos oficiais devem ser identificados da seguinte maneira:

- nome do documento: tipo de expediente por extenso, com todas as letras maiúsculas;
- indicação de numeração: abreviatura da palavra "número", padronizada como No;
- informações do documento: número, ano (com quatro dígitos) e siglas usuais do setor que expede o documento, da menor para a maior hierarquia, separados por barra (/); e
- alinhamento: à margem esquerda da página.

Exemplo:

OFÍCIO Nº 652/2018/SAA/SE/MT

Local e data do documento

Na grafia de datas em um documento, o conteúdo deve constar da seguinte forma:

- composição: local e data do documento;
- informação de local: nome da cidade onde foi expedido o documento, seguido de vírgula. Não se deve utilizar a sigla da unidade da federação depois do nome da cidade;
- dia do mês: em numeração ordinal se for o primeiro dia do mês e em numeração cardinal para os demais dias do mês. Não se deve utilizar zero à esquerda do número que indica o dia do mês;
- nome do mês: deve ser escrito com inicial minúscula;
- pontuação: coloca-se ponto-final depois da data; e
- alinhamento: o texto da data deve ser alinhado à margem direita da página.

Exemplo:

Brasília, 2 de fevereiro de 2018.

Endereçamento

O endereçamento é a parte do documento que informa quem receberá o expediente.

→ Nele deverão constar os seguintes elementos:

- vocativo: na forma de tratamento adequada para quem receberá o expediente (ver subitem "4.1 Pronomes de tratamento");
- nome: nome do destinatário do expediente;
- cargo: cargo do destinatário do expediente;
- endereço: endereço postal de quem receberá o expediente, dividido em duas linhas:

Primeira linha: informação de localidade/logradouro do destinatário ou, no caso de ofício ao mesmo órgão, informação do setor;

Segunda linha: CEP e cidade/unidade da federação, separados por espaço simples. Na separação entre cidade e unidade da federação pode ser substituída a barra pelo ponto ou pelo travessão. No caso de ofício ao mesmo órgão, não é obrigatória a informação do CEP, podendo ficar apenas a informação da cidade/unidade da federação; e

- alinhamento: à margem esquerda da página.

O pronome de tratamento no endereçamento das comunicações dirigidas às autoridades tratadas por Vossa Excelência terá a seguinte forma: "A Sua Excelência o Senhor" ou "A Sua Excelência a Senhora".

Quando o tratamento destinado ao receptor for Vossa Senhoria, o endereçamento a ser empregado é "Ao Senhor" ou "À Senhora". Ressalte-se que não se utiliza a expressão "A Sua Senhoria o Senhor" ou "A Sua Senhoria a Senhora".

Exemplos:

A Sua Excelência o Senhor	À Senhora	Ao Senhor
[Nome]	[Nome]	[Nome]
Ministro de Estado da Justiça Esplanada dos Ministérios Bloco T 70064-900 Brasília/DF 70070-030 Brasília. DF Brasília — DF	Diretora de Gestão de Pessoas SAUS Q. 3 Lote 5/6 Ed Sede I Diretoria de Material, Seção	Chefe da Seção de Compras I Diretoria de Material, Seção 70064-900 Brasília/DF

Assunto

O assunto deve dar uma ideia geral do que trata o documento, de forma sucinta. Ele deve ser grafado da seguinte maneira:

> título: a palavra Assunto deve anteceder a frase que define o conteúdo do documento, seguida de dois-pontos;

> descrição do assunto: a frase que descreve o conteúdo do documento deve ser escrita com inicial maiúscula, não se deve utilizar verbos e sugere-se utilizar de quatro a cinco palavras;

> destaque: todo o texto referente ao assunto, inclusive o título, deve ser destacado em negrito;

> pontuação: coloca-se ponto-final depois do assunto; e

> alinhamento: à margem esquerda da página.

Exemplos:

Assunto: Encaminhamento do Relatório de Gestão julho/2018.

Assunto: Aquisição de computadores.

Texto do documento

O texto do documento oficial deve seguir a seguinte padronização de estrutura:

→ nos casos em que não seja usado para encaminhamento de documentos, o expediente deve conter a seguinte estrutura:

> introdução: em que é apresentado o objetivo da comunicação. Evite o uso das formas: Tenho a honra de, Tenho o prazer de, Cumpre-me informar que. Prefira empregar a forma direta: Informo, Solicito, Comunico;

> desenvolvimento: em que o assunto é detalhado; se o texto contiver mais de uma ideia sobre o assunto, elas devem ser tratadas em parágrafos distintos, o que confere maior clareza à exposição; e

> conclusão: em que é afirmada a posição sobre o assunto.

→ quando forem usados para encaminhamento de documentos, a estrutura é modificada:

> introdução: deve iniciar com referência ao expediente que solicitou o encaminhamento. Se a remessa do documento não tiver sido solicitada, deve iniciar com a informação do motivo da comunicação, que é encaminhar, indicando a seguir os dados completos do documento encaminhado (tipo, data, origem ou signatário e assunto de que se trata) e a razão pela qual está sendo encaminhado; e

Exemplos:

Em resposta ao Ofício nº 12, de 1º de fevereiro de 2018, encaminho cópia do Ofício nº 34, de 3 de abril de 2018, da Coordenação-Geral de Gestão de Pessoas, que trata da requisição do servidor Fulano de Tal.

Encaminho, para exame e pronunciamento, cópia do Ofício nº 12, de 1º de fevereiro de 2018, do Presidente da Confederação Nacional da Indústria, a respeito de projeto de modernização de técnicas agrícolas na região Nordeste.

> desenvolvimento: se o autor da comunicação desejar fazer algum comentário a respeito do documento que encaminha, poderá acrescentar parágrafos de desenvolvimento. Caso contrário, não há parágrafos de desenvolvimento em expediente usado para encaminhamento de documentos.

→ tanto na estrutura I quanto na estrutura II, o texto do documento deve ser formatado da seguinte maneira:

> alinhamento: justificado;

> espaçamento entre linhas: simples;

> parágrafos:

i espaçamento entre parágrafos: de 6 pontos após cada parágrafo; ii recuo de parágrafo: 2,5 cm de distância da margem esquerda;

iii numeração dos parágrafos: apenas quando o documento tiver três ou mais parágrafos, desde o primeiro parágrafo. Não se numeram o vocativo e o fecho;

> fonte: Calibri ou Carlito;

corpo do texto: tamanho 12 pontos;

citações recuadas: tamanho 11 pontos; e iii notas de Rodapé: tamanho 10 pontos;

> símbolos: para símbolos não existentes nas fontes indicadas, pode-se utilizar as fontes

Symbol e Wingdings;

Fechos para comunicações

O fecho das comunicações oficiais objetiva, além da finalidade óbvia de arrematar o texto, saudar o destinatário. Os modelos para fecho anteriormente utilizados foram regulados pela Portaria nº 1, de 1937, do Ministério da Justiça, que estabelecia quinze padrões.

Com o objetivo de simplificá-los e uniformizá-los, este Manual estabelece o emprego de somente dois fechos diferentes para todas as modalidades de comunicação oficial:

> Para autoridades de hierarquia superior a do remetente, inclusive o Presidente da República:

Respeitosamente,

- Para autoridades de mesma hierarquia, de hierarquia inferior ou demais casos:

Atenciosamente,

Ficam excluídas dessa fórmula as comunicações dirigidas a autoridades estrangeiras, que atendem a rito e tradição próprios.

O fecho da comunicação deve ser formatado da seguinte maneira:

- alinhamento: alinhado à margem esquerda da página;
- recuo de parágrafo: 2,5 cm de distância da margem esquerda;
- espaçamento entre linhas: simples;
- espaçamento entre parágrafos: de 6 pontos após cada parágrafo; e
- não deve ser numerado.

Identificação do signatário

Excluídas as comunicações assinadas pelo Presidente da República, todas as demais comunicações oficiais devem informar o signatário segundo o padrão:

- nome: nome da autoridade que as expede, grafado em letras maiúsculas, sem negrito. Não se usa linha acima do nome do signatário;
- cargo: cargo da autoridade que expede o documento, redigido apenas com as iniciais maiúsculas. As preposições que liguem as palavras do cargo devem ser grafadas em minúsculas; e
- alinhamento: a identificação do signatário deve ser centralizada na página.

Para evitar equívocos, recomenda-se não deixar a assinatura em página isolada do expediente. Transfira para essa página ao menos a última frase anterior ao fecho.

Exemplo:

(espaço para assinatura)

NOME

Ministro de Estado Chefe da Casa Civil da Presidência da República

(espaço para assinatura)

NOME

Coordenador-Geral de Gestão de Pessoas

Numeração das páginas

A numeração das páginas é obrigatória apenas a partir da segunda página da comunicação.

Ela deve ser centralizada na página e obedecer à seguinte formatação:

- posição: no rodapé do documento, dentro da área de 2 cm da margem inferior; e
- fonte: Calibri ou Carlito.

Formatação e apresentação

Os documentos do padrão ofício devem obedecer à seguinte formatação:

- tamanho do papel: A4 (29,7 cm x 21,0 cm);
- margem lateral esquerda: no mínimo, 3 cm de largura;
- margem lateral direita: 1,5 cm;
- margens superior e inferior: 2 cm;
- área de cabeçalho: na primeira página, 5 cm a partir da borda superior do papel;
- área de rodapé: nos 2 cm da margem inferior do documento;
- impressão: na correspondência oficial, a impressão pode ocorrer em ambas as faces do papel. Nesse caso, as margens esquerda e direita terão as distâncias invertidas nas páginas pares (margem espelho);
- cores: os textos devem ser impressos na cor preta em papel branco, reservando-se, se necessário, a impressão colorida para gráficos e ilustrações;
- destaques: para destaques deve-se utilizar, sem abuso, o negrito. Deve-se evitar destaques com uso de itálico, sublinhado, letras maiúsculas, sombreado, sombra, relevo, bordas ou qualquer outra forma de formatação que afete a sobriedade e a padronização do documento;
- palavras estrangeiras: palavras estrangeiras devem ser grafadas em itálico;
- arquivamento: dentro do possível, todos os documentos elaborados devem ter o arquivo de texto preservado para consulta posterior ou aproveitamento de trechos para casos análogos. Deve ser utilizado, preferencialmente, formato de arquivo que possa ser lido e editado pela maioria dos editores de texto utilizados no serviço público, tais como DOCX, ODT ou RTF.
- nome do arquivo: para facilitar a localização, os nomes dos arquivos devem ser formados da seguinte maneira:
- tipo do documento + número do documento + ano do documento (com 4 dígitos) + palavras-chaves do conteúdo

Exemplo:

Ofício 123_2018_relatório produtividade anual

Seguem exemplos de Ofício:

2 cm

5 cm

Presidência da República Casa Civil
Subchefia para Assuntos Jurídicos

OFÍCIO Nº 197/2018/SAJ/CC

Brasília, 8 de agosto de 2018.

Ao Senhor
[Nome]
Chefe de Gabinete Ministério dos Transportes
Esplanada dos Ministérios, Bloco R
70044-902 Brasília. DF

Assunto: Apresentação de novas funcionalidades do Sidof – Módulo I.

Senhor Chefe de Gabinete,

3 cm 2,5 cm

1. A Subchefia para Assuntos Jurídicos da Casa Civil da

Presidência da República aprimorou o Sistema de Geração e Tramitação de Documentos Oficiais – Sidof, com a inserção de novas funcionalidades. Os novos recursos do sistema serão apresentados aos servidores em módulos organizados por esta Subchefia.

2. Convido os servidores do [nome do Ministério] para assistir à apresentação do primeiro módulo, a ser realizada em 10 de setembro de 2018, às 9h30, no Auditório desta Subchefia.

3. Para assegurar o credenciamento, solicito a esse órgão a indicação dos servidores que trabalham com o Sidof, até 28 de agosto de 2018, por meio do endereço eletrônico [endereço eletrônico]:

> nome completo do servidor;
> número de Cadastro de Pessoa Física;
> e-mail institucional, unidade/órgão em que atua; e
> login no Sidof (caso esteja cadastrado no Sistema).

(29,7 cm x 21,0 cm)

2 cm

1. Caso o servidor ainda não seja cadastrado no Sistema, será necessário o envio de autorização da chefia imediata. O envio das informações solicitadas acima é fundamental para garantir a inscrição do servidor no evento.

Atensiosamente,

espaço para assinatura)

[NOME DO SIGNATÁRIO]

[Cargo do Signatário]

[Endereço] – Telefone: (xx) xxxx-xxxx

CEP 00000-000 Cidade/UF – http://www.xxxxxxxxxxxxxxxxxx.gov.br

---

2 cm

[Nome do Ministério]

[Secretaria/Diretoria]

[Departamento/Setor/Entidade]

3 cm

OFÍCIO Nº 10.457/2018/MDH

Brasília, 3 de março de 2018.

A Sua Excelência o Senhor [Nome]

Ministro de Estado

Esplanada dos Ministérios, Bloco X 70064-900 Brasília/DF

Assunto: Debates sobre o Plano Nacional da Pessoa com Deficiência.

Senhor Ministro,

Convido Vossa Excelência a participar do lançamento do Ciclo de Debates sobre a Execução do Plano Nacional da Pessoa com Deficiência, a ser realizado em 15 de março de 2018, às 9 horas, no Auditório da Escola Nacional de Administração Pública (Enap), no Setor de Áreas Isoladas Sul, em Brasília.

O debate inicial faz parte de uma sequência de cinco encontros, com o objetivo de acompanhar o desenvolvimento das diversas ações contidas no referido Plano.

Atenciosamente,

(espaço para assinatura)

[NOME DO SIGNATÁRIO]

[Ministro de Estado]

2 cm

5 cm

[Nome do órgão]
[Secretaria/Departamento]
[Setor/Entidade]

OFÍCIO Nº 257/2018/CODOC/CC

Brasília, 3 de março de 2018.

À Senhora
[Nome]
Diretora de Tecnologia da Presidência da República
Palácio do Planalto, Anexo II, Ala B, sala 100
Brasília/DF

3 cm 2,5 cm 1,5 cm

Senhora Diretora,

Solicito a criação de software para mensurar os índices de produtividade no âmbito desta Coordenação-Geral, de modo a disponibilizar informações gerenciais completas para todos os cadastros, tais como dados quantitativos de tempo de entrada e conclusão de tarefas, por usuário, por equipe, por tipo de ato, além de dados quantitativos e gráficos referentes às tarefas atribuídas e concluídas por usuário em determinado período de tempo e outras informações que possibilitem a produção de relatórios gerenciais, conforme especificação completa em anexo.

Respeitosamente,
(espaço para assinatura)

[NOME DO SIGNATÁRIO]
[Cargo do Signatário]

20.2.7 Tipos de documentos

Variações dos documentos oficiais

Os documentos oficiais podem ser identificados de acordo com algumas possíveis variações:

> [NOME DO EXPEDIENTE] + CIRCULAR: Quando um órgão envia o mesmo expediente para mais de um órgão receptor. A sigla na epígrafe será apenas do órgão remetente.

> [NOME DO EXPEDIENTE] + CONJUNTO: Quando mais de um órgão envia, conjuntamente, o mesmo expediente para um único órgão receptor. As siglas dos órgãos remetentes constarão na epígrafe.

> [NOME DO EXPEDIENTE] + CONJUNTO CIRCULAR: Quando mais de um órgão envia, conjuntamente, o mesmo expediente para mais de um órgão receptor. As siglas dos órgãos remetentes constarão na epígrafe.

Exemplos:

OFÍCIO CIRCULAR Nº 652/2018/MEC

OFÍCIO CONJUNTO Nº 368/2018/SECEX/SAJ

OFÍCIO CONJUNTO CIRCULAR Nº 795/2018/CC/MJ/MRE

Nos expedientes circulares, por haver mais de um receptor, o órgão remetente poderá inserir no rodapé as siglas ou nomes dos órgãos que receberão o expediente.

Exposição de Motivos

Definição e finalidade

Exposição de motivos (EM) é o expediente dirigido ao Presidente da República ou ao Vice- Presidente para:

> propor alguma medida;

> submeter projeto de ato normativo à sua consideração; ou

> informá-lo de determinado assunto.

A exposição de motivos é dirigida ao Presidente da República por um Ministro de Estado. Nos casos em que o assunto tratado envolva mais de um ministério, a exposição de motivos será assinada por todos os ministros envolvidos, sendo, por essa razão, chamada de interministerial.

Independentemente de ser uma EM com apenas um autor ou uma EM interministerial, a sequência numérica das exposições de motivos é única. A numeração começa e termina dentro de um mesmo ano civil.

Forma e estrutura

As exposições de motivos devem, obrigatoriamente:

> apontar, na introdução: o problema que demanda a adoção da medida ou do ato normativo proposto; ou informar ao Presidente da República algum assunto;

> indicar, no desenvolvimento: a razão de aquela medida ou de aquele ato normativo ser o ideal para se solucionar o problema e as eventuais alternativas existentes para equacioná-lo; ou fornecer mais detalhes sobre o assunto informado, quando for esse o caso; e

> na conclusão: novamente, propor a medida a ser tomada ou o ato normativo a ser editado para solucionar o problema; ou apresentar as considerações finais no caso de EMs apenas informativas.

As Exposições de Motivos que encaminham proposições normativas devem seguir o prescrito no Decreto nº 9.191, de 1º de novembro de 2017. Em síntese, elas devem ser instruídas com parecer jurídico e parecer de mérito que permitam a adequada avaliação da proposta.

O atendimento dos requisitos do Decreto nº 9.191, de 2017, nas exposições de motivos que proponham a edição de ato normativo, tem como propósito:

> permitir a adequada reflexão sobre o problema que se busca resolver;

> ensejar avaliação das diversas causas do problema e dos efeitos que podem ter a adoção da medida ou a edição do ato, em consonância com as questões que devem ser analisadas na elaboração de proposições normativas no âmbito do Poder Executivo;

> conferir transparência aos atos propostos;

> resumir os principais aspectos da proposta; e

> evitar a devolução a proposta de ato normativo para complementação ou reformulação da proposta.

A exposição de motivos é a principal modalidade de comunicação dirigida ao Presidente da República pelos ministros. Além disso, pode, em certos casos, ser encaminhada cópia ao Congresso Nacional ou ao Poder Judiciário.

Exemplo de exposição de motivos:

2 cm

5 cm

EM No 38/2018/MTB/MS

Brasília, 6 de novembro de 2018.

À Senhora
[Nome]
Diretora de Tecnologia da Presidência da República
Palácio do Planalto, Anexo II, Ala B, sala 100
Brasília/DF

3 cm 2,5 cm 1,5 cm

Excelentíssimo Senhor Presidente da República,

1. Submetemos à consideração de Vossa Excelência a proposta de Medida Provisória que tem por objetivo de efetivar as operações de financiamento destinadas a entidades hospitalares filantrópicas e sem fins lucrativos que participem de forma complementar do Sistema único de Saúde (SUS).

2. A Medida Provisória nº 848, de 16 de agosto de 2018, autorizou o Fundo de Garantia do Tempo de Serviço (FGTS) a realizar operações de crédito destinadas às entidades hospitalares filantrópicas e sem fins lucrativos que participem de forma complementar do SUS.

3. No entanto, em discussões no âmbito do Conselho Curador do FGTS foi observada a falta de previsão legal para determinar quem seria o órgão do Poder Executivo federal que deveria regulamentar, acompanhar a execução, subisidiar o Conselho Curador com estudos técnicos necessários ao seu aprimoramento operacional e definir as metas a serem alcançadas nas operações de crédito destinadas às entidades hospitalares filantrópicas e sem fins lucrativos que participem de forma complementar do SUS.

4. Com efeito, a disposição sobre a necessidade de autorização do órgão de educação responsável para o fechamento de escolas do campo, exigindo-se diagnóstico sobre o impacto da ação e manifestação da comunidade escolar, visa a assegurar o acesso da população rural à educação, sem ferir a autonomia dos entes federativos.

5. O presente Projeto de Lei representa medida importante para institucionalizar instrumentos de gestão voltados para a melhoria da qualidade da educação básica das populações do campo.

6. Essas, Excelentíssimo Senhor Presidente, sãoasrazõesquejustificam oencaminhamento da presente proposta de ato normativo à consideração de Vossa Excelência.

Respeitosamente,
(espaço para assinatura)

[NOME DO SIGNATÁRIO]
[Ministro de Estado]

Sistema de Geração e Tramitação de Documentos Oficiais (Sidof)

O Sistema de Geração e Tramitação de Documentos Oficiais (Sidof) é a ferramenta eletrônica utilizada para a elaboração, a redação, a alteração, o controle, a tramitação, a administração e a gerência das exposições de motivos com as propostas de atos a serem encaminhadas pelos Ministérios à Presidência da República.

Ao se utilizar o Sidof, a assinatura, o nome e o cargo do signatário, apresentados no exemplo do item 6.2.2, são substituídos pela assinatura eletrônica que informa o nome do ministro que assinou a exposição de motivos e do consultor jurídico que assinou o parecer jurídico da Pasta.

Mensagem

Definição e finalidade

A Mensagem é o instrumento de comunicação oficial entre os Chefes dos Poderes Públicos, notadamente as mensagens enviadas pelo Chefe do Poder Executivo ao Poder Legislativo para informar sobre fato da administração pública; para expor o plano de governo por ocasião da abertura de sessão legislativa; para submeter ao Congresso Nacional matérias que dependem de deliberação de suas Casas; para apresentar veto; enfim, fazer comunicações do que seja de interesse dos Poderes Públicos e da Nação.

Minuta de mensagem pode ser encaminhada pelos ministérios à Presidência da República, a cujas assessorias caberá a redação final.

As mensagens mais usuais do Poder Executivo ao Congresso Nacional têm as seguintes finalidades:

> Encaminhamento de proposta de emenda constitucional, de projeto de lei ordinária, de projeto de lei complementar e os que compreendem plano plurianual, diretrizes orçamentárias, orçamentos anuais e créditos adicionais:

Os projetos de lei ordinária ou complementar são enviados em regime normal (Constituição, art. 61) ou de urgência (Constituição, art. 64, §§ 1º a 4º). O projeto pode ser encaminhado sob o regime normal e, mais tarde, ser objeto de nova mensagem, com solicitação de urgência.

Em ambos os casos, a mensagem se dirige aos membros do Congresso Nacional, mas é encaminhada com ofício do Ministro de Estado Chefe da Casa Civil da Presidência da República ao Primeiro-Secretário da Câmara dos Deputados, para que tenha início sua tramitação (Constituição, art. 64, caput).

Quanto aos projetos de lei que compreendem plano plurianual, diretrizes orçamentárias, orçamentos anuais e créditos adicionais, as mensagens de encaminhamento dirigem-se aos membros do Congresso Nacional, e os respectivos ofícios são endereçados ao Primeiro-Secretário do Senado Federal. A razão é que o art. 166 da Constituição impõe a deliberação congressual em sessão conjunta, mais precisamente, "na forma do regimento comum". E, à frente da Mesa do Congresso Nacional, está o Presidente do Senado Federal (Constituição, art. 57, § 5º), que comanda as sessões conjuntas.

> Encaminhamento de medida provisória:

Para dar cumprimento ao disposto no art. 62 da Constituição, o Presidente da República encaminha Mensagem ao Congresso, dirigida a seus Membros, com ofício para o Primeiro- Secretário do Senado Federal, juntando cópia da medida provisória.

> Indicação de autoridades:

As mensagens que submetem ao Senado Federal a indicação de pessoas para ocuparem determinados cargos (magistrados dos tribunais superiores, ministros do Tribunal de Contas da União, presidentes e diretores do Banco Central, Procurador-Geral da República, chefes de missão diplomática, diretores e conselheiros de agências etc.) têm em vista que a Constituição, incisos III e IV do caput do art. 52, atribui àquela Casa do Congresso Nacional competência privativa para aprovar a indicação.

O curriculum vitae do indicado, assinado, com a informação do número de Cadastro de Pessoa Física, acompanha a mensagem.

> Pedido de autorização para o Presidente ou o Vice-Presidente da República se ausentarem do país por mais de 15 dias:

Trata-se de exigência constitucional (Constituição, art. 49, caput, inciso III e art. 83), e a autorização é da competência privativa do Congresso Nacional. O Presidente da República, tradicionalmente, por cortesia, quando a ausência é por prazo inferior a 15 dias, faz uma comunicação a cada Casa do Congresso, enviando-lhes mensagens idênticas.

> Encaminhamento de atos de concessão e de renovação de concessão de emissoras de rádio e TV:

A obrigação de submeter tais atos à apreciação do Congresso Nacional consta no inciso XII do caput do art. 49 da Constituição. Somente produzirão efeitos legais a outorga ou a renovação da concessão após deliberação do Congresso Nacional (Constituição, art. 223, § 3º). Descabe pedir na mensagem a urgência prevista na Constituição, art. 64, uma vez que o § 1º do art. 223 já define o prazo da tramitação. Além do ato de outorga ou renovação, acompanha a mensagem o correspondente processo administrativo.

> Encaminhamento das contas referentes ao exercício anterior:

O Presidente da República tem o prazo de 60 dias após a abertura da sessão legislativa para enviar ao Congresso Nacional as contas referentes ao exercício anterior (Constituição, art. 84, caput, inciso XXIV), para exame e parecer da Comissão Mista permanente (Constituição, art. 166,

§ 1º, sob pena de a Câmara dos Deputados realizar a tomada de contas (Constituição, art. 51,
caput, inciso II) em procedimento disciplinado no art. 215 do seu Regimento Interno.

> Mensagem de abertura da sessão legislativa:

Deve conter o plano de governo, exposição sobre a situação do País e a solicitação de providências que julgar necessárias (Constituição, art. 84, inciso XI). O portador da mensagem é o Chefe da Casa Civil da Presidência da República. Esta mensagem difere das demais, porque vai encadernada e é distribuída a todos os congressistas em forma de livro.

- Comunicação de sanção (com restituição de autógrafos):

Esta mensagem é dirigida aos Membros do Congresso Nacional, encaminhada por ofício ao Primeiro-Secretário da Casa onde se originaram os autógrafos. Nela se informa o número que tomou a lei e se restituem dois exemplares dos três autógrafos recebidos, nos quais o Presidente da República terá aposto o despacho de sanção.

- Comunicação de veto:

Dirigida ao Presidente do Senado Federal (Constituição, art. 66, § 1º), a mensagem informa sobre a decisão de vetar, se o veto é parcial, quais as disposições vetadas, e as razões do veto. Seu texto é publicado na íntegra no Diário Oficial da União, ao contrário das demais mensagens, cuja publicação se restringe à notícia do seu envio ao Poder Legislativo.

→ Outras mensagens remetidas ao Legislativo:

- Apreciação de intervenção federal (Constituição, art. 36, § 2º).
- Encaminhamento de atos internacionais que acarretam encargos ou compromissos gravosos (Constituição, art. 49, caput, inciso I);
- Pedido de estabelecimento de alíquotas aplicáveis às operações e prestações interestaduais e de exportação (Constituição, art. 155, § 2º, inciso IV);
- Proposta de fixação de limites globais para o montante da dívida consolidada (Constituição, art. 52, caput, inciso VI);
- Pedido de autorização para operações financeiras externas (Constituição, art. 52, caput, inciso V);
- Convocação extraordinária do Congresso Nacional (Constituição, art. 57, § 6º);
- Pedido de autorização para exonerar o Procurador-Geral da República (Constituição, art. 52, inciso XI, e art. 128, § 2º);
- Pedido de autorização para declarar guerra e decretar mobilização nacional (Constituição, art. 84, inciso XIX);
- Pedido de autorização ou referendo para celebrar a paz (Constituição, art. 84, inciso XX);
- Justificativa para decretação do estado de defesa ou de sua prorrogação (Constituição, art. 136, § 4º);
- Pedido de autorização para decretar o estado de sítio (Constituição, art. 137);
- Relato das medidas praticadas na vigência do estado de sítio ou de defesa (Constituição, art. 141, parágrafo único);
- Proposta de modificação de projetos de leis que compreendem plano plurianual, diretrizes orçamentárias, orçamentos anuais e créditos adicionais (Constituição, art. 166, § 5º);
- Pedido de autorização para utilizar recursos que ficarem sem despesas correspondentes, em decorrência de veto, emenda ou rejeição do projeto de lei orçamentária anual (Constituição, art. 166, § 8º);
- Pedido de autorização para alienar ou conceder terras públicas com área superior a 2.500 ha (Constituição, art. 188, § 1º).

Forma e estrutura

As mensagens contêm:

- brasão: timbre em relevo branco
- identificação do expediente: MENSAGEM No, alinhada à margem esquerda, no início do texto;
- vocativo: alinhado à margem esquerda, de acordo com o pronome de tratamento e o cargo do destinatário, com o recuo de parágrafo dado ao texto;
- texto: iniciado a 2 cm do vocativo; e
- local e data: posicionados a 2 cm do final do texto, alinhados à margem direita.

A mensagem, como os demais atos assinados pelo Presidente da República, não traz identificação de seu signatário.

Exemplo de mensagem:

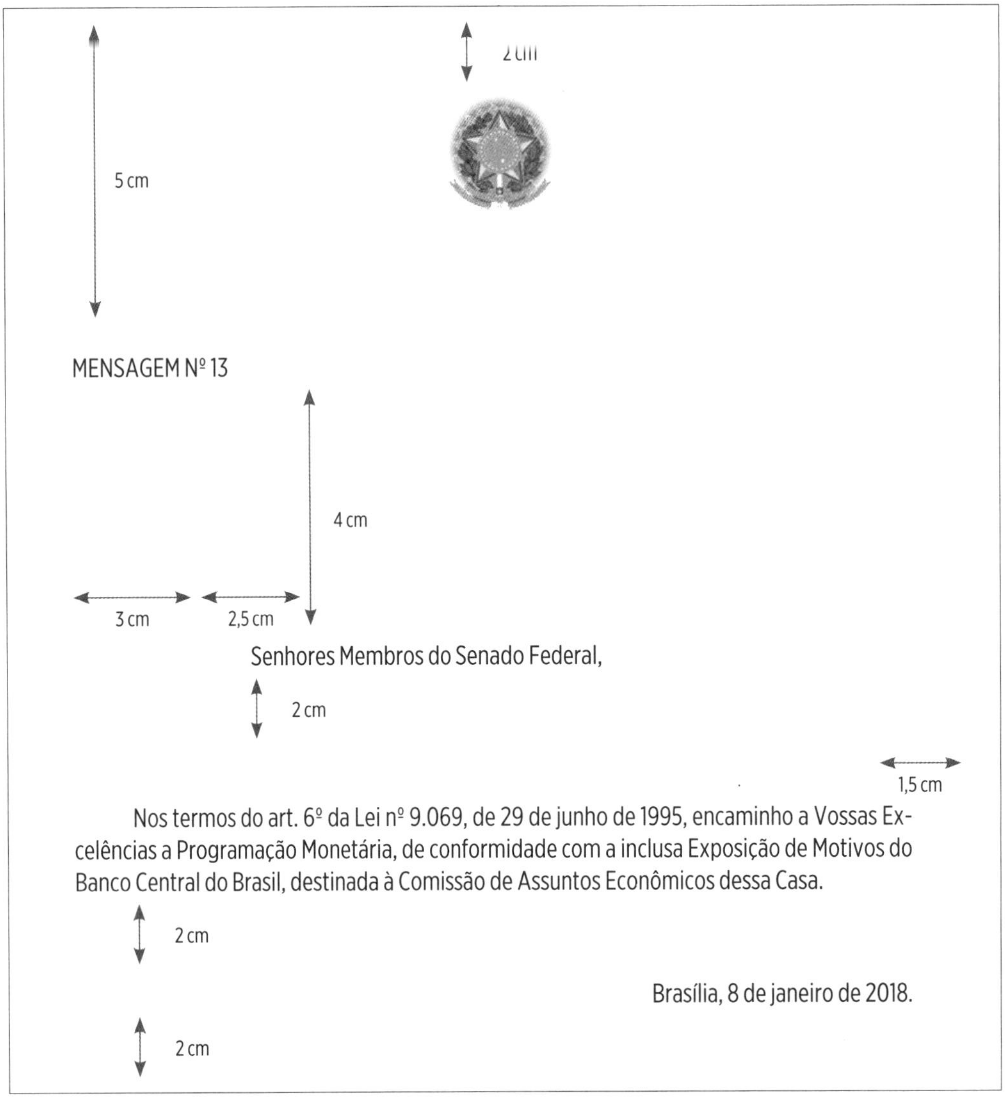

Correio eletrônico (e-mail)

Definição e finalidade

A utilização do e-mail para a comunicação tornou-se prática comum, não só em âmbito privado, mas também na administração pública. O termo e-mail pode ser empregado com três sentidos. Dependendo do contexto, pode significar gênero textual, endereço eletrônico ou sistema de transmissão de mensagem eletrônica.

Como gênero textual, o e-mail pode ser considerado um documento oficial, assim como o ofício e o memorando. Portanto, deve-se evitar o uso de linguagem incompatível com uma comunicação oficial.

Como endereço eletrônico utilizado pelos servidores públicos, o e-mail deve ser oficial, utilizando-se a extensão ".gov.br", por exemplo.

Como sistema de transmissão de mensagens eletrônicas, por seu baixo custo e celeridade, transformou-se na principal forma de envio e recebimento de documentos na administração pública.

Valor documental

Nos termos da Medida Provisória nº 2.200-2, de 24 de agosto de 2001, para que o e-mail tenha valor documental, isto é, para que possa ser aceito como documento original, é necessário existir certificação digital que ateste a identidade do remetente, segundo os parâmetros de integridade, autenticidade e validade jurídica da Infraestrutura de Chaves Públicas Brasileira – ICP- Brasil.

O destinatário poderá reconhecer como válido o e-mail sem certificação digital ou com certificação digital fora ICP-Brasil; contudo, caso haja questionamento, será obrigatório a repetição do ato por meio documento físico assinado ou por meio eletrônico reconhecido pela ICP-Brasil.

Salvo lei específica, não é dado ao ente público impor a aceitação de documento eletrônico que não atenda os parâmetros da ICP-Brasil.

Forma e estrutura

Um dos atrativos de comunicação por correio eletrônico é sua flexibilidade. Assim, não interessa definir padronização da mensagem comunicada. No entanto, devem-se observar algumas orientações quanto à sua estrutura.

Campo "Assunto"

O assunto deve ser o mais claro e específico possível, relacionado ao conteúdo global da mensagem. Assim, quem irá receber a mensagem identificará rapidamente do que se trata; quem a envia poderá, posteriormente, localizar a mensagem na caixa do correio eletrônico.

Deve-se assegurar que o assunto reflita claramente o conteúdo completo da mensagem para que não pareça, ao receptor, que se trata de mensagem não solicitada/lixo eletrônico. Em vez de "Reunião", um assunto mais preciso seria "Agendamento de reunião sobre a Reforma da Previdência".

Local e data

São desnecessários no corpo da mensagem, uma vez que o próprio sistema apresenta essa informação.

Saudação inicial/vocativo

Exemplos:

Senhor Coordenador, Prezada Senhora,

O texto dos correios eletrônicos deve ser iniciado por uma saudação. Quando endereçado para outras instituições, para receptores desconhecidos ou para particulares, deve-se utilizar o vocativo conforme os demais documentos oficiais, ou seja, "Senhor" ou "Senhora", seguido do cargo respectivo, ou "Prezado Senhor", "Prezada Senhora".

Fecho

Atenciosamente é o fecho padrão em comunicações oficiais. Com o uso do e-mail, popularizou-se o uso de abreviações como "Att.", e de outros fechos, como "Abraços", "Saudações", que, apesar de amplamente usados, não são fechos oficiais e, portanto, não devem ser utilizados em e-mails profissionais.

O correio eletrônico, em algumas situações, aceita uma saudação inicial e um fecho menos formais. No entanto, a linguagem do texto dos correios eletrônicos deve ser formal, como a que se usaria em qualquer outro documento oficial.

Bloco de texto da assinatura

Sugere-se que todas as instituições da administração pública adotem um padrão de texto de assinatura. A assinatura do e-mail deve conter o nome completo, o cargo, a unidade, o órgão e o telefone do remetente.

Exemplo:

Maria da Silva

Assessora

Subchefia para Assuntos Jurídicos da Casa Civil

(61)XXXX-XXXX

Anexos

A possibilidade de anexar documentos, planilhas e imagens de diversos formatos é uma das vantagens do e-mail. A mensagem que encaminha algum arquivo deve trazer informações mínimas sobre o conteúdo do anexo.

Antes de enviar um anexo, é preciso avaliar se ele é realmente indispensável e se seria possível colocá-lo no corpo do correio eletrônico.

Deve-se evitar o tamanho excessivo e o reencaminhamento de anexos nas mensagens de resposta.

Os arquivos anexados devem estar em formatos usuais e que apresentem poucos riscos de segurança. Quando se tratar de documento ainda em discussão, os arquivos devem, necessariamente, ser enviados, em formato que possa ser editado.

Recomendações

> Sempre que necessário, deve-se utilizar recurso de confirmação de leitura. Caso não esteja disponível, deve constar da mensagem pedido de confirmação de recebimento;

> Apesar da imensa lista de fontes disponíveis nos computadores, mantêm-se a recomendação de tipo de fonte, tamanho e cor dos documentos oficiais: Calibri ou Carlito, tamanho 12, cor preta;

> Fundo ou papéis de parede eletrônicos não devem ser utilizados, pois não são apropriados para mensagens profissionais, além de sobrecarregar o tamanho da mensagem eletrônica;

> A mensagem do correio eletrônico deve ser revisada com o mesmo cuidado com que se revisam outros documentos oficiais;

> O texto profissional dispensa manifestações emocionais. Por isso, ícones e emoticons não devem ser utilizados;

> Os textos das mensagens eletrônicas não podem ser redigidos com abreviações como "vc", "pq", usuais das conversas na internet, ou neologismos, como "naum", "eh", "aki";

> Não se deve utilizar texto em caixa alta para destaques de palavras ou trechos da mensagem pois denota agressividade de parte do emissor da comunicação.

> Evite-se o uso de imagens no corpo do e-mail, inclusive das Armas da República Federativa do Brasil e de logotipos do ente público junto ao texto da assinatura.

> Não devem ser remetidas mensagem com tamanho total que possa exceder a capacidade do servidor do destinatário.

PDF

1. REDAÇÃO PARA CONCURSOS PÚBLICOS 102
1.1 Posturas em Relação à Redação 102
1.2 Apresentação do Texto 102
1.3 O Texto Dissertativo 104
1.4 Critérios de Correção da Redação para Concursos Públicos 105
1.5 Critérios de Correção da Bancas 106
1.6 Propostas de Redação 106
2. DISSERTAÇÃO EXPOSITIVA E ARGUMENTATIVA 108
2.1 Dissertação Expositiva 108
2.2 Dissertação Argumentativa 111

1. REDAÇÃO PARA CONCURSOS PÚBLICOS

Os editais de concurso público disponibilizam o conteúdo programático das matérias que serão cobradas nas provas, mas nem sempre deixam explícito como se preparar para a prova discursiva, ou prova de redação - que, na grande maioria dos concursos, é uma etapa eliminatória.

Portanto, é necessário preparar-se com bastante antecedência, para que possa haver melhoras gradativas durante o processo de produção de um texto.

1.1 Posturas em Relação à Redação

Antes de começar a desenvolver a prática de escrita, é preciso que ter algumas posturas em relação ao processo de composição de um texto. Em posse dessas posturas, percebe-se que escrever não é tão complexo se você estiver orientado e fizer da escrita um ato constante.

1.1.1 Leitura

Apenas a leitura não garante uma boa escrita. Então, deve-se associar a leitura constante com a escrita constante, pois uma prática complementa a outra.

E o que ler?

Direcione sua prática de leitura da seguinte forma: fique atento às ATUALIDADES, que é um conteúdo geralmente previsto na prova de conhecimentos gerais. Ademais, conheça a instituição e o cargo a que você pretende candidatar-se, como as FUNÇÕES e RESPONSABILIDADES exigidas, as quais estão previstas no edital de abertura de um concurso. E, também, tenha uma visão crítica sobre os conhecimentos específicos, porque a tendência dos concursos é relacionar um tema ao contexto de trabalho.

Considere que, nas provas de redação, também podem ser abordados temas sobre algum assunto desafiante para o cargo ao qual o candidato está concorrendo. Uma dica é estar atento às informações veiculadas sobre o órgão público no qual pretende ingressar.

1.1.2 Produção do Texto

A produção de um texto não depende de talento ou de um dom. No processo de elaboração de um texto, pode-se dizer que um por cento (1%) é inspiração e noventa e nove por cento (99%) é trabalho. Escrever um excelente texto é um processo que exige esforço, planejamento e organização.

1.1.3 Escrita

O ato de escrever é sempre desta maneira: basta começar. Escrever para ser avaliado por um corretor é colocar pensamentos organizados e articulados, num papel, a partir de um posicionamento sobre um tema estabelecido na proposta de redação.

1.1.4 Tema

O seu texto deve estar cem por cento (100%) adequado à proposta exigida na prova, ou seja, você não pode escrever o que quer, mas o que a proposta determina. Desse modo, antes de começar a escrever, é necessário entender o TEMA da prova.

O tema é o assunto proposto que deve ser desenvolvido. Portanto, cabe a você entendê-lo, problematizá-lo e delimitá-lo, com base no comando da proposta.

1.1.5 Objetividade

Seu texto deve ser objetivo, isto é, o enfoque do assunto deve ser direto, sem rodeios. Além disso, as bancas dão preferência a uma linguagem simples e objetiva. E não confunda linguagem simples com coloquialismos, pois é necessário sempre manter a sua escrita baseada na norma padrão da língua portuguesa.

Além disso, é fundamental o candidato colocar-se na posição do leitor. É um momento de estranhamento do próprio texto para indagar-se: o que escrevi é interessante e de fácil entendimento?

1.2 Apresentação do Texto

Para que se consiga escrever um bom texto, é preciso aliar duas posturas: ter o hábito da leitura e praticar a escrita de textos. Além disso, é importante conhecer as propostas das bancas e saber quais são os critérios de correção previstos em edital.

1.2.1 Letra - Legibilidade

Escreva sempre com letra legível. Pode ser letra cursiva ou de imprensa. Tenha atenção para o espaçamento entre as letras/palavras e para a distinção entre maiúsculas e minúsculas.

1.2.2 Respeito às Margens

As margens (tanto esquerda quanto direita) existem para serem respeitadas, portanto, não as ultrapasse no momento em que escreve a versão definitiva. Tampouco deixe "buracos" entre as palavras.

1.2.3 Indicação de Parágrafos

É preciso deixar um espaço antes de iniciar um parágrafo (mais ou menos dois centímetros).

1.2.4 Título

Colocar título na redação vale mais pontos?

Se o título for solicitado, ele será obrigatório. Caso não seja colocado na redação, haverá alguma perda, mas não muito. Os editais, em geral, não informam pontuações exatas. No caso de o título não ser solicitado, ele se torna facultativo. Logo, se o candidato decidir inseri-lo, ele fará parte do texto, sendo analisado como tal, mas não terá um valor extra por isso.

O título era obrigatório, e não o coloquei... E agora?

Quando há a obrigatoriedade, a ausência do título não anula a questão, a menos que haja essa orientação nas instruções dadas na prova. Não há um desconto considerável em relação ao esquecimento do título, porque a maior pontuação, em uma redação para concurso, está relacionada ao conteúdo do texto.

É preciso pular linha após o título?

Em caso de obrigatoriedade do título, procure não pular linha entre o título e o início do texto, porque essa linha em branco não é contada durante a correção.

Quando se deve escrever o título?

O título é a síntese de sua redação, portanto, prefira escrevê-lo ao término da redação.

1.2.5 Erros na Versão Final

Quando você está escrevendo e, por distração, erra uma palavra, você deve passar um traço sobre a palavra e escrevê-la corretamente logo em seguida:

Ex.: exeção exceção

> Não rasure seu texto.
> Não escreva a palavra entre parênteses, mesmo se estiver riscada: (exeção) (exeção).
> Não use a expressão "digo".

1.2.6 Translineação

Quando não dá para escrever uma palavra completa ao final da linha, deve-se escrever até o limite, sem ultrapassar a margem direita da linha, e o sinal de separação será sempre o hífen.

Sempre respeite as regras de separação silábica. Nunca uma palavra será separada de maneira a desrespeitar as sílabas:

tran-
sformação

Caso a próxima sílaba não caiba no final da linha, embora ainda haja um espaço, deixe-a e continue na próxima linha.

trans-
formação

> Em relação ao posicionamento do hífen de separação, deixe-o ao lado da sílaba. Nunca acima.

Quando a palavra for escrita com hífen e a separação ocorrer justo nesse espaço, você deve usar duas marcações. Por exemplo: entende-se

entende-
-se

Se a palavra não tiver hífen em sua estrutura, use apenas uma marcação:

apresen-
tação

1.2.7 Impessoalidade

O texto dissertativo (expositivo-argumentativo) é impessoal. Portanto, pode-se escrever com verbos em:

- 3ª pessoa:

A qualidade no atendimento precisa ser prioridade.

Percebe-se que a qualidade no atendimento é essencial.

Notam-se várias mudanças no setor público.

- 1ª pessoa do plural:

Observamos muitas mudanças e melhorias no serviço público.

OBS.: NÃO escreva na 1ª pessoa do singular: Observo mudanças significativas.

1.2.8 Adequação Vocabular

Adequação vocabular diz respeito ao desempenho linguístico de acordo com o nível de conhecimento exigido para o cargo/área/especialidade, e a adequação do nível de linguagem adotado à produção proposta.

Portanto, devem-se escolher palavras adequadas, evitando-se o uso de jargões, chavões, termos muito técnicos que possam dificultar a compreensão.

1.2.9 Domínio da Norma Padrão da Língua

Deve-se ficar atento aos aspectos gramaticais, principalmente:

Estrutura sintática de orações e períodos

Elementos coesivos

Concordância verbal e nominal

Pontuação

Regência verbal e nominal

Emprego de pronomes

Flexão verbal e nominal

Uso de tempos e modos verbais

Grafia

Acentuação

1.2.10 Repetição

Prejudica a coesão textual, e ocorre quando se usa muitas vezes a mesma palavra ou ideia, as quais poderiam ser substituídas por sinônimos e conectivos.

1.2.11 Informações Óbvias

Explicações que não precisam ser mencionadas, pois já se explicam por si próprias.

1.2.12 Generalização

É percebida quando se atribui um conceito que é específico de uma forma generalizada.

Os menores infratores saem dos centros de ressocialização e retornam ao o do crime. (isso ocorre com todos?)

É preciso que o governo tome medidas urgentes para resolver esse problema. (que medidas?)

1.2.13 Gerúndio

É muito comum usarmos o gerúndio na fala, mas não se usa com tanta recorrência na escrita.

1.3 O Texto Dissertativo

Dissertar é escrever sobre algum assunto e pressupõe ou defender uma ideia, analisá-la criticamente, discuti-la, opinar, ou apenas esclarecer conceitos, dar explicações, apresentar dados sobre um assunto, tudo de maneira organizada, quer dizer, com início, meio e fim bem claros e objetivos.

A dissertação pode ser classificada quanto à maneira como o assunto é abordado:

I - EXPOSITIVA: são expostos fatos (de conhecimento e domínio público, divulgados em diversos meios de comunicação), mas não é apresentada uma discussão, um ponto de vista.

A dissertação expositiva também é usada quando a proposta exige um texto técnico. Este tipo de texto pode ter duas abordagens: Estudo de Caso (em que é feito um parecer a partir de sua situação hipotética) e Questão Teórica (em que é preciso apresentar conceitos, normas, regras, diretrizes de um determinado conteúdo).

II - ARGUMENTATIVA: há a exposição de pontos de vista pessoais, com juízos de valor sobre um fato ou assunto.

E qual a melhor maneira de abordar um assunto numa prova de redação para concursos públicos?

Para que seu texto seja MUITO BEM avaliado, o ideal é conseguir chegar a uma forma mista de abordagem, ou seja, escrever um texto dissertativo em que você expõe um assunto e, ao mesmo tempo, dá sua opinião sobre ele. Desse modo, os fatos que são conhecidos (domínio público) podem se transformar em exemplificação atualizada, a qual pode ser relacionada à sua argumentação de forma contextualiza e crítica.

1.3.1 Aspectos Gerais da Produção de Textos

Em face da limitação de espaço, é muito difícil apresentar muitos enfoques relativos ao tema. Por essa razão, dependendo do limite em relação à quantidade de linhas, a dissertação deve conter de 4 a 5 parágrafos, sendo UM para Introdução, DOIS a TRÊS para Desenvolvimento e UM para Conclusão.

Além disso, cada parágrafo deve possuir, no mínimo, dois períodos. Cuidado com as frases fragmentadas, ambiguidades e os erros de paralelismo.

Procure elaborar uma introdução que contenha, de maneira clara e direta, o tema, o primeiro enfoque, o segundo enfoque, etc. E mantenha sempre o caráter dissertativo. Por isso, no desenvolvimento, dê um parágrafo para cada enfoque selecionado, e empregue os articuladores adequados. Por fim, fundamente sempre suas ideias.

Quanto aos exemplos, procure selecionar aqueles que sejam de domínio público, os que tenham saído na mídia: jornais, revistas, TV. E nunca analise temas por meio de emoções exageradas – especialmente política, futebol, religião, etc.

1.3.2 Estrutura de um Texto Dissertativo

> Nunca use frases feitas, chavões.
> Não repita palavras ou expressões. Use sinônimos.
> Jamais converse com o leitor: nunca use você ou tu. Não empregue verbos no imperativo.

Para escrever uma dissertação, é preciso que haja uma organização do texto a fim de que se obtenha um texto claro e bem articulado:

I- INTRODUÇÃO: consiste na apresentação do assunto a fim de deixar claro qual é o recorte temático e qual a ideia que será defendida e/ou esclarecida, ou seja, a TESE.

II- DESENVOLVIMENTO: é a parte em que são elaborados os parágrafos argumentativos e/ou informativos, nos quais você explica a sua TESE. É o momento mais importante do texto, por isso, É NECESSÁRIO que a TESE seja explicada, justificada, e isso pode ser feito por meio de exemplos e explicações.

III- CONCLUSÃO: esta parte do texto não traz informações novas, muito menos argumentos, porque consiste no fechamento das ideias apresentadas, ou seja, é feita uma reafirmação da TESE. Dependendo do comando da proposta de redação e do tema, pode ser apresentada uma hipótese de solução de um problema apresentado na TESE.

TESE		
	Introdução	- Assunto - Recorte temático - TESE
	Desenvolvimento	- Tópico/TESE + justificativa
	Conclusão	- Retomada da introdução - Reafirmação da TESE

Introdução

É o primeiro parágrafo e serve de apresentação da dissertação, por essa razão deve estar muito bem elaborada, ser breve e apresentar apenas informações sucintas. Deve apenas apresentar o TEMA e os ENFOQUES e ter em torno de cinco linhas.

Desenvolvimento

É a redação propriamente dita. Deve ser constituído de dois a três parágrafos (a depender do tema da proposta), um para cada enfoque apresentado na Introdução. É a parte da redação em que argumentos são apresentados para explicitar, em um parágrafo distinto, cada um dos enfoques. Cada parágrafo deve ter de 5 a 8 linhas. Pode-se desenvolver os argumentos por meio de relações que devem ser usadas para deixar seu texto coeso e coerente.

Conectores

As relações comentadas acima são estabelecidas com CONECTORES:

Prioridade, relevância: em primeiro lugar, antes de mais nada, antes de tudo, em princípio, primeiramente, acima de tudo, principalmente, primordialmente, sobretudo.

Tempo: atualmente, hoje, frequentemente, constantemente às vezes, eventualmente, por vezes, ocasionalmente, sempre, raramente, não raro, ao mesmo tempo, simultaneamente, nesse ínterim, enquanto, quando, antes que, depois que, logo que, sempre que, assim que, desde que, todas as vezes que, cada vez que, então, enfim, logo, logo depois, imediatamente, logo após, a princípio, no momento em que, pouco antes, pouco depois, anteriormente, posteriormente, em seguida, afinal, por fim, finalmente, agora.

Semelhança, comparação, conformidade: de acordo com, segundo, conforme, sob o mesmo ponto de vista, tal qual, tanto quanto, como, assim como, como se, bem como, igualmente, da mesma forma, assim também, do mesmo modo, semelhantemente, analogamente, por analogia, de maneira idêntica, de conformidade com.

Condição, hipótese: se, caso, eventualmente.

Adição, continuação: além disso, demais, ademais, outrossim, ainda mais, por outro lado, também, e, nem, não só ... mas também, não só... como também, não apenas ... como também, não só ... bem como, com, ou (quando não for excludente).

Dúvida: talvez, provavelmente, possivelmente, quiçá, quem sabe, é provável, não é certo, se é que.

Certeza, ênfase: certamente, decerto, por certo, inquestionavelmente, sem dúvida, inegavelmente, com toda a certeza.

Ilustração, esclarecimento: por exemplo, só para ilustrar, só para exemplificar, isto é, quer dizer, em outras palavras, ou por outra, a saber, ou seja, aliás.

Propósito, intenção, finalidade: com o fim de, a fim de, com o propósito de, com a finalidade de, com o intuito de, para que, a fim de que, para.

Resumo, recapitulação, conclusão: em suma, em síntese, em conclusão, enfim, em resumo, portanto, assim, dessa forma, dessa maneira, desse modo, logo, dessa forma, dessa maneira, assim sendo.

Explicação: por consequência, por conseguinte, como resultado, por isso, por causa de, em virtude de, assim, de fato, com efeito, tão (tanto, tamanho)... que, porque, porquanto, pois, já que, uma vez que, visto que, como (= porque), portanto, logo, que (= porque), de tal sorte que, de tal forma que, haja vista.

Contraste, oposição, restrição: pelo contrário, em contraste com, salvo, exceto, menos, mas, contudo, todavia, entretanto, no entanto, embora, apesar de, apesar de que, ainda que, mesmo que, posto que, conquanto, se bem que, por mais que, por menos que, só que, ao passo que, por outro lado, em contrapartida, ao contrário do que se pensa, em compensação.

Contraposição: É possível que... no entanto...

É certo que... entretanto...

É provável que ... porém...

Organização de ideias: Em primeiro lugar ..., em segundo ..., por último ...; por um lado ..., por outro ...; primeiramente, ...,em seguida, ..., finalmente, ...

Enumeração: É preciso considerar que ...; Também não devemos esquecer que ...; Não podemos deixar de lembrar que...

Reafirmação/Retomada: Compreende-se, então, que ...

É bom acrescentar ainda que ...

É interessante reiterar ...

Conclusão

É o último parágrafo. Deve ser breve, contendo em torno de cinco linhas. Na conclusão, deve-se retomar o tema e fazer o fechamento das ideias apresentadas em todo o texto e não somente em relação às ideias contidas no último parágrafo do desenvolvimento.

Pode-se concluir:

- Fazendo uma síntese das ideias expostas.

- Esclarecendo um posicionamento e/ou questionamento, desde que coerente, com o desenvolvimento.

- Estabelecendo uma dedução ou demonstrando uma consequência dos argumentos expostos.

- Levantando uma hipótese ou uma sugestão coerente com as afirmações feitas durante o texto.

- Apresentando possíveis soluções para os problemas expostos no desenvolvimento, buscando prováveis resultados.

Conectores

Pode-se iniciar o parágrafo da conclusão com:

Assim; Assim sendo; Portanto; Mediante os fatos expostos; Dessa forma; Diante do que foi dito; Resumindo; Em suma; Em vista disso, pode-se concluir que; Finalmente; Nesse sentido; Com esses dados, conclui-se que; Considerando as informações apresentadas, entende-se que; A partir do que foi discutido.

1.4 Critérios de Correção da Redação para Concursos Públicos

1.4.1 Conteúdo

Neste critério, observa-se se há apresentação marcada do recorte temático, o qual deve nortear o desenvolvimento do texto; se o recorte está contextualizado no texto, por exemplo: quando a proposta propuser uma situação hipotética, ela deve estar diluída em seu texto.

Lembre-se: a proposta não faz parte de seu texto, ou seja, sua produção não pode depender da proposta para ter sentido claro e objetivo.

Em outras palavras: se há algum texto ou uma coletânea de textos, eles têm caráter apenas motivador. Portanto, não faça cópias de trechos dos textos, tampouco pense que o tema da redação é o assunto desses textos. É preciso verificar o recorte temático, o qual fica evidente no corpo da proposta.

O único gênero textual que permite a referência ao texto motivador, bem como a cópia de alguns trechos, é o estudo de caso, pois é preciso fazer uma análise em relação a uma situação hipotética.

1.4.2 Gênero

Neste critério, verifica-se se a produção textual está adequada à modalidade redacional, ou seja, se o texto expressa o domínio da linguagem do gênero: narrar, relatar, argumentar, expor, descrever ações, etc.

Os concursos públicos, quase em sua totalidade, têm como gênero textual a dissertação argumentativa ou o texto expositivo-argumentativo. Desse modo, a banca avalia a objetividade e o posicionamento frente ao tema, a articulação dos argumentos, a consistência e a coerência da argumentação.

Isso significa que há uma valorização quanto do conteúdo do texto: a opinião, a justificativa dessa opinião e a seletividade de informações sobre o tema.

1.4.3 Coerência

Neste critério, avalia-se se há atendimento total do comando, com informações novas que evidenciam conhecimento de mundo e que atestam excelente articulação entre os aspectos exigidos pela proposta, o recorte temático e o gênero textual requisitado. Ou seja, é preciso trazer informações ao texto que não estão disponíveis na proposta. Além disso, é essencial garantir a progressão textual, quer dizer, seu texto precisa ter uma evolução e não pode trazer a mesma informação em todos os parágrafos.

1.4.4 Coesão e Gramática

Neste critério, percebe-se se há erros gramaticais; se os períodos estão bem organizados e articulados, com uso de vocabulário e conectivos adequados; e se os parágrafos estão divididos de modo consciente, a fim de garantir a progressão textual.

1.5 Critérios de Correção da Bancas

Cada Banca Examinadora delimita, na publicação do edital de abertura de um concurso, que critérios serão utilizados para corrigir as redações. Por isso, é essencial que se conheça quais são esses critérios e como cada Banca os organiza. A seguir, são apresentados critérios de algumas Bancas. Você perceberá que são predominantemente os mesmos itens; o que muda é a nota atribuída para cada um e como a proposta é organizada.

1.5.1 Banca Cespe

Quando forem apresentados tópicos, deve-se escrever 1 parágrafo para cada tópico.

Aspectos Macroestruturais

1. Apresentação (legibilidade, respeito às margens e indicação de parágrafos) e estrutura textual (organização das ideais em texto estruturado).

2. Desenvolvimento do tema

Tópicos da proposta

Aspectos Microestruturais

Ortografia

Morfossintaxe

Propriedade vocabular

1.5.2 Banca FCC

O candidato deverá desenvolver texto dissertativo a partir de proposta única, sobre assunto de interesse geral. Considerando que o texto é único, os itens discriminados a seguir serão avaliados em estreita correlação:

Conteúdo – até 40 (quarenta) pontos:

> perspectiva adotada no tratamento do tema;

> capacidade de análise e senso crítico em relação ao tema proposto;

> consistência dos argumentos, clareza e coerência no seu encadeamento.

Obs.: A nota será prejudicada, proporcionalmente, caso ocorra abordagem tangencial, parcial ou diluída em meio a divagações e/ou colagem de textos e de questões apresentados na prova.

Estrutura – até 30 (trinta) pontos:

> respeito ao gênero solicitado;

> progressão textual e encadeamento de ideias;

> articulação de frases e parágrafos (coesão textual).

Expressão – até 30 (trinta) pontos:

A avaliação da expressão não será feita de modo estanque ou mecânico, mas sim de acordo com sua estreita correlação com o conteúdo desenvolvido. A avaliação será feita considerando-se:

> desempenho linguístico de acordo com o nível de conhecimento exigido para o cargo/área/especialidade;

> adequação do nível de linguagem adotado à produção proposta e coerência no uso;

> domínio da norma culta formal, com atenção aos seguintes itens: estrutura sintática de orações e períodos, elementos coesivos; concordância verbal e nominal; pontuação; regência verbal e nominal; emprego de pronomes; flexão verbal e nominal; uso de tempos e modos verbais; grafia e acentuação.

1.5.3 Banca Cesgranrio

A Redação será avaliada conforme os critérios a seguir:

> adequação ao tema proposto;

> adequação ao tipo de texto solicitado;

> emprego apropriado de mecanismos de coesão (referenciação, sequenciação e demarcação das partes do texto);

> capacidade de selecionar, organizar e relacionar de forma coerente argumentos pertinentes ao tema proposto; e

> pleno domínio da modalidade escrita da norma-padrão (adequação vocabular, ortografia, morfologia, sintaxe de concordância, de regência e de colocação).

1.6 Propostas de Redação

1.6.1 Proposta 01

As vendas de automóveis de passeio e de veículos comerciais leves alcançaram 340 706 unidades em junho de 2012, alta de 18,75%, em relação a junho de 2011, e de 24,18%, em relação a maio de 2012, segundo informou, nesta terça-feira, a Federação Nacional de Distribuição de Veículos Automotores (Fenabrave). Segundo a entidade, este é o melhor mês de junho da história do setor automobilístico.

Disponível em: <http://br.financas.yahoo.com>. Acesso em: 3 jul. 2012 (adaptado).

Na capital paulista, o trânsito lento se estendeu por 295 km às 19 h e superou a marca de 293 km, registrada no dia 10 de junho de 2009. Na cidade de São Paulo, registrou-se, na tarde desta sexta-feira, o maior congestionamento da história, segundo a

Companhia de Engenharia de Tráfego (CET). Às 19 h, eram 295 km de trânsito lento nas vias monitoradas pela empresa. O índice superou o registrado no dia 10 de junho de 2009, quando a CET anotou, às 19 h, 293 km de congestionamento.

Disponível em: <http://noticias.terra.com.br>. Acesso em: 03 jul. 2012 (adaptado).

O governo brasileiro, diante da crise econômica mundial, decidiu estimular a venda de automóveis e, para tal, reduziu o imposto sobre produtos industrializados (IPI). Há, no entanto, paralelamente a essa decisão, a preocupação constante com o desenvolvimento sustentável, por meio do qual se busca a promoção de crescimento econômico capaz de incorporar as dimensões socioambientais.

Considerando que os textos acima têm caráter unicamente motivador, redija um texto dissertativo sobre sistema de transporte urbano sustentável, contemplando os seguintes aspectos:

> Conceito de desenvolvimento sustentável; (valor: 3,0 pontos)

> Conflito entre o estímulo à compra de veículos automotores e a promoção da sustentabilidade; (valor: 4,0 pontos)

> Ações de fomento ao transporte urbano sustentável no Brasil. (valor: 3,0 pontos)

1.6.2 Proposta 02

I

Venham de onde venham, imigrantes, emigrantes e refugiados, cada vez mais unidos em redes sociais, estão aumentando sua capacidade de incidência política sobre uma reivindicação fundamental: serem tratados como cidadãos, em vez de apenas como mão de obra (barata ou de elite).

(Adaptado de: http://observatoriodadiversidade.org.br)

II

A intensificação dos fluxos migratórios internacionais das últimas décadas provocou o aumento do número de países orientados a regulamentar a imigração. Os argumentos alegados não são novos: o medo de uma "invasão migratória", os riscos de desemprego para os trabalhadores autóctones, a perda da identidade nacional.

III

Ainda não existe uma legislação internacional sólida sobre as migrações internacionais. Assim, enquanto que os direitos relativos ao investimento estrangeiro foram se reforçando cada vez mais nas regras estabelecidas para a economia global, pouca atenção vem sendo dada aos direitos dos trabalhadores.

(II e III adaptados de: http://www.migrante.org.br)

Considerando o que se afirma em I, II e III, desenvolva um texto dissertativo-argumentativo, posicionando-se a respeito do seguinte tema:

Mobilidade Humana e Cidadania na atualidade.

2. DISSERTAÇÃO EXPOSITIVA E ARGUMENTATIVA

2.1 Dissertação Expositiva

Na dissertação expositiva, o objetivo do texto é passar conhecimento para o leitor de maneira clara, imparcial e objetiva.

Nesse tipo textual, não se faz necessariamente a defesa de uma ideia, pois não há intenção de convencer o leitor, nem criar debate. Trabalha-se o assunto de maneira atemporal.

2.1.1 Distinção entre Texto Expositivo e Descritivo

É bastante comum que se confunda o texto dissertativo-expositivo com o texto descritivo. Vamos à distinção:

O texto expositivo tem por objetivo principal informar com clareza e objetividade. Predomina a linguagem impessoal e objetiva. De forma geral, segue a estrutura da dissertação (introdução, desenvolvimento, conclusão). Como exemplo desse tipo de texto, temos aqueles encontrados em livros didáticos, enciclopédias, jornais, revistas (científicas, informativas, etc.).

> *É bastante comum que um texto (um gênero textual) apresente diversos tipos textuais em sua estrutura, o que dificulta a diferenciação.*

O tipo descritivo está relacionado à caracterização minuciosa de algo, sem, necessariamente, ter o objetivo de informar ao leitor. A linguagem utilizada na descrição nem sempre é objetiva ou impessoal, e sua estrutura não obedece necessariamente a regras.

2.1.2 Partes do Texto Dissertativo-Expositivo

Tipos de Introdução

Introdução Simples

É uma introdução direta, na qual é exposta apenas a delimitação do tema.

Introdução com Paráfrase

A paráfrase é uma reescrita de frases sem que haja alteração de sentido. Para que essa reescrita seja coerente, é necessário que seja mantido o paralelismo semântico. Este tipo de introdução geralmente é usado quando o tema da redação é uma afirmação.

Introdução com Conceituação

Neste tipo de introdução, a autor do texto apresenta seu ponto de vista ou a ideia central por meio da definição de algum conceito que tenha relação com o núcleo do tema.

Introdução com Indicação do Desenvolvimento

São apresentados o tema e os tópicos que serão esclarecidos no desenvolvimento. Numa dissertação-expositiva enumeram-se os aspectos que serão relatadas ao longo do texto.

É muito importante ter atenção com a ordem dessa enumeração, pois é necessário que ela seja mantida no decorre do desenvolvimento para que se garanta conexão lógica e a progressividade textual. Além disso, todos os itens enumerados devem ser abordados no desenvolvimento.

É imprescindível, também, que se trate cada tópico em um parágrafo diferente, porque facilita, para o examinador, a identificação de que foi redigido tudo o que foi apresentado.

Tipos de Desenvolvimento

O desenvolvimento deve conter a exposição de cada um dos aspectos enumerados na introdução. Não há uma forma específica para se escrever esta parte da redação. A continuidade do texto será dada de acordo com a introdução. Ou seja, a sequência do desenvolvimento deve estar já delimitada no parágrafo introdutório.

> *Procure escrever, em cada parágrafo, alguma palavra-chave sobre o tema e os fundamentos abordados na redação.*

Nunca deixe mencionar tudo o que é solicitado na proposta. Se deixar em branco, será atribuída nota zero na correção da redação. Isso significa que você deve responder ao questionamento, sem se desviar do tema.

Tipos de Conclusão

Confirmação

É a forma mais simples. É feita uma síntese do que foi escrito na redação ou uma confirmação (reforço) da tese que orientou o texto e foi afirmado na introdução.

Solução

Este tipo é muito usado em pareceres e relatórios, pois há apresentação de solução ou soluções para a tese apresentada na introdução.

Expansão

Neste tipo de conclusão, usa-se o melhor argumento ou a melhor ideia exposta (no desenvolvimento) e é feita uma conexão com o desenvolvimento, de forma encerrar a discussão ou o assunto.

Finalização do Desenvolvimento

O parágrafo de conclusão também pode trazer algum aspecto relevante sobre o tema, em vez de expor uma "conclusão, síntese, expansão ou solução".

Para que a redação não fique sem fechamento, é recomendável que se use alguma expressão que indique conclusão, como: "por fim", "finalmente", "por último", "em último lugar", "em conclusão", etc.

2.1.3 Propostas de Dissertação Expositiva

Proposta 01

Convocada pela Defensoria Pública do Rio, a comunidade do Complexo do Alemão começou a chegar duas horas antes do combinado. Enfileiraram-se em busca, principalmente, de carteiras de identidade e de trabalho, ícones da entrada na sociedade formal. Houve duas dúzias de coleta de material genético para exames de comprovação de paternidade. Foram entrevistadas 180 moradoras sobre saúde, maternidade e violência doméstica. Uma cidadã transexual foi atrás de orientação para trocar de nome. Mães pediram tratamento psicológico para filhos com sintomas de síndrome do pânico. Segundo a presidenta da Associação de Defensores Públicos do Estado do Rio de Janeiro, "quando conversamos, percebemos que a violência permeia o discurso. Mas os moradores têm outras demandas. Denunciam a falta de alguma instituição que os defenda da vulnerabilidade". A agenda dos moradores do Alemão envolve cinco ações: moradia, saneamento, educação técnico-profissional, políticas para jovens e espaços de lazer, esporte e cultura.

Flávia Oliveira. Demanda cidadã. In: O Globo, 27/5/2015, p. 28 (com adaptações).

Considerando que o fragmento de texto acima tem caráter unicamente motivador, redija um texto dissertativo acerca do seguinte tema.

SEGURANÇA PÚBLICA: POLÍCIA E POLÍTICAS PÚBLICAS

Ao elaborar seu texto, faça o que se pede a seguir.

> Disserte a respeito da segurança como condição para o exercício da cidadania. [valor: 25,50 pontos]

> Dê exemplos de ação do Estado na luta pela segurança pública. [valor: 25,50 pontos]

> Discorra acerca da ausência do poder público e a presença do crime organizado. [valor: 25,00 pontos]

Padrão de Resposta da Banca

Espera-se que, relativamente ao primeiro aspecto proposto (a segurança como condição para o exercício da cidadania), o candidato afirme a impossibilidade real e concreta do pleno exercício da cidadania em um cenário de dramática insegurança. Tal como dicionarizado, o conceito de cidadania remete ao "indivíduo que, como membro de um Estado, usufrui de direitos civis e políticos garantidos pelo mesmo Estado e desempenha os deveres que lhe são atribuídos". Viver em paz, sem o contínuo temor de ser vítima de agressão — venha de onde vier — passa a ser entendido como direito essencial à vida em comunidade assentada nos princípios da cidadania.

Em relação ao segundo aspecto (exemplos de ação do Estado na luta pela segurança pública), espera-se que o candidato seja capaz de apontar alguns exemplos da necessária ação do poder público para a conquista e a manutenção do clima de segurança coletiva nas mais diversas comunidades, sobretudo as mais vulneráveis. Nesse sentido, basta que o candidato se reporte ao próprio texto motivador, tendo em vista que policiamento adequado e atendimento às demandas básicas da sociedade são faces de uma mesma moeda.

Por fim, no que concerne ao terceiro aspecto (ausência do poder público e a presença do crime organizado), convém que o candidato faça referência a uma preocupante realidade, por todos sabida: onde há omissão do Estado, a tendência é que esse vazio seja ocupado por grupos criminosos no atendimento às demandas das comunidades. Essa realidade está presente, inclusive, em instituições penitenciárias.

Proposta 02

Um relatório do Conselho de Segurança da Organização das Nações Unidas constatou que 15 mil pessoas viajaram à Síria e ao Iraque para combater pelo Estado Islâmico e por grupos extremistas semelhantes. De acordo com o relatório, essas pessoas saíram de mais de 80 países, o que inclui um grupo de países que não havia enfrentado desafios anteriores com relação à Al Qaeda. Os números reforçam recentes estimativas dos serviços de inteligência dos Estados Unidos da América sobre o escopo do problema dos combatentes estrangeiros, que, conforme o relatório, se agravou apesar das ações agressivas das forças antiterroristas e das redes mundiais de vigilância. Os números referentes ao período iniciado em 2010 são superiores aos números referentes ao total de combatentes estrangeiros nas fileiras terroristas entre 1990 e 2010 — e continuam crescendo.

Folha de S.Paulo, 1.º/11/2014, p. 10, caderno Mundo 2 (com adaptações).

Considerando que o fragmento de texto acima tem caráter unicamente motivador, redija um texto dissertativo acerca do tema a seguir.

A CIVILIZAÇÃO CONTEMPORÂNEA E O TERRORISMO

Ao elaborar seu texto, aborde, necessariamente, os seguintes aspectos:

> o 11 de Setembro de 2001 e a nova escalada terrorista; [valor: 4,00 pontos]

> o Estado Islâmico: intolerância e agressividade; [valor: 4,00 pontos]

> a reação mundial ao terrorismo. [valor: 4,00 pontos]

Padrão de Resposta da Banca

Espera-se que, relativamente ao primeiro aspecto (O 11 de setembro de 2001 e a nova escalada terrorista), o candidato mencione o impacto causado em todo o mundo pela ação do terror (Al Qaeda) em território norte-americano, atingindo o prédio do Pentágono, em Washington, e destruindo por completo as torres do World Trade Center, em Nova Iorque. A pronta e vigorosa reação dos EUA (governo Bush) alterou a legislação do país, com algum tipo de cerceamento das liberdades, e se estendeu por várias partes do mundo, a começar pela identificação de países considerados fontes permanentes de ações agressivas contra os EUA, definidos como "Eixo do Mal". Em verdade, o 11 de setembro de 2001 deu inédita visibilidade ao terrorismo impulsionado pelo fanatismo religioso, que se manifestou em outros locais, como, por exemplo, Londres e Madri.

Quanto ao segundo aspecto (Estado Islâmico: intolerância e agressividade), o candidato poderá destacar a intenção do grupo de instituir um califado muçulmano, com a conquista de territórios hoje integrantes da Síria e do Iraque, sua absoluta subordinação a uma visão estreita e radical do islã, além da chocante violência de seus atos, como a decapitação de prisioneiros, em cenas gravadas e divulgadas pelo mundo afora. Outro direcionamento para o segundo aspecto é o aliciamento de jovens para a luta armada por meio das redes sociais, por exemplo.

Por fim, o terceiro aspecto a ser focalizado (A reação mundial ao terrorismo) deverá levar o candidato a se referir às manifestações da opinião pública mundial, que tende a repudiar maciçamente atitudes dessa natureza, à ação de organismos internacionais (como a citada ONU) e à reação objetiva de muitos países (particularmente os ocidentais, à frente os EUA), agindo civil e militarmente para frear a ação terrorista. Além disso, ao abordar os aspectos citados no comando da prova, espera-se que o candidato mencione o interesse econômico subjante às atividades terroristas, o que decorre sobretudo do interesse por fontes naturais, tais como petróleo e gás natural.

Proposta 03

Em um lixão de Gana, carcaças de computadores espalhadas em meio a todo o tipo de dejetos chamam a atenção por etiquetas que identificam sua procedência: delegacias, conselhos públicos e até universidades britânicas. O mesmo acontece em lixões da China, com produtos oriundos da Europa ou dos Estados Unidos da América (EUA). Já na América Central, um navio saído dos EUA passa por países pobres tentando encontrar um terreno que aceite o depósito do que dizem ser fertilizante, mas que na verdade são cinzas de produtos eletrônicos. Parte do material, rico em arsênio, chumbo e outras substâncias tóxicas, é jogado em uma praia do Haiti, outra parte atirada no oceano. Não tão distante, 353 toneladas de resíduos de televisores são trazidos dos EUA em contêineres ao Porto de Navegantes, em Santa Catarina (carga devolvida à origem).

O Globo, 24/8/2015, p. 21 (com adaptações).

Considerando que o fragmento de texto acima tem caráter unicamente motivador, redija um texto dissertativo acerca do seguinte tema.

LIXO ELETRÔNICO: O PLANETA EM PERIGO

Ao elaborar seu texto, aborde os seguintes aspectos:

> lixo eletrônico: a outra face do desenvolvimento; [valor: 3,50 pontos]

> a globalização da rota do tráfico de resíduos eletrônicos; [valor: 3,00 pontos]

> os lucros gerados pelos resíduos e a ação do crime organizado. [valor: 3,00 pontos]

Padrão de Resposta da Banca

Espera-se que, em relação ao primeiro tópico proposto (lixo eletrônico: a outra face do desenvolvimento), o candidato identifique nesses resíduos eletrônicos a outra e danosa face do desenvolvimento trazido pelo processo de transformação do sistema produtivo conhecido como Revolução Industrial. O certo é que, em muitos países, ainda não há legislação plenamente ativa para controlar o descarte de eletrônicos. No Brasil, verifica-se reiterada tentativa de burlar a legislação a respeito. Esse descarte, feito de modo inadequado, agride violentamente o meio ambiente.

Quanto ao segundo aspecto (a globalização da rota do tráfico de resíduos eletrônicos), espera-se que o candidato aponte a relação existente entre a globalização da economia e a do tráfico desses resíduos. Em geral, como indicado no texto motivador, esse descarte criminoso é feito pelas economias mais desenvolvidas na direção de países periféricos e mais pobres.

Relativamente ao terceiro ponto (os lucros gerados pelos resíduos e a ação do crime organizado), espera-se que o candidato lembre que, devido à falta de monitoramento e à fragilidade da fiscalização, essa atividade ilegal torna-se por demais atraente em termos financeiros, sem maiores riscos para quem dela se ocupa. É onde entra o crime organizado global, que tem se diversificado e investido em resíduos. O próprio texto motivador deixa transparecer que o descarte do lixo eletrônico, tal como visto nos exemplos citados, acaba sendo mais um ramo do crime organizado global, integrando a extensa teia que envolve lavagem de dinheiro, comércio de armas, tráfico humano, fraudes na área esportiva, avanço ilegal sobre a biodiversidade, entre tantos outros.

Proposta 04

Considerando que o contexto que envolve as drogas ilícitas, redija um texto dissertativo que atenda, necessariamente, ao que se pede a seguir:

As drogas ilícitas na contemporaneidade

> O problema social das drogas ilícitas no mundo contemporâneo

> O fracasso da política antidrogas militarizada

> Alternativas à atual política antidrogas

Padrão de Resposta da Banca

Espera-se que, em relação ao primeiro item ("O problema social das drogas ilícitas no mundo contemporâneo"), o candidato aponte as drogas como um grave problema social da contemporaneidade. Sem distinção de classes sociais e presente em todas elas, o uso de drogas ilícitas instalou-se no interior das sociedades, e é, sob muitos aspectos, elemento fundamental para a desestruturação familiar e para a exacerbação da violência. Além disso, contribui decisivamente para o adensamento do crime organizado, cuja atuação, cada vez mais, ocorre em escala global.

No que concerne ao segundo item ("O fracasso da política antidrogas militarizada"), espera-se que o candidato pondere, por exemplo, que o custo do combate às drogas é elevado, seja no que se refere a vidas humanas, seja no que se refere ao dinheiro nele aplicado. Em suma, pode-se afirmar que, se determinados instrumentos utilizados por cinco décadas não apresentaram resultados, esses métodos são ineficazes, o que leva à reflexão sobre a conveniência de substituí-los.

Por fim, em relação ao terceiro item ("Alternativas à atual política antidrogas"), espera-se que o candidato alegue que estão em marcha atitudes que podem ser uma alternativa interessante à atual política antidrogas militarizada, por exemplo, a rejeição à pulverização pura e simples dos campos de cultivo de coca, planta da qual é feita a cocaína; a permissão para o cultivo de pequenas plantações de coca; a plantação de maconha para fins medicinais e, sobretudo, ação de lideranças políticas (no Brasil, com destaque para o ex-presidente Fernando Henrique Cardoso), que defendem a descriminalização do uso da maconha, a qual distingue claramente o usuário e o traficante.

Proposta 05

Considerando o contexto que envolve as drogas ilícitas, redija um texto dissertativo que atenda, necessariamente, ao que se pede a seguir:

A mobilidade humana na modernidade

> fatores que levam milhares de pessoas a enfrentar a perigosa travessia do Mediterrâneo

> o dilema moral vivido pela Europa entre receber ou rejeitar os imigrantes

> o papel da opinião pública internacional na sociedade contemporânea

Padrão de Resposta da Banca

Espera-se que, ao abordar o primeiro item proposto (fatores que levam milhares de pessoas a enfrentar a perigosa travessia do Mediterrâneo), o candidato enfatize, no mínimo, dois aspectos determinantes para as atuais levas de milhares de imigrantes que buscam, na Europa, as condições elementares de uma vida razoavelmente digna que não mais encontram em seus países de origem. De um lado, a fome e a miséria, quadro que tão bem representa a situação vivida, em larga medida, por habitantes da África subsaariana. De outro, a ação truculenta de governos despóticos e corruptos, além da multiplicação de guerras civis, às vezes, ensejando autênticos genocídios. Especificamente em relação ao Oriente Médio, destaca-se a caótica realidade experimentada pela Síria, na qual se associam um governo ditatorial, rivalidades religiosas levadas ao extremo e a ação implacável do terrorismo.

Em relação ao segundo tópico (o dilema moral vivido pela Europa entre receber ou rejeitar os imigrantes), espera-se que o candidato se reporte ao intenso debate travado no âmbito da União Europeia, quando alguns membros compreenderam a imperiosa necessidade de se encontrarem meios para a recepção de certo número de imigrantes, como é o caso, por exemplo, da Alemanha, enquanto outros, particularmente na Europa do Leste, ofereciam resistência explícita ao acolhimento desses imigrantes.

Por fim, quanto ao terceiro ponto (o papel da opinião pública internacional na sociedade contemporânea), espera-se que o candidato lembre ser este um elemento definidor da contemporaneidade: milhares de pessoas saem às ruas e se manifestam, por todos os meios, em face de determinados acontecimentos, como atos terroristas e o desespero desses milhares de imigrantes. Esse fenômeno de participação cidadã tem forçado os governos a tomarem certas atitudes que, muitas vezes, não se situavam em seu campo de alternativas.

2.2 Dissertação Argumentativa

A dissertação argumentativa consiste na exposição de ideias a respeito de um tema, de forma técnica e impessoal, com base em raciocínios e argumentações. Tem por objetivo a defesa ou a contestação de um ponto de vista por meio da persuasão. Por isso, a coerência entre as ideias e a clareza na forma de expressão são elementos fundamentais.

2.2.1 Estrutura

A estrutura lógica da dissertação consiste em: introdução (apresenta o tema a ser discutido); desenvolvimento (expõe os argumentos e ideias sobre o tema, com fundamento em fatos, exemplos, testemunhos e provas do que se pretende demonstrar); e conclusão (traz o desfecho da redação, com a finalidade de reforçar a ideia inicial).

2.2.2 Parágrafo

O parágrafo é uma unidade do todo que é o texto. Perceba que a redação trata de um único assunto, que é aquele apresentado no comando. Assim, dividimos o texto em parágrafos para que a leitura seja fluida, de acordo com a abordagem reservada a cada um dos parágrafos.

Elementos Contidos em um Parágrafo

Todo parágrafo possui uma ideia central, que é o tópico principal. Geralmente, ela se encontra na introdução do parágrafo. Em torno dessa ideia central, temos ideias secundárias que dão desenvolvimento ao parágrafo. Vale ressaltar que muitos parágrafos ainda possuem uma conclusão, a qual tem como função sintetizar o conteúdo dele.

Outro elemento não obrigatório, mas de suma importância, é o termo que faz a relação entre os parágrafos. Geralmente se encontra do segundo parágrafo em diante e objetiva fazer a conexão lógica das ideais presentes em cada parágrafo. Logo, podemos afirmar que um parágrafo adequado possui clareza, objetividade, coerência, coesão e conteúdo adequado.

Quanto ao tamanho dos parágrafos, é importante que haja uma harmonia entre eles. Dessa forma, deve-se redigir parágrafos de tamanhos semelhantes, não necessariamente iguais. Ademais, é importante não fazer parágrafos muito grandes.

> *Cada assunto deve ser objeto de um parágrafo específico.*

Como cada parágrafo possui uma ideia principal, não se recomenda escrever um parágrafo com apenas um período ou misturar ideias em um mesmo parágrafo. Dessa maneira, o ideal é reservar um parágrafo para cada ideia e(ou) argumentação abordada ou então daquelas contidas na enumeração feita na introdução.

Por fim, vamos novamente às regrinhas básicas: não faça parágrafos excessivamente longos e confusos, pois o examinador se cansará facilmente e não compreenderá seu texto. Por outro lado, também não faça parágrafos excessivamente curtos, que não contenham o devido desenvolvimento da ideia principal.

Exemplos

A seguir, há dois parágrafos que podem servir como introdução de um texto. Pode-se perceber que há uma organização interna que garante uma leitura rápida e eficaz. Além disso, há dois elementos básicos: a apresentação do assunto e o objetivo do texto.

01. Considera-se a humanização no ambiente de trabalho uma das principais características com a qual a empresa deve preocupar-se a fim de que alcance bons resultados, afinal, o capital humano é o bem mais precioso de uma instituição e o responsável por mantê-la ativa no mercado em geral. Além disso, a CF tem como um de seus fundamentos a dignidade da pessoa humana, a qual garante aos indivíduos um tratamento justo e igualitário para uma vida com qualidade. Logo, por ser um fundamento básico e irradiante, e alcançar todas as áreas do Direito, precisa ser garantido nas relações trabalhistas.

02. A fim de alcançar a cidadania, que de certa forma é um meio para a busca da ordem e do progresso social, o Estado tem o dever, como cita a Constituição Federal, de promover a segurança pública. Por esse motivo, é coerente afirmar que é preciso ofertar, de forma homogênea, a possibilidade de "execução" da cidadania por todos do povo.

2.2.3 Propostas de Dissertação Expositiva

Proposta 01

Elabore um texto dissertativo-argumentativo abordando o seguinte tema: É possível conciliar os interesses pessoais do trabalhador e os interesses da organização?

Proposta 02

A internet é uma mídia que ainda vai provocar muitas modificações entre as pessoas. Estamos apenas adentrando essa nova era, que, no Brasil, teve início em 1996. Capistrano de Abreu dizia que os colonizadores portugueses ficaram, durante vários séculos, como caranguejos, apenas arranhando as costas do Brasil, sem adentrar seu território, nem dominar as regiões desconhecidas. Em relação à internet, somos os novos caranguejos do início do século XXI, sem desvendar com segurança as possibilidades desse meio de comunicação revolucionário na produção e propagação de saberes. Não sabemos ainda o que acontecerá e como se dará; por isso, não podemos fazer previsões estanques.

SHEPERD, T.; SALIÉS, T. In: Linguística da internet. São Paulo: Contexto, 2012. p.91

Redija um texto dissertativo-argumentativo em que se discuta se o uso da internet trouxe mais benefícios ou mais malefícios ao indivíduo e à sociedade. Apresente argumentos que fundamentem sua posição.

Proposta 03

Apesar da presunção de veracidade que confere autoridade, interesse e sedução a todas as fotos, a obra que os fotógrafos produzem não constitui uma exceção genérica ao comércio usualmente nebuloso entre arte e verdade. Mesmo quando os fotógrafos estão muito mais preocupados em espelhar a realidade, ainda são assediados por imperativos de gosto e de consciência. [...] O problema não é que as pessoas se lembrem através das fotografias, mas que se lembrem apenas das fotografias.

(SONTAG, Susan. "Na caverna de Platão", em Sobre a Fotografia, São Paulo, Companhia das Letras, 2008)

A partir do trecho acima, escreva um texto dissertativo-argumentativo sobre o seguinte tema: A imagem como produtora de sentidos na modernidade

Proposta 04

Epicuro havia percebido que as leis não educam: que não eram feitas para serem propriamente obedecidas, mas para garantir, sobretudo, a possibilidade de punição. Ele se deu conta, por um lado, de que a educação e as necessidades básicas do ser humano deveriam ser gerenciadas pela pólis (Estado); por outro lado, viu que era preciso, de algum modo, isolar para educar, porém, sem reclusão, porque a virtude do caráter político não se reduz, afinal, a um modelo ou teoria, tampouco ao recinto de uma instituição ou de uma pólis.

(Adaptado de: SPINELLI, Miguel. Epicuro e as bases do epicurismo, São Paulo, Paulus, 2013, p. 8)

Com base no excerto acima, escreva uma dissertação justificando amplamente seu ponto de vista.

Proposta 05

I

Para além da fidelidade e integridade da informação, problema que se impunha com os veículos tradicionais da mídia, hoje, com a internet, o homem enfrenta um novo desafio: distinguir, de uma profusão de informações supérfluas, as que lhe importam na formação de um pensamento que garanta sua identidade e papel social.

II

Ponto de vista não é apenas a opinião que desenvolvemos sobre determinado assunto, mas também o lugar a partir de onde consideramos o mundo e que influencia de maneira cabal nossas percepções e ações.

III

Todos os homens voltam para casa.
Estão menos livres mas levam jornais
e soletram o mundo, sabendo que o perdem.

(ANDRADE, Carlos Drummond de. "A flor e a náusea")

Redija um texto dissertativo-argumentativo a partir do que se afirma em I, II e III.

Proposta 06

As Olimpíadas eram uma série de competições esportivas que, de quatro em quatro anos, reuniam atletas das cidades-estado que formavam a Grécia Antiga. Surgiram em 776 a.C. na cidade de Olímpia e se realizaram até 393 d.C. Tinham grande importância por seu caráter religioso, político e esportivo, e buscavam a harmonia entre cidades, com a trégua entre conflitos e guerras, além da valorização da saúde e do corpo saudável. Ressurgiram em 1896, com o objetivo de retomar os ideais olímpicos na interação entre os povos, e estiveram sujeitas a interferências políticas no decorrer do tempo. Os Jogos Panamericanos, mais recentes, também realizados de quatro em quatro anos, são evento multiesportivo, que tem por base os Jogos Olímpicos e, como indica o próprio nome, reúne atletas dos países do continente americano. Na atualidade, no entanto, parece haver confluência de interesses bastante diversos na realização desses eventos, de modo a acirrar o espírito competitivo e a expor o poder, até mesmo financeiro, de alguns países.

Diante do que se expôs acima, redija um texto dissertativo-argumentativo sobre o seguinte tema:

As competições esportivas internacionais como instrumento de manutenção da paz e da igualdade no mundo moderno.

1. INTRODUÇÃO AO DIREITO ADMINISTRATIVO 116
1.1 Ramos do Direito 116
1.2 Conceito de Direito Administrativo 116
1.3 Objeto do Direito Administrativo 116
1.4 Fontes do Direito Administrativo 116
1.5 Sistemas Administrativos 117
1.6 Regime Jurídico Administrativo 117
1.7 Noções de Estado 118
1.8 Noções de Governo 118
2. ADMINISTRAÇÃO PÚBLICA 119
2.1 Classificação de Administração Pública 119
2.2 Organização da Administração 119
2.3 Administração Direta 120
2.4 Noção de Centralização, Descentralização e Desconcentração 120
2.5 Administração Indireta 121
3. ÓRGÃO PÚBLICO 126
3.1 Teorias 126
3.2 Características 126
3.3 Classificação 126
3.4 As Paraestatais 127
4. PRINCÍPIOS FUNDAMENTAIS DA ADMINISTRAÇÃO PÚBLICA 130
4.1 Classificação 130
4.2 Princípio da Legalidade 130
4.3 Princípio da Impessoalidade 130
4.4 Princípio da Moralidade 131
4.5 Princípio da Publicidade 131
4.6 Princípio da Eficiência 131
4.7 Princípio da Supremacia do Interesse Público sobre o Privado 132
4.8 Princípio da Indisponibilidade do Interesse Público 132
4.9 Princípios da Razoabilidade e Proporcionalidade 132
4.10 Princípio da Autotutela 133
4.11 Princípio da Ampla Defesa 133
4.12 Princípio da Continuidade do Serviço Público 133
4.13 Princípio da Segurança Jurídica 134
5. AGENTES PÚBLICOS 135
5.1 Conceito 135
5.2 Classificação 135
6. LEI Nº 8.112, DE 11 DE DEZEMBRO DE 1990 - DAS DISPOSIÇÕES PRELIMINARES 137
6.1 Decisão 137
6.2 Provimento, Vacância, Remoção, Redistribuição e Substituição 137
6.3 Jurisprudência 138
6.4 Da Nomeação 138
6.5 Do Concurso Público 138
6.6 Jurisprudência 138
6.7 Da Posse e do Exercício 139

Sumário

6.8 Da Estabilidade - Comparação entre a lei 8112 e a Constituição Federal....140
6.9 Da Transferência....140
6.10 Da Readaptação....140
6.11 Reversão....140
6.12 Da Vacância....141
6.13 Remoção e da Redistribuição....141

7. DIREITOS E VANTAGENS....143
7.1 Do Vencimento e da Remuneração....143
7.2 Das Vantagens....143
7.3 Das Indenizações....144
7.4 Da Ajuda de Custo....144
7.5 Das Diárias....144
7.6 Da Indenização de Transporte....144
7.7 Auxílio-Moradia (Incluído pela Lei nº 11.355, de 2006)....144
7.8 Das Gratificações e Adicionais....145
7.9 Da Gratificação Natalina....145
7.10 Do Adicional por Tempo de Serviço....145
7.11 Dos Adicionais de Insalubridade, Periculosidade ou Atividades Penosas....145
7.12 Do Adicional por Serviço Extraordinário....146
7.13 Do Adicional Noturno....146
7.14 Do Adicional de Férias....146
7.15 Da Gratificação por Encargo de Curso ou Concurso (Incluído pela Lei nº 11.314 de 2006)....146
7.16 Jurisprudência....147

8. LICENÇAS, AFASTAMENTOS E CONCESSÕES....148
8.1 Licenças, Afastamentos e Concessões....148
8.2 Do Tempo de Serviço....152

9. QUESTÕES RELACIONADAS AO ASPECTO DISCIPLINAR....154
9.1 Dos Deveres....154
9.2 Das Proibições....154
9.3 Da Acumulação....154
9.4 Das Responsabilidades....155

10. DAS PENALIDADES....156
10.1 Do Processo Administrativo Disciplinar....158

11. DO AFASTAMENTO PREVENTIVO....158
11.1 Do Processo Disciplinar....158
11.2 Do Inquérito....158
11.3 Do Julgamento....159
11.4 Da Revisão do Processo....160

12. DA SEGURIDADE SOCIAL DO SERVIDOR - DISPOSIÇÕES GERAIS....161
12.1 Dos Benefícios....161
12.2 Da Aposentadoria....163
12.3 Do Auxílio-Natalidade....164
12.4 Do Salário-Família....164
12.5 Da Licença para Tratamento de Saúde....164
12.6 Da Licença à Gestante, à Adotante e da Licença-Paternidade....165

12.7 Da Licença por Acidente em Serviço 165
12.8 Da Pensão 165
12.9 Seção VIII - Do Auxílio-Funeral 167
12.10 Seção IX - Do Auxílio-Reclusão 167
12.11 Capítulo III - Da Assistência à Saúde 167

13. ATO ADMINISTRATIVO 169
13.1 Conceito de Ato Administrativo 169
13.2 Elementos de Validade do Ato 169
13.3 Motivação 169
13.4 Atributos do Ato 170
13.5 Classificação dos Atos Administrativos 170
13.6 Espécies de Atos Administrativos 170
13.7 Extinção dos Atos Administrativos 172
13.8 Convalidação 173

14. PODERES E DEVERES ADMINISTRATIVOS 174
14.1 Deveres 174
14.2 Poderes Administrativos 174
14.3 Abuso de Poder 179

15. LICITAÇÃO 180
15.1 Conceito de Licitação 180
15.2 Princípios Explícitos 180
15.3 Princípios Implícitos 182
15.4 Modalidades de Licitação 182
15.5 Obrigatoriedade de Licitação e Casos de Exceções 185

16. RESPONSABILIDADE CIVIL DO ESTADO 190
16.1 Teoria do Risco Administrativo 190
16.2 Teoria da Culpa Administrativa 190
16.3 Teoria do Risco Integral 190
16.4 Danos Decorrentes de Obras Públicas 190
16.5 Responsabilidade Civil Decorrente de Atos Legislativos 191
16.6 Responsabilidade Civil Decorrente de Atos Jurisdicionais 191
16.7 Ação de Reparação de Danos 191
16.8 Ação Regressiva 191

17. CONTROLE DA ADMINISTRAÇÃO PÚBLICA 193
17.1 Classificação 193
17.2 Controle Administrativo 195
17.3 Controle Legislativo 195
17.4 Controle Judiciário 198

1. INTRODUÇÃO AO DIREITO ADMINISTRATIVO

Neste capítulo, vamos conhecer algumas características do Direito Administrativo, seu conceito, sua finalidade, seu regime jurídico peculiar que orienta toda a sua atividade administrativa, seja ela exercida pelo próprio Estado-administrador, ou por particular. Para entendermos melhor tudo isso, é preciso dar início ao nosso estudo pela compreensão adequada do papel do Direito na vida social.

O Direito é um conjunto de normas (regras e princípios) impostas coativamente pelo Estado que regularão a vida em sociedade, possibilitando a coexistência pacífica das pessoas.

1.1 Ramos do Direito

O Direito é historicamente dividido em dois grandes ramos: o Direito Público e o Direito Privado. Em relação ao Direito Privado, vale o princípio da igualdade (isonomia) entre as partes; aqui não há que se falar em superioridade de uma parte sobre a outra. Por esse motivo, dizemos que estamos em uma relação jurídica horizontal ou uma horizontalidade nas relações jurídicas.

O Direito Privado é regulado pelo princípio da autonomia da vontade, o que traduz a regra a qual diz que o particular pode fazer tudo que não é proibido (Art. 5º, II, da Constituição Federal).

No Direito Público, temos o Estado em um dos polos, representando os interesses da coletividade, e um particular desempenhando seus próprios interesses. Sendo assim, o Estado é tratado com superioridade ante ao particular, pois o Estado é o procurador da vontade da coletividade e, representada pelo próprio Estado, deve ser tratada de forma prevalente ante a vontade do particular.

O fundamento dessa relação jurídica vertical é encontrado no Princípio da Supremacia do Interesse Público, que estudaremos com mais detalhes no tópico referente aos princípios. Mas já podemos adiantar que, como o próprio nome o interesse público é supremo. Desse modo, são disponibilizadas ao Estado prerrogativas especiais para que possa atingir os seus objetivos. Essas prerrogativas são os poderes da administração pública.

Esquema da Divisão do Direito

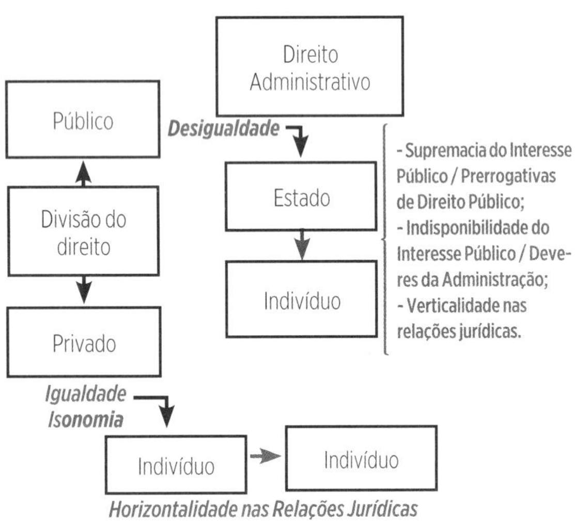

Os dois princípios norteadores do Direito Administrativo são: Supremacia do Interesse Público (gera os poderes) e Indisponibilidade do Interesse Público (gera os deveres da administração).

1.2 Conceito de Direito Administrativo

Vários são os conceitos que podem ser encontrados na doutrina para o Direito Administrativo. Descreveremos dois deles trazidos pela doutrina contemporânea e citados a seguir:

O Direito Administrativo é o ramo do direito público que tem por objeto órgãos, agentes e pessoas jurídicas administrativas que integram a Administração Pública. A atividade jurídica não contenciosa que exerce e os bens que se utiliza para a consecução de seus fins de natureza pública[1].

O Direito Administrativo é o conjunto harmônico de princípios jurídicos que regem órgãos, agentes e atividades públicas que tendem a realizar concreta, direta e imediatamente os fins desejados pelo Estado[2].

1.3 Objeto do Direito Administrativo

Os conceitos de Direito Administrativo foram desenvolvidos de forma que se desdobram em uma sequência natural de tópicos que devem ser estudados ponto a ponto para que a matéria seja corretamente entendida.

Por meio desses conceitos, podemos constatar que o objeto do Direito Administrativo são as relações da administração pública, sejam elas de natureza interna entre as entidades que a compõe, seus órgãos e agentes, ou de natureza externa entre a administração e os administrados.

Além de ter por objeto a atuação da administração pública, também é foco do Direito Administrativo o desempenho das atividades públicas quando exercidas por algum particular, como no caso das concessões, permissões e autorizações de serviços públicos.

Resumidamente, podemos dizer que o Direito Administrativo tem por objeto a administração pública e também as atividades administrativas, independentemente de quem as exerçam.

1.4 Fontes do Direito Administrativo

É o lugar de onde provém algo, no nosso caso, no qual emanam as regras do Direito Administrativo. Esse não está codificado em um único livro. Dessa forma, para o estudarmos de maneira completa, temos que recorrer às fontes, ou seja, a institutos esparsos. Por esse motivo, dizemos que o Direito Administrativo está tipificado (escrito), mas não está codificado em um único instituto.

Lei: fonte principal do Direito Administrativo. A lei deve ser compreendida em seu sentido amplo, o que inclui a Constituição Federal, as normas supra legais, as leis e também os atos normativos da própria administração pública. Temos como exemplo os Arts. 37 ao 41 da Constituição Federal, a Lei nº 8.666/93, a Lei nº 8.112/90, a Lei de Improbidade Administrativa (Lei nº 8.429/92), Processo Administrativo Federal (Lei nº 9.784/99), etc.

Jurisprudência: gênero que se divide entre jurisprudência e doutrina. Jurisprudência são decisões quais são editadas pelos tribunais e não possuem efeito vinculante; são resumos numerados

1 Direito Administrativo, Maria Sylvia Zanella di Pietro, 23ª edição.
2 Conceito de Direito Administrativo do professor Hely Lopes Meirelles.

que servem de fonte de pesquisa do direito materializados em livros, artigos e pareceres.

Doutrina tem a finalidade de tentar sistematizar e melhor explicar o conteúdo das normas de Direito Administrativo; doutrina pode ser utilizada como critério de interpretação de normas, bem como auxiliar a produção normativa.

Costumes: conjunto de regras não escritas, porém, observadas de maneira uniforme, as quais suprem a omissão legislativa acerca de regras internas da Administração Pública.

Segundo o doutrinador do Direito Administrativo, Hely Lopes Meirelles, em razão da deficiência da legislação, a prática administrativa vem suprindo o texto escrito e, sedimentada na consciência dos administradores e administrados, a praxe burocrática passa a saciar a lei e atuar como elemento informativo da doutrina.

Lei e Súmulas Vinculantes são consideradas fontes principais do Direito Administrativo. Jurisprudência, súmulas, doutrina e costumes são considerados fontes secundárias.

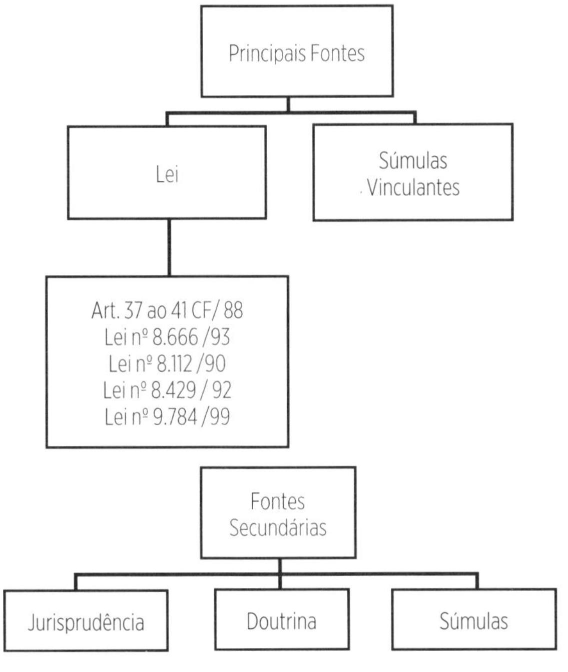

1.5 Sistemas Administrativos

É o regime que o Estado adota para o controle dos atos administrativos ilegais praticados pelo poder público nas diversas esferas e em todos os poderes. Existem dois sistemas que são globalmente utilizados.

O sistema francês (do contencioso administrativo), não utilizado no Brasil, determina que as lides administrativas podem transitar em julgado, ou seja, as decisões administrativas têm força de definibilidade. Nesse sentido, falamos em dualidade de jurisdição, já que existem tribunais administrativos e judiciais, cada qual com suas competências.

O sistema inglês, também chamado de jurisdicional único ou unicidade da jurisdição, é o sistema que atribui somente ao poder judiciário a capacidade de tomar decisões sobre a legalidade administrativa com caráter de coisa julgada ou definitividade.

O Direito Administrativo, no nosso sistema, não pode fazer coisa julgada e todas as decisões administrativas podem ser revistas pelo poder judiciário, pois somente ele pode dar resolução em caráter definitivo. Ou seja, não cabem mais recursos, por isso, falamos em trânsito em julgado das decisões judiciais e nunca das decisões administrativas.

> A Constituição Federal de 1988 adotou o sistema Inglês ou, o do não contencioso administrativo.

1.5.1 Via administrativa de curso forçado

São situações em que o particular é obrigado a seguir todas as vias administrativas até o fim, antes de socorrer ao poder judiciário. Isso é exceção, pois a regra é que, ao particular, é facultado socorrer ao poder judiciário, por força do Art. 5º, XXXV, da Constituição Federal.

> ***XXXV.*** *A lei não excluirá da apreciação do Poder Judiciário lesão ou ameaça a direito.*

Exemplos de via administrativa de curso forçado:

Aqui, o indivíduo deve esgotar as esferas administrativas obrigatoriamente antes de ingressar com ação no poder judiciário.

Justiça desportiva: só são admitidas pelo poder judiciário ações relativas à disciplina e as competições desportivas depois de esgotadas as instâncias da Justiça Desportiva. Art. 217, § 1º, CF.

Ato administrativo ou a omissão da administração pública que contrarie súmula vinculante: só pode ser alvo de reclamação ao STF depois de esgotadas as vias administrativas. Lei nº 11.417/2006, Art. 7º, §1º.

***Habeas data*:** é indispensável para caracterizar o interesse de agir no *Habeas Data* a prova anterior do indeferimento do pedido de informação de dados pessoais ou da omissão em atendê-lo sem que se confirme situação prévia de pretensão. *STF, HD, 22-DF Min. Celso de Mello.*

1.6 Regime Jurídico Administrativo

É o conjunto de normas e princípios de direito público que regulam a atuação da administração pública. Tais regras se fundamentam nos princípios da Supremacia e da Indisponibilidade do Interesse Público, conforme estudaremos adiante.

O Princípio da Supremacia do Interesse Público é o fundamento dos poderes da Administração Pública, afinal de contas, qualquer pessoa que tenha como fim máximo da sua atuação o interesse da coletividade, somente conseguirá atingir esses objetivos se dotadas de poderes especiais.

O Princípio da Indisponibilidade do Interesse Público é o fundamento dos deveres da Administração Pública, pois essa tem o dever de nunca abandonar o interesse público e de usar os seus poderes com a finalidade de satisfazê-lo.

Desses dois princípios decorrem todos os outros princípios e regras que se desdobram no regime jurídico administrativo.

1.7 Noções de Estado

1.7.1 Conceito de Estado

Estado é a pessoa jurídica territorial soberana.

Pessoa: capacidade para contrair direitos e obrigações.

Jurídica: é constituída por meio de uma formalidade documental e não por uma mulher, tal como a pessoa física.

Territorial soberana: quer dizer que, dentro do território do Estado, esse detém a soberania, ou seja, sua vontade prevalece ante a das demais pessoas (sejam elas físicas ou jurídicas). Podemos definir soberania da seguinte forma: soberania é a independência na ordem internacional (lá fora ninguém manda no Estado) e supremacia na ordem interna (aqui dentro quem manda é o Estado).

1.7.2 Elementos do Estado

Território: é a base fixa do Estado (solo, subsolo, mar, espaço aéreo).

Povo: é o componente humano do Estado.

Governo soberano: é o responsável pela condução do Estado. Por ser tal governo soberano, ele não se submete a nenhuma vontade externa, pois, relembrando, lá fora o Estado é independente e aqui dentro sua vontade é suprema, afinal, a vontade do Estado é a vontade do povo.

1.7.3 Formas de Estado

Temos duas formas de Estado:

Estado Unitário: é caracterizado pela centralização política; não existe divisão em estados membros ou municípios, há somente uma esfera política central que emana sua vontade para todo o país. É o caso do Uruguai.

Estado Federado: caracteriza-se pela descentralização política; existem diferentes entidades políticas autônomas que são distribuídas regionalmente e cada uma exerce o poder político dentro de sua área de competência. É o caso do Brasil.

1.7.4 Poderes do Estado

Os poderes do Estado estão previstos no texto Constitucional.

> ***Art. 2º.*** *São Poderes da União, independentes e harmônicos entre si, o Legislativo, o Executivo e o Judiciário.*

Os poderes podem exercer as funções para que foram investidos pela Constituição Federal (funções típicas) ou executar cargos diversas das suas competências constitucionais (funções atípicas). Por esse motivo, não há uma divisão absoluta entre os poderes, e sim relativa, pois o poder Executivo pode executar suas funções típicas (administrar) e pode também iniciar o processo legislativo em alguns casos (pedido de vagas para novos cargos). Além disso, é possível até mesmo legislar no caso de medidas provisórias com força de lei.

Poderes	Funções Típicas	Funções Atípicas
Legislativo	Criar Leis Fiscalizar (Tribunal de Contas)	Administrar Julgar Conflitos
Executivo	Administrar	Criar Leis Julgar Conflitos
Judiciário	Julgar Conflitos	Administrar Criar Leis

É importante notar que a atividade administrativa está presente nos três poderes, por isso, o Direito Administrativo, por ser um dos ramos do Direito Público, disciplina não somente a atividade administrativa do Poder Executivo, mas também a do Poder Legislativo e do Judiciário.

1.8 Noções de Governo

O governo é atividade política e discricionária, tendo conduta independente. Governar está relacionado com a função política do Estado, a de comandar, de coordenar, de direcionar e de fixar planos e diretrizes de atuação do Estado. O governo é o conjunto de Poderes e órgãos constitucionais responsáveis pela função política do Estado.

O governo está diretamente ligado com as decisões tomadas pelo Estado. Exerce a direção suprema e geral, ao fazer uma analogia, podemos dizer que o governo é o cérebro do Estado.

1.8.1 Função de governo e função administrativa

É comum aparecer em provas de concursos públicos questões que confundem as ideias de governo e de administração pública. Para evitar esse erro, analisaremos as diferenças entre as expressões:

Segundo o jurista brasileiro, Hely Lopes Meirelles, o governo é uma atividade política e discricionária e tem conduta independente.

De acordo com ele, a administração é uma atividade neutra, normalmente vinculada à lei ou à norma técnica, e exercida mediante conduta hierarquizada.

Não podemos confundir Governo com Administração Pública, pois governo se encarrega de definir os objetivos do Estado e definir as políticas para o alcance desses objetivos; a Administração Pública se encarrega simplesmente em atingir os objetivos traçados pelo governo.

O governo atua mediante atos de soberania ou, pelo menos, de autonomia política na condução dos negócios públicos. A Administração é atividade neutra, normalmente vinculada à lei ou à norma técnica. Governo é conduta independente, enquanto a Administração é hierarquizada.

O Governo deve comandar com responsabilidade constitucional e política, mas sem responsabilidade técnica e legal pela execução. A administração age sem responsabilidade política, mas com responsabilidade técnica e legal pela execução dos serviços públicos.

1.8.2 Sistemas de governo

Sistema de governo se refere ao grau de dependência entre o poder legislativo e executivo.

1.8.2.1 Parlamentarismo

É caracterizado por uma grande relação de dependência entre o poder legislativo e o executivo.

A chefia do Estado e a do Governo são desempenhadas por pessoas distintas.

Chefe de Estado: responsável pelas relações internacionais.

Chefe de Governo: responsável pelas relações internas, o chefe de governo é o da Administração pública.

1.8.2.2 Presidencialismo

É caracterizado por não existir dependência, ou quase nenhuma, entre o Poder Legislativo e o Executivo.

A chefia do Estado e a do Governo são representadas pela mesma pessoa.

O Brasil adota o presidencialismo.

1.8.3 Formas de governo

Conforme Hely Meirelles, a forma de governo se refere à relação entre governantes e governados.

1.8.3.1 Monarquia

Hereditariedade: o poder é passado de pai para filho.

Vitaliciedade: o detentor do poder fica no cargo até a morte.

Ausência de prestação de contas.

1.8.3.2 República

Eletividade: o governante precisa ser eleito para chegar ao poder.

Temporalidade: ao chegar ao poder, o governante ficará no cargo por tempo determinado.

Dever de prestar contas.

O Brasil adota a república como forma de governo.

2. ADMINISTRAÇÃO PÚBLICA

Antes de fazermos qualquer conceituação doutrinária sobre Administração Pública, podemos entendê-la como a ferramenta utilizada pelo Estado para atingir os seus objetivos. O Estado possui objetivos, e quem escolhe quais são eles é o seu governo, pois a esse é que cabe a função política (atividade eminentemente discricionária) do Estado e que determina as suas vontades, ou seja, o Governo é o cérebro do Estado. Para poder atingir esses objetivos, o Estado precisa fazer algo, e o faz por meio de sua Administração Pública. Sendo assim, essa é a responsável pelo exercício das atividades públicas do Estado.

2.1 Classificação de Administração Pública

2.1.1 Sentido material/objetivo

Em sentido material ou objetivo, a Administração Pública compreende o exercício de atividades pelas quais se manifesta a função administrativa do Estado.

Compõe a Administração Pública material qualquer pessoa jurídica, seus órgãos e agentes que exercem as **atividades** administrativas do Estado. Como exemplo de tais atividades, há a prestação de serviços públicos, o exercício do poder de polícia, o fomento, a intervenção e as atividades da Administração Pública.

Essas são as chamadas atividades típicas do Estado e, pelo critério formal, qualquer pessoa que exerce alguma dessas é Administração Pública, não importa quem seja. Por esse critério, teríamos, por exemplo, as seguintes pessoas na Administração Pública:

> União, Estados, Municípios, DF, Autarquias, Fundações Públicas prestadoras de serviços públicos, Empresa Pública prestadora de serviço público, Sociedade de Economia Mista prestadora de serviços públicos e, ainda, as concessionárias, autorizatárias e permissionárias de serviço público.

Esse critério não é o adotado pelo Brasil. Assim sendo, a classificação feita acima não descreve a Administração Pública Brasileira, que, conforme veremos a seguir, adota o modelo formal de classificação.

2.1.2 Sentido formal/subjetivo

Em sentido formal ou subjetivo, a Administração Pública compreende o conjunto de órgãos e pessoas jurídicas encarregadas, por determinação legal, do exercício da função administrativa do Estado.

Pelo modelo formal, segundo Meirelles, a Administração Pública é o conjunto de entidades (pessoas jurídicas, seus órgãos e agentes) que o nosso ordenamento jurídico identifica como Administração Pública, pouco interessa a sua área de atuação, ou seja, pouco importa a atividade mas, sim, quem a desempenha. A Administração Pública Brasileira que adota o modelo formal é classificada em Administração Direta e Indireta.

2.2 Organização da Administração

A Administração Pública foi definida pela Constituição Federal no Art. 37.

> ***Art. 37.*** *A Administração Pública direta e indireta de qualquer dos Poderes da União, dos Estados, do Distrito Federal e dos Municípios obedecerá aos princípios de legalidade, impessoalidade, moralidade, publicidade e eficiência e, também, ao seguinte:*

O Decreto-Lei nº 200/67 determina quem é Administração Pública Direta e Indireta.

> ***Art. 4º.*** *A Administração Federal compreende:*
>
> ***I.*** *A Administração Direta, que se constitui dos serviços integrados na estrutura administrativa da Presidência da República e dos Ministérios.*
>
> ***II.*** *A Administração Indireta, que compreende as seguintes categorias de entidades, dotadas de personalidade jurídica própria:*
>
> ***a)*** *Autarquias;*
>
> ***b)*** *Empresas Públicas;*
>
> ***c)*** *Sociedades de Economia Mista.*
>
> ***d)*** *Fundações públicas.*

Dessa forma, temos somente quatro pessoas que representam a Administração Direta e nenhuma outra. São consideradas pessoas jurídicas de direito público e possuem várias características. As pessoas da Administração Direta recebem o nome de pessoas políticas do estado.

A Administração Indireta também representa um rol taxativo e não cabe ampliação. Existem quatro pessoas da Administração Indireta e nenhuma outra; elas possuem características marcantes. Contudo, não possuem a mais importante e que diferencia das pessoas políticas do Estado, ou seja, a capacidade de legislar (capacidade política).

2.3 Administração Direta

A Administração Direta é representada pelas entidades políticas. São elas: União, Estados, DF e os Municípios.

A definição no Brasil foi feita pelo Decreto-Lei nº 200/67, que dispõe sobre a organização da Administração Federal e estabelece diretrizes para a Reforma Administrativa.

É importante observar que esse decreto dispõe somente sobre a Administração Pública Federal, todavia, pela aplicação do princípio da simetria, tal regra é aplicada uniformemente por todo o território nacional. Assim sendo, tal classificação utilizada nesse decreto define expressamente a Administração Pública Federal e também, implicitamente, a Administração Pública dos demais entes da federação.

Os entes políticos possuem autonomia política (capacidade de legislar), administrativa (capacidade de auto-organizar-se) e capacidade financeira (capacidade de julgar as próprias contas). Não podemos falar aqui em hierarquia entre os entes, mas sim em cooperação, pois um não dá ordens aos outros, visto que eles são autônomos.

Características

São pessoas jurídicas de direito público interno - tem autonomia.

- Unidas formam a República Federativa do Brasil: pessoa jurídica de direito público externo -tem soberania (independência na ordem externa e supremacia na interna).
- Regime jurídico de direito público.
- Autonomia Política: Administrativa e Financeira.
- Sem subordinação: atuam por cooperação.
- Competências: hauridas da CF.
- Responsabilidade civil - regra - objetiva.
- Bens: públicos, não pode ser objeto de sequestro, arresto, penhora etc.
- Débitos judiciais: são pagos por precatórios.
- Regime de pessoal: regime jurídico único.
- Competência para julgamento de ações judiciais.
  - União = Justiça Federal.
  - Demais Entes Políticos = Justiça Estadual.

2.4 Noção de Centralização, Descentralização e Desconcentração

Centralização administrativa: órgãos e agentes trabalhando para a Administração Direta.

Descentralização administrativa: técnica administrativa em que a Administração direta passa a atividade administrativa, serviço ou obra pública para outras pessoas jurídicas ou físicas (para pessoa física somente por delegação por colaboração). A descentralização pode ser feita por outorga legal (titularidade + execução) ou diante delegação por colaboração (somente execução). A outorga legal cria as pessoas da Administração Indireta. A Delegação por colaboração gera os concessionários, permissionários e Autorizatários de serviços públicos:

- **Descentralização por outorga legal** (também chamada de descentralização técnica, por serviços, ou funcional): é feita por lei e transfere a titularidade e a execução da atividade administrativa por prazo indeterminado para uma pessoa jurídica integrante da administração indireta.
- **Descentralização por delegação** (também chamada de descentralização por colaboração): é feita em regra por um contrato administrativo e, nesses casos, depende de licitação; também pode acontecer descentralização por delegação por meio de um ato administrativo. Transfere somente a execução da atividade administrativa, e não a sua titularidade, por prazo determinado para um particular, pessoa física ou jurídica.

Outorga Legal

- Feita por lei;
- Transfere a titularidade e a execução do serviço público;
- Não tem prazo.

Delegação

- Feita por contrato, exceto as autorizações;
- Os contratos dependem de licitação;
- Transfere somente a execução do serviço público e não a titularidade;
- Há fiscalização do Poder Público. Tal fiscalização decorre do exercício do poder disciplinar;
- Tem prazo.
- **Desconcentração administrativa**: técnica de subdivisão de órgãos públicos para que melhor desempenhem o serviço público ou atividade administrativa. Em outras palavras, na desconcentração, a Pessoa Jurídica distribui competências no âmbito de sua própria estrutura. É a distribuição de competências entre os diversos órgãos integrantes da estrutura de uma pessoa jurídica

da Administração Pública. Somente ocorre na Administração Direta ou Indireta, jamais para particulares, uma vez que não existem órgãos públicos entre particulares.

2.5 Administração Indireta

Pessoas / Entes / Entidades Administrativas

- > **F**undações Públicas;
- > **A**utarquias;
- > **S**ociedades de Economia Mista;
- > **E**mpresas Públicas.

2.5.2.1 Características

- > Tem personalidade jurídica própria;
- > Tem patrimônio e receita próprios;
- > Tem autonomia:
  - » Administrativa;
  - » Técnica;
  - » Financeira.

Obs.:

- > Não tem autonomia política;.
- > Finalidade definida em lei;
- > Controle do Estado.

Não há subordinação nem hierarquia entre os entes da administração direta e indireta, mas sim, vinculação que se manifesta por meio da **supervisão ministerial** realizada pelo ministério ou secretaria da pessoa política responsável pela área de atuação da entidade administrativa. Tal supervisão tem por finalidade o exercício do denominado **controle finalístico** ou **poder de tutela**.

Em alguns casos, a entidade administrativa pode estar diretamente vinculada à chefia do poder executivo e, nesse contexto, caberá a essa chefia o exercício do controle finalístico de tal entidade.

- > São frutos da descentralização por outorga legal.
- > Nomeação de Dirigentes.

Os dirigentes das entidades administrativas são nomeados pelo chefe do poder a que está vinculada a respectiva entidade, ou seja, as entidades administrativas ligadas ao poder executivo federal têm seus dirigentes nomeados pelo chefe de tal poder, que, nesse caso, é o(a) Presidente(a) da República.

É válido lembrar que, em todos os poderes, existe a função administrativa no executivo, de forma típica, e nos demais poderes, de forma atípica. Além disso, a função administrativa de todos os poderes é exercida pela sua Administração Pública (Administração Direta e Indireta), assim sendo, existe Administração Pública Direta e Indireta nos três poderes e, caso uma entidade administrativa seja vinculada ao Poder Legislativo ou Judiciário, caberá ao chefe do respectivo poder a nomeação de tal dirigente.

Excepcionalmente, a nomeação de um dirigente pode depender ainda de aprovação do Poder Legislativo. Na esfera federal, temos como exemplo a nomeação dos dirigentes das agências reguladoras. Tais nomeações são feitas pelo Presidente da República e, para terem efeito, dependem de aprovação do Senado Federal.

Via de regra, lembraremos que a nomeação do dirigente de uma entidade administrativa é feita pelo chefe do Poder Executivo, sendo que, em alguns casos, é necessária a prévia aprovação de outro poder. Excepcionalmente, o Judiciário e o Legislativo poderão nomear dirigentes para essas entidades, desde que vinculadas ao respectivo poder.

2.5.2.1.1 Criação dos entes da administração indireta

A instituição das entidades administrativas depende sempre de uma lei ordinária específica. Essa lei pode criar a entidade administrativa. Nesse caso, nasce uma pessoa jurídica de direito público, as autarquias. A lei também pode autorizar a criação das entidades administrativas. Nessa circunstância, nascem as demais entidades da administração indireta: fundações públicas, empresas públicas e sociedades de economia mista. Pelo fato dessas entidades serem autorizadas por lei, elas são pessoas jurídicas de Direito Privado.

A lei que cria ou que autoriza a criação de uma entidade administrativa é uma **lei ordinária específica.**

Quando a lei autoriza a criação de uma entidade da Administração Indireta, a sua construção será consumada após o registro na serventia registral pertinente (cartório ou junta comercial, conforme o caso).

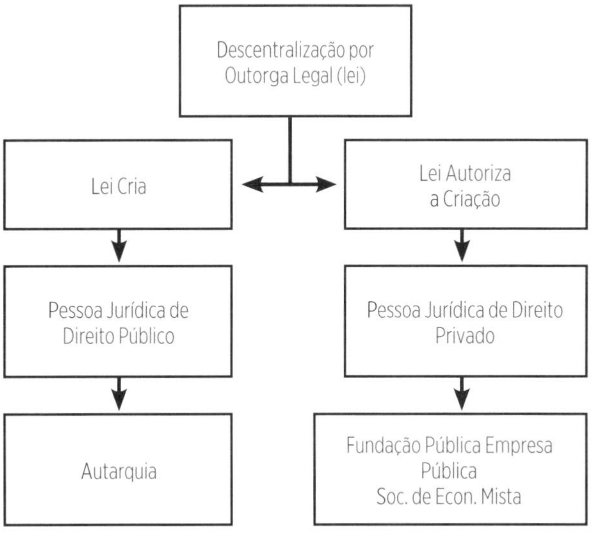

Extinção dos entes da administração indireta:

- > Só lei revoga lei.
- > Se a lei cria, a lei extingue.
- > Se a lei autoriza a criação, autoriza também a extinção.

2.5.2.2 Relação da administração pública direta com a indireta

As entidades compreendidas na Administração Indireta vinculam-se ao Ministério em cuja área de competência estiver enquadrada sua principal atividade. Dessa forma, não há que se falar em hierarquia ou subordinação, mas, sim vinculação.

A vinculação entre a Administração Direta e a Administração Indireta gera o chamado controle finalístico ou supervisão ministerial. Assim, a Administração Direta não pode intervir nas decisões da Indireta, salvo se ocorrer a chamada fuga de finalidade.

2.5.2.3 Autarquias

Autarquia é a pessoa jurídica de direito público, criada por lei, com capacidade de autoadministração, para o desempenho de serviço público descentralizado (atividade típica do Estado). É o próprio serviço público personificado.

Vejamos a seguir as suas características:

Personalidade Jurídica: Direito Público.

- > Recebem todas as prerrogativas do Direito Público.

Finalidade: atividade típica do Estado.

Regime Jurídico: público.

Responsabilidade Civil: objetiva.

Bens: públicos (não podem ser objeto de penhora, arresto, sequestro).

- > Ao serem constituídas, recebem patrimônio do Ente Instituidor e, a partir desse momento, seguem com sua autonomia.

Débitos Judiciais: pagamento por precatórios.

Regime de Pessoal: regime jurídico único.

Competência para o julgamento de suas ações judiciais:

- > Autarquia Federal = Justiça Federal.
- > Outras Esferas = Justiça Estadual.

Ex.: INSS, Banco Central do Brasil.

2.5.2.3.1 Espécies de autarquias

Comum ou Ordinária (de Acordo com Decreto-Lei nº 200/67)

São as autarquias que recebem as características principais, ou seja, criadas diretamente por lei, pessoas jurídicas de direito público e que desempenham um serviço público especializado; seu ato constitutivo é a própria lei.

Sob Regime Especial

As autarquias em regime especial são submetidas a um regime jurídico peculiar, diferente do jurídico relativo às autarquias comuns.

Por autarquia comum deve-se entender as ordinárias, aquelas que se submetem a regime jurídico comum das autarquias. Na esfera federal, o regime jurídico comum das autarquias é o Decreto-Lei nº 200/67.

Se a autarquia além das regras do regime jurídico comum ainda é alcançada por alguma regra especial, peculiar às suas atividades, será considerada uma autarquia em regime especial.

Agências Reguladoras

São responsáveis por regular, normatizar e fiscalizar determinados serviços públicos que foram delegados ao particular. Em razão dessa característica, elas têm mais liberdade e maior autonomia, se comparadas com as Autarquias comuns.

Ex.: ANCINE, ANA, ANAC, ANTAQ, ANATEL, ANEEL, ANP, ANTT.

Autarquia Territorial

É classificado como Autarquia Territorial, o espaço que faça parte do território da União, mas que não se enquadre na definição de Estado membro, DF ou município. No Brasil atual, não existem exemplos de Autarquias Territoriais, mas elas podem vir a ser criadas. Nesse caso, esses Territórios fazem parte da Administração Direta e são Autarquias Territoriais, pois são criados por lei e assumem personalidade jurídica de direito público.

Associações Públicas (Autarquias Interfederativas ou Multifederativas)

Também chamada de consórcio público de Direito Público.

O consórcio público é a pessoa jurídica formada exclusivamente por entes da Federação, na forma da Lei nº 11.107, de 2005, para estabelecer relações de cooperação federativa, inclusive a realização de objetivos de interesse comum, constituída como associação pública, com personalidade jurídica de direito público e natureza autárquica, ou como pessoa jurídica de direito privado, sem fins econômicos.

Sendo assim, não é todo consórcio público que representa uma Autarquia Interfederativa, mas somente os públicos de Direito Público.

Autarquia Fundacional ou Fundação Autárquica

As Fundações Públicas de Direito Público (exceção) são consideradas, na verdade, uma espécie de autarquia.

Agências Executivas

As agências executivas não se configuram como pessoas jurídicas, menos ainda outra classificação qualquer. Representam, na prática, um título que é dado às autarquias e fundações públicas que assinam contrato de gestão com a Administração Pública. Art. 37, §8º.

Conselhos fiscalizadores de profissões são considerados autarquias. Contudo, comportam uma exceção muito importante:

ADI 3.026-DF Min. Eros Graus. 08/06/2006. OAB: Considerada entidade sui generis, um serviço independente não sujeita ao controle finalístico da Administração Direta.

2.5.2.4 Fundação pública

A Fundação Pública é a entidade dotada de personalidade jurídica de Direito Privado, sem fins lucrativos, criada em virtude de autorização legislativa, para o desenvolvimento de atividades que não exijam execução por órgãos ou entidades de direito público, com autonomia administrativa, patrimônio próprio gerido pelos respectivos órgãos de direção e funcionamento custeado por recursos da União e de outras fontes.

2.5.2.4.1 Regra

- > Autorizada por lei;
- > Pessoa jurídica de Direito Privado;
- > Depende de registro dos atos constitutivos na junta comercial;

- Depende de lei complementar que especifique o campo de atuação.

2.5.2.4.2 Exceção

- Criada diretamente por lei;
- Pessoa jurídica de direito público;
- Possui um capital personalizado (diferença meramente conceitual);
- Considerada pela doutrina como autarquia fundacional.

As fundações públicas de Direito Público, são espécie de autarquia, sendo chamadas pela doutrina como autarquias fundacionais.

2.5.2.4.3 Características

- **Personalidade Jurídica:** Direito Privado.
- **Finalidade:** lei complementar definirá – Sem fins lucrativos.
- **Regime Jurídico:** Híbrido (regras de Direito Público + Direito Privado) incontroverso.
- **Responsabilidade Civil:** se for prestadora de serviço público é objetiva, caso contrário é subjetiva.
- **Bens Privados, com exceção:** bens diretamente ligados à prestação de serviço público são bens públicos.
- **Débitos Judiciais:** são pagos por meio do seu patrimônio, com exceção dos bens diretamente ligados à prestação de serviços públicos, que são bens públicos e não se submetem a pagamento de débitos judiciais.
- **Regime de Pessoal:** Regime Jurídico **Único.**

Competência para o julgamento de suas ações judiciais:

» Justiça Federal.

» Outras esferas = Justiça Estadual.

» IBGE, Biblioteca Nacional, FUNAI.

2.5.2.5 Empresas públicas e sociedades de economia mista

São pessoas jurídicas de Direito Privado, criadas pela Administração Direta por meio de autorização da lei, com o respectivo registro, para a prestação de serviços públicos ou a exploração da atividade econômica.

A Lei 13.303/16 dispõe sobre o estatuto jurídico da empresa pública, da sociedade de economia mista e de suas subsidiárias, no âmbito da União, dos Estados, do Distrito Federal e dos Municípios.

A referida lei apresenta os seguintes conceitos:

> ***Art. 3º*** *Empresa pública é a entidade dotada de personalidade jurídica de direito privado, com criação autorizada por lei e com patrimônio próprio, cujo capital social é integralmente detido pela União, pelos Estados, pelo Distrito Federal ou pelos Municípios.*
>
> ***Art. 4º*** *Sociedade de economia mista é a entidade dotada de personalidade jurídica de direito privado, com criação autorizada por lei, sob a forma de sociedade anônima, cujas ações com direito a voto pertençam em sua maioria à União, aos Estados, ao Distrito Federal, aos Municípios ou a entidade da administração indireta.*

2.5.2.5.1 Empresas públicas e sociedades de economia mista exploradoras da atividade econômica

Segundo o Art. 173 da Constituição Federal:

> ***Art. 173.*** *Ressalvados os casos previstos nesta Constituição, a exploração direta de atividade econômica pelo Estado só será permitida quando necessária aos imperativos da segurança nacional ou a relevante interesse coletivo, conforme definidos em lei.*
>
> ***§ 1º*** *- A lei estabelecerá o estatuto jurídico da Empresa Pública, da sociedade de economia mista e de suas subsidiárias que explorem atividade econômica de produção ou comercialização de bens ou de prestação de serviços, dispondo sobre:*
>
> ***I.*** *Sua função social e formas de fiscalização pelo Estado e pela sociedade;*
>
> ***II.*** *A sujeição ao regime jurídico próprio das empresas privadas, inclusive quanto aos direitos e obrigações civis, comerciais, trabalhistas e tributários;*
>
> ***III.*** *Licitação e contratação de obras, serviços, compras e alienações, observados os princípios da Administração Pública;*
>
> ***IV.*** *A constituição e o funcionamento dos conselhos de administração e fiscal, com a participação de acionistas minoritários;*
>
> ***V.*** *Os mandatos, a avaliação de desempenho e a responsabilidade dos administradores.*
>
> ***§ 2º*** *- As empresas públicas e as sociedades de economia mista não poderão gozar de privilégios fiscais não extensivos às do setor privado.*
>
> ***§ 3º*** *- A lei regulamentará as relações da Empresa Pública com o Estado e a sociedade.*
>
> ***§ 4º*** *- A lei reprimirá o abuso do poder econômico que vise à dominação dos mercados, à eliminação da concorrência e ao aumento arbitrário dos lucros.*
>
> ***§ 5º*** *- A lei, sem prejuízo da responsabilidade individual dos dirigentes da pessoa jurídica, estabelecerá a responsabilidade desta, sujeitando-a as punições compatíveis com sua natureza, nos atos praticados contra a ordem econômica e financeira e contra a economia popular.*

2.5.2.5.2 Empresas públicas e sociedades de economia mista prestadoras de serviço público

Essas entidades são criadas para a exploração da atividade econômica em sentido amplo, o que inclui o exercício delas em sentido estrito e também a prestação de serviços públicos que podem ser explorados com o intuito de lucro.

Segundo o Art. 175 da Constituição Federal:

> ***Art. 175.*** *Incumbe ao Poder Público, na forma da lei, diretamente ou sob regime de concessão ou permissão, sempre através de licitação, a prestação de serviços públicos.*
>
> ***Parágrafo único.*** *A lei disporá sobre:*
>
> ***I.*** *O regime das empresas concessionárias e permissionárias de serviços públicos, o caráter especial de seu contrato e de sua prorrogação, bem como as condições de caducidade, fiscalização e rescisão da concessão ou permissão;*
>
> ***II.*** *Os direitos dos usuários;*
>
> ***III.*** *Política tarifária;*
>
> ***IV.*** *A obrigação de manter serviço adequado.*

Não se inclui nessa categoria os serviços públicos relativos aos direitos sociais, pois esses não podem ser prestados com o intuito de lucro pelo Estado e, também, não são de titularidade exclusiva do Estado, podendo ser livremente explorados por particulares.

2.5.2.5.3 Características comuns das empresas públicas e sociedades de economia mista

Personalidade Jurídica: Direito Privado.

Finalidade: prestação de serviço público ou a exploração da atividade econômica.

Regime Jurídico Híbrido: se for prestadora de serviço público, o regime jurídico é mais público; se for exploradora da atividade econômica, o regime jurídico é mais privado.

Responsabilidade Civil: se for prestadora de serviço público, a responsabilidade civil é objetiva, se for exploradora da atividade econômica, a civil é subjetiva.

Bens Privados, com exceção: bens diretamente ligados à prestação de serviço público são bens públicos.

Débitos Judiciais: são pagos por meio do seu patrimônio, com exceção dos bens diretamente ligados à prestação de serviços públicos, que são bens públicos e não se submetem a pagamento de débitos judiciais.

Regime de Pessoal: CLT – Emprego Público.

Exemplo de Empresa Pública: Caixa Econômica Federal, Correios.

Exemplo de Sociedade de Economia Mista: Banco do Brasil e Petrobras.

2.5.2.5.4 Sociedade de economia mista

A Sociedade de Economia Mista é uma entidade dotada de personalidade jurídica de Direito Privado, autorizada por lei para a exploração de atividade econômica, sob a forma de sociedade anônima, cujas ações com direito a voto pertençam em sua maioria à União ou a entidade da Administração Indireta:

> Autorizada por lei;

> Pessoa jurídica de Direito Privado;

> Capital 50% + 1 ação no controle da Administração Pública;

> Constituição obrigatória por Sociedade Anônima (S.A.);

> Competência da Justiça Estadual.

2.5.2.6 Empresa pública

Entidade dotada de personalidade jurídica de Direito Privado, com patrimônio próprio e capital exclusivo da União, autorizado por lei para a exploração de atividade econômica que o Governo seja levado a exercer por força de contingência ou de conveniência administrativa, podendo revestir-se de qualquer das formas admitidas em direito.

> Autorizado por lei;

> Pessoa jurídica de Direito Privado;

> 100% na constituição de capital público;

> Constituído de qualquer forma admitido em direito;

> Competência da Justiça Federal.

Esse quadro foi desenvolvido para memorização das características mais importantes das pessoas da Administração Pública indireta.

Tabela Comparativa das Características dos Entes da Administração Pública

CARACTERÍSTICA	ENTIDADES POLÍTICAS	AUTARQUIA	FUNDAÇÃO PÚBLICA	EMPRESA PÚBLICA	SOCIEDADE DE ECONOMIA MISTA
PERSONALIDADE JURÍDICA	Direito Público	Direito Público	Direito Privado	Direito Privado	Direito Privado
FINALIDADE	Competências constitucionais	Atividade típica do Estado	Lei Complementar definirá	Exploração da atividade econômica OU prestação de serviço público	Exploração da atividade econômica OU prestação de serviço público
REGIME JURÍDICO	Direito Público	Direito Público	Híbrido: se PSP + público. Caso desenvolva outra atividade, mais privado.	Híbrido: se EAE + privado; se PSP + público	Híbrido: se EAE + privado; se PSP + público
RESPONSABILIDADE CIVIL	Objetiva: ação Subjetiva: omissão	Objetiva: ação Subjetiva: omissão	PSP = Objetiva, nos demais casos, subjetiva	PSP = Objetiva, EAE = Subjetiva	PSP = Objetiva, EAE = Subjetiva
BENS	Públicos	Públicos	Privados, exceção: bens diretamente ligados à prestação de serviços públicos são bens públicos.	Privados, exceção: bens diretamente ligados à prestação de serviços públicos são bens públicos.	Privados, exceção: bens diretamente ligados à prestação de serviços públicos são bens públicos.
DÉBITOS JUDICIAIS	Precatórios	Precatórios	Patrimônio	Patrimônio	Patrimônio
REGIME DE PESSOAL	Regime Jurídico Único	Regime Jurídico Único	Regime Jurídico Único	CLT	CLT
COMPETÊNCIA PARA JULGAMENTO	União: Justiça Federal; Demais: Justiça Estadual.	Federal: Justiça Federal; Demais: Justiça Estadual.	Federal: Justiça Federal; Demais: justiça Estadual.	Federal: Justiça Federal; Demais: justiça Estadual.	Todas: Justiça Estadual.

* EAE: Exploração da Atividade Econômica.

* PSP: Prestação de Serviço Público.

Questões

01. (Cespe) Em sentido subjetivo, a administração pública compreende o conjunto de órgãos e de pessoas jurídicas ao qual a lei confere o exercício da função administrativa do Estado.

Certo ( ) Errado ( )

02. (Cespe) A administração direta compreende os órgãos e as pessoas jurídicas de direito público que prestam serviços típicos do Estado; no âmbito federal, integram a administração direta os ministérios e as autarquias.

Certo ( ) Errado ( )

03. (Cespe) A desconcentração administrativa consiste na distribuição interna de competências, no âmbito de uma mesma pessoa jurídica; a descentralização administrativa pressupõe a distribuição de competência para outra pessoa, física ou jurídica.

Certo ( ) Errado ( )

04. (Cespe) A delegação ocorre quando a entidade da administração, encarregada de executar um ou mais serviços, distribui competências no âmbito da própria estrutura, a fim de tornar mais ágil e eficiente a prestação dos serviços.

Certo ( ) Errado ( )

05. (Cespe) A administração direta é o conjunto de órgãos que integram a União e exercem seus poderes e competências de modo centralizado, ao passo que a administração indireta é formada pelo conjunto de pessoas administrativas, como autarquias e empresas públicas, que exercem suas atividades de forma descentralizada.

Certo ( ) Errado ( )

06. (Cespe) As entidades compreendidas na administração indireta subordinam-se ao ministério em cuja área de competência estiver enquadrada sua principal atividade, mantendo com esse uma relação hierárquica de índole político-administrativa, mas não funcional.

Certo ( ) Errado ( )

07. (Cespe) As pessoas integrantes da administração indireta podem ser autorizadas e instituídas somente por lei, cujo teor deverá abordar a atividade descentralizada a ser exercida, e serão submetidas ao controle da administração direta da pessoa política a que são vinculadas.

Certo ( ) Errado ( )

08. (Cespe) A autarquia é uma pessoa jurídica criada somente por lei específica para executar funções descentralizadas típicas do Estado.

Certo ( ) Errado ( )

09. (Cespe) Como pessoas jurídicas de direito público, as autarquias têm personalidade jurídica, patrimônio e receita próprios e são criadas com a finalidade de desempenhar atividades próprias e típicas da administração pública.

Certo ( ) Errado ( )

10. (Cespe) A autarquia age por delegação.

Certo ( ) Errado ( )

Gabaritos

01	CERTO	06	ERRADO
02	ERRADO	07	CERTO
03	CERTO	08	CERTO
04	ERRADO	09	CERTO
05	CERTO	10	ERRADO

3. ÓRGÃO PÚBLICO

Neste capítulo, aprenderemos a respeito dos órgãos públicos, sua finalidade, seu papel na estrutura da Administração Pública, bem como as diversas teorias e classificações relativas ao tema. Começaremos a partir das teorias que buscam explicar o que é o órgão público.

3.1 Teorias

São três as teorias criadas para caracterizar e conceituar a ideia de órgão público: a Teoria do Mandato, Teoria da Representação e Teoria Geral do Órgão.

3.1.1 Teoria do mandato

Essa teoria preceitua que o agente, pessoa física, funcionaria como o mandatário da pessoa jurídica, agindo sob seu nome e com a responsabilidade dela, em razão de outorga específica de poderes (não adotado).

3.1.2 Teoria da representação

O agente funcionaria como um tutor ou curador do Estado, que representaria nos atos que necessita participar (não adotado).

3.1.3 Teoria geral do órgão

Tem-se presunção de que a pessoa jurídica exteriora sua vontade por meio dos órgãos, os quais são parte integrante da própria estrutura da pessoa jurídica, de tal modo que, quando os agentes que atuam nesses órgãos manifestam sua vontade, considera-se que essa foi manifestada pelo próprio Estado. Falamos em imputação da atuação do agente, pessoa natural, à pessoa jurídica (adotado pela CF/88).

Alguns órgãos possuem uma pequena capacidade, que é impetrar mandado de segurança para garantir prerrogativas próprias. Contudo, somente os órgãos independentes e autônomos têm essa capacidade.

Segundo o doutrinador Hely Lopes Meirelles, os órgãos não possuem personalidade jurídica, tampouco vontade própria, agem em nome da entidade a que pertencem, mantendo relações entre si e com terceiros, e não possuem patrimônio próprio. Os órgãos manifestam a vontade da Pessoa Jurídica à qual pertencem; os agentes, quando atuam para o Estado, dizemos que estão em imputação à pessoa jurídica a qual estão efetivamente ligados. Assim, falamos em imputação à pessoa jurídica.

Constatamos que órgãos são meros centros de competência, e os agentes que trabalham nesses órgãos estão em imputação à pessoa jurídica a que estão ligados; suas ações são imputadas ao ente federativo. Assim, quando um servidor público federal atua, suas ações são imputadas (como se o próprio Estado estivesse agindo) à União, pois o agente é ligado a um órgão que pertence a esse ente.

Ex.: Quando um Policial Federal está trabalhando, ele é um agente público que atua dentro de um órgão (Departamento de Polícia Federal) e suas ações, quando feitas, são consideradas como se a União estivesse agindo. Por esse motivo, os atos que gerem prejuízo a terceiros são imputados a União, ou seja, é a União que paga o prejuízo e, depois, entra com ação regressiva contra o agente público.

3.2 Características

3.2.1 Não possui personalidade jurídica

Muitas pessoas se assustam com essa regra devido ao fato de o órgão público ter CNPJ, realizar licitações e também por celebrar contratos públicos. Todavia, essas situações não devem ser levadas em consideração nesse momento.

O CNPJ não é suficiente para conferir personalidade jurídica para o órgão público, a sua instituição está ligada ao direito tributário, e realmente o órgão faz licitação, celebra contratos, mas ele não possui direitos, não é responsável pela conduta dos seus agentes e tudo isso por que ele não possui personalidade jurídica, órgão público não é pessoa.

3.2.2 Integram a estrutura da pessoa jurídica que pertencem

O órgão público é simplesmente o integrante da estrutura corporal (orgânica) da pessoa jurídica a que está ligado. O órgão público é para a pessoa jurídica a que está ligado, o que o coração, os rins, o fígado, o estômago e o pulmão, dentre tantos outros órgãos do corpo humano são para nós, essenciais.

- Não possui capacidade processual, salvo os órgãos independentes e autônomos que podem impetrar Mandado de Segurança em defesa de suas prerrogativas constitucionais, quando violadas por outro órgão.
- Não possui patrimônio próprio.
- São hierarquizados.
- São frutos da desconcentração.
- Estão presentes na Administração Direta e Indireta.
- Criação e extinção: por meio de Lei.
- Estruturação: pode ser feita por meio de decreto autônomo, desde que não impliquem em aumento de despesas.
- Os agentes que trabalham nos órgãos estão em imputação à pessoa jurídica que estão ligados.

3.3 Classificação

Dentre as diversas classificações pertinentes ao tema, a partir de agora, abordaremos as classificações quanto à posição estatal que leva em consideração a relação de subordinação e hierarquia, a estrutura que se relaciona com a desconcentração e a composição ou atuação funcional que se relaciona com a quantidade de agentes que agem e manifestam vontade em nome do órgão.

3.3.1 Posição estatal

Quanto à posição estatal, os órgãos são classificados em independentes, autônomos, superiores e subalternos:

3.3.1.1 Órgãos independentes

- São considerados o mais alto escalão do Governo.
- Não exercem subordinação.
- Seus agentes são inseridos por eleição.

- Têm suas competências determinadas pelo texto constitucional.
- Possuem alguma capacidade processual.

3.3.1.2 Órgãos autônomos

- São classificados como órgãos diretivos.
- Possuem capacidade administrativa, financeira e técnica.
- São exemplos os Ministérios e as Secretarias.
- Possuem alguma capacidade processual.

3.3.1.3 Órgãos superiores

- São órgãos de direção, controle e decisão.
- Não possuem autonomia administrativa ou financeira.
- Exemplos são as coordenadorias, gabinetes, etc.

3.3.1.4 Subalternos

- Exercem atribuições de mera execução.
- Exercem reduzido poder decisório.
- São exemplos as seções de expediente ou de materiais.

3.3.2 Estrutura

A classificação quanto à estrutura leva em consideração, a partir do órgão analisado, se existe ou não um processo de desconcentração, se há ramificações que levam a órgãos subordinados ao órgão analisado.

Simples: são aqueles que representam um só centro de competências, sem ramificações, independentemente do número de cargos.

Composto: são aqueles que reúnem em sua estrutura diversos órgãos, ou seja, existem ramificações.

A Presidência da República é um órgão composto, pois dela se origina outros órgãos de menor hierarquia, dentre esses o Ministério da Justiça, por exemplo, que também é órgão composto, pois, a partir dele, tem-se novas ramificações, tais como o Departamento Penitenciário Nacional, o Departamento de Polícia Federal, entre outros.

A partir da Presidência da República, tem-se também um órgão chamado de gabinete, e esse é considerado simples, pois a partir dele não há novos órgãos, ou seja, não nasce nenhuma ramificação a partir do gabinete da Presidência da República.

3.3.3 Atuação funcional/composição

Os órgãos públicos podem ser classificados em singulares ou colegiados:

Órgãos singulares ou unipessoais: a sua atuação ou decisões são atribuições de um único agente.

Ex.: Presidência da República.

Órgão colegiado ou pluripessoal: a atuação e as decisões dos órgãos colegiados acontecem mediante obrigatória manifestação conjunta de seus membros.

Ex.: Congresso Nacional, Tribunais de Justiça.

3.4 As Paraestatais

A expressão "paraestatais" gera divergência em nosso ordenamento jurídico, sendo que podemos mencionar três posicionamentos:

As paraestatais são as autarquias - posição de José Cretella Júnior – entendimento ultrapassado.

As paraestatais são: as fundações públicas, empresas públicas, sociedades de economia mista e os serviços sociais autônomos - posição de Hely Lopes Meirelles - corrente minoritária.

As paraestatais são os serviços sociais autônomos, as fundações de apoio, as organizações sociais - OS, as organizações da sociedade civil de interesse público - OSCIP'S e as organizações da sociedade civil - OSCs - posição de Maria Silvia Zanella di Pietro, entre outros - é o entendimento majoritário.

Obs.: nesse terceiro sentido, as paraestatais equivalem ao chamado terceiro setor. O primeiro setor é o Estado e o segundo setor é o mercado (iniciativa privada que visa ao lucro).

Serviços sociais autônomos – são pessoas jurídicas de direito privado sem fins lucrativos, instituídas por lei e vinculadas a categorias profissionais, sendo mantidas por dotações orçamentárias ou contribuições parafiscais. É o chamado sistema "S".

Ex.: SESI, SESC, SENAI, SENAC, SEBRAE etc. Não integram a Administração Pública nem direta e nem indireta.

Fundações de Apoio - segundo a professora Odete Medauar, são pessoas jurídicas de direito privado que se destinam a colaborar com instituições de ensino e pesquisa, sendo instituídas por professores, pesquisadores ou universitários (ver Lei 8.958/94). Exemplos: FUVEST, FIPE, CNPQ etc.

Organizações Sociais e Organizações da Sociedade Civil de Interesse Público – são pessoas jurídicas de direito privado sem fins lucrativos, instituídas por particulares que desempenham serviços não exclusivos de Estado, como a saúde, cultura, preservação do meio ambiente, etc.

→ **Características comuns entre as Organizações Sociais (Lei 9.637/98) e as Organizações da Sociedade Civil de Interesse Público (Lei 9.790/99).**

- São pessoas jurídicas de direito privado.
- Sem fins lucrativos.
- Instituídas por particulares.
- Desempenham serviços não exclusivos de Estado.
- Não integram a Administração Pública (seja direta ou indireta).
- Ambas integram o chamado terceiro setor.
- Sujeitam-se ao controle da Administração Pública e do Tribunal de Contas.
- Gozam de imunidade tributária, desde que atendidos os requisitos legais, conforme prevê o Art. 150, VI, "c", da CF/88.

Principais diferenças entre OS e OSCIPs

Organizações Sociais	Organizações da Sociedade Civil de Interesse Público
- o vínculo com o Estado se dá por Contrato de Gestão;	- o vínculo com o Estado se dá por Termo de Parceria;
- o ato de qualificação é discricionário, dado pelo Ministro da pasta competente;	- o ato de qualificação é vinculado, dado pelo Ministro da Justiça;
- pode ser contratada pela Administração com dispensa de licitação (hipótese de licitação dispensável);	- não há essa previsão;
- o Conselho deve ser formado por representantes do Poder Público;	- não há essa exigência;
- regulada pela Lei n.º 9.637/98 ;	- regulada pela Lei n.º 9.790/99 ;
- Ex.: Associação Roquette Pinto, IMPA (Instituto Nacional de Matemática Pura e Aplicada).	- Ex.: AMI (Amigo do Índio), AMAR (Associação de Amparo às Mães de Alto Risco).

→ **Observações sobre as Organizações Sociais:**

> O poder público pode destinar para as OSs recursos orçamentários e bens necessários ao cumprimento do contrato de gestão, mediante permissão de uso.

> O poder público pode ceder servidores públicos para as OSs com ônus para a origem.

> A Administração poderá dispensar a licitação nos contratos de prestação de serviços celebrados com as OSs (Art. 24, XXIV da Lei 8.666/93).

Organizações da Sociedade Civil – OSC - As Organizações da Sociedade Civil (OSCs) são entidades do terceiro setor criadas com a finalidade de atuar junto ao Poder Público, em regime de mútua cooperação, na execução de serviços públicos e tem o seu regime jurídico regulado pela Lei n. 13.019/2014.

Essas entidades atuam na prestação de serviço público não exclusivo do Estado e têm vínculo com a Administração Pública, de modo que essa conexão se dá mediante celebração de Termo de Fomento, Termo de Colaboração e Acordo de Cooperação. Vejamos tais conceitos:

Termo de Colaboração (Art. 2º, VII e Art. 16): instrumento por meio do qual são formalizadas as parcerias estabelecidas pela Administração Pública com organizações da sociedade civil para a consecução de finalidades de interesse público e recíproco propostas pela Administração Pública que envolvam a transferência de recursos financeiros. Assim, o Termo de Colaboração é utilizado para a execução de políticas públicas nas mais diversas áreas, para consecução de **planos de trabalho de iniciativa da própria Administração**, nos casos em que esta já tem parâmetros consolidados, com indicadores e formas de avaliação conhecidos, abarcando, reitere-se, o **repasse de valores por parte do erário**;

Termo de Fomento (Art. 2º, VIII e Art. 17): instrumento por meio do qual são formalizadas as parcerias estabelecidas pela Administração Pública com organizações da sociedade civil para a consecução de finalidades de interesse público e recíproco propostas pelas organizações da sociedade civil, que envolvam a transferência de recursos financeiros. Note-se, portanto, que o Termo de Fomento, ao contrário do Termo de Colaboração, tem como objetivo **incentivar iniciativas das próprias OSCs, para consecução de planos de trabalho por elas propostos**, buscando albergar nas políticas públicas tecnologias sociais inovadoras, promover projetos e eventos nas mais diversas áreas e expandir o alcance das ações desenvolvidas pelas organizações. Assim como no Termo de Colaboração, o Termo de Fomento também enseja a transferência de recursos financeiros por parte da Administração Pública;

Acordo de Cooperação (Art. 2º, VIII-A): instrumento por meio do qual são formalizadas as parcerias estabelecidas pela Administração Pública com organizações da sociedade civil para a consecução de finalidades de interesse público e recíproco que não envolvam a transferência de recursos financeiros. Portanto, o grande diferencial do Acordo de Cooperação com os demais é justamente a **ausência de repasse de valores financeiros**. O Acordo, como regra, também não exige prévia realização de chamamento público como ocorre no caso do Termo de Fomento e do Termo de Colaboração, o que será abordado mais adiante, salvo quando envolver alguma forma de compartilhamento de recurso patrimonial (comodato, doação de bens etc.).

Para facilitar, segue tabela comparativa:

	Iniciativa de plano de trabalho	Transferência de recursos públicos	Previsão na Lei 13.019/14
Termo de Colaboração	Administração	Sim	Art. 2º, VII e Art. 16
Termo de fomento	OSC	Sim	Art. 2º, VIII e Art. 17
Acordo de cooperação	Administração ou OSC	Não	Art. 2º, VIII-A

Chamamento público: trata-se do procedimento que o poder público deverá realizar obrigatoriamente na prospecção de organizações. É a partir desse chamamento que serão avaliadas diferentes propostas para escolher a OSC mais adequada à parceria, ou ainda um grupo de OSCs trabalhando em rede, a fim de tornar mais eficaz a execução do objeto. Tal procedimento deverá adotar procedimentos claros, objetivos e simplificados que orientem os interessados e facilitem o acesso direto aos órgãos e às instâncias decisórias.

Obs.: não se aplicará a Lei 8.666/93 às relações de parceria com as OSCs (Art. 84, Lei 13.019/14), uma vez que agora há lei própria.

Organizações não governamentais (ONGs)

A ONG é uma entidade civil sem fins lucrativos, formada por pessoas interessadas em determinado tema, o qual se constitui em seu objetivo e interesse principal. (Ex.: IDEC – Instituto Brasileiro de Defesa do Consumidor).

Normalmente são iniciativas de pessoas ou grupos que visam colaborar na solução de problemas da comunidade, como mobilizações, educação, conscientização e organização de serviços ou programas para o atendimento de suas necessidades.

Do ponto de vista jurídico, o termo ONG não se aplica. Nosso Código Civil prevê apenas dois formatos institucionais para entidades civis sem fins lucrativos, sendo a Associação Civil (Art. 44, I e Art. 53 ambos do Código Civil) e a Fundação Privada (Art. 44, III e 62, ambos do Código Civil).

Questões

01. (Cespe) Os órgãos são centros de competência com personalidade jurídica própria, cuja atuação é imputada aos agentes públicos que os representam.

Certo ( ) Errado ( )

02. (Cespe) Em regra, os órgãos, por não terem personalidade jurídica, não têm capacidade processual, salvo nas hipóteses em que eles são titulares de direitos subjetivos, o que lhes confere capacidade processual para a defesa de suas prerrogativas e competências.

Certo ( ) Errado ( )

03. (Cespe) Tanto a criação quanto a extinção de órgãos públicos depende da edição de lei específica; contudo, a estruturação e o estabelecimento das atribuições desses órgãos, desde que não impliquem aumento de despesa, podem ser processados por decreto do chefe do Poder Executivo.

Certo ( ) Errado ( )

04. (Cespe) Na Teoria da Representação, o agente funcionaria como um tutor ou curador do Estado, porém não representaria nos atos que necessita participar.

Certo ( ) Errado ( )

05. (Cespe) Segundo classificação doutrinária, quanto ao critério relacionado à posição estatal, os órgãos autônomos são aqueles originários da Constituição e que representam os três poderes do Estado, cujas funções são exercidas por agentes políticos.

Certo ( ) Errado ( )

06. (Cespe) Quanto à posição estatal, as secretarias estaduais e as municipais são consideradas órgãos públicos subalternos.

Certo ( ) Errado ( )

07. (Cespe) Embora, em regra, os órgãos públicos não tenham personalidade jurídica, a alguns órgãos é conferida a denominada capacidade processual, estando eles autorizados por lei a defender em juízo, em nome próprio, determinados interesses ou prerrogativas.

Certo ( ) Errado ( )

08. (Cespe) De acordo com a teoria do órgão da pessoa jurídica aplicada ao direito administrativo, as pessoas jurídicas estatais expressam suas vontades por meio dos seus órgãos, os quais, por sua vez, são representados por seus agentes, que atuam como mandatários da pessoa jurídica estatal.

Certo ( ) Errado ( )

09. (Cespe) As ações dos entes políticos - como União, estados, municípios e DF - concretizam-se por intermédio de pessoas físicas, e, segundo a teoria do órgão, os atos praticados por meio desses agentes públicos devem ser imputados à pessoa jurídica de direito público a que pertencem.

Certo ( ) Errado ( )

10. (Cespe) Órgão público pode ser definido como pessoa jurídica de natureza pública, dotada de personalidade jurídica própria e com atribuições para atuar em prol do interesse público.

Certo ( ) Errado ( )

Gabaritos

01	ERRADO	06	ERRADO
02	CERTO	07	CERTO
03	CERTO	08	ERRADO
04	ERRADO	09	CERTO
05	ERRADO	10	ERRADO

4. PRINCÍPIOS FUNDAMENTAIS DA ADMINISTRAÇÃO PÚBLICA

Neste capítulo, o objetivo é conhecer o rol de princípios fundamentais que norteiam e orientam toda a atividade administrativa do Estado, bem como toda a atuação da Administração Pública direta e indireta.

Tais princípios são de observância obrigatória para toda a Administração Pública, quer da União, dos Estados, do Distrito Federal, quer dos Municípios. São considerados expressos, pois estão descritos expressamente no *caput* do Art. 37 da Constituição Federal de 1988.

> ***Art. 37.*** *A Administração Pública direta e indireta de qualquer dos Poderes da União, dos Estados, do Distrito Federal e dos Municípios obedecerá aos princípios de legalidade, impessoalidade, moralidade, publicidade e eficiência e, também, ao seguinte (Ver CF/88).*

4.1 Classificação

Os princípios da Administração Pública são classificados como princípios explícitos (expressos) e implícitos.

É importante apontar que não existe relação de subordinação e de hierarquia entre os princípios expressos e os implícitos; na verdade, essa relação não existe entre nenhum princípio.

Isso quer dizer que, em um aparente conflito entre os princípios, um não exclui o outro, pois deve o administrador público observar ambos ao mesmo tempo, devendo nortear sua decisão na obediência de todos os princípios fundamentais pertinentes ao caso em concreto.

Como exemplo, não pode o administrador público deixar de observar o princípio da legalidade para buscar uma atuação mais eficiente (de acordo com o Princípio da Eficiência), devendo ele, na colisão entre os dois princípios, observar a lei e ainda buscar a eficiência conforme os meios que lhes seja possível.

Os princípios explícitos ou expressos são aqueles que estão descritos no *caput* do Art. 37 da CF. São eles:

LEGALIDADE
IMPESSOALIDADE
MORALIDADE
PUBLICIDADE
EFICIÊNCIA

Os princípios implícitos são aqueles que não estão descritos no *caput* do Art. 37 da CF. São eles:

- > Supremacia do Interesse Público;
- > Indisponibilidade do Interesse Público;
- > Motivação;
- > Razoabilidade;
- > Proporcionalidade;
- > Autotutela;
- > Continuidade dos Serviços Públicos;
- > Segurança Jurídica, entre outros.

A seguir, analisaremos as características dos princípios fundamentais da administração pública que mais aparecem nas provas de concurso público.

4.2 Princípio da Legalidade

O Princípio da Legalidade está previsto em dois lugares distintos na Constituição Federal. Em primeiro plano, no Art. 5º, II: ninguém será obrigado a fazer ou deixar de fazer alguma coisa senão em virtude de lei. O Princípio da Legalidade regula a vida dos particulares e, ao particular, é facultado fazer tudo que a lei não proíbe; é o chamado princípio da Autonomia da Vontade. Essa regra não deve ser aplicada à administração pública.

Em segundo plano, o Art. 37, *caput* do texto Constitucional, determina que a Administração Pública somente pode fazer aquilo que a lei determina ou autoriza. Assim, em caso de omissão legislativa (falta de lei), a Administração Pública está proibida de agir.

Nesse segundo caso, a lei deve ser entendida em sentido amplo, o que significa que a administração pública deve obedecer aos mandamentos constitucionais, às leis formais e materiais (leis complementares, leis delegadas, leis ordinárias, Medidas Provisórias) e também às normas infra legais (decretos, resoluções, portarias, entre outros), e não somente a lei em sentido estrito.

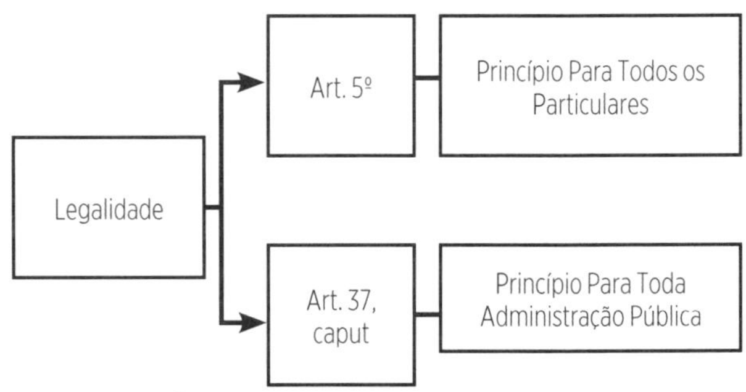

4.3 Princípio da Impessoalidade

O Princípio da Impessoalidade determina que todas as ações da administração pública devem ser revestidas de finalidade pública. Além disso, como segunda vertente, proíbe a promoção pessoal do agente público, como determina o Art. 37, § 1º da CF/88:

> ***Art. 37, § 1º*** *- A publicidade dos atos, programas, obras, serviços e campanhas dos órgãos públicos deverá ter caráter educativo, informativo ou de orientação social, dela não podendo constar nomes, símbolos ou imagens que caracterizem promoção pessoal de autoridades ou servidores públicos (Ver CF/88).*

O Princípio da Impessoalidade é tratado sob dois prismas, a saber:

- → Como determinante da finalidade de toda atuação administrativa (também chamado de princípio da **finalidade**, considerado constitucional implícito, inserido no princípio expresso da impessoalidade).
- → Como vedação a que o agente público se promova à custa das realizações da administração pública (vedação à promoção pessoal do administrador público pelos serviços, obras e outras realizações efetuadas pela administração pública).

É pelo Princípio da Impessoalidade que dizemos que o agente público age em imputação à pessoa jurídica a que está ligado, ou seja, pelo princípio da impessoalidade as ações do agente público são determinadas como se o próprio Estado estivesse agindo.

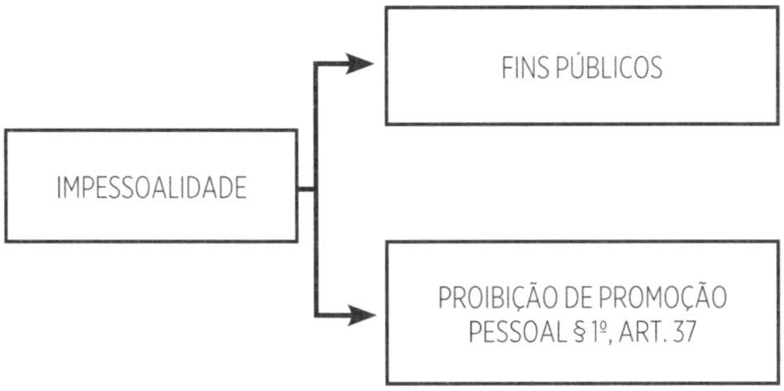

4.4 Princípio da Moralidade

O Princípio da Moralidade é um complemento ao da legalidade, pois nem tudo que é legal é moral. Dessa forma, o Estado impõe a sua administração a atuação segundo a lei e também segundo a moral administrativa. Tal princípio traz para o agente público o dever de probidade. Esse dever é sinônimo de atuação com ética, decoro, honestidade e boa-fé.

O Princípio da Moralidade determina que o agente deva sempre trabalhar com ética e em respeito aos princípios morais da administração pública. O princípio está intimamente ligado ao dever de probidade (honestidade) e sua não observação acarreta a aplicação do Art. 37, §4º da CF/88 e a Lei nº 8.429/92 (Lei de Improbidade Administrativa).

> ***§ 4º** - Os atos de improbidade administrativa importarão a suspensão dos direitos políticos, a perda da função pública, a indisponibilidade dos bens e o ressarcimento ao erário, na forma e gradação previstas em lei, sem prejuízo da ação penal cabível.*

O desrespeito ao Princípio da Moralidade afeta a própria legalidade do ato administrativo, ou seja, leva a anulação do ato, e ainda pode acarretar a responsabilização dos agentes por improbidade administrativa.

O Princípio da Moralidade não se refere ao senso comum de moral, que é formado por meio das instituições que passam pela vida da pessoa, tais como família, escola, igreja, entre outras. Para a administração pública, esse princípio refere-se à moralidade administrativa, que está inserida no corpo das normas de Direito Administrativo.

4.5 Princípio da Publicidade

Esse princípio deve ser entendido como aquele que determina que os atos da Administração sejam claros quanto à sua procedência. Por esse motivo, em regra, os atos devem ser publicados em diário oficial e, além disso, a Administração deve tornar o fato acessível (público). Tornar público é, além de publicar em diário oficial, apresentar os atos na Internet, pois esse meio hoje é o que deixa todas as informações acessíveis.

O Princípio da Publicidade apresenta dupla acepção em face do sistema constitucional vigente:

- Exigência de publicação em órgão oficial como requisito de eficácia dos atos administrativos que devam produzir efeitos externos e dos atos que impliquem ônus para o patrimônio público.

Essa regra não é absoluta, pois, em defesa da intimidade e também do Estado, alguns atos públicos não precisam ser publicados:

> ***Art. 5º, X, CF.** São invioláveis a intimidade, a vida privada, a honra e a imagem das pessoas, assegurado o direito a indenização pelo dano material ou moral decorrente de sua violação.*
>
> ***Art. 5º, XXXIII, CF.** Todos têm direito a receber dos órgãos públicos informações de seu interesse particular, ou de interesse coletivo ou geral, que serão prestadas no prazo da lei, sob pena de responsabilidade, ressalvadas aquelas cujo sigilo seja imprescindível à segurança da sociedade e do Estado.*

Sendo assim, o ato que tiver em seu conteúdo uma informação sigilosa ou relativa à intimidade da pessoa tem que resguardar o devido sigilo.

- Exigência de transparência da atuação administrativa:

> ***Art. 5º, XXXIII, CF.** Todos têm direito a receber dos órgãos públicos informações de seu interesse particular, ou de interesse coletivo ou geral, que serão prestadas no prazo da lei, sob pena de responsabilidade, ressalvadas aquelas cujo sigilo seja imprescindível à segurança da sociedade e do Estado.*

O Princípio da Publicidade orientou o poder legislativo nacional a editar a Lei nº 12.527/2011, que regulamenta o dispositivo do Art. 5º, XXXIII, da CF. Dispõe sobre o acesso à informação pública, sobre a informação sigilosa, sua classificação, bem como a informação pessoal, entre outras providências. Tal dispositivo merece ser lido, pois essa lei transpassa toda a essência do Princípio da Publicidade.

Podemos inclusive afirmar que esse princípio foi materializado em lei após a edição da Lei nº 12.527/2011. Veja a seguir a redação do Art. 3º dessa Lei:

> ***Art. 3º.** Os procedimentos previstos nesta Lei destinam-se a assegurar o direito fundamental de acesso à informação e devem ser executados em conformidade com os princípios básicos da administração pública e com as seguintes diretrizes:*
>
> ***I.** Observância da publicidade como preceito geral e do sigilo como exceção;*
>
> ***II.** Divulgação de informações de interesse público, independentemente de solicitações;*
>
> ***III.** Utilização de meios de comunicação viabilizados pela tecnologia da informação;*
>
> ***IV.** Fomento ao desenvolvimento da cultura de transparência na administração pública;*
>
> ***V.** Desenvolvimento do controle social da administração pública.*

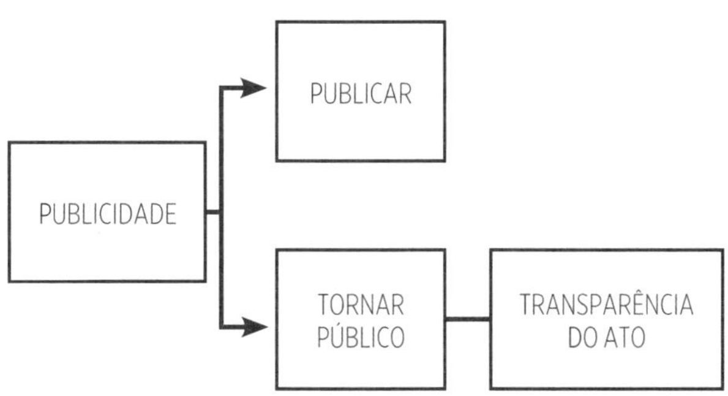

4.6 Princípio da Eficiência

O Princípio da Eficiência foi o último a ser inserido no bojo do texto constitucional (o Princípio da Eficiência foi incluído com a Emenda Constitucional nº 19/98), e apresenta dois aspectos principais:

- Relativamente à forma de atuação do agente público, espera-se o melhor desempenho possível de suas atribuições, a fim de obter os melhores resultados.
- Quanto ao modo de organizar, estruturar e disciplinar a Administração Pública, exigiu-se que esse seja o mais racional possível, no intuito de alcançar melhores resultados na prestação dos serviços públicos.

__Art. 37, § 8º, CF.__ A autonomia gerencial, orçamentária e financeira dos órgãos e entidades da administração direta e indireta poderá ser ampliada mediante contrato, a ser firmado entre seus administradores e o poder público, que tenha por objeto a fixação de metas de desempenho para o órgão ou entidade, cabendo à lei dispor sobre.

O Princípio da Eficiência orienta a atuação da administração pública de forma que essa busque o melhor custo benefício no exercício de suas atividades, ou seja, os serviços públicos devem ser prestados com adequação às necessidades da sociedade que o custeia.

A atuação da Administração Pública tem que ser eficiente, o que acarreta ao agente público o dever de agir com presteza, esforço, rapidez e rendimento funcional. O seu descumprimento poderá acarretar a perda do seu cargo por baixa produtividade apurada em procedimento da avaliação periódica de desempenho, tanto antes da aquisição da estabilidade, como também após.

4.7 Princípio da Supremacia do Interesse Público sobre o Privado

Esse princípio é também considerado o norteador do Direito Administrativo. Ele determina que o Estado, quando trabalhando com o interesse público, se sobrepõe ao particular. Devemos lembrar que esse princípio deve ser utilizado pelo administrador público de forma razoável e proporcional para que o ato não se transforme em arbitrário e, consequentemente, ilegal.

É o fundamento das prerrogativas do Estado, ou seja, da relação jurídica desigual ou vertical entre o Estado e o particular. A exemplo, temos o poder de império do Estado (também chamado de poder extroverso), que se manifesta por meio da imposição da lei ao administrado, admitindo até o uso da força coercitiva para o cumprimento da norma. Assim sendo, a administração pública pode criar obrigações, restringir ou condicionar os direitos dos administrados.

Limitações:

- Respeito aos demais princípios;
- Não está presente diretamente nos atos de gestão (Atos de gestão são praticados pela administração na qualidade de gestora de seus bens e serviços, sem exercício de supremacia sobre os particulares, assemelhando-se aos atos praticados pelas pessoas privadas. São exemplos de atos de gestão a alienação ou a aquisição de bens pela administração pública, o aluguel a um particular de um imóvel de propriedade de uma autarquia, entre outros).

Exemplos de Incidência:

- Intervenção na propriedade privada;
- Exercício do poder de polícia, limitando ou condicionando o exercício de direito em prol do interesse público;
- Presunção de legitimidade dos atos administrativos.

4.8 Princípio da Indisponibilidade do Interesse Público

Conforme dito anteriormente, o princípio da indisponibilidade do interesse público juntamente com o da supremacia do interesse público, formam os pilares do regime jurídico administrativo.

Esse princípio é o fundamento das **restrições** do Estado. Assim sendo, apesar de o Princípio da Supremacia do Interesse Público prever prerrogativas especiais para a Administração Pública em determinadas relações jurídicas com o administrado, tais poderes são ferramentas que a ordem jurídica confere ao agentes públicos para alcançar os objetivos do Estado. E o uso desses poderes, então, deve ser balizado pelo interesse público, o que impõe restrições legais a sua atuação, garantindo que a utilização do poder tenha por finalidade o interesse público e não o do administrador.

Sendo assim, é vedada a renúncia do exercício de competência pelo agente público, pois a atuação desse não é balizada por sua vontade pessoal, mas, sim, pelo interesse público, também chamado de interesse da lei. Os poderes conferidos aos agentes públicos têm a finalidade de auxiliá-los a atingir tal interesse. Com base nessa regra, concluímos que esses agentes não podem dispor do interesse público, por não ser o seu proprietário, e sim o povo. Ao agente público cabe a gestão da Administração Pública em prol da coletividade.

4.9 Princípios da Razoabilidade e Proporcionalidade

Os Princípios da Razoabilidade e da Proporcionalidade não se encontram expressos no texto constitucional. Esses são classificados como princípios gerais do Direito e são aplicáveis a vários ramos da ciência jurídica. São chamados de princípios da proibição de excesso do agente público.

A razoabilidade diz que toda atuação da Administração tem que seguir a teoria do homem médio, ou seja, as decisões devem ser tomadas segundo o critério da maioria das pessoas "racionais", sem exageros ou deturpações.

Razoabilidade: adequação entre meios e fins. O Princípio da Proporcionalidade diz que o agente público deve ser proporcional no uso da força para o cumprimento do bem público, ou seja, nas aplicações de penalidades pela Administração deve ser levada em conta sempre a gravidade da falta cometida.

Proporcionalidade: vedação de imposição de obrigações, restrições e sanções em medida superior àquela estritamente necessária ao interesse público.

Podemos dar como exemplo a atuação de um fiscal sanitário, que esteja vistoriando dois estabelecimentos e, em um deles, encontre um quilo de carne estragada e, no outro, encontre uma tonelada.

Na aplicação da penalidade, deve ser respeitada tanto a razoabilidade quanto a proporcionalidade, ou seja, aplica-se, no primeiro, uma penalidade pequena, uma multa, por exemplo, e, no segundo, uma penalidade grande, suspensão de 90 dias.

Veja que o administrador não pode fazer menos ou mais do que a lei determina, isso em obediência ao Princípio da Legalidade, senão cometerá abuso de poder.

4.10 Princípio da Autotutela

O Princípio da Autotutela propicia o controle da Administração Pública sob seus próprios atos em dois pontos específicos:

De legalidade: em que a Administração pode controlar seus próprios atos quando eivados de vício de ilegalidade, sendo provocado ou de ofício.

De mérito: a Administração Pública pode revogar seus atos por conveniência e oportunidade.

> ***Súmula 473 do STF.*** *A Administração pode anular seus próprios atos, quando eivados de vícios que os tornam ilegais, porque deles não se originam direitos; ou revogá-los, por motivo de conveniência ou oportunidade, respeitados os direitos adquiridos, e ressalvada, em todos os casos, a apreciação judicial.*

O Princípio da Autotutela não exclui a possibilidade de controle jurisdicional do ato administrativo previsto no Art. 5º, XXXV, da CF: a lei não excluirá da apreciação do Poder Judiciário lesão ou ameaça a direito.

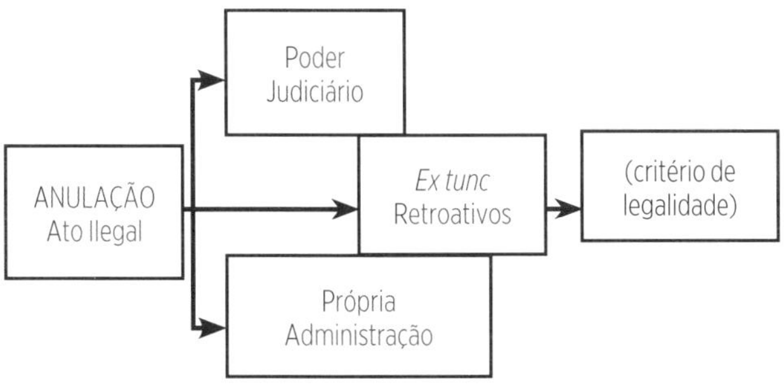

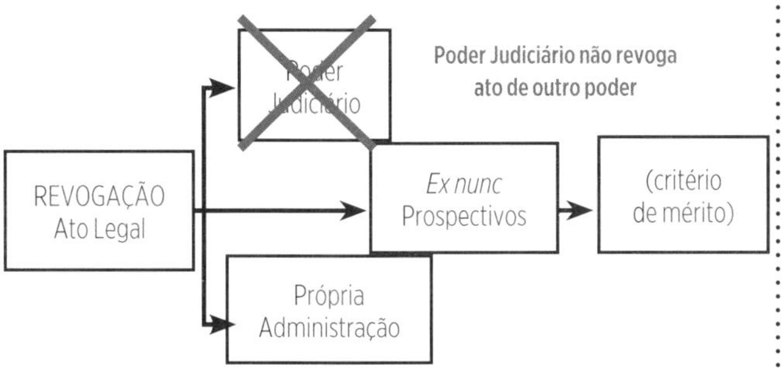

4.11 Princípio da Ampla Defesa

A ampla defesa determina que todos que sofrerem medidas de caráter de pena terão direito a se defender de todos os meios disponíveis legais em direito. Está previsto nos processos administrativos disciplinares:

> ***Art. 5º, LV, CF.*** *Aos litigantes, em processo judicial ou administrativo, e aos acusados em geral são assegurados o contraditório e ampla defesa, com os meios e recursos a ela inerentes;*

4.12 Princípio da Continuidade do Serviço Público

O Princípio da Continuidade do Serviço Público tem como escopo (objetivo) não prejudicar o atendimento dos serviços essenciais à população. Assim, evitam que esses sejam interrompidos.

O professor Celso Ribeiro Bastos[1] é um dos doutrinadores que defende a não interrupção do serviço público essencial: *O serviço público deve ser prestado de maneira contínua, o que significa dizer que não é passível de interrupção. Isso ocorre pela própria importância de que tal serviço se reveste, o que implica ser colocado à disposição do usuário com qualidade e regularidade, assim como com eficiência e oportunidade... Essa continuidade afigura-se em alguns casos de maneira absoluta, quer dizer, sem qualquer abrandamento, como ocorre com serviços que atendem necessidades permanentes, como é o caso de fornecimento de água, gás, eletricidade. Diante, pois, da recusa de um serviço público, ou do seu fornecimento, ou mesmo da cessação indevida desse, pode o usuário utilizar-se das ações judiciais cabíveis, até as de rito mais célere, como o mandado de segurança e a própria ação cominatória.*

Regra:

- » Os serviços públicos devem ser adequados e ininterruptos.

Exceção:

- » Aviso prévio;
- » Situações de emergência.

Alcance:

- > Todos os prestadores de serviços públicos;
- > Administração Direta;
- > Administração Indireta;
- > Concessionárias, Autorizatárias e Permissionárias de serviços públicos.

Efeitos:

- > Restrição de direitos das prestadoras de serviços públicos, bem como dos agentes envolvidos na prestação desses serviços, a exemplo do direito de greve.

Dessa forma, quem realiza o serviço público se submete a algumas restrições:

- > Restrição ao direito de greve, Art. 37, VII CF/88;
- > Suplência, delegação e substituição – casos de funções vagas temporariamente;
- > Impossibilidade de alegar a exceção do contrato não cumprido, somente em casos em que se configure uma impossibilidade de realização das atividades;
- > Possibilidade da encampação da concessão do serviço, retomada da administração do serviço público concedido no prazo na concessão, quando o serviço não é prestado de forma adequada.

O Código de Defesa do Consumidor, em seu Art. 22, assegura ao consumidor que os serviços essenciais devem ser contínuos, caso contrário, aos responsáveis, caberá indenização. O referido código não diz quais seriam esses serviços essenciais. Podemos usar, como analogia, o Art. 10 da Lei nº 7.783/89, que enumera os que seriam considerados fundamentais:

> ***Art. 10.*** *São considerados serviços ou atividades essenciais:*
>
> ***I.*** *Tratamento e abastecimento de água; produção e distribuição de energia elétrica, gás e combustíveis;*
>
> ***II.*** *Assistência médica e hospitalar;*
>
> ***III.*** *Distribuição e comercialização de medicamentos e alimentos;*
>
> ***IV.*** *Funerários;*
>
> ***V.*** *Transporte coletivo;*

1 Curso de direito administrativo, 2. ed. – São Paulo: Saraiva, 1996, p. 165.

VI. *Captação e tratamento de esgoto e lixo;*

VII. *Telecomunicações;*

VIII. *Guarda, uso e controle de substâncias radioativas, equipamentos e materiais nucleares;*

IX. *Processamento de dados ligados a serviços essenciais;*

X. *Controle de tráfego aéreo;*

XI. *Compensação bancária.*

4.13 Princípio da Segurança Jurídica

Esse princípio veda a aplicação retroativa da nova interpretação da norma.

Caso uma regra seja revogada ou alterada a sua redação ou interpretação, os atos praticados durante a vigência da norma antiga continuam valendo, pois tal princípio visa resguardar o direito adquirido, o ato jurídico perfeito e a coisa julgada.

Assim, temos que a nova interpretação da norma, via de regra, somente terá efeitos prospectivos, ou seja, da data em que for revogada para frente, não atingindo os atos praticados na vigência da norma antiga.

Questões

01. (Cespe – 2018) - Maria tomou posse recentemente no IPHAN e ficou responsável por desenvolver um projeto cujo objetivo era restaurar um acervo de pinturas pertencentes ao município do Rio de Janeiro e reformar uma área específica de um museu municipal, para a exposição das pinturas restauradas. Essas pinturas possuem grande valor histórico, artístico e cultural, consideradas peças de grande raridade pelo estilo e método de pintura utilizado. Essa restauração é uma tarefa que somente pode ser realizada por técnico especializado, e há no país somente uma profissional habilitada para o trabalho.

Em relação a essa situação hipotética, julgue o item a seguir.

Dado o princípio da legalidade, Maria, como funcionária do IPHAN responsável pelo projeto, só pode fazer o que lhe é permitido de forma expressa por legislação pertinente.

Certo ( ) Errado ( )

02. (Cespe – 2018) – Acerca da administração pública e de suas funções, julgue o item a seguir.

Em respeito ao princípio da publicidade, campanhas de órgãos públicos devem ser realizadas em caráter informativo, educativo ou de orientação social, não podendo nelas constar imagens que possam configurar promoção pessoal de autoridades ou de servidores públicos, sob pena de violação do princípio da impessoalidade.

Certo ( ) Errado ( )

03. (Cespe – 2019) – Com base em disposições normativas concernentes à administração pública, julgue o item a seguir.

De acordo com o princípio da presunção de legitimidade, as decisões administrativas das pessoas jurídicas de direito público são de execução imediata e têm a possibilidade de criar obrigações para o particular, independentemente de sua anuência.

Certo ( ) Errado ( )

04. (Cespe – 2018) – Com relação aos princípios aplicáveis à administração pública e ao enriquecimento ilícito por agente público, julgue o item a seguir.

Decorre do princípio de autotutela o poder da administração pública de rever os seus atos ilegais, independentemente de provocação.

Certo ( ) Errado ( )

05. (Cespe – 2018) - A respeito dos princípios da administração pública, de noções de organização administrativa e da administração direta e indireta, julgue o item que se segue.

Embora não estejam previstos expressamente na Constituição vigente, os princípios da indisponibilidade, da razoabilidade e da segurança jurídica devem orientar a atividade da administração pública.

Certo ( ) Errado ( )

Gabaritos

01	CERTO	06	ERRADO
02	ERRADO	07	ERRADO
03	CERTO	08	CERTO
04	ERRADO	09	CERTO
05	CERTO		

5. AGENTES PÚBLICOS

Neste capítulo estudaremos a respeito dos agentes públicos, sua finalidade, seu papel na estrutura da administração pública, bem como as diversas classificações relativas ao tema.

5.1 Conceito

Considera-se agente público toda pessoa física que exerça, ainda que transitoriamente ou sem remuneração, por eleição, nomeação, designação, contratação ou qualquer outra forma de investidura ou vínculo, mandato, cargo, emprego ou função pública.

5.2 Classificação

> Agentes políticos.

> Agentes administrativos.

> Particulares em colaboração com o poder público.

5.2.1 Agentes Políticos

Estão nos mais altos escalões do Poder Público. São responsáveis pela elaboração das diretrizes governamentais e pelas funções de direção, orientação e supervisão geral da Administração Pública.

5.2.1.1 Características

> Sua competência é haurida da Constituição Federal.

> Não se sujeitam às regras comuns aplicáveis aos servidores públicos em geral.

> Normalmente são investidos em seus cargos por meio de eleição, nomeação ou designação.

> Não são hierarquizados, subordinando-se tão somente à Constituição Federal.

Exceção: auxiliares imediatos dos chefes do Executivo são, hierarquizados, pois se subordinam ao líder desse poder.

Ex.: Ministros de Estado; Secretários estaduais e municipais.

Poder	Federal	Estadual	Municipal
Executivo	Presidente da República; Ministros de Estados.	Governadores; Secretários Estaduais.	Prefeitos; Secretários Municipais.
Legislativo	Deputados Federais; Senadores.	Deputados Estaduais.	Vereadores
Judiciário	Membros do Poder Judiciário Federal.	Membros do Poder Judiciário Estadual.	Não há
Ministério Público	Membros do Ministério Público Federal.	Membros do Ministério Público Estadual.	Não há

5.2.2 Agentes Administrativos

São as pessoas que exercem atividade pública de natureza profissional, permanente e remunerada, estão sujeitos à hierarquia funcional e ao regime jurídico estabelecido pelo ente ao qual pertencem. O vínculo entre esses agentes e o ente ao qual estão ligados é um vínculo de natureza permanente.

Servidores Públicos (estrito): são os titulares de cargos públicos[1] (efetivos e comissionados), são vinculados ao seu cargo por meio de um estatuto estabelecido pelo ente contratante.

Empregados Públicos: são os ocupantes de Emprego Público[2]; são vinculados ao seu emprego por meio da CLT (Consolidação das Leis do Trabalho).

Temporários: são contratados por tempo determinado para atender necessidade temporária de excepcional interesse público. Exercem função pública temporária e remunerada, estão vinculados à administração pública por meio de um contrato de direito público e não de natureza trabalhista. O meio utilizado pelo Estado para selecionar os temporários é o processo seletivo simplificado e não o concurso público.

Algumas doutrinas dividem a classificação dos servidores públicos em sentido amplo e em estrito. Nesse último caso, servidor público é o que consta acima, ou seja, somente os titulares de cargos públicos; já em sentido amplo, adota-se a seguinte regra: servidor público é um gênero que comporta três espécies: os servidores estatutários, os empregados públicos e os servidores temporários. Então, caso se adote o conceito de servidor público em sentido amplo, este será sinônimo de agente administrativo.

Servidor Público (Amplo):

> Servidor Estatutário = servidor público (estrito)

> Empregado Público = empregado público

> Servidor Temporário = temporário

5.2.3 Particulares em Colaboração com o Poder Público

Agentes Honoríficos: são cidadãos que transitoriamente são requisitados ou designados para prestar certos serviços públicos específicos em razão da sua honra, da sua conduta cívica ou de sua notória capacidade profissional. Geralmente atuam sem remuneração. São os mesários, jurados, entre outros.

Agentes Delegados: são particulares que recebem a incumbência de exercer determinada atividade, obra ou serviço, por sua conta e risco e em nome próprio, sob permanente fiscalização do poder contratante, ou seja, são aquelas pessoas que recebem a incumbência de prestar certas atividades do Estado por meio da descentralização por delegação. São elas:

> Autorizatárias de serviços públicos;

> Concessionárias de serviços públicos;

> Permissionárias de serviços públicos.

Agentes Credenciados: são os particulares que recebem a incumbência de representar a administração em determinado ato ou praticar certa atividade específica, mediante remuneração do Poder Público credenciante.

1 Os cargos públicos estão presentes na Administração Direta da União, dos Estados, do DF e dos Municípios, e também nas suas autarquias e fundações públicas.
2 Os empregos públicos estão presentes nas empresas públicas e sociedades de economia mista.

Questões

01. (Cespe – 2018) – Acerca do direito administrativo, dos atos administrativos e dos agentes públicos, julgue o item a seguir.

Os empregados das empresas públicas submetem-se ao regime celetista e, por isso, estão fora do rol de agentes públicos.

Certo ( ) Errado ( )

02. (Cespe – 2018) – À luz das disposições constitucionais e doutrinárias a respeito de cargos e funções públicas, os cargos e as funções públicas são acessíveis a brasileiros e estrangeiros, na forma da lei.

Certo ( ) Errado ( )

03. (Cespe – 2018) – No que concerne aos agentes públicos, servidor público temporário não possui vínculo com a administração pública, mas exerce função relevante para ela.

Certo ( ) Errado ( )

04. (Cespe – 2018) – À luz das disposições constitucionais e doutrinárias a respeito de cargos e funções públicas, os cargos em comissão devem ser preenchidos por servidores ocupantes de cargo efetivo.

Certo ( ) Errado ( )

05. (Cespe – 2018) - À luz das disposições constitucionais e doutrinárias a respeito de cargos e funções públicas, função é o conjunto de atribuições exercidas pelo servidor, sem que lhe corresponda um cargo ou emprego público.

Certo ( ) Errado ( )

Gabaritos

01	ERRADO
02	CERTO
03	ERRADO
04	ERRADO
05	CERTO

6. LEI Nº 8.112, DE 11 DE DEZEMBRO DE 1990 - DAS DISPOSIÇÕES PRELIMINARES

Iniciamos a troca de informações estabelecendo a distinção entre uma regra de abrangência nacional e uma regra de abrangência federal.

A lei de licitações e contratos estabelece as normas gerais sobre **licitações e contratos administrativos** pertinentes a obras, serviços, inclusive de publicidade, compras, alienações e locações no âmbito dos Poderes da União, dos Estados, do Distrito Federal e dos Municípios, ou seja, aplica-se em todas as esferas e entes, é uma lei nacional.

Urge salientar que caso haja um conflito entre as disposições no Capítulo VII, da Administração Pública, expressas no texto Constitucional e o presente estatuto, há de prevalecer o texto da Carta Magna, porém em caso de cobrança em uma questão objetiva, o candidato deve ficar atento, pois a banca pode se remeter somente ao que se refere à lei nº 8112, não evidenciando o conflito citado.

É bem comum, inclusive, tal questionamento: "De Acordo com a lei 8112/1990" – Neste caso, o candidato, embora saiba da controvérsia existente, irá direcionar seus esforços para o texto do estatuto.

> ***Art. 1º.*** *Esta Lei institui o Regime Jurídico dos Servidores Públicos Civis da União, das autarquias, inclusive as em regime especial, e das fundações públicas federais.*

Resta clara a distinção que existe no que se refere à lei nº 8112, pois ela se aplica na esfera da União, ou seja, aplicabilidade e abrangência federal, e não, nacional.

Estados e municípios, em regra, estabelecem regras próprias para seus servidores.

Convém salientar que estatuto é a lei ou o conjunto de leis que disciplinam as relações jurídicas que possam incidir sobre as pessoas ou coisas.

> ***Art. 2º.*** *Para os efeitos desta Lei,* ***servidor*** *é a pessoa legalmente investida em cargo público.*
>
> ***Art. 3º.*** *Cargo público é o conjunto de atribuições e responsabilidades previstas na estrutura organizacional que devem ser cometidas a um servidor.*
>
> ***Parágrafo único.*** *Os cargos públicos, acessíveis a todos os brasileiros, são criados por lei, com denominação própria e vencimento pago pelos cofres públicos, para provimento em caráter efetivo ou em comissão.*
>
> *Art. 37 CF, XVI. é vedada a acumulação remunerada de cargos públicos, exceto quando houver compatibilidade de horários, observado em qualquer caso o disposto no inciso XI:* (Redação dada pela Emenda Constitucional nº 19, de 1998)
>
> ***a)*** *a de dois cargos de professor; (Redação dada pela Emenda Constitucional nº 19, de 1998)*
>
> ***b)*** *a de um cargo de professor com outro técnico ou científico; (Redação dada pela Emenda Constitucional nº 19, de 1998)*
>
> ***c)*** *a de dois cargos ou empregos privativos de profissionais de saúde, com profissões regulamentadas; (Redação dada pela Emenda Constitucional nº 34, de 2001)*
>
> ***XVII.*** *a proibição de acumular estende-se a empregos e funções e abrange autarquias, fundações, empresas públicas, sociedades de economia mista, suas subsidiárias, e sociedades controladas, direta ou indiretamente, pelo poder público;* (Redação dada pela Emenda Constitucional nº 19, de 1998)

Posicionamento atual do STF acerca da acumulação

O ministro Gilmar Mendes, do Supremo Tribunal Federal (STF), julgou válida a acumulação de dois cargos públicos, com carga horária superior a 60 horas semanais, por um profissional da saúde. A decisão, proferida no Recurso Ordinário em Mandado de Segurança (RMS) 34608, reforma acórdão do Superior Tribunal de Justiça (STJ) que havia impedido a acumulação e negado o pedido de anulação do ato de demissão de um dos cargos.

Segundo os autos, o servidor exercia o cargo de agente de serviços complementares no Hospital Federal de Bonsucesso, no Rio de Janeiro (RJ), com carga horária de 30 horas semanais em plantão de 12h x 60h, no horário de 7h às 19h, e o cargo de enfermeiro no Hospital Estadual Getúlio Vargas, em que trabalha em dias específicos (plantão) das 7 às 19h, com jornada de 32,3 horas. Em setembro de 2012, ele foi demitido do Hospital de Bonsucesso, pois a acumulação de cargos foi considerada ilícita em razão do somatório das cargas horárias ultrapassar o limite de 60 horas semanais permitidas pelo Tribunal de Contas da União (TCU).

No Supremo, o servidor alegou que o trabalho não apresentava sobreposição de horários ou carga excessiva e ressaltou a existência de intervalo de 12 horas entre as atividades dos dois vínculos públicos. Assim, pediu o reconhecimento da licitude da acumulação de cargos, a anulação do ato de demissão e a reintegração ao Hospital Federal de Bonsucesso.

6.1 Decisão

Segundo o ministro Gilmar Mendes, a decisão do STJ não está de acordo com a jurisprudência do Supremo sobre a matéria. Ele observou que a Constituição Federal possibilita a acumulação de cargos na área de saúde quando há compatibilidade de horários e que o inciso XVI do artigo 37 não faz qualquer restrição à carga horária das atividades acumuláveis diante da possibilidade de conciliação, nem exige que agentes públicos preencham requisitos referentes a deslocamento, alimentação e repouso. "O efetivo cumprimento da jornada de trabalho respectiva – em cada um dos cargos acumulados – constitui atribuição específica do setor de recursos humanos responsável", assinalou.

> ***Art. 4º.*** *É proibida a prestação de serviços gratuitos, salvo os casos previstos em lei.*

6.2 Provimento, Vacância, Remoção, Redistribuição e Substituição

6.2.1 Provimento

Provimento é o modo pelo qual um cargo público é preenchido.

> ***Art. 5º.*** *São requisitos básicos para investidura em cargo público:*
>
> ***I.*** *a nacionalidade brasileira;*
>
> ***II.*** *o gozo dos direitos políticos;*
>
> ***III.*** *a quitação com as obrigações militares e eleitorais;*
>
> ***IV.*** *o nível de escolaridade exigido para o exercício do cargo;*
>
> ***V.*** *a idade mínima de dezoito anos;*
>
> ***VI.*** *aptidão física e mental.*
>
> ***§ 1º.*** *As atribuições do cargo podem justificar a exigência de outros requisitos estabelecidos em lei.*

6.3 Jurisprudência

Súmula Vinculante 44: "Só por lei se pode sujeitar a exame psicotécnico a habilitação de candidato a cargo público."

> Súmula 14 do STF: "Não é admissível, por ato administrativo, restringir, em razão da idade, inscrição em concurso para cargo público."

> Súmula 683 do STF: "O limite de idade para a inscrição em concurso público só se legitima em face do art. 7º, XXX, da Constituição, quando possa ser justificado pela natureza das atribuições do cargo a ser preenchido."

§ 2º. Às pessoas portadoras de deficiência é assegurado o direito de se inscrever em concurso público para provimento de cargo cujas atribuições sejam compatíveis com a deficiência de que são portadoras; para tais pessoas serão reservadas até 20% (vinte por cento) das vagas oferecidas no concurso.

§ 3º. As universidades e instituições de pesquisa científica e tecnológica federais poderão prover seus cargos com professores, técnicos e cientistas estrangeiros, de acordo com as normas e os procedimentos desta Lei.

Art. 6º. *O provimento dos cargos públicos far-se-á mediante ato da autoridade competente de cada Poder.*

O provimento em um cargo público é a maneira como se preenche um cargo, é o ato administrativo que exterioriza, que evidencia a vontade da administração pública para a ocupação de *cargo público* por um agente.

Art. 7º. *A investidura em cargo público ocorrerá com a posse.*

OBS! a **INVESTIDURA** no cargo público ocorre com a **POSSE**.

A lei nº 8112/90 revela 7 Formas de Provimento, são elas:

1 - NOMEAÇÃO	2 - PROMOÇÃO	3 - READAPTAÇÃO	4 - REVERSÃO
5 - REINTEGRAÇÃO	6 - RECONDUÇÃO	7 - APROVEITAMENTO	

6.4 Da Nomeação

Única forma originária, as outras modalidades são formas derivadas de provimento – ou secundárias.

Art. 9º. *A nomeação far-se-á:*

I. *em caráter efetivo, quando se tratar de cargo isolado de provimento efetivo ou de carreira;*

II. *em comissão, inclusive na condição de interino, para cargos de confiança vagos.*

Parágrafo único. *O servidor ocupante de cargo em comissão ou de natureza especial poderá ser nomeado para ter exercício, interinamente, em outro cargo de confiança, sem prejuízo das atribuições do que atualmente ocupa, hipótese em que deverá optar pela remuneração de um deles durante o período da interinidade.*

Art. 10. *A nomeação para cargo de carreira ou cargo isolado de provimento efetivo depende de prévia habilitação em concurso público de provas ou de provas e títulos, obedecidos a ordem de classificação e o prazo de sua validade.*

Parágrafo único. *Os demais requisitos para o ingresso e o desenvolvimento do servidor na carreira, mediante promoção, serão estabelecidos pela lei que fixar as diretrizes do sistema de carreira na Administração Pública Federal e seus regulamentos.*

Súmula Vinculante 43: "É inconstitucional toda modalidade de provimento que propicie ao servidor investir-se, sem prévia aprovação em concurso público destinado ao seu provimento, em cargo que não integra a carreira na qual anteriormente investido".

Entendimentos do STF sobre alguns temas relevantes:

> Súmula 15: "Dentro do prazo de validade do concurso, o candidato aprovado tem direito à nomeação, quando o cargo for preenchido sem observância da classificação."

> Súmula 16: "Funcionário nomeado por concurso tem direito à posse."

> Súmula 17: "A nomeação de funcionário sem concurso pode ser desfeita antes da posse."

> Súmula 684: "É inconstitucional o veto não motivado à participação de candidato a concurso público."

6.5 Do Concurso Público

Art. 11. *O concurso será de provas ou de provas e títulos, podendo ser realizado em duas etapas, conforme dispuserem a lei e o regulamento do respectivo plano de carreira, condicionada a inscrição do candidato ao pagamento do valor fixado no edital, quando indispensável ao seu custeio, e ressalvadas as hipóteses de isenção nele expressamente previstas.*

Art. 12. *O concurso público terá validade de até 2 (dois) anos, podendo ser prorrogado uma única vez, por igual período.*

§ 1º. O prazo de validade do concurso e as condições de sua realização serão fixados em edital, que será publicado no Diário Oficial da União e em jornal diário de grande circulação.

§ 2º. Não se abrirá novo concurso enquanto houver candidato aprovado em concurso anterior com prazo de validade não expirado.

Comparativo entre o Estatuto Federal e a Constituição Federal

Artigo 37 da Constituição Federal:

III. *o prazo de validade do concurso público será de até dois anos, prorrogável uma vez, por igual período;*

IV. *durante o prazo improrrogável previsto no edital de convocação, aquele aprovado em concurso público de provas ou de provas e títulos será convocado com prioridade sobre novos concursados para assumir cargo ou emprego, na carreira;*

6.6 Jurisprudência

RE 837.311 (com repercussão geral): "A tese objetiva assentada em sede desta repercussão geral é a de que o surgimento de novas vagas ou a abertura de novo concurso para o mesmo cargo, durante o prazo de validade do certame anterior, não gera automaticamente o direito à nomeação dos candidatos aprovados fora das vagas previstas no edital, ressalvadas as hipóteses de preterição arbitrária e imotivada por parte da administração, caracterizadas por comportamento tácito ou expresso do Poder Público capaz de revelar a inequívoca necessidade de nomeação do aprovado durante o período de validade do certame, a ser demonstrada de forma cabal pelo candidato. Assim, a discricionariedade da Administração quanto à convocação de aprovados em concurso público fica reduzida ao patamar zero (Ermessensreduzierung auf Null), fazendo exsurgir o direito subjetivo à nomeação, verbi gratia, nas seguintes hipóteses excepcionais: i) Quando a aprovação ocorrer dentro do número de vagas dentro do edital (RE 598.099); ii) Quando houver preterição na nomeação por não observância da ordem de classificação (Súmula 15 do STF); iii) Quando surgirem novas vagas, ou for aberto novo concurso durante a validade do certame anterior, e ocorrer a preterição de candidatos aprovados fora das vagas de forma arbitrária e imotivada por parte da administração nos termos acima." (RE 837.311, rel. min. Luiz Fux, julgamento em 9-12- 2015, Plenário, DJE de 18-4-2016, com repercussão geral.) Vide: RE 598.099, rel. min. Gilmar Mendes, julgamento em 10-8-2011, Plenário, DJE de 3-10-2011, com repercussão geral.

6.7 Da Posse e do Exercício

Art. 13. *A posse dar-se-á pela assinatura do respectivo termo, no qual deverão constar as atribuições, os deveres, as responsabilidades e os direitos inerentes ao cargo ocupado, que não poderão ser alterados unilateralmente, por qualquer das partes, ressalvados os atos de ofício previstos em lei.*

§ 1º. *A posse ocorrerá no prazo de trinta dias contados da publicação do ato de provimento.*

§ 2º. *Em se tratando de servidor, que esteja na data de publicação do ato de provimento, em licença prevista nos incisos I, III e V do art. 81, ou afastado nas hipóteses dos incisos I, IV, VI, VIII, alíneas "a", "b", "d", "e" e "f", IX e X do art. 102, o prazo será contado do término do impedimento.*

CAUSAS DE IMPEDIMENTO PARA O SERVIDOR TOMAR POSSE.

Licenças	Afastamento
SE rviço Militar;	Deslocamento **para nova sede**;
CA pacitação;	**Acidente de serviço** / moléstia (doença) profissional;
DO ença em Pessoa da Família.	Tratar da própria **saúde até 24 meses** cumulativos;
	Participação em **Programa de Treinamento**;
	Participar de competição **esportiva nacional**;
	Convocação para integrar representação **desportiva nacional**.

§ 3º. *A posse poderá dar-se mediante procuração específica.*

§ 4º. *Só haverá posse nos casos de provimento de cargo por nomeação.*

§ 5º. *No ato da posse, o servidor apresentará declaração de bens e valores que constituem seu patrimônio e declaração quanto ao exercício ou não de outro cargo, emprego ou função pública.*

§ 6º. *Será tornado sem efeito o ato de provimento se a posse não ocorrer no prazo previsto no § 1º. deste artigo.*

Art. 14. *A posse em cargo público dependerá de prévia inspeção médica oficial.*

Parágrafo único. *Só poderá ser empossado aquele que for julgado apto física e mentalmente para o exercício do cargo.*

Art. 15. *Exercício é o efetivo desempenho das atribuições do cargo público ou da função de confiança.*

§ 1º. *É de quinze dias o prazo para o servidor empossado em cargo público entrar em exercício, contados da data da posse.*

§ 2º. *O servidor será exonerado do cargo ou será tornado sem efeito o ato de sua designação para função de confiança, se não entrar em exercício nos prazos previstos neste artigo, observado o disposto no art. 18.*

§ 3º. *À autoridade competente do órgão ou entidade para onde for nomeado ou designado o servidor compete dar-lhe exercício.*

§ 4º. *O início do exercício de função de confiança coincidirá com a data de publicação do ato de designação, salvo quando o servidor estiver em licença ou afastado por qualquer outro motivo legal, hipótese em que recairá no primeiro dia útil após o término do impedimento, que não poderá exceder a trinta dias da publicação.*

Art. 16. *O início, a suspensão, a interrupção e o reinício do exercício serão registrados no assentamento individual do servidor.*

Parágrafo único. *Ao entrar em exercício, o servidor apresentará ao órgão competente os elementos necessários ao seu assentamento individual.*

Art. 17. *A <u>promoção não interrompe o tempo de exercício</u>, que é contado no novo posicionamento na carreira a partir da data de publicação do ato que promover o servidor.*

Art. 18. *O servidor que deva ter exercício em outro município em razão de ter sido removido, redistribuído, requisitado, cedido ou posto em exercício provisório terá, no mínimo, dez e, no máximo, trinta dias de prazo, contados da publicação do ato, para a retomada do efetivo desempenho das atribuições do cargo, incluído nesse prazo o tempo necessário para o deslocamento para a nova sede.*

§ 1º. *Na hipótese de o servidor encontrar-se em licença ou afastado legalmente, o prazo a que se refere este artigo será contado a partir do término do impedimento.*

§ 2º. *É facultado ao servidor declinar dos prazos estabelecidos no* **caput**.

Art. 19. *Os servidores cumprirão jornada de trabalho fixada em razão das atribuições pertinentes aos respectivos cargos, respeitada a duração máxima do trabalho semanal de quarenta horas e observados os limites mínimo e máximo de seis horas e oito horas diárias, respectivamente.*

§ 1º. *O ocupante de cargo em comissão ou função de confiança submete-se a regime de integral dedicação ao serviço, observado o disposto no art. 120, podendo ser convocado sempre que houver interesse da Administração.*

§ 2º. *O disposto neste artigo não se aplica a duração de trabalho estabelecida em leis especiais.*

Art. 20. *Ao entrar em exercício, o servidor nomeado para cargo de provimento efetivo ficará sujeito a estágio probatório por período de 24 (vinte e quatro) meses, durante o qual a sua aptidão e capacidade serão objeto de avaliação para o desempenho do cargo, observados os seguinte fatores: (vide EMC nº 19)*

Critérios de Avaliação no Estágio Probatório: (a disca pro res)

→ **A** ssiduidade;

→ **DIS** ciplina;

→ **CA** pacidade de iniciativa;

→ **PRO** dutividade;

→ **RES** ponsabilidade.

§ 1º. *4 (quatro) meses antes de findo o período do estágio probatório, será submetida à homologação da autoridade competente a avaliação do desempenho do servidor, realizada por comissão constituída para essa finalidade, de acordo com o que dispuser a lei ou o regulamento da respectiva carreira ou cargo, sem prejuízo da continuidade de apuração dos fatores enumerados nos incisos I a V do caput deste artigo.*

§ 2º. *O servidor não aprovado no estágio probatório será exonerado ou, se estável, reconduzido ao cargo anteriormente ocupado, observado o disposto no parágrafo único do art. 29.*

§ 3º. *O servidor em estágio probatório poderá exercer quaisquer cargos de provimento em comissão ou funções de direção, chefia ou assessoramento no órgão ou entidade de lotação, e somente poderá ser cedido a outro órgão ou entidade para ocupar cargos de Natureza Especial, cargos de provimento em comissão do Grupo-Direção e Assessoramento Superiores - DAS, de níveis 6, 5 e 4, ou equivalentes.*

§ 4º. *Ao servidor em estágio probatório somente poderão ser concedidas as licenças e os afastamentos previstos nos arts. 81, incisos I a IV, 94, 95 e 96, bem assim afastamento para participar de curso de formação decorrente de aprovação em concurso para outro cargo na Administração Pública Federal.*

§ 5º. O estágio probatório ficará suspenso durante as licenças e os afastamentos previstos nos arts. 83, 84, § 1º., 86 e 96, bem assim na hipótese de participação em curso de formação, e será retomado a partir do término do impedimento.

6.8 Da Estabilidade – Comparação entre a lei 8112 e a Constituição Federal

Art. 21. *O servidor habilitado em concurso público e empossado em cargo de provimento efetivo adquirirá estabilidade no serviço público ao completar 2 (dois) anos de efetivo exercício. (prazo 3 anos - vide EMC nº 19)*

Art. 22. *O servidor estável só perderá o cargo em virtude de sentença judicial transitada em julgado ou de processo administrativo disciplinar no qual lhe seja assegurada ampla defesa. Constituição Federal, art. 41.*

São estáveis após três anos de efetivo exercício os servidores nomeados para cargo de provimento efetivo em virtude de concurso público. (Redação dada pela Emenda Constitucional nº 19, de 1998)

§ 1º *O servidor público estável só perderá o cargo:* (Redação dada pela Emenda Constitucional nº 19, de 1998)

I. *em virtude de sentença judicial transitada em julgado; (Incluído pela Emenda Constitucional nº 19, de 1998)*

II. *mediante processo administrativo em que lhe seja assegurada ampla defesa; (Incluído pela Emenda Constitucional nº 19, de 1998)*

III. *mediante procedimento de avaliação periódica de desempenho, na forma de lei complementar, assegurada ampla defesa.* (Incluído pela Emenda Constitucional nº 19, de 1998)

§ 2º *Invalidada por sentença judicial a demissão do servidor estável, será ele reintegrado, e o eventual ocupante da vaga, se estável, reconduzido ao cargo de origem, sem direito a indenização, aproveitado em outro cargo ou posto em disponibilidade com remuneração proporcional ao tempo de serviço.* (Redação dada pela Emenda Constitucional nº 19, de 1998)

§ 3º *Extinto o cargo ou declarada a sua desnecessidade, o servidor estável ficará em disponibilidade, com remuneração proporcional ao tempo de serviço, até seu adequado aproveitamento em outro cargo.* (Redação dada pela Emenda Constitucional nº 19, de 1998)

§ 4º *Como condição para a aquisição da estabilidade, é obrigatória a avaliação especial de desempenho por comissão instituída para essa finalidade.* (Incluído pela Emenda Constitucional nº 19, de 1998)

6.9 Da Transferência

Art. 23. *Revogado*

6.10 Da Readaptação

Lei 8112

Art. 24. *Readaptação é a investidura do servidor em cargo de atribuições e responsabilidades compatíveis com a limitação que tenha sofrido em sua capacidade física ou mental verificada em inspeção médica.*

§ 1º. *Se julgado incapaz para o serviço público, o readaptando será aposentado.*

§ 2º. *A readaptação será efetivada em cargo de atribuições afins, respeitada a habilitação exigida, nível de escolaridade e equivalência de vencimentos e, na hipótese de inexistência de cargo vago, o servidor exercerá suas atribuições como excedente, até a ocorrência de vaga.*

Constituição Federal – REFORMA DA PREVIDÊNCIA

Art. 37, *§ 13: O servidor público titular de cargo efetivo poderá ser readaptado para exercício de cargo cujas atribuições e responsabilidades sejam compatíveis com a limitação que tenha sofrido em sua capacidade física ou mental, enquanto permanecer nesta condição, desde que possua a habilitação e o nível de escolaridade exigidos para o cargo de destino, mantida a remuneração do cargo de origem.* (Incluído pela Emenda Constitucional nº 103, de 2019).

6.11 Reversão

Art. 25. *Reversão é o retorno à atividade de servidor aposentado*

I. *por invalidez, quando junta médica oficial declarar insubsistentes os motivos da aposentadoria;*

II. *no interesse da administração, desde que*

tenha solicitado a reversão

a aposentadoria tenha sido voluntária

estável quando na atividade

d) *a aposentadoria tenha ocorrido nos cinco anos anteriores à solicitação*

e) *haja cargo vago*

§ 1º. A reversão far-se-á no mesmo cargo ou no cargo resultante de sua transformação

§ 2º. *O tempo em que o servidor estiver em exercício será considerado para concessão da aposentadoria*

§ 3º. *No caso do inciso I, encontrando-se provido o cargo, o servidor exercerá suas atribuições como excedente, até a ocorrência de vaga*

§ 4º. *O servidor que retornar à atividade por interesse da administração perceberá, em substituição aos proventos da aposentadoria, a remuneração do cargo que voltar a exercer, inclusive com as vantagens de natureza pessoal que percebia anteriormente à aposentadoria*

§ 5º. *O servidor de que trata o inciso II somente terá os proventos calculados com base nas regras atuais se permanecer pelo menos cinco anos no cargo*

§ 6º. *O Poder Executivo regulamentará o disposto neste artigo*

Art. 26

Art. 27. *Não poderá reverter o aposentado que já tiver completado 70 (setenta) anos de idade.* D**a Reintegração**

Art. 28. *A reintegração é a reinvestidura do servidor estável no cargo anteriormente ocupado, ou no cargo resultante de sua transformação, quando invalidada a sua demissão por decisão administrativa ou judicial, com ressarcimento de todas as vantagens.*

§ 1º. *Na hipótese de o cargo ter sido extinto, o servidor ficará em disponibilidade, observado o disposto nos arts. 30 e 31.*

§ 2º. *Encontrando-se provido o cargo, o seu eventual ocupante será reconduzido ao cargo de origem, sem direito à indenização ou aproveitado em outro cargo, ou, ainda, posto em disponibilidade.* D**a Recondução**

Art. 29. *Recondução é o retorno do servidor estável ao cargo anteriormente ocupado e decorrerá de:*

I. *inabilitação em estágio probatório relativo a outro cargo;*

II. *reintegração do anterior ocupante.*

Parágrafo único. *Encontrando-se provido o cargo de origem, o servidor será aproveitado em outro, observado o disposto no art. 30.*

O STJ admite a possibilidade de o servidor público federal estável que tome posse em cargo efetivo de outra esfera de governo — portanto, em outro regime jurídico — requerer sua recondução ao cargo federal, desde que o faça antes do encerramento do estágio probatório, ou seja, antes de adquirida a estabilidade no novo regime.

Assim, caso um servidor que tenha adquirido estabilidade no serviço público federal tome posse, por exemplo, em cargo efetivo estadual, deve ser garantido a esse servidor, se vier a ser inabilitado no estágio probatório ou se dele desistir, a recondução ao cargo federal originariamente investido. Da Disponibilidade e do Aproveitamento

> ***Art. 30.*** *O retorno à atividade de servidor em disponibilidade far-se-á mediante aproveitamento obrigatório em cargo de atribuições e vencimentos compatíveis com o anteriormente ocupado.*
>
> ***Art. 31.*** *O órgão Central do Sistema de Pessoal Civil determinará o imediato aproveitamento de servidor em disponibilidade em vaga que vier a ocorrer nos órgãos ou entidades da Administração Pública Federal.*
>
> ***Parágrafo único.*** *Na hipótese prevista no § 3º. do art. 37, o servidor posto em disponibilidade poderá ser mantido sob responsabilidade do órgão central do Sistema de Pessoal Civil da Administração Federal - SIPEC, até o seu adequado aproveitamento em outro órgão ou entidade*
>
> ***Art. 32.*** *Será tornado sem efeito o aproveitamento e cassada a disponibilidade se o servidor não entrar em exercício no prazo legal, salvo doença comprovada por junta médica oficial.*

6.12 Da Vacância

> ***Art. 33.*** *A vacância do cargo público decorrerá de:*

FORMAS DE VACÂNCIA: (Cargo Vago)

FALECIMENTO	**READAPTAÇÃO**
PROMOÇÃO	**POSSE EM OUTRO CARGO INACUMULÁVEL**
EXONERAÇÃO	**DEMISSÃO**
APOSENTADORIA	

> ***Art. 34.*** *A exoneração de cargo efetivo dar-se-á a pedido do servidor, ou de ofício.*
>
> ***Parágrafo único.*** *A exoneração de ofício dar-se-á:*
>
> ***I.*** *quando não satisfeitas as condições do estágio probatório;*
>
> ***II.*** *quando, tendo tomado posse, o servidor não entrar em exercício no prazo estabelecido.*
>
> ***Art. 35.*** *A exoneração de cargo em comissão e a dispensa de função de confiança dar-se-á:*
>
> ***I.*** *a juízo da autoridade competente;*
>
> ***II.*** *a pedido do próprio servidor.*
>
> ***Parágrafo único.***

6.13 Remoção e da Redistribuição

6.13.1 Remoção

> ***Art. 36.*** *Remoção é o deslocamento do servidor, a pedido ou de ofício, no âmbito do mesmo quadro, com ou sem mudança de sede.*
>
> ***Parágrafo único.*** *Para fins do disposto neste artigo, entende-se por modalidades de remoção*
>
> ***I.*** *de ofício, no interesse da Administração;*
>
> ***II.*** *a pedido, a critério da Administração;*
>
> ***III.*** *a pedido, para outra localidade, independentemente do interesse da Administração:*
>
> ***a)*** *para acompanhar cônjuge ou companheiro, também servidor público civil ou militar, de qualquer dos Poderes da União, dos Estados, do Distrito Federal e dos Municípios, que foi deslocado no interesse da Administração;*
>
> ***b)*** *por motivo de saúde do servidor, cônjuge, companheiro ou dependente que viva às suas expensas e conste do seu assentamento funcional, condicionada à comprovação por junta médica oficial;*
>
> ***c)*** *em virtude de processo seletivo promovido, na hipótese em que o número de interessados for superior ao número de vagas, de acordo com normas preestabelecidas pelo órgão ou entidade em que aqueles estejam lotados.*

O STF e o STJ possuem interpretação ampliativa da remoção prevista no art. 36, III, "a" (para acompanhar cônjuge ou companheiro). A legislação determina que um cônjuge (vamos chamá-lo de "A") seja deslocado no interesse da Administração para que o outro cônjuge seja deslocado para acompanhá-lo (este será "B"). Para ocorrer a remoção, "A" deve ser servidor público ou empregado público (ampliação do conceito), de qualquer dos Poderes, e de qualquer ente da Federação (União, estados, DF e municípios). Por outro lado, "B" deve estar submetido à Lei nº 8.112/1990, ou seja, deve ser servidor público federal (STF, MS 23.058/DF; STJ MS 14.195/DF).1

6.13.2 Redistribuição

> ***Art. 37.*** *Redistribuição é o deslocamento de cargo de provimento efetivo, ocupado ou vago no âmbito do quadro geral de pessoal, para outro órgão ou entidade do mesmo Poder, com prévia apreciação do órgão central do SIPEC, observados os seguintes preceitos:*

Preceitos da redistribuição: (mnemônico: **VIMCEM**)

V inculação entre os graus de responsabilidade;	**C** ompatibilidade entre as atribuições do cargo;
I nteresse da Administração Pública;	**E** quivalência de vencimentos;
M anutenção das atribuições do cargo;	**M** esmo nível de escolaridade.

> ***§ 1º.*** *A redistribuição ocorrerá ex officio para ajustamento de lotação e da força de trabalho às necessidades dos serviços, inclusive nos casos de reorganização, extinção ou criação de órgão ou entidade.*
>
> ***§ 2º.*** *A redistribuição de cargos efetivos vagos se dará mediante ato conjunto entre o órgão central do SIPEC e os órgãos e entidades da Administração Pública Federal envolvidos.*
>
> ***§ 3º.*** *Nos casos de reorganização ou extinção de órgão ou entidade, extinto o cargo ou declarada sua desnecessidade no órgão ou entidade, o servidor estável que não for redistribuído será colocado em disponibilidade, até seu aproveitamento na forma dos arts. 30 e 31.*
>
> ***§ 4º.*** *O servidor que não for redistribuído ou colocado em disponibilidade poderá ser mantido sob responsabilidade do órgão central do SIPEC, e ter exercício provisório, em outro órgão ou entidade, até seu adequado aproveitamento. Substituição*
>
> ***Art. 38.*** *Os servidores investidos em cargo ou função de direção ou chefia e os ocupantes de cargo de Natureza Especial terão substitutos indicados no regimento interno ou, no caso de omissão, previamente designados pelo dirigente máximo do órgão ou entidade.*
>
> ***§ 1º.*** *O substituto assumirá automática e cumulativamente, sem prejuízo do cargo que ocupa, o exercício do cargo ou função de direção ou chefia e os de Natureza Especial, nos afastamentos, impedimentos legais ou regulamentares do titular e na vacância do cargo, hipóteses em que deverá optar pela remuneração de um deles durante o respectivo período.*
>
> ***§ 2º.*** *O substituto fará jus à retribuição pelo exercício do cargo ou função de direção ou chefia ou de cargo de Natureza Especial, nos casos dos afastamentos ou impedimentos legais do titular, superiores a trinta dias consecutivos, paga na proporção dos dias de efetiva substituição, que excederem o referido período.*
>
> ***Art. 39.*** *O disposto no artigo anterior aplica-se aos titulares de unidades administrativas organizadas em nível de assessoria.*

Questões

01. (CESPE) Considerando as Leis n.º 8.112/1990, 8.429/1992 e 9.784/1999, normas nacionais que regulam o direito administrativo, julgue o item subsecutivo.

Situação hipotética: Sérgio, aprovado em concurso público, foi nomeado em vinte de outubro de 2015. Um ano e dois meses depois, após ter sido aprovado em outro concurso público, entrou em exercício no novo órgão público no dia quinze de janeiro de 2017. No entanto, durante o estágio probatório, ele se arrependeu da nova investidura e decidiu retornar ao cargo que havia ocupado anteriormente. Assertiva: Nessa situação, Sérgio terá direito a retornar ao cargo anteriormente ocupado em virtude do instituto da recondução.

Certo ( ) Errado ( )

02. (CESPE) A respeito das disposições da CF e da legislação que instituiu o regime jurídico dos funcionários públicos civis do estado de Pernambuco, julgue o próximo item.

Demissão, promoção ou morte de servidor público são situações que geram vacância do cargo público.

Certo ( ) Errado ( )

03. (CESPE) Em conformidade com a Lei n.º 8.112/1990 e suas alterações, julgue o item que se segue.

A estabilidade do servidor habilitado em concurso público é garantida imediatamente após sua posse, haja vista a sua aprovação em concurso público.

Certo ( ) Errado ( )

04. (CESPE) Em conformidade com a Lei n.º 8.112/1990 e suas alterações, julgue o item que se segue.

Não se admite que a posse em cargo público seja realizada mediante procuração específica.

Certo ( ) Errado ( )

05. (CESPE) Em conformidade com a Lei n.º 8.112/1990 e suas alterações, julgue o item que se segue.

Para a investidura em cargo público, exige-se, entre outros requisitos, a nacionalidade brasileira originária ou nata.

Certo ( ) Errado ( )

06. (CESPE) Com base nas disposições da Lei n.º 8.112/1990, julgue o item seguinte.

Servidor que se encontre em estágio probatório não poderá exercer cargo em comissão no órgão em que esteja lotado.

Certo ( ) Errado ( )

07. (CESPE) Com base nas disposições da Lei n.º 8.112/1990, julgue o item seguinte.

Será exonerado de ofício o servidor que, tendo tomado posse, não entrar em exercício no prazo estabelecido em lei.

Certo ( ) Errado ( )

08. (CESPE) Com base nas disposições da Lei n.º 8.112/1990, julgue o item seguinte. Somente nos casos de provimento de cargo por nomeação haverá posse.

Certo ( ) Errado ( )

09. (CESPE) Com base nas disposições da Lei n.º 8.112/1990, julgue o item seguinte, a respeito de provimento de vagas no serviço público e direitos e vantagens do servidor público.

Nos concursos para provimento de vagas no serviço público, no mínimo, 25% das vagas oferecidas são reservadas às pessoas portadoras de deficiência.

Certo ( ) Errado ( )

10. (CESPE) Com base nas disposições da Lei n.º 8.112/1990, julgue o item seguinte, a respeito de provimento de vagas no serviço público e direitos e vantagens do servidor público.

A posse no serviço público ocorrerá no prazo máximo de quinze dias, contados da publicação do ato de provimento.

Certo ( ) Errado ( )

Gabaritos

01	E	06	E
02	C	07	C
03	E	08	C
04	E	09	E
05	E	10	E

7. DIREITOS E VANTAGENS

7.1 Do Vencimento e da Remuneração

Art. 40. *Vencimento é a retribuição pecuniária pelo exercício de cargo público, com valor fixado em lei.*

Parágrafo único. (Revogado pela Medida Provisória nº 431, de 2008). (Revogado pela Lei nº 11.784, de 2008)

Art. 41. *Remuneração é o vencimento do cargo efetivo, acrescido das vantagens pecuniárias permanentes estabelecidas em lei.*

§ 1º. *A remuneração do servidor investido em função ou cargo em comissão será paga na forma prevista no art. 62.*

§ 2º. *O servidor investido em cargo em comissão de órgão ou entidade diversa da de sua lotação receberá a remuneração de acordo com o estabelecido no § 1º. do art. 93.*

§ 3º. *O vencimento do cargo efetivo, acrescido das vantagens de caráter permanente, é irredutível.*

§ 4º. *É assegurada a isonomia de vencimentos para cargos de atribuições iguais ou assemelhadas do mesmo Poder, ou entre servidores dos três Poderes, ressalvadas as vantagens de caráter individual e as relativas à natureza ou ao local de trabalho.*

§ 5º. *Nenhum servidor receberá remuneração inferior ao salário mínimo.* (Incluído pela Lei nº 11.784, de 2008

Art. 42. *Nenhum servidor poderá perceber, mensalmente, a título de remuneração, importância superior à soma dos valores percebidos como remuneração, em espécie, a qualquer título, no âmbito dos respectivos Poderes, pelos Ministros de Estado, por membros do Congresso Nacional e Ministros do Supremo Tribunal Federal.*

Parágrafo único. *Excluem-se do teto de remuneração as vantagens previstas nos incisos II a VII do art. 61.*

II. *gratificação natalina;*

III. *(Revogado pela Medida Provisória nº 2.225-45, de 4.9.2001)*

IV. *adicional pelo exercício de atividades insalubres, perigosas ou penosas;*

V. *adicional pela prestação de serviço extraordinário;*

VI. *adicional noturno;*

VII. *adicional de férias;*

Teto constitucional incide em cada cargo nos casos em que é permitida a acumulação, decide STF

Por decisão majoritária, o Plenário do Supremo Tribunal Federal (STF) negou provimento a dois Recursos Extraordinários (REs 602043 e 612975) em que o Estado do Mato Grosso questionava decisões do Tribunal de Justiça local (TJ-MT) contrárias à aplicação do teto na remuneração acumulada de dois cargos públicos exercidos pelo mesmo servidor. Os ministros entenderam que deve ser aplicado o teto remuneratório constitucional de forma isolada para cada cargo público acumulado, nas formas autorizadas pela Constituição. O tema debatido nos recursos teve repercussão geral reconhecida.

Art. 43. (Revogado pela Lei nº 9.624, de 2.4.98) (Vide Lei nº 9.624, de 2.4.98)

Art. 44. *O servidor perderá:*

I. *a remuneração do dia em que faltar ao serviço, sem motivo justificado;* (Redação dada pela Lei nº 9.527, de 10.12.97)

II. *a parcela de remuneração diária, proporcional aos atrasos, ausências justificadas, ressalvadas as concessões de que trata o art. 97, e saídas antecipadas, salvo na hipótese de compensação de horário, até o mês subsequente ao da ocorrência, a ser estabelecida pela chefia imediata.* (Redação dada pela Lei nº 9.527, de 10.12.97)

Parágrafo único. *As faltas justificadas decorrentes de caso fortuito ou de força maior poderão ser compensadas a critério da chefia imediata, sendo assim consideradas como efetivo exercício.* (Incluído pela Lei nº 9.527, de 10.12.97)

Art. 45. *Salvo por imposição legal, ou mandado judicial, nenhum desconto incidirá sobre a remuneração ou provento.*

§ 1º. *Mediante autorização do servidor, poderá haver consignação em folha de pagamento em favor de terceiros, a critério da administração e com reposição de custos, na forma definida em regulamento.* (Redação dada pela Lei nº 13.172, de 2015)

§ 2º. *O total de consignações facultativas de que trata o § 1º. não excederá a 35% (trinta e cinco por cento) da remuneração mensal, sendo 5% (cinco por cento) reservados exclusivamente para:* (Redação dada pela Lei nº 13.172, de 2015)

I. a amortização de despesas contraídas por meio de cartão de crédito; ou (Incluído pela Lei nº 13.172, de 2015)

II. a utilização com a finalidade de saque por meio do cartão de crédito. (Incluído pela Lei nº 13.172, de 2015)

Art. 46. *As reposições e indenizações ao erário, atualizadas até 30 de junho de 1994, serão previamente comunicadas ao servidor ativo, aposentado ou ao pensionista, para pagamento, no prazo máximo de trinta dias, podendo ser parceladas, a pedido do interessado.* (Redação dada pela Medida Provisória nº 2.225-45, de 4.9.2001)

§ 1º. *O valor de cada parcela não poderá ser inferior ao correspondente a dez por cento da remuneração, provento ou pensão.* (Redação dada pela Medida Provisória nº 2.225-45, de 4.9.2001)

§ 2º. *Quando o pagamento indevido houver ocorrido no mês anterior ao do processamento da folha, a reposição será feita imediatamente, em uma única parcela.* (Redação dada pela Medida Provisória nº 2.225-45, de 4.9.2001)

§ 3º. *Na hipótese de valores recebidos em decorrência de cumprimento a decisão liminar, a tutela antecipada ou a sentença que venha a ser revogada ou rescindida, serão eles atualizados até a data da reposição.* (Redação dada pela Medida Provisória nº 2.225-45, de 4.9.2001)

Art. 47. *O servidor em débito com o erário, que for demitido, exonerado ou que tiver sua aposentadoria ou disponibilidade cassada, terá o prazo de sessenta dias para quitar o débito.* (Redação dada pela Medida Provisória nº 2.225-45, de 4.9.2001)

Parágrafo único. *A não quitação do débito no prazo previsto implicará sua inscrição em dívida ativa.* (Redação dada pela Medida Provisória nº 2.225-45, de 4.9.2001)

Art. 48. *O vencimento, a remuneração e o provento não serão objeto de arresto, sequestro ou penhora, exceto nos casos de prestação de alimentos resultante de decisão judicial.*

7.2 Das Vantagens

Art. 49. *Além do vencimento, poderão ser pagas ao servidor as seguintes vantagens:*

I. *indenizações;*

II. *gratificações;*

III. *adicionais.*

§ 1º. *As indenizações não se incorporam ao vencimento ou provento para qualquer efeito.*

§ 2º. *As gratificações e os adicionais incorporam-se ao vencimento ou provento, nos casos e condições indicados em lei.*

Art. 50. *As vantagens pecuniárias não serão computadas, nem acumuladas, para efeito de concessão de quaisquer outros acréscimos pecuniários ulteriores, sob o mesmo título ou idêntico fundamento.*

7.3 Das Indenizações

As verbas indenizatórias têm natureza jurídica de verba reparatória, ou seja não são consideradas acréscimo patrimonial, apenas são consideradas um ressarcimento pelos gastos realizados pelo servidor. As verbas indenizatórias são fixadas em quatro espécies: ajuda de custo, diárias de viagem, indenização de transporte e auxílio moradia. A lei específica de cada carreira pode criar outras espécies de verbas indenizatórias, em virtude da atividade desempenhada naquela carreira.

Art. 51. *Constituem indenizações ao servidor:*

I. *ajuda de custo;*

II. *diárias;*

III. *transporte.*

IV. *Auxílio Moradia*

Art. 52. *Os valores das indenizações estabelecidas nos incisos I a III do art. 51, assim como as condições para a sua concessão, serão estabelecidos em regulamento.* (Redação dada pela Lei nº 11.355, de 2006)

7.4 Da Ajuda de Custo

Art. 53. *A ajuda de custo destina-se a compensar as despesas de instalação do servidor que, no interesse do serviço, passar a ter exercício em nova sede, com mudança de domicílio em caráter permanente, vedado o duplo pagamento de indenização, a qualquer tempo, no caso de o cônjuge ou companheiro que detenha também a condição de servidor, vier a ter exercício na mesma sede.* (Redação dada pela Lei nº 9.527, de 10.12.97)

§ 1º. *Correm por conta da administração as despesas de transporte do servidor e de sua família, compreendendo passagem, bagagem e bens pessoais.*

§ 2º. *À família do servidor que falecer na nova sede são assegurados ajuda de custo e transporte para a localidade de origem, dentro do prazo de 1 (um) ano, contado do óbito.*

§ 3º. *Não será concedida ajuda de custo nas hipóteses de remoção previstas nos incisos II e III do parágrafo único do art. 36.* (Incluído pela Lei nº 12.998, de 2014)

Art. 54. *A ajuda de custo é calculada sobre a remuneração do servidor, conforme se dispuser em regulamento, não podendo exceder a importância correspondente a 3 (três) meses.*

Art. 55. *Não será concedida ajuda de custo ao servidor que se afastar do cargo, ou reassumi-lo, em virtude de mandato eletivo.*

Art. 56. *Será concedida ajuda de custo àquele que, não sendo servidor da União, for nomeado para cargo em comissão, com mudança de domicílio.*

Parágrafo único. *No afastamento previsto no inciso I do art. 93, a ajuda de custo será paga pelo órgão cessionário, quando cabível.*

Art. 57. *O servidor ficará obrigado a restituir a ajuda de custo quando, injustificadamente, não se apresentar na nova sede no prazo de 30 (trinta) dias.*

7.5 Das Diárias

Art. 58. *O servidor que, a serviço, afastar-se da sede em caráter eventual ou transitório para outro ponto do território nacional ou para o exterior, fará jus a passagens e diárias destinadas a indenizar as parcelas de despesas extraordinária com pousada, alimentação e locomoção urbana, conforme dispuser em regulamento.* (Redação dada pela Lei nº 9.527, de 10.12.97)

§ 1º. *A diária será concedida por dia de afastamento, sendo devida pela metade quando o deslocamento não exigir pernoite fora da sede, ou quando a União custear, por meio diverso, as despesas extraordinárias cobertas por diárias.* (Redação dada pela Lei nº 9.527, de 10.12.97)

§ 2º. *Nos casos em que o deslocamento da sede constituir exigência permanente do cargo, o servidor não fará jus a diárias.*

§ 3º. *Também não fará jus a diárias o servidor que se deslocar dentro da mesma região metropolitana, aglomeração urbana ou microrregião, constituídas por municípios limítrofes e regularmente instituídas, ou em áreas de controle integrado mantidas com países limítrofes, cuja jurisdição e competência dos órgãos, entidades e servidores brasileiros considera-se estendida, salvo se houver pernoite fora da sede, hipóteses em que as diárias pagas serão sempre as fixadas para os afastamentos dentro do território nacional.* (Incluído pela Lei nº 9.527, de 10.12.97)

Art. 59. *O servidor que receber diárias e não se afastar da sede, por qualquer motivo, fica obrigado a restituí-las integralmente, no prazo de 5 (cinco) dias.*

Parágrafo único. *Na hipótese de o servidor retornar à sede em prazo menor do que o previsto para o seu afastamento, restituirá as diárias recebidas em excesso, no prazo previsto no caput.*

Mudança de domicílio em caráter permanente, gera o direito à ajuda de custo, e o afastamento de sede em caráter eventual enseja o pagamento de diárias.

7.6 Da Indenização de Transporte

Art. 60. *Conceder-se-á indenização de transporte ao servidor que realizar despesas com a utilização de meio próprio de locomoção para a execução de serviços externos, por força das atribuições próprias do cargo, conforme se dispuser em regulamento.*

Não confundir com o Auxílio transporte regulamentado por regra própria, a indenização não se relaciona com o deslocamento diário trabalho casa, casa trabalho.

7.7 Auxílio-Moradia (Incluído pela Lei nº 11.355, de 2006)

Art. 60-A. *O auxílio-moradia consiste no ressarcimento das despesas comprovadamente realizadas pelo servidor com aluguel de moradia ou com meio de hospedagem administrado por empresa hoteleira, no prazo de um mês após a comprovação da despesa pelo servidor.* (Incluído pela Lei nº 11.355, de 2006)

Art. 60-B. *Conceder-se-á auxílio-moradia ao servidor se atendidos os seguintes requisitos:* (Incluído pela Lei nº 11.355, de 2006)

I. *não exista imóvel funcional disponível para uso pelo servidor;* (Incluído pela Lei nº 11.355, de 2006)

II. *o cônjuge ou companheiro do servidor não ocupe imóvel funcional;* (Incluído pela Lei nº 11.355, de 2006)

III. *o servidor ou seu cônjuge ou companheiro não seja ou tenha sido proprietário, promitente comprador, cessionário ou promitente cessionário de imóvel no Município aonde for exercer o cargo, incluída a hipótese de lote edificado sem averbação de construção, nos doze meses que antecederem a sua nomeação;* (Incluído pela Lei nº 11.355, de 2006)

IV. *nenhuma outra pessoa que resida com o servidor receba auxílio-moradia;* (Incluído pela Lei nº 11.355, de 2006)

V. *o servidor tenha se mudado do local de residência para ocupar cargo em comissão ou função de confiança do Grupo-Direção e Assessoramento Superiores. DAS, níveis 4, 5 e 6, de Natureza Especial, de Ministro de Estado ou equivalentes;* (Incluído pela Lei nº 11.355, de 2006)

VI. *o Município no qual assuma o cargo em comissão ou função de confiança não se enquadre nas hipóteses do art. 58, § 3º., em relação ao local de residência ou domicílio do servidor;* (Incluído pela Lei nº 11.355, de 2006)

VII. *o servidor não tenha sido domiciliado ou tenha residido no Município, nos últimos doze meses, aonde for exercer o cargo em comissão ou função de confiança, desconsiderando-se prazo inferior a sessenta dias dentro desse período; e* (Incluído pela Lei nº 11.355, de 2006)

VIII. *o deslocamento não tenha sido por força de alteração de lotação ou nomeação para cargo efetivo.* (Incluído pela Lei nº 11.355, de 2006)

IX. *o deslocamento tenha ocorrido após 30 de junho de 2006.* (Incluído pela Lei nº 11.490, de 2007)

Parágrafo único. *Para fins do inciso VII, não será considerado o prazo no qual o servidor estava ocupando outro cargo em comissão relacionado no inciso V.* (Incluído pela Lei nº 11.355, de 2006)

Art. 60-C. (Revogado pela Lei nº 12.998, de 2014)

Art. 60-D. *O valor mensal do auxílio-moradia é limitado a 25% (vinte e cinco por cento) do valor do cargo em comissão, função comissionada ou cargo de Ministro de Estado ocupado.* (Incluído pela Lei nº 11.784, de 2008

§ 1º. *O valor do auxílio-moradia não poderá superar 25% (vinte e cinco por cento) da remuneração de Ministro de Estado.* (Incluído pela Lei nº 11.784, de 2008

§ 2º. *Independentemente do valor do cargo em comissão ou função comissionada, fica garantido a todos os que preencherem os requisitos o ressarcimento até o valor de R$ 1.800,00 (mil e oitocentos reais).* (Incluído pela Lei nº 11.784, de 2008

§ 3º. (Incluído pela Medida Provisória nº 805, de 2017) (Vigência encerrada)

§ 4º. (Incluído pela Medida Provisória nº 805, de 2017) (Vigência encerrada)

Art. 60-E. *No caso de falecimento, exoneração, colocação de imóvel funcional à disposição do servidor ou aquisição de imóvel, o auxílio-moradia continuará sendo pago por um mês.* (Incluído pela Lei nº 11.355, de 2006)

7.8 Das Gratificações e Adicionais

Art. 61. *Além do vencimento e das vantagens previstas nesta Lei, serão deferidos aos servidores as seguintes retribuições, gratificações e adicionais:* (Redação dada pela Lei nº 9.527, de 10.12.97)

I. *retribuição pelo exercício de função de direção, chefia e assessoramento;* (Redação dada pela Lei nº 9.527, de 10.12.97)

II. *gratificação natalina;*

III. (Revogado pela Medida Provisória nº 2.225-45, de 4.9.2001)

IV. *adicional pelo exercício de atividades insalubres, perigosas ou penosas;*

V. *adicional pela prestação de serviço extraordinário;*

VI. *adicional noturno;*

VII. *adicional de férias;*

VIII. *outros, relativos ao local ou à natureza do trabalho.*

IX. *gratificação por encargo de curso ou concurso.* (Incluído pela Lei nº 11.314 de 2006) **Da Retribuição pelo Exercício de Função de Direção, Chefia e Assessoramento** (Redação dada pela Lei nº 9.527, de 10.12.97)

Art. 62. *Ao servidor ocupante de cargo efetivo investido em função de direção, chefia ou assessoramento, cargo de provimento em comissão ou de Natureza Especial é devida retribuição pelo seu exercício.* (Redação dada pela Lei nº 9.527, de 10.12.97)

Parágrafo único. *Lei específica estabelecerá a remuneração dos cargos em comissão de que trata o inciso II do art. 9o.* (Redação dada pela Lei nº 9.527, de 10.12.97)

Art. 62-A. *Fica transformada em Vantagem Pessoal Nominalmente Identificada - VPNI a incorporação da retribuição pelo exercício de função de direção, chefia ou assessoramento, cargo de provimento em comissão ou de Natureza Especial a que se referem os arts. 3º. e 10 da Lei no 8.911, de 11 de julho de 1994, e o art. 3º. da Lei no 9.624, de 2 de abril de 1998.* (Incluído pela Medida Provisória nº 2.225-45, de 4.9.2001)

Parágrafo único. *A VPNI de que trata o caput deste artigo somente estará sujeita às revisões gerais de remuneração dos servidores públicos federais.* (Incluído pela Medida Provisória nº 2.225-45, de 4.9.2001)

7.9 Da Gratificação Natalina

Art. 63. *A gratificação natalina corresponde a 1/12 (um doze avos) da remuneração a que o servidor fizer jus no mês de dezembro, por mês de exercício no respectivo ano.*

Parágrafo único. *A fração igual ou superior a 15 (quinze) dias será considerada como mês integral.*

Art. 64. *A gratificação será paga até o dia 20 (vinte) do mês de dezembro de cada ano.*

Parágrafo único. (VETADO).

Art. 65. *O servidor exonerado perceberá sua gratificação natalina, proporcionalmente aos meses de exercício, calculada sobre a remuneração do mês da exoneração.*

Art. 66. *A gratificação natalina não será considerada para cálculo de qualquer vantagem pecuniária.*

O clássico 13° salário do servidor público Federal. Importante reforçar que 15 dias ou mais trabalhados, já são considerados um mês integral trabalhado e, consequentemente, devido.

7.10 Do Adicional por Tempo de Serviço

Art. 67. (Revogado pela Medida Provisória nº 2.225-45, de 2001, respeitadas as situações constituídas até 8.3.1999)

7.11 Dos Adicionais de Insalubridade, Periculosidade ou Atividades Penosas

Art. 68. *Os servidores que trabalhem com habitualidade em locais insalubres ou em contato permanente com substâncias tóxicas, radioativas ou com risco de vida, fazem jus a um adicional sobre o vencimento do cargo efetivo.*

§ 1º. *O servidor que fizer jus aos adicionais de insalubridade e de periculosidade deverá optar por um deles.*

§ 2º. *O direito ao adicional de insalubridade ou periculosidade cessa com a eliminação das condições ou dos riscos que deram causa a sua concessão.*

Art. 69. *Haverá permanente controle da atividade de servidores em operações ou locais considerados penosos, insalubres ou perigosos.*

Parágrafo único. *A servidora gestante ou lactante será afastada, enquanto durar a gestação e a lactação, das operações e locais previstos neste artigo, exercendo suas atividades em local salubre e em serviço não penoso e não perigoso.*

Art. 70. *Na concessão dos adicionais de atividades penosas, de insalubridade e de periculosidade, serão observadas as situações estabelecidas em legislação específica.*

Art. 71. *O adicional de atividade penosa será devido aos servidores em exercício em zonas de fronteira ou em localidades cujas condições de vida o justifiquem, nos termos, condições e limites fixados em regulamento.*

Art. 72. *Os locais de trabalho e os servidores que operam com Raios X ou substâncias radioativas serão mantidos sob controle permanente, de modo que as doses de radiação ionizante não ultrapassem o nível máximo previsto na legislação própria.*

Parágrafo único. *Os servidores a que se refere este artigo serão submetidos a exames médicos a cada 6 (seis) meses.*

Pontos a observar:

1. Insalubridade e periculosidade não se acumulam;

2. O servidor faz a opção;

3. O Controle Permanente da atividade dos servidores é necessário, inicialmente para proteger a integridade física e secundariamente para a avaliação com relação às condições de risco.

7.12 Do Adicional por Serviço Extraordinário

Art. 73. *O serviço extraordinário será remunerado com acréscimo de 50% (cinquenta por cento) em relação à hora normal de trabalho.*

Art. 74. *Somente será permitido serviço extraordinário para atender a situações excepcionais e temporárias, respeitado o limite máximo de 2 (duas) horas por jornada.*

É essencial que o aluno se atente ao limite máximo por jornada e ao valor percentual, restando claro que o valor de 50% é acrescido à hora normal trabalhada.

7.13 Do Adicional Noturno

Art. 75. *O serviço noturno, prestado em horário compreendido entre 22 (vinte e duas) horas de um dia e 5 (cinco) horas do dia seguinte, terá o valor-hora acrescido de 25% (vinte e cinco por cento), computando-se cada hora como cinquenta e dois minutos e trinta segundos.*

Parágrafo único. *Em se tratando de serviço extraordinário, o acréscimo de que trata este artigo incidirá sobre a remuneração prevista no art. 73.*

7.14 Do Adicional de Férias

Art. 76. *Independentemente de solicitação, será pago ao servidor, por ocasião das férias, um adicional correspondente a 1/3 (um terço) da remuneração do período das férias.*

Parágrafo único. *No caso de o servidor exercer função de direção, chefia ou assessoramento, ou ocupar cargo em comissão, a respectiva vantagem será considerada no cálculo do adicional de que trata este artigo.*

Uma hora noturna não contém 60 minutos, mas sim 52 minutos e 30 segundos. A jornada total noturna é de 22 até 05.

7.15 Da Gratificação por Encargo de Curso ou Concurso (Incluído pela Lei nº 11.314 de 2006)

Art. 76-A. *A Gratificação por Encargo de Curso ou Concurso é devida ao servidor que, em caráter eventual:* (Incluído pela Lei nº 11.314 de 2006) (Regulamento)

I. *atuar como instrutor em curso de formação, de desenvolvimento ou de treinamento regularmente instituído no âmbito da administração pública federal;* (Incluído pela Lei nº 11.314 de 2006)

II. *participar de banca examinadora ou de comissão para exames orais, para análise curricular, para correção de provas discursivas, para elaboração de questões de provas ou para julgamento de recursos intentados por candidatos;* (Incluído pela Lei nº 11.314 de 2006)

III. *participar da logística de preparação e de realização de concurso público envolvendo atividades de planejamento, coordenação, supervisão, execução e avaliação de resultado, quando tais atividades não estiverem incluídas entre as suas atribuições permanentes;* (Incluído pela Lei nº 11.314 de 2006)

IV. *participar da aplicação, fiscalizar ou avaliar provas de exame vestibular ou de concurso público ou supervisionar essas atividades.* (Incluído pela Lei nº 11.314 de 2006)

§ 1º. *Os critérios de concessão e os limites da gratificação de que trata este artigo serão fixados em regulamento, observados os seguintes parâmetros:* (Incluído pela Lei nº 11.314 de 2006)

I. *o valor da gratificação será calculado em horas, observadas a natureza e a complexidade da atividade exercida;* (Incluído pela Lei nº 11.314 de 2006)

II. *a retribuição não poderá ser superior ao equivalente a 120 (cento e vinte) horas de trabalho anuais, ressalvada situação de excepcionalidade, devidamente justificada e previamente aprovada pela autoridade máxima do órgão ou entidade, que poderá autorizar o acréscimo de até 120 (cento e vinte) horas de trabalho anuais;* (Incluído pela Lei nº 11.314 de 2006)

III. *o valor máximo da hora trabalhada corresponderá aos seguintes percentuais, incidentes sobre o maior vencimento básico da administração pública federal:* (Incluído pela Lei nº 11.314 de 2006)

a) *2,2% (dois inteiros e dois décimos por cento), em se tratando de atividades previstas nos incisos I e II do caput deste artigo;* (Redação dada pela Lei nº 11.501, de 2007)

b) *1,2% (um inteiro e dois décimos por cento), em se tratando de atividade prevista nos incisos III e IV do caput deste artigo.* (Redação dada pela Lei nº 11.501, de 2007)

§ 2º. *A Gratificação por Encargo de Curso ou Concurso somente será paga se as atividades referidas nos incisos do caput deste artigo forem exercidas sem prejuízo das atribuições do cargo de que o servidor for titular, devendo ser objeto de compensação de carga horária quando desempenhadas durante a jornada de trabalho, na forma do § 4º. do art. 98 desta Lei.* (Incluído pela Lei nº 11.314 de 2006)

§ 3º. *A Gratificação por Encargo de Curso ou Concurso não se incorpora ao vencimento ou salário do servidor para qualquer efeito e não poderá ser utilizada como base de cálculo para quaisquer outras vantagens, inclusive para fins de cálculo dos proventos da aposentadoria e das pensões.* (Incluído pela Lei nº 11.314 de 2006) Das Férias

Art. 77. *O servidor fará jus a trinta dias de férias, que podem ser acumuladas, até o máximo de dois períodos, no caso de necessidade do serviço, ressalvadas as hipóteses em que haja legislação específica.* (Redação dada pela Lei nº 9.525, de 10.12.97) (Vide Lei nº 9.525, de 1997)

§ 1º. *Para o primeiro período aquisitivo de férias serão exigidos 12 (doze) meses de exercício.*

§ 2º. *É vedado levar à conta de férias qualquer falta ao serviço.*

§ 3º. *As férias poderão ser parceladas em até três etapas, desde que assim requeridas pelo servidor, e no interesse da administração pública.* (Incluído pela Lei nº 9.525, de 10.12.97)

Art. 78. *O pagamento da remuneração das férias será efetuado até 2 (dois) dias antes do início do respectivo período, observando-se o disposto no § 1º. deste artigo.* (Vide Lei nº 9.525, de 1997)

§ 1º *e § 2º* (Revogado pela Lei nº 9.527, de 10.12.97)

§ 3º. *O servidor exonerado do cargo efetivo, ou em comissão, perceberá indenização relativa ao período das férias a que tiver direito e ao incompleto, na proporção de um doze avos por mês de efetivo exercício, ou fração superior a quatorze dias.* (Incluído pela Lei nº 8.216, de 13.8.91)

§ 4º. A indenização será calculada com base na remuneração do mês em que for publicado o ato exoneratório. (Incluído pela Lei nº 8.216, de 13.8.91)

§ 5º. Em caso de parcelamento, o servidor receberá o valor adicional previsto no inciso XVII do art. 7o da Constituição Federal quando da utilização do primeiro período. (Incluído pela Lei nº 9.525, de 10.12.97)

Art. 79. *O servidor que opera direta e permanentemente com Raios X ou substâncias radioativas gozará 20 (vinte) dias consecutivos de férias, por semestre de atividade profissional, proibida em qualquer hipótese a acumulação.*

Parágrafo único. (Revogado pela Lei nº 9.527, de 10.12.97)

Art. 80. *As férias somente poderão ser interrompidas por motivo de calamidade pública, comoção interna, convocação para júri, serviço militar ou eleitoral, ou por necessidade do serviço declarada pela autoridade máxima do órgão ou entidade.* (Redação dada pela Lei nº 9.527, de 10.12.97) (Vide Lei nº 9.525, de 1997)

Parágrafo único. *O restante do período interrompido será gozado de uma só vez, observado o disposto no art. 77.* (Incluído pela Lei nº 9.527, de 10.12.97)

7.16 Jurisprudência

O Superior Tribunal de Justiça considera possível a acumulação de mais de dois períodos de férias não gozadas, ou seja, segundo o entendimento daquela Corte, o servidor não perde seu direito às férias acumuladas que ultrapassem dois períodos. Na hipótese de o servidor cessar definitivamente o exercício do cargo, os períodos ainda não gozados deverão ser convertidos em dinheiro.

O Superior Tribunal de Justiça já deixou assente que as hipóteses de afastamento do servidor do exercício do cargo consideradas em lei como de efetivo exercício (ex.: afastamento para participação em programa de pós-graduação ou licença capacitação) não prejudicam o seu direito às férias, com as consequentes vantagens pecuniárias.

Em resumo: mesmo afastado, o servidor tem direito ao adicional de férias de um termo sobre a remuneração normal.

Questões

01. (CESPE) A respeito do Regime Jurídico dos Servidores Públicos Civis da União, regido pela Lei n.º 8.112/1990, julgue os itens subsecutivos.

O vencimento do cargo efetivo, acrescido das vantagens de caráter permanente, é irredutível, salvo nos casos de calamidade pública ou guerra externa.

Certo ( ) Errado ( )

02. (CESPE) Com base na Lei n.º 8.112/1990, julgue os itens subsecutivos.

O vencimento, a remuneração ou o provento de servidor público podem ser objeto de penhora nos casos de prestação de alimentos decorrente de decisão judicial.

Certo ( ) Errado ( )

03. (CESPE) Com base nas disposições da Lei n.º 8.112/1990, julgue os itens a seguir. Nos casos de falecimento, exoneração, colocação de imóvel funcional à disposição do servidor ou aquisição de imóvel pelo servidor, o auxílio-moradia será pago por ainda um mês.

04. (CESPE) Com base na Lei n.º 8.112/1990 e suas alterações, julgue os itens seguintes, referentes aos direitos e vantagens do servidor.

A licença concedida a servidor para tratamento de interesse particular poderá, a qualquer tempo, ser interrompida, tanto a pedido do próprio servidor quanto no interesse do serviço.

Certo ( ) Errado ( )

05. (CESPE) Em relação aos agentes administrativos, julgue os itens que se seguem.

A licença para tratar de interesses particulares não poderá ser concedida ao servidor que estiver em estágio probatório.

Certo ( ) Errado ( )

06. (CESPE) No que se refere aos servidores públicos, julgue os itens subsecutivos.

Para tratar de assunto de interesse particular, qualquer servidor pode afastar-se por prazo indeterminado do exercício em cargo efetivo, desde que sem remuneração.

Certo ( ) Errado ( )

07. (CESPE) Com base nas disposições legais acerca do regime jurídico dos servidores públicos civis da União, das autarquias e das fundações públicas federais, julgue os itens a seguir.

A licença por motivo de doença de pessoa da família pode ser concedida, a cada período de doze meses, por até noventa dias, consecutivos ou não, mantida a remuneração do servidor.

Certo ( ) Errado ( )

08. (CESPE) Considerando o Regime Jurídico dos Servidores Públicos Civis Federais, julgue o item.

O pedido de afastamento feito por servidor em estágio probatório de um tribunal regional do trabalho, para estudos no exterior, poderá ser concedido, já que essa é uma das modalidades de afastamento a que faz jus o servidor público federal.

Certo ( ) Errado ( )

Gabaritos

01	ERRADO	05	CERTO
02	ERRADO	06	ERRADO
03	CERTO	07	ERRADO
04	CERTO	08	CERTO

8. LICENÇAS, AFASTAMENTOS E CONCESSÕES

8.1 Licenças, Afastamentos e Concessões

8.1.1 Licenças

O Art. 81 da Lei nº 8.112/90 diz que será concedida licença ao servidor nos seguintes casos:

> Por motivo de doença em pessoa da família.
> Por motivo de afastamento do cônjuge ou companheiro.
> Para o serviço militar.
> Para atividade política.
> Para capacitação.
> Para tratar de interesses particulares.
> Para desempenho de mandato classista.

Além desses casos do Art. 81, a Lei nº 8.112/90 prevê outras hipóteses de licenças, estudadas, em seus aspectos mais relevantes, na sequência.

A licença concedida dentro de 60 dias do término de outra da mesma espécie será considerada como prorrogação.

Dessa forma, caso após o término de determinada licença, o servidor entre novamente nesse estado (na mesma modalidade) dentro de 60 dias, essa segunda licença será considerada prorrogação da primeira e não uma nova.

8.1.1.1 Licença para Tratamento de Saúde de Pessoa da Família

Poderá ser concedida licença ao servidor por motivo de **doença em pessoa da sua família** (do cônjuge ou companheiro, dos pais, dos filhos, do padrasto ou madrasta e enteado, ou dependente que viva a suas expensas e conste do seu assentamento funcional), mediante comprovação por **perícia médica oficial.**

Para que ela seja concedida, a **assistência** do servidor deve ser **indispensável e não possa ser prestada simultaneamente** com o exercício do cargo (ou mediante compensação de horários).

Dentro de cada período de 12 meses, essa licença pode ser concedida nas seguintes condições:

> **Com remuneração:** até 60 dias (consecutivos ou não).
> **Sem remuneração:** até 90 dias (consecutivos ou não). Esses 90 dias contam-se após o término dos 60 dias remunerados.

Dessa forma, essa licença pode ser concedida por até um prazo máximo de 150 dias, dentro de um período de 12 meses, sendo que, os primeiros sessentas dias são remunerados e o prazo restante da licença de 90 não são.

Ao servidor que estiver sob essa licença, é **vedado** o exercício de **atividade remunerada** durante a duração da mesma.

O período remunerado dessa licença que exceder a 30 dias será computado apenas para efeito de aposentadoria e disponibilidade. Já o tempo de licença não remunerado não é contado para quaisquer efeitos.

8.1.1.2 Motivo de Afastamento do Cônjuge

Poderá ser concedida licença ao servidor para acompanhar cônjuge ou companheiro que foi **deslocado** para outro ponto do território nacional, para o exterior ou para o exercício de **mandato eletivo** dos Poderes Executivo e Legislativo, possuindo as seguintes características:

> Ela é concedida **sem remuneração.**
> Por prazo **indeterminado.**

O período em que o servidor usufruir dessa licença não será computado como tempo de serviço para qualquer efeito.

No deslocamento de servidor cujo cônjuge ou companheiro também seja servidor público, civil ou militar, de qualquer dos Poderes da União, dos Estados, do Distrito Federal e dos Municípios, a Lei nº 8.112/90 prevê a possibilidade de **exercício provisório** em órgão ou entidade da Administração Federal direta, autárquica ou fundacional, desde que para o exercício de **atividade compatível** com o seu cargo.

8.1.1.3 Licença para o Serviço Militar

Ao servidor convocado para o serviço militar será concedida licença, na forma e condições previstas na legislação específica.

A Lei nº 8.112/90, ao tratar dessa licença prevê que após a conclusão do serviço militar, o servidor terá um prazo de **30 dias** para reassumir seu cargo.

Esse período em que estiver em licença prestando o serviço militar obrigatório será considerado como de efetivo exercício.

8.1.1.4 Licença para Atividade Política

O servidor terá direito à licença para atividade política nas seguintes disposições:

> **Sem remuneração**: durante o período que mediar entre a sua **escolha em convenção partidária**, como candidato a cargo eletivo, e a **véspera do registro** de sua candidatura perante a Justiça Eleitoral. Esse período não será computado como tempo de efetivo exercício.
> **Com remuneração**: a partir do **registro da candidatura** até o **décimo dia seguinte ao da eleição**. Entretanto, esse período **não poderá ultrapassar três meses** (após esse prazo a licença não será mais remunerada). Esse segundo momento da licença será considerado como tempo de serviço apenas para efeitos de aposentadoria e disponibilidade.

O servidor candidato a cargo eletivo na localidade onde desempenha suas funções e que exerça cargo de **direção, chefia, assessoramento, arrecadação ou fiscalização**, dele será afastado, a partir do **dia imediato ao do registro** de sua candidatura perante a Justiça Eleitoral, **até o décimo dia seguinte ao do pleito**.

8.1.1.5 Licença para Capacitação

Ela entrou no lugar da antiga "licença-prêmio", que foi extinta para os servidores regidos pela Lei nº 8.112/90.

É devida a cada quinquênio de efetivo exercício, sendo que, o servidor poderá, no **interesse da Administração** (trata-se de um ato discricionário, a Administração opta pela sua concessão ou não), afastar-se do exercício do cargo efetivo, com a respectiva remuneração, por até três meses, para participar de curso de capacitação profissional.

Esse período não é acumulável, assim, caso tenha, por exemplo, 15 anos de efetivo exercício, terá direito aos mesmos três meses.

Essa licença é computada como tempo de efetivo exercício e não pode ser utilizada por servidores em estágio probatório por expressa vedação legal contida na Lei nº 8.112/90.

> Regras para essa licença
> Devida a cada cinco anos (quinquênio) de efetivo exercício.
> No interesse da Administração.
> Com remuneração.
> Até três meses (para participar de curso de capacitação).
> Não acumulável.

Não confundir com o **afastamento para o curso de formação**. Nesse caso deixa o cargo para participar do curso de formação exigido na nova função.

Ex.: Um servidor que é técnico de algum órgão federal e passou para o cargo de agente da polícia federal. Nesse caso, ele ficará afastado para fazer o curso, mesmo estando em estágio probatório, desde que seja também cargo na esfera federal.

8.1.1.6 Licença para Tratar de Interesses Particulares

Essa licença é concedida a critério da administração (ato discricionário) para os servidores ocupantes de cargo efetivo, que não estejam em estágio probatório, por um prazo de até três anos consecutivos.

Além da discricionariedade de sua concessão, essa licença pode ser **interrompida a qualquer tempo** (no interesse do serviço ou a pedido do servidor).

O período que o servidor gozar da licença para tratar de interesses particulares não será considerado como tempo de serviço para qualquer efeito.

> **Licença para tratar de interesses particulares:**
> Não pode estar no estágio probatório.
> Prazo: até três anos consecutivos.
> Sem remuneração.
> Concedida no interesse da Administração.
> Interrompida a qualquer momento.
> Não computada como tempo de exercício.

8.1.1.7 Licença para o Desempenho de Mandato Classista

Essa licença é assegurada ao servidor, que **não esteja em estágio probatório,** sem direito à remuneração, para que possa desempenhar mandato em confederação, federação, associação de classe de âmbito nacional, sindicato representativo da categoria ou entidade fiscalizadora da profissão.

Essa licença também pode ser concedida para participar de gerência ou administração em sociedade cooperativa constituída por servidores públicos para prestar serviços a seus membros.

A duração dessa licença é a mesma do mandado, admitindo prorrogação em caso de reeleição.

O tempo de fruição dela é considerada como período de efetivo exercício para todos os efeitos (exceto para promoção por merecimento).

Além do disposto em regulamento específico, devem ser observados os seguintes limites, de acordo o número de associados da entidade.

> Até 5.000 associados : dois servidores.
> De 5001 a 30.000 associados : quatro servidores.
> Mais de 30.000 associados: oito servidores.

Somente poderão ser licenciados os servidores eleitos para cargos de **direção ou de representação** nas referidas entidades, desde que cadastradas no órgão competente.

Principais características:
Sem remuneração.
- Não pode ser concedido ao servidor em estágio probatório.
- Prazo: duração do mandato (prorrogada em caso de reeleição).

8.1.1.8 Licença para Tratamento da Própria Saúde

Será concedida ao servidor licença para tratamento de sua própria saúde, a pedido ou de ofício, com base em perícia médica oficial, sem prejuízo da remuneração a que fizer jus.

Sempre que necessário, a inspeção médica será realizada na residência do servidor ou no estabelecimento hospitalar onde se encontrar internado.

Inexistindo médico no órgão ou entidade no local onde se encontra ou tenha exercício em caráter permanente o servidor, e não se configurando as hipóteses previstas nos parágrafos do Art. 230 (perícia médica e ausência de órgão oficial – utilização de convênios para tanto), será aceito atestado passado por médico particular.

Nesse caso, o referido atestado somente produzirá efeitos depois de recepcionado pela unidade de recursos humanos do órgão ou entidade.

A licença que **exceder o prazo de 120 dias no período de 12 meses** a contar do primeiro dia de afastamento será concedida mediante avaliação por **junta médica oficial**.

A perícia oficial para concessão da licença para tratamento de saúde, bem como nos demais casos previstos na Lei nº 8.112/90, será efetuada por cirurgiões-dentistas, nas hipóteses em que abranger o campo de atuação da odontologia.

Essa licença tem o prazo **máximo de duração contínua de 24 meses**. Após esse período, se ainda não estiver em condições de voltar ao seu cargo, o servidor deverá ser readaptado (se possível) ou aposentado por invalidez.

Essa licença é também computada de **modo cumulativo**, no decorrer de toda a vida funcional do servidor. Quando ela ultrapassar 24 meses (e não forem 24 meses consecutivos, conforme visto acima), o período que ultrapassar esse limite será considerado como tempo de serviço apenas para fins de aposentadoria e disponibilidade.

Antes de cumular os 24 meses, o período de licença será considerado como de efetivo exercício.

O atestado e o laudo da junta médica não se referirão ao nome ou natureza da doença, salvo quando se tratar de lesões produzidas por acidente em serviço, doença profissional ou qualquer das enfermidades especificadas como graves, contagiosas ou incuráveis.

O servidor que apresentar indícios de lesões orgânicas ou funcionais será submetido a inspeção médica. Ele será submetido a exames médicos periódicos, nos termos e condições definidos em regulamento. Para esses fins, a União e suas entidades autárquicas e fundacionais poderão:

> Prestar os exames médicos periódicos diretamente pelo órgão ou entidade a qual se encontra vinculado o servidor.

> Celebrar convênio ou instrumento de cooperação ou parceria com os órgãos e entidades da administração direta, suas autarquias e fundações.

> Celebrar convênios com operadoras de plano de assistência à saúde, organizadas na modalidade de autogestão, que possuam autorização de funcionamento do órgão regulador, na forma do Art. 230.

> Ou prestar os exames médicos periódicos mediante contrato administrativo, observado o disposto na Lei nº 8.666, de 21 de junho de 1993, e demais normas pertinentes.

> Principais Características:

> Com remuneração.

> Prazo máximo contínuo de 24 meses.

> Até 24 meses é considerada como tempo de efetivo exercício.

> Precisa de perícia médica oficial (se exceder 120 dias precisa de junta médica oficial).

> Se inferior a 15 dias (no período de 1 ano), pode dispensar perícia oficial (na forma de regulamento).

8.1.1.9 Da Licença à Gestante, à Adotante e da Licença-Paternidade

8.1.1.9.1 Licença à Gestante

Essa licença será concedida à servidora gestante por **120 dias consecutivos, sem prejuízo da remuneração.**

O início da licença poderá se dar a partir do **primeiro dia do nono mês de gestação**, salvo antecipação por prescrição médica. Se ocorrer nascimento prematuro, a licença terá início a partir do parto.

Natimorto: decorridos 30 dias do evento, a servidora será submetida a exame médico, e se julgada apta, reassumirá o exercício.

Aborto: deve ser atestado por médico oficial, tendo a servidora direito a 30 dias de repouso remunerado.

A Lei nº 8.112/90 também prevê que para amamentar o próprio filho, **até a idade de seis meses**, a servidora lactante terá direito, durante a jornada de trabalho, a **uma hora de descanso**, que poderá ser **dividida em dois** períodos de meia hora.

Vale ressaltar que a Lei nº 11.770/2008 criou o Programa Empresa Cidadã, destinado à prorrogação da licença-maternidade. Essa lei autorizou que a Administração Direta e Indireta possam aderir ao programa.

Dessa forma, o Decreto nº 6.690/2008 instituiu no âmbito da Administração Pública Federal Direta, autárquica e fundacional, o Programa de Prorrogação da Licença à Gestante e à Adotante.

Agora as servidoras públicas federais, que venham a requerer o benefício até o final do primeiro mês após o parto, terão direito à **prorrogação** da licença gestante por mais **sessenta dias** (durante essa prorrogação é vedado o exercício de qualquer atividade remunerada e a criança não pode ser mantida em creche ou entidade similar).

8.1.1.9.2 Licença-Paternidade

Pelo **nascimento ou adoção** de filhos, o servidor terá direito à licença-paternidade de **cinco dias consecutivos**.

8.1.1.9.3 Licença à Adotante

À servidora que adotar ou obtiver guarda judicial de criança terá direito a essa licença remunerada, cujo prazo de duração variará de acordo com a idade da criança:

> Até um ano: 90 dias.

> Mais de um ano: 30 dias.

O benefício da prorrogação prevista no Decreto nº 6.690/2008 também foi garantido à adotante, na seguinte proporção:

Até um ano: prorrogação de 45 dias.

Acima de um ano: prorrogação de 15 dias.

Esse decreto definiu que considera-se criança a pessoa de até doze anos de idade incompletos. Também dispondo que durante essa prorrogação é vedado o exercício de qualquer atividade remunerada e a criança não pode ser mantida em creche ou entidade similar.

Todas as licenças acima vistas (gestante, adotante e paternidade) são consideradas como tempo de efetivo exercício.

8.1.2 Afastamentos

A Lei nº 8.112/90 previu as seguintes modalidades de afastamentos:

> Para servir a outro órgão ou entidade.

> Para exercício de mandato eletivo.

> Para estudo ou missão no exterior.

> Para participação em programa de pós-graduação stricto sensu no país.

8.1.2.1 Afastamento para Servir a Outro Órgão ou Entidade

O servidor poderá ser cedido para ter exercício em outro órgão ou entidade dos Poderes da União, dos Estados, ou do Distrito Federal e dos Municípios, nas seguintes hipóteses:

> Para exercício de cargo em comissão ou função de confiança (se for cedido para entidades dos Estados, do DF ou Municípios - o cessionário que pagará a remuneração).

> Em casos previstos em leis específicas.

No caso de o servidor cedido, a empresa pública ou sociedade de economia mista, para exercício de cargo em comissão ou função de confiança, nos termos das respectivas normas, optar pela remuneração do cargo efetivo ou pela remuneração do cargo efetivo acrescida de percentual da retribuição do cargo em comissão, a entidade cessionária efetuará o reembolso das despesas realizadas pelo órgão ou entidade de origem.

A cessão será feita mediante Portaria publicada no Diário Oficial da União.

Mediante autorização expressa do Presidente da República, o servidor do Poder Executivo poderá ter exercício em outro órgão da Administração Federal direta que não tenha quadro próprio de pessoal, para fim determinado e a prazo certo.

8.1.2.2 Afastamento para Exercício de Mandato Eletivo

Essa modalidade de afastamento praticamente reproduz o disposto no Art. 38 da Constituição Federal e é bastante cobrada em provas.

Ela trata do afastamento do servidor para exercício de mandato eletivo.

Ao servidor investido em mandato eletivo aplicam-se as seguintes disposições:

Mandato eletivo federal, estadual ou distrital: afastado do cargo.

Mandato de prefeito: afastado do cargo (ele pode optar pela sua remuneração).

Mandato de vereador:

Com compatibilidade de horários: nesse caso ele exercerá os dois cargos, perceberá as vantagens de seu cargo, **sem prejuízo** da remuneração do cargo eletivo.

Sem compatibilidade de horários: afastado do cargo (ele pode optar pela sua remuneração).

A única hipótese em que o servidor não será afastado do seu cargo é para exercer o mandato de vereador, mas desde que exista compatibilidade de horários.

Na hipótese de afastamento, o servidor contribui para a seguridade social como se estivesse em exercício.

Ele investido em mandato eletivo ou classista não poderá ser removido ou redistribuído de ofício para localidade diversa daquela onde exerce o mandato.

8.1.3 Afastamento para Estudo ou Missão no Exterior

A concessão desse afastamento, para estudo ou missão oficial, somente será feita com **autorização do Presidente da República, Presidente dos Órgãos do Poder Legislativo e Presidente do Supremo Tribunal Federal.**

Essas disposições não se aplicam para os servidores da carreira diplomática.

Esse afastamento tem um **período máximo de quatro anos**. Após o término da missão ou estudo no exterior, somente poderá obter nova ausência após o decurso de igual tempo (quatro anos após ter retornado).

Ao servidor beneficiado por esse afastamento não será concedida exoneração ou licença para tratar de interesse particular antes de decorrido período igual ao do afastamento, ressalvada a hipótese de ressarcimento da despesa havida com tal afastamento.

O afastamento de servidor para servir em organismo internacional de que o Brasil participe ou com o qual coopere dar-se-á com perda total da remuneração.

As hipóteses, condições e formas para a autorização de que trata essa modalidade de afastamento, inclusive no que se refere à remuneração do servidor, serão disciplinadas em regulamento.

8.1.3.1 Afastamento para Participação em Programa de Pós-Graduação *Stricto Sensu* no País

Nessa modalidade o servidor poderá afastar-se do exercício do cargo efetivo, **com a respectiva remuneração**, para participar em programa de pós-graduação stricto sensu em instituição de ensino superior no País.

A concessão será feita **no interesse da Administração** (ato discricionário) e desde que a participação **não possa ocorrer simultaneamente com o exercício do cargo ou mediante compensação** de horário.

Por meio de ato do dirigente máximo do órgão ou entidade, definirá, em conformidade com a legislação vigente, os programas de capacitação e os critérios para participação em pós-graduação no País, com ou sem afastamento do servidor, que serão avaliados por um comitê constituído para esse fim.

8.1.4 Concessões

A Lei nº 8.112/90 trouxe três modalidades de concessões:

8.1.4.1 Direito de Ausentar-se do Serviço

São hipóteses em que o servidor pode ausentar-se do serviço, sem qualquer prejuízo:

> **Doar sangue**: um dia.

Pelo período comprovadamente necessário para **alistamento ou recadastramento eleitoral**: limitado, em qualquer caso, a dois dias.

Oito dias consecutivos:

> **Casamento.**

> **Falecimento** (cônjuge, companheiro, pais, madrasta ou padrasto, filhos, enteados, menor sob guarda ou tutela e irmãos).

8.1.4.2 Direito a Horário Especial

Estudante: no caso de incompatibilidade entre o horário escolar e o da repartição (sem prejuízo do exercício do cargo, mas deve haver compensação).

Portador de deficiência: necessidade comprovada por junta médica oficial (independente de compensação de horário).

Servidor que possua cônjuge, filho ou dependente portador de deficiência (Independente de compensação de horário).

Servidor que atue como instrutor ou esteja participando de banca examinadora (nas modalidades previstas que fazem jus à gratificação por encargo de curso ou concursos).

8.1.4.3 Direito à Matrícula em Instituição de Ensino

Ao servidor estudante que **mudar de sede no interesse da administração** é assegurada, na localidade da nova residência ou na mais próxima, matrícula em instituição de ensino congênere, em qualquer época, independentemente de vaga. Esse direito estende-se ao cônjuge ou companheiro, aos filhos, ou enteados do servidor que vivam na sua companhia, bem como aos menores sob sua guarda, com autorização judicial.

A respeito dessa concessão, o STF já se manifestou dizendo que se o servidor estudando vem de uma universidade privada, terá direito apenas a matricular-se em uma universidade (ou faculdade) também privada.

8.1.5 Suspensão do Estágio Probatório

A Lei nº 8.112/90 define que, durante a fruição as seguintes licenças e afastamentos, o estágio probatório ficará suspenso:

> Licença por Motivo de Doença em Pessoa da Família.

> Licença por Motivo de Afastamento do Cônjuge.

> Licença para Atividade Política.

> Afastamento para Participação em Programa de Pós-Graduação Stricto Sensu no País.

> Curso de formação.

8.2 Do Tempo de Serviço

A Lei nº 8.112/90 dispõe que é contado para todos os efeitos o tempo de serviço público federal (inclusive o prestado às Forças Armadas).

8.2.1 Apuração do Tempo de Serviço

A apuração do tempo de serviço será feita em dias, que depois serão convertidos em anos, considerando como ano cada 365 dias.

Além dos casos de concessões (doar sangue, alistamento eleitoral, casamento e falecimento) são considerados como de **efetivo exercício** os **afastamentos** em virtude de:

> **Férias**.

> **Exercício de cargo em comissão ou equivalente**, em órgão ou entidade dos Poderes da União, dos Estados, Municípios e Distrito Federal.

> Exercício de **cargo ou função de governo ou administração**, em qualquer parte do território nacional, por **nomeação do Presidente da República**.

> Participação em **programa de treinamento regularmente** instituído ou em programa de pós-graduação stricto sensu no País, conforme dispuser o regulamento.

> Desempenho de **mandato eletivo** federal, estadual, municipal ou do Distrito Federal, (**exceto para promoção por merecimento**).

> Júri e outros serviços obrigatórios por lei.

> **Missão ou estudo no exterior**, quando autorizado o afastamento, conforme dispuser o regulamento.

> **Deslocamento para a nova sede** de que trata o Art. 18 (prazo de 10 a 30 dias para retomar os serviços em outro município quando removido, redistribuído etc.).

> **Participação em competição desportiva** nacional ou convocação para integrar representação desportiva nacional, no País ou no exterior, conforme disposto em lei específica.

> Afastamento para **servir em organismo internacional** de que o Brasil participe ou com o qual coopere.

As seguintes **licenças** também são consideradas como tempo de efetivo exercício:

> A **gestante**, à **adotante** e à **paternidade**.

> Para **tratamento da própria saúde**, até o limite de vinte e quatro meses, cumulativo ao longo do tempo de serviço público prestado à União, em cargo de provimento efetivo.

> Para o desempenho de **mandato classista** ou **participação de gerência ou administração em sociedade cooperativa** constituída por servidores para prestar serviços a seus membros (**exceto para efeito de promoção por merecimento**).

> Por motivo de **acidente em serviço** ou **doença profissional**.

> Para **capacitação**, conforme dispuser o regulamento.

> Por convocação para o **serviço militar**.

São contados apenas para efeito de **aposentadoria e disponibilidade:**

> O tempo de serviço público prestado aos Estados, Municípios e Distrito Federal.

> A licença para tratamento de saúde de pessoal da família do servidor, com remuneração, que exceder a 30 dias em período de 12 meses.

- A licença para atividade política, no caso do Art. 86, § 2º (a partir do registro da candidatura e até o décimo dia seguinte ao da eleição).
- O tempo correspondente ao desempenho de mandato eletivo federal, estadual, municipal ou distrital, anterior ao ingresso no serviço público federal.
- O tempo de serviço em atividade privada, vinculada à Previdência Social.
- O tempo de serviço relativo a tiro de guerra.
- O tempo de licença para tratamento da própria saúde que exceder o prazo a que se refere a alínea "b" do inciso VIII do Art. 102 (24 meses).

O tempo em que o servidor esteve aposentado será contado apenas para nova aposentadoria.

O tempo de serviço prestado às Forças Armadas em operações de guerra será contado em dobro.

É **vedada a contagem cumulativa** de tempo de serviço prestado concomitantemente em mais de um cargo ou função de órgão ou entidades dos Poderes da União, Estado, Distrito Federal e Município, autarquia, fundação pública, sociedade de economia mista e empresa pública. Caso o servidor tenha mais de um cargo, não serão computados cumulativamente.

Ex.: Trabalhando um ano em dois cargos ao mesmo tempo, o servidor terá apenas um ano de tempo de serviço prestado.

Questões

01. (Cespe) O servidor público federal investido em mandato eletivo municipal somente será afastado do cargo se não houver compatibilidade de horário, sendo-lhe facultado, em caso de afastamento, optar pela sua remuneração.

Certo ( ) Errado ( )

02. (Cespe) O afastamento de servidor em razão de licença para exercício de atividade política não é contabilizado para fins de aposentadoria.

Certo ( ) Errado ( )

03. (Cespe) O servidor poderá ausentar-se do serviço por um dia, para doação de sangue, sem qualquer prejuízo.

Certo ( ) Errado ( )

04. (Cespe) A licença para capacitação tem natureza discricionária, é remunerada e pode ser solicitada mesmo durante o período de estágio probatório.

Certo ( ) Errado ( )

Gabaritos

01	ERRADO
02	ERRADO
03	CERTO
04	ERRADO

9. QUESTÕES RELACIONADAS AO ASPECTO DISCIPLINAR

9.1 Dos Deveres

Art. 116. *São deveres do servidor:*

I. *exercer com zelo e dedicação as atribuições do cargo;*

II. *ser leal às instituições a que servir;*

III. *observar as normas legais e regulamentares;*

IV. *cumprir as ordens superiores, exceto quando manifestamente ilegais;*

V. *atender com presteza:*

a) *ao público em geral, prestando as informações requeridas, ressalvadas as protegidas por sigilo;*

b) *à expedição de certidões requeridas para defesa de direito ou esclarecimento de situações de interesse pessoal;*

c) *às requisições para a defesa da Fazenda Pública.*

VI. *levar as irregularidades de que tiver ciência em razão do cargo ao conhecimento da autoridade superior ou, quando houver suspeita de envolvimento desta, ao conhecimento de outra autoridade competente para apuração;* (Redação dada pela Lei nº 12.527, de 2011)

VII. *zelar pela economia do material e a conservação do patrimônio público;*

VIII. *guardar sigilo sobre assunto da repartição;*

IX. *manter conduta compatível com a moralidade administrativa;*

X. *ser assíduo e pontual ao serviço;*

XI. *tratar com urbanidade as pessoas;*

XII. *representar contra ilegalidade, omissão ou abuso de poder.*

Parágrafo único. *A representação de que trata o inciso XII será encaminhada pela via hierárquica e apreciada pela autoridade superior àquela contra a qual é formulada, assegurando-se ao representando ampla defesa.*

Sobre o art. 116, não há muito o que comentar. O aluno deve conhecer todas as letras e incisos. Destaca-se que a inobservância dos deveres legais incorre em infração funcional (esfera administrativa) e a regra da penalidade é a advertência salvo se a infração justificar infração mais grave.

O descumprimento dos deveres funcionais do servidor, descritos no art. 116 da Lei 8.112/1990, ensejará a aplicação da pena de **advertência** (art. 129), sendo que a reincidência implicará na pena de **suspensão** (art. 130).

9.2 Das Proibições

Art. 117. *Ao servidor é proibido:*

I. *ausentar-se do serviço durante o expediente, sem prévia autorização do chefe imediato;*

II. *retirar, sem prévia anuência da autoridade competente, qualquer documento ou objeto da repartição;*

III. *recusar fé a documentos públicos;*

IV. *opor resistência injustificada ao andamento de documento e processo ou execução de serviço;*

V. *promover manifestação de apreço ou desapreço no recinto da repartição;*

VI. *cometer a pessoa estranha à repartição, fora dos casos previstos em lei, o desempenho de atribuição que seja de sua responsabilidade ou de seu subordinado;*

VII. *coagir ou aliciar subordinados no sentido de filiarem-se a associação profissional ou sindical, ou a partido político;*

VIII. *manter sob sua chefia imediata, em cargo ou função de confiança, cônjuge, companheiro ou parente até o segundo grau civil;*

IX. *valer-se do cargo para lograr proveito pessoal ou de outrem, em detrimento da dignidade da função pública;*

X. participar de gerência ou administração de sociedade privada, *personificada ou não personificada, exercer o comércio, exceto na qualidade de acionista, cotista ou comanditário;*

Essa vedação **não se aplica** nos seguintes casos (art. 117, parágrafo único):

a) participação nos **conselhos de administração e fiscal de empresas ou entidades em que a União detenha**,

direta ou indiretamente, **participação no capital social** ou em **sociedade cooperativa constituída para prestar**

serviços a seus membros; e

b) **gozo de licença para o trato de interesses particulares**, observada a legislação sobre conflito de interesses.

XI. atuar, como procurador ou intermediário, junto a repartições públicas, *salvo quando se tratar de* **benefícios previdenciários ou assistenciais** *de parentes até o segundo grau, e de cônjuge ou companheiro;*

XII. receber propina, *comissão, presente ou vantagem de qualquer espécie, em razão de suas atribuições;*

XIII. *aceitar comissão, emprego ou pensão de estado estrangeiro;*

XIV. praticar usura *sob qualquer de suas formas;*

XV. *proceder de* **forma desidiosa**;

• Praticar **usura** significa conceder empréstimos cobrando juros exorbitantes, ou seja, acima dos valores de mercado.

• Proceder de **forma desidiosa** significa atuar de forma preguiçosa, negligência, sem vontade.

XVII. *cometer a outro servidor atribuições estranhas ao cargo que ocupa, exceto em situações de emergência e transitórias;*

XVIII. exercer *quaisquer* **atividades que sejam incompatíveis com o exercício do cargo** *ou função e com o horário de trabalho;*

XIX. recusar-se a atualizar seus dados cadastrais *quando solicitado.*

Parágrafo único. *A vedação de que trata o inciso X do caput deste artigo não se aplica nos seguintes casos:*

I. *participação nos conselhos de administração e fiscal de empresas ou entidades em que a União detenha, direta ou indiretamente, participação no capital social ou em sociedade cooperativa constituída para prestar serviços a seus membros; e (Incluído pela Lei nº 11.784, de 2008)*

II. *gozo de licença para o trato de interesses particulares, na forma do art. 91 desta Lei, observada a legislação sobre conflito de interesses. (Incluído pela Lei nº 11.784, de 2008)*

9.3 Da Acumulação

Art. 118. *Ressalvados os casos previstos na Constituição,* **é vedada a acumulação remunerada de cargos públicos.**

§ 1º *A proibição de acumular* **estende-se a cargos, empregos e funções** *em autarquias, fundações públicas, empresas públicas, sociedades de economia mista da União, do Distrito Federal, dos Estados, dos Territórios e dos Municípios.*

> **§ 2º** *A acumulação de cargos, ainda que lícita,* **fica condicionada à comprovação da compatibilidade de horários**.
>
> **§ 3º** *Considera-se* **acumulação proibida** *a percepção de vencimento de cargo ou emprego público efetivo com proventos da inatividade, salvo quando os cargos de que decorram essas remunerações forem acumuláveis na atividade.*

A carta Magna de 1988 aborda a vedação à acumulação remunerada de cargos, empregos e funções públicos no art. 37, XVI que deve ser tratada como regra geral.

A Regra é que não se acumule cargos, empregos ou funções públicas:

Havendo compatibilidade de horários, segue a exceção, prevista no texto constitucional, desde que haja compatibilidade de horários:

- a de dois cargos de **professor**;
- a de um cargo de professor com outro técnico ou científico;
- a de dois cargos ou empregos **privativos de profissionais de saúde**, com profissões regulamentadas;

Outras hipóteses de acumulação na Constituição Federal:

- a EC 101/2019 permite que os militares dos Estados, do Distrito Federal e dos Territórios exerçam as mesmas acumulações mencionadas acima, com prevalência para a atividade militar (CF, art. 42, § 3º);
- os militares das Forças Armadas da área da saúde podem exercer outro cargo, emprego ou função público da área da saúde, desde que haja compatibilidade de horários e haja prevalência para a atividade militar (CF, art. 142, § 3º, VII);
- o art. 38 permite que o vereador acumule o mandato com o cargo, emprego ou função público, desde que haja compatibilidade de horários;
- os juízes e membros do Ministério Público também podem exercer uma função de magistério (CF, art. 95, parágrafo único, I; art. 128, § 5º, II, "d")

A proibição de acumular ocorre mesmo na inatividade, visto que não se pode receber ao mesmo tempo vencimento com proventos, sendo permitida a cumulação, apenas quando houver autorização para a acumulação dos cargos em atividade,

> **Art. 119.** *O servidor* **não poderá exercer mais de um cargo em comissão**, *exceto no caso previsto no parágrafo único do art. 9º,* **nem ser remunerado pela participação em órgão de deliberação coletiva**. *(Redação dada pela Lei nº 9.527, de 10.12.97)*
>
> **Parágrafo único.** *O disposto neste artigo não se aplica à remuneração devida pela participação em conselhos de administração e fiscal das empresas públicas e sociedades de economia mista, suas subsidiárias e controladas, bem como quaisquer empresas ou entidades em que a União, direta ou indiretamente, detenha participação no capital social, observado o que, a respeito, dispuser legislação específica. (Redação dada pela Medida Provisória nº 2.225-45, de 4.9.2001)*

Resta claro ressaltar:

> ***Art. 9º.*** *[...] Parágrafo único. O servidor ocupante de cargo em comissão ou de natureza especial* ***poderá ser nomeado para ter exercício, interinamente, em outro cargo de confiança****, sem prejuízo das atribuições do que atualmente ocupa, hipótese em que deverá optar pela remuneração de um deles durante o período da interinidade. (Redação dada pela Lei nº 9.527, de 10.12.97)*
>
> **rt. 120.** *O servidor vinculado ao regime desta Lei, que acumular licitamente dois cargos efetivos, quando investido em cargo de provimento em comissão, ficará afastado de ambos os cargos efetivos, salvo na hipótese em que houver compatibilidade de horário e local com o exercício de um deles, declarada pelas autoridades máximas dos órgãos ou entidades envolvidos. (Redação dada pela Lei nº 9.527, de 10.12.97)*

9.4 Das Responsabilidades

> **Art. 121.** *O servidor responde* **civil, penal e administrativamente** *pelo exercício irregular de suas atribuições.*
>
> **Art. 122.** *A* **responsabilidade civil** *decorre de ato omissivo ou comissivo, doloso ou culposo, que* **resulte em prejuízo ao erário ou a terceiros**.
>
> **§ 1º** *A indenização de prejuízo dolosamente causado ao erário somente será liquidada na forma prevista no art. 46, na falta de outros bens que assegurem a execução do débito pela via judicial.*

Remete-se ao art. 46 da lei que regulamenta a forma da indenização

> ***Art. 46.*** *As reposições e indenizações ao erário, atualizadas até 30 de junho de 1994, serão previamente comunicadas ao servidor ativo, aposentado ou ao pensionista, para* ***pagamento, no prazo máximo de trinta dias, podendo ser parceladas, a pedido do interessado****. (Redação dada pela Medida Provisória nº 2.225-45, de 4.9.2001)*
>
> ***§ 1º.*** *O valor de cada parcela não poderá ser inferior ao correspondente a dez por cento da remuneração, provento ou pensão. (Redação dada pela Medida Provisória nº 2.225-45, de 4.9.2001)*
>
> ***§ 2º.*** *Quando o pagamento indevido houver ocorrido no mês anterior ao do processamento da folha, a reposição será feita imediatamente, em uma única parcela. (Redação dada pela Medida Provisória nº 2.225-45, de 4.9.2001)*
>
> ***§ 3º.*** *Na hipótese de valores recebidos em decorrência de cumprimento a decisão liminar, a tutela antecipada ou a sentença que venha a ser revogada ou rescindida, serão eles atualizados até a data da reposição. (Redação dada pela Medida Provisória nº 2.225-45, de 4.9.2001)*
>
> **§ 2º** *Tratando-se de dano causado a terceiros,* **responderá o servidor perante a Fazenda Pública, em ação regressiva**.
>
> **§ 3º** *A obrigação de reparar o dano estende-se aos sucessores e contra eles será executada, até o limite do valor da herança recebida.*

A responsabilidade civil do Estado por danos causados a terceiros é objetiva (independe de dolo ou culpa). Quando um agente público causar dano a terceiros, a ação de indenização deve ser movida contra o Estado; este, por sua vez, poderá reaver os valores gastos em eventual indenização por meio de **ação de regresso** contra o servidor público, mas somente se houver dano ou culpa por parte do servidor. Assim, a responsabilidade do Estado independe de dolo ou culpa (objetiva); mas a responsabilidade do servidor, em ação de regresso, somente ocorrerá se houver dolo ou culpa (subjetiva).

Importante: *CF, Art. 37 [...]: § 6º As pessoas jurídicas de direito público e as de direito privado prestadoras de serviços públicos responderão pelos danos que seus agentes, nessa qualidade, causarem a terceiros, assegurado o direito de regresso contra o responsável nos casos de dolo ou culpa.*

> **Art. 123.** *A* **responsabilidade penal** *abrange os* **crimes** *e* **contravenções** *imputadas ao servidor, nessa qualidade.*

O conceito de servidor público para os fins do Código Penal é amplo (o Código usa a expressão "funcionário público", que era o termo adotado antes da Constituição Federal de 1988). Vejamos o conceito (CP, art. 327):

Art. 327. Considera-se funcionário público, para os efeitos penais, quem, embora transitoriamente ou sem remuneração, ***exerce cargo, emprego ou função pública****.*

§ 1º. Equipara-se a funcionário público quem exerce cargo, emprego ou função em entidade paraestatal, e quem trabalha para empresa prestadora de serviço contratada ou conveniada para a execução de atividade típica da Administração Pública.

Art. 124. *A* **responsabilidade civil-administrativa** *resulta de ato omissivo ou comissivo praticado no* **desempenho do cargo ou função***.*

• A responsabilidade administrativa enseja a aplicação das sanções administrativas, previstas no art. 127 da Lei nº 8.112/1990. A apuração de tais infrações ocorre por meio de sindicância ou processo administrativo disciplinar (ou ainda por processo sumário, em casos específicos).

ADMINISTRATIVO E PROCESSUAL CIVIL. MANDADO DE SEGURANÇA. PROCESSO ADMINISTRATIVO DISCIPLINAR. PENA DE DEMISSÃO DO CARGO DE PROFESSOR:

EX-REITOR DA UNB. ART. 117, IX, C/C ART. 132, IV E XIII, DA LEI 8.112/90 E ART. 10, CAPUT, I E VIII, DA LEI 8.429/92. PRESCRIÇÃO.

AFASTAMENTO. TIPIFICAÇÃO DA CONDUTA TAMBÉM COMO CRIME. APLICAÇÃO DO PRAZO PREVISTO NA LEI PENAL. PARCIALIDADE DA COMISSÃO PROCESSANTE.

NÃO OCORRÊNCIA. ALEGAÇÃO DE INEXISTÊNCIA DE PROVAS DAS IRREGULARIDADES APONTADAS. NECESSIDADE DE DILAÇÃO PROBATÓRIA.

DESCABIMENTO, NA VIA ESTREITA DO WRIT. INFRAÇÕES DISCIPLINARES PUNÍVEIS COM DEMISSÃO, PRATICADAS PELO IMPETRANTE, APURADAS EM PROCESSO ADMINISTRATIVO DISCIPLINAR. INEXISTÊNCIA DE OFENSA AOS PRINCÍPIOS DA RAZOABILIDADE E DA PROPORCIONALIDADE. ATO ADMINISTRATIVO VINCULADO. APLICAÇÃO DA PENA DE DEMISSÃO. ADEQUAÇÃO. PRINCÍPIOS DA RAZOABILIDADE E DA PROPORCIONALIDADE. ART. 128 DA LEI 8.112/90. OBSERVÂNCIA. ORDEM DENEGADA.

§ 1º. *A indenização de prejuízo dolosamente causado ao erário somente será liquidada na forma prevista no art. 46, na falta de outros bens que assegurem a execução do débito pela via judicial.*

§ 2º. *Tratando-se de dano causado a terceiros, responderá o servidor perante a Fazenda Pública, em ação regressiva.*

§ 3º. *A obrigação de reparar o dano estende-se aos sucessores e contra eles será executada, até o limite do valor da herança recebida.*

Art. 123. *A responsabilidade penal abrange os crimes e contravenções imputadas ao servidor, nessa qualidade.*

Art. 124. *A responsabilidade civil-administrativa resulta de ato omissivo ou comissivo praticado no desempenho do cargo ou função.*

Art. 125. *As sanções civis, penais e administrativas poderão cumular-se, sendo independentes entre si.*

Art. 126. *A responsabilidade administrativa do servidor será afastada no caso de absolvição criminal que negue a existência do fato ou sua autoria.*

Art. 126-A. *Nenhum servidor poderá ser responsabilizado civil, penal ou administrativamente por dar ciência à autoridade superior ou, quando houver suspeita de envolvimento desta, a outra autoridade competente para apuração de informação concernente à prática de crimes ou improbidade de que tenha conhecimento, ainda que em decorrência do exercício de cargo, emprego ou função pública.* (Incluído pela Lei nº 12.527, de 2011)

10. DAS PENALIDADES

Art. 127. *São penalidades disciplinares:*

I. *advertência;*

II. *suspensão;*

III. *demissão;*

IV. *cassação de aposentadoria ou disponibilidade;*

V. *destituição de cargo em comissão;*

VI. *destituição de função comissionada.*

Art. 128. *Na aplicação das penalidades serão consideradas a natureza e a gravidade da infração cometida, os danos que dela provierem para o serviço público, as circunstâncias agravantes ou atenuantes e os antecedentes funcionais.*

Parágrafo único. *O ato de imposição da penalidade mencionará sempre o fundamento legal e a causa da sanção disciplinar.* (Incluído pela Lei nº 9.527, de 10.12.97)

Art. 129. *A advertência será aplicada por escrito, nos casos de violação de proibição constante do art. 117, incisos I a VIII e XIX, e de inobservância de dever funcional previsto em lei, regulamentação ou norma interna, que não justifique imposição de penalidade mais grave.* (Redação dada pela Lei nº 9.527, de 10.12.97)

Art. 130. *A suspensão será aplicada em caso de reincidência das faltas punidas com advertência e de violação das demais proibições que não tipifiquem infração sujeita a penalidade de demissão, não podendo exceder de 90 (noventa) dias.*

§ 1º. *Será punido com suspensão de até 15 (quinze) dias o servidor que, injustificadamente, recusar-se a ser submetido a inspeção médica determinada pela autoridade competente, cessando os efeitos da penalidade uma vez cumprida a determinação.*

§ 2º. *Quando houver conveniência para o serviço, a penalidade de suspensão poderá ser convertida em multa, na base de 50% (cinquenta por cento) por dia de vencimento ou remuneração, ficando o servidor obrigado a permanecer em serviço.*

Art. 131. *As penalidades de advertência e de suspensão terão seus registros cancelados, após o decurso de 3 (três) e 5 (cinco) anos de efetivo exercício, respectivamente, se o servidor não houver, nesse período, praticado nova infração disciplinar.*

Parágrafo único. *O cancelamento da penalidade não surtirá efeitos retroativos.*

Art. 132. *A demissão será aplicada nos seguintes casos:*

I. *crime contra a administração pública;*

II. *abandono de cargo;*

III. *inassiduidade habitual;*

IV. *improbidade administrativa;*

V. *incontinência pública e conduta escandalosa, na repartição;*

VI. *insubordinação grave em serviço;*

VII. *ofensa física, em serviço, a servidor ou a particular, salvo em legítima defesa própria ou de outrem;*

VIII. *aplicação irregular de dinheiros públicos;*

IX. *revelação de segredo do qual se apropriou em razão do cargo;*

X. *lesão aos cofres públicos e dilapidação do patrimônio nacional;*

XI. *corrupção;*

XII. *acumulação ilegal de cargos, empregos ou funções públicas;*

XIII. *transgressão dos incisos IX a XVI do art. 117.*

Art. 133. *Detectada a qualquer tempo a acumulação ilegal de cargos, empregos ou funções públicas, a autoridade a que se refere o art. 143 notificará o servidor, por intermédio de sua chefia imediata, para apresentar opção no prazo improrrogável de dez dias, contados da data da ciência e, na hipótese de* *omissão, adotará procedimento sumário para a sua apuração e regularização imediata, cujo processo administrativo disciplinar se desenvolverá nas seguintes fases:* (Redação dada pela Lei nº 9.527, de 10.12.97)

I. *instauração, com a publicação do ato que constituir a comissão, a ser composta por dois servidores estáveis, e simultaneamente indicar a autoria e a materialidade da transgressão objeto da apuração;* (Incluído pela Lei nº 9.527, de 10.12.97)

II. *instrução sumária, que compreende indiciação, defesa e relatório;* (Incluído pela Lei nº 9.527, de 10.12.97)

III. *julgamento.* (Incluído pela Lei nº 9.527, de 10.12.97)

§ 1º. *A indicação da autoria de que trata o inciso I dar-se-á pelo nome e matrícula do servidor, e a materialidade pela descrição dos cargos, empregos ou funções públicas em situação de acumulação ilegal, dos órgãos ou entidades de vinculação, das datas de ingresso, do horário de trabalho e do correspondente regime jurídico.* (Redação dada pela Lei nº 9.527, de 10.12.97)

§ 2º. *A comissão lavrará, até três dias após a publicação do ato que a constituiu, termo de indiciação em que serão transcritas as informações de que trata o parágrafo anterior, bem como promoverá a citação pessoal do servidor indiciado, ou por intermédio de sua chefia imediata, para, no prazo de cinco dias, apresentar defesa escrita, assegurando-se lhe vista do processo na repartição, observado o disposto nos arts. 163 e 164.* (Redação dada pela Lei nº 9.527, de 10.12.97)

§ 3º. *Apresentada a defesa, a comissão elaborará relatório conclusivo quanto à inocência ou à responsabilidade do servidor, em que resumirá as peças principais dos autos, opinará sobre a licitude da acumulação em exame, indicará o respectivo dispositivo legal e remeterá o processo à autoridade instauradora, para julgamento.* (Incluído pela Lei nº 9.527, de 10.12.97)

§ 4º. *No prazo de cinco dias, contados do recebimento do processo, a autoridade julgadora proferirá a sua decisão, aplicando-se, quando for o caso, o disposto no § 3º. do art. 167.* (Incluído pela Lei nº 9.527, de 10.12.97)

§ 5º. *A opção pelo servidor até o último dia de prazo para defesa configurará sua boa-fé, hipótese em que se converterá automaticamente em pedido de exoneração do outro cargo.* (Incluído pela Lei nº 9.527, de 10.12.97)

§ 6º. *Caracterizada a acumulação ilegal e provada a má-fé, aplicar-se-á a pena de demissão, destituição ou cassação de aposentadoria ou disponibilidade em relação aos cargos, empregos ou funções públicas em regime de acumulação ilegal, hipótese em que os órgãos ou entidades de vinculação serão comunicados.* (Incluído pela Lei nº 9.527, de 10.12.97)

§ 7º. *O prazo para a conclusão do processo administrativo disciplinar submetido ao rito sumário não excederá trinta dias, contados da data de publicação do ato que constituir a comissão, admitida a sua prorrogação por até quinze dias, quando as circunstâncias o exigirem.* (Incluído pela Lei nº 9.527, de 10.12.97)

§ 8º. *O procedimento sumário rege-se pelas disposições deste artigo, observando-se, no que lhe for aplicável, subsidiariamente, as disposições dos Títulos IV e V desta Lei.* (Incluído pela Lei nº 9.527, de 10.12.97)

Art. 134. *Será cassada a aposentadoria ou a disponibilidade do inativo que houver praticado, na atividade, falta punível com a demissão.*

Art. 135. *A destituição de cargo em comissão exercido por não ocupante de cargo efetivo será aplicada nos casos de infração sujeita às penalidades de suspensão e de demissão.*

Parágrafo único. *Constatada a hipótese de que trata este artigo, a exoneração efetuada nos termos do art. 35 será convertida em destituição de cargo em comissão.*

Art. 136. *A demissão ou a destituição de cargo em comissão, nos casos dos incisos IV, VIII, X e XI do art. 132, implica a indisponibilidade dos bens e o ressarcimento ao erário, sem prejuízo da ação penal cabível.*

Art. 137. *A demissão ou a destituição de cargo em comissão, por infringência do art. 117, incisos IX e XI, incompatibiliza o ex-servidor para nova investidura em cargo público federal, pelo prazo de 5 (cinco) anos.*

Parágrafo único. *Não poderá retornar ao serviço público federal o servidor que for demitido ou destituído do cargo em comissão por infringência do art. 132, incisos I, IV, VIII, X e XI.*

Art. 138. *Configura abandono de cargo a ausência intencional do servidor ao serviço por mais de trinta dias consecutivos.*

Art. 139. *Entende-se por inassiduidade habitual a falta ao serviço, sem causa justificada, por sessenta dias, interpoladamente, durante o período de doze meses.*

Art. 140. *Na apuração de abandono de cargo ou inassiduidade habitual, também será adotado o procedimento sumário a que se refere o art. 133, observando-se especialmente que:* (Redação dada pela Lei nº 9.527, de 10.12.97)

I. *a indicação da materialidade dar-se-á:* (Incluído pela Lei nº 9.527, de 10.12.97)

a) *na hipótese de abandono de cargo, pela indicação precisa do período de ausência intencional do servidor ao serviço superior a trinta dias;* (Incluído pela Lei nº 9.527, de 10.12.97)

b) *no caso de inassiduidade habitual, pela indicação dos dias de falta ao serviço sem causa justificada, por período igual ou superior a sessenta dias interpoladamente, durante o período de doze meses;* (Incluído pela Lei nº 9.527, de 10.12.97)

II. *após a apresentação da defesa a comissão elaborará relatório conclusivo quanto à inocência ou à responsabilidade do servidor, em que resumirá as peças principais dos autos, indicará o respectivo dispositivo legal, opinará, na hipótese de abandono de cargo, sobre a intencionalidade da ausência ao serviço superior a trinta dias e remeterá o processo à autoridade instauradora para julgamento.* (Incluído pela Lei nº 9.527, de 10.12.97)

Art. 141. *As penalidades disciplinares serão aplicadas:*

I. *pelo Presidente da República, pelos Presidentes das Casas do Poder Legislativo e dos Tribunais Federais e pelo Procurador-Geral da República, quando se tratar de demissão e cassação de aposentadoria ou disponibilidade de servidor vinculado ao respectivo Poder, órgão, ou entidade;*

II. *pelas autoridades administrativas de hierarquia imediatamente inferior àquelas mencionadas no inciso anterior quando se tratar de suspensão superior a 30 (trinta) dias;*

III. *pelo chefe da repartição e outras autoridades na forma dos respectivos regimentos ou regulamentos, nos casos de advertência ou de suspensão de até 30 (trinta) dias;*

IV. *pela autoridade que houver feito a nomeação, quando se tratar de destituição de cargo em comissão.*

Art. 142. *A ação disciplinar prescreverá:*

I. *em 5 (cinco) anos, quanto às infrações puníveis com demissão, cassação de aposentadoria ou disponibilidade e destituição de cargo em comissão;*

II. *em 2 (dois) anos, quanto à suspensão;*

III. *em 180 (cento e oitenta) dias, quanto à advertência.*

§ 1º. *O prazo de prescrição começa a correr da data em que o fato se tornou conhecido.*

§ 2º. *Os prazos de prescrição previstos na lei penal aplicam-se às infrações disciplinares capituladas também como crime.*

§ 3º. *A abertura de sindicância ou a instauração de processo disciplinar interrompe a prescrição, até a decisão final proferida por autoridade competente.*

§ 4º. *Interrompido o curso da prescrição, o prazo começará a correr a partir do dia em que cessar a interrupção.*

10.1 Do Processo Administrativo Disciplinar

Art. 143. *A autoridade que tiver ciência de irregularidade no serviço público é obrigada a promover a sua apuração imediata, mediante sindicância ou processo administrativo disciplinar, assegurada ao acusado ampla defesa.*

§ 1º. (Revogado pela Lei nº 11.204, de 2005)

§ 2º. (Revogado pela Lei nº 11.204, de 2005)

§ 3º. *A apuração de que trata o* **caput**, *por solicitação da autoridade a que se refere, poderá ser promovida por autoridade de órgão ou entidade diverso daquele em que tenha ocorrido a irregularidade, mediante competência específica para tal finalidade, delegada em caráter permanente ou temporário pelo Presidente da República, pelos presidentes das Casas do Poder Legislativo e dos Tribunais Federais e pelo Procurador-Geral da República, no âmbito do respectivo Poder, órgão ou entidade, preservadas as competências para o julgamento que se seguir à apuração.* (Incluído pela Lei nº 9.527, de 10.12.97)

Art. 144. *As denúncias sobre irregularidades serão objeto de apuração, desde que contenham a identificação e o endereço do denunciante e sejam formuladas por escrito, confirmada a autenticidade.*

Parágrafo único. *Quando o fato narrado não configurar evidente infração disciplinar ou ilícito penal, a denúncia será arquivada, por falta de objeto.*

Art. 145. *Da sindicância poderá resultar:*

I. *arquivamento do processo;*

II. *aplicação de penalidade de advertência ou suspensão de até 30 (trinta) dias;*

III. *instauração de processo disciplinar.*

Parágrafo único. *O prazo para conclusão da sindicância não excederá 30 (trinta) dias, podendo ser prorrogado por igual período, a critério da autoridade superior.*

Art. 146. *Sempre que o ilícito praticado pelo servidor ensejar a imposição de penalidade de suspensão por mais de 30 (trinta) dias, de demissão, cassação de aposentadoria ou disponibilidade, ou destituição de cargo em comissão, será obrigatória a instauração de processo disciplinar.*

11. DO AFASTAMENTO PREVENTIVO

Art. 147. *Como medida cautelar e a fim de que o servidor não venha a influir na apuração da irregularidade, a autoridade instauradora do processo disciplinar poderá determinar o seu afastamento do exercício do cargo, pelo prazo de até 60 (sessenta) dias, sem prejuízo da remuneração.*

Parágrafo único. *O afastamento poderá ser prorrogado por igual prazo, findo o qual cessarão os seus efeitos, ainda que não concluído o processo.*

Importante salientar que se trata de medida cautelar para a garantia da imparcialidade do processo, de modo a garantir a segurança e credibilidade necessárias.

11.1 Do Processo Disciplinar

Art. 148. *O processo disciplinar é o instrumento destinado a apurar responsabilidade de servidor por infração praticada no exercício de suas atribuições, ou que tenha relação com as atribuições do cargo em que se encontre investido.*

Art. 149. *O processo disciplinar será conduzido por comissão composta de três servidores estáveis designados pela autoridade competente, observado o disposto no § 3º. do art. 143, que indicará, dentre eles, o seu presidente, que deverá ser ocupante de cargo efetivo superior ou de mesmo nível, ou ter nível de escolaridade igual ou superior ao do indiciado.* (Redação dada pela Lei nº 9.527, de 10.12.97)

§ 1º. *A Comissão terá como secretário servidor designado pelo seu presidente, podendo a indicação recair em um de seus membros.*

§ 2º. *Não poderá participar de comissão de sindicância ou de inquérito, cônjuge, companheiro ou parente do acusado, consanguíneo ou afim, em linha reta ou colateral, até o terceiro grau.*

Art. 150. *A Comissão exercerá suas atividades com independência e imparcialidade, assegurado o sigilo necessário à elucidação do fato ou exigido pelo interesse da administração.*

Parágrafo único. *As reuniões e as audiências das comissões terão caráter reservado.*

Art. 151. *O processo disciplinar se desenvolve nas seguintes fases:*

I. *instauração, com a publicação do ato que constituir a comissão;*

II. *inquérito administrativo, que compreende instrução, defesa e relatório;*

III. *julgamento. Art. 152. O prazo para a conclusão do processo disciplinar não excederá 60 (sessenta) dias, contados da data de publicação do ato que constituir a comissão, admitida a sua prorrogação por igual prazo, quando as circunstâncias o exigirem.*

§ 1º. *Sempre que necessário, a comissão dedicará tempo integral aos seus trabalhos, ficando seus membros dispensados do ponto, até a entrega do relatório final.*

§ 2º. *As reuniões da comissão serão registradas em atas que deverão detalhar as deliberações adotadas.*

11.2 Do Inquérito

Art. 153. *O inquérito administrativo obedecerá ao princípio do contraditório, assegurada ao acusado ampla defesa, com a utilização dos meios e recursos admitidos em direito.*

Art. 154. *Os autos da sindicância integrarão o processo disciplinar, como peça informativa da instrução.*

Parágrafo único. *Na hipótese de o relatório da sindicância concluir que a infração está capitulada como ilícito penal, a autoridade competente encaminhará cópia dos autos ao Ministério Público, independentemente da imediata instauração do processo disciplinar.*

Art. 155. *Na fase do inquérito, a comissão promoverá a tomada de depoimentos, acareações, investigações e diligências cabíveis, objetivando a coleta de prova, recorrendo, quando necessário, a técnicos e peritos, de modo a permitir a completa elucidação dos fatos.*

Art. 156. *É assegurado ao servidor o direito de acompanhar o processo pessoalmente ou por intermédio de procurador, arrolar e reinquirir testemunhas, produzir provas e contraprovas e formular quesitos, quando se tratar de prova pericial.*

§ 1º. *O presidente da comissão poderá denegar pedidos considerados impertinentes, meramente protelatórios, ou de nenhum interesse para o esclarecimento dos fatos.*

§ 2º. *Será indeferido o pedido de prova pericial, quando a comprovação do fato independer de conhecimento especial de perito.*

Art. 157. *As testemunhas serão intimadas a depor mediante mandado expedido pelo presidente da comissão, devendo a segunda via, com o ciente do interessado, ser anexado aos autos.*

Parágrafo único. *Se a testemunha for servidor público, a expedição do mandado será imediatamente comunicada ao chefe da repartição onde serve, com a indicação do dia e hora marcados para inquirição.*

Art. 158. *O depoimento será prestado oralmente e reduzido a termo, não sendo lícito à testemunha trazê-lo por escrito.*

§ 1º. *As testemunhas serão inquiridas separadamente.*

§ 2º. *Na hipótese de depoimentos contraditórios ou que se infirmem, proceder-se-á à acareação entre os depoentes.*

Art. 159. *Concluída a inquirição das testemunhas, a comissão promoverá o interrogatório do acusado, observados os procedimentos previstos nos arts. 157 e 158.*

§ 1º. *No caso de mais de um acusado, cada um deles será ouvido separadamente, e sempre que divergirem em suas declarações sobre fatos ou circunstâncias, será promovida a acareação entre eles.*

§ 2º. *O procurador do acusado poderá assistir ao interrogatório, bem como à inquirição das testemunhas, sendo-lhe vedado interferir nas perguntas e respostas, facultando-se-lhe, porém, reinquiri-las, por intermédio do presidente da comissão.*

Art. 160. *Quando houver dúvida sobre a sanidade mental do acusado, a comissão proporá à autoridade competente que ele seja submetido a exame por junta médica oficial, da qual participe pelo menos um médico psiquiatra.*

Parágrafo único. *O incidente de sanidade mental será processado em auto apartado e apenso ao processo principal, após a expedição do laudo pericial.*

Art. 161. *Tipificada a infração disciplinar, será formulada a indiciação do servidor, com a especificação dos fatos a ele imputados e das respectivas provas.*

§ 1º. *O indiciado será citado por mandado expedido pelo presidente da comissão para apresentar defesa escrita, no prazo de 10 (dez) dias, assegurando-se-lhe vista do processo na repartição.*

§ 2º. *Havendo dois ou mais indiciados, o prazo será comum e de 20 (vinte) dias.*

§ 3º. *O prazo de defesa poderá ser prorrogado pelo dobro, para diligências reputadas indispensáveis.*

§ 4º. *No caso de recusa do indiciado em apor o ciente na cópia da citação, o prazo para defesa contar-se-á da data declarada, em termo próprio, pelo membro da comissão que fez a citação, com a assinatura de (2) duas testemunhas.*

Art. 162. *O indiciado que mudar de residência fica obrigado a comunicar à comissão o lugar onde poderá ser encontrado.*

Art. 163. *Achando-se o indiciado em lugar incerto e não sabido, será citado por edital, publicado no Diário Oficial da União e em jornal de grande circulação na localidade do último domicílio conhecido, para apresentar defesa.*

Parágrafo único. *Na hipótese deste artigo, o prazo para defesa será de 15 (quinze) dias a partir da última publicação do edital.*

Art. 164. *Considerar-se-á revel o indiciado que, regularmente citado, não apresentar defesa no prazo legal.*

§ 1º. *A revelia será declarada, por termo, nos autos do processo e devolverá o prazo para a defesa.*

§ 2º. *Para defender o indiciado revel, a autoridade instauradora do processo designará um servidor como defensor dativo, que deverá ser ocupante de cargo efetivo superior ou de mesmo nível, ou ter nível de escolaridade igual ou superior ao do indiciado.* (Redação dada pela Lei nº 9.527, de 10.12.97)

Art. 165. *Apreciada a defesa, a comissão elaborará relatório minucioso, onde resumirá as peças principais dos autos e mencionará as provas em que se baseou para formar a sua convicção.*

§ 1º. *O relatório será sempre conclusivo quanto à inocência ou à responsabilidade do servidor.*

§ 2º. *Reconhecida a responsabilidade do servidor, a comissão indicará o dispositivo legal ou regulamentar transgredido, bem como as circunstâncias agravantes ou atenuantes.*

Art. 166. *O processo disciplinar, com o relatório da comissão, será remetido à autoridade que determinou a sua instauração, para julgamento.*

Urge evidenciar que há uma lei federal que trata do processo administrativo no âmbito da administração pública federal, a lei nº 9784/99, porém ela será aplicada de forma subsidiária nos processos que possuírem lei específica disciplinando a matéria, o que ocorre no Processo Administrativo Disciplinar relacionado a atos de servidores públicos federais, pois já existe dispositivo legal próprio.

11.3 Do Julgamento

Art. 167. *No prazo de 20 (vinte) dias, contados do recebimento do processo, a autoridade julgadora proferirá a sua decisão.*

§ 1º. *Se a penalidade a ser aplicada exceder a alçada da autoridade instauradora do processo, este será encaminhado à autoridade competente, que decidirá em igual prazo.*

§ 2º. *Havendo mais de um indiciado e diversidade de sanções, o julgamento caberá à autoridade competente para a imposição da pena mais grave.*

§ 3º. *Se a penalidade prevista for a demissão ou cassação de aposentadoria ou disponibilidade, o julgamento caberá às autoridades de que trata o inciso I do art. 141.*

§ 4º. *Reconhecida pela comissão a inocência do servidor, a autoridade instauradora do processo determinará o seu arquivamento, salvo se flagrantemente contrária à prova dos autos.* (Incluído pela Lei nº 9.527, de 10.12.97)

Art. 168. *O julgamento acatará o relatório da comissão, salvo quando contrário às provas dos autos.*

Parágrafo único. *Quando o relatório da comissão contrariar as provas dos autos, a autoridade julgadora poderá, motivadamente, agravar a penalidade proposta, abrandá-la ou isentar o servidor de responsabilidade.*

Art. 169. *Verificada a ocorrência de vício insanável, a autoridade que determinou a instauração do processo ou outra de hierarquia superior declarará a sua nulidade, total ou parcial, e ordenará, no mesmo ato, a constituição de outra comissão para instauração de novo processo.* (Redação dada pela Lei nº 9.527, de 10.12.97)

§ 1º. *O julgamento fora do prazo legal não implica nulidade do processo.*

§ 2º. *A autoridade julgadora que der causa à prescrição de que trata o art. 142, § 2º., será responsabilizada na forma do Capítulo IV do Título IV.*

Art. 170. *Extinta a punibilidade pela prescrição, a autoridade julgadora determinará o registro do fato nos assentamentos individuais do servidor.*

Art. 171. *Quando a infração estiver capitulada como crime, o processo disciplinar será remetido ao Ministério Público para instauração da ação penal, ficando trasladado na repartição.*

Art. 172. *O servidor que responder a processo disciplinar só poderá ser exonerado a pedido, ou aposentado voluntariamente, após a conclusão do processo e o cumprimento da penalidade, acaso aplicada.*

Parágrafo único. *Ocorrida a exoneração de que trata o parágrafo único, inciso I do art. 34, o ato será convertido em demissão, se for o caso.*

Art. 173. *Serão assegurados transporte e diárias:*

I. *ao servidor convocado para prestar depoimento fora da sede de sua repartição, na condição de testemunha, denunciado ou indiciado;*

II. *aos membros da comissão e ao secretário, quando obrigados a se deslocarem da sede dos trabalhos para a realização de missão essencial ao esclarecimento dos fatos.*

11.4 Da Revisão do Processo

Art. 174. *O processo disciplinar poderá ser revisto, a qualquer tempo, a pedido ou de ofício, quando se aduzirem fatos novos ou circunstâncias suscetíveis de justificar a inocência do punido ou a inadequação da penalidade aplicada.*

§ 1º. *Em caso de falecimento, ausência ou desaparecimento do servidor, qualquer pessoa da família poderá requerer a revisão do processo.*

§ 2º. *No caso de incapacidade mental do servidor, a revisão será requerida pelo respectivo curador.*

Art. 175. *No processo revisional, o ônus da prova cabe ao requerente.*

Art. 176. *A simples alegação de injustiça da penalidade não constitui fundamento para a revisão, que requer elementos novos, ainda não apreciados no processo originário.*

Art. 177. *O requerimento de revisão do processo será dirigido ao Ministro de Estado ou autoridade equivalente, que, se autorizar a revisão, encaminhará o pedido ao dirigente do órgão ou entidade onde se originou o processo disciplinar.*

Parágrafo único. *Deferida a petição, a autoridade competente providenciará a constituição de comissão, na forma do art. 149.*

Art. 178. *A revisão correrá em apenso ao processo originário.*

Parágrafo único. *Na petição inicial, o requerente pedirá dia e hora para a produção de provas e inquirição das testemunhas que arrolar.*

Art. 179. *A comissão revisora terá 60 (sessenta) dias para a conclusão dos trabalhos.*

Art. 180. *Aplicam-se aos trabalhos da comissão revisora, no que couber, as normas e procedimentos próprios da comissão do processo disciplinar.*

Art. 181. *O julgamento caberá à autoridade que aplicou a penalidade, nos termos do art. 141.*

Parágrafo único. *O prazo para julgamento será de 20 (vinte) dias, contados do recebimento do processo, no curso do qual a autoridade julgadora poderá determinar diligências.*

Art. 182. *Julgada procedente a revisão, será declarada sem efeito a penalidade aplicada, restabelecendo-se todos os direitos do servidor, exceto em relação à destituição do cargo em comissão, que será convertida em exoneração.*

Parágrafo único. *Da revisão do processo não poderá resultar agravamento de penalidade.*

Afasta-se a alegação do impetrante quanto à consumação do prazo prescricional, uma vez que, sendo os atos a ele imputados também capitulados como crime (formação de quadrilha ou bando, art. 288 do Código Penal), inclusive objeto de ação penal, instaurada perante a 12ª Vara Criminal da Seção Judiciária do Distrito Federal, o aludido prazo prescricional a ser aplicado é o previsto na lei penal.

É importante esclarecer que existem grandes diferenças entre a possibilidade de interposição de recurso administrativo e a possibilidade de requerer a revisão do processo:

- Recurso possui prazo legal para a sua interposição, já a revisão pode ser requerida a qualquer tempo.
- O requerimento da revisão exige a fundamentação na existência de fatos novos, de situações que não foram discutidas no curso do processo, na interposição de recurso não existe tão exigência.
- Cabe a reformatio in pejus na fase recursal, ou seja a modificação da decisão em prejuízo do recorrente, e não cabe a reforma em prejuízo na fase revisional,

Questões

01. (CESPE) A respeito de controle e responsabilização da administração pública, julgue os itens subsequentes.

Cabe ao presidente da República aplicar a penalidade de demissão ao servidor público, sendo essa competência não delegável.

Certo ( ) Errado ( )

02. (CESPE) A respeito do Regime Jurídico dos Servidores Públicos Civis da União, regido pela Lei n.º 8.112/1990, julgue os itens subsecutivos.

São penalidades disciplinares a advertência, a suspensão e a destituição de cargo em comissão.

Certo ( ) Errado ( )Certo

03. (CESP) De acordo com a Lei n.º 8.112/1990, que dispõe a respeito do regime disciplinar dos servidores públicos civis da União, das autarquias e das fundações públicas federais, julgue os itens seguintes.

Uma vez aplicadas ao servidor faltoso, as penalidades de advertência e de suspensão ficarão permanentemente registradas em seu assentamento funcional.

Certo ( ) Errado ( )

04. (CESPE) De acordo com a Lei n.º 8.112/1990, que dispõe a respeito do regime disciplinar dos servidores públicos civis da União, das autarquias e das fundações públicas federais, julgue os itens seguintes.

Havendo conveniência para o serviço, a pena de suspensão pode ser convertida em multa correspondente à metade por dia do vencimento ou remuneração, ficando o servidor obrigado a permanecer no desempenho de suas atribuições.

Certo ( ) Errado ( )

05. (CESPE) Julgue os itens abaixo, relativos à Lei n.º 8.112/1990, que dispõe sobre o regime jurídico dos servidores públicos civis da União, das autarquias e das fundações públicas federais.

A remoção, a suspensão e a demissão são exemplos de penalidades disciplinares previstas na lei em apreço.

Certo ( ) Errado ( )

06. (CESPE) Texto associado

De acordo com a Lei n.º 8.112/1990, que trata do regime jurídico dos servidores públicos civis da União, julgue os itens a seguir.

A comissão de sindicância não é pré-requisito para a instauração do processo administrativo disciplinar.

Certo ( ) Errado ( )

07. (CESPE) Texto associado

De acordo com a Lei n.º 8.112/1990, que trata do regime jurídico dos servidores públicos civis da União, julgue os itens a seguir.

A comissão de sindicância não é pré-requisito para a instauração do processo administrativo disciplinar.

Certo ( ) Errado ( )

Gabaritos

01	ERRADO	05	ERRADO
02	CERTO	06	ERRADO
03	ERRADO	07	ERRADO
04	CERTO		

12. DA SEGURIDADE SOCIAL DO SERVIDOR - DISPOSIÇÕES GERAIS

Art. 183. *A União manterá Plano de Seguridade Social para o servidor e sua família.*

§ 1º. *O servidor ocupante de cargo em comissão que não seja, simultaneamente, ocupante de cargo ou emprego efetivo na administração pública direta, autárquica e fundacional não terá direito aos benefícios do Plano de Seguridade Social, com exceção da assistência à saúde. (Redação dada pela Lei nº 10.667, de 14.5.2003)*

§ 2º. *O servidor afastado ou licenciado do cargo efetivo, sem direito à remuneração, inclusive para servir em organismo oficial internacional do qual o Brasil seja membro efetivo ou com o qual coopere, ainda que contribua para regime de previdência social no exterior, terá suspenso o seu vínculo com o regime do Plano de Seguridade Social do Servidor Público enquanto durar o afastamento ou a licença, não lhes assistindo, neste período, os benefícios do mencionado regime de previdência. (Incluído pela Lei nº 10.667, de 14.5.2003)*

§ 3º. *Será assegurada ao servidor licenciado ou afastado sem remuneração a manutenção da vinculação ao regime do Plano de Seguridade Social do Servidor Público, mediante o recolhimento mensal da respectiva contribuição, no mesmo percentual devido pelos servidores em atividade, incidente sobre a remuneração total do cargo a que faz jus no exercício de suas atribuições, computando-se, para esse efeito, inclusive, as vantagens pessoais. (Incluído pela Lei nº 10.667, de 14.5.2003)*

§ 4º. *O recolhimento de que trata o § 3º. deve ser efetuado até o segundo dia útil após a data do pagamento das remunerações dos servidores públicos, aplicando-se os procedimentos de cobrança e execução dos tributos federais quando não recolhidas na data de vencimento. (Incluído pela Lei nº 10.667, de 14.5.2003)*

Art. 184. *O Plano de Seguridade Social visa a dar cobertura aos riscos a que estão sujeitos o servidor e sua família, e compreende um conjunto de benefícios e ações que atendam às seguintes finalidades:*

I. *garantir meios de subsistência nos eventos de doença, invalidez, velhice, acidente em serviço, inatividade, falecimento e reclusão;*

II. *proteção à maternidade, à adoção e à paternidade;*

III. *assistência à saúde.*

Parágrafo único. *Os benefícios serão concedidos nos termos e condições definidos em regulamento, observadas as disposições desta Lei.*

Art. 185. *Os benefícios do Plano de Seguridade Social do servidor compreendem:*

I. *quanto ao servidor:*

a) *aposentadoria;*

b) *auxílio-natalidade;*

c) *salário-família;*

d) *licença para tratamento de saúde;*

e) *licença à gestante, à adotante e licença-paternidade;*

f) *licença por acidente em serviço;*

g) *assistência à saúde;*

h) *garantia de condições individuais e ambientais de trabalho satisfatórias;*

II. *quanto ao dependente:*

a) *pensão vitalícia e temporária;*

b) *auxílio-funeral;*

c) *auxílio-reclusão;*

d) *assistência à saúde.*

§ 1º. *As aposentadorias e pensões serão concedidas e mantidas pelos órgãos ou entidades aos quais se encontram vinculados os servidores, observado o disposto nos arts. 189 e 224.*

§ 2º. *O recebimento indevido de benefícios havidos por fraude, dolo ou má-fé, implicará devolução ao erário do total auferido, sem prejuízo da ação penal cabível.*

12.1 Dos Benefícios

12.1.1 Da Aposentadoria

Novos requisitos Segundo a Constituição

Art. 40. *O regime próprio de previdência social dos servidores titulares de cargos efetivos terá caráter contributivo e solidário, mediante contribuição do respectivo ente federativo, de servidores ativos, de aposentados e de pensionistas, observados critérios que preservem o equilíbrio financeiro e atuarial.* (Redação dada pela Emenda Constitucional nº 103, de 2019)

§ 1º *O servidor abrangido por regime próprio de previdência social será aposentado:* (Redação dada pela Emenda Constitucional nº 103, de 2019)

I. *por incapacidade permanente para o trabalho, no cargo em que estiver investido, quando insuscetível de readaptação, hipótese em que será obrigatória a realização de avaliações periódicas para verificação da continuidade das condições que ensejaram a concessão da aposentadoria, na forma de lei do respectivo ente federativo;* (Redação dada pela Emenda Constitucional nº 103, de 2019)

II. *compulsoriamente, com proventos proporcionais ao tempo de contribuição, aos 70 (setenta) anos de idade, ou aos 75 (setenta e cinco) anos de idade, na forma de lei complementar;* (Redação dada pela Emenda Constitucional nº 88, de 2015)

III. *no âmbito da União, aos 62 (sessenta e dois) anos de idade, se mulher, e aos 65 (sessenta e cinco) anos de idade, se homem, e, no âmbito dos Estados, do Distrito Federal e dos Municípios, na idade mínima estabelecida mediante emenda às respectivas Constituições e Leis Orgânicas, observados o tempo de contribuição e os demais requisitos estabelecidos em lei complementar do respectivo ente federativo.* (Redação dada pela Emenda Constitucional nº 103, de 2019)

§ 2º *Os proventos de aposentadoria não poderão ser inferiores ao valor mínimo a que se refere o § 2º do art. 201 ou superiores ao limite máximo estabelecido para o Regime Geral de Previdência Social, observado o disposto nos §§ 14 a 16.* (Redação dada pela Emenda Constitucional nº 103, de 2019)

§ 3º *As regras para cálculo de proventos de aposentadoria serão disciplinadas em lei do respectivo ente federativo.* (Redação dada pela Emenda Constitucional nº 103, de 2019)

§ 4º *É vedada a adoção de requisitos ou critérios diferenciados para concessão de benefícios em regime próprio de previdência social, ressalvado o disposto nos §§ 4º-A, 4º-B, 4º-C e 5º.* (Redação dada pela Emenda Constitucional nº 103, de 2019)

§ 4º-A. *Poderão ser estabelecidos por lei complementar do respectivo ente federativo idade e tempo de contribuição diferenciados para aposentadoria de servidores com deficiência, previamente submetidos a avaliação biopsicossocial realizada por equipe multiprofissional e interdisciplinar.* (Incluído pela Emenda Constitucional nº 103, de 2019)

§ 4º-B. *Poderão ser estabelecidos por lei complementar do respectivo ente federativo idade e tempo de contribuição diferenciados para aposentadoria de ocupantes do cargo de agente penitenciário, de agente socioeducativo ou de policial dos órgãos de que tratam o inciso IV do caput do art. 51, o inciso XIII do caput do art. 52 e os incisos I a IV do caput do art. 144.* (Incluído pela Emenda Constitucional nº 103, de 2019)

§ 4º-C. *Poderão ser estabelecidos por lei complementar do respectivo ente federativo idade e tempo de contribuição diferenciados para aposentadoria de servidores cujas atividades sejam exercidas com efetiva exposição a agentes químicos, físicos e biológicos prejudiciais à saúde, ou associação desses agentes, vedada a caracterização por categoria profissional ou ocupação.* (Incluído pela Emenda Constitucional nº 103, de 2019)

§ 5º *Os ocupantes do cargo de professor terão idade mínima reduzida em 5 (cinco) anos em relação às idades decorrentes da aplicação do disposto no inciso III do § 1º, desde que comprovem tempo de efetivo exercício das funções de magistério na educação infantil e no ensino fundamental e médio fixado em lei complementar do respectivo ente federativo.* (Redação dada pela Emenda Constitucional nº 103, de 2019)

§ 6º *Ressalvadas as aposentadorias decorrentes dos cargos acumuláveis na forma desta Constituição, é vedada a percepção de mais de uma aposentadoria à conta de regime próprio de previdência social, aplicando-se outras vedações, regras e condições para a acumulação de benefícios previdenciários estabelecidas no Regime Geral de Previdência Social.* (Redação dada pela Emenda Constitucional nº 103, de 2019)

§ 7º *Observado o disposto no § 2º do art. 201, quando se tratar da única fonte de renda formal auferida pelo dependente, o benefício de pensão por morte será concedido nos termos de lei do respectivo ente federativo, a qual tratará de forma diferenciada a hipótese de morte dos servidores de que trata o § 4º-B decorrente de agressão sofrida no exercício ou em razão da função.* (Redação dada pela Emenda Constitucional nº 103, de 2019)

§ 8º *É assegurado o reajustamento dos benefícios para preservar-lhes, em caráter permanente, o valor real, conforme critérios estabelecidos em lei.* (Redação dada pela Emenda Constitucional nº 41, 19.12.2003)

§ 9º *O tempo de contribuição federal, estadual, distrital ou municipal será contado para fins de aposentadoria, observado o disposto nos §§ 9º e 9º-A do art. 201, e o tempo de serviço correspondente será contado para fins de disponibilidade.* (Redação dada pela Emenda Constitucional nº 103, de 2019)

§ 10 - *A lei não poderá estabelecer qualquer forma de contagem de tempo de contribuição fictício.* (Incluído pela Emenda Constitucional nº 20, de 15/12/98)

§ 11 - *Aplica-se o limite fixado no art. 37, XI, à soma total dos proventos de inatividade, inclusive quando decorrentes da acumulação de cargos ou empregos públicos, bem como de outras atividades sujeitas a contribuição para o regime geral de previdência social, e ao montante resultante da adição de proventos de inatividade com remuneração de cargo acumulável na forma desta Constituição, cargo em comissão declarado em lei de livre nomeação e exoneração, e de cargo eletivo.* (Incluído pela Emenda Constitucional nº 20, de 15/12/98)

§ 12. *Além do disposto neste artigo, serão observados, em regime próprio de previdência social, no que couber, os requisitos e critérios fixados para o Regime Geral de Previdência Social.* (Redação dada pela Emenda Constitucional nº 103, de 2019)

§ 13. *Aplica-se ao agente público ocupante, exclusivamente, de cargo em comissão declarado em lei de livre nomeação e exoneração, de outro cargo temporário, inclusive mandato eletivo, ou de emprego público, o Regime Geral de Previdência Social.* (Redação dada pela Emenda Constitucional nº 103, de 2019)

§ 14. *A União, os Estados, o Distrito Federal e os Municípios instituirão, por lei de iniciativa do respectivo Poder Executivo, regime de previdência complementar para servidores públicos ocupantes de cargo efetivo, observado o limite máximo dos benefícios do Regime Geral de Previdência Social para o valor das aposentadorias e das pensões em regime próprio de previdência social, ressalvado o disposto no § 16.* (Redação dada pela Emenda Constitucional nº 103, de 2019)

§ 15. *O regime de previdência complementar de que trata o § 14 oferecerá plano de benefícios somente na modalidade contribuição definida, observará o disposto no art. 202 e será efetivado por intermédio de entidade fechada de previdência complementar ou de entidade aberta de previdência complementar.* (Redação dada pela Emenda Constitucional nº 103, de 2019)

§ 16. *Somente mediante sua prévia e expressa opção, o disposto nos §§ 14 e 15 poderá ser aplicado ao servidor que tiver ingressado no serviço público até a data da publicação do ato de instituição do correspondente regime de previdência complementar.* (Incluído pela Emenda Constitucional nº 20, de 15/12/98)

§ 17. *Todos os valores de remuneração considerados para o cálculo do benefício previsto no § 3° serão devidamente atualizados, na forma da lei.* (Incluído pela Emenda Constitucional nº 41, 19.12.2003)

§ 18. *Incidirá contribuição sobre os proventos de aposentadorias e pensões concedidas pelo regime de que trata este artigo que superem o limite máximo estabelecido para os benefícios do regime geral de previdência social de que trata o art. 201, com percentual igual ao estabelecido para os servidores titulares de cargos efetivos.* (Incluído pela Emenda Constitucional nº 41, 19.12.2003)

§ 19. *Observados critérios a serem estabelecidos em lei do respectivo ente federativo, o servidor titular de cargo efetivo que tenha completado as exigências para a aposentadoria voluntária e que opte por permanecer em atividade poderá fazer jus a um abono de permanência equivalente, no máximo, ao valor da sua contribuição previdenciária, até completar a idade para aposentadoria compulsória.* (Redação dada pela Emenda Constitucional nº 103, de 2019)

§ 20. *É vedada a existência de mais de um regime próprio de previdência social e de mais de um órgão ou entidade gestora desse regime em cada ente federativo, abrangidos todos os poderes, órgãos e entidades autárquicas e fundacionais, que serão responsáveis pelo seu financiamento, observados os critérios, os parâmetros e a natureza jurídica definidos na lei complementar de que trata o § 22.* (Redação dada pela Emenda Constitucional nº 103, de 2019)

§ 21. *A contribuição prevista no § 18 deste artigo incidirá apenas sobre as parcelas de proventos de aposentadoria e de pensão que superem o dobro do limite máximo estabelecido para os benefícios do regime geral de previdência social de que trata o art. 201 desta Constituição, quando o beneficiário, na forma da lei, for portador de doença incapacitante.* (Incluído pela Emenda Constitucional nº 47, de 2005) (Revogado pela Emenda Constitucional nº 103, de 2019) (Vigência) (Vide Emenda Constitucional nº 103, de 2019)

§ 22. *Vedada a instituição de novos regimes próprios de previdência social, lei complementar federal estabelecerá, para os que já existam, normas gerais de organização, de funcionamento e de responsabilidade em sua gestão, dispondo, entre outros aspectos, sobre:* (Incluído pela Emenda Constitucional nº 103, de 2019)

I. *requisitos para sua extinção e consequente migração para o Regime Geral de Previdência Social;* (Incluído pela Emenda Constitucional nº 103, de 2019)

II. *modelo de arrecadação, de aplicação e de utilização dos recursos;* (Incluído pela Emenda Constitucional nº 103, de 2019)

III. *fiscalização pela União e controle externo e social;* (Incluído pela Emenda Constitucional nº 103, de 2019)

IV. *definição de equilíbrio financeiro e atuarial;* (Incluído pela Emenda Constitucional nº 103, de 2019)

V. *condições para instituição do fundo com finalidade previdenciária de que trata o art. 249 e para vinculação a ele dos recursos provenientes de contribuições e dos bens, direitos e ativos de qualquer natureza;* (Incluído pela Emenda Constitucional nº 103, de 2019)

VI. *mecanismos de equacionamento do déficit atuarial;* (Incluído pela Emenda Constitucional nº 103, de 2019)

VII. *estruturação do órgão ou entidade gestora do regime, observados os princípios relacionados com governança, controle interno e transparência;* (Incluído pela Emenda Constitucional nº 103, de 2019)

VIII. *condições e hipóteses para responsabilização daqueles que desempenhem atribuições relacionadas, direta ou indiretamente, com a gestão do regime;* (Incluído pela Emenda Constitucional nº 103, de 2019)

IX. *condições para adesão a consórcio público;* (Incluído pela Emenda Constitucional nº 103, de 2019)

X. *parâmetros para apuração da base de cálculo e definição de alíquota de contribuições ordinárias e extraordinárias.* (Incluído pela Emenda Constitucional nº 103, de 2019)

12.1.2 Da Pensão

Novas Regras Constitucionais - Emanda Constitucional 103 - Reforma da Previdência

Art. 23. *A pensão por morte concedida a dependente de segurado do Regime Geral de Previdência Social ou de servidor público federal será equivalente a uma cota familiar de 50% (cinquenta por cento) do valor da aposentadoria recebida pelo segurado ou servidor ou daquela a que teria direito se fosse aposentado por incapacidade permanente na data do óbito, acrescida de cotas de 10 (dez) pontos percentuais por dependente, até o máximo de 100% (cem por cento).*

§ 1º *As cotas por dependente cessarão com a perda dessa qualidade e não serão reversíveis aos demais dependentes, preservado o valor de 100% (cem por cento) da pensão por morte quando o número de dependentes remanescente for igual ou superior a 5 (cinco).*

§ 2º *Na hipótese de existir dependente inválido ou com deficiência intelectual, mental ou grave, o valor da pensão por morte de que trata o caput será equivalente a:*

I. *100% (cem por cento) da aposentadoria recebida pelo segurado ou servidor ou daquela a que teria direito se fosse aposentado por incapacidade permanente na data do óbito, até o limite máximo de benefícios do Regime Geral de Previdência Social; e*

II. *uma cota familiar de 50% (cinquenta por cento) acrescida de cotas de 10 (dez) pontos percentuais por dependente, até o máximo de 100% (cem por cento), para o valor que supere o limite máximo de benefícios do Regime Geral de Previdência Social.*

§ 3º *Quando não houver mais dependente inválido ou com deficiência intelectual, mental ou grave, o valor da pensão será recalculado na forma do disposto no caput e no § 1º.*

§ 4º *O tempo de duração da pensão por morte e das cotas individuais por dependente até a perda dessa qualidade, o rol de dependentes e sua qualificação e as condições necessárias para enquadramento serão aqueles estabelecidos na* Lei nº 8.213, de 24 de julho de 1991.

§ 5º *Para o dependente inválido ou com deficiência intelectual, mental ou grave, sua condição pode ser reconhecida previamente ao óbito do segurado, por meio de avaliação biopsicossocial realizada por equipe multiprofissional e interdisciplinar, observada revisão periódica na forma da legislação.*

§ 6º *Equiparam-se a filho, para fins de recebimento da pensão por morte, exclusivamente o enteado e o menor tutelado, desde que comprovada a dependência econômica.*

§ 7º *As regras sobre pensão previstas neste artigo e na legislação vigente na data de entrada em vigor desta Emenda Constitucional poderão ser alteradas na forma da lei para o Regime Geral de Previdência Social e para o regime próprio de previdência social da União.*

§ 8º *Aplicam-se às pensões concedidas aos dependentes de servidores dos Estados, do Distrito Federal e dos Municípios as normas constitucionais e infraconstitucionais anteriores à data de entrada em vigor desta Emenda Constitucional, enquanto não promovidas alterações na legislação interna relacionada ao respectivo regime próprio de previdência social.*

Art. 24. *É vedada a acumulação de mais de uma pensão por morte deixada por cônjuge ou companheiro, no âmbito do mesmo regime de previdência social, ressalvadas as pensões do mesmo instituidor decorrentes do exercício de cargos acumuláveis na forma do* art. 37 da Constituição Federal.

§ 1º *Será admitida, nos termos do § 2º, a acumulação de:*

I. *pensão por morte deixada por cônjuge ou companheiro de um regime de previdência social com pensão por morte concedida por outro regime de previdência social ou com pensões decorrentes das atividades militares de que tratam os* arts. 42 e 142 da Constituição Federal;

II. *pensão por morte deixada por cônjuge ou companheiro de um regime de previdência social com aposentadoria concedida no âmbito do Regime Geral de Previdência Social ou de regime próprio de previdência social ou com proventos de inatividade decorrentes das atividades militares de que tratam os* arts. 42 e 142 da Constituição Federal; *ou*

III. *pensões decorrentes das atividades militares de que tratam os* arts. 42 e 142 da Constituição Federal *com aposentadoria concedida no âmbito do Regime Geral de Previdência Social ou de regime próprio de previdência social.*

§ 2º *Nas hipóteses das acumulações previstas no § 1º, é assegurada a percepção do valor integral do benefício mais vantajoso e de uma parte de cada um dos demais benefícios, apurada cumulativamente de acordo com as seguintes faixas:*

I. *60% (sessenta por cento) do valor que exceder 1 (um) salário-mínimo, até o limite de 2 (dois) salários-mínimos;*

II. *40% (quarenta por cento) do valor que exceder 2 (dois) salários-mínimos, até o limite de 3 (três) salários-mínimos;*

III. *20% (vinte por cento) do valor que exceder 3 (três) salários-mínimos, até o limite de 4 (quatro) salários-mínimos; e*

IV. *10% (dez por cento) do valor que exceder 4 (quatro) salários-mínimos.*

§ 3º *A aplicação do disposto no § 2º poderá ser revista a qualquer tempo, a pedido do interessado, em razão de alteração de algum dos benefícios.*

§ 4º *As restrições previstas neste artigo não serão aplicadas se o direito aos benefícios houver sido adquirido antes da data de entrada em vigor desta Emenda Constitucional.*

§ 5º *As regras sobre acumulação previstas neste artigo e na legislação vigente na data de entrada em vigor desta Emenda Constitucional poderão ser alteradas na forma do* § 6º do art. 40 *e do* § 15 do art. 201 da Constituição Federal.

12.2 Da Aposentadoria

Art. 186. *O servidor será aposentado: (Vide art. 40 da Constituição)*

I. *Por invalidez permanente, sendo os proventos integrais quando decorrente de acidente em serviço, moléstia profissional ou doença grave, contagiosa ou incurável, especificada em lei, e proporcionais nos demais casos;*

II. *Compulsoriamente, aos setenta anos de idade, com proventos proporcionais ao tempo de serviço;*

III. *voluntariamente:*

a) *aos 35 (trinta e cinco) anos de serviço, se homem, e aos 30 (trinta) se mulher, com proventos integrais;*

b) aos 30 (trinta) anos de efetivo exercício em funções de magistério se professor, e 25 (vinte e cinco) se professora, com proventos integrais;

c) aos 30 (trinta) anos de serviço, se homem, e aos 25 (vinte e cinco) se mulher, com proventos proporcionais a esse tempo;

d) aos 65 (sessenta e cinco) anos de idade, se homem, e aos 60 (sessenta) se mulher, com proventos proporcionais ao tempo de serviço.

§ 1º Consideram-se doenças graves, contagiosas ou incuráveis, a que se refere o inciso I deste artigo, tuberculose ativa, alienação mental, esclerose múltipla, neoplasia maligna, cegueira posterior ao ingresso no serviço público, hanseníase, cardiopatia grave, doença de Parkinson, paralisia irreversível e incapacitante, espondiloartrose anquilosante, nefropatia grave, estados avançados do mal de Paget (osteíte deformante), Síndrome de Imunodeficiência Adquirida - AIDS, e outras que a lei indicar, com base na medicina especializada.

§ 2º Nos casos de exercício de atividades consideradas insalubres ou perigosas, bem como nas hipóteses previstas no art. 71, a aposentadoria de que trata o inciso III, "a" e "c", observará o disposto em lei específica.

§ 3º Na hipótese do inciso I o servidor será submetido à junta médica oficial, que atestará a invalidez quando caracterizada a incapacidade para o desempenho das atribuições do cargo ou a impossibilidade de se aplicar o disposto no art. 24. (Incluído pela Lei nº 9.527, de 10.12.97)

***Art. 187.** A aposentadoria compulsória será automática, e declarada por ato, com vigência a partir do dia imediato àquele em que o servidor atingir a idade-limite de permanência no serviço ativo.*

***Art. 188.** A aposentadoria voluntária ou por invalidez vigorará a partir da data da publicação do respectivo ato.*

§ 1º A aposentadoria por invalidez será precedida de licença para tratamento de saúde, por período não excedente a 24 (vinte e quatro) meses.

§ 2º Expirado o período de licença e não estando em condições de reassumir o cargo ou de ser readaptado, o servidor será aposentado.

§ 3º O lapso de tempo compreendido entre o término da licença e a publicação do ato da aposentadoria será considerado como de prorrogação da licença.

§ 4º Para os fins do disposto no § 1o deste artigo, serão consideradas apenas as licenças motivadas pela enfermidade ensejadora da invalidez ou doenças correlacionadas. (Incluído pela Lei nº 11.907, de 2009)

§ 5º A critério da Administração, o servidor em licença para tratamento de saúde ou aposentado por invalidez poderá ser convocado a qualquer momento, para avaliação das condições que ensejaram o afastamento ou a aposentadoria. (Incluído pela Lei nº 11.907, de 2009)

***Art. 189.** O provento da aposentadoria será calculado com observância do disposto no § 3o do art. 41, e revisto na mesma data e proporção, sempre que se modificar a remuneração dos servidores em atividade.*

***Parágrafo único.** São estendidos aos inativos quaisquer benefícios ou vantagens posteriormente concedidas aos servidores em atividade, inclusive quando decorrentes de transformação ou reclassificação do cargo ou função em que se deu a aposentadoria.*

***Art. 190.** O servidor aposentado com provento proporcional ao tempo de serviço se acometido de qualquer das moléstias especificadas no § 1o do art. 186 desta Lei e, por esse motivo, for considerado inválido por junta médica oficial passará a perceber provento integral, calculado com base no fundamento legal de concessão da aposentadoria. (Redação dada pela Lei nº 11.907, de 2009)*

***Art. 191.** Quando proporcional ao tempo de serviço, o provento não será inferior a 1/3 (um terço) da remuneração da atividade.*

***Art. 192.** (Revogado pela Lei nº 9.527, de 10.12.97)*

***Art. 193.** (Revogado pela Lei nº 9.527, de 10.12.97)*

***Art. 194.** Ao servidor aposentado será paga a gratificação natalina, até o dia vinte do mês de dezembro, em valor equivalente ao respectivo provento, deduzido o adiantamento recebido.*

***Art. 195.** Ao ex-combatente que tenha efetivamente participado de operações bélicas, durante a Segunda Guerra Mundial, nos termos da Lei nº 5.315, de 12 de setembro de 1967, será concedida aposentadoria com provento integral, aos 25 (vinte e cinco) anos de serviço efetivo.*

12.3 Do Auxílio-Natalidade

***Art. 196.** O auxílio-natalidade é devido à servidora por motivo de nascimento de filho, em quantia equivalente ao menor vencimento do serviço público, inclusive no caso de natimorto.*

§ 1º Na hipótese de parto múltiplo, o valor será acrescido de 50% (cinquenta por cento), por nascituro.

§ 2º O auxílio será pago ao cônjuge ou companheiro servidor público, quando a parturiente não for servidora.

12.4 Do Salário-Família

***Art. 197.** O salário-família é devido ao servidor ativo ou ao inativo, por dependente econômico.*

***Parágrafo único.** Consideram-se dependentes econômicos para efeito de percepção do salário-família:*

I. o cônjuge ou companheiro e os filhos, inclusive os enteados até 21 (vinte e um) anos de idade ou, se estudante, até 24 (vinte e quatro) anos ou, se inválido, de qualquer idade;

II. o menor de 21 (vinte e um) anos que, mediante autorização judicial, viver na companhia e às expensas do servidor, ou do inativo;

III. a mãe e o pai sem economia própria.

***Art. 198.** Não se configura a dependência econômica quando o beneficiário do salário-família perceber rendimento do trabalho ou de qualquer outra fonte, inclusive pensão ou provento da aposentadoria, em valor igual ou superior ao salário-mínimo.*

***Art. 199.** Quando o pai e mãe forem servidores públicos e viverem em comum, o salário-família será pago a um deles; quando separados, será pago a um e outro, de acordo com a distribuição dos dependentes.*

***Parágrafo único.** Ao pai e à mãe equiparam-se o padrasto, a madrasta e, na falta destes, os representantes legais dos incapazes.*

***Art. 200.** O salário-família não está sujeito a qualquer tributo, nem servirá de base para qualquer contribuição, inclusive para a Previdência Social.*

***Art. 201.** O afastamento do cargo efetivo, sem remuneração, não acarreta a suspensão do pagamento do salário-família.*

12.5 Da Licença para Tratamento de Saúde

***Art. 202.** Será concedida ao servidor licença para tratamento de saúde, a pedido ou de ofício, com base em perícia médica, sem prejuízo da remuneração a que fizer jus.*

***Art. 203.** A licença de que trata o art. 202 desta Lei será concedida com base em perícia oficial. (Redação dada pela Lei nº 11.907, de 2009)*

§ 1º Sempre que necessário, a inspeção médica será realizada na residência do servidor ou no estabelecimento hospitalar onde se encontrar internado.

§ 2º Inexistindo médico no órgão ou entidade no local onde se encontra ou tenha exercício em caráter permanente o servidor, e não se configurando as hipóteses previstas nos parágrafos do art. 230, será aceito atestado passado por médico particular. (Redação dada pela Lei nº 9.527, de 10.12.97)

§ 3º No caso do § 2o deste artigo, o atestado somente produzirá efeitos depois de recepcionado pela unidade de recursos humanos do órgão ou entidade. (Redação dada pela Lei nº 11.907, de 2009)

§ 4º A licença que exceder o prazo de 120 (cento e vinte) dias no período de 12 (doze) meses a contar do primeiro dia de afastamento será concedida mediante avaliação por junta médica oficial. (Redação dada pela Lei nº 11.907, de 2009)

§ 5º A perícia oficial para concessão da licença de que trata o caput deste artigo, bem como nos demais casos de perícia oficial previstos nesta Lei, será efetuada por cirurgiões-dentistas, nas hipóteses em que abranger o campo de atuação da odontologia. (Incluído pela Lei nº 11.907, de 2009)

Art. 204. A licença para tratamento de saúde inferior a 15 (quinze) dias, dentro de 1 (um) ano, poderá ser dispensada de perícia oficial, na forma definida em regulamento. (Redação dada pela Lei nº 11.907, de 2009)

Art. 205. O atestado e o laudo da junta médica não se referirão ao nome ou natureza da doença, salvo quando se tratar de lesões produzidas por acidente em serviço, doença profissional ou qualquer das doenças especificadas no art. 186, § 1o.

Art. 206. O servidor que apresentar indícios de lesões orgânicas ou funcionais será submetido a inspeção médica.

Art. 206-A. O servidor será submetido a exames médicos periódicos, nos termos e condições definidos em regulamento. (Incluído pela Lei nº 11.907, de 2009) (Regulamento).

Parágrafo único. Para os fins do disposto no caput, a União e suas entidades autárquicas e fundacionais poderão: (Incluído pela Lei nº 12.998, de 2014)

I. prestar os exames médicos periódicos diretamente pelo órgão ou entidade à qual se encontra vinculado o servidor; (Incluído pela Lei nº 12.998, de 2014)

II. celebrar convênio ou instrumento de cooperação ou parceria com os órgãos e entidades da administração direta, suas autarquias e fundações; (Incluído pela Lei nº 12.998, de 2014)

III. celebrar convênios com operadoras de plano de assistência à saúde, organizadas na modalidade de autogestão, que possuam autorização de funcionamento do órgão regulador, na forma do art. 230; ou (Incluído pela Lei nº 12.998, de 2014)

IV. prestar os exames médicos periódicos mediante contrato administrativo, observado o disposto na Lei no 8.666, de 21 de junho de 1993, e demais normas pertinentes. (Incluído pela Lei nº 12.998, de 2014)

12.6 Da Licença à Gestante, à Adotante e da Licença-Paternidade

Art. 207. Será concedida licença à servidora gestante por 120 (cento e vinte) dias consecutivos, sem prejuízo da remuneração. (Vide Decreto nº 6.690, de 2008)

§ 1º A licença poderá ter início no primeiro dia do nono mês de gestação, salvo antecipação por prescrição médica.

§ 2º No caso de nascimento prematuro, a licença terá início a partir do parto.

§ 3º No caso de natimorto, decorridos 30 (trinta) dias do evento, a servidora será submetida a exame médico, e se julgada apta, reassumirá o exercício.

§ 4º No caso de aborto atestado por médico oficial, a servidora terá direito a 30 (trinta) dias de repouso remunerado.

Art. 208. Pelo nascimento ou adoção de filhos, o servidor terá direito à licença-paternidade de 5 (cinco) dias consecutivos.

Art. 209. Para amamentar o próprio filho, até a idade de seis meses, a servidora lactante terá direito, durante a jornada de trabalho, a uma hora de descanso, que poderá ser parcelada em dois períodos de meia hora.

Art. 210. À servidora que adotar ou obtiver guarda judicial de criança até 1 (um) ano de idade, serão concedidos 90 (noventa) dias de licença remunerada. (Vide Decreto nº 6.691, de 2008)

Parágrafo único. No caso de adoção ou guarda judicial de criança com mais de 1 (um) ano de idade, o prazo de que trata este artigo será de 30 (trinta) dias.

12.7 Da Licença por Acidente em Serviço

Art. 211. Será licenciado, com remuneração integral, o servidor acidentado em serviço.

Art. 212. Configura acidente em serviço o dano físico ou mental sofrido pelo servidor, que se relacione, mediata ou imediatamente, com as atribuições do cargo exercido.

Parágrafo único. Equipara-se ao acidente em serviço o dano:

I. Decorrente de agressão sofrida e não provocada pelo servidor no exercício do cargo;

II. Sofrido no percurso da residência para o trabalho e vice-versa.

Art. 213. O servidor acidentado em serviço que necessite de tratamento especializado poderá ser tratado em instituição privada, à conta de recursos públicos.

Parágrafo único. O tratamento recomendado por junta médica oficial constitui medida de exceção e somente será admissível quando inexistirem meios e recursos adequados em instituição pública.

Art. 214. A prova do acidente será feita no prazo de 10 (dez) dias, prorrogável quando as circunstâncias o exigirem.

12.8 Da Pensão

Art. 215. Por morte do servidor, os seus dependentes, nas hipóteses legais, fazem jus à pensão por morte, observados os limites estabelecidos no inciso XI do caput do art. 37 da Constituição Federal e no art. 2º da Lei nº 10.887, de 18 de junho de 2004. (Redação dada pela Lei nº 13.846, de 2019)

Art. 216. (Revogado pela Medida Provisória nº 664, de 2014) (Vigência) (Revogado pela Lei nº 13.135, de 2015)

Art. 217. São beneficiários das pensões:

I. o cônjuge; (Redação dada pela Lei nº 13.135, de 2015)

II. o cônjuge divorciado ou separado judicialmente ou de fato, com percepção de pensão alimentícia estabelecida judicialmente; (Redação dada pela Lei nº 13.135, de 2015)

III. o companheiro ou companheira que comprove união estável como entidade familiar; (Incluído pela Lei nº 13.135, de 2015)

IV. o filho de qualquer condição que atenda a um dos seguintes requisitos: (Incluído pela Lei nº 13.135, de 2015)

a) seja menor de 21 (vinte e um) anos; (Incluído pela Lei nº 13.135, de 2015)

b) seja inválido; (Incluído pela Lei nº 13.135, de 2015)

c) (Vide Lei nº 13.135, de 2015) (Vigência)

d) tenha deficiência intelectual ou mental; (Redação dada pela Lei nº 13.846, de 2019)

V. a mãe e o pai que comprovem dependência econômica do servidor; e (Incluído pela Lei nº 13.135, de 2015)

VI. *o irmão de qualquer condição que comprove dependência econômica do servidor e atenda a um dos requisitos previstos no inciso IV. (Incluído pela Lei nº 13.135, de 2015)*

§ 1º *A concessão de pensão aos beneficiários de que tratam os incisos I a IV do caput exclui os beneficiários referidos nos incisos V e VI. (Redação dada pela Lei nº 13.135, de 2015)*

§ 2º *A concessão de pensão aos beneficiários de que trata o inciso V do caput exclui o beneficiário referido no inciso VI. (Redação dada pela Lei nº 13.135, de 2015)*

§ 3º *O enteado e o menor tutelado equiparam-se a filho mediante declaração do servidor e desde que comprovada dependência econômica, na forma estabelecida em regulamento. (Incluído pela Lei nº 13.135, de 2015)*

§ 4º *(VETADO). (Incluído pela Lei nº 13.846, de 2019)*

Art. 218. *Ocorrendo habilitação de vários titulares à pensão, o seu valor será distribuído em partes iguais entre os beneficiários habilitados. (Redação dada pela Lei nº 13.135, de 2015)*

§ 1º *(Revogado). (Redação dada pela Lei nº 13.135, de 2015)*

§ 2º *(Revogado). (Redação dada pela Lei nº 13.135, de 2015)*

§ 3o *(Revogado). (Redação dada pela Lei nº 13.135, de 2015)*

Art. 219. *A pensão por morte será devida ao conjunto dos dependentes do segurado que falecer, aposentado ou não, a contar da data: (Redação dada pela Lei nº 13.846, de 2019)*

I. *do óbito, quando requerida em até 180 (cento e oitenta dias) após o óbito, para os filhos menores de 16 (dezesseis) anos, ou em até 90 (noventa) dias após o óbito, para os demais dependentes; (Redação dada pela Lei nº 13.846, de 2019)*

II. *do requerimento, quando requerida após o prazo previsto no inciso I do caput deste artigo; ou (Redação dada pela Lei nº 13.846, de 2019)*

III. *da decisão judicial, na hipótese de morte presumida. (Redação dada pela Lei nº 13.846, de 2019)*

§ 1º *A concessão da pensão por morte não será protelada pela falta de habilitação de outro possível dependente e a habilitação posterior que importe em exclusão ou inclusão de dependente só produzirá efeito a partir da data da publicação da portaria de concessão da pensão ao dependente habilitado. (Redação dada pela Lei nº 13.846, de 2019)*

§ 2º *Ajuizada a ação judicial para reconhecimento da condição de dependente, este poderá requerer a sua habilitação provisória ao benefício de pensão por morte, exclusivamente para fins de rateio dos valores com outros dependentes, vedado o pagamento da respectiva cota até o trânsito em julgado da respectiva ação, ressalvada a existência de decisão judicial em contrário. (Redação dada pela Lei nº 13.846, de 2019)*

§ 3º *Nas ações em que for parte o ente público responsável pela concessão da pensão por morte, este poderá proceder de ofício à habilitação excepcional da referida pensão, apenas para efeitos de rateio, descontando-se os valores referentes a esta habilitação das demais cotas, vedado o pagamento da respectiva cota até o trânsito em julgado da respectiva ação, ressalvada a existência de decisão judicial em contrário. (Redação dada pela Lei nº 13.846, de 2019)*

§ 4º *Julgada improcedente a ação prevista no § 2º ou § 3º deste artigo, o valor retido será corrigido pelos índices legais de reajustamento e será pago de forma proporcional aos demais dependentes, de acordo com as suas cotas e o tempo de duração de seus benefícios. (Incluído pela Lei nº 13.846, de 2019)*

§ 5º *Em qualquer hipótese, fica assegurada ao órgão concessor da pensão por morte a cobrança dos valores indevidamente pagos em função de nova habilitação. (Incluído pela Lei nº 13.846, de 2019)*

Art. 220. *Perde o direito à pensão por morte: (Redação dada pela Lei nº 13.135, de 2015)*

I. *após o trânsito em julgado, o beneficiário condenado pela prática de crime de que tenha dolosamente resultado a morte do servidor; (Incluído pela Lei nº 13.135, de 2015)*

II. *o cônjuge, o companheiro ou a companheira se comprovada, a qualquer tempo, simulação ou fraude no casamento ou na união estável, ou a formalização desses com o fim exclusivo de constituir benefício previdenciário, apuradas em processo judicial no qual será assegurado o direito ao contraditório e à ampla defesa. (Incluído pela Lei nº 13.135, de 2015)*

Art. 221. *Será concedida pensão provisória por morte presumida do servidor, nos seguintes casos:*

I. *declaração de ausência, pela autoridade judiciária competente;*

II. *desaparecimento em desabamento, inundação, incêndio ou acidente não caracterizado como em serviço;*

III. *desaparecimento no desempenho das atribuições do cargo ou em missão de segurança.*

Parágrafo único. *A pensão provisória será transformada em vitalícia ou temporária, conforme o caso, decorridos 5 (cinco) anos de sua vigência, ressalvado o eventual reaparecimento do servidor, hipótese em que o benefício será automaticamente cancelado.*

Art. 222. *Acarreta perda da qualidade de beneficiário:*

I. *o seu falecimento;*

II. *a anulação do casamento, quando a decisão ocorrer após a concessão da pensão ao cônjuge;*

III. *a cessação da invalidez, em se tratando de beneficiário inválido, ou o afastamento da deficiência, em se tratando de beneficiário com deficiência, respeitados os períodos mínimos decorrentes da aplicação das alíneas a e b do inciso VII do caput deste artigo; (Redação dada pela Lei nº 13.846, de 2019)*

IV. *o implemento da idade de 21 (vinte e um) anos, pelo filho ou irmão; (Redação dada pela Lei nº 13.135, de 2015)*

V. *a acumulação de pensão na forma do art. 225;*

VI. *a renúncia expressa; e (Redação dada pela Lei nº 13.135, de 2015)*

VII. *em relação aos beneficiários de que tratam os incisos I a III do caput do art. 217: (Incluído pela Lei nº 13.135, de 2015)*

a) *o decurso de 4 (quatro) meses, se o óbito ocorrer sem que o servidor tenha vertido 18 (dezoito) contribuições mensais ou se o casamento ou a união estável tiverem sido iniciados em menos de 2 (dois) anos antes do óbito do servidor; (Incluído pela Lei nº 13.135, de 2015)*

b) *o decurso dos seguintes períodos, estabelecidos de acordo com a idade do pensionista na data de óbito do servidor, depois de vertidas 18 (dezoito) contribuições mensais e pelo menos 2 (dois) anos após o início do casamento ou da união estável: (Incluído pela Lei nº 13.135, de 2015)*

1) 3 (três) anos, com menos de 21 (vinte e um) anos de idade; (Incluído pela Lei nº 13.135, de 2015)

2) 6 (seis) anos, entre 21 (vinte e um) e 26 (vinte e seis) anos de idade; (Incluído pela Lei nº 13.135, de 2015)

3) 10 (dez) anos, entre 27 (vinte e sete) e 29 (vinte e nove) anos de idade; (Incluído pela Lei nº 13.135, de 2015)

4) 15 (quinze) anos, entre 30 (trinta) e 40 (quarenta) anos de idade; (Incluído pela Lei nº 13.135, de 2015)

5) 20 (vinte) anos, entre 41 (quarenta e um) e 43 (quarenta e três) anos de idade; (Incluído pela Lei nº 13.135, de 2015)

6) vitalícia, com 44 (quarenta e quatro) ou mais anos de idade. (Incluído pela Lei nº 13.135, de 2015)

§ 1º *A critério da administração, o beneficiário de pensão cuja preservação seja motivada por invalidez, por incapacidade ou* por deficiência poderá ser convocado a qualquer momento para avaliação das referidas condições. (Incluído pela Lei nº 13.135, de 2015)

§ 2º Serão aplicados, conforme o caso, a regra contida no inciso III ou os prazos previstos na alínea "b" do inciso VII, ambos do caput, se o óbito do servidor decorrer de acidente de qualquer natureza ou de doença profissional ou do trabalho, independentemente do recolhimento de 18 (dezoito) contribuições mensais ou da comprovação de 2 (dois) anos de casamento ou de união estável. (Incluído pela Lei nº 13.135, de 2015)

§ 3º Após o transcurso de pelo menos 3 (três) anos e desde que nesse período se verifique o incremento mínimo de um ano inteiro na média nacional única, para ambos os sexos, correspondente à expectativa de sobrevida da população brasileira ao nascer, poderão ser fixadas, em números inteiros, novas idades para os fins previstos na alínea "b" do inciso VII do caput, em ato do Ministro de Estado do Planejamento, Orçamento e Gestão, limitado o acréscimo na comparação com as idades anteriores ao referido incremento. (Incluído pela Lei nº 13.135, de 2015)

§ 4º O tempo de contribuição a Regime Próprio de Previdência Social (RPPS) ou ao Regime Geral de Previdência Social (RGPS) será considerado na contagem das 18 (dezoito) contribuições mensais referidas nas alíneas "a" e "b" do inciso VII do caput. (Incluído pela Lei nº 13.135, de 2015)

§ 5º Na hipótese de o servidor falecido estar, na data de seu falecimento, obrigado por determinação judicial a pagar alimentos temporários a ex-cônjuge, ex-companheiro ou ex-companheira, a pensão por morte será devida pelo prazo remanescente na data do óbito, caso não incida outra hipótese de cancelamento anterior do benefício. (Redação dada pela Lei nº 13.846, de 2019)

§ 6º O beneficiário que não atender à convocação de que trata o § 1º deste artigo terá o benefício suspenso, observado o disposto nos incisos I e II do caput do art. 95 da Lei nº 13.146, de 6 de julho de 2015. (Redação dada pela Lei nº 13.846, de 2019)

§ 7º O exercício de atividade remunerada, inclusive na condição de microempreendedor individual, não impede a concessão ou manutenção da cota da pensão de dependente com deficiência intelectual ou mental ou com deficiência grave. (Incluído pela Lei nº 13.846, de 2019)

§ 8º No ato de requerimento de benefícios previdenciários, não será exigida apresentação de termo de curatela de titular ou de beneficiário com deficiência, observados os procedimentos a serem estabelecidos em regulamento. (Incluído pela Lei nº 13.846, de 2019)

Art. 223. Por morte ou perda da qualidade de beneficiário, a respectiva cota reverterá para os co-beneficiários. (Redação dada pela Lei nº 13.135, de 2015)

I. (Revogado); (Redação dada pela Lei nº 13.135, de 2015)

II. (Revogado). (Redação dada pela Lei nº 13.135, de 2015)

Art. 224. As pensões serão automaticamente atualizadas na mesma data e na mesma proporção dos reajustes dos vencimentos dos servidores, aplicando-se o disposto no parágrafo único do art. 189.

Art. 225. Ressalvado o direito de opção, é vedada a percepção cumulativa de pensão deixada por mais de um cônjuge ou companheiro ou companheira e de mais de 2 (duas) pensões. (Redação dada pela Lei nº 13.135, de 2015)

12.9 Seção VIII - Do Auxílio-Funeral

Art. 226. O auxílio-funeral é devido à família do servidor falecido na atividade ou aposentado, em valor equivalente a um mês da remuneração ou provento.

§ 1º No caso de acumulação legal de cargos, o auxílio será pago somente em razão do cargo de maior remuneração.

§ 2º (VETADO).

§ 3º O auxílio será pago no prazo de 48 (quarenta e oito) horas, por meio de procedimento sumaríssimo, à pessoa da família que houver custeado o funeral.

Art. 227. Se o funeral for custeado por terceiro, este será indenizado, observado o disposto no artigo anterior.

Art. 228. Em caso de falecimento de servidor em serviço fora do local de trabalho, inclusive no exterior, as despesas de transporte do corpo correrão à conta de recursos da União, autarquia ou fundação pública.

12.10 Seção IX - Do Auxílio-Reclusão

Art. 229. À família do servidor ativo é devido o auxílio-reclusão, nos seguintes valores:

I. Dois terços da remuneração, quando afastado por motivo de prisão, em flagrante ou preventiva, determinada pela autoridade competente, enquanto perdurar a prisão;

II. Metade da remuneração, durante o afastamento, em virtude de condenação, por sentença definitiva, a pena que não determine a perda de cargo.

§ 1o Nos casos previstos no inciso I deste artigo, o servidor terá direito à integralização da remuneração, desde que absolvido.

§ 2o O pagamento do auxílio-reclusão cessará a partir do dia imediato àquele em que o servidor for posto em liberdade, ainda que condicional.

§ 3o Ressalvado o disposto neste artigo, o auxílio-reclusão será devido, nas mesmas condições da pensão por morte, aos dependentes do segurado recolhido à prisão. (Incluído pela Lei nº 13.135, de 2015)

12.11 Capítulo III - Da Assistência à Saúde

Art. 230. A assistência à saúde do servidor, ativo ou inativo, e de sua família compreende assistência médica, hospitalar, odontológica, psicológica e farmacêutica, terá como diretriz básica o implemento de ações preventivas voltadas para a promoção da saúde e será prestada pelo Sistema Único de Saúde – SUS, diretamente pelo órgão ou entidade ao qual estiver vinculado o servidor, ou mediante convênio ou contrato, ou ainda na forma de auxílio, mediante ressarcimento parcial do valor despendido pelo servidor, ativo ou inativo, e seus dependentes ou pensionistas com planos ou seguros privados de assistência à saúde, na forma estabelecida em regulamento. (Redação dada pela Lei nº 11.302 de 2006)

§ 1º Nas hipóteses previstas nesta Lei em que seja exigida perícia, avaliação ou inspeção médica, na ausência de médico ou junta médica oficial, para a sua realização o órgão ou entidade celebrará, preferencialmente, convênio com unidades de atendimento do sistema público de saúde, entidades sem fins lucrativos declaradas de utilidade pública, ou com o Instituto Nacional do Seguro Social - INSS. (Incluído pela Lei nº 9.527, de 10.12.97)

§ 2º Na impossibilidade, devidamente justificada, da aplicação do disposto no parágrafo anterior, o órgão ou entidade promoverá a contratação da prestação de serviços por pessoa jurídica, que constituirá junta médica especificamente para esses fins, indicando os nomes e especialidades dos seus integrantes, com a comprovação de suas habilitações e de que não estejam respondendo a processo disciplinar junto à entidade fiscalizadora da profissão. (Incluído pela Lei nº 9.527, de 10.12.97)

§ 3º Para os fins do disposto no caput deste artigo, ficam a União e suas entidades autárquicas e fundacionais autorizadas a: (Incluído pela Lei nº 11.302 de 2006)

I. celebrar convênios exclusivamente para a prestação de serviços de assistência à saúde para os seus servidores ou empregados ativos, aposentados, pensionistas, bem como para seus respectivos grupos familiares definidos, com entidades de autogestão por elas patrocinadas por meio de instrumentos jurídicos efetivamente celebrados e publicados até 12 de fevereiro de 2006 e que possuam autorização de funcionamento do órgão regulador, sendo certo que os convênios celebrados depois dessa data somente poderão sê-lo na forma da regulamentação específica sobre patrocínio de autogestões, a ser publicada pelo mesmo órgão regulador, no prazo de 180 (cento e oitenta) dias da vigência desta Lei, normas essas também aplicáveis aos convênios existentes até 12 de fevereiro de 2006; (Incluído pela Lei nº 11.302 de 2006)

II. contratar, mediante licitação, na forma da Lei no 8.666, de 21 de junho de 1993, operadoras de planos e seguros privados de assistência à saúde que possuam autorização de funcionamento do órgão regulador; (Incluído pela Lei nº 11.302 de 2006)

III. (VETADO) (Incluído pela Lei nº 11.302 de 2006)

§ 4º (VETADO) (Incluído pela Lei nº 11.302 de 2006)

§ 5º O valor do ressarcimento fica limitado ao total despendido pelo servidor ou pensionista civil com plano ou seguro privado de assistência à saúde. (Incluído pela Lei nº 11.302 de 2006)

13. ATO ADMINISTRATIVO

13.1 Conceito de Ato Administrativo

Ato administrativo é toda manifestação unilateral de vontade da Administração Pública que, agindo nessa qualidade, tenha por fim imediato adquirir, resguardar, transferir, modificar, extinguir e declarar direitos, ou impor obrigações aos administrados ou a si própria.

Da prática dos atos administrativos gera-se:

> **Superioridade**

> **Efeitos jurídicos**

13.2 Elementos de Validade do Ato

13.2.1 Competência

Poderes que a lei confere aos agentes públicos para exercer funções com o mínimo de eficácia. A competência tem caráter instrumental, ou seja, é um instrumento outorgado para satisfazer interesses públicos - finalidade pública.

Características da competência:

> Obrigatoriedade: ela é obrigatória para todos os agentes e órgãos públicos.

> Irrenunciabilidade: a competência é um poder-dever de agir e não pode ser renunciada pelo detentor do poder-dever. Contudo, tem caráter relativo uma vez que a competência pode ser delegada ou pode ocorrer a avocação.

> Intransferível: mesmo após a delegação, a competência pode ser retomada a qualquer tempo pelo titular do poder-dever, por meio da figura da revogação.

> Imodificável: pela vontade do agente, pois somente a lei determina competências.

> Imprescritível: a competência pode ser executada a qualquer tempo. Somente a lei pode exercer a função de determinar prazos prescricionais. **Ex.:** *o Art. 54 da Lei nº 9.784/99 determina o prazo decadência de cinco anos para anular atos benéficos para o administrado de boa-fé.*

13.2.2 Finalidade

Visa sempre ao interesse público e à finalidade específica prevista em lei. **Ex.:** *remoção de ofício.*

13.2.3 Forma

O ato administrativo é, em regra, formal e escrito.

13.2.4 Motivo

O motivo é a causa imediata do ato administrativo. É a situação de fato e de direito que determina ou autoriza a prática do ato, ou, em outras palavras, o pressuposto fático e jurídico (ou normativo) que enseja a prática do ato.

A Lei nº 9.784/99, que trata dos processos administrativos no âmbito da União, reza pelo Princípio do Informalismo, admitindo que existam atos verbais ou por meio de sinais (de acordo com o contexto).

Art. 40, § 1º, II, "a", CF. Trata da aposentadoria por tempo de contribuição.

13.2.5 Objeto

É o ato em si, ou seja, no caso da remoção o ato administrativo é o próprio instituto da remoção.

Exemplo dos elementos em um ato administrativo:

Demissão: quanto ao ato de demissão deve ter o agente competente para determiná-lo (competência), depois disso, deve ser revertido de forma escrita (forma), a finalidade deve ser o interesse público (finalidade), o motivo deve ser embasado em lei, ou seja, os casos do Art. 132 da Lei nº 8.112/90, o objeto é o próprio instituto da demissão que está prescrito em lei.

13.3 Motivação

É a exteriorização por escrito dos motivos que levaram a produção do ato.

> Faz parte do elemento forma e não do motivo.

> Teoria dos Motivos Determinantes.

A motivação é elemento de controle de validade dos atos administrativos. Se ela for falsa, o ato é ilegal, independentemente da sua qualidade (discricionário ou vinculado).

Devem ser motivados:

> Todos os atos administrativos vinculados;

> Alguns atos administrativos discricionários (atos punitivos, que geram despesas, dentre outros).

A Lei nº 9.784/99, em seu Art. 50, traz um rol dos atos que devem ser motivados. Veja a seguir:

Art. 50. *Os atos administrativos deverão ser motivados, com indicação dos fatos e dos fundamentos jurídicos, quando:*

I. *Neguem, limitem ou afetem direitos ou interesses;*

II. *Imponham ou agravem deveres, encargos ou sanções;*

III. *Decidam processos administrativos de concurso ou seleção pública;*

IV. *Dispensem ou declarem a inexigibilidade de processo licitatório;*

V. *Decidam recursos administrativos;*

VI. *Decorram de reexame de ofício;*

VII. *Deixem de aplicar jurisprudência firmada sobre a questão ou discrepem de pareceres, laudos, propostas e relatórios oficiais;*

VIII. *Importem anulação, revogação, suspensão ou convalidação de ato administrativo.*

§ 1º *- A motivação deve ser explícita, clara e congruente, podendo consistir em declaração de concordância com fundamentos de anteriores pareceres, informações, decisões ou propostas, que, neste caso, serão parte integrante do ato.*

§ 2º *- Na solução de vários assuntos da mesma natureza, pode ser utilizado meio mecânico que reproduza os fundamentos das decisões, desde que não prejudique direito ou garantia dos interessados.*

§ 3º *- A motivação das decisões de órgãos colegiados e comissões ou de decisões orais constará da respectiva ata ou de termo escrito.*

13.4 Atributos do Ato

Qualidades especiais dos atos administrativos que lhes asseguram uma qualidade jurídica superior a dos atos de direito privado.

13.4.1 Presunção de Legitimidade e Veracidade

Presume-se, em caráter relativo, que os atos da administração foram produzidos em conformidade com a lei e os fatos deles. Para os administrados são obrigatórios. Ocorre aqui, a inversão do ônus da prova (cabe ao administrado provar que o ato é vicioso).

Consequências

Imediata executoriedade do ato administrativo, mesmo impugnado pelo administrado. Até decisão que reconhece o vício ou susta os efeitos do ato.

Impossibilidade de o Poder Judiciário analisar, de ofício, elementos de validade do ato não expressamente impugnados pelo administrado.

13.4.2 Imperatividade

Imperativo, ou seja, é impositivo e independe da anuência do administrado.

Exceção

Atos Negociais: a Administração concorda com uma pretensão do Administrado ou reconhece que ela satisfaz os requisitos para o exercício de certo direito (autorização e permissão - discricionário; licença - vinculado).

> Relacionado ao poder extroverso do Estado (expressão italiana do autor Renato Aless), esse poder é usado como sinônimo para imperatividade nas provas de concurso.

Atos Enunciativos: declaram um fato ou emitem uma opinião sem que tal manifestação produza por si só efeitos jurídicos.

13.4.3 Autoexecutoriedade

O ato administrativo, uma vez produzido pela Administração, é passível de execução imediata, independentemente de manifestação do Poder Judiciário.

Para Hely Lopes Meirelles, deve haver previsão legal, a exceção existe em casos de emergência. Esse atributo incide em todos os atos, com exceção dos enunciativos e negociais. A administração não goza de autoexecutoriedade na cobrança de débito, quando o administrado resiste ao pagamento.

13.4.4 Tipicidade

O ato deve observar a forma e o tipo previsto em lei para sua produção.

13.5 Classificação dos Atos Administrativos

Atos Vinculados: são os que a Administração pratica sem margem alguma de liberdade de decisão, pois a lei previamente determinou o único comportamento possível a ser obrigatoriamente adotado sempre que se configure a situação objetiva descrita na lei. Não cabe ao agente público apreciar a situação objetiva descrita nela.

Atos Discricionários: a Administração pode praticar, com certa liberdade de escolha, nos termos e limites da lei, quanto ao seu conteúdo, seu modo de realização, sua oportunidade e sua conveniência administrativa.

Atos Gerais: caracterizam-se por não possuir destinatários determinados. Os Atos Gerais são sempre determinados e prevalecem sobre os individuais. Podem ser revogados a qualquer tempo. Ex.: são os decretos regulamentares. Esses atos necessitam ser publicados em meio oficial.

Atos Individuais: são aqueles que possuem destinatários certos (determinados), produzindo diretamente efeitos concretos, constituindo ou declarando situação jurídicas subjetivas. **Ex.:** nomeação em concurso público e exoneração. Os atos podem ser discricionários ou vinculados e sua revogação somente é passível caso não tenha gerado direito adquirido.

Atos Simples: decorrem de uma única manifestação de vontade, de um único órgão.

Atos Complexos: necessitam, para formação de seu conteúdo, da manifestação de vontade de dois ou mais órgãos.

Atos Compostos: o seu conteúdo depende de manifestação de vontade de um único órgão, contudo, para funcionar, necessita de outro ato que o aprove.

Diferenças entre ato complexo e ato composto:

Ato Complexo	Ato Composto
1 ato	2 atos
2 vontades	2 vontades
2 ou + órgãos	1 órgão com a aprovação de outro

13.6 Espécies de Atos Administrativos

> **N**ormativo;
> **O**rdinatórios;
> **N**egociais;
> **E**nunciativos;
> **P**unitivos.

13.6.1 Atos Normativos

São atos caracterizados pela generalidade e pela abstração, isto é, um ato normativo não é prescrito para uma situação determinada, mas para todos os eventos assemelhados; a abstração deriva do fato desse ato não representar um caso concreto, determinado, mas, sim, um caso abstrato, descrito na norma e possível de acontecer no mundo real. A regra abstrata deve ser aplicada no caso concreto.

Finalidade: regulamentar as leis e uniformizar procedimentos administrativos.

Características:

> Não possuem destinatários determinados;
> Correspondem aos atos gerais;

- Não pode inovar o ordenamento jurídico;
- Controle.

Regra: os atos administrativos normativos não podem ser atacados mediante recursos administrativos ou judiciais.

Exceção: atos normativos que gerarem efeitos concretos para determinado destinatário podem ser impugnados pelo administrado na via judicial ou administrativa.

Decretos regulamentares, instruções normativas, atos declaratórios normativos.

13.6.2 Atos Ordinatórios

São atos administrativos endereçados aos servidores públicos em geral.

Finalidade: divulgar determinações aplicáveis ao adequado desempenho de suas funções.

Características:

- Atos internos;
- Decorrem do exercício do poder hierárquico;
- Vinculam os servidores subordinados ao órgão que o expediu;
- Não atingem os administrados;
- Estão hierarquicamente abaixo dos atos normativos;
- Devem obediência aos atos normativos que tratem da mesma matéria relacionada ao ato ordinatório.

Exs.: Instruções, circulares internas, portarias, ordens de serviço.

13.6.3 Atos Negociais

São atos administrativos editados quando o ordenamento jurídico exige que o particular obtenha anuência prévia da Administração para realizar determinada atividade de interesse dele ou exercer determinado direito.

Finalidade: satisfação do interesse público, ainda que essa possa coincidir com o interesse do particular que requereu o ato.

Características:

- Os atos negociais não são imperativos, coercitivos e autoexecutórios;
- Os atos negociais não podem ser confundidos com contratos, pois, nesses existe manifestação de vontade bilateral e, nos atos negociais, nós temos uma manifestação de vontade unilateral da Administração Pública, que é provocada mediante requerimento do particular;
- Podem ser vinculados, discricionários, definitivos e precários.

Atos Negociais Vinculados: reconhecem um direito subjetivo do particular, mediante um requerimento, desse particular, comprovando preencher os requisitos que a lei exige para a anuência do direito, a Administração obrigatoriamente deve praticar o ato.

Atos Negociais Discricionários: não reconhecem um direito subjetivo do particular, pois, mesmo que esse atenda às exigências necessárias para a obtenção do ato, a Administração poderá não praticá-lo, decidindo se executa ou não o ato por juízo de conveniência e oportunidade.

Atos negociais definitivos: não comportam revogação, são atos vinculados, mas podem ser anulados ou cassados. Sendo assim, esses atos geram, ao particular, apenas uma expectativa de definitividade.

Atos negociais precários: podem ser revogados a qualquer tempo, são atos discricionários; via de regra, a revogação do ato negocial não gera direito de indenização ao particular.

13.6.3.1 Espécies de Atos Negociais

Licença: fundamenta-se no poder de polícia da Administração. É ato vinculado e definitivo, pois reconhece um direito subjetivo do particular, mediante um requerimento desse, comprovando preencher os requisitos que a lei exige. Para a anuência do direito, a Administração, obrigatoriamente, deve praticar o ato. A licença não comporta revogação, mas ela pode ser anulada ou cassada, sendo assim, esses atos geram, ao particular, apenas uma expectativa de definitividade.

> **Ex.:** Alvará para a realização de uma obra, alvará para o funcionamento de um estabelecimento comercial, licença para dirigir, licença para exercer uma profissão.

Admissão: é o ato unilateral e vinculado pelo qual a Administração faculta a alguém a inclusão em estabelecimento governamental para o gozo de um serviço público. O ato de admissão não pode ser negado aos que preencham as condições normativas requeridas.

> **Ex.:** Ingresso em estabelecimento oficial de ensino na qualidade de aluno; o desfrute dos serviços de uma biblioteca pública como inscrito entre seus usuários.

Aprovação: é o ato unilateral e discricionário pelo qual a Administração faculta a prática de ato jurídico (aprovação prévia) ou manifesta sua concordância com ato jurídico já praticado (aprovação a posteriori).

Homologação: é o ato unilateral e vinculado de controle pelo qual a Administração concorda com um ato jurídico ou série de atos (procedimento) já praticados, verificando a consonância deles com os requisitos legais condicionadores de sua válida emissão.

Autorização: na maior parte das vezes em que é praticado, fundamenta-se no poder de polícia do Estado quando a lei exige a autorização como condicionante para prática de uma determinada atividade privada ou para o uso de bem público. Todavia, a autorização também pode representar uma forma de descentralizar, por delegação, serviços públicos para o particular.

A autorização é caracterizada por uma predominância do interesse do particular que solicita o ato, todavia, também existe interesse público na prática desse ato.

É um ato discricionário, pois não reconhece um direito subjetivo do particular; mesmo que esse atenda às exigências necessárias para a obtenção do ato, a Administração poderá não praticá-lo, decidindo se desempenha ou não o ato por juízo de conveniência e oportunidade.

É um ato precário, pois pode ser revogado a qualquer tempo. Via de regra, a revogação da autorização não gera direito de indenização ao particular, mas, caso a autorização tenha sido concedida por prazo certo, pode haver o direito de indenização para o particular.

Prazo: a autorização é concedida sem prazo determinado, todavia, pode havê-la outorgada por prazo certo.

Exs.:

Atividades potencialmente perigosas e que podem colocar em risco a coletividade, por isso, a necessidade de regulação do Estado;

Autorização para porte de arma de fogo;

Autorização para a prestação de serviços privados de educação e saúde;

Autorização de uso de bem público;

Autorização de serviço público: prestação de serviço de táxi.

Permissão: é o ato administrativo discricionário e precário, pelo qual a Administração Pública consente ao particular o exercício de uma atividade de interesse predominantemente da coletividade.

Características:

> Pode ser concedida por prazo certo;
> Pode ser imposta condições ao particular.

A Permissão é um ato precário, pois pode ser revogada a qualquer tempo. Via de regra, a revogação da permissão não gera direito de indenização ao particular, mas, caso a autorização tenha sido concedida por prazo certo ou sob condições, pode haver o direito de indenização para o particular.

A permissão concedida ao particular, por meio de um ato administrativo, não se confunde com a permissão para a prestação de serviços públicos. Nesse último caso, representa uma espécie de descentralização por delegação realizada por meio de contrato.

Ex.: Permissão de uso de bem público.

13.6.4 Atos Enunciativos

São atos administrativos enunciativos aqueles que têm por finalidade declarar um juízo de valor, uma opinião ou um fato.

Características:

> Não produzem efeitos jurídicos por si só;
> Não contêm uma manifestação de vontade da administração.

Certidão, atestado, parecer e apostila.

Certidão: é uma cópia de informações registradas em banco de dados da Administração. Geralmente, é concedida ao particular mediante requerimento da informação registrada pela Administração.

Atestado: declara uma situação de que a Administração tomou conhecimento em virtude da atuação de seus agentes. O atestado não se assemelha à certidão, pois essa declara uma informação constante em banco de dados e aquele declara um fato que não corresponde a um registro de um arquivo da Administração.

Parecer: é um documento técnico, confeccionado por órgão especializado na respectiva matéria tema do parecer, em que o órgão emite sua opinião relativa ao assunto.

Apostila: apostilar significa corrigir, emendar, complementar um documento. É o aditamento de um contrato administrativo ou de um ato administrativo. É um ato de natureza aditiva, pois sua finalidade é adicionar informações a um registro já existente.

Ex.: Anotar alterações na situação funcional de um servidor.

13.6.5 Atos Punitivos

São os atos administrativos por meio dos quais a Administração Pública impõe sanções a seus servidores ou aos administrados.

Fundamento

> **Poder Disciplinar:** quando o ato punitivo atinge servidores públicos e particulares ligados à Administração por algum vínculo jurídico específico.
> **Poder de Polícia:** quando o ato punitivo atinge a particulares não ligados à Administração Pública por um vínculo jurídico específico.

Os atos punitivos podem ser internos e externos:

> **Atos Punitivos Internos:** têm como destinatários os servidores públicos e aplicam penalidades disciplinares, ou seja, os atos punitivos internos decorrem sempre do poder disciplinar.
> **Atos Punitivos Externos**: têm como destinatários os particulares. Podem ter fundamento decorrente do poder disciplinar, quando punem particulares sujeitos à disciplina administrativa, ou podem ter fundamento no poder de polícia, quando punem particulares não ligados à Administração Pública.

Todo ato punitivo interno decorre do poder disciplinar, mas nem todo ato que decorre do poder punitivo que surge do poder disciplinar é um ato punitivo interno, pois, quando a Administração aplica punição aos particulares ligados a administração, essa punição decorre do poder disciplinar, mas também representa um ato punitivo externo.

Todo ato punitivo decorrente do poder de polícia é um ato punitivo externo, pois, nesse caso, temos a Administração punindo sempre o particular.

13.7 Extinção dos Atos Administrativos

13.7.1 Anulação ou Controle de Legalidade

É o desfazimento do ato administrativo que decorre de vício de legalidade ou de legitimidade na prática do ato.

Cabimento

> Ato discricionário;
> Ato vinculado.

Competência para Anular

> Entidade da Administração Pública que praticou o ato: pode anular o ato a pedido do interessado ou de ofício em razão do princípio da autotutela.
> Poder Judiciário: pode anular somente por provocação do interessado.

Efeitos da Anulação: *Ex tunc*, retroagem desde a data da prática do ato, impugnando a validade do ato.

Prazo: 5 (cinco) anos

> Contagem;
> Prática do ato.

No caso de efeitos patrimoniais contínuos, a partir do primeiro pagamento.

13.7.2 Revogação ou Controle de Mérito

É o desfazimento do ato administrativo por motivos de conveniência e oportunidade.

Cabimento

> Ato discricionário legal, inconveniente e inoportuno;
> Não é cabível a revogação de ato vinculado.

Competência para Revogar

Apenas a entidade da Administração Pública que praticou o ato.

Não pode o controle de mérito ser feito pelo Poder Judiciário na sua função típica de julgar. Todavia, a Administração Pública está presente nos três poderes da União e, caso uma entidade dos Poderes Judiciário, Legislativo ou Executivo pratique um ato discricionário legal, que com o passar do tempo, se mostre inconveniente e inoportuno, somente a entidade que criou o ato tem competência para revogá-lo.

Assim, o poder judiciário não tem competência para exercer o controle de mérito dos atos da Administração Pública, mas a essa do Poder Judiciário pratica atos administrativos e cabe somente a ela a revogação dos atos praticados por ela mesma.

Efeitos da Revogação: *Ex nunc*, não retroagem, ou seja, a revogação gera efeitos prospectivos, para frente.

13.7.3 Cassação

É o desfazimento do ato administrativo decorrente do descumprimento dos requisitos que permitem a manutenção do ato. Na maioria das vezes, a cassação representa uma sanção aplicada ao particular que deixou de atender às condições exigidas para a manutenção do ato.

Como exemplo, temos a cassação da carteira de motorista, que nada mais é do que a cassação de um ato administrativo classificado como licença. A cassação da licença para dirigir decorre da prática de infrações de trânsito praticadas pelo particular, sendo assim, nesse caso, essa cassação é uma punição.

13.8 Convalidação

Convalidação é a correção com efeitos retroativos do ato administrativo com defeito sanável, o qual pode ser considerado:

Vício de Competência Relativo à Pessoa

Exceção: competência exclusiva (não cabe convalidação).

O vício de competência relativo à matéria não é considerado um defeito sanável e também não cabe convalidação.

Vício de Forma

Exceção: a lei determina que a forma seja elemento essencial de validade de determinado ato (também não cabe convalidação).

Convalidação Tácita

O Art. 54 da Lei nº 9.784/99 prevê que a Administração tem o direito de anular os atos administrativos de que decorram efeitos favoráveis para os destinatários. O prazo é de cinco anos, contados da data em que forem praticados, salvo comprovada má-fé. Transcorrido esse prazo, o ato foi convalidado, pois não pode ser mais anulado pela Administração.

Convalidação Expressa

> ***Art. 55, Lei nº 9.784/99.*** *Em decisão na qual se evidencie não acarretarem lesão ao interesse público nem prejuízo a terceiros, os atos que apresentarem defeitos sanáveis poderão ser convalidados pela própria Administração.*

Questões

01. (Cespe - 2018) - Com relação ao processo administrativo federal, julgue o item que se segue.

A administração pública deve anular seus próprios atos quando eivados de vício de legalidade, respeitados os direitos adquiridos.

Certo ( ) Errado ( )

02. (Cespe - 2018) - A respeito da extinção de atos administrativos, julgue o próximo item.

Tanto a anulação como a revogação retiram do mundo jurídico atos com defeitos e produzem efeitos prospectivos.

Certo ( ) Errado ( )

03. (Cespe - 2018) - A respeito da extinção de atos administrativos, julgue o próximo item.

A cassação de um ato administrativo corresponde a extingui-lo por descumprimento dos requisitos estabelecidos para a sua execução.

Certo ( ) Errado ( )

04. (Cespe - 2018) - Julgue o item, a respeito da administração pública direta e indireta.

Pode a administração pública anular atos administrativos caso estejam eles marcados por vício ou, ainda, revogá-los conforme juízo de oportunidade e conveniência.

Certo ( ) Errado ( )

05. (Cespe - 2018) - Pedro, após ter sido investido em cargo público de determinado órgão sem a necessária aprovação em concurso público, praticou inúmeros atos administrativos internos e externos.

Tendo como referência essa situação hipotética, julgue o item que se segue.

Atos administrativos externos praticados por Pedro em atendimento a terceiros de boa-fé têm validade, devendo ser convalidados para evitar prejuízos.

Certo ( ) Errado ( )

Gabaritos

01	CERTO
02	ERRADO
03	CERTO
04	CERTO
05	CERTO

14. PODERES E DEVERES ADMINISTRATIVOS

Para um desempenho adequado do papel que compete à administração pública, o ordenamento jurídico confere a ela poderes e deveres especiais. Nesse capítulo, conheceremos seus deveres e poderes de modo a diferenciar a aplicabilidade de um ou de outro poder ou dever na análise de casos concretos, bem como apresentado nas questões de concurso público.

14.1 Deveres

Os deveres da administração pública são um conjunto de obrigações de direito público que a ordem jurídica confere aos agentes públicos com o objetivo de permitir que o Estado alcance seus fins.

O fundamento desses deveres é o Princípio da Indisponibilidade do Interesse Público, pois, como a administração pública é uma ferramenta do Estado para alcançar seus objetivos, não é permitido ao agente público usar dos seus poderes para satisfazer interesses pessoais ou de terceiros. Com base nessa regra, concluímos que esses agentes não podem dispor do interesse público, por não ser o seu proprietário, e sim o povo. A ele cabe a gestão da administração pública em prol da coletividade.

A doutrina, de um modo geral, enumera, como alguns dos principais deveres impostos aos agentes administrativos pelo ordenamento jurídico, quatro obrigações administrativas, a saber:

- Poder-Dever de Agir;
- Dever de Eficiência;
- Dever de Probidade;
- Dever de Prestar Contas.

14.1.1 Poder-Dever de Agir

O poder-dever de agir determina que toda a Administração Pública tem que agir em caso de determinação legal. Contudo, essa é temperada, uma vez que o administrador precisa ter possibilidade real de atuar.

> **Art. 37**, *§ 6º, CF. Policiais em serviço que presenciam um cidadão ser assaltado e morto e nada fazem. Nessa situação, além do dever imposto por lei, havia a possibilidade de agir. Nesse caso concreto, gera-se a possibilidade de indenização por parte do Estado, com base na responsabilidade civil do Estado.*

Enquanto no direito privado agir é uma faculdade do administrador, no direito público, agir é um dever legal do agente público.

Em decorrência dessa regra temos que os **poderes** administrativos são **irrenunciáveis**, devendo ser **obrigatoriamente exercidos** por seus titulares nas situações cabíveis.

A inércia do agente público acarreta responsabilização a ela por abuso de poder na modalidade omissão. A Administração Pública também responderá pelos danos patrimoniais ou morais decorrentes da omissão na esfera cível.

14.1.2 Dever de Eficiência

A Constituição implementou o dever de eficiência com a introdução da Emenda Constitucional nº 19 de 1998, a chamada reforma administrativa. Esse novo modelo instituiu a denominada "administração gerencial", tendo vários exemplos dispostos no corpo do texto constitucional, como:

- Possibilidade de perda do cargo de servidor estável em razão de insuficiência de desempenho (Art. 41, § 1º, III);
- O estabelecimento como condição para o ganho da estabilidade de avaliação de desempenho (Art. 41, § 4º);
- A possibilidade da celebração de contratos de gestão (Art. 37, § 8º);
- A exigência de participação do servidor público em cursos de aperfeiçoamento profissional como um dos requisitos para a promoção na carreira (Art. 39, § 2º).

14.1.3 Dever de Probidade

O dever de probidade determina que todo administrador público, no desempenho de suas atividades, atue sempre com ética, honestidade e boa-fé, em consonância com o Princípio da Moralidade Administrativa.

> ***Art. 37, § 4º, CF.*** *Os atos de improbidade administrativa importarão a suspensão dos direitos políticos, a perda da função pública, a indisponibilidade dos bens e o ressarcimento ao erário, na forma e gradação previstas em lei, sem prejuízo da ação penal cabível.*

Efeitos:

- A suspensão dos direitos políticos;
- Perda da função pública;
- Ressarcimento ao erário;
- Indisponibilidade dos bens.

14.1.4 Dever de Prestar Contas

O dever de prestar contas decorre diretamente do Princípio da Indisponibilidade do Interesse Público, sendo pertinente à função do agente público, que é simples gestão da coisa pública.

> ***Art.70, Parágrafo único, CF.*** *Prestará contas qualquer pessoa física ou jurídica, pública ou privada, que utilize, arrecade, guarde, gerencie ou administre dinheiros, bens e valores públicos ou pelos quais a União responda, ou que, em nome dessa, assuma obrigações de natureza pecuniária.*

14.2 Poderes Administrativos

São mecanismos que, utilizados isoladamente ou em conjunto, permitem que a administração pública possa cumprir suas finalidades. Dessa forma, os poderes administrativos representam um conjunto de prerrogativas de direito Público que a ordem jurídica confere aos agentes administrativos para o fim de permitir que o Estado alcance os seus fins, assim leciona o professor José dos Santos Carvalho Filho.

O fundamento desses poderes é o princípio da supremacia do interesse público, pois, como a administração pública é uma ferramenta do Estado para alcançar seus objetivos, e tais objetivos são de interesse de toda coletividade, é necessário que o Estado possa ter prerrogativas especiais na busca de seus objetivos. Como exemplo, podemos citar a aplicação de uma multa de trânsito. Imagine que a lei fale que ultrapassar o sinal vermelho é errado, mas que o Estado não tenha o poder de aplicar a multa. De nada vale a previsão da infração na lei.

São Poderes Administrativos descritos pela doutrina pátria:

> Poder Vinculado;
> Poder Discricionário;
> Poder Hierárquico;
> Poder Disciplinar;
> Poder Regulamentar;
> Poder de Polícia.

14.2.1 Poder Vinculado

O poder vinculado determina que o administrador somente pode fazer o que a lei determina; aqui não se gera poder de escolha, ou seja, está o administrador preso (vinculado) aos ditames da lei.

O agente público não pode fazer considerações de conveniência e oportunidade. Caso descumpra a única hipótese prevista na lei para orientar a sua conduta, praticará um ato ilegal, sendo assim, deve o ato ser anulado.

14.2.2 Poder Discricionário

O poder discricionário gera a margem de escolha, que é a conveniência e a oportunidade, o mérito administrativo. Diz-se que o agente público pode agir com liberdade de escolha, mas sempre respeitando os parâmetros da lei.

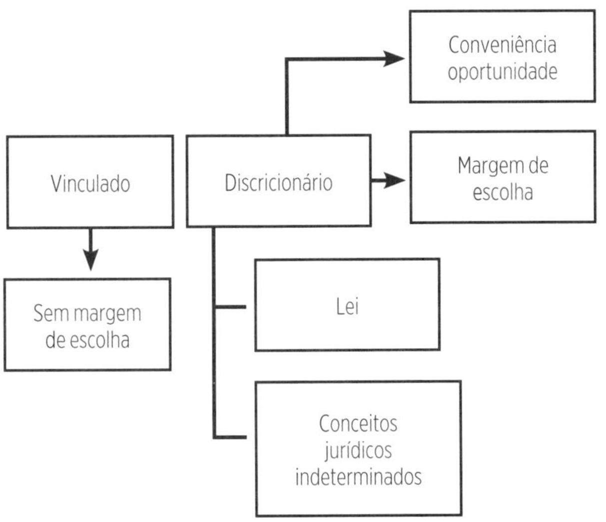

Duas são as vertentes que autorizam o poder discricionário: a lei e os conceitos jurídicos indeterminados. Esses últimos são determinações da própria lei, por exemplo: quando a Lei prevê a boa-fé, quem decide se o administrado está de boa ou má-fé é o agente público, sempre sendo razoável e proporcional.

14.2.3 Poder Hierárquico

Manifesta a noção de um escalonamento vertical da Administração Pública, já que temos a subordinação entre órgãos e agentes, sempre no âmbito de uma mesma pessoa jurídica.

Observação

Não há subordinação nem hierarquia:

> Entre pessoas distintas;
> Entre os poderes da república;
> Entre a administração e o administrado.

14.2.3.1 Prerrogativas

Dar ordens: cabe ao subordinado o dever de obediência, salvo nos casos de ordens manifestamente ilegais.

Fiscalizar a atuação dos subordinados.

Revisar os atos dos subordinados e, nessa atribuição:

> Manter os atos vinculados legais e os atos discricionários legais convenientes e oportunos.
> Convalidar os atos com defeitos sanáveis.
> Anular os atos ilegais.
> Revogar os atos discricionários legais inconvenientes e inoportunos.

A caraterística marcante é o grau de subordinação entre órgãos e agentes, sempre dentro da estrutura da mesma pessoa jurídica. O controle hierárquico permite que o superior aprecie todos os aspectos dos atos de seus subordinados (quanto à legalidade e quanto ao mérito administrativo) e pode ocorrer de ofício ou a pedido, quando for interesse de terceiros, por meio de recurso hierárquico.

Aplicar sanções aos servidores que praticarem infrações funcionais.

14.2.3.2 Delegar Competência

Delegação é o ato discricionário, revogável a qualquer tempo, mediante o qual o superior hierárquico confere o exercício temporário de algumas de suas atribuições, originariamente pertencentes ao seu cargo, a um subordinado.

É importante alertar que, excepcionalmente, a lei admite a delegação para outro órgão que não seja hierarquicamente subordinado ao delegante, conforme podemos constatar da redação do Art. 12 da Lei nº 9.784/99:

> ***Art. 12.*** *Um órgão administrativo e seu titular poderão, se não houver impedimento legal, delegar parte da sua competência a outros órgãos ou titulares, ainda que estes não lhe sejam hierarquicamente subordinados, quando for conveniente, em razão de circunstâncias de índole técnica, social, econômica, jurídica ou territorial.*

14.2.3.3 Características da Delegação

Não podem ser delegados

> Edição de atos de caráter normativo;
> A decisão de recursos administrativos;
> As matérias de competência exclusiva do órgão ou autoridade.

Consequências

> Não acarreta renúncia de competências;
> Transfere o exercício da atribuição e não a titularidade, pois pode ser revogada a delegação a qualquer tempo pela autoridade delegante;
> O ato de delegação e sua revogação deverão ser publicados em meio oficial.

Avocação Competência

Avocar é o ato discricionário mediante o qual o superior hierárquico traz para si o exercício temporário de determinada competência, atribuída por lei a um subordinado.

Cabimento: é uma medida excepcional e deve ser fundamentada.

Restrições: não podem ser avocadas competências exclusivas do subordinado.

Consequências: desonera o agente de qualquer responsabilidade relativa ao ato praticado pelo superior hierárquico.

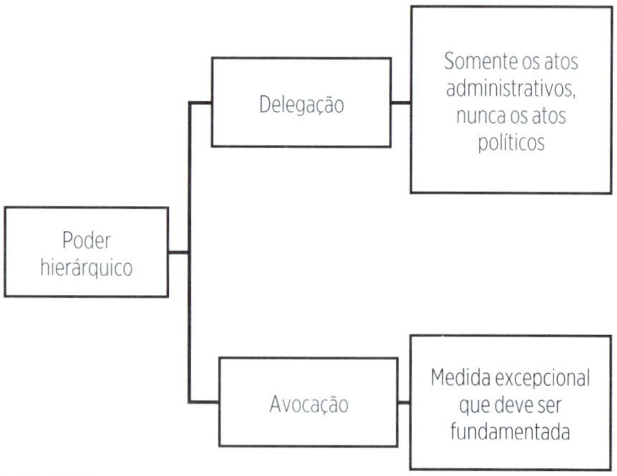

Segundo a Lei nº 9.784/99, que trata do processo administrativo federal:

Art. 13. Não podem ser objeto de delegação:

I. a edição de atos de caráter normativo;

II. a decisão de recursos administrativos;

III. as matérias de competência exclusiva do órgão ou autoridade.

14.2.4 Poder Disciplinar

O poder disciplinar é uma espécie de poder-dever de agir da Administração Pública. Dessa forma, o administrador público atua de forma a punir internamente as infrações cometidas por seus agentes e, em exceção, atua de forma a, punir particulares que mantenham um vínculo jurídico específico com a Administração.

O poder disciplinar não pode ser confundido com o *jus puniendi* do Estado, ou seja, com o poder do Estado de aplicar a lei penal a quem comete uma infração penal.

Em regra, o poder disciplinar é discricionário, algumas vezes, é vinculado. Essa discricionariedade se encontra na escolha da quantidade de sanção a ser aplicada dentro das hipóteses previstas na lei, e não na faculdade de punir ou não o infrator, pois puni-lo é um dever, sendo assim, a punição não é discricionária, quantidade de punição que em regra é. Porém, é importante lembrar que, quando a lei apontar precisamente a penalidade ou a quantidade dela que deve ser aplicada para determinada infração, o poder disciplinar será vinculado.

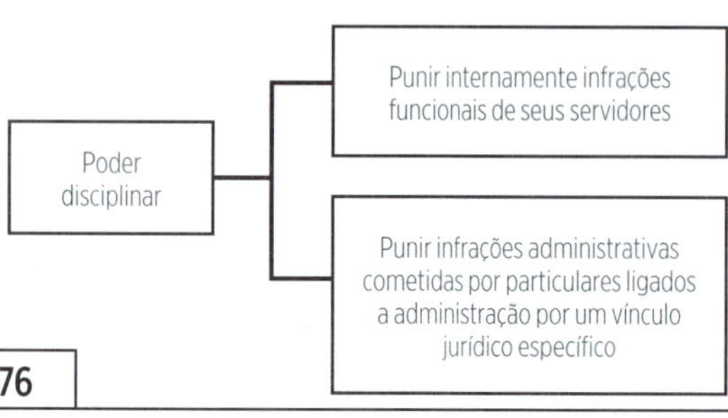

14.2.5 Poder Regulamentar

Quando a Administração atua punindo particulares (comuns) que cometeram falta, ela está usando o poder de polícia. Contudo, quando atua penalizando particulares que mantenham um vínculo jurídico específico (plus), estará utilizando o poder disciplinar.

Existem duas formas de manifestação do poder regulamentar: o decreto regulamentar e o autônomo, sendo que o primeiro é a regra e o segundo é a exceção.

14.2.5.1 Decreto Regulamentar

Também denominado decreto executivo ou regulamento executivo.

O decreto regulamentar é uma prerrogativa dos chefes do poder executivo de regulamentar a lei para garantir a sua fiel aplicação.

Restrições

- Não inova o ordenamento jurídico;
- Não pode alterar a lei;
- Não pode criar direitos e obrigações;
- Caso o decreto regulamentar extrapole os limites da lei, haverá quebra do princípio da legalidade. Nessa situação, se do decreto regulamentar for federal, caberá ao Congresso Nacional sustar os seus dispositivos violadores da lei.

Exercício

- Somente por decretos dos chefes do poder Executivo (Presidente da República, Governadores e Prefeitos), sendo uma competência exclusiva, indelegável a qualquer outra autoridade.

Natureza

- **Decreto:** Natureza secundária ou derivada;
- **Lei:** Natureza primária ou originária.

Prazo para regulamentação

- A lei a ser regulamentada deve apontar;
- A ausência do prazo é inconstitucional;
- Enquanto não regulamentada, a lei é inexequível (não pode ser executada);
- Se o chefe do executivo descumprir o prazo, a lei se torna exequível (pode ser executada);
- A competência para editar decreto regulamentar não pode ser objeto de delegação.

14.2.5.2 Decreto Autônomo

A Emenda Constitucional nº 32, alterou o Art. 84 da Constituição Federal e deu ao seu inciso VI a seguinte redação:

> ***Art. 84.*** *Compete privativamente ao Presidente da República:*
>
> ***VI.*** *dispor, mediante decreto, sobre:*
>
> ***a)*** *organização e funcionamento da administração federal, quando não implicar aumento de despesa nem criação ou extinção de órgãos públicos;*
>
> ***b)*** *extinção de funções ou cargos públicos, quando vagos;*

Essa previsão se refere ao que a doutrina chama de decreto autônomo, pois se refere à predição para o presidente da república tratar mediante decreto de determinados assuntos, sem lei anterior, balizando a sua atuação, pois a baliza foi a própria Constituição Federal. O decreto é autônomo porque não depende de lei.

Características

> Inova o ordenamento jurídico;
> O decreto autônomo tem natureza primária ou originária;
> Somente pode tratar das matérias descritas no Art. 84, VI, da Constituição Federal;
> O Presidente da República poderá delegar as atribuições mencionadas para edição de decretos autônomos aos Ministros de Estado, ao Procurador-Geral da República ou ao Advogado-Geral da União, que observarão os limites traçados nas respectivas delegações, conforme prevê o inciso único do Art. 84.

As regras relativas às competências do Presidente da República no uso do decreto regulamentar e do autônomo são estendidas aos demais chefes do executivo nacional dentro das suas respectivas administrações públicas. Sendo assim, governadores e prefeitos podem tratar, mediante decreto autônomo, dos temas estaduais e municipais de suas respectivas administrações que o Presidente da República pode resolver, mediante decreto autônomo, na esfera da administração pública federal.

DECRETO DE EXECUÇÃO
É a regra;
Pode ser editado pelos chefes do Executivo;
Não inova o ordenamento jurídico e necessita de amparo de uma lei;
É de competência exclusiva, não pode ser delegável.
DECRETO AUTÔNOMO
É a exceção;
Somente pode ser editado pelo Presidente da República;
Inova lei nos casos do Art. 84, IV, a e b do texto constitucional;
É de competência privativa e pode ser delegável de acordo com o Art. 84, parágrafo único.

14.2.6 Poder de Polícia

O Código Tributário Nacional, em seu Art. 78, ao tratar dos fatos geradores das taxas, assim conceitua poder de polícia:

> ***Art. 78.*** *Considera-se poder de polícia atividade da Administração Pública que, limitando ou disciplinando direito, interesse ou liberdade, regula a prática de ato ou abstenção de fato, em razão de interesse público concernente à segurança, à higiene, à ordem, aos costumes, à disciplina da produção e do mercado, ao exercício de atividades econômicas dependentes de concessão ou autorização do Poder Público, à tranquilidade pública ou ao respeito à propriedade e aos direitos individuais ou coletivos.*

Hely Lopes Meirelles conceitua poder de polícia como a faculdade que dispõe a Administração Pública para condicionar, restringir o uso, o gozo de bens, atividades e direitos individuais, em benefício da coletividade ou do próprio Estado.

É competente para exercer o poder de polícia administrativa sobre uma dada atividade o ente federado, ao qual a Constituição da República atribui competência para legislar sobre essa mesma atividade, para regular a prática dessa.

Assim, podemos dizer que o poder de polícia é discricionário em regra, podendo ser vinculado nos casos em que a lei determinar. Ele dispõe que toda a Administração Pública pode condicionar ou restringir os direitos dos administrados em caso de não cumprimento das determinações legais.

O poder de polícia **fundamenta-se** no de **império** do Estado (Poder **Extroverso**), que decorre do Princípio da Supremacia do Interesse Público, pois, por meio de imposições limitando ou restringindo a esfera jurídica dos administrados, visa à Administração Pública à defesa de um bem maior, que é proteção dos direitos da coletividade, pois o interesse público prevalece sobre os particulares.

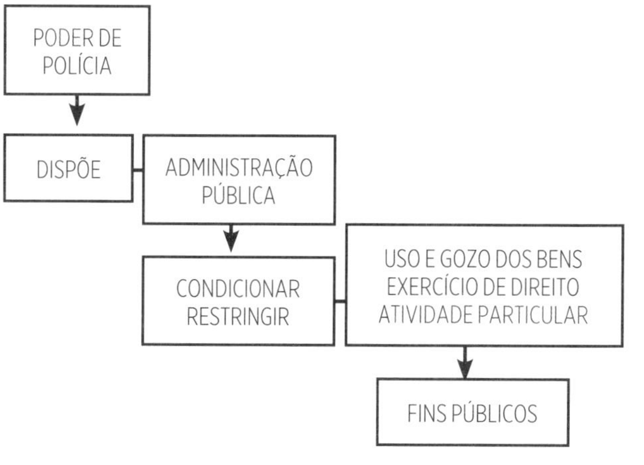

14.2.6.1 Atributos do Poder de Polícia

Discricionariedade: o poder de polícia, em regra, é discricionário, pois dá margem de liberdade dentro dos parâmetros legais ao administrador público para agir; contudo, se a lei exigir, tal poder pode ser vinculado.

O Estado escolhe as atividades que sofrerão as fiscalizações da polícia administrativa. Essa escolha é manifestação da discricionariedade do poder de polícia do Estado. Também é manifestação da discricionariedade do poder de polícia a majoração da quantidade de pena aplicada a quem cometer uma infração sujeita à disciplina do poder de polícia.

Nos casos em que a lei prever uma pena que tenha duração no tempo e não fixar exatamente a quantidade, dando uma margem de escolha de quantidade ao julgador, temos o exercício do poder discricionário na atuação de polícia e, como limite desse poder de punir, temos a própria lei que traz a ordem de polícia e ainda os princípios da razoabilidade e da proporcionalidade que vedam a aplicação da pena em proporção superior à gravidade do fato ilícito praticado.

Autoexecutoriedade: é a prerrogativa da Administração Pública de executar diretamente as decisões decorrentes do poder de polícia, por seus próprios meios, sem precisar recorrer ao judiciário.

14.2.6.2 Cabimento

> Autorização da Lei;

> Medida Urgente.

A **autoexecutoriedade** no uso do poder de polícia não é absoluta, tendo natureza relativa, ou seja, não são todos os atos decorrentes do poder de polícia que são autoexecutórios. Para que um ato assim ocorra, é necessário que ele seja exigível e executório ao mesmo tempo:

> **Exigibilidade**: exigível é aquela conduta prevista na norma que, caso seja infringida, pode ser aplicada uma **coerção indireta**, ou seja, caso a pessoa venha a sofrer uma penalidade e se recuse a aceitar a aplicação da sanção, a aplicação dessa somente poderá ser executada por decisão judicial. É o caso das multas, por exemplo, que podem ser lançadas a quem comete uma infração de trânsito, a administração não pode receber o valor devido por meio da coerção, caso a pessoa penalizada se recuse a pagar a multa, o seu recebimento dependerá de execução judicial pela Administração Pública. A exigibilidade é uma característica de todos os atos praticados no exercício do poder de polícia.

> **Executoriedade**: executória é a norma que, caso seja desrespeitada, permite a aplicação de uma **coerção direta**, ou seja, a administração pode utilizar da força coercitiva para garantir a aplicação da penalidade, sem precisar recorrer ao judiciário.

É o caso das sanções de interdição de estabelecimentos comerciais, suspensão de direitos, entre outras. Não são todas as medidas decorrentes do poder de polícia executórias.

O ato de polícia para ser autoexecutório precisa ser ao mesmo tempo exigível e executório, ou seja, nem todos os atos decorrentes do poder de polícia são autoexecutórios.

> **Coercibilidade**: esse atributo informa que as determinações da Administração podem ser impostas coercitivamente ao administrado, ou seja, o particular é obrigado a observar os ditames da administração. Caso ocorra resistência por parte desse, a administração pública estará autorizada a usar força, independentemente de autorização judicial, para fazer com que seja cumprida a regra de polícia. Todavia, os meios utilizados pela administração devem ser legítimos, humanos e compatíveis com a urgência e a necessidade da medida adotada.

14.2.6.3 Classificação

O poder de polícia pode ser originário, no caso da Administração Pública direta e derivada. Quando diz respeito as autarquias, a doutrina orienta que fundações públicas, sociedade de economia mista e empresas públicas não possuem o poder de polícia em suas ações. Classificação:

Poder de Polícia Originário:

> Dado à Administração Pública Direta.

Poder de Polícia Delegado:

> Dado às pessoas da Administração Pública Indireta que possuem personalidade jurídica de direito público. Esse poder somente é proporcionado para as autarquias ligadas à Administração Indireta.

O poder de polícia não pode ser exercido por particulares ou por pessoas jurídicas de direito privado da administração indireta, entretanto, o STJ em uma recente decisão entendeu que os atos de consentimento de polícia e de fiscalização dessa, que por si só não têm natureza coercitiva, podem ser delegados às pessoas jurídicas de direito privado da Administração Indireta.

14.2.6.4 Meios de Atuação

O poder de polícia pode ser exercido tanto preventivamente quanto repressivamente.

Prevenção: manifesta-se por meio da edição de atos normativos de alcance geral, tais como leis, decretos, resoluções, entre outros, e também por meio de várias medidas administrativas, tais como a fiscalização, a vistoria, a notificação, a licença, a autorização, entre outros.

Repressão: manifesta-se por meio da aplicação de punições, tais como multas, interdição de direitos, destruição de mercadorias etc.

14.2.6.5 Ciclo de Polícia

O ciclo de polícia se refere às fases de atuação desse poder, ordem de polícia, consentimento, fiscalização e sanção de polícia, sendo assim, esse ciclo, para se completar, pode passar por quatro fases distintas:

Ordem de Polícia: é a Lei inovadora que tem trazido limites ou condições ao exercício de atividades privadas ou uso de bens.

Consentimento: é a autorização prévia fornecida pela Administração para a prática de determinada atividade privada ou para usar um bem.

Fiscalização: é a verificação, por parte da administração pública, para certificar-se de que o administrado está cumprindo as exigências contidas na ordem de polícia para a prática de determinada atividade privada ou uso de bem.

Sanção de Polícia: é a coerção imposta pela administração ao particular que pratica alguma atividade regulada por ordem de polícia em descumprimento com as exigências contidas.

É importante destacar que o ciclo de polícia não precisa necessariamente comportar essas quatro fases, pois as de ordem e fiscalização devem sempre estar presentes em qualquer atuação de polícia administrativa, todavia, as fases de consentimento e de sanção não estarão presentes em todos os ciclos de polícia.

14.2.6.6 Prescrição

O prazo de prescrição das ações punitivas decorrentes do exercício do poder de polícia é de **5 anos** para a esfera federal, conforme constata-se na redação do Art. 1º da Lei nº 9.873/99:

> ***Art. 1º.*** *Prescreve em cinco anos a ação punitiva da Administração Pública Federal, direta e indireta, no exercício do poder de polícia, objetivando apurar infração a legislação em vigor, contados da data da prática do ato ou, no caso de infração permanente ou continuada, do dia em que tiver cessado.*

14.2.6.7 Polícia Administrativa X Polícia Judiciária

Polícia Administrativa: atua visando evitar a prática de infrações administrativas, tem natureza preventiva, entretanto, em alguns casos ela pode ser repressiva. A polícia administrativa atua sobre atividades privadas, bens ou direitos.

Polícia Judiciária: atua com o objetivo de reprimir a infração criminal, tem natureza repressiva, mas, em alguns casos, pode ser preventiva. Ao contrário da polícia administrativa que atua sobre atividades privadas, bens ou direitos, a atuação da judiciária recai sobre as pessoas.

14.2.6.8 Poder de Polícia X Prestação de Serviços Públicos

Não podemos confundir toda atuação estatal com a prestação de serviços públicos, pois, dentre as diversas atividades desempenhadas pela Administração Pública, temos, além da prestação de serviços públicos, o exercício do poder de polícia, o fomento, a intervenção na propriedade privada, entre outras.

Distingue-se o poder de polícia da prestação de serviços públicos, pois essa é uma atividade positiva, que se manifesta numa obrigação de fazer.

Poder de Polícia: atividade negativa, que traz a noção de não fazer, proibição, excepcionalmente pode trazer uma obrigação de fazer. Seu exercício sofre tributação mediante taxa e é indelegável a particulares.

Serviço Público: atividade positiva, que traz a noção de fazer algo. A sua remuneração se dá por meio da tarifa, que não é um tributo, mas sim, uma espécie de preço público, e o serviço público, mesmo sendo de titularidade exclusiva do Estado, é delegável a particulares.

14.3 Abuso de Poder

O administrador público tem que agir obrigatoriamente em obediência aos princípios constitucionais, do contrário, sua ação pode ser arbitrária e, consequentemente, ilegal, o que gerará o chamado abuso de poder.

Excesso de Poder: quando o agente público atua fora dos limites de sua esfera de competência.

Desvio de Poder: quando a atuação do agente, embora dentro de sua órbita de competência, contraria a finalidade explícita ou implícita na lei que determinou ou autorizou a sua atuação, tanto é desvio de poder a conduta contrária à finalidade geral (ou mediata) do ato – o interesse público –, quanto a que discrepe de sua finalidade específica (ou imediata).

> *Todos os atos que forem praticados com abuso de poder são ilegais e devem ser anulados; essa anulação pode acontecer tanto pela via administrativa quanto pela via judicial.*
>
> *O remédio constitucional para combater o abuso de poder é o Mandado de Segurança.*

Omissão de Poder: ocorre quando o agente público fica inerte diante de uma situação em que a lei impõe o uso do poder.

Questões

01. (Cespe – 2018) - No que se refere às características do poder de polícia e ao regime jurídico dos agentes administrativos, julgue o item que se segue.

As multas de trânsito, como expressão do exercício do poder de polícia, são dotadas de autoexecutoriedade.

Certo ( ) Errado ( )

02. (Cespe – 2018) – A respeito dos poderes administrativos, de licitações e contratos e do processo administrativo, julgue o item subsequente.

Embora o poder de polícia da administração seja coercitivo, o uso da força para o cumprimento de seus atos demanda decisão judicial.

Certo ( ) Errado ( )

03. (Cespe – 2018) – No que se refere aos poderes administrativos, julgue o item que se segue.

O poder de polícia consiste na atividade da administração pública de limitar ou condicionar, por meio de atos normativos ou concretos, a liberdade e a propriedade dos indivíduos conforme o interesse público.

Certo ( ) Errado ( )

04. (Cespe – 2018) - Julgue o item a seguir, relativos aos poderes da administração pública.

As atividades da polícia judiciária não se confundem, necessariamente, com o exercício do poder de polícia administrativo.

Certo ( ) Errado ( )

05. (Cespe – 2018) - Julgue o item subsecutivo, a respeito dos poderes da administração pública.

A administração pública exerce o poder disciplinar ao aplicar sanções, por exemplo, a um motorista particular que dirige seu veículo em velocidade acima da máxima permitida.

Certo ( ) Errado ( )

Gabaritos

01	ERRADO
02	ERRADO
03	CERTO
04	CERTO
05	ERRADO

15. LICITAÇÃO

15.1 Conceito de Licitação

> ***Art. 37, XXI.*** *Ressalvados os casos especificados na legislação, as obras, serviços, compras e alienações serão contratados mediante processo de licitação pública que assegure igualdade de condições a todos os concorrentes, com cláusulas que estabeleçam obrigações de pagamento, mantidas as condições efetivas da proposta, nos termos da lei, o qual somente permitirá as exigências de qualificação técnica e econômica indispensáveis à garantia do cumprimento das obrigações.*

Procedimento administrativo, de observância obrigatória pelas entidades governamentais, em que, observada a igualdade entre os participantes, deve ser selecionada a melhor proposta entre as apresentadas pelos interessados e com elas travar determinadas relações de conteúdo patrimonial, uma vez preenchidos os requisitos mínimos necessários ao bom cumprimento das obrigações a que eles se propõem (preceito da Lei 8.666/93).

15.1.1 Regras gerais sobre licitações

As regras gerais de licitação são de suma importância para quem fará um concurso público, pois, de forma objetiva, conseguimos entender as questões propostas, dessa maneira, iniciaremos com indagações frequentes:

O que é licitação?

Licitação é o procedimento administrativo que autoriza a execução de obras, a prestação de serviços e o fornecimento de bens para atendimento de necessidades públicas; as alienações e locações devem ser contratadas mediante licitações públicas.

Por que licitar?

A Constituição Federal, Art. 37, XXI, prevê, para a Administração Pública, a obrigatoriedade de licitar.

O procedimento de licitação objetiva permite que a administração contrate aqueles que reúnem as condições necessárias para o atendimento do interesse público, levando em consideração aspectos relacionados à capacidade técnica e econômico-financeira do licitante, à qualidade do produto e ao valor do objeto, sempre procurando atender ao princípio da isonomia (igualdade) e objetivando a proposta mais vantajosa.

Quem deve licitar?

Estão sujeitos à regra de licitar, prevista na Lei nº 8.666, de 1993, além dos órgãos integrantes da administração direta, os fundos especiais, as autarquias, as fundações públicas, as empresas públicas, as sociedades da economia mista e demais entidades controladas direta e indiretamente pela União, Estados, Distrito Federal e Municípios.

As concessionárias e permissionárias de serviços públicos sempre devem licitar, isso por força do Art. 175 da Constituição Federal.

> ***Art. 175.*** *Incumbe ao Poder Público, na forma da lei, diretamente ou sob regime de concessão ou permissão, sempre por meio de licitação, a prestação de serviços públicos.*

ADM. PÚBLICA DIRETA — UNIÃO; ESTADOS; DISTRITO FEDERAL; MUNICÍPIOS.

ADM. PÚBLICA INDIRETA — **F**UNDAÇÃO PÚBLICA; **A**UTARQUIA; **S**OCIEDADE DE **E**CONOMIA MISTA; **E**MPRESA PÚBLICA.

Como licitar?

Em primeiro lugar, deve ser definido o objeto que se quer contratar. Depois disso, é necessário estimar o valor total da obra, do serviço ou do bem a ser licitado, mediante realização de pesquisa de mercado. É importante, ainda, verificar se há previsão de recursos orçamentários para o pagamento da despesa e se essa se encontrará em conformidade com a Lei de Responsabilidade Fiscal.

Assim, após apuração da estimativa, deve ser adotada a modalidade de licitação adequada, com prioridade especial para o pregão, quando o objeto pretendido referir-se a bens e serviços comuns listados no Decreto nº 3.555, de 8 de agosto de 2002, que regulamenta essa modalidade. Lembrando que a modalidade pregão não está expressamente prevista na Lei nº 8.666/93.

15.2 Princípios Explícitos

- Legalidade;
- Impessoalidade;
- Moralidade e Probidade Administrativa;
- Igualdade;
- Publicidade;
- Vinculação ao Instrumento Convocatório;
- Julgamento Objetivo.

Estão previstos no Art. 3º da Lei nº 8.666/93:

> ***Art. 3º.*** *A licitação destina-se a garantir a observância do princípio constitucional da isonomia, a seleção da proposta **mais vantajosa** para a Administração e a promoção do desenvolvimento nacional sustentável e será processada e julgada em estrita conformidade com **os princípios básicos da legalidade, da impessoalidade, da moralidade, da igualdade, da publicidade, da probidade administrativa, da vinculação ao instrumento convocatório, do julgamento objetivo e dos que lhes são correlatos.***

O Art. 3º, que trata dos princípios da licitação, determina a estrita obediência a vários princípios básicos expressos. Contudo, dá relevância a um deles, ou seja, **o princípio da isonomia tem um tratamento diferenciado.**

A licitação, por si só, traz uma ideia de disputa isonômica e a finalidade é a de conseguir a proposta mais vantajosa para a Administração a fim da celebração do contrato administrativo. O propósito específico é a realização de obras, serviços, concessão, permissões, compras, alienações ou locações.

Devemos nos atentar, pois a competência para legislar acerca de licitação é privativa da União, sempre sobre normas gerais, e está prevista no Art. 22, XXVII, da Constituição Federal:

> ***Art. 22.*** *Compete privativamente à União legislar sobre:*
>
> ***XXVII.*** *Normas gerais de licitação e contratação, em todas as modalidades, para as administrações públicas diretas, autárquicas e fundacionais da União, Estados, Distrito Federal e Municípios, obedecido o disposto no Art. 37, XXI, e para as empresas públicas e sociedades de economia mista, nos termos do Art. 173, § 1º, III;*

É de se notar que os Estados, Distrito Federal e municípios podem legislar sobre normas específicas acerca de licitação pública e contratos administrativos, mesmo sem autorização da União, desde que as leis promulgadas não ofendam a Constituição Federal e também não contrariem as normas gerais.

Dessa forma, é importante frisar que a Lei nº 8.666/93 é aplicável a toda Administração Pública, de acordo com os Arts. 1º e 2º da lei:

> ***Art. 1º.*** *Esta Lei estabelece normas gerais sobre licitações e contratos administrativos pertinentes a obras, serviços, inclusive de publicidade, compras, alienações e locações no âmbito dos Poderes da União, dos Estados, do Distrito Federal e dos Municípios.*
>
> ***Parágrafo único.*** *Subordinam-se ao regime desta Lei, além dos órgãos da administração direta, os fundos especiais, as autarquias, as fundações públicas, as empresas públicas, as sociedades de economia mista e demais entidades controladas direta ou indiretamente pela União, Estados, Distrito Federal e Municípios.*
>
> ***Art. 2º.*** *As obras, serviços, inclusive de publicidade, compras, alienações, concessões, permissões e locações da Administração Pública, quando contratadas com terceiros, serão necessariamente precedidas de licitação, ressalvadas as hipóteses previstas nesta Lei.*
>
> ***Parágrafo único.*** *Para os fins desta Lei, considera-se contrato todo e qualquer ajuste entre órgãos ou entidades da Administração Pública e particulares, em que haja um acordo de vontades para a formação de vínculo e a estipulação de obrigações recíprocas, seja qual for a denominação utilizada.*

15.2.1 Princípios explícitos em espécie

15.2.1.1 Legalidade

Nos procedimentos de licitação, esse princípio vincula os licitantes e a Administração Pública às regras estabelecidas, nas normas e princípios em vigor, ou seja, o administrador fica vinculado aos ditames na lei, tendo alguma liberdade (discricionariedade) somente quando a própria lei assim autorizar ou determinar, como é o caso da licitação dispensável e licitação dispensada.

Todos os atos de licitação devem estar estritamente na lei. Sendo assim, o administrador público não pode exigir do licitante condições de habilitação econômica com certa margem acima do necessário ao cumprimento das obrigações a serem contratadas. Assim, somente permitirá as exigências de qualificação técnica e econômicas indispensáveis à garantia do cumprimento das obrigações.

15.2.1.2 Impessoalidade

Esse princípio obriga a Administração a observar, nas suas decisões, critérios objetivos previamente estabelecidos, afastando a discricionariedade e o subjetivismo na condução dos procedimentos da licitação. Aqui, o princípio obedece aos ditames da Constituição Federal e tem por finalidade a obediência estrita aos fins coletivos, impedindo, de qualquer modo, a promoção pessoal do administrador e as chamadas "facilidades" para qualquer particular envolvido no procedimento.

15.2.1.3 Moralidade e probidade administrativa

Aqui devemos nos atentar, pois, de acordo com a Constituição Federal, a moralidade administrativa é tida como princípio e a probidade como dever. Contudo, o texto da Lei nº 8.666/93 traz insculpido os dois como sendo princípios norteadores da licitação, em que a conduta dos licitantes e dos agentes públicos tem que ser, além de lícita, compatível com a moral, ética, bons costumes e com as regras da boa administração.

15.2.1.4 Igualdade

É o mais relevante princípio da lei de licitação e significa dar tratamento igual a todos os interessados. É condição essencial para garantir em todas as fases da licitação. Também chamado de princípio da isonomia entre os licitantes. A igualdade aqui tem dois sentidos: primeiro, a administração deve dispensar tratamento isonômico entre os licitantes; segundo, deve a igualdade garantir que a concorrência seja viável entre os particulares.

O Art. 3º, § 2º, da Lei, reza que em igualdade de condições será assegurado à preferência sucessivamente a bens e serviços em caso de empate, seguindo o seguinte critério de desempate:

- > Produzidos no país;
- > Produzidos ou prestados por empresas brasileiras;
- > Produzidos ou prestados por empresas que invistam em pesquisa e no desenvolvimento de tecnologia no país.
- > Produzidos ou prestados por empresas que comprovem cumprimento de reserva de cargos prevista em lei para pessoa com deficiência ou para reabilitado da Previdência Social e que atendam às regras de acessibilidade previstas na legislação.

15.2.1.5 Publicidade

O Princípio da Publicidade reza que qualquer interessado deve ter acesso às licitações públicas e seu controle, mediante divulgação dos atos praticados pelos administradores em todas as fases da licitação. No entanto, o conteúdo dos propostos são sigilosos, conforme prevê o Art. 3º, § 3º, Lei nº 8.666/93.

> ***§ 3º.*** *A licitação não será sigilosa, sendo públicos e acessíveis ao público os atos de seu procedimento, salvo quanto ao conteúdo das propostas, até a respectiva abertura.*

Dessa forma, quanto maior o valor do contrato, maior será a publicidade de seus atos. Assim, no convite, a divulgação será mínima, devido ao reduzido valor do contrato, e, na concorrência, a divulgação será a maior possível.

Os avisos contendo os resumos dos editais das concorrências, das tomadas de preço, dos concursos e dos leilões, embora realizados no local da repartição interessada, deverão ser publicados com antecedência, como dispõe o Art. 21 da Lei de Licitação:

> ***Art. 21.*** *Os avisos contendo os resumos dos editais das concorrências, das tomadas de preços, dos concursos e dos leilões, embora realizados no local da repartição interessada, deverão ser publicados com antecedência, no mínimo, por uma vez:*
>
> ***I.*** *No Diário Oficial da União, quando se tratar de licitação feita por órgão ou entidade da Administração Pública Federal e, ainda, quando se tratar de obras financiadas parcial ou totalmente com recursos federais ou garantidas por instituições federais;*

II. No Diário Oficial do Estado, ou do Distrito Federal quando se tratar, respectivamente, de licitação feita por órgão ou entidade da Administração Pública Estadual ou Municipal, ou do Distrito Federal;

III. em sítio eletrônico oficial do respectivo ente federativo, facultado aos Estados, ao Distrito Federal e aos Municípios, alternativamente, a utilização de sítio eletrônico oficial da União, conforme regulamento do Poder Executivo federal. (Redação dada pela Medida Provisória nº 896, de 2019)

Dessa forma, os prazos do Art. 21 são os seguintes:

Prazo do edital	Modalidades
45 dias para	> Concurso. > Concorrência, quando o contrato a ser celebrado contemplar o regime de empreitada integral ou quando a licitação for do tipo "melhor técnica" ou "técnica e preço".
30 dias para	> Concorrência, nos casos não especificados na alínea "b" do inciso anterior. > Tomada de preços, quando a licitação for do tipo "melhor técnica" ou "técnica e preço".
15 dias para	> Quinze dias para a tomada de preços, nos casos não especificados na alínea "b" do inciso anterior, ou leilão.
5 dias úteis para	> Convite.
8 dias úteis (no mínimo para)	> Pregão.

Esses prazos começam a ser contados a partir:
- da última publicação do edital;
- da expedição do convite;
- da efetiva disponibilidade do edital ou do convite.

Prevalece a data que ocorrer mais tarde.

15.2.1.6 Vinculação ao instrumento convocatório

O instrumento convocatório, que pode ser edital ou carta convite, obriga a administração e o licitante a observarem as normas e condições estabelecidas no ato convocatório. Dessa forma, nada poderá ser criado ou feito sem que haja previsão em relação a esse ato.

15.2.1.7 Julgamento objetivo

O princípio, em tela, determina que o administrador deve observar critérios objetivos definidos no ato convocatório para o julgamento das propostas. Afasta a possibilidade de o julgador utilizar-se de fatores subjetivos ou de critérios não previstos no ato referido, mesmo que em benefício da própria administração.

15.3 Princípios Implícitos

15.3.1 Competitividade

A lei e a própria Constituição Federal estabelecem a obrigatoriedade do caráter competitivo no procedimento licitatório. Isso se dá, pois na competição entre os licitantes não pode haver manipulações de preços. Dessa forma, a administração deve ser capaz de assegurar a obtenção da proposta mais vantajosa a execução dos fins públicos.

Nessa perspectiva, a lei veda a realização de licitação cujo objeto inclua bens e serviços sem similaridade ou de marcas, caraterísticas e especificações exclusivas, salvo nos casos em que for tecnicamente justificável (Art. 7º, § 5º).

15.3.2 Sigilo das propostas

Decorrência lógica do Art. 3º da Lei de Licitações, uma vez que o princípio explícito é o da publicidades dos atos. Sigilo, somente na apresentação das propostas e, ainda assim, até a abertura das mesmas, que devem ser liberadas ao público após regular escolha do vencedor.

15.3.3 Adjudicação compulsória

Esse princípio diz que a administração só poderá atribuir o objeto da licitação ao vencedor. Não pode tal objeto ser concedido a outro licitante. O vendedor, uma vez que preencheu todos os requisitos formais, tem prevalência na assinatura do contrato. Essa não garante direito adquirido, uma vez que o ato licitatório pode ser revogado pela administração antes da assinatura do contrato. O licitante também pode desistir do contrato caso consiga provar justo motivo.

15.4 Modalidades de Licitação

As licitações, segundo a Lei nº 8.666/93, serão efetuadas no local onde se situar a repartição interessada, salvo por motivo de interesse público devidamente justificado. Essa regra, no entanto, não impede a habilitação de interessados que sejam residentes ou sediados em outros locais.

Modalidade de licitação é a forma específica de conduzir o procedimento licitatório, a partir de critérios definidos em lei. O valor estimado para contratação é o principal fator para escolha da modalidade de licitação, exceto quando se trata de pregão, que não está limitado a valores. Dessa forma, além do leilão e do concurso, as demais modalidades de licitação admitidas são exclusivamente as seguintes:

15.4.1 Concorrência

- Concorrência;
- Tomada de Preço;
- Convite;
- Concurso;
- Leilão;
- Pregão;
- Consulta.

Modalidade da qual podem participar quaisquer interessados que, na fase de habilitação preliminar, comprovem possuir requisitos mínimos de qualificação exigidos no edital para execução do objeto da licitação. Todas as licitações para bens imóveis devem ser feitas nessa modalidade, também as concessões de direito real de uso, para alienações internacionais e para as parcerias público privadas. Seja qual for o valor da licitação, em tese, a concorrência pode ser utilizada.

A concorrência está prevista no **Art. 22, § 1º, da Lei nº 8.666/93:**

> ***Art. 22, §1º*** *- Concorrência é a modalidade de licitação entre quaisquer interessados que, na fase inicial de habilitação preliminar, comprovem possuir os requisitos mínimos de qualificação exigidos no edital para execução de seu objeto.*

→ **Características:**

> Possui fase preliminar;
> É considerada mais complexa;
> Admite qualquer valor;
> É a mais competitiva;
> Contratações de maior valor;

→ **A Concorrência é utilizada obrigatoriamente para:**

> Compra ou alienação de imóveis;
> Concessão de direito real de uso;
> Licitações internacionais;
> Concessão de serviços públicos;
> Contrato de parcerias público privada.

15.4.2 Tomada de preços

Modalidade realizada entre interessados devidamente cadastrados ou que atenderem a todas as condições exigidas para cadastramento até o terceiro dia anterior à data do recebimento das propostas, observada a necessária qualificação.

A tomada de preço está prevista no Art. 22, § 2º, da Lei nº 8.666/93:

> ***Art. 22, § 2º.*** *Tomada de preços é a modalidade de licitação entre interessados devidamente cadastrados ou que atenderem a todas as condições exigidas para cadastramento até o terceiro dia anterior à data do recebimento das propostas, observada a necessária qualificação.*

→ **Características:**

Interessados têm que estar devidamente cadastrados, contudo, pelo princípio da competitividade, podem inscrever-se até o terceiro dia anterior à data do recebimento das propostas.

Contratação de valores intermediários.

A modalidade "tomada de preços" não se confunde com o "registro de preços". O chamado "Sistema de Registro de Preços - SRP" não é modalidade de licitação, mas sim um cadastramento formal de prestadores de serviços e fornecedores de bens e seus respectivos preços para as **contratações futuras e habituais**.

O SRP é válido por 12 meses, e para fazer parte dele é necessário participar de licitação na modalidade concorrência ou pregão do tipo menor preço. O SRP é regulado pelo Decreto 7.892/13 e não confere ao licitante o direito adquirido à contratação, entretanto, se a Administração necessitar do bem ou serviço durante a validade do SRP, em igualdade de condições, o cadastrado terá prioridade na contratação.

Obs.: os órgãos e entidades que não participaram do registro de preços, quando desejarem fazer uso da ata de registro de preços, deverão consultar o órgão gerenciador da ata para manifestação sobre a possibilidade de adesão (é a chamada "licitação carona" prevista no Art. 22, §1º do Dec. 7.892/13).

15.4.3 Convite

A modalidade convite está prevista no Art. 22, § 3º, da Lei nº 8.666/93:

> ***Art. 22, §3º.*** *Convite é a modalidade de licitação entre interessados do ramo pertinente ao seu objeto, cadastrados ou não, escolhidos e convidados em número mínimo de 3 (três) pela unidade administrativa, a qual afixará, em local apropriado, cópia do instrumento convocatório e o estenderá aos demais cadastrados na correspondente especialidade que manifestarem seu interesse com antecedência de até 24 (vinte e quatro) horas da apresentação das propostas.*

Modalidade realizada entre interessados do ramo de que trata o objeto da licitação, escolhidos e convidados em número mínimo de três pela administração.

O convite é a modalidade de licitação mais simples. A administração escolhe quem quer convidar, entre os possíveis interessados, cadastrados ou não. A divulgação deve ser feita mediante afixação de cópia do convite em quadro de avisos do órgão ou entidade, localizado em lugar de ampla divulgação, dispensando a publicação em Diário Oficial.

No convite, é possível a participação de interessados que não tenham sido formalmente convidados, mas que sejam do ramo do objeto licitado, desde que cadastrados no órgão ou entidade licitadora ou no Sistema de Cadastramento Unificado de Fornecedores – SICAF. Esses interessados devem solicitar o convite com antecedência de até 24 horas da apresentação das propostas.

Para que a contratação seja possível no convite, são necessárias pelo menos três propostas válidas, isto é, que atendam a todas as exigências do ato convocatório. Não é suficiente a obtenção de três propostas, é preciso que elas sejam válidas. Caso isso não ocorra, a administração deve repetir o convite e chamar mais um interessado, enquanto existirem cadastrados não convidados nas últimas licitações, ressalvadas as hipóteses de limitação de mercado ou manifesto desinteresse dos incitados, circunstâncias essas que devem ser justificadas no processo de licitação.

A publicação na imprensa e em jornal de grande circulação confere ao convite divulgação idêntica à da concorrência e à tomada de preços, afastando a discricionariedade do agente público.

Quando for impossível a obtenção de três propostas válidas, por limitações do mercado ou manifesto desinteresse dos convidados, essas circunstâncias deverão ser devidamente motivadas e justificadas no processo, sob pena de repetição de convite.

Limitações de mercado ou manifesto desinteresse das empresas convidadas não se caracterizam nem podem ser justificados quando são inseridas, na licitação, condições que só uma ou outra empresa pode atender.

→ **Características:**

> É a modalidade de licitação entre interessados do ramo pertinente ao seu objeto, cadastrados ou não, escolhidos e convidados em número mínimo de três pela unidade administrativa;
> Contratação de menor valor;
> O procedimento é simples, permitindo, excepcionalmente, nas pequenas unidades administrativas, a substituição da comissão por servidor formalmente designado pela autoridade competente.

15.4.4 Concurso

O Art. 22, § 4º, da Lei nº 8.666/93 define a modalidade concurso como sendo a licitação entre quaisquer interessados para a escolha de trabalho técnico, científico ou artístico, mediante à instituição de prêmios ou remuneração aos vencedores do procedimento, sempre conforme previsto em edital publicado na imprensa oficial com antecedência mínima de 45 dias.

O julgamento da modalidade concurso é feita por uma comissão especial. Pode participar da comissão servidor ou não, de acordo com o Art. 51, § 5º.

A modalidade concurso está prevista no **Art. 22, § 4º, da Lei nº 8.666/93:**

> ***Art. 22, §4º.*** *Concurso é a modalidade de licitação entre quaisquer interessados para escolha de trabalho técnico, científico ou artístico, mediante à instituição de prêmios ou remuneração aos vencedores, conforme critérios constantes de edital publicado na imprensa oficial com antecedência mínima de 45 (quarenta e cinco) dias.*

→ **Características:**

> Trabalho técnico;
> Científico;
> Artístico;
> Edital tem que ser publicado com antecedência mínima de 45 dias;
> O que determina a necessidade da realização da **licitação é a natureza do seu objeto,** não o valor do contrato;
> O procedimento é um tanto diverso, pois o julgamento será feito por uma comissão especial integrada por pessoas de **reputação ilibada e reconhecido conhecimento da matéria em exame,** servidor público ou não.

15.4.5 Leilão

É a modalidade de licitação, entre quaisquer interessados, para venda, a quem oferecer o maior lance, igual ou superior ao valor da avaliação, dos seguintes bens:

> Bens móveis inservíveis para a Administração.
> Produtos legalmente apreendidos ou penhorados.
> Bens imóveis da Administração Pública, cuja aquisição haja derivado de procedimentos judiciais ou de dação em pagamento (Art. 19, III).

O leilão, além dessas disposições, está previsto em dois lugares:

Primeiro, no Art. 22, § 5º, da Lei nº 8.666/93:

> ***Art. 22, §5º.*** *Leilão é a modalidade de licitação entre quaisquer interessados para a venda de bens móveis inservíveis para a Administração ou de produtos legalmente apreendidos ou penhorados, ou para a alienação de bens imóveis prevista no Art. 19, a quem oferecer o maior lance, igual ou superior ao valor da avaliação.*

Segundo, no Art. 53, da Lei nº 8.666/93:

> ***Art. 53.*** *O leilão pode ser cometido a leiloeiro oficial ou a servidor designado pela administração, procedendo-se na forma da legislação pertinente.*
>
> ***§ 1º -*** *Todo bem a ser leiloado será previamente avaliado pela administração para fixação do preço mínimo de arrematação.*
>
> ***§ 2º -*** *Os bens arrematados serão pagos à vista ou no percentual estabelecido no edital, não inferior a 5% (cinco por cento) e, após a assinatura da respectiva ata lavrada no local do leilão, imediatamente entregues ao arrematante, o qual se obrigará ao pagamento do restante no prazo estipulado no edital de convocação, sob pena de perder em favor da administração o valor já recolhido.*

Limitado a bens avaliados, isolada ou globalmente, em quantia não superior a R$ 650.000,00. Acima disso e para bens imóveis, deve ser utilizada a modalidade concorrência.

> ***§ 3º -*** *Nos leilões internacionais, o pagamento da parcela à vista poderá ser feito em até vinte e quatro horas.*
>
> ***§ 4º -*** *O edital de leilão deve ser amplamente divulgado, principalmente no município em que se realizará.*

15.4.6 Consulta

A modalidade consulta não está prevista na Lei nº 8.666/93. Está prevista na Lei nº 9.472/97 (a mesma que criou a Anatel); é uma modalidade prevista **apenas para as agências reguladoras.**

A lei diz que a consulta é a modalidade de licitação adequada à contratação de bens e serviços não classificados como comuns e que não sejam obras e serviços de engenharia civil.

A consulta é modalidade de licitação exclusiva de agências reguladoras, para aquisição de bens e serviços não comuns, excetuados obras e serviços de engenharia civil, na qual as propostas são julgadas por um júri, segundo critério que leve em consideração, ponderadamente, custo e benefício.

Os valores utilizados para configurar grande, médio ou pequeno vulto constam do Art. 23, I e II da Lei 8.666/93. Tais valores foram atualizados pelo Decreto 9.412/18. Para facilitar a assimilação, apresentamos a tabela abaixo:

	Serviços de Engenharia	Outros serviços ou aquisição de bens
Concorrência	Acima de R$ 3.300.000,00	Acima de R$ 1.430.000,00
Tomada de Preços	Até 3.300.000,00	Até R$ 1.430.000,00
Convite	Até R$ 330.000,00	Até R$ 176.000,00

*O valor de R$ 650.000,00 que consta na pág. 47 deve ser alterado para R$ 1.430.000,00 (Com base no Decreto 9.412/18).

O valor de R$ 4.000,00 que consta na pág. 54 deve ser alterado para R$ 8.800,00 (Com base no Decreto 9.412/18).

*O valor de R$ 80.000,00 que consta na pág. 58 deve ser alterado para R$ 176.000,00 (Com base no Decreto 9.412/18).

*O Decreto 9.507/18, em seu Art. 17, revoga o antigo Decreto 2.271/97 que tratava de terceirização. Sendo assim, o texto da pág. 64 está desatualizado e deve ser retirado. Segue abaixo sugestão de novo texto com base no Decreto 9.507/18.

Modalidade (Art. 22)	Valor (Art. 23)	Nº de Licitantes	Participação	Objeto	Forma de Divulgação (Art. 21)
Concorrência	Grandes valores	Independente	Sem restrição	Sem restrição	Edital publicado com 30 dias de antecedência em relação ao recebimento das propostas (ver Art. 21, § 2º, 45 dias).
Tomada de Preço	Valores médios	Independente	Cadastrado ou que atendam todos os requisitos até 3 dias antes do recebimento da proposta.	Sem restrição	Edital publicado com 15 dias de antecedência.
Convite	Valores pequenos	Pelo menos 3 licitantes	Cadastrado ou não (edital estendendo aos demais cadastrados - manifestação antes de 24 horas do recebimento da proposta).	Sem restrição	Carta-convite remetidas aos interessados com 5 dias de antecedência (fixação no mural).
Concurso	Não interessa o valor	Independente	Sem restrição	Trabalho técnico, científico ou artístico.	Edital publicado com 45 dias de antecedência.
Leilão	Não interessa o valor	Independente	Sem restrição	Alienação de bens inservíveis, produtos apreendidos ou bens imóveis.	Edital com ênfase na localidade em que se realizará o leilão.

15.4.7 Pregão

O pregão constitui a sexta modalidade de licitação e está previsto na Lei nº 10.520/2002, que expressamente o estendeu a todas as esferas da Federação.

É a modalidade de licitação para aquisição de bens e serviços comuns pela União, Estados, Distrito Federal e Municípios, conforme disposto em regulamento, qualquer que seja o valor estimado da contratação, na qual a disputa pelo fornecimento é feita por meio de propostas e lances em sessão pública.

Os licitantes apresentam suas propostas de preço por escrito e por lances verbais, independentemente do valor estimado da contratação.

Ao contrário do que ocorre em outras modalidades, no pregão, a escolha da proposta é feita antes da análise da documentação, razão maior de sua celeridade.

O pregão é a modalidade alternativa ao convite, à tomada de preços e à concorrência para contratação de bens e serviços comuns. Não é obrigatória, mas deve ser prioritária e é aplicável a qualquer valor estimado de contratação.

→ **Características:**

> O pregão é a sexta modalidade de licitação;
> O pregão pode ser utilizado para qualquer valor de contrato;
> É considerado pouco complexo;
> Permite lances verbais;
> Não se leva em consideração o vulto do contrato (valor da contratação), mas sim a característica dos bens ou serviços, que devem ser comuns, simples e rotineiros;
> O tipo da licitação é sempre o de menor preço;
> Não se exige capacitação técnica especializada.

15.5 Obrigatoriedade de Licitação e Casos de Exceções

15.5.1 Licitação obrigatória

A regra constitucional é, pela obrigatoriedade para toda a Administração Pública no que tange a licitar para compras e alienações de bens e serviços, mas a própria Constituição Federal informa que a lei pode prever algumas hipóteses de exceção à realização da licitação.

Todavia, a Constituição Federal informa que, quando o objeto da contração é uma concessão ou permissão de serviço público, a realização da licitação é obrigatória.

Exceções à Obrigatoriedade das Licitações

Apesar de a regra geral instituir a obrigatoriedade das licitações, a própria lei de licitação faz ressalvas acerca dela, ou seja, por determinação legal, pode haver a celebração do contrato administrativo sem a prevalência da obrigação de licitar, e isso ocorre nos casos de Dispensa de Licitação (Licitação Dispensada e Licitação Dispensável) e Inexigibilidade de Litação.

A principal diferença entre dispensa e inexigibilidade é que, na dispensa de licitação, a competição é possível, mas a lei dispensa ou permite que a licitação seja dispensada e na licitação inexigível, a competição é impossível devido à falta de possíveis competidores.

Art. 17. *Licitação dispensada* (a lei declarou-a como tal; não se faz licitação).

Art. 24. *Licitação dispensável* (a administração pode dispensar se assim lhe convier).

Art. 25. *Licitação inexigível* (quando houver inviabilidade de competição).

15.5.2 Inexigibilidade de licitação

Conforme o Art. 25 da Lei nº 8.666/93, a inexigibilidade de licitação se faz quando há inviabilidade de competição, em razão do bem ou serviço possuir singularidade de fornecimento; desde que devidamente comprovada sua exclusividade, a contratação direta poderá ser efetivada.

Devemos notar que o Art. 25 é um rol exemplificativo, ou seja, a administração no caso concreto pode prever outras situações em que ocorra impossibilidade jurídica de competição e que o serviço possua singularidade.

> ***Art. 25.*** *É inexigível a licitação quando houver inviabilidade de competição, em especial:*
>
> ***I.*** *Para aquisição de materiais, equipamentos, ou gêneros que só possam ser fornecidos por produtor, empresa ou representante comercial exclusivo, vedada a preferência de marca, devendo a comprovação de exclusividade ser feita por meio de atestado fornecido pelo órgão de registro do comércio do local em que se realizaria a licitação ou a obra ou o serviço, pelo Sindicato, Federação ou Confederação Patronal, ou, ainda, pelas entidades equivalentes;*
>
> ***II.*** *Para a contratação de serviços técnicos enumerados no Art. 13 desta Lei, de natureza singular, com profissionais ou empresas de notória especialização, vedada a inexigibilidade para serviços de publicidade e divulgação;*
>
> ***III.*** *Para contratação de profissional de qualquer setor artístico, diretamente ou por meio de empresário exclusivo, desde que consagrado pela crítica especializada ou pela opinião pública.*
>
> ***§ 1º*** *- Considera-se de notória especialização o profissional ou empresa cujo conceito no campo de sua especialidade, decorrente de desempenho anterior, estudos, experiências, publicações, organização, aparelhamento, equipe técnica, ou de outros requisitos relacionados com suas atividades, permita inferir que o seu trabalho é essencial e indiscutivelmente o mais adequado à plena satisfação do objeto do contrato.*
>
> ***§ 2º*** *- Na hipótese deste artigo e em qualquer dos casos de dispensa, se comprovado superfaturamento, respondem solidariamente pelo dano causado à Fazenda Pública o fornecedor ou o prestador de serviços e o agente público responsável, sem prejuízo de outras sanções legais cabíveis.*

Os serviços técnicos profissionais especializados possibilitam a inexigibilidade, mas é fundamental atentar que não é o simples fato de um serviço enquadrar-se como técnico profissional especializante que acarreta a inexigibilidade. É necessário que o serviço tenha natureza singular, ou seja, não pode ser usual e corriqueiro, por essa razão, justifique, a fim de garantir a sua satisfatória prestação, a contratação de um profissional ou de uma empresa de notória especialidade.

A regra geral é que a contratação de serviços técnicos profissionais especializados seja precedida de licitação na modalidade de concurso (Art. 13, § 1º). Somente quando for serviço singular, prestado por profissional ou empresa de notória especialização, é que a licitação será inexigível.

15.5.2.1 Dispensa de licitação

A dispensa de licitação é um gênero que engloba duas espécies, são elas: a licitação dispensada e a licitação dispensável.

15.5.2.1.1 Licitação dispensada

A licitação dispensada diferencia-se da dispensável, pois, nessa, o administrador pode fazer ou não o procedimento, já na dispensada, ele fica impedido de fazer pela própria lei. São os casos descritos no Art. 17.

As alíneas do inciso I do Art. 17 trazem a lista de hipóteses de dispensa de licitação em operações relativas a bens imóveis da Administração, enquanto as alíneas do inciso II do Art. 17 enumeram os casos de licitação dispensada para a alienação de bens móveis.

> ***Art. 17.*** *A alienação de bens da Administração Pública, subordinada à existência de interesse público devidamente justificado, será precedida de avaliação e obedecerá às seguintes normas:*

Dispensa de licitação de bens imóveis

> ***I.*** *Quando imóveis, dependerá de autorização legislativa para órgãos da administração direta e entidades autárquicas e fundacionais, e, para todos, inclusive as entidades paraestatais, dependerá de avaliação prévia e de licitação na modalidade de concorrência, dispensada está nos seguintes casos:*
>
> ***a)*** *Dação em pagamento;*
>
> ***b)*** *Doação, permitida exclusivamente para outro órgão ou entidade da Administração Pública, de qualquer esfera de governo, ressalvado o disposto nas alíneas f, h, e i;*
>
> ***c)*** *Permuta, por outro imóvel que atenda aos requisitos constantes do inciso X do Art. 24 dessa Lei;*
>
> ***d)*** *Investidura;*
>
> ***e)*** *Venda a outro órgão ou entidade da Administração Pública, de qualquer esfera de governo;*
>
> ***f)*** *Alienação gratuita ou onerosa, aforamento, concessão de direito real de uso, locação ou permissão de uso de bens imóveis residenciais construídos, destinados ou efetivamente utilizados no âmbito de programas habitacionais ou de regularização fundiária de interesse social desenvolvidos por órgãos ou entidades da Administração Pública;*
>
> ***g)*** *Procedimentos de legitimação de posse de que trata o art. 29 da Lei nº 6.383, de 7 de dezembro de 1976, mediante iniciativa e deliberação dos órgãos da Administração Pública em cuja competência legal inclua-se tal atribuição;*
>
> ***h)*** *Alienação gratuita ou onerosa, aforamento, concessão de direito real de uso, locação ou permissão de manuseio de bens imóveis de uso comercial de âmbito local com área de até 250 m² (duzentos e cinquenta metros quadrados) e inseridos no âmbito de programas de regularização fundiária de interesse social desenvolvidos por órgãos ou entidades da Administração Pública;*
>
> ***i)*** *Alienação e concessão de direito real de uso, gratuita ou onerosa, de terras públicas rurais da União e do Incra, onde incidam ocupações até o limite de que trata o § 1º do art. 6º da Lei nº 11.952, de 25 de junho de 2009, para fins de regularização fundiária, atendidos os requisitos legais; e (Redação dada pela Lei nº 13.465, 2017).*

Dispensa de licitação de bens móveis

> ***II.*** *Quando móveis, dependerá de avaliação prévia e de licitação, dispensada esta nos seguintes casos:*
>
> ***a)*** *Doação, permitida exclusivamente para fins e uso de interesse social, após avaliação de sua oportunidade e conveniência socioeconômica, relativamente à escolha de outra forma de alienação;*
>
> ***b)*** *Permuta, permitida exclusivamente entre órgãos ou entidades da Administração Pública;*
>
> ***c)*** *Venda de ações, que poderão ser negociadas em bolsa, observada a legislação específica;*
>
> ***d)*** *Venda de títulos, na forma da legislação pertinente;*
>
> ***e)*** *Venda de bens produzidos ou comercializados por órgãos ou entidades da Administração Pública, em virtude de suas finalidades;*
>
> ***f)*** *Venda de materiais e equipamentos para outros órgãos ou entidades da Administração Pública, sem utilização previsível por quem deles dispõe.*

15.5.2.1.2 Licitação dispensável

Na licitação dispensável, a Administração tem a faculdade de não realizar o procedimento licitatório para algumas hipóteses determinadas na própria Lei nº 8.666/93.

As situações nas quais a licitação poderá ser dispensável se encontram indicadas no Art. 24, I, "a", XXVIII da Lei Federal nº 8.666/93.

Dessa forma, veremos cada uma das hipóteses de licitação dispensável, salientando que essa listagem também possui caráter taxativo, não cabendo ao administrador à criação de outras situações. Devemos nos atentar, pois as questões de concursos nesse tópico costumam ser texto de lei. Assim, ler e fazer a diferenciação entre licitação dispensável (Art. 24) e inexigibilidade de licitação (Art. 25) é de suma importância.

> ***Art. 24.*** *É dispensável a licitação:*
>
> ***I.*** *Para obras e serviços de engenharia de valor até 10% (dez por cento) do limite previsto na alínea "a", do inciso I do artigo anterior, desde que não se refiram a parcelas de uma mesma obra ou serviço ou ainda para obras e serviços da mesma natureza e no mesmo local que possam ser realizadas conjunta e concomitantemente;*
>
> ***II.*** *Para outros serviços e compras de valor até 10% (dez por cento) do limite previsto na alínea "a", do inciso II do artigo anterior e para alienações, nos casos previstos nesta Lei, desde que não se refiram a parcelas de um mesmo serviço, compra ou alienação de maior vulto que possa ser realizada de uma só vez;*
>
> ***III.*** *Nos casos de guerra ou grave perturbação da ordem;*
>
> ***IV.*** *Nos casos de emergência ou de calamidade pública, quando caracterizada urgência de atendimento de situação que possa ocasionar prejuízo ou comprometer a segurança de pessoas, obras, serviços, equipamentos e outros bens, públicos ou particulares, e somente para os bens necessários ao atendimento da situação emergencial ou calamitosa e para as parcelas de obras e serviços que possam ser concluídas no prazo máximo de 180 (cento e oitenta) dias consecutivos e ininterruptos, contados da ocorrência da emergência ou calamidade, vedada a prorrogação dos respectivos contratos;*
>
> ***V.*** *Quando não acudirem interessados à licitação anterior e esta, justificadamente, não puder ser repetida sem prejuízo para a Administração, mantidas, neste caso, todas as condições pré-estabelecidas;*

Vale ressaltar que temos a chamada licitação deserta, ou seja, quando essa é convocada e não aparece nenhum interessado. Nesse caso, torna-se inviável a licitação, e a administração pode contratar diretamente, contanto que, motivadamente, demonstre que não ocorrerá prejuízo para a administração.

Não existe limite de valor para esse tipo de licitação, e a única exigência é que as cláusulas do contrato original sejam respeitadas.

Faz-se necessário diferenciar licitação deserta de licitação fracassada. Temos essa quando aparecem interessados, mas nenhum é selecionado, em decorrência de inabilitação ou desclassificação das propostas.

> ***§ 3º -*** *Quando todos os licitantes forem inabilitados ou todas as propostas forem desclassificadas, a administração poderá fixar aos licitantes o prazo de oito dias úteis para a apresentação de nova documentação ou de outras propostas escoimadas das causas referidas neste artigo, facultada, no caso de convite, a redução deste prazo para três dias úteis.*

Devemos nos atentar que, em regra, a licitação fracassada não representa uma forma de licitação dispensável. Assim, devemos aplicar o disposto no Art. 48, § 3º, da Lei nº 8.666/93.

> ***VI.*** *Quando a União tiver que intervir no domínio econômico para regular preços ou normalizar o abastecimento;*
>
> ***VII.*** *Quando as propostas apresentadas consignarem preços manifestamente superiores aos praticados no mercado nacional, ou forem incompatíveis com os fixados pelos órgãos oficiais competentes, casos em que, observado o parágrafo único do Art. 48 desta Lei e, persistindo a situação, será admitida a adjudicação direta dos bens ou serviços, por valor não superior ao constante do registro de preços, ou dos serviços;*
>
> ***VIII.*** *Para a aquisição, por pessoa jurídica de direito público interno, de bens produzidos ou serviços prestados por órgão ou entidade que integre a Administração Pública e que tenha sido criado para esse fim específico em data anterior à vigência desta Lei, desde que o preço contratado seja compatível com o praticado no mercado;*
>
> ***IX.*** *Quando houver possibilidade de comprometimento da segurança nacional, nos casos estabelecidos em decreto do Presidente da República, ouvido o Conselho de Defesa Nacional;*
>
> ***X.*** *Para a compra ou locação de imóvel destinado ao atendimento das finalidades precípuas da administração, cujas necessidades de instalação e localização condicionem a sua escolha, desde que o preço seja compatível com o valor de mercado, segundo avaliação prévia;*
>
> ***XI.*** *Na contratação de remanescente de obra, serviço ou fornecimento, em consequência de rescisão contratual, desde que atendida a ordem de classificação da licitação anterior e aceitas as mesmas condições oferecidas pelo licitante vencedor, inclusive quanto ao preço, devidamente corrigido;*
>
> ***XII.*** *Nas compras de hortifrutigranjeiros, pão e outros gêneros perecíveis, no tempo necessário para a realização dos processos licitatórios correspondentes, realizadas diretamente com base no preço do dia;*
>
> ***XIII.*** *Na contratação de instituição brasileira incumbida regimental ou estatutariamente da pesquisa, do ensino ou do desenvolvimento institucional, ou de instituição dedicada à recuperação social do preso, desde que a contratada detenha inquestionável reputação ético-profissional e não tenha fins lucrativos;*
>
> ***XIV.*** *Para a aquisição de bens ou serviços nos termos de acordo internacional específico aprovado pelo Congresso Nacional, quando as condições ofertadas forem manifestamente vantajosas para o Poder Público;*
>
> ***XV.*** *Para a aquisição ou restauração de obras de arte e objetos históricos, de autenticidade certificada, desde que compatíveis ou inerentes às finalidades do órgão ou entidade.*
>
> ***XVI.*** *Para a impressão dos diários oficiais, de formulários padronizados de uso da administração, e de edições técnicas oficiais, bem como para prestação de serviços de informática a pessoa jurídica de direito público interno, por órgãos ou entidades que integrem a Administração Pública, criados para esse fim específico;*
>
> ***XVII.*** *Para a aquisição de componentes ou peças de origem nacional ou estrangeira, necessários à manutenção de equipamentos durante o período de garantia técnica, junto ao fornecedor original desses equipamentos, quando tal condição de exclusividade for indispensável para a vigência da garantia;*
>
> ***XVIII.*** *Nas compras ou contratações de serviços para o abastecimento de navios, embarcações, unidades aéreas ou tropas e seus meios de deslocamento quando em estada eventual de curta duração em portos, aeroportos ou localidades diferentes de suas sedes, por motivo de movimentação operacional ou de adestramento, quando a exiguidade dos prazos legais puder comprometer a normalidade e os propósitos das operações e desde que seu valor não exceda ao limite previsto na alínea "a" do inciso II do Art. 23 desta Lei:*

XIX. *Para as compras de material de uso pelas Forças Armadas, com exceção de materiais de uso pessoal e administrativo, quando houver necessidade de manter a padronização requerida pela estrutura de apoio logístico dos meios navais, aéreos e terrestres, mediante parecer de comissão instituída por decreto;*

XX. *Na contratação de associação de portadores de deficiência física, sem fins lucrativos e de comprovada idoneidade, por órgãos ou entidades da Administração Pública, para a prestação de serviços ou fornecimento de mão de obra, desde que o preço contratado seja compatível com o praticado no mercado.*

XXI. *Para a aquisição ou contratação de produto para pesquisa e desenvolvimento, limitada, no caso de obras e serviços de engenharia, a 20% (vinte por cento) do valor de que trata a alínea "b" do inciso I do caput do art. 23; (Incluído pela Lei nº 13.243, de 2016);*

XXII. *Na contratação de fornecimento ou suprimento de energia elétrica e gás natural com concessionário, permissionário ou autorizado, segundo as normas da legislação específica;*

XXIII. *Na contratação realizada por empresa pública ou sociedade de economia mista com suas subsidiárias e controladas, para a aquisição ou alienação de bens, prestação ou obtenção de serviços, desde que o preço contratado seja compatível com o praticado no mercado.*

XXIV. *Para a celebração de contratos de prestação de serviços com as organizações sociais, qualificadas no âmbito das respectivas esferas de governo, para atividades contempladas no contrato de gestão.*

XXV. *Na contratação realizada por Instituição Científica e Tecnológica - ICT ou por agência de fomento para a transferência de tecnologia e para o licenciamento de direito de uso ou de exploração de criação protegida.*

XXVI. *Na celebração de contrato de programa com ente da Federação ou com entidade de sua administração indireta, para a prestação de serviços públicos de forma associada nos termos do autorizado em contrato de consórcio público ou em convênio de cooperação.*

XXVII. *Na contratação da coleta, processamento e comercialização de resíduos sólidos urbanos recicláveis ou reutilizáveis, em áreas com sistema de coleta seletiva de lixo, efetuados por associações ou cooperativas formadas exclusivamente por pessoas físicas de baixa renda reconhecidas pelo poder público como catadores de materiais recicláveis, com o uso de equipamentos compatíveis com as normas técnicas, ambientais e de saúde pública.*

XXVIII. *Para o fornecimento de bens e serviços, produzidos ou prestados no País, que envolvam, cumulativamente, alta complexidade tecnológica e defesa nacional, mediante parecer de comissão especialmente designada pela autoridade máxima do órgão.*

XXIX. *Na aquisição de bens e contratação de serviços para atender aos contingentes militares das Forças Singulares brasileiras empregadas em operações de paz no exterior, necessariamente justificadas quanto ao preço e à escolha do fornecedor ou executante e ratificadas pelo Comandante da Força.*

XXX. *Na contratação de instituição ou organização, pública ou privada, com ou sem fins lucrativos, para a prestação de serviços de assistência técnica e extensão rural no âmbito do Programa Nacional de Assistência Técnica e Extensão Rural na Agricultura Familiar e na Reforma Agrária, instituído por lei federal.*

XXXI. *Nas contratações visando ao cumprimento do disposto nos Arts. 3º, 4º, 5º e 20 da Lei nº 10.973, de 2 de dezembro de 2004, observados os princípios gerais de contratação dela constantes.*

XXXII. *Na contratação em que houver transferência de tecnologia de produtos estratégicos para o Sistema Único de Saúde - SUS, no âmbito da Lei nº 8.080, de 19 de setembro de 1990, conforme elencados em ato da direção nacional do SUS, inclusive por ocasião da aquisição destes produtos durante as etapas de absorção tecnológica.*

XXXIII. *Na contratação de entidades privadas sem fins lucrativos, para a implementação de cisternas ou outras tecnologias sociais de acesso à água para consumo humano e produção de alimentos, para beneficiar as famílias rurais de baixa renda atingidas pela seca ou falta regular de água.*

XXXIV. *Para a aquisição por pessoa jurídica de direito público interno de insumos estratégicos para a saúde produzidos ou distribuídos por fundação que, regimental ou estatutariamente, tenha por finalidade apoiar órgão da administração pública direta, sua autarquia ou fundação em projetos de ensino, pesquisa, extensão, desenvolvimento institucional, científico e tecnológico e estímulo à inovação, inclusive na gestão administrativa e financeira necessária à execução desses projetos, ou em parcerias que envolvam transferência de tecnologia de produtos estratégicos para o Sistema Único de Saúde – SUS, nos termos do inciso XXXII deste artigo, e que tenha sido criada para esse fim específico em data anterior à vigência desta Lei, desde que o preço contratado seja compatível com o praticado no mercado. (Incluído pela Lei nº 13.204, de 2015)*

XXXV. *Para a construção, a ampliação, a reforma e o aprimoramento de estabelecimentos penais, desde que configurada situação de grave e iminente risco à segurança pública. (Incluído pela Lei nº 13.500, de 2017)*

§ 1º - Os percentuais referidos nos incisos I e II do caput deste Art. serão 20% (vinte por cento) para compras, obras e serviços contratados por consórcios públicos, sociedade de economia mista, empresa pública e por autarquia ou fundação qualificadas, na forma da lei, como Agências Executivas.

§ 2º - O limite temporal de criação do órgão ou entidade que integre a Administração Pública estabelecido no inciso VIII do caput deste artigo não se aplica aos órgãos ou entidades que produzem produtos estratégicos para o SUS, no âmbito da Lei nº 8.080, de 19 de setembro de 1990, conforme elencados em ato da direção nacional do SUS.

§ 3º - A hipótese de dispensa prevista no inciso XXI do caput, quando aplicada a obras e serviços de engenharia, seguirá procedimentos especiais instituídos em regulamentação específica. (Incluído pela Lei nº 13.243, de 2016)

§ 4º - Não se aplica a vedação prevista no inciso I do caput do art. 9º à hipótese prevista no inciso XXI do caput. (Incluído pela Lei nº 13.243, de 2016)

Licitação Deserta Art. 24 - V	Licitação Fracassada Art. 24 - VII
Não aparecem concorrentes	Aparecem interessados, mas nenhum é selecionado devido ao fato das propostas apresentadas consignarem preços manifestamente superiores aos praticados no mercado nacional, ou forem incompatíveis com os fixados pelos órgãos oficiais competentes.
Licitação dispensável	Abertura de prazo para a apresentação de novas propostas: - 8 dias (regra); - 3 dias (convite).
	Se os preços apresentados forem superiores aos de mercado, podem levar à licitação dispensável.

15.5.2.1.3 Formalidades da dispensa e da inexigibilidade

Os atos de dispensa e de inexigibilidade de licitação devem ser obrigatoriamente motivados, e deverão ser comunicados, dentro de 3 dias, à autoridade superior, para ratificação e publicação na imprensa oficial, no prazo de 5 (cinco) dias, como condição para a eficácia dos atos.

Em casos de dispensa ou inexigibilidade de licitação, se houver superfaturamento da obra, haverá responsabilidade solidária do agente público responsável e também do fornecedor ou prestador de serviços.

Questões

01. (Cespe) É dispensável a licitação para a contratação de artista consagrado pela crítica especializada.

Certo ( ) Errado ( )

02. (Cespe) É constitucional dispositivo de lei que determine a inclusão, na análise da proposta mais vantajosa, dos valores de impostos já pagos pela participante do certame à fazenda pública que realiza a licitação.

Certo ( ) Errado ( )

03. (Cespe) O adjudicatário que se recusar, injustificadamente, a assinar contrato administrativo está sujeito às penalidades pelo descumprimento total da obrigação assumida.

Certo ( ) Errado ( )

04. (Cespe) Em razão de o INSS ser autarquia especial de intervenção no domínio econômico, nos aspectos de ingerência no setor privado, ele não se submeterá a procedimentos licitatórios.

Certo ( ) Errado ( )

05. (Cespe) Suponha que a União pretenda contratar organização social para o desenvolvimento de atividades contempladas em contrato de gestão. Nesse caso, haverá inexigibilidade de licitação.

Certo ( ) Errado ( )

06. (Cespe) Considere que a administração tenha anulado licitação durante a execução do respectivo contrato administrativo. Nessa situação, há dever de indenizar o contratado na parte do contrato que este já houver executado.

Certo ( ) Errado ( )

07. (Cespe) As empresas estatais exploradoras de atividade econômica ou de produção ou comercialização de bens ou de prestação de serviços estão dispensadas de observar os princípios da licitação.

Certo ( ) Errado ( )

08. (Cespe) A contratação de parceria público-privada deve ser precedida de licitação na modalidade convite, estando a abertura do processo licitatório condicionada a autorização, fundamentada em estudo técnico, da autoridade competente.

Certo ( ) Errado ( )

09. (Cespe) É dispensável a licitação para a aquisição ou restauração de obras de arte e objetos históricos, de autenticidade certificada, desde que sejam compatíveis ou inerentes às finalidades do órgão ou entidade adquirente.

Certo ( ) Errado ( )

10. (Cespe) Considere que órgão da Administração Pública abra processo licitatório na modalidade tomada de preços entre interessados do ramo pertinente ao seu objeto devidamente cadastrados ou não. Nessa situação, a unidade administrativa poderá escolher o número mínimo de três interessados, desde que atendam a todas as condições exigidas para cadastramento, até o quinto dia anterior à data do recebimento das propostas, e à necessária qualificação.

Certo ( ) Errado ( )

Gabaritos

01	ERRADO	06	CERTO
02	ERRADO	07	ERRADO
03	CERTO	08	ERRADO
04	ERRADO	09	CERTO
05	ERRADO	10	ERRADO

16. RESPONSABILIDADE CIVIL DO ESTADO

A responsabilidade civil consubstancia-se na obrigação de indenizar um dano patrimonial decorrente de um fato lesivo voluntário. É modalidade de obrigação extracontratual e, para que ocorra, são necessários alguns elementos previstos no Art. 37, § 6º, da Constituição Federal:

> ***§6º** - As pessoas jurídicas de direito público e as pessoas jurídicas de direito privado prestadoras de serviço público responderão pelos danos seus agentes, nessa qualidade, causarem a terceiros, assegurado o direito de regresso contra o responsável nos casos de dolo ou culpa.*

16.1 Teoria do Risco Administrativo

É a responsabilidade objetiva do Estado, que paga o terceiro lesado, desde que ocorra o dano por ação praticada pelo agente público, mesmo o agente não agindo com dolo ou culpa.

Enquanto para a Administração a responsabilidade independe da culpa, para o servidor, ela depende: aquela é objetiva, esta é subjetiva e se apura pelos critérios gerais do Código Civil.

16.1.1 Requisitos

O fato lesivo causado pelo agente em decorrência de culpa em sentido amplo, a qual abrange o dolo (intenção), e a culpa em sentido estrito, que engloba a negligência, a imprudência e a imperícia.

A ocorrência de um dano patrimonial ou moral.

O nexo de causalidade entre o dano havido e o comportamento do agente, o que significa ser necessário que o dano efetivamente haja decorrido diretamente, da ação ou omissão indevida do agente.

> As Pessoas Jurídicas de Direito Privado prestadoras de serviço público estão também sob a responsabilidade na modalidade risco administrativo.

Situações de quebra do nexo causal da Administração Pública (Rompimento do Nexo Causal).

Caso I

Culpa exclusiva de terceiros ou da vítima.

Ex.: Marco, Agente Federal, dirigindo regularmente viatura oficial em escolta, atropela Sérgio, um suicida. Nessa situação, a Administração Pública não está obrigada a indenizar, pois o prejuízo foi causado exclusivamente pela vítima.

Caso II

Caso fortuito, evento da natureza imprevisível e inevitável.

Ex.: A PRF apreende um veículo em depósito. No local, cai um raio e destrói por completo o veículo apreendido. Nessa situação, a Administração não estará obrigada a indenizar o prejuízo sofrido, uma vez que não ocorreu culpa.

Caso III

Motivo de força maior, evento humano imprevisível e inevitável.

Ex.: A PRF apreende um veículo em depósito. Uma manifestação popular intensa invade-o e depreda todo o veículo, inutilizando-o. Nessa situação, a Administração não estará obrigada a indenizar o prejuízo sofrido, uma vez que não ocorreu culpa.

> Estão incluídas todas as pessoas jurídicas de Direito Público, ou seja, a Administração Direta, as autarquias e as fundações públicas de direito público, independentemente de suas atividades.

16.2 Teoria da Culpa Administrativa

Segundo a Teoria da Culpa Administrativa, também conhecida como Teoria da Culpa Anônima ou Falta de Serviço, o dever do Estado de indenizar o dano sofrido pelo particular somente existe caso seja comprovada a existência de falta de serviço. É possível ainda ocorrer a responsabilização do Estado aos danos causados por fenômenos da natureza quando ficar comprovado que o Estado concorreu de alguma maneira para que se produzisse o evento danoso, seja por dolo ou culpa. Nessa situação, vigora a responsabilidade subjetiva, pois temos a condição de ter ocorrido com dolo ou culpa. A culpa administrativa pode decorrer de uma das três formas possíveis de falta do serviço:

- Inexistência do serviço.
- Mau funcionamento do serviço.
- Retardamento do serviço.

Cabe sempre ao particular prejudicado pela falta comprovar sua ocorrência para fazer justa indenização.

Para os casos de omissão, a regra geral é a responsabilidade subjetiva. No entanto, há casos em que mesmo na omissão a responsabilidade do Estado será objetiva como, por exemplo, no caso de atendimento hospitalar deficiente e de pessoas sob a custódia do Estado, ou seja, o preso, pois, nesse caso, o Estado tem o dever de assegurar integridade física e mental do custodiado.

16.3 Teoria do Risco Integral

A Teoria do Risco Integral representa uma exacerbação da responsabilidade civil da Administração. Segundo essa teoria, basta a existência de evento danoso e do nexo causal para que surja a obrigação de indenizar para a administração, mesmo que o dano decorra de culpa exclusiva do particular.

Alguns autores consideram essa teoria para o caso de acidente nuclear.

16.4 Danos Decorrentes de Obras Públicas

Só Fato da Obra: sem qualquer irregularidade na sua execução.

Responsabilidade Civil **Objetiva** da Administração Pública ou particular (tanto faz quem execute a obra).

Má Execução da Obra

- **Administração Pública:** Responsabilidade Civil Objetiva, com direito de ação regressiva.
- **Particular:** Responsabilidade Civil Subjetiva.

16.5 Responsabilidade Civil Decorrente de Atos Legislativos

Regra: irresponsabilidade do Estado.

Exceção:

Leis Inconstitucionais

> Depende de declaração de inconstitucionalidade do STF;

> Depende de ajuizamento de ação de reparação de danos.

Leis de Efeitos Concretos

16.6 Responsabilidade Civil Decorrente de Atos Jurisdicionais

Regra: irresponsabilidade do Estado.

Exceção: Erro judiciário - Esfera Penal, ou seja, erro do judiciário que acarretou na prisão de um inocente ou na manutenção do preso no cárcere por tempo superior ao prolatado na sentença, Art. 5º, LXXV, da CF. Segundo o STF, essa responsabilidade não alcança outras esferas.

Caso seja aplicada uma prisão cautelar a um acusado criminal e ele venha a ser absolvido, o Estado não responderá pelo erro judiciário, pois se entende que a aplicação da medida não constitui erro do judiciário, mas sim, uma medida cautelar pertinente ao processo.

16.7 Ação de Reparação de Danos

Administração Pública X Particular:

Pode ser amigável ou judicial.

Não pode ser intentada contra o agente público cuja ação acarretou o dano.

Ônus da Prova:

Particular: nexo de causalidade direto e imediato entre o fato lesivo e o dano.

Administração Pública:

> Culpa exclusiva da vítima.

> Força Maior.

> Culpa concorrente da vítima.

Valor da Indenização destina-se à cobertura das seguintes despesas:

> O que a vítima perdeu;

> O que a vítima gastou (advogados);

> O que a vítima deixou de ganhar.

Em caso de morte:

> Sepultamento;

> Pensão alimentícia para os dependentes com base na expectativa de vida da vítima.

Prescrição:

***Art. 1º** da Lei nº 9.494/97: 5 anos.*

Tal prazo aplica-se inclusive às delegatárias de serviço público.

16.8 Ação Regressiva

Administração Pública X Agente Público:

O Art. 37, § 6º, da CF permite à Administração Pública ou delegatária (Concessionárias, Autorizatárias e Permissionárias) de serviço público a ingressar com uma ação regressiva contra o agente cuja atuação acarretou o dano, desde que comprovado dolo ou culpa.

Requisitos:

> Trânsito em julgado da sentença que condenou a Administração ou Delegatária a indenizar.

> Culpa ou dolo do agente público (responsabilidade civil subjetiva).

Regras Especiais:

> O dever de reparação se estende aos sucessores até o limite da herança recebida.

> Pode acontecer após a quebra do vínculo entre o agente público e a Administração Pública.

> A ação de ressarcimento ao erário é imprescritível.

O agente ainda pode ser responsabilizado nas esferas administrativa e criminal se a conduta que gerou o prejuízo ainda incorrer em crime ou em falta administrativa, conforme o caso, podendo as penalidades serem aplicadas de forma cumulativa.

Questões

01. (Cespe - 2018) - Julgue o item a seguir, relativo ao regime jurídico dos servidores públicos civis da União, às carreiras dos servidores do Poder Judiciário da União e à responsabilidade civil do Estado.

Um servidor público federal que, no exercício de sua função, causar dano a terceiros poderá ser demandado diretamente pela vítima em ação indenizatória.

Certo ( ) Errado ( )

02. (Cespe - 2018) - João, servidor público civil, motorista do Exército brasileiro, enquanto conduzia veículo oficial, no exercício da sua função, colidiu com o automóvel de Maria, que não possui qualquer vínculo com o poder público. Após a devida apuração, ficou provado que os dois condutores agiram com culpa.

A partir dessa situação hipotética e considerando a doutrina majoritária referente à responsabilidade civil do Estado, julgue o item que se segue.

A União tem direito de regresso em face de João, considerando que, no caso, a responsabilidade do agente público é subjetiva.

Certo ( ) Errado ( )

03. (Cespe - 2018) - Julgue o item a seguir, relativo à responsabilidade civil do Estado.

Excetuados os casos de dever específico de proteção, a responsabilidade civil do Estado por condutas omissivas é subjetiva, devendo ser comprovados a negligência na atuação estatal, o dano e o nexo de causalidade.

Certo ( ) Errado ( )

04. (Cespe – 2018) – Julgue o item a seguir, relativo à responsabilidade civil do Estado.

As empresas prestadoras de serviços públicos responderão pelos danos que seus agentes, nessa qualidade, causarem a terceiros, assegurado o direito de regresso contra o responsável exclusivamente no caso de dolo.

Certo ( ) Errado ( )

05. (Cespe – 2018) - Julgue o item a seguir, relativo à responsabilidade civil do Estado.

A responsabilidade civil do Estado por atos comissivos abrange os danos morais e materiais.

Certo ( ) Errado ( )

Gabaritos

01	ERRADO
02	CERTO
03	CERTO
04	ERRADO
05	CERTO

17. CONTROLE DA ADMINISTRAÇÃO PÚBLICA

É um conjunto de instrumentos que o ordenamento jurídico estabelece a fim de que a própria administração Pública, os três poderes, e, ainda, o povo, diretamente ou por meio de órgãos especializados, possam exercer o poder de fiscalização, orientação e revisão da atuação de todos os órgãos, entidades e agentes públicos, em todas as esferas do poder.

17.1 Classificação

17.1.1 Quanto à Origem

17.1.1.1 Controle Interno

Acontece dentro do próprio poder, decorrente do princípio da autotutela.

Finalidade:

> ***Art. 74***, *CF. Os Poderes Legislativo, Executivo e Judiciário manterão, de forma integrada, sistema de controle interno com a finalidade de:*
>
> ***I.*** *Avaliar o cumprimento das metas previstas no plano plurianual, a execução dos programas de governo e dos orçamentos da União;*
>
> ***II.*** *Comprovar a legalidade e avaliar os resultados, quanto à eficácia e eficiência, da gestão orçamentária, financeira e patrimonial nos órgãos e entidades da administração federal, bem como da aplicação de recursos públicos por entidades de direito privado;*
>
> ***III.*** *Exercer o controle das operações de crédito, avais e garantias, bem como dos direitos e haveres da União;*
>
> ***IV.*** *Apoiar o controle externo no exercício de sua missão institucional.*
>
> ***§ 1º*** *- Os responsáveis pelo controle interno, ao tomarem conhecimento de qualquer irregularidade ou ilegalidade, dela darão ciência ao Tribunal de Contas da União, sob pena de responsabilidade solidária.*

Exs.:

Pode ser exercido no âmbito hierárquico ou por órgãos especializados (sem hierarquia);

O controle finalístico (controvérsia doutrinária, alguns autores falam que é modalidade de controle externo);

A fiscalização realizada por um órgão da Administração Pública do Legislativo sobre a atuação dela própria;

O controle realizado pela Administração Pública do poder judiciário nos atos administrativos praticados pela própria Administração Pública desse poder.

17.1.1.2 Controle Externo

É exercido por um poder sobre os atos administrativos de outro poder.

A exemplo, temos o controle judicial dos atos administrativos, que analisa aspectos de legalidade dos atos da Administração Pública dos demais poderes; ou o controle legislativo realizado pelo poder legislativo, nos atos da Administração Pública dos outros poderes.

17.1.1.3 Controle Popular

É o controle exercido pelos administrados na atuação da Administração Pública dos três poderes, seja por meio da ação popular, do direito de petição ou de outros.

É importante lembrar que os atos administrativos devem ser publicados, salvo os sigilosos. Todavia, uma outra finalidade da publicidade dos atos administrativos é o desenvolvimento do controle social da Administração Pública[1].

17.1.2 Quanto ao Momento de Exercício

17.1.2.1 Controle Prévio

É exercido antes da prática ou antes da conclusão do ato administrativo.

Finalidade:

É um requisito de validade do ato administrativo.

Ex.: A aprovação do Senado Federal da escolha de ministros do STF ou de dirigente de uma agência reguladora federal. Em tais situações, a referida aprovação antecede a nomeação de tais agentes.

17.1.2.2 Controle Concomitante

É exercido durante a prática do ato.

Finalidade:

Possibilitar a aferição do cumprimento das formalidades exigidas para a formação do ato administrativo.

Ex.: Fiscalização da execução de um contrato administrativo; acompanhamento de uma licitação pelos órgãos de controle.

17.1.2.3 Controle Subsequente/Corretivo/Posterior

É exercido após a conclusão do ato.

Finalidade:

- Correção dos defeitos sanáveis do ato;
- Declaração de nulidade do ato;
- Revogação do ato discricionário legal inconveniente e inoportuno.
- Cassação do ato pelo descumprimento dos requisitos que são exigidos para a sua manutenção.
- Conferir eficácia ao ato.

Ex.: Homologação de um concurso público.

17.1.3 Quanto ao Aspecto Controlado

17.1.3.1 Controle de Legalidade

Sua finalidade é verificar se o ato foi praticado em conformidade com o ordenamento jurídico, e, por esse, entendemos que o

1 Lei de Acesso à Informação Pública - Lei 12.527-Art. 3º. Os procedimentos previstos nesta Lei destinam-se a assegurar o direito fundamental de acesso à informação e devem ser executados em conformidade com os princípios básicos da Administração Pública e com as seguintes diretrizes:
I. observância da publicidade como preceito geral e do sigilo como exceção;
II. divulgação de informações de interesse público, independentemente de solicitações;
III. utilização de meios de comunicação viabilizados pela tecnologia da informação;
IV. fomento ao desenvolvimento da cultura de transparência na Administração Pública;
V. desenvolvimento do controle social da Administração Pública.

ato tem que ser praticado de acordo com as leis e também com os princípios fundamentais da administração pública.

Lei deve ser entendida, nessa situação, em sentido amplo, ou seja, a Constituição Federal, as leis ordinárias, complementares, delegadas, medidas provisórias e as normas infralegais.

17.1.3.1.1 Exercício

Própria Administração Pública: pode realizar o controle de legalidade a pedido ou de ofício. Em decorrência do princípio da autotutela, é espécie de controle interno.

Poder Judiciário: no exercício da função jurisdicional, pode exercer o controle de legalidade somente por provocação. Nesse caso, é uma espécie de inspeção externo.

Poder Legislativo: somente pode exercer controle de legalidade nos casos previstos na Constituição Federal. É forma de controle externo.

17.1.3.1.2 Consequências:

Confirmação da validade do ato.

Anulação do ato com vício de validade (ilegal).

Um ato administrativo pode ser anulado pela própria Administração2 que o praticou, por provocação ou de ofício (controle interno) ou pelo poder judiciário. Nesse caso, somente por provocação (controle externo). A anulação gera efeitos retroativos (*ex tunc*), desfazendo todas as relações do ato resultadas, salvo, entretanto, os efeitos produzidos para os terceiros de boa-fé.

Prazo para anulação na via administrativa: cinco anos, contados a partir da prática do ato, salvo comprovada má-fé .

Segundo o STF, quando o controle interno acarretar o desfazimento de um ato administrativo que implique em prejuízo à situação jurídica do administrado, a administração deve antes instaurar um procedimento que garanta a ele o contraditório e a ampla-defesa, para que, dessa forma, possa defender os seus interesses.

Convalidação do ato é a correção com efeitos retroativos do ato administrativo com defeito sanável. Considera-se problema reparável:

- **I.** Vício de competência relativo à pessoa.
  - **Exceção**: Competência exclusiva (também não cabe convalidação).
  - O vício de competência relativo à matéria não é caracterizado como um defeito sanável.
- **II.** Vício de Forma
  - **Exceção**: Lei determina que a forma seja elemento essencial de validade de determinado ato (também não cabe convalidação).

Sendo assim, somente os vícios nos elementos forma e competência podem ser convalidados. Em todos os demais casos, a administração somente pode anular o ato.

Mesmo quando o defeito admite convalidação, a administração pública tem a possibilidade de anular, pois a regra é a anulação e a convalidação uma faculdade disponível ao agente público em hipóteses excepcionais.

17.1.3.1.3 Convalidação Tácita:

O Art. 54 da Lei 9.784 prevê que a administração tem o direito de anular os atos administrativos de que decorram efeitos favoráveis; para os destinatários, decai em cinco anos, contados da data em que forem praticados, salvo comprovada má-fé. Transcorrido esse prazo, o ato foi convalidado, pois não pode ser mais anulado pela administração.

17.1.3.1.4 Convalidação Expressa:

> **Art. 55, Lei 9.784/99.** *Em decisão na qual se evidencie não acarretar lesão ao interesse público nem prejuízo a terceiros, os atos que apresentarem defeitos sanáveis poderão ser convalidados pela própria Administração.*

O prazo que a Administração Pública tem para convalidar um ato é o mesmo que ela tem para anular, ou seja, cinco anos contados a partir da data da prática do feito. Como analisamos, a convalidação, se trata de um controle de legalidade que verificou que o ato foi praticado com vício, todavia, na hipótese descrita no Art. 55 da Lei 9.784/99, a autoridade com competência para anular tal ato, pode optar pela sua convalidação.

17.1.3.2 Controle de Mérito

Sua finalidade é verificar a conveniência e a oportunidade dos atos administrativos discricionários.

17.1.3.2.1 Exercício

Em regra, é exercido discricionariamente pelo próprio poder que praticou o feito.

Excepcionalmente, o poder legislativo tem competência para verificar o mérito de atos administrativos dos outros poderes, esse é um controle de mérito de natureza política.

Não pode ser exercido pelo poder judiciário na sua função típica, mas pode ser executado pela Administração Pública do poder judiciário nos atos dela própria.

17.1.3.2.2 Consequências

Manutenção do ato discricionário legal, conveniente e oportuno;

Revogação do ato discricionário legal, inconveniente e inoportuno.

Nas hipóteses em que o Poder Legislativo exerce controle de mérito da atuação administrativa dos outros poderes, não lhe é permitida a revogação de tais atos.

17.1.4 Quanto à Amplitude

17.1.4.1 Controle Hierárquico

Decorre da hierarquia presente na Administração Pública, que se manifesta na subordinação entre órgãos e agentes, sempre no âmbito de uma mesma pessoa jurídica. Acontece na Administração Pública dos três poderes.

17.1.4.1.1 Consequências

É um controle interno permanente (antes/durante/após a prática do ato) e irrestrito, pois verifica aspectos de legalidade e de

2 Súmula 473, STF. A Administração pode anular seus próprios atos, quando eivados de vícios que os tornem ilegais, porque deles não se originam direitos; ou revogá-los, por motivo de conveniência ou oportunidade, respeitados os direitos adquiridos, e ressalvada, em todos os casos, a apreciação judicial.

mérito de um ato administrativo praticado pelos agentes e órgãos subordinados.

Esse controle está relacionado às atividades de supervisão, coordenação, orientação, fiscalização, aprovação, revisão, avocação e aplicação de meios corretivos dos desvios e irregularidades verificados.

17.1.4.2 Controle Finalístico/Tutela Administrativa/ Supervisão Ministerial

É exercido pela administração direta sobre as pessoas jurídicas da administração indireta.

17.1.4.2.1 Efeitos

Depende de norma legal que o estabeleça, não se enquadrando como um controle específico, e sua finalidade é verificar se a entidade está atingindo as suas intenções estatutárias.

17.2 Controle Administrativo

É um controle interno, fundado no poder de autotutela, exercido pelo poder executivo e pelos órgãos administrativos dos poderes legislativo e judiciário sobre suas próprias condutas, tendo em vista aspectos de legalidade e de mérito administrativo[3].

> *Súmula 473, STF: A Administração pode anular seus próprios atos, quando eivados de vícios que os tornam ilegais, porque deles não se originam direitos; ou revogá-los, por motivo de conveniência ou oportunidade, respeitados os direitos adquiridos, e ressalvada, em todos os casos, a apreciação judicial.*

O controle administrativo é sempre interno. Pode ser hierárquico, quando é feito entre órgãos verticalmente escalonados integrantes de uma mesma pessoa jurídica, seja da Administração Direta ou Indireta; ou não hierárquico, quando exercido entre órgãos que, embora integrem uma só pessoa jurídica, não estão na mesma linha de escalonamento vertical e também no controle finalístico exercido entre a Administração Direta e a Indireta.

O controle administrativo é um controle permanente, pois acontece antes, durante e depois da prática do ato; também é irrestrito, pois como já foi dito, analisa aspectos de legalidade e de mérito.

Ainda é importante apontar que o controle administrativo pode acontecer de ofício ou a pedido do administrado.

Quando interessado em provocar a atuação da Administração Pública, o administrado pode se valer da reclamação administrativa, que é uma expressão genérica para englobar um conjunto de instrumentos, tais como o direito de petição, a representação, a denúncia, o recurso, o pedido de reconsideração, a revisão, dentre outros meios.

O meio utilizado pela Administração Pública para processar o pedido do interessado é o processo administrativo, que, na esfera federal, é regulado pela Lei nº 9.784/99.

17.3 Controle Legislativo

É a fiscalização realizada pelo Poder Legislativo, na sua função típica de fiscalizar, na atuação da Administração Pública dos três poderes.

Quando exercido na atuação administrativa dos outros poderes, é espécie de controle externo; quando realizado na Administração Pública do próprio poder legislativo, é espécie de controle interno.

17.3.1 Hipóteses de Controle

O controle legislativo na atuação da Administração Pública somente pode ocorrer nas hipóteses previstas na Constituição Federal, não sendo permitidas às Constituições Estaduais ou às leis orgânicas criarem novas modalidades de controle legislativo no respectivo território de sua competência. Caso se crie nova forma de controle legislativo por instrumento legal diverso da Constituição Federal, tal norma será inconstitucional.

Como as normas estaduais e municipais não podem criar novas modalidades de controle legislativo, nessas esferas, pelo princípio da simetria, são aplicadas as hipóteses de controle legislativo previstas na Constituição Federal para os estados e municípios. Todavia, vale ressaltar que como o sistema legislativo federal adota o bicameralismo, as hipóteses de controle do Congresso Nacional, do Senado, das comissões e do Tribunal de Contas da União são aplicadas às assembleias legislativas na esfera estadual e às câmaras de vereadores nas esferas municipais.

17.3.2 Modalidades

17.3.2.1 Controle de Legalidade

Quando se analisa aspectos de legalidade da atuação da Administração Pública dos três poderes, tais como dos atos e contratos administrativos.

17.3.2.2 Controle de Mérito (Político)

É um controle de natureza política, que possibilita ao Poder Legislativo, nas hipóteses previstas na Constituição Federal, a intervir na atuação da Administração Pública do Poder Executivo, controlando aspectos de eficiência da atuação e também de conveniência da tomada de determinadas decisões do poder executivo.

> **Ex.:** Quando o Senado tem que aprovar o ato do Presidente da República, que nomeia um dirigente de uma agência reguladora.

Efeitos:

Não acarreta revogação do ato, pois esse ainda não conclui o seu processo de formação enquanto não for aprovado pelo poder legislativo, ou seja, tal ato não gera efeitos até a aprovação, por isso, não há o que se falar em revogação.

17.3.2.3 Controle Exercido pelo Congresso Nacional

A competência exclusiva do Congresso Nacional vem descrita no Art. 40 da Constituição Federal:

> *V. Sustar os atos normativos do Poder Executivo que exorbitem do poder regulamentar ou dos limites de delegação legislativa;*

Tal situação acontece quando, no exercício do poder regulamentar, o presidente da república edite um decreto para complementar determinada lei e, nesse decreto, ele venha a inovar o ordenamento jurídico, ultrapassando os limites da lei. Todavia, a sustação do ato normativo pelo Congresso Nacional não invalida todo o decreto mas somente o trecho dele que esteja exorbitando do exercício do poder regulamentar.

3 ALEXANDRINO, Marcelo & PAULO Vicente. Direito Administrativo Descomplicado. 19ª edição. São Paulo - 2011.

IX. Julgar anualmente as contas prestadas pelo Presidente da República e apreciar os relatórios sobre a execução dos planos de governo;

X. Fiscalizar e controlar, diretamente, ou por qualquer de suas Casas, os atos do Poder Executivo, incluídos os da administração indireta;

17.3.2.4 Controle Exercido Privativamente pelo Senado Federal

As competências privativas do Senado Federal vêm descritas no Art. 52 da Constituição Federal, dentre essas, algumas se referem ao exercício de atividades de controle:

I. Processar e julgar o Presidente e o Vice-Presidente da República nos crimes de responsabilidade, bem como os Ministros de Estado e os Comandantes da Marinha, do Exército e da Aeronáutica nos crimes da mesma natureza conexos com aqueles;

II. Processar e julgar os Ministros do Supremo Tribunal Federal, os membros do Conselho Nacional de Justiça e do Conselho Nacional do Ministério Público, o Procurador-Geral da República e o Advogado-Geral da União nos crimes de responsabilidade;

Nesses dois primeiros casos, o julgamento será presidido pelo presidente do STF, limitando-se este à condenação, que somente será proferida por dois terços dos votos do Senado Federal.

III. Aprovar previamente, por voto secreto, após arguição pública, a escolha de:

a) Magistrados, nos casos estabelecidos nesta Constituição;

b) Ministros do Tribunal de Contas da União indicados pelo Presidente da República;

c) Governador de Território;

d) Presidente e diretores do Banco Central;

e) Procurador-Geral da República;

f) titulares de outros cargos que a lei determinar.

IV. Aprovar previamente, por voto secreto, após arguição em sessão secreta, a escolha dos chefes de missão diplomática de caráter permanente;

V. Autorizar operações externas de natureza financeira, de interesse da União, dos Estados, do Distrito Federal, dos Territórios e dos Municípios;

VI. Fixar, por proposta do Presidente da República, limites globais para o montante da dívida consolidada da União, dos Estados, do Distrito Federal e dos Municípios;

VII. Dispor sobre limites globais e condições para as operações de crédito externo e interno da União, dos Estados, do Distrito Federal e dos Municípios, de suas autarquias e demais entidades controladas pelo Poder Público Federal;

VIII. dispor sobre limites e condições para a concessão de garantia da União em operações de crédito externo e interno;

IX. Estabelecer limites globais e condições para o montante da dívida mobiliária dos Estados, do Distrito Federal e dos Municípios;

X. Aprovar, por maioria absoluta e por voto secreto, a exoneração, de ofício, do Procurador-Geral da República antes do término de seu mandato;

XI. Avaliar periodicamente a funcionalidade do Sistema Tributário Nacional, em sua estrutura e seus componentes, e o desempenho das administrações tributárias da União, dos Estados e do Distrito Federal e dos Municípios.

17.3.2.5 Controle Exercido pela Câmara dos Deputados

A competência da Câmara dos Deputados vem descrita no Art. 51 da Constituição Federal, e nesse momento analisaremos as competências relativas à área de controle da administração:

Compete privativamente à Câmara dos Deputados:

I. Autorizar, por dois terços de seus membros, a instauração de processo contra o Presidente e o Vice-Presidente da República e os Ministros de Estado;

II. Proceder à tomada de contas do Presidente da República, quando não apresentadas ao Congresso Nacional dentro de sessenta dias após a abertura da sessão legislativa;

17.3.2.6 Fiscalização Contábil, Financeira e Orçamentária na Constituição Federal

Também chamado de controle financeiro, em sentido amplo, vem descrito no Art. 70 da CF, que traz as seguintes regras:

Art. 70, CF. *A fiscalização contábil, financeira, orçamentária, operacional e patrimonial da União e das entidades da administração direta e indireta, quanto à legalidade, legitimidade, economicidade, aplicação das subvenções e renúncia de receitas, será exercida pelo Congresso Nacional, mediante controle externo, e pelo sistema de controle interno de cada Poder.*

Como podemos observar, segundo os ditames do Art. 70 da Constituição Federal, a fiscalização contábil, financeira e orçamentária é realizada tanto por meio de controle interno como de externo.

Áreas alcançadas pelo controle financeiro (amplo):

Contábil: controla o cumprimento das formalidades no registro de receitas e despesas.

Financeira: controla a entrada e a saída de capital, sua destinação.

Orçamentária: fiscaliza e acompanha a execução do orçamento anual, plurianual.

Operacional: controla a atuação administrativa, observando se estão sendo respeitadas as diretrizes legais que orientam a atuação da Administração Pública, bem como avaliando aspectos de eficiência e economicidade.

Patrimonial: controle do patrimônio público, seja ele móvel ou imóvel.

Aspectos Controlados: as áreas alcançadas pelo controle financeiro (sentido amplo) abrangem os seguintes aspectos:

Legalidade: atuação conforme a lei.

Legitimidade: atuação conforme os princípios orientadores da atuação da Administração Pública.

O controle financeiro realizado pelo Congresso Nacional não analisa aspectos de mérito.

Para que o controle financeiro seja eficiente, é necessária a prestação de contas por parte das pessoas físicas ou jurídicas que, de qualquer forma, administrem dinheiro ou direito patrimonial público; tal regra vem descrita no parágrafo único do Art. 70:

Art. 70, Parágrafo único. *Prestará contas qualquer pessoa física ou jurídica, pública ou privada, que utilize, arrecade, guarde, gerencie ou administre dinheiros, bens e valores públicos ou pelos quais a União responda, ou que, em nome desta, assuma obrigações de natureza pecuniária.*

17.3.2.7 Controle Exercido pelos Tribunais de Contas

Os Tribunais de Contas são órgãos de controle vinculados ao Poder Legislativo. A finalidade que possuem é auxiliar na função de exercer o controle externo da Administração Pública.

Apesar da expressão órgãos auxiliares, os tribunais de contas não se submetem ao poder legislativo, ou seja, não existe hierarquia nem subordinação entre os tribunais de contas e o poder legislativo.

A Constituição Federal, no Art. 71, estabelece as competências do Tribunal de Contas da União (TCU), e, pelo princípio da simetria, os tribunais de contas estaduais e municipais detêm as mesmas competências nas suas esferas de fiscalização, não sendo permitidas às Constituições Estaduais e às leis orgânicas municipais criar novas hipóteses de controle. Veja as competências dos Tribunais de Contas a seguir.

17.3.2.7.1 Hipóteses de Controle

> ***Art. 71.*** *O controle externo, a cargo do Congresso Nacional, será exercido com o auxílio do Tribunal de Contas da União, ao qual compete:*
>
> ***I.*** *Apreciar as contas prestadas anualmente pelo Presidente da República, mediante parecer prévio que deverá ser elaborado em sessenta dias a contar de seu recebimento;*
>
> ***II.*** *Julgar as contas dos administradores e demais responsáveis por dinheiros, bens e valores públicos da administração direta e indireta, incluídas as fundações e sociedades instituídas e mantidas pelo Poder Público federal, e as contas daqueles que derem causa a perda, extravio ou outra irregularidade de que resulte prejuízo ao erário público;*
>
> ***III.*** *Apreciar, para fins de registro, a legalidade dos atos de admissão de pessoal, a qualquer título, na administração direta e indireta, incluídas as fundações instituídas e mantidas pelo Poder Público, excetuadas as nomeações para cargo de provimento em comissão, bem como a das concessões de aposentadorias, reformas e pensões, ressalvadas as melhorias posteriores que não alterem o fundamento legal do ato concessório;*
>
> ***IV.*** *Realizar, por iniciativa própria, da Câmara dos Deputados, do Senado Federal, de Comissão técnica ou de inquérito, inspeções e auditorias de natureza contábil, financeira, orçamentária, operacional e patrimonial, nas unidades administrativas dos Poderes Legislativo, Executivo e Judiciário, e demais entidades referidas no inciso II;*
>
> ***V.*** *Fiscalizar as contas nacionais das empresas supranacionais de cujo capital social a União participe, de forma direta ou indireta, nos termos do tratado constitutivo;*
>
> ***VI.*** *Fiscalizar a aplicação de quaisquer recursos repassados pela União mediante convênio, acordo, ajuste ou outros instrumentos congêneres, a Estado, ao Distrito Federal ou a Município;*
>
> ***VII.*** *Prestar as informações solicitadas pelo Congresso Nacional, por qualquer de suas Casas, ou por qualquer das respectivas Comissões, sobre a fiscalização contábil, financeira, orçamentária, operacional e patrimonial e sobre resultados de auditorias e inspeções realizadas;*
>
> ***VIII.*** *Aplicar aos responsáveis, em caso de ilegalidade de despesa ou irregularidade de contas, as sanções previstas em lei, que estabelecerá, entre outras cominações, multa proporcional ao dano causado ao erário;*
>
> ***IX.*** *Assinar prazo para que o órgão ou entidade adote as providências necessárias ao exato cumprimento da lei, se verificada ilegalidade;*
>
> ***X.*** *Sustar, se não atendido, a execução do ato impugnado, comunicando a decisão à Câmara dos Deputados e ao Senado Federal;*
>
> ***XI.*** *Representar ao Poder competente sobre irregularidades ou abusos apurados.*
>
> ***§ 1º*** *- No caso de contrato, o ato de sustação será adotado diretamente pelo Congresso Nacional, que solicitará, de imediato, ao Poder Executivo as medidas cabíveis.*
>
> ***§ 2º*** *- Se o Congresso Nacional ou o Poder Executivo, no prazo de noventa dias, não efetivar as medidas previstas no parágrafo anterior, o Tribunal decidirá a respeito.*
>
> ***§ 3º*** *- As decisões do Tribunal de que resulte imputação de débito ou multa terão eficácia de título executivo.*
>
> ***§ 4º*** *- O Tribunal encaminhará ao Congresso Nacional, trimestral e anualmente, relatório de suas atividades.*

17.3.2.7.2 Pontos relevantes

A partir dessas regras, analisaremos alguns aspectos relevantes referentes ao controle da Administração Pública quando feito pelos tribunais de contas, nas suas respectivas áreas de competências:

> Contas do Presidente da República são somente apreciadas mediante parecer prévio do tribunal de contas, a competência para julgá-las é do Congresso Nacional.

Apreciação e julgamento das contas públicas

O TCU tem a competência de apreciar e julgar as contas dos administradores públicos.

O julgamento das contas feito pelo TCU não depende de homologação ou parecer do Poder Legislativo, pois, lembrando, os Tribunais de Contas não são subordinados ao Poder Legislativo.

Julgamento das Contas do Próprio Tribunal de Contas

Como a Constituição Federal não se preocupou em estabelecer quem é que detém a competência para julgar as contas dos Tribunais de Contas, o STF entendeu que podem as Constituições Estaduais e Leis Orgânicas Municipais submeterem as contas dos Tribunais de Contas a julgamentos das suas respectivas casas legislativas.

Controle dos Atos Administrativos

O TCU tem o poder de sustar a execução do ato e, nesse caso, deve dar ciência dessa decisão à Câmara dos Deputados e ao Senado Federal.

> ***Súmula Vinculante nº 3.*** *Nos processos perante ao Tribunal de Contas da União, asseguram-se o contraditório e a ampla defesa quando da decisão puder resultar anulação ou revogação de ato administrativo que beneficie o interessado, excetuada a apreciação da legalidade do ato de concessão inicial de aposentadoria, reforma e pensão.*

Controle dos Contratos Administrativos

Regra: o TCU não pode sustar os contratos administrativos, pois tal competência é do Congresso Nacional, que deve solicitar de imediato ao Poder Executivo a adoção das medidas cabíveis.

Exceção: caso o Congresso Nacional ou o Poder Executivo não tomem as medidas necessárias para a sustação do contrato em 90 dias, o TCU terá competência para efetuar a sua sustação.

Declaração de inconstitucionalidade das Leis

Segundo o STF, os tribunais de contas, no exercício de suas competências, podem declarar uma norma inconstitucional e afastar a sua aplicação nos processos de sua apreciação. Todavia, tal declaração de inconstitucionalidade deve ser feita pela maioria absoluta dos membros dos tribunais de contas.

> ***Súmula 347, STF.*** *O Tribunal de Contas, no exercício de suas atribuições, pode apreciar a constitucionalidade das leis e dos atos do poder público.*

17.4 Controle Judiciário

É um controle de legalidade (nunca de mérito) realizado pelo poder judiciário, na sua função típica de julgar, nos atos praticados pelas Administração Pública de qualquer poder.

Esse controle por abranger somente aspectos de legalidade, fica restrito à possibilidade de anulação dos atos administrativos ilegais, não podendo o poder judiciário realizar o controle de mérito dos atos administrativos e, em consequência, não podendo revogar os atos administrativos praticados pela Administração Pública.

O controle judiciário somente será exercido por meio da provocação do interessado, não podendo o poder judiciário apreciar um ato administrativo de ofício, em decorrência do atributo da presunção de legitimidade dos atos administrativos.

É importante lembrar que a própria Administração Pública faz o controle de legalidade da sua própria atuação, todavia as decisões administrativas não fazem coisa julgada. Assim sendo, a decisão administrativa pode ser reformada pelo poder judiciário, pois somente as decisões desse poder é que tem o efeito de coisa julgada.

Os meios para provocar a atuação do poder judiciário são vários, dentre eles, encontramos:

> Mandado de Segurança.
> Ação Popular.
> Ação Civil Pública.
> Dentre outros.

Questões

01. (Cespe - 2018) - Com relação ao controle no âmbito da administração pública, julgue o item seguinte.

O controle administrativo deriva do poder-dever de autotutela que a administração pública tem sobre seus próprios atos e agentes.

Certo ( ) Errado ( )

02. (Cespe - 2018) - Julgue o item a seguir, referente a conceitos, tipos e formas de controle na administração pública.

No caso das autarquias e das empresas estatais em geral, o controle é pleno e ilimitado.

Certo ( ) Errado ( )

03. (Cespe - 2018) - Julgue o item a seguir, referente a conceitos, tipos e formas de controle na administração pública.

A administração pública, no exercício de suas funções, controla seus próprios atos e se sujeita ao controle dos Poderes Judiciário, Legislativo e Executivo.

Certo ( ) Errado ( )

04. (Cespe - 2019) - Julgue o item a seguir, acerca das disposições constitucionais a respeito de direito administrativo.

Cabe ao Congresso Nacional o exercício do controle externo dos atos administrativos de concessões e permissões de emissoras de rádio e televisão.

Certo ( ) Errado ( )

05. (Cespe - 2018) - Acerca dos controles externo e interno na administração pública, julgue o item subsequente.

O controle externo é exercido mediante provocação, ao passo que o controle interno é exercido apenas por iniciativa própria.

Certo ( ) Errado ( )

Gabaritos

01	ERRADO	06	CERTO
02	ERRADO	07	CERTO
03	ERRADO	08	CERTO
04	ERRADO	09	ERRADO
05	ERRADO	10	CERTO

1. DIREITOS FUNDAMENTAIS - DIREITOS E GARANTIAS INDIVIDUAIS E COLETIVOS 203
1.1 Direitos e Garantias Fundamentais 203
1.2 Direitos e Garantias Individuais e Coletivos 203
1.3 Hipóteses de Prisão 212
2. DIREITOS SOCIAIS 219
2.1 Proteção contra Despedida sem Justa Causa 219
2.2 Seguro-Desemprego 219
2.3 FGTS 219
2.4 Salário-Mínimo 220
2.5 Piso Salarial 220
2.6 Irredutibilidade do Salário 220
2.7 Salário-Mínimo para os que Recebem Remuneração Variável 220
2.8 13º Salário 220
2.9 Adicional Noturno 220
2.10 Proteção ao Salário 220
2.11 Participação nos Lucros e na Gestão das Empresas 221
2.12 Salário-Família 221
2.13 Jornada de Trabalho 221
2.14 Descanso Semanal Remunerado 221
2.15 Horas Extras 221
2.16 Férias 221
2.17 Licença-Maternidade 221
2.18 Licença-Paternidade 221
2.19 Proteção ao Mercado de Trabalho Feminino 222
2.20 Aviso-Prévio 222
2.21 Redução dos Riscos do Trabalho 222
2.22 Adicionais de Penosidade, Insalubridade e Periculosidade 222
2.23 Aposentadoria 222
2.24 Assistência em Creches e Pré-Escolas 222
2.25 Convenções e Acordos Coletivos 222
2.26 Proteção Face à Automação 222
2.27 Seguro contra Acidentes de Trabalho 223
2.28 Ações Trabalhistas 223
2.29 Proibição de Discriminação Profissional 223
2.30 Idade Mínima para o Trabalho 223
2.31 Trabalhador Avulso 223
2.32 Trabalhador Doméstico 223
2.33 Servidor Público 224
2.34 Organização Sindical 224
2.35 Direito de Greve 225
2.36 Participação em Colegiados de Órgãos Públicos 226
2.37 Eleição de Representante pelos Trabalhadores 226

SUMÁRIO

Sumário

3. DIREITOS DE NACIONALIDADE 227

3.1 Brasileiros Natos 227

3.2 Brasileiros Naturalizados 228

3.3 Equiparação entre o Brasileiro e o Português Residente no Brasil 228

3.4 Proibição de Diferenciação entre Brasileiros Natos e Naturalizados 228

3.5 Cargos Exclusivos de Brasileiros Natos 228

3.6 Perda da Nacionalidade Brasileira 229

3.7 Idioma Oficial e Símbolos da República Federativa do Brasil 229

4. DIREITOS POLÍTICOS E PARTIDOS POLÍTICOS 231

4.1 Direitos Políticos 231

4.2 Partidos Políticos 233

5. PODER EXECUTIVO 235

5.1 Do Presidente e do Vice-Presidente da República 235

6. DA SEGURANÇA PÚBLICA 238

6.1 Polícias 238

7. ORDEM SOCIAL 240

7.1 Da Seguridade Social 240

7.2 Do Meio Ambiente 244

7.3 Da Família, da Criança, do Adolescente, do Jovem e do Idoso 245

7.4 Dos Índios 246

1. DIREITOS FUNDAMENTAIS - DIREITOS E GARANTIAS INDIVIDUAIS E COLETIVOS

1.1 Direitos e Garantias Fundamentais

Já vimos que, na concepção ideal de constituição, esta deve prever os direitos de defesa do indivíduo contra o Poder do Estado, que são os chamados direitos fundamentais. Porém, modernamente se admite que estes vão muito além dessa limitação, abarcando também o direito a uma vida digna e com plena participação na vida política da nação.

Nossa Constituição estabelece que as normas que consubstanciam direitos fundamentais são de eficácia imediata.

1.1.1 Diferenciação entre Direitos e Garantias Fundamentais

Alguns autores fazem diferenciação entre direitos e garantias fundamentais, afirmando que aqueles preveem a proteção do indivíduo contra o arbítrio estatal e estas proveem meios ao exercício destes direitos, mormente quando violados, tendo assim, um caráter instrumental e assecuratório.

Assim, por exemplo, o direito à liberdade seria um direito fundamental, ao passo que o *Habeas Corpus* seria uma garantia fundamental.

1.1.2 Gerações dos Direitos Fundamentais

Embora hoje se fale de direitos fundamentais de até sétima geração, a doutrina tradicionalmente identifica três gerações – ou dimensões – de direitos fundamentais, de acordo com sua evolução histórica, baseando-se na "Teoria das Gerações dos Direitos Fundamentais", aventada pelo professor e jurista alemão Karel Vasak.

A partir da quarta geração, começa a haver divergência entre os constitucionalistas, seja sobre sua existência, seja sobre seu conteúdo, sendo por isso, quase nunca cobrados em provas, que costumam normalmente cobrar até a terceira geração (teoria de Vasak). Ainda assim, apresentam-se as quatro primeiras gerações ou dimensões:

- Direitos de primeira geração: direitos civis e políticos. Constituem as liberdades negativas, clássicas ou formais. Constituem limites à ingerência do Estado na vida privada. Estão ligados fundamentalmente à liberdade do indivíduo.
- Direitos de segunda geração: direitos econômicos, sociais e culturais. Não só impõem limites ao Estado, mas também buscam garantir uma existência digna aos cidadãos. São chamadas de liberdades positivas, e podem ser associados à igualdade.
- Direitos de terceira geração: materializam poderes de titularidade coletiva, cujo exercício e benefício não se atém ao bem do indivíduo somente, mas de toda a coletividade (interesses difusos).

Ex.: Direito a um meio ambiente equilibrado, progresso, a paz. Por não tutelarem direitos individuais nem de uma coletividade específica, estão ligados ao ideal de solidariedade ou fraternidade.

- Direitos de quarta geração: compreendem os direitos à democracia, informação e pluralismo, para uns, e os direitos relativos à biotecnologia, manipulação genética, para outros.

1.1.3 Relatividade dos Direitos Fundamentais

Embora seja reconhecida a essencialidade dos direitos fundamentais, estes não são absolutos, sofrendo limitações em função de outros direitos fundamentais, tudo para o bem da própria sociedade.

Assim, por exemplo, não se admite que práticas ilícitas sejam acobertadas pelo pretenso exercício de um direito fundamental e, no caso, de conflitos entre direitos fundamentais e outros direitos, esses poderão sofrer restrições.

1.1.4 Destinatários dos Direitos Fundamentais

Não obstante nossa constituição afirmar que os direitos e garantias fundamentais são assegurados ao brasileiro e ao estrangeiro residente no Brasil, essa titularidade dos direitos deve ser ampliada para abarcar todos aqueles que se encontram no território brasileiro, sejam nacionais ou não.

Da mesma forma, essa extensão alcança também as pessoas jurídicas, no que couber, evidentemente.

1.1.5 Classificação dos Direitos Fundamentais Segundo a nossa Constituição

A classificação prevista em nossa Constituição permite identificar cinco classes de direitos e garantias fundamentais:

- Direitos e garantias individuais e coletivos;
- Direitos sociais;
- Direitos de nacionalidade;
- Direitos políticos;
- Direitos relacionados à existência e organização dos partidos políticos.

1.2 Direitos e Garantias Individuais e Coletivos

Os direitos e garantias individuais e coletivos estão elencados no Art. 5º de nossa Constituição Federal, o maior de todos os seus artigos, que, em seus 78 incisos, trata do tema organizando-o por assuntos.

1.2.1 Princípio da Igualdade

> ***Art. 5º.*** *Todos são iguais perante a lei, sem distinção de qualquer natureza, garantindo-se aos brasileiros e aos estrangeiros residentes no País a inviolabilidade do direito à vida, à liberdade, à igualdade, à segurança e à propriedade, nos termos seguintes:*
>
> ***I.*** *Homens e mulheres são iguais em direitos e obrigações, nos termos desta Constituição;*

O caput do Art. 5º destaca a importância deste princípio, ao afirmar que *todos são iguais perante a lei.* Não bastasse isso, complementa dizendo *sem distinção de qualquer natureza.* A igualdade é a base de um sistema jurídico justo.

Evidentemente, essa igualdade prevista na Constituição deve ser vista em termos relativos, no sentido de que os iguais devem ser tratados igualmente e as situações distintas devem ser tratadas distintamente, na medida de sua desigualdade, de acordo com a máxima aristotélica de que os *iguais devem ser tratados de forma igual, e os desiguais, de forma desigual, na medida de sua desigualdade*.

O que se veda é a discriminação arbitrária e injustificada. Assim, por exemplo, não seria inconstitucional a norma que preveja a contratação somente de homens para concurso de agente penitenciário de uma prisão masculina, ou o pagamento de determinados benefícios em dinheiro somente para os reconhecidamente pobres, por exemplo.

Embora o *caput* do Art. 5º consagre a igualdade genérica entre todos os brasileiros *sem distinção de qualquer natureza*, o primeiro inciso do Art. 5º de nossa Constituição achou por bem reforçar, em virtude das históricas injustiças contra o sexo feminino, a igualdade entre homens e mulheres.

Note-se que a expressão *nos termos dessa Constituição* indica que a Magna Carta pode estabelecer distinções que, a princípio, não serão julgados à luz desse princípio (como é o caso da isenção do serviço militar às mulheres, em tempos de paz), ao passo que a legislação inferior somente pode estabelecer as distinções que visem o estabelecimento da igualdade (tratar desigualmente os desiguais).

1.2.2 Princípio da Legalidade

Dispõe o inciso II do Art. 5º de nossa CF:

> ***II.*** *Ninguém será obrigado a fazer ou deixar de fazer alguma coisa senão em virtude de lei;*

Sendo o Brasil um Estado democrático de direito, a lei encontra-se acima dos particulares e do próprio Estado (império da lei), sendo que a exigência de comando legal para a imposição de obrigações se caracteriza como a principal garantia do cidadão contra o arbítrio estatal e também contra a opressão por parte de outros particulares.

A palavra *lei* aqui deve ser entendida no sentido de uma das espécies normativas previstas no Art. 59 de nossa Constituição Federal:

- Emendas constitucionais (aprovadas, passam a integrar a Constituição Federal sem qualquer distinção em relação às normas originárias);
- Leis complementares;
- Leis ordinárias;
- Leis delegadas;
- Medidas provisórias;
- Decretos legislativos;
- Resoluções.

Evidentemente, para que a lei possa impor obrigações ou restringir direitos, deve ser elaborada de acordo com as regras do processo legislativo e ser materialmente compatível com as normas constitucionais. Se tal não ocorrer, será inconstitucional, não gerando quaisquer efeitos, como se nunca tivesse existido (efeitos *ex tunc* da declaração de inconstitucionalidade).

Diferenciação entre o Princípio da Legalidade e o Princípio da Reserva Legal

Embora a maioria utilize os conceitos como sinônimos, outros, como Alexandre de Moraes e José Afonso da Silva, os distinguem.

De acordo com eles, o princípio da legalidade seria mais amplo, e envolveria todas as espécies normativas previstas na Constituição Federal (conforme vimos).

Já o princípio da reserva legal ocorreria quando a Constituição reservasse o tratamento de determinada matéria à disciplina de lei formal, que é aquela aprovada pelo Poder Legislativo de forma solene, e excluiria, por exemplo, as Medidas Provisórias e as Leis Delegadas. Como exemplo, temos o inciso XXXIX do Art. 5º:

> ***XXXIX.*** *Não há crime sem lei anterior que o defina, nem pena sem prévia cominação legal;*

1.2.3 Proibição da Tortura

Além de colocar a dignidade da pessoa humana como um dos fundamentos de nossa República, a Constituição Federal, claramente influenciada pelos excessos do regime ditatorial que lhe antecedeu, expressamente declara no inciso III do Art. 5º a inadmissibilidade da tortura (tanto física como psicológica) e do tratamento desumano ou degradante:

> ***III.*** *Ninguém será submetido a tortura nem a tratamento desumano ou degradante;*

Essa proibição não comporta exceção de qualquer natureza quanto à justificativa e alcança a todos indistintamente, nacionais ou não, até mesmo os criminosos e os que representem sérios riscos à sociedade: esses devem ser neutralizados, todavia sem a utilização da tortura e do tratamento indigno ou cruel.

A norma do inciso III é complementada pelo comando do inciso XLIII:

> ***XLIII.*** *A lei considerará crimes inafiançáveis e insuscetíveis de graça ou anistia a prática da tortura, o tráfico ilícito de entorpecentes e drogas afins, o terrorismo e os definidos como crimes hediondos, por eles respondendo os mandantes, os executores e os que, podendo evitá-los, se omitirem;*

Tal dispositivo, por tratar de norma de direito penal, é de eficácia limitada, e é regulamentada, no que se refere à tortura, pela Lei nº 9.455/97, definindo a tortura como sendo o ato de constranger alguém com emprego de violência ou grave ameaça, causando-lhe sofrimento físico ou mental.

1.2.4 Liberdade de Pensamento e Direito de Resposta

Nossa constituição prevê a plena liberdade de expressão nos incisos IV e IX de seu Art. 5º:

> ***IV.*** *É livre a manifestação do pensamento, sendo vedado o anonimato;*
>
> ***IX.*** *É livre a expressão da atividade intelectual, artística, científica e de comunicação, independentemente de censura ou licença;*

A manifestação do pensamento tem o significado de exteriorização de ideias, e abrange todas as formas de comunicação, não podendo o Estado impor censura ou exigir licença prévia. O Estado não pode proibir ninguém de expressar seu pensamento, porém, uma vez expresso, será possível sempre o controle de sua legalidade, através do Poder Judiciário.

A liberdade de expressão, porém, está condicionada à identificação do autor, para que se evitem manifestações levianas que ofendam terceiros e para que se possa responsabilizar aqueles que as fizerem.

Tal exigência, porém, não impede que o jornalista guarde o sigilo de suas fontes, respondendo ele, porém, no caso de optar por esse sigilo, por declarações injuriosas, difamatórias ou caluniosas sem base fática.

O inciso V assegura o direito de resposta, sem prejuízo da indenização por dano material ou moral:

> ***V.*** *É assegurado o direito de resposta, proporcional ao agravo, além da indenização por dano material, moral ou à imagem;*

Proporcional ao agravo significa que deve ser dado à vítima o direito de resposta no mesmo veículo de comunicação e com o mesmo espaço dado à notícia injuriosa.

1.2.5 Liberdade de Consciência e Crença Religiosa, Convicção Filosófica ou Política

Dispõe o inciso VI, do Art. 5º:

> ***VI.*** *É inviolável a liberdade de consciência e de crença, sendo assegurado o livre exercício dos cultos religiosos e garantida, na forma da lei, a proteção aos locais de culto e a suas liturgias;*

O Brasil é um Estado laico (ou leigo), mas não ateu. O Estado brasileiro não pode subvencionar ou privilegiar qualquer segmento religioso, mas respeita todas as convicções religiosas.

Nossa constituição garante tanto a liberdade de consciência e de crença como a liberdade de culto.

Enquanto a liberdade de crença refere-se à convicção íntima do indivíduo, a liberdade de culto refere-se à exteriorização dessa crença.

E não se contenta a Carta Magna em somente permitir a liberdade de culto, mas também garante a proteção dos locais de culto e às suas liturgias contra a ação de terceiros. Além disso, os templos são isentos do pagamento de impostos.

Nessa mesma linha, temos o inciso VII:

> ***VII.*** *É assegurada, nos termos da lei, a prestação de assistência religiosa nas entidades civis e militares de internação coletiva;*

Sendo o direito à religiosidade um direito fundamental do cidadão, o Estado deve garantir o exercício deste direito àqueles que estiverem custodiados sob sua responsabilidade ou de terceiros, em presídios, hospitais, casernas, manicômios, etc.

A expressão nos termos da lei indica tratar-se de norma de eficácia limitada.

> ***VIII.*** *Ninguém será privado de direitos por motivo de crença religiosa ou de convicção filosófica ou política, salvo se as invocar para eximir-se de obrigação legal a todos imposta e recusar-se a cumprir prestação alternativa, fixada em lei;*

O inciso VIII diz que ninguém pode ser penalizado em virtude de sua crença religiosa, convicção filosófica ou política.

Existe somente uma hipótese em que isto pode ocorrer: recusa ao cumprimento de obrigação a todos imposta. Mesmo nesse caso, porém, deve-se dar ao indivíduo a oportunidade de cumprir prestação alternativa prevista em lei, e somente se este se recusar a cumprir tal prestação, é que poderá sofrer a restrição de direitos.

Exemplo de aplicação desse dispositivo é a recusa de determinadas pessoas em cumprir o tempo de serviço militar obrigatório por convicção filosófica, devendo cumprir a prestação alternativa prevista na Lei nº 8.239/91.

1.2.6 Direito à Privacidade e à Preservação da Honra

> ***X.*** *São invioláveis a intimidade, a vida privada, a honra e a imagem das pessoas, assegurado o direito a indenização pelo dano material ou moral decorrente de sua violação;*

O inciso X do Art. 5º de nossa CF, assegura a inviolabilidade da intimidade, vida privada, honra e imagem dos cidadãos, prevendo indenização em caso de violação indevida.

Intimidade: relações subjetivas e de trato íntimo da pessoa, suas relações familiares e de amizade.

Vida privada: os demais relacionamentos humanos, inclusive os que envolvem relações não íntimas, como relações comerciais, de trabalho, mas que dizem respeito somente ao cidadão e aos demais diretamente envolvidos.

Tal princípio, porém, no que se refere à intimidade e à vida privada, deve ser relativizado quando se tratar das chamadas pessoas públicas, ou seja, pessoas que, devido ao seu ofício ou condição, estão sujeitas a uma maior exposição (artistas, políticos, etc.).

Nesses casos, embora o Judiciário entenda que tais pessoas também tenham direito à proteção à intimidade, seus limites são menos definidos do que os aplicáveis aos cidadãos comuns.

1.2.7 Inviolabilidade do Domicílio

> ***XI.*** *A casa é asilo inviolável do indivíduo, ninguém nela podendo penetrar sem consentimento do morador, salvo em caso de flagrante delito ou desastre, ou para prestar socorro, ou, durante o dia, por determinação judicial;*

Como regra geral, ninguém – nem mesmo a polícia ou representantes da Justiça ou mesmo o Presidente da República – pode entrar no domicílio alheio sem permissão do proprietário.

No entanto, existem quatro exceções:

- Caso de flagrante delito (crime que está sendo praticado);
- Caso de desastre (inundação, desabamento, explosão, etc.);
- Para prestar socorro (por exemplo, alguém que sofre um infarto);
- Por determinação judicial, durante o dia (nesse caso, nunca à noite).

Importante observar que, de acordo com o Supremo Tribunal Federal, a expressão **domicílio** abarca não somente a residência, mas qualquer local que constitua um recinto fechado ou de acesso controlado, como um escritório de advocacia, um consultório médico ou um ateliê, uma vez que o que se busca proteger é a privacidade do indivíduo.

1.2.8 Inviolabilidade das Comunicações

> ***XII.*** *É inviolável o sigilo da correspondência e das comunicações telegráficas, de dados e das comunicações telefônicas, salvo, no último caso, por ordem judicial, nas hipóteses e na forma que a lei estabelecer para fins de investigação criminal ou instrução processual penal;*

Tal garantia abrange também as comunicações por meios eletrônicos.

A exceção somente se aplica às comunicações telefônicas e nos casos de investigação ou instrução penal, ou seja, em que houver suspeita de prática de crime.

Por último, cabe observar que somente um juiz pode decretar a quebra de sigilo telefônico, respeitadas as condições impostas pela lei.

A jurisprudência tem admitido a possibilidade de quebra de sigilos de comunicações eletrônicas (como e-mails e SMS).

Devido à relatividade dos direitos fundamentais, a jurisprudência admite a interceptação das comunicações epistolares (por meio de cartas) emitidas por detentos, pelo responsável pela unidade prisional.

1.2.9 Liberdade do Exercício de Profissão

> ***XIII.*** *É livre o exercício de qualquer trabalho, ofício ou profissão, atendidas as qualificações profissionais que a lei estabelecer;*

A priori, o exercício de qualquer trabalho, ofício ou profissão é livre, não havendo a necessidade do preenchimento de qualquer requisito especial.

No entanto, trata-se de norma de eficácia contida, ou seja, a lei pode exigir o preenchimento de determinados requisitos de qualificação profissional para o desempenho de determinadas atividades (por exemplo, exigir diploma para o exercício da medicina, exigir diploma em Direito e aprovação no exame da OAB para o desempenho da advocacia, etc.).

Assim, se a lei não exigir expressamente a comprovação de qualificação profissional, qualquer pessoa poderá exercer qualquer atividade econômica.

No entanto, não basta a existência de lei exigindo a qualificação, mas é necessário que tal exigência seja razoável. Assim, por exemplo, o STF decidiu, no julgamento do Recurso Extraordinário 511.961, que a exigência de diploma universitário para o exercício da profissão de jornalista, imposta pelo Decreto-Lei nº 972/69, era inconstitucional.

1.2.10 Direito à Informação

> ***XIV.*** *É assegurado a todos o acesso à informação e resguardado o sigilo da fonte, quando necessário ao exercício profissional;*

Este inciso trata do direito de todas as pessoas de obter informações sobre os assuntos mais diversos e provenientes das mais diversas fontes. Assim, seria inconstitucional uma lei que vedasse o acesso das pessoas a determinada fonte de informações (sites da internet, periódicos, etc.).

O Estado não pode dizer a quais informações e provenientes de quais fontes o cidadão terá acesso.

Visando justamente preservar o direito à informação, a Constituição permite aos profissionais (especialmente jornalistas) não revelar a fonte de informações que divulgam.

Obviamente, o direito à informação não impede que informações de interesse íntimo e privado de alguém sejam protegidas do conhecimento público.

1.2.11 Direito à Locomoção Dentro do Território Nacional

> ***XV.*** *É livre a locomoção no território nacional em tempo de paz, podendo qualquer pessoa, nos termos da lei, nele entrar, permanecer ou dele sair com seus bens;*

Não pode haver qualquer limitação à movimentação de pessoas dentro do território nacional. Assim, por exemplo, um Estado-membro da Federação não pode impor uma "tarifa de entrada" para um viajante que venha de outro Estado, nem pode exigir um "visto" para isso.

Essa garantia somente pode ser relativizada em tempos de guerra ou no caso de estado de sítio.

No que se refere ao ingresso de alguém de fora no território nacional, porém, a norma acima é de eficácia contida, podendo a lei estabelecer condições para aqui ingressar, aqui permanecer ou daqui sair com seus bens.

1.2.12 Direito de Reunião

> ***XVI.*** *Todos podem reunir-se pacificamente, sem armas, em locais abertos ao público, independentemente de autorização, desde que não frustrem outra reunião anteriormente convocada para o mesmo local, sendo apenas exigido prévio aviso à autoridade competente;*

Nossa constituição garante que todos podem reunir-se em locais públicos sem necessidade de solicitar autorização ao ente público.

Porém, impõe algumas condições:

- A reunião deve ser pacífica;
- Os manifestantes não podem portar armas;
- Não devem frustrar outra manifestação anteriormente convocada para o mesmo local; e
- Deve haver aviso prévio à autoridade competente para que esta possa, por exemplo, verificar se já não há uma reunião marcada para o mesmo local e horário, organizar o trânsito local, garantir a proteção dos que participarão da reunião, etc.

Esse direito de reunião pode ser restringido nos casos de guerra, estado de defesa e estado de sítio.

1.2.13 Direito de Associação

> ***XVII.*** *É plena a liberdade de associação para fins lícitos, vedada a de caráter paramilitar;*

Quando a Constituição Federal diz que é plena a liberdade de associação, está a dizer que as pessoas podem se associar para os fins que desejarem, desde que não seja para fins paramilitares.

> ***XVIII.*** *A criação de associações e, na forma da lei, a de cooperativas independem de autorização, sendo vedada a interferência estatal em seu funcionamento;*

O Estado não pode interferir nas associações e cooperativas, que tem o direito de se organizarem conforme quiserem, desde que respeitem as normas legais (por exemplo, Código Civil).

Além disso, o Estado não pode exigir qualquer autorização para a criação de associações. No que se refere às cooperativas, tal norma é de eficácia contida.

> ***XIX.*** *As associações só poderão ser compulsoriamente dissolvidas ou ter suas atividades suspensas por decisão judicial, exigindo-se, no primeiro caso, o trânsito em julgado;*

Para a suspensão (interrupção temporária das atividades) ou para a dissolução (extinção definitiva) de associações exige-se sempre uma decisão judicial.

No caso da dissolução exige-se ainda que de tal decisão não caiba mais nenhum recurso, ou seja, exige-se o trânsito em julgado da decisão judicial.

> ***XX.*** *Ninguém poderá ser compelido a associar-se ou a permanecer associado;*

Assim como é garantido o direito de associação, também se garante o de direito de não se associar ou de desassociar-se a qualquer momento.

O desrespeito a tal preceito pode inclusive configurar crime (Art. 199 do Código Penal).

> ***XXI.*** *As entidades associativas, quando expressamente autorizadas, têm legitimidade para representar seus filiados judicial ou extrajudicialmente;*

Permite-se às associações representar seus filiados perante terceiros e perante o próprio Judiciário (propondo ações judiciais, por exemplo), desde que elas sejam expressamente autorizadas para isso, no estatuto ou em decisão da assembleia geral.

1.2.14 Direito de Propriedade

> ***XXII.*** *É garantido o direito de propriedade;*
>
> ***XXIII.*** *A propriedade atenderá a sua função social;*

Nossa Constituição Federal reconhece o direito de propriedade, entendido como o direito de usar, fruir e dispor da coisa. No entanto, tal direito não é absoluto.

A propriedade, no entanto, deve atender sua função social, entendendo-se que o direito de propriedade não pode ser exercido em prejuízo da sociedade (manutenção de uma grande propriedade rural improdutiva, enquanto muitos não possuem terra para plantar, por exemplo).

A Constituição estabelece as condições para que as propriedades urbanas e rurais atendam sua função social.

1.2.15 Função Social da Propriedade

A Constituição define os requisitos para que as propriedades urbanas e rurais sejam consideradas como cumprindo sua função social:

Propriedade Urbana

> ***Art. 182*** *(...)*
>
> ***§ 2º.*** *A propriedade urbana cumpre sua função social quando atende às exigências fundamentais de ordenação da cidade expressas no plano diretor.*

Propriedade Rural

> ***Art. 186.*** *A função social é cumprida quando a propriedade rural atende, simultaneamente, segundo critérios e graus de exigência estabelecidos em lei, aos seguintes requisitos:*
>
> ***I.*** *Aproveitamento racional e adequado;*
>
> ***II.*** *Utilização adequada dos recursos naturais disponíveis e preservação do meio ambiente;*
>
> ***III.*** *Observância das disposições que regulam as relações de trabalho;*
>
> ***IV.*** *Exploração que favoreça o bem-estar dos proprietários e dos trabalhadores.*

1.2.16 Desapropriação

> ***XXIV.*** *A lei estabelecerá o procedimento para desapropriação por necessidade ou utilidade pública, ou por interesse social, mediante justa e prévia indenização em dinheiro, ressalvados os casos previstos nesta Constituição;*

Desapropriação é o ato administrativo pelo qual o Estado retira a propriedade de alguém.

Nossa Constituição traz as razões pelas quais isso pode ser feito: necessidade ou utilidade pública (a coletividade precisa).

Necessidade pública: a administração está diante de uma situação de risco iminente;

Utilidade pública: a desapropriação é conveniente ao atendimento do interesse público;

Interesse social: finalidade de reduzir as desigualdades sociais.

Nessas três hipóteses, o proprietário deverá ser desapropriado pelo desfalque sofrido em seu patrimônio.

O inciso XXIV atribui à lei o procedimento da desapropriação, trazendo, porém, três requisitos em relação à indenização (salvo nos casos excepcionados pela própria Constituição Federal):

- Deverá ser em dinheiro (não se pode pagar com títulos públicos, como ocorre com a desapropriação para reforma agrária, por exemplo);
- Deverá ser prévia (ou seja, o valor deve ser disponibilizado ao proprietário antes da desapropriação efetiva);
- Deverá ser justa, correspondendo realmente ao valor do imóvel desapropriado.

1.2.17 Requisição Administrativa

> ***XXV.*** *No caso de iminente perigo público, a autoridade competente poderá usar de propriedade particular, assegurada ao proprietário indenização ulterior, se houver dano;*

Aqui não se trata de desapropriação, uma vez que o dono do imóvel não perde a propriedade. Trata-se da possibilidade de a Administração Pública utilizar-se temporária e compulsoriamente de um imóvel particular, cabível somente no caso de iminente perigo público (desabamento, inundação, etc.).

O dispositivo deixa claro que somente haverá indenização se houver dano (deterioração do imóvel, lucros cessantes, etc.).

1.2.18 Impenhorabilidade do Pequeno Imóvel Rural

> ***XXVI.*** *A pequena propriedade rural, assim definida em lei, desde que trabalhada pela família, não será objeto de penhora para pagamento de débitos decorrentes de sua atividade produtiva, dispondo a lei sobre os meios de financiar o seu desenvolvimento;*

Penhora é o ato judicial através do qual é tomada a propriedade de um bem para pagamento de alguma dívida.

O inciso XXVI proíbe que a pequena propriedade rural (cuja definição cabe à lei), que seja trabalhada pela família (sem utilização de mão de obra de terceiros), sofra penhora para quitar débitos decorrentes de sua própria atividade produtiva.

1.2.19 Direitos dos Autores

> ***XXVII.*** *Aos autores pertence o direito exclusivo de utilização, publicação ou reprodução de suas obras, transmissível aos herdeiros pelo tempo que a lei fixar;*

Os autores de obras literárias e artísticas possuem direitos perpétuos sobre as suas obras (mas que podem ser transmitidos a terceiros, se aqueles assim concordarem).

Além disso, seus herdeiros também terão esses mesmos direitos, porém, nesse caso, por tempo limitado, estabelecido em lei ordinária.

1.2.20 Direitos de Participação

> ***XXVIII.*** *São assegurados, nos termos da lei:*
>
> ***a)*** *a proteção às participações individuais em obras coletivas e à reprodução da imagem e voz humanas, inclusive nas atividades desportivas;*
>
> ***b)*** *o direito de fiscalização do aproveitamento econômico das obras que criarem ou de que participarem aos criadores, aos intérpretes e às respectivas representações sindicais e associativas.*

Esse dispositivo garante a participação econômica nas obras coletivas, bem como o direito de fiscalização desse aproveitamento econômico.

Deve-se observar que o direito de fiscalização é diferente de direito de disposição, que é o direito de negociar a obra. Assim, embora os participantes tenham o direito de fiscalização, a propriedade não necessariamente pertencerá a eles.

1.2.21 Direitos do Inventor e Proteção da Marca

> ***XXIX.*** *A lei assegurará aos autores de inventos industriais privilégio temporário para sua utilização, bem como proteção às criações industriais, à propriedade das marcas, aos nomes de empresas e a outros signos distintivos, tendo em vista o interesse social e o desenvolvimento tecnológico e econômico do País;*

Diferentemente dos autores de obras literárias e artísticas, os autores de inventos industriais têm titularidade temporária sobre os direitos da criação. Essa limitação visa permitir que a indústria nacional possa se beneficiar mais rapidamente das inovações tecnológicas aqui desenvolvidas.

Ademais, o inciso XXIX também prevê proteção às marcas, aos nomes de empresas e outros signos distintivos (slogans, logotipos, etc.), proteção essa que deve levar em conta não somente o interesse dos titulares, mas também o do País.

1.2.22 Direitos Relativos à Sucessão *Causa Mortis*

> ***XXX.*** *É garantido o direito de herança;*
>
> ***XXXI.*** *A sucessão de bens de estrangeiros situados no País será regulada pela lei brasileira em benefício do cônjuge ou dos filhos brasileiros, sempre que não lhes seja mais favorável a lei pessoal do de cujus;*

Além de garantir o direito de herança (transmissão da propriedade do de cujus a seus herdeiros, legais ou testamentários), nossa CF também estabelece que, no caso de um estrangeiro que tiver bens no Brasil vier a falecer, para regular a sucessão desses bens situados no Brasil serão aplicadas as leis brasileiras, no que se refere aos direitos dos filhos ou cônjuge brasileiros, a não ser que lhes seja mais favorável a lei patrícia do falecido.

O seguinte exemplo deve esclarecer o exposto acima:

Imagine que um viúvo saudita (chamado Hassan) que tenha como primogênito um brasileiro (chamado Ubirajara) venha a falecer, deixando entre seus bens uma fazenda no interior do Mato Grosso. Considere ainda que, a lei saudita estabeleça que o primogênito tenha direito à metade da herança do pai e que o de cujus tenha mais três filhos (Mohammed, Ibrahim e Hosni), nascidos na Arábia Saudita.

Nesse caso, qual lei é mais favorável a Ubirajara: a lei brasileira ou a hipotética lei saudita?

A saudita, pois de acordo com a lei brasileira, Ubirajara teria direito a apenas um quarto dos bens, e de acordo com a lei saudita, teria direito à metade.

Assim, aplicar-se-ia a lei saudita em relação à fazenda em Mato Grosso.

Agora, se no lugar de um filho brasileiro, Hassan tivesse uma filha brasileira (chamada Iracema), e a lei saudita, por hipótese dissesse que somente os filhos homens pudessem herdar, seria aplicada a lei brasileira na divisão da fazenda, uma vez que esta seria mais favorável a Iracema.

1.2.23 Direitos do Consumidor

> ***XXXII.*** *O Estado promoverá, na forma da lei, a defesa do consumidor;*

Nossa Constituição prevê que o Estado deve tutelar os direitos do consumidor, visto como hipossuficiente em relação às empresas, especialmente os grandes conglomerados.

Hoje, o principal diploma que promove essa proteção é o Código de Defesa do Consumidor (Lei nº 8.078/90).

1.2.24 Direito à Obtenção de Informações de Órgãos Públicos

> ***XXXIII.*** *Todos têm direito a receber dos órgãos públicos informações de seu interesse particular, ou de interesse coletivo ou geral, que serão prestadas no prazo da lei, sob pena de responsabilidade, ressalvadas aquelas cujo sigilo seja imprescindível à segurança da sociedade e do Estado;*

A ideia é que o Estado forneça aos cidadãos todas as informações solicitadas por ele, desde que não tenham caráter sigiloso e que não se refiram a informações pessoais de terceiros.

Atualmente, esse dispositivo da Constituição é regulamentado pela Lei nº 12.527/11 (Lei de Acesso à Informação).

No entanto, nem todas as informações podem ser exigidas, uma vez que a CF excetua aquelas que sejam indispensáveis à segurança do Estado, além de também proteger a intimidade de terceiros. Essa restrição, porém, não se aplica aos dados relativos à própria pessoa do solicitante, de acordo com a maioria dos doutrinadores.

1.2.25 Direito de Petição e Obtenção de Certidões

> ***XXXIV.*** *São a todos assegurados, independentemente do pagamento de taxas:*
>
> ***a)*** *o direito de petição aos Poderes Públicos em defesa de direitos ou contra ilegalidade ou abuso de poder;*
>
> ***b)*** *a obtenção de certidões em repartições públicas, para defesa de direitos e esclarecimento de situações de interesse pessoal;*

Todos têm o direito de peticionar, ou seja, de requerer providências do Poder Público, visando a defesa de seus direitos ou para denunciar qualquer ilegalidade ou abuso de poder, não sendo permitida a exigência de pagamento de taxas para o exercício deste direito.

Direito de petição pode ser definido como o direito de invocar a atenção do Poder Público sobre uma questão ou situação.

O direito de petição traz como corolário a exigência de obtenção de resposta em um prazo razoável.

Também é garantido o direito de obtenção de certidões. Certidão é uma declaração de um órgão público sobre um fato determinado. A esse direito corresponde uma obrigação de o Estado, salvo nas hipóteses constitucionais de sigilo, fornecer as informações solicitadas e num prazo razoável, se o mesmo não for fixado em lei.

1.2.26 Apreciação de Lesão ou Ameaça de Lesão pelo Poder Judiciário

> ***XXXV.*** *A lei não excluirá da apreciação do Poder Judiciário lesão ou ameaça a direito;*

Nenhuma lei pode impedir o Judiciário de apreciar uma alegada lesão ou ameaça de lesão a direito, e, por outro lado, os juízes não podem se furtar de cumprir sua função jurisdicional.

Assim, seria inconstitucional, por exemplo, uma lei que proibisse os contribuintes de recorrerem ao Poder Judiciário para questionar a cobrança de um tributo.

Inexiste, por outro lado, a obrigatoriedade de esgotamento da via administrativa para que a parte possa acessar o Judiciário.

O texto constitucional não proíbe que os particulares, por sua livre e espontânea vontade, ao invés de submeterem a questão ao Judiciário, acordem por delegar a resolução da questão a terceiro, através da chamada arbitragem.

1.2.27 Direito Adquirido, Ato Jurídico Perfeito e Coisa Julgada

> ***XXXVI.*** *A lei não prejudicará o direito adquirido, o ato jurídico perfeito e a coisa julgada;*

O respeito ao direito adquirido, ao ato jurídico perfeito e à coisa julgada é a base da chamada "segurança jurídica". Se eles não fossem respeitados, ficaríamos à mercê de alterações legislativas que poderiam atingir situações jurídicas já consolidadas.

Direito adquirido pode ser definido como o direito que já se incorporou ao patrimônio de seu detentor, mesmo que ainda não tenha sido exercido (por exemplo, direito à aposentadoria).

Ato jurídico perfeito é aquele que se aperfeiçoou, que reuniu todos os elementos necessários à sua formação (por exemplo, contrato assinado).

Por fim, coisa julgada é o objeto da decisão judicial transitada em julgado, ou seja, da qual não caiba mais qualquer recurso, estando a questão definitivamente resolvida pelo Poder Judiciário.

1.2.28 Proibição de Juízo de Exceção

> ***XXXVII.*** *Não haverá juízo ou tribunal de exceção;*

Juízo é um termo que indica a primeira instância do Poder Judiciário, em que o julgamento é feito de forma monocrática.

Tribunais são as instâncias superiores do Judiciário, em que os julgamentos são feitos de forma colegiada (por um grupo de juízes).

Juízo ou tribunal de exceção é aquele criado especialmente para julgamento de determinados crimes, após a prática desses crimes. Tal tipo de juízo ou tribunal contraria o princípio do juiz natural, que estabelece que as pessoas devem ser julgadas por juízes previamente determinados pela lei.

Isso porque o réu, além de saber de antemão que determinado ato é crime e qual é a pena imputada, também deve saber em qual juízo será julgado, se praticar aquele crime. Tudo para evitar perseguições e julgamentos injustos.

Exemplo de tribunal de exceção foi o Tribunal de Nuremberg, criado para julgar os nazistas por crimes cometidos durante a Segunda Guerra Mundial.

1.2.29 Júri Popular

> ***XXXVIII.*** *é reconhecida a instituição do júri, com a organização que lhe der a lei, assegurados:*
>
> ***a)*** *a plenitude de defesa;*
>
> ***b)*** *o sigilo das votações;*
>
> ***c)*** *a soberania dos veredictos;*
>
> ***d)*** *a competência para o julgamento dos crimes dolosos contra a vida;*

O júri é um tribunal formado por sete juízes leigos, escolhidos dentre o povo, que decidirão sobre um processo judicial.

Nossa Constituição garante-lhe uma competência mínima: julgamento dos crimes dolosos contra a vida (não há júri para julgamento cíveis, no Brasil), porém a lei pode ampliar essa competência.

As decisões dos jurados são sigilosas, ou seja, não se sabe o que cada jurado decidiu, sendo que os mesmos não devem sequer conversar entre si durante o julgamento, sobre o assunto do crime que está sendo julgado.

A soberania de seus veredictos implica que os mesmos não podem ser reformados por outro juiz ou tribunal. O máximo que pode ocorrer é a anulação do julgamento, pelo Tribunal de Justiça, para que seja novo julgamento pelo júri – e isso somente pode ser feito uma única vez.

1.2.30 Princípio da Reserva Legal Penal ou Princípio da Legalidade do Direito Penal

> ***XXXIX.*** *Não há crime sem lei anterior que o defina, nem pena sem prévia cominação legal;*

Para que alguém seja condenado por um crime, é necessário que a conduta ilícita praticada por ele tenha sido descrita na norma penal antes de sua prática.

Ou seja, quando o agente comete a ação, ele já saberá que aquilo é crime, uma vez que ninguém pode alegar desconhecimento da lei.

Da mesma forma, a pena imputada àquele crime também deve ter previsão legal anterior à sua prática.

1.2.31 Princípio da Irretroatividade da Lei Penal

> ***XL.*** *A lei penal não retroagirá, salvo para beneficiar o réu;*

Via de regra, a lei penal (e as leis em geral) não retroagem, o que quer dizer que, uma vez em vigor, a lei penal somente produzirá efeitos para as situações que ocorrerem dali em diante.

Existe, porém, uma exceção: a lei retroagirá se a alteração trazida pela lei ocorrer em benefício do réu (novatio legis in melius).

> **Ex.:** O adultério deixou de ser crime pela Lei nº 11.106, que entrou em vigor dia 29/03/2005. Assim, a partir desse dia, até mesmo aqueles que já haviam sido condenados e cumpriam pena pelo delito tiveram sua pena extinta, sendo que, a "abolitio criminis" trazida pela lei fez com que tudo ocorresse como se o crime nunca tivesse existido.

Também existe retroação da lei, quando esta diminui a pena aplicável ao crime, por exemplo.

1.2.32 Atentado aos Direitos e Liberdades Fundamentais

> ***XLI.*** *A lei punirá qualquer discriminação atentatória dos direitos e liberdades fundamentais;*

Não basta que o Estado Brasileiro respeite os direitos e liberdades fundamentais, ele deve, além disso, punir àqueles que não os respeitam e fazem discriminações que os ofendam.

Veja-se que, pelo princípio da reserva legal, cabe à lei (em sentido estrito) definir quando ocorrerá essa discriminação atentatória, que pode ser, por exemplo, por motivo de raça, sexo, origem, condição social, etc.

1.2.33 Combate ao Racismo

> ***XLII.*** *A prática do racismo constitui crime inafiançável e imprescritível, sujeito à pena de reclusão, nos termos da lei;*

A sociedade brasileira é multirracial e assim, o racismo, além de ser odioso do ponto de vista individual, acaba sendo prejudicial à própria nação, por isso deve ser combatido pela lei.

Inafiançável: não admite o pagamento de fiança para que o réu responda em liberdade ao processo.

Imprescritível: prescrição é o instituto de direito penal pelo qual o Estado tem um tempo determinado para punir alguém por um delito. No caso do racismo, isso não ocorre, podendo, por exemplo, alguém responder por uma ofensa racista 50 anos depois de tê-la praticado.

Reclusão: tipo mais severo de prisão, que, entre outras coisas, não admite o início de cumprimento da pena no regime aberto.

1.2.34 Combate à Tortura, Tráfico de Drogas, Terrorismo, Crimes Hediondos e Cometidos por Entidades Paramilitares

> ***XLIII.*** *A lei considerará crimes inafiançáveis e insuscetíveis de graça ou anistia a prática da tortura, o tráfico ilícito de entorpecentes e drogas afins, o terrorismo e os definidos como crimes hediondos, por eles respondendo os mandantes, os executores e os que, podendo evitá-los, se omitirem;*
>
> ***XLIV.*** *Constitui crime inafiançável e imprescritível a ação de grupos armados, civis ou militares, contra a ordem constitucional e o Estado Democrático;*

O inciso XLIII trata de crimes que o Constituinte entendeu como sendo de gravidade exacerbada e que, por isso, merecem um tratamento mais rigoroso.

O inciso XLIV trata da ação de grupos paramilitares e visa proteger o Estado Democrático de Direito contra a ação de grupos militares extraoficiais. Nesse caso, a lei deve definir tal crime, determinando a Constituição Federal que será inafiançável e imprescritível, assim como ocorre com o crime de racismo.

1.2.35 Intransferibilidade da Pena

> ***XLV.*** *Nenhuma pena passará da pessoa do condenado, podendo a obrigação de reparar o dano e a decretação do perdimento de bens ser, nos termos da lei, estendidas aos sucessores e contra eles executadas, até o limite do valor do patrimônio transferido;*

Esse inciso traz o princípio de que a pena não pode ultrapassar a pessoa do apenado. Ou seja, ninguém (nem mesmo os sucessores do condenado) deve responder pelos crimes executados por outrem.

As únicas exceções que ocorrem são referentes à obrigação de reparar o dano e a decretação da perda de bens, que podem ser estendidas aos sucessores, mas somente até o valor da herança (não é justo que os herdeiros tenham um acréscimo patrimonial enquanto outros sofrem prejuízo causado pelo autor da herança).

1.2.36 Individualização e Tipos de Penas

> ***XLVI.*** *a lei regulará a individualização da pena e adotará, entre outras, as seguintes:*
>
> ***a)*** *privação ou restrição da liberdade;*
>
> ***b)*** *perda de bens;*
>
> ***c)*** *multa;*
>
> ***d)*** *prestação social alternativa;*
>
> ***e)*** *suspensão ou interdição de direitos;*

Nossa Constituição Federal exige que a gradação (cálculo) e a execução da pena sejam individualizadas, isto é, que sejam adaptadas de acordo com a personalidade e idade do apenado, circunstâncias do crime etc.

A seguir, o inciso traz exemplos de penas que deverão ser adotadas pela lei, e que serão impostas de acordo com o caso concreto.

1.2.37 Penas Proibidas

XLVII. Não haverá penas:

a) de morte, salvo em caso de guerra declarada, nos termos do art. 84, XIX;

b) de caráter perpétuo;

c) de trabalhos forçados;

d) de banimento;

e) cruéis;

Pela interpretação a contrariu sensu da alínea "a", extrai-se que a pena de morte é admitida no Brasil em tempos de guerra externa declarada, vedada em qualquer outra época.

Pena de caráter perpétuo não necessariamente significa prisão perpétua, mas qualquer pena que oprima o condenado pelo resto da vida.

Pena de banimento é a pena de exílio.

Pena cruel é a infringe sofrimento físico ou mental, sendo comparável à tortura.

1.2.38 Direitos dos Sentenciados

XLVIII. A pena será cumprida em estabelecimentos distintos, de acordo com a natureza do delito, a idade e o sexo do apenado;

XLIX. É assegurado aos presos o respeito à integridade física e moral;

L. Às presidiárias serão asseguradas condições para que possam permanecer com seus filhos durante o período de amamentação;

Embora os condenados devam pagar por seus delitos, é função do Estado fazer com que sejam apenados nos termos da lei, responsabilizando-se por sua integridade física e moral.

Presos de diferentes características e personalidades devem ser segregados, de forma a proteger os mais vulneráveis e, além disso, evitar que os menos perigosos sejam "contaminados" pelos mais perigosos.

1.2.39 Extradição

LI. Nenhum brasileiro será extraditado, salvo o naturalizado, em caso de crime comum, praticado antes da naturalização, ou de comprovado envolvimento em tráfico ilícito de entorpecentes e drogas afins, na forma da lei;

LII. Não será concedida extradição de estrangeiro por crime político ou de opinião;

Extradição é o envio ao estrangeiro de pessoa que lá tenha cometido crime para que seja julgado e punido.

O brasileiro nato nunca será extraditado. Já o brasileiro naturalizado somente o pode ser em dois casos:

> Se comprovada participação em tráfico de drogas praticado no exterior (nesse caso, não importando se tal crime ocorreu antes ou depois da naturalização); ou

> No caso de crime comum praticado antes da naturalização (crime comum é aquele que não é crime político nem de opinião).

Ninguém será extraditado (seja estrangeiro, seja brasileiro naturalizado) por crime político ou de opinião.

1.2.40 Disposições Processuais

LIII. Ninguém será processado nem sentenciado senão pela autoridade competente;

LIV. Ninguém será privado da liberdade ou de seus bens sem o devido processo legal;

Uma das maiores garantias que um cidadão pode ter é o respeito ao princípio do chamado "juiz natural", que determina que, tal pessoa somente pode ser julgada e sentenciada pela autoridade estabelecida previamente pela lei.

O devido processo legal é um conceito aberto, mas que pode ser resumido como um processo justo, em que as partes tenham direito ao contraditório, ampla defesa, que seja conduzido por um juiz competente e que respeite as prescrições legais.

LV. Aos litigantes, em processo judicial ou administrativo, e aos acusados em geral são assegurados o contraditório e ampla defesa, com os meios e recursos a ela inerentes;

LVI. São inadmissíveis, no processo, as provas obtidas por meios ilícitos;

Litigantes são as partes de um processo judicial.

A Constituição prevê que não somente em um processo judicial, mas também nos administrativos e nos processos em geral (por exemplo, exclusão de sócio de clube), as partes têm direito ao contraditório (direito de conhecer e rebater os argumentos e provas trazidos pela parte contrária) e à ampla defesa (produzir todas as provas que julgarem necessárias).

Nosso sistema processual não admite as provas produzidas por meios ilícitos (no cível esse princípio é absoluto, na esfera criminal admite raras exceções em benefício do réu). Os fins não justificam os meios.

1.2.41 Presunção de Inocência

LVII. Ninguém será considerado culpado até o trânsito em julgado de sentença penal condenatória.

O princípio da presunção de inocência, trazido pelo inciso LVII, estabelece que, até prova cabal e definitiva em contrário (consubstanciada na decisão judicial da qual não caiba mais recurso), todos são considerados inocentes.

O estigma de culpado por um crime somente pode ser atribuído a alguém após o término de um processo no qual tenha sido dada oportunidade de ampla defesa ao acusado.

Importante observar que o princípio da presunção de inocência não impede que seja decretada a prisão preventiva do réu, nos casos excepcionais previstos em lei.

1.2.42 Vedação de Identificação Criminal ao Civilmente Identificado

LVIII. O civilmente identificado não será submetido a identificação criminal, salvo nas hipóteses previstas em lei;

Civilmente identificado é aquele que possui um documento de identidade reconhecido por lei emitido pelo órgão competente.

Exs.: carteira de identificação – RG – expedida pelo órgão estadual ou forças armas; carteira nacional de habilitação; carteira de trabalho e previdência social, carteira da OAB, etc.).

Se alguém suspeito de algum crime apresentar um desses documentos, em regra não será submetido à identificação criminal na delegacia (não precisará tirar foto, imprimir as digitais – "tocar piano", etc.).

Porém, trata-se de norma de eficácia contida, conforme se extrai da expressão *salvo nas hipóteses previstas em lei*, o que quer dizer que a lei pode estabelecer hipóteses em que o civilmente identificado deverá submeter-se à identificação criminal.

Ex.: no caso de suspeita de falsidade do documento apresentado).

1.2.43 Ação Penal Privada Subsidiária

> ***LIX.*** *Será admitida ação privada nos crimes de ação pública, se esta não for intentada no prazo legal;*

Crimes de ação penal pública são aqueles em que o réu somente pode ser acusado e processado por iniciativa do Ministério Público, que apresenta a denúncia e acusa o réu durante o processo. Quase todos os crimes são de ação penal pública.

Crimes de ação pena privada são aqueles em que o processo somente pode ser iniciado por iniciativa do particular, que apresenta a queixa-crime, como ocorre, por exemplo, com os crimes de calúnia, injúria e difamação.

O que o inciso LIX diz é que, no caso de ação penal pública, se o Ministério Público não apresentar a denúncia, não pedir o arquivamento e não solicitar diligências no prazo estabelecido na lei, ou seja, se o MP ficar inerte, o particular poderá apresentar queixa-crime no lugar da denúncia do Ministério Público, para que o acusado não seja beneficiado pela inação do órgão ministerial.

O prazo para o Ministério Público apresentar a denúncia, de acordo com o Código de Processo Penal, é de 5 (cinco) dias se o réu estiver preso, e de 15 (quinze) dias, se estiver solto.

1.2.44 Publicidade dos Atos Processuais

> ***LX.*** *A lei só poderá restringir a publicidade dos atos processuais quando a defesa da intimidade ou o interesse social o exigirem;*

Via de regra, todos os atos processuais serão públicos, devem ser do conhecimento de todos, o que quer dizer que qualquer pessoa poderá, por exemplo, assistir a audiências, mesmo que o assunto não lhes diga respeito, e poderá pedir para ver um processo, desde que não o retire do cartório e não atrapalhe o trabalho do juiz e das partes. Além disso, todas as decisões tomadas pelo juiz serão publicadas no Diário Oficial.

No entanto, a Constituição Federal estabelece a possibilidade de restrição excepcional dessa publicidade no caso de defesa da intimidade ou do interesse social (como ocorre, por exemplo, em ações de separação litigiosa; estupro com violência; casos em que estejam envolvidos segredos militares, etc.).

1.3 Hipóteses de Prisão

> ***LXI.*** *Ninguém será preso senão em flagrante delito ou por ordem escrita e fundamentada de autoridade judiciária competente, salvo nos casos de transgressão militar ou crime propriamente militar, definidos em lei;*

No caso dos civis, a Constituição Federal somente admite que alguém seja levado à prisão em duas hipóteses: se a pessoa for pega em flagrante (próprio ou impróprio) ou se houver uma ordem judicial para isso (mandado de prisão).

Desta forma, não existe mais a possibilidade da chamada "prisão para averiguação", muito praticada na época ditatorial.

Para os militares, porém, que possuem na hierarquia e disciplina os dois pilares de sua organização, admite-se, além das duas hipóteses anteriores, a prisão administrativa (por ordem de um superior).

1.3.1 Direitos dos Presos Provisórios

> ***LXII.*** *A prisão de qualquer pessoa e o local onde se encontre serão comunicados imediatamente ao juiz competente e à família do preso ou à pessoa por ele indicada;*

Não podem existir "prisões secretas" no Brasil. Sempre que alguém for preso, tanto o ato da prisão como o local onde a pessoa está detida serão comunicados:

> À família do acusado (ou àquele que ele indicar), para que ele possa ter a assistência necessária (contratação de advogado, recebimento de visitas, etc.).

> Ao juiz competente, para que este possa apreciar a legalidade da prisão. Se a prisão for ilegal, o juiz deverá soltar imediatamente o acusado, conforme dispõe o inciso LXV:

> ***LXV.*** *A prisão ilegal será imediatamente relaxada pela autoridade judiciária;*

> ***LXIII.*** *O preso será informado de seus direitos, entre os quais o de permanecer calado, sendo-lhe assegurada a assistência da família e de advogado;*

Imediatamente à prisão do acusado, a autoridade policial deverá informá-lo a respeito de seus direitos, os quais incluem (mas não se resumem a esses):

> Direito a permanecer calado: ninguém pode ser obrigado a produzir prova contra si mesmo. O preso tem o direito de ficar calado perante o delegado e perante o juiz, se preferir não se manifestar.

> Assistência da família.

> Assistência de um advogado.

> ***LXIV.*** *O preso tem direito à identificação dos responsáveis por sua prisão ou por seu interrogatório policial;*

A garantia de que o preso tenha conhecimento de quem o prendeu ou interrogou tem o objetivo de permitir que ele possa representar contra eventuais abusos cometidos, o que ajuda a coibir a prática desses atos.

No entanto, esse direito não é absoluto, podendo ser preservada a identidade dos policiais envolvidos no caso em que sua revelação possa envolver graves e comprovados riscos a esses.

Ex.:, no caso de prisão de chefes de grandes organizações criminosas.

> ***LXVI.*** *Ninguém será levado à prisão ou nela mantido, quando a lei admitir a liberdade provisória, com ou sem fiança;*

A regra geral é a de que a pessoa responda ao processo criminal em liberdade, somente sendo preso após o trânsito em julgado da decisão judicial.

A liberdade provisória é a concessão, ao preso em flagrante, de liberdade, o que sempre deve ser feito se não estiverem presentes os requisitos da prisão preventiva. Isso ocorre porque existem muitos casos que, embora a pessoa tenha sido presa em flagrante, não se justifica a manutenção dessa prisão provisória, por não estarem presentes os requisitos da prisão preventiva (por exemplo, alguém que é preso em flagrante por furtar uma galinha de um vizinho, sendo primário e de bons antecedentes).

Assim, sempre que não estiverem presentes os requisitos da prisão preventiva, ninguém deverá ser ou permanecer preso.

1.3.2 Proibição de Prisão por Dívidas

> ***LXVII.*** *Não haverá prisão civil por dívida, salvo a do responsável pelo inadimplemento voluntário e inescusável de obrigação alimentícia e a do depositário infiel;*

Via de regra, uma pessoa somente pode ser presa pelo fato de ter cometido um crime. Ou seja, ninguém será preso por dívidas.

Porém, de acordo com a Constituição, haveria dois casos em que pode haver prisão do devedor:

- Inadimplemento voluntário e inescusável de obrigação alimentícia (pensão alimentícia).
- Depositário infiel – alguém que tem a responsabilidade pela guarda de um objeto de outrem e dolosamente não o devolve ou o destrói.

O STF decidiu que a prisão por depositário infiel é inconstitucional, uma vez que o Brasil é signatário do Pacto de San José da Costa Rica sobre direitos humanos (HC 96.772, 09/06/2009; HC 94.013, 10/02/2009).

Ou seja, atualmente somente existe a possibilidade de prisão civil por dívida no caso de não pagamento injustificado de pensão alimentícia.

1.3.3 Remédios Constitucionais

Os incisos LXVIII a LXXIII do Art. 5º tratam dos chamados "remédios constitucionais", que são garantias fundamentais que visam oferecer meios processuais rápidos e eficientes para defesa de direitos fundamentais, os quais veremos a seguir:

Habeas Corpus

> ***LXVIII.*** *Conceder-se-á "habeas-corpus" sempre que alguém sofrer ou se achar ameaçado de sofrer violência ou coação em sua liberdade de locomoção, por ilegalidade ou abuso de poder;*

Assim, o que esse remédio constitucional tutela é a liberdade de locomoção do indivíduo, ou seja, seu direito de ir, vir e permanecer.

Somente se pode utilizar do *Habeas Corpus* para corrigir alguma inidoneidade que implique em coação direta ou indireta à liberdade de ir, vir e permanecer. Desta forma, não se conhecerá do mesmo se seu objetivo for, por exemplo, questionar pena pecuniária imposta ou que possa vir a ser imposta ao acusado.

Intervenientes

No *Habeas Corpus*, temos três sujeitos envolvidos:

- Impetrante: quem apresenta, protocoliza o ***Habeas Corpus***.
- Impetrado: quem está sendo acusado de praticar a coação ilegal.
- Paciente: aquele em favor de quem está sendo pedido a ordem de ***Habeas Corpus*** (pode ser a mesma pessoa que o impetrante, ou seja, pode-se impetrar ***Habeas Corpus*** em defesa própria).

Impossibilidade de Produção de Provas em *Habeas Corpus*

O *Habeas Corpus*, devido a seu caráter sumaríssimo, não se presta a reexame da análise probatória apreciada em ação anterior.

Também não se admite, via de regra, pedido de produção de provas em *Habeas Corpus*, ou seja, o impetrante já deverá apresentar, junto com a petição inicial, todas as provas que julgar pertinentes.

Na análise do caso, o juiz ou tribunal não está vinculado à causa de pedir ou pedido formulados, podendo conceder a ordem se vislumbrar razão diversa das alegadas pelo impetrante.

Legitimação Ativa

Legitimação ativa é a capacidade jurídica de alguém de impetrar um *Habeas Corpus*. Ou seja, é a capacidade de ser autor numa ação de *Habeas Corpus*.

A legitimação para ajuizamento do *Habeas Corpus* é a mais ampla possível, não se exigindo nem que seja assinado por advogado.

Qualquer um, nacional ou estrangeiro, independentemente de sua condição civil, ainda que não esteja no gozo dos direitos políticos ou que seja menor de idade, pode recorrer ao chamado "remédio heroico", em seu favor ou de outro, podendo ele mesmo assinar a petição.

Também a pessoa jurídica pode impetrar *Habeas Corpus* em favor de terceiro pessoa física, não podendo, porém, ser paciente.

O próprio juiz não está obrigado a esperar provocação para conceder a ordem de *Habeas Corpus*. Neste caso, a ordem será concedida de ofício, não se falando em impetração.

Apesar da ampla legitimidade ativa, é vedada a petição apócrifa (identificação falsa do impetrante ou anônima), podendo o juiz, porém, mesmo não conhecendo do pedido, concedê-lo de ofício.

Legitimação Passiva

Quando se fala de legitimação passiva está se referindo à possibilidade de alguém ter impetrado contra si o *Habeas Corpus*.

O *Habeas Corpus* deverá ser impetrado contra o ato do coator, que poderá ser autoridade pública ou simplesmente um particular.

Quando se tratar de ato coator praticado por particular, normalmente a conduta constituirá crime (cárcere privado, constrangimento ilegal), bastando a intervenção da autoridade policial para fazê-la cessar. Isso, porém, não impede a impetração do *Habeas Corpus*, até porque existem casos em que será difícil ou impossível a intervenção da polícia para fazer cessar a coação ilegal (internações em hospitais ou clínicas psiquiátricas).

Excepcionalmente o *Habeas Corpus* pode ser utilizado em processos cíveis, não existindo crime (**Ex.:** menor de idade que alegue cerceamento ilegal de seu direito de locomoção por seu responsável ou prisão decretada por não pagamento de pensão).

Pacientes

Qualquer um pode ser paciente em um *Habeas Corpus*, desde que, como visto, seu direito de locomoção esteja sendo lesado ou ameaçado.

As pessoas jurídicas, embora possam ser impetrantes, não podem se beneficiar de uma ordem de *Habeas Corpus*, uma vez que não estão sujeitas ao deslocamento físico.

Nada impede que um mesmo *Habeas Corpus* tenha mais de um paciente, desde que a causa de pedir (o ato coator ilegal) seja o mesmo.

Habeas Corpus Preventivo e Repressivo

O *Habeas Corpus* pode ser preventivo (salvo-conduto) ou repressivo (também chamado de liberatório)

O *Habeas Corpus* preventivo é cabível quando houver ameaça à liberdade de locomoção. Concede um salvo-conduto, que busca prevenir que a ameaça se efetive (**Ex.:** HC impetrado por prostitutas visando garantir o seu direito de "trabalhar"). Evidentemente, o salvo-conduto limitar-se-á aos motivos que ensejaram a ordem e terá a abrangência por ela definidos. Assim, se alguém, processado por furto, consegue um HC para que não seja preso provisoriamente por aquele crime, por ser primário e o crime não ser grave, nada impede que ele seja preso se for flagrado traficando drogas.

Já o *Habeas Corpus* repressivo (ou liberatório) aplica-se aos casos em que a violência ou coação à liberdade de locomoção esteja ocorrendo. Tem o objetivo de fazer cessar o desrespeito à liberdade de locomoção.

Liminar em *Habeas Corpus*

Não obstante seja o rito do *Habeas Corpus* sumaríssimo e tenha ele prioridade absoluta de julgamento nos Tribunais e juízos singulares, há a possibilidade de concessão de medida liminar, para se evitar possível constrangimento irreparável à liberdade de locomoção.

A possibilidade de concessão de liminar vale tanto para os *Habeas Corpus* preventivos como liberatórios.

A admissão de decisão liminar não é prevista na lei, mas é resultado da construção jurisprudencial.

A concessão da liminar exige a convergência de dois requisitos: o periculum in mora (possibilidade de dano irreparável) e o fumus boni iuris (elementos da impetração que indiquem a existência de ilegalidade no constrangimento). Esses dois requisitos serão analisados de forma sumária.

Habeas Corpus e Punições Disciplinares Militares

O Art. 142, §2º, da CF, estabelece que não caberá *Habeas Corpus* em relação a punições disciplinares militares.

O que o dispositivo quer dizer, no entanto, é que não caberá HC em relação ao mérito das punições disciplinares administrativas, uma vez que o juiz sempre pode analisar os pressupostos de legalidade de qualquer ato administrativo (competência, forma legal, pena passível de ser aplicada disciplinarmente, etc.).

Mandado de Segurança

> ***LXIX.*** *Conceder-se-á mandado de segurança para proteger direito líquido e certo, não amparado por "habeas corpus" ou "habeas data", quando o responsável pela ilegalidade ou abuso de poder for autoridade pública ou agente de pessoa jurídica no exercício de atribuições do Poder Público;*

Direito líquido e certo: direito certo é aquele que está determinado, que não necessita de mais provas, que é induvidoso. Por exigir direito certo é que não se admite a produção de provas no bojo processual do MS (o MS não admite dilação probatória). Importante observar que o direito é sempre certo, sendo que os fatos é que podem ser duvidosos.

Liquidar é atribuir um valor. Direito líquido é aquele que já tem seu valor definido, que não precisa de averiguações para se verificar sua extensão econômica. Assim, o direito pode ser certo, mas não líquido.

> **Ex.:** Alguém ganha uma ação de indenização, mas o valor desta indenização será definido somente na liquidação da sentença, até lá o direito é certo, mas não líquido.

Para que o mandado de segurança possa ser conhecido, ambos os requisitos: certeza e liquidez do direito devem estar preenchidos.

Não amparado por *Habeas Corpus* ou *Habeas Data*: se o direito for amparado por um desses remédios, o interessado deverá socorrer-se deles, e não do mandado de segurança.

Ilegalidade ou abuso de poder: o ato, para poder ser atacado pelo mandado de segurança deve ser ilegal (no sentido amplo).

Autoridade pública ou agente de pessoa jurídica no exercício de atribuições do Poder Público: o Mandado de Segurança é instrumento de defesa dos direitos individuais do cidadão perante o Estado e, assim, somente terá cabimento contra atos de seus representantes. Assim, vê-se que não caberá mandado de segurança contra particular (a não ser que este aja por delegação do poder público).

Se for particular que estiver ferindo direito líquido e próprio de terceiro, este deverá recorrer a outra ação judicial para fazer cessar o ato ilegal.

Espécies de Mandado de Segurança

A exemplo do *Habeas Corpus*, o Mandado de Segurança pode ser:

- Repressivo, quando visa combater uma ilegalidade já cometida seja, quando o direito líquido e certo do impetrante já foi atingido; ou
- Preventivo, quando o impetrante demonstrar justo receio de sofrer uma violação de direito líquido e certo por parte da autoridade impetrada. Evidentemente, este receio deve ser lastreado em evidências concretas de um ato ou omissão que esteja pondo em risco o direito do impetrante.

Legitimidade Ativa

Possui legitimação ativa para impetrar Mandado de Segurança todo o titular de direito líquido e certo, não amparado por *Habeas Corpus* ou *Habeas Data*. Tanto pode ser pessoa física como jurídica, nacional ou estrangeiro, domiciliada ou não em nosso país.

É reconhecida legitimação ativa às universalidades reconhecidas por lei, mesmo não possuindo personalidade jurídica.

> **Ex.:** Espólio e massa falida) e também aos órgãos despersonalizados (Mesas do Congresso, Senado e Câmara, Assembleias, etc.

Legitimidade Passiva

Já vimos que somente podem figurar no polo passivo de um MS autoridade pública ou agente de pessoa jurídica no exercício de atribuições do Poder Público.

Liminar

O rito do Mandado de Segurança prevê que, ao apresentar a petição inicial, o impetrante poderá requerer a concessão de medida liminar, se presentes o *fumus bonus iuris* e o *periculum in mora*.

Da decisão que conceder ou negar a liminar cabe agravo de instrumento.

Mandado de Segurança Coletivo

> ***LXX.*** *O mandado de segurança coletivo pode ser impetrado por:*
>
> ***a)*** *partido político com representação no Congresso Nacional;*
>
> ***b)*** *organização sindical, entidade de classe ou associação legalmente constituída e em funcionamento há pelo menos um ano, em defesa dos interesses de seus membros ou associados;*

A finalidade do mandado de segurança coletivo é permitir que certas pessoas jurídicas defendam o interesse de seus membros ou associados, ou ainda da sociedade em geral (partidos políticos) evitando-se a multiplicidade de demandas.

Objeto

Tem por objeto a defesa dos mesmos direitos que podem ser objeto do Mandado de Segurança individual (líquidos e certos), porém direcionado à defesa dos interesses coletivos, tanto da sociedade como um todo, como de uma classe especial, representada por um sindicato ou associação.

Legitimação Ativa

A legitimação para a impetração de mandado de segurança coletivo é extraordinária, e somente é concedida às entidades previstas no Art. 5º, LXX, da CF, quais sejam:

- Partido político com representação no Congresso Nacional;
- Organização sindical ou entidade de classe;
- Associação legalmente constituída e em funcionamento há pelo menos um ano.

No que se refere aos sindicatos, entidades de classe e associações, o objeto do MS deve guardar pertinência temática com seus objetivos institucionais. Em relação aos partidos políticos, a maioria dos doutrinadores os exime da comprovação deste vínculo, mas esta ainda é uma questão controversa.

No caso de sindicatos e associações, não se exige que os mesmos apresentem autorização expressa de cada um de seus associados representados em juízo, bastando uma autorização genérica em seus estatutos sociais.

Não há necessidade de constar na petição inicial o nome de todos os associados, sendo que a situação individual de cada um será levada em conta quando da execução da sentença, devendo a autoridade impetrada, ao cumprir a decisão judicial, exigir que cada beneficiário comprove sua filiação à entidade beneficiária.

Mandado de Injunção

> ***LXXI.*** *Conceder-se-á mandado de injunção sempre que a falta de norma regulamentadora torne inviável o exercício dos direitos e liberdades constitucionais e das prerrogativas inerentes à nacionalidade, à soberania e à cidadania;*

O mandado de injunção é o instrumento previsto para combater a inércia do Poder Legislativo ou Executivo na regulamentação de direitos e liberdades constitucionais e aqueles relacionados à nacionalidade, à soberania e à cidadania.

Ele visa combater a falta de efetividade das normas constitucionais de eficácia limitada, relacionada àqueles assuntos.

O Supremo Tribunal Federal decidiu pela autoaplicabilidade do inciso LXXI do Art. 5º da Constituição, independentemente de edição de lei regulamentando o mandado de injunção, tendo em vista o Art. 5º, §1º, que determina que as normas definidoras dos direitos e garantias fundamentais têm aplicação imediata.

Competência

Compete ao STF processar e julgar, originalmente, o mandado de injunção, quando a elaboração da norma regulamentadora for atribuição do Presidente da República, do Congresso Nacional, da Câmara Federal, do Senado Federal, da Mesa de uma dessas Casas, do TCU, de um dos Tribunais Superiores, ou do próprio STF.

Ao STJ compete julgar originariamente o mandado de injunção quando a norma omissa for atribuição de órgão, entidade ou autoridade federal, excetuados os casos de competência do STF, da Justiça Eleitoral, da Justiça do Trabalho e da Justiça Federal.

As Justiças Estaduais também têm competência para julgar o mandado de injunção na forma prevista nas Constituições Estaduais.

Efeitos da Decisão

Uma vez reconhecida, pelo julgamento do Mandado de Injunção, a mora do Poder Legislativo na elaboração da norma regulamentadora, qual deve ser o papel do Judiciário? De acordo com a resposta a essa pergunta, temos duas correntes:

- Corrente não concretista: o Judiciário deve somente reconhecer a inércia do Legislativo, não podendo expedir norma que permita ao impetrante exercer imediatamente seu direito, uma vez que não cabe ao Judiciário legislar, suprindo a omissão do Parlamento.
- Corrente concretista: O Judiciário deve não só reconhecer a inércia do Legislativo como deve permitir o exercício imediato do direito obstado pela falta da norma, dizendo qual solução deve ser aplicada ao caso em questão. A corrente concretista subdivide-se em duas:
  - Concretista Individual: o Judiciário estabelece como o impetrante poderá exerceu o direito prejudicado pela falta da norma, mas os efeitos da decisão só valem para o impetrante.
  - Concretista Geral: o Judiciário estabelece como a ausência da norma será suprida, e essa decisão terá efeitos erga omnes, podendo ser aproveitada por todos que se encontrarem na mesma situação, até que seja editada a norma faltante.

Atualmente o STF tem adotado a corrente concretista geral.

Habeas Data

> ***LXXII.*** *Conceder-se-á Habeas Data:*
>
> ***a)*** *para assegurar o conhecimento de informações relativas à pessoa do impetrante, constantes de registros ou bancos de dados de entidades governamentais ou de caráter público;*

> ***b)*** *para a retificação de dados, quando não se prefira fazê-lo por processo sigiloso, judicial ou administrativo;*

Diante do texto constitucional, pode-se definir o *Habeas Data* como o remédio constitucional de que podem se valer todas as pessoas para solicitar judicialmente a exibição dos registros públicos ou privados de caráter público, nos quais estejam incluídos seus dados pessoais, para que deles tome conhecimento e, se necessário for, requerer sua retificação.

Porém, de acordo com a Lei nº 9.507/97, o impetrante deve provar que seu pedido foi negado administrativamente, para que possa recorrer ao *Habeas Data*.

Legitimação Ativa

O *Habeas Data* poderá ser impetrado tanto por pessoa física como por pessoa jurídica, brasileira ou estrangeira.

Somente poderão ser requeridas informações relativas ao próprio impetrante, nunca de terceiros (caráter personalíssimo da ação), embora a jurisprudência tenha admitido que os sucessores do de cujus possa impetrar *Habeas Data* em nome do mesmo.

Diferentemente do que ocorre com o *Habeas Corpus*, a petição inicial do *Habeas Data* deve sempre ser subscrita por advogado.

Legitimação Passiva

Podem ser sujeitos passivos do *Habeas Data* os responsáveis por entidades governamentais, da administração pública direta e indireta.

Além disso, o *Habeas Data* também pode ser impetrado contra representantes de pessoas jurídicas privadas que prestem serviços para o público ou de interesse público, e desde que detenham dados referentes às pessoas físicas ou jurídicas (Ex.: SERASA).

Liminar em *Habeas Data*

A exemplo do *Habeas Corpus*, a lei silencia-se sobre a possibilidade de concessão de liminar em *Habeas Data*. No entanto, os tribunais têm admitido essa possibilidade, desde que presentes o fumus boni iuris e o periculum in mora.

De observar-se que, nos Tribunais, via de regra, os processos de *Habeas Data* terão prioridade sobre todos os atos judiciais, exceto *Habeas Corpus* e mandado de segurança.

Ação Popular

> ***LXXIII.*** *Qualquer cidadão é parte legítima para propor ação popular que vise a anular ato lesivo ao patrimônio público ou de entidade de que o Estado participe, à moralidade administrativa, ao meio ambiente e ao patrimônio histórico e cultural, ficando o autor, salvo comprovada má-fé, isento de custas judiciais e do ônus da sucumbência;*

A ação popular é um importante instrumento processual que a sociedade tem para controlar os atos dos agentes públicos e anular atos lesivos ao patrimônio público.

É um instrumento bastante democrático e que pode ser exercido por qualquer cidadão brasileiro.

É regulada pela Lei nº 4.717/65, sendo, assim, anterior à própria Constituição Federal de 1988. Na verdade, consta a previsão de ação popular (embora com outro escopo) desde a Constituição de 1824.

Assim, a ação popular tem por finalidade pleitear a anulação ou declaração de nulidade de atos lesivos:

> Ao patrimônio da União, Estados, DF e Municípios, bem como de qualquer entidade em que o tesouro público participe;

> À moralidade administrativa;

> Ao meio-ambiente;

> Patrimônio histórico, cultural, econômico, artístico, estético ou turístico.

Legitimação Ativa

Pode propor a ação popular qualquer cidadão.

Para esse efeito, considera-se cidadão aquele que esteja apto a votar e a ser votado (conceito restrito de cidadania). A prova da cidadania se faz com a apresentação do título de eleitor.

Legitimação Passiva

Deverão figurar no polo passivo de uma ação popular:

> União, Estado, DF ou Municípios do qual emanou o ato lesivo;

> Autoridades, funcionários ou administradores que autorizaram, aprovaram, ratificaram, praticaram ou se omitiram em relação ao ato;

> Beneficiários diretos do ato.

1.3.4 Assistência Jurídica Gratuita

> ***LXXIV.*** *O Estado prestará assistência jurídica integral e gratuita aos que comprovarem insuficiência de recursos;*

Todos têm direito a um advogado, seja para defendê-los em processos criminais, seja para mover ações em defesa de seus direitos (cíveis, trabalhistas, etc.).

A Constituição Federal determina que aqueles que não puderem pagar por um advogado deverão ter um indicado e pago pelo Estado, desde que a pessoa comprove não ter condições de arcar com os honorários.

Atualmente, todos os Estados brasileiros possuem Defensorias Públicas, que visam justamente prestar assistência jurídica gratuita aos reconhecidamente pobres. Além disso, existem também as Defensorias Públicas Federais (que oficiam junto à Justiça Federal).

O STF tem entendido que também as pessoas jurídicas têm direito à justiça gratuita, quando não possuírem condições de pagar por um advogado, sem comprometer seu funcionamento.

1.3.5 Indenização por Erro Judiciário

> ***LXXV.*** *O Estado indenizará o condenado por erro judiciário, assim como o que ficar preso além do tempo fixado na sentença;*

É sabido que até o Judiciário está sujeito a cometer erros, podendo tanto vir a absolver um culpado como, eventualmente, vir a condenar alguém que, na verdade, era inocente.

No caso de condenação de alguém que não deveria sê-lo, prevê nossa Constituição a possibilidade de indenização dessa pessoa.

Também que, aqueles que ficarem presos mais tempo do que o devido (circunstância relativamente comum, resultado da falta de assistência jurídica de muitos condenados) poderão exigir do Estado essa compensação.

1.3.6 Gratuidades

> ***LXXVI.*** *São gratuitos para os reconhecidamente pobres, na forma da lei:*
>
> ***a)*** *o registro civil de nascimento;*
>
> ***b)*** *a certidão de óbito;*
>
> ***LXXVII.*** *São gratuitas as ações de "Habeas Corpus" e "Habeas Data", e, na forma da lei, os atos necessários ao exercício da cidadania.*

Para aqueles que comprovarem não terem condições financeiras, o Estado deverá proceder gratuitamente ao registro dos nascimentos e dos óbitos (até porque o correto registro desses eventos interessa também ao próprio Estado).

Também são gratuitas a ações de *Habeas Corpus* e *Habeas Data*, bem como os atos necessários ao exercício da cidadania (emissão de documentos, por exemplo). Nesse último caso, na forma que a lei estabelecer (norma de eficácia limitada).

1.3.7 Razoável Duração do Processo

> ***LXXVIII.*** *A todos, no âmbito judicial e administrativo, são assegurados a razoável duração do processo e os meios que garantam a celeridade de sua tramitação.*

Existe um binômio que precisa ser levado em consideração na prestação jurisdicional: justiça-celeridade.

Essas duas características, a princípio antagônicas (quanto mais rápido um processo, com menos recursos, menos justo ele tendo a ser, e vice-versa), precisam ser combinadas de forma que se busquem decisões justas, que respeitem o direito ao contraditório, ampla defesa e possibilidade de recursos e que, ao mesmo tempo não sejam por demais tardias.

A Constituição não define o que seja razoável duração do processo, porém essa definição está ligada ao binômio acima, ou seja, deve-se procurar que o processo seja o mais rápido possível, porém não tão rápido de forma a prejudicar a busca da justiça.

O mesmo vale para os processos administrativos.

1.3.8 Disposições Gerais

Os parágrafos do Art. 5º da CF trazem uma série de disposições gerais aplicáveis aos direitos e garantias individuais e coletivos:

Aplicação imediata das Normas Definidoras de Direitos e Garantias Fundamentais

> ***§ 1º.*** *As normas definidoras dos direitos e garantias fundamentais têm aplicação imediata.*

Isso significa que a intenção do constituinte era que as normas constitucionais que tratam de direitos e garantias fossem imediatamente aplicadas. Em se tratando de normas de eficácia limitada, cabe a impetração de mandado de injunção para que a omissão seja suprida.

Não Taxatividade dos Direitos e Garantias Fundamentais

> ***§ 2º.*** *Os direitos e garantias expressos nesta Constituição não excluem outros decorrentes do regime e dos princípios por ela adotados, ou dos tratados internacionais em que a República Federativa do Brasil seja parte.*

Além dos direitos e garantias expressos no Art. 5º e em outros artigos da Constituição, o rol pode ser constantemente ampliado por meio de tratados internacionais assinados pelo Brasil.

Aprovação de Tratados internacionais sobre Direitos Humanos com Status de Norma Constitucional

> ***§ 3º.*** *Os tratados e convenções internacionais sobre direitos humanos que forem aprovados, em cada Casa do Congresso Nacional, em dois turnos, por três quintos dos votos dos respectivos membros, serão equivalentes às emendas constitucionais.*

De acordo com o parágrafo 3º do Art. 5º, os tratados internacionais que passarem pelo mesmo rito de aprovação das emendas constitucionais (aprovação na Câmara e no Senado, em dois turnos, por três quintos dos votos dos deputados federais e senadores) terão status de norma constitucional.

Diferente situação ocorre com os tratados internacionais sobre direitos humanos que forem aprovados pela forma ordinária de ratificação de tratados: nesse caso, tais tratados terão o status de norma supralegal, mas hierarquicamente inferior às normas constitucionais.

Tribunal Penal Internacional

> ***§ 4º.*** *O Brasil se submete à jurisdição de Tribunal Penal Internacional a cuja criação tenha manifestado adesão.*

Para evitar discussões a respeito da legitimidade de julgamento de brasileiros por tribunais internacionais, o parágrafo 4º do Art. 5º deixa claro que, se o Brasil manifestar adesão à criação de um Tribunal Penal Internacional, cidadãos brasileiros poderão ser julgados por esse Tribunal, nos termos estabelecidos no tratado de constituição.

Questões

01. (Cespe 2019) A Constituição Federal de 1988 aponta, em seu art. 1.º, a cidadania como um dos seus princípios fundamentais, embora limite o alcance desse princípio ao direito do indivíduo de votar e ser votado.

Certo ( ) Errado ( )

02. (Cespe 2018) A garantia da dignidade da pessoa humana é um objetivo da República Federativa do Brasil e tem consolidado decisões judiciais para a efetivação de direitos fundamentais previstos na CF.

Certo ( ) Errado ( )

03. (Cespe 2017) De acordo com as disposições da Constituição Federal de 1988 (CF) sobre princípios, direitos e garantias fundamentais, julgue o seguinte item.

A defesa da paz e a solução pacífica de conflitos são fundamentos da República Federativa do Brasil.

Certo ( ) Errado ( )

04. (Cespe 2017) No que diz respeito aos princípios fundamentais previstos na Constituição Federal de 1988, julgue o item.

São princípios da República Federativa do Brasil, dentre outros, a defesa da paz, da igualdade entre estados e da prevalência dos direitos humanos.

Certo ( ) Errado ( )

05. (Cespe 2018) Acerca dos princípios, fundamentos e objetivos da Constituição Federal de 1988 (CF), julgue o item a seguir.

A soberania, que consiste em um poder político supremo e independente, é um dos fundamentos da República Federativa do Brasil.

Certo ( ) Errado ( )

Gabaritos

01	ERRADO
02	CERTO
03	ERRADO
04	CERTO
05	CERTO

2. DIREITOS SOCIAIS

Os direitos sociais são direitos fundamentais típicos da chamada segunda geração, e visam garantir uma existência digna aos cidadãos.

São consideradas verdadeiras obrigações que o Estado possui para com seus nacionais e, precipuamente, buscam garantir melhores condições de vida aos menos favorecidos, funcionando assim como instrumentos de equalização de condições sociais desiguais.

Sua extensão varia de país para país, de acordo com a concepção do papel atribuído ao Estado em cada um deles.

Assim, existem alguns países que reconhecem um número maior de direitos sociais, como é o caso do Brasil e de vários países da Europa continental, sendo chamados de Estados-Provedores ou Estados-Sociais. Por outro lado, existem outros que consideram que o Estado deve possuir menos obrigações em relação ao particular, recebendo normalmente o nome de Estados liberais.

O Art. 6º de nossa Constituição define quais são eles:

> ***Art. 6º*** *São direitos sociais a educação, a saúde, a alimentação, o trabalho, a moradia, o transporte, o lazer, a segurança, a previdência social, a proteção à maternidade e à infância, a assistência aos desamparados, na forma desta Constituição. (Redação dada pela Emenda Constitucional nº 90, de 2015)*

Embora os direitos sociais sejam bastante amplos, conforme se verifica acima, em seu Capítulo II - Direitos Sociais, nossa CF trata basicamente dos direitos trabalhistas, que regem as relações entre patrões e empregados. Outros direitos sociais são abordados em dispositivos diferentes da Constituição Federal.

O Art. 7º da Constituição Federal traz os principais direitos trabalhistas. Importante observar que nem todos se aplicam aos servidores públicos e, mesmo os que se aplicam, podem ser regulamentados de forma diferente por leis específicas, uma vez que os servidores são regidos por estatutos próprios.

Os empregados domésticos também não possuem todos os direitos citados nos incisos do Art. 7º, por conta do disposto em seu parágrafo único, embora a EC nº 72/2013 tenha ampliado significativamente os seus direitos, quase que os equiparando aos demais trabalhadores.

Vejamos o que diz o Art. 7º da Constituição Federal:

> ***Art. 7º*** *São direitos dos trabalhadores urbanos e rurais, além de outros que visem à melhoria de sua condição social:*

O caput do Art. 7º deixa claro que os direitos sociais apresentados em seus incisos se aplicam indistintamente aos trabalhadores urbanos e rurais, e que não excluem outros, previstos na própria Constituição ou em leis específicas. Ou seja, tal artigo traz somente o mínimo considerado necessário pelo constituinte para que o trabalhador possa ter condições de trabalho e de vida dignas.

E os incisos do Art. 7º trazem quais são esses direitos:

2.1 Proteção contra Despedida sem Justa Causa

> ***I.*** *Relação de emprego protegida contra despedida arbitrária ou sem justa causa, nos termos de lei complementar, que preverá indenização compensatória, dentre outros direitos;*

A demissão arbitrária ou sem justa causa pode trazer graves consequências para o trabalhador, inclusive no que se refere ao seu sustento e de sua família.

Diante disso, a Constituição exige que lei complementar o proteja dessa situação, buscando amenizar os impactos decorrentes de tal despedida com o pagamento de uma indenização, entre outras providências que podem ser adicionadas.

Essa lei complementar referida no dispositivo ainda não existe. Diante disso, permanece em vigor disposto no Art. 10 do ADCT (Ato das Disposições Constitucionais Transitórias), que afirma o seguinte:

> ***Art. 10.*** *Até que seja promulgada a lei complementar a que se refere o Art. 7º, I, da Constituição:*
>
> ***I.*** *fica limitada a proteção nele referida ao aumento, para quatro vezes, da porcentagem prevista no Art. 6º, "caput" e § 1º, da Lei nº 5.107/66;*
>
> ***II.*** *fica vedada a dispensa arbitrária ou sem justa causa:*
>
> ***a)*** *do empregado eleito para cargo de direção de comissões internas de prevenção de acidentes, desde o registro de sua candidatura até um ano após o final de seu mandato;*
>
> ***b)*** *da empregada gestante, desde a confirmação da gravidez até cinco meses após o parto.*

A multa citada no inciso I do Art. 10 do ADCT é justamente a multa de 40% do valor depositado pelo empregador na conta do FGTS do empregado, no caso de demissão sem justa causa.

2.2 Seguro-Desemprego

> ***II.*** *Seguro-desemprego, em caso de desemprego involuntário;*

O seguro-desemprego é atualmente regulamentado pela Lei nº 7.998/90, e busca amparar temporariamente o trabalhador, em virtude de despedida sem justa causa.

A lei do seguro-desemprego, além de trazer o pagamento do chamado auxílio-desemprego, também dispõe que o Governo deve oferecer meios para ajudar o trabalhador a encontrar um outro emprego.

2.3 FGTS

> ***III.*** *Fundo de garantia do tempo de serviço;*

Trata-se do FGTS, equivalente a aproximadamente um salário por ano (8% do salário por mês), depositado pelo empregador em conta vinculada e exclusiva do empregado, administrada pela Caixa Econômica Federal e sujeito a saques em hipóteses específicas, como despedida sem justa causa e aposentadoria.

A ideia do FGTS é que o empregador faça uma poupança forçada para o empregado, o qual, por sua vez, somente poderá sacá-la nas hipóteses previstas em lei. Por sua vez, a lei prevê que os recursos "parados" nas contas do FGTS dos empregados brasileiros podem ser usados pelo Governo para financiamento do Sistema Financeiro da Habitação - SFH.

O servidor público estatutário ocupante de cargo efetivo não tem direito ao FGTS.

2.4 Salário-Mínimo

> ***IV.*** *Salário-mínimo, fixado em lei, nacionalmente unificado, capaz de atender a suas necessidades vitais básicas e às de sua família com moradia, alimentação, educação, saúde, lazer, vestuário, higiene, transporte e previdência social, com reajustes periódicos que lhe preservem o poder aquisitivo, sendo vedada sua vinculação para qualquer fim;*

O salário-mínimo deveria garantir uma existência digna para uma família com dois filhos. Sabe-se que está muito longe disso. No entanto, um aumento repentino e substancial no salário-mínimo poderia trazer consequências desastrosas para a economia, como por exemplo, demissões em massa, falta de recursos para pagamento de benefícios da Previdência Social, etc. Por conta disso, entende-se que se deve aumentar paulatinamente o valor do salário mínimo, até que ele atenda a todas as necessidades previstas no texto constitucional.

De acordo com o inciso IV do Art. 7º, o salário- mínimo também deve ser:

a) fixado em lei: é o Poder Legislativo quem deve estabelecer o valor do salário-mínimo ou aprovar os critérios para a definição de seu valor.

b) nacionalmente unificado: embora os Estados possam ter salários-mínimos regionais, esses devem ser sempre iguais ou superiores ao salário-mínimo nacional.

c) reajustado periodicamente: esse reajuste é previsto para garantir a preservação do valor do salário- mínimo, diante da inflação. É realizado anualmente.

d) proibido de vinculação para qualquer fim: tem por objetivo não criar "amarras" ao aumento do salário-mínimo.

2.5 Piso Salarial

> ***V.*** *Piso salarial proporcional à extensão e à complexidade do trabalho;*

Além do salário-mínimo, que se aplica a todos os trabalhadores brasileiros, a Constituição prevê que haja também pisos salariais, que são salários-mínimos aplicáveis a determinadas categorias profissionais, e cujo valor deve levar em conta a extensão e a complexidade do trabalho em cada uma delas.

Esses pisos salariais são negociados pelos sindicatos de cada categoria profissional junto aos sindicatos dos empregadores, ou podem ser obtidos pelos sindicatos profissionais mediante dissídios coletivos na Justiça do Trabalho.

Obviamente, os valores dos diversos pisos salariais devem ser sempre iguais ou superiores ao valor do salário-mínimo.

2.6 Irredutibilidade do Salário

> ***VI.*** *Irredutibilidade do salário, salvo o disposto em convenção ou acordo coletivo;*

Uma vez estabelecido o valor de salário no contrato de trabalho, ele não pode ser reduzido, mesmo que o empregado concorde, exceto se tal redução for aceita por negociação feita junto à respectiva entidade sindical respectiva.

A diferença entre convenção coletiva e acordo coletivo é que a primeira é um pacto firmado entre os sindicatos dos trabalhadores, de um lado, e o sindicato dos empregadores, de outro, ao passo que o acordo coletivo é firmado pelo sindicato dos trabalhadores, de um lado, e um ou mais empregadores, de outro (no acordo coletivo não há participação do sindicato dos empregadores).

Assim, a convenção coletiva vale para os trabalhadores de toda a categoria profissional e o acordo vale somente para os trabalhadores das empresas envolvidas.

De qualquer forma, a redução salarial do empregado pode ser negociada tanto por convenção como por acordo coletivo.

2.7 Salário-Mínimo para os que Recebem Remuneração Variável

> *VII. Garantia de salário, nunca inferior ao mínimo, para os que percebem remuneração variável;*

Esse inciso visa garantir que aqueles que percebem remuneração variável, como os garçons, que recebem, além do salário, gorjetas, ou aqueles que tenham seus salários atrelados a metas de desempenho, que esses também tenham direito a receber todo mês, no mínimo, o valor de um salário-mínimo.

2.8 13º Salário

> ***VIII.*** *Décimo terceiro salário com base na remuneração integral ou no valor da aposentadoria;*

O décimo terceiro salário, ou gratificação natalina, deve ser pago até o final do ano, podendo ser dividido em duas parcelas, sendo a primeira paga até dia 30 de novembro e a segunda até dia 20 de dezembro.

É calculado com base na remuneração devida no pagamento de dezembro.

2.9 Adicional Noturno

> ***IX.*** *Remuneração do trabalho noturno superior à do diurno;*

O homem tem hábitos diurnos. Por isso, nossa Constituição entendeu que quem trabalha durante o período noturno trabalha fora de seu horário natural e que, portanto, deve receber uma compensação.

De acordo com a Consolidação das Leis do Trabalho - CLT, o trabalho noturno urbano estende-se das 22 horas de um dia às 5 horas do outro. Já nas atividades rurais, é considerado noturno o trabalho executado na lavoura entre 21 horas horas de um dia às 5 horas do dia seguinte, e na pecuária, entre 2 horas às 4 horas do dia seguinte.

Quem trabalhar nesses horários terá direito a um adicional, calculado com base nas horas de trabalho que coincidirem com esses períodos.

2.10 Proteção ao Salário

> ***X.*** *Proteção do salário na forma da lei, constituindo crime sua retenção dolosa;*

O salário do trabalhador é o seu sustento, sendo que o empregado conta com ele para o atendimento de suas necessidades básicas e de sua família.

Por isso, a lei deverá protegê-lo, inclusive considerando crime sua retenção intencional por parte do empregador.

2.11 Participação nos Lucros e na Gestão das Empresas

> ***XI.*** *Participação nos lucros, ou resultados, desvinculada da remuneração, e, excepcionalmente, participação na gestão da empresa, conforme definido em lei;*

A Constituição estabelece a possibilidade de que os trabalhadores venham a ter participação nos lucros da empresa (a chamada PLR), conforme definido em lei, além de haver a possibilidade - excepcional - de participação na gestão da própria empresa, também nas hipóteses previstas em lei.

A lei que trata sobre a PLR estabelece que a mesma deverá ser negociada entre os sindicatos dos trabalhadores e a empresa.

Para que seja considerado de fato participação nos lucros, o valor recebido pelo empregado não deve estar atrelado à sua remuneração, mas sim à contribuição dada por ele para o atingimento do resultado. Se o valor da PLR estiver vinculado ao salário do empregado, o montante recebido será considerado remuneração e como tal tributado.

2.12 Salário-Família

> ***XII.*** *Salário-família pago em razão do dependente do trabalhador de baixa renda, nos termos da lei;*

O salário-família tem a função de auxiliar o trabalhador de baixa renda a sustentar sua família, cabendo à lei definir qual seria o valor de salário considerado como baixo.

Deve ser pago em função do número de dependentes do trabalhador, de forma que aquele que tenha mais filhos receba mais.

2.13 Jornada de Trabalho

> ***XIII.*** *Duração do trabalho normal não superior a oito horas diárias e quarenta e quatro semanais, facultada a compensação de horários e a redução da jornada, mediante acordo ou convenção coletiva de trabalho;*

No Brasil a duração da jornada semanal de trabalho é de, no máximo, 44 horas semanais e 8 diárias. O que for trabalhado além disso, seja no limite diário, seja no limite semanal, deve ser pago como hora extra, com os acréscimos legais.

A Constituição, porém, permite a compensação de horários (banco de horas) e a redução da jornada, mediante negociação que envolva o sindicato da categoria profissional.

> ***XIV.*** *Jornada de seis horas para o trabalho realizado em turnos ininterruptos de revezamento, salvo negociação coletiva;*

Turno interrupto de revezamento é aquele no qual o trabalhador é obrigado a trabalhar hora num horário, ora em outro, como ocorre com algumas pessoas que trabalham em regime de escala.

Como essa troca de horários traz dificuldades de adaptação e pode até ser prejudicial à saúde do trabalhador, a Constituição Federal estabelece que, nesse caso, a jornada normal máxima será de seis horas diárias, salvo negociação coletiva.

2.14 Descanso Semanal Remunerado

> ***XV.*** *Repouso semanal remunerado, preferencialmente aos domingos;*

Todo trabalhador tem direito a pelo menos um dia de descanso remunerado na semana, em que não trabalhará e não terá o dia descontado. Esse dia de descanso deve ser preferencialmente, o domingo, podendo, no entanto, ser estabelecido outro dia, havendo necessidade do empregador. Trabalhando no domingo, o empregado terá direito a um acréscimo em sua remuneração.

Para todos os trabalhadores, o descanso semanal tem a duração de 24 horas consecutivas.

2.15 Horas Extras

> ***XVI.*** *Remuneração do serviço extraordinário superior, no mínimo, em cinquenta por cento à do normal;*

O serviço extraordinário condiz com as chamadas horas extras.

Deve-se observar que o valor de 50% é o mínimo de acréscimo. É muito comum que determinadas categorias profissionais consigam acréscimo maior em função de negociação coletiva.

2.16 Férias

> ***XVII.*** *Gozo de férias anuais remuneradas com, pelo menos, um terço a mais do que o salário normal;*

As férias são um período de até 30 dias de descanso concedidos a cada trabalhador após 12 meses de trabalho, que serão gozados de uma só vez, salvo em casos excepcionais, em que o período de férias poderá ser dividido em dois períodos, um dos quais não deverá ser inferior a 10 dias consecutivos.

A CLT permite que o empregado venda até 10 dias de suas férias, cabendo ao patrão decidir sobre o momento de concedê-las, não podendo, no entanto, deixar acumular mais de dois períodos de aquisição, sob pena de pagamento de multa.

Durante as férias, o trabalhador receberá, além de seu salário normal, um adicional correspondente a 1/3 desse salário. É o conhecido adicional de férias, concedido ao empregado para que o mesmo tenha meios para, de fato, poder aproveitar o período de descanso.

No caso do servidor público civil, o estatuto federal, estadual ou municipal é que disciplinará a aquisição e o gozo das férias.

2.17 Licença-Maternidade

> ***XVIII.*** *Licença à gestante, sem prejuízo do emprego e do salário, com a duração de cento e vinte dias;*

É a licença-maternidade. Embora a Constituição preveja uma licença de 120 dias, atualmente a lei incentiva as empresas a estenderem sua duração até os seis meses, que é o período de amamentação considerado como o mínimo adequado, de acordo com a OMS - Organização Mundial da Saúde.

O objetivo da licença-maternidade é principalmente proteger o recém-nascido, permitindo o contato com a mãe durante um período mínimo, o que é importante tanto pelo aspecto emocional da criança, como também para que ela possa ser devidamente amamentada com leite materno.

2.18 Licença-Paternidade

> ***XIX.*** *Licença-paternidade, nos termos fixados em lei;*

Em relação à licença-paternidade, a Constituição não prevê um período mínimo de duração, sendo que, atualmente, a legislação prevê no mínimo 5 dias de afastamento, contados do dia do nascimento da criança.

2.19 Proteção ao Mercado de Trabalho Feminino

XX. Proteção do mercado de trabalho da mulher, mediante incentivos específicos, nos termos da lei;

Essa disposição visa combater a desigualdade entre gêneros em termos de oportunidades no mercado de trabalho.

Norma de eficácia limitada, deve ser regulamentada por lei.

2.20 Aviso-Prévio

XXI. Aviso-prévio proporcional ao tempo de serviço, sendo no mínimo de trinta dias, nos termos da lei;

Aviso prévio é o intervalo de tempo entre a comunicação da intenção da ruptura do contrato de trabalho por uma das partes e sua efetiva rescisão, a fim de que a outra parte se prepare para essa ruptura.

No caso de a iniciativa da rescisão partir do empregador, ele deve avisar o empregado com um prazo que varia de 30 dias a 90 dias de antecedência, dependendo do número de anos que o empregado trabalhou na empresa. Se preferir não o fazer, deverá pagar o salário correspondente a esses dias, no momento da rescisão.

Se a iniciativa da rescisão partir do empregado, ele também tem a obrigação de avisar o empregador com 30 dias de antecedência. Se não o fizer, terá descontado de suas verbas rescisórias o valor correspondente.

2.21 Redução dos Riscos do Trabalho

XXII. Redução dos riscos inerentes ao trabalho, por meio de normas de saúde, higiene e segurança;

A legislação deve cuidar de proteger o trabalhador contra os acidentes e demais riscos no trabalho, como prejuízo à sua saúde, por exemplo. Toda atividade profissional envolve riscos, umas mais outras menos, mas a obrigação do Estado é procurar reduzir esses riscos, principalmente através de normas dirigidas ao empregador, cabendo ao Estado fiscalizar se essas normas estão ou não sendo cumpridas.

Exemplo de aplicação dessa norma é a exigência de que o empregador disponibilize a seus empregados equipamentos de proteção individual – EPI, quando o trabalho envolver riscos físicos, químicos ou biológicos.

2.22 Adicionais de Penosidade, Insalubridade e Periculosidade

XXIII. Adicional de remuneração para as atividades penosas, insalubres ou perigosas, na forma da lei;

Atividades penosas são as tarefas árduas, difíceis, cansativas, que ocasionam um grande desgaste físico ou mental para o trabalhador, como aquelas exercidas sem possibilidade de descanso ou o sujeite a intempéries, ou mesmo que obrigue a levantar muito cedo ou dormir muito tarde.

Atividades insalubres são aquelas que causam prejuízo ou risco à saúde do trabalhador, como ocorre, por exemplo, com trabalhadores em minas subterrâneas, que podem ter seu sistema respiratório comprometido com a aspiração de pequenas partículas de pó, podendo, com o passar do tempo, inclusive desenvolver a silicose, grave doença que causa o endurecimento dos pulmões e que pode levar à morte.

Por fim, atividades perigosas são aquelas que causam risco imediato à vida ou integridade física, como ocorre, por exemplo, com os eletricistas que trabalham na manutenção de redes de alta tensão.

Tratando-se de atividade penosa, insalubre ou perigosa, terá o trabalhador direito a um adicional em sua remuneração, como uma forma de compensação.

2.23 Aposentadoria

XXIV. Aposentadoria;

Aposentadoria é o direito que o trabalhador que preencheu os requisitos legais de tempo de contribuição e/ou idade tem de receber do estado um auxílio para o seu sustento.

É oferecida pela Previdência Social, com exceção da aposentadoria por idade (sem o tempo mínimo de contribuição), que é um benefício da Assistência Social.

Os requisitos para aposentadoria do servidor público são diferenciados daqueles exigidos do trabalhador da iniciativa privada.

2.24 Assistência em Creches e Pré-Escolas

XXV. Assistência gratuita aos filhos e dependentes desde o nascimento até 5 (cinco) anos de idade em creches e pré-escolas;

A partir dos seis anos, a criança deve ser matriculada no ensino regular, que começa com o fundamental.

Antes dessa idade, porém, o Poder Público deve garantir assistência às crianças em creches e pré-escolas públicas.

2.25 Convenções e Acordos Coletivos

XXVI. Reconhecimento das convenções e acordos coletivos de trabalho;

As negociações efetuadas entre os empregadores e os sindicatos representantes das categorias profissionais têm força de lei entre as partes, desde que não desrespeitem os limites impostos pela legislação.

As convenções coletivas são celebradas entre um sindicato patronal e outro profissional e que os acordos coletivos são firmados entre um sindicato profissional e um ou mais empregadores específicos.

2.26 Proteção Face à Automação

XXVII. Proteção em face da automação, na forma da lei;

Automação é a substituição da mão de obra humana pela mecanizada. Essa automação, embora necessária para aprimorar a competitividade da indústria nacional, pode causar sérios prejuízos ao emprego, se seus efeitos não forem bem administrados.

Por isso a Constituição determina que a lei deverá proteger os empregados dos efeitos nocivos dessa automação, por exemplo, providenciando cursos de atualização e mecanismos de realocação desses empregados em outras atividades.

2.27 Seguro contra Acidentes de Trabalho

XXVIII. Seguro contra acidentes de trabalho, a cargo do empregador, sem excluir a indenização a que este está obrigado, quando incorrer em dolo ou culpa;

A lei deve instituir seguro que indenize o trabalhador em caso de acidente laboral, sendo que esse seguro deve ser pago pelo empregador.

O valor do prêmio do seguro pago pelo empregador depende do grau de risco da atividade desenvolvida pelo empregado.

Se o acidente ocorrer por dolo ou culpa do empregador (que não forneceu os equipamentos de segurança obrigatórios, por exemplo), o trabalhador, além de receber o valor correspondente ao seguro, também poderá cobrar, na Justiça, indenização do empregador.

2.28 Ações Trabalhistas

XXIX. Ação, quanto aos créditos resultantes das relações de trabalho, com prazo prescricional de cinco anos para os trabalhadores urbanos e rurais, até o limite de dois anos após a extinção do contrato de trabalho;

Esse inciso trata da chamada ação trabalhista, instrumento utilizado pelo empregado ou ex-empregado para cobrar na Justiça direitos não respeitados pelo empregador.

A norma estabelece dois prazos prescritivos, os quais, se não obedecidos, levarão à perda do direito do empregado ou ex-empregado de cobrar tais direitos:

a) prazo para entrar com a ação: máximo de dois anos após a extinção do contrato de trabalho, se o autor entrar com a ação após o fim do vínculo empregatício, que é o que normalmente ocorre, pois é muito raro que alguém entre com uma ação trabalhista enquanto ainda trabalha da empresa acionada.

b) prazo para cobrança dos créditos trabalhistas: somente podem ser cobrados os créditos trabalhistas referentes aos cinco anos anteriores ao ingresso da ação judicial.

2.29 Proibição de Discriminação Profissional

XXX. Proibição de diferença de salários, de exercício de funções e de critério de admissão por motivo de sexo, idade, cor ou estado civil;

Esse inciso proíbe a discriminação profissional arbitrária, buscando combater o preconceito e a desigualdade no ambiente de trabalho.

XXXI. Proibição de qualquer discriminação no tocante a salário e critérios de admissão do trabalhador portador de deficiência;

A norma tem o objetivo de facilitar o acesso do deficiente ao mercado de trabalho e impedir que venha a receber menos que outro trabalhador pelo simples fato de ser deficiente.

No entanto, no que se refere a critérios de admissão essa disposição não é absoluta, uma vez que existem determinadas funções que dificilmente podem ser exercidas por deficientes, seja pelas atribuições do emprego (cargo de segurança, por exemplo), seja pela falta de acessibilidade no local de trabalho.

Porém, não havendo tais restrições, o empregador não deve recusar-se a contratar alguém alegando tratar-se de um deficiente.

XXXII. Proibição de distinção entre trabalho manual, técnico e intelectual ou entre os profissionais respectivos;

Esse inciso evidentemente não proíbe que se paguem diferentes salários em função da complexidade do trabalho (um engenheiro pode e deve ganhar mais do que um porteiro), mas simplesmente veda a diferenciação discriminatória em razão do tipo de trabalho.

Assim, por exemplo, o empregador não pode conceder determinados benefícios somente a determinados empregados e negá-los a outros.

É uma disposição dirigida não só aos empregadores, mas também aos próprios legisladores, para que estes não criem leis que privilegiam determinadas categorias de trabalhadores, em detrimento de outras.

2.30 Idade Mínima para o Trabalho

XXXIII. Proibição de trabalho noturno, perigoso ou insalubre a menores de dezoito e de qualquer trabalho a menores de dezesseis anos, salvo na condição de aprendiz, a partir de quatorze anos;

O menor de quatorze anos não pode trabalhar em nenhuma hipótese. A partir dessa idade e até dezesseis, somente pode trabalhar como aprendiz (regulamentado pela Lei nº 10.097/2000 e pelo Decreto nº 5.598/2005). A partir de dezesseis anos, pode trabalhar normalmente, sendo vedados somente os trabalhos noturnos, perigosos e insalubres. A partir de dezoito anos, não há restrições.

A Constituição Federal buscou retardar a entrada no mercado de trabalho do jovem como uma forma de que este possa se dedicar melhor aos estudos, na fase inicial de sua vida.

2.31 Trabalhador Avulso

XXXIV. Igualdade de direitos entre o trabalhador com vínculo empregatício permanente e o trabalhador avulso.

Trabalhador avulso é aquele que, apesar de não ser autônomo, não tem vínculo empregatício com o tomador de seu serviço, sendo vinculado ao chamado Órgão Gestor de Mão de Obra, por força de lei.

É o caso dos estivadores, que são carregadores que trabalham em portos, e de alguns trabalhadores rurais.

A Constituição Federal garante a eles os mesmos direitos do trabalhador com vínculo permanente. Assim, atualmente eles terão direito a benefícios como 13º salário, licença-maternidade e licença-paternidade, férias remuneradas, etc.

2.32 Trabalhador Doméstico

***Parágrafo único.** São assegurados à categoria dos trabalhadores domésticos os direitos previstos nos incisos IV, VI, VII, VIII, X, XIII, XV, XVI, XVII, XVIII, XIX, XXI, XXII, XXIV, XXVI, XXX, XXXI e XXXIII e, atendidas as condições estabelecidas em lei e observada a simplificação do cumprimento das obrigações tributárias, principais e acessórias, decorrentes da relação de trabalho e suas peculiaridades, os previstos nos incisos I, II, III, IX, XII, XXV e XXVIII, bem como a sua integração à previdência social.*

A Lei nº 5.859/72 traz o conceito de empregado doméstico: é aquele que presta serviços de natureza contínua e de finalidade não lucrativa a pessoa ou família, no âmbito residencial destas.

Enquadram-se nesse conceito: a empregada doméstica, propriamente dita; as babás, os caseiros e motoristas particulares, entre outros, desde que tenham vínculo empregatício com uma pessoa física e prestem serviços na residência dessa pessoa e que seu trabalho não propicie ganhos econômicos a ela.

O trabalhador doméstico não tem exatamente os mesmos direitos dos demais empregados, mas a EC nº 72/2013 ampliou bastante os seus direitos, praticamente equiparando-os com os direitos do trabalhador empregado e do trabalhador avulso.

Atualmente, os únicos direitos trabalhistas garantidos aos demais trabalhadores e que os empregados domésticos não possuem são os seguintes (até porque vários deles são incompatíveis com as características do trabalho do empregado doméstico):

a) piso salarial;

b) participação nos lucros, ou resultados, desvinculada da remuneração, e, excepcionalmente, participação na gestão da empresa, conforme definido em lei;

c) jornada de seis horas para o trabalho realizado em turnos ininterruptos de revezamento, salvo negociação coletiva;

d) proteção do mercado de trabalho da mulher, mediante incentivos específicos, nos termos da lei;

e) adicional de remuneração para as atividades penosas, insalubres ou perigosas, na forma da lei;

f) proteção em face da automação, na forma da lei;

g) proibição de distinção entre trabalho manual, técnico e intelectual ou entre os profissionais respectivos.

2.33 Servidor Público

De acordo com o Art. 39, § 3º, da Constituição, aplicam-se aos servidores públicos os direitos previstos nos incisos IV, VII, VIII, IX, XII, XIII, XV, XVI, XVII, XVIII, XIX, XX, XXII e XXX do Art. 7º, quais sejam:

a) salário-mínimo, fixado em lei, nacionalmente unificado, capaz de atender às suas necessidades vitais básicas e às de sua família com moradia, alimentação, educação, saúde, lazer, vestuário, higiene, transporte e previdência social, com reajustes periódicos que lhe preservem o poder aquisitivo, sendo vedada sua vinculação para qualquer fim;

b) garantia de salário, nunca inferior ao mínimo, para os que percebem remuneração variável;

c) décimo terceiro salário com base na remuneração integral ou no valor da aposentadoria;

d) remuneração do trabalho noturno superior à do diurno;

e) salário-família pago em razão do dependente do trabalhador de baixa renda nos termos da lei;

f) duração do trabalho normal não superior a oito horas diárias e quarenta e quatro semanais, facultada a compensação de horários e a redução da jornada, mediante acordo ou convenção coletiva de trabalho;

g) repouso semanal remunerado, preferencialmente aos domingos;

h) remuneração do serviço extraordinário superior, no mínimo, em cinquenta por cento à do normal;

i) gozo de férias anuais remuneradas com, pelo menos, um terço a mais do que o salário normal;

j) licença à gestante, sem prejuízo do emprego e do salário, com a duração de cento e vinte dias;

k) licença-paternidade, nos termos fixados em lei;

l) proteção do mercado de trabalho da mulher, mediante incentivos específicos, nos termos da lei;

m) redução dos riscos inerentes ao trabalho, por meio de normas de saúde, higiene e segurança;

n) aposentadoria;

o) proibição de diferença de salários, de exercício de funções e de critério de admissão por motivo de sexo, idade, cor ou estado civil;

p) proibição de qualquer discriminação no tocante a salário e critérios de admissão do trabalhador portador de deficiência;

q) proibição de distinção entre trabalho manual, técnico e intelectual ou entre os profissionais respectivos;

No entanto, é importante observar esses direitos mínimos garantidos pela Constituição Federal aos servidores públicos, sendo que os estatutos dos servidores da União, Estados e Municípios costumam conceder muitos outros direitos além desses, como, por exemplo, adicionais de periculosidade e insalubridade e assistências em creches e pré-escolas (através do pagamento de auxílio-creche).

2.34 Organização Sindical

Art. 8º *É livre a associação profissional ou sindical, observado o seguinte:*

I. *A lei não poderá exigir autorização do Estado para a fundação de sindicato, ressalvado o registro no órgão competente, vedadas ao Poder Público a interferência e a intervenção na organização sindical;*

Qualquer categoria profissional (empregados) ou econômica (empregadores) pode criar um sindicato próprio, sendo que não haverá necessidade, para isso, de qualquer autorização do Poder Público, o qual também não poderá intervir na organização dos sindicatos (prática muito comum em regimes ditatoriais, em que se busca controlar a ação política dos sindicatos).

No entanto, todos os sindicatos, para serem reconhecidos como tais, deverão ser registrados junto ao órgão competente.

II. *É vedada a criação de mais de uma organização sindical, em qualquer grau, representativa de categoria profissional ou econômica, na mesma base territorial, que será definida pelos trabalhadores ou empregadores interessados, não podendo ser inferior à área de um Município;*

O inciso II traz o chamado princípio da "unicidade sindical" ou do "monismo sindical", o qual determina que, no Brasil, somente poderá haver um sindicato, em cada local, responsável pela representação de cada categoria profissional ou econômica. Desta forma, se já existir, por exemplo, um sindicato dos motoristas de ônibus do Município de Capim Alto, não poderá ser criado outro sindicato dos motoristas de ônibus na mesma região.

Vê-se assim, que não existe a possibilidade de concorrência entre os sindicatos, o que obriga os trabalhadores, se desejarem se sindicalizar, a aderir a um determinado sindicato, o que facilita as negociações com os trabalhadores, que terão somente um interlocutor, e, na visão do constituinte, evita o enfraquecimento do movimento sindical, o que poderia ocorrer se houvesse a possibilidade de sindicatos múltiplos.

Quem define a área de atuação do sindicato são os próprios trabalhadores ou empregadores, sendo que esta não poderá ser inferior à área de um Município.

> ***III.*** *Ao sindicato cabe a defesa dos direitos e interesses coletivos ou individuais da categoria, inclusive em questões judiciais ou administrativas;*

O inciso III deixa claro que os sindicatos existem para representar as diversas categorias profissionais e econômicas, tanto na esfera administrativa (junto à Administração Pública) como na judicial (perante os processos que correm perante o Poder Judiciário).

> *IV. A assembleia geral fixará a contribuição que, em se tratando de categoria profissional, será descontada em folha, para custeio do sistema confederativo da representação sindical respectiva, independentemente da contribuição prevista em lei;*

O inciso IV criou uma nova categoria de contribuição sindical: a contribuição confederativa, que deve ser descontada na folha de pagamento do trabalhador, independentemente do mesmo ser filiado ao sindicato ou não.

O valor dessa contribuição deve ser necessariamente definido pela Assembleia Geral, vedado a sua estipulação, por exemplo, pela Diretoria do sindicato.

> ***V.*** *Ninguém será obrigado a filiar-se ou a manter-se filiado a sindicato;*

Assim como ninguém pode ser obrigado a filiar-se ou manter-se filiado a qualquer associação, conforme dispõe o Art. 5º, XX, da Constituição Federal, também ninguém pode ser obrigado a sindicalizar-se ou a manter-se sindicalizado.

No entanto, deve-se observar que mesmo o trabalhador ou empregador não sindicalizado está sujeito ao pagamento de contribuições impostas pela lei.

> ***VI.*** *É obrigatória a participação dos sindicatos nas negociações coletivas de trabalho;*

Sendo as negociações coletivas de trabalho acordos firmados entre os trabalhadores e os empregadores, e sendo os sindicatos os representantes naturais de ambos, é necessário que as negociações coletivas sejam travadas com a participação desses sindicatos.

Já vimos a diferença entre convenção e acordo coletivo quando comentamos o inciso VI do Art. 7º da Constituição. No caso de acordo coletivo, somente há a necessidade de participação do sindicato dos trabalhadores, uma vez que ele é firmado entre esse e um ou mais empregadores. Já no caso das convenções, deverão sentar-se à mesa de negociações tanto o sindicato dos trabalhadores como o sindicato dos empregadores.

Os acordos e convenções coletivas são assinados pela diretoria do sindicato, mas precisam ser ratificados, ou seja, confirmados, por uma decisão da Assembleia Geral, que reúne todos os trabalhadores associados ao sindicato.

> ***VII.*** *O aposentado filiado tem direito a votar e ser votado nas organizações sindicais;*

Como o sindicato muitas vezes decide questões que são de interesse direito e indireto dos aposentados, a Constituição obriga os sindicatos a permitirem a participação dos aposentados na escolha e na formação das chapas eleitorais. Antes da promulgação da Constituição, a CLT vedava a participação dos inativos na administração dos sindicatos.

> ***VIII.*** *É vedada a dispensa do empregado sindicalizado a partir do registro da candidatura a cargo de direção ou representação sindical e, se eleito, ainda que suplente, até um ano após o final do mandato, salvo se cometer falta grave nos termos da lei.*

O inciso VIII busca proteger o sindicalista de pressões ilegítimas por parte do empregador. Assim, garante ao trabalhador que for candidato a algum cargo no sindicato uma estabilidade temporária, que vai da data em que apresenta o registro de sua candidatura junto ao sindicato até, se eleito, um ano após o final do mandato.

Não houvesse essa proteção, poderia haver fundados receios de represálias do empregador contra aqueles trabalhadores que decidissem assumir algum cargo no sindicato.

Obviamente, se o trabalhador praticar alguma falta grave durante o pedido de estabilidade, poderá ser demitido por justa causa.

> ***Parágrafo único.*** *As disposições deste artigo aplicam-se à organização de sindicatos rurais e de colônias de pescadores, atendidas as condições que a lei estabelecer.*

O objetivo do constituinte foi deixar claro que as regras constantes do Art. 8º aplicam-se também aos sindicatos rurais e de colônias de pescadores.

2.35 Direito de Greve

> ***Art. 9º*** *É assegurado o direito de greve, competindo aos trabalhadores decidir sobre a oportunidade de exercê-lo e sobre os interesses que devam por meio dele defender.*
>
> ***§ 1º.*** *A lei definirá os serviços ou atividades essenciais e disporá sobre o atendimento das necessidades inadiáveis da comunidade.*
>
> ***§ 2º.*** *Os abusos cometidos sujeitam os responsáveis às penas da lei.*

A Constituição Federal garante amplamente o direito de greve dos trabalhadores, diferentemente do tratamento que era dado pela Constituição anterior.

Cabe aos trabalhadores decidir sobre a realização ou não de uma greve e sobre o que irão pleitear por meio dela.

No entanto, o Art. 9º traz duas ressalvas importantes em seus parágrafos:

a) para os chamados serviços ou atividades essenciais, definidos pela lei, poderá haver restrição na forma do exercício da greve, de forma a evitar prejuízos demasiados à coletividade. Nesses casos, o direito de greve subsiste, mas estará sujeito à regulamentação, para que se atendam às necessidades inadiáveis da coletividade.

Importante observar que aqui não se trata dos serviços públicos, uma vez que a greve nestes serviços deverá ser regulamentada por outra lei, prevista no Art. 37, VII, da Constituição Federal.

A lei que atualmente trata do direito de greve prevê que, entre outras, são consideradas serviços ou atividades essenciais:

> tratamento e abastecimento de água;
> produção e distribuição de energia elétrica, gás e combustíveis;
> assistência médica e hospitalar;
> distribuição e comercialização de medicamentos e alimentos;
> funerários;
> transporte coletivo;
> captação e tratamento de esgoto e lixo;
> telecomunicações;
> guarda, uso e controle de substâncias radioativas, equipamentos e materiais nucleares;
> processamento de dados ligados a serviços essenciais;
> controle de tráfego aéreo;
> compensação bancária.

b) eventuais abusos cometidos no exercício do direito de greve deverão ser punidos, na forma estabelecida em lei. Isso porque não existe direito absoluto, e mesmo um direito legítimo pode ser exercido de forma abusiva, o mesmo aplicando-se em relação ao direito de greve.

2.36 Participação em Colegiados de Órgãos Públicos

Art. 10. *É assegurada a participação dos trabalhadores e empregadores nos colegiados dos órgãos públicos em que seus interesses profissionais ou previdenciários sejam objeto de discussão e deliberação.*

A participação dos trabalhadores e empregadores nos órgãos mencionados no Art. 10 busca torná-los mais democráticos e representativos e conferir maior legitimidade às suas decisões.

2.37 Eleição de Representante pelos Trabalhadores

Art. 11. *Nas empresas de mais de duzentos empregados, é assegurada a eleição de um representante destes com a finalidade exclusiva de promover-lhes o entendimento direto com os empregadores.*

A ideia do Art. 11 da Constituição é que, nas empresas maiores (com mais de 200 empregados), os trabalhadores possam eleger um dentre eles, chamado de delegado, que fará a intermediação entre os seus colegas e a Administração da empresa.

Esse delegado será o representante dos empregados dentro da empresa, mas por não ser um representante sindical, não terá direito à estabilidade temporária prevista no Art. 8º, VIII.

Importante observar que o objetivo desse delegado é de facilitar a comunicação entre empregador e empregados e intermediar acordos dentro da empresa, não podendo, por exemplo, celebrar convenções ou acordos coletivos com força de lei, pelo fato de não ser o representante do sindicato.

Questões

01. (CESPE - 2018 - IPHAN - Técnico I - Área 1) Acerca de direitos humanos, direitos de minorias e movimentos sociais urbanos, julgue o item seguinte.

A Constituição Federal de 1988, por possuir expressivo conjunto de normas diretamente relacionado aos direitos sociais, preserva os direitos fundamentais das minorias, como, por exemplo, o direito a terra dos povos indígenas e das comunidades quilombolas.

Certo ( ) Errado ( )

02. (CESPE - 2017 - TCE-PE - Analista de Gestão - Administração)Considerando o que dispõe a CF acerca dos direitos sociais, direitos de nacionalidade e direitos políticos, bem como dos partidos políticos, julgue o item subsequente.

Por imposição de lei, se um órgão estadual for criado, os servidores ocupantes de cargo efetivo desse órgão poderão, desde que com prévia autorização do órgão estatal competente, fundar sindicato.

Certo ( ) Errado ( )

03. (CESPE - 2017 - TCE-PE - Analista de Gestão - Julgamento)Com relação aos direitos sociais, aos direitos de nacionalidade, aos direitos políticos e aos partidos políticos, julgue o próximo item.

O transporte e o lazer são direitos sociais expressamente previstos na CF.

Certo ( ) Errado ( )

04. (CESPE - 2016 - INSS - Analista do Seguro Social - Serviço Social) Julgue o item a seguir, que se referem aos direitos e garantias fundamentais previstos na CF e à administração pública.

Recentemente, o transporte foi incluído no rol de direitos sociais previstos na CF, que já contemplavam, entre outros, o direito à saúde, ao trabalho, à moradia e à previdência social, bem como a assistência aos desamparados.

Certo ( ) Errado ( )

05. (CESPE - 2016 - INSS - Analista do Seguro Social - Serviço Social)Com referência à CF e às políticas de seguridade, julgue o item subsecutivo.

O artigo da CF que prevê os direitos sociais, em consonância com a Declaração Universal dos Direitos Humanos, de 1948, ainda que represente uma conquista, deixou de contemplar o direito básico à moradia ao cidadão brasileiro.

Certo ( ) Errado ( )

Gabaritos

01	CERTO	04	CERTO
02	ERRADO	05	ERRADO
03	CERTO		

3. DIREITOS DE NACIONALIDADE

Os Arts. 12 e 13 da Constituição Federal estão localizados na Seção que faz referência aos chamados direitos de nacionalidade.

Esses direitos dizem respeito à condição, ao *status*, do indivíduo em relação ao Estado.

E em relação ao Estado, a pessoa pode assumir duas condições ou *status*:

> Nacional: quem possui a nacionalidade daquele Estado, possuindo um vínculo permanente com ele, sendo formalmente seu súdito. É o caso dos brasileiros, em relação ao Brasil; dos argentinos, em relação à Argentina, etc.

> Estrangeiro: quem possui outra nacionalidade que não a daquele país ou não possui nenhuma nacionalidade (nesse último caso, são os chamados apátridas), mas que deve submeter-se à lei do país em que estiver. O estrangeiro pode ser residente, quando morar no país, ou não residente, quando sua estadia for temporária, como é o caso dos turistas e viajantes a negócios.

A definição de quem é nacional e quem é estrangeiro, em relação a um determinado Estado, é importantíssima para definir o status legal da pessoa e a extensão de seus direitos e deveres em relação ao país, de acordo com o que estabelecer o ordenamento jurídico local.

A aquisição da nacionalidade pode ser dar por dois modos: modo originário e modo derivado.

Os que possuem a nacionalidade originária são chamados de cidadãos natos, que quer dizer "nascidos", já os que possuem a nacionalidade derivada são chamados de cidadãos naturalizados.

Assim, o nacional pode ser:

> **Nato:** quem já nasce com aquela nacionalidade ou é equiparado para todos os efeitos àqueles que nascem. Tem o que se chama de nacionalidade originária.

> **Naturalizado:** quem possuía outra nacionalidade originária, mas optou, em determinado momento e na forma da lei, por tornarem-se nacionais daquele país. Sua nacionalidade diz-se derivada.

Embora a maior parte das pessoas possua somente uma nacionalidade originária, nada impede que possua dupla nacionalidade. Nesse caso são chamados de polipátridas. Também existem casos de pessoas que não possuem nenhuma nacionalidade, são os chamados apátridas.

No Direito Constitucional Comparado existem dois critérios utilizados para se definir a nacionalidade originária de alguém, ou seja, para definir quem serão os cidadãos natos, critérios esses que podem ser utilizados de forma simples ou conjugada:

> Critério territorial, também chamado de critério do ***ius solis*** (direito da terra): os países que adotam esse critério estabelecem que será cidadão daquele Estado quem nascer em seu território, independentemente do fato de seus progenitores serem ou não nacionais daquele país.

É um dos critérios adotados pela Constituição Brasileira, a qual afirma que, via de regra, os nascidos no Brasil são brasileiros, mesmo que de pais estrangeiros, exceto se eles estiverem a serviço de seu país de origem.

> Critério sanguíneo, também chamado de critério do ***ius sanguinis*** (direito do sangue): os Estados que adotam esse critério consideram que será cidadão nato somente quem for descendente de nacionais, mesmo que nasçam em território daquele país.

O Brasil, como regra geral, adotou-se o critério do *ius solis*, havendo, porém, também aplicação do *ius sanguinis*, de forma relativa e em alguns casos, no que se refere aos filhos de brasileiros nascidos no exterior.

Vejamos o que o Art. 12 da Constituição Federal diz sobre o assunto:

3.1 Brasileiros Natos

Art. 12. *São brasileiros:*

I. *Natos:*

a) *os nascidos na República Federativa do Brasil, ainda que de pais estrangeiros, desde que não estejam a serviço de seu país;*

Exemplo de aplicação do *ius solis*, a alínea "a" do inciso II afirma que, como a regra geral, nascendo alguém no Brasil, será brasileiro, mesmo que seus pais sejam estrangeiros.

Existe somente uma exceção: se um de seus pais estiver aqui a serviço de seu país, como ocorre, por exemplo, com os filhos de embaixadores de outros países lotados aqui no Brasil e de militares estrangeiros que estejam em missão oficial aqui no Brasil (normalmente como adidos em embaixadas). No caso de um dos pais estar a serviço de seu país, seus filhos, mesmo nascidos aqui no Brasil não terão a nacionalidade brasileira.

A grande maioria dos brasileiros tem sua nacionalidade originária definida por esse dispositivo da constituição, ou seja, são brasileiros porque nascem no território brasileiro.

b) *os nascidos no estrangeiro, de pai brasileiro ou mãe brasileira, desde que qualquer deles esteja a serviço da República Federativa do Brasil;*

Aqui, é o outro lado da moeda da exceção vista acima. Via de regra, se alguém nascer no exterior, será estrangeiro. Porém, tratando-se de filho de brasileiro que esteja no exterior a serviço do Brasil, a criança será considerada brasileira, como se aqui tivesse nascido.

Entende-se que, estando algum brasileiro servindo o Brasil no exterior, é justo que nossa nação acolha seus filhos e faça deles também brasileiros, mesmo que nascidos fora do território nacional.

Assim, por exemplo, o filho de um embaixador brasileiro em qualquer país do mundo será considerado brasileiro.

Aliás, isso vale para os filhos de todos os brasileiros que estejam no exterior a serviço de entidades da administração direta ou indireta, de qualquer das entidades da Federação, incluindo as empresas públicas e sociedades de economia mista.

Deve ser observado que nada impede que a criança também tenha a nacionalidade do país onde nasceu, se tal o permitiu a legislação local.

> ***c)*** *os nascidos no estrangeiro de pai brasileiro ou de mãe brasileira, desde que sejam registrados em repartição brasileira competente ou venham a residir na República Federativa do Brasil e optem, em qualquer tempo, depois de atingida a maioridade, pela nacionalidade brasileira;*

Esta é a única hipótese de brasileiro nato que não nasce já brasileiro.

Trata-se de filho de brasileiro, que, mesmo nascido no exterior, será considerado brasileiro nato em suas hipóteses:

> ***a)*** *se for registrado por seus pais em repartição brasileira competente (consulado ou embaixada); ou*
>
> ***b)*** *se vier a residir aqui no Brasil e optar, após os 18 anos, pela nacionalidade brasileira.*

Ocorrendo uma dessas duas situações, será ele considerado brasileiro nato, sem nenhuma distinção em relação aos demais, exatamente como se tivesse nascido em território nacional.

3.2 Brasileiros Naturalizados

> ***Art. 12.*** *São brasileiros:*
>
> ***II.*** *Naturalizados:*
>
> ***a)*** *os que, na forma da lei, adquiram a nacionalidade brasileira, exigidas aos originários de países de língua portuguesa apenas residência por um ano ininterrupto e idoneidade moral;*

Essa é uma norma de eficácia limitada, ou seja, precisa ser regulamentada por lei. Ela é que estabelecerá os critérios exigidos para a naturalização do estrangeiro, podendo exigir, por exemplo, que ele fale português, que tenha emprego, endereço fixo, que more no Brasil há algum tempo, que não tenha condenações criminais, etc.

No entanto, a Constituição Federal determina que, no caso dos estrangeiros oriundos de países lusófonos, que são aqueles onde se fala português, tais como Portugal, Angola, Guiné-Bissau e Moçambique, somente serão exigidas residência no Brasil por um ano ininterrupto e idoneidade moral.

> ***b)*** *os estrangeiros de qualquer nacionalidade, residentes na República Federativa do Brasil há mais de quinze anos ininterruptos e sem condenação penal, desde que requeiram a nacionalidade brasileira.*

De acordo com esse dispositivo, os estrangeiros que aqui vivam há mais de 15 anos ininterruptos e que não tenham condenação criminal poderão solicitar sua nacionalização, independentemente de preencher quaisquer outros requisitos.

Vê-se assim, que há duas formas de naturalização:

> ***a)*** *se o estrangeiro tiver menos de quinze anos de residência no Brasil, terá que se submeter às todas as exigências da lei para naturalizar-se;*
>
> ***b)*** *se tiver mais de quinze anos de residência aqui, bastará não ter condenação criminal e solicitar a naturalização;*

A Constituição atual, diferentemente das que a precederam, deixou claro que a naturalização depende de solicitação do interessado, não havendo mais a chamada naturalização automática. Assim, se o estrangeiro estiver no Brasil há mais de 15 anos e não tiver condenação criminal, mas não solicitar sua naturalização, continuará sendo estrangeiro.

3.3 Equiparação entre o Brasileiro e o Português Residente no Brasil

> ***§ 1º.*** *Aos portugueses com residência permanente no País, se houver reciprocidade em favor de brasileiros, serão atribuídos os direitos inerentes ao brasileiro, salvo os casos previstos nesta Constituição.*

Esse dispositivo equipara um estrangeiro específico – o português – ao brasileiro, desde que presentes os seguintes requisitos:

> ***a)*** *o português seja residente no País;*
>
> ***b)*** *haja reciprocidade nesse tratamento diferenciado em relação aos brasileiros residentes em Portugal, ou seja, para que seja válido, os brasileiros que moram em Portugal devem ter os mesmos direitos do português;*
>
> ***c)*** *haja respeito às diferenciações trazidas pela Constituição.*

Embora o texto constitucional não diga, entende-se que o português estaria equiparado ao brasileiro naturalizado.

3.4 Proibição de Diferenciação entre Brasileiros Natos e Naturalizados

> ***§ 2º.*** *A lei não poderá estabelecer distinção entre brasileiros natos e naturalizados, salvo nos casos previstos nesta Constituição.*

O único diploma que pode fazer diferenciações entre os brasileiros natos e naturalizados é a Constituição Federal.

E quando o faz, sempre as estipula em benefício do brasileiro nato. Ocorre, assim, por exemplo, quando determina que os brasileiros natos nunca serão extraditados e que os naturalizados em certos casos poderão sê-lo, ou ainda quando reserva determinados públicos somente aos brasileiros natos.

Já a Lei e o Poder Público, através de seus atos administrativos, não podem criar quaisquer distinções entre os brasileiros, independentemente da forma de aquisição de sua nacionalidade, se originária ou derivada.

Assim, seria inconstitucional uma lei que dissesse que determinado cargo (exceto aqueles ressalvados na Constituição) não pudesse ser ocupado por brasileiro naturalizado.

3.5 Cargos Exclusivos de Brasileiros Natos

> ***§ 3º.*** *São privativos de brasileiro nato os cargos:*
>
> ***I.*** *De Presidente e Vice-Presidente da República;*
>
> ***II.*** *De Presidente da Câmara dos Deputados;*
>
> ***III.*** *De Presidente do Senado Federal;*
>
> ***IV.*** *De Ministro do Supremo Tribunal Federal;*
>
> ***V.*** *Da carreira diplomática;*
>
> ***VI.*** *De oficial das Forças Armadas.*
>
> ***VII.*** *De Ministro de Estado da Defesa.*

Determinados cargos públicos são considerados vitais para a segurança e desenvolvimento do País.

Por outro lado, deve-se sempre ter em mente que, o brasileiro naturalizado, apesar de possuir a nacionalidade pátria, ainda continua ligado por laços familiares, emocionais e outros, ao seu país de origem.

Assim, o constituinte entendeu que aqueles cargos mais importantes para a condução dos destinos da nação ou para a conservação de sua segurança deveriam ser ocupados somente por brasileiros natos, até para evitar também que outros países eventualmente "plantem" cidadãos seus como brasileiros naturalizados e possam vir a prejudicar os interesses nacionais.

3.6 Perda da Nacionalidade Brasileira

> ***§ 4º.*** *Será declarada a perda da nacionalidade do brasileiro que:*
>
> ***I.*** *Tiver cancelada sua naturalização, por sentença judicial, em virtude de atividade nociva ao interesse nacional;*
>
> ***II.*** *Adquirir outra nacionalidade, salvo no casos:*
>
> ***a)*** *de reconhecimento de nacionalidade originária pela lei estrangeira;*
>
> ***b)*** *de imposição de naturalização, pela norma estrangeira, ao brasileiro residente em estado estrangeiro, como condição para permanência em seu território ou para o exercício de direitos civis;*

Existem duas hipóteses de perda da nacionalidade brasileira.

A primeira hipótese trata especificamente do brasileiro naturalizado, que poderá ter sua naturalização cancelada por praticar atividade nociva ao interesse nacional. Nesse caso, porém, a perda somente poderá ocorrer por decisão judicial que tenha transitado em julgado, ou seja, da qual não caiba mais recurso.

A segunda hipótese aplica-se tanto aos brasileiros natos como naturalizados: adquirindo o brasileiro outra nacionalidade, deixará ele de ser brasileiro, exceto em duas situações:

a) de reconhecimento de nacionalidade originária pela lei estrangeira: quer dizer que o país em relação ao qual o brasileiro está se nacionalizando o considerará como um cidadão nato e não naturalizado.

> **Ex.:** descendentes de italianos que adquirem a cidadania daquele país não deixam de ser brasileiros porque a legislação italiana os considera italiano natos.

b) de imposição de naturalização, pela norma estrangeira, ao brasileiro residente em estado estrangeiro, como condição para permanência em seu território ou para o exercício de direitos civis: nesse caso, o brasileiro não tem opção, ou seja, a naturalização não foi totalmente voluntária. Assim, para não o prejudicar, a Constituição Federal admite que ele acumule as duas nacionalidades.

3.7 Idioma Oficial e Símbolos da República Federativa do Brasil

> ***Art. 13.*** *A língua portuguesa é o idioma oficial da República Federativa do Brasil.*
>
> ***§ 1º.*** *São símbolos da República Federativa do Brasil a bandeira, o hino, as armas e o selo nacionais.*
>
> ***§ 2º.*** *Os Estados, o Distrito Federal e os Municípios poderão ter símbolos próprios.*

Dizer que a língua portuguesa é o idioma oficial não proíbe, obviamente, de que se falem outras línguas em nosso país.

O que se está a dizer é que esta língua deverá ser ensinada em todas as escolas e que todas as leis e documentos oficiais devem estar em português.

Embora o idioma nem sempre seja fundamental para a formação de uma identidade nacional, haja vista a existência de vários países que possuem várias línguas oficiais, no caso brasileiro a língua portuguesa teve papel importante na construção de nossa nação, sendo, durante todo o período colonial e até o início de nossa República um dos poucos elementos em comum compartilhados entre os diversos habitantes de nossa extensa pátria e que com certeza ajudou a contribuir para evitar o esfacelamento da antiga colônia de Portugal em diversos países distintos.

Provavelmente por isso a Constituição resolveu formalizar o português como nosso idioma nacional.

Seguem abaixo a representação das armas e do selo nacionais:

Armas Nacionais

Selo Nacional

Por fim, o § 2º do Art. 13 da Constituição permite que os Estados e Municípios tenham suas próprias bandeiras, hinos, armas e selos.

Questões

01. (Cespe 2018) Os indivíduos que possuem multinacionalidade vinculam-se a dois requisitos de aquisição de nacionalidade primária: o direito de sangue e o direito de solo.

Certo ( ) Errado ( )

02. (Cespe 2018) Estrangeiro que resida no Brasil há mais de quinze anos ininterruptos e não tenha condenação penal poderá tornar-se, após requerimento, brasileiro naturalizado e, nessa condição, candidatar-se a deputado federal ou senador, mas, se eleito, estará impedido de presidir a casa legislativa à qual pertencer.

Certo ( ) Errado ( )

03. (Cespe 2018) Um cidadão originário de um país de língua portuguesa que adquiriu a nacionalidade brasileira por meio da sua residência no Brasil e devido à sua idoneidade moral não poderá ser impedido de ocupar o cargo de oficial das Forças Armadas brasileiras.

Certo ( ) Errado ( )

04. (Cespe 2018) Ainda que, em regra, inexista distinção entre brasileiros natos e naturalizados, o cargo de oficial das Forças Armadas só poderá ser exercido por brasileiro nato.

Certo ( ) Errado ( )

05. (Cespe 2018) Considerando o que dispõe a CF acerca dos direitos sociais, direitos de nacionalidade e direitos políticos, bem como dos partidos políticos, julgue o item subsequente.

Situação hipotética: Cláudio, brasileiro nato, por interesse exclusivamente pessoal, residiu em país estrangeiro, onde teve um filho com uma cidadã local. Assertiva: Nessa situação, segundo a CF, o filho de Cláudio poderá ser considerado brasileiro nato, ainda que não venha a residir no Brasil.

Certo ( ) Errado ( )

Gabaritos

01	CERTO	04	CERTO
02	CERTO	05	CERTO
03	ERRADO		

4. DIREITOS POLÍTICOS E PARTIDOS POLÍTICOS

4.1 Direitos Políticos

A Constituição Federal trata dos direitos políticos em seus Arts. 14 a 16.

> ***Art. 14.*** *A soberania popular será exercida pelo sufrágio universal e pelo voto direto e secreto, com valor igual para todos, e, nos termos da lei, mediante:*
>
> ***I.*** *plebiscito;*
>
> ***II.*** *referendo;*
>
> ***III.*** *iniciativa popular.*

O Art. 1º, parágrafo único, da Constituição Federal, estabelece que todo o poder emana do povo, que o exerce por meio de representantes eleitos ou diretamente, nos termos desta Constituição.

Assim, a regra geral é que o poder será exercido por pessoas escolhidas pelo povo.

A forma de eleição desses representantes será a do voto direto e secreto, de caráter universal (todos os capazes poderão votar).

Além disso, em situações específicas, a Constituição Federal estabelece que a lei deverá permitir a participação direta da população nas decisões políticas, através de três institutos: plebiscito, referendo e iniciativa popular.

4.1.1 Plebiscito

O plebiscito consiste numa consulta feita à população sobre determinado assunto ainda foi votado pelo Legislativo.

É sempre prévio, ou seja, é realizada antes da aprovação da lei pelo Legislativo.

O plebiscito pode:

a) apresentar várias opções de respostas, como ocorreu, por exemplo, no plebiscito de 1993, sobre o regime de governo no Brasil, em que o povo tinha três opções de escolha: república presidencialista, república parlamentarista ou monarquia parlamentarista; ou

b) ser apresentado na forma de quesito (resposta sim ou não).

4.1.2 Referendo

O referendo consiste numa consulta à população para ratificação ou não de lei já aprovada pelo Poder Legislativo. É feito posteriormente à aprovação da lei, mas antes de sua vigência, e podem ter objeto todo o diploma legal ou apenas parte dele.

No referendo, a consulta será feita na forma de quesito (somente admitem-se as respostas "sim" ou "não").

Exemplo de referendo foi aquele que decidiu sobre a não proibição de venda de armas no Brasil (Estatuto do Desarmamento).

Competência para Convocação do Plebiscito e do Referendo

De acordo com o Art. 48, XV, da Constituição Federal, compete exclusivamente ao Congresso Nacional autorizar o referendo e convocar plebiscito.

4.1.3 Iniciativa Popular de Projeto de Lei

A iniciativa popular é uma forma de apresentação de proposta de lei (ordinária ou complementar) feita diretamente pela população. Para que o projeto de lei de iniciativa popular seja aceito, deve:

a) ser subscrito por, no mínimo, 1% (um por cento) do eleitorado nacional;

b) tais subscritores devem estar distribuídos por no mínimo 5 (cinco) Estados;

c) em cada um desses Estados, devem ser colhidas as assinaturas de pelo menos 0,3% (três décimos por cento) dos eleitores locais.

4.1.4 Alistamento Eleitoral e Dever de Votar

> ***§ 1º.*** *O alistamento eleitoral e o voto são:*
>
> ***I.*** *obrigatórios para os maiores de dezoito anos;*
>
> ***II.*** *facultativos para:*
>
> ***a)*** *os analfabetos;*
>
> ***b)*** *os maiores de setenta anos;*
>
> ***c)*** *os maiores de dezesseis e menores de dezoito anos.*
>
> *(...)*
>
> ***§ 2º.*** *Não podem alistar-se como eleitores os estrangeiros e, durante o período do serviço militar obrigatório, os conscritos.*

No Brasil, os estrangeiros não podem votar.

Os brasileiros naturalizados podem votar e ser votados, somente não podendo ser candidatos a Presidente da República e Vice-Presidente da República.

Aqueles que estão prestando o serviço militar obrigatório (conscritos) também não poderão votar.

A Constituição Federal estabeleceu dois tipos de eleitores:

a) Eleitores obrigatórios: devem alistar-se eleitoralmente (tirar o título) e votar em todas as eleições. Em regra, são todos os brasileiros com mais de 18 anos.

Deve-se observar que o Código Eleitoral permite que, em vez de votar, o eleitor justifique ou pague multa, podendo fazê-lo sem número de limite de vezes.

b) Eleitores facultativos: não precisam alistar-se eleitoralmente (tirar o título) e, mesmo que o façam, não são obrigados a votar em todas as eleições. São: os analfabetos, quem tem mais de 70 anos e quem tem entre 16 e 18 anos.

No caso do analfabeto, para que seja considerado como tal seu analfabetismo deve ser completo, não sendo considerado eleitor facultativo o chamado "analfabeto funcional", que é aquela pessoa que sabe ler, embora tenha dificuldades para interpretar um texto lido.

4.1.5 Requisitos para Ser Candidato

O § 3º do Art. 14 traz os requisitos para que alguém seja candidato a algum cargo público:

> ***§ 3º*** *São condições de elegibilidade, na forma da lei:*
>
> ***I.*** *a nacionalidade brasileira;*
>
> ***II.*** *o pleno exercício dos direitos políticos;*
>
> ***III.*** *o alistamento eleitoral;*
>
> ***IV.*** *o domicílio eleitoral na circunscrição;*
>
> ***V.*** *a filiação partidária;*

> ***VI.*** *a idade mínima de:*
>
> ***a)*** *trinta e cinco anos para Presidente e Vice-Presidente da República e Senador;*
>
> ***b)*** *trinta anos para Governador e Vice-Governador de Estado e do Distrito Federal;*
>
> ***c)*** *vinte e um anos para Deputado Federal, Deputado Estadual ou Distrital, Prefeito, Vice-Prefeito e juiz de paz;*
>
> ***d)*** *dezoito anos para Vereador.*

Vejamos cada um desses requisitos:

I - a nacionalidade brasileira:

Estrangeiro não pode votar nem ser votado. Brasileiro naturalizado pode votar e ser votado, somente não podendo concorrer aos cargos de Presidente e Vice-Presidente da República e, se eleito senador ou deputado federal, não pode concorrer aos cargos de Presidente da Câmara dos Deputados ou do Senado Federal.

II - o pleno exercício dos direitos políticos:

Aquele que perder seus direitos políticos (ex.: alguém que sofra de incapacidade civil absoluta) ou estiver com eles suspensos (condenado por crime, por exemplo), não poderá ser candidato.

Além disso, o candidato deverá ter votado, ou justificado, ou pago a multa, em todas as eleições anteriores.

III - o alistamento eleitoral:

Para ser candidato, é necessário estar alistado na Justiça Eleitoral, ou seja, deve-se possuir título de eleitor.

IV - o domicílio eleitoral na circunscrição:

Domicílio eleitoral é o município onde o eleitor vota.

O candidato deve estar domiciliado eleitoralmente no local cujo cargo pleiteia. Assim, candidato a vereador de Manaus deve estar alistado em Manaus, candidato a governador de São Paulo deve estar alistado em Município deste Estado, e assim por diante.

V - a filiação partidária:

No Brasil, todo candidato deve estar vinculado a um partido político. Não existe, assim, aqui, a possibilidade dos chamados "candidatos independentes", ou seja, sem filiação partidária.

A legislação eleitoral exige que os candidatos devem estar filiados ao partido pelo qual vão concorrer à eleição um ano antes do pleito.

VI - a idade mínima de:

a) trinta e cinco anos para Presidente e Vice-Presidente da República e Senador;

b) trinta anos para Governador e Vice-Governador de Estado e do Distrito Federal;

c) vinte e um anos para Deputado Federal, Deputado Estadual ou Distrital, Prefeito, Vice-Prefeito e juiz de paz;

d) dezoito anos para Vereador.

De acordo com a Lei das Eleições, o requisito da idade precisa estar preenchido no momento da posse, e não necessariamente no momento do registro da candidatura ou da eleição.

Condições de Elegibilidade

Os § 4º e 9º do Art. 14 da Constituição trazem algumas condições adicionais para que alguém seja candidato, trazendo hipóteses de inelegibilidade (casos em que a pessoa não poderá ser candidato):

A inelegibilidade pode ser absoluta (impedindo a pessoa de candidatar-se a qualquer cargo público) ou relativo (impedindo a candidatura para um ou alguns cargos).

> ***§ 4º.*** *São inelegíveis os inalistáveis e os analfabetos.*

O § 4º traz hipóteses de inexigibilidade absoluta.

Inalistável é aquele que não pode ser eleitor. Assim, quem não pode votar não pode também ser votado.

Os analfabetos podem votar, mas não podem ser candidatos. Aqui também, para que seja inelegível, deve o cidadão ser analfabeto completo.

> ***§ 5º.*** *O Presidente da República, os Governadores de Estado e do Distrito Federal, os Prefeitos e quem os houver sucedido, ou substituído no curso dos mandatos poderão ser reeleitos para um único período subsequente.*

A Constituição Federal permite que o ocupante de um cargo eletivo do Executivo concorra apenas uma vez à reeleição.

Se reeleito, somente poderá ser candidato a outro cargo eletivo, não ao mesmo. Mas poderá concorrer de novo ao cargo desde que aguarde o período de um mandato.

Tal restrição se aplica não somente ao ocupante efetivo do cargo, mas também àqueles que o houverem sucedido, em qualquer momento do mandato.

Suceder é assumir o lugar do titular definitivamente. Substituir é assumir o lugar do titular apenas temporariamente.

Assim, por exemplo, se vagar o cargo de Presidente e o Vice-Presidente assumir o seu lugar (em 2015, por exemplo), este poderá disputar a próxima eleição para Presidente (em 2018), mas não poderá concorrer à reeleição para Presidente na eleição seguinte (em 2022), uma vez que exerceu o cargo de Presidente como titular no mandato anterior.

> ***§ 6º.*** *Para concorrerem a outros cargos, o Presidente da República, os Governadores de Estado e do Distrito Federal e os Prefeitos devem renunciar aos respectivos mandatos até seis meses antes do pleito.*

Além de não poderem se reeleger para o mesmo cargo mais de uma vez, os ocupantes de cargos eletivos do Executivo, se quiserem concorrer a outros cargos (como senadores, deputados, vereadores), precisam se desincompatibilizar do cargo que ocupam em até seis meses antes da data da eleição.

Essa restrição não se aplica ao Vice-Presidente, aos Vice-Governadores nem aos Vice-Prefeitos, desde que não tenham sucedido ou substituído o titular nos seis meses anteriores à eleição (Lei Complementar nº 64/90).

> ***§ 7º.*** *São inelegíveis, no território de jurisdição do titular, o cônjuge e os parentes consanguíneos ou afins, até o segundo grau ou por adoção, do Presidente da República, de Governador de Estado ou Território, do Distrito Federal, de Prefeito ou de quem os haja substituído dentro dos seis meses anteriores ao pleito, salvo se já titular de mandato eletivo e candidato à reeleição.*

Essa disposição visa impedir que os ocupantes de cargos se utilizem de sua influência para eleger seus cônjuges ou parentes até o segundo grau, consanguíneos ou afins (pais, filhos, avós, netos, irmãos, sogros, genros e cunhados).

Veja-se que a restrição se aplica somente ao território de jurisdição do titular. Assim, por exemplo, o filho do Governador do

Estado de Minas Gerais não pode concorrer à prefeitura de Belo Horizonte, mas pode ser candidato a Presidente da República.

O texto abre somente uma exceção: se o parente ou cônjuge já for titular de mandato eletivo, ele pode concorrer à reeleição.

De acordo com o STF, a inelegibilidade não é afastada pela dissolução da sociedade ou do vínculo conjugal, no curso do mandato. Ou seja, mesmo que o cônjuge se separe do titular do cargo durante o mandato, continuará inelegível.

> ***§ 8º.*** *O militar alistável é elegível, atendidas as seguintes condições:*
>
> ***I.*** *se contar menos de dez anos de serviço, deverá afastar-se da atividade;*
>
> ***II.*** *se contar mais de dez anos de serviço, será agregado pela autoridade superior e, se eleito, passará automaticamente, no ato da diplomação, para a inatividade.*

Se o militar puder votar também poderá ser candidato, exigindo, porém, a CF, que os que tiverem menos de 10 anos de atividade, deverão afastar-se da atividade (deverão pedir baixa). Já os que tiverem mais de 10 anos somente passarão para a inatividade se forem eleitos.

De qualquer forma, em qualquer hipótese a Constituição Federal veda que um militar da ativa venha a assumir um cargo eletivo.

> ***§ 9º.*** *Lei complementar estabelecerá outros casos de inelegibilidade e os prazos de sua cessação, a fim de proteger a probidade administrativa, a moralidade para exercício de mandato considerada vida pregressa do candidato, e a normalidade e legitimidade das eleições contra a influência do poder econômico ou o abuso do exercício de função, cargo ou emprego na administração direta ou indireta.*

Atualmente, a Lei Complementar que cumpre tal papel é a LC, 64/90, conhecida como "Lei das Inelegibilidades".

> ***§ 10.*** *O mandato eletivo poderá ser impugnado ante a Justiça Eleitoral no prazo de quinze dias contados da diplomação, instruída a ação com provas de abuso do poder econômico, corrupção ou fraude.*

Diplomação é o ato formal pelo qual a Justiça Eleitoral reconhece os candidatos eleitos e seus suplentes, entregando-lhes um certificado (diploma).

> ***§ 11.*** *A ação de impugnação de mandato tramitará em segredo de justiça, respondendo o autor, na forma da lei, se temerária ou de manifesta má-fé.*

4.2 Partidos Políticos

4.2.1 Conceito

Partido político é uma livre associação de pessoas, que possuem interesses em comum e objetivam o exercício do poder político, por meio do voto.

4.2.2 Natureza Jurídica dos Partidos Políticos

Os partidos políticos, segundo previsão expressa da Constituição, possuem ***natureza jurídica de direito privado***. Vejamos o disposto no Art. 17, § 2º:

> ***§ 2º*** *– Os partidos políticos, após adquirirem personalidade jurídica, na forma da lei civil, registrarão seus estatutos no Tribunal Superior Eleitoral.*

Quando a Constituição determina que os partidos devem adquirir sua personalidade jurídica na forma da lei civil, praticamente afirma que devem ser considerados como pessoa jurídica de direito privado, apesar de ser exigido seu registro no TSE.

4.2.3 Criação e Limites dos Partidos

A CF assegura, no *caput* do Art. 17, a liberdade de criação, fusão, incorporação e extinção de partidos políticos:

> ***Art. 17.*** *É livre a criação, fusão, incorporação e extinção de partidos políticos, resguardados* ***a soberania nacional, o regime democrático, o pluripartidarismo, os direitos fundamentais da pessoa humana*** *e observados os seguintes preceitos: (...)* (grifo nosso)

Contudo, essa liberdade não é absoluta, devendo os partidos resguardarem:

- soberania nacional;
- regime democrático;
- pluripartidarismo;
- direitos fundamentais da pessoa humana.

Além disso, os partidos devem observar os seguintes preceitos que funcionam como verdadeiras limitações aos partidos políticos:

> ***Art. 17.*** *É livre a criação, fusão, incorporação e extinção de partidos políticos, resguardados a soberania nacional, o regime democrático, o pluripartidarismo, os direitos fundamentais da pessoa humana e observados os seguintes preceitos:*
>
> ***I.*** *caráter nacional;*
>
> ***II.*** *proibição de recebimento de recursos financeiros de entidade ou governo estrangeiros ou de subordinação a estes;*
>
> ***III.*** *prestação de contas à Justiça Eleitoral;*
>
> ***IV.*** *funcionamento parlamentar de acordo com a lei.*
>
> ***§ 4º*** *– É vedada a utilização pelos partidos políticos de organização paramilitar.*

Seriam exemplos de organizações paramilitares as milícias do Rio de Janeiro ou uma facção criminosa.

4.2.4 Autonomia e não verticalização

As regras constitucionais de autonomia dos partidos políticos receberam nova redação pela EC 97/2017. A CF assegura aos partidos políticos autonomia para definir sua estrutura interna e estabelecer regras sobre escolha, formação e duração de seus órgãos permanentes e provisórios e sobre sua organização e seu funcionamento e para adotar os critérios de escolha e o regime de suas coligações nas eleições majoritárias, além de estabelecer normas de disciplina e fidelidade partidária. A EC 97/2017 proibiu a celebração de coligações para as eleições proporcionais.

> ***§ 1º*** *É assegurada aos partidos políticos autonomia para definir sua estrutura interna e estabelecer regras sobre escolha, formação e duração de seus órgãos permanentes e provisórios e sobre sua organização e funcionamento e para adotar os critérios de escolha e o regime de suas coligações nas eleições majoritárias, vedada a sua celebração nas eleições proporcionais, sem obrigatoriedade de vinculação entre as candidaturas em âmbito nacional, estadual, distrital ou municipal, devendo seus* ***estatutos*** *estabelecer normas de disciplina e fidelidade partidária. (Redação dada pela Emenda Constitucional nº 97, de 2017)*[1] (grifo nosso)

1 Redação anterior:
§ 1º É assegurada aos partidos políticos autonomia para definir sua estrutura interna, organização e funcionamento e para adotar os critérios de escolha e o

A regra da vedação das coligações nas eleições proporcionais só terá aplicação nas eleições de 2020.

Esse dispositivo ainda determina que não é mais exigida a ***regra da verticalização***. Isto é, não é preciso haver vinculação das candidaturas nos diversos níveis federativos (União, Estados, Distrito Federal e Municípios).

4.2.5 Direito de Antena e recursos do fundo partidário

A EC 97/2017 estabeleceu novas regras para que os partidos tenham acesso gratuito ao rádio e à televisão (direito de antena). De acordo com a nova redação do § 3º, só terá direito de antena e acesso a recursos do fundo o partido político que, alternadamente:

> ***§ 3º*** *Somente terão direito a recursos do fundo partidário e acesso gratuito ao rádio e à televisão, na forma da lei, os partidos políticos que* ***alternativamente****:*
>
> *I - obtiverem, nas eleições para a Câmara dos Deputados, no mínimo, 3% (três por cento) dos votos válidos, distribuídos em pelo menos um terço das unidades da Federação, com um mínimo de 2% (dois por cento) dos votos válidos em cada uma delas; ou*
>
> *II - tiverem elegido pelo menos quinze Deputados Federais distribuídos em pelo menos um terço das unidades da Federação.* (grifo nosso)

Essa regra, que cria uma nova cláusula de barreira (ou desempenho), no entanto, só vai passar a valer nas eleições de 2030. Até lá funcionará da seguinte forma – **REGRA DE TRANSIÇÃO**:

> ***Parágrafo único.*** *Terão acesso aos recursos do fundo partidário e à propaganda gratuita no rádio e na televisão os partidos políticos que:*
>
> *I - na legislatura seguinte às eleições de 2018:*
>
> ***a)*** *obtiverem, nas eleições para a Câmara dos Deputados, no mínimo, 1,5% (um e meio por cento) dos votos válidos, distribuídos em pelo menos um terço das unidades da Federação, com um mínimo de 1% (um por cento) dos votos válidos em cada uma delas; ou*
>
> ***b)*** *tiverem elegido pelo menos nove Deputados Federais distribuídos em pelo menos um terço das unidades da Federação;*
>
> *II - na legislatura seguinte às eleições de 2022:*
>
> ***a)*** *obtiverem, nas eleições para a Câmara dos Deputados, no mínimo, 2% (dois por cento) dos votos válidos, distribuídos em pelo menos um terço das unidades da Federação, com um mínimo de 1% (um por cento) dos votos válidos em cada uma delas; ou*
>
> ***b)*** *tiverem elegido pelo menos onze Deputados Federais distribuídos em pelo menos um terço das unidades da Federação;*
>
> *III - na legislatura seguinte às eleições de 2026:*
>
> ***a)*** *obtiverem, nas eleições para a Câmara dos Deputados, no mínimo, 2,5% (dois e meio por cento) dos votos válidos, distribuídos em pelo menos um terço das unidades da Federação, com um mínimo de 1,5% (um e meio por cento) dos votos válidos em cada uma delas; ou*
>
> ***b)*** *tiverem elegido pelo menos treze Deputados Federais distribuídos em pelo menos um terço das unidades da Federação.*

regime de suas coligações eleitorais, sem obrigatoriedade de vinculação entre as candidaturas em âmbito nacional, estadual, distrital ou municipal, devendo seus estatutos estabelecer normas de disciplina e fidelidade partidária. (Redação dada pela Emenda Constitucional nº 52, de 2006)

4.2.6 Desfiliação com justa causa

Sabe-se que o candidato eleito no sistema proporcional que se desfiliar, sem justa causa, perde o mandato, ressalvadas as hipóteses legais de justa causa (Art. 22-A LPP).

A EC 97/2017 trouxe uma hipótese de justa causa para a desfiliação partidária. De acordo com o § 5º do Art. 17, o candidato que for eleito por um partido que não preencher os requisitos para obter recursos do fundo partidário e do tempo de rádio e TV, poderá mudar de partido, sem perder o mandato por infidelidade partidária:

> ***§ 5º*** *Ao eleito por partido que não preencher os requisitos previstos no § 3º deste artigo é assegurado o mandato e facultada a filiação, sem perda do mandato, a outro partido que os tenha atingido, não sendo essa filiação considerada para fins de distribuição dos recursos do fundo partidário e de acesso gratuito ao tempo de rádio e de televisão. (Incluído pela Emenda Constitucional nº 97, de 2017)*

Questões

01. (Cespe 2018) No texto constitucional, os direitos políticos estão vinculados ao exercício da soberania popular, restritos, portanto, aos direitos de votar e de ser votado.

Certo ( ) Errado ( )

02. (Cespe 2018) Alistamento eleitoral é o ato jurídico pelo qual a pessoa natural adquire, perante a justiça eleitoral, capacidade eleitoral ativa e passa a integrar o corpo de eleitores de determinada zona e seção eleitoral.

Certo ( ) Errado ( )

03. (Cespe 2018) O alistamento eleitoral e o voto são facultativos para analfabetos, portadores de necessidades especiais, maiores de setenta anos de idade e para os maiores de dezesseis e menores de dezoito anos de idade.

Certo ( ) Errado ( )

04. (Cespe 2018) Julgue o item seguinte, referentes ao alistamento eleitoral, ao cancelamento da inscrição eleitoral e exclusão do eleitor do cadastro nacional de eleitores.

As únicas hipóteses de cancelamento da inscrição e a consequente exclusão do eleitor do cadastro nacional são: suspensão dos direitos políticos, falecimento do eleitor, pluralidade de inscrições e o fato de o eleitor deixar de votar em três eleições consecutivas.

Certo ( ) Errado ( )

05. (Cespe 2018) Os institutos do cancelamento e de exclusão de eleitores não se complementam: não há entre eles relação de causa e consequência.

Certo ( ) Errado ( )

06. (Cespe 2018) De acordo com o STF, é inconstitucional proibir que emissoras de rádio e TV difundam áudios ou vídeos que ridicularizem candidato ou partido político durante o período eleitoral.

Certo ( ) Errado ( )

07. (Cespe 2018) Em propaganda partidária, é vedada a participação de pessoas integrantes de outros partidos.

Certo ( ) Errado ( )

08. (Cespe 2018) É constitucional, como condição para a participação de candidato em debate eleitoral, a exigência de representação mínima, no Congresso Nacional, de seu correspondente partido político.

Certo ( ) Errado ( )

09. (Cespe 2018) A utilização de organização paramilitar por determinado partido político em um estado da Federação é permitida desde que autorizada pelo governador desse estado e pelo respectivo tribunal regional eleitoral.

Certo ( ) Errado ( )

10. (Cespe 2018) Os partidos políticos têm autonomia administrativa garantida pela Constituição Federal e poderão definir o regime de suas coligações eleitorais, que vincularão as candidaturas no âmbito federal, estadual, distrital e no municipal.

Certo ( ) Errado ( )

Gabaritos

01	ERRADO	06	CERTO
02	CERTO	07	CERTO
03	ERRADO	08	CERTO
04	ERRADO	09	ERRADO
05	ERRADO	10	ERRADO

5. PODER EXECUTIVO

5.1 Do Presidente e do Vice-Presidente da República

O Art. 76 da Constituição Federal estabelece que o Poder Executivo será exercido pelo Presidente da República, auxiliado pelos Ministros de Estado.

5.1.1 Eleição do Presidente e do Vice-Presidente da República

Sobre isso dispõe o Art. 77 da Constituição:

> ***Art. 77.*** *A eleição do Presidente e do Vice-Presidente da República realizar-se-á, simultaneamente, no primeiro domingo de outubro, em primeiro turno, e no último domingo de outubro, em segundo turno, se houver, do ano anterior ao do término do mandato presidencial vigente.*
>
> ***§ 1º.*** *A eleição do Presidente da República importará a do Vice-Presidente com ele registrado.*
>
> ***§ 2º.*** *Será considerado eleito Presidente o candidato que, registrado por partido político, obtiver a maioria absoluta de votos, não computados os em branco e os nulos.*
>
> ***§ 3º.*** *Se nenhum candidato alcançar maioria absoluta na primeira votação, far-se-á nova eleição em até vinte dias após a proclamação do resultado, concorrendo os dois candidatos mais votados e considerando-se eleito aquele que obtiver a maioria dos votos válidos.*
>
> ***§ 4º.*** *Se, antes de realizado o segundo turno, ocorrer morte, desistência ou impedimento legal de candidato, convocar-se-á, dentre os remanescentes, o de maior votação.*
>
> ***§ 5º.*** *Se, na hipótese dos parágrafos anteriores, remanescer, em segundo lugar, mais de um candidato com a mesma votação, qualificar-se-á o mais idoso.*

5.1.2 Posse do Presidente e do Vice-Presidente da República

O Art. 78 da Constituição Federal estabelece que o Presidente e o Vice-Presidente da República tomarão posse em sessão do Congresso Nacional, prestando o compromisso de manter, defender e cumprir a Constituição, observar as leis, promover o bem geral do povo brasileiro, sustentar a união, a integridade e a independência do Brasil.

Se, decorridos dez dias da data fixada para a posse, o Presidente ou o Vice-Presidente, salvo motivo de força maior, não tiver assumido o cargo, este será declarado vago.

5.1.3 Funções do Vice-Presidente

> ***Art. 79.*** *Substituirá o Presidente, no caso de impedimento, e suceder-lhe-á, no de vaga, o Vice-Presidente.*
>
> ***Parágrafo único.*** *O Vice-Presidente da República, além de outras atribuições que lhe forem conferidas por lei complementar, auxiliará o Presidente, sempre que por ele convocado para missões especiais.*

5.1.4 Linha de Substituição do Presidente da República

O Art. 80 da Constituição afirma que, em caso de impedimento do Presidente e do Vice-Presidente, ou vacância dos respectivos cargos, serão sucessivamente chamados ao exercício da Presidência:

- o Presidente da Câmara dos Deputados;
- o Presidente do Senado Federal; e
- o Presidente do Supremo Tribunal Federal.

No entanto, tais pessoas apenas assumirão o cargo temporariamente, devendo convocar novas eleições se a ausência do Presidente e do Vice for definitiva.

5.1.5 Vacância dos Cargos de Presidente e Vice-Presidente

A vacância dos cargos de Presidente e Vice-Presidente ocorre quando o País ficar definitivamente sem ambos.

Nesse caso, estabelece o Art. 81 da Constituição que:

> ***Art. 81.*** *Vagando os cargos de Presidente e Vice-Presidente da República, far-se-á eleição noventa dias depois de aberta a última vaga.*
>
> ***§ 1º.*** *Ocorrendo a vacância nos últimos dois anos do período presidencial, a eleição para ambos os cargos será feita trinta dias depois da última vaga, pelo Congresso Nacional, na forma da lei.*
>
> ***§ 2º.*** *Em qualquer dos casos, os eleitos deverão completar o período de seus antecessores.*

5.1.6 Mandato e Ausência do Presidente da República

O Art. 82 da Constituição Federal estabelece que o mandato do Presidente da República é de quatro anos e terá início em primeiro de janeiro do ano seguinte ao da sua eleição.

Por sua vez, o Art. 83 estipula que o Presidente e o Vice-Presidente da República não poderão, sem licença do Congresso Nacional, ausentar-se do País por período superior a quinze dias, sob pena de perda do cargo.

5.1.7 Atribuições do Presidente da República

O Art. 84 traz as competências privativas do Presidente da República:

> ***Art. 84.*** *Compete privativamente ao Presidente da República:*
>
> ***I.*** *Nomear e exonerar os Ministros de Estado;*
>
> ***II.*** *Exercer, com o auxílio dos Ministros de Estado, a direção superior da administração federal;*
>
> ***III.*** *Iniciar o processo legislativo, na forma e nos casos previstos nesta Constituição;*
>
> ***IV.*** *Sancionar, promulgar e fazer publicar as leis, bem como expedir decretos e regulamentos para sua fiel execução;*
>
> ***V.*** *Vetar projetos de lei, total ou parcialmente;*
>
> ***VI.*** *Dispor, mediante decreto, sobre*
>
> ***a)*** *organização e funcionamento da administração federal, quando não implicar aumento de despesa nem criação ou extinção de órgãos públicos;*
>
> ***b)*** *extinção de funções ou cargos públicos, quando vagos;*
>
> ***VII.*** *Manter relações com Estados estrangeiros e acreditar seus representantes diplomáticos;*
>
> ***VIII.*** *Celebrar tratados, convenções e atos internacionais, sujeitos a referendo do Congresso Nacional;*
>
> ***IX.*** *Decretar o estado de defesa e o estado de sítio;*
>
> ***X.*** *Decretar e executar a intervenção federal;*
>
> ***XI.*** *Remeter mensagem e plano de governo ao Congresso Nacional por ocasião da abertura da sessão legislativa, expondo a situação do País e solicitando as providências que julgar necessárias;*
>
> ***XII.*** *Conceder indulto e comutar penas, com audiência, se necessário, dos órgãos instituídos em lei;*
>
> ***XIII.*** *Exercer o comando supremo das Forças Armadas, nomear os Comandantes da Marinha, do Exército e da Aeronáutica, promover seus oficiais-generais e nomeá-los para os cargos que lhes são privativos;*
>
> ***XIV.*** *Nomear, após aprovação pelo Senado Federal, os Ministros do Supremo Tribunal Federal e dos Tribunais Superiores, os Governadores de Territórios, o Procurador-Geral da República, o presidente e os diretores do banco central e outros servidores, quando determinado em lei;*
>
> ***XV.*** *Nomear, observado o disposto no Art. 73, os Ministros do Tribunal de Contas da União;*
>
> ***XVI.*** *Nomear os magistrados, nos casos previstos nesta Constituição, e o Advogado-Geral da União;*
>
> ***XVII.*** *Nomear membros do Conselho da República, nos termos do Art. 89, VII;*
>
> ***XVIII.*** *Convocar e presidir o Conselho da República e o Conselho de Defesa Nacional;*
>
> ***XIX.*** *Declarar guerra, no caso de agressão estrangeira, autorizado pelo Congresso Nacional ou referendado por ele, quando ocorrida no intervalo das sessões legislativas, e, nas mesmas condições, decretar, total ou parcialmente, a mobilização nacional;*
>
> ***XX.*** *Celebrar a paz, autorizado ou com o referendo do Congresso Nacional;*
>
> ***XXI.*** *Conferir condecorações e distinções honoríficas;*
>
> ***XXII.*** *Permitir, nos casos previstos em lei complementar, que forças estrangeiras transitem pelo território nacional ou nele permaneçam temporariamente;*
>
> ***XXIII.*** *Enviar ao Congresso Nacional o plano plurianual, o projeto de lei de diretrizes orçamentárias e as propostas de orçamento previstos nesta Constituição;*
>
> ***XXIV.*** *Prestar, anualmente, ao Congresso Nacional, dentro de sessenta dias após a abertura da sessão legislativa, as contas referentes ao exercício anterior;*
>
> ***XXV.*** *Prover e extinguir os cargos públicos federais, na forma da lei;*
>
> ***XXVI.*** *Editar medidas provisórias com força de lei, nos termos do Art. 62;*
>
> ***XXVII.*** *Exercer outras atribuições previstas nesta Constituição.*
>
> ***Parágrafo único.*** *O Presidente da República poderá delegar as atribuições mencionadas nos incisos VI, XII e XXV, primeira parte, aos Ministros de Estado, ao Procurador-Geral da República ou ao Advogado-Geral da União, que observarão os limites traçados nas respectivas delegações.*

5.1.8 Responsabilidade do Presidente da República

O Art. 85 estabelece que são crimes de responsabilidade os atos do Presidente da República que atentem contra a Constituição Federal e, especialmente, contra:

- a existência da União;
- o livre exercício do Poder Legislativo, do Poder Judiciário, do Ministério Público e dos Poderes constitucionais das unidades da Federação;

- o exercício dos direitos políticos, individuais e sociais;
- a segurança interna do País;
- a probidade na administração;
- a lei orçamentária;
- o cumprimento das leis e das decisões judiciais.

O parágrafo único do mesmo artigo estabelece que esses crimes serão definidos em lei especial, que estabelecerá as normas de processo e julgamento.

E o Art. 86 afirma que, admitida a acusação contra o Presidente da República, por dois terços da Câmara dos Deputados, será ele submetido a julgamento perante o Supremo Tribunal Federal, nas infrações penais comuns, ou perante o Senado Federal, nos crimes de responsabilidade.

A Constituição Federal determina ainda que o Presidente ficará suspende de suas funções:

- nas infrações penais comuns, se recebida a denúncia ou queixa-crime pelo Supremo Tribunal Federal;
- nos crimes de responsabilidade, após a instauração do processo pelo Senado Federal.

No entanto, se decorrido o prazo de cento e oitenta dias, o julgamento não estiver concluído, cessará o afastamento do Presidente, sem prejuízo do regular prosseguimento do processo.

Enquanto não sobrevier sentença condenatória, nas infrações comuns, o Presidente da República não poderá ser preso.

Questões

01. (Cespe 2018) Às eleições para presidente da República aplica-se o princípio majoritário, elegendo-se o candidato que obtiver a maioria absoluta de votos, incluídos os brancos e os nulos.

Certo ( ) Errado ( )

02. (Cespe 2018) Compete à Câmara dos Deputados autorizar a instauração de processo contra o presidente da República, e ao Senado Federal compete o seu processamento e julgamento, nos casos de crimes de responsabilidade.

Certo ( ) Errado ( )

03. (Cespe 2018) A Constituição Federal de 1988 prevê que atos do presidente da República contra probidade na administração são crimes de responsabilidade.

Certo ( ) Errado ( )

04. (Cespe 2018) Mediante medida provisória, o presidente da República poderá dispor sobre a organização e o funcionamento da administração pública federal, desde que a proposta não implique aumento de despesa nem a criação ou extinção de órgãos públicos.

Certo ( ) Errado ( )

05. (Cespe 2018)No que se refere à organização dos poderes, julgue o item que se segue.

A concessão de indulto é competência indelegável do presidente da República.

Certo ( ) Errado ( )

Gabaritos

01	ERRADO	04	ERRADO
02	CERTO	05	ERRADO
03	CERTO		

6. DA SEGURANÇA PÚBLICA

A expressão "segurança pública" envolve a manutenção da ordem pública e a proteção das pessoas e do patrimônio público e privado, contra a ação de criminosos.

Diferentemente das forças armadas, as forças de segurança pública não têm por objetivo garantir a integridade nacional contra agressões estrangeiras.

6.1 Polícias

O *caput* do Art. 144 da Constituição Federal estabelece quais são as forças policiais que podem ser organizadas pela União ou pelos Estados:

> ***Art. 144.*** *A segurança pública, dever do Estado, direito e responsabilidade de todos, é exercida para a preservação da ordem pública e da incolumidade das pessoas e do patrimônio, através dos seguintes órgãos:*
>
> ***I.*** *polícia federal;*
>
> ***II.*** *polícia rodoviária federal;*
>
> ***III.*** *polícia ferroviária federal;*
>
> ***IV.*** *polícias civis;*
>
> ***V.*** *polícias militares e corpos de bombeiros militares.*
>
> ***VI.*** *polícias penais federal, estaduais e distrital.*

6.1.1 Polícia Federal

De acordo com o § 1º do Art. 144, a polícia federal, instituída por lei como órgão permanente, organizado e mantido pela União e estruturado em carreira, destina-se a:

> ***I.*** *Apurar infrações penais contra a ordem política e social ou em detrimento de bens, serviços e interesses da União ou de suas entidades autárquicas e empresas públicas, assim como outras infrações cuja prática tenha repercussão interestadual ou internacional e exija repressão uniforme, segundo se dispuser em lei;*
>
> ***II.*** *Prevenir e reprimir o tráfico ilícito de entorpecentes e drogas afins, o contrabando e o descaminho, sem prejuízo da ação fazendária e de outros órgãos públicos nas respectivas áreas de competência;*
>
> ***III.*** *Exercer as funções de polícia marítima, aeroportuária e de fronteiras; (Redação dada pela Emenda Constitucional nº 19, de 1998);*
>
> ***IV.*** *Exercer, com exclusividade, as funções de polícia judiciária da União.*

A expressão "polícia judiciária" indica a competência para realizar investigações e cumprir mandados judiciais.

6.1.2 Polícia Rodoviária Federal

A polícia rodoviária federal, órgão permanente, organizado e mantido pela União e estruturado em carreira, destina-se, na forma da lei, ao patrulhamento ostensivo das rodovias federais.

6.1.3 Polícia Ferroviária Federal

A polícia ferroviária federal, órgão permanente, organizado e mantido pela União e estruturado em carreira, destina-se, na forma da lei, ao patrulhamento ostensivo das ferrovias federais.

6.1.4 Polícias penais

A Emenda Constitucional 104/2019 trouxe a previsão constitucional das chamadas polícias penais (no plural porque são organizadas em nível federal e estadual) às quais, de acordo com o § 5º-A do Art. 144 da Constituição, cabe a segurança dos estabelecimentos penais, estando vinculadas ao órgão administrador do sistema penal da unidade federativa a que pertencem.

6.1.5 Polícias Civis e Militares

De acordo com o § 4º do Art. 144 da CF, às polícias civis, dirigidas por delegados de polícia de carreira, incumbem, ressalvada a competência da União, as funções de polícia judiciária e a apuração de infrações penais, exceto as militares.

Já às polícias militares cabem a polícia ostensiva e a preservação da ordem pública; aos corpos de bombeiros militares, além das atribuições definidas em lei, incumbe a execução de atividades de defesa civil.

As polícias militares e corpos de bombeiros militares, forças auxiliares e reserva do Exército, subordinam-se, juntamente com as polícias civis, aos Governadores dos Estados, do Distrito Federal e dos Territórios.

6.1.6 Guardas Municipais

O § 8º do Art. 144 estabelece que os Municípios poderão constituir guardas municipais destinadas à proteção de seus bens, serviços e instalações, conforme dispuser a lei.

6.1.7 Remuneração dos Servidores Policiais

De acordo com o § 9º do Art. 144, a remuneração dos servidores policiais será fixada exclusivamente por subsídio fixado em parcela única, vedado o acréscimo de qualquer gratificação, adicional, abono, prêmio, verba de representação ou outra espécie remuneratória.

6.1.8 Segurança Viária

O § 10 do Art. 144 estabelece que a segurança viária, exercida para a preservação da ordem pública e da incolumidade das pessoas e do seu patrimônio nas vias públicas:

> ***I.*** *Compreende a educação, engenharia e fiscalização de trânsito, além de outras atividades previstas em lei, que assegurem ao cidadão o direito à mobilidade urbana eficiente; e*
>
> ***II.*** *Compete, no âmbito dos Estados, do Distrito Federal e dos Municípios, aos respectivos órgãos ou entidades executivos e seus agentes de trânsito, estruturados em Carreira, na forma da lei.*

Questões

01. (Cespe 2019) A competência da PRF, instituição permanente, organizada e mantida pela União, inclui o patrulhamento ostensivo das rodovias e das ferrovias federais.

Certo ( ) Errado ( )

02. (Cespe 2018) A vedação absoluta ao direito de greve dos integrantes das carreiras da segurança pública é compatível com o princípio da isonomia, segundo o STF.

Certo ( ) Errado ( )

03. (Cespe 2018) Com relação à defesa do Estado e das instituições democráticas, julgue o item que se segue.

É permitida aos municípios a criação de guardas municipais para a proteção de seus bens, serviços e instalações, inclusive com a atribuição de poder de polícia de trânsito.

Certo ( ) Errado ( )

04. (Cespe 2018) O policiamento naval é atribuição privativa da Marinha de Guerra, atividade de natureza meramente militar.

Certo ( ) Errado ( )

05. (Cespe 2019) A segurança viária compreende a educação, a engenharia e a fiscalização de trânsito, vetores que asseguram ao cidadão o direito à mobilidade urbana eficiente.

Certo ( ) Errado ( )

Gabaritos

01	ERRADO	04	ERRADO
02	CERTO	05	CERTO
03	CERTO		

7. ORDEM SOCIAL

7.1 Da Seguridade Social

De acordo com a convenção OIT nº 102/1952, da qual o Brasil é signatário, a Seguridade Social pode ser definida como *proteção que a sociedade proporciona a seus membros mediante uma série de medidas públicas contra as privações econômicas e sociais que de outra forma derivariam no desaparecimento ou forte redução de sua subsistência como consequência de enfermidade, maternidade, acidente de trabalho ou enfermidade profissional, desemprego, invalidez, velhice e morte e também a proteção em forma de assistência médica e de ajuda com filhos.*

Em outras palavras, através da Seguridade Social, o Estado busca proteger seus cidadãos contra privações decorrentes de determinados eventos, garantir o acesso do mesmo a serviços de saúde e auxiliá-lo no sustento e criação de seus filhos.

Nesse sentido, dispõe o Art. 194 da CF:

> ***Art. 194.*** *A seguridade social compreende um conjunto integrado de ações de iniciativa dos Poderes Públicos e da sociedade, destinadas a assegurar os direitos relativos à saúde, à previdência e à assistência social.*

Daí extraímos as três áreas em que se divide a seguridade social no Brasil: saúde, previdência social e assistência social.

7.1.1 Saúde

Compreende todas as ações do Estado voltadas à prevenção e tratamento de doenças, bem como à promoção do bem-estar físico e mental da população.

Exs.:

Vacinação infantil;

Atendimentos em postos de saúde e hospitais públicos;

Atendimento a pessoas com doenças psicológicas;

Combate a vetores de doenças, como o mosquito transmissor da dengue, etc.).

É prestada a todos e independe de contribuição do usuário.

Dispõe o Art. 196 da Constituição:

> ***Art. 196.*** *A saúde é direito de todos e dever do Estado, garantido mediante políticas sociais e econômicas que visem à redução do risco de doença e de outros agravos e ao acesso universal e igualitário às ações e serviços para sua promoção, proteção e recuperação.*

Prestação dos Serviços de Saúde

Sobre isso, dispõe o Art. 197:

> ***Art. 197.*** *São de relevância pública as ações e serviços de saúde, cabendo ao Poder Público dispor, nos termos da lei, sobre sua regulamentação, fiscalização e controle, devendo sua execução ser feita diretamente ou através de terceiros e, também, por pessoa física ou jurídica de direito privado.*

O principal responsável pela boa prestação dos serviços de saúde é o Poder Público, mas o particular também pode prestá-los, sempre sob a regulamentação e fiscalização dos entes estatais.

Sistema Único de Saúde – SUS

O Art. 198 a 200 tratam do chamado Sistema Único de Saúde – SUS:

Art. 198. *As ações e serviços públicos de saúde integram uma rede regionalizada e hierarquizada e constituem um sistema único, organizado de acordo com as seguintes diretrizes:*

I. *Descentralização, com direção única em cada esfera de governo;*

II. *Atendimento integral, com prioridade para as atividades preventivas, sem prejuízo dos serviços assistenciais;*

III. *Participação da comunidade.*

§ 1º. *O sistema único de saúde será financiado, nos termos do Art. 195, com recursos do orçamento da seguridade social, da União, dos Estados, do Distrito Federal e dos Municípios, além de outras fontes.*

§ 2º. *A União, os Estados, o Distrito Federal e os Municípios aplicarão, anualmente, em ações e serviços públicos de saúde recursos mínimos derivados da aplicação de percentuais calculados sobre:*

I. *No caso da União, a receita corrente líquida do respectivo exercício financeiro, não podendo ser inferior a 15% (quinze por cento);*

II. *No caso dos Estados e do Distrito Federal, o produto da arrecadação dos impostos a que se refere o Art. 155 e dos recursos de que tratam os Arts. 157 e 159, inciso I, alínea a, e inciso II, deduzidas as parcelas que forem transferidas aos respectivos Municípios;*

III. *No caso dos Municípios e do Distrito Federal, o produto da arrecadação dos impostos a que se refere o Art. 156 e dos recursos de que tratam os Arts. 158 e 159, inciso I, alínea b e § 3º.*

§ 3º. *Lei complementar, que será reavaliada pelo menos a cada cinco anos, estabelecerá:*

I. *Os percentuais de que tratam os incisos II e III do § 2º;*

II. *Os critérios de rateio dos recursos da União vinculados à saúde destinados aos Estados, ao Distrito Federal e aos Municípios, e dos Estados destinados a seus respectivos Municípios, objetivando a progressiva redução das disparidades regionais;*

III. *as normas de fiscalização, avaliação e controle das despesas com saúde nas esferas federal, estadual, distrital e municipal;*

IV. *REVOGADO*

§ 4º. *Os gestores locais do sistema único de saúde poderão admitir agentes comunitários de saúde e agentes de combate às endemias por meio de processo seletivo público, de acordo com a natureza e complexidade de suas atribuições e requisitos específicos para sua atuação.*

§ 5º. *Lei federal disporá sobre o regime jurídico, o piso salarial profissional nacional, as diretrizes para os Planos de Carreira e a regulamentação das atividades de agente comunitário de saúde e agente de combate às endemias, competindo à União, nos termos da lei, prestar assistência financeira complementar aos Estados, ao Distrito Federal e aos Municípios, para o cumprimento do referido piso salarial.*

§ 6º. *Além das hipóteses previstas no § 1º do Art. 41 e no § 4º do Art. 169 da Constituição Federal, o servidor que exerça funções equivalentes às de agente comunitário de saúde ou de agente de combate às endemias poderá perder o cargo em caso de descumprimento dos requisitos específicos, fixados em lei, para o seu exercício.*

Art. 199. *A assistência à saúde é livre à iniciativa privada.*

§ 1º. *As instituições privadas poderão participar de forma complementar do sistema único de saúde, segundo diretrizes deste, mediante contrato de direito público ou convênio, tendo preferência as entidades filantrópicas e as sem fins lucrativos.*

§ 2º. *É vedada a destinação de recursos públicos para auxílios ou subvenções às instituições privadas com fins lucrativos.*

§ 3º. *É vedada a participação direta ou indireta de empresas ou capitais estrangeiros na assistência à saúde no País, salvo nos casos previstos em lei.*

***§ 4º.** A lei disporá sobre as condições e os requisitos que facilitem a remoção de órgãos, tecidos e substâncias humanas para fins de transplante, pesquisa e tratamento, bem como a coleta, processamento e transfusão de sangue e seus derivados, sendo vedado todo tipo de comercialização.*

***Art. 200.** Ao sistema único de saúde compete, além de outras atribuições, nos termos da lei:*

***I.** Controlar e fiscalizar procedimentos, produtos e substâncias de interesse para a saúde e participar da produção de medicamentos, equipamentos, imunobiológicos, hemoderivados e outros insumos;*

***II.** Executar as ações de vigilância sanitária e epidemiológica, bem como as de saúde do trabalhador;*

***III.** Ordenar a formação de recursos humanos na área de saúde;*

***IV.** Participar da formulação da política e da execução das ações de saneamento básico;*

***V.** Incrementar, em sua área de atuação, o desenvolvimento científico e tecnológico e a inovação;*

***VI.** Fiscalizar e inspecionar alimentos, compreendido o controle de seu teor nutricional, bem como bebidas e águas para consumo humano;*

***VII.** Participar do controle e fiscalização da produção, transporte, guarda e utilização de substâncias e produtos psicoativos, tóxicos e radioativos;*

***VIII.** Colaborar na proteção do meio ambiente, nele compreendido o do trabalho.*

7.1.2 Previdência Social

A Previdência Social abrange as ações voltadas à preservação dos meios de subsistência do segurado ou família diante da interrupção ou término de sua atividade laboral ou vida profissional.

De acordo com o Art. 201, da CF, a Previdência será organizada sob a forma de regime geral, de caráter contributivo e de filiação obrigatória, observados critérios que preservem o equilíbrio financeiro e atuarial, e atenderá, nos termos da lei, a:

***I.** cobertura dos eventos de incapacidade temporária ou permanente para o trabalho e idade avançada;*

***II.** proteção à maternidade, especialmente à gestante;*

***III.** proteção ao trabalhador em situação de desemprego involuntário;*

***IV.** salário-família e auxílio-reclusão para os dependentes dos segurados de baixa renda;*

***V.** pensão por morte do segurado, homem ou mulher, ao cônjuge ou companheiro e dependentes.*

Dizer que a previdência é organizada sob regime geral significa dizer que as mesmas regras deverão ser aplicadas a todos os filiados, excetos nos casos previstos em lei complementar como sendo de aposentadoria especial.

O caráter contributivo indica que, para que seja beneficiado com benefícios da previdência social, deve ter contribuído.

A previdência é de filiação obrigatória porque todos que recebem renda necessariamente precisam contribuir para o sistema, independentemente de sua vontade. Isso é importante no Brasil porque aqui se adota o chamado regime de solidariedade, em que os trabalhadores da ativa contribuem com recursos para pagar as aposentadorias e pensões dos inativos. Assim, mesmo que alguém não tivesse intenção de usufruir dos benefícios da previdência, ele precisa contribuir, sob pena de não haver dinheiro para pagamento dos aposentados e pensionistas.

Por fim, o caput do Art. 201 estabelece que devem ser observados critérios que preservem o equilíbrio financeiro e atuarial. Isso quer dizer que o sistema deve ser sustentável, não só no curto, mas também no médio e longo prazos.

De acordo com o §2º do mesmo Art. 201, nenhum benefício que substitua o salário de contribuição ou o rendimento do trabalho do segurado terá valor mensal inferior ao salário mínimo.

É devida somente aos segurados (depende de contribuição).

Todos os salários de contribuição considerados para o cálculo de benefício serão devidamente atualizados, bem como os benefícios, de forma a preservar-lhes o valor real, tudo na forma da lei.

O § 5º do Art. 201 veda a filiação ao regime geral de previdência social, na qualidade de segurado facultativo, de pessoa participante de regime próprio de previdência.

Condições para Aposentadoria pelo Regime Geral

O § 7º do Art. 201 traz as condições para que alguém se aposente pelo regime geral da Previdência Social:

***§ 7º** É assegurada aposentadoria no regime geral de previdência social, nos termos da lei, obedecidas as seguintes condições:*

***I.** 65 (sessenta e cinco) anos de idade, se homem, e 62 (sessenta e dois) anos de idade, se mulher, observado tempo mínimo de contribuição;*

***II.** 60 (sessenta) anos de idade, se homem, e 55 (cinquenta e cinco) anos de idade, se mulher, para os trabalhadores rurais e para os que exerçam suas atividades em regime de economia familiar, nestes incluídos o produtor rural, o garimpeiro e o pescador artesanal*

O requisito de tempo de contribuição é reduzido em cinco anos para o professor que comprove o tempo mínimo exigido em lei complementar de efetivo exercício das funções de magistério na educação infantil e no ensino fundamental e médio.

Contagem Recíproca de Tempo de Contribuição

De acordo com o § 9º do Art. 201, para efeito de aposentadoria, é assegurada a contagem recíproca do tempo de contribuição na administração pública e na atividade privada, rural e urbana, hipótese em que os diversos regimes de previdência social se compensarão financeiramente, segundo critérios estabelecidos em lei.

Outras Disposições sobre o Regime Geral

***§ 10.** Lei disciplinará a cobertura do risco de acidente do trabalho, a ser atendida concorrentemente pelo regime geral de previdência social e pelo setor privado.*

***§ 11.** Os ganhos habituais do empregado, a qualquer título, serão incorporados ao salário para efeito de contribuição previdenciária e consequente repercussão em benefícios, nos casos e na forma da lei.*

***§ 12.** Lei disporá sobre sistema especial de inclusão previdenciária para atender a trabalhadores de baixa renda e àqueles sem renda própria que se dediquem exclusivamente ao trabalho doméstico no âmbito de sua residência, desde que pertencentes a famílias de baixa renda, garantindo-lhes acesso a benefícios de valor igual a um salário-mínimo.*

***§ 13.** O sistema especial de inclusão previdenciária de que trata o § 12 deste artigo terá alíquotas e carências inferiores às vigentes para os demais segurados do regime geral de previdência social.*

Previdência Privada

O Art. 202 da Constituição dispõe acerca do regime de previdência privada:

> ***Art. 202.*** *O regime de previdência privada, de caráter complementar e organizado de forma autônoma em relação ao regime geral de previdência social, será facultativo, baseado na constituição de reservas que garantam o benefício contratado, e regulado por lei complementar.*
>
> ***§ 1º.*** *A lei complementar de que trata este artigo assegurará ao participante de planos de benefícios de entidades de previdência privada o pleno acesso às informações relativas à gestão de seus respectivos planos.*
>
> ***§ 2º.*** *As contribuições do empregador, os benefícios e as condições contratuais previstas nos estatutos, regulamentos e planos de benefícios das entidades de previdência privada não integram o contrato de trabalho dos participantes, assim como, à exceção dos benefícios concedidos, não integram a remuneração dos participantes, nos termos da lei.*
>
> ***§ 3º.*** *É vedado o aporte de recursos a entidade de previdência privada pela União, Estados, Distrito Federal e Municípios, suas autarquias, fundações, empresas públicas, sociedades de economia mista e outras entidades públicas, salvo na qualidade de patrocinador, situação na qual, em hipótese alguma, sua contribuição normal poderá exceder a do segurado.*
>
> ***§ 4º.*** *Lei complementar disciplinará a relação entre a União, Estados, Distrito Federal ou Municípios, inclusive suas autarquias, fundações, sociedades de economia mista e empresas controladas direta ou indiretamente, enquanto patrocinadoras de entidades fechadas de previdência privada, e suas respectivas entidades fechadas de previdência privada.*
>
> ***§ 5º.*** *A lei complementar de que trata o parágrafo anterior aplicar-se-á, no que couber, às empresas privadas permissionárias ou concessionárias de prestação de serviços públicos, quando patrocinadoras de entidades fechadas de previdência privada.*
>
> ***§ 6º.*** *A lei complementar a que se refere o § 4º deste artigo estabelecerá os requisitos para a designação dos membros das diretorias das entidades fechadas de previdência privada e disciplinará a inserção dos participantes nos colegiados e instâncias de decisão em que seus interesses sejam objeto de discussão e deliberação."*

7.1.3 Assistência Social

A assistência social está relacionada com o auxílio aos desamparados e necessitados, aos desfavorecidos econômica e socialmente.

De acordo com o Art. 203 da Constituição, a assistência social será prestada a quem dela necessitar, independentemente de contribuição à seguridade social, e tem por objetivos:

> ***I.*** *A proteção à família, à maternidade, à infância, à adolescência e à velhice;*
>
> ***II.*** *Amparar as crianças e os adolescentes carentes;*
>
> ***III.*** *Promover a integração ao mercado de trabalho;*
>
> ***IV.*** *Promover a habilitação e reabilitação das pessoas portadoras de deficiência, bem como sua integração à sociedade; e*
>
> ***V.*** *Garantir a subsistência do portador de deficiência e do idoso que comprovem não ter meios para sustentar-se, por meio do pagamento de um salário mínimo.*

O recebimento de benefícios da assistência social independe de contribuição por parte do beneficiário.

Diretrizes da Assistência Social

O Art. 204 da Constituição Federal dispõe acerca das diretrizes específicas da assistência social:

> ***Art. 204.*** *As ações governamentais na área da assistência social serão realizadas com recursos do orçamento da seguridade social, previstos no Art. 195, além de outras fontes, e organizadas com base nas seguintes diretrizes:*
>
> ***I.*** *Descentralização político-administrativa, cabendo a coordenação e as normas gerais à esfera federal e a coordenação e a execução dos respectivos programas às esferas estadual e municipal, bem como a entidades beneficentes e de assistência social;*
>
> ***II.*** *Participação da população, por meio de organizações representativas, na formulação das políticas e no controle das ações em todos os níveis.*
>
> ***Parágrafo único.*** *É facultado aos Estados e ao Distrito Federal vincular a programa de apoio à inclusão e promoção social até cinco décimos por cento de sua receita tributária líquida, vedada a aplicação desses recursos no pagamento de: (Incluído pela Emenda Constitucional nº 42, de 19.12.2003)*
>
> ***I.*** *Despesas com pessoal e encargos sociais;*
>
> ***II.*** *Serviço da dívida;*
>
> ***III.*** *Qualquer outra despesa corrente não vinculada diretamente aos investimentos ou ações apoiados.*

7.1.4 Objetivos da Seguridade Social

O Art. 194, § único, da CF, dispõe que compete ao Poder Público, nos termos da lei, organizar a seguridade social, com base nos seguintes objetivos:

> ***I.*** *Universalidade da cobertura e do atendimento;*
>
> ***II.*** *Uniformidade e equivalência dos benefícios e serviços às populações urbanas e rurais;*
>
> ***III.*** *Seletividade e distributividade na prestação dos benefícios e serviços;*
>
> ***IV.*** *Irredutibilidade do valor dos benefícios;*
>
> ***V.*** *Equidade na forma de participação no custeio;*
>
> ***VI.*** *Diversidade da base de financiamento;*
>
> ***VII.*** *Caráter democrático e descentralizado da gestão administrativa, com a participação da comunidade, em especial de trabalhadores, empresários e aposentados.*

Na verdade, seria mais adequado falar-se em princípios ao invés de objetivos, uma vez que não se tratam de meras metas a serem atingidas, mas sim de normativos que devem ser seguidos imediatamente.

Vejamos cada uma desses princípios ou objetivos:

Universalidade da Cobertura e do Atendimento

A universalidade da cobertura indica que a Seguridade deve contemplar todas as contingências sociais que geram necessidade de proteção social das pessoas, tais como: maternidade; velhice; doença; acidente; invalidez; reclusão e morte.

Já a universalidade do atendimento, significa dizer que todas as pessoas serão indistintamente acolhidas pela Seguridade Social (em relação à previdência social, a universalidade do atendimento não se aplica).

Uniformidade e Equivalência dos Benefícios e Serviços às Populações Urbanas e Rurais

Equivale a dizer que as mesmas contingências (morte, velhice, maternidade, etc.) serão cobertas tanto para os trabalhadores urbanos como para os rurais. Além disso, deverão possuir o mesmo valor econômico.

Seletividade e Distributividade na Prestação dos Benefícios e Serviços

A seletividade apregoa que nem todos os segurados terão direito a todas as prestações que o sistema pode fornecer. Por exemplo, os benefícios salário-família e o auxílio-reclusão só serão pagos àqueles segurados que tenham renda mensal inferior ao estabelecido em lei.

A distributividade indica que a seguridade social deve também distribuir renda, retirando recursos dos que mais têm (através da tributação) e alocando-os para atendimento das necessidades dos mais pobres (princípio "Robin Hood").

Irredutibilidade do Valor dos Benefícios

O Art. 201, § 4º, da CF/88, assegura o reajustamento dos benefícios para preservar-lhe, em caráter permanente, o valor real, conforme critérios a serem definidos em lei.

Equidade na Forma de Participação do Custeio

Este princípio estabelece que a Seguridade deve ser financiada de forma equânime pelos contribuintes (quem pode mais paga mais, quem pode menos paga menos).

Diversidade da Base de Financiamento

Devido à sua imensa importância social, a seguridade social deve ser financiada com base em fontes variadas, para evitar-se que a eventual escassez de recursos de uma determinada fonte venha a prejudicar sensivelmente a arrecadação da seguridade.

Caráter Democrático e Descentralizado da Administração, Mediante Gestão Quadripartite, com Participação dos Trabalhadores, Empregadores, Aposentados e do Governo nos Órgãos Colegiados

Esse princípio visa garantir que todos os envolvidos com a Seguridade Social possam participar da sua gestão.

7.1.5 Financiamento da Seguridade Social

O Art. 195 dispõe sobre o financiamento da seguridade social:

> ***Art. 195.*** *A seguridade social será financiada por toda a sociedade, de forma direta e indireta, nos termos da lei, mediante recursos provenientes dos orçamentos da União, dos Estados, do Distrito Federal e dos Municípios, e das seguintes contribuições sociais:*
>
> ***I.*** *Do empregador, da empresa e da entidade a ela equiparada na forma da lei, incidentes sobre:*
>
> ***a)*** *a folha de salários e demais rendimentos do trabalho pagos ou creditados, a qualquer título, à pessoa física que lhe preste serviço, mesmo sem vínculo empregatício;*
>
> ***b)*** *a receita ou o faturamento;*
>
> ***c)*** *o lucro;*
>
> ***II.*** *do trabalhador e dos demais segurados da previdência social, podendo ser adotadas alíquotas progressivas de acordo com o valor do salário de contribuição, não incidindo contribuição sobre aposentadoria e pensão concedidas pelo Regime Geral de Previdência Social;*
>
> ***III.*** *Sobre a receita de concursos de prognósticos.*
>
> ***IV.*** *Do importador de bens ou serviços do exterior, ou de quem a lei a ele equiparar.*

A Seguridade deve ser financiada por recursos provenientes dos orçamentos da União, Estados, DF e Municípios, que são obtidos através dos diversos tributos, e ainda pelas contribuições sociais, que serão pagas:

Pelo Empregador ou Empresa

O agente econômico (empregador, empresa ou da entidade a ela equiparada na forma da lei) deverá recolher contribuições sociais sobre:

A folha de salários e demais valores pagos a seus empregados ou pessoas físicas que lhe prestem serviço (20%): é a chamada contribuição patronal para o INSS, que deve ser paga pelo empregador sobre a folha de salários (valor pago aos empregados) e sobre os valores pagos a outras pessoas físicas que lhe prestem serviços (contratação de um marceneiro ou pedreiro, por exemplo).

A receita bruta: é o total obtido pela empresa com a venda de produtos ou serviços. As contribuições que incidem sobre a receita bruta são o PIS/PASEP e a COFINS.

O lucro: lucro é o resultado econômico positivo obtido pela empresa (diferença entre receitas e despesas). Se a empresa auferir lucro no período, deverá pagar a Contribuição Social sobre o Lucro Líquido - CSLL.

Pelo Trabalhador e Demais Segurados da Previdência Social, não Incidindo Contribuição sobre Aposentadoria e Pensão Concedidas pelo Regime Geral do INSS

O empregado e o autônomo também devem colaborar com a arrecadação da Seguridade Social. No caso do empregado, sua contribuição deve ser descontada de seu salário pelo empregador e recolhida por ele, empregador, aos cofres públicos.

A Constituição estabelece que os valores arrecadados dos trabalhadores e demais segurados deverão necessariamente ser usados para custear a Previdência Social, ou seja, não devem ser destinados nem para a área da Saúde nem para a Assistência Social, mas devem ser usados para pagamentos de benefícios da Previdência Social, somente.

Por outro lado, a Constituição proíbe que sejam cobradas tais contribuições das aposentadorias e pensões do regime geral.

Sobre a Receita de Concursos de Prognósticos

Concursos de prognósticos nada mais são do que as loterias. Assim, parte do dinheiro arrecadado com loterias, no Brasil (mesmo privadas), deve ser destinado à Seguridade Social.

Pelo Importador de Bens ou Serviços do Exterior, ou de Quem a Lei a Ele Equiparar

O importador deverá pagar as contribuições PIS-importação e COFINS-importação. O exportador não precisa pagar.

Outras Fontes

Além de todas essas fontes de recursos para a seguridade social, a CF estabelece que a lei poderá ainda instituir outras fontes destinadas a garantir a manutenção ou expansão da seguridade social.

As contribuições sociais podem ser cobradas a partir de 90 (noventa) dias de sua criação por lei, podendo, a contrário de outros tributos, no mesmo ano em que editada a lei criadora.

Disposições Gerais sobre o Financiamento da Seguridade Social

***§ 1º**. As receitas dos Estados, do Distrito Federal e dos Municípios destinadas à seguridade social constarão dos respectivos orçamentos, não integrando o orçamento da União.*

***§ 2º** A proposta de orçamento da seguridade social será elaborada de forma integrada pelos órgãos responsáveis pela saúde, previdência social e assistência social, tendo em vista as metas e prioridades estabelecidas na lei de diretrizes orçamentárias, assegurada a cada área a gestão de seus recursos.*

***§ 3º** A pessoa jurídica em débito com o sistema da seguridade social, como estabelecido em lei, não poderá contratar com o Poder Público nem dele receber benefícios ou incentivos fiscais ou creditícios.*

***§ 4º** A lei poderá instituir outras fontes destinadas a garantir a manutenção ou expansão da seguridade social, obedecido o disposto no Art. 154, I.*

***§ 5º** Nenhum benefício ou serviço da seguridade social poderá ser criado, majorado ou estendido sem a correspondente fonte de custeio total.*

***§ 6º** As contribuições sociais de que trata este artigo só poderão ser exigidas após decorridos noventa dias da data da publicação da lei que as houver instituído ou modificado, não se lhes aplicando o disposto no Art. 150, III, "b".*

***§ 7º** São isentas de contribuição para a seguridade social as entidades beneficentes de assistência social que atendam às exigências estabelecidas em lei.*

***§ 8º** O produtor, o parceiro, o meeiro e o arrendatário rurais e o pescador artesanal, bem como os respectivos cônjuges, que exerçam suas atividades em regime de economia familiar, sem empregados permanentes, contribuirão para a seguridade social mediante a aplicação de uma alíquota sobre o resultado da comercialização da produção e farão jus aos benefícios nos termos da lei.*

***§ 9º** As contribuições sociais previstas no inciso I do caput deste artigo poderão ter alíquotas ou bases de cálculo diferenciadas, em razão da atividade econômica, da utilização intensiva de mão-de-obra, do porte da empresa ou da condição estrutural do mercado de trabalho.*

***§ 10**. A lei definirá os critérios de transferência de recursos para o sistema único de saúde e ações de assistência social da União para os Estados, o Distrito Federal e os Municípios, e dos Estados para os Municípios, observada a respectiva contrapartida de recursos.*

***§ 11**. É vedada a concessão de remissão ou anistia das contribuições sociais de que tratam os incisos I, a, e II deste artigo, para débitos em montante superior ao fixado em lei complementar.*

***§ 12**. A lei definirá os setores de atividade econômica para os quais as contribuições incidentes na forma dos incisos I, b; e IV do "caput", serão não-cumulativas.*

***§ 13**. Aplica-se o disposto no § 12 inclusive na hipótese de substituição gradual, total ou parcial, da contribuição incidente na forma do inciso I, a, pela incidente sobre a receita ou o faturamento.*

7.2 Do Meio Ambiente

Cada vez mais a preservação do meio ambiente tem preocupado os governos ao redor de todo o mundo, deixando, há várias décadas, de ser um tema restrito a cientistas para tornar-se um assunto que interessa às pessoas comuns.

E no caso do Brasil, tal preocupação é especial, seja diante das enormes riquezas naturais que possuímos, seja pelo fato de que, em virtude da massiva interferência do ser humano nos ambientes naturais, principalmente nos países de industrialização mais antiga, nosso país passou tornou-se responsável por boa parte das reservas naturais intocadas do globo terrestre.

7.2.1 Direito a um Meio Ambiente Equilibrado

***Art. 225.** Todos têm direito ao meio ambiente ecologicamente equilibrado, bem de uso comum do povo e essencial à sadia qualidade de vida, impondo-se ao Poder Público e à coletividade o dever de defendê-lo e preservá-lo para as presentes e futuras gerações.*

7.2.2 Ações do Poder Público

***§ 1º** Para assegurar a efetividade desse direito, incumbe ao Poder Público:*

***I.** Preservar e restaurar os processos ecológicos essenciais e prover o manejo ecológico das espécies e ecossistemas;*

***II.** Preservar a diversidade e a integridade do patrimônio genético do País e fiscalizar as entidades dedicadas à pesquisa e manipulação de material genético;*

***III.** Definir, em todas as unidades da Federação, espaços territoriais e seus componentes a serem especialmente protegidos, sendo a alteração e a supressão permitidas somente através de lei, vedada qualquer utilização que comprometa a integridade dos atributos que justifiquem sua proteção;*

***IV.** Exigir, na forma da lei, para instalação de obra ou atividade potencialmente causadora de significativa degradação do meio ambiente, estudo prévio de impacto ambiental, a que se dará publicidade;*

***V.** Controlar a produção, a comercialização e o emprego de técnicas, métodos e substâncias que comportem risco para a vida, a qualidade de vida e o meio ambiente;*

***VI.** Promover a educação ambiental em todos os níveis de ensino e a conscientização pública para a preservação do meio ambiente;*

***VII.** Proteger a fauna e a flora, vedadas, na forma da lei, as práticas que coloquem em risco sua função ecológica, provoquem a extinção de espécies ou submetam os animais a crueldade.*

7.2.3 Princípio do Poluidor-Pagador

***§ 2º** Aquele que explorar recursos minerais fica obrigado a recuperar o meio ambiente degradado, de acordo com solução técnica exigida pelo órgão público competente, na forma da lei.*

7.2.4 Penalização dos Infratores às Normas Ambientais

***§ 3º**. As condutas e atividades consideradas lesivas ao meio ambiente sujeitarão os infratores, pessoas físicas ou jurídicas, a sanções penais e administrativas, independentemente da obrigação de reparar os danos causados.*

7.2.5 Grandes Ecossistemas Naturais Brasileiros

§ 4º. A Floresta Amazônica brasileira, a Mata Atlântica, a Serra do Mar, o Pantanal Mato-Grossense e a Zona Costeira são patrimônio nacional, e sua utilização far-se-á, na forma da lei, dentro de condições que assegurem a preservação do meio ambiente, inclusive quanto ao uso dos recursos naturais.

7.2.6 Terras Necessárias à Proteção dos Ecossistemas Naturais

§ 5º. São indisponíveis as terras devolutas ou arrecadadas pelos Estados, por ações discriminatórias, necessárias à proteção dos ecossistemas naturais.

Terras devolutas são aquelas que não possuem donos.

Terras arrecadadas são aquelas que foram desapropriadas pelo Poder Público.

7.2.7 Localização de Usinas Nucleares

§ 6º. As usinas que operem com reator nuclear deverão ter sua localização definida em lei federal, sem o que não poderão ser instaladas.

7.2.8 Práticas desportivas com animais - Manifestações culturais

A EC 96/2017 inseriu o § 7º ao art. 225 da Constituição Federal, para estabelecer que não se consideram cruéis as manifestações culturais definidas na Constituição e registradas como bem de natureza imaterial integrante do patrimônio cultural brasileiro, desde que regulamentadas em lei específica que assegure o bem-estar dos animais envolvidos.

Veja o novo dispositivo:

§ 7º Para fins do disposto na parte final do inciso VII do § 1º deste artigo, não se consideram cruéis as práticas desportivas que utilizem animais, desde que sejam manifestações culturais, conforme o § 1º do art. 215desta Constituição Federal, registradas como bem de natureza imaterial integrante do patrimônio cultural brasileiro, devendo ser regulamentadas por lei específica que assegure o bem-estar dos animais envolvidos."

7.3 Da Família, da Criança, do Adolescente, do Jovem e do Idoso

Sendo a família a chamada "célula mater" da sociedade, preocupa-se a Constituição em prever sua proteção, por parte do Estado.

Por sua vez, em virtude da sua maior vulnerabilidade e importância para o futuro da nação, também as crianças, os adolescentes e os jovens receberam atenção especial da Carta Magna, o mesmo ocorrendo com os idosos.

Sobre tais assuntos dispõem os Arts. 226 a 227 da Constituição:

7.3.1 Da Família

***Art. 226.** A família, base da sociedade, tem especial proteção do Estado.*

§ 1º. O casamento é civil e gratuita a celebração.

§ 2º. O casamento religioso tem efeito civil, nos termos da lei.

§ 3º. Para efeito da proteção do Estado, é reconhecida a união estável entre o homem e a mulher como entidade familiar, devendo a lei facilitar sua conversão em casamento.

§ 4º. Entende-se, também, como entidade familiar a comunidade formada por qualquer dos pais e seus descendentes.

§ 5º. Os direitos e deveres referentes à sociedade conjugal são exercidos igualmente pelo homem e pela mulher.

§ 6º. O casamento civil pode ser dissolvido pelo divórcio.

§ 7º. Fundado nos princípios da dignidade da pessoa humana e da paternidade responsável, o planejamento familiar é livre decisão do casal, competindo ao Estado propiciar recursos educacionais e científicos para o exercício desse direito, vedada qualquer forma coercitiva por parte de instituições oficiais ou privadas.

§ 8º. O Estado assegurará a assistência à família na pessoa de cada um dos que a integram, criando mecanismos para coibir a violência no âmbito de suas relações.

7.3.2 Da Criança, do Adolescente e do Jovem

***Art. 227.** É dever da família, da sociedade e do Estado assegurar à criança, ao adolescente e ao jovem, com absoluta prioridade, o direito à vida, à saúde, à alimentação, à educação, ao lazer, à profissionalização, à cultura, à dignidade, ao respeito, à liberdade e à convivência familiar e comunitária, além de colocá-los a salvo de toda forma de negligência, discriminação, exploração, violência, crueldade e opressão.*

§ 1º. O Estado promoverá programas de assistência integral à saúde da criança, do adolescente e do jovem, admitida a participação de entidades não governamentais, mediante políticas específicas e obedecendo aos seguintes preceitos:

***I.** Aplicação de percentual dos recursos públicos destinados à saúde na assistência materno-infantil;*

***II.** Criação de programas de prevenção e atendimento especializado para as pessoas portadoras de deficiência física, sensorial ou mental, bem como de integração social do adolescente e do jovem portador de deficiência, mediante o treinamento para o trabalho e a convivência, e a facilitação do acesso aos bens e serviços coletivos, com a eliminação de obstáculos arquitetônicos e de todas as formas de discriminação.*

§ 2º. A lei disporá sobre normas de construção dos logradouros e dos edifícios de uso público e de fabricação de veículos de transporte coletivo, a fim de garantir acesso adequado às pessoas portadoras de deficiência.

§ 3º. O direito a proteção especial abrangerá os seguintes aspectos:

***I.** Idade mínima de quatorze anos para admissão ao trabalho, observado o disposto no Art. 7º, XXXIII;*

***II.** Garantia de direitos previdenciários e trabalhistas;*

***III.** Garantia de acesso do trabalhador adolescente e jovem à escola;*

***IV.** Garantia de pleno e formal conhecimento da atribuição de ato infracional, igualdade na relação processual e defesa técnica por profissional habilitado, segundo dispuser a legislação tutelar específica;*

***V.** Obediência aos princípios de brevidade, excepcionalidade e respeito à condição peculiar de pessoa em desenvolvimento, quando da aplicação de qualquer medida privativa da liberdade;*

***VI.** Estímulo do Poder Público, através de assistência jurídica, incentivos fiscais e subsídios, nos termos da lei, ao acolhimento, sob a forma de guarda, de criança ou adolescente órfão ou abandonado;*

***VII.** Programas de prevenção e atendimento especializado à criança, ao adolescente e ao jovem dependente de entorpecentes e drogas afins.*

§ 4º A lei punirá severamente o abuso, a violência e a exploração sexual da criança e do adolescente.

§ 5º A adoção será assistida pelo Poder Público, na forma da lei, que estabelecerá casos e condições de sua efetivação por parte de estrangeiros.

§ 6º Os filhos, havidos ou não da relação do casamento, ou por adoção, terão os mesmos direitos e qualificações, proibidas quaisquer designações discriminatórias relativas à filiação.

§ 7º No atendimento dos direitos da criança e do adolescente levar-se- á em consideração o disposto no Art. 204.

§ 8º A lei estabelecerá:

I. O estatuto da juventude, destinado a regular os direitos dos jovens;

II. O plano nacional de juventude, de duração decenal, visando à articulação das várias esferas do poder público para a execução de políticas públicas.

Inimputabilidade dos Menores de Dezoito Anos

***Art. 228.** São penalmente inimputáveis os menores de dezoito anos, sujeitos às normas da legislação especial.*

Deveres Recíprocos entre Pais e Filhos

***Art. 229.** Os pais têm o dever de assistir, criar e educar os filhos menores, e os filhos maiores têm o dever de ajudar e amparar os pais na velhice, carência ou enfermidade.*

7.3.3 Dos Idosos

***Art. 230.** A família, a sociedade e o Estado têm o dever de amparar as pessoas idosas, assegurando sua participação na comunidade, defendendo sua dignidade e bem-estar e garantindo-lhes o direito à vida.*

***§ 1º** Os programas de amparo aos idosos serão executados preferencialmente em seus lares.*

***§ 2º** Aos maiores de sessenta e cinco anos é garantida a gratuidade dos transportes coletivos urbanos.*

7.4 Dos Índios

Os índios, primeiros habitantes das terras no Brasil, receberam tratamento especial pela atual Constituição, que visa protegê-los e permitir a preservação de sua cultura, bem como garantir que continuem a ocupar as terras onde se encontram tradicionalmente instalados.

Importante observar que, em relação a essas terras, os índios não detêm a sua propriedade, que é da União (que não pode aliená-las), mas detêm a sua posse, podendo delas usufruir.

***Art. 231.** São reconhecidos aos índios sua organização social, costumes, línguas, crenças e tradições, e os direitos originários sobre as terras que tradicionalmente ocupam, competindo à União demarcá-las, proteger e fazer respeitar todos os seus bens.*

***§ 1º.** São terras tradicionalmente ocupadas pelos índios as por eles habitadas em caráter permanente, as utilizadas para suas atividades produtivas, as imprescindíveis à preservação dos recursos ambientais necessários a seu bem-estar e as necessárias a sua reprodução física e cultural, segundo seus usos, costumes e tradições.*

***§ 2º.** As terras tradicionalmente ocupadas pelos índios destinam-se a sua posse permanente, cabendo-lhes o usufruto exclusivo das riquezas do solo, dos rios e dos lagos nelas existentes.*

***§ 3º.** O aproveitamento dos recursos hídricos, incluídos os potenciais energéticos, a pesquisa e a lavra das riquezas minerais em terras indígenas só podem ser efetivados com autorização do Congresso Nacional, ouvidas as comunidades afetadas, ficando-lhes assegurada participação nos resultados da lavra, na forma da lei.*

***§ 4º.** As terras de que trata este artigo são inalienáveis e indisponíveis, e os direitos sobre elas, imprescritíveis.*

***§ 5º.** É vedada a remoção dos grupos indígenas de suas terras, salvo, «ad referendum» do Congresso Nacional, em caso de catástrofe ou epidemia que ponha em risco sua população, ou no interesse da soberania do País, após deliberação do Congresso Nacional, garantido, em qualquer hipótese, o retorno imediato logo que cesse o risco.*

***§ 6º.** São nulos e extintos, não produzindo efeitos jurídicos, os atos que tenham por objeto a ocupação, o domínio e a posse das terras a que se refere este artigo, ou a exploração das riquezas naturais do solo, dos rios e dos lagos nelas existentes, ressalvado relevante interesse público da União, segundo o que dispuser lei complementar, não gerando a nulidade e a extinção direito a indenização ou a ações contra a União, salvo, na forma da lei, quanto às benfeitorias derivadas da ocupação de boa-fé.*

***§ 7º.** Não se aplica às terras indígenas o disposto no Art. 174, § 3º e § 4º.*

***Art. 232.** Os índios, suas comunidades e organizações são partes legítimas para ingressar em juízo em defesa de seus direitos e interesses, intervindo o Ministério Público em todos os atos do processo.*

Questões

01. (Cespe 2018) A União, os estados-membros e os municípios têm competência concorrente para desenvolver políticas públicas que visem à redução de doenças, à proteção e à recuperação da saúde.

Certo ( ) Errado ( )

02. (Cespe 2018) Devido à sua relevância e à sua estatura constitucional, a saúde, embora possa ser prestada por particulares, se submete à regulamentação, ao controle e à fiscalização do Poder Público, atividades essas que poderão ser delegadas às entidades de classe dos profissionais.

Certo ( ) Errado ( )

03. (Cespe 2018) A exemplo da previdência, a saúde e a assistência social estão vinculadas à necessidade de contribuição por parte de seus usuários.

Certo ( ) Errado ( )

04. (Cespe 2018) As universidades possuem a faculdade de admitir professores estrangeiros, na forma da lei. Da mesma forma, as intuições de pesquisa científica e tecnológica possuem esta opção.

Certo ( ) Errado ( )

05. (Cespe 2018) Lei federal que previr o oferecimento, em escolas públicas, de ensino religioso de natureza confessional ferirá o princípio da laicidade do Estado.

errado

Certo ( ) Errado ( )

Gabaritos

01	ERRADO	04	CERTO
02	ERRADO	05	ERRADO
03	ERRADO		

1. INTRODUÇÃO AO DIREITO PENAL E APLICAÇÃO DA LEI PENAL 249
1.1 Introdução ao Estudo do Direito Penal 249
1.2 Teoria do Crime 249
1.3 Princípio da Legalidade (Anterioridade - Reserva Legal) 250
1.4 Interpretação da Lei Penal 251
1.5 Conflito Aparente de Normas Penais 251
1.6 Lei Penal no Tempo 253
1.7 Crimes Permanentes ou Continuados 253
1.8 Lei Excepcional ou Temporária 254
1.9 Tempo do Crime 254
1.10 Lugar do Crime 254
1.11 Da Lei Penal no Espaço 255
1.12 Pena Cumprida no Estrangeiro 258
1.13 Eficácia de Sentença Estrangeira 258
1.14 Contagem de Prazo 258
1.15 Frações não Computáveis da Pena 258
1.16 Legislação Especial 258

2. DO CRIME 260
2.1 Relação de Causalidade 260
2.2 Da Consumação e Tentativa 261
2.3 Desistência Voluntária e Arrependimento Eficaz 262
2.4 Arrependimento Posterior 262
2.5 Crime Impossível - "Quase Crime" 263
2.6 Crime Doloso 263
2.7 Crime Culposo 263
2.8 Preterdolo 264
2.9 Erro sobre Elemento do Tipo 264
2.10 Erro sobre a Pessoa 265
2.11 Erro sobre a Ilicitude do Fato 265
2.12 Coação Irresistível e Obediência Hierárquica 266
2.13 Exclusão da Ilicitude 266
2.14 Da Imputabilidade Penal 268
2.15 Do Concurso de Pessoas 269
2.16 Circunstâncias Incomunicáveis 270

3. DOS CRIMES CONTRA A PESSOA 272
3.1 Dos Crimes Contra a Vida 272
3.2 Das Lesões Corporais 282
3.3 Da Periclitação da Vida e da Saúde 287
3.4 Da Rixa 289
3.5 Dos Crimes Contra Honra 290
3.6 Dos Crimes contra Liberdade Individual 295

4. DOS CRIMES CONTRA O PATRIMÔNIO 299
4.1 Do Furto 299
4.2 Do Roubo e da Extorsão 302
4.3 Da Usurpação 308
4.4 Do Dano 308
4.5 Da Apropriação Indébita 310
4.6 Do Estelionato e outras Fraudes 314
4.7 Da Receptação 319
4.8 Disposições Gerais 320

SUMÁRIO

5. DOS CRIMES CONTRA A FÉ PÚBLICA 322
5.1 Da Moeda Falsa 322
5.2 Petrechos para Falsificação de Moeda 322
5.3 Da Falsidade de Títulos e Outros Papéis Públicos 322
5.4 Da Falsidade Documental 323
5.5 De Outras Falsidades 327
5.6 Das Fraudes em Certames de Interesse Público 328
6. DOS CRIMES CONTRA ADMINISTRAÇÃO PÚBLICA 330
6.1 Dos Crimes Praticados por Funcionário Público Contra a Administração em Geral 330
6.2 Dos Crimes Praticados por Particular contra a Administração em Geral 342
6.3 Dos Crimes Praticados por Particular contra a Administração Pública Estrangeira 349
6.4 Dos Crimes contra a Administração da Justiça 349
6.5 Subtração ou Dano de Coisa Própria em Poder de Terceiro 354
6.6 Dos Crimes contra as Finanças Públicas 359
7. DISPOSIÇÕES CONSTITUCIONAIS APLICÁVEIS AO PROCESSO PENAL 361
8. INTRODUÇÃO AO DIREITO PROCESSUAL PENAL 363
8.1 Lei Processual Penal no Espaço 363
8.2 Lei Processual Penal no Tempo 363
8.3 Interpretação da Lei Processual Penal 364
8.4 Juiz das Garantias 364
9. INQUÉRITO POLICIAL 366
9.1 Polícia Administrativa X Polícia Judiciária 366
9.2 Conceito de Inquérito Policial 366
9.3 Atribuição 366
9.4 Características do Inquérito Policial 367
9.5 Valor Probatório do Inquérito Policial 369
9.6 Vícios 369
9.7 Incomunicabilidade 369
9.8 Notícia Crime 370
9.9 Procedimentos do Inquérito Policial 371
9.10 Arquivamento do Inquérito 372
9.11 Termo Circunstanciado de Ocorrência (TCO) 373
10. PROVA 375
10.1 Teoria Geral da Prova 375
10.2 Provas em Espécies 377
10.3 Exame de Corpo Delito 379
10.4 Interrogatório 380
10.5 Ofendido 380
10.6 Testemunha 380
10.7 Reconhecimento de Pessoas e Objetos 382
10.8 Acareação 382
10.9 Documentos 382
10.10 Dos Indícios 383
10.11 Busca e Apreensão 383
11. DA PRISÃO, DAS MEDIDAS CAUTELARES E DA LIBERDADE PROVISÓRIA 385
11.1 O que é Prisão? 385
11.2 Prisões processuais 385
11.3 Prisão Preventiva 388
11.4 Prisão Temporária (Lei 7.960/89) 390
11.5 Uso de Algemas 390
11.6 Liberdade Provisória 391

1. INTRODUÇÃO AO DIREITO PENAL E APLICAÇÃO DA LEI PENAL

1.1 Introdução ao Estudo do Direito Penal

A Infração Penal é gênero que se divide em duas espécies: **crimes** (conduta mais gravosa) e **contravenções penais** (conduta de menor gravidade). Essa divisão é chamada de dicotômica. A diferença básica incide sobre as penas aplicáveis aos infratores, enquanto o crime é punível com pena de reclusão e detenção, as contravenções penais implicam prisão simples e multa, podendo ser aplicada de forma cumulativa ou não.

O Direito Penal é chamado de Direito das Condutas Ilícitas.

Para que a conduta seja definida como crime, tem que estar tipificada (escrita) em alguma norma penal. Não somente o próprio Código Penal as descreve como também as Leis Complementares Penais ou Leis Especiais, por exemplo: Estatuto do Desarmamento (Lei nº 10.826/2003), Lei de Tortura (Lei nº 9.455/1997), entre outras. Por conseguinte, as Contravenções Penais estão previstas em Lei específica, Lei nº 3.688/41, esta também é conhecida como **Crime Anão**, visto seu reduzido potencial ofensivo. Como essa conduta não é o cerne do estudo não convém aprofundar o assunto, basta apenas ressaltar que as Contravenções Penais não admitem tentativas, enquanto o Crime é punível, mas, somente se existir previsão legal (Código Penal).

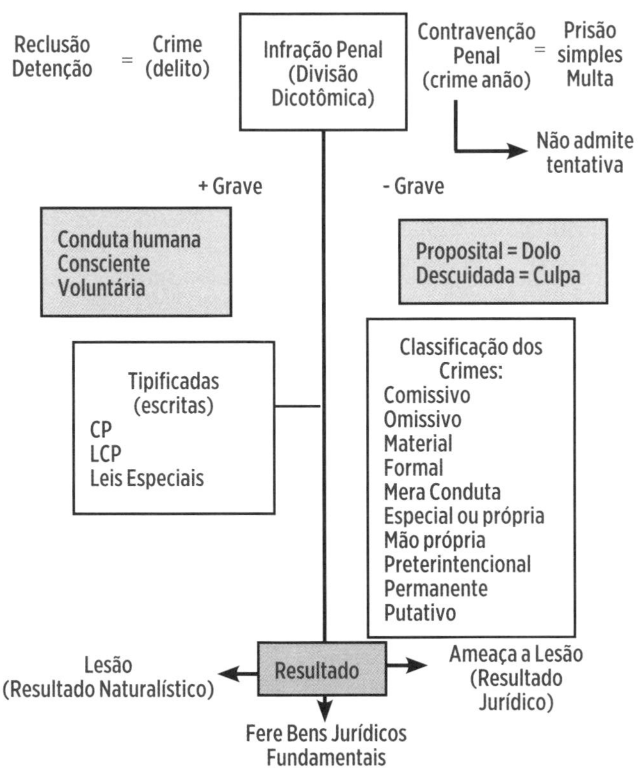

→ **Para configurar em infração penal, são necessários alguns pressupostos:**

Deve ser uma **conduta humana**, ou seja, o simples ataque de um animal não configura em crime, porém, caso ele seja instigado por outra pessoa, passa a ser um mero objeto utilizado na prática da conduta do agressor.

Deve ser uma **ação consciente**, possível de ser prevista pelo agente, quando esse é descuidado responderá de forma culposa, entretanto se realmente houver intenção, o desejo do indivíduo, sua conduta com um propósito específico será dolosa.

Necessita ser **voluntária**, por exemplo, caso o agente venha agredir alguém por conta de um espasmo muscular, essa conduta é tida como involuntária.

→ **A infração penal sempre gera um resultado que pode ser:**

Todo crime gera um resultado, porém, nem todo crime gera um resultado naturalístico (lesão).

Naturalístico: quando ocorre efetivamente a lesão de um bem jurídico tutelado - protegido - da vítima. Por exemplo, no crime de homicídio, quando a vida de alguém é interrompida, causa um resultado naturalístico, pois modificou o mundo exterior, não somente do de cujus (falecido) como de sua família.

Jurídico: quando a lesão não se consuma, utilizando o mesmo exemplo acima, caso o agressor não tivesse êxito na sua conduta, ele responderia pela tentativa de homicídio, desde que não cause lesão corporal. Convém ressaltar que, embora o agente não obteve êxito no resultado pretendido, o Código Penal sempre irá punir por aquilo que ele queria fazer (elemento subjetivo), contudo nesse caso gerou apenas um resultado jurídico.

1.2 Teoria do Crime

Sendo o crime (delito) espécie da infração penal, possui uma nova divisão. Nesse caso, existem diversas correntes doutrinárias para este conceito, entretanto, adotaremos a majoritária, a qual vigora no Direito Penal Brasileiro, classificada como Teoria Finalista Tripartida ou Tripartite.

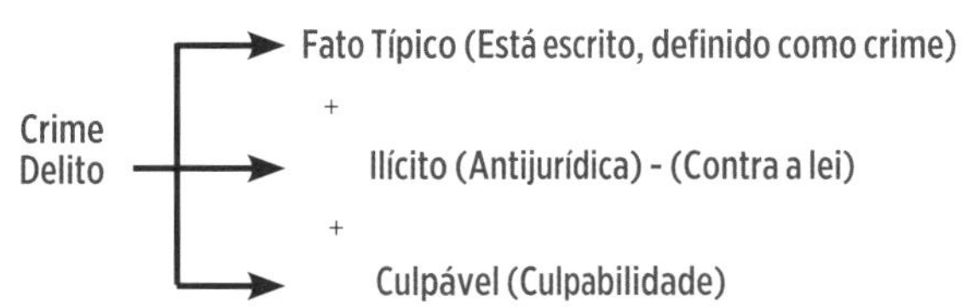

1.2.1 Conceito de crime no direito penal brasileiro

→ Fato Típico: para ser considerado fato típico, é fundamental que a conduta esteja tipificada, ou seja, escrita, em alguma norma penal. Não obstante, é necessário que exista:

> Conduta: é a ação do agente, seja ela culposa (descuidada) ou dolosa, intencional; comissiva (ação) ou omissiva (deixar de fazer).

> Resultado: que seja naturalístico (modificação provocada no mundo exterior pela conduta) ou jurídico (quando não houver resultado jurídico não existe crime).

> Nexo Causal: é o elo entre a ação e o resultado, ou seja, se o resultado foi provocado diretamente pela ação do agente, houve nexo causal.

> Tipicidade: tem que ser considerado crime, estar tipificado, escrito.

→ Ilícito (antijurídico): neste quesito a ação do agente tem que ser ilícita, pois, nosso ordenamento jurídico prevê legalidade em determinadas situações em que, mesmo sendo antijurídicas, serão permissivas. São as chamadas de excludentes de ilicitude ou de antijuridicidade, sendo: Legítima Defesa, Estado de Necessidade, Estrito Cumprimento do Dever Legal ou no Exercício Regular de um Direito.

Caso não existam alguns destes elementos na conduta, pode-se dizer que o fato é atípico.

→ Culpável (culpabilidade): é a capacidade de o agente receber pena. Em alguns casos, mesmo o agente cometendo um fato típico e ilícito, ele não poderá ser culpável, ou seja, não pode ser "preso", pois incidirá nas excludentes de culpabilidade. A mais conhecida é o menor em conflito com a lei, ele pode cometer uma infração penal (crime), mas não poderá ir preso. É quando, no momento da ação ou da omissão, o agente é totalmente incapaz de entender o caráter ilícito do fato, ou de determinar-se de acordo com esse entendimento. Ainda dentro dessa espécie, haverá três desdobramentos que são a imputabilidade, a potencial consciência da ilicitude e a exigibilidade de conduta diversa.

Para que o crime ocorra, é necessário preencher todos os requisitos, caso exclua alguns dos elementos do fato típico ou se não for ilícito/antijurídico, dizemos que **excluiu** o crime; caso não possa ser culpável, o agente será **isento** de pena.

Pode ocorrer de o agente cometer um fato descrito como crime – Matar alguém – e esse fato não ser considerado crime.

Ex.: quem mata em legítima defesa comete um fato típico, ou seja, escrito e definido como crime. Contudo, esse fato não é ilícito, pois a própria lei autoriza o sujeito a matar em certos casos pré-definidos.

Pode ocorrer também, de o agente cometer um fato definido como crime, ou seja, fato típico – escrito e definido no CP – e ilícito, o ordenamento jurídico não autoriza aquela conduta, e mesmo assim ficar isento de PENA. Assim, pode o sujeito cometer um crime e não ter pena.

Ex.: quem é obrigado a cometer um crime. Uma pessoa encosta a arma carregada na cabeça de outra e diz que, se ela não cometer tal crime, irá morrer.

1.3 Princípio da Legalidade (Anterioridade - Reserva Legal)

Art. 1º. *Não há crime sem lei anterior que o defina. Não há pena sem prévia cominação legal.*

Somente haverá crime quando existir perfeita correspondência entre a conduta praticada e a previsão legal (Reserva Legal), que não pode ser vaga, deve ser específica. Exige-se que a lei esteja em vigor no momento da prática da infração penal (Anterioridade). Fundamento Constitucional: Art. 5º, XXXIX.

→ Princípio: *Nullum crimem, nulla poena sine praevia lege*.

As normas penais incriminadoras não são proibitivas e sim descritivas. Por exemplo, o Art. 121 - Matar alguém, no Código Penal, ele não proíbe, ou seja, não matar. Ele descreve uma conduta, que, se cometida possuirá uma sanção (punição).

A Analogia no Direito Penal só é aceita para beneficiar o agente. Por exemplo, no antigo ordenamento jurídico, só era permitido realizar o aborto em decorrência do estupro (pênis x vagina), entretanto, a norma penal não abrangia o caso do violento atentado ao pudor (pênis x ânus). Caso a mulher viesse engravidar em decorrência disso, realizava-se a analogia in bonam partem, permitindo também neste caso, o aborto. Ressaltamos que não existe mais o crime de violento atentado ao pudor, atualmente no Código Penal é tido como estupro.

Medida Provisória não pode dispor sobre matéria penal, criar crimes e cominar penas, Art. 62, § 1º, I, b CF/88, somente Lei Ordinária.

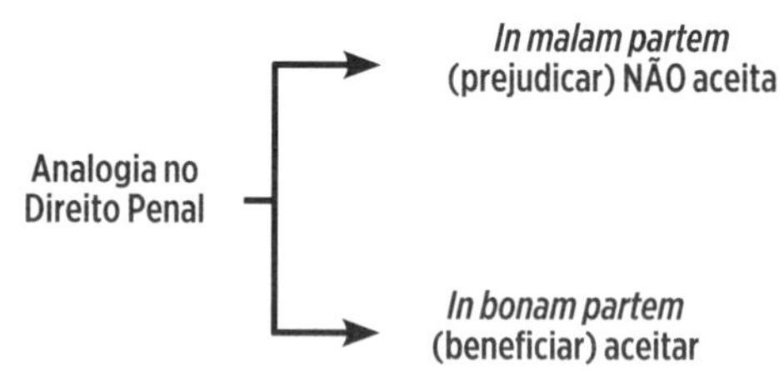

Normas Penais em branco são aquelas que precisam ser complementadas para que analisemos o caso concreto. Por exemplo, a vigente Lei de Drogas nº 11.343/06 dispõe sobre diversas condutas ilícitas, entretanto, o que é droga? Para analisar se determinada substância é droga ou não, o direito penal analisa uma portaria da Anvisa (Agência Nacional de Vigilância Sanitária) nº 344/98, em que todas as substâncias que estiverem descritas serão consideradas como droga.

O princípio da Reserva Legal admite o uso de Normas Penais em branco.

A Analogia Penal é diferente de Interpretação Analógica, nessa situação, a conduta do agente é analisada dentro da própria norma penal, ou seja, é observado a forma como a conduta foi praticada, quais os meios utilizados. Sendo assim, a Interpretação Analógica sempre será possível, ainda que mais gravosa para o agente.

> ***Art. 121.*** *Matar alguém:*
>
> ***Pena*** *- reclusão, de seis a vinte anos.*
>
> ***§ 2º.*** *Se o homicídio é cometido:*
>
> ***III.*** *Com emprego de veneno, fogo, explosivo, asfixia, tortura ou outro meio insidioso ou cruel, ou de que possa resultar perigo comum;*
>
> ***Pena*** *- reclusão, de doze a trinta anos.*

Nessa situação, caso o agente tenha cometido o homicídio utilizando-se de alguma das formas expostas no inciso III, ocorrerá a aplicação de uma pena mais gravosa, é o exemplo de Interpretação Analógica.

1.4 Interpretação da Lei Penal

A matéria **Interpretação da Lei Penal** passou a ser abordada com mais frequência pelos editais de concurso público. No entanto, quando cobrada, não costuma gerar muita dificuldade. Isso porque geralmente a banca examinadora traz na questão uma espécie de interpretação e questiona quanto ao seu significado.

A Interpretação da Lei Penal consiste em buscar o significado e a extensão da letra da lei em relação à realidade e à vontade do legislador.

Assim, a Interpretação da Lei Penal divide-se em:

1.4.1 Quanto ao sujeito

Autêntica ou legislativa

É aquela realizada pelo mesmo órgão da qual emana, podendo vir no próprio texto legislativo ou em lei posterior: Conceito de funcionário público previsto no Art. 327, CP.

Doutrina

É aquela realizada pelos doutrinadores – estudiosos do direito penal – normalmente encontrada em livros, artigos e documentos: Código Penal comentado.

Jurisprudencial ou judicial

É aquela realizada pelo Poder Judiciário na aplicação do caso concreto, na busca pela vontade da lei. É a análise das decisões reiteradas sobre determinado assunto legal: Súmulas do Tribunais Superiores e Súmula Vinculante.

1.4.2 Quanto ao modo

Literal ou gramatical

É aquela que busca o sentido literal das palavras.

Teleológica

É aquela que busca compreender a intenção ou vontade da lei.

Histórica

É aquela que busca compreender o sentido da lei por meio da análise do momento e contexto histórico em que foi editada.

Sistemática

É aquela que analisa o sentido da lei em conjunto com todo o ordenamento jurídico (as legislações em vigor, os Princípios Gerais de Direito, a Doutrina e a Jurisprudencial).

Progressiva

É aquela que busca adaptar a lei aos progressos obtidos pela sociedade.

1.4.3 Quanto ao resultado

Declarativa

É aquela em que se encontra a perfeita correspondência entre a letra da lei e a intenção do legislador.

Restritiva

É aquela em que se restringe o alcance da letra da lei para que corresponda à real intenção do legislador. A lei diz mais do que deveria dizer.

Extensiva

É aquela em que se amplia o alcance da letra da lei para que corresponda à real intenção do legislador. A lei diz menos do que deveria dizer.

Analógica

É aquela em que a Lei Penal permite a ampliação de seu conteúdo por meio da utilização de uma expressão genérica ou aberta pelo legislador: *Art. 121, § 2º, III, CP. Homicídio qualificado por emprego de veneno, fogo, explosivo, asfixia, tortura ou outro meio insidioso ou cruel, ou de que possa resultar perigo comum.*

1.5 Conflito Aparente de Normas Penais

Fala-se em conflito aparente de normas penais quando duas ou mais normas aparentemente parecem reger o mesmo tema. Na prática, uma conduta pode se enquadrar em mais de um tipo penal, mas isso é tão somente aparente, pois os princípios do direito penal resolvem esse fato. São eles os princípios:

a) Princípio da Especialidade;
b) Princípio da Subsidiariedade;
c) Princípio da Consunção;
d) Princípio da Alternatividade.

1.5.1 Princípio da especialidade

A regra, nesse caso, é que a norma especial prevalecerá sobre a norma geral. Dessa forma, a norma no tipo penal incriminador é mais completa que a prevista na norma geral.

Isso ocorre por exemplo no crime de homicídio e infanticídio. O crime de infanticídio possui em sua elementar dados complementares que o tornam mais especial – completo – que a norma geral.

Repare as elementares do Art. 123 do CP: 1) matar o próprio filho; 2) logo após o parto; 3) sob o estado puerperal. Esses são dados que, se presentes, tornam a conduta de matar alguém um crime específico, diferente do homicídio. Logo, o Art. 123 (infanticídio) é considerado especial em relação ao Art. 121 (homicídio), que pode ser entendido, nesse caso, como uma conduta genérica.

1.5.2 Princípio da subsidiariedade

Usa-se esse princípio sempre que a norma principal mais grave não puder ser utilizada. Nesse caso, usamos a norma menos grave subsidiária.

A subsidiariedade pode ser expressa ou tácita. Será expressa sempre que o próprio artigo de lei assim determinar. Um bom exemplo é o Art. 239 que trata da simulação de casamento. Ele prevê a pena de detenção, de um a três anos, se o fato não constitui elemento de crime mais grave. Assim, caso não tenha ocorrido crime mais grave será aplicada a pena expressa em lei. Por outro lado, se ocorrer crime mais grave, deve ser aplicado somente esse, ficando atípico o fato menos grave.

A subsidiariedade Tácita ocorre quando não há expressa referência na lei, mas, se um fato mais grave ocorrer, a norma subsidiária ficará afastada. Isso ocorre, por exemplo, no crime do Art. 311 do CTB. Existe, expressa nesse artigo, a proibição da conduta de trafegar em velocidade incompatível com a segurança nas proximidades de escolas, hospitais, estações de embarques e desembarques de passageiros, logradouros estreitos, ou onde houver grande movimentação ou concentração de pessoas, gerando perigo de dano.

Contudo, se o agente estiver conduzindo nessas condições e acabar por atropelar e matar alguém, responderá ele pelo crime do Art. 302 do CTB, que é homicídio culposo na direção de veículo automotor. Assim, esse crime – mais grave – afastará aquele crime de perigo.

1.5.3 Princípio da consunção

Esse princípio pode ocorrer quando um crime "meio" é necessário ou fase normal de preparação para outro crime. Como, por exemplo, o crime de lesão corporal fica absorvido pelo crime de homicídio, ou mesmo, o crime de invasão de domicílio que fica absorvido pelo crime de furto.

Não estamos falando em norma especial ou geral, mas sim do crime mais grave que absorveu o crime menos grave que simplesmente foi um meio necessário para a execução do crime mais grave.

Ocorre também o princípio da consunção quando, por exemplo, o agente falsifica um documento com o intuito de cometer o crime de estelionato. Como o crime de falso é meio necessário para o crime de estelionato, funcionando como a elementar fraude, fica por esse absorvido.

Nesse sentido o STJ editou a Súmula 17 que diz o seguinte:

> ***Súm. 17.*** *Quando o falso se exaure no estelionato, sem mais potencialidade lesiva, é por este absorvido.*

Outro ponto importante é quando falamos acerca do assunto crime progressivo e progressão criminosa. Podemos afirmar o seguinte:

No **crime progressivo** o agente tem um fim específico mais grave, contudo, necessariamente deve passar por fases anteriores menos graves. No final das contas, o crime progressivo é um meio para um fim. Isso ocorre no caso do dolo de matar, em que o agente obrigatoriamente tem que ferir a vítima antes – causando lesões corporais.

Aqui, temos o Princípio da Consunção Imperando. Por outro lado, a progressão criminosa acontece quando o dolo inicial é menos grave e no meio da conduta o agente muda sua intenção para uma mais grave (repare que temos dois dolos).

Temos o exemplo do agente que inicia uma ação com dolo de lesionar desferindo socos na vítima e no meio da ação muda de intenção, vindo a esfaqueá-la, causando sua morte.

Veja que, temos duas intenções, contudo, o código penal punirá o agente somente pelo crime mais grave. Aqui também usaremos o Princípio da Consunção no exemplo em tela.

No entanto, pode ocorrer progressão criminosa com efeito concurso material, ou seja, aplicação de mais de um crime. Isso ocorre, por exemplo, no crime de roubo em que o agente no meio da conduta resolve estuprar a vítima, ou seja, aqui temos uma progressão criminosa com dois dolos, em que o agente responderá por dois crimes diversos.

1.5.4 Princípio da Alternatividade

Temos esse princípio quando tivermos os chamados crimes de ação múltipla ou de conteúdo variado. Aqui, os tipos penais descrevem várias condutas para um único crime. Temos, como exemplo, o Art. 33 da Lei nº 11.343/2006:

> ***Art. 33.*** *Importar, exportar, remeter, preparar, produzir, fabricar, adquirir, vender, expor à venda, oferecer, ter em depósito, transportar, trazer consigo, guardar, prescrever, ministrar, entregar a consumo ou fornecer drogas, ainda que gratuitamente, sem autorização ou em desacordo com determinação legal ou regulamentar:*
>
> ***Pena*** *- reclusão de 5 (cinco) a 15 (quinze) anos e pagamento de 500 (quinhentos) a 1.500 (mil e quinhentos) dias-multa.*

Assim, podemos afirmar que, se o agente tiver em depósito e vender a droga não responderá ele por dois crimes, mas somente por um único. Isso se dá, pois qualquer ação nuclear do tipo representa o mesmo crime. Na prática, não há concurso material, respondendo o agente por uma pena somente.

→ **Costume NÃO revoga nem altera lei:**

Sendo assim, podemos dizer que temos três princípios intrínsecos no Art. 1º do Código Penal, quais sejam, da Legalidade, da Anterioridade e da Reserva Legal. É importante ressaltar que apenas a Lei Ordinária pode versar sobre matéria penal, tanto para criá-las quanto para extingui-las.

Não obstante, convém ressaltar os preceitos existentes nos tipos penais, por exemplo: Art. 121, CP, Matar alguém. Pena - 6 a 20 anos. O preceito primário seria a conduta do agente - matar alguém - e o preceito secundário seria a cominação da pena - 6 a 20 anos. Para ser considerado crime, é fundamental que existam os dois preceitos.

1.6 Lei Penal no Tempo

> ***Art. 2º.*** *Ninguém pode ser punido por fato que lei posterior deixa de considerar crime, cessando em virtude dela a execução e os efeitos penais da sentença condenatória.*
>
> ***Parágrafo único.*** *A Lei posterior, que de qualquer forma modo favorecer o agente, aplica-se aos fatos anteriores, ainda que decididos por sentença transitada em julgado.*

1.6.1 Conflito Temporal

Regra: Irretroatividade da Lei;

Exceção: Retroatividade para beneficiar o réu.

Retroatividade da Lei

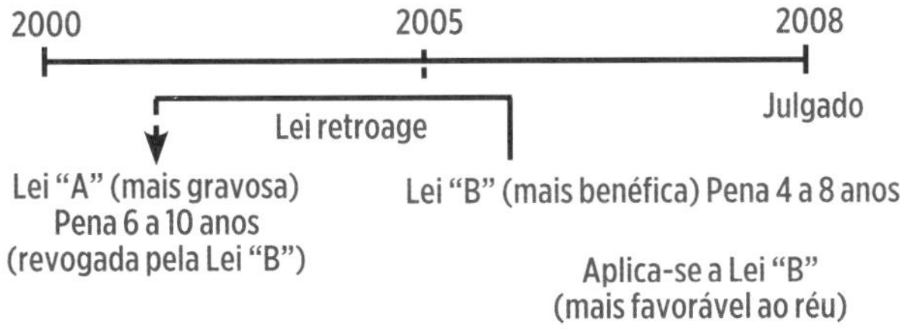

Em regra, o Código Penal sempre adota a Lei vigente, "A", no momento da ação ou omissão do agente, sendo assim, se nesta época é cometido um crime, aquele irá responder sobre o fato descrito no tipo penal. Contudo, por vezes, o processo se estende no tempo, e o julgamento do agente demora a acontecer, nesse lapso temporal, caso surgir uma nova Lei, "B", que torne mais branda a sanção aplicada sobre o agente, esta irá retroagir ao tempo do fato, beneficiando o réu.

1.6.2 Ultratividade da Lei

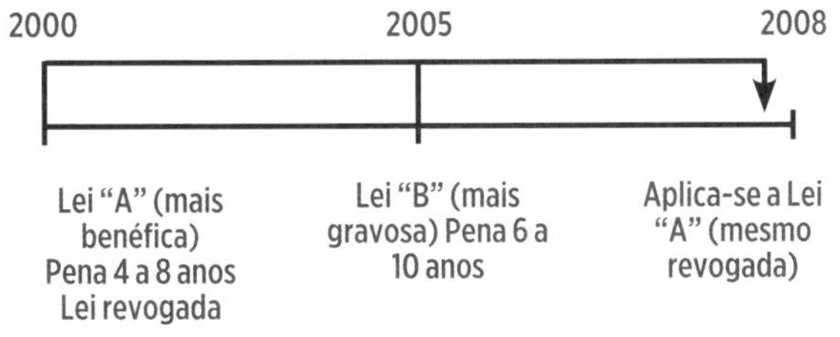

Não obstante, a regra da irretroatividade, pode ocorrer a chamada ultra-atividade de lei mais benéfica. Seria o caso em que, no momento da ação vigorava a Lei "A", entretanto, no decorrer do processo, entrou em vigência nova Lei "B", revogando a Lei "A", tornando mais gravosa a conduta anteriormente praticada pelo agente.

Sendo assim, no momento do julgamento, ocorrerá a ultra-atividade da lei, ou seja, a Lei "A", mesmo não estando mais em vigor, irá ultra-agir ao momento do julgamento para beneficiar o réu, por ser menos gravosa a punição que o agente irá receber.

1.6.3 Abolitio Criminis (Abolição do Crime)

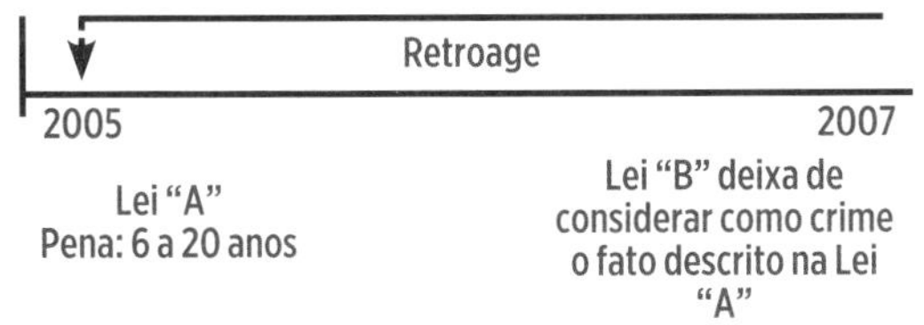

Consequências:

> Tranca e extingue o inquérito policial e a ação penal;

> Cassam imediatamente a execução de todos os efeitos penais.

> Não alcança os efeitos Civis da condenação.

Em relação ao Abolitio Criminis, ocorre o seguinte fato: quando uma conduta que antes era tipificada como crime pelo Código Penal, deixa de existir, ou seja, passa a não ser mais considerada crime, dizemos que ocorreu a abolição do crime. Diante disso, cessam imediatamente todos os efeitos penais que incidiam sobre o agente: tranca e extingue o inquérito policial, caso o acusado esteja preso deve ser posto em liberdade. Entretanto, não extingue os efeitos civis, ou seja, caso o agente tenha sido impelido em ressarcir a vítima da sua conduta mediante o pagamento de multa, essa, ainda assim, deverá ser paga.

Importante ressaltar que, a lei que beneficia o réu, não é uma faculdade do Juiz, é um dever, sempre adotada em benefício do acusado.

1.7 Crimes Permanentes ou Continuados

Nos crimes permanentes, ou seja, naqueles em que a consumação se prolonga enquanto não cessa a atividade, aplica-se ao fato a lei que estiver em vigência quando cessada a atividade, mesmo que mais grave (severa) que aquela em vigência quando da prática do primeiro ato executório. O crime se perpetua no tempo, enquanto não cessada a permanência. É o que ocorre, por exemplo, com o crime de sequestro e cárcere privado. Assim, será aplicada lei que estiver em vigência quando da soltura da vítima. Observa-se, então, o momento em que cessa a permanência para daí se determinar qual a norma a ser aplicada. É o que estabelece a Súmula 711 do STF.

> ***Súm. 711.*** *A lei penal mais grave aplica-se ao crime continuado ou ao crime permanente, se a sua vigência é anterior à cessação da continuidade ou da permanência.*

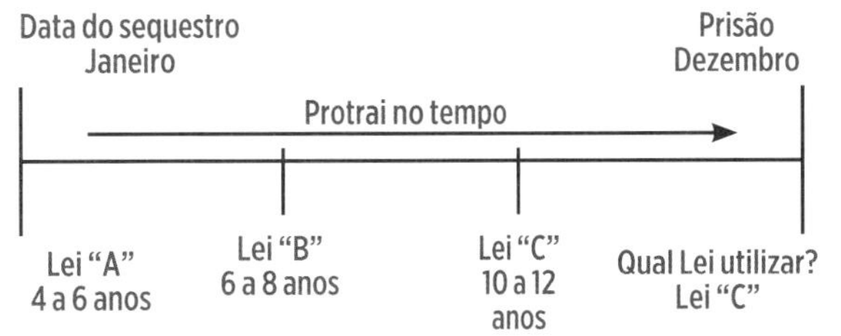

Ex.: O crime de sequestro é um crime que se protrai no tempo, ou seja, a todo instante ele está se consumando, qualquer que seja o momento da prisão ela estará em flagrante. Sendo assim, nos casos dos crimes permanentes ou continuados, aplica-se a pena no momento que cessar a conduta do agente, ainda que mais grave ou mais branda, independe nessa circunstância a quantificação da pena, o que será considerado, será a lei vigente no momento que cessou a conduta do agente ou a privação de liberdade da vítima, com a prisão dos acusados.

1.8 Lei Excepcional ou Temporária

Art. 3º A Lei excepcional ou temporária, embora decorrido o período de sua duração ou cessada as circunstâncias que a determinaram, aplica-se ao fato praticado durante sua vigência.

Lei Excepcional: utilizada em períodos de anormalidade social.

Ex.: Guerra, calamidades públicas, enchentes, grandes eventos, etc.

Lei Temporária: período de tempo previamente fixado pelo legislador.

Ex.: Lei que configura o crime de pescar em certa época do ano - piracema -, após lapso de tempo previamente determinado, a Lei deixa de considerar tal conduta como crime.

→ De 2005 a 2006, o fato "A" era considerado crime. Aqueles que infringiram a Lei responderam posteriormente, mesmo o fato não sendo considerado mais crime.

→ Só ocorre retroatividade se a Lei posterior expressamente determinar.

É importante ressaltar que são leis excepcionais e temporárias, ou seja, a lei irá vigorar por determinado tempo, após isso, tal conduta não mais será considerada crime. Entretanto, durante a sua vigência, todos aqueles que cometerem o fato tipificado em tais normas, mesmo encerrada sua vigência, serão punidos.

> Não existe "abolitio criminis" de Lei Temporária ou Excepcional.

1.9 Tempo do Crime

Art. 4º Considera-se praticado o crime no momento da ação ou omissão, ainda que outro seja o momento do resultado.

> A imputabilidade do agente deve ser aferida no momento em que o crime é praticado.

Teoria da Atividade: O crime reputa-se praticado no momento da conduta (momento da execução).

Este princípio traz o momento da ação do crime, ou seja, independente do resultado, para aplicação da lei penal, é considerado o momento exato da prática delituosa, seja ela comissiva - ação - ou omissiva - omissão.

Ex.: Caso um menor "A", cometa disparos de arma de fogo contra "B", vindo a feri-lo, entretanto, devido às lesões causadas pelos disparos, três meses depois do fato, "B" vem a falecer. Nessa época, mesmo "A" tendo completado sua maioridade penal - 18 anos - ainda assim não poderá ser punido, pois, no momento em que praticou a conduta (disparos contra "B"), era inimputável.

Devemos, contudo, ficar atentos aos crimes permanentes e continuados, no caso do sequestro, por exemplo, em que o crime se consuma a todo instante em que houver a privação de liberdade da vítima.

Nesta situação em questão, "A" não será mais inimputável, pois no momento de sua prisão já havia completado 18 anos, não considerado neste caso, o momento em que se iniciou a ação, mas sim, quando cessou.

1.10 Lugar do Crime

Art. 6º. Considera-se praticado o crime no lugar em que ocorreu a ação ou omissão, no todo ou em parte, bem como onde se produziu ou deveria produzir-se o resultado.

Teoria da Ubiquidade: utilizada no caso de um crime ser praticado em território nacional e o resultado ser produzido no estrangeiro. O foro competente será tanto o do lugar da ação ou omissão quanto o do local em que produziu ou deveria produzir-se o resultado.

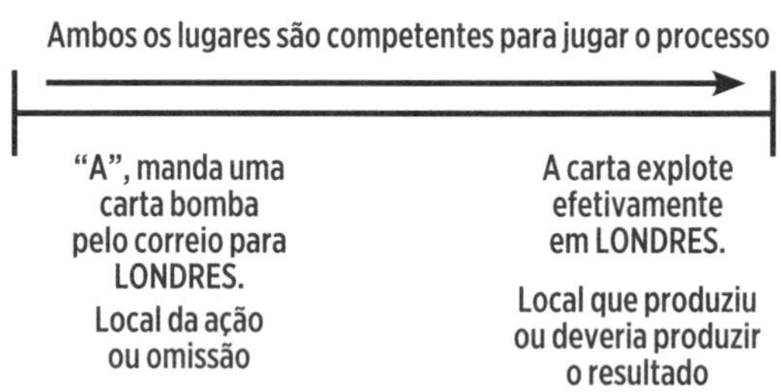

Ex.: Nesse caso "A", residente do Brasil, enviou uma carta bomba pelo correio para Londres, sendo assim, a carta efetivamente explode. Desse modo, tanto o Brasil, quanto a Inglaterra serão competentes para julgá-lo.

Não existe a teoria do "resultado".

São considerados para os crimes à distância, países diferentes.

Não confundir os artigos.

L ugar
U biquidade — Art. 6º
T empo
A tividade — Art. 4º

1.11 Da Lei Penal no Espaço

1.11.1 Da Territorialidade

Antes de iniciar o estudo do tópico, temos que ter em mente que iremos estudar a Lei Penal e não a Lei Processual Penal, que segue outra regra específica.

Aqui trataremos de como se comporta a Lei Penal Brasileira quando ocorrerem crimes no exterior, ou seja, Extraterritorialidade de lei. Portanto, quando falamos em extraterritorialidade estamos tratando somente da Lei Penal e não da Lei Processual Penal.

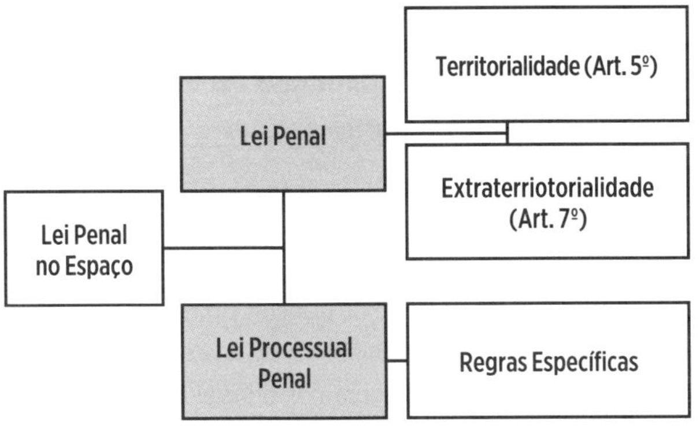

Falamos em Territorialidade quando se faz a aplicação da lei penal dentro do próprio Estado que a editou. Dessa forma, quando aplicamos a lei brasileira em nosso solo, estamos usando o conceito de Territorialidade.

A Territorialidade é tratada no Art. 5º, CP: *aplica-se a lei brasileira, sem prejuízo de convenções, tratados e regras de direito internacional, ao crime cometido no território nacional.*

Território Nacional Próprio

Art. 5º

- > Lei Brasileira:
  - » Sem prejuízo;
- > Convenções, tratados e regras internacionais:
  - » Imunidades.

***§1º** Território por extensão ou assimilação.*

Embarcação ou aeronave brasileira pública (em qualquer lugar).

Embarcação ou aeronave brasileira privada a serviço do Estado brasileiro (em qualquer lugar).

Embarcação ou aeronave brasileira mercante ou privada, desde que não esteja em território alheio.

A Extraterritorialidade é tratada no Art 7:

> ***Art. 7º**. Ficam sujeitos a Lei Brasileira, embora cometidos no estrangeiro:*
>
> ***I.** Os crimes:*
>
> ***a)** contra a vida ou a liberdade do Presidente de República;*
>
> ***b)** contra o patrimônio ou a fé pública da União, do Distrito Federal, de Estado, de Território, de Município, de empresa pública, sociedade de economia mista, autarquia ou fundação instituída pelo Poder Público;*
>
> ***c)** contra a administração pública, por quem está a seu serviço;*
>
> ***d)** de genocídio, quando o agente for brasileiro ou domiciliado no Brasil;*
>
> ***II.** Os crimes:*
>
> ***a)** que, por tratado ou convenção, o Brasil se obrigou a reprimir;*
>
> ***b)** praticados por brasileiros;*
>
> ***c)** praticados em aeronaves ou embarcações brasileiras, mercantes ou de propriedade privada, quando em território estrangeiro e aí não venham a ser julgados.*
>
> ***§ 1º** Nos casos do inciso I, o agente é punido segundo a lei brasileira, ainda que absolvido ou condenado no estrangeiro.*
>
> ***§ 2º** Nos casos do inciso II, a aplicação da lei brasileira depende do concurso das seguintes condições:*
>
> ***a)** entra o agente no território nacional;*
>
> ***b)** ser o fato punível também no país em que foi praticado;*
>
> ***c)** estar o crime incluído entre aqueles pelos quais a lei brasileira autoriza a extradição;*
>
> ***d)** não ter sido o agente absolvido no estrangeiro ou aí não ter cumprido pena;*
>
> ***e)** não ter sido o agente perdoado no estrangeiro, ou, por outro motivo não estar extinta a punibilidade, segundo a lei mais favorável.*
>
> ***§ 3º** A lei brasileira aplica-se também ao crime cometido por estrangeiro contra brasileiro fora do Brasil, se reunidas as condições previstas no parágrafo anterior:*
>
> ***a)** não pedida ou negada sua extradição;*
>
> ***b)** houve requisição do Ministro da Justiça.*

1.11.2 Território Nacional

Podemos conceituar território nacional como sendo o espaço onde certo Estado possui sua soberania.

Elementos que constituem um determinado Estado soberano:

- > Território;
- > Povo;
- > Organização jurídica.

Consideramos como território nacional as limitações que temos no mapa do país e mais o mar territorial, que representa a extensão de 12 milhas do mar a contar da costa, e sempre na maré baixa. O código considera, também, território nacional o espaço aéreo respectivo e o espaço aéreo correspondente ao território nacional. Esse sempre devemos considerar como território próprio.

Temos que considerar, também, como território nacional, o chamado território por extensão, assimilação ou impróprio descrito no §1º do Art. 5º do Código Penal.

> ***§ 1º** Para os efeitos penais, consideram-se como extensão do território nacional as embarcações e aeronaves brasileiras, de natureza pública ou a serviço do governo brasileiro, onde quer que se encontrem, bem como as aeronaves e as embarcações brasileiras, mercantes ou de natureza privada, que se achem, respectivamente no espaço aéreo correspondente ou em alto mar.*
>
> ***§ 2º** É também aplicável a lei brasileira aos crimes praticados a bordo de aeronaves ou embarcações estrangeiras, de propriedade privada, achando-se aquelas em pouso no território nacional ou em voo no espaço aéreo correspondente, e estas em porto ou mar territorial do Brasil.*

Como mencionado, a Lei Penal aplica-se em todo o território nacional próprio ou por assimilação. Por esse princípio aplica-se aos nacionais ou estrangeiros (mesmo que irregular) a Lei Penal brasileira.

Contudo, em alguns casos, mesmo o fato sendo praticado no Brasil, não será aplicada a Lei Penal a esse fato, isso se deve quando ocorrer por meio de convenções, tratados e regras de direito internacional, aqui o Brasil abre mão de punir, ou seja, nesses casos não se aplicará a Lei Brasileira.

Dessa forma, o Princípio da Territorialidade da Lei Penal é mitigado, isto é, não é adotado de forma absoluta e sim temperada, por esse motivo falamos em Princípio da Territorialidade Temperada.

Podemos dar como exemplo as imunidades diplomáticas e consulares concedidas por meio de adesão do Brasil às convenções de Viena (1961 e 1963), aos diplomatas e aos cônsules que exercem suas atividades no Brasil.

Quando falamos em território nacional, obrigatoriamente temos que pensar em algumas regras: Todas as embarcações ou aeronaves brasileiras de natureza pública, onde quer que se encontrem são consideradas parte do território nacional.

Para as embarcações e aeronaves de natureza privada, serão estas consideradas extensão do território nacional quando se acharem, respectivamente, no mar territorial brasileiro ou no espaço aéreo correspondente. Preste bem atenção, as de natureza privada, sem estar a serviço do Brasil, somente responderão pela lei brasileira se estiverem dentro do Brasil.

Ex.: Um navio brasileiro privado pelo mar da Argentina deverá responder pelas Leis Penais Argentinas, ou seja, caso um brasileiro mate o outro, a lei a ser aplicada é a Lei Penal Argentina, pois o navio não estava a serviço do Brasil.

Por outro lado, se o navio estiver em alto mar (terra de ninguém - aplica-se o princípio do pavilhão ou da bandeira) e ostentar a bandeira brasileira e lá um marujo matar o outro, a competência é da lei brasileira.

A mesma regra utilizamos para aeronaves. Uma questão interessante é por exemplo, se uma aeronave pousar em um país distinto e o piloto cometer um crime e essa aeronave estiver a serviço do Brasil, aplica-se a lei brasileira. Caso a aeronave for particular aplica-se a lei do país em que a aeronave estiver pousada.

Questão interessante é se o piloto sair do aeroporto e lá fora cometer um crime. Nesse caso temos que perguntar se o piloto estava em serviço oficial ou não, se estiver em serviço oficial aplicamos a lei penal brasileira, do contrário, aplica-se a lei do país onde cometeu o crime.

Resumo dos Conceitos

- Território nacional: é o espaço onde determinado estado exerce com exclusividade sua soberania.
- Território próprio: toda a base territorial por nós conhecida (o mapa), acrescida do mar territorial, que é extensão de 12 milhas mar a dentro, a contar da baixa maré.
- Território por extensão: embarcações e aeronaves brasileiras: públicas ou a serviço do estado (qualquer lugar do globo) e privadas em águas ou terras de ninguém.
- Territorialidade: aplicação da lei penal no território nacional.
- Territorialidade absoluta: impossibilidade para aplicação de convenções, tratados e regras de direito internacional, ao crime cometido no território nacional.
- Territorialidade temperada: adota como regra a aplicação da lei penal brasileira no território nacional. Entretanto, com determinadas hipóteses, permite a aplicação de lei penal estrangeira a fatos cometidos no Brasil (Art. 5º do CP).
- Imunidade: exclusão da aplicação da lei penal.
- Imunidade diplomática e consular: são imunidades previstas em convenções internacionais chancelados pelo Brasil.
- Imunidade parlamentar: previstas na Constituição Federal aos membros do Poder Legislativo.

1.11.3 Princípios da Aplicação da Lei Penal no Espaço

- Próprio.
- Por assimilação ou extensão.

Embarcação e aeronaves brasileiras: públicas ou a serviço do Estado (em qualquer parte do planeta) e privadas ou marcantes em águas ou terras de ninguém.

Passaremos a tratar agora dos princípios que regulam a aplicação da Lei Penal no Espaço.

Princípio da Territorialidade

A lei penal de um país terá aplicação aos crimes cometidos dentro de seu território. Aqui, o Estado soberano tem o dever de exercer jurisdição sobre as pessoas que estejam sem seu território.

Princípio da Nacionalidade

Classificado também como Princípio da Personalidade. Aqui os cidadãos de um determinado país devem obediência às suas leis, onde quer que se encontrem. Podemos dividir esse princípio em:

Princípio da Nacionalidade Ativa

Aplica-se a lei nacional ao cidadão que comete crime no estrangeiro, independentemente da nacionalidade do sujeito passivo ou do bem jurídico lesado.

Princípio da Nacionalidade Passiva

O fato praticado pelo nacional deve atingir um bem jurídico de seu próprio estado ou de um concidadão.

Princípio da Defesa, Real ou de Proteção

Aqui se leva em consideração a nacionalidade do bem jurídico lesado (sujeito passivo), independentemente da nacionalidade do sujeito ativo ou do local da prática do crime.

Princípio da Justiça Penal Universal ou da Universalidade

Aqui, todo Estado tem o direito de punir todo e qualquer crime, independentemente da nacionalidade do criminoso ou do bem jurídico lesado, ou do local em que o crime foi praticado, bastando que o criminoso se encontre dentro do seu território. Assim, quem quer que seja que cometa crime dentro do território nacional será processado e julgado aqui.

Princípio da Representação

A Lei Penal brasileira também será aplicada aos delitos cometidos em aeronaves e embarcações privadas brasileiras quando se encontrarem no estrangeiro e aí não venham a ser julgadas.

O Código Penal brasileiro adota o princípio da Territorialidade como regra e os outros como exceção. Assim, os outros princípios visam disciplinar a aplicação extraterritorial da Lei Penal brasileira.

1.11.4 Extraterritorialidade

> O Código Penal brasileiro adota o princípio da Territorialidade como regra e os outros como exceção. Assim, os outros princípios visam disciplinar a aplicação extraterritorial da Lei Penal brasileira.

Art. 7º. *Ficam sujeitos à lei brasileira, embora cometidos no estrangeiro:*

I. *Os crimes:*

a) *contra a vida ou a liberdade do Presidente da República;*

b) *contra o patrimônio ou a fé pública da União, do Distrito Federal, de Estado, de Território, de Município,de empresa pública, sociedade de economia mista, autarquia ou fundação instituída pelo Poder Público;*

c) *contra a administração pública, por quem está a seu serviço;*

d) *de genocídio, quando o agente for brasileiro ou domiciliado no Brasil;*

II. *Os crimes:*

a) *que, por tratado ou convenção, o Brasil se obrigou a reprimir;*

b) *praticados por brasileiro;*

c) *praticados em aeronaves ou embarcações brasileiras, mercantes ou de propriedade privada, quando em território estrangeiro e aí não sejam julgados.*

§ 1º. *Nos casos do inciso I, o agente é punido segundo a lei brasileira, ainda que absolvido ou condenado no estrangeiro.*

§ 2º. *Nos casos do inciso II, a aplicação da lei brasileira depende do concurso das seguintes condições:*

a) *entrar o agente no território nacional;*

b) *ser o fato punível também no país em que foi praticado;*

c) *estar o crime incluído entre aqueles pelos quais a lei brasileira autoriza a extradição;*

d) *não ter sido o agente absolvido no estrangeiro ou não ter aí cumprido a pena;*

e) *não ter sido o agente perdoado no estrangeiro ou, por outro motivo, não estar extinta a punibilidade, segundo a lei mais favorável.*

§ 3º. *A lei brasileira aplica-se também ao crime cometido por estrangeiro contra brasileiro fora do Brasil, se, reunidas as condições previstas no parágrafo anterior:*

a) *não foi pedida ou foi negada a extradição;*

b) *houve requisição do Ministro da Justiça.*

A regra é de que a lei penal brasileira apenas aplica-se aos crimes praticados no Brasil (conforme estudado no Art. 5º do Código Penal). No entanto, há situações que, por força do Art. 7º, permitem o Estado aplicar sua legislação penal no estrangeiro. Nesta norma, encontram-se diversos princípios, são eles:

Defesa (também chamado de Real): amplia a aplicação da lei penal em decorrência da gravidade da lesão. É o aplicável no Art. 7º nas alíneas do inciso I, são elas:

a) *contra a vida ou a liberdade do Presidente da República.*

Caso seja a prática de latrocínio, não há a extensão da lei brasileira, visto que o latrocínio é considerado crime contra o patrimônio.

b) *contra o patrimônio ou a fé pública da União, do Distrito Federal, de Estado, de Território, de Município, de empresa pública, sociedade de economia mista, autarquia ou fundação instituída pelo Poder Público;*

c) *contra a administração pública, por quem está a seu serviço;*

d) *de genocídio, quando o agente for brasileiro ou domiciliado no Brasil.*

Há discussão qual o princípio aplicável neste caso, havendo quem sustente ser da defesa, outros dizem ser da nacionalidade ativa e outra corrente, ainda, afirmando ser relacionado ao princípio da Justiça Penal Universal.

Justiça Penal Universal (também chamada de Justiça Cosmopolita): amplia a aplicação da legislação penal brasileira em decorrência da de tratado ou convenção que o Brasil é signatário. Vem normatizada pelo Art. 7º, II, "a":

a) *Que, por tratado ou convenção, o Brasil se obrigou a reprimir.*

Nacionalidade Ativa: amplia a aplicação da legislação penal brasileiro ao exterior caso o crime seja praticado por brasileiro. Está prevista no Art. 7º, II, "b":

b) *Praticados por brasileiro;*

Representação (também chamado de Pavilhão ou da Bandeira ou da Substituição): amplia a aplicação da legislação penal brasileira em decorrência do local em que o crime é praticado. Vem normatizada pelo Art. 7º, II, "c":

c) *Praticados em aeronaves ou embarcações brasileiras, mercantes ou de propriedade privada, quando em território estrangeiro e aí não sejam julgados.*

Nacionalidade Passiva: amplia a aplicação da legislação penal brasileira em decorrência da nacionalidade da vítima do crime. Vem normatizada pelo Art. 7º, §3º:

§3º. *A lei brasileira aplica-se também ao crime cometido por estrangeiro contra brasileiro fora do Brasil.*

Tais regras, de que a legislação penal brasileira será aplicada no exterior, valem apenas para os crimes e nunca para as contravenções penais. Apesar da lei prever, no Art. 7º, que a lei brasileira também será aplicada no anterior, há determinadas regras para esta aplicação, também normatizadas pelos parágrafos do artigo em questão, vejamos:

Incondicionada: é a prevista para os casos normatizados no Art. 7º, I, alíneas "a" até "d". Segundo o Código Penal, o agente será processado de acordo com a lei brasileira, mesmo que for absolvido ou condenado no exterior (conforme normatizado pelo §1º do Art. 7º). Não exige qualquer condição.

Condicionada: é a prevista para os casos normatizados no Art. 7º, §2º, alíneas "a" até "e": São as condições:

a) *Entrar o agente no território nacional.*

b) *Ser o fato punível também no país em que foi praticado.*

c) *Estar o crime incluído entre aqueles pelos quais a lei brasileira autoriza a extradição.*

d) *Não ter sido o agente absolvido no estrangeiro ou cumprido a pena.*

e) *Não ter sido o agente perdoado no estrangeiro.*

Não estará extinta a punibilidade do agente, seja pela brasileira, seja pela lei estrangeira.

Hipercondicionada: é a prevista para os casos normatizados no Art. 7º, §3º. Chama-se pela doutrina de hipercondicionada porque exige, além das condições da condicionada, outras duas. São condições:

> Não ser pedida ou, se pleiteada, negada a extradição.

> Requisição do Ministro da Justiça.

1.12 Pena Cumprida no Estrangeiro

__Art. 8º.__ A pena cumprida no estrangeiro atenua a pena imposta no Brasil pelo mesmo crime, quando diversas, ou nela é computada, quando idênticas.

Caso o agente seja processado no exterior e lá, condenado e cumprido pena, estipula-se neste artigo que caso venha no Brasil a ser condenado pelo mesmo fato (no caso da extraterritorialidade incondicionada), deverá se verificar:

Se as penas são idênticas, ou seja, da mesma qualidade, deverá ser computada como cumprida no Brasil.

Ex.: As duas são privativas de liberdade.

Se as penas são diversas, ou seja, de qualidade diferente, deverá haver uma atenuação.

Ex.: no exterior o agente cumpriu pena restritiva de liberdade e, no Brasil, foi condenado e teve sua pena substituída pela prestação de serviços comunitários. Neste caso, deverá se atenuar a pena no Brasil.

1.13 Eficácia de Sentença Estrangeira

__Art. 9º.__ A sentença estrangeira, quando a aplicação da lei brasileira produz na espécie as mesmas consequências, pode ser homologada no Brasil para:

__I.__ Obrigar o condenado à reparação do dano, a restituições e a outros efeitos civis;

__II.__ Sujeitá-lo a medida de segurança.

__Parágrafo único.__ A homologação depende:

__a)__ para os efeitos previstos no inciso I, de pedido da parte interessada;

__b)__ para os outros efeitos, da existência de tratado de extradição com o país de cuja autoridade judiciária emanou a sentença, ou, na falta de tratado, de requisição do Ministro da Justiça.

A regra geral é de que a sentença penal estrangeira não precisa ser homologada para produzir efeitos no Brasil. No entanto, o Art. 9º traz duas situações que necessitam da homologação para que a sentença produza efeitos no Brasil, são elas:

Para a produção de efeitos civis (Ex.: Reparação de danos, restituições, entre outros). Neste caso, depende do pedido da parte interessada.

Para a aplicação de medida de segurança ao agente da Infração Penal: caso exista tratado de extradição, necessita de requisição do Procurador-Geral da República. Caso inexista tratado de extradição, necessita de requisição do Ministro da Justiça.

1.14 Contagem de Prazo

__Art. 10.__ O dia do começo inclui-se no cômputo do prazo. Contam-se os dias, os meses e os anos pelo calendário comum.

A regra, aqui, é diversa da processual, visto que o dia do começo do prazo penal inclui-se no cômputo do prazo. Por exemplo, determinado agente pratica uma infração penal em 10 de agosto de 2012. Supondo que esta infração penal possui um prazo prescricional de 08 (oito) anos, a pretensão punitiva irá prescrever em 09 de agosto de 2020.

1.15 Frações não Computáveis da Pena

__Art. 11.__ Desprezam-se, nas penas privativas de liberdade e nas restritivas de direitos, as frações de dia, e, na pena de multa, as frações de cruzeiro.

Ou seja, caso após o cálculo da pena, remanescer frações de dia (por exemplo: o agente é condenado a pena de 15 (quinze) meses de detenção, com uma causa de aumento de 1/2, a pena torna-se em 22,5 dias. Com a norma deste artigo, despreza-se a fração de metade e a pena final é de 22 dias.

Do mesmo modo, aplica-se a regra à pena de multa, não sendo condenado o agente a pagar os centavos.

1.16 Legislação Especial

__Art. 12.__ As regras gerais deste Código aplicam-se aos fatos incriminados por lei especial, se esta não dispuser de modo diverso.

As infrações penais não estão apenas descritas no Código Penal, mas também em outras leis, que se denominam de leis especiais. Nestes casos, aplica-se, desde que a lei especial não dispuser de modo diverso, as regras gerais do Código Penal.

Questões

01. (CESPE - 2018) Depois de adquirir um revólver calibre 38, que sabia ser produto de crime, José passou a portá-lo municiado, sem autorização e em desacordo com determinação legal. O comportamento suspeito de José levou-o a ser abordado em operação policial de rotina. Sem a autorização de porte de arma de fogo, José foi conduzido à delegacia, onde foi instaurado inquérito policial.

Tendo como referência essa situação hipotética, julgue os itens seguintes.

Se, durante o processo judicial a que José for submetido, for editada nova lei que diminua a pena para o crime de receptação, ele não poderá se beneficiar desse fato, pois o direito penal brasileiro norteia-se pelo princípio de aplicação da lei vigente à época do fato.

Certo ( ) Errado ( )

02. (CESPE - 2018) A aplicação do princípio da retroatividade benéfica da lei penal ocorre quando, ao tempo da conduta, o fato é típico e lei posterior suprime o tipo penal.

Certo ( ) Errado ( )

03. (CESPE - 2018) À luz do Código Penal, julgue o item que se segue. No caso de entrar em vigor lei penal que inove o ordenamento jurídico ao prever como crime conduta até então considerada atípica, será aplicada a retroatividade.

Certo ( ) Errado ( )

04. (CESPE – 2018) Tendo como referência a jurisprudência sumulada dos tribunais superiores, julgue o item a seguir, acerca de crimes, penas, imputabilidade penal, aplicação da lei penal e institutos. Tratando-se de crimes permanentes, aplica-se a lei penal mais grave se esta tiver vigência antes da cessação da permanência.

Certo ( ) Errado ( )

05. (CESPE – 2018) À luz do Código Penal, julgue o item que se segue. No caso de entrar em vigor lei penal que inove o ordenamento jurídico ao prever como crime conduta até então considerada atípica, será aplicada a retroatividade.

Certo ( ) Errado ( )

Gabaritos

01	ERRADO
02	CERTO
03	ERRADO
04	CERTO
05	ERRADO

2. DO CRIME

2.1 Relação de Causalidade

2.1.1 Teoria da Equivalência dos Antecedentes

A ação ou omissão tem que dar causa ao resultado:

Relação de Causalidade

> ***Art. 13.*** *O resultado, de que depende a existência do crime, somente é imputável a quem lhe deu causa. Considera-se causa a ação ou omissão sem a qual o resultado não teria ocorrido.*

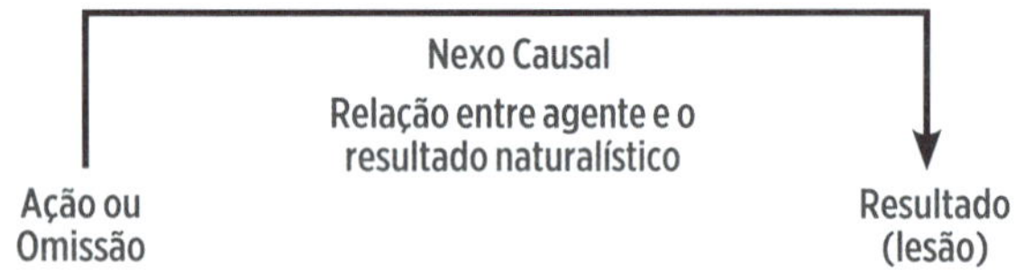

Neste caso, antes de tudo, é importante mencionar sobre a responsabilidade do agente. Para o Código Penal existem duas formas de responsabilidades: subjetiva e objetiva.

Subjetiva: nesta situação, o agente pode ser punido na modalidade culposa, quando não queria o resultado. É o imperito, imprudente ou negligente. Na modalidade dolosa, quando o agente quis ou assumiu o risco do resultado. O Código Penal sempre irá punir sobre aquilo que o agente queria causar, sobre a intenção no momento da conduta.

Objetiva: a responsabilidade objetiva não é mais adotada, visto que sempre haveria a punição por dolo, não se admitindo a forma culposa.

Ex.: "A" dispara dois tiros em "B". Os tiros efetivamente acertam "B" causando sua morte. Nessa situação, a ação de "A" deu causa ao resultado, que é morte de "B", mantendo uma relação de causa x efeito, com resultado naturalístico: morte.

Causa Relativamente Independente Superveniência de Causa Independente:

> ***§ 1º.*** *A superveniência de causa relativamente independente exclui a imputação quando, por si só, produziu o resultado; os fatos anteriores, entretanto, imputam-se a quem os praticou.*

Ex.: "A" atira em "B", contudo "B" morre devido a um veneno ingerido anteriormente. A causa efetiva da morte de "B" foi o envenenamento e não o disparo efetuado por "A". Nessa situação, "A" responderá apenas por tentativa de homicídio.

Nesta situação, a causa da morte não foi efetivamente o tiro disparado por "A", mas o veneno ingerido anteriormente.

Sendo assim, não foi efetivamente o disparo que causou o resultado naturalístico da morte de "B".

Ex.: "A" atira na cabeça de "B", esse é socorrido em ambulância, no trajeto para o hospital a ambulância capota causando a morte de "B". Mesmo "A" tendo concorrido diretamente para que "B" estivesse na ambulância, o código penal manda que "A" responda somente por tentativa de homicídio.

Fato que ocorre após a conduta do agente, entretanto, não ocorreria se a ação ou omissão não tivesse acontecido.

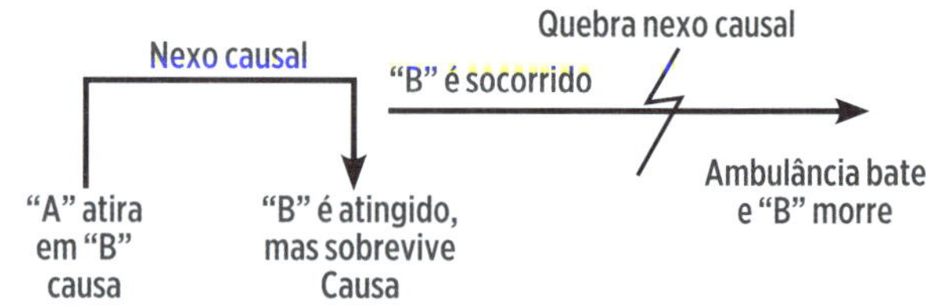

No exemplo citado, digamos que "B" seja socorrido com sucesso. Entretanto, devido ao ferimento na cabeça, tenha que ser submetido à intervenção cirúrgica imprescindível e, durante o procedimento, devido a complicações, vem a falecer. Nesta situação, "A" responderá por homicídio consumado, pois ninguém está obrigado a submeter-se a intervenções cirúrgicas. A mesma situação ocorre se, devido à internação, "B" contraia infecção hospitalar, vindo a falecer. Nessas duas hipóteses, "A" responderá pelo crime consumado, segundo entendimento do STJ - Superior Tribunal de Justiça. Cabe ressaltar que, mesmo "B", estando no hospital, porém, este falece devido a um desmoronamento provocado por um terremoto, haverá novamente a quebra do nexo causal, como no acidente com a ambulância, "A" responderá somente pela tentativa de homicídio.

2.1.2 Relevância da Omissão

O "dever" de agir é um dever Jurídico, é o poder do garantidor ou garantia, ou seja, imposto por Lei. Quando da omissão, o agente tem a possibilidade e o dever jurídico de agir e omite-se.

Ex.: Dois policiais observam uma pessoa sendo vítima de roubo e nada fazem, nesse caso, os agentes, tendo a possibilidade e o dever de agir, omitiram-se. Nesta situação ambos responderão pelo resultado, ou seja, por roubo.

> ***§ 2º.*** *A omissão é penalmente relevante quando o omitente devia e podia agir para evitar o resultado. O dever de agir incumbe a quem:*
>
> ***a)*** *Tenha por Lei obrigação de cuidado, proteção ou vigilância;* (**dever legal**).

Exs.: Pai que deixa de alimentar o filho, e este vem a morrer de inanição.

Carcereiro que observa o preso agonizando à beira da morte e nada faz.

> ***b)*** *De outra forma, assumiu a responsabilidade de impedir o resultado;* (**dever do garantidor**).

Ex.: Babá que descuida da criança e a deixa morrer.Salva-vidas que observa banhista se afogar e nada faz.

> ***c)*** *Com seu comportamento anterior, criou o risco da ocorrência do resultado.*

Ex.: Homem se propõe a ajudar um idoso a atravessar na faixa de pedestres. Porém, no meio do caminho, o homem abandona o idoso e este morre atropelado.

Esses crimes são chamados de crimes omissivos impróprios ou comissivos por omissão, ou ainda participação por omissão. Em todos esses casos, o omitente responderá pelo resultado, a não ser que este não lhe possa ser atribuído nem por dolo nem por culpa. O agente tem que ter consciência de que se encontra na função de agente garantidor.

2.2 Da Consumação e Tentativa

Art. 14º. Diz-se do Crime:

I. Consumado, quando nele se reúnem todos os elementos de sua definição legal.

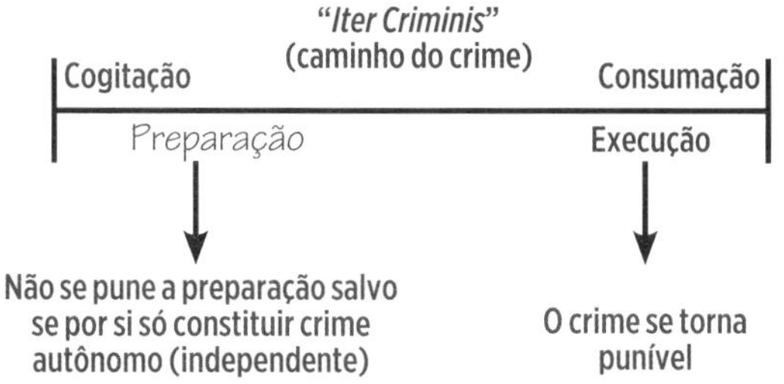

Para que o crime seja consumado, é necessário que ele percorra todas as fases do ***iter criminis***, quais sejam: cogitação, preparação, execução e consumação. O agente, com sua conduta, "caminha" por todas as fases até atingir o resultado.

Ex.: Fabrício, com "*animus necandi*" (vontade de matar) Pedro, pensa em uma forma de consumar seu desejo (***cogitação***). Para isso, compra um revólver e munições (***preparação***) e desloca-se até a casa da vítima. Ao avistá-lo, inicia os disparos (***execução***) contra Pedro, ferindo-o mortalmente (***consumação***).

O Código Penal não admite a punição nas fases de **cogitação** e **preparação**, salvo se constituírem **crimes autônomos**. No caso citado acima, se Fabrício fosse preso no momento em que estava com o revólver, deslocando-se à casa de Pedro para matá-lo, iria configurar apenas o crime de porte ilegal de arma de fogo, não poderia de forma alguma ser punido pela tentativa de matar Pedro. Só se pode punir a intenção do agente, a partir do momento que entra na esfera de **execução**.

Outra situação, seria a união de 3 ou mais pessoas que planejam assaltar um banco, para isso, compram ferramentas: picaretas, pás, marretas, conseguem a planta do banco, alugam uma casa nas proximidades, contudo, no momento que planejavam a forma como iriam realizar o assalto, são surpreendidos pela polícia com todos os materiais. Nesse caso, essas pessoas não responderão pelo crime de "roubo" (Art. 157 CP), na forma tentada, mas sim pelo crime de "associação criminosa" (Art. 288 CP). Mesmo com a posse de todos os materiais que seriam utilizados, eles não haviam entrado na esfera de execução do roubo.

Por conseguinte, o Código Penal sempre irá punir o agente por aquilo que ele queria cometer (**Elemento Subjetivo**), ou seja, qual era a intenção do agente, ainda que outro seja o resultado.

Ex.: "A", com intenção de matar "B", efetua vários disparos em sua direção, contudo, acerta apenas um tiro no dedo do pé de "B". Independente desse resultado, "A" vai responder por tentativa de homicídio, pois era sua intenção inicial.

É importante sempre atentar-se para a vontade do agente, pois o Código Penal irá puni-lo somente pelo resultado ao qual quis causar, ou seja, sempre pelo Elemento Subjetivo do agente.

2.2.1 Tentativa

Diz que o crime é tentado, quando, iniciada a execução, não se consuma por circunstâncias alheias à vontade do agente.

Não se admite Tentativa para:

> Crime culposo;

> Contravenções Penais (Art. 4º, L, CP);

> Mera conduta;

> Crime Preterdoloso.

Alguns tipos penais não aceitam a forma "tentada", sendo assim, o fato de iniciar a execução já o torna consumado, como por exemplo o crime de: Concussão (Art. 316, CP), nessas situações, a consumação é um mero exaurimento.

Os crimes "tentados" são aqueles que iniciam a fase de execução, mas não chegam à consumação por circunstâncias alheias à vontade do agente, ou seja, o autor quer praticar a conduta, mas é impedido de alguma forma.

Exs.: "A" com intenção de matar "B", compra um revólver; ao encontrar "B", no momento que iria iniciar os disparos, é flagrado por um policial que o impede.

"A" com intenção de matar "B", compra um revólver; ao encontrar "B" do outro lado da rua, no momento que começa a efetuar os disparos, atinge uma caçamba de entulhos que trafegava pela via.

As circunstâncias alheias à vontade do agente podem ser quaisquer fatos, que impeçam que o crime seja consumado.

2.2.2 Pena do Crime Tentado

É a mesma do crime consumado. Devendo ser reduzida de 1/3 a 2/3. Quanto mais próximo o crime chegar da consumação, maior deverá ser a pena.

Se, quando iniciada a execução, o crime não se consumar por circunstâncias alheias à vontade do agente, incidirá a pena do crime consumado, com redução no *quantum* da pena.

Homicídio: pena de 6 a 20 anos.

Ex.: João fez disparos contra José causando sua morte.

Pena - 12 anos

Tentativa de homicídio: pena de 6 a 20 anos reduzida de 1 a 2/3.

Ex.: João fez disparos contra José que ferido foi socorrido e sobreviveu.

Pena - 4 anos (melhor cenário) - 8 anos (pior cenário).

Ex.: João, armado de pistola, efetua 15 disparos contra José ficando este em coma por 40 dias, quase vindo a falecer, mas sobrevive.

Pena - mesmo nesse caso, haverá redução de pena, nesse caso, à mínima, 1/3 - 8 anos - mas deve ser aplicada.

Existem dois tipo de tentativas, perfeita e imperfeita, ambas podem ser cruentas e incruentas.

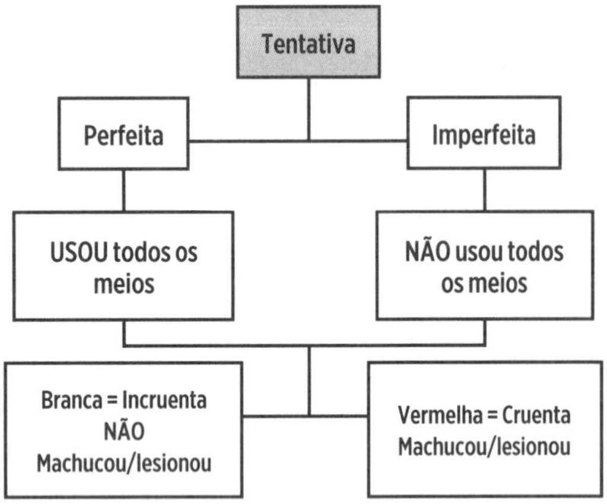

A tentativa será perfeita - crime falho - quando o agente esgotar todos os meios, vindo a acertar ou não a vítima. E imperfeita, quando **NÃO** esgotou todos os meios, mesmo que já tenha atingido a vítima ou ainda sem feri-la, por circunstâncias alheias à sua vontade.

A doutrina ainda classifica a tentativa em idônea ou inidônea (neste último caso, também apelidada de "crime impossível"), quanto à possibilidade de alcançar o resultado.

2.3 Desistência Voluntária e Arrependimento Eficaz

Art. 15. *O agente que, voluntariamente, desiste de prosseguir na execução ou impede que o resultado se produza, só responde pelos atos já praticados.*

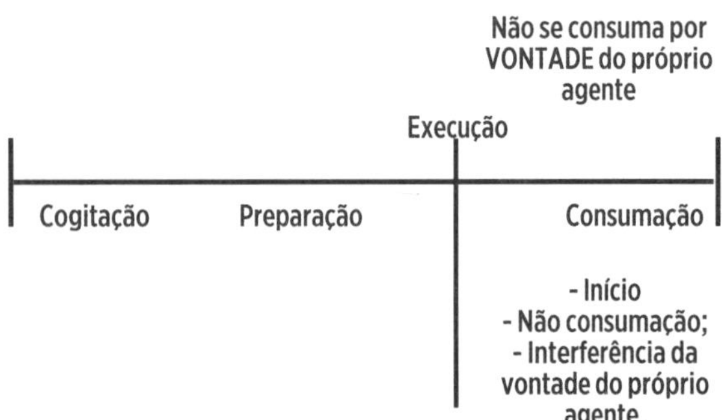

Desistência Voluntária: o agente interrompe voluntariamente a execução do crime impedindo a consumação.

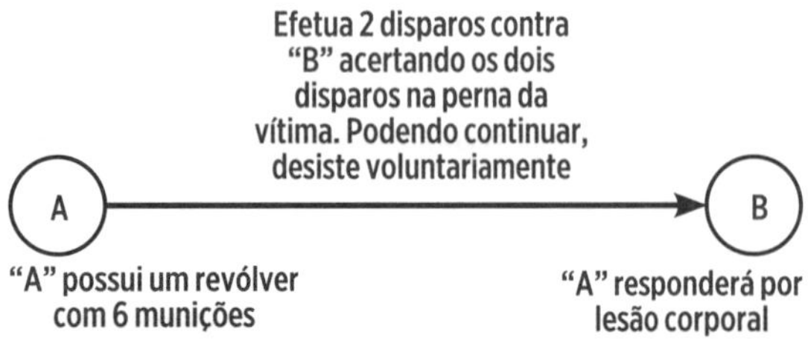

Nessa situação, o agente poderia efetuar mais disparos, porém desiste de continuar a efetuá-los e vai embora, é importante ressaltar que a desistência não teve influência de nenhuma outra circunstância, senão a vontade do próprio agente.

Arrependimento Eficaz: encerrada a execução do crime, o agente voluntariamente impede o resultado. Aqui, ele leva a execução até o fim. Contudo, com sua ação impede que o resultado seja produzido.

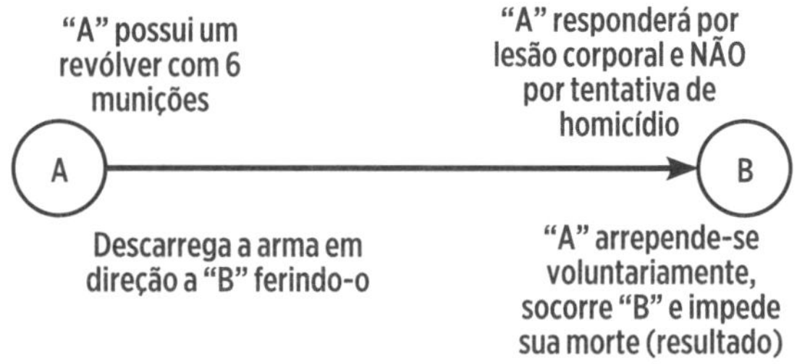

Nesta situação, o agente esgota os meios efetuando todos os disparos, contudo, após finalizá-los, arrepende-se do que fez, socorre "B" levando-o para um hospital, vindo a salvá-lo.

A "desistência voluntária" (ato negativo) e o "arrependimento eficaz" (ato positivo) têm como consequência a DESCLASSIFICAÇÃO DA FIGURA TÍPICA, ou seja, exclui a modalidade tentada. Dessa forma o agente responderá pelos atos até então praticados; nessas situações, considera-se lesão corporal.

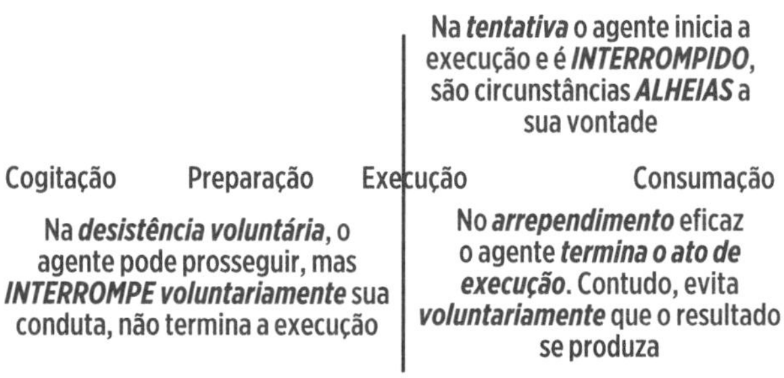

Tentativa: após o início da execução, o crime não se consuma por vontades alheias ao desejo do agente.

Desistência voluntária: mesmo podendo prosseguir, o agente desiste, interrompe por sua vontade própria.

Arrependimento eficaz: finalizados todos os atos de execução, o agente por vontade própria, socorre a vítima, impedindo que o resultado (morte) ocorra.

2.4 Arrependimento Posterior

Art. 16. *Nos crimes cometidos sem violência ou grave ameaça à pessoa, reparado o dano ou restituída a coisa, até o recebimento da denúncia ou da queixa, por ato voluntário do agente, a pena será reduzida de um a dois terços.*

É requisito fundamental que não ocorra violência ou grave ameaça. Após a consumação do crime, antes que do recebimento da denúncia ou queixa - instauração no Poder Judiciário - o agente repara o dano causado anteriormente.

Ex.: Um rapaz é preso pelo furto (Art. 155, CP) de uma televisão de 14 polegadas, antes do recebimento da denúncia, seu advogado - ou representante legal - repara à vítima todos os danos que o agente causou quando subtraiu o bem, nessa hipótese, a pena do agente será reduzida.

Caso a reparação do dano ocorra após o recebimento da denúncia, a pena será atenuada, por exemplo, em vez de iniciar a pena no regime de reclusão, irá iniciar em regime semi-aberto.

2.5 Crime Impossível - "Quase Crime"

> ***Art. 17.*** *Não se pune a tentativa quando, por ineficácia absoluta do meio ou por absoluta impropriedade do objeto, é impossível consumar-se o crime.*

Ineficácia absoluta do meio: o meio empregado ou o instrumento utilizado para a execução do crime jamais o levarão a consumação.

> Tentar matar alguém utilizando uma arma de brinquedo.

> Tentar envenenar alguém com sal.

"A" com intenção de envenenar "B", coloca sal - erro do tipo putativo - em sua comida, pensando ser arsênico.

Impropriedade absoluta do objeto material: Nessa hipótese, a pessoa ou a coisa sobre a qual recai a conduta é absolutamente inidônea para produção de algum resultado lesivo.

> Matar quem já está morto.

"A" com intenção de matar "B", enquanto este está dormindo, efetua vários disparos. Contudo, "B" já estava morto devido ao veneno administrado por "C" horas atrás.

Embora o elemento subjetivo do agente seja o dolo - homicídio - esses casos não serão puníveis, pois o meio empregado "sal" ou o objeto material "o morto" tornam o crime impossível de ser consumado.

Caso a ineficácia absoluta do meio seja relativa, será considerado crime, por exemplo, uma arma antiga de um colecionador, da segunda guerra mundial, seria quase impossível cometer um crime com um meio desses, entretanto, caso ela tenha potencial para causar lesão (esteja funcionando) o crime que o agente tentou praticar com esta arma, será considerado punível.

2.6 Crime Doloso

> ***Art. 18.*** *Diz-se o crime:*
> ***I.*** *doloso, quando o agente quis o resultado ou assumiu o risco de produzi-lo.*

> **Doloso direto**: quis resultado.

> **Doloso eventual ou indireto**: assumiu o risco de produzir o resultado.

Ex.: "A" atira em direção de "B" querendo que a morte desse aconteça.

"A", caçador, efetua vários disparos a fim de abater animal. Contudo, é advertido por "B" que naquela direção em que está atirando é local habitado. "A" não se importa e continua os disparos, mesmo consciente que poderia acertar alguém. Um de seus projéteis acerta "C", inocente morador das redondezas. Nessa situação, deverá "A" responder por homicídio doloso - eventual - pois assumiu o risco de produzir o resultado não observando a advertência que "B" lhe havia feito. O agente sabe o que pode vir a causar, mas não se importa com o resultado.

Ex.: "A" dirigindo em altíssima velocidade e disputando um racha com amigos perto de uma movimentada escola vem a atropelar "B", estudante, no momento que este atravessava a via. "A" nessa situação tinha consciência que sua conduta poderia matar alguém. Contudo, não se importou em continuar. Novamente, o agente sabe que pode acontecer, mas não se importa.

> **Dolo Direto** - Teoria da Vontade - Quer o resultado.

> **Dolo Eventual** - Teoria do Assentimento - Assume o risco do resultado.

2.7 Crime Culposo

> ***Art. 18, II.*** *Culposo, quando o agente deu causa ao resultado por imprudência, negligência ou imperícia.*
> ***Parágrafo único.*** *Salvo os casos expressos em lei, ninguém pode ser punido por fato previsto como crime, senão quando o pratica dolosamente.*

2.7.1 Culpa

Na conduta culposa, há uma ação voluntária dirigida a uma finalidade lícita, mas, pela quebra do dever de cuidado a todos exigidos, sobrevém um resultado ilícito não desejado, cujo risco nem sequer foi assumido.

2.7.2 Requisitos do crime culposo

Quebra do dever objetivo de cuidado

A culpa decorre da comparação que se faz entre o comportamento realizado pelo sujeito no plano concreto e aquele que uma pessoa de prudência normal, mediana, teria naquelas mesmas circunstâncias. Haverá a conduta culposa sempre que o evento decorrer de quebra do dever de cuidado por parte do agente mediante uma conduta imperita, negligente ou imprudente.

Previsibilidade

Não basta tão somente a quebra do dever de cuidado para que o agente responda pela modalidade culposa, pois é necessário que as consequências de sua ação descuidada sejam previsíveis.

2.7.3 Modalidades do crime culposo

Imprudência

É o fazer sem a obrigação de cuidado.

É a culpa de quem age, ou seja, aquela que surge durante a realização de um fato sem o cuidado necessário.

Ex.: Ultrapassagem em local proibido, excesso de velocidade, trafegar na contramão, manejar arma carregada, atravessar o sinal vermelho, etc.

Imperícia

É a falta de conhecimento técnico ou habilitação para o exercício de profissão ou atividade.

Ex.: Médico ao realizar uma cirurgia e esquece uma pinça dentro do abdômen do paciente. Atirador de elite que acerta a vítima, em vez do criminoso. Médico que faz lipoaspiração e causa a morte de paciente.

Negligência

É o não fazer sem a obrigação de cuidado.

É a culpa na sua forma omissiva. Consiste em deixar alguém de tomar o cuidado devido antes de começar a agir.

Ex.: Deixar de conferir os pneus antes de viajar, bem como de realizar a devida manutenção do veículo. Deixar substância tóxica ao alcance de crianças, etc.

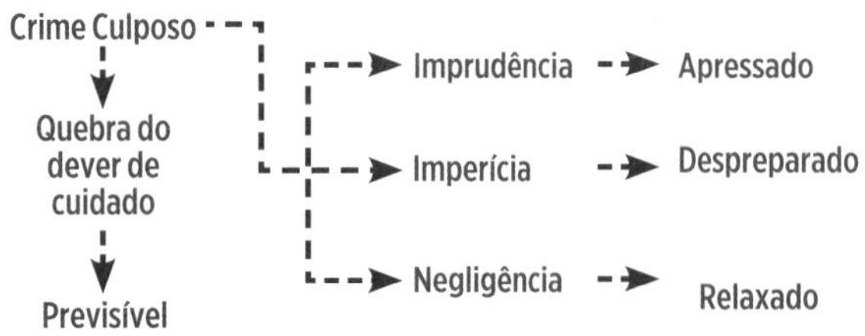

2.7.4 Culpa consciente

Na culpa consciente, o agente antevê o resultado, mas não o aceita, não se conforma com ele. O agente age na crença de que não causará o resultado danoso:

> O atirador - não o substituto - de facas no circo. Ele atira a faca na crença de que, habilidoso que é, acertará a maça. Mas, ao contrário do que acreditava, ele acerta a moça.

2.8 Preterdolo

> ***Art. 19.*** *Pelo resultado que agrava especialmente a pena, só responde o agente que o houver causado ao menos culposamente.*

Quando o resultado agravador for imputado a título de culpa, estaremos diante de um crime PRETERDOLOSO. Nele, o agente quer praticar um crime, mas acaba excedendo-se e produzindo culposamente um resultado mais gravoso do que o desejado.

> **Ex.:** O agente desfere soco no rosto da vítima com intenção de lesioná-la, no entanto, ela perde o equilíbrio, bate a cabeça e morre.

> ***Art. 157.*** *Subtrair coisa móvel alheia, para si ou para outrem, mediante grave ameaça ou violência à pessoa, ou depois de havê-la, por qualquer meio, reduzido a impossibilidade de resistência:*
> ***Pena*** *- Reclusão, de quatro a dez anos, e multa.*
> ***§ 3º.*** *Se da violência resulta lesão corporal grave, a pena é de reclusão, de sete a quinze anos, além da multa; se resulta morte, a reclusão é de vinte a trinta anos, sem prejuízo da multa.*
> ***Art. 129.*** *Ofender a integridade corporal ou a saúde de outrem:*
> ***§ 3º.*** *Se resulta morte e as circunstâncias evidenciam que o agente não quis o resultado, nem assumiu o risco de produzi-los;*
> ***Pena*** *- Reclusão, de quatro a doze anos.*

2.9 Erro sobre Elemento do Tipo

> ***Art. 20.*** *O erro sobre elemento constitutivo do tipo legal de crime exclui o dolo, mas permite a punição por crime culposo, se previsto em lei.*

Elementares: é a descrição típica do crime. Geralmente o próprio *caput*. Quando se extrai a elementar, o crime não existe.

> ***Art. 155.*** *Subtrair coisa alheia móvel: Caso o indivíduo subtraia coisa própria por engano não haverá o crime, pouco importando sua intenção. Assim, se o agente subtrai sua própria bicicleta por "engano", pensando que está a subtrair bicicleta de seu vizinho não comete crime algum. Não há como punir uma pessoa que subtrai suas próprias coisas.*

Circunstâncias: são dados assessórios do crime, que suprimidos não impedem a punição do agente. Só servem para aumentar ou diminuir a pena.

> Ladrão que furta um bem de pequeno valor pensando ser de grande valor. Responderá pelo furto simples sem redução de pena do privilégio.

2.9.1 Erro Essencial

Incide sobre situação, de tal importância, para o tipo que se o erro não existisse o agente não teria cometido o crime, ou pelo menos, não naquelas circunstâncias.

2.9.2 Erro inevitável (invencível ou escusável)

É aquele que não podia ter sido evitado, nem mesmo com o emprego de uma diligência mediana.

Nessas duas situações, exclui-se o dolo e a culpa do agente, sendo assim, exclui o crime.

> Agente furta caneta pensando que é própria.
>
> **Ex.:** Sujeito que mantém conjunção carnal com menor de 13 anos que aparenta ter 20 anos pela sua proporção física.
>
> **Ex.:** Bêbado que sai de uma festa e liga carro alheio com sua chave normalmente, sendo o carro de mesma cor e modelo que o seu.

2.9.3 Erro evitável (vencível ou inescusável)

É aquele que poderia ser evitado pela prudência normal do homem médio. Exclui o dolo, mas permite a modalidade culposa se prevista em lei. Quando não prevista a modalidade culposa, não ocorre o crime.

> **Exs.:** Caçador confunde vulto em uma moita com o animal que caçava e atira, vindo a causar a morte de um lavrador. Nessa situação, caso o fato pudesse ser previsível, deverá o caçador responder por homicídio culposo.
>
> Bêbado sai de uma festa, ao observar carro idêntico ao seu, tenta desativá-lo com a chave do próprio carro, não obtendo êxito, quebra o vidro com uma pedra, força a ignição e vai para sua casa. Nesse caso, o agente será punido na modalidade culposa, embora não tendo a intenção, utilizou-se de uma conduta reprovável.

Erro do Tipo

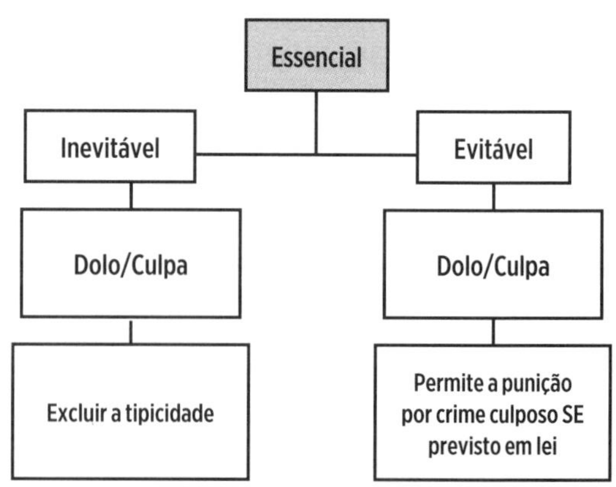

2.9.4 Erro do tipo acidental

Já o erro do tipo acidental **não exclui nada**, visto que o agente tem o elemento subjetivo do tipo e apenas erra na execução da ação criminosa.

- **Erro sobre o objeto**: o agente furta um quadro que acredita ser verdadeiro, mas no outro dia descobre que é falso. Aqui, ele responde como se tivesse furtado o quadro verdadeiro.
- **Erro sobre a pessoa** (error in persona): o agente tenta matar A, mas mata B, executando fielmente o que havia planejado. Neste caso, responde normalmente por homicídio.
- **Erro sobre a execução** (aberratio ictus): o agente tenta matar a sua namorada ao vê-la com outro, mas por não saber manusear a arma, quando atira, acerta em pessoa diversa. Nesse caso, ele responde como se tivesse matado a namorada.
- **Resultado diverso do esperado** (aberratio criminis): ocorrendo resultado diverso do pretendido, a consequência para o agente é responder pelo crime, a título de culpa (se houver), conforme Art. 74 do CP. Se ocorrer também o resultado pretendido, haverá concurso formal (1 ação = 2 crimes).
- **Erro sucessivo** (Dolo Geral ou aberratio causae): o agente, após acreditar ter matado a sogra por veneno, "desova" o corpo em um lago. Após a perícia analisar o caso, é constatado que não houve morte por envenenamento, mas por afogamento. Nessa situação, o agente responde como se tivesse envenenado a vítima.

2.10 Erro sobre a Pessoa

> ***Art. 20, § 3º.*** *O erro quanto à pessoa contra a qual o crime é praticado não isenta de pena. Não se consideram, neste caso, as condições ou qualidades da vítima, senão as da pessoa contra quem o agente queria praticar o crime.*

É o erro na representação do agente, que olha um desconhecido e o confunde com a pessoa que quer atingir. O erro é tão irrelevante, que o legislador determinou que o autor fosse punido pelo crime que efetivamente cometeu contra o terceiro inocente - vítima efetiva - como se tivesse atingido a pretendida - vítima virtual -, por exemplo:

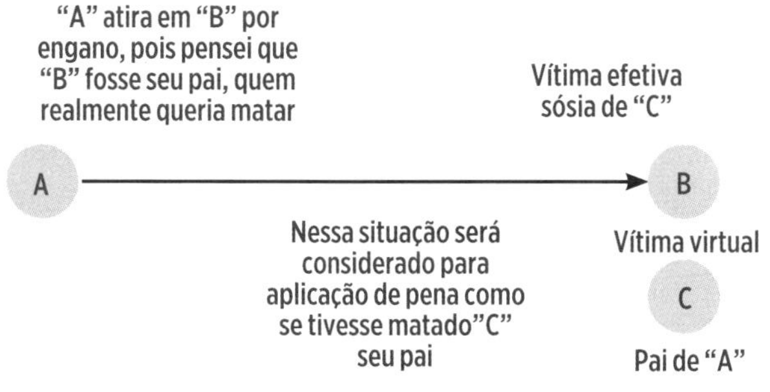

Esta situação é considerada um irrelevante penal, ou seja, o agente quer cometer uma coisa - matar "C" - entretanto, acaba matando "B", porém, independente do resultado, o Código Penal sempre adota o elemento subjetivo, ou seja, irá puni-lo pelo fato que ele realmente queria praticar, como na situação exposta era contra seu pai, incidirá ainda aumento de pena.

2.11 Erro sobre a Ilicitude do Fato

2.11.1 Erro de proibição

> ***Art. 21.*** *O desconhecimento da lei é inescusável. O erro sobre a ilicitude do fato, se inevitável, isenta de pena; se evitável, poderá diminuí-la de um sexto a um terço.*

É a errada compreensão de uma determinada regra legal. Pode levar o agente a supor que certa conduta seja lícita.

Ex.: Um rústico aldeão, que nasceu e passou toda a sua vida em um vilarejo afastado do sertão, agride levemente sua mulher, por suspeitar que ela o traísse. É de irrelevante importância se o aldeão sabia ou não que sua conduta era ilícita.

Nesse caso é crime, porém o CP determina que, devido às circunstâncias - por força do ambiente onde vive e as experiências acumuladas -, o sujeito não terá PENA, ou seja, exclui-se a culpabilidade.

Nesta situação, devido à origem do agente ser de lugar ermo, e o mesmo não possuiu conhecimento suficiente sobre fatos que não são permitidos, embora sua conduta seja criminosa, nesse caso fático o Juiz não aplicará pena sobre o agente.

2.11.2 Tipos de erro de proibição

Erro Inevitável ou Escusável = Isenta de Pena

Dona de casa de prostituição cujo funcionamento era de pleno conhecimento das autoridades fiscais, tendo, inclusive, licença de funcionamento fornecido pela Prefeitura Municipal, circunstância que sugeriam o desempenho de atividade lícita.

> ***Parágrafo único.*** *Considera-se evitável o erro se o agente atua ou se omite sem a consciência da ilicitude do fato, quando lhe era possível, nas circunstâncias, ter ou atingir essa consciência.*

Erro Evitável ou Inescusável = Não isenta de pena, mas terá direito a uma redução de pena 1/6 a 1/3.

Ex.: Atendente de farmácia que, apesar de ciente de que a venda de medicamentos com tarja preta configura transgressão administrativa, não tem consciência de que tal prática, com relação a alguns dos medicamentos controlados, caracteriza também o crime de tráfico de drogas.

Diferenças

Erro de Tipo	X	Erro de Proibição
Agente erra sobre dados do próprio crime. Isenta do dolo e culpa se inevitável e isenta de dolo mas permite a punição por culpa se evitável.		O agente acha que sua conduta é legal, quando na verdade é ilegal. Aqui o agente comete crime, mas não tem pena pois culpabilidade fica excluída.

É importante que diferenciemos bem a relação entre erro do tipo - exclui o crime - com o erro de proibição - isenta de pena . Naquele o agente sabe que sua conduta é ilícita, entretanto, erra sobre o próprio tipo penal, ou seja, sua intenção é realizar uma conduta, mas acaba cometendo outra. Contudo, nesse o agente desconhece o caráter ilícito do fato, imagina estar praticando uma conduta lícita, quando na verdade é ilícita - criminosa.

2.12 Coação Irresistível e Obediência Hierárquica

> ***Art. 22.*** *Se o fato é cometido sob coação irresistível ou em estrita obediência a ordem, não manifestamente ilegal, de superior hierárquico, só é punível o autor da coação ou da ordem.*

Para que se possa considerar alguém culpado do cometimento de uma infração penal, é necessário que esta tenha sido praticada em condições e circunstâncias normais, pois, do contrário, não será possível exigir do sujeito conduta diversa da que, efetivamente acabou praticando.

Nessa situação, o agente obriga uma terceira pessoa a cometer um crime ou ao cumprimento de uma ordem ilegal, a pessoa coagida não será punida, mas sim, quem o coagiu e o obrigou a realizar a conduta contra seu consentimento.

2.12.1 Coação Irresistível

É o emprego de força física ou de grave ameaça para que alguém faça ou deixe de fazer alguma coisa.

Coação Física - *vis absoluta* - o sujeito não comete crime.

Ex.: "A" imobiliza "B", depois, coloca uma arma em sua mão e força-o a apertar o gatilho. O disparo acerta "C", que morre. Nessa situação, devido à coação FÍSICA irresistível, "B" ***NÃO*** comete crime. "A" responderá por homicídio.

A coação física recai sobre a conduta do agente - elemento do fato típico - pois este foi forçado, nessa situação, exclui-se o crime.

Coação Moral - *vis relativa* - o sujeito comete crime, mas ocorre isenção de pena.

Ex.: "A" encosta uma arma carregada na cabeça "B" e ordena que ele atire em "C", caso contrário quem irá morrer é "B". "B" atira e "C" morre. Nessa situação, ambos cometem crime ("A" e "B"). Contudo, somente "A" terá PENA, "B" estará ***ISENTO*** de pena devido a coação MORAL irresistível.

Assim sendo, mesmo "B" tendo praticado o ato, sua conduta foi forçada mediante grave ameaça moral, em que este, temendo por sua própria vida, cometeu o crime. Nessa situação a conduta de "B" é típica e ilícita, contudo, não culpável, pois ficará isento de pena.

2.12.2 Obediência Hierárquica

É a obediência à ordem não manifestamente ilegal de superior hierárquico, tornando viciada a vontade do subordinado e afastando a exigência de conduta diversa. Também exclui a culpabilidade.

Ordem de superior hierárquico: é a manifestação de vontade do titular de uma função pública a um funcionário que lhe é subordinado.

Ex.: Um delegado de polícia manda seu subordinado, aspirante recém-chegado da corporação, que prenda um desafeto seu, para que esse aprenda uma lição.

Caso o aspirante cumpra esta ordem ilegal de seu superior, ambos estarão cometendo crime, abuso de autoridade; pois, embora ordem de superior, o aspirante no caso não é obrigado a cumpri-la.

Ordem manifestamente não ilegal: a ordem deve ser aparentemente legal. Se for manifestamente ilegal, deve o subordinado responder pelo crime.

Ex.: Delegado de polícia determina que agente prenda Antônio, indiciado por crime de latrocínio e alega que Antônio tem contra si um mandado de prisão expedido pela autoridade judiciária. O agente então prende Antônio e o conduz até a delegacia. Acontece que não existia mandado algum contra Antônio. Nessa situação, tanto o delegado quanto o agente cometeram crime de abuso de autoridade. Contudo, somente o delegado terá PENA, o agente ficará isento devido à "aparência" de ordem manifestamente NÃO ilegal.

Nessa conduta, o agente pensava estar praticando uma ação lícita, entretanto, este foi enganado por seu superior, sob alegação de posse de falso mandado de prisão.

2.13 Exclusão da Ilicitude

> ***Art. 23.*** *Não há crime quando o agente pratica o fato:*
>
> ***I.*** *Em estado de necessidade;*
>
> ***II.*** *Em legítima defesa;*
>
> ***III.*** *Em estrito cumprimento de dever legal ou no exercício regular de direito.*

2.13.1 Excesso Punível

> ***Parágrafo único.*** *O agente, em qualquer das hipóteses deste artigo, responderá pelo excesso doloso ou culposo.*

O agente que extrapolar os limites das excludentes deve responder pelo resultado produzido de forma dolosa ou culposa.

Ex.: João saca sua arma para matar Manoel, esse, prevendo o ocorrido, vale-se de sua arma e atira primeiro, ferindo João. Mesmo após a cessação da agressão por parte de João, Manoel efetua mais dois disparos para garantir o resultado.

Nessa situação, Manoel excedeu-se e deverá responder por homicídio na modalidade dolosa.

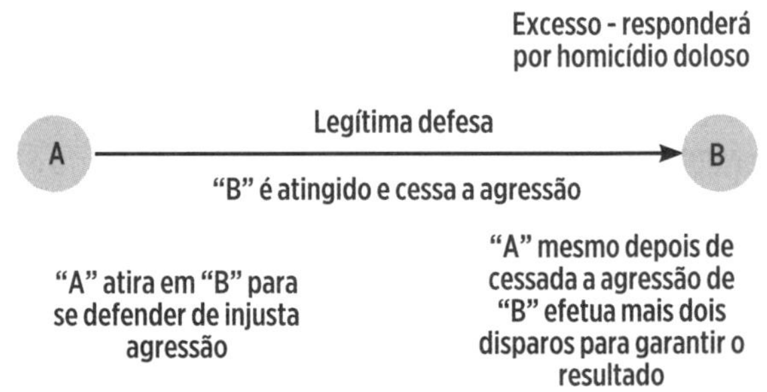

Não obstante, as excludentes de ilicitude, como o próprio nome já diz, excluem o caráter ilícito do fato, tornando a conduta lícita e jurídica.

Ocorrendo o fato diante de uma dessas excludentes, exclui-se também o crime.

São situações em que a norma penal permite que se cometa crime em determinadas situações, pois, apesar de serem condutas ilícitas, o agente não será punido.

2.13.2 Estado de Necessidade

> ***Art. 24.*** *Considera-se em estado de necessidade quem pratica o fato para salvar de perigo atual, que não provocou por sua vontade, nem podia de outro modo evitar, direito próprio ou alheio, cujo sacrifício, nas circunstâncias, não era razoável exigir-se.*

Ocorre quando um bem é lesado para se salvar outro bem em perigo de ser igualmente ofendido. Ambos possuidores desses bens têm direito de agir para proteger-se.

→ **Requisitos para configuração do estado de necessidade:**

> Perigo atual.
> Direito próprio ou alheio.
> Perigo não causado voluntariamente pelo agente.
> Inevitabilidade de comportamento.
> Razoabilidade do sacrifício.
> Requisito subjetivo.

Ex.: Em um cruzeiro marítimo, 10 passageiros estão a bordo de um navio. No entanto, só existem 9 salva-vidas e o navio está afundando em alto-mar. O único que ficou sem o apetrecho não sabe nadar e para salvar sua vida do perigo atual desfere facadas em outro passageiro a fim de conseguir se salvar.

Trabalhador desempregado e vendo os filhos passarem fome, entra em supermercado e furta dois pacotes de arroz e um pedaço de carne seca (furto famélico).

Cidadão não tem carteira de motorista e observa um motorista em avançado estado de infarto, nessa situação, toma a direção de veículo automotor e dirige perigosamente até o hospital, gerando perigo de dano.

Não irá incidir em estado de necessidade caso o agente dê causa ao acontecimento.

> ***§ 1º*** *Não pode alegar estado de necessidade quem tinha o deve legal de enfrentar o perigo.*

Um exemplo disso é o bombeiro. Poderá, no entanto, recusar-se a uma situação perigosa quando impossível o salvamento ou o risco for inútil.

2.13.3 Legítima Defesa

> ***Art. 25*** *- Entende-se em legítima defesa quem, usando moderadamente dos meios necessários, repele injusta agressão, atual ou iminente, a direito seu ou de outrem. (Redação dada pela Lei nº 7.209, de 11.7.1984)*
>
> ***Parágrafo único.*** *Observados os requisitos previstos no caput deste artigo, considera-se também em legítima defesa o agente de segurança pública que repele agressão ou risco de agressão a vítima mantida refém durante a prática de crimes. (Incluído pela Lei nº 13.964, de 2019) -* ***ANTICRIME***

Agora temos uma nova (mas não tão nova assim) previsão de legítima defesa para agentes de segurança pública que repelirem (ao meu ver já era assim) agressão ou risco de agressão (bom, até onde sei, já era assim também, a injusta agressão ATUAL ou IMINENTE) vítima mantida REFÉM (eis aí a injusta agressão acontecendo) durante a prática de crimes.

Bom, conclui-se que até aqui nada de novo, senão já preenchidos todos os requisitos da legítima defesa do caput do art. 25 do CP.

No entanto, novidade mesmo, encontra-se no novíssimo art. 14-A no Código de Processo Penal (introduzido também pelo pacote ANITICRIME), onde esses agentes terão um Inquérito PRIVILEGIADO, e com direito a contraditório (direito a serem CITADOS EM 48 HORAS e ampla defesa com direito a DEFENSOR).

Ocorre um efetivo ataque ilícito contra o agente ou terceiro, legitimando repulsa.

Requisitos para que subsista a legítima defesa:

> Agressão humana.
> Agressão injusta.
> Agressão atual ou iminente.
> Agressão a direito próprio ou de terceiro.
> Meios necessários.
> Requisito subjetivo.

Ex.: "A" desafeto de "B" arma-se com um machado e prestes a desferir um golpe é surpreendido pela reação de "B", que saca um revólver e efetua um disparo.

"A" munido de um cão, atiça o animal na direção de "B" que para repelir a injusta agressão atira no enfurecido animal.

"A", menor de idade, pega um fuzil e, prestes a atirar em "B", é surpreendido por esse que pega uma bazuca, único meio disponível no momento, vindo a "explodir" "A".

Os meios necessários para conter a injusta agressão podem ser quaisquer que estejam disponíveis, inexiste equiparação dos meios utilizados.

É necessário que seja atual e iminente. Caso "B" ferido por "A" desloque-se até sua casa, depois de sofrida agressão, para apanhar revólver com intuito de se defender, não será mais válido, caso venha efetuar disparos contra "A".

Não Configura Legítima Defesa

Ex.: "A" marido traído chega a casa e surpreende "C" sua esposa em conjunção carnal com "B". Enfurecido, pega sua arma e dispara contra a esposa traidora.

"A" surpreendido por cão feroz, dispara para que não seja atacado.

"A" desafeto de "B" vai a sua procura e efetua disparo. Mais tarde provou-se que "B" também estava armado e queria igualmente executar "A".

2.13.4 Estrito Cumprimento do Dever Legal

Em síntese, é a ação praticada por um dever imposto por lei. É necessário que o cumprimento seja nos exatos ditames da lei. Do contrário, o agente incorrerá em excesso, podendo responder criminalmente.

Exs.: Policial que prende foragido da justiça vindo a causar-lhe lesões devido sua resistência.

Soldado que, em tempos de guerra, executa inimigo.

A execução efetuada pelo carrasco, quando o ordenamento jurídico admite.

2.13.5 Exercício Regular de Direito

É o desempenho de uma atividade ou a prática de uma conduta autorizada em lei.

> Tratamento médico ou intervenção cirúrgica, comete lesão corporal para realizar o ato cirúrgico.

> Ofendículos - (exercício regular do direito de defesa da propriedade), cerca elétrica, cacos de vidro, arame farpado, etc.

A lei não permite o emprego da violência física como meio para repelir injúrias ou palavras caluniosas, visto que não existe legítima defesa da honra. Somente a vida ou a integridade física são abrangidas pelo instituto da legítima defesa.

Admite-se a excludente de legítima defesa real contra quem pratica o fato acobertado por causa de exclusão da culpabilidade, como o inimputável.

Nos termos do Código Penal e na descrição da excludente de ilicitude, haverá legítima defesa sucessiva na hipótese de excesso, que permite a defesa legítima do agressor inicial.

É possível legítima defesa de provocações por meio de injúrias verbais, segundo a sua intensidade e conforme as circunstâncias, pode ou não ser agressão.

Agressão de inimputável constitui legítima defesa.

Agressão decorrente de desafio, duelo, convite para briga não constitui legítima defesa.

Agressão passada constitui vingança e não legítima defesa.

Agressão futura não autoriza legítima defesa (mal futuro).

Não existe legítima defesa da honra.

O agente tem que saber que está na legítima defesa.

Legítima defesa e porte ilegal de arma de fogo: Se portar anteriormente, responde pelo crime do Art. 14 ou Art. 16, caput do estatuto do desarmamento. Se for contemporâneo, não responde pelo crime dos artigos mencionados.

2.14 Da Imputabilidade Penal

Inimputáveis

Art. 26. *É isento de pena o agente que, por doença mental ou desenvolvimento mental incompleto ou retardado, era, ao tempo da ação ou da omissão, inteiramente incapaz de entender o caráter ilícito do fato ou de determinar-se de acordo com esse entendimento.*

Redução de Pena

Parágrafo único. *A pena pode ser reduzida de um a dois terços, se o agente, em virtude de perturbação de saúde mental ou por desenvolvimento mental incompleto ou retardado não era inteiramente capaz de entender o caráter ilícito do fato ou de determinar-se de acordo com esse entendimento.*

Imputabilidade: é a capacidade de entender o caráter ilícito do fato e de determinar-se de acordo com esse entendimento.

É a capacidade de entendimento e a faculdade de controlar e comandar suas próprias ações.

→ Imputável (regra): Pode-se imputar (aplicar) pena ao sujeito.

→ **INI**mputável (exceção): Não pode sofrer pena. Ou seja, é a capacidade de compreensão do agente de que sua conduta é ilícita, inapropriada, é uma das espécies da culpabilidade que compõem o fato típico, ou seja, a capacidade de punir, ou não, o agente da conduta.

2.14.1 Exclusão da Imputabilidade

Doença Mental

É a doença mental de qualquer ordem. Compreende a infindável gama de moléstias mentais.

Ex.: Alcoolismo patológico.

Desenvolvimento Mental Incompleto ou Retardado

Ex.: Silvícola inadaptado - índio - menor de 18 anos.

Sistema Adotado pela Legislação Brasileira

Regra: BIOpsicológico

Não basta ter a enfermidade. No momento da ação ou omissão, o sujeito tem que ser inteiramente incapaz de entender e compreender o caráter ilícito do fato e determinar-se de acordo com esse entendimento.

Exceção: Biológico

Basta tão somente a menoridade - menos de 18 anos - para configurar a inimputabilidade.

Embriaguez

Art. 28, II. *A embriaguez, voluntária ou culposa, pelo álcool ou substância de efeitos análogos.*

§ 1º *É isento de pena o agente que, por embriaguez completa, proveniente de caso fortuito ou força maior, era, ao tempo da ação ou da omissão, inteiramente incapaz de entender o caráter ilícito do fato ou de determinar-se de acordo com esse entendimento.*

NÃO Exclui a Imputabilidade	Exclui a Imputabilidade
Voluntária	Caso Fortuito
Culposa	Força Maior
Preordenada	

A embriaguez não exclui a imputabilidade, quais sejam: a voluntária - toma por conta própria -, a culposa - toma além da conta - e a preordenada - toma para criar coragem - sendo que a última, é causa de aumento de pena, actio libera in causa.

§ 2º *A pena pode ser reduzida de um a dois terços, se o agente, por embriaguez, proveniente de caso fortuito ou força maior, não possuía, ao tempo da ação ou da omissão, a plena capacidade de entender o caráter ilícito do fato ou de determinar-se de acordo com esse entendimento.*

No caso da embriaguez por caso fortuito, caso ela seja completa, será causa de isenção de pena, caso seja semicompleta (semi-imputabilidade), incidirá em diminuição de pena - redução de culpabilidade - de 1/3 a 2/3.

Emoção e Paixão

> ***Art. 28.*** *Não excluem a imputabilidade penal:*
> ***I.*** *A emoção ou a paixão;*

A emoção pode, em alguns casos, servir como diminuição de pena - privilégio -, como no caso do homicídio e lesão corporal privilegiado. Os requisitos são: a emoção deve ser intensa; o agente deve estar sob o domínio dessa emoção; deve ter sido provocado por ato injusto da vítima; a reação do agente deve ser logo após a essa provocação.

A injusta provocação pode ser de forma indireta, por exemplo, alguém que maltrata um animal, com intenção de provocar o agente, utilizando desse objeto - cachorro - para obter seu desejo.

Menores de Dezoito Anos

> ***Art. 27.*** *Os menores de 18 (dezoito) anos são penalmente inimputáveis, ficando sujeitos às normas estabelecidas na legislação especial.*

Fundamento Constitucional

O Art. 228 da CF prevê que ***são penalmente inimputáveis os menores de dezoito anos, sujeitos às normas de legislação especial.***

Critério adotado pelo Código Penal: Sistema Biológico

→ **Crime + contravenção penal maior de 18 anos.**

→ **Ato infracional menor de 18 anos.**

Não sofrem sanção penal pela prática do ilícito, em decorrência da ausência de culpabilidade. Estão sujeitos ao procedimento e as medidas socioeducativas previstas no ECA em virtude das condutas descritas como crime e contravenção penal ser consideradas ato infracional.

Para auxiliar, convém esquematizar as Excludentes de Imputabilidade:

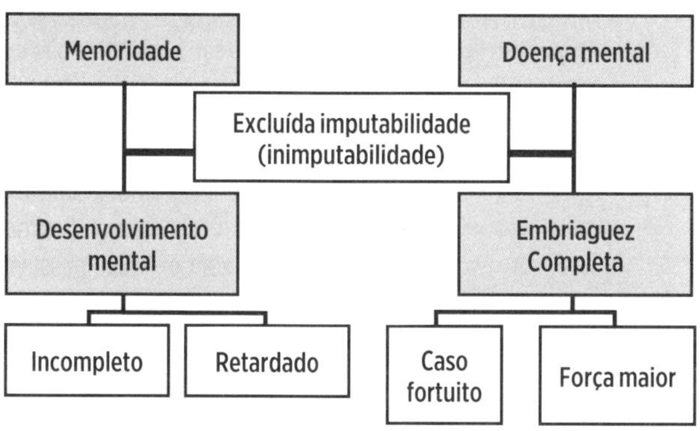

De acordo com entendimento, essas são as causas justificantes para a exclusão da imputabilidade, podemos dizer que são subespécies da culpabilidade, e a espécie que compõem os elementos do crime, juntamente com fato típico e a antijuridicidade.

2.15 Do Concurso de Pessoas

> ***Art. 29.*** *Quem, de qualquer modo, concorre para o crime incide nas penas a este cominadas, na medida de sua culpabilidade.*

Sujeitos da infração penal:

> Sujeito Ativo (quem comete a ação).

> Sujeito Passivo (quem sofre a ação).

Foco do estudo = Sujeito Ativo do Crime.

Quem pode ser sujeito ativo da infração penal:

> Maiores de dezoito anos:

Menor comete ato infracional (tudo que representa crime, para o menor é ato infracional, que, na verdade, constitui um tipo específica, tratado no ECA).

> Pessoas Jurídicas em atos lesivos ao **meio ambiente.**

As pessoas jurídicas podem ser responsabilizadas penalmente.

O Concurso de Pessoas também conhecido como concurso de agentes, ocorre quando duas ou mais pessoas concorrem para o mesmo crime. Colaborar ou concorrer para o crime é praticar o ato (moral ou material) que tenha relevância para a perpetração do ilícito.

2.15.1 Requisitos para Concursos de Pessoas

Pluralidade de agentes

Quem participa na execução do crime é coautor. Quem não executa o verbo do tipo é **partícipe.**

Ex.: "A" segura "B" enquanto "C" o esfaqueia até a morte. "A" e "C" são coautores do crime de homicídio. (divisão de tarefas no crime, ambos participam da execução)

"A" empresta arma para "B". "B" usa-se da arma para executar "C". "B" é autor (executou) e "A" é partícipe (auxiliou de forma material).

O código penal adotou a **Teoria Monista** de agentes, ou seja, todos responderão pelo mesmo crime, independente, de qual seja sua participação.

Relevância causal

A conduta deverá ser relevante. Do contrário, não ocorrerá o concurso de pessoas.

Ex.: "A" empresta arma para "B", que para matar "C" usa um pedaço de pau. Nessa situação, o auxilio de "A" foi irrelevante para que o crime existisse. Somente "B" responde por homicídio. Contudo, se ao emprestar a arma, "A" de qualquer forma incentivou moralmente a atitude de "B", esse será partícipe do crime de homicídio.

Não houve nexo entre o homicídio e o empréstimo da arma, nessa situação, a conduta de "A" é atípica.

Liame subjetivo

É a vontade de participar do crime. Pelo menos um agente tem que querer participar do crime do outro.

Ex.: "A", desafeto de "B", posiciona-se para matá-lo. "C", também inimigo mortal de "B", sabendo da vontade de "A", adere à vontade dele e juntos disparam a arma. Ambos responderão por homicídio como coautores.

Identidade de infração

O Código Penal adotou a teoria Unitária ou Monista, em que todos que concorrem para o crime, responderão pelo mesmo crime, na medida de sua culpabilidade (responsabilidade).

2.15.2 Teorias do Concurso de Pessoas

Teoria do Caput

- > Regra: Monista/ Igualitária / Unitária.
- > Exceção: Pluralista (não tem concurso de pessoas).

Ex.: Corrupção passiva e ativa.

Teoria do Autor

- > Regra: Restritiva (Código Penal); Quem pratica o núcleo do tipo (verbo).
- > Exceção: Domínio do Fato (Doutrina e Jurisprīdência); Teoria do Partícipe.
- > Acessoriedade Limitada

Não pratica o verbo; contudo, auxilia de qualquer forma.

- » Moral: instigado ou induzido.
- » Material: qualquer auxílio.

- > Não Ocorre Concurso de Pessoas.
  - » Autor Mediato (homem por trás).
  - » Autoria Colateral.
  - » Participação Inócua (ineficaz).
  - » Crimes de concurso necessário.

Autoria Sucessiva ou Participação Sucessiva TEM Concurso de Pessoas!

Ex.: Associação criminosa - Art. 288

A exceção é a teoria pluralista:

Corrupção passiva e ativa.

Autor (Teoria Restrita):

- > Quem pratica o núcleo do tipo (verbo).

Partícipe:

- > **Não** pratica o verbo; contudo, auxilia de qualquer forma.
  - » **Moral**: instigado ou induzido.
  - » **Material:** qualquer auxílio.

Mandante = Partícipe.

Autor Mediato (não ocorre concurso):

- > São usados como instrumentos do crime:
  - » Inimputável.
  - » Doente mental.
  - » Coação irresistível.
  - » Obediência hierárquica.

Exceção: Teoria Pluralista.

2.15.3 Participação em crime diverso

***§ 1º** Se a participação for de menor importância, a pena pode ser diminuída de um sexto a um terço*

***§ 2º** Se algum dos concorrentes quis participar de crime menos grave, ser-lhe-á aplicada a pena deste; essa pena será aumentada até metade, na hipótese de ter sido previsível o resultado mais grave.*

Há hipóteses, todavia, em que o partícipe colabora com um crime e o autor, no momento da prática do ilícito vai além do imaginado pelo partícipe.

Ex.: É o caso em que dois indivíduos combinam um furto. Sendo que, um deles fica esperando no carro da fuga e o outro entra na residência. No interior da casa, o autor além de furtar, encontra a moradora e contra ela dispara vários tiros. Nessa situação, por força do Art. 29, § 2º, do CP, os agentes deverão responder por crimes diferentes. O que ficou no carro por furto (pois era esse que queria praticar) e o autor, por latrocínio.

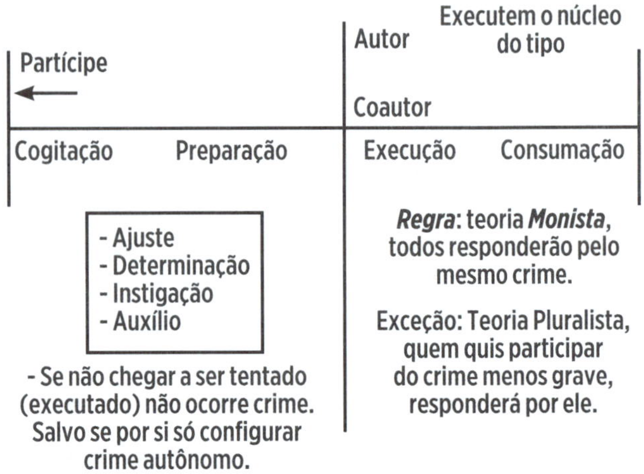

2.16 Circunstâncias Incomunicáveis

***Art. 30.** Não se comunicam as circunstâncias e as condições de caráter pessoal, salvo quando elementares do crime.*

Ex.: "A", funcionário público, convida "B" para furtar repartição pública em que trabalha. "B", desconhecendo a função de "A", acaba aceitando. Nesse caso, "A" responderá por peculato (Art. 312 CP) e "B" por furto (Art. 155 CP). Porém, caso "B" soubesse da função pública de "A", ambos responderiam por peculato.

***Art. 31.** O ajuste, a determinação ou instigação e o auxílio, salvo disposição expressa em contrário, não são puníveis, se o crime não chega, pelo menos, a ser tentado.*

> No crime culposo admite-se coautoria, mas NÃO participação.
> Não existe tentativa em crime Preterdoloso.

Ex.: "A" é induzido por "B" a cometer suicídio em momento depressivo por qual passava, entretanto, "A" nada faz. Nessa situação, a conduta de "B" é atípica.

Questões

01. (CESPE - 2018) Crime doloso é aquele em que o sujeito passivo age com imprudência, negligência ou imperícia.

Certo ( ) Errado ( )

02. (CESPE - 2018) Pune-se a tentativa no crime de lesão corporal leve dolosa.

Certo ( ) Errado ( )

03. (CESPE – 2018) Determinado policial, ao cumprir um mandado de prisão, teve de usar a força física para conter o acusado. Após a concretização do ato, o policial continuou a ser fisicamente agressivo, mesmo não havendo a necessidade. Nessa situação hipotética, o policial abusou do exercício regular de direito.

Certo ( ) Errado ( )

04. (CESPE – 2018) Durante o cumprimento de um mandado de prisão a determinado indivíduo, este atirou em um investigador policial, o qual, revidando, atingiu fatalmente o agressor. Nessa situação hipotética, a conduta do investigador configura legítima defesa própria.

Certo ( ) Errado ( )

05. (CESPE – 2017) A respeito da aplicação da lei penal, do crime e da imputabilidade penal, julgue o item a seguir. Um crime é classificado como crime culposo quando o agente quis o resultado ou assumiu o risco de produzi-lo.

Certo ( ) Errado ( )

Gabaritos

01	ERRADO
02	CERTO
03	ERRADO
04	CERTO
05	ERRADO

3. DOS CRIMES CONTRA A PESSOA

Os direitos e garantias individuais não têm caráter absoluto, por esse motivo, o direito à vida é relativo.

Ex.: Pena de morte em caso de guerra externa. (Art. 5º, XLVII, "a", CF/88). O crime de homicídio, capitulado nos crimes contra a vida, está descrito no Art. 121 do Código Penal, e versa sobre a eliminação da vida humana extrauterina.

Vejamos no quadro abaixo quais são os crimes dolosos contra a vida, e suas principais peculiaridades:

Crimes Contra a Vida	
Homicídio (Art. 121, CP)	São todos crimes de Ação penal incondicionada. São Julgados pelo tribunal do Júri. **Obs.:** O homicídio culposo é julgado pelo Juiz.
Participação em Suicídio (Art. 122, CP)	
Infanticídio (Art. 123, CP)	
Aborto (Arts. 124 a 126, CP)	

Dos crimes culposos contra a vida, só temos o homicídio. Os demais não comportam a modalidade culposa, o aborto culposo pode ser resultado qualificado, mas crime autônomo ele não é. Não temos infanticídio culposo também. Só o homicídio admite a forma culposa.

3.1 Dos Crimes Contra a Vida

Homicídio

Art. 121. *Matar alguém:*

Pena *- reclusão, de seis a vinte anos*

Caso de diminuição de pena

§ 1º *Se o agente comete o crime impelido por motivo de relevante valor social ou moral, ou sob o domínio de violenta emoção, logo em seguida a injusta provocação da vítima, o juiz pode reduzir a pena de um sexto a um terço.*

Homicídio qualificado

§ 2º *Se o homicídio é cometido:*

I. *mediante paga ou promessa de recompensa, ou por outro motivo torpe;*

II. *por motivo futil;*

III. *com emprego de veneno, fogo, explosivo, asfixia, tortura ou outro meio insidioso ou cruel, ou de que possa resultar perigo comum;*

IV. *à traição, de emboscada, ou mediante dissimulação ou outro recurso que dificulte ou torne impossivel a defesa do ofendido;*

V. *para assegurar a execução, a ocultação, a impunidade ou vantagem de outro crime:*

Pena *- reclusão, de doze a trinta anos.*

Feminicídio (Incluído pela Lei nº 13.104, de 2015)

VI. *contra a mulher por razões da condição de sexo feminino: (Incluído pela Lei nº 13.104, de 2015)*

VII. *contra autoridade ou agente descrito nos arts. 142 e 144 da Constituição Federal, integrantes do sistema prisional e da Força Nacional de Segurança Pública, no exercício da função ou em decorrência dela, ou contra seu cônjuge, companheiro ou parente consanguíneo até terceiro grau, em razão dessa condição: (Incluído pela Lei nº 13.142, de 2015)*

VIII. *(VETADO): (Incluído pela Lei nº 13.964, de 2019)*

Pena *- reclusão, de doze a trinta anos.*

§ 2º-A *Considera-se que há razões de condição de sexo feminino quando o crime envolve: (Incluído pela Lei nº 13.104, de 2015)*

I. *violência doméstica e familiar; (Incluído pela Lei nº 13.104, de 2015)*

II. *menosprezo ou discriminação à condição de mulher. (Incluído pela Lei nº 13.104, de 2015)*

Homicídio culposo

§ 3º *Se o homicídio é culposo: (Vide Lei nº 4.611, de 1965)*

Pena *- detenção, de um a três anos.*

Aumento de pena

§ 4º *No homicídio culposo, a pena é aumentada de 1/3 (um terço), se o crime resulta de inobservância de regra técnica de profissão, arte ou ofício, ou se o agente deixa de prestar imediato socorro à vítima, não procura diminuir as conseqüências do seu ato, ou foge para evitar prisão em flagrante. Sendo doloso o homicídio, a pena é aumentada de 1/3 (um terço) se o crime é praticado contra pessoa menor de 14 (quatorze) ou maior de 60 (sessenta) anos. (Redação dada pela Lei nº 10.741, de 2003)*

§ 5º *Na hipótese de homicídio culposo, o juiz poderá deixar de aplicar a pena, se as conseqüências da infração atingirem o próprio agente de forma tão grave que a sanção penal se torne desnecessária. (Incluído pela Lei nº 6.416, de 24.5.1977)*

§ 6º *A pena é aumentada de 1/3 (um terço) até a metade se o crime for praticado por milícia privada, sob o pretexto de prestação de serviço de segurança, ou por grupo de extermínio. (Incluído pela Lei nº 12.720, de 2012)*

§ 7º *A pena do feminicídio é aumentada de 1/3 (um terço) até a metade se o crime for praticado: (Incluído pela Lei nº 13.104, de 2015)*

I. *durante a gestação ou nos 3 (três) meses posteriores ao parto; (Incluído pela Lei nº 13.104, de 2015)*

II. *contra pessoa menor de 14 (catorze) anos, maior de 60 (sessenta) anos, com deficiência ou portadora de doenças degenerativas que acarretem condição limitante ou de vulnerabilidade física ou mental; (Redação dada pela Lei nº 13.771, de 2018)*

III. *na presença física ou virtual de descendente ou de ascendente da vítima; (Redação dada pela Lei nº 13.771, de 2018)*

IV. *em descumprimento das medidas protetivas de urgência previstas nos incisos I, II e III do caput do art. 22 da Lei nº 11.340, de 7 de agosto de 2006. (Incluído pela Lei nº 13.771, de 2018)*

Homicídio Simples

Art. 121. *Matar alguém:*

Pena *- reclusão, de seis a vinte anos.*

Caso de Diminuição de Pena

§ 1º *Se o agente comete o crime impelido por motivo de relevante valor social ou moral, ou sob o domínio de violenta emoção, logo em seguida a injusta provocação da vítima, ou juiz pode reduzir a pena de um sexto a um terço.*

Homicídio Qualificado

§ 2º *Se o homicídio é cometido:*

I. *Mediante paga ou promessa de recompensa, ou por outro motivo torpe;*

II. *Por motivo fútil;*

III. *Com emprego de veneno, fogo, explosivo, asfixia, tortura ou outro meio insidioso ou cruel, ou de que possa resultar perigo comum;*

IV. *À traição, de emboscada, ou mediante dissimulação ou outro recurso que dificulte ou torne impossível a defesa do ofendido;*

V. *Para assegurar a execução, a ocultação, a impunidade ou vantagem de outro crime:*

***Pena** - reclusão, de doze a trinta anos.*

Homicídio Culposo

***§ 3º.** Se o homicídio é culposo:*

***Pena** - detenção, de um a três anos.*

Aumento de pena

***§ 4º.** No homicídio culposo, a pena é aumentada de 1/3 (um terço), se o crime resulta de inobservância de regra técnica de profissão, arte ou ofício, ou se o agente deixa de prestar imediato socorro à vítima, não procura diminuir as consequências do seu ato, ou foge para evitar prisão em flagrante. Sendo doloso o homicídio, a pena é aumentada de 1/3 (um terço) se o crime é praticado contra pessoa menor de 14 (quatorze) ou maior de 60 (sessenta) anos.*

***§ 5º.** Na hipótese de homicídio culposo, o juiz poderá deixar de aplicar a pena, se as consequências da infração atingirem o próprio agente de forma tão grave que a sanção penal se torne desnecessária.*

O homicídio é morte injusta de uma pessoa praticada por outrem. De acordo com Nelson Hungria É o Crime por excelência.

No Art. 121, caput tem-se o chamado Homicídio Doloso Simples. No Art. 121, §1º, tem-se o chamado Homicídio Doloso Privilegiado. O Art. 121, §2º, traz o Homicídio Doloso qualificado. O Art.121, §3º, traz o Homicídio Culposo. O Art. 121, §4º, do CP traz as Majorantes de Pena, o §5º traz o Perdão Judicial.

E o homicídio preterdoloso? Está previsto no Art. 129, §3º do CP: é a lesão corporal seguida de morte.

Homicídio não é genocídio, são dois crimes distintos. Nem todo homicídio em massa vai ser genocídio. Para ser genocídio tem que se enquadrar na lei, o propósito tem que ser de exterminar total ou parcialmente um grupo étnico, social ou religioso. Se o objetivo não for esse, não temos o genocídio. Pode ser genocídio segregando membros de um grupo, impedindo o nascimento no seio de um grupo. Foi o que Saddam Hussein fez com os Curdos no Iraque.

3.1.1 Homicídio Simples

***Art. 121.** Matar alguém:*

Sujeito Ativo: é crime comum, pode ser praticado por qualquer pessoa.

Sujeito Passivo: da mesma forma, pode ser praticado por qualquer pessoa. Noronha entende que o Estado também figura como vítima do homicídio, justificando existir um interesse do ente político na conservação da vida humana, sua condição de existência.

Alguns autores dizem ainda que, quando a vítima for Presidente da República, do Senado Federal ou da Câmara dos Deputados, o crime pode ser contra a Segurança Nacional. Pode estar enquadrado no Art. 121 do CP ou do Art. 29 da Lei nº 7.170/83, que é matar alguém com motivação política. Caso isso ocorra, se está diante do Princípio da Especialidade.

3.1.2 Conduta Punida

A conduta punível nesse tipo penal nada mais é que tirar a vida de alguém. Atente-se para a diferença:

> **Vida intrauterina**: abortamento – aborto.

> **Vida extrauterina**: homicídio ou infanticídio.

Quanto ao início do parto, existem três correntes:

> 1ª Corrente: dá-se com o completo e total desprendimento do feto das entranhas maternas;

> 2ª Corrente: ocorre desde as dores do parto;

> 3ª Corrente: ocorre com a dilatação do colo do útero.

Forma de execução: trata-se de delito de execução livre, podendo ser praticado por ação ou omissão, meios de execução diretos ou indiretos.

Tipo Subjetivo: o Art. 121, caput é punido a título de dolo direto ou dolo eventual.

A finalidade do agente pode servir como privilégio ou como qualificadora.

Verifica-se o dolo eventual quando o agente assumiu o risco de praticar a conduta delituosa. Atualmente os tribunais vêm entendendo que quando o agente, embriagado, pratica homicídio de trânsito, pode ser condenado pelo homicídio do Art. 121 do CP, tendo em vista que, ao ingerir bebida alcoólica e tomar a direção de um veículo, assumiu o risco de produzir o evento danoso.

3.1.3 Consumação e Tentativa

Trata-se de delito material ou de resultado, ou seja, o delito consuma-se com a morte. A morte dá-se com a cessação da atividade encefálica. Cessando a atividade encefálica, o agente será considerado morto, conforme se extrai da Lei nº 9.434/97 – Lei de Transplantes. A tentativa é possível, considerando que o homicídio se trata de crime plurissubsistente, permitindo a execução fracionamento.

O homicídio simples pode ser considerado crime hediondo quando praticado em atividade típica de grupo de extermínio. É o chamado homicídio condicionado. O homicídio pode ser praticado através de relações sexuais ou atos libidinosos.

Ex.: "A", portador do vírus HIV (AIDS) e sabedor desta condição, com a intenção de matar, tem relação sexual com "B", com o fim de transmitir voluntária e dolosamente o vírus a este último. Nesta situação, após a transmissão, enquanto "B" não morrer, "A" responderá por tentativa de homicídio, após a morte de "B", "A" responderá por homicídio consumado.

3.1.4 Homicídio Privilegiado

***Art. 121**, § 1º. Se o agente comete o crime impelido por motivo de relevante valor social ou moral, ou sob o domínio de violenta emoção, logo em seguida a injusta provocação da vítima, ou juiz pode reduzir a pena de um sexto a um terço.*

O Homicídio Privilegiado é caso de diminuição de pena, havendo diminuição de pena de 1/6 a 1/3. Essa diminuição de pena é direito subjetivo do réu, sendo que, presentes os requisitos, o juiz deve reduzir a pena.

Hipóteses Privilegiadoras

Se o agente comete o crime por motivo de relevante valor social

No valor social, o agente mata para atender os interesses de toda coletividade.

Ex.: Matar estuprador do bairro; matar um assassino que aterroriza a cidade.

Se o agente comete o crime por relevante valor moral: o agente mata para atender interesses particulares, diferente do valor social

Esses interesses morais são ligados aos sentimentos de compaixão, misericórdia ou piedade.

Ex.: Eutanásia; A mata B porque matou o filho.

Alguns autores salientam que há uma doutrina cada vez mais recente de que a ortotanásia não seja crime, mas essa questão, indagada em concurso do MP de SC, foi considerada tão crime como a eutanásia.

Se o agente comete o crime sob o domínio de violenta emoção, logo em seguida a injusta provocação da vítima - Homicídio Emocional

Atente-se que domínio não se confunde com mera influência. A mera influência é uma atenuante de pena prevista no Art. 65 do CP.

É necessário observar que o homicídio deve ocorrer logo após a injusta provocação da vítima, ou seja, deve haver imediatidade da reação (reação sem intervalo temporal). Entende a jurisprudência que, enquanto perdurar o domínio da violenta emoção, a reação será considerada imediata.

Observa-se ainda que a provocação da vítima deve ser injusta, e isso não traduz, necessariamente, um fato típico. Pode haver injusta provocação sem configurar fato típico, mas serve para configurar o homicídio emocional.

Ex.: Adultério.

Se for injusta a agressão da vítima, será caso de legitima defesa.

O privilégio é sempre circunstância do crime. Sendo que as circunstâncias subjetivas são incomunicáveis, nos termos do Art. 30 do CP. Já as circunstâncias objetivas são comunicáveis, nos termos do Art. 30, in fine.

Circunstâncias Subjetivas	Circunstâncias Objetivas
Não se comunicam.	Comunicam-se.
Ligam-se ao motivo ou estado anímico do agente	Ligam-se ao meio / modo de execução
Como as privilegiadoras aqui citadas são subjetivas, não haverá comunicabilidade em relação aos demais autores do crime, logo não se aplica ao **coautor** se não restarem comprovados os mesmos requisitos.	

3.1.5 Homicídio qualificado

Posição Majoritária – 6ª Turma do STJ (HC 78.643/PR), Nelson Hungria, Raúl Eugênio Zaffaroni e Alexandre Araripe Marinho – As qualificadoras não são, a rigor, circunstâncias, mas sim elementares do Tipo Derivado, porque dão pena abstrata nova, ou seja, podem ser identificadas antes mesmo da fixação da pena-base. Então sempre se comunicam.

O homicídio qualificado é sempre crime hediondo.

Homicídio Qualificado

§ 2º. *Se o homicídio é cometido:*

I. *Mediante paga ou promessa de recompensa, ou por outro motivo torpe;*

II. *Por motivo fútil;*

III. *Com emprego de veneno, fogo, explosivo, asfixia, tortura ou outro meio insidioso ou cruel, ou de que possa resultar perigo comum;*

IV. *À traição, de emboscada, ou mediante dissimulação ou outro recurso que dificulte ou torne impossível a defesa do ofendido;*

V. *Para assegurar a execução, a ocultação, a impunidade ou vantagem de outro crime:*

Pena *- reclusão, de doze a trinta anos.*

Motivo torpe

É o motivo abjeto, ignóbil, vil, espelhando ganância.

É indagado se a qualificadora da torpeza se aplica também ao mandante, ou apenas para o executor.

Alguns autores dizem que a resposta depende se se entende que essa qualificadora é uma elementar ou se é circunstância. Entendendo que se trata de circunstância, somente o executor responde pelo homicídio qualificado já que a circunstância subjetiva não se comunica. Por outro lado, entendendo-se que se trata de elementar subjetiva do crime, haverá comunicabilidade, estendendo-se a qualificadora ao mandante (ambos respondem pela qualificadora – mandante e executor).

Atualmente, prevalece a segunda hipótese, ou seja, que se trata de elementar subjetiva do crime, e mandante e executor respondem pelo crime qualificado.

Mediante paga ou promessa de recompensa

No caso de o agente matar mediante paga ou promessa de recompensa de natureza diversa da econômica, por exemplo, sexual, continua se tratando de motivo torpe, pois não deixa de se ajustar ao encerramento genérico, somente não configurando o exemplo dado no início do inciso. É o chamado homicídio mercenário.

Esse homicídio mercenário que nada mais é que um exemplo de torpeza. O executor é chamado de matador de aluguel.

O crime, mediante paga ou promessa, é crime de concurso necessário (plurisubsistente - plurilateral - plurisubjetivo), exigindo-se pelo menos duas pessoas (mandante e executor).

Neste caso, necessariamente a natureza é econômica, logo se a vantagem era promessa sexual, entre outras, não incidirá a qualificadora.

Nesse inciso I o legislador aqui encerrou de forma genérica, o que permite a interpretação analógica, ou seja, permite ao juiz a análise de outras situações que aqui podem se enquadrar.

CIÚME não é considerado motivo torpe.
AUSÊNCIA de motivo não é considerado motivo fútil.
Um motivo não pode ser FÚTIL e TORPE ao mesmo tempo, pois um exclui o outro.

Por motivo fútil

Segundo alguns autores é aquele que ocorre quando o móvel apresenta real desproporção entre o delito e a sua causa moral. Tem-se a pequeneza do motivo (matar por pouca coisa).

Ex.: Briga de trânsito.

Tem caráter SUBJETIVO, pois se refere à motivação do agente para cometer o crime.

É um motivo insignificante, de pouca importância, completamente desproporcional à natureza do crime praticado.

Atente-se que, motivo fútil não se confunde com motivo injusto, uma vez que a injustiça é característica de todo e qualquer crime - injusto penal.

Se não há motivo comprovado nos autos, poderá ser denunciado por homicídio qualificado pelo motivo fútil? Aqui há duas correntes:

1ª Corrente: a ausência de motivos equipara-se ao motivo fútil, pois seria um contrassenso conceber que o legislador punisse com pena mais grave quem mata por futilidade, permitindo que o que age sem qualquer motivo receba sanção mais branda. (MAJORITÁRIA)

2ª Corrente: a ausência de motivos não pode ser equiparada ao motivo fútil, sob pena de se ofender o princípio da reserva legal. É o que entende Cezar Roberto Bitencourt – para ele o legislador que deve incluir a ausência de motivo no rol das qualificadoras.

Com emprego de veneno, fogo, explosivo, asfixia, tortura ou outro meio insidioso ou cruel, ou de que possa resultar perigo comum

Neste inciso, novamente se permite a interpretação analógica, trazendo alguns exemplos o inciso.

Tem caráter objetivo, pois se refere aos meios empregados pelo agente para o cometimento do homicídio.

Esse inciso permite igualmente a interpretação analógica, trazendo como exemplos o emprego de veneno, fogo, explosivo, asfixia ou tortura.

No caso do emprego de veneno, é imprescindível que a vítima desconheça estar ingerindo a substância letal.

No caso de tortura, o sofrimento é aquele desnecessário da vítima antes da sua morte.

Homicídio qualificado pela tortura (Art. 121, § 2º, III, CP)	Tortura com resultado morte (Art. 1º, § 3º, Lei nº 9.455/97)
Morte DOLOSA.	Morte PRETERDOLOSA.
O agente utiliza a tortura para provocar a morte da vítima.	O agente tem o dolo de torturar a vítima, e da tortura resulta culposamente sua morte.
Competência do tribunal do júri.	Competência do juiz.
A tortura foi o meio utilizado para a morte.	A tortura foi o fim desejado, mas a morte foi culposa.

A traição, de emboscada, ou mediante dissimulação ou outro recurso que dificulte ou torne impossível a defesa do ofendido

O legislador cita como exemplos a traição, emboscada ou dissimulação, finalizando de maneira genérica o que também permite a interpretação analógica.

Tem caráter objetivo (modo de execução do crime).

Traição: ataque desleal, quebra de confiança.

Emboscada: aquele que ataca a vítima com surpresa. Ele se oculta para surpreender a vítima.

Dissimulação: significa fingimento, disfarçando o agente a sua intenção hostil.

Ex.: Aquele que convida para ir à casa de outrem e, lá chegando, mata o convidado.

Para assegurar a execução, ocultação, a impunidade ou vantagem de outro crime

Tem caráter subjetivo (refere-se aos motivos do crime). Trata das hipóteses de conexão teleológica e consequencial.

→ Quando se comete o crime para assegurar a execução, classifica-se o homicídio como qualificado teleológico.

  Ex.: "A" pretendendo cometer um crime de extorsão mediante sequestro contra uma pessoa muito importante e para assegurar a execução mata o segurança do empresário.

→ Já no homicídio consequencial são as seguintes hipóteses:

Conexão Consequencial	
Ocultação	Quer evitar a descoberta do crime cometido pelo agente. **Ex.:** Ocultar o cadáver após o homicídio.
Impunidade	O criminoso procura evitar que se descubra que ele foi o autor do crime. **Ex.:** Matar a testemunha ocultar de um crime.
Vantagem	O agente que usufruir a vantagem decorrente da prática de outro crime. **Ex.:** Um ladrão mata o outro para ficar com todo o dinheiro do roubo praticado por ambos.

O STF tem admitido a coexistência do privilégio (caráter subjetivo) com as qualificadoras de caráter objetivo (chamado homicídio privilegiado-qualificado).

Ex.: "A" matou "B" envenenado porque este último estuprou a filha de "A".

O homicídio privilegiado-qualificado não é considerado hediondo (pois a existência do privilégio afasta a hediondez do homicídio qualificado).

Matar por ocasião de outro crime, sem vínculo finalístico, não qualifica o crime.

O crime futuro deve ocorrer para gerar a conexão teleológica? O crime futuro não precisa ocorrer para gerar esta qualificadora, bastando matar para essa finalidade.

Há possibilidades do homicídio qualificado ser privilegiado? Sim. Há essa possibilidade, quando as qualificadoras são objetivas.

> Matar para assegurar uma contravenção penal não qualifica o crime nesta modalidade, mas pode qualificá-lo pelo motivo fútil.

Ou seja, uma da privilegiadoras, e uma das qualificadoras do meio cruel ou da torpeza (objetivas).

Para a maioria da doutrina, o homicídio qualificado quando também privilegiado não será hediondo, uma vez que o privilégio é preponderante.

Feminicídio

__VI.__ Contra a mulher por razões da condição de sexo feminino:

__VII.__ Contra autoridade ou agente descrito nos Arts. 142 e 144 da Constituição Federal, integrantes do sistema prisional e da Força Nacional de Segurança Pública, no exercício da função ou em decorrência dela, ou contra seu cônjuge, companheiro ou parente consanguíneo até terceiro grau, em razão dessa condição: (Incluído pela Lei nº 13.142, de 2015).

Pena *- reclusão, de doze a trinta anos.*

§ 2º-A. Considera-se que há razões de condição de sexo feminino quando o crime envolve:

***I.** Violência doméstica e familiar;*

***II.** Menosprezo ou discriminação à condição de mulher.*

***§ 7º** A Pena do feminicídio é aumentada de 1/3 (um terço) até a metade se o crime for praticado:*

***I.** Durante a gestação ou nos 3 (três) meses posteriores ao parto;*

***II.** Contra pessoa menor de 14 (catorze) anos, maior de 60 (sessenta) anos ou com deficiência;*

***III.** Na presença de descendente ou de ascendente da vítima.*

***Pena** - reclusão, de doze a trinta anos.*

A Lei nº 13.104/2015 introduziu no Código penal uma nova figura típica: o feminicídio. A pena para homicídio qualificado é de 12 a 30 anos de prisão, e será aumentada em um terço se o crime acontecer durante a gestação ou nos três meses posteriores ao parto; se for contra adolescente menor de 14 anos ou adulto acima de 60 anos ou ainda pessoa com deficiência. Também se o assassinato for cometido na presença de descendente ou ascendente da vítima.

Podemos definir como uma qualificadora do crime de homicídio motivada pelo ódio contra as mulheres, tendo como ente motivador por circunstâncias específicas em que o pertencimento da mulher ao sexo feminino é central na prática do delito. Entre essas circunstâncias estão incluídos: os assassinatos em contexto de violência doméstica ou familiar e o menosprezo ou discriminação à condição de mulher.

Temos essa qualificadora conhecida como crime fétido.

Razões de Gênero

A qualificadora do feminicídio não poderá ser provada por um laudo pericial ou exame cadavérico, porque nem sempre um assassinado de uma mulher será considerado "feminicídio". Assim, para ser configurada a qualificadora do feminicídio, a acusação tem que provar que o crime foi cometido contra a mulher por razões da condição de sexo feminino.

O feminicídio foi acrescentado no § 2º-A. Essa conduta tomou a forma de uma norma explicativa do termo razões da condição de sexo feminino, podendo ocorrer em duas situações:

> Violência doméstica e familiar;
> Menosprezo ou discriminação à condição de mulher;

O § 7º do Art. 121 do CP estabelece causas de aumento de pena para o crime de feminicídio.

A pena será aumentada de 1/3 até a metade se for praticado:

> Durante a gravidez ou nos 3 meses posteriores ao parto;
> Contra pessoa menor de 14 anos, maior de 60 anos ou com deficiência;
> Na presença de ascendente ou descendente da vítima.

***Art. 1º.** São considerados hediondos os seguintes crimes, todos tipificados no Decreto-Lei nº 2.848, de 7 de dezembro de 1940 - Código Penal, consumados ou tentados:*

***I.** homicídio (Art. 121), quando praticado em atividade típica de grupo de extermínio, ainda que cometido por um só agente, e homicídio qualificado (Art. 121, § 2º, incisos I, II, III, IV, V, VI e VII);*

Como todo homicídio qualificado, o feminicídio também é considerado hediondo de acordo com o Art. 1º da Lei nº 8.072/90 (Lei de Crimes Hediondos).

Homicídio Funcional

Essa qualificadora foi inserida pela Lei nº 13.142/2015, que acrescentou objetivamente essa ação no rol dos crimes hediondos no Art. 1º inciso I-A e também aumentou a pena de 1/3 a 2/3 no Art. 129 (lesão corporal).

***VII.** Contra autoridade ou agente descrito nos Arts. 142 e 144 da Constituição Federal, integrantes do sistema prisional e da Força Nacional de Segurança Pública, no exercício da função ou em decorrência dela, ou contra seu cônjuge, companheiro ou parente consanguíneo até terceiro grau, em razão dessa condição:*

São autoridades previstas no Art. 142 da CF/88

***Art. 142.** As Forças Armadas, constituídas pela Marinha, pelo Exército e pela Aeronáutica, são instituições nacionais permanentes e regulares, organizadas com base na hierarquia e na disciplina, sob a autoridade suprema do Presidente da República, e destinam-se à defesa da Pátria, à garantia dos poderes constitucionais e, por iniciativa de qualquer destes, da lei e da ordem.*

São autoridades do Art. 144 da CF/88:

***Art. 144.** A segurança pública, dever do Estado, direito e responsabilidade de todos, é exercida para a preservação da ordem pública e da incolumidade das pessoas e do patrimônio, através dos seguintes órgãos:*

***I.** Polícia federal;*

***II.** Polícia rodoviária federal;*

***III.** Polícia ferroviária federal;*

***IV.** Polícias civis;*

***V.** Polícias militares e corpos de bombeiros militares.*

3.1.6 Homicídio Culposo

***§ 3º.** Se o homicídio é culposo:*

***Pena** - detenção, de um a três anos.*

Ocorre o homicídio culposo quando o agente realiza uma conduta voluntária, com violação de dever objetivo de cuidado a todos imposto, por negligência, imprudência ou imperícia, produzindo, por consequência, um resultado (morte) involuntário, não previsto e nem querido, mas objetivamente previsível, que podia ter sido evitado caso observasse a devida atenção.

NÃO incide aumento quando o agente foge em razão de sérias ameaças de linchamento.

Modalidades de Culpa	
Negligência	Culpa negativa. O agente deixa de fazer aquilo que a cautela manda. **Ex.:** Viajar de carro com os freios danificados.
Imprudência	Culpa positiva. O agente pratica um ato perigoso. **Ex.:** Trafegar com veículo no centro da cidade a 180 km/h.
Imperícia	Culpa profissional. É a falta de aptidão para o exercício de arte, profissão ou ofício para a qual o agente, apesar de autorizado a exercê-la, não possui conhecimentos teóricos ou práticos para tanto. **Ex.:** Médico ginecologista que começa a realizar cirurgias plásticas sem especialização para tanto.

Por se tratar de infração de médio potencial ofensivo (já que a pena mínima é de um ano) há possibilidade de suspensão condicional do processo.

Já quando ocorre o delito previsto no Art. 302 do CTB – homicídio culposo na condução de veículo automotor – a pena é detenção de dois a quatro anos + a suspensão ou proibição da permissão de conduzir veículo.

Art. 121, §3º, CP	Art. 302, CTB
Norma geral	Norma especial: na direção de veículo automotor.
Pena varia de 01 a 03 anos à infração penal de médio potencial ofensivo.	A pena é de 02 a quatro anos à infração penal de grande potencial ofensivo.
Admite a suspensão do processo.	Não admite suspensão condicional do processo.

Aumento de Pena

§ 4º. No homicídio culposo, a pena é aumentada de 1/3 (um terço), se o crime resulta de inobservância de regra técnica de profissão, arte ou ofício, ou se o agente deixa de prestar imediato socorro à vítima, não procura diminuir as consequências do seu ato, ou foge para evitar prisão em flagrante. Sendo doloso o homicídio, a pena é aumentada de 1/3 (um terço) se o crime é praticado contra pessoa menor de 14 (quatorze) ou maior de 60 (sessenta) anos.

NÃO incide aumento quando o agente foge em razão de sérias ameaças de linchamento.

Aqui se tem o rol das majorantes do homicídio doloso e o rol das majorantes do homicídio culposo.

Aumento de pena de 1/3

Se o crime resulta de inobservância de regra técnica de profissão, arte ou ofício: neste caso, apesar do agente dominar a técnica, não observa o caso concreto. É diferente da imperícia, pois nessa hipótese, o agente não domina a técnica.

Se o agente deixa de prestar imediato socorro à vítima: neste caso, é necessário para a incidência da majorante que o socorro seja possível, e que o agente não tenha risco pessoal na conduta.

Não incide aumento quando terceiros prestarem socorro ou morte instantânea incontestável.

Neste caso, não incide também o Art. 135 do CP (omissão de socorro), para evitar o bis in idem.

De acordo com o STF, se o autor do crime, apesar de reunir condições de socorrer a vítima não o faz, concluindo pela inutilidade da ajuda em face da gravidade da lesão, sofre a majorante do Art. 121, §4º, do CP:

Se não procura diminuir as consequências do seu ato;

Se foge para evitar prisão em flagrante: para a maioria da doutrina esta majorante é aplicável, pois o agente demonstra, ao fugir do flagrante, ausência de escrúpulo e diminuta responsabilidade moral, lembrando que prejudica as investigações.

Para a doutrina moderna, essa majorante não deveria incidir, pois a pessoa estaria obrigada, nessa hipótese, a produzir prova contra si mesma, o que vai de encontro ao instituto de liberdade, e já que a fuga sem violência não é crime e daí que não poderia também incidir essa majorante. (Defensoria Pública).

No homicídio doloso a pena é aumentada de 1/3 se o crime é praticado contra:

> Menor de 14 anos;
> Maior de 60 anos (não abrange aquele que tem idade igual a 60 anos).

A idade da vítima deve ser conhecida pelo agente.

E se, quando do disparo de arma de fogo, a vítima tenha menos de 14 anos, e quando falece já é maior de 14, incide a majorante? SIM, neste caso analisa-se se na ocasião da ação a vítima era menor de 14 anos.

Perdão Judicial

§ 5º. Na hipótese de homicídio culposo, o juiz poderá deixar de aplicar a pena, se as consequências da infração atingirem o próprio agente de forma tão grave que a sanção penal se torne desnecessária.

Conceito: Segundo alguns autores, perdão judicial é o instituto pelo qual o Juiz, não obstante a prática de um fato típico e ilícito, por um agente comprovadamente culpado, deixa de lhe aplicar, nas hipóteses taxativamente previstas em lei, o preceito sancionador cabível, levando em consideração determinadas circunstâncias que concorrem para o evento.

O perdão judicial somente é concedido após a sentença.

O perdão judicial é uma causa extintiva da punibilidade. E caso seja indagado pelo examinador acerca da diferença do perdão judicial para o perdão do ofendido, é necessário observar que:

Perdão Judicial	Perdão do Ofendido
É ato unilateral (não precisa ser aceito pelo agente).	É ato bilateral (precisa ser aceito pelo agente).
Homicídio culposo ou lesão corporal culposa.	Somente na ação penal privada.

O perdão judicial somente ocorre no homicídio culposo, se as circunstâncias da infração atingirem o agente de forma tão grave que a sanção penal se torne desnecessária.

Ex.: Pai culposamente atropela filho na garagem de casa.

Natureza jurídica da sentença concessiva de perdão judicial: De acordo com a Súmula 18 do STJ: A sentença concessiva do perdão judicial é declaratória da extinção da punibilidade, não subsistindo qualquer efeito condenatório.

Perdão Judicial e Código de Trânsito Brasileiro: O perdão judicial no CTB estava previsto no Art. 300, mas este foi vetado.

O CP afirma que a sentença é condenatória, considerando que há previsão no Art. 120 que a sentença não é considerada para fins de reincidente.

Causa Específica de Aumento de Pena

§ 6º. A pena é aumentada de 1/3 (um terço) até a metade se o crime for praticado por milícia privada, sob o pretexto de prestação de serviço de segurança, ou por grupo de extermínio.

Esse parágrafo foi introduzido no Código Penal pela Lei nº 12.720 de 27 de setembro de 2012, juntamente com a mudança no §7º do crime de lesão corporal (Art. 129 do CP) e o novo crime de constituição de milícia privada (Art. 288-A do CP).

É uma majorante de concurso necessário, visto que um grupo não pode ser constituído por uma ou duas pessoas.

O legislador omitiu qual o número mínimo exigido para a configuração desses grupos de extermínio ou milícias, mas a interpretação que predomina é de no mínimo 03 pessoas.

Para que ocorra essa causa especial de aumento de pena, se faz necessário um especial fim de agir do grupo de milícia privada (pretexto de prestação de serviço de segurança). Essa majorante também é aplicada se for cometida por somente um integrante do grupo, somente se o referido homicídio já teria sido planejado pela milícia anteriormente.

Ex.: O que ocorre nas favelas do Rio de Janeiro.

3.1.7 Induzimento, Instigação ou Auxílio ao Suicídio

> *Induzimento, instigação ou auxílio a suicídio ou a automutilação*
>
> ***Art. 122.*** *Induzir ou instigar alguém a suicidar-se ou a praticar automutilação ou prestar-lhe auxílio material para que o faça: (Redação dada pela Lei nº 13.968, de 2019)*
>
> ***Pena*** *- reclusão, de 6 (seis) meses a 2 (dois) anos. (Redação dada pela Lei nº 13.968, de 2019)*
>
> ***§ 1º*** *Se da automutilação ou da tentativa de suicídio resulta lesão corporal de natureza grave ou gravíssima, nos termos dos §§ 1º e 2º do art. 129 deste Código: (Incluído pela Lei nº 13.968, de 2019)*
>
> ***Pena*** *- reclusão, de 1 (um) a 3 (três) anos. (Incluído pela Lei nº 13.968, de 2019)*
>
> ***§ 2º*** *Se o suicídio se consuma ou se da automutilação resulta morte: (Incluído pela Lei nº 13.968, de 2019)*
>
> ***Pena*** *- reclusão, de 2 (dois) a 6 (seis) anos. (Incluído pela Lei nº 13.968, de 2019)*
>
> ***§ 3º*** *A pena é duplicada: (Incluído pela Lei nº 13.968, de 2019)*
>
> ***I.*** *se o crime é praticado por motivo egoístico, torpe ou fútil; (Incluído pela Lei nº 13.968, de 2019)*
>
> ***II.*** *se a vítima é menor ou tem diminuída, por qualquer causa, a capacidade de resistência. (Incluído pela Lei nº 13.968, de 2019)*
>
> ***§ 4º*** *A pena é aumentada até o dobro se a conduta é realizada por meio da rede de computadores, de rede social ou transmitida em tempo real. (Incluído pela Lei nº 13.968, de 2019)*
>
> ***§ 5º*** *Aumenta-se a pena em metade se o agente é líder ou coordenador de grupo ou de rede virtual. (Incluído pela Lei nº 13.968, de 2019)*
>
> ***§ 6º*** *Se o crime de que trata o § 1º deste artigo resulta em lesão corporal de natureza gravíssima e é cometido contra menor de 14 (quatorze) anos ou contra quem, por enfermidade ou deficiência mental, não tem o necessário discernimento para a prática do ato, ou que, por qualquer outra causa, não pode oferecer resistência, responde o agente pelo crime descrito no § 2º do art. 129 deste Código. (Incluído pela Lei nº 13.968, de 2019)*
>
> ***§ 7º*** *Se o crime de que trata o § 2º deste artigo é cometido contra menor de 14 (quatorze) anos ou contra quem não tem o necessário discernimento para a prática do ato, ou que, por qualquer outra causa, não pode oferecer resistência, responde o agente pelo crime de homicídio, nos termos do art. 121 deste Código. (Incluído pela Lei nº 13.968, de 2019)*

Para o Direito Penal Brasileiro, não é passível de punição a conduta do agente que tem como objetivo o extermínio da sua própria vida, ou seja, aquele que comete o suicídio (autocídio/autoquíria), bem como a possível lesão que o sujeito venha a sofrer caso sua tentativa não obtenha sucesso, devido à falta de previsão legal para tal conduta.

Contudo, o objetivo da norma penal ao tipificar essa conduta é punir o agente que participa na ocorrência do crime, auxiliando, induzindo ou instigando alguém a cometer o suicídio.

Classificação

É crime simples, comum, e material, pois sua consumação exige resultado. É crime de forma livre. Pode ser praticado por ação ou por omissão IMPRÓPRIA, quando presente o dever de agir. (Art. 13, § 2º, CP)

Condutas acessórias à prática do suicídio:

> Induzir: Implantar a ideia.
> Instigar: Reforçar a ideia preexistente.
> Auxiliar: Intromissão no processo físico de causação.

Sujeitos

Sujeito Ativo: crime comum, pode ser praticado por qualquer um.

Sujeito Passivo: alguém que tenha capacidade para agir, pois caso contrário será crime de homicídio. Se ela tiver relativa capacidade (de 14 até fazer 18 anos – Art. 224, "a" e 217-A, CP), incorrerá na pena do Art. 122, parágrafo único, II, CP.

O crime previsto no Art. 122, CP é um crime condicionado ao resultado (morte ou lesão), pois se não se consumar, não terá relevância penal alguma e, portanto, não admite tentativa.

Natureza Jurídica do Art. 122, CP: Nelson Hungria, Luiz Regis Prado, Aníbal Bruno e Rogério Greco – Condição Objetiva de Punibilidade, porque o crime se perfaz quando se instiga, induz ou auxilia. Mas a lei condiciona a punibilidade dessa conduta à ocorrência do suicídio, ou pelo menos da lesão grave. São resultados que se encontram fora do Tipo e, por isso, são condições que a Lei coloca para que o Estado possa exercer o *ius puniendi*.

> ***Art. 13****, § 2º, CP. A omissão é penalmente relevante quando o omitente devia e podia agir para evitar o resultado. O dever de agir incumbe a quem:*
>
> ***a)*** *Tenha por lei obrigação de cuidado, proteção ou vigilância;*
>
> ***b)*** *De outra forma, assumiu a responsabilidade de impedir o resultado;*
>
> ***c)*** *Com seu comportamento anterior, criou o risco da ocorrência do resultado.*

A conduta só é punida na forma dolosa (o agente que participa), NÃO existindo previsão para modalidade culposa.

Descrição do crime: é conhecido também como o crime de participação em suicídio. Ademais, a participação deve dirigir-se a pessoa(as) determinada (as), pois NÃO é punível a participação genérica (um filme, livro, que estimule o pensamento suicida).

Sendo a conduta criminosa composta de vários verbos (induzir, instigar, auxiliar), ainda que o agente realize as três condutas, o crime será único, respondendo desta forma, apenas pelo Art. 122 do CP.

Na participação material, o auxílio deve ser acessório, pois, caso seja direto e imediato, o crime será o de homicídio, visto que o sujeito não pode, em hipótese alguma, realizar uma conduta apta a eliminar a vida da vítima.

Ex.: "A" empresta sua arma de fogo para "B", contudo, "B" solicita para que esse ("A") efetue o disparo em sua cabeça.

O auxílio deve ser eficaz, ou seja, precisa contribuir efetivamente para o suicídio. Desse modo, se "A" empresta uma arma de fogo para "B" se matar, mas este acabe utilizando uma corda (enforcamento), nesse caso, a conduta de "A" será atípica.

Exige-se que o agente imprima seriedade em sua conduta, querendo que a vítima efetivamente se suicide (dolo).

Não há crime se o agente fala, por brincadeira, para a vítima se matar e esta realmente se mata.

Não caracteriza constrangimento ilegal a coação (força) exercida para impedir o suicídio (Art. 146, §3º, II, CP).

Ex.: "A" induz "B" a suicidar-se e "C" empresta a arma de fogo. "B" se mata. "A" e "C" responderão como autores do crime previsto no Art. 122, CP.

Pacto de Morte ou Suicídio a Dois

Duas pessoas resolvem se suicidar conjuntamente. Ex.: câmara de gás. Podem ocorrer as seguintes situações:		
"A" e "B" sobreviveram e não ocorreu lesão corporal grave (ou gravíssima).	Os dois abriram a torneira de gás.	Os dois responderão por tentativa de homicídio.
"A" e "B" sobreviveram e não ocorreu lesão corporal grave (ou gravíssima).	"A" abriu a torneira.	"A" responderá por tentativa de homicídio e "B" não responderá por nada (Fato Atípico).
"A" e "B" sobreviveram, mas "B" ficou com lesão corporal grave (ou gravíssima).	"A" abriu a torneira.	"A" responderá por tentativa de homicídio e "B" responderá por participação em suicídio (Art. 122).
"A" morreu e "B" sobreviveu.	"A" abriu a torneira.	"B" responderá por participação em suicídio (Art. 122).
"A" morreu e "B" sobreviveu.	"B" abriu a torneira.	"B" responderá por homicídio.

Roleta-Russa e Duelo Americano

Os Sobreviventes Responderão pelo Crime:	
Roleta-russa	A arma de fogo (revólver) é municiada com um único projétil, sendo o gatilho acionado por ambos os participantes – conforme sua ordem – girando o "tambor" da arma a cada nova tentativa. "A" gira o tambor, mira em sua cabeça, e aciona o gatilho.
Duelo-Americano	Existem duas armas, sendo que apenas uma está municiada, cada um escolhe a sua e efetiva o disparo contra si mesmo, desconhecendo qual efetivamente está carregada.

Formas Qualificadas

Portanto verificar o aluno que com as modificações introduzidas no referido crime, temos agora as qualificadoras de lesão gravíssima ou grave (que antes tornava atípico o crime) e morte, em que ambas eram apenas consideradas como condição para a tipificação do crime:

a) Se da automutilação ou da tentativa de suicídio resulta lesão corporal de natureza grave ou gravíssima, nos termos dos §§ 1º e 2º do art. 129 deste Código – pena de 1 a 3 anos

b) Se o suicídio se consuma ou se da automutilação resulta morte – pena de 2 a 6 anos

Formas majoradas

a) A pena é duplicada (aqui o aumento será aplicado em dobro, o que não é até o dobro, mas sim em dobro)

> se o crime é praticado por motivo egoístico, torpe ou fútil;

> se a vítima é menor ou tem diminuída, por qualquer causa, a capacidade de resistência.

b) A pena é aumentada até o dobro se a conduta é realizada por meio da rede de computadores, de rede social ou transmitida em tempo real.

Portanto perceba que não havia essa previsão na redação anterior. Através da evolução comportamental da sociedade, uma maior punição agora se impõe aos que, através dos novos meios de comunicação em massa – internet e redes sociais.

c) Aumenta-se a pena em metade se o agente é líder ou coordenador de grupo ou de rede virtual

O que antes também não era previsto, agora se tem uma maior punição dos líderes/administradores/fundadores de grupos de comunicação, devido ao seu imenso poder de persuasão sobre seus "seguidores".

3.1.8 Infanticídio

Art. 123. *Matar, sob a influência do estado puerperal, o próprio filho, durante o parto ou logo após:*

Pena *- detenção, de dois a seis anos.*

O Art. 123 do CP é um homicídio especial, dotado de especializastes, possuindo pena menor, o que implica o fato de ser considerado Homicídio Privilegiado.

Requisitos

> Praticado pela própria mãe contra seu filho;
> Durante ou logo após o parto;
> Contra recém-nascido (neonato);
> Sob influência de estado puerpério (lapso temporal até que a mulher volte ao ciclo menstrual normal).

Trata-se de um crime próprio (praticado pela própria mãe).

É um crime comissivo (ação) ou omissivo (omissão imprópria), sendo também um crime material, consuma-se, efetivamente, com a morte da vítima.

Sujeitos

Sujeito Ativo: o sujeito ativo aqui é a mãe, sob influência do estado puerperal.

Indaga-se se o crime em questão admite concurso de pessoas (coautoria e participação)?

Sobre essa pergunta existem duas correntes:

1ª Corrente: o estado puerperal é condição personalíssima incomunicável, logo, não admite concurso de pessoas. Mas atente-se que o CP não reconhece essa condição personalíssima – não tem previsão do Art. 30 do CP.

2ª Corrente: o estado puerperal é condição pessoal comunicável, pelo que é admitido o concurso de agentes. (Majoritária)

→ Alguns autores dividem dessa forma:

1ª Situação: parturiente e médico matam o nascente ou neonato. Parturiente responde pelo Art. 123 e o médico também responde pelo Art. 123 em coautoria.

2ª Situação: parturiente, auxiliada pelo médico, mata nascente ou neonato. A parturiente responde pelo Art. 123 e o médico também, como partícipe.

3ª Situação: médico, auxiliado pela parturiente, mata nascente ou neonato. O médico responderá pelo crime de homicídio e a parturiente, também responderia pelo Art. 121 do CP na qualidade de partícipe. Mas aqui surgem duas correntes em face da injustiça existente:

Corrente Majoritária: o médico responde pelo Art. 121 do CP e a parturiente responde pelo Art. 123 para sanar a injustiça existente.

Sujeito Passivo: é próprio, ou seja, somente aquele que é o nascente (durante o parto) ou neonato (logo após o parto).

Diante da especialidade, tanto do sujeito ativo como do sujeito passivo, o crime é considerado bipróprio.

Supondo que a mãe mate aquele que supõe ser seu filho, mas na verdade é filho de outrem. Nesse caso continuará respondendo pelo crime de infanticídio, diante da aplicação do Art. 20 do CP, que determina a consideração das qualidades da vítima virtual.

Conduta

A conduta punível é tirar a vida extrauterina do próprio filho, durante ou logo após o parto.

→ Tem-se o matar + as seguintes especializantes:

Elemento temporal constitutivo do tipo: durante ou logo após o parto. Se for antes do parto, o crime é de aborto. Se, após o parto, o crime é de homicídio.

Influência do estado puerperal: a doutrina afirma que, o logo após perdura enquanto presente a influência do estado puerperal. Enquanto a gestante estiver sob a influência do estado puerperal, o elemento temporal constitutivo estará presente. Estado puerperal é um desequilíbrio fisio-psíquico.

Estado puerperal: Conforme Sanches, é o estado que envolve a parturiente durante a expulsão da criança do ventre materno, produzindo profundas alterações psíquicas e físicas.

Puerpério é o período que se estende do início do parto até a volta da mulher às condições pré-gravidez.

É preciso, também, que haja uma relação de causa e efeito entre o estado puerperal e o crime, pois nem sempre ele produz perturbações psíquicas na parturiente. Esse alerta se encontra na exposição de motivos do CP.

Dependendo do grau do estado puerperal é possível que a parturiente seja tratada como inimputável ou semi-imputável? Sim. Dependendo do grau de desequilíbrio fisio-psíquico, a parturiente pode sofrer o mesmo tratamento do inimputável ou semi-imputável. Essa é a posição de Mirabete.

Tipo subjetivo

O crime descrito no Art. 123 é punido a título de dolo, não havendo possibilidade de punição na modalidade culposa.

Consumação e tentativa:

O crime se consuma com a morte, sendo perfeitamente possível a tentativa.

3.1.9 Aborto provocado pela gestante ou com seu consentimento

> ***Art. 124.*** *Provocar aborto em si mesma ou consentir que outrem lhe provoque:*
> ***Pena*** *- detenção, de um a três anos.*

O crime de aborto ocorre quando há a interrupção da gravidez, ocasionando a morte do produto da geração, procriação, concepção, ou seja, é a eliminação da vida intrauterina.

Sob o aspecto jurídico, a gravidez tem início com a nidação (implantação do óvulo fecundado no útero – parede uterina).

Portanto, não há crime de aborto quando da utilização de meios que inibem a fixação do ovo na parede uterina. É o que ocorre com o DIU (diafragma intrauterino).

Espécies de Aborto

Criminoso	Interrupção dolosa da gravidez (Arts. 124 a 127, CP).
Legal ou Permitido	Não há crime por expressa previsão legal. Art. 128, CP: I) Quando não há outro meio para salvar a vida da gestante (aborto necessário ou terapêutico); II) Quando a gravidez resulta de estupro (aborto sentimental ou humanitário).
Natural	Interrupção espontânea da gravidez. Não há crime.
Acidental	A gestante sofre um acidente qualquer e perde o bebê. Não é crime, por ausência de dolo.

Eugênico ou Eugenésico	Interrupção da gravidez quando há anomalia ou algum defeito genético. É crime, exceto o aborto de anencéfalo.
Econômico ou Social	Interrupção da gravidez para não agravar a situação de miséria enfrentada pela mãe ou por sua família. É crime.

Objetividade jurídica

Vida humana. No aborto provocado por terceiro SEM o consentimento da gestante (Art. 125), protege-se também a integridade física e psíquica da gestante.

Objeto material

O produto da concepção (óvulo fecundado, embrião ou feto).

Deve haver prova da gravidez, pois se a mulher não está grávida, ou se o feto já havia morrido por outro motivo qualquer será crime impossível por absoluta impropriedade do objeto (Art. 17, CP).

O feto deve estar alojado no útero materno. Desse modo, se ocorrer a destruição de um tubo de ensaio que contém um óvulo fertilizado in vitro não haverá aborto.

O feto não necessita ter viabilidade. Basta que esteja vivo antes do crime.

Sujeitos do crime

Sujeito Ativo: Os crimes do Art. 124, CP são de mão própria, pois somente a gestante pode provocar aborto em si mesma ou consentir que um terceiro lhe provoque. Não admitem coautoria, mas admite participação. É crime comum nos demais casos.

Sujeito Passivo: é o feto. No aborto provocado por terceiro SEM o consentimento da gestante (Art. 125) as vítimas são o feto e a gestante.

É crime de forma livre. Pode ser praticado de forma comissiva ou omissiva (Ex.: deixar dolosamente de ingerir medicamentos necessários para a preservação da gravidez). Se, contudo, o meio de execução for absolutamente ineficaz será crime impossível (Ex.: despachos, rezas e simpatias).

Elemento subjetivo

É o dolo, direto ou eventual.

Não existe o crime de aborto culposo

Se a própria gestante agir culposamente e ensejar o aborto, o fato será atípico. Já o terceiro que provoca aborto por culpa responde por lesão corporal culposa contra a gestante.

Consumação e tentativa

Ocorre com a morte do feto. É dispensável a expulsão do produto da concepção.

É admitida a tentativa.

Ex.: Realizou manobras abortivas e o feto foi expulso com vida: tentativa de aborto.

O agente quer ferir a gestante e realiza manobras abortivas e o feto é expulso com vida: lesão corporal grave (aceleração de parto – Art. 129, § 1º, IV, CP).

Realizou manobras abortivas e o feto foi expulso com vida. Logo em seguida o agente mata o feto: tentativa de aborto e homicídio em concurso material.

Realizou manobras abortivas e o feto foi expulso com vida, mas morreu alguns dias depois em razão da manobra realizada: aborto consumado.

Classificação doutrinária

O aborto é crime: material, próprio e de mão própria ou comum, instantâneo, comissivo ou omissivo, de dano, unissubjetivo, unilateral ou de concurso eventual, plurissubjetivo ou de concurso necessário, plurissubsistente, de forma livre, progressivo.

O Art. 20 da LCP diz que constitui contravenção penal a conduta de anunciar processo, substância ou objeto destinado a provocar aborto.

Análise do tipo penal

1ª parte: provocar aborto em si.

É o autoaborto, um crime próprio e de mão própria.

Admite participação:

Ex.: Mulher gestante ingere medicamento abortivo que lhe foi dado por seu namorado e provoca o aborto. Nesta situação a gestante é autora de autoaborto e seu namorado é partícipe (induzir, instigar ou auxiliar) deste crime. Todavia, se o namorado tivesse executado qualquer ato de provocação do aborto seria autor do crime previsto no Art. 126, CP (aborto com o consentimento da gestante).

O partícipe do autoaborto, além de responder por este crime, pratica ainda homicídio culposo ou lesão corporal culposa se ocorrer morte ou lesão corporal grave em relação à gestante, pois o disposto no Art. 127 não se aplica ao crime do Art. 124.

Quanto à gestante que provoca aborto em si mesma, o aborto legal ou permitido, duas situações podem ocorrer:

- Se for aborto necessário ou terapêutico: não há crime (estado de necessidade);
- Se for aborto sentimental ou humanitário: há crime, pois nesta modalidade somente é autorizado no aborto praticado pelo médico.

2ª parte: consentir para que 3º lhe provoque o aborto.

O legislador criou uma exceção à teoria monista ou unitária no concurso de pessoas (Art. 29, Caput, CP) e criou crimes distintos: a gestante responde pelo Art. 124, 2ª parte, CP e o terceiro que provoca o aborto responde pelo Art. 126, CP.

Esse crime é de mão própria, pois somente a gestante pode prestar o consentimento. Não admite coautoria, mas admite participação.

A gestante dever ter capacidade e discernimento para consentir (ser maior de 14 anos e ter integridade mental). E o consentimento deve ser válido (isento de fraude e não tenha sido obtido por meio de violência ou grave ameaça).

3.1.10 Aborto Provocado por Terceiro

Art. 125. *Provocar aborto, sem o consentimento da gestante:*
Pena *- reclusão, de três a dez anos.*

Sujeito ativo: qualquer pessoa

Sujeito passivo: produto da concepção e a gestante.

Art. 126. *Provocar aborto com o consentimento da gestante:*

Pena *- reclusão, de um a quatro anos.*

Parágrafo único. *Aplica-se a pena do artigo anterior, se a gestante não é maior de quatorze anos, ou é alienada ou débil mental, ou se o consentimento é obtido mediante fraude, grave ameaça ou violência.*

Considerações

É crime de concurso necessário.

O legislador criou uma exceção à teoria monista ou unitária no concurso de pessoas (Art. 29, Caput, CP) e criou crimes distintos: a gestante responde pelo Art. 124, 2ª parte, CP e o terceiro que provoca o aborto responde pelo Art. 126, CP.

O consentimento da gestante (expresso ou tácito) deve subsistir até a consumação do aborto. Se durante a prática do crime ela se arrepender e solicitar ao terceiro a paralisação das manobras letais, mas não for obedecida, para ela o fato será atípico, e o terceiro responderá pelo crime do Art. 125, CP.

Se três ou mais pessoas associarem-se para o fim de praticarem abortos, responderão pelo crime de Associação Criminosa (Art. 288, CP) em concurso material com os abortos efetivamente realizados.

Se não tiver o consentimento da gestante responde pelo Art. 125 do CP.

Caso a gestante consentir, mas seu consentimento não seja válido, por se enquadrar em alguma das hipóteses do parágrafo único do Art. 126 (gestante não maior de 14 anos ou alienada mental ou consentimento obtido através de fraude, grave ameaça ou violência), os agentes responderão pelo crime do Art. 125 do CP.

3.1.11 Forma Qualificada

Art. 127. *As penas cominadas nos dois artigos anteriores são aumentadas de um terço, se, em consequência do aborto ou dos meios empregados para provocá-lo, a gestante sofre lesão corporal de natureza grave; e são duplicadas, se, por qualquer dessas causas, lhe sobrevém a morte.*

Esses resultados são preterdolosos advindos da prática abortiva, ou seja, são resultados que só poderão ser imputados a título de culpa. Se houver dolo em relação a esses resultados haverá concurso.

> O aborto de feto anencefálico é uma espécie de aborto eugênico.

3.1.12 Aborto Necessário

Art. 128. *Não se pune o aborto praticado por médico:*

Se não há outro meio de salvar a vida da gestante;

Depende de dois requisitos:

- Que a vida da gestante corra perigo em razão da gravidez;
- Que não exista outro meio de salvar sua vida. (Desse modo, há crime de aborto quando interrompida a gravidez para preservar a saúde da gestante).

O risco para a vida da gestante não precisa ser atual. Basta que exista, isto é, que no futuro possa colocar em perigo a vida da mulher.

Não necessita do consentimento da gestante e não haverá crime quando a gestante se recusa a fazê-lo e o médico provoca o aborto necessário.

Se o aborto necessário for realizado por ENFERMEIRA, ou por qualquer pessoa que não o médico, duas situações podem ocorrer:

- Há perigo atual para a gestante: estado de necessidade (Art. 24, CP);
- Não há perigo atual: há crime de aborto.

3.1.13 Aborto no Caso de Gravidez Resultante de Estupro

II. *Se a gravidez resulta de estupro e o aborto é precedido de consentimento da gestante ou quando incapaz, de seu representante legal.*

Necessita de três requisitos:

- Ser praticado por médico;
- Consentimento válido da gestante ou de seu representante legal (se for incapaz);
- Gravidez resultante de estupro.

Nesta hipótese, como não há perigo atual para a vida da gestante, haverá o crime de aborto se praticado por qualquer pessoa que não seja o médico.

O aborto será permitido mesmo que a gravidez resulte de ato libidinoso diverso da conjunção carnal (Ex.: Sexo anal, estupro de vulnerável) em razão da mobilidade dos espermatozoides. É considerada uma hipótese de analogia in bonam partem.

Não se exige autorização judicial para a realização desta espécie de aborto permitido.

São causas especiais de exclusão da ilicitude. Embora o aborto praticado em tais situações seja fato típico, não há crime pelo fato de serem hipóteses admitidas pelo ordenamento jurídico.

Ambos devem ser praticados por médico (este não precisa de autorização judicial para realizar estas espécies de aborto).

Aborto sentimental também é autorizado quando a gravidez decorrer de estupro de vulnerável (analogia in bonam partem).

Aborto Econômico: não está previsto no ordenamento jurídico. Se praticado será crime de aborto.

De acordo com o Código Penal, existem apenas duas modalidades permissivas de aborto previstas no Art. 128 do CP (aborto necessário e aborto sentimental).

No entanto, em abril de 2012, o STF no julgamento da ADPF 54 passou a admitir uma terceira modalidade: o aborto de feto anencefálico (malformação fetal que leva à ausência de cérebro e à impossibilidade de vida).

Para tanto, não há necessidade de autorização judicial. Basta um laudo formal do médico atestando a anencefalia e a inviabilidade de vida.

3.2 Das Lesões Corporais

Art. 129. *Ofender a integridade corporal ou a saúde de outrem:*

Pena *- detenção, de três meses a um ano.*

Lesão Corporal de Natureza Grave

§ 1º. *Se resulta:*

I. *Incapacidade para as ocupações habituais, por mais de trinta dias;*

II. *Perigo de vida;*

III. *Debilidade permanente de membro, sentido ou função;*

IV. *Aceleração de parto:*

***Pena** - reclusão, de um a cinco anos.*

***§ 2º**. Se resulta:*

***I.** Incapacidade permanente para o trabalho;*

***II.** Enfermidade incurável;*

***III.** Perda ou inutilização do membro, sentido ou função;*

***IV.** Deformidade permanente;*

***V.** Aborto:*

Pena - reclusão, de dois a oito anos.

Lesão Corporal Seguida de Morte

***§ 3º**. Se resulta morte e as circunstâncias evidenciam que o agente não quis o resultado, nem assumiu o risco de produzi-lo:*

***Pena** - reclusão, de quatro a doze anos.*

Diminuição de Pena:

***§ 4º**. Se o agente comete o crime impelido por motivo de relevante valor social ou moral ou sob o domínio de violenta emoção, logo em seguida a injusta provocação da vítima, o juiz pode reduzir a pena de um sexto a um terço.*

Substituição da Pena:

***§ 5º**. O juiz, não sendo graves as lesões, pode ainda substituir a pena de detenção pela de multa, de duzentos mil réis a dois contos de réis:*

***I.** Se ocorre qualquer das hipóteses do parágrafo anterior;*

***II.** Se as lesões são recíprocas.*

Lesão Corporal Culposa

***§ 6º**. Se a lesão é culposa:*

***Pena** - detenção, de dois meses a um ano.*

Aumento de Pena

***§ 7º**. Aumenta-se a pena de 1/3 (um terço) se ocorrer qualquer das hipóteses dos §§ 4º e 6º do Art. 121 deste Código.*

***§ 8º**. Aplica-se à lesão culposa o disposto no § 5º do Art. 121.*

Violência Doméstica

***§ 9º**. Se a lesão for praticada contra ascendente, descendente, irmão, cônjuge ou companheiro, ou com quem conviva ou tenha convivido, ou, ainda, prevalecendo-se o agente das relações domésticas, de coabitação ou de hospitalidade.*

***Pena** - detenção, de 3 (três) meses a 3 (três) anos.*

***§ 10**. Nos casos previstos nos §§ 1º a 3º deste artigo, se as circunstâncias são as indicadas no § 9º deste artigo, aumenta-se a pena em 1/3 (um terço).*

***§ 11**. Na hipótese do § 9º deste artigo, a pena será aumentada de um terço se o crime for cometido contra pessoa portadora de deficiência.*

***§ 12**. Se a lesão for praticada contra autoridade ou agente descrito nos Arts. 142 e 144 da Constituição Federal, integrantes do sistema prisional e da Força Nacional de Segurança Pública, no exercício da função ou em decorrência dela, ou contra seu cônjuge, companheiro ou parente consanguíneo até terceiro grau, em razão dessa condição, a pena é aumentada de um a dois terços.*

Essa qualificadora foi inserida pela Lei nº 13.142/2015.

São autoridades previstas no Art. 142 da CF/88:

***Art. 142.** As Forças Armadas, constituídas pela Marinha, pelo Exército e pela Aeronáutica, são instituições nacionais permanentes e regulares, organizadas com base na hierarquia e na disciplina, sob a autoridade suprema do Presidente da República, e destinam-se à defesa da Pátria, à garantia dos poderes constitucionais e, por iniciativa de qualquer destes, da lei e da ordem.*

São autoridades do Art. 144 da CF/88:

***Art. 144.** A segurança pública, dever do Estado, direito e responsabilidade de todos, é exercida para a preservação da ordem pública e da incolumidade das pessoas e do patrimônio, através dos seguintes órgãos:*

***I.** Polícia federal;*

***II.** Polícia rodoviária federal;*

***III.** Polícia ferroviária federal;*

***IV.** Polícias civis;*

***V.** Polícias militares e corpos de bombeiros militares.*

***§8º**. Guardas municipais*

Lesão corporal é a ofensa humana direcionada à integridade corporal ou à saúde de outra pessoa, quer do ponto de vista anatômico, quer do ponto de vista fisiológico ou mental. A dor, por si só, não caracteriza lesão corporal.

No crime de lesão corporal, protege-se a incolumidade física em sentido amplo: Saúde física ou corporal; Saúde fisiológica (correto funcionamento do organismo) e Saúde mental (psicológica).

Topografia do Art. 129	
Art. 129, *caput*	Lesão dolosa leve.
Art. 129, §1º	Lesão dolosa grave - Atenção! O § 1º não traz somente a lesão dolosa grave. Ele também tem lesão preterdolosa grave.
Art. 129, §2º	Lesão dolosa gravíssima - também no § 2º tem preterdolo.
Art. 129, §3º	Lesão seguida de morte (está genuinamente preterdolosa).
Art. 129, §4º	Lesão dolosa privilegiada.
Art. 129, §5º	Lesão culposa.
Art. 129, §6º	Majorantes.
Art. 129, §7º	Perdão judicial.
Art. 129, §§ 9, 10 e 11	Violência doméstica e familiar (aqui não é só contra mulher).
Art. 129, § 12	Praticada contra autoridade policial.

3.2.1 Classificação

Pode ser praticado por ação ou omissão, quando presente o dever de agir para evitar o resultado, Art. 13, §2º, CP.

Ex.: A mãe que deixa o filho pequeno sozinho na cama, desejando que ele caísse e se machucasse.

É crime de forma livre. Pode ser praticado por ação ou omissão. Pratica lesão quem cria ferimento ou quem agrava o ferimento que já existe.

Elemento subjetivo é o dolo (direto ou eventual) conhecido como animus laedendi, mas há também a culpa no §6º (lesão corporal culposa) e o preterdolo no §3º (lesão corporal seguida de morte).

> Qual crime é praticado, pelo policial militar que agride uma pessoa? Abuso de autoridade e lesão corporal.

3.2.2 Sujeitos do crime

Sujeito Ativo: é crime comum, podendo ser praticado por qualquer pessoa.

Sujeito Passivo: em regra, qualquer pessoa.

Exceções: Art. 129, §1º, IV (aceleração de parto) e Art. 129, §2º, V (lesão que resulta aborto). Nestas duas hipóteses as vítimas são, necessariamente, gestantes. Também na lesão qualificada pela violência doméstica a vítima precisa ser ascendente, descendente, irmã, cônjuge ou companheira do agressor.

Exceções:

> Art. 129, §1º, IV (aceleração de parto).

> Art. 129, §2º, V (lesão que resulta aborto).

Nestas duas hipóteses as vitimas são, necessariamente, gestantes.

> Contra ascendente, descendente, irmã, cônjuge ou companheira do agressor.

> Agentes de Segurança descritos no Art. 129, §12º, assim com parente consanguíneo até terceiro grau.

3.2.3 Consumação e tentativa

Por ser crime material se consuma com a efetiva lesão da vítima. A pluralidade de lesões contra a mesma vítima e no mesmo contexto temporal caracteriza crime único, mas deve influenciar na dosimetria da pena-base (Art. 59, CP).

A tentativa só é cabível nas modalidades dolosas. Não cabe tentativa na lesão culposa e na lesão corporal seguida de morte.

Lesão corporal (Art. 29, CP)	Contravenção penal de vias de fato (Art. 21, LCP)
Lesionar a vítima.	Agredir a vítima, sem lesioná-la Ex.: empurrão, puxão de cabelo.

3.2.4 Lesão corporal leve

A ação penal é pública condicionada à representação da vítima, de competência dos Juizados Especiais Criminais.

O conceito de Lesão Leve é considerado por exclusão: será de natureza leve se não for a lesão de natureza grave ou gravíssima.

Há jurisprudência admitindo o princípio da insignificância na lesão corporal, quanto às lesões levíssimas. Na doutrina, esse posicionamento é Pierangeri.

3.2.5 Lesão corporal de natureza grave

§ 1º. *Se resulta*

I. *Incapacidade para as ocupações habituais, por mais de trinta dias;*

II. *Perigo de vida;*

III. *Debilidade permanente de membro, sentido ou função;*

IV. *Aceleração de parto:*

Pena *- reclusão, de um a cinco anos.*

Trata-se de infração de médio potencial ofensivo, considerando que a pena mínima é de um ano.

A ação penal é pública incondicionada.

Incapacidade para as ocupações habituais por mais de trinta dias

As ocupações habituais são aquelas rotineiras, física ou mental, do cotidiano do ofendido e não apenas seu trabalho. É suficiente tratar-se de ocupação concreta, pouco importando se lucrativa ou não.

A atividade deve ser lícita, sendo indiferente se moral ou imoral.

Prostituta pode. Ladrão não pode.

Um bebê de tenra idade pode ser vítima dessa lesão? A resposta é afirmativa e há jurisprudência nesse sentido, trazendo como exemplo a hipótese em que o bebê, em razão da agressão não pode ser alimentado, pelo prazo de 30 dias.

É irrelevante a idade da vítima (pode ser idosa ou criança).

São exigidos dois exames periciais: um inicial realizado logo após o crime; e um exame complementar realizado logo que decorra o prazo de 30 dias da data do crime.

Supondo que a vítima sofra uma lesão ficando com um hematoma no olho, e, por vergonha não saiu de casa pelo prazo superior a trinta dias, nessa hipótese, restou configurado o delito de lesões corporais graves? Ensina a doutrina, seguida pela jurisprudência, que a relutância por vergonha de praticar as ocupações habituais não agrava o crime. É a lesão que deve incapacitar o agente e não a vergonha da lesão.

Perigo de vida

Perigo de vida é a possibilidade grave, concreta e imediata de a vítima morrer em consequência das lesões sofridas. Trata-se de perigo concreto, comprovado por perícia médica, que deve indicar, de modo preciso e fundamentado, no que consistiu o perigo de vida proporcionado à vítima.

Nesta hipótese, é crime tipicamente PRETERDOLOSO, pois o resultado agravador deve resultar de culpa do agente.

Se o agente, ao praticar a lesão, quis o resultado ou assumiu o risco de produzi-lo, responderá por tentativa de homicídio.

O crime preterdoloso não está apenas na lesão corporal seguida de morte. O perigo de vida é um resultado necessariamente preterdoloso. O inciso II ora discutido nada mais é que um crime preterdoloso, isto é, dolo na lesão e culpa no perigo de vida. Está-se, pois, diante de um crime necessariamente preterdoloso.

Debilidade permanente de membro, sentido ou função

Debilidade é a diminuição ou o enfraquecimento da capacidade funcional. Há de ser permanente, isto é, duradoura e de recuperação incerta. Não se exige perpetuidade.

Ex.: O agente não fica cego, mas tem reduzida a capacidade visual.

Membros	São os braços, pernas, mãos e pés.
Sentidos	São os mecanismos sensoriais por meio dos quais percebemos o mundo externo: visão, audição, tato, olfato e paladar.
Função	É a atividade inerente a um órgão ou aparelho do corpo humano: respiratória, circulatória, digestiva etc.

A perda ou inutilização de membro sentido ou função é lesão corporal gravíssima (Art. 129, §2º, III, CP).

Órgãos duplos: (Ex.: Rins, olhos, pulmões) a perda de um deles caracteriza lesão grave pela debilidade permanente. Já a perda de ambos configura lesão corporal gravíssima pela perda ou inutilização.

A recuperação do membro, sentido ou função por meio cirúrgico ou ortopédico não exclui a qualificadora, pois a vítima não é obrigada a submeter-se a tais procedimentos.

Aceleração de parto

É a antecipação do parto, o parto prematuro. A criança nasce com vida e continua a viver.

Para incidir essa qualificadora do inciso IV, é imprescindível que o agente saiba ou pudesse saber que a vítima da lesão era gestante, sob pena de restar caracterizada a responsabilidade penal objetiva, vedada pelo ordenamento jurídico. É necessário observar ainda que, em nenhuma dessas hipóteses o agente aceita ou quer o abortamento.

Se em consequência da lesão o feto for expulso morto do ventre materno, o crime será de lesão corporal gravíssima em razão do aborto (Art. 129, §2º, V, CP).

3.2.6 Lesão Corporal dolosa gravíssima

> ***§ 2º.*** *Se resulta*
>
> ***I.*** *Incapacidade permanente para o trabalho;*
>
> ***II.*** *Enfermidade incurável;*
>
> ***III.*** *Perda ou inutilização do membro, sentido ou função;*
>
> ***IV.*** *Deformidade permanente;*
>
> ***V.*** *Aborto:*
>
> ***Pena*** *- reclusão, de dois a oito anos.*

Em concurso, restou indagado se a expressão gravíssima era criação da lei, doutrina ou jurisprudência. Referida expressão é criação da doutrina que foi seguida pela jurisprudência.

A Lei nº 9.455/97, que é a lei de tortura, adotou a expressão doutrinária gravíssima. Na lei de tortura, no Art. 1º, §3º, há expressa menção à lesão grave ou gravíssima.

Incapacidade permanente para o trabalho

Deve tratar-se de incapacidade genérica para o trabalho, ou seja, a vítima fica impossibilitada de exercer qualquer tipo de atividade laborativa remunerada.

A incapacidade não significa perpetuidade, basta que seja uma incapacidade duradoura, dilatada no tempo.

Enfermidade incurável.

É a alteração prejudicial da saúde por processo patológico, físico ou psíquico, que não pode ser eficazmente combatida com os recursos da medicina à época do crime. Deve ser provada por exame pericial.

Também é considerada incurável a enfermidade que somente pode ser enfrentada por procedimento cirúrgico complexo ou mediante tratamentos experimentais ou penosos, pois a vítima não pode ser obrigada a enfrentar tais situações.

A transmissão intencional do vírus da AIDS no Brasil é tida como de natureza letal, pelo que é considerada tentativa de homicídio. O certo seria a criação de tipo penal específico sobre a transmissão intencional do vírus da AIDS.

Em recente julgado o STF afastou essa ideia. Entendeu o STF, recentemente, que não se trata de tentativa de homicídio a transmissão intencional do vírus da AIDS.

Perda ou inutilização de membro, sentido ou função

Perda: é a ablação, a destruição ou privação de membro (Ex.: arrancar um braço), sentido (Ex.: perda da audição), função (Ex.: ablação do pênis que extingue a função reprodutora). Pode concretizar-se por meio de mutilação (o membro, sentido ou função é eliminado diretamente pela conduta do agressor) ou amputação (resulta da intervenção médico-cirúrgica realizada para salvar a vida do ofendido).

Inutilização: falta de aptidão do órgão para desempenhar sua função específica. O membro ou órgão continua ligado ao corpo da vítima, mas incapacitado para desempenhar as atividades que lhe são próprias.

Ex.: A vítima ficou paraplégica.

A correção corporal da vítima por meios ortopédicos ou próteses não afasta a qualificadora, ao contrário do reimplante realizado com êxito.

A perda de parte do movimento de um membro (braço, perna, mão ou pé) configura lesão grave pela debilidade permanente. Todavia, a perda de todo o movimento caracteriza lesão corporal gravíssima pela inutilização.

Deformidade permanente

Segundo doutrina e jurisprudências majoritárias, esta qualificadora está intimamente relacionada a questões estéticas. Desse modo, precisa ser visível, mas não necessariamente na face, e capaz de causar impressão vexatória em quem olha a vítima.

A vítima não é obrigada a se submeter a intervenção cirúrgica para a reparação da deformidade. Caso, no entanto, se submeta, e a deformidade for corrigida, desaparecerá a qualificadora, sendo cabível, inclusive, a revisão criminal. A correção da deformidade com o uso de prótese (Ex.: olho de vidro, orelha de borracha ou aparelho ortopédico) não exclui a qualificadora.

Aborto

Essa qualificadora é necessariamente preterdolosa. Há dolo na lesão e culpa no aborto. Se o agente quer, ou assume o risco do aborto haverá concurso de crimes.

A interrupção da gravidez, com a consequente morte do produto da concepção, deve ter sido provocada culposamente, pois se trata de crime preterdoloso.

Se a morte do feto foi proposital, o sujeito responderá por dois crimes: lesão corporal em concurso formal impróprio com aborto sem o consentimento da gestante (Art. 125). É obrigatório o conhecimento da gravidez por parte do agressor.

3.2.7 Lesão Corporal Seguida de Morte

> ***§ 3º.*** *Se resulta morte e as circunstâncias evidenciam que o agente não quis o resultado, nem assumiu o risco de produzi-lo.*
>
> ***Pena*** *- reclusão, de quatro a doze anos.*

É crime exclusivamente preterdoloso (dolo no antecedente – lesão - e culpa no consequente – morte). Esse crime não vai a júri, considerando que não há dolo na morte.

A morte foi ocasionada a título culposo – temos o típico caso de crime preterdoloso (dolo na conduta antecedente e culpa na posterior).

Se presente o dolo direto ou dolo eventual quanto ao resultado morte, o sujeito responderá por homicídio doloso.

Essa modalidade de lesão corporal não admite tentativa.

3.2.8 Lesão Corporal Privilegiada

Diminuição de Pena

***§ 4º**. Se o agente comete o crime impelido por motivo de relevante valor social ou moral ou sob o domínio de violenta emoção, logo em seguida a injusta provocação da vítima, o juiz pode reduzir a pena de um sexto a um terço.*

Esse privilégio se aplica a todos os tipos de lesão dolosa, contudo, é incabível nas lesões culposas.

Mesmas características do homicídio privilegiado (Art. 121, §1º, do CP).

Substituição da Pena

***§ 5º**. O juiz, não sendo graves as lesões, pode ainda substituir a pena de detenção pela de multa:*

***I.** Se ocorre qualquer das hipóteses do parágrafo anterior;*

***II.** Se as lesões são recíprocas.*

A situação da substituição de penas somente se aplica ao caput, considerando que exige que as lesões corporais não sejam graves. A possibilidade de substituição, assim, somente se dá com a hipótese de lesões leves.

Quando a Lesão Corporal Leve for Privilegiada

Desse modo, caso as lesões sejam leves, o juiz terá duas opções: reduzir a pena de 1/6 a 1/3 (§4º) ou substituí-la por multa (§5º).

Se as Lesões Leves Forem Recíprocas

Uma pessoa agride outra e, cessada essa primeira agressão, ocorrer uma outra lesão pela primeira vítima.

3.2.9 Lesão Corporal Culposa

***§ 6º**. Se a lesão é culposa:*

***Pena** - detenção, de dois meses a um ano.*

Ocorre lesão corporal culposa quando o agente faltou com seu dever de cuidado objetivo por meio de imprudência, negligência ou imperícia. Desse modo, as consequências, embora previsíveis, não foram previstas pelo agente, ou se foram, ele não assumiu o risco de produzir o resultado.

Essa espécie de lesão depende de representação da vítima ou de seu representante legal (Art. 88, Lei nº 9.099/95), pois é crime de ação penal pública condicionada a representação e infração penal de menor potencial ofensivo (pena máxima menor que dois anos).

Diferentemente do que ocorre com as lesões dolosas (que podem ser leves, graves ou gravíssimas) o CP não fez distinção com relação às lesões culposas. Desse modo, qualquer que seja a intensidade da lesão, o agente responderá por lesão corporal CULPOSA. A gravidade da lesão será levada em consideração na fixação da pena-base (Art. 59).

3.2.10 Aumento de Pena

***§ 7º**. Aumenta-se a pena de um terço, se ocorrer qualquer das hipóteses do Art. 121, §§ 4º e 6º.*

***Art. 121**, §4º, CP. No homicídio culposo, a pena é aumentada de 1/3 (um terço), se o crime resulta de inobservância de regra técnica de profissão, arte ou ofício, ou se o agente deixa de prestar imediato socorro à vítima, não procura diminuir as consequências do seu ato, ou foge para evitar prisão em flagrante. Sendo DOLOSO o homicídio, a pena é aumentada de 1/3 (um terço) se o crime é praticado contra pessoa menor de 14 (quatorze) ou maior de 60 (sessenta) anos.*

***Art. 121**, §4º, CP. A pena é aumentada de 1/3 (um terço) até a metade se o crime for praticado por milícia privada, sob o pretexto de prestação de serviço de segurança, ou por grupo de extermínio.*

***§ 8º**. Aplica-se à lesão culposa o disposto no § 5º do Art. 121.*

***Art. 121**, § 5º, CP. Na hipótese de homicídio CULPOSO, o juiz poderá deixar de aplicar a pena, se as consequências da infração atingirem o próprio agente de forma tão grave que a sanção penal se torne desnecessária.*

Violência Doméstica

***§ 9º**. Se a lesão for praticada contra ascendente, descendente, irmão, cônjuge ou companheiro, ou com quem conviva ou tenha convivido, ou, ainda, prevalecendo-se o agente das relações domésticas, de coabitação ou de hospitalidade:*

***Pena** - detenção, de 3 (três) meses a 3 (três) anos.*

***§ 10**. Nos casos previstos nos §§ 1º a 3º deste artigo, se as circunstâncias são as indicadas no § 9º deste artigo, aumenta-se a pena em 1/3 (um terço).*

***§ 11**. Na hipótese do § 9º deste artigo, a pena será aumentada de um terço se o crime for cometido contra pessoa portadora de deficiência.*

A forma qualificada do §9º só se aplica à lesão corporal LEVE.

Pode ser causa supralegal de exclusão da ilicitude (somente na lesão corporal leve), desde que presentes os seguintes requisitos, cumulativos:

> Deve ser expresso;

> Livre (não pode ter sido concedido em razão de coação ou ameaça);

> Ser moral e respeitar os bons costumes;

> Deve ser prévio à consumação da lesão;

> O ofendido deve ser capaz para consentir (maior de 18 anos e mentalmente capaz).

Durante a relação sexual, a mulher pede ao seu parceiro que a bata com força.

É irrelevante o consentimento do ofendido nos crimes de lesão corporal grave, gravíssima e seguida de morte, pois o bem jurídico protegido nestas hipóteses é indisponível.

Autolesão: em razão do princípio da alteridade, não se pune a autolesão. Todavia, pode caracterizar o crime descrito no Art. 171, §2º, V, CP.

Ex.: Jogador de golfe quebra o próprio braço para receber o valor do seguro.

Lesões em atividades esportivas: há a exclusão da ilicitude em razão do exercício regular do direito.

Cirurgias emergenciais: se há risco de morte de paciente, o médico que atua sem o consentimento do operado estará amparado pelo estado de necessidade de terceiro. Se não há risco de morte, a cirurgia depende de consentimento da vítima ou de seu representante legal para afastar o crime pelo exercício regular do direito.

Cirurgia de mudança de sexo: não há crime de lesão corporal gravíssima por ausência de dolo de lesionar a integridade corporal ou a saúde do paciente. Atualmente é permitida a realização dessa cirurgia – redesignação sexual – inclusive na rede pública de saúde (Portaria do Ministério da Saúde nº 1.707 de 19/08/08). Desse modo, o médico que realiza esta cirurgia não comete crime por estar acobertado pelo exercício regular de direito.

Cirurgia de esterilização sexual: não há crime na conduta do médico que realiza esta cirurgia (vasectomia, ligadura de trompas etc.) com a autorização do paciente, apesar da eliminação da função reprodutora. Exercício regular de direito.

3.3 Da Periclitação da Vida e da Saúde

3.3.1 Perigo de Contágio Venéreo

> ***Art. 130.*** *Expor alguém, por meio de relações sexuais ou qualquer ato libidinoso, a contágio de moléstia venérea, de que sabe ou deve saber que está contaminado:*
> ***Pena*** *- detenção, de três meses a um ano, ou multa.*
> ***§ 1º.*** *Se é intenção do agente transmitir a moléstia:*
> ***Pena*** *- reclusão, de um a quatro anos, e multa.*
> ***§ 2º.*** *Somente se procede mediante representação.*

Esse crime configura-se quando o agente transmite ou expõe a perigo de contágio de uma doença venérea (sífilis, gonorreia etc.), bem como, caso ele a desconheça, venha a infectar uma possível vítima.

A forma de transmitir a doença pode ser por meio de relações sexuais (pênis x vagina), ou por qualquer outro ato libidinoso (ação que satisfaça a libido do agente, beijo lascivo, sexo oral, sexo anal, masturbação, etc.).

> A AIDS não é considerada uma moléstia venérea, visto que pode ser contraída ou transmitida de formas diversas, além do contato sexual.

Se a intenção é transmitir, por tratar-se de crime formal, não é necessária a transmissão.

O §1º traz a forma qualificada do crime, ou seja, quando o agente tem intenção de transmitir a doença.

3.3.2 Perigo de Contágio de Moléstia Grave

> ***Art. 131.*** *Praticar, com o fim de transmitir a outrem moléstia grave de que está contaminado, ato capaz de produzir o contágio:*
> ***Pena*** *- reclusão, de um a quatro anos, e multa.*

É crime de Dano (caso exponha a perigo sem querer ou assumir o risco será hipótese do Art. 132, CP), Formal (não precisa transmitir) e de Forma Livre.

Nesse delito, o agente tem o fim especial de agir, ou seja, pratica um ato (diverso do contato sexual) com a intenção de transmitir uma moléstia grave (qualquer doença que acarrete em prejuízo a saúde da vítima – não sendo venérea), por exemplo, sarampo, tuberculose etc.

Ademais, em relação à AIDS, visto seu grau letal, é considerado como tentativa de homicídio (Art. 121 do CP), não há possibilidade alguma de enquadrá-la como moléstia grave.

3.3.3 Perigo para Vida ou Saúde de Outrem

> ***Art. 132.*** *Expor a vida ou a saúde de outrem a perigo direto e iminente:*
> ***Pena*** *- detenção, de três meses a um ano, se o fato não constitui crime mais grave.*
> ***Parágrafo único.*** *A pena é aumentada de um sexto a um terço se a exposição da vida ou da saúde de outrem a perigo decorre do transporte de pessoas para a prestação de serviços em estabelecimentos de qualquer natureza, em desacordo com as normas legais.*

Estará configurado o crime quando o agente, de qualquer forma, expor em perigo a vida de uma pessoa determinada. Tal ação pode ser praticada de forma livre, ou seja, não exige uma conduta específica.

Soltar uma pedra do alto de um viaduto em um carro que passa pela rodovia com intenção de causar um acidente.

Caso a conduta do agente não seja contra uma pessoa determinada, será configurado um crime diverso que será avaliado de acordo com a situação (Arts. 250 a 259 do CP).

O incapaz não precisa ser necessariamente uma criança. Por exemplo, uma instrutora de escola de natação que deixa os alunos sozinhos na piscina enquanto vai ao banheiro.

Se o abandono se dá em uma situação em que não há risco, não haverá crime.

Para esse crime deve haver o dolo de perigo.

3.3.4 Abandono de Incapaz

> ***Art. 133.*** *Abandonar pessoa que está sob seu cuidado, guarda, vigilância ou autoridade, e, por qualquer motivo, incapaz de defender-se dos riscos resultantes do abandono:*
> ***Pena*** *- detenção, de seis meses a três anos.*
> ***§ 1º.*** *Se do abandono resulta lesão corporal de natureza grave:*
> ***Pena*** *- reclusão, de um a cinco anos.*
> ***§ 2º.*** *Se resulta a morte:*
> ***Pena*** *- reclusão, de quatro a doze anos.*
> *Aumento de Pena*
> ***§ 3º.*** *As penas cominadas neste artigo aumentam-se de um terço:*
> ***I.*** *Se o abandono ocorre em lugar ermo;*
> ***II.*** *Se o agente é ascendente ou descendente, cônjuge, irmão, tutor ou curador da vítima.*
> ***III.*** *Se a vítima é maior de 60 (sessenta) anos.*

Essa figura típica incrimina a conduta do agente, que tendo o dever de cuidado, guarda, vigilância ou autoridade abandona, desampara, deixa de prestar o devido cuidado para quem seja incapaz.

> **Ex.:** A mãe deixa o filho em um parque central enquanto percorre lojas realizando compras, ou então, deixa-o dentro do veículo enquanto está no interior de um supermercado. Uma babá, que deixa a criança sozinha dentro de casa enquanto vai à feira.

Ademais, existem as figuras qualificadas caso, do abandono, resulte em lesão corporal de natureza grave, ou a morte do incapaz. Por conseguinte, ocorre também o aumento de pena nas hipóteses descritas nos incisos do § 3º deste artigo.

3.3.5 Exposição ou Abandono de Recém-Nascido

> ***Art. 134.*** *Expor ou abandonar recém-nascido, para ocultar desonra própria:*
> ***Pena*** *- detenção, de seis meses a dois anos.*
> ***§ 1º.*** *Se do fato resulta lesão corporal de natureza grave:*
> ***Pena*** *- detenção, de um a três anos.*
> ***§ 2º.*** *Se resulta a morte:*
> ***Pena*** *- detenção, de dois a seis anos.*

Esse delito é considerado uma forma privilegiada do crime de abandono de incapaz, artigo anterior, no entanto, nesse caso, a vítima é determinada – o recém-nascido – ademais, tal conduta visa proteção da honra do agente.

Uma jovem de 18 anos, mãe solteira, que abandona seu filho recém-nascido para preservar sua imagem perante a família.

Por conseguinte, também existe a forma qualificada do crime, expressa nos parágrafos primeiro e segundo, no caso de a ação resultar em lesão corporal de natureza grave ou a morte do recém-nascido.

3.3.6 Omissão de Socorro

> ***Art. 135.*** *Deixar de prestar assistência, quando possível fazê-lo sem risco pessoal, à criança abandonada ou extraviada, ou à pessoa inválida ou ferida, ao desamparo ou em grave e iminente perigo; ou não pedir, nesses casos, o socorro da autoridade pública:*
>
> ***Pena*** *- detenção, de um a seis meses, ou multa.*
>
> ***Parágrafo único.*** *A pena é aumentada de metade, se da omissão resulta lesão corporal de natureza grave, e triplicada, se resulta a morte.*

Essa norma penal tipifica a conduta omissa do agente que não presta auxílio – desde que tal prestação não incorra em risco pessoal – ou, quando não puder fazê-lo, deixa de pedir socorro para autoridade pública.

Classificação

É considerado um crime COMUM, visto que pode ser praticado por qualquer pessoa.

É um crime OMISSIVO PRÓPRIO ou PURO, pois a conduta omissiva está prevista no artigo em tela do Código Penal que ocorre quando o agente deixa de fazer o que lhe é imposto por lei – prestar socorro.

Comumente é praticado apenas por uma pessoa, sendo que é perfeitamente possível que haja o concurso de agentes, Art. 29 do CP.

Sujeitos do Crime

Sendo um crime comum, o sujeito ativo pode ser qualquer pessoa, enquanto o sujeito passivo são as pessoas elencadas no caput do próprio artigo: Criança abandonada ou extraviada (Perigo Abstrato). Pessoa ferida ou inválida com sérias dificuldades de movimentação (Perigo Abstrato). Ao desamparo ou em grave e eminente perigo (Perigo Concreto).

Consumação e Tentativa

O crime se consuma no momento da omissão, ademais, não será configurado o crime quando a vítima ofereça resistência que torne impossível a prestação de auxílio, ou então, caso ela esteja manifestamente em óbito.

Não admite tentativa.

Descrição do Crime

O crime pode ser cometido de duas formas distintas:

Falta de assistência imediata: o agente pode prestar socorro, sem risco pessoal, mas deliberadamente não o faz.

Falta de assistência mediata: o agente não pode prestar pessoalmente o socorro, mas também não solicita o auxílio da autoridade pública.

A simples condição de médico não o coloca como garantidor.

Pessoa inválida e pessoa ferida: é imprescindível que se encontrem ao desamparo no momento da omissão.

Se apenas uma pessoa presta o socorro, quando diversas poderiam tê-lo feito sem risco pessoal, não há crime para ninguém.

Omissão de socorro a pessoa idosa (igual ou superior a 60 anos), responde conforme o Art. 97, Lei nº 10.741/03 – Estatuto do Idoso.

> ***Parágrafo único.*** *A pena é aumentada de metade, se da omissão resulta lesão corporal de natureza grave, e triplicada, se resulta a morte.*

A causa de aumento de pena é exclusivamente preterdolosa, o agente tem o dolo de se omitir (não presta o socorro) e disto, acaba resultando uma consequência não deseja pelo omitente.

3.3.7 Condicionamento de Atendimento Médico-Hospitalar Emergencial

> ***Art. 135-A.*** *Exigir cheque-caução, nota promissória ou qualquer garantia, bem como o preenchimento prévio de formulários administrativos, como condição para o atendimento médico-hospitalar emergencial:*
>
> ***Pena*** *- detenção, de 3 (três) meses a 1 (um) ano, e multa.*
>
> ***Parágrafo único.*** *A pena é aumentada até o dobro se da negativa de atendimento resulta lesão corporal de natureza grave, e até o triplo se resulta a morte.*

Esse delito tipifica a conduta do estabelecimento que presta atendimento médico-hospitalar emergencial e venha a exigir cheque, nota promissória ou qualquer garantia, como também, que sejam preenchidos formulários como condição necessária para que o socorro possa ser prestado.

Existe ainda o aumento de pena, tratado no parágrafo único, que é quando resulta em lesão corporal grave ou ainda a morte.

Inserido no Código Penal pela Lei nº 12.653/12 coibindo uma prática que era comum em estabelecimentos médico-hospitalares particulares.

3.3.8 Maus-Tratos

> ***Art. 136.*** *Expor a perigo a vida ou a saúde de pessoa sob sua autoridade, guarda ou vigilância, para fim de educação, ensino, tratamento ou custódia, quer privando-a de alimentação ou cuidados indispensáveis, quer sujeitando-a a trabalho excessivo ou inadequado, quer abusando de meios de correção ou disciplina:*
>
> ***Pena*** *- detenção, de dois meses a um ano, ou multa.*
>
> ***§ 1º.*** *Se do fato resulta lesão corporal de natureza grave:*
>
> ***Pena*** *- reclusão, de um a quatro anos.*
>
> ***§ 2º.*** *Se resulta a morte:*
>
> ***Pena*** *- reclusão, de quatro a doze anos.*
>
> ***§ 3º.*** *Aumenta-se a pena de um terço, se o crime é praticado contra pessoa menor de 14 (catorze) anos.*

Esse artigo tipifica a conduta do agente que pratique, sob a pessoa que esteja subordinada à sua autoridade, guarda ou vigilância, atos não condizentes como forma ou a pretexto de educá-la, ensiná-la, tratá-la ou reprimi-la.

Classificação

Trata-se de um crime PRÓPRIO, ou seja, o sujeito ativo deve ser superior hierárquico do sujeito passivo.

É um crime comissivo ou omissivo, porém suas condutas são vinculadas, ou seja, o artigo traz, expressamente, a forma como a conduta do agente deve ocorrer.

Haverá crime único desde que as condutas sejam praticadas contra a mesma vítima e no mesmo contexto fático.

Sujeitos do Crime

Sujeito Ativo: é um crime próprio, ou seja, somente aquele que tem o sujeito passivo sob sua autoridade, guarda ou vigilância, para fins de educação, ensino, tratamento ou custódia.

Sujeito Passivo: é aquele que se encontra sob a autoridade, guarda ou vigilância de outra pessoa, para fins de educação, ensino, tratamento ou custódia.

Consumação e Tentativa

O crime consuma-se com a exposição da vítima ao perigo. Não se exige o dano efetivo.

A conduta de privação de alimentos ou cuidados indispensáveis (modalidade omissiva) não admite tentativa. Contudo, as demais condutas admitem a tentativa.

Descrição do Crime

Apenas pode ser executado pelos meios/condutas indicados no tipo penal, sendo as seguintes:

- Privar a vítima de alimentos ou cuidados indispensáveis: caso a intenção do agente, ao privar a vitima de alimentos, seja matá-la, responderá pelo crime de homicídio (tentado ou consumado);
- Sujeitar a vítima a trabalhos excessivos ou inadequados;
- Abusar dos meios de disciplina ou correção.

As formas qualificadas do crime de maus-tratos (lesão corporal de natureza grave e morte) são exclusivamente preterdolosas – conduta dolosa no antecedente e culpa no consequente.

Aumenta-se a pena de 1/3 se o crime é praticado contra pessoa menor de 14 anos.

A esposa não pode ser vítima de maus-tratos pelo marido, visto que não se encontra sob sua autoridade, guarda ou vigilância. Desse modo, o marido poderá responder pelo crime de lesão corporal (Art. 129 do CP).

Tratando-se de criança ou adolescente sujeita à autoridade, guarda ou vigilância de alguém e submetida a vexame ou constrangimento, aplica-se o Art. 232 da Lei nº 8.069/90 (ECA): submeter criança ou adolescente sob sua autoridade, guarda ou vigilância a vexame ou a constrangimento: pena: detenção de seis meses a dois anos.

A diferença entre o crime de maus-tratos e o crime de Tortura (Lei nº 9.455/97), reside no fato de que nesta a vítima é submetida a intenso sofrimento físico ou mental como forma de aplicar castigo pessoal ou medida de caráter preventivo (Art. 1º, II, Lei nº 9.455/97).

Caso a vítima seja idosa, incide o crime previsto no Art. 99 da Lei nº 10.741/2003 - Estatuto do Idoso.

3.4 Da Rixa

Art. 137. *Participar de rixa, salvo para separar os contendores:*
Pena *- detenção, de quinze dias a dois meses, ou multa.*

Parágrafo único. *Se ocorre morte ou lesão corporal de natureza grave, aplica-se, pelo fato da participação na rixa, a pena de detenção, de seis meses a dois anos.*

A rixa é um conflito tumultuoso que ocorre entre três ou mais pessoas, acompanhada de vias de fato (luta, briga), em que os participantes desferem violências recíprocas, não sendo possível identificar dois grupos distintos.

É um crime comum, pois pode ser praticado por qualquer pessoa.

Ainda, enquadra-se em um delito plurissubjetivo, plurilateral ou de concurso necessário, visto que, para configurar o crime, devem existir no mínimo três pessoas. Por conseguinte, basta que apenas um dos participantes seja imputável (dois menores e um maior de 18 anos).

Também é considerado um crime de condutas contrapostas, ou seja, todos os participantes estão trocando agressões entre si, ora apanha, ora bate.

3.4.1 Sujeitos do Crime

No crime de rixa, ao mesmo tempo em que o agente é sujeito ativo, ele também é um sujeito passivo, pois assim como ele agride também está sofrendo uma agressão - reciprocidade.

3.4.2 Consumação e Tentativa

A consumação ocorre no momento em que os participantes iniciam as vias de fato ou ainda as violências recíprocas.

Admite a tentativa, quando ocorre, por exemplo, a intervenção policial no momento em que iriam se iniciar as agressões.

3.4.3 Descrição do Crime

Os três ou mais rixosos devem combater entre si, pois participa da rixa quem nela pratica, agressivamente, atos de violência material.

Não há rixa quando lutam entre si dois ou mais grupos contrários, perfeitamente definidos. Nesse caso, os membros de cada grupo devem ser responsabilizados pelos ferimentos produzidos nos membros do grupo contrário.

O crime pode ser praticado de forma comissiva (o agente que participa efetivamente da rixa), ou omissiva (quando o omitente podia e devia agir para evitar o resultado).

Ex.: O policial que assiste a três pessoas brigando entre si e nada faz para impedir o resultado.

Não há crime na conduta de quem ingressou no tumulto somente para separar os contendores.

Sendo considerado um crime de perigo abstrato, para que se configure o crime não há necessidade de que os participantes sofram lesões, o simples fato de participar da rixa já acarreta em crime.

O contato físico é dispensável, sendo perfeitamente possível a rixa a distância com o arremesso de objetos, tiros, etc.

Na possibilidade em que ocorre lesão corporal de natureza leve em algum dos participantes e o agente que a causou possa ser identificado, nessa hipótese, ele responderá pelo crime de rixa em concurso material com o crime de rixa, se resulta em lesão corporal grave/gravíssima ou a morte, estará configurado o crime de rixa qualificada.

Quando houver briga entre torcidas, não configura rixa, mas sim o tipo penal descrito no Art. 41-B da Lei nº 10.671/2003 – Estatuto do Torcedor - tem-se um tipo penal específico incluído pela Lei nº 12.299/2010.

Rixa qualificada: também é conhecida como rixa complexa, sendo:

> ***Parágrafo único.*** *Se ocorre morte ou lesão corporal de natureza grave, aplica-se, pelo fato da participação na rixa, a pena de detenção, de seis meses a dois anos.*

A rixa qualificada é um dos últimos resíduos da responsabilidade penal objetiva - antigamente adotada pelo ordenamento jurídico brasileiro - pois, nesta hipótese, independe qual dos rixosos foi o responsável pela produção do resultado agravador – lesão corporal grave ou morte - todos aqueles que participaram responderão na modalidade qualificada.

Ainda, não importa se a morte ou a lesão corporal grave seja produzida em um dos rixosos ou então em uma terceira pessoa, alheia à rixa (apaziguador ou mero transeunte).

Há aqui três sistemas de punição:

Sistema da solidariedade absoluta: se da rixa resultar lesão grave ou morte, todos os participantes respondem pelo evento (lesão grave ou homicídio), independentemente de se apurar quem foi o seu real autor.

Sistema da cumplicidade correspectiva: havendo lesão grave ou morte, e não sendo apurado seu autor, todos os participantes respondem por esse resultado, sofrendo, entretanto, sanção intermediária à de um autor e de um partícipe.

Sistema da autonomia: a rixa é punida por si mesma, independentemente do resultado morte ou lesão grave, o qual, se ocorrer, somente qualificará o delito. Apenas o causador da lesão grave ou morte, se identificado, é que responderá também pelos delitos dos Arts. 121 e 129 do CP.

O CP adotou o princípio ou sistema da autonomia, nos termos do Art. 137, parágrafo único:

> ***Parágrafo único.*** *Se ocorre morte ou lesão corporal de natureza grave, aplica-se, pelo fato da participação na rixa, a pena de detenção, de seis meses a dois anos.*

Até mesmo o rixoso que sofreu lesão corporal grave responde pela rixa qualificada (todos os que se envolvem no tumulto, daí sobrevindo lesão corporal grave ou morte respondem pela rixa qualificada).

O resultado agravador (lesão corporal grave ou a morte) pode ser doloso ou culposo, não se tratando de crime essencialmente preterdoloso.

Caso o resultado seja lesões leves ou ocorra uma tentativa de homicídio, não é capaz de qualificar a rixa.

Ex.: "A" participou da rixa, mas abandonou ANTES da produção do resultado agravador (lesão corporal grave ou morte): "A" responde por rixa qualificada, pois concorreu com o seu comportamento anterior para a produção do resultado.

"A" ingressou na rixa DEPOIS da produção do resultado agravador (lesão corporal grave ou morte): "A" responde por rixa simples.

RIXA versus LEGÍTIMA DEFESA – Durante uma rixa um dos participantes, "A", empunha uma arma para matar "B", este, em sua defesa, consegue defender-se, toma a arma de "A" e o mata. Nessa situação, caso "A" conseguisse matar "B", deveria responder pelo crime de rixa qualificada (resultando morte de um dos participantes) em concurso material com o crime de homicídio. Contudo, como "B" conseguiu reagir, em relação ao crime de homicídio que "A" tentara contra ele, caberá à exclusão de ilicitude – legítima defesa – em relação ao crime de homicídio (morte de "A"), porém, ainda assim, "B" e "C" responderão por rixa qualificada, pois a legítima defesa não é relevante para excluir a qualificação do crime de rixa.

3.5 Dos Crimes Contra Honra

Crime	Conduta	Honra ofendida
Calúnia: Art. 138, CP	Imputar fato criminoso sabidamente falso.	Há ofensa da honra objetiva. Ofende-se a reputação, diz respeito ao conceito perante terceiros.
Difamação: Art. 139, CP	Imputar fato desonroso, em regra não importando se verdadeiro ou falso.	Ofende-se a honra objetiva.
Injúria: Art. 140, CP	É a atribuição de qualidade negativa.	Ofende-se a honra subjetiva, a autoestima, ou seja, o que a vítima pensa dela mesma.

3.5.1 Calúnia

> ***Art. 138.*** *Caluniar alguém, imputando-lhe falsamente fato definido como crime:*
>
> ***Pena*** *- detenção, de seis meses a dois anos, e multa.*
>
> ***§ 1º.*** *Na mesma pena incorre quem, sabendo falsa a imputação, a propala ou divulga.*
>
> ***§ 2º.*** *É punível a calúnia contra os mortos.*
>
> *Exceção da Verdade*
>
> ***§ 3º.*** *Admite-se a prova da verdade, salvo:*
>
> ***I.*** *Se, constituindo o fato imputado crime de ação privada, o ofendido não foi condenado por sentença irrecorrível;*
>
> ***II.*** *Se o fato é imputado a qualquer das pessoas indicadas no nº I do Art. 141;*
>
> ***III.*** *Se do crime imputado, embora de ação pública, o ofendido foi absolvido por sentença irrecorrível.*

Honra objetiva (o que os outros pensam de mim).

Sujeitos do Crime

Sujeito Ativo/Passivo: qualquer pessoa (crime comum).

Os mortos também podem ser caluniados, mas seus parentes é que serão os sujeitos passivos do crime. Não há regra semelhante no tocante aos demais crimes contra a honra.

Podem, ainda, serem vítimas os menores e os loucos.

A pessoa jurídica também pode ser sujeito passivo do crime de calúnia, pois pode cometer crimes ambientais (Lei nº 9.605/98).

Mas, observe-se que não podem praticar tal crime pessoas que desfrutam de inviolabilidade.

Ex.: Parlamentares.

Aqui se indaga se advogados são imunes à prática do crime de calúnia. Os advogados não têm imunidade profissional na calúnia, possuindo a imunidade somente no que tange à difamação e à injúria.

Objeto Material

É a pessoa que tem sua honra objetiva ofendida.

Núcleo do Tipo

A conduta típica consiste em caluniar alguém (imputar falsamente um fato definido como crime).

A imputação de fato definido como Contravenção Penal (Decreto-Lei nº 3.688/41) não constitui calúnia, pois não é crime, mas poderá caracterizar difamação.

Atribuir falsamente a alguém a prática de um fato atípico não constitui crime de calúnia, mas poderá configurar outro crime contra a honra.

Ex.: dano culposo.

Fato Determinado

É imprescindível a imputação da prática de um fato determinado, ou seja, de uma situação concreta, contendo autor, objeto e suas circunstâncias.

Pessoa Certa e Determinada

A ofensa deve se dirigir a pessoa certa e determinada.

Ex.: Dizer que no dia 25 de dezembro, por volta de 20h00min, Roberto se fantasiou de papai noel e praticou um furto na casa de Pedro, o qual reside no centro da cidade de Cascavel/PR.

Falsidade da Imputação

Deve ser falsa a imputação do fato definido como crime. Essa falsidade pode recair sobre o fato (o crime imputado à vitima não ocorreu) ou sobre o envolvimento no fato (o crime ocorreu, mas a vítima não praticou tal delito).

Quando o ofensor, agindo de boa-fé, supõe erroneamente ser verdadeira a afirmação, incidirá em Erro de Tipo. Desse modo, o fato será atípico, pois excluirá o dolo do fato típico.

Consumação

O crime de calúnia se consuma quando 3ª pessoa toma conhecimento do fato imputado. Não é necessário que a vítima tome conhecimento da ofensa.

Calúnia X Denunciação Caluniosa

Calúnia (Art. 138, CP)	Denunciação Caluniosa (Art. 339, CP)
Caluniar alguém, imputando-lhe falsamente fato definido como crime.	Dar causa à instauração de investigação policial, de processo judicial, instauração de investigação administrativa, inquérito civil ou ação de improbidade administrativa contra alguém, imputando-lhe crime de que o sabe inocente.
É crime contra honra.	É crime contra a Administração da Justiça.
Regra: Ação Penal Privada.	Ação Penal Pública Incondicionada.
Não admite a imputação falsa de contravenção.	Admite (é circunstância que importa na diminuição da pena pela metade (Art. 339 §2º, CP).

§ 1º. Na mesma pena incorre quem, sabendo falsa a imputação, a propala ou divulga.

- > Propalar: relatar verbalmente.
- > Divulgar: relatar por qualquer outro meio (panfletos, outdoors, gestos etc).

Observa-se que também é punível a conduta daquele que propaga, divulga a calúnia criada por outrem.

Responde pelo caput quem cria a falsidade e responde pelo §1º do CP a pessoa que divulga (diversa da pessoa que criou – se for a mesma pessoa, o §1º configura pos facto impunível).

Exclui-se o crime quando o agente age:

- > Com animus jocandi: intenção de brincar.
- > Com animus consulendi: intenção de aconselhar.
- > Com animus narrandi: intenção de narrar (é o animus da testemunha).
- > Com animus corrigendi: intenção de corrigir.
- > Com animus defendendi: intenção de defender direito

Exceção da Verdade

§ 3º. Admite-se a prova da verdade, salvo:

***I.** Se, constituindo o fato imputado crime de ação privada, o ofendido não foi condenado por sentença irrecorrível;*

***II.** Se o fato é imputado a qualquer das pessoas indicadas no nº I do Art. 141;*

***III.** Se do crime imputado, embora de ação pública, o ofendido foi absolvido por sentença irrecorrível.*

Trata-se de incidente processual, forma de defesa indireta, por meio da qual o acusado de ter praticado calúnia pretende provar a veracidade do que alegou.

Somente haverá o crime de calúnia quando o fato for falso. Desse modo, se a imputação é verdadeira o fato é atípico.

A exceção da verdade é o instrumento adequado para se provar a veracidade do fato imputado a outrem.

A regra é a admissibilidade da exceção da verdade. Todavia, em três situações previstas pelo CP não será admitida a sua utilização:

***I.** Se, constituindo o fato imputado crime de ação privada, o ofendido não foi condenado por sentença irrecorrível;*

***II.** Se o fato é imputado a qualquer das pessoas indicadas no inciso I do Art. 141;*

(Presidente da República ou chefe de governo estrangeiro).

***III.** Se do crime imputado, embora de ação pública, o ofendido foi absolvido por sentença irrecorrível.*

3.5.2 Difamação

***Art. 139.** Difamar alguém, imputando-lhe fato ofensivo à sua reputação:*

***Pena** - detenção, de três meses a um ano, e multa.*

Difamar é imputar a alguém um fato ofensivo à sua reputação.

Subsiste o crime de difamação ainda que seja verdadeira a imputação (salvo quando o ofendido é funcionário público e a ofensa é relativa ao exercício de suas funções), desde que dirigida a ofender a honra alheia.

Objetividade Jurídica

Honra objetiva (o que os outros pensam de mim).

O fato pode ser: Verdadeiro ou Falso / Criminoso ou não criminoso / Contravenção penal;

O fato deve ser Determinado.

Objeto Material

É a pessoa que tem sua honra objetiva ofendida.

Espécie de Honra Ofendida

A difamação ofende a honra objetiva.

Consumação e Tentativa

Se consuma no momento em que um terceiro toma conhecimento da ofensa.

Morto não pode ser vítima de difamação.

Tendo em vista que pessoa jurídica tem reputação, então pode ser vítima de difamação.

O crime é punido a título de dolo, sendo imprescindível a vontade de ofender a reputação, a intenção de ofender a honra.

Em regra, admite tentativa. No caso de difamação verbal, não se admite a tentativa.

Exceção da Verdade

> ***Parágrafo único.*** *A exceção da verdade somente se admite se o ofendido é funcionário público e a ofensa é relativa ao exercício de suas funções.*

Na difamação, a exceção da verdade somente é admitida se o ofendido é funcionário público e a ofensa é relativa ao exercício de suas funções. É indispensável a relação de causalidade entre a imputação e o exercício da função pública.

Na difamação, a consequência da exceção da verdade, ao contrário da calúnia, atinge a ilicitude, e não a atipicidade da conduta, pois é uma hipótese especial de exercício regular do direito.

A procedência da exceção da verdade na difamação gera a absolvição, sendo uma forma especial de exercício regular de direito.

Art. 138	Art. 139
Admite prova da verdade.	A regra é não admitir a prova da verdade.
Exceções: Art. 138, § 3º I, II e III.	Exceção: Art. 139, Parágrafo único. Ofendido funcionário público mais ofensa funcional.
Procedência gera a absolvição sob o fundamento da atipicidade.	Procedência gera a absolvição, pois se trata de hipótese de exercício regular de direito. Descriminante especial.
Admite exceção de notoriedade.	Também.

3.5.3 Injúria

> ***Art. 140.*** *Injuriar alguém, ofendendo-lhe a dignidade ou o decoro:*
> ***Pena*** *- detenção, de um a seis meses, ou multa.*
> ***§ 1º.*** *O juiz pode deixar de aplicar a pena:*
> ***I.*** *Quando o ofendido, de forma reprovável, provocou diretamente a injúria;*
> ***II.*** *No caso de retorsão imediata, que consista em outra injúria.*
> ***§ 2º.*** *Se a injúria consiste em violência ou vias de fato, que, por sua natureza ou pelo meio empregado, se considerem aviltantes:*
> ***Pena*** *- detenção, de três meses a um ano, e multa, além da pena correspondente à violência.*
> ***§ 3º.*** *Se a injúria consiste na utilização de elementos referentes a raça, cor, etnia, religião, origem ou a condição de pessoa idosa ou portadora de deficiência:*
> ***Pena*** *- reclusão de um a três anos e multa.*

Injuriar é atribuir qualidade negativa à alguém.

Espécie de Honra Ofendida

Ofende a honra subjetiva da pessoa (o que a pessoa acha de si própria). A consumação ocorre quando a ofensa chega ao conhecimento da vítima.

Ofende a dignidade ou o decoro da vítima:

Na injúria, é irrelevante o fato de a qualidade negativa atribuída à vítima ser ou não verdadeira. Desse modo, se o agente chama uma pessoa de gorda, com a intenção de injuriar, estará configurado o crime de injúria, mesmo que a vítima seja mesmo gorda ou obesa.

> Dignidade: ofende as qualidades morais da pessoa.

Ex.: Chamar alguém de vagabundo.

> Decoro: ofende as qualidades físicas.

Exs.: Chamar alguém de monstro) ou intelectuais

Chamar alguém de retardado, idiota.

Queixa-Crime ou Denúncia

A queixa-crime ou denúncia ajuizada pelo crime de injúria deve descrever, minuciosamente sob pena de inépcia, quais foram as ofensas proferidas contra a vítima, por mais baixas e repudiáveis que possam ser.

Formas de Execução

Pode ser praticado por ação ou omissão.

Ex.: "A" estende a mão para cumprimentar "B" e este recusa o cumprimento.

Consumação e Tentativa

É crime de execução livre: pode ser praticado por meio de palavras, gestos, escritos etc. Aliás, pode ser praticado por ação ou omissão (o único exemplo dado pela doutrina de injúria por omissão é ignorar ou não retribuir um cumprimento, como forma de humilhar a pessoa na frente de outras).

Como a injúria protege a honra subjetiva, o crime se consuma quando a vítima toma conhecimento da injúria, dispensando-se o efetivo dano à sua honra (é crime formal). Consuma no momento em que o fato chega ao conhecimento da vítima, dispensando efetivo dano a sua dignidade ou decoro.

A tentativa é possível somente na forma escrita. A injúria realizada verbalmente não admite tentativa.

Exceção da verdade: a injúria não admite exceção da verdade, pois o ofensor atribui uma qualidade negativa à vítima e não um fato.

Elemento Subjetivo

É o dolo (direto ou eventual). Não admite a modalidade culposa de injúria.

Injúria Contra Funcionário Público X Desacato

Injúria contra funcionário público	Desacato (Art. 331, CP)
Atribuir qualidade negativa ao funcionário público durante sua ausência.	A ofensa é realizada na presença do funcionário público no exercício da função ou em razão dela.
É crime contra a honra.	É crime contra a Administração Pública.
Ação Penal Privada (Regra).	Ação Penal Pública Incondicionada.
Ex.: "A" Fala a seus vizinhos que o Promotor da cidade é bandido.	Ex.: "A" Durante uma audiência judicial chama o Juiz de corrupto.

Atenção às imunidades! Quem detém imunidade por palavras, opiniões e votos não pratica calúnia, injúria ou difamação. São eles: senadores, deputados federais, deputados estaduais/distritais, vereadores no limite da vereança, advogado (que tem imunidade profissional na injúria - Art. 7º, §2º, do EOAB - a calúnia foi afastada pelo STF).

Pessoa jurídica pode ser vítima de injúria? Não, pois ela não tem honra subjetiva, não tem dignidade, decoro. Quanto a isso não há divergência.

Mirabete entende que pessoa jurídica não pode ser vítima de nenhum crime contra a honra, pois esse capítulo se aplicaria apenas às pessoas físicas.

Perdão Judicial

> ***§ 1º**. O juiz pode deixar de aplicar a pena:*
>
> ***I.** Quando o ofendido, de forma reprovável, provocou diretamente a injúria;*
>
> ***II.** No caso de retorsão imediata, que consista em outra injúria.*

O perdão judicial é causa de extinção da punibilidade (Art. 107, IX, CP). A sentença que concede o perdão judicial é declaratória da extinção da punibilidade (Súmula 18, STJ).

Só o perdão do ofendido tem que ser aceito, o perdão do juiz não é oferecido, mas sim imposto.

Trata-se de um direito subjetivo do acusado, e não uma faculdade do juiz. Preenchidos os requisitos, o juiz deve perdoar.

> Quando o ofendido, de forma reprovável, provocou diretamente a injúria;

A provocação tem que ser reprovável e direta.

> No caso de retorsão imediata, que consista em outra injúria.

Retorsão é o revide. Deve ser imediata. É modalidade anômala de legítima defesa. Não há retorsão contra ofensa passada. Existe apenas retorsão imediata no crime de injúria.

Injúria Real

> ***§ 2º**. Se a injúria consiste em violência ou vias de fato, que, por sua natureza ou pelo meio empregado, se considerem aviltantes:*
>
> ***Pena** - detenção, de três meses a um ano, e multa, além da pena correspondente à violência.*

É a injúria praticada com um meio de execução especial: mediante violência ou vias de fato. Aqui a violência ou as vias de fato são o meio e a injúria é o fim. O agente usa da violência para injuriar.

Jogar ovos em um cantor, cuspir na cara, dar tapa no rosto.

Aviltantes: humilhantes.

O meio de execução é a violência ou então as vias de fato. Se a injúria real for praticada com vias de fato, a vias de fato fica absorvida.

A lei impõe o concurso material obrigatório entre as penas de injúria real e do resultante da violência (homicídio, lesão corporal etc.).

Não podemos confundir a injúria preconceito (Art. 140, §3º, CP) com o crime de racismo (Lei nº 7.716/89). Na injúria, ocorre a atribuição de qualidade negativa. Já no racismo, ocorre a segregação da vítima do convívio social.

Injúria Qualificada

> ***§ 3º**. Se a injúria consiste na utilização de elementos referentes a raça, cor, etnia, religião, origem ou a condição de pessoa idosa ou portadora de deficiência:*
>
> ***Pena** - reclusão de um a três anos e multa.*

Assim como nos demais crimes contra a honra, a ofensa deve ser dirigida a pessoa ou pessoas determinadas.

Injúria Qualificada X Crime de Racismo

Injúria Qualificada (Art. 140, § 3º, CP)	Crime de Racismo (Lei nº 7.716/89)
É crime afiançável.	É crime inafiançável.
Ação Penal Pública Condicionada a Representação.	Ação Pública Incondicionada.
Prescritível.	Imprescritível.
Atribuir a alguém qualidade negativa.	Manifestações preconceituosas generalizadas ou segregação racial.
Ex.: Chamar uma pessoa negra de macaco.	Ex.: Hotel que proíbe a hospedagem de pessoas negras. Ex.: Empresa que não contrata pessoas da religião evangélica.

Prevalece na doutrina, que a injúria preconceito não admite o perdão judicial do Art. 140, § 1º, tratando-se de violação mais séria à honra da vítima, ferindo uma das metas fundamentais do Estado Democrático de Direito, qual seja, dignidade da pessoa humana.

3.5.4 Disposições Comuns

Art. 141 *- As penas cominadas neste Capítulo aumentam-se de um terço, se qualquer dos crimes é cometido:*

I. *contra o Presidente da República, ou contra chefe de governo estrangeiro;*

II. *contra funcionário público, em razão de suas funções;*

III. *na presença de várias pessoas, ou por meio que facilite a divulgação da calúnia, da difamação ou da injúria.*

IV – contra pessoa maior de 60 (sessenta) anos ou portadora de deficiência, exceto no caso de injúria. (Incluído pela Lei nº 10.741, de 2003)

§ 1º *- Se o crime é cometido mediante paga ou promessa de recompensa, aplica-se a pena em dobro. (Redação dada pela Lei nº 13.964, de 2019)*

§ 2º *- (VETADO). (Incluído pela Lei nº 13.964, de 2019)*

Este artigo não traz qualificadoras, mas sim causas de aumento de pena, majorantes (a serem consideradas pelo juiz na terceira fase de aplicação da pena).

É uma majorante aplicada a todos os crimes do capítulo – injúria, difamação e calúnia. Nenhum desses crimes escapa do aumento quando preenchidos os requisitos.

Aumentam-se de um terço, se qualquer dos crimes é cometido:

I. *Contra o Presidente da República, ou contra chefe de governo estrangeiro;*

A pena é aumentada de 1/3, em razão da importância das funções desempenhadas pelo Presidente da República e pelo chefe de governo estrangeiro. A conduta criminosa, além de atentar contra a honra de uma pessoa, ofende também os interesses de toda a nação que ela representa.

II. *Contra funcionário público, em razão de suas funções.*

Esse aumento de pena não se aplica quando a conduta se refere à vida privada do funcionário público.

É necessário o nexo de causalidade entre a ofensa e o exercício da função pública.

III. *Na presença de várias pessoas, ou por meio que facilite a divulgação da calúnia, da difamação ou da injúria.*

A expressão "várias pessoas" se refere a no mínimo três pessoas. Não se incluindo neste número o ofensor, a vítima e eventuais coautores e partícipes.

O STF, após o julgamento da ADPF nº 130-7/DF decidiu que a Lei de Imprensa (Lei nº 5.250/67) não foi recepcionada pela CF/88. Desse modo, aos crimes contra a honra praticados por meio da imprensa (oral ou escrita) serão aplicadas as disposições do Código Penal (Arts. 138 a 145).

IV. *Contra pessoa maior de 60 (sessenta) anos ou portadora de deficiência, exceto no caso de injúria.*

Esse inciso foi inserido no CP pela Lei nº 10.741/03 (Estatuto do Idoso). O ofensor tem que ter conhecimento da idade da vítima no momento do crime.

Não se aplica este inciso no caso de injúria, pois neste crime já existe a figura da injúria qualificada (Art. 140, §3º, CP) razão pela qual evita-se o bis in idem desta forma.

Parágrafo único. *Se o crime é cometido mediante paga ou promessa de recompensa, aplica-se a pena em dobro.*

Hipótese de crime plurissubjetivo ou de concurso necessário. O pagamento, em ambos os casos, pode ser em dinheiro ou qualquer outro bem e a vantagem não precisa ser necessariamente econômica.

Ex.: Promessa de emprego, de casamento, de favores sexuais.

Essa majorante não se aplica ao mandante, apenas ao executor.

3.5.5 Exclusão do Crime

Art. 142. *Não constituem injúria ou difamação punível:*

I. *A ofensa irrogada em juízo, na discussão da causa, pela parte ou por seu procurador;*

II. *A opinião desfavorável da crítica literária, artística ou científica, salvo quando inequívoca a intenção de injuriar ou difamar;*

III. *O conceito desfavorável emitido por funcionário público, em apreciação ou informação que preste no cumprimento de dever do ofício.*

Parágrafo único. *Nos casos dos ns. I e III, responde pela injúria ou pela difamação quem lhe dá publicidade.*

Esse dispositivo não se aplica ao crime de calúnia, pois há neste crime o interesse do Estado e da sociedade em realizar a sua apuração advogado diz que o promotor foi subornado pelo réu para pedir sua absolvição.

A imunidade é relativa: para a maioria, a ressalva exarada pela expressão salvo quando se tem intenção de injuriar ou difamar se aplica não apenas ao inciso II, como também aos incisos I e III. Esse é o entendimento da maioria.

Nas hipóteses dos incisos I e III responde pela injúria ou difamação aquele que dá publicidade ao fato. É imprescindível, para tanto, o animus ofendendi.

I. *A ofensa irrogada em juízo, na discussão da causa, pela parte ou por seu procurador;*

Esta excludente de ilicitude não se aplica quando a ofensa é dirigida ao juiz (magistrado), pois este não é parte na causa.

Para o advogado, de acordo com o Art. 7º, §2º, da Lei nº 8.906/94 (Estatuto da OAB): O advogado tem imunidade profissional, não constituindo injúria, difamação ou desacato puníveis em qualquer manifestação de sua parte, no exercício de sua atividade, em juízo ou fora dele, sem prejuízo das sanções disciplinares perante a OAB, pelos excessos que cometer.

A expressão ou desacato foi declarada inconstitucional pelo STF, nos autos da ADIN 1.127-8. Desse modo, o advogado pode praticar o crime de desacato.

II. *A opinião desfavorável da crítica literária, artística ou científica, salvo quando inequívoca a intenção de injuriar ou difamar;*

III. *O conceito desfavorável emitido por funcionário público, em apreciação ou informação que preste no cumprimento de dever do ofício.*

Cuida-se de modalidade especial de estrito cumprimento do dever legal.

Ex.: Delegado de Polícia que, ao relatar o inquérito policial, refere-se ao indiciado como pessoa de alta periculosidade, covarde e impiedoso.

3.5.6 Retratação

Art. 143. *O querelado que, antes da sentença, se retrata cabalmente da calúnia ou da difamação, fica isento de pena.*

Parágrafo único. Nos casos em que o querelado tenha praticado a calúnia ou a difamação utilizando-se de meios de comunicação, a retratação dar-se-á, se assim desejar o ofendido, pelos mesmos meios em que se praticou a ofensa.

É necessário observar que, retratação não se confunde com confissão da calúnia ou da difamação. Retratar-se é escusar-se, retirar o que disse, trazer a verdade novamente à tona. Trata-se de causa extintiva da punibilidade.

Se o querelado se retrata, há exclusão do crime, mas isso não importa em exclusão de indenização na seara cível.

Atente-se que, somente em relação a calúnia e a difamação há possibilidade de retratação, não abrangendo a injúria. Atente-se que, na lei de imprensa, havia previsão relativa a injúria, mas esta não foi recepcionada pela CF, nos termos de decisão proferida pelo STF.

É possível retratação extintiva da punibilidade no crime contra a honra de funcionário público no exercício da função? Em regra, não, pois não haverá querelado (a ação penal é pública).

Na retratação não se exige a concordância do ofendido.

A retratação deve ser total e incondicional. Deve ainda, abranger tudo o que foi dito pelo ofensor.

3.5.7 Pedido de Explicações

***Art. 144.** Se, de referências, alusões ou frases, se infere calúnia, difamação ou injúria, quem se julga ofendido pode pedir explicações em juízo. Aquele que se recusa a dá-las ou, a critério do juiz, não as dá satisfatórias, responde pela ofensa.*

Possui as seguintes características:

> É medida facultativa, pois a vítima não precisa dele se valer para o oferecimento da ação penal.

> Somente pode ser utilizado antes do ajuizamento da ação penal.

> Não possui procedimento específico.

> Não interrompe ou suspende o prazo decadencial.

O requerido não pode ser compelido a prestar as informações solicitadas. Desse modo, caso se omita, não poderá sofrer qualquer espécie de sanção.

3.5.8 Ação Penal

***Art. 145.** Nos crimes previstos neste Capítulo somente se procede mediante queixa, salvo quando, no caso do Art. 140, § 2º, da violência resulta lesão corporal.*

***Parágrafo único.** Procede-se mediante requisição do Ministro da Justiça, no caso do inciso I do caput do Art. 141 deste Código, e mediante representação do ofendido, no caso do inciso II do mesmo artigo, bem como no caso do § 3º do Art. 140 deste Código. (Redação dada pela Lei nº 12.033. de 2009).*

3.5.9 Espécies de Ação Penal

A regra geral é que os crimes contra a honra (Calúnia/Difamação/Injúria) são de Ação Penal privada.

→ Todavia, há três exceções:

> Pública Condicionada a requisição do Ministro da Justiça (crime contra o Presidente da República ou chefe de governo estrangeiro);

> Pública Condicionada a representação do ofendido (crime contra funcionário público em razão de suas funções ou crime de injúria qualificada – discriminação);

> Pública incondicionada: injúria real se resulta lesão corporal.

Crime contra a honra de funcionário público: Tratando-se de ofensa em razão da função, a ação penal é pública condicionada a representação.

Tratando-se de ofensa sem vínculo com a função pública, a ação penal é privada.

Súm. 714, STF. É concorrente a legitimidade do ofendido mediante queixa e do MP condicionada a representação do ofendido, para a ação penal por crime contra a honra de servidor público em razão do exercício de suas funções.

Caso a injúria preconceito tenha sido praticada antes da Lei nº 12.033/09 quando tal crime dependia de queixa e ao ingressar com a inicial já está em vigor tal lei. Será cabível queixa ou deverá ser oferecida representação para que o MP denuncie? Essa é uma alteração irretroativa pela qual a ação penal continuará sendo privada, nessa hipótese.

3.6 Dos Crimes contra Liberdade Individual

3.6.1 Dos Crimes contra a Liberdade Pessoal

Constrangimento ilegal

***Art. 146.** Constranger alguém, mediante violência ou grave ameaça, ou depois de lhe haver reduzido, por qualquer outro meio, a capacidade de resistência, a não fazer o que a lei permite, ou a fazer o que ela não manda:*

***Pena** - detenção, de três meses a um ano, ou multa.*

Aumento de Pena

***§ 1º.** As penas aplicam-se cumulativamente e em dobro, quando, para a execução do crime, se reúnem mais de três pessoas, ou há emprego de armas.*

***§ 2º.** Além das penas cominadas, aplicam-se as correspondentes à violência.*

***§ 3º.** Não se compreendem na disposição deste artigo:*

***I.** A intervenção médica ou cirúrgica, sem o consentimento do paciente ou de seu representante legal, se justificada por iminente perigo de vida;*

***II.** A coação exercida para impedir suicídio.*

Ameaça

***Art. 147.** Ameaçar alguém, por palavra, escrito ou gesto, ou qualquer outro meio simbólico, de causar-lhe mal injusto e grave:*

***Pena** - detenção, de um a seis meses, ou multa.*

***Parágrafo único.** Somente se procede mediante representação.*

Sequestro e Cárcere Privado

***Art. 148.** Privar alguém de sua liberdade, mediante sequestro ou cárcere privado:*

***Pena** - reclusão, de um a três anos.*

***§ 1º.** A pena é de reclusão, de dois a cinco anos:*

***I.** Se a vítima é ascendente, descendente, cônjuge ou companheiro do agente ou maior de 60 (sessenta) anos;*

***II.** Se o crime é praticado mediante internação da vítima em casa de saúde ou hospital;*

***III.** Se a privação da liberdade dura mais de quinze dias.*

IV. Se o crime é praticado contra menor de 18 (dezoito) anos;

V. Se o crime é praticado com fins libidinosos.

§ 2º. Se resulta à vítima, em razão de maus-tratos ou da natureza da detenção, grave sofrimento físico ou moral:

***Pena** - reclusão, de dois a oito anos.*

Trata-se de infração de médio potencial ofensivo, admitindo-se a suspensão condicional do processo.

As pessoas que são impossibilitadas de se locomover podem ser vítimas do delito? A liberdade de movimento não deixa de existir quando se exerce à custa de aparelhos ou com o auxílio de outrem.

Essa é a posição que prevalece no Brasil. Há doutrinadores estrangeiros que afirmam que não seria esse o delito, mas sim o de constrangimento ilegal em se tratando de pessoas que não podem se locomover.

Caso a vítima seja Presidente da República, do SF, CD e STF, e, havendo motivação política, o delito pode ser considerado crime contra a Segurança Nacional (Art. 28 da Lei nº 7.170/83).

→ Conduta: é a privação da liberdade. Pode ser executada mediante:

> Sequestro: é privação da liberdade sem confinamento.

Ex.: Sítio, casa.

> Cárcere Privado: é a privação da liberdade com confinamento.

Ex.: Porão.

Quando o crime for praticado mediante cárcere privado, deve fixar esse meio mais gravoso na fixação da pena.

O crime pode ser praticado por ação ou omissão.

Médico que não concede alta para paciente já curado.

→ Tipo subjetivo: O dolo é a finalidade especial do crime.

Se a finalidade for obter vantagem econômica, o delito será o previsto no Art. 159 do CP. Se o fim for satisfazer pretensão, deixa de ser o delito do Art. 148 e passa a ser o delito previsto no Art. 345 (exercício arbitrário das próprias razões). Ex.: médico que não concede alta para paciente com a finalidade de satisfazer pretensão tida como legítima – pagamento do tratamento – o delito será de exercício arbitrário das próprias razões.

Na hipótese em que a finalidade é causar sofrimento físico ou mental, o delito será o de tortura.

→ Consumação e tentativa: Trata-se de delito permanente, e sua consumação se protrai no tempo. Consuma-se com a efetiva privação da liberdade ou locomoção da vítima.

A tentativa é perfeitamente difícil já que a privação da liberdade pode ser antecedida de violência e se o agente age de forma violenta, mas não consegue privar sua liberdade por circunstâncias alheias a sua vontade, terá havido tentativa.

→ Qualificadoras: Art. 148, §1º:

I. Ascendente, descendente, cônjuge ou companheiro do agente ou maior de 60 anos.

Neste caso, para qualificar não abrange o parentesco colateral, por afinidade, padrasto, ou madrasta do agente.

O idoso deve ter MAIS de 60 anos quando de sua libertação, não importando se quando da privação da liberdade tinha menos de 60 anos.

II. Se o crime é praticado mediante internação da vítima em casa de saúde ou hospital: Neste caso, tem que ser internação simulada ou fraudulenta.

III. Se a privação da liberdade dura mais de quinze dias: Este prazo inicia-se no momento da privação da vítima, até sua libertação.

IV. Crime praticado contra menor de 18 anos: neste inciso basta que a vítima seja maior de 18 anos ao final do sequestro, pouco importando se tinha menos que 18 anos no inicio do cárcere.

V. Se praticado com fins libidinosos: trata-se de ação penal pública incondicionada (e não ação privada, como era anterior a 2005).

Redução a Condição Análoga à de Escravo

***Art. 149.** Reduzir alguém a condição análoga à de escravo, quer submetendo-o a trabalhos forçados ou a jornada exaustiva, quer sujeitando-o a condições degradantes de trabalho, quer restringindo, por qualquer meio, sua locomoção em razão de dívida contraída com o empregador ou preposto:*

***Pena** - reclusão, de dois a oito anos, e multa, além da pena correspondente à violência.*

§ 1º. Nas mesmas penas incorre quem:

I. Cerceia o uso de qualquer meio de transporte por parte do trabalhador, com o fim de retê-lo no local de trabalho;

II. Mantém vigilância ostensiva no local de trabalho ou se apodera de documentos ou objetos pessoais do trabalhador, com o fim de retê-lo no local de trabalho.

§ 2º. A pena é aumentada de metade, se o crime é cometido:

I. Contra criança ou adolescente;

II. Por motivo de preconceito de raça, cor, etnia, religião ou origem.

Tráfico de Pessoas

***Art. 149-A.** Agenciar, aliciar, recrutar, transportar, transferir, comprar, alojar ou acolher pessoa, mediante grave ameaça, violência, coação, fraude ou abuso, com a finalidade de: (Incluído pela Lei nº 13.344, de 2016)*

I. remover-lhe órgãos, tecidos ou partes do corpo; (Incluído pela Lei nº 13.344, de 2016)

II. submetê-la a trabalho em condições análogas à de escravo; (Incluído pela Lei nº 13.344, de 2016)

III. submetê-la a qualquer tipo de servidão; (Incluído pela Lei nº 13.344, de 2016)

IV. adoção ilegal; ou (Incluído pela Lei nº 13.344, de 2016)

V. exploração sexual. (Incluído pela Lei nº 13.344, de 2016)

Pena. reclusão, de 4 (quatro) a 8 (oito) anos, e multa. (Incluído pela Lei nº 13.344, de 2016)

§ 1º. A pena é aumentada de um terço até a metade se: (Incluído pela Lei nº 13.344, de 2016)

I. o crime for cometido por funcionário público no exercício de suas funções ou a pretexto de exercê-las; (Incluído pela Lei nº 13.344, de 2016)

II. o crime for cometido contra criança, adolescente ou pessoa idosa ou com deficiência; (Incluído pela Lei nº 13.344, de 2016)

III. o agente se prevalecer de relações de parentesco, domésticas, de coabitação, de hospitalidade, de dependência econômica, de autoridade ou de superioridade hierárquica inerente ao exercício de emprego, cargo ou função; ou (Incluído pela Lei nº 13.344, de 2016)

IV. a vítima do tráfico de pessoas for retirada do território nacional. (Incluído pela Lei nº 13.344, de 2016)

§ 2º. A pena é reduzida de um a dois terços se o agente for primário e não integrar organização criminosa. (Incluído pela Lei nº 13.344, de 2016)

3.6.2 Dos Crimes contra a Inviolabilidade do Domicílio

Violação de Domicílio

Art. 150 - Entrar ou permanecer, clandestina ou astuciosamente, ou contra a vontade expressa ou tácita de quem de direito, em casa alheia ou em suas dependências:

Pena - detenção, de um a três meses, ou multa.

§ 1º - Se o crime é cometido durante a noite, ou em lugar ermo, ou com o emprego de violência ou de arma, ou por duas ou mais pessoas:

Pena - detenção, de seis meses a dois anos, além da pena correspondente à violência.

§ 2º - (Revogado pela Lei nº 13.869, de 2019)

§ 3º - Não constitui crime a entrada ou permanência em casa alheia ou em suas dependências:

I. durante o dia, com observância das formalidades legais, para efetuar prisão ou outra diligência;

II. a qualquer hora do dia ou da noite, quando algum crime está sendo ali praticado ou na iminência de o ser.

§ 4º - A expressão "casa" compreende:

I. qualquer compartimento habitado;

II. aposento ocupado de habitação coletiva;

III. compartimento não aberto ao público, onde alguém exerce profissão ou atividade.

§ 5º - Não se compreendem na expressão "casa":

I. hospedaria, estalagem ou qualquer outra habitação coletiva, enquanto aberta, salvo a restrição do n.º II do parágrafo anterior;

II. taverna, casa de jogo e outras do mesmo gênero

3.6.3 Dos Crimes contra a Inviolabilidade de Correspondência

Violação de Correspondência

Art. 151. Devassar indevidamente o conteúdo de correspondência fechada, dirigida a outrem:

Pena - detenção, de um a seis meses, ou multa.

Sonegação ou Destruição de Correspondência

§ 1º. Na mesma pena incorre:

I. Quem se apossa indevidamente de correspondência alheia, embora não fechada e, no todo ou em parte, a sonega ou destrói;

Violação de Comunicação Telegráfica, Radioelétrica ou Telefônica

II. Quem indevidamente divulga, transmite a outrem ou utiliza abusivamente comunicação telegráfica ou radioelétrica dirigida a terceiro, ou conversação telefônica entre outras pessoas;

III. Quem impede a comunicação ou a conversação referidas no número anterior;

IV. Quem instala ou utiliza estação ou aparelho radioelétrico, sem observância de disposição legal.

§ 2º. As penas aumentam-se de metade, se há dano para outrem.

§ 3º. Se o agente comete o crime, com abuso de função em serviço postal, telegráfico, radioelétrico ou telefônico:

Pena - detenção, de um a três anos.

§ 4º. Somente se procede mediante representação, salvo nos casos do § 1º, IV, e do § 3º.

Correspondência Comercial

Art. 152. Abusar da condição de sócio ou empregado de estabelecimento comercial ou industrial para, no todo ou em parte, desviar, sonegar, subtrair ou suprimir correspondência, ou revelar a estranho seu conteúdo:

Pena - detenção, de três meses a dois anos.

Parágrafo único. Somente se procede mediante representação.

Dos Crimes contra a Inviolabilidade dos Segredos

Divulgação de Segredo

Art. 153. Divulgar alguém, sem justa causa, conteúdo de documento particular ou de correspondência confidencial, de que é destinatário ou detentor, e cuja divulgação possa produzir dano a outrem:

Pena - detenção, de um a seis meses, ou multa.

§ 1º. Somente se procede mediante representação.

§ 1º-A. Divulgar, sem justa causa, informações sigilosas ou reservadas, assim definidas em lei, contidas ou não nos sistemas de informações ou banco de dados da Administração Pública:

Pena - detenção, de 1 (um) a 4 (quatro) anos, e multa.

§ 2º. Quando resultar prejuízo para a Administração Pública, a ação penal será incondicionada.

Violação do Segredo Profissional

Art. 154. Revelar alguém, sem justa causa, segredo, de que tem ciência em razão de função, ministério, ofício ou profissão, e cuja revelação possa produzir dano a outrem:

Pena - detenção, de três meses a um ano, ou multa.

Parágrafo único. Somente se procede mediante representação.

Art. 154-A. Invadir dispositivo informático alheio, conectado ou não à rede de computadores, mediante violação indevida de mecanismo de segurança e com o fim de obter, adulterar ou destruir dados ou informações sem autorização expressa ou tácita do titular do dispositivo ou instalar vulnerabilidades para obter vantagem ilícita: (Incluído pela Lei nº 12.737, de 2012)

Pena - detenção, de 3 (três) meses a 1 (um) ano, e multa. (Incluído pela Lei nº 12.737, de 2012)

§ 1º Na mesma pena incorre quem produz, oferece, distribui, vende ou difunde dispositivo ou programa de computador com o intuito de permitir a prática da conduta definida no caput. (Incluído pela Lei nº 12.737, de 2012)

§ 2º Aumenta-se a pena de um sexto a um terço se da invasão resulta prejuízo econômico. (Incluído pela Lei nº 12.737, de 2012)

§ 3º Se da invasão resultar a obtenção de conteúdo de comunicações eletrônicas privadas, segredos comerciais ou industriais, informações sigilosas, assim definidas em lei, ou o controle remoto não autorizado do dispositivo invadido: (Incluído pela Lei nº 12.737, de 2012)

Pena - reclusão, de 6 (seis) meses a 2 (dois) anos, e multa, se a conduta não constitui crime mais grave. (Incluído pela Lei nº 12.737, de 2012)

§ 4º Na hipótese do § 3o, aumenta-se a pena de um a dois terços se houver divulgação, comercialização ou transmissão a terceiro, a qualquer título, dos dados ou informações obtidos. (Incluído pela Lei nº 12.737, de 2012)

§ 5º Aumenta-se a pena de um terço à metade se o crime for praticado contra: (Incluído pela Lei nº 12.737, de 2012)

I. Presidente da República, governadores e prefeitos; (Incluído pela Lei nº 12.737, de 2012)

II. Presidente do Supremo Tribunal Federal; (Incluído pela Lei nº 12.737, de 2012)

III. Presidente da Câmara dos Deputados, do Senado Federal, de Assembleia Legislativa de Estado, da Câmara Legislativa do Distrito Federal ou de Câmara Municipal; ou (Incluído pela Lei nº 12.737, de 2012)

IV. dirigente máximo da administração direta e indireta federal, estadual, municipal ou do Distrito Federal. (Incluído pela Lei nº 12.737, de 2012)

Ação penal

(Incluído pela Lei nº 12.737, de 2012)

Art. 154-B. *Nos crimes definidos no art. 154-A, somente se procede mediante representação, salvo se o crime é cometido contra a administração pública direta ou indireta de qualquer dos Poderes da União, Estados, Distrito Federal ou Municípios ou contra empresas concessionárias de serviços públicos. (Incluído pela Lei nº 12.737, de 2012)*

Questões

01. (CESPE - 2018) Mário, ao envolver-se em uma briga, lesionou Júlio. Nessa situação hipotética, Mário responderá por lesão corporal de natureza grave se tiver provocado em Júlio debilidade permanente de função, como, por exemplo, a redução da capacidade mastigatória pela perda dentária.

Certo ( ) Errado ( )

02. (CESPE - 2018) Considerando a doutrina e a jurisprudência dos tribunais superiores acerca dos crimes em espécie, julgue o seguinte item. Situação hipotética: Um servidor público, no exercício de suas funções, foi vítima de injúria e difamação. Assertiva: Nessa situação, será concorrente a legitimidade do servidor ofendido, mediante queixa, e do Ministério Público, condicionada à representação do ofendido, para a ação penal correspondente.

Certo ( ) Errado ( )

03. (CESPE - 2018) No que se refere aos crimes contra a pessoa, a pena pela prática do homicídio doloso simples será aumentada de um terço se o agente deixar de prestar imediato socorro à vítima, não procurar diminuir as consequências do seu ato ou fugir para evitar a prisão em flagrante.

Certo ( ) Errado ( )

04. (CESPE - 2018) O Código Penal estabelece como hipótese de qualificação do homicídio o cometimento do ato com emprego de veneno, fogo, explosivo, asfixia, tortura ou outro meio insidioso ou cruel, ou de que possa resultar perigo comum. Esse dispositivo legal é exemplo de interpretação analógica.

Certo ( ) Errado ( )

05. (CESPE - 2018) Pune-se a tentativa no crime de induzimento a suicídio sem resultado lesivo.

Certo ( ) Errado ( )

Gabaritos

01	CERTO
02	CERTO
03	ERRADO
04	CERTO
05	ERRADO

4. DOS CRIMES CONTRA O PATRIMÔNIO

4.1 Do Furto

__Art. 155__ - Subtrair, para si ou para outrem, coisa alheia móvel:

__Pena__ - reclusão, de um a quatro anos, e multa.

__§ 1º__ - A pena aumenta-se de um terço, se o crime é praticado durante o repouso noturno.

__§ 2º__ - Se o criminoso é primário, e é de pequeno valor a coisa furtada, o juiz pode substituir a pena de reclusão pela de detenção, diminuí-la de um a dois terços, ou aplicar somente a pena de multa.

__§ 3º__ - Equipara-se à coisa móvel a energia elétrica ou qualquer outra que tenha valor econômico.

Furto qualificado

__§ 4º__ - A pena é de reclusão de dois a oito anos, e multa, se o crime é cometido:

__I.__ com destruição ou rompimento de obstáculo à subtração da coisa;

__II.__ com abuso de confiança, ou mediante fraude, escalada ou destreza;

__III.__ com emprego de chave falsa;

__IV.__ mediante concurso de duas ou mais pessoas.

__§ 4º-A__ A pena é de reclusão de 4 (quatro) a 10 (dez) anos e multa, se houver emprego de explosivo ou de artefato análogo que cause perigo comum. (Incluído pela Lei nº 13.654, de 2018)

__§ 5º__ - A pena é de reclusão de três a oito anos, se a subtração for de veículo automotor que venha a ser transportado para outro Estado ou para o exterior. (Incluído pela Lei nº 9.426, de 1996)

__§ 6º__ A pena é de reclusão de 2 (dois) a 5 (cinco) anos se a subtração for de semovente domesticável de produção, ainda que abatido ou dividido em partes no local da subtração. (Incluído pela Lei nº 13.330, de 2016)

__§ 7º__ A pena é de reclusão de 4 (quatro) a 10 (dez) anos e multa, se a subtração for de substâncias explosivas ou de acessórios que, conjunta ou isoladamente, possibilitem sua fabricação, montagem ou emprego. (Incluído pela Lei nº 13.654, de 2018)

O crime de furto está descrito no rol dos crimes contra o patrimônio, mais precisamente, no Título II do Código Penal. Furto é se apropriar de algo alheio para si ou para outra pessoa.

Existem várias modalidades de furto, dentre as quais se destacam: o furto de coisa comum, furto privilegiado e o furto qualificado. Há que se distinguir furto de roubo: a principal diferença entre os dois é que no roubo há emprego de violência e no furto não há.

4.1.1 Bem Jurídico Tutelado

Tutela-se a propriedade, a posse e a detenção, desde que legítimas.

4.1.2 Classificação

É considerado um crime COMUM (praticado por qualquer pessoa) e MATERIAL (para sua consumação exige um resultado).

É um crime doloso (ânimo de assenhoramento definitivo da coisa. Vontade de se tornar dono / proprietário do bem).

4.1.3 Sujeitos do Crime

Sujeito Ativo: qualquer pessoa (exceto o proprietário).

Sujeito Passivo: qualquer pessoa (proprietário, possuidor ou detentor do bem). Pode ser pessoa física ou jurídica.

4.1.4 Consumação e Tentativa

De acordo com a teoria da inversão da posse, ocorre a consumação do furto no momento em que o bem sai da esfera de disponibilidade da vítima e passa para a do autor do delito.

E de acordo com o STJ não se exige a posse mansa e pacífica do bem para a sua consumação, bastando que o agente obtenha a simples posse do bem, ainda que por um curto período de tempo.

Precedentes do STJ e STF considera-se consumado o crime de furto com a simples posse, ainda que breve, do bem subtraído, não sendo necessária que a mesma se dê de forma mansa e pacífica, bastando que cesse a clandestinidade, ainda que por curto espaço de tempo.

01. Pungista (vulgarmente conhecido como batedor de carteira) coloca a mão no bolso da vítima, mas a carteira está no outro bolso: tentativa de furto.

02. Pungista coloca a mão no bolso da vítima, mas a carteira está em casa: crime impossível (Art. 17, CP).

Furto Consumado

Há perda dos bens subtraídos;

APF (Auto de Prisão em Flagrante) de apenas um dos agentes e fuga dos comparsas;

Subtração e posse de apenas parte dos bens;

APF (Auto de Prisão em Flagrante) no caso de flagrante presumido.

Por circunstâncias alheias à vontade do agente, este não consegue consumar o furto. É admitida a tentativa, pois se trata de crime material (exige resultado).

4.1.5 Tipo Subjetivo

O delito é punido a título de dolo. Mas, atente-se que é necessária a vontade de apoderamento definitivo, ou seja, a intenção de não mais devolver a coisa à vítima.

O furto de uso é fato atípico. Mas para ser caracterizado o furto de uso são necessários três requisitos: a internação desde o início de uso momentâneo da coisa, ser coisa não consumível (infungível) e a restituição seja imediata e integral à vítima.

Qual crime pratica o proprietário que subtrai coisa sua na legítima posse de terceiro? Há prática do delito de exercício arbitrário das próprias razões. E, aqui, pode se enquadrar no Art. 345 ou 346 do CP, a depender da qualidade da posse do agente.

E a coisa pública de uso comum, pode ser objeto material de furto?

A coisa pública, de uso comum, a todos pertence, não podendo ser subtraída e configurar furto. Sucede que, dependendo da situação, há possibilidade da prática de crime ambiental, do delito de usurpação de águas e do crime de dano.

Ex.: Furto de parte de estátua.

A vigilância física ou eletrônica em estabelecimentos comerciais torna o crime impossível? Primeiramente, deve-se analisar a natureza do equipamento. Se, por exemplo, se tem um equipamento que impede por si só a saída do estabelecimento com o bem seria configurado o crime impossível. O fato de haver câmeras ou seguranças apenas dificulta a consumação.

4.1.6 Furto Noturno

> ***Art. 155, § 1º, CP.*** *A pena aumenta-se de um terço, se o crime é praticado durante o repouso noturno.*

O repouso noturno só era aplicado ao furto simples (caput). Porém a jurisprudência hoje admite a previsão do aumento de pena tanto para o furto simples (caput) quanto para o furto qualificado (§§ 4º, 5º)

Aplica-se esta causa de aumento de pena, desde que o fato seja praticado durante o repouso noturno.

Não importa se a casa estava ou não habitada, ou o seu morador estava ou não dormindo (divergência).

Aplica-se esta majorante, também, aos furtos cometidos durante o repouso noturno em veículos estacionados em vias públicas, bem como em estabelecimentos comerciais (Divergência jurisprudencial).

Repouso Noturno	Noite
Período em que as pessoas se recolhem em suas casas para descansarem (dormirem). Varia conforme a região: grandes metrópoles ou pequenas cidades do interior.	Ausência de luz solar. Período que vai da aurora ou crepúsculo.

4.1.7 Furto Privilegiado

> ***§ 2º.*** *Se o criminoso é primário, e é de pequeno valor a coisa furtada, o juiz pode substituir a pena de reclusão pela de detenção, diminuí-la de um a dois terços, ou aplicar somente a pena de multa.*

Aplica-se apenas ao furto simples (*caput*) e ao furto noturno. Não se aplica ao furto qualificado (§§ 4º e 5º).

Criminoso primário: aquele que não é reincidente. Não precisa ser portador de bons antecedentes. Se já transcorrido o prazo de 5 anos entre a data de cumprimento ou extinção da pena e a infração penal posterior, o agente readquire a sua condição de primário (Art. 64, I, CP).

Coisa subtraída de pequeno valor: bem cujo valor seja de até um salário mínimo na data do fato.

"Coisa de pequeno valor" não se confunde com "coisa de valor insignificante". A primeira, se também presente a primariedade do agente, enseja a incidência do privilégio; a segunda conduz à atipicidade do fato, em decorrência do princípio da insignificância (criminalidade de bagatela).

Presentes estes dois requisitos legais, o juiz é obrigado a aplicar o privilégio ao criminoso (direito subjetivo do acusado).

4.1.8 Furto Qualificado-Privilegiado

O STF aceita a possibilidade de se aplicar o privilégio (Art. 155, §2º, CP) às figuras qualificadas (Art. 155, §§ 4º e 5º, CP) desde que não haja imposição isolada de pena de multa em decorrência do privilégio.

STF entendeu que no furto qualificado pelo concurso de agentes, não há óbice ao reconhecimento do privilégio, desde que estejam presentes os requisitos ensejadores de sua aplicação, quais sejam, a primariedade do agente e o pequeno valor da coisa furtada.

> ***§ 3º.*** *Equipara-se à coisa móvel a energia elétrica ou qualquer outra que tenha valor econômico.*

Trata-se de normal penal interpretativa. Entende por qualquer outra energia térmica, mecânica, radioatividade e genética (sêmen de animal).

4.1.9 Furto de Sinal de TV a Cabo

1ª Corrente: não é crime. A energia se consome, se esgota e pode, inclusive, terminar, ao passo que sinal de TV não se gasta, não diminui. É adotada por Bittencourt.

2ª Corrente: o furto de sinal de TV se encaixa no §3º do Art. 155, pois é uma forma de energia. É uma corrente adotada pelo STJ.

Furto de Energia X estelionato no Consumo de Energia

Furto de Energia Elétrica	Estelionato no Consumo de Energia
No furto de energia elétrica, o agente **não está autorizado via contrato, a gastar energia**.	Nesse caso o agente está autorizado, via contrato, a gastar energia.
O agente, mediante artifício, por exemplo, ligação clandestina, subtrai a energia.	O agente, mediante fraude, altera o medidor de consumo da energia, indicando valor menor que o efetivamente consumido.

4.1.10 Furto Qualificado

> ***§ 4º.*** *A pena é de reclusão de dois a oito anos, e multa, se o crime é cometido:*
>
> ***I.*** *Com destruição ou rompimento de obstáculo à subtração da coisa;*

Ex.: Arrombamento de fechaduras, janelas, portas, cadeados, cofres, trincos.

Se o obstáculo destruído for inerente à própria coisa não incidirá esta forma qualificada.

Ex.: Quebrar o vidro da porta de um carro com o objetivo de furtar o veículo (furto simples).

Todavia, caso o agente quebre o vidro apenas para viabilizar o furto do CD-Player, ou de qualquer outro objeto que se encontra em seu interior, responderá por furto qualificado.

Se o agente, apenas desliga o alarme não incidirá a qualificadora, pois não houve destruição ou rompimento de obstáculo.

Caso a violência seja empregada após a consumação do furto, o agente responderá por furto em concurso com o crime de dano (Art. 163).

De acordo com Fernando Capez, o furto da bolsa para obter o que está em seu interior não qualifica o delito, pois a bolsa não é obstáculo e sim forma de transportar as coisas. O obstáculo seria um cadeado.

Há decisões que entendem pela aplicabilidade da qualificadora quando há ligação direta no veículo.

II. Com abuso de confiança, ou mediante fraude, escalada ou destreza;

> Confiança é circunstância subjetiva incomunicável o concurso de pessoas (Art. 30, CP).

Ex.: Famulato (furto praticado por empregado doméstico contra o patrão).

Essa qualificadora pressupõe dois requisitos:

> A vítima tem que depositar, por qualquer motivo (amizade, parentesco, relações profissionais etc.), uma especial confiança no agente;
> O agente deve se aproveitar de alguma facilidade decorrente da confiança nele depositada para cometer o crime.

A vítima tem que depositar, por qualquer motivo (amizade, parentesco, relações profissionais etc.), uma especial confiança no agente;

O agente deve se aproveitar de alguma facilidade decorrente da confiança nele depositada para cometer o crime.

Furto Mediante Abuso de Confiança	Apropriação Indébita
O agente tem mero contato com a coisa. O agente pode até ter posse, mas essa é uma posse precária vigiada.	O agente exerce a posse em nome de outrem. O agente tem posse desvigiada
O dolo está presente desde o início da posse.	O dolo é superveniente à posse.

Fraude é o artifício (emprego de algum objeto, instrumento ou vestimenta para enganar o titular do bem) ou ardil (conversa enganosa), isto é, o meio enganoso empregado pelo agente para diminuir a vigilância da vítima ou de terceiro sobre um bem móvel, permitindo ou facilitando sua subtração.

> A fraude como qualificadora há de ser empregada antes ou durante a subtração da coisa, ou seja, antecede a consumação do crime.
> Um ponto muito relevante é a diferenciação entre furto mediante fraude e estelionato.

Destreza: trata-se de peculiar habilidade física ou manual permitindo ao agente despojar a vítima sem que esta perceba.

Ex.: Batedores de carteira ou punguistas.

FRAUDE	Furto Mediante Fraude	Estelionato (Art. 171, CP)
	É qualificadora do crime.	É elementar do crime.
	Deve ser empregada antes ou durante a subtração do bem.	Antecede o apossamento da coisa.
	É utilizada para **diminuir a vigilância** da vítima sobre o bem, permitindo ou facilitando a substrução.	É utilizada para induzir a vítima em erro, mediante uma falsa percepção da realidade.
	Há a subtração do bem sem que a vítima perceba.	Ocorre a entrega espontânea (embora viciada) do bem pela vítima ao agente.
	Ex.: "A" e "B", banidos, se disfarçam de técnicos de TV a cabo e pedem para consertar a TV de "C". Enquanto "C" permanece em seu quarto "A" e "B" aproveitam sua distração para furtar objetos na sala de estar.	**Ex.:** "A" se disfarça de manobrista e fica parado em frente a um restaurante. "B" entrega seu veículo para que o falso manobrista o estacione. "A" desaparece com o carro.

III. Com emprego de chave falsa;

Segundo alguns autores, chave falsa é todo o instrumento, com ou sem forma de chave, destinado a abrir fechaduras

Ex.: Grampos, arames, estiletes, micha etc.

A chave verdadeira, obtida fraudulentamente, não gera a qualificadora do inciso III.

IV. Mediante concurso de duas ou mais pessoas.

Responderá por furto qualificado mesmo se um dos integrantes for menor de 18 anos.

§ 4º-A A pena é de reclusão de 4 (quatro) a 10 (dez) anos e multa, se houver emprego de explosivo ou de artefato análogo que cause perigo comum.

A Lei 13.645, de 2018, inseriu uma nova qualificadora ao crime do furto, com o intuito de criminalizar mais gravemente a conduta relacionada à subtração com o emprego de explosivo ou artefato análogo, como o que acontece com os caixas de banco.

§ 5º. A pena é de reclusão de 3 (três) a 8 (oito) anos, se a subtração for de veículo automotor que venha a ser transportado para outro Estado ou para o exterior.

§ 6º A pena é de reclusão de 2 (dois) a 5 (cinco) anos se a subtração for de semovente domesticável de produção, ainda que abatido ou dividido em partes no local da subtração.

§ 7º A pena é de reclusão de 4 (quatro) a 10 (dez) anos e multa, se a subtração for de substâncias explosivas ou de acessórios que, conjunta ou isoladamente, possibilitem sua fabricação, montagem ou emprego.

Outra modificação feita pela Lei 13.654 de 2018 foi a inserção do § 7º no Art. 155 do CP. Essa alteração pune mais gravemente a subtração de explosivos ou acessórios para a fabricação, montagem ou emprego.

4.1.11 Bens Imóveis e Energia Elétrica

Os bens considerados imóveis pela legislação civil e que puderem ser deslocados de um local para outro podem ser objeto de furto.

Ex.: Navios, prédios, terrenos, carro, moto, animal de estimação, celular.

A energia elétrica ou qualquer outra que possua valor econômico é equiparada a coisa móvel (Art. 155, §3º, CP).

Ex.: Energia genética, energia nuclear, energia mecânica. Desse modo, a ligação clandestina de energia elétrica "gato" é crime de furto.

4.1.12 Modalidades de Furto

Abigeato: furto de gado.

Famulato: furto praticado pelo empregado doméstico contra o patrão. Não precisa ser realizado na residência do patrão, pode ser em qualquer lugar.

Furto famélico: hipótese em que o agente subtrai alimentos para saciar sua fome ou de sua família, pois se encontra em situação de extrema miséria e pobreza.

O furto famélico configura estado de necessidade, preenchidos os seguintes requisitos:

> Fato praticado para mitigar a fome;
> Que haja subtração de coisa capaz de contornar imediatamente e diretamente a emergência (fome).

> Inevitabilidade do comportamento lesivo.
> Impossibilidade de trabalho ou insuficiência dos recursos auferidos.

Somente pode ser aplicado o furto famélico àquele que está desempregado? Não. Caso os recursos obtidos sejam insuficientes, pode ser reconhecido o furto famélico.

O consentimento do ofendido, antes ou durante a subtração, torna o fato atípico (bem disponível), mas após a subtração, o fato será típico.

Não existe furto culposo.

É possível o furto privilegiado + repouso noturno.

É possível o furto privilegiado + furto qualificado desde que não haja imposição isolada da pena de multa em decorrência do privilégio.

Princípio da Insignificância no Furto

O princípio da insignificância é causa supralegal de exclusão da tipicidade (o fato não será crime).

Exige a Presença dos Seguintes Requisitos

Requisitos objetivos: mínima ofensividade da conduta; ausência de periculosidade social; reduzido grau de reprovabilidade do comportamento; e inexpressividade da lesão jurídica.

Requisitos subjetivos: importância do objeto material para a vítima (situação econômica + valor sentimental do bem); e circunstâncias e resultado do crime.

O princípio da insignificância, desde que presentes seus requisitos objetivos e subjetivos, é em tese aplicável tanto ao furto simples como ao furto qualificado.

Ex.: Duas pessoas, em concurso de agentes, furtam uma penca de bananas.

Subtração de cartão bancário ou de crédito: não há crime de furto (princípio da insignificância). Eventual utilização do cartão, para saques em dinheiro ou compras em geral, caracteriza o crime de estelionato (Art. 171, CP).

4.1.13 Furtos X Outros Crimes Semelhantes

Principais diferenças entre os crimes que mais são confundidos em provas de concurso:

Furto X Apropriação Indébita

O furto é diferente da apropriação indébita (Art. 168, CP), pois no primeiro a posse é vigiada e a subtração reside exatamente na retirada do bem desta esfera de vigilância. Já no segundo, a vítima entrega ao agente a posse desvigiada de um bem.

Furto X Peculato

O funcionário público que subtrai ou concorre para que seja subtraído bem público ou particular, que se encontra sob a guarda ou custódia da Administração Pública, valendo-se da facilidade que seu cargo lhe proporciona, pratica o crime de peculato furto (Art. 312, §1º, CP), também conhecido como peculato impróprio.

Furto X Exercício Arbitrário das Próprias Razões

Se um credor subtrai bens do devedor para se ressarcir de dívida não paga, o crime não será de furto, mas de exercício arbitrário das próprias razões (Art. 345, CP).

É pacífico o entendimento de que a coisa abandonada (*res derelicta*), a coisa de ninguém (*res nullius*) não podem ser objeto do crime de furto, como também a coisa perdida (*res desperdita*), porém a coisa perdida constitui o crime de apropriação de coisa achada, Art.169, II, do CP.

O ser humano não pode ser objeto de furto, salvo se forem partes definidas e com valor econômico.

Ex.: Cabelo.

Cadáver pode ser objeto de furto, desde que possua dono.

Ex.: Cadáver de faculdade de medicina.

> ***§ 5º.*** *A pena é de reclusão de três a oito anos, se a subtração for de VEÍCULO AUTOMOTOR que venha a ser transportado para outro Estado ou para o exterior. (Incluído pela Lei nº 9.426, de 1996)*

Esta majorante só incide quando o furto for de veículo automotor, não abrangendo embarcação nem aeronave, além disso, o veículo automotor deve ser levado para outro Estado ou país. Esqueceu-se de colocar o DF na qualificadora, porém a doutrina penal entende que o DF está abrangido também, pois o legislador ao utilizar a expressão Estado considerou os entes da federação, dentre eles o DF.

Não basta a intenção de ultrapassar os limites do Estado ou do país, sendo necessário que este ato seja consumado.

4.1.14 Furto de Coisa Comum

> ***Art. 156.*** *Subtrair o condômino, coerdeiro ou sócio, para si ou para outrem, a quem legitimamente a detém, a coisa comum:*
>
> ***Pena -*** *detenção, de seis meses a dois anos, ou multa.*
>
> ***§ 1º.*** *Somente se procede mediante representação.*
>
> ***§ 2º.*** *Não é punível a subtração de coisa comum fungível, cujo valor não excede a quota a que tem direito o agente.*

4.2 Do Roubo e da Extorsão

4.2.1 Roubo

> ***Art. 157*** *- Subtrair coisa móvel alheia, para si ou para outrem, mediante grave ameaça ou violência a pessoa, ou depois de havê-la, por qualquer meio, reduzido à impossibilidade de resistência:*
>
> ***Pena*** *- reclusão, de quatro a dez anos, e multa.*
>
> ***§ 1º*** *- Na mesma pena incorre quem, logo depois de subtraída a coisa, emprega violência contra pessoa ou grave ameaça, a fim de assegurar a impunidade do crime ou a detenção da coisa para si ou para terceiro.*
>
> ***§ 2º*** *A pena aumenta-se de 1/3 (um terço) até metade: (Redação dada pela Lei nº 13.654, de 2018)*
>
> ***I.*** *(revogado); (Redação dada pela Lei nº 13.654, de 2018)*
>
> ***II.*** *se há o concurso de duas ou mais pessoas;*
>
> ***III.*** *se a vítima está em serviço de transporte de valores e o agente conhece tal circunstância.*
>
> ***IV.*** *se a subtração for de veículo automotor que venha a ser transportado para outro Estado ou para o exterior; (Incluído pela Lei nº 9.426, de 1996)*
>
> ***V.*** *se o agente mantém a vítima em seu poder, restringindo sua liberdade. (Incluído pela Lei nº 9.426, de 1996)*

> ***VI.*** *se a subtração for de substâncias explosivas ou de acessórios que, conjunta ou isoladamente, possibilitem sua fabricação, montagem ou emprego. (Incluído pela Lei nº 13.654, de 2018)*
>
> ***VII.*** *se a violência ou grave ameaça é exercida com emprego de arma branca; (Incluído pela Lei* nº 13.964, de 2019) - ***ANTICRIME***
>
> ***§ 2º****-A A pena aumenta-se de 2/3 (dois terços): (Incluído pela Lei nº 13.654, de 2018)*
>
> ***I.*** *se a violência ou ameaça é exercida com emprego de arma de fogo; (Incluído pela Lei nº 13.654, de 2018)*
>
> ***II.*** *se há destruição ou rompimento de obstáculo mediante o emprego de explosivo ou de artefato análogo que cause perigo comum. (Incluído pela Lei nº 13.654, de 2018)*
>
> ***§ 2º****-B. Se a violência ou grave ameaça é exercida com emprego de arma de fogo de uso restrito ou proibido, aplica-se em dobro a pena prevista no caput deste artigo. (Incluído pela Lei nº 13.964, de 2019) -* ***ANTICRIME***
>
> ***§ 3º*** *Se da violência resulta: (Redação dada pela Lei nº 13.654, de 2018)*
>
> ***I.*** *lesão corporal grave, a pena é de reclusão de 7 (sete) a 18 (dezoito) anos, e multa; (Incluído pela Lei nº 13.654, de 2018)*
>
> ***II.*** *morte, a pena é de reclusão de 20 (vinte) a 30 (trinta) anos, e multa. (Incluído pela Lei nº 13.654, de 2018)*

O crime de roubo está tipificado no rol dos crimes contra o patrimônio. Esse crime assemelha-se muito ao crime de furto, contudo possui elementos que, agregados à conduta "subtrair", formam um novo crime.

No roubo há a subtração de coisa móvel alheia, porém com o emprego de violência ou grave ameaça contra a pessoa, elementos esses que empregados, fazem com que a vítima entregue a coisa móvel, funcionando como circunstâncias especiais que relevam a distinção para o crime furto.

Classificação

É crime comum / Formal (STJ e STF) / instantâneo / plurissubsistente / de dano / de concurso eventual.

Ofende o patrimônio, integridade física e liberdade individual do indivíduo (Crime COMPLEXO).

É crime de forma livre: admite qualquer meio de execução.

Emprego de Grave Ameaça

Também denominada de violência moral ou vis compulsiva (consiste na promessa de mal grave, iminente e passível de realização).

Emprego de Violência

Também denominada de violência própria, violência física ou vis absoluta (consiste no emprego de força física sobre a vítima, mediante lesão corporal ou vias de fato, para facilitar a subtração do bem.

Qualquer Outro Meio que Reduza a Vítima à Impossibilidade de Resistência

Também conhecida como **violência imprópria ou violência indireta**. Abrange todos os outros meios (diferentes da violência ou grave ameaça) que impossibilitam a resistência da vítima no momento da execução do roubo.

Ex.: Drogar ou embriagar a vítima, usar soníferos (o famoso "Boa noite Cinderela") ou hipnose etc.

Não admite o princípio da insignificância, pois o desvalor da conduta é elevado, o que justifica a rigorosa atuação do direito penal.

O elemento subjetivo é o dolo e exige-se o fim de assenhoramento definitivo da coisa (*animus rem sibi habendi*). Não é admitida a modalidade culposa.

O crime de roubo admite arrependimento posterior? Para a maioria da doutrina o roubo próprio admite arrependimento posterior quando praticado mediante violência imprópria (Ex.: uso de psicotrópicos). Para a minoria, violência imprópria não admite arrependimento posterior, pois não deixa de ser espécie de violência.

Sujeitos do Crime

Sujeito Ativo: qualquer pessoa (crime comum), exceto o proprietário da coisa alheia móvel.

Sujeito Passivo: o proprietário, possuidor ou detentor da coisa alheia móvel, assim como qualquer outra pessoa que seja atingida pela violência ou grave ameaça. Pessoa Jurídica também pode ser sujeito passivo.

Consumação e Tentativa

Consuma-se o crime de roubo, no momento em que o agente se torna possuidor do bem subtraído mediante grave ameaça ou violência. Para que o agente se torne possuidor, é desnecessário que a coisa saia da esfera de vigilância da vítima, bastando que cesse a clandestinidade ou a violência. (Para esta corrente, o crime de Roubo é Formal).

A tentativa é plenamente admitida, haja vista o caráter plurissubsistente do crime de roubo.

Situações nas quais o roubo é considerado consumado:

> Destruição ou perda do bem subtraído;

> Prisão em flagrante de um dos ladrões e fuga do(s) comparsa(s) com o bem subtraído.

Roubo Impróprio

> ***§ 1º.*** *Na mesma pena incorre quem, logo depois de subtraída a coisa, emprega violência contra pessoa ou grave ameaça, a fim de assegurar a impunidade do crime ou a detenção da coisa para si ou para terceiro.*

	Roubo Próprio (caput)	Roubo Impróprio (§ 1º)
Meios de Execução	Violência ou Grave ameaça ou qualquer outro meio que reduza a vítima à impossibilidade de resistência (violência imprópria).	Violência ou Grave Ameaça.
Momento de Emprego do meio de execução	Antes ou Durante a subtração do bem.	Logo depois de subtrair a coisa, mas antes da consumação do furto.
Finalidade do meio de execução	Permitir a subtração do bem.	Assegurar a impunidade do crime ou a detenção da coisa (o bem já foi subtraído).

O roubo impróprio não admite a violência imprópria (qualquer outro meio que reduza a vítima à impossibilidade de resistência).

Para falarmos em roubo impróprio é imprescindível o prévio apoderamento da coisa.

O roubo impróprio consuma-se no momento em que o sujeito utiliza a violência à pessoa ou grave ameaça, ainda que não tenha êxito em sua finalidade de assegurar a impunidade do crime ou a detenção da coisa subtraída para si ou para terceiro (**é Crime Formal**).

Causas de Aumento de Pena

§ 2º. A pena aumenta-se de um terço até metade:

***I.** (Revogado)*

***II.** Se há o concurso de duas ou mais pessoas;*

***III.** Se a vítima está em serviço de transporte de valores e o agente conhece tal circunstância.*

***IV.** Se a subtração for de veículo automotor que venha a ser transportado para outro Estado ou para o exterior;*

***V.** Se o agente mantém a vítima em seu poder, restringindo sua liberdade.*

Se o crime é cometido em concurso de agentes e somente um deles utiliza a arma, a causa de aumento de pena se estende a todos os envolvidos no roubo, independentemente de serem coautores ou partícipes.

Arma de fogo	Efetivo uso: incide a causa de aumento. Porte ostensivo: Incide a causa de aumento. Porte simulado de arma: não incide a causa de aumento, mas caracteriza o roubo simples (grave ameaça).
Arma com defeito	Absoluta ineficácia de arma: não incide a causa de aumento, mas caracteriza o roubo simples (grave ameaça). Relativa ineficácia de arma: incide a causa do aumento.
Arma desmuniciada	Não incide a causa de aumento, mas caracteriza o roubo simples (grave ameaça). Conforme o STF, arma desmuniciada ou sem possibilidade de pronto municiamento não configura o crime tipificado no Art. 14 da Lei 10.826/03 (Estatuto do Desarmamento).
Arma de brinquedo	Não incide a causa de aumento, mas caracteriza o roubo simples (grave ameaça).

Se há o concurso de duas ou mais pessoas

Incide esta qualificadora ainda que um dos envolvidos seja inimputável (Ex.: Menor de 18 anos) ou não possa ser identificado.

Essa qualificadora incide ainda que apenas um dos envolvidos no roubo pratique atos executórios ou esteja presente no local do crime. Desse modo, aplica-se tanto aos coautores quanto aos partícipes.

Se a vítima está em serviço de transporte de valores e o agente conhece tal circunstância

Tem por finalidade conceder maior proteção às pessoas que prestam serviços relacionados ao transporte de valores, exclui-se o proprietário dos bens.

Ex.: Carros-fortes, office-boys, estagiários, funcionários de bancos etc.

Exige-se que o agente tenha conhecimento desta circunstância.

Se a subtração for de veículo automotor que venha a ser transportado para outro Estado ou para o exterior

Fundamenta-se na maior dificuldade de recuperação do bem pela vítima, quando ocorre a ultrapassagem das fronteiras estaduais ou internacionais.

Não incide esta causa de aumento de pena na hipótese de transporte de componentes isolados (peças) do veículo automotor para outro Estado ou para o exterior.

Esta majorante só incide quando o roubo for de veiculo automotor, não abrangendo embarcação nem aeronave. Além disso a causa de aumento de pena somente terá incidência quando o veículo automotor efetivamente for transportado para outro Estado ou para o Exterior.

De acordo com Cleber Masson, a majorante é compatível com a forma tentada em uma única hipótese: quando o agente é perseguido logo após a subtração e foge em direção a fronteira de outro País ou Estado, mas acaba sendo preso antes que transponha a fronteira. Nesse caso basta a intenção do agente de transpor a fronteira para a aplicação do aumento de pena.

Ex.: Um veículo foi roubado e desmanchado em Cascavel/PR e suas peças foram encaminhadas para São Paulo ou para o Paraguai.

Esta majorante só incide quando o roubo for de veículo automotor, não abrangendo embarcação nem aeronave, além disso, o veículo automotor deve ser levado para outro Estado ou país.

Se o agente mantém a vítima em seu poder, restringindo sua liberdade

Na hipótese desta qualificadora, a vítima deve ter restringida sua liberdade por tempo juridicamente relevante.

Ex.: Pedro, mediante grave ameaça, subtrai o carro de Rafael, e com ele permanece até abandoná-lo em um local distante, evitando, dessa forma, o pedido de socorro às autoridades.

Se a subtração for de substâncias explosivas ou de acessórios que, conjunta ou isoladamente, possibilitem sua fabricação, montagem ou emprego

Trata-se de mais uma alteração marcada pela Lei 13.654/2018. Nesse caso, vale a pena destacar o objeto material do roubo. Em se tratando de explosivos ou acessórios para fabricação, montagem ou emprego, haverá aumento de pena.

> Em se tratando de simulacro, permanece o entendimento de que ainda é roubo (pois tem capacidade de constranger), mas é descaracterizado do aumento de pena!

Se a violência ou ameaça é exercida com emprego de arma de fogo

Aqui incide o aumento apenas com o uso da arma de fogo (arma PRÓPRIA) e desde que não seja de uso restrito ou proibido (já que com a alteração do pacote **ANITCRIME**, agora há a previsão do §2º-B com aumento de pena até o DOBRO).

E uma outra inovação do mesmo pacote legislativo, foi a "ressurreição" do uso de arma branca (ou arma IMPRÓPRIA) no §2º em seu novel inciso VII (aumento de 1/3 a ½).

> ***§ 2º-A** A pena aumenta-se de 2/3 (DOIS TERÇOS):*
>
> ***I.** se a violência ou ameaça é exercida com emprego de arma de fogo.*

A Lei 13.654 de 2018 inseriu o parágrafo 2º A, restringindo o aumento de pena no crime de furto. Agora, será considerado aumento de pena apenas em se tratando de arma própria (fogo), não abrangendo mais a arma imprópria. Além disso, entende o STF que é desnecessária a perícia na arma e a apreensão (desde que haja outros meios de prova) para o enquadramento do aumento. Cabe à parte comprovar a ineficácia do meio.

> ***II.** se há **destruição ou rompimento de obstáculo** mediante o emprego de **EXPLOSIVO** ou de **ARTEFATO** análogo que cause **PERIGO COMUM**. (grifo nosso)*

Perceba aqui a única diferença com furto (art. 155), já que lá, no furto, há a previsão de qualificadora para rompimento ou destruição de obstáculo em qualquer modalidade de ruptura ou destruição. Ao contrário aqui, no roubo (art. 157), não se trata de qualificadora, mas sim de majorante (ou causa de aumento) onde apenas incidirá tal majoração caso de rompimento ou destruição com explosivos ou artefato análogo.

Se a violência ou grave ameaça é exercida com emprego de arma de fogo de uso restrito ou proibido

A inovação do pacote ANTICRIME, tivemos um aumento em dobro para tal utilização de arma de uso proibido como fruto da violência ou ameaça empregada pelo agente, além de também ter inserido tal previsão no rol dos crimes HEDIONDOS.

Roubo Qualificado

> ***§ 3º** Se da violência resulta: (Redação dada pela Lei nº 13.654, de 2018)*
>
> ***I.** lesão corporal grave, a pena é de reclusão de 7 (sete) a 18 (dezoito) anos, e multa; (Incluído pela Lei nº 13.654, de 2018)*
>
> ***II.** morte, a pena é de reclusão de 20 (vinte) a 30 (trinta) anos, e multa. (Incluído pela Lei nº 13.654, de 2018)*

Assim, existem duas qualificadoras do crime de roubo: a qualificação por lesão grave e ou pela morte, fato conhecido como latrocínio.

De acordo com o texto legal, somente é possível a incidência das qualificadoras quando o resultado agravador resultar de violência. Desse modo, se resultar de grave ameaça não incidirá esta qualificadora.

Imagine a seguinte situação hipotética: "A" apontou uma arma de fogo para "B", senhora de 80 anos, e anunciou o assalto. "B", com o susto da situação, sofreu um infarto fulminante e morreu em razão da grave ameaça empregada, momento em que "A" subtrai a bolsa da vítima. Nesta situação, "A" responderá por roubo consumado em concurso formal com homicídio culposo.

Segundo o Art. 1º da Lei nº 8.072/90, O latrocínio, consumado ou tentado, **é crime hediondo**.

De acordo com a **Súmula 603 do STF** a competência para o processo e julgamento do latrocínio é do **Juiz Singular** e não do Tribunal do Júri. Isso ocorre porque o latrocínio é crime contra o patrimônio e o Tribunal do Júri só julga os crimes dolosos contra a vida.

O resultado agravador (morte) pode ter sido causado de forma **dolosa ou culposa**. Percebe-se, então, que o latrocínio não é crime exclusivamente preterdoloso (dolo no antecedente e culpa no consequente). Admite-se a tentativa se o resultado agravador, morte, ocorrer de forma dolosa.

Qual crime pratica o assaltante que, duas semanas após o assalto, mata gerente que o reconheceu como um dos criminosos? Não pode ser o Art. 157, § 3º, uma vez que exige o fator tempo e o fator nexo. O crime será de roubo em concurso material com homicídio qualificado pela conexão consequencial.

De acordo com a Súmula 610 do STF: Há crime de latrocínio, quando o homicídio se consuma, ainda que não realize o agente a subtração de bens da vítima. Atenção para as seguintes situações:

Subtração do Bem	Morte da Vítima	Latrocínio
Consumado	Consumado	Consumado
Tentada	Consumado	Consumado
Tentada	Tentada	Tentada
Consumado	Tentada	Tentada

4.2.2 Extorsão

> ***Art. 158.** Constranger alguém, mediante violência ou grave ameaça, e com o intuito de obter para si ou para outrem indevida vantagem econômica, a fazer, tolerar que se faça ou deixar fazer alguma coisa:*
>
> ***Pena -** reclusão, de quatro a dez anos, e multa.*
>
> ***§ 1º.** Se o crime é cometido por duas ou mais pessoas, ou com emprego de arma, aumenta-se a pena de um terço até metade.*
>
> ***§ 2º.** Aplica-se à extorsão praticada mediante violência o disposto no § 3º do artigo anterior.*
>
> ***§ 3º.** Se o crime é cometido mediante a restrição da liberdade da vítima, e essa condição é necessária para a obtenção da vantagem econômica, a pena é de reclusão, de 6 (seis) a 12 (doze) anos, além da multa; se resulta lesão corporal grave ou morte, aplicam-se as penas previstas no Art. 159, §§ 2º e 3º, respectivamente.*

A extorsão, ao contrário do roubo, não pode ser praticada mediante violência imprópria (Qualquer outro meio que reduza a vítima à impossibilidade de resistência).

Segundo Nelson Hungria, uma das formas mais frequentes de extorsão é a famosa "Chantagem" (praticada mediante ameaça de revelação de fatos escandalosos ou difamatórios, para coagir o ameaçado a "comprar" o silêncio do ameaçador). É um crime de ação penal pública incondicionada.

Classificação

Extorsão é crime comum / de forma livre / formal / instantâneo / plurissubsistente / de dano / doloso (não admite a modalidade culposa) / de concurso eventual.

É considerado um crime complexo, pois protege vários bens jurídicos. (patrimônio, integridade física e liberdade individual).

É crime formal / de consumação antecipada. A obtenção da indevida vantagem econômica pelo agente é exaurimento do crime que será levado em consideração na dosimetria da pena-base (Art. 59, CP).

Sujeitos do Crime

Por ser um crime comum, não se exige uma qualidade especial do sujeito ativo ou passivo, portanto pode ser cometido/sofrido por qualquer pessoa.

Consumação e Tentativa

> ***Súm. 96, STJ.*** *O crime de extorsão consuma-se independentemente da obtenção da vantagem indevida.*

A tentativa é admitida.

Causa de Aumento de Pena

- Se o crime é COMETIDO por duas ou mais pessoas;
- Se o crime é cometido com emprego de arma;

Extorsão (Art. 158, §1º, primeira parte, CP)	Roubo (Art. 157, §2º, II, CP)
Crime COMETIDO por duas ou mais pessoas.	Se há o CONCURSO de duas ou mais pessoas.
Admite coautoria, mas não admite participação.	Admite coautoria e participação.

Extorsão Qualificada

> ***Art. 158, § 2º, CP.*** *Aplica-se à extorsão praticada mediante violência o disposto no § 3º do artigo anterior.*

Se, da **violência** resulta lesão corporal grave (7 a 15 anos), se resulta morte (20 a 30 anos).

Se, o resultado agravador (lesão corporal grave ou morte) ocorrer em razão da grave ameaça empregada, o agente responderá pelo crime de Extorsão simples (*caput*).

A extorsão qualificada pela morte, consumada ou tentada é **crime hediondo** (Art. 1º, IV, Lei nº 8.072/90).

Extorsão mediante restrição da liberdade da vítima

> ***§ 3º.*** *Se o crime é cometido mediante a restrição da liberdade da vítima, e essa condição é necessária para a obtenção da vantagem econômica, a pena é de reclusão, de 6 (seis) a 12 (doze) anos, além da multa; se resulta lesão corporal grave ou morte, aplicam-se as penas previstas no Art. 159, §§ 2º e 3º, respectivamente.*

Popularmente conhecido como o crime de "Sequestro relâmpago".

Este crime, além de atentar contra o patrimônio da vítima, viola também sua liberdade de locomoção.

Ex.: "A", mediante uso de arma de fogo, ameaça de morte "B", o qual estava saindo de sua residência, e o constrange a dirigir seu veículo até um caixa eletrônico para que "B" saque dinheiro para entregar a "A".

Diferencia-se do Roubo (Art. 157, §2º, V, CP), pois é imprescindível um comportamento de "B" (digitar a senha do cartão do banco) para a consumação do crime de extorsão.

Diferenças entre o "sequestro relâmpago" com a extorsão mediante sequestro

Sequestro Relâmpago (Art. 158, §3º, CP)	Extorsão Mediante Sequestro (Art. 159, CP)
Restrição da liberdade.	Privação da liberdade.
Não há encarceramento da vítima.	A vítima é colocada no cárcere.
Finalidade de se obter indevida vantagem econômica.	Finalidade de se obter qualquer vantagem, como condição ou preço do resgate.

Se a vantagem é devida (legítima), verdadeira ou supostamente, o agente responderá pelo crime de exercício arbitrário das próprias razões (Art. 345, CP).

A vantagem indevida deve ser econômica, pois se não o for, estará afastado o crime de extorsão.

Ex.: "A", mediante violência ou grave ameaça, coage "B" a assumir a autoria de um crime de difamação praticado contra "C".

Diferenças entre o crime de extorsão e roubo:

Roubo	Extorsão
O ladrão subtrai.	O extorsionário faz com que a vítima lhe entregue.
O agente busca vantagem imediata.	O agente busca vantagem mediata (futura).
Não admite bens imóveis.	Admite bens imóveis também.
Admite violência imprópria.	Não admite violência imprópria.
A colaboração da vítima é dispensável.	A colaboração da vítima é indispensável.

Diferenças entre o crime de Extorsão e Constrangimento ilegal

A **extorsão** se distingue do crime de constrangimento ilegal (Art. 146, CP), pois, no primeiro há a presença de um elemento subjetivo do tipo (especial fim de agir do agente) representado pela vontade de **obter indevida vantagem econômica, para si ou para outrem**.

Diferenças entre o crime de Extorsão e Concussão

Extorsão (Art. 158)	Concussão (Art. 316)
Crime Contra o Patrimônio.	Crime contra a Administração Pública.
Há emprego de violência ou grave ameaça.	Não há emprego de violência ou grave ameaça.
Em regra é praticado por particular, mas funcionário público pode praticar caso empregue violência ou grave ameaça.	Em regra é praticado por funcionário público, mas particular pode ser coautor ou partícipe.

É possível concurso de crimes de roubo e extorsão, por exemplo o agente, após roubar o carro da vítima, a obriga a entregar o cartão 24h com a senha, conforme STJ.

4.2.3 Extorsão Mediante Sequestro

Art. 159. Sequestrar pessoa com o fim de obter, para si ou para outrem, qualquer vantagem, como condição ou preço do resgate:

Pena - reclusão, de oito a quinze anos.

§ 1º. Se o sequestro dura mais de 24 (vinte e quatro) horas, se o sequestrado é menor de 18 (dezoito) ou maior de 60 (sessenta) anos, ou se o crime é cometido por bando ou quadrilha:

Pena - reclusão, de doze a vinte anos.

§ 2º. Se do fato resulta lesão corporal de natureza grave:

Pena - reclusão, de dezesseis a vinte e quatro anos.

§ 3º. Se resulta a morte:

Pena - reclusão, de vinte e quatro a trinta anos.

§ 4º. Se o crime é cometido em concurso, o concorrente que o denunciar à autoridade, facilitando a libertação do sequestrado, terá sua pena reduzida de um a dois terços.

Objetividade Jurídica

Patrimônio e liberdade individual. Integridade física e vida humana (§2º e §3º).

→ **É crime complexo.**

Resulta da fusão da extorsão (Art. 158) e sequestro (Art. 148).

Objeto Material

A pessoa privada de sua liberdade e também aquela lesada em seu patrimônio.

É crime hediondo em todas as suas modalidades (tentados ou consumados). (Art. 1º, IV, Lei nº 8.072/90).

Núcleo do Tipo

"Sequestrar": privar uma pessoa de sua liberdade de locomoção por tempo juridicamente relevante.

Sujeitos do Crime

Sujeito Ativo: qualquer pessoa (crime comum). Se o sujeito ativo for funcionário público e cometer o crime no exercício de suas funções, responderá também pelo crime de abuso de autoridade (Arts. 3º, "a" e 4º, "a", Lei nº 4.898/65).

Pessoa que simula o próprio sequestro para extorquir seus pais, mediante o auxílio de terceiros, responde por extorsão (Art. 158).

Sujeito Passivo: pessoa que sofre a lesão patrimonial e pessoa privada de sua liberdade.

A vítima deve ser necessariamente uma pessoa humana. Desse modo, a privação da liberdade de um animal (de extinção ou raça) configura o crime de extorsão (Art. 158, CP).

Se a vítima for menor de 18 anos ou maior de 60 anos o crime será qualificado (§1º).

Supondo que haja subtração de animal de outrem e informa que somente será devolvido caso seja pago resgate. Há prática do crime de extorsão mediante sequestro? Não haverá tal crime já que o tipo penal se remete à pessoa. Nessa hipótese, será configurado o delito de extorsão.

Elemento Subjetivo

Dolo + (especial fim de agir) com o fim de obter, para si ou para outrem, qualquer vantagem, como condição ou preço do resgate. Não se admite a modalidade culposa.

Espécie da Vantagem

A maioria da doutrina entende que a vantagem deve ser econômica e indevida.

Se a vantagem for devida, o agente responderá pelos crimes de sequestro (Art. 148) e exercício arbitrário das próprias razões (Art. 345) em concurso formal.

Consumação e Tentativa

Consuma-se com a privação da liberdade da vítima, independente da obtenção da vantagem pelo agente. É crime formal. A tentativa é possível.

Juízo Competente

O Juízo Competente para julgamento é o do local em que ocorreu o sequestro da vítima, e não o da entrega do eventual resgate.

Se os parentes da vítima realizarem o pagamento do resgate, ocorrerá o exaurimento do crime.

Crime Permanente

É Crime Permanente (a consumação se prolonga no tempo e dura todo o período em que a vítima estiver privada de sua liberdade).

Por ser crime permanente, é cabível a prisão em flagrante a qualquer tempo, enquanto durar a permanência.

A privação da liberdade do sequestrado há de ser mantida por tempo juridicamente relevante.

Classificação Doutrinária

Crime comum / de forma livre/ FORMAL / PERMANENTE / plurissubsistente / de dano / de concurso eventual.

Ação Penal

A Ação Penal é pública incondicionada em todas as espécies do crime.

Figuras Qualificadas

§ 1º. Se o sequestro dura mais de 24 (vinte e quatro) horas, se o sequestrado é menor de 18 (dezoito) ou maior de 60 (sessenta) anos, ou se o crime é cometido por bando ou quadrilha. Pena - reclusão de 12 a 20 anos.

Incide a qualificadora quando na data do sequestro a vítima possuía, por exemplo, 59 anos e 11 meses e na data da libertação possuía mais de 60 anos, pois o crime de extorsão mediante sequestro é crime permanente (a consumação prolonga-se no tempo por vontade do agente).

E se o crime se deu em exatas 24 horas, incide a qualificadora? Não. Tem que ser mais de 24 horas.

Se o crime é cometido por associação criminosa e esta for usada para qualificar o delito, não pode haver a punição pelo Art. 288 do CP, sob pena de ocorrência do *bis in idem*.

§ 2º. Se do fato resulta lesão corporal de natureza grave:

Pena - reclusão de 16 a 24 anos.

§ 3º. Se resulta a morte:

Pena - reclusão de 24 a 30 anos.

No roubo e na extorsão só existe a qualificadora quando a lesão corporal de natureza grave ou a morte resultam da "violência", ao passo que nesta hipótese o crime será qualificado quando do FATO resultar lesão corporal de natureza grave ou morte. Portanto o resultado agravador pode ser provocado por violência própria, violência imprópria ou GRAVE AMEAÇA.

Não incidirá esta qualificadora se o resultado agravador for produzido por força maior, caso fortuito ou culpa de terceiro.

Ex.: cai um raio no barraco onde a vítima era mantida em cativeiro e esta morre.

A morte ou lesão corporal grave podem ter sido provocadas dolosa ou culposamente. Não é crime exclusivamente preterdoloso (dolo no antecedente e culpa no consequente).

A pena da extorsão mediante sequestro qualificada pela morte (24 a 30 anos) é a maior do Código Penal.

Delação Premiada

> ***§ 4º.*** *Se o crime é cometido em concurso, o concorrente que o denunciar à autoridade,* ***facilitando a libertação do sequestrado****, terá sua pena reduzida de um a dois terços.*

É causa especial de diminuição da pena que somente pode ser aplicada pelo Juiz (Delegados e Promotores não podem).

Requisitos para a incidência deste parágrafo:

- Prática do crime em concurso de pessoas: não é exigível Associação Criminosa, basta o concurso de pessoas;
- Esclarecimento por parte de um dos criminosos a autoridade sobre o crime;
- Facilitação da libertação do sequestrado, ou seja, que a delação seja eficaz.

De acordo com a jurisprudência, deve ser aplicada a delação premiada quando a vítima é libertada diretamente por um dos sequestradores.

A redução de pena é proporcional conforme a maior ou menor colaboração do agente. Quanto mais auxiliar, maior a redução.

A delação deve ser EFICAZ, ou seja, deve ter contribuído decisivamente para a libertação da vítima. Desse modo, a pena não será diminuída se o refém foi solto por outro motivo qualquer, diverso da informação prestada pelo sequestrador.

Presentes os requisitos legais, o juiz é obrigado a reduzir a pena do criminoso (é direito subjetivo do réu).

A redução da pena da delação premiada não se comunica aos demais coautores ou partícipes que não denunciaram o fato à autoridade (circunstância pessoal), pois não facilitaram a libertação do refém.

4.2.4 Extorsão Indireta

> ***Art. 160.*** *Exigir ou receber, como garantia de dívida, abusando da situação de alguém, documento que pode dar causa a procedimento criminal contra a vítima ou contra terceiro:*
>
> ***Pena -*** *reclusão, de um a três anos, e multa.*

O crime de extorsão se consuma no momento em que é realizada a conduta de constrangimento mediante o uso de violência ou grave ameaça, portanto considerado crime formal. A obtenção da vantagem indevida configura mero exaurimento do crime.

4.3 Da Usurpação

4.3.1 Alteração de Limites

> ***Art. 161.*** *Suprimir ou deslocar tapume, marco, ou qualquer outro sinal indicativo de linha divisória, para apropriar-se, no todo ou em parte, de coisa imóvel alheia:*
>
> ***Pena -*** *detenção, de um a seis meses, e multa.*
>
> ***§ 1º.*** *Na mesma pena incorre quem:*

Usurpação de Águas

> ***I.*** *Desvia ou represa, em proveito próprio ou de outrem, águas alheias;*

Esbulho Possessório

> ***II.*** *Invade, com violência a pessoa ou grave ameaça, ou mediante concurso de mais de duas pessoas, terreno ou edifício alheio, para o fim de esbulho possessório.*
>
> ***§ 2º.*** *Se o agente usa de violência, incorre também na pena a esta cominada.*
>
> ***§ 3º.*** *Se a propriedade é particular, e não há emprego de violência, somente se procede mediante queixa.*

4.3.2 Supressão ou Alteração de Marca em Animais

> ***Art. 162.*** *Suprimir ou alterar, indevidamente, em gado ou rebanho alheio, marca ou sinal indicativo de propriedade:*
>
> ***Pena -*** *detenção, de seis meses a três anos, e multa.*

4.4 Do Dano

> ***Art. 163.*** *Destruir, inutilizar ou deteriorar coisa alheia:*
>
> ***Pena -*** *detenção, de um a seis meses, ou multa.*
>
> ***Dano Qualificado***
>
> ***Parágrafo único.*** *Se o crime é cometido:*
>
> ***I.*** *Com violência à pessoa ou grave ameaça;*
>
> ***II.*** *Com emprego de substância inflamável ou explosiva, se o fato não constitui crime mais grave;*
>
> ***III.*** *contra o patrimônio da União, de Estado, do Distrito Federal, de Município ou de autarquia, fundação pública, empresa pública, sociedade de economia mista ou empresa concessionária de serviços públicos; (Redação dada pela Lei nº 13.531, de 2017)*
>
> ***IV.*** *Por motivo egoístico ou com prejuízo considerável para a vítima:*
>
> ***Pena -*** *detenção, de seis meses a três anos, e multa, além da pena correspondente à violência.*

4.4.1 Objetividade Jurídica

Patrimônio das pessoas físicas ou jurídicas.

Não há crime de dano quando a conduta do agente recair sobre *res derelicta* (coisa abandonada) ou *res nullius* (coisa de ninguém). Todavia se a conduta recair sobre *res despedita* (coisa perdida) haverá crime, pois se trata de coisa alheia.

4.4.2 Objeto Material

Coisa alheia, móvel ou imóvel, sobre a qual incide a conduta do agente.

4.4.3 Dano em Documentos (Públicos ou Privados)

Se o agente danificou para impedir utilização do documento como prova de algum fato juridicamente relevante, responderá pelo crime de supressão de documento (Art. 305, CP). Todavia, se a conduta foi praticada unicamente com o objetivo de prejudicar o patrimônio da vítima, responderá o agente pelo crime de dano (Art. 163, CP).

4.4.4 Tipo Misto Alternativo, Crime de Ação Múltipla ou de Conteúdo Variado

Haverá crime único na prática de várias condutas com objeto material no mesmo contexto fático.

É Crime de Forma Livre = Admite qualquer meio de execução.

Pode ser praticado por omissão, desde que presente o dever jurídico de agir (Art. 13, §2º, CP).

Empregada doméstica deixa, dolosamente, de fechar as janelas da casa da patroa durante uma chuva para que sejam danificados os objetos eletrônicos da casa.

O agente que pratica a conduta de pichar, grafitar ou por qualquer outro meio conspurcar (poluir) edificação ou monumento urbano responderá pelo crime previsto no Art. 65 da Lei nº 9.605/98 (Lei dos Crimes Ambientais).

4.4.5 Núcleos do Tipo

Destruir: extinguir a coisa (dano físico total).

Ex.: Quebrar totalmente um espelho; queimar um telefone celular.

Inutilizar: tornar uma coisa imprestável aos fins a que se destina.

Retirar a bateria de um carro.

Deteriorar: estragar parcialmente um bem, diminuindo-lhe o valor ou a utilidade (dano físico parcial).

Ex.: Riscar a lataria de um veículo.

Conduta de fazer DESAPARECER coisa alheia não é crime de dano.

Exs.: Pedro faz sumir o celular de Rafael, seu desafeto. Nesta situação Pedro responderá civilmente por sua conduta. Não responderá pelo crime de dano (Art. 163, CP).

"A" abre a porteira da fazenda de "B", seu desafeto, para que desapareça o cavalo de propriedade deste último. "A" responderá civilmente por sua conduta.

4.4.6 Sujeitos do Crime

Sujeito Ativo: é crime comum, pode ser praticado por qualquer pessoa, exceto o proprietário da coisa.

Se o proprietário danificar coisa própria, que se acha em poder de terceiro por determinação judicial ou convenção, responderá pelo previsto no Art. 346, CP.

Sujeito Passivo: qualquer pessoa (proprietário ou possuidor legítimo da coisa).

4.4.7 Elemento Subjetivo

É o Dolo. A finalidade do agente deve ser unicamente destruir, inutilizar ou deteriorar coisa alheia.

Importante: não existe o crime de dano culposo.

Se o dano constituir-se em meio para a prática de outro crime, ou então como qualificadora de outro crime, será por este absorvido. Ex.: Furto qualificado pela destruição ou rompimento de obstáculo (Art. 155, §4º, I, CP): o dano, crime-meio, será absorvido pelo furto, crime-fim.

4.4.8 Consumação e Tentativa

É crime material. Desse modo, ele se consuma quando o agente efetivamente destrói, inutiliza ou deteriora a coisa alheia. A tentativa é plenamente possível.

4.4.9 Dano Simples

O crime de dano simples (*caput*) é IMPO, Infração de Menor Potencial Ofensivo, de competência do Juizado Especial e de ação penal privada (Art. 167, CP).

4.4.10 Classificação Doutrinária

Crime comum / material / doloso / de forma livre / instantâneo / plurissubjetivo / de concurso eventual e não transeunte (deixa vestígios materiais).

4.4.11 Dano Qualificado

Parágrafo único. *Se o crime é cometido:*

I. *Com violência à pessoa ou grave ameaça;*

II. *Com emprego de substância inflamável ou explosiva, se o fato não constitui crime mais grave;*

III. *contra o patrimônio da União, de Estado, do Distrito Federal, de Município ou de autarquia, fundação pública, empresa pública, sociedade de economia mista ou empresa concessionária de serviços públicos; (Redação dada pela Lei nº 13.531, de 2017)*

IV. *Por motivo egoístico ou com prejuízo considerável para a vítima:*

Pena - *detenção, de seis meses a três anos, e multa, além da pena correspondente à violência.*

4.4.12 Com Violência à Pessoa ou Grave Ameaça

A vítima da violência ou grave ameaça pode ser pessoa diversa da vítima do dano.

Ex.: Ameaçar a empregada doméstica de seu vizinho para quebrar a vidraça de sua janela.

A violência ou grave ameaça deve ocorrer antes ou durante a prática do crime de dano, pois, se ocorrer depois, o agente responderá pelo crime de dano simples em concurso material com o crime de lesão corporal (Art. 129) ou ameaça (Art. 147).

De acordo com o Art. 167, CP, nesta hipótese de dano a ação penal será pública incondicionada.

Com Emprego de Substância Inflamável ou Explosiva, se o Fato não Constitui Crime Mais Grave

A expressão "s**e o fato não constitui crime mais grave**" informa que esta qualificadora é expressamente subsidiária, ou seja, somente incidirá o dano qualificado quando a lesão ao patrimônio alheio não caracterizar um crime mais grave, nem funcionar como meio de execução de um delito mais grave.

Ex.: "A" explode o carro de "B" que estava no estacionamento: "A" responderá pelo crime de dano qualificado. Todavia se "A" explodiu o carro de "B" com a intenção de matá-lo, e efetivamente alcançou este resultado responderá pelo crime de homicídio qualificado (Art. 121, §2º, III, CP).

De acordo com o Art. 167 do CP, nesta hipótese de dano, **a ação penal será pública incondicionada**.

4.4.13 Contra o patrimônio da União, de Estado, do Distrito Federal, de Município ou de autarquia, fundação pública, empresa pública, sociedade de economia mista ou empresa concessionária de serviços públicos;

A Lei 13.531, de 2017, adicionou ao crime de dano qualificado todos os entes da Administração direta mais os concessionários de serviços públicos, o que de fato foi bem aplicado ao que acontece no dia a dia.

De acordo com o entendimento do STJ, o preso que danifica (destrói, deteriora ou inutiliza) as paredes e grades da cela dos presídios ou delegacias, com o objetivo de fuga não responde pelo crime de dano. Vejamos uma jurisprudência sobre o tema:

> *Conforme entendimento, há muito fixado nesta Corte Superior (STF), para a configuração do crime de dano, previsto no Art. 163 do CPB, é necessário que a vontade seja voltada para causar prejuízo patrimonial ao dono da coisa (animus nocendi).* **Dessa forma, o preso que destrói ou inutiliza as grades da cela onde se encontra, com o intuito exclusivo de empreender fuga, não comete crime de dano**. *2. Parecer do MPF pela concessão da ordem. 3. Ordem concedida, para absolver o paciente do crime de dano contra o patrimônio público (Art. 163, Parágrafo Único, III, do CPB).*

De acordo com o Art. 167 do CP, nesta hipótese de dano **a ação penal será pública incondicionada**.

Por Motivo Egoístico ou com Prejuízo Considerável para a Vítima

Motivo egoístico é aquele ligado à obtenção de um futuro benefício, de ordem moral ou econômica. Ex.: "A" e "B" foram aprovados na segunda fase do concurso de Delegado de Polícia Civil de um Estado qualquer. Então, no dia da prova oral, "A" sabota o carro de "B" para que este não consiga chegar a tempo para realizar o exame e seja eliminado do concurso.

> Aquele que destrói cadáver ou parte dele responde pelo crime previsto no Art. 211 do CP.

De acordo com o Art. 167 do CP, nesta hipótese de dano **a ação penal é privada**.

4.4.14 Introdução ou Abandono de Animais em Propriedade Alheia

> ***Art. 164.*** *Introduzir ou deixar animais em propriedade alheia, sem consentimento de quem de direito, desde que o fato resulte prejuízo:*
>
> ***Pena -*** *detenção, de quinze dias a seis meses, ou multa.*

4.4.15 Dano em Coisa de Valor Artístico, Arqueológico ou Histórico

> ***Art. 165.*** *Destruir, inutilizar ou deteriorar coisa tombada pela autoridade competente em virtude de valor artístico, arqueológico ou histórico:*
>
> ***Pena -*** *detenção, de seis meses a dois anos, e multa.*

4.4.16 Alteração de Local Especialmente Protegido

> ***Art. 166.*** *Alterar, sem licença da autoridade competente, o aspecto de local especialmente protegido por lei:*
>
> ***Pena -*** *detenção, de um mês a um ano, ou multa.*

4.4.17 Ação Penal

> ***Art. 167.*** *Nos casos do art. 163, do inciso IV do seu parágrafo e do Art. 164, somente se procede mediante queixa.*

4.5 Da Apropriação Indébita

> *Apropriação indébita*
>
> ***Art. 168.*** *Apropriar-se de coisa alheia móvel, de que tem a posse ou a detenção:*
>
> ***Pena -*** *reclusão, de um a quatro anos, e multa.*
>
> ***Aumento de Pena***
>
> ***§ 1º.*** *A pena é aumentada de um terço, quando o agente recebeu a coisa:*
>
> ***I.*** *Em depósito necessário;*
>
> ***II.*** *Na qualidade de tutor, curador, síndico, liquidatário, inventariante, testamenteiro ou depositário judicial;*
>
> ***III.*** *Em razão de ofício, emprego ou profissão.*

A principal característica do crime de apropriação indébita é a existência de uma situação de **quebra de confiança**, pois a vítima entrega, voluntariamente, uma coisa móvel ao agente, e este, logo após, inverte seu ânimo no tocante ao bem, passando a comportar-se como seu dono.

4.5.1 Objetividade Jurídica

Patrimônio.

4.5.2 Objeto Material

Coisa alheia móvel sobre a qual recai a conduta criminosa (imóveis não).

Para o STJ é possível a prática do crime de apropriação indébita de coisas fungíveis (móveis que podem substituir-se por outros da mesma espécie, qualidade e quantidade).

Ex.: Dinheiro.

4.5.3 Núcleo do Tipo

É o verbo "apropriar" que significa tomar para si, fazer sua coisa alheia.

4.5.4 Posse/Detenção Legítima e Desvigiada

A posse ou a detenção do bem deve ser LEGÍTIMA e também desvigiada. Desse modo, o crime de apropriação indébita deve preencher os seguintes requisitos:

A vítima entrega o bem voluntariamente: se houver fraude para a entrega o crime será de estelionato, se houver violência ou grave ameaça à pessoa o crime será de roubo ou de extorsão.

O agente tem a posse ou detenção desvigiada do bem: se a posse ou detenção for vigiada e o bem for retirado da vítima sem sua autorização o crime será de furto.

O agente recebe o bem de boa-fé: se ao receber o bem o agente já tinha a intenção de apropriar-se dele, o crime será de estelionato. Obs.: a boa-fé é presumida.

Modificação posterior no comportamento do agente: após entrar licitamente (de boa-fé) na posse ou detenção da coisa, o agente passa a se comportar como se fosse dono. Momento em que apresenta seu ânimo de assenhoramento definitivo (*animus rem sibi habendi*). Essa alteração no comportamento do agente ocorre de duas formas:

a) **Prática de algum ato de disposição** (venda, doação, locação, troca etc.). Também conhecida como apropriação indébita própria.

b) **Recusa na restituição** (a vítima solicita a devolução do bem e o agente expressamente se recusa a devolver). Também denominada **negativa de restituição**.

4.5.5 Sujeitos do Crime

Ex.: Se o agente é funcionário público e apropria-se de dinheiro, valor ou qualquer outro bem móvel, público ou particular (sob a guarda ou custódia da Administração Pública), de que tem a posse em razão do cargo, responderá pelo crime de peculato-apropriação (Art. 312, caput, 1ª parte, CP). Em regra, a prova desse delito depende da prática de algum ato incompatível com a vontade de restituir.

Sujeito Ativo: qualquer pessoa, desde que tenha a posse ou detenção lícita da coisa alheia móvel. Sempre pessoa diversa do proprietário.

Sujeito Passivo: proprietário ou possuidor (pessoa física ou jurídica) do bem.

4.5.6 Elemento Subjetivo

Dolo. Doutrina e jurisprudência defendem a necessidade do ânimo de assenhoramento definitivo da coisa. Desse modo, não responderá por este crime aquele que simplesmente se esquece de devolver o bem na data previamente combinada. Não se admite a modalidade culposa.

4.5.7 Apropriação Indébita "De Uso"

Não se pune a apropriação indébita "de uso": situação em que a pessoa usa momentaneamente a coisa alheia, para em seguida restituí-la integralmente ao seu proprietário.

Apropriação Indébita X Estelionato

Apropriação indébita (Art. 168, CP)	Estelionato (Art. 171, CP)
O dolo é posterior ou subsequente.	O dolo é anterior ou antecedente.
A pessoa recebe a posse ou detenção de coisa de maneira legítima, surgindo a vontade de se apropriar posteriormente.	O agente já possuía a intenção de se apropriar do bem antes de alcançar a sua posse ou detenção.
Ex.: Pessoa vai a uma locadora de veículos, aluga um veículo, gosta dele e decide não devolver.	**Ex.:** Pessoa vai a uma locadora de veículos, já com a intenção de alugar o veículo e não devolvê-lo.

4.5.8 Consumação

Ocorre no momento em que o agente inverte seu ânimo em relação a coisa alheia móvel, ou seja, ele passa a se comportar como dono do bem. Pode se dar de duas maneiras:

Apropriação indébita própria	Se consuma com a prática de algum ato de disposição do bem, incompatível com a condição de possuidor ou detentor. **Ex.:** Vender, doar, permutar, emprestar o bem.
Negativa de restituição	Se consuma no momento em que o agente se recusar expressamente a devolver o bem ao seu proprietário.

4.5.9 Tentativa

A apropriação indébita própria admite tentativa.

Ex.: "A" é preso em flagrante no momento em que doava os DVDs de "B", do qual tinha a posse legítima e desvigiada.

A apropriação indébita negativa de restituição não admite tentativa (conatus), pois é crime unissubsistente: ou o sujeito recusa a devolver o bem, e o crime estará consumado, ou o devolve ao dono, e o fato será atípico.

4.5.10 Ação Penal

A Ação Penal é pública incondicionada.

4.5.11 Competência

Local em que o agente se apropria da coisa alheia móvel, dela dispondo ou negando-se a restituí-la ao seu titular. (Art. 70, *caput*, CPP).

Quando o crime de apropriação indébita for praticado por algum representante (comercial ou não) da vítima, a competência será do local em que o agente deveria ter prestado contas dos valores recebidos.

4.5.12 Classificação Doutrinária

Crime comum / material / de forma livre / de concurso eventual / doloso / em regra plurissubsistente, ou unissubsistente (negativa de restituição) / instantâneo.

Ex.:

01. O Art. 102 do Estatuto do Idoso (Lei nº 10.741/2003) prevê uma modalidade especial de apropriação indébita, quando praticada contra idoso:

    Art. 102. *Apropriar-se de ou desviar bens, proventos, pensão ou qualquer outro rendimento do idoso, dando-lhes aplicação diversa da de sua finalidade:*

    Pena *- reclusão de 1 a 4 anos.*

02. O Art. 5º, "caput", da Lei dos Crimes Contra o Sistema Financeiro Nacional (Lei nº 7.492/86) também contém uma modalidade especial de apropriação indébita:

    Art. 5º. *Apropriar-se, quaisquer das pessoas mencionadas no Art. 25 desta lei, de dinheiro, título, valor ou qualquer outro bem móvel de que tem a posse, ou desviá-lo em proveito próprio ou alheio:*

    Pena *- reclusão de 2 a 6 anos e multa.*

    Trata-se de crime próprio, pois somente pode ser praticado pelo controlador e pelos administradores de instituição financeira (diretores e gerentes).

4.5.13 Aumento de Pena

§ 1º. *A pena é aumentada de um terço, quando o agente recebeu a coisa:*

I. *Em depósito necessário;*

II. *Na qualidade de tutor, curador, síndico, liquidatário, inventariante, testamenteiro ou depositário judicial;*

III. *Em razão de ofício, emprego ou profissão.*

A pena será aumentada de um terço quando o agente recebeu a coisa:

Em Depósito Necessário

De acordo com a doutrina majoritária, esta causa de aumento de pena incide apenas no **depósito necessário miserável, previsto no Art. 647, II, CC** (é o que se efetua por ocasião de alguma calamidade, como inundação, incêndio, saque ou naufrágio).

A palavra "síndico" deve ser substituída pela expressão "administrador judicial", em razão da alteração ocorrida pela Lei nº 11.101/2005 (Lei de Falência e Recuperação Judicial do Empresário e da Sociedade Empresária).

Na Qualidade de Tutor, Curador, Síndico, Liquidatário, Inventariante, Testamenteiro ou Depositário Judicial

O fundamento do tratamento penal mais rigoroso repousa na relevância das funções exercidas pelas pessoas indicadas neste inciso, as quais recebem coisas alheias para guardar consigo, necessariamente, até o momento da devolução.

Em Razão de Ofício, Emprego ou Profissão

Não necessita de relação de confiança entre o agente e a vítima.

Emprego	Prestação de serviço em subordinação e dependência. **Ex.:** Dono de um supermercado e seus funcionários.
Ofício	Ocupação mecânica ou manual, que necessita de um determinado grau de habilidade, e que seja útil ou necessário às pessoas em geral. **Ex.:** Mecânico, sapateiro etc.
Profissão	Atividade em que não há hierarquia e necessita de conhecimentos específicos (técnico e intelectual). **Ex.:** Advogado, dentista, médico, arquiteto, contador etc.

Apropriação Indébita Privilegiada

O Art. 170 do Código Penal dispõe o seguinte:

Nos crimes previstos neste Capítulo, aplica-se o disposto no Art. 155, § 2º.

Art. 155*, §2º, CP. Se o criminoso é primário, e é de pequeno valor a coisa furtada, o juiz pode substituir a pena de reclusão pela de detenção, diminuí-la de um a dois terços, ou aplicar somente a pena de multa.*

Portanto, é possível a caracterização da apropriação indébita privilegiada, em qualquer de suas espécies.

4.5.14 Apropriação Indébita Previdenciária

Art. 168-A. *Deixar de repassar à previdência social as contribuições recolhidas dos contribuintes, no prazo e forma legal ou convencional:*

Pena *- reclusão, de 2 (dois) a 5 (cinco) anos, e multa.*

§ 1º. *Nas mesmas penas incorre quem deixar de:*

I. *Recolher, no prazo legal, contribuição ou outra importância destinada à previdência social que tenha sido descontada de pagamento efetuado a segurados, a terceiros ou arrecadada do público;*

II. *Recolher contribuições devidas à previdência social que tenham integrado despesas contábeis ou custos relativos à venda de produtos ou à prestação de serviços;*

III. *Pagar benefício devido a segurado, quando as respectivas cotas ou valores já tiverem sido reembolsados à empresa pela previdência social.*

§ 2º. *É extinta a punibilidade se o agente, espontaneamente, declara, confessa e efetua o pagamento das contribuições, importâncias ou valores e presta as informações devidas à previdência social, na forma definida em lei ou regulamento, antes do início da ação fiscal.*

§ 3º. *É facultado ao juiz deixar de aplicar a pena ou aplicar somente a de multa se o agente for primário e de bons antecedentes, desde que:*

I. *Tenha promovido, após o início da ação fiscal e antes de oferecida a denúncia, o pagamento da contribuição social previdenciária, inclusive acessórios; ou*

II. *O valor das contribuições devidas, inclusive acessórios, seja igual ou inferior àquele estabelecido pela previdência social, administrativamente, como sendo o mínimo para o ajuizamento de suas execuções fiscais.*

§ 4º *A faculdade prevista no § 3º deste artigo não se aplica aos casos de parcelamento de contribuições cujo valor, inclusive dos acessórios, seja superior àquele estabelecido, administrativamente, como sendo o mínimo para o ajuizamento de suas execuções fiscais.*

Objetividade Jurídica

Seguridade social (saúde, previdência e assistência social Art. 194, CF/88). Não se trata de crime contra o patrimônio.

Objeto Material

Contribuição previdenciária arrecadada e não recolhida.

Núcleo do Tipo

Deixar de repassar, significa **deixar de recolher**. (Recolher é depositar a quantia recebida - descontada ou cobrada).

É crime omissivo próprio ou puro (não admite tentativa).

Lei Penal em Branco Homogênea

Deve ser complementada pela legislação previdenciária em relação aos prazos de recolhimento.

Sujeitos do Crime

Sujeito Ativo: qualquer pessoa, crime comum (admite coautoria e participação).

Sujeito Passivo: União Federal.

> Pessoa Jurídica não pode ser sujeito ativo.

Competência

Sendo o sujeito ativo União Federal, a competência será da Justiça Federal (crime praticado em detrimento dos interesses da União).

Elemento Subjetivo

É o dolo.

É dispensável (prescindível) o fim de assenhoramento definitivo (animus rem sibi habendi), pois o núcleo do tipo é "deixar de repassar", e não "apropriar-se" como no crime de apropriação indébita.

Não se admite a forma culposa.

Consumação

Para a maioria da doutrina é crime formal. Para o STF é crime material, pois deve haver a efetiva lesão aos cofres da União.

Se a conduta for praticada mediante fraude, o crime será de sonegação de contribuição previdenciária, previsto no Art. 337-A, CP.

É Crime Unissubsistente

A conduta se exterioriza em um único ato, suficiente para a consumação.

Ação Penal

Ação penal pública incondicionada.

Hipótese de Dificuldades Financeiras

Firmou-se o entendimento de que há inexigibilidade de conduta diversa (causa supralegal de exclusão da culpabilidade).

O STJ já decidiu que o fato é atípico em face da ausência de dolo.

> Para o Cespe o fato se enquadra em estado de necessidade (excludente de ilicitude). Veja a questão:
> (Cespe) Em razão de sérias dificuldades de ordem financeira, causadas pelos desajustes da economia nacional, o proprietário de determinada empresa se viu obrigado a não recolher aos cofres previdenciários os recursos relativos às contribuições arrecadadas de seus empregados. Nessa situação, comprovadas as dificuldades insuperáveis que motivaram a conduta do empresário e, em consequência, o estado de necessidade, não terá havido qualquer ilicitude a legitimar a persecução penal.
> A questão está correta.

Extinção da Punibilidade

§ 2º. É extinta a punibilidade se o agente, espontaneamente, declara, confessa e efetua o pagamento das contribuições, importâncias ou valores e presta as informações devidas à previdência social, na forma definida em lei ou regulamento, antes do início da ação fiscal.

A ação fiscal tem início com a lavratura do Termo de Início da Ação Fiscal (TIAF).

Para que ocorra a extinção da punibilidade, devem-se preencher, cumulativamente, três requisitos:

- Espontânea declaração e confissão do débito;
- Prestação de informações à Previdência Social;
- Pagamento integral do débito previdenciário ANTES do início da Ação Fiscal.

Perdão Judicial e Aplicação Isolada de Pena de Multa

§ 3º. É facultado ao juiz deixar de aplicar a pena ou aplicar somente a de multa se o agente for primário e de bons antecedentes, desde que:

I. Tenha promovido, após o início da ação fiscal e antes de oferecida a denúncia, o pagamento da contribuição social previdenciária, inclusive acessórios; ou

> Para o STJ o pagamento integral do débito previdenciário, ANTES ou DEPOIS do recebimento da denúncia, é causa de extinção da punibilidade (Art. 9º, §2º, Lei nº 10.684/03). HC 63.168/SC.

A hipótese do inciso I não se aplica mais, em razão regra contida no Art. 9, §2º, Lei nº 10.684/03 e do entendimento do STJ sobre o assunto.

II. O valor das contribuições devidas, inclusive acessórios, seja igual ou inferior àquele estabelecido pela previdência social, administrativamente, como sendo o mínimo para o ajuizamento de suas execuções fiscais.

Perdão Judicial e Parcelamento

§ 4º A faculdade prevista no § 3º deste artigo não se aplica aos casos de parcelamento de contribuições cujo valor, inclusive dos acessórios, seja superior àquele estabelecido, administrativamente, como sendo o mínimo para o ajuizamento de suas execuções fiscais.

Justa Causa e Prévio Esgotamento da Via Administrativa

Lei nº 9.430/96. Dispõe sobre a legislação tributária federal, as contribuições para a seguridade social, o processo administrativo de consulta; e dá outras providências:

***Art. 83.** A representação fiscal para fins penais relativa aos crimes contra a ordem tributária previstos nos Arts. 1º e 2º da Lei no 8.137, de 27 de dezembro de 1990, e aos crimes contra a Previdência Social, previstos nos Arts. 168-A e 337-A do Decreto-Lei no 2.848, de 7 de dezembro de 1940 (Código Penal), será encaminhada ao Ministério Público depois de proferida a decisão final, na esfera administrativa, sobre a exigência fiscal do crédito tributário correspondente. (Redação dada pela Lei nº 12.350, de 2010).*

***§ 1º.** Na hipótese de concessão de parcelamento do crédito tributário, a representação fiscal para fins penais somente será encaminhada ao Ministério Público após a exclusão da pessoa física ou jurídica do parcelamento. (Incluído pela Lei nº 12.382, de 2011).*

***§ 2º.** É suspensa a pretensão punitiva do Estado referente aos crimes previstos no caput, durante o período em que a pessoa física ou a pessoa jurídica relacionada com o agente dos aludidos crimes estiver incluída no parcelamento, desde que o pedido de parcelamento tenha sido formalizado antes do recebimento da denúncia criminal. (Incluído pela Lei nº 12.382, de 2011).*

***§ 3º.** A prescrição criminal não corre durante o período de suspensão da pretensão punitiva. (Incluído pela Lei nº 12.382, de 2011).*

***§ 4º.** Extingue-se a punibilidade dos crimes referidos no caput quando a pessoa física ou a pessoa jurídica relacionada com o agente efetuar o pagamento integral dos débitos oriundos de tributos, inclusive acessórios, que tiverem sido objeto de concessão de parcelamento. (Incluído pela Lei nº 12.382, de 2011).*

Princípio da Insignificância

Para o STF, é possível a aplicação do princípio da insignificância (causa supralegal de exclusão da tipicidade - o fato não será crime) quando o valor do débito previdenciário não ultrapassar R$10.000,00 (dez mil reais). O fundamento está no Art. 20 da Lei nº 10.522/02, que determina o arquivamento das execuções fiscais, sem cancelamento na distribuição, quando os débitos inscritos como dívida ativa da União não excedam este valor.

Forma Privilegiada

Nos termos do Art. 170 do CP aplica-se o Art. 155, §2º, para este crime (forma privilegiada).

4.5.15 Apropriação de Coisa Havida por Erro, Caso Fortuito ou Força da Natureza

***Art. 169.** Apropriar-se alguém de coisa alheia vinda ao seu poder por erro, caso fortuito ou força da natureza:*

***Pena -** detenção, de um mês a um ano, ou multa.*

***Parágrafo único.** Na mesma pena incorre:*

Apropriação de Tesouro

***I.** Quem acha tesouro em prédio alheio e se apropria, no todo ou em parte, da quota a que tem direito o proprietário do prédio;*

Apropriação de Coisa Achada

***II.** Quem acha coisa alheia perdida e dela se apropria, total ou parcialmente, deixando de restituí-la ao dono ou legítimo possuidor ou de entregá-la à autoridade competente, dentro no prazo de quinze dias.*

***Art. 170.** Nos crimes previstos neste Capítulo, aplica-se o disposto no Art. 155, § 2º.*

4.6 Do Estelionato e outras Fraudes

Estelionato

***Art. 171** - Obter, para si ou para outrem, vantagem ilícita, em prejuízo alheio, induzindo ou mantendo alguém em erro, mediante artifício, ardil, ou qualquer outro meio fraudulento:*

***Pena** - reclusão, de um a cinco anos, e multa, de quinhentos mil réis a dez contos de réis. (Vide Lei nº 7.209, de 1984)*

***§ 1º** - Se o criminoso é primário, e é de pequeno valor o prejuízo, o juiz pode aplicar a pena conforme o disposto no art. 155, § 2º.*

***§ 2º** - Nas mesmas penas incorre quem:*

Disposição de coisa alheia como própria

***I.** vende, permuta, dá em pagamento, em locação ou em garantia coisa alheia como própria;*

Alienação ou oneração fraudulenta de coisa própria

***II.** vende, permuta, dá em pagamento ou em garantia coisa própria inalienável, gravada de ônus ou litigiosa, ou imóvel que prometeu vender a terceiro, mediante pagamento em prestações, silenciando sobre qualquer dessas circunstâncias;*

Defraudação de penhor

***III.** defrauda, mediante alienação não consentida pelo credor ou por outro modo, a garantia pignoratícia, quando tem a posse do objeto empenhado;*

Fraude na entrega de coisa

***IV.** defrauda substância, qualidade ou quantidade de coisa que deve entregar a alguém;*

Fraude para recebimento de indenização ou valor de seguro

***V.** destrói, total ou parcialmente, ou oculta coisa própria, ou lesa o próprio corpo ou a saúde, ou agrava as conseqüências da lesão ou doença, com o intuito de haver indenização ou valor de seguro;*

Fraude no pagamento por meio de cheque

***VI.** emite cheque, sem suficiente provisão de fundos em poder do sacado, ou lhe frustra o pagamento.*

***§ 3º** - A pena aumenta-se de um terço, se o crime é cometido em detrimento de entidade de direito público ou de instituto de economia popular, assistência social ou beneficência.*

Estelionato contra idoso

***§ 4º** Aplica-se a pena em dobro se o crime for cometido contra idoso. (Incluído pela Lei nº 13.228, de 2015)*

***§ 5º** Somente se procede mediante representação, salvo se a vítima for: (Incluído pela Lei nº 13.964, de 2019)*

I.** a Administração Pública, direta ou indireta; (Incluído pela Lei nº 13.964, de 2019) **ANTICRIME

***II.** criança ou adolescente; (Incluído pela Lei nº 13.964, de 2019)*

III.** pessoa com deficiência mental; ou (Incluído pela Lei nº 13.964, de 2019) **ANTICRIME

IV.** maior de 70 (setenta) anos de idade ou incapaz. (Incluído pela Lei nº 13.964, de 2019) **ANTICRIME

Esse crime tem o objetivo de punir a conduta do agente que, utilizando-se de uma **fraude**, induz ou mantém alguém em erro, no intuito de obter uma vantagem ilícita sobre essa vítima.

4.6.1 Classificação

É um crime COMUM, ou seja, pode ser praticado por qualquer pessoa.

É um crime instantâneo - consuma-se no momento da prática do ato - com efeitos permanentes.

Admite a modalidade comissiva (pratica a conduta do estelionato) ou omissiva (mantém a vítima em erro).

4.6.2 Sujeitos do Crime

Sujeito Ativo: sendo um crime comum, admite qualquer pessoa.

Sujeito Passivo: qualquer pessoa - física ou jurídica - que seja mantida em erro, desde que seja determinada, NÃO se admite uma vítima incerta.

O crime de estelionato **exige** VÍTIMA CERTA E DETERMINADA, logo, se a vítima for incerta ou indeterminada, trata-se de crime contra a economia popular - Art. 2º, XI, Lei nº 1.521/51.

Ex.: Adulteração de balança, de bomba de combustível, de taxímetro.

Se a vítima for incapaz ou alienada, o crime será o do Art. 173 do CP: abuso de incapazes - Abusar, em proveito próprio ou alheio, de necessidade, paixão ou inexperiência de menor, ou da alienação ou debilidade mental de outrem, induzindo qualquer deles à prática de ato suscetível de produzir efeito jurídico, em prejuízo próprio ou de terceiro.

4.6.3 Consumação e Tentativa

ADMITE tentativa, ademais a fraude deve ser idônea a ludibriar a vítima, pois, do contrário, será **crime impossível** em face da ineficácia absoluta do meio de execução (Art. 17 do CP).

Consuma-se com a obtenção da vantagem ilícita causando o prejuízo à vitima, passando pelos momentos de:

> Emprego de fraude pelo agente;
> Situação de erro na qual a vítima é colocada ou mantida;
> Obtenção de vantagem ilícita pelo agente;
> Prejuízo sofrido pela vítima.

4.6.4 Descrição

A vantagem **ilícita** deve ser de natureza econômica (patrimonial): se a vantagem for **lícita**, estará configurado o crime de exercício arbitrário das próprias razões, Art. 345 do CP: fazer justiça pelas próprias mãos, para satisfazer pretensão, **embora legítima**, salvo quando a lei o permite.

> Daí que o STF entendeu que o ponto eletrônico, ou a cola eletrônica são fatos atípicos em face da inexistência de vantagem econômica. Esse foi o entendimento prevalecente, apesar de haver minoria do STF que afirma tratar-se de fato típico.
> O silêncio pode ser usado como meio fraudulento para a prática de estelionato, bem como a mentira (tem que ser fraudulenta).
> A fraude bilateral não exclui o crime.

4.6.5 Formas de Execução

Ardil - caracteriza-se pela fraude de forma intelectual, fraude moral, representada pela conversa enganosa. É a lábia.

Ex.: "A", alegando ser especialista em conserto de computadores, convence "B" a entregar-lhe seu notebook para conserto.

Artifício - caracteriza-se pela fraude de forma material. O agente utiliza algum instrumento ou objeto para enganar a vítima.

Ex.: "A" se disfarça de manobrista e fica parado na porta de um restaurante para que "B" voluntariamente lhe entregue seu carro. Ou ainda, aquele que utiliza o bilhete premiado ou um documento falso.

Qualquer Outro Meio Fraudulento - é uma situação de interpretação analógica.

O silêncio. "A" comerciante entrega a "B", cliente, troco além do devido, mas este nada fala e nada faz, ficando com o dinheiro para si.

Estelionato e Crime Impossível - Qualquer que seja o meio de execução (artifício, ardil ou outro meio fraudulento) empregado na prática da conduta, somente haverá a tentativa quando apresentar idoneidade para enganar a vítima. A idoneidade leva em conta as condições pessoais do ofendido.

Se o meio fraudulento for capaz de enganar a vítima, estará caracterizado o conatus. Caso não tenha intenção de iludir a vítima ou apresente-se grosseiro será crime impossível, pois há impropriedade absoluta do meio de execução. (Art. 17 do CP).

Estelionato e Reparação do Dano: a reparação do dano não apaga o crime de estelionato, porém, dependendo do momento que ocorrer a indenização à vítima, podem ocorrer as seguintes situações:

> Se ANTERIOR ao RECEBIMENTO da DENÚNCIA ou QUEIXA, é possível o reconhecimento do arrependimento posterior, isso irá diminuir a pena de um a dois terços, nos termos do Art. 16 CP.
> Se ANTES da SENTENÇA, pode ser aplicada a atenuante genérica de acordo com o Art. 65, III, c, parte final, do CP.
> Se POSTERIOR à SENTENÇA, não surte efeito algum.

Pratica estelionato em sua modalidade fundamental (Art. 171, caput, do CP):

Exs.: "A" portando folha de cheque de "B" chega ao comércio e, se passando por "B", emite a cártula e obtém vantagem em prejuízo alheio.

"A" se apodera (furto, roubo...) de folha de cheque de "B" e a preenche indevidamente utilizando-a como meio fraudulento para induzir ou manter alguém em erro, e, por consequência, obtém vantagem ilícita em prejuízo alheio.

"A" está com sua conta bancária encerrada, mas continua comprando objetos e pagando com as folhas de cheques que ainda possui;

"A" cria uma conta bancária com documentos falsos e, posteriormente, emite cheques sem suficiente provisão de fundos para comprar objetos.

Regra contida no Art. 9, §2º, Lei nº 10.684/03 e do entendimento do STJ sobre o assunto.

4.6.6 Estelionato Privilegiado

> ***§1º.** Se o criminoso é primário, e é de **pequeno valor o prejuízo**, o juiz pode aplicar a pena conforme o disposto no Art. 155, § 2º.*

O prejuízo de "pequeno valor" deve ser dano igual ou inferior a um salário mínimo vigente à época do fato.

4.6.7 Absorção do Crimes de Falso

> ***Súm. 17, STJ.** Quando o falso se exaure no estelionato, sem mais potencialidade lesiva, é por este absorvido.*

Empregando a fraude, sem a intenção de se enriquecer e só com a intenção de prejudicar alguém, não se trata de estelionato. É necessário buscar a obtenção de indevida vantagem econômica.

Quando o agente, mediante fraude, consegue obter da vítima um título de crédito, o delito está consumado? Não, enquanto o título não é convertido em valor material, não há efetivo proveito do agente, podendo ser impedido de realizar a conversão por circunstâncias alheias a sua vontade. Assim, o crime ainda está na fase de execução. (**MAJORITÁRIA**).

4.6.8 Figuras Equiparadas

> ***§ 2º.** Nas mesmas penas incorre quem:*

4.6.9 Disposição de Coisa Alheia como Própria

> ***I.** Vende, permuta, dá em pagamento, em locação ou em garantia coisa alheia como própria;*

Nessa situação, admite-se que o bem seja móvel ou imóvel. É quando o agente, na posse do bem de um terceiro, utiliza-o como se fosse próprio.

Ex.: O inquilino de um imóvel, que aluga para uma terceira pessoa por um valor superior, na intenção de obter lucro, sem o consentimento ou ciência do proprietário real do imóvel.

4.6.10 Alienação ou Oneração Fraudulenta de Coisa Própria

> ***II.** Vende, permuta, dá em pagamento ou em garantia coisa própria inalienável, gravada de ônus ou litigiosa, ou imóvel que prometeu vender a terceiro, mediante pagamento em prestações, silenciando sobre qualquer dessas circunstâncias;*

Nessa situação, o bem é da própria pessoa, podendo também ser imóvel ou móvel.

Ex.: O agente vende veículo para três pessoas ao mesmo tempo, no entanto, tal bem se encontra em busca e apreensão por falta de pagamento, existe um ônus judicial sobre o patrimônio.

Trata-se de crime de duplo resultado: vantagem + prejuízo, punindo-se aquele que pratica um dos núcleos do tipo, silenciando sobre a circunstância.

4.6.11 Defraudação de Penhor

> ***III.** Defrauda, mediante alienação não consentida pelo credor ou por outro modo, a garantia pignoratícia, quando tem a posse do objeto empenhado;*

Seria a hipótese em que, um devedor, recebendo algo como penhor (garantia) de um credor, pratica ato de posse do bem, sem o consentimento dele (credor).

Ex.: Um empresário resolve penhorar seu veículo para levantar fundos para o investimento na sua empresa, entretanto a empresa que penhorou o veículo decide alugá-lo para que possa obter lucro.

4.6.12 Fraude na Entrega de Coisa

> ***IV.** Defrauda substância, qualidade ou quantidade de coisa que deve entregar a alguém;*

Pode ocorrer tanto em bens móveis quanto imóveis.

Ex.: Uma construtora vende imóveis na planta com dimensão de 200m², contudo, ao cabo das obras, na entrega da chave aos proprietários, esses constatam que os imóveis só possuem 170m².

Caso a qualidade, quantidade do objeto seja superior, não existe o crime (se o imóvel tivesse 230m², por exemplo).

Deve-se ter em mente que, na hipótese de RELAÇÃO COMERCIAL, pode-se estar diante do Art. 175 do CP.

4.6.13 Fraude para Recebimento de Indenização ou Valor de Seguro

> ***V.** Destrói, total ou parcialmente, ou oculta coisa própria, ou lesa o próprio corpo ou a saúde, ou agrava as consequências da lesão ou doença, com o intuito de haver indenização ou valor de seguro;*

É pressuposto fundamental deste crime, a prévia existência de um contrato de seguro em vigor. Caso não exista seguro, será crime impossível, diante da impropriedade absoluta do objeto material (Art. 17 do CP). Nessa situação o sujeito passivo deste crime será necessariamente a seguradora, sendo também admissível a hipótese de tentativa.

Por conseguinte, é um crime FORMAL, ou seja, consuma-se com a prática da conduta típica (destruir, ocultar, autolesionar e agravar), ainda que o sujeito NÃO consiga alcançar a indevida vantagem econômica pretendida.

Cuidado para não confundir esta hipótese de estelionato com o crime de incêndio doloso qualificado (Art. 250, §1º, I, CP).

Ex.: Pedro ateou fogo em sua loja de tecidos, com a finalidade de obter o respectivo seguro, colocando em risco os imóveis vizinhos. Em razão dessa conduta, Pedro responderá por crime de incêndio doloso qualificado pelo intuito de obter vantagem econômica em proveito próprio.

Na hipótese em que a fraude é perpetrada por terceiro, sem o conhecimento do segurado, sabendo que esse será o beneficiário do valor da apólice, o delito será o previsto no Art. 171, *caput*, do CP.

> Somente existe o crime, quando provado que, desde o início, EXISTE a má-fé do agente, ou seja, desde o momento em que colocou o cheque em circulação ele já não tinha intenção de honrar seu pagamento; seja pela ausência de suficiência de provisão de fundos, seja pela frustração de seu pagamento. Sendo assim, deve haver a finalidade específica que é a intenção de fraudar / enganar a vítima.

4.6.14 Fraude no Pagamento por meio de Cheque

VI. Emite cheque, sem suficiente provisão de fundos em poder do sacado, ou lhe frustra o pagamento.

Sujeito Ativo: é um crime próprio (o titular da conta bancária), ademais, ADMITE coautoria e participação.

Sujeito Passivo: a pessoa física ou jurídica que suporta prejuízo patrimonial.

Súm. 246, STF. *Comprovado NÃO ter havido fraude, não se configura crime de emissão de cheque sem fundos.*

"A" compra um produto na loja de "B", no momento da compra não possui dinheiro na conta. Ocorre que pretendia realizar o depósito na conta antes que "B" apresentasse a folha de cheque ao banco. Todavia acaba se esquecendo de realizar o depósito. Desse modo o cheque é devolvido por falta de fundos. NÃO É CRIME, pois o inciso VI do Art. 171 do CP, NÃO admite a forma culposa.

Esse crime se consuma no instante em que o banco se nega a efetuar o pagamento do cheque, quer pela ausência de fundos, quer pelo recebimento de contraordem (sustação) expedida pelo correntista, daí resulta o prejuízo patrimonial do ofendido. É crime material.

A falsidade ideológica é *ante factum* impunível, pois quem assina o cheque é o responsável pela fraude e não outra pessoa.

O crime do inciso VI do Art. 171, pode ser praticado de DUAS formas:

> O agente coloca o cheque em circulação sem ter dinheiro suficiente na conta;

> O agente possui fundos quando da emissão do cheque, no entanto, antes do beneficiário apresentar o título, o agente retira todo o numerário depositado ou apresenta uma contraordem de pagamento (sustação).

Fraude do cheque ocorre pelo agente que tem a conta encerrada, não é este estelionato do inciso VI, é estelionato simples do *caput*.

Competência até o Recebimento da Denúncia

Súm. 521, STF. *O foro competente para o processo e julgamento dos crimes de estelionato, sob a modalidade da emissão dolosa de cheque sem provisão de fundos, é o do local onde se deu a recusa do pagamento pelo sacado.*

Súm. 244, STJ. *Compete ao foro do local da recusa processar e julgar o crime de estelionato mediante cheque sem provisão de fundos.*

O Art. 70, caput, 1ª parte, CPP diz que a competência é, em regra, do local da consumação do delito.

Súm. 554, STF. *O pagamento de cheque emitido sem provisão de fundos, APÓS o recebimento da denúncia, não obsta ao prosseguimento da ação penal.*

Desse modo, entende-se que o pagamento de cheque sem previsão de fundos, ATÉ o RECEBIMENTO da DENÚNCIA, impede o prosseguimento da ação penal, ou seja, é causa extintiva de punibilidade.

Na hipótese do inciso VI do Art. 171, a tentativa é possível, por exemplo: o correntista dolosamente emite um cheque sem suficiente provisão de fundos, mas seu pai, agindo sem seu conhecimento, deposita montante superior em sua conta corrente antes da apresentação da folha de cheque.

Segundo STJ, a emissão de cheques como garantia de dívida (pós-datado), e não como ordem de pagamento à vista, não constitui crime de estelionato, na modalidade prevista no Art. 171, §2º, VI, CP. Entretanto, é possível a responsabilização do agente pelo estelionato na modalidade fundamental, se demonstrado seu dolo em obter vantagem ilícita em prejuízo alheio no momento da emissão fraudulenta do cheque.

Mas atente-se que, se o agente pós-datar o cheque sabendo da inexistência de fundos, há má-fé e configurará o Art. 171, *caput*, do CP. Assim, se emissão do cheque é fraudulenta - presente a má-fé - caracteriza o Art. 171, *caput*.

NÃO é crime de estelionato a emissão de cheque sem fundos para pagamento de:

A. Dívida anteriormente existente;

Nessa hipótese a razão do prejuízo da vítima é diferente da fraude no pagamento por meio de cheque.

Ex.: "A" compra algumas roupas fiado na loja de "B" e não efetua o pagamento na data combinada. Seis meses após a compra, após insistentes cobranças de "B", "A" emite um cheque sem fundos para quitar a dívida.

B. Dívidas de jogos ilícitos.

Ex.: Apostas ilegais ou jogo do bicho.

C. Programas sexuais com prostitutas ou garotos de programa.

4.6.15 Cheque

> Emitir cheque, encerrando, logo após, a conta: tem-se o Art. 171, §2º, VI, aplicando-se as Súmulas 521 do STF e 224 do STJ.

> Emitir cheque de conta encerrada: aplica-se o Art. 171, ***caput***, sem aplicação das súmulas.

> Frustrar pagamento de cheque para não pagamento de dívida de jogo é crime? Nos termos do Art. 814 do CC, as dívidas de jogo não obrigam a pagamento, mas não se pode recobrar dívida dessa natureza então paga.

Causa de Aumento de Pena

Art. 171, § 3º, CP. *A pena aumenta-se de um terço, se o crime é cometido em detrimento de entidade de direito público ou de instituto de economia popular, assistência social ou beneficência.*

Fundamenta-se na maior extensão dos danos produzidos, pois com a lesão ao patrimônio público e ao interesse social toda coletividade é prejudicada.

Súm. 24, STJ. *Aplica-se ao crime de estelionato, em que figure como vítima entidade autárquica da Previdência Social, a qualificadora do § 3º do Art. 171, CP.*

Súm. 73, STJ.
A utilização de papel-moeda GROSSEIRAMENTE falsificado configura, em tese, o crime de estelionato, de competência da Justiça Estadual.

Não se aplica o §3º no caso de estelionato contra o Banco do Brasil, considerando que esta não é entidade de Direito Público.

Jogos de Azar: há o crime de estelionato caso seja empregado meio fraudulento visando eliminar totalmente a possibilidade de vitória por parte dos jogadores.

Adulteração de máquina de caça-níquel para que os apostadores nunca vençam.

Falsidade Documental: o sujeito que falsifica documento (público ou particular) e, posteriormente, dele se vale para enganar alguém, obtendo vantagem ilícita em prejuízo alheio responderia, EM TESE, por dois crimes: estelionato e falsidade documental (Art. 171, *caput*, e Art. 297 - documento público ou 298 - documento particular), contudo, nessa situação, o crime de estelionato absorve o crime de falsidade documental. É esse o teor da súmula do STJ:

> ***Súm. 17, STJ.*** *Quando o falso se exaure no estelionato, sem mais potencialidade lesiva, é por este absorvido.*

Ocorre o "Princípio da Consumação", que é quando o crime-fim (estelionato) absorve o crime-meio (falsidade documental). Isso desde que a fé pública, o patrimônio ou outro bem jurídico qualquer não possam mais ser atacados pelo documento falsificado e utilizado por alguém como meio fraudulento para obtenção de vantagem ilícita em prejuízo alheio.

Competência

O Art. 70 do CPP prevê que a competência será, em regra, determinada pelo **lugar em que se consumar a infração**. Verifica-se nesta regra que no estelionato o juízo competente será o do local em que o sujeito obteve a vantagem ilícita em prejuízo alheio.

> ***Súm. 107, STJ.*** *Compete à justiça comum estadual processar e julgar crime de estelionato praticado mediante falsificação das guias de recolhimento das contribuições previdenciárias,* ***quando não ocorre lesão à autarquia federal.***

É crime de competência da Justiça Estadual. No entanto, será de competência da Justiça Federal quando for praticado em detrimento de bens, serviços ou interesses da União ou suas entidades autárquicas ou empresas públicas. (Art. 109, inciso IV, CF).

> ***Súm. 48, STJ.*** *Compete ao juízo do local da obtenção da vantagem ilícita processar e julgar crime de estelionato cometido mediante falsificação de cheque. Esta súmula está relacionada ao crime definido pelo estelionato em sua modalidade fundamental (caput).*
>
> ***Súm. 521, STF.*** *O foro competente para o processo e julgamento dos crimes de estelionato, sob a modalidade da emissão dolosa de cheque sem provisão de fundos, é o do local onde se deu a recusa do pagamento pelo sacado. (Ou seja, local da agência bancária)*

Ação Penal

Perceba mais uma alteração do pacote ANtiCRIME, revelando agora expressamente que a ação penal será CONDICIONADA à representação da vítima, salvo quando:

> a Administração Pública, direta ou indireta

> criança ou adolescente

> pessoa com deficiência mental

> maior de 70 (setenta) anos de idade ou incapaz.

4.6.16 Duplicata Simulada

Art. 172. *Emitir fatura, duplicata ou nota de venda que não corresponda à mercadoria vendida, em quantidade ou qualidade, ou ao serviço prestado.*

Pena *- detenção, de 2 (dois) a 4 (quatro) anos, e multa.*

Parágrafo único. *Nas mesmas penas incorrerá aquele que falsificar ou adulterar a escrituração do Livro de Registro de Duplicatas.*

4.6.17 Abuso de Incapazes

Art. 173. *Abusar, em proveito próprio ou alheio, de necessidade, paixão ou inexperiência de menor, ou da alienação ou debilidade mental de outrem, induzindo qualquer deles à prática de ato suscetível de produzir efeito jurídico, em prejuízo próprio ou de terceiro:*

Pena *- reclusão, de dois a seis anos, e multa.*

4.6.18 Induzimento à Especulação

Art. 174. *Abusar, em proveito próprio ou alheio, da inexperiência ou da simplicidade ou inferioridade mental de outrem, induzindo-o à prática de jogo ou aposta, ou à especulação com títulos ou mercadorias, sabendo ou devendo saber que a operação é ruinosa:*

Pena *- reclusão, de um a três anos, e multa.*

4.6.19 Fraude no Comércio

Art. 175. *Enganar, no exercício de atividade comercial, o adquirente ou consumidor:*

I. *Vendendo, como verdadeira ou perfeita, mercadoria falsificada ou deteriorada;*

II. *Entregando uma mercadoria por outra:*

Pena *- detenção, de seis meses a dois anos, ou multa.*

§ 1º. *Alterar em obra que lhe é encomendada a qualidade ou o peso de metal ou substituir, no mesmo caso, pedra verdadeira por falsa ou por outra de menor valor; vender pedra falsa por verdadeira; vender, como precioso, metal de outra qualidade:*

Pena *- reclusão, de um a cinco anos, e multa.*

§ 2º. *É aplicável o disposto no Art. 155, § 2º.*

4.6.20 Outras Fraudes

Art. 176. *Tomar refeição em restaurante, alojar-se em hotel ou utilizar-se de meio de transporte sem dispor de recursos para efetuar o pagamento:*

Pena *- detenção, de quinze dias a dois meses, ou multa.*

Parágrafo único. *Somente se procede mediante representação, e o juiz pode, conforme as circunstâncias, deixar de aplicar a pena.*

4.6.21 Fraudes e Abusos na Fundação ou Administração de Sociedade por Ações

Art. 177. *Promover a fundação de sociedade por ações, fazendo, em prospecto ou em comunicação ao público ou à assembleia, afirmação falsa sobre a constituição da sociedade, ou ocultando fraudulentamente fato a ela relativo:*

Pena *- reclusão, de um a quatro anos, e multa, se o fato não constitui crime contra a economia popular.*

§ 1º. *Incorrem na mesma pena, se o fato não constitui crime contra a economia popular:*

I. *O diretor, o gerente ou o fiscal de sociedade por ações, que, em prospecto, relatório, parecer, balanço ou comunicação ao público ou à assembleia, faz afirmação falsa sobre as condições econômicas da sociedade, ou oculta fraudulentamente, no todo ou em parte, fato a elas relativo;*

II. *O diretor, o gerente ou o fiscal que promove, por qualquer artifício, falsa cotação das ações ou de outros títulos da sociedade;*

III. O diretor ou o gerente que toma empréstimo à sociedade ou usa, em proveito próprio ou de terceiro, dos bens ou haveres sociais, sem prévia autorização da assembleia geral;

IV. O diretor ou o gerente que compra ou vende, por conta da sociedade, ações por ela emitidas, salvo quando a lei o permite;

V. O diretor ou o gerente que, como garantia de crédito social, aceita em penhor ou em caução ações da própria sociedade;

VI. O diretor ou o gerente que, na falta de balanço, em desacordo com este, ou mediante balanço falso, distribui lucros ou dividendos fictícios;

VII. O diretor, o gerente ou o fiscal que, por interposta pessoa, ou conluiado com acionista, consegue a aprovação de conta ou parecer;

VIII. O liquidante, nos casos dos nºs I, II, III, IV, V e VII;

IX. O representante da sociedade anônima estrangeira, autorizada a funcionar no País, que pratica os atos mencionados nos nºs I e II, ou dá falsa informação ao Governo.

§ 2º. Incorre na pena de detenção, de seis meses a dois anos, e multa, o acionista que, a fim de obter vantagem para si ou para outrem, negocia o voto nas deliberações de assembleia geral.

4.6.22 Emissão Irregular de Conhecimento de Depósito ou "*Warrant*"

***Art. 178.** Emitir conhecimento de depósito ou warrant, em desacordo com disposição legal:*

***Pena -** reclusão, de um a quatro anos, e multa.*

4.6.23 Fraude à Execução

***Art. 179.** Fraudar execução, alienando, desviando, destruindo ou danificando bens, ou simulando dívidas:*

***Pena -** detenção, de seis meses a dois anos, ou multa.*

***Parágrafo único**. Somente se procede mediante queixa.*

4.7 Da Receptação

***Art. 180.** Adquirir, receber, transportar, conduzir ou ocultar, em proveito próprio ou alheio, coisa que sabe ser produto de crime, ou influir para que terceiro, de boa-fé, a adquira, receba ou oculte:*

***Pena -** reclusão, de um a quatro anos, e multa.*

Receptação Qualificada

***§ 1º.** Adquirir, receber, transportar, conduzir, ocultar, ter em depósito, desmontar, montar, remontar, vender, expor à venda, ou de qualquer forma utilizar, em proveito próprio ou alheio, no exercício de atividade comercial ou industrial, coisa que deve saber ser produto de crime:*

***Pena -** reclusão, de três a oito anos, e multa.*

***§ 2º.** Equipara-se à atividade comercial, para efeito do parágrafo anterior, qualquer forma de comércio irregular ou clandestino, inclusive o exercício em residência.*

***§ 3º.** Adquirir ou receber coisa que, por sua natureza ou pela desproporção entre o valor e o preço, ou pela condição de quem a oferece, deve presumir-se obtida por meio criminoso:*

***Pena -** detenção, de um mês a um ano, ou multa, ou ambas as penas.*

***§ 4º.** A receptação é punível, ainda que desconhecido ou isento de pena o autor do crime de que proveio a coisa.*

***§ 5º.** Na hipótese do § 3º, se o criminoso é primário, pode o juiz, tendo em consideração as circunstâncias, deixar de aplicar a pena. Na receptação dolosa aplica-se o disposto no § 2º do Art. 155.*

***§ 6º.** Tratando-se de bens e instalações do patrimônio da União, Estado, Município, empresa concessionária de serviços públicos ou sociedade de economia mista, a pena prevista no caput deste artigo aplica-se em dobro.*

***Art. 180-A.** Adquirir, receber, transportar, conduzir, ocultar, ter em depósito ou vender, com a finalidade de produção ou de comercialização, semovente domesticável de produção, ainda que abatido ou dividido em partes, que deve saber ser produto de crime: (Incluído pela Lei nº 13.330, de 2016)*

***Pena -** reclusão, de 2 (dois) a 5 (cinco) anos, e multa. (Incluído pela Lei nº 13.330, de 2016)*

Esse artigo tipifica a conduta do agente que adquire, recebe, transporta, conduz, dentre outras condutas, com intuito de obter vantagem, produto de crime (furto, roubo, extorsão, estelionato etc.). É considerado como delito, a conduta de adquirir (receptação própria), como a de influenciar para que uma terceira pessoa adquira esses produtos (receptação imprópria).

4.7.1 Classificação

A conduta do *caput* é considera como um crime comum, pois pode ser praticada por qualquer agente. Ademais, no § 1º, considera-se um crime PRÓPRIO, pois exige uma qualidade específica do agente, devendo ele ser comerciante ou industrial, mesmo que ele exerça de forma clandestina ou ilegal.

Ex.: Um ferro velho que vende peças de veículos furtados.

A receptação é crime acessório, pois depende da existência do crime anterior. Não é necessário que o crime anterior seja contra o patrimônio.

Ex.: Receptar bem oriundo do crime de corrupção passiva.

É um crime de ação múltipla e conteúdo variado, ou seja, a prática de várias condutas contra o mesmo bem, caracteriza crime único (adquire e vende).

O bem imóvel não pode ser objeto material do crime de receptação, somente bens móveis.

4.7.2 Sujeitos do Crime

Sujeito Ativo (*caput*): pode ser qualquer pessoa, exceto quem seja autor ou coautor do crime antecedente (furto, extorsão, roubo).

Sujeito Ativo (da receptação qualificada §1º): é um crime próprio, somente aquela pessoa que desempenha atividade comercial ou industrial.

Dono de ferro velho de carros e peças usadas.

- Admite a participação.
- A atividade deve ser habitual ou contínua.

Sujeito Passivo: é a vítima do crime anterior, ou seja, donde veio o produto do furto.

4.7.3 Consumação e Tentativa

Receptação Própria (*caput*): Adquirir, receber - crime material/instantâneo - transportar, conduzir ou ocultar - crime permanente - ambos **admitem** a tentativa.

Receptação Imprópria (2ª parte do *caput*): INFLUIR - crime FORMAL e UNISSUBSISTENTE - **NÃO** admite tentativa.

4.7.4 Receptação Própria X Imprópria

Própria: adquirir, receber, transportar, conduzir ou ocultar, em proveito próprio ou alheio, coisa que SABE ser produto de crime.

Imprópria: ou **Influir** para que terceiro, de boa-fé, a adquira, receba ou oculte:

Na receptação **imprópria**, caso o agente influenciador seja o autor do crime antecedente, responderá **APENAS** por este delito, e não pela receptação. Trata-se de *post factum impunível* (Ex.: "A" coautor do furto de um computador, influi para que "B", de boa-fé, o compre).

A expressão "coisa que sabe" é indicativa de dolo direto e implicitamente abrange o dolo eventual? Prevalece que, a expressão coisa que sabe indica apenas dolo direto. Assim, o *caput* do artigo não pune o dolo eventual.

Imaginando que Rogério venda um carro à Vânia. Após uma semana que vendeu o carro, Vânia fica sabendo que o carro é produto de crime, mas permanece com ele. Houve prática de receptação? Nesse caso, não se pode esquecer que se trata de dolo superveniente, e esse não configura o crime. Assim, o dolo superveniente não configura o crime. A má-fé deve ser contemporânea a qualquer das condutas previstas no tipo.

4.7.5 Receptação Culposa

> ***§ 3º.*** *Adquirir ou receber coisa que, por sua natureza ou pela desproporção entre o valor e o preço, ou pela condição de quem a oferece, deve presumir-se obtida por meio criminoso: (Alterado pela Lei nº 9.426, de 1996):*
>
> ***Pena** - detenção, de 1 (um) mês a 1 (um) ano, ou multa, ou ambas as penas.*

É necessário observar três circunstâncias que indicam ser o bem produto de crime:

> Sua natureza;

> Desproporção entre valor e preço;

> Condição de quem a oferece.

No crime de receptação simples (caput) é necessário que o agente tenha certeza de que o bem é produto de crime, pois, em caso de dúvida (culpa ou dolo eventual), o agente responderá pelo crime de receptação culposa (§3º).

4.7.6 Norma Penal Explicativa

> ***§ 4º.*** *A receptação é punível, ainda que desconhecido ou isento de pena o autor do crime de que proveio a coisa.*

Ainda que ocorra a extinção da punibilidade do crime antecedente, haverá o crime de receptação (Art. 180 do CP).

Ex.: A morte do agente do crime anterior, prescrição etc.

Esse parágrafo dá certa autonomia ao crime de receptação em relação ao crime antecedente.

Ex.: Ricardo, menor de idade, subtrai o DVD de um veículo e o vende a Pedro, o qual conhece a origem criminosa do bem. Nesta situação, mesmo sendo Ricardo inimputável, Pedro responderá pelo crime de receptação.

Segundo alguns autores, a receptação é crime acessório e pressupõe outro crime para que exista. Sucede que não há submissão à punição do crime principal para que seja punido, ou seja, sua punição é independente.

Se o crime pressuposto está prescrito ou teve extinta a punibilidade, não desaparece a receptação.

4.7.7 Receptação Privilegiada

> ***§ 5º.*** *Na hipótese do § 3º. Receptação CULPOSA. se o criminoso é primário, pode o juiz, tendo em consideração as circunstâncias, deixar de aplicar a pena.*

Na receptação dolosa aplica-se o disposto no § 2º do Art. 155:

> ***Art. 155, § 2º.*** *Se o criminoso é primário, e é de pequeno valor a coisa furtada, o juiz pode substituir a pena de reclusão pela de detenção, diminuí-la de um a dois terços, ou aplicar somente a pena de multa.*

A receptação privilegiada (2ª parte do §5º) somente se aplica à receptação dolosa (própria ou imprópria); culposa e qualificada NÃO!

Receptação Culposa (§3º) + Criminoso primário + Tendo em consideração as circunstâncias = Perdão Judicial (Juiz deixa de aplicar a pena)	Receptação dolosa (*caput*) + Criminoso primário + Coisa de pequeno valor = Art. 155, §2º, CP: Substituir a pena de reclusão pena de detenção; Diminuí-la de um a dois terços ou aplicar somente a pena de multa.

4.7.8 Causa de Aumento de Pena

> ***§6º.*** *Tratando-se de bens e instalações do patrimônio da União, Estado, Município, empresa concessionária de serviços públicos ou sociedade de economia mista, a pena prevista no caput deste artigo APLICA-SE EM DOBRO.*

Caso o bem seja produto de contravenção penal, NÃO existirá o crime de receptação. O fato será atípico, pois este delito somente existe em caso de bem produto de CRIME.

Aplicável somente para a receptação **SIMPLES** (*caput*). Não se aplica à receptação qualificada nem à culposa.

É possível a **receptação da receptação**, por exemplo, "A" adquire um relógio produto de furto e o vende a "B", este vende o mesmo bem a "C" ciente de sua origem criminosa.

> ***Art. 180-A.*** *Adquirir, receber, transportar, conduzir, ocultar, ter em depósito ou vender, com a finalidade de produção ou de comercialização, semovente domesticável de produção, ainda que abatido ou dividido em partes, que deve saber ser produto de crime:*
>
> ***Pena** - reclusão, de 2 (dois) a 5 (cinco) anos, e multa.*

4.8 Disposições Gerais

4.8.1 Imunidades Penais Absolutas ou Escusas Absolutórias

> ***Art. 181.*** *É isento de pena quem comete qualquer dos crimes previstos neste título, em prejuízo:*
>
> ***I.*** *Do cônjuge, na constância da sociedade conjugal;*
>
> ***II.*** *De ascendente ou descendente, seja o parentesco legítimo ou ilegítimo, seja civil ou natural.*

Trata-se de causa de extinção da punibilidade.

No caso do inciso I, abrange-se também a união estável, os separados de fato e ainda as uniões homoafetivas.

Não importa o Regime de comunhão de bens do casamento.

Ex.: Separação total de bens

No caso do inciso II, não se aplica esta escusa na hipótese de parentesco por afinidade (sogra, genro, cunhado...). Outrossim, verifica-se que não há abrangência aos colaterais e afins.

4.8.2 Imunidade Patrimonial Relativa

> ***Art. 182.*** *Somente se procede mediante representação, se o crime previsto neste título é cometido em prejuízo:*
>
> ***I.*** *Do cônjuge desquitado ou judicialmente separado;*
>
> ***II.*** *De irmão, legítimo ou ilegítimo;*
>
> ***III.*** *De tio ou sobrinho, com quem o agente coabita.*

Após a entrada em vigor da Lei nº 6.515/77, o desquite não existe mais no ordenamento jurídico brasileiro.

Aos ex-cônjuges divorciados não se aplica essa imunidade.

No caso dos incisos II e III, é necessária efetiva coabitação, para incidência desta imunidade.

Este é um dos artigos do Código Penal que mais caem em concurso. Portanto, é muito importante decorá-lo!

4.8.3 Inaplicabilidade das Imunidades

> ***Art. 183.*** *Não se aplica o disposto nos dois artigos anteriores:*
>
> ***I.*** *Se o crime é de roubo ou de extorsão, ou, em geral, quando haja emprego de grave ameaça ou violência à pessoa;*
>
> ***II.*** *Ao estranho que participa do crime;*
>
> ***III.*** *Se o crime é praticado contra pessoa com idade igual ou superior a 60 (sessenta) anos.*

Este inciso foi incluído pelo Estatuto do Idoso (Lei nº 10.741/03). **Preste muita atenção,** pois este é um dos dispositivos deste assunto que mais cai em concurso público.

É aplicada a imunidade na violência doméstica e familiar contra a mulher no ambiente familiar?

1ª Corrente: para Maria Berenice Dias, jurista brasileira, não se admite imunidade patrimonial na violência doméstica e familiar contra a mulher, benefício afastado pelo Art. 7º, IV, da Lei nº 11.340/06.

2ª Corrente: diz que a Lei Maria da Penha não vedou, expressamente, qualquer imunidade, diferente do Estatuto do Idoso que vedou a imunidade para o idoso.

Tem prevalecido a 2ª Corrente.

Questões

01. (CESPE – 2018) Depois de adquirir um revólver calibre 38, que sabia ser produto de crime, José passou a portá-lo municiado, sem autorização e em desacordo com determinação legal. O comportamento suspeito de José levou-o a ser abordado em operação policial de rotina. Sem a autorização de porte de arma de fogo, José foi conduzido à delegacia, onde foi instaurado inquérito policial. Tendo como referência essa situação hipotética, julgue os itens seguintes.

A receptação praticada por José consumou-se a partir do momento em que ele adquiriu o armamento.

Certo ( ) Errado ( )

02. (CESPE – 2018) A inversão da posse do bem mediante o emprego de violência não configura o crime de roubo, mas sua tentativa, se a coisa roubada for recuperada brevemente após perseguição imediata ao agente.

Certo ( ) Errado ( )

03. (CESPE – 2018) Tratando-se do crime de furto, a comprovação inequívoca da presença de seguranças no interior do estabelecimento comercial da vítima configura crime impossível.

Certo ( ) Errado ( )

04. (CESPE – 2018) No interior de um estabelecimento comercial, João colocou em sua mochila diversos equipamentos eletrônicos, com a intenção de subtraí-los para si. Após conseguir sair do estabelecimento sem pagar pelos produtos, João foi detido, ainda nas proximidades do local, por agentes de segurança que visualizaram trechos de sua ação pelo sistema de câmeras de vigilância.

Os produtos em poder de João foram recuperados e avaliados em R$ 1.200.

Nessa situação hipotética, caracterizou-se a prática de crime de furto.

Certo ( ) Errado ( )

05. (CESPE – 2019) Constatada a utilização de arma de fogo desmuniciada na perpetração de delito de roubo, não se aplica a circunstância majorante relacionada ao emprego de arma de fogo.

Certo ( ) Errado ( )

Gabaritos

01	CERTO
02	ERRADO
03	ERRADO
04	CERTO
05	CERTO

5. DOS CRIMES CONTRA A FÉ PÚBLICA

5.1 Da Moeda Falsa

Art. 289. *Falsificar, fabricando-a ou alterando-a, moeda metálica ou papel-moeda de curso legal no país ou no estrangeiro:*

Pena *- reclusão, de três a doze anos, e multa.*

§ 1º. *Nas mesmas penas incorre quem, por conta própria ou alheia, importa ou exporta, adquire, vende, troca, cede, empresta, guarda ou introduz na circulação moeda falsa.*

§ 2º. *Quem, tendo recebido de boa-fé, como verdadeira, moeda falsa ou alterada, a restitui à circulação, depois de conhecer a falsidade, é punido com detenção, de seis meses a dois anos, e multa.*

§ 3º. *É punido com reclusão, de três a quinze anos, e multa, o funcionário público ou diretor, gerente, ou fiscal de banco de emissão que fabrica, emite ou autoriza a fabricação ou emissão:*

I. *De moeda com título ou peso inferior ao determinado em lei;*

II. *De papel-moeda em quantidade superior à autorizada.*

§ 4º. *Nas mesmas penas incorre quem desvia e faz circular moeda, cuja circulação não estava ainda autorizada.*

5.1.1 Modos de Falsificar

Fabricando a moeda (manufaturando, fazendo a cunhagem): o próprio agente produz (cria) a moeda.

Alterando (modificando, adulterando): utilizando moeda verdadeira (autêntica), a altera (transforma cédula de dois reais em cem reais).

Objeto Material

O objeto material também pode ser a moeda estrangeira, desde que tenha curso legal no Brasil, ou no país de origem, ou seja, quando circulada não pode ser recusada como meio de pagamento.

Fragoso, ensina que inexistirá o crime quando houver adulteração para que o valor nominal seja diminuído em relação ao verdadeiro.

É imprescindível, além das características apontadas, que a falsificação seja convincente, isto é, capaz de iludir os destinatários da moeda.

Nem sempre a falsificação grosseira constituirá fato atípico, já que este ocorrerá somente quando não haja qualquer possibilidade de iludir alguém. Do contrário, poderá se configurar o crime de estelionato. Este, aliás, é o entendimento do Superior Tribunal de Justiça:

Súm. *73. A utilização de papel-moeda grosseiramente falsificado configura, em tese, o crime de estelionato, de competência da Justiça Estadual.*

5.1.2 Crimes Assimilados ao de Moeda Falsa

Art. 290. *Formar cédula, nota ou bilhete representativo de moeda com fragmentos de cédulas, notas ou bilhetes verdadeiros; suprimir, em nota, cédula ou bilhete recolhidos, para o fim de restituí-los à circulação, sinal indicativo de sua inutilização; restituir à circulação cédula, nota ou bilhete em tais condições, ou já recolhidos para o fim de inutilização:*

Pena *- reclusão, de dois a oito anos, e multa.*

Parágrafo único. *O máximo da reclusão é elevado a doze anos e multa, se o crime é cometido por funcionário que trabalha na repartição onde o dinheiro se achava recolhido, ou nela tem fácil ingresso, em razão do cargo.(Vide Lei nº 7.209, de 11.7.1984)*

Consumuação

Neste delito, da mesma forma, é necessário que a formação da moeda com fragmentos e a supressão do sinal indicativo sejam capazes de iludir.

Não é necessário o dano para consumar-se o delito, basta a mera formação da cédula a partir dos fragmentos, com a supressão do sinal identificador de recolhimento.

Há autores que ditam que, ao contrário do que ocorre com o crime de moeda falsa (298, CP), a aquisição e o recebimento da moeda nas condições descritas no Art. 290, *caput*, não foram elevados à categoria de crime principal, subsistindo o delito de receptação.

5.2 Petrechos para Falsificação de Moeda

Art. 291. *Fabricar, adquirir, fornecer, a título oneroso ou gratuito, possuir ou guardar maquinismo, aparelho, instrumento ou qualquer objeto especialmente destinado à falsificação de moeda:*

Pena *- reclusão, de dois a seis anos, e multa.*

5.2.1 Emissão de Título ao Portador sem Permissão Legal

Art. 292. *Emitir, sem permissão legal, nota, bilhete, ficha, vale ou título que contenha promessa de pagamento em dinheiro ao portador ou a que falte indicação do nome da pessoa a quem deva ser pago:*

Pena *- detenção, de um a seis meses, ou multa.*

Parágrafo único. *Quem recebe ou utiliza como dinheiro qualquer dos documentos referidos neste artigo incorre na pena de detenção, de quinze dias a três meses, ou multa.*

5.3 Da Falsidade de Títulos e Outros Papéis Públicos

5.3.1 Falsificação de Papéis Públicos

Art. 293. *Falsificar, fabricando-os ou alterando-os:*

I. *Selo destinado a controle tributário, papel selado ou qualquer papel de emissão legal destinado à arrecadação de tributo;*

II. *Papel de crédito público que não seja moeda de curso legal;*

III. *Vale postal;*

IV. *Cautela de penhor, caderneta de depósito de caixa econômica ou de outro estabelecimento mantido por entidade de direito público;*

V. *Talão, recibo, guia, alvará ou qualquer outro documento relativo a arrecadação de rendas públicas ou a depósito ou caução por que o poder público seja responsável;*

VI. *Bilhete, passe ou conhecimento de empresa de transporte administrada pela União, por Estado ou por Município:*

Pena *- reclusão, de dois a oito anos, e multa.*

§1º. *Incorre na mesma pena quem:*

I. *Usa, guarda, possui ou detém qualquer dos papéis falsificados a que se refere este artigo;*

II. *Importa, exporta, adquire, vende, troca, cede, empresta, guarda, fornece ou restitui à circulação selo falsificado destinado a controle tributário;*

III. *Importa, exporta, adquire, vende, expõe à venda, mantém em depósito, guarda, troca, cede, empresta, fornece, porta ou, de qualquer forma, utiliza em proveito próprio ou alheio, no exercício de atividade comercial ou industrial, produto ou mercadoria:*

a) *em que tenha sido aplicado selo que se destine a controle tributário, falsificado;*

b) *sem selo oficial, nos casos em que a legislação tributária determina a obrigatoriedade de sua aplicação.*

§2º. *Suprimir, em qualquer desses papéis, quando legítimos, com o fim de torná-los novamente utilizáveis, carimbo ou sinal indicativo de sua inutilização:*

Pena *- reclusão, de um a quatro anos, e multa.*

§3º. *Incorre na mesma pena quem usa, depois de alterado, qualquer dos papéis a que se refere o parágrafo anterior.*

§4º. *Quem usa ou restitui à circulação, embora recebido de boa-fé, qualquer dos papéis falsificados ou alterados, a que se referem este artigo e o seu § 2º, depois de conhecer a falsidade ou alteração, incorre na pena de detenção, de seis meses a dois anos, ou multa.*

§5º. *Equipara-se a atividade comercial, para os fins do inciso III do § 1º, qualquer forma de comércio irregular ou clandestino, inclusive o exercido em vias, praças ou outros logradouros públicos e em residências.*

O inciso III - vale postal - foi revogado pelo Art. 36 da Lei 6.538/76. Sendo assim, só é passível de cobrança em concursos que cobrem especificamente essa lei.

Esse artigo do Código Penal traz a tipificação da conduta daquele agente que pratica atos de falsificação de papéis públicos, ou seja, aqueles que são chancelados pelo Estado como sendo verdadeiros. Dessa forma, o crime possui diversas condutas típicas, mas a principal está no **caput**, pois pune quem: **falsifica** ou **adultera O documento**.

De acordo com o §1º, pune-se com a mesma pena do *caput* - reclusão de dois a oito anos - quem **guarda, possui ou detém** quaisquer dos papéis que constam no inciso I ao VI do *caput*. Ademais, a falsificação engloba nos incisos II e III deste parágrafo, aplica punição às outras condutas ligadas, especificamente, à falsificação de selo destinado ao controle tributário, ou então, de produtos ou mercadorias sobre os quais incide o controle tributário.

Se a falsificação for usada como meio para a fraude, estará configurado o crime de estelionato (Art. 171 do CP), o qual absorve o crime de falsificação, de acordo com o princípio da consunção.

Em relação ao §2º, pune-se quem efetuou a supressão do sinal indicativo de inutilização com intenção de tornar novamente utilizável.

O §3º diz que é punido quem **USA**, desde que esse não seja o mesmo autor que suprimiu o documento, pois senão, responderá pela *caput*.

O §4º é a figura **privilegiada** do Art. 293, pois pune quem recebe de **boa-fé** e repassa o documento falsificado após reconhecer a sua falsidade.

Por fim, o §5º trata da equiparação das condutas reconhecidas como atividade comercial expressa no Art. 1º, inciso III, exercidas em locais irregulares e clandestinos, em locais públicos ou até mesmo se praticada dentro da própria residência do agente.

5.3.2 Petrechos de Falsificação

Art. 294. *Fabricar, adquirir, fornecer, possuir ou guardar* ***objeto especialmente destinado à falsificação*** *de qualquer dos papéis referidos no artigo anterior:*

Pena *- reclusão, de um a três anos, e multa.*

Art. 295. *Se o* ***agente é funcionário público****, e comete o crime* ***prevalecendo-se do cargo****, aumenta-se a pena de sexta parte.*

Caso o agente seja FUNCIONÁRIO PÚBLICO, e pratique quaisquer das condutas descritas no Art. 293, utilizando-se de privilégios que seu cargo ofereça, responderá com AUMENTO DE PENA - conforme Art. 295 do CP.

A figura típica do Art. 294, prevê a conduta do agente que possua objetos que tenham como fim específico a falsificação de quaisquer papéis públicos mencionados no Art. 293 do Código Penal.

Caso esse objeto possua a capacidade de falsificar, mas sua função principal não é esta, a sua posse não será considerada como objeto (petrecho).

Ex.: Uma impressora de alta capacidade que tenha condições de imprimir cédulas falsas. Contudo, depende - logicamente - do contexto fático em que se apresente.

O Art. 295 do Código Penal trata especificamente da hipótese em que o agente é FUNCIONÁRIO PÚBLICO, o qual responderá com aumento de pena de SEXTA PARTE caso tenha utilizado de atributos da sua função pública para a prática do crime.

5.4 Da Falsidade Documental

5.4.1 Falsificação do Selo ou Sinal Público

Art. 296. *Falsificar, fabricando-os ou alterando-os:*

I. *Selo público destinado a autenticar atos oficiais da União, de Estado ou de Município;*

II. *Selo ou sinal atribuído por lei à entidade de direito público, ou a autoridade, ou sinal público de tabelião:*

Pena *- reclusão, de dois a seis anos, e multa.*

§1º. *Incorre nas mesmas penas:*

I. *Quem faz uso do selo ou sinal falsificado;*

II. *Quem utiliza indevidamente o selo ou sinal verdadeiro em prejuízo de outrem ou em proveito próprio ou alheio.*

Na situação em que o agente é FUNCIONÁRIO PÚBLICO, responderá com aumento de pena de SEXTA PARTE (conforme Art. 327 do CP).

III. Quem altera, falsifica ou faz uso indevido de marcas, logotipos, siglas ou quaisquer outros símbolos utilizados ou identificadores de órgãos ou entidades da Administração Pública.

§2º. Se o agente é funcionário público, e comete o crime prevalecendo-se do cargo, aumenta-se a pena de sexta parte.

Esse delito visa incriminar o agente que **falsifica SELOS ou SINAIS públicos** - objetos que atestam um documento como verdadeiro - por meio da **fabricação** (contrafação - próprio agente fabrica um selo ou sinal falso), ou pela **alteração** (modificação de selo ou sinal verdadeiro).

Tais itens - selo ou sinal - **não** são considerados documentos públicos, e sim, objetos que o criminoso utiliza para falsificação.

Ex.: Carimbo, selo de identificação etc.

A falsidade tipificada nesse artigo é **MATERIAL**, ou seja, a forma do documento é modificada (alteração), ou fabricada (contrafação).

5.4.2 Falsificação de Documento Público

***Art. 297.** Falsificar, no todo ou em parte, documento público, ou alterar documento público verdadeiro:*

***Pena** - reclusão, de dois a seis anos, e multa.*

§1º. Se o agente é funcionário público, e comete o crime prevalecendo-se do cargo, aumenta-se a pena de sexta parte.

§2º. Para os efeitos penais, equiparam-se a documento público o emanado de entidade paraestatal, o título ao portador ou transmissível por endosso, as ações de sociedade comercial, os livros mercantis e o testamento particular.

§3º. Nas mesmas penas incorre quem insere ou faz inserir:

I. Na folha de pagamento ou em documento de informações que seja destinado a fazer prova perante a previdência social, pessoa que não possua a qualidade de segurado obrigatório;

II. Na Carteira de Trabalho e Previdência Social do empregado ou em documento que deva produzir efeito perante a previdência social, declaração falsa ou diversa da que deveria ter sido escrita;

III. Em documento contábil ou em qualquer outro documento relacionado com as obrigações da empresa perante a previdência social, declaração falsa ou diversa da que deveria ter constado.

§4º. Nas mesmas penas incorre quem omite, nos documentos mencionados no § 3º, nome do segurado e seus dados pessoais, a remuneração, a vigência do contrato de trabalho ou de prestação de serviços.

> Para provar a materialidade do crime, é INDISPENSÁVEL a realização de exame de corpo de delito, direto ou indireto, no documento, NÃO podendo supri-lo pela confissão do acusado (Art. 158 do CPP), ou seja, pela perícia no documento.

Este título do Código Penal tem por objetivo tipificar a conduta do agente que **falsifica, total ou parcialmente, documento público**, bem como aquele que **altera** documentos públicos **verdadeiros** com intenção de obter **vantagem ilícita**.

A falsidade tipificada nesse artigo é material, ou seja, a forma do documento é modificada (alteração), ou falsificada (contrafação), total ou parcialmente.

Documento para o Direito Penal deve possuir as seguintes características:

- Forma escrita;
- Elaborado por pessoa determinada;
- Conteúdo revestido de relevância jurídica;
- Possuir eficácia probatória.
- Portanto, **documento público** é aquele confeccionado pelo funcionário público, nacional ou estrangeiro, **no desempenho de suas atividades**, em conformidade com as formalidades legais.

Caso a agente seja funcionário público, responde com aumento de pena de sexta parte, conforme preceitua o §1º desse artigo.

A fotocópia (xerox/traslado), sem autenticação, não tem eficácia probatória. Desse modo, não é classificado como documento público para fins penais.

§ 2º. Para os efeitos penais, equiparam-se a documento público o emanado de entidade paraestatal, o título ao portador ou transmissível por endosso, as ações de sociedade comercial, os livros mercantis e o testamento particular.

Entidades paraestatais, integrantes do terceiro setor, são as pessoas jurídicas de direito privado, sem fins lucrativos, que atuam ao lado e em colaboração com o Estado. (Exemplo: SESC, SENAI, SESI, SENAC e ONGs).

Título ao portador: cheque ao portador (nominal).

Título transmissível por endosso: cheque, duplicata, nota promissória, letra de câmbio.

Ações de sociedade comercial: sociedades anônimas, sociedades em comandita por ações.

Livros mercantis: destinados a registrar as atividades empresariais.

Testamento **particular**.

Na hipótese em que o agente que faz **uso** do documento falsificado ou modificado seja o mesmo que falsificou - os papéis públicos - esse delito (Art. 297) será absorvido pelo (Art. 171), estelionato, do Código Penal, visto que, a conduta visa obter **vantagem indevida** mediante o **uso de fraude**. Sendo assim, a falsificação é "**meio**" (uso da fraude) para o fim (a vantagem), que é o crime de estelionato. Por conseguinte, de acordo com o **princípio da consunção**, o crime mais grave absorve o menos grave.

***Súm. 17, STJ.** Quando o falso se exaure no estelionato, sem mais potencialidade lesiva, é por ele absorvido.*

> Documento escrito a lápis é documento público? É necessário observar que documento escrito a lápis ainda que feito por servidor público não é documento, considerando a insegurança na manutenção de seu conteúdo.
> Substituir fotografia em documento de identidade, prevalece que é o delito do Art. 297 do CP. (Atualmente a jurisprudência dispensa a perícia nesses casos).

5.4.3 Falsificação de Documento Particular

***Art. 298.** Falsificar, no todo ou em parte, documento particular ou alterar documento particular verdadeiro:*

***Pena** - reclusão, de um a cinco anos, e multa.*

Este artigo do Código Penal tem por objetivo tipificar a conduta do agente que falsifica, total ou parcialmente, documento **particular**, bem como aquele que altera documentos particulares verdadeiros com intenção de obter vantagem ilícita.

Para configurar o crime de falsificação, faz-se necessário que esse tenha capacidade de ludibriar terceiros, pois a falsificação ou modificação **grosseira** ou sem potencialidade lesiva **não** configura o crime, ou seja, de acordo com o Art. 17 do CP é um crime impossível por absoluta impropriedade do objeto, podendo configurar estelionato.

Nessa situação, o documento em si é falso, porém os dados podem ser verdadeiros, pois o agente que emite/falsifica o documento, não tem competência para fazê-lo.

Para provar a materialidade do crime, é INDISPENSÁVEL a realização de exame de corpo de delito, direto ou indireto, no documento, não podendo supri-lo a confissão do acusado (Art. 158 do CPP).

Considerações

Se a falsidade do documento é material, o agente responde pelo Art. 298 do CP, falsificação de documento particular, caso seja **ideológica**, o agente responderá pelo Art. 299 do CP, falsidade ideológica.

Caso o agente que utilize o documento falsificado ou modificado seja o mesmo que o falsificou, responderá pelo crime do Art. 304 do CP, uso de documento particular falsificado.

Documento público nulo, se torna documento particular. Atos públicos nulos, feitos por oficiais incompetentes, são documentos particulares.

Na hipótese de documento particular, com firma reconhecida em cartório, temos um documento público? Falsificando os escritos do documento, o delito será o do Art. 298 do CP. Porém, se a conduta for para falsificar o selo do tabelião, o delito é o do Art. 297.

Na hipótese em que um indivíduo falsifica um documento particular com o objetivo de praticar o CRIME DE SONEGAÇÃO FISCAL, responderá pelo crime previsto no Art. 1º, III e IV, da Lei 8.137/90.

5.4.4 Falsidade Ideológica

> ***Art. 299***. *Omitir, em documento público ou particular, declaração que dele devia constar, ou nele inserir ou fazer inserir declaração falsa ou diversa da que devia ser escrita, com o fim de prejudicar direito, criar obrigação ou alterar a verdade sobre fato juridicamente relevante:*
>
> ***Pena*** *- reclusão, de um a cinco anos, e multa, se o documento é público, e reclusão de um a três anos, e multa, se o documento é particular.*
>
> ***Parágrafo único.*** *Se o agente é funcionário público, e comete o crime prevalecendo-se do cargo, ou se a falsificação ou alteração é de assentamento de registro civil, aumenta-se a pena de sexta parte.*

Diferentemente dos Art. 297 e 298, que tratam da falsidade material, em que o conteúdo pode ser verdadeiro, mas o documento em si é falso, esse artigo aborda a falsidade ideológica, em que o documento é verdadeiro, mas o conteúdo, a ideia é falsa. A falsidade ideológica também é conhecida como falso ideal, falso intelectual ou falso moral.

Falsidade Material	Falsidade Ideológica
A forma do documento é falsa, porém os dados podem ser verdadeiros.	A forma do documento é verdadeira, mas a ideia contida é falsa.

Núcleos do Tipo

Omitir: o funcionário público no momento da elaboração de um documento, **deixa de inserir** (omissão) informação que nesse deveria constar. É a falsidade imediata.

Inserir: aquele que **insere** no documento público ou particular informação falsa ou diversa que deveria ser escrita. É a falsidade **imediata**.

Fazer inserir: é o particular que fornece a informação falsa ao funcionário público competente, que **por erro** a insere no documento verdadeiro. É chamada falsidade **mediata**.

Caso o agente que utilizar o documento falsificado ou modificado seja o mesmo, esse delito (Art. 299) será absorvido pelo Art. 171, estelionato, do Código Penal, visto que a conduta busca obter vantagem indevida mediante o uso de fraude.

Para que seja configurado o crime de falsidade ideológica, o agente deve ter um especial fim de agir, ou seja, um **dolo específico**, de prejudicar um direito, criar uma obrigação ou alterar a verdade sobre um fato.

5.4.5 Falso Reconhecimento de Firma ou Letra

> ***Art. 300***. *Reconhecer, como verdadeira, no exercício de função pública, firma ou letra que o não seja:*
>
> ***Pena*** *- reclusão, de um a cinco anos, e multa, se o documento é público; e de um a três anos, e multa, se o documento é particular.*

Esse crime é classificado como **próprio**, pois somente pode ser cometido por funcionário público no exercício da função, ou seja, aquele que tem a competência para o reconhecimento.

O delito configura-se quando o funcionário público reconhece (atesta, afirma), como verdadeiro a firma ou letra que **sabe ser falsa**.

Não admite a modalidade culposa, porém o agente poderá vir a responder na esfera administrativa e civil. (**STJ. RMS 26.548/PR - 2010**)

5.4.6 Certidão ou Atestado Ideologicamente Falso

> ***Art. 301***. *Atestar ou certificar falsamente, em razão de função pública, fato ou circunstância que habilite alguém a obter cargo público, isenção de ônus ou de serviço de caráter público, ou qualquer outra vantagem:*
>
> ***Pena*** *- detenção, de dois meses a um ano.*

Esse delito tipifica a conduta do funcionário público que, devido às qualidades que seu cargo **propicia, atesta ou certifica** aquilo que sabe ser falso, em benefício de terceiros, para que obtenham vantagem, isenção ou ônus de obrigações junto à Administração Pública (*caput*).

A **certidão ou atestado** são verdadeiros, porém **os dados** informados para que tal pessoa obtenha vantagem sobre a Administração são falsos.

5.4.7 Falsidade Material de Atestado ou Certidão

§1º. *Falsificar, no todo ou em parte, atestado ou certidão, ou alterar o teor de certidão ou de atestado verdadeiro, para prova de fato ou circunstância que habilite alguém a obter cargo público, isenção de ônus ou de serviço de caráter público, ou qualquer outra vantagem:*

Pena *- detenção, de três meses a dois anos.*

§2º. *Se o crime é praticado com o fim de lucro, aplica-se, além da pena privativa de liberdade, a de multa.*

Se o agente é funcionário público, e comete o crime prevalecendo-se do cargo, ou se a falsificação ou alteração é de assentamento de registro civil, aumenta-se a pena de sexta parte.

A falsidade ideológica é crime que não pode ser comprovado pericialmente, pois o documento é verdadeiro em seu aspecto formal, sendo falso apenas o seu conteúdo. Assim, não se exige o exame pericial (corpo de delito). O juiz é quem deve avaliar no caso concreto se o conteúdo é verdadeiro ou falso.

Configura também a conduta do agente que, ao contrário de atestar ou certificar, **falsifica** atestado, certidões ou **altera** o seu conteúdo em benefício de terceiros que desejam obter as mesmas vantagens já mencionadas no *caput* (§ 1º).

De acordo com o § 2º, caso a conduta tenha o fim de obtenção de lucro, além da pena de restrição de liberdade, o agente será apenado também com o pagamento de multa.

5.4.8 Falsidade de Atestado Médico

Art. 302. *Dar o médico, no exercício da sua profissão, atestado falso:*

Pena *- detenção, de um mês a um ano.*

Parágrafo único. *Se o crime é cometido com o fim de lucro, aplica-se também multa.*

O artigo visa punir o médico que, no exercício da sua profissão, fornece atestado falso independente de ele ser especialista ou não na área, imputando diagnóstico falso ao paciente que o solicita.

NÃO é necessário que o médico seja especialista da área a qual ele tenha fornecido o atestado falso.

Ex.: Um médico cirurgião plástico, atesta um distúrbio psiquiátrico para que a pessoa consiga obter licença ou qualquer alguma outra vantagem. Embora ele não seja neurologista, responderá pelo crime de falso atestado.

Caso o médico seja funcionário público, responderá pelo crime do Art. 301, *caput* do Código Penal.

Sendo a conduta realizada com o objetivo de obter lucros, além da pena de detenção, será aplicada também uma multa (parágrafo único).

5.4.9 Reprodução ou Adulteração de Selo ou Peça Filatélica

Art. 303. *Reproduzir ou alterar selo ou peça filatélica que tenha valor para coleção, salvo quando a reprodução ou a alteração está visivelmente anotada na face ou no verso do selo ou peça:*

Pena *- detenção, de um a três anos, e multa.*

Parágrafo único. *Na mesma pena incorre quem, para fins de comércio, faz uso do selo ou peça filatélica.*

5.4.10 Uso de Documento Falso

Art. 304. *Fazer uso de qualquer dos papéis falsificados ou alterados, a que se referem os Arts. 297 a 302:*

Pena *- a cominada à falsificação ou à alteração.*

Artigo revogado pelo Art. 39 da Lei 6.538/78 que trata do mesmo crime.

O crime de documento falso é um crime classificado doutrinariamente como remetido e acessório.

Crime remetido: pois tem a conduta típica descrita em artigos diferentes: **Arts. 297 a 302**, ou seja, é quando o agente efetivamente faz o uso dos documentos mencionados nesses artigos.

Crime acessório: pois necessita da prática de crime anterior - **Art. 297 a 302** - para caracterizar-se crime. Antes de ocorrer efetivamente o uso do documento falso, já houve um crime anterior, consumado no momento em que esse foi fabricado, alterado, modificado etc.

Apontamentos

A consumação ocorre no momento da utilização de quaisquer dos documentos falsificados dos Arts. 297 a 302 do Código Penal.

É necessário que haja o uso, não sendo suficiente a simples alusão ao documento falso.

Para configurar o instituto da tentativa, irá depender de que maneira que o crime de uso de documento falso seja praticado.

No caso do comento ser mal feito e a falsidade seja evidente (GROSSEIRA), afasta a falsidade do documento.

Apesar de haver corrente sustentando que, para a caracterização do crime basta que o escrito saia da esfera de disponibilidade do agente, ainda que empregado em finalidade diversa daquela a que se destinava, de acordo com a maioria, é imprescindível que o documento falso seja utilizado em sua específica destinação probatória.

Quando o agente utiliza o documento falso para cometer o crime de estelionato, responderá apenas por este último, e o outro restará absorvido.

Ex.: "A" usa o documento falso para enganar "B", com o fim de obter vantagem.

Agente deve apresentar de forma espontânea o documento a terceiros. A doutrina vem aceitando que, se o agente for solicitado a entregar por agente policial, o crime persiste.

Ex.: Em uma blitz de trânsito, quando o condutor apresenta uma Carteira Nacional de Habilitação ao ser essa solicitada pelo agente público.

Caso o agente que utilize o documento falsificado ou modificado seja o mesmo que praticou a falsificação, responderá apenas pelo crime da falsificação do documento.

Independente da forma que será realizada a apresentação do documento, se voluntária ou por solicitação de autoridade pública, o agente responderá pelo crime do Art. 304 do CP.

5.4.11 Supressão de Documento

> ***Art. 305****. Destruir, suprimir ou ocultar, em benefício próprio ou de outrem, ou em prejuízo alheio, documento público ou particular verdadeiro, de que não podia dispor:*
>
> ***Pena*** *- reclusão, de dois a seis anos, e multa, se o documento é público, e reclusão, de um a cinco anos, e multa, se o documento é particular.*

O crime desse artigo, tem por objetivo tipificar a conduta do agente que dispõe de documento público ou particular verdadeiro, quando não o podia, com intuito de destruir, suprimir ou ocultar informações na intenção de causar prejuízo para outrem ou vantagem para si ou para terceiros.

É necessário que o documento suprimido, o alterado ou ocultado tenha seu valor probatório insubstituível, ou seja, caso seja cópia do documento original, NÃO estará configurado o crime.

O autor deve agir com finalidade específica, qual seja, executar o crime em benefício próprio ou de outrem, ou em prejuízo alheio (ausente esse elemento, outro poderá ser o delito).

5.5 De Outras Falsidades

5.5.1 Falsificação do Sinal Empregado no Contraste de Metal Precioso ou na Fiscalização Alfandegária, ou para Outros Fins

> ***Art. 306****. Falsificar, fabricando-o ou alterando-o, marca ou sinal empregado pelo poder público no contraste de metal precioso ou na fiscalização alfandegária, ou usar marca ou sinal dessa natureza, falsificado por outrem:*
>
> ***Pena*** *- reclusão, de 2 (dois) a 6 (seis) anos, e multa.*

5.5.2 Falsa Identidade

> ***Art. 307****. Atribuir-se ou atribuir a terceiro falsa identidade para obter vantagem, em proveito próprio ou alheio, ou para causar dano a outrem:*
>
> ***Pena*** *- detenção, de três meses a um ano, ou multa, se o fato não constitui elemento de crime mais grave.*

Esse delito torna típica a conduta de atribuir, para si próprio ou parar terceira pessoa, falsa identidade para obtenção de vantagem ou causar dano a terceiro, na tentativa de incriminá-lo, por exemplo:

Da leitura do verbo nuclear "atribuir" conclui-se que o crime é comissivo (praticado por ação), não ocorrendo a hipótese em que o agente silencia acerca da identidade equivocada que lhe atribuem.

Não ocorre o uso de documento falso (Art. 304 do CP), quando o agente somente atribui - verbalmente - ser outra pessoa, deve ser capaz de iludir.

O crime de falsa identidade é um CRIME SUBSIDIÁRIO, ou seja, caso venha a ser utilizado para prática de um crime mais grave, será atribuída a pena desse. Seria o caso do estelionato (Art. 171 do CP), por exemplo, pois o agente utiliza-se da fraude da falsa identidade para obtenção de vantagem. Ocorre o chamado princípio da consunção, em que o crime fim (estelionato) absorve o crime meio (falsa identidade).

Uso de Documento de Identidade Alheia

> ***Art. 308****. Usar, como próprio, passaporte, título de eleitor, caderneta de reservista ou qualquer documento de identidade alheia ou ceder a outrem, para que dele se utilize, documento dessa natureza, próprio ou de terceiro:*
>
> ***Pena*** *- detenção, de quatro meses a dois anos, e multa, se o fato não constitui elemento de crime mais grave.*

Esse crime descreve a conduta do agente que **utiliza de documento - verdadeiro** - de uma terceira pessoa para se passar por ela, sendo conhecido como o "Uso de documento de identidade alheia". Se utilizar documento falso é o Art. 304 CP.

O agente efetivamente **utiliza** o documento alheio como se fosse próprio, sendo que a simples posse de documentos de terceiro não caracteriza o crime.

É punido tanto o agente que fez o uso do documento alheio, quanto a pessoa que o emprestou - cedeu - para que aquele o utiliza-se.

O crime de falsa identidade é subsidiário, ou seja, caso constituir crime mais grave será atribuído ao autor o crime mais grave. Desse modo, se o agente USAR documento falso, embora em nome de 3ª pessoa, (Ex.: colar sua fotografia em um documento de identidade alheio) responderá pelo crime de uso de documento falso (Art. 304, CP), haja vista que a substituição de fotografia em documento público caracteriza o crime de falsificação de documento público (Art. 297, CP).

5.5.3 Fraude de Lei Sobre Estrangeiro

> ***Art. 309.*** *Usar o estrangeiro, para entrar ou permanecer no território nacional, nome que não é o seu:*
>
> ***Pena*** *- detenção, de 1 (um) a 3 (três) anos, e multa.*
>
> ***Parágrafo único****. Atribuir a estrangeiro falsa qualidade para promover-lhe a entrada em território nacional: (Acrescentado pela L-009.426-1996)*
>
> ***Pena*** *- reclusão, de 1 (um) a 4 (quatro) anos, e multa.*

De acordo com Mirabete, a expressão território nacional deve ser tomada no seu sentido jurídico, incluindo, portanto, o mar territorial e o espaço aéreo correspondente à coluna atmosférica.

O parágrafo único, traz um crime comum, cuja conduta típica consiste em atribuir a estrangeiro falsa qualidade para promover-lhe a entrada em território nacional.

> ***Art. 310****. Prestar-se a figurar como proprietário ou possuidor de ação, título ou valor pertencente a estrangeiro, nos casos em que seja vedada por lei a propriedade ou a posse de tais bens: (Alterado pela L-009.426-1996).*
>
> ***Pena*** *- detenção, de 6 (seis) meses a 3 (três) anos, e multa.*

5.5.4 Adulteração de Sinal Identificador de Veículo Automotor

> ***Art. 311.*** *Adulterar ou remarcar número de chassi ou qualquer sinal identificador de veículo automotor, de seu componente ou equipamento:*
>
> ***Pena*** *- reclusão, de três a seis anos, e multa.*
>
> ***§1º.*** *Se o agente comete o crime no exercício da função pública ou em razão dela, a pena é aumentada de um terço.*

> *§2º. Incorre nas mesmas penas o funcionário público que contribui para o licenciamento ou registro do veículo remarcado ou adulterado, fornecendo indevidamente material ou informação oficial.*

O sinal de identificação é a placa do veículo, numeração do motor, marcação dos vidros etc.

A pessoa que recebe o veículo já adulterado, sabendo dessa circunstância, não pratica o crime do Art. 311, mas sim o do Art. 180 (receptação).

O §1º é uma causa especial de aumento de pena, se o funcionário público comete o crime prevalecendo-se do cargo. Exige-se, para incidir o aumento de pena, uma qualidade especial do agente, ser funcionário público, ou seja, um crime PRÓPRIO.

O §2º é uma figura equiparada. Esse parágrafo versa uma forma **própria** de crime, podendo ser cometido somente por funcionário público que tenha competência legítima para tais condutas.

Fita Adesiva

A alteração de placa com utilização de fita adesiva é objeto de controvérsia. Para alguns autores, não se apresentando adulteração concreta e definitiva com objetivo de fraudar a propriedade, o licenciamento ou o registro do veículo, trata-se de simples infração administrativa. Para outros doutrinadores, há o crime do Art. 311 do CP.

Guilherme Nucci, ensina que a falsificação grosseira não constitui o delito, mas mera infração administrativa

Ex.: O agente modifica a placa do carro utilizando uma fita isolante preta.

5.6 Das Fraudes em Certames de Interesse Público

5.6.1 Fraudes em Certame de Interesse Público

> ***Art. 311-A.*** *Utilizar ou divulgar, indevidamente, com o fim de beneficiar a si ou a outrem, ou de comprometer a credibilidade do certame, conteúdo sigiloso de:*
>
> ***I.*** *Concurso público;*
>
> ***II.*** *Avaliação ou exame público;*
>
> ***III.*** *Processo seletivo para ingresso no ensino superior;*
>
> ***IV.*** *Exame ou processo seletivo previstos em lei:*
>
> ***Pena*** *- reclusão, de 1 (um) a 4 (quatro) anos, e multa.*
>
> ***§1º.*** *Nas mesmas penas incorre quem permite ou facilita, por qualquer meio, o acesso de pessoas não autorizadas às informações mencionadas no caput.*
>
> ***§2º.*** *Se da ação ou omissão resulta dano à administração pública:*
>
> ***Pena*** *- reclusão, de 2 (dois) a 6 (seis) anos, e multa.*
>
> ***§3º.*** *Aumenta-se a pena de 1/3 (um terço) se o fato é cometido por funcionário público.*

Introduzido no Código Penal em 2011 pela Lei 12.550, visa evitar as fraudes cometidas em provas de concursos públicos, devido às precárias condições de fiscalização do Estado. Protege o sigilo da boa administração pública, vestibulares, processos seletivos, concursos públicos etc.

Por ser um crime comum, pode ser praticado por qualquer pessoa e, se praticado por funcionário público, a **pena aumenta-se de um terço** (Art. 311-A, §3º do CP).

Figura equiparada (Art. 311 - A, §1º): em análise ao tipo referido, a conduta é autenticamente um concurso de pessoas na modalidade participação, ou seja, um agente auxilia o outro na prática do crime.

Qualificadora (Art. 311 - A, §2º): o dano que afeta a Administração Pública é analisado em sentido amplo, e não somente o dano material. Por ser um crime contra a fé pública, afeta principalmente a moral da Administração e abala a credibilidade depositada pelas pessoas no Estado.

Consumação: Consuma-se com a simples prática dos núcleos, dispensando a obtenção da vantagem particular buscada pelo agente ou mesmo eventual dano à credibilidade do certame.

Princípio da Especialidade

Aplicando-se o princípio da especialidade, a violação de sigilo funcional envolvendo certames de interesse público, não caracteriza o crime do Art. 325, mas sim o do Art. 311-A do CP.

Entendeu o STF que o uso de cola eletrônica não é crime. Entretanto, se o candidato teve acesso privilegiado ao gabarito da prova, pratica o crime junto com a pessoa que lhe forneceu.

Questões

01. (CESPE – 2019) Juan González, estrangeiro, enfermeiro, residente havia dois anos em Boa Vista – RR, apresentava-se como médico no Brasil e atendia pacientes gratuitamente em um posto de saúde da rede pública municipal, embora não fosse funcionário público. Seu verdadeiro objetivo com essa prática era retirar medicamentos do local e revendê-los para obter lucro. Em razão de denúncia anônima a respeito do desvio de medicamentos, Juan, portando caixas de remédios retiradas do local, foi abordado em seu automóvel por policiais logo após ter saído do posto e foi, então, conduzido à delegacia. Para que seu verdadeiro nome não fosse descoberto, Juan identificou-se à autoridade policial como Pedro Rodríguez, buscando, assim, evitar o cumprimento de mandado de prisão expedido por ter sido condenado pelo crime de moeda falsa no Brasil. Questionado sobre a propriedade do veículo no qual se encontrava no momento da abordagem, Juan informou tê-lo comprado de uma pessoa desconhecida, em Boa Vista. Durante a investigação policial, verificou-se que o veículo havia sido furtado por outra pessoa no Brasil e que a placa estava adulterada. Verificou-se, ainda, que a placa identificava um veículo registrado no país de origem de Juan e em seu nome, embora Juan tivesse alegado ter adquirido o veículo já com a referida placa. Considerando essa situação hipotética, julgue o item que se segue. Por ter declarado chamar-se Pedro Rodríguez, Juan deverá responder pelo crime de uso de documento falso, cuja tipificação objetiva a tutela da fé pública.

Certo ( ) Errado ( )

02. (CESPE – 2018) Caracteriza crime de falsificação de documento particular a alteração de cartão de crédito verdadeiro.

Certo ( ) Errado ( )

03. (CESPE – 2018) Situação hipotética I: João, durante abordagem por um policial militar, atribuiu a si nome diverso, a fim de se esquivar de mandado de prisão pendente de cumprimento.

Situação hipotética II: Caio, durante abordagem em blitz policial, apresentou documento de identidade falso, estando ciente da falsidade do documento.

João praticou crime de falsa identidade; e Caio, crime de uso de documento falso.

Certo ( ) Errado ( )

04. (CESPE – 2018) Nos crimes de falsidade documental, considera-se documento particular todo aquele não compreendido como público, ou a este equiparado, e que, em razão de sua natureza ou relevância, seja objeto da tutela penal — como cartão de crédito, por exemplo.

Certo ( ) Errado ( )

05. (CESPE – 2018) O crime de falsidade ideológica é considerado crime próprio, admitindo-se a modalidade tentada por ação e por omissão.

Certo ( ) Errado ( )

Gabaritos

01	ERRADO
02	CERTO
03	CERTO
04	CERTO
05	ERRADO

6. DOS CRIMES CONTRA ADMINISTRAÇÃO PÚBLICA

6.1 Dos Crimes Praticados por Funcionário Público Contra a Administração em Geral

6.1.1 Peculato

> ***Art. 312****. Apropriar-se o funcionário público de dinheiro, valor ou qualquer outro bem móvel, público ou particular, de que tem a posse em razão do cargo, ou desviá-lo, em proveito próprio ou alheio:*
>
> ***Pena*** *- reclusão, de dois a doze anos, e multa.*
>
> ***§ 1º****. Aplica-se a mesma pena, se o funcionário público, embora não tendo a posse do dinheiro, valor ou bem, o subtrai, ou concorre para que seja subtraído, em proveito próprio ou alheio, valendo-se de facilidade que lhe proporciona a qualidade de funcionário.*
>
> ***Peculato Culposo***
>
> ***§ 2º****. Se o funcionário concorre culposamente para o crime de outrem:*
>
> ***Pena*** *- detenção, de três meses a um ano.*
>
> ***§ 3º****. No caso do parágrafo anterior, a reparação do dano, se precede à sentença irrecorrível, extingue a punibilidade; se lhe é posterior, reduz de metade a pena imposta.*

Esse artigo tem por objetivo tipificar a conduta do funcionário público que, aproveitando do cargo que ocupa, apropria-se de bem público ou particular. É necessário que o agente utilize das facilidades do seu cargo, pois, se não o fizer, responderá normalmente, a depender do caso concreto, nos crimes elencados no Titulo II. Dos Crimes Contra O Patrimônio, do Código Penal, por exemplo, o furto. (Art. 155 do CP).

Peculato Apropriação

> ***Art. 312.*** **apropriar-se** *o funcionário público de dinheiro, valor ou qualquer outro bem* **móvel, público ou particular**, *de que tem a posse em razão do cargo.(...)*

Nessa situação o funcionário público já possui a posse ou detenção lícita do bem (em razão do cargo que ocupa), porém passa a se comportar como se fosse o dono (pratica atos de disposição da coisa, venda, troca, doação etc.), não mais devolvendo ou restituindo o bem à Administração Pública.

Peculato-Desvio

> ***Art. 312.*** *(...) ou desviá-lo, em proveito próprio ou alheio.*

Também chamado de **peculato próprio**, valendo-se do cargo, o agente desvia, em proveito próprio ou de outrem; dinheiro, valor ou qualquer outro bem móvel, público ou particular.

Peculato Furto

Também chamado de **peculato impróprio**. Só haverá este crime se o funcionário público valer-se dessa qualidade para subtrair o bem. Caso contrário, o crime será o de furto (Art. 155 do CP). Caso o particular não tenha conhecimento da qualidade de funcionário público, responderá por furto, enquanto esse último, responderá por peculato.

Exs.: "A" funcionário público, valendo-se do cargo, subtrai bem móvel da administração com auxílio de "B", o qual conhecia sua função. Ambos respondem por peculato, Art. 312 do CP.

"A" funcionário público, valendo-se do cargo, subtrai bem móvel da administração com auxílio de "B", o qual desconhecia a função de "A". "A" responderá por peculato (Art. 312 do CP), e "B" por furto (Art. 155 do CP).

"A" funcionário público, sem aproveitar do cargo que ocupa, com auxilio de "B", subtrai bem móvel da repartição em que "A" trabalha. Ambos respondem por furto (Art. 155 do CP).

São considerados crimes próprios, pois exigem a qualidade de funcionário público para sua classificação.

A conduta é sempre dolosa (apropriar-se, desviar, subtrair). Existe, no entanto, previsão para modalidade culposa (vide § 2º, peculato culposo).

É um crime comissivo, por conseguinte, pode incorrer em omissão imprópria, quando o agente, como garantidor, podendo evitar, nada faz para que o crime não seja consumado (Art. 13, §2°, do CP).

Sujeitos do Crime

Sujeito Ativo: o funcionário público (crime próprio), mas admite-se coautoria e participação de particulares, desde que tenham conhecimento da qualidade de funcionário público do agente.

Se, comprovado que o particular desconhecia a qualidade funcional do agente, responde por apropriação indébita.

Sujeito Passivo: o Estado e secundariamente o particular, pessoa física ou jurídica, diretamente lesada em seu patrimônio.

Consumação e Tentativa

Admite tentativa.

Tratando-se do peculato apropriação, peculato furto e peculato culposo, são crimes materiais, pois estarão consumados com a efetiva posse do bem móvel. No caso do peculato desvio, é um crime formal, pois se consuma no momento em que ocorre o desvio do destino da verba.

Figura Culposa

> ***§ 2º.*** *Se o funcionário concorre culposamente para o crime de outrem:*

Essa situação é quando o funcionário público, por imprudência, imperícia ou negligência, diante de sua conduta, permite que um terceiro pratique um crime contra a Administração Pública.

Caso o agente não seja funcionário público, ou sendo, não se utilize das facilidades que o cargo lhe proporciona para a subtração, incorrerá no crime de furto.

É importante considerar que:

- É o único crime culposo da espécie dos delitos funcionais.
- É o único crime de menor potencial ofensivo entre os delitos funcionais.

O funcionário público só responderá por este crime se o crime doloso de outrem (terceiro) chegar a se consumar.

Qual crime de outrem? Qualquer crime de outrem? Ou apenas algumas modalidades de crime?

O § 2º merece uma interpretação topográfica. Então, esse crime de outrem só pode ser o do §1º. Só pode ser o do caput. Desse modo, só existe o crime de peculato culposo quando o funcionário público concorre culposamente para um peculato-furto ou peculato próprio (apropriação ou desvio), de outrem. Prevalece essa corrente, que é a restritiva.

No que tange ao diretor de sindicato que se apropria de quantia, ele não irá praticar peculato, pois não é funcionário público, sequer por equiparação. Não é o diretor de sindicato funcionário público típico ou atípico.

> ***§ 3º.*** *No caso do parágrafo anterior, a reparação do dano, se precede à sentença irrecorrível, extingue a punibilidade; se lhe é posterior, reduz de metade a pena imposta.*

No crime de peculato culposo, a reparação do DANO, se precede (é anterior) à sentença irrecorrível, extingue a punibilidade; se lhe é posterior, reduz de metade a pena imposta. Somente para o peculato culposo. No Peculato Doloso não é possível aplicação do § 3º.

Sentença Irrecorrível

Antes da sentença irrecorrível, extingue a punibilidade.

A reparação do dano após a sentença irrecorrível, há redução de metade da pena imposta. E, isso é feito pelo juiz da execução penal.

Peculato X Roubo

Se a posse do bem (peculato apropriação ou desvio) decorre de violência ou grave ameaça, há crime de roubo (Art. 157) ou extorsão (Art. 158 do CP).

Peculato	
Peculato Doloso	Peculato apropriação (caput 1ª parte); Peculato desvio (peculato próprio) (caput 2ª parte); Peculato mediante erro de outrem (peculato estelionato) (Art. 313).
Peculato Culposo	(§2)

O Peculato de Uso não é crime, mas pode caracterizar ato de improbidade administrativa (Art. 9º, Lei nº 8.429/92). É o fato em que, por exemplo, um funcionário público apropria-se temporariamente de veículo público, no intuito de realizar diligências de caráter pessoal, restituindo o veículo ao pátio da repartição logo após o uso.

Se há desvio da verba em proveito da própria Administração, com utilização diversa da prevista em sua destinação, temos configurado o crime do Art. 315 do CP.

Princípio da Insignificância

O princípio da insignificância é causa supralegal de exclusão da tipicidade, ou seja, o fato não será considerado crime. Sendo assim, há duas posições sobre o assunto:

- STJ: **não** admite a incidência do princípio da insignificância nos crimes contra a Administração Pública, pois a norma penal busca resguardar não somente o aspecto patrimonial, mas a moral administrativa.
- STF: **admite** a aplicação do princípio da insignificância nos crimes contra a administração pública. (HC 107370/SP, rel. Min. Gilmar Mendes, 26.4.2011).

6.1.2 Peculato Mediante Erro de Outrem

> ***Art. 313.*** *Apropriar-se de dinheiro ou qualquer utilidade que, no exercício do cargo, recebeu por erro de outrem:*
> ***Pena*** *- reclusão, de um a quatro anos, e multa.*

Conduta

Pune-se a conduta do agente que inverter, no exercício do seu cargo, a posse de valores recebidos por erro de terceiro. O bem apoderado, ao contrário do que ocorre no peculato apropriação, não está naturalmente na posse do agente, derivando de erro alheio.

O erro do ofendido deve ser espontâneo, pois, se provocado pelo funcionário, poderá configurar o crime de estelionato.

Classificação

São considerados crimes próprios, pois exigem a qualidade de funcionário público para sua Classificação.

A conduta é sempre dolosa (apropriar-se). Não existe, no entanto, a forma culposa.

É um crime comissivo, por conseguinte, pode incorrer em omissão imprópria, quando o agente, como garantidor, podendo evitar, nada faz para que o crime não seja consumado (Art. 13, §2º do CP).

Sujeitos do Crime

Sujeito Ativo: o funcionário público (crime próprio), mas admite-se coautoria e participação de particulares, desde que tenham conhecimento da qualidade de funcionário público do agente.

Sujeito Passivo: o Estado e secundariamente o particular, pessoa física ou jurídica, diretamente lesada em seu patrimônio.

Consumação e Tentativa

ADMITE Tentativa

Sendo esse um crime material, consuma-se com a efetiva apropriação. Neste caso há divergência, alguns autores sustentam que a consumação se dará somente no momento em que o agente percebe o erro de terceiro e não o desfaz, ou seja, a consumação não se dá no momento do recebimento da coisa, mas sim no instante em que o agente se apropria da coisa recebida por erro, agindo como se dono fosse.

Descrição

O funcionário público que, no exercício do cargo, recebeu de terceiro, o qual estava em erro, dinheiro ou qualquer outra utilidade, e não prossegue com a efetiva destinação correta do recurso.

Apropriação Coisa Havida por Erro

Se o funcionário público se apropriou de dinheiro ou qualquer utilidade que recebeu fora do exercício do cargo, responderá pelo crime de: Apropriação de coisa havida por erro, caso fortuito ou força da natureza.

> ***Art. 169***, *CP. Apropriar-se alguém de coisa alheia vinda ao seu poder por erro, caso fortuito ou força da natureza.*

Se o particular, por engano quanto à pessoa, coisa ou obrigação, entrega objeto a funcionário público, em razão do cargo deste, e se ele se apropria do bem, há crime de peculato mediante erro de outrem (Art. 313, CP).

6.1.3 Inserção de Dados Falsos em Sistema de Informações

Art. 313-A. *Inserir ou facilitar, o funcionário autorizado, a inserção de dados falsos, alterar ou excluir indevidamente dados corretos nos sistemas informatizados ou bancos de dados da Administração Pública com o fim de obter vantagem indevida para si ou para outrem ou para causar dano:*

Pena *- reclusão, de 2 (dois) a 12 (doze) anos, e multa.*

Pune-se a conduta do funcionário público autorizado que insere ou facilita inserção de dados falsos, altera ou exclui indevidamente dados nos sistema de informação da Administração Pública com o objetivo de receber vantagem indevida, tal crime é também conhecido como **peculato eletrônico**.

Classificação

Trata-se de crime de mão própria, pois exige a qualidade de funcionário público autorizado para sua Classificação, ou seja, não é qualquer funcionário público, mas sim aquele autorizado a inserir, alterar ou excluir dados nos sistemas informatizados ou banco de dados.

A conduta é sempre dolosa (inserir, alterar ou excluir). Não existe, no entanto, a possibilidade da forma culposa.

É um crime comissivo, por conseguinte, pode incorrer em omissão imprópria, quando o agente, como garantidor, podendo evitar, nada faz para que o crime não seja consumado (Art. 13, §2º, CP).

Sujeitos do Crime

Sujeito Ativo: o funcionário público autorizado (crime de mão própria), sendo possível a coautoria e participação do particular que tenha consciência da função pública do agente.

Sujeito Passivo: o Estado e secundariamente o particular, pessoa física ou jurídica, diretamente lesada em seu patrimônio.

Consumação e Tentativa

ADMITE Tentativa

Sendo um crime formal, consuma-se com a devida inserção, alteração ou exclusão, não sendo necessário o efetivo recebimento da vantagem indevida, considerada apenas mero exaurimento do crime.

Descrição

Visa punir o funcionário autorizado, o qual detém acesso aos sistemas de informação da Administração Pública, e, aproveitando-se dessa situação, realiza condutas indevidas causando prejuízo para Administração, bem como, aos particulares.

Erro de Tipo

É possível a ocorrência do erro do tipo, escusável ou inescusável, do agente que acredita estar agindo corretamente e acaba inserindo, excluindo ou alterando de forma equivocada, dados verdadeiros.

Mesmo sendo um crime de mão própria, é possível a figura da participação e coautoria, seja ela material ou moral.

6.1.4 Modificação ou Alteração Não Autorizada de Sistema de Informações

Art. 313-B. *Modificar ou alterar, o funcionário, sistema de informações ou programa de informática sem autorização ou solicitação de autoridade competente:*

Pena *- detenção, de 3 (três) meses a 2 (dois) anos, e multa.*

Parágrafo único. *As penas são aumentadas de um terço até a metade se da modificação ou alteração resulta dano para a Administração Pública ou para o administrado.*

Consiste em punir a conduta do funcionário público que modifica ou altera, sem autorização, os sistemas de informações da Administração Pública.

Classificação

São considerados crimes próprios, pois exigem a qualidade de funcionário público para sua Classificação.

A conduta é sempre dolosa (modificar, alterar). NÃO existe, no entanto, a possibilidade da forma culposa.

É um crime comissivo, por conseguinte pode incorrer em omissão imprópria, quando o agente, como garantidor, podendo evitar, nada faz para que o crime não seja consumado (Art. 13, §2º, CP).

Sujeitos do Crime

Sujeito Ativo: o funcionário público (crime próprio), não exige a qualidade de ser funcionário autorizado, ademais é possível a coautoria e participação do particular que tenha consciência da função pública do agente.

Sujeito Passivo: o Estado e secundariamente o particular, pessoa física ou jurídica, diretamente prejudicada.

Consumação e Tentativa

ADMITE Tentativa

O crime se consuma no momento da efetiva modificação ou alteração do sistema de informação, sendo que, se resultar em dano, é causa de aumento de pena conforme parágrafo único desse artigo.

Descrição

Para configuração do crime em tela é necessário que a modificação ou alteração ocorra sem autorização, pois tal conduta resume-se ao dolo do agente, à vontade livre de provocar as modificações.

Os crimes previstos nos Arts. 313-A e 313-B, ambos do CP, são conhecidos como peculato eletrônico.

6.1.5 Extravio, Sonegação ou Inutilização de Livro ou Documento

Art. 314. *Extraviar livro oficial ou qualquer documento, de que tem a guarda em razão do cargo; sonegá-lo ou inutilizá-lo, total ou parcialmente:*

Pena - reclusão, de um a quatro anos, se o fato não constitui crime mais grave.

Para configuração deste crime, é indispensável que o funcionário público tenha a posse do livro ou documento em razão do cargo que ocupa. É considerado como sendo um **crime subsidiário**, pois comumente sendo aplicado, caso o resultado não constitua crime mais grave.

Classificação

É considerado crime próprio, pois exige a qualidade de funcionário público para sua Classificação.

A conduta é sempre dolosa (extravio, inutilização, sonegação). Não existe, no entanto, a possibilidade da forma culposa.

É um crime comissivo, por conseguinte, pode incorrer em omissão imprópria, quando o agente, como garantidor, podendo evitar, nada faz para que o crime não seja consumado (Art. 13, §2º, CP).

Sujeitos do Crime

Sujeito Ativo: somente funcionário público (crime próprio), ademais é possível a coautoria e participação do particular que tenha consciência da função pública do agente.

Sendo o sujeito ativo servidor em exercício junto a repartição fiscal ou tributária, o extravio de livre oficial, processo fiscal, ou qualquer documento por ele causado, configura crime especial previsto no Art. 3°, I, da Lei nº 8.137/90.

Sujeito Passivo: o Estado e, por conseguinte, o particular, pessoa física ou jurídica prejudicada.

Consumação e Tentativa

ADMITE Tentativa

O crime se consuma no momento do efetivo extravio ou inutilização, mesmo que seja de forma parcial, bem como, com a sonegação.

Descrição

Por ser um crime subsidiário, há depender do resultado naturalístico que ocasionar, o crime será absorvido de acordo com sua especificidade (princípio da consunção), conforme em alguns dos casos exposto abaixo.

- Quando há o dolo específico de agir, responde pelo Art. 305 do CP.
- Caso o funcionário não seja o responsável pela guarda do livro ou do documento, responderá pelo Art. 337 do CP.
- Se praticado por advogado ou procurador, responderá pelo Art. 356 do CP.

O crime tipificado no Art. 314, além de ser próprio, é subsidiário em relação ao delito previsto no Art. 305, que exige dolo específico. Veja as diferenças:

	Art. 305. Supressão de documento público.	Art. 314. Extravio, sonegação ou inutilização de livro ou documento.
Objetividade Jurídica	Crime contra a fé pública.	Crime contra a administração pública.
Sujeito Ativo	Qualquer pessoa (crime comum).	Funcionário público (crime próprio).
Conduta	Destruir, suprimir ou ocultar documento público ou particular verdadeiro.	Extraviar, sonegar ou inutilizar livro oficial ou qualquer documento de que tem guarda em razão do cargo.
Tipo Subjetivo	Há finalidade específica de tirar proveito próprio ou de outrem, ou visando causar prejuízo alheio.	Não se exige qualquer finalidade específica.
Pena	Reclusão, de 2 a 6 anos, e multa, se o documento é público, e reclusão, de 1 a 5 anos, e multa, se o documento é particular.	Reclusão de 1 a 4 anos, se o fato não constitui crime mais grave.

6.1.6 Emprego Irregular de Verbas ou Rendas Públicas

***Art. 315.** Dar às verbas ou rendas públicas aplicação diversa da estabelecida em lei:*

***Pena** - detenção, de um a três meses, ou multa.*

Este tipo penal visa penalizar o administrador público que destina a verba pública para projetos, despesas ou gastos que não foram previstos no Orçamento Público, ou então, que não foram autorizados pela Lei Orçamentária Anual.

Classificação

São considerados crimes próprios, pois exigem a qualidade específica do funcionário público dotado de competência para utilizar e destinar as verbas públicas.

A conduta é sempre dolosa (destinar a verba para outra situação a qual não era prevista). Não existe possibilidade para modalidade culposa.

É um crime comissivo, por conseguinte, pode incorrer em omissão imprópria, quando o agente, como garantidor, podendo evitar, nada faz para que o crime não seja consumado (Art. 13, §2°, CP).

Sujeitos do Crime

Sujeito Ativo: é crime próprio, pois o sujeito ativo será somente aquele funcionário público que tenha o poder de administração de verbas ou rendas pública (Ex.: Presidente da República, Ministros, Governadores etc.), ademais, é possível a coautoria e participação do particular que tenha consciência da função pública do agente.

Tratando-se de Prefeito Municipal, há crime próprio, prevalecendo pelo principio da especialidade o disposto no Art. 1º, III, do Decreto-Lei nº 201/67.

Sujeito Passivo: o Estado e secundariamente o particular, pessoa física ou jurídica, diretamente prejudicada.

Consumação e Tentativa

ADMITE Tentativa

O crime se consuma no momento da efetiva destinação ou aplicação das verbas ou rendas públicas.

A simples destinação, sem posterior aplicação, constitui tentativa, gerando perigo para a regularidade administrativa.

Descrição

Caso o agente público seja o Presidente da República, ele responderá pela lei de improbidade administrativa, Art. 11, Lei nº 1.079/50. Por conseguinte, sendo prefeito, responderá pelo Art. 1º, III, do Decreto-Lei nº 201/67.

Entendimento STF

Segundo o STF

RT 617/396. Se o orçamento for aprovado por decreto do próprio Poder Executivo, e não por lei, não há o que se falar neste crime.

RT 883/462. Para que caracterize esse crime, é necessário que a lei que destina as verbas ou rendas públicas, seja em sentido formal e material.

6.1.7 Concussão

Art. 316. *Exigir, para si ou para outrem, direta ou indiretamente, ainda que fora da função ou antes de assumi-la, mas em razão dela, vantagem indevida:*

Pena - *reclusão, de 2 (dois) a 12 (doze) anos, e multa. (Redação dada pela Lei nº 13.964, de 2019) -* ***ANTICRIME***

§ 1º. *Se o funcionário exige tributo ou contribuição social que sabe ou deveria saber indevido, ou, quando devido, emprega na cobrança meio vexatório ou gravoso, que a lei não autoriza:*

Pena *- reclusão, de três a oito anos, e multa.*

§ 2º. *Se o funcionário desvia, em proveito próprio ou de outrem, o que recebeu indevidamente para recolher aos cofres públicos:*

Pena *- reclusão, de dois a doze anos, e multa.*

No crime de concussão, o funcionário público exige uma vantagem indevida e a vítima, temendo represálias, cede a essa exigência.

Trata-se de uma forma especial de extorsão, executada por funcionário público.

Classificação

São considerados crimes próprios, pois exigem uma qualidade específica, ser funcionário público.

A conduta é sempre dolosa (**exigir**). Não existe possibilidade para modalidade culposa.

É um crime comissivo, por conseguinte pode incorrer em omissão imprópria, quando o agente, como garantidor, podendo evitar, nada faz para que o crime não seja consumado (Art. 13, §2º, do CP).

Sujeitos do Crime

Sujeito ativo: somente funcionário público (crime próprio), ademais, é possível a coautoria e participação do particular que tenha consciência da função pública do agente.

Sujeito passivo: o Estado e, por conseguinte, o particular, pessoa física ou jurídica prejudicada.

Consumação e Tentativa

ADMITE Tentativa

O crime é formal, sendo assim, está consumado no momento da exigência.

Descrição

É atípica a conduta do particular (vítima) que efetivamente entregou o dinheiro exigido pelo funcionário público, pois ele agiu assim por medo de represálias.

Sendo um crime formal, e a consumação ocorrendo com a mera exigência da vantagem indevida. Pouco importa se o funcionário público recebe ou não. Porém, caso receba, haverá o exaurimento do crime.

Vantagem Devida

Se a vantagem for devida, o agente funcionário público responderá pelo crime de abuso de autoridade, Lei nº 4.898/65.

Caso a vantagem seja **para a própria Administração Pública**, poderá haver o crime de excesso de exação (Art. 316, §1º, CP).

O particular que se disfarça de policial e exige dinheiro (vantagem indevida) para não efetuar a prisão de alguém, responderá pelo crime de extorsão (Art. 158, CP).

Mesmo que seja funcionário público, mas que não tenha a competência para a prática do mal prometido, não responde por este crime, mas por extorsão.

No crime de concussão, o agente exige a vantagem indevida. Ademais, no crime de corrupção passiva, Art. 317 do CP, O agente solicita, recebe ou aceita promessa de vantagem indevida.

6.1.8 Excesso de Exação

Art. 316, §1º. *Se o funcionário exige tributo ou contribuição social que sabe ou deveria saber indevido, ou, quando devido, emprega na cobrança meio vexatório ou gravoso, que a lei não autoriza:*

Pena *- reclusão, de três a oito anos, e multa.*

Art. 316, §2º. *Se o funcionário desvia, em proveito próprio ou de outrem, o que recebeu indevidamente para recolher aos cofres públicos:*

Pena *- reclusão, de dois a doze anos, e multa.*

Trata-se da cobrança integral e pontual de tributos, em que o funcionário público exige ilegalmente tributo ou contribuição social em benefício da Administração Pública.

Classificação

São considerados crimes próprios, pois exige uma qualidade específica, ser funcionário público.

A conduta é sempre dolosa (**exigir tributo ou contribuição social ou desviar o recebimento indevido**). NÃO existe possibilidade para modalidade culposa.

É um crime comissivo, por conseguinte, pode incorrer em omissão imprópria, quando o agente, como garantidor, podendo evitar, nada faz para que o crime não seja consumado (Art. 13, §2º, CP).

Sujeitos do Crime

Sujeito Ativo: somente funcionário público (crime próprio), ademais, é possível a coautoria e participação do particular que tenha consciência da função pública do agente.

Sujeito Passivo: o Estado e, por conseguinte, o particular, pessoa física ou jurídica prejudicada.

Consumação e Tentativa

ADMITE Tentativa

O §1º diz que o crime é formal, sendo assim, está consumado no momento da exigência do tributo ou contribuição social por meio vexatório e gravoso, mesmo que a vítima não realize o pagamento.

O § 2º refere-se ao crime material, sendo consumado no momento que ocorre o desvio em proveito próprio ou de outrem, tendo recebido indevidamente.

Descrição

§ 1º do Excesso de Exação

Exigir um tributo ou contribuição social que **sabe ou deveria saber indevido**.

Ex.: Tributo que já foi pago pelo contribuinte; ou a quantia cobrada é superior à fixada em lei.

Exigir um tributo ou contribuição social devido, porém **empregando meio vexatório ou gravoso, que a lei não autoriza**.

Ex.: Meio vexatório: humilhar, causar vergonha ou constrangimento na vítima. Meio gravoso: causar maiores despesas ao contribuinte.

§ 2º da Qualificadora

O **desvio** do tributo ou contribuição social **indevido** ocorre antes de sua incorporação aos cofres públicos, pois, caso ocorra depois, o funcionário público responderá pelo crime de peculato desvio (Art. 312, *caput*, 2ª parte do CP).

Tributos

De acordo com o STF, existem cinco espécies de tributos: **impostos, taxas, contribuições de melhoria, empréstimos compulsórios e contribuições sociais.**

Segundo o STJ, **a custa e emolumentos concernentes aos serviços notariais e registrais possuem natureza tributária**, qualificando-se como taxas remuneratórias de serviços públicos. Desse modo, comete o crime de excesso de exação aquele que exige custas ou emolumentos que sabe ou deveria saber indevido.

Prevalece que a expressão deveria saber configura dolo eventual, entretanto há doutrina no sentido de que se trata de modalidade culposa do tipo.

6.1.9 Corrupção Passiva

***Art. 317.** Solicitar ou receber, para si ou para outrem, direta ou indiretamente, ainda que fora da função ou antes de assumi-la, mas em razão dela, vantagem indevida, ou aceitar promessa de tal vantagem:*

***Pena** - reclusão, de 2 (dois) a 12 (doze) anos, e multa.*

***§ 1º.** A pena é aumentada de um terço, se, em consequência da vantagem ou promessa, o funcionário retarda ou deixa de praticar qualquer ato de ofício ou o pratica infringindo dever funcional.*

***§ 2º.** Se o funcionário pratica, deixa de praticar ou retarda ato de ofício, com infração de dever funcional, cedendo a pedido ou influência de outrem:*

***Pena** - detenção, de três meses a um ano, ou multa.*

Apesar de possuir certas semelhanças com o delito de concussão, nesse delito podemos dizer que é menos constrangedor para a vítima, pois não há a coação moral da exigência, a honra da imagem do emprego vexatório, ocorre simplesmente a solicitação, o recebimento ou a simples promessa de recebimento.

Classificação

São considerados crimes próprios, pois exigem uma qualidade específica, ser funcionário público.

A conduta é sempre dolosa (**solicita, recebe ou aceita promessa**). Não existe possibilidade para modalidade culposa.

É um crime comissivo, por conseguinte, pode incorrer em omissão imprópria, quando o agente, como garantidor, podendo evitar, nada faz para que o crime não seja consumado (Art. 13, §2º, do CP).

Sujeitos do Crime

Sujeito Ativo: é o funcionário público no exercício da função, aquele fora da função, mas em razão dela, ou o particular que está na iminência de assumir, e atue criminosamente em razão dela. Pode ter a participação do particular que tenha consciência da função pública do agente.

Sujeito Passivo: o Estado e, por conseguinte, o particular, pessoa física ou jurídica prejudicada.

O particular só será vítima se a corrupção partir do funcionário corrupto.

Consumação e Tentativa

Admite tentativa somente na modalidade solicitar, quando formulada por meio escrito (carta interceptada).

O crime é formal, sendo assim, nesse delito, existem três momentos em que o crime pode se consumar. No momento da **solicitação**, no momento do **recebimento**, ou então no instante em que o agente aceita a **promessa** de **recebimento**, independe do efetivo pagamento ou recebimento para o crime estar consumado, caso ocorra, será mero exaurimento do crime.

Descrição

Solicitar: a conduta parte do funcionário público que pede a vantagem indevida. Nesta situação, o funcionário público responde por corrupção passiva e **o particular, caso entregue a vantagem indevida, não responderá por crime algum (fato atípico).**

Receber: a conduta parte do particular que oferece a vantagem indevida e o funcionário público recebe. Nesta situação, o funcionário público responde por corrupção passiva e o particular por corrupção ativa.

Aceitar promessa de tal vantagem: a conduta parte do particular que promete vantagem indevida ao funcionário público e este aceita a promessa. Nesta situação, o funcionário público responde por corrupção passiva e o particular por corrupção ativa. OBS.: não é necessário que o funcionário público efetivamente receba a vantagem prometida, pois o crime estará consumado com a mera aceitação de promessa.

Espécies de Corrupção Passiva

Corrupção Passiva Própria	Corrupção Passiva Imprópria
O funcionário público negocia um ato ILÍCITO. **Ex.:** PRF solicita R$ 100,00 para não multar motorista sem carteira de habilitação.	O funcionário público negocia um ato LÍCITO. **Ex.:** Juiz de Direito recebe dinheiro de autor de ação judicial para agilizar os trâmites do processo.

Mesmo que a propina seja para a prática de ato LEGAL, ocorrerá o crime em estudo.

Ex.: Comerciantes dão dinheiro para que policiais militares realizem rondas diárias no bairro onde os comerciantes trabalham. É crime, pois os servidores públicos já são remunerados pelo Estado para realizarem estas atividades.

Promessa Vantagem Indevida

Particular que oferece ou promete vantagem indevida: O particular que oferece ou promete vantagem indevida ao funcionário público, responde pelo crime de corrupção ativa, Art. 333, do CP.

Exceção à teoria unitária ou monista no concurso de pessoas:

> ***Art. 29**, CP. Quem, de qualquer modo, concorre para o crime incide nas penas a este cominadas, na medida de sua culpabilidade.*

Portanto, a regra é que todos aqueles que concorrem para a prática de um crime responderão pelo mesmo crime. Como se trata de **exceção**, o funcionário público que recebe ou aceita promessa de vantagem indevida responde por corrupção passiva, Art. 317, enquanto o particular que oferece ou promete vantagem indevida responde por corrupção ativa, Art. 333.

Não configura o crime de corrupção passiva o recebimento, pelo funcionário público, de gratificações usuais de pequeno valor por serviços extraordinários (desde que não se trate de ato contrário à lei), ou pequenas doações ocasionais, geralmente no Natal ou no Ano Novo.

Caso a vantagem recebida seja revertida em favor da própria Administração Pública não haverá o crime de corrupção passiva. Todavia, o funcionário público estará sujeito à prática de ato de improbidade administrativa (Lei nº 8.429/92).

Causa de Aumento de Pena

> ***§ 1º.** A pena é aumentada de um terço, se, em consequência da vantagem ou promessa, o funcionário retarda ou deixa de praticar qualquer ato de ofício ou o pratica infringindo dever funcional.*

O que seria o exaurimento do crime funciona como causa de aumento de pena para o funcionário público. A pena será aumentada em 1/3.

Se a violação praticada pelo agente público constitui, por si só, um novo crime, haverá concurso formal ou material entre a corrupção e a infração dela resultante. Todavia, nessa hipótese, a corrupção deixa de ser qualificada, pois do contrário incidirá no *bis in idem*, considerando-se o mesmo fato duas vezes em prejuízo do funcionário réu.

Corrupção Passiva Privilegiada

> ***§ 2º.** Se o funcionário pratica, deixa de praticar ou retarda ato de ofício, com infração de dever funcional, cedendo a pedido ou influência de outrem:*
>
> ***Pena** - detenção, de três meses a um ano, ou multa.*

Punem-se, nesse dispositivo, os famigerados favores administrativos.

Nesta hipótese, o particular não oferece ou promete vantagem indevida ao funcionário público. Ele apenas **pede** para que esse DÊ UM JEITINHO de praticar, deixar de praticar ou retardar ato de ofício, com infração de dever funcional.

Ex.: Pedro é abordado numa Blitz e seu veículo está com o IPVA atrasado. Diante disso, ele pede ao policial rodoviário que não aplique a devida multa ou apreenda o veículo. O policial atende ao pedido. Nesta situação, o policial praticou o crime de corrupção passiva privilegiada e Pedro é partícipe deste crime.

O § 2º tem grande incidência em concursos. É o famoso Dar um jeitinho.

Diferenças Importantes

Corrupção Passiva Privilegiada (Art. 317, §2º, CP)	Prevaricação (Art. 319, CP)
Se o funcionário pratica, deixa de praticar ou retarda ato de ofício, com infração de dever funcional, CEDENDO A PEDIDO OU INFLUÊNCIA DE OUTREM.	Retardar ou deixar de praticar, indevidamente, ato de ofício, ou praticá-lo contra disposição expressa de lei, PARA SATISFAZER INTERESSE OU SENTIMENTO PESSOAL. **Obs.:** Não há intervenção alheia nesse crime.

6.1.10 Facilitação de Contrabando ou Descaminho

> ***Art. 318.** Facilitar, com infração de dever funcional, a prática de contrabando ou descaminho (Art. 334):*
>
> ***Pena** - reclusão, de 3 (três) a 8 (oito) anos, e multa.*

Conduta: a conduta criminosa consiste em facilitar, por ação ou omissão, o contrabando ou o descaminho.

Sujeitos do Crime

Sujeito Ativo: é crime próprio, somente o funcionário público incumbido de impedir a prática do contrabando ou descaminho poderá intentá-lo. Caso não ostente essa atribuição funcional, responderá pelo delito de contrabando ou descaminho, na condição de partícipe.

Sujeito Passivo: O Estado.

Exceção à teoria unitária ou monista no concurso de pessoas (Art. 29, CP)

O funcionário público que facilita, com infração de dever funcional, a prática de contrabando ou descaminho, responde pelo crime do Art. 318. Já o particular que realiza o contrabando ou descaminho responde pelo crime do elo crime do Art. 334 ou Art. 334 - A.

Conceito

Contrabando: é a importação ou exportação de mercadoria cuja entrada ou saída é proibida no Brasil. Ex.: máquinas caça-níquel, cigarros, quando em desacordo com autorização legal.

Descaminho: a importação ou exportação é permitida, porém o agente frauda o pagamento do tributo devido.

> *Se a mercadoria importada ou exportada for arma de fogo, acessório ou munição, sem autorização da autoridade competente, o agente responderá pelo crime previsto no Art. 18 da Lei nº 10.826/03 (Estatuto do Desarmamento). Tráfico internacional de arma de fogo.*

Consumação

Ocorre no momento em que o funcionário público efetivamente facilita o contrabando ou descaminho. **É crime formal ou de consumação antecipada**.

Não é necessário que a outra pessoa (autor do crime de contrabando ou descaminho - Art. 334) tenha sucesso em sua empreitada criminosa. Desse modo, mesmo que esta outra pessoa não obtenha êxito na realização do crime do Art. 334, o crime de contrabando e descaminho estará consumado, pois é crime formal.

Tentativa

Admitida somente na forma comissiva (ação). **A forma omissiva não admite o *conatus***.

Elemento Subjetivo

Dolo. Não se admite a modalidade culposa.

> *Súm. 151, STJ. A competência para o processo e julgamento por crime de contrabando e descaminho define-se pela prevenção do Juízo Federal do lugar da apreensão dos bens.*

Competência

Os crimes de contrabando e descaminho é da competência da **Justiça Federal**, pois ofende interesse da União (Art. 109, IV, CF/88).

Prevenir e reprimir o contrabando e o descaminho são atribuições da Polícia Federal (Art. 144, §1º, II, CF/88).

6.1.11 Prevaricação

Art. 319. *Retardar ou deixar de praticar, indevidamente, ato de ofício, ou praticá-lo contra disposição expressa de lei, para satisfazer interesse ou sentimento pessoal:*

Pena *- detenção, de três meses a um ano, e multa.*

Para que configure o delito de prevaricação, faz-se necessário que a ação ou omissão seja praticada de forma indevida, infrinja o dever funcional do agente público.

Classificação

É considerado crime de mão própria, pois exige uma qualidade específica, ser funcionário público e possuir determinado dever funcional.

Assim, é imprescindível que o funcionário tenha a atribuição para a prática do ato, pois, do contrário, não se pode considerar violação ao dever funcional.

A conduta é sempre dolosa, a qual se divide em três tipos: 1) Retardar indevidamente ato de ofício; 2) Deixar de praticar ato de ofício; 3) Praticar contra disposição expressa em lei.

NÃO admite a forma culposa.

Sujeitos do Crime

Sujeito Ativo: somente funcionário público (crime próprio).

Sujeito Passivo: o Estado e, por conseguinte, o particular, pessoa física ou jurídica prejudicada.

Consumação e Tentativa

Consuma-se o crime com o retardamento, a omissão ou a prática do ato, sendo dispensável a satisfação do interesse visado pelo servidor.

A tentativa não é admitida nas condutas retardar deixar de praticar, pois é crime omissivo próprio ou puro. Já a conduta praticá-lo contra disposição expressa de lei admite a tentativa por ser crime comissivo, ou seja, que exige uma ação.

É um crime formal. Para a consumação basta a intenção do funcionário público de satisfazer interesse ou sentimento pessoal, mesmo que não consiga êxito na concretização deste resultado.

Descrição

Crime de ação múltipla ou de conteúdo variado: Retardar, deixar de praticar ou praticá-lo. A realização de mais de um destes verbos, no mesmo contexto fático, caracteriza crime único. Todavia, tal fato será levado em conta pelo juiz no momento de fixação da pena-base (Art. 59 do CP).

Considerações

Retardar (atrasar / adiar): o funcionário público não realiza o ato de ofício dentro do prazo legal. Deixar de praticar (abster-se de praticar): não praticar o ato de ofício.

+

Indevidamente: (injustificavelmente / ilegalmente)

=

Prevaricação

Nessas duas hipóteses a prevaricação é crime omissivo próprio ou puro (condutas omissivas). Não admite tentativa (*conatus*).

NÃO há crime quando o funcionário público deixa de agir em razão de caso fortuito ou força maior.

Ex.: A falta de efetivo (pessoal) na repartição, incêndio, inundação etc.

Praticar (realizar um ato)

+

Contra Disposição Expressa de Lei

=

Prevaricação

Nesta hipótese a prevaricação é crime comissivo. Admite tentativa (*conatus*).

No caso concreto, se ausente o interesse de satisfazer interesse ou sentimento pessoal e o funcionário público receber uma ordem que deveria cumprir e não cumpri-la, não estará configurado o crime de prevaricação. Todavia, poderá caracterizar ato de improbidade administrativa (Art. 11, II, Lei nº 8.429/92).

Pessoalidade

Interesse Pessoal: é qualquer vantagem ou proveito de caráter moral ou patrimonial. Caso o funcionário público exija ou receba uma vantagem indevida a pretexto de praticar, retardar ou omitir a prática de um ato de ofício, o crime será de concussão (Art. 316 do CP) ou corrupção passiva (Art. 317 do CP).

Sentimento Pessoal: vingança, ódio, amizade, inimizade, inveja, amor.

Ex.: Promotor de Justiça solicita o arquivamento de inquérito policial o qual investiga crime que supostamente foi praticado por seu amigo de infância.

A desídia (preguiça), negligência ou comodismo (sem o fim de satisfazer interesse ou sentimento pessoal): não há crime de prevaricação. Todavia, o funcionário público poderá incorrer em ato de improbidade administrativa.

Diferenças Importantes

Prevaricação (Art. 319, CP)	Condescendência Criminosa (Art. 320, CP)
Retardar ou DEIXAR de PRATICAR, indevidamente, ATO DE OFÍCIO, ou praticá-lo contra disposição expressa de lei, para SATISFAZER INTERESSE OU SENTIMENTO PESSOA.	DEIXAR o funcionário, POR INDULGÊNCIA, DE RESPONSABILIDADE subordinado que cometeu infração no exercício do cargo ou, quando lhe falte competência, não levar o fato ao conhecimento da autoridade competente.

Prevaricação Imprópria

> ***Art. 319-A.*** *Deixar o Diretor de Penitenciária e/ou agente público de cumprir seu dever de vedar ao preso o acesso a aparelho telefônico, de rádio ou similar, que permita a comunicação com outros presos ou com o ambiente externo:*
>
> ***Pena*** *- detenção, de 3 (três) meses a 1 (um) ano.*

Esse crime foi introduzido pela Lei nº 11.466/07 e recebe várias denominações por parte da doutrina, prevaricação imprópria, prevaricação em presídios, omissão do dever de vedar ao preso o acesso a aparelhos de comunicação. Todas essas classificações são aceitáveis, haja vista o legislador não conferir, na elaboração do tipo, o *nomem iuris* da conduta, deixando para que a doutrina o fizesse.

Classificação

É um crime doloso, não exigindo qualquer fim específico da conduta. Não é admitida a culpa.

É um crime simples, pois ofende um único bem jurídico e é um crime próprio, ou seja, podendo ser cometido somente por agente público que tenha o dever funcional de impedir a entrada de aparelhos de comunicação ou Diretor de Penitenciária.

Sujeitos do Crime

Sujeito Ativo: por ser um crime próprio, pode ser cometido por agente público que deve ser interpretado de forma restrita, pois o agente deve ser incumbido de evitar a conduta descrita no tipo, para exemplificar podemos citar os agentes penitenciários, carcereiros e até mesmo pelos policiais responsáveis pela escolta.

O preso que for encontrado na posse de aparelho de comunicação não comete este crime, contudo incide em falta grave. Já o particular que fornece o aparelho para o preso comete o crime do Art. 349-A do CP.

Consumação e Tentativa

Por ser um crime formal, dá-se a consumação no momento em que o agente público ou Diretor de Penitenciária não faz nada para impedir a entrada de aparelho de comunicação ao preso, contudo devendo saber que tal situação é ilícita. É dispensável o efetivo acesso do preso ao aparelho de comunicação.

Não é possível a tentativa, haja vista ser este um crime omissivo próprio.

Descrição do Crime

A finalidade deste crime é impedir que o preso tenha acesso a qualquer tipo de aparelho de comunicação que possa se comunicar com qualquer pessoa (familiares, advogados, outros presos).

Os aparelhos eletrônicos podem ser, telefones (fixos ou móveis) *walkie-talkies* ou até mesmo uma *webcam*.

O fato é atípico quando o aparelho não tem nenhuma capacidade de comunicação ou, de qualquer forma, impossibilitado de funcionar. O mesmo acontece para cópias falsas de aparelhos.

Telefones celulares sem crédito tipificam a conduta, pois se verifica a possibilidade da obtenção de créditos de formas ilícitas, por exemplo, extorsões baseadas em falsos sequestros. Caracteriza-se a conduta, até mesmo quando o aparelho não tiver bateria, visto que existem meios alternativos para a sua ativação.

6.1.12 Condescendência Criminosa

> ***Art. 320.*** *Deixar o funcionário, por indulgência, de responsabilizar subordinado que cometeu infração no exercício do cargo ou, quando lhe falte competência, não levar o fato ao conhecimento da autoridade competente:*
>
> ***Pena*** *- detenção, de quinze dias a um mês, ou multa.*

Esse tipo penal tem por objetivo punir o superior hierárquico que por indulgência (clemência) deixa de punir seu subordinado, bem como aquele que, sem competência para responsabilização, tendo conhecimento de alguma infração, não leva a informação aquém de competência para punir o agente público.

Tem como base o poder disciplinar da Administração Pública.

Classificação

É considerado um crime próprio: omissivo próprio: sendo que ato está na inação (deixar de agir).

O dolo está na conduta de se OMITIR, sendo assim, não admite a forma culposa.

Sujeitos do Crime

Sujeito Ativo: somente funcionário público hierarquicamente superior ao servidor infrator.

Sujeito Passivo: o Estado e, por conseguinte, o particular, pessoa física ou jurídica prejudicada.

Consumação e Tentativa

NÃO Admite Tentativa

É um crime formal e omissivo próprio ou PURO. Consuma-se no momento em que o funcionário superior, depois de tomar conhecimento da infração, suplanta prazo legalmente previsto para a tomada de providências contra o subordinado infrator.

Descrição do Crime

O **crime** ocorre com a mera omissão do funcionário público que, ao tomar conhecimento da infração (administrativa ou penal) cometida pelo subordinado no exercício do cargo, deixa de tomar qualquer providência para responsabilizá-lo, ou, quando lhe faltar competência para tanto, não levar o fato ao conhecimento da autoridade competente. Não necessita da efetiva impunidade do infrator.

O fato será atípico quando o superior hierárquico, por negligência, não tomar conhecimento da infração cometida pelo funcionário público subalterno no exercício do cargo.

> Se o funcionário público superior hierárquico se omite para atender sentimento ou interesse pessoal, responderá pelo crime de prevaricação.
> Se o superior hierárquico se omite com o objetivo de receber alguma vantagem indevida do funcionário público infrator, responderá pelo crime de corrupção passiva (Art. 317 do CP).
> Não configura o crime em tela, eventuais irregularidades praticadas pelo subordinado "extra officio" (fora do cargo) e toleradas pelo superior hierárquico.

Nexo Funcional

Deve haver o nexo funcional, ou seja, a infração deve ter sido praticada no exercício do cargo público ocupado pelo funcionário público.

Ex.: Policial civil pratica peculato e o Delegado, após tomar conhecimento do caso, por indulgência (tolerância) nada faz.

Indulgência: é sinônimo de tolerância, perdão, clemência.

6.1.13 Advocacia Administrativa

Art. 321. *Patrocinar, direta ou indiretamente, interesse privado perante a administração pública, valendo-se da qualidade de funcionário:*

Pena *- detenção, de um a três meses, ou multa.*

Parágrafo único. *Se o interesse é ilegítimo:*

Pena *- detenção, de três meses a um ano, além da multa.*

Esse delito visa tipificar a conduta do agente que tem por objetivo defender, apadrinhar, advogar, interesse alheio perante a Administração Pública.

Classificação

É considerado crime próprio, pois exige uma qualidade específica, ser funcionário público.

A conduta é sempre dolosa. que pode ser praticada pela ação ou omissão. Não existe possibilidade para modalidade culposa.

É um crime comissivo, por conseguinte pode incorrer em omissão imprópria, quando o agente, como garantidor, podendo evitar, nada faz para que o crime não seja consumado (Art. 13, §2º, CP).

Sujeitos do Crime

Sujeito Ativo: somente funcionário público (crime próprio). Não necessariamente advogado, como diversas questões afirmam.

Admite-se o concurso de terceiro não qualificado, na modalidade de coautoria ou participação, desde que conhecedor da condição funcional do agente público.

Sujeito Passivo: o Estado e, por conseguinte, o particular, pessoa física ou jurídica prejudicada.

Consumação e Tentativa

ADMITE Tentativa

Consuma-se com a prática de ato revelador do patrocínio, que ofenda a moralidade administrativa, independente de obtenção de vantagem.

Descrição do Crime

Utilizando da qualidade de funcionário, o agente público defende interesse alheio de forma direta: pelo próprio funcionário, ou então, de forma indireta: participação de uma terceira pessoa.

Necessidade de Patrocínio

A advocacia administrativa exige mais do que um mero ato de encaminhamento ou protocolado de papéis. É necessário que se verifique o efetivo patrocínio de uma causa, complexa ou não, perante a administração.

Figura Qualificadora

Parágrafo único. *Se o interesse é ilegítimo:*

Para ensejar na qualificadora, o agente que pratica o ato de patrocínio deve ter conhecimento de que o pleito é ilegítimo.

Responsabilidade

Caso o patrocínio seja referente à instauração de processo licitatório ou a celebração de contrato junto à Administração Pública, cuja invalidação seja decretada pelo Judiciário, o agente responderá pelo Art. 91 da Lei nº 8.666/90.

6.1.14 Violência Arbitrária

Art. 322. *Praticar violência, no exercício de função ou a pretexto de exercê-la:*

Pena - detenção, de seis meses a três anos, além da pena correspondente à violência.

Esse delito tem por objetivo tipificar a conduta do agente público que atua com violência no exercício da sua função ou a pretexto dela.

Grande parte da doutrina entende que o presente artigo foi revogado tacitamente pela Lei nº 4.898/65 (Lei de abuso de autoridade). Entretanto, há decisões de Tribunais Superiores reconhecendo a vigência do artigo em comento.

Classificação

A conduta é sempre dolosa: que pode ser praticada pela ação ou omissão. Não existe possibilidade para modalidade culposa.

É um crime comissivo, por conseguinte, pode incorrer em omissão imprópria, quando o agente, como garantidor, podendo evitar, nada faz para que o crime não seja consumado (Art. 13, §2º, CP).

Sujeitos do Crime

Sujeito Ativo: somente funcionário público (crime próprio), não exige a qualidade específica de ser um policial, ademais, é possível a coautoria e participação do particular que tenha consciência da função pública do agente.

Sujeito Passivo: o Estado e, por conseguinte, o particular, pessoa física ou jurídica prejudicada.

Consumação e Tentativa

ADMITE Tentativa

Consuma-se no momento da prática do ato de violência (ação), com a lesão provocada.

Descrição do Crime

Conforme já mencionado, não é condição necessária que para incidir em violência arbitrária ou abuso de autoridade a condição específica de policial.

Ex.: Um fiscal sanitário que, no gozo de suas atribuições, ao encontrar uma bandeja de iogurte vencida, decide por lacrar o estabelecimento pelo prazo de noventa dias, além da aplicação da multa de R$ 100.000,00. Nessa hipótese, é claro observar que o agente abusou da atribuição do seu cargo prejudicando um particular. Pois, sua decisão, não foi proporcional ao agravo.

Figura Qualificadora Especial

Caso o agente seja ocupante de cargo em comissão, função de direção ou assessoramento, Art. 327,§2º, CP.

O simples emprego de intimidação moral, formada por ameaças, não é suficiente para caracterizar o crime desse artigo.

A pena do crime de violência arbitrária será somada à pena correspondente à violência.

6.1.15 Abandono de Função

***Art. 323**. Abandonar cargo público, fora dos casos permitidos em lei:*

***Pena** - detenção, de quinze dias a um mês, ou multa.*

***§ 1º.** Se do fato resulta prejuízo público:*

***Pena** - detenção, de três meses a um ano, e multa.*

***§ 2º.** Se o fato ocorre em lugar compreendido na faixa de fronteira:*

***Pena** - detenção, de um a três anos, e multa.*

Tutela-se o regular desenvolvimento das atividades administrativas, punindo-se a interrupção do trabalho do servidor público que abandona suas atividades, fora dos casos permitidos em lei.

Classificação

Trata-se de um crime de mão própria, ou seja, que só pode ser cometido pelo próprio agente.

É um crime omissivo próprio, cometido por um funcionário específico, no momento em que não cumpre com suas funções.

Pune-se somente na modalidade dolosa.

Sujeitos do Crime

Sujeito Ativo: embora o dispositivo diga abandono de função, entende a doutrina que somente o funcionário ocupante de cargo público pode cometer o crime, logo não prevalece a regra do Art. 327, CP.

Sujeito Passivo: A Administração Pública.

Consumação e Tentativa

NÃO Admite Tentativa

É consumado após um tempo relevante, sendo previsto uma probabilidade de dano à Administração, porém sem necessidade que esse realmente ocorra para a efetiva consumação do crime.

Há doutrinadores que dizem que só haverá o crime de abandono após 31 dias ou mais de ausência injustificada no trabalho.

Descrição do Crime

Forma Qualificada pelo Prejuízo

***§ 1º.** Se do fato resulta prejuízo público:*

***Pena** - detenção, de três meses a um ano, e multa.*

Nessa hipótese, compreende duas espécies de prejuízo, sendo o prejuízo social ou coleto, bem como aquele que afeta os serviços públicos e o interesse da coletividade.

Forma Qualificada Pelo Lugar de Fronteira

***§ 2º.** Se o fato ocorre em lugar compreendido na faixa de fronteira:*

***Pena** - detenção, de um a três anos, e multa.*

Considera-se fronteira a faixa situada até 150 Km de largura, ao longo das fronteiras terrestres.

6.1.16 Exercício Funcional Ilegalmente Antecipado ou Prolongado

***Art. 324.** Entrar, no exercício de função pública antes de satisfeitas as exigências legais, ou continuar a exercê-la, sem autorização, depois de saber oficialmente que foi exonerado, removido, substituído ou suspenso:*

***Pena** - detenção, de quinze dias a um mês, ou multa.*

O exercício ilegal de função pública afeta toda uma estrutura organizacional da Administração Pública, influindo diretamente na prestação de serviço público e no seu normal funcionamento. O referido crime tem por finalidade punir quem entra, exerce ou continua no serviço público de forma ilegal. É um crime de ação penal pública incondicionada.

Classificação

É um crime simples, de mão própria e formal.

É um crime doloso, não existindo a modalidade culposa.

Sujeitos do Crime

Sujeito Ativo: é o funcionário público já nomeado que ainda não cumpriu todas as exigências para entrar no cargo ou que deixou de ser funcionário por ter sido exonerado, suspenso, removido etc.

Se for pessoa inteiramente alheia à função pública, o crime é o previsto no Art. 328 do CP.

Sujeito Passivo: é o Estado.

Consumação e Tentativa

Por ser um crime formal, o delito se consuma com o primeiro ato realizado pelo funcionário público em alguma das condições do tipo penal, não necessitando que a Administração Pública sofra um efetivo dano ou prejuízo. A tentativa é possível, haja vista o caráter plurissubsistente do crime.

Descrição do Crime

A primeira parte do *caput* versa uma norma penal em branco homogênea, pois necessita de complementação por legislação específica para saber quais são as exigências legais.

A segunda parte do *caput* descreve um elemento normativo específico, sendo necessário que o agente tenha o efetivo conhecimento de sua situação perante a Administração Pública.

Aquele que ingressa no exercício da função pública, antes de apresentar sua declaração de bens, incide no crime em tela se praticar algum ato inerente ao cargo.

6.1.17 Violação de Sigilo Funcional

> ***Art. 325.*** *Revelar fato de que tem ciência em razão do cargo e que deva permanecer em segredo, ou facilitar-lhe a revelação:*
>
> ***Pena*** *- detenção de seis meses a dois anos, ou multa, se o fato não constitui crime mais grave.*
>
> ***§1º.*** *Nas mesmas penas deste artigo incorre quem:*
>
> ***I.*** *Permite ou facilita, mediante atribuição, fornecimento e empréstimo de senha ou qualquer outra forma, o acesso de pessoas não autorizadas a sistemas de informações ou banco de dados da Administração Pública;*
>
> ***II.*** *Se utiliza, indevidamente, do acesso restrito.*
>
> ***§2º.*** *Se da ação ou omissão resulta dano á Administração Pública ou a outrem:*
>
> ***Pena*** *- reclusão, de dois a seis anos, e multa.*

Certos assuntos da Administração Pública possuem caráter sigiloso e são imprescindíveis à segurança da sociedade e do Estado. Esse artigo tem por finalidade preservar os interesses públicos, privados e coletivos do sigilo das informações necessárias ao normal funcionamento da máquina pública. É um crime de ação penal pública incondicionada.

Classificação

É um crime simples, de mão própria (somente pode ser cometido por funcionário público que tenha o dever de assegurar o sigilo) e formal.

É considerado um crime doloso não tendo especificado em seu tipo penal um especial fim de agir. Não admite a modalidade culposa.

Sujeitos do Crime

Sujeito Ativo: por ser um crime de mão própria, exige-se uma qualidade especial do sujeito ativo do crime, podendo ser tanto o funcionário público em efetivo exercício, quanto o aposentado, afastado ou em disponibilidade, podendo o particular ser partícipe do crime (Art. 325 do CP) se concorreu de qualquer modo com a revelação da informação.

Sujeito Passivo: é o ente público que teve o seu segredo revelado e, eventualmente, o particular lesado pela revelação do segredo.

Consumação e Tentativa

O delito passa a ser consumado no momento em que a informação sigilosa é revelada a terceira pessoa, não exigindo que tal informação seja de conhecimento geral do público.

A tentativa somente é aceita se for uma conduta por escrito e, por circunstâncias alheias à vontade do agente, a carta não chega ao destino.

Descrição do Crime

Figuras Equiparadas do §1º

Inciso I, exemplo: "A", um analista da Receita Federal, revela a senha do banco de dados do cadastro dos contribuintes, para que sua amiga encontre o endereço de seu ex-namorado.

Inciso II, exemplo: "A", analista da Receita Federal, utiliza a senha restrita do banco de dados dos servidores para descobrir informações fiscais de seus colegas de repartição.

Qualificadora §2º

Nessa figura, existe a lesão à Administração Pública ou a algum particular, ou seja, é considerado um crime de dano.

Aplicando-se o princípio da especialidade, a violação de sigilo funcional envolvendo certames de interesse público não caracteriza o crime do Art. 325, mas sim o do Art. 311-A do CP.

6.1.18 Violação de Sigilo de Proposta de Concorrência

> ***Art. 326.*** *Devassar o sigilo de proposta de concorrência pública, ou proporcionar a terceiro o ensejo de devassá-lo:*
>
> ***Pena*** *- detenção, de três meses a um ano, e multa.*

Revogado tacitamente pelo Art. 94 da Lei nº 8.666/93 (Lei das Licitações).

6.1.19 Funcionário Público

> ***Art. 327.*** *Considera-se funcionário público, para os efeitos penais, quem, embora transitoriamente ou sem remuneração, exerce cargo, emprego ou função pública.*
>
> ***§ 1º.*** *Equipara-se a funcionário público: quem exerce cargo, emprego ou função em entidade paraestatal, e quem trabalha para empresa prestadora de serviço contratada ou conveniada para a execução de atividade típica da Administração Pública.*
>
> ***§ 2º.*** *A pena será aumentada da terça parte quando os autores*

dos crimes previstos neste Capítulo forem ocupantes de cargos em comissão ou de função de direção ou assessoramento de órgão da administração direta, sociedade de economia mista, empresa pública ou fundação instituída pelo poder público.

Para fins penais, considera-se funcionário público aquele que trabalha para uma empresa particular que mantém convênio com o Poder Público, e para este presta serviço.

São funcionários públicos não só aqueles que desempenham cargos criados por lei, regularmente investidos e nomeados, remunerados pelo cofres públicos, como também os que exercem emprego público (contratados, mensalistas, diaristas, tarefeiros, nomeados a título precário) e, ainda, todos que, de qualquer forma, exercem função pública.

6.2 Dos Crimes Praticados por Particular contra a Administração em Geral

6.2.1 Usurpação de Função Pública

Art. 328. *Usurpar o exercício de função pública:*

Pena *- detenção, de três meses a dois anos, e multa.*

Parágrafo único*. se do fato o agente aufere vantagem:*

Pena *- reclusão, de dois a cinco anos, e multa.*

Introdução

Esse crime foi criado com o intuito de punir aquele que exerce função pública sem possuir legitimidade para tanto, pois o Estado tem interesse em preservação da função das pessoas realmente investidas ao exercício das funções públicas. É um crime de ação penal pública incondicionada.

Classificação

É um crime simples, comum e formal.

É considerado um crime doloso, não dependendo de nenhuma finalidade. Não é admitida a culpa.

Sujeitos do Crime

Sujeito Ativo: Por ser um crime comum, pode ser praticado por qualquer pessoa, inclusive por funcionário público. **Ex.:** um escrivão que atue exercendo tarefas exclusivas de um Delegado de Polícia.

Sujeito Passivo: Imediatamente é a Administração Pública e secundariamente a pessoa física ou jurídica à qual recaiu a conduta criminosa.

Consumação e Tentativa

Trata-se de crime formal. Consuma-se o delito com a prática de ato exclusivo, que só pode ser praticado por pessoa legalmente investida no ofício usurpado.

A tentativa é plenamente possível. No caso do agente ser impedido de executar ato de ofício por circunstâncias alheias a sua vontade.

Descrição do Crime

A figura qualificada (Art. 328, parágrafo único) se refere a um crime material, visto que o agente aufere vantagem do delito, sendo a vantagem de qualquer natureza.

6.2.2 Resistência

Art. 329. *Opor-se à execução de ato legal, mediante violência ou ameaça a funcionário competente para executá-lo ou a quem lhe esteja prestando auxílio:*

Pena *- detenção, de dois meses a dois anos.*

§ 1º. *Se o ato, em razão da resistência, não se executa:*

Pena *- reclusão, de um a três anos.*

§ 2º. *As penas deste artigo são aplicáveis sem prejuízo das correspondentes à violência.*

Introdução

Esse crime visa proteger a Administração Pública e, também, a atuação do funcionário público na realização de atos legais e a integridade física e moral do particular que lhe presta auxílio. É um crime de ação penal pública incondicionada.

Classificação

É um crime **pluriofensivo** (atinge mais de um bem jurídico), comum e formal.

É um crime doloso e mais a intenção de impedir a execução de ato legal (especial fim de agir). Não se admite a modalidade culposa.

Sujeitos do Crime

Sujeito Ativo: pode ser praticado por qualquer pessoa (crime comum).

O funcionário público pode ser sujeito ativo deste crime nas situações em que age como particular.

O sujeito ativo (autor) pode ser pessoa alheia à execução do ato legal. Ex.: Filho que procura resistir à prisão legítima do pai mediante violência ou grave ameaça.

Sujeito Passivo: primariamente o Estado e, secundariamente, o funcionário público agredido ou ameaçado pela resistência.

É indispensável que o particular esteja efetivamente acompanhado do funcionário público competente para a execução do ato para que se caracterize o crime de resistência, pois caso o particular esteja sozinho o agente responderá por outro crime (lesão corporal, ameaça, tentativa de homicídio etc.).

Consumação e Tentativa

É crime formal. Não importa se o agente consegue ou não impedir a execução do ato legal, o crime estará consumado.

Em regra admite tentativa, com exceção de ameaça verbal.

Descrição do Crime

Opor-se: impedir a execução do ato legal. O ato legal deve ser específico e concreto, isto é, apto a gerar efeitos imediatos e dirigido a pessoa(s) determinada(s).

Espécies de Resistência

Resistência ATIVA: é o crime de resistência do Art. 329, *caput*, do Código Penal.

Resistência PASSIVA: o agente, sem o emprego de violência ou ameaça a funcionário público competente ou a quem lhe presta auxilio, se opõe à execução de ato legal.

Ex.: "A", policial civil, vai cumprir um mandado de prisão preventiva expedido em face de "B", este se agarra a um poste para não ser preso.

Nesta hipótese, (Resistência Passiva) não se configura o crime de Resistência. Todavia, o agente responderá pelo crime de Desobediência (Art. 330, CP).

Violência:

A violência deve ser dirigida contra pessoa, pois se for dirigida contra coisa o agente responderá pelo crime de dano qualificado (Art. 163, parágrafo único, III, CP).

A violência deve ser empregada durante a execução do ato legal, pois se for empregada antes ou depois o agente responderá pelo crime de ameaça (Art. 147, CP) ou lesão corporal (Art. 129, CP).

A violência deve ser empregada para impedir o cumprimento da ordem, se for outra a causa, o crime será outro.

Figura qualificada (Art. 329, §1º, CP): O que seria o exaurimento do crime funciona como uma qualificadora. Nesta hipótese o crime é material.

Legalidade do Ato

Legalidade do Ato: o ato deve ser legal, mesmo que injusto.

Ex.: O juiz decretou a prisão preventiva de "A" pois ele é o principal suspeito de ter estuprado oito mulheres numa pequena cidade do interior. No momento da realização da prisão, "A" agrediu os policiais militares, pois jurava que era inocente. Uma semana após a prisão, "B" o verdadeiro estuprador fez duas novas vítimas e foi preso em flagrante. O juiz mandou soltar "A", mas este responderá pelo crime de resistência, pois o ato, apesar de injusto, era legal.

6.2.3 Desobediência

> ***Art. 330.** Desobedecer a ordem legal de funcionário público:*
> ***Pena** - detenção, de quinze dias a seis meses, e multa.*

O crime de desobediência, também conhecido como "resistência passiva", apresenta pontos em comum com o crime de resistência (Art. 329 do CP), porém se diferencia pela ausência de violência ou grave ameaça ao funcionário público ou a pessoa que está auxiliando o funcionário. É um crime de ação penal pública incondicionada.

Classificação

É um crime simples, comum e formal.

Dolo. O agente deve ter consciência da legalidade da ordem e da competência do funcionário público, sob pena de atipicidade do fato (o fato não será crime). Não se admite a modalidade culposa.

Pode ser praticado por ação ou por omissão.

Sujeitos do Crime

Sujeito Ativo: qualquer pessoa, desde que vinculada ao cumprimento da ordem legal imposta pela autoridade pública.

Se o agente devia cumprir a ordem, por dever de ofício, tipifica-se, em tese, o delito de prevaricação.

Sujeito Passivo: é o Estado de forma imediata e mediatamente é o funcionário público o qual teve a ordem descumprida injustificadamente.

Consumação e Tentativa

→ **A consumação depende do tipo de ordem:**

Se for uma **omissão** do agente: no momento em que o agente atuar, violando, assim, a ordem de abster-se;

Se for uma **ação** do agente: no momento em que transcorrer o prazo para que o agente realize determinado ato e este não cumpra a ordem dada.

Admite-se a tentativa na modalidade comissiva (ação). Não é cabível na modalidade omissiva.

Conduta

Desobedecer (Recusar cumprimento / Desatender / Descumprir) ordem legal de funcionário público competente para emiti-la. Necessita da presença de dois requisitos:

Existência de uma ordem legal: não se trata de uma mera solicitação ou pedido.

Ordem emanada de funcionário público competente: o funcionário deve possuir competência funcional para emitir a ordem.

Legalidade

Segundo a Jurisprudência, pratica o crime de desobediência o indivíduo que se recusa a identificar-se criminalmente nos casos previstos em lei. Assim, como o indiciado que se recusa a identificar-se civilmente.

Pratica o crime previsto no Art. 307 da Lei nº 9.503/97 (Código de Trânsito Brasileiro), o indivíduo que viola a suspensão ou proibição de se obter a permissão ou a habilitação para dirigir veículo automotor.

Desobediência X Resistência

Desobediência (Art. 330, CP)	Resistência (Art. 329, CP)
Não há emprego de violência ou ameaça.	Há emprego de violência ou ameaça.

Apontamentos

→ Não é crime de desobediência a conduta do agente que se recusa a realizar:

> Teste de bafômetro;
> Exame de sangue (hematológico);
> Exame de DNA;
> Dosagem alcoólica;
> Exame grafotécnico.

Lembre-se de que ninguém é obrigado a produzir prova contra si mesmo, pois trata-se de desdobramento lógico da garantia constitucional ao silêncio.

6.2.4 Desacato

> ***Art. 331.*** *Desacatar funcionário público no exercício da função ou em razão dela:*
>
> ***Pena*** *- detenção, de seis meses a dois anos, ou multa.*

Todo funcionário público representa o Estado e age em seu nome a todo o momento em que exerce sua função. O crime de desacato (Art. 332 do CP) foi criado com o intuito de proteger o agente público e o prestígio da função exercida pelo funcionário público. É um crime de ação penal pública incondicionada.

Classificação

Crime de forma livre, admitindo qualquer meio de execução.

Dolo. Vontade livre e consciente de agir com a finalidade de desprestigiar a função pública do ofendido. Não se admite a modalidade culposa.

É um crime formal. Independe, para sua consumação, de um resultado naturalístico.

Sujeitos do Crime

Sujeito Ativo: crime comum (pode ser praticado por qualquer pessoa).

É possível que o funcionário público seja autor do crime de desacato, pois, ao cometer este delito, ele se despe de sua qualidade de funcionário público e passa a atuar como um particular. Nesta situação não importa se o agente é ou não superior hierárquico do funcionário público ofendido.

> Não há crime de desacato na hipótese em que o ofendido, no momento da conduta, não possui mais a condição de funcionário público (Ex.: aposentado, demitido etc). Todavia, poderá haver crime contra a honra (calúnia/difamação/injúria), pois neste caso há lesão contra um particular e não contra a Administração Pública.

O advogado pode praticar (ser sujeito ativo) o crime de desacato caso ofenda funcionário público no exercício da função ou em razão dela.

Sujeito Passivo: o Estado, primariamente, e o funcionário público ofendido, secundariamente.

Será vítima somente o funcionário público assim definido no caput do Art. 327 do CP, não abrangendo o equiparado.

Consumação e Tentativa

É crime Formal. Ocorre no momento em que o funcionário público é ofendido. Não importa se sente ou não ofendido com os atos praticados. Não é necessário que outras pessoas presenciem a ofensa proferida.

Admite-se a tentativa, salvo quando a ofensa é praticada verbalmente.

Descrição do Crime

O autor deste crime deve ter ciência de que o ofendido é funcionário público e se encontra no exercício da função pública ou que a ofensa é proferida em razão dela. Deve ter ainda o propósito de desprestigiar a função pública do funcionário público (especial fim de agir).

Não é necessário que o funcionário público se encontre no interior da repartição pública. Basta que esteja no exercício da função pública.

Ex.: Pedro encontra o Juiz de Direito no supermercado e o chama de corrupto.

Haverá crime único de desacato caso o agente ofenda vários funcionários públicos no mesmo contexto fático, pois o sujeito passivo é a Administração Pública.

Considerações

Não haverá o crime de desacato caso a ofensa diga respeito à vida particular do funcionário público. Todavia, poderá caracterizar crime contra a honra.

Ex.: Afirmar que o Promotor de Justiça foi visto saindo de um prostíbulo.

Vejamos as diferenças entre os crimes de injúria (Art. 140 do CP) e desacato (Art. 331 do CP).

Desacato (Art. 331, CP)	Injúria (Art. 140, CP)
A ofensa é proferida na PRESENÇA do funcionário público.	A ofensa é proferida na AUSÊNCIA do funcionário público.
Crime contra a Administração Pública.	Crime contra a honra.
Ação Penal Pública Incondicionada.	Regra: Ação Penal iniciativa privada.

6.2.5 Tráfico de Influência

> ***Art. 332.*** *Solicitar, exigir, cobrar ou obter, para si ou para outrem, vantagem ou promessa de vantagem, a pretexto de influir em ato praticado por funcionário público no exercício da função:*
>
> ***Pena*** *- reclusão, de 2 (dois) a 5 (cinco) anos, e multa*
>
> ***Parágrafo único.*** *a pena é aumentada da metade, se o agente alega ou insinua que a vantagem é também destinada ao funcionário.*

O crime de tráfico de influência foi criado pela Lei nº 9.127/95, porém antes de sua criação, o delito era chamado de exploração de prestígio (Art. 357 do CP), sendo esse um crime contra a Administração da justiça e o tráfico de influência (Art. 332 do CP) contra a Administração Pública. O crime em apreço é de ação penal pública incondicionada.

Classificação

É classificado como crime simples, comum e FORMAL.

É um crime doloso e com um especial fim de agir (vantagem para si ou para outrem). Não é admitida a modalidade culposa.

Sujeitos do Crime

Sujeito Ativo: por ser um crime comum, pode ser praticado por qualquer pessoa.

Sujeito Passivo: de maneira imediata é o Estado e mediatamente, o comprador da influência (pessoa que paga ou promete vantagem), com o fim de obter benefício do funcionário público.

Consumação e Tentativa

É um crime de consumação antecipada ou formal, caracterizando-se pela realização da conduta descrita no tipo penal, independentemente da obtenção da vantagem. Observação: com o núcleo do tipo "obter", o crime é material, consumando o delito no momento da obtenção da vantagem.

Tentativa é possível em determinados casos, do contrário não será admitida, pois se a conduta for realizada verbalmente não há que se falar em tentativa.

Descrição do Crime

Por haver vários núcleos do tipo (exigir, solicitar, obter, cobrar), o crime de tráfico de influência é classificado como crime de ação múltipla ou de conteúdo variado, respondendo o agente se praticado no mesmo contexto fático, por crime único, mesmo se realizar mais de um núcleo do tipo.

Segundo STJ é dispensável para a caracterização do delito que o agente efetivamente influa em ato praticado por funcionário público, basta que o mesmo alegue ter condições para tanto.

> **Ex.:** "A", dizendo ser amigo de um Delegado de Polícia, sem realmente sê-lo, solicita a "B" que entregue certo valor a pretexto de convencer (influir) o Delegado a não instaurar uma investigação contra o filho de "A".

Influência

Caso a aludida influência seja real, poderá haver outro crime (corrupção).

Causa de Aumento de Pena, Parágrafo Único

Caso o agente, além de toda a fraude empregada, alega que a vantagem também se destina ao funcionário público, será aquele merecedor de pena majorada, visto que o bem jurídico tutelado no tipo é mais gravemente afetado, qual seja, o prestígio da Administração Pública.

6.2.6 Corrupção Ativa

> ***Art. 333.*** *Oferecer ou prometer vantagem indevida a funcionário público, para determiná-lo a praticar, omitir ou retardar ato de ofício:*
>
> ***Pena*** *- reclusão, de 2 (dois) a 12 (doze) anos, e multa.*
>
> ***Parágrafo único.*** *A pena é aumentada de um terço, se, em razão da vantagem ou promessa, o funcionário retarda ou omite ato de ofício, ou o pratica infringindo dever funcional.*

O crime de corrupção ativa está tipificado no Art. 333 do Código Penal e faz parte dos crimes cometidos por particular contra a Administração Pública. Isso não quer dizer que não possa ser cometido por funcionário público que, se praticá-lo, estará se despindo de sua função pública e agindo como um particular.

É um crime de ação penal pública incondicionada.

Classificação

É considerado um crime formal, que para sua consumação não se exige um resultado.

Classificado como plurissubsistente, podendo sua conduta ser fracionada em diversos atos.

É um crime doloso, acrescido de um especial fim de agir (determinar o funcionário público a praticar, omitir ou retardar ato de ofício).

Sujeitos do Crime

Sujeito Ativo: crime comum (qualquer pessoa).

Funcionário público também pode ser sujeito ativo deste crime, desde que realize a conduta sem aproveitar-se das facilidades inerentes à sua condição funcional.

> **Ex.:** Pedro, analista judiciário do TRF, oferece dinheiro a um Delegado de Polícia para que este não o prenda em flagrante pela prática do crime de porte ilegal de arma de fogo.

O particular só responderá por corrupção ativa se este oferecer ou prometer vantagem indevida. A simples entrega de vantagem ilícita solicitada por funcionário público não configura crime nestes casos, o particular será vítima secundária de corrupção passiva (Art. 317 do CP).

Sujeito Passivo: o Estado e, secundariamente, a pessoa física ou jurídica prejudicada pela conduta criminosa.

Consumação e Tentativa

É crime formal. Ocorre a consumação com a oferta ou promessa de vantagem indevida ao funcionário público, independentemente da sua aceitação. Ofereceu ou prometeu, o crime já está consumado.

Também não é necessária a prática, omissão ou retardamento do ato de ofício. Desse modo, se o agente oferece ou promete a vantagem indevida ao funcionário público, o crime estará consumado.

A tentativa é possível, salvo quando o crime é praticado verbalmente.

Descrição do Crime

Vantagem Indevida: não precisa ser necessariamente patrimonial/econômica. Pode ter qualquer natureza: patrimonial, sexual, moral etc.

Meios de Execução: o delito de corrupção ativa pode ser praticado de duas formas:

Oferecer vantagem indevida: nesta hipótese, a conduta parte do particular que põe à disposição a vantagem indevida ao funcionário público e este a recebe. Desse modo, o particular praticou o crime de corrupção ativa (Art. 333 do CP) e o funcionário público o crime de corrupção passiva (Art. 317 do CP).

PROMETE vantagem indevida: nesta hipótese, a conduta parte do particular que promete a vantagem indevida ao funcionário público e este a aceita. Desse modo, o particular praticou o crime de corrupção ativa (Art. 333 do CP) e o funcionário público o crime de corrupção passiva (Art. 317 do CP). Não é necessário que o particular efetivamente cumpra sua promessa para que ocorra a consumação do delito, basta a simples promessa.

Não se configura a infração penal quando a oferta ou promessa tem o fim de impedir ou retardar ato ilegal.

Causa de Aumento de Pena

> ***Parágrafo único.*** *A pena é aumentada de um terço, se, em razão da vantagem ou promessa, o funcionário retarda ou omite ato de ofício, ou o pratica infringindo dever funcional.*

A corrupção ativa é um crime formal. Desse modo, o que seria o exaurimento do crime (retardar ou omitir ato de ofício, ou o praticar infringindo dever funcional) funciona como uma causa de aumento de pena.

Considerações

O crime de corrupção ativa é uma exceção à Teoria Unitária ou Monista do concurso de pessoas (Art. 29 do CP), pois o particular que oferece ou promete vantagem indevida responde pelo crime de corrupção ativa (Art. 333 do CP), já o funcionário público que recebe ou aceita promessa de vantagem indevida responde pelo crime de corrupção passiva (Art. 317 do CP).

Corrupção Ativa (Art. 333, CP)	Corrupção Passiva (Art. 317, CP)
Sujeito Ativo: Particular	Sujeito Ativo: Funcionário Público
Fato Atípico ←	Solicitar
Oferecer →	Receber
Prometer →	Aceitar Promessa

É possível que ocorra o crime de corrupção ativa sem que ocorra corrupção passiva.

Ex.: Pedro oferece ou promete dinheiro, vantagem indevida, para que João (Delegado de Polícia) não o prenda em flagrante, mas João não recebe ou aceita a promessa.

Também é possível que ocorra o crime de corrupção passiva sem que ocorra corrupção ativa.

Ex.: Ronaldo (auditor fiscal) solicita vantagem indevida a André (empresário) para não aplicar uma multa milionária na empresa deste último.

Duas situações podem ocorrer: André realiza a entrega da vantagem indevida, ou não. Nas duas hipóteses, apenas Ronaldo praticou crime, pois a conduta de André é atípica.

Apontamentos

Na hipótese em que o particular pede para o funcionário público dar um jeitinho não responderá pelo crime de corrupção ativa, pois o agente não ofereceu nem prometeu vantagem indevida. Nessa hipótese, duas situações podem ocorrer:

> O funcionário público Dá o jeitinho. Responderá por corrupção passiva privilegiada (Art. 317, §2º, CP) e o particular será partícipe deste crime;

> O funcionário público Não dá o jeitinho. O fato é atípico para ambos.

6.2.7 Contrabando e Descaminho

Descaminho - Art. 334

Antes da publicação da Lei nº 13.008/14, o Art. 334 do Código Penal tipificava a prática dos crimes de contrabando e descaminho como crime único, atribuindo pena de reclusão de um a quatro anos. Com a nova redação ocorre a separação dos crimes de contrabando e descaminho, tornando-os crimes autônomos.

Art. 334. *Iludir, no todo ou em parte, o pagamento de direito ou imposto devido pela entrada, pela saída ou pelo consumo de mercadoria*

Pena *- reclusão, de 1 (um) a 4 (quatro) anos.*

§ 1º. *Incorre na mesma pena quem:*

I. *pratica navegação de cabotagem, fora dos casos permitidos em lei;*

II. *pratica fato assimilado, em lei especial, a descaminho;*

III. *vende, expõe à venda, mantém em depósito ou, de qualquer forma, utiliza em proveito próprio ou alheio, no exercício de atividade comercial ou industrial, mercadoria de procedência estrangeira que introduziu clandestinamente no País ou importou fraudulentamente ou que sabe ser produto de introdução clandestina no território nacional ou de importação fraudulenta por parte de outrem;*

IV. *adquire, recebe ou oculta, em proveito próprio ou alheio, no exercício de atividade comercial ou industrial, mercadoria de procedência estrangeira, desacompanhada de documentação legal ou acompanhada de documentos que sabe serem falsos.*

§ 2º. *Equipara-se às atividades comerciais, para os efeitos deste artigo, qualquer forma de comércio irregular ou clandestino de mercadorias estrangeiras, inclusive o exercido em residências.*

§ 3º. *A pena aplica-se em dobro se o crime de descaminho é praticado em transporte aéreo, marítimo ou fluvial.*

No Descaminho, as mercadorias apreendidas são legais no território brasileiro, porém não há o devido pagamento de tributos pela entrada e saída de mercadorias.

Descrição do Crime

> Objeto Material: tributos não recolhidos.

> Núcleo do Tipo: iludir, ou seja, ludibriar, frustrar o pagamento do tributo.

> Sujeito Ativo: crime comum (qualquer pessoa) por ser um crime comum, pode ser praticado por qualquer pessoa, até mesmo um funcionário público, desde que o funcionário não tenha o dever funcional de impedir a prática do crime de contrabando e descaminho.

> Sujeito Passivo: o Estado

Ex.: Tício, policial civil, auxilia Caio a contrabandear caixas de cigarro para o outro lado da fronteira. Tício não tem um especial dever funcional de evitar tal conduta, portanto responderá pelo crime de descaminho ou contrabando capitulados, respectivamente, nos Art. 334 e 334-A do CP, como partícipe ou coautor, a depender do contexto fático.

Apesar de existir divergência entre o STF e o STJ é cabível o princípio da insignificância no crime de Descaminho. Para a aplicação desse princípio o STJ estipula o valor de R$ 10.000,00, enquanto o STF entende que o valor é de R$ 20.000,00. Diante disso é de suma importância atentar-se para o comando da questão e observar qual dos posicionamentos a banca irá abordar.

Contrabando - Art. 334-A

Art. 334-A. *Importar ou exportar mercadoria proibida:*

Pena *- reclusão, de 2 (dois) a 5 (cinco) anos.*

§ 1º. *Incorre na mesma pena quem:*

I. *pratica fato assimilado, em lei especial, a contrabando;*

II. *importa ou exporta clandestinamente mercadoria que dependa de registro, análise ou autorização de órgão público competente;*

III. *reinsere no território nacional mercadoria brasileira destinada à exportação;*

IV. vende, expõe à venda, mantém em depósito ou, de qualquer forma, utiliza em proveito próprio ou alheio, no exercício de atividade comercial ou industrial, mercadoria proibida pela lei brasileira;

V. adquire, recebe ou oculta, em proveito próprio ou alheio, no exercício de atividade comercial ou industrial, mercadoria proibida pela lei brasileira.

§ 2º. Equipara-se às atividades comerciais, para os efeitos deste artigo, qualquer forma de comércio irregular ou clandestino de mercadorias estrangeiras, inclusive o exercido em residências.

§ 3º. A pena aplica-se em dobro se o crime de contrabando é praticado em transporte aéreo, marítimo ou fluvial.

Diferentemente do que ocorre no Descaminho, no crime de Contrabando as mercadorias são proibidas no território brasileiro. Dessa forma, NÃO é possível a aplicação do princípio da insignificância.

Descrição do Crime:

> Objeto Material: mercadoria contrabandeada.

> Núcleos do Tipo: importar, exportar mercadoria contrabandeada.

> Sujeito Ativo: crime comum (qualquer pessoa).

> Sujeito Passivo: o Estado.

Importante

A importação de bebidas é legal, porém a legislação traz uma restrição quanto à quantidade. Caso ocorra o excesso da quantidade permitida incidirá o Contrabando, Art. 334-A. Diferentemente ocorre no caso do crime de Descaminho, Art. 334, no qual ocorre a sonegação do tributo devido.

A redação anterior do Código Penal considerava que a pena seria aplicada em dobro mediante transporte aéreo. De acordo com o §3º dos Arts. 334 e 334-A, a nova redação passou a considerar esta previsão também para os transportes marítimos e fluviais.

É mais uma exceção à teoria monista ou unitária no concurso de pessoas (Art. 29, *caput*, CP). Haja vista ser a conduta do funcionário público que facilita o contrabando ou descaminho (Art. 318 do CP) ser mais reprovável em razão de sua natureza funcional perante a administração pública, as condutas foram separadas e com penas distintas, porém, ambos os crimes tipificam o mesmo resultado, qual seja, o descaminho ou o contrabando.

O funcionário público que:

Não possui o dever funcional de impedir o contrabando ou descaminho. Será coautor ou partícipe do crime de contrabando ou descaminho (Art. 334, CP).

Possui o dever funcional de impedir a prática do contrabando ou descaminho e concorre para a realização de qualquer destes crimes. Responderá pelo crime de facilitação de contrabando ou descaminho (Art. 318, CP).

> Trata-se de mais uma exceção à Teoria Unitária ou Monista do concurso de pessoas (Art. 29, CP)

São crimes materiais (consumam-se com a produção de um resultado)	
Contrabando	O agente importa ou exporta a mercadoria proibida pelas vias ordinárias (caminhos normais), ou seja, pela fiscalização alfandegária: o crime estará consumado no instante em que a mercadoria é liberada pela autoridade alfandegária.
	O agente se vale dos meios clandestinos para importar ou exportar a mercadoria proibida. O crime estará consumado no momento da entrada ou saída da mercadoria do território nacional.
Descaminho	Se consuma com a liberação da mercadoria (permitida) sem o pagamento de tributo devido pela sua entrada ou saída do Brasil.

No crime de contrabando a mercadoria não precisa ser necessariamente estrangeira (produzida no exterior). Desse modo é possível a fabricação da mercadoria em território nacional desde que seja destinada exclusivamente à exportação.

Ex.: Empresa fabrica explosivos no Brasil e os exporta para a Coreia do Norte. Posteriormente, um norte coreano ingressa com estes explosivos em território brasileiro.

Crimes específicos: por ter natureza genérica ou residual, o crime de contrabando e descaminho somente será aplicado quando a conduta de descaminho ou contrabando de mercadoria não configurar algum crime específico.

Ex.: O indivíduo que importar ou exportar drogas, sem autorização ou em desacordo com determinação legal, responderá pelo crime de tráfico internacional de drogas (Art. 33, Lei nº 11.343/06. Lei de Drogas).

O indivíduo que importar ou exportar arma de fogo, acessório ou munição, sem autorização da autoridade competente, responderá pelo crime de tráfico internacional de arma de fogo (Art. 18, Lei nº 10.826/03. Estatuto do Desarmamento).

Súm. 151, STJ: A competência para o processo e julgamento por crime de contrabando ou descaminho define-se pela prevenção do Juízo Federal do lugar da apreensão dos bens.

Competência para julgamento: Justiça federal, pois ofendem interesses da União (Art. 109, IV, CF/88).

6.2.8 Impedimento, Perturbação ou Fraude de Concorrência

Art. 335. *Impedir, perturbar ou fraudar concorrência pública ou venda em hasta pública, promovida pela administração federal, estadual ou municipal, ou por entidade paraestatal; afastar ou procurar afastar concorrente ou licitante, por meio de violência, grave ameaça, fraude ou oferecimento de vantagem:*

Pena *- detenção, de seis meses a dois anos, ou multa, além da pena correspondente à violência.*

Parágrafo único. *Incorre na mesma pena quem se abstém de concorrer ou licitar, em razão da vantagem oferecida.*

Revogado tacitamente pelos Art. 93 e 95 da Lei nº 8.666/93 (Lei das Licitações)

6.2.9 Inutilização de Edital ou de Sinal

> ***Art. 336.*** *Rasgar ou, de qualquer forma, inutilizar ou conspurcar edital afixado por ordem de funcionário público; violar ou inutilizar selo ou sinal, empregado por determinação legal ou por ordem de funcionário público, para identificar ou cerrar qualquer objeto:*
>
> ***Pena*** *- detenção, de um mês a um ano, ou multa.*

O que é protegido nesse crime é a Administração Pública, pois acarreta complicação ao interesse público e o normal desenvolvimento de suas atividades.

Classificação

É considerado um crime simples, pois ofende um único bem jurídico e também material, pois para sua consumação gera um resultado naturalístico.

É um crime doloso, não possuindo um especial fim de agir. Não é admitida a modalidade culposa.

Sujeitos do Crime

Sujeito Ativo: por ser um crime comum, pode ser praticado por qualquer pessoa, até mesmo funcionário público.

Sujeito Passivo: o Estado.

Consumação e Tentativa

É exigido para sua consumação um resultado naturalístico, não sendo suficiente para a consumação a conduta descrita no tipo.

É possível que haja o fracionamento do *iter criminis*, portanto é admitida a tentativa.

Descrição do Crime

Edital: tem natureza administrativa (licitação) ou judicial (citação).

Selo ou sinal: qualquer tipo de marca feita por determinação legal (lacre de interdição da vigilância sanitária).

Núcleos do tipo: rasgar, inutilizar, conspurcar (sujar) e violar.

Não haverá o crime se os objetos materiais referidos no tipo perderam utilidade, como na hipótese do edital com prazo vencido.

Não pratica o crime aquele que reage, moderadamente, contra ato abusivo (ilegal) de funcionário público, rasgando, por exemplo, tira de papel afixada por oficial de justiça na porta de sua moradia, anunciando seu despejo.

6.2.10 Subtração ou Inutilização de Livro ou Documento

> ***Art.337****. Subtrair, ou inutilizar, total ou parcialmente, livro oficial, processo ou documento confiado à custódia de funcionário, em razão de ofício, ou de particular em serviço público:*
>
> ***Pena*** *- reclusão, de dois a cinco anos, se o fato não constitui crime mais grave.*

Essa conduta de subtração, inutilização de livro oficial, processo ou documento é prevista em vários tipos do Código Penal. As leituras dos Arts. 305, 314, 337 e 356 são relativamente semelhantes, porém cada crime possui uma especificação diferente que os caracteriza. Esse crime é de ação penal pública incondicionada.

Classificação

Considerado um crime simples, pois ofende um único bem jurídico e comum, podendo ser praticado por qualquer pessoa.

É um crime doloso, e não depende de nenhuma finalidade específica. Não admite a modalidade culposa.

Sujeitos do Crime

Sujeito Ativo: por ser um crime comum, pode ser cometido por qualquer pessoa, desde que não seja pelo funcionário público responsável pela custódia dos documentos.

Caso o agente seja funcionário público, incumbido ratione officci da guarda dos objetos materiais, a conduta será enquadrada no Art. 314 do CP. Se o agente for advogado ou procurador que, nessa qualidade, tiver retirado o processo ou documentos, o crime será o do Art. 356 do CP.

Sujeito Passivo: primeiramente é o Estado, e secundariamente a pessoa jurídica ou física que foi prejudicada pela ação criminosa.

Consumação e Tentativa

Consuma-se o crime no momento da subtração de livro oficial, processo ou documento, mediante apoderamento do agente ou no momento da inutilização total ou parcial da coisa.

A tentativa é possível devido o crime ser de caráter plurissubsistente.

Descrição do Crime

Subtrair e inutilizar são os núcleos do tipo. Subtrair é retirar um dos elementos do tipo (livro oficial, processo ou documento) da custódia do funcionário público, se apoderando do item.

6.2.11 Sonegação de Contribuição Previdenciária

> ***Art. 337-A.*** *Suprimir ou reduzir contribuição social previdenciária e qualquer acessório, mediante as seguintes condutas:*
>
> ***I.*** *Omitir de folha de pagamento da empresa ou de documento de informações previsto pela legislação previdenciária segurados, empregado, empresário, trabalhador avulso ou trabalhador autônomo ou a este equiparado que lhe prestem serviços;*
>
> ***II.*** *Deixar de lançar mensalmente nos títulos próprios da contabilidade da empresa as quantias descontadas dos segurados ou as devidas pelo empregador ou pelo tomador de serviços;*
>
> ***III.*** *Omitir, total ou parcialmente, receitas ou lucros auferidos, remunerações pagas ou creditadas e demais fatos geradores de contribuições sociais previdenciárias:*
>
> ***Pena*** *- reclusão, de 2 (dois) a 5 (cinco) anos, e multa.*
>
> ***§ 1º.*** *É extinta a punibilidade se o agente, espontaneamente, declara e confessa as contribuições, importâncias ou valores e presta as informações devidas à previdência social, na forma definida em lei ou regulamento, antes do início da ação fiscal.*
>
> ***§ 2º.*** *É facultado ao juiz deixar de aplicar a pena ou aplicar somente a de multa se o agente for primário e de bons antecedentes, desde que:*
>
> ***II.*** *O valor das contribuições devidas, inclusive acessórios, seja igual ou inferior àquele estabelecido pela previdência social, administrativamente, como sendo o mínimo para o ajuizamento de suas execuções fiscais.*

§ 3º. Se o empregador não é pessoa jurídica e sua folha de pagamento mensal não ultrapassa R$ 1.510,00 (um mil, quinhentos e dez reais), o juiz poderá reduzir a pena de um terço até a metade ou aplicar apenas a de multa.

§ 4º. O valor a que se refere o parágrafo anterior será reajustado nas mesmas datas e nos mesmos índices do reajuste dos benefícios da previdência social.

> No caso do §1º, preenchidos os requisitos para a concessão, é dever do juiz conceder o perdão ou aplicar a pena de multa. Trata-se de direito público subjetivo do réu.

6.3 Dos Crimes Praticados por Particular contra a Administração Pública Estrangeira

6.3.1 Corrupção Ativa em Transação Comercial Internacional

***Art. 337-B.** Prometer, oferecer ou dar, direta ou indiretamente, vantagem indevida a funcionário público estrangeiro, ou a terceira pessoa, para determiná-lo a praticar, omitir ou retardar ato de ofício relacionado à transação comercial internacional:*

***Pena** - reclusão, de 1 (um) a 8 (oito) anos, e multa.*

***Parágrafo único.** A pena é aumentada de 1/3 (um terço), se, em razão da vantagem ou promessa, o funcionário público estrangeiro retarda ou omite o ato de ofício, ou o pratica infringindo dever funcional.*

6.3.2 Tráfico de Influência em Transação Comercial Internacional

***Art. 337-C.** Solicitar, exigir, cobrar ou obter, para si ou para outrem, direta ou indiretamente, vantagem ou promessa de vantagem a pretexto de influir em ato praticado por funcionário público estrangeiro no exercício de suas funções, relacionado a transação comercial internacional:)*

***Pena** - reclusão, de 2 (dois) a 5 (cinco) anos, e multa.*

***Parágrafo único.** A pena é aumentada da metade, se o agente alega ou insinua que a vantagem é também destinada a funcionário estrangeiro.*

6.3.3 Funcionário Público Estrangeiro

***Art. 337-D.** Considera-se funcionário público estrangeiro, para os efeitos penais, quem, ainda que transitoriamente ou sem remuneração, exerce cargo, emprego ou função pública em entidades estatais ou em representações diplomáticas de país estrangeiro.*

***Parágrafo único.** Equipara-se a funcionário público estrangeiro quem exerce cargo, emprego ou função em empresas controladas, diretamente ou indiretamente, pelo Poder Público de país estrangeiro ou em organizações públicas internacionais.*

6.4 Dos Crimes contra a Administração da Justiça

6.4.1 Reingresso de Estrangeiro Expulso

***Art. 338.** Reingressar no território nacional o estrangeiro que dele foi expulso:*

***Pena** - reclusão, de um a quatro anos, sem prejuízo de nova expulsão após o cumprimento da pena.*

A expulsão do estrangeiro está regulada na Lei nº 6.815/80. Estatuto do Estrangeiro. Ocorrendo qualquer das hipóteses elencadas no Art. 65 desta lei, caberá ao Presidente da República, por meio de decreto, analisar o cabimento e conveniência da expulsão (ato discricionário administrativo).

Para tipificar a conduta, é indispensável, após a edição do decreto de expulsão, que o agente tenha efetivamente saído do país, retornando em seguida. Desta forma, não configura o crime a recusa do estrangeiro expulso em deixar o país.

6.4.2 Denunciação Caluniosa

***Art. 339.** Dar causa à instauração de investigação policial, de processo judicial, instauração de investigação administrativa, inquérito civil ou ação de improbidade administrativa contra alguém, imputando-lhe crime de que o sabe inocente:*

***Pena** - reclusão, de dois a oito anos, e multa.*

***§ 1º.** A pena é aumentada de sexta parte, se o agente se serve de anonimato ou de nome suposto.*

***§ 2º.** A pena é diminuída de metade, se a imputação é de prática de contravenção.*

O crime de denunciação caluniosa está capitulado no Art. 339 do Código Penal e versa sobre dar causa à instauração de algum procedimento de investigação contra alguém, imputando-lhe falsamente crime, sabendo que esse não o cometeu. O crime de denunciação caluniosa é de ação penal pública incondicionada.

Tal crime é também chamado calúnia qualificada.

Classificação

É considerado um crime pluriofensivo, ou seja, ofende mais de um bem jurídico como estudaremos no tópico **Sujeitos do Crime**, desse mesmo artigo.

É um crime comum, podendo ser praticado por qualquer pessoa e unissubjetivo, praticado por um só agente, mas admite concurso de pessoas.

O elemento subjetivo é o dolo direto, pois é indispensável que o agente tenha o conhecimento da inocência da pessoa a quem imputou falsamente o crime, segundo STJ.

Sujeitos do Crime

Sujeito Ativo: qualquer pessoa (crime comum).

Sujeito Passivo: o Estado e a pessoa acusada falsamente de crime.

Consumação e Tentativa

Por ser um crime material, consuma-se no momento em que se tem a efetiva instauração da investigação policial, de processo judicial, instauração de investigação administrativa, inquérito civil ou ação de improbidade administrativa contra alguém que o sabe ser inocente.

É admitida a tentativa.

Ex.: "A" vai à Delegacia e de forma dolosa, imputa "B" a prática de um crime de roubo, de que o sabia não ter cometido, com o fim de instaurar inquérito policial contra "B". O Delegado, contudo, já havia encerrado o referido caso e prendido o verdadeiro responsável pelo crime. Constatando a manobra de "A", o Delegado o prendeu em flagrante.

É necessário observar que não se faz necessário que seja a informação formalizada no inquérito policial. Basta que a conduta criminosa desencadeie atos preliminares de investigação. Aqui já se encontra consumado o crime e esse é o entendimento que prevalece.

Descrição do Crime

A falsa imputação deve estar relacionada com crime, se for contravenção, estará caracterizada a forma privilegiada de denunciação caluniosa (Art. 339, §2º, do CP).

A expressão "contra alguém" versa que deve ser dada a falsa imputação de pessoa determinada, indicando nome e atributos pessoais.

Considerações

Diferença entre o crime de calúnia e denunciação caluniosa.

CALÚNIA (Art. 138, CP)	DENUNCIAÇÃO CALUNIOSA (Art. 339, CP)
Caluniar alguém, imputando-lhe falsamente fato definido como crime.	Dar causa à instauração de investigação policial, de processo judicial, instauração de investigação administrativa, inquérito civil ou ação de improbidade administrativa contra alguém, imputando-lhe crime de que o sabe inocente.
É crime contra a honra.	É crime contra a Administração da Justiça.
Regra: Ação Penal Privada.	Ação Penal Pública Incondicionada.
Não admite a imputação falsa de Contravenção Penal.	Admite (é circunstância que importa na diminuição da pena pela metade (Art. 339, §22, CP).

Ex.: José assaltou o Banco do Brasil → Calúnia.

José assaltou o Banco do Brasil: eu afirmo isso para o Delegado, querendo a instauração de procedimento inútil e criminoso → denunciação caluniosa.

O advogado não tem imunidade penal na calúnia e, nem tampouco, na denunciação caluniosa.

> Pode ser praticado o crime de denunciação caluniosa até mesmo pelo Promotor de Justiça que denuncia alguém sabendo ser inocente. Essa denúncia criminosa do Promotor de Justiça é denominada denúncia temerária ou abusiva.

Denunciação Caluniosa Privilegiada

***§2º. A** pena é diminuída de metade, se a imputação é de prática de contravenção.*

A pena é reduzida de metade se a imputação é de contravenção penal. Passa-se a ter infração de menor potencial ofensivo, admitindo-se a suspensão condicional do processo.

6.4.3 Comunicação Falsa de Crime ou Contravenção

***Art. 340.** Provocar a ação de autoridade, comunicando-lhe a ocorrência de crime ou contravenção que sabe não se ter verificado:*
***Pena** - detenção, de um a seis meses, ou multa.*

Introdução

Em que pese ser muito semelhante o *caput* ao crime de denunciação caluniosa, veremos que suas diferenças são facilmente perceptíveis.

Classificação

É considerado um crime SIMPLES por ofender um único bem jurídico e COMUM, podendo ser cometido por qualquer pessoa.

É um crime CAUSAL ou MATERIAL, sendo que a consumação depende de alguma medida tomada pela autoridade.

O elemento subjetivo do agente é o DOLO direto, portanto se a pessoa tem DÚVIDA sobre a existência da infração o fato é atípico.

Ex.: "A" não tem certeza se seu relógio foi furtado ou se foi perdido, e mesmo assim comunica à autoridade), não tendo previsão da modalidade culposa.

Sujeitos do Crime

Sujeito Ativo: por ser um crime comum ou geral, pode ser cometido por qualquer pessoa.

Sujeito Passivo: o Estado.

Consumação e Tentativa

Por ser um crime material, a mera comunicação falsa não é suficiente para a consumação do delito, exigindo a provocação da ação da autoridade para fazer algo (conduta positiva). Consuma-se no momento em que a autoridade toma providência para apurar a ocorrência do crime, ou contravenção, comunicado falsamente.

A tentativa é possível. Vejamos como exemplo um indivíduo que comunica à autoridade um crime ou contravenção que sabe inexistente e, por circunstâncias alheias a sua vontade, a autoridade não toma nenhuma providência, tem-se o crime tentado.

Descrição do Crime

O delito é comunicação falsa de crime ou contravenção (Art. 340 do CP). O agente não acusa nenhuma pessoa, mas a ocorrência de um crime inexistente. Se o agente vier a individualizar o autor, o STF já decidiu: responde por denunciação caluniosa (Art. 339 do CP).

O núcleo do tipo provocar significa dar causa à ação da autoridade, podendo ocorrer de várias formas, uma delas é que o crime ou contravenção penal comunicado não existiu ou houve o fato, mas foi absolutamente diverso do comunicado para a autoridade. Por isso é considerado um crime de forma livre.

Considerações

Caracteriza uma figura equiparada de estelionato (Art. 171, §2º, V, do CP) quando a comunicação falsa de crime ou contravenção é um meio fraudulento para que o agente obtenha o valor do seguro. O delito (Art. 340 do CP) se torna um antefactum impunível. Aplica-se o princípio da consunção.

Ex.: "A" esconde seu automóvel que é amparado por contrato de seguro e comunica à autoridade que sofreu um furto, já com a intenção de receber o dinheiro do seguro.

Atentem-se às diferenças:

Na denunciada caluniosa, o agente imputa a infração penal imaginária a pessoa certa e determinada.

Na comunicação falsa de crime, apenas comunica a fantasiosa infração, não a imputando a ninguém ou, imputando, aponta personagem fictício.

6.4.4 Autoacusação Falsa

> ***Art. 341.*** *Acusar-se, perante a autoridade, de crime inexistente ou praticado por outrem:*
>
> ***Pena*** *- detenção, de três meses a dois anos, ou multa.*

O que leva uma pessoa a se autoacusar falsamente tem fundamento em vários motivos, por exemplo, alguém que recebe certa vantagem para assumir um crime praticado por outra pessoa ou o próprio pai diz ter sido o autor de um delito para que o filho não seja preso.

Para evitar esse comportamento, o crime de autoacusação falsa está tipificado no Art. 341 do Código Penal. Crime de ação penal pública incondicionada.

Classificação

Considerado um crime simples por ofender um único bem jurídico que é a Administração da justiça. Comum, podendo ser cometido por qualquer pessoa.

É um crime doloso, não tendo previsão para crime culposo.

Crime formal, não exigindo para sua consumação um resultado naturalístico, sendo possível então a tentativa.

Sujeitos do Crime

Sujeito Ativo: por ser um crime comum, pode ser praticado por qualquer pessoa, porém se ocorreu realmente o crime, não pode ser sujeito ativo o próprio autor, coautor ou partícipe do crime ocorrido.

Sujeito Passivo: é o Estado.

Consumação e Tentativa

É um crime formal, consumando-se no momento em que o sujeito efetua a autoacusação perante a autoridade, independentemente se a autoridade tomou alguma providência.

A tentativa só é possível quando a autoacusação é cometida por meio escrito, não se admitindo quando praticado verbalmente.

Descrição do Crime

Não há que se falar em autoacusação falsa quando essa conduta for de CONTRAVENÇÃO PENAL.

O agente que se autoacusa não pode ser autor, coautor ou partícipe do delito anterior.

A autoridade que recebe essa notícia de crime legalmente deve ter poderes de investigar a prática de delitos.

Não configura o crime quando o réu chama para si a exclusiva responsabilidade de ilícito penal de que deve ser considerado concorrente (RT 371/160).

Considerações

Para facilitar o entendimento do crime, exemplos:

Vantagem Pecuniária:

Ex.: "A" recebe dinheiro do verdadeiro autor do crime para autoacusar-se.

Sacrifício:

Ex.: Mãe se autoacusa para livrar o filho que cometeu um crime.

Exibicionismo:

Ex.: Criminoso se autoacusa para que tenha reputação entre a bandidagem de sua comunidade.

Álibi:

Ex.: "A" imputa a si próprio crime menos grave para se livrar de crime mais grave, alegando ser no mesmo horário, porém em lugar diferente.

Supondo que João assuma autoria de crime praticado por outrem, e não só assume a autoria, mas também imputa a coautoria a outrem, que não o autor do delito.

Nessa situação, Fernando Capez[1] diz que o agente irá responder pelos Art. 341 e 339, em concurso formal imperfeito, soma das penas.

6.4.5 Falso Testemunho ou Falsa Perícia

> ***Art. 342.*** *Fazer afirmação falsa, ou negar ou calar a verdade como testemunha, perito, contador, tradutor ou intérprete em processo judicial, ou administrativo, inquérito policial, ou em juízo arbitral:*
>
> ***Pena*** *- reclusão, de um a três anos, e multa.*
>
> ***§ 1º.*** *As penas aumentam-se de um sexto a um terço se o crime é praticado mediante suborno ou se cometido com o fim de obter prova destinada a produzir efeito em processo penal, ou em processo civil em que for parte entidade da administração pública direta ou indireta.*
>
> ***§ 2º.*** *O fato deixa de ser punível se, antes da sentença no processo em que ocorreu o ilícito, o agente se retrata ou declara a verdade.*

Muitas vezes o testemunho é o único meio probatório para a autoridade competente louvar-se da decisão. A testemunha que mente, nega ou cala a verdade não sacrifica apenas interesses individuais, mas atinge o Estado, responsável por assegurar a eficácia da justiça.

O Código Penal, visando preservar a busca pela verdade, versa em seu Art. 342 o crime de falso testemunho ou falsa perícia, sendo esse um crime de ação penal pública incondicionada.

Classificação

É um crime de ação múltipla ou de conteúdo variado, pois a prática de várias condutas típicas no tocante ao mesmo objeto material acarreta crime único.

Trata-se de crime de médio potencial ofensivo, admitindo-se a suspensão condicional do processo.

É um crime doloso, não exigindo qualquer finalidade específica.

Crime de mão própria, comissivo ou omissivo e instantâneo.

1 - Fernando Capez é um professor, jurista e político brasileiro.

Sujeitos do Crime

Sujeito Ativo: crime de mão própria, somente podendo ser praticado pela testemunha, perito, contador, tradutor ou intérprete.

Crime de mão própria. Em que pese o STF já ter admitido a coautoria quando o advogado instrui a testemunha, são frequentes as decisões de nossos Tribunais afirmando a incompatibilidade do instituto com o delito de falso testemunho, face a sua característica de mão própria. Desta forma, deve se tratar de mera participação.

Toda testemunha pratica o delito, ou apenas aquela que presta compromisso? A corrente majoritária entende que se a lei não submete a testemunha informante ao compromisso de dizer a verdade, não pode cometer o ilícito do Art. 342 do CP. Entretanto, já teve julgados no STF dizendo ser crime.

A vítima, por não ser testemunha (sequer equiparada), não pratica o crime do Art. 322, podendo ser autora de outro delito, como por exemplo, denunciação caluniosa. Art. 339 do CP.

Sujeito Passivo: é o Estado e, secundariamente, a pessoa prejudicada pelo falso testemunho ou pela falsa perícia.

Consumação e Tentativa

Consumação ocorre no momento em que o depoimento é encerrado ou que o laudo pericial, os cálculos, a tradução ou interpretação são entregues concluídos. Sendo admitida a tentativa.

É fato atípico a conduta de mentir para evitar sua própria incriminação, pois ninguém é obrigado a produzir prova contra si mesmo.

Descrição do Crime

Testemunha: aquela pessoa chamada para depor no processo, sob o compromisso de dizer a verdade fática. Perito: quem fornece laudos técnicos de conhecimentos específicos, que escapam da ciência do Juiz. Contador: especialista em assuntos contábeis. Pessoa que apresenta os cálculos a serem eventualmente efetuados. Tradutor: tem a função de adaptar textos em língua estrangeira para o vernáculo (idioma pátrio). Intérprete: responsável pela comunicação daquele que não conhece o idioma nacional.

O crime em tela possui três núcleos:

→ **Fazer Afirmação Falsa:**
- > Falsidade positiva;
- > Mentir para a autoridade.

Pedro mente para o juiz, dizendo que na data do crime estava viajando com Ronaldo (acusado) para Florianópolis.

→ **Negar a Verdade:**
- > Falsidade negativa;
- > Recusar-se a confirmar a veracidade de um fato.

Ex.: "A" nega que presenciou o latrocínio praticado por "B" contra "C".

→ **Calar a Verdade:**
- > Reticência;
- > Permanecer em silêncio sobre a verdade de determinado fato.

O juiz, durante a oitiva da testemunha formula várias perguntas a esta, mas ela nada responde.

O agente deve saber que falta com a verdade. Não há crime quando a testemunha ou perito é acometido por erro indesejado, pelo esquecimento dos fatos ou mesmo pela deformação inconsciente da lembrança em razão da passagem do tempo.

É imprescindível que a falsidade verse sobre fato juridicamente relevante (apto a influir de algum modo na decisão final da causa). Desse modo, exige-se que a falsidade tenha potencialidade lesiva, de modo a influir no futuro julgamento da causa.

Considerações

Falso Testemunho e Carta Precatória: na hipótese de falso testemunho prestado através de carta precatória, o foro competente para processar e julgar este crime é do juízo deprecado (comarca onde o falso testemunho foi prestado e onde o delito se consumou).

Falso Testemunho em CPI: responde pelo crime previsto no Art. 4º, II da Lei nº 1.579/52 a pessoa que presta falso testemunho perante CPI (Comissão Parlamentar de Inquérito).

O depoimento falso, prestado perante autoridade incompetente, não exclui o crime.
O depoimento falso, prestado em processo nulo, exclui o crime.
O compromisso de dizer a verdade (Art. 203, CPP) representa mera formalidade relacionada ao procedimento para a oitiva do juiz. Desse modo, tal ato é dispensável para a caracterização do crime.

Apontamentos

Teoria Subjetiva: O crime em estudo adotou a teoria subjetiva: só há crime quando o depoente (testemunha) tem consciência da divergência entre sua versão e o fato presenciado. Desse modo, é possível que haja o crime de falso testemunho ainda que o fato seja verdadeiro. Nesta hipótese, é necessário que a testemunha narre um fato que realmente ocorreu, mas não foi presenciado por ela.

Se o falso testemunho ou falsa perícia se der perante a justiça do trabalho, o seu processo e julgamento estarão afetos ao juízo criminal federal, por ser atingido interesse da União.

É perfeitamente possível o falso testemunho sobre fato verdadeiro, como no caso do agente que detalha minuciosamente episódios verdadeiros/ocorridos, que jamais presenciou.

Aumento de Pena

> ***§1º.*** *As penas aumentam-se de um sexto a um terço, se o crime é praticado mediante suborno ou se cometido com o fim de obter prova destinada a produzir efeito em processo penal, ou em processo civil em que for parte entidade da administração pública direta ou indireta.*

→ **São três as causas de aumento de pena:**
- > Mediante suborno;
- > Com o fim de obter prova destinada a produzir efeito em processo penal;

> Com o fim de obter prova destinada a produzir efeito em processo civil em que for parte entidade da administração pública direta ou indireta.

Retratação: Art. 342, §2º. O fato deixa de ser punível se, antes da sentença, no processo em que ocorreu o ilícito, o agente se retrata ou declara a verdade. Trata-se de causa de extinção da punibilidade (Art. 107, VI, do CP).

Se o perito, contador, tradutor ou intérprete solicitar, receber ou aceitar promessa de vantagem indevida a fim de fazer afirmação falsa, negar ou calar a verdade, mas não o faz, incorrerá no crime de corrupção ativa, pois o crime em estudo depende da efetiva afirmação falsa, negação ou omissão da verdade.

A retratação formulada pelo autor deve comunicar-se aos partícipes do delito.

Em processo de competência do Tribunal do Júri, é possível a retratação extintiva da punibilidade, mesmo após a decisão de pronúncia, desde que anterior à sentença de mérito.

Corrupção Ativa de Testemunha ou Perito

Art. 343. *Dar, oferecer ou prometer dinheiro ou qualquer outra vantagem a testemunha, perito, contador, tradutor ou intérprete, para fazer afirmação falsa, negar ou calar a verdade em depoimento, perícia, cálculos, tradução ou interpretação: (Redação dada pela Lei nº 10.268, de 28.8.2001)*

Pena - *reclusão, de três a quatro anos, e multa.(Redação dada pela Lei nº 10.268, de 28.8.2001)*

Parágrafo único. *As penas aumentam-se de um sexto a um terço, se o crime é cometido com o fim de obter prova destinada a produzir efeito em processo penal ou em processo civil em que for parte entidade da administração pública direta ou indireta.*

O tipo pode ser executado de forma livre (palavras, escritos, gestos etc). Entretanto, se o agente se utilizar de violência ou grave ameaça, o crime será o de coação no curso do processo. Art. 344 CP.

Conduta: trata-se de modalidade especial de corrupção ativa, abrangendo o mesmo comportamento criminoso, acrescido do núcleo dar.

Para configurar o delito em tela é necessário que haja algum procedimento oficial em andamento.

Consumação: trata-se de crime formal, logo se consuma com a simples realização de uma das condutas previstas no caput, sendo desnecessária a prática de qualquer ato pelos possíveis corrompidos.

6.4.6 Coação no Curso do Processo

Art. 344. *Usar de violência ou grave ameaça, com o fim de favorecer interesse próprio ou alheio, contra autoridade, parte, ou qualquer outra pessoa que funciona ou é chamada a intervir em processo judicial, policial ou administrativo, ou em juízo arbitral:*

Pena - *reclusão, de um a quatro anos, e multa, além da pena correspondente à violência.*

A razão pela qual existe esse crime é para impedir que frustrem a eficiência da Administração da justiça com violência ou ameaças e para garantir o regular andamento dos processos ou em juízo arbitral. Crime esse de ação penal pública incondicionada.

Classificação

É um crime **pluriofensivo**, pois atinge mais de um bem jurídico, primeiramente a Administração da justiça, e secundariamente a integridade física ou a liberdade individual.

Doloso e com um especial fim de agir, apresentado no tipo com o fim de favorecer interesse próprio ou alheio. Não admite a modalidade culposa.

Considerado um crime comum, instantâneo, de concurso eventual, e em regra comissivo.

Sujeitos do Crime

Sujeito Ativo: por ser um crime comum, pode ser cometido por qualquer pessoa, não sendo necessário que o agente tenha interesse no próprio processo.

Sujeito Passivo: é o Estado e de forma mediata, e secundariamente, figurará no polo passivo o indivíduo que sofreu a coação.

Magistrado, delegado, réu, testemunha, jurado etc.

Consumação e Tentativa

Ocorre a consumação no momento do emprego da violência ou grave ameaça do agente.

A tentativa é possível, visto que o crime tem caráter plurissubsistente.

Ex.: "A" manda uma carta ameaçadora para uma testemunha de um processo judicial, mas por circunstâncias alheias a sua vontade, a carta se extravia nos Correios.

Segundo STJ, o crime de coação no curso do processo, por ser um crime formal, se consuma tão só com o emprego da grave ameaça ou violência contra qualquer das pessoas referidas no Art. 344 do CP, independentemente do efetivo resultado pretendido ou de a vítima ter ficado intimidada. (STJ. REsp 819.763/PR)

Descrição do Crime

Se a conduta descrita no tipo penal for realizada no curso de processo de uma CPI, o agente incidirá no crime previsto no Art. 4º, I, da Lei nº 1.579/52 que versa sobre as Comissões Parlamentares de Inquérito.

Não basta para a configuração do delito que a violência ou grave ameaça seja proferida às pessoas do Art. 344. É necessário que se faça tal injusto com o interesse de favorecimento próprio ou alheio.

Ex.: "A" amigo do réu, ameaça a testemunha a depor em favor do amigo. / "B" réu em processo judicial, intimida o perito a não revelar o verdadeiro resultado do laudo pericial.

Considerações

Se da conduta criminosa resulta violência, restarão caracterizados dois crimes, incidindo em concurso material obrigatório, somando as penas da coação no curso do processo mais o crime de violência (lesão corporal ou homicídio).

6.4.7 Exercício Arbitrário das Próprias Razões

> ***Art. 345.*** *Fazer justiça pelas próprias mãos, para satisfazer pretensão, embora legítima, salvo quando a lei o permite:*
>
> ***Pena -*** *detenção, de quinze dias a um mês, ou multa, além da pena correspondente à violência.*
>
> ***Parágrafo único.*** *Se não há emprego de violência, somente se procede mediante queixa.*

Como disposto no Art. 345 do Código Penal, não é aceita a justiça entre particulares e a ninguém é dado o direito de versar sobre a justiça privada se não o próprio poder judiciário, que tem a competência para resolver as divergências existentes entre os indivíduos. Em regra, esse crime é de ação penal privada, contudo será de ação penal pública incondicionada se estiver presente a violência.

Classificação

Crime simples, pois atinge um único bem jurídico. Comum, cometido por qualquer pessoa.

É um crime doloso, acompanhado com um elemento subjetivo específico "para satisfazer pretensão, embora legítima". Não sendo admitida a modalidade culposa.

Em regra é comissivo e instantâneo, consumando-se em um momento determinado.

A ação penal será pública incondicionada quando o crime é praticado em detrimento do patrimônio ou interesse da União, Estado ou Município.

Sujeitos do Crime

Sujeito Ativo: pode ser cometido por qualquer pessoa, mas se o agente for funcionário público e comete o delito prevalecendo-se de sua condição, serão imputados dois crimes: exercício arbitrário das próprias razões + abuso de autoridade (Lei nº 4.898/65).

> **Ex.:** "A" policial, proprietário de uma casa, encosta a viatura na frente de seu imóvel, entra na residência e, de arma em punho, expulsa "B", que não pagara o aluguel do mês anterior.

Sujeito Passivo: primeiramente é o Estado, e secundariamente a pessoa física ou jurídica prejudicada pela conduta criminosa.

> Não é regra que, sendo funcionário responda por abuso de autoridade, somente se ele se prevalecer das condições de seu cargo.

Consumação e Tentativa

Existe divergência entre os doutrinadores, mas majoritariamente foi classificado como um crime formal, consumando-se mesmo que a pretensão não seja atingida.

É plenamente aceitável a tentativa, visto o caráter plurissubsistente (ação composta por vários atos) do crime.

Descrição do Crime

O núcleo do tipo fazer justiça pelas próprias mãos, tem sentido de satisfazer pretensão pessoal. Essa pretensão pode ser de qualquer natureza, ligada ou não à propriedade, mas exigindo-se ao menos uma aparência de direito legítimo.

> **Ex.:** Marido indignado com a traição da esposa, a expulsa da casa que construíram juntos.

A pretensão deve ser legítima, pois do contrário, a conduta acarretará na incidência de outros crimes, tais como o furto, roubo, estelionato, apropriação indébita, entre outros.

> **Ex.:** "A", indignado com a traição de sua esposa, vai até a casa de "B" que é o homem que se deitou com ela e, para fazer justiça com as próprias mãos, obriga a mulher de "B" a manter relações sexuais com "A".

6.5 Subtração ou Dano de Coisa Própria em Poder de Terceiro

> ***Art. 346.*** *Tirar, suprimir, destruir ou danificar coisa própria, que se acha em poder de terceiro por determinação judicial ou convenção:*
>
> ***Pena -*** *detenção, de seis meses a dois anos, e multa.*

Sujeitos do Crime

Sujeito Ativo: somente pode ser executado pelo proprietário da coisa (crime próprio). Sendo que o concurso de pessoas é plenamente possível.

Sujeito Passivo: será o estado, e secundariamente o indivíduo possuidor da coisa ou aquele contra quem foi empregada violência.

6.5.1 Fraude Processual

> ***Art. 347.*** *Inovar artificiosamente, na pendência de processo civil ou administrativo, o estado de lugar, de coisa ou de pessoa, com o fim de induzir a erro o juiz ou o perito:*
>
> ***Pena -*** *detenção, de três meses a dois anos, e multa.*
>
> ***Parágrafo único.*** *Se a inovação se destina a produzir efeito em processo penal, ainda que não iniciado, as penas aplicam-se em dobro.*

O crime de fraude processual é um crime tacitamente subsidiário, somente sendo aplicável quando o fato não constituir crime mais grave. Delito esse de ação penal pública incondicionada.

Classificação

Considera-se um crime **simples**, pois ofende um único bem jurídico que é a Administração da justiça.

O crime de fraude processual também é considerado um crime **formal** ou de consumação antecipada, pois independe do resultado naturalístico.

Em regra é comissivo, considerado também um crime de dano, pois causa lesão à Administração da justiça.

Crime de concurso eventual, normalmente praticado por um só agente, mas o concurso é plenamente possível.

Sujeitos do Crime

Sujeito Ativo: considerado um crime comum, logo, é passível de ser cometido por qualquer pessoa. (vítima, acusado ou mesmo advogado)

Foge do alcance do tipo o perito, uma vez que, se inovar o estado de coisa, pessoa ou lugar no decorrer dos exames periciais, incorrerá no crime previsto no Art. 342 do CPI.

Sujeito Passivo: de forma imediata é o Estado, e de forma mediata é a pessoa prejudicada no processo administrativo, penal ou civil.

Consumação e Tentativa

Consuma-se no momento em que o agente utiliza o meio fraudulento para a inovação na pendência do processo.

A tentativa, entretanto, deve apresentar potencialidade real para enganar o juiz ou o perito. Se o artifício (fraude) for grosseiro ou perceptível é crime impossível (Art. 17 do CP) por ineficácia absoluta do meio.

Para o STJ não é exigido para a consumação do crime de fraude processual que o Juiz ou o perito sejam realmente induzidos a erro, basta que a inovação seja apta para produzir o resultado, mesmo que a pessoa não tenha interesse no processo. (STJ. HC 137.206/SP).

Descrição do Crime

> *Para o STJ não é exigido para a consumação do crime de fraude processual que o Juiz ou o perito sejam realmente induzidos a erro, basta que a inovação seja apta para produzir o resultado, mesmo que a pessoa não tenha interesse no processo. (STJ. HC 137.206/SP).*

É um crime doloso e também necessita de um elemento subjetivo específico que é a intenção de induzir a erro o juiz ou perito, não sendo admitida a modalidade culposa.

Estado de lugar, de coisa ou de pessoa é onde deve recair a conduta artificiosa, para enganar o juiz ou perito.

Ex.: Limpar as manchas de sangue onde ocorreu o crime / Colocar uma arma de fogo na mão de uma pessoa assassinada para simular um suicídio.

Nem toda a inovação caracteriza o surgimento do crime de fraude processual, pois esse elemento normativo do tipo deve ser empregado de forma artificiosa (ardil, fraude).

> *STJ pronunciou que o direito à não autoincriminação (nemo tenetur se detegere), não abrange a possibilidade dos acusados de mudarem a cena do crime de forma artificiosa, com o fim de induzir a erro Juiz ou perito. (STJ. HC 137.206/SP)*

O parágrafo único aparentemente versa **uma causa especial de aumento de pena** sendo um tipo penal autônomo, pois a conduta de inovar artificiosamente foi cometida em processo penal que ainda não foi iniciado.

> Trata-se de infração subsidiária, logo absorvida quando a finalidade constituir crime mais grave.

Conduta: os objetos materiais do crime são taxativos, e desta forma, descabida qualquer integração analógica em relação às inovações que poderão ser praticadas pelo agente.

Pressupõe-se a existência de processo - civil ou administrativo - em andamento.

Em atenção ao princípio da inexigibilidade de conduta diversa, já se entendeu que não ocorre o ilícito quando o autor de um crime de homicídio nega a autoria e dá sumiço à arma, atuando no direito natural de autodefesa (RT 258/356).

6.5.2 Favorecimento Pessoal

> ***Art. 348.** Auxiliar a subtrair-se à ação de autoridade pública autor de crime a que é cominada pena de reclusão:*
>
> ***Pena -** detenção, de um a seis meses, e multa.*
>
> ***§ 1º.** Se ao crime não é cominada pena de reclusão:*
>
> ***Pena -** detenção, de quinze dias a três meses, e multa.*
>
> ***§ 2º.** Se quem presta o auxílio é ascendente, descendente, cônjuge ou irmão do criminoso, fica isento de pena.*

O crime de favorecimento pessoal basicamente consiste em prestar auxílio ao agente condenado com pena de reclusão para que escape da ação da autoridade pública. É um crime de ação penal pública incondicionada.

Classificação

Em análise ao Art. 348 do CP pode ser verificado que se trata de um crime acessório, pois depende da prática anterior de um crime com pena de reclusão (contravenção não).

Somente pode ser praticado de forma comissiva (ação), não havendo possibilidade de auxílio à subtração de autor de crime mediante uma conduta omissiva.

Sujeitos do Crime

Sujeito Ativo: não é exigida qualquer qualidade específica do agente.

A vítima do crime anterior pode ser sujeito ativo do crime de favorecimento pessoal (Art. 348 do CP). Ex.: uma vítima de roubo (Art. 157 do CP), logo após a ocorrência do crime, engana os policiais, prestando-lhes falsas informações do paradeiro do criminoso para que tenha êxito em sua fuga.

Consumação e Tentativa

Por ser um crime material, o crime se consuma com o efetivo auxílio, ainda que seja por curto período de tempo. Caso o criminoso tenha sido pego, o agente responderá pelo crime da mesma forma, já que a conduta de auxiliar o criminoso teve êxito, mesmo que breve.

É plenamente possível a tentativa.

O agente que deixa de comunicar à autoridade pública o local onde está escondido o autor do crime, mesmo que esta circunstância seja de conhecimento do agente, não comete crime algum.

Descrição do Crime

Não é necessário que o autor do crime esteja em perseguição, fuga ou esteja sendo procurado pela autoridade pública no momento em que recebe o auxílio. Basta que, de forma idônea, o agente auxilie o criminoso a escapar da ação da autoridade pública.

Não esqueça, se quem presta o auxílio é cônjuge, ascendente, descendente ou irmão do criminoso, fica isento de pena. É a chamada escusa absolutória, presente no §2º do Art. 348 do CP.

Não existe o crime de favorecimento pessoal (Art. 348 do CP) quando a conduta de auxiliar a subtrair-se à ação de autoridade pública for referente a um crime cometido por um agente menor de idade ou qualquer outro inimputável, já que estes inimputáveis não cometem crimes, mas atos infracionais que acabarão sofrendo medidas de proteção ou medidas socioeducativas no caso dos menores de idade ou medidas de segurança quando forem doentes mentais ou tiverem desenvolvimento mental incompleto ou retardado.

Não há crime quando o agente estiver em escusa absolutória (cônjuge, ascendente, descendente ou irmão), quando o agente que cometeu o crime anterior estiver acobertado por uma excludente de ilicitude ou causa excludente de culpabilidade. E se o agente for absolvido pelo crime anterior, estará excluído o crime de favorecimento pessoal.

O favorecimento deve ocorrer APÓS o cometimento do crime e nunca para o cometimento do crime. Se o favorecimento for ajustado previamente, antes da consumação do crime, incidirá o agente como partícipe segundo o Art. 29 do Código Penal: *Quem de qualquer modo concorre para o crime, incide nas penas a este cominadas, na medida de sua culpabilidade.*

O agente que presta o auxílio deve ter ciência da atual situação do criminoso, se não, tem-se excluído o dolo.

Ex.: Tício de forma voluntária, empresta seu carro a Mévio para que este faça uma viajem de negócios, quando na verdade, Mévio, que acabara de cometer um crime, pretendia fugir da polícia. Desta forma Tício não responde pelo crime.

6.5.3 Favorecimento Real

> ***Art. 349.*** *Prestar a criminoso, fora dos casos de coautoria ou de receptação, auxílio destinado a tornar seguro o proveito do crime:*
>
> ***Pena -*** *detenção, de um a seis meses, e multa.*

O Código Penal prevê mais uma espécie de favorecimento, demonstrando ser este um crime acessório, pois necessita de algum crime já praticado anteriormente não alcançando as contravenções penais.

Classificação

É um crime de forma livre, ou seja, o favorecimento pode acontecer de diversas formas, como esconder o bem subtraído, aplicar no banco os valores provenientes de um estelionato, deixar um cofre aberto para que o agente que cometeu o crime guarde os documentos roubados no assalto.

É um crime doloso com um elemento subjetivo específico, no qual a finalidade do agente é tornar seguro o proveito do crime, porquanto o agente deve ter a ciência de que seu comportamento será efetivo para auxiliar o criminoso, não se admitindo portanto a modalidade culposa.

Sujeitos do Crime

Sujeito Ativo: o crime de favorecimento real é comum, podendo ser praticado por qualquer pessoa, salvo coautor ou partícipe do crime que antecede o favorecimento.

Ex.: Tício, conhecido de Mévio, se dispõe a auxiliar Mévio a esconder o dinheiro que será roubado de uma casa lotérica. Se efetivamente vier a ocorrer o roubo, Tício será partícipe do crime, por auxiliar Mévio. O intuito de auxiliar deve vir de forma posterior ao cometimento do crime.

Sujeito Passivo: é o Estado e secundariamente, a vítima do delito anterior.

Consumação e Tentativa

É considerado um crime formal ou de consumação antecipada, ou seja, o crime se consuma no instante em que o agente presta devido auxílio ao criminoso no intuito de tornar seguro o proveito do crime, mesmo que não venha a ocorrer efetivamente essa finalidade. A tentativa é plenamente aceitável em face do caráter plurissubsistente do delito.

Descrição do Crime

O auxílio deve ser destinado a tornar seguro o proveito do crime.

Favorecimento Pessoal. Art. 348 CP:

- **Objeto material:** autor de crime anterior; Se busca a fuga do criminoso.
- **Quanto ao resultado:** crime material (prevalece).
- **Escusa absolutória:** possui hipótese de escusa absolutória, se quem presta o auxílio é cônjuge, ascendente, descendente ou irmão do criminoso, fica isento de pena. É a chamada escusa absolutória, presente no §2º do Art. 348 do CP.

Favorecimento Real. Art. 349 CP:

- **Objeto material:** proveito de crime anterior; Presta-se auxílio não ao criminoso em si, mas indiretamente, assegurando para ele a ocultação da coisa, proveito do crime (real).
- **Quanto ao resultado:** crime formal.
- **Escusa absolutória:** não tem previsão de escusa absolutória.

Para que possa ocorrer o crime do Art. 349, é necessário que o crime anterior tenha alcançado a consumação e se no crime não houve qualquer tipo de proveito, também não haverá o crime de favorecimento real.

Considerações

Quem estuda de maneira superficial o crime de favorecimento real, certamente poderia interpretar de forma errônea as diferenças entre os crimes de receptação própria (CP, Art. 180, caput, 1ª parte) na modalidade "ocultar" e favorecimento real (CP, Art. 349). Vamos observar as diferenças:

Receptação própria "ocultar" (Art. 180, caput, 1ª parte, CP)	Favorecimento real (Art. 349, CP)
Crime Contra o Patrimônio.	Crime contra a Administração da Justiça.
Quem se beneficia é qualquer outra pessoa que não seja o autor do crime anteriormente praticado.	O próprio autor do crime anteriormente cometido é o beneficiado pela conduta.
Exige-se que o proveito seja econômico.	O proveito pode ser tanto econômico quando de outra natureza.

Favorecimento Real Impróprio

Art. 349-A. *Ingressar, promover, intermediar, auxiliar ou facilitar a entrada de aparelho telefônico de comunicação móvel, de rádio ou similar, sem autorização legal, em estabelecimento prisional.*

Pena - *detenção, de 3 (três) meses a 1 (um) ano.*

Esse crime foi introduzido pela Lei nº 12.012/2009 e o legislador não atribuiu denominação alguma para esse crime, transferindo essa tarefa à jurisprudência e à doutrina.

Classificação

É um crime de ação múltipla ou de conteúdo variado, ou seja, se o agente vier a cometer mais de um núcleo do tipo no mesmo contexto fático, configurará crime único.

É um crime de forma livre, admitindo qualquer meio de execução.

Ex.: A esposa de um detento que oculta um aparelho celular em suas partes íntimas e leva ao interno no dia de visita ou joga o aparelho por cima dos muros da cadeia e até mesmo coloca os aparelhos no interior de alimentos (bolo, torta).

Sujeitos do Crime

Sujeito Ativo: é um crime comum, podendo ser praticado por qualquer pessoa, vale ressaltar que até mesmo um preso pode ser sujeito ativo do crime tipificado no Art. 349-A, somente se este estiver em alguma permissão de saída ou saída temporária e também pode ser partícipe, por exemplo, o preso que induz sua esposa a levar a ele o aparelho de comunicação.

Sujeito Passivo: é o Estado.

Consumação e Tentativa

É considerado crime de mera conduta, ou seja, a lei sequer prevê qualquer resultado naturalístico. Consuma-se o crime quando é praticada qualquer das condutas descritas no tipo (ingressar, promover, intermediar, auxiliar ou facilitar a entrada de aparelho de comunicação ou similar em estabelecimento prisional).

A tentativa é plenamente possível.

Ex.: Tício, em horário de visita, ao tentar ingressar no presídio onde seu primo está preso, esconde em sua blusa um aparelho celular e acaba sendo preso em flagrante durante a revista pessoal.

Descrição do Crime

O objeto material do crime pode ser qualquer instrumento que tenha potencial de comunicação. (aparelho telefônico, *walkie-talkie*, *webcam*).

Não é exigido qualquer fim específico, basta o dolo, por parte do agente, de levar ao poder do preso o aparelho de comunicação.

6.5.4 Exercício Arbitrário ou Abuso de Poder

Art. 350. *Ordenar ou executar medida privativa de liberdade individual, sem as formalidades legais ou com abuso de poder:*

Pena - *detenção, de um mês a um ano.*

Parágrafo único. Na mesma pena incorre o funcionário que:

I. *Ilegalmente recebe e recolhe alguém a prisão, ou a estabelecimento destinado a execução de pena privativa de liberdade ou de medida de segurança;*

II. *Prolonga e execução de pena ou de medida de segurança, deixando de expedir em tempo oportuno ou de executar imediatamente a ordem de liberdade;*

III. *Submete pessoa que está sob sua guarda ou custódia a vexame ou a constrangimento não autorizado em lei;*

IV. *Efetua, com abuso de poder, qualquer diligência.*

Os crimes de exercício arbitrário e abuso de poder, tanto o caput como as figuras equiparadas do parágrafo único foram revogados pela Lei nº 4.898/65.

6.5.5 Fuga de Pessoa Presa ou Submetida a Medida de Segurança

Art. 351. *Promover ou facilitar a fuga de pessoa legalmente presa ou submetida a medida de segurança detentiva:*

Pena - *detenção, de seis meses a dois anos.*

§ 1º. *Se o crime é praticado à mão armada, ou por mais de uma pessoa, ou mediante arrombamento, a pena é de reclusão, de dois a seis anos.*

§ 2º. *Se há emprego de violência contra pessoa, aplica-se também a pena correspondente à violência.*

§ 3º. *A pena é de reclusão, de um a quatro anos, se o crime é praticado por pessoa sob cuja custódia ou guarda está o preso ou o internado.*

§ 4º. *No caso de culpa do funcionário incumbido da custódia ou guarda, aplica-se a pena de detenção, de três meses a um ano, ou multa.*

Súmula 75 do STJ. Compete à justiça comum estadual processar e julgar o policial militar por crime de promover ou facilitar a fuga de preso de estabelecimento penal.

6.5.6 Evasão Mediante Violência contra a Pessoa

Art. 352. *Evadir-se ou tentar evadir-se o preso ou o indivíduo submetido a medida de segurança detentiva, usando de violência contra a pessoa:*

Pena - *detenção, de três meses a um ano, além da pena correspondente à violência*

6.5.7 Arrebatamento de Preso

Art. 353. *Arrebatar preso, a fim de maltratá-lo, do poder de quem o tenha sob custódia ou guarda:*

Pena - *reclusão, de um a quatro anos, além da pena correspondente à violência.*

Conduta

Somente uma conduta é prevista para a prática do crime, consubstanciada no núcleo arrebatar preso, com o fim de maltratá-lo (linchamento). Arrebatar significa arrancar, levar, retirar com violência.

Se não tiver o fim de maltratá-lo, não configurará este crime, mas poderá incorrer no Art. 351 do CP. promover ou facilitar fuga de pessoa presa.

O arrebatamento de pessoa submetida à medida de segurança (ou adolescente apreendido) com a finalidade de maltratá-la não configurará o crime do Art. 353 do CP. Nesses casos a retirada do internado da custódia da autoridade será atípica, respondendo o agente somente por eventual conduta posterior praticada contra o arrebatado (morte, lesões corporais etc).

6.5.8 Motim de Presos

Art. 354. *Amotinarem-se presos, perturbando a ordem ou disciplina da prisão:*

Pena *- detenção, de seis meses a dois anos, além da pena correspondente à violência.*

Considerações

No tipo penal não há descrição de quantos presos são necessários para configurar o motim. Para alguns autores, três presos são suficientes. Já Mirabete exige no mínimo quatro. Todavia, nenhum entendimento está consolidado, sendo essencial que constitua um ajuntamento tumultuário de aprisionados.

6.5.9 Patrocínio Infiel

Art. 355. *Trair, na qualidade de advogado ou procurador, o dever profissional, prejudicando interesse, cujo patrocínio, em juízo, lhe é confiado:*

Pena *- detenção, de seis meses a três anos, e multa.*

6.5.10 Patrocínio Simultâneo ou Tergiversação

Parágrafo único. Incorre na pena deste artigo o advogado ou procurador judicial que defende na mesma causa, simultânea ou sucessivamente, partes contrárias.

Sujeitos

Sujeito Ativo: o crime em tela somente poderá ser praticado por advogado ou procurador judicial devidamente inscrito nos quadros da OAB. Não estão incluídos no dispositivo os promotores e procuradores de justiça.

Sujeito Passivo: é o Estado e, possivelmente, o outorgante do mandato que foi prejudicado.

Conduta

Pode se dar por ação (Ex.: Manifesta-se no processo de forma contrária aos interesses da parte defendida), ou por omissão (Ex.: Deixa de recorrer).

Conforme alguns autores, o patrocínio infiel deve ser empreendido em causa judicial, pouco importando a natureza ou espécie. Desta forma, a atuação extrajudicial do profissional, como em inquérito policial, sindicância etc. não caracteriza o crime em estudo, sendo o agente passível, apenas, de punição disciplinar.

Consumação e Tentativa

Consuma-se com a ocorrência do efetivo prejuízo ao patrocinado, ainda que a situação possa ser revertida.

A tentativa é possível apenas na forma comissiva.

O dispositivo traz duas formas de infidelidade profissional:

> Não é necessário que o patrocínio se dê no mesmo processo, bastando ser a mesma causa.

Patrocínio simultâneo: consiste na conduta do advogado ou procurador que, concomitantemente, zela (ainda que por interposta pessoa) os interesses de partes contrárias.

Patrocínio sucessivo ou tergiversação: consiste na conduta do advogado que renuncia ao mandato de uma parte (ou por ela é dispensado) e passa, em seguida, a representar a outra.

No parágrafo único é dispensável a comprovação de efetivo prejuízo ao patrocinado traído - delito formal.

6.5.11 Sonegação de Papel ou Objeto de Valor Probatório

Art. 356. *Inutilizar, total ou parcialmente, ou deixar de restituir autos, documento ou objeto de valor probatório, que recebeu na qualidade de advogado ou procurador:*

Pena *- detenção, de seis meses a três anos, e multa.*

6.5.12 Exploração de Prestígio

Art. 357. *Solicitar ou receber dinheiro ou qualquer outra utilidade, a pretexto de INFLUIR em juiz, jurado, órgão do Ministério Público, funcionário de justiça, perito, tradutor, intérprete ou testemunha:*

Pena *- reclusão, de um a cinco anos, e multa.*

Parágrafo único. *As penas aumentam-se de um terço, se o agente alega ou insinua que o dinheiro ou utilidade também se destina a qualquer das pessoas referidas neste artigo.*

Introdução

Versa de forma similar ao crime de tráfico de influência Art. 332 do CP. Com a edição da Lei nº 9.127/95, esses dois crimes foram diferenciados e o Art. 332 passou a ser o crime de tráfico de influência. Esse delito é de ação penal pública incondicionada.

Classificação

É um crime simples, pois ofende um único bem jurídico que é a administração da justiça.

Considerado um crime comum, podendo ser praticado por qualquer pessoa.

É um crime formal quando o agente (SOLICITAR) ou material (RECEBER).

É conhecido como um crime de ação múltipla ou de conteúdo variado, mesmo o agente praticando mais de um verbo do tipo no mesmo contexto, responderá por um único crime.

Sujeitos do Crime

Sujeito Ativo: por ser considerado um crime comum, pode ser cometido por qualquer pessoa, pois a própria Descrição do Crime não exige qualquer qualidade do agente.

Sujeito Passivo: o Estado, e também o servidor utilizado na fraude, bem como a pessoa ludibriada pelo agente.

Consumação e Tentativa

A consumação dependerá da conduta praticada:

Se a conduta do agente for solicitar, o crime se consuma com o simples pedido, independentemente do aceite da vítima enganada (crime formal).

A TENTATIVA é possível, porém dependerá de como será praticado o delito.

Ex.: "A", alegando

> STF diz que, para a configuração do delito de exploração de prestígio, não é necessário que o agente influa na atuação das pessoas do tipo (juiz, jurado, perito etc.), bastando que o pedido da vantagem seja a PRETEXTO de influir. (STF. RHC 75.128/RJ)

conhecer um jurado, sem realmente conhecê-lo, solicita a "B" uma determinada vantagem para supostamente convencer o jurado a absolver seu irmão, réu em determinada ação penal.

Descrição do Crime

Exige-se um especial fim de agir por parte do agente, portanto só caracteriza o crime na forma dolosa, não admitindo a forma culposa.

Causa de Aumento de Pena

> ***Parágrafo único.*** *As penas aumentam-se de um terço, se o agente alega ou insinua que o dinheiro ou utilidade também se destina a qualquer das pessoas referidas no artigo.*

Não é exigida a afirmação explícita de qualquer das pessoas indicadas no caput desse artigo, basta a insinuação.

Se restar provado que o destinatário da vantagem é uma das pessoas indicadas no tipo penal, restará a este a corrupção passiva (Art. 317 do CP) e ao particular e ao intermediador o crime de corrupção ativa (Art. 333 do CP).

Considerações

Exploração de prestígio (Art. 357 do CP)	Tráfico de influência (Art. 332 do CP)
Solicitar ou receber.	Solicitar, exigir, cobrar ou obter.
Ato de disposição específica relativa aos órgão ou funcionários da administração da justiça.	Ato praticado por funcionário público no exercício da função.

6.5.13 Violência ou Fraude em Arrematação Judicial

> ***Art. 358.*** *Impedir, perturbar ou fraudar arrematação judicial; afastar ou procurar afastar concorrente ou licitante, por meio de violência, grave ameaça, fraude ou oferecimento de vantagem:*
>
> ***Pena -*** *detenção, de dois meses a um ano, ou multa, além da pena correspondente à violência.*

6.5.14 Desobediência a Decisão Judicial Sobre Perda ou Suspensão de Direito

> ***Art. 359.*** *Exercer função, atividade, direito, autoridade ou múnus, de que foi suspenso ou privado por decisão judicial:*
>
> ***Pena -*** *detenção, de três meses a dois anos, ou multa.*

6.6 Dos Crimes contra as Finanças Públicas

6.6.1 Contração de Operação de Crédito

> ***Art. 359-A.*** *Ordenar, autorizar ou realizar operação de crédito, interno ou externo, sem prévia autorização legislativa:*
>
> ***Pena -*** *reclusão, de 1 (um) a 2 (dois) anos.*
>
> ***Parágrafo único.*** *Incide na mesma pena quem ordena, autoriza ou realiza operação de crédito, interno ou externo:*
>
> ***I.*** *Com inobservância de limite, condição ou montante estabelecido em lei ou em resolução do Senado Federal;*
>
> ***II.*** *Quando o montante da dívida consolidada ultrapassa o limite máximo autorizado por lei.*

6.6.2 Inscrição de Despesas não Empenhadas em Restos a Pagar

> ***Art. 359-B.*** *Ordenar ou autorizar a inscrição em restos a pagar, de despesa que não tenha sido previamente empenhada ou que exceda limite estabelecido em lei:*
>
> ***Pena -*** *detenção, de 6 (seis) meses a 2 (dois) anos.*

6.6.3 Assunção de Obrigação no Último Ano do Mandato ou Legislatura

> ***Art. 359-C.*** *Ordenar ou autorizar a assunção de obrigação, nos dois últimos quadrimestres do último ano do mandato ou legislatura, cuja despesa não possa ser paga no mesmo exercício financeiro ou, caso reste parcela a ser paga no exercício seguinte, que não tenha contrapartida suficiente de disponibilidade de caixa:*
>
> ***Pena -*** *reclusão, de 1 (um) a 4 (quatro) anos.*

6.6.4 Ordenação de Despesa não Autorizada

> ***Art. 359-D.*** *Ordenar despesa não autorizada por lei:*
>
> ***Pena -*** *reclusão, de 1 (um) a 4 (quatro) anos.*

6.6.5 Prestação de Garantia Graciosa

> ***Art. 359-E.*** *Prestar garantia em operação de crédito sem que tenha sido constituída contragarantia em valor igual ou superior ao valor da garantia prestada, na forma da lei:*
>
> ***Pena -*** *detenção, de 3 (três) meses a 1 (um) ano.*

6.6.6 Não Cancelamento de Restos a Pagar

> ***Art. 359-F.*** *Deixar de ordenar, de autorizar ou de promover o cancelamento do montante de restos a pagar inscrito em valor superior ao permitido em lei:*
>
> ***Pena -*** *detenção, de 6 (seis) meses a 2 (dois) anos.*

6.6.7 Aumento de Despesa Total com Pessoal no Último Ano do Mandato ou Legislatura

> ***Art. 359-G.*** *Ordenar, autorizar ou executar ato que acarrete aumento de despesa total com pessoal, nos cento e oitenta dias anteriores ao final do mandato ou da legislatura:*
>
> ***Pena -*** *reclusão, de 1 (um) a 4 (quatro) anos.*

6.6.8 Oferta Pública ou Colocação de Títulos no Mercado

> ***Art. 359-H.*** *Ordenar, autorizar ou promover a oferta pública ou a colocação no mercado financeiro de títulos da dívida pública sem que tenham sido criados por lei ou sem que estejam registrados em sistema centralizado de liquidação e de custódia:*
>
> ***Pena -*** *reclusão, de 1 (um) a 4 (quatro) anos.*

Questões

01. (CESPE – 2019) Segundo o STJ, a previsão legal do crime de desacato a funcionário público no exercício da função não viola o direito à liberdade de expressão e de pensamento previstos no Pacto de São José da Costa Rica.

Certo ( ) Errado ( )

02. (CESPE – 2019) José, de sessenta e nove anos de idade, fiscal de vigilância sanitária municipal, viúvo e único responsável pelos cuidados de seu filho, de onze anos de idade, foi denunciado à polícia por comerciantes que alegavam que o referido fiscal lhes solicitava dinheiro para que não fossem por ele autuados por infração à legislação sanitária. Durante investigação conduzida por autoridade policial em razão dessa denúncia, foi deferida judicialmente interceptação da comunicação telefônica de José. Nesse ato, evidenciou-se, em uma degravação, que José havia solicitado certa quantia em dinheiro a um comerciante, Pedro, para não interditar seu estabelecimento comercial, e que José havia combinado encontrar-se com Pedro para realizarem essa transação financeira. Na interceptação, foram captadas, ainda, conversas em que José e outros quatro fiscais não identificados discutiam a forma de solicitar dinheiro a comerciantes, em troca de não autuá-los, e a repartição do dinheiro que seria obtido com isso. No dia combinado, Pedro encontrou-se com José, e, pouco antes de entregar-lhe o dinheiro que carregava consigo, policiais que haviam instalado escuta ambiental na sala do fiscal mediante autorização judicial prévia deram voz de prisão em flagrante a José, conduzindo-o, em seguida, à presença da autoridade policial. Em revista pessoal, foi constatado que José portava três cigarros de maconha. Questionado, o fiscal afirmou ter comprado os cigarros de um estrangeiro que trazia os entorpecentes de seu país para o Brasil e os revendia perto da residência de José. A autoridade policial deu andamento aos procedimentos, redigiu o relatório final do inquérito policial e o encaminhou à autoridade competente. Considerando essa situação hipotética, julgue o item subsequente. A autoridade policial não poderá arbitrar fiança para a soltura de José, pois o crime de corrupção passiva é equiparado a crime hediondo.

Certo ( ) Errado ( )

03. (CESPE – 2019) Se o falso se exaurir no estelionato, sem outras potencialidades lesivas, será por este absorvido.

Certo ( ) Errado ( )

04. (CESPE – 2019) Milton, valendo-se de sua condição de servidor público e cedendo a pedido de amigo íntimo, deixou de cumprir seu dever funcional ao não ter promovido ação para apurar infração de determinada empresa vinculada à administração pública. Nessa situação hipotética, apurada a conduta de Milton, ele deverá responder pelo crime de concussão.

Certo ( ) Errado ( )

05. (CESPE – 2019) Joaquim, fiscal de vigilância sanitária de determinado município brasileiro, estava licenciado do seu cargo público quando exigiu de Paulo determinada vantagem econômica indevida para si, em função do seu cargo público, a fim de evitar a ação da fiscalização no estabelecimento comercial de Paulo. Nessa situação hipotética, Joaquim praticou o delito de corrupção passiva.

Certo ( ) Errado ( )

Gabaritos

01	CERTO
02	ERRADO
03	CERTO
04	ERRADO
05	ERRADO

7. DISPOSIÇÕES CONSTITUCIONAIS APLICÁVEIS AO PROCESSO PENAL

→ **Princípio da presunção de inocência ou do estado de inocência, da situação jurídica de inocência ou da não culpabilidade.**

> ***CF: Art. 5º LVII:*** *ninguém será considerado culpado até o trânsito em julgado de sentença penal condenatória.*

Decorrente desse princípio é que o ônus da prova pertence à acusação, cabendo-lhes provar que o fato é típico e de circunstâncias qualificadoras ou causas de aumento de pena. Caberá ao réu, no entanto, provar as excludentes da ilicitude, culpabilidade e as causas extintivas da punibilidade. Vale ressaltar que a acusação deverá trazer um juízo de certeza para que se condene o réu e, ao contrário, caso o réu crie uma dúvida sobre a existência de uma excludente, deverá o juiz sentenciar em favor do acusado.

→ **Princípio da igualdade processual ou da paridade das armas - *par conditio***

> ***CF: Art. 5º:*** *Todos são iguais perante a lei, sem distinção de qualquer natureza, garantindo-se aos brasileiros e aos estrangeiros residentes no País a inviolabilidade do direito à vida, à liberdade, à igualdade, à segurança e à propriedade, nos termos seguintes:*

Procede desse princípio a necessidade de um advogado para defesa do acusado, exceto quando ele mesmo o for. Esse princípio se materializa sempre que para uma das partes for deferida uma oportunidade de se pronunciar no processo, da mesma forma a outra parte terá esse direito.

→ **Princípio da ampla defesa**

> ***CF: LV*** *- aos litigantes, em processo judicial ou administrativo, e aos acusados em geral são assegurados o contraditório e ampla defesa, com os meios e recursos a ela inerentes.*

A ampla defesa se subdivide em autodefesa e defesa técnica.

A segunda é aquela exercida pelo advogado, pois este sim tem capacidade postulatória, com exceção de o próprio acusado ser advogado. A defesa técnica é indisponível.

A primeira é exercida pelo próprio acusado de forma que pode influenciar o magistrado no seu interrogatório. Vale notar que a autodefesa é disponível, podendo o acusado ficar calado quando da audiência (direito ao silêncio). No entanto, o interrogatório é dividido em duas partes: a qualificação e as perguntas, não podendo o acusado mentir na 1ª, sob pena de estar cometendo a contravenção Penal prevista no artigo 68 da Lei de Contravenções penais; caso atribua outra identidade a si, restará configurado o crime do artigo 307 do CP (falsa identidade). Na segunda parte do interrogatório não pode o acusado imputar falsamente um crime a si, pois estaria cometendo o delito de autoacusação falsa (art. 341 CP).

→ **Princípio da plenitude da defesa**

> ***CF: XXXVIII:*** *é reconhecida a instituição do júri, com a organização que lhe der a lei, assegurados:*
> *A plenitude de defesa.*

A plenitude da defesa significa que, em se tratando de tribunal do júri, pode o acusado alegar quaisquer tipos de justificativas, mesmo não sendo técnicas. Pode, por exemplo, apelar para o sentimentalismo a fim de convencer o conselho de sentença. Pode até invocar uma excludente de ilicitude não existente, como, por exemplo, a legítima defesa da honra.

→ **Princípio do favor rei, favor *libertatis, in dubio* pro réu, favor inocente ou da prevalência do interesse do réu.**

> ***CF: ART 5º LVII:*** *ninguém será considerado culpado até o trânsito em julgado de sentença penal condenatória.*

Esse princípio decorre diretamente do princípio da inocência, de forma que, havendo dúvida sobre a culpabilidade do réu, deve o juiz absolvê-lo. Importante notar que ele não tem aplicação na denúncia, pois na dúvida o promotor denuncia, e também não tem aplicação na pronúncia (1º fase do júri).

→ **Princípio do contraditório ou da bilateralidade da audiência.**

> ***CF: ART. 5º LV:*** *aos litigantes, em processo judicial ou administrativo, e aos acusados em geral são assegurados o contraditório e ampla defesa, com os meios e recursos a ela inerentes.*

É o princípio pelo qual oportuniza a parte contraditar tudo o que é dito contra ela. Se a acusação alega algum fato, deverá o acusado ter a oportunidade de desconstituir a alegação da acusação. É com base nisso que o tempo de audiência é distribuído. Se no júri a acusação tem uma hora e meia para falar e mais uma hora de réplica, a defesa também terá uma hora e meia para falar mais uma hora para a tréplica.

→ **Princípio do juiz natural**

> ***CF: ART. 5º LIII:*** *ninguém será processado nem sentenciado senão pela autoridade competente.*

Esse princípio garante ao acusado que ele seja julgado por um juiz imparcial e definido anteriormente à ocorrência do crime; veda-se, portanto, o juízo ou tribunal de exceção ou tribunais *ad hoc*. Vale ressaltar que não fere o princípio do juiz natural a convocação de juízes de primeiro grau feita pelos tribunais e a criação de novas varas para igualar os acervos do juízo.

→ **Princípio da publicidade**

> ***CF: ART. 5ºXXXIII:*** *todos têm direito a receber dos órgãos públicos informações de seu interesse particular, ou de interesse coletivo ou geral, que serão prestadas no prazo da lei, sob pena de responsabilidade, ressalvadas aquelas cujo sigilo seja imprescindível à segurança da sociedade e do Estado.*
>
> ***CF: ART. 5º LX:*** *a lei só poderá restringir a publicidade dos atos processuais quando a defesa da intimidade ou o interesse social o exigirem.*
>
> ***CF: ART. 93 IX:*** *todos os julgamentos dos órgãos do Poder Judiciário serão públicos, e fundamentadas todas as decisões, sob pena de nulidade, podendo a lei limitar a presença, em determinados atos, às próprias partes e a seus advogados, ou somente a estes, em casos nos quais a preservação do direito à intimidade do interessado no sigilo não prejudique o interesse público à informação.*

É o princípio que traduz a transparência da atividade jurisdicional do Estado, de forma que, em regra, os atos serão públicos. Essa norma, porém, admite exceções, de forma que, se a defesa da intimidade ou o interesse social o exigir, o ato não será público. No inquérito policial vigora o sigilo.

→ **Princípio da vedação das provas ilícitas**

> ***CF: ART. 5º LVI:*** *são inadmissíveis, no processo, as provas obtidas por meios ilícitos.*

Provas ilícitas são aquelas que violam dispositivos legais ou constitucionais, não acolhendo o CPP a posição doutrinária de que ela seria aquela que violasse direito material, e prova ilegítima a que violasse direito processual. Também são vedadas as provas derivadas das ilícitas pela teoria do fruto das árvores envenenadas ou do efeito à distância (*fruits of the poisonous tree*).

Como exceções à vedação das provas derivadas das ilícitas, temos a teoria da fonte independente, a da descoberta inevitável, a da mancha purgada ou tinta diluída e, por último, a teoria da proporcionalidade que aceita a utilização da prova ilícita em defesa do acusado inocente.

→ **Princípios da economia processual, celeridade processual e duração razoável do processo.**

> ***CF: ART. 5º LXXVIII:*** *a todos, no âmbito judicial e administrativo, são assegurados a razoável duração do processo e os meios que garantam a celeridade de sua tramitação.*

O princípio em comento traduz a ideia de, que para que o processo penal seja justo, deverá ele também ser célere. São consequências desse princípio da duração razoável das prisões cautelares e a chamada carta precatória itinerante.

→ **Princípio do devido processo legal *(due process of law)***

> ***CF: ART. 5º LIV:*** *ninguém será privado da liberdade ou de seus bens sem o devido processo legal.*

Esse princípio traduz a ideia da própria existência do processo penal, de forma que não se poderá culpar alguém sem um mínimo de produção de provas por meio de um processo e que possa ser garantido o seu direito de defesa.

Questões

01. (CESPE – 2019) São princípios processuais penais expressos na CF a presunção de não culpabilidade, o devido processo legal e o direito do suspeito ou indiciado ao silêncio.

Certo ( ) Errado ( )

02. (CESPE – 2018) O Código de Processo Penal, a jurisprudência e os princípios gerais do direito são considerados fontes formais diretas do direito processual penal.

Certo ( ) Errado ( )

03. (CESPE – 2018) A lei não poderá restringir a divulgação de nenhum ato processual penal, sob pena de ferir o princípio da publicidade.

Certo ( ) Errado ( )

04. (CESPE – 2018) A garantia, aos acusados em geral, de contraditar atos e documentos com os meios e recursos previstos atende aos princípios constitucionais do contraditório e da ampla defesa.

Certo ( ) Errado ( )

05. (CESPE – 2018) A disposição constitucional que assegura ao preso o direito ao silêncio consubstancia o princípio da indisponibilidade.

Certo ( ) Errado ( )

Gabaritos

01	CERTO
02	ERRADO
03	ERRADO
04	CERTO
05	ERRADO

8. INTRODUÇÃO AO DIREITO PROCESSUAL PENAL

Após a prática de um crime, cabe ao Estado a sua apuração para fins da aplicação da pena prevista no Direito Penal. Ele é o único titular do *jus puniendi*, que é o direito de aplicar uma sanção a quem comete um delito.

Como vivemos em um Estado Democrático de Direito, o Estado sofre limitações quanto ao uso de determinadas modalidades de penas, quanto aos meios utilizados para apurar um crime, às medidas adotadas e ao andamento processual, visando a respeitar a dignidade da pessoa humana, harmonizando-a com as medidas legais pertinentes à elucidação de um delito, bem como com a consequente aplicação posterior da pena.

Dessa forma, definimos o processo penal como um conjunto de normas jurídicas tendentes a direcionar a atuação da polícia judiciária, assim como de todo o poder judiciário criminal, objetivando a uma investigação, um processo e uma sentença justa, que se fundamentem na verdade dos fatos, a fim de respeitar todos os direitos constitucionais do homem, a ampla defesa, a presunção de inocência, dentre outros.

A manifestação da aplicação das normas de processo penal é o que chamamos de persecução penal, sendo esta o objeto do nosso estudo.

Ela comporta duas fases distintas: uma preliminar, de natureza administrativa, em que ocorrem as investigações presididas pela autoridade policial; e outra fase de natureza judicial, em que se desenrola o processo propriamente dito e é presidida por um juiz de direito.

Crime — Persecução penal — Pena

Investigações + Processo Judicial

Os princípios do Direito Processual Penal serão trabalhados ao longo do material, para que assim você veja a aplicação dele nas diversas fases da persecução penal.

8.1 Lei Processual Penal no Espaço

O Código de Processo Penal, no Art. 1º, estabelece o Princípio da Territorialidade da Lei Processual Penal (Locus Regit Actum ou Lex Fori) de forma que se aplicam em território brasileiro as normas de cunho processual penal a todas as infrações penais relacionadas com o Estado brasileiro, de maneira a não haver hipóteses de extraterritorialidade de lei processual penal (princípio da absolutorieda-de da lei processual penal).

> A doutrina atual entende que não existe hipótese de incidência de lei processual penal fora do Brasil. Por isso a aplicação da lei processual penal tem como característica a absoluta territorialidade.

E o que vem a ser território brasileiro? O Art. 5º do Código Penal facilita o entendimento do que é território brasileiro.

> ***Art. 5º**, CP - Aplica-se a lei brasileira, sem prejuízo de convenções, tratados e regras de direito internacional, ao crime cometido no território nacional.*
>
> ***§ 1º** - Para os efeitos penais, consideram-se como extensão do território nacional as embarcações e aeronaves brasileiras, de natureza pública ou a serviço do governo brasileiro onde quer que se encontrem, bem como as aeronaves e as embarcações brasileiras, mercantes ou de propriedade privada, que se achem, respectivamente, no espaço aéreo correspondente ou em alto-mar.*
>
> ***§ 2º** - É também aplicável a lei brasileira aos crimes praticados a bordo de aeronaves ou embarcações estrangeiras de propriedade privada, achando-se aquelas em pouso no território nacional ou em voo no espaço aéreo correspondente, e estas em porto ou mar territorial do Brasil.*

O Art. 1º do CPP estabelece cinco exceções em relação à aplicação do Código de Processo Penal:

> ***I.** Os tratados, as convenções e regras de direito internacional;*

Quando o Brasil homologa a sua participação em um tratado ou convenção internacional que disciplina regras processuais próprias, o Código de Processo Penal Brasileiro não é adotado, ou seja, determinados crimes, mesmo que cometidos no território brasileiro, podem ser julgados por tribunal estrangeiro. **Ex.:** a Convenção de Viena sobre Relações Diplomáticas estabelece que os diplomatas, quando cometerem crimes no território de outro país, serão julgados pelas leis de sua nação de origem.

> ***II.** As prerrogativas constitucionais do Presidente da República, dos ministros de Estado, nos crimes conexos com os do Presidente da República, e dos ministros do Supremo Tribunal Federal, nos crimes de responsabilidade (Constituição, Arts. 86, 89, § 2º, e 100);*

Aqui tratamos das infrações político-administrativas, definidas na Lei 1.079/50, os chamados de crimes de responsabilidade que, na verdade, não se referem à matéria criminal e são julgados pelo Senado Federal, adotando o procedimento específico da referida lei para o seu processo e julgamento.

> ***III.** Os processos da competência da Justiça Militar;*

A Justiça Militar tem a competência constitucional para a deliberação das infrações penais militares, descritas nos Arts. 9º e 10 do Código Penal Militar. No julgamento desses casos, a justiça militar adota os procedimentos previstos no Código Processual Penal Militar (Decreto-Lei 1.002).

> ***IV.** Os processos da competência do tribunal especial;*
>
> ***V.** Os processos por crimes de imprensa.*

Quanto às duas últimas exceções referentes à aplicação do CPP na apuração e julgamento dos crimes, o parágrafo único do Art. 1º prevê que, na falta de norma, sejam aplicada as regras previstas no Código de Processo Penal de forma subsidiária. Um exemplo de tribunal especial seria o próprio tribunal militar que adota procedimentos próprios. Nos casos de crimes de imprensa, vale o CPP, pois a referida Lei teve os seus efeitos suspensos temporariamente pelo STF, enquanto aguarda decisão do plenário quanto à constitucionalidade da Lei.

A regra então é a aplicação do CPP nos delitos cometidos no território nacional, somente não sendo aplicadas suas normas, nas hipóteses acima descritas.

8.2 Lei Processual Penal no Tempo

A lei processual penal é aplicada no tempo da sua vigência, ou seja, a partir do momento em que ela entra em vigor, começa a regular todos os atos processuais penais que serão praticados daquele dia em diante, até a revogação da Lei.

É importante analisarmos que, se um processo estiver em andamento, sendo regulado pelas normas vigentes do CPP, e tivermos uma alteração nas normas, os atos praticados na vigência da lei anterior continuarão válidos, pois o que importa é o tempo da vigência da lei. A legislação nova será aplicada aos processos futuros e não aos passados.

8.3 Interpretação da Lei Processual Penal

A aplicação da lei processual penal segue as mesmas regras de hermenêutica que disciplinam a interpretação da legislação em geral. Interpretar significa definir o sentido e alcance de determinado conceito.

Em função da impossibilidade de se poder escrever na lei todo o seu significado ou ainda se prever todas as situações possíveis de ocorrer na vida real, o Art. 3º do Código de Processo Penal prevê que a lei processual penal admitirá:

→ Interpretação extensiva.

→ Aplicação analógica.

→ Suplemento dos princípios gerais de direito.

8.4 Juiz das Garantias

A Lei 13.964/2019 (conhecida como "pacote anticrime") introduziu ao processo penal brasileiro o juiz das garantias. Antes mesmo de regular o instituto, o Código de Processo Penal, no art. 3-A, adota textualmente que o processo penal terá estrutura acusatória, sendo proibida a iniciativa do juiz na fase de investigação e a substituição da atuação probatória do órgão de acusação. Passa o Código Processual Penal, portanto, a obedecer com mais precisão o já determinado pela Constituição Federal, que no art. 129, inciso I, atribui privativamente ao Ministério Público a titularidade da ação penal.

A ideia do instituto é permitir que uma autoridade judiciária, diferente daquela que vai julgar o mérito da ação, atue na fase investigativa. Sua função não é a de presidir o inquérito ou interferir nos atos de investigação, mas, em verdade, atuar como instancia de controle da legalidade da investigação, visando salvaguardar, isto é, proteger os direitos individuais que dependam de prévia decisão judicial para serem limitados. Nesse sentido, são atribuições do juiz de garantias:

> ***I.*** *receber a comunicação imediata da prisão;*
>
> ***II.*** *receber o auto da prisão em flagrante para o controle da legalidade da prisão;*
>
> ***III.*** *zelar pela observância dos direitos do preso, podendo determinar que este seja conduzido à sua presença, a qualquer tempo;*
>
> ***IV.*** *ser informado sobre a instauração de qualquer investigação criminal;*
>
> ***V.*** *decidir sobre o requerimento de prisão provisória ou outra medida cautelar;*
>
> ***VI.*** *prorrogar a prisão provisória ou outra medida cautelar, bem como substituí-las ou revogá-las, assegurado, no primeiro caso, o exercício do contraditório em audiência pública e oral;*
>
> ***VII.*** *decidir sobre o requerimento de produção antecipada de provas consideradas urgentes e não repetíveis, assegurados o contraditório e a ampla defesa em audiência pública e oral;*
>
> ***VIII.*** *prorrogar o prazo de duração do inquérito, estando o investigado preso, em vista das razões apresentadas pela autoridade policial;*
>
> ***IX.*** *determinar o trancamento do inquérito policial quando não houver fundamento razoável para sua instauração ou prosseguimento;*
>
> ***X.*** *requisitar documentos, laudos e informações ao delegado de polícia sobre o andamento da investigação;*
>
> ***XI.*** *decidir sobre os pedidos de:*
>
> ***a)*** *interceptação telefônica, do fluxo de comunicações em sistemas de informática e telemática ou de outras formas de comunicação;*
>
> ***b)*** *afastamento dos sigilos fiscal, bancário, de dados e telefônico;*
>
> ***c)*** *busca e apreensão domiciliar;*
>
> ***d)*** *acesso a informações sigilosas;*
>
> ***e)*** *outros meios de obtenção da prova que restrinjam direitos fundamentais do investigado;*
>
> ***XII.*** *julgar o habeas corpus impetrado antes do oferecimento da denúncia;*
>
> ***XIII.*** *determinar a instauração de incidente de insanidade mental;*
>
> ***XIV.*** *decidir sobre o recebimento da denúncia ou queixa;*
>
> ***XV.*** *assegurar prontamente, quando se fizer necessário, o direito outorgado ao investigado e ao seu defensor de acesso a todos os elementos informativos e provas produzidos no âmbito da investigação criminal, salvo no que concerne, estritamente, às diligências em andamento;*
>
> ***XVI.*** *analisar pedido de admissão de assistente técnico para acompanhar a produção da perícia;*
>
> ***XVII.*** *decidir sobre a homologação de acordo de não persecução penal ou os de colaboração premiada, quando formalizados durante a investigação;*
>
> ***XVIII.*** *outras matérias inerentes às suas atribuições.*

Caso o investigado esteja preso, o juiz das garantias poderá, mediante representação da autoridade policial e ouvido o Ministério Público, prorrogar, **uma única vez**, a duração do inquérito **por até 15 dias**, após o que, se ainda assim a investigação não for concluída, a prisão será imediatamente relaxada.

A competência do juiz das garantias abrange todas as infrações penais, exceto as de menor potencial ofensivo (mantidas sob a competência dos Juizados Especiais Criminais – Lei 9.099/1995), e **termina** com o recebimento da denúncia ou queixa. A partir desse recebimento, as questões pendentes serão decididas pelo juiz da instrução e julgamento.

Importante anotar que as decisões proferidas pelo juiz das garantias não vinculam, isto é, não limitam o juiz da instrução e julgamento, que, após o recebimento da denúncia ou queixa, **deverá reexaminar a necessidade das medidas cautelares** em curso, no prazo máximo de 10 dias.

Os autos que compõem as matérias de competência do juiz das garantias ficarão acautelados (guardados) na secretaria do juízo, à disposição do Ministério Público e da defesa, e não serão apensados aos autos do processo enviados ao juiz da instrução e julgamento, ressalvados os documentos relativos às provas irrepetíveis, medidas de obtenção de provas ou de antecipação de provas, que deverão ser remetidos para apensamento em apartado. Ademais, conforme determinado inclusive pela Súmula Vinculante 14 do Supremo Tribunal Federal, fica assegurado às partes o amplo acesso aos autos acautelados na secretaria do juízo das garantias.

O juiz que, na fase de investigação, praticar qualquer ato incluído nas atribuições do juiz das garantias ficará impedido de funcionar no processo. Naquelas comarcas em que funcionar apenas um juiz, os tribunais criarão um sistema de rodízio de magistrados, a fim de atender às disposições deste Capítulo. De todo modo, a regra é que o juiz das garantias será designado conforme as normas de organização judiciária da União, dos Estados e do Distrito Federal, observando critérios objetivos a serem periodicamente divulgados pelo respectivo tribunal.

Cabe, ainda, o registro de que o juiz das garantias deverá assegurar o cumprimento das regras para o tratamento dos presos, impedindo o acordo ou ajuste de qualquer autoridade com órgãos da imprensa para explorar a imagem da pessoa submetida à prisão, sob pena de responsabilidade civil, administrativa e penal. Por meio de regulamento, as autoridades deverão disciplinar, em 180 dias da vigência do pacote anticrime, o modo pelo qual as informações sobre a realização da prisão e a identidade do preso serão, de modo padronizado, transmitidas à imprensa, assegurados a efetividade da persecução penal, o direito à informação e a dignidade da pessoa submetida à prisão.

Preste atenção! A implantação do juiz das garantias (arts. 3º-A a 3º-F do CPP) foi suspensa um dia antes de entrar em vigência por medida liminar concedida pelo Supremo Tribunal Federal (ADIs 6.298, 6.299 e 6.300, rel. Min. Luiz Fux, j. 22.01.2020). Assim, embora o tema conste formalmente do Código de Processo Penal, sua eficácia encontra-se suspensa até julgamento final pelo STF.

Questões

01. (VUNESP – 2018) São princípios constitucionais processuais penais explícitos e implícitos, respectivamente não culpabilidade (ou presunção de inocência) e duração razoável do processo; e não autoacusação (ou nemo tenetur se detegere) e paridade de armas.

Certo ( ) Errado ( )

02. (CESPE – 2019) A CF determina que o Brasil se submeta à jurisdição do Tribunal Penal Internacional, porém veda absolutamente a entrega de brasileiro naturalizado a jurisdição estrangeira.

Certo ( ) Errado ( )

03. (CESPE – 2018) Iniciada a audiência de instrução, o juiz determinou que o réu da ação penal fosse algemado. Nesse caso, de acordo com o Supremo Tribunal Federal, o juiz agiu licitamente se comprovado que a segurança do próprio réu estava em risco.

Certo ( ) Errado ( )

04. (CESPE – 2018) Situação hipotética: Pretendendo reunir provas para obter vantagens de uma colaboração premiada, Cláudio, partícipe, junto com Flávio, de organização criminosa, gravou conversas entre ambos, sem que este tivesse conhecimento das gravações. Assertiva: Nessa situação, as gravações não poderão ser usadas como prova em ação penal, porque são provas ilícitas.

Certo ( ) Errado ( )

05. (CESPE – 2016) A Lei processual penal não deve ser interpretada sempre restritivamente.

Certo ( ) Errado ( )

Gabaritos

01	CERTO
02	ERRADO
03	CERTO
04	ERRADO
05	CERTO

9. INQUÉRITO POLICIAL

Vamos partir da ideia de que a persecução penal é ferramenta utilizada pelo Estado para materializar a aplicação da pena ao autor de um crime. Ela se compõe de duas fases distintas: uma administrativa e outra judicial. Vamos agora estudar essa fase administrativa, chamada de inquérito policial.

9.1 Polícia Administrativa X Polícia Judiciária

9.1.1 Polícia Administrativa

É chamada também de polícia ostensiva, pois manifesta a sua atuação por meio do uso de fardas e viaturas caracterizadas, para que, dessa forma, mostre à sociedade que está presente. A polícia administrativa não é responsável pela produção do inquérito policial, pois ela atua visando prevenir o crime.

Ex.: Polícia Militar, Polícia Rodoviária Federal, Polícia Ferroviária Federal, Polícia Marítima (desempenhada pela PF).

9.1.2 Polícia Judiciária

É polícia de **Repressão**, que atua após a prática do crime, pois é utopia acreditar que a existência da polícia administrativa (PM, por exemplo) é suficiente para impedir a criminalidade. Sua atuação é marcada pela realização de diligências que objetivam descobrir a autoria e a existência de um crime.

Características da Polícia Judiciária:

Direção: delegado de polícia de carreira (bacharel em direito aprovado em concurso público).

Espécies: a polícia judiciária é dividida em Polícia Judiciária Estadual e Federal.

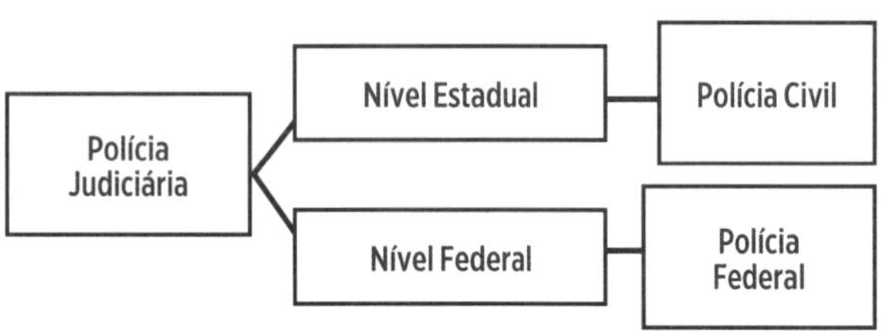

9.2 Conceito de Inquérito Policial

Inquérito policial é um procedimento administrativo inquisitivo, anterior ao processo, presidido pela autoridade policial (delegado de polícia) que conduz diligências, as quais objetivam apurar a autoria (responsável pelo crime) e a materialidade (existência) da infração penal. Essas informações colhidas no inquérito policial (indícios de autoria e materialidade do crime) serão disponibilizadas ao titular da ação penal para que este possa promover o processo judicial, que é a 2ª fase da persecução penal. Mas fiquemos ainda com o inquérito.

9.2.1 Finalidade

Informar o titular da ação penal sobre o resultado da investigação, colaborando na formação da sua opinião quanto à existência e à autoria de determinado crime.

9.2.2 Natureza Jurídica

Procedimento administrativo inquisitivo

9.2.3 Procedimento

Não pode ser confundido com processo, pois as regras são outras; é comum as provas de concursos falarem que o inquérito policial é um PROCESSO, o que está errado.

9.2.4 Administrativo

O inquérito policial é um procedimento administrativo, porque é realizado pela polícia judiciária, que é um órgão do poder executivo, a qual tem a função de administrar a coisa pública. Apesar do nome polícia judiciária, ela não é subordinada ao poder judiciário e sim ao poder executivo, haja vista o delegado de polícia ser subordinado ao secretário de segurança pública e este ser submisso ao governador do Estado, responsável pela administração pública.

Destinatário do IP

Como o principal fim do IP é subsidiar a opinio delicti, o destinatário imediato é o titular da ação penal, vale dizer, o MP (nos crimes de ação penal pública), ou o ofendido (nos casos de ação penal privada). Como de praxe, o procedimento de envio do relatório produzido como resultado da investigação criminal passa pelas mãos da autoridade judiciária, para que, em alguns casos, possa atender a alguma medida cautelar. No entanto, não é o juiz quem determina se haverá ou não oferecimento da denúncia, por isso tal autoridade funciona como destinatário mediato do IP.

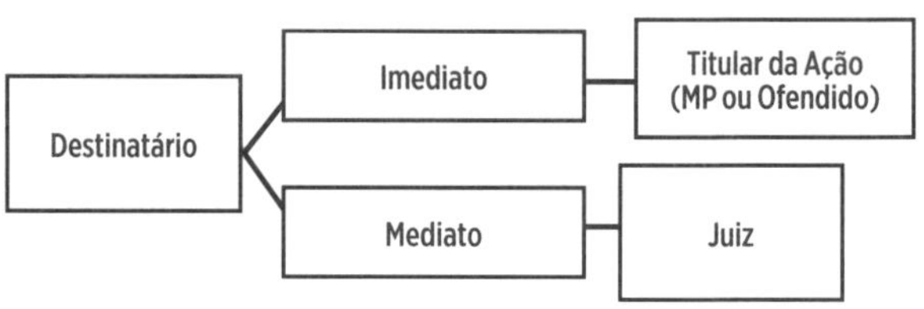

9.3 Atribuição

É a delimitação legal do poder conferido à autoridade policial para investigar crimes. Por essas regras, saberemos se a investigação é de competência da polícia federal ou estadual e de qual delegacia ou comarca. As regras são as seguintes:

9.3.1 Territorial

Regra Geral: teoria do resultado.

A atribuição é definida pela circunscrição (delimitação territorial da atuação daquela delegacia) da **Consumação** do crime.

Exceção: teoria da atividade.

A atribuição é definida pela circunscrição da Prática dos Atos Executórios.

Essa regra é aplicada nos seguintes casos:

- Crimes tentados
- Homicídio doloso e culposo (STJ)

Apesar de o homicídio doloso ser um crime que tem resultado, o STJ decidiu que as investigações referentes a tal fato devem ser realizadas pela polícia com circunscrição no local da prática dos atos executórios, pois assim se garante uma colheita de provas mais eficiente e também pode ser dada uma resposta mais satisfatória à sociedade lesada.

Ex.: Uma pessoa dispara uma arma de fogo com a intenção de matar outra em uma pequena cidade do interior do país e o disparo não mata imediatamente a vítima, que é levada para o pronto socorro de uma cidade vizinha maior e lá ocorre o óbito. Se fosse adotada a teoria do resultado, toda a investigação ficaria por conta da polícia do local onde a vítima morreu, mas adota-se a teoria da atividade e a investigação é realizada pela polícia do local da prática dos atos executórios.

9.3.2 Material

A atribuição é definida pela natureza do crime, com a atuação de uma delegacia especializada em determinado tipo de delito.

Essa regra é subsidiária à territorial, pois, em regra, temos que descobrir a atribuição territorial e, se no local do crime tiver uma delegacia especializada, ela assumirá a investigação.

Ex.: Delegacias especializadas: Delegacia Antissequestro, Delegacia de Repressão a Roubos e Assaltos, Delegacia da Mulher, Delegacia de Homicídios e Proteção à Pessoa, dentre outras.

Por meio da aplicação das normas de atribuição material, nós teremos a definição da investigação realizada pela polícia civil (âmbito estadual) e polícia federal (âmbito federal).

9.4 Características do Inquérito Policial

9.4.1 Inquisitivo

Assunto comum de ser cobrado em concurso público. No inquérito policial não há partes, acusação e defesa; temos somente o delegado de polícia investigando um crime e, consequentemente, um suspeito.Nele não há contraditório nem ampla-defesa.

Realmente, a investigação não observa o contraditório, pois a polícia não tem a obrigação de avisar um suspeito que o está investigando; e não há ampla-defesa, porque o inquérito não pode, em regra, fundamentar uma sentença condenatória, tendo o suspeito possibilidade de se defender durante o processo.

Atenção à redação do Art. 5º, LV da CF:

> *Aos litigantes, em processo judicial ou administrativo, e aos acusados em geral são assegurados o contraditório e ampla defesa, com os meios e recursos a ela inerentes.*

Como na fase da investigação não existe nenhuma acusação e nem partes, não há que se falar em contraditório e ampla defesa, pois o direito constitucional previsto no Art. 5º inciso LV da CF é válido para as partes de um processo. Além do inquérito policial não ter partes, é um procedimento e não um processo, conforme descrito na Constituição Federal.

9.4.2 Escrito

Todas as diligências realizadas no curso de um inquérito policial devem ser passadas a termo (escritas), para que seja facilitada a troca de informações entre os órgãos responsáveis pela persecução penal.

O delegado de polícia tem a faculdade de filmar ou gravar diligências realizadas, mas isso não afasta a obrigação de transcrever todas por escrito.

> ***Art. 405, § 1º, CPP.*** *Sempre que possível, o registro dos depoimentos do investigado, indiciado, ofendido e testemunhas será feito pelos meios ou recursos de gravação magnética, estenotipia, digital ou técnica similar, inclusive audiovisual, destinada a obter maior fidelidade das informações.*

Sendo assim, é possível que o delegado, havendo meios, documente os atos do IP através das formas de tecnologia existentes, inclusive captação de som e imagem.

9.4.3 Discricionário

Discricionariedade é a liberdade dentro da lei (esta determina ou autoriza a atuação do Estado). Assim sendo, o delegado tem liberdade na adoção e condução das diligências adotadas no curso de um inquérito policial.

O Art. 6º do CPP traz um rol de possíveis procedimentos que podem ser adotados pela polícia na condução de um inquérito; ele não é taxativo, pois a polícia pode adotar qualquer uma daquelas diligências na ordem que entender melhor, ou seja, o rol é exemplificativo.

Não podemos entender discricionariedade como uma faculdade do delegado de iniciar ou não uma investigação, porque, conforme veremos adiante, em alguns casos a investigação é obrigatória. A discricionariedade se refere ao fato de o delegado, sendo obrigado ou não a investigar, poder adotar as diligências que considere convenientes para a solução do crime, desde que esteja prevista tal diligência na lei.

Explica essa regra o fato de que cada crime é um acontecimento único no mundo e, sendo assim, a solução deles não tem uma receita certa, devendo a autoridade policial saber utilizar, dentre os meios disponíveis, aqueles adequados à solução do caso.

9.4.4 Sigiloso

Não aplicamos o princípio da publicidade ao inquérito policial, pois as investigações são sigilosas. Se a polícia anuncia em veículo de informação oficial, e ainda na mídia convencional, que tenciona iniciar uma investigação a determinado contrabandista (que deveria se preparar para isso), este poderia prejudicar todo o sucesso da averiguação.

Compete ao delegado zelar pelo sigilo do inquérito policial, pois ele é a autoridade responsável pela condução.

Finalidade do sigilo

O sigilo do inquérito policial tem a finalidade de preservar a imagem do suspeito e, ainda, garantir a eficiência das investigações.

Classificação do sigilo

Sigilo Externo: destinado aos terceiros desinteressados e a imprensa.

Sigilo Interno: destinado aos interessados no processo.

O sigilo do inquérito policial não atinge o **juiz**, o Ministério Público e o **advogado** do suspeito.

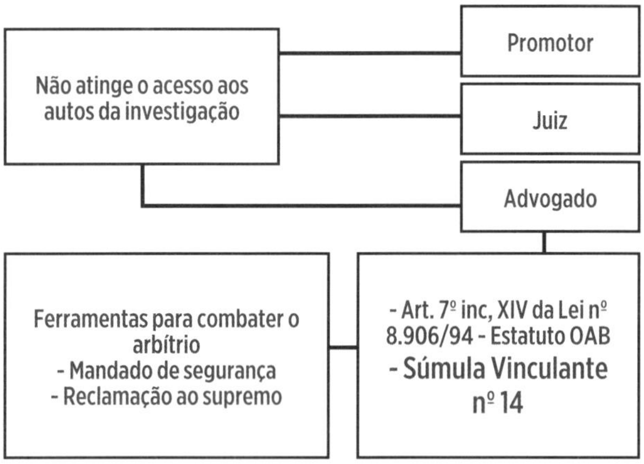

> ***Art. 7º, XIV, Estatuto da OAB.*** *São direitos do advogado: examinar em qualquer repartição policial, mesmo sem procuração, autos de flagrante e de inquérito, findos ou em andamento, ainda que conclusos à autoridade, podendo copiar peças e tomar apontamentos.*
>
> ***Súmula Vinculante 14.*** *É direito do defensor, no interesse do representado, ter acesso amplo aos elementos de prova que, já documentados em procedimento investigatório realizado por órgão com competência de polícia judiciária, digam respeito ao exercício do direito de defesa.*

É comum, em questões de concurso público, perguntar sobre esse tema, e as questões geralmente falam que o sigilo do inquérito se estende ao advogado, podendo o delegado negar a ele o acesso aos autos do inquérito policial. É evidente que se trata de questão errada, uma vez que ao advogado e, para acabar de vez com a dúvida, o STF editou a Súmula Vinculante 14. Sendo assim, o advogado pode se valer de duas ferramentas, caso algum delegado viole o seu direito de acesso aos autos de inquérito: um mandado de segurança ou uma reclamação ao supremo, que é a ferramenta eficaz para combater o desrespeito a uma súmula vinculante.

É importante saber que o advogado somente tem acesso aos autos do inquérito policial referente às investigações já concluídas e passadas a termo, ele não deve e não pode ter acesso às investigações em andamento, sendo tal acesso disponibilizado ao advogado após o término da diligência.

> **Ex.:** Se um advogado, ao ter acesso aos autos do inquérito policial, ficar sabendo que a polícia está fazendo uma interceptação telefônica das conversas de seu cliente e estiver mal intencionado, irá informar o seu cliente e prejudicar todo o sucesso das investigações.

Apesar do inquérito policial ser sigiloso, o delegado, quando achar conveniente, pode quebrar o sigilo, prestando informações à imprensa, tais como: diligências que serão realizadas, divulgar o retrato de um suspeito, etc.

> **Decretação do segredo de justiça (preservar a imagem da vítima)**

Como acabamos de ver, o delegado pode, em alguns casos, quando achar conveniente, divulgar informações à imprensa. Para evitar tal conduta, visando especificamente a proteger a imagem da **vítima ou do acusado**, o juiz pode decretar o segredo de justiça da investigação; então as informações não poderão vazar. Mas, nesse caso, é mantido o acesso aos autos pelo **juiz, MP e advogados.**

9.4.5 Indisponível

Toda investigação iniciada deve ser concluída e encaminhada ao juízo competente, ou seja, o delegado não pode desistir de uma investigação iniciada.

> **O delegado não pode arquivar o inquérito policial**

Questões de prova envolvendo esse tema também são frequentes e a dica é a seguinte: o delegado **nunca** pode arquivar o inquérito, independente do motivo trazido; essa regra é absoluta. Quanto ao arquivamento do inquérito, estudaremos logo adiante, mas é bom saber: "o delegado não pode, nunca, arquivar um inquérito policial". Vale a pena ser redundante aqui.

9.4.6 Dispensável

O inquérito visa coletar indícios de autoria e materialidade do crime para que o titular da ação penal possa ingressar em juízo. Assim sendo, se ele tiver esses indícios colhidos por outros meios, como por um inquérito não policial, o inquérito policial se torna dispensável.

Assim, pode ser promovido um processo sem que seja realizado um inquérito policial. Aproveitando o tópico, vamos falar de outras espécies de inquérito.

Inquéritos extra-policiais ou não policiais: são aqueles presididos por outras autoridades e não pelo do delegado de polícia (Art. 4º do CPP).

Inquéritos parlamentares (CPI): presidido por parlamentares.

Inquéritos policiais militares: presididos por oficiais de carreira, visa à apuração das infrações militares.

Inquéritos presididos pelo promotor (MP): não é possível a presidência do IP por membro do MP, haja vista este ter o poder de requisitar a abertura de inquérito, a realização de diligências, bem como fiscalizar a atuação da polícia judiciária.

O STF trouxe, em recente decisão, a possibilidade do promotor presidir investigação criminal, porém, esta não deve ser confundida com a realizada a cargo da polícia. A investigação realizada sob a presidência do membro do MP conviverá harmonicamente com a realizada pela polícia, assim como as demais formas de inquérito.

Devemos observar também o teor da Súmula 234 do STJ:

> *A participação de membro do Ministério Público na fase investigatória criminal não acarreta seu impedimento ou suspeição para o oferecimento da denúncia.*

Ressaltamos mais uma vez que o promotor não pode presidir um inquérito policial. É questão comum no mundo do concurso público e a resposta é negativa, pois somente o delegado de polícia, e mais ninguém, preside o inquérito policial. Além disso, aquele pode presidir a sua própria investigação, que não se confunde com a policial.

9.4.7 Oficialidade

A realização do inquérito policial é atribuição de um órgão **oficial** do Estado (Polícia Judiciária).

9.4.8 Oficiosidade

Na maioria dos casos (crimes de ação penal pública incondicionada), a polícia judiciária é obrigada a investigar, independente de provocação de terceiros. Para isso, basta que aconteça o crime e que, de alguma forma, a polícia tome conhecimento para que ela atue de **ofício**, ou seja, sem provocação.

9.4.9 Autoritariedade

O presidente do inquérito policial (delegado de polícia) é a **Autoridade** oficial do Estado.

9.5 Valor Probatório do Inquérito Policial

O Inquérito Policial tem valor probatório relativo, pois ele serve para embasar o início do processo, mas não tem a força de, sozinho, sustentar uma sentença condenatória, porque as provas colhidas durante o IP não se submeteram ao contraditório e à ampla defesa. Enfatizamos que o valor probatório é relativo, uma vez que não fundamenta uma decisão judicial, porém pode dar margem à abertura de um processo criminal contra alguém.

> ***Art. 155, CPP.*** *O juiz formará sua convicção pela livre apreciação da prova produzida em contraditório judicial, não podendo fundamentar sua decisão exclusivamente nos elementos informativos colhidos na investigação, ressalvadas as provas cautelares, não repetíveis e antecipadas.*

9.5.1 Provas Cautelares, não Repetíveis e Antecipadas

São as provas extraídas do IP e que têm a força de, eventualmente, sustentar uma sentença condenatória, conforme orienta o Art. 155 do CPP.

Provas Cautelares

São aquelas em que existe um risco de desaparecimento do objeto pelo decurso do tempo. Justificam-se pela necessidade, pela urgência.

Interceptação telefônica, busca e apreensão.

Provas Não Renováveis ou Irrepetíveis

São colhidas na fase investigatória, porque não podem ser produzidas novamente na fase processual devido ao seu fácil perecimento.

Perícia nos vestígios do crime.

Para que essas provas tenham valor probatório de justificar uma sentença na fase processual, é necessário que elas sejam submetidas à ampla defesa e ao contraditório diferido ou postergado, ou seja, durante a fase processual.

Prova Antecipada

Aqui nos referimos às provas que, em regra, deveriam ser colhidas durante o curso do processo e não durante o inquérito policial. Em alguns casos, é possível que o juiz antecipe a oitiva de uma testemunha para a fase das investigações, quando houver receio de que ela morra (idade avançada ou doença grave), ou então que a vítima se mude definitivamente para outro lugar, inviabilizando a sua audição. Nesse caso, não tem o que se falar em contraditório e ampla defesa diferido, pois o exercício desses direitos acontecerá durante a realização da prova, que será antecipada para o inquérito policial. Esse é o contraditório real.

> **Art. 225, CPP.** Se qualquer testemunha houver de ausentar-se, ou, por enfermidade ou por velhice, inspirar receio de que ao tempo da instrução criminal já não exista, o juiz poderá, de ofício ou a requerimento de qualquer das partes, tomar-lhe antecipadamente o depoimento.

9.6 Vícios

Os vícios do inquérito policial são seus defeitos ou nulidades e a dúvida é se aqueles podem ou não causar nulidades ao processo futuro. A resposta é negativa, pois o inquérito policial não tem a força de condenar ninguém, sendo assim, os seus defeitos serão apurados pelos órgãos competentes (corregedoria, MP). Dessa forma, podemos concluir que o delegado não pode ser considerado impedido ou suspeito de presidir o IP pelas futuras partes.

Prazos para a Conclusão dos Inquéritos Policiais

Autoridade	Indiciado Preso	Indiciado Solto
Delegado Estadual Art. 10 do CPP	10 dias improrrogáveis	30 dias prorrogáveis pelo juiz por quantas vezes forem necessárias
Delegado Federal Art. 66 da Lei 5.010/66	15 dias prorrogáveis uma única vez por mais 15 dias	Mesma regra do delegado Estadual
Investigações relativas ao combate ao tráfico de drogas e ao crime organizado	30 dias prorrogáveis uma única vez por mais 30 dias	90 dias prorrogáveis uma única vez

Toda prorrogação de prazo para a conclusão de um inquérito policial deve ser feita somente pelo juiz, pois o delegado não tem essa competência.

No caso das prorrogações referentes às investigações sobre tóxicos (Lei 11.343), é condicionada a prévia oitiva do MP. Esta não vincula a decisão do juiz de prorrogar ou não o prazo do inquérito, mas é uma formalidade que deve ser respeitada.

9.7 Incomunicabilidade

A incomunicabilidade visava a impedir a comunicação do suspeito preso com terceiros, durante um prazo de tempo, para que assim não viesse a interferir nas investigações. Tal regra é considerada não recepcionada pela Constituição Federal, ou seja, ela não tem mais aplicação prática, pois a CF em seu Art. 136, que trata do Estado de Defesa, veda a adoção dessa medida em tal ocasião. Então, o entendimento é que se eu não posso utilizar da incomunicabilidade em uma situação de anormalidade, não posso fazer uso dela em caso de normalidade.

É importante saber que a incomunicabilidade não foi recepcionada pela CF e está tacitamente sem efeitos, mas suas regras são cobradas em questão de concurso público e vamos estudá-las, a fim de que possamos enfrentá-las com facilidade.

9.7.1 Regras

- **Cabimento:**
  - Interesse da sociedade.
  - Conveniência da investigação o exigir.

> **Prazo:**
  » 3 dias.
> **Forma:**
  » Decreto fundamentado do juiz a requerimento do delegado ou do MP.

A incomunicabilidade não atinge o juiz, o MP e os advogados.

9.8 Notícia Crime

Notícia crime *(notitia criminis)* é a forma como é denominado o conhecimento espontâneo ou provocado por parte da autoridade policial de um fato aparentemente criminoso. Por meio dela, a autoridade policial dará início às investigações.

9.8.1 Destinatários da Notícia Crime

Um fato aparentemente criminoso pode ser comunicado ao Juiz, ao MP ou ao Delegado.

Quando quem recebe a notícia crime é o juiz ou o MP, eles requisitarão ao delegado o início das investigações.

9.8.2 Classificação da Notícia Crime

Ela é classificada em direta ou indireta, conforme veremos a seguir:

Notícia crime direta (cognição imediata ou espontânea)

A autoridade policial toma conhecimento de um fato supostamente criminoso por meio da atuação da própria polícia, quando noticiado o crime pela imprensa ou comunicado anonimamente por um particular.

Quanto à anônima, também chamada de notícia crime apócrifa, é uma forma de comunicação válida do crime, haja vista a existência, em todos os Estados, do serviço de *disk*-denúncia, pelo qual as pessoas podem comunicar delitos sem se identificarem.

É comum encontrarmos questões de concursos falando que tal modalidade de notícia é inválida, pois a CF veda o anonimato. Tal afirmativa está errada, porque apesar da CF vedar o anonimato, a denúncia anônima, hoje, é estimulada pelos órgãos oficiais do Estado responsável pela persecução do crime. Antes que uma comunicação anônima leve a instauração do inquérito, a autoridade policial deverá realizar diligências preliminares a fim de constatar se existe possibilidade da declaração anônima ser verdadeira.

Notícia Crime Indireta (cognição mediata ou provocada)

A polícia judiciária toma conhecimento do crime por meio da comunicação de um terceiro identificado.

Espécies de Notícia Crime Indireta

> **Requerimento**

É a comunicação de um fato supostamente criminoso, realizado pela **vítima** ou por seu **representante legal** (para menores de 18 anos de idade ou loucos). Além de comunicar o crime, também serve como um pedido para que a polícia inicie as investigações.

Segundo o CPP, diante de um requerimento, o delegado pode se recusar a iniciar as investigações e, neste caso, é cabível recurso ao chefe de polícia (Art. 5º, §2º do CPP). O código usa a expressão chefe de polícia, entretanto, tal cargo hoje não existe mais, mas é a resposta certa para a sua prova. Pense assim: O delegado pode negar o requerimento? SIM. Cabe recurso ao Requerente? SIM. A quem é encaminhado o recurso? Ao Chefe de Polícia.

> **Requisição**

É a comunicação do crime feita à autoridade policial pelo **promotor** ou pelo **juiz** e também uma determinação para o início das investigações. O delegado não pode se recusar a cumprir uma requisição.

É importante falarmos que, apesar da requisição ser sinônimo de ordem, o delegado não é subordinado hierarquicamente ao MP ou ao Juiz, entretanto, a requisição é uma ordem lastreada na lei. O Art. 13, §2º do CPP, determina que aquele deve cumprir as requisições emanadas pelo juiz ou pelo membro do MP.

Caso o delegado se negue a cumprir uma requisição, ele será responsabilizado na esfera administrativa e, em tese, pode haver responsabilização criminal por prevaricação, e não por desobediência, pois não existe desobediência de um servidor público para outro.

> **Delação**

É a comunicação do crime realizada por um terceiro identificado, também visa a pedir que a polícia inicie as investigações. A delação só é cabível em crimes de ação penal pública incondicionada.

> **Representação**

É a comunicação do crime e também uma autorização para que o Estado atue, seja investigando, seja processando o possível autor. A representação é apresentada pela vítima ou por seu representante legal nos crimes de ação penal pública condicionada a ela.

É importante saber que a falta da representação, nos casos em que a investigação dependa dela, impede definitivamente a atuação do Estado, ou seja, a polícia não pode investigar o fato, não pode lavrar um auto de prisão em flagrante e não haverá processo.

> **Requisição do Ministro da Justiça**

É a **comunicação** do crime e também uma **autorização política** para que o delegado inicie as investigações. Será necessária especificamente em crimes de ação penal pública condicionada à requisição do Ministro da Justiça, a qual não tem caráter de ordem como a do juiz ou do promotor. O nome requisição foi adotado, porque o ato é praticado por uma autoridade da alta cúpula do Poder Executivo.

A falta da requisição do Ministro da Justiça nos casos em que a apuração do fato dependa dela tem os mesmos efeitos da falta da representação, pois impede a investigação pela polícia, a lavratura de auto de prisão em flagrante e ainda o início do processo.

9.8.3 Notícia Crime com Força Coercitiva ou Notícia Crime por Apresentação

É comunicação de um crime decorrente de uma prisão em flagrante, porque a notícia crime se manifesta com a simples apresentação do autor do delito à autoridade policial, pela pessoa que realizou a prisão. Essa modalidade de notícia crime pode ser classificada como direta ou indireta.

Direta: prisão em flagrante realizada por forças policiais.

Indireta: prisão em flagrante feita por qualquer pessoa do povo.

9.9 Procedimentos do Inquérito Policial

Após estudarmos as regras fundamentais sobre o inquérito policial, podemos ver os procedimentos adotados na sua confecção. São eles: o início, o desenvolvimento e o final do Inquérito Policial.

9.9.1 Início

Após o recebimento da notícia crime, o delegado dá início ao inquérito policial através de um documento chamado PORTARIA. Ela é a peça que inicia o inquérito policial e nela deve conter as seguintes informações:

> O fato a ser investigado.
> Envolvidos.
> Diligências a serem imediatamente realizadas.
> Determinação do início das investigações.

9.9.2 Desenvolvimento

O IP se desenvolve por meio da realização de diligências que objetivam apurar a autoria e a materialidade do crime. O Art. 6º do CPP traz um rol exemplificativo de algumas diligências que podem ser adotadas pela polícia judiciária no curso de um inquérito policial.

Esse rol é exemplificativo, pois o inquérito é um procedimento discricionário, ou seja, o delegado tem liberdade para escolher as diligências que achar conveniente para o sucesso da investigação. A seguir, veja a redação do Art. 6º do CPP.

> ***Art. 6º.*** *Logo que tiver conhecimento da prática da infração penal, a autoridade policial deverá:*
>
> ***I.*** *Dirigir-se ao local, providenciando para que não se alterem o estado e conservação das coisas, até a chegada dos peritos criminais;*
>
> ***II.*** *Apreender os objetos que tiverem relação com o fato, após liberados pelos peritos criminais;*
>
> ***III.*** *Colher todas as provas que servirem para o esclarecimento do fato e suas circunstâncias;*
>
> ***IV.*** *Ouvir o ofendido;*
>
> ***V.*** *Ouvir o indiciado, com observância, no que for aplicável, do disposto no Capítulo III do Título VII, deste Livro, devendo o respectivo termo ser assinado por duas testemunhas que lhe tenham ouvido a leitura;*
>
> ***VI.*** *Proceder a reconhecimento de pessoas e coisas e a acareações;*
>
> ***VII.*** *Determinar, se for caso, que se proceda a exame de corpo de delito e a quaisquer outras perícias;*
>
> ***VIII.*** *Ordenar a identificação do indiciado pelo processo datiloscópico, se possível, e fazer juntar aos autos sua folha de antecedentes;*
>
> ***IX.*** *Averiguar a vida pregressa do indiciado, sob o ponto de vista individual, familiar e social, sua condição econômica, sua atitude e estado de ânimo antes e depois do crime e durante ele, e quaisquer outros elementos que contribuírem para a apreciação do seu temperamento e caráter.*

Reprodução Simulada do Fato

Também chamada de reconstituição do crime, é uma diligência prevista no Art. 7º do CPP, cobrada em questões de concursos públicos com frequência.

A reprodução simulada do fato é a famosa reconstituição do crime; tem a finalidade de verificar se a infração foi praticada de determinado modo. Nesse caso, o suspeito não é obrigado a contribuir com a diligência, mas é obrigado a comparecer.

Não será admitida uma reprodução simulada do fato que contrarie a **moralidade** ou a **ordem pública**. Imagine uma reprodução simulada do fato que tentasse reproduzir um crime de estupro; não é possível, pois estaria contrariando a moralidade. Ou imagine uma reconstituição do delito que tentasse reproduzir um incêndio; também não é possível, porque estaria contrariando a ordem pública.

> Combate ao Crime Organizado

Além de todas as diligências necessárias à elucidação de crimes praticados por organizações criminosas, ainda é prevista, em lei própria, a infiltração por agentes de polícia ou de inteligência em tarefas de investigação, constituída pelos órgãos especializados pertinentes, mediante circunstanciada autorização judicial. Essa autorização judicial será estritamente sigilosa e permanecerá nessa condição enquanto perdurar a infiltração.

Indiciamento

É o ato da autoridade policial que comunica a uma pessoa que ela é a suspeita de ter praticado determinado crime e está sendo investigada em um inquérito policial. O indiciamento não é um ato discricionário, pois se fundamenta nas provas colhidas durante as diligências. Se as provas apontam um suspeito, ele DEVE ser indiciado; se não apontam, o delegado não pode indiciar ninguém.

Indiciado menor

O CPP, em seu Art. 15, fala da figura do indiciado menor que era a pessoa suspeita de ter praticado determinado crime e que tinha entre 18 e 21 anos na data do fato. Segundo o código, nesse caso, o acusado deveria ser acompanhado de um curador. Entretanto, esse artigo está tacitamente revogado pelo Código Civil, pois à época da edição do código de processo penal, a maioridade civil era atingida somente aos 21 anos, e tal regra foi alterada no ano de 2002. Sendo assim, a maioridade hoje é atingida aos 18 anos de idade, ou seja, não existe mais o indiciado menor, porque ninguém é menor de idade tendo entre 18 e 21 anos. Essa norma então está tacitamente revogada.

Nomeação de defensor para membros da segurança pública e das forças armadas

De acordo com o art. 14-A do CPP, inserido pela Lei 13.964/2019, nos casos em que servidores vinculados às instituições previstas no art. 144° da Constituição Federal (membros dos órgãos de segurança pública) figurarem como investigados em inquéritos policiais, inquéritos policiais militares e demais procedimentos extrajudiciais, que tenham como objeto a investigação de fatos relacionados ao uso da força letal praticados no exercício profissional, de forma consumada ou tentada, incluindo as situações previstas como excludentes de ilicitude (art. 23° do Código Penal), o indiciado poderá constituir defensor.

Nessas hipóteses, o investigado deverá ser citado da instauração do procedimento investigatório, podendo constituir defensor no prazo de até 48 horas a contar do recebimento da citação. Esgotado esse prazo, com ausência de nomeação de defensor pelo investigado, a autoridade responsável pela investigação deverá intimar a instituição a que estava vinculado o investigado à época da ocorrência dos fatos, para que essa, no prazo de 48 horas, indique defensor para a representação do investigado.

Essa previsão também se aplica aos **servidores militares** vinculados às instituições dispostas no art. 142° da Constituição Federal quando os fatos investigados digam respeito a missões para a Garantia da Lei e da Ordem.

9.9.3 Final do Inquérito Policial

Após a abertura do inquérito, realizada por meio da portaria, e o seu desenvolvimento, veremos o seu desfecho.

O inquérito policial é finalizado com a produção de um documento chamado **relatório**. Nele, o delegado vai relatar as diligências realizadas, dentre outras. Veja as suas características:

> É uma peça descritiva.
> Vai indicar as diligências realizadas durante o IP.
> Justifica as diligências que não foram realizadas por algum motivo.
> O delegado não deve emitir opinião.

Após a confecção desse relatório o inquérito policial estará concluído.

9.9.4 Destino do Relatório

Concluído o relatório, o delegado o encaminhará ao Juiz e este irá remetê-lo ao Ministério Público.

Classificação dos Destinatários

Os destinatários do relatório são classificados da seguinte forma:

» Destinatário IMEDIATO: **MP**
» Destinatário MEDIATO: **Juiz**

É pertinente reparar na inversão que temos aqui. O delegado encaminha o relatório ao juiz (destinatário mediato) que encaminha ao promotor (destinatário imediato). Essa classificação não leva em consideração a ordem de recebimento e sim a finalidade dada por essas autoridades ao inquérito. O juiz exerce um certo controle e, por isso, ele é destinatário também do inquérito, mas o inquérito policial é feito para que o titular da ação penal, em regra o MP, possa promover o processo.

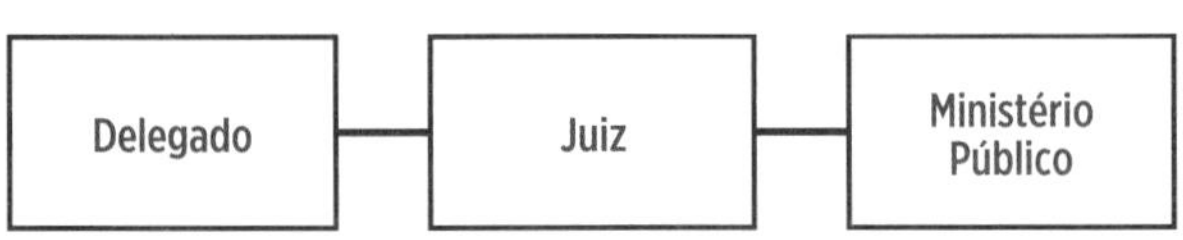

De posse do inquérito policial, o promotor terá as seguintes opções:

> **Iniciar a Ação Penal**

Acontece através do **oferecimento da denúncia**. Resulta do êxito obtido pelo IP, ou seja, ele conseguiu provas da materialidade do crime e traz indícios de autoria.

> **Requisitar Novas Diligências ao Delegado**

Caso o inquérito policial não tenha conseguido colher os indícios necessários de autoria e materialidade do crime, mas as investigações estejam no caminho certo. É a hipótese que justifica a prorrogação de um inquérito policial.

> **Requerer o Arquivamento do IP ao Juiz**

Caso o MP entenda que o inquérito não obteve êxito algum, não prova nem quanto ao fato nem quanto a autoria.

9.10 Arquivamento do Inquérito

Quando o MP entender que o inquérito não obteve êxito algum, não prova nada quanto a fato ou quanto à autoria, nem existe, no momento, expectativa de que novas diligências vão mudar esse cenário, o promotor irá requerer ao juiz o arquivamento do inquérito policial e, caso este concorde com o pedido, ele irá homologá-lo, arquivando o IP. Se discordar do pedido, ele irá encaminhar ao Procurador Geral de República (Nível Federal), para que este decida sobre o arquivamento do IP.

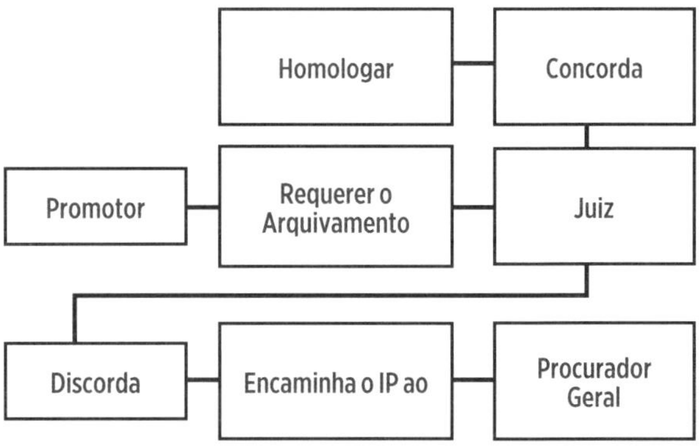

O Procurador de Justiça, nesse caso, poderá adotar as seguintes medidas:

> Caso concorde com o juiz:

» Oferecer a denúncia.
» Designar outro membro do MP para oferecer a denúncia.

Neste caso, o Procurador de Justiça somente pode designar outro promotor para oferecer a denúncia e não pode determinar que o mesmo que requereu o arquivamento apresente a acusação, pois os membros do MP tem independência funcional, e se o promotor entendeu que não há denúncia a oferecer, não é justo que este deva oferecê-la simplesmente por que o Procurador de Justiça determinou, pois assim não haveria empenho do promotor para conduzir o processo.

> Caso o Procurador de Justiça concorde com o Promotor:

» Determina o arquivamento do IP e, nesse caso, o juiz está obrigado a arquivar.

É importante notarmos o procedimento que leva ao arquivamento do inquérito policial. Quem arquiva é somente o juiz, mas desde que provocado pelo MP, ou seja, o juiz não pode arquivar o IP de ofício; o ato de arquivamento do inquérito policial é considerado complexo, pois depende da manifestação de vontade de dois órgãos, um que requere (MP) e outro que homologa (Judiciário).

9.10.1 Modificação do procedimento de arquivamento pelo Pacote Anticrime

Com a edição da Lei 13.964/2019 houve uma grande modificação do teor do art. 28° do Código de Processo Penal. A modificação legislativa determina que, uma vez ordenado o arquivamento do inquérito policial ou de quaisquer elementos informativos da mesma natureza, o órgão do Ministério Público comunicará à vítima, ao investigado e à autoridade policial e encaminhará os autos para a instância de revisão ministerial para fins de homologação, na forma da lei.

Assim, pelo teor do art. 28° modificado pela Lei 13.964/2019, caberá ao Ministério Público, e não mais ao Poder Judiciário, a promoção do arquivamento.

O art. 28° § 1º do CPP prevê, ainda, que se a vítima, ou seu representante legal, não concordar com o arquivamento do inquérito policial, poderá, no prazo de 30 dias do recebimento da comunicação, submeter a matéria à revisão da instância competente do órgão ministerial, conforme dispuser a respectiva lei orgânica.

Ademais, nas ações penais relativas a crimes praticados em detrimento da União, Estados e Municípios, a revisão do arquivamento do inquérito policial poderá ser provocada pela chefia do órgão a quem couber a sua representação judicial.

Contudo, em razão da liminar deferida pelo Supremo Tribunal Federal (ADI 6.305, rel. Min. Luiz Fux, j. 22.01.2020) essa modificação encontra-se, atualmente, suspensa, de modo que o procedimento em vigência continua sendo o exposto no item anterior.

9.10.2 Efeitos do Arquivamento do IP

Arquivado o inquérito policial, por despacho do juiz, a requerimento do promotor de justiça, não pode a ação penal ser iniciada sem novas provas (Súmula 524 do STF). Assim sendo, o arquivamento do IP veda o oferecimento da denúncia para a promoção da ação penal, mas tal vedação não é absoluta, pois, se surgirem novas provas, a acusação poderá ser oferecida e ser iniciada a ação penal.

> ***Art. 18, CPP.*** *Depois de ordenado o arquivamento do inquérito pela autoridade judiciária, por falta de base para a denúncia, a autoridade policial poderá proceder a novas pesquisas, se de outras provas tiver notícia.*

Essa regra também é importante, pois encontramos, com frequência, questões de concurso falando que, se surgirem novas provas, a autoridade policial poderá proceder a novas pesquisas, desde que autorizado pelo poder judiciário. Tal questão está errada, uma vez que não é necessária autorização alguma. O simples surgimento de novas provas autoriza a polícia a reiniciar as investigações, independente de autorização judicial, pois a lei já autorizou.

Conjugando o Art. 18 do CPP, acima estudado, com a Súmula 524 do STF, concluímos que o arquivamento do inquérito policial não tem caráter definitivo, porque, em regra, quando surgirem novos indícios, a investigação poderá ser reiniciada pela polícia judiciária independente de autorização judicial.

9.10.3 Arquivamento Definitivo

Antigamente, pairava sobre o MP o medo de solicitar o arquivamento, visto que isso trancafiava os fatos investigados. No entanto, com o artigo 18 e a súmula 524 do STF, a polícia poderá produzir novas provas, ainda que o inquérito seja arquivado. Com isso, caso surjam novas provas, é possível o desarquivamento. Devido à possibilidade de se discutir novamente o fato investigado, diz-se que o arquivamento do IP faz coisa julgada FORMAL, em regra, com efeitos endoprocessuais (apenas quanto ao fato investigado).

No entanto, vale ressaltar um posicionamento dos tribunais superiores e da doutrina. O inquérito não poderá ser desarquivado, nem mediante novas provas (pois faz coisa julgada MATERIAL), quando houver incidência de fato atípico (STF) ou extinção da punibilidade (doutrina); o mesmo NÃO vale para excludente de ilicitude (STF).

9.11 Termo Circunstanciado de Ocorrência (TCO)

Na apuração dos crimes de menor potencial ofensivo (crimes com pena máxima de até 2 anos e todas as contravenções comuns), o IP será substituído pelo Termo Circunstanciado de Ocorrência. Este será lavrado no momento da prática criminosa pela polícia civil ou militar e será diretamente encaminhado ao juizado especial criminal, para que se processe o julgamento.

9.11.1 Outros Arquivamentos

Por fim, cabe ressaltar algumas modalidades de arquivamento salientadas pela doutrina:

- Arquivamento ORIGINÁRIO é a solicitação de arquivamento feita diretamente pelo Procurador-Geral. Neste caso, não há discricionariedade ao juiz quanto à discordância do arquivamento, devendo este obrigatoriamente arquivar o IP.
- Arquivamento IMPLÍCITO é aquele realizado quando o houver oferecimento da denúncia de menos crimes (objetivo) ou menos autores (subjetivo) em relação ao indiciamento. É repudiado pela Jurisprudência do STF e do STJ.
- Arquivamento INDIRETO é aquele realizado quando houver investigação criminal acerca de um delito em que o membro do MP e o juiz são incompetentes para apreciar.

Não se arquiva investigação proveniente de crimes de ação penal privada!

Questões

01. (CESPE - 2018) Em relação a inquérito policial, ação penal e competência, julgue o próximo item, de acordo com o entendimento da doutrina majoritária e dos tribunais superiores.

É de seis meses o prazo para que o ministro da Justiça requeira a instauração de inquérito policial em crime de ação penal pública condicionada. Findo esse prazo, opera-se a decadência do direito de ação.

Certo ( ) Errado ( )

02. (CESPE - 2018) No âmbito do inquérito policial, cuja natureza é inquisitiva, não se faz necessária a aplicação plena do princípio do contraditório, conforme a jurisprudência dominante.

Certo ( ) Errado ( )

03. (CESPE - 2018) Em cada item seguinte, é apresentada uma situação hipotética seguida de uma assertiva a ser julgada com relação à competência para requerer o arquivamento de autos de IP e às consequências da promoção desse tipo de arquivamento.

Relatado o IP, sob a tese de atipicidade penal do fato, o MP requereu o arquivamento dos autos, o que foi determinado pelo competente juízo, em acolhimento à tese do MP. Nessa situação, o arquivamento dos autos nos termos do requerimento do MP impede a reabertura das investigações pela autoridade policial.

Certo ( ) Errado ( )

04. (CESPE - 2018) João integra uma organização criminosa que, além de contrabandear e armazenar, vende, clandestinamente, cigarros de origem estrangeira nas ruas de determinada cidade brasileira.

A partir dessa situação hipotética, julgue os itens subsequentes.

Caso haja indício de transnacionalidade no crime de contrabando praticado, a competência para apurar e julgar o delito é da justiça federal e, se João estiver preso, a Polícia Federal deverá concluir o inquérito em até dez dias.

Certo ( ) Errado ( )

05. (CESPE - 2018) Depois de adquirir um revólver calibre 38, que sabia ser produto de crime, José passou a portá-lo municiado, sem autorização e em desacordo com determinação legal. O comportamento suspeito de José levou-o a ser abordado em operação policial de rotina. Sem a autorização de porte de arma de fogo, José foi conduzido à delegacia, onde foi instaurado inquérito policial. Tendo como referência essa situação hipotética, julgue os itens seguintes. O inquérito instaurado contra José é procedimento de natureza administrativa, cuja finalidade é obter informações a respeito da autoria e da materialidade do delito.

Certo ( ) Errado ( )

Gabaritos

01	ERRADO
02	CERTO
03	CERTO
04	ERRADO
05	CERTO

10. PROVA

É tudo aquilo que é apresentado ao juiz, com o objetivo de contribuir na formação da sua opinião quanto aos fatos ou atos do processo que sejam relevantes para auxiliá-lo a chegar à sentença.

10.1 Teoria Geral da Prova

10.1.1 Destinatários

Imediato: Juiz.

Mediato: As partes.

10.1.2 Dispensa Probatória

Não é necessário provar os seguintes itens:

Direito Federal: é um dever funcional do juiz conhecer o direito federal, sendo assim, é desnecessário querer provar que existe ou não determinada lei federal. Os direitos estadual, municipal, alienígena, estrangeiro e consuetudinário (costumeiro) precisam ser provados quanto à existência e à vigência.

Fatos Notórios ou Verdade Sabida: são os fatos de conhecimento de parcela significativa da sociedade.

Feriados Nacionais.

Fatos Axiomáticos ou Intuitivos: são os fatos que se autodemonstram. Por exemplo: se encontramos um corpo sem cabeça, temos um morto.

Presunções: é a observação daquilo que normalmente acontece e que nos permite realizar conclusões. São classificadas em:

> **Presunção Homnis**: presunção vulgar.

> **Presunção Legis**: presunção positivada na Lei.

» **Absoluta:** não admite prova em contrário.

inimputabilidade de menores.

» **Relativa:** é aquela que admite prova em contrário.

Buscar provar que uma pessoa que alega insanidade mental e saudável intelectualmente.

Fatos Inúteis: são os fatos irrelevantes à demonstração da verdade.

10.1.3 Meios de Prova

São todos os recursos utilizados para produzir a prova e levá-la ao conhecimento do juiz.

10.1.4 Classificação das Provas

Provas Nominadas: são aquelas cujo meio de produção estão previstas em lei (Art. 158 a 250 do CPP).

Provas Inominadas: são aquelas cujos meios de produção não estão previstas na lei.

Princípio da liberdade na produção de provas

É possível a utilização de qualquer uma das duas modalidades de provas acima descritas, ou seja, as nominadas e as inominadas, em razão do princípio da liberdade na produção da prova.

Não há nenhuma hierarquia entre as provas, ou seja, tanto as nominadas quanto as inominadas têm o mesmo valor.

Tal princípio encontra exceção nas seguintes hipóteses:

> **Estado civil das pessoas**

Art. 155, parágrafo único, CPP. *Somente quanto ao estado das pessoas serão observadas as restrições estabelecidas na lei civil.*

Para provar o estado civil é necessária a apresentação de certidão, não admitindo nenhum outro modo, como exemplo, a prova testemunhal.

> **Provas Ilícitas**

Recebem conceituação diferente pelo Código de Processo Penal e também pela doutrina. Veja a seguir:

» **Conceito de provas Ilícitas dentro do CPP**

Para o CPP, não há distinção entre as provas ilícitas e ilegítimas, sendo todas elas espécies de provas ilícitas, ou seja, estas, para o CPP, são aquelas que ferem normas constitucionais e infraconstitucionais. Assim sendo, tanto faz se fere norma de direito penal ou de direito processual penal.

Art 157, CPP. *São inadmissíveis, devendo ser desentranhadas do processo, as provas ilícitas, assim entendidas as obtidas em violação a normas constitucionais ou legais.*

» **Conceito de provas Ilícitas para a doutrina**

Nesse caso, as provas ilícitas recebem uma subclassificação: ilícitas e ilegítimas.

> Provas ilícitas

São as que ofendem o direito material (Código Penal ou legislação penal extravagante) e também aquelas que ofendem os princípios constitucionais penais.

Violar uma correspondência para conseguir uma prova.

> Provas Ilegítimas

São as provas que ofendem o direito formal, processual, ou seja, o Código de Processo Penal e a legislação processual penal extravagante. Também são aquelas que violam os princípios constitucionais processuais penais. Por exemplo: laudo pericial confeccionado somente por um perito não oficial.

Teorias sobre a utilização das Provas Ilícitas

Teoria da proporcionalidade (Razoabilidade): uso da Prova Ilícita para Defesa do Réu.

Quando uma prova de origem ilícita é apresentada com a finalidade de defender o réu, o juiz deve aceitá-la, pois entre a formalidade na produção da prova e o risco de prisão do réu inocente, o direito fundamental de liberdade deve prevalecer.

Teoria dos frutos da Árvore Envenenada (*Fruits Of The Poisonous Tree*): Teoria da Prova Ilícita Por Derivação.

Art, 157, § 1º, primeira parte. *São também inadmissíveis as provas derivadas das ilícitas,*

As provas que decorrem de uma ilícita também estarão contaminadas, não devendo ser utilizadas no processo.

Teoria da descoberta Inevitável: prova originária de fonte independente.

§ 1º e 2º, CPP. *São também inadmissíveis as provas derivadas das ilícitas, salvo quando não evidenciado o nexo de causalidade entre umas e outras, ou quando as derivadas puderem* *ser obtidas por uma fonte independente das primeiras. Considera-se fonte independente aquela que por si só, seguindo os trâmites típicos e de praxe, próprios da investigação ou instrução criminal, seria capaz de conduzir ao fato objeto da prova.*

A prova derivada de uma ilícita poderá ser utilizada quando, seguindo os trâmites típicos e de praxe da investigação, ou da instrução criminal, pudermos chegar a mesma prova obtida por meio de uma ilícita.

Por meio de uma escuta ilegal, obtém-se a localização de um documento incriminador em relação ao indiciado. Ocorre que uma testemunha, depondo regularmente, também indicou à polícia o lugar onde se encontrava a referida prova. Podemos concluir que mesmo que esse documento não fosse confeccionado por meio de um procedimento ilegal, ele seria produzido após o interrogatório, por fonte independente.

Teoria da prova absolutamente independente:

Art. 157, § 3º. *Preclusa a decisão de desentranhamento da prova declarada inadmissível, esta será inutilizada por decisão judicial, facultado às partes acompanhar o incidente*

A mera existência de uma prova ilícita no processo não necessariamente o contamina, pois, havendo outras provas lícitas absolutamente independentes da ilícita no processo serão aproveitadas.

A prova declarada ilícita pelo juiz será desentranhada dos autos e destruída com a presença facultativa das partes.

Descontaminação da autoridade judiciária

O Pacote Anticrime inseriu a previsão da chamada descontaminação da autoridade judiciária em relação à prova ilícita. De acordo com o art. 157°, § 5º, do CPP, o juiz que conhecer do conteúdo da prova declarada inadmissível não poderá proferir a sentença ou o acórdão.

Esse dispositivo, contudo, está com a eficácia suspensa por decisão do Supremo Tribunal Federal (ADIs 6.298, 6.299 e 6.300, rel. Min. Luiz Fux, j. 22.01.2020).

10.1.5 Dever de Produzir Provas

É de responsabilidade das partes, devendo demonstrar aquilo que alegarem ao longo do processo.

> **Acusação**
- » Autoria.
- » Materialidade.
- » Dolo.
- » Culpa.

> **Defesa**
- » Excludente de ilicitude.
- » Excludente de culpabilidade.
- » Causas de extinção da punibilidade.

10.1.6 Princípio da Busca da Verdade Real

O juiz não deve se conformar somente com o que lhe é apresentado pelas partes, devendo, durante o processo, buscar a verdade, procurando reconstruir na audiência o que realmente aconteceu, e, para isso, pode até mesmo determinar a produção de provas de ofício.

É Importante ressaltar que o dever de provar é das partes, mas isso não impede que o juiz busque provas.

Ex.: Art. 209, CPP. o juiz, quando julgar necessário, poderá ouvir outras testemunhas, além das indicadas pelas partes.

Apesar do juiz não ter o dever de provar nada, este tem iniciativa probatória, pois, como já vimos, durante o processo se busca a verdade real.

Vale ressaltar que ele pode, de ofício, determinar prova para solucionar alguma dúvida sobre ponto relevante e também ordenar a produção delas durante o inquérito policial (prova antecipada, por exemplo: Art 225 do CPP, perícias).

10.1.7 Prova Emprestada

É a que, mesmo tendo sido produzida em um processo, pode servir de prova em outro.

> **Requisitos:**
- » Mesmas partes em ambos os processos – aqui há que se fazer uma ressalva: recentes posicionamentos do STJ levam em conta que, atualmente, é particularmente de difícil constatação a participação exatamente das mesmas partes em processos diferentes. Disso se extrai que, para a jurisprudência, não é necessário que os processos envolvam exatamente as mesmas partes, mas que tenham pelo menos como protagonista a figura do réu.
- » Mesmos fatos (o fato deve ser importante para a demonstração da verdade nas duas ações).
- » Respeito ao contraditório (a prova que se pretende emprestar deve ter sido produzida sob o crivo do contraditório).
- » A prova que se pretende emprestar deve ser lícita.

Não é possível o empréstimo probatório do IP para o processo, pois as provas do IP não passaram pelo contraditório e pela ampla-defesa, salvo provas antecipadas.

10.1.8 Sistemas de Avaliação da Prova

Sistema do Livre Convencimento Motivado

O juiz tem ampla liberdade para decidir, podendo utilizar provas nominadas ou inominadas, devendo sempre, é claro, motivar as suas decisões (Art. 93 IX da CF; Art. 155 do CPP). É a regra no Brasil.

Sistema da Verdade Judicial / Íntima Convicção

Por esse sistema, o juiz está livre para decidir e não precisa motivar a sua decisão.

Ex.: Júri.

Sistema da Verdade da Legislação

Por esse sistema, o legislador pré-estabelece o valor de cada prova e o magistrado funciona como um intérprete em razão dos limites impostos pela lei.

Ex.: A exigência da perícia para demonstrar a existência do crime que deixar vestígios.

10.2 Provas em Espécies

10.2.1 Perícias (Considerações Gerais)

É o meio de prova em que o juiz vai se valer de especialistas em determinada área do conhecimento humano, pois ele é o perito do direito e não de todas as áreas de conhecimento.

Perito

É o especialista em determinada área do conhecimento humano que vai auxiliar o juiz por meio de seus saberes técnicos.

O perito deve ter nível superior completo.

> ***Art. 159, CPP.*** *O exame de corpo de delito e outras perícias serão realizados por perito oficial, portador de diploma de curso superior. Lei 11.690/2008.*

Até o ano de 2008, não era exigido aos peritos o diploma de curso superior, sendo assim, todos os que assumiram seus cargos por meio de aprovação em concurso público antes da alteração e não possuem nível superior continuam atuando, mas não podem realizar perícia, pois se passou a exigir o nível superior completo na área.

Classificação dos Peritos

Oficial: é o perito nomeado por meio de aprovação em concurso público; ele pode atuar isoladamente. Não precisa prestar o compromisso de bem e fielmente desempenhar o encargo toda vez que atua, pois já o fez quando entrou em exercício.

> ***Art. 159, § 2º, CPP.*** *Os peritos não oficiais prestarão o compromisso de bem e fielmente desempenhar o encargo.*

Não Oficial/Juramento: é a pessoa comum, portadora de diploma de nível superior, que é convocada a atuar como perito e compromissada a desempenhar esse encargo. Devem atuar em conjunto, ou seja, ao menos dois.

> ***Art. 159, § 1º, CPP.*** *Na falta de perito oficial, o exame será realizado por 2 (duas) pessoas idôneas, portadoras de diploma de curso superior preferencialmente na área específica, dentre as que tiverem habilitação técnica relacionada com a natureza do exame*

Laudo Pericial

O laudo pericial é o instrumento que formaliza a atuação do perito, apresentando ao juiz a percepção técnica do objeto periciado.

Prazo: 10 dias (prorrogáveis a requerimento do perito e por deliberação da autoridade).

> ***Art. 160, parágrafo único, CPP.*** *O laudo pericial será elaborado no prazo máximo de 10 dias, podendo esse prazo ser prorrogado, em casos excepcionais, a requerimento dos peritos.*

É admitido que o perito acesse os autos do IP ou do processo, visando assim a uma melhor elaboração do laudo.

Conteúdo do Laudo Pericial:

1º Preâmbulo

- Classificação do Perito.
- Indicação do objeto da perícia.

2º Esboço do Fato

- É a narração daquilo que os peritos perceberam sensorialmente.

3º Esboço Crítico

- É a aplicação dos conhecimentos técnicos aos fatos percebidos sensorialmente.

4º Resposta aos Quesitos

- São as perguntas que podem ser formuladas pelo MP, assistente de acusação, ofendido, querelante, acusado e também pelo juiz e que serão respondidas pelos peritos.

> ***Art. 159, § 3º, CPP.*** *Serão facultadas ao Ministério Público, ao assistente de acusação, ao ofendido, ao querelante e ao acusado a formulação de quesitos e indicação de assistente técnico.*

A doutrina majoritária entende que, nas perícias realizadas durante o IP, a defesa não pode formular quesitos, pois é um procedimento inquisitivo, ou seja, não comporta contraditório nem ampla-defesa.

A lei segue a mesma linha, pois, analisando o Art. 159 na íntegra, não encontramos nenhuma hipótese em que seja disponibilizado esse direito à defesa.

5º Autenticação

- Data e assinatura dos peritos.

6º Divergência entre os Peritos

- Caso a perícia seja realizada por mais de um perito, e possível que eles tenham conclusões conflitantes, e, quando isso acontecer, poderão realizar laudos individuais ou confeccionar um único laudo, porém, devem deixar claros os motivos da divergência. Caso isso aconteça, o juiz poderá resolver a celeuma da seguinte forma:
  - Nomear um 3º perito para solucionar a divergência.
  - Determinar uma nova perícia com a intervenção de outros peritos.

> ***Art. 180, CPP.*** *Se houver divergência entre os peritos, serão consignadas no auto do exame as declarações e respostas de um e de outro, ou cada um redigirá separadamente o seu laudo, e a autoridade nomeará um terceiro; se este divergir de ambos, a autoridade poderá mandar proceder a novo exame por outros peritos.*

Sistema de apreciação do Laudo

- O Brasil adota o sistema LIBERATÓRIO de apreciação do laudo, o que significa que o juiz é livre para decidir, podendo até mesmo contrariar a decisão, desde que de forma motivada.

> ***Art. 182, CPP.*** *O juiz não ficará adstrito ao laudo, podendo aceitá-lo ou rejeitá-lo, no todo ou em parte.*

Cadeia de custódia

Uma das mais importantes novidades incorporadas ao Código de Processo Penal pelo Pacote Anticrime (Lei 13.964/2019), a cadeira de custódia consiste no **conjunto de todos os procedimentos utilizados para manter e documentar a história cronológica do vestígio coletado em locais ou em vítimas de crimes, para rastrear sua posse e manuseio a partir de seu reconhecimento até o descarte**.

Vestígio, para efeito da cadeia de custódia, é todo objeto ou material bruto, visível ou latente, constatado ou recolhido, que se relaciona à infração penal.

Seu início se dá com a preservação do local de crime ou com procedimentos policiais ou periciais nos quais seja detectada a existência de vestígio, sendo que o agente público que reconhecer um elemento como de potencial interesse para a produção da prova pericial fica responsável por sua preservação.

Nos termos do art. 158-B do CPP, a cadeia de custódia compreende o rastreamento do vestígio nas seguintes etapas:

reconhecimento	ato de **diferenciar um elemento como de potencial interesse** para a produção da prova pericial;
isolamento	ato de **evitar que se altere o estado das coisas**, devendo isolar e preservar o ambiente imediato, mediato e relacionado aos vestígios e local de crime;
fixação	**descrição detalhada do vestígio** conforme se encontra no local de crime ou no corpo de delito, e a sua posição na área de exames, podendo ser ilustrada por fotografias, filmagens ou croqui, sendo indispensável a sua descrição no laudo pericial produzido pelo perito responsável pelo atendimento;
coleta	ato de **recolher o vestígio** que será submetido à análise pericial, respeitando suas características e natureza;
acondicionamento	procedimento por meio do qual **cada vestígio coletado é embalado de forma individualizada**, de acordo com suas características físicas, químicas e biológicas, para posterior análise, com anotação da data, hora e nome de quem realizou a coleta e o acondicionamento;
transporte	ato de **transferir o vestígio de um local para o outro, utilizando as condições adequadas** (embalagens, veículos, temperatura, dentre outras), de modo a garantir a manutenção de suas características originais, bem como o controle de sua posse;
recebimento	ato formal de **transferência da posse do vestígio**, que deve ser documentado com, no mínimo, informações referentes ao número de procedimento e unidade de polícia judiciária relacionada, local de origem, nome de quem transportou o vestígio, código de rastreamento, natureza do exame, tipo do vestígio, protocolo, assinatura e identificação de quem o recebeu;
processamento	exame pericial em si, manipulação do vestígio de acordo com a metodologia adequada às suas características biológicas, físicas e químicas, a fim de se obter o resultado desejado, que deverá ser formalizado em laudo produzido por perito;
armazenamento	procedimento referente à guarda, em condições adequadas, do material a ser processado, guardado para realização de contraperícia, descartado ou transportado, com vinculação ao número do laudo correspondente;
descarte	procedimento referente à liberação do vestígio, respeitando a legislação vigente e, quando pertinente, mediante autorização judicial.

A coleta dos vestígios deverá ser realizada **preferencialmente por perito oficial**, que dará o encaminhamento necessário para a central de custódia, mesmo quando for necessária a realização de exames complementares.

Todos os vestígios coletados no decurso do inquérito ou processo devem ser tratados na forma determinada pela previsão legal da cadeia de custódia, ficando o órgão central de perícia oficial de natureza criminal responsável por detalhar a forma do seu cumprimento. Nesse sentido, é proibida a entrada em locais isolados bem como a remoção de quaisquer vestígios de locais de crime antes da liberação por parte do perito responsável, sendo tipificada como fraude processual a sua realização.

Em relação ao recipiente para acondicionamento do vestígio, o art. 158-D do CPP prevê que sua determinação dependerá da natureza do material. De todo modo, todos os recipientes deverão ser selados com lacres, com numeração individualizada, de forma a garantir a inviolabilidade e a idoneidade do vestígio durante o transporte, sendo que o recipiente deverá individualizar o vestígio, preservar suas características, impedir contaminação e vazamento, ter grau de resistência adequado e espaço para registro de informações sobre seu conteúdo.

O recipiente só poderá ser aberto pelo perito que vai proceder à análise e, motivadamente, por pessoa autorizada. Após cada rompimento de lacre, deve constar na ficha de acompanhamento de vestígio o nome e a matrícula do responsável, a data, o local, a finalidade, bem como as informações referentes ao novo lacre utilizado. O lacre rompido deverá ser acondicionado no interior do novo recipiente.

Todos os **Institutos de Criminalística** (federal e estaduais) **deverão ter uma central de custódia** destinada à guarda e ao controle dos vestígios, e sua gestão deve ser vinculada diretamente ao órgão central de perícia oficial de natureza criminal. E **toda central de custódia** deve possuir os serviços de protocolo, com local para conferência, recepção, devolução de materiais e documentos, possibilitando a seleção, a classificação e a distribuição de materiais, devendo ser um espaço seguro e apresentar condições ambientais que não interfiram nas características do vestígio.

Na central de custódia, a entrada e a saída de vestígio deverão ser protocoladas, consignando-se informações sobre a ocorrência no inquérito que a eles se relacionam. Todas as pessoas que tiverem acesso ao vestígio armazenado deverão ser identificadas e deverão ser registradas a data e a hora do acesso.

Por ocasião da tramitação do vestígio armazenado, todas as ações deverão ser registradas, consignando-se a identificação do responsável pela tramitação, a destinação, a data e horário da ação.

Por fim, determina o art. 158-F do CPP que, após a realização da perícia, o material deverá ser devolvido à central de custódia, devendo nela permanecer. Caso a central de custódia não possua espaço ou condições de armazenar determinado material, deverá a autoridade policial ou judiciária determinar as condições de depósito do referido material em local diverso, mediante requerimento do diretor do órgão central de perícia oficial de natureza criminal.

10.3 Exame de Corpo Delito

Corpo de Delito: vestígios deixados vestígios deixados pelo crime, ou seja, é tudo aquilo que podemos perceber sensorialmente.

Exame de Corpo de Delito: perícia que tem por objeto analisar os vestígios deixados pelo crime.

Exame direto: é realizado diretamente sobre os vestígios do crime.

Exame indireto: não é realizado diretamente sobre os vestígios do crime. Nesse caso, é realizado sobre elementos acessórios para elaboração do laudo, como exemplo, uma oitiva de testemunha.

> ***Art. 176, CPP.*** *Não sendo possível exame direto ou indireto, a prova testemunhal suprirá a omissão.*

Segundo o STJ, o exame indireto é o ato do juiz de ouvir a testemunha, não se falando nesse caso da participação do perito.

A perícia nos vestígios do crime poderá ser realizada durante as 24 horas do dia (Art. 161, CPP. "O exame de corpo de delito poderá ser feito em qualquer dia e a qualquer hora."), devendo-se somente respeitar a inviolabilidade domiciliar (Art. 5º, XI da CF).

10.3.1 Autópsia

É a perícia que visa à identificação da causa da morte.

- É realizada, em regra, 6 horas após o óbito.
- Em razão da evidência da morte (ex: decapitação), esse prazo pode ser antecipado por meio da justificativa dos peritos

> ***Art. 162, CPP.*** *A autópsia será feita pelo menos seis horas depois do óbito, salvo se os peritos, pela evidência dos sinais de morte, julgarem que possa ser feita antes daquele prazo, o que declararão no auto.*

10.3.2 Exumação

É a perícia que tem por finalidade desenterrar o cadáver, seja porque o corpo foi enterrado sem autópsia, ou se for necessário complementar uma análise anteriormente realizada.

Quem pode autorizar:

- Juiz.
- Delegado.

10.3.3 Exame Complementar de Lesão Corporal

É a perícia que visa a atestar a lesão corporal, podendo ser complementada em duas situações:

- Para atestar a real gravidade da lesão em razão da alteração do estado de saúde da vítima.

Quando uma vítima de lesão corporal tem um membro do corpo debilitado permanentemente em virtude dessa lesão, isso indica um crime de lesão corporal grave, porém, com o passar de algum tempo, dessa mesma lesão resulta a amputação do mesmo membro, muda-se a tipificação do crime para lesão corporal gravíssima. Sendo assim, o exame é fundamental para que ocorra o aumento de pena, conforme previsto no art. 129 do CP.

- No crime de Lesão Corporal Grave por impossibilidade de desempenho das ocupações habituais por mais de 30 dias (Art. 129, § 1º, I do CP), deve ser realizado o exame complementar de lesão corporal para que o delito não seja desclassificado para lesão leve, para qual a pena é mais branda.

A prova testemunhal pode suprir a ausência do exame complementar em casos que já tenha ocorrido o desaparecimento dos vestígios do crime.

> ***Art. 167, CPP.*** *Não sendo possível o exame de corpo de delito, por haverem desaparecido os vestígios, a prova testemunhal poderá suprir-lhe a falta.*

10.3.4 Perícia Laboratorial

Em alguns casos, os exames periciais devem ser realizados em laboratório, com o uso de reagentes químicos, para que se atinja o resultado esperado.

Ex.: Exame para comprovar se determinada substância é droga ou não.

Nesses casos, é imprescindível que seja guardada amostra do produto periciado até o final do processo para, se for necessário, servir de contraprova.

> ***Art. 170, CPP.*** *Nas perícias de laboratório, os peritos guardarão material suficiente para a eventualidade de nova perícia. Sempre que conveniente, os laudos serão ilustrados com provas fotográficas ou microfotográficas, desenhos ou esquemas.*

10.3.5 Perícia em Objetos Relacionados a Crimes

É a perícia realizada em objetos destruídos, deteriorados ou que constituam produto ou proveito do crime. Pode ser decisiva para o cálculo da pena nos delitos de furto e de estelionato.

10.3.6 Exame Grafotécnico

É a perícia que tem a finalidade de identificar a autoria de determinada letra ou escrita.

O juiz pode se valer de todos os meios a sua disposição para produzir o material necessário à realização da perícia.

O juiz pode requisitar, de órgãos públicos e privados, documentos que, indiscutivelmente, foram produzidos pelo réu para, dessa forma, realizar a perícia.

Segundo o STF, a contribuição do réu com a autoridade, escrevendo aquilo que lhe for narrado, é mera faculdade, já que ninguém é obrigado a se autoincriminar.

10.3.7 Perícia nos Instrumentos do Crime

É a perícia realizada nos objetos utilizados para a prática do delito, visando a aferir se o objeto é apto ao fim almejado, pois se o meio é absolutamente ineficaz, estaremos diante de crime impossível.

Ex.: Perícia realizada numa arma de fogo para verificar se ela é apta a funcionar e se esse funcionamento é capaz de levar alguém a óbito.

10.3.8 Teste de Alcoolemia

Bafômetro / Etilômetro: Nenhuma pessoa pode ser obrigada a realizar tal exame, pois ninguém é obrigado a produzir prova contra si mesmo. Entretanto, a polícia poderá utilizar de qualquer outro meio para atestar a embriaguez.

Exame de sangue: As vítimas fatais de acidente de trânsito serão submetidas obrigatoriamente a esse exame, por disposição do Art. 3º da resolução 206/06 do **Contran**.

10.4 Interrogatório

É o momento processual no qual o juiz e também as partes farão perguntas ao réu, e também quando este poderá exercitar a sua ampla-defesa, apresentando, se quiser, a sua versão dos fatos pelos quais está sendo acusado.

10.4.1 Natureza

Por ser um meio de defesa, oportunizar o interrogatório é obrigatório sob pena de nulidade absoluta.

10.4.2 Procedimento

Direito de entrevista preliminar reservada

O réu tem o direito de ser orientado previamente pelo seu advogado, na expectativa de que tome conhecimento do que está por vir e de como se comportar durante a audiência.

> ***Art. 185, § 5º, CPP.*** *Em qualquer modalidade de interrogatório, o juiz garantirá ao réu o direito de entrevista prévia e reservada com o seu defensor; se realizado por videoconferência, fica também garantido o acesso a canais telefônicos reservados para comunicação entre o defensor que esteja no presídio e o advogado presente na sala de audiência do Fórum, e entre este e o preso.*

Presença do advogado no interrogatório

- Obrigatório.
- Nulidade absoluta (Súmula 523, STF).

Interrogatório do réu preso.

- Ida do Juiz ao estabelecimento prisional (é a regra)

  > **Art. 185, § 1º, CPP.** *O interrogatório do réu preso será realizado, em sala própria, no estabelecimento em que estiver recolhido, desde que estejam garantidas a segurança do juiz, do membro do Ministério Público e dos auxiliares bem como a presença do defensor e a publicidade do ato.*

- Ida do réu ao fórum.
- Vídeo conferência (§ 2º e seus incisos, Art. 185 do CPP).

→ **Hipóteses**

- Havendo risco à segurança pública
  - Risco de fuga.
  - Réu que integra organização criminosa.
  - Risco de intimidação da vítima ou da testemunha.
  - Risco da ordem pública.
- Impossibilidade de deslocamento do preso
  - Doença.
  - Idade avançada.

10.4.3 Interrogatório da Pessoa Jurídica

Atualmente, a pessoa jurídica pode ser autora de crime, no caso de delitos ambientais. Sendo assim, ela será ré em um processo criminal e também poderá ser interrogada, mas o interrogatório da pessoa jurídica se dará por meio de um preposto (advogado) de seus diretores ou dos seus sócios administradores, e essas declarações serão vinculadas à ré.

10.5 Ofendido

É a vítima identificada do suposto crime. Ela presta as suas declarações contribuindo para solucionar o fato.

Sempre que possível, o ofendido será qualificado e perguntado sobre as circunstâncias da infração, quem seja ou presuma ser o seu autor, as provas que possa indicar, tomando-se por termo as suas declarações.

Se o intimado para esse fim deixar de comparecer sem motivo justo, o ofendido poderá ser conduzido à presença da autoridade e ainda responderá criminalmente por desobediência.

10.5.1 Direitos do Ofendido

O ofendido será comunicado dos atos processuais relativos ao ingresso e à saída do acusado da prisão; à designação de data para audiência; e à sentença e respectivos acórdãos que a mantenham ou modifiquem.

As comunicações ao ofendido deverão ser feitas no endereço por ele indicado, admitindo-se, por opção do ofendido, o uso de meio eletrônico.

Antes do início da audiência e durante a sua realização, será reservado espaço separado para o ofendido. Se o juiz entender necessário, poderá encaminhá-lo para atendimento multidisciplinar, especialmente nas áreas: psicossocial, de assistência jurídica e de saúde, a expensas do ofensor ou do Estado.

O juiz tomará as providências necessárias à preservação da intimidade, vida privada, honra e imagem do ofendido, podendo, inclusive, determinar o segredo de justiça em relação aos dados, depoimentos e outras informações constantes dos autos a seu respeito para evitar sua exposição aos meios de comunicação.

Compromisso de dizer a verdade: não há compromisso de dizer a verdade, pois o ofendido não é testemunha. Caso falte com a verdade de forma intencional, fazendo com que o réu seja injustamente processado, será responsabilizado criminalmente por Denunciação Caluniosa.

10.6 Testemunha

É a pessoa que percebeu sensorialmente (por meio dos sentidos: visão, audição, tato, etc.) o fato apurado no processo. Ela vai prestar declarações sobre essa situação ou sobre algum ato processual.

10.6.1 Princípios

Judicialidade

Para que um testemunho tenha aptidão de sustentar uma sentença, é necessário que ele seja produzido perante um juiz, pois, nesse momento, ele será submetido ao contraditório e à ampla defesa.

Retrospectividade

Os fatos narrados pela testemunha são relativos ao passado (nunca ao futuro).

Oralidade

Prevalece a palavra falada.

Exceção: algumas autoridades prestarão suas declarações por escrito e o juiz deve lhes encaminhar as perguntas previamente:

» Presidente da República.

» Vice-Presidente.

» Presidente do Senado.

» Presidente da Câmara dos Deputados.

» Presidente do STF.

Art. 204, CPP. *O depoimento será prestado oralmente, não sendo permitido à testemunha trazê-lo por escrito.*

Art. 221, § 1º, CPP. *O Presidente e o Vice-Presidente da República, os presidentes do Senado Federal, da Câmara dos Deputados e do Supremo Tribunal Federal poderão optar pela prestação de depoimento por escrito, caso em que as perguntas, formuladas pelas partes e deferidas pelo juiz, lhes serão transmitidas por ofício.*

Basta lembrarmo-nos das hipóteses de sucessão presidencial que não mais nos esqueceremos quem são as autoridades que poderão prestar suas declarações por escrito.

Recusas

Toda pessoa poderá ser testemunha, que não poderá eximir-se da obrigação de depor. Poderão, entretanto, recusar-se a fazê-lo o ascendente ou descendente, o afim em linha reta, o cônjuge, ainda que desquitado, o irmão e o pai, a mãe, ou o filho adotivo do acusado, salvo quando não for possível, por outro modo, obter-se ou integrar-se a prova do fato e de suas circunstâncias.

Caso esses parentes do réu sejam a única fonte de prova, então, serão obrigados a figurar como testemunha, não podendo exercer a recusa, porém não serão obrigadas a dizer a verdade.

Impedimentos

Algumas pessoas, devido à função, ministério, ofício ou profissão exercida na sociedade, estarão impedidas por lei de funcionar como testemunha, devendo guardar segredo dos fatos que tomam conhecimento. São elas:

> **Pessoas que exercem Ministério**

» Atividade religiosa.

» Atividade de assistência social.

» Advogados.

» Médicos.

» Tutores.

» Curadores.

As pessoas impedidas poderão, excepcionalmente, funcionar como testemunhas se forem autorizadas pelo interessado e se assim desejarem. Nesse caso, se elas mentirem, responderão por falso testemunho, já que estarão compromissadas com a verdade.

Art. 207, CPP. *São proibidas de depor as pessoas que, em razão de função, ministério, ofício ou profissão, devam guardar segredo, salvo se, desobrigadas pela parte interessada, quiserem dar o seu testemunho.*

> **Demais Impedimentos**

» Juízes e membros do MP: estão impedidos de atuar funcionalmente no processo e funcionar como testemunha nele.

» Corréu: havendo pluralidade de réus, um não poderá testemunhar nem a favor nem contra os demais.

» Deputados e Senadores: essas autoridades não estão obrigadas a funcionar como testemunha em razão de fatos que tomaram conhecimento durante o desempenho das funções.

Número de Testemunhas

> **Procedimento comum ordinário:** 8 testemunhas.

> **Procedimento comum sumário:** 5 testemunhas.

> **Procedimento sumaríssimo:** 3 testemunhas.

> **2ª fase do júri:** 5 testemunhas.

Classificação das Testemunhas

> **Numerárias:**

São aquelas que integram o número legal (conforme estudado acima);, elas têm o compromisso de dizer a verdade.

> **Extranumerárias:**

Não integram o número legal, mas também têm o compromisso de dizer a verdade.

> **Informantes:**

São as pessoas que não prestam compromisso (Art. 208, CPP. *Não se deferirá o compromisso a que alude o Art. 203 aos doentes e deficientes mentais e aos menores de 14 (quatorze) anos, nem às pessoas a que se refere o Art. 206.*). São elas:

» Parentes do réu.

» Menores de 14 anos.

» Loucos.

> **Testemunha da coroa:**

De acordo com a lei, que disciplina o combate ao crime organizado, os agentes de polícia poderão atuar infiltrados em organização criminosa por decisão judicial motivada, e, caso presenciem um crime, poderão funcionar como testemunha.

> **Testemunha direta:**

É a testemunha que presta declaração sobre o fato principal da causa, sem que tenha havido nenhum tipo de interferência na formação da sua percepção.

> **Testemunha indireta:**

É aquela que não teve uma percepção sensorial do fato, e sim acidental, ou seja, é que ouviu dizer alguma coisa da situação.

> **Testemunha própria:**

É aquela que presta declaração sobre o fato a ser provado.

> **Testemunha imprópria / instrumentária / Federativa:**

É a que concede declaração sobre um ato da persecução penal.

Ex.: testemunha instrumental da prisão em flagrante.

> **Laudador / testemunha de beatificação:**

É a testemunha que presta declaração sobre os antecedentes do réu.

Deveres da Testemunha

Comparecer: o não comparecimento acarretará:

» Condução coercitiva.

» Pagamento de multa.

» Pagar as custas da diligência.

» Responsabilidade criminal por desobediência.

Art. 218, CPP. *Se, regularmente intimada, a testemunha deixar de comparecer sem motivo justificado, o juiz poderá requisitar à autoridade policial a sua apresentação ou determinar que seja conduzida por oficial de justiça, que poderá solicitar o auxílio da força pública.*

Art. 219, CPP. *O juiz poderá aplicar à testemunha faltosa a multa prevista no art. 453, sem prejuízo do processo penal por crime de desobediência, e condená-la ao pagamento das custas da diligência.*

> **Dizer a Verdade**

» Dizer a verdade.

» Não calar a verdade.

» Não negar a verdade.

Caso a testemunha não cumpra com o compromisso, cometerá o crime de Falso Testemunho.

> **Informar sobre qualquer mudança** de endereço no prazo de um ano a contar da data que a testemunha foi ouvida.

Se a testemunha não informar sua mudança de endereço e for convocada novamente pela autoridade, será considerada testemunha faltante e, assim, sofrerá todas as consequências por sua falta: condução coercitiva, pagar as custas da diligência, pagar multa, e ainda será responsabilizada criminalmente por desobediência.

Art. 224, CPP. *As testemunhas comunicarão ao juiz, dentro de um ano, qualquer mudança de residência, sujeitando-se, pela simples omissão, às penas do não comparecimento.*

Funcionários Públicos e Militares

Deve o oficial de justiça notificar o respectivo funcionário público e o chefe da repartição para que ele providencie a substituição do funcionário no dia da sua ausência, em homenagem ao princípio da continuidade do serviço público.

Já o militar será convocado por meio do seu superior, em respeito à hierarquia e para evitar que o oficial de justiça transite no quartel, respeitando-se a respectiva inviolabilidade do quartel.

Art. 221, §§ 2º e 3º, CPP. *Os militares deverão ser requisitados à autoridade superior. Aos funcionários públicos aplicar-se-á o disposto no art. 218, devendo, porém, a expedição do mandado ser imediatamente comunicada ao chefe da repartição em que servirem, com indicação do dia e da hora marcados.*

10.7 Reconhecimento de Pessoas e Objetos

É o meio de prova que tem por finalidade identificar se determinada pessoa ou objeto teve algum tipo de ligação com o crime apurado no processo. Sendo assim, alguém que já tenha visto uma coisa ou outra será chamado a identificá-lo.

10.7.1 Reconhecimento de Pessoas

Por meio deste expediente, busca-se identificar não somente o infrator, mas, em alguns casos, até mesmo a vítima e as testemunhas

Procedimento

Art. 226, I, CPP. *a pessoa que tiver de fazer o reconhecimento será convidada a descrever a pessoa que deva ser reconhecida;*

Art. 226, II, CPP. *a pessoa, cujo reconhecimento se pretender, será colocada, se possível, ao lado de outras que com ela tiverem qualquer semelhança, convidando-se quem tiver de fazer o reconhecimento a apontá-la;*

10.7.2 Reconhecimento de Objetos

Se for necessário proceder ao reconhecimento de objetos que tenham algum tipo de vínculo com o crime, se adotará o mesmo procedimento realizado para reconhecer uma pessoa (Art. 227, CPP. *No reconhecimento de objeto, proceder-se-á com as cautelas estabelecidas no artigo anterior, no que for aplicável.*).

É possível o reconhecimento de pessoas tanto por fotografias como também pela voz (modalidade de provas inominadas).

10.8 Acareação

É o meio de prova que tem por finalidade esclarecer divergências nas declarações de qualquer cidadão sobre fatos ou circunstâncias relevantes. A acareação pode se dar tanto entre acusados, acusado e testemunha, etc.

Art. 229, CPP. *A acareação será admitida entre acusados, entre acusado e testemunha, entre testemunhas, entre acusado ou testemunha e a pessoa ofendida, e entre as pessoas ofendidas, sempre que divergirem, em suas declarações, sobre fatos ou circunstâncias relevantes.*

Natureza: meio de prova.

Pressupostos: divergência substancial sobre fato ou circunstância relevante, prestada previamente pelos confrontantes.

Procedimento: os acareados serão convocados à presença da autoridade (juiz ou delegado). Na sequência, serão provocados pela autoridade a mudar ou ratificar o depoimento anteriormente prestado.

10.9 Documentos

É o papel ou meio digital, fotográfico, etc, que tem por finalidade transmitir uma informação.

10.9.1 Classificação

Instrumento

É o documento produzido com a finalidade de provar algo.

Ex.: Um comprovante de pagamento, declaração do IR.

Documentos Eventuais

Não possuem a finalidade de provar nada, mas, excepcionalmente, podem funcionar como prova.

Ex.: Uma foto familiar.

Documentos Originais

São aqueles produzidos na fonte.

Cópias

É uma cópia do original.

Públicos

São produzidos por funcionário público no seu exercício funcional.

Particular

É confeccionado por particular ou até mesmo por funcionário público, estando este fora do seu exercício funcional.

10.9.2 Momento de Produção

A qualquer momento da persecução penal.

Quem pode produzir documento:

> Acusação.

> Defesa.

> Juiz (ex-ofício).

> Delegado (ex-ofício).

Tradução

Os documentos em língua estrangeira poderão ser traduzidos para que se obtenha a exata compreensão.

Segundo a doutrina, o que escrito em língua estrangeira, para que tenha valor de prova, deve ser traduzido para o português, respeitando-se assim o princípio da publicidade.

Restituição

Após a sentença transitar em julgado, será possível a devolução dos documentos originais ao proprietário, adotando-se o seguinte procedimento:

> Requerimento do proprietário.

> Prévia oitiva do MP antes da decisão juiz.

> Se o juiz deferir o pedido, deve ficar cópia nos autos.

__Art. 238, CPP.__ Os documentos originais, juntos a processo findo, quando não exista motivo relevante que justifique a sua conservação nos autos, poderão, mediante requerimento, e ouvido o Ministério Público, ser entregues à parte que os produziu, ficando traslado nos autos.

10.10 Dos Indícios

__Art. 239, CPP.__ Considera-se indício a circunstância conhecida e provada, que, tendo relação com o fato, autorize, por indução, concluir-se a existência de outra ou outras circunstâncias.

Ex.: Alguém passeia pela rua e se depara com uma pessoa com a roupa suja de sangue e uma faca na mão. Essa pessoa passa pela outra correndo e, após alguns metros, encontra um cidadão caído no chão com várias facadas no corpo. Pode-se concluir, logicamente, que aquela primeira que passou com a faca cometeu a agressão, mesmo que não se tenha visto o crime acontecer.

Indício negativo: É aquele que contradiz a conclusão extraída, ou seja, é o álibi.

10.11 Busca e Apreensão

Busca: é a procura de uma determinada pessoa ou de um objeto do rol do Art. 240 do CPP.

Apreensão: é resultante da busca bem sucedida, em que se apreende a respectiva pessoa ou objeto procurado.

Para a doutrina moderna, a busca e apreensão seria uma medida cautelar, que tem por finalidade prospectar objetos ou pessoas.

Momento: pode ser produzida a qualquer momento, antes, durante ou até mesmo após a persecução penal, ou seja, durante a execução da pena.

10.11.1 Modalidades

Busca Domiciliar

É a diligência realizada num domicílio ou residência determinados.

O que é casa?

Segundo o Art. 150 do CP, casa é qualquer ambiente de ocupação individual ou coletiva onde se possa invocar a intimidade.

Em qual horário pode ser realizada a Busca Domiciliar?

Durante o dia (das 6h às 18 horas), de acordo com o horário de cada localidade.

Se a diligência começar durante o dia, poderá se estender pela noite, desde que exista proporcionalidade. Caso contrário, deve ser interrompida.

A busca pode ser realizada aos sábados, domingos e feriados?

Pode, não há obstáculo algum.

Procedimento

> **Decretação**: Juiz.

> **Apresentação do mandado**:

A autoridade que preside a diligência deverá apresentar o respectivo mandado.

Caso o juiz realize o ato pessoalmente, estará dispensado da apresentação do mandado, o que não acontece com os delegados e, assim sendo, o Art. 244 do CPP, nesse item, está tacitamente revogado.

> **Mandado genérico**:

É aquele que não especifica concretamente o local, objeto ou pessoa que está sendo procurado, ou seja, nesse caso a busca é ilícita.

> **Busca e apreensão em escritório de advocacia**:

De acordo com o preceituado no Art. 7º do Estatuto da OAB, a diligência será acompanhada por um advogado indicado pela própria ordem e, segundo o STF, se a OAB for provocada e se omitir, a diligência acontecerá sem a presença do advogado.

Busca e apreensão pessoal

É a busca realizada no corpo da pessoa, abrangendo os objetos na sua esfera imediata de domínio: roupas, mochilas, automóveis. É a famosa "GERAL".

Requisitos: Ordem judicial motivada.

> **Dispensa da ordem judicial:**
> - Efetivação da prisão.
> - No cumprimento da busca domiciliar.
> - Fundada suspeita de que o indivíduo esteja com armas ou objetos que integram o corpo de delito.

Busca pessoal em mulher:

Será feita, preferencialmente, por outra mulher. Em casos de extrema urgência e necessidade, para que não se retarde ou traga prejuízo à diligência, poderá ser feita por um homem (Art. 249 do CPP: "A busca em mulher será feita por outra mulher, se não importar retardamento ou prejuízo da diligência.")

Inviolabilidade das correspondências e a Busca e Apreensão

Quanto às correspondências, devemos analisar os seguintes aspectos:

Correspondência aberta: comporta a medida.

Correspondência fechada: não comporta a medida (Art. 5º, XII da CF).

O STF entende que a correspondência fechada do preso pode ser fiscalizada pela administração penitenciária, pois o direito a intimidade não pode ser usado para a prática de crimes por quem está preso.

Questões

01. (CESPE - 2018) João integra uma organização criminosa que, além de contrabandear e armazenar, vende, clandestinamente, cigarros de origem estrangeira nas ruas de determinada cidade brasileira.

A partir dessa situação hipotética, julgue os itens subsequentes.

A busca no depósito onde estão armazenados os cigarros contrabandeados será precedida da expedição de um mandado de busca e apreensão, que deverá incluir vários itens, sendo imprescindíveis apenas a indicação precisa do local da diligência e a assinatura da autoridade que expedir esse documento.

Certo ( ) Errado ( )

02. (CESPE - 2018) Depois de adquirir um revólver calibre 38, que sabia ser produto de crime, José passou a portá-lo municiado, sem autorização e em desacordo com determinação legal. O comportamento suspeito de José levou-o a ser abordado em operação policial de rotina. Sem a autorização de porte de arma de fogo, José foi conduzido à delegacia, onde foi instaurado inquérito policial. Tendo como referência essa situação hipotética, julgue os itens seguintes.

Caso declarações de José sejam divergentes de declarações de testemunhas da receptação praticada, poderá ser realizada a acareação, que é uma medida cabível exclusivamente na fase investigatória.

Certo ( ) Errado ( )

03. (CESPE - 2018) Em atendimento ao princípio da legalidade, no processo penal brasileiro são inadmissíveis provas não previstas expressamente no CPP.

Certo ( ) Errado ( )

04. (CESPE - 2017) De acordo com o princípio do livre convencimento motivado, a decisão judicial condenatória poderá ser fundamentada exclusivamente nos elementos probatórios coletados durante o inquérito policial.

Certo ( ) Errado ( )

05. (CESPE - 2017) Acerca dos sistemas de apreciação de provas e da licitude dos meios de prova, julgue o item subsequente. Embora o ordenamento jurídico brasileiro tenha adotado o sistema da persuasão racional para a apreciação de provas judiciais, o CPP remete ao sistema da prova tarifada, como, por exemplo, quando da necessidade de se provar o estado das pessoas por meio de documentos indicados pela lei civil.

Certo ( ) Errado ( )

Gabaritos

01	ERRADO
02	ERRADO
03	ERRADO
04	ERRADO
05	CERTO

11. DA PRISÃO, DAS MEDIDAS CAUTELARES E DA LIBERDADE PROVISÓRIA

11.1 O que é Prisão?

É uma restrição à liberdade de ir e vir (liberdade ambulatorial ou de locomoção), por meio do recolhimento ao cárcere.

11.1.1 Constitucionalidade das Prisões

> ***Art. 5º, LXI, CF.*** *Ninguém será preso senão em flagrante delito ou por ordem escrita e fundamentada de autoridade judiciária competente, salvo nos casos de transgressão militar ou crimes propriamente militares definidos em lei.*

Assim sendo, exceto nas transgressões militares, a prisão só ocorrerá, em regra, por ordem escrita e fundamentada do juiz competente e, excepcionalmente, nos casos de flagrante delito. Somente o juiz pode decretar a prisão de alguém e mais nenhuma outra autoridade.

11.1.2 Princípio da Presunção de Inocência Durante a Prisão Cautelar

> ***Art. 5º, LVII, CF.*** *Ninguém será considerado culpado até o trânsito em julgado de sentença penal condenatória.*

Com base nessa norma, o STF consagrou o entendimento de que o princípio da presunção de inocência se estende até a sentença condenatória transitar em julgado, e, antes desse marco, a prisão é exceção que só se justifica naquelas situações expressamente consagradas em lei.

11.1.3 Modalidades de Prisão

Prisão Pena: é aquela que decorre do trânsito em julgado de uma sentença condenatória.

Prisão sem pena (Processual / Provisória / Cautelar): é modalidade de prisão cabível à persecução penal, ou seja, durante o inquérito policial e também durante o processo penal, e antes do trânsito em julgado da sentença penal condenatória.

> Prisão em Flagrante.

> Prisão Preventiva.

> Prisão Temporária.

11.2 Prisões processuais

11.2.1 Prisão em Flagrante

É a prisão cautelar de natureza administrativa que funciona como ferramenta de preservação social, autorizando a captura daquele que é surpreendido no instante em que pratica ou termina de concluir a infração penal. Caracteriza-se pela imediatidade entre o crime e a prisão. Essa modalidade de prisão comporta várias delas, e, a seguir, exemplificaremos cada hipótese de flagrante, conforme o que vem sendo cobrado nos principais concursos do país.

Modalidades de Flagrante

Existem várias modalidades de flagrantes; elas são estabelecidas nas leis, nas doutrinas e também na jurisprudência. A seguir, veremos cada uma delas:

Flagrante Obrigatório ou Compulsório

É o flagrante imposto pela lei às forças policiais (polícia militar e civil), ou seja, é um dever funcional do policial a realização da prisão em flagrante sempre que necessário, e, caso o policial não cumpra com o seu dever, ele é responsabilizado tanto na esfera criminal quanto na administrativa.

> ***Art. 301*** *do CPP. Qualquer do povo poderá e as autoridades policiais e seus agentes deverão prender quem quer que seja encontrado em flagrante delito.*

Flagrante Facultativo

É a possibilidade da realização da prisão em flagrante por qualquer do povo, pois a lei nos traz que, enquanto as forças policiais têm a obrigação de prender em flagrante, aquele pode realizar a prisão em flagrante. Quando uma pessoa comum do povo a realiza, ela está amparada pelo excludente de ilicitude denominado exercício regular de direito.

> ***Art. 301*** *do CPP. Qualquer do povo poderá e as autoridades policiais e seus agentes deverão prender quem quer que seja encontrado em flagrante delito.*

Flagrante Próprio (Real / Perfeito / Propriamente dito)

Tem cabimento em duas hipóteses:

> Quando o agente está cometendo o delito, ou seja, está em plena prática dos atos executórios.

Ex.: O agente saca uma faca e parte na direção de outra pessoa na tentativa de produzir lesões corporais, entretanto, antes que consiga ter sucesso é surpreendido pela polícia ou por terceiro que lhe domina e lhe dá a voz de prisão.

> Acaba de cometer o delito, isto é, o agente terminou de concluir a prática da infração penal, ficando evidente que é o autor do crime. Apesar do delito já ter se consumado, o agente ainda continua no local do crime, e por isso pode ser preso. Caso o autor consiga sair do de lá, o flagrante não será mais próprio.

O agente saca uma faca e parte na direção de outra pessoa na tentativa de produzir um homicídio; consegue, então, desferir os golpes e provocar a morte da vítima. Imediatamente a isso e antes de conseguir empreender fuga, o assassino é surpreendido ainda no local do crime pela polícia ou por terceiros e é preso.

> ***Art. 302, I e II, CPP.*** *Considera-se em flagrante delito quem:*
> ***I.*** *Está cometendo a infração penal;*
> ***II.*** *Acaba de cometê-la;*

Flagrante Impróprio (Irreal / Imperfeito / Quase flagrante)

É a espécie de flagrante que ocorre quando o criminoso conclui o crime ou é interrompido pela chegada de terceiros e foge, sem ser preso no local, fazendo com que se inicie uma perseguição, seja pela polícia, pela vítima ou por terceiro.

Ex.: O agente dispara vários tiros de arma de fogo contra a vítima, sai da casa desta com a arma na mão e logo após é visto pela polícia que estava de patrulha na região. Inicia-se, então, uma perseguição que acaba resultando na prisão do agente.

Art. 301, III, CP. *Considera-se em flagrante delito quem:*

III. *É perseguido, logo após, pela autoridade, pelo ofendido ou por qualquer pessoa, em situação que faça presumir ser autor da infração.*

→ **Notas quanto à Perseguição:**

Tanto a polícia quanto qualquer pessoa do povo podem prender alguém em flagrante. Sendo assim, será caracterizada a perseguição quando o perseguidor, por informação própria ou de terceiro, logo após o crime, descobrir que o criminoso partiu em determinada direção e, a partir daí, seguir em seu encalço.

Não há prazo pré-fixado em lei. A perseguição se estende pelo tempo que for necessária, mesmo que não exista contato visual. Ela não pode ser interrompida; existe um mito quanto a um prazo para a perseguição, que seria de 24 horas.

Esse prazo não existe e a perseguição pode durar o tempo que for necessária, como exemplo, um mês, um ano. Ela só não pode ser interrompida.

Parte da doutrina entende que a invasão domiciliar só se justifica no flagrante próprio, sendo assim, em qualquer outra modalidade de flagrante, incluindo esta, não poderá haver invasão domiciliar para realizar a prisão. Também adota essa posição a Polícia Federal (instrução normativa 1/92 publicada no Diário Oficial da União, do Diretor do Departamento de Polícia Federal):

Art. 73. *A autoridade policial somente procederá à busca domiciliar sem mandado judicial quando houver consentimento espontâneo do morador ou quando tiver certeza da situação de flagrância. (...) 73.2: Na segunda hipótese, é imprescindível ter-se certeza de que o delito está sendo praticado naquele momento.*

Flagrante presumido (Ficto ou Assimilado)

O criminoso é encontrado, logo depois de praticar o crime, com objetos, armas ou papéis que faça presumir ser ele o autor do delito. Nesse caso, não há perseguição.

Ex.: É o que acontece com frequência nos crimes patrimoniais, quando a vítima comunica à polícia a ocorrência de um roubo e a viatura sai pelas ruas próximas do bairro à procura do objeto subtraído, por exemplo. Então, o criminoso é encontrado de posse do bem logo após e a polícia lhe dá voz de prisão.

Art. 301, IV, CPP. *Considera-se em flagrante delito quem:*

IV. *É encontrado, logo depois, com instrumentos, armas, objetos ou papéis que façam presumir ser ele autor da infração.*

Flagrante Forjado

É o flagrante realizado para incriminar um inocente. A prisão é ilegal e o forjador irá responder criminalmente por denunciação caluniosa (Art. 339 do CP). E, caso o forjador seja um funcionário público, além da denunciação caluniosa, responde também por Abuso de Autoridade.

Alguém coloca na mochila de outra pessoa certa quantidade de entorpecente, para, abordando-o depois, conseguir dar voz de prisão em flagrante por transportar ou portar a droga.

Flagrante Esperado

Ocorre quando a polícia toma conhecimento da possibilidade da ocorrência de um crime, então, fica em campana, aguardando que se iniciem os primeiros atos executórios, na expectativa de concretizar a captura. Devido à falta de previsão legal do flagrante esperado, quando a tomada se concretiza, ele se transforma em flagrante próprio, sendo assim, essa é uma modalidade viável para autorizar a prisão em flagrante.

No flagrante esperado, a polícia em nada contribui com a prática do delito, ela simplesmente toma conhecimento do crime que está por vir e aguarda o delito acontecer para realizar a prisão. Não confundir com o flagrante preparado.

Flagrante Preparado (Provocado / Delito Putativo por Obra do Agente Provocador)

Ocorre quando o agente provocador (em regra, a polícia, podendo também ser terceiro) induz ou instiga alguém a cometer um crime. Não é admitido no Brasil, a prisão é ilegal, e o fato praticado não constitui crime, pois o é atípico, sendo a consumação da ação impossível, haja vista que, durante os atos executórios, haverá a prisão.

Súmula 145, STF. *Não há crime, quando a preparação do flagrante pela polícia torna impossível a sua consumação.*

Flagrante Postergado (Diferido / Estratégico / Ação Controlada)

Caracteriza-se pela possibilidade que a polícia (e somente ela) tem de retardar a prisão em flagrante, na expectativa de realizá-lo num momento mais adequado para a colheita de provas, para a captura do maior número de infratores e também a fim de conseguir o enquadramento no delito principal da facção criminosa. Ele é possível:

No Art. 2º *caput* e inciso II da Lei nº 9.034/95 – Crime Organizado

Art. 2º. *Em qualquer fase de persecução criminal, são permitidos, sem prejuízo dos já previstos em lei, os seguintes procedimentos de investigação e formação de provas:*

II. *A ação controlada, que consiste em retardar a interdição policial do que se supõe ação praticada por organizações criminosas ou a ela vinculado, desde que mantida sob observação e acompanhamento para que a medida legal se concretize no momento mais eficaz do ponto de vista da formação de provas e fornecimento de informações.*

Art. 53, Lei 11.343/06. *Tráfico de Drogas*

Art. 53. *Em qualquer fase da persecução criminal relativa aos crimes previstos nesta Lei, são permitidos, além dos previstos em lei, mediante autorização judicial e ouvido o Ministério Público, os seguintes procedimentos investigatórios:*

I. *A infiltração por agentes de polícia, em tarefas de investigação, constituída pelos órgãos especializados pertinentes;*

II. *A não atuação policial sobre os portadores de drogas, seus precursores químicos ou outros produtos utilizados em sua produção, que se encontrem no território brasileiro, com a finalidade de identificar e responsabilizar maior número de integrantes de operações de tráfico e distribuição, sem prejuízo da ação penal cabível.*

Parágrafo único. *Na hipótese do inciso II deste artigo, a autorização será concedida desde que sejam conhecidos o itinerário provável e a identificação dos agentes do delito ou de colaboradores.*

Dentre as modalidades de flagrante aqui estudadas, é importante ressaltar que estão previstos, no Código de Processo Penal, somente os flagrantes facultativo, obrigatório, próprio, impróprio e presumido.

Os flagrantes esperado, preparado e forjado são construções doutrinárias que caem com frequência em concursos públicos, conforme você poderá ver nos exercícios no final do capítulo.

O postergado não vem no Código Penal, mas tem previsão legal na lei que trata do crime organizado e também na Lei de Tráfico de Drogas.

Procedimento

Captura: é a restrição ao direito de locomoção que ocorre imediatamente ao crime.

Condução Coercitiva: é a apresentação do capturado à autoridade policial.

Formalização da Prisão: ocorre por meio da lavratura do auto de prisão em flagrante.

Recolhimento à Prisão: lavratura do Auto de Prisão em Flagrante.

Formalização

Observação quanto aos sujeitos envolvidos na Formalização:

» **Condutor:** quem captura o criminoso e o leva à autoridade policial.

» **Conduzido:** é o capturado.

» **Delegado:** é a autoridade que vai presidir a lavratura do auto de prisão em flagrante.

A autoridade que vai presidir a lavratura do auto é o delegado do local da prisão, e, caso não tenha um, o auto de prisão em flagrante será lavrado no local mais próximo onde haja delegado.

> ***Art. 308, CPP.*** *Não havendo autoridade no lugar em que se tiver efetuada a prisão, o preso será logo apresentado à do lugar mais próximo.*

É possível que o juiz presida a lavratura do auto de prisão em flagrante caso:

> O crime seja praticado contra ele.

> O crime seja realizado na presença dele.

É imprescindível que o juiz esteja no seu exercício funcional.

> ***Art. 307, CPP.*** *Quando o fato for praticado em presença da autoridade, ou contra esta, no exercício de suas funções, constarão do auto a narração deste fato, a voz de prisão, as declarações que fizer o preso e os depoimentos das testemunhas, sendo tudo assinado pela autoridade, pelo preso e pelas testemunhas e remetido imediatamente ao juiz a quem couber tomar conhecimento do fato delituoso, se não o for a autoridade que houver presidido o auto.*

Sequência dos Atos

Oitiva do Condutor

» Serão colhidas as declarações do condutor, e reduzidas a termo;

» Na sequência, é recolhida também a sua assinatura;

» E, por fim, ao condutor é entregue pelo delegado um recibo de entrega atestando que o preso lhe foi apresentado e também as condições físicas deste;

» É dispensado o condutor.

Art. 304, CPP, primeira parte. *Apresentado o preso à autoridade competente, ouvirá esta o condutor e colherá, desde logo, sua assinatura, entregando a este cópia do termo e recibo de entrega do preso.*

Oitiva das Testemunhas

Devem ser ouvidas ao menos duas testemunhas, as quais são chamadas de numerárias, porque elas têm conhecimento do fato ocorrido:

» Serão colhidas suas declarações e reduzidas a termo;

» Na sequência, serão recolhidas suas assinaturas;

» As testemunhas serão dispensadas.

> ***Art. 304, CPP, segunda parte e parte final.*** *Em seguida, procederá à oitiva das testemunhas que o acompanharem colhendo, após cada oitiva, suas respectivas assinaturas.*

Caso tenhamos apenas uma testemunha, o condutor funcionará como a segunda testemunha.

Se não tivermos nenhuma testemunha numerária, o auto será lavrado com a utilização de duas testemunhas instrumentais, ou seja, elas nada sabem sobre o crime, declarando apenas que presenciaram a apresentação do preso ao delegado. São também chamadas de testemunhas de apresentação ou fedatárias.

> ***Art. 304, § 2º, CPP.*** *A falta de testemunhas da infração não impedirá o auto de prisão em flagrante; mas, nesse caso, com o condutor, deverão assiná-lo pelo menos duas pessoas que hajam testemunhado a apresentação do preso à autoridade.*

Qualquer um pode ser uma testemunha instrumental, inclusive o delegado de polícia, pois, segundo o STJ, quem escolhe aquela não é a autoridade, é o destino.

Oitiva do Conduzido

Ao preso será informado o direito ao silêncio e também o de assistência, ou seja, de comunicar alguém da sua escolha que ele está preso.

Fundamentação legal:

> ***Art. 5º, LXIII, CF.*** *O preso será informado de seus direitos, entre os quais o de permanecer calado, sendo-lhe assegurada a assistência da família e de advogado.*

As declarações prestadas serão reduzidas a termo, ou seja, a escrito e o conduzido irá assinar as suas declarações. Caso o preso não saiba assinar, não queira ou não possa, a falta da sua assinatura será sanada com a utilização de duas testemunhas.

> ***Art. 304, § 3º, CPP.*** *Quando o acusado se recusar a assinar, não souber ou não puder fazê-lo, o auto de prisão em flagrante será assinado por duas testemunhas, que tenham ouvido sua leitura na presença deste.*

A presença do advogado não é necessária, nem obrigatória para a lavratura do auto de prisão em flagrante, ela é um direito e não uma obrigação.

Desfecho

Caso o delegado entenda que:

» O crime existiu;

» Que a captura foi legal;

» O conduzido é o responsável pelo crime.

Lavrará o auto de prisão em flagrante e o conduzido será recolhido ao cárcere, caso contrário, o auto não será lavrado e a prisão será relaxada.

> ***Art. 304, § 1º, primeira parte.*** *Resultando das respostas fundada a suspeita contra o conduzido, a autoridade mandará recolhê-lo à prisão.*

Comunicação da prisão

A prisão de qualquer pessoa deve ser comunicada imediatamente ao:

- Juiz competente;
- MP;
- Família do preso à pessoa por ele indicada.

> **Art. 306, CPP.** *A prisão de qualquer pessoa e o local onde se encontre serão comunicados imediatamente ao juiz competente, ao Ministério Público e à família do preso ou à pessoa por ele indicada.*

Em até 24 (vinte e quatro) horas após a realização da prisão, será encaminhado ao juiz competente o auto de prisão em flagrante e, caso o autuado não informe o nome de seu advogado, cópia integral para a Defensoria Pública.

> ***Art. 306, § 1º, CPP.*** *Em até 24 (vinte e quatro) horas após a realização da prisão, será encaminhado ao juiz competente o auto de prisão em flagrante e, caso o autuado não informe o nome de seu advogado, cópia integral para a Defensoria Pública.*
>
> ***Art. 306, § 2º, CPP.*** *No mesmo prazo, será entregue ao preso, mediante recibo, a nota de culpa, assinada pela autoridade que lavrou o auto, com o motivo da prisão, o nome do condutor e os das testemunhas, com o objeto de materializar a regra constitucional abaixo exposta.*
>
> ***Art. 5º, LXIV, CF.*** *O preso tem direito à identificação dos responsáveis por sua prisão ou por seu interrogatório policial.*

Após receber o auto de prisão em flagrante, no prazo máximo de até 24 horas após a realização da prisão, o juiz deverá promover audiência de custódia com a presença do acusado, seu advogado constituído ou membro da Defensoria Pública e o membro do Ministério Público, e, nessa audiência, o **juiz deverá, fundamentadamente**:

- Relaxar a prisão ilegal.
- Converter a prisão em flagrante em preventiva, quando cabível.
- Quando a prisão for legal, mas não for cabível a sua conversão em prisão preventiva será, então, concedida a liberdade provisória, com ou sem fiança.

Caso o juiz verifique, pelo auto de prisão em flagrante, que o agente praticou o fato amparado por causa excludente da ilicitude (previstas no art. 23º do Código Penal), poderá, fundamentadamente, conceder ao acusado liberdade provisória, mediante termo de comparecimento obrigatório a todos os atos processuais, sob pena de revogação.

De outro lado, se o juiz verificar que o agente é reincidente ou que integra organização criminosa armada ou milícia, ou que porta arma de fogo de uso restrito, deverá denegar a liberdade provisória, com ou sem medidas cautelares.

A autoridade que der causa, sem motivação idônea, à não realização da audiência de custódia no prazo de 24 horas responderá administrativa, civil e penalmente pela omissão.

Transcorridas as 24 horas após o decurso do prazo para realização da audiência de custódia sem motivação idônea ensejará também a ilegalidade da prisão, a ser relaxada pela autoridade competente, sem prejuízo da possibilidade de imediata decretação de prisão preventiva. **Cuidado! Essa previsão**, constante do art. 310º § 4º, do CPP, acrescentada pela Lei 13.694/2019, contudo, teve a **eficácia suspensa** por decisão do Supremo Tribunal Federal (ADI 6.305, rel. Min. Luiz Fux, j. 22.01.2020)

Prazo

A lei não fala nada quanto ao prazo da prisão em flagrante, entretanto, com a alteração sofrida recentemente pelo CPP, subentende-se que agora ela tem a duração de 24 horas, pois esse é o prazo que o juiz tem para analisá-la e, conforme for o caso, relaxá-la, convertê-la em prisão preventiva ou conceder a liberdade provisória.

Se a prisão em flagrante se estender por mais de 24 horas, ela se tornará ilegal e deverá ser relaxada.

Caso um militar seja preso em flagrante, após a lavratura do auto de prisão em flagrante, ele deverá ser conduzido a uma prisão militar.

> ***Art. 300**, parágro único, CPP. O militar preso em flagrante delito, após a lavratura dos procedimentos legais, será recolhido a quartel da instituição a que pertencer, onde ficará preso à disposição das autoridades competentes.*

Análise da Prisão em Flagrante em Alguns Casos Específicos

Em regra, a prisão em flagrante é possível para todos os crimes e contravenções. Destacaremos agora algumas situações especiais.

- **Crimes Permanentes**

Nessa hipótese, a prisão em flagrante pode ocorrer a qualquer tempo, enquanto perdurar a consumação, autorizando-se inclusive invasão domiciliar independente da hora do dia ou da noite.

- **Crimes de ação penal privada e de ação penal pública condicionada**

A lavratura do auto de prisão em flagrante depende de uma manifestação de vontade do legítimo interessado.

- **Infrações de menor potencial ofensivo (crimes com pena de até 2 anos e todas as contravenções comuns)**

Nessas hipóteses, o auto de prisão em flagrante é substituído pelo TCO (Termo Circunstanciado de Ocorrência), desde que o agente se comprometa a comparecer ao juizado, ou seja, imediatamente para lá encaminhado. Caso ele não aceite o compromisso, o APF será lavrado e o indivíduo recolhido ao cárcere.

- **Porte para uso de drogas e cultivo para uso próprio**

Nesse caso, o APF é substituído pelo TCO, mesmo que o capturado não assuma o compromisso de comparecer aos juizados, afinal, esses crimes não levam o criminoso à prisão.

- **Crimes Habituais**

É crime que exige reiteração de condutas para a sua consumação e pela dificuldade de constatarmos a habitualidade no momento da captura. O entendimento prevalente é de que não cabe flagrante.

11.3 Prisão Preventiva

É a medida cautelar de constrição da liberdade pessoal, cabível durante toda a persecução penal (IP + processo), decretada a requerimento do MP, do querelante, do assistente ou por representação da autoridade policial. Não tem prazo e se justifica na presença dos requisitos estabelecidos nos Art. 312º e 313º do CPP.

Preste atenção! Com a edição do Pacote Anticrime (Lei 13.964/2019) o juiz não tem mais o poder de decretar a prisão preventiva de ofício!

Requisitos

Fumus commissi delicti (fumaça da prática do crime): prova da materialidade e indícios de autoria.

Periculum libertatis *(perigo da liberdade): consiste na necessidade de demonstração do perigo gerado pelo estado de liberdade do imputado (terminologia acrescentada ao art. 312º do CPP pela Lei 13.964/2019), consistente na comprovação de ocorrência de uma das seguintes hipóteses para a decretação da prisão preventiva:*

Garantia da ordem pública: objetiva evitar que o agente continue a delinquir. Só pode ser aplicada quando, provavelmente, se possa concluir isso por meio dos seus antecedentes ou modo de vida.

Não justifica a decretação da prisão preventiva com base na garantia da ordem pública visando a proteger a integridade física do indiciado ou réu, tampouco com base no clamor social.

Garantia da ordem econômica: o objetivo é evitar a prática de novos delitos contra a ordem econômica.

Garantia da instrução criminal: é a prisão que tem por objetivo garantir a livre produção de provas.

Garantia da aplicação da lei penal: objetiva evitar a ocorrência de fugas. Caso o réu não compareça, injustificadamente, a um ato do processo, caberá condução coercitiva e não prisão preventiva.

Também é cabível a prisão preventiva quando houver descumprimento de qualquer das obrigações impostas por força das medidas cautelares previstas no Art. 319 do CPP.

> ***Art. 312º*** *§ 1º A prisão preventiva também poderá ser decretada em caso de descumprimento de qualquer das obrigações impostas por força de outras medidas cautelares (art. 282º § 4º). (Redação dada pela Lei nº 13.964, de 2019)*
>
> ***Art. 282º*** *§ 4º No caso de descumprimento de qualquer das obrigações impostas, o juiz, mediante requerimento do Ministério Público, de seu assistente ou do querelante, poderá substituir a medida, impor outra em cumulação, ou, em último caso, decretar a prisão preventiva, nos termos do parágrafo único do art. 312º deste Código. (Redação dada pela Lei nº 13.964, de 2019)*

Importante registrar que a decisão que decretar a prisão preventiva deve ser motivada e fundamentada em receio de perigo e existência concreta de fatos novos ou contemporâneos que justifiquem a aplicação da medida adotada.

Cabimento da Prisão Preventiva

> ***I.*** *Nos crimes dolosos punidos com pena privativa de liberdade máxima superior a 4 (quatro) anos.*
>
> ***II.*** *Se tiver sido condenado por outro crime doloso, em sentença transitada em julgado, ressalvado o disposto no inciso I do caput do art. 64 do Decreto-Lei nº 2.848, de 7 de dezembro de 1940 - Código Penal.*
>
> ***III.*** *Se o crime envolver violência doméstica e familiar contra a mulher, criança, adolescente, idoso, enfermo ou pessoa com deficiência, para garantir a execução das medidas protetivas de urgência.*

Também será admitida a prisão preventiva quando houver dúvida sobre a identidade civil da pessoa ou quando esta não fornecer elementos suficientes para esclarecê-la, devendo o preso ser colocado imediatamente em liberdade após a identificação, salvo se outra hipótese recomendar a manutenção da medida.

Importante registrar que **não será admitida a decretação da prisão preventiva com a finalidade de antecipação de cumprimento de pena ou como decorrência imediata de investigação criminal ou da apresentação ou recebimento de denúncia**.

Impossibilidade de Decretação da Prisão Preventiva

Havendo indícios nos autos da presença de uma excludente de ilicitude, o juiz estará impedido de decretar a prisão preventiva. Por analogia, a mesma regra é aplicada quando existirem, nos autos, indícios de excludente de culpabilidade.

Ademais, não será admitida a decretação da prisão preventiva com a finalidade de antecipação de cumprimento de pena ou como decorrência imediata de investigação criminal ou da apresentação ou recebimento de denúncia.

Fundamentação do Mandado

De acordo com o art. 93º, IX, da CF e com o art. 315º do CPP (modificado pela Lei 13.964/2019), a decisão que decretar, substituir ou denegar a prisão preventiva será sempre motivada e fundamentada. Na motivação da decretação da prisão preventiva ou de qualquer outra cautelar, o juiz deverá indicar concretamente a existência de fatos novos ou contemporâneos que justifiquem a aplicação da medida adotada.

Não se considera fundamentada qualquer decisão judicial, seja ela interlocutória, sentença ou acórdão, que:

> ***I.*** *limitar-se à indicação, à reprodução ou à paráfrase de ato normativo, sem explicar sua relação com a causa ou a questão decidida;*
>
> ***II.*** *empregar conceitos jurídicos indeterminados, sem explicar o motivo concreto de sua incidência no caso;*
>
> ***III.*** *invocar motivos que se prestariam a justificar qualquer outra decisão;*
>
> ***IV.*** *não enfrentar todos os argumentos deduzidos no processo capazes de, em tese, infirmar a conclusão adotada pelo julgador;*
>
> ***V.*** *limitar-se a invocar precedente ou enunciado de súmula, sem identificar seus fundamentos determinantes nem demonstrar que o caso sob julgamento se ajusta àqueles fundamentos;*
>
> ***VI.*** *deixar de seguir enunciado de súmula, jurisprudência ou precedente invocado pela parte, sem demonstrar a existência de distinção no caso em julgamento ou a superação do entendimento.*

Tempo da Prisão Preventiva

Não há prazo definido em lei acerca da duração da prisão preventiva, e se estende no tempo enquanto houver necessidade, que é dosada pela presença de seus requisitos legais. O juiz poderá, de ofício ou a pedido das partes, revogar a prisão preventiva se, no correr da investigação ou do processo, verificar a falta de motivo para que ela subsista, bem como novamente decretá-la, se sobrevierem razões que a justifiquem.

De todo modo, uma vez decretada a prisão preventiva, deverá o órgão emissor da decisão revisar a necessidade de sua manutenção a cada 90 dias, mediante decisão fundamentada, de ofício, sob pena de tornar a prisão ilegal.

11.4 Prisão Temporária (Lei 7.960/89)

É a prisão cautelar cabível apenas ao longo do IP, decretada pelo juiz a requerimento do MP ou por representação da autoridade policial (o juiz não pode decretar a medida de ofício e também não pode ser requerida pelo querelante nos casos de ação penal privada), com prazo pré-estabelecido em lei, uma vez presente os requisitos do Art. 1º da Lei 7.960/89.

→ **Prisão Temporária:**

- É a prisão cautelar.
- Cabível apenas ao longo do IP.
- Decretada pelo juiz.
- Requerida pelo MP ou pelo delegado.
- Com prazo pré-estabelecido em lei.
- Uma vez presente os seus requisitos.

Cabimento

Art. 1º da Lei 7.960/89. *Caberá prisão temporária:*

I. *quando imprescindível para as investigações do inquérito policial;*

II. *quando o indicado não tiver residência fixa ou não fornecer elementos necessários ao esclarecimento de sua identidade;*

III. *quando houver fundadas razões, de acordo com qualquer prova admitida na legislação penal, de autoria ou participação do indiciado nos seguintes crimes:*

a) *homicídio doloso (art. 121, caput, e seu § 2°);*

b) *sequestro ou cárcere privado (art. 148, caput, e seus §§ 1° e 2°);*

c) *roubo (art. 157, caput, e seus §§ 1°, 2° e 3°);*

d) *extorsão (art. 158, caput, e seus §§ 1° e 2°);*

e) *extorsão mediante sequestro (art. 159, caput, e seus §§ 1°, 2° e 3°);*

f) *estupro (art. 213, caput, e sua combinação com o art. 223, caput, e parágrafo único); (Vide Decreto-Lei nº 2.848, de 1940)*

g) *atentado violento ao pudor (art. 214, caput, e sua combinação com o art. 223, caput, e parágrafo único); (Vide Decreto-Lei nº 2.848, de 1940)*

h) *rapto violento (art. 219, e sua combinação com o art. 223 caput, e parágrafo único); (Vide Decreto-Lei nº 2.848, de 1940)*

i) *epidemia com resultado de morte (art. 267, § 1°);*

j) *envenenamento de água potável ou substância alimentícia ou medicinal qualificado pela morte (art. 270, caput, combinado com art. 285);*

l) *quadrilha ou bando (art. 288), todos do Código Penal;*

m) *genocídio (arts. 1°, 2° e 3° da Lei n° 2.889, de 1° de outubro de 1956), em qualquer de suas formas típicas;*

n) *tráfico de drogas (art. 12 da Lei n° 6.368, de 21 de outubro de 1976);*

o) *crimes contra o sistema financeiro (Lei n° 7.492, de 16 de junho de 1986).*

p) *crimes previstos na Lei de Terrorismo. (Incluído pela Lei nº 13.260, de 2016)*

> O crime de quadrilha ou bando não existe mais com essa nomenclatura. Agora, o crime abarcado é o de "associação criminosa"!

Esse rol de crimes descrito acima é taxativo, o que significa que somente esses delitos comportam a medida e mais nenhum outro. Para facilitar a memorização, vai uma dica: o rol acima comporta todos os crimes hediondos e mais alguns.

→ **Interpretação dos Incisos**

Inc. III + (Inc. I e/ou Inc. II) = Prisão temporária.

Procedimento

Requerimento do MP ou representação feita pelo delegado e apresentadas ao juiz, que não pode decretar de ofício. Ele tem 24 horas para decidir e, antes de decidir, deve ouvir o MP.

O mandado prisional será expedido em duas vias, a 1ª via ficará nos autos e a 2ª será entregue ao preso, funcionando como nota de culpa, a qual tem por finalidade informá-lo sobre os motivos da prisão e os seus responsáveis.

Tanto a Lei 7.960/89, no seu Art. 3º, quanto o CPP, em seu Art. 300, estabelecem que o preso provisório (aquele que sofre prisão cautelar) deve ficar separado do definitivo, entretanto, segundo a doutrina, a separação dependerá da existência de estrutura prisional.

Prazo

- Crimes Comuns:

Em regra, o prazo máximo é de 5 dias, mas esse tempo pode ser prorrogado por + 5 dias, havendo necessidade e desde que autorizado pelo juiz.

- Crimes Hediondos e Equiparados:

Em regra, o prazo máximo é de 30 dias, mas pode ser prorrogado por + 30 dias, havendo necessidade e desde que autorizado pelo juiz.

Só o juiz pode decretar a prisão temporária e também autorizar a prorrogação do seu prazo.

Fiscalização da Prisão Temporária pelo Juiz

No curso da prisão temporária, como forma de fiscalizar se o preso não está sofrendo maus tratos, o juiz, a qualquer tempo, pode adotar as seguintes medidas:

- Determinar que o preso lhe seja apresentado.
- Submeter o preso a exame de corpo de delito.
- Requisitar informações ao delegado.

11.5 Uso de Algemas

Devido a uma ausência de Decreto Federal tratando da matéria, o STF publicou a Súmula Vinculante nº 11 para disciplinar o uso das algemas no Brasil.

Cabimento

- Risco de fuga;
- Possibilidade de resistência: caracteriza-se pelo emprego de violência ou de ameaça para que o ato não se concretize;
- Risco à integridade física dos envolvidos (tanto o capturado como os executores da prisão e também terceiros).

Formalidade

Fundamentação por escrito da autoridade que decretou a medida ou dos agentes executores, a qual será lançada nos autos (IP ou processo).

Consequências do Descumprimento das Regras

> A prisão é ilegal, cabendo relaxamento.

> Nulidade do ato processual ou do ato praticado com a utilização irregular das algemas.

> Responsabilização dos agentes responsáveis pela medida nas esferas:
- » Cível.
- » Administrativa.
- » Criminal.

> Responsabilização do Estado na esfera:
- » Cível (responsabilidade objetiva).

11.6 Liberdade Provisória

É o remédio destinado ao combate da prisão em flagrante legal, porém, desnecessária, porque não estão presentes os requisitos da prisão preventiva, permitindo que o agente enfrente a persecução penal em liberdade, evitando os prejuízos da prisão a ele.

Modalidades

> Liberdade provisória sem fiança.

> Liberdade provisória mediante fiança.

Liberdade Provisória sem Fiança

É o direito de permanecer em liberdade ao longo da persecução penal, quando não presente os requisitos que provocam a decretação da prisão preventiva, como forma de não enfrentar a persecução penal preso.

Cabimento

O juiz concederá a liberdade provisória, quando entender, pela leitura do auto de prisão em flagrante, que o capturado não se enquadra nos requisitos que justificariam a decretação da prisão preventiva (Art. 312, CPP).

Formalidades

> Obrigação de comparecimento a todos os atos do IP e do processo para os quais seja convocado.

> O juiz, antes de decidir pela concessão da liberdade provisória sem fiança, deve ouvir o MP.

Medidas cautelares alternativas

Nas hipóteses de liberdade provisória sem fiança, o art. 319° do Código de Processo Penal prevê a possibilidade de imposição de medidas cautelares alternativas, a saber:

> **comparecimento periódico em juízo**, no prazo e nas condições fixadas pelo juiz, para informar e justificar atividades;

> **proibição de acesso ou frequência a determinados lugares** quando, por circunstâncias relacionadas ao fato, deva o indiciado ou acusado permanecer distante desses locais para evitar o risco de novas infrações;

> **proibição de manter contato com pessoa determinada** quando, por circunstâncias relacionadas ao fato, deva o indiciado ou acusado dela permanecer distante;

> **proibição de ausentar-se da Comarca** quando a permanência seja conveniente ou necessária para a investigação ou instrução;

> **recolhimento domiciliar** no período noturno e nos dias de folga quando o investigado ou acusado tenha residência e trabalho fixos;

> **suspensão do exercício de função pública ou de atividade de natureza econômica ou financeira** quando houver justo receio de sua utilização para a prática de infrações penais;

> **internação provisória** do acusado nas hipóteses de crimes praticados com violência ou grave ameaça, quando os peritos concluírem ser inimputável ou semi-imputável (art. 26° do Código Penal) e houver risco de reiteração; e

> **monitoração eletrônica** (a famosa "tornozeleira").

Vale registrar que a proibição de se ausentar do País será comunicada pelo juiz às autoridades encarregadas de fiscalizar as saídas do território nacional, intimando-se o indiciado ou acusado para entregar o passaporte, no prazo de 24 horas.

Liberdade Provisória com Fiança

A fiança é uma garantia pecuniária paga pelo acusado preso em flagrante, até antes do trânsito em julgado da sentença, como meio para garantir que ele possa permanecer em liberdade durante o curso do processo penal.

Vedação da Fiança

A fiança não poderá ser concedida ao acusado nos seguintes casos:

> Nos crimes de racismo.

> Nos crimes de tortura, tráfico ilícito de entorpecentes e drogas afins, terrorismo e nos definidos como crimes hediondos.

> Nos crimes cometidos por grupos armados, civis ou militares, contra a ordem constitucional e o Estado Democrático.

> Aos que, no mesmo processo, tiverem quebrado fiança anteriormente concedida ou infringido, sem motivo justo, qualquer das seguintes obrigações:

> Deixar o afiançado de comparecer perante à autoridade todas as vezes que for intimado para atos do inquérito e da instrução criminal e para o julgamento.

> Quando o réu não comparecer, a fiança será considerada quebrada.

- Se o afiançado mudar de residência, sem prévia permissão da autoridade processante, ou ausentar-se por mais de 8 (oito) dias de sua residência, sem comunicar àquela autoridade o lugar onde será encontrado.
- Em caso de prisão civil ou militar.
- Quando presentes os motivos que autorizam a decretação da prisão preventiva (Art. 312).

Quem Pode Aplicar a Fiança

- Delegado: quando a pena máxima da infração penal não for superior a 4 anos.
- Juiz: qualquer pena.

Valor da Fiança

O valor da fiança será estabelecido pela autoridade que conceder a medida e obedecerá os seguintes critérios: a natureza da infração, as condições pessoais de fortuna e vida pregressa do acusado, as circunstâncias indicativas de sua periculosidade, bem como a importância provável das custas do processo, até final julgamento. Além dos seguintes padrões:

- De 1 (um) a 100 (cem) salários mínimos, quando se tratar de infração cuja pena privativa de liberdade, no grau máximo, não for superior a 4 (quatro) anos.
- De 10 (dez) a 200 (duzentos) salários mínimos quando o máximo da pena privativa de liberdade cominada for superior a 4 (quatro) anos.

O afiançado, após pagar a fiança, estará obrigado a comparecer a todos os atos processuais ou da investigação que for convocado e, caso descumpra com tal obrigação, a fiança será considerada quebrada e a liberdade provisória convertida em prisão preventiva.

Formas de Pagamento da Fiança

- Depósito de dinheiro.
- Pedras.
- Objetos ou metais preciosos.
- Títulos da dívida pública, federal, estadual ou municipal.
- Hipoteca inscrita em primeiro lugar.

Destino da Fiança

O dinheiro ou objetos dados como fiança servirão ao pagamento das custas, da indenização do dano, da prestação pecuniária e da multa, se o réu for condenado.

Restituição da Fiança

Se a fiança for declarada sem efeito ou passar em julgado sentença que houver absolvido o acusado ou declarada extinta a ação penal, o valor que a constituir, atualizado, será restituído sem desconto.

Cassação da Fiança

A fiança que se reconheça não ser cabível na espécie será cassada em qualquer fase do processo, quando reconhecida a existência de delito inafiançável, no caso de inovação na classificação do delito.

Reforço da Fiança

- Quando a autoridade tomar, por engano, fiança insuficiente.
- Quando houver depreciação material ou perecimento dos bens hipotecados ou caucionados, ou depreciação dos metais ou pedras preciosas.
- Quando for inovada a classificação do delito.

Caso seja exigido o reforço e o réu não atenda à exigência, a fiança se tornará sem efeito e o réu será levado à prisão.

Quebra da Fiança

- Regularmente intimado para ato do processo, deixar de comparecer sem motivo justo.
- Deliberadamente praticar ato de obstrução ao andamento do processo.
- Descumprir medida cautelar imposta cumulativamente com a fiança.
- Resistir, injustificadamente, à ordem judicial.
- Praticar nova infração penal dolosa.

Caso a fiança seja quebrada, o réu perderá a metade do seu valor, além do juiz poder impor outras medidas cautelares, bem como a decretação da prisão preventiva.

Se for condenado e não comparecer para dar cumprimento à pena, perderá a fiança em sua totalidade e, nesse caso, será deduzido de tal valor as custas judiciais e os demais encargos que o acusado estiver obrigado a pagar e o restante será recolhido ao fundo penitenciário. Caso o réu compareça para cumprir a pena, o valor da fiança será utilizado para o pagamento das custas judiciais também, além do pagamento de demais encargos que couber ao acusado e o restante será devolvido a quem houver prestado a fiança (terceiros podem pagar a fiança para o réu, se quiserem e, nesse caso, eles sofrerão as consequências pecuniárias advindas dos casos acima estudados. As demais medidas, é claro, somente serão aplicadas ao réu.).

A Liberdade Provisória e Alguns Casos Específicos

Crimes Hediondos (8.072/90)

Não se admite a liberdade provisória com fiança, mas a sem fiança.

Crimes Equiparados a Hediondos

- Tortura (9.455/97) e Terrorismo

Não se admite fiança, mas a liberdade provisória sem fiança.

- Tráfico de Drogas (Art. 44 da Lei 11.343/06)

Segundo a lei, não é admitida a liberdade provisória com ou sem fiança. Entretanto, os tribunais superiores já a concederam para traficantes. O assunto ainda não está concluso, devemos esperar o parecer final do STF. Mas, caso caia na sua prova alguma questão a respeito da liberdade provisória no crime de tráfico de drogas, pode dizer que cabe a sem fiança, pois já foi concedida; agora, caso a sua prova pergunte com base no texto da Lei 11.343/06, não caberá a liberdade provisória.

Crime Organizado (Lei 9.034/95)

Não é admitida a liberdade provisória com ou sem fiança para as pessoas que tiveram intensa participação na organização criminosa.

Lavagem de Dinheiro (Lei 9.613/98)

Não se admite liberdade provisória com ou sem fiança.

Estatuto do Desarmamento

> Comércio ilegal de arma.

> Tráfico internacional de arma.

> Porte ilegal de arma de uso proibido.

Esses três crimes são inafiançáveis, mas, de acordo com o STF, passaram a comportar liberdade provisória sem fiança.

Questões

01. (CESPE – 2018) Depois de adquirir um revólver calibre 38, que sabia ser produto de crime, José passou a portá-lo municiado, sem autorização e em desacordo com determinação legal. O comportamento suspeito de José levou-o a ser abordado em operação policial de rotina. Sem a autorização de porte de arma de fogo, José foi conduzido à delegacia, onde foi instaurado inquérito policial.

Tendo como referência essa situação hipotética, julgue o item seguinte. Os agentes de polícia podem decidir, discricionariamente, acerca da conveniência ou não de efetivar a prisão em flagrante de José.

02. (CESPE – 2016) José subtraiu o carro de Ana mediante grave ameaça exercida com arma de fogo. Após a prática do ato, ele fugiu do local dirigindo o veículo em alta velocidade, mas foi perseguido por outros condutores que passavam pela via e atenderam ao pedido de ajuda da vítima. A interrupção da perseguição de José descaracteriza o flagrante impróprio, embora José possa ser preso se encontrado, em seguida, com o objeto do crime e em situação pela qual se presuma ser ele o autor do fato.

Certo ( ) Errado ( )

03. (CESPE – 2018) João integra uma organização criminosa que, além de contrabandear e armazenar, vende, clandestinamente, cigarros de origem estrangeira nas ruas de determinada cidade brasileira.

A partir dessa situação hipotética, julgue o item subsequente. Se João for preso em flagrante e o escrivão estiver impossibilitado de proceder à lavratura do auto de prisão, a autoridade policial poderá designar qualquer pessoa para fazê-lo, desde que esta preste o compromisso legal anteriormente.

Certo ( ) Errado ( )

04. (CESPE – 2018) A fim de garantir o sustento de sua família, Pedro adquiriu 500 CDs e DVDs piratas para posteriormente revendê-los. Certo dia, enquanto expunha os produtos para venda em determinada praça pública de uma cidade brasileira, Pedro foi surpreendido por policiais, que apreenderam a mercadoria e o conduziram coercitivamente até a delegacia.

Com referência a essa situação hipotética, julgue o item subsequente.

Em regra, após a condução coercitiva de Pedro à delegacia, a competência para lavrar o auto de prisão em flagrante é da autoridade policial.

Certo ( ) Errado ( )

05. (CESPE – 2016) João, aproveitando-se de distração de Marcos, juiz de direito, subtraiu para si uma sacola de roupas usadas a ele pertencentes. Marcos pretendia doá-las a instituição de caridade. João foi perseguido e preso em flagrante delito por policiais que presenciaram o ato. Instaurado e concluído o inquérito policial, o Ministério Público não ofereceu denúncia nem praticou qualquer ato no prazo legal. Considerando a situação hipotética descrita, julgue o item a seguir. O prazo previsto para que a autoridade policial comunique a prisão de João ao juiz competente é de cinco dias.

Certo ( ) Errado ( )

Gabaritos

01	ERRADO
02	CERTO
03	CERTO
04	CERTO
05	ERRADO

1. LEI DE SEGURANÇA PRIVADA - LEI Nº 7.102/83 ... 397
1.1 Conceitos Introdutórios ... 397
1.2 Estabelecimentos Financeiros ... 397
1.3 Vigilância Ostensiva e Transporte de Valores ... 398
1.4 Seguro Contra Roubo e Furto ... 399
1.5 Segurança Privada ... 399
1.6 Vigilante ... 400
1.7 Armas ... 402
1.8 Medidas Administrativas ... 403
1.9 Competências do Ministério da Justiça ... 403

2. ESTATUTO DO DESARMAMENTO - LEI Nº 10.826/03 ... 405
2.1 Conceitos introdutórios ... 405
2.2 Dos crimes e das penas ... 411

3. SISTEMA NACIONAL DE POLÍTICAS PÚBLICAS SOBRE DROGAS (SISNAD) - LEI Nº 11.343/2006 ... 421
3.1 Disposições Preliminares ... 421
3.2 Do Sistema Nacional de Políticas Públicas sobre Drogas ... 421
3.3 Das Atividades de Prevenção do Uso Indevido, Atenção e Reinserção Social de Usuários e Dependentes de Drogas ... 423
3.4 Da Repressão à Produção não Autorizada e ao Tráfico Ilícito de Drogas ... 426
3.5 Da Cooperação Internacional ... 432
3.6 Disposições Finais e Transitórias ... 432

4. LEI DE ABUSO DE AUTORIDADE - LEI Nº 13.869/19 ... 434

5. LEI DE TORTURA - LEI Nº 9.455/1997 ... 438
5.1 Lesão Corporal de Natureza Grave ... 440
5.2 Lesão Corporal de Natureza Gravíssima ... 440

6. ESTATUTO DA CRIANÇA E DO ADOLESCENTE ... 443
6.1 Conceitos e breve histórico ... 443
6.2 Disposições Preliminares ... 443
6.3 Direitos Fundamentais ... 444
6.4 Da Família Natural ... 448
6.5 Dos Crimes e das Infrações Administrativas ... 453

7. MEIO AMBIENTE - LEI Nº 9.605/98 ... 458
7.1 Dos Crimes contra a Fauna ... 459
7.2 Dos Crimes contra a Flora ... 462

8. LEI DE REPRESSÃO UNIFORME – ATRIBUIÇÕES DA POLÍCIA FEDERAL - LEI 10.446/02 472

9. LEI DE MIGRAÇÃO - LEI Nº 13.445/17 ... 474
9.1 Introdução ... 474
9.2 Objetivo da Lei ... 474
9.3 Revogação do Estatuto do Estrangeiro ... 474
9.4 Terminologia ... 475
9.5 Princípio da nova política migratória brasileira ... 475
9.6 Direitos do imigrante ... 475

10. CONDIÇÃO JURÍDICA DO MIGRANTE.......476
10.1 Documentos de viagem.......476
10.2 Vistos.......476
10.3 Tipos de Visto.......476
10.4 Visto de Visita.......476
10.5 Visto Temporário.......476
10.6 Vistos Diplomático, Oficial e de Cortesia.......477
10.7 Do Registro e da Identificação Civil do Imigrante e dos Detentores de Vistos Diplomático, Oficial e de Cortesia.......477
10.8 Residente fronteiriço.......477
10.9 Apátrida.......478
10.10 Asilado.......478
10.11 Autorização de residência.......478
10.12 Reunião familiar.......479

11. MEDIDAS DE RETIRADA COMPULSÓRIA.......479
11.1 Entrada e saída do território nacional.......479
11.2 Repatriação.......479
11.3 Deportação.......480
11.4 Expulsão.......480
11.5 Extradição.......482
11.6 Prisão para extradição.......482
11.7 Multiplicidade de pedidos de extradição.......483
11.8 Procedimento da extradição.......483
11.9 Transferência de execução de pena.......484
11.10 Transferência de pessoa condenada.......484
11.11 Infrações administrativas.......484
11.12 Infração penal.......485
11.13 Impedimento de regresso.......485

1. LEI DE SEGURANÇA PRIVADA - LEI Nº 7.102/83

1.1 Conceitos Introdutórios

A Lei nº 7.102/1983 não traz infrações penais, mas aduz à atividade administrativa da Polícia Federal e do Ministério da Justiça, pelo fato de cuidar da atividade de vigilância ostensiva, ou seja, aquela feita com a utilização de armas de fogo (*o registro e o porte de arma de fogo é feito pelo Departamento de Polícia Federal1, consoante a Lei nº 10.826/2003, salvo as das Forças Armadas e Auxiliares*). Há outros dispositivos infralegais que regulamentam essa lei, como o Decreto nº 89.056/1983 e a Portaria DG/DPF nº 3.233, de 10 de dezembro de 2012.

1.1.1 Objetivo

> Dispõe sobre segurança para ***estabelecimentos financeiros***.

> Estabelece normas para constituição e funcionamento das ***empresas particulares que exploram serviços de vigilância e de transporte de valores***.

> Dá outras providências (por exemplo, define a atividade laborativa de "vigilante", cursos de formação de vigilantes e sanções administrativas).

1.1.2 Órgão competente

Ao Ministério da Justiça incumbem as competências estabelecidas nos Arts. 1º, 6º e 7º, da Lei nº 7.102/1983, as quais serão exercidas pelo **Departamento de Polícia Federal**.[2]

As atividades de segurança privada serão reguladas, autorizadas e fiscalizadas pelo *Departamento de Polícia Federal – DPF* e serão complementares às atividades de segurança pública nos termos da legislação específica.[3]

1.2 Estabelecimentos Financeiros

Art. 1º. *É vedado o funcionamento de qualquer estabelecimento financeiro onde haja guarda de valores ou movimentação de numerário, que não possua sistema de segurança com parecer favorável à sua aprovação, elaborado pelo Ministério da Justiça, na forma desta lei. (Redação pela Lei nº 9.017, de 30/3/1995)*

§1º. *Os estabelecimentos financeiros referidos neste artigo compreendem bancos oficiais ou privados, caixas econômicas, sociedades de crédito, associações de poupança, suas agências, postos de atendimento, subagências e seções, assim como as cooperativas singulares de crédito e suas respectivas dependências. (Parágrafo único transformado em §1º e com nova redação dada pela Lei nº 11.718, de 20/6/2008)*

§2º. *O Poder Executivo estabelecerá, considerando a reduzida circulação financeira, requisitos próprios de segurança para as cooperativas singulares de crédito e suas dependências que contemplem, entre outros, os seguintes procedimentos: (Parágrafo acrescido pela Lei nº 11.718, de 20/6/2008)*

I. *dispensa de sistema de segurança para o estabelecimento de cooperativa singular de crédito que se situe dentro de qualquer edificação que possua estrutura de segurança instalada em conformidade com o art. 2º desta Lei;*

II. *necessidade de elaboração e aprovação de apenas um único plano de segurança por cooperativa singular de crédito, desde que detalhadas todas as suas dependências;*

III. *dispensa de contratação de vigilantes, caso isso inviabilize economicamente a existência do estabelecimento.*

§3º. *Os processos administrativos em curso no âmbito do Departamento de Polícia Federal observarão os requisitos próprios de segurança para as cooperativas singulares de crédito e suas dependências. (Parágrafo acrescido pela Lei nº 11.718, de 20/6/2008)*

Sistema de segurança + Autorização pelo Ministério da Justiça: os estabelecimentos financeiros que realizarem guarda de valores ou movimentação de numerário **deverão** possuir *serviço orgânico de segurança*, autorizado a executar vigilância patrimonial ou transporte de valores, **ou contratar empresa especializada**, devendo, em qualquer caso, possuir plano de segurança devidamente aprovado pelo DREX (Delegado Regional Executivo) da respectiva unidade da federação. Os estabelecimentos mencionados neste artigo não poderão iniciar suas atividades sem o respectivo plano de segurança aprovado.[4] Essa competência — relacionada ao Ministério da Justiça — é exercida pelo Departamento de Polícia Federal.[5]

Estabelecimentos financeiros: não se consideram estabelecimentos financeiros os correspondentes bancários, como exemplo, as farmácias que recebem o pagamento de contas por meio de convênio firmado com os bancos oficiais ou privados, bem como as lotéricas. Sendo, portanto, apenas os que a lei enumera, quais sejam: *bancos oficiais ou privados, caixas econômicas, sociedades de crédito, associações de poupança; suas agências, postos de atendimento, subagências e seções; assim como as cooperativas singulares de crédito e suas respectivas dependências* (Art. 1º, § 1º).

Conforme expõe o STJ:

DIREITO ADMINISTRATIVO E CIVIL. RESPONSABILIDADE DA CEF PELA SEGURANÇA DE CASA LOTÉRICA. A Caixa Econômica Federal – CEF não tem responsabilidade pela segurança de agência com a qual tenha firmado contrato de permissão de loterias. Isso porque as regras de segurança previstas na Lei 7.102/1983, que dispõe sobre segurança para estabelecimentos financeiros, ***não alcançam as unidades lotéricas***.[6]

Cooperativa singular de crédito (sistema próprio ou dispensa): se houverem reduzida circulação financeira, então o Poder Executivo estabelecerá requisitos próprios de segurança (um sistema de segurança diferenciado), contemplando, além de outros, os seguintes procedimentos (Art. 1º, § 2º).

---

1 **Lei nº 10.826/2003, Art. 10, *caput*:** *A autorização para o porte de arma de fogo de uso permitido, em todo o território nacional, é de competência da Polícia Federal e somente será concedida após autorização do Sinarm.*
2 Art. 16, Lei nº 9.017/1995.
3 § 1º, Art. 1º, Portaria DG-DPF nº 3.233/2012.
4 Art. 98, Portaria DG-DPF nº 3.233/2012.
5 Art. 16, Lei nº 9.017/1995.
6 **STJ, Informativo nº 536,** REsp 1.224.236/RS, Rel. Min. Luis Felipe Salomão, julgado em 11/3/2014, 4ª Turma, DJe 2/4/2014. Precedente citado: REsp 1.317.472/RJ, 3ª Turma, DJe 8/3/2013.

Procedimentos às cooperativas singulares de crédito (c/ reduzida circulação financeira):	
Dispensa de sistema de segurança:	Quando se situar em *edifício com estrutura de segurança instalada*. Por exemplo: um prédio comercial em que a entrada já conta com sistema de segurança e, porém, a cooperativa singular de crédito fique no 7º andar desse edifício (Art. 1º, § 2º, I).
Dispensa de contratação de vigilantes:	Caso isso inviabilize economicamente a existência do estabelecimento (Art. 1º, § 2º, III).
Plano único de segurança por cooperativa singular de crédito:	Necessidade de elaboração e aprovação do plano de segurança, desde que detalhadas todas as suas dependências (Art. 1º, § 2º, II).

1.2.1 Sistema de segurança

Plano de segurança: documentação das informações que detalham os elementos e as condições de segurança dos estabelecimentos referidos no Capítulo V da Portaria DG-DPF nº 3.233/2012.[7]

Art. 2º. *O sistema de segurança referido no artigo anterior inclui pessoas adequadamente preparadas, assim chamadas vigilantes; alarme capaz de permitir, com segurança, comunicação entre o estabelecimento financeiro e outro da mesma instituição, empresa de vigilância ou órgão policial mais próximo; e, pelo menos, mais um dos seguintes dispositivos:*

I. *equipamentos elétricos, eletrônicos e de filmagens que possibilitem a identificação dos assaltantes;*

II. *artefatos que retardem a ação dos criminosos, permitindo sua perseguição, identificação ou captura; e*

III. *cabina blindada com permanência ininterrupta de vigilante durante o expediente para o público e enquanto houver movimentação de numerário no interior do estabelecimento.*

Parágrafo único. (Revogado pela Lei nº 9.017, de 30/3/1995)

O sistema de segurança a que se refere esta lei é composto de, pelo menos, 3 (três) componentes necessários, sendo 2 (dois) deles obrigatórios — *vigilantes e alarme comunicativo* — e mais um ou mais dispositivos, os quais estão listados no rol do Art. 2º da Lei nº 7.102/1983. Basicamente:

Elementos obrigatórios:	Item obrigatório, um ou mais deles:
1. Vigilantes: os estabelecimentos financeiros que realizem guarda de valores ou movimentação de numerário somente poderão utilizar vigilantes armados, ostensivos e com coletes à prova de balas.[8] **2. Alarme com comunicação:** alarme capaz de permitir, com rapidez e segurança, comunicação com outro estabelecimento, bancário ou não, da mesma instituição financeira, empresa de segurança ou órgão policial.[9]	**a) Equipamentos hábeis a captar e gravar**, de forma imperceptível, as imagens de toda movimentação de público no interior do estabelecimento, as quais deverão permanecer armazenadas em meio eletrônico por um período mínimo de trinta dias;[10] **b) Artefatos que retardem a ação dos criminosos**, permitindo sua perseguição, identificação ou captura;[11] e Anteparo blindado com permanência ininterrupta de vigilante durante o expediente para o público e enquanto houver movimentação de numerário no interior do estabelecimento.[12]

7 IV, art. 2º, Portaria DG-DPF nº 3.233/2012.
8 Art. 108, Portaria DG-DPF nº 3.233/2012.
9 II, art. 99, Portaria DG-DPF nº 3.233/2012.
10 III, art. 99, Portaria DG-DPF nº 3.233/2012.
11 IV, art. 99, Portaria DG-DPF nº 3.233/2012.
12 V, art. 99, Portaria DG-DPF nº 3.233/2012.

O alarme, quando não conectado diretamente a um órgão policial ou a outro estabelecimento da própria instituição, deverá estar conectado diretamente a uma empresa de segurança autorizada, responsável pelo seu monitoramento, cujo nome deverá constar do plano de segurança.[13]

1.3 Vigilância Ostensiva e Transporte de Valores

Art. 3º. *A vigilância ostensiva e o transporte de valores serão executados: (Redação dada pela Lei nº 9.017, de 30/3/1995)*

I. *por empresa especializada contratada; ou*

II. *pelo próprio estabelecimento financeiro, desde que organizado e preparado para tal fim, com pessoal próprio, aprovado em curso de formação de vigilante autorizado pelo Ministério da Justiça e cujo sistema de segurança tenha parecer favorável à sua aprovação emitido pelo Ministério da Justiça.*

Parágrafo único. *Nos estabelecimentos financeiros estaduais, o serviço de vigilância ostensiva poderá ser desempenhado pelas Polícias Militares, a critério do Governo da respectiva Unidade da Federação.*

Empresa especializada: pessoa jurídica de direito privado autorizada a exercer as atividades de vigilância patrimonial, transporte de valores, escolta armada, segurança pessoal e cursos de formação.[14]

Empresa possuidora de serviço orgânico de segurança: pessoa jurídica de direito privado autorizada a constituir um setor próprio de vigilância patrimonial ou de transporte de valores, nos termos do Art. 10, §4º da Lei nº 7.102, de 20 de junho de 1983.15

Estabelecimentos financeiros estaduais: o serviço de vigilância ostensiva poderá ser desempenhado pelas Polícias Militares, a critério do Governo da respectiva Unidade da Federação (Art. 3º, parágrafo único).

1.3.1 Transporte de numerário

Transporte de valores: é a atividade de transporte de numerário, bens ou valores, mediante a utilização de veículos, comuns ou especiais.[16]

É vedada a contagem de numerário no local de acesso aos usuários por ocasião do abastecimento de caixas eletrônicos e outros terminais de autoatendimento.[17]

1.3.1.1 Veículo especial (carro-forte)

Art. 4º. *O transporte de numerário em montante superior a vinte mil Unidades Fiscais de Referência (Ufir), para suprimento ou recolhimento do movimento diário dos estabelecimentos financeiros, será obrigatoriamente efetuado em veículo especial da própria instituição ou de empresa especializada. (Redação dada pela Lei nº 9.017, de 30/3/1995)*

Veículos especiais (20 mil UFIR): no transporte de valores de instituições financeiras, as empresas de transporte de valores deverão utilizar veículos especiais, de sua posse ou propriedade, nos casos em que o numerário a ser transportado seja igual ou superior a 20.000 (vinte mil) UFIR.[18]

13 § 5º, art. 99, Portaria DG-DPF nº 3.233/2012.
14 I, Art. 2º, Portaria DG-DPF nº 3.233/2012.
15 II, Art. 2º, Portaria DG-DPF nº 3.233/2012.
16 II, § 3º, Art. 1º, Portaria DG-DPF nº 3.233/2012.
17 § 2º, Art. 51, Portaria DG-DPF nº 3.233/2012.
18 *Caput*, Art. 51, Portaria DG-DPF nº 3.233/2012.

A guarnição do veículo especial de transporte de valores será de quatro vigilantes, no mínimo, incluindo o condutor do veículo.[19]

1.3.1.2 Veículo comum

Art. 5º. O transporte de numerário entre sete mil e vinte mil Ufirs poderá ser efetuado em veículo comum, com a presença de dois vigilantes. (Redação dada pela Lei nº 9.017, de 30/3/1995)

Veículo comum (+ 7 mil – 20 mil UFIR): nos casos em que o numerário a ser transportado for maior que 7.000 (sete mil) e inferior a 20.000 (vinte mil) UFIR, poderá ser utilizado veículo comum, de posse ou propriedade das empresas de transporte de valores, sempre com a presença de, no mínimo, dois vigilantes especialmente habilitados.[20]

1.4 Seguro Contra Roubo e Furto

Art. 8º. Nenhuma sociedade seguradora poderá emitir, em favor de estabelecimentos financeiros, apólice de seguros que inclua cobertura garantindo riscos de roubo e furto qualificado de numerário e outros valores, sem comprovação de cumprimento, pelo segurado, das exigências previstas nesta Lei.

Parágrafo único. As apólices com infringência do disposto neste artigo não terão cobertura de resseguros pelo Instituto de Resseguros do Brasil.

Art. 9º. Nos seguros contra roubo e furto qualificado de estabelecimentos financeiros, serão concedidos descontos sobre os prêmios aos segurados que possuírem, além dos requisitos mínimos de segurança, outros meios de proteção previstos nesta Lei, na forma de seu regulamento.

1.5 Segurança Privada

Consideram-se atividades de segurança privada:	
Vigilância patrimonial:	Atividade exercida em eventos sociais e dentro de estabelecimentos, urbanos ou rurais, públicos ou privados, com a finalidade de garantir a incolumidade física das pessoas e a integridade do patrimônio;6
Transporte de valores:	Atividade de transporte de numerário, bens ou valores, mediante a utilização de veículos, comuns ou especiais;7
Escolta armada:	Atividade que visa garantir o transporte de qualquer tipo de carga ou de valor, incluindo o retorno da equipe com o respectivo armamento e demais equipamentos, com os pernoites estritamente necessários;8
Segurança pessoal:	Atividade de vigilância exercida com a finalidade de garantir a incolumidade física de pessoas, incluindo o retorno do vigilante com o respectivo armamento e demais equipamentos, com os pernoites estritamente necessários;9 e
Curso de formação:	Atividade de formação, extensão e reciclagem de vigilantes.10

Art. 10. São considerados como segurança privada as atividades desenvolvidas em prestação de serviços com a finalidade de: (Redação pela Lei nº 8.863, de 28/3/1994)

I. proceder a vigilância patrimonial das instituições financeiras e de outros estabelecimentos, públicos ou privados, bem como a segurança de pessoas físicas;

II. realizar o transporte de valores ou garantir o transporte de qualquer outro tipo de carga.

§1º. Os serviços de vigilância e de transporte de valores poderão ser executados por uma mesma empresa.

§2º. As empresas especializadas em prestação de serviços de segurança, vigilância e transporte de valores, constituídas sob a forma de empresas privadas, além das hipóteses previstas nos incisos do "caput" deste artigo, poderão se prestar ao exercício das atividades de segurança privada a pessoas; a estabelecimentos comerciais, industriais, de prestação de serviços e residenciais; a entidades sem fins lucrativos; e órgãos e empresas públicas.

§3º. Serão regidas por esta Lei, pelos regulamentos dela decorrentes e pelas disposições da legislação civil, comercial, trabalhista, previdenciária e penal, as empresas definidas no parágrafo anterior.

§4º. As empresas que tenham objeto econômico diverso da vigilância ostensiva e do transporte de valores, que utilizem pessoal de quadro funcional próprio, para execução dessas atividades, ficam obrigadas ao cumprimento do disposto nesta Lei e demais legislações pertinentes.

§5º. (VETADO na Lei nº 8.863, de 28/03/1994)

§6º. (VETADO na Lei nº 8.863, de 28/03/1994)

Atividades de segurança privada cumuladas em uma mesma empresa (exceto curso de formação): as atividades de *vigilância patrimonial*, de *transporte de valores*, de *escolta armada* e de *segurança pessoal* poderão ser executadas por uma mesma empresa, desde que devidamente autorizada em cada uma destas atividades.[26]

Empresas de curso de formação e atividade exclusiva: as empresas de curso de formação não poderão desenvolver atividade econômica diversa da que esteja autorizada.[27] Contudo, poderão realizar serviço de *vigilância patrimonial* de suas próprias instalações.[28]

1.5.1 Requisitos

O exercício da atividade de vigilância patrimonial, cuja *propriedade* e *administração* são **vedadas a estrangeiros**, dependerá de autorização prévia do Departamento de Polícia Federal – DPF, por meio de ato do Coordenador-Geral de Controle de Segurança Privada, publicado no Diário Oficial da União – DOU, mediante o preenchimento, além de outros, dos seguintes requisitos.[29]

Requisitos básicos para o exercício da atividade de vigilância patrimonial:	
Vedação a estrangeiros:	A propriedade e a administração das empresas especializadas somente podem ser exercidas por brasileiros (Art. 11).
Ausência de antecedentes criminais:	Provar que os sócios, administradores, diretores e gerentes da empresa de segurança privada não tenham condenação criminal registrada, bem como de seus empregados (Art. 12).

19 Art. 31, Portaria DG-DPF nº 3.233/2012.
20 § 1º, art. 51, Portaria DG-DPF nº 3.233/2012.
21 I, § 3º, art. 1º, Portaria DG-DPF nº 3.233/2012.
22 II, § 3º, art. 1º, Portaria DG-DPF nº 3.233/2012.
23 III, § 3º, art. 1º, Portaria DG-DPF nº 3.233/2012.
24 IV, § 3º, art. 1º, Portaria DG-DPF nº 3.233/2012.
25 V, § 3º, art. 1º, Portaria DG-DPF nº 3.233/2012.
26 Art. 193, Portaria DG-DPF nº 3.233/2012.
27 Art. 78, Portaria DG-DPF nº 3.233/2012.
28 § 3º, Art. 74, Portaria DG-DPF nº 3.233/2012.
29 Art. 4º, Portaria DG-DPF nº 3.233/2012.

Capital integralizado de 100.000 UFIR, no mínimo:	Não importa o valor registrado no estatuto empresarial do capital social a integralizar, ele deve ser efetivamente integralizado de, no mínimo, 100.000 (cem mil) UFIR (Art. 13).
Contratar seguro de vida coletivo:	É assegurado aos vigilantes seguro de vida em grupo, feito pela empresa empregadora (Art. 19, IV).

***Art. 11.** A propriedade e a administração das empresas especializadas que vierem a se constituir são **vedadas a estrangeiros**.*

De acordo com o STJ, o Art. 11 foi *parcialmente revogado* com a edição da Emenda Constitucional nº 6, de 15 de agosto de 1995, havendo a possibilidade de que a empresa seja brasileira e o capital possa ser estrangeiro. A restrição veiculada pelo Art. 11 da Lei 7.102/1983, de acordo com a Constituição Federal, não impede a participação de capital estrangeiro nas sociedades nacionais (Art. 1.126 do Código Civil) que prestam serviço de segurança privada, sendo irrelevante que tenham na sua composição societária, direta ou indiretamente, participação ou controle pelo capital estrangeiro. Consequentemente, hoje, a interpretação conforme a constituição do Art. 11 da Lei 7.102/1983 deve ser a de que ele veda apenas que empresas constituídas no exterior atuem no setor de segurança privada.[30]

***Art. 12.** Os diretores e demais empregados das empresas especializadas não poderão ter antecedentes criminais registrados.*

***Art. 13.** O capital integralizado das empresas especializadas não pode ser inferior a cem mil Ufirs. (Redação dada pela Lei nº 9.017, de 30/3/1995)*

***Art. 14.** São condições essenciais para que as empresas especializadas operem nos Estados, Territórios e Distrito Federal:*

***I.** autorização de funcionamento concedida conforme o art. 20 desta Lei; e*

***II.** comunicação à Secretaria de Segurança Pública do respectivo Estado, Território ou Distrito Federal.*

As empresas de vigilância patrimonial autorizadas a funcionar deverão comunicar o início de suas atividades à Secretaria de Segurança Pública da respectiva unidade da federação.31

1.6 Vigilante

***Art. 15.** Vigilante, para os efeitos desta Lei, é o empregado contratado para a execução das atividades definidas nos incisos I e II do "caput" e §§ 2º, 3º e 4º do art. 10. (Redação dada pela Lei nº 8.863, de 28/3/1994)*

Vigilante: é o profissional capacitado em curso de formação, empregado de empresa especializada ou empresa possuidora de serviço orgânico de segurança, registrado no DPF, e responsável pela execução de atividades de segurança privada.[32]

De acordo com Resende (2016): ***Não se confundem as figuras do vigilante e do vigia**. Vigilante é o profissional qualificado, treinado especificamente para a atividade que desempenha, integrante de categoria profissional diferenciada. Vigia, por sua vez, é o trabalhador não especializado ou, no máximo, semiespecializado, que se vincula diretamente ao tomador dos serviços.*[33]

Nesse diapasão, a **Súmula nº 331 do TST**: *Não forma vínculo de emprego com o tomador a contratação de serviços de vigilância (Lei n.º 7.102, de 20/06/1983) e de conservação e limpeza, bem como a de serviços especializados ligados à atividade-meio do tomador, desde que inexistente a pessoalidade e a subordinação direta.*

1.6.1 Requisitos

Requisitos obrigatórios para o exercício da profissão de vigilante, comprovados documentalmente:	
Ser brasileiro:	Não é permitido o exercício da profissão de vigilante a estrangeiro, devendo ser brasileiro nato ou naturalizado.
Idade mínima de 21 anos:	Comumente, as bancas de concurso público cobram em provas que deve ser maior de 18 (dezoito) ou de 25 (vinte e cinco) anos, na tentativa de ludibriar o candidato com, respectivamente, a imputabilidade penal (Art. 27, CP) e a idade mínima para que um particular possa adquirir arma de fogo (Art. 28, Lei nº 10.826/2003).
Escolaridade mínima (4ª série):	Não há necessidade de se ter concluído o ensino fundamental (1º grau) ou o ensino médio (2º grau) — exemplos que as bancas podem cobrar. Basta que tenha instrução correspondente à 4ª (quarta) série do ensino fundamental (1º grau).
Curso de formação de vigilante:	Realizado por empresa devidamente autorizada e o agente deve ter sido aprovado ao final do curso.
Exames de saúde física, mental e psicotécnico:	Ter sido aprovado em exames de saúde e de aptidão psicológica.
Não ter antecedentes criminais registrados:	Ter idoneidade comprovada mediante a apresentação de certidões negativas de antecedentes criminais, sem registros indiciamento em inquérito policial, de estar sendo processado criminalmente ou ter sido condenado em processo criminal de onde reside, bem como do local em que realizado o curso de formação, reciclagem ou extensão: da Justiça Federal; da Justiça Estadual ou do Distrito Federal; da Justiça Militar Federal; da Justiça Militar Estadual ou do Distrito Federal e da Justiça Eleitoral.[34]
Obrigações eleitorais e militares quitadas:	Não poderá haver pendências, isto é, deve estar quite com ambas.
Ter CPF:	Possuir registro no Cadastro de Pessoas Físicas.[35]

***Art. 16.** Para o exercício da profissão, o vigilante preencherá os seguintes requisitos:*

***I.** ser brasileiro;*

***II.** ter idade mínima de 21 (vinte e um) anos;*

***III.** ter instrução correspondente à quarta série do primeiro grau;*

***IV.** ter sido aprovado, em curso de formação de vigilante, realizado em estabelecimento com funcionamento autorizado nos termos desta Lei. (Redação dada pela Lei nº 8.863, de 28/3/1994)*

***V.** ter sido aprovado em exame de saúde física, mental e psicotécnico;*

30 **STJ, MS 19.088/DF**, Rel. Min. Herman Benjamin, julgado em 14/12/2016, Primeira Seção, *DJe* 3/2/2017 (Vide inf. 596).
31 Art. 11, Portaria DG-DPF nº 3.233/2012.
32 III, Art. 2º, Portaria DG-DPF nº 3.233/2012.
33 RESENDE, R. **Direito do trabalho esquematizado**. 6ª ed. rev., atual. e ampl. Rio de Janeiro: Forense; São Paulo: Método, 2016, p. 357, grifo nosso.
34 VI, *caput*, Art. 155, Portaria DG-DPF nº 3.233/2012.
35 VIII, *caput*, Art. 155, Portaria DG-DPF nº 3.233/2012.

VI. não ter antecedentes criminais registrados; e

VII. estar quite com as obrigações eleitorais e militares.

***Parágrafo único.** O requisito previsto no inciso III deste artigo não se aplica aos vigilantes admitidos até a publicação da presente Lei.*

Não constituem obstáculo ao registro profissional e ao exercício da profissão de vigilante:[36]

01. O indiciamento ou processo criminal instaurado por crimes culposos;
02. A condenação criminal quando obtida a reabilitação criminal fixada em sentença;
03. A condenação criminal quando decorrido período de tempo superior a 5 (cinco) anos contados da data de cumprimento ou extinção da pena; e
04. A instauração de termo circunstanciado, a ocorrência de transação penal, assim como a suspensão condicional do processo.

O vigilante deverá submeter-se anualmente a rigoroso exame de saúde física e mental, bem como manter-se adequadamente preparado para o exercício da atividade profissional.[37]

Os exames de saúde física e mental e de aptidão psicológica serão renovados por ocasião da reciclagem do vigilante, às expensas do empregador.[38] O exame psicológico será aplicado por profissionais previamente cadastrados no Departamento de Polícia Federal – DPF, conforme normatização específica.[39]

***Art. 17.** O exercício da profissão de vigilante requer prévio registro no Departamento de Polícia Federal, que se fará após a apresentação dos documentos comprobatórios das situações enumeradas no art. 16. (Redação dada pela Medida Provisória nº 2.184-23, de 24/8/2001)*

***Parágrafo único.** Ao vigilante será fornecida Carteira de Trabalho e Previdência Social, em que será especificada a atividade do seu portador.*

Os vigilantes aptos a exercer a profissão terão o registro profissional em sua Carteira de Trabalho e Previdência Social (CTPS), a ser executado pela DELESP[40] ou CV[41], por ocasião do registro do certificado de curso de formação, com o recolhimento da taxa de registro de certificado de formação de vigilante.

1.6.2 Uniforme

***Art. 18.** O vigilante usará uniforme somente quando em efetivo serviço.*

Para os efeitos deste artigo, considera-se efetivo serviço o exercício da atividade de *vigilância ostensiva* no local de trabalho.[42]

Vigilância ostensiva: consiste em atividade exercida no interior dos estabelecimentos e em transporte de valores, por pessoas uniformizadas e adequadamente preparadas para impedir ou inibir ação criminosa.[43]

36 Incisos I a IV, § 4º, Art. 155, Portaria DG-DPF nº 3.233/2012.
37 Art. 18, Decreto nº 89.056/1983.
38 § 1º, Art. 155, Portaria DG-DPF nº 3.233/2012.
39 § 2º, Art. 155, Portaria DG-DPF nº 3.233/2012.
40 **DELESP:** Delegacias de Controle de Segurança Privada (unidades regionais vinculadas às Superintendências de Polícia Federal nos Estados e no Distrito Federal, responsáveis pela fiscalização e controle das atividades de segurança privada, no âmbito de suas circunscrições).
41 **CV:** Comissões de Vistoria (unidades vinculadas às Delegacias de Polícia Federal descentralizadas, responsáveis pela fiscalização e controle das atividades de segurança privada, no âmbito de suas circunscrições, presididas por um Delegado de Polícia Federal e compostas por, no mínimo, mais dois membros titulares e respectivos suplentes).
42 Parágrafo único, art. 19, Decreto nº 89.056/1983.
43 Art. 5º, Decreto nº 89.056/1983.

O uniforme do vigilante é obrigatório e de uso exclusivo em serviço, devendo possuir características que garantam a sua ostensividade.[44] Será adequado às condições climáticas do lugar onde o vigilante prestar serviço e de modo a não prejudicar o perfeito exercício de suas atividades profissionais.[45]

O modelo de uniforme dos vigilantes não será aprovado pelo Ministério da Justiça quando semelhante aos utilizados pelas Forças Armadas, pelos órgãos de segurança pública federais e estaduais e pelas guardas municipais.[46]

O traje dos vigilantes empenhados *na atividade de segurança pessoal* não necessitará observar o caráter da ostensividade47, sendo, em todo caso, adequado à missão, estabelecido pela empresa, não assemelhado ao uniforme das Forças Armadas, dos órgãos de segurança pública federais e estaduais e das guardas municipais, portando todos os documentos aptos a comprovar a regularidade da execução do serviço de segurança pessoal contratado.[48]

1.6.3 Direitos do vigilante

***Art. 19.** É assegurado ao vigilante:*

I. uniforme especial às expensas da empresa a que se vincular;

II. porte de arma, quando em serviço;

III. prisão especial por ato decorrente do serviço;

IV. seguro de vida em grupo, feito pela empresa empregadora.

Uniforme gratuito: o uniforme especial (aprovado pelo Ministério da Justiça) que o vigilante recebe da empresa não pode ser deduzido de seu pagamento, caso isto ocorra, a empresa estará sujeita à sanção administrativa.[49]

Porte de arma (em serviço): somente no exercício da atividade de vigilância no local de trabalho, sendo apenas acautelado ao vigilante, pois a responsabilidade e o porte são da empresa, conforme expõe o art. 21 e o Estatuto do Desarmamento (Art. 7º, *caput*, Lei nº 10.826/2003)[50].

Seguro de vida coletivo: em decorrência da morte do vigilante e é feito pelo empregador (gratuito). Não se trata de seguro de vida individual, nem plano de saúde (assistência médica); cuidado, pois, as bancas de concurso comumente afirmam isso **(errado)**.

Prisão especial: ao vigilante há o benefício de prisão especial por ato decorrente do exercício da atividade de vigilância, somente até o trânsito em julgado da sentença condenatória.

Também se tratam de direitos ao vigilante, assim assegurados no Art. 163, da Portaria DG-DPF nº 3.233/2012: *a utilização de*

44 **Art. 149, §1º, Portaria DG-DPF nº 3.233/2012:** *§1º. A fim de garantir o caráter ostensivo, o uniforme deverá conter os seguintes elementos: I - apito com cordão; II - emblema da empresa; e III - plaqueta de identificação do vigilante, autenticada pela empresa, com validade de seis meses, constando o nome, o número da Carteira Nacional de Vigilante – CNV e fotografia colorida em tamanho 3x4 e a data de validade.*
45 *Caput*, art. 33, Decreto nº 89.056/1983.
46 Art. 151, Portaria DG-DPF nº 3.233/2012.
47 § 2º, Art. 149, Portaria DG-DPF nº 3.233/2012.
48 § 2º, Art. 70, Portaria DG-DPF nº 3.233/2012.
49 I, Art. 168, Portaria DG-DPF nº 3.233/2012.
50 **Art. 7º, *caput*, Lei nº 10.826/2003:** *As armas de fogo utilizadas pelos empregados das empresas de segurança privada e de transporte de valores, constituídas na forma da lei, serão de propriedade, responsabilidade e guarda das respectivas empresas, somente podendo ser utilizadas quando em serviço, devendo essas observar as condições de uso e de armazenagem estabelecidas pelo órgão competente, sendo o certificado de registro e a autorização de porte expedidos pela Polícia Federal em nome da empresa.*

materiais *e* ***equipamentos*** *em perfeito funcionamento e estado de conservação, inclusive armas e munições; a utilização de* ***sistema de comunicação*** *em perfeito estado de funcionamento;* ***treinamento regular*** *nos termos previstos na Portaria DG-DPF nº 3.233/2012.*

1.7 Armas

> ***Art. 21.*** *As armas destinadas ao uso dos vigilantes serão de propriedade e responsabilidade:*
>
> ***I.*** *das empresas especializadas;*
>
> ***II.*** *dos estabelecimentos financeiros quando dispuserem de serviço organizado de vigilância, ou mesmo quando contratarem empresas especializadas.*

Aquisição e posse: a aquisição e a posse de armas e munições pelo curso de formação de vigilantes, estabelecimento financeiro e empresa especializada dependerão de autorização do Ministério da Justiça.[51]

Curso de formação de vigilantes: as armas e as munições utilizadas pelos instrutores e alunos do curso de formação de vigilantes serão de propriedade e responsabilidade da instituição autorizada a ministrar o curso.[52]

Armazenamento: as armas e munições de propriedade e responsabilidade dos cursos de formação de vigilantes, das empresas especializadas e dos estabelecimentos financeiros serão guardadas em lugar seguro, de difícil acesso a pessoas estranhas ao serviço.[53]

Normalmente, o Art. 22 vem cobrado em sua literalidade nas provas de concurso, portanto, decore-o.

> ***Art. 22.*** *Será permitido ao vigilante, quando em serviço, portar revólver calibre 32 ou 38 e utilizar cassetete de madeira ou de borracha.*
>
> ***Parágrafo único.*** *Os vigilantes, quando empenhados em transporte de valores, poderão também utilizar espingarda de uso permitido, de calibre 12, 16 ou 20, de* ***fabricação nacional****.*

As armas de fogo em utilização pelos vigilantes da empresa devem estar sempre acompanhadas de cópia autenticada do respectivo registro.[54]

Vigilância patrimonial (*caput*):
- **1) Revólver:** calibre 32 ou 38;
- **2) Cassetete:** de madeira ou de borracha.

Transporte de valores (p. único):
- **1) Os anteriores;**
- **2) Espingardas (de uso permitido):** calibre 12, 16 ou 20, de fabricação nacional

As empresas de segurança especializadas e as que possuem serviço orgânico de segurança somente poderão utilizar as armas, munição, coletes de proteção balística e outros equipamentos descritos na Portaria DG-DPF nº 3.233/2012, **cabendo ao Coordenador-Geral de Controle de Segurança Privada**, autorizar, em caráter excepcional e individual, a aquisição e uso pelas empresas de outras armas e equipamentos, considerando as características estratégicas de sua atividade ou sua relevância para o interesse nacional.[55]

1.7.1 Informações complementares

É importante destacar que, normalmente, as bancas de concurso pedem apenas a Lei nº 7.102/1983 em sua literalidade, contudo, ela se torna um pouco vaga necessitando de complemento regulamentar. Desse modo, vale citar algumas informações extras, todavia isso é apenas um complemento para entender a teoria da prática.

DECORE O ART. 22!

Informações complementares:[56]	
Empresas de vigilância patrimonial:	Poderão dotar seus vigilantes, quando em efetivo serviço, de revólver calibre 32 ou 38, cassetete de madeira ou de borracha, e algemas, vedando-se o uso de quaisquer outros instrumentos não autorizados pelo Coordenador-Geral de Controle de Segurança Privada.
Empresas de transporte de valores e de escolta armada:	Poderão dotar seus vigilantes de carabina de repetição calibre 38, espingardas de uso permitido nos calibres 12, 16 ou 20, e pistolas semiautomáticas calibre 380 e 7,65 mm, além dos instrumentos previstos às empresas de vigilância patrimonial.
Empresas de segurança pessoal:	Poderão dotar seus vigilantes de pistolas semiautomáticas calibre 380 e 7,65 mm, além dos instrumentos previstos às empresas de vigilância patrimonial.
Empresas de curso de formação:	Poderão adquirir todas as armas e munição previstas acima, bem como material e petrechos para recarga.
Empresas com serviço orgânico de segurança:	Poderão adquirir as armas e munição previstas para as empresas de vigilância patrimonial e as de transporte de valores, conforme a autorização que possuir.
Empresas de vigilância patrimonial e as de serviço orgânico de segurança:	Poderão, ***excepcionalmente***, adquirir carabinas de repetição calibre 38, conforme as características da área vigiada, ouvida a DELESP ou CV a critério da CGCSP[57].
Coletes de proteção balística:	De uso ***obrigatório*** às empresas de transporte de valores e de uso ***facultativo*** às demais empresas de segurança privada, observando-se a regulamentação específica do Comando do Exército.

51 Art. 45, Decreto nº 89.056/1983.
52 Art. 43, Decreto nº 89.056/1983.
53 Art. 46, Decreto nº 89.056/1983.
54 § 13, Art. 114, Portaria DG-DPF nº 3.233/2012.

55 *Caput*, Art. 114, Portaria DG-DPF nº 3.233/2012.
56 §§ 1º ao 7º, Art. 114, Portaria DG-DPF nº 3.233/2012.
57 **CGCSP:** Coordenação-Geral de Controle de Segurança Privada (unidade vinculada à Diretoria-Executiva do DPF, responsável pela coordenação das atividades de segurança privada, assim como pela orientação técnica e acompanhamento das atividades desenvolvidas pelas Delegacias de Controle de Segurança Privada e Comissões de Vistoria).

Nas atividades de **vigilância patrimonial** e **segurança pessoal**, as empresas poderão dotar seus vigilantes das seguintes armas e munições não-letais de curta distância – até dez metros: *espargidor de agente químico lacrimogêneo, em solução (líquido), espuma ou gel; e arma de choque elétrico de contato direto e de lançamento de dardos energizados*.[58]

As empresas de vigilância patrimonial e as que possuem serviço orgânico de segurança poderão utilizar cães em seus serviços, desde que possuam autorização de funcionamento e certificado de segurança válido.[59]

1.8 Medidas Administrativas

1.8.1 Estabelecimentos financeiros

> ***Art. 7º.*** *O estabelecimento financeiro que infringir disposição desta lei ficará sujeito às seguintes penalidades, conforme a gravidade da infração e levando-se em conta a reincidência e a condição econômica do infrator: (Redação dada pela Lei nº 9.017, de 30/3/1995)*
>
> ***I.*** *advertência;*
>
> ***II.*** *multa, de 1.000 (mil) a 20.000 (vinte) mil Ufirs;*
>
> ***III.*** *interdição do estabelecimento.*

Trânsito em julgado: no caso de ser aplicada, com trânsito em julgado, a pena de interdição, o estabelecimento financeiro será devidamente lacrado, notificando-se o responsável e cientificando-se o Banco Central do Brasil.[60]

1.8.2 Empresas especializadas e cursos de formação

> ***Art. 23.*** *As empresas especializadas e os cursos de formação de vigilantes que infringirem disposições desta Lei ficarão sujeitos às seguintes penalidades, aplicáveis pelo Ministério da Justiça, ou, mediante convênio, pelas Secretarias de Segurança Pública, conforme a gravidade da infração, levando-se em conta a reincidência e a condição econômica do infrator:*
>
> ***I.*** *advertência;*
>
> ***II.*** *multa de 500 (quinhentas) até 5.000 (cinco) mil Ufirs; (Inciso com redação dada pela Lei nº 9.017, de 30/3/1995)*
>
> ***III.*** *proibição temporária de funcionamento; e*
>
> ***IV.*** *cancelamento do registro para funcionar.*
>
> ***Parágrafo único.*** *Incorrerão nas penas previstas neste artigo as empresas e os estabelecimentos financeiros responsáveis pelo extravio de armas e munições.*

Trânsito em julgado: tanto para a proibição temporária de funcionamento (inc. III) quanto para o cancelamento do registro para funcionar (inc. IV), só poderão ser aplicadas tais medidas administrativas após o trânsito em julgado da decisão.[61]

As *empresas especializadas* e as que possuem *serviço orgânico de segurança* devem comunicar ao Departamento de Polícia Federal – DPF, por qualquer meio hábil, as ocorrências de **furto**, **roubo**, **perda**, **extravio** ou **recuperação** das armas, munições ou coletes de proteção balística de sua propriedade, em até 24 (vinte e quatro) horas do fato.[62] Além de constituir infração administrativa[63], também é um ilícito penal[64] previsto no Estatuto do Desarmamento:

> ***Art. 7º, §1º, Lei nº 10.826/2003:*** *O proprietário ou diretor responsável de empresa de segurança privada e de transporte de valores responderá pelo crime previsto no parágrafo único do art. 13 desta Lei, sem prejuízo das demais sanções administrativas e civis, se deixar de registrar ocorrência policial e de comunicar à Polícia Federal perda, furto, roubo ou outras formas de extravio de armas de fogo, acessórios e munições que estejam sob sua guarda, nas primeiras 24 (vinte e quatro) horas depois de ocorrido o fato.*

1.9 Competências do Ministério da Justiça

> ***Art. 6º.*** *Além das atribuições previstas no art. 20, compete ao Ministério da Justiça: (Redação dada pela Lei nº 9.017, de 30/3/1995)*
>
> ***I.*** *fiscalizar os estabelecimentos financeiros quanto ao cumprimento desta lei;*
>
> ***II.*** *encaminhar parecer conclusivo quanto ao prévio cumprimento desta lei, pelo estabelecimento financeiro, à autoridade que autoriza o seu funcionamento;*
>
> ***III.*** *aplicar aos estabelecimentos financeiros as penalidades previstas nesta lei.*
>
> ***Parágrafo único.*** *Para a execução da competência prevista no inciso I, o Ministério da Justiça poderá celebrar convênio com as Secretarias de Segurança Pública dos respectivos Estados e Distrito Federal.*

Descentralização: a fiscalização dos estabelecimentos financeiros (inciso I), quanto ao cumprimento dessa lei, pode ser feita por meio de convênio celebrado entre o Ministério da Justiça e as Secretarias de Segurança Pública dos Estados ou do Distrito Federal (parágrafo único, Art. 6º).

Desconcentração: os incisos II e III não podem ser descentralizados, podendo ser executados por meio da desconcentração, conforme expõe o Art. 16 da Lei nº 9.107/1995, será exercido pelo Departamento de Polícia Federal (todo o Art. 1º, bem como os Arts. 6º e 7º).

> ***Lei nº 9.017/1995, Art. 16:*** *As competências estabelecidas nos arts. 1º, 6º e 7º, da Lei nº 7.102, de 20 de junho de 1983, ao Ministério da Justiça,* ***serão exercidas pelo Departamento de Polícia Federal.***

As atividades de segurança privada serão *reguladas, autorizadas* e *fiscalizadas* pelo **Departamento de Polícia Federal – DPF** e serão complementares às atividades de segurança pública nos termos da legislação específica.[65]

> ***Art. 20.*** *Cabe ao Ministério da Justiça, por intermédio do seu órgão competente ou mediante convênio com as Secretarias de Segurança Pública dos Estados e Distrito Federal: (Redação pela Lei nº 9.017, de 30/3/1995)*
>
> ***I.*** *conceder autorização para o funcionamento:*
>
> ***a)*** *das empresas especializadas em serviços de vigilância;*
>
> ***b)*** *das empresas especializadas em transporte de valores; e*
>
> ***c)*** *dos cursos de formação de vigilantes;*
>
> ***II.*** *fiscalizar as empresas e os cursos mencionados dos no inciso anterior;*

58 § 10, art. 114, Portaria DG-DPF nº 3.233/2012.

59 Art. 139, Portaria DG-DPF nº 3.233/2012.

60 Art. 179, Portaria DG-DPF nº 3.233/2012.

61 §§ 2º e 3º, do art. 172, e § 6º, do art. 173, Portaria DG-DPF nº 3.233/2012.

62 *Caput*, art. 138, Portaria DG-DPF nº 3.233/2012.

63 Punível com a pena de multa, de 2.501 a 5.000 UFIR (XXI, Art. 171, Portaria DG-DPF nº 3.233/2012).

64 Punível com a pena de detenção, de 1 a 2 anos, e multa (Art. 13, Lei nº 10.826/2003).

65 § 1º, Art. 1º, Portaria DG-DPF nº 3.233/2012.

III. *aplicar às empresas e aos cursos a que se refere o inciso I deste artigo as penalidades previstas no art. 23 desta Lei;*

IV. *aprovar uniforme;*

V. *fixar o currículo dos cursos de formação de vigilantes;*

VI. *fixar o número de vigilantes das empresas especializadas em cada unidade da Federação;*

VII. *fixar a natureza e a quantidade de armas de propriedade das empresas especializadas e dos estabelecimentos financeiros;*

VIII. *autorizar a aquisição e a posse de armas e munições; e*

IX. *fiscalizar e controlar o armamento e a munição utilizados.*

X. *rever anualmente a autorização de funcionamento das **empresas elencadas no inciso I** deste artigo. (Inciso acrescido pela Lei nº 8.863, de 28/3/1994)*

Parágrafo único. *As competências previstas nos **incisos I e V** deste artigo **não serão objeto de convênio**. (Redação dada pela Lei nº 9.017, de 30/3/1995)*

Os incisos I e V não poderão ser descentralizados mediante convênio com as Secretarias de Segurança Pública dos Estados ou do Distrito Federal, mas poderão ser objeto de desconcentração (exercidos pelo DPF).

Não se incluem os estabelecimentos financeiros à revisão anual de autorização de funcionamento previsto no inciso X, o qual se refere apenas às empresas elencadas no inciso I, quais sejam: as empresas especializadas em serviços de vigilância; as empresas especializadas em transporte de valores; e os cursos de formação de vigilantes.

Questões

01. (CESPE – 2014) Julgue o item abaixo, com base nos dispositivos da Lei n.º 7.102/1983.

Os estabelecimentos financeiros estão autorizados a organizar e a executar seus próprios serviços de vigilância ostensiva e transporte de valores, desde que os sistemas de segurança empregados em tais atividades sejam auditados, anualmente, por empresas especializadas.

Certo ( ) Errado ( )

02. (CESPE – 2014) No que tange à segurança de estabelecimentos financeiros, julgue o item abaixo, com base na Lei n.º 7.102/1983.

Em estabelecimentos financeiros estaduais, a polícia militar poderá exercer o serviço de vigilância ostensiva, desde que autorizada pelo governador estadual.

Certo ( ) Errado ( )

03. (CESPE – 2012) A respeito das leis especiais, julgue os itens a seguir.

Ainda que se instale em cidade interiorana e apresente reduzida circulação financeira, a cooperativa singular de crédito estará obrigada a contratar vigilantes, independentemente de se provar que a contratação inviabilizará economicamente a manutenção do estabelecimento.

Certo ( ) Errado ( )

Gabaritos

01	ERRADO	03	ERRADO
02	CERTO		

2. ESTATUTO DO DESARMAMENTO - LEI Nº 10.826/03

2.1 Conceitos introdutórios

O Estatuto do Desarmamento é uma lei que possui normas de Direito Administrativo, Penal e Processual Penal, iremos focar o estudo acerca das infrações penais; contudo, para entender determinados pontos existentes na lei, será necessário o conhecimento básico de alguns conceitos iniciais.

Por exemplo, o órgão responsável pela autorização e pelo registro de arma de fogo, em regra, é o SINARM (Sistema Nacional de Armas) – alocado na Polícia Federal e instituído pelo Ministério da Justiça –, cujas competências são exauridas do art. 3º da referida lei.

2.1.1 Objetivo

→ Os objetivos estão expostos na ementa da lei, quais sejam:

> Dispõe sobre registro, posse, porte e comercialização de armas de fogo e munição;

> Dispõe sobre o Sistema Nacional de Armas – SINARM;

> Define crimes; e

> Dá outras providências.

O Estatuto tem incriminação apenas das armas de fogo, acessórios, munições e artefatos explosivos ou incendiários, não se aplicando às armas brancas (arts. 18º e 19º da LCP[1] ou art. 242º do ECA[2]).

2.1.2 Norma penal em branco

→ A Lei nº 10.826/2003 não definiu o conceito do que é:

> Arma de fogo, acessório e munição;

> De uso permitido, restrito e proibido; e

> Artefato explosivo ou incendiário.

Tais definições e outros complementos são regulados por diversos decretos, dentre eles: Decreto nº 9.607/2018 (Política Nacional de Exportação e Importação de Produtos de Defesa), Decreto nº 9.845/2019 (Regulamento acerca da posse de armas de fogo), Decreto nº 9.846/2019 (Regulamento para caçadores, colecionadores e atiradores), Decreto nº 9.847/2019 (Regulamento acerca do porte, da comercialização, do SINARM e do SIGMA), Decreto nº 10.030/2019 (Regulamento de Produtos Controlados pelo Comando do Exército), além de outros.

1 Art. 18, Decreto-Lei nº 3.688/1941: "Fabricar, importar, exportar, ter em depósito ou vender, sem permissão da autoridade, arma ou munição: Pena – prisão simples, de três meses a um ano, ou multa, ou ambas cumulativamente, se o fato não constitui crime contra a ordem política ou social.".
Art. 19, Decreto-Lei nº 3.688/1941: "Trazer consigo arma fora de casa ou de dependência desta, sem licença da autoridade: Pena – prisão simples, de quinze dias a seis meses, ou multa, ou ambas cumulativamente. §1º. A pena é aumentada de um terço até metade, se o agente já foi condenado, em sentença irrecorrível, por violência contra pessoa. §2º. Incorre na pena de prisão simples, de quinze dias a três meses, ou multa, quem, possuindo arma ou munição: a) deixa de fazer comunicação ou entrega à autoridade, quando a lei o determina; b) permite que alienado menor de 18 anos ou pessoa inexperiente no manejo de arma a tenha consigo; c) omite as cautelas necessárias para impedir que dela se apodere facilmente alienado, menor de 18 anos ou pessoa inexperiente em manejá-la.".
2 Art. 242, Lei nº 8.069/1990: "Vender, fornecer ainda que gratuitamente ou entregar, de qualquer forma, a criança ou adolescente arma, munição ou explosivo: Pena – reclusão, de 3 (três) a 6 (seis) anos.".

Definições dadas pelo Decreto nº 10.030/2019 (Anexo III)	
Acessório de arma de fogo	artefato que, acoplado a uma arma, possibilita a melhoria do desempenho do atirador, a modificação de um efeito secundário do tiro ou a modificação do aspecto visual da arma.
Acessório explosivo	engenho não muito sensível, de elevada energia de ativação, que tem por finalidade fornecer energia suficiente à continuidade wde um trem explosivo e que necessita de um acessório iniciador para ser ativado.
Arma de fogo	arma que arremessa projéteis empregando a força expansiva dos gases, gerados pela combustão de um propelente confinado em uma câmara, normalmente solidária a um cano, que tem a função de dar continuidade à combustão do propelente, além de direção e estabilidade ao projétil.
Explosivo	tipo de matéria que, quando iniciada, sofre decomposição muito rápida, com grande liberação de calor e desenvolvimento súbito de pressão.

Definições dadas pelo Decreto nº 9.847/2019	
Arma de fogo de uso permitido: (Art. 2º, I)	as armas de fogo semiautomáticas ou de repetição que sejam: a) de porte, cujo calibre nominal, com a utilização de munição comum, não atinja, na saída do cano de prova, energia cinética superior a mil e duzentas libras-pé ou mil seiscentos e vinte joules; b) portáteis de alma lisa; ou c) portáteis de alma raiada, cujo calibre nominal, com a utilização de munição comum, não atinja, na saída do cano de prova, energia cinética superior a mil e duzentas libras-pé ou mil seiscentos e vinte joules.
Arma de fogo de uso restrito (Art. 2º, II)	as armas de fogo automáticas e as semiautomáticas ou de repetição que sejam: a) não portáteis; b) de porte, cujo calibre nominal, com a utilização de munição comum, atinja, na saída do cano de prova, energia cinética superior a mil e duzentas libras-pé ou mil seiscentos e vinte joules; ou c) portáteis de alma raiada, cujo calibre nominal, com a utilização de munição comum, atinja, na saída do cano de prova, energia cinética superior a mil e duzentas libras-pé ou mil seiscentos e vinte joules.
Arma de fogo de uso proibido (Art. 2º, III)	a) as armas de fogo classificadas de uso proibido em acordos e tratados internacionais dos quais a República Federativa do Brasil seja signatária; ou b) as armas de fogo dissimuladas, com aparência de objetos inofensivos.
Munição de uso restrito (Art. 2º, IV)	as munições que: a) atinjam, na saída do cano de prova de armas de porte ou portáteis de alma raiada, energia cinética superior a mil e duzentas libras-pé ou mil seiscentos e vinte joules; b) sejam traçantes, perfurantes ou fumígenas; c) sejam granadas de obuseiro, de canhão, de morteiro, de mão ou de bocal; ou d) sejam rojões, foguetes, mísseis ou bombas de qualquer natureza.
Munição de uso proibido (Art. 2º, V)	as munições que sejam assim definidas em acordo ou tratado internacional de que a República Federativa do Brasil seja signatária e as munições incendiárias ou químicas.

Munição (Art. 2º, X)	cartucho completo ou seus componentes, incluídos o estojo, a espoleta, a carga propulsora, o projétil e a bucha utilizados em armas de fogo.
Arma de fogo de porte (Art. 2º, VII)	as armas de fogo de dimensões e peso reduzidos que podem ser disparadas pelo atirador com apenas uma de suas mãos, a exemplo de pistolas, revólveres e garruchas.
Arma de fogo portátil (Art. 2º, VIII)	as armas de fogo que, devido às suas dimensões ou ao seu peso, podem ser transportadas por uma pessoa, tais como fuzil, carabina e espingarda.
Arma de fogo não portátil (Art. 2º, IX)	as armas de fogo que, devido às suas dimensões ou ao seu peso, precisam ser transportadas por mais de uma pessoa, com a utilização de veículos, automotores ou não, ou sejam fixadas em estruturas permanentes.

Classificação e definição das armas de fogo: a classificação e definição das armas de fogo de uso permitido, restrito ou proibido, além das obsoletas e de valor histórico, serão disciplinadas por ato do chefe do Poder Executivo Federal, por meio de proposta do Comando do Exército, conforme expõe o caput do art. 23º do referido estatuto.

Art. 23. *A classificação legal, técnica e geral bem como a definição das armas de fogo e demais produtos controlados, de usos proibidos, restritos, permitidos ou obsoletos e de valor histórico serão disciplinadas em ato do chefe do Poder Executivo Federal, mediante proposta do Comando do Exército. (Redação dada pela Lei nº 11.706, de 19/06/2008)*

§1º. *Todas as munições comercializadas no País deverão estar acondicionadas em embalagens com sistema de código de barras, gravado na caixa, visando possibilitar a identificação do fabricante e do adquirente, entre outras informações definidas pelo regulamento desta Lei.*

§2º. *Para os órgãos referidos no art. 6º, somente serão expedidas autorizações de compra de munição com identificação do lote e do adquirente no culote dos projéteis, na forma do regulamento desta Lei.*

§3º. *As armas de fogo fabricadas a partir de 1 (um) ano da data de publicação desta Lei conterão dispositivo intrínseco de segurança e de identificação, gravado no corpo da arma, definido pelo regulamento desta Lei, exclusive para os órgãos previstos no art. 6º.*

§4º. *As instituições de ensino policial e as guardas municipais referidas nos incisos III e IV do 'caput' do art. 6º desta Lei e no seu §7º poderão adquirir insumos e máquinas de recarga de munição para o fim exclusivo de suprimento de suas atividades, mediante autorização concedida nos termos definidos em regulamento. (Parágrafo acrescido pela Lei nº 11.706, de 19/06/2008)*

Em muitos lugares na referida lei, haverá expressões que determinam a necessidade de complemento normativo, tais como: na forma [...], nas condições [...], nos termos do regulamento desta Lei; sem autorização ou em desacordo com determinação legal ou regulamentar.

2.1.3 SINARM e registro

Art. 1º. *O Sistema Nacional de Armas – SINARM, instituído no Ministério da Justiça, no âmbito da Polícia Federal, tem circunscrição em todo o território nacional.*

O SINARM é órgão vinculado à Polícia Federal e o responsável pelo cadastramento e registro das armas de fogo em território nacional, salvo as das Forças Armadas e Auxiliares, bem como as dos órgãos que constem em seus registros próprios (art. 2º, par. único) — estas serão cadastradas no SIGMA[3].

Art. 2º. *Ao SINARM compete:*

I. *identificar as características e a propriedade de armas de fogo, mediante cadastro;*

II. *cadastrar as armas de fogo produzidas, importadas e vendidas no País;*

III. *cadastrar as autorizações de porte de arma de fogo e as renovações expedidas pela Polícia Federal;*

IV. *cadastrar as transferências de propriedade, extravio, furto, roubo e outras ocorrências suscetíveis de alterar os dados cadastrais, inclusive as decorrentes de fechamento de empresas de segurança privada e de transporte de valores;*

V. *identificar as modificações que alterem as características ou o funcionamento de arma de fogo;*

VI. *integrar no cadastro os acervos policiais já existentes;*

VII. *cadastrar as apreensões de armas de fogo, inclusive as vinculadas a procedimentos policiais e judiciais;*

VIII. *cadastrar os armeiros em atividade no País, bem como conceder licença para exercer a atividade;*

IX. *cadastrar mediante registro os produtores, atacadistas, varejistas, exportadores e importadores autorizados de armas de fogo, acessórios e munições;*

X. *cadastrar a identificação do cano da arma, as características das impressões de raiamento e de microestriamento de projétil disparado, conforme marcação e testes obrigatoriamente realizados pelo fabricante;*

XI. *informar às Secretarias de Segurança Pública dos Estados e do Distrito Federal os registros e autorizações de porte de armas de fogo nos respectivos territórios, bem como manter o cadastro atualizado para consulta.*

Parágrafo único. *As disposições deste artigo não alcançam as armas de fogo das Forças Armadas e Auxiliares, bem como as demais que constem dos seus registros próprios.*

Armas de fogo de uso restrito: compete ao Comando do Exército autorizar a aquisição e registrar as armas de fogo de uso restrito (art. 3º, par. único).

Art. 3º. *É obrigatório o registro de arma de fogo no órgão competente.*

Parágrafo único. *As armas de fogo de uso restrito serão registradas no Comando do Exército, na forma do regulamento desta Lei.*

Art. 27. *Caberá ao Comando do Exército autorizar, excepcionalmente, a aquisição de armas de fogo de uso restrito.*

Parágrafo único. *O disposto neste artigo não se aplica às aquisições dos Comandos Militares.*

2.1.4 Da posse de arma de fogo

A regra geral é que a população não tenha arma de fogo, daí o nome "Estatuto do Desarmamento". Contudo, um particular poderá obter a autorização para **posse de arma de fogo de uso permitido** (há diferença entre "posse" e "porte") caso preencha os requisitos necessários do art. 4º, que são, entre outros: curso técnico, avaliação psicológica, pagamento de taxas; bem como a idade mínima de 25 anos (art. 28).

3 Art. 4º, caput, Decreto nº 9.847/2019: "O SIGMA, instituído no âmbito do Comando do Exército do Ministério da Defesa, manterá cadastro nacional das armas de fogo importadas, produzidas e comercializadas no país que não estejam previstas no art. 3º.". (Sistema de Gerenciamento Militar de Armas)

> ***Art. 4º.*** *Para adquirir arma de fogo de uso permitido o interessado deverá, além de declarar a efetiva necessidade, atender aos seguintes requisitos:*
>
> ***I.*** *comprovação de idoneidade, com a apresentação de certidões negativas de antecedentes criminais fornecidas pela Justiça Federal, Estadual, Militar e Eleitoral e de não estar respondendo a inquérito policial ou a processo criminal, que poderão ser fornecidas por meios eletrônicos;*
>
> ***II.*** *apresentação de documento comprobatório de ocupação lícita e de residência certa;*
>
> ***III.*** *comprovação de capacidade técnica e de aptidão psicológica para o manuseio de arma de fogo, atestadas na forma disposta no regulamento desta Lei.*
>
> ***§1º.*** *O SINARM expedirá autorização de compra de arma de fogo após atendidos os requisitos anteriormente estabelecidos, em nome do requerente e para a arma indicada, sendo intransferível esta autorização.*
>
> ***§2º.*** *A aquisição de munição somente poderá ser feita no calibre correspondente à arma registrada e na quantidade estabelecida no regulamento desta Lei.*
>
> ***§3º.*** *A empresa que comercializar arma de fogo em território nacional é obrigada a comunicar a venda à autoridade competente, como também a manter banco de dados com todas as características da arma e cópia dos documentos previstos neste artigo.*
>
> ***§4º.*** *A empresa que comercializa armas de fogo, acessórios e munições responde legalmente por essas mercadorias, ficando registradas como de sua propriedade enquanto não forem vendidas.*
>
> ***§5º.*** *A comercialização de armas de fogo, acessórios e munições entre pessoas físicas somente será efetivada mediante autorização do SINARM.*
>
> ***§6º.*** *A expedição da autorização a que se refere o §1º será concedida, ou recusada com a devida fundamentação, no prazo de 30 (trinta) dias úteis, a contar da data do requerimento do interessado.*
>
> ***§7º.*** *O registro precário a que se refere o §4º prescinde do cumprimento dos requisitos dos incisos I, II e III deste artigo.*
>
> ***§8º.*** *Estará dispensado das exigências constantes do inciso III do 'caput' deste artigo, na forma do regulamento, o interessado em adquirir arma de fogo de uso permitido que comprove estar autorizado a portar arma com as mesmas características daquela a ser adquirida.*
>
> ***Art. 28.*** *É vedado ao menor de 25 (vinte e cinco) anos adquirir arma de fogo, ressalvados os integrantes das entidades constantes dos incisos I, II, III, V, VI, VII e X do 'caput' do art. 6º desta Lei.*

Diferenciação entre posse e porte: a *posse* de arma de fogo restringe-se à circunscrição residencial ou empresarial – desde que seja o proprietário ou o responsável legal. Já o *porte* é a autorização de levar a arma de fogo consigo além desses locais.

> ***Art. 5º.*** *O certificado de Registro de Arma de Fogo, com validade em todo o território nacional, autoriza o seu proprietário a manter a arma de fogo exclusivamente no interior de sua residência ou domicílio, ou dependência desses, ou, ainda, no seu local de trabalho, desde que seja ele o titular ou o responsável legal pelo estabelecimento ou empresa.*
>
> ***§1º.*** *O certificado de registro de arma de fogo será expedido pela Polícia Federal e será precedido de autorização do SINARM. (Redação dada pela Lei nº 10.884, de 17/06/2004)*
>
> ***§2º.*** *Os requisitos de que tratam os incisos I, II e III do art. 4º deverão ser comprovados periodicamente, em período não inferior a 3 (três) anos, na conformidade do estabelecido no regulamento desta Lei, para a renovação do Certificado de Registro de Arma de Fogo.*
>
> ***§3º.*** *O proprietário de arma de fogo com certificados de registro de propriedade expedido por órgão estadual ou do Distrito Federal até a data da publicação desta Lei que não optar pela entrega espontânea prevista no art. 32 desta Lei deverá renová-lo mediante o pertinente registro federal, até o dia 31 de dezembro de 2008, ante a apresentação de documento de identificação pessoal e comprovante de residência fixa, ficando dispensado do pagamento de taxas e do cumprimento das demais exigências constantes dos incisos I a III do 'caput' do art. 4º desta Lei.*[4] *(Redação dada pela Lei nº 11.706, de 19/06/2008) (Prazo prorrogado até 31/12/2009, de acordo com o art. 20 da Lei nº 11.922, de 13/04/2009)*
>
> ***§4º.*** *Para fins do cumprimento do disposto no §3º deste artigo, o proprietário de arma de fogo poderá obter, no Departamento de Polícia Federal, certificado de registro provisório, expedido na rede mundial de computadores — internet, na forma do regulamento e obedecidos os procedimentos a seguir:*
>
> ***I.*** *emissão de certificado de registro provisório pela internet, com validade inicial de 90 (noventa) dias; e*
>
> ***II.*** *revalidação pela unidade do Departamento de Polícia Federal do certificado de registro provisório pelo prazo que estimar como necessário para a emissão definitiva do certificado de registro de propriedade. (Parágrafo acrescido pela Lei nº 11.706, de 19/06/2008)*
>
> ***§5º.*** *Aos residentes em área rural, para os fins do disposto no 'caput' deste artigo, considera-se residência ou domicílio toda a extensão do respectivo imóvel rural. (Incluído pela Lei nº 13.870, de 17/09/2019)*
>
> *Do porte de arma de fogo*
>
> ***Art. 6º.*** *É proibido o porte de arma de fogo em todo o território nacional, salvo para os casos previstos em legislação própria e para:*
>
> ***I.*** *os integrantes das Forças Armadas;*
>
> ***II.*** *os integrantes de órgãos referidos nos incisos I, II, III, IV e V do 'caput' do art. 144 da Constituição Federal e os da Força Nacional de Segurança Pública (FNSP); (Redação dada pela Lei nº 13.500, de 2017)*
>
> ***III.*** *os integrantes das guardas municipais das capitais dos Estados e dos Municípios com mais de 500.000 (quinhentos mil) habitantes, nas condições estabelecidas no regulamento desta Lei;*
>
> ***IV.*** *os integrantes das guardas municipais dos Municípios com mais de 50.000 (cinquenta mil) e menos de 500.000 (quinhentos mil) habitantes, quando em serviço; (Redação dada pela Lei nº 10.867, de 2004)*
>
> ***V.*** *os agentes operacionais da Agência Brasileira de Inteligência e os agentes do Departamento de Segurança do Gabinete de Segurança Institucional da Presidência da República;*
>
> ***VI.*** *os integrantes dos órgãos policiais referidos no art. 51, IV, e no art. 52, XIII, da Constituição Federal;*
>
> ***VII.*** *os integrantes do quadro efetivo dos agentes e guardas prisionais, os integrantes das escoltas de presos e as guardas portuárias;*
>
> ***VIII.*** *as empresas de segurança privada e de transporte de valores constituídas, nos termos desta Lei;*
>
> ***IX.*** *para os integrantes das entidades de desporto legalmente constituídas, cujas atividades esportivas demandem o uso de armas de fogo, na forma do regulamento desta Lei, observando-se, no que couber, a legislação ambiental.*
>
> ***X.*** *integrantes das Carreiras de Auditoria da Receita Federal do Brasil e de Auditoria-Fiscal do Trabalho, cargos de Auditor-Fiscal e Analista Tributário. (Redação dada pela Lei nº 11.501, de 2007)*

---

4 Art. 20, Lei nº 11.922/2009: "Ficam prorrogados para 31 de dezembro de 2009 os prazos de que tratam o §3º do art. 5º e o art. 30, ambos da Lei nº 10.826, de 22 de dezembro de 2003.".

XI. os tribunais do Poder Judiciário descritos no art. 92 da Constituição Federal e os Ministérios Públicos da União e dos Estados, para uso exclusivo de servidores de seus quadros pessoais que efetivamente estejam no exercício de funções de segurança, na forma de regulamento a ser emitido pelo Conselho Nacional de Justiça. CNJ e pelo Conselho Nacional do Ministério Público. CNMP. (Incluído pela Lei nº 12.694, de 2012)

§1º. As pessoas previstas nos incisos I, II, III, V e VI do 'caput' deste artigo terão direito de portar arma de fogo de propriedade particular ou fornecida pela respectiva corporação ou instituição, mesmo fora de serviço, nos termos do regulamento desta Lei, com validade em âmbito nacional para aquelas constantes dos incisos I, II, V e VI. (Redação dada pela Lei nº 11.706, de 2008)

§1º-A. REVOGADO (Revogado pela Lei nº 11.706, de 2008)

§1º-B. Os integrantes do quadro efetivo de agentes e guardas prisionais poderão portar arma de fogo de propriedade particular ou fornecida pela respectiva corporação ou instituição, mesmo fora de serviço, desde que estejam: (Incluído pela Lei nº 12.993, de 2014)

I. submetidos a regime de dedicação exclusiva;

II. sujeitos à formação funcional, nos termos do regulamento; e

III. subordinados a mecanismos de fiscalização e de controle interno.

§1º-C. VETADO (Vetado na Lei nº 12.993, de 2014)

§2º. A autorização para o porte de arma de fogo aos integrantes das instituições descritas nos incisos V, VI, VII e X do 'caput' deste artigo está condicionada à comprovação do requisito a que se refere o inciso III do 'caput' do art. 4º desta Lei nas condições estabelecidas no regulamento desta Lei. (Redação dada pela Lei nº 11.706, de 2008)

§3º. A autorização para o porte de arma de fogo das guardas municipais está condicionada à formação funcional de seus integrantes em estabelecimentos de ensino de atividade policial, à existência de mecanismos de fiscalização e de controle interno, nas condições estabelecidas no regulamento desta Lei, observada a supervisão do Ministério da Justiça. (Redação dada pela Lei nº 10.884, de 2004)

§4º. Os integrantes das Forças Armadas, das polícias federais e estaduais e do Distrito Federal, bem como os militares dos Estados e do Distrito Federal, ao exercerem o direito descrito no art. 4º, ficam dispensados do cumprimento do disposto nos incisos I, II e III do mesmo artigo, na forma do regulamento desta Lei.

§5º. Aos residentes em áreas rurais, maiores de 25 (vinte e cinco) anos que comprovem depender do emprego de arma de fogo para prover sua subsistência alimentar familiar será concedido pela Polícia Federal o porte de arma de fogo, na categoria caçador para subsistência, de uma arma de uso permitido, de tiro simples, com 1 (um) ou 2 (dois) canos, de alma lisa e de calibre igual ou inferior a 16 (dezesseis), desde que o interessado comprove a efetiva necessidade em requerimento ao qual deverão ser anexados os seguintes documentos:

I. documento de identificação pessoal;

II. comprovante de residência em área rural; e

III. atestado de bons antecedentes. (Redação dada pela Lei nº 11.706, de 2008)

§6º. O caçador para subsistência que der outro uso à sua arma de fogo, independentemente de outras tipificações penais, responderá, conforme o caso, por porte ilegal ou por disparo de arma de fogo de uso permitido. (Redação dada pela Lei nº 11.706, de 2008)

§7º. Aos integrantes das guardas municipais dos Municípios que integram regiões metropolitanas será autorizado porte de arma de fogo, quando em serviço. (Incluído pela Lei nº 11.706, de 2008)

***Art. 7º.** As armas de fogo utilizadas pelos empregados das empresas de segurança privada e de transporte de valores, constituídas na forma da lei, serão de propriedade, responsabilidade e guarda das respectivas empresas, somente podendo ser utilizadas quando em serviço, devendo essas observar as condições de uso e de armazenagem estabelecidas pelo órgão competente, sendo o certificado de registro e a autorização de porte expedidos pela Polícia Federal em nome da empresa.*

§1º. O proprietário ou diretor responsável de empresa de segurança privada e de transporte de valores responderá pelo crime previsto no parágrafo único do art. 13 desta Lei, sem prejuízo das demais sanções administrativas e civis, se deixar de registrar ocorrência policial e de comunicar à Polícia Federal perda, furto, roubo ou outras formas de extravio de armas de fogo, acessórios e munições que estejam sob sua guarda, nas primeiras 24 (vinte e quatro) horas depois de ocorrido o fato.

§2º. A empresa de segurança e de transporte de valores deverá apresentar documentação comprobatória do preenchimento dos requisitos constantes do art. 4º desta Lei quanto aos empregados que portarão arma de fogo.

§3º. A listagem dos empregados das empresas referidas neste artigo deverá ser atualizada semestralmente junto ao SINARM.

***Art. 7º-A.** As armas de fogo utilizadas pelos servidores das instituições descritas no inciso XI do art. 6º serão de propriedade, responsabilidade e guarda das respectivas instituições, somente podendo ser utilizadas quando em serviço, devendo estas observar as condições de uso e de armazenagem estabelecidas pelo órgão competente, sendo o certificado de registro e a autorização de porte expedidos pela Polícia Federal em nome da instituição.*

§1º. A autorização para o porte de arma de fogo de que trata este artigo independe do pagamento de taxa.

§2º. O presidente do tribunal ou o chefe do Ministério Público designará os servidores de seus quadros pessoais no exercício de funções de segurança que poderão portar arma de fogo, respeitado o limite máximo de 50% (cinquenta por cento) do número de servidores que exerçam funções de segurança.

§3º. O porte de arma pelos servidores das instituições de que trata este artigo fica condicionado à apresentação de documentação comprobatória do preenchimento dos requisitos constantes do art. 4º desta Lei, bem como à formação funcional em estabelecimentos de ensino de atividade policial e à existência de mecanismos de fiscalização e de controle interno, nas condições estabelecidas no regulamento desta Lei.

§4º. A listagem dos servidores das instituições de que trata este artigo deverá ser atualizada semestralmente no SINARM.

§5º. As instituições de que trata este artigo são obrigadas a registrar ocorrência policial e a comunicar à Polícia Federal eventual perda, furto, roubo ou outras formas de extravio de armas de fogo, acessórios e munições que estejam sob sua guarda, nas primeiras 24 (vinte e quatro) horas depois de ocorrido o fato. (Artigo acrescido pela Lei nº 12.694, de 24/07/2012)

***Art. 8º.** As armas de fogo utilizadas em entidades desportivas legalmente constituídas devem obedecer às condições de uso e de armazenagem estabelecidas pelo órgão competente, respondendo o possuidor ou o autorizado a portar a arma pela sua guarda na forma do regulamento desta Lei.*

O porte de arma de fogo, via de regra, é proibido (principalmente aos particulares), porém, com regras específicas, os arts. 6º, 7º e 8º autorizam alguns agentes (a maioria se trata de órgãos públicos de segurança pública)[5]. Além de outros que possuem autorização emanada de outras leis específicas[6].

5 Art. 24, caput, Decreto nº 9.847/2019: "O porte de arma de fogo é deferido aos militares das Forças Armadas, aos policiais federais, estaduais e distritais, civis e militares, aos corpos de bombeiros militares e aos policiais da Câmara dos Deputados e do Senado Federal em razão do desempenho de suas funções institucionais.".

6 São exemplos de leis próprias que constam autorizações de porte de arma de fogo: Lei Orgânica dos Magistratura Nacional – LOMN (Lei Complementar nº 35/1979); Lei Orgânica do Ministério Público – LOMP (Lei nº 8.625/1993); e Lei Orgânica do Ministério Público da União – LOMPU (Lei Complementar nº 75/1993).

Basicamente, é autorizado para:

Agentes Públicos (em serviço ou fora dele)

Forças Armadas (art. 6º, caput, I)
Art. 142º, caput, CF/88: Marinha; Aeronáutica; Exército.
Órgãos de Segurança Pública e Força Nacional de Segurança Pública (art. 6º, caput, II)
Art. 144º, caput, CF/88: • Polícia Federal; • Polícia Rodoviária Federal; • Polícia Ferroviária Federal; • Polícias Civis; • Polícias Militares e Corpo de Bombeiros Militares. • Força Nacional de Segurança Pública7 – FNSP.
Guardas Municipais* (art. 6º, caput, III)
Capitais de Estado e Municípios com mais de 500 mil habitantes.
GSI-PR e ABIN (art. 6º, caput, V)
Agentes Operacionais da ABIN; Agentes de Segurança Presidencial do GSI-PR.
Polícia Legislativa Federal (art. 6º, caput, VI)
Polícia da Câmara dos Deputados (art. 51, IV, CF); Polícia do Senado (art. 52, XIII, CF).

Agentes Públicos (apenas em serviço)

Guardas Municipais* (art. 6º, caput, IV, e §7º)
Municípios com **mais de 50** mil habitantes e **menos de 500** mil habitantes (art. 6º, *caput*, IV); Municípios que integrem **regiões metropolitanas** (art. 6º, §7º).
Guardas Prisionais e Portuárias (art. 6º, caput, VII)
Agentes e Guardas Prisionais (poderão obter o porte para uso fora de serviço, desde que preencham os requisitos do §1º-B do art. 6º); Integrantes de Escolta de Presos; Guardas Portuários.[8]
Auditoria Fiscal Federal Tributária e Trabalhista (art. 6º, *caput*, X)
Auditor-Fiscal da Receita Federal; Analista Tributário da Receita Federal; Auditor-Fiscal do Trabalho Federal.
Agentes de Segurança do Poder Judiciário e Ministério Público (art. 6º, caput, XI)
Porte em nome da instituição e uso em serviço: competência da **Polícia Federal** (art. 7º-A).

Particulares

Empresas de Segurança Privada e de Transporte de Valores (art. 6º, caput, VIII)
Porte em nome da empresa e uso apenas em serviço: competência da **Polícia Federal** (art. 7º).[9]
Caçador para subsistência (art. 6º, §§ 5º e 6º)
Porte "caçador para subsistência" (residente em área rural): competência da **Polícia Federal**.
Atiradores, caçadores e colecionadores10 (art. 9º)
Integrantes (art. 6º, *caput*, IX) e entidades desportivas (art. 8º). Registro e porte de trânsito (guia de tráfego): competência do **Comando do Exército** (art. 9º).[11]

Estrangeiros no Brasil

Responsáveis pela segurança de cidadãos estrangeiros em visita ou sediados no Brasil
Autorização do porte de arma de fogo: competência do **Ministério da Justiça** (art. 9º).
Representantes estrangeiros em competição internacional oficial de tiro no Brasil
Registro e porte de trânsito: competência do **Comando do Exército** (art. 9º).[12]

7 Art. 4º, §2º, Decreto nº 5.289/2004: "O contingente mobilizável da Força Nacional de Segurança Pública será composto por servidores que tenham recebido, do Ministério da Justiça, treinamento especial para atuação conjunta, integrantes das polícias federais e dos órgãos de segurança pública dos Estados que tenham aderido ao programa de cooperação federativa.".

8 Art. 29, Parágrafo único, Decreto nº 9.847/2019: "Caberá à Polícia Federal expedir o porte de arma de fogo para os guardas portuários.".

9 Art. 32, Decreto nº 9.847/2019: "As empresas de segurança privada e de transporte de valores solicitarão à Polícia Federal autorização para aquisição de armas de fogo. §1º. A autorização de que trata o 'caput': I – será concedida se houver comprovação de que a empresa possui autorização de funcionamento válida e justificativa da necessidade de aquisição com base na atividade autorizada; e II – será válida apenas para a utilização da arma de fogo em serviço. [...]".

10 Art. 1º, §§ 1º e 2º, Decreto nº 9.846/2019: "[...] §1º. As armas de fogo de colecionadores, atiradores e caçadores serão cadastradas no Sistema de Gerenciamento Militar de Armas – SIGMA. §2º. O Certificado de Registro de Colecionador, Atirador e Caçador expedido pelo Comando do Exército, terá validade de dez anos.".

11 Art. 5º, Decreto nº 9.846/2019: "Os clubes e as escolas de tiro e os colecionadores, os atiradores e os caçadores serão registrados no Comando do Exército. [...] §2º. Fica garantido o direito de transporte desmuniciado das armas dos clubes e das escolas de tiro e de seus integrantes e dos colecionadores, dos atiradores e dos caçadores, por meio da apresentação do Certificado de Registro de Colecionador, Atirador e Caçador ou do Certificado de Registro de Arma de Fogo válidos. §3º. Os colecionadores, os atiradores e os caçadores poderão portar uma arma de fogo curta municiada, alimentada e carregada, pertencente a seu acervo cadastrado no SINARM ou no SIGMA, conforme o caso, sempre que estiverem em deslocamento para treinamento ou participação em competições, por meio da apresentação do Certificado de Registro de Colecionador, Atirador e Caçador, do Certificado de Registro de Arma de Fogo e da Guia de Tráfego válidos. §4º. A Guia de Tráfego é o documento que confere a autorização para o tráfego de armas, acessórios e munições no território nacional e corresponde ao porte de trânsito previsto no art. 24 da Lei nº 10.826, de 22 de dezembro de 2003. §5º. A Guia de Tráfego a que refere o §4º poderá ser emitida no sítio eletrônico do Comando do Exército.".

12 Art. 31, Decreto nº 9.847/2019: "A entrada de arma de fogo e munição no país, como bagagem de atletas, destinadas ao uso em competições internacionais será autorizada pelo Comando do Exército. §1º. O porte de trânsito das armas a serem utilizadas por delegações estrangeiras em competição oficial de tiro no país será expedido pelo Comando do Exército. §2º. Os responsáveis pelas delegações estrangeiras e brasileiras em competição oficial de tiro no país e os seus integrantes transportarão as suas armas desmuniciadas.".

Art. 9º. *Compete ao Ministério da Justiça a autorização do porte de arma para os responsáveis pela segurança de cidadãos estrangeiros em visita ou sediados no Brasil e, ao Comando do Exército, nos termos do regulamento desta Lei, o registro e a concessão de porte de trânsito de arma de fogo para colecionadores, atiradores e caçadores e de representantes estrangeiros em competição internacional oficial de tiro realizada no território nacional.*

Autorização conforme os órgãos	
Ministério da Justiça	Autorização do porte de arma para: • Seguranças de cidadãos estrangeiros em visita ou sediados no Brasil.
Comando do Exército[13]	Registro e concessão de porte de trânsito de arma de fogo para: • Colecionadores; • Atiradores; • Caçadores; e • Representantes estrangeiros em competição internacional oficial de tiro realizada no território nacional.

Perda automática: aquele que for abordado ou detido em estado de embriaguez ou sob o efeito drogas perderá automaticamente a eficácia do porte de arma de fogo (art. 10, §2º).

Art. 10. *A autorização para o porte de arma de fogo de uso permitido, em todo o território nacional, é de competência da Polícia Federal e somente será concedida após autorização do SINARM.*

§1º. *A autorização prevista neste artigo poderá ser concedida com eficácia temporária e territorial limitada, nos termos de atos regulamentares, e dependerá de o requerente:*

I. *demonstrar a sua efetiva necessidade por exercício de atividade profissional de risco ou de ameaça à sua integridade física;*

II. *atender às exigências previstas no art. 4º desta Lei;*

III. *apresentar documentação de propriedade de arma de fogo, bem como o seu devido registro no órgão competente.*

§2º. *A autorização de porte de arma de fogo, prevista neste artigo, perderá automaticamente sua eficácia caso o portador dela seja detido ou abordado em estado de embriaguez ou sob efeito de substâncias químicas ou alucinógenas.*

O uso ostensivo de arma de fogo para aqueles que possuem o porte é proibido, isto é, o sujeito que leva a arma consigo, mas a deixa aparecer. O resultado é o mesmo para quem seja detido embriagado portando a arma de fogo: cassação do porte e apreensão da arma (art. 20, Decreto nº 9.847/2019)14.

Art. 11. *Fica instituída a cobrança de taxas, nos valores constantes do Anexo desta Lei, pela prestação de serviços relativos:*

I. *ao registro de arma de fogo;*

II. *à renovação de registro de arma de fogo;*

III. *à expedição de segunda via de registro de arma de fogo;*

IV. *à expedição de porte federal de arma de fogo;*

V. *à renovação de porte de arma de fogo;*

VI. *à expedição de segunda via de porte federal de arma de fogo.*

§1º. *Os valores arrecadados destinam-se ao custeio e à manutenção das atividades do SINARM, da Polícia Federal e do Comando do Exército, no âmbito de suas respectivas responsabilidades.*

§2º. *São isentas do pagamento das taxas previstas neste artigo as pessoas e as instituições a que se referem os incisos I a VII e X e o §5º do art. 6º desta Lei. (Parágrafo com redação dada pela Lei nº 11.706, de 19/6/2008)*

Art. 11-A. *O Ministério da Justiça disciplinará a forma e as condições do credenciamento de profissionais pela Polícia Federal para comprovação da aptidão psicológica e da capacidade técnica para o manuseio de arma de fogo.*

§1º. *Na comprovação da aptidão psicológica, o valor cobrado pelo psicólogo não poderá exceder ao valor médio dos honorários profissionais para realização de avaliação psicológica constante do item 1.16 da tabela do Conselho Federal de Psicologia.*

§2º. *Na comprovação da capacidade técnica, o valor cobrado pelo instrutor de armamento e tiro não poderá exceder R$ 80,00 (oitenta reais), acrescido do custo da munição.*

§3º. *A cobrança de valores superiores aos previstos nos §§ 1º e 2º deste artigo implicará o descredenciamento do profissional pela Polícia Federal. (Artigo acrescido pela Lei nº 11.706, de 19/6/2008)*

2.1.5 Do comércio

A **comercialização, produção, importação, exportação ou manutenção** de armas de fogo em território nacional são permitidas[15] desde que o estabelecimento comercial tenha sido previamente *autorizado pelo Comando do Exército (art. 24)* e *cadastrado no SINARM* (art. 2º, IX).

Art. 24. *Excetuadas as atribuições a que se refere o art. 2º desta Lei, compete ao Comando do Exército autorizar e fiscalizar a produção, exportação, importação, desembaraço alfandegário e o comércio de armas de fogo e demais produtos controlados, inclusive o registro e o porte de trânsito de arma de fogo de colecionadores, atiradores e caçadores.*

Comércio entre pessoas físicas: o comércio entre pessoas físicas só é possível mediante *autorização prévia do SINARM* (art. 4º, §5º), bem como a atividade de *armeiro*[16] (art. 2º, VIII).

A proibição não se restringe apenas às armas de fogo, mas também às armas de brinquedos (art. 26).

Art. 26. *São vedadas a fabricação, a venda, a comercialização e a importação de brinquedos, réplicas e simulacros de armas de fogo, que com estas se possam confundir.*

Parágrafo único. *Excetuam-se da proibição as réplicas e os simulacros destinados à instrução, ao adestramento, ou à coleção de usuário autorizado, nas condições fixadas pelo Comando do Exército.*

2.1.6 Das armas de fogo apreendidas

Destinatário das armas de fogo apreendidas (art. 25): deverão ser encaminhadas ao Comando do Exército pela autoridade judiciária competente, em até 48 horas, desde que já tenha sido

13 Ao Comando do Exército também se inclui a competência para o registro e cadastro das armas de fogo das representações diplomáticas (Art. 4º, §2º, IV, Decreto nº 9.847/2019).

14 Art. 20, Decreto nº 9.847/2019: "O titular de porte de arma de fogo para defesa pessoal concedido nos termos do disposto no art. 10 da Lei nº 10.826, de 2003, não poderá conduzi-la ostensivamente ou com ela adentrar ou permanecer em locais públicos, tais como igrejas, escolas, estádios desportivos, clubes, agências bancárias ou outros locais onde haja aglomeração de pessoas em decorrência de eventos de qualquer natureza. §1º. A inobservância ao disposto neste artigo implicará na cassação do porte de arma de fogo e na apreensão da arma, pela autoridade competente, que adotará as medidas legais pertinentes. §2º. Aplica-se o disposto no §1º na hipótese de o titular do porte de arma de fogo portar o armamento em estado de embriaguez ou sob o efeito de drogas ou medicamentos que provoquem alteração do desempenho intelectual ou motor.".

15 Art. 9º, Decreto nº 9.847/2019: "Fica permitida a venda de armas de fogo de porte e portáteis, munições e acessórios por estabelecimento comercial credenciado pelo Comando do Exército.".

16 Armeiro: "mecânico de armas" (Art. 3º, XXIV, Anexo, Decreto nº 3.665/2000).

feito o laudo pericial, a juntada aos autos e não mais interessem à persecução penal, a fim de serem destruídas ou doadas aos órgãos de segurança pública (art. 144, CF) ou às Forças Armadas (art. 142, CF).

> ***Art. 25.*** *As armas de fogo apreendidas, após a elaboração do laudo pericial e sua juntada aos autos, quando não mais interessarem à persecução penal serão encaminhadas pelo juiz competente ao Comando do Exército, no prazo de até 48 (quarenta e oito) horas, para destruição ou doação aos órgãos de segurança pública ou às Forças Armadas, na forma do regulamento desta Lei. (Redação dada pela Lei nº 13.886, de 17/10/2019)*
>
> ***§1º.*** *As armas de fogo encaminhadas ao Comando do Exército que receberem parecer favorável à doação, obedecidos o padrão e a dotação de cada Força Armada ou órgão de segurança pública, atendidos os critérios de prioridade estabelecidos pelo Ministério da Justiça e ouvido o Comando do Exército, serão arroladas em relatório reservado trimestral a ser encaminhado àquelas instituições, abrindo-se-lhes prazo para manifestação de interesse. (Redação dada pela Lei nº 11.706, de 19/06/2008)*
>
> ***§1º-A.*** *As armas de fogo e munições apreendidas em decorrência do tráfico de drogas de abuso, ou de qualquer forma utilizadas em atividades ilícitas de produção ou comercialização de drogas abusivas, ou, ainda, que tenham sido adquiridas com recursos provenientes do tráfico de drogas de abuso, perdidas em favor da União e encaminhadas para o Comando do Exército, devem ser, após perícia ou vistoria que atestem seu bom estado, destinadas com prioridade para os órgãos de segurança pública e do sistema penitenciário da unidade da federação responsável pela apreensão. (Incluído pela Lei nº 13.886, de 17/10/2019)*
>
> ***§2º.*** *O Comando do Exército encaminhará a relação das armas a serem doadas ao juiz competente, que determinará o seu perdimento em favor da instituição beneficiada. (Incluído pela Lei nº 11.706, de 19/06/2008)*
>
> ***§3º.*** *O transporte das armas de fogo doadas será de responsabilidade da instituição beneficiada, que procederá ao seu cadastramento no SINARM ou no SIGMA. (Incluído pela Lei nº 11.706, de 19/06/2008)*
>
> ***§4º.*** *(VETADO na Lei nº 11.706, de 19/06/2008)*
>
> ***§5º.*** *O Poder Judiciário instituirá instrumentos para o encaminhamento ao SINARM ou ao SIGMA, conforme se trate de arma de uso permitido ou de uso restrito, semestralmente, da relação de armas acauteladas em juízo, mencionando suas características e o local onde se encontram. (Incluído pela Lei nº 11.706, de 19/06/2008)*

2.1.7 Do Banco Nacional de Perfis Balísticos

Criação do Banco Nacional de Perfis Balísticos: a Lei nº 13.964/19 (pacote anticrime) incluiu o art. 34-A no Estatuto do Desarmamento a fim de auxiliar o trabalho pericial com sistema automatizado e integrado.

> ***Art. 34-A.*** *Os dados relacionados à coleta de registros balísticos serão armazenados no Banco Nacional de Perfis Balísticos. (Artigo acrescido pela Lei nº 13.964, de 24/12/2019)*
>
> ***§1º.*** *O Banco Nacional de Perfis Balísticos tem como objetivo cadastrar armas de fogo e armazenar características de classe e individualizadoras de projéteis e de estojos de munição deflagrados por arma de fogo.*
>
> ***§2º.*** *O Banco Nacional de Perfis Balísticos será constituído pelos registros de elementos de munição deflagrados por armas de fogo relacionados a crimes, para subsidiar ações destinadas às apurações criminais federais, estaduais e distritais.*
>
> ***§3º.*** *O Banco Nacional de Perfis Balísticos será gerido pela unidade oficial de perícia criminal.*
>
> ***§4º.*** *Os dados constantes do Banco Nacional de Perfis Balísticos terão caráter sigiloso, e aquele que permitir ou promover sua utilização para fins diversos dos previstos nesta Lei ou em decisão judicial responderá civil, penal e administrativamente.*
>
> ***§5º.*** *É vedada a comercialização, total ou parcial, da base de dados do Banco Nacional de Perfis Balísticos.*
>
> ***§6º.*** *A formação, a gestão e o acesso ao Banco Nacional de Perfis Balísticos serão regulamentados em ato do Poder Executivo federal.*

Justificado no Projeto de Lei nº 882/2019, de autoria do Ministro Sérgio Moro, segundo o qual:

"Registre-se, ainda, a introdução do art. 34-A., que disciplina a coleta de dados e armazenamento de perfis balísticos, através de um Banco Nacional gerenciados por Unidade Oficial de Perícia Criminal. Trata-se de modalidade de prova técnica essencial para a apuração de crimes praticados com arma de fogo, entre eles o homicídio, cujos índices de apuração não têm sido positivos. A Secretaria Nacional de Segurança Pública – SENASP, em nota técnica manifestou-se afirmando: 'A Criação do Banco Nacional de Perfis Balísticos, com sistemas automatizados em rede integrada, possibilitará a elucidação dos crimes envolvendo armas de fogo como Homicídios, Feminicídios, Latrocínios, Roubos, crimes realizados por Organizações Criminosas, dentre outros.'."

2.2 Dos crimes e das penas

Bem jurídico tutelado: é a *segurança pública e a paz social* (incolumidade pública). Preserva-se a coletividade e não apenas uma única pessoa, ou seja, *não é a incolumidade física*. A segurança pública, de acordo com a Constituição Federal (art. 144, *caput*, CF)[17], é dever do Estado, porém de responsabilidade de todos, assim, aqueles que atentem contra a preservação da ordem social e da incolumidade pública serão punidos de acordo com a lei.

Ação penal: é *pública incondicionada*, uma vez que o bem jurídico tutelado pela norma é a incolumidade pública.

Sujeito passivo: o sujeito passivo imediato é a *coletividade*, ou seja, tratam-se de *crimes vago* e, em regra, *de perigo abstrato* e *de mera conduta*. Quase todos os delitos são dolosos e comissivos; contudo, haverá um ou outro que será culposo ou omissivo, como é o caso da omissão de cautela (art. 13, *caput*).

Fiança e liberdade provisória: *via de regra*, os crimes previstos na Lei nº 10.826/2003 são *suscetíveis de liberdade provisória* (todos) e *afiançáveis* (salvo os arts. 16, 17 e 18).

Delitos hediondos: os arts. 16, 17 e 18 são considerados crimes hediondos (art. 1º, par. único, Lei nº 8.072/90) e, por conseguinte, *insuscetíveis de anistia, graça, indulto e fiança*.

Inconstitucionalidade do art. 21º e dos parágrafos únicos dos arts. 14º e 15º: tais dispositivos foram considerados *inconstitucionais* segundo o Supremo Tribunal Federal (STF/ADI 3.112), uma vez que não estão incluídos no rol constitucional dos delitos inafiançáveis, conforme os incisos XLII, XLIII, XLIV, do art. 5º, da Carta Magna, quais sejam: *racismo, tortura, tráfico ilícito de drogas, terrorismo, crimes hediondos e ação de grupos armados contra a ordem constitucional e o Estado Democrático.*

---

17 Art. 144, caput, CF/88: "A segurança pública, dever do Estado, direito e responsabilidade de todos, é exercida para a preservação da ordem pública e da incolumidade das pessoas e do patrimônio, através dos seguintes órgãos: [...]".

"A **proibição de estabelecimento de fiança** para os delitos de 'porte ilegal de arma de fogo de uso permitido' e de 'disparo de arma de fogo', **mostra-se desarrazoada,** porquanto são crimes de mera conduta, que não se equiparam aos crimes que acarretam lesão ou ameaça de lesão à vida ou à propriedade.

Insusceptibilidade de liberdade provisória quanto aos delitos elencados nos arts. 16, 17 e 18. **Inconstitucionalidade reconhecida**, visto que o texto magno não autoriza a prisão 'ex lege', em face dos princípios da presunção de inocência e da obrigatoriedade de fundamentação dos mandados de prisão pela autoridade judiciária competente. [...]

Ação julgada procedente, em parte, para declarar a **inconstitucionalidade dos parágrafos únicos dos artigos 14 e 15 e do artigo 21** da Lei nº 10.826, de 22 de dezembro de 2003.".[18]

Norma penal em branco: por se tratar de norma penal em branco, a definição de *arma de fogo, munição e acessórios de uso permitido, restrito ou proibido e artefatos explosivos* constam em outras normas infralegais. Lembre-se de que o Estatuto do Desarmamento cuida *apenas de arma de fogo*, acessórios e munições, mas *não de arma branca* (o porte dela poderá configurar contravenção penal).

Apenas um delito qualificado: somente o crime de "posse ou porte ilegal de arma de fogo de uso proibido" é *qualificado* (art. 16, §2º), já os arts. 19 e 20 se referem a *majorantes* (causas de aumento de pena).

***Abolitio criminis* temporária ou *vacatio legis* indireta:**

> ***Art. 30.*** *Os possuidores e proprietários de arma de fogo de uso permitido ainda não registrada deverão solicitar seu registro até o dia 31 de dezembro de 2008, mediante apresentação de documento de identificação pessoal e comprovante de residência fixa, acompanhados de nota fiscal de compra ou comprovação da origem lícita da posse, pelos meios de prova admitidos em direito, ou declaração firmada na qual constem as características da arma e a sua condição de proprietário, ficando este dispensado do pagamento de taxas e do cumprimento das demais exigências constantes dos incisos I a III do 'caput' do art. 4º desta Lei. (Redação dada pela Lei nº 11.706, de 19/06/2008) (Prazo prorrogado até 31/12/2009, de acordo com o art. 20 da Lei nº 11.922, de 13/04/2009)*
>
> ***Parágrafo único.*** *Para fins do cumprimento do disposto no 'caput' deste artigo, o proprietário de arma de fogo poderá obter, no Departamento de Polícia Federal, certificado de registro provisório, expedido na forma do §4º do art. 5º desta Lei. (Parágrafo único acrescido pela Lei nº 11.706, de 19/06/2008)*
>
> ***Art. 31.*** *Os possuidores e proprietários de armas de fogo adquiridas regularmente poderão, a qualquer tempo, entregá-las à Polícia Federal, mediante recibo e indenização, nos termos do regulamento desta Lei.*
>
> ***Art. 32.*** *Os possuidores e proprietários de arma de fogo poderão entregá-la, espontaneamente, mediante recibo, e, presumindo-se de boa-fé, serão indenizados, na forma do regulamento, ficando extinta a punibilidade de eventual posse irregular da referida arma. (Redação dada pela Lei nº 11.706, de 19/06/2008)*

A abolitio criminis temporária a que se referem os arts. 30º e 32º é aplicável somente à **posse de arma de fogo de uso permitido (art. 12),** contudo há duas datas que distinguem a aplicação:

→ Até 23/10/2005: além do art. 12º, também era cabível à "posse de arma de fogo de uso permitido com numeração raspada ou suprimida" (art. 16, §1º, IV).

> ***Súmula nº 513 do STJ**: "A 'abolitio criminis' temporária prevista na Lei nº 10.826/2003 aplica-se ao crime de posse de arma de fogo de uso permitido com numeração, marca ou qualquer outro sinal de identificação raspado, suprimido ou adulterado, praticado somente até 23/10/2005.".*

→ Após 23/10/2005 e até 31/12/2009:[19] somente aplicável ao art. 12º, a posse de arma de fogo de uso permitido.

"É típica a conduta de possuir arma de fogo de uso permitido com numeração, marca ou qualquer outro sinal de identificação raspado, suprimido ou adulterado, praticada após 23/10/2005, pois, em relação a esse delito, a 'abolitio criminis' temporária cessou nessa data, termo final da prorrogação dos prazos previstos na redação original dos arts. 30 e 32 da Lei nº 10.826/2003.

A nova redação do art. 32 da Lei nº 10.826/2003, trazida pela Lei nº 11.706/2008, não mais suspendeu, temporariamente, a vigência da norma incriminadora ou instaurou uma 'abolitio criminis' temporária — conforme operado pelo art. 30 da mesma lei —, mas instituiu uma causa permanente de exclusão da punibilidade, consistente na entrega espontânea da arma.

A causa extintiva da punibilidade, na hipótese legal, consiste em ato jurídico (entrega espontânea da arma), e tão somente se tiver havido a sua efetiva prática é que a excludente produzirá seus efeitos. Se isso não ocorreu, não é caso de aplicação da excludente.".[20]

2.2.7.1 Posse irregular de arma de fogo de uso permitido (art. 12º)

> ***Art. 12.*** *Possuir ou manter sob sua guarda arma de fogo, acessório ou munição, de uso permitido, em desacordo com determinação legal ou regulamentar, no interior de sua residência ou dependência desta, ou, ainda no seu local de trabalho, desde que seja o titular ou o responsável legal do estabelecimento ou empresa:*
>
> ***Pena*** *– detenção, de 1 (um) a 3 (três) anos, e multa.*

Cuida-se, aqui, exclusivamente da **posse** de *arma de fogo, acessório ou munição*, **de uso permitido**. Portanto, tenha muito cuidado se houver a expressão "porte", "de uso restrito" ou "de uso proibido", pois incorrerá em outro tipo penal: ou art. 14, ou art. 16.

Veja que o tipo penal versa apenas sobre arma de fogo, bem como toda a Lei nº 10.826/2003, portanto, é **fato atípico** para o Estatuto do Desarmamento a posse ou o porte de **arma branca**, mas será contravenção penal (art. 19, LCP).

2.2.7.2 Descrição do crime

Sujeito ativo: é comum na primeira parte (não necessita de qualidade especial); enquanto que, na segunda, é próprio, uma vez que somente "o titular ou o responsável legal do estabelecimento ou empresa" pode cometê-lo.

18 STF, ADI 3.112/DF, Rel. Min. Ricardo Lewandowski, julgado em 02/05/2007, Tribunal Pleno, DJe 26/10/2007.

19 Art. 20, Lei nº 11.922/2009: "Ficam prorrogados para 31 de dezembro de 2009 os prazos de que tratam o §3º do art. 5º e o art. 30, ambos da Lei nº 10.826, de 22 de dezembro de 2003.".

20 STJ, REsp 1.311.408/RN, Rel. Min. Sebastião Reis Júnior, julgado em 13/03/2013, Terceira Seção, DJe 20/05/2013.

Condutas: como o tipo penal possui mais de um verbo, "possuir" e "manter", é considerado de ação múltipla (de conteúdo variado, tipo misto alternativo ou multinuclear).

Delimitação espacial: em sua residência, dependências dela ou em seu local de trabalho desde que seja o titular ou responsável pela empresa.

Caminhão não é residência (STJ): "Se o delito é de posse de arma de fogo e ocorreu dentro do prazo da 'vacatio legis' indireta, a pena deve ser extinta, mas tal causa de extinção não se estende ao porte de arma de fogo encontrada dentro do caminhão que o paciente dirigia. O conceito de residência não se confunde com o de veículo-caminhão, pois este é mero instrumento de trabalho.".[21]

> *Caminhão não é local de trabalho (STJ): "Configura delito de porte ilegal de arma de fogo se a arma é apreendida no interior de caminhão. O caminhão não é um ambiente estático, não podendo ser reconhecido como local de trabalho.".22*

Objeto material: arma de fogo, acessório ou munição, de uso permitido (norma penal em branco).

Elemento normativo jurídico: em desacordo com determinação legal ou regulamentar, isto é, sem o certificado de registro de arma de fogo (norma penal em branco).

Elemento subjetivo: delito exclusivamente doloso (não há tipificação da modalidade culposa) e sem necessidade de fim específico (dolo genérico).

Consumação e tentativa: trata-se de crime de perigo abstrato e de mera conduta, não necessitando de resultado naturalístico, além de ser delito permanente em que a sua consumação se protrai no tempo, portanto, a prisão em flagrante é possível em qualquer momento23 enquanto perdurar a sua guarda ou posse. Ainda que seja de difícil ocorrência, a tentativa é possível (plurissubsistente).

Sursis processual: trata-se de crime de médio potencial ofensivo (a pena mínima é de até 1 ano e a máxima é superior a 2 anos), no qual será julgado pelo Juizado Comum, contudo é cabível a suspensão condicional do processo (art. 89, Lei nº 9.099/95)[24].

Ação penal pública incondicionada: por se tratar de crime de perigo abstrato, no qual o bem jurídico tutelado é a incolumidade pública.

Fiança policial: uma vez que a pena máxima não é superior a 4 anos nem está no rol constitucional dos crimes inafiançáveis (art. 5º, incisos XLII, XLIII e XLIV, CF/88), é possível a liberdade provisória mediante fiança policial (art. 322º, CPP)25.

2.2.1 Omissão de cautela (art. 13º)

> ***Art. 13.** Deixar de observar as cautelas necessárias para impedir que menor de 18 (dezoito) anos ou pessoa portadora de deficiência mental se apodere de arma de fogo que esteja sob sua posse ou que seja de sua propriedade:*
>
> ***Pena** – detenção, de 1 (um) a 2 (dois) anos, e multa.*
>
> ***Parágrafo único.** Nas mesmas penas incorrem o proprietário ou diretor responsável de empresa de segurança e transporte de valores que deixarem de registrar ocorrência policial e de comunicar à Polícia Federal perda, furto, roubo ou outras formas de extravio de arma de fogo, acessório ou munição que estejam sob sua guarda, nas primeiras 24 (vinte e quatro) horas depois de ocorrido o fato.*

Devemos ter cuidado quanto a esse artigo, pois **no *caput*** é um **delito culposo**; enquanto que, **no parágrafo único, doloso** (crime autônomo). Dessa forma, analisaremos as condutas em separado, inicialmente pela omissão de cautela prevista no *caput*.

As penas são as mesmas para as duas condutas, tanto no *caput* quanto no parágrafo único, sendo que, em ambos os casos, estamos tratando de **infração de menor potencial ofensivo**: pena máxima de 2 anos (art. 61, Lei nº 9.099/95)[26]. Portanto, será julgado pelo Juizado Especial Criminal (JECRIM) e é admissível as suas benesses (art. 2º, Lei nº 9.099/95)[27], por exemplo: a transação penal e o *sursis* processual (art. 89, Lei nº 9.099/95).

Ação penal: pública e incondicionada, de igual modo toda a Lei nº 10.826/2003, por se tratar de crimes de perigo em que o bem jurídico tutelado é a incolumidade pública.

Fiança em sede policial: também é possível nas duas situações, uma vez que a pena máxima é inferior a 4 anos.

2.2.1.1 Descrição do crime (caput)

Sujeitos do crime: com relação ao sujeito ativo é próprio, na medida em que o agente é o possuidor ou proprietário da arma de fogo; já o sujeito passivo imediato é a coletividade (crime vago) e, mediatamente, qualquer menor de 18 anos ou deficiente mental que venha efetivamente a se apoderar da arma de fogo: comum.

Objeto material: somente arma de fogo, porém de qualquer porte, seja de uso permitido, restrito ou proibido. Assim, será fato atípico quando se tratar de munições ou acessórios.

Elemento subjetivo e conduta: é a culpa na modalidade negligência, com a conduta de "deixar de observar as cautelas necessárias" (omissão do dever objetivo de cuidado).

Consumação e tentativa: consuma-se no exato momento em que há o apossamento pelo menor de 18 ou deficiente mental da arma de fogo independentemente da ocorrência de deflagração de munição ou crime mais grave (crime instantâneo e de perigo). Dessa forma, caso o agente viva sozinho e esqueça a arma de fogo sobre a mesa, será fato atípico, bem como se ele tiver o zelo necessário, por exemplo, imagine que o agente tenha guardado a arma em um cofre, mas de qualquer forma a criança venha a se apoderar furtando a chave do cofre: não haverá crime. Outrossim,

21 STJ, HC 116.052/MG, Rel. Min. Jane Silva (Des. Conv. do TJ/MG), julgado em 20/11/2008, 6ª Turma, DJe 09/12/2008

22 STJ, REsp 1.219.901/MG, Rel. Min. Sebastião Reis Júnior, julgado em 24/04/2012, 6ª Turma, DJe 10/05/2012 (Vide Inf. 496).

23 Art. 303, CPP: "Nas infrações permanentes, entende-se o agente em flagrante delito enquanto não cessar a permanência.".

24 Art. 89, caput, Lei nº 9.099/1995: "Nos crimes em que a pena mínima cominada for igual ou inferior a um ano, abrangidas ou não por esta Lei, o Ministério Público, ao oferecer a denúncia, poderá propor a suspensão do processo, por dois a quatro anos, desde que o acusado não esteja sendo processado ou não tenha sido condenado por outro crime, presentes os demais requisitos que autorizariam a suspensão condicional da pena (art. 77 do Código Penal).".

25 Art. 322, caput, CPP: "A autoridade policial somente poderá conceder fiança nos casos de infração cuja pena privativa de liberdade máxima não seja superior a 4 (quatro) anos. [...]".

26 Art. 61, Lei nº 9.099/1995: "Consideram-se infrações penais de menor potencial ofensivo, para os efeitos desta Lei, as contravenções penais e os crimes a que a lei comine pena máxima não superior a 2 (dois) anos, cumulada ou não com multa.".

27 Art. 2º, Lei nº 9.099/1995: "O processo orientar-se-á pelos critérios da oralidade, simplicidade, informalidade, economia processual e celeridade, buscando, sempre que possível, a conciliação ou a transação.".

por ser delito culposo e omissivo puro, não se admite a tentativa: ou se consuma, ou não há crime.

Concurso material: caso o menor de 18 anos ou o deficiente mental que tenha se apoderado da arma de fogo venha a cometer um crime, por exemplo, um homicídio, então o agente possuidor ou proprietário da arma de fogo responderá pela infração do art. 13 (omissão de cautela) e também pelo outro delito cometido.

É muito comum as bancas de concursos cobrarem acerca desse crime o deficiente físico, mas é incorreto. Portanto, tenha muito cuidado e lembre-se que são apenas dois sujeitos os quais descrevem o tipo penal sobre se apoderar da arma de fogo:

> Menor de 18 anos de idade;
> Pessoa com deficiência mental.

~~Deficiente físico~~
(Fato atípico)

2.2.1.2 Descrição do crime (parágrafo único)

Sujeitos do crime: em relação ao sujeito ativo é próprio, pois somente "o proprietário ou diretor responsável" da empresa de segurança e transporte de valores poderá cometê-lo; já o sujeito passivo imediato é a coletividade (crime vago), contudo há dois obstáculos nos estudos: o registro policial (qualquer delegacia) e a comunicação à Polícia Federal (especificamente).

Objeto material: arma de fogo, acessório ou munição que estejam sob sua guarda.

Elemento subjetivo e conduta: é exclusivamente doloso (não se admite a modalidade culposa) com condutas omissivas próprias de "deixar de registrar" ocorrência policial do sumiço e "deixar de comunicar" à Polícia Federal.

Consumação e tentativa: consuma-se após 24 horas do efetivo conhecimento do furto ou extravio (crime a prazo). Por conta disso, não se inicia a contagem do tempo enquanto não houver o conhecimento "do sumiço". A tentativa não é possível, por ser um crime omissivo próprio (ou omissivo puro).

2.2.2 Porte ilegal de arma de fogo de uso permitido (art. 14º)

Art. 14. *Portar, deter, adquirir, fornecer, receber, ter em depósito, transportar, ceder, ainda que gratuitamente, emprestar, remeter, empregar, manter sob guarda ou ocultar arma de fogo, acessório ou munição, de uso permitido, sem autorização e em desacordo com determinação legal ou regulamentar:*

Pena *– reclusão, de 2 (dois) a 4 (quatro) anos, e multa.*

Parágrafo único. *O crime previsto neste artigo é inafiançável, salvo quando a arma de fogo estiver registrada em nome do agente. (Vide Adin 3.112-1)*

Semelhantemente ao art. 12º, este delito prevê incriminação pelo porte de arma de fogo, acessório ou munição, de uso permitido. Cuidado, pois, caso o agente possua autorização para posse de arma de fogo de uso permitido em sua residência e a leve consigo para o seu local de trabalho, sem ser proprietário ou responsável legal, configurará crime previsto no art. 14º: porte ilegal de arma de fogo de uso permitido.

Além disso, se a arma de fogo, acessório ou munição forem "de uso restrito" ou "de uso proibido", então o crime será o do art. 16º (posse ou porte ilegal de arma de fogo de uso restrito ou proibido).

Cuida-se apenas de arma de fogo (toda a Lei nº 10.826/2003), portanto, é fato atípico para o Estatuto do Desarmamento o porte de arma branca: será contravenção penal (art. 19º, LCP).

2.2.2.1 Descrição do crime

Sujeito ativo: comum, uma vez que qualquer pessoa pode cometê-lo, até mesmo um integrante dos órgãos de segurança pública cujo porte seja deferido, basta que esteja com arma de fogo diversa da qual lhe foi autorizada, por exemplo: um policial militar que transporte no seu carro uma Winchester .44, do século XIX, totalmente funcional, a qual tenha ganhado de seu avô, porém sem certificado de registro (CR).

Condutas: como possui 13 verbos, é considerado tipo misto alternativo (de ação múltipla, de conteúdo variado ou multinuclear); assim, no mesmo contexto fático, a prática de mais de uma conduta pelo mesmo agente será crime único, por força do princípio da alternatividade.

Objeto material: arma de fogo, acessório ou munição, de uso permitido (norma penal em branco).

Arma desmuniciada, com defeito parcial e totalmente inapta: com relação a capacidade lesiva da arma, devemos entender como é a jurisprudência dos Tribunais Superiores e como é cobrado em prova, havendo algumas situações.

→ **Arma desmontada ou desmuniciada:** é crime, do mesmo modo que carregar apenas uma única munição.

"O Supremo Tribunal Federal firmou o entendimento de que é de perigo abstrato o crime de porte ilegal de arma de fogo, sendo, portanto, **irrelevante** para sua configuração encontrar-se a **arma desmontada ou desmuniciada**.".[28]

"Este Superior Tribunal de Justiça tem jurisprudência pacificada no sentido de que o **porte ilegal de arma de fogo desmuniciada ou desmontada configura hipótese de perigo abstrato,** bastando apenas a prática do ato de levar consigo para a consumação do delito. Dessa forma, eventual nulidade do laudo pericial, ou até mesmo a sua ausência, **não impede o enquadramento da conduta.".**[29]

→ **Arma com defeito parcial:** trata-se de objeto material com impropriedade relativa e, portanto, é típica.

"O mero fato de o **funcionamento de arma de fogo não ser perfeito** não afasta a tipicidade material do **crime definido** no art. 14 da Lei nº 10.826/2003.".[30]

28 STF, HC 95.861/RJ, Rel. p/ ac. Min. Dias Toffoli, julgado em 02/06/2015, 2ª Turma, DJe 01/07/2015.
29 STJ, AgRg no REsp 1.390.999/SP, Rel. Min. Laurita Vaz, julgado em 27/03/2014, 5ª Turma, DJe 03/04/2014. Precedente: STJ, AgRg no AREsp 179.022/DF, Rel. Min. Assusete Magalhães, julgado em 07/02/2013, 6ª Turma, DJe 05/04/2013.
30 STF, HC 93.816/RS, Rel. Min. Joaquim Barbosa, julgado em 06/05/2008, 2ª Turma, DJe 01/08/2008 (Vide Inf. 505).

→ **Arma totalmente inidônea:** crime impossível, pela impropriedade absoluta do objeto material ou ineficácia absoluta do meio.

"Não está caracterizado o crime de porte ilegal de **arma de fogo** quando o instrumento apreendido sequer pode ser enquadrado no conceito técnico de arma de fogo, por estar quebrado e, de acordo com laudo pericial, **totalmente inapto** para realizar disparos.".[31]

Para configurar o crime impossível, não só a arma de fogo deve ser totalmente inapta, mas também a arma estar desmuniciada ou as munições serem totalmente inaptas (deflagradas e percutidas ou estragadas).

"A Terceira Seção desta Corte pacificou entendimento no sentido de que o tipo penal de posse ou porte ilegal de arma de fogo cuida-se de delito de mera conduta ou de perigo abstrato, sendo irrelevante a demonstração de seu efetivo caráter ofensivo.

Na hipótese, contudo, em que demonstrada por laudo pericial a **total ineficácia da arma de fogo** (inapta a disparar) **e das munições apreendidas** (deflagradas e percutidas), deve ser reconhecida a atipicidade da conduta perpetrada, diante da ausência de afetação do bem jurídico incolumidade pública, tratando-se de **crime impossível pela ineficácia absoluta do meio.**"[32]

É CRIME		
Arma desmontada ou desmuniciada	Arma com defeito parcial	Arma inapta e municiada

Elemento subjetivo: delito exclusivamente doloso (não há tipificação da modalidade culposa) e sem necessidade de fim específico (dolo genérico).

Elemento normativo jurídico: sem autorização e em desacordo com determinação legal ou regulamentar (norma penal em branco).

Consumação e tentativa: é instantâneo nas condutas: adquirir, fornecer, receber, ceder, emprestar, remeter e empregar; permanente nas demais. A tentativa é possível.

Ação penal: pública incondicionada, por se tratar de crime de perigo abstrato e de mera conduta, no qual o bem jurídico tutelado é a incolumidade pública (segurança pública e paz social).

Fiança policial: o parágrafo único foi considerado inconstitucional pelo STF (ADI 3.112), portanto, é possível a fiança em sede policial (art. 322º, CPP), já que sua pena máxima é de 4 anos e não está no rol constitucional dos crimes inafiançáveis (art. 5º, incs. XLII, XLIII e XLIV, CF/88).

Concurso de crimes: normalmente, o porte ilegal de arma de fogo - tanto de uso permitido quanto de uso restrito - é crime-meio (menor e menos grave) para se atingir um crime-fim (maior e mais grave). Dessa forma, poderá ou não ocorrer a absorção do porte pelo crime mais grave (princípio da consunção), desde que seja no mesmo contexto fático, por exemplo, o agente porta arma de fogo para o cometimento de um único homicídio ou roubo, então será possível a aplicação da consunção, havendo crime único, portanto, tenha cuidado.

31 STJ, AgRg no AREsp 397.473/DF, Rel. Min. Marco Aurélio Bellizze, julgado 19/08/2014, 5ª Turma, DJe 25/08/2014 (Vide Inf. 544).

32 STJ, REsp 1.451.397/MG, Rel. Min. Maria Thereza de Assis Moura, julgado em 15/09/2015, 6ª Turma, DJe 01/10/2015 (Vide Inf. 570).

→ **Roubo e porte, no mesmo contexto (logo após):** é crime único (princípio da consunção).

"O crime de porte de arma é **absorvido** pelo de roubo quando restar evidenciado o nexo de dependência ou de subordinação entre as duas condutas e que os delitos foram praticados em um mesmo contexto fático — o que caracteriza o princípio da consunção.".[33]

"PRINCÍPIO DA CONSUNÇÃO. ABSORÇÃO DO PORTE ILEGAL DE ARMA PELO CRIME PATRIMONIAL. A posse de arma de fogo, **logo após** a execução de roubo com o seu emprego, **não constitui crime autônomo** previsto no art. 16, §1º, IV, da Lei nº 10.826/03, por se encontrar na linha de desdobramento do crime patrimonial.".[34]

→ **Roubo e porte, em contexto diverso (dias após):** configura concurso material de crimes (delitos autônomos).

"PRINCÍPIO DA CONSUNÇÃO. INAPLICABILIDADE. CIRCUNSTÂNCIAS FÁTICAS DISTINTAS. DELITOS AUTÔNOMOS. [...] o acusado foi flagrado na **posse ilegal da arma de fogo em momento distinto** ao da prática do crime de roubo, caracterizando, assim, uma nova conduta autônoma e independente, o que **impede a aplicação do princípio da consunção.**".[35]

→ **Homicídio e porte de arma de fogo:** Há duas situações possíveis:

Caso ocorra **no mesmo contexto fático**, será **crime único**, por exemplo, imagine que, logo após a prisão do estuprador de sua filha, o pai - sob o domínio de violenta emoção - saque a arma do coldre do policial que estava levando o meliante e, então, dispare contra o bandido.

"A jurisprudência desta Corte Superior de Justiça orienta no sentido de que **o crime de homicídio absorve o de porte ilegal de arma de fogo** quando as duas condutas delituosas guardem, entre si, uma **relação de meio e fim** estreitamente vinculadas.".[36]

Se o agente não possuir autorização de posse nem porte, mas tiver a arma de fogo previamente **(contexto diverso)**, haverá **concurso de crimes.**

"A conduta de portar armas ilegalmente **não pode ser absorvida** pelo crime de homicídio qualificado, quando resta evidenciada a existência de crimes autônomos, sem nexo de dependência ou subordinação.".[37]

"Embora seja admissível, não se revela possível, 'in casu', a aplicação do princípio da consunção, porquanto a conduta de portar a arma de um lado, e a tentativa de homicídio de outro, ao que se tem, decorrem de desígnios autônomos **não se verificando a relação de meio e fim** que autoriza a absorção de uma figura típica pela outra.".[38]

33 STJ, Jurisprudência em Teses nº 51. Precedentes: HC 315.059/SP; AgRg no AREsp 484.845/DF; HC 249.718/RJ; HC 228.062/SC; HC 206.274/SP; HC 71.696/PR; HC 156.621/SP; HC 138.530/SP.

34 STF, RHC 123.399/RJ, Rel. Min. Dias Toffoli, julgado em 30/09/2014, 1ª Turma, DJe 17/11/2014.

35 STJ, AgRg no AREsp 988.625/ES, Rel. Min. Ribeiro Dantas, julgado em 07/03/2017, 5ª Turma, DJe 15/03/2017. No mesmo sentido: HC 241.666/SP, HC 317.337/RJ.

36 STJ, HC 126.944/MS, Rel. Min. Jorge Mussi, julgado em 04/03/2010, 5ª Turma, DJe 05/04/2010.

37 STJ, HC 226.373/SP, Rel. Min. Laurita Vaz, julgado em 26/02/2013, 5ª Turma, DJe 06/03/2013.

38 STJ, HC 101.127/SP, Rel. Min. Felix Fischer, julgado em 02/10/2008, 5ª Turma, DJe 10/11/2008.

→ **Legítima defesa absorve o homicídio, mas não o porte ilegal de arma de fogo:** trata-se de delito autônomo.

"**Não se comunica** a excludente de ilicitude que é a legítima defesa, relativa ao homicídio, **ao crime autônomo de porte ilegal de arma**.".[39]

Multiplicidade de armas do mesmo tipo penal: o porte de mais de uma arma de fogo, munição ou acessório, no mesmo contexto, e do mesmo tipo penal (e.g.: ou apenas do art. 14, ou apenas do art. 16), não configura concurso de crimes, mas sim crime único (princípio da consunção).

"A apreensão de **mais de uma** arma de fogo, acessório ou munição, em um **mesmo contexto** fático, não caracteriza concurso formal ou material de crimes, mas **delito único**.".[40]

Multiplicidade de armas de tipos penais diferentes: o porte de mais de uma arma de fogo, munição ou acessório, no mesmo contexto, de uso permitido (art. 14) e de uso restrito ou proibido (art. 16), haverá concurso de crimes, porque estão em tipos penais diferentes. Quanto ser concurso material ou formal de crimes, há divergência doutrinária e, por conseguinte, a banca irá mencionar que ocorrerá apenas o concurso de crimes (sem adentrar às suas espécies, material ou formal).

"Não há crime único, podendo haver concurso formal, quando, no mesmo contexto fático, o agente incide nas condutas dos arts. 14 (porte ilegal de arma de fogo de uso permitido) e 16 (posse ou porte ilegal de arma de fogo de uso restrito) da Lei nº 10.826/2003.".[41]

"**Não há crime único**, podendo haver concurso material, quando, no mesmo contexto fático, o agente incide nas condutas dos arts. 14 (porte ilegal de arma de fogo de uso permitido) e 16 (posse ou porte ilegal de arma de fogo de uso restrito) da Lei nº 10.826/2003.".[42]

O Estatuto do Desarmamento prevê a incriminação não só de armas de fogo, mas também de munições e acessórios. Sendo assim, a conduta de levar consigo munições sem a referida arma de fogo, incorrerá em crime previsto no Estatuto (Lei nº 10.826/2003), até mesmo se estiver com partes da arma de fogo ou com ela desmuniciada. Do mesmo modo, quando se tratar de acessórios, por exemplo, uma mira telescópica.

2.2.3 Disparo de arma de fogo (art. 15º)

Art. 15. *Disparar arma de fogo ou acionar munição em lugar habitado ou em suas adjacências, em via pública ou em direção a ela, desde que essa conduta não tenha como finalidade a prática de outro crime:*

***Pena** – reclusão, de 2 (dois) a 4 (quatro) anos, e multa.*

***Parágrafo único.** O crime previsto neste artigo é inafiançável. (Vide Adin 3.112-1)*

Cuida-se de crime subsidiário (soldado reserva)[43], isto é, se o agente tiver intenção de crime mais grave, então será absorvido pelo delito maior. Além disso, só existirá o crime se for praticado em local habitado ou em sua direção.

2.2.3.1 Descrição do crime

Sujeito ativo: é comum, uma vez que pode ser praticado por qualquer pessoa.

Elemento subjetivo e conduta: é o dolo (não há modalidade culposa) de "disparar" arma de fogo ou "acionar" munição (tipo misto alternativo).

Delimitação espacial: são duas situações que devem ser somadas para o crime existir: em lugar habitado ou em suas adjacências e em via pública ou em direção a ela. Se o agente efetuar o disparo em local ermo e desabitado, por exemplo: em uma área rural sem pessoas aos arredores, então será fato atípico.

Objeto material: arma de fogo ou munição, de uso permitido, restrito ou proibido (norma penal em branco). O tipo penal não mencionou sobre "acessório" (fato atípico).

Consumação e tentativa: consuma-se no momento em que ser der o disparo da arma ou o acionamento da munição (delito instantâneo) e de mera conduta (não é obrigatória ocorrência de resultado naturalístico a bem jurídico individual), sendo possível a tentativa (plurissubsistente)[44].

→ **Absorção do porte pelo disparo:** há duas situações a depender do contexto.

> **No mesmo contexto:** será crime único, havendo absorção do porte de arma de fogo de uso permitido (art. 14) pelo disparo de arma de fogo (princípio da consunção).

"A jurisprudência desta Corte possui entendimento firmado no sentido de que não é automática a aplicação do princípio da consunção para **absorção do** delito de **porte** de arma de fogo **pelo** de **disparo**, dependendo das circunstâncias em que ocorreram as condutas.

"Na hipótese dos autos, as instâncias ordinárias reconheceram que os crimes foram praticados no **mesmo contexto** fático, devendo ser aplicado o referido postulado para que a **conduta menos grave** (porte ilegal de arma de fogo) seja **absorvida pela conduta mais grave** (disparo de arma de fogo).".[45]

> **Em momentos distintos (contexto diverso):** haverá concurso de crimes (delitos autônomos).

"Segundo iterativa jurisprudência desta Corte, **não há falar em aplicação do princípio da consunção** quando dos delitos de porte ilegal de arma e disparo de arma de fogo são praticados em **momentos diversos**, em **contextos distintos**".[46]

39 STF, HC 120.678/PR, Rel. p/ ac. Min. Marco Aurélio, julgado em 24/02/2015, 1ª Turma, DJe 06/04/2015.

40 STJ, Jurisprudência em Teses nº 23. Precedentes: HC 228.231/SP; HC 163.783/RJ; HC 194.697/SP; HC 104.669/RJ; HC 110.800/SP; AREsp 303.312/SP (Vide Inf. 488).

41 STJ, Jurisprudência em Teses nº 23. Precedentes: HC 130.797/SP; HC 162.018/SP.

42 STJ, Jurisprudência em Teses nº 23. Precedentes: HC 211.834/SP; REsp 1.418.900/AL.

43 HUNGRIA, N. Comentários ao Código Penal. 5ª ed. Rio de Janeiro: Forense, v.1, 1977. Tomo I (arts. 1º ao 10), p. 147.

44 Para Guilherme de Souza Nucci, o delito pode ser unissubsistente ou plurissubsistente, dependendo do mecanismo eleito pelo agente. (NUCCI, G. S. Leis Penais e Processuais Penais Comentadas. 8ª ed. Rio de Janeiro: Forense, v.2, 2014)

45 STJ, AgRg no REsp 1.331.199/PR, Rel. Min. Ericson Maranho (Des. Conv. do TJ/SP), julgado em 23/10/2014, 6ª Turma, DJe 10/11/2014.

46 STJ, CC 134.342/GO, Rel. Min. Newton Trisotto (Des. Conv. do TJ/SC), julgado em 22/04/2015, 3ª Seção, DJe 05/05/2015. Precedentes: HC 128.533/MG; AgRg no REsp 1.347.003/SC; HC 214.606/RJ.

Concurso de crimes: normalmente, quando a finalidade for crime mais grave, então este absorverá o disparo, por se tratar de crime subsidiário, descrito no trecho: "desde que essa conduta não tenha como finalidade a prática de outro crime" (subsidiariedade explícita). Por exemplo: o agente dispara arma de fogo com a finalidade de se cometer um homicídio. Entretanto, o problema surge se o delito não for mais grave, há divergência doutrinária, como é o exemplo do disparo de arma de fogo e lesão corporal de natureza leve.

Nesse sentido, discorre Fernando Capez (apud Gonçalves & Júnior, 2016):

"Em resumo, o delito previsto no art. 15, 'caput', da Lei nº 10.826/2003 não é absorvido pelo crime de lesões corporais de natureza leve, em face de sua maior gravidade. Entendemos que **o agente responde por ambos os crimes em concurso**".[47]

2.2.4 Posse ou porte ilegal de arma de fogo de uso restrito (art. 16º)

> ***Art. 16.*** *Possuir, deter, portar, adquirir, fornecer, receber, ter em depósito, transportar, ceder, ainda que gratuitamente, emprestar, remeter, empregar, manter sob sua guarda ou ocultar arma de fogo, acessório ou munição de uso restrito, sem autorização e em desacordo com determinação legal ou regulamentar: (Redação dada pela Lei nº 13.964, de 24/12/2019)*
>
> ***Pena*** *– reclusão, de 3 (três) a 6 (seis) anos, e multa.*
>
> ***§1º.*** *Nas mesmas penas incorre quem: (Redação dada pela Lei nº 13.964, de 24/12/2019)*
>
> ***I.*** *suprimir ou alterar marca, numeração ou qualquer sinal de identificação de arma de fogo ou artefato;*
>
> ***II.*** *modificar as características de arma de fogo, de forma a torná-la equivalente a arma de fogo de uso proibido ou restrito ou para fins de dificultar ou de qualquer modo induzir a erro autoridade policial, perito ou juiz;*
>
> ***III.*** *possuir, detiver, fabricar ou empregar artefato explosivo ou incendiário, sem autorização ou em desacordo com determinação legal ou regulamentar;*
>
> ***IV.*** *portar, possuir, adquirir, transportar ou fornecer arma de fogo com numeração, marca ou qualquer outro sinal de identificação raspado, suprimido ou adulterado;*
>
> ***V.*** *vender, entregar ou fornecer, ainda que gratuitamente, arma de fogo, acessório, munição ou explosivo a criança ou adolescente; e*
>
> ***VI.*** *produzir, recarregar ou reciclar, sem autorização legal, ou adulterar, de qualquer forma, munição ou explosivo.*
>
> ***§2º.*** *Se as condutas descritas no 'caput' e no §1º deste artigo envolverem arma de fogo de uso proibido, a pena é de reclusão, de 4 (quatro) a 12 (doze) anos. (Incluído pela Lei nº 13.964, de 24/12/2019)*

Cuida-se, não só da *posse*, mas também do *porte* (além de outras 12 condutas previstas no *caput* e mais outras 19 figuras equiparadas no §1º) de arma de fogo, acessório ou munição **de uso restrito** (*caput*) ou **de uso proibido** (§2º), bem como as formas equiparadas (§1º).

Delito hediondo: o art. 16 foi incluído no rol dos crimes hediondos pela Lei nº 13.497, de 26/10/2017. Todavia, com o advindo da Lei nº 13.964, de 24/12/2019, promoveu-se uma alteração nesse dispositivo prevendo ser hediondo "o crime de posse ou porte ilegal de arma de fogo de uso proibido" (art. 1º, par. único, II, Lei nº 8.072/90).

47 GONÇALVES, V. E. R.; JUNIOR, J. P. B. Legislação Penal Especial. 2. ed. São Paulo: Saraiva, 2016, p. 229.

Desde a Lei nº 13.497/17 se discutia acerca do alcance da hediondez do art. 16º do Estatuto do Desarmamento: somente o caput ou todo o artigo (caput e figuras equiparadas). De acordo com o Superior Tribunal de Justiça – STJ, todo o art. 16 possui natureza hedionda.

INFORMATIVO Nº 657 – STJ:

"A qualificação de hediondez aos crimes do art. 16 da Lei nº 10.826/2003, inserida pela Lei nº 13.497/2017, abrange os tipos do 'caput' e as condutas equiparadas previstas no seu parágrafo único.

O art. 16 da Lei nº 10.826/2003 (Estatuto do Desarmamento) prevê gravosas condutas de contato com 'arma de fogo, acessório ou munição de uso proibido ou restrito', vindo seu parágrafo único a acrescer figuras equiparadas — em gravidade e resposta criminal. Dessa forma, ainda que algumas das condutas equiparadas possam ser praticadas com armas de uso permitido, o legislador as considerou graves ao ponto de torná-las com reprovação criminal equivalente às condutas do 'caput'. No art. 1º, parágrafo único, da Lei nº 8.072/1990, com redação dada pela Lei nº 13.497/2017, o legislador limitou-se a prever que o delito descrito no art. 16 da Lei nº 10.826/2003 é considerado hediondo. Assim, como a equiparação é tratamento igual para todos os fins, considerando equivalente o dano social e equivalente também a necessária resposta penal, salvo ressalva expressa, ao ser qualificado como hediondo o art. 16 da Lei nº 10.826/2003, as condutas equiparadas devem receber igual tratamento.".[48]

Reviveu-se a discussão pela doutrina a partir da Lei nº 13.964/19, na medida em que o nomen juris foi alterado para "posse ou porte ilegal de arma de fogo de uso proibido", ou seja, o art. 16º do Estatuto do Desarmamento só é hediondo quando envolver arma de fogo de uso proibido.

Inafiançável e insuscetível de graça, anistia e indulto: por se tratar de delito hediondo, não há possibilidade de fiança nem perdão pelos dispositivos da graça, da anistia e do indulto (art. 2º, caput, Lei nº 8.072/90)49, mas ainda é suscetível de liberdade provisória (art. 2º, §3º, Lei nº 8.072/90)50.

2.2.5 Descrição do crime (caput)

Sujeito ativo: é comum, uma vez que pode ser praticado por qualquer pessoa.

Elemento subjetivo e conduta: exclusivamente doloso (não há modalidade culposa) e, como possui 14 verbos, é considerado de ação múltipla (de conteúdo variado, tipo misto alternativo ou multinuclear).

Objeto material: no caput, trata-se apenas de arma de fogo, acessório ou munição de uso restrito.

Consumação e tentativa: em regra, é delito instantâneo, nas condutas: adquirir, fornecer, ceder, emprestar, remeter e empregar. Será permanente, nas condutas: possuir, deter, portar, ter em depósito, transportar, manter sob sua guarda e ocultar arma

48 STJ, Informativo nº 657, HC 526.916/SP, Rel. Min. Nefi Cordeiro, julgado em 01/10/2019, 6ª Turma, DJe 08/10/2019.

49 Art. 2º, caput, Lei nº 8.072/1990: "Os crimes hediondos, a prática da tortura, o tráfico ilícito de entorpecentes e drogas afins e o terrorismo são insuscetíveis de: I – anistia, graça e indulto; II – fiança. [...]".

50 Art. 2º, §3º, Lei nº 8.072/1990: "Em caso de sentença condenatória, o juiz decidirá fundamentadamente se o réu poderá apelar em liberdade.".

de fogo. Não há a necessidade de resultado naturalístico a integridade física individual, haja vista ser crime de mera conduta e de perigo abstrato. A tentativa é possível (plurissubsistente).

Formas equiparadas (§1º): as condutas previstas no §1º sujeitam o agente às mesmas penas previstas no caput. Estende-se o alcance de incriminação da norma, abarcando as armas de fogo, acessórios e munições de uso restrito, de uso permitido (conspurcadas) e artefatos explosivos ou incendiários.

Forma qualificada (§2º): a pena será de reclusão de 4 (quatro) a 12 (doze) anos se a arma de fogo for de uso proibido.

Conflito aparente de normas: por força do princípio da especialidade, quando houver conflito entre normas penais e o objeto material for arma de fogo, acessório ou munição, então prevalecerá o Estatuto do Desarmamento.

Conduta	Conflito	Prevalece
Numeração, marca ou qualquer outro sinal de identificação raspado, suprimido ou adulterado	Arts. 12 e 14 (Est. do Desarmamento)	Art. 16, §1º, I e IV (Est. do Desarmamento)
Fraude processual em arma de fogo	Art. 347 do CP	Art. 16, §1º, II (Est. do Desarmamento)
Ceder arma de fogo, acessório, munição ou explosivo à criança ou ao adolescente	Art. 242 do ECA	Art. 16, §1º, V (caso a arma não seja de fogo, então se aplicará o ECA)
Possuir, deter, fabricar ou empregar artefato explosivo ou incendiário, sem autorização ou em desacordo com determinação legal ou regulamentar	Art. 253 do CP	Art. 16, §1º, III (Est. do Desarmamento)

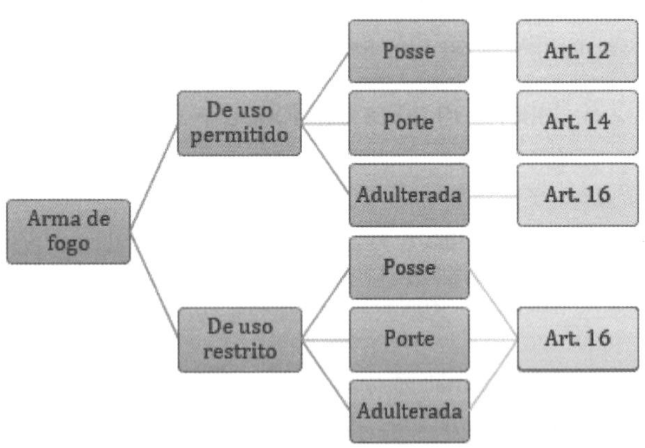

2.2.6 Comércio ilegal de arma de fogo (art. 17º)

Art. 17. *Adquirir, alugar, receber, transportar, conduzir, ocultar, ter em depósito, desmontar, montar, remontar, adulterar, vender, expor à venda, ou de qualquer forma utilizar, em proveito próprio ou alheio, no exercício de atividade comercial ou industrial, arma de fogo, acessório ou munição, sem autorização ou em desacordo com determinação legal ou regulamentar:*

Pena *– reclusão, de 6 (seis) a 12 (doze) anos, e multa. (Redação dada pela Lei nº 13.964, de 24/12/2019)*

§1º. *Equipara-se à atividade comercial ou industrial, para efeito deste artigo, qualquer forma de prestação de serviços, fabricação ou comércio irregular ou clandestino, inclusive o exercido em residência. (Redação dada pela Lei nº 13.964, de 24/12/2019)*

§2º. *Incorre na mesma pena quem vende ou entrega arma de fogo, acessório ou munição, sem autorização ou em desacordo com a determinação legal ou regulamentar, a agente policial disfarçado, quando presentes elementos probatórios razoáveis de conduta criminal preexistente. (Incluído pela Lei nº 13.964, de 24/12/2019)*

Por mais que o nome do crime dê a impressão de ser "compra e venda" (comércio) apenas de "armas de fogo" (comércio ilegal de arma de fogo), o tipo penal abarca não só a atividade comercial, mas também a industrial e a prestadora de serviços, bem como os acessórios e as munições.

2.2.6.1 Descrição do crime

Sujeito ativo: é próprio, uma vez que somente o agente que estiver "no exercício de atividade comercial ou industrial" (habitualidade preexistente), sem autorização ou em desacordo com determinação legal ou regulamentar. Se cometido por qualquer um dos agentes listados nos arts. 6º, 7º ou 8º, haverá aumento de metade da pena (art. 20).

Atividade irregular ou residencial (§1º): o exercício habitual exercido de forma irregular, clandestino ou residencial será equiparado à atividade comercial ou industrial.

Armeiro: "o exercício da atividade de armeiro, sem a devida licença, pode sujeitar o infrator às penas do art. 17, §1º, da Lei nº 10.826/03.".[51]

Art. 4º, *Portaria nº 2.259/2011 (DG-DPF): "O armeiro não poderá prestar qualquer serviço aos possuidores de armas de fogo não registradas ou sem os documentos de que trata o artigo anterior, devendo, nesse caso, informar imediatamente à Polícia Federal.".*

Art. 5º, *Portaria nº 2.259/2011 (DG-DPF): "É vedado ao armeiro a realização de recarga de munição, assim como adquirir, deter ou manter em depósito equipamento ou material destinado a esse fim.".*

Art. 6º, *§2º, Portaria nº 2.259/2011 (DG-DPF): "É vedada a modificação das características da arma de fogo, de forma a torná-la equivalente a arma de fogo de uso proibido ou restrito ou para fins de dificultar ou de qualquer modo induzir a erro autoridade policial, perito ou juiz.".*

Art. 7º, *Portaria nº 2.259/2011 (DG-DPF): "A licença concedida ao armeiro não implica autorização para a fabricação artesanal de armas, armações, canos, ferrolhos, e nem para a comercialização do material que tiver posse em razão de seu ofício.".*

Elemento subjetivo e conduta: delito exclusivamente doloso (não se admite a forma culposa) e de tipo misto alternativo (de ação múltipla, de conteúdo variado ou multinuclear), por haver 14 verbos.

Objeto material: arma de fogo, acessório ou munição, sem autorização ou em desacordo com determinação legal ou regulamentar.

51 ORIENTAÇÕES para o Licenciamento de Armeiros. Polícia Federal, 26 abr. 2012. Disponível em: <http://www.pf.gov.br/servicos-pf/armas/armeiros/licenciamento-armeiros>. Acesso em: 5 mar. 2020.

Forma simples (*caput*): a punição na modalidade simples só é cabível ao objeto material de uso permitido (reclusão, de 6 a 12 anos, e multa).

Forma majorada: se a arma de fogo, acessório ou munição forem de uso proibido ou restrito, então haverá aumento de metade da pena (art. 19).

Consumação e tentativa: instantâneo nas modalidades: adquirir, receber, desmontar, montar, remontar, adulterar, vender ou utilizar; e permanente nas demais: alugar, transportar, conduzir, ocultar, ter em depósito, expor à venda. A tentativa é admissível (plurissubsistente).

Delito hediondo: a Lei nº 13.964, de 24/12/2019, incluiu o art. 17 do referido Estatuto no rol dos crimes hediondos (art. 1º, par. único, III, Lei nº 8.072/90).

Inafiançável e insuscetível de graça, anistia e indulto: por se tratar de delito hediondo, não há possibilidade de fiança nem perdão pelos dispositivos da graça, da anistia e do indulto (art. 2º, caput, Lei nº 8.072/90), mas ainda é suscetível de liberdade provisória (art. 2º, §3º, Lei nº 8.072/90).

Prisão por agente encoberto (§2º): a Lei nº 13.964/19 (pacote anticrime) acrescentou a possibilidade de prisão em flagrante, por agente policial disfarçado, de quem vender ou entregar arma de fogo, acessório ou munição – desde que a conduta criminal seja preexistente. Não haverá crime impossível por obra do agente provocador, o chamado flagrante preparado (Súm. nº 145 do STF).

Justificado no Projeto de Lei nº 882/2019, de autoria do Ministro Sérgio Moro, segundo o qual:

"Vale aqui lembrar que as operações policiais disfarçadas, 'undercover operations' nos Estados Unidos, são extremamente eficazes naquele país. A exigência de indícios de conduta criminal pré-existente visa evitar aquilo que os norte-americanos chamam de 'entrapment', quando um agente policial provoca a prática de um crime por parte de um inocente e não de um criminoso. A Súmula nº 145 do STF (Não há crime, quando a preparação do flagrante pela polícia torna impossível a sua consumação) não é óbice para a sua aplicação, pois, além de antiga e ter analisado matéria legal, o Supremo vem temperando sua rigidez. No HC 67.908/SP, julgado pela 2ª Turma do STF em 08/03/1990, decidiu-se, cf. ementa, que 'denunciado o paciente pela guarda de haxixe, para comercialização, ato preexistente à venda ficta da substância entorpecente aos policiais — não há falar em crime impossível em face da provocação do flagrante'. O mesmo entendimento foi manifestado no HC 69.476/SP, julgado também pela 2ª Turma do STF em 04/08/1992 ('Posse de entorpecente pelo réu, que preexistia à atuação do agente provocador, ao manifestar interesse pela aquisição da droga, para fixar a prova pelo crime já consumado. Não é invocável, na espécie, a Súmula 145'). De teor semelhante, encontram-se ainda o HC 72.674/SP, julgado em 26/03/1996, pela 2ª Turma do STF; o HC 73.898/SP, julgado pela 2ª Turma do STF em 21/05/1996; o HC 74.510/SP, julgado pela 1ª Turma do STF em 08/10/1996; e o HC 81.970/SP, julgado pela 1ª Turma do STF em 28/06/2002.".

2.2.7 Tráfico internacional de arma de fogo (art. 18º)

> ***Art. 18.*** *Importar, exportar, favorecer a entrada ou saída do território nacional, a qualquer título, de arma de fogo, acessório ou munição, sem autorização da autoridade competente:*
>
> ***Pena*** *– reclusão de 8 (oito) a 16 (dezesseis) anos, e multa. (Redação dada pela Lei nº 13.964, de 24/12/2019)*
>
> ***Parágrafo único.*** *Incorre na mesma pena quem vende ou entrega arma de fogo, acessório ou munição, em operação de importação, sem autorização da autoridade competente, a agente policial disfarçado, quando presentes elementos probatórios razoáveis de conduta criminal preexistente. (Incluído pela Lei nº 13.964, de 24/12/2019)*

2.2.7.1 Descrição do crime

Sujeito ativo: pode ser praticado por qualquer pessoa, por isso se trata de crime comum. Por força da conduta "favorecer a qualquer título", agentes públicos, em serviço, também incorrerão no delito que, de qualquer forma, favorecerem (não evitarem ou buscar evitar, dolosamente). Se cometido por qualquer um dos agentes listados nos arts. 6º, 7º ou 8º, haverá aumento de metade da pena (art. 20).

Elemento subjetivo e conduta: é o dolo (não há conduta culposa) da internacionalidade de forma ilegal, atinge os interesses não só da coletividade (segurança pública), mas também da União pela ausência de pagamento dos tributos de importação ou exportação. Como possui 3 verbos, é considerado de conteúdo variado (multinuclear, tipo misto alternativo ou de ação múltipla).

Objeto material: arma de fogo, acessório ou munição, sem autorização da autoridade competente.

Forma simples (caput): a punição na modalidade simples só é cabível ao objeto material de uso permitido (reclusão, de 8 a 16 anos, e multa).

Forma majorada: se a arma de fogo, acessório ou munição forem de uso proibido ou restrito, então haverá aumento de metade da pena (art. 19).

Consumação e tentativa: consuma-se no exato momento da entrada no território nacional ou da saída dele (delito instantâneo), não necessitando de efetiva entrega a seu destinatário, venda ou utilização dos objetos (crime formal). É admissível a tentativa (plurissubsistente).

Justiça Federal: os crimes previstos no Estatuto do Desarmamento, em regra, são de competência da Justiça Estadual, porém o tráfico internacional de armas compete à Justiça Federal, pois ofende os interesses da União (art. 21º, XXII, e art. 109, IV e V, da CF) que exerce o controle alfandegário.

Delito hediondo: a Lei nº 13.964, de 24/12/2019, incluiu o tráfico internacional de armas de fogo no rol dos crimes hediondos (art. 1º, par. único, IV, Lei nº 8.072/90).

Inafiançável e insuscetível de graça, anistia e indulto: por se tratar de delito hediondo, não há possibilidade de fiança nem perdão pelos dispositivos da graça, da anistia e do indulto (art. 2º, caput, Lei nº 8.072/90), mas ainda é suscetível de liberdade provisória (art. 2º, §3º, Lei nº 8.072/90).

Prisão por agente encoberto (par. único): a Lei nº 13.964/19 (pacote anticrime) acrescentou a possibilidade de prisão em flagrante, por agente policial disfarçado, de quem vender ou entregar arma de fogo, acessório ou munição - desde que a conduta criminal seja preexistente. Não haverá crime impossível por obra do agente provocador, o chamado flagrante preparado (Súm. nº 145 do STF).

2.2.7.2 Conflito aparente de normas

Por força do princípio da especialidade, quando os crimes de contrabando (art. 334-A, CP) e a facilitação de contrabando ou descaminho (art. 318, CP) tiverem por objeto armas de fogo, acessórios e munições, então incorrerá no art. 18 do Estatuto do Desarmamento.

Crime	Conflito	Prevalece
Contrabando	Art. 334-A do CP	Art. 18 (Est. do Desarmamento)
Facilitação de contrabando ou descaminho	Art. 318 do CP	Art. 18 (Est. do Desarmamento)

2.2.8 Aumento de pena (arts. 19º e 20º)

> ***Art. 19.*** *Nos crimes previstos nos arts. 17 e 18, a pena é aumentada da metade se a arma de fogo, acessório ou munição forem de uso proibido ou restrito.*
>
> ***Art. 20.*** *Nos crimes previstos nos arts. 14, 15, 16, 17 e 18, a pena é aumentada da metade se:*
>
> ***I.*** *forem praticados por integrante dos órgãos e empresas referidas nos arts. 6º, 7º e 8º desta Lei; ou*
>
> ***II.*** *o agente for reincidente específico em crimes dessa natureza. (Incluído pela Lei nº 13.964, de 24/12/2019)*

→ Basicamente, haverá aumento de metade da pena em duas situações:

Quanto ao objeto material: de uso restrito ou proibido (nos arts. 17 e 18).

Quanto ao sujeito ativo: agente listado nos arts. 6º, 7º e 8º; ou reincidente específico (nos arts. 14 a 18).

2.2.9 Liberdade provisória (art. 21º)

> ***Art. 21.*** *Os crimes previstos nos arts. 16, 17 e 18 são insuscetíveis de liberdade provisória.*

Tal artigo foi considerado inconstitucional pelo STF (ADI 3.112), bem como os parágrafos únicos dos arts. 14º e 15º. Portanto, **todos** os crimes do Estatuto do Desarmamento **admitem a liberdade provisória** e, ressalvando os arts. 16º, 17º e 18º (delitos hediondos), também admitem a fiança.

"A **proibição de estabelecimento de fiança** para os delitos de 'porte ilegal de arma de fogo de uso permitido' e de 'disparo de arma de fogo', mostra-se **desarrazoada**, porquanto são crimes de mera conduta, que não se equiparam aos crimes que acarretam lesão ou ameaça de lesão à vida ou à propriedade.

"**Insusceptibilidade de liberdade provisória** quanto aos delitos elencados nos arts. 16, 17 e 18. **Inconstitucionalidade reconhecida**, visto que o texto magno não autoriza a prisão 'ex lege', em face dos princípios da presunção de inocência e da obrigatoriedade de fundamentação dos mandados de prisão pela autoridade judiciária competente. [...]

"Ação julgada procedente, em parte, para declarar a **inconstitucionalidade** dos **parágrafos únicos dos artigos 14 e 15 e do artigo 21** da Lei nº 10.826, de 22 de dezembro de 2003.".[52]

Questões

01. (CESPE - 2018) Julgue o item seguinte, referente a crimes de trânsito e a posse e porte de armas de fogo, de acordo com a jurisprudência e legislação pertinentes.

O porte de arma de fogo de uso permitido sem autorização, mas desmuniciada, não configura o delito de porte ilegal previsto no Estatuto do Desarmamento, tendo em vista ser um crime de perigo concreto cujo objeto jurídico tutelado é a incolumidade física.

Certo ( ) Errado ( )

02. (CESPE - 2018) Em cada item que segue, é apresentada uma situação hipotética, seguida de uma assertiva a ser julgada.

Samuel disparou, sem querer, sua arma de fogo em via pública. Nessa situação, ainda que o disparo tenha sido de forma acidental, culposamente, Samuel responderá pelo crime de disparo de arma de fogo, previsto no Estatuto do Desarmamento.

Certo ( ) Errado ( )

03. (CESPE - 2018) Ainda conforme o disposto no Estatuto do Desarmamento, julgue o próximo item.

O mero disparo de arma de fogo nas adjacências de lugar habitado é crime punido com reclusão, estando seu autor sujeito a um aumento de pena se for integrante dos órgãos elencados na lei.

Certo ( ) Errado ( )

04. (CESPE - 2018) Ainda conforme o disposto no Estatuto do Desarmamento, julgue o próximo item.

As armas de fogo apreendidas e que não interessarem à persecução penal devem ser encaminhadas à Polícia Federal para destruição ou doação ao comando do Exército.

Certo ( ) Errado ( )

05. (CESPE - 2018) Ainda conforme o disposto no Estatuto do Desarmamento, julgue o próximo item.

Comete crime o agente que deixa de observar as cautelas necessárias para impedir que menor de dezoito anos de idade se apodere de arma de fogo que esteja sob a sua posse, ainda que não haja consequências graves.

Certo ( ) Errado ( )

Gabaritos

01	ERRADO
02	ERRADO
03	CERTO
04	ERRADO
05	CERTO

52 STF, ADI 3.112/DF, Rel. Min. Ricardo Lewandowski, julgado em 02/05/2007, Tribunal Pleno, DJe 26/10/2007.

3. SISTEMA NACIONAL DE POLÍTICAS PÚBLICAS SOBRE DROGAS (SISNAD) - LEI Nº 11.343/2006

3.1 Disposições Preliminares

A Lei nº 11.343/06 instituiu o Sistema Nacional de Políticas Públicas sobre Drogas - Sisnad. Ela prescreve medidas para prevenção do uso indevido, atenção e reinserção social de usuários e dependentes de drogas, além de estabelecer normas para repressão à produção não autorizada e ao tráfico ilícito de drogas e define crimes relacionados a esse assunto.

Ficam proibidas, em todo o território nacional, as drogas, bem como o plantio, a cultura, a colheita e a exploração de vegetais e substratos dos quais possam ser extraídas ou produzidas drogas, ressalvada a hipótese de autorização legal ou regulamentar, assim como estabelece a Convenção de Viena, de 1971, das Nações Unidas, sobre Substâncias Psicotrópicas a respeito de plantas de uso estritamente ritualístico-religioso.

Pode a União autorizar o plantio, a cultura e a colheita dos vegetais acima referidos, exclusivamente para fins medicinais ou científicos, em local e prazo predeterminados, mediante fiscalização, respeitadas as ressalvas supramencionadas.

3.2 Do Sistema Nacional de Políticas Públicas sobre Drogas

O Sisnad tem a finalidade de articular, integrar, organizar e coordenar as atividades relacionadas com:

> A prevenção do uso indevido, a atenção e a reinserção social de usuários e dependentes de drogas.

> A repressão da produção não autorizada e do tráfico ilícito de drogas.

Entende-se por Sisnad o conjunto ordenado de princípios, regras, critérios e recursos materiais e humanos que envolvem as políticas, planos, programas, ações e projetos sobre drogas, incluindo-se nele, por adesão, os Sistemas de Políticas Públicas sobre Drogas dos Estados, Distrito Federal e Municípios. (Incluído pela Lei nº 13.840, de 2019)

O Sisnad atuará em articulação com o Sistema Único de Saúde - SUS, e com o Sistema Único de Assistência Social - SUAS.

3.2.1 Dos Princípios e dos Objetivos do Sistema Nacional de Políticas Públicas sobre Drogas

3.2.1.1 Princípios do Sisnad

> O respeito aos direitos fundamentais da pessoa humana, especialmente quanto à sua autonomia e à sua liberdade.

> O respeito à diversidade e às especificidades populacionais existentes.

> A promoção dos valores éticos, culturais e de cidadania do povo brasileiro, reconhecendo-os como fatores de proteção para o uso indevido de drogas e outros comportamentos correlacionados.

> A promoção de consensos nacionais, de ampla participação social, para o estabelecimento dos fundamentos e estratégias do Sisnad.

> A promoção da responsabilidade compartilhada entre Estado e Sociedade, reconhecendo a importância da participação social nas atividades do Sisnad.

> O reconhecimento da intersetorialidade dos fatores correlacionados com o uso indevido de drogas, com a sua produção não autorizada e o seu tráfico ilícito.

> A integração das estratégias nacionais e internacionais de prevenção do uso indevido, atenção e reinserção social de usuários e dependentes de drogas e de repressão à sua produção não autorizada e ao seu tráfico ilícito.

> A articulação com os órgãos do Ministério Público e dos Poderes Legislativo e Judiciário visando à cooperação mútua nas atividades do Sisnad.

> A adoção de abordagem multidisciplinar que reconheça a interdependência e a natureza complementar das atividades de prevenção do uso indevido, atenção e reinserção social de usuários e dependentes de drogas, repressão da produção não autorizada e do tráfico ilícito de drogas.

> A observância do equilíbrio entre as atividades de prevenção do uso indevido, atenção e reinserção social de usuários e dependentes de drogas e de repressão à sua produção não autorizada e ao seu tráfico ilícito, visando a garantir a estabilidade e o bem-estar social.

> A observância às orientações e normas emanadas do Conselho Nacional Antidrogas - Conad.

3.2.1.2 Objetivos do Sisnad

> Contribuir para a inclusão social do cidadão, visando a torná-lo menos vulnerável a assumir comportamentos de risco para o uso indevido de drogas, seu tráfico ilícito e outros comportamentos correlacionados.

> Promover a construção e a socialização do conhecimento sobre drogas no país.

> Promover a integração entre as políticas de prevenção do uso indevido, atenção e reinserção social de usuários e dependentes de drogas e de repressão à sua produção não autorizada e ao tráfico ilícito e as políticas públicas setoriais dos órgãos do Poder Executivo da União, Distrito Federal, Estados e Municípios.

> Assegurar as condições para a coordenação, a integração e a articulação das atividades de prevenção e repreensão.

3.2.2 Do Sistema Nacional de Políticas Públicas Sobre Drogas

3.2.2.1 Da Composição do Sistema Nacional de Políticas Públicas sobre Drogas

Das Competências

Compete à União:

I. *formular e coordenar a execução da Política Nacional sobre Drogas;*

II. *elaborar o Plano Nacional de Políticas sobre Drogas, em parceria com Estados, Distrito Federal, Municípios e a sociedade;*

III. *coordenar o Sisnad;*

IV. *estabelecer diretrizes sobre a organização e funcionamento do Sisnad e suas normas de referência;*

V. *elaborar objetivos, ações estratégicas, metas, prioridades, indicadores e definir formas de financiamento e gestão das políticas sobre drogas;*

VIII. *promover a integração das políticas sobre drogas com os Estados, o Distrito Federal e os Municípios;*

IX. *financiar, com Estados, Distrito Federal e Municípios, a execução das políticas sobre drogas, observadas as obrigações dos integrantes do Sisnad;*

X. *estabelecer formas de colaboração com Estados, Distrito Federal e Municípios para a execução das políticas sobre drogas;*

XI. *garantir publicidade de dados e informações sobre repasses de recursos para financiamento das políticas sobre drogas;*

XII. *sistematizar e divulgar os dados estatísticos nacionais de prevenção, tratamento, acolhimento, reinserção social e econômica e repressão ao tráfico ilícito de drogas;*

XIII. *adotar medidas de enfretamento aos crimes transfronteiriços; e*

XIV. *estabelecer uma política nacional de controle de fronteiras, visando a coibir o ingresso de drogas no País.*

3.2.2.2 Da formulação das políticas sobre drogas

Seção I - Do Plano Nacional de Políticas sobre Drogas

São objetivos do Plano Nacional de Políticas sobre Drogas, dentre outros:

I. *promover a interdisciplinaridade e integração dos programas, ações, atividades e projetos dos órgãos e entidades públicas e privadas nas áreas de saúde, educação, trabalho, assistência social, previdência social, habitação, cultura, desporto e lazer, visando à prevenção do uso de drogas, atenção e reinserção social dos usuários ou dependentes de drogas;*

II. *viabilizar a ampla participação social na formulação, implementação e avaliação das políticas sobre drogas;*

III. *priorizar programas, ações, atividades e projetos articulados com os estabelecimentos de ensino, com a sociedade e com a família para a prevenção do uso de drogas;*

IV. *ampliar as alternativas de inserção social e econômica do usuário ou dependente de drogas, promovendo programas que priorizem a melhoria de sua escolarização e a qualificação profissional;*

V. *promover o acesso do usuário ou dependente de drogas a todos os serviços públicos;*

VI. *estabelecer diretrizes para garantir a efetividade dos programas, ações e projetos das políticas sobre drogas;*

VII. *fomentar a criação de serviço de atendimento telefônico com orientações e informações para apoio aos usuários ou dependentes de drogas;*

VIII. *articular programas, ações e projetos de incentivo ao emprego, renda e capacitação para o trabalho, com objetivo de promover a inserção profissional da pessoa que haja cumprido o plano individual de atendimento nas fases de tratamento ou acolhimento;*

IX. *promover formas coletivas de organização para o trabalho, redes de economia solidária e o cooperativismo, como forma de promover autonomia ao usuário ou dependente de drogas egresso de tratamento ou acolhimento, observando-se as especificidades regionais;*

X. *propor a formulação de políticas públicas que conduzam à efetivação das diretrizes e princípios previstos no art. 22;*

XI. *articular as instâncias de saúde, assistência social e de justiça no enfrentamento ao abuso de drogas; e*

XII. *promover estudos e avaliação dos resultados das políticas sobre drogas.*

§ 1º *O plano de que trata o caput terá duração de 5 (cinco) anos a contar de sua aprovação.*

§ 2º *O poder público deverá dar a mais ampla divulgação ao conteúdo do Plano Nacional de Políticas sobre Drogas.*

3.2.3 Dos Conselhos de Políticas sobre Drogas

Os conselhos de políticas sobre drogas, constituídos por Estados, Distrito Federal e Municípios, terão os seguintes objetivos:

I. *auxiliar na elaboração de políticas sobre drogas;*

II. *colaborar com os órgãos governamentais no planejamento e na execução das políticas sobre drogas, visando à efetividade das políticas sobre drogas;*

III. *propor a celebração de instrumentos de cooperação, visando à elaboração de programas, ações, atividades e projetos voltados à prevenção, tratamento, acolhimento, reinserção social e econômica e repressão ao tráfico ilícito de drogas;*

IV. *promover a realização de estudos, com o objetivo de subsidiar o planejamento das políticas sobre drogas;*

V. *propor políticas públicas que permitam a integração e a participação do usuário ou dependente de drogas no processo social, econômico, político e cultural no respectivo ente federado; e*

VI. *desenvolver outras atividades relacionadas às políticas sobre drogas em consonância com o Sisnad e com os respectivos planos.*

3.2.4 Da Coleta, Análise e Disseminação de Informações sobre Drogas

As instituições com atuação nas áreas da atenção à saúde e da assistência social, que atendam usuários ou dependentes de drogas, devem comunicar ao órgão competente do respectivo sistema municipal de saúde os casos atendidos e os óbitos ocorridos, preservando a identidade das pessoas, conforme orientações emanadas da União.

Os dados estatísticos nacionais de repressão ao tráfico ilícito de drogas integrarão sistema de informações do Poder Executivo.

3.3 Das Atividades de Prevenção do Uso Indevido, Atenção e Reinserção Social de Usuários e Dependentes de Drogas

3.3.1 Da Prevenção

Constituem atividades de prevenção do uso indevido de drogas, para efeito desta Lei, aquelas direcionadas para a redução dos fatores de vulnerabilidade e risco e para a promoção e o fortalecimento dos fatores de proteção.

As atividades de prevenção do uso indevido de drogas devem observar os seguintes princípios e diretrizes:

> O reconhecimento do uso indevido de drogas como fator de interferência na qualidade de vida do indivíduo e na sua relação com a comunidade à qual pertence.

> A adoção de conceitos objetivos e de fundamentação científica como forma de orientar as ações dos serviços públicos comunitários e privados e de evitar preconceitos e estigmatização das pessoas e dos serviços que as atendam.

> O fortalecimento da autonomia e da responsabilidade individual em relação ao uso indevido de drogas.

> O compartilhamento de responsabilidades e a colaboração mútua com as instituições do setor privado e com os diversos segmentos sociais, incluindo usuários e dependentes de drogas e respectivos familiares, por meio do estabelecimento de parcerias.

> A adoção de estratégias preventivas diferenciadas e adequadas às especificidades socioculturais das diversas populações, bem como das diferentes drogas utilizadas; o reconhecimento do "não uso", do "retardamento do uso" e da redução de riscos como resultados desejáveis das atividades de natureza preventiva, quando da definição dos objetivos a serem alcançados.

> O tratamento especial dirigido às parcelas mais vulneráveis da população, levando em consideração as suas necessidades específicas.

> A articulação entre os serviços e organizações que atuam em atividades de prevenção do uso indevido de drogas e a rede de atenção a usuários e dependentes de drogas e respectivos familiares.

> O investimento em alternativas esportivas, culturais, artísticas, profissionais, entre outras, como forma de inclusão social e de melhoria da qualidade de vida.

> O estabelecimento de políticas de formação continuada na área da prevenção do uso indevido de drogas para profissionais de educação nos três níveis de ensino.

> A implantação de projetos pedagógicos de prevenção do uso indevido de drogas, nas instituições de ensino público e privado, alinhados às Diretrizes Curriculares Nacionais e aos conhecimentos relacionados a drogas.

> A observância das orientações e normas emanadas do Conad.

> O alinhamento às diretrizes dos órgãos de controle social de políticas setoriais específicas.

As atividades de prevenção do uso indevido de drogas dirigidas à criança e ao adolescente deverão estar em consonância com as diretrizes emanadas pelo Conselho Nacional dos Direitos da Criança e do Adolescente - Conanda.

3.3.2 Da Semana Nacional de Políticas Sobre Drogas

Art. 19-A. *Fica instituída a Semana Nacional de Políticas sobre Drogas, comemorada anualmente, na quarta semana de junho.*

§ 1º *No período de que trata o caput , serão intensificadas as ações de:*

I. *difusão de informações sobre os problemas decorrentes do uso de drogas;*

II. *promoção de eventos para o debate público sobre as políticas sobre drogas;*

III. *difusão de boas práticas de prevenção, tratamento, acolhimento e reinserção social e econômica de usuários de drogas;*

IV. *divulgação de iniciativas, ações e campanhas de prevenção do uso indevido de drogas;*

V. *mobilização da comunidade para a participação nas ações de prevenção e enfrentamento às drogas;*

VI. *mobilização dos sistemas de ensino previstos na HYPERLINK "http://www.planalto.gov.br/ccivil_03/LEIS/L9394.htm" Lei nº 9.394, de 20 de dezembro de 1996. Lei de Diretrizes e Bases da Educação Nacional , na realização de atividades de prevenção ao uso de drogas.*

3.3.3 Das atividades de prevenção, tratamento, acolhimento e de reinserção social e econômica de usuários ou dependentes de drogas

Constituem atividades de atenção ao usuário e dependente de drogas e respectivos familiares, para efeito desta Lei, aquelas que visem à melhoria da qualidade de vida e à redução dos riscos e dos danos associados ao uso de drogas.

Constituem atividades de reinserção social do usuário ou do dependente de drogas e respectivos familiares, para efeito desta Lei, aquelas direcionadas para sua integração ou reintegração em redes sociais.

As atividades de atenção e as de reinserção social do usuário e do dependente de drogas e respectivos familiares devem observar os seguintes princípios e diretrizes:

> Respeito ao usuário e ao dependente de drogas, independentemente de quaisquer condições, observados os direitos fundamentais da pessoa humana, os princípios e diretrizes do Sistema Único de Saúde e da Política Nacional de Assistência Social.

> A adoção de estratégias diferenciadas de atenção e reinserção social do usuário e do dependente de drogas e respectivos familiares que considerem as suas peculiaridades socioculturais.

> Definição de projeto terapêutico individualizado, orientado para a inclusão social e para a redução de riscos e de danos sociais e à saúde.

> Atenção ao usuário ou dependente de drogas e aos respectivos familiares, sempre que possível, de forma multidisciplinar e por equipes multiprofissionais.

> Observância das orientações e normas emanadas do Conad.

> O alinhamento às diretrizes dos órgãos de controle social de políticas setoriais específicas.

__VII.__ estímulo à capacitação técnica e profissional;

__VIII.__ efetivação de políticas de reinserção social voltadas à educação continuada e ao trabalho;

__IX.__ observância do plano individual de atendimento na forma do art. 23-B desta Lei;

__X.__ orientação adequada ao usuário ou dependente de drogas quanto às consequências lesivas do uso de drogas, ainda que ocasional.

3.3.4 Da Educação na Reinserção Social e Econômica

__Art. 22-A.__ As pessoas atendidas por órgãos integrantes do Sisnad terão atendimento nos programas de educação profissional e tecnológica, educação de jovens e adultos e alfabetização.

3.3.5 Do Tratamento do Usuário ou Dependente de Drogas

__Art. 23.__ As redes dos serviços de saúde da União, dos Estados, do Distrito Federal, dos Municípios desenvolverão programas de atenção ao usuário e ao dependente de drogas, respeitadas as diretrizes do Ministério da Saúde e os princípios explicitados no art. 22 desta Lei, obrigatória a previsão orçamentária adequada.

__Art. 23-A.__ O tratamento do usuário ou dependente de drogas deverá ser ordenado em uma rede de atenção à saúde, com prioridade para as modalidades de tratamento ambulatorial, incluindo excepcionalmente formas de internação em unidades de saúde e hospitais gerais nos termos de normas dispostas pela União e articuladas com os serviços de assistência social e em etapas que permitam:

__I.__ articular a atenção com ações preventivas que atinjam toda a população;

__II.__ orientar-se por protocolos técnicos predefinidos, baseados em evidências científicas, oferecendo atendimento individualizado ao usuário ou dependente de drogas com abordagem preventiva e, sempre que indicado, ambulatorial;

__III.__ preparar para a reinserção social e econômica, respeitando as habilidades e projetos individuais por meio de programas que articulem educação, capacitação para o trabalho, esporte, cultura e acompanhamento individualizado; e

__IV.__ acompanhar os resultados pelo SUS, Suas e Sisnad, de forma articulada.

__§ 1º__ Caberá à União dispor sobre os protocolos técnicos de tratamento, em âmbito nacional.

__§ 2º__ A internação de dependentes de drogas somente será realizada em unidades de saúde ou hospitais gerais, dotados de equipes multidisciplinares e deverá ser obrigatoriamente autorizada por médico devidamente registrado no Conselho Regional de Medicina - CRM do Estado onde se localize o estabelecimento no qual se dará a internação.

__§ 3º__ São considerados 2 (dois) tipos de internação:

__I.__ internação voluntária: aquela que se dá com o consentimento do dependente de drogas;

__II.__ internação involuntária: aquela que se dá, sem o consentimento do dependente, a pedido de familiar ou do responsável legal ou, na absoluta falta deste, de servidor público da área de saúde, da assistência social ou dos órgãos públicos integrantes do Sisnad, com exceção de servidores da área de segurança pública, que constate a existência de motivos que justifiquem a medida.

__§ 4º__ A internação voluntária:

__I.__ deverá ser precedida de declaração escrita da pessoa solicitante de que optou por este regime de tratamento;

__II.__ seu término dar-se-á por determinação do médico responsável ou por solicitação escrita da pessoa que deseja interromper o tratamento.

__§ 5º__ A internação involuntária:

__I.__ deve ser realizada após a formalização da decisão por médico responsável;

__II.__ será indicada depois da avaliação sobre o tipo de droga utilizada, o padrão de uso e na hipótese comprovada da impossibilidade de utilização de outras alternativas terapêuticas previstas na rede de atenção à saúde;

__III.__ perdurará apenas pelo tempo necessário à desintoxicação, no prazo máximo de 90 (noventa) dias, tendo seu término determinado pelo médico responsável;

__IV.__ a família ou o representante legal poderá, a qualquer tempo, requerer ao médico a interrupção do tratamento.

__§ 6º__ A internação, em qualquer de suas modalidades, só será indicada quando os recursos extra-hospitalares se mostrarem insuficientes.

__§ 7º__ Todas as internações e altas de que trata esta Lei deverão ser informadas, em, no máximo, de 72 (setenta e duas) horas, ao Ministério Público, à Defensoria Pública e a outros órgãos de fiscalização, por meio de sistema informatizado único, na forma do regulamento desta Lei.

__§ 8º__ É garantido o sigilo das informações disponíveis no sistema referido no § 7º e o acesso será permitido apenas às pessoas autorizadas a conhecê-las, sob pena de responsabilidade.

__§ 9º__ É vedada a realização de qualquer modalidade de internação nas comunidades terapêuticas acolhedoras.

__§ 10.__ O planejamento e a execução do projeto terapêutico individual deverão observar, no que couber, o previsto na Lei nº 10.216, de 6 de abril de 2001, que dispõe sobre a proteção e os direitos das pessoas portadoras de transtornos mentais e redireciona o modelo assistencial em saúde mental.

3.3.6 Do Plano Individual de Atendimento

__Art. 23-B__. O atendimento ao usuário ou dependente de drogas na rede de atenção à saúde dependerá de:

__I.__ avaliação prévia por equipe técnica multidisciplinar e multissetorial; e

__II.__ elaboração de um Plano Individual de Atendimento. PIA.

__§ 1º__ A avaliação prévia da equipe técnica subsidiará a elaboração e execução do projeto terapêutico individual a ser adotado, levantando no mínimo:

__I.__ o tipo de droga e o padrão de seu uso; e

__II.__ o risco à saúde física e mental do usuário ou dependente de drogas ou das pessoas com as quais convive.

__§ 3º__ O PIA deverá contemplar a participação dos familiares ou responsáveis, os quais têm o dever de contribuir com o processo, sendo esses, no caso de crianças e adolescentes, passíveis de responsabilização civil, administrativa e criminal, nos termos da Lei nº 8.069, de 13 de julho de 1990 - Estatuto da Criança e do Adolescente.

§ 4º O PIA será inicialmente elaborado sob a responsabilidade da equipe técnica do primeiro projeto terapêutico que atender o usuário ou dependente de drogas e será atualizado ao longo das diversas fases do atendimento.

§ 5º Constarão do plano individual, no mínimo:

I. os resultados da avaliação multidisciplinar;

II. os objetivos declarados pelo atendido;

III. a previsão de suas atividades de integração social ou capacitação profissional;

IV. atividades de integração e apoio à família;

V. formas de participação da família para efetivo cumprimento do plano individual;

VI. designação do projeto terapêutico mais adequado para o cumprimento do previsto no plano; e

VII. as medidas específicas de atenção à saúde do atendido.

§ 6º O PIA será elaborado no prazo de até 30 (trinta) dias da data do ingresso no atendimento.

§ 7º As informações produzidas na avaliação e as registradas no plano individual de atendimento são consideradas sigilosas.

As redes dos serviços de saúde da União, dos Estados, do Distrito Federal, dos Municípios desenvolverão programas de atenção ao usuário e ao dependente de drogas, respeitadas as diretrizes do Ministério da Saúde e os princípios acima explicitados, obrigatória a previsão orçamentária adequada.

A União, os Estados, o Distrito Federal e os Municípios poderão conceder benefícios às instituições privadas que desenvolverem programas de reinserção no mercado de trabalho, do usuário e do dependente de drogas encaminhados por órgão oficial.

As instituições da sociedade civil, sem fins lucrativos, com atuação nas áreas da atenção à saúde e da assistência social, que atendam usuários ou dependentes de drogas poderão receber recursos do Funad, condicionados à sua disponibilidade orçamentária e financeira.

O usuário e o dependente de drogas que, em razão da prática de infração penal, estiverem cumprindo pena privativa de liberdade ou submetidos à medida de segurança, têm garantidos os serviços de atenção à sua saúde, definidos pelo respectivo sistema penitenciário.

3.3.7 Do Acolhimento em Comunidade Terapêutica Acolhedora

***Art. 26-A.** O acolhimento do usuário ou dependente de drogas na comunidade terapêutica acolhedora caracteriza-se por:*

I. oferta de projetos terapêuticos ao usuário ou dependente de drogas que visam à abstinência;

II. adesão e permanência voluntária, formalizadas por escrito, entendida como uma etapa transitória para a reinserção social e econômica do usuário ou dependente de drogas;

III. ambiente residencial, propício à formação de vínculos, com a convivência entre os pares, atividades práticas de valor educativo e a promoção do desenvolvimento pessoal, vocacionada para acolhimento ao usuário ou dependente de drogas em vulnerabilidade social;

IV. avaliação médica prévia;

V. elaboração de plano individual de atendimento na forma do art. 23-B desta Lei; e

VI. vedação de isolamento físico do usuário ou dependente de drogas.

§ 1º Não são elegíveis para o acolhimento as pessoas com comprometimentos biológicos e psicológicos de natureza grave que mereçam atenção médico-hospitalar contínua ou de emergência, caso em que deverão ser encaminhadas à rede de saúde.

3.3.8 Dos Crimes e das Penas

Essas penas poderão ser aplicadas isolada ou cumulativamente, bem como substituídas a qualquer tempo, ouvidos o Ministério Público e o defensor.

Posse para uso pessoal (Art. 28)

Quem adquirir, guardar, tiver em depósito, transportar ou trouxer consigo, para consumo pessoal, drogas sem autorização ou em desacordo com determinação legal ou regulamentar será submetido às seguintes penas:

- Advertência sobre os efeitos das drogas.
- Prestação de serviços à comunidade (prazo máximo de 5 meses; em caso de reincidência → até 10 meses).
- Medida educativa de comparecimento a programa ou curso educativo (prazo máximo de 5 meses; em caso de reincidência → até 10 meses).

Às mesmas medidas submete-se quem, para seu consumo pessoal, semeia, cultiva ou colhe plantas destinadas à preparação de pequena quantidade de substância ou produto capaz de causar dependência física ou psíquica.

Para determinar se a droga destinava-se a consumo pessoal, o Juiz atenderá à natureza e à quantidade da substância apreendida, ao local e às condições em que se desenvolveu a ação, às circunstâncias sociais e pessoais, bem como à conduta e aos antecedentes do agente.

A prestação de serviços à comunidade será cumprida em programas comunitários, entidades educacionais ou assistenciais, hospitais, estabelecimentos congêneres, públicos ou privados sem fins lucrativos, que se ocupem, preferencialmente, da prevenção do consumo ou da recuperação de usuários e dependentes de drogas.

Para garantia do cumprimento das medidas educativas a que se refere essa lei (penas aplicadas aos usuários), a que injustificadamente se recuse o agente, poderá o juiz submetê-lo, sucessivamente a:

- Admoestação verbal.
- Multa.

O juiz determinará ao Poder Público que coloque à disposição do infrator, gratuitamente, estabelecimento de saúde, preferencialmente ambulatorial, para tratamento especializado.

Na imposição da pena de medida educativa de multa (em caso de recusa injustificada) o juiz, atendendo à reprovabilidade da conduta, fixará o número de dias-multa, em quantidade nunca inferior a 40 nem superior a 100, atribuindo depois a cada um, segundo a capacidade econômica do agente, o valor de um trinta avos (1/30) até três vezes o valor do maior salário-mínimo.

Os valores decorrentes da imposição dessa multa serão creditados à conta do Fundo Nacional Antidrogas.

Prescrevem em dois anos a imposição e a execução das penas, observado, no tocante à interrupção do prazo, o disposto nos Arts. 107 e seguintes do Código Penal.

3.4 Da Repressão à Produção não Autorizada e ao Tráfico Ilícito de Drogas

3.4.1 Disposições Gerais

É indispensável a licença prévia da autoridade competente para produzir, extrair, fabricar, transformar, preparar, possuir, manter em depósito, importar, exportar, reexportar, remeter, transportar, expor, oferecer, vender, comprar, trocar, ceder ou adquirir, para qualquer fim, drogas ou matéria-prima destinada à sua preparação, observadas as demais exigências legais.

As plantações ilícitas serão imediatamente destruídas pelo delegado de polícia (incineração, em no máximo 30 dias da apreensão) que recolherá quantidade suficiente para exame pericial, de tudo lavrando auto de levantamento das condições encontradas, com a delimitação do local, asseguradas as medidas necessárias para a preservação da prova.

Em caso de ser utilizada a queimada para destruir a plantação, observar-se-á, além das cautelas necessárias à proteção ao meio ambiente, o disposto no Decreto nº 2.661, de 8 de julho de 1998, no que couber, dispensada a autorização prévia do órgão próprio do Sistema Nacional do Meio Ambiente - Sisnama.

As glebas cultivadas com plantações ilícitas serão expropriadas, conforme o disposto no Art. 243 da Constituição Federal, de acordo com a legislação em vigor.

3.4.2 Dos Crimes

3.4.2.1 Tráfico de Drogas

Importar, exportar, remeter, preparar, produzir, fabricar, adquirir, vender, expor à venda, oferecer, ter em depósito, transportar, trazer consigo, guardar, prescrever, ministrar, entregar a consumo ou fornecer drogas, ainda que gratuitamente, sem autorização ou em desacordo com determinação legal ou regulamentar.

Pena: reclusão de 5 a 15 anos e pagamento de 500 a 1.500 dias-multa.

É possível caracterizar o crime de tráfico de drogas com as seguintes peculiaridades:

> vale lembrar que **não é preciso** obter lucro para o cometimento desse crime;

> trata-se de um **crime vago e misto alternativo**;

> é um **crime congruente**, visto que não há um fim específico.

De acordo com os tribunais superiores, como a saúde pública é o bem jurídico tutelado por essa lei, NÃO se admite o princípio da insignificância!

Classificação: crime comum ou próprio (prescrever, ministrar), formal ou material (deve haver apreensão da droga), permanente, de perigo abstrato.

Bem Jurídico Tutelado: Saúde Pública.

Consumação e Tentativa: o momento consumativo ocorre com a conduta antecipada, dispensando-se o resultado naturalístico. A tentativa é admitida.

O STJ tem entendimento de que haverá tráfico de drogas consumado quando ocorrer a negociação telefônica e a posterior apreensão das drogas antes mesmo de chegar a seu destinatário.

3.4.2.2 Crimes Equiparados ao Tráfico de Drogas

Nas mesmas penas incorre quem:

> Importa, exporta, remete, produz, fabrica, adquire, vende, expõe à venda, oferece, fornece, tem em depósito, transporta, traz consigo ou guarda, ainda que gratuitamente, sem autorização ou em desacordo com determinação legal ou regulamentar, matéria-prima, insumo ou produto químico destinado à preparação de drogas.

> Semeia, cultiva ou faz a colheita, sem autorização ou em desacordo com determinação legal ou regulamentar, de plantas que se constituam em matéria-prima para a preparação de drogas.

> Utiliza local ou bem de qualquer natureza de que tem a propriedade, posse, administração, guarda ou vigilância, ou consente que outrem dele se utilize, ainda que gratuitamente, sem autorização ou em desacordo com determinação legal ou regulamentar, para o tráfico ilícito de drogas.

IV. vende ou entrega drogas ou matéria-prima, insumo ou produto químico destinado à preparação de drogas, sem autorização ou em desacordo com a determinação legal ou regulamentar, a agente policial disfarçado, quando presentes elementos probatórios razoáveis de conduta criminal preexistente. (Incluído pela Lei nº 13.964, de 2019)

3.4.2.3 O Agente disfarçado

O agente disfarçado contemplado na Lei 13.964/2019 é referido em quatro momentos específicos e afigura-se tratar-se de figura jurídica sem precedente no Código de Processo Penal e na legislação penal. O agente disfarçado, tal qual o infiltrado, também não é considerado agente provocador vez que sua atuação não implica em instigação ao delito. Sua atuação é predominantemente passiva, o que pode ser verificado mediante a hipotética substituição de sua conduta e constatação acerca do mesmo transcurso causal até o crime. Importa, porém deixar destacado que o agente disfarçado, tal como concebido pela Lei 13.964/2019 não pode ser confundido com a uma mera "campana policial", técnica amplamente utilizada para realização de prisões em flagrante esperado. O uso de agentes disfarçados difere do flagrante preparado por não motivar e, sim, flagrar o crime que já estava acontecendo. O agente se finge de vítima e traz à tona uma prática que já estava acontecendo é bastante diferente de ensejar a prática criminosa. Ex.: Alguém que está vendendo drogas em uma festa. O policial vai até ele e diz: "quero comprar"...

Tráfico Privilegiado: essas penas (itens 1 e 2) poderão ser reduzidas de 1/6 a 2/3, desde que o agente seja primário, de bons antecedentes, não se dedique às atividades criminosas nem integre organização criminosa[1].

3.4.2.4 Maquinário, Aparelho, Instrumento ou Objetos Destinados aPreparação (Art. 34)

Fabricar, adquirir, utilizar, transportar, oferecer, vender, distribuir, entregar a qualquer título, possuir, guardar ou fornecer, ainda que gratuitamente, maquinário, aparelho, instrumento ou qualquer objeto destinado à fabricação, preparação, produção ou transformação de drogas, sem autorização ou em desacordo com determinação legal ou regulamentar.

Pena: reclusão, de 3 a 10 anos, e pagamento de 1.200 a 2.000 dias-multa.

3.4.2.5 Associação para o Tráfico (Art. 35)

> ***Art. 35.*** *Associarem-se* ***DUAS OU MAIS PESSOAS*** *para o fim de praticar,* ***REITERADAMENTE OU NÃO****, qualquer dos crimes previstos nos arts. 33, caput e § 1º, e 34 desta Lei.*
>
> ***Pena*** *- reclusão, de 3 (três) a 10 (dez) anos, e pagamento de 700 (setecentos) a 1.200 (mil e duzentos) dias-multa.*

Diferente do artigo 288 do CP, o qual caracteriza associação criminosa a junção de 3 ou mais pessoas com a finalidade de cometer crimes, aqui o mínimo de pessoas não é 3, mas 2 pessoas. Por isso, vale lembrar que se trata de um crime plurissubjetivo.

Nesse artigo somente cabem as hipóteses previstas de tráfico + condutas equiparadas + tráfico de maquinário, lembrando que o cometimento de crimes pode ser **REITERADO OU NÃO**. Por se tratar de crime autônomo, ocorrendo qualquer outro crime, estar-se-á diante de concurso material de infrações penais. Exige-se também a estabilidade e a permanência para a configuração desse crime (STJ).

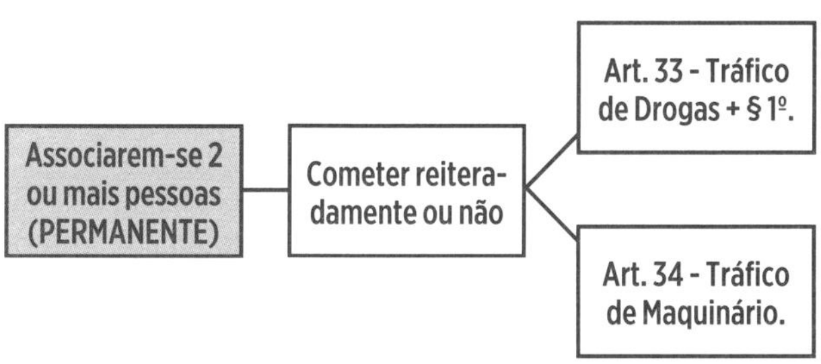

É alvo de provas também a possibilidade de acumular esse crime com o tráfico. A doutrina afirma que **HÁ POSSIBILIDADE** plena do concurso entre associação para o tráfico e o tráfico de drogas, caracterizando concurso material de crimes.

NOTA: para o cometimento desse crime, é preciso combinar a ação criminosa, sendo o fato ocasional descaracterizado em tal tipo penal.

3.4.2.5.1 Forma Equiparada

Nas mesmas penas do caput deste artigo incorre quem se associa para a **PRÁTICA REITERADA** do crime definido no art. 36 desta Lei.

O parágrafo único do art. 35, penaliza a conduta de quem **se associa para a prática reiterada** do custeio ou financiamento do tráfico de drogas ou de maquinário. É a chamada figura equiparada do caput, mas divergindo apenas na finalidade reiterada de financiamento.

3.4.2.6 Colaborador do Tráfico (Art. 37)

Colaborar, como informante, com grupo, organização ou associação destinados à prática de qualquer dos crimes previstos nos itens 1, 2 e 3, e também do crime previsto no item 6 (financiar ou custear).

Pena: reclusão, de 2 a 6 anos, e pagamento de 300 a 700 dias-multa.

3.4.2.7 Financiamento ou Custeio do Tráfico (Art. 36)

Financiar ou custear a prática de qualquer dos crimes previstos nos arts. 33, caput e § 1º, e 34 desta Lei.

Pena - reclusão, de 8 (oito) a 20 (vinte) anos, e pagamento de 1.500 (mil e quinhentos) a 4.000 (quatro mil) dias-multa.

Nesse artigo, o custeio ou financiamento tem que ser relevante, e o financiamento ou custeio deve ser reiterado (habitual), por isso NÃO admite tentativa. Se o financiamento for ocasional, o agente se enquadra no Art. 33 com aumento de pena (Art. 40).

As condutas consideradas (equiparadas) tráfico e, por conseguinte, consideradas como crime hediondo são apenas o caput do artigo 33 + §1º + Art. 36 (Doutrina)!

Assunto bastante interessante julgado pelo STJ foi a questão do autofinanciamento. O STJ entendeu que, na hipótese de autofinanciamento do tráfico, não há concurso material entre os crimes de tráfico e o Art. 36, sobressaindo, neste caso, o Art. 33 com aumento de pena previsto no Art. 40, VII (1/6 a 2/3).

Causa de Aumento de Pena (Art. 40)

As penas dos itens 1 ao 6 são aumentadas de um sexto a dois terços (1/6 a 2/3), se:

> A natureza, a procedência da substância ou do produto apreendido e as circunstâncias do fato evidenciarem a transnacionalidade do delito.

> O agente praticar o crime prevalecendo-se de função pública ou no desempenho de missão de educação, poder familiar, guarda ou vigilância.

> A infração tiver sido cometida nas dependências ou imediações de estabelecimentos prisionais, de ensino ou hospitalares, de sedes de entidades estudantis, sociais, culturais, recreativas, esportivas, ou beneficentes, de locais de trabalho coletivo, de recintos onde se realizem espetáculos ou diversões de qualquer natureza, de serviços de tratamento de dependentes de drogas ou de reinserção social, de unidades militares ou policiais ou em transportes públicos.

> O crime tiver sido praticado com violência, grave ameaça, emprego de arma de fogo, ou qualquer processo de intimidação difusa ou coletiva.

1 De acordo com a resolução 5 do Senado Federal, a parte desse dispositivo que dizia ser vedada a conversão em penas restritivas de direitos foi suspensa. Dessa forma, a pena privativa de liberdade pode ser convertida em restritiva de direitos.

> Caracterizado o tráfico entre Estados da Federação ou entre estes e o Distrito Federal.

> Sua prática envolver ou visar a atingir criança ou adolescente ou a quem tenha, por qualquer motivo, diminuída ou suprimida a capacidade de entendimento e determinação.

> O agente financiar ou custear a prática do crime.

Esses crimes (itens 1 ao 6) são inafiançáveis e insuscetíveis de sursis, graça, indulto, anistia e liberdade provisória, vedada a conversão de suas penas em restritivas de direitos.

Nesses crimes, dar-se-á o livramento condicional após o cumprimento de dois terços da pena, vedada sua concessão ao reincidente específico.

3.4.2.8 Induzimento ou Auxílio ao Consumo Indevido de Droga (Art. 33, §2º)

Induzir, instigar ou auxiliar alguém ao uso indevido de droga[2]:

Pena: detenção, de 1 a 3 anos, e multa de 100 a 300 dias-multa.

3.4.2.9 Oferecimento de Droga para Consumo em Conjunto (Art. 33, §3º)

Oferecer droga, eventualmente e sem objetivo de lucro, à pessoa de seu relacionamento para juntos a consumirem:

Pena: detenção, de 6 meses a 1 ano, e pagamento de 700 a 1.500 dias-multa, sem prejuízo das penas previstas para usuários.

3.4.2.10 Prescrição ou Ministração Culposa de Drogas (Art. 38)

Prescrever ou ministrar, culposamente, drogas, sem que delas necessite o paciente, ou fazê-lo em doses excessivas ou em desacordo com determinação legal ou regulamentar:

Pena: detenção, de 6 meses a 2 anos, e pagamento de 50 a 200 dias-multa.

O juiz comunicará a condenação ao Conselho Federal da categoria profissional a que pertença o agente.

3.4.2.11 Condução de Embarcação ou Aeronave Pós-Consumo de Drogas (Art. 39)

Conduzir embarcação ou aeronave após o consumo de drogas, expondo a dano potencial a incolumidade de outrem:

Pena: detenção, de 6 meses a 3 anos, além da apreensão do veículo, cassação da habilitação respectiva ou proibição de obtê-la, pelo mesmo prazo da pena privativa de liberdade aplicada, e pagamento de 200 a 400 dias-multa.

As penas de prisão e multa, aplicadas cumulativamente com as demais, serão de 4 a 6 anos e de 400 a 600 dias-multa, se o veículo for de transporte coletivo de passageiros.

2 ADI nº 4.274 (STF) O Tribunal, por unanimidade e nos termos do voto do Relator, julgou procedente a ação direta para dar ao § 2º do Art. 33 da Lei nº 11.343/2006 interpretação conforme à Constituição, para dele excluir qualquer significado que enseje a proibição de manifestações e debates públicos acerca da descriminalização ou legalização do uso de drogas ou de qualquer substância que leve o ser humano ao entorpecimento episódico, ou então viciado, das suas faculdades psicofísicas.

O indiciado ou acusado que colaborar voluntariamente com a investigação policial e o processo criminal na identificação dos demais coautores ou partícipes do crime e na recuperação total ou parcial do produto do crime, no caso de condenação, terá pena reduzida de um terço a dois terços.

O juiz, na fixação das penas, considerará, com preponderância sobre o previsto no Art. 59 do Código Penal, a natureza e a quantidade da substância ou do produto, a personalidade e a conduta social do agente.

Na fixação da multa, o juiz, atendendo ao acima disposto para fixação das penas, determinará o número de dias-multa, atribuindo a cada um, segundo as condições econômicas dos acusados, valor não inferior a um trinta avos nem superior a cinco vezes o maior salário-mínimo.

As multas, que em caso de concurso de crimes serão impostas sempre cumulativamente, podem ser aumentadas até o décuplo (10x) se, em virtude da situação econômica do acusado, considerá-las o juiz ineficazes, ainda que aplicadas no máximo.

É isento de pena o agente que, em razão da dependência ou sob o efeito, proveniente de caso fortuito ou força maior, de droga, era, ao tempo da ação ou da omissão, qualquer que tenha sido a infração penal praticada, inteiramente incapaz de entender o caráter ilícito do fato ou de determinar-se de acordo com esse entendimento.

Quando absolver o agente, reconhecendo, por força pericial, que este apresentava, à época do fato, as condições acima referidas, poderá determinar o juiz, na sentença, o seu encaminhamento para tratamento médico adequado.

As penas podem ser reduzidas de um terço a dois terços se, por força das circunstâncias previstas para isenção de pena (acima estudadas), o agente não possuía, ao tempo da ação ou da omissão, a plena capacidade de entender o caráter ilícito do fato ou de determinar-se de acordo com esse entendimento.

Na sentença condenatória, o juiz, com base em avaliação que ateste a necessidade de encaminhamento do agente para tratamento, realizada por profissional de saúde com competência específica na forma da lei, determinará que a tal se proceda, observado o disposto no Art. 26 desta Lei. (*O usuário e o dependente de drogas que, em razão da prática de infração penal, estiverem cumprindo pena privativa de liberdade ou submetidos a medida de segurança, têm garantidos os serviços de atenção à sua saúde, definidos pelo respectivo sistema penitenciário.*)

3.4.3 Do Procedimento Penal

O procedimento relativo aos processos por crimes definidos neste Título rege-se pelo a seguir, aplicando-se, subsidiariamente, as disposições do Código de Processo Penal e da Lei de Execução Penal.

O agente de qualquer das condutas previstas no Art. 28 desta Lei (adquirir, guardar, tiver em depósito, transportar ou trouxer consigo, para consumo pessoal, drogas sem autorização ou em desacordo com determinação legal ou regulamentar), salvo se houver concurso com os crimes previstos nos itens 1 a 8 do tópico anterior, será processado e julgado na forma dos Arts. 60 e seguintes da Lei nº 9.099, de 26 de setembro de 1995, que dispõe sobre os Juizados Especiais Criminais.

Tratando-se da conduta prevista no Art. 28 (acima citado) desta Lei, não se imporá prisão em flagrante, devendo o autor do fato ser imediatamente encaminhado ao juízo competente ou, na falta deste, assumir o compromisso de a ele comparecer, lavrando-se termo circunstanciado e providenciando-se as requisições dos exames e perícias necessários.

Se ausente a autoridade judicial, as providências acima previstas serão tomadas de imediato pela autoridade policial, no local em que se encontrar, vedada a detenção do agente.

Concluídos esses procedimentos (encaminhamento ao juízo), o agente será submetido a exame de corpo de delito, se o requerer ou se a autoridade de polícia judiciária entender conveniente, e em seguida liberado.

Para os fins do disposto no Art. 76 da Lei nº 9.099, de 1995, que dispõe sobre os Juizados Especiais Criminais, o Ministério Público poderá propor a aplicação imediata de pena prevista no Art. 28 (acima citado) desta Lei, a ser especificada na proposta.

Tratando-se de condutas tipificadas nos itens 1 ao 6 do tópico anterior, o juiz, sempre que as circunstâncias o recomendem, empregará os instrumentos protetivos de colaboradores e testemunhas previstos na Lei nº 9.807, de 13 de julho de 1999.

3.4.3.1 Da Investigação

Ocorrendo prisão em flagrante, a autoridade de polícia judiciária fará, imediatamente, comunicação ao juiz competente, remetendo-lhe cópia do auto lavrado, do qual será dada vista ao órgão do Ministério Público, em 24 horas.

Para efeito da lavratura do auto de prisão em flagrante e estabelecimento da materialidade do delito, é suficiente o laudo de constatação da natureza e quantidade da droga, firmado por perito oficial ou, na falta deste, por pessoa idônea.

O perito que subscrever esse laudo não ficará impedido de participar da elaboração do laudo definitivo.

Recebida cópia do auto de prisão em flagrante, o juiz, no prazo de 10 dias, certificará a regularidade formal do laudo de constatação e determinará a destruição das drogas apreendidas, guardando-se amostra necessária à realização do laudo definitivo.

A destruição das drogas será executada pelo delegado de polícia competente no prazo de 15 dias na presença do Ministério Público e da autoridade sanitária.

O local será vistoriado antes e depois de efetivada a destruição das drogas, sendo lavrado auto circunstanciado pelo delegado de polícia, certificando-se neste a destruição total delas.

A destruição de drogas apreendidas sem a ocorrência de prisão em flagrante será feita por incineração, no prazo máximo de 30 dias contado da data da apreensão, guardando-se amostra necessária à realização do laudo definitivo, aplicando-se, no que couber, o procedimento de destruição acima citado.

O inquérito policial será concluído no prazo de 30 dias, se o indiciado estiver preso, e de 90 dias, quando solto. Esses prazos podem ser duplicados pelo juiz, ouvido o Ministério Público, mediante pedido justificado da autoridade de polícia judiciária.

Findos esses prazos, a autoridade de polícia judiciária, remetendo os autos do inquérito ao juízo:

> relatará sumariamente as circunstâncias do fato, justificando as razões que a levaram à classificação do delito, indicando a quantidade e natureza da substância ou do produto apreendido, o local e as condições em que se desenvolveu a ação criminosa, as circunstâncias da prisão, a conduta, a qualificação e os antecedentes do agente; ou

> requererá sua devolução para a realização de diligências necessárias.

A remessa dos autos far-se-á sem prejuízo de diligências complementares:

> Necessárias ou úteis à plena elucidação do fato, cujo resultado deverá ser encaminhado ao juízo competente até três dias antes da audiência de instrução e julgamento.

> Necessárias ou úteis à indicação dos bens, direitos e valores de que seja titular o agente, ou que figurem em seu nome, cujo resultado deverá ser encaminhado ao juízo competente até três dias antes da audiência de instrução e julgamento.

Em qualquer fase da persecução criminal relativa aos crimes previstos nesta Lei, são permitidos, além dos previstos em lei, mediante autorização judicial e ouvido o Ministério Público, os seguintes procedimentos investigatórios:

> A infiltração por agentes de polícia, em tarefas de investigação, constituída pelos órgãos especializados pertinentes.

> A não atuação policial sobre os portadores de drogas, seus precursores químicos ou outros produtos utilizados em sua produção, que se encontrem no território brasileiro, com a finalidade de identificar e responsabilizar maior número de integrantes de operações de tráfico e distribuição, sem prejuízo da ação penal cabível.
>
> » Nessa hipótese, a autorização será concedida desde que sejam conhecidos o itinerário provável e a identificação dos agentes do delito ou de colaboradores.

3.4.3.2 Da Instrução Criminal

Recebidos em juízo os autos do inquérito policial, de Comissão Parlamentar de Inquérito ou peças de informação, dar-se-á vista ao Ministério Público para, no prazo de dez dias, adotar uma das seguintes providências:

> Requerer o arquivamento.

> Requisitar as diligências que entender necessárias.

> Oferecer denúncia, arrolar até cinco testemunhas e requerer as demais provas que entender pertinentes.

Oferecida a denúncia, o juiz ordenará a notificação do acusado para oferecer defesa prévia, por escrito, no prazo de dez dias.

Na resposta, consistente em defesa preliminar e exceções, o acusado poderá arguir preliminares e invocar todas as razões de defesa, oferecer documentos e justificações, especificar as provas que pretende produzir e arrolar até cinco testemunhas.

As exceções serão processadas em apartado, nos termos dos Arts. 95 a 113 do Decreto-Lei nº 3.689, de 3 de outubro de 1941 - Código de Processo Penal.

Se a resposta não for apresentada no prazo, o juiz nomeará defensor para oferecê-la em dez dias, concedendo-lhe vista dos autos no ato de nomeação.

Apresentada a defesa, o juiz decidirá em cinco dias.

Se entender imprescindível, o juiz, no prazo máximo de dez dias, determinará a apresentação do preso, realização de diligências, exames e perícias.

Recebida a denúncia, o juiz designará dia e hora para a audiência de instrução e julgamento, ordenará a citação pessoal do acusado, a intimação do Ministério Público, do assistente, se for o caso, e requisitará os laudos periciais.

Tratando-se de condutas tipificadas como infração do disposto nos itens 1 a 6 do tópico anterior, o juiz, ao receber a denúncia, poderá decretar o afastamento cautelar do denunciado de suas atividades, se for funcionário público, comunicando ao órgão respectivo.

Essa audiência será realizada dentro dos 30 dias seguintes ao recebimento da denúncia, salvo se determinada a realização de avaliação para atestar dependência de drogas, quando se realizará em 90 dias.

Na audiência de instrução e julgamento, após o interrogatório do acusado e a inquirição das testemunhas, será dada a palavra, sucessivamente, ao representante do Ministério Público e ao defensor do acusado, para sustentação oral, pelo prazo de 20 minutos para cada um, prorrogável por mais dez minutos, a critério do juiz.

Após proceder ao interrogatório, o juiz indagará das partes se restou algum fato para ser esclarecido, formulando as perguntas correspondentes se o entender pertinente e relevante.

Encerrados os debates, proferirá o juiz sentença de imediato, ou o fará em dez dias, ordenando que os autos para isso lhe sejam conclusos.

Nos crimes dos itens 1 ao 6 do capítulo anterior o réu não poderá apelar sem recolher-se à prisão, salvo se for primário e de bons antecedentes, assim reconhecido na sentença condenatória.

3.4.4 Da Apreensão, Arrecadação e Destinação de Bens do Acusado

Art. 60. *O juiz, a requerimento do Ministério Público ou do assistente de acusação, ou mediante representação da autoridade de polícia judiciária, poderá decretar, no curso do inquérito ou da ação penal, a apreensão e outras medidas assecuratórias nos casos em que haja suspeita de que os bens, direitos ou valores sejam produto do crime ou constituam proveito dos crimes previstos nesta Lei, procedendo-se na forma dos arts. 125 e seguintes do Decreto-Lei nº 3.689, de 3 de outubro de 1941 - Código de Processo Penal.*

§ 3º *Na hipótese do art. 366 do Decreto-Lei nº 3.689, de 3 de outubro de 1941 - Código de Processo Penal, o juiz poderá determinar a prática de atos necessários à conservação dos bens, direitos ou valores.*

A ordem de apreensão ou sequestro de bens, direitos ou valores poderá ser suspensa pelo juiz, ouvido o Ministério Público, quando a sua execução imediata puder comprometer as investigações.

Se as medidas assecuratórias de que trata o art. 60 desta Lei recaírem sobre moeda estrangeira, títulos, valores mobiliários ou cheques emitidos como ordem de pagamento, será determinada, imediatamente, a sua conversão em moeda nacional.

§ 1º *A moeda estrangeira apreendida em espécie deve ser encaminhada a instituição financeira, ou equiparada, para alienação na forma prevista pelo Conselho Monetário Nacional.*

§ 2º *Na hipótese de impossibilidade da alienação a que se refere o § 1º deste artigo, a moeda estrangeira será custodiada pela instituição financeira até decisão sobre o seu destino.*

§ 3º *Após a decisão sobre o destino da moeda estrangeira a que se refere o § 2º deste artigo, caso seja verificada a inexistência de valor de mercado, seus espécimes poderão ser destruídos ou doados à representação diplomática do país de origem.*

§ 4º *Os valores relativos às apreensões feitas antes da data de entrada em vigor da Medida Provisória nº 885, de 17 de junho de 2019, e que estejam custodiados nas dependências do Banco Central do Brasil devem ser transferidos à Caixa Econômica Federal, no prazo de 360 (trezentos e sessenta) dias, para que se proceda à alienação ou custódia, de acordo com o previsto nesta Lei.*

Art. 61. *A apreensão de veículos, embarcações, aeronaves e quaisquer outros meios de transporte e dos maquinários, utensílios, instrumentos e objetos de qualquer natureza utilizados para a prática dos crimes definidos nesta Lei será imediatamente comunicada pela autoridade de polícia judiciária responsável pela investigação ao juízo competente.*

§ 1º *O juiz, no prazo de 30 (trinta) dias contado da comunicação de que trata o caput , determinará a alienação dos bens apreendidos, excetuadas as armas, que serão recolhidas na forma da legislação específica.*

§ 2º *A alienação será realizada em autos apartados, dos quais constará a exposição sucinta do nexo de instrumentalidade entre o delito e os bens apreendidos, a descrição e especificação dos objetos, as informações sobre quem os tiver sob custódia e o local em que se encontrem.*

§ 3º *O juiz determinará a avaliação dos bens apreendidos, que será realizada por oficial de justiça, no prazo de 5 (cinco) dias a contar da autuação, ou, caso sejam necessários conhecimentos especializados, por avaliador nomeado pelo juiz, em prazo não superior a 10 (dez) dias.*

§ 4º *Feita a avaliação, o juiz intimará o órgão gestor do Funad, o Ministério Público e o interessado para se manifestarem no prazo de 5 (cinco) dias e, dirimidas eventuais divergências, homologará o valor atribuído aos bens.*

§ 9º *O Ministério Público deve fiscalizar o cumprimento da regra estipulada no § 1º deste artigo.*

§ 10. *Aplica-se a todos os tipos de bens confiscados a regra estabelecida no § 1º deste artigo.*

§ 11. *Os bens móveis e imóveis devem ser vendidos por meio de hasta pública, preferencialmente por meio eletrônico, assegurada a venda pelo maior lance, por preço não inferior a 50% (cinquenta por cento) do valor da avaliação judicial.*

§ 12. *O juiz ordenará às secretarias de fazenda e aos órgãos de registro e controle que efetuem as averbações necessárias, tão logo tenha conhecimento da apreensão.*

§ 13. *Na alienação de veículos, embarcações ou aeronaves, a autoridade de trânsito ou o órgão congênere competente para o registro, bem como as secretarias de fazenda, devem proceder à regularização dos bens no prazo de 30 (trinta) dias, ficando o arrematante isento do pagamento de multas, encargos e tributos anteriores, sem prejuízo de execução fiscal em relação ao antigo proprietário.*

§ 14. Eventuais multas, encargos ou tributos pendentes de pagamento não podem ser cobrados do arrematante ou do órgão público alienante como condição para regularização dos bens.

§ 15. Na hipótese de que trata o § 13 deste artigo, a autoridade de trânsito ou o órgão congênere competente para o registro poderá emitir novos identificadores dos bens.

§ 4º-A. Antes de encaminhar os bens ao órgão gestor do Funad, o juiz deve:

I. ordenar às secretarias de fazenda e aos órgãos de registro e controle que efetuem as averbações necessárias, caso não tenham sido realizadas quando da apreensão; e

II. determinar, no caso de imóveis, o registro de propriedade em favor da União no cartório de registro de imóveis competente, nos termos do caput e do parágrafo único do art. 243 da Constituição Federal, afastada a responsabilidade de terceiros prevista no inciso VI do caput do art. 134 da Lei nº 5.172, de 25 de outubro de 1966 (Código Tributário Nacional), bem como determinar à Secretaria de Coordenação e Governança do Patrimônio da União a incorporação e entrega do imóvel, tornando-o livre e desembaraçado de quaisquer ônus para sua destinação.

§ 6º Na hipótese do inciso II do caput, decorridos 360 (trezentos e sessenta) dias do trânsito em julgado e do conhecimento da sentença pelo interessado, os bens apreendidos, os que tenham sido objeto de medidas assecuratórias ou os valores depositados que não forem reclamados serão revertidos ao Funad. (Incluído pela Lei nº 13.840, de 2019)

Transitada em julgado a sentença condenatória, o juiz do processo, de ofício ou a requerimento do Ministério Público, remeterá à Senad relação dos bens, direitos e valores declarados perdidos em favor da União, indicando, quanto aos bens, o local em que se encontram e a entidade ou o órgão em cujo poder estejam, para os fins de sua destinação nos termos da legislação vigente.

***Art. 63-A.** Nenhum pedido de restituição será conhecido sem o comparecimento pessoal do acusado, podendo o juiz determinar a prática de atos necessários à conservação de bens, direitos ou valores.*

***Art. 63-B.** O juiz determinará a liberação total ou parcial dos bens, direitos e objeto de medidas assecuratórias quando comprovada a licitude de sua origem, mantendo-se a constrição dos bens, direitos e valores necessários e suficientes à reparação dos danos e ao pagamento de prestações pecuniárias, multas e custas decorrentes da infração penal.*

***Art. 63-C.** Compete à Senad, do Ministério da Justiça e Segurança Pública, proceder à destinação dos bens apreendidos e não leiloados em caráter cautelar, cujo perdimento seja decretado em favor da União, por meio das seguintes modalidades:*

I. alienação, mediante:

a) licitação;

b) doação com encargo a entidades ou órgãos públicos, bem como a comunidades terapêuticas acolhedoras que contribuam para o alcance das finalidades do Funad; ou

c) venda direta, observado o disposto no inciso II do caput do art. 24 da Lei nº 8.666, de 21 de junho de 1993;

II. incorporação ao patrimônio de órgão da administração pública, observadas as finalidades do Funad;

III. destruição; ou

IV. inutilização.

§ 1º A alienação por meio de licitação deve ser realizada na modalidade leilão, para bens móveis e imóveis, independentemente do valor de avaliação, isolado ou global, de bem ou de lotes, assegurada a venda pelo maior lance, por preço não inferior a 50% (cinquenta por cento) do valor da avaliação.

§ 2º O edital do leilão a que se refere o § 1º deste artigo será amplamente divulgado em jornais de grande circulação e em sítios eletrônicos oficiais, principalmente no Município em que será realizado, dispensada a publicação em diário oficial.

§ 3º Nas alienações realizadas por meio de sistema eletrônico da administração pública, a publicidade dada pelo sistema substituirá a publicação em diário oficial e em jornais de grande circulação.

§ 4º Na alienação de imóveis, o arrematante fica livre do pagamento de encargos e tributos anteriores, sem prejuízo de execução fiscal em relação ao antigo proprietário.

§ 5º Na alienação de veículos, embarcações ou aeronaves deverão ser observadas as disposições dos §§ 13 e 15 do art. 61 desta Lei.

§ 6º Aplica-se às alienações de que trata este artigo a proibição relativa à cobrança de multas, encargos ou tributos prevista no § 14 do art. 61 desta Lei.

§ 7º A Senad, do Ministério da Justiça e Segurança Pública, pode celebrar convênios ou instrumentos congêneres com órgãos e entidades da União, dos Estados, do Distrito Federal ou dos Municípios, bem como com comunidades terapêuticas acolhedoras, a fim de dar imediato cumprimento ao estabelecido neste artigo.

§ 8º Observados os procedimentos licitatórios previstos em lei, fica autorizada a contratação da iniciativa privada para a execução das ações de avaliação, de administração e de alienação dos bens a que se refere esta Lei.

***Art. 63-D.** Compete ao Ministério da Justiça e Segurança Pública regulamentar os procedimentos relativos à administração, à preservação e à destinação dos recursos provenientes de delitos e atos ilícitos e estabelecer os valores abaixo dos quais se deve proceder à sua destruição ou inutilização.*

***Art. 63-E.** O produto da alienação dos bens apreendidos ou confiscados será revertido integralmente ao Funad, nos termos do parágrafo único do art. 243 da Constituição Federal, vedada a sub-rogação sobre o valor da arrematação para saldar eventuais multas, encargos ou tributos pendentes de pagamento.*

***Parágrafo único.** O disposto no caput deste artigo não prejudica o ajuizamento de execução fiscal em relação aos antigos devedores.*

***Art. 63-F.** Na hipótese de condenação por infrações às quais esta Lei comine pena máxima superior a 6 (seis) anos de reclusão, poderá ser decretada a perda, como produto ou proveito do crime, dos bens correspondentes à diferença entre o valor do patrimônio do condenado e aquele compatível com o seu rendimento lícito.*

§ 1º A decretação da perda prevista no caput deste artigo fica condicionada à existência de elementos probatórios que indiquem conduta criminosa habitual, reiterada ou profissional do condenado ou sua vinculação a organização criminosa.

§ 2º Para efeito da perda prevista no caput deste artigo, entende-se por patrimônio do condenado todos os bens:

I. de sua titularidade, ou sobre os quais tenha domínio e benefício direto ou indireto, na data da infração penal, ou recebidos posteriormente; e

II. transferidos a terceiros a título gratuito ou mediante contraprestação irrisória, a partir do início da atividade criminal.

O condenado poderá demonstrar a inexistência da incompatibilidade ou a procedência lícita do patrimônio.

A União, por intermédio da Senad, poderá firmar convênio com os Estados, com o Distrito Federal e com organismos orientados para a prevenção do uso indevido de drogas, a atenção e a reinserção social de usuários ou dependentes e a atuação na repressão à produção não autorizada e ao tráfico ilícito de drogas, com vistas na liberação de equipamentos e de recursos por ela arrecadados, para a implantação e execução de programas relacionados à questão das drogas.

3.5 Da Cooperação Internacional

De conformidade com os princípios da não intervenção em assuntos internos, da igualdade jurídica e do respeito à integridade territorial dos Estados e às leis e aos regulamentos nacionais em vigor, e observado o espírito das Convenções das Nações Unidas e outros instrumentos jurídicos internacionais relacionados à questão das drogas, de que o Brasil é parte, o governo brasileiro prestará, quando solicitado, cooperação a outros países e organismos internacionais e, quando necessário, deles solicitará a colaboração, nas áreas de:

> Intercâmbio de informações sobre legislações, experiências, projetos e programas voltados para atividades de prevenção do uso indevido, de atenção e de reinserção social de usuários e dependentes de drogas.

> Intercâmbio de inteligência policial sobre produção e tráfico de drogas e delitos conexos, em especial o tráfico de armas, a lavagem de dinheiro e o desvio de precursores químicos.

> Intercâmbio de informações policiais e judiciais sobre produtores e traficantes de drogas e seus precursores químicos.

3.6 Disposições Finais e Transitórias

Para fins do conceito de drogas instituído nessa lei, até que seja atualizada a terminologia da lista mencionada no preceito, denominam-se drogas substâncias entorpecentes, psicotrópicas, precursoras e outras sob controle especial, da Portaria SVS/MS nº 344, de 12 de maio de 1998.

A liberação dos recursos previstos na Lei nº 7.560, de 19 de dezembro de 1986, em favor de Estados e do Distrito Federal, dependerá de sua adesão e respeito às diretrizes básicas contidas nos convênios firmados e do fornecimento de dados necessários à atualização do sistema previsto no Art. 17 desta Lei, pelas respectivas polícias judiciárias.

> ***Art. 67-A.*** *Os gestores e entidades que recebam recursos públicos para execução das políticas sobre drogas deverão garantir o acesso às suas instalações, à documentação e a todos os elementos necessários à efetiva fiscalização pelos órgãos competentes.*

A União, os Estados, o Distrito Federal e os Municípios poderão criar estímulos fiscais e outros, destinados às pessoas físicas e jurídicas que colaborem na prevenção do uso indevido de drogas, atenção e reinserção social de usuários e dependentes e na repressão da produção não autorizada e do tráfico ilícito de drogas.

No caso de falência ou liquidação extrajudicial de empresas ou estabelecimentos hospitalares, de pesquisa, de ensino, ou congêneres, assim como nos serviços de saúde que produzirem, venderem, adquirirem, consumirem, prescreverem ou fornecerem drogas ou de qualquer outro em que existam essas substâncias ou produtos, incumbe ao juízo perante o qual tramite o feito:

> Determinar, imediatamente, à ciência da falência ou liquidação, que sejam lacradas suas instalações.

> Ordenar à autoridade sanitária competente a urgente adoção das medidas necessárias ao recebimento e guarda, em depósito, das drogas arrecadadas.

> Dar ciência ao órgão do Ministério Público, para acompanhar o feito.

Da licitação para alienação de substâncias ou produtos não proscritos referidos no inciso II do caput deste artigo, só podem participar pessoas jurídicas regularmente habilitadas na área de saúde ou de pesquisa científica que comprovem a destinação lícita a ser dada ao produto a ser arrematado.

Ressalvada a hipótese a seguir citada, o produto não arrematado será, ato contínuo à hasta pública, destruído pela autoridade sanitária, na presença dos Conselhos Estaduais sobre Drogas e do Ministério Público.

Figurando entre o praceado e não arrematadas especialidades farmacêuticas em condições de emprego terapêutico, ficarão elas depositadas sob a guarda do Ministério da Saúde, que as destinará à rede pública de saúde.

O processo e o julgamento dos crimes previstos nos itens de 1 a 6 do tópico acima estudado, se caracterizado ilícito transnacional, são da competência da Justiça Federal.

Os crimes praticados nos Municípios que não sejam sede de vara federal serão processados e julgados na vara federal da circunscrição respectiva.

Encerrado o processo criminal ou arquivado o inquérito policial, o juiz, de ofício, mediante representação da autoridade de polícia judiciária, ou a requerimento do Ministério Público, determinará a destruição das amostras guardadas para contraprova, certificando nos autos.

A União poderá estabelecer convênios com os Estados e o com o Distrito Federal, visando à prevenção e à repressão do tráfico ilícito e do uso indevido de drogas, e com os Municípios, com o objetivo de prevenir o uso indevido delas e de possibilitar a atenção e reinserção social de usuários e dependentes de drogas.

Esta Lei entra em vigor 45 dias após a sua publicação (23 de agosto de 2006) e revogam-se a Lei nº 6.368, de 21 de outubro de 1976, e a Lei nº 10.409, de 11 de janeiro de 2002.

Questões

01. (CESPE – 2018) No item que segue, é apresentada uma situação hipotética, seguida de uma assertiva a ser julgada com base em disposições das Leis n.º 9.605/1998, 11.343/2006 e 13.445/2017.

Durante uma vistoria, no estado do Paraná, em passageiros que viajavam de ônibus de Foz do Iguaçu – PR para Florianópolis – SC, policiais rodoviários federais encontraram seis quilos de maconha na mochila de Lucas, que foi preso em flagrante delito. Nessa situação, no cálculo da pena de Lucas, não se considerará a majorante do tráfico interestadual de drogas, pois a transposição da fronteira entre os estados ainda não tinha ocorrido.

Certo ( ) Errado ( )

02. (CESPE - 2019) À luz do entendimento jurisprudencial do STF, assinale a opção correta, acerca do delito de tráfico privilegiado, previsto na Lei n.º 11.343/2006.

O condenado pela prática do crime de tráfico privilegiado poderá alcançar a progressão de regime prisional depois de ter cumprido pelo menos um sexto da pena no regime anterior, se ostentar bom comportamento carcerário.

Certo ( ) Errado ( )

03. (CESPE - 2018) Em diligência com o objetivo de combater o tráfico internacional de entorpecentes, policiais federais localizaram uma plantação de maconha, onde encontraram equipamentos utilizados para embalar a droga. No local, foram apreendidos dinheiro e veículos e foram presas cinco pessoas que se encontravam na posse dos bens e cuidavam da plantação.

Nessa situação hipotética, havendo indícios suficientes da existência de outros bens adquiridos pelos indivíduos presos com os proventos decorrentes da comercialização da maconha, a autoridade policial deverá imediatamente apreender esses bens, ainda que eles estejam na posse de terceiros, devendo, ainda, determinar às autoridades supervisoras do Banco Central do Brasil o bloqueio de valores existentes em movimentações bancárias em nome desses indivíduos presos.

Certo ( ) Errado ( )

04. (CESPE - 2018) Independentemente de autorização judicial, a autoridade policial deverá proceder de forma a garantir a imediata destruição da plantação — que poderá ser queimada —, devendo preservar apenas quantidade suficiente da droga para a realização de perícia.

Certo ( ) Errado ( )

05. (CESPE - 2018) Acerca de tráfico ilícito de entorpecentes, crimes contra o meio ambiente, crime de discriminação e preconceito e crime contra o consumidor, julgue o próximo item.

Aquele que adquirir, transportar e guardar cocaína para consumo próprio ficará sujeito às mesmas penas imputadas àquele que adquirir, transportar e guardar cocaína para fornecer a parentes e amigos, ainda que gratuitamente.

Certo ( ) Errado ( )

Gabaritos

01	ERRADO
02	CERTO
03	ERRADO
04	CERTO
05	ERRADO

4. LEI DE ABUSO DE AUTORIDADE - LEI Nº 13.869/19

A lei de abuso de autoridade é o epíteto da Lei 13.869, de 5 de setembro de 2019, que possui sua base constitucional no art. 5º, inciso XXXIV, alínea "a" de nossa Magna Carta, dispositivo que trata do direito de petição em face dos Poderes Públicos em defesa de direitos contra a ilegalidade ou abuso de poder. Seu objetivo é buscar combater a arbitrariedade no exercício do poder pelos agentes públicos em geral, criminalizando uma série de condutas que anteriormente no máximo eram considerados ilícitos administrativos.

Deve-se ter em mente, no entanto, que o conceito de "abuso de autoridade" usado pela lei refere-se ao seu conceito legal - subordinado ao princípio da legalidade penal - , sendo mais estrito que o conceito visto em Direito Administrativo em geral.

Essa nova lei revogou expressamente a Lei 4.898/1965, que tratava do mesmo assunto.

Importante observar que o prazo de "vacatio legis" (prazo para a lei entrar em vigor) previsto no art. 45 da lei é de 120 dias, contados a partir de sua publicação oficial, a qual ocorreu no dia 5 de setembro de 2019.

A lei sofreu diversos vetos pelo Presidente da República, sendo que vários deles foram derrubados pelo Congresso Nacional.

De uma certa forma polêmica, é certo que muitos dispositivos da referida lei estão sendo e serão questionados quanto à sua constitucionalidade, devendo estar-se atento a eventuais pronunciamentos do Supremo Tribunal Federal sobre a lei.

Por ser uma lei que trata diretamente da conduta de agentes públicos, deve ser bastante cobrada em provas, especialmente em carreiras policiais e jurídicas.

Para melhor clareza, estudaremos os dispositivos da lei um a um, comentando-os, desprezando-se, porém, aqueles que foram vetados pelo Presidente da República e cujo veto não foi derrubado pelo Congresso Nacional.

4.6.1 Disposições gerais

> ***Art. 1º** Esta Lei define os crimes de abuso de autoridade, cometidos por agente público, servidor ou não, que, no exercício de suas funções ou a pretexto de exercê-las, abuse do poder que lhe tenha sido atribuído.*
>
> ***§ 1º** As condutas descritas nesta Lei constituem crime de abuso de autoridade quando praticadas pelo agente com a finalidade específica de prejudicar outrem ou beneficiar a si mesmo ou a terceiro, ou, ainda, por mero capricho ou satisfação pessoal.*
>
> ***§ 2º** A divergência na interpretação de lei ou na avaliação de fatos e provas não configura abuso de autoridade.*

O Art. 1º da Lei deixa claro que suas disposições se aplicam aos agentes públicos em geral, seja ou não servidor (vide no próximo tópico o conceito de agente público, para os efeitos dessa lei).

Por outro lado, também deixa claro que as condutas previstas na lei somente serão consideradas criminosas se forem praticadas com o dolo específico de prejudicar ou beneficiar alguém, ou quando o ato for praticado por mero capricho ou satisfação pessoal. Sendo assim, os crimes previstos na lei não admitem a modalidade culposa (que é quando o agente não tem a intenção de produzir o resultado, mas age com imprudência, imperícia ou negligência).

Por fim, especialmente visando tranquilizar o trabalho dos juízes e autoridades policiais, e até para evitar que sejam vítimas de perseguições políticas, o parágrafo 2º do art. 1º estipula que a divergência na interpretação da lei ou avaliação de fatos e provas não configura abuso de autoridade.

4.6.2 Sujeitos do crime

> ***Art. 2º** É sujeito ativo do crime de abuso de autoridade qualquer agente público, servidor ou não, da administração direta, indireta ou fundacional de qualquer dos Poderes da União, dos Estados, do Distrito Federal, dos Municípios e de Território, compreendendo, mas não se limitando a:*
>
> ***I.** servidores públicos e militares ou pessoas a eles equiparadas;*
>
> ***II.** membros do Poder Legislativo;*
>
> ***III.** membros do Poder Executivo;*
>
> ***IV.** membros do Poder Judiciário;*
>
> ***V.** membros do Ministério Público;*
>
> ***VI.** membros dos tribunais ou conselhos de contas.*
>
> ***Parágrafo único.** Reputa-se agente público, para os efeitos desta Lei, todo aquele que exerce, ainda que transitoriamente ou sem remuneração, por eleição, nomeação, designação, contratação ou qualquer outra forma de investidura ou vínculo, mandato, cargo, emprego ou função em órgão ou entidade abrangidos pelo caput deste art..*

Sujeito ativo de um crime é a pessoa que pode praticá-lo, ou seja, é aquele a quem pode ser imputada a prática do crime.

No caso dos crimes previstos na Lei de Abuso de Autoridade, todo agente público pode incorrer em suas penas, ainda que não seja servidor público, trazendo os incisos do art. 2º apenas exemplos, conforme o "caput" deixa claro, ao dizer *"compreendendo, mas não se limitando a"*.

Por sua vez, o conceito de agente público utilizado pela lei é bastante amplo, assemelhando-se àquele utilizado pela Lei de Improbidade Administrativa.

Assim, para a Lei de Abuso de Autoridade, basta que a pessoa exerça um cargo, mandato, emprego ou função em órgão da Administração Direta ou entidade da Administração Indireta, mesmo que de forma transitória ou sem remuneração, alcançando, desta forma, até mesmo trabalhadores terceirizados ou temporários.

4.6.3 Ação penal

Os crimes previstos na Lei de Abuso de Autoridade são de ação penal pública incondicionada.

Isso quer dizer que quem é o titular legitimado para propor a ação, processando o agente público, é o Ministério Público, não havendo sequer necessidade de representação por parte de algum ofendido. Assim, tomando o Ministério Público conhecimento da prática de ato que configure abuso de autoridade, deverá ele propor de ofício a ação penal respectiva, mesmo que ninguém o requeira.

No entanto, até em obediência à norma constitucional, a mesma lei estabelece que será admitida ação privada se a ação penal pública não for intentada no prazo legal, cabendo ao Ministério Público aditar a queixa, repudiá-la e oferecer denúncia substitutiva, intervir em todos os termos do processo, fornecer elementos de prova, interpor recurso e, a todo tempo, no caso de negligência do querelante, retomar a ação como parte principal.

Ou seja, se o Ministério Público não apresentar a ação no prazo legal, poderá o ofendido - na condição de querelante - propor ele mesmo a ação, desde que o faça, de acordo com o § 2º do Art. 3º, no prazo de 6 meses contados da data em que se esgotar o prazo para oferecimento da denúncia.

Porém, ainda que seja o particular que proponha a ação (ação privada subsidiária da pública), continua sendo o Ministério Público o seu titular, podendo ele intervir no processo, inclusive interpondo recursos e retomando a ação como parte principal, no caso de negligência do querelante.

O Art. 39 da Lei de Abuso de Autoridade estipula que, na condução da ação penal, devem ser aplicadas as normas do Código de Processo Penal e da Lei dos Juizados Especiais (Lei 9.099/95), o que, permite, por exemplo, desde que atendidos os requisitos desta última, considerar-se o crime como de pequeno potencial ofensivo e aplicar-se o "sursis" processual, suspendendo o processo respectivo.

4.6.4 Efeitos da condenação e penas restritivas de direitos

O Capítulo IV da Lei 13.869/19 trata dos efeitos da condenação e também das penas restritivas de direitos que poderão ser aplicadas no caso dos crimes de abuso de autoridade.

4.6.5 Efeitos da condenação

A lei determina em seu art. 4º que são efeitos da condenação:

a) tornar certa a obrigação de indenizar o dano causado pelo crime, devendo o juiz, a requerimento do ofendido, fixar na sentença o valor mínimo para reparação dos danos causados pela infração, considerando os prejuízos por ele sofridos;

b) a inabilitação para o exercício de cargo, mandato ou função pública, pelo período de 1 (um) a 5 (cinco) anos;

c) a perda do cargo, do mandato ou da função pública.

Os efeitos previstos nos itens b) e c), porém, somente ocorrerão se houver reincidência em crime de abuso de autoridade e não são automáticos, ou seja, para que ocorram, o juiz deve prevê-los expressamente e de forma justificada em sua decisão.

Deve-se observar que, além desses efeitos específicos, existem outros, previstos na Constituição Federal ou em outras leis, como a perda dos direitos políticos após o trânsito em julgado da condenação (art. 15, inciso III, da CF).

4.6.6 Penas restritivas de direitos

A Constituição Federal, em seu Art. 5º, inciso XLVI, prevê a aplicação de penas alternativas à prisão, nos casos e na forma previstos em lei.

No caso dos crimes de abuso de autoridade, o Art. 5º da Lei 13.869/19 prevê as seguintes:

a) prestação de serviços à comunidade ou a entidades públicas; e

b) suspensão do exercício do cargo, da função ou do mandato, pelo prazo de 1 (um) a 6 (seis) meses, com a perda dos vencimentos e das vantagens.

Essas penas podem ser aplicadas de forma autônoma ou cumulativamente. Além disso, cabe ao juiz, com base nos critérios previstos no Código Penal, decidir se substituição da pena de prisão por essas penas é adequado e suficiente em cada caso.

4.6.7 Sanções de natureza civil e administrativa

Além das imposições de caráter penal - prisão ou aplicação de penas restritivas de direitos -, a Lei de Abuso de Autoridade prevê que podem ser aplicadas concomitantemente as penalidades de natureza civil e administrativa cabíveis em cada caso.

Isso decorre do princípio da independência entre as instâncias penal, civil e administrativa.

As notícias de crimes previstos na Lei 13.869/19 que também configurarem falta funcional deverão serão informadas à autoridade competente para a abertura de eventual processo administrativo disciplinar.

Embora o Art. 7º da lei estipule que as responsabilidades civil e administrativa são independentes da criminal, deixa ele claro que não se pode questionar sobre a existência ou a autoria do fato quando essas questões tenham sido decididas no juízo criminal.

Ou seja, se o juiz criminal decidiu que não houve crime ou que ficou provado que quem praticou o crime não foi o acusado, ele não poderá ser responsabilizado nas esferas cível e administrativo. No entanto, se o acusado for absolvido no âmbito penal por falta de provas, poderá ser condenado civil e administrativamente.

O Art. 8º também traz disposição importante, ao determinar que faz coisa julgada em âmbito cível, assim como no administrativo-disciplinar, a sentença penal que reconhecer expressamente ter sido o ato praticado com alguma excludente de ilicitude (estado de necessidade, legítima defesa, estrito cumprimento de dever legal ou exercício regular de direito).

4.6.8 Dos crimes e das penas

Em seus Art. 9º a 38, traz a Lei 13.869/19 a descrição dos diversos crimes que configuram abuso de autoridade no âmbito criminal, lembrando que o princípio da legalidade do direito penal estipula que alguém só pode ser acusado de um crime se a conduta respectiva estiver prevista (tipificada) previamente em lei e a mesma lei também preveja as penas aplicáveis.

Reproduzimos abaixo os artigos da lei que tipificam os crimes de abuso de autoridade, cujo estudo pertence ao campo do direito penal, devendo ser lidos com atenção:

> ***Art. 9º*** *Decretar medida de privação da liberdade em manifesta desconformidade com as hipóteses legais:*
>
> ***Pena*** *- detenção, de 1 (um) a 4 (quatro) anos, e multa.*
>
> ***Parágrafo único.*** *Incorre na mesma pena a autoridade judiciária que, dentro de prazo razoável, deixar de:*
>
> ***I.*** *relaxar a prisão manifestamente ilegal;*
>
> ***II.*** *substituir a prisão preventiva por medida cautelar diversa ou de conceder liberdade provisória, quando manifestamente cabível;*

III. *deferir liminar ou ordem de habeas corpus, quando manifestamente cabível.*

Art. 10. *Decretar a condução coercitiva de testemunha ou investigado manifestamente descabida ou sem prévia intimação de comparecimento ao juízo:*

Pena *- detenção, de 1 (um) a 4 (quatro) anos, e multa.*

Art. 11. *(VETADO).*

Art. 12. *Deixar injustificadamente de comunicar prisão em flagrante à autoridade judiciária no prazo legal:*

Pena *- detenção, de 6 (seis) meses a 2 (dois) anos, e multa.*

Parágrafo único. *Incorre na mesma pena quem:*

I. *deixa de comunicar, imediatamente, a execução de prisão temporária ou preventiva à autoridade judiciária que a decretou;*

II. *deixa de comunicar, imediatamente, a prisão de qualquer pessoa e o local onde se encontra à sua família ou à pessoa por ela indicada;*

III. *deixa de entregar ao preso, no prazo de 24 (vinte e quatro) horas, a nota de culpa, assinada pela autoridade, com o motivo da prisão e os nomes do condutor e das testemunhas;*

IV. *prolonga a execução de pena privativa de liberdade, de prisão temporária, de prisão preventiva, de medida de segurança ou de internação, deixando, sem motivo justo e excepcionalíssimo, de executar o alvará de soltura imediatamente após recebido ou de promover a soltura do preso quando esgotado o prazo judicial ou legal.*

Art. 13. *Constranger o preso ou o detento, mediante violência, grave ameaça ou redução de sua capacidade de resistência, a:*

I. *exibir-se ou ter seu corpo ou parte dele exibido à curiosidade pública;*

II. *submeter-se a situação vexatória ou a constrangimento não autorizado em lei;*

III. *produzir prova contra si mesmo ou contra terceiro:*

Pena *- detenção, de 1 (um) a 4 (quatro) anos, e multa, sem prejuízo da pena cominada à violência.*

Art. 14. *(VETADO).*

Art. 15. *Constranger a depor, sob ameaça de prisão, pessoa que, em razão de função, ministério, ofício ou profissão, deva guardar segredo ou resguardar sigilo:*

Pena *- detenção, de 1 (um) a 4 (quatro) anos, e multa.*

Parágrafo único. *Incorre na mesma pena quem prossegue com o interrogatório:*

I. *de pessoa que tenha decidido exercer o direito ao silêncio; ou*

II. *de pessoa que tenha optado por ser assistida por advogado ou defensor público, sem a presença de seu patrono.*

Art. 16. *Deixar de identificar-se ou identificar-se falsamente ao preso por ocasião de sua captura ou quando deva fazê-lo durante sua detenção ou prisão:*

Pena *- detenção, de 6 (seis) meses a 2 (dois) anos, e multa.*

Parágrafo único. *Incorre na mesma pena quem, como responsável por interrogatório em sede de procedimento investigatório de infração penal, deixa de identificar-se ao preso ou atribui a si mesmo falsa identidade, cargo ou função.*

Art. 17. *(VETADO).*

Art. 18. *Submeter o preso a interrogatório policial durante o período de repouso noturno, salvo se capturado em flagrante delito ou se ele, devidamente assistido, consentir em prestar declarações:*

Pena *- detenção, de 6 (seis) meses a 2 (dois) anos, e multa.*

Art. 19. *Impedir ou retardar, injustificadamente, o envio de pleito de preso à autoridade judiciária competente para a apreciação da legalidade de sua prisão ou das circunstâncias de sua custódia:*

Pena *- detenção, de 1 (um) a 4 (quatro) anos, e multa.*

Parágrafo único. *Incorre na mesma pena o magistrado que, ciente do impedimento ou da demora, deixa de tomar as providências tendentes a saná-lo ou, não sendo competente para decidir sobre a prisão, deixa de enviar o pedido à autoridade judiciária que o seja.*

Art. 20. *Impedir, sem justa causa, a entrevista pessoal e reservada do preso com seu advogado:*

Pena *- detenção, de 6 (seis) meses a 2 (dois) anos, e multa.*

Parágrafo único. *Incorre na mesma pena quem impede o preso, o réu solto ou o investigado de entrevistar-se pessoal e reservadamente com seu advogado ou defensor, por prazo razoável, antes de audiência judicial, e de sentar-se ao seu lado e com ele comunicar-se durante a audiência, salvo no curso de interrogatório ou no caso de audiência realizada por videoconferência.*

Art. 21. *Manter presos de ambos os sexos na mesma cela ou espaço de confinamento:*

Pena *- detenção, de 1 (um) a 4 (quatro) anos, e multa.*

Parágrafo único. *Incorre na mesma pena quem mantém, na mesma cela, criança ou adolescente na companhia de maior de idade ou em ambiente inadequado, observado o disposto na Lei nº 8.069, de 13 de julho de 1990 (Estatuto da Criança e do Adolescente).*

Art. 22. *Invadir ou adentrar, clandestina ou astuciosamente, ou à revelia da vontade do ocupante, imóvel alheio ou suas dependências, ou nele permanecer nas mesmas condições, sem determinação judicial ou fora das condições estabelecidas em lei:*

Pena *- detenção, de 1 (um) a 4 (quatro) anos, e multa.*

§ 1º *Incorre na mesma pena, na forma prevista no caput deste art., quem:*

I. *coage alguém, mediante violência ou grave ameaça, a franquear-lhe o acesso a imóvel ou suas dependências;*

II. *(VETADO);*

III. *cumpre mandado de busca e apreensão domiciliar após as 21h (vinte e uma horas) ou antes das 5h (cinco horas).*

§ 2º *Não haverá crime se o ingresso for para prestar socorro, ou quando houver fundados indícios que indiquem a necessidade do ingresso em razão de situação de flagrante delito ou de desastre.*

Art. 23. *Inovar artificiosamente, no curso de diligência, de investigação ou de processo, o estado de lugar, de coisa ou de pessoa, com o fim de eximir-se de responsabilidade ou de responsabilizar criminalmente alguém ou agravar-lhe a responsabilidade:*

Pena *- detenção, de 1 (um) a 4 (quatro) anos, e multa.*

Parágrafo único. *Incorre na mesma pena quem pratica a conduta com o intuito de:*

I. *eximir-se de responsabilidade civil ou administrativa por excesso praticado no curso de diligência;*

II. *omitir dados ou informações ou divulgar dados ou informações incompletos para desviar o curso da investigação, da diligência ou do processo.*

Art. 24. *Constranger, sob violência ou grave ameaça, funcionário ou empregado de instituição hospitalar pública ou privada a admitir para tratamento pessoa cujo óbito já tenha ocorrido, com o fim de alterar local ou momento de crime, prejudicando sua apuração:*

Pena *- detenção, de 1 (um) a 4 (quatro) anos, e multa, além da pena correspondente à violência.*

Art. 25. *Proceder à obtenção de prova, em procedimento de investigação ou fiscalização, por meio manifestamente ilícito:*

Pena *- detenção, de 1 (um) a 4 (quatro) anos, e multa.*

Parágrafo único. *Incorre na mesma pena quem faz uso de prova, em desfavor do investigado ou fiscalizado, com prévio conhecimento de sua ilicitude.*

Art. 26. (VETADO).

Art. 27. Requisitar instauração ou instaurar procedimento investigatório de infração penal ou administrativa, em desfavor de alguém, à falta de qualquer indício da prática de crime, de ilícito funcional ou de infração administrativa:

Pena - detenção, de 6 (seis) meses a 2 (dois) anos, e multa.

Parágrafo único. Não há crime quando se tratar de sindicância ou investigação preliminar sumária, devidamente justificada.

Art. 28. Divulgar gravação ou trecho de gravação sem relação com a prova que se pretenda produzir, expondo a intimidade ou a vida privada ou ferindo a honra ou a imagem do investigado ou acusado:

Pena - detenção, de 1 (um) a 4 (quatro) anos, e multa.

Art. 29. Prestar informação falsa sobre procedimento judicial, policial, fiscal ou administrativo com o fim de prejudicar interesse de investigado:

Pena - detenção, de 6 (seis) meses a 2 (dois) anos, e multa.

Parágrafo único. (VETADO).

Art. 30. Dar início ou proceder à persecução penal, civil ou administrativa sem justa causa fundamentada ou contra quem sabe inocente:

Pena - detenção, de 1 (um) a 4 (quatro) anos, e multa.

Art. 31. Estender injustificadamente a investigação, procrastinando-a em prejuízo do investigado ou fiscalizado:

Pena - detenção, de 6 (seis) meses a 2 (dois) anos, e multa.

Parágrafo único. Incorre na mesma pena quem, inexistindo prazo para execução ou conclusão de procedimento, o estende de forma imotivada, procrastinando-o em prejuízo do investigado ou do fiscalizado.

Art. 32. Negar ao interessado, seu defensor ou advogado acesso aos autos de investigação preliminar, ao termo circunstanciado, ao inquérito ou a qualquer outro procedimento investigatório de infração penal, civil ou administrativa, assim como impedir a obtenção de cópias, ressalvado o acesso a peças relativas a diligências em curso, ou que indiquem a realização de diligências futuras, cujo sigilo seja imprescindível:

Pena - detenção, de 6 (seis) meses a 2 (dois) anos, e multa.

Art. 33. Exigir informação ou cumprimento de obrigação, inclusive o dever de fazer ou de não fazer, sem expresso amparo legal:

Pena - detenção, de 6 (seis) meses a 2 (dois) anos, e multa.

Parágrafo único. Incorre na mesma pena quem se utiliza de cargo ou função pública ou invoca a condição de agente público para se eximir de obrigação legal ou para obter vantagem ou privilégio indevido.

Art. 34. (VETADO).

Art. 35. (VETADO).

Art. 36. Decretar, em processo judicial, a indisponibilidade de ativos financeiros em quantia que extrapole exacerbadamente o valor estimado para a satisfação da dívida da parte e, ante a demonstração, pela parte, da excessividade da medida, deixar de corrigi-la:

Pena - detenção, de 1 (um) a 4 (quatro) anos, e multa.

Art. 37. Demorar demasiada e injustificadamente no exame de processo de que tenha requerido vista em órgão colegiado, com o intuito de procrastinar seu andamento ou retardar o julgamento:

Pena - detenção, de 6 (seis) meses a 2 (dois) anos, e multa.

Art. 38. Antecipar o responsável pelas investigações, por meio de comunicação, inclusive rede social, atribuição de culpa, antes de concluídas as apurações e formalizada a acusação:

Pena - detenção, de 6 (seis) meses a 2 (dois) anos, e multa.

5. LEI DE TORTURA - LEI Nº 9.455/1997

A prática da tortura encontra proibição expressa no Art. 5º, inciso III, da Constituição Federal: ninguém será submetido a tortura nem a tratamento desumano ou degradante.

No mesmo sentido, a Convenção contra a Tortura e outros Tratamentos ou Penas Cruéis, Desumanos ou Degradantes (Decreto 40, de 15 de fevereiro de 1991) define que o termo 'tortura' designa qualquer ato pelo qual dores ou sofrimentos agudos, físicos ou mentais, são infligidos intencionalmente a uma pessoa a fim de obter, dela ou de uma terceira pessoa, informações ou confissões; de castigá-la por ato que ela ou uma terceira pessoa tenha cometido ou seja suspeita de ter cometido; de intimidar ou coagir esta pessoa ou outras pessoas; ou por qualquer motivo baseado em discriminação de qualquer natureza; quando tais dores ou sofrimentos são infligidos por um funcionário público ou outra pessoa no exercício de funções públicas, ou por sua instigação, ou com o seu consentimento ou aquiescência. Não se considerará como tortura as dores ou sofrimentos que sejam consequência unicamente de sanções legítimas, ou que sejam inerentes a tais sanções ou delas decorram(Art. 1º, 1).

Essa convenção determinou, ademais, em seu Art. 4º, que cada Estado-Parte assegurará que os atos de tortura sejam considerados crimes segundo a sua legislação penal.

Com esse objetivo, o Brasil editou a Lei 9.455/97, para atender à Convenção assinada pelo Brasil, com a finalidade de proteção de todos os seres humanos contra a prática de tortura.

> A Lei 12.847, de 2 de agosto de 2013, instituiu o Sistema Nacional de Prevenção e Combate à Tortura-SNPCT, com o objetivo de fortalecer a prevenção e o combate à tortura, por meio de articulação e atuação cooperativa de seus integrantes, dentre outras formas, permitindo as trocas de informações e o intercâmbio de boas práticas.

Antes de dar prosseguimento a este estudo, devemos definir o que efetivamente se entende por tortura, levando em consideração a Lei 9.455/1997. Isso porque essa Lei não seguiu integralmente o parâmetro legislativo que a fundamentou, permitindo a punição da tortura praticada não só por funcionário público, mas também por particulares. Nesse contexto, podemos entender a tortura como todo sofrimento físico ou mental que tenha como finalidade obter de informação, declaração ou confissão; provocar uma ação ou omissão criminosa; causar sofrimento em razão de discriminação pela raça ou religião; ou ainda como meio de aplicação de castigo ou medida preventiva contra alguém sob sua guarda, poder ou autoridade.

Todos os crimes previstos na Lei de Tortura visam tutelar de maneira imediata o **bem jurídico "dignidade humana"**. Sobre o tema, é relevante mencionar precedente do Supremo Tribunal Federal sobre a definição de dignidade humana: (...) ***a dignidade da pessoa humana precede a Constituição de 1988 e esta não poderia ter sido contrariada, em seu art. 1º, III, anteriormente a sua vigência. (...)*** Tem razão a arguente ao afirmar que a ***dignidade não tem preço. As coisas têm preço, as pessoas têm dignidade. A dignidade não tem preço, vale para todos quantos participam do humano. Estamos, todavia, em perigo quando alguém se arroga o direito de tomar o que pertence à dignidade da pessoa humana como um seu valor (valor de quem se arrogue a tanto)***. É que, então, o valor do humano assume forma na substância e medida de quem o afirme e o pretende impor na qualidade e quantidade em que o mensure. Então o valor da dignidade da pessoa humana já não será mais valor do humano, de todos quantos pertencem à humanidade, porém de quem o proclame conforme o seu critério particular. Estamos então em perigo, submissos à tirania dos valores.

(**STF**, Pleno, ADPF 153, voto do rel. **Min. Eros Grau**, j. 29.04.2010, DJe 06.08.2010). (grifo nosso)

De forma mediata, indireta, também se pretende tutelar a vida e a integralidade física da pessoa torturada.

Vale lembrar, ainda, que todos os crimes de tortura são dolosos, isto é, dependem da vontade consciente do agente que o realiza para sua caracterização. Em outras palavras, não há tortura culposa.

Em todos os casos, ademais, a ação penal será pública incondicionada, isto é, o Ministério Público não dependerá de representação da vítima para ingressar com a denúncia contra o suspeito.

Para facilitar o entendimento, vamos dividir a tortura em duas partes: inciso I e inciso II. Depois que tal assunto for compreendido,dividiremos cada uma conforme sua modalidade.

> ***Art. 1º.*** *Constitui crime de tortura:*
> ***I.*** *constranger alguém com* ***emprego de violência ou grave ameaça****, causando-lhe* ***sofrimento físico ou mental****:*
> ***a)*** *com o fim de* ***obter informação, declaração ou confissão*** *da vítima ou de terceira pessoa;*
> ***b)*** *para* ***provocar ação ou omissão de natureza criminosa****;*
> ***c)*** *em razão de* ***discriminação racial ou religiosa****;(grifo nosso)*

A tortura prevista no inciso I fica condicionada ao preenchimento cumulativo de três elementos: o meio utilizado + as consequências sofridas pela vítima + a finalidade pretendida ou as razões do crime.

Meio utilizado	Violência ou grave ameaça
Consequências sofridas	Físicas ou mentais
Finalidades ou razões	Fim de obter informação, Declaração ou confissão Provocar ação ou omissão de Natureza criminosa Discriminação racial ou religiosa

Nessas hipóteses, o sujeito ativo pode ser qualquer pessoa, não se exigindo qualidade especial, de modo que o inciso I irá tratar de um crime comum.

> ***II.*** *submeter alguém,* ***sob sua guarda, poder ou autoridade****, com emprego de violência ou grave ameaça, a* ***intenso sofrimento físico ou mental****, como forma de aplicar castigo pessoal ou medida de caráter preventivo.(grifo nosso)*

Este inciso apresenta uma importante diferença com relação ao inciso anterior, pois trata de uma hipótese de crime próprio de tortura. Assim, o sujeito ativo nesse caso tem uma qualidade definida no tipo penal, de modo que somente os indivíduos nele descritos é que podem praticá-lo. Então, o crime descrito no inciso II SOMENTE será praticado por aquele que tem a guarda, o poder ou a autoridade sobre a vítima.

Sujeito ativo	detentor	Guarda
		Poder
		Autoridade

E, ainda, devemos nos atentar à palavra "intenso". O legislador teve o cuidado de ressaltar que não será qualquer sofrimento a ser punido nesse tipo incriminador, apenas os que ensejam intenso sofrimento. A questão é que o intenso sofrimento é um tipo penal aberto, ou seja, dependerá do caso concreto para verificar sua aplicação, devendo o delegado de polícia apurar a intensidade do sofrimento recebido pela vítima, bem como ao Ministério Público comprovar a intensidade desse sofrimento e o juiz justificá-lo na sentença. Caso não seja verificado o "intenso sofrimento", o agente poderá responder pelo crime de maus-tratos.

Outro aspecto importante sobre esse inciso é que há dolo específico nele, ou seja, a vontade de aplicar o sofrimento como forma de castigo pessoal ou medida de caráter preventivo.

O castigo se refere a uma conduta já praticada pela vítima. Assim, o agente tem a intenção de puni-lapor algo já feito. Já a medida de caráter preventivo tem a finalidade de evitar que determinada conduta seja praticada, ela antecede a conduta, visando evitar sua ocorrência.

> ***STJ. Recurso ordinário em habeas corpus. Tortura. Lesão corporal e cárcere privado. Crimes praticados em contexto de violência doméstica. Prisão em temporária convertida em preventiva. Circunstâncias dos crimes. Gravidade excessiva. Periculosidade social. Garantia da ordem pública. Custódia fundamentada e necessária. Condições pessoais favoráveis. Irrelevância. Coação ilegal não demonstrada. Reclamo improvido.*** *1. Não há o que se falar em constrangimento ilegal quando a constrição está devidamente justificada na garantia da ordem pública, em razão da gravidade efetiva dos delitos em tese praticados e da periculosidade social do acusado, bem demonstradas pelas circunstâncias em que ocorreu o fato criminoso. 2. Caso em que o recorrente foi denunciado pelos crimes de tortura, lesão corporal e cárcere privado, acusado de haver submetido um bebê de pouco mais de 1 ano de idade, que estava sob a sua autoridade, a intenso sofrimento físico e mental, utilizando de violência como forma de castigo pessoal, ofendendo também a sua integridade corporal. Além disso, o agente teria privado a liberdade da mãe da vítima, sua companheira, mediante cárcere privado, tentando evitar que a mesma prestasse socorro a filha que, em razão das agressões sofridas, se encontrava desfalecida. 3. Condições pessoais favoráveis não têm, em princípio, o condão de, isoladamente, revogar a prisão cautelar, se há nos autos elementos suficientes a demonstrar a necessidade da custódia. 4. Recurso ordinário improvido. (STJ - (5ª T.) - Rec. em HC 83785 - SP - Rel.: Min. Jorge Mussi - J. em 22/08/2017 - DJ 30/08/2017 - Doc. LEGJUR 177.1642.4004.6200)*

Como já anunciamos anteriormente, depois de havermos nos dedicado à observação de cada inciso,analisaremos o que eles têm de semelhante e depois os dividiremos conforme sua modalidade.

Primeiramente,é pertinente compreender que, em todas as modalidades descritas anteriormente, o crime de tortura é material, isto é, para que o crime se configure, é necessário que ocorra o resultado naturalístico. Em ambos,admite-se a tentativa e ainda a desistência voluntária. E em todos os casos, a **ação será pública incondicionada.**

MODALIDADES DE TORTURA	
Tortura-prova	Art. 1º, inciso I, alínea a
Tortura-crime	Art. 1º, inciso I, alínea b
Tortura discriminatória	Art. 1º, inciso I, alínea c
Tortura-castigo	Art. 1º, inciso II

Pena - reclusão, de dois a oito anos.

> ***§ 1º****. Na mesma pena incorre quem submete* ***pessoa presa ou sujeita a medida de segurança a sofrimento físico ou mental****, por intermédio da prática de ato não previsto em lei ou não resultante de medida legal.(grifo nosso)*

Nesse parágrafo, é possível observar que a exigência é quanto ao sujeito passivo, de modo que apenas poderão ser vítimas nesse tipo incriminador as pessoas que estão presas ou sujeitas a medida de segurança.

> ***§ 2º****. Aquele que se omite* ***em face dessas condutas****, quando* ***tinha o dever de evitá-las ou apurá-las****, incorre na* ***pena de detenção de um a quatro anos****.(grifo nosso)*

Agora, falaremos da omissão diante da tortura. Neste caso, o agente tinha o dever de evitar o cometimento da tortura ou de efetuar sua apuração, mas não o fez. Esse tipo penal tem uma peculiaridade, primeiramente temos que dividir o § 2º em dois.

A primeira parte diz respeito ao trecho aquele que se omite em face dessas condutas, quando tinha o dever de evitá-las; estamos falando de um crime próprio, no qual somente podem ser sujeitos ativos as pessoas que tinham o **dever de agir**, as quais estão descritas no Art. 13, § 2º do CP:

> ***Art. 13****,§ 2º A omissão é penalmente relevante quando o omitente devia e podia agir para evitar o resultado. O dever de agir incumbe a quem:*
>
> ***a)*** *tenha por lei obrigação de cuidado, proteção ou vigilância;*
>
> ***b)*** *de outra forma, assumiu a responsabilidade de impedir o resultado;*
>
> ***c)*** *com seu comportamento anterior, criou o risco da ocorrência do resultado.*

E a segunda parte se relaciona ao trecho aquele que se omite em face dessas condutas, quando tinha o dever de apurá-las.Neste caso, estamos falando de um crime próprio em que o sujeito ativo só poderá ser a autoridade competente para a apuração do fato.

Então, podemos concluir que o crime de omissão diante da tortura se divide em conduta omissiva de evitação e conduta omissiva de apuração.

Quem COMETE a tortura	→	Pena: reclusão de 2 a 8 anos
Quem se OMITE a tortura	→	Pena: detenção de 1 a 4 anos

> ***§ 3º****.Se resulta lesão corporal de natureza grave ou gravíssima, a pena é de reclusão de quatro a dez anos; se resulta morte, a reclusão é de oito a dezesseis anos.(grifo nosso)*

A tortura será qualificada se dela houver como resultado lesão corporal de natureza grave, que são as hipóteses previstas no Art. 129, § 1º, do CP, ou gravíssima, hipóteses previstas no Art. 129, § 2º, do CP, ou se da tortura se resulta a morte.

5.1 Lesão Corporal de Natureza Grave

§ 1º. Se resulta:

***I.** Incapacidade para as ocupações habituais, por mais de trinta dias;*

***II.** perigo de vida;*

***III.** debilidade permanente de membro, sentido ou função;*

***IV.** aceleração de parto.*

5.2 Lesão Corporal de Natureza Gravíssima

§ 2º. Se resulta:

***I.** Incapacidade permanente para o trabalho;*

***II.** enfermidade incurável;*

***III.** perda ou inutilização do membro, sentido ou função;*

***IV.** deformidade permanente;*

***V.** aborto.*

Tortura que resulta lesão corporal grave	→	Reclusão de 4 a 10 anos
Tortura que resulta lesão corporal gravíssima	→	Reclusão em 4 a 10 anos
Tortura que resulta morte	→	Reclusão de 8 a 16 anos

A tortura qualificada pelo resultado morte ocorre quando há dolo na conduta antecedente (tortura) e dolo ou culpa na consequente (lesão ou morte), exatamente o que ocorreu. A vítima era agredida consecutivamente pelo réu, culminando com sua morte, e condená-lo por CP, art. 121, § 2º, III, e Lei 9.455/1997, art. 1º, II, § 4º, II, incidiria no '*bis in idem*'.

(TJRJ, Apelação Criminal 7.584/2009, rel. **Des. Suely Lopes Magalhães**, j. em 25.11.2009)

***§ 4º**. Aumenta-se a pena de um sexto até um terço:*

***I.** se o crime é **cometido por** agente público;*

***II.** se o crime é cometido **contra criança, gestante, portador de deficiência, adolescente ou maior de 60 (sessenta) anos**;*

III.** se o crime é cometido **mediante sequestro.

Aumenta-se a pena de 1/6 a1/3	Se cometido por agente público	**Funcionário público:** de acordo com o Art. 327, do Código Penal, considera-se funcionário público, para os efeitos penais, quem, embora transitoriamente ou sem remuneração, exerce cargo, emprego ou função pública.
	Se cometido contra criança, gestante, portador de deficiência, adolescente ou maior de 60 anos	**Criança:** pessoa até doze anos de idade incompletos (Art. 2º da Lei 8.069/90) **Adolescente:** pessoa entre doze e dezoito anos de idade(Art. 2º da Lei 8.069/90). **Portador de deficiência:** considera-se pessoa com deficiência aquela que tem impedimento de longo prazo de natureza física, mental, intelectual ou sensorial, o qual, em interação com uma ou mais barreiras, pode obstruir sua participação plena e efetiva na sociedade em igualdade de condições com as demais pessoas (Art. 2º da Lei 13.146/2015) **Maior de 60 anos:** é a pessoa idosa conforme estabelece Art. 1º do Estatuto do Idoso (Lei 10.741/2003).
	Se cometido mediante sequestro	Sequestro: é a privação da liberdade da vítima por tempo juridicamente relevante.

As causas de aumento de pena se aplicam também ao crime de omissão à tortura e às hipóteses de tortura qualificada, não se limitando aos crimes previstos no Art. 1º.

***§ 5º**. A condenação acarretará a perda do cargo, função ou emprego público e a interdição para seu exercício pelo dobro do prazo da pena aplicada.(grifo nosso)*

Como vimos, existem algumas pessoas que têm o dever de agir, ou seja, têm como obrigação o dever de proteger o indivíduo. Tanto no § 4º, inciso I, quanto no § 5º,o legislador visa garantir que o crime de tortura, quando praticado por agente público, tenha uma pena mais severa, uma vez que o agente público, dentro de suas funções, não age em nome próprio, mas sim em nome do Estado, sendo que é dever do Estado garantir a proteção aos indivíduos.

Assim, o crime de tortura, quando praticado por agente público, acarreta em causa de aumento de pena e ainda perda do cargo e interdição para seu exercício.

Suponhamos que Norberto, carcereiro de determinado presídio, torture Daniel, sendo este um dos presos sob sua responsabilidade; suponhamos que Norberto seja condenado pelo crime de tortura e o juiz o sentencie a uma pena de 6 anos. Além da perda do cargo automática, Norberto só poderá exercer qualquer outra função pública depois de transcorrido o prazo de 12 anos, por força o previsto neste § 5º.

Vale ressaltar que a perda do cargo é, segundo o Supremo Tribunal Federal, efeito automático da condenação: *A perda do cargo, função ou emprego público - que configura efeito extrapenal secundário - constitui consequência necessária que resulta, automaticamente, de pleno direito, da condenação penal imposta ao agente público pela prática do crime de tortura, ainda que se cuide de integrante da Polícia Militar, não se lhe aplicando, a despeito de tratar-se de Oficial da Corporação, a cláusula inscrita no art. 125, § 4.º, da Constituição da República. Doutrina. Precedentes(**STF**, 2ª T., AI 769.637, rel. **Min. Celso de Melo**, j. 25.06.2013, DJe 15.10.2013).*

No mesmo sentido:

A perda do cargo, função ou emprego público é efeito automático da condenação pela prática do crime de tortura, não sendo necessária fundamentação concreta para a sua aplicação (**STJ**, 6ª T., AgRg no Ag 1388953/SP, rel. **Min.Maria Thereza de Assis Moura**, j. 20.06.2013, DJe 28.06.2013)

***§ 6º**. O crime de tortura é inafiançável e insuscetível de graça ou anistia.(grifo nosso)*

Temos aqui um aspecto muito importante que merece atenção: o § 6º segue estritamente o que dispõe a Constituição Federal:

> ***Art. 5º**, XLIII, CF:A lei considerará crimes inafiançáveis e insuscetíveis de graça ou anistia a prática da tortura, o tráfico ilícito de entorpecentes e drogas afins, o terrorismo e os definidos como crimes hediondos, por eles respondendo os mandantes, os executores e os que, podendo evitá-los, se omitirem.*

Mas o que devemos frisar é que, para fins de concurso, o crime de tortura é equiparado a crime hediondo. Então, além da regra constitucional e da Lei de Tortura, seguimos ainda a regra da Lei 8.072/90:

> ***Art. 2º** - Lei 8.072/90 - Os crimes hediondos, a prática da tortura, o tráfico ilícito de entorpecentes e drogas afins e o terrorismo são insuscetíveis de*
>
> ***I.** anistia, graça e indulto;*
>
> ***II.** fiança.*

Então não esqueça, para fins de concurso público, o crime de tortura é **INAFIANÇAVÉL, INSCUSCETÍVEL DE GRAÇA, ANISTIA E INDULTO**.

Embora haja discussão na doutrina, o Supremo Tribunal Federal decidiu que a Constituição Federal veda, implicitamente, o indulto àqueles que tenham praticado crimes hediondos e assemelhados (como é o caso da tortura), veja-se: "Crime hediondo: vedação de graça: inteligência. (...) é constitucional o art. 2º, I, da L. 8.072/90, porque, nele, a menção ao indulto é meramente expletiva da proibição de graça aos condenados por crimes hediondos ditada pelo art. 5º, XLIII, da Constituição. **Na Constituição, a graça individual e o indulto coletivo - que ambos, tanto podem ser totais ou parciais, substantivando, nessa última hipótese, a comutação de pena - são modalidades do poder de graça do Presidente da República (art. 84, XII) - que, no entanto, sofre a restrição do art. 5º, XLIII, para excluir a possibilidade de sua concessão, quando se trata de condenação por crime hediondo**. Proibida a comutação de pena, na hipótese do crime hediondo, pela Constituição, é irrelevante que a vedação tenha sido omitida no D. 3.226/99." (STF, 1ª T., HC 81.565, rel. Min. Sepúlveda Pertence, j. 19-02-2002, DJ 22-03-2002).

> Para a CESPE é correta a seguinte assertiva: "Não é possível a concessão de anistia, graça ou indulto àqueles que tenham praticado crimes hediondos" (CESPE – 2013 – TJDFT – Técnico).

> ***§ 7º**. O condenado por crime previsto nesta Lei, salvo a hipótese do § 2º, **iniciará** o cumprimento da pena em regime fechado. (grifo nosso)*

Com exceção do crime de omissão a tortura, todos **os crimes previstos nessa lei terão como regime inicial o fechado**, sendo possível assim a progressão de regimes.

> ***Súmula 698 - STF:** Não se estende aos demais crimes hediondos a admissibilidade de progressão no regime de execução da pena aplicada ao crime de tortura.*

Caso a questão pergunte sobre o início do cumprimento de pena de acordo com a **jurisprudência do Supremo Tribunal Federal**, a resposta será diferente do texto legal, pois a Corte Suprema entende inconstitucional qualquer determinação abstrata para o início do cumprimento de pena no regime fechado.

> *"Habeas corpus. Penal. Tráfico de entorpecentes. Crime praticado durante a vigência da Lei nº 11.464/07. Pena inferior a 8 anos de reclusão. Obrigatoriedade de imposição do regime inicial fechado. Declaração incidental de inconstitucionalidade do § 1º do art. 2º da Lei nº 8.072/90. Ofensa à garantia constitucional da individualização da pena (inciso XLVI do art. 5º da CF/88). Fundamentação necessária (CP, art. 33, § 3º, c/c o art. 59). Possibilidade de fixação, no caso em exame, do regime semiaberto para o início de cumprimento da pena privativa de liberdade. Ordem concedida. (...) Se a Constituição Federal menciona que a lei regulará a individualização da pena, é natural que ela exista. Do mesmo modo, os critérios para a fixação do regime prisional inicial devem-se harmonizar com as garantias constitucionais, sendo necessário exigir-se sempre a fundamentação do regime imposto, ainda que se trate de crime hediondo ou equiparado. (...) Ordem concedida tão somente para remover o óbice constante do § 1º do art. 2º da Lei nº 8.072/90, com a redação dada pela Lei nº 11.464/07, o qual determina que "[a] pena por crime previsto neste artigo será cumprida inicialmente em regime fechado". Declaração incidental de inconstitucionalidade, com efeito ex nunc, da obrigatoriedade de fixação do regime fechado para início do cumprimento de pena decorrente da condenação por crime hediondo ou equiparado." (STF, Pleno, HC 111.840, rel. Min. Dias Toffoli, j. 27-06-2012, DJe 16-12-2013)*
>
> ***Art. 2º**. O disposto nesta Lei aplica-se ainda quando o crime não tenha sido cometido em território nacional, sendo a vítima brasileira ou encontrando-se o agente em local sob jurisdição brasileira.*

Aplicação extra territorial da Lei 9.455	Caso o crime seja cometido **fora do território nacional** quando:	a vítima for brasileira ou o agente esteja em local sob jurisdição brasileira.

> ***Art. 3º**. Esta Lei entra em vigor na data de sua publicação.*
>
> ***Art. 4º**. Revoga-se o art. 233 da Lei nº 8.069, de 13 de julho de 1990 - Estatuto da Criança e do Adolescente.*

Questões

01. (Cespe-2018) No item que se segue, é apresentada uma situação hipotética seguida de uma assertiva a ser julgada com relação a crime de tortura, crime hediondo, crime previdenciário e crime contra o idoso. Cinco guardas municipais em serviço foram desacatados por dois menores. Após breve perseguição, um dos menores evadiu-se, mas o outro foi apreendido. Dois dos guardas conduziram o menor apreendido para um local isolado, imobilizaram-no, espancaram-no e ameaçaram-no, além de submetê-lo a choques elétricos. Os outros três guardas deram cobertura. Nessa situação, os cinco guardas municipais responderão pelo crime de tortura, incorrendo todos nas mesmas penas.

Certo ( )   Errado ( )

02. (Cespe-2018) Tendo como referência a legislação penal extravagante e a jurisprudência das súmulas dos tribunais superiores, julgue o item que se segue. A condenação pela prática de crime de tortura acarretará a perda do cargo, função ou emprego público e a interdição para o seu exercício por prazo igual ao da pena aplicada.

Certo ( )   Errado ( )

03. (Cespe-2018) Se, com o objetivo de obter confissão, determinado agente de polícia, por meio de grave ameaça, constranger pessoa presa, causando-lhe sofrimento psicológico,

a) e a vítima for adolescente, o crime será qualificado.

b) estará configurada uma causa de aumento de pena.

c) A critério do juiz, a condenação poderá acarretar a perda do cargo.

d) provado o fato, a pena será de detenção.

e) quem presenciar o crime e se omitir, incorrerá na mesma pena do agente.

04. (Cespe-2018) De acordo com a legislação penal especial, assinale a opção correta.

a) Comete o crime de tortura aquele que, tendo o dever de evitar a conduta, se mantém omisso ao tomar ciência ou presenciar pessoa presa ser submetida a sofrimento físico ou mental, por meio da prática de ato não previsto legalmente.

b) A autoridade policial pode praticar a ação controlada — que consiste no retardamento da intervenção policial para aguardar o momento mais eficaz à formação de provas e obtenção de informações — independentemente de prévia comunicação ao juiz competente.

c) Será interditado do exercício da atividade pública por igual período ao da pena privativa de liberdade prevista no Código Penal para o crime de lavagem de dinheiro o indivíduo que, exercendo cargo ou função pública de qualquer natureza, for condenado pela prática de tal crime.

d) Sendo o servidor público condenado por crime de abuso de autoridade, será decretada a perda do cargo e a sua inabilitação para o exercício de qualquer outra função pública pelo prazo de até cinco anos.

e) Em qualquer hipótese, configura-se o crime de disparo de arma de fogo disparar arma de fogo com a finalidade de praticar outro crime.

05. (Cespe-2017) No que concerne ao crime de tortura, assinale a opção correta.

a) O indivíduo que se omite ante a prática de tortura quando deveria evitá-la responde igualmente pela conduta realizada.

b) A legislação especial brasileira concernente à tortura aplica-se somente aos crimes ocorridos em território nacional.

c) No crime de tortura, a prática contra adolescente é causa de aumento de pena de um sexto até um terço.

d) A condenação de funcionário público por esse crime gera a perda do cargo, desde que a sentença assim determine e que a pena aplicada seja superior a quatro anos.

e) A submissão de pessoa presa a sofrimento físico ou mental por funcionário público que pratique atos não previstos em lei exige o dolo específico.

Gabaritos

01	CERTO	04	A
02	ERRADO	05	C
03	B		

6. ESTATUTO DA CRIANÇA E DO ADOLESCENTE - LEI Nº 8.069/90

6.1 Conceitos e breve histórico

O Estatuto da Criança e do Adolescente, Lei nº 8.069 de 13 de julho de 1990, versa sobre a proteção dirigida à criança e ao adolescente bem como a aplicação de medidas no caso da prática de ato infracional.

A ideia é a **Proteção Integral** do menor, garantindo seus direitos.

Antes do atual Estatuto, o primeiro instrumento de proteção aos menores foi promulgado em 1927. Tal instrumento cuidava dos menores em situação de abandono ou quando da prática de atos infracionais (havia a denominação delinquente na época).

A Lei 6.697 de 1979 foi uma revisão do primeiro Código de Menores, mantendo as características do primeiro, introduzindo ao conceito de menor em situação irregular.

O que ambos os instrumentos tinham em comum, era a arbitrariedade.

Na década de 80 do século XX, precisamente em 1988, temos a promulgação da nossa atual Constituição, que procurou assegurar a proteção da criança e do adolescente.

Hoje, temos a atual redação do artigo 227 da CF:

> ***Art. 227.*** *É dever da família, da sociedade e do Estado assegurar à criança, ao adolescente e ao jovem, com absoluta prioridade, o direito à vida, à saúde, à alimentação, à educação, ao lazer, à profissionalização, à cultura, à dignidade, ao respeito, à liberdade e à convivência familiar e comunitária, além de colocá-los a salvo de toda forma de negligência, discriminação, exploração, violência, crueldade e opressão.*

Assim, podemos afirmar que o ECA é um microssistema para a proteção integral da criança e do adolescente, ditando normas em matéria civil, penal (aqui teremos uma diferenciação, pelo princípio da especialidade), administrativa, prevendo a responsabilização daqueles que não observem as disposições do Estatuto.

O primeiro aspecto a ser observado quando estudamos o Estatuto da Criança e do Adolescente é o que dispõe o artigo 1° da Lei, que prevê a proteção integral à criança e ao adolescente, reconhecendo a necessidade de direitos específicos para a criança e o adolescente.

O nosso Estatuto é considerado um dos mais evoluídos do mundo, pois protege a criança e o adolescente de uma forma ampla e específica.

6.2 Disposições Preliminares

Quando se fala em Estatuto da Criança e do Adolescente, a primeira diferenciação a se fazer é entre criança e adolescente. Criança é aquele indivíduo tem menos de 12 anos (12 anos incompletos) e adolescente é aquele que tem entre 12 anos e 18 anos (maior que 12 anos e menor que 18 anos).

Em casos excepcionais, o Estatuto poderá ser aplicado ao jovem até 21 anos de idade, principalmente nos casos de ato infracional praticado antes de atingir a maioridade.

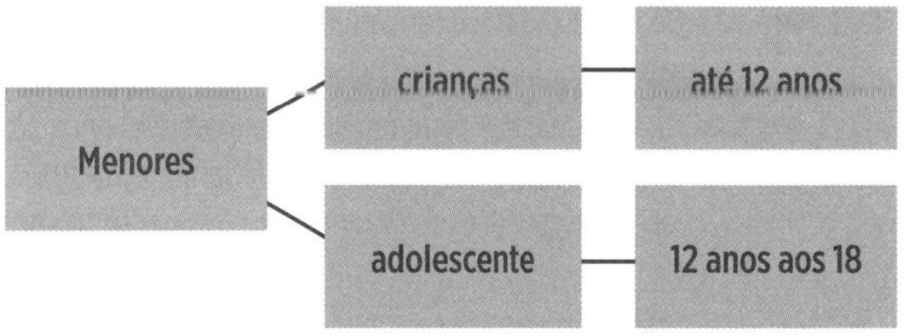

Além do Estatuto, o menor também é objeto de proteção da Constituição Federal e, por isso, goza de todos os direitos fundamentais inerentes à pessoa humana, sem prejuízo da proteção integral de que trata esta Lei, assegurando-se-lhes, por lei ou por outros meios, todas as oportunidades e facilidades, a fim de lhes facultar o desenvolvimento físico, mental, moral, espiritual e social, em condições de liberdade e de dignidade.

Os direitos referentes à vida, à saúde, à alimentação, à educação, ao esporte, ao lazer, à profissionalização, à cultura, à dignidade, ao respeito, à liberdade e à convivência familiar e comunitária devem ser assegurados pela família, comunidade, sociedade em geral e pelo poder público, pois constituem seus deveres.

Os direitos enunciados no Estatuto aplicam-se a todas as crianças e adolescentes, sem discriminação de nascimento, situação familiar, idade, sexo, raça, etnia ou cor, religião ou crença, deficiência, condição pessoal de desenvolvimento e aprendizagem, condição econômica, ambiente social, região e local de moradia ou outra condição que diferencie as pessoas, as famílias ou a comunidade em que vivem.

A garantia de prioridade compreende (artigo 4° do ECA):

- Primazia de receber proteção e socorro em quaisquer circunstâncias: existindo o perigo, os menores terão preferência no atendimento.
- Precedência de atendimento nos serviços públicos ou de relevância pública: um exemplo é o atendimento preferencial para uma gestante.
- Preferência na formulação e na execução das políticas sociais públicas: voltada para o Legislativo e Executivo, na elaboração de leis e execução das políticas.
- Destinação privilegiada de recursos públicos nas áreas relacionadas com a proteção à infância e à juventude.

No ECA, os direitos fundamentais vêm abordados nos artigos 3° e 4°, que vêm aparados na prioridade dada às crianças e aos adolescentes, em sua peculiar condição de pessoas humanas em desenvolvimento.

Nesta parte "introdutória" do Eca, temos princípios que regem o Estatuto. Dois principais princípios que regem as normas do Estatuto: da prioridade absoluta e da proteção integral à criança e ao adolescente.

O princípio da proteção integral visa que deve orientar a atuação de todos, em especial do Poder Público, para defesa e aplicação dos direitos previstos para as crianças e os adolescentes.

Em resumo, podemos afirmar que são princípios aplicados:

- Da Proteção Integral.
- Da Prioridade Absoluta.

- » Da Condição Peculiar como Pessoa em Desenvolvimento.
- » Da Ouvida e Participação Progressiva: leva-se em consideração a opinião da criança e do adolescente progressivamente, ou seja, conforme sua maturidade.
- » Do Melhor Interesse: deve-se aplicar o melhor no caso concreto.
- » Da Autonomia da Família.
- » Da Responsabilidade Parental.
- » Da Proporcionalidade: as medidas aplicadas devem ser proporcionais ao fato.
- » Da Intervenção precoce e mínima.

Na aplicação dos direitos e interpretação de casos que envolvam as crianças e adolescentes, frequentemente trataremos dos princípios da proteção integral e do melhor interesse.

Os direitos enunciados no ECA aplicam-se a todas as crianças e adolescentes, sem discriminação de nascimento, situação familiar, idade, sexo, raça, etnia ou cor, religião ou crença, deficiência, condição pessoal de desenvolvimento e aprendizagem, condição econômica, ambiente social, região e local de moradia ou outra condição que diferencie as pessoas, as famílias ou a comunidade em que vivem.

Ainda nas disposições preliminares, o Estatuto determina que nenhuma criança ou adolescente será objeto de qualquer forma de negligência, discriminação, exploração, violência, crueldade e opressão, punido na forma da lei qualquer atentado, por ação ou omissão, aos seus direitos fundamentais, determinando de forma ampla a proteção destes tutelados.

Por fim, determina o artigo 6° do ECA:

> ***Art. 6°.*** *Na interpretação desta Lei levar-se-ão em conta os fins sociais a que ela se dirige, as exigências do bem comum, os direitos e deveres individuais e coletivos, e a condição peculiar da criança e do adolescente como pessoas em desenvolvimento.*

Este dispositivo trata da hermenêutica do Estatuto, ou seja, orienta como os estudiosos e operadores do direito, como um juiz, por exemplo, devem aplicar a norma menorista. Quando se trata de levar em conta os fins sociais e a exigência do bem comum, o legislador determina que o intérprete busque a finalidade da lei e da justiça, que no caso do ECA é, respectivamente, a busca pela proteção integral da criança e do adolescente e o interesse social.

Portanto, para fins de prova, é importante atentar: o ECA visa à proteção dos menores!

6.3 Direitos Fundamentais

6.3.1 Do direito à vida e à saúde

Como gozam de direitos fundamentais, o ECA elenca a proteção de forma específica quanto à Vida e à Saúde. Trata da proteção à gestante, garantindo o bom desenvolvimento da criança, desde a sua concepção e após o nascimento.

A criança e o adolescente têm direito à proteção à vida e à saúde, mediante a efetivação de políticas sociais públicas que permitam o nascimento e o desenvolvimento sadio e harmonioso, em condições dignas de existência. Ou seja, o Estado Social deve garantir tal direito por meio de políticas sociais públicas, que são ações em esfera federal, estadual e municipal visando ao atendimento do bem coletivo.

O ECA determina ações que devem ser observadas, quais sejam:

- > É assegurado a todas as mulheres o acesso aos programas e às políticas de saúde da mulher e de planejamento reprodutivo e, às gestantes, nutrição adequada, atenção humanizada à gravidez, ao parto e ao puerpério e atendimento pré-natal, perinatal e pós-natal integral no âmbito do Sistema Único de Saúde.
- > O atendimento pré-natal será realizado por profissionais da atenção primária e os profissionais de saúde de referência da gestante garantirão sua vinculação, no último trimestre da gestação, ao estabelecimento em que será realizado o parto, garantido o direito de opção da mulher.
- > Os serviços de saúde nos quais o parto for realizado assegurarão às mulheres e aos seus filhos recém-nascidos alta hospitalar responsável e contrarreferência na atenção primária, bem como o acesso a outros serviços e a grupos de apoio à amamentação.
- > Incumbe ao poder público proporcionar assistência psicológica à gestante e à mãe, no período pré e pós-natal, inclusive como forma de prevenir ou minorar as consequências do estado puerperal. A assistência psicológica deverá ser prestada também a gestantes e mães que manifestem interesse em entregar seus filhos para adoção, bem como a gestantes e mães que se encontrem em situação de privação de liberdade.
- > A gestante e a parturiente têm direito a 1 (um) acompanhante de sua preferência durante o período do pré-natal, do trabalho de parto e do pós-parto imediato.
- > A gestante deverá receber orientação sobre aleitamento materno, alimentação complementar saudável e crescimento e desenvolvimento infantil, bem como sobre formas de favorecer a criação de vínculos afetivos e de estimular o desenvolvimento integral da criança.
- > A gestante tem direito a acompanhamento saudável durante toda a gestação e a parto natural cuidadoso, estabelecendo-se a aplicação de cesariana e outras intervenções cirúrgicas por motivos médicos.
- > A atenção primária à saúde fará a busca ativa da gestante que não iniciar ou que abandonar as consultas de pré-natal, bem como da puérpera que não comparecer às consultas pós-parto.
- > Incumbe ao poder público garantir, à gestante e à mulher com filho na primeira infância que se encontrem sob custódia em unidade de privação de liberdade, ambiência que atenda às normas sanitárias e assistenciais do Sistema Único de Saúde para o acolhimento do filho, em articulação com o sistema de ensino competente, visando ao desenvolvimento integral da criança.

A Lei 13.798/2019 instituiu, dentro dos aspectos da saúde, a Semana Nacional de Prevenção da Gravidez na Adolescência:

> ***Art. 8º-A.*** *Fica instituída a Semana Nacional de Prevenção da Gravidez na Adolescência, a ser realizada anualmente na semana que incluir o dia 1º de fevereiro, com o objetivo de disseminar informações sobre medidas preventivas e educativas que contribuam para a redução da incidência da gravidez na adolescência.*
>
> ***Parágrafo único.*** *As ações destinadas a efetivar o disposto no caput deste artigo ficarão a cargo do poder público, em conjunto com organizações da sociedade civil, e serão dirigidas prioritariamente ao público adolescente*

- O poder público, as instituições e os empregadores propiciarão condições adequadas ao aleitamento materno, inclusive aos filhos de mães submetidas à medida privativa de liberdade.
- Os profissionais das unidades primárias de saúde desenvolverão ações sistemáticas, individuais ou coletivas, visando ao planejamento, à implementação e à avaliação de ações de promoção, proteção e apoio ao aleitamento materno e à alimentação complementar saudável, de forma contínua.
- Os serviços de unidades de terapia intensiva neonatal deverão dispor de banco de leite humano ou unidade de coleta de leite humano.

Ainda, determina artigo 10 do ECA:

> ***Art. 10.*** *Os hospitais e demais estabelecimentos de atenção à saúde de gestantes, públicos e particulares, são obrigados a:*
>
> ***I.*** *manter registro das atividades desenvolvidas, através de prontuários individuais, pelo prazo de dezoito anos;*
>
> ***II.*** *identificar o recém-nascido mediante o registro de sua impressão plantar e digital e da impressão digital da mãe, sem prejuízo de outras formas normatizadas pela autoridade administrativa competente;*
>
> ***III.*** *proceder a exames visando ao diagnóstico e terapêutica de anormalidades no metabolismo do recém-nascido, bem como prestar orientação aos pais;*
>
> ***IV.*** *fornecer declaração de nascimento onde constem necessariamente as intercorrências do parto e do desenvolvimento do neonato;*
>
> ***V.*** *manter alojamento conjunto, possibilitando ao neonato a permanência junto à mãe.*
>
> ***VI.*** *acompanhar a prática do processo de amamentação, prestando orientações quanto à técnica adequada, enquanto a mãe permanecer na unidade hospitalar, utilizando o corpo técnico já existente.*

- É assegurado acesso integral às linhas de cuidado voltadas à saúde da criança e do adolescente, por intermédio do Sistema Único de Saúde, observado o princípio da equidade no acesso a ações e serviços para promoção, proteção e recuperação da saúde.
- A criança e o adolescente com deficiência serão atendidos, sem discriminação ou segregação, em suas necessidades gerais de saúde e específicas de habilitação e reabilitação.
- Incumbe ao poder público fornecer gratuitamente, àqueles que necessitarem, medicamentos, órteses, próteses e outras tecnologias assistivas relativas ao tratamento, habilitação ou reabilitação para crianças e adolescentes, de acordo com as linhas de cuidado voltadas às suas necessidades específicas.
- Os profissionais que atuam no cuidado diário ou frequente de crianças na primeira infância receberão formação específica e permanente para a detecção de sinais de risco para o desenvolvimento psíquico, bem como para o acompanhamento que se fizer necessário.
- Os estabelecimentos de atendimento à saúde, inclusive as unidades neonatais, de terapia intensiva e de cuidados intermediários, deverão proporcionar condições para a permanência em tempo integral de um dos pais ou responsável, nos casos de internação de criança ou adolescente.
- Os casos de suspeita ou confirmação de castigo físico, de tratamento cruel ou degradante e de maus-tratos contra criança ou adolescente serão obrigatoriamente comunicados ao Conselho Tutelar da respectiva localidade, sem prejuízo de outras providências legais.
- As gestantes ou mães que manifestem interesse em entregar seus filhos para adoção serão obrigatoriamente encaminhadas, sem constrangimento, à Justiça da Infância e da Juventude.
- Os serviços de saúde em suas diferentes portas de entrada, os serviços de assistência social em seu componente especializado, o Centro de Referência Especializado de Assistência Social (CREAS) e os demais órgãos do Sistema de Garantia de Direitos da Criança e do Adolescente deverão conferir máxima prioridade ao atendimento das crianças na faixa etária da primeira infância com suspeita ou confirmação de violência de qualquer natureza, formulando projeto terapêutico singular que inclua intervenção em rede e, se necessário, acompanhamento domiciliar.
- O Sistema Único de Saúde promoverá programas de assistência médica e odontológica para a prevenção das enfermidades que ordinariamente afetam a população infantil, e campanhas de educação sanitária para pais, educadores e alunos.
- É obrigatória a vacinação das crianças nos casos recomendados pelas autoridades sanitárias.
- O Sistema Único de Saúde promoverá a atenção à saúde bucal das crianças e das gestantes, de forma transversal, integral e intersetorial com as demais linhas de cuidado direcionadas à mulher e à criança.
- A atenção odontológica à criança terá função educativa protetiva e será prestada, inicialmente, antes de o bebê nascer, por meio de aconselhamento pré-natal, e, posteriormente, no sexto e no décimo segundo anos de vida, com orientações sobre saúde bucal.
- A criança com necessidade de cuidados odontológicos especiais será atendida pelo Sistema Único de Saúde.

6.3.2 Do direito à liberdade, ao respeito e à dignidade

Dentro dos Direitos Fundamentais, também será resguardado o direito à Liberdade, ao Respeito e à Dignidade.

Cada um é conceituado de forma diferenciada no ECA. Vejamos:

→ Direito à liberdade: compreende os seguintes aspectos:
  > Ir, vir e estar nos logradouros públicos e espaços comunitários, ressalvadas as restrições legais.
  > Opinião e expressão.
  > Crença e culto religioso.
  > Brincar, praticar esportes e divertir-se.
  > Participar da vida familiar e comunitária, sem discriminação.
  > Participar da vida política, na forma da lei.
  > Buscar refúgio, auxílio e orientação.

→ Direito ao respeito: consiste na inviolabilidade da integridade física, psíquica e moral da criança e do adolescente, abrangendo a preservação da imagem, da identidade, da autonomia, dos valores, ideias e crenças, dos espaços e objetos pessoais.

→ Direito à dignidade: como pessoas humanas em processo de desenvolvimento e como sujeitos de direitos civis, humanos e sociais garantidos na Constituição e nas leis, é dever de todos velar pela dignidade da criança e do adolescente, pondo-os a salvo de qualquer tratamento desumano, violento, aterrorizante, vexatório ou constrangedor.

Com os diversos casos de abusos nos castigos por parte dos pais ou responsáveis, já que em nossa cultura é muito forte a ideia de bater para educar, foi publicada a Lei 13.010/2014, que ficou conhecida como "Lei da Palmada" ou "Menino Bernardo". Ela acrescentou dispositivos sobre a dignidade. Vejamos:

> ***Art. 18-A.*** *A criança e o adolescente têm o direito de ser educados e cuidados sem o uso de castigo físico ou de tratamento cruel ou degradante, como formas de correção, disciplina, educação ou qualquer outro pretexto, pelos pais, pelos integrantes da família ampliada, pelos responsáveis, pelos agentes públicos executores de medidas socioeducativas ou por qualquer pessoa encarregada de cuidar deles, tratá-los, educá-los ou protegê-los.*
>
> ***Parágrafo único.*** *Para os fins desta Lei, considera-se:*
>
> ***I.*** *castigo físico: ação de natureza disciplinar ou punitiva aplicada com o uso da força física sobre a criança ou o adolescente que resulte em:*
>
> ***a)*** *sofrimento físico; ou*
>
> ***b)*** *lesão;*
>
> ***II.*** *tratamento cruel ou degradante: conduta ou forma cruel de tratamento em relação à criança ou ao adolescente que:*
>
> ***a)*** *humilhe; ou*
>
> ***b)*** *ameace gravemente; ou*
>
> ***c)*** *ridicularize.*

O artigo 18-B prevê sanções quando imposto tratamento cruel ou degradante ou castigo físico:

> ***Art. 18-B.*** *Os pais, os integrantes da família ampliada, os responsáveis, os agentes públicos executores de medidas socioeducativas ou qualquer pessoa encarregada de cuidar de crianças e de adolescentes, tratá-los, educá-los ou protegê-los que utilizarem castigo físico ou tratamento cruel ou degradante como formas de correção, disciplina, educação ou qualquer outro pretexto estarão sujeitos, sem prejuízo de outras sanções cabíveis, às seguintes medidas, que serão aplicadas de acordo com a gravidade do caso:*
>
> ***I.*** *encaminhamento a programa oficial ou comunitário de proteção à família;*
>
> ***II.*** *encaminhamento a tratamento psicológico ou psiquiátrico;*
>
> ***III.*** *encaminhamento a cursos ou programas de orientação;*
>
> ***IV.*** *obrigação de encaminhar a criança a tratamento especializado;*
>
> ***V.*** *advertência.*
>
> ***Parágrafo único.*** *As medidas previstas neste artigo serão aplicadas pelo Conselho Tutelar, sem prejuízo de outras providências legais.*

Percebe-se que o parágrafo único prevê aplicação das medidas pelo Conselho Tutelar, sem prejuízo de medidas que possam ser adotadas pelo Poder Judiciário. Inclusive, dependendo da gravidade, os pais podem ser suspensos do poder familiar.

6.3.3 Do direito à convivência familiar

É direito da criança e do adolescente ser criado e educado no seio de sua família e, excepcionalmente, em família substituta, assegurada a convivência familiar e comunitária, em ambiente que garanta seu desenvolvimento integral.

Família natural é aquela formada por pai, mãe, irmãos... ou seja, formada pelos pais (ou qualquer deles) e seus descendentes.

Já a família substituta vem substituir aquela, por meio, por exemplo, da adoção.

Além disso, é importante conceituar que família extensa ou ampliada é aquela formada por parentes próximos com os quais o menor convive e mantém vínculos de afetividade e afinidade. Tal conceito de família vai além da unidade de pais e filhos ou da unidade do casal.

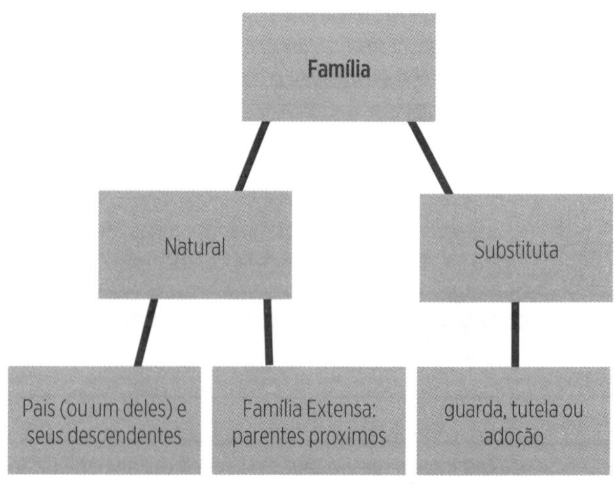

O ECA determina que se o menor estiver inserido em programa de **acolhimento familiar ou institucional**, a sua situação será reavaliada, no máximo a cada **três meses**, devendo a autoridade judiciária fundamentar pela reintegração familiar ou colocação em família substituta.

Mas o que é o acolhimento institucional ou familiar? O acolhimento é realizado em instituições para tal finalidade ou em residências de famílias previamente cadastradas. Tal acolhimento é considerado uma medida protetiva. Assim, o menor passa a viver com outra família ou em uma instituição para regressar à sua família ou destinar-se a uma família substituta.

O acolhimento institucional é a "ultima opção", ocorre de maneira subsidiária.

Devemos ter em mente que as ações articuladas pelo Estado devem respeitar o máximo possível os princípios da autonomia da família e da responsabilidade parental.

O menor permanecerá **acolhido institucionalmente** por, no **máximo, 18 meses, exceto** em situação que atenda a seu próprio interesse.

É importante ressaltar que não haverá diferenciação entre os filhos havidos no casamento e os fora dele, como também não haverá diferenciação em relação aos filhos adotados, o que em tempos remotos ocorreu em nosso país.

Cabe aos pais (pai e mãe), de forma igualitária, exercer o poder familiar (expressão que antes era denominada pátrio poder), que poderá ser perdido caso não cumpram seu dever de sustento, guarda e educação dos filhos menores e as determinações judiciais.

A falta ou a carência de recursos materiais não constituem motivos suficientes para a perda ou a suspensão do poder familiar. Caso seja necessário, a família será incluída em programas oficiais de auxílio. Cuidado: frequentemente aparece nos concursos que a falta de recursos materiais é causa da perda da guarda do menor.

O ECA deixa expresso que a manutenção ou a reintegração de criança ou adolescente à sua família terão preferência em relação a qualquer outra providência, caso em que será esta incluída em serviços e programas de proteção, apoio e promoção.

A ideia do Estatuto é sempre manter o menor em sua família de origem, com seus genitores, excepcionalmente retirá-los.

Portanto, não existindo outro motivo que, por si só, autorize a decretação da medida, a criança ou o adolescente serão mantidos na família de origem, a qual deverá obrigatoriamente ser incluída em serviços e programas oficiais de proteção, apoio e promoção.

A perda do poder familiar ocorre somente por sentença judicial, garantindo-se o contraditório e a ampla defesa, ou seja, correrá processo judicial, no qual os pais poderão defender-se e provar a possível falta de fundamento das denúncias.

A condenação criminal do pai ou da mãe não implicará a destituição do poder familiar, exceto na hipótese de condenação por crime doloso sujeito à pena de reclusão contra outrem igualmente titular do mesmo poder familiar ou contra filho, filha ou outro descendente.

Será garantida a convivência da criança e do adolescente com a mãe ou o pai privado de liberdade, por meio de visitas periódicas promovidas pelo responsável ou, nas hipóteses de acolhimento institucional, pela entidade responsável, independentemente de autorização judicial.

Será garantida a convivência integral da criança com a mãe adolescente que estiver em acolhimento institucional.

A mãe adolescente será assistida por equipe especializada multidisciplinar.

6.3.3.1 Da genitora que deseja entregar filho para adoção

A gestante ou mãe que manifeste interesse em entregar seu filho para adoção, antes ou logo após o nascimento, será encaminhada à Justiça da Infância e da Juventude, sendo devidamente ouvida por equipe interprofissional da Justiça.

Após a oitiva, a equipe apresentará relatório à autoridade judiciária, devendo levar em consideração eventuais efeitos do estado gestacional e puerperal.

Com o relatório em mãos, a autoridade poderá determinar o encaminhamento da gestante ou mãe, quando esta concordar, para recebimento de tratamento especializado em saúde e assistência médica, na rede pública.

Na sequência, busca-se a família extensa para verificar a possibilidade de inserção da criança na própria família, existindo interessados aptos.

A lei determina que a busca à família extensa, conforme definida na lei, respeitará o **prazo máximo de 90 (noventa) dias, prorrogável por igual período.**

Na hipótese de não haver a indicação do genitor e de não existir outro representante da família extensa apto a receber a guarda, a autoridade judiciária competente deverá decretar a extinção do poder familiar e determinar a colocação da criança sob a guarda provisória de quem estiver habilitado a adotá-la ou de entidade que desenvolva programa de acolhimento familiar ou institucional.

Após o nascimento da criança, a vontade da mãe ou de ambos os genitores, se houver pai registral ou pai indicado, deve ser manifestada na audiência (seguindo até mesmo regras da adoção, em que os genitores devem manifestar a concordância com a medida), na qual será acolhida concordância para colocação em família substituta, garantido o sigilo sobre a entrega.

Os detentores da guarda possuem o prazo de 15 (quinze) dias para propor a ação de adoção, contado do dia seguinte à data do término do estágio de convivência. Ou seja, nesse momento se inicia o procedimento de adoção, com a antecedência do prazo de estágio de convivência.

Na hipótese de desistência pelos genitores - manifestada em audiência ou perante a equipe interprofissional - da entrega da criança após o nascimento, a criança será mantida com os genitores, e será determinado pela Justiça da Infância e da Juventude o acompanhamento familiar pelo **prazo de 180 (cento e oitenta) dias.**

É garantido à mãe o direito ao sigilo sobre o nascimento, respeitada a possibilidade de o menor conhecer sua origem biológica.

→ Atenção aos prazos:
  - 90 dias: busca de família extensa;
  - 180 dias: acompanhamento familiar na desistência de entrega da criança.

6.3.3.2 Apadrinhamento

Com a entrada em vigor da lei nº 13.509, de 22 de novembro de 2017, que dispõe sobre adoção o ECA prevê a possibilidade de apadrinhamento, que pode ser de forma afetiva ou financeira, de crianças e adolescentes em acolhimento institucional.

O apadrinhamento, conforme conceitua a lei, consiste em estabelecer e proporcionar à criança e ao adolescente vínculos externos à instituição para fins de convivência familiar e comunitária e colaboração com o seu desenvolvimento nos aspectos social, moral, físico, cognitivo, educacional e financeiro. Existe a possibilidade de pessoas jurídicas poderem apadrinhar criança ou adolescente a fim de colaborar para o seu desenvolvimento.

O perfil da criança ou do adolescente a ser apadrinhado será definido no âmbito de cada programa de apadrinhamento, com prioridade para crianças ou adolescentes com remota possibilidade de reinserção familiar ou colocação em família adotiva. Os programas ou serviços de apadrinhamento apoiados pela Justiça da Infância e da Juventude poderão ser executados por órgãos públicos ou por organizações da sociedade civil.

Se ocorrer violação das regras de apadrinhamento, os responsáveis pelo programa e pelos serviços de acolhimento deverão imediatamente notificar a autoridade judiciária competente, que tomará as medidas necessárias.

6.4 Da Família Natural

Conforme já conceituado, família natural é a comunidade formada pelos pais (ou qualquer deles) e seus descendentes. A família extensa ou ampliada é aquela formada por parentes próximos com os quais o menor convive e mantém vínculos de afetividade e afinidade, que vai além da unidade de pais e filhos ou da unidade do casal.

O reconhecimento de paternidade para os filhos havidos fora do casamento poderá ser feito, conjunta ou separadamente:

- → por próprio termo do nascimento;
- → por testamento;
- → mediante escritura; ou
- → por outro documento público.

O reconhecimento pode preceder o nascimento do filho ou suceder-lhe ao falecimento, se deixar descendentes.

O reconhecimento do estado de filiação é direito personalíssimo, indisponível e imprescritível, podendo ser exercitado contra os pais ou seus herdeiros, sem qualquer restrição.

Além disso, não haverá nenhuma distinção entre os filhos. Aos pais incumbe o dever de sustento, guarda e educação dos filhos menores.

Aos pais também cabe cuidar dos interesses dos seus filhos quanto à obrigação de cumprir e fazer cumprir as determinações judiciais (exemplo: pensão alimentícia, herança).

A mãe e o pai, ou os responsáveis, têm direitos iguais e deveres e responsabilidades compartilhados no cuidado e na educação da criança, devendo ser resguardado o direito de transmissão familiar de suas crenças e culturas.

6.4.1 Da família substituta

6.4.1.1 Primeiras considerações

A colocação em família substituta será feita mediante guarda, tutela ou adoção.

A colocação do adolescente em família substituta dependerá de seu consentimento, porém, sempre que possível, o menor será ouvido por equipe interprofissional, como, por exemplo, psicólogo, buscando sempre o que é melhor para o menor.

Os irmãos serão colocados sob guarda, tutela ou adoção da mesma família substituta, ressalvada a existência de risco de abuso ou outra excepcionalidade, evitando-se o rompimento do vínculo familiar.

Em se tratando de criança ou adolescente indígena ou proveniente de comunidade remanescente de quilombo, é ainda obrigatório:

a) que sejam consideradas e respeitadas sua identidade social e cultural, os seus costumes e tradições, bem como suas instituições, desde que não sejam incompatíveis com os direitos fundamentais reconhecidos pelo ECA e pela Constituição Federal;

b) que a colocação familiar ocorra, prioritariamente, no seio de sua comunidade ou junto a membros da mesma etnia;

c) a intervenção e oitiva de representantes do órgão federal responsável pela política indigenista, no caso de crianças e adolescentes indígenas, e de antropólogos, perante a equipe interprofissional ou multidisciplinar que irá acompanhar o caso.

Caso se revele, por qualquer modo, incompatibilidade com a natureza da medida ou não oferecimento de ambiente familiar adequado, não será deferida a colocação em família substituta.

Não será admitida a transferência de criança ou adolescente (que tenham sido colocados em família substituta) a terceiros ou a entidades governamentais ou não governamentais, sem autorização judicial.

A colocação em família substituta estrangeira constitui medida excepcional, somente admissível na modalidade de adoção.

Aquele que assumir a guarda ou tutela se compromete a desempenhar o encargo bem e fielmente.

A inclusão de criança ou adolescente em programas de acolhimento familiar terá preferência a seu acolhimento institucional, sempre resguardando o caráter temporário e excepcional da medida.

No caso de acolhimento familiar, a pessoa ou casal cadastrado no programa poderá receber a criança ou adolescente mediante guarda, observado o que dispõe a lei sobre a matéria.

A União apoiará a implementação de serviços de acolhimento em família acolhedora como política pública, os quais deverão dispor de equipe que organize o acolhimento temporário de crianças e de adolescentes em residências de famílias selecionadas, capacitadas e acompanhadas que não estejam no cadastro de adoção.

Ainda prevê o ECA que poderão ser utilizados recursos federais, estaduais, distritais e municipais para a manutenção dos serviços de acolhimento em família acolhedora, facultando-se o repasse de recursos para a própria família acolhedora.

6.4.1.2 Da guarda

A guarda destina-se a regularizar a posse de fato, podendo ser deferida, liminar ou incidentalmente, nos procedimentos de tutela e adoção, exceto no de adoção por estrangeiros. Além disso, a guarda obriga a prestação de assistência material, moral e educacional à criança ou ao adolescente, conferindo a seu detentor o direito de opor-se a terceiros, inclusive aos pais.

Ou seja, por meio da guarda, o menor fica sob a responsabilidade e companhia daquele determinado como seu guardião em processo judicial.

Excepcionalmente, poderá ser concedida a guarda fora dos casos de tutela e adoção, para atender a situações peculiares ou suprir a falta eventual dos pais ou responsável.

A guarda confere à criança ou ao adolescente a condição de dependente, para todos os fins e efeitos de direito, inclusive previdenciários.

Já a guarda conferida a terceiros não retira dos pais o direito de visitas e o dever de prestar alimentos, salvo expressa e fundamentada determinação em contrário, da autoridade judiciária.

O poder público estimulará, por meio de assistência jurídica, incentivos fiscais e subsídios, o acolhimento, sob a forma de guarda, de criança ou adolescente afastado do convívio familiar.

A guarda poderá ser revogada a qualquer tempo, mediante ato judicial fundamentado, ouvido o Ministério Público.

6.4.1.3 Da tutela

A tutela será deferida a pessoa de até 18 (dezoito) anos incompletos e seu deferimento pressupõe a prévia decretação da perda ou suspensão do poder familiar e implica necessariamente o dever de guarda.

Determina o Código Civil que o menor será posto sob tutela:

> ***Art. 1.728.*** *Os filhos menores são postos em tutela:*
>
> ***I.*** *com o falecimento dos pais, ou sendo estes julgados ausentes;*
>
> ***II.*** *em caso de os pais decaírem do poder familiar.*

O tutor nomeado por testamento ou qualquer documento autêntico, conforme previsto na lei civil, deverá, no prazo de 30 (trinta) dias após a abertura da sucessão, ingressar com pedido destinado ao controle judicial do ato.

Mesmo se os pais nomearem um tutor, este será avaliado se é a melhor opção para o menor e se tem condições de assumir o encargo.

Em falta de tutor nomeado pelos pais, incumbe a tutela aos parentes consanguíneos do menor, por esta ordem:

- aos ascendentes, preferindo o de grau mais próximo ao mais remoto;
- aos colaterais até o terceiro grau, preferindo os mais próximos aos mais remotos, e, no mesmo grau, os mais velhos aos mais moços; em qualquer dos casos, o juiz escolherá entre eles o mais apto a exercer a tutela em benefício do menor.

A tutela será destituída quando o tutor não cumprir com seus deveres e obrigações; dar-se-á por meio de processo judicial, garantido o contraditório e a ampla defesa.

6.4.1.4 Da adoção

A adoção é medida excepcional e irrevogável, não podendo ser feita por procuração.

É possível até mesmo casar por procuração (quando outro realiza ato em seu lugar), mas na adoção, isso é expressamente vedado!

A adoção atribui a condição de filho ao adotado, com os mesmos direitos e deveres dos filhos legítimos, inclusive sucessórios, desligando-o de qualquer vínculo com pais e parentes, salvo impedimentos matrimoniais.

O adotando (quem é adotado) deve contar com, no máximo, dezoito anos à data do pedido, salvo se já estiver sob a guarda ou tutela dos adotantes (quem adota).

Se um dos cônjuges ou concubinos adota o filho do outro, mantêm-se os vínculos de filiação entre o adotado e o cônjuge ou concubino do adotante e os respectivos parentes.

Os maiores de 18 anos podem adotar, exceto se forem ascendentes ou irmãos do adotando, e o adotante precisa ser, pelo menos, dezesseis anos mais velho do que o adotando.

É possível a adoção conjunta, desde que os adotantes sejam casados civilmente ou mantenham união estável, comprovada a estabilidade da família.

Os divorciados, os judicialmente separados e os ex-companheiros podem adotar conjuntamente, contanto que acordem sobre a guarda (que poderá ser compartilhada) e o regime de visitas e desde que o estágio de convivência tenha sido iniciado na constância do período de convivência, restando comprovada a existência de vínculos de afinidade e afetividade com aquele não detentor da guarda, que justifiquem a excepcionalidade da concessão.

A adoção poderá ser deferida ao adotante que, após inequívoca manifestação de vontade, vier a falecer no curso do procedimento, antes de prolatada a sentença também conhecida como adoção póstuma, ou seja, que acontece depois da morte de alguém.

Assim sendo, é importante observar:

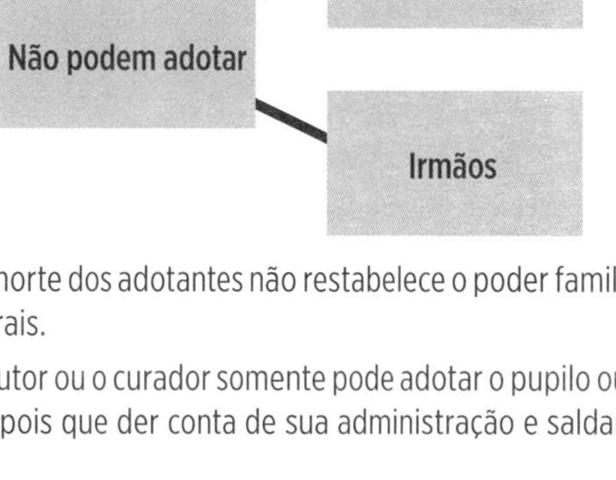

A morte dos adotantes não restabelece o poder familiar dos pais naturais.

O tutor ou o curador somente pode adotar o pupilo ou curatelado depois que der conta de sua administração e saldar o seu alcance.

O Código Civil, em seu art. 1.620, conservou o mesmo princípio: "Enquanto não der contas de sua administração e não saldar o débito, não poderá o tutor ou curador adotar o pupilo ou o curatelado".

A adoção depende do consentimento dos pais ou do representante legal do adotando e, em sendo o caso, do adolescente. Esse consentimento será dispensado no caso de crianças com pais desconhecidos ou sem o poder familiar.

A adoção será precedida de estágio de convivência com a criança ou adolescente, por no máximo 90 dias (podendo o juiz pode prorrogar por igual prazo) observadas as peculiaridades do caso e a idade do menor, podendo ser dispensada caso o adotando já estiver sob a tutela ou guarda legal do adotante durante tempo suficiente para que seja possível avaliar a conveniência da constituição do vínculo, não dispensando, por si só, a guarda de fato.

Em caso de adoção por pessoa ou casal residente ou domiciliado fora do País, o estágio de convivência, cumprido no território nacional, será de, no mínimo, 30 dias e, no máximo, 45 dias, prorrogável por igual período, uma única vez, por decisão judicial fundamentada.

Após este esse período, equipe interprofissional emitirá laudo recomendando ou não a adoção.

O vínculo de adoção constitui-se por sentença judicial que será inscrita no registro civil mediante mandado do qual não se fornecerá certidão. A inscrição consignará o nome dos adotantes como pais, bem como o nome de seus ascendentes e o mandado judicial cancelará o registro original do adotado. Caso deseje, o adotante poderá pedir para que o novo registro seja lavrado no Cartório de Registro Civil do município de sua residência.

A sentença conferirá ao adotado o nome (patronímico) do adotante e poderá ser modificado também o prenome a pedido do adotante ou do adotado, se for do adotante, o adotado deverá ser ouvido e ser for maior de 12 anos, dependerá de seu consentimento.

A adoção produz efeitos a partir do trânsito em julgado da sentença constitutiva, salvo na hipótese de deferimento de adoção à pessoa falecida, e desde que iniciado processo de adoção anteriormente, produzirão efeitos a partir do óbito.

Para não esquecer:

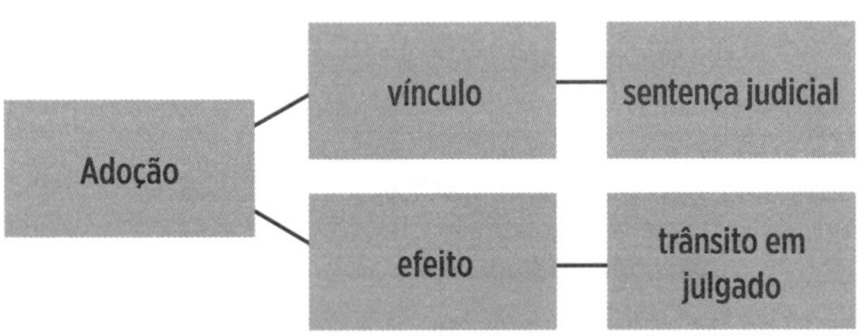

Ao adotado, após completar 18 anos, é assegurado o direito de conhecer sua origem biológica, bem como de obter acesso irrestrito ao processo no qual a medida foi aplicada. Esse acesso também pode ser deferido ao menor de 18 anos, assegurada orientação e assistência jurídica e psicológica.

A autoridade judiciária manterá, em cada comarca ou foro regional, um registro de crianças e adolescentes em condições de serem adotados e outro de pessoas interessadas na adoção.

Para isso, serão criados e implementados cadastros estaduais e o nacional de crianças e adolescentes em condições de serem adotados e de pessoas ou casais habilitados à adoção.

A alimentação do cadastro e a convocação criteriosa dos postulantes à adoção serão fiscalizadas pelo Ministério Público.

6.4.2 Adoção Internacional

Não é tema frequente, porém, fica de complementação o procedimento da adoção internacional, previsto no artigo Art. 52 do ECA:

> ***Art. 52.*** *A adoção internacional observará o procedimento previsto nos arts. 165 a 170 desta Lei, com as seguintes adaptações:*
>
> ***I.*** *a pessoa ou casal estrangeiro, interessado em adotar criança ou adolescente brasileiro, deverá formular pedido de habilitação à adoção perante a Autoridade Central em matéria de adoção internacional no país de acolhida, assim entendido aquele onde está situada sua residência habitual;*
>
> ***II.*** *se a Autoridade Central do país de acolhida considerar que os solicitantes estão habilitados e aptos para adotar, emitirá um relatório que contenha informações sobre a identidade, a capacidade jurídica e adequação dos solicitantes para adotar, sua situação pessoal, familiar e médica, seu meio social, os motivos que os animam e sua aptidão para assumir uma adoção internacional;*
>
> ***III.*** *a Autoridade Central do país de acolhida enviará o relatório à Autoridade Central Estadual, com cópia para a Autoridade Central Federal Brasileira;*
>
> ***IV.*** *o relatório será instruído com toda a documentação necessária, incluindo estudo psicossocial elaborado por equipe interprofissional habilitada e cópia autenticada da legislação pertinente, acompanhada da respectiva prova de vigência;*
>
> ***V.*** *os documentos em língua estrangeira serão devidamente autenticados pela autoridade consular, observados os tratados e convenções internacionais, e acompanhados da respectiva tradução, por tradutor público juramentado;*
>
> ***VI.*** *a Autoridade Central Estadual poderá fazer exigências e solicitar complementação sobre o estudo psicossocial do postulante estrangeiro à adoção, já realizado no país de acolhida;*
>
> ***VII.*** *verificada, após estudo realizado pela Autoridade Central Estadual, a compatibilidade da legislação estrangeira com a nacional, além do preenchimento por parte dos postulantes à medida dos requisitos objetivos e subjetivos necessários ao seu deferimento, tanto à luz do que dispõe esta Lei como da legislação do país de acolhida, será expedido laudo de habilitação à adoção internacional, que terá validade por, no máximo, 1 (um) ano;*
>
> ***VIII.*** *de posse do laudo de habilitação, o interessado será autorizado a formalizar pedido de adoção perante o Juízo da Infância e da Juventude do local em que se encontra a criança ou adolescente, conforme indicação efetuada pela Autoridade Central Estadual.*
>
> ***§ 1º*** *Se a legislação do país de acolhida assim o autorizar, admite-se que os pedidos de habilitação à adoção sejam intermediados por organismos credenciados.*
>
> ***§ 2º*** *Incumbe à Autoridade Central Federal Brasileira o credenciamento de organismos nacionais e estrangeiros encarregados de intermediar pedidos de habilitação à adoção internacional, com posterior comunicação às Autoridades Centrais Estaduais e publicação nos órgãos oficiais de imprensa e em sítio próprio da internet.*
>
> ***§ 3º*** *Somente será admissível o credenciamento de organismos que:*
>
> ***I.*** *sejam oriundos de países que ratificaram a Convenção de Haia e estejam devidamente credenciados pela Autoridade Central do país onde estiverem sediados e no país de acolhida do adotando para atuar em adoção internacional no Brasil;*

II. *satisfizerem as condições de integridade moral, competência profissional, experiência e responsabilidade exigidas pelos países respectivos e pela Autoridade Central Federal Brasileira;*

III. *forem qualificados por seus padrões éticos e sua formação e experiência para atuar na área de adoção internacional;*

IV. *cumprirem os requisitos exigidos pelo ordenamento jurídico brasileiro e pelas normas estabelecidas pela Autoridade Central Federal Brasileira.*

§ 4º *Os organismos credenciados deverão ainda*

I. *perseguir unicamente fins não lucrativos, nas condições e dentro dos limites fixados pelas autoridades competentes do país onde estiverem sediados, do país de acolhida e pela Autoridade Central Federal Brasileira;*

II. *ser dirigidos e administrados por pessoas qualificadas e de reconhecida idoneidade moral, com comprovada formação ou experiência para atuar na área de adoção internacional, cadastradas pelo Departamento de Polícia Federal e aprovadas pela Autoridade Central Federal Brasileira, mediante publicação de portaria do órgão federal competente;*

III. *estar submetidos à supervisão das autoridades competentes do país onde estiverem sediados e no país de acolhida, inclusive quanto à sua composição, funcionamento e situação financeira;*

IV. *apresentar à Autoridade Central Federal Brasileira, a cada ano, relatório geral das atividades desenvolvidas, bem como relatório de acompanhamento das adoções internacionais efetuadas no período, cuja cópia será encaminhada ao Departamento de Polícia Federal;*

V. *enviar relatório pós-adotivo semestral para a Autoridade Central Estadual, com cópia para a Autoridade Central Federal Brasileira, pelo período mínimo de 2 (dois) anos. O envio do relatório será mantido até a juntada de cópia autenticada do registro civil, estabelecendo a cidadania do país de acolhida para o adotado;*

VI. *tomar as medidas necessárias para garantir que os adotantes encaminhem à Autoridade Central Federal Brasileira cópia da certidão de registro de nascimento estrangeira e do certificado de nacionalidade tão logo lhes sejam concedidos.*

§ 5º *A não apresentação dos relatórios referidos no § 4º deste artigo pelo organismo credenciado poderá acarretar a suspensão de seu credenciamento.*

§ 6º *O credenciamento de organismo nacional ou estrangeiro encarregado de intermediar pedidos de adoção internacional terá validade de 2 (dois) anos.*

§ 7º *A renovação do credenciamento poderá ser concedida mediante requerimento protocolado na Autoridade Central Federal Brasileira nos 60 (sessenta) dias anteriores ao término do respectivo prazo de validade.*

§ 8º *Antes de transitada em julgado a decisão que concedeu a adoção internacional, não será permitida a saída do adotando do território nacional.*

§ 9o *Transitada em julgado a decisão, a autoridade judiciária determinará a expedição de alvará com autorização de viagem, bem como para obtenção de passaporte, constando, obrigatoriamente, as características da criança ou adolescente adotado, como idade, cor, sexo, eventuais sinais ou traços peculiares, assim como foto recente e a aposição da impressão digital do seu polegar direito, instruindo o documento com cópia autenticada da decisão e certidão de trânsito em julgado.*

§ 10. *A Autoridade Central Federal Brasileira poderá, a qualquer momento, solicitar informações sobre a situação das crianças e adolescentes adotados*

§ 11. *A cobrança de valores por parte dos organismos credenciados, que sejam considerados abusivos pela Autoridade Central Federal Brasileira e que não estejam devidamente comprovados, é causa de seu descredenciamento.*

§ 12. *Uma mesma pessoa ou seu cônjuge não podem ser representados por mais de uma entidade credenciada para atuar na cooperação em adoção internacional.*

§ 13. *A habilitação de postulante estrangeiro ou domiciliado fora do Brasil terá validade máxima de 1 (um) ano, podendo ser renovada.*

§ 14. *É vedado o contato direto de representantes de organismos de adoção, nacionais ou estrangeiros, com dirigentes de programas de acolhimento institucional ou familiar, assim como com crianças e adolescentes em condições de serem adotados, sem a devida autorização judicial.*

§ 15. A Autoridade Central Federal Brasileira poderá limitar ou suspender a concessão de novos credenciamentos sempre que julgar necessário, mediante ato administrativo fundamentado.

Adoção internacional é aquela na qual a pessoa ou casal postulante é residente ou domiciliado fora do Brasil.

A adoção internacional de criança ou adolescente brasileiro ou domiciliado no Brasil somente terá lugar quando restar comprovado:

> que a colocação em família substituta é a solução adequada ao caso concreto;

> que foram esgotadas todas as possibilidades de colocação da criança ou adolescente em família substituta brasileira, após consulta aos cadastros anteriormente mencionados;

> que, em se tratando de adoção de adolescente, este foi consultado, por meios adequados ao seu estágio de desenvolvimento, e que se encontra preparado para a medida, mediante parecer elaborado por equipe interprofissional.

Os brasileiros residentes no exterior terão preferência aos estrangeiros, nos casos de adoção internacional de criança ou adolescente brasileiro.

Resumindo: sobre a família:

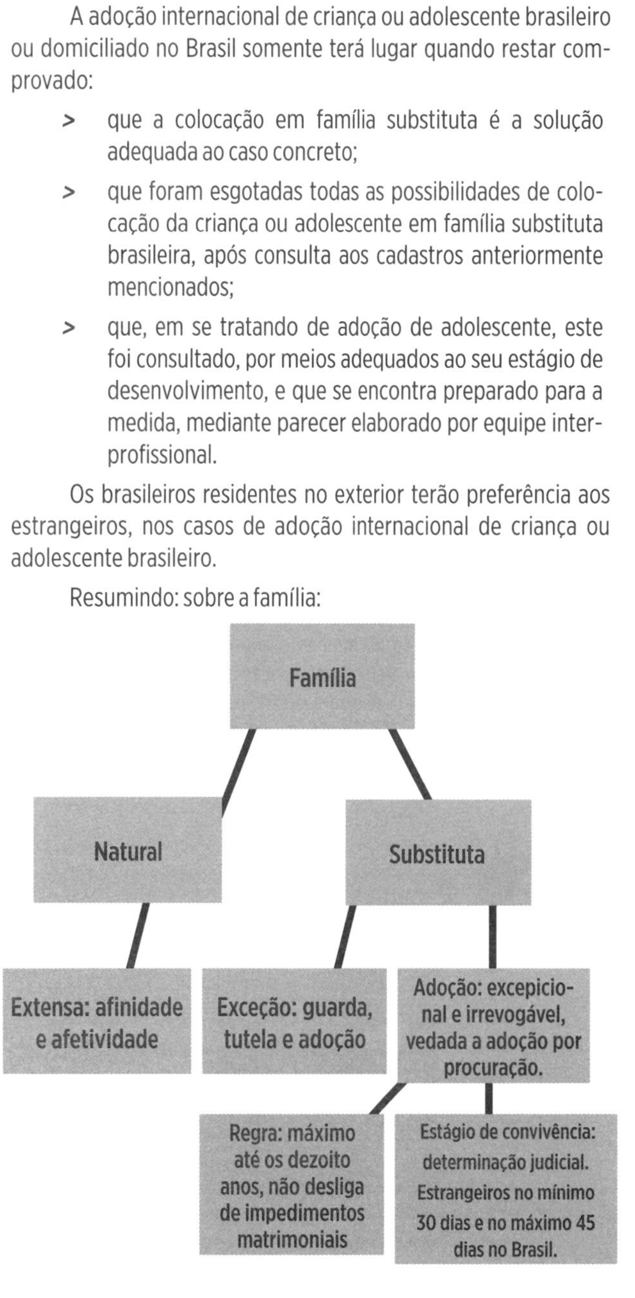

Questões

01. (CESPE – 2017) Com base no disposto no ECA, julgue o item a seguir.

É cabível a aplicação de medida socioeducativa de internação ao penalmente imputável com idade entre dezoito e vinte e um anos e que era menor à época da prática do ato infracional.

Certo ( ) Errado ( )

02. (CESPE – 2017) Segundo o ECA, "A criança e o adolescente têm o direito de ser educados e cuidados sem o uso de castigo físico ou de tratamento cruel ou degradante, como formas de correção, disciplina, educação ou qualquer outro pretexto, pelos pais, pelos integrantes da família ampliada, pelos responsáveis, pelos agentes públicos executores de medidas socioeducativas ou por qualquer pessoa encarregada de cuidar deles, tratá-los, educá-los ou protegê-los."

Nesse sentido, entende-se por tratamento cruel ou degradante a conduta ou forma cruel de tratamento em relação à criança ou ao adolescente que lhes humilhe, ameace gravemente ou ridicularize.

Certo ( ) Errado ( )

03. (CESPE – 2016) É crime hospedar em hotel, pensão, motel ou congênere criança ou adolescente desacompanhado dos pais ou responsável, ou sem autorização escrita destes ou da autoridade judiciária.

Certo ( ) Errado ( )

04. (CESPE – 2017) Em determinado dia — dia X —, foi registrado flagrante relativo ao cometimento de condutas tidas por criminosas por: André, com dez anos de idade, Bruna, com treze anos de idade, Carla, com dezessete anos de idade, e Diego, com dezoito anos de idade completados no referido dia.

Na situação hipotética descrita no texto, conforme as disposições do ECA e da Convenção Internacional sobre os Direitos da Criança, no dia X, Bruna, Carla e Diego não seriam considerados crianças à luz do ECA, ao passo que, conforme a Convenção Internacional sobre os Direitos da Criança, André, Bruna e Carla seriam considerados como tal.

Certo ( ) Errado ( )

05. (CESPE – 2016) Por ser crime material, o crime de corrupção de menores consuma-se no momento em que há a efetiva prova da prática do delito e a efetiva participação do inimputável na empreitada criminosa. Assim, se o adolescente possuir condenações transitadas em julgado na vara da infância e da juventude, em decorrência da prática de atos infracionais, o crime de corrupção de menores será impossível, dada a condição de inimputável do corrompido.

Certo ( ) Errado ( )

Gabaritos

01	CERTO
02	CERTO
03	ERRADO
04	CERTO
05	ERRADO

6.5 Dos Crimes e das Infrações Administrativas

Neste capítulo, estudaremos as infrações administrativas e os crimes previstos no ECA.

Estes são aplicados aos adultos, quando da prática de alguns dos tipos previstos na lei, em situações de desrespeito e violação dos direitos de crianças e adolescentes.

Atenção: criança e adolescente cometem ato infracional!

O que é abordado nos concursos é o texto de lei, geralmente descrevendo uma conduta, situação, e qual tipo penal ou infração representa.

A diferença entre crime e infração é que os crimes geram sanções de natureza penal, podendo restringir a liberdade do indivíduo com prisão, e as infrações têm natureza administrativa, gerando multa, sendo forma de expressão do poder de polícia da Administração Pública.

6.5.1 Da Infiltração de Agentes de Polícia para a Investigação de Crimes contra a Dignidade Sexual de Criança e de Adolescente

A infiltração de agentes de polícia na internet com o fim de investigar os crimes contra dignidade sexual previstos no Código Penal e no ECA deve seguir os seguintes procedimentos:

> será precedida de autorização judicial devidamente circunstanciada e fundamentada, que estabelecerá os limites da infiltração para obtenção de prova, ouvido o Ministério Público;

> dar-se-á mediante requerimento do Ministério Público ou representação de delegado de polícia e conterá a demonstração de sua necessidade, o alcance das tarefas dos policiais, os nomes ou apelidos das pessoas investigadas e, quando possível, os dados de conexão ou cadastrais que permitam a identificação dessas pessoas;

> não poderá exceder o prazo de 90 (noventa) dias, sem prejuízo de eventuais renovações, desde que o total não exceda a 720 (setecentos e vinte) dias e seja demonstrada sua efetiva necessidade, a critério da autoridade judicial.

A autoridade judicial e o Ministério Público poderão requisitar relatórios parciais da operação de infiltração antes do término do prazo.

Se as provas puderem ser obtidas de outra forma, não será admitida a infiltração do agente na internet.

As informações da operação de infiltração serão encaminhadas diretamente ao juiz responsável pela autorização da medida, que zelará por seu sigilo e antes da conclusão da operação, o acesso aos autos será reservado ao juiz, ao Ministério Público e ao delegado de polícia responsável pela operação, com o objetivo de garantir o sigilo das investigações.

Não comete crime o policial que oculta a sua identidade para, por meio da internet, colher indícios de autoria e materialidade dos crimes previstos neste Estatuto (nos arts. 240, 241, 241-A, 241-B, 241-C e 241-D do ECA e nos arts. 154-A, 217-A, 218, 218-A e 218-B do Decreto-Lei nº 2.848, de 7 de dezembro de 1940 do Código Penal) porém poderá responder se não observar a finalidade da investigação e cometer excessos.

Os órgãos de registro e cadastro público poderão incluir nos bancos de dados próprios, mediante procedimento sigiloso e requisição da autoridade judicial, as informações necessárias à efetividade da identidade fictícia criada.

Concluída a investigação, todos os atos eletrônicos praticados durante a operação deverão ser registrados, gravados, armazenados e encaminhados ao juiz e ao Ministério Público, juntamente com relatório circunstanciado. Os atos eletrônicos registrados serão reunidos em autos apartados e apensados ao processo criminal, juntamente com o inquérito policial, assegurando-se a preservação da identidade do agente policial infiltrado e a intimidade das crianças e dos adolescentes envolvidos.

→ Consideram-se:

> dados de conexão: informações referentes à hora, à data, ao início, ao término, à duração, ao endereço de Protocolo de Internet (IP) utilizado e ao terminal de origem da conexão;

> dados cadastrais: informações referentes a nome e endereço de assinante ou de usuário registrado ou autenticado para a conexão a quem o endereço de IP, a identificação de usuário ou o código de acesso tenham sido atribuídos no momento da conexão.

Art. 227-A *Os efeitos da condenação prevista no inciso I do caput do art. 92 do Decreto-Lei nº 2.848, de 7 de dezembro de 1940 (Código Penal), para os crimes previstos nesta Lei, praticados por servidores públicos com abuso de autoridade, são condicionados à ocorrência de reincidência. (Incluído pela Lei nº 13.869. de 2019)*

Parágrafo único. *A perda do cargo, do mandato ou da função, nesse caso, independerá da pena aplicada na reincidência. (Incluído pela Lei nº 13.869. de 2019)*

6.5.2 Dos crimes

O ECA prevê um capítulo sobre os crimes praticados contra a criança e o adolescente, por **ação ou omissão**, sem prejuízo do disposto na legislação penal, aplicando as normas da Parte Geral do Código Penal e o que for pertinente do Código de Processo Penal.

Os crimes definidos são de **ação pública incondicionada**, ou seja, independem da vontade da vítima ou de qualquer pessoa para a proposição da ação.

Abordaremos quais os crimes previstos no ECA:

Art. 228. *Deixar o encarregado de serviço ou o dirigente de estabelecimento de atenção à saúde de gestante de manter registro das atividades desenvolvidas, na forma e prazo referidos no art. 10 desta Lei, bem como de fornecer à parturiente ou a seu responsável, por ocasião da alta médica, declaração de nascimento, onde constem as intercorrências do parto e do desenvolvimento do neonato:*

Pena *- detenção de seis meses a dois anos.*

Parágrafo único. *Se o crime é culposo:*

Pena *- detenção de dois a seis meses, ou multa.*

Art. 229. *Deixar o médico, enfermeiro ou dirigente de estabelecimento de atenção à saúde de gestante de identificar corretamente o neonato e a parturiente, por ocasião do parto, bem como deixar de proceder aos exames referidos no art. 10 desta Lei:*

Pena *- detenção de seis meses a dois anos.*

Parágrafo único. *Se o crime é culposo:*

Pena *- detenção de dois a seis meses, ou multa.*

Art. 230. *Privar a criança ou o adolescente de sua liberdade, procedendo à sua apreensão sem estar em flagrante de ato infracional ou inexistindo ordem escrita da autoridade judiciária competente:*

Pena *- detenção de seis meses a dois anos.*

Parágrafo único. *Incide na mesma pena aquele que procede à apreensão sem observância das formalidades legais.*

Art. 231. *Deixar a autoridade policial responsável pela apreensão de criança ou adolescente de fazer imediata comunicação à autoridade judiciária competente e à família do apreendido ou à pessoa por ele indicada:*

Pena *- detenção de seis meses a dois anos.*

Art. 232. *Submeter criança ou adolescente sob sua autoridade, guarda ou vigilância a vexame ou a constrangimento:*

Pena *- detenção de seis meses a dois anos.*

Art. 234. *Deixar a autoridade competente, sem justa causa, de ordenar a imediata liberação de criança ou adolescente, tão logo tenha conhecimento da ilegalidade da apreensão:*

Pena *- detenção de seis meses a dois anos.*

Art. 235. *Descumprir, injustificadamente, prazo fixado nesta Lei em benefício de adolescente privado de liberdade:*

Pena *- detenção de seis meses a dois anos.*

Art. 236. *Impedir ou embaraçar a ação de autoridade judiciária, membro do Conselho Tutelar ou representante do Ministério Público no exercício de função prevista nesta Lei:*

Pena *- detenção de seis meses a dois anos.*

Art. 237. *Subtrair criança ou adolescente ao poder de quem o tem sob sua guarda em virtude de lei ou ordem judicial, com o fim de colocação em lar substituto:*

Pena *- reclusão de dois a seis anos, e multa.*

Art. 238. *Prometer ou efetivar a entrega de filho ou pupilo a terceiro, mediante paga ou recompensa:*

Pena *- reclusão de um a quatro anos, e multa.*

Parágrafo único. *Incide nas mesmas penas quem oferece ou efetiva a paga ou recompensa.*

Art. 239. *Promover ou auxiliar a efetivação de ato destinado ao envio de criança ou adolescente para o exterior com inobservância das formalidades legais ou com o fito de obter lucro:*

Pena *- reclusão de quatro a seis anos, e multa.*

Parágrafo único. *Se há emprego de violência, grave ameaça ou fraude: (Incluído pela Lei nº 10.764, de 12.11.2003)*

Pena *- reclusão, de 6 (seis) a 8 (oito) anos, além da pena correspondente à violência.*

Art. 240. *Produzir, reproduzir, dirigir, fotografar, filmar ou registrar, por qualquer meio, cena de sexo explícito ou pornográfica, envolvendo criança ou adolescente: (Redação dada pela Lei nº 11.829, de 2008)*

Pena. reclusão, de 4 (quatro) a 8 (oito) anos, e multa. (Redação dada pela Lei nº 11.829, de 2008)

§ 1º *Incorre nas mesmas penas quem agencia, facilita, recruta, coage, ou de qualquer modo intermedeia a participação de criança ou adolescente nas cenas referidas no caput deste artigo, ou ainda quem com esses contracena. (Redação dada pela Lei nº 11.829, de 2008)*

§ 2º *Aumenta-se a pena de 1/3 (um terço) se o agente comete o crime: (Redação dada pela Lei nº 11.829, de 2008)*

I. *no exercício de cargo ou função pública ou a pretexto de exercê-la; (Redação dada pela Lei nº 11.829, de 2008)*

II. *prevalecendo-se de relações domésticas, de coabitação ou de hospitalidade; ou (Redação dada pela Lei nº 11.829, de 2008)*

III. *prevalecendo-se de relações de parentesco consanguíneo ou afim até o terceiro grau, ou por adoção, de tutor, curador, preceptor, empregador da vítima ou de quem, a qualquer outro título, tenha autoridade sobre ela, ou com seu consentimento. (Incluído pela Lei nº 11.829, de 2008)*

Art. 241. *Vender ou expor à venda fotografia, vídeo ou outro registro que contenha cena de sexo explícito ou pornográfica envolvendo criança ou adolescente: (Redação dada pela Lei nº 11.829, de 2008)*

Pena. reclusão, de 4 (quatro) a 8 (oito) anos, e multa. (Redação dada pela Lei nº 11.829, de 2008)

Art. 241-A. *Oferecer, trocar, disponibilizar, transmitir, distribuir, publicar ou divulgar por qualquer meio, inclusive por meio de sistema de informática ou telemático, fotografia, vídeo ou outro registro que contenha cena de sexo explícito ou pornográfica envolvendo criança ou adolescente: (Incluído pela Lei nº 11.829, de 2008)*

Pena. reclusão, de 3 (três) a 6 (seis) anos, e multa. (Incluído pela Lei nº 11.829, de 2008)

§ 1º *Nas mesmas penas incorre quem: (Incluído pela Lei nº 11.829, de 2008)*

I. *assegura os meios ou serviços para o armazenamento das fotografias, cenas ou imagens de que trata o caput deste artigo; (Incluído pela Lei nº 11.829, de 2008)*

II. *assegura, por qualquer meio, o acesso por rede de computadores às fotografias, cenas ou imagens de que trata o caput deste artigo. (Incluído pela Lei nº 11.829, de 2008)*

§ 2º *As condutas tipificadas nos incisos I e II do § 1º deste artigo são puníveis quando o responsável legal pela prestação do serviço, oficialmente notificado, deixa de desabilitar o acesso ao conteúdo ilícito de que trata o caput deste artigo. (Incluído pela Lei nº 11.829, de 2008)*

Art. 241-B. *Adquirir, possuir ou armazenar, por qualquer meio, fotografia, vídeo ou outra forma de registro que contenha cena de sexo explícito ou pornográfica envolvendo criança ou adolescente: (Incluído pela Lei nº 11.829, de 2008)*

Pena. reclusão, de 1 (um) a 4 (quatro) anos, e multa. (Incluído pela Lei nº 11.829, de 2008)

§ 1º *A pena é diminuída de 1 (um) a 2/3 (dois terços) se de pequena quantidade o material a que se refere o caput deste artigo. (Incluído pela Lei nº 11.829, de 2008)*

§ 2º *Não há crime se a posse ou o armazenamento tem a finalidade de comunicar às autoridades competentes a ocorrência das condutas descritas nos arts. 240, 241, 241-A e 241-C desta Lei, quando a comunicação for feita por: (Incluído pela Lei nº 11.829, de 2008)*

I. *agente público no exercício de suas funções; (Incluído pela Lei nº 11.829, de 2008)*

II. *membro de entidade, legalmente constituída, que inclua, entre suas finalidades institucionais, o recebimento, o processamento e o encaminhamento de notícia dos crimes referidos neste parágrafo; (Incluído pela Lei nº 11.829, de 2008)*

III. *representante legal e funcionários responsáveis de provedor de acesso ou serviço prestado por meio de rede de computadores, até o recebimento do material relativo à notícia feita à autoridade policial, ao Ministério Público ou ao Poder Judiciário. (Incluído pela Lei nº 11.829, de 2008)*

§ 3º *As pessoas referidas no § 2º deste artigo deverão manter sob sigilo o material ilícito referido. (Incluído pela Lei nº 11.829, de 2008)*

Art. 241-C. Simular a participação de criança ou adolescente em cena de sexo explícito ou pornográfica por meio de adulteração, montagem ou modificação de fotografia, vídeo ou qualquer outra forma de representação visual: (Incluído pela Lei nº 11.829, de 2008)

Pena. reclusão, de 1 (um) a 3 (três) anos, e multa. (Incluído pela Lei nº 11.829, de 2008)

***Parágrafo único.** Incorre nas mesmas penas quem vende, expõe à venda, disponibiliza, distribui, publica ou divulga por qualquer meio, adquire, possui ou armazena o material produzido na forma do caput deste artigo. (Incluído pela Lei nº 11.829, de 2008)*

***Art. 241-D.** Aliciar, assediar, instigar ou constranger, por qualquer meio de comunicação, criança, com o fim de com ela praticar ato libidinoso: (Incluído pela Lei nº 11.829, de 2008)*

Pena. reclusão, de 1 (um) a 3 (três) anos, e multa. (Incluído pela Lei nº 11.829, de 2008)

***Parágrafo único.** Nas mesmas penas incorre quem: (Incluído pela Lei nº 11.829, de 2008)*

I. facilita ou induz o acesso à criança de material contendo cena de sexo explícito ou pornográfica com o fim de com ela praticar ato libidinoso; (Incluído pela Lei nº 11.829, de 2008)

II. pratica as condutas descritas no caput deste artigo com o fim de induzir criança a se exibir de forma pornográfica ou sexualmente explícita. (Incluído pela Lei nº 11.829, de 2008)

***Art. 241-E.** Para efeito dos crimes previstos nesta Lei, a expressão "cena de sexo explícito ou pornográfica" compreende qualquer situação que envolva criança ou adolescente em atividades sexuais explícitas, reais ou simuladas, ou exibição dos órgãos genitais de uma criança ou adolescente para fins primordialmente sexuais (Incluído pela Lei nº 11.829, de 2008)*

***Art. 242.** Vender, fornecer ainda que gratuitamente ou entregar, de qualquer forma, a criança ou adolescente arma, munição ou explosivo:*

***Pena** - reclusão, de 3 (três) a 6 (seis) anos. (Redação dada pela Lei nº 10.764, de 12.11.2003)*

***Art. 243.** Vender, fornecer, servir, ministrar ou entregar, ainda que gratuitamente, de qualquer forma, a criança ou a adolescente, bebida alcoólica ou, sem justa causa, outros produtos cujos componentes possam causar dependência física ou psíquica: (Redação dada pela Lei nº 13.106, de 2015)*

***Pena** - detenção de 2 (dois) a 4 (quatro) anos, e multa, se o fato não constitui crime mais grave. (Redação dada pela Lei nº 13.106, de 2015)*

***Art. 244.** Vender, fornecer ainda que gratuitamente ou entregar, de qualquer forma, a criança ou adolescente fogos de estampido ou de artifício, exceto aqueles que, pelo seu reduzido potencial, sejam incapazes de provocar qualquer dano físico em caso de utilização indevida:*

***Pena** - detenção de seis meses a dois anos, e multa.*

***Art. 244-A.** Submeter criança ou adolescente, como tais definidos no caput do art. 2º desta Lei, à prostituição ou à exploração sexual: (Incluído pela Lei nº 9.975, de 23.6.2000)*

***Pena** – reclusão de quatro a dez anos e multa, além da perda de bens e valores utilizados na prática criminosa em favor do Fundo dos Direitos da Criança e do Adolescente da unidade da Federação (Estado ou Distrito Federal) em que foi cometido o crime, ressalvado o direito de terceiro de boa-fé.*

***§ 1º** Incorrem nas mesmas penas o proprietário, o gerente ou o responsável pelo local em que se verifique a submissão de criança ou adolescente às práticas referidas no caput deste artigo. (Incluído pela Lei nº 9.975, de 23.6.2000)*

***§ 2º** Constitui efeito obrigatório da condenação a cassação da licença de localização e de funcionamento do estabelecimento. (Incluído pela Lei nº 9.975, de 23.6.2000)*

***Art. 244-B.** Corromper ou facilitar a corrupção de menor de 18 (dezoito) anos, com ele praticando infração penal ou induzindo-o a praticá-la: (Incluído pela Lei nº 12.015, de 2009)*

***Pena** - reclusão, de 1 (um) a 4 (quatro) anos. (Incluído pela Lei nº 12.015, de 2009)*

***§ 1º** Incorre nas penas previstas no caput deste artigo quem pratica as condutas ali tipificadas utilizando-se de quaisquer meios eletrônicos, inclusive salas de bate-papo da internet. (Incluído pela Lei nº 12.015, de 2009)*

***§ 2º** As penas previstas no caput deste artigo são aumentadas de um terço no caso de a infração cometida ou induzida estar incluída no rol do art. 1º da Lei no 8.072, de 25 de julho de 1990. (Incluído pela Lei nº 12.015, de 2009)*

6.5.3 Infrações administrativas

As infrações têm natureza administrativa como consequência de violação dos direitos da criança e do adolescente, punível com multa.

***Art. 245.** Deixar o médico, professor ou responsável por estabelecimento de atenção à saúde e de ensino fundamental, pré-escola ou creche, de comunicar à autoridade competente os casos de que tenha conhecimento, envolvendo suspeita ou confirmação de maus-tratos contra criança ou adolescente:*

***Pena** - multa de três a vinte salários de referência, aplicando-se o dobro em caso de reincidência.*

***Art. 246.** Impedir o responsável ou funcionário de entidade de atendimento o exercício dos direitos constantes nos incisos II, III, VII, VIII e XI do art. 124 desta Lei:*

***Pena** - multa de três a vinte salários de referência, aplicando-se o dobro em caso de reincidência.*

***Art. 247.** Divulgar, total ou parcialmente, sem autorização devida, por qualquer meio de comunicação, nome, ato ou documento de procedimento policial, administrativo ou judicial relativo a criança ou adolescente a que se atribua ato infracional:*

***Pena** - multa de três a vinte salários de referência, aplicando-se o dobro em caso de reincidência.*

***§ 1º** Incorre na mesma pena quem exibe, total ou parcialmente, fotografia de criança ou adolescente envolvido em ato infracional, ou qualquer ilustração que lhe diga respeito ou se refira a atos que lhe sejam atribuídos, de forma a permitir sua identificação, direta ou indiretamente.*

***§ 2º** Se o fato for praticado por órgão de imprensa ou emissora de rádio ou televisão, além da pena prevista neste artigo, a autoridade judiciária poderá determinar a apreensão da publicação ou a suspensão da programação da emissora até por dois dias, bem como da publicação do periódico até por dois números. (Expressão declara inconstitucional pela ADIN 869-2).*

***Art. 249.** Descumprir, dolosa ou culposamente, os deveres inerentes ao poder familiar ou decorrente de tutela ou guarda, bem assim determinação da autoridade judiciária ou Conselho Tutelar: (Expressão substituída pela Lei nº 12.010, de 2009) Vigência.*

***Pena** - multa de três a vinte salários de referência, aplicando-se o dobro em caso de reincidência.*

***Art. 250.** Hospedar criança ou adolescente desacompanhado dos pais ou responsável, ou sem autorização escrita desses ou da autoridade judiciária, em hotel, pensão, motel ou congênere: (Redação dada pela Lei nº 12.038, de 2009).*

Pena. multa. (Redação dada pela Lei nº 12.038, de 2009).

***§ 1º** Em caso de reincidência, sem prejuízo da pena de multa, a autoridade judiciária poderá determinar o fechamento do estabelecimento por até 15 (quinze) dias. (Incluído pela Lei nº 12.038, de 2009).*

***§ 2º** Se comprovada a reincidência em período inferior a 30 (trinta) dias, o estabelecimento será definitivamente fechado e terá sua licença cassada. (Incluído pela Lei nº 12.038, de 2009).*

***Art. 251.** Transportar criança ou adolescente, por qualquer meio, com inobservância do disposto nos arts. 83, 84 e 85 desta Lei:*

Pena *- multa de três a vinte salários de referência, aplicando-se o dobro em caso de reincidência.*

Art. 252. *Deixar o responsável por diversão ou espetáculo público de afixar, em lugar visível e de fácil acesso, à entrada do local de exibição, informação destacada sobre a natureza da diversão ou espetáculo e a faixa etária especificada no certificado de classificação:*

Pena *- multa de três a vinte salários de referência, aplicando-se o dobro em caso de reincidência.*

Art. 253. *Anunciar peças teatrais, filmes ou quaisquer representações ou espetáculos, sem indicar os limites de idade a que não se recomendem:*

Pena *- multa de três a vinte salários de referência, duplicada em caso de reincidência, aplicável, separadamente, à casa de espetáculo e aos órgãos de divulgação ou publicidade.*

Art. 254. *Transmitir, através de rádio ou televisão, espetáculo em horário diverso do autorizado ou sem aviso de sua classificação:*

Pena *- multa de vinte a cem salários de referência; duplicada em caso de reincidência a autoridade judiciária poderá determinar a suspensão da programação da emissora por até dois dias.*

Art. 255. *Exibir filme, trailer, peça, amostra ou congênere classificado pelo órgão competente como inadequado às crianças ou adolescentes admitidos ao espetáculo:*

Pena *- multa de vinte a cem salários de referência; na reincidência, a autoridade poderá determinar a suspensão do espetáculo ou o fechamento do estabelecimento por até quinze dias.*

Art. 256. *Vender ou locar a criança ou adolescente fita de programação em vídeo, em desacordo com a classificação atribuída pelo órgão competente:*

Pena *- multa de três a vinte salários de referência; em caso de reincidência, a autoridade judiciária poderá determinar o fechamento do estabelecimento por até quinze dias.*

Art. 257. *Descumprir obrigação constante dos arts. 78 e 79 desta Lei:*

Pena *- multa de três a vinte salários de referência, duplicando-se a pena em caso de reincidência, sem prejuízo de apreensão da revista ou publicação.*

Art. 258. *Deixar o responsável pelo estabelecimento ou o empresário de observar o que dispõe esta Lei sobre o acesso de criança ou adolescente aos locais de diversão, ou sobre sua participação no espetáculo: (Vide Lei nº 12.010, de 2009) Vigência*

Pena *- multa de três a vinte salários de referência; em caso de reincidência, a autoridade judiciária poderá determinar o fechamento do estabelecimento por até quinze dias.*

Art. 258-A. *Deixar a autoridade competente de providenciar a instalação e operacionalização dos cadastros previstos no art. 50 e no § 11 do art. 101 desta Lei: (Incluído pela Lei nº 12.010, de 2009)*

Pena *- multa de R$ 1.000,00 (mil reais) a R$ 3.000,00 (três mil reais). (Incluído pela Lei nº 12.010, de 2009)*

Parágrafo único. *Incorre nas mesmas penas a autoridade que deixa de efetuar o cadastramento de crianças e de adolescentes em condições de serem adotadas, de pessoas ou casais habilitados à adoção e de crianças e adolescentes em regime de acolhimento institucional ou familiar. (Incluído pela Lei nº 12.010, de 2009)*

Art. 258-B. *Deixar o médico, enfermeiro ou dirigente de estabelecimento de atenção à saúde de gestante de efetuar imediato encaminhamento à autoridade judiciária de caso de que tenha conhecimento de mãe ou gestante interessada em entregar seu filho para adoção: (Incluído pela Lei nº 12.010, de 2009)*

Pena *- multa de R$ 1.000,00 (mil reais) a R$ 3.000,00 (três mil reais). (Incluído pela Lei nº 12.010, de 2009) Vigência*

Parágrafo único. *Incorre na mesma pena o funcionário de programa oficial ou comunitário destinado à garantia do direito à convivência familiar que deixa de efetuar a comunicação referida no caput deste artigo. (Incluído pela Lei nº 12.010, de 2009)*

Art. 258-C. *Descumprir a proibição estabelecida no inciso II do art. 81: (Redação dada pela Lei nº 13.106, de 2015)*

Pena *- multa de R$ 3.000,00 (três mil reais) a R$ 10.000,00 (dez mil reais); (Redação dada pela Lei nº 13.106, de 2015)*

Medida Administrativa - interdição do estabelecimento comercial até o recolhimento da multa aplicada. (Redação dada pela Lei nº 13.106, de 2015)

Questões

01. (CESPE) Jonas, policial militar em serviço velado no interior de uma viatura descaracterizada em estacionamento público próximo a uma casa de eventos, onde ocorria grande espetáculo de música, percebeu a presença de Mauro, com vinte e quatro anos de idade, que já ostentava condenação transitada em julgado por crime de receptação. Na oportunidade, Jonas viu que Mauro usou um pequeno canivete para abrir um automóvel e neste ingressou rapidamente. Fábio, com dezessete anos de idade, e que acompanhava Mauro, entrou pela porta direita do passageiro e sentou-se no banco. Mauro usou o mesmo canivete para dar partida na ignição do motor e se evadir do local na condução do veículo. Jonas informou sobre o fato a outros agentes em viaturas policiais, os quais, em diligências, localizaram o veículo conduzido por Mauro e prenderam-no cerca de dez minutos depois da abordagem. Em revista pessoal realizada por policiais militares em Mauro, foi apreendida arma de fogo que se encontrava em sua cintura: um revólver de calibre 38, municiado com dois projéteis, do qual o portador não tinha qualquer registro ou porte legalmente válido em seu nome. O canivete foi encontrado na posse de Fábio.

Com referência à situação hipotética acima relatada, julgue o item que se segue. Mauro cometeu crime de corrupção de menores, previsto no ECA.

Certo ( ) Errado ( )

02. (CESPE) Com relação às causas extintivas da punibilidade, julgue o item a seguir.

A multa prevista no Estatuto da Criança e do Adolescente como sanção às infrações administrativas sujeita-se ao prazo prescricional de dois anos quando for a única cominada ou aplicada.

Certo ( ) Errado ( )

03. (CESPE) Acerca dos procedimentos afetos às crianças e aos adolescentes, julgue o item seguinte.

O valor das multas aplicadas em face de crimes e infrações administrativas cometidas pelos órgãos auxiliares será revertido ao fundo gerido pelo conselho dos direitos da criança e do adolescente do estado no qual esteja localizado o órgão.

Certo ( ) Errado ( )

04. (CESPE) Determinado cidadão, penalmente responsável, valendo-se de um adolescente de treze anos de idade, sexualmente corrompido, produziu imagens eróticas em cenário previamente montado, divulgando-as por meio de sistema de informática em sítio da Internet. O mantenedor do sítio, tão logo divulgadas as imagens, foi notificado pelo Juiz da Infância e da Juventude do conteúdo ilícito do material e, de imediato, desabilitou o acesso às imagens. Com referência à situação hipotética acima, julgue o item a seguir à luz do Estatuto da Criança e do Adolescente.

Na situação considerada, é viável a prisão em flagrante do mantenedor do sítio, porquanto a sua conduta é classificada como crime permanente, uma vez ultrapassada a fase de notificação e não desativado o acesso.

Certo ( ) Errado ( )

05. (CESPE) Para a configuração da conduta do criador das imagens em relação ao tipo penal descrito como produzir imagem pornográfica envolvendo adolescente, exige-se a prática de relação sexual entre o agente e o menor, não se demandando qualquer correção moral do adolescente.

Certo ( ) Errado ( )

06. (CESPE) A respeito dos crimes praticados contra a criança e o adolescente, contra o meio ambiente e daqueles previstos no Estatuto do Idoso, julgue o item a seguir.

Divulgar, sem autorização devida, por qualquer meio de comunicação, o nome de criança ou adolescente envolvido em procedimento policial a que se atribua ato infracional não é conduta criminosa, mas mera infração administrativa.

Certo ( ) Errado ( )

Gabaritos

01	CERTO	04	CERTO
02	ERRADO	05	ERRADO
03	ERRADO	06	CERTO

7. MEIO AMBIENTE - LEI Nº 9.605/98

De acordo com o Art. 225 da Constituição Federal: *Todos têm direito ao meio ambiente ecologicamente equilibrado, bem de uso comum do povo e essencial à sadia qualidade de vida, impondo-se ao Poder Público e à coletividade o dever de defendê-lo e preservá--lo para as presentes e futuras gerações.* Devido à importância do meio ambiente, fez-se necessária a edição de uma lei que protegesse das agressões mais relevantes esse importante bem jurídico.

Nesse contexto, surge a Lei 9.605/98, que instituiu regras acerca da proteção ao meio ambiente. Ela determinou, dentre outras medidas, normas referentes à apreensão de produtos e instrumentos das infrações administrativas ou dos crimes ambientais, instituindo, ainda, os chamados crimes ambientais.

Vale ressaltar que essa Lei é aplicada em conjunto com outras leis que tratem do mesmo tema, pois nada impede que outras leis tipifiquem crimes ambientais, além da aplicação subsidiária do próprio Código Penal no que couber. Contudo, convém observar os princípios que regem as normas jurídicas e, em caso de conflito entre elas, deve-se verificar, por meio do princípio da especialidade ou ainda da anterioridade, qual deverá ser aplicado ao caso concreto.

No intuito de seguir o edital do concurso da PRF-2018, analisaremos apenas os Capítulos III e V da Lei 9.605/98.

Capítulo III - Da Apreensão do Produto e do Instrumento de Infração Administrativa ou de Crime

> ***Art. 25.*** *Verificada a infração, serão apreendidos seus produtos e instrumentos, lavrando-se os respectivos autos.*
>
> ***§ 1º.*** *Os animais serão prioritariamente libertados em seu habitat ou, sendo tal medida inviável ou não recomendável por questões sanitárias, entregues a jardins zoológicos, fundações ou entidades assemelhadas, para guarda e cuidados sob a responsabilidade de técnicos habilitados.*
>
> ***§ 2º.*** *Até que os animais sejam entregues às instituições mencionadas no § 1º deste artigo, o órgão autuante zelará para que eles sejam mantidos em condições adequadas de acondicionamento e transporte que garantam o seu bem-estar físico.*
>
> ***§ 3º.*** *Tratando-se de produtos perecíveis ou madeiras, serão estes avaliados e doados a instituições científicas, hospitalares, penais e outras com fins beneficentes.*
>
> ***§ 4º.*** *Os produtos e subprodutos da fauna não perecíveis serão destruídos ou doados a instituições científicas, culturais ou educacionais.*
>
> ***§ 5º.*** *Os instrumentos utilizados na prática da infração serão vendidos, garantida a sua descaracterização por meio da reciclagem.*

Poderá ocorrer, por meio das autoridades administrativas ambientais ou pela polícia, desde que havendo indícios de crime ambiental, a apreensão dos instrumentos e produtos da infração ambiental.

A Lei 13.052/14 trouxe algumas modificações nesta lei. Apresentamos, em seu material, o conteúdo atualizado para que não haja confusão.

O § 1º dispõe que os animais devem, de forma prioritária - preferencial-, ser liberados em seu habitat e somente serão entregues a instituições responsáveis caso não seja recomendável a sua soltura na natureza por questões sanitárias. Nessa hipótese, até que os animais sejam entregues as instituições, será dever do órgão autuante o fornecimento de condições adequadas de acondicionamento e transporte que garantam o bem-estar do animal.

No que se refere à doação de madeiras e doação ou destruição de produtos e subprodutos da fauna não perecíveis, somente poderá ocorrer após verificada a infração, ou seja, após o esgotamento do processo administrativo ou criminal, com a definitiva constatação da infração.

O termo "verificada a infração" não deve ser entendido de outro modo, sob pena de permitir o confisco de bens sem o devido processo.

Confisco dos instrumentos de crime ambiental

Esta Lei prevê o confisco genérico, aplicado aos instrumentos de crimes ambientais, independentemente se constituem objetos ilícitos, diferentemente do que prevê o Código Penal.

> O Código Penal determina que somente será possível o confisco de objetos cujo porte, fabricação ou alienação constituam objeto ilícito. No entanto, como a Lei 9.605/98 não traz essa ressalva, então todo objeto poderá ser confiscado.

Contudo, os objetos que poderão sofrer o confisco são aqueles que são usualmente utilizados para a prática de infrações ambientais, ou seja, não pode ser qualquer objeto, evitando assim o cometimento de injustiças ou abusos.

Capítulo V - Dos Crimes Contra o Meio Ambiente

A aplicação da legislação penal ambiental necessita de uma adequada construção dos tipos penais e da sua real aplicação. Não é um trabalho fácil redigir essas normas, principalmente porque em sua maioria são mal elaboradas e confusas. Algumas trazem até mesmo dúvida sobre a constitucionalidade. Isso ocorre porque geralmente essas leis são inspiradas por especialistas do setor afetado, muitas vezes leigos com relação às normas jurídicas.

Perceberemos, ao longo deste estudo, a presença das chamadas "normas penais em branco": são normas que necessitam de uma complementação para que o ilícito penal seja totalmente construído, visto que diversos crimes necessitam de lei ou regulamentos para definir como será sua aplicação ao caso concreto. Em outras palavras, poderemos dizer que normas "administrativas" deverão servir como complemento da lei penal ambiental.

> Diferentemente do âmbito civil, a responsabilidade penal será SEMPRE SUBJETIVA! Ou seja, invariavelmente dependerá da demonstração do dolo do agente (vontade consciente direcionada a um fim) ou da culpa (infração de um dever de cuidado). Cumpre lembrar, ainda, que a culpa é exceção, somente sendo punida quando expressamente prevista.

Embora pelo recorte do edital pareça que não será cobrada a questão da dupla imputação, não é demais lembrar que atualmente a jurisprudência (e os concursos) entendem desnecessária a punição concorrente de uma pessoa física para que a pessoa jurídica possa ser punida por crime ambiental. Vejamos:

O art. 225, § 3º, da CF não condiciona a responsabilização penal da pessoa jurídica por crimes ambientais à simultânea persecução penal da pessoa física em tese responsável no âmbito da empresa. A norma constitucional não impõe a necessária dupla imputação. As organizações corporativas complexas da atualidade se caracterizam pela descentralização e distribuição de atribuições e responsabilidades, sendo inerentes, a esta realidade, as dificuldades para imputar o fato ilícito a uma pessoa concreta. Condicionar a aplicação do art. 225, § 3º, da Carta Política a uma concreta imputação também a pessoa física implica indevida restrição da norma constitucional, expressa a intenção do constituinte originário não apenas de ampliar o alcance das sanções penais, mas também de evitar a impunidade pelos crimes ambientais frente às imensas dificuldades de individualização dos responsáveis internamente às corporações, além de reforçar a tutela do bem jurídico ambiental. A identificação dos setores e agentes internos da empresa determinantes da produção do fato ilícito tem relevância e deve ser buscada no caso concreto como forma de esclarecer se esses indivíduos ou órgãos atuaram ou deliberaram no exercício regular de suas atribuições internas à sociedade, e ainda para verificar se a atuação se deu no interesse ou em benefício da entidade coletiva. Tal esclarecimento, relevante para fins de imputar determinado delito à pessoa jurídica, não se confunde, todavia, com subordinar a responsabilização da pessoa jurídica à responsabilização conjunta e cumulativa das pessoas físicas envolvidas. Em não raras oportunidades, as responsabilidades internas pelo fato estarão diluídas ou parcializadas de tal modo que não permitirão a imputação de responsabilidade penal individual (STF, 1ª T., RE 548.181, rel. Min. Rosa Weber, j. 06-08-2013, DJE de 30-10-2014).

A propósito, é muito importante lembrar que, de acordo com o Superior Tribunal de Justiça, é possível a aplicação do princípio da insignificância no caso de crimes ambientais, devendo ser feita, no entanto, uma análise rigorosa, por se tratar de bem jurídico de natureza difusa e protegido constitucionalmente. Vejamos: *Esta Corte tem entendimento pacificado no sentido de que é possível a aplicação do denominado princípio da insignificância aos delitos ambientais, quando demonstrada a ínfima ofensividade ao bem ambiental tutelado* (AgRg no Resp n. 1558312/ES, de minha lavra, Quinta Turma, julgado em 02/02/2016) (STJ, 5ª T., AgRg no AREsp 1.051.541, rel. Min. Felix Fischer, j. 28.11.2017, DJe 04.12.2017). Vale lembrar que o Supremo Tribunal Federal estabelece quatro requisitos para a aplicação desse princípio, são eles: *mínima ofensividade da conduta do agente; ausência de periculosidade social da ação; reduzido grau de reprovabilidade do comportamento; inexpressividade da lesão jurídica provocada* (cf. STF, 1ª T., RHC 145.447, rel. Min. Luiz Fux, j. 01.09.2017, DJe 28.09.2017).

É possível a aplicação da insignificância nos crimes ambientais.

Em relação aos crimes ambientais em espécie, a Lei 9.605/1998 realiza a seguinte divisão:

DOS CRIMES CONTRA O MEIO AMBIENTE
Dos crimes contra a fauna (Arts. 29-37)
Dos crimes contra a flora (Arts. 38-53)
Da poluição e outros crimes ambientais (Arts. 54-61)
Dos crimes contra o ordenamento urbano e o patrimônio cultural (Arts. 62-65)
Dos crimes contra a administração ambiental (Arts. 66-69)

7.1 Dos Crimes contra a Fauna

Compreende-se por fauna o conjunto de animais que vivem em uma determinada região ou ambiente, incluindo nesse conceito os animais da fauna terrestre e da fauna aquática.

Para complementar esse conceito, temos ao Art. 29 desta Lei: *são espécimes da fauna silvestre todos aqueles pertencentes às espécies nativas, migratórias e quaisquer outras, aquáticas ou terrestres, que tenham todo ou parte de seu ciclo de vida ocorrendo dentro dos limites do território brasileiro, ou águas jurisdicionais brasileiras.*

> **Art. 29.** *Matar, perseguir, caçar, apanhar, utilizar espécimes da fauna silvestre, nativos ou em rota migratória, sem a devida permissão, licença ou autorização da autoridade competente, ou em desacordo com a obtida:*
>
> **Pena** *- detenção de seis meses a um ano, e multa.*
>
> **§ 1º** *Incorre nas mesmas penas:*
>
> **I.** *quem impede a procriação da fauna, sem licença, autorização ou em desacordo com a obtida;*
>
> **II.** *quem modifica, danifica ou destrói ninho, abrigo ou criadouro natural;*
>
> **III.** *quem vende, expõe à venda, exporta ou adquire, guarda, tem em cativeiro ou depósito, utiliza ou transporta ovos, larvas ou espécimes da fauna silvestre, nativa ou em rota migratória, bem como produtos e objetos dela oriundos, provenientes de criadouros não autorizados ou sem a devida permissão, licença ou autorização da autoridade competente.*
>
> **§ 2º** *No caso de guarda doméstica de espécie silvestre não considerada ameaçada de extinção, pode o juiz, considerando as circunstâncias, deixar de aplicar a pena.*
>
> **§ 3º** *São espécimes da fauna silvestre todos aqueles pertencentes às espécies nativas, migratórias e quaisquer outras, aquáticas ou terrestres, que tenham todo ou parte de seu ciclo de vida ocorrendo dentro dos limites do território brasileiro, ou águas jurisdicionais brasileiras.*
>
> **§ 4º** *A pena é aumentada de metade, se o crime é praticado:*
>
> **I.** *contra espécie rara ou considerada ameaçada de extinção, ainda que somente no local da infração;*
>
> **II.** *em período proibido à caça;*
>
> **III.** *durante a noite;*
>
> **IV.** *com abuso de licença;*
>
> **V.** *em unidade de conservação;*
>
> **VI.** *com emprego de métodos ou instrumentos capazes de provocar destruição em massa.*
>
> **§ 5º** *A pena é aumentada até o triplo, se o crime decorre do exercício de caça profissional.*
>
> **§ 6º** *As disposições deste artigo não se aplicam aos atos de pesca.*

São definidos como espécimes silvestres todos aqueles animais que pertencem às espécies nativas, migratórias ou qualquer outra, aquática ou terrestre, que tenham o seu ciclo de vida, seja ele todo ou em parte, ocorrendo dentro do território ou das águas jurisdicionais brasileiras.

Existe uma exceção com relação à criação doméstica de animais da fauna silvestre. Desde que estes NÃO estejam ameaçados de extinção, o juiz pode deixar de aplicar a pena. Trata-se de uma questão de bom senso, visto que a pessoa desenvolveu laços afetivos com o animal, então não haveria motivo para o Judiciário intervir.

Convém ainda mencionar o § 1º, que visa à criminalização das condutas de quem, usando qualquer meio, impede a procriação dos animais silvestres, qualquer que seja o meio utilizado. Além disso, o referido dispositivo criminaliza quem modifica, danifica ou destrói o local de reprodução.

CAUSA DE AUMENTO DE PENA	
A pena é aumentada DE METADE se o crime é cometido...	- contra **espécie rara** ou considerada **ameaçada** de extinção, ainda que somente no local da infração; - em **período proibido à caça**; - durante a **noite**; - com **abuso de licença**; - em **unidade de conservação**; - com emprego de métodos ou instrumentos capazes de provocar **destruição em massa;**
A pena é aumentada ATÉ O TRIPLO...	- se o crime decorre do **exercício de caça profissional.**

A pesca é definida na Lei 9.605/98 como todo ato tendente a retirar, extrair, coletar, apanhar, apreender ou capturar espécimes dos grupos dos peixes, crustáceos, moluscos e vegetais hidróbios, suscetíveis ou não de aproveitamento econômico, ressalvadas as espécies ameaçadas de extinção, constantes nas listas oficiais da fauna e da flora.

Caso o crime contra a fauna venha a ser praticado no período de caça proibida, a pena será aumenta de metade. Contudo, independentemente do período, se o caçador desenvolver a atividade de forma profissional, ou seja, visando ao lucro, deverá ser aplicado o aumento de pena de até um triplo.

> ***Art. 30.*** *Exportar para o exterior peles e couros de anfíbios e répteis em bruto, sem a autorização da autoridade ambiental competente:*
> ***Pena*** *- reclusão, de um a três anos, e multa.*

Exportar significa enviar para fora do país. O agente que incorre nesse crime, portanto, remete para fora do país peles e couros de anfíbios e répteis em bruto. O termo "em bruto" significa o couro não manufaturado, não tratado e transformado em produto.

O elemento normativo do tipo está no termo "sem autorização de autoridade competente": se o indivíduo tiver a autorização para realizar a exportação, o fato será atípico; contudo, se abusar de sua autorização, ele incorre na causa agravante constante no Art. 15, inciso II, alínea *o* da Lei 9.605/98.

> ***Art. 31.*** *Introduzir espécime animal no País, sem parecer técnico oficial favorável e licença expedida por autoridade competente:*
> ***Pena*** *- detenção, de três meses a um ano, e multa.*

Esse crime consiste na **importação**, ou seja, na **entrada do espécime animal no Brasil.** Como o tipo prevê apenas o termo "animal", então podemos compreender todo e qualquer espécime, sem nenhum tipo de classificação.

O elemento normativo do tipo consiste em *sem parecer técnico oficial favorável e licença expedida por autoridade competente*. São elementos cumulativos. Não basta um deles para que o fato se torne atípico; são necessários o parecer e a licença.

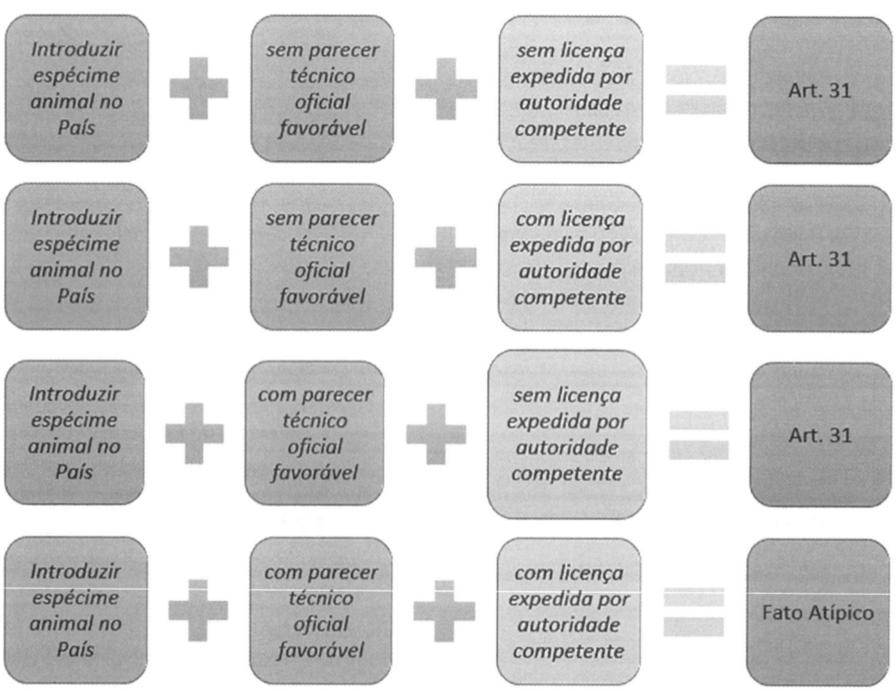

Art. 32. *Praticar ato de abuso, maus-tratos, ferir ou mutilar animais silvestres, domésticos ou domesticados, nativos ou exóticos:*

Pena *- detenção, de três meses a um ano, e multa.*

§ 1º *Incorre nas mesmas penas quem realiza experiência dolorosa ou cruel em animal vivo, ainda que para fins didáticos ou científicos, quando existirem recursos alternativos.*

§ 2º *A pena é aumentada de um sexto a um terço, se ocorre morte do animal.*

A doutrina entende que esse artigo protege apenas os animais silvestres. Os termos "domesticados, nativos ou exóticos" acompanham o termo "silvestres". Podemos reescrever o artigo da seguinte forma: ***praticar ato de abuso, maus-tratos, ferir ou mutilar animais silvestres domésticos ou domesticados, nativos ou exóticos.*** O crime se divide em quatro condutas, são elas:

Ato de abuso: que pode significar a exploração do animal, como, por exemplo, a submissão do animal a trabalhos excessivos.
Maus-tratos: causar sofrimento ao animal, colocando em risco sua integridade física.
Ferir: machucar o animal, causar lesões físicas.
Mutilar: cortar membros ou partes do corpo do animal.

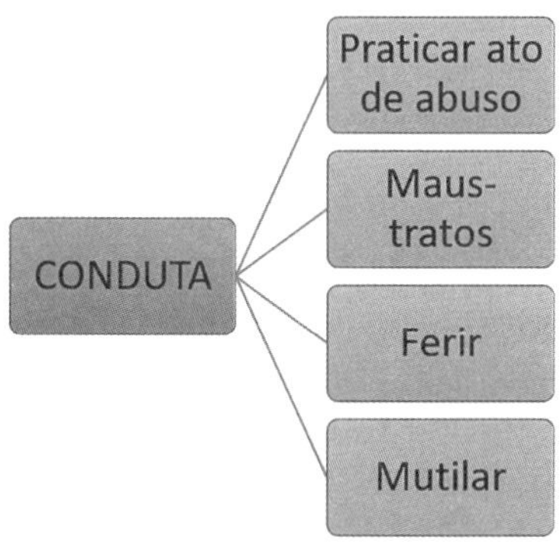

Existe, ainda, a figura de crime equiparado, chamado de "vivissecção", ou seja, a experiência em animal vivo, visando a fins didáticos ou científicos, quando existirem meios diversos de evitá-la.

CAUSA DE AUMENTO DE PENA	
A pena é aumentada DE UM SEXTO A UM TERÇO...	- se, em consequência do crime praticado, **ocorre a morte do animal;**

Art. 33. *Provocar, pela emissão de efluentes ou carreamento de materiais, o perecimento de espécimes da fauna aquática existentes em rios, lagos, açudes, lagoas, baías ou águas jurisdicionais brasileiras:*

Pena *- detenção, de um a três anos, ou multa, ou ambas cumulativamente.*

Parágrafo único. *Incorre nas mesmas penas:*

I. *quem causa degradação em viveiros, açudes ou estações de aquicultura de domínio público;*

II. *quem explora campos naturais de invertebrados aquáticos e algas, sem licença, permissão ou autorização da autoridade competente;*

III. *quem fundeia embarcações ou lança detritos de qualquer natureza sobre bancos de moluscos ou corais, devidamente demarcados em carta náutica.*

Esse artigo se relaciona exclusivamente à **flora aquática**, que consiste na **população animal que tem por *habitat* natural a** água, subdividindo-se em **fauna marinha**, onde habitam os animais de água salgada, e **fauna de** água **doce**, onde habitam os animais que vivem em rios e riachos de uma certa região.

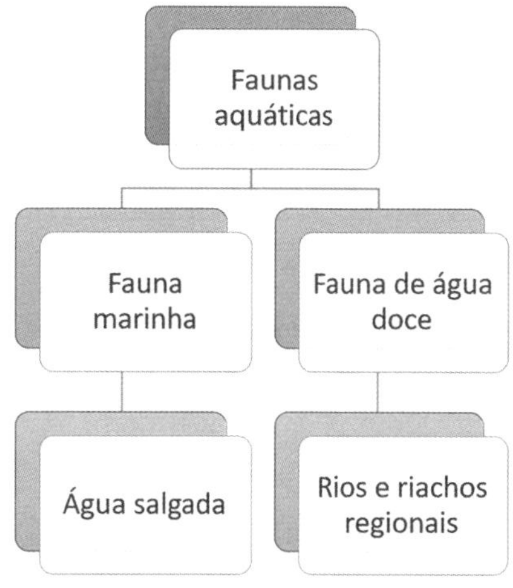

FIGURAS EQUIPARADAS	
Quem causa degradação em viveiros, açudes ou estações de aquicultura de domínio público.	Degradar que dizer deteriorar, danificar.
Quem explora campos naturais de invertebrados aquáticos e algas, sem licença, permissão ou autorização da autoridade competente.	Explorar significa se beneficiar, abusar, tirar proveito. Note que o termo "ou" quer dizer que a licença ou a autorização são independentes; ao possuir qualquer uma delas, o fato se torna atípico.
Quem fundeia embarcações ou lança detritos de qualquer natureza sobre bancos de moluscos ou corais, devidamente demarcados em carta náutica.	Fundeia quer dizer ancorar e lançar quer dizer atirar, jogar.

Art. 34. *Pescar em período no qual a pesca seja proibida ou em lugares interditados por órgão competente:*

Pena *- detenção de um ano a três anos ou multa, ou ambas as penas cumulativamente.*

Parágrafo único. *Incorre nas mesmas penas quem:*

I. *pesca espécies que devam ser preservadas ou espécimes com tamanhos inferiores aos permitidos;*

II. *pesca quantidades superiores às permitidas, ou mediante a utilização de aparelhos, petrechos, técnicas e métodos não permitidos;*

III. *transporta, comercializa, beneficia ou industrializa espécimes provenientes da coleta, apanha e pesca proibidas.*

A regra no Brasil é a de que a pesca seja permitida para fins comerciais, esportivos e científicos. A pesca, contudo, em períodos ou em locais interditados por órgão competente, configura fato típico (criminoso). Trata-se de uma norma penal em branco, que deverá ser complementada pelas normas dos entes federativos, os quais estabelecem os períodos e os locais proibidos.

O órgão competente mencionado é aquele que compõe o SISNAMA – Sistema Nacional do Meio Ambiente (Art. 6º da Lei 6.938/81).

O fato somente será considerado como crime quando o local interditado ou o período proibitivo for determinado por órgão competente; se o órgão for incompetente o fato será considerado atípico.

FIGURAS EQUIPARADAS	
Pesca espécies que devam ser preservadas ou espécimes com tamanhos inferiores aos permitidos.	Nessas três hipóteses, a pesca ocorre em épocas e locais permitidos, contudo a ilicitude está nos casos descritos ao lado. Vale ressaltar que ambas são consideradas normas penais em branco, devendo lei complementar definir as espécies a serem preservadas, o tamanho dos peixes e as quantidades que podem ser pescadas, e os petrechos que serão permitidos ou proibidos.
Pesca quantidades superiores às permitidas, ou mediante a utilização de aparelhos, petrechos, técnicas e métodos não permitidos.	
Transporta, comercializa, beneficia ou industrializa espécimes provenientes da coleta, apanha e pesca proibidas.	

É importante lembrar que o Superior Tribunal de Justiça entende que, somente se do uso de apetrecho de pesca proibido restou evidente ausência de ofensividade, ao menos em tese, ao bem jurídico tutelado pela norma penal, qual seja, a fauna aquática, configura atipicidade da conduta. Portanto, é necessário que o uso de petrechos proibidos cause efetivo risco às espécies ou ao ecossistema. Nesse sentido: É de se reconhecer a atipicidade material da conduta de uso de apetrecho de pesca proibido se resta evidente a completa ausência de ofensividade, ao menos em tese, ao bem jurídico tutelado pela norma penal, qual seja, a fauna aquática. (STJ, 6º T., HC 93.859, rel. Min. Maria Thereza de Assis Moura, j. 13.08.2009, DJe 31.08.2009).

> ***Art. 35.*** *Pescar mediante a utilização de:*
>
> ***I.*** *explosivos ou substâncias que, em contato com a água, produzam efeito semelhante;*
>
> ***II.*** *substâncias tóxicas, ou outro meio proibido pela autoridade competente:*
>
> ***Pena*** *- reclusão de um ano a cinco anos.*

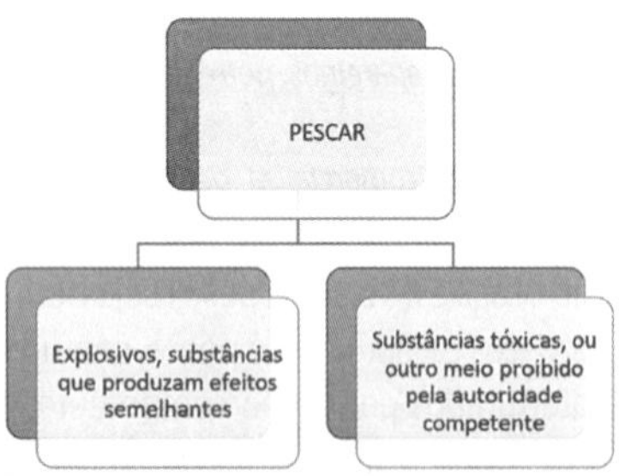

Esse artigo é explicado pelo Art. 36 da Lei 9.605/98, que determina que para os efeitos da Lei, considera-se pesca: todo ato tendente a retirar, extrair, coletar, apanhar, apreender ou capturar espécimes dos grupos dos peixes, crustáceos, moluscos e vegetais hidróbios, suscetíveis ou não de aproveitamento econômico, ressalvadas as espécies ameaçadas de extinção, constantes nas listas oficiais da fauna e da flora.

> ***Art. 37.*** *Não é crime o abate de animal, quando realizado:*
>
> ***I.*** *em estado de necessidade, para saciar a fome do agente ou de sua família;*
>
> ***II.*** *para proteger lavouras, pomares e rebanhos da ação predatória ou destruidora de animais, desde que legal e expressamente autorizado pela autoridade competente;*
>
> ***IV.*** *por ser nocivo o animal, desde que assim caracterizado pelo órgão competente. (grifo nosso)*

São causas específicas de excludentes de ilicitude nos crimes contra a fauna. Cumpre lembrar que nada impede que as causas genéricas previstas no Código Penal (Art. 23) venham, também, a ser aplicadas.

I- Estado de Necessidade – Caça ou pesca famélica.

Veio apenas para reforçar o que já prevê o Art. 24 do Código Penal. Nesse caso, será afastada a ilicitude no caso de abate de animal com a finalidade de saciar a fome do agente ou de sua família. Contudo, o **método utilizado** pelo agente para abater o animal pode configurar crime autônomo: nesse caso ele será responsabilizado penalmente (como, por exemplo, no caso de o animal ter sido abatido por um tiro derivado de arma de fogo de porte ilegal).

II- Proteção de lavouras, pomares e rebanhos.

Assemelha-se à legítima defesa, contudo é importante lembrar: legítima defesa cabe contra pessoa, e não contra animal. Aqui o agente abate o animal que agia de forma predatória ou destruidora. Além disso, deve a conduta ser legal e autorizada por lei. A doutrina tem entendido que essa autorização deve ser individual: cada indivíduo deve requerer a sua junto ao órgão ambiental competente.

III- Animal Nocivo.

Desde que definido pelo órgão competente como sendo nocivo, o abate desse animal será permitido por ser considerado um risco ao sistema ambiental.

7.2 Dos Crimes contra a Flora

Entende-se por flora a totalidade das espécies vegetais que compreendem a vegetação de uma determinada região, sem qualquer expressão de importância individual. Compreende também as algas e os fitoplânctons marinhos flutuantes.

A flora se organiza em estratos, que determinam formações específicas, como campos e pradarias, savanas e estepes, bosques e florestas etc.

> ***Art. 38.*** *Destruir ou danificar floresta considerada de preservação permanente, mesmo que em formação, ou utilizá-la com infringência das normas de proteção:*
>
> ***Pena*** *- detenção, de um a três anos, ou multa, ou ambas as penas cumulativamente.*
>
> ***Parágrafo único.*** *Se o crime for culposo, a pena será reduzida à metade.*

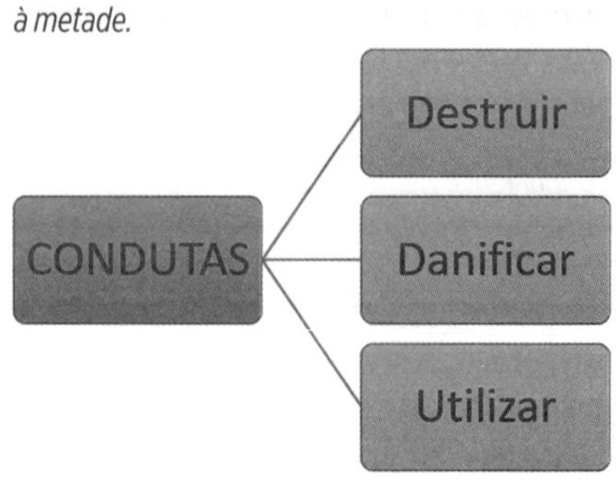

As normas de proteção serão constadas em leis e atos normativos, e ainda que não haja qualquer finalidade lucrativa, haverá o crime, pois a degradação da fauna ocorrerá independentemente de lucros ou qualquer outra vantagem auferida com a infração.

As florestas de preservação permanente são espécies do gênero áreas de preservação permanentes, que estão previstas dentro do Código Florestal. Ocorre, contudo, que as florestas de preservação permanentes podem ser tanto determinadas legalmente quanto por interesse social por ato do Chefe do Executivo.

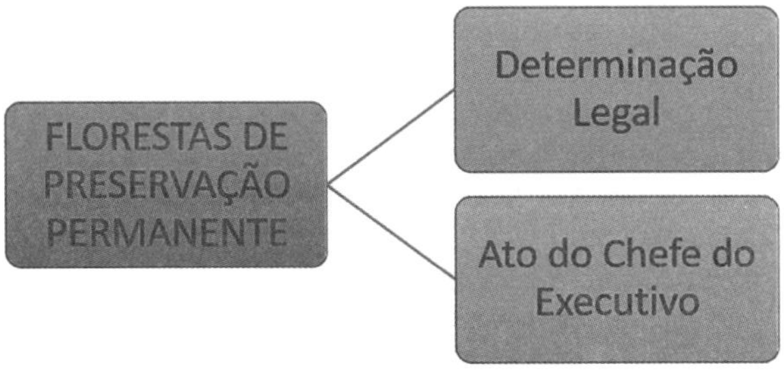

> ***Art. 38-A.*** *Destruir ou danificar vegetação primária ou secundária, em estágio avançado ou médio de regeneração, do Bioma Mata Atlântica, ou utilizá-la com infringência das normas de proteção:*
>
> ***Pena*** *- detenção, de 1 (um) a 3 (três) anos, ou multa, ou ambas as penas cumulativamente.*
>
> ***Parágrafo único.*** *Se o crime for culposo, a pena será reduzida à metade.*

Um bioma é entendido como um grande ecossistema que compreende várias comunidades bióticas em diferentes estágios de evolução, em vasta extensão geográfica. É, assim, uma unidade ecológica imediatamente superior ao ecossistema.

Existem biomas terrestres e aquáticos, e dentro do Brasil são considerados grandes biomas a Floresta Amazônica, a Mata Atlântica, o Pantanal Mato-Grossense, o Cerrado, a Caatinga, o Domínio das Araucárias, as Pradarias e os ecossistemas litorâneos.

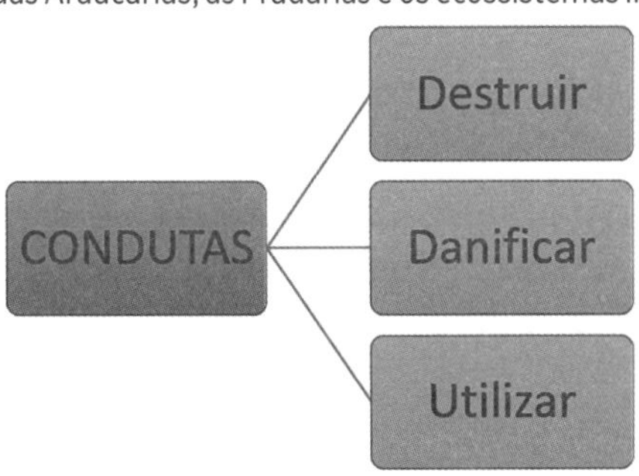

> ***Art. 39.*** *Cortar árvores em floresta considerada de preservação permanente, sem permissão da autoridade competente:*
>
> ***Pena*** *- detenção, de um a três anos, ou multa, ou ambas as penas cumulativamente.*

A conduta definida é a de cortar árvores contidas em preservação permanente, desde que sem permissão da autoridade competente. Se houver, autorização, o fato se torna atípico.

> Se a árvore cortada for considerada, por ato do poder público, como "madeira de lei" o agente incorrerá no crime do Art. 45, e não no do Art. 39.

> ***Art. 40.*** *Causar dano direto ou indireto às Unidades de Conservação e às áreas de que trata o art. 27 do Decreto nº 99.274, de 6 de junho de 1990, independentemente de sua localização:*
>
> ***Pena*** *- reclusão, de um a cinco anos.*
>
> ***§ 1º.*** *Entende-se por Unidades de Conservação de Proteção Integral as Estações Ecológicas, as Reservas Biológicas, os Parques Nacionais, os Monumentos Naturais e os Refúgios de Vida Silvestre.*
>
> ***§ 2º.*** *A ocorrência de dano afetando espécies ameaçadas de extinção no interior das Unidades de Conservação de Proteção Integral será considerada circunstância agravante para a fixação da pena.*
>
> ***§ 3.º*** *Se o crime for culposo, a pena será reduzida à metade.*
>
> ***Art. 40-A.*** *(VETADO)*
>
> ***§ 1º.*** *Entende-se por Unidades de Conservação de Uso Sustentável as Áreas de Proteção Ambiental, as Áreas de Relevante Interesse Ecológico, as Florestas Nacionais, as Reservas Extrativistas, as Reservas de Fauna, as Reservas de Desenvolvimento Sustentável e as Reservas Particulares do Patrimônio Natural.*
>
> ***§ 2º.*** *A ocorrência de dano afetando espécies ameaçadas de extinção no interior das Unidades de Conservação de Uso Sustentável será considerada circunstância agravante para a fixação da pena.*
>
> ***§ 3º.*** *Se o crime for culposo, a pena será reduzida à metade.*

Os dois artigos deverão ser vistos conjuntamente, uma vez que constituem um único tipo penal, pois há uma relação entre seus parágrafos, posto que prevalecerá a figura ilícita constante no *caput* do Art. 40 e os parágrafos do Art. 40-A.

Nesse caso, o agente causa um dano diretamente à Unidade de Conservação ou então pratica algum ato que, como consequência, atinge a Unidade de Conservação, sendo essas previstas no Art. 27 do Decreto 99.274/90:

> ***Art. 27.*** *Nas áreas circundantes das Unidades de Conservação, num raio de dez quilômetros, qualquer atividade que possa afetar a biota ficará subordinada às normas editadas pelo Conama.*

CAUSAS AGRAVANTES	
Art. 40, *§ 2º: A ocorrência de dano afetando espécies ameaçadas de extinção no interior das Unidades de Conservação de Proteção Integral será considerada circunstância agravante para a fixação da pena.*	Contudo, o Art. 15, inciso II, alínea *q*, da Lei 9.605/98 determina que será causa agravante de pena o crime que atingir espécies ameaçadas, listadas em relatórios oficiais. Em vedação ao *bis in idem*, será aplicado nesse caso somente o Art. 40, §2.

> ***Art. 41.*** *Provocar incêndio em mata ou floresta:*
>
> ***Pena*** *- reclusão, de dois a quatro anos, e multa.*
>
> ***Parágrafo único.*** *Se o crime é culposo, a pena é de detenção de seis meses a um ano, e multa.*

A conduta é a de **atear fogo em matas e florestas**, podendo esse crime ser praticado de diversas formas. Esse fato típico não específica o termo "floresta". Entende-se assim que se trata de todas, não há necessidade de ser apenas a de preservação permanente.

> ***Art. 42.*** *Fabricar, vender, transportar ou soltar balões que possam provocar incêndios nas florestas e demais formas de vegetação, em áreas urbanas ou qualquer tipo de assentamento humano:*
>
> ***Pena*** *- detenção de um a três anos ou multa, ou ambas as penas cumulativamente.*

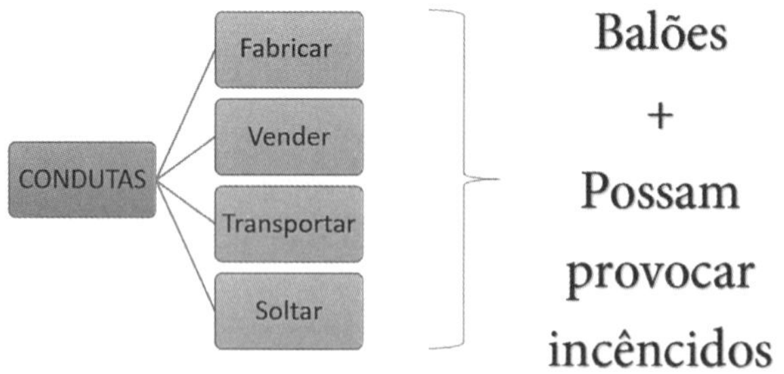

Será punida a conduta de fazer, de alienar de forma onerosa, conduzir ou fazer subir balão que tenha condição de provocar incêndios. O termo "possam" irá determinar que o balão deverá ser submetido a exame pericial para verificar a existência da periculosidade, exceto se o balão desaparecer.

O perigo de incêndio deve ocorrer em florestas e demais formas de vegetação ou mesmo em áreas urbanas ou qualquer assentamento urbano.

> ***Art. 44.*** *Extrair de florestas de domínio público ou consideradas de preservação permanente, sem prévia autorização, pedra, areia, cal ou qualquer espécie de minerais:*
>
> ***Pena*** *- detenção, de seis meses a um ano, e multa.*

Extrair quer dizer retirar, arrancar as espécies minerais de florestas de domínio público ou de preservação permanente.

Já sabemos o que quer dizer o termo "florestas de preservação aparente", contudo as de domínio público são aquelas pertencentes aos entes públicos, mas de uso da população.

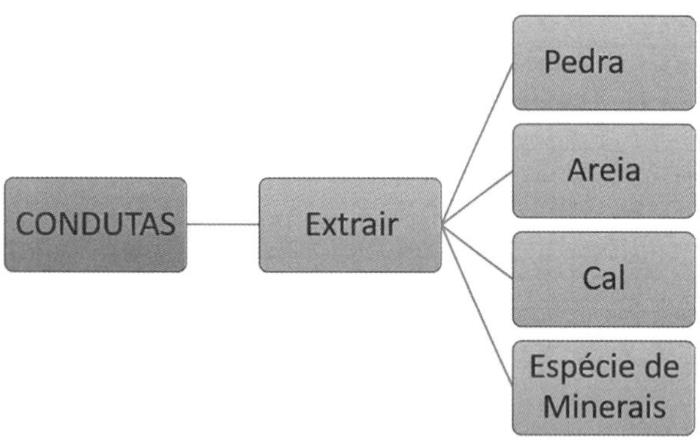

> ***Art. 45.*** *Cortar ou transformar em carvão madeira de lei, assim classificada por ato do Poder Público, para fins industriais, energéticos ou para qualquer outra exploração, econômica ou não, em desacordo com as determinações legais:*
>
> ***Pena*** *- reclusão, de um a dois anos, e multa.*

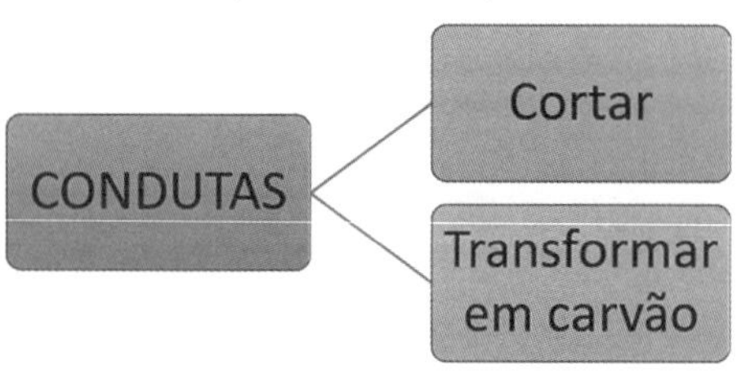

O objeto protegido é a madeira de lei, que nada mais é do que a madeira assim considerada por ato do Poder Público. Geralmente é uma madeira mais forte, mais nobre e resistente, utilizada em construções e obras que exijam esse tipo de material.

O crime só ocorre se seu corte ou sua transformação ocorrerem em desacordo com as determinações legais.

> ***Art. 46.*** *Receber ou adquirir, para fins comerciais ou industriais, madeira, lenha, carvão e outros produtos de origem vegetal, sem exigir a exibição de licença do vendedor, outorgada pela autoridade competente, e sem munir-se da via que deverá acompanhar o produto até final beneficiamento:*
>
> ***Pena*** *- detenção, de seis meses a um ano, e multa.*
>
> ***Parágrafo único.*** *Incorre nas mesmas penas quem vende, expõe à venda, tem em depósito, transporta ou guarda madeira, lenha, carvão e outros produtos de origem vegetal, sem licença válida para todo o tempo da viagem ou do armazenamento, outorgada pela autoridade competente.*

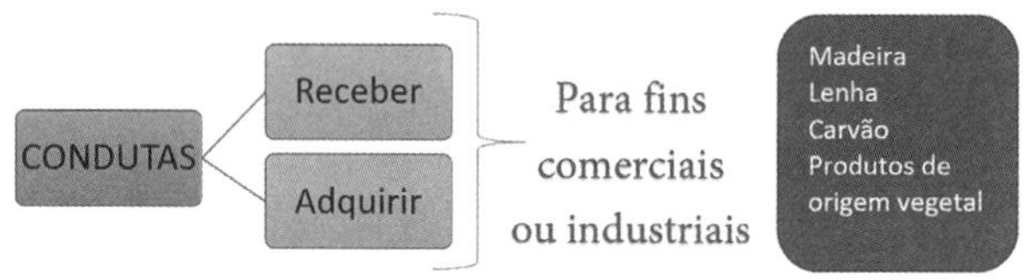

O termo "para fins comerciais ou industriais" determina que o sujeito ativo só poderá ser a pessoa que exerce atividade comercial ou industrial de produtos vegetais, excluindo desse caso o consumidor final ou a pessoa que vende ilegalmente esses produtos. Assim, o crime só ocorre se o fato for praticado com o intuito de revenda ou de algum tipo de benefício, não havendo crime se o agente adquire ou recebe esses produtos para uso próprio.

Cumpre ainda informar que, embora o tipo penal utilize o termo "e", na verdade o fato se consuma se não se exigir a exibição de licença do vendedor, outorgada pela autoridade competente **OU** se não estiver munido da via que deverá acompanhar o produto até final beneficiamento.

FIGURAS EQUIPARADAS
Incorre nas mesmas penas quem: - vende; - expõe à venda; - tem em depósito; - transporta ou guarda madeira, lenha, carvão e outros produtos de origem vegetal, sem licença válida para todo o tempo da viagem ou do armazenamento, outorgada pela autoridade competente.

> ***Art. 48.*** *Impedir ou dificultar a regeneração natural de florestas e demais formas de vegetação:*
>
> ***Pena*** *- detenção, de seis meses a um ano, e multa.*

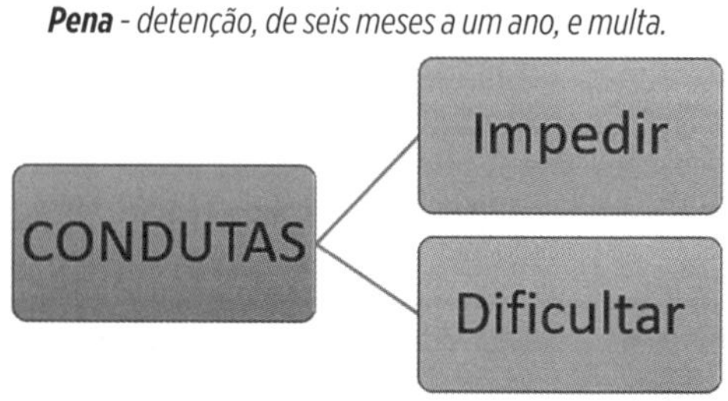

A regeneração natural é aquela realizada pela própria natureza, sem intervenção humana. Desse modo, não se inclui o processo de regeneração artificial, causada pelo homem.

Nesses crimes, o exame pericial será necessário, para comprovar que a vegetação estava sendo regenerada naturalmente e em qual estágio ele se encontrava, e ainda como meio de obter provas por meio dos vestígios deixados pela conduta delitiva.

> ***Art. 49.*** *Destruir, danificar, lesar ou maltratar, por qualquer modo ou meio, plantas de ornamentação de logradouros públicos ou em propriedade privada alheia:*
>
> ***Pena*** *- detenção, de três meses a um ano, ou multa, ou ambas as penas cumulativamente.*
>
> ***Parágrafo único.*** *No crime culposo, a pena é de um a seis meses, ou multa.*

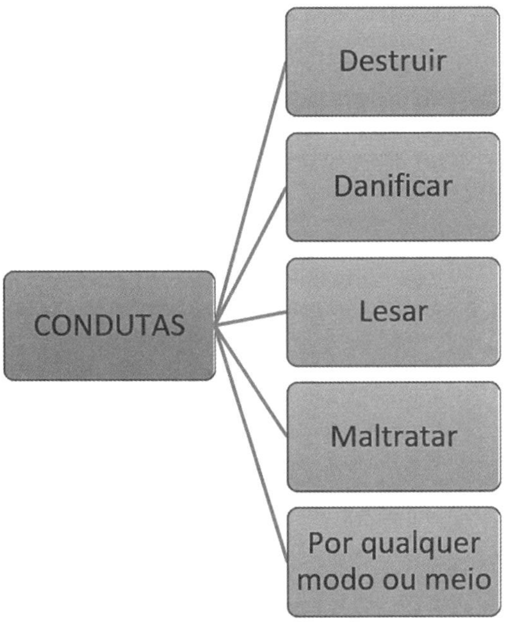

Convém atentar ao termo "propriedade privada alheia"; ele não faz menção se são áreas urbanas ou rurais. Desse modo, deve ser interpretado de maneira ampla, aplicando-se aos dois.

O crime em análise pode ser praticado de qualquer forma, bastando que tenha por consequência uma das condutas, não importa o meio empregado.

Contudo, há uma grande discussão na doutrina a respeito da constitucionalidade desse artigo, quanto à sua modalidade culposa. Pensemos: tropeçar e pisar em um vaso de begônias de um vizinho será considerado crime? E quanto ao caso de um condutor de veículo automotor que perde o controle e avança sobre as bromélias de um jardim público?

Com base no princípio da intervenção mínima do Direito Penal, a modalidade culposa não deveria ser considerada, apenas se o crime fosse cometido com dolo.

> ***Art. 50.*** *Destruir ou danificar florestas nativas ou plantadas ou vegetação fixadora de dunas, protetora de mangues, objeto de especial preservação:*
>
> ***Pena*** *- detenção, de três meses a um ano, e multa.*

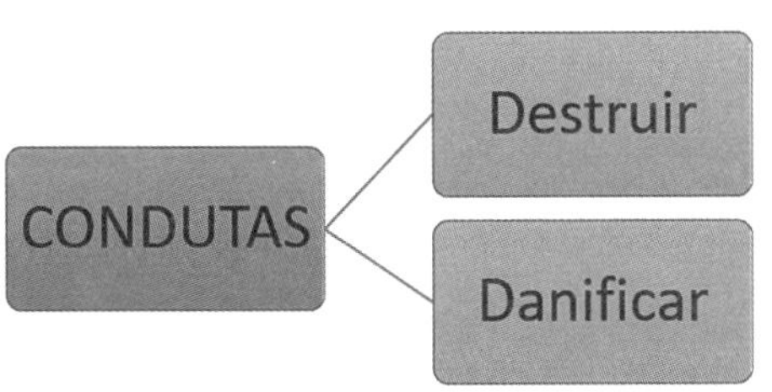

Esse crime visa à proteção das florestas nativas ou plantadas e da vegetação fixadora de dunas, protetora de mangues, objeto de especial preservação. Contudo, é pertinente lembrar que, em se tratando de florestas de preservação permanente, o crime será o do Art. 38, com base no princípio da especialidade.

Dunas são montes e colinas formados de areia pela ação de ventos à beira-mar. Já o Manguezal é um ecossistema litorâneo de vegetação, que fica localizado em terrenos baixos sujeitos à ação das marés, de modo a formar uma cadeia alimentar com rica produção biológica.

A "especial proteção" pode decorrer de lei ou qualquer ato normativo federal, estadual, municipal ou distrital.

> ***Art. 50-A.*** *Desmatar, explorar economicamente ou degradar floresta, plantada ou nativa, em terras de domínio público ou devolutas, sem autorização do órgão competente:*
>
> ***Pena*** *- reclusão de 2 (dois) a 4 (quatro) anos e multa.*
>
> ***§ 1º*** *Não é crime a conduta praticada quando necessária à subsistência imediata pessoal do agente ou de sua família.*
>
> ***§ 2º*** *Se a área explorada for superior a 1.000 ha (mil hectares), a pena será aumentada de 1 (um) ano por milhar de hectare.*

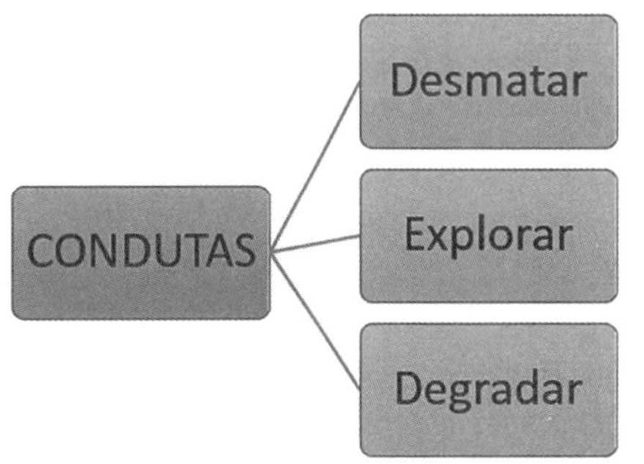

Esse é um crime novo, introduzido na Lei em 2006. Ele visa proteger florestas do desmatamento (derrubada de grande quantidade de árvores), da exploração econômica (exercício de atividade lucrativa) ou da degradação (ocorrência de estragos, destruição). A degradação se difere da conduta de destruir ou de danificar; a degradação ocorre durante um tempo, não acontecem de imediato os estragos.

E, ainda, temos que nos atentar à necessidade da falta de autorização de órgão competente, já que havendo autorização o fato se torna atípico. Essa autorização deve vir do IBAMA se a floresta pertencer à União, ou por órgãos municipais, estaduais ou distritais quando pertencente aos demais entes federativos.

Estado de Necessidade	Não é crime a conduta praticada quando necessária à subsistência imediata pessoal do agente ou de sua família.
Aumentado de Pena	Se a área explorada for superior a mil hectares, a pena será aumentada de 1 ano por milhar de hectare.

As condutas do Art. 50 atingem florestas objeto de especial preservação, enquanto que as do Art. 50-A estão relacionadas às florestas situadas em áreas de domínio público ou desocupadas, não sendo necessária a existência de norma específica de proteção editada.

> ***Art. 51.*** *Comercializar motosserra ou utilizá-la em florestas e nas demais formas de vegetação, sem licença ou registro da autoridade competente:*
>
> ***Pena*** *- detenção, de três meses a um ano, e multa.*

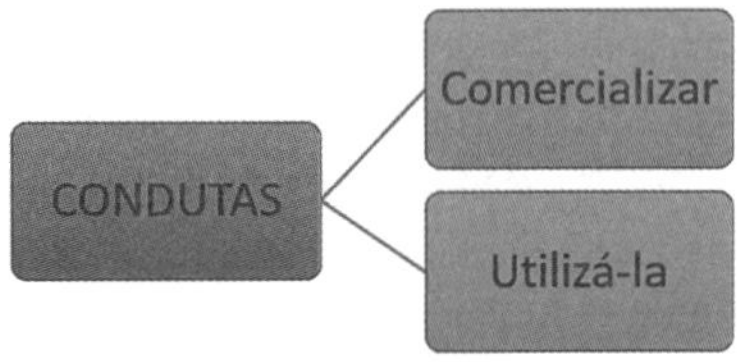

A primeira atenção que devemos ter é sobre a conduta de comercializar, a qual não ser confundida com vender ou expor à venda. Nesse caso, a conduta diz respeito ao exercício de atividade comercial, de modo que somente o sujeito que exerce como atividade o comércio de motosserras poderá ser o sujeito ativo.

A motosserra é uma serra com motor, e ao comercializá-la ou utilizá-la em florestas e demais formas de vegetação, comete-se o crime em estudo, desde que não haja a devida licença ou registro da autoridade competente.

> ***Art. 52.*** *Penetrar em Unidades de Conservação conduzindo substâncias ou instrumentos próprios para caça ou para exploração de produtos ou subprodutos florestais, sem licença da autoridade competente:*
>
> *Pena- detenção, de seis meses a um ano, e multa.*

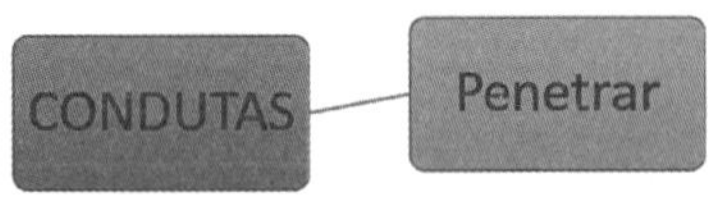

Penetrar significa entrar. Dessa maneira, o crime consiste na entrada em Unidades de Conservação levando substâncias ou instrumentos próprios para a caça ou para a exploração de produtos ou subprodutos florestais, sem licença da autoridade competente. Ou seja, havendo licença, o fato se torna atípico.

> ***Art. 53.*** *Nos crimes previstos nesta Seção, a pena é aumentada de um sexto a um terço se:*
>
> ***I.*** *do fato resulta a diminuição de águas naturais, a erosão do solo ou a modificação do regime climático;*
>
> ***II.*** *o crime é cometido:*
>
> ***a)*** *no período de queda das sementes;*
>
> ***b)*** *no período de formação de vegetações;*
>
> ***c)*** *contra espécies raras ou ameaçadas de extinção, ainda que a ameaça ocorra somente no local da infração;*
>
> ***d)*** *em época de seca ou inundação;*
>
> ***e)*** *durante a noite, em domingo ou feriado.*

CAUSAS DE AUMENTO DE PENA - NOS CRIMES PREVISTOS NO ART. 38 A 52	
Aumenta-se de 1/6 a 1/3 a pena se	do fato **resulta a diminuição de águas** naturais, a **erosão do solo** ou a **modificação do regime climático;**
	o crime é cometido **no período de queda das sementes;**
	o crime é cometido no **período de formação de vegetações;**
	o crime é **cometido contra espécies raras ou ameaçadas de extinção**, ainda que a ameaça ocorra somente no local da infração;
	o crime é cometido em época de seca ou inundação;
	o crime é cometido **durante a noite, em domingo ou feriado.**

Seção III - Da Poluição e outros Crimes Ambientais

Os crimes aqui previstos tutelam, além do meio ambiente, outros bens jurídicos humanos, como a vida, a integridade física, a moradia etc.

É importante ressaltar que no momento de aplicação da pena o juiz deverá verificar as consequências que o crime causou no meio ambiente e para a saúde humana.

Então, embora essa lei vise à proteção ao meio ambiente, prevê, em alguns casos, a tutela direta e específica das pessoas.

> ***Art. 54.*** *Causar poluição de qualquer natureza em níveis tais que resultem ou possam resultar em danos à saúde humana, ou que provoquem a mortandade de animais ou a destruição significativa da flora:*
>
> ***Pena*** *- reclusão, de um a quatro anos, e multa.*
>
> ***§ 1º*** *Se o crime é culposo:*
>
> ***Pena*** *- detenção, de seis meses a um ano, e multa.*
>
> ***§ 2º*** *Se o crime:*
>
> ***I.*** *tornar uma área, urbana ou rural, imprópria para a ocupação humana;*
>
> ***II.*** *causar poluição atmosférica que provoque a retirada, ainda que momentânea, dos habitantes das áreas afetadas, ou que cause danos diretos à saúde da população;*
>
> ***III.*** *causar poluição hídrica que torne necessária a interrupção do abastecimento público de água de uma comunidade;*
>
> ***IV.*** *dificultar ou impedir o uso público das praias;*
>
> ***V.*** *ocorrer por lançamento de resíduos sólidos, líquidos ou gasosos, ou detritos, óleos ou substâncias oleosas, em desacordo com as exigências estabelecidas em leis ou regulamentos:*
>
> ***Pena*** *- reclusão, de um a cinco anos.*
>
> ***§ 3º*** *Incorre nas mesmas penas previstas no parágrafo anterior quem deixar de adotar, quando assim o exigir a autoridade competente, medidas de precaução em caso de risco de dano ambiental grave ou irreversível.*

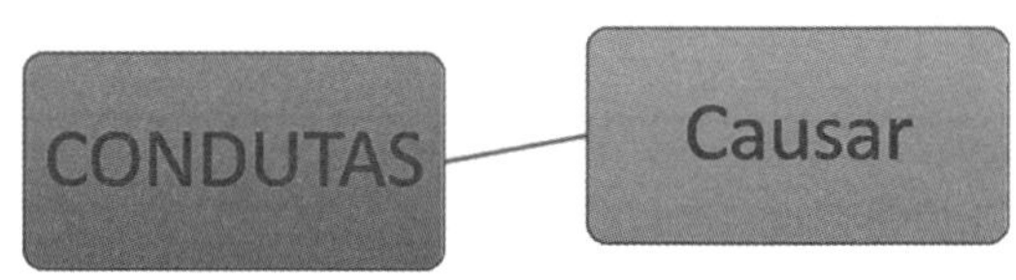

A conduta de dar causa à poluição de qualquer tipo pode resultar em danos à saúde humana ou provocar a mortandade de animais ou a destruição significativa da flora.

Sobre o termo "poluição", devemos entender como o lançamento ou então a adição de substância ou matéria ao meio ambiente.

A poluição definida por este crime abrange a poluição atmosférica, hídrica, térmica, do solo e sonora.

A expressão "níveis tais" determina que somente haverá o crime se ocorrer poluição em níveis altos que resultem ou possam resultar danos à saúde humana, a mortandade de animais ou a destruição significativa da flora, de modo que não é qualquer poluição que se enquadra no tipo penal.

Por ser um crime que causa danos, será indispensável o exame pericial para verificar se a poluição causou os prejuízos mencionados, e mesmo para aplicação das qualificadoras abaixo descritas.

Se o crime é culposo:	Pena de detenção, de seis meses a um ano, e multa.
Qualificadoras Pena de reclusão de 1 a 5 anos;	*tornar uma área, urbana ou rural,* ***imprópria para a ocupação humana;***
	causar ***poluição atmosférica*** *que provoque a retirada, ainda que momentânea, dos habitantes das áreas afetadas, ou que cause danos diretos à saúde da população;*
	causar ***poluição hídrica*** *que torne necessária a interrupção do abastecimento público de água de uma comunidade;*
	dificultar ou impedir o uso público *das praias;* *ocorrer por lançamento de resíduos sólidos, líquidos ou gasosos, ou detritos, óleos ou substâncias oleosas, em desacordo com as exigências estabelecidas em leis ou regulamentos;*
	Incorre na mesma pena quem deixar de adotar, *quando assim o exigir a autoridade competente, medidas de precaução em caso de risco de dano ambiental grave ou irreversível.*

Art. 55. *Executar pesquisa, lavra ou extração de recursos minerais sem a competente autorização, permissão, concessão ou licença, ou em desacordo com a obtida:*

Pena *- detenção, de seis meses a um ano, e multa.*

Parágrafo único. *Nas mesmas penas incorre quem deixa de recuperar a área pesquisada ou explorada, nos termos da autorização, permissão, licença, concessão ou determinação do órgão competente.*

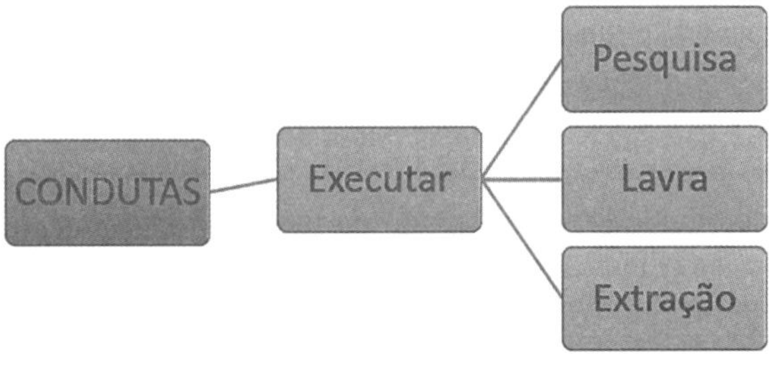

A conduta diz respeito à execução, ou seja, à realização de pesquisa, lavra ou extração de recursos minerais, desde que o agente não esteja munido pela competente autorização, permissão, concessão ou licença ou ainda se agir em desacordo a qual dela tiver obtido. Assim como os demais casos, se o agente tiver um dos documentos exigidos ou ainda estiver agindo em regularidade, o fato se torna atípico.

Todavia, é pertinente lembrar: as autorizações, permissões, concessões e licenças são individuais. Se o agente tem licença para executar a lavra, mas se utiliza dela para pesquisa, o agente está, sim, cometendo o crime. Esses meios autorizadores são concedidos pelo Departamento Nacional de Produtos Minerais.

Aquele que deixa de recuperar a área pesquisada ou explorada, nos termos da autorização, permissão, licença, concessão ou determinação do órgão competente, comete crime equiparado ao *caput.*

Art. 56. *Produzir, processar, embalar, importar, exportar, comercializar, fornecer, transportar, armazenar, guardar, ter em depósito ou usar produto ou substância tóxica, perigosa ou nociva à saúde humana ou ao meio ambiente, em desacordo com as exigências estabelecidas em leis ou nos seus regulamentos:*

Pena *- reclusão, de um a quatro anos, e multa.*

§ 1º*. Nas mesmas penas incorre quem:*

I. *abandona os produtos ou substâncias referidos no caput ou os utiliza em desacordo com as normas ambientais ou de segurança;*

II. *manipula, acondiciona, armazena, coleta, transporta, reutiliza, recicla ou dá destinação final a resíduos perigosos de forma diversa da estabelecida em lei ou regulamento.*

§ 2º *Se o produto ou a substância for nuclear ou radioativa, a pena é aumentada de um sexto a um terço.*

§ 3º *Se o crime é culposo:*

Pena *- detenção, de seis meses a um ano, e multa.*

Esse crime consiste em um tipo misto alternativo - isto é, independentemente do número de condutas, haverá a prática de um crime único pelo agente - que prevê **doze condutas** consideradas puníveis:

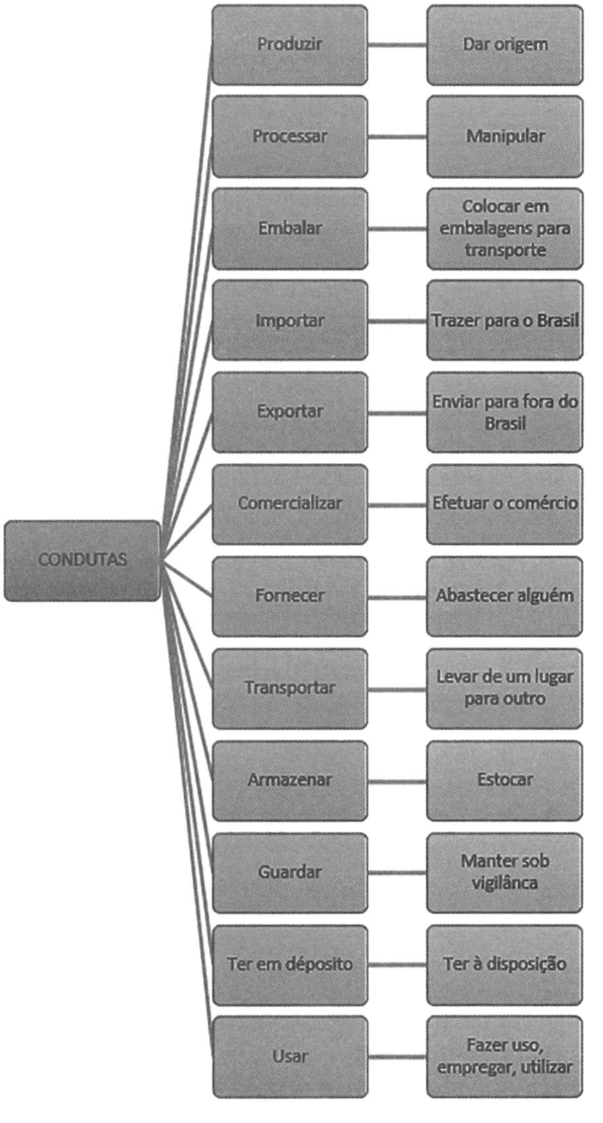

Os objetos materiais do crime são as substâncias e os produtos tóxicos (venenosos), perigosos (que causam perigo) ou nocivos (que prejudicam ou causam danos). E, ainda, por entendimento doutrinário não basta somente a comprovação pericial;

necessita-se que essas substâncias estejam classificadas em leis ou atos normativos, caso contrário o fato será considerado como atípico.

O termo *"em desacordo com as exigências estabelecidas em leis ou nos seus regulamentos"* trata-se de uma norma penal em branco, que necessita de complementação.

FIGURAS EQUIPARADAS
Nas mesmas penas incorre quem: - abandona os produtos ou substâncias referidos no caput ou os utiliza em desacordo com as normas ambientais ou de segurança; - manipula, acondiciona, armazena, coleta, transporta, reutiliza, recicla ou dá destinação final a resíduos perigosos de forma diversa da estabelecida em lei ou regulamento.

PENAS	
Aumenta-se de 1/6 a 1/3	se o produto ou a substância forem nucleares ou radioativos
6 meses a 1 ano + multa	*se **o crime for culposo***

Art. 58. *Nos crimes dolosos previstos nesta Seção, as penas serão aumentadas:*

I. *de um sexto a um terço, se resulta dano irreversível à flora ou ao meio ambiente em geral;*

II. *de um terço até a metade, se resulta lesão corporal de natureza grave em outrem;*

III. *até o dobro, se resultar a morte de outrem.*

Parágrafo único. *As penalidades previstas neste artigo somente serão aplicadas se do fato não resultar crime mais grave.*

CAUSAS DE AUMENTO DE PENA – nos crimes previstos no Art. 54 a 61	
Aumenta-se de 1/6 a 1/3	*se **resulta dano irreversível** à flora ou ao meio ambiente em geral;*
Aumenta-se de 1/3 até a metade	*se **resulta lesão corporal** de natureza grave em outrem;*
Aumenta-se até o dobro	*se **resultar a morte de outrem.***

Art. 60. *Construir, reformar, ampliar, instalar ou fazer funcionar, em qualquer parte do território nacional, estabelecimentos, obras ou serviços potencialmente poluidores, sem licença ou autorização dos órgãos ambientais competentes, ou contrariando as normas legais e regulamentares pertinentes:*

Pena *- detenção, de um a seis meses, ou multa, ou ambas as penas cumulativamente.*

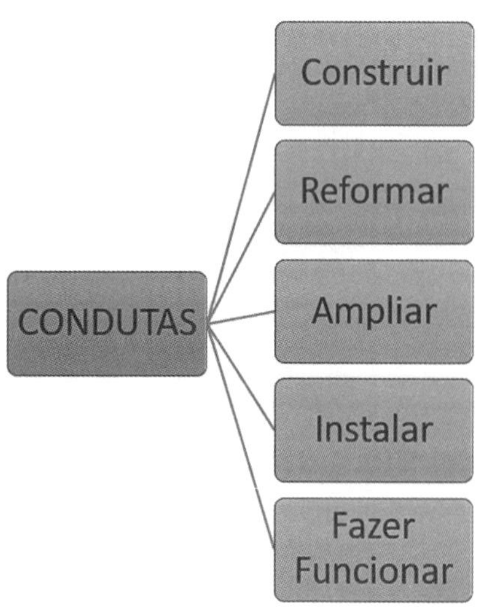

Art. 61. *Disseminar doença ou praga ou espécies que possam causar dano à agricultura, à pecuária, à fauna, à flora ou aos ecossistemas:*

Pena *- reclusão, de um a quatro anos, e multa.*

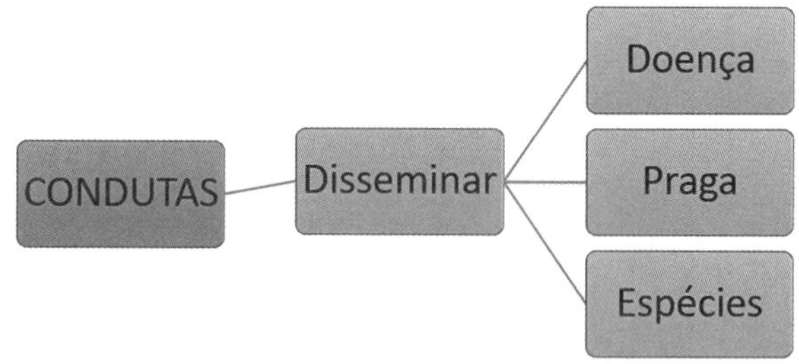

Disseminar consiste em espalhar, propagar a doença ou praga ou espécies que possam causar danos:

à agricultura: lavoura destinada à produção de alimentos;
à pecuária: criação de gados;
à fauna: conjunto de animais de determinada localidade;
à flora: conjunto de plantas de determinada localidade;
ao ecossistema: qualquer unidade que inclua todos os organismos de uma determinada área.

Esse crime se consuma com a mera disseminação da doença ou da praga, independentemente de o dano ocorrer.

Seção IV - Dos Crimes contra o Ordenamento Urbano e o Patrimônio Cultural

Inclui-se no conceito de meio ambiente o **meio ambiente artificial e o cultura**l. O meio ambiente artificial é aquele construído pelo homem, é composto pelo espaço urbano fechado e pelo espaço urbano aberto.

Já o patrimônio cultural encontra-se determinado pelo Art. 216 da CF: *Constituem patrimônio cultural brasileiro os bens de natureza material e imaterial, tomados individualmente ou em conjunto, portadores de referência à identidade, à ação, à memória dos diferentes grupos formadores da sociedade brasileira, nos quais se incluem: I - as formas de expressão; II - os modos de criar, fazer e viver; III - as criações científicas, artísticas e tecnológicas; IV - as obras, objetos, documentos, edificações e demais espaços destinados às manifestações artístico-culturais; V - os conjuntos urbanos e sítios de valor histórico, paisagístico, artístico, arqueológico, paleontológico, ecológico e científico.*Portanto, a proteção ao meio ambiente não se limita a apenas à flora e à fauna, mas sim aos patrimônios culturais existentes na sociedade.

Art. 62. *Destruir, inutilizar ou deteriorar:*

I. *bem especialmente protegido por lei, ato administrativo ou decisão judicial;*

II. *arquivo, registro, museu, biblioteca, pinacoteca, instalação científica ou similar protegido por lei, ato administrativo ou decisão judicial:*

Pena *- reclusão, de um a três anos, e multa.*

Parágrafo único. *Se o crime for culposo, a pena é de seis meses a um ano de detenção, sem prejuízo da multa.*

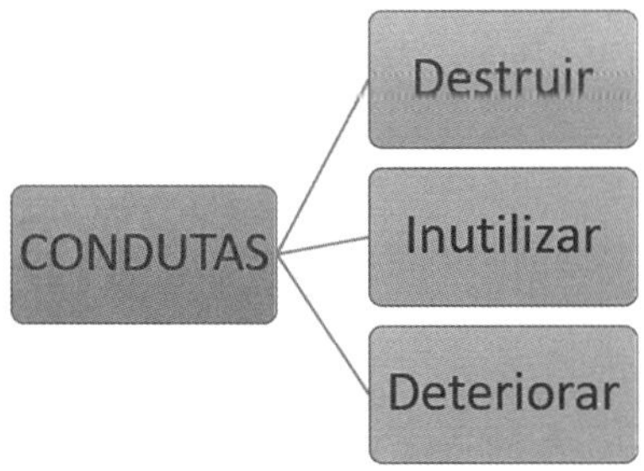

Trata-se dos bens especialmente protegidos por lei, ato administrativo ou judicial. A lei pode ser tanto federal, quanto municipal, estadual ou distrital, visto que é de competência concorrente entre os entes federativos a proteção ao patrimônio cultural brasileiro; do mesmo modo a decisão judicial pode ser derivada de qualquer instância do Poder Judiciário; e o ato administrativo será o tombamento, que também pode ser feito por órgão de qualquer dos entes.

Serão também objetos materiais protegidos por este artigo o arquivo, o registro, o museu, a biblioteca, a pinacoteca, a instalação científica ou similar protegidos por lei, ato administrativo ou decisão judicial.

> ***Art. 63.*** *Alterar o aspecto ou estrutura de edificação ou local especialmente protegido por lei, ato administrativo ou decisão judicial, em razão de seu valor paisagístico, ecológico, turístico, artístico, histórico, cultural, religioso, arqueológico, etnográfico ou monumental, sem autorização da autoridade competente ou em desacordo com a concedida:*
>
> ***Pena*** *- reclusão, de um a três anos, e multa.*

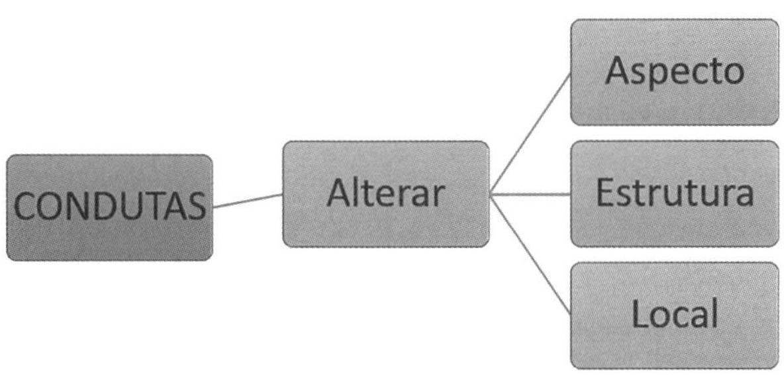

Qualquer modificação, ainda que superficial, na aparência ou na organização do objeto material protegido na norma configura o crime em análise. Esses objetos são protegidos exatamente por seu valor original, de modo que qualquer alteração pode fazer com que ele perca esse valor histórico, paisagístico, artístico, cultural etc. Contudo, para que o crime se configure, não basta a mera modificação; esta não deve ter sido autorizada por autoridade competente ou então deve estar em desacordo com a autorização concedida. Caso contrário, o ato se torna atípico.

> ***Art. 64.*** *Promover construção em solo não edificável, ou no seu entorno, assim considerado em razão de seu valor paisagístico, ecológico, artístico, turístico, histórico, cultural, religioso, arqueológico, etnográfico ou monumental, sem autorização da autoridade competente ou em desacordo com a concedida:*
>
> ***Pena*** *- detenção, de seis meses a um ano, e multa.*

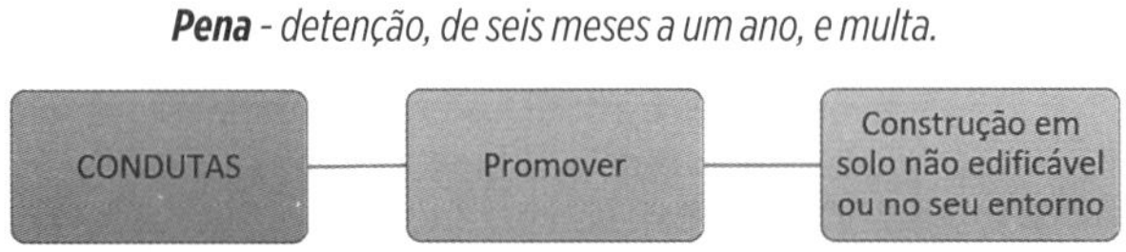

Fazer qualquer obra ou edificação em solo onde não pode haver construções, bem como em seu entorno, consiste em crime contra o meio ambiente, desde que não haja autorização competente ou que o agente aja em descordo com a autorização concedida. Caso contrário, o fato de torna atípico.

> ***Art. 65.*** *Pichar ou por outro meio conspurcar edificação ou monumento urbano:*
>
> ***Pena*** *- detenção, de 3 (três) meses a 1 (um) ano, e multa*
>
> ***§ 1º.*** *Se o ato for realizado em monumento ou coisa tombada em virtude do seu valor artístico, arqueológico ou histórico, a pena é de 6 (seis) meses a 1 (um) ano de detenção e multa.*
>
> ***§ 2º.*** *Não constitui crime a prática de grafite realizada com o objetivo de valorizar o patrimônio público ou privado mediante manifestação artística, desde que consentida pelo proprietário e, quando couber, pelo locatário ou arrendatário do bem privado e, no caso de bem público, com a autorização do órgão competente e a observância das posturas municipais e das normas editadas pelos órgãos governamentais responsáveis pela preservação e conservação do patrimônio histórico e artístico nacional.*

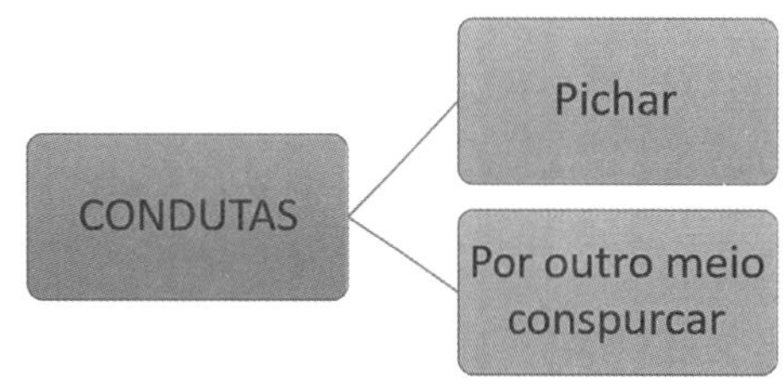

A pichação consiste no ato de escrever ou rabiscar em muros, paredes e etc., enquanto conspurcar consiste em sujar, ambos em construções ou obra artística de grande valor cultural.

Fato atípico (não criminoso)	*Não constitui crime a prática de grafite realizada com o objetivo de valorizar o patrimônio público ou privado mediante manifestação artística, desde que <u>consentida pelo proprietário</u> e, quando couber, <u>pelo locatário ou arrendatário do bem privado</u> e, no caso de bem público, com a autorização do órgão competente e a observância das posturas municipais e das normas editadas pelos órgãos governamentais responsáveis pela preservação e conservação do patrimônio histórico e artístico nacional.* (grifo nosso)
A pena será de 6 meses a 1 ano	*Se o ato for realizado em* ***monumento ou coisa tombada em virtude do seu valor artístico, arqueológico ou histórico.*** **(grifo nosso)**

Seção V - Dos Crimes contra a Administração Ambiental

> ***Art. 66.*** *Fazer o funcionário público afirmação falsa ou enganosa, omitir a verdade, sonegar informações ou dados técnico-científicos em procedimentos de autorização ou de licenciamento ambiental:*
>
> ***Pena*** *- reclusão, de um a três anos, e multa.*

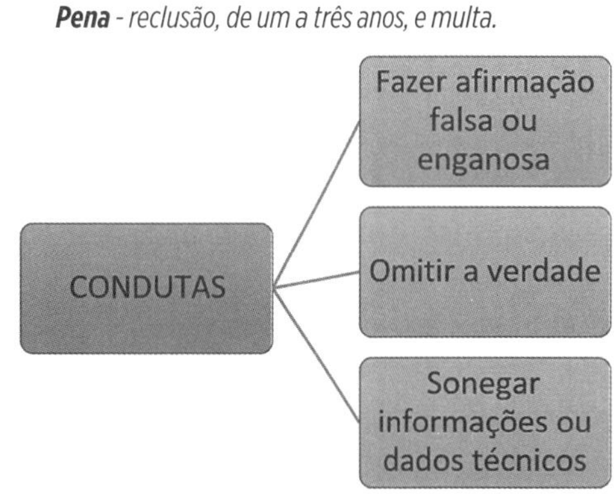

Esse delito seria uma forma de falsidade ideológica ambiental, praticado por funcionário público que faz uma afirmação que não corresponde à verdade ou que leva a engano, ou então não menciona a verdade ou ainda esconde dados técnico-científicos em procedimentos autorizadores e licenciadores ambientais. Desse modo, esse crime pode ser praticado tanto por meio de uma ação quanto de uma omissão.

> ***Art. 67.*** *Conceder o funcionário público licença, autorização ou permissão em desacordo com as normas ambientais, para as atividades, obras ou serviços cuja realização depende de ato autorizativo do Poder Público:*
>
> ***Pena*** *- detenção, de um a três anos, e multa.*
>
> ***Parágrafo único.*** *Se o crime é culposo, a pena é de três meses a um ano de detenção, sem prejuízo da multa.*

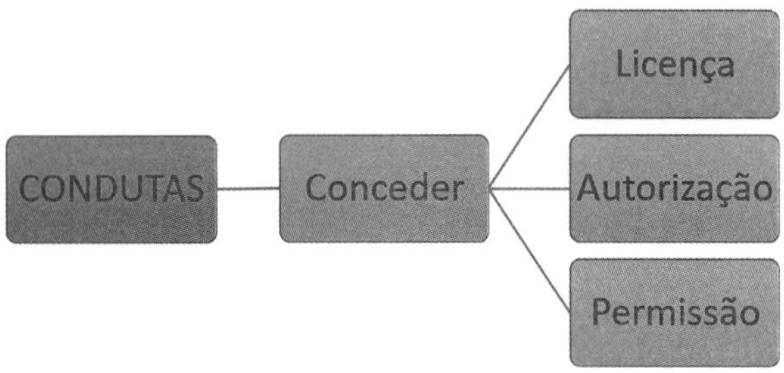

O funcionário público fornece a alguém autorização ou permissão ou licença infringindo a legislação ambiental para atividades, obras ou serviços que dependam de ato autorizativo do Poder Público.

> ***Art. 68.*** *Deixar, aquele que tiver o dever legal ou contratual de fazê-lo, de cumprir obrigação de relevante interesse ambiental:*
>
> ***Pena*** *- detenção, de um a três anos, e multa.*
>
> ***Parágrafo único.*** *Se o crime é culposo, a pena é de três meses a um ano, sem prejuízo da multa.*

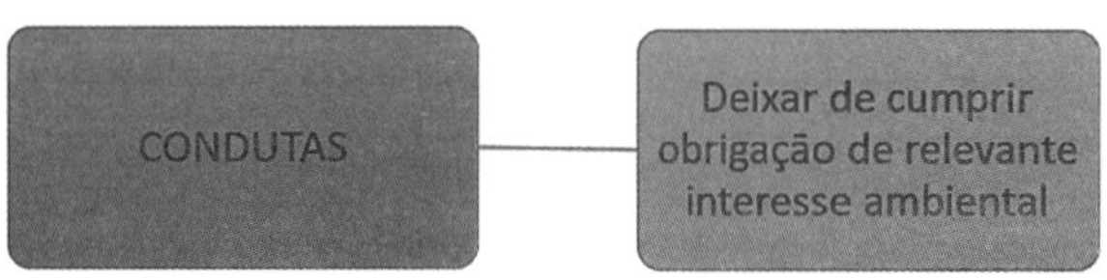

O agente, que tem como dever legal ou contratual cumprir obrigação de relevante interesse ambiental, se não o fizer, incorre no crime acima descrito.

O grande problema concentra-se no termo "relevante interesse ambiental", posto que a lei não menciona o que efetivamente seria isso, ferindo diretamente o princípio da taxatividade, até porque o meio ambiente constitui, por si só, um relevante interesse. Contudo, entende-se que o Art. 52 da Lei 12.305/10 resolve este problema ao dispor que: *a observância do disposto no **caput** do art. 23 e no § 2º do art. 39 desta Lei é considerada obrigação de relevante interesse ambiental para efeitos do art. 68 da Lei nº 9.605, de 1998, sem prejuízo da aplicação de outras sanções cabíveis nas esferas penal e administrativa.*

> ***Art. 69.*** *Obstar ou dificultar a ação fiscalizadora do Poder Público no trato de questões ambientais:*
>
> ***Pena*** *- detenção, de um a três anos, e multa.*

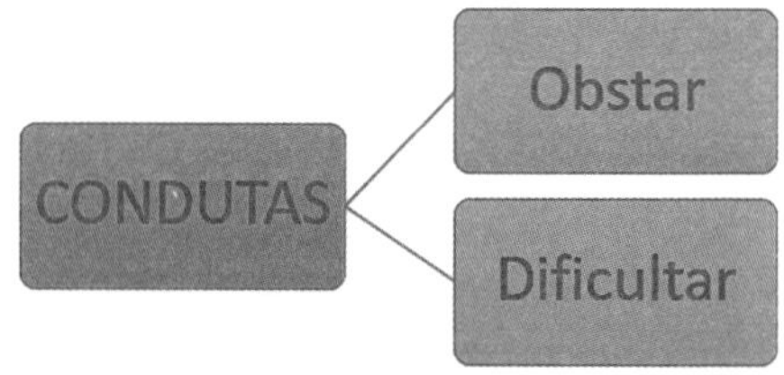

O crime consiste no impedimento ou na criação de obstáculos para a ação fiscalizadora do Poder Público em questões ambientais.

> ***Art. 69-A.*** *Elaborar ou apresentar, no licenciamento, concessão florestal ou qualquer outro procedimento administrativo, estudo, laudo ou relatório ambiental total ou parcialmente falso ou enganoso, inclusive por omissão:*
>
> ***Pena*** *- reclusão, de 3 (três) a 6 (seis) anos, e multa.*
>
> ***§ 1º*** *Se o crime é culposo:*
>
> ***Pena*** *- detenção, de 1 (um) a 3 (três) anos.*
>
> ***§ 2º*** *A pena é aumentada de 1/3 (um terço) a 2/3 (dois terços), se há dano significativo ao meio ambiente, em decorrência do uso da informação falsa, incompleta ou enganosa.*

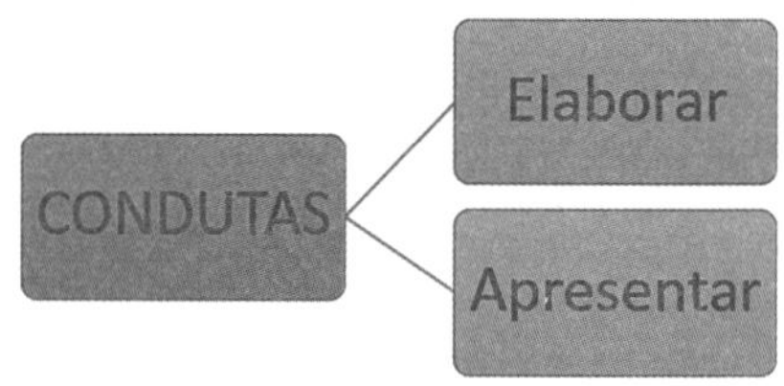

O crime ocorre com a formulação ou utilização de análise, conclusão pericial ou mesmo parecer ambiental, integral ou parcialmente falso ou enganoso. A falsidade ou o engano documental podem ocorrer com a inserção de dados falsos ou enganosos, bem como pela ausência de dados verdadeiros, podendo ser a falsidade tanto material quanto ideológica.

O documento elaborado ou utilizado deve ocorrer em casos de licenciamento, concessão florestal ou qualquer outro procedimento administrativo.

Por conta do princípio da especialidade, esse crime prevalece sobre os de falsidade previstos no Código Penal.

CAUSAS DE AUMENTO DE PENA	
Aumenta-se de 1/3 a 2/3	*se há **dano significativo** ao meio ambiente, em decorrência do uso da informação falsa, incompleta ou enganosa.*

Questões

01. (CESPE – 2019) Acerca do direito coletivo, julgue o item a seguir.

Conforme jurisprudência do STJ, é competência da justiça eleitoral julgar ação civil pública em que se busque cessar degradação ambiental causada por partido político em propaganda eleitoral consistente em pichações e pinturas em edificações urbanas

Certo ( ) Errado ( )

02. (CESPE – 2019) Acerca de tutela processual do meio ambiente, de crimes ambientais e de espaços territoriais especialmente protegidos, julgue o item que se segue.

Os crimes ambientais não podem ser caracterizados por atos omissivos

Certo ( ) Errado ( )

03. (CESPE – 2019) Segundo a Constituição Federal de 1988, condutas e atividades lesivas ao meio ambiente sujeitam os infratores a sanções penais e administrativas, independentemente da obrigação de reparar os danos causados. Acerca da responsabilidade dos infratores em situações de condutas ou atividades lesivas ao meio ambiente, assinale o item a seguir.

A responsabilidade penal da pessoa jurídica possibilita a aplicação da pena restritiva de direitos cumulada com a pena de prestação de serviços à comunidade.

Certo ( ) Errado ( )

04. (CESPE – 2019) Joana, moradora de uma comunidade quilombola, tem baixo grau de instrução e trabalha na principal atividade de subsistência da sua comunidade, que é a pesca. Durante uma pescaria, feita sempre aos domingos, no período noturno, ela capturou dois filhotes de baleia-franca, espécie inserida na lista local de espécies ameaçadas de extinção. Depois desse dia, Joana passou a fazer da pesca dessa espécie animal uma atividade econômica, com a venda para o comércio da região. Somente após ter praticado reiteradamente a atividade criminosa, ela descobriu que essa espécie de baleia era ameaçada de extinção. Arrependida, Joana dirigiu-se a uma delegacia de polícia e informou, com antecedência, à autoridade policial todos os locais em que havia instalado armadilhas de pesca. Além disso, passou a trabalhar em um projeto social para reparar o dano causado e a colaborar com os agentes encarregados da vigilância e do controle ambiental.

Conforme as disposições da Lei n.º 9.605/1998, assinale se a opção indica circunstância atenuante de eventual pena criminal que possa ser imputada a Joana.

A comunicação prévia de Joana do perigo iminente de degradação ambiental, em razão das armadilhas de pesca instaladas, e a periodicidade das pescas (sempre aos domingos).

Certo ( ) Errado ( )

05. (CESPE – 2019) Conforme as disposições da Lei n.º 9.605/1998, assinale se a opção indica circunstância atenuante de eventual pena criminal que possa ser imputada a Joana.

O baixo grau de instrução de Joana e sua colaboração com os agentes encarregados da vigilância e do controle ambiental.

Certo ( ) Errado ( )

Gabaritos

01	ERRADO
02	ERRADO
03	CERTO
04	ERRADO
05	CERTO

8. LEI DE REPRESSÃO UNIFORME – ATRIBUIÇÕES DA POLÍCIA FEDERAL - LEI 10.446/02

A Lei 10.446, de 8 de maio de 2002, dispõe sobre infrações penais de repercussão interestadual ou internacional que exigem repressão uniforme, com o objetivo de regulamentar uma das funções da Polícia Federal, determinadas no Art. 144 da Constituição Federal:

> ***§ 1º*** *A polícia federal, instituída por lei como órgão permanente, organizado e mantido pela União e estruturado em carreira, destina-se a:*
>
> ***I.*** *apurar infrações penais contra a ordem política e social ou em detrimento de bens, serviços e interesses da União ou de suas entidades autárquicas e empresas públicas, assim como outras infrações cuja prática tenha repercussão interestadual ou internacional e exija repressão uniforme, segundo se dispuser em lei;*
>
> ***II.*** *prevenir e reprimir o tráfico ilícito de entorpecentes e drogas afins, o contrabando e o descaminho, sem prejuízo da ação fazendária e de outros órgãos públicos nas respectivas áreas de competência;*
>
> ***III.*** *exercer as funções de polícia marítima, aeroportuária e de fronteiras;*
>
> ***IV.*** *exercer, com exclusividade, as funções de polícia judiciária da União.*

Como se verifica no texto constitucional, é **função da Polícia Federal**, entre outras, a **apuração de *outras infrações*** - além daquelas contra a ordem política e social ou em detrimento de bens, serviços e interesses da União ou de suas entidades autárquicas e empresas públicas - **cuja prática tenha repercussão interestadual ou internacional que exigem repressão uniforme**.

Infração de repercussão interestadual ou internacional, de acordo com a doutrina, *significa que o* ***crime*** *– exclui-se a contravenção penal, pois não é da competência da Justiça Federal, em caso algum, a sua apuração (art. 109, IV, CF) –* ***pode atingir, de forma direta ou indireta, pessoas físicas e/ou jurídicas de mais de um Estado-membro (interestadual), bem como pode alcançar mais de um Estado estrangeiro, além do Brasil (internacional).*** *Para avaliar o grau de influência gerado pelo delito, torna-se conveniente associar o desenvolvimento dos atos executórios e a consumação da infração penal, que precisam espalhar-se por mais de um local, à comoção provocada em sociedade. Nesta junção de fatores, pode-se extrair a autêntica repercussão interestadual ou internacional do crime, merecendo a consequente repressão uniforme e harmônica, sem conflitos de atribuições entre organismos policiais*[1]. (grifo nosso)

Já repressão uniforme *significa* ***a atuação estatal contra o crime, realizada de modo harmônico e coerente, sem disputas e conflitos, obtendo-se e concentrando-se as informações possíveis para o mais rápido e efetivo deslinde do caso.*** *Tal medida é muito difícil de se concretizar caso a Polícia Civil de um Estado entre em disputa com a de outro Estado brasileiro, bem como se rivalizarem as Polícias Civil e Militar, ou mesmo quando a Polícia Civil disputar espaço com a Federal. Portanto, nos casos enumerados nos incisos I a IV deste artigo, cabe à Polícia Federal a atribuição precípua e a coordenação da investigação, contando, naturalmente, com a colaboração dos demais organismos policiais estaduais*[2]. (grifo nosso)

Determina o Art. 1º da Lei 10.446/2002 que sempre que houver repercussão interestadual ou internacional que **exija repressão uniforme**, poderá o Departamento de Polícia Federal do Ministério da Justiça proceder à investigação das infrações penais determinadas em seus incisos.

É importante, contudo, observar que, ao contrário da atuação como polícia judiciária da União, a repreensão uniforme não é exclusiva da Polícia Federal, tanto que a própria Lei afirma que sua atuação será sem prejuízo da responsabilidade dos órgãos de segurança pública arrolados no Art. 144 da Constituição Federal, em especial das Polícias Militares e Civis dos Estados.

> A investigação realizada pela Polícia Federal nos crimes que exigem repressão uniforme não afasta a competência da Justiça Comum para o julgamento.

Nesses casos, mesmo que o delito posteriormente não seja julgado pela Justiça Federal (por fugir às hipóteses do Art. 109 da Constituição Federal), poderá a Polícia Federal realizar a investigação, sozinha ou simultaneamente com a Polícia Civil, enviando o inquérito concluído para o Ministério Público Estadual. Vejamos, nesse sentido, o seguinte precedente do Superior Tribunal de Justiça: ***As atribuições da Polícia Federal e a competência da Justiça Federal****, ambas previstas na Constituição da República (arts. 108, 109 e 144, § 1º),* ***não se confundem****, razão pela qual não há falar que a investigação que deu origem à ação penal foi realizada por autoridade absolutamente incompetente* (6ª T., RHC 50.011, rel. Min. Sebastião Reis Júnior, DJe 16.12.2004). Igualmente:

> *O plexo de atribuições da Polícia Federal, delineadas no rol* ***numerus clausus*** *da Lei 10.446/2002, caso dotadas de interestadualidade, abrangem, pois, infrações de competência penal residual da Justiça Comum Estadual. Nessas hipóteses, como é o caso, há concorrência de atribuições investigatórias entre Polícia Federal e a Polícia Civil, portanto, não há falar em avocação das atribuições da Polícia Judiciária da União. Ademais, a situação em tela enquadra-se nas hipóteses do art. 1.º, caput, da Lei 10.446/2002, sendo despicienda a autorização do Ministro de Estado da Justiça, sendo tal consentimento necessário apenas nos casos que não se enquadrem no caput e respectivos incisos do dispositivo legal em comento. 4. Embargos de declaração rejeitados* (5.ª T., EDcl no RHC 57.487, rel. Min. Ribeiro Dantas, j. 27.09.2016).

Observemos, agora, a lista das **infrações penais que permitem investigação pela Polícia Federal**, quando exigirem a repercussão uniforme:

> ***I.*** ***sequestro, cárcere privado*** *e* ***extorsão mediante sequestro*** *(arts. 148 e 159 do Código Penal), se o agente foi impelido por* ***motivação política*** *ou quando* ***praticado em razão da função pública*** *exercida pela vítima;*

Convém frisar que, na hipótese desses dois crimes, não basta a prática do fato penal, sendo necessária a motivação política ou

1 NUCCI, Guilherme de Souza. Leis penais e processuais penais comentadas: Vol. 1. 11ª edição. Forense: Rio de Janeiro, 2018, VitalBook file, p. 56 – destacou-se.

2 NUCCI, Guilherme de Souza. Leis penais e processuais penais comentadas: Vol. 1. 11ª edição. Forense: Rio de Janeiro, 2018, VitalBook file, p. 57 – destacou-se.

decorrente da função pública da vítima. Atenção: não basta que a vítima tenha uma função pública, mas que o crime decorra dela.

II. ***formação de cartel*** *(art. 4º da Lei 8.137/1990[3]);*

Art. 4º *Constitui crime contra a ordem econômica:*

I. *abusar do poder econômico, dominando o mercado ou eliminando, total ou parcialmente, a concorrência mediante qualquer forma de ajuste ou acordo de empresas;*

II. *formar acordo, convênio, ajuste ou aliança entre ofertantes, visando: (Redação dada pela Lei nº 12.529, de 2011).*

a) *à fixação artificial de preços ou quantidades vendidas ou produzidas;*

b) *ao controle regionalizado do mercado por empresa ou grupo de empresas;*

c) *ao controle, em detrimento da concorrência, de rede de distribuição ou de fornecedores.*

Pena - reclusão, de 2 (dois) a 5 (cinco) anos e multa.

III. *relativas à* ***violação a direitos humanos****, que a República Federativa do Brasil se comprometeu a reprimir em decorrência de tratados internacionais de que seja parte; e*

É importante ressaltar que, em relação às infrações relacionadas à violação de direitos humanos, a própria Constituição Federal prevê, no Art. 109, § 5º, que sendo hipóteses de grave violação de direitos humanos, o Procurador-Geral da República, com a finalidade de assegurar o cumprimento de obrigações decorrentes de tratados internacionais de direitos humanos dos quais o Brasil seja parte, poderá suscitar, perante o Superior Tribunal de Justiça, em qualquer fase do inquérito ou processo, incidente de deslocamento de competência para a Justiça Federal.

IV. furto, roubo ou receptação *de cargas, inclusive bens e valores,* ***transportadas em operação interestadual ou internacional****, quando houver indícios da* ***atuação de quadrilha ou bando[4] em mais de um Estado da Federação*** *(arts. 155, 157 e 180 c.c. art. 288, todos do Código Penal);*

V. falsificação, corrupção, adulteração ou alteração de produto destinado a fins terapêuticos ou medicinais e venda, inclusive pela internet, depósito ou distribuição do produto falsificado, corrompido, adulterado ou alterado *(art. 273 do Código Penal) (Incluído pela Lei nº 12.894, de 2013);*

VI. furto, roubo *ou* ***dano contra instituições financeiras****, incluindo agências bancárias ou caixas eletrônicos, quando houver indícios da atuação de associação criminosa em mais de um Estado da Federação; (Incluído pela Lei nº 13.124, de 2015)*

VII. quaisquer crimes praticados por meio da rede mundial de computadores que difundam conteúdo misógino, definidos como aqueles que propagam o ódio ou a aversão às mulheres. *(Incluído pela Lei nº 13.642, de 2018)* (grifo nosso)

A Lei ainda prevê expressamente que o **rol de crimes é exemplificativo**, pois **permite que o Departamento de Polícia Federal proceda à apuração de outros casos**, uma vez verificada:

- > a repercussão interestadual ou internacional que exija repressão uniforme; e
- > que a atuação seja autorizada ou determinada pelo Ministro da Justiça.

3 A Lei especifica alguns incisos que foram revogados pela Lei 12.529/2011.

4 A Lei 12.850/2013 converteu o delito de quadrilha ou bando em crime de associação criminosa, mantendo a mesma estrutura punitiva, mas reduzindo para três o número de agentes necessários para a caracterização do delito.

Questões

01. (CESPE – 2017) Se o titular de secretaria de determinado estado da Federação for sequestrado e o caso tiver repercussão interestadual ou internacional que exija repressão uniforme, então a investigação a ser feita pelo DPF independerá de autorização, se o crime for cometido em razão da função pública exercida ou por motivação política.

Certo ( ) Errado ( )

02. (CESPE – 2014) Com relação à Lei n.º 11.343/2006, que estabelece normas para repressão à produção não autorizada e ao tráfico ilícito de drogas, e à Lei n.º 10.446/2002, que dispõe a respeito de infrações penais de repercussão interestadual ou internacional que exijam repressão uniforme, julgue o item subsequente.

Diante da ocorrência dos crimes de sequestro, de cárcere privado e contra a economia popular, caso haja repercussão interestadual, a Polícia Federal, sem prejuízo da responsabilidade dos órgãos de segurança pública arrolados pela CF, poderá investigar todas essas infrações, independentemente de autorização ou determinação do ministro da Justiça.

Certo ( ) Errado ( )

Gabaritos

01	CERTO	02	ERRADO

9. LEI DE MIGRAÇÃO - LEI Nº 13.445/17

9.1 Introdução

Tendo em vista que a Constituição Federal brasileira determina como um de seus objetivos fundamentais ***origem quaisquer outras formas de discriminação*** (Art. 3º, inciso IV, grifo nosso), considerando, no Art. 5º, que: ***aos estrangeiros*** (grifo nosso), era de rigor a criação de um novo modelo normativo interno que trouxesse novos rumos à política migratória nacional, antes marcada pela proteção nacional, agora melhor adaptada à comunidade internacional.

Nesse sentido, é importante destacar ser de **competência privativa da União** (Art. 22 da Constituição Federal) legislar sobre, que efetivou esse mandamento constitucional por meio da edição da Lei de Migração.

9.2 Objetivo da Lei

A Lei de Migração, Lei 13.445, de 24 de maio de 2017, constitui importante avanço na política migratória brasileira. Sua edição decorre diretamente do processo conhecido como "globalização", que estreitou os laços da comunidade mundial e recomenda, cada vez mais, a diminuição das barreiras entre os Estados Soberanos.

Sua adoção pelo Direito brasileiro parte da mudança de paradigma: enquanto o antigo Estatuto do Estrangeiro tratava o como o, a Lei de Migração passa a tratar o agora denominado genericamente como um sujeito de direitos, ou um .

A Lei de Migração mudou o enfoque no tratamento dos migrantes, tratando-os não como outros (estrangeiros), mas como sujeitos de direitos de migração (imigrantes ou emigrantes).

O objetivo da Lei de Migração é estabelecer os princípios e as diretrizes para as políticas públicas de imigração e emigração, regulamento a entrada e a saída do país, além dos documentos de viagem e condições de nacionalização. Como afirma André de Carvalho Ramos[1]:

A adoção de um novo marco jurídico regulatório das migrações atende a um pleito antigo e a uma necessidade urgente de revogação do Estatuto do Estrangeiro de 1980. Na era da intensa mobilidade humana internacional, surgem (i) oportunidades para o Brasil se beneficiar da diversidade e do multiculturalismo, bem como (ii) deveres de proteção para impedir a construção jurídica de vulnerabilidades e a superexploração de migrantes, em prejuízo à toda sociedade. O eixo central da nova lei é a proteção de direitos humanos na temática das migrações, intuída já na escolha da epígrafe: trata-se de uma lei de migração, aplicando-se ao migrante que vive no Brasil e, inclusive, ao brasileiro que vive no exterior. O reconhecimento da universalidade, indivisibilidade e interdependência dos direitos humanos como princípio de regência da política migratória brasileira (artigo 3º, I) é decorrência da proteção da dignidade humana, vetor axiológico da Constituição (artigo 1º, III) e dos tratados de direitos humanos celebrados pelo Brasil..

É importante deixar registrado, de pronto, que os direitos descritos na Lei são meramente exemplificativos, e de forma alguma prejudicam a aplicação de normas internas ou internacionais específicas e mais abrangentes sobre refugiados, asilados, agentes e pessoal diplomático ou consular, funcionários de organizações internacionais e seus familiares. Como registra o Art. 111 da Lei de Migração, essa Lei não prejudica direitos e obrigações estabelecidos por tratados vigentes no Brasil e que sejam mais venéficos ao migrante e ao visitante, em particular os tratados firmados no âmbito do Mercosul.

Também a Lei deixa claro que deve haver uma tolerância das autoridades brasileiras quanto ao uso do idioma do residente fronteiriço e do imigrante, quando eles se dirigirem a órgãos ou repartições públicas para reclamar ou reivindicar direitos.

Essa lei, ademais, permite a cobrança de taxas e emolumentos, de acordo com tabela própria, que poderão ser ajustados para preservar o interesse nacional ou para assegurar a reciprocidade de tratamento.

Registre-se, contudo, que não serão cobrados emolumentos consulares pela concessão de:

> ***I.*** *vistos diplomáticos, oficiais e de cortesia; e*
>
> ***II.*** *vistos em passaportes diplomáticos, oficiais ou de serviço, ou equivalentes, mediante reciprocidade de tratamento a titulares de documento de viagem similar brasileiro.*

Também não serão cobrados taxas e emolumentos consulares pela concessão de vistos ou para a obtenção de documentos para regularização migratória aos integrantes de grupos vulneráveis e indivíduos em condição de hipossuficiência econômica.

Convém registrar que a Lei estabelece a necessidade de um regulamento para tratar de diversas questões que deixa em aberto.

Por fim, ainda em momento introdutório, embora previsto no Art. 122 da Lei de Migração, deve-se salientar que os direitos e as garantias trazidos pela Lei de Migração não impedem o tratamento mais favorável assegurado por tratado em que a República Federativa do Brasil seja parte, determinando-se expressamente que ninguém será privado de sua liberdade por razões migratórias, exceto nos casos previstos em Lei.

9.3 Revogação do Estatuto do Estrangeiro

A nova política instituída pela Lei da Migração passa, necessariamente, pela revogação da política que a antecedia. Assim, a Lei revogou expressamente tanto o Estatuto do Estrangeiro (Lei 6.815, de 19 de agosto de 1980), quando a lei que regulava a aquisição, a perda e a reaquisição da nacionalidade, e a perda dos direitos políticos; trata-se da Lei 818, de 18 de setembro de 1949.

> A Lei de Migração revogou expressamente tanto o Estatuto do Estrangeiro quanto a Lei da Nacionalidade.

É importante registrar, ainda, que a Lei de Migração entra em vigor decorridos 180 dias da publicação no Diário Oficial, que se deu em 25 de maio de 2017.

Em 20 de novembro de 2017, por sua vez, o Poder Executivo, exercendo seu poder regulamentar, editou o Decreto 9.199,

1 Direitos humanos são eixo central da nova Lei de Migração. Disponível em: https://www.conjur.com.br/2017-mai-26/andre-ramos-direitos-humanos-sao-eixo-central-lei-migracao. Consulta realizada em: 10.03.2018.

visando dar efetividade à Nova Lei de Migração, estabelecendo, principalmente, o Ministério da Justiça como o órgão central que determinará as principais medidas executivas em relação à nova política migratória (caberá no âmbito desse Ministério, por exemplo, o processamento das medidas de expulsão e deportação) e o Ministério das Relações Exteriores nas questões relativas ao visto.

9.4 Terminologia

A Lei de Migração tem um rol explicativo dos termos por ela utilizados para facilitar sua leitura e interpretação. Dos principais termos relacionados à temática da lei, um deles foi vetado pelo Presidente da República, por reputá-lo demasiadamente extensivo. Trata-se do termo "migrante". Embora não definido expressamente pela lei, pode-se considerar. Deve-se, portanto, considerar migrante como gênero, do qual são espécies o imigrante e o emigrante.

Imigrante é a pessoa nacional de outro país ou apátrida que trabalha ou reside e se estabelece temporária ou definitivamente no Brasil. Imigrante é o termo atualmente utilizado para substituir a ideia de estrangeiro.

Emigrante, de outro lado, é o brasileiro que se estabelece temporária ou definitivamente no exterior. É o nacional que deixa o país.

A Lei ainda traz outras três definições importantes:

Residente fronteiriço: pessoa nacional de país limítrofe ou apátrida que conserva a sua residência habitual em município fronteiriço de país vizinho. É o caso dos moradores daquelas cidades que fazem fronteira com Brasil, como é o caso de na Argentina, que faz fronteira com Foz do Iguaçu, no Paraná, ou a cidade de , que está separada por uma rua da cidade de Ponta Porã, em Mato Grosso do Sul.

Visitante: é toda pessoa nacional de outro país ou apátrida que vem ao Brasil para estadas de curta duração, sem pretensão de se estabelecer temporária ou definitivamente no território nacional. É a ideia do turista.

É, ainda, relevante a definição do apátrida: pessoa que não seja considerada nacional por nenhum Estado, segundo sua legislação, nos termos da Convenção sobre o Estatuto dos Apátridas, de 1954, promulgada no Brasil pelo Decreto 4.246, de 22 de maio de 2002, ou pessoa assim reconhecida pelo Estado brasileiro.

Em termos de terminologia, o Decreto 9.199/2017 estabeleceu ainda que migrante (definição vetada no âmbito da Lei) é toda pessoa que se desloque de um país ou região geográfica ao território de outro país ou região geográfica. Ademais, estabeleceu que refugiado (grifo nosso)

9.5 Princípio da nova política migratória brasileira

Uma das principais novidades da Lei de Migração é o estabelecimento de uma política migratória que tenha clara a ideia de que o migrante é um sujeito de direito, e não um inimigo.

Nesse sentido, o Art. 3º da Lei 13.445/2017 traz como princípios da política migratória brasileira os seguintes:

I. universalidade indivisibilidade interdependência direitos humanos prevenção à xenofobia, ao racismo não criminalização da migração entrada regular acolhida humanitária desenvolvimento garantia do direito à reunião familiar igualdade de tratamento inclusão social, laboral e produtiva acesso igualitário e livre do migrante a serviços, programas e benefícios sociais, bens públicos, educação, assistência jurídica integral pública, trabalho, moradia, serviço bancário e seguridade social diálogo fortalecimento da integração cooperação internacional regiões de fronteira proteção integral e atenção ao superior interesse da criança e do adolescente migrante proteção ao brasileiro no exterior reconhecimento acadêmico e do exercício profissional repúdio a práticas de expulsão ou de deportação coletivas.

9.6 Direitos do imigrante

Seguindo as diretrizes criadas pela própria Lei, no Art. 3º, o Art. 4º estabelece de maneira inovadora um rol extenso de direitos e garantais mínimas que devem ser asseguradas ao migrante em território nacional. Registra-se, inicialmente, que independentemente de sua condição de migrante, concorrerá em condição de igualdade com os nacionais, sendo-lhes assegurada a inviolabilidade do direito à vida, à liberdade, à igualdade, à segurança e à propriedade, além dos seguintes:

I. direitos e liberdades civis, sociais, culturais e econômicos;

II. direito à liberdade de circulação em território nacional;

III. direito à reunião familiar do migrante com seu cônjuge ou companheiro e seus filhos, familiares e dependentes;

IV. medidas de proteção a vítimas e testemunhas de crimes e de violações de direitos;

V. direito de transferir recursos decorrentes de sua renda e economias pessoais a outro país, observada a legislação aplicável;

VI. direito de reunião para fins pacíficos;

VII. direito de associação, inclusive sindical, para fins lícitos;

VIII. acesso a serviços públicos de saúde e de assistência social e à previdência social, nos termos da lei, sem discriminação em razão da nacionalidade e da condição migratória;

IX. amplo acesso à justiça e à assistência jurídica integral gratuita aos que comprovarem insuficiência de recursos;

X. direito à educação pública, vedada a discriminação em razão da nacionalidade e da condição migratória;

XI. garantia de cumprimento de obrigações legais e contratuais trabalhistas e de aplicação das normas de proteção ao trabalhador, sem discriminação em razão da nacionalidade e da condição migratória;

XII. isenção das taxas de que trata esta Lei, mediante declaração de hipossuficiência econômica, na forma de regulamento;

XIII. direito de acesso à informação e garantia de confidencialidade quanto aos dados pessoais do migrante, nos termos da Lei no 12.527, de 18 de novembro de 2011;

XIV. direito a abertura de conta bancária;

XV. direito de sair, de permanecer e de reingressar em território nacional, mesmo enquanto pendente pedido de autorização de residência, de prorrogação de estada ou de transformação de visto em autorização de residência; e

XVI. direito do imigrante de ser informado sobre as garantias que lhe são asseguradas para fins de regularização migratória.

Convém frisar que esses direitos são um **rol mínimo** (exemplificativo) entre os assegurados aos migrantes, devendo ser exercidos sempre em observância aos princípios e às regras previstos na Constituição Federal, independentemente da situação migratória, não excluindo demais direitos decorrentes de leis brasileiras ou tratados de que o Brasil seja parte. Trata-se, portanto, de um rol mínimo e meramente exemplificativo.

10. CONDIÇÃO JURÍDICA DO MIGRANTE

10.1 Documentos de viagem

A Lei da Migração ampliou o rol de documentos de viagem que permitem a circulação de pessoas no território brasileiro. Seu porte é obrigatório para entrada, permanência e saída do território nacional.

De acordo com o Art. 5º da Lei de Migração, os documentos de viagem são:

> ***I. laissez-passer*** *É importante registrar que* **esses documentos**, *com exceção dos documentos de identidade civil ou documento estrangeiro equivalente, quando admitidos em tratado e do certificado de membro de tripulação de transporte, uma vez emitidos pelo Estado brasileiro,* **são de propriedade da União**, *cabendo a seu titular a posse direta e o uso regular, devendo ser previstas em regulamento as condições para emissão desses documentos. De acordo com o Regulamento, quando o solicitante não possuir documento de viagem válido, o visto poderá ser aposto em brasileiro.*

10.2 Vistos

De acordo com o Art. 6º da Lei de Migração, o **visto** é o documento que dá a seu titular expectativa de ingresso em território nacional. Ele será concedido, em regra, por embaixadas, consulados-gerais, consulados, vice-consulados. Ainda é possível sua concessão por escritórios comerciais e de representação do Brasil no exterior quando habilitados pelo órgão competente do Poder Executivo.

A Lei autoriza a cobrança de taxas e emolumentos consulares pelo processamento do visto.

O visto é individual, e sua concessão é a regra. Contudo, **não se concederá** visto em três hipóteses:

> ***I.*** *a quem não preencher os requisitos para o tipo de visto pleiteado;*
>
> ***II.*** *a quem comprovadamente ocultar condição impeditiva de concessão de visto ou de ingresso no País; ou*
>
> ***III.*** *a menor de 18 anos desacompanhado ou sem autorização de viagem por escrito dos responsáveis legais ou de autoridade competente.*

O Regulamento da Lei ainda inclui que o visto não será concedido a quem, no momento da solicitação do visto, comportar-se de forma agressiva, insultuosa ou desrespeitosa com os agentes do serviço consular brasileiro (Art. 27, IV).

É pertinente lembrar que a não concessão do visto não impede a apresentação de nova solicitação, quando cumpridos os requisitos legais.

Nos termos do Art. 28 do Regulamento, o visto ainda **poderá ser denegado** à pessoa:

> ***I.*** *anteriormente expulsa do País, enquanto os efeitos da expulsão vigorarem;*
>
> ***II.*** *nos termos definidos pelo Estatuto de Roma do Tribunal Penal Internacional, de 1998, promulgado pelo Decreto no 4.388, de 25 de setembro de 2002, condenada ou respondendo a processo por:*
>
> ***a)*** *ato de terrorismo ou crime de genocídio;*
>
> ***b)*** *crime contra a humanidade;*
>
> ***c)*** *crime de guerra; ou*
>
> ***d)*** *crime de agressão;*
>
> ***III.*** *condenada ou respondendo a processo em outro país por crime doloso passível de extradição segundo a lei brasileira;*
>
> ***IV.*** *que tenha o nome incluído em lista de restrições por ordem judicial ou por compromisso assumido pelo País perante organismo internacional; e*
>
> ***V.*** *que tenha praticado ato contrário aos princípios e aos objetivos dispostos na Constituição.*

10.3 Tipos de Visto

A Lei da Migração estabelece a possibilidade de concessão de cinco espécies de vistos:

> ***I.*** *de visita;*
>
> ***II.*** *temporário;*
>
> ***III.*** *diplomático;*
>
> ***IV.*** *oficial;*
>
> ***V.*** *de cortesia.*

10.4 Visto de Visita

O visto de visita poderá ser concedido ao visitante que venha ao Brasil para estada de curta duração, sem intenção de estabelecer residência, pelo **prazo de 90 dias**, prorrogáveis pela Polícia Federal por até 90 dias, desde que esse prazo não ultrapasse 180 dias a cada ano migratório (cf. Art. 20 do Regulamento) nos seguintes casos:

> ***I.*** *turismo;*
>
> ***II.*** *negócios;*
>
> ***III.*** *trânsito;*
>
> ***IV.*** *atividades artísticas ou desportivas; e*
>
> ***V.*** *outras hipóteses definidas em regulamento.*

Em qualquer das hipóteses, mesmo no visto de negócios, é vedado ao beneficiário de visto de visita exercer atividade remunerada no Brasil. É possível, contudo, que o beneficiário de visto de visita receba receber pagamento do governo, de empregador brasileiro ou de entidade privada a título de diária, ajuda de custo, cachê, pró-labore ou outras despesas com a viagem, bem como concorrer a prêmios, inclusive em dinheiro, em competições desportivas ou em concursos artísticos ou culturais. O melhor exemplo é o estrangeiro que venha a realizar um show no país, recebendo para tanto.

Diferentemente de outros países, o Brasil não exige visto de visita em caso de escala ou conexão em território nacional, desde que o visitante não deixe a área de trânsito internacional.

10.5 Visto Temporário

O visto temporário terá **validade de até um ano** (de acordo com o regulamento) e poderá ser concedido ao imigrante que venha ao Brasil com o intuito de estabelecer residência por tempo determinado e que se enquadre em pelo menos uma das seguintes hipóteses:

I. *o visto temporário tenha como finalidade:*

a) *pesquisa, ensino ou extensão acadêmica, que poderá ser concedido ao imigrante com ou sem vínculo empregatício com a instituição de pesquisa ou de ensino brasileira, exigida, na hipótese de vínculo, a comprovação de formação superior compatível ou equivalente reconhecimento científico.*

b) *tratamento de saúde, que poderá ser estendido ao acompanhante do imigrante, desde que ele comprove possuir meios de subsistência suficientes.*

c) *acolhida humanitária; esse tipo de visto poderá ser concedido ao apátrida ou ao nacional de qualquer país em situação de grave ou iminente instabilidade institucional, de conflito armado, de calamidade de grande proporção, de desastre ambiental ou de grave violação de direitos humanos ou de direito internacional humanitário, ou em outras hipóteses, na forma de regulamento.*

d) *estudo; esse visto poderá ser concedido ao imigrante que pretenda vir ao Brasil para frequentar curso regular ou realizar estágio ou intercâmbio de estudo ou de pesquisa.*

e) *trabalho, que poderá ser concedido ao imigrante que venha exercer atividade laboral, com ou sem vínculo empregatício no Brasil, desde que comprove oferta de trabalho formalizada por pessoa jurídica em atividade no País, dispensada esta exigência se o imigrante comprovar titulação em curso de ensino superior ou equivalente. É importante registrar que o local de trabalho não é obrigatório, podendo ser alterado de acordo com a necessidade do imigrante.*

f) *férias-trabalho, que poderá ser concedido ao imigrante maior de 16 anos que seja nacional de país que conceda idêntico benefício ao nacional brasileiro, em termos definidos por comunicação diplomática.*

g) *prática de atividade religiosa ou serviço voluntário;*

h) *realização de investimento ou de atividade com relevância econômica, social, científica, tecnológica ou cultural; no primeiro caso, o visto será concedido quando o aporte recursos em projeto com potencial para geração de empregos ou de renda no País.*

i) *reunião familiar;*

j) *atividades artísticas ou desportivas com contrato por prazo determinado; (grifo nosso)*

Vale registrar que, de acordo com o Regulamento da Lei, em regra, enquanto o visto temporário estiver válido, permitirá múltiplas entradas no País, exceto se houver determinação em contrário do Ministério das Relações Exteriores.

10.6 Vistos Diplomático, Oficial e de Cortesia

Os vistos diplomático e oficial terão **prazo de validade de até três anos**, podendo ser concedidos a autoridades e funcionários estrangeiros que viajem ao Brasil em missão oficial de caráter transitório ou permanente, representando Estado estrangeiro ou organismo internacional reconhecido, não se aplicando aos detentores desses vistos a legislação trabalhista brasileira, pois eles somente poderão ser remunerados por Estado estrangeiro ou organismo internacional, ressalvado o disposto em tratado que contenha cláusula específica sobre o assunto. Eles permitem múltiplas entradas no território nacional, desde que cumpram os requisitos determinados pelo Ministério das Relações Exteriores.

Esse tipo de visto poderá ser estendido aos dependentes das autoridades. Esse dependente de titular de visto diplomático ou oficial, contudo, poderá exercer atividade remunerada no Brasil, sob o amparo da legislação trabalhista brasileira, desde que seja nacional de país que assegure reciprocidade de tratamento ao nacional brasileiro, por comunicação diplomática.

O empregado particular titular de visto de cortesia somente poderá exercer atividade remunerada para o titular de visto diplomático, oficial ou de cortesia ao qual esteja vinculado, sob o amparo da legislação trabalhista brasileira. Em qualquer caso, o titular de visto diplomático, oficial ou de cortesia será responsável pela saída de seu empregado do território nacional.

10.7 Do Registro e da Identificação Civil do Imigrante e dos Detentores de Vistos Diplomático, Oficial e de Cortesia

O registro consiste na identificação civil por dados biográficos e biométricos, e é obrigatório a todo imigrante detentor de visto temporário ou de autorização de residência. Esse registro gerará número único de identificação que garantirá o pleno exercício dos atos da vida civil. Com base nele será expedido o número único de identificação.

Enquanto não for expedida identificação civil, contudo, o documento comprobatório de que o imigrante a solicitou à autoridade competente garantirá ao titular o acesso aos direitos disciplinados nesta Lei.

A identificação civil de solicitante de refúgio, de asilo, de reconhecimento de apatridia e de acolhimento humanitário poderá ser realizada com a apresentação dos documentos de que o imigrante dispuser, levando em consideração a peculiar situação desses migrantes.

10.8 Residente fronteiriço

Residente fronteiriço é a pessoa nacional de país limítrofe ou apátrida que conserva a sua residência habitual em município fronteiriço de país vizinho. É o caso dos moradores daquelas cidades que fazem fronteira com Brasil, como é o caso de na Argentina, que faz fronteira com Foz do Iguaçu, no Paraná, ou a cidade de , que está separada por uma rua da cidade de Ponta Porã, em Mato Grosso do Sul.

A Lei, com o objetivo de facilitar a sua livre circulação, permite que seja concedida a ele, desde que mediante requerimento, uma autorização para a realização de atos da vida civil. A Lei não estabelece condições específicas para essa autorização, mas eventualmente podem ser criadas essas condições em regulamento ou tratado.

Essa autorização deverá indicar o Município fronteiriço no qual o residente estará autorizado a exercer os direitos a ele atribuídos por esta Lei, gozando esse residente das garantias e dos direitos assegurados pelo regime geral de migração desta Lei, conforme especificado em regulamento. Além do Município – espaço geográfico de abrangência –, a autorização deverá especificar a validade da autorização.

Por fim, devemos registrar que, em quatro hipóteses e a qualquer tempo, o documento de residente fronteiriço será cancelado se o titular:

> ***I.*** *tiver fraudado documento ou utilizado documento falso para obtê-lo;*
>
> ***II.*** *obtiver outra condição migratória;*
>
> ***III.*** *sofrer condenação penal; ou*
>
> ***IV.*** *exercer direito fora dos limites previstos na autorização.*

10.9 Apátrida

Apátrida é aquele que não é considerado nacional de nenhum Estado. Tendo em vista sua peculiar situação, internacionalmente se estabeleceu uma Convenção sobre o Estatuto dos Apátridas de 1954, promulgada no Brasil pelo Decreto 4.246, de 22 de maio de 2002.

A Lei de Migração prevê, por isso, a criação de um regulamento que disporá sobre o instituto protetivo especial do apátrida, que trará um processo simplificado de naturalização. Esse processo se inicia com o reconhecimento da situação de apatridia de determinada pessoa.

O apátrida tem assegurados todos os direitos dos demais migrantes a partir do reconhecimento de sua condição de apátrida.

O processo de reconhecimento da condição de apátrida tem como objetivo verificar se o solicitante é considerado nacional pela legislação de algum Estado e poderá considerar informações, documentos e declarações prestadas pelo próprio solicitante e por órgãos e organismos nacionais e internacionais.

Reconhecida a condição de apátrida, o solicitante será consultado sobre o desejo de adquirir a nacionalidade brasileira. Caso o apátrida opte pela naturalização, a decisão sobre o reconhecimento será encaminhada ao órgão competente do Poder Executivo para publicação dos atos necessários à efetivação da naturalização no prazo de trinta dias. Já o apátrida reconhecido que não opte pela naturalização imediata terá a autorização de residência outorgada em caráter definitivo.

Caberá recurso contra decisão negativa de reconhecimento da condição de apátrida. Caso subsista a denegação do reconhecimento da condição de apátrida, é vedada a devolução do indivíduo para país onde sua vida, integridade pessoal ou liberdade estejam em risco.

A partir do reconhecimento da condição de apátrida, será reconhecido o direito de reunião familiar ao migrante.

Por fim, é importante registrar que se pode dar a perda da proteção à condição de apátrida em três hipóteses:

> ***I.*** *com a renúncia à condição;*
>
> ***II.*** *com a prova da falsidade dos fundamentos invocados para o reconhecimento da condição de apátrida; ou*
>
> ***III.*** *com a existência de fatos que, se fossem conhecidos por ocasião do reconhecimento, teriam ensejado decisão negativa.*

De acordo com o Regulamento (Art. 107), a condição de apátrida será **cessada** com:

10.10 Asilado

O asilo político constitui ato discricionário do Estado. Poderá ser diplomático ou territorial e será outorgado como instrumento de proteção à pessoa que se encontre perseguida em um Estado por suas crenças, opiniões, filiação política ou por atos que possam ser considerados delitos políticos.

Não se concederá asilo a quem tenha cometido crime de genocídio, crime contra a humanidade, crime de guerra ou crime de agressão, nos termos do Estatuto de Roma do Tribunal Penal Internacional, de 1998, promulgado pelo Decreto nº 4.388, de 25 de setembro de 2002.

A saída do asilado do País sem prévia comunicação implica renúncia ao asilo.

De acordo com o Art. 109 do Regulamento, o asilo político poderá ser:

> ***diplomático territorial*** *(grifo nosso)*

O asilo diplomático consiste na proteção ofertada pelo Estado brasileiro e na condução do asilado estritamente até o território nacional.

10.11 Autorização de residência

A residência poderá ser autorizada, mediante registro, ao imigrante, ao residente fronteiriço ou ao visitante que se enquadre em uma das seguintes hipóteses:

> ***I.*** *a residência tenha como finalidade:*
>
> ***a)*** *pesquisa, ensino ou extensão acadêmica;*
>
> ***b)*** *tratamento de saúde;*
>
> ***c)*** *acolhida humanitária;*
>
> ***d)*** *estudo;*
>
> ***e)*** *trabalho;*
>
> ***f)*** *férias-trabalho;*
>
> ***g)*** *prática de atividade religiosa ou serviço voluntário;*
>
> ***h)*** *realização de investimento ou de atividade com relevância econômica, social, científica, tecnológica ou cultural;*
>
> ***i)*** *reunião familiar;*
>
> ***II.*** *a pessoa:*
>
> ***a)*** *seja beneficiária de tratado em matéria de residência e livre circulação;*
>
> ***b)*** *seja detentora de oferta de trabalho;*
>
> ***c)*** *já tenha possuído a nacionalidade brasileira e não deseje ou não reúna os requisitos para readquiri-la;*
>
> ***e)*** *seja beneficiária de refúgio, de asilo ou de proteção ao apátrida;*
>
> ***f)*** *seja menor nacional de outro país ou apátrida, desacompanhado ou abandonado, que se encontre nas fronteiras brasileiras ou em território nacional;*
>
> ***g)*** *tenha sido vítima de tráfico de pessoas, de trabalho escravo ou de violação de direito agravada por sua condição migratória;*
>
> ***h)*** *esteja em liberdade provisória ou em cumprimento de pena no Brasil;*
>
> ***III.*** *outras hipóteses definidas em regulamento.*

É importante registrar que **não se concederá a autorização de residência** à pessoa condenada criminalmente no Brasil ou no exterior por sentença transitada em julgado, desde que a conduta esteja tipificada na legislação penal brasileira, ressalvados os casos em que a conduta caracterize infração de menor potencial ofensivo ou se a pessoa buscar tratamento de saúde, acolhida humanitária ou reunião familiar ou ainda se for beneficiária de tratado em matéria de residência e livre circulação.

Importantíssimo: se a pessoa for condenada criminalmente no país, **não há impedimento para a progressão de regime de cumprimento de pena**, nos termos da Lei nº 7.210, de 11 de julho de 1984, ficando a pessoa autorizada a trabalhar quando assim exigido pelo novo regime de cumprimento de pena. Nesse ponto a Lei de Migração apenas adaptou a jurisprudência do Supremo Tribunal Federal e do Superior Tribunal de Justiça.

O migrante condenado criminalmente no Brasil não fica impedido de receber os benefícios prisionais da Lei de Execução Penal, podendo, inclusive, progredir de regime.

Nos procedimentos conducentes ao cancelamento de autorização de residência e no recurso contra a negativa de concessão de autorização de residência, devem ser respeitados o contraditório e a ampla defesa.

Nas hipóteses de autorização de residência para pesquisa, ensino ou extensão acadêmica ou trabalho, o procedimento será facilitado e a autorização deve ocorrer em prazo não superior a sessenta dias, a contar de sua autorização.

Será possível a obtenção de nova autorização de residência, desde que haja requerimento. Mas é importante registrar que o requerimento de nova autorização de residência após o vencimento do prazo da autorização anterior implicará aplicação da sanção prevista no inciso II do Art. 109 da Lei de Migração.

O solicitante de refúgio, de asilo ou de proteção ao apátrida fará jus à autorização provisória de residência até a obtenção de resposta ao seu pedido.

Poderá ser concedida autorização de residência independentemente da situação migratória.

A posse ou a propriedade de bem no Brasil, por si só, não confere o direito de obter visto ou autorização de residência em território nacional, sem prejuízo do disposto sobre visto para realização de investimento.

Registre-se, por fim, que o visto de visita ou de cortesia poderá ser transformado em autorização de residência, mediante requerimento e registro.

10.12 Reunião familiar

O visto ou a autorização de residência para fins de reunião familiar serão concedidos ao imigrante:

> ***I.*** *cônjuge ou companheiro, sem discriminação alguma;*
>
> ***II.*** *filho de imigrante beneficiário de autorização de residência, ou que tenha filho brasileiro ou imigrante beneficiário de autorização de residência;*
>
> ***III.*** *ascendente, descendente até o segundo grau ou irmão de brasileiro ou de imigrante beneficiário de autorização de residência; ou*
>
> ***IV.*** *que tenha brasileiro sob sua tutela ou guarda.*

11. MEDIDAS DE RETIRADA COMPULSÓRIA

11.1 Entrada e saída do território nacional

A Nova Lei da Migração determina que o controle da entrada e da saída do país seja feito pela Polícia Federal. Por isso, caberá à Polícia Federal o controle dos pontos de entrada e saída do território nacional, seja por via de fronteira seca, seja pela via marítima ou mesmo pela aeroportuária.

Conforme determinação da própria Constituição Federal (Art. 144, § 1º, inciso III), cabe à Polícia Federal exercer a função de polícia de fronteira.

Essa fiscalização, contudo, pode ser dispensada nos casos da chamada passagem inocente, isto é, naquelas hipóteses em que a embarcação transpõe o território brasileiro sem o objetivo de nele permanecer ou desembarcar, mas apenas para se dirigir a local diverso do território nacional. Pensemos na hipótese de uma embarcação paraguaia que pretenda chegar à Europa e passe por espaço marítimo nacional apenas como forma de chegar até o destino desejado. Nessa hipótese, não há necessidade de fiscalização pela Polícia Federal, seja do passageiro ou do tripulante dessa embarcação, a menos que haja necessidade de que uma pessoa desse navio desça a terra ou que alguma suba a bordo da embarcação.

Excetuado o caso da passagem inocente, caberão, assim, à Polícia Federal a fiscalização e o controle dos acessos de entrada e saída do país, devendo o viajante permanecer em área destinada à fiscalização até que seu documento de viagem seja verificado.

Para ingresso no território nacional, é indispensável que o migrante esteja de posse de documento de viagem válido (um dentre aqueles descritos no Art. 5º da Lei da Migração), possua visto para entrada no país ou seja dele dispensado.

Excepcionalmente, quando não for hipótese de dispensa de visto, também poderá haver o ingresso excepcional em quatro hipóteses previstas no Art. 40 da Lei da Migração:

> ***a)*** *não possua visto;*
>
> ***b)*** *seja titular de visto emitido com erro ou omissão (erro no nome ou falta de um sobrenome, por exemplo);*
>
> ***c)*** *tenha perdido a condição de residente por ter permanecido ausente do País na forma especificada em regulamento e detenha as condições objetivas para a concessão de nova autorização de residência;*
>
> ***d)*** *seja criança ou adolescente desacompanhado de responsável legal e sem autorização expressa para viajar desacompanhado, independentemente do documento de viagem que portar, hipótese em que haverá imediato encaminhamento ao Conselho Tutelar ou, em caso de necessidade, a instituição indicada pela autoridade competente.*

Para que a pessoa possa ingressar no território sem os requisitos de admissão, deverá o seu transportador ou agente assinar um termo de compromisso em que se compromete a custear as despesas com a permanência e com as providências para a repatriação do viajante. Se a necessidade de ingresso no território for por motivo de força maior, bastará ao tripulante ou passageiro a assinatura de termo de responsabilidade pelas despesas decorrentes de seu transbordo.

11.2 Repatriação

A repatriação é uma medida de retirada compulsória do migrante do território brasileiro, consistente em uma medida administrativa de devolução de pessoa em situação de impedimento ao país de procedência ou de nacionalidade.

Cuida-se da hipótese em que o impedimento é verificado logo na entrada desse migrante em território nacional. Diante de um impedimento de ingresso, será imediatamente comunicada a repatriação à empresa transportadora e também à autoridade consular do país da procedência ou de nacionalidade do migrante ou do visitante, ou a quem o representa.

A regra é que a repatriação se proceda imediatamente: por exemplo, o migrante sem visto é barrado durante a fiscalização, comunicando-se imediatamente a empresa de transporte e a autoridade consular, devolvendo-se a pessoa ao país de origem por meio, preferencialmente, do mesmo meio utilizado para ingresso.

Caso a imediata repatriação não seja possível ou o imigrante não tenha atingido a maioridade civil e esteja desacompanhado ou separado de sua família, a Defensoria Pública da União será notificada, preferencialmente por via eletrônica.

A repatriação, contudo, não será realizada quando as condições de ingresso do migrante não recomendarem a medida, por representarem uma condição de vulnerabilidade reconhecida pela Lei da Migração. As hipóteses em que não se procederá à repatriação são:

a) o migrante estar em situação de refúgio;
b) o migrante estar em situação de apatridia, seja de fato ou de direito;
c) o migrante ser menor de dezoito anos desacompanhado ou separado da sua família, salvo quando a repatriação se mostrar mais favorável para a garantia de seus direitos ou para a reintegração a sua família de origem;
d) o migrante necessitar de acolhimento humanitário; ou
e) a medida de devolução para o país ou região puder apresentar risco à vida, à integridade pessoal ou à liberdade do migrante.

Caso o migrante esteja em uma dessas cinco condições, a Defensoria Pública da União também deverá ser notificada. A ausência de manifestação da Defensoria, quando notificada, não impede a efetivação da repatriação.

A repatriação será realizada para o país de nacionalidade ou de procedência do migrante ou do visitante, ou para outro que o aceite, em observância aos tratados dos quais o Brasil seja parte.

11.3 Deportação

De acordo com o Art. 50 da Lei da Migração, a deportação é a medida decorrente de procedimento administrativo que consiste na retirada compulsória de pessoa que se encontre em situação migratória irregular em território nacional. Temos, então, um passo posterior à repatriação: o migrante já ingressou no território, mas está em situação irregular e, por isso, deve ser retirado.

Enquanto a repatriação impede a entrada regular do imigrante no País, a deportação determina a retirada daquele que se encontra no território nacional, mas em situação migratória irregular.

A medida de deportação, como a definição esclarece, deve decorrer de um processo administrativo. Esse processo administrativo será precedido da notificação pessoal da pessoa que se pretende deportar. Nessa notificação devem constar, expressamente, as irregularidades verificadas e o prazo para a regularização. Esse prazo não será inferior a sessenta dias, podendo ser prorrogado por igual período, desde que por despacho fundamentado e mediante compromisso de o deportando manter atualizadas as informações sobre seu domicílio. Cuidado: caso o migrante que se pretende deportar tenha praticado ato contrário aos princípios e objetivos dispostos na Constituição Federal, esse prazo de sessenta dias poderá ser reduzido.

É pertinente registrar, contudo, que a existência do procedimento de deportação não impede a livre circulação do migrante em território nacional. Como é sempre bom lembrar, a Lei da Migração mudou a visão legislativa sobre a figura do migrante, que não é um inimigo do Estado, mas um cidadão de direitos. Assim, a existência de um procedimento de extradição não é fator suficiente para afastar o direito à livre circulação do migrante. É exigido dele, contudo, que mantenha informada a autoridade administrativa de seu domicílio e suas atividades no país.

Depois de vencido o prazo para regularização da situação sem a efetivação das medidas necessárias para a permanência no país, será executada a deportação.

A realização dessa medida administrativa não trará qualquer outra consequência ao migrante que não sua retirada compulsória do Estado brasileiro. Ele poderá retornar assim que obtiver as condições para tanto, ficando mantidos eventuais direitos adquiridos em relações contratuais ou decorrentes da lei brasileira.

Como não poderia deixar de ser, caso voluntariamente o migrante deixe o país, será considerada cumprida a notificação de deportação para todos os fins.

Em cumprimento a expressa determinação constitucional, a Lei da Migração garante, no procedimento de deportação, por se tratar de um procedimento administrativo, o contraditório e a ampla defesa ao migrante, bem como o recurso com efeito suspensivo, isto é, que impeça sua imediata retirada compulsória. Caso não houvesse esse efeito suspensivo, tal recurso perderia totalmente seu motivo de existência.

Para garantir o exercício desses direitos, a Defensoria Pública da União deverá ser notificada, preferencialmente por meio eletrônico (para dar celeridade ao processo), para prestar assistência ao deportando em todos os procedimentos administrativos de deportação. A falta de manifestação da DPU, contudo, não impede a efetivação da deportação: a lei existe somente que ela seja prévia e devidamente notificada, isto é, que tenha conhecimento inequívoco do procedimento.

Dada sua peculiar condição, quando o migrante que se pretenda deportar for apátrida, o procedimento dependerá de prévia autorização da autoridade competente, que será designada pelo regulamento da lei.

Cabe registrar, por fim, que como ocorre em todas as medidas administrativas, não poderá ela ser utilizada se configurar hipótese de extradição não admitida pela lei, isto é, não poderá a deportação ser uma forma indireta de extraditar um migrante.

11.4 Expulsão

A medida de expulsão já era prevista anteriormente no Estatuto do Estrangeiro (Lei 6.815/1980), revogado expressamente pela Lei da Migração (Lei 13.445, de 24 de maio de 2017).

De acordo com a nova lei, a expulsão é uma **medida administrativa consistente na retirada compulsória de migrante ou visitante do território nacional, conjugada com o impedimento de reingresso por prazo determinado**. Assim, além da retirada compulsória, a expulsão tem como especialidade o impedimento de que o migrante retorne ao Brasil, por prazo determinado.

A causa da expulsão, que é **mais grave das medidas administrativas** contra o migrante em razão da proibição do reingresso, consiste na existência de condenação do migrante por sentença transitada em julgado.

A expulsão é a mais grave das medidas administrativas, pois além da retirada compulsória impede o retorno do imigrante ao território nacional (por prazo determinado).

Essa sentença poderá ser relativa a duas espécies de infrações penais, de acordo com o Art. 54 da Lei da Migração:

> ***I.*** *crimes de genocídio, contra a humanidade, de guerra ou de agressão, nos termos definidos pelo Estatuto de Roma do Tribunal Penal Internacional, de 1998, promulgado pelo Decreto 4.388, de 25 de setembro de 2002; ou*
>
> ***II.*** *crime comum doloso passível de pena privativa de liberdade, consideradas a gravidade e as possibilidades de ressocialização em território nacional.*

É necessário lembrar que, em regra, os crimes dolosos são passíveis de pena privativa de liberdade. A exceção é o delito de porte de drogas para consumo próprio (previsto no Art. 28 da Lei 11.343/2006) que não possui pena privativa de liberdade, mas de acordo com o Supremo Tribunal Federal constitui crime.

Cumpre registrar que **o processamento da expulsão em caso de crime comum não prejudicará a progressão de regime**, o cumprimento da pena, a suspensão condicional do processo, a comutação da pena ou a concessão de pena alternativa, de indulto coletivo ou individual, de anistia ou de quaisquer benefícios concedidos em igualdade de condições ao nacional brasileiro, ou seja, os benefícios que envolvam a execução da sentença penal não sofrerão qualquer prejuízo em razão do processamento da expulsão do migrante.

> O processo de expulsão não impede a progressão de regime do imigrante.

Em relação ao **prazo da medida** de impedimento vinculada aos efeitos da expulsão, será **proporcional ao prazo total da pena aplicada e nunca será superior ao dobro de seu tempo**.

Para fins de concurso, questão das mais importantes, além das hipóteses de cabimento da expulsão, diz respeito às hipóteses em que **não se procederá à expulsão**. De acordo com o Art. 55 da Lei da Migração, impedem a expulsão:

> ***I.*** *quando a medida configurar extradição inadmitida pela legislação brasileira;*
>
> ***II.*** *o fato de o expulsando:*
>
> ***a)*** *ter filho brasileiro que esteja sob sua guarda ou dependência econômica ou socioafetiva ou tiver pessoa brasileira sob sua tutela;*
>
> ***b)*** *ter cônjuge ou companheiro residente no Brasil, sem discriminação alguma, reconhecido judicial ou legalmente;*
>
> ***c)*** *ter ingressado no Brasil até os 12 anos de idade, residindo desde então no País;*
>
> ***d)*** *for pessoa com mais de 70 anos que resida no País há mais de 10 anos, considerados a gravidade e o fundamento da expulsão; ou (...).*

No processo expulsão serão garantidos o contraditório e a ampla defesa do migrante ou visitante, devendo ser notificada a Defensoria Pública da União em razão da instauração de processo de expulsão, quando o migrante não constituir defensor. Diferentemente da deportação, em que caberá recurso da decisão que determina a deportação, no caso da expulsão caberá pedido de reconsideração no prazo de dez dias, a contar da notificação pessoal.

> Cabe ao Ministro da Justiça a determinação da expulsão.

O revogado Estatuto do Estrangeiro previa que o Presidente da República era a autoridade competente para decretar a expulsão. O Regulamento "Lei da Migração", por sua vez, determina que caberá a determinação da expulsão ao Ministro da Justiça.

De todo modo, é importante registrar que não poderá o Poder Judiciário rever o mérito da decisão de expulsão. Vejamos o seguinte precedente:

(STJ, 1ª S., HC 333.902, rel. Min. Humberto Martins, j. 14.10.2015)

Enquanto não concluído o processo de expulsão, será considerada regular a situação migratória do expulsando cujo processo esteja pendente de decisão, não ficando impedida a saída voluntária do expulsando do País.

O procedimento de expulsão será iniciado por meio de Inquérito Policial de Expulsão. O **Inquérito Policial de Expulsão** será **instaurado pela Polícia Federal**, de ofício ou por determinação do Ministro de Estado da Justiça e Segurança Pública, de requisição ou de requerimento fundamentado em sentença, e terá como objetivo produzir relatório final sobre a pertinência ou não da medida de expulsão, com o levantamento de subsídios para a decisão, realizada pelo Ministro de Estado da Justiça e Segurança Pública, acerca:

> ***I.*** *da existência de condição de inexpulsabilidade;*
>
> ***II.*** *da existência de medidas de ressocialização, se houver execução de pena; e*
>
> ***III.*** *da gravidade do ilícito penal cometido.*

A **instauração** do Inquérito Policial de Expulsão será motivada:

> ***I.*** *no caso dos crimes previstos no Estatuto de Roma, pelo recebimento, a qualquer tempo, por via diplomática, de sentença definitiva expedida pelo Tribunal Penal Internacional; ou*
>
> ***II.*** *nos crimes comuns dolosos passíveis de pena privativa de liberdade, pela existência de sentença.*

O ato de instauração do Inquérito conterá relato do fato motivador da expulsão e a sua fundamentação legal, e determinará que seja realizada, de imediato, a notificação, preferencialmente por meio eletrônico:

> ***I.*** *do expulsando;*
>
> ***II.*** *da repartição consular do país de origem do imigrante;*
>
> ***III.*** *do defensor constituído do expulsando, quando houver; e*

IV. da Defensoria Pública da União. A assistência jurídica providenciará defesa técnica e, se entender necessário, tradutor ou intérprete.

A expulsão somente ocorrerá após o trânsito em julgado da ação que julgar o processo de expulsão.

É necessário não esquecer que, como na repatriação e na deportação, **também é proibida a expulsão coletiva**, isto é, aquela que não individualiza à situação migratória irregular de cada pessoa, não podendo ser determinada a expulsão se houver razões para acreditar que a medida poderá colocar em risco a vida ou a integridade pessoal.

> Não proibidas as medidas de repatriação, deportação ou expulsão coletivas.

11.5 Extradição

A extradição é a **medida de cooperação internacional**, entre o Estado brasileiro e outro Estado, pela qual se concede ou solicita a entrega de pessoa sobre quem recaia condenação criminal definitiva ou para fins de instrução de processo penal em curso.

A extradição será requerida por via diplomática ou pelas autoridades centrais designadas para esse fim. A via diplomática normalmente é utilizada quando não há tratado prévio de extradição, sendo que nas tratativas dessa primeira extradição se estabelecem regras para as futuras cooperações entre os países para que sejam facilitados os futuros pedidos de extradição.

De acordo com o Art. 262, § 2º, do Decreto 9.199/2018, a extradição e sua rotina de comunicação serão realizadas pelo Ministério da Justiça e Segurança Pública em coordenação com o Ministério das Relações Exteriores e com as autoridades judiciárias e policiais competentes. Já a decisão a respeito da extradição, como determina o Art. 102, inciso I, alínea , da Constituição Federal, cabe ao Supremo Tribunal Federal.

A parte administrativa da extradição será realizada no âmbito do Ministério da Justiça, enquanto a decisão sobre a concessão caberá ao Supremo Tribunal Federal.

A extradição será possível, de acordo com o Art. 83 da Lei 13.445/2017, para fins de investigação criminal, de instrução criminal ou para o cumprimento de pena privativa de liberdade, desde que presentes duas condições:

I. ter sido o crime cometido no território do Estado requerente ou serem aplicáveis ao extraditando as leis penais desse Estado; e

II. estar o extraditando respondendo a processo investigatório ou a processo penal ou ter sido condenado pelas autoridades judiciárias do Estado requerente a pena privativa de liberdade.

Hipóteses impeditivas da extradição

De outro lado, e normalmente um dos temas mais cobrados em concursos, é importante analisar as **hipóteses que impedem a realização da extradição**, isto é, os fatores impeditivos à concessão da extradição. São eles, de acordo com o Art. 82 da Lei da Migração:

I. o indivíduo cuja extradição é solicitada ao Brasil for brasileiro nato; admite-se a extradição de brasileiro naturalizado, nas hipóteses previstas na Constituição Federal, ou seja, em caso de crime comum, praticado antes da naturalização, ou de comprovado envolvimento em tráfico ilícito de entorpecentes e drogas afins, na forma da lei (art. 5º, LI)

II. o fato que motivar o pedido não for considerado crime no Brasil ou no Estado requerente, é a chamada "dupla tipicidade";

III. o Brasil for competente, segundo suas leis, para julgar o crime imputado ao extraditando;

IV. a lei brasileira impuser ao crime pena de prisão inferior a 2 anos;

Como a lei antiga previa pena inferior a um ano de prisão, esse deve ser um dos temas mais cobrados em concursos, devido à sua novidade.

V. o extraditando estiver respondendo a processo ou já houver sido condenado ou absolvido no Brasil pelo mesmo fato em que se fundar o pedido;

VI. a punibilidade estiver extinta pela prescrição, segundo a lei brasileira ou a do Estado requerente (sempre utilizar a mais benéfica);

VII. o fato constituir crime político ou de opinião. Essa previsão já consta do art. 5º, LII, da CF. Importante lembrar, contudo, que de acordo com a Lei da Migração, não impedirá a extradição quando o fato constituir, principalmente, infração à lei penal comum ou quando o crime comum, conexo ao delito político, constituir o fato principal (lembre-se do caso Battisti). O Supremo Tribunal Federal poderá deixar de considerar crime político o atentado contra chefe de Estado ou quaisquer autoridades, bem como crime contra a humanidade, crime de guerra, crime de genocídio e terrorismo.

VIII. o extraditando tiver de responder, no Estado requerente, perante tribunal ou juízo de exceção; ou

IX. o extraditando for beneficiário de refúgio, nos termos da Lei no 9.474, de 22 de julho de 1997, ou de asilo territorial.

11.6 Prisão para extradição

Antigamente, a prisão da pessoa que se pretendia extraditar era obrigatória. O Supremo Tribunal Federal, órgão competente para decidir sobre a extração (cf. Art. 102, inciso I, alínea da Constituição Federal) vinha flexibilizando essa obrigatoriedade, que foi encampada pela Lei da Migração. De acordo com essa Lei, a prisão será excepcionalmente decretada, nos casos de urgência, em que o Estado interessado na extradição poderá, previamente ou conjuntamente com a formalização do pedido extradicional, requerer, por via diplomática ou por meio de autoridade central do Poder Executivo, prisão cautelar com o objetivo de assegurar a executoriedade da medida de extradição que, após exame da presença dos pressupostos formais de admissibilidade exigidos nesta Lei ou em tratado, deverá representar à autoridade judicial competente, ouvido previamente o Ministério Público Federal.

O pedido de prisão cautelar deverá conter informação sobre o crime cometido e deverá ser fundamentado, podendo ser apresentado por correio, fax, mensagem eletrônica ou qualquer outro meio que assegure a comunicação por escrito.

O pedido de prisão cautelar poderá ser transmitido à autoridade competente para extradição no Brasil por meio de canal estabelecido com o ponto focal da Organização Internacional de Polícia Criminal (Interpol) no País, devidamente instruído com a documentação comprobatória da existência de ordem de prisão proferida por Estado estrangeiro, e, em caso de ausência de tratado, com a promessa de reciprocidade recebida por via diplomática.

Uma vez efetivada a prisão do extraditando, o pedido de extradição será encaminhado ao Supremo Tribunal Federal.

Caso não haja previsão específica em tratado, o Estado estrangeiro deverá formalizar o pedido de extradição no prazo de 60 dias, contado da data em que tiver sido cientificado da prisão do extraditando. Caso o pedido de extradição não seja apresentado nesse prazo, o extraditando deverá ser posto em liberdade, não se admitindo novo pedido de prisão cautelar pelo mesmo fato sem que a extradição tenha sido devidamente requerida. Essa prisão cautelar poderá ser prorrogada até o julgamento final da autoridade judiciária competente quanto à legalidade do pedido de extradição, tudo de acordo com o que determinar o STF.

A opção pela liberdade, em regra, é tão evidente na lei, que há autorização expressa para a possibilidade de o Supremo Tribunal Federal, ouvido o Ministério Público, autorizar prisão em albergue ou domiciliar ou determinar que o extraditando responda ao processo de extradição em liberdade, com retenção do documento de viagem ou outras medidas cautelares necessárias, até o julgamento da extradição ou a entrega do extraditando, se pertinente, considerando a situação administrativa migratória, os antecedentes do extraditando e as circunstâncias do caso.

11.7 Multiplicidade de pedidos de extradição

Uma das questões que se costuma apontar sobre o tema é a possibilidade de mais de um Estado requerer a extradição da mesma pessoa, pelo mesmo fato. Nesse caso, terá preferência o pedido daquele em cujo território a infração foi cometida.

Na hipótese de serem **diversos os crimes**, terá preferência, sucessivamente:

> ***I.*** *o Estado requerente em cujo território tenha sido cometido o crime mais grave, segundo a lei brasileira;*
>
> ***II.*** *o Estado que em primeiro lugar tenha pedido a entrega do extraditando, se a gravidade dos crimes for idêntica;*
>
> ***III.*** *o Estado de origem, ou, em sua falta, o domiciliar do extraditando, se os pedidos forem simultâneos.*

Caso exista uma hipótese não contida nessas três hipóteses, o órgão competente do Poder Executivo decidirá sobre a preferência do pedido, priorizando o Estado requerente que mantiver tratado de extradição com o Brasil. Havendo tratado com algum dos Estados requerentes, prevalecerão suas normas no que diz respeito à preferência de que trata este artigo.

11.8 Procedimento da extradição

Como é natural, o extraditando **poderá entregar-se voluntariamente** ao Estado requerente, desde que o declare expressamente, esteja assistido por advogado e seja advertido de que tem direito ao processo judicial de extradição e à proteção que tal direito encerra, caso em que o pedido será decidido pelo Supremo Tribunal Federal.

Em relação ao procedimento da extradição, o pedido deverá ser instruído com cópia autêntica ou com o original da sentença condenatória ou da decisão penal proferida; conterá indicações precisas sobre o local, a data, a natureza e as circunstâncias do fato criminoso e a identidade do extraditando e será acompanhado de cópia dos textos legais sobre o crime, a competência, a pena e a prescrição.

O pedido de extradição originado de Estado estrangeiro será recebido pelo Ministério da Justiça e Segurança Pública e, após exame da presença dos pressupostos formais de admissibilidade exigidos nesta Lei ou em tratado, encaminhado à autoridade judiciária competente.

Não preenchidos os pressupostos, o pedido será arquivado mediante decisão fundamentada, sem prejuízo da possibilidade de renovação do pedido, devidamente instruído, uma vez superado o óbice apontado.

Nenhuma extradição será concedida sem prévio pronunciamento do Supremo Tribunal Federal sobre sua legalidade e procedência, **não cabendo recurso da decisão**.

Ao receber o pedido, o relator designará dia e hora para o interrogatório do extraditando e, conforme o caso, nomeará curador ou advogado, se ele não possuir. A defesa, a ser apresentada no prazo de 10 dias, contado da data do interrogatório, versará sobre a identidade da pessoa reclamada, defeito de forma de documento apresentado ou ilegalidade da extradição. Não estando o processo devidamente instruído, o Tribunal, a requerimento do órgão do Ministério Público Federal correspondente, poderá converter o julgamento em diligência para suprir a falta, pelo prazo improrrogável de 60 dias, após o qual o pedido será julgado, independentemente da diligência.

Uma vez julgada procedente a extradição e autorizada a entrega pelo órgão competente do Poder Executivo, será o ato comunicado por via diplomática ao Estado requerente, que, no prazo de 60 dias da comunicação, deverá retirar o extraditando do território nacional. Se o Estado requerente não retirar o extraditando do território nacional no prazo previsto no Art. 92, será ele posto em liberdade, sem prejuízo de outras medidas aplicáveis.

Negada a extradição em fase judicial, não se admitirá novo pedido baseado no mesmo fato.

Quando o extraditando estiver sendo processado ou tiver sido condenado, no Brasil, por crime punível com pena privativa de liberdade, a extradição será executada somente depois da conclusão do processo ou do cumprimento da pena, ressalvadas as hipóteses de liberação antecipada pelo Poder Judiciário e de determinação da transferência da pessoa condenada. Quando o extraditando estiver sendo processado ou tiver sido condenado, no Brasil, por infração de menor potencial ofensivo, a entrega poderá ser imediatamente efetivada.

A entrega do extraditando será igualmente adiada se a efetivação da medida puser em risco sua vida em virtude de enfermidade grave comprovada por laudo médico oficial.

De acordo com o Art. 96 da Lei da Migração, para a realização da entrega do extraditando, o Estado requerente deve assumir o **compromisso** de:

> ***I.*** *não submeter o extraditando a prisão ou processo por fato anterior ao pedido de extradição;*
>
> ***II.*** *computar o tempo da prisão que, no Brasil, foi imposta por força da extradição;*
>
> ***III.*** *comutar a pena corporal, perpétua ou de morte em pena privativa de liberdade, respeitado o limite máximo de cumprimento de 30 anos;*
>
> ***IV.*** *não entregar o extraditando, sem consentimento do Brasil, a outro Estado que o reclame;*

> ***V.*** *não considerar qualquer motivo político para agravar a pena; e*
>
> ***VI.*** *não submeter o extraditando a tortura ou a outros tratamentos ou penas cruéis, desumanos ou degradantes.*

A entrega do extraditando, de acordo com as leis brasileiras e respeitado o direito de terceiros, será feita com os objetos e instrumentos do crime encontrados em seu poder. Os objetos e instrumentos referidos neste artigo poderão ser entregues independentemente da entrega do extraditando.

O extraditando que, depois de entregue ao Estado requerente, escapar à ação da Justiça e esconder-se no Brasil (a lei usa a expressão), ou por ele transitar, será detido mediante pedido feito diretamente por via diplomática ou pela Interpol e novamente entregue, sem outras formalidades.

11.9 Transferência de execução de pena

Nas hipóteses em que couber solicitação de extradição executória, o Ministério da Justiça e Segurança Pública exercerá a função de autoridade central e realizará o exame da presença dos pressupostos formais de admissibilidade exigidos na legislação brasileira ou em tratado de que o País faça parte, a fim de que o pedido de transferência de execução da pena possa ser processado perante as autoridades brasileiras competentes, podendo solicitar a **transferência de execução da pena**, desde que observado o princípio do .

A transferência de execução da pena será possível quando preenchidos os seguintes **requisitos**:

> ***I.*** *o condenado em território estrangeiro for nacional ou tiver residência habitual ou vínculo pessoal no Brasil;*
>
> ***II.*** *a sentença tiver transitado em julgado;*
>
> ***III.*** *a duração da condenação a cumprir ou que restar para cumprir for de, pelo menos, um ano, na data de apresentação do pedido ao Estado da condenação;*
>
> ***IV.*** *o fato que originou a condenação constituir infração penal perante a lei de ambas as partes; e*
>
> ***V.*** *houver tratado ou promessa de reciprocidade.*

O pedido de transferência de execução da pena de Estado estrangeiro será requerido por via diplomática ou por via de autoridades centrais. O pedido será recebido pelo **Ministério da Justiça e Segurança Pública** e, após exame da presença dos pressupostos formais de admissibilidade exigidos nesta Lei ou em tratado, encaminhado ao **Superior Tribunal de Justiça** para decisão quanto à homologação.

Não preenchidos os pressupostos, o pedido será arquivado mediante decisão fundamentada, sem prejuízo da possibilidade de renovação do pedido, devidamente instruído, uma vez superado o óbice apontado.

Importante tema nesse ponto é que a execução penal será de competência da Justiça Federal.

11.10 Transferência de pessoa condenada

A transferência de pessoa condenada poderá ser concedida quando o pedido se fundamentar em tratado ou houver promessa de reciprocidade.

O condenado no território nacional poderá ser transferido para seu país de nacionalidade ou país em que tiver residência habitual ou vínculo pessoal, desde que expresse interesse nesse sentido, a fim de cumprir pena a ele imposta pelo Estado brasileiro por sentença transitada em julgado. A ideia normalmente é que o preso possa estar próximo de sua família durante o cumprimento de sua pena, ou mesmo que busque melhores condições de cumprimento de pena. Imaginemos que ele seja condenado a 30 anos no Brasil, mas tenha nacionalidade sueca, local conhecido pela qualidade de seu sistema prisional.

A transferência de pessoa condenada no Brasil pode ser concedida juntamente com a aplicação de medida de impedimento de reingresso em território nacional.

A transferência de pessoa condenada será possível quando preenchidos os seguintes **requisitos**:

> ***I.*** *o condenado no território de uma das partes for nacional ou tiver residência habitual ou vínculo pessoal no território da outra parte que justifique a transferência;*
>
> ***II.*** *a sentença tiver transitado em julgado;*
>
> ***III.*** *a duração da condenação a cumprir ou que restar para cumprir for de, pelo menos, 1 ano, na data de apresentação do pedido ao Estado da condenação;*
>
> ***IV.*** *o fato que originou a condenação constituir infração penal perante a lei de ambos os Estados;*
>
> ***V.*** *houver manifestação de vontade do condenado ou, quando for o caso, de seu representante; e*
>
> ***VI.*** *houver concordância de ambos os Estados.*

A **execução penal será de competência da Justiça Federal**, sendo que não se procederá à transferência quando inadmitida a extradição.

11.11 Infrações administrativas

A Lei da Migração, com o objetivo de que suas determinações sejam cumpridas, traz uma série de infrações administrativas. O procedimento de apuração dessas infrações será estabelecido em regulamento específico, desde que assegurados, minimamente, o contraditório e a ampla defesa, devendo ser observadas as disposições da Lei da Migração.

É importante registrar, desde logo, que o cometimento simultâneo de duas ou mais infrações importará cumulação das sanções cabíveis, respeitados os limites estabelecidos pela Lei.

A multa atribuída por dia de atraso ou por excesso de permanência poderá ser convertida em redução equivalente do período de autorização de estada para o visto de visita, em caso de nova entrada no País.

Tratando-se de infrações administrativas, além das sanções de repatriação, deportação e expulsão já anteriormente previstas na lei, poderá ser aplicada a sanção de multa, sendo que o seu valor deverá levar em conta:

> ***I.*** *as hipóteses individualizadas nesta Lei;*

II. *a condição econômica do infrator, a reincidência e a gravidade da infração;*

III. *a atualização periódica conforme estabelecido em regulamento;*

IV. *o valor mínimo individualizável de R$ 100,00 (cem reais);*

V. *o valor mínimo de R$ 100,00 e o máximo de R$ 10.000,00 para infrações cometidas por pessoa física;*

VI. *o valor mínimo de R$ 1.000,00 e o máximo de R$ 1.000.000,00 para infrações cometidas por pessoa jurídica, por ato infracional.*

O Art. 109 da Lei da Migração traz o rol taxativo das infrações administrativas e suas respectivas sanções:

I. *entrar em território nacional sem estar autorizado:*

Sanção: deportação, caso não saia do País ou não regularize a situação migratória no prazo fixado;

II. *permanecer em território nacional depois de esgotado o prazo legal da documentação migratória:*

Sanção: multa por dia de excesso e deportação, caso não saia do País ou não regularize a situação migratória no prazo fixado;

III. *deixar de se registrar, dentro do prazo de 90 dias do ingresso no País, quando for obrigatória a identificação civil:*

Sanção: multa;

IV. *deixar o imigrante de se registrar, para efeito de autorização de residência, dentro do prazo de 30 dias, quando orientado a fazê-lo pelo órgão competente:*

Sanção: multa por dia de atraso;

V. *transportar para o Brasil pessoa que esteja sem documentação migratória regular:*

Sanção: multa por pessoa transportada;

VI. *deixar a empresa transportadora de atender a compromisso de manutenção da estada ou de promoção da saída do território nacional de quem tenha sido autorizado a ingresso condicional no Brasil por não possuir a devida documentação migratória:*

Sanção: multa;

VII. *furtar-se ao controle migratório, na entrada ou saída do território nacional:*

Sanção: multa.

Qualquer das penalidades aplicadas poderá ser objeto de pedido de reconsideração e de recurso, nos termos de regulamento.

Serão respeitados o contraditório, a ampla defesa e a garantia de recurso, assim como a situação de hipossuficiência do migrante ou do visitante.

11.12 Infração penal

A Lei da Migração realiza a alteração do Código Penal, incluindo o Art. 232-A no Título VI (dos crimes contra a dignidade sexual), mais especialmente no Capítulo V, que trata dos crimes envolvendo o lenocínio e o tráfico de pessoa para fim de prostituição ou outra forma de exploração sexual.

Registre-se que a localização não é das melhores, especialmente porque os delitos de tráfico de pessoas foram retirados desse capítulo pela Lei 13.344/2016, que reuniu, no Art. 149-A, os delitos envolvendo o tráfico internacional de pessoas.

A nova redação típica é a seguinte:

11.12.1 Promoção de migração ilegal

Art. 232-A. Pena § 1º § 2º *I - o crime é cometido com violência; ou*

II. *a vítima é submetida a condição desumana ou degradante.*

§ 3º

Pela redação do dispositivo, vemos com clareza que se busca a punição daquela pessoa que atua com a finalidade de vantagem econômica realizando atos de migração ilegal, isto é, para fazer ingressar no território (no) ou para fazer deixar o território (no § 1º) em desacordo com a Lei da Migração.

A conduta típica consiste em **promover**, isto é, dar impulso, incentivo ou apoio, por qualquer meio, a entrada ilegal de estrangeiro no Brasil, a saída de estrangeiro do Brasil para que ingresse ilegalmente em outros países (o Brasil aqui seria um meio para o terceiro país), ou o ingresso ilegal de brasileiro em país estrangeiro. A finalidade do agente deve ser a obtenção da vantagem econômica, não sendo punível nas hipóteses de intenções humanitárias (para fugir de guerras ou buscar tratamentos, por exemplo).

Qualquer pessoa pode ser autor desse crime. Normalmente são conhecidos como , sendo que a vítima é o migrante que ingressa ou deixa o território brasileiro em situação irregular.

O crime somente é punido a título de dolo, vontade consciente dirigida à prática de conduta descrita no tipo.

A ação penal será pública incondicionada, cabendo o julgamento à Justiça Federal.

O procedimento será o comum ordinário, não sendo aplicáveis os benefícios da Lei 9.099/95.

Há previsão de uma causa de aumento de pena na proporção de 1/6 a 1/3, quando o crime é cometido com violência ou se a vítima for submetida a condição desumana ou degradante.

Em qualquer das hipóteses, a pena prevista para o crime será aplicada sem prejuízo das correspondentes às infrações conexas.

11.13 Impedimento de regresso

Para finalizar, é importante registrar que, além dos casos da expulsão, isto é, da retirada compulsória do migrante do Brasil, também **será impedido de ingressar no território nacional**, após a realização entrevista individual e mediante ato fundamentado, a pessoa:

01. condenada ou respondendo a processo por ato de terrorismo ou pelos crimes da competência do Tribunal Penal Internacional (genocídio, crimes de guerra, contra a humanidade ou de agressão);
02. condenada ou respondendo a processo em outro país por crime doloso passível de extradição segundo a lei brasileira;
03. que tenha o nome incluído em **lista de restrições** por ordem judicial ou por compromisso assumido pelo Brasil perante organismo internacional;
04. que apresente documento de viagem que: a) não seja válido para o Brasil; b) esteja com o prazo de validade vencido; ou c) esteja com rasura ou indício de falsificação;
05. que não apresente documento de viagem ou documento de identidade, quando admitido;

06. cuja razão da viagem não seja condizente com o visto ou com o motivo alegado para a isenção de visto;

07. que tenha, comprovadamente, fraudado documentação ou prestado informação falsa por ocasião da solicitação de visto; ou

08. que tenha praticado ato contrário aos princípios e objetivos dispostos na Constituição Federal.

Cumpre lembrar que ninguém será impedido de ingressar no País por motivo de raça, religião, nacionalidade, pertinência a grupo social ou opinião política.

Questões

01. (CESPE – 2018) No item que segue, é apresentada uma situação hipotética, seguida de uma assertiva a ser julgada com base em disposições das Leis n.º 9.605/1998, 11.343/2006 e 13.445/2017.

Em determinado estado da Federação, vários imigrantes foram encontrados em situação irregular e notificados pessoalmente para proceder à regularização migratória em prazo não superior a sessenta dias. Nesse caso, o imigrante que não regularizar sua situação poderá ser deportado e, iniciado o procedimento administrativo de deportação, a Defensoria Pública da União deverá ser notificada para que possa prestar a devida assistência ao deportando.

Certo ( ) Errado ( )

02. (CESPE – 2018) Em cada um dos itens que se seguem, é apresentada uma situação hipotética, seguida de uma assertiva a ser julgada com base em disposições das Leis n.º 8.069/1990, 12.037/2009 e 13.445/2017 e suas alterações.

Um estrangeiro reside no Brasil há quatro anos e não possui nenhuma condenação penal. Nessa situação, se esse estrangeiro tiver capacidade civil, segundo a lei brasileira, e comunicar-se em língua portuguesa, a ele poderá ser concedida a naturalização extraordinária.

Certo ( ) Errado ( )

03. (CESPE – 2018) Julgue o próximo item, a respeito das Leis nº 13.445/2017, 11.343/2006, 8.069/1990 e suas alterações.

Indivíduo estrangeiro expulso do Brasil por ter sido condenado com sentença transitada em julgado pelo crime de tráfico internacional de drogas ficará impedido de ingressar no Brasil, por prazo indeterminado.

Certo ( ) Errado ( )

Gabaritos

01	ERRADO
02	ERRADO
03	ERRADO

1. ESTATÍSTICA DESCRITIVA 491
1.1 Conceitos Básicos 491
1.2 Apresentação dos Dados 491
1.3 Distribuição de Frequências 493
1.4 Medidas de Tendência Central ou de Posição 495
2. MEDIDAS DE DISPERSÃO OU DE VARIAÇÃO 505
2.1 Amplitude Total ou Range (R) 505
2.2 Desvio Médio 505
2.3 Variância 505
2.4 Desvio Padrão 506
2.5 Coeficiente de Variação (CV) ou de Dispersão 506
2.6 Desvio Interquartílico (IQR – ***Interquartile Range***) 507
2.7 BoxPlot ou Diagrama de Caixas ou Diagrama de Extremos e Quartis 507
2.8 Esquema dos Cinco Números 509
3. MEDIDAS DE FORMA: ASSIMETRIA E CURTOSE 510
3.1 Assimetria 510
3.2 Curtose (ou Achatamento) 511
4. VARIÁVEIS ALEATÓRIAS (INTRODUÇÃO) 514
4.1 Esperança para variáveis aleatórias discretas 514
4.2 Propriedades da Esperança 514
5. VARIÂNCIA E DESVIO PADRÃO DA VARIÁVEL ALEATÓRIA 516
5.1 Coeficiente de Variação 516
6. COVARIÂNCIA 517
6.1 Densidade de Probabilidade 517
6.2 Função Densidade de Probabilidade 517
7. FUNÇÃO DISTRIBUIÇÃO DE PROBABILIDADE 519
7.1 Distribuição Uniforme Discreta 519
7.2 Distribuição de Bernoulli 519
8. DISTRIBUIÇÃO BINOMIAL 521
9. DISTRIBUIÇÃO POISSON 522
9.1 Distribuição Uniforme Contínua 522
10. DISTRIBUIÇÃO NORMAL 524
11. AMOSTRAGEM 526
12. ESTIMADORES 528
13. DISTRIBUIÇÃO DA MÉDIA AMOSTRAL 531
14. INTERVALO DE CONFIANÇA PARA A MÉDIA 533

SUMÁRIO

Sumário

15. INTERVALO DE CONFIANÇA PARA A PROPORÇÃO 536

16. AMPLITUDE DO INTERVALO E ERRO MÁXIMO COMETIDO 538

17. TESTE DE HIPÓTESES (INTRODUÇÃO) 540

18. TESTE DE HIPÓTESES PARA A MÉDIA 541

19. DISTRIBUIÇÃO DE QUI-QUADRADO 543

19.1 Utilização da Distribuição do Qui-Quadrado 543

19.2 Teste de Qui-Quadrado para Proporções 543

20. CORRELAÇÃO LINEAR 544

20.1 PROPRIEDADES DO COEFICIENTE DE CORRELAÇÃO 545

21. REGRESSÃO LINEAR 546

21.1 Cálculo da reta de regressão 546

1. ESTATÍSTICA DESCRITIVA

1.1 Conceitos Básicos

1.1.1 Estatística

A Estatística compreende os métodos científicos utilizados para coleta, organização, resumo, apresentação e análise, ou descrição, de dados de observação. Também abrange métodos utilizados para tomadas de decisões sob condições de incerteza.

1.1.2 Estatística Descritiva

Inclui as técnicas empregadas para coleta e descrição de dados. Também é empregada na análise exploratória de dados.

1.1.3 Estatística Inferencial

Utiliza informações incompletas para tomar decisões e tirar conclusões satisfatórias. O alicerce das técnicas de estatística inferencial está no cálculo de probabilidades. As duas técnicas de estatística inferencial são: estimação e teste de hipóteses.

1.1.4 População

Emprega-se para designar um conjunto de indivíduos que possuem pelo menos uma característica, ou atributo, em comum.

1.1.5 Amostra

Refere-se a qualquer subconjunto de uma população. A amostragem é uma das etapas mais importantes na aplicação de métodos estatísticos e envolve aspectos como determinação do tamanho da amostra, metodologia de formação e representatividade da amostra com relação à população.

1.1.6 Variável

É usada para atribuição dos valores correspondentes aos dados observados. É importante ressaltar que os dados em questão não são necessariamente numéricos, uma vez que podem dizer respeito a atributos qualitativos observados na população.

1.1.7 Censo

É um conjunto de dados obtidos de todos os membros da população.

1.1.8 Experimento Aleatório

Fenômeno que, quando repetido inúmeras vezes em processos semelhantes, possui resultados imprevisíveis. As variáveis podem ser quantitativas (discreta ou contínua) ou qualitativas (nominal ou ordinal).

Quantitativa discreta: pode assumir apenas alguns valores.

Ex.: Número de filhos.

Quantitativa contínua: pode assumir infinitos valores.

Ex.: Peso, altura.

Qualitativa nominal: apenas identifica as categorias.

Ex.: Gênero (feminino e masculino).

Qualitativa ordinal: podem-se ordenar as categorias.

Ex.: Grau de instrução.

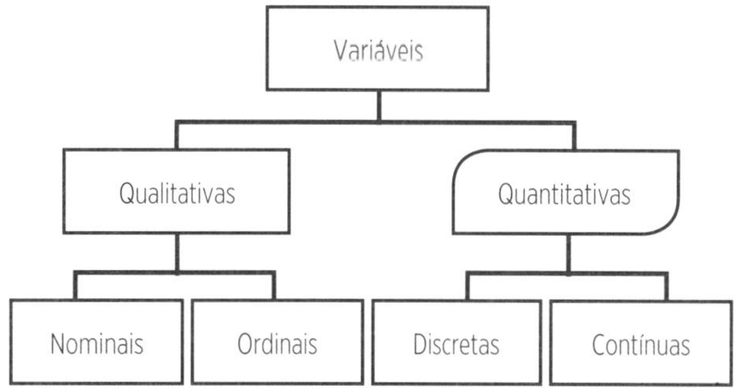

1.2 Apresentação dos Dados

A apresentação dos dados pode ocorrer basicamente de três maneiras:

> Dados Isolados
> Dados Ponderados
> Dados Agrupados

Dados Isolados: representam os dados na forma bruta.

Ex.: 2, 2, 3, 5, 7, 8, 8, 9

Dados Ponderados: consistem em uma tabela que contém, para cada valor observado, o número de vezes que ele ocorre (frequência), mas não se pode saber a quem corresponde cada valor. **Ex.:**

Nota	Frequência
0	2
1	1
1,5	1
2	2
2,5	1
3,5	2
4	3
4,5	3
5	5
5,5	2
6	3
6,5	2
7	3
8	1
8,5	1
Total	**32**

Dados agrupados: apenas para dados quantitativos. É uma tabela que contém divisões da variável em estudo (intervalos), em que é observado o número de vezes que ocorrem os valores contidos nestes intervalos. **Ex.:**

Intervalo de Nota	Frequência
0 ⊢ 2	4
2 ⊢ 4	5
4 ⊢ 6	13
6 ⊢ 8	8
8 ⊢ 10	2
Total	32

1.2.1 Dados Brutos

Trata-se da designação para um conjunto de dados não ordenados.

Ex.: 42, 41, 58, 50, 41, 42, 41, 60, 43, 44, 46, 45, 57, 46, 50, 51, 52, 60, 54, 58.

1.2.2 Rol

É um conjunto de dados ordenados.

Ex.: 41, 41, 41, 42, 42, 43, 44, 45, 46, 46, 50, 50, 51, 52, 54, 57, 58, 58, 60, 60.

1.2.3 Tabelas

Servem para organizar e apresentar os dados coletados, por meio das variáveis, no sentido de facilitar a sua interpretação. Os dados obtidos por meio das variáveis também podem ser organizados no ROL, que consiste em colocar os dados em ordem crescente, mesmo que estes sejam ou estejam repetidos.

Ex.: Quantidade de alunos matriculados no Empresa X.

Tabela 01 Quantidade de alunos matriculados por curso na Empresa X	
Curso	**Número de Alunos**
Polícia Federal	250
DEPEN	150
INSS	350
Receita Federal	250

Obs.: ROL: 150, 250, 250, 350.

1.2.4 Tabela de Frequência

A tabela de frequência serve para organizar dados. A frequência absoluta (F.A) é o valor real do dado e a frequência relativa (F.R) é o valor em porcentagem quando comparado ao total.

Ex.: As idades dos alunos de uma sala são: 12, 13, 13, 14, 11, 12, 15, 14, 13, 14, 15, 11, 12, 13, 13, 13, 15, 12, 12, 13. Ao organizar no ROL e na tabela de frequência, como fica?

No ROL fica: 11, 11, 12, 12, 12, 12, 12, 13, 13, 13, 13, 13, 13, 13, 14, 14, 14, 15, 15, 15.

Na tabela, fica:

Tabela 02			
Idade	**F.A**	**F.R (%)**	**Frequência Acumulada**
11	2	10	2
12	5	25	7
13	7	35	14
14	3	15	17
15	3	15	20
TOTAL	20	100	

1.2.5 Tipos de Frequência

Geralmente, dados isolados são agrupados na forma de tabelas de frequência, que consistem em dados ponderados ou agrupados. Existem quatro tipos de frequência:

- Frequência Absoluta Simples (fi);
- Frequência Relativa Simples (fri);
- Frequência Acumulada (Fi);
- Frequência Acumulada Relativa (Fri).

Ex.: 0, 2, 1, 2, 3, 1, 2, 2, 3, 4

x	f_i	f_{ri}	F_i	F_{ri}
0	1	1/10 = 10%	1	10%
1	2	2/10 = 20%	3	30%
2	4	4/10 = 40%	7	70%
3	2	2/10 = 20%	9	90%
4	1	1/10 = 10%	10	100%
Σ	10	1 = 100%	-	-

1.2.6 Gráficos

Servem para representar e apresentar os dados coletados. Os gráficos podem ser em barra, coluna, setores ***(pizzas)***, linhas, dentre outros.

Barras

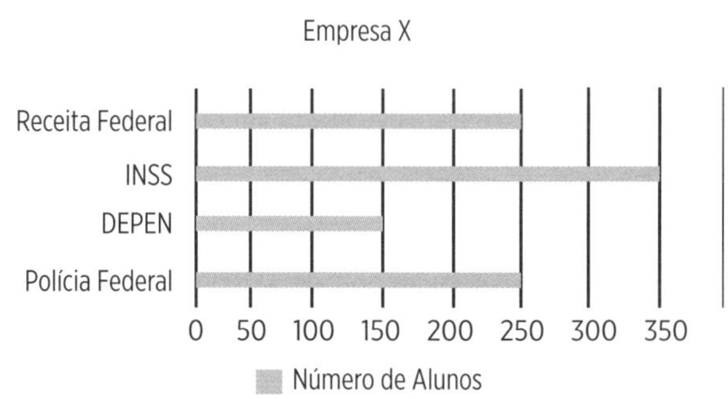

Colunas

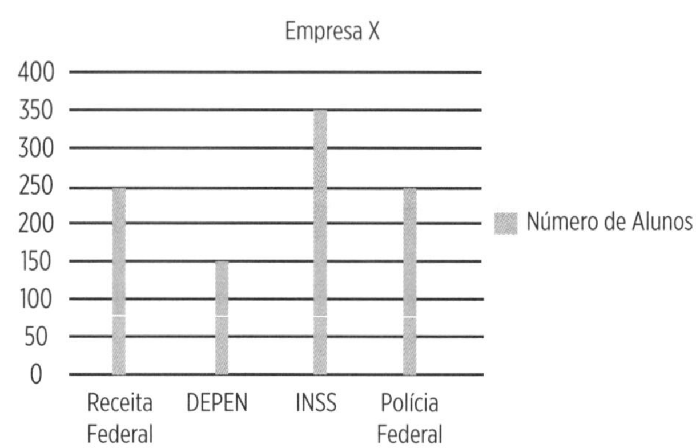

Setores

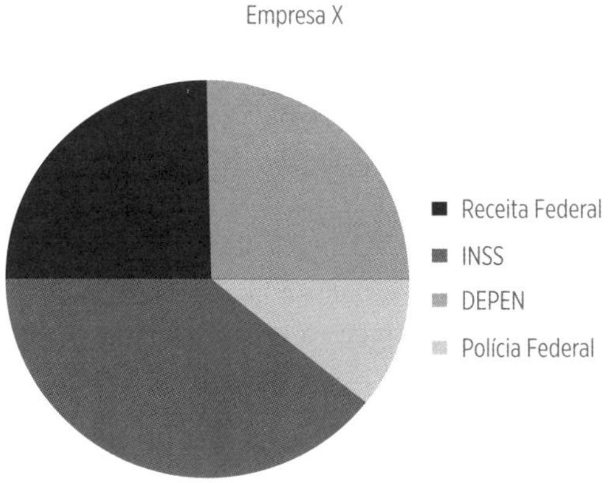

Linhas

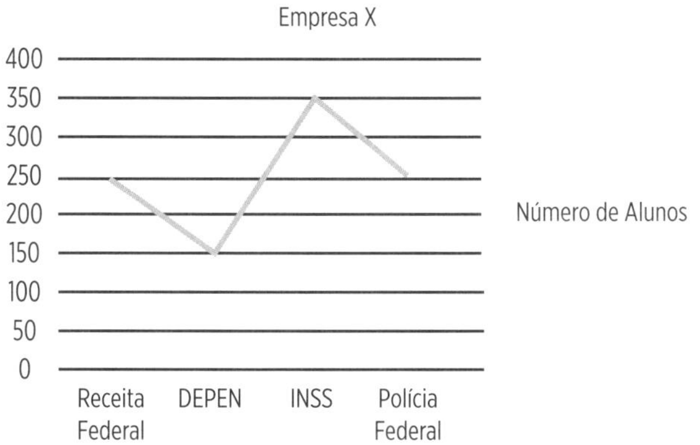

1.2.7 Diagrama de Ramos e Folhas

Há ainda outra forma de apresentação de dados que tem sido explorada frequentemente em provas: o diagrama de ramos e folhas.

Em um diagrama de ramos e folhas cada número é separado em um ramo e uma folha

Vejamos alguns exemplos:

Ex. 1: Consideramos a tabela de dados a seguir:

155	159	144	129	105	145	126	116	130	114	122	112	142	126
118	118	108	122	121	109	140	126	119	113	117	118	109	119
139	139	122	78	133	126	123	145	121	134	119	132	133	124
129	112	126	148	147									

Representação dos dados no diagrama de ramos e folhas:

Chave: 15|5=155

Ramo	Folhas
7	8 (**Ponto discrepante**)
8	
9	
10	5 8 9 9 9
11	2 2 2 3 4 6 7 8 8 8 9 9 9
12	1 1 2 2 2 3 4 4 6 6 6 6 6 9 9
13	0 2 3 3 4 9 9
14	0 2 4 5 5 7 8
15	5 9

Ex. 2: Construir o diagrama de ramos e folhas dos seguintes dados:

56, 62, 63, 65, 65, 65, 68, 70, 72

Unidade das Folhas - 1

Ramos	Folhas
5	6
6	235558
7	02

As folhas contêm o último dígito, e os ramos contêm os restantes em sequência (mesmo que alguns ramos fiquem sem folhas).

1.3 Distribuição de Frequências

Uma distribuição de frequência é um método de agrupar dados em classes de modo a fornecer a quantidade (e/ou a percentagem) de dados em cada classe.

Uma distribuição de frequência (absoluta ou relativa) pode ser apresentada em tabelas ou gráficos.

1.3.1 Intervalo de Classe

Os limites de cada classe podem ser definidos de quatro modos distintos, mostrados a seguir.

01. Intervalo "exclusive - exclusive" ——
02. Intervalo "inclusive - exclusive" ├——
03. Intervalo "inclusive - inclusive" ├——┤
04. Intervalo "exclusive - inclusive" ——┤

1.3.2 Distribuição de Frequência (sem intervalos de classe)

É a simples condensação dos dados conforme as repetições de seus valores. **Ex.:**

Dados	Frequência
41	3
42	2
43	1
44	1
45	1
46	2
50	2
51	1
52	1
54	1
57	1
58	2
60	2
Total	20

1.3.3 Distribuição de Frequência (com intervalos de classe)

Quando o tamanho da amostra é elevado é mais racional efetuar o agrupamento dos valores em vários intervalos de classe.

Classes	Frequências
41 ⊢ 45	7
45 ⊢ 49	3
49 ⊢ 53	4
53 ⊢ 57	1
57 ⊢ 61	5
Total	20

1.3.4 Elementos de uma Distribuição de Frequência (com intervalos de classe)

Classe: corresponde aos intervalos de variação da variável e é simbolizada por **i**; e o número total de classes é simbolizado por **k**.

Ex.: Na tabela anterior k=5 e 49 ⊢ 53 é a 3ª classe, em que **i**=3.

Limites de classe: são os extremos de cada classe. O menor número é o limite inferior de classe (li) e o maior número, limite superior de classe (Li).

Ex.: Em 49 ⊢ 53 l3= 49 e L3= 53

Amplitude do intervalo de classe: é obtida por meio da diferença entre o limite superior e inferior da classe e é simbolizada por

$$hi = Li - li$$

Ex.: na tabela anterior h_i= 53 - 49 = 4.

Obs.: Na distribuição de frequência com classe o $\mathbf{h_i}$ será igual em todas as classes.

Amplitude total da distribuição (AT): é a diferença entre o limite superior da última classe e o limite inferior da primeira classe.

$$AT = L_{(max)} - l_{(min)}$$

Ex.: Na tabela anterior AT = 61 - 41= 20.

Amplitude total da amostra (AA): é a diferença entre o valor máximo e o valor mínimo da amostra (ROL). em que $AA = X_{máx} - X_{mín}$. Em nosso exemplo, $AA = 60 - 41 = 19$.

Obs.: **AT** sempre será maior que AA.

Ponto médio de classe (Xi): é o ponto que divide o intervalo de classe em duas partes iguais.

$$Xi = \frac{Li + Ll}{2}$$

Em que:

Li: limite inferior da classe.

Ll: limite superior da classe.

X3: Ponto médio da 3ª classe.

Ex.: Em 49 ⊢ 53 o ponto médio x3 = (53+49)/2 = 51.

1.3.5 Representações Gráficas

As distribuições de frequências podem ser representadas por meio de três tipos de gráficos, não mutuamente exclusivos.

Histograma

É formado por um conjunto de retângulos justapostos, cujas bases se localizam sobre o eixo horizontal, de tal modo que seus pontos médios coincidam com os pontos médios dos intervalos de classe. A área de um histograma é proporcional à soma das frequências simples ou absolutas.

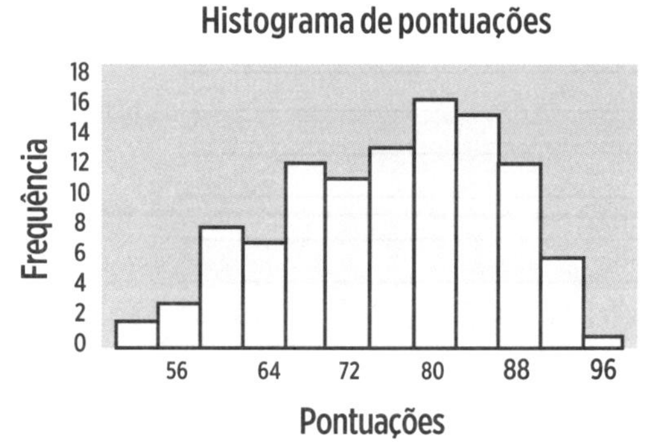

Polígono de Frequências

É um gráfico em linha, sendo as frequências marcadas sobre perpendiculares ao eixo horizontal, levantadas pelos pontos médios dos intervalos de classe. Para realmente obtermos um polígono (linha fechada), devemos completar a figura, ligando os extremos da linha obtida aos pontos médios da classe anterior à primeira, e da posterior à última da distribuição.

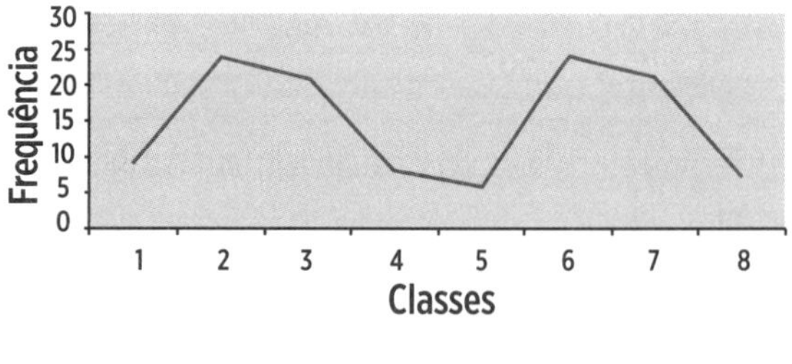

Obs.: é importante notar que tanto o histograma quanto o polígono de frequência indicam a frequência absoluta de cada classe.

Curva de Frequências

Enquanto o polígono de frequência nos dá a imagem real do fenômeno estudado, a curva de frequência nos dá a imagem tendencial. O polimento (geometricamente, corresponde à eliminação dos vértices da linha poligonal) de um polígono de frequência nos mostra o que seria tal polígono com um número maior de dados em amostras mais amplas.

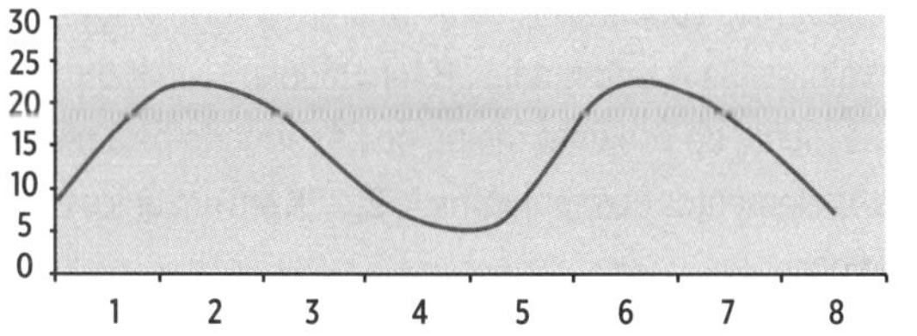

1.4 Medidas de Tendência Central ou de Posição

São medidas utilizadas principalmente para a descrição de dados. As principais medidas de posição são a média aritmética, a mediana e a moda.

O esquema a seguir resume a classificação das Medidas de Tendência Central ou de Posição:

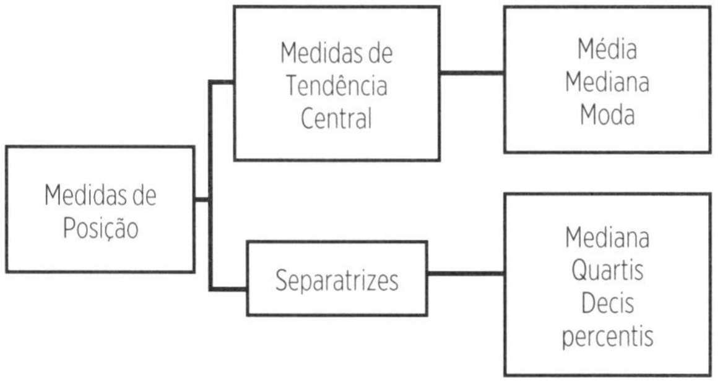

Na sequência, calcularemos as medidas de tendência central ou de posição para três possibilidades a seguir:

> 1º - para dados não agrupados;

> 2º - para dados agrupados sem intervalos de classes; e

> 3º - para dados agrupados com intervalos de classes.

1.4.1 Média Aritmética ($\overline{x}$)

Para Dados Não Agrupados

Seja um conjunto de dados $\{x_1, x_2, \dots, x_n\}$.

A média aritmética, ou simplesmente "média", é dada por:

$$\overline{x} = \sum_{i=1}^{n} x_i$$

Ex.: Seja o conjunto {2, 4, 3, 5, 6, 2, 5}.

Então, a média aritmética é:

$$\overline{x} = \frac{2+4+3+5+6+2+5}{7} = 3{,}8571$$

Obs.: a notação $\overline{x}$ é empregada para representar a média de uma amostra de valores. A média da população costuma ser representada pela letra grega μ (mi).

Para Dados Agrupados sem Intervalos de Classes

Para dados agrupados em distribuições de frequências, calcula-se a média ponderada, sendo que a frequência observada para cada valor é o peso dele, então a média aritmética é dada por:

$$\overline{x} = \frac{\sum_{i=1}^{k} x_i f_i}{\sum_{i=1}^{k} f_i}$$

Ex.: Considerando a distribuição:

x	f_i
2	1
4	3
5	2

$$\overline{x} = \frac{2\cdot 1+4\cdot 3+5\cdot 2}{1+3+2} = \frac{2+12+10}{6} = 6$$

Para Dados Agrupados com Intervalos de Classes

Consideramos a seguinte tabela que representa o tempo de utilização de um aparelho de ginástica de uma academia pelos seus usuários:

Tempo de Utilização (em minutos)	Frequência Absoluta
1 ⊢ 4	18
4 ⊢ 7	108
7 ⊢ 10	270
10 ⊢ 13	150
13 ⊢ 16	54
Total	600

Seja x_i o ponto médio de um determinado intervalo.

Tempo de Utilização (em minutos)	Ponto Médio	Frequência Absoluta	Frequência Relativa
1 ⊢ 4	2,5	18	18/600 = 0,03
4 ⊢ 7	5,5	108	108/600 = 0,18
7 ⊢ 10	8,5	207	270/600 = 0,45
10 ⊢ 13	11,5	150	150/600 = 0,25
13 ⊢ 16	14,5	54	54/600 = 0,09

O tempo médio de utilização do aparelho é dado por:

$$\overline{x} = \frac{18\cdot 2{,}5+108\cdot 5{,}5+270\cdot 11{,}5+54\cdot 14{,}5}{600}$$

$$\overline{x} \cong 9{,}07 \text{ minutos}$$

Propriedades da Média Aritmética

P1: se a cada x_i (i = 1, 2, ..., n) **adicionarmos** uma constante real ***k***, a média aritmética fica **adicionada** de ***k*** unidades.

P2: se **multiplicarmos** cada x_i (i = 1, 2, ..., n) por uma constante real ***k***, a média aritmética fica **multiplicada** por ***k***.

Outros Tipos de Média

Podemos definir outros tipos de média de um conjunto de dados, tais como:

> Média Aritmética Ponderada;

> Média Geométrica;

> Média Harmônica; e

> Média das Médias.

Média Aritmética Ponderada

A média aritmética ponderada é calculada por meio do somatório das multiplicações entre valores e as frequências desses valores divididas pelo somatório dessas frequências.

Ex.: Notas de um aluno.

Nota	Peso
7,0	1
6,0	2
8,0	3
7,5	4

A média ponderada é:

$$\frac{7{,}0\cdot 1+6{,}0\cdot 2+8{,}0\cdot 3+7{,}5\cdot 4}{1+2+3+4}=\frac{73}{10}=7{,}3$$

Média Geométrica (G)

A média geométrica é definida como n-ésima raiz (em que n é a quantidade de termos) da multiplicação dos termos.

Calcular a média geométrica entre os valores 2 e 8.

$$G=\sqrt{2\cdot 8}=\sqrt{16}=4$$

Média Harmônica (H)

A média harmônica H dos números reais positivos $x_1,...,x_n > 0$ é definida como sendo o número de membros dividido pela soma do inverso dos membros.

Calcular a média harmônica entre os valores 2 e 8.

$$H=\frac{2}{\frac{1}{2}+\frac{1}{8}}=\frac{2}{\frac{5}{8}}=2\cdot\frac{8}{5}=\frac{16}{5}=3{,}2$$

Para um conjunto de observações não negativas, vale a seguinte relação:

$$\overline{X}\geq G\geq H$$

Média das Médias (Média Global)

Sejam os conjuntos A com valores, B com valores, ..., e K com valores. Se A tem média , B tem média , ..., e K tem média , então a média do conjunto maior, que é formado pela reunião de todos os elementos dos conjuntos A, B, ..., K em um único conjunto, é dada por:

$$\overline{x}=\frac{n_A\overline{x}_A+n_B\overline{x}_A+...\ n_K\overline{x}_K}{n_A+n_B+...\ n_K}$$

Ex.: Em uma empresa, há 400 homens e 100 mulheres. Os salários médios pagos aos empregados dos gêneros masculinos e femininos são de R$ 2550,00 e 2480,00, respectivamente. Calcule a média global dos salários.

$$\overline{x}=\frac{n_H\overline{x}_H+n_M\overline{x}_M}{n_H+n_M}$$

$$=\frac{400\ x\ 2550+100\ x\ 2480}{400+100}=2536$$

1.4.2 Mediana (M_e)

É uma medida de tendência central que indica exatamente o valor central de uma amostra de dados.

Observações:

> os valores da amostra devem ser colocados em ordem crescente;

> se a quantidade de valores da amostra for ímpar, a mediana é o valor central da amostra; e

> se a quantidade de valores da amostra for par, é preciso tirar a média dos valores centrais para calcular a mediana.

Para Dados Não Agrupados

Ex.: 1:

3 - 4 - 9 - 6 - 3 - 8 - 2 - 4 - 5 - 6

M_e = 2 - 3 - 3 - 4 - **4 - 5** - 6 - 6 - 8 - 9

$M_e = \frac{4+5}{2}=\frac{9}{2}=$ **4,5**

Ex.: 2:

4 - 5 - 7 - 2 - 9

M_e = 2 - 4 - **5** - 7 - 9

M_e = **5**

Para Dados Agrupados sem Intervalos de Classes

O valor que divide a distribuição de frequências em 2 grupos com mesmo número de elementos estará na posição dada por:

$$\frac{\sum f_i}{2}$$

Neste caso basta identificar a frequência acumulada imediatamente superior à metade da soma das frequências:

Ex.: Calcule a Mediana da seguinte distribuição:

X_i	f_i	F_i
0	2	2
1	6	8
2	10	18
3	12	30
4	4	34
	$\sum = 34$	

$$\frac{\sum f_i}{2} = \frac{34}{2} = 17$$

X_i	f_i	F_i
0	2	2
1	6	8
2	10	(18)
3	12	30
4	4	34
	$\sum = 34$	

frequência acumulada imediatamente superior à metade da soma das frequências

$M_e = 2$

Ex.: Calcule a Mediana da seguinte distribuição:

X_i	f_i	F_i
12	1	1
14	2	3
15	1	4
16	2	6
17	1	7
20	1	8
	$\sum = 8$	

Temos que:

$$\frac{\sum f_i}{2} = \frac{8}{2} = 4$$

Neste caso, a mediana será a média aritmética entre o valor da variável correspondente a essa frequência acumulada e o seguinte.

X_i	f_i	F_i
12	1	1
14	2	3
15	1	(4)
16	2	(6)
17	1	7
20	1	8
	$\sum = 8$	

Logo,

$$M_e = \frac{15+16}{2}$$

$M_e = 15{,}5$

Para Dados Agrupados com Intervalos de Classes

Neste caso, devemos seguir os seguintes passos:

- determinar as frequências acumuladas;
- calcular $\Sigma f_i/2$;
- marcar a classe correspondente à frequência acumulada imediatamente à $\Sigma f_i/2$ (classe mediana) e, em seguida, aplicar a seguinte fórmula:

$$M_e = Li + h \cdot \frac{\sum fi / 2 - F_{(ant)}}{f}$$

Legenda:

Li: limite inferior da classe mediana;

$F_{(ant)}$: frequência acumulada da classe anterior à classe mediana;

f: frequência acumulada da classe anterior à classe mediana;

h: amplitude do intervalo da classe mediana.

Calcule a Mediana da seguinte distribuição:

Classes	f_i
150 ⊢ 154	4
154 ⊢ 158	9
158 ⊢ 162	11
162 ⊢ 166	8
166 ⊢ 170	5
170 ⊢ 174	3
	$\sum = 40$

1º Passo: determinar as frequências acumuladas

Classes	f_i	F_i
150 ⊢154	4	14
154 ⊢158	9	13
158 ⊢162	11	24
162 ⊢166	8	32
166 ⊢170	5	37
170 ⊢174	3	40
	$\sum = 40$	

← **frequência acumulada**

2º Passo: calcular $\frac{\sum fi}{2}$

$$\frac{\sum fi}{2} = \frac{40}{2} = 20$$

3º Passo:

h=4 F$_{(ant)}$

Classes	f_i	F_i
150 ⊢154	4	14
154 ⊢158	9	(13)
(158) ⊢162	(11)	24 ← **classe mediana**
162 ⊢166	8	32
166 ⊢170	5	37
170 ⊢174	3	40
	$\sum = 40$	

Li f

Logo,

$$Me = Li + h . \frac{\Sigma fi/2 - F_{(ant)}}{f}$$

$$Me = 158 + 4 . \frac{20 - 13}{11}$$

Me = 158 + 2,54

Me = 160,54

Propriedades da Mediana

P1. A mediana não depende de todos os valores observados; além disso, não sofre influência de valores extremos.

P2. Não pode ser aplicada a variáveis nominais.

P3. Adequado quando os dados apresentam grande variabilidade ou distribuição assimétrica, além de valores extremos indefinidos (Ex.: maior do que...).

1.4.3 Moda (M_0)

A moda de uma série de valores é o valor de maior frequência absoluta, ou seja, o valor que aparece o maior número de vezes na distribuição.

Para Dados Não Agrupados

Ex.: 1:

6 - 9 - 12 - 9 - 4 - 5 – 9

M_0 = 9

Ex.: 2:

12 - 13 - 19 - 13 - 14 - 12 – 16

M_0 = 12 e 13 (Bimodal)

Ex.: 3: 4 - 29 - 15 - 13 - 18

M_0 = Não há moda (**Amodal),** pois não existe valor mais presente.

Pode haver mais de uma moda em um conjunto de valores. Se houver apenas uma moda, a distribuição é dita Unimodal; se houver duas, é Bimodal; se houver três é Trimodal, e assim sucessivamente.

Para Dados Agrupados sem Intervalos de Classes

Ex.: Consideremos a seguinte distribuição:

x	f_1
2	1
4 ←	(3)
5	2

O valor de frequência máxima é o 4.

Logo, M_0 = 4.

Para Dados Agrupados com Intervalos de Classes

Neste caso, a classe que apresenta a maior frequência é denominada classe modal. Se os dados de uma variável quantitativa estão dispostos em uma tabela agrupada em classe, e não há acesso aos dados originais, é possível encontrar a Moda por vários procedimentos. São eles:

> Moda Bruta;
> Moda de Pearson;
> Moda Czuber;
> Moda Kink.

Vejamos os exemplos a seguir.

Cálculo da Moda Bruta: é o método mais simples; consiste em tomar como Moda o ponto médio da classe modal.

Ex.: 1: Determine a Moda Bruta da seguinte distribuição:

Altura	f_i
155 ⊢ 165	3
165 ⊢ 175	18
175 ⊢ 185	11
185 ⊢ 195	9

Altura	f_i	X_i
155 ⊢ 165	3	160
165 ⊢ 175	18	170
175 ⊢ 185	11	180
185 ⊢ 195	9	190

classe modal

classe modal

$$M_o: \frac{165+175}{2}=170$$

Cálculo da Moda de Pearson, Czuber e King: para o cálculo da Moda de Pearson, Czuber e King utilizaremos as seguintes fórmulas:

> **Moda de Pearson**:

$$M_o = 3.M_e - 2\overline{x}$$

> **Moda de Czuber**:

$$Mo = Li + h \cdot \frac{F_{\max} - F_{ant}}{2F_{\max} - \left(F_{ant} + F_{post}\right)}$$

> **Moda King:**

$$Mo = Li + h \cdot \frac{F_{post}}{F_{ant} + F_{post}}$$

Legenda:

M_o = Moda;

M_e = Mediana;

$\overline{x}$ = Média;

Li = Limite inferior da classe modal;

h = Intervalo da classe modal;

$F_{máx}$ = Frequência da classe modal;

F_{ant} = Frequência da classe anterior à classe modal;

F_{post} = Frequência da Classe Posterior à classe modal.

Estes três procedimentos são aproximações; a Moda real seria obtida a partir dos dados brutos.

Ex.: 2: Calcule a Moda de Pearson, King e Czuber, da tabela abaixo:

Classes	f_i
0 ⊢ 10	1
10 ⊢ 20	3
20 ⊢ 30	6
30 ⊢ 40	2

Obs.: Vamos determinar a classe modal:

Classes	f_i
0 ⊢ 10	1
10 ⊢ 20	3
20 ⊢ 30	6
30 ⊢ 40	2

classe modal

Moda de Pearson

Classes	f_i
0 ⊢ 10	1
10 ⊢ 20	3
20 ⊢ 30	6
30 ⊢ 40	2

1º Passo: determinar a Mediana (M_e).

Classes	f_i	F_i
0 ⊢ 10	1	1
10 ⊢ 20	3	4
20 ⊢ 30	6	10
30 ⊢ 40	2	12
		-

Freq. Acumulada

$$M_e = Li + h \cdot \frac{\sum fi - F_{(ant)}}{f}$$

$$M_e = 20 + 10 \cdot \frac{12/2 - 4}{6}$$

$$M_e = 23{,}33$$

2º Passo: calcular a Média.

Classes	f_i	X_i
0 ⊢ 10	1	5
10 ⊢ 20	3	15
20 ⊢ 30	6	25
30 ⊢ 40	2	35
	$\sum = 12$	

X_i = Ponto médio

$$\overline{x} = \frac{1.5 + 3.15 + 6.25 + 2.35}{12} = \frac{270}{12} = 22{,}5$$

3º Passo: aplicar a fórmula.

$$M_e = 3.M_e - 2\overline{x}$$

$$M_e = 3.23{,}33 - 2(22{,}5) = 25$$

Moda King

Classes	f_i
0 ⊢10	1
10 ⊢20	3
20 ⊢30	6
30 ⊢40	2

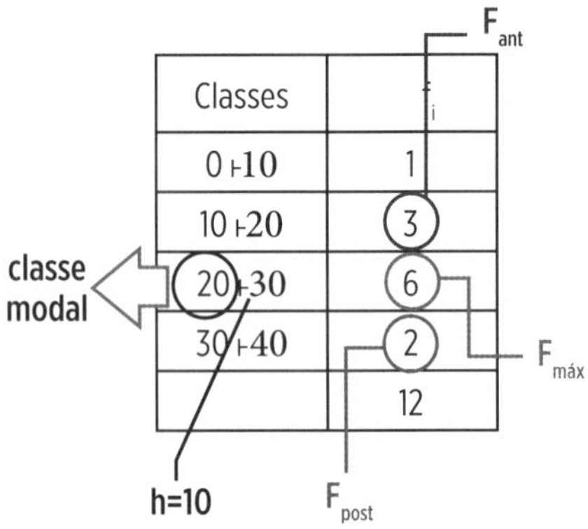

$$Mo = Li + h.\frac{F_{post}}{F_{ant} + F_{post}}$$

$$Mo = 20 + 10.\frac{2}{3+2}$$

$$Mo = 24$$

Moda Czuber

Classes	f_i
0 ⊢10	1
10 ⊢20	3
20 ⊢30	6
30 ⊢40	2

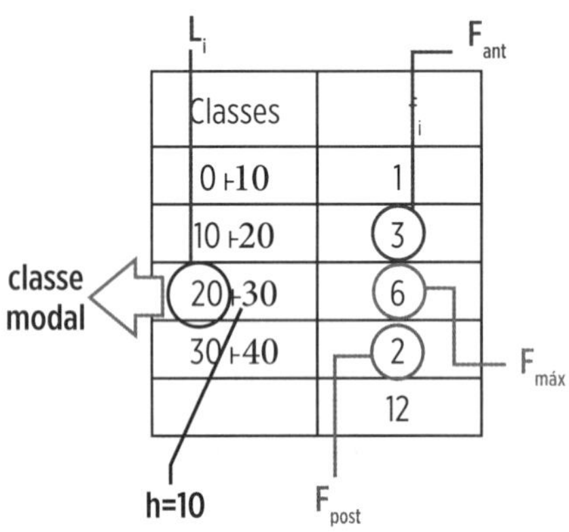

$$Mo = Li + h.\frac{F_{max} - F_{ant}}{2.F_{max} - (F_{ant} + F_{post})}$$

$$Mo = 20 + 10.\frac{6-3}{2(6)-(3+2)}$$

$$Mo = 24,29$$

A Moda é o ponto de maior probabilidade. Ao contrário da Média e da Mediana, a Moda tem de ser um valor existente no conjunto de dados.

Quando todos os dados de uma série estatística são iguais, a média, a mediana e a moda coincidirão com este valor e, portanto qualquer uma delas representará bem a série.

1.4.4 Separatrizes

As separatrizes são os valores que dividem as séries em partes iguais. As principais medidas separatrizes são: a mediana (já estudada) e os quartis, os decis e os percentis.

Quartis

Chamamos de quartis os valores que dividem a distribuição em 4 partes iguais e podem ser obtidos da seguinte maneira:

Temos três quartis:

1º Quartil (Q1): é o valor que tem 25% dos dados à sua esquerda e o restante (75%) à direita.

2º Quartil (Q2): tem 50% dos dados de cada lado, coincide com a mediana.

3º Quartil (Q3): tem 75% dos dados à sua esquerda e 25% à direita.

Fórmulas

1º Quartil	P = 0,25.(n+1)
2º Quartil	P = 0,50.(n+1)
3º Quartil	P = 0,75.(n+1)

Em que:

n – nº de dados

Ex.: 1 Calcule os quartis da série: {5, 2, 6, 9, 10, 13, 15}.

O primeiro passo a ser dado é o da ordenação (crescente ou decrescente) dos valores:

{2, 5, 6, 9, 10, 13, 15}.

Se n for ímpar, a Mediana é o valor central do rol: 4º número.

O valor que divide a série acima em duas partes iguais é igual a 9, logo a M_d = 9 que será = Q2.

Temos agora {2, 5, 6} e {10, 13, 15} como sendo os dois grupos de valores iguais. Para o cálculo do primeiro quartil e do terceiro quartil, basta calcular as medianas de cada uma das partes.

Em {2, 5, 6} a mediana é 5, ou seja: Q1 = 5 e

Em {10, 13, 15 } a mediana é 13, ou seja:

Q3 = 13

Ex.: 2 Encontre os quartis da série:

{1, 1, 2, 3, 5, 5, 6, 7, 9, 9, 10, 13}

Q2=(5+6)/2=5,5

5,5

↓

{1, 1, 2, 3, 5, 5, 6, 7, 9, 9, 10, 13}

{1, 1, 2, 3, 5, 5} {6, 7, 9, 9, 10, 13}

Q1={1, 1, 2, 3, 5, 5} Q3={6, 7, 9, 9, 10, 13}

Q1= (2+3)/2=2,5 Q3= (9+9)/2=9

Portanto, os quartis encontrados foram:

Q1= 2,5

Q2 = 5,5

Q3 = 9

Decis

Chamamos de decis os valores que dividem uma série em 10 partes iguais. Portanto, temos nove decis; o primeiro tem 10% dos dados à sua esquerda, e 90% à sua direita; o segundo tem 20% dos dados à sua esquerda, e 80% à sua direita, e assim por diante, até o nono decil, que tem 90% dos dados à sua esquerda, e 10% à sua direita.

Fórmulas

Decil	Fórmula
1º Decil	P = 0,10.(n+1)
2º Decil	P = 0,20.(n+1)
3º Decil	P = 0,30.(n+1)
4º Decil	P = 0,40.(n+1)
5º Decil	P = 0,50.(n+1)
6º Decil	P = 0,60.(n+1)
7º Decil	P = 0,70.(n+1)
8º Decil	P = 0,80.(n+1)
9º Decil	P = 0,90.(n+1)

Em que:

n: nº de dados

Percentis

Chamamos de percentis os 99 valores que separam uma série em 100 partes iguais. O cálculo dos percentis está relacionado com a percentagem. No quadro abaixo são mostrados alguns percentis:

Fórmulas

Percentil	Fórmula
4º Percentil (P_4)	P = 0,04.(n+1)
12º Percentil (P_{12})	P = 0,12.(n+1)
20º Percentil (P_{50})	P = 0,20.(n+1)

Em que:

n: nº de dados

Cálculos das Separatrizes para Dados Agrupados com Intervalos de Classes

Para determinar os **quartis**, utilizaremos as seguintes fórmulas:

$$Q1 = Li + h.\frac{1.\sum fi/4 - F_{(ant)}}{f}$$

$$Q2 = Li + h.\frac{2.\sum fi/4 - F_{(ant)}}{f}$$

$$Q3 = Li + h.\frac{3.\sum fi/4 - F_{(ant)}}{f}$$

Legenda:

Li = Limite inferior da classe quartílica;

h = Intervalo de classe;

f = Frequência simples da classe quartílica;

$F_{(ant)}$ = Frequência acumulada da classe anterior à classe quartílica.

As expressões:

1. Σ fi/4, 2. fi/4 e 3. fi/4 servem também para determinar a Classe Quartílica.

Vejamos o exemplo a seguir:

Consideremos a seguinte distribuição de frequências em classe:

Classes	f_i
150 ⊢154	4
154 ⊢158	9
158 ⊢162	11
162⊢ 166	8
166 ⊢170	5
170⊢174	3
	$\sum = 40$

Vamos determinar a Frequência acumulada:

Classes	f_i	F_i
150 ⊢154	4	4
154 ⊢158	9	13
158 ⊢162	11	24
162⊢ 166	8	32
166 ⊢170	5	37
170⊢174	3	40
	$\sum = 40$	

(Seta apontando para F_i: **Freq. acumulada**)

Vamos calcular o Q1, Q2 e Q3:

1º Quartil (Q1):

$$Q1 = Li + h.\frac{1.\sum fi/4 - F_{(ant)}}{f}$$

1º Passo: determinar a classe quartílica para o Q1:

1.Σ fi/4 = 1. 40/4 = **10**

Classes	f_i	F_i
150 ⊢ 154	4	4
154 ⊢ 158	9	13
158 ⊢ 162	11	24
162 ⊢ 166	8	32
166 ⊢ 170	5	37
170 ⊢ 174	3	40
	$\sum = 40$	

Frequência acumulada anterior à classe quartílica (4)

classe quartílica (154 ⊢ 158)

Logo, $Q1 = 154 + 4.\frac{(10-4)}{9}$

Q1 = 156,66...

2º Quartil (Q2):

$$Q2 = Li + h.\frac{2.\sum fi/4 - F_{(ant)}}{f}$$

1º Passo: determinar a classe quartílica para o Q2:

2.Σ fi/4 = 2 . 40/4 = **20**

Classes	f_i	F_i
150 ⊢ 154	4	4
154 ⊢ 158	9	13
158 ⊢ 162	11	24
162 ⊢ 166	8	32
166 ⊢ 170	5	37
170 ⊢ 174	3	40
	$\sum = 40$	

Frequência acumulada anterior à classe quartílica (13)

classe quartílica (158 ⊢ 162)

$$Q2 = 158 + 4.\frac{(20-13)}{11}$$

Q2 = 160,5454...

3º Quartil (Q3):

$$Q3 = li + h.\frac{3.\sum fi/4 - F_{(ant)}}{f}$$

1º Passo: determinar a classe quartílica para o Q3:

3.Σ fi/4 = 3 . 40/4 = **30**

Classes	f_i	F_i
150 ⊢ 154	4	4
154 ⊢ 158	9	13
158 ⊢ 162	11	24
162 ⊢ 166	8	32
166 ⊢ 170	5	37
170 ⊢ 174	3	40
	$\sum = 40$	

Frequência acumulada anterior à classe quartílica (24)

classe quartílica (162 ⊢ 166)

$$Q3 = 162 + 4.\frac{(30-24)}{8}$$

Q3 = 165

Analogamente, para calcular os Decis e os Percentis de uma distribuição, adaptamos as fórmulas utilizadas anteriormente para o cálculo dos *Quartis*, conforme o disposto a seguir:

Para os Decis:

$$Dn = Li + h.\frac{n.\sum fi/10 - F_{(ant)}}{2}$$

Para os Percentis:

$$P_n = Li + h.\frac{n\sum fi/100 - F_{ant}}{f}$$

Vejamos o seguinte exemplo:

Consideremos a seguinte distribuição de frequências em classe:

Classes	f_i
150 ⊢ 154	4
154 ⊢ 158	9
158 ⊢ 162	11
162 ⊢ 166	8
166 ⊢ 170	5
170 ⊢ 174	3
	$\sum = 40$

Determine o 1º Decil (D1) e o 90º Percentil (P90).

1º Decil (D1):

1º Passo: determinar a classe quartílica para o Q1:

1.Σ fi/10 = 1. 40/10 = **4**

Classes	f_i	F_i
150 ⊢154	4	4
154 ⊢158	9	13
158 ⊢162	11	24
162⊢ 166	8	32
166 ⊢170	5	37
170⊢174	3	40
	$\sum = 40$	

$$D_n = Li + h.\frac{n.\sum fi/10 - F_{(ant)}}{f}$$

$$D_1 = 150 + 4\frac{[4-0]}{4}$$

$$D_1 = 154$$

90º Percentil (P90):

1º Passo: Determinar a classe quartílica para o Q1:

90.Σ fi/100 = 90. 40/100 = **36**

$$P_n = Li + h.\frac{n\sum fi/100 - F_{(ant)}}{f}$$

$$P_{90} = 166 + 4.\frac{(90 \cdot 40/100 - 32)}{5}$$

$$P_{90} = 169{,}2$$

No caso da Mediana, vimos que ela divide o conjunto em duas metades. Já o Quartil, separa o conjunto em quatro partes iguais; o Decil, em dez partes e, finalmente, o Centil (ou Percentil), em cem partes iguais! Observemos esta relação visual entre as separatrizes:

```
!------------------!------------------!
                   Md
!---------!---------!---------!---------!
          Q1        Q2        Q3
!---!---!---!---!---!---!---!---!---!---!
    D1  D2  D3  D4  D5  D6  D7  D8  D9
!---!---!---!---!---!---!---!---!---!---!
   C10 C20 C30 C40 C50 C60 C70 C80 C90
```

Com isso, concluímos que:

Md = Q2 = D5 = C50

Questões

01. (CESPE - 2018)

	dia				
	1	2	3	4	5
X (quantidade diária de drogas apreendidas, em kg)	10	22	18	22	28

Tendo em vista que, diariamente, a Polícia Federal apreende uma quantidade X, em kg, de drogas em determinado aeroporto do Brasil, e considerando os dados hipotéticos da tabela precedente, que apresenta os valores observados da variável X em uma amostra aleatória de 5 dias de apreensões no citado aeroporto, julgue o próximo item.

A tabela em questão descreve a distribuição de frequências da quantidade de drogas apreendidas nos cinco dias que constituem a amostra.

Certo ( ) Errado ( )

02. (CESPE - 2018)

	dia				
	1	2	3	4	5
X (quantidade diária de drogas apreendidas, em kg)	10	22	18	22	28

Tendo em vista que, diariamente, a Polícia Federal apreende uma quantidade X, em kg, de drogas em determinado aeroporto do Brasil, e considerando os dados hipotéticos da tabela precedente, que apresenta os valores observados da variável X em uma amostra aleatória de 5 dias de apreensões no citado aeroporto, julgue o próximo item.

A moda da distribuição dos valores X registrados na amostra foi igual a 22 kg.

Certo ( ) Errado ( )

03. (CESPE - 2018)

	dia				
	1	2	3	4	5
X (quantidade diária de drogas apreendidas, em kg)	10	22	18	22	28

Tendo em vista que, diariamente, a Polícia Federal apreende uma quantidade X, em kg, de drogas em determinado aeroporto do Brasil, e considerando os dados hipotéticos da tabela precedente, que apresenta os valores observados da variável X em uma amostra aleatória de 5 dias de apreensões no citado aeroporto, julgue o próximo item.

O desvio padrão amostral da variável X foi inferior a 7 kg.

Certo ( ) Errado ( )

04. (CESPE - 2018)

	dia				
	1	2	3	4	5
X (quantidade diária de drogas apreendidas, em kg)	10	22	18	22	28

Tendo em vista que, diariamente, a Polícia Federal apreende uma quantidade X, em kg, de drogas em determinado aeroporto do Brasil, e considerando os dados hipotéticos da tabela precedente, que apresenta os valores observados da variável X em uma amostra aleatória de 5 dias de apreensões no citado aeroporto, julgue o próximo item.

A mediana das quantidades X observadas na amostra em questão foi igual a 18 kg.

Certo ( ) Errado ( )

05. (CESPE- 2018) Considerando que a análise de uma amostra de minério de chumbo tenha apresentado os seguintes resultados percentuais (%): 8,10; 8,32; 8,12; 8,22; 7,99; 8,31, julgue o item a seguir, relativo a esses dados.

O coeficiente de variação da análise é dado pela razão entre o desvio padrão e a média, multiplicada por 100%

Certo ( ) Errado ( )

Gabaritos

01	ERRADO
02	CERTO
03	CERTO
04	ERRADO
05	CERTO

2. MEDIDAS DE DISPERSÃO OU DE VARIAÇÃO

As medidas de dispersão ou variabilidade permitem visualizar a maneira como os dados espalham-se (ou concentram-se) em torno do valor central. Essas medidas indicam se um conjunto de dados é homogêneo ou heterogêneo. Como medida de variabilidade, consideremos as seguintes:

> Amplitude total;
> Desvio Médio;
> Variância;
> Desvio padrão;
> Coeficiente de variação; e
> Desvio Interquartílico.

2.1 Amplitude Total ou Range (R)

É a medida estatística de variabilidade ou dispersão mais simples, definida pela diferença entre o maior e o menor valor.

$$AT = X_{máx} - X_{mín}$$

Legenda:

AT: Amplitude total ou Range (R);

$X_{máx}$: o maior valor no conjunto de dados;

$X_{mín}$: o menor valor no conjunto de dados.

Ex.: Verificar a situação em que foram medidas as idades das pessoas de uma família, sendo elas: 5; 10; 12; 35; 38. Qual é a amplitude das idades nessa família?

$AT = X_{máx} - X_{mín}$

AT = 38 – 5

AT = 33 anos

Obs.: essa medida de dispersão não leva em consideração os valores intermediários, perdendo a informação de como os dados estão distribuídos. É baseada somente em duas observações, sendo altamente influenciada pelos valores extremos; quanto maior a amplitude, maior será a variabilidade.

2.2 Desvio Médio

O Desvio é uma medida da dispersão dos dados em relação à média de uma sequência; o "afastamento" em relação a essa média.

Para determinar o Desvio (D) e o Desvio Médio (DM), utilizamos as seguintes fórmulas:

Fórmula para calcular o Desvio (D):

$$D = | Xi - \overline{X} |$$

Fórmula para calcular o Desvio Médio (DM):

$$DM = \frac{\sum | Xi - \overline{X} |}{n}$$

Resumindo, o desvio médio corresponde à média dos valores absolutos dos desvios.

Legenda:

D: Desvio;

DM: Desvio Médio;

Xi: Valores observados;

$\overline{x}$: Média aritmética;

n = Tamanho da amostra.

Ex.: Determine o desvio médio da seguinte série: 3, 5, 7, 8, 10.

1º Passo: determinar a Média Aritmética.

$$\overline{X} = \frac{(3+7+8+10)}{5} = 6,6$$

2º Passo: Calcular o Desvio (D).

3 - 6,6 = -3,6 = |-3,6| = 3,6

5 - 6,6 = -1,6 = |-1,6| = 1,6

7 - 6,6 = 0,4 = |0,4| = 0,4

8 - 6,6 = 1,4 = |1,4| = 1,4

10 - 6,6 = 3,4 = |3,4| = 3,4

3º Passo: Calcular o Desvio Médio (DM).

DM = (|-3,6| + |-1,6| + |0,4| + |1,4| + |3,4|) / 5

DM = (3,6 + 1,6 + 0,4 + 1,4 + 3,4) / 5

DM = 2,08

2.3 Variância

É uma medida que expressa um desvio quadrático médio do conjunto de dados, e sua unidade é o quadrado da unidade dos dados.

Notação:

Na amostra, denominamos por S^2.

Na população, denominamos por: σ^2.

Fórmulas:

Variância Populacional:

$$\sigma^2 = \frac{\sum_{i=1}^{N}(X_i - \mu)^2}{N}$$

Variância Amostral:

$$S^2 = \frac{\sum_{i=1}^{N}(X_i - \overline{x})^2}{n-1}$$

Legenda:

Xi: Valores observados;

μ: Média populacional;

$\overline{X}$: Média amostral;

N: Tamanho da população;

n: Tamanho da amostra.

Há uma **fórmula alternativa**, que é útil quando o valor da média não é exato e até é mais correto, pois não depende da média que pode ter sofrido arredondamento.

VARIÂNCIA = MÉDIA DOS QUADRADOS – QUADRADO DA MÉDIA

Variância Populacional:

Para dados não agrupados:	Para dados ponderados/ agrupados:
$\sigma^2 = \frac{\sum x_i^2}{N} - \mu^2$	$\sigma^2 = \frac{\sum f_i x_i^2}{N} - \mu^2$

Variância Amostral:

Para dados não agrupados:	Para dados ponderados/ agrupados:
$s^2 = \frac{\sum x_i^2 - \frac{\left(\sum x_i\right)^2}{n}}{n-1}$	$s^2 = \frac{\sum f_i x_i^2 - \frac{\left(\sum f_i x_i\right)^2}{n}}{n-1}$

Propriedades da Variância:

P1: Se a cada X_i (i = 1, 2, ... , n) for **adicionada** uma constante real ***k***, a variância **não se altera**.

P2: Se cada X_i (i = 1, 2, ... , n) for **multiplicado** por uma constante real ***k***, a variância fica multiplicada por ***k²***.

Ex.: calcule a variância dos seguintes valores: 2 - 3 - 4 - 7.

Resolução Passo a Passo:

1º Passo: calcular a média aritmética.

$$\overline{X} = \frac{2+3+4+7}{4} = 4$$

2º Passo: subtrair cada valor da média aritmética.

2 - **4** = -2

3 - **4** = -1

4 - **4** = 0

7 - **4** = 3

3º Passo: elevar cada valor ao quadrado e somá-los.

$$\left.\begin{array}{l}(-2)^2 = 4 \\ (-1)^2 = 1 \\ (0)^2 = 0 \\ (3)^2 = 9\end{array}\right] \sum = 14$$

4º Passo: dividir o valor encontrado pela quantidade.

14/4 = 3,5

2.4 Desvio Padrão

O desvio padrão dá uma ideia de distribuição dos desvios ao redor do valor da média. Para obtermos o desvio padrão, basta que se extraia a **raiz quadrada da variância**.

Notação:

Na amostra denominamos por: S.

Na população denominamos por: σ.

Fórmulas:

População: $\sigma = \sqrt{\sigma^2}$

Amostra: $S = \sqrt{S^2}$

Propriedades do Desvio Padrão:

P1: Quando **adicionamos** uma constante a cada elemento de um conjunto de valores, o desvio padrão **não se altera**.

P2: Quando **multiplicamos** cada elemento de um conjunto de valores por uma constante real ***k***, o desvio padrão fica **multiplicado** por ***k***.

Ex.: Considerando o exemplo citado no caso da Variância em que a Variância encontrada foi de 3,5, o cálculo do desvio padrão fica bastante simples, ou seja:

Ex.: $\sigma = \sqrt{variância} = \sqrt{3{,}5} \cong 1{,}87$

Obs.: Para saber se o desvio padrão está alto ou baixo, devemos compará-lo com o valor da média. Quanto maior o valor do desvio padrão em relação à média, maior então será a variação dos dados e mais heterogêneo é o nosso conjunto de observações.

Quadro Resumo das Propriedades da Soma e Produto

Se tomarmos todos os elementos de um conjunto e os ...

	... somarmos a uma constante	... multiplicarmos por uma constante
A nova **média** será	também somada a esta constante	também multiplicada por esta constante
O novo **desvio padrão** será	inalterado	multiplicado pelo módulo desta constante
A nova **variância** será	inalterada	multiplicada pelo quadrado desta constante

O Desvio Padrão é a raiz quadrada da variância, e sua unidade de medida é a mesma que a do conjunto de dados.

$$\sigma = \sqrt{\text{variância}} = \sqrt{\sigma^2}$$

2.5 Coeficiente de Variação (CV) ou de Dispersão

É uma medida de variabilidade relativa, definida como a razão percentual entre o desvio padrão e a média, e assim sendo uma medida adimensional expressa em percentual. O CV é também conhecido por Dispersão Relativa.

$$CV = \frac{S}{\overline{x}}$$

Quanto à representatividade em relação à média, podemos dizer que quando o coeficiente de variação (CV) é ou está:

Menor que 10%: significa que é um ótimo representante da média, pois existe uma pequena dispersão (desvio padrão) dos dados em torno da média;

Entre 10% e 20%: é um bom representante da média, pois existe uma boa dispersão dos dados em torno da média;

Entre 20% e 35%: é um razoável representante da média, pois existe uma razoável dispersão dos dados em torno da média;

Entre 35% e 50%: representa fracamente a média, pois existe uma grande dispersão dos dados em torno da média;

Acima de 50%: não representa a média, pois existe uma grandíssima dispersão dos dados em torno da média.

Ex.: 1: calcule o coeficiente de variação (CV) para o seguinte conjunto de dados:

5; 10; 12; 35; 38

$$\bar{X} = \frac{5+10+12+35+38}{5} = 20$$

$$S = 15,31$$

$$CV = S/\bar{X} = 15,31/20 = 0,7655 = \mathbf{76,55\%}$$

Conclusão: verifica-se uma grande variação, ou seja, uma alta dispersão dos dados e, assim, a média não seria uma boa representante para estes conjuntos de dados.

Ex.: 2: Para uma distribuição cuja média é 161cm e o desvio padrão é s = 5,57 cm, calcule o coeficiente de variação:

$$CV = 8/\bar{X} = \frac{5,57}{161} \times 100 = 3,459 = 3,5\%$$

2.6 Desvio Interquartílico (IQR – *Interquartile Range*)

O Desvio Interquartílico (IQR), ou simplesmente Intervalo Quartílico, corresponde à diferença entre o 3º quartil (Q3 = 75%) e o 1º quartil (Q1 = 25%).

IQR = Q3 – Q1

As características mais importantes são:

- Medida simples e fácil de ser calculada.
- Mede a distribuição da metade central dos dados, em torno da mediana.
- É uma medida resistente, pois não é afetada pelos extremos.
- Não é suficiente para avaliar a variabilidade, pois despreza 50% dos dados (os extremos).
- É utilizada na determinação de ***outliers*** (valores atípicos) de uma amostra.

01. Em distribuições Simétricas, a distância entre Q1 e Q2 é igual a Q2 e Q3, enquanto em distribuições Assimétricas essas distâncias são diferentes.
02. O Intervalo Interquartil é uma medida de dispersão mais "robusta" para outliers, pois não é tão afetada pelos outliers como a média aritmética.
03. O Desvio ou Amplitude Semi-Interquartílica é definido por:

$$\frac{Q3 - Q1}{2}$$

2.7 *BoxPlot* ou Diagrama de Caixas ou Diagrama de Extremos e Quartis

O gráfico *Boxplot* nos fornece informações sobre a posição central, dispersão e assimetria da respectiva distribuição de frequências dos dados. Utiliza **cinco** medidas estatísticas: mínimo, máximo, mediana, primeiro quartil, terceiro quartil.

O *Boxplot* é a forma gráfica de representar estas cinco medidas estatísticas, em um único conjunto de resultados, conforme mostrado a seguir:

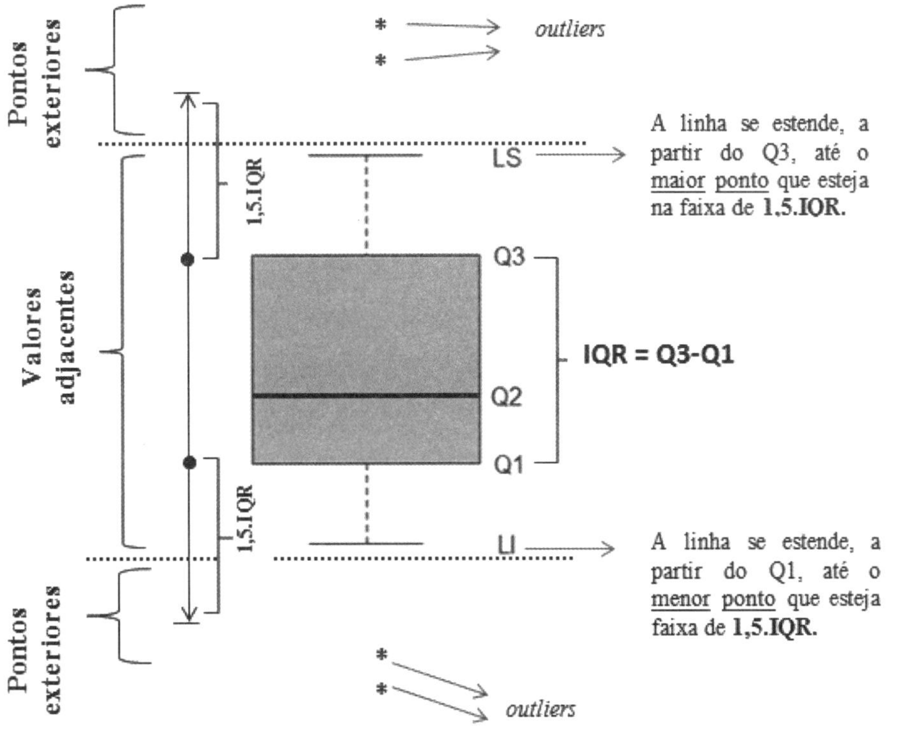

A posição central é dada pela mediana, e a dispersão define-se pelo chamado "desvio interquartílico".

Observações:

> As posições dos quartis Q1, Q2 e Q3 fornecem evidência sobre o nível de assimetria da distribuição dos dados.

> Os comprimentos das caudas da distribuição são dados pelas linhas que vão do retângulo aos valores atípicos. Estes valores atípicos são chamados de ***outliers***.

> Um ***outlier*** pode ser produto de um erro de observação ou de arredondamento. Contudo, as denominações "pontos exteriores" e "***outliers***" são frequentemente usadas. Outros sinônimos: ***pontos discrepantes, atípicos ou observações fora de lugar***.

> A média aritmética é sensível a ***outliers***. Uma única observação pode distorcer a média, ou seja, pode colocar a média longe do centro da distribuição de frequências.

> De modo geral, um ponto será considerado ***outlier*** quando estiver fora do intervalo denotado por (LI; LS), em que:

Limite Inferior (LI): Q1 – 1,5.IQR

Limite Superior (LS): Q3 + 1,5.IQR

O gráfico *BOXPLOT* pode também ter o seguinte aspecto:

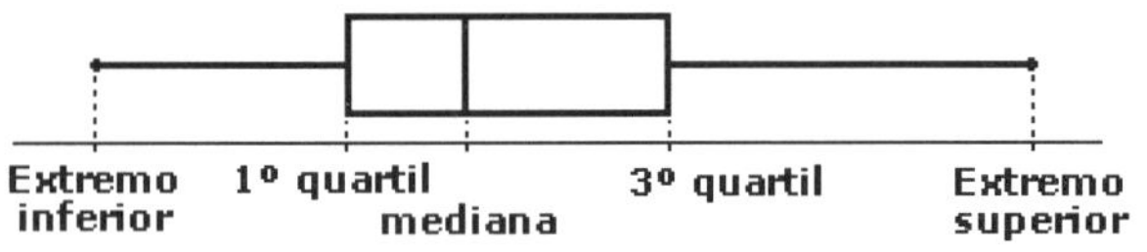

Ex.: 1: Considere a seguinte amostra aleatória de um experimento:

0,5	2,3	4,0	6,4	8,0	9,8	12,0	13,5	15,3

Vamos determinar algumas estatísticas sobre os dados:

> Mediana = 8,0

> 1º Quartil (Q1) = (2,3 + 4)/2 = 3,15

> 3º Quartil (Q3) = (12 + 13,5)/2 = 12,75

> IQR: Q3 – Q1 = 12,75 – 3,15 = 9,6

Vamos determinar os Limites (LI e LS):

(LI): Q1 – 1,5.IQR = 3,15 – 1,5.(9,6) = **-11,25**

(LS): Q3 + 1,5.IQR = 12,75+1,5.(9,6) = **27,15**

Quaisquer valores fora desse intervalo [-11, 25, 27, 15] são os chamados *outliers*. Observemos que, nesse caso, não há nenhum.

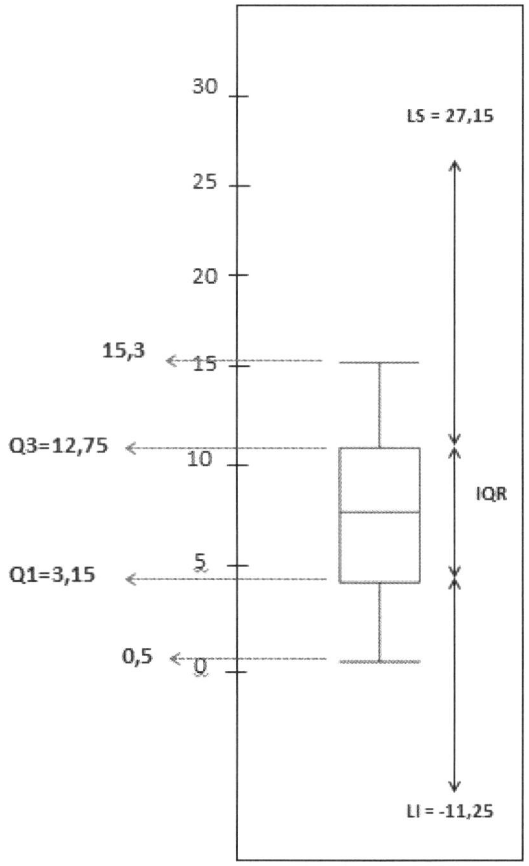

Ex.: 2: O quadro a seguir mostra o número de horas de estudo de 50 alunos de uma determinada escola:

3	3	3	3	3	4	4	4	4	4
4	4	4	4	4	5	5	5	5	5
5	5	5	5	5	5	5	6	6	6
6	6	7	7	7	7	7	8	8	8
8	8	8	9	9	9	9	10	15	17

Vamos determinar algumas estatísticas sobre os dados:

> Mediana: 5

> 1º Quartil (Q1) = 4

> 3º Quartil (Q3) = 8

> IQR: Q3 – Q1 = 8 – 4 = 4

Vamos determinar os Limites (LI e LS):

(LI): Q1 – 1,5.IQR = 4 – 1,5.(4) = **– 2**

(LS): Q3 + 1,5.IQR = 8 + 1,5.(4) = **14**

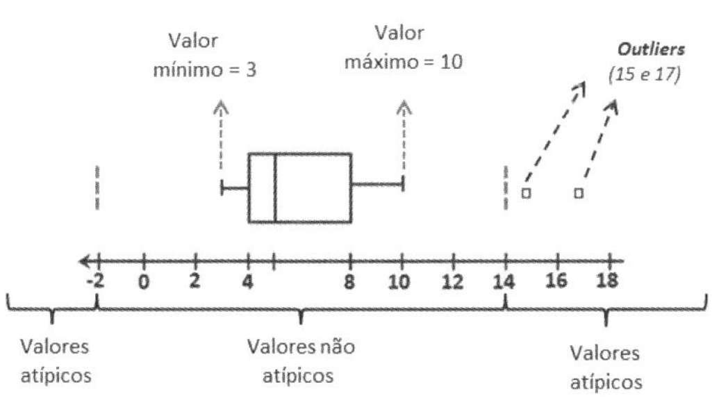

Qualquer observação menor que -2 ou maior que 14 será considerada valor atípico e terá tratamento diferenciado. Observamos os valores e verificamos que não há observação menor que -2. Porém, há 2 observações maiores que 14, denominadas outliers (15 e 17).

2.8 Esquema dos Cinco Números

Existe ainda outra representação das cinco medidas estatísticas já mencionadas; é o "**esquema dos cinco números**", conforme mostrado genericamente a seguir:

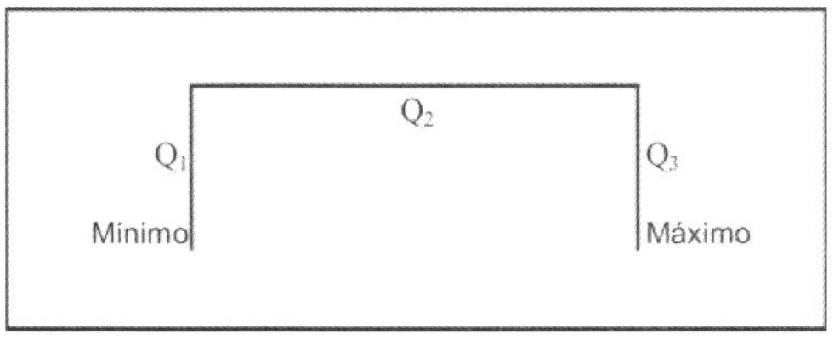

Vejamos um exemplo de representação do esquema dos cinco números:

População das UFs Brasileiras (em 1000 hab.)

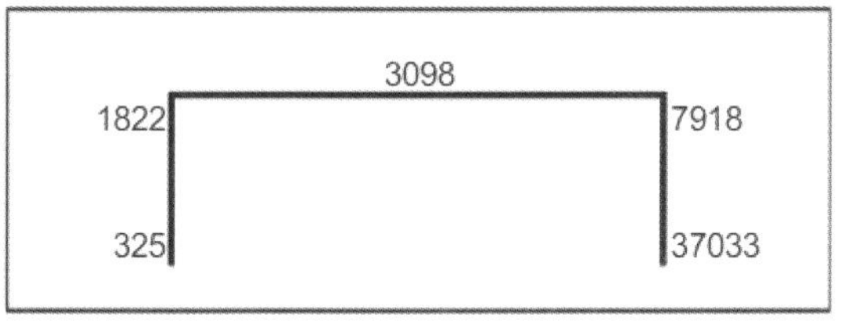

Questões

01. (CESPE - 2018) Considerando que a análise de uma amostra de minério de chumbo tenha apresentado os seguintes resultados percentuais (%): 8,10; 8,32; 8,12; 8,22; 7,99; 8,31, julgue o item a seguir, relativo a esses dados.

A variância dos dados em apreço é dada pelo valor do desvio padrão ao quadrado.

Certo ( ) Errado ( )

02. (CESPE - 2018) Considerando que a análise de uma amostra de minério de chumbo tenha apresentado os seguintes resultados percentuais (%): 8,10; 8,32; 8,12; 8,22; 7,99; 8,31, julgue o item a seguir, relativo a esses dados.

O desvio padrão da análise em apreço é dado pela raiz quadrada do valor médio dividido pelo número de amostras, no caso, 6.

Certo ( ) Errado ( )

03. (CESPE - 2018) Considerando que a análise de uma amostra de minério de chumbo tenha apresentado os seguintes resultados percentuais (%): 8,10; 8,32; 8,12; 8,22; 7,99; 8,31, julgue o item a seguir, relativo a esses dados.

O valor médio do teor de chumbo presente na amostra foi superior a 8%.

Certo ( ) Errado ( )

04. (CESPE - 2018) Um pesquisador estudou a relação entre a taxa de criminalidade (Y) e a taxa de desocupação da população economicamente ativa (X) em determinada região do país. Esse pesquisador aplicou um modelo de regressão linear simples na forma Y = bX + a + ε, em que b representa o coeficiente angular, a é o intercepto do modelo e ε denota o erro aleatório com média zero e variância $\sigma 2$. A tabela a seguir representa a análise de variância (ANOVA) proporcionada por esse modelo.

fonte de variação	graus de liberdade	soma de quadrados
modelo	1	225
erro	899	175
total	900	400

A respeito dessa situação hipotética, julgue o próximo item, sabendo que b > 0 e que o desvio padrão amostral da variável X é igual a 2.

A estimativa da variância $\sigma 2$ é superior a 0,5.

Certo ( ) Errado ( )

05. (CESPE - 2018) Cinco municípios de um estado brasileiro possuem as seguintes quantidades de patrimônios históricos: {2, 3, 5, 3, 2}.

Admitindo que a média e o desvio-padrão desse conjunto de valores sejam iguais a 3 e 1,2, respectivamente, julgue o item seguinte.

O coeficiente de variação é superior a 0,3 e inferior a 0,5.

Gabaritos

01	CERTO
02	ERRADO
03	CERTO
04	ERRADO
05	CERTO

3. MEDIDAS DE FORMA: ASSIMETRIA E CURTOSE

3.1 Assimetria

A medida de assimetria indica o grau de distorção da distribuição em relação a uma distribuição simétrica. As distribuições podem ser:

01. Simétrica;
02. Assimétrica à Direita (ou de Assimetria Positiva); e
03. Assimétrica à Esquerda (ou de Assimetria Negativa).

01. Simétrica: existe um eixo de simetria no gráfico gerado pela tabela de frequência. Esse eixo divide o gráfico em duas partes iguais.

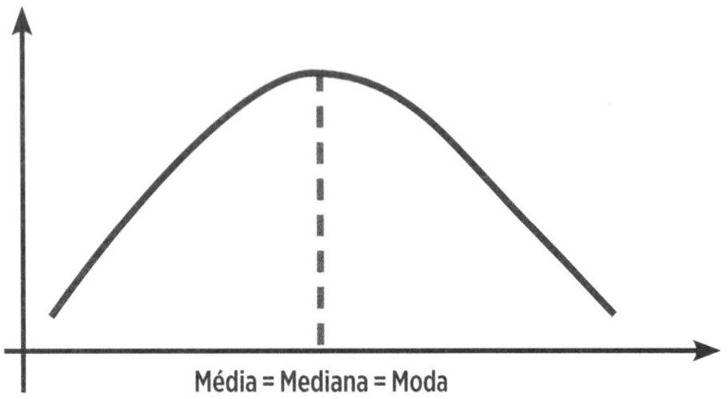

X = Me = Mo

02. Assimétrica à Direita (ou de Assimetria Positiva): nesse caso, a cauda à direita é mais alongada que a cauda à esquerda.

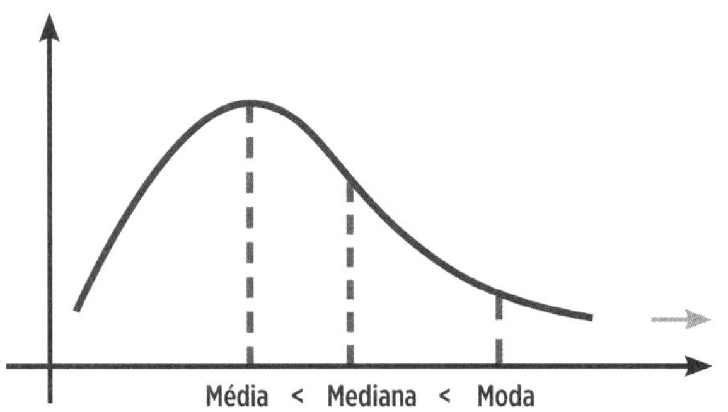

X > Me > Mo

03. Assimétrica à Esquerda (ou de Assimetria Negativa): nesse caso, a cauda à esquerda é mais alongada que a cauda à direita.

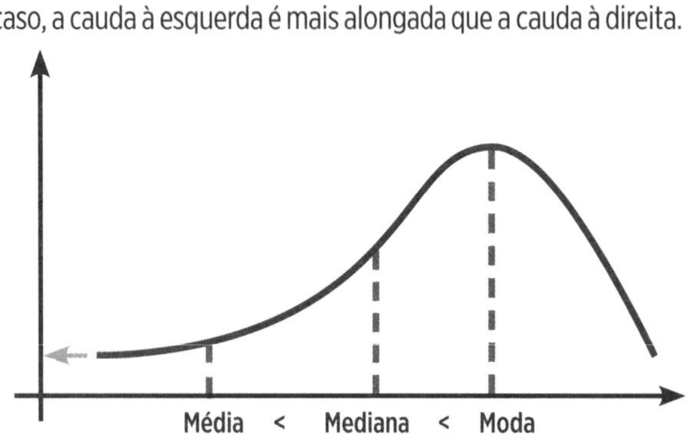

X<Me<Mo

Quadro Resumo (Tipos de Assimetria)	
Simétrica	$X = M_e = M_o$
Assimetria Positiva	$X > M_e > M_o$
Assimetria Negativa	$X < M_e < M_o$

Legenda:

X: Média da Distribuição;

M_o: Moda da Distribuição;

M_e: Mediana da Distribuição.

Sempre que os dados tiverem média, mediana e moda iguais, a distribuição será simétrica.

3.1.1 Classificação da Distribuição por meio do Coeficiente da Assimetria de *Pearson*

1º Coeficiente: $As = \frac{(X-Mo)}{S}$

2º Coeficiente: $As = \frac{3(X-Me)}{S}$ → mais usada

Se:

- **AS = 0**, diz-se que a distribuição é simétrica.
- **AS > 0**, diz-se que a distribuição é assimétrica positiva ou à direita.
- **AS < 0**, diz-se que a distribuição é assimétrica negativa ou à esquerda.

Quanto maior o coeficiente de Assimetria de Pearson, mais assimétrica é a curva:

Se **As < 0,15** → então, a distribuição é praticamente simétrica.

Se **0,15 < As < 1,00** → então, a distribuição é moderadamente assimétrica.

Se **As > 1** → então, a distribuição é fortemente assimétrica.

Obs.: os valores dos dois coeficientes de Assimetria de Pearson serão iguais somente quando a distribuição for simétrica.

3.1.2 Coeficiente Quartílico de Assimetria

$$As = \frac{Q3+Q1-2\cdot Me}{Q3-Q1}$$

Obs.: o coeficiente quartílico de assimetria está sempre compreendido entre −1 e +1.

Legenda:

As: Coeficiente de Assimetria;

X: Média da Distribuição;

M_o: Moda da Distribuição;

M_e: Mediana da Distribuição;

S: Desvio Padrão da Distribuição;

Q1: Primeiro Quartil;

Q3: Terceiro Quartil.

Ex.: Um estudo sobre as distribuições dos pesos dos alunos da escola "ABC", em que já calculamos os valores de

X: (59,3 kg);

$\mathbf{M_o}$: (56,8 kg); e

S: (9,0 kg).

Calcule o coeficiente de assimetria da distribuição e classifique a distribuição.

$$As = \frac{X - Mo}{S}$$

$$As = \frac{59{,}3 - 56{,}8}{9{,}0}$$

$$As = 2{,}5/9{,}0 = 0{,}28$$

Portanto, a distribuição é moderadamente assimétrica.

3.2 Curtose (ou Achatamento)

A medida de curtose nos indica a forma da curva de distribuição em relação ao seu achatamento. A forma da curva de distribuição em relação à curtose pode ser:

01. Leptocúrtica;
02. Mesocúrtica; e
03. Platicúrtica.

01. Leptocúrtica: quando a distribuição apresenta uma curva de frequência mais fechada que a normal (ou mais aguda em sua parte superior).

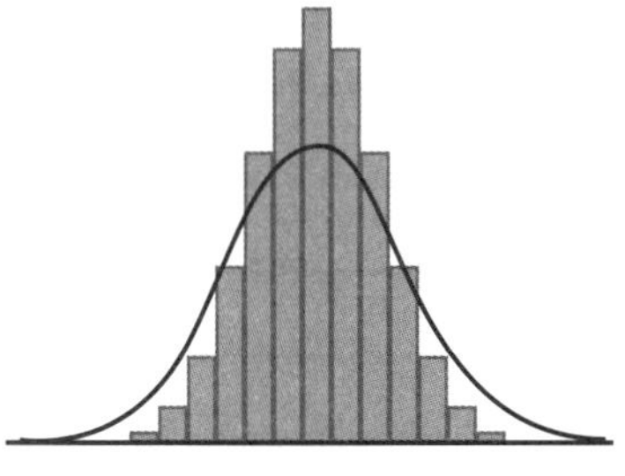

02. Mesocúrtica: a curva é normal e é a referencial.

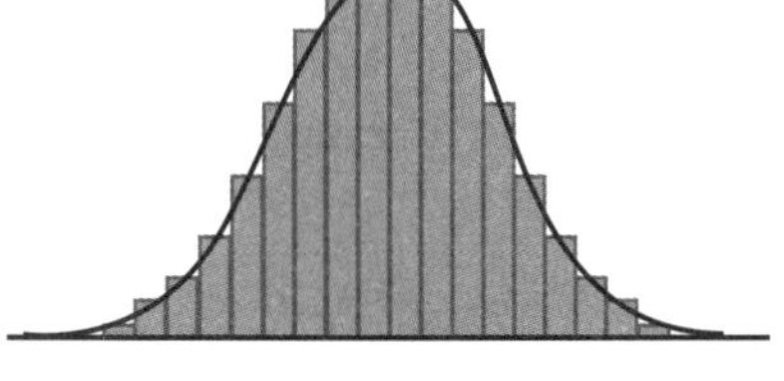

3. Platicúrtica: quando a distribuição apresenta uma curva de frequência mais aberta que a normal (ou mais achatada na sua parte superior).

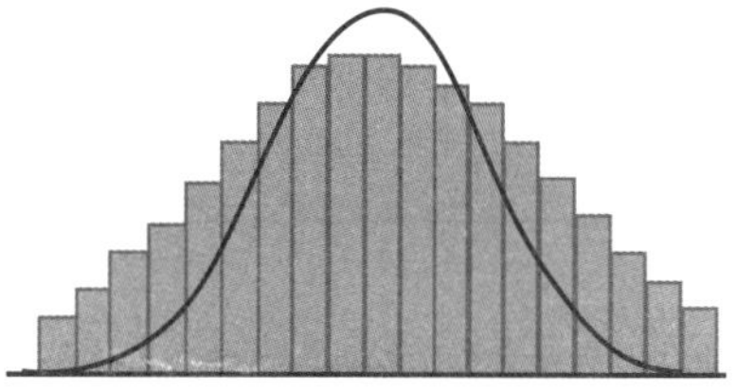

3.2.1 Coeficiente Percentílico de Curtose (C)

$$C = \frac{Q_3 - Q_1}{2(P_{90} - P_{10})}$$

Outra forma de apresentar o Coeficiente Percentílico de Curtose é a seguinte:

$$C = \frac{K}{(D9 - D1)}$$

Legenda:

C: Coeficiente de curtose;

Q_1: Primeiro quartil;

Q_3: Terceiro quartil;

P_{10}: Décimo percentil;

P_{90}: Nonagésimo percentil;

K: Amplitude semi-interquartílica: (Q3-Q1)/2;

D1: Primeiro decil;

D9: Nono decil.

3.2.2 Classificação do Coeficiente Percentílico de Curtose

Se:

> $C = 0{,}263 \rightarrow$ corresponde à curva mesocúrtica;

> $C < 0{,}263 \rightarrow$ corresponde à curva leptocúrtica;

> $C > 0{,}263 \rightarrow$ corresponde à curva platicúrtica.

Uma curva normal apresenta um coeficiente de curtose de valor C = 0,263. Assim, podemos estabelecer comparações entre as diversas curvas e classificá-las.

Ex.: Considere o seguinte resultado, relativo à distribuição de frequência:

Tabela

Distribuição	Q_1	Q_3	P_{10}	P_{90}
A	3	15	2	25

Determine o coeficiente de curtose e classifique a distribuição.

$$C_A = \frac{Q_3 - Q_1}{2(P_{90} - P_{10})} = \frac{15 - 3}{2(25 - 2)} = C_A = 0{,}261$$

→ corresponde à curva leptocúrtica

3.2.3 Coeficiente Momento de Curtose (Cm)

O Coeficiente Momento de Curtose é definido como o quociente entre o momento centrado de quarta ordem (m_4) e o quadrado do momento centrado de segunda ordem (variância).

Será dado pela seguinte fórmula:

$$Cm = \frac{m_4}{S^4}$$

Legenda:

m_4: é o momento de 4ª Ordem Centrado na Média Aritmética;

S^4: é o Desvio Padrão do conjunto, elevado à quarta potência.

Calculando isoladamente o valor do numerador e depois o valor do denominador, as fórmulas seriam as seguintes:

Numerador:

$$m_4 = \frac{\Sigma(Xi - \overline{X})^4 \cdot fi}{n}$$

Denominador:

$$S^4 = (S^2)^2 = \left[\frac{\Sigma(Xi - \overline{X})^2 \cdot fi}{n}\right]^2$$

Fica assim:

$$Cm = \frac{\dfrac{\Sigma(Xi - \overline{X})^4 \cdot fi}{n}}{\left[\dfrac{\Sigma(Xi - \overline{X})^2 \cdot fi}{n}\right]^2}$$

Obs.: o valor deste coeficiente para a curva normal é 3,00.

Legenda:

$\overline{X}i$ = Valores observados.

X = Média aritmética (colocar a barrinha em cima do X)

3.2.4 Classificação do Coeficiente Momento de Curtose (Cm)

Portanto:

> Quando Cm ≅ 3,00 → diremos que a distribuição é mesocúrtica.

A quarta potência do Desvio Padrão é o quadrado da Variância.

> Quando Cm < 3,00 → diremos que a distribuição é platicúrtica.

> Quando Cm > 3,00 → diremos que a distribuição é leptocúrtica.

Questões

01. (CESPE - 2018) A quantidade de clientes atendidos em cada minuto pelos empregados 1 e 2 em um balcão de atendimentos é expressa por $T = Y_1 + Y_2$, em que Y_1 = quantidade de clientes atendidos (por minuto) pelo empregado 1, e Y_2 = quantidade de clientes atendidos (por minuto) pelo empregado 2.

Considerando que, nessa situação hipotética, Y_1 e Y_2 sejam variáveis aleatórias independentes, seguindo uma mesma distribuição Y, cuja função de probabilidade é $P(Y = y) = 0{,}1 \times 0{,}9y$, para y = 0, 1, 2, ..., julgue o seguinte item.

As variáveis aleatórias Y1 e Y2 possuem assimetrias negativas.

Certo ( ) Errado ( )

02. (CESPE - 2017) Um levantamento estatístico, feito em determinada região do país, mostrou que jovens com idades entre 4 e 17 anos assistem à televisão, em média, durante 6 horas por dia. A tabela a seguir apresenta outras estatísticas produzidas por esse levantamento.

	distribuição dos tempos gastos assistindo televisão (*T*, em horas)
1.º quartil	2
2.º quartil	4
3.º quartil	8
1.º decil	1
9.º decil	10

Tendo como referência essas informações, julgue o seguinte item.

A distribuição dos tempos T possui assimetria positiva.

Certo ( ) Errado ( )

03. (CESPE - 2017) Um levantamento estatístico, feito em determinada região do país, mostrou que jovens com idades entre 4 e 17 anos assistem à televisão, em média, durante 6 horas por dia. A tabela a seguir apresenta outras estatísticas produzidas por esse levantamento.

	distribuição dos tempos gastos assistindo televisão (T, em horas)
1.º quartil	2
2.º quartil	4
3.º quartil	8
1.º decil	1
9.º decil	10

Tendo como referência essas informações, julgue o seguinte item.

O índice percentílico de curtose foi superior a 0,4, o que sugere que a distribuição dos tempos T seja leptocúrtica.

Certo ( ) Errado ( )

04. (CESPE - 2018) Define-se estatística descritiva como a etapa inicial da análise utilizada para descrever e resumir dados. Em relação às medidas descritivas, julgue o item a seguir.

São medidas descritivas as medidas de posição (tendência central e separatrizes), as de dispersão, as de assimetria e as de curtose.

Certo ( ) Errado ( )

05. (CESPE)

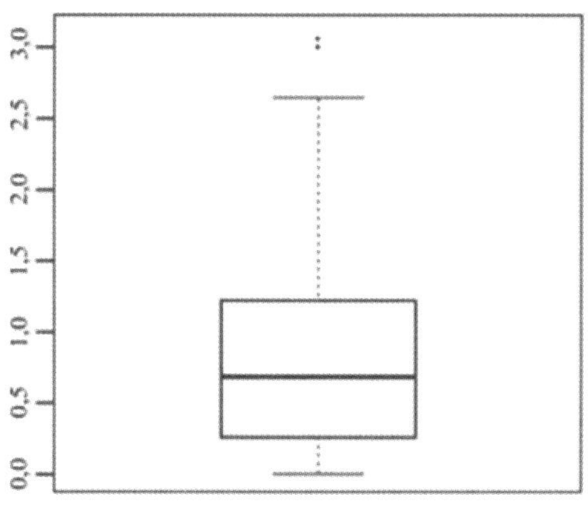

média amostral	0,80
desvio padrão amostral	0,70
primeiro quartil	0,25
mediana	0,70
terceiro quartil	1,20
mínimo	0
máximo	3,10

Um indicador de desempenho X permite avaliar a qualidade dos processos de governança de instituições públicas. A figura mostra, esquematicamente, a sua distribuição, obtida mediante estudo amostral feito por determinada agência de pesquisa. A tabela apresenta estatísticas descritivas referentes a essa distribuição.

Com base nessas informações, julgue o item a seguir.

A distribuição do indicador X apresenta assimetria positiva (ou à direita).

Certo ( ) Errado ( )

Gabaritos

01	ERRADO
02	CERTO
03	ERRADO
04	CERTO
05	CERTO

4. VARIÁVEIS ALEATÓRIAS (INTRODUÇÃO)

A cada possível valor de x, associamos uma probabilidade (função densidade de probabilidade).

Exemplo 1: Observação do ponteiro de um relógio indicando os segundos (1, 2, 3, 4, 5, ...). Observa-se que varia de uma forma determinística. Sabemos qual é o próximo valor!

Exemplo 2: Lançamento de um dado de 6 faces (2, 3, 3, 4, 5, 6, ...). Observa-se que neste caso varia de forma aleatória. Observe que não conseguimos determinar ou prever qual é o próximo valor. Neste caso ainda, conseguimos associar para cada face possível uma probabilidade.

Vejamos:

Face nº 1: 1/6

Face nº 2: 1/6

Face nº 3: 1/6

Face nº 4: 1/6

Face nº 5: 1/6

Face nº 6: 1/6

Isto é possível porque neste caso a variável x é DISCRETA! Podemos afirmar que a variável é discreta (assume valores em um conjunto enumerável de valores).

Exemplo 3: Medição da temperatura de uma estufa (intervalo: 20º C a 30º C)

1ª Medição: 20,1º C

2ª Medição: 22,1º C

3ª Medição: 22,01º C

4ª Medição: 22,432º C

Assume qualquer valor em um intervalo real, são infinitos valores. Neste caso a variável é contínua.

Qual seria a probabilidade de em uma medição apresentar um valor de 26º C?

1 / infinito valores possíveis = 0. Não faz sentido falar em probabilidade de um determinado valor, pois sempre será nulo. Vamos usar a função densidade de probabilidade neste caso.

Variáveis quantitativas

> Discretas (conjunto enumerável de pontos). Exemplo: lançamento de uma dado de 6 faces. São fruto de uma contagem.

> Contínuas (qualquer valor em um intervalor real). Exemplo: Medição da temperatura. Assume qualquer valor em um intervalo real, são infinitos valores.

Quadro paralelo entre a estatística descritiva e inferencial:

Descritiva	Inferencial
Freq. Relativa simples	Probabilidade
Dados em rol/agrupados por valor	Variáveis aleatórias discretas
Dados em classe	Variáveis aleatórias contínuas

4.1 Esperança para variáveis aleatórias discretas

É a média da variável aleatória.

Simbologia para a esperança:

$E(x) = \mu_x$

Fórmula de cálculo: $E(x) = \Sigma X_i \times P(X_i)$

Exemplo: Um lançamento de um dado de 6 faces.

Possíveis resultados:

X	P (probabilidade)	X.P
1	1/6	1/6
2	1/6	2/6
3	1/6	3/6
4	1/6	4/6
5	1/6	5/6
6	1/6	6/6
	$\Sigma = 1$	$\Sigma = 21/6$

$\Sigma X_i \times P(X_i) = 21/6 = 7/2 = 3{,}5$

Portanto 3,5 / 1 = 3,5 (Esperança ou média).

Isto significa que se lançarmos o dado várias vezes e tirar a média, a média será 3,5.

$E(x) = 3{,}5$.

4.2 Propriedades da Esperança

I) $E(X + Y) = E(X) + E(Y)$

II) $E(X - Y) = E(X) - E(Y)$

III) $E(k \times X) = k \times E(X)$

IV) $E(k) = k$

V) Se X e Y forem eventos independentes, então: $E(XY) = E(X) \times E(Y)$

VI) Se $E(XY) = E(X) \times E(Y)$ não podemos concluir que são independentes.

Questões

01. (CESPE - 2018) Supondo que Z seja uma distribuição normal padrão, considere as seguintes transformações de variáveis aleatórias: W = 1 - Z e V = Z2 - W2 + 1. A respeito dessas variáveis aleatórias, julgue o item a seguir.

A variável aleatória V segue distribuição normal.

Certo ( ) Errado ( )

02. (CESPE - 2016) Considerando que Z e W sejam variáveis aleatórias independentes que seguem distribuição normal padrão, julgue o item subsequente.

A transformação 6Z + 3 resulta em uma distribuição normal com variância igual a 9.

Certo ( ) Errado ( )

Gabaritos

01	CERTO
02	ERRADO

5. VARIÂNCIA E DESVIO PADRÃO DA VARIÁVEL ALEATÓRIA

Símbolos para variância: $V(X) = Var(X) = \sigma^2_x$

Fórmula: $V(X) = E(X - \mu)^2$

Fórmula alternativa para o cálculo da Variância: $E(X^2) - E(X)^2$

Desvio Padrão: $\sigma = \sqrt{\sigma^2}$

Exemplo: lançamento de uma dado de 6 faces: média ($\mu = 3,5$).

X	e	e^2	P	$e^2.P$
1	$(1 - 3,5) = -2,5$	$(-2,5)^2 = 6,25$	1/6	6,25/6
2	$(2 - 3,5) = -1,5$	$(-1,5)^2 = 2,25$	1/6	2,25/6
3	$(3 - 3,5) = -0,5$	$(-0,5)^2 = 0,25$	1/6	0,25/6
4	$(4 - 3,5) = 0,5$	$(0,5)^2 = 0,25$	1/6	0,25/6
5	$(5 - 3,5) = 1,5$	$(1,5)^2 = 2,25$	1/6	2,25/6
6	$(6 - 3,5) = 2,5$	$(2,5)^2 = 6,25$	1/6	6,25/6
				$\Sigma = 17,5/6$

Legenda:

X = Valores observados do lançamento de um dado (1,2,3,4,5,6)

e = desvio em relação à média ($\mu = 3,5$)

P = Probabilidade de cada face

Portanto, V(X) = 17,5/6 (O quanto os valores estão dispersos em torno da Média/Esperança)

Quadro comparativo:

Descritiva	Inferencial
Freq. Relativa Simples	Probabilidade
Dados em rol/agrupados em classe	Variáveis aleatórias discretas
Variância de um conj. De dados	Variância da variável aleatória
Média	Esperança da variável aleatória
Média dos quadrados dos desvios	Esperança do quadrado dos desvios

Propriedades da Variância:

I) $V(k.X) = k^2.V(X)$

II) $V(X + k) = V(X)$

5.1 Coeficiente de Variação

$$CV = \sigma / \mu$$

Legenda:

CV : Coeficiente de Variação

σ : Desvio Padrão

μ : Média (Esperança)

Questões

01. (CESPE - 2018) Considerando que X e Y sejam variáveis aleatórios mutuamente independentes que seguem distribuição normal padrão, julgue o próximo item.

A razão R = X/Y segue uma distribuição com variância unitária.

Certo ( ) Errado ( )

02. (CESPE – 2018) Um estudo mostrou que a quantidade mensal Y (em quilogramas) de drogas ilícitas apreendidas em certo local segue uma distribuição exponencial e que a média da variável aleatória Y é igual a 10 kg.

Considerando que $F(y) = P(Y \leq y)$ represente a função de distribuição de Y, em que y é uma possível quantidade de interesse (em kg), e que 0,37 seja valor aproximado de e-1 , julgue o item subsecutivo.

O desvio padrão da variável aleatória Y é superior a 12 kg.

Certo ( ) Errado ( )

03. (CESPE - 2018) Supondo que Z seja uma distribuição normal padrão, considere as seguintes transformações de variáveis aleatórias: W = 1 - Z e V = Z2 - W2+ 1. A respeito dessas variáveis aleatórias, julgue o item a seguir.

A variância da variável aleatória V é igual a 2.

Certo ( ) Errado ( )

04. (CESPE - 2018) Supondo que Z seja uma distribuição normal padrão, considere as seguintes transformações de variáveis aleatórias: W = 1 - Z e V = Z2 - W2+ 1. A respeito dessas variáveis aleatórias, julgue o item a seguir.

A variável aleatória W segue distribuição normal com variância unitária.

Certo ( ) Errado ( )

05. (CESPE - 2018) A quantidade de clientes atendidos em cada minuto pelos empregados 1 e 2 em um balcão de atendimentos é expressa por $T = Y_1 + Y_2$, em que Y_1 = quantidade de clientes atendidos (por minuto) pelo empregado 1, e Y_2 = quantidade de clientes atendidos (por minuto) pelo empregado 2.

Considerando que, nessa situação hipotética, Y1 e Y2 sejam variáveis aleatórias independentes, seguindo uma mesma distribuição Y, cuja função de probabilidade é $P(Y = y) = 0,1 \times 0,9^y$, para y = 0, 1, 2, ..., julgue o seguinte item.

A variância de Y é inferior a 87.

Certo ( ) Errado ( )

Gabaritos

01	ERRADO
02	ERRADO
03	ERRADO
04	CERTO
05	ERRADO

6. COVARIÂNCIA

Serve para indicar se 2 variáveis tem um relação direta ou relação inversa.

Na relação direta quando uma variável aumenta a outra aumenta também. Exemplo: Altura e peso de uma pessoa.

Na relação inversa quando uma variável aumenta a outra diminui. Exemplo: Preço e quantidade de um produto no mercado.

É possível também que não exista uma relação entre as 2 variáveis.

Cov > 0: relação direta

Cov = 0: relação inversa

Cov < 0: ausência de relação linear

$Cov (X,Y) = E [(X - \mu_x) x (Y - \mu_y)]$

$Cov (X,Y) = E (X,Y) - \mu_x \mu_y$

Observações:

I) Se X e Y forem independentes, então: Cov (X,Y) = 0.

II) Se Cov (X,Y) = 0, não podemos concluir que são independentes.

Variância da Soma e da Diferença

I) V (X + Y) = V (X) + V (Y) + 2cov (X,Y)

II) V (X - Y) = V (X) + V (Y) - 2cov (X,Y)

6.1 Densidade de Probabilidade

A densidade de probabilidade é igual à probabilidade dividia pela amplitude do intervalo. Análogo à densidade de frequência.

dp = p/h

Legenda:

dp: densidade de probabilidade

p: probabilidade

h: amplitude do intervalo.

Exemplo: temperatura de 20º C entre 20º C e 30ºC. Vamos calcular a densidade de probabilidade.

P(20<X<30) = 20%

Logo,

p = 20%

h = 10 (entre 20 e 30)

dp = p/h

dp = 0,2/10

dp = 0,02.

6.2 Função Densidade de Probabilidade

É empregada para cálculo de probabilidade associadas a intervalos: basta calcular a área abaixo da curva.

Propriedades:

I) f.d.p ≥ 0.

II) Área total abaixo da f.d.p = 1.

Questões

01. (CESPE -2016)

	variável	
estatística	X	Y
média amostral	25	27
variância amostral	16	9

Com base na tabela precedente, que apresenta estatísticas referentes a duas variáveis observadas em um estudo previdenciário, julgue o seguinte item.

O valor absoluto da covariância entre X e Y é igual ou inferior a 12.

Certo ( ) Errado ( )

02. (CESPE - 2016)

		período		
		I	II	III
probabilidade		0,2	0,6	0,2
retorno	ativo *x*	-5	10	20
	ativo *y*	-10	10	40

A respeito de risco e retorno e dos resultados clássicos relacionados à teoria de carteiras, julgue o seguinte item.

O risco de um portfólio composto por dois ativos reduz-se à medida que o coeficiente de correlação entre esses ativos aumenta.

Certo ( ) Errado ( )

03. (CESPE – 2016 – Adaptada) Se satisfação no trabalho e saúde no trabalho forem indicadores com variâncias populacionais iguais a 8 e 2, respectivamente, e se a covariância populacional entre esses indicadores for igual a 3, então a correlação populacional entre satisfação no trabalho e saúde no trabalho será igual a 0,75.

Certo ( ) Errado ( )

04. (CESPE - 2018) Em uma pequena clínica hospitalar, a receita diária R e a despesa diária D, ambas em R$ mil, são variáveis aleatórias contínuas, tais que:

P(R ≤ r) = 1 e 0,2r , para r ≥ 0; e P(R ≤ r) = 0, para r < 0; e

P(D ≤ d) = 1 e 0,25d , para d ≥ 0; e P(D ≤ d) = 0, para d < 0.

Considerando que a covariância entre as variáveis R e D seja igual a 10, e que S = R D seja o saldo diário, julgue o item a seguir.

P(R ≤ 5) = P(D ≤ 4).

Certo ( ) Errado ( )

05. (CESPE – 2016)

		período		
		I	II	III
probabilidade		0,2	0,6	0,2
retorno	ativo *x*	-5	10	20
	ativo *y*	-10	10	40

A tabela precedente mostra os ativos x e y (variáveis aleatórias) e seus retornos. Considerando que as variâncias de x e y sejam = 64 e = 256, respectivamente, julgue o próximo item.

A covariância entre x e y é igual a 122.

Certo ( ) Errado ( )

06. (CESPE – 2018) Supondo que Z seja uma distribuição normal padrão, considere as seguintes transformações de variáveis aleatórias: W = 1 - Z e V = Z2 - W2+ 1. A respeito dessas variáveis aleatórias, julgue o item a seguir.

A covariância entre W e Z é igual a -1.

Certo ( ) Errado ( )

Gabaritos

01	CERTO	04	CERTO
02	ERRADO	05	CERTO
03	CERTO	06	CERTO

7. FUNÇÃO DISTRIBUIÇÃO DE PROBABILIDADE

Fornece a probabilidade acumulada.

Exemplo: Um lançamento de um dado de 6 faces.

Possíveis resultados:

X	Probabilidade)	Prob. Acumulada
1	1/6	1/6
2	1/6	2/6
3	1/6	3/6
4	1/6	4/6
5	1/6	5/6
6	1/6	6/6

A função Distribuição de Probabilidade é uma função que corresponde cada valor de X a correspondente **Probabilidade** Acumulada.

Gráfico representativo:

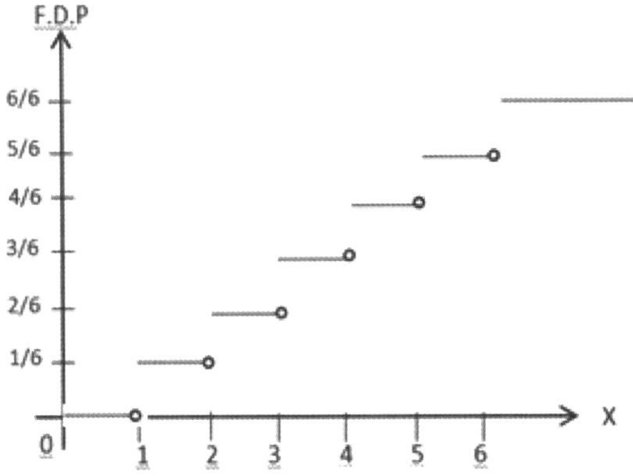

Características da F.D.P:

I) - →0

II) + →1

III) Tem formato de "escada".

Obs: Sempre que o gráfico da Função Distribuição de Probabilidade tem formato de "escada" é porque a Variável Aleatória original é discreta. Os saltos são os valores que a variável aleatória pode assumir e os incrementos nos dão as probabilidades.

Quadro comparativo:

Descritiva	Inferencial
Densidade de freq. relativa	Densidade de probabilidade
Histograma	Função densidade de probabilidade
Freq. Relativa acumulada	Função distribuição de probabilidade

7.1 Distribuição Uniforme Discreta

Todos os valores possíveis de x têm a mesma probabilidade.

$E(x) = \frac{\Sigma xi}{n}$

E(x) = Esperança (é a média aritmética dos possíveis valores).

Exemplo: Lançamento de um dado de 6 faces.

Possíveis resultados:

X	Probabilidade	Prob. Acumulada
1	1/6	1/6
2	1/6	2/6
3	1/6	3/6
4	1/6	4/6
5	1/6	5/6
6	1/6	6/6

$\Sigma_{(x)} = 21/6 = 3{,}5$.

Exemplo de aplicação: Uma urna contém dez bolas, cada uma gravada com um número diferente, de 1 a 10. Uma bola é retirada da urna aleatoriamente e X é o número marcado nesta bola. X é uma variável aleatória cujo(a)

a) desvio padrão é 10.

b) primeiro quartil é 0,25.

c) média é 5.

d) distribuição de probabilidades é uniforme.

e) distribuição de probabilidades é assimétrica.

Média: $\Sigma_{(x)} = (1+2+3+...+9+10)/10 = 55/10 = 5{,}5$.

7.2 Distribuição de Bernoulli

Assume apenas os valores 0 e 1, com probabilidades q e p. Considera-se

q: fracasso (0).

p: sucesso (1).

E(x) = p

x	Probabilidade	x.p
0	q	0
1	p	p

E(x) = 0+p = p

x^2	Probabilidade	$x^2.p$
0	q	0
1	p	p

$E(x^2) = 0+p = p$

Logo, a Variância é encontrada assim:

$V(x) = E(x^2) - [E(x)]^2$

$V(x) = p - p^2$

$V(x) = p\,(1-p)$

$V(x) = p.q$

Questões

01. (CESPE - 2018) Determinado órgão governamental estimou que a probabilidade p de um ex-condenado voltar a ser condenado por algum crime no prazo de 5 anos, contados a partir da data da libertação, seja igual a 0,25. Essa estimativa foi obtida com base em um levantamento por amostragem aleatória simples de 1.875 processos judiciais, aplicando-se o método da máxima verossimilhança a partir da distribuição de Bernoulli.

Sabendo que $P(Z < 2) = 0,975$, em que Z representa a distribuição normal padrão, julgue o item que segue, em relação a essa situação hipotética.

A estimativa intervalar $0,25 \pm 0,05$ representa o intervalo de 95% de confiança do parâmetro populacional p.

Certo ( ) Errado ( )

02. (CESPE - 2018) Determinado órgão governamental estimou que a probabilidade p de um ex-condenado voltar a ser condenado por algum crime no prazo de 5 anos, contados a partir da data da libertação, seja igual a 0,25. Essa estimativa foi obtida com base em um levantamento por amostragem aleatória simples de 1.875 processos judiciais, aplicando-se o método da máxima verossimilhança a partir da distribuição de Bernoulli.

Sabendo que $P(Z < 2) = 0,975$, em que Z representa a distribuição normal padrão, julgue o item que segue, em relação a essa situação hipotética.

O erro padrão da estimativa da probabilidade p foi igual a 0,01.

Certo ( ) Errado ( )

03. (CESPE - 2018) Determinado órgão governamental estimou que a probabilidade p de um ex-condenado voltar a ser condenado por algum crime no prazo de 5 anos, contados a partir da data da libertação, seja igual a 0,25. Essa estimativa foi obtida com base em um levantamento por amostragem aleatória simples de 1.875 processos judiciais, aplicando-se o método da máxima verossimilhança a partir da distribuição de Bernoulli.

Sabendo que $P(Z < 2) = 0,975$, em que Z representa a distribuição normal padrão, julgue o item que segue, em relação a essa situação hipotética.

Em um grupo formado aleatoriamente por 4 ex-condenados libertos no mesmo dia, estima-se que a probabilidade de que apenas um deles volte a ser condenado por algum crime no prazo de 5 anos, contados a partir do dia em que eles foram libertados, seja superior a 0,4.

Certo ( ) Errado ( )

04. (CESPE - 2018) Considerando que X e Y sejam variáveis aleatórios mutuamente independentes que seguem distribuição normal padrão, julgue o próximo item.

A soma dos quadrados Q= X2 + Y2 segue uma distribuição exponencial com média igual a 2.

Certo ( ) Errado ( )

05. (CESPE – 2018) Considerando que X e Y sejam variáveis aleatórios mutuamente independentes que seguem distribuição normal padrão, julgue o próximo item.

A soma dos quadrados Q= X2 + Y2 segue uma distribuição exponencial com média igual a 2.

Certo ( ) Errado ( )

Gabaritos

01	ERRADO
02	CERTO
03	CERTO
04	CERTO
05	CERTO

8. DISTRIBUIÇÃO BINOMIAL

É a soma de "n" variáveis de Bernoulli independentes.

$$P(x = k) = C_{n,k} \times p^k \times q^{n-k}$$

$$E(x) = n.p$$

$$V(x) = n.p.q$$

Onde:

E(x): esperança de x

V(x): variância de x

p: probabilidade de "sucesso" em um experimento

q: probabilidade de "fracasso" em um experimento

n: número de experimentos

k: quantidade de "sucessos"

Exemplo: Considere um dado de 6 faces e ao lançar várias vezes vamos considerar "sucesso" se sair um número múltiplo de 3 e "fracasso" caso isso não ocorra.

Variável (I):

Assume: (1) /sucesso: {3,6} .Então a probabilidade de sucesso é :2/6 = 1/3

Assume: (0) / fracasso: {1,2,4,5} .Então a probabilidade de fracasso é :4/6 = 2/3

Vamos considerar a variável X, a variável que representa o número de sucessos em 3 lançamentos.

Vejamos, por exemplo, as faces apresentadas em 3 lançamentos:

1º exemplo: {2,3,5}

I=0, I=1, I=0 → X = 1

2º exemplo: {6,3,2}

I=1, I=1, I=0 → X = 2

Logo, X é o somatório das variáveis I.

$X = \Sigma I_i$

I: distribuição de Bernoulli

X: distribuição Binomial

Exemplo: Vamos calcular, por exemplo, qual a chance de X=2. Ou seja, qual a chance de lançar o dado 3 vezes e obter 2 sucessos.

1ª Possibilidade: S S F → $1/3 . 1/3 . 2/3 = (1/3)^2 . (2/3)^1$

2ª Possibilidade: S F S → $1/3 . 2/3 . 1/3 = (1/3)^2 . (2/3)^1$

2ª Possibilidade: F S S → $2/3 . 1/3 . 1/3 = (1/3)^2 . (2/3)^1$

Logo, o probabilidade de X=2 é:

$3 . (1/3)^2 . (2/3)^1$

↓ $C_{n,k}$ ↓ p ↓ q

Portanto, generalizando temos: $P(x = k) = C_{n,k} \times p^k \times q^{n-k}$

Questões

01. (CESPE - 2018) Determinado órgão governamental estimou que a probabilidade p de um ex-condenado voltar a ser condenado por algum crime no prazo de 5 anos, contados a partir da data da libertação, seja igual a 0,25. Essa estimativa foi obtida com base em um levantamento por amostragem aleatória simples de 1.875 processos judiciais, aplicando-se o método da máxima verossimilhança a partir da distribuição de Bernoulli.

Sabendo que P(Z < 2) = 0,975, em que Z representa a distribuição normal padrão, julgue o item que segue, em relação a essa situação hipotética.

Se X seguir uma distribuição binomial com parâmetros n = 1.000 e probabilidade de sucesso p, a estimativa de máxima verossimilhança da média de X será superior a 300.

Certo ( ) Errado ( )

02. (CESPE - 2016) Considere um processo de amostragem de uma população finita cuja variável de interesse seja binária e assuma valor 0 ou 1, sendo a proporção de indivíduos com valor 1 igual a p = 0,3. Considere, ainda, que a probabilidade de cada indivíduo ser sorteado seja a mesma para todos os indivíduos da amostragem e que, após cada sorteio, haja reposição do indivíduo selecionado na amostragem.

A partir dessas informações, julgue o item subsequente.

Se for coletada uma amostra de tamanho n = 20, o número total de observações sorteadas com valor 1 terá distribuição binomial com parâmetros n e p.

Certo ( ) Errado ( )

03. (CESPE - 2016) Se as variáveis aleatórias X e Y seguem distribuições de Bernoulli, tais que P[X = 1] = P[Y = 0] = 0,9, então X + Y segue uma distribuição binomial com parâmetros n = 2 e p = 0,3, se X e Y forem variáveis aleatórias independentes.

Certo ( ) Errado ( )

04. (CESPE - 2015) Um vendedor de certo tipo de equipamento de telecomunicações pode visitar, em um dia, um ou dois clientes, com probabilidades de 1/3 e 2/3, respectivamente. De cada contato pode resultar a venda de um equipamento por R$ 50.000, com probabilidade de 1/10, ou nenhuma venda, com probabilidade de 9/10. Considerando que V seja a variável aleatória que indica o valor total de vendas diárias desse vendedor, em milhares de reais, julgue o item que se segue.

Supondo-se que Xi seja a variável aleatória que indica o número de visitas do vendedor a clientes no i-ésimo dia do mês de novembro, que $Y_i = X_i - 1$, e que $Z = Y_1 + Y_2 + ... + Y_{30}$, é correto afirmar que Z será uma distribuição binomial de parâmetros n = 30 e p = 2/3.

Certo ( ) Errado ( )

05. (CESPE - 2013) No que se refere a distribuições discretas, julgue os seguintes itens.

A aproximação da distribuição binomial pela normal não se aplica com base no teorema limite central, visto que a binomial não se relaciona com uma soma de variáveis aleatórias.

Certo ( ) Errado ( )

06. (CESPE – 2016 - Adaptada) As variáveis aleatórias discretas X e Y são tais que $P(X = x, Y = y) = 0{,}2^{x+y} \times 0{,}8^{2-x-y}$, para $x \in \{0, 1\}$ e $y \in \{0, 1\}$; e $P(X = x, Y = y) = 0$, para $x \notin \{0, 1\}$ ou $y \notin \{0, 1\}$.

A respeito de S = X + Y, então variável aleatória S segue uma distribuição binomial.

Certo ( ) Errado ( )

Gabaritos

01	ERRADO	04	CERTO
02	CERTO	05	ERRADO
03	ERRADO	06	CERTO

9. DISTRIBUIÇÃO POISSON

Partimos da probabilidade para distribuição binomial. Quando "n" é muito elevado e "p" é pequeno, ela tende para:

$$P(x = k) = \frac{e^{-np} \times (np)^k}{k!}$$

Onde:

e: nº de Euler (aproximadamente 2,7)

p: probabilidade de "sucesso" em um experimento

q: probabilidade de "fracasso" em um experimento

n: número de experimentos

k: quantidade de "sucessos"

Observe que np é a média da variável binomial. Vamos substituir np por λ. Logo a fórmula fica:

$$P(x = k) = \frac{e^{-\lambda} \times (\lambda)^k}{k!}$$

"Fórmula da probabilidade para distribuição de Poisson"

Portanto,

$$E(x) = \lambda$$

$$V(x) = \lambda$$

Onde:

E(x):esperança de x

V(x): variância de x

9.1 Distribuição Uniforme Contínua

Todos os valores têm mesma função densidade de probabilidade. Se a Variável Aleatória é uniforme no intervalo entre "a" e "b", então:

$$E(x) = (a+b) / 2$$

$$V(x) = (b - a)^2 / 12$$

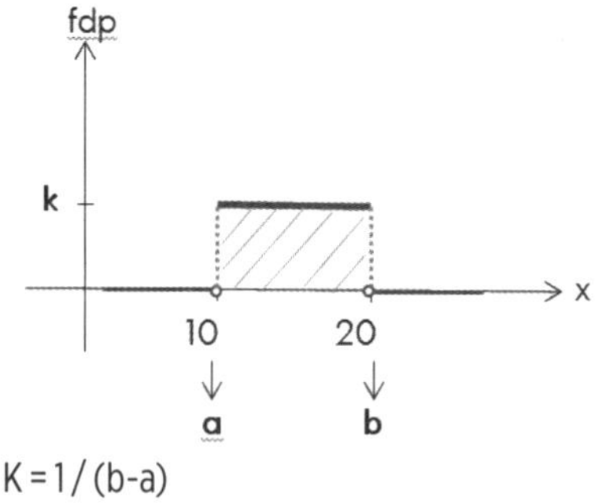

$K = 1 / (b-a)$

Exemplo: Sendo X uma variável aleatória uniformemente distribuída no intervalo [0,1], determine sua variância.

(A) 1/2.

(B) 1/3.

(C) 1/4.

(D) 1/6.

(E) 1/12.

$V_{(x)} = (b-a)^2 / 12$

$V_{(x)} = (1-0)^2 / 12$

$V_{(x)} = 1/12$

Questões

01. (CESPE - 2018) O total diário - X - de pessoas recebidas em uma unidade de pronto atendimento (UPA) para atendimento ambulatorial, e o total diário - Y - de pessoas recebidas nessa mesma UPA para atendimento de urgência segue processos de Poisson homogêneos, com médias, respectivamente, iguais a 20 pacientes/dia e 10 pacientes/dia, e as variáveis aleatórias X e Y são independentes. Sabe-se que, em média, a necessidade de cuidados hospitalares atinge 10% dos pacientes do atendimento ambulatorial e 90% dos pacientes do atendimento de urgência.

A partir dessa situação hipotética, julgue o próximo item, considerando que o registro da necessidade de cuidados hospitalares seja feito no momento em que o paciente chegue à UPA e que H seja a quantidade diária registrada de pacientes com necessidades de cuidados hospitalares.

A quantidade diária H segue uma distribuição de Poisson.

Certo ( ) Errado ( )

02. (CESPE - 2018) O total diário - X - de pessoas recebidas em uma unidade de pronto atendimento (UPA) para atendimento ambulatorial, e o total diário - Y - de pessoas recebidas nessa mesma UPA para atendimento de urgência segue processos de Poisson homogêneos, com médias, respectivamente, iguais a 20 pacientes/dia e 10 pacientes/dia, e as variáveis aleatórias X e Y são independentes. Sabe-se que, em média, a necessidade de cuidados hospitalares atinge 10% dos pacientes do atendimento ambulatorial e 90% dos pacientes do atendimento de urgência.

A partir dessa situação hipotética, julgue o próximo item, considerando que o registro da necessidade de cuidados hospitalares seja feito no momento em que o paciente chegue à UPA e que H seja a quantidade diária registrada de pacientes com necessidades de cuidados hospitalares.

Supunha que, nessa UPA, o sistema de atendimento seja descrito por um modelo de fila simples com servidor único e baseado no processo de nascimento e morte, e que X +Y seja o total diário de pessoas atendidas na UPA. Nessa situação, o processo estará em estado de equilíbrio se a taxa de atendimento de pacientes for igual ou superior a 30 pacientes por dia.

Certo ( ) Errado ( )

03. (CESPE - 2016) O número de acidentes de trabalho em determinada obra pública no mês k segue uma distribuição de Poisson Wk com média igual a 1 acidente por mês. Considerando uma amostra aleatória simples W_1, W_2, ..., Wn, julgue o item a seguir, acerca da soma Sn = $W_1 + W_2 + ...+$, Wn.

O total de acidentes Sn segue distribuição de Poisson com média igual a n.

Certo ( ) Errado ( )

04. (CESPE – 2016 - Adaptada) Suponha que o número mensal X de pessoas que sofrem algum tipo de acidente em um centro comercial siga uma distribuição de Poisson. Considerando que P(X = 0) = 0,1 e ln10 = 2,3, então 0,20 < P(X = 1) < 0,25.

Certo ( ) Errado ( )

05. (CESPE - 2015) Uma repartição pública recebe diariamente uma quantidade X de requerimentos administrativos e uma quantidade Y de recursos administrativos. Essas quantidades seguem distribuições de Poisson com taxas, respectivamente, iguais a ln15 requerimentos por dia e ln4 recursos por dia.

Considerando que, nessa situação hipotética, as variáveis aleatórias X e Y sejam independentes e que S = X + Y, julgue o seguinte item.

O valor esperado da variável aleatória S é igual a ln60.

Certo ( ) Errado ( )

06. (CESPE – 2015) Uma repartição pública recebe diariamente uma quantidade X de requerimentos administrativos e uma quantidade Y de recursos administrativos. Essas quantidades seguem distribuições de Poisson com taxas, respectivamente, iguais aln15 requerimentos por dia e ln4 recursos por dia.

Considerando que, nessa situação hipotética, as variáveis aleatórias X e Y sejam independentes e que S = X + Y, julgue o seguinte item.

A variável aleatória S segue uma distribuição de Poisson.

Certo ( ) Errado ( )

07. (CESPE – 2015) Uma repartição pública recebe diariamente uma quantidade X de requerimentos administrativos e uma quantidade Y de recursos administrativos. Essas quantidades seguem distribuições de Poisson com taxas, respectivamente, iguais a ln15 requerimentos por dia e ln4 recursos por dia.

Considerando que, nessa situação hipotética, as variáveis aleatórias X e Y sejam independentes e que S = X + Y, julgue o seguinte item.

É correto afirmar que P(S = 0) > 0,02.

Certo ( ) Errado ( )

Gabaritos

01	CERTO	05	CERTO
02	CERTO	06	CERTO
03	CERTO	07	ERRADO
04	CERTO		

10. DISTRIBUIÇÃO NORMAL

A Distribuição Normal é uma função de densidade contínua simétrica, em formato de sino, com média e variância representadas pelas letras gregas μ e σ^2, respectivamente. Tanto a mediana, como a moda, coincidem com sua média. É padronizada quando a média é nula e desvio padrão é unitário (Z).

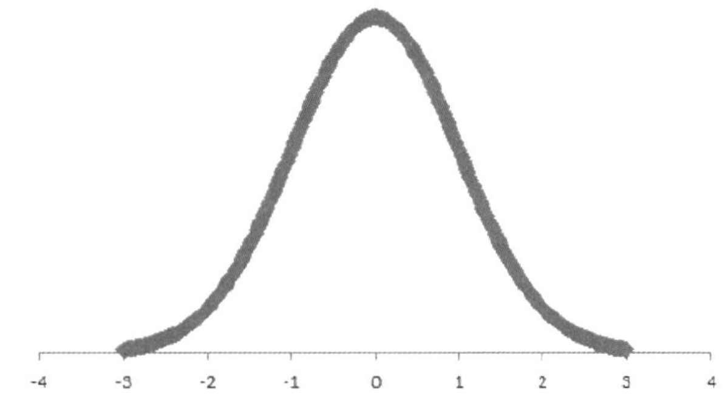

Existem vários tipos de variável normal:

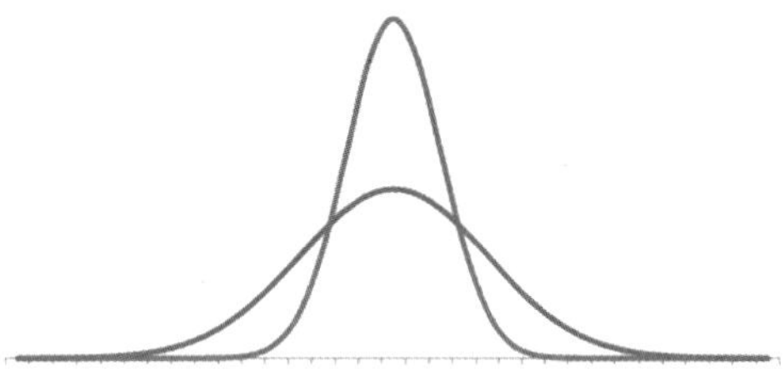

> A curva em vermelho tem maior dispersão (desvio padrão grande).

> A curva em azul tem menor dispersão (desvio padrão pequeno)

Observe ainda o gráfico a seguir:

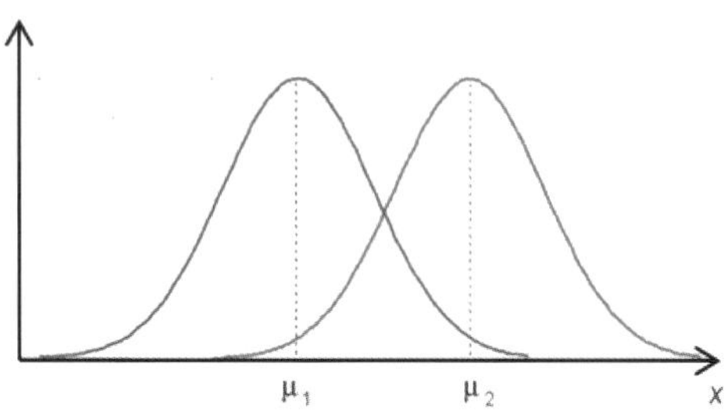

$\mu_1 < \mu_2$

Vamos analisar agora o gráfico de uma Distribuição Normal Padronizada ou Reduzida:

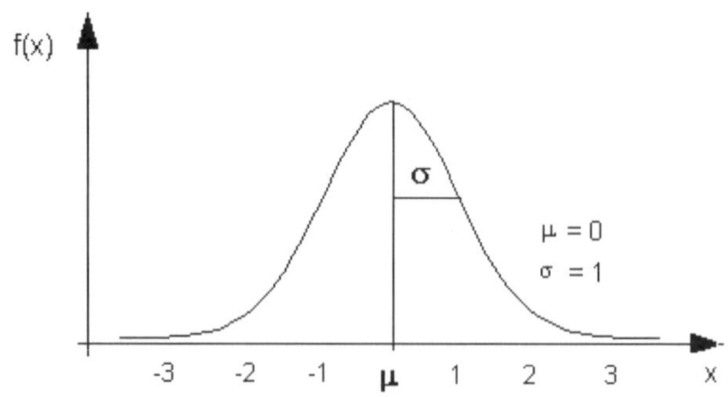

μ: Média

σ: Desvio Padrão

Z: Símbolo para Distribuição Normal

É a mais comum em provas e a tabela é fornecida em função deste padrão, ou seja, é padronizada quando a média é nula e desvio padrão é unitário. O símbolo para esta distribuição normal Z.

Vamos entender a aplicação, através dos seguintes exemplos:

Exemplo 1:

k	P (0 Z k)
0,3	0,15

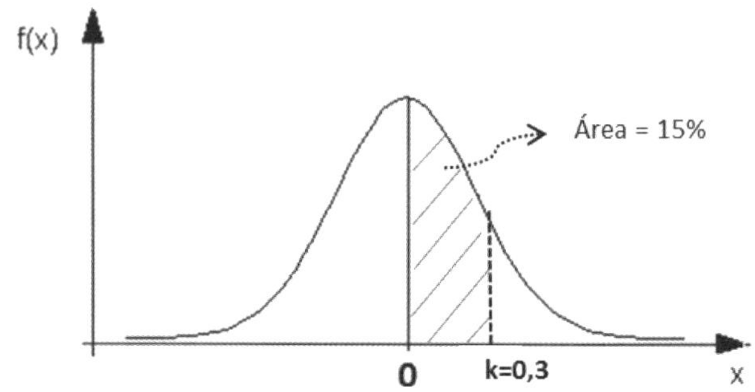

Isto significa que a chance da Variável Z estar entre 0 e k (k=0,3) é de 15%.

Exemplo 2:

k	P (Z k)
2	0,028

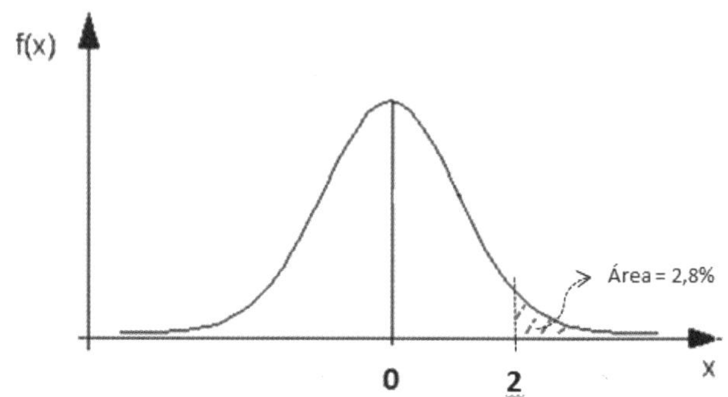

Isto significa que a chance da Variável Z ser maior que 2 é de 2,8%.

A Distribuição Normal Padronizada é um caso particular da Distribuição Normal. A Distribuição Normal não padronizada pode ser convertida em Distribuição Normal Padronizada, usando a seguinte relação:

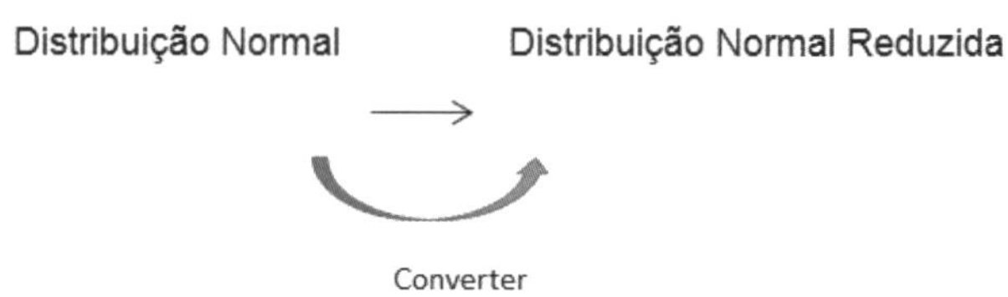

$$Z = \frac{x - \mu_x}{\sigma_x}$$

Z: Distribuição normal reduzida

x: Variável Normal x

μx: Média de x

σx: Desvio Padrão de x

O resultado será exatamente uma distribuição normal reduzida.

Importante! Valores mais conhecidos para Distribuição Normal Padrão!

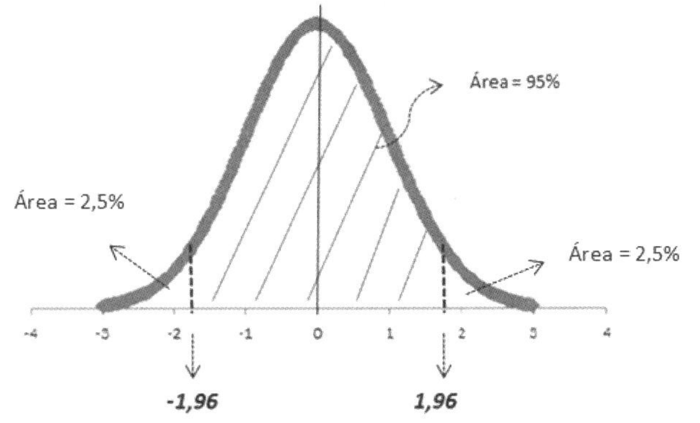

Questões

01. (CESPE) De acordo com uma agência internacional de combate ao tráfico de drogas, o volume diário de cocaína líquida (X, em litros) apreendida por seus agentes segue uma distribuição normal com média igual a 50 L e desvio padrão igual a 10 L.

A partir dessas informações e considerando que Z representa uma distribuição normal padrão, em que $P(Z \leq -2) = 0,025$, julgue os itens subsecutivos.

O valor mais provável para a realização da variável X é 50 litros, de modo que P(X = 50 litros) > P(X = 30 litros).

Certo ( ) Errado ( )

02. (CESPE) De acordo com uma agência internacional de combate ao tráfico de drogas, o volume diário de cocaína líquida (X, em litros) apreendida por seus agentes segue uma distribuição normal com média igual a 50 L e desvio padrão igual a 10 L.

A partir dessas informações e considerando que Z representa uma distribuição normal padrão, em que $P(Z \leq -2) = 0,025$, julgue os itens subsecutivos.

P(X < 60 litros) = P(X ≥ 40 litros).

Certo ( ) Errado ( )

03. (CESPE) De acordo com uma agência internacional de combate ao tráfico de drogas, o volume diário de cocaína líquida (X, em litros) apreendida por seus agentes segue uma distribuição normal com média igual a 50 L e desvio padrão igual a 10 L.

A partir dessas informações e considerando que Z representa uma distribuição normal padrão, em que $P(Z \leq -2) = 0,025$, julgue os itens subsecutivos.

P(X > 70 litros) = 0,05.

Certo ( ) Errado ( )

04. (CESPE - 2018) O valor diário (em R$ mil) apreendido de contrabando em determinada região do país é uma variável aleatória W que segue distribuição normal com média igual a R$ 10 mil e desvio padrão igual a R$ 4 mil.

Nessa situação hipotética, a razão w-20/ √4 segue distribuição normal padrão.

Certo ( ) Errado ( )

05. (CESPE - 2018) O valor diário (em R$ mil) apreendido de contrabando em determinada região do país é uma variável aleatória W que segue distribuição normal com média igual a R$ 10 mil e desvio padrão igual a R$ 4 mil.

Nessa situação hipotética, P(W > R$ 10 mil) = 0,5.

Certo ( ) Errado ( )

06. (CESPE – 2018) O valor diário (em R$ mil) apreendido de contrabando em determinada região do país é uma variável aleatória W que segue distribuição normal com média igual a R$ 10 mil e desvio padrão igual a R$ 4 mil.

Nessa situação hipotética,

se W1 e W2 forem duas cópias independentes e identicamente distribuídas como W, então a soma W1 + W2 seguirá distribuição normal com média igual a R$ 20 mil e desvio padrão igual a R$ 8 mil.

Certo ( ) Errado ( )

07. (CESPE – 2018) Considerando que X e Y sejam variáveis aleatórios mutuamente independentes que seguem distribuição normal padrão, julgue o próximo item.

A soma S= X + Y e a diferença D= X Y seguem distribuições distintas.

Certo ( ) Errado ( )

Gabaritos

01	ERRADO	05	CERTO
02	CERTO	06	ERRADO
03	ERRADO	07	ERRADO
04	ERRADO		

11. AMOSTRAGEM

Amostragem: é uma técnica de seleção de uma amostra que possibilita o estudo das características de uma população.

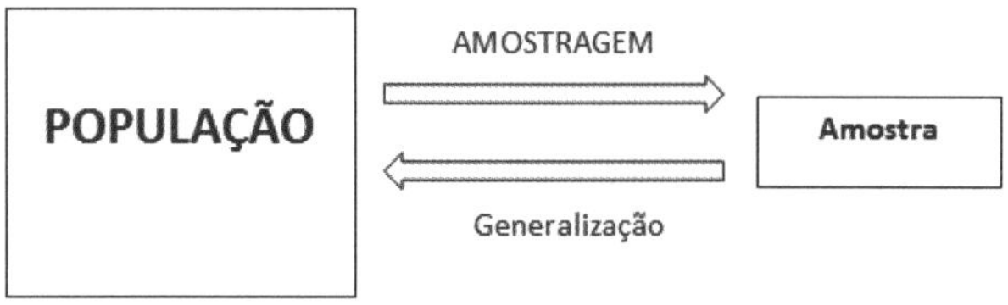

Alguns conceitos importantes:

População: é o conjunto completo de dados sobre o qual a amostra é selecionada.

Amostra: é uma parte da população.

Erro Amostral: é o erro que ocorre na utilização de uma amostra.

Unidade de amostragem: é cada um dos itens individuais que constituem uma população.

Estratificação: é o processo de dividir uma população em subpopulações, cada uma sendo um grupo de unidades de amostragem com características semelhantes.

Existem dois métodos para composição de uma amostra:

Probabilístico: cada elemento da população tem uma probabilidade conhecida de fazer parte da amostra; e

Não-probabilístico: há uma escolha deliberada dos elementos da amostra.

Subdividem-se assim:

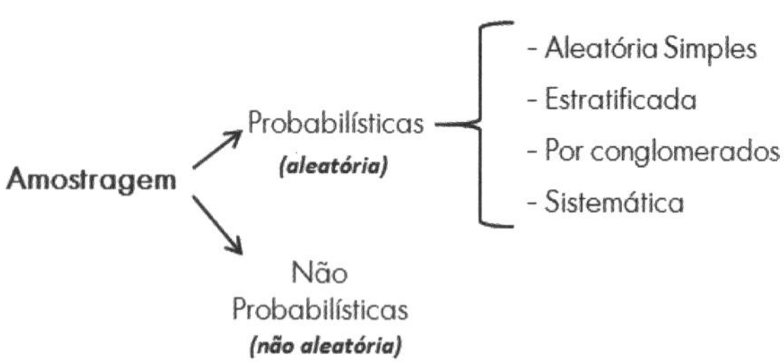

→ **Métodos Probabilísticos**:

Amostragem Aleatória Simples: todos os elementos da população têm a mesma chance de serem selecionados. Atribui-se a cada elemento da população um número distinto. Efetuam-se sucessivos sorteios até completar o tamanho da amostra n. Para realizar o sorteio, utilizar a tábua de números aleatórios. É indicado para populações homogêneas.

Exemplo: Aplicar um questionário de satisfação sobre os serviços prestados por uma agência bancária em 10 clientes de um banco de dados de 100 pessoas.

Amostragem Estratificada: Consiste em dividir a população em subgrupos mais homogêneos (estratos), de tal forma que haja uma homogeneidade dentro dos estratos e uma heterogeneidade entre os estratos. A definição dos estratos pode ser de acordo com sexo, idade, renda, grau de instrução, etc. Em geral, a retirada das amostras nos estratos é realizada de forma aleatória simples.

> Amostragem Estratificada Proporcional: A proporcionalidade do tamanho de cada estrato da população é mantida na amostra. Exemplo: Se um estrato abrange 25% da população, ele também deve abranger 25% da amostra.

> Amostragem Estratificada Uniforme: Selecionamos o mesmo número de elementos em cada estrato. É o processo usual quando se deseja comparar os diversos extratos.

Exemplo: Número de pessoas que vivem nos domicílios de Curitiba. Dividir os domicílios em níveis socioeconômicos e depois selecionar domicílios em cada nível aleatoriamente (Renda baixa, média, alta).

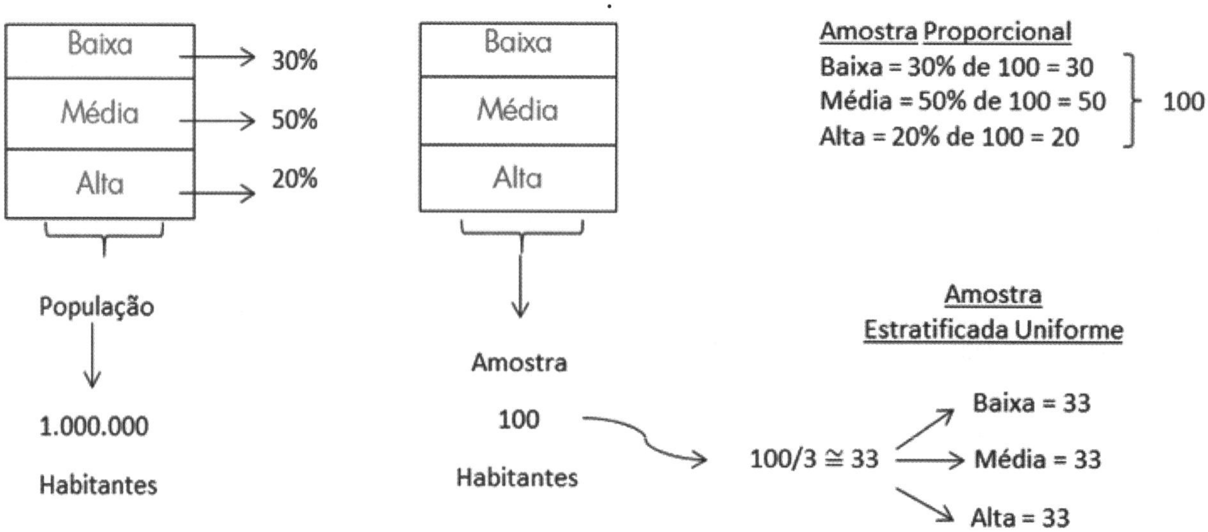

Amostragem por conglomerados: divide-se uma população em pequenos grupos e sorteia-se um número suficiente desses pequenos grupos (conglomerados), cujos elementos constituirão a amostra. Este esquema amostral é utilizado quando há uma subdivisão da população em grupos que sejam bastante semelhantes entre si, mas com fortes discrepâncias dentro dos grupos, de modo que cada um possa ser uma pequena representação da população de interesse específico.

Exemplo: os bairros de uma cidade, que constituiriam conglomerados de domicílios.

Amostragem Sistemática: Conveniente quando a população está ordenada segundo algum critério como fichas, lista telefônica. A amostragem sistemática somente pode ser retirada se a ordenação da lista não tiver relação com a variável de interesse: imagine que queremos obter uma amostra de idades de uma listagem justamente ordenada desta forma, neste caso a amostragem sistemática não seria apropriada (a não ser que reordenássemos a lista).

Exemplo: Em uma produção diária de peças automotivas, podemos, a cada 10 peças produzidas, retirar uma para pertencer a uma amostra da produção de um dia.

→ **Métodos Não Probabilísticos**:

> <u>Amostragem por acessibilidade ou por conveniência</u>: Seleção dos elementos aos quais se tem acesso.

Exemplo: Entrevistar os gerentes gerais dos hotéis x e y, pois foram os que autorizaram a entrevista.

> <u>Amostragem Intencional</u>: O investigador se dirige intencionalmente a um grupo de elementos dos quais deseja saber opinião.

Exemplo: Entrevista com os representantes de turma de um determinado curso, aplicação de questionários com os líderes da comunidade.

> <u>Amostragem por Quotas</u>: Amplamente utilizada em pesquisa de mercado e em pesquisa de opinião política em que tempo e dinheiro são escassos.

Questões

01. (CESPE - 2018) Tendo em vista que a abordagem da população sobre o conjunto de unidades amostrais pode ser aleatória, sistemática ou mista, e que, entre esses arranjos estruturais, situam-se os processos de amostragem mais usuais em inventários florestais — amostragem aleatória simples, amostragem estratificada, amostragem sistemática, amostragem em dois estágios e amostragem em conglomerados —, julgue o próximo item, relativo a esses processos de amostragem.

O processo de amostragem aleatória simples requer que todas as combinações possíveis de n unidades amostrais da população tenham igual chance de participar da amostra; que a área florestal a ser inventariada seja tratada como uma população única; e que a seleção das amostras possa ser realizada com ou sem reposição.

Certo ( ) Errado ( )

02. (CESPE - 2018) Tendo em vista que a abordagem da população sobre o conjunto de unidades amostrais pode ser aleatória, sistemática ou mista, e que, entre esses arranjos estruturais, situam-se os processos de amostragem mais usuais em inventários florestais — amostragem aleatória simples, amostragem estratificada, amostragem sistemática, amostragem em dois estágios e amostragem em conglomerados —, julgue o próximo item, relativo a esses processos de amostragem.

Comparativamente ao processo de amostragem aleatória simples, o processo de amostragem estratificada só aumentará a precisão das estimativas quando houver diferença significativa entre as médias dos estratos.

Certo ( ) Errado ( )

03. (CESPE - 2018) Tendo em vista que a abordagem da população sobre o conjunto de unidades amostrais pode ser aleatória, sistemática ou mista, e que, entre esses arranjos estruturais, situam-se os processos de amostragem mais usuais em inventários florestais — amostragem aleatória simples, amostragem estratificada, amostragem sistemática, amostragem em dois estágios e amostragem em conglomerados —, julgue o próximo item, relativo a esses processos de amostragem.

A amostragem em dois estágios é incluída entre os processos aleatórios irrestritos, pois, nessa amostragem, o segundo estágio pode ocorrer independentemente do primeiro.

Certo ( ) Errado ( )

04. (CESPE - 2011) Com relação aos planos amostrais, julgue o próximo item.

A diferença principal entre amostragem estratificada e amostragem por conglomerados é que, no caso da estratificada, a população é dividida artificialmente em estratos, e, no caso da amostragem por conglomerados, a população já é naturalmente dividida em subpopulações.

Certo ( ) Errado ( )

05. (CESPE - 2011) Julgue os itens que se seguem, referentes às técnicas de amostragem e de inferência estatística.

Considerando-se que, em uma amostragem estratificada para proporções, todos os estratos apresentem a variância populacional igual a 0,25, é correto afirmar que a fórmula para o cálculo do tamanho da amostra se reduz ao caso de amostra aleatória simples.

Certo ( ) Errado ( )

Gabaritos

01	CERTO
02	CERTO
03	ERRADO
04	ERRADO
05	CERTO

12. ESTIMADORES

Obtida uma amostra, muitas vezes desejamos usá-la para produzir alguma característica específica, por exemplo a média da amostra. Dos resultados obtidos da amostra podemos usar para generalizar para a população (estimativa). Para isto, usamos os estimadores.

Existem 2 processos para inferir estatisticamente:

1) Estimação pontual: obter um valor (que constitua a melhor aproximação).Ex: A média da amostra é R$ 1000,00, com isso espera-se que a média da população também seja R$ 1000,00.

2) Estimação por intervalos: obter um conjunto de valores (no qual seja provável que o parâmetro da população se encontre). Nesta caso, o intervalo obtido é também chamado Intervalo de Confiança. Ex: Na população a média deve estar entre R$ 900,00 e R$ 1100,00.

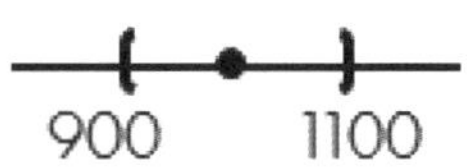

Estatística: é uma característica da AMOSTRA.

Parâmetro: é uma característica da POPULAÇÃO.

Principais Características dos Estimadores:

a) Não-viciados (não tendencioso)

b) Máxima verossimilhança

c) Mínimos quadrados

d) Variância mínima

Estimadores pontuais:

- Média amostral é estimador para a Média Populacional:

$\bar{X}$ estima μ

↙ Média amostral ↘ Média populacional

Obs: A média amostral é uma estimador não-viciado.

- Proporção amostral é estimador para Proporção populacional:

$\hat{p}$ estima p

↙ Proporção amostral ↘ Proporção populacional

- Variância amostral estima variância populacional

S^2 estima σ^2

↙ Variância amostral ↘ Variância populacional

Observações importantes:

1) Se usar "n-1" no denominador: não-viciado

2) Se usar "n" no denominador e a distribuição for normal: máxima verossimilhança

Fórmula da Variância Amostral:

$$S^2 = \frac{\sum (x_i - \bar{x})^2}{n-1} \longrightarrow \text{Não-viciado}$$

$$S^2 = \frac{\sum (x_i - \bar{x})^2}{n} \longrightarrow \text{Máxima Verossimilhança}$$

Ou seja, para a Variância não coincidem os estimadores. O estimador que tem a propriedade de não-viciado não é o mesmo que tem a máxima verossimilhança.

Exemplo: (**FGV 2008**) – Considere uma amostra aleatória simples de n unidades extraída de uma população na qual a característica, X, estudada tem distribuição normal com média μ e variância σ^2, ambas desconhecidas, mas finitas. Considere, ainda, as estatísticas média da amostra,

$$\bar{X} = 1/n \,.\, \sum x_i$$

e variância da amostra

$$S^2 = 1/n \,.\, \sum (x_i - \bar{X})^2$$

Então, é correto afirmar que:

(A) $\bar{X}$ e S^2 são, ambos, não tendenciosos para a estimação da média e da variância da população, respectivamente.

(B) $\bar{X}$ é não-tendencioso, mas é S^2 tendencioso para a estimação da média e da variância da população, respectivamente.

(C) $\bar{X}$ é tendencioso, mas S^2 é não-tendencioso para a estimação da média e da variância da população, respectivamente.

(D) $\bar{X}$ e S^2 são, ambos, tendenciosos para a estimação da média e da variância da população, respectivamente.

(E) $\bar{X}$ e S^2 são, ambos, não tendenciosos para a estimação da média e da variância da população, mas apenas é consistente.

GABARITO DO EXEMPLO: Letra B

Questões

01. (CESPE - 2018) Um estudo acerca do tempo (x, em anos) de guarda de autos findos em determinada seção judiciária considerou uma amostragem aleatória estratificada. A população consiste de uma listagem de autos findos, que foi segmentada em quatro estratos, segundo a classe de cada processo (as classes foram estabelecidas por resolução de autoridade judiciária). A tabela a seguir mostra os tamanhos populacionais (N) e amostrais (n), a média amostral $\bar{x}$ x e a variância amostral dos tempos (s^2) correspondentes a cada estrato.

estratos	tamanhos populacionais (*N*)	tamanhos amostrais (*n*)	$\bar{x}$	s^2
A	30.000	300	20	3
B	40.000	400	15	16
C	50.000	500	10	5
D	80.000	800	5	8
total	200.000	2.000	–	–

Considerando que o objetivo do estudo seja estimar o tempo médio populacional (em anos) de guarda dos autos findos, julgue o item a seguir.

Combinando-se todos os estratos envolvidos, a estimativa da variância do tempo médio amostral da guarda dos autos findos é inferior a 0,005 ano2.

Certo ( ) Errado ( )

02. (CESPE - 2018) Uma pesquisa realizada com passageiros estrangeiros que se encontravam em determinado aeroporto durante um grande evento esportivo no país teve como finalidade investigar a sensação de segurança nos voos internacionais. Foram entrevistados 1.000 passageiros, alocando-se a amostra de acordo com o continente de origem de cada um — África, América do Norte (AN), América do Sul (AS), Ásia/Oceania (A/O) ou Europa. Na tabela seguinte, N é o tamanho populacional de passageiros em voos internacionais no período de interesse da pesquisa; n é o tamanho da amostra por origem; P é o percentual dos passageiros entrevistados que se manifestaram satisfeitos no que se refere à sensação de segurança.

origem	*N*	*n*	*P*
África	100.000	100	80
AN	300.000	300	70
AS	100.000	100	90
A/O	300.000	300	80
Europa	200.000	200	80
total	**1.000.000**	**1.000**	P_{pop}

Em cada grupo de origem, os passageiros entrevistados foram selecionados por amostragem aleatória simples. A última linha da tabela mostra o total populacional no período da pesquisa, o tamanho total da amostra e Ppop representa o percentual populacional de passageiros satisfeitos.

A partir dessas informações, julgue o próximo item.

A estimativa do percentual populacional de passageiros originários da África que se mostraram satisfeitos com a sensação de segurança nos voos internacionais foi igual a 80% e a estimativa do erro padrão associado a esse resultado foi inferior a 4%.

Certo ( ) Errado ( )

03. (CESPE - 2018) Uma pesquisa realizada com passageiros estrangeiros que se encontravam em determinado aeroporto durante um grande evento esportivo no país teve como finalidade investigar a sensação de segurança nos voos internacionais. Foram entrevistados 1.000 passageiros, alocando-se a amostra de acordo com o continente de origem de cada um — África, América do Norte (AN), América do Sul (AS), Ásia/Oceania (A/O) ou Europa. Na tabela seguinte, N é o tamanho populacional de passageiros em voos internacionais no período de interesse da pesquisa; n é o tamanho da amostra por origem; P é o percentual dos passageiros entrevistados que se manifestaram satisfeitos no que se refere à sensação de segurança.

origem	*N*	*n*	*P*
África	100.000	100	80
AN	300.000	300	70
AS	100.000	100	90
A/O	300.000	300	80
Europa	200.000	200	80
total	**1.000.000**	**1.000**	P_{pop}

Em cada grupo de origem, os passageiros entrevistados foram selecionados por amostragem aleatória simples. A última linha da tabela mostra o total populacional no período da pesquisa, o tamanho total da amostra e Ppop representa o percentual populacional de passageiros satisfeitos.

A partir dessas informações, julgue o próximo item.

Considerando o referido desenho amostral, estima-se que o percentual populacional Ppop seja inferior a 79%.

Certo ( ) Errado ( )

04. (CESPE - 2018) Deseja-se estimar o total de carboidratos existentes em um lote de 500.000 g de macarrão integral. Para esse fim, foi retirada uma amostra aleatória simples constituída por 5 pequenas porções desse lote, conforme a tabela seguinte, que mostra a quantidade x amostrada, em gramas, e a quantidade de carboidratos encontrada, y, em gramas.

amostra	*x*	*y*
1	100	60
2	80	40
3	90	40
4	120	50
5	110	60

Com base nas informações e na tabela apresentadas, julgue o item a seguir.

Considerando o estimador de razão, estima-se que existem 250.000 g de carboidratos nesse lote de macarrão integral.

Certo ( ) Errado ( )

05. (CESPE - 2016) Considerando uma população finita em que a média da variável de interesse seja desconhecida, julgue o item a seguir.

Considere uma amostragem com três estratos, cujos pesos populacionais sejam 0,2, 0,3 e 0,5. Considere, ainda, que os tamanhos das amostras em cada estrato correspondam, respectivamente, a n1= 20, n2= 30 e n3= 50, e que as médias amostrais sejam 12 kg, 6 kg e 8 kg, respectivamente. Nessa situação, a estimativa pontual da média populacional, com base nessa amostra, é igual a 8,2 kg.

Certo ( ) Errado ( )

06. (CESPE – 2018) A quantidade diária de emails indesejados recebidos por um atendente é uma variável aleatória X que segue distribuição de Poisson com média e variância desconhecidas. Para estimá-las, retirou-se dessa distribuição uma amostra aleatória simples de tamanho quatro, cujos valores observados foram 10, 4, 2 e 4.

Com relação a essa situação hipotética, julgue o seguinte item.

No que se refere à média amostral $\bar{X} = \frac{X_1 + X_2 + X_3 + X_4}{4}$, na qual X_1, X_2, X_3, X_4 representa uma amostra aleatória simples retirada dessa distribuição X, é correto afirmar que a estimativa da variância do estimador $\bar{X}$ seja igual a 1,25.

Certo ( ) Errado ( )

Gabaritos

01	CERTO	04	CERTO
02	CERTO	05	CERTO
03	CERTO	06	CERTO

13. DISTRIBUIÇÃO DA MÉDIA AMOSTRAL

Vamos considerar a média amostral como uma variável aleatória. Para isso vamos considerar o seguinte exemplo:

Exemplo: Vamos observar o resultado de um tetraedro 2 vezes.

1 e 1	1 e 2	1 e 3	1 e 4
2 e 1	2 e 2	2 e 3	2 e 4
3 e 1	3 e 2	3 e 3	3 e 4
4 e 1	4 e 2	4 e 3	4 e 4

Vamos considerar a seguinte amostra de todos os possíveis resultados do lançamento de um tetraedro 2 vezes:

(2,4) – $\overline{X}$ = (2+4)/2 = 3

Para esta amostra a média ($\overline{X}$) é igual a 3.

Média amostral: é a média da amostra.

Vamos considerar X o resultado de cada face do tetraedro e calcular a sua média e variância:

Média: E(X) = (1+2+3+4) / 4

E(X) = 10/4 = **2,5**

Variância: V(X)

X	X^2	p	$X^2.p$
1	1	¼ = 0,25	0,25
2	4	¼ = 0,25	1
3	9	¼ = 0,25	2,25
4	16	¼ = 0,25	4
--	Total	1	7,5

$V(X) = E(X^2) - E(X)^2$

$V(X) = 7{,}5 - 2{,}5^2 = \mathbf{1{,}25}$

Vamos calcular a média de todas as amostras possíveis (16 possibilidades):

Amostra	$\overline{X}$
1 e 1	1
1 e 2	1,5
1 e 3	2
1 e 4	2,5
2 e 1	1,5
2 e 2	2
2 e 3	2,5
2 e 4	3

Amostra	$\overline{X}$
3 e 1	2
3 e 2	2,5
3 e 3	3
3 e 4	3,5
4 e 1	2,5
4 e 2	3
4 e 3	3,5
4 e 4	4

Vamos agora nos referir a todas as médias possíveis e considerar como se fosse uma variável aleatória. Podemos então calcular a média e variância de $\overline{X}$.

I) Cálculo da E(X) de $\overline{X}$:

$\overline{X}$	p	$\overline{X}.p$
1	1/16	1/16
1,5	2/16	3/16
2	3/16	6/16
2,5	4/16	10/16
3	3/16	9/16
3,5	2/16	7/16
4	1/16	4/16
Total	1	40/16

E(X) = 40/16 = **2,5**

Observação importante: A Esperança da média amostral é igual a média da população μ.

E(X) = μ

E(X) = esperança da média amostral

μ = média da população

II) Cálculo da V(X) de $\overline{X}$:

$\overline{X}$	$\overline{X}^2$	p	$\overline{X}^2.p$
1	1	1/16	1/16
1,5	2,25	2/16	4,5/16
2	4	3/16	12/16
2,5	6,25	4/16	25/16
3	9	3/16	27/16
3,5	12,25	2/16	24,5/16
4	16	1/16	16/16
----	Total	1	110/16

$$E(\overline{X}^2) = 110/16 = 6{,}875$$

$$V(\overline{X}) = E(\overline{X}^2) - \mu^2$$

$$V(\overline{X}) = 6{,}875 - 2{,}5^2$$

$$V(\overline{X}) = 0{,}625$$

Observe que:

$$V(\overline{X}) = 1{,}25/2 = V(X)/2$$

Então,

$\sigma 2x = V(X) = \sigma 2/n$

n: tamanho da amostra

V(X): Variância de X

σ^2_x: Variância da média amostral

σ^2: variância da população.

Conclusão: A média amostral pode ser vista como uma variável aleatória quando consideramos todas as amostras possíveis.

Sendo algo que varia ela tem uma Esperança E(X) que coincide com a Esperança da população:

$E(X) = \mu$

Ainda, sendo algo que varia ela tem uma Variância V(X) que pode ser calculada da seguinte forma:

$$\sigma^2_x = V(X) = \sigma^2/n$$

Questões

01. (CESPE - 2016) A amostra aleatória simples $X_1, X_2, \ldots, X_n$ foi retirada de uma distribuição de Poisson, em que a média é M e a variância é V e a média amostral é $\bar{x} = \frac{X_1+X_2+\cdots+X_n}{n}$. Com relação a essa amostra, julgue o item a seguir.

A média amostral é o estimador de máxima verossimilhança da variância V.

Certo ( ) Errado ( )

Gabaritos

01	CERTO

14. INTERVALO DE CONFIANÇA PARA A MÉDIA

Até o momento os estimadores apresentados foram pontuais, isto é, especificam um único valor, o que não permite julgar qual a possível magnitude do erro. Daí, surge a ideia de construir os intervalos de confiança, que são baseados na distribuição amostral do estimador pontual.

Exemplo:

- Variância da população = 16
- Amostras com tamanho = 4
- Amostras obtidas: 10, 16, 9, 5
- X é normal.

Vamos analisar o comportamento de todas as amostras possíveis:

$$X \begin{cases} \mu = ? \\ \sigma^2 = 16 \end{cases}$$

$$\bar{X} \begin{cases} E(\bar{X}) = \mu = ? \\ \sigma^2_{\bar{x}} = \sigma^2/n = 16/4 = 4 \end{cases}$$

Logo $\sigma_{\bar{X}} = 2$.

Legenda:

X: Variável X

μ: Média da população.

σ^2: Variância da população.

$\bar{X}$: Média amostral. μ

$(E\bar{X})$: Esperança da Média Amostral.

σ^2_x: Variância da média amostral.

n: tamanho da amostra.

$\sigma_{\bar{X}}$: Desvio padrão da Amostra.

Vamos representar os gráficos:

I) Gráfico da função densidade de probabilidade para ($\bar{X}$):

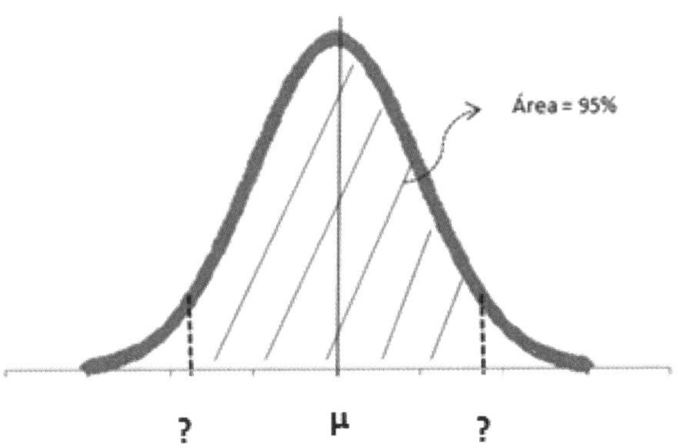

II) Gráfico da função densidade de probabilidade para a Distribuição Normal Reduzida (Z):

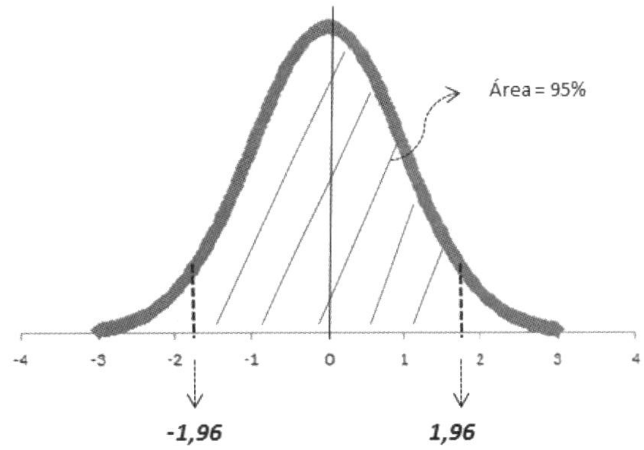

Vamos comparar com a Distribuição Normal Reduzida (Z) para achar os valores correspondentes.

$$Z = \frac{\bar{X} - \mu_x}{\sigma_{\bar{x}}}$$

Logo, quando Z = 1,96 temos:

$$1{,}96 = \frac{(\bar{X} - \mu)}{\sigma_{\bar{X}}}$$

$$\bar{X} = \mu + 1{,}96 \,.\, \sigma_{\bar{x}}$$

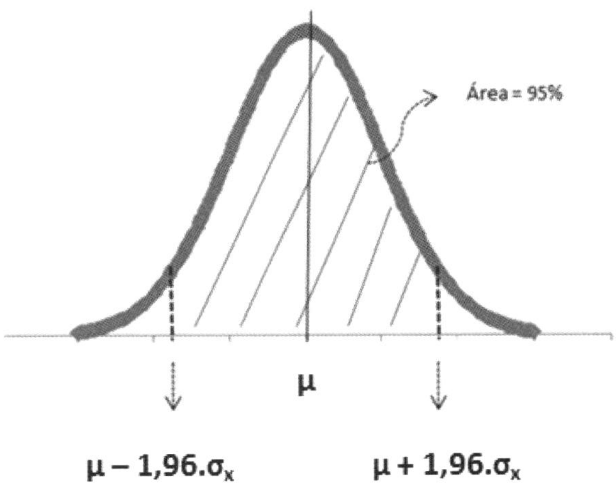

Portanto, a Probabilidade de $\bar{X}$ assumir valores entre

$$\mu - 1{,}96 \,.\, \sigma_{\bar{x}} < \bar{X} < \mu + 1{,}96 \,.\, \sigma_{\bar{x}} \text{ é:}$$

$$P(\mu - 1{,}96 \,.\, \sigma_{\bar{x}} < \bar{X} < \mu + 1{,}96 \,.\, \sigma_{\bar{x}}) = 95\%.$$

Isolando a média da população (μ), temos:

$$\bar{X} - 1{,}96 \,.\, \sigma_{\bar{x}} < \mu < \bar{X} + 1{,}96 \,.\, \sigma_{\bar{x}}$$

Isso significa que neste intervalo existe uma probabilidade de 95% incluir a média da população μ.

Agora vamos nos referir a uma Amostra: 10, 16, 9, 5. Agora $\overline{X}$ deixa de ser uma variável aleatória e passa a ser um valor fixo (constante).

$$\overline{X} = (11+15+8+6)/4 = 40/4 = 10$$

$$\sigma_{\overline{X}} = 2$$

Vamos então encontrar o intervalo de confiança:

$$\overline{X} - 1,96 \cdot \sigma_{\overline{X}} < \mu < \overline{X} + 1,96 \cdot \sigma_{\overline{X}}$$

$10 - 1,96 . 2 < \mu < 10 + 1,96.2$

$6,08 < \mu < 13,92$

Este é o intervalo de confiança para a média amostral. O correto é afirmar que temos uma confiança de 95% de conter a média populacional μ.

Convém lembrar que μ não é uma variável aleatória e sim, um parâmetro. A expressão anterior pode ou não conter o parâmetro μ, mas pelo exposto temos 95% de confiança de que contenha.

Resumo:

$$\overline{X} \pm Z_0 \times \sigma_{\overline{X}}$$

ou

$$\overline{X} \pm Z_0 \times \frac{\sigma}{\sqrt{n}}$$

Z_0: Valor de Z que delimita uma área qualquer. (No exemplo Z = 1,96, delimitando uma área de 95%).

σ: Desvio padrão populacional

n: tamanho da amostra

$\sigma_{\overline{X}}$: Desvio padrão da Amostra

Questões

01. (CESPE - 2016) Uma amostra aleatória, com n = 16 observações independentes e identicamente distribuídas (IID), foi obtida a partir de uma população infinita, com média e desvio padrão desconhecidos e distribuição normal.

essa informação como referência inicial, julgue o seguinte item.

Em um intervalo de 95% de confiança para a média populacional em questão, caso se aumente o tamanho da amostra em 100 vezes (passando a 1.600 observações), a largura total do intervalo de confiança será reduzida à metade.

Certo ( ) Errado ( )

02. (CESPE - 2018) O tempo gasto (em dias) na preparação para determinada operação policial é uma variável aleatória X que segue distribuição normal com média M, desconhecida, e desvio padrão igual a 3 dias. A observação de uma amostra aleatória de 100 outras operações policiais semelhantes a essa produziu uma média amostral igual a 10 dias.

Com referência a essas informações, julgue o item que segue, sabendo que P(Z > 2) = 0,025, em que Z denota uma variável aleatória normal padrão.

A expressão 10 dias ± 6 dias corresponde a um intervalo de 95% de confiança para a média populacional M.

Certo ( ) Errado ( )

03. (CESPE - 2015) Em uma faculdade, o administrador universitário supõe que os alunos admitidos no primeiro semestre — grupo P — obtenham um índice de rendimento acadêmico (IRA, número que varia entre 0 e 5) em média maior do que o índice dos alunos admitidos no segundo semestre — grupo S.

Considerando que tenha sido selecionada uma amostra aleatória simples de 1.000 estudantes do grupo P e uma amostra aleatória simples de 1.000 alunos do grupo S, julgue o item seguinte.

Considere que o intervalo de 95% de confiança para a diferença entre as dos dois grupos seja igual a(0,1, 1,2). Nesse caso, de acordo com o paradigma frequentista, existe uma probabilidade de 95% de que a verdadeira diferença entre as médias populacionais dos IRAs seja superior a 0,1 e inferior a 1,2.

Certo ( ) Errado ( )

04. (CESPE - 2018) Em determinado hospital, o tempo de espera por atendimento ambulatorial para cada paciente, em minutos, é uma variável aleatória X que segue distribuição normal com média μ e desvio padrão σ. Para o controle estatístico da qualidade de atendimento nesse hospital, registram-se os valores dos tempos X, e os tempos observados são tratados estatisticamente e organizados em forma de gráficos de controle de qualidade denominados "cartas de Shewhart". A tabela seguinte apresenta as médias e as amplitudes observadas em 4 amostras de tamanho n=5.

amostras	$\overline{X}$	R
1	20	18
2	15	10
3	15	10
4	20	15

A partir ds informações e da tabela precedentes. julgue o item seguinte, considerando que a situação em tela se encontre sob controle e que $\Phi(3) = 0,9987$, em que $\Phi(z)$ representa a função de distribuição acumulala da distribuição normal padrão.

Em uma carta de controle para a carta $\overline{X}$, os limites "6 sigma" correspondem aos limites de um intervalo de 95% de confiança para a média μ, sob a hipótese de que o processo esteja sob controle.

Certo ( ) Errado ( )

05. (CESPE - 2014) Segundo notícia veiculada recentemente, em rede nacional, os processos do judiciário estão demorando mais que o razoável porque os juízes têm de analisar, em média, 3 mil processos por ano. Para verificar o fato, um analista coletou a quantidade de processos de uma amostra de 10 juízes, estando os resultados dispostos a seguir (em mil processos por ano).

2 5 4 3 2 2 3 3,5 2,5 5

Com base nessas informações e considerando que μ representa a média populacional por juiz, julgue os itens subsequentes.

Sabendo-se que $\sum_{i=1}^{10}(x_i - \bar{x})^2 = 12,1$, em que xi representa a quantidade anual de processos com o juiz i (i = 1, ..., 10) e $\overline{x}$ é a média amostral dessas quantidades, conclui-se que o erro padrão da média utilizado para o cálculo do intervalo de confiança para a média é superior a 100.

Certo ( ) Errado ( )

Gabaritos

01	ERRADO
02	ERRADO
03	ERRADO
04	ERRADO
05	CERTO

15. INTERVALO DE CONFIANÇA PARA A PROPORÇÃO

Antes de estudarmos o intervalo de confiança para a proporção, vamos ver como se "comporta" a proporção amostral através do seguinte exemplo:

Exemplo: Lançar 3 vezes o dado e calcular a proporção de casos múltiplos de 3.

Vamos considerar a seguinte amostra em particular:

$$(2, 3, 5) \rightarrow \hat{p} = 1/3$$

$\hat{p}$: proporção amostral.

Tivemos um único caso favorável. Logo, neste caso, a proporção amostral é de 1/3.

Se considerarmos todas as possíveis amostras, então a proporção amostral vai variando. Se ela varia e para cada possível valor tem-se uma probabilidade, isto é uma variável aleatória. Portanto, vamos calcular a sua média e variância:

I) Cálculo da Esperança da $\hat{p}$:

$\hat{p}$	p	$\hat{p}$ x p
0	64/216	0
1/3	96/216	96/648
2/3	48/216	96/648
3/3	8/216	24/648
Total	1	216/648

$$E(\hat{p}) = 216/648 = 1/3$$

II) Cálculo da Variância da $\hat{p}$:

$\hat{p}$	$\hat{p}^2$	p	$\hat{p}$ x p
0	0	64/216	0
1/3	1/9	96/216	96/1944
2/3	4/9	48/216	192/1944
3/3	9/9	8/216	72/1944
---	Total	1	360/1944

$$E(\hat{p}^2) = 360/1944 = 40/216$$

$E(\hat{p}^2)$: Esperança do quadrado da proporção amostral.

Agora, vamos terminar de calcular a Variância:

$$V(\hat{p}) = E(\hat{p}^2) - E(\hat{p})^2$$

$$V(\hat{p}) = 40/216 - (1/3)^2 = 2/27$$

Resultado (Expressões):

$$E(\hat{p}) = p$$

$$V(\hat{p}) = p.q/n$$

Legenda:

$E(\hat{p})$: Esperança da proporção amostral.
$V(\hat{p})$: Variância da proporção amostral.
p: proporção de sucesso na população.
q: proporção de fracasso na população.
n: tamanho da amostra.

No exemplo fica assim:

$$E(\hat{p}) = p = 1/3$$

$$V(\hat{p}) = (1/3 \,.\, 2/3)/3 = 2/27$$

Intervalo de confiança para a proporção

$$\bar{x} \pm Z_0 \times \sigma_{\bar{x}}$$

$$\downarrow \qquad \downarrow$$

$$\hat{p} \pm Z_0 \times \sigma_{\hat{p}}$$

Ou

$$\hat{p} \pm Z_0 \times \sqrt{(p.q)/n}$$

Questões

01. (CESPE - 2014) Com o propósito de produzir inferências acerca da proporção populacional (p) de pessoas satisfeitas com determinado serviço oferecido pelo judiciário brasileiro, foi considerada uma pequena amostra de 30 pessoas, tendo cada uma de responder 1, para o caso de estar satisfeita, ou 0, para o caso de não estar satisfeita. Os dados da amostra estão registrados a seguir.

0 0 0 1 1 0 1 0 0 0 0 0 1 0 0 0 1 0 0 0 1 1 0 0 0 1 0 0 0 1

Com base nessas informações, julgue os itens seguintes.

Considerando que Z represente a distribuição normal padrão, que $P(Z > 2) \approx 0{,}975$ e $P(Z > 1{,}645) = 0{,}95$ e que 2,51 é valor aproximado para $\sqrt{6{,}3}$ é correto afirmar que o intervalo [a; b] que representa um intervalo de 95% de confiança para a proporção de pessoas não satisfeitas está contido no intervalo [0,4; 0,9].

Certo ( ) Errado ( )

Gabaritos

01	CERTO

16. AMPLITUDE DO INTERVALO E ERRO MÁXIMO COMETIDO

(tamanho da amostra)

Introdução: Uma pesquisa eleitoral, em que se tem 30% de preferência em uma possível votação, com 2% de variação.

Observação: Existe como, antes de iniciar uma pesquisa, definir um erro máximo (amplitude). Para que essa amplitude seja obedecida, temos que calcular o tamanho da amostra.

Vamos, antes, lembrar sobre o intervalo de confiança:

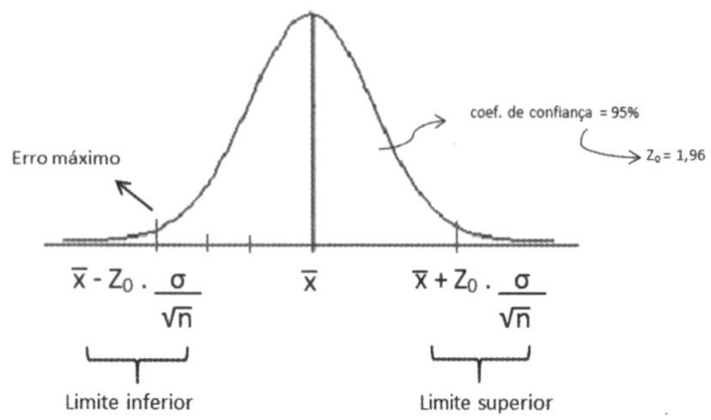

Observação 1: O erro máximo, neste caso, é se a média populacional estiver em um dos limites (inferior ou superior).

Observação 2: Considerando o nível de confiança apresentado, o erro máximo cometido é a metade da amplitude do intervalo.

Como calcular a amplitude do intervalo:

Maior valor: $$\bar{x} + Z_0 \cdot \frac{\sigma}{\sqrt{n}}$$

Menor valor: $$\bar{x} - Z_0 \cdot \frac{\sigma}{\sqrt{n}}$$

Amplitude do intervalo = Maior valor – Menor valor

$$\text{Amplitude do intervalo} = \bar{x} + Z_0 \cdot \frac{\sigma}{\sqrt{n}} - \left[\bar{x} - Z_0 \cdot \frac{\sigma}{\sqrt{n}}\right]$$

$$\text{Amplitude do intervalo} = 2 \cdot Z_0 \cdot \frac{\sigma}{\sqrt{n}}$$

Logo, como o erro máximo é a metade da amplitude do intervalo, temos que:

$$\text{Erro máximo} = \frac{\text{Amplitude do intervalo}}{2}$$

$$\text{Erro máximo} = \frac{2 \cdot Z_0 \cdot \frac{\sigma}{\sqrt{n}}}{2}$$

$$\text{Erro máximo} = Z_0 \cdot \frac{\sigma}{\sqrt{n}}$$

Observação: Se fosse diante da proporção amostral, o raciocínio seria análogo:

$$\text{Erro máximo} = Z_0 \sqrt{\frac{p \cdot q}{n}}$$

Questões

01. (CESPE - 2011) Acerca de inferência estatística, julgue o item.

O intervalo de confiança para a proporção p, com base em uma amostra aleatória simples retirada da distribuição de Bernoulli, pode ser construído usando-se a aproximação da binomial pela normal. Como a média e a variância dependem desse parâmetro desconhecido p, esse intervalo poderá ser construído pelo método conservativo (usando-se o máximo valor permitido para a variância populacional) ou pelo não conservativo (usando-se a estimativa de máxima verossimilhança para a variância populacional). No caso conservativo, a amplitude do intervalo de confiança será menor que a amplitude do intervalo não conservativo somente se o verdadeiro valor do parâmetro for inferior a 1/4 ou superior a 3/4.

Certo ( ) Errado ( )

02. (CESPE - 2014) Com o propósito de produzir inferências acerca da proporção populacional (p) de pessoas satisfeitas com determinado serviço oferecido pelo judiciário brasileiro, foi considerada uma pequena amostra de 30 pessoas, tendo cada uma de responder 1, para o caso de estar satisfeita, ou 0, para o caso de não estar satisfeita. Os dados da amostra estão registrados a seguir.

0 0 0 1 1 0 1 0 0 0 0 0 1 0 0 0 1 0 0 0 1 1 0 0 0 1 0 0 0 1

Com base nessas informações, julgue os itens seguintes.

Considerando que Z represente a distribuição normal padrão, que $P(Z > 2) \approx 0,975$ e $P(Z > 1,645) = 0,95$ e que 2,51 é valor aproximado para $\sqrt{6,3}$ é correto afirmar que o intervalo [a; b] que representa um intervalo de 95% de confiança para a proporção de pessoas não satisfeitas está contido no intervalo [0,4; 0,9].

Certo ( ) Errado ( )

03. (CESPE - 2009) Uma empresa de consultoria realizou um levantamento para testar a hipótese nula Ho: r = 0,1 contra a hipótese alternativa H1: $r \neq 0,1$, em que r representa a proporção de desistências em ações judiciais. De uma amostra aleatória simples de 100 casos, foram encontradas desistências em 17 casos.

Considerando essa situação, julgue os itens seguintes assumindo que $\Phi(2,6) = 0,995$, em que $\Phi(z)$ representa a função de distribuição acumulada da distribuição normal padrão.

Com a correção de continuidade, a estimativa intervalar assintótica para a proporção r, com 99% de confiança, é $0,170 \pm 0,078$.

Certo ( ) Errado ( )

04. (CESPE - 2010) Considere que uma loja de shows pirotécnicos deseja estimar a proporção de fogos de artifício que funcionam perfeitamente, visto que a fábrica não informou a proporção de fogos defeituosos.Considere ainda que, como se trata de teste destrutivo, seja importante para a loja que a amostra a ser testada seja a menor possível, mas que forneça um resultado conclusivo. A partir dessa situação, julgue o item que se segue.

Considere que o lojista queira saber qual o tempo que os fogos demoram para disparar após o acendimento. Se, em uma amostra de 25 clientes, foi verificado que $\bar{X} = 4{,}3$ e $s^2 = 4$, e sabendo-se que $t_{(0{,}05;25)} = 2{,}064$, $z_{(0{,}05)} = 1{,}96$, então o intervalo com 95% de confiança para o verdadeiro tempo que os fogos levam para o disparo após o acendimento é dado por [3,516; 5,084].

Certo ( ) Errado ( )

Gabaritos

01	ERRADO	03	ERRADO
02	CERTO	04	ERRADO

17. TESTE DE HIPÓTESES (INTRODUÇÃO)

2 moedas:
- moeda honesta
- moeda viciada: P(coroa) = 2/3

Escolhe-se uma moeda e lança-se 3 vezes:

Critério adotado:
- 3 coroas: viciada
- 0, 1, 2 coroas: honesta

Hipóteses

- Ho: P(coroa) = ½ { moeda honesta

- $H_A = H_1$: P(coroa) = 2/3 { moeda viciada

Vamos supor que ao lançar a moeda, obtemos 3 coroas. Portanto, com o critério de decisão, dizemos que a moeda é viciada.

1º caso (3 coroas): rejeitar a Ho

Chance de isso ocorrer = $C_{n,k} . p^k . q^{n-k}$

$C_{3,3} . (0,5)^3 . 0,5^0 = 1/8$ (chance de erro)

2º caso (2 coroas): Aceito a Ho

Chance de isso ocorrer = $C_{n,k} . p^k . q^{n-k}$

$\underbrace{C_{3,0} . (2/3)^0 . (1/3)^3}_{\text{0 coroa}} + \underbrace{C_{3,1} . 2/3 . (1/3)^2}_{\text{1 coroa}} + \underbrace{C_{3,2} . (2/3)^2 . (1/3)^1}_{\text{2 coroas}}$

Resumo (tabela)

	Aceitar a Ho	Rejeitar a Ho
Ho verdadeira		Erro de tipo I
Ho Falsa	Erro de tipo II	(1 - β)

Nomes especiais

- P(erro I) = nível de significância = α

- P(erro II) = β

- Poder do teste: 1 – β

Exemplo: Considere um teste estatístico envolvendo uma população normalmente distribuída em que se deseja testar, com relação a um parâmetro da distribuição, a hipótese nula (Ho) contra a hipótese alternativa (H1), ao nível de significância α. Seja β a probabilidade de aceitar Ho quando Ho for falsa. Então,

(A) β consiste ao erro tipo I ou erro de primeira espécie.

(B) α > β

(C) α = 1 - β

(D) A região crítica do teste é determinada em função de β.

(E) α corresponde à probabilidade de rejeita Ho quando Ho for verdadeira.

Questões

01. (CESPE - 2016) Em estudo acerca da situação do CNPJ das empresas de determinado município, as empresas que estavam com o CNPJ regular foram representadas por 1, ao passo que as com CNPJ irregular foram representadas por 0.

Considerando que a amostra {0, 1, 1, 0, 0, 1, 0, 1, 0, 1, 1, 0, 0, 1, 1, 0, 1, 1, 1, 1} foi extraída para realizar um teste de hipóteses, julgue o item subsequente.

O poder do teste pode ser facilmente calculado pelo complementar do erro do tipo II (β).

Certo ( ) Errado ( )

02. (CESPE - 2016) Em estudo acerca da situação do CNPJ das empresas de determinado município, as empresas que estavam com o CNPJ regular foram representadas por 1, ao passo que as com CNPJ irregular foram representadas por 0.

Considerando que a amostra {0, 1, 1, 0, 0, 1, 0, 1, 0, 1, 1, 0, 0, 1, 1, 0, 1, 1, 1, 1} foi extraída para realizar um teste de hipóteses, julgue o item subsequente.

A estimativa pontual da proporção de empresas da amostra com CNPJ regular é superior a 50%.

Certo ( ) Errado ( )

03. (CESPE - 2016) Uma amostra aleatória, com n = 16 observações independentes e identicamente distribuídas (IID), foi obtida a partir de uma população infinita, com média e desvio padrão desconhecidos e distribuição normal.

Tendo essa informação como referência inicial, julgue o seguinte item.

A potência de um teste de hipóteses corresponde à probabilidade de se rejeitar a hipótese nula, dado que a hipótese nula é correta.

Certo ( ) Errado ( )

04. (CESPE - 2016) Em estudo acerca da situação do CNPJ das empresas de determinado município, as empresas que estavam com o CNPJ regular foram representadas por 1, ao passo que as com CNPJ irregular foram representadas por 0.

Considerando que a amostra {0, 1, 1, 0, 0, 1, 0, 1, 0, 1, 1, 0, 0, 1, 1, 0, 1, 1, 1, 1} foi extraída para realizar um teste de hipóteses, julgue o item subsequente.

A estatística do teste para testar a hipótese H_0: P = 0,5 contra H_1: P ≠ 0,5, em que P representa a proporção de empresas cujo CNPJ está regular, é maior que 2.

Certo ( ) Errado ( )

Gabaritos

01	CERTO	03	ERRADO
02	CERTO	04	ERRADO

18. TESTE DE HIPÓTESES PARA A MÉDIA

Exemplo: Investigação de fraudes em licitações. Sabe-se que a aquisição de certo produto se dá livre de fraudes, quando o valor tem média de R$ 200,00.

→ Licitações livres de fraude: média R$ 200,00.

→ Tipos de testes: - Unilateral (unicaudal)

- Bilateral (bicaudal)

→ Ho: $\mu = 200$

- Pode-se aceitar ou rejeitar a Ho. Se rejeitar a Ho, temos que analisar a Ha.

- Teste Bilateral: Ha: μ 200
- Teste Unilateral: Ha > 200
- Teste Unilateral: Ha < 200

Teste para a média – Bilateral

→ Licitações livres de fraude: média R$ 200,00 e variância 120.

→ Amostra com 30 elementos e média R$ 210,00.

- Ho: $\mu = 200$
- Ha: μ 200
- Confiança de 95%: $P(196{,}08 < \overline{X} < 203{,}92) = 0{,}95$

Supõe: Ho (verdadeira)

- V.A: $\overline{X}$

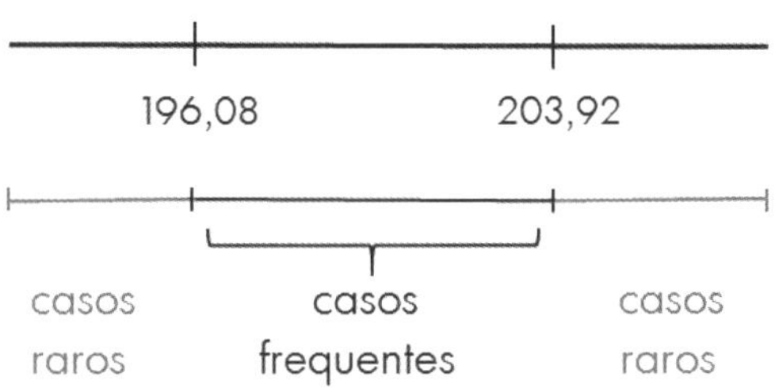

Passos do teste

1º) Determinar o valor crítico

2º) Determinar a estatística teste

$$Z_t = \frac{\overline{x} - \mu_x}{\sigma_{\overline{x}}}$$

3º) Comparar estatística teste com valor crítico

Supor: Ho (verdadeira)

$\mu = 200$

$\sigma^2 = 120$

$$\overline{X} = \begin{cases} E(\overline{X}) = \mu = 200 \\ V(\overline{X}) = \sigma^2/n = 120/30 = 4 \end{cases}$$

$\therefore \sigma = 2$

Vamos definir o intervalo que delimita 95% dos casos:

$$Z = \frac{\overline{x} - \mu_x}{\sigma_{\overline{x}}}$$

$\sigma_x \cdot Z + \mu_x = \overline{X}$

$2 \cdot Z + \mu_x = \overline{X}$

$Z = -1{,}96$ $2 \cdot (-1{,}96) + 200 = \overline{X}$ $\overline{X} = 196{,}08$	ou	$Z = 1{,}96$ $2 \cdot (1{,}96) + 200 = \overline{X}$ $\overline{X} = 203{,}92$

Normal Padrão:

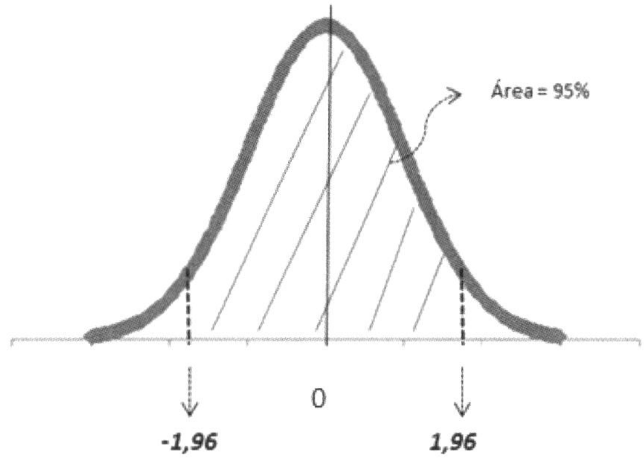

f.d.p ($\overline{X}$):

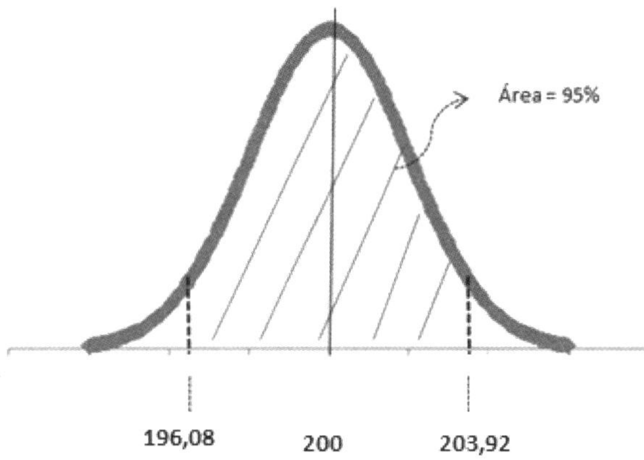

Para variável Z:

$Z \rightarrow -1{,}96/1{,}96$

$Z \rightarrow$ Para o experimento

$$Z_t = \frac{\overline{x} - \mu_x}{\sigma_{\overline{x}}}$$

Z_t: Estatística teste (valor obtido para o experimento em questão)

$\overline{X} = 210$

$\mu_x = 200$

$\sigma_x = 2$

$Z_t = ?$

$$Z_t = \frac{210 - 200}{2}$$

$Z_t = 5$

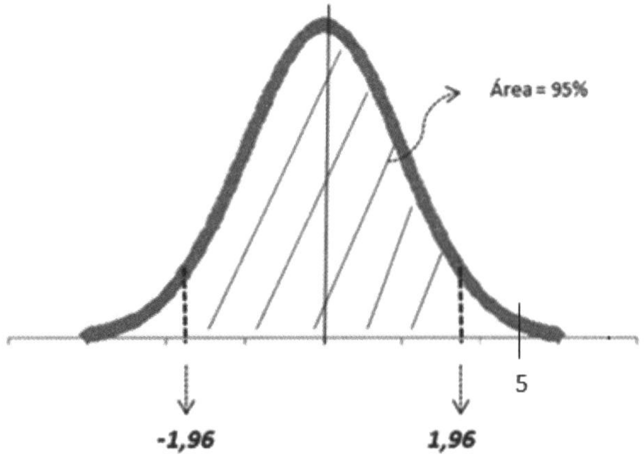

Teste para a média – Variância desconhecida

→ Licitações livres de fraudes: média R$ 200,00.

→ Amostra com 30 elementos e média R$ 210,00 e variância 120.

- Ho: $\mu = 200$

- Ha: μ 200

- Confiança de 95%: (t = 2,045)

Obs: Sempre que se desconheça a variância populacional, usa-se a distribuição t, que nos fornece intervalos maiores, para manter a mesma confiança.

Teste para a média – Unilateral

→ Licitações livres de fraudes: média R$ 200,00 e variância 120.

→ Amostra com 30 elementos e média R$ 210,00.

- Ho: $\mu = 200$

- Ha: $\mu > 200$

- Confiança de 95%: (Z = 1,64)

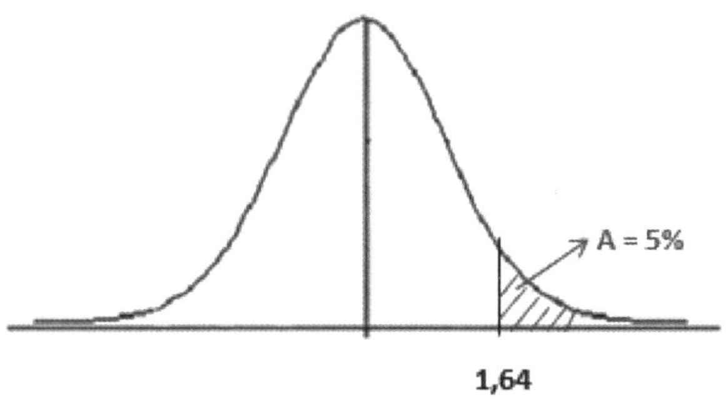

Questões

01. (CESPE - 2018) Um experimento foi realizado para avaliar a durabilidade de três marcas diferentes de baterias. Para cada marca, foram observados aleatoriamente 12 tempos de duração, perfazendo-se uma amostra total de 36 observações.

Considerando que se pretenda testar a hipótese nula H0: "as três marcas proporcionam as mesmas distribuições dos tempos de duração das baterias" contra a hipótese alternativa H1: "há pelo menos duas distribuições distintas dos tempos de duração das baterias", julgue o próximo item.

O teste de postos sinalizados de Wilcoxon é um método apropriado para o experimento em tela, uma vez que os tamanhos das amostras obtidas para cada marca de bateria são todos iguais a 12.

Certo ( ) Errado ( )

02. (CESPE – 2016 - Adaptada) Em um teste estatístico para a média populacional μ, com nível de significância $\alpha = 5\%$, a hipótese nula H0 deverá ser rejeitada se $\bar{x} > 30$ ou se $\bar{x} < 10$, em que $\bar{x}$ denota a média amostral. Supondo que a variância populacional seja conhecida e que o tamanho da amostra seja igual a então o teste é bilateral.

Certo ( ) Errado ( )

Gabaritos

01	ERRADO
02	CERTO

19. DISTRIBUIÇÃO DE QUI-QUADRADO

Corresponde à soma dos quadrados de "n" variáveis normais reduzidas e independentes entre si.

Trata-se da distribuição de Qui-Quadrado com "n" graus de liberdade.

Exemplo: $(Z_1)^2 + (Z_2)^2 + (Z_3)^2 + (Z_4)^2 = \chi^2$

Neste caso, temos uma Distribuição de Qui-Quadrado com 4 grau de liberdade.

Legenda:

Z: Símbolo da Normal Reduzida

χ^2: Símbolo da Distribuição de Qui-Quadrado

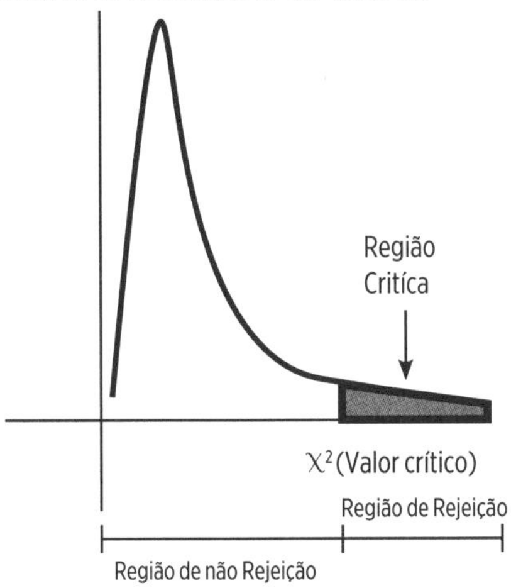

Observação: Se o número de graus de liberdade for alto, mais se aproxima de uma Distribuição Normal (mais simétrico).

19.1 Utilização da Distribuição do Qui-Quadrado

Distribuição de Qui-Quadrado e Variância

$$\frac{(n-1)\,.\,S^2}{\delta^2}$$

Legenda:

S^2: Variância Amostral

δ^2: Variância Populacional n: tamanho da amostra

Tem distribuição de Qui-Quadrado com "n-1" graus de liberdade.

Usado para estudos sobre Variância.

19.2 Teste de Qui-Quadrado para Proporções

Estatística Teste:

$$\chi^2 = \sum \frac{(o-e)^2}{e}$$

Legenda:

$\chi 2$: Qui Quadrado e: Valor Esperado o: Valor Observado

Número de Graus de Liberdade: Número de células que podemos preencher livremente sem alterar os totais.

Questões

01. (CESPE - 2010) O departamento de recursos humanos de um banco, em parceria com profissionais especializados, desenvolveu um programa de atividades com o objetivo de reduzir o estresse dos funcionários do setor de cobranças do banco. Após a execução das atividades previstas no programa, que foram realizadas no meio do expediente da manhã e da tarde, foi perguntado aos funcionários de outro setor e à diretoria se houve alguma mudança no comportamento dos funcionários do departamento de cobranças (considerando que cada funcionário do setor de cobranças era avaliado individualmente). Os resultados dessa avaliação estão apresentados na tabela a seguir.

Com base nessa situação e nas informações apresentadas na tabela acima, julgue o item subsequente.

O teste de McNemar é um teste paramétrico, uma vez que sua estatística segue uma distribuição qui-quadrado.

Certo ( ) Errado ( )

02. (CESPE - 2013)

quantidade de processos	0	1	2	3	4
frequência	5	8	4	2	1

Considerando a tabela acima, que apresenta o registro das quantidades anuais de processos abertos contra autoridades públicas nas duas últimas décadas, julgue o item.

Em qualquer teste qui-quadrado, a estatística do teste é calculada utilizando-se a diferença entre valores observados e valores esperados.

Certo ( ) Errado ( )

03. (CESPE - 2018) Para o desenvolvimento de um sistema eletrônico, um analista efetuará simulações de Monte Carlo com base em realizações das variáveis aleatórias independentes U e V, ambas uniformes no intervalo (0, 1).

A respeito dessa situação hipotética, julgue o item subsequente.

Realizações de uma distribuição qui-quadrado com dois graus de liberdade podem ser obtidas mediante a transformação -2lnU.

Certo ( ) Errado ( )

04. (CESPE – 2017 - Adaptada) A opção que apresenta procedimento ou teste estatístico utilizado no tratamento de dados nominais é a qui-quadrado.

Certo ( ) Errado ( )

05. (CESPE - 2015) Cada membro de uma amostra aleatória de alunos respondeu ou sim ou não a uma das seguintes questões.

Q1: Se algum colega seu estivesse deprimido, você o encaminharia ao serviço de atendimento psicológico?

Q2: Se você estivesse deprimido, procuraria o serviço de atendimento psicológico?

Um teste qui-quadrado foi executado para analisar os dados com o nível de significância de 0,05 e hipótese nula H1: pQ1 = pQ2, em que pQ1 e pQ2 são as proporções de alunos que responderam sim às questões Q1 e Q2 respectivamente na população.

Com base nessa situação hipotética, julgue o item que se segue.

O valor da estatística qui-quadrado depende do fato de o teste aplicado ser de aderência, de independência ou de homogeneidade.

Certo ( ) Errado ( )

Gabaritos

01	ERRADO
02	ERRADO
03	CERTO
04	CERTO
05	ERRADO

20. CORRELAÇÃO LINEAR

A correlação linear é a medida padronizada da relação entre duas variáveis e indica a força e a direção do relacionamento linear entre duas variáveis aleatórias.

Exemplos:

a) Preço x Demanda

b) Preço x Oferta

c) Investimento em Propaganda x Quantidade Vendida

d) Tempo de Treinamento x Desempenho (Performance)

e) Peso x Altura

Exemplo: Peso x Altura

Peso (kg)	Altura (m)
80	1,80
85	1,83
50	1,65
70	1,90
55	1,60
77	1,80
85	1,78
93	1,86
65	1,70
60	1,65

Peso x Altura

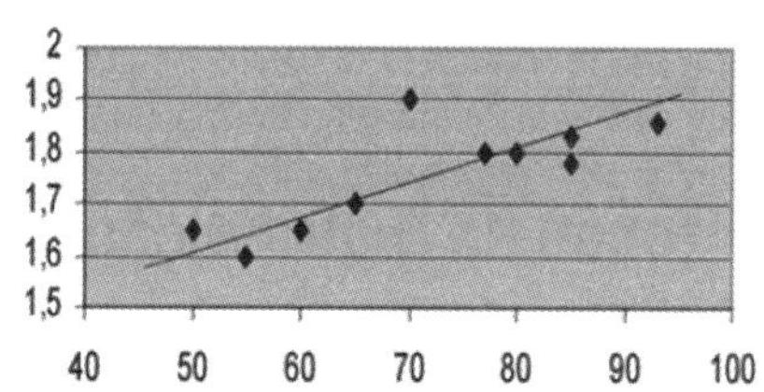

Modelos de gráficos de dispersão:

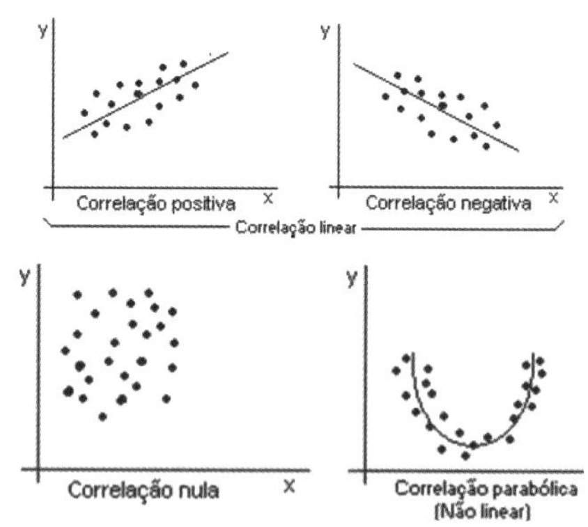

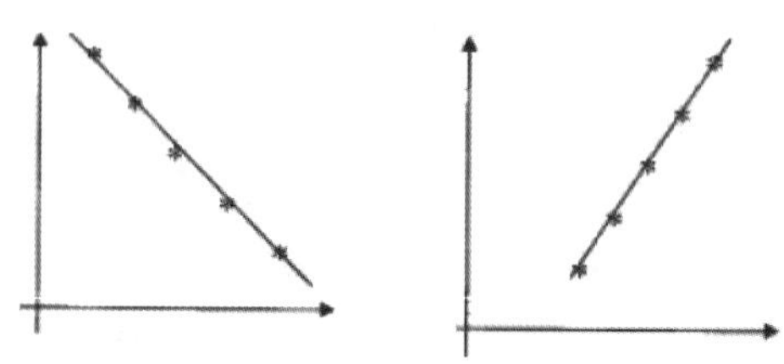

Correlação Linear Perfeita e Negativa (r = -1)

Correlação Linear Perfeita e Positiva (r = 1)

Fórmula para medir a Correlação Linear:

$$r = \frac{\sum(X_i - \bar{X}) \times (Y_i - \bar{Y})}{\sqrt{\sum(X_i - \bar{X})^2 \times \sum(Y_i - \bar{Y})^2}}$$

Legenda:

r: Coeficiente de Correlação Linear

O valor de r estar sempre entre 1 e -1, ou seja –1 r 1

Se:

r > 0: Relação Linear Direta (Se r está próximo de 1, há uma forte correlação positiva).

r < 0: Relação Linear Indireta (Se r está próximo a –1, há uma forte correlação negativa).

r = 0: Não há correlação linear. (O que não impede que haja outro tipo de relação: exponencial, logarítmica, etc).

20.1 Propriedades do Coeficiente de Correlação

a) Soma e subtrações nas variáveis não alteram o coeficiente.

b) Se multiplicarmos as variáveis por constantes de mesmo sinal, o coeficiente não se altera.

c) Se multiplicarmos as variáveis por constantes de sinais opostos, ocoeficiente troca de sinal.

20.1.1 Coeficiente de Correlação Entre Variáveis Aleatórias

$$\rho = \frac{Cov(X,Y)}{\sigma_X \times \sigma_Y}$$

Legenda:

Coeficiente de Correlação

x: Desvio Padrão (Variável X)

y: Desvio Padrão (Variável Y)

Cov (X,Y): Covariância entre X e Y.

Lembrar:

$$\text{cov}(X,Y) = \text{E}(XY) - \text{E}(X)\,\text{E}(Y)$$

Observações:

a) A covariância é por vezes chamada de medida de dependência linear entre as duas variáveis aleatórias.

b) Variáveis aleatórias cuja covariância é zero são chamadas descorrelacionadas.

c) Se X e Y são independentes, então a sua covariância é zero.

Questões

01. (CESPE – 2018) A tabela a seguir mostra dados categorizados, organizados por uma administradora de cartões de crédito, a respeito da ocorrência de fraudes em compras online, de acordo com os critérios data e tipo de sítio.

data	tipo de sítio	
	de jogos *online*	de móveis e eletrodomésticos
dias úteis	22	18
fim de semana e feriados	28	12

Com referência aos dados apresentados, julgue o item que se segue.

A correlação entre as variáveis data e tipo de sítio, medida pelo coeficiente de contingência de Pearson, é menor que 0,20.

Certo ( ) Errado ( )

02. (CESPE - 2018) Um pesquisador estudou a relação entre a taxa de criminalidade (Y) e a taxa de desocupação da população economicamente ativa (X) em determinada região do país. Esse pesquisador aplicou um modelo de regressão linear simples na forma Y = bX + a + ε, em que b representa o coeficiente angular, a é o intercepto do modelo e ε denota o erro aleatório com média zero e variância σ2 . A tabela a seguir representa a análise de variância (ANOVA) proporcionada por esse modelo.

fonte de variação	graus de liberdade	soma de quadrados
modelo	1	225
erro	899	175
total	900	400

A respeito dessa situação hipotética, julgue o próximo item, sabendo que b > 0 e que o desvio padrão amostral da variável X é igual a 2.

A estimativa do coeficiente angular b, pelo método de mínimos quadrados ordinários, é igual a 0,25.

Certo ( ) Errado ( )

03. (CESPE - 2018) Um pesquisador estudou a relação entre a taxa de criminalidade (Y) e a taxa de desocupação da população economicamente ativa (X) em determinada região do país. Esse pesquisador aplicou um modelo de regressão linear simples na forma Y = bX + a + ε, em que b representa o coeficiente angular, a é o intercepto do modelo e ε denota o erro aleatório com média zero e variância σ2 . A tabela a seguir representa a análise de variância (ANOVA) proporcionada por esse modelo.

fonte de variação	graus de liberdade	soma de quadrados
modelo	1	225
erro	899	175
total	900	400

A respeito dessa situação hipotética, julgue o próximo item, sabendo que b > 0 e que o desvio padrão amostral da variável X é igual a 2.

A correlação linear de Pearson entre a variável resposta Y e a variável regressora X é igual a 0,75.

Certo ( ) Errado ( )

04. (CESPE - 2013) Um estudo acerca da qualidade dos serviços prestados por um cartório considerou os indicadores X e Y. A análise de regressão linear produziu as retas ajustadas (por mínimos quadrados ordinários) $\hat{y} = 0{,}5x + 1$, e $\hat{x} = 1{,}5y + 1$. Com relação a esses indicadores, julgue o item que se segue.

O coeficiente de correlação linear de Pearson é inferior a 0,8.

Certo ( ) Errado ( )

05. (CESPE - 2013) Com relação aos métodos estatísticos, julgue o item que se segue.

A correlação nula entre duas variáveis indica que há independência entre essas variáveis.

Certo ( ) Errado ( )

Gabaritos

01	CERTO
02	CERTO
03	CERTO
04	ERRADO
05	ERRADO

21. REGRESSÃO LINEAR

Na correlação linear, estávamos interessados em ver se duas variáveis X e Y tinham uma relação linear forte ou não. Consi- dere que X e Y tenham uma relação linear forte.

Através da regressão linear definimos a melhor reta que descreve esta relação.

21.1 Cálculo da reta de regressão

Sejam X e Y duas variáveis. Um modelo de regressão linear que as relaciona é da seguinte forma:

Modelo: $Y_i = \alpha + \beta X_i + \varepsilon_i$

Legenda:

Xi: Variável INDEPENDENTE

Yi: Variável DEPENDENTE

α, β: constantes

ε: variável aleatória (ERRO em torno da reta)

Pressupostos para εi

Esperança nula: $E(\varepsilon i) = 0$

Os vários ε, são não correlacionados: Cov (εi ; εj) = 0 (para i # j)

Tem sempre variância constante: V(εi) = $\delta 2$

Observações:

Heteroscedasticidade: Variância dos Erros não é CONS- TANTE.

Homocedasticidade: Variância dos Erros é CONSTANTE.

Peso (kg)	Altura (m)
80	1,80
85	1,83
50	1,65
70	1,90
55	1,60
77	1,80
85	1,78
93	1,86
65	1,70
60	1,65

Peso x Altura

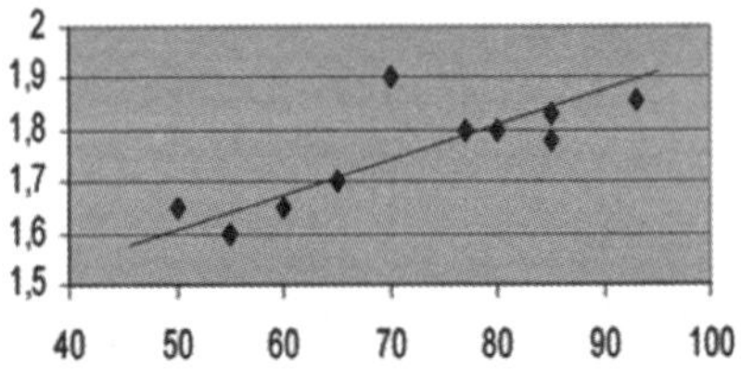

Um método para encontrar a MELHOR RETA DE REGRES- SÃO é chamado de métodos de mínimos quadrados.

Equação da Reta de Regressão: $\hat{Y}_i = a + bX_i$

Onde:

a:	Estimativa de
b:	Estimativa de β.
$\hat{Y}$	Estimativa de Y.

A diferença entre Y e sua estimativa, chamamos desvio (er- ro). O desvio é dado por:

$$e = Y - \hat{Y}$$

Pelo método de mínimos quadrados, tentamos obter uma reta de tal modo que a soma dos quadrados dos valores de e (desvio) seja mínima. Os valores de a e b (estimadores de e β), obtidos a partir da consideração de que a soma dos quadrados dos desvios seja mínima, são:

$$b = \frac{\sum\left[(X_i - \overline{X}) \times (Y_i - \overline{Y})\right]}{\sum (X_i - \overline{X})^2}$$

$$a = \overline{Y} - b\overline{X}$$

Modelo de Reta de Regressão Estimada:

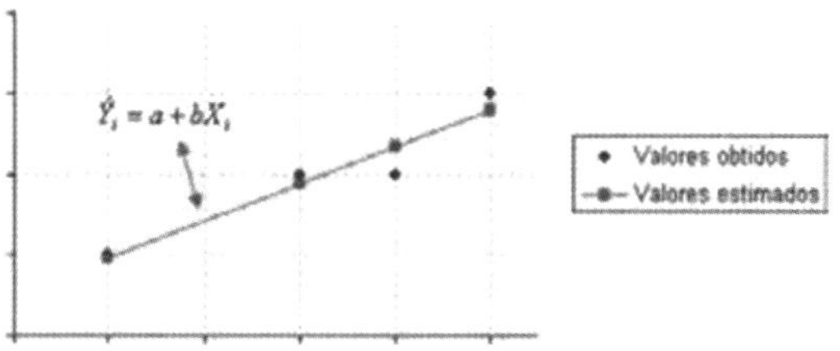

A reta (estimada) em vermelho é tal que a soma dos qua- drados é mínima.

Nos cálculos envolvidos com a regressão linear, utilizaremos algumas igualdades envolvendo somatório. São elas:

$$\sum_{i=1}^{n}\left[(X_i - \bar{X}) \times (Y_i - \bar{Y})\right] = \sum_{i=1}^{n}(X_i \times Y_i) - n\bar{X}\bar{Y}$$

$$\sum_{i=1}^{n}(X_i - \bar{X})^2 = \sum_{i=1}^{n}(X_i^2) - n\bar{X}^2$$

$$\sum_{i=1}^{n}(Y_i - \bar{Y})^2 = \sum_{i=1}^{n}(Y_i^2) - n\bar{Y}^2$$

Questões

01. (CESPE - 2018) Todo paciente que chega a determinado posto hospitalar é imediatamente avaliado no que se refere à prioridade de atendimento. Suponha que o paciente seja classificado como "emergente" (Y = 0) ou como "não emergente" (Y = 1), e que as quantidades X, diárias, de pacientes que chegam a esse posto sigam uma distribuição de Poisson com média igual a 20. Considerando que W represente o total diário de pacientes emergentes, de tal sorte que $P(W = w \mid X = x) = \binom{x}{w}0{,}1^w 0{,}9^{x-w}$, em que 0 ≤ w ≤ x e x ≥ 0 julgue o item subsequente.

A curva de regressão de W em X = x é dada pela média condicional E(W|X = x) = 0,1x.

Certo ( ) Errado ( )

02. (CESPE - 2014) Com relação à análise de regressão linear, julgue os itens que se seguem.

Um modelo de regressão linear múltipla com duas variáveis explicativas será inequivocamente ajustado se essas variáveis forem proporcionais.

Certo ( ) Errado ( )

03. (CESPE - 2016)

adesão ao plano	1	1	0	1	0	0	1	0	1	0
salário (em R$)	5.000	8.000	4.000	6.000	2.000	3.000	4.000	4.000	4.500	7.000

Considerando que os dados na tabela mostram salários de diferentes servidores que aderiram (1) ou não aderiram (0) a determinado plano de previdência complementar, julgue o item subsecutivo.

Um modelo de regressão logística só aceita variáveis categóricas; um modelo de regressão linear só aceita variáveis quantitativas.

Certo ( ) Errado ( )

04. (CESPE - 2014) Com relação à inferência para os parâmetros de modelos de regressão linear, julgue os seguintes itens.

Em um modelo de regressão linear simples, a média dos valores observados na variável resposta é maior que a média dos valores preditos.

Certo ( ) Errado ( )

05. (CESPE - 2013) A respeito da análise de resíduos nos modelos de regressão, julgue os itens a seguir.

Em um modelo de regressão linear múltipla, o gráfico dos resíduos da regressão de Y por X i, em oposição aos resíduos da regressão de X2 por X1, é usado para verificar heterocedasticidade.

Certo ( ) Errado ( )

Gabaritos

01	CERTO
02	ERRADO
03	ERRADO
04	ERRADO
05	ERRADO

1. PROPOSIÇÕES 551
1.1 Definições 551
1.2 Tabela Verdade e Conectivos Lógicos 552
1.3 Equivalências Lógicas 553
1.4 Tautologias, Contradições e Contingências 555
1.5 Relação entre Todo, Algum e Nenhum 555
2. ARGUMENTOS 557
2.1 Definições 557
2.2 Métodos para Classificar os Argumentos 558
3. PSICOTÉCNICOS 560
4. ANÁLISE COMBINATÓRIA 564
4.1 Definição 564
4.2 Fatorial 564
4.3 Princípio Fundamental da Contagem (PFC) 564
4.4 Arranjo e Combinação 565
4.5 Permutação 565
5. PROBABILIDADE 568
5.1 Definições 568
5.2 Fórmula da Probabilidade 568
5.3 Eventos Complementares 568
5.4 Casos Especiais de Probabilidade 569
6. TEORIA DOS CONJUNTOS 571
6.1 O que é Conjunto? 571
6.2 Definições 571
6.3 Subconjuntos 571
6.4 Operações com Conjuntos 572
7. CONJUNTOS NUMÉRICOS 574
7.1 Números Naturais 574
7.2 Números Inteiros 574
7.3 Números Racionais 574
7.4 Números Irracionais 576
7.5 Números Reais 576
7.6 Intervalos 576
7.7 Múltiplos e Divisores 576
7.8 Números Primos 577
7.9 MMC e MDC 577
7.10 Divisibilidade 577
7.11 Expressões Numéricas 577
8. SISTEMA LEGAL DE MEDIDAS 579
8.1 Medidas de Tempo 579
8.2 Sistema Métrico Decimal 579
9. RAZÕES E PROPORÇÕES 581
9.1 Grandeza 581
9.2 Razão 581
9.3 Proporção 581
9.4 Divisão em Partes Proporcionais 581
9.5 Regra das Torneiras 582
9.6 Regra de Três 582

SUMÁRIO

Sumário

10. PORCENTAGEM E JUROS 584
10.1 Porcentagem 584
10.2 Lucro e Prejuízo 584
10.3 Juros Simples 584
10.4 Juros Compostos 584
10.5 Capitalização 584

11. SEQUÊNCIAS NUMÉRICAS 586
11.1 Conceitos 586
11.2 Lei de Formação de uma Sequência 586
11.3 Progressão Aritmética (PA) 586
11.4 Progressão Geométrica (P.G.) 587

12. MATRIZES, DETERMINANTES E SISTEMAS LINEARES 590
12.1 Matrizes 590
12.2 Determinantes 592
12.3 Sistemas Lineares 595

13. FUNÇÕES, FUNÇÃO AFIM E FUNÇÃO QUADRÁTICA 598
13.1 Definições, Domínio, Contradomínio e Imagem 598
13.2 Plano Cartesiano 598
13.3 Funções Injetoras, Sobrejetoras e Bijetoras 598
13.4 Funções Crescentes, Decrescentes e Constantes 599
13.5 Funções Inversas e Compostas 599
13.6 Função Afim 599

14. FUNÇÃO EXPONENCIAL E FUNÇÃO LOGARÍTMICA 602
14.1 Equação e Função Exponencial 602
14.2 Equação e Função Logarítmica 602

15. TRIGONOMETRIA 605
15.1 Triângulos 605
15.2 Trigonometria no Triângulo Retângulo 605
15.3 Trigonometria em um Triângulo Qualquer 605
15.4 Medidas dos Ângulos 605
15.5 Ciclo Trigonométrico 606
15.6 Funções Trigonométricas 607
15.7 Identidades e Operações Trigonométricas 608
15.8 Bissecção de Arcos ou Arco Metade 608

16. GEOMETRIA PLANA 610
16.1 Semelhanças de Figuras 610
16.2 Relações Métricas nos Triângulos 610
16.3 Quadriláteros 611
16.4 Polígonos Regulares 612
16.5 Círculos e Circunferências 613
16.6 Polígonos Regulares Inscritos e Circunscritos 614
16.7 Perímetros e Áreas dos Polígonos e Círculos 615

17. GEOMETRIA ESPACIAL 618
17.1 Retas e Planos 618
17.2 Prismas 620
17.3 Cilindro 623
17.4 Cone Circular 624
17.5 Pirâmides 625
17.6 Esfera 627

1. PROPOSIÇÕES

O estudo da Lógica é o estudo dos métodos e dos princípios utilizados para distinguir o raciocínio correto do incorreto. Isso não significa que só é possível argumentar corretamente com uma pessoa que estudou Lógica. No entanto, um indivíduo que tem conhecimento de Lógica tem mais possibilidade de raciocinar corretamente do que aquele que não estudou esse assunto. Nem sempre é muito claro para o concurseiro o quanto esse assunto é relevante para o aprendizado das outras disciplinas e o quanto ele pode oferecer. O objetivo fundamental do estudo da Lógica é a elaboração de critérios que permitam analisar argumentos para mostrar ou não sua validade.

1.1 Definições

Proposição é uma **declaração** (sentença declarativa, com sujeito "definido", verbo e sentido completo) que pode ser **classificada** em valores como verdadeiro e falso.

São exemplos de proposições:

p: Daniel é enfermeiro.

Q: Leo foi à Argentina.

a: Luiza adora brincar.

B: Rosário comprou um carro.

Essas letras "p", "Q", "a", "B", servem para representar (simbolizar) as proposições.

1.1.1 Valores Lógicos das Proposições

Uma proposição só pode ser classificada em dois valores lógicos, que são o **Verdadeiro (V)** ou o **Falso (F)**, não admitindo outro valor.

As proposições têm três princípios básicos, sendo um deles o princípio fundamental que é:

Princípio da não contradição: diz que uma proposição não pode ser verdadeira e falsa ao mesmo tempo.

Os outros dois são:

Princípio da identidade: diz que uma proposição verdadeira sempre será verdadeira e uma falsa sempre será falsa.

Princípio do terceiro excluído: diz que uma proposição só pode ter dois valores lógicos, ou o de verdadeiro ou o de falso, **não existindo** um terceiro valor.

Interrogações, exclamações e ordens não são proposições.

Exs.:

"Que dia é hoje?"

"Que maravilha!"

"Estudem muito."

1.1.2 Sentenças Abertas e Quantificadores Lógicos

Existem algumas "sentenças abertas" que aparecem com incógnitas (termo desconhecido), como por exemplo: "x + 2 = 5", não sendo consideradas proposições, já que não se pode classificá-las sem saber o valor de "x", porém, com o uso dos **quantificadores lógicos**, elas tornam-se proposições, uma vez que esses quantificadores passam a dar valor ao "x".

Os quantificadores lógicos são:

$\forall$: para todo; qualquer que seja; todo;

$\exists$: existe; existe pelo menos um; algum;

$\nexists$: não existe; nenhum.

Ex.:

$x + 2 = 5$ (sentença aberta - não é proposição)

p: $\exists x, x + 2 = 5$ (lê-se: existe x tal que, $x + 2 = 5$). Agora é proposição, uma vez que agora é possível classificar a proposição como verdadeira, já que sabemos que tem um valor de "x" que somado a dois é igual a cinco.

1.1.3 Negação de Proposição (Modificador Lógico)

Negar uma proposição significa modificar o seu valor lógico, ou seja, se uma proposição é verdadeira, a sua negação será falsa, e se uma proposição for falsa, a sua negação será verdadeira.

Os símbolos da negação são (~) ou ($\neg$) antes da letra que representa a proposição.

Ex.: p: 3 é ímpar;

~p: 3 **não** é ímpar;

$\neg$p: 3 é **par** (outra forma de negar a proposição).

Lei da dupla negação:

~(~p) = p, negar uma proposição duas vezes significa voltar para própria proposição:

q: 2 é par;

~q: 2 não é par;

~(~q): 2 **não** é **ímpar**; portanto;

q: 2 é par.

1.1.4 Tipos de Proposição

Simples ou Atômica: são representadas por letras minúsculas (p, q, r...). Ao separar a proposição em sujeito lógico e predicado lógico, não é possível encontrar um valor lógico para estes.

Ex.: Na proposição "João é professor" tem-se como sujeito lógico "João", e predicado lógico "é professor". Verifica-se que, quanto ao sujeito, não é possível dizer se é verdadeiro ou falso, e o mesmo ocorre com o predicado.

Composta ou Molecular: são representadas por letras maiúsculas (P, Q, R...). Ao separar a proposição, encontram-se outras proposições, chamadas de componente ou subproposição.

Ex.: "Pedro é advogado e João é professor". É possível separar em duas proposições simples: "Pedro é advogado" e "João é professor".

Simples (atômicas)	Compostas (moleculares)
Não têm conectivo lógico	Têm conectivo lógico
Não podem ser divididas	Podem ser divididas
1 verbo	+ de 1 verbo

Conectivo Lógico

Serve para unir as proposições simples, formando proposições compostas. São eles:

e: conjunção (^)

ou: disjunção (∨)

ou..., ou: disjunção exclusiva (⊻)

se..., então: condicional (→)

se..., e somente se: bicondicional (↔)

Alguns autores consideram a negação (~) como um conectivo, porém aqui não faremos isso, pois os conectivos servem para formar proposição composta, e a negação faz apenas a mudança do valor das proposições.

O "e" possui alguns sinônimos, que são: "mas", "porém", "nem" (nem = e não) e a própria vírgula. O condicional também tem alguns sinônimos que são: "portanto", "quando", "como" e "pois" (pois = condicional invertido. Ex.: A, pois B = B → A).

Ex.:

a: Danilo foi à praia (simples).

b: Giovanna está brincando (simples).

p: Danilo foi a praia **se, e somente se** Giovanna estava brincando (composta).

q: se 2 é par, **então** 3 é ímpar (composta).

1.2 Tabela Verdade e Conectivos Lógicos

A tabela verdade nada mais é do que um mecanismo usado para dar valor às proposições compostas (que também serão ou verdadeiras ou falsas), por meio de seus respectivos conectivos.

A primeira coisa que precisamos saber numa tabela verdade é o seu número de linhas, e que esse depende do número de proposições simples que compõem a proposição composta.

Número de linhas = 2^n, em que "**n**" é o número de proposições simples que compõem a proposição composta. Portanto se houver 3 proposições simples formando a proposição composta então a tabela dessa proposição terá 8 linhas ($2^3 = 8$). Esse número de linhas da tabela serve para que tenhamos todas as relações possíveis entre "V" e "F" das proposições simples. Veja:

P	Q	R
V	V	V
V	V	F
V	F	V
V	F	F
F	V	V
F	V	F
F	F	V
F	F	F

Observe que temos todas as relações entre os valores lógicos das proposições, que sejam: as 3 verdadeiras (1ª linha), as 3 falsas (última linha), duas verdadeiras e uma falsa (2ª, 3ª e 5ª linhas), e duas falsas e uma verdadeira (4ª, 6ª e 7ª linhas). Nessa demonstração, temos uma forma prática de como se pode organizar a tabela, sem se preocupar se foram feitas todas relações entres as proposições.

Para o correto preenchimento da tabela, devemos seguir algumas regras:

> Comece sempre pelas proposições simples e suas negações, se houver;

> Resolva os parênteses, colchetes e chaves, respectivamente (igual à expressão numérica), se houver;

> Faça primeiro as conjunções e disjunções, depois os condicionais e por último os bicondicionais;

> A última coluna da tabela deverá ser sempre a da proposição toda, conforme as demonstrações adiante.

O valor lógico de uma proposição composta depende dos valores lógicos das proposições simples que a compõem assim como do conectivo utilizado, e é o que veremos a partir de agora.

Valor lógico de uma proposição composta por conjunção (e) = tabela verdade da conjunção (∧).

Conjunção ("e"): Sejam p e q proposições, a conjunção das proposições p e q, denotada por p ∧ q, que é uma nova proposição que assume o valor lógico verdadeiro somente quando p e q forem verdadeiras simultaneamente.

Ex.: P ∧ Q

P	Q	P∧Q
V	V	V
V	F	F
F	V	F
F	F	F

Representando por meio de conjuntos, temos: P ∧ Q

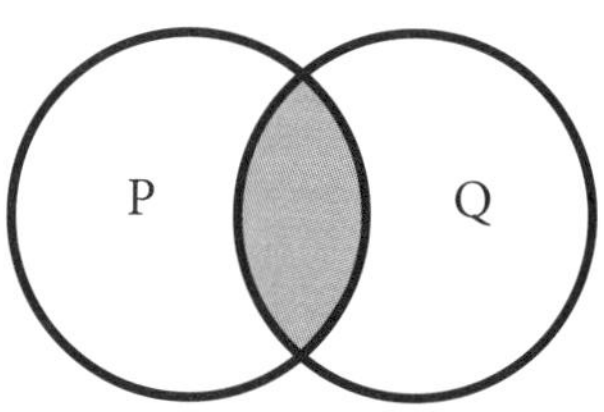

Valor lógico de uma proposição composta por disjunção (ou) = tabela verdade da disjunção (∨).

Disjunção ("ou"): Sejam p e q proposições, a disjunção das proposições p e q denotada por p ∨ q, é uma nova proposição que assume o valor lógico verdadeiro quando p ou q forem verdadeiras (não necessariamente simultâneas), ou ainda, será falsa somente quando ambas as proposições forem falsas.

Ex.: P ∨ Q

P	Q	P∨Q
V	V	V
V	F	V
F	V	V
F	F	F

Representando por meio de conjuntos, temos: P ∨ Q

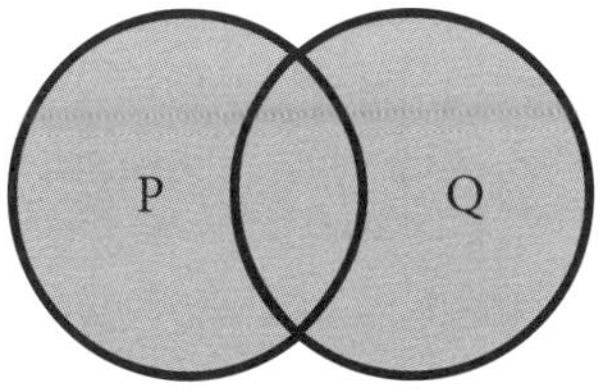

Valor lógico de uma proposição composta por disjunção exclusiva (ou, ou) = tabela verdade da disjunção exclusiva ($\veebar$).

Disjunção Exclusiva ("ou ..., ou ..."): Sejam p e q proposições, a disjunção exclusivas das proposições p e q denotada por $p \veebar q$, é uma nova proposição que assume o valor lógico verdadeiro quando ou p for verdadeira e q falsa, ou quando p for falsa e q for verdadeira, ou seja, valores lógicos contrários. Caso contrário, quando elas tiverem mesmo valor lógico, a disjunção exclusiva será falsa.

Ex.: $P \veebar Q$

P	Q	$P \veebar Q$
V	V	F
V	F	V
F	V	V
F	F	F

Representando por meio de conjuntos, temos: $P \veebar Q$

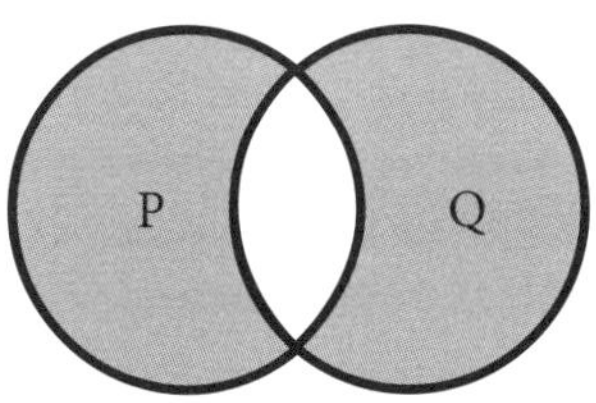

Valor lógico de uma proposição composta por condicional (se, então) = tabela verdade do condicional ($\rightarrow$).

Condicional ("Se p,então q"): Sejam p e q proposições, a condicional de p e q, denotada por $p \rightarrow q$ onde se lê "p condiciona q" ou "se p, então q", é a proposição que assume o valor falso somente quando p for verdadeira e q for falsa. A tabela para a condicional de p e q é a seguinte:

Atente-se bem para esse tipo de proposição, pois é um dos mais cobrados em concursos.

Dicas:

P é antecedente e Q é consequente = $P \rightarrow Q$

P é consequente e Q é antecedente = $Q \rightarrow P$

P é suficiente e Q é necessário = $P \rightarrow Q$

P é necessário e Q é suficiente = $Q \rightarrow P$

Ex.: $P \rightarrow Q$

P	Q	$P \rightarrow Q$
V	V	V
V	F	F
F	V	V
F	F	V

Representando por meio de conjuntos, temos: $P \rightarrow Q$

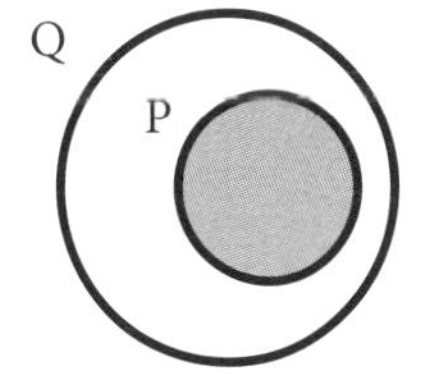

Valor lógico de uma proposição composta por bicondicional (se e somente se) = tabela verdade do bicondicional ($\leftrightarrow$).

Bicondicional ("se, e somente se"): Sejam p e q proposições, a bicondicional de p e q, denotada por $p \leftrightarrow q$, onde se lê "p bicondiciona q", é a proposição que assume o valor lógico verdadeiro somente quando p e q forem verdadeiras ou p e q forem falsas.

No bicondicional, "P" e "Q" são ambos suficientes e necessários ao mesmo tempo.

Ex.: $P \leftrightarrow Q$

P	Q	$P \leftrightarrow Q$
V	V	V
V	F	F
F	V	F
F	F	V

Representando por meio de conjuntos, temos: $P \leftrightarrow Q$

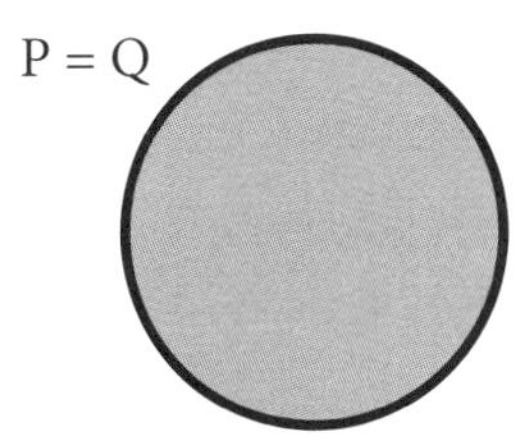

Proposição composta	Verdadeira quando...	Falsa quando...
$P \wedge Q$	P e Q são verdadeiras	Pelo menos uma falsa
$P \vee Q$	Pelo menos uma verdadeira	P e Q são falsas
$P \veebar Q$	P e Q têm valores diferentes	P e Q têm valores iguais
$P \rightarrow Q$	P = verdadeiro, q = verdadeiro ou P = falso	P = verdadeiro e Q = falso
$P \leftrightarrow Q$	P e Q têm valores iguais	P e Q têm valores diferentes

1.3 Equivalências Lógicas

> Atente-se para o princípio da equivalência. A tabela verdade está aí só para demonstrar a igualdade.

Duas ou mais proposições compostas são ditas equivalentes quando são formadas pelas mesmas proposições simples e suas tabelas verdades (resultado) são iguais.

Seguem algumas demonstrações das mais importantes:

$P \wedge Q = Q \wedge P$: basta trocar as proposições simples de lugar – também chamada de **recíproca**.

P	Q	$P \wedge Q$	$Q \wedge P$
V	V	V	V
V	F	F	F
F	V	F	F
F	F	F	F

$P \vee Q = Q \vee P$: basta trocar as proposições simples de lugar – também chamada de **recíproca**.

P	Q	$P \vee Q$	$Q \vee P$
V	V	V	V
V	F	V	V
F	V	V	V
F	F	F	F

$P \veebar Q = Q \veebar P$: basta trocar as proposições simples de lugar - também chamada de **recíproca**.

$P \veebar Q = \sim P \veebar \sim Q$: basta negar as proposições simples – também chamada de **contrária**.

$P \veebar Q = \sim Q \veebar \sim P$: troca as proposições simples de lugar e negam-se – também chamada de **contra-positiva**.

$P \veebar Q = (P \wedge \sim Q) \vee (\sim P \wedge Q)$: observe aqui a exclusividade dessa disjunção.

P	Q	~P	~Q	$P \wedge \sim Q$	$\sim P \wedge Q$	$P \vee Q$	$Q \vee P$	$\sim P \vee \sim Q$	$\sim Q \vee \sim P$	$(P \wedge \sim Q) \vee (\sim P \wedge Q)$
V	V	F	F	F	F	F	F	F	F	F
V	F	F	V	V	F	V	V	V	V	V
F	V	V	F	F	V	V	V	V	V	V
F	F	V	V	F	F	F	F	F	F	F

$P \leftrightarrow Q = Q \leftrightarrow P$: basta trocar as proposições simples de lugar - também chamada de recíproca.

$P \leftrightarrow Q = \sim P \leftrightarrow \sim Q$: basta negar as proposições simples – também chamada de contrária.

$P \leftrightarrow Q = \sim Q \leftrightarrow \sim P$: troca as proposições simples de lugar e negam-se – também chamada de contra- positiva.

$P \leftrightarrow Q = (P \rightarrow Q) \wedge (Q \rightarrow P)$: observe que é condicional para os dois lados, por isso bicondicional.

P	Q	~P	~Q	$P \rightarrow Q$	$Q \rightarrow P$	$P \leftrightarrow Q$	$Q \leftrightarrow P$	$\sim P \leftrightarrow \sim Q$	$\sim Q \leftrightarrow \sim P$	$(P \rightarrow Q) \wedge (Q \rightarrow P)$
V	V	F	F	V	V	V	V	V	V	V
V	F	F	V	F	V	F	F	F	F	F
F	V	V	F	V	F	F	F	F	F	F
F	F	V	V	V	V	V	V	V	V	V

$P \rightarrow Q = \sim Q \rightarrow \sim P$: troca as proposições simples de lugar e nega-se – também chamada de **contra-positiva**.

> A disjunção exclusiva e o bicondicional são as proposições com o maior número de equivalências.

$P \rightarrow Q = \sim P \vee Q$: negam-se o antecedente ou mantém o consequente.

P	Q	~P	~Q	$P \rightarrow Q$	$\sim Q \rightarrow \sim P$	$\sim P \vee Q$
V	V	F	F	V	V	V
V	F	F	V	F	F	F
F	V	V	F	V	V	V
F	F	V	V	V	V	V

Equivalências mais importantes e mais cobradas em concursos.

1.3.1 Negação de Proposição Composta

São também equivalências lógicas; vejamos algumas delas:

$\sim(P \wedge Q) = \sim P \vee \sim Q$ (Leis De Morgan)

Para negar a conjunção, troca-se o conectivo e ($\wedge$) por ou ($\vee$) e negam-se as proposições simples que a compõem.

P	Q	~P	~Q	$P \wedge Q$	$\sim(P \wedge Q)$	$\sim P \vee \sim Q$
V	V	F	F	V	F	F
V	F	F	V	F	V	V
F	V	V	F	F	V	V
F	F	V	V	F	V	V

$\sim(P \vee Q) = \sim P \wedge \sim Q$ (Leis De Morgan)

Para negar a disjunção, troca-se o conectivo **ou ($\vee$)** por **e ($\wedge$)** e negam-se as proposições simples que a compõem.

P	Q	~P	~Q	$P \vee Q$	$\sim(P \veebar Q)$	$\sim P \wedge \sim Q$
V	V	F	F	V	F	F
V	F	F	V	V	F	F
F	V	V	F	V	F	F
F	F	V	V	F	V	V

$\sim(P \rightarrow Q) = P \wedge \sim Q$ (Leis De Morgan)

Para negar o condicional, mantém-se o antecedente e nega-se o consequente.

P	Q	~P	~Q	$P \vee Q$	$\sim(P \vee Q)$	$\sim P \wedge \sim Q$
V	V	F	F	V	F	F
V	F	F	V	V	F	F
F	V	V	F	V	F	F
F	F	V	V	F	V	V

$\sim(P \veebar Q) = P \leftrightarrow Q$

Para negar a disjunção exclusiva, faz-se o bicondicional.

P	Q	$P \veebar Q$	$\sim(P \veebar Q)$	$P \leftrightarrow Q$
V	V	F	V	V
V	F	V	F	F
F	V	V	F	F
F	F	F	V	V

$\sim(P \leftrightarrow Q) = (P \veebar Q)$.

Para negar a bicondicional, faz-se a disjunção exclusiva.

P	Q	$P \leftrightarrow Q$	$\sim(P \leftrightarrow Q)$	$P \veebar Q$
V	V	V	F	F
V	F	F	V	V
F	V	F	V	V
F	F	V	F	F

1.4 Tautologias, Contradições e Contingências

Tautologia: proposição composta que é sempre verdadeira independente dos valores lógicos das proposições simples que a compõem.

$(P \wedge Q) \rightarrow (P \vee Q)$

P	Q	$P \wedge Q$	$P \vee Q$	$(P \wedge Q) \rightarrow (P \vee Q)$
V	V	V	V	V
V	F	F	V	V
F	V	F	V	V
F	F	F	F	V

Contradição: proposição composta que é sempre falsa, independente dos valores lógicos das proposições simples que a compõem.

$\sim(P \vee Q) \wedge P$

P	Q	$P \vee Q$	$\sim(P \vee Q)$	$\sim(P \vee Q) \wedge P$
V	V	V	F	F
V	F	V	F	F
F	V	V	F	F
F	F	F	V	F

Contingência: ocorre quando não é tautologia nem contradição. **$\sim(P \vee Q) \leftrightarrow P$**

P	Q	$P \vee Q$	$\sim(P \vee Q)$	$\sim(P \vee Q) \leftrightarrow P$
V	V	F	V	V
V	F	V	F	F
F	V	V	F	V
F	F	F	V	F

1.5 Relação entre Todo, Algum e Nenhum

Também conhecidos como quantificadores universais (**quantificadores lógicos**), eles têm entre si algumas relações que devemos saber, são elas:

"Todo A é B" equivale a **"nenhum A não é B"**, e vice-versa.

"todo amigo é bom = nenhum amigo não é bom."

"Nenhum A é B" equivale a **"todo A não é B"**, e vice-versa.

"nenhum aluno é burro = todo aluno não é burro."

> Essas são as duas relações de equivalência mais comuns, porém há uma em que utilizamos o ALGUM.
> "Todo A é B" equivale a "algum B é A".
> "todo professor é aluno = algum aluno é professor."

"Todo A é B" tem como negação **"algum A não é B"** e vice-versa.

Ex.: ~(todo estudante tem insônia) = algum estudante não tem insônia.

"Algum A é B" tem como negação **"nenhum A é B"** e vice-versa.

Ex.: ~(algum sonho é impossível) = nenhum sonho é impossível.

Temos também a representação em forma de conjuntos, que é:

TODO A é B:

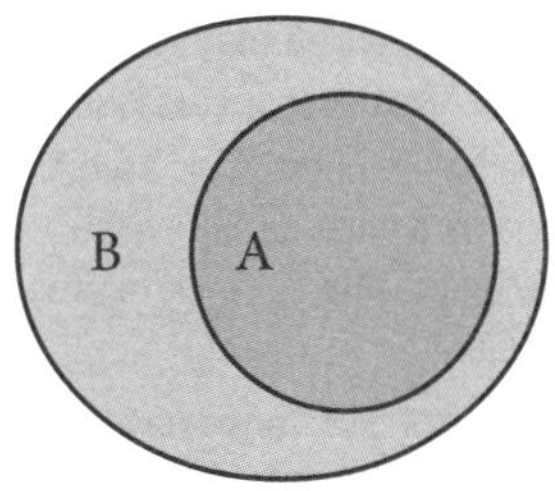

ALGUM A é B:

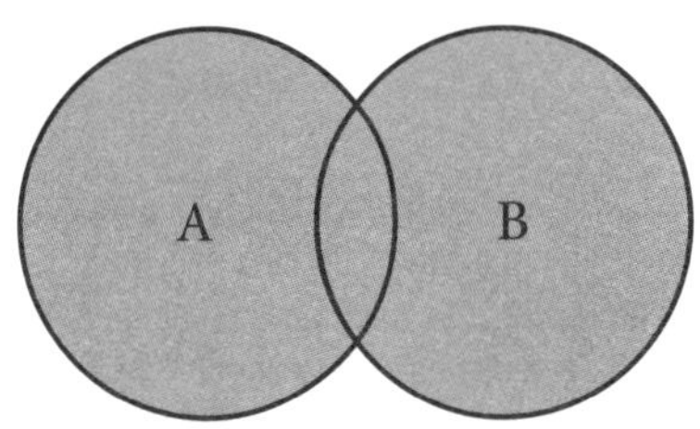

NENHUM A é B:

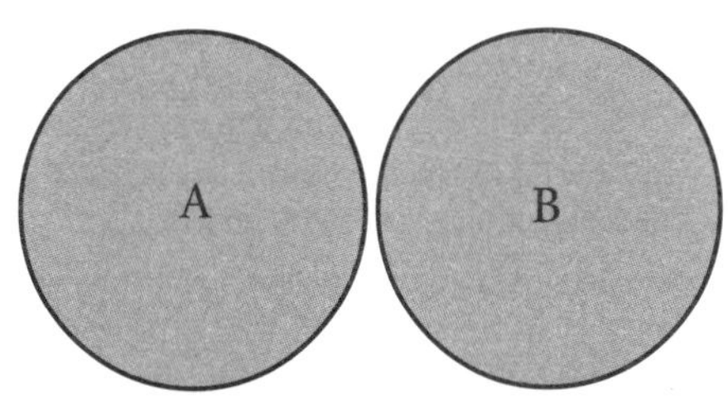

Relação de Equivalência:	Relação de Negação:
> Todo A é B = Nenhum A não é B. *Ex.: Todo diretor é bom ator. = Nenhum diretor é mau ator.*	> Todo A é B = Algum A não é B. *Ex.: Todo policial é honesto. = Algum policial não é honesto.*
> Nenhum A é B = Todo A não é B. *Ex.: Nenhuma mulher é legal. = Toda mulher não é legal.*	> Algum A é B = Nenhum A é B. *Ex.: Alguma ave é mamífera. = Nenhuma ave é mamífera.*

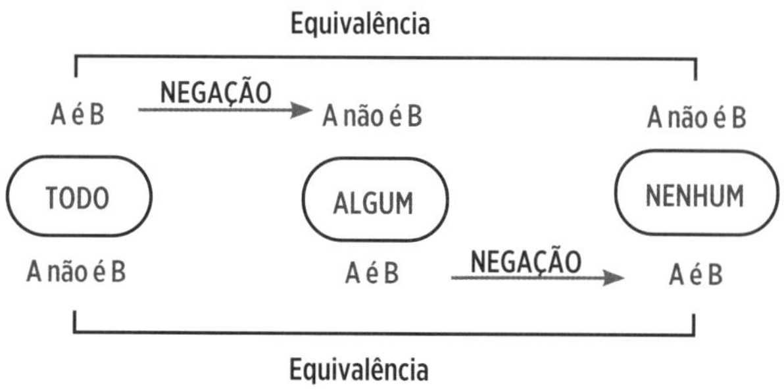

Questões

01. (CESPE) – 2019. Acerca da lógica sentencial, julgue o item que se segue.

A lógica bivalente não obedece ao princípio da não contradição, segundo o qual uma proposição não assume simultaneamente valores lógicos distintos.

Certo ( ) Errado ( )

02. (CESPE) – 2019. No exercício de suas atribuições profissionais, auditores fiscais sempre fazem afirmações verdadeiras, ao passo que sonegadores sempre fazem proposições falsas.

Saulo, sonegador de impostos, fez a seguinte afirmação durante uma audiência para tratar de sua eventual autuação: "como sou um pequeno comerciante, se vendo mais a cada mês, pago meus impostos em dia".

Nessa situação hipotética, considerando as afirmações estabelecidas no texto acima, é correto afirmar que Saulo não vende mais a cada mês.

Certo ( ) Errado ( )

03. (CESPE) – 2019 Acerca da lógica sentencial, julgue o item que se segue.

Se as proposições "A afirmação foi feita pelo político." e "A população acredita na afirmação feita pelo político." forem falsas, então a proposição "Se a afirmação foi feita pelo político, a população não acredita na afirmação feita pelo político." também será falsa.

Certo ( ) Errado ( )

04. (CESPE) – 2019. No argumento seguinte, as proposições P1, P2 e P3 são as premissas, e C é a conclusão.

- P1: Se os recursos foram aplicados em finalidade diversa da prevista ou se a obra foi superfaturada, então a prestação de contas da prefeitura não foi aprovada.
- P2: Se a prestação de contas da prefeitura não foi aprovada, então a prefeitura ficou impedida de celebrar novos convênios ou a prefeitura devolveu o dinheiro ao governo estadual.
- 3: A obra não foi superfaturada, e a prefeitura não devolveu o dinheiro ao governo estadual.
- C: A prefeitura ficou impedida de celebrar novos convênios.

Com relação ao argumento acima, a sentença os recursos foram aplicados em finalidade diversa da prevista ou a obra foi superfaturada, mas a prestação de contas da prefeitura foi aprovada corresponde à uma proposição equivalente à negação da proposição P1.

Certo ( ) Errado ( )

05. (CESPE) – 2019. Acerca da lógica sentencial, julgue o item que se segue.

Se uma proposição na estrutura condicional — isto é, na forma $P \rightarrow Q$, em que P e Q são proposições simples — for falsa, então o precedente será, necessariamente, falso.

Certo ( ) Errado ( )

Gabaritos

01	ERRADO
02	CERTO
03	ERRADO
04	CERTO
05	ERRADO

2. ARGUMENTOS

Os argumentos são uma extensão das proposições, mas com algumas características e regras próprias. Vejamos isso a partir de agora.

2.1 Definições

Argumento é um conjunto de proposições, divididas em premissas (proposições iniciais - hipóteses) e conclusões (proposições finais - teses).

Ex.:

p_1: Toda mulher é bonita.

p_2: Toda bonita é charmosa.

p_3: Maria é bonita.

c: Portanto, Maria é charmosa.

p_1: Se é homem, então gosta de futebol.

p_2: Mano gosta de futebol.

c: Logo, Mano é homem.

p_1, p_2, p_3, p_n, correspondem às premissas, e "c" à conclusão.

2.1.1 Representação dos Argumentos

Os argumentos podem ser representados das seguintes formas:

$$\begin{array}{c} P_1 \\ P_2 \\ P_3 \\ \cdots \\ \underline{P_n} \\ C \end{array}$$

ou

$$P_1 \wedge P_2 \wedge P_3 \wedge \cdots \wedge P_n \rightarrow C$$

ou

$$P_1, P_2, P_3, \cdots, Pn \vdash C$$

2.1.2 Tipos de Argumentos

Existem vários tipos de argumento. Vejamos alguns:

Dedução

O argumento dedutivo parte de situações gerais para chegar a conclusões particulares. Esta forma de argumento é válida quando suas premissas, sendo verdadeiras, fornecem uma conclusão também verdadeira.

Ex.:

p_1: Todo professor é aluno.

p_2: Daniel é professor.

c: Logo, Daniel é aluno.

Indução

O argumento indutivo é o contrário do argumento dedutivo, pois parte de informações particulares para chegar a uma conclusão geral. Quanto mais informações nas premissas, maiores as chances da conclusão estar correta.

Ex.:

p_1: Cerveja embriaga.

p_2: Uísque embriaga.

p_3: Vodca embriaga.

c: Portanto, toda bebida alcoólica embriaga.

Analogia

As analogias são comparações (nem sempre verdadeiras). Neste caso, partindo de uma situação já conhecida verificamos outras desconhecidas, mas semelhantes. Nas analogias, não temos certeza.

Ex.:

p_1: No Piauí faz calor.

p_2: No Ceará faz calor.

p_3: No Paraná faz calor.

c: Sendo assim, no Brasil faz calor.

Falácia

As falácias são falsos argumentos, logicamente inconsistentes, inválidos ou que não provam o que dizem.

Ex.:

p_1: Eu passei num concurso público.

p_2: Você passou num concurso público.

c: Logo, todos vão passar num concurso público.

Silogismos

Tipo de argumento formado por três proposições, sendo duas premissas e uma conclusão. São em sua maioria dedutivos.

Ex.:

p_1: Todo estudioso passará no concurso.

p_2: Beatriz é estudiosa.

c: Portanto, Beatriz passará no concurso.

2.1.3 Classificação dos Argumentos

Os argumentos só podem ser classificados em, ou válidos, ou inválidos:

Válidos ou Bem Construídos

Os argumentos são válidos sempre que as premissas garantirem a conclusão, ou seja, sempre que a conclusão for uma consequência obrigatória do seu conjunto de premissas.

Ex.:

p_1: Toda mulher é bonita.

p_2: Toda bonita é charmosa.

p_3: Maria é mulher.

c: Portanto, Maria é bonita e charmosa.

Veja que, se Maria é mulher, e toda mulher é bonita, e toda bonita é charmosa, então Maria só pode ser bonita e charmosa.

Inválidos ou Mal Construídos

Os argumentos são inválidos sempre que as premissas **não** garantirem a conclusão, ou seja, sempre que a conclusão **não** for uma consequência obrigatória do seu conjunto de premissas.

Ex.:

p_1: Todo professor é aluno.

p_2: Daniel é aluno.

c: Logo, Daniel é professor.

Note que, se Daniel é aluno, nada garante que ele seja professor, pois o que sabemos é que todo professor é aluno, não o contrário.

Alguns argumentos serão classificados apenas por meio desse conceito. Fique atento para não perder tempo.

2.2 Métodos para Classificar os Argumentos

Os argumentos nem sempre podem ser classificados da mesma forma, por isso existem os métodos para sua classificação, uma vez que dependendo do argumento, um método ou outro, sempre será mais fácil e principalmente mais rápido.

Falaremos dos métodos por ordem de facilidade:

1º método: diagramas lógicos (ou método dos conjuntos).

Utilizado sempre que no argumento houver as expressões: **todo**, **algum** ou **nenhum**, e seus respectivos sinônimos.

Representaremos o que for dito em forma de conjuntos e verificaremos se está correto ou não.

Esse método é muito utilizado por diversas bancas de concursos e tende a confundir o concurseiro, principalmente nas questões em que temos mais de uma opção de diagrama para o mesmo enunciado. Lembrando que quando isso ocorrer (mais de um diagrama para o mesmo argumento), a questão só estará certa se todos os diagramas corresponderem à mesma condição.

As representações genéricas são:

TODO A é B:

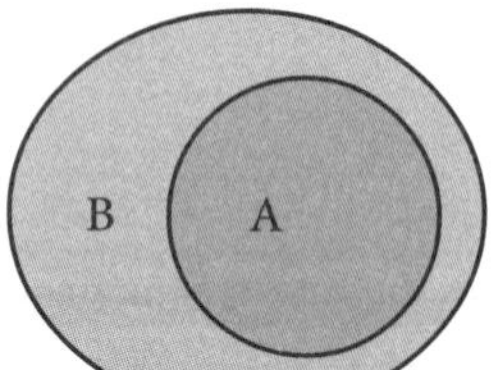

ALGUM A é B:

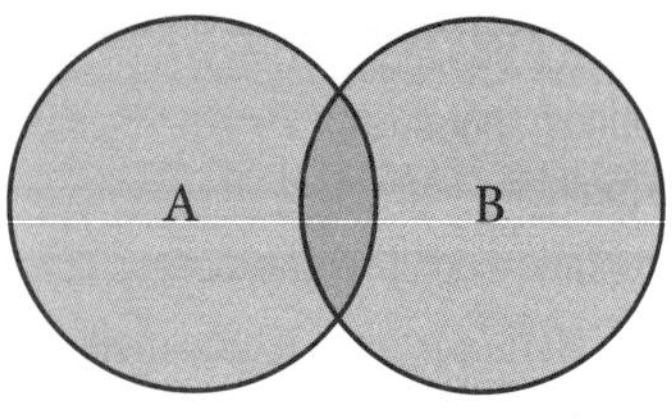

NENHUM A é B:

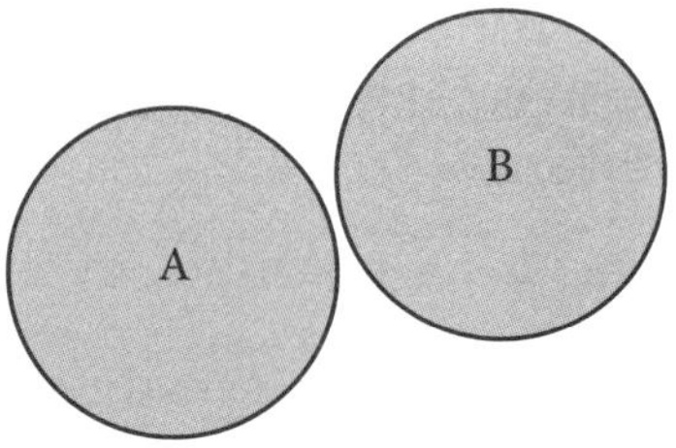

2º método: premissas verdadeiras (proposição simples ou conjunção).

Utilizado sempre que não for possível os diagramas lógicos e quando nas premissas houver uma proposição simples ou uma conjunção.

A proposição simples ou a conjunção serão os pontos de partida da resolução, já que teremos que considerar todas as premissas verdadeiras e elas – proposição simples ou conjunção – só admitem um jeito de serem verdadeiras.

O método consiste em, considerar todas as premissas como verdadeiras, dar valores às proposições simples que a compõem e no final avaliar a conclusão; se a conclusão também for verdadeira o argumento é válido, porém se a conclusão for falsa o argumento é inválido.

Premissas verdadeiras e conclusão verdadeiras = argumento válido.

Premissas verdadeiras e conclusão falsa = argumento inválido.

Esses dois métodos (1º e 2º) são os mais utilizados para a resolução das questões de argumento. Cerca de 70% a 80% das questões serão resolvidas por um desses dois métodos.

3º método: conclusão falsa (proposição simples, disjunção ou condicional).

Utilizado sempre que não for possível um dos "dois" métodos citados anteriormente e quando na conclusão houver uma proposição simples, uma disjunção ou um condicional.

Pelo mesmo motivo do método anterior, a proposição simples, a disjunção ou o condicional serão os pontos de partida da resolução, já que teremos que considerar a conclusão como sendo falsa e elas – proposição simples, disjunção e condicional – só admitem um jeito de serem falsas.

O método consiste em: considerar a conclusão como falsa, dar valores às proposições simples, que a compõem, e supor as premissas como verdadeiras, a partir dos valores das proposições simples da conclusão. No final, se assim ficar – a conclusão falsa e as premissas verdadeiras – o argumento será inválido; porém se uma das premissas mudar de valor, então o argumento passa a ser válido.

Conclusão falsa e premissas verdadeiras = argumento inválido.

Conclusão falsa e pelo menos 1 (uma) premissa falsa = argumento válido.

Para esses dois métodos (2º método e 3º método), podemos definir a validade dos argumentos da seguinte forma:

PREMISSAS	CONCLUSÃO	ARGUMENTO
Verdadeiras	Verdadeira	Válido
Verdadeiras	Falsa	Inválido
Pelo menos 1 (uma) falsa	Falsa	Válido

4º método: tabela verdade.

Método utilizado em último caso, quando não for possível usar qualquer um dos anteriores.

Dependendo da quantidade de proposições simples que tiver o argumento, esse método fica inviável, pois temos que desenhar a tabela verdade. No entanto, esse método é um dos mais garantidos nas resoluções das questões de argumentos.

Consiste em desenhar a tabela verdade do argumento em questão e avaliar se as linhas em que as premissas forem todas verdadeiras - ao mesmo tempo - a conclusão também será toda verdadeira. Caso isso ocorra, o argumento será válido, porém se em uma das linhas em que as premissas forem todas verdadeiras e a conclusão for falsa, o argumento será inválido.

Linhas da tabela - verdade em que as premissas são todas verdadeiras e conclusão, nessas linhas, também todas verdadeiras = argumento válido.

Linhas da tabela - verdade em que as premissas são todas verdadeiras e pelo menos uma conclusão falsa, nessas linhas = argumento inválido.

Algumas questões de argumento não poderão ser feitas por nenhum desses métodos apresentados anteriormente, porém a questão não ficará sem resposta uma vez que conhecemos os princípios das proposições. Atribuiremos valor para as proposições simples contidas nas premissas (considerando todas as premissas como verdadeiras).

Questões

01. (CESPE) - 2019. No exercício de suas atribuições profissionais, auditores fiscais sempre fazem afirmações verdadeiras, ao passo que sonegadores sempre fazem proposições falsas.

Durante uma audiência para tratar da autuação da empresa X, um auditor fiscal fez as seguintes afirmações sobre essa empresa:

- A1: "Se identifiquei erro ou inconsistência na declaração de imposto da empresa X, eu a notifiquei".
- A2: "Se o erro não foi sanado, eu a autuei".
- A3: "Se a empresa não recorreu da autuação, eu a multei".

Nessa situação hipotética, à luz da premissa estabelecida no texto acima, a sentença a empresa X errou em sua declaração de imposto representa uma proposição necessariamente verdadeira.

Certo ( ) Errado ( )

02. (CESPE) - 2019. Considere as seguintes proposições.

- P1: Se a empresa privada causar prejuízos à sociedade e se o governo interferir na sua gestão, então o governo dará sinalização indesejada para o mercado.
- P2: Se o governo der sinalização indesejada para o mercado, a popularidade do governo cairá.
- Q1: Se a empresa privada causar prejuízos à sociedade e se o governo não interferir na sua gestão, o governo será visto como fraco.
- Q2: Se o governo for visto como fraco, a popularidade do governo cairá.

Tendo como referência essas proposições, julgue o item seguinte, a respeito da lógica de argumentação.

O argumento em que as proposições Q1 e Q2 são as premissas e a conclusão é a proposição "Se a empresa privada causar prejuízos à sociedade e se o governo não interferir na sua gestão, a popularidade do governo cairá." é um argumento válido.

Certo ( ) Errado ( )

03. (CESPE) - 2019. No argumento seguinte, as proposições P1, P2 e P3 são as premissas, e C é a conclusão.

- P1: Se os recursos foram aplicados em finalidade diversa da prevista ou se a obra foi superfaturada, então a prestação de contas da prefeitura não foi aprovada.
- P2: Se a prestação de contas da prefeitura não foi aprovada, então a prefeitura ficou impedida de celebrar novos convênios ou a prefeitura devolveu o dinheiro ao governo estadual.
- 3: A obra não foi superfaturada, e a prefeitura não devolveu o dinheiro ao governo estadual.
- C: A prefeitura ficou impedida de celebrar novos convênios.

As proposições P1, P2, P3 e C, que integram o argumento CB1A-5-II, são compostas por diversas proposições simples, e o argumento CB1A5-II pode ser escrito, na forma simbólica, como $P1 \wedge P2 \wedge P3 \rightarrow C$. Dessa forma, na tabela- verdade do argumento CB1A5-II, a quantidade mínima de linhas que precisam ser preenchidas para se determinar a validade ou invalidade do argumento é igual a 32.

Certo ( ) Errado ( )

04. (CESPE) - 2019. As seguintes proposições lógicas formam um conjunto de premissas de um argumento:

- Se Pedro não é músico, então André é servidor da ABIN.
- Se André é servidor da ABIN, então Carlos não é um espião.
- Carlos é um espião.

A partir dessas premissas, julgue o item a seguir, acerca de lógica de argumentação.

Se a proposição lógica "Pedro é músico." for a conclusão desse argumento, então, as premissas juntamente com essa conclusão constituem um argumento válido.

Certo ( ) Errado ( )

05. (CESPE) - 2019. Considere que as seguintes proposições sejam verdadeiras.

- "Se José pagou o IPVA ou o IPTU, então ele comprou o apartamento e vendeu a casa".
- "José não comprou o apartamento".

Nessa situação, é correto inferir que José não pagou o IPVA nem o IPTU.

Certo ( ) Errado ( )

Gabaritos

01	ERRADO
02	CERTO
03	ERRADO
04	CERTO
05	CERTO

3. PSICOTÉCNICOS

Questões psicotécnicas são todas as questões em que não precisamos de conhecimento adicional para resolvê-las. As questões podem ser de associações lógicas, verdades e mentiras, sequências lógicas, problemas com datas – calendários, sudoku, entre outras.

Neste capítulo, abordaremos inicialmente as questões mais simples do raciocínio lógico para uma melhor familiarização com a matéria.

Não existe teoria, somente prática e é com ela que vamos trabalhar e aprender.

01. (FCC) Considere que os dois primeiros pares de palavras foram escritos segundo determinado critério.

Temperamento → totem

Traficante → tetra

Massificar → ?

De acordo com esse mesmo critério, uma palavra que substituiria o ponto de interrogação é:

a) ramas.
b) maras.
c) armas.
d) samar.
e) asmar.

RESPOSTA: C.

Analisando os dois primeiros pares de palavras, vemos que a segunda palavra de cada par é formada pela última sílaba + a primeira sílaba da primeira palavra do par, logo, seguindo esse raciocínio, teremos AR + MAS = armas.

02. (FCC) Observe atentamente a disposição das cartas em cada linha do esquema seguinte. A carta que está oculta é:

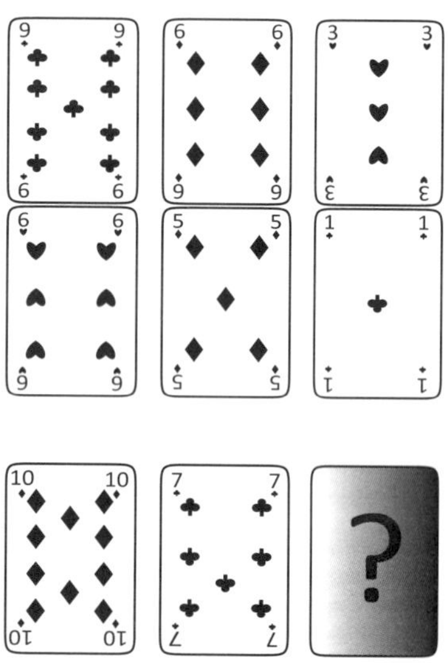

a) 

b) 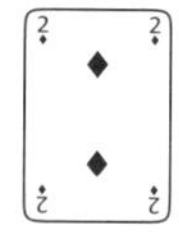

c) 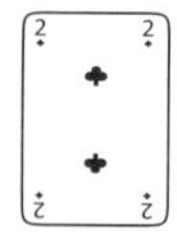

d) 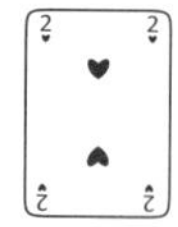

e) 

RESPOSTA: A.

Observando cada linha (horizontal), temos nas duas primeiras os três mesmos naipes (copas, paus e ouros, só mudando a ordem) e a terceira carta é o resultado da subtração da primeira pela segunda; portanto, a carta que está oculta tem que ser o "3 de copas", pois 10 – 7 = 3 e o naipe que não apareceu na terceira linha foi o de copas.

03. (FCC) Considere a sequência de figuras abaixo. A figura que substitui corretamente a interrogação é:

a) 

b) 

c) 

d) 

e) 

RESPOSTA: A.

Veja que em cada fila (linha ou coluna) temos sempre um círculo, um triângulo e um quadrado fazendo o contorno da careta; os olhos são círculos, quadrados ou tiras; o nariz é reto, para direita ou para esquerda; sendo assim, no ponto de interrogação o que está faltando é a careta redonda com o olhos em tiras e o nariz para a esquerda.

04. (Esaf - Adaptada) Mauro, José e Lauro são três irmãos. Cada um deles nasceu em um estado diferente: um é mineiro, outro é carioca, e outro é paulista (não necessariamente nessa ordem). Os três têm, também, profissões diferentes: um é engenheiro, outro é veterinário, e outro é psicólogo (não necessariamente nessa ordem). Sabendo que José é mineiro, que o engenheiro é paulista, e que Lauro é veterinário, conclui-se corretamente que:

a) Lauro é paulista e José é psicólogo.
b) Mauro é carioca e José é psicólogo.

c) Lauro é carioca e Mauro é psicólogo.

d) Mauro é paulista e José é psicólogo.

e) Lauro é carioca e Mauro não é engenheiro.

RESPOSTA: D.

É a única resposta possível após o preenchimento da tabela e análise das alternativas.

Vamos construir uma tabela para facilitar a resolução da questão:

Nome	Estado	Profissão
José	Mineiro	Psicólogo
Mauro	Paulista	Engenheiro
Lauro	Carioca	Veterinário

De acordo com as informações:

José é mineiro;

O engenheiro é paulista;

Lauro é veterinário, note que Lauro não pode ser paulista, pois o paulista é engenheiro.

05. (FGV) Certo dia, três amigos fizeram, cada um deles, uma afirmação:

Aluísio: Hoje não é terça-feira.

Benedito: Ontem foi domingo.

Camilo: Amanhã será quarta-feira.

Sabe-se que um deles mentiu e que os outros dois falaram a verdade. Assinale a alternativa que indique corretamente o dia em que eles fizeram essas afirmações.

a) Sábado.

b) Domingo.

c) Segunda-feira.

d) Terça-feira.

e) Quarta-feira.

RESPOSTA: C.

Baseado no que foi dito na questão, Benedito e Camilo não podem, os dois, estarem falando a verdade, pois teríamos dois dias diferentes. Então, conclui-se que Aluísio falou a verdade; com isso, o que Camilo esta dizendo é mentira e, portanto Benedito também está falando a verdade. Logo, o dia em que foi feita a afirmação é uma segunda-feira.

06. (Fumarc) Heloísa, Bernardo e Antônio são três crianças. Uma delas tem 12 anos a outra tem 10 anos e a outra 8 anos. Sabe-se que apenas uma das seguintes afirmações é verdadeira:

Bernardo tem 10 anos.

Heloísa não tem 10 anos.

Antônio não tem 12 anos.

Considerando estas informações é correto afirmar que:

a) Heloísa tem 12 anos, Bernardo tem 10 anos e Antônio tem 8 anos.

b) Heloísa tem 12 anos, Bernardo tem 8 anos e Antônio tem 10 anos.

c) Heloísa tem 10 anos, Bernardo tem 8 anos e Antônio tem 12 anos.

d) Heloísa tem 10 anos, Bernardo tem 12 anos e Antônio tem 8 anos.

RESPOSTA: D.

Como a questão informa que só uma afirmação é verdadeira, vejamos qual pode ser esta afirmação: se "I" for a verdadeira, teremos Bernardo e Heloísa, os dois, com 10 anos, o que pelo enunciado da questão não é possível; se "II" for a verdadeira, teremos, mais uma vez, Bernardo e Heloísa, agora ambos com 8 anos, o que também não é possível; se "III" for a verdadeira, teremos Heloísa com 10 anos, Bernardo com 12 anos e Antônio com 8 anos.

07. (FCC) Na sentença seguinte falta a última palavra. Você deve escolher a alternativa que apresenta a palavra que MELHOR completa a sentença.

Devemos saber empregar nosso tempo vago; podemos, assim, desenvolver hábitos agradáveis e evitar os perigos da;

a) Desdita.

b) Pobreza.

c) Ociosidade.

d) Bebida.

e) Doença.

RESPOSTA: C.

Qual dessas alternativas tem a palavra que mais se relaciona com tempo vago? Agora ficou claro! Assim a palavra é OCIOSIDADE.

08. (Esaf) Três meninos, Zezé, Zozó e Zuzu, todos vizinhos, moram na mesma rua em três casas contíguas. Todos os três meninos possuem animais de estimação de raças diferentes e de cores também diferentes. Sabe-se que o cão mora em uma casa contígua à casa de Zozó; a calopsita é amarela; Zezé tem um animal de duas cores - branco e laranja; a cobra vive na casa do meio. Assim, os animais de estimação de Zezé, Zozó e Zuzu são respectivamente:

a) Cão, cobra, calopsita.

b) Cão, calopsita, cobra.

c) Calopsita, cão, cobra.

d) Calopsita, cobra, cão.

e) Cobra, cão, calopsita.

RESPOSTA: A.

De acordo com as informações:

A cobra vive na casa do meio;

O cão mora em uma casa contígua à casa de Zozó; contígua quer dizer vizinha, e para isso Zozó só pode morar na casa do meio;

A calopsita é amarela e Zezé tem um animal de duas cores - branco e laranja; com isso o cão só pode ser de Zezé;

Vamos construir uma tabela para ficar melhor a resolução da questão:

	Casa	Casa	Casa
Nome	Zezé	Zozó	Zuzu
Animal	Cão	Cobra	Calopsita

No livro Alice no País dos Enigmas, o professor de matemática e lógica Raymond Smullyan apresenta vários desafios ao raciocínio lógico que têm como objetivo distinguir-se entre verdadeiro e falso. Considere o seguinte desafio inspirado nos enigmas de Smullyan.

Duas pessoas carregam fichas nas cores branca e preta. Quando a primeira pessoa carrega a ficha branca, ela fala somente a verdade, mas, quando carrega a ficha preta, ela fala somente mentiras. Por outro lado, quando a segunda pessoa carrega a ficha branca, ela fala somente mentira, mas, quando carrega a ficha preta, fala somente verdades.

Com base no texto acima, julgue o item a seguir.

09. (Cespe) Se a primeira pessoa diz "Nossas fichas não são da mesma cor" e a segunda pessoa diz "Nossas fichas são da mesma cor", então, pode-se concluir que a segunda pessoa está dizendo a verdade.

RESULTADO: CERTO.

Analisando linha por linha da tabela, encontramos contradições nas três primeiras linhas, ficando somente a quarta linha como certa, o que garante que a segunda pessoa está falando a verdade.

1ª pessoa: "Nossas fichas não são da mesma cor"	2ª pessoa: "Nossas fichas são da mesma cor"
Ficha branca (verdade)	Ficha branca (mentira)
Ficha branca (verdade)	Ficha preta (verdade)
Ficha preta (mentira)	Ficha branca (mentira)
Ficha preta (mentira)	Ficha preta (verdade)

10. (Cespe) O quadro abaixo pode ser completamente preenchido com algarismos de 1 a 6, de modo que cada linha e cada coluna tenham sempre algarismos diferentes.

1				3	2
		5	6		1
	1	6		5	
5	4			2	
	3	2	4		
4			2		3

RESULTADO: CERTO.

Vamos preencher o quadro, de acordo com o que foi pedido:

1	6	4	5	3	2
3	2	5	6	4	1
2	1	6	3	5	4
5	4	3	1	2	6
6	3	2	4	1	5
4	5	1	2	6	3

Questões

01. (CESPE) - 2019. Em determinada cidade, foram fiscalizadas 20 empresas, classificadas quanto ao porte e quanto ao setor de atividade econômica em que atuam. Quanto ao porte, cada empresa recebe uma única classificação: microempresa (ME), pequena (P), média (M) ou grande (G). Quanto ao setor, cada empresa também recebe uma única classificação: 1, 2, 3, 4 ou 5. Não há empresa que receba, simultaneamente, a mesma classificação de porte e de setor que outra empresa já recebe. Para a realização dessa fiscalização, tais empresas foram distribuídas igualmente e designadas a quatro auditores fiscais, Aldo, Bruno, Carlos e Dário. Cada empresa foi fiscalizada por apenas um desses auditores. Após a conclusão do trabalho, os auditores fizeram as seguintes afirmações:

I Aldo: "Fiscalizei cinco empresas de porte médio".

II Bruno: "Fiscalizei quatro empresas de um mesmo setor".

III Carlos: "Fiscalizei cinco empresas cujo porte recebe uma classificação que começa com a letra M".

IV Dário: "Fiscalizei três empresas de um setor e duas empresas de outro setor".

Considerando que, nessa situação hipotética, somente uma das afirmações feitas pelos auditores seja falsa, o maior número de empresas de porte G que podem ser fiscalizadas por um mesmo auditor corresponde a 4.

Certo ( ) Errado ( )

02. (CESPE) - 2018. Os indivíduos S1, S2, S3 e S4, suspeitos da prática de um ilícito penal, foram interrogados, isoladamente, nessa mesma ordem. No depoimento, com relação à responsabilização pela prática do ilícito, S1 disse que S2 mentiria; S2 disse que S3 mentiria; S3 disse que S4 mentiria.

A partir dessa situação, julgue o item a seguir.

Se S4 disser que S1, S2 e S3 mentiram, então, na verdade, apenas ele e S2 mentiram.

Certo ( ) Errado ( )

03. (CESPE) - 2018. Os indivíduos S1, S2, S3 e S4, suspeitos da prática de um ilícito penal, foram interrogados, isoladamente, nessa mesma ordem. No depoimento, com relação à responsabilização pela prática do ilícito, S1 disse que S2 mentiria; S2 disse que S3 mentiria; S3 disse que S4 mentiria.

A partir dessa situação, julgue o item a seguir.

Se S4 disser que "pelo menos um dos 3 anteriores mentiu", então, nessa situação, S3 falou a verdade.

Certo ( ) Errado ( )

04. (CESPE) – 2018. Os indivíduos S1, S2, S3 e S4, suspeitos da prática de um ilícito penal, foram interrogados, isoladamente, nessa mesma ordem. No depoimento, com relação à responsabilização pela prática do ilícito, S1 disse que S2 mentiria; S2 disse que S3 mentiria; S3 disse que S4 mentiria.

A partir dessa situação, julgue o item a seguir.

Considerando que, ao final do interrogatório, sem se chegar a uma conclusão, os suspeitos tenham sido novamente interrogados, na mesma ordem, e apenas S3 tenha mudado seu depoimento, dizendo que "S1 mentiu e que S4 mentiria", com base nesses novos depoimentos, conclui-se que apenas S4 falou a verdade.

Certo ( ) Errado ( )

05. (CESPE) – 2019. No exercício de suas atribuições profissionais, auditores fiscais sempre fazem afirmações verdadeiras, ao passo que sonegadores sempre fazem proposições falsas.

Em uma audiência para tratar de autuações, formou-se uma fila de 200 pessoas, constituída apenas de auditores fiscais e sonegadores. A primeira pessoa da fila afirma que todos os que estão atrás dela são sonegadores. Todas as demais pessoas da fila afirmam que a pessoa que está imediatamente à sua frente é sonegadora.

Nessa situação hipotética, de acordo com o texto acima, a quantidade de sonegadores que estão nessa fila é igual a 100.

Certo ( ) Errado ( )

Gabaritos

01	CERTO
02	CERTO
03	ERRADO
04	ERRADO
05	CERTO

4. ANÁLISE COMBINATÓRIA

As primeiras atividades matemáticas da humanidade estavam ligadas à contagem de objetos de um conjunto, enumerando seus elementos.

Vamos estudar, aqui, algumas técnicas para a descrição e contagem de todos os casos possíveis de um acontecimento.

4.1 Definição

A análise combinatória é utilizada para descobrir o **número de maneiras possíveis** de realizar determinado evento, sem que seja necessário demonstrar todas essas maneiras.

Ex.: Quantos são os pares formados pelo lançamento de dois **"dados"** simultaneamente?

No primeiro dado, temos 6 possibilidades – do 1 ao 6 – e, no segundo dado, também temos 6 possibilidades – do 1 ao 6. Juntando todos os pares formados, temos 36 pares (6 . 6 = 36).

(1,1), (1,2), (1,3), (1,4), (1,5), (1,6),
(2,1), (2,2), (2,3), (2,4), (2,5), (2,6),
(3,1), (3,2), (3,3), (3,4), (3,5), (3,6),
(4,1), (4,2), (4,3), (4,4), (4,5), (4,6),
(5,1), (5,2), (5,3), (5,4), (5,5), (5,6),
(6,1), (6,2), (6,3), (6,4), (6,5), (6,6);

Logo, temos **36 pares**.

Não há necessidade de expor todos os pares formados, basta que saibamos quantos pares são.

Imagine se fossem 4 dados e quiséssemos saber todas as quadras possíveis, o resultado seria 1296 quadras. Um número inviável de ser representado. Por isso utilizamos a Análise Combinatória.

Para resolver as questões de Análise Combinatória, utilizamos algumas técnicas, que veremos a partir de agora.

4.2 Fatorial

É comum, nos problemas de contagem, calcularmos o produto de uma multiplicação cujos fatores são números naturais consecutivos. Para facilitar esse trabalho, vamos adotar um símbolo chamado fatorial. Sendo n um número inteiro maior que 1, define-se fatorial de n como o produto dos n números naturais consecutivos de n a 1. Indica-se n!.

$n! = n(n-1)(n-2)\ldots3.2.1$, *sendo* $n \in \mathbb{N}$ e $n > 1$.

Por definição, temos:

→ $0! = 1$

→ $1! = 1$

Ex.: $4! = 4 . 3 . 2 . 1 = 24$

$6! = 6 . 5 . 4 . 3 . 2 . 1 = 720$

$8! = 8 . 7 . 6 . 5 . 4 . 3 . 2 . 1 = 40320$

Observe que:

$6! = 6 . 5 . 4!$

$8! = 8 . 7 . 6!$

Para n = 0, teremos: 0! = 1.

Para n = 1, teremos: 1! = 1.

Ex.: *Qual deve ser o valor numérico de n para que a equação $(n + 2)! = 20 . n!$ seja verdadeira?*

O primeiro passo na resolução deste problema consiste em escrevermos **(n + 2)!** em função de **n!**, em busca de uma equação que não mais contenha fatoriais:

$(n+2)(n+1)n! = 20n!$, dividindo por n!,temos:

$(n+2)(n+1) = 20$, fazendo a distributiva

$n^2 + 3n + 2 = 20 \Rightarrow n^2 + 3n - 18 = 0$

Rapidamente concluímos que as raízes procuradas são **-6** e **3**, mas como não existe fatorial de números negativos, já que eles não pertencem ao conjunto dos números naturais, ficamos apenas com a raiz igual a **3**.

Portanto:

O valor numérico de n, para que a equação seja verdadeira, é igual a 3.

4.3 Princípio Fundamental da Contagem (PFC)

É uma das técnicas mais importantes e uma das mais utilizadas nas questões de Análise Combinatória.

O PFC é utilizado nas questões em que os elementos podem ser repetidos **ou** quando a ordem dos elementos fizer diferença no resultado.

> Esses "elementos" são os dados das questões, os valores envolvidos.

Consiste de dois princípios: o **multiplicativo** e o **aditivo**. A diferença dos dois consiste nos termos utilizados durante a resolução das questões.

Multiplicativo: usado sempre que na resolução das questões utilizarmos o termo "**e**". Como o próprio nome já diz, faremos multiplicações.

Aditivo: usado quando utilizarmos o termo "**ou**". Aqui realizaremos somas.

Ex.: *Quantas senhas são possíveis com os algarismos 1, 3, 5 e 7?*

Como nas senhas os algarismos podem ser repetidos, para formar senhas de 3 algarismos temos a seguinte possibilidade:

SENHA = Algarismo E Algarismo E Algarismo

Nº de SENHAS = 4 . 4 . 4 (já que são 4 os algarismos que temos na questão, e observe o princípio multiplicativo no uso do "e").
Nº de SENHAS = 64.

Quantos são os números naturais de dois algarismos que são múltiplos de 5?

Como o zero à esquerda de um número não é significativo, para que tenhamos um número natural com dois algarismos, ele deve começar com um dígito de 1 a 9. Temos, portanto, 9 possibilidades.

Para que o número seja um múltiplo de 5, ele deve terminar em 0 ou 5, portanto temos apenas 2 possibilidades. A multiplicação de 9 por 2 nos dará o resultado desejado. Logo: São 18 os números naturais de dois algarismos que são múltiplos de 5.

4.4 Arranjo e Combinação

Duas outras técnicas usadas para resolução de problemas de análise combinatória, sendo importante saber quando usa cada uma delas.

Arranjo: usado quando os elementos (envolvidos no cálculo) não podem ser repetidos e quando a ordem dos elementos faz diferença no resultado

A fórmula do arranjo é:

$$A_{n,p} = \frac{n!}{(n-p)!}$$

$$A_{n,n} = \frac{n!}{(n-n)!}$$

$$A_{n,n} = \frac{n!}{(0)!}$$

$$A_{n,n} = \frac{n!}{1}$$

$$A_{n,n} = n!$$

$$\boxed{A_{n,p} = \frac{n!}{(n-p)!}}$$

Sendo:

n = a todos os elementos do conjunto;

p = os elementos utilizados.

Ex.: pódio de competição.

Combinação: usado quando os elementos (envolvidos no cálculo) não podem ser repetidos e quando a ordem dos elementos não faz diferença no resultado.

A fórmula da combinação é:

$$\boxed{C_{n,p} = \frac{n!}{p! \cdot (n-p)!}}$$

Sendo:

n = a todos os elementos do conjunto;

p = os elementos utilizados.

Ex.: salada de fruta.

4.5 Permutação

4.5.1 Permutação Simples

Seja E um conjunto com n elementos. Chama-se permutação simples dos n elementos, qualquer agrupamento (sequência) de n elementos distintos de E.

Podemos, também, interpretar cada permutação de **n** elementos como um arranjo simples de **n** elementos tomados **n** a **n**, ou seja, p = n.

Nada mais é do que um caso particular de arranjo cujo p = n.

Logo:

Assim, a fórmula da permutação é:

$$\boxed{P_n = n!}$$

As permutações são muito usadas nas questões de anagramas. Anagramas: todas as palavras formadas com todas as letras de uma palavra, quer essas novas palavras tenham sentido ou não na linguagem comum.

Ex.: Quantos anagramas têm a palavra prova?

A palavra **prova** tem 5 letras, e nenhuma repetida, sendo assim **n** = 5, e:

$P_5 = 5!$

$P_5 = 5 . 4 . 3 . 2 . 1$

$P_5 = 120$ anagramas

4.5.2 Permutação com Elementos Repetidos

Na permutação com elementos repetidos, usa-se a seguinte fórmula:

$$\boxed{P_n^{k,y,\cdots,w} = \frac{n!}{k! \cdot y! \cdot \ldots \cdot w!}}$$

Sendo:

n = o número total de elementos do conjunto;

k, y, w = as quantidades de elementos repetidos.

Ex.: Quantos anagramas têm a palavra concurso?

Observe que na palavra **CONCURSO** existem duas letras repetidas, o "C" e o "O", e cada uma duas vezes, portanto n = 8, k = 2 e y = 2, agora:

$$P_8^{2,2} = \frac{8!}{2! \cdot 2!}$$

$$P_8^{2,2} = \frac{8 \cdot 7 \cdot 6 \cdot 5 \cdot 4 \cdot 3 \cdot 2!}{2 \cdot 1 \cdot 2!} \text{ (Simplificando o 2!)}$$

$$P_8^{2,2} = \frac{20.160}{2}$$

$$P_8^{2,2} = 10.080 \text{ anagramas}$$

Resumo:

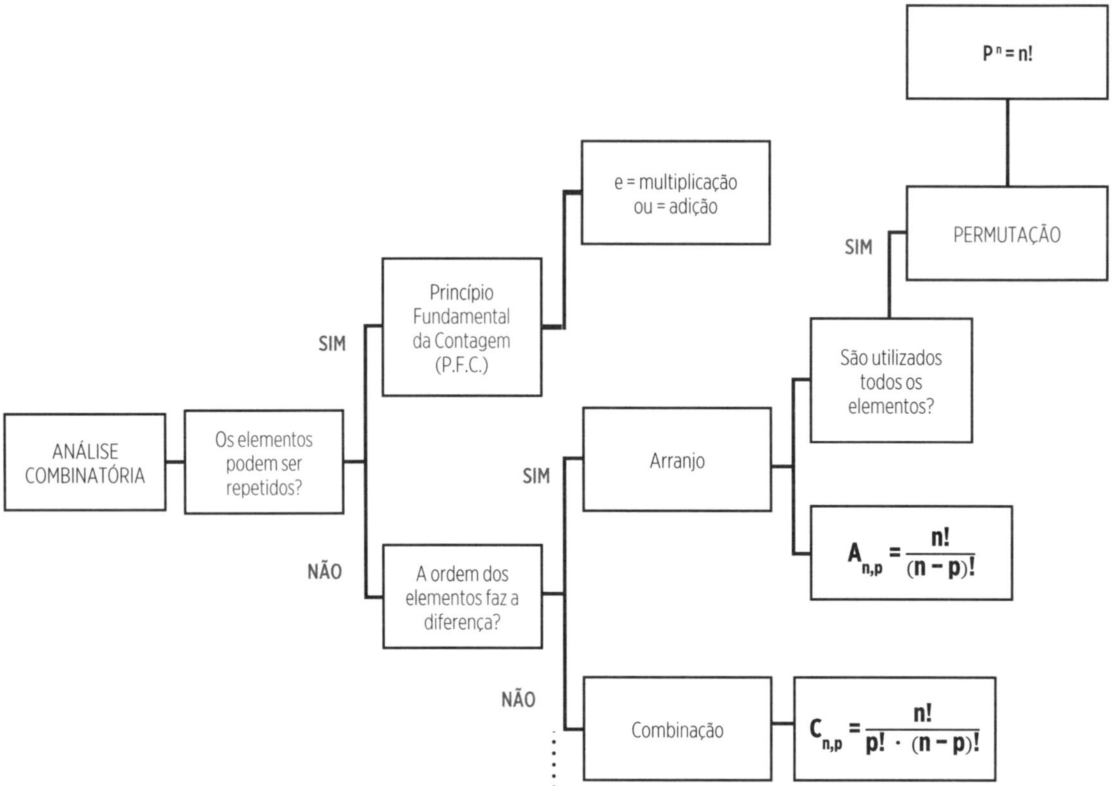

Para saber qual das técnicas utilizar basta fazer duas, no máximo, três perguntas para a questão, veja:

Os elementos podem ser repetidos?

Se a resposta for sim, deve-se trabalhar com o PFC; se a resposta for não, passe para a próxima pergunta;

A ordem dos elementos faz diferença no resultado da questão?

Se a resposta for sim, trabalha-se com arranjo; se a resposta for não, trabalha-se com as combinações (todas as questões de arranjo podem ser feitas por PFC).

(Opcional): vou utilizar todos os elementos para resolver a questão?

Para fazer a 3ª pergunta, depende, se a resposta da 1ª for não e a 2ª for sim; se a resposta da 3ª for sim, trabalha-se com as permutações.

4.5.3 Permutações Circulares e Combinações com Repetição

Casos Especiais Dentro da Análise Combinatória

Permutação Circular: usada quando houver giro horário ou anti-horário.

$$Pc(n) = (n - 1)!$$

Sendo:

n = o número total de elementos do conjunto;

Pc = permutação circular.

Combinação com Repetição: usada quando $p > n$ ou quando a questão informar que pode haver repetição.

$$C_{r(n,p)} = C_{(n+p-1,p)} = \frac{(n+p-1)!}{p! \cdot (n-1)!}$$

Sendo:

n = o número total de elementos do conjunto;

p = o número de elementos utilizados;

Cr = combinação com repetição.

Questões

01. (CESPE) – 2019. Considere as proposições P e Q a seguir.

P: Todo processo que tramita no tribunal A ou é enviado para tramitar no tribunal B ou no tribunal C.

Q: Todo processo que tramita no tribunal C é enviado para tramitar no tribunal B.

A partir dessas proposições, julgue o item seguinte.

Se 10 processos que chegarem ao tribunal A em determinado dia forem separados de forma aleatória em dois grupos de 5 processos cada, um para ser encaminhado ao tribunal B, e outro, para o tribunal C, então essa separação poderá ser feita de, no máximo, 240 formas diferentes.

Certo ( ) Errado ( )

02. (CESPE) – 2019. No Porto de Itaqui, 16 contêineres serão embarcados em 2 navios: cada navio deverá levar exatamente 8 desses contêineres. Do total de contêineres, 8 estão carregados com frango congelado, 3, com carne bovina congelada e 5, com soja.

A partir dessas informações, julgue o item que se segue.

A quantidade de maneiras distintas de se embarcarem os 8 contêineres no primeiro navio, de forma que exatamente 7 deles estejam carregados com frango congelado, é inferior a 100.

Certo ( ) Errado ( )

03. (CESPE) – 2019. Os indivíduos S1, S2, S3 e S4, suspeitos da prática de um ilícito penal, foram interrogados, isoladamente, nessa mesma ordem. No depoimento, com relação à responsabilização pela prática do ilícito, S1 disse que S2 mentiria; S2 disse que S3 mentiria; S3 disse que S4 mentiria.

A partir dessa situação, julgue o item a seguir.

Se os quatro suspeitos tiverem nascido nos estados da Bahia, de Pernambuco, do Rio de Janeiro e de São Paulo, cada um em um estado diferente, e atualmente residirem nesses mesmos estados, ainda que alguns deles possam ter se mudado de um estado para outro, a quantidade de possibilidades de naturalidade e residência dos acusados é inferior a 100.

Certo ( ) Errado ( )

04. (CESPE) – 2019. Em um aeroporto, 30 passageiros que desembarcaram de determinado voo e que estiveram nos países A, B ou C, nos quais ocorre uma epidemia infecciosa, foram selecionados para ser examinados. Constatou-se que exatamente 25 dos passageiros selecionados estiveram em A ou em B, nenhum desses 25 passageiros esteve em C e 6 desses 25 passageiros estiveram em A e em B.

Com referência a essa situação hipotética, julgue o item que se segue.

A quantidade de maneiras distintas de se escolher 2 dos 30 passageiros selecionados de modo que pelo menos um deles tenha estado em C é superior a 100.

Certo ( ) Errado ( )

05. (CESPE) – 2019. Para cumprimento de um mandado de busca e apreensão serão designados um delegado, 3 agentes (para a segurança da equipe na operação) e um escrivão. O efetivo do órgão que fará a operação conta com 4 delegados, entre eles o delegado Fonseca; 12 agentes, entre eles o agente Paulo; e 6 escrivães, entre eles o escrivão Estêvão.

Em relação a essa situação hipotética, julgue o item a seguir.

A quantidade de maneiras distintas de se escolher os três agentes para a operação de forma que um deles seja o agente Paulo é inferior a 80.

Certo ( ) Errado ( )

Gabaritos

01	ERRADO
02	CERTO
03	ERRADO
04	CERTO
05	CERTO

5. PROBABILIDADE

A que temperatura a água entra em ebulição? Se largarmos uma bola, com que velocidade ela atinge o chão? Conhecidas certas condições, é perfeitamente possível responder a essas duas perguntas, antes mesmo da realização desses experimentos.

Esses experimentos são denominados determinísticos, pois neles os resultados podem ser previstos.

Considere agora os seguintes experimentos:

> No lançamento de uma moeda, qual a face voltada para cima?
> No lançamento de um dado, que número saiu?
> Uma carta foi retirada de um baralho completo. Que carta é essa?

Mesmo se esses experimentos forem repetidos várias vezes, nas mesmas condições, não poderemos prever o resultado.

Um experimento cujo resultado, mesmo que único, é imprevisível, é denominado experimento aleatório. E é justamente ele que nos interessa neste estudo. Um experimento ou fenômeno aleatório apresenta as seguintes características:

> Pode se repetir várias vezes nas mesmas condições;
> É conhecido o conjunto de todos os resultados possíveis;
> Não se pode prever o resultado.

A teoria da probabilidade surgiu para nos ajudar a medir a "chance" de ocorrer determinado resultado em um experimento aleatório.

5.1 Definições

Para o cálculo das probabilidades, temos que saber primeiro 3 (três) conceitos básicos acerca do tema:

Maneiras possíveis de se realizar determinado evento (análise combinatória)

≠ (diferente)

Chance de determinado evento ocorrer (probabilidade).

Experimento Aleatório: é o experimento em que não é possível garantir o resultado, mesmo que esse seja feito diversas vezes nas mesmas condições.

Ex.: Lançamento de uma moeda: ao lançarmos uma moeda os resultados possíveis são o de cara e o de coroa, mas não tem como garantir qual será o resultado desse lançamento.

Ex.: Lançamento de um dado: da mesma forma que a moeda, não temos como garantir qual o resultado (1, 2, 3, 4, 5 e 6) desse lançamento.

Espaço Amostral - (Ω) ou (U): é o conjunto de todos os resultados possíveis para um experimento aleatório.

Ex.: Na moeda: o espaço amostral na moeda é Ω = 2, pois só temos dois resultados possíveis para esse experimento, que é ou CARA ou COROA.

Ex.: No "dado": o espaço amostral no "dado" é U = 6, pois temos do 1 (um) ao 6 (seis), como resultados possíveis para esse experimento.

Evento: Qualquer subconjunto do espaço amostral é chamado evento. No lançamento de um dado, por exemplo, em relação à face voltada para cima, podemos ter os eventos:

> O número par: {2, 4, 6}.
> O número ímpar: {1, 3, 5}.
> Múltiplo de 8: { }.

5.2 Fórmula da Probabilidade

Considere um experimento aleatório em que para cada um dos n eventos simples, do espaço amostral U, a chance de ocorrência é a mesma. Nesse caso, dizemos que o espaço amostral é um espaço equiprovável e que a probabilidade de cada evento simples é $\frac{1}{n}$.

Para um evento simples A, indicamos: $\mathbf{P(A) = \frac{1}{n(U)}}$

Podemos ampliar essas definições de probabilidade de um evento simples para a probabilidade de um evento qualquer.

$$P(A) = \frac{n(A)}{n(U)}$$

Na expressão acima, **n (U)** é o número de elementos do espaço amostral **U** e **n (A)**, o número de elementos do evento **A**.

$$P = \frac{\text{evento}}{\text{espaço amostral}}$$

Os valores da probabilidade variam de 0 (0%) a 1 (100%).

Quando a probabilidade é de 0 (0%), diz-se que o evento é impossível.

Ex.: Chance de você não passar num concurso.

Quando a probabilidade é de 1 (100%), diz-se que o evento é certo.

Ex.: Chance de você passar num concurso.

Qualquer outro valor entre 0 e 1, caracteriza-se como a probabilidade de um evento.

Na probabilidade também se usa o PFC, ou seja sempre que houver duas ou mais probabilidades ligadas pelo conectivo "e" elas serão multiplicadas, e quando for pelo "ou", elas serão somadas.

5.3 Eventos Complementares

Dois eventos são ditos **complementares** quando a chance do evento ocorrer somado à chance de ele não ocorrer sempre dá 1 (um).

$$P(A) + P(\bar{A}) = 1$$

Sendo:

P(A) = a probabilidade do evento ocorrer;

P(Ā) = a probabilidade do evento não ocorrer.

5.4 Casos Especiais de Probabilidade

A partir de agora veremos algumas situações típicas da probabilidade, que servem para não perdermos tempo na resolução das questões.

5.4.1 Eventos Independentes

Dois ou mais eventos são independentes quando não dependem uns dos outros para acontecer, porém ocorrem simultaneamente. Para calcular a probabilidade de dois ou mais eventos independentes, basta multiplicar a probabilidade de cada um deles.

Ex.: Uma urna tem 30 bolas, sendo 10 vermelhas e 20 azuis. Se sortearmos 2 bolas, 1 de cada vez e repondo a sorteada na urna, qual será a probabilidade de a primeira ser vermelha e a segunda ser azul?

Sortear uma bola vermelha da urna não depende de uma bola azul ser sorteada e vice-versa, então a probabilidade da bola ser vermelha é $\frac{10}{30}$, e para a bola ser azul a probabilidade é $\frac{20}{30}$. Dessa forma, a probabilidade de a primeira bola ser vermelha e a segunda azul é:

$$P = \frac{20}{30} \cdot \frac{10}{30}$$

$$P = \frac{200}{900}$$

$$P = \frac{2}{9}$$

5.4.2 Probabilidade Condicional

É a probabilidade de um evento ocorrer sabendo que já ocorreu outro, relacionado a esse.

A fórmula para o cálculo dessa probabilidade é:

$$\mathbf{P_{\frac{A}{B}} = \frac{P_{(A \cap B)}}{P_B}}$$

$$\mathbf{P = \frac{\text{probabilidade dos eventos simultâneos}}{\text{probabilidade do evento condicional}}}$$

5.4.3 Probabilidade da União de Dois Eventos

Assim como na teoria de conjuntos, faremos a relação com a fórmula do número de elementos da união de dois conjuntos. É importante lembrar que "ou" significa união.

A fórmula para o cálculo dessa probabilidade é:

$$P(A \cup B) = P(A) + P(B) - P(A \cap B)$$

Ex.: Ao lançarmos um dado, qual é a probabilidade de obtermos um número primo ou um número ímpar?

Os números primos no dado são 2, 3 e 5, já os números ímpares no dado são 1, 3 e 5, então os números primos e ímpares são 3 e 5. Aplicando a fórmula para o cálculo da probabilidade fica:

$$P_{(A \cup B)} = \frac{3}{6} + \frac{3}{6} - \frac{2}{6}$$

$$P_{(A \cup B)} = \frac{4}{6}$$

$$P_{(A \cup B)} = \frac{2}{3}$$

5.4.4 Probabilidade Binomial

Essa probabilidade será tratada aqui de forma direta e com o uso da fórmula.

A fórmula para o cálculo dessa probabilidade é:

$$\mathbf{P = C_{n,s} \cdot P_{sucesso}^{s} \cdot P_{fracasso}^{f}}$$

Sendo:

C = o combinação;

n = o número de repetições do evento;

s = o números de "sucessos" desejados;

f = o número de "fracassos".

Questões

01. (CESPE) – 2018. Os indivíduos S1, S2, S3 e S4, suspeitos da prática de um ilícito penal, foram interrogados, isoladamente, nessa mesma ordem. No depoimento, com relação à responsabilização pela prática do ilícito, S1 disse que S2 mentiria; S2 disse que S3 mentiria; S3 disse que S4 mentiria.

A partir dessa situação, julgue o item a seguir.

Considerando que a conclusão ao final do interrogatório tenha sido a de que apenas dois deles mentiram, mas que não fora possível identificá-los, escolhendo-se ao acaso dois entre os quatro para novos depoimentos, a probabilidade de apenas um deles ter mentido no primeiro interrogatório é superior a 0,5.

Certo ( ) Errado ( )

02. (CESPE) – 2018. Um tabuleiro quadrado e quadriculado, semelhante a um tabuleiro de xadrez, com 12 linhas e 12 colunas, e, portanto, com 12 × 12 = 144 quadradinhos pintados: 54, na cor azul; 30, na cor marrom; 40, na cor amarela; e 20, na cor verde. A cada quadradinho é associado um cartão com dois números, que indicam a posição do quadradinho no tabuleiro; o primeiro número corresponde ao número da linha, e o segundo corresponde ao número da coluna. Por exemplo, o cartão com os números 5,10 corresponde ao quadradinho posicionado na linha 5 e na coluna 10. Esses cartões estão em uma urna, da qual podem ser retirados aleatoriamente.

A respeito desse tabuleiro e desses cartões, julgue o item a seguir.

A probabilidade de retirar dessa caixa, de maneira aleatória, um cartão correspondente a um quadrado que não tenha sido pintado na cor marrom é inferior a 0,72.

Certo ( ) Errado ( )

03. (CESPE) – 2018. O resultado de uma pesquisa acerca da satisfação de 200 papiloscopistas, no que diz respeito às tarefas por eles executadas de identificação de vítimas e de descobertas de crimes de falsificação, foi o seguinte:

- 30 papiloscopistas sentem-se igualmente satisfeitos ao executar qualquer uma dessas tarefas;
- 180 papiloscopistas sentem-se satisfeitos ao executar pelo menos uma dessas tarefas.

Considerando que todos os 200 papiloscopistas responderam à pesquisa, julgue o item seguinte.

A probabilidade de que um papiloscopista, escolhido ao acaso, tenha se dito igualmente satisfeito ao executar qualquer uma entre as duas tarefas mencionadas, dado que se sente satisfeito ao executar pelo menos uma das duas tarefas, é inferior a 0,15.

Certo ( ) Errado ( )

04. (CESPE) – 2019. Em um aeroporto, 30 passageiros que desembarcaram de determinado voo e que estiveram nos países A, B ou C, nos quais ocorre uma epidemia infecciosa, foram selecionados para ser examinados. Constatou-se que exatamente 25 dos passageiros selecionados estiveram em A ou em B, nenhum desses 25 passageiros esteve em C e 6 desses 25 passageiros estiveram em A e em B.

Com referência a essa situação hipotética, julgue o item que se segue.

Se 2 dos 30 passageiros selecionados forem escolhidos ao acaso, então a probabilidade de esses 2 passageiros terem estado em 2 desses países é inferior a 1/30.

Certo ( ) Errado ( )

05. (CESPE) – 2019. Uma operação policial será realizada com uma equipe de seis agentes, que têm prenomes distintos, entre eles André, Bruno e Caio. Um agente será o coordenador da operação e outro, o assistente deste; ambos ficarão na base móvel de operações nas proximidades do local de realização da operação. Nessa operação, um agente se infiltrará, disfarçado, entre os suspeitos, em reunião por estes marcada em uma casa noturna, e outros três agentes, também disfarçados, entrarão na casa noturna para prestar apoio ao infiltrado, caso seja necessário.

A respeito dessa situação hipotética, julgue o item seguinte.

Se os dois agentes que ficarão na base móvel forem escolhidos aleatoriamente, a probabilidade de André e Bruno serem os escolhidos será superior a 30%.

Certo ( ) Errado ( )

Gabaritos

01	CERTO
02	ERRADO
03	ERRADO
04	ERRADO
05	ERRADO

6. TEORIA DOS CONJUNTOS

6.1 O que é Conjunto?

Frequentemente, usa-se a noção de conjunto. O principal exemplo de conjunto são os conjuntos numéricos, que, advindos da necessidade de contar ou quantificar as coisas ou objetos, foram adquirindo características próprias que os diferem. Os componentes de um conjunto são chamados de elementos. Costuma-se representar um conjunto nomeando os elementos um a um, colocando-os entre chaves e separando-os por vírgula; é o que chamamos de representação por extensão. Para nomear um conjunto, usa-se geralmente uma letra maiúscula. Exemplos:

A = {1,2,3,4,5} $\rightarrow$ **conjunto finito**

B = {1,2,3,4,5,...} $\rightarrow$ **conjunto infinito**

6.2 Definições

Ex.: Se quisermos montar o conjunto das vogais do alfabeto, os ***elementos*** serão a, e, i, o, u.

A nomenclatura dos conjuntos é formada pelas letras maiúsculas do alfabeto.

Ex.: Conjunto dos estados da região sul do Brasil: A = {Paraná, Santa Catarina, Rio Grande do Sul}.

6.2.1 Representação dos Conjuntos

Os conjuntos podem ser representados tanto em **chaves** como em **diagramas**.

ATENÇÃO! Quando é dada uma propriedade característica dos elementos de um conjunto, diz-se que ele está representado por compreensão. Vejamos:

A = {x |x é um múltiplo de dois maior que zero}

Representação em Chaves

Conjuntos dos estados brasileiros que fazem fronteira com o Paraguai:

B = {Paraná, Mato Grosso do Sul}.

Representação em Diagramas

Ex.: Conjuntos das cores da bandeira do Brasil:

6.2.2 Elementos e Relação de Pertinência

Quando um elemento está em um conjunto, dizemos que ele pertence a esse conjunto. A relação de pertinência é representada pelo símbolo $\in$ (pertence).

Ex.: Conjunto dos algarismos pares: **G** = {2, 4, 6, 8, 0}.

Observe que:

$4 \in G$

$7 \notin G$

6.2.3 Conjunto Unitário, Conjunto Vazio e Conjunto Universo

Conjunto unitário: possui um só elemento.

Ex.: Conjunto da capital do Brasil: K = {Brasília}

Conjunto vazio: simbolizado por Ø ou {}, é o conjunto que não possui elemento.

Ex.: Conjunto dos estados brasileiros que fazem fronteira com o Chile: M = Ø.

Conjunto universo: Em inúmeras situações é importante estabelecer o conjunto U ao qual pertencem os elementos de todos os conjuntos considerados. Esse conjunto é chamado de conjunto universo. Assim:

> Quando se estuda a geometria plana, o conjunto universo é formado por todos os pontos de um dado plano.

> Quando se estuda a população humana, o conjunto universo é constituído de todos os seres humanos.

Para descrever um conjunto A por meio de uma propriedade característica p de seus elementos, deve-se mencionar, de modo explícito ou não, o conjunto universo U no qual se está trabalhando:

Ex.: A = {x ∈ R | x>2}, onde U = R → forma explícita

A = {x | x > 2} → forma implícita.

6.3 Subconjuntos

Diz-se que B é um subconjunto de A se, e somente se, todos os elementos de B pertencem a A.

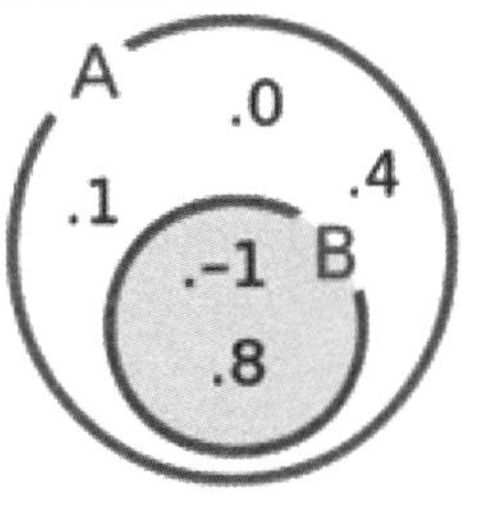

Deve-se notar que A = {-1,0,1,4,8} e B = {-1,8}, ou seja, todos os elementos de B também são elementos do conjunto A.

Nesse caso, diz-se que B está contido em A ou B é subconjunto de A. (B ⊂ A). Pode-se dizer também que A contém B. (A ⊃ B).

OBSERVAÇÕES:

> Se A ⊂ B e B ⊂A, então A = B.

> Os símbolos ⊂ (contido), ⊃ (contém), ⊄ (não está contido) e ⊅ (não contém) são utilizados para relacionar conjuntos.

> Para todo conjunto A, tem-se A ⊂ A.

> Para todo conjunto A, tem-se Ø ⊂ A, onde Ø representa o conjunto vazio.

> Todo conjunto é subconjunto de si próprio (D ⊂ D);

> O conjunto vazio é subconjunto de qualquer conjunto (Ø ⊂ D);

- Se um conjunto A possui "p" elementos, então ele possui 2p subconjuntos;
- O conjunto formado por todos os subconjuntos de um conjunto A, é denominado conjunto das partes de A. Assim, se A = {4, 7}, o conjunto das partes de A, é dado por {Ø, {4}, {7}, {4, 7}}.

6.4 Operações com Conjuntos

União de conjuntos: a união de dois conjuntos quaisquer será representada por "A ∪ B" e terá os elementos que pertencem a A "ou" a B, ou seja, todos os elementos.

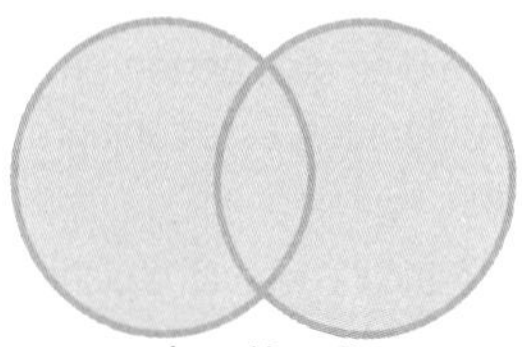

A ∪ B

Interseção de conjuntos: a interseção de dois conjuntos quaisquer será representada por "A ∩ B". Os elementos que fazem parte do conjunto interseção são os elementos comuns aos dois conjuntos.

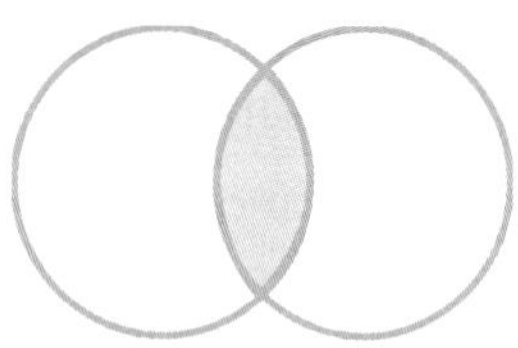

A ∩ B

Conjuntos disjuntos: Se dois conjuntos não possuem elementos em comum, diz-se que eles são disjuntos. Simbolicamente, escreve-se A ∩ B = Ø. Nesse caso, a união dos conjuntos A e B é denominada união disjunta. O número de elementos A ∩ B nesse caso é igual a zero.

n (A ∩ B) = 0.

Ex.:

Seja A = {1, 2, 3, 4, 5}, B = {1, 5, 6, 3}, C = {2, 4, 7, 8, 9} e D = {10, 20}. Tem-se:

A ∪ B = {1,2,3,4,5,6}

B ∪ A = {1,2,3,4,5,6}

A ∩ B = {1,3,5}

B ∩ A = {1,3,5}

A ∪ B ∪ C = {1,2,3,4,5,6,7,8,9} e

A ∩ D = Ø.

É possível notar que A, B e C são todos disjuntos com D, mas A, B e C não são dois a dois disjuntos.

Diferença de conjuntos: a diferença de dois conjuntos quaisquer será representada por "A – B" e terá os elementos que pertencem somente a A, mas não pertencem a B, ou seja, que são exclusivos de A.

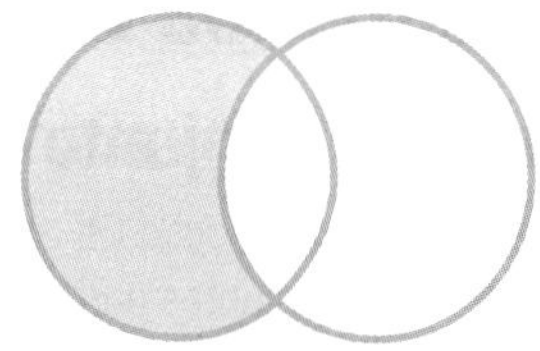

A - B

Complementar de um conjunto: se A está contido no conjunto universo U, o complementar de A é a diferença entre o conjunto universo e o conjunto A, será representado por "$C_U^{(A)}$ = U - A" e terá todos os elementos que pertencem ao conjunto universo, menos os que pertencem ao conjunto A.

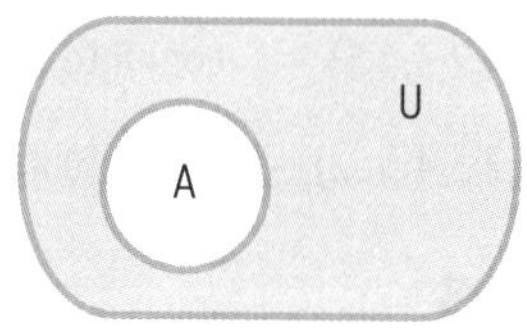

$C_P(A)$

Questões

01. (CESPE) – 2018 Para um conjunto qualquer X, n(X) representa a quantidade de elementos de X.

Nesse sentido, considere que os conjuntos A, B e C tenham as seguintes propriedades:

- n(A) = n(B) = n(C) = 50;
- n(A∩B) = n(A∩C) = n(B∩C) = 10;
- n(A∩B∩C) = 0.

Nessa situação, n(A∪B∪C) é igual a 110.

Certo ( ) Errado ( )

02. (CESPE) – 2018. Determinado porto recebeu um grande carregamento de frango congelado, carne suína congelada e carne bovina congelada, para exportação.

Esses produtos foram distribuídos em 800 contêineres, da seguinte forma: nenhum contêiner foi carregado com os três produtos; 300 contêineres foram carregados com carne bovina; 450, com carne suína; 100, com frango e carne bovina; 150, com carne suína e carne bovina; 100, com frango e carne suína.

Nessa situação hipotética, 250 contêineres foram carregados somente com carne suína.

Certo ( ) Errado ( )

03. (CESPE) – 2018. Em um aeroporto, 30 passageiros que desembarcaram de determinado voo e que estiveram nos países A, B ou C, nos quais ocorre uma epidemia infecciosa, foram selecionados para ser examinados. Constatou-se que exatamente 25 dos passageiros selecionados estiveram em A ou em B, nenhum desses 25 passageiros esteve em C e 6 desses 25 passageiros estiveram em A e em B.

Com referência a essa situação hipotética, julgue o item que se segue.

Se 11 passageiros estiveram em B, então mais de 15 estiveram em A.

Certo ( ) Errado ( )

04. (CESPE) – 2018. Em um aeroporto, 30 passageiros que desembarcaram de determinado voo e que estiveram nos países A, B ou C, nos quais ocorre uma epidemia infecciosa, foram selecionados para ser examinados. Constatou-se que exatamente 25 dos passageiros selecionados estiveram em A ou em B, nenhum desses 25 passageiros esteve em C e 6 desses 25 passageiros estiveram em A e em B.

Com referência a essa situação hipotética, julgue o item que se segue.

Considere que, separando-se o grupo de passageiros selecionados que visitou o país A, o grupo que visitou o país B e o grupo que visitou o país C, seja verificado, em cada um desses grupos, que pelo menos a metade dos seus componentes era do sexo masculino. Nessa situação, conclui-se que o grupo de 30 passageiros selecionados tem, no máximo, 14 mulheres.

Certo ( ) Errado ( )

05. (CESPE) – 2018. O resultado de uma pesquisa acerca da satisfação de 200 papiloscopistas, no que diz respeito às tarefas por eles executadas de identificação de vítimas e de descobertas de crimes de falsificação, foi o seguinte:

- 30 papiloscopistas sentem-se igualmente satisfeitos ao executar qualquer uma dessas tarefas;
- 180 papiloscopistas sentem-se satisfeitos ao executar pelo menos uma dessas tarefas.

Considerando que todos os 200 papiloscopistas responderam à pesquisa, julgue o item seguinte.

Menos de 30 papiloscopistas não se sentem satisfeitos ao executar alguma das duas tarefas mencionadas.

Certo ( ) Errado ( )

Gabaritos

01	ERRADO
02	ERRADO
03	CERTO
04	ERRADO
05	CERTO

7. CONJUNTOS NUMÉRICOS

Os números surgiram da necessidade de contar ou quantificar coisas ou objetos. Com o passar do tempo, foram adquirindo características próprias.

7.1 Números Naturais

É o primeiro dos conjuntos numéricos. Representado pelo símbolo $\mathbb{N}$. É formado pelos seguintes elementos:

$\mathbb{N} = \{0, 1, 2, 3, 4, 5, 6, 7, 8, 9, 10, 11, 12, 13, ... + \infty\}$

O símbolo ∞ significa infinito, o + quer dizer positivo, então $+\infty$ quer dizer infinito positivo.

7.2 Números Inteiros

Esse conjunto surgiu da necessidade de alguns cálculos não possuírem resultados, pois esses resultados eram negativos.

Representado pelo símbolo $\mathbb{Z}$, é formado pelos seguintes elementos:

$\mathbb{Z} = \{-\infty, ..., -3, -2, -1, 0, 1, 2, 3, ..., +\infty\}$

7.2.1 Operações e Propriedades dos Números Naturais e Inteiros

As principais operações com os números naturais e inteiros são: adição, subtração, multiplicação, divisão, potenciação e radiciação (as quatro primeiras são também chamadas operações fundamentais).

Adição

Na adição, a soma dos termos ou parcelas resulta naquilo que se chama **total**.

Ex.: $2 + 2 = 4$

As propriedades da adição são:

Elemento Neutro: qualquer número somado ao zero tem como total o próprio número.

Ex.: $+ 0 = 2$

Comutativa: a ordem dos termos não altera o total.

Ex.: $2 + 3 = 3 + 2 = 5$

Associativa: o ajuntamento de parcelas não altera o total.

Ex.: $2 + 0 = 2$

Subtração

Operação contrária à adição, também conhecida como diferença.

Os termos ou parcelas da subtração, assim como o total, têm nomes próprios:

M – N = P; em que M = minuendo, N = subtraendo e P = diferença ou resto.

Ex.: $7 - 2 = 5$

Quando o subtraendo for maior que o minuendo, a diferença será negativa.

Multiplicação

Nada mais é do que a soma de uma quantidade de parcelas fixas. Ao resultado da multiplicação chama-se produto. Os símbolos que indicam a multiplicação são o **"x"** (sinal de vezes) ou o **"."** (ponto).

Exs.: $4 \times 7 = 7 + 7 + 7 + 7 = 28$

$7 . 4 = 4 + 4 + 4 + 4 + 4 + 4 + 4 = 28$

As propriedades da multiplicação são:

Elemento Neutro: qualquer número multiplicado por 1 terá como produto o próprio número.

Ex.: $5 . 1 = 5$

Comutativa: ordem dos fatores não altera o produto.

Ex.: $3 \cdot 4 = 4 \cdot 3 = 12$

Associativa: o ajuntamento dos fatores não altera o resultado.

Ex.: $2 . (3 . 4) = (2 . 3) . 4 = 24$

Distributiva: um fator em evidência multiplica todas as parcelas dentro dos parênteses.

Ex.: $2 \cdot (3 + 4) = (2 \cdot 3) + (2 \cdot 4) = 6 + 8 = 14$

Na multiplicação existe "jogo de sinais", que fica assim:

Parcela	Parcela	Produto
+	+	+
+	-	-
-	+	-
-	-	+

Exs.: $2 . -3 = -6$

$-3 . -7 = 21$

Divisão

Por ser o inverso da multiplicação, a divisão também possui o "jogo de sinal".

É o inverso da multiplicação. Os sinais que a representam são: "÷", ":", "/" ou a fração.

Exs.: $14 \div 7 = 2$

$25 : 5 = 5$

$36/12 = 3$

7.3 Números Racionais

Com o passar do tempo alguns cálculos não possuíam resultados inteiros, a partir daí surgiram os números racionais, que são representados pela letra $\mathbb{Q}$ e são os números que podem ser escritos sob forma de frações.

$\mathbb{Q} = \frac{a}{b}$ (com "b" diferente de zero → $b \neq 0$); em que "a" é o numerador e "b" é o denominador.

Fazem parte desse conjunto também as dízimas periódicas (números que apresentam uma série infinita de algarismos decimais, após a vírgula) e os números decimais (aqueles que são escritos com a vírgula e cujo denominador são as potências de 10).

Toda fração cujo numerador é menor que o denominador é chamada de fração própria.

7.3.1 Operações com os Números Racionais

Adição e Subtração

Para somar frações deve-se estar atento se os denominadores das frações são os mesmos. Caso sejam iguais, basta repetir o denominador e somar (ou subtrair) os numeradores, porém se os denominadores forem diferentes é preciso fazer o M.M.C. (assunto que será visto adiante) dos denominadores, constituir novas frações equivalentes às frações originais e, assim, proceder com o cálculo.

$$\frac{2}{7}+\frac{4}{7}=\frac{6}{7}$$

$$\frac{2}{3}+\frac{4}{5}=\frac{10}{15}+\frac{12}{15}=\frac{22}{15}$$

Multiplicação

Para multiplicar frações basta multiplicar numerador com numerador e denominador com denominador.

$$\frac{3}{4}\cdot\frac{5}{7}=\frac{15}{28}$$

Divisão

Para dividir frações basta fazer uma multiplicação da primeira fração com o inverso da segunda fração.

$$\frac{2}{3}\div\frac{4}{5}=\frac{2}{3}\cdot\frac{5}{4}=\frac{10}{12}=\frac{5}{6}\text{(Simplificando por 2)}$$

Toda vez que for possível deve-se simplificar a fração até sua fração irredutível (aquela que não pode mais ser simplificada).

Potenciação

Se a multiplicação é soma de uma quantidade de parcelas fixas, a potenciação é a multiplicação de uma quantidade de fatores fixos, tal quantidade indicada no expoente que acompanha a base da potência.

A potenciação é expressa por: **a**n, cujo "a" é a base da potência e o "n" é o expoente.

Ex.: $4^3 = 4 . 4 . 4 = 64$

As propriedades das potências são:

$a^0 = 1$

$3^0 = 1$

$a^1 = a$

$5^1 = 5$

$a^{-n} = 1/a^n$

$2^{-3} = \frac{1}{2^3} = 1/8$

$a^m \cdot a^n = a^{(m+n)}$

$3^2 \cdot 3^3 = 3^{(2+3)} = 3^5 = 243$

$a^m : a^n = a^{(m-n)}$

$4^5 : 4^3 = 4^{(5-3)} = 4^2 = 16$

$(a^m)^n = a^{m \cdot n}$

$(2^2)^4 = 2^{2 \cdot 4} = 2^8 = 256$

$a^{m/n} = \sqrt[n]{a^m}$

$7^{2/3} = \sqrt[3]{7^2} = \sqrt[3]{49}$

Não confunda: (am)n ≠ am n

Não confunda também: (-a)n ≠ -an.

Radiciação

É a expressão da potenciação com expoente fracionário.

A representação genérica da radiciação é: $\sqrt[n]{a}$; cujo "n" é o índice da raiz, o "a" é o radicando e "$\sqrt{\ }$" é o radical.

Quando o índice da raiz for o 2 ele não precisa aparecer e essa raiz será uma raiz quadrada.

As propriedades das "raízes" são:

→ $\sqrt[n]{a^m} = (\sqrt[n]{a})^m = a^{m/n}$

→ $\sqrt[m]{\sqrt[n]{a}} = {}^{m\cdot n}\sqrt{a}$

→ $\sqrt[m]{a^m} = a$ = am/m = a1 = a

Racionalização: se uma fração tem em seu denominador um radical, faz-se o seguinte:

$$\frac{1}{\sqrt{a}}=\frac{1}{\sqrt{a}}\cdot\frac{\sqrt{a}}{\sqrt{a}}=\frac{\sqrt{a}}{\sqrt{a^2}}=\frac{\sqrt{a}}{a}$$

7.3.2 Transformando Dízima Periódica em Fração

Para transformar dízimas periódicas em fração, é preciso atentar-se para algumas situações:

> Verifique se depois da vírgula só há a parte periódica, ou se há uma parte não periódica e uma periódica.

> Observe quantas são as "casas" periódicas e, caso haja, as não periódicas. Lembrado sempre que essa observação só será para os números que estão depois da vírgula.

> Em relação à fração, o denominador será tantos "9" quantos forem as casas do período, seguido de tantos "0" quantos forem as casas não periódicas (caso haja e depois da vírgula). Já o numerador será o número sem a vírgula até o primeiro período "menos" toda a parte não periódica (caso haja).

Exs.: $0{,}6666... = \frac{6}{9}$

$0{,}36363636... = \frac{36}{99}$

$0{,}123333... = \frac{123-12}{900} = \frac{111}{900}$

$2{,}8888... = \frac{28-2}{9} = \frac{26}{9}$

$3{,}754545454... = \frac{3754-37}{990} = \frac{3717}{990}$

7.3.3 Transformando Número Decimal em Fração

Para transformar número decimal em fração, basta contar quantas "casas" existem depois da vírgula; então o denominador da fração será o número 1 acompanhado de tantos zeros quantos forem o número de "casas", já o numerador será o número sem a "vírgula".

Exs.: $0{,}3 = \frac{3}{10}$

$2{,}45 = \frac{245}{100}$

$49{,}586 = \frac{49586}{1000}$

7.4 Números Irracionais

São os números que não podem ser escritos na forma de fração.

O conjunto é representado pela letra $\mathbb{I}$ e tem como elementos as dízimas não periódicas e as raízes não exatas.

7.5 Números Reais

Simbolizado pela letra $\mathbb{R}$, é a união do conjunto dos números racionais com o conjunto dos números irracionais.

Representado, tem-se:

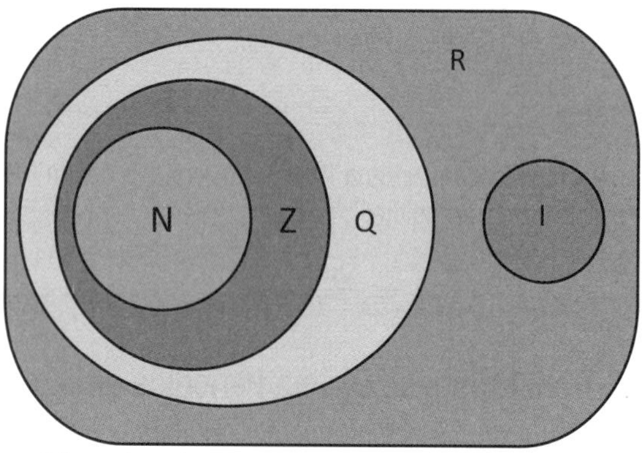

Colocando todos os números em uma reta, tem-se:

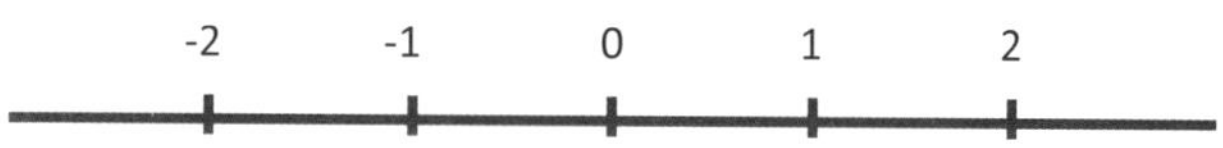

As desigualdades ocorrem em razão de os números serem maiores ou menores uns dos outros.

Os símbolos das desigualdades são:

$\geq$ maior ou igual a;

$\leq$ menor ou igual a;

> maior que;

< menor que.

Dessas desigualdades surgem os intervalos, que nada mais são do que um espaço dessa reta, entre dois números.

Os intervalos podem ser abertos ou fechados, depende dos símbolos de desigualdade utilizados.

Intervalo aberto ocorre quando os números não fazem parte do intervalo e os sinais de desigualdade são:

> maior que;

< menor que.

Intervalo fechado ocorre quando os números fazem parte do intervalo e os sinais de desigualdade são:

$\geq$ maior ou igual a;

$\leq$ menor ou igual a.

7.6 Intervalos

Os intervalos numéricos podem ser representados das seguintes formas:

Com os Símbolos <, >, $\leq$, $\geq$

Quando forem usados os símbolos < ou >, os números que os acompanham não fazem parte do intervalo real. Já quando forem usados os símbolos $\leq$ ou $\geq$ os números farão parte do intervalo real.

Exs.:

$2 < x < 5$: o 2 e o 5 não fazem parte do intervalo.

$2 \leq x < 5$: o 2 faz parte do intervalo, mas o 5 não.

$2 \leq x \leq 5$: o 2 e o 5 fazem parte do intervalo.

Com os Colchetes

Quando os colchetes estiverem voltados para os números, significa que farão parte do intervalo. Porém, quando os colchetes estiverem invertidos, significa que os números não farão parte do intervalo.

Exs.:

]2;5[: o 2 e o 5 não fazem parte do intervalo.

[2;5[: o 2 faz parte do intervalo, mas o 5 não faz.

[2;5]: o 2 e o 5 fazem parte do intervalo.

Sobre uma Reta Numérica

Intervalo aberto $2<x<5$:

Em que 2 e 5 não fazem parte do intervalo numérico, representado pela marcação aberta (sem preenchimento - O).

Intervalo fechado e aberto $2\leq x<5$:

Em que 2 faz parte do intervalo, representado pela marcação fechada (preenchida - ●) em que 5 não faz parte do intervalo, representado pela marcação aberta (O).

Intervalo fechado $2\leq x\leq 5$:

Em que 2 e 5 fazem parte do intervalo numérico, representado pela marcação fechada (●).

7.7 Múltiplos e Divisores

Números quadrados perfeitos são aqueles que resultam da multiplicação de um número por ele mesmo.
Ex.: $4 = 2 . 2$
$25 = 5 . 5$

Os múltiplos são resultados de uma multiplicação de dois números naturais.

Ex.: Os múltiplos de 3 são: 0, 3, 6, 9, 12, 15, 18, 21, 24, 27, 30... (os múltiplos são infinitos).

Os divisores de um "número" são os números cuja divisão desse "número" por eles será exata.

Ex.: Os divisores de 12 são: 1, 2, 3, 4, 6, 12.

7.8 Números Primos

São os números que têm apenas dois divisores, o 1 e ele mesmo (alguns autores consideram os números primos aqueles que tem 4 divisores, sendo o 1, o -1, ele mesmo e o seu oposto – simétrico).

Veja alguns números primos:

2 (único primo par), 3, 5, 7, 11, 13, 17, 19, 23, 29, 31, 37, 41, 43, 47, 53, 59, ...

Os números primos servem para decompor outros números.

A decomposição de um número em fatores primos serve para fazer o MMC (mínimo múltiplo comum) e o MDC (máximo divisor comum).

7.9 MMC e MDC

O MMC de um, dois ou mais números é o menor número que, ao mesmo tempo, é múltiplo de todos esses números.

O MDC de dois ou mais números é o maior número que pode dividir todos esses números ao mesmo tempo.

Para calcular, após decompor os números, o MMC de dois ou mais números será o produto de todos os fatores primos, comuns e não comuns, elevados aos maiores expoentes. Já o MDC será apenas os fatores comuns a todos os números elevados aos menores expoentes.

Exs.: $6 = 2 \cdot 3$

$18 = 2 \cdot 3 \cdot 3 = 2 \cdot 3^2$

$35 = 5 \cdot 7$

$144 = 2 \cdot 2 \cdot 2 \cdot 2 \cdot 3 \cdot 3 = 2^4 \cdot 3^2$

$225 = 3 \cdot 3 \cdot 5 \cdot 5 = 3^2 \cdot 5^2$

$490 = 2 \cdot 5 \cdot 7 \cdot 7 = 2 \cdot 5 \cdot 7^2$

$640 = 2 \cdot 2 \cdot 2 \cdot 2 \cdot 2 \cdot 2 \cdot 2 \cdot 5 = 2^7 \cdot 5$

MMC de 18 e 225 = $2 \cdot 3^2 \cdot 5^2 = 2 \cdot 9 \cdot 25 = 450$

MDC de 225 e 490 = 5

Para saber a quantidade de divisores de um número basta, depois da decomposição do número, pegar os expoentes dos fatores primos, somar "+1" e multiplicar os valores obtidos.

Exs.: $225 = 3^2 \cdot 5^2 = 3^{2+1} \cdot 5^{2+1} = 3 \cdot 3 = 9$

Nº de divisores = $(2 + 1) \cdot (2 + 1) = 3 \cdot 3 = 9$ divisores. Que são: 1, 3, 5, 9, 15, 25, 45, 75, 225.

7.10 Divisibilidade

As regras de divisibilidade servem para facilitar a resolução de contas, para ajudar a descobrir se um número é ou não divisível por outro. Veja algumas dessas regras.

Divisibilidade por 2: para um número ser divisível por 2 basta que o mesmo seja par.

Exs.: 14 é divisível por 2.

17 não é divisível por 2.

Divisibilidade por 3: para um número ser divisível por 3, a soma dos seus algarismos tem que ser divisível por 3.

Exs.: 174 é divisível por 3, pois 1 + 7 + 4 = 12

188 não é divisível por 3, pois 1 + 8 + 8 = 17

Divisibilidade por 4: para um número ser divisível por 4, ele tem que terminar em 00 ou os seus dois últimos números devem ser múltiplos de 4.

Exs.: 300 é divisível por 4.

532 é divisível por 4.

766 não é divisível por 4.

Divisibilidade por 5: para um número ser divisível por 5, ele deve terminar em 0 ou em 5.

Exs.: 35 é divisível por 5.

370 é divisível por 5.

548 não é divisível por 5.

Divisibilidade por 6: para um número ser divisível por 6, ele deve ser divisível por 2 e por 3 ao mesmo tempo.

Exs.: 78 é divisível por 6.

576 é divisível por 6.

652 não é divisível por 6.

Divisibilidade por 9: para um número ser divisível por 9, a soma dos seus algarismos deve ser divisível por 9.

Exs.: 75 é não divisível por 9.

684 é divisível por 9.

Divisibilidade por 10: para um número ser divisível por 10, basta que ele termine em 0.

Exs.: 90 é divisível por 10.

364 não é divisível por 10.

7.11 Expressões Numéricas

Para resolver expressões numéricas, deve-se sempre seguir a ordem:

> Resolva os (parênteses), depois os [colchetes], depois as {chaves}, nessa ordem;

> Dentre as operações resolva primeiro as potenciações e raízes (o que vier primeiro), depois as multiplicações e divisões (o que vier primeiro) e por último as somas e subtrações (o que vier primeiro).

Calcule o valor da expressão:

Ex.: 8 – {5 – [10 – (7 – 3 . 2)] ÷ 3}

Resolução:

8 – **{5 – [10 – (**7 – 6**)] ÷ 3}**

8 – **{5 – [10 –** (1)**] ÷ 3}**

8 – **{5 –** [9] **÷ 3}**

8 – **{5 –** 3**}**

8 – {2}

6

Questões

01. (CESPE) – 2018. Uma companhia aérea fixou rodízio entre duas cidades para seus comissários de bordo de determinado voo diário. A escala estabelece que o comissário A trabalhe nesse voo a cada 8 dias; o comissário B, a cada 10 dias; e o comissário C, a cada 12 dias.

Nesse caso, se os três tiverem trabalhado juntos no voo do dia de hoje, então a próxima vez em que eles trabalharão novamente juntos nesse voo ocorrerá daqui a 120.

Certo ( ) Errado ( )

02. (CESPE) – 2018. Uma assistente administrativa rasgou em n pedaços uma folha de papel que continha informação considerada sigilosa. Como ainda era possível ler alguma informação em um desses pedaços, ela rasgou-o também em n pedaços. Receosa de que a informação sigilosa pudesse ser recuperada de um desses últimos pedaços, rasgou-o também em n pedaços.

Uma quantidade possível de pedaços em que a folha foi rasgada é de 28.

Certo ( ) Errado ( )

03. (CESPE) – 2018. A respeito de números reais e de funções de variáveis reais, julgue o item que se segue.

Situação hipotética: Carlos possui uma quantidade de revistas que é maior que 500 e menor que 700. Separando as revistas em conjuntos de 8 revistas, Carlos verificou que sobrou um grupo com 3 revistas. O mesmo acontecia quando ele separava as revistas em conjuntos de 14 ou em conjuntos de 20 revistas: sempre sobrava um conjunto com 3 revistas.

Assertiva: Nesse caso, é correto afirmar que Carlos possui 563 revistas.

Certo ( ) Errado ( )

04. (CESPE) – 2018. A respeito de números reais e de funções de variáveis reais, julgue o item que se segue.

Situação hipotética: Sandra selecionou questões de concursos públicos passados para resolver e, assim, se preparar para o concurso em que pretende concorrer. Ela selecionou 98 questões de matemática, 70 questões de português, 56 questões de informática e 42 questões de direito, que deverão ser resolvidas em determinada quantidade de dias. Ela estabeleceu as seguintes regras de estudo:

- em todos os dias, ela deve resolver questões de todas essas disciplinas;
- de cada uma dessas disciplinas, ela deve resolver, diariamente, sempre a mesma quantidade de questões;
- essas quantidades de questões a serem resolvidas diariamente de cada disciplina devem ser as máximas possíveis para que, no período determinado, ela consiga resolver todas as questões de todas as disciplinas.

Assertiva: Nessa situação, de todas as disciplinas, Sandra deverá resolver 19 questões por dia durante 14 dias.

Certo ( ) Errado ( )

05. (CESPE) – 2018. Paulo, Maria e João, servidores lotados em uma biblioteca pública, trabalham na catalogação dos livros recém-adquiridos. Independentemente da quantidade de livros a serem catalogados em cada dia, Paulo cataloga 1/4, Maria cataloga 1/3 e João, 5/12.

A respeito da catalogação de livros por esses servidores, julgue o item a seguir.

Sempre que trabalharem de segunda-feira a sexta-feira, os três servidores catalogarão uma quantidade de livros que será um número múltiplo de 12.

Certo ( ) Errado ( )

Gabaritos

01	CERTO
02	CERTO
03	CERTO
04	ERRADO
05	CERTO

8. SISTEMA LEGAL DE MEDIDAS

8.1 Medidas de Tempo

A unidade padrão do tempo é o segundo (s), mas devemos saber as seguintes relações:

1 min = 60 s

1h = 60 min = 3600 s

1 dia = 24 h = 1440 min = 86400 s

30 dias = 1 mês

2 meses = 1 bimestre

6 meses = 1 semestre

12 meses = 1ano

10 anos = 1 década

100 anos = 1 século

Ex.: 5h47min18seg + 11h39min59s = 26h86min77s = 26h87min17s = 27h27min17s= 1dia3h27mim17s;

Ex.: 8h23min – 3h49min51seg = 7h83min – 3h49min51seg = 7h82min60seg – 3h49min51seg = 4h33min9seg.

Cuidado com as transformações de tempo, pois elas não seguem o mesmo padrão das outras medidas.

8.2 Sistema Métrico Decimal

Serve para medir comprimentos, distâncias, áreas e volumes. Tem como unidade padrão o metro (m). Veremos agora seus múltiplos, variações e algumas transformações.

Metro (m):

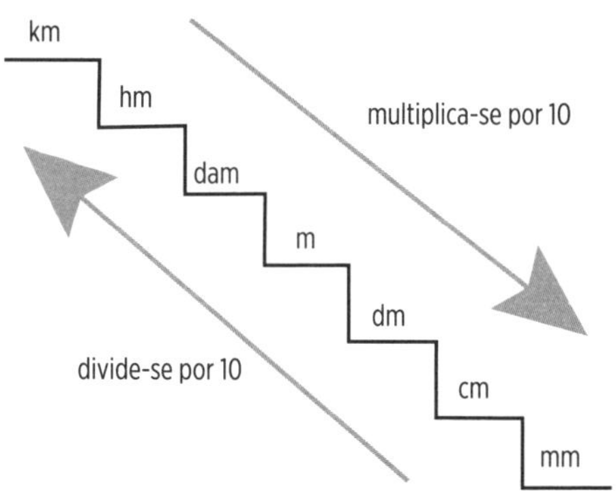

Para cada degrau descido da escada, multiplica-se por 10, e para cada degrau subido, divide-se por 10.

Ex.: Transformar 2,98km em cm = 2,98 · 100.000 = 298.000cm (na multiplicação por 10 ou suas potências, basta deslocar a "vírgula" para a direita);

Ex.: Transformar 74m em km = 74 ÷ 1000 = 0,074km (na divisão por 10 ou suas potências, basta deslocar a "vírgula" para a esquerda).

O grama (g) e o litro (l) seguem o mesmo padrão do metro (m).

Metro quadrado (m^2):

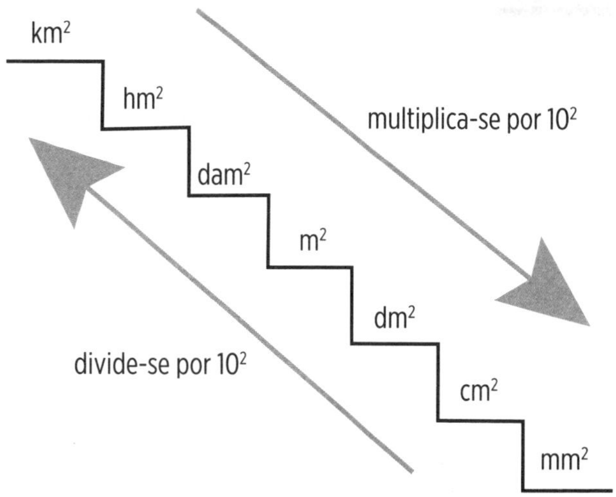

Para cada degrau descido da escada multiplica por 10^2 ou 100, e para cada degrau subido divide por 10^2 ou 100.

Ex.: Transformar 79,11m^2 em cm^2 = 79,11 · 10.000 = 791.100cm^2;

Ex.: Transformar 135m^2 em km^2 = 135 ÷ 1.000.000 = 0,000135km^2.

Metro cúbico (m^3):

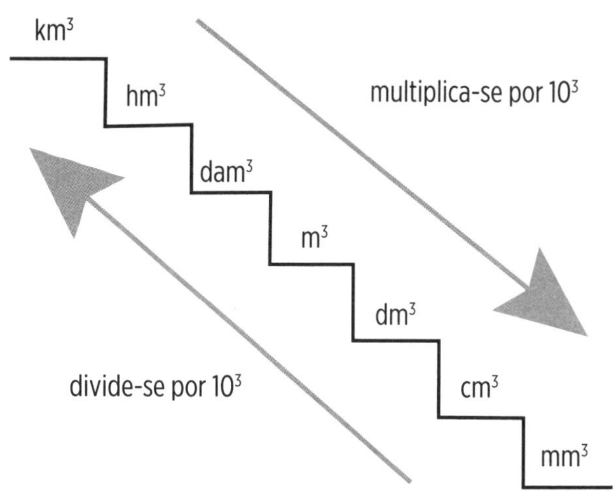

Para cada degrau descido da escada, multiplica-se por 10^3 ou 1000, e para cada degrau subido, divide-se por 10^3 ou 1000.

Ex.: Transformar 269dm^3 em cm^3 = 269 · 1.000 = 269.000cm^3

Ex.: Transformar 4.831cm^3 em m^3 = 4.831 ÷ 1.000.000 = 0,004831m^3

O metro cúbico, por ser uma medida de volume, tem relação com o litro (l), e essa relação é:

1m^3 = 1000 litros

1dm^3 = 1 litro

1cm^3 = 1 mililitro

Questões

01. (CESPE) - 2018. O preço do litro de determinado produto de limpeza é igual a R$ 0,32. Se um recipiente tem a forma de um paralelepípedo retângulo reto, medindo internamente 1,2 dam × 125 cm × 0,08 hm, então o preço que se pagará para encher esse recipiente com o referido produto de limpeza será igual a R$3.840,00.

Certo ( ) Errado ( )

02. (CESPE) - 2016. A represa X, que abastece de água determinada cidade, tem capacidade para 480 milhões de metros cúbicos de água.

A capacidade da represa X é de 4,8 km3

Certo ( ) Errado ( )

03. (CESPE) - 2014. Lúcio, Breno, Cláudia e Denise abriram a loja virtual Lik, para a qual, no ato de abertura, Lúcio contribuiu com R$ 10.000,00; Breno, com R$ 15.000,00; Cláudia, com R$ 12.000,00; e Denise, com R$ 13.000,00. Os lucros obtidos por essa loja serão distribuídos de forma diretamente proporcional à participação financeira de cada um dos sócios no ato de abertura da loja.

A partir dessas informações, julgue o item a seguir.

Caso o volume de cada unidade de determinado produto vendido pela loja Lik seja de 1.800 cm3, então, se 200 unidades desse produto forem acondicionadas em uma única embalagem, o volume dessa embalagem será inferior a 0,3 m3.

Certo ( ) Errado ( )

04. (CESPE) - 2014. Nas armas de fogo, calibre é o diâmetro do projétil ou do cano da arma. Nos sistemas americano e inglês, o calibre é expresso em polegadas — por exemplo, para uma pistola calibre .38, o diâmetro do projétil mede 0,38 polegada. Já no sistema europeu, essa medição é feita em milímetros: o calibre de uma pistola .38 — nos sistemas americano e inglês — é igual a 9,65 mm. Superinteressante. Julho/2008 (com adaptações).

Tendo como referência o texto acima, julgue o item seguinte.

Se o comprimento de um objeto for igual a 40% de uma polegada, então esse objeto medirá menos de 1 cm de comprimento.

Certo ( ) Errado ( )

05. (CESPE) - 2013. Considere que a empresa X tenha disponibilizado um aparelho celular a um empregado que viajou em missão de 30 dias corridos. O custo do minuto de cada ligação, para qualquer telefone, é de R$ 0,15. Nessa situação, considerando que a empresa tenha estabelecido limite de R$ 200,00 e que, após ultrapassado esse limite, o empregado arcará com as despesas, julgue o item a seguir.

Se, ao final da missão, o tempo total de suas ligações for de 20 h, o empregado não pagará excedente.

Certo ( ) Errado ( )

Gabaritos

01	ERRADO
02	ERRADO
03	CERTO
04	ERRADO
05	CERTO

9. RAZÕES E PROPORÇÕES

Neste capítulo, estão presentes alguns assuntos muito incidentes em provas: razões e proporções. É preciso que haja atenção no estudo desse conteúdo.

9.1 Grandeza

É tudo aquilo que pode ser contado, medido ou enumerado.

Ex.: Comprimento (distância), tempo, quantidade de pessoas e/ou coisas, etc.

Grandezas Diretamente Proporcionais: são aquelas em que o aumento de uma implica o aumento da outra.

Ex.: Quantidade e preço.

Grandezas Inversamente Proporcionais: são aquelas em que o aumento de uma implica a diminuição da outra.

Ex.: Velocidade e tempo.

9.2 Razão

É a comparação de duas grandezas. Essas grandezas podem ser de mesma espécie (com a mesma unidade) ou de espécies diferentes (unidades diferentes). Nada mais é do que uma fração do tipo $\frac{a}{b}$, com $b \neq 0$.

Nas razões, os numeradores são também chamados de antecedentes e os denominadores de consequentes.

Exs.:

Escala: comprimento no desenho comparado ao tamanho real.

Velocidade: distância comparada ao tempo.

9.3 Proporção

Pode ser definida como a igualdade de razões.

$$\frac{a}{b} = \frac{c}{d}$$

Dessa igualdade, tiramos a propriedade fundamental das proporções: "o produto dos meios igual ao produto dos extremos" (a chamada "multiplicação cruzada").

$$b \cdot c = a \cdot d$$

É basicamente essa propriedade que ajuda resolver a maioria das questões desse assunto.

Dados três números racionais a, b e c, não nulos, denomina-se <u>quarta proporcional</u> desses números um número x tal que:

$$\frac{a}{b} = \frac{c}{x}$$

Proporção contínua é toda proporção que apresenta os meios iguais.

De um modo geral, uma proporção contínua pode ser representada por:

$$\frac{a}{b} = \frac{b}{c}$$

As outras propriedades das proporções são:

Numa proporção, a soma dos dois primeiros termos está para o 2º (ou 1º) termo, assim como a soma dos dois últimos está para o 4º (ou 3º).

$$\frac{a+b}{b} = \frac{c+d}{d} \text{ ou } \frac{a+b}{a} = \frac{c+d}{c}$$

Numa proporção, a diferença dos dois primeiros termos está para o 2º (ou 1º) termo, assim como a diferença dos dois últimos está para o 4º (ou 3º).

$$\frac{a-b}{b} = \frac{c-d}{d} \text{ ou } \frac{a-b}{a} = \frac{c-d}{c}$$

Numa proporção, a soma dos antecedentes está para a soma dos consequentes, assim como cada antecedente está para o seu consequente.

$$\frac{a+c}{b+d} = \frac{c}{d} = \frac{a}{b}$$

Numa proporção, a diferença dos antecedentes está para a diferença dos consequentes, assim como cada antecedente está para o seu consequente.

$$\frac{a-c}{b-d} = \frac{c}{d} = \frac{a}{b}$$

Numa proporção, o produto dos antecedentes está para o produto dos consequentes, assim como o quadrado de cada antecedente está para quadrado do seu consequente.

$$\frac{a \cdot c}{b \cdot d} = \frac{a^2}{b^2} = \frac{c^2}{d^2}$$

A última propriedade pode ser estendida para qualquer número de razões.

$$\frac{a \cdot c \cdot e}{b \cdot d \cdot f} = \frac{a^3}{b^3} = \frac{c^3}{d^3} = \frac{e^3}{f^3}$$

9.4 Divisão em Partes Proporcionais

Para dividir um número em partes direta ou inversamente proporcionais, basta seguir algumas regras:

9.4.1 Divisão em Partes Diretamente Proporcionais

Divida o número 50 em partes diretamente proporcionais a 4 e a 6.

$4x + 6x = 50$

$10x = 50$

$x = \frac{50}{10}$

$x = 5$

x = constante proporcional

Então, 4x = 4 . 5 = 20 e 6x = 6 . 5 = 30

Logo, a parte proporcional a 4 é o 20 e a parte proporcional ao 6 é o 30.

9.4.2 Divisão em Partes Inversamente Proporcionais

Divida o número 60 em partes inversamente proporcionais a 2 e a 3.

$$\frac{x}{2} + \frac{x}{3} = 60$$

$$\frac{3x}{6} + \frac{2x}{6} =$$

$$60$$

$$5x = 60 \cdot 6$$

$$5x = 360$$

$$x = \frac{360}{5}$$

$$x = 72$$

x = constante proporcional

Então, $\frac{x}{2} = \frac{72}{2} = 36$ e $\frac{x}{3} = \frac{72}{3} = 24$

Logo, a parte proporcional a 2 é o 36 e a parte proporcional ao 3 é o 24.

Perceba que, na divisão diretamente proporcional, quem tiver a maior parte ficará com o maior valor. Já na divisão inversamente proporcional, quem tiver a maior parte ficará com o menor valor.

9.5 Regra das Torneiras

Sempre que uma questão envolver uma "situação" que pode ser feita de um jeito em determinado tempo (ou por uma pessoa) e, em outro tempo, de outro jeito (ou por outra pessoa), e quiser saber em quanto tempo seria se fosse feito tudo ao mesmo tempo, usa-se a regra da torneira, que consiste na aplicação da seguinte fórmula:

$$t_T = \frac{t_1 \cdot t_2}{t_1 + t_2}$$

Em que "t" é o tempo.

Quando houver mais de duas "situações", é melhor usar a fórmula:

$$\frac{1}{t_T} = \frac{1}{t_1} + \frac{1}{t_2} + \ldots + \frac{1}{t_n}$$

Em que "n" é a quantidade de situações.

Uma torneira enche um tanque em 6h. Uma segunda torneira enche o mesmo tanque em 8h. Se as duas torneiras forem abertas juntas quanto tempo vão levar para encher o mesmo tanque?

$$t_T = \frac{t_1 \cdot t_2}{t_1 + t_2}$$

$$t_T = \frac{6 \cdot 8}{6 + 8} = \frac{48}{14} = 3h\ 25min\ e\ 43s$$

9.6 Regra de Três

Mecanismo prático e/ou método utilizado para resolver questões que envolvem razão e proporção (grandezas).

9.6.1 Regra de Três Simples

Aquela que só envolve duas grandezas.

Ex.: Durante uma viagem um carro consome 20 litros de combustível para percorrer 240km, quantos litros são necessários para percorrer 450km?

Primeiro, verifique se as grandezas envolvidas na questão são direta ou inversamente proporcionais, e monte uma estrutura para visualizar melhor a questão.

Distância	Litro
240	20
450	x

Ao aumentar a distância, a quantidade de litros de combustível necessária para percorrer essa distância também vai aumentar, então, as grandezas são diretamente proporcionais.

$$\frac{20}{x} = \frac{240}{450}$$

Aplicando a propriedade fundamental das proporções:

240x = 9000

$$x = \frac{9000}{240} = 37{,}5\ litros$$

9.6.2 Regra de Três Composta

Aquela que envolve mais de duas grandezas.

Ex.: Dois pedreiros levam nove dias para construir um muro com 2m de altura. Trabalhando três pedreiros e aumentando a altura para 4m, qual será o tempo necessário para completar esse muro?

Neste caso, deve-se comparar uma grandeza de cada vez com a variável.

Dias	Pedreiros	Altura
9	2	2
x	3	4

Note que, ao aumentar a quantidade de pedreiros, o número de dias necessários para construir um muro diminui, então as grandezas pedreiros e dias são inversamente proporcionais. No entanto, se aumentar a altura do muro, será necessário mais dias para construí-lo. Dessa forma as grandezas muro e dias são diretamente proporcionais. Para finalizar, basta montar a proporção e resolver, lembrando que quando uma grandeza for inversamente proporcional à variável sua fração será invertida.

$$\frac{9}{x} = \frac{3}{2} \cdot \frac{2}{4}$$

$$\frac{9}{x} = \frac{6}{8}$$

Ex.: Aplicando a propriedade fundamental das proporções:

$$6x = 72$$

$$X = \frac{72}{6} = 12 \ dias$$

Questões

01. (CESPE) - 2018. O preço do litro de determinado produto de limpeza é igual a R$ 0,32. Se um recipiente tem a forma de um paralelepípedo retângulo reto, medindo internamente 1,2 dam × 125 cm × 0,08 hm, então o preço que se pagará para encher esse recipiente com o referido produto de limpeza será igual a R$3.840,00.

Certo ( ) Errado ( )

02. (CESPE) - 2016. A represa X, que abastece de água determinada cidade, tem capacidade para 480 milhões de metros cúbicos de água.

A capacidade da represa X é de 4,8 km3

Certo ( ) Errado ( )

03. (CESPE) - 2014. Lúcio, Breno, Cláudia e Denise abriram a loja virtual Lik, para a qual, no ato de abertura, Lúcio contribuiu com R$ 10.000,00; Breno, com R$ 15.000,00; Cláudia, com R$ 12.000,00; e Denise, com R$ 13.000,00. Os lucros obtidos por essa loja serão distribuídos de forma diretamente proporcional à participação financeira de cada um dos sócios no ato de abertura da loja.

A partir dessas informações, julgue o item a seguir.

Caso o volume de cada unidade de determinado produto vendido pela loja Lik seja de 1.800 cm3, então, se 200 unidades desse produto forem acondicionadas em uma única embalagem, o volume dessa embalagem será inferior a 0,3 m3.

Certo ( ) Errado ( )

04. (CESPE) - 2014. Nas armas de fogo, calibre é o diâmetro do projétil ou do cano da arma. Nos sistemas americano e inglês, o calibre é expresso em polegadas — por exemplo, para uma pistola calibre .38, o diâmetro do projétil mede 0,38 polegada. Já no sistema europeu, essa medição é feita em milímetros: o calibre de uma pistola .38 — nos sistemas americano e inglês — é igual a 9,65 mm. Superinteressante. Julho/2008 (com adaptações).

Tendo como referência o texto acima, julgue o item seguinte.

Se o comprimento de um objeto for igual a 40% de uma polegada, então esse objeto medirá menos de 1 cm de comprimento.

Certo ( ) Errado ( )

05. (CESPE) - 2013. Considere que a empresa X tenha disponibilizado um aparelho celular a um empregado que viajou em missão de 30 dias corridos. O custo do minuto de cada ligação, para qualquer telefone, é de R$ 0,15. Nessa situação, considerando que a empresa tenha estabelecido limite de R$ 200,00 e que, após ultrapassado esse limite, o empregado arcará com as despesas, julgue o item a seguir.

Se, ao final da missão, o tempo total de suas ligações for de 20 h, o empregado não pagará excedente.

Certo ( ) Errado ( )

Gabaritos

01	ERRADO
02	ERRADO
03	CERTO
04	ERRADO
05	CERTO

10. PORCENTAGEM E JUROS

O presente capítulo trata de uma pequena parte da matemática financeira, e também do uso das porcentagens, assuntos presentes no dia a dia de todos.

10.1 Porcentagem

É a aplicação da taxa percentual a determinado valor.

Taxa Percentual: é o valor que vem acompanhado do símbolo %.

Para fins de cálculo, usa-se a taxa percentual em forma de fração ou em números decimais.

Ex.: 3% = 3/100 = 0,03

15% = 15/100 = 0,15

34% de 1200 = 34/100 . 1200 = 40800/100 = 408

65% de 140 = 0,65 . 140 = 91

10.2 Lucro e Prejuízo

Lucro e prejuízo são resultados de movimentações financeiras.

Custo (C): "Gasto".

Venda (V): "Ganho".

Lucro (L): Quando se ganha mais do que se gasta.

$$L = V - C$$

Prejuízo (P): Quando se gasta mais do que se ganha.

$$P = C - V$$

Basta substituir no lucro ou no prejuízo o valor da porcentagem, no custo ou na venda.

Ex.: Um computador foi comprado por R$ 3.000,00 e revendido com lucro de 25% sobre a venda. Qual o preço de venda?

Como o lucro foi na venda, então L = 0,25V:

L = V – C

0,25V = V – 3.000

0,25V – V = -3.000

-0.75V = -3.000 (-1)

0,75V = 3.000

$$V = \frac{3000}{0,75} = \frac{300000}{75} = 4.000$$

Logo, a venda se deu por R$ 4.000,00 reais.

10.3 Juros Simples

Juros: atributos (ganhos) de uma operação financeira.

Juros Simples: os valores são somados ao capital apenas no final da aplicação. Somente o capital rende juros.

Para o cálculo de juros simples, usa-se a seguinte fórmula:

$$J = C \cdot i \cdot t$$

Nas questões de juros, as taxas de juros e os tempos devem estar expressos pela mesma unidade.

> J = juros;
> C = capital;
> i = taxa de juros;
> t = tempo da aplicação.

Ex.: Um capital de R$ 2.500,00 foi aplicado a juros de 2% ao trimestre durante um ano. Quais os juros produzidos?

Em 1 ano há exatamente 4 trimestres, como a taxa está em trimestre, agora é só calcular:

J = C . i . t

J = 2.500 . 0,02 . 4

J = 200

10.4 Juros Compostos

Juros Compostos: os valores são somados ao capital no final de cada período de aplicação, formando um novo capital, para incidência dos juros novamente. É o famoso caso de juros sobre juros.

Para o cálculo de juros compostos, usa-se a seguinte fórmula:

$$M = C \cdot (1 + I)^t$$

> M = montante;
> C = capital;
> i = taxa de juros;
> t = tempo da aplicação.

Um investidor aplicou a quantia de R$ 10.000,00 à taxa de juros de 2% a.m. durante 4 meses. Qual o montante desse investimento?

Aplicando a fórmula, já que a taxa e o tempo estão na mesma unidade:

Ex.: M = C . (1 + i)t

M = 10.000 . (1 + 0,02)4

M = 10.000 . (1,02)4

M = 10.000 . 1,08243216

M = 10.824,32

10.5 Capitalização

Capitalização: acúmulo de capitais (capital + juros).

Nos juros simples, calcula-se por: M = C + J.

Nos juros compostos, calcula-se por: J = M – C.

Em algumas questões terão que ser calculados os montantes do juro simples ou os juros do juro composto.

Questões

01. (CESPE) – 2018. No item a seguir, é apresentada uma situação hipotética seguida de uma assertiva a ser julgada, a respeito de juros, divisão proporcional e regra de três.

Em uma loja, um produto que custa R$ 450,00 é vendido com desconto de 4% para pagamento à vista. Uma loja concorrente vende o mesmo produto por R$ 480,00. Nessa situação, para que a loja concorrente possa vender o produto à vista pelo mesmo preço à vista da primeira loja, ela deve dar um desconto superior a 9%.

Certo ( ) Errado ( )

02. (CESPE) – 2017. Em um tanque A, há uma mistura homogênea de 240 L de gasolina e 60 L de álcool; em outro tanque B, 150 L de gasolina estão misturados homogeneamente com 50 L de álcool.A respeito dessas misturas, julgue o item subsequente.

Para que a proporção álcool/gasolina no tanque A fique igual à do tanque B é suficiente acrescentar no tanque A uma quantidade de álcool que é inferior a 25 L.

Certo ( ) Errado ( )

03. (CESPE) – 2017 Iniciado em 2007, o processo gradativo de substituição do sinal de TV analógico pelo digital no Brasil começou a concretizar-se em 2016.

Nesse período, intensificou-se o uso da TV por assinatura, segundo dados do IBGE. A tabela a seguir mostra o percentual aproximado de domicílios brasileiros que dispunham de diferentes modalidades de acesso à TV em 2014.

zona	sinal digital de TV aberta	TV por assinatura	antena parabólica
urbana	44%	36%	32%
rural	16%	8%	79%

Considerando essas informações e o fato de que, em 2014, 86% dos domicílios brasileiros situavam-se na zona urbana, julgue o item subsequente.

Em 2014, a quantidade de domicílios brasileiros com antena parabólica localizados na zona urbana era superior ao dobro da quantidade de domicílios com antena parabólica situados na zona rural.

Certo ( ) Errado ( )

04. (CESPE) – 2018. Paulo, Maria e João, servidores lotados em uma biblioteca pública, trabalham na catalogação dos livros recém-adquiridos. Independentemente da quantidade de livros a serem catalogados em cada dia, Paulo cataloga 1/4, Maria cataloga 1/3 e João, 5/12.

A respeito da catalogação de livros por esses servidores, julgue o item a seguir.

Em cada dia, Maria e João catalogam mais de 75% dos livros a serem catalogados nesse dia.

Certo ( ) Errado ( )

05. (CESPE) – 2018. A tabela seguinte, com alguns valores não- identificados, mostra os resultados de uma inspeção visual no campo, relativos ao estado de conservação de 200 centros históricos de determinada região.

categoria	frequência	percentual (%)
ruim	50	C
regular	A	10
bom	100	D
excelente	**B**	E

Acerca dessa tabela, julgue o item subsequente.

A letra B, na tabela, representa 25 centros.

Certo ( ) Errado ( )

Gabaritos

01	CERTO
02	CERTO
03	CERTO
04	ERRADO
05	ERRADO

11. SEQUÊNCIAS NUMÉRICAS

Neste capítulo, será possível **verificar a formação de uma sequência** e também do que trata a P.A. (Progressão Aritmética) e a P.G. (Progressão Geométrica).

11.1 Conceitos

Sequências: conjuntos de elementos organizados de acordo com certo padrão, ou seguindo determinada regra. O conhecimento das sequências é fundamental para a compreensão das progressões.

Progressões: as progressões são sequências numéricas com algumas características exclusivas.

Cada elemento das sequências e/ou progressões são denominados termos.

Sequência dos números quadrados perfeitos: (1, 4, 9, 16, 25, 36, 49, 64, 81, 100...);

Sequência dos números primos: (2, 3, 5, 7, 11, 13, 17, 19, 23, 29, 31, 37, 41, 43, 47, 53...).

Veja que na sequência dos números quadrados perfeitos a lei que determina sua formação é: $a_n = n^2$.

11.2 Lei de Formação de uma Sequência

Para determinarmos uma sequência numérica, precisamos de uma lei de formação. A lei que define a sequência pode ser a mais variada possível.

Ex.: A sequência definida pela lei $a_n = n^2 + 1$, com "n" ∈ N, cujo a_n é o termo que ocupa a n-ésima posição na sequência é: 0, 2, 5, 10, 17, 26... Por esse motivo, a_n é chamado de termo geral da sequência.

11.3 Progressão Aritmética (PA)

Progressão aritmética é uma sequência numérica em que cada termo, a partir do segundo, é igual ao anterior adicionado a um número fixo, chamado razão da progressão (r).

Quando r > 0, a progressão aritmética é crescente; quando r < 0, decrescente e quando r = 0, constante ou estacionária.

- (2, 5, 8, 11, ...), temos r = 3. Logo, a PA é crescente.
- (20, 18, 16, 14, ...), temos r = -2. Logo, a PA é decrescente.
- (5, 5, 5, 5, ...), temos r = 0. Logo, a PA é constante.

A representação matemática de uma progressão aritmética é:

$(a_1, a_2, a_3, ..., a_n, a_{n+1}, ...)$ na qual: $\begin{cases} a_2 = a_1 + r \\ a_3 = a_2 + r \\ a_4 = a_3 + r \\ \vdots \end{cases}$

Se a razão de uma PA é a quantidade que acrescentamos a cada termo para obter o seguinte, podemos dizer que ela é igual à diferença entre qualquer termo, a partir do segundo, e o anterior. Assim, de modo geral, temos:

$$r = a_2 - a_1 = a_3 - a_2 = \cdots = a_{n+1} - a_n$$

Para encontrar um termo específico, a quantidade de termos ou até mesmo a razão de uma PA, dispomos de uma relação chamada termo geral de uma PA: an = a1 + (n-1) r, onde:

- a_n é o termo geral;
- a_1 é o primeiro termo;
- n é o número de termos;
- r é a razão da PA.

Propriedades:

P_1. Em toda PA finita, a soma de dois termos equidistantes dos extremos é igual à soma dos extremos.

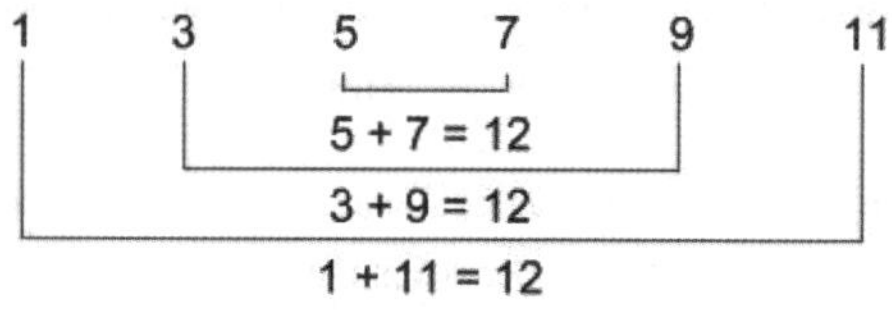

P_2. Uma sequência de três termos é PA se, e somente se, o termo médio é igual à média aritmética entre os outros dois, isto é: (a,b,c) é PA ⇔ $b = \frac{(a+c)}{2}$.

Ex.: seja a PA (2, 4, 6), então, $4 = \frac{2+6}{2}$.

P_3. Em uma PA com número ímpar de termos, o termo médio é a média aritmética entre os extremos.

Ex.: (3, 6, 9, 12, 15, 18, 21, 24, 27, 30, 33, 36, 39), $21 = \frac{3+39}{2}$

P_4. A soma S_n dos n primeiros termos da PA $(a_1, a_2, a_3, ...an)$ é dada por:

Ex.: $S_n = \frac{(a_1 + a_n)}{2} \cdot n$

Dois termos são equidistantes quando a distância entre um deles para o primeiro termo da P.A. é igual a distância do outro para o último termo da P.A.

11.3.1 Interpolação Aritmética

Interpolar significa inserir termos, ou seja, interpolação aritmética é a colocação de termos entre os extremos de uma P.A. Consiste basicamente em descobrir o valor da razão da P.A. e, com, isso inserir esses termos.

Utiliza-se a fórmula do termo geral para a resolução das questões, em que "**n**" será igual a "$\mathbf{k + 2}$", cujo "$\mathbf{k}$" é a quantidade de termos que se quer interpolar.

Ex.: Insira 5 termos em uma P.A. que começa com 3 e termina com 15.

Resolução:

$a_1 = 3; a_n = 15; k = 5$ e $n = 5 + 2 = 7$

$a_n = a_1 + (n - 1) \cdot r$

$15 = 3 + (7 - 1) \cdot r$

$15 = 3 + 6r$

$6r = 15 - 3$

$6r = 12$

$r = \frac{12}{6}$

$r = 2$

Então, P.A (3, 5, 7, 9, 11, 13, 15)

Calcule a soma dos termos da P.A (1, 4, 7, 10, 13, 16, 19, 22, 25)

Resolução:

$a_1 = 1; a_n = 25; n = 9$

$$S_n = \frac{(a_1 + a^n) \cdot n}{2}$$

$$S_n = \frac{(1 + 25) \cdot 9}{2}$$

$$S_n = \frac{(26) \cdot 9}{2}$$

$$S_n = \frac{234}{2}$$

$$S_n = 117$$

11.4 Progressão Geométrica (P.G.)

Progressão geométrica é uma sequência de números não nulos em que cada termo, a partir do segundo, é igual ao anterior multiplicado por um número fixo, chamado razão da progressão (q).

A representação matemática de uma progressão geométrica é $(a_1, a_2, a_3, ..., a_{n-1}, an)$, na qual $a_2 = a_1 . q$, $a_3 = a_2 . q$,... etc. De modo geral, escrevemos: $a_{n+1} = a_n . q$, $\forall$ n $\in$ N* e q $\in$ R.

Em uma PG, a razão q é igual ao quociente entre qualquer termo, a partir do segundo, e o anterior. Exemplo:

→ (4, 8, 16, 32, 64)

$q = \frac{8}{4} = \frac{16}{8} = \frac{32}{16} = \frac{64}{32} = 2$

→ (6,-18,54,-162)

$q = \frac{186}{6} = \frac{54}{-18} = \frac{-162}{54} = -3$

Assim, podemos escrever:

$\frac{a_2}{a_1} = \frac{a_3}{a_2} = \cdots = \frac{a_{n+1}}{a_n} = q$, sendo q a razão da PG.

Podemos classificar uma PG como:

→ Crescente:

> Quando $a_1 > 0$ e $q > 1$

(2,6,18,54,...) é uma PG crescente com $a_1 = 2$ e $q = 3$

> Quando $a_1 < 0$ e $0 < q < 1$

(-40, -20, -10,...) é uma PG crescente com $a_1 = -40$ e $q = 1/2$

→ Decrescente:

> Quando $a_1 > 0$ e $0 < q < 1$

(256, 64, 16,...) é uma PG decrescente,com $a_1 = 256$ e $q = 1/4$

> Quando $a_1 <0$ e $q > 1$

(-2, -10, -50,...) é uma PG decrescente,com $a_1 = -2$ e $q = 5$

→ Constante:

> Quando q=1

(3, 3, 3, 3, 3,...) é uma PG constante,com $a_1 = 3$ e $q = 1$

→ Alternada:

> Quando $q < 0$

(2,-6,18,-54) é uma PG alternada,com $a_1 = 2$ e $q = -3$

A fórmula do termo geral de uma PG nos permite encontrar qualquer termo da progressão.

$$a_n = a_1 . q^{n-1}$$

Propriedades:

P_1. Em toda PG finita, o produto de dois termos equidistantes dos extremos é igual ao produto dos extremos.

1   3   9   27   81   243

9 . 27 = 243

3 . 81 = 243

1 . 243 = 243

P_2. Uma sequência de três termos, em que o primeiro é diferente de zero, é uma PG se, e somente, sem o quadrado do termo médio é igual ao produto dos outros dois, isto é, sendo a≠0.

Ex.: (a, b, c) é PG ⇔ $b^2 = ac$

(2, 4, 8) ⇔ $4^2 = 2 . 8 = 16$

P_3. Em uma PG com número ímpar de termos, o quadrado do termo médio é igual ao produto dos extremos.

Ex.: (2, 4, 8, 16, 32, 64, 128, 256, 512), temos que $32^2 = 2 . 512 = 1024$.

P_4. Soma dos n primeiros termos de uma PG $S_n = \frac{a_1 (1-qn)}{1-q}$.

P_5. Produto dos n primeiros termos de uma PG $P_n = (a_1)^n . q \frac{(n-1)n}{2}$.

P_6. Soma dos infinitos termos de uma PG:

Ex.: $S_\infty = \frac{a_1}{1-q}$, se $-1 < q < 1$

$S_\infty = +\infty$, se $q > 1$ e $a_1 > 0$

$S_\infty = -\infty$, se $q > 1$ e $a_1 < 0$

Dois termos são equidistantes quando a distância de um deles para o primeiro termo P.G. é igual a distância do outro para o último termo da P.G.

11.4.1 Interpolação Geométrica

Interpolar significa inserir termos, ou seja, interpolação geométrica é a colocação de termos entre os extremos de uma P.G. Consiste basicamente em descobrir o valor da razão da P.G. e, com isso, inserir esses termos.

Utiliza-se a fórmula do termo geral para a resolução das questões, em que "**n**" será igual a "**p + 2**", cujo "**p**" é a quantidade de termos que se quer interpolar.

Ex.: Insira 4 termos em uma P.G que começa com 2 e termina com 2048.

Resolução:

$a_1 = 2; a_n = 2048; p = 4$ e $n = 4 + 2 = 6$

$$a_n = a_1 \cdot q^{(n-1)}$$

$$2048 = 2 \cdot q^{(6-1)}$$

$$2048 = 2 \cdot q^5$$

$$q^5 = \frac{2048}{2}$$

$$q^5 = 1024 \quad (1024 = 4^5)$$

$$q^5 = 4^5$$

$$q = 4$$

P.G. (2, **8**, **32**, **128**, **512**, 2048).

11.4.2 Produto dos Termos de uma P.G.

Para o cálculo do produto dos termos de uma P.G., basta usar a seguinte fórmula:

$$P_n = \sqrt{(a_1 \cdot an)^n}$$

Qual o produto dos termos da P.G. (5, 10, 20, 40, 80, 160).

Resolução:

$a_1 = 5$; $a_n = 160$; $n = 6$

$$P_n = \sqrt{(a_1 \cdot a_n)^n}$$

$$P_n = \sqrt{(5 \cdot 160)^6}$$

$$P_n = (5 \cdot 160)^3$$

$$P_n = (800)^3$$

$$P_n = 512000000$$

Questões

01. (CESPE) – 2018. Se, em uma progressão aritmética, o segundo termo for igual a –1 e o quinto termo for igual a 11, então o décimo termo será igual a 31.

Certo ( ) Errado ( )

02. (CESPE) – 2018. A tabela seguinte mostra as quantidades de livros de uma biblioteca que foram emprestados em cada um dos seis primeiros meses de 2017.

	mês					
	1	2	3	4	5	6
quantidade	50	150	250	250	300	200

A partir dessa tabela, julgue o próximo item.

Situação hipotética: Os livros emprestados no referido semestre foram devolvidos somente a partir de julho de 2017 e os números correspondentes às quantidades de livros devolvidos a cada mês formavam uma progressão aritmética em que o primeiro termo era 90 e razão, 30.

Assertiva: Nessa situação, mais de 320 livros foram devolvidos somente a partir de 2018.

Certo ( ) Errado ( )

03. (CESPE) – 2017 No item a seguir é apresentada uma situação hipotética, seguida de uma assertiva a ser julgada, a respeito de modelos lineares, modelos periódicos e geometria dos sólidos.

Manoel, candidato ao cargo de soldado combatente, considerado apto na avaliação médica das condições de saúde física e mental, foi convocado para o teste de aptidão física, em que uma das provas consiste em uma corrida de 2.000 metros em até 11 minutos. Como Manoel não é atleta profissional, ele planeja completar o percurso no tempo máximo exato, aumentando de uma quantidade constante, a cada minuto, a distância percorrida no minuto anterior. Nesse caso, se Manoel, seguindo seu plano, correr 125 metros no primeiro minuto e aumentar de 11 metros a distância percorrida em cada minuto anterior, ele completará o percurso no tempo regulamentar.

Certo ( ) Errado ( )

04. (CESPE) – 2017. Em determinado colégio, todos os 215 alunos estiveram presentes no primeiro dia de aula; no segundo dia letivo, 2 alunos faltaram; no terceiro dia, 4 alunos faltaram; no quarto dia, 6 alunos faltaram, e assim sucessivamente.

Com base nessas informações, julgue o próximo item, sabendo que o número de alunos presentes às aulas não pode ser negativo.

Se houver um número de aulas suficientes e se a regra que define o número de faltosos for mantida, então haverá um dia letivo em que todos os alunos faltarão.

Certo ( ) Errado ( )

05. (CESPE) – 2014. Onze secretarias integram a administração pública de determinada cidade, entre as quais, a Secretaria de Agronegócios (SEAGR) e a Secretaria de Controle e Transparência (SCT). Em 2009, a SCT instituiu um programa de acompanhamento sistemático das secretarias de forma que, a cada ano, 3 secretarias seriam escolhidas aleatoriamente para que seus trabalhos fossem acompanhados ao longo do ano seguinte. Com esse programa, considerado um sucesso, observou-se uma redução anual de 10% no montante de recursos desperdiçados dos cofres municipais desde 2010. De acordo com os dados obtidos em 100 auditorias realizadas pela SCT, os motivos desses desperdícios incluíam: amadorismo nas tomadas de decisão (o gestor não era formado na área de atuação) – 28 auditorias; incompetência nas tomadas de decisão (o gestor não possui conhecimento técnico no assunto) – 35 auditorias; má-fé nas tomadas de decisão (o gestor decide em detrimento do interesse coletivo) – 40 auditorias. Ao se defender da acusação de que teria causado desperdício de recursos municipais em razão de má-fé nas tomadas de decisão, o gestor da SEAGR apresentou o seguinte argumento, composto das premissas P1 e P2 e da conclusão C.

P1: Se tivesse havido má-fé em minhas decisões, teria havido desperdício de recursos municipais em minha gestão e eu teria sido beneficiado com isso.

P2: Se eu tivesse sido beneficiado com isso, teria ficado mais rico.

C: Não houve má-fé em minhas decisões.

Considere que o percentual de redução anual no montante de recursos desperdiçados dos cofres municipais se mantenha constante ao longo dos anos e que em 2010 tenham sido desperdiçados R$ 10 milhões. Nesse caso, considerando 0,2 como valor aproximado para $0{,}9^{15}$, é correto afirmar que de 2010 a 2024 — 15 anos — foram desperdiçados mais de R$ 70 milhões.

Gabaritos

01	CERTO
02	ERRADO
03	ERRADO
04	ERRADO
05	CERTO

12. MATRIZES, DETERMINANTES E SISTEMAS LINEARES

12.1 Matrizes

Matriz: é uma tabela que serve para organizar dados numéricos em linhas e colunas.

Nas matrizes, cada número é chamado de elemento da matriz, as filas horizontais são chamadas **linhas** e as filas verticais são chamadas **colunas**.

$$\begin{bmatrix} 1 & 4 & 7 \\ 13 & -1 & 18 \end{bmatrix} \rightarrow \text{Linha}$$

↓ Coluna

No exemplo, a matriz apresenta 2 linhas e 3 colunas. Dizemos que essa matriz é do tipo 2x3 (2 linhas e 3 colunas). Lê-se dois por três.

12.1.1 Representação de uma Matriz

Uma matriz pode ser representada por parênteses ( ) ou colchetes [ ], com seus dados numéricos inseridos dentro desses símbolos matemáticos. Cada um desses dados, ocupam uma posição definida por uma linha e coluna.

A nomenclatura da matriz se dá por uma letra maiúscula. De modo geral, uma matriz A de m linhas e n colunas (m x n) pode ser representada da seguinte forma:

$$A = \begin{bmatrix} a_{11} & a_{12} & a_{13} & \dots & a_{1n} \\ a_{21} & a_{22} & a_{23} & \dots & a_{2n} \\ a_{31} & a_{32} & a_{33} & \dots & a_{3n} \\ \dots & \dots & \dots & \dots & \dots \\ a_{m1} & a_{m2} & a_{m3} & & a_{mn} \end{bmatrix}_{m \times n} \quad \text{com m, n} \in \mathbb{N}^*$$

Abreviadamente:

$$\boxed{A_{m \times n} = [a_{ij}]_{m \times n}}$$

Com:

"i" ∈ {1, 2, 3, ..., m} e "j" ∈ {1, 2, 3, ..., n}

No qual, "a_{ij}" é o elemento da "i" linha com a "j" coluna.

$$B_{3 \times 2} = \begin{pmatrix} 4 & 7 \\ 6 & 8 \\ 18 & 10 \end{pmatrix} \text{ matriz de ordem 3x2}$$

$$C_{2 \times 2} = \begin{pmatrix} 2 & 13 \\ 18 & 28 \end{pmatrix} \text{ matriz quadrada de ordem 2x2, ou somente 2}$$

12.1.2 Lei de Formação de uma Matriz

As matrizes possuem uma lei de formação que define seus elementos a partir da posição (linha e coluna) de cada um deles na matriz, e podemos assim representar:

$D = (d_{ij})_{3x3}$ em que $d_{ij} = 2_i - j$

$$D = \begin{pmatrix} d_{11} = 2 \cdot (1) - 1 = 1 & d_{12} = 2 \cdot (1) - 2 = 0 & d_{13} = 2 \cdot (1) - 3 = -1 \\ d_{21} = 2 \cdot (2) - 1 = 3 & d_{22} = 2 \cdot (2) - 2 = 2 & d_{23} = 2 \cdot (2) - 3 = 1 \\ d_{31} = 2 \cdot (3) - 1 = 5 & d_{32} = 2 \cdot (3) - 2 = 4 & d_{33} = 2 \cdot (3) - 3 = 3 \end{pmatrix}$$

$$= \begin{pmatrix} 1 & 0 & -1 \\ 3 & 2 & 1 \\ 5 & 4 & 3 \end{pmatrix}$$

Logo:

$$D = \begin{pmatrix} 1 & 0 & -1 \\ 3 & 2 & 1 \\ 5 & 4 & 3 \end{pmatrix}$$

12.1.3 Tipos de Matrizes

Existem alguns tipos de matrizes mais comuns e usados nas questões de concursos:

Matriz Linha

É aquela que possui somente uma linha.

$$A_{1 \times 3} = [4 \quad 7 \quad 10]$$

Matriz Coluna

É aquela que possui somente uma coluna.

$$B_{3 \times 1} = \begin{bmatrix} 6 \\ 13 \\ 22 \end{bmatrix}$$

Matriz Nula

É aquela que possui todos os elementos nulos, ou zero.

$$C_{2 \times 3} = \begin{bmatrix} 0 & 0 & 0 \\ 0 & 0 & 0 \end{bmatrix}$$

Matriz Quadrada

É aquela que possui o número de linhas **igual** ao número de colunas.

$$D_{3 \times 3} = \begin{bmatrix} 1 & 4 & 7 \\ 13 & 10 & 18 \\ 32 & 29 & 1 \end{bmatrix}$$

Características das Matrizes Quadradas:

Possuem diagonal principal e secundária.

$$A_{3x3} = \begin{bmatrix} 1 & 2 & 3 \\ 2 & 4 & 6 \\ 3 & 6 & 9 \end{bmatrix} \text{diagonal principal}$$

$$A_{3x3} = \begin{bmatrix} 1 & 2 & 3 \\ 2 & 4 & 6 \\ 3 & 6 & 9 \end{bmatrix} \text{diagonal secundária}$$

Matriz Identidade

É toda a matriz quadrada que os elementos da diagonal principal são iguais a um e os demais são zeros:

$$A_{3\,x\,3} = \begin{bmatrix} 1 & 0 & 0 \\ 0 & 1 & 0 \\ 0 & 0 & 1 \end{bmatrix}$$

Matriz Diagonal

É toda a matriz quadrada que os elementos da diagonal principal são diferentes de zero e os de mais são zeros:

$$A_{3\,x\,3} = \begin{bmatrix} 1 & 0 & 0 \\ 0 & 4 & 0 \\ 0 & 0 & 7 \end{bmatrix}$$

Matriz Triangular

Aquela cujos elementos de um dos triângulos formados pela diagonal principal são zeros.

$$A_{3\,x\,3} = \begin{bmatrix} 2 & 5 & 8 \\ 0 & 6 & 3 \\ 0 & 0 & 9 \end{bmatrix}$$

Matriz Transposta (A^t)

É aquela em que ocorre a troca ordenada das linhas por colunas.

$$A = \left[a_{ij}\right]_{m\,x\,n} = A^t = \left[a^t_{ji}\right]_{n\,x\,m}$$

$$A_{2\,x\,3} = \begin{bmatrix} 1 & 4 & 7 \\ 6 & 8 & 9 \end{bmatrix} \rightarrow A^t_{3\,x\,2} = \begin{bmatrix} 1 & 6 \\ 4 & 8 \\ 7 & 9 \end{bmatrix}$$

Perceba que a linha 1 de A corresponde à coluna 1 de A^t e a coluna 2 de A corresponde à coluna 2 de A^t.

Matriz Oposta

É toda matriz obtida trocando o sinal de cada um dos elementos de uma matriz dada.

$$A_{2\,x\,2} = \begin{bmatrix} 4 & -1 \\ -6 & 7 \end{bmatrix} \rightarrow -A_{2\,x\,2} = \begin{bmatrix} -4 & 1 \\ 6 & -7 \end{bmatrix}$$

Matriz simétrica: é toda a matriz quadrada que a

$A^t = A$:

$$\left.\begin{matrix} A \begin{bmatrix} 1 & 3 \\ 3 & 2 \end{bmatrix} \\ A_t \begin{bmatrix} 11 & 3 \\ 33 & 2 \end{bmatrix} \end{matrix}\right\} A = A^t$$

12.1.4 Operações com Matrizes

Vamos ver agora as principais operações com as matrizes; fique atento para a multiplicação de duas matrizes.

Igualdade de Matrizes

Duas matrizes são iguais quando possuem o mesmo número de linhas e colunas (mesma ordem), e os elementos correspondentes são iguais.

$$X = Y \rightarrow X_{2\,x\,2} = \begin{pmatrix} 1 & 0 \\ 3 & 2 \end{pmatrix} \text{ e } Y_{2\,x\,2} = \begin{pmatrix} 1 & 0 \\ 3 & 2 \end{pmatrix}$$

Soma de Matrizes

Só é possível somar matrizes de mesma ordem. Para fazer o cálculo, basta somar os elementos correspondentes.

Ex.: S = X + Y (S = matriz soma de X e Y)

$$X_{2\,x\,3} = \begin{bmatrix} 6 & 8 & 9 \\ 10 & 13 & 4 \end{bmatrix} \text{ e } Y_{2\,x\,3} = \begin{bmatrix} 18 & 22 & 30 \\ 9 & 14 & 28 \end{bmatrix}$$

$$S = \begin{bmatrix} 6+18 & 8+22 & 9+30 \\ 10+9 & 13+14 & 4+28 \end{bmatrix}$$

$$S_{2\,x\,3} = \begin{bmatrix} 24 & 30 & 39 \\ 19 & 27 & 32 \end{bmatrix}$$

Produto de uma Constante por uma Matriz

Basta multiplicar a constante por todos os elementos da matriz.

Ex.: P = 2Y

$$Y_{2\,x\,2} = \begin{pmatrix} 7 & 4 \\ 13 & 25 \end{pmatrix}$$

$$P = \begin{pmatrix} 2 \cdot 7 & 2 \cdot 4 \\ 2 \cdot 13 & 2 \cdot 25 \end{pmatrix}$$

$$P_{2\,x\,2} = \begin{pmatrix} 14 & 8 \\ 26 & 50 \end{pmatrix}$$

Para multiplicar matrizes, devemos "multiplicar linhas por colunas", ou seja, multiplica o 1º número da linha pelo 1º número da coluna, o 2º número da linha pelo 2º número da coluna e assim sucessivamente para todos os elementos das linhas e colunas.

Esse procedimento de cálculo só poderá ser feito se o número de colunas da 1ª matriz for igual ao número de linhas da 2ª matriz.

$$(A_{mxn}) \cdot (B_{nxp}) = C_{mxp}$$

Ex.: M = A2 x 3 . B3 x 2

$$A_{2\,x\,3} = \begin{bmatrix} 1 & 2 & 4 \\ 5 & 7 & 6 \end{bmatrix} \text{ e } B_{3\,x\,2} = \begin{bmatrix} 2 & 3 \\ 8 & 1 \\ 4 & 9 \end{bmatrix}$$

$$M_{2\,x\,2} = \begin{bmatrix} m_{11} & m_{12} \\ m_{21} & m_{22} \end{bmatrix}$$

$$M_{2\,x\,2} = \begin{bmatrix} m_{11} = (1 \cdot 2 + 2 \cdot 8 + 4 \cdot 4) & m_{12} = (1 \cdot 3 + 2 \cdot 1 + 4 \cdot 9) \\ m_{21} = (5 \cdot 2 + 7 \cdot 8 + 6 \cdot 4) & m_{22} = (5 \cdot 3 + 7 \cdot 1 + 6 \cdot 9) \end{bmatrix}$$

$$M_{2\,x\,2} = \begin{bmatrix} m_{11} = 34 & m_{12} = 41 \\ m_{21} = 90 & m_{22} = 76 \end{bmatrix}$$

$$M_{2\,x\,2} = \begin{bmatrix} 34 & 41 \\ 90 & 76 \end{bmatrix}$$

Matriz Inversa (A^{-1})

Se existe uma matriz B, quadrada de ordem n, tal que $A \cdot B = B \cdot A = I_n$, dizemos que a matriz B é a inversa de A. Costumamos indicar a matriz inversa por A^{-1}. Assim $B = A^{-1}$.

Logo: $A \cdot A^{-1} = A^{-1} \cdot A = I_n$

Para melhor compreender essa definição, observe o exemplo:

Ex.: $A \cdot A^{-1} = In$

$$A_{2x2} = \begin{pmatrix} 1 & -2 \\ 3 & 1 \end{pmatrix} \text{ e } A^{-1}{}_{2x2} = \begin{pmatrix} a & b \\ c & d \end{pmatrix}$$

Logo:

$$\begin{pmatrix} 1 & -2 \\ 3 & 1 \end{pmatrix} \cdot \begin{pmatrix} a & b \\ c & d \end{pmatrix} = \begin{pmatrix} 1 & 0 \\ 0 & 1 \end{pmatrix}$$

$$\begin{pmatrix} 1a - 2c & 1b - 2d \\ 3a + 1c & 3b + 1d \end{pmatrix} = \begin{pmatrix} 1 & 0 \\ 0 & 1 \end{pmatrix}$$

$$\begin{cases} 1a - 2c = 1 \\ 1b - 2d = 0 \\ 3a + 1c = 0 \\ 3b + 1d = 1 \end{cases} \rightarrow \begin{cases} I \begin{cases} 1a - 2c = 1 \\ 3a + 1c = 0 \end{cases} \\ II \begin{cases} 1b - 2d = 0 \\ 3b + 1d = 1 \end{cases} \end{cases}$$

Resolvendo o sistema I:

$$I \begin{cases} 1a - 2c = 1 \\ 3a + 1c = 0 \ (\cdot 2) \end{cases}$$

$$I \begin{cases} 1a - 2c = 1 \\ 6a + 2c = 0 \end{cases} + (somando\ as\ equações)$$

$$7a = 1$$

$$a = \frac{1}{7}$$

Substituindo-se "a" em uma das duas equações, temos:

$$3\left(\frac{1}{7}\right) + 1c = 0$$

$$\frac{3}{7} + 1c = 0$$

$$c = \frac{-3}{7}$$

Resolvendo o sistema II:

$$II \begin{cases} 1b - 2d = 0 \ (\cdot -3) \\ 3b + 1d = 1 \end{cases}$$

$$II \begin{cases} -3b + 6d = 0 \\ 3b + 1d = 1 \end{cases} + (somando\ as\ equações)$$

$$7d = 1$$

$$d = \frac{1}{7}$$

Substituindo-se "d" em uma das duas equações, temos:

$$1b - 2\left(\frac{1}{7}\right) = 0$$

$$b - \frac{2}{7} = 0$$

$$b = \frac{2}{7}$$

a = 1/7; b = 2/7; c = -3/7; d = 1/7

Logo:

$$A^{-1}{}_{2x2} = \begin{pmatrix} 1/7 & 2/7 \\ -3/7 & 1/7 \end{pmatrix}$$

12.2 Determinantes

Determinante é um número real associado à matriz.

Só há determinante de matriz quadrada. Cada matriz apresenta um único determinante.

12.2.1 Cálculo dos Determinantes

Determinante de uma Matriz de Ordem 1 ou de 1ª ordem

Se a matriz é de 1ª ordem, significa que ela tem apenas uma linha e uma coluna, portanto, só um elemento, que é o próprio determinante da matriz.

A_{1x1} = [13]

Det A = 13

B_{1x1} = [-7]

Det B = -7

Determinante de uma Matriz de Ordem 2 ou de 2ª Ordem

Será calculado pela **subtração** do produto dos elementos da diagonal principal pelo produto dos elementos da diagonal secundária.

$$A_{2x2} = \begin{bmatrix} 2 & 4 \\ 3 & 7 \end{bmatrix}$$

Det A = (2 . 7) - (4 . 3)

Det A = (14) - (12)

Det A = 2

$$B_{2x2} = \begin{bmatrix} 6 & -1 \\ 8 & 9 \end{bmatrix}$$

Ex.: Det B = (6 . 9) - (-1 . 8)

Det B = (54) - (-8)

Det B = 54 + 8

Det B = 62

Determinante de uma Matriz de Ordem 3 ou de 3ª Ordem

Será calculado pela **Regra de Sarrus**, que consiste em:

1º passo: repetir as duas primeiras colunas ao lado da matriz.

2º passo: multiplicar os elementos da diagonal principal e das outras duas diagonais que seguem a mesma direção, e somá-los.

3º passo: multiplicar os elementos da diagonal secundária e das outras duas diagonais que seguem a mesma direção, e somá-los.

4º passo: o valor do determinante será dado pela subtração do resultado do 2º com o 3º passo.

$$A_{3x3} = \begin{pmatrix} 2 & 4 & 7 \\ 3 & 5 & 8 \\ 1 & 9 & 6 \end{pmatrix} \begin{matrix} 2 & 4 \\ 3 & 5 \\ 1 & 9 \end{matrix}$$

$$A_{3x3} = \begin{pmatrix} 2 & 4 & 7 \\ 3 & 5 & 8 \\ 1 & 9 & 6 \end{pmatrix} \begin{matrix} 2 & 4 \\ 3 & 5 \\ 1 & 9 \end{matrix}$$

Det A = (2 . 5 . 6 + 4 . 8 . 1 + 7 . 3 . 9) - (7 . 5 . 1 + 2 . 8 . 9 + 4 . 3 . 6)

Det A = (60 + 32 + 189) – (35 + 144 + 72)

Det A = (281) – (251)

Det A = 30

Se estivermos diante de uma matriz triangular ou matriz diagonal, o seu determinante será calculado, pelo produto dos elementos da diagonal principal, somente.

Matriz triangular

$$A_{3x3} = \begin{pmatrix} 2 & 4 & 7 \\ 0 & 5 & 8 \\ 0 & 0 & 6 \end{pmatrix} \begin{matrix} 2 & 4 \\ 0 & 5 \\ 0 & 0 \end{matrix}$$

$$A_{3x3} = \begin{pmatrix} 2 & 4 & 7 \\ 0 & 5 & 8 \\ 0 & 0 & 6 \end{pmatrix} \begin{matrix} 2 & 4 \\ 0 & 5 \\ 0 & 0 \end{matrix}$$

Det A = (2 · 5 · 6 + 4 · 8 · 0 + 7 · 0 · 0) - (7 · 5 · 0 + 2 · 8 · 0 + 4 · 0 · 6)

Det A = (60 + 0 + 0) - (0 + 0 + 0)

Det A = 60 (produto da diagonal principal = 2 x 5 x 6)

Matriz diagonal

$$B_{3x3} = \begin{pmatrix} 2 & 0 & 0 \\ 0 & 5 & 0 \\ 0 & 0 & 6 \end{pmatrix} \begin{matrix} 2 & 0 \\ 0 & 5 \\ 0 & 0 \end{matrix}$$

$$B_{3x3} = \begin{pmatrix} 2 & 0 & 0 \\ 0 & 5 & 0 \\ 0 & 0 & 6 \end{pmatrix} \begin{matrix} 2 & 0 \\ 0 & 5 \\ 0 & 0 \end{matrix}$$

Det B = (2 · 5 · 6 + 0 · 0 · 0 + 0 · 0 · 0) - (0 · 5 · 0 + 2 · 0 · 0 + 0 · 0 · 6)

Det B = (60 + 0 + 0) – (0 + 0 + 0)

Det B = 60 (produto da diagonal principal = 2 · 5 · 6)

Determinante de uma Matriz de Ordem Superior a 3

Será calculado pela **Regra de Chió** ou **Teorema de Laplace**.

Regra de Chió

Escolha um elemento $a_{ij} = 1$.

Retirando a linha (i) e a coluna (j) do elemento $a_{ij} = 1$, obtenha o menor complementar (D_{ij}) do referido elemento – uma nova matriz com uma ordem a menos.

Subtraia de cada elemento dessa nova matriz menor complementar (D_{ij}) o produto dos elementos que pertenciam a sua linha e coluna e que foram retirados, formado outra matriz.

Calcule o determinante dessa última matriz e multiplique por $(-1)^{i+j}$, sendo que i e j pertencem ao elemento $a_{ij} = 1$.

$$A_{3x3} = \begin{pmatrix} 2 & 4 & 7 \\ 3 & 5 & 8 \\ 1 & 9 & 6 \end{pmatrix} (I)$$

$$Det.\ A_{3x3} = \begin{pmatrix} 2 & 4 & 7 \\ 3 & 5 & 8 \\ 1 & 9 & 6 \end{pmatrix} = \begin{pmatrix} 4 & 7 \\ 5 & 8 \end{pmatrix} (II)$$

$$Det.\ A_{3x3} = \begin{pmatrix} 2 & 4 & 7 \\ 3 & 5 & 8 \\ 1 & 9 & 6 \end{pmatrix} = \begin{pmatrix} 4-(2\cdot 9) & 7-(2\cdot 6) \\ 5-(3\cdot 9) & 8-(3\cdot 6) \end{pmatrix} (III)$$

$$Det.\ A_{3x3} = (-1)^{3+1} \cdot \begin{pmatrix} -14 & -5 \\ -22 & -10 \end{pmatrix} (IV)$$

$$Det.\ A_{3x3} = (1) \cdot (140 - 110)$$

$$Det.\ A = 30$$

O Teorema de Laplace

Primeiramente, precisamos saber o que é um cofator. O cofator de um elemento aij de uma matriz é: $A_{ij} = (-1)^{i+j} . D_{ij}$.

Agora, vamos ao teorema:

Escolha uma linha ou coluna qualquer do determinante:

$$A_{3x3} = \begin{pmatrix} 2 & 4 & 7 \\ 3 & 5 & 8 \\ 1 & 9 & 6 \end{pmatrix}$$

Calcule o cofator de cada elemento dessa fila:

$$a_{11} = A_{11} = (-1)^{1+1} \cdot \begin{pmatrix} 5 & 8 \\ 9 & 6 \end{pmatrix} = (1) \cdot (-42)$$

$$a_{21} = A_{21} = (-1)^{2+1} \cdot \begin{pmatrix} 4 & 7 \\ 9 & 6 \end{pmatrix} = (-1) \cdot (-39)$$

$$a_{31} = A_{31} = (-1)^{3+1} \cdot \begin{pmatrix} 4 & 7 \\ 5 & 8 \end{pmatrix} = (1) \cdot (-3)$$

Multiplique cada elemento da fila selecionada pelo seu respectivo cofator. O determinante da matriz será a soma desses produtos.

Det. $A_{3x3} = a_{11} \cdot A_{11} + a_{21} \cdot A_{21} + a_{31} \cdot A_{31}$

Det. $A_{3x3} = 2 \cdot (-42) + 3 \cdot 39 + 1 \cdot (-3)$

Det. $A_{3x3} = (-84) + 117 + (-3)$

Det. $A_{3x3} = 117 - 87$

Det A = 30

12.2.2 Propriedade dos Determinantes

As propriedades dos determinantes servem para facilitar o cálculo do determinante, uma vez que, com elas, diminuímos nosso trabalho nas resoluções das questões de concursos.

Determinante de Matriz Transposta

Se **A** é uma matriz de ordem "**n**" e $\mathbf{A}^t$ sua transposta, então: Det. At = Det. A

$$A_{2x2} = \begin{bmatrix} 2 & 3 \\ 1 & 4 \end{bmatrix}$$

$$Det.\ A = 2 \cdot 4 - 3 \cdot 1$$

$$Det.\ A = 8 - 3$$

$$Det.\ A = 5$$

$$A^t{}_{2x2} = \begin{bmatrix} 2 & 1 \\ 3 & 4 \end{bmatrix}$$

$$Det.\ A^t = 2 \times 4 - 1 \cdot 3$$

$$Det.\ A^t = 8 - 3$$

$$Det.\ A^t = 5$$

Determinante de uma Matriz com Fila Nula

Se uma das filas (linha ou coluna) da matriz A for toda nula, então: Det. A = 0

Ex.: $A_{2x2} = \begin{bmatrix} 2 & 3 \\ 0 & 0 \end{bmatrix}$

Det. A = 2 . 0 – 3 . 0

Det. A = 0 - 0

Det. A = 0

Determinante de uma Matriz cuja Fila foi Multiplicada por uma Constante

Se multiplicarmos uma fila (linha ou coluna) qualquer da matriz A por um número k, o determinante da nova matriz será k vezes o determinante de A.

Det. A‘ (k vezes uma fila de A) = k · Det. A

Ex.: $A_{2x2} = \begin{bmatrix} 2 & 1 \\ 3 & 2 \end{bmatrix}$

Det. A = 2 . 2 - 1 . 3

Det. A = 4 - 3

Det. A = 1

$$A'_{2x2} = \begin{bmatrix} 4 & 2 \\ 3 & 2 \end{bmatrix} \cdot 2\ (k = 2)$$

Det. A‘ = 4 . 2 - 2 . 3

Det. A‘ = 8 - 6

Det. A‘ = 2

Det. A‘ = k . Det. A

Det. A’ = 2 . 1

Det. A’ = 2

Determinante de uma Matriz Multiplicada por uma Constante

Se multiplicarmos toda uma matriz A de ordem “n” por um número k, o determinante da nova matriz será o produto (multiplicação) de k^n pelo determinante de A.

Det (k · A) = k^n · Det. A

Ex.: $A_{2x2} = \begin{bmatrix} 2 & 1 \\ 4 & 3 \end{bmatrix}$

Det. A = 2 . 3 - = 1 . 4

Det. A = 6 - 4

Det. A = 2

$3 \cdot A_{2x2} = \begin{bmatrix} 6 & 3 \\ 12 & 9 \end{bmatrix}$

Det. 3A = 6 . 9 - 3 . 12

Det. 3A = 54 - 36

Det. 3A = 18

Det (k . A) = k^n . Det. A

Det (3 . A) = 3^2 . 2

Det (3 . A) = 9 . 2

Det (3 . A) = 18

Determinante de uma Matriz com Filas Paralelas Iguais

Se uma matriz A de ordem n ≥ 2 tem duas filas paralelas com os elementos respectivamente iguais, então: Det. A = 0

Ex.: $A_{2x2} = \begin{bmatrix} 2 & 3 \\ 2 & 3 \end{bmatrix}$

Det. A = 2 . 3 - 3 . 2

Det. A = 6 - 6

Det. A = 0

Determinante de uma Matriz com Filas Paralelas Proporcionais

Se uma matriz A de ordem n ≥ 2 tem duas filas paralelas com os elementos respectivamente proporcionais, então: Det. A = 0.

Ex.: $A_{2x2} = \begin{bmatrix} 3 & 6 \\ 4 & 8 \end{bmatrix}$

Det. A = 3 . 8 - 6 . 4

Det. A = 24 - 24

Det. A = 0

Determinante de uma Matriz com Troca de Filas Paralelas

Se em uma matriz A de ordem n ≥ 2 trocarmos de posição duas filas paralelas, obteremos uma nova matriz B, tal que:

Det. A = - Det. B

Ex.: $A_{2x2} = \begin{bmatrix} 5 & 4 \\ 2 & 3 \end{bmatrix}$

Det. A = 5 . 3 - 2 . 4

Det. A = 15 - 8

Det. A = 7

Ex.: $B_{2x2} = \begin{bmatrix} 4 & 5 \\ 3 & 2 \end{bmatrix}$

Det. B = 4 . 2 - 5 . 3

Det. B = 8 - 15

Det. B = -7

Det. A = - Det. B

Det. A = - (-7)

Det. A = 7

Determinante do Produto de Matrizes

Se A e B são matrizes quadradas de ordem n, então:

Det. (A · B) = Det. A · Det. B

Ex.: $A_{2x2} = \begin{bmatrix} 1 & 2 \\ 2 & 3 \end{bmatrix}$

Det. A = 1 . 3 - 2 . 2

Det. A = 3 - 4

Det. A = -1

$B_{2x2} = \begin{bmatrix} 2 & 5 \\ 3 & 4 \end{bmatrix}$

Det. B = 2 . 4 - 5 . 3

Det. B = 8 - 15

Det. B = -7

$A \cdot B_{2x2} = \begin{bmatrix} 8 & 13 \\ 13 & 22 \end{bmatrix}$

Det. (A . B) = 8 . 22 - 13 . 13

Det. (A . B) = 176 - 169

Det. (A . B) = 7

Det. (A . B) = Det. A . Det. B

Det. (A . B) = (-1) . (-7)

Det. (A . B) = 7

Determinante de uma Matriz Triangular

O determinante é igual ao produto dos elementos da diagonal principal.

Determinante de uma Matriz Inversa

Seja B a matriz inversa de A, então, a relação entre os determinantes de B e A é dado por:

$$\text{Det (B)} = \frac{1}{\text{Det (A)}}$$

Ex.: $A_{2x2} = \begin{pmatrix} 1 & -2 \\ 3 & 1 \end{pmatrix}$

Det. A = 1 . 1 - (-2 . 3)

Det. A = 1 + 6

Det. A = 7

Ex.: $B = A^{-1}{}_{2x2} = \begin{pmatrix} 1/7 & 2/7 \\ -3/7 & 1/7 \end{pmatrix}$

Det. B = (1/7 . 1/7) - (2/7 . -3/7)

Det. B = 1/49 + 6/49

Det. B = 7/49

Det. B = 1/7

$$Det.\ B = \frac{1}{Det\,(A)}$$

$$Det.\ B = \frac{1}{7}$$

$$Det.\ B = \frac{1}{7}$$

12.3 Sistemas Lineares

Equações Lineares: é toda equação do 1º grau com uma ou mais incógnitas.

Sistemas Lineares: é o conjunto de equações lineares.

Equação: 2x + 3y = 7

Sistema: $\begin{cases} 2x + 3y = 7 \\ 4x - 5y = 3 \end{cases}$

Equação: x + 2y + z = 8

Sistema: $\begin{cases} x + y - z = 4 \\ 2x - y + z = 5 \\ x + 2y + z = 8 \end{cases}$

12.3.1 Representação de um Sistema Linear em Forma de Matriz

Todo sistema linear pode ser escrito na forma de uma matriz.

Esse conteúdo será importante mais adiante para a resolução dos sistemas.

$$\begin{cases} 2x + 3y = 7 \\ 4x - 5y = 3 \end{cases}$$

Forma de Matriz

$$\underbrace{\begin{bmatrix} 2\text{ (coeficiente de x)} & 3\text{ (coeficiente de y)} \\ 4\text{ (coeficiente de x)} & -5\text{ (coeficiente de y)} \end{bmatrix} \cdot \begin{bmatrix} x \\ y \end{bmatrix} = \begin{bmatrix} 7 \\ 3 \end{bmatrix}}_{\text{termos independentes}}$$

Matriz Incompleta

$$\begin{bmatrix} 2 & 3 \\ 4 & -5 \end{bmatrix}$$

Matriz de X

$$\begin{bmatrix} 7 & 3 \\ 3 & -5 \end{bmatrix}$$

Substituem-se os coeficientes de x pelos termos independentes.

Matriz de Y

$$\begin{bmatrix} 2 & 7 \\ 4 & 3 \end{bmatrix}$$

Substituem-se os coeficientes de y pelos termos independentes.

12.3.2 Resolução de um Sistema Linear

A Regra de Cramer só é possível quando o número de variáveis for igual ao número de equações.

Resolvem-se os sistemas pelo método dos determinantes, também conhecido como **Regra de Cramer.**

A regra consiste em: o valor das variáveis será calculado dividindo-se o **determinante da matriz da variável** pelo **determinante da matriz incompleta**, do sistema.

Então:

O valor de x é dado por:

$$x = \frac{\text{deteminante da matriz de X}}{\text{determinante da matriz incompleta}}$$

O valor de y é dado por:

$$y = \frac{\text{deteminante da matriz de Y}}{\text{determinante da matriz incompleta}}$$

O valor de z é dado por:

$$z = \frac{\text{deteminante da matriz de Z}}{\text{determinante da matriz incompleta}}$$

Se o determinante da matriz incompleta for diferente de zero (Det. In. $\neq$ 0), teremos sempre um sistema possível e determinado;

Se o determinante da matriz incompleta for igual a zero (Det. In. = 0), temos duas situações:

1ª: Se os determinantes de todas as matrizes das variáveis também forem iguais a zero (Det. X = 0 e Det. Y = 0 e Det. Z = 0), teremos um sistema possível e indeterminado;

2ª: Se o determinante de, pelo menos, uma das matrizes das variáveis for diferente de zero (Det. · $\neq$ 0 ou Det. Y $\neq$ 0 ou Det. Z $\neq$ 0), teremos um sistema impossível.

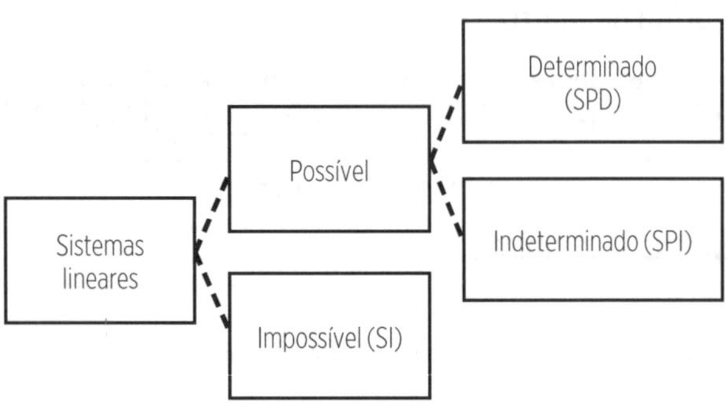

SPD: sistema possível e determinado (quando Det. In. $\neq$ 0).

SPI: sistema possível e indeterminado (quando Det. In. = 0, e Det. . = 0 e Det. Y = 0 e Det. Z = 0).

SI: sistema impossível (quando Det. In. = 0, e Det. . $\neq$ 0 ou Det. Y $\neq$ 0 ou Det. Z $\neq$ 0).

Ex.: $\begin{cases} x + y - z = 4 \\ 2x - y + z = 5 \\ x + 2y + z = 8 \end{cases}$

Matriz incompleta: $\begin{bmatrix} 1 & 1 & -1 \\ 2 & -1 & 1 \\ 1 & 2 & 1 \end{bmatrix}$ det. In. = -9

Matriz de X: $\begin{bmatrix} 4 & 1 & -1 \\ 5 & -1 & 1 \\ 8 & 2 & 1 \end{bmatrix}$ det. X = -27

Matriz de Y: $\begin{bmatrix} 1 & 4 & -1 \\ 2 & 5 & 1 \\ 1 & 8 & 1 \end{bmatrix}$ det. Y = -18

Matriz de Z: $\begin{bmatrix} 1 & 1 & 4 \\ 2 & -1 & 5 \\ 1 & 2 & 8 \end{bmatrix}$ det. Z = -9

Valor de x é: $x = \frac{-27}{-9} = 3 = 3$

Valor de y é: $y = \frac{-18}{-9} = 2 = 2$

Valor de z é: $z = \frac{-9}{-9} = 1 = 1$

Solução: x= 3, y = 2 e z = 1

Questões

01. (CESPE) – 2017. Considerando a matriz $A = \begin{pmatrix} 2 & 0 & 10 \\ 4 & 10 & 20 \\ 0 & 2 & 40 \end{pmatrix}$, julgue o próximo item.

Se $B = \begin{pmatrix} 0 & x & -7 \\ 1 & 0 & z \\ y & 10 & 0 \end{pmatrix}$, e a matriz A + B for simétrica, então x + y + z = 0.

Certo ( ) Errado ( )

02. (CESPE) – 2013 Julgue o item subsequente, relacionado a problemas aritméticos, geométricos e matriciais.

Considere que A e B sejam matrizes distintas, de ordem 2×2, com entradas reais e, em cada matriz, três das quatro entradas sejam iguais a zero. Além disso, considere também que A×A=B×B=A×B=0, em que 0 é a matriz nula, isto é, a matriz em que todas as entradas são iguais a zero. Nesse caso, necessariamente, A=0 ou B=0.

Certo ( ) Errado ( )

03. (CESPE) – 2018. Considere que a empresa X tenha disponibilizado um aparelho celular a um empregado que viajou em missão de 30 dias corridos. O custo do minuto de cada ligação, para qualquer telefone, é de R$ 0,15. Nessa situação, considerando que a empresa tenha estabelecido limite de R$ 200,00 e que, após ultrapassado esse limite, o empregado arcará com as despesas, julgue o item a seguir.

Considere que, em uma nova missão, o preço das ligações tenha passado a depender da localidade, mesma cidade ou cidade distinta da de origem da ligação, e do tipo de telefone para o qual a ligação tenha sido feita, celular, fixo ou rádio. As tabelas abaixo mostram quantas ligações de cada tipo foram feitas e o valor de cada uma:

	celular	fixo	rádio
mesma cidade	6	3	1
cidade distinta	7	1	3

Tabela I: número de ligações realizadas por tipo de telefone

	mesma cidade	cidade distinta
celular	0,20	0,50
fixo	0,15	0,30
rádio	0,20	0,20

Tabela II: preço de cada ligação, em reais

Nessas condições, se $\begin{pmatrix} 6 & 3 & 1 \\ 7 & 1 & 3 \end{pmatrix}$ for a matriz formada pelos dados da tabela I, e $B = \begin{pmatrix} 0{,}20 & 0{,}50 \\ 0{,}15 & 0{,}30 \\ 0{,}20 & 0{,}20 \end{pmatrix}$ for a matriz formada pelos dados da tabela II, então a soma de todas as entradas da matriz

A × B será igual ao valor total das ligações efetuadas.

Certo ( ) Errado ( )

04. (CESPE) – 2011. Um importante algoritmo para a resolução de problemas que envolvem matrizes (por exemplo, resolução de sistemas lineares, cálculo da matriz inversa, determinantes etc.) consiste em efetuar operações elementares sobre as linhas da matriz. Essas operações incluem multiplicação de uma linha da matriz por um número não nulo; adição a uma linha de um múltiplo de outra linha; permutação de linhas. Com relação a essas operações, considere a matriz B obtida da matriz $A = \begin{pmatrix} 1 & 0 & -2 \\ 2 & -1 & -2 \\ 2 & -1 & -1 \end{pmatrix}$ depois de efetuada a seguinte sequência de operações elementares: substituição da linha 3 pela linha 3 menos a linha 2; substituição da linha 2 pela linha 2 menos duas vezes a linha 1. Com base nessas informações, julgue o item que se segue, acerca da matriz B.

Na linha 3 da matriz B, há apenas um elemento nulo.

Certo ( ) Errado ( )

05. (CESPE) – CEBRASPE (CESPE) – 2011. Um importante algoritmo para a resolução de problemas que envolvem matrizes (por exemplo, resolução de sistemas lineares, cálculo da matriz inversa, determinantes etc.) consiste em efetuar operações elementares sobre as linhas da matriz. Essas operações incluem multiplicação de uma linha da matriz por um número não nulo; adição a uma linha de um múltiplo de outra linha; permutação de linhas. Com relação a essas operações, considere a matriz B obtida da matriz $A = \begin{pmatrix} 1 & 0 & -2 \\ 2 & -1 & -2 \\ 2 & -1 & -1 \end{pmatrix}$ depois de efetuada a seguinte sequência de operações elementares: substituição da linha 3 pela linha 3 menos a linha 2; substituição da linha 2 pela linha 2 menos duas vezes a linha 1. Com base nessas informações, julgue o item que se segue, acerca da matriz B.

A soma dos elementos da linha 2 da matriz B é igual a 1.

Certo ( ) Errado ( )

Gabaritos

01	CERTO
02	ERRADO
03	ERRADO
04	ERRADO
05	CERTO

13. FUNÇÕES, FUNÇÃO AFIM E FUNÇÃO QUADRÁTICA

Neste capítulo será abordado um assunto de grande importância para a matemática: as funções.

13.1 Definições, Domínio, Contradomínio e Imagem

A função é uma relação estabelecida entre dois conjuntos A e B, em que exista uma associação entre cada elemento de A com um único de B por meio de uma lei de formação.

Matematicamente, podemos dizer que função é uma relação de dois valores, por exemplo: $f(x) = y$, sendo que x e y são valores, nos quais x é o domínio da função (a função está dependendo dele) e y é um valor que depende do valor de x, sendo a imagem da função.

As funções possuem um conjunto chamado domínio e outro chamado de imagem da função, além do contradomínio. No plano cartesiano, que o eixo x representa o domínio da função, enquanto no eixo y apresentam-se os valores obtidos em função de x, constituindo a imagem da função (o eixo y seria o contradomínio da função).

Demonstração:

Com os conjuntos A = {1, 4, 7} e B = {1, 4, 6, 7, 8, 9, 12} cria-se a função f: A $\rightarrow$ B definida por $f(x) = x + 5$, que também pode ser representada por $y = x + 5$. A representação, utilizando conjuntos, desta função é:

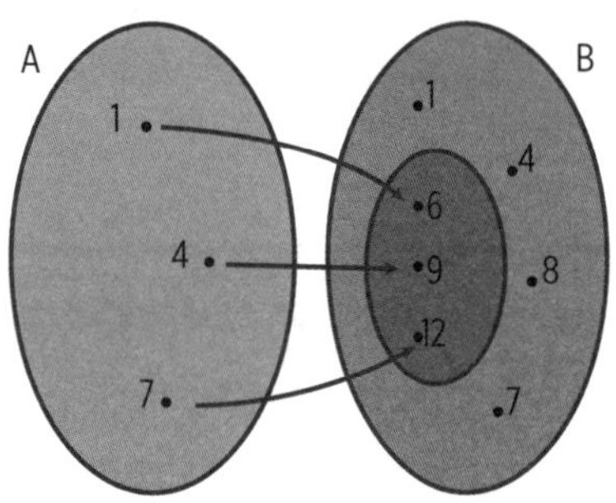

O conjunto A é o conjunto de saída e o B é o conjunto de chegada.

Domínio é um sinônimo para conjunto de saída, ou seja, para esta função o domínio é o próprio conjunto A = {1, 4, 7}.

Como, em uma função, o conjunto de saída (domínio) deve ter todos os seus elementos relacionados, não precisa ter subdivisões para o domínio.

O domínio de uma função também é chamado de campo de definição ou campo de existência da função, e é representado pela letra "D".

O conjunto de chegada "B", também possui um sinônimo, é chamado de contradomínio, representado por "CD".

Note que se pode fazer uma subdivisão dentro do contradomínio. Podemos ter elementos do contradomínio que não são relacionados com algum elemento do Domínio e outros que são. Por isso, deve-se levar em consideração esta subdivisão.

Este subconjunto é chamado de conjunto imagem, e é composto por todos os elementos em que as flechas de relacionamento chegam.

O conjunto Imagem é representado por "Im", e cada ponto que a flecha chega é chamado de imagem.

13.2 Plano Cartesiano

Criado por René Descartes, o plano cartesiano consiste em dois eixos perpendiculares, sendo o horizontal chamado de eixo das abscissas e o vertical de eixo das ordenadas. O plano cartesiano foi desenvolvido por Descartes no intuito de localizar pontos num determinado espaço.

As disposições dos eixos no plano formam quatro quadrantes, mostrados na figura a seguir:

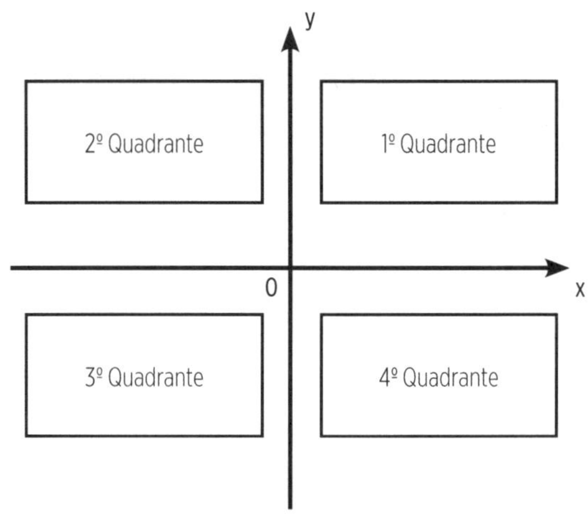

O encontro dos eixos é chamado de origem. Cada ponto do plano cartesiano é formado por um par ordenado (x, y), em que x: abscissa e y: ordenada.

13.2.1 Raízes

Em matemática, uma raiz ou "zero" da função consiste em determinar os pontos de interseção da função com o eixo das abscissas no plano cartesiano. A função f é um elemento no domínio de f tal que $f(x) = 0$.

Ex.: Considere a função:

$f(x) = x^2 - 6x + 9$

3 é uma raiz de f, porque:

$f(3) = 3^2 - 6 \cdot 3 + 9 = 0$

13.3 Funções Injetoras, Sobrejetoras e Bijetoras

13.3.1 Função Injetora

É toda a função em que cada x encontra um único y, ou seja, os elementos distintos têm imagens distintas.

13.3.2 Função Sobrejetora

Toda a função em que o conjunto imagem é exatamente igual ao contradomínio (y).

13.3.3 Função Bijetora

Toda a função que for Injetora e Sobrejetora ao mesmo tempo.

13.4 Funções Crescentes, Decrescentes e Constantes

13.4.1 Função Crescente

À medida que x "aumenta", as imagens vão "aumentando".

Com $x_1 > x_2$ a função é crescente para $f(x_1) > f(x_2)$, isto é, aumentando valor de x, aumenta o valor de y.

13.4.2 Função Decrescente

À medida que x "aumenta", as imagens vão "diminuindo" (decrescendo).

Com $x_1 > x_2$ a função é crescente para $f(x_1) < f(x_2)$, isto é, aumentando x, diminui o valor de y.

13.4.3 Função Constante

Em uma função constante qualquer que seja o elemento do domínio, eles sempre terão a mesma imagem, ao variar x encontra-se sempre o mesmo valor y.

13.5 Funções Inversas e Compostas

13.5.1 Função Inversa

Dada uma função $f: A \rightarrow B$, se f é bijetora, se define a função inversa f^{-1} como sendo a função de B em A, tal que $f^{-1}(y) = x$.

Ex.: Determine a **inversa** da função definida por:

$y = 2x + 3$

Trocando as variáveis x e y:

$x = 2y + 3$

Colocando y em função de x:

$2y = x - 3$

$y = \frac{x-3}{2}$, que define a função inversa da função dada.

13.5.2 Função Composta

Chama-se função composta (ou função de função) a função obtida substituindo-se a variável independente x por uma função.

Simbolicamente fica:

$f o g(x) = f(g(x))$ ou $g o f(x) = g(f(x))$

Ex.: Dadas as funções $f(x) = 2x + 3$ e $g(x) = 5x$, determine $g_o f(x)$ e $f_o g(x)$.

$g_o f(x) = g[f(x)] = g(2x + 3) = 5(2x + 3) = 10x + 15$

$f_o g(x) = f[g(x)] = f(5x) = 2(5x) + 3 = 10x + 3$

13.6 Função Afim

Chama-se função polinomial do 1º grau, ou função afim, a qualquer função f dada por uma lei da forma $f(x) = ax + b$, cujo a e b são números reais dados e $a \neq 0$.

Na função $f(x) = ax + b$, o número a é chamado de coeficiente de x e o número b é chamado termo constante.

13.6.1 Gráfico

O gráfico de uma função polinomial do 1º grau, $y = ax + b$, com $a \neq 0$, é uma reta oblíqua aos eixos x e y.

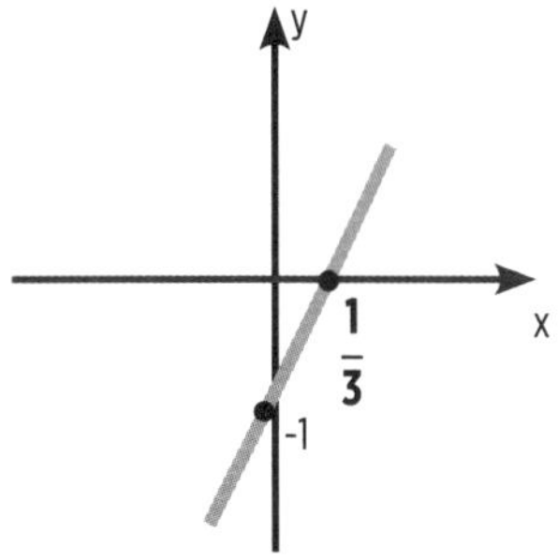

13.6.2 Zero e Equação do 1º Grau

Chama-se zero ou raiz da função polinomial do 1º grau $f(x) = ax + b$, $a \neq 0$, o número real x tal que $f(x) = 0$.

Assim: $f(x) = 0 \Rightarrow ax + b = 0 \Rightarrow x = \frac{-b}{a}$

13.6.3 Crescimento e Decrescimento

A função do 1º grau $f(x) = ax + b$ é crescente quando o coeficiente de x é positivo ($a > 0$).

A função do 1º grau $f(x) = ax + b$ é decrescente quando o coeficiente de x é negativo ($a < 0$).

13.6.4 Sinal

Estudar o sinal de qualquer $y = f(x)$ é determinar os valor de x para os quais y é positivo, os valores de x para os quais y é zero e os valores de x para os quais y é negativo.

Considere uma função afim $y = f(x) = ax + b$, essa função se anula para a raiz $x = \frac{-b}{a}$.

Há então, dois casos possíveis:

a > 0 (a função é crescente)

$$y > 0 \Rightarrow ax + b > 0 \Rightarrow x > \frac{-b}{a}$$

$$Y < 0 \Rightarrow ax + b < 0 \Rightarrow x < \frac{-b}{a}$$

Logo, y é positivo para valores de x maiores que a raiz; y é negativo para valores de x menores que a raiz.

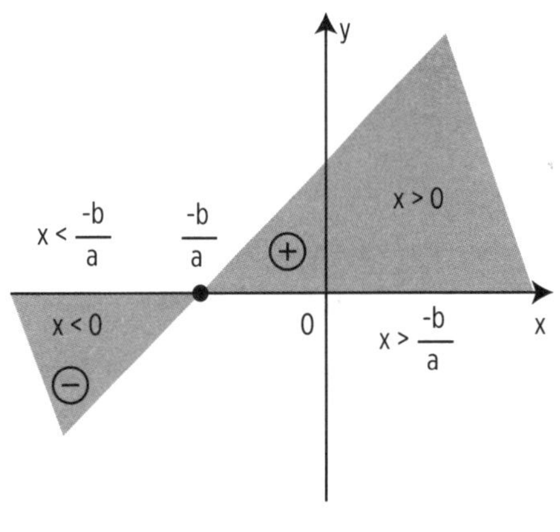

a < 0 (a função é decrescente)

$$y > 0 \Rightarrow ax + b > 0 \Rightarrow x < \frac{-b}{a}$$

$$y > 0 \Rightarrow ax + b > 0 \Rightarrow x < \frac{-b}{a}$$

Portanto, y é positivo para valores de x menores que a raiz; y é negativo para valores de x maiores que a raiz.

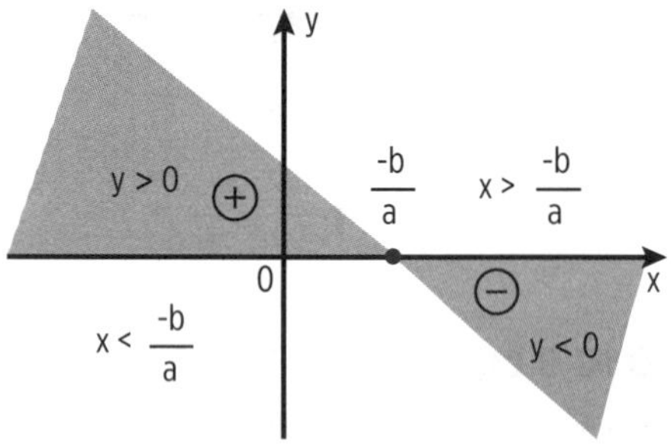

13.6.5 Equações e Inequações do 1º Grau

Equação

Uma equação do 1º grau na incógnita x é qualquer expressão do 1º grau que pode ser escrita numa das seguintes formas:

$$ax + b = 0$$

Para resolver uma equação, basta achar o valor de "x".

Sistema de Equação

Um sistema de equação de 1º grau com duas incógnitas é formado por: duas equações de 1º grau com duas incógnitas diferentes em cada equação.

Ex.:

$$\begin{cases} x + y = 20 \\ 3x + 4y = 72 \end{cases}$$

Para encontramos o par ordenado solução desse sistema, é preciso utilizar dois métodos para a sua solução. Esses dois métodos são: Substituição e Adição.

Método da Substituição

Esse método consiste em escolher uma das duas equações, isolar uma das incógnitas e substituir na outra equação.

Dado o sistema $\begin{cases} x + y = 20 \\ 3x + 4y = 72 \end{cases}$ enumeramos as equações.

$$\begin{cases} x + y = 20 & (1) \\ 3x + 4y = 72 & (2) \end{cases}$$

Escolhemos a equação 1 e isolamos o x:

x + y = 20

x = 20 - y

Equação 2 substituímos o valor de x = 20 - y.

3x + 4 y = 72

3 (20 - y) + 4y = 72

60 - 3y + 4y = 72

- 3y + 4y = 72 - 60

y = 12

Para descobrir o valor de x, basta substituir y por 12 na equação:

x = 20 - y.

x = 20 - y

x = 20 - 12

x = 8

Portanto, a solução do sistema é S = (8, 12)

Método da Adição

Este método consiste em adicionar as duas equações de tal forma que a soma de uma das incógnitas seja zero. Para que isso aconteça, será preciso que multipliquemos algumas vezes as duas equações ou apenas uma equação por números inteiros para que a soma de uma das incógnitas seja zero.

Dado o sistema:

$$\begin{cases} x + y = 20 \\ 3x + 4y = 72 \end{cases}$$

Para adicionarmos as duas equações e a soma de uma das incógnitas de zero, teremos que multiplicar a primeira equação por - 3.

$$\begin{cases} x + y = 20 \ (-3) \\ 3x + 4y = 72 \end{cases}$$

Agora, o sistema fica assim:

$$\begin{cases} -3x - 3y = -60 \\ 3x + 4y = 72 \end{cases}$$

Adicionando as duas equações:

- 3x - 3y = - 60

+ 3x + 4y = 72

y = 12

Para descobrir o valor de x, basta escolher uma das duas equações e substituir o valor de y encontrado:

x + y = 20

x + 12 = 20

x = 20 - 12

x = 8

Portanto, a solução desse sistema é: S = (8, 12)

Inequação

Uma inequação do 1º grau na incógnita x é qualquer expressão do 1º grau que pode ser escrita numa das seguintes formas:

$ax + b > 0$

$ax + b < 0$

$ax + b \geq 0$

$ax + b \leq 0$

Cujo a, b são números reais com $a \neq 0$.

Ex.: $-2x + 7 > 0$

$x - 10 \leq 0$

$2x + 5 \leq 0$

$12 - x < 0$

Resolvendo uma Inequação de 1º Grau

Uma maneira simples de resolver uma equação do 1º grau é isolarmos a incógnita x em um dos membros da igualdade. Observe dois exemplos:

Ex.: Resolva a inequação $-2x + 7 > 0$:

$-2x > -7 \cdot (-1)$

$2x < 7$

$x < 7/2$

Logo, a solução da inequação é $x < 7/2$

Resolva a inequação $2x - 6 < 0$

$2x < 6$

$x < 6/2$

$x < 3$

Portanto, a solução da inequação é $x < 3$.

Pode-se resolver qualquer inequação do 1º grau por meio do estudo do sinal de uma função do 1º grau, com o seguinte procedimento:

Iguala-se a expressão ax + b a zero;

Localiza-se a raiz no eixo x;

Estuda-se o sinal conforme o caso.

Ex.: $-2x + 7 > 0$

$-2x + 7 = 0$

$x = 7/2$

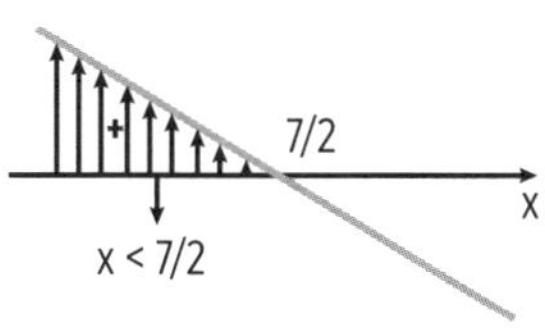

Ex.: $2x - 6 < 0$

$2x - 6 = 0$

$x = 3$

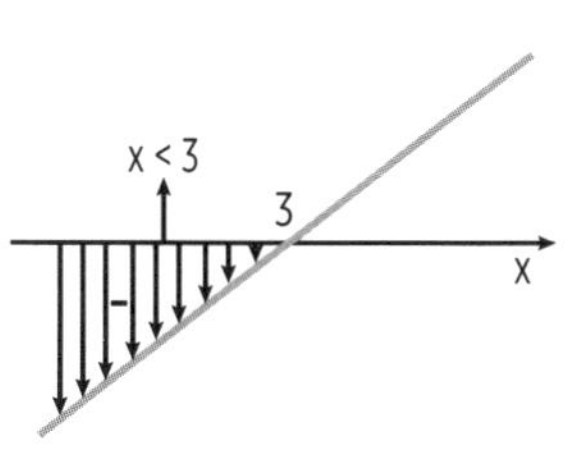

Questões

01. (CESPE) – 2016. Quando o reservatório de água de determinado município atingiu sua capacidade máxima, iniciou-se um período de seca, sem nenhuma chuva. As autoridades municipais, temendo desabastecimento, estabeleceram que seria iniciado um racionamento quando o nível do reservatório atingisse 20% de sua altura máxima. Decorridos x dias sem chuva, a altura do nível da água no reservatório foi estimada pela função $y = -0{,}1x + 16$, em metros.

Nesse caso, não havendo chuva por um longo período, o racionamento será iniciado em mais de 128 dias.

Certo ( ) Errado ( )

02. (CESPE) – 2018. Em uma tecelagem, o custo de produção e o custo de venda de x metros de tecido são expressos, respectivamente, por C p(x) = 2bx e C v(x) = c + dx, em que b, c e d são constantes reais e d é o valor da comissão a ser recebida pelo vendedor para cada metro de tecido vendido. Na produção e venda de 50 m de tecido, tem-se que C p(50) + C v(50) = 420 e a comissão do vendedor é igual a 100. No caso de produção e venda de 100 m de tecido, C p(100) + C v(100) = 620.

Nesse caso, c, b e d são, respectivamente, iguais a 220, 1 e 2.

Certo ( ) Errado ( )

03. (CESPE) – 2018. Julgue o item subsequente, relativo a funções e

O valor de máximo para a função $f(x) = -2x^2 + 96x + 440$ ocorre em $x = 28$.

Certo ( ) Errado ( )

04. (CESPE) – 2016. Considerando-se os 365 dias de um ano, numerados sequencialmente de 1 a 365, a função y = -0,1x2 + 40x, em que x = 1, 2, ..., 365, estima-se a quantidade de litros de água desperdiçados no dia x em vazamentos na rede de distribuição de determinada cidade. Nesse caso, o desperdício equivalente a 3 m3 ocorreu em um dia do mês de abril e em um dia do mês de outubro.

Certo ( ) Errado ( )

05. (CESPE) – 2018. Em determinado dia, a quantidade Q de serviços administrativos demandados por usuários de determinado departamento da UnB, às t horas, pôde ser modelada pela função quadrática $Q(t) = at^2 + bt + c$, em que a, b e c são constantes reais e $a \neq 0$. Nesse departamento, o expediente inicia-se às 8 horas da manhã e, nesse dia, a demanda máxima ocorreu às 11 horas da manhã, com o atendimento de Qmáx = 54 usuários.

Com referência a esse modelo, julgue o próximo item.

Segundo o modelo apresentado, se, nesse dia, no início do expediente, havia a demanda de usuários por quatro serviços administrativos, então $Q(t) = \frac{50}{9}(t - 11)^2 + 54$.

Certo ( ) Errado ( )

Gabaritos

01	ERRADO
02	CERTO
03	ERRADO
04	CERTO
05	ERRADO

14. FUNÇÃO EXPONENCIAL E FUNÇÃO LOGARÍTMICA

14.1 Equação e Função Exponencial

Chama-se de equação exponencial toda equação na qual a incógnita aparece em expoente.

Para resolver equações exponenciais, devem-se realizar dois passos importantes:

Redução dos dois membros da equação a potências de mesma base;

Aplicação da propriedade:

$$a^m = a^n \Rightarrow m = n \ (a \neq 1 \text{ e } a >)$$

14.1.1 Função Exponencial

Chamam-se de funções exponenciais aquelas nas quais temos a variável aparecendo em expoente.

A função $f: IR \to IR_+$, definida por $f(x) = a^x$, com $a \in IR+$ e $a \neq 1$, é chamada função exponencial de base a. O domínio dessa função é o conjunto IR (reais) e o contradomínio é IR_+ (reais positivos, maiores que zero).

14.1.2 Gráfico Cartesiano da Função Exponencial

Há 2 casos a considerar:

Quando a>1;

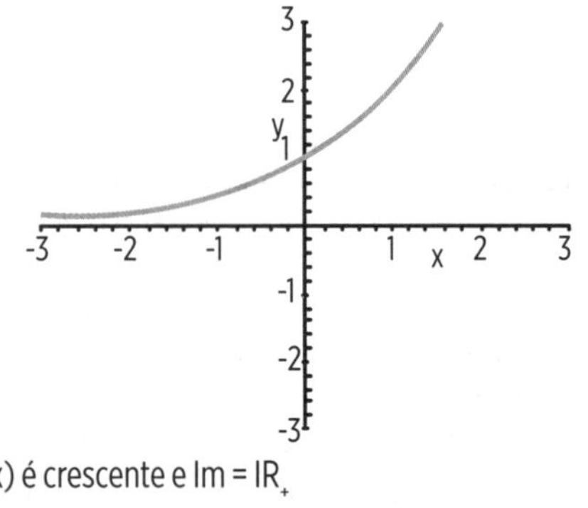

$f(x)$ é crescente e $Im = IR_+$

Para quaisquer x_1 e x_2 do domínio: $x_2 > x_1 \Rightarrow y_2 > y_1$ (as desigualdades têm mesmo sentido).

Quando 0 < a < 1.

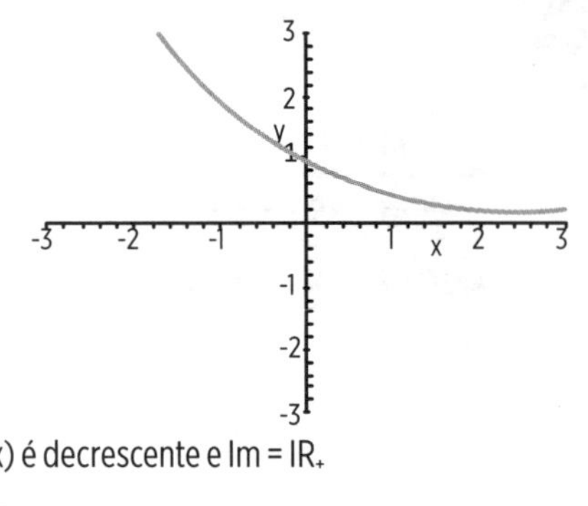

$f(x)$ é decrescente e $Im = IR_+$

Para quaisquer x_1 e x_2 do domínio: $x_2 > x_1 \Rightarrow y_2 < y_1$ (as desigualdades têm sentidos diferentes).

Nas duas situações, pode-se observar que:

> O gráfico nunca intercepta o eixo horizontal;

> A função não tem raízes; o gráfico corta o eixo vertical no ponto (0,1);

> Os valores de y são sempre positivos (potência de base positiva é positiva), portanto, o conjunto imagem é $Im = IR_+$.

14.1.3 Inequações Exponenciais

Chama-se de inequação exponencial toda inequação na qual a incógnita aparece em expoente.

Para resolver inequações exponenciais, deve-se realizar dois passos:

Redução dos dois membros da inequação a potências de mesma base;

Aplicação da propriedade:

$a > 1$

$a^m > a^n \Rightarrow m > n$

(as desigualdades têm mesmo sentido)

$0 < a < 1$

$a^m > a^n \Rightarrow m < n$

(as desigualdades têm sentidos diferentes)

14.2 Equação e Função Logarítmica

14.2.1 Logaritmo

$$a^x = b \Leftrightarrow \log_a b = x$$

Sendo $b > 0$, $a > 0$ e $a \neq 1$

Na igualdade $x = \log_a b$ tem:

a= base do logaritmo

b= logaritmando ou antilogaritmo

x= logaritmo

14.2.2 Consequências da Definição

Sendo $b > 0$, $a > 0$ e $a \neq 1$ e m um número real qualquer, há, a seguir, algumas consequências da definição de logaritmo:

$\log_a 1 = 0$

$\log_a a = 1$

$\log_a a^m = m$

$a^{\log_a b} = b$

$\log_a b = \log_a c \Leftrightarrow b = c$

14.2.3 Propriedades Operatórias dos Logaritmos

$$\log_a(x.y) = \log_a x + \log_a y$$

$$\log_a\left(\frac{x}{y}\right) = \log_a x - \log_a y$$

$$\log_a x^m = m \cdot \log_a x$$

$$\log_a \sqrt[n]{x^m} = \log_a x^{\frac{m}{n}} = \frac{m}{n} \cdot \log_a x$$

14.2.4 Cologaritmo

$$\text{colog}_a\, b = \log_a \frac{1}{b}$$

$$\text{colog}_a\, b = -\log_a b$$

14.2.5 Mudança de Base

$$\log_a x = \frac{\log_b x}{\log_b a}$$

14.2.6 Função Logarítmica

A função f: IR + → IR, definida por $f(x) = \log_a x$, com $a \neq 1$ e $a > 0$, é chamada função logarítmica de base a. O domínio dessa função é o conjunto IR_+ (reais positivos, maiores que zero) e o contradomínio é IR (reais).

14.2.7 Gráfico Cartesiano da Função Logarítmica

Há dois casos a se considerar:

Quando a>1;

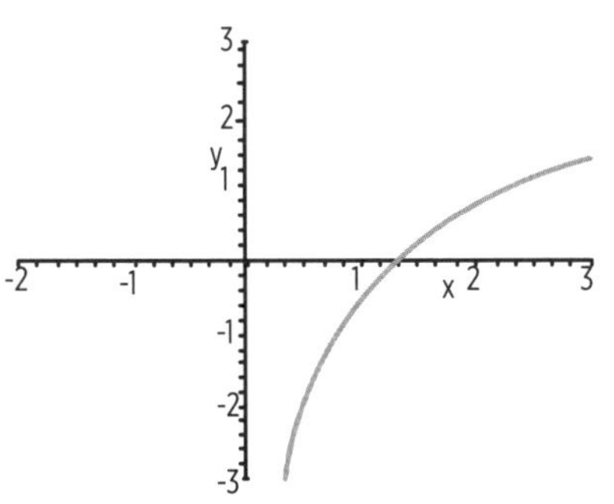

f (x) é crescente e Im = IR

Para quaisquer x_1 e x_2 do domínio: $x_2 > x_1 \Rightarrow y_2 > y_1$ (as desigualdades têm mesmo sentido)

Quando 0<a<1.

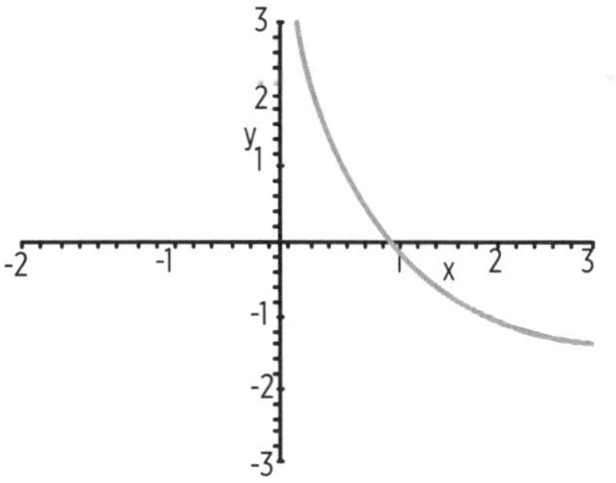

f (x) é decrescente e Im = IR

Para quaisquer x_1 e x_2 do domínio : $x_2 > x_1 \Rightarrow y_2 < y_1$ (as desigualdades têm sentidos diferentes).

Nas duas situações, pode-se observar que:

> O gráfico nunca intercepta o eixo vertical;
>
> O gráfico corta o eixo horizontal no ponto (1,0);
>
> A raiz da função é x = 1;
>
> Y assume todos os valores reais, portanto, o conjunto imagem é Im = IR.

14.2.8 Equações Logarítmicas

Chama-se de equações logarítmicas toda equação que envolve logaritmos com a incógnita aparecendo no logaritmando, na base ou em ambos.

14.2.9 Inequações Logarítmicas

Chama-se de inequações logarítmicas toda inequação que envolve logaritmos com a incógnita aparecendo no logaritmando, na base ou em ambos.

Para resolver inequações logarítmicas, deve-se realizar dois passos:

Redução dos dois membros da inequação a logaritmos de mesma base;

Aplicação da propriedade:

$a > 1$

$\log_a m > \log_a n \Rightarrow m > n > 0$

(as desigualdades têm mesmo sentido)

$0 < a < 1$

$\log_a m > \log_a n \Rightarrow 0 < m < n$

(as desigualdades têm sentidos diferentes)

Questões

01. (CESPE) – 2019. Para avaliar a resposta dos motoristas a uma campanha educativa promovida pela PRF, foi proposta a função $f(x)=350+150*e^{-x}$, que modela a quantidade de acidentes de trânsito com vítimas fatais ocorridos em cada ano. Nessa função, $x \geq 0$ indica o número de anos decorridos após o início da campanha.

Com referência a essa situação hipotética, julgue o item que se segue.

Segundo o modelo apresentado, após dez anos de campanha educativa, haverá, em cada um dos anos seguintes, menos de 300 acidentes de trânsito com vítimas fatais.

Certo ( ) Errado ( )

02. (CESPE) - 2019. Para avaliar a resposta dos motoristas a uma campanha educativa promovida pela PRF, foi proposta a função $f(x)=350+150*e^{-x}$, que modela a quantidade de acidentes de trânsito com vítimas fatais ocorridos em cada ano. Nessa função, $x \geq 0$ indica o número de anos decorridos após o início da campanha.

Com referência a essa situação hipotética, julgue o item que se segue.

De acordo com o modelo, no final do primeiro ano da campanha, apesar do decréscimo com relação ao ano anterior, ainda ocorreram mais de 400 acidentes de trânsito com vítimas fatais.

Certo ( ) Errado ( )

03. (CESPE) - 2018. Julgue o item subsequente, relativo às funções $f(x) = 30 - log_2(x)\ e\ g(x) = 7x - 2xcos(\pi x)$..

O domínio da função f(x) é o conjunto dos números reais positivos e f(8) = 27.

Certo ( ) Errado ( )

04. (CESPE) – 2012. Às 19 horas de 22/2/2012, um cidadão telefonou para a central de atendimento da polícia da cidade comunicando que sua esposa se encontrava caída no chão da sala, aparentemente morta. Constatada a morte da vítima, os peritos iniciaram, às 20 horas do mesmo dia, os trabalhos de investigação, registrando que, nesse instante, a temperatura ambiente era de 20 ºC e a do cadáver, de 30 ºC.

De acordo com a Lei do Resfriamento de Newton, a temperatura $\theta(t)$ de um corpo, em graus Celsius, no instante t, em horas, em situações como a descrita acima, é expressa por $\theta(t)= 20 + 10*2^{-t}$, $t \in R$, em que t = 0 corresponde ao instante em que a temperatura do corpo é registrada pela primeira vez.

De acordo com as informações do texto, é correto inferir que a temperatura do referido corpo, uma hora após o primeiro registro da temperatura, era igual a 15oC.

Certo ( ) Errado ( )

Gabaritos

01	ERRADO
02	CERTO
03	CERTO
04	CERTO

15. TRIGONOMETRIA

Neste capítulo estudaremos sobre os triângulos e as relações que os envolvem.

15.1 Triângulos

O triângulo é uma das figuras mais simples e também uma das mais importantes da Geometria. O triângulo possui propriedades e definições de acordo com o tamanho de seus lados e medida dos ângulos internos.

Quanto aos lados, o triângulo pode ser classificado da seguinte forma:

Equilátero: possui os lados com medidas iguais.

Isósceles: possui dois lados com medidas iguais.

Escaleno: possui todos os lados com medidas diferentes.

Quanto aos ângulos, os triângulos podem ser denominados:

Acutângulo: possui os ângulos internos com medidas menores que 90°.

Obtusângulo: possui um dos ângulos com medida maior que 90°.

Retângulo: possui um ângulo com medida de 90°, chamado ângulo reto.

No triângulo retângulo existem importantes relações, uma delas é o **Teorema de Pitágoras**, que diz o seguinte: "A soma dos quadrados dos catetos é igual ao quadrado da hipotenusa".

$$a^2 = b^2 + c^2$$

A condição de existência de um triângulo é: um lado do triângulo seja sempre menor do que a soma dos outros dois lados e seja sempre maior do que a diferença desses dois lados.

15.2 Trigonometria no Triângulo Retângulo

As razões trigonométricas básicas são relações entre as medidas dos lados do triângulo retângulo e seus ângulos. As três funções básicas mais importantes da trigonometria são: seno, cosseno e tangente. O ângulo é indicado pela **letra x**.

Função	Notação	Definição
seno	sen(x)	$\frac{\text{medida do cateto oposto a x}}{\text{medida da hipotenusa}}$
cosseno	cos(x)	$\frac{\text{medida do cateto adjacente a x}}{\text{medida da hipotenusa}}$
tangente	tan(x)	$\frac{\text{medida do cateto oposto a x}}{\text{medida do cateto adjacente a x}}$

Relação fundamental: para todo ângulo x (medido em radianos), vale a importante relação:

$$\cos^2(x) + \text{sen}^2(x) = 1$$

15.3 Trigonometria em um Triângulo Qualquer

Os problemas envolvendo trigonometria são resolvidos em sua maioria por meio da comparação com triângulos retângulos. Mas no cotidiano algumas situações envolvem triângulos acutângulos ou triângulos obtusângulos. Nesses casos, necessitamos do auxílio da Lei dos Senos ou dos Cossenos.

15.3.1 Lei dos Senos

A Lei dos Senos estabelece relações entre as medidas dos lados com os senos dos ângulos opostos aos lados. Observe:

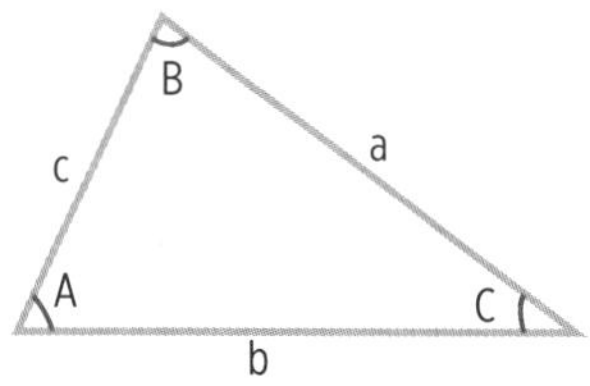

$$\frac{a}{\text{sen}A} = \frac{b}{\text{sen}B} = \frac{c}{\text{sen}C}$$

15.3.2 Lei dos Cossenos

Nos casos em que não pode aplicar a Lei dos Senos, existe o recurso da Lei dos Cossenos. Ela permite trabalhar com a medida de dois segmentos e a medida de um ângulo. Dessa forma, se dado um triângulo ABC de lados medindo a, b e c, temos:

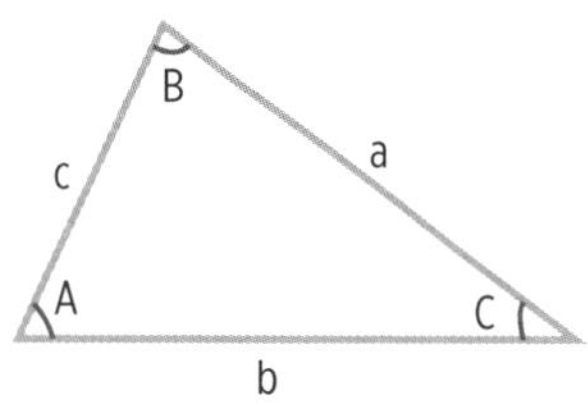

$$a^2 = b^2 + c^2 - 2.b.c.\cos A$$
$$b^2 = a^2 + c^2 - 2.a.c.\cos B$$
$$c^2 = a^2 + b^2 - 2.a.b.\cos C$$

15.4 Medidas dos Ângulos

15.4.1 Medidas em Grau

Sabe-se que uma volta completa na circunferência corresponde a 360°; se dividir em 360 arcos, haverá arcos unitários medindo 1° grau. Dessa forma, diz-se que a circunferência é simplesmente um arco de 360° com o ângulo central medindo uma volta completa ou 360°.

Também se pode dividir o arco de 1° grau em 60 arcos de medidas unitárias iguais a 1' (arco de um minuto). Da mesma forma podemos dividir o arco de 1' em 60 arcos de medidas unitárias iguais a 1" (arco de um segundo).

15.4.2 Medidas em Radianos

Dada uma circunferência de centro O e raio R, com um arco de comprimento s e α o ângulo central do arco, vamos determinar a medida do arco em radianos de acordo com a figura a seguir:

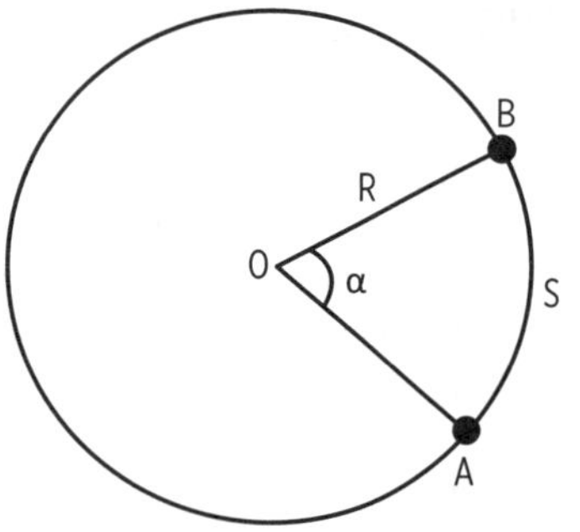

Diz-se que o arco mede um radiano se o comprimento do arco for igual à medida do raio da circunferência. Assim, para saber a medida de um arco em radianos, deve-se calcular quantos raios da circunferência são precisos para se ter o comprimento do arco. Portanto:

$$\alpha = \frac{s}{R}$$

Com base nessa fórmula, podemos expressar outra expressão para determinar o comprimento de um arco de circunferência:

$$s = \alpha \cdot R$$

De acordo com as relações entre as medidas em grau e radiano de arcos, vamos destacar uma regra de três capaz de converter as medidas dos arcos.

360° → 2π radianos (aproximadamente 6,28)

180° → π radiano (aproximadamente 3,14)

90° → π/2 radiano (aproximadamente 1,57)

45° → π/4 radiano (aproximadamente 0,785)

Medida em graus	Medida em radianos
180	π
x	a

15.5 Ciclo Trigonométrico

Considerando um plano cartesiano, representados nele um círculo com centro na origem dos eixos e raios.

Divide-se o ciclo trigonométrico em quatro arcos, obtendo quatro quadrantes.

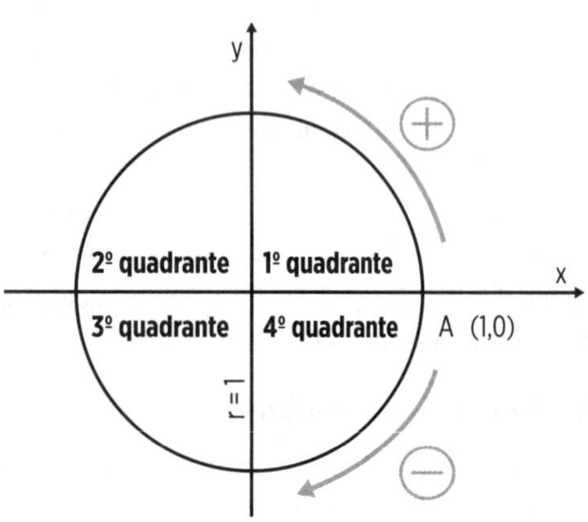

Dessa forma, obtêm-se as relações:

Em graus :

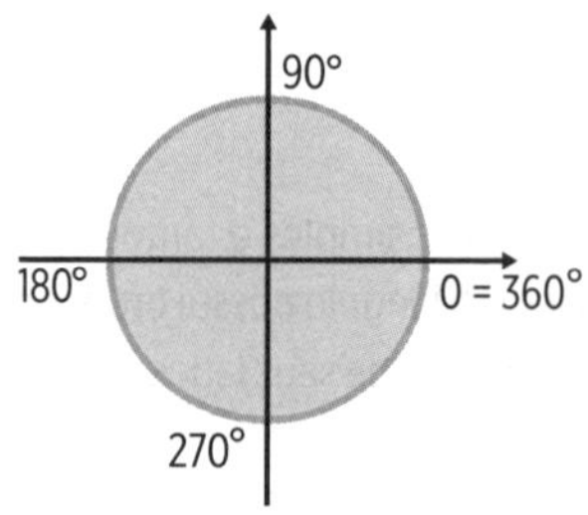

Em radianos :

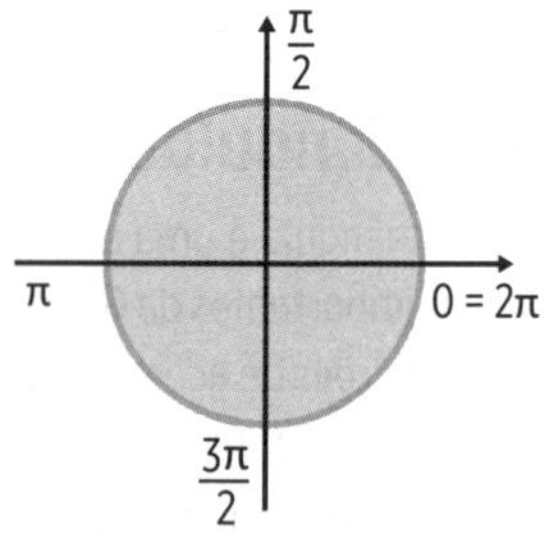

15.5.1 Razões Trigonométricas

As principais razões trigonométricas são:

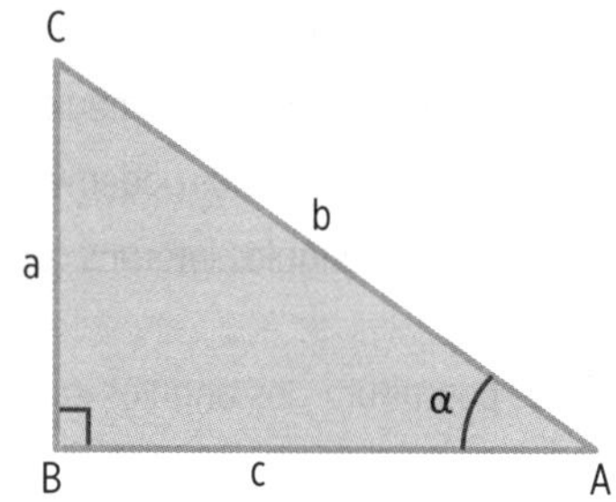

$$\text{sen}\ \alpha = \frac{\text{comprimento do cateto oposto}}{\text{comprimento da hipotenusa}} = \frac{a}{b}$$

$$\cos \alpha = \frac{\text{comprimento do cateto adjacente}}{\text{comprimento da hipotenusa}} = \frac{c}{b}$$

$$\text{tg}\ \alpha = \frac{\text{comprimento do cateto oposto}}{\text{comprimento do cateto adjacente}} = \frac{a}{c}$$

Outras razões decorrentes dessas são:

$$\text{tg}\ x = \frac{\text{sen}\ x}{\cos x}$$

$$\text{cotg}\ x = \frac{1}{\text{tg}\ x} = \frac{\cos x}{\text{sen}\ x}$$

$$\sec x = \frac{1}{\cos x}$$

$$\text{cossec}\ x = \frac{1}{\text{sen}\ x}$$

A partir da relação fundamental, encontram-se ainda as seguintes relações:

$(\text{sen}\ x)^2 + (\cos x)^2 = 1$ = [relação fundamental da trigonometria]

$1 + (\text{cotg}\ x)^2 = (\text{cossec}\ x)^2$

$1 + (\text{tg}\ x)^2 = (\sec x)^2$

15.5.2 Redução ao 1° Quadrante

$\text{sen}(90° - \alpha) = \cos \alpha$

$\cos(90° - \alpha) = \text{sen}\ \alpha$

$\text{sen}(90° + \alpha) = \cos \alpha$

$\cos(90° + \alpha) = -\text{sen}\ \alpha$

$\text{sen}(180° - \alpha) = \text{sen}\ \alpha$

$\cos(180° - \alpha) = -\cos \alpha$

$\text{tg}(180° - \alpha) = -\text{tg}\ \alpha$

sen(180° + α) = -sen α

cos(180° + α) = -cos α

sen(270° - α) = -cos α

cos(270° - α) = -sen α

sen(270° + α) = -cos α

cos(270° + α) = sen α

sen(-α) = -sen α

cos(-α) = cos α

tg(-α) = -tg α

15.6 Funções Trigonométricas

15.6.1 Função Seno

Chama-se função seno a função **f(x) = sen x.**

O domínio dessa função é R e a imagem é Im [-1,1]; visto que, na circunferência trigonométrica, o raio é unitário.

Então:

Domínio de f(x) = sen x; D(sen x) = R.

Imagem de f(x) = sen x; Im(sen x) = [-1,1] .

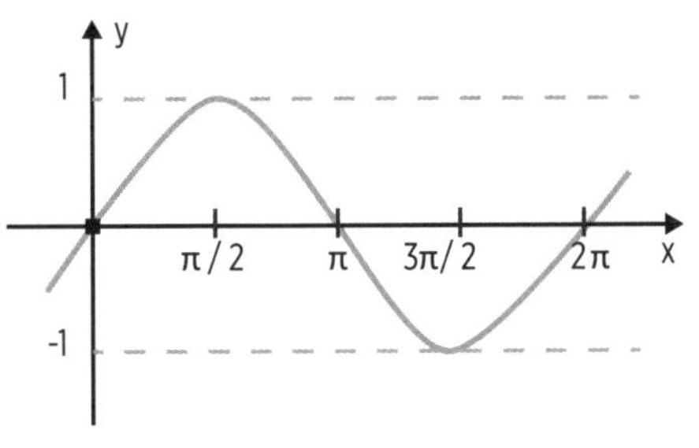

Sinal da Função

f(x) = sen x é positiva no 1° e 2° quadrantes (ordenada positiva);

f(x) = sen x é negativa no 3° e 4° quadrantes (ordenada negativa).

Quando $x \in \left[0, \frac{\pi}{2}\right]$, 1° quadrante, o valor de sen x cresce de 0 a 1.

Quando $x \in \left[\frac{\pi}{2}, \pi\right]$, 2° quadrante, o valor de sen x decresce de 1 a 0.

Quando $x \in \left[\pi, \frac{3\pi}{2}\right]$, 3° quadrante, o valor de sen x decresce de 0 a -1.

Quando $x \in \left[\frac{3\pi}{2}, 2\pi\right]$, 4° quadrante, o valor de sen x cresce de -1 a 0.

15.6.2 Função Cosseno

Chama-se função cosseno a função **f(x) = cos x.**

O domínio dessa função também é R e a imagem é Im [-1,1]; visto que, na circunferência trigonométrica, o raio é unitário.

Então:

Domínio de f(x) = cos x; D(cos x) = R.

Imagem de f(x) = cos x; Im(cos x) = [-1,1].

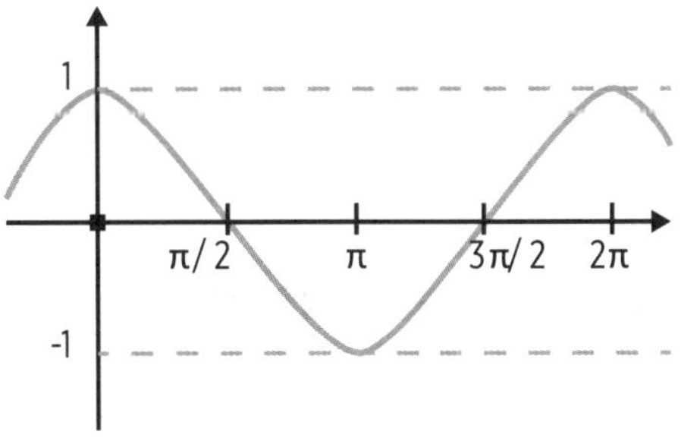

15.6.3 Sinal da Função

f(x) = cos x é positiva no 1º e 4º quadrantes (abscissa positiva);

f(x) = cos x é negativa no 2º e 3º quadrantes (abscissa negativa).

Quando $x \in \left[0, \frac{\pi}{2}\right]$, 1º quadrante, o valor do cos x decresce de 1 a 0.

Quando $x \in \left[\frac{\pi}{2}, \pi\right]$, 2º quadrante, o valor do cos x decresce de 0 a -1.

Quando $x \in \left[\pi, \frac{3\pi}{2}\right]$, 3º quadrante, o valor do cos x cresce de -1 a 0.

Quando, $x \in \left[\frac{3\pi}{2}, 2\pi\right]$ 4º quadrante, o valor do cos x cresce de 0 a 1.

15.6.4 Função Tangente

Chama-se função tangente a função **f(x) = tg x.**

Então:

Domínio de f(x): o domínio dessa função são todos os números reais, exceto os que zeram o cosseno, pois não existe cos x = 0

Imagem de f(x) = Im =] -∞, ∞[

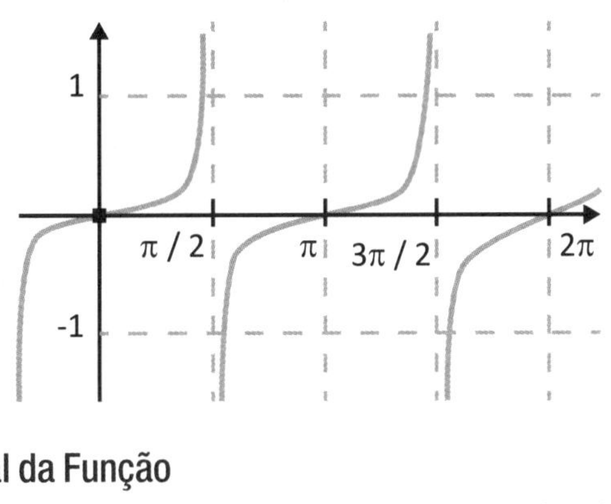

Sinal da Função

f(x) = tg x é positiva no 1º e 3º quadrantes (produto da ordenada pela abscissa positiva);

f(x) = tg x é negativa no 2º e 4º quadrantes (produto da ordenada pela abscissa negativa).

15.6.5 Outras Funções

Função Secante

Denomina-se função secante a função:

$$f(x) = \frac{1}{\cos x}$$

Função Cossecante

Denomina-se função cossecante a função:

$$f(x) = \frac{1}{\text{sen } x}$$

Função Cotangente

Denomina-se função cossecante a função:

$$f(x) = \frac{1}{\text{tg } x}$$

15.7 Identidades e Operações Trigonométricas

As mais comuns são as seguintes:

sen(a + b) = sen a · cos b + sen b · cos a

sen(a - b) = sen a · cos b - sen b · cos a

cos(a + b) = cos a · cos b - sen a · cos b

cos(a - b) = cos a · cos b + sen a · cos b

$$\text{tg } (a + b) = \frac{\text{tga} + \text{tgb}}{1 - \text{tga} \cdot \text{tgb}}$$

$$\text{tg } (a - b) = \frac{\text{tga} - \text{tgb}}{1 + \text{tga} \cdot \text{tgb}}$$

sen(2x) = 2 · sen(x) · cos(x)

$\cos(2x) = \cos^2(x) - \text{sen}^2(x)$

$$\text{tg}(2x) = \left(\frac{2 \cdot \text{tg}(x)}{1 - \text{tg}^2(x)}\right)$$

$$\text{sen}(x) + \text{sen}(y) = 2 \cdot \text{sen}\left(\frac{x+y}{2}\right) \cdot \cos\left(\frac{x-y}{2}\right)$$

$$\text{sen}(x) - \text{sen}(y) = 2 \cdot \text{sen}\left(\frac{x-y}{2}\right) \cdot \cos\left(\frac{x+y}{2}\right)$$

$$\cos(x) + \cos(y) = 2 \cdot \cos\left(\frac{x+y}{2}\right) \cdot \cos\left(\frac{x-y}{2}\right)$$

$$\cos(x) - \cos(y) = -2 \cdot \text{sen}\left(\frac{x+y}{2}\right) \cdot \text{sen}\left(\frac{x-y}{2}\right)$$

15.8 Bissecção de Arcos ou Arco Metade

Também temos a fórmula do arco metade para senos, cossenos e tangentes:

1. $\sin\left(\frac{a}{2}\right) = \pm\sqrt{\frac{1-\cos(a)}{2}}$

2. $\cos\left(\frac{a}{2}\right) = \pm\sqrt{\frac{1+\cos(a)}{2}}$

3. $\tan\left(\frac{a}{2}\right) = \pm\sqrt{\frac{1-\cos(a)}{1+\cos(a)}}$

Questões

01. (CESPE) - 2018. Na preparação de uma ação policial, um agente fez algumas medições em uma casa noturna, mostradas na figura a seguir. O agente, em pé no ponto A, de frente para a casa noturna, estava a 10 m de distância do ponto C, correspondente à porta de entrada da casa noturna. Do ponto B, posição dos olhos do agente, ele visualizava uma câmera de segurança no ponto D, no prédio da casa noturna, segundo um ângulo de visão de 30º com a horizontal. Perpendicularmente a AC, e a 24 m de A, ficava localizada uma base móvel para apoio à operação, no ponto E.

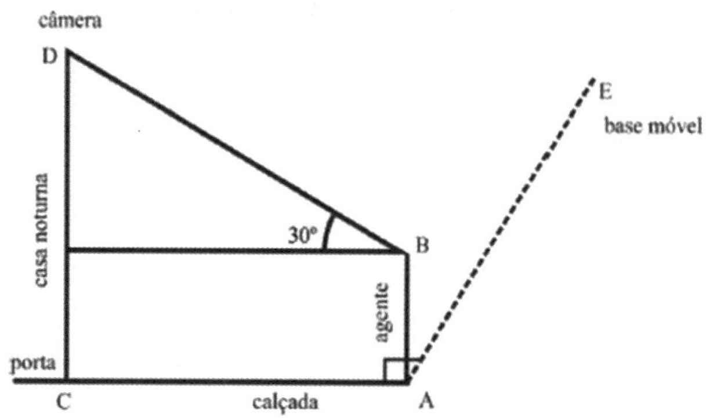

Com referência às informações contidas na situação hipotética e na figura anteriormente apresentadas, julgue o item.

Considerando que AB seja igual a 1,70 m, que essa seja a altura dos olhos do agente e que 0,58 seja o valor aproximado para tg30º, então a câmera estava a uma altura inferior a 7 m.

Certo ( ) Errado ( )

02. (CESPE) - 2018. Julgue o item subsequente, relativo às funções f(x)=30−log2(x) e g(x)=7x−2xcos(πx).

A função g(x) é crescente e g(3) < 25.

Certo ( ) Errado ( )

03. (CESPE) - 2018. A largura da faixa de areia de uma praia varia com o tempo devido ao movimento das marés. Em metros, a largura C da faixa de areia, em função do tempo t, em horas, é expressa por

$$C = 30 + 20sen\frac{\pi t}{12}, em\ que\ t > 0.$$

Nessa situação, o período de C e a largura máxima da faixa de areia são, respectivamente, iguais a 24 horas e 50 metros.

Certo ( ) Errado ( )

04. (CESPE) - 2011. Considerando a função $f(x) = senx - \sqrt{3}cosx$ em que o ângulo x é medido em graus, julgue o item seguinte.

O valor máximo dessa função é igual a 2.

Certo ( ) Errado ( )

05. (CESPE) - 2007. Julgue o seguinte item com relação a geometria do plano cartesiano, modelos periódicos e modelos lineares.

Considerando-se que Fmin e Fmax sejam os valores mínimo e máximo, respectivamente, da função $f(x) = 53 - \frac{3sen^4x}{2}$, é correto afirmar que $F^2_{mim} + F^2_{max} > 3$..

Certo ( ) Errado ( )

Gabaritos

01	ERRADO
02	ERRADO
03	CERTO
04	CERTO
05	ERRADO

16. GEOMETRIA PLANA

Conceitos Importantes:

Ceviana: as cevianas são segmentos de reta que partem do vértice do triângulo para o lado oposto. Alguns

Mediana: é o segmento de reta que liga um vértice deste triângulo ao ponto médio do lado oposto a este vértice. As medianas se encontram em um ponto chamado de baricentro.

Altura: altura de um triângulo é um segmento de reta perpendicular a um lado do triângulo ou ao seu prolongamento, traçado pelo vértice oposto. As alturas se encontram em um ponto chamado ortocentro.

Bissetriz: é o lugar geométrico dos pontos que equidistam de duas retas concorrentes e, por consequência, divide um ângulo em dois ângulos congruentes. As bissetrizes se encontram em um ponto chamado incentro.

Mediatrizes: são retas perpendiculares a cada um dos lados de um triângulo. As mediatrizes se encontram em um ponto chamado circuncentro.

16.1 Semelhanças de Figuras

Duas figuras (formas geométricas) são semelhantes quando satisfazem a duas condições: os seus ângulos têm o mesmo tamanho e os lados correspondentes são proporcionais.

Nos triângulos existem alguns casos de semelhanças bem conhecidos;

1º caso: LAL (lado, ângulo, lado): dois lados congruentes e o ângulo entre esses lados também congruentes.

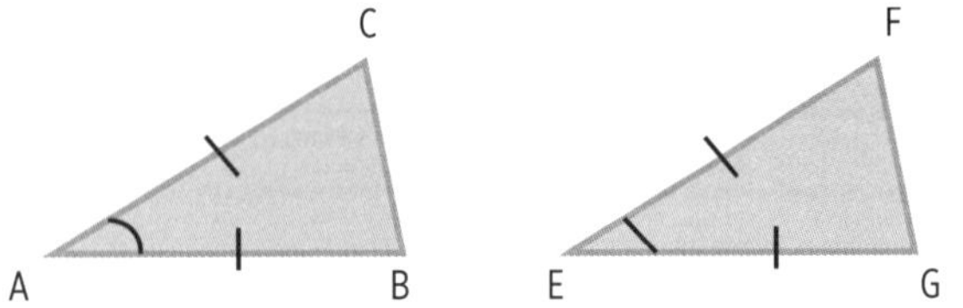

2º caso: LLL (lado, lado, lado): os três lados congruentes.

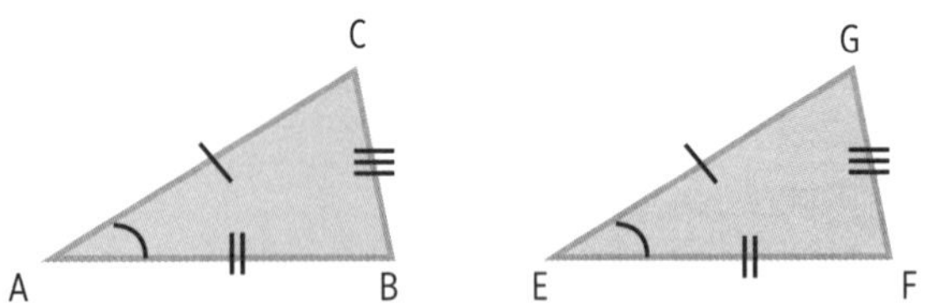

3º caso: ALA (ângulo, lado, ângulo): dois ângulos congruentes e o lado entre esses ângulos também congruente.

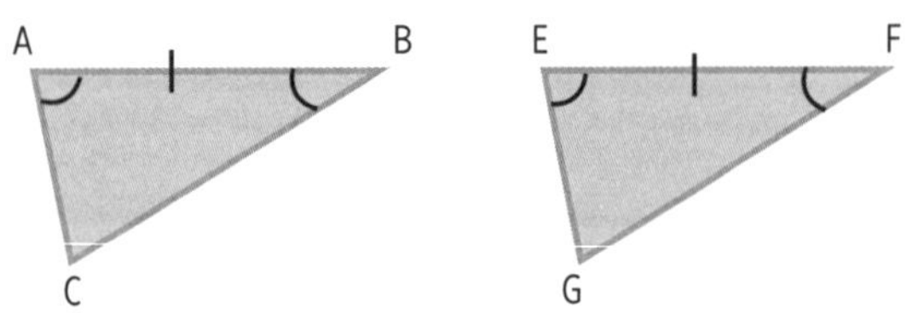

4º caso: LAA_0 (lado, ângulo, ângulo oposto): congruência do ângulo adjacente ao lado, e congruência do ângulo oposto ao lado.

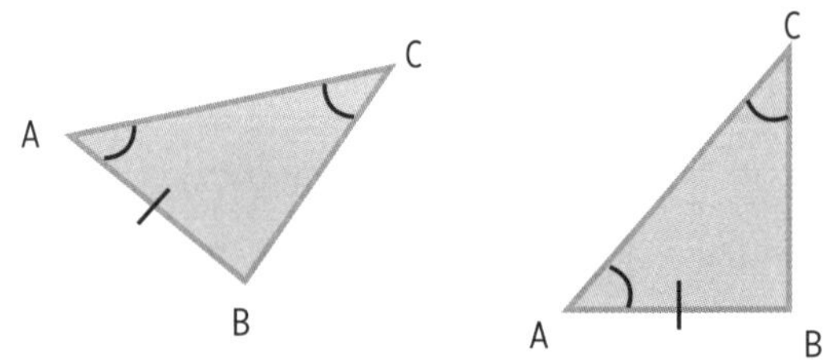

16.2 Relações Métricas nos Triângulos

16.2.1 O Triângulo Retângulo e suas Relações Métricas

Denomina-se triângulo retângulo o triângulo que tem um de seus ângulos retos, ou seja, um de seus ângulos mede 90°. O triângulo retângulo é formado por uma hipotenusa e dois catetos, a hipotenusa é o lado maior, o lado aposto ao ângulo de 90°, e os outros dois lados são os catetos.

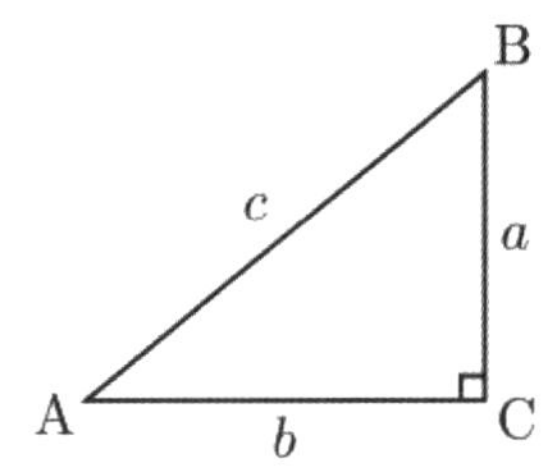

Na figura, podemos observar o triângulo retângulo de vértices A,B e C, e lados a,b e c. Como o ângulo de 90° está no vértice C, então a hipotenusa do triângulo é o lado c, e os catetos são os lados a e b.

Assim, podemos separar um triângulo em dois triângulos semelhantes:

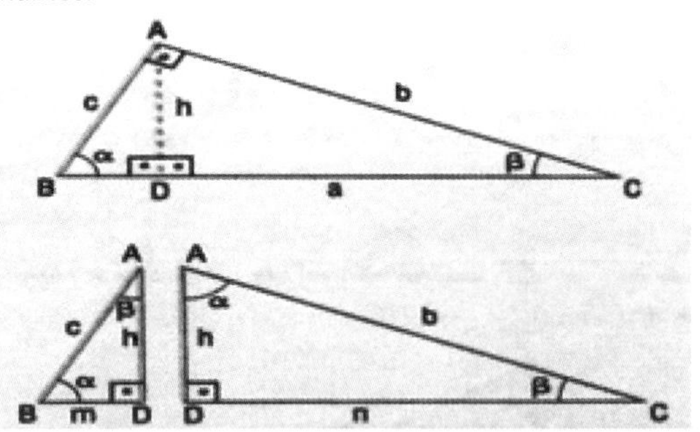

Neste segundo triângulo, podemos observar uma perpendicular à hipotenusa até o vértice A; essa é a altura h do triângulo, separando assim a hipotenusa em dois segmentos, o segmento m e o segmento n, separando esses dois triângulos obtemos dois triângulos retângulos, o triângulo ΔABD e ΔADC. Como os ângulos dos três triângulos são congruentes, então podemos dizer que os triângulos são semelhantes.

Com essa semelhança, ganhamos algumas relações métricas entre os triângulos:

$\frac{c}{a} = \frac{m}{c} \Longrightarrow c^2 = am$

$\frac{c}{a} = \frac{h}{b} \Longrightarrow cb = ah$

$\frac{b}{a} = \frac{n}{b} \Longrightarrow b^2 = an$

$\frac{h}{m} = \frac{n}{h} \Longrightarrow h^2 = mn$

Da primeira e da terceira equação, obtemos:

$c^2 + b^2 = am + an = a(m + n).$

Como vimos na figura que m+n=a, então temos:

$c^2 + b^2 = aa = a^2,$

ou seja, trata-se do Teorema de Pitágoras.

16.2.2 Lei dos Cossenos

Para um triângulo qualquer demonstra-se que:

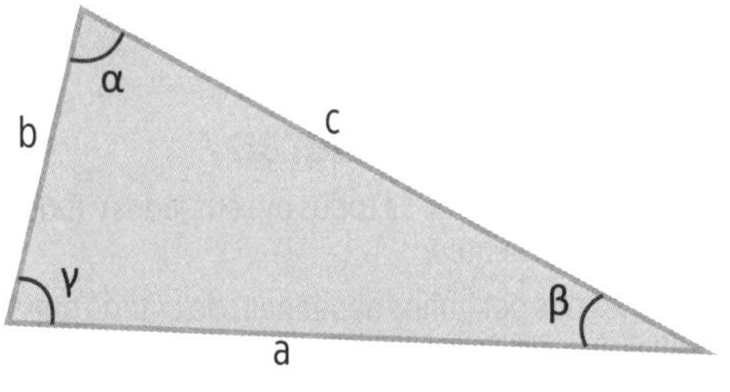

$$a^2 = b^2 + c^2 - 2 . b . c . \cos\alpha$$

Note que o lado "a" do triângulo é oposto ao cosseno do ângulo α.

16.2.3 Lei dos Senos

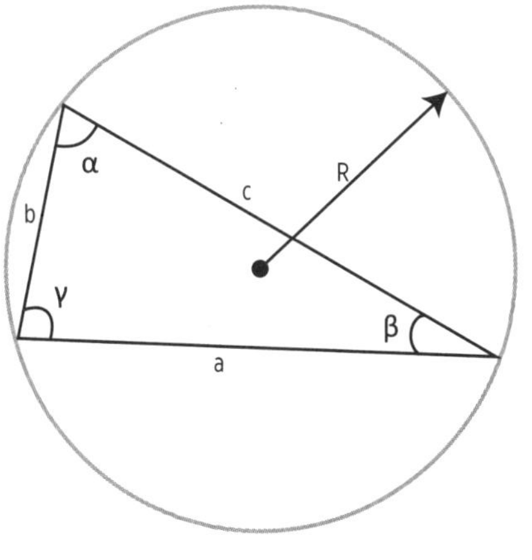

R é o raio da circunferência circunscrita a esse triângulo.

Neste caso, valem as seguintes relações, conforme a lei dos senos:

$$\frac{a}{\text{sen}\alpha} = \frac{b}{\text{sen}\beta} = \frac{c}{\text{sen}\gamma} = 2R$$

16.3 Quadriláteros

Quadrilátero é um polígono de quatro lados. Eles possuem os seguintes elementos:

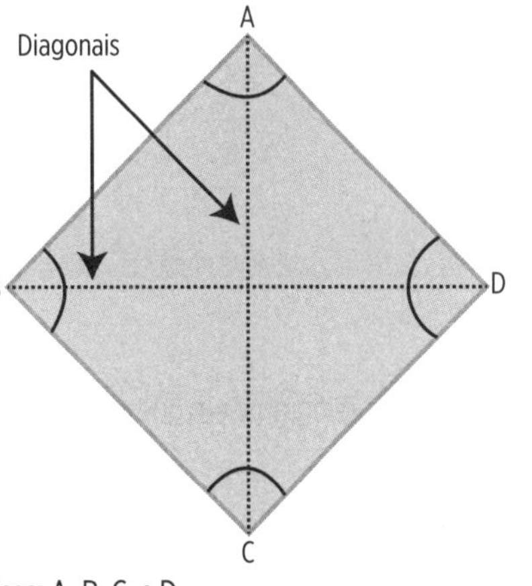

Vértices: A, B, C, e D.

Lados: AB, BC, CD, DA.

Diagonais: AC e BD.

Ângulos internos ou ângulos do quadrilátero ABCD: $\hat{A}, \hat{B}, \hat{C}$ e $\hat{D}$.

Todo quadrilátero tem duas diagonais.

O perímetro de um quadrilátero ABCD é a soma das medidas de seus lados, ou seja: AB + BC + CD + DA.

16.3.1 Quadriláteros Importantes

Paralelogramo

Paralelogramo é o quadrilátero que tem os lados opostos paralelos.

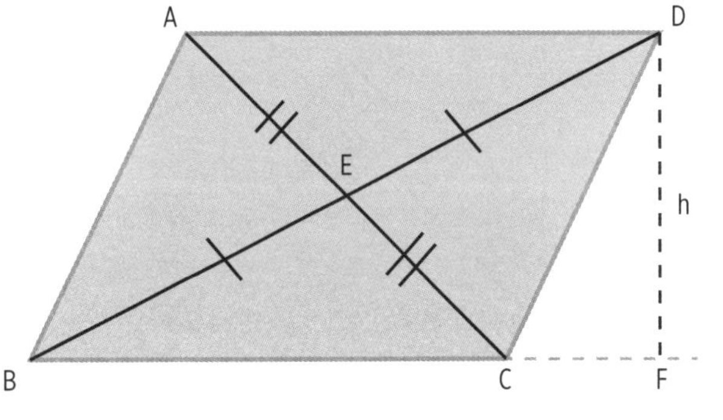

h é a altura do paralelogramo.

Num paralelogramo:

- Os lados opostos são congruentes;
- Cada diagonal o divide em dois triângulos congruentes;
- Os ângulos opostos são congruentes;
- As diagonais interceptam-se em seu ponto médio.

Retângulo

Retângulo é o paralelogramo em que os quatro ângulos são congruentes (retos).

Losango

Losango é o paralelogramo em que os quatro lados são congruentes.

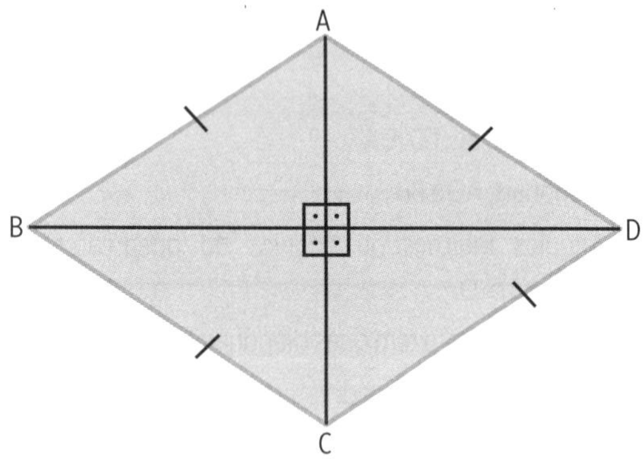

Quadrado

Quadrado é o paralelogramo em que os quatro lados e os quatro ângulos são congruentes.

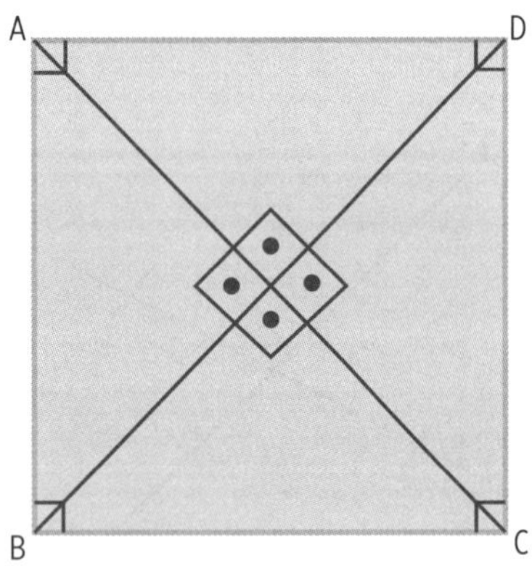

Trapézios

É o quadrilátero que apresenta somente dois lados paralelos chamados bases.

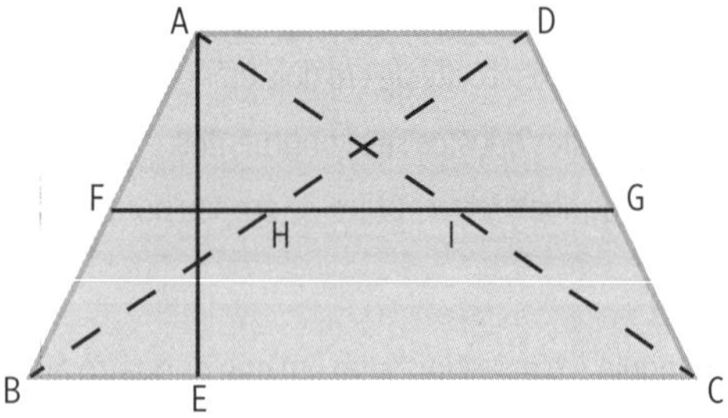

Trapézio Retângulo

É aquele que apresenta dois ângulos retos.

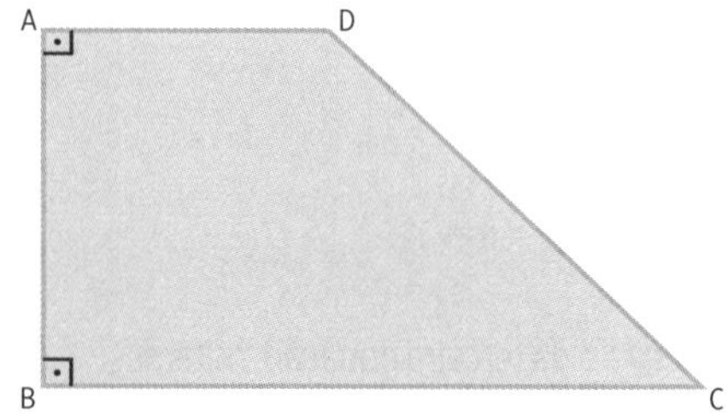

Trapézio Isósceles

É aquele em que os lados não paralelos são congruentes.

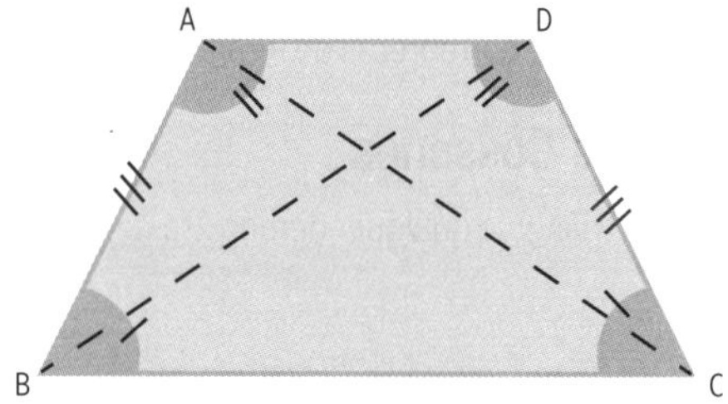

16.4 Polígonos Regulares

Um polígono é regular se todos os seus lados e todos os seus ângulos forem congruentes.

Os nomes dos polígonos dependem do critério que se utiliza para classificá-los. Usando **o número de ângulos** ou o **número de lados**, tem-se a seguinte nomenclatura:

Número de lados (ou ângulos)	Nome do Polígono	
	Em função do número de ângulos	Em função do número de lados
3	triângulo	trilátero
4	quadrângulo	quadrilátero
5	pentágono	pentalátero
6	hexágono	hexalátero
7	heptágono	heptalátero
8	octógono	octolátero
9	eneágono	enealátero
10	decágono	decalátero
11	undecágono	undecalátero
12	dodecágono	dodecalátero
15	pentadecágono	pentadecalátero
20	icoságono	icosalátero

Nos polígonos regulares cada ângulo externo é dado por:

$$e = \frac{360^\circ}{n}$$

A soma dos ângulos internos é dada por:

$$S_i = 180 \cdot (n - 2)$$

E cada ângulo interno é dado por:

$$i = \frac{180(n-2)}{n}$$

16.4.1 Diagonais de um Polígono

O segmento que liga dois vértices não consecutivos de polígono é chamado de diagonal.

O número de diagonais de um polígono é dado pela fórmula:

$$d = \frac{n \cdot (n-3)}{2}$$

16.5 Círculos e Circunferências

16.5.1 Círculo

É a área interna a uma circunferência.

16.5.2 Circunferência

É o contorno do círculo. Por definição, é o lugar geométrico dos pontos equidistantes ao centro.

A distância entre o centro e o lado é o raio.

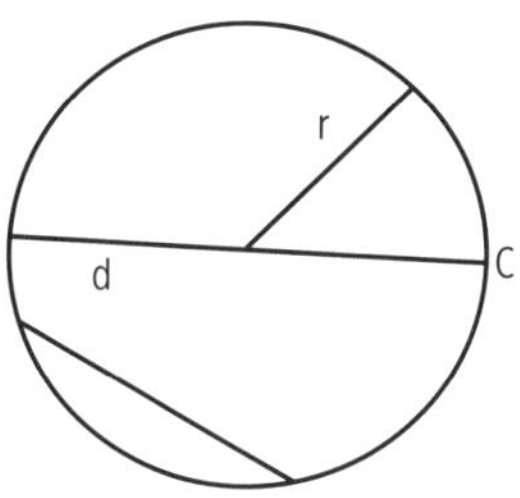

Corda

É o seguimento que liga dois pontos da circunferência.

A maior corda, ou corda maior de uma circunferência, é o diâmetro. Também dizemos que a corda que passa pelo centro é o diâmetro.

Posição Relativa entre Reta e Circunferência

Secante | Tangente | Exterior

Uma reta é:

> **Secante**: distância entre a reta e o centro da circunferência é menor que o raio.

> **Tangente**: a distância entre a reta e o centro da circunferência é igual ao raio.

> **Externa**: a distância entre a reta e o centro da circunferência é maior que o raio.

Posição Relativa entre Circunferência

As posições relativas entre circunferência são basicamente 5.

Circunferência Secante

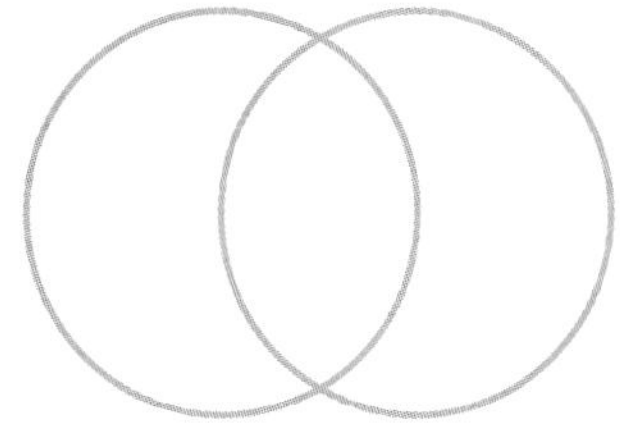

Característica: a distância entre os centros é menor que a soma dos raios das duas, porém, é maior que o raio de cada uma.

Externo

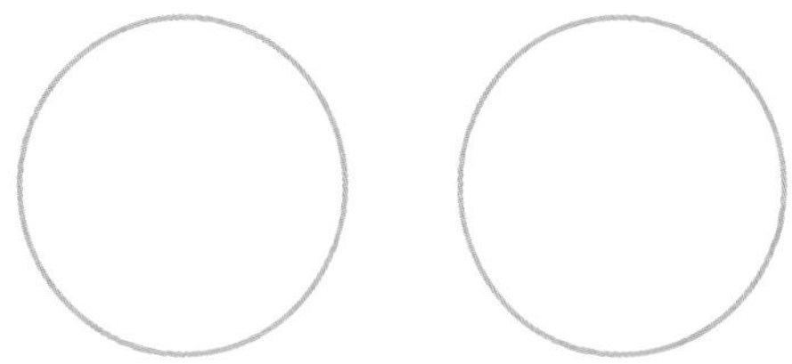

Característica: a distância entre os centros é maior que a soma do raio.

Tangente

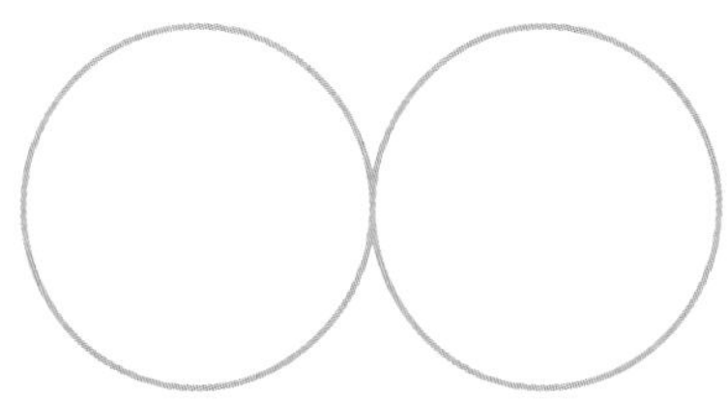

Característica: distância entre centro é igual à soma dos raios.

Interna

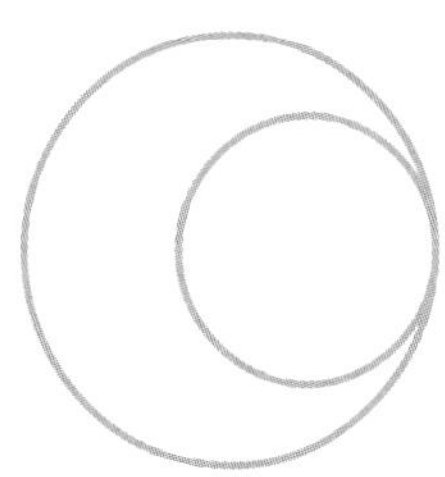

Característica: distância entre os centros mais o raio da menor é igual ao raio da maior.

Interior

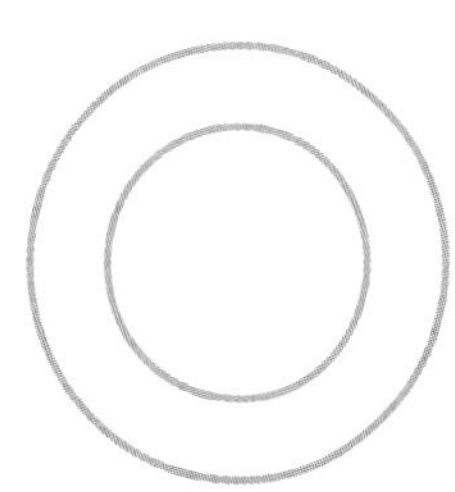

Característica: distância entre os centros menos o raio da menor é menor que o raio da maior.

Ângulo Central e Ângulo Inscrito

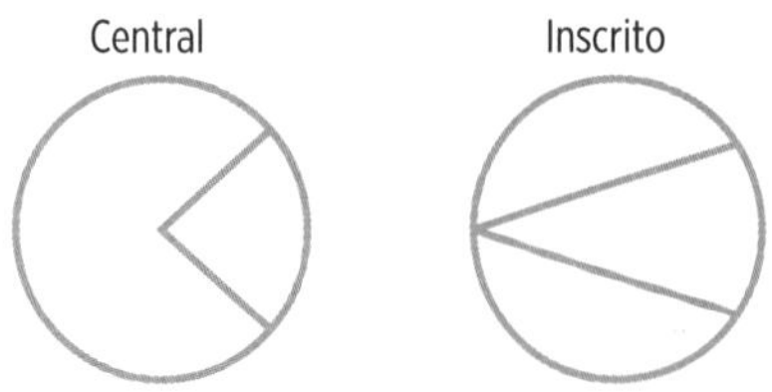

Um ângulo central sempre é o dobro do ângulo inscrito de um mesmo arco.

As áreas de círculos e partes do círculo são:

$$\text{Área do círculo} = \pi \cdot r^2 = \frac{1}{4} \cdot \pi \cdot D^2$$

$$\text{Área do setor círcular} = \pi \cdot r^2 \cdot \frac{\alpha}{360^o} = \frac{1}{2} \cdot \alpha \cdot r^2$$

Área da coroa = área do círculo maior – área do círculo menor

> Os ângulos podem ser expressos em graus (360° = 1 volta) ou em radianos (2π = 1 volta)

16.6 Polígonos Regulares Inscritos e Circunscritos

As principais relações entre a circunferência e os polígonos são:

Qualquer polígono regular é inscritível em uma circunferência.

Qualquer polígono regular e circunscritível a uma circunferência.

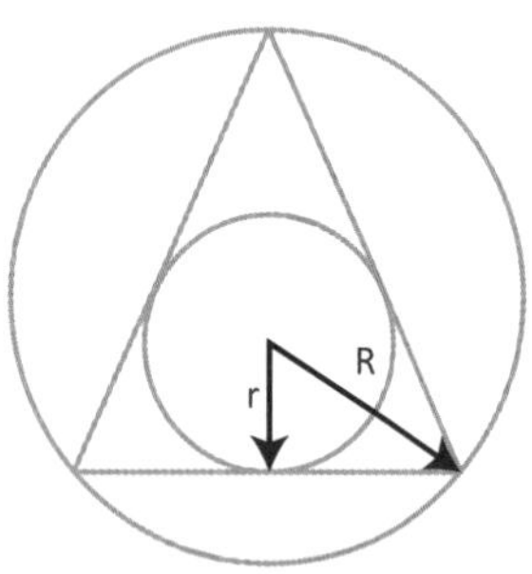

Polígono circunscrito a uma circunferência é o que possui seus lados tangentes à circunferência. Ao mesmo tempo, dizemos que esta circunferência está inscrita no polígono.

Já um polígono é inscrito em uma circunferência se cada vértice do polígono for um ponto da circunferência, e neste caso dizemos que a circunferência é circunscrita ao polígono.

Da inscrição e circunscrição dos polígonos nas circunferências podem-se ter as seguintes relações:

Apótema de um polígono regular é a distância do centro a qualquer lado. Ele é sempre perpendicular ao lado.

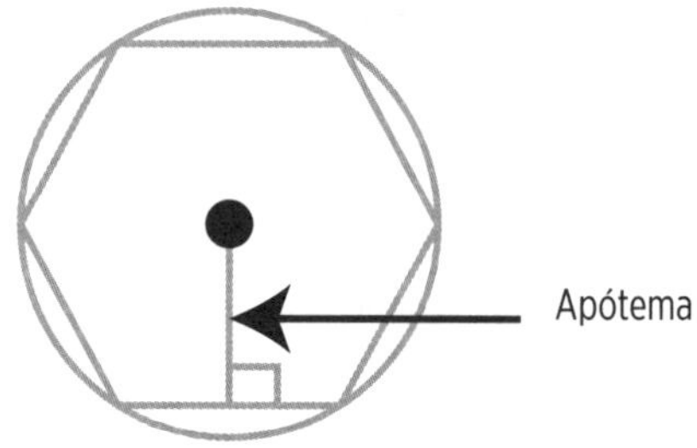

Nos polígonos inscritos:

No Quadrado

Cálculo da medida do lado (L):

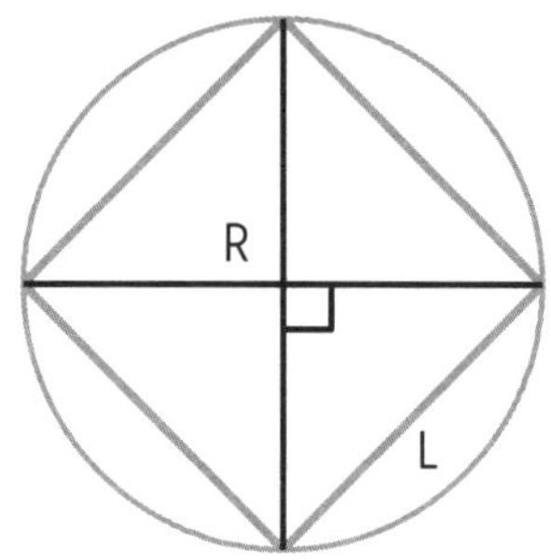

$$\mathbf{L = R\sqrt{2}}$$

Cálculo da medida do apótema (a):

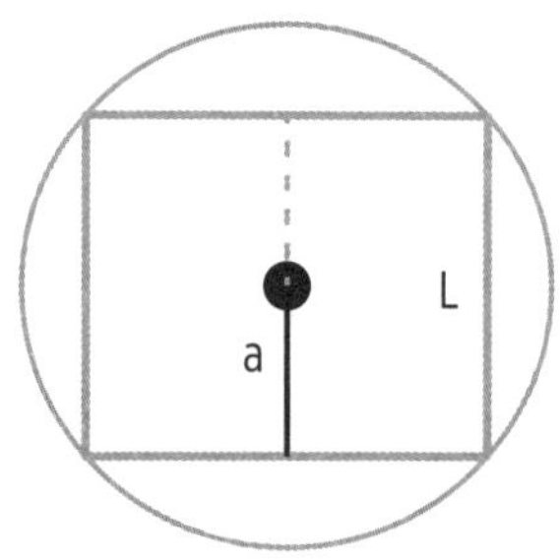

$$\mathbf{a = \frac{R\sqrt{2}}{2}}$$

No Hexágono

Cálculo da medida do lado (L):

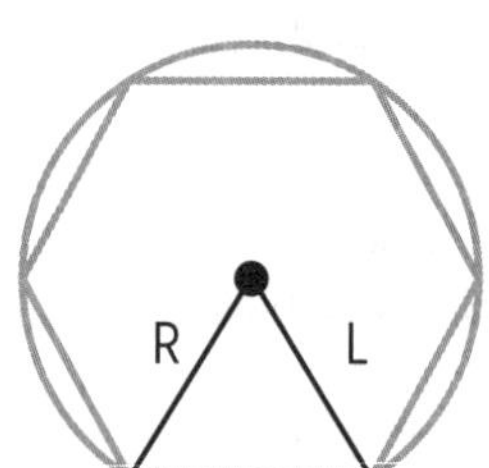

$$\mathbf{L = R}$$

Cálculo da medida do apótema (a):

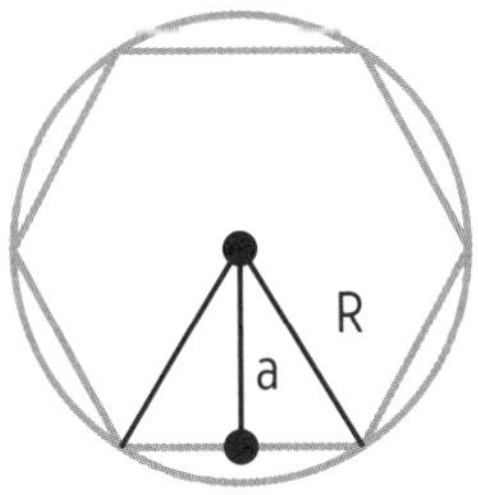

$$a = \frac{R\sqrt{3}}{2}$$

No Triângulo Equilátero

Cálculo da medida do lado (L):

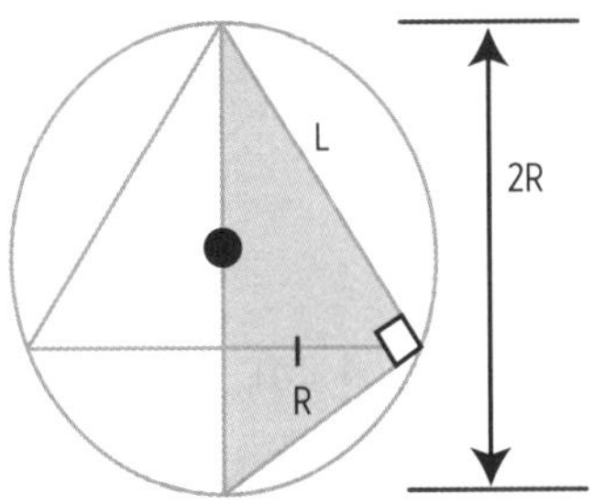

$$L = R\sqrt{3}$$

Cálculo da medida do apótema (a):

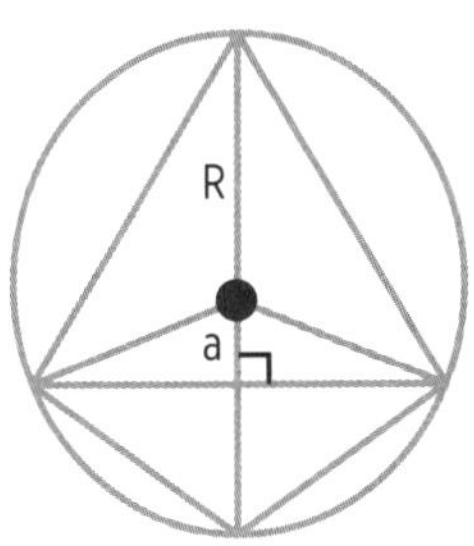

$$a = \frac{R}{2}$$

Nos polígonos circunscritos:

No Quadrado

Cálculo da medida do lado (L):

$$L = 2R$$

Cálculo da medida do apótema (a):

$$a = R$$

No Hexágono

Cálculo da medida do lado (L):

$$L = \frac{2R\sqrt{3}}{3}$$

Cálculo da medida do apótema (a):

$$a = R$$

No Triângulo Equilátero

Cálculo da medida do lado (L):

$$L = 2R\sqrt{3}$$

Cálculo da medida do apótema (a):

$$a = R$$

16.7 Perímetros e Áreas dos Polígonos e Círculos

16.7.1 Perímetro

Perímetro: É o contorno da figura ou seja, a soma dos lados da figura.

Para calcular o perímetro do círculo utilize: $P = 2\pi \cdot r$

16.7.2 Área

É o espaço interno, ou seja, a extensão que ela ocupa dentro do perímetro.

As principais áreas (S) de polígonos são:

Retângulo

$S = a \cdot b$

Quadrado

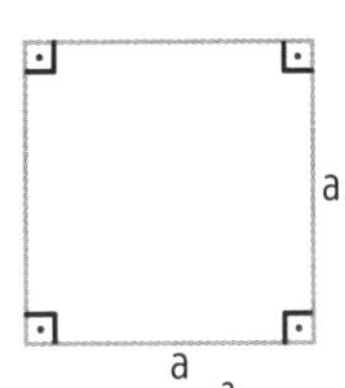

$S = a^2$

Paralelogramo

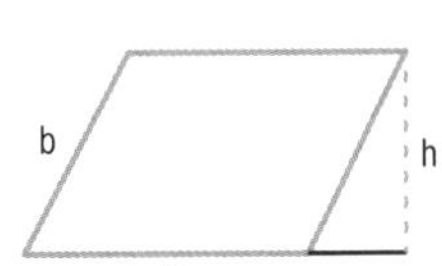

$S = a \cdot h$

Losango

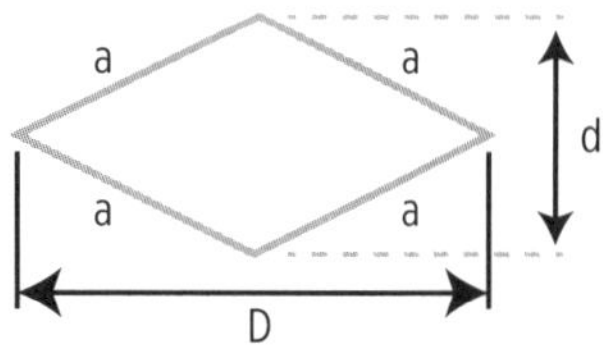

$$S = \frac{D \cdot d}{2}$$

Trapézio

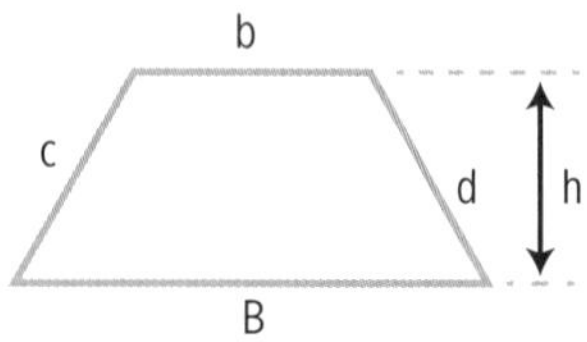

$$S = \frac{(B + b) \cdot h}{2}$$

Triângulo

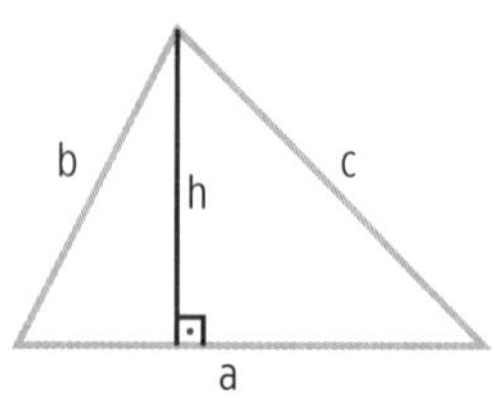

$$S = \frac{a \cdot h}{2}$$

Triângulo Equilátero

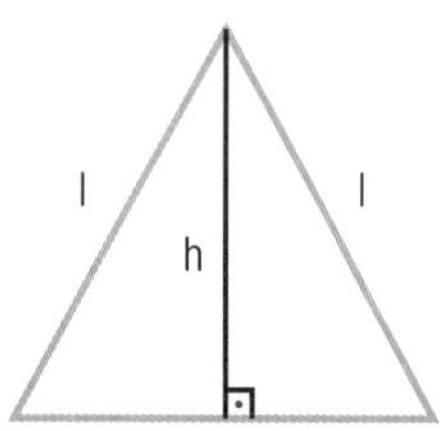

$$S = \frac{l^2\sqrt{3}}{4}$$

Círculo

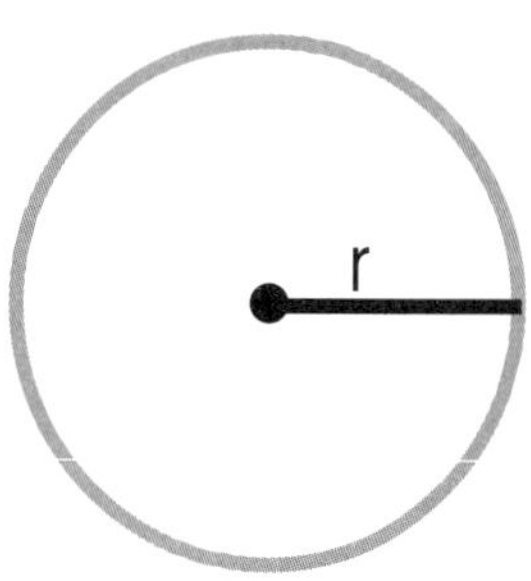

$$S = \pi \cdot r^2$$

Questões

01. (CESPE) – 2018. O triângulo ABC mostrado a seguir está inscrito no retângulo incompleto, de lados pontilhados. As medidas dos lados do retângulo podem ser observadas na figura seguinte.

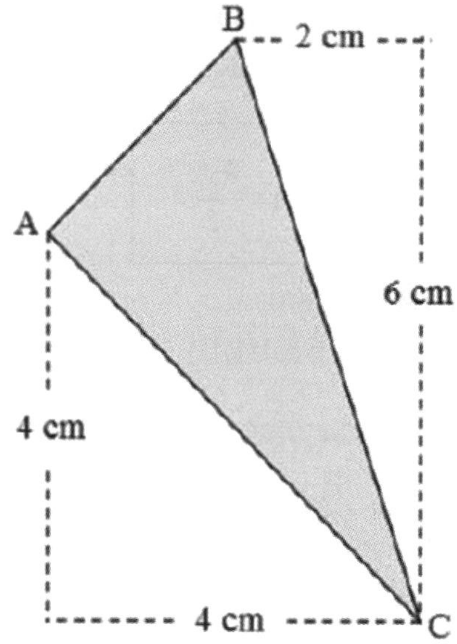

O valor da área do triangulo ABC apresentado anteriormente é igual a 12 cm2.

Certo ( ) Errado ( )

02. (CESPE) – 2018. A figura seguinte mostra a planta baixa de um condomínio. O terreno ocupado pelo condomínio é um quadrado de lados que mede 60 m. Nesse condomínio, as áreas indicadas por E1, E2 e E3 correspondem aos locais onde estão construídos os prédios residenciais, e as regiões em branco correspondem às vias de livre circulação para pedestres e veículos.

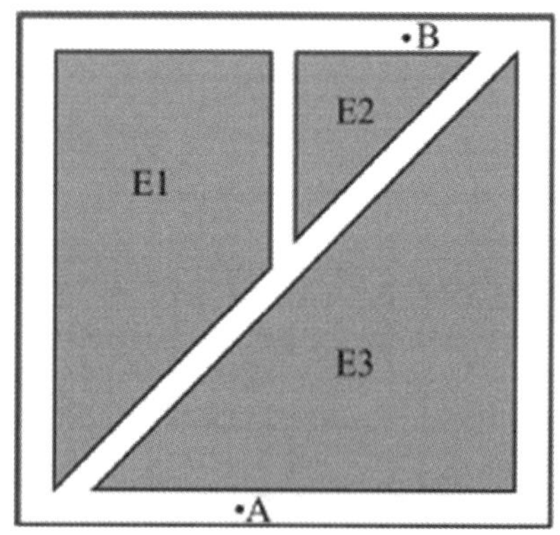

A partir da figura e das informações precedentes, julgue o item a seguir, considerando que a área de E2 seja igual a 200 m2.

Se a área de E3 for igual à área da região ocupada pelas vias de livre circulação e se a área de E1 for igual a 900 m2, então a área de E3 será igual a 1.250 m2.

Certo ( ) Errado ( )

03. (CESPE) – 2018. A figura seguinte ilustra um terreno pentagonal no qual será semeado um cultivar que, para desenvolver-se livre de parasitas, receberá a aplicação, para cada hectare, de 0,5 L de um herbicida especial cujo litro custa R$ 60.

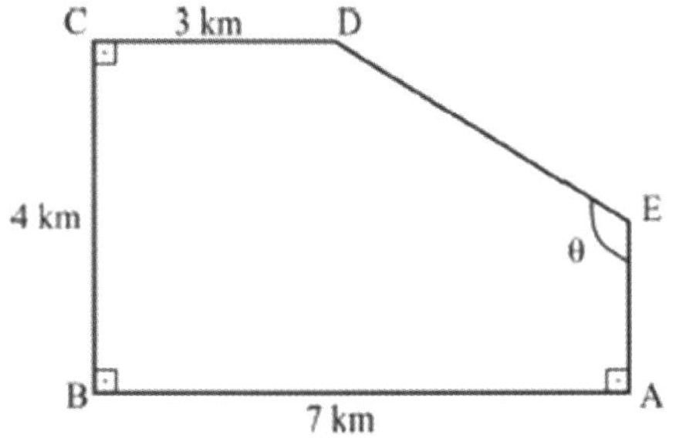

Os cinco lados do terreno são retos e formam o pentágono ABCDE antecedente, em que os ângulos nos vértices A, B e C são retos, AB = 7 km, BC = 4 km e CD = 3 km. Sabe-se também que o ângulo no vértice E é θ, em que $\tan\theta=-2$ e $\tan(\pi-\theta)=2$.

Na situação apresentada, o custo do herbicida a ser aplicado no terreno será de R$ 7.200.

Certo ( ) Errado ( )

04. (CESPE) – 2018. Em um triângulo retângulo, a hipotenusa mede 13 centímetros e um dos catetos mede 5 centímetros. Nesse triângulo, considere o retângulo inscrito, em que o comprimento do lado maior é igual ao dobro do comprimento do lado menor, e um dos lados maiores está sobre o cateto maior do triângulo.

Com base nessas informações, é correto afirmar que a área desse retângulo é igual a 1800/121.

Certo ( ) Errado ( )

05. (CESPE) – 2018. A figura a seguir mostra uma mesa em que o tampo é um hexágono regular cujo lado mede 80 cm.

Julgue o item que se segue, a respeito da geometria do tampo dessa mesa.

A distância entre dois lados paralelos do tampo da mesa é superior a 1,3 m.

Certo ( ) Errado ( )

Gabaritos

01	CERTO
02	CERTO
03	ERRADO
04	CERTO
05	CERTO

17. GEOMETRIA ESPACIAL

Neste capítulo, serão abordados os principais conceitos de geometria espacial e suas aplicações.

17.1 Retas e Planos

Veja alguns conceitos:

A reta é infinita, ou seja, contém infinitos pontos.

Por um ponto, podem ser traçadas infinitas retas.

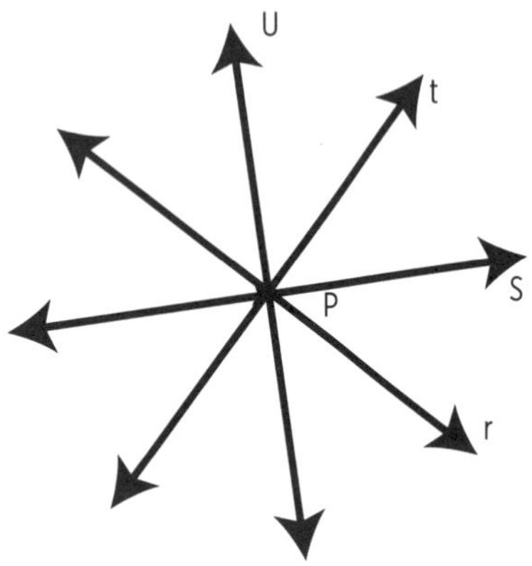

Por dois pontos distintos, passa uma única reta.

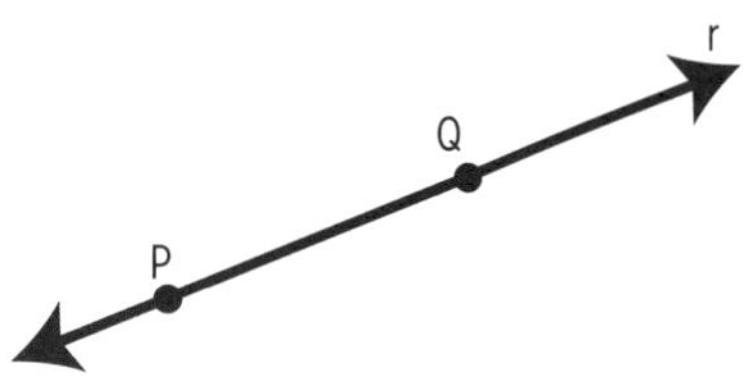

Um ponto qualquer de uma reta divide-a em duas semirretas.

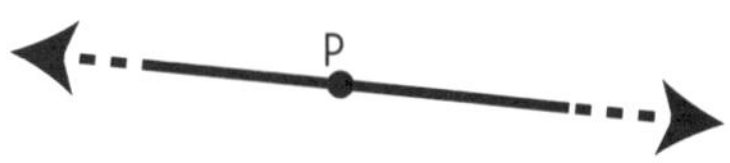

Por três pontos não colineares, passa um único plano.

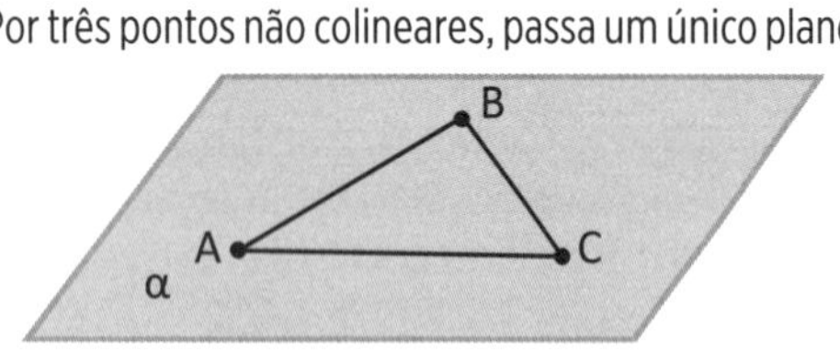

Por uma reta, pode ser traçada uma infinidade de planos.

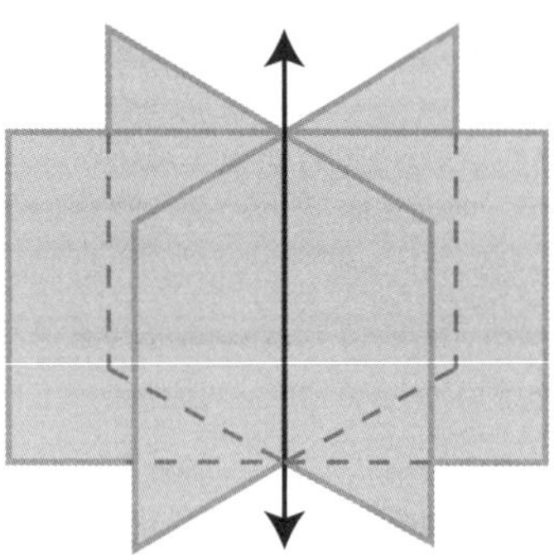

17.1.1 Posições Relativas de Duas Retas

No espaço, duas retas distintas podem ser concorrentes, paralelas ou reversas:

Concorrentes

$r \cap s = \{P\}$

$r \subset \alpha$

$s \subset \alpha$

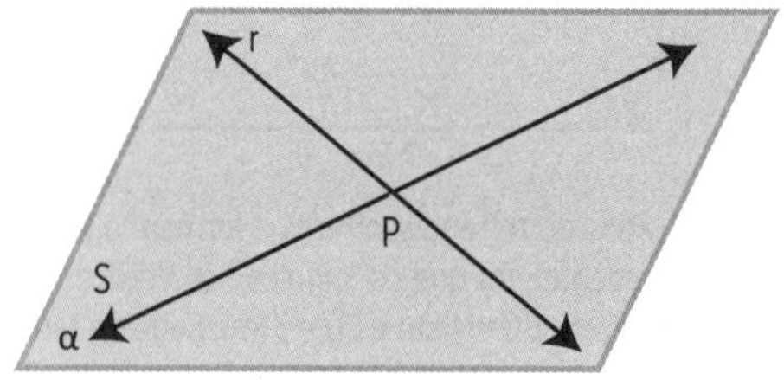

Paralelas

$r \cap s = \{\ \}$

$r \subset \alpha$

$s \subset \alpha$

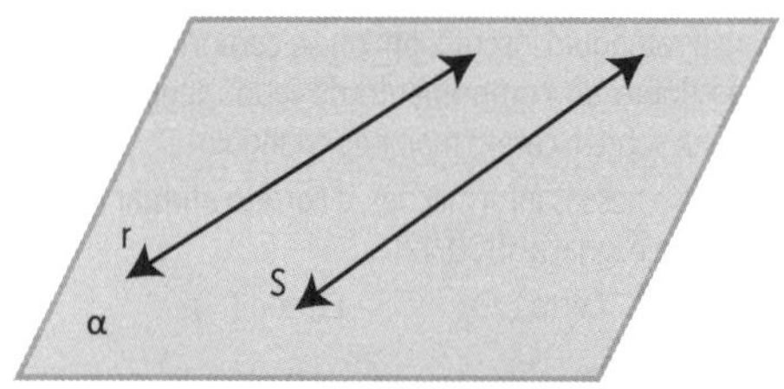

Concorrentes

$r \cap s = \{\ \}$

Não existe plano que contenha

r e s simultaneamente

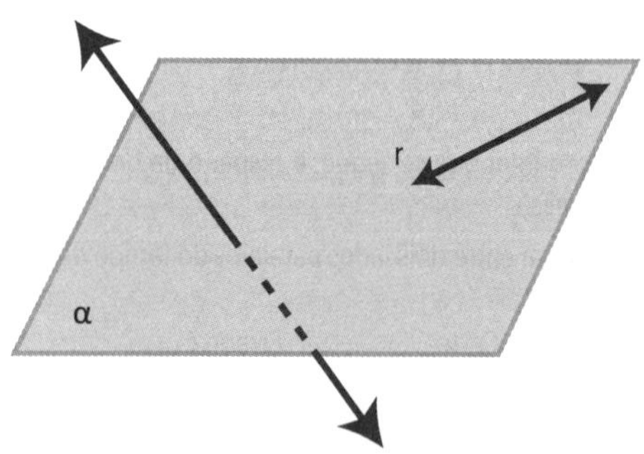

Em particular nas retas concorrentes, há aquelas que são perpendiculares.

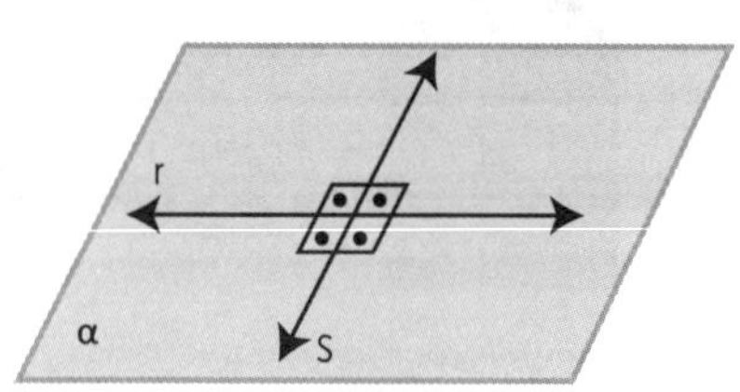

$r \perp s$

17.1.2 Posições Relativas entre Reta e Plano

Reta Contida no Plano

Se uma reta r tem dois pontos distintos num plano α, então, r está contida nesse plano:

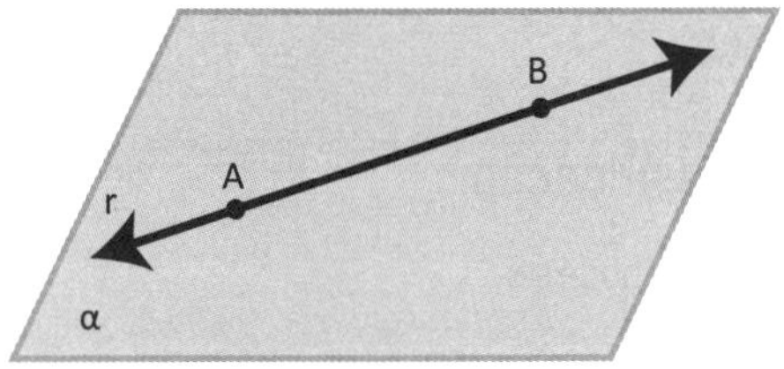

$$\begin{matrix} A \in \alpha \text{ e } B \in \alpha \\ A \in r \text{ e } B \in r \end{matrix} \Rightarrow r \subset \alpha$$

Reta Concorrente ou Incidente ao Plano

Dizemos que a reta r "fura" o plano α ou que r e α são concorrentes em P quando $r \cap \alpha = \{P\}$.

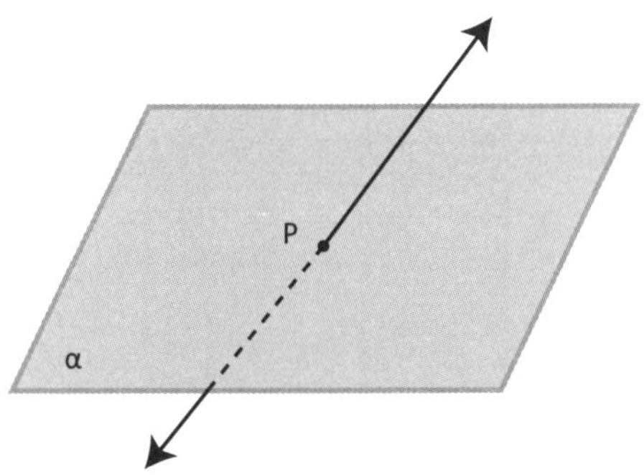

Reta Paralela ao Plano

Se uma reta r e um plano α não tem ponto em comum, então, a reta r é paralela a uma reta t contida no plano α; portanto, $r \parallel \alpha, r \parallel t \text{ e } t \subset \alpha \Rightarrow r \parallel \alpha$

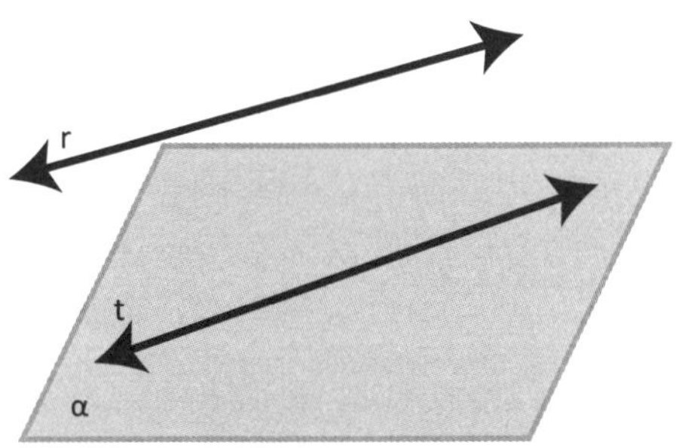

Se dois planos distintos têm um ponto em comum, então, a sua interseção é dada por uma única reta que passa por esse ponto.

17.1.3 Perpendicularismo entre Reta e Plano

Uma reta r é perpendicular a um plano α se, e somente se, r for perpendicular a todas as retas de α que passam pelo ponto de interseção de r e α.

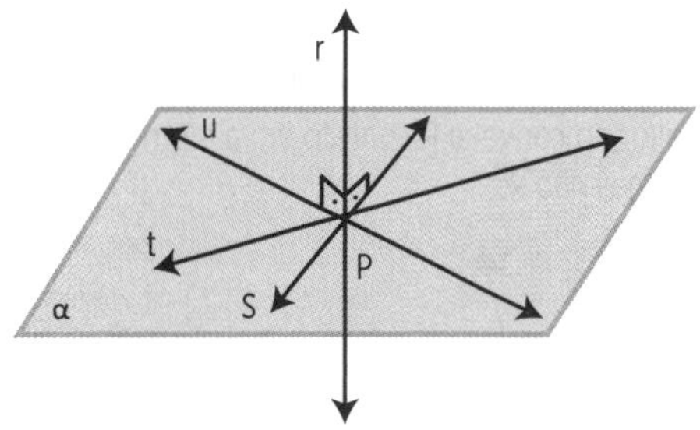

17.1.4 Posições Relativas de Dois Planos

Planos Coincidentes ou Iguais

Planos Concorrentes ou Secantes

Dois planos, α e β, são concorrentes quando sua interseção é uma única reta:

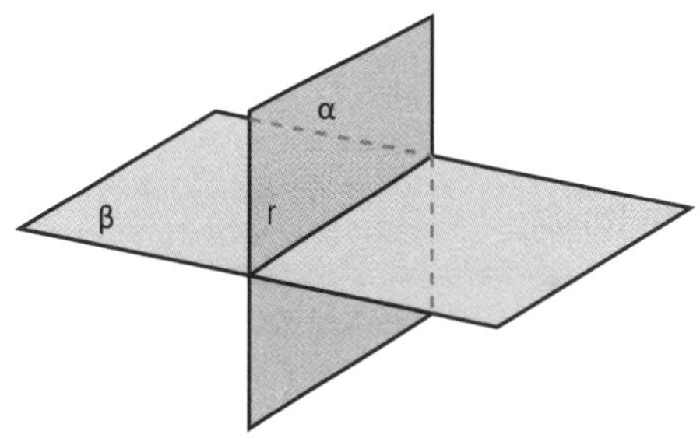

Planos Paralelos

Dois planos, α e β, são paralelos quando sua interseção é vazia:

Perpendicularismo entre planos

Dois planos, α e β, são perpendiculares se, e somente se, exista uma reta de um deles que seja perpendicular ao outro:

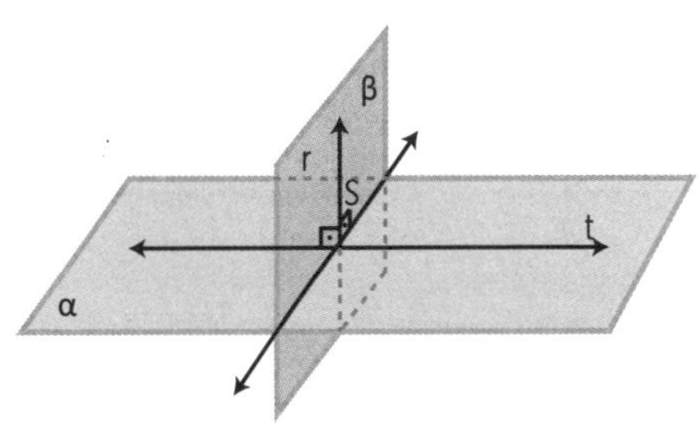

17.2 Prismas

Na figura abaixo, temos dois planos paralelos e distintos, α e β, um polígono convexo R contido em a e uma reta r que intercepta a e β, mas não R:

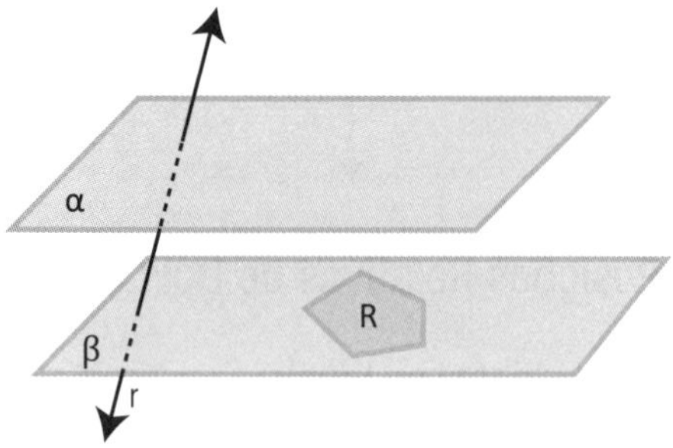

Para cada ponto P da região R, vamos considerar o segmento $\overline{PP}$, paralelo à reta r (P linha, pertence a Beta.)

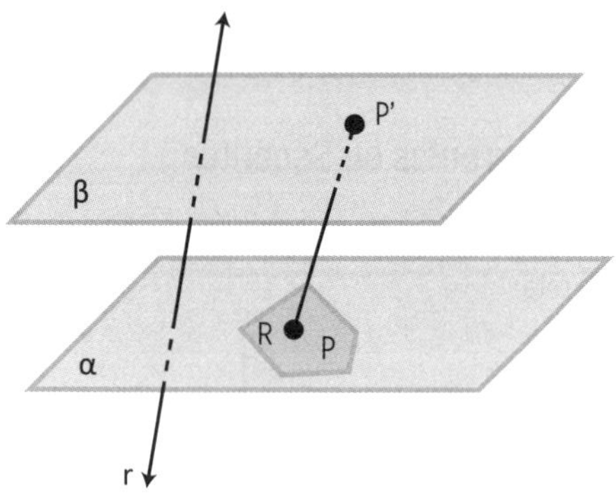

Assim, temos:

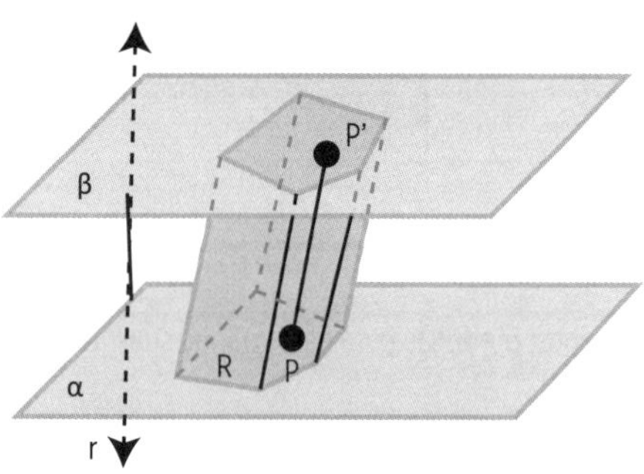

Chama-se de prisma ou prisma limitado o conjunto de todos os segmentos congruentes $\overline{PP}$ paralelos a r.

17.2.1 Elementos do Prisma

Dado o prisma a seguir, considere os seguintes elementos:

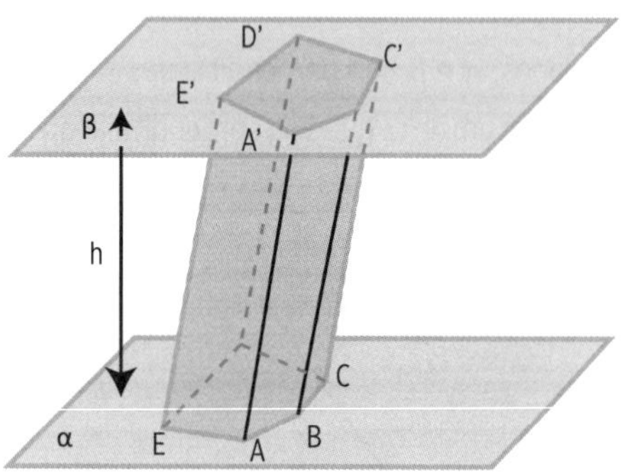

Bases: as regiões poligonais R e S

Altura: a distância h entre os planos α e β

Arestas das bases:

Lados AB, BC, CD, DE, EA, A'B', B'C', D'E', E'A' (dos polígonos)

Arestas laterais:

Os segmentos AA', BB', CC', DD', EE'

Faces laterais: os paralelogramos AA'BB', BB'C'C, CC'D'D, DD'E'E, EE'A'A

17.2.2 Classificação

Um prisma pode ser:

Reto: quando as arestas laterais são perpendiculares aos planos das bases;

Oblíquo: quando as arestas laterais são oblíquas aos planos das bases.

Prisma Reto

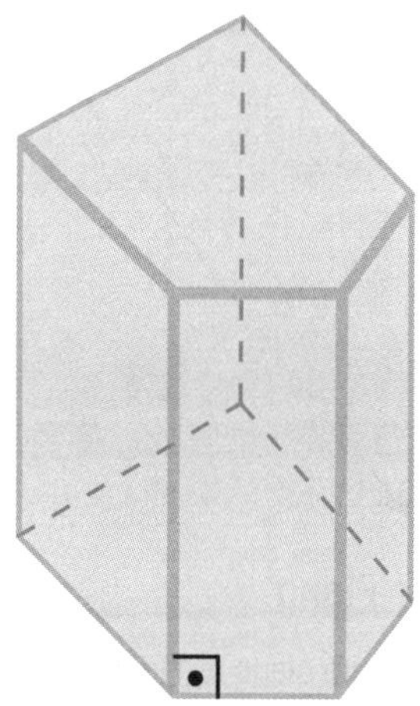

Prisma Oblíquo

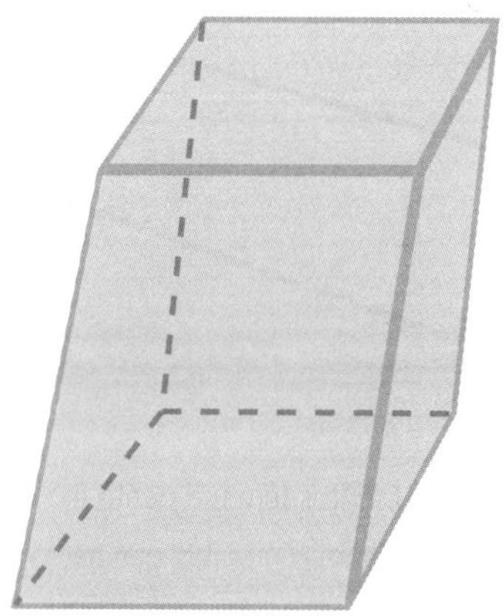

Prisma Regular Triangular

Chama-se de prisma regular todo prisma reto cujas bases são polígonos regulares:

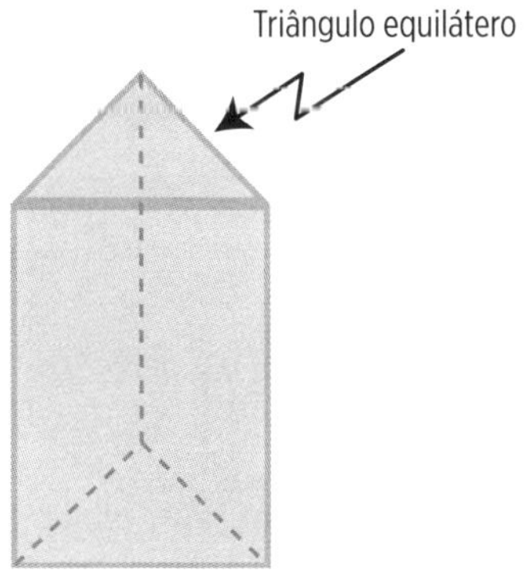

Prisma Regular Hexagonal

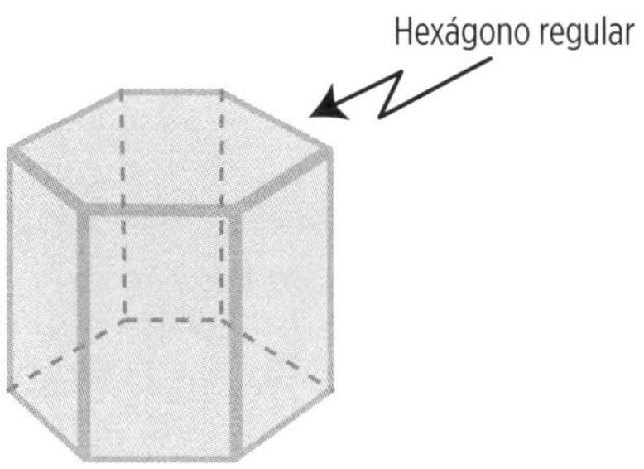

> As faces de um prisma regular são retângulos congruentes.

17.2.3 Áreas

Num prisma, distinguimos dois tipos de superfície: as faces e as bases. Assim, temos de considerar as seguintes áreas:

No prisma regular, temos:

AL = n . AF (n = número de lados do polígono da base).

Área de uma face (A_F): área de um dos paralelogramos que constituem as faces.

Área lateral (A_L): soma das áreas dos paralelogramos que formam as faces do prisma.

Área da base (A_B): área de um dos polígonos das bases.

Área total (A_T): soma da área lateral com a área das bases:

$$A_T = A_L + 2A_B$$

17.2.4 Paralelepípedo

Todo prisma cujas bases são paralelogramos recebe o nome de paralelepípedo. Assim, podemos ter:

Paralelepípedo Oblíquo

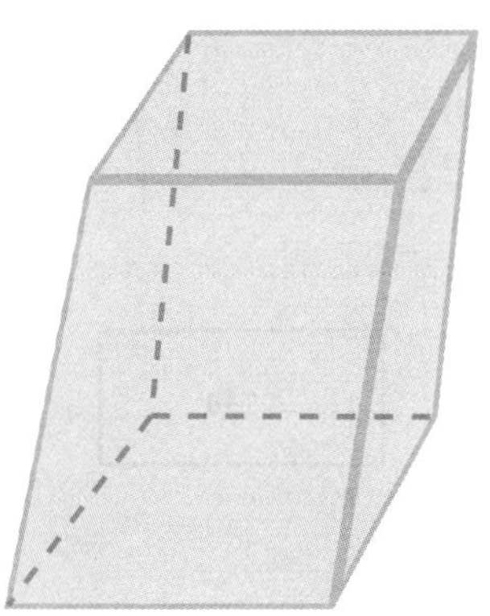

Paralelepípedo Reto

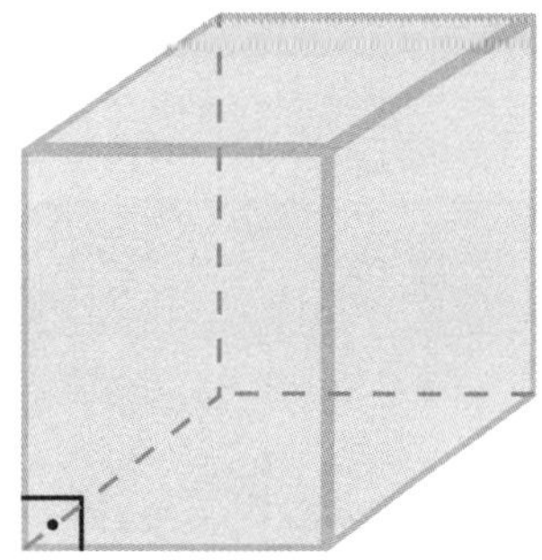

Se o paralelepípedo reto tem bases retangulares, ele é chamado de paralelepípedo reto-retângulo, ortoedro ou paralelepípedo retângulo.

Paralelepípedo Retângulo

Diagonais da base e do paralelepípedo:

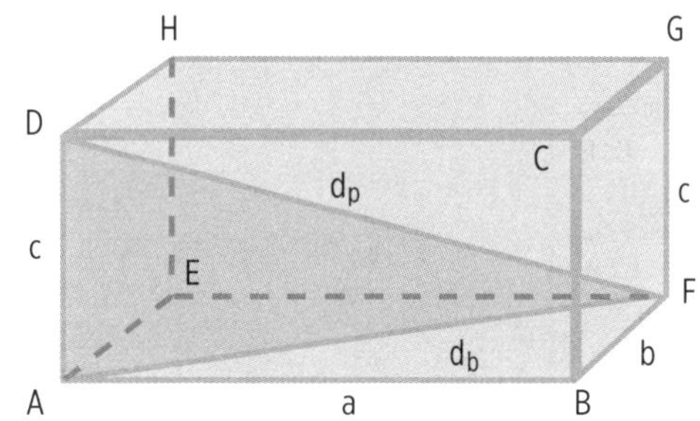

d_b = diagonal da base

d_p = diagonal do paralelepípedo

Na base, ABFE, tem-se:

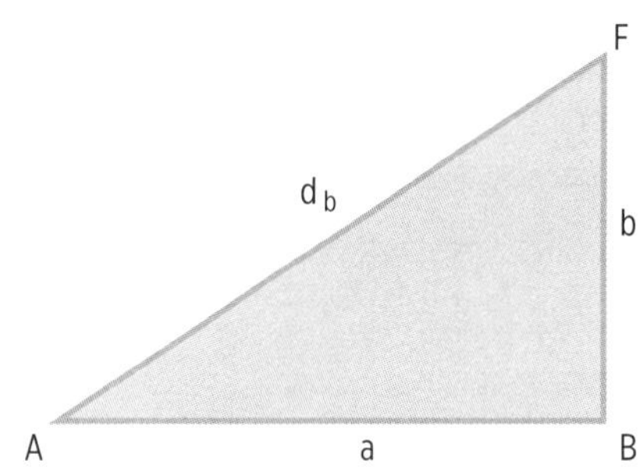

$$d_b^2 = a^2 + b^2 \Longrightarrow d_b = \sqrt{a^2 + b^2}$$

No triângulo AFD, tem-se:

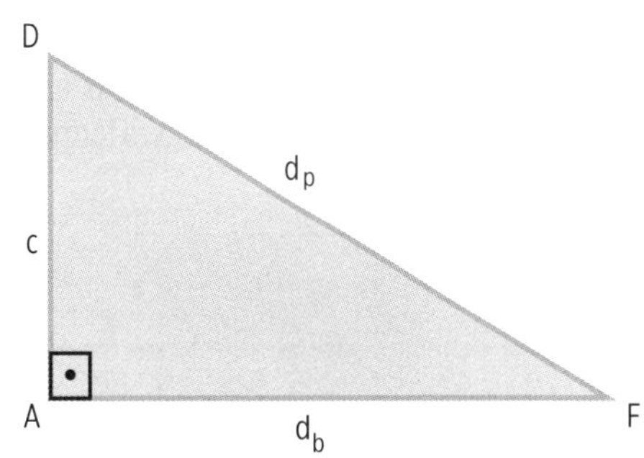

$$d_p^2 = d_b^2 + c^2 = a^2 + b^2 + c^2 \Rightarrow d_p = \sqrt{a^2 + b^2 + c^2}$$

Área Lateral

Sendo A_L a área lateral de um paralelepípedo retângulo, tem-se:

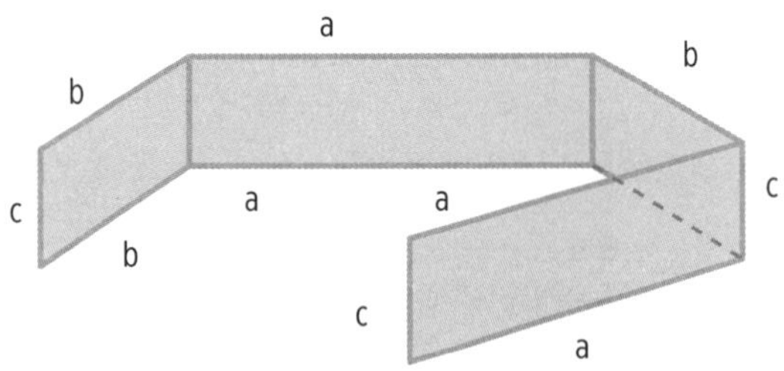

$$A_L = ac + bc + ac + bc = 2ac + 2bc = A_L = 2(ac + bc)$$

Área Total

Planificando o paralelepípedo, verificamos que a área total é a soma das áreas de cada par de faces opostas:

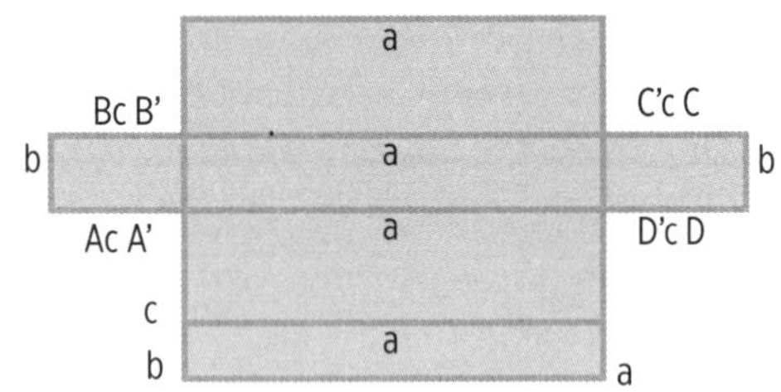

$$A_T = 2(ab + ac + bc)$$

Volume

O volume de um paralelepípedo retângulo de dimensões a, b e c é dado por:

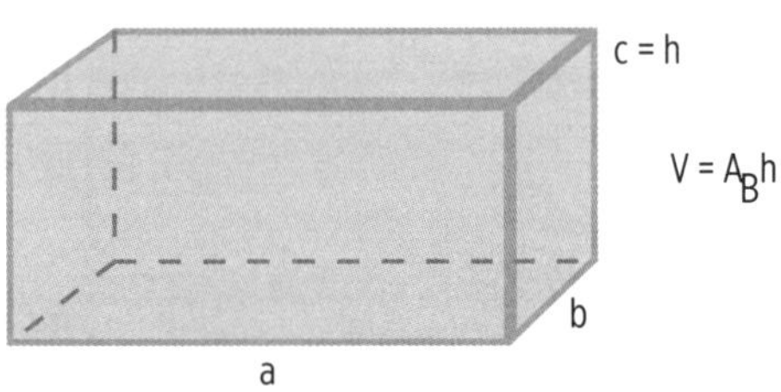

$$V = a.b.c$$

17.2.5 Cubo

Um paralelepípedo retângulo com todas as arestas congruentes (a = b = c) recebe o nome de cubo. Dessa forma, cada face é um quadrado.

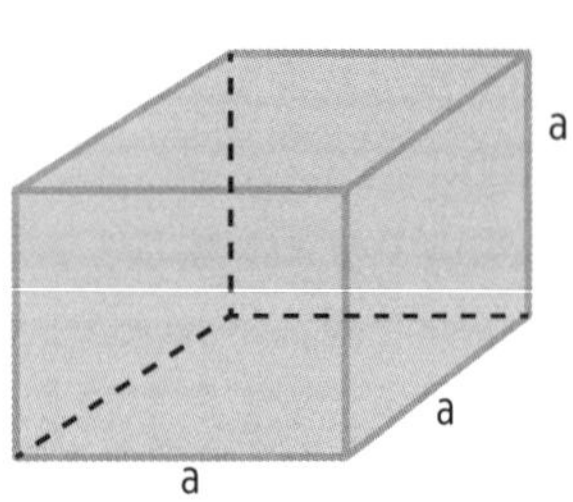

Diagonais da base e do cubo

Considere a figura a seguir:

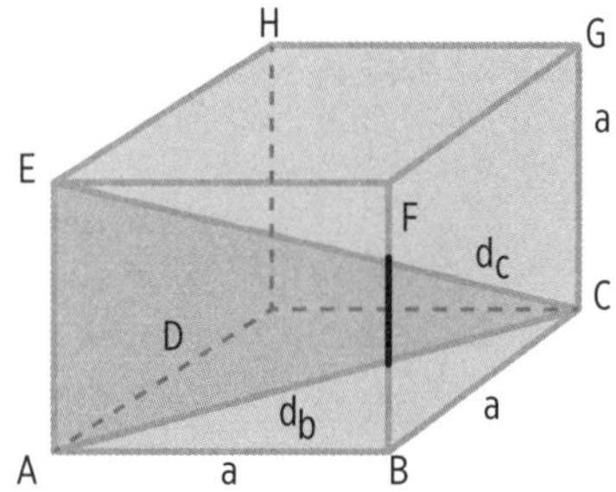

d_c = diagonal do cubo

d_b = diagonal da base

Na base ABCD, tem-se:

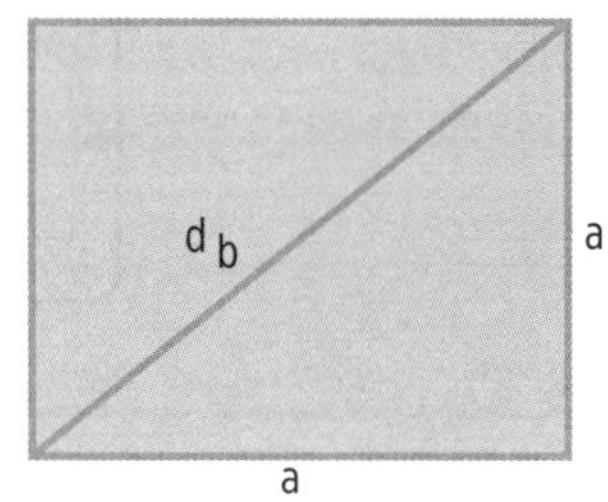

$$d_c^2 = a^2 + a^2 = 2a^2 \Longrightarrow d_b = a\sqrt{2}$$

No triângulo ACE, tem-se:

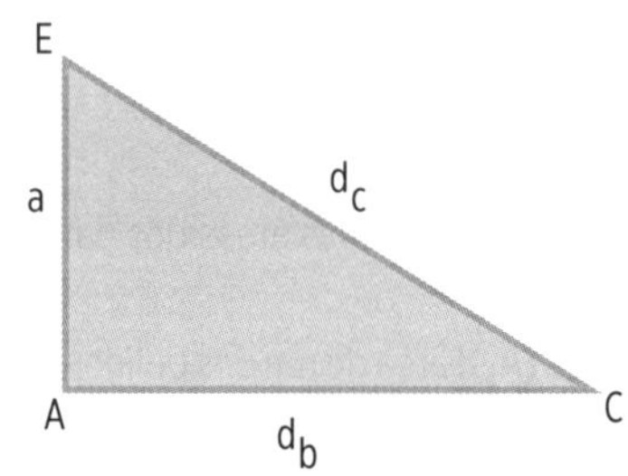

$$d_c^2 = a^2 + d_b^2 = a^2 + 2a^2 = 3a^2 \Longrightarrow d_c = a\sqrt{3}$$

Área Lateral

A área lateral A_L é dada pela área dos quadrados de lado a:

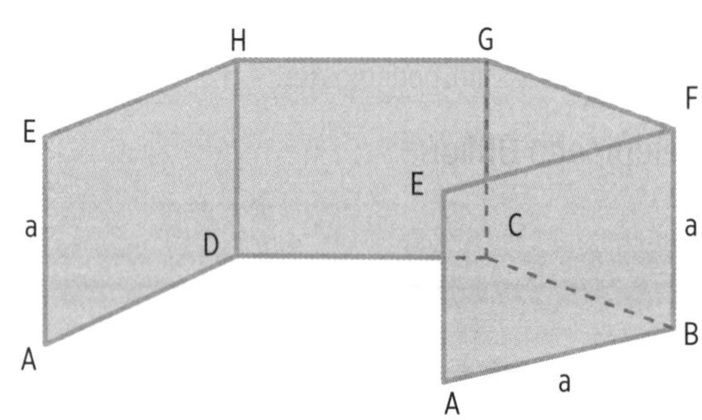

$$A_L = 4a^2$$

Área Total

A área total A_T é dada pela área dos seis quadrados de lado a:

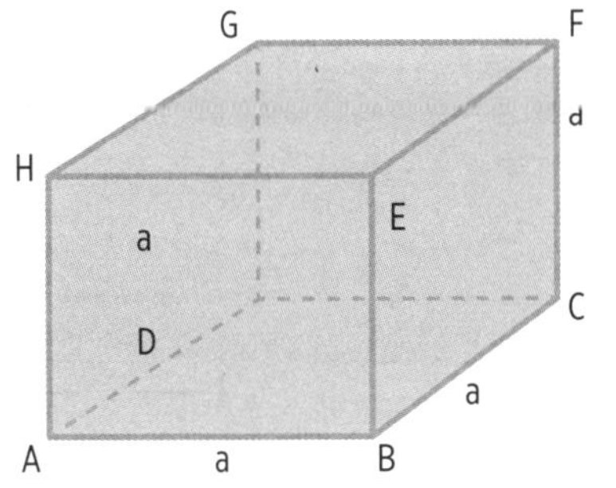

$$A_T = 6a^2$$

Volume

De forma semelhante ao paralelepípedo retângulo, o volume de um cubo de aresta a é dado por:

$$V = a.a.a = a^3$$

Generalização do volume de um prisma:

$V_{prisma} = A_B \cdot h$

17.3 Cilindro

17.3.1 Elementos do Cilindro

Dado o cilindro a seguir, considere os seguintes elementos:

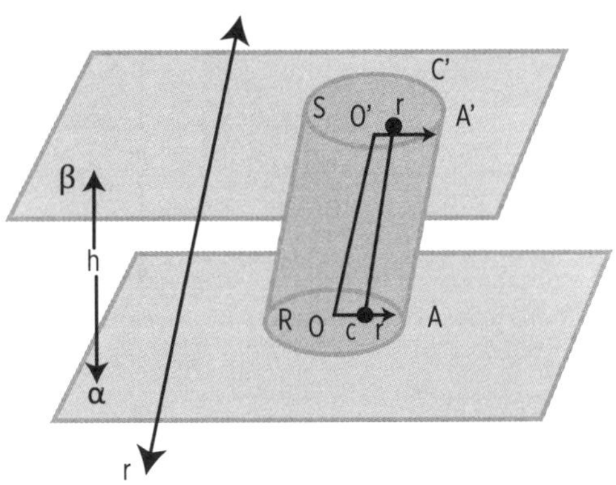

Bases: os círculos de centro O e O' e raios r.

Altura: a distância h entre os planos α e β.

Geratriz: qualquer segmento de extremidades nos pontos das circunferências das bases (por exemplo, $\overline{AA'}$) e paralelo à reta r.

17.3.2 Classificação do Cilindro

Um cilindro pode ser:

> **Circular oblíquo:** quando as geratrizes são oblíquas às bases;

> **Circular reto:** quando as geratrizes são perpendiculares às bases.

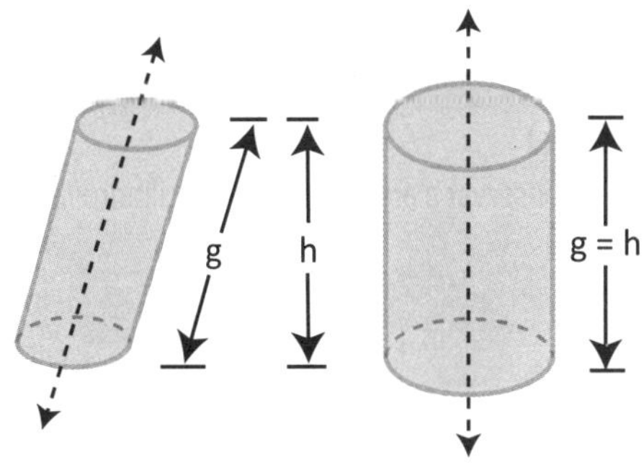

O cilindro circular reto é também chamado de cilindro de revolução, por ser gerado pela rotação completa de um retângulo por um de seus lados. Assim, a rotação do retângulo ABCD pelo lado $\overline{BC}$ gera o cilindro a seguir:

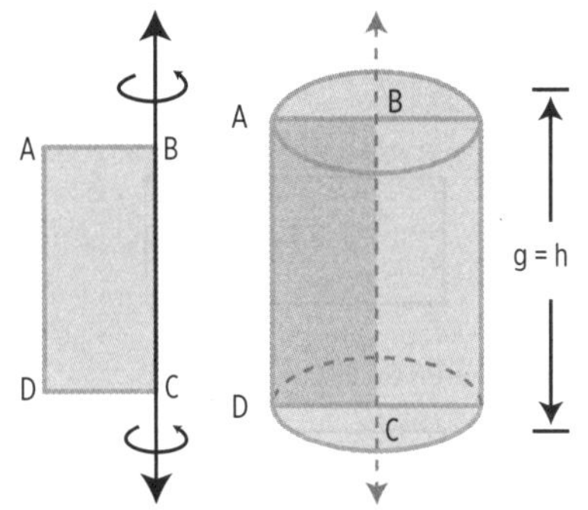

A reta $\overline{BC}$ contém os centros das bases e é o eixo do cilindro.

17.3.3 Seção

Seção transversal é a região determinada pela interseção do cilindro com um plano paralelo às bases. Todas as seções transversais são congruentes.

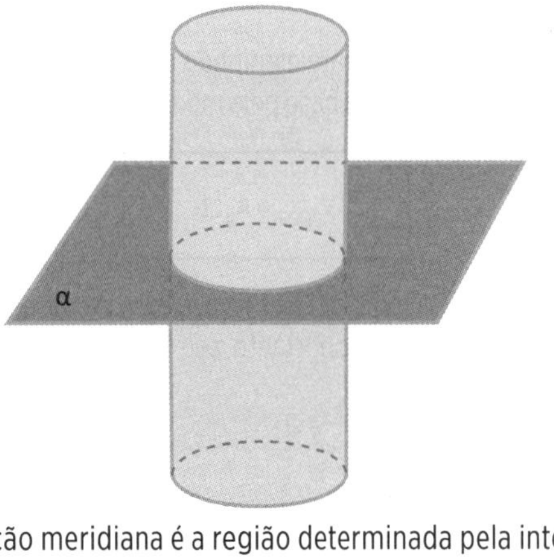

Seção meridiana é a região determinada pela interseção do cilindro com um plano que contém o eixo.

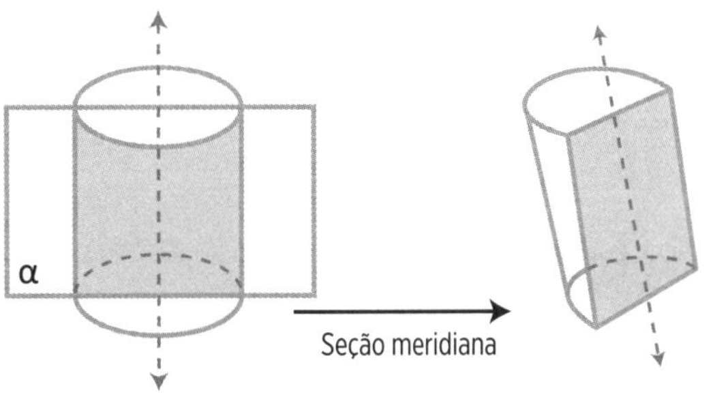

17.3.4 Áreas

Num cilindro, consideramos as seguintes áreas:

Área Lateral (A_L)

Pode-se observar a área lateral de um cilindro fazendo a sua planificação:

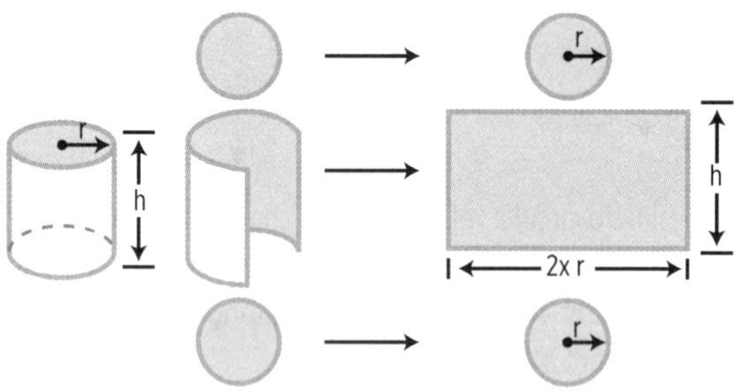

Assim, a área lateral do cilindro reto cuja altura é h e cujos raios dos círculos das bases são r é um retângulo de dimensões 2 π r e h:

$$A_L = 2\pi r h$$

Área da base (A_B): área do círculo de raio r

$$A_B = 2\pi r^2$$

Área total (A_T): soma da área lateral com as áreas das bases

$$A_T = A_L + 2_{AB} = 2\pi r h + 2\pi r^2 = 2\pi r (h + r)$$

17.3.5 Volume

O volume de todo paralelepípedo retângulo e de todo cilindro é o produto da área da base pela medida de sua altura:

$$V_{cilindro} = A_B . h$$

No caso do cilindro circular reto, a área da base é a área do círculo de raio r, $A_B = \varpi r^1 h$; portanto, seu volume é:

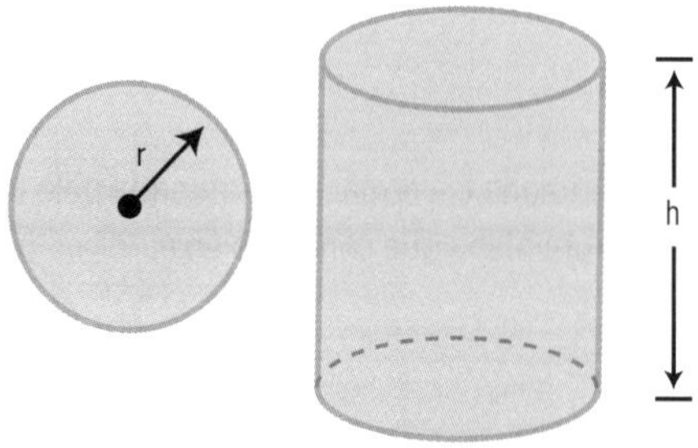

$V = r^2 h$

Cilindro Equilátero

Todo cilindro cuja seção meridiana é um quadrado (altura igual ao diâmetro da base) é chamado cilindro equilátero.

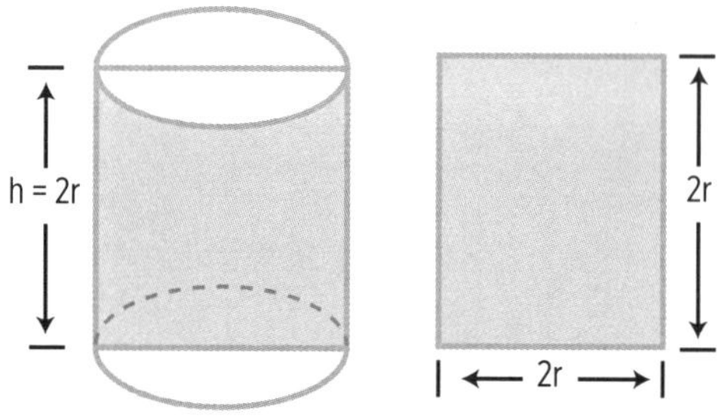

$$A_L = 2r \cdot 2\pi r = 4\pi r^2$$

$$A_T = A_L + A_B = 4\pi r^2 + 2\pi r^2 = 6\pi r^2$$

17.4 Cone Circular

Dado um círculo C, contido num plano α, e um ponto V (vértice) fora de α, chamamos de cone circular o conjunto de todos os segmentos $\overline{VP}$, $P \in C$.

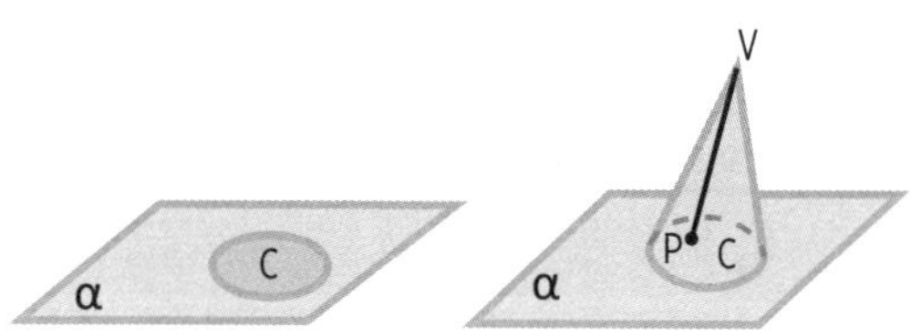

17.4.1 Elementos do cone Circular

Dado o cone a seguir, consideramos os seguintes elementos:

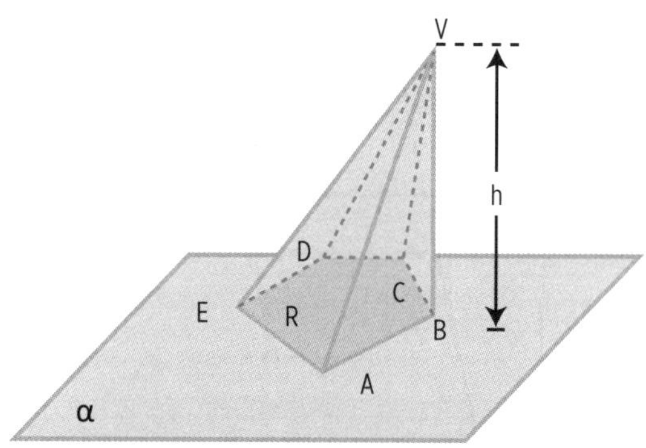

Altura: distância h do vértice V ao plano α.

Geratriz (g): segmento com uma extremidade no ponto V e outra num ponto da circunferência.

Raio da base: raio R do círculo.

Eixo de rotação: reta $\overline{VO}$ determinada pelo centro do círculo e pelo vértice do cone.

17.4.2 Cone Reto

Todo cone cujo eixo de rotação é perpendicular à base é chamado cone reto, também denominado cone de revolução. Ele pode ser gerado pela rotação completa de um triângulo retângulo em torno de um de seus catetos.

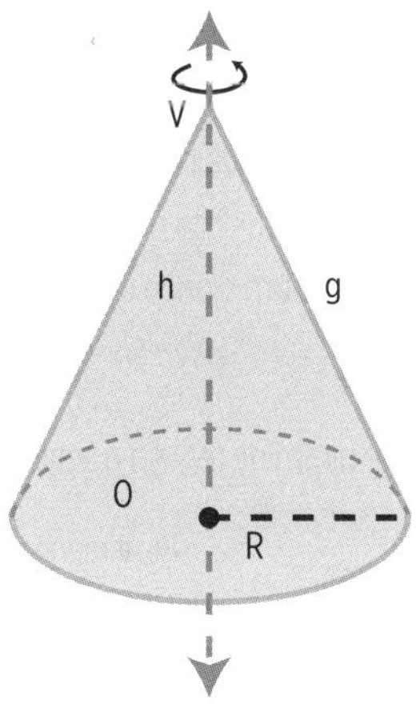

Da figura, e pelo Teorema de Pitágoras, temos a seguinte relação:

$$g^2 = h^2 + R^2$$

17.4.3 Seção Meridiana

A seção determinada, num cone de revolução, por um plano que contém o eixo de rotação é chamada seção meridiana.

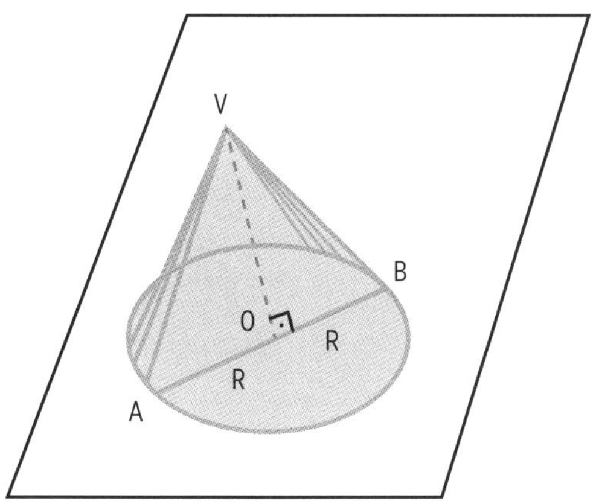

Se o triângulo AVB for equilátero, o cone também será equilátero:

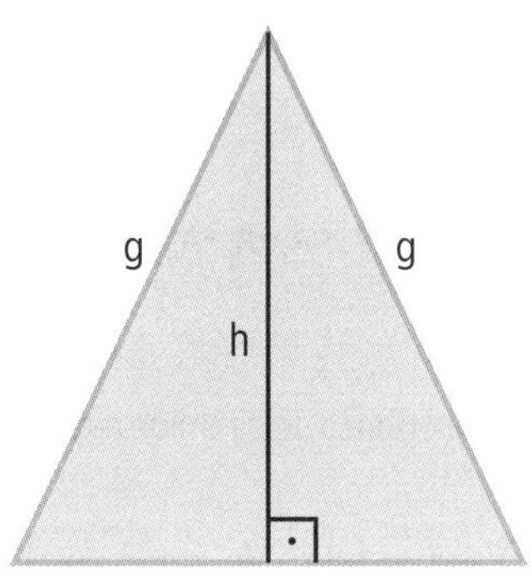

2R

$$g = 2R$$
$$h = R\sqrt{3}$$

17.4.4 Áreas

Desenvolvendo a superfície lateral de um cone circular reto, obtemos um setor circular de raio g e comprimento $L = 2\pi R$

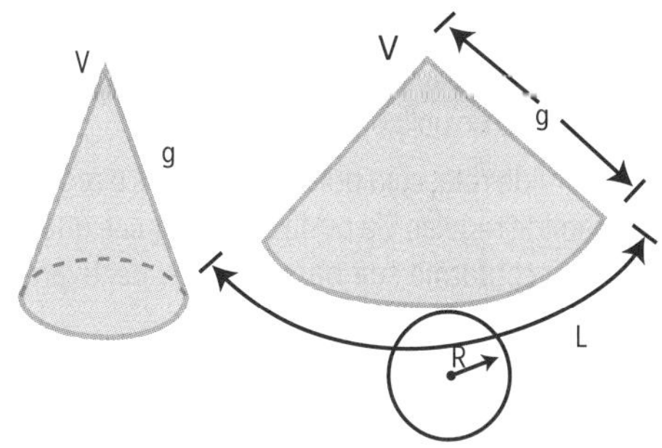

Assim, há de se considerar as seguintes áreas:

Área lateral (AL): área do setor circular

$$A_L = \frac{gl}{2} = \frac{g \cdot 2\pi R}{2} \Longrightarrow A_L = \pi Rg$$

Área da base (AB): área do círculo do raio R

$$A_B = \pi R^2$$

Área total (AT): soma da área lateral com a área da base

$$A_T = A_L + A_B = \pi Rg + \pi R^2 \rightarrow A_T \pi R\,(g+R)$$

17.4.5 Volume

$$V_{cone} = 2\pi dS = 2\pi \cdot \frac{r}{3} \cdot \frac{rh}{2} \Longrightarrow V_{cone} = \frac{1}{3} \cdot \pi r^2 h$$

17.5 Pirâmides

Dado um polígono convexo R, contido em um plano α, e um ponto V (vértice) fora de α, chamamos de pirâmide o conjunto de todos os segmentos $\overline{VP}$, $P \in R$.

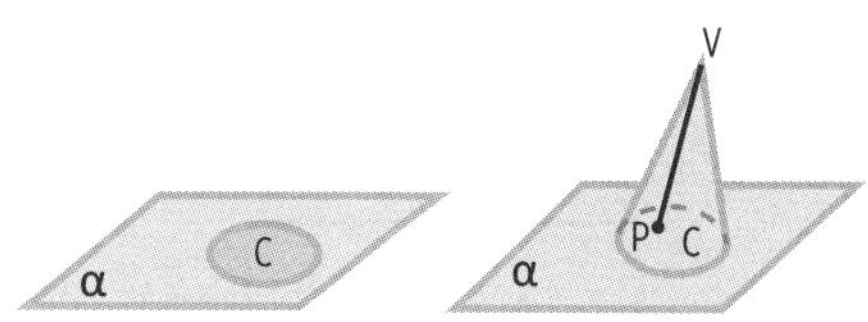

17.5.1 Elementos da Pirâmide

Dada a pirâmide a seguir, tem-se os seguintes elementos:

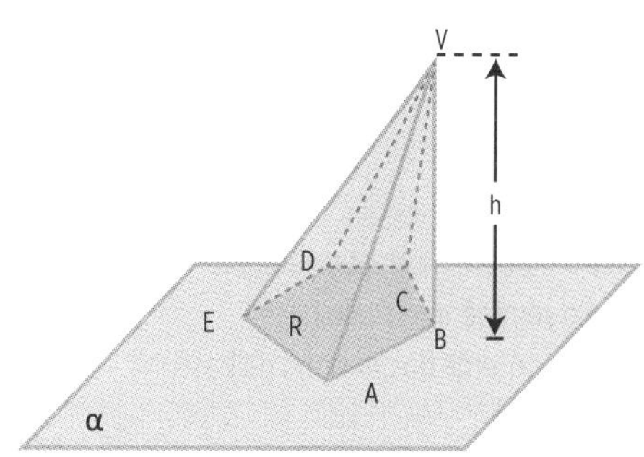

Base: o polígono convexo R.

Arestas da base: os lados AB, BC, CD, DE, EA do polígono.

Arestas laterais: os segmentos VA, VB, VC, VD, VE. .

Faces laterais: os triângulos VAB, VBC, VCD, VDE, VEA.

Altura: distância h do ponto V ao plano.

17.5.2 Classificação

Uma pirâmide é reta quando a projeção ortogonal do vértice coincide com o centro do polígono da base.

Toda pirâmide reta, cujo polígono da base é regular, recebe o nome de pirâmide regular. Ela pode ser triangular, quadrangular, pentagonal, etc., conforme sua base, seja, respectivamente, um triângulo, um quadrilátero, um pentágono, etc.

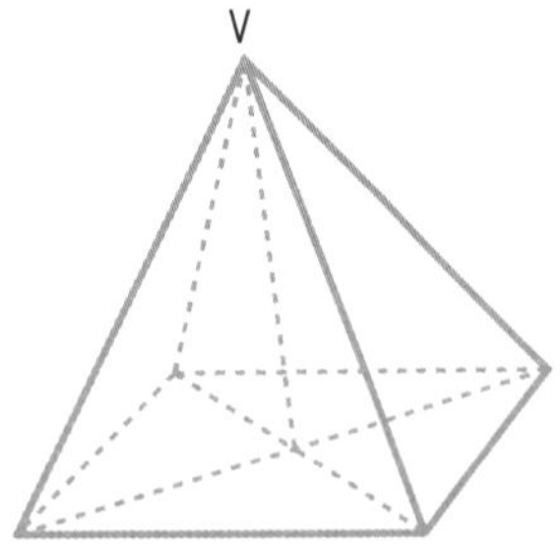

Pirâmide regular quadrangular

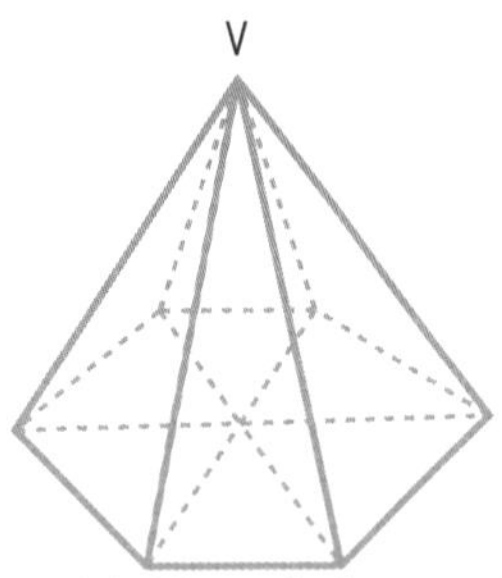

Pirâmide regular hexagonal

17.5.3 Áreas

Numa pirâmide, temos as seguintes áreas:

Área lateral (A_L): reunião das áreas das faces laterais.

Área da base (A_B): área do polígono convexo (base da pirâmide).

Área total (A_T): união da área lateral com a área da base.

$$\boxed{A_T = A_L + A_B}$$

Para uma pirâmide regular, temos:

$$A_L = n \cdot \frac{bg}{2} \qquad A_B = pa$$

Em que:

b é a aresta;

g é o apótema;

n é o número de arestas laterais;

p é o semiperímetro da base;

a é o apótema do polígono da base.

17.5.4 Volume

$$V_{cone} = \frac{1}{3} \cdot \underbrace{\pi \cdot R^2}_{\text{Área da base}} h \rightarrow \boxed{V_{pirâmide} = \frac{1}{3} \cdot ABh}$$

17.5.5 Troncos

Se um plano interceptar todas as arestas de uma pirâmide ou de um cone, paralelamente às suas bases, o plano dividirá cada um desses sólidos em dois outros: uma nova pirâmide e um tronco de pirâmide; e um novo cone e um tronco de cone.

Tronco da Pirâmide

Dado o tronco de pirâmide regular a seguir, tem-se:

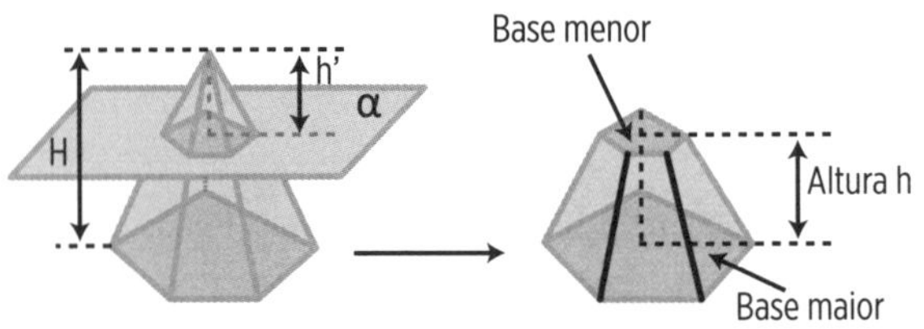

Pirâmide Tronco da pirâmide

As bases são polígonos regulares paralelos e semelhantes;

As faces laterais são trapézios isósceles congruentes.

Áreas

Área lateral (A_L): soma das áreas dos trapézios isósceles congruentes que formam as faces laterais.

Área total (A_T): soma da área lateral com a soma das áreas da base menor (A_b) e maior (A_B).

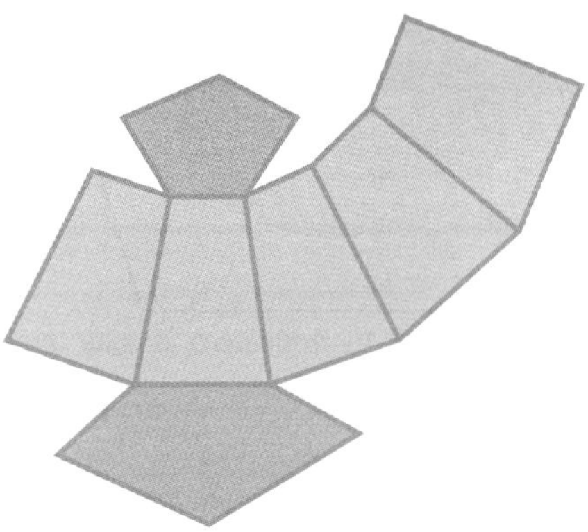

$$A_T = A_L + A_B + A_b$$

Volume

O volume de um tronco de pirâmide regular é dado por:

$$V_r = \frac{h}{3}\left(A_B + A_b + \sqrt{A_B A_b}\right)$$

Sendo V o volume da pirâmide e V' o volume da pirâmide obtido pela seção, é válida a relação:

$$\frac{V'}{V} = \left(\frac{h'}{H}\right)^3$$

Tronco do Cone

Sendo o tronco do cone circular regular a seguir, tem-se:

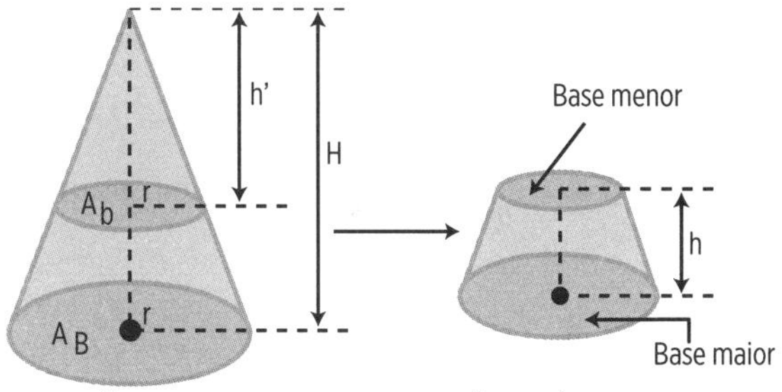

Cone Tronco do cone

As bases maior e menor são paralelas;

A altura do tronco é dada pela distância entre os planos que contém as bases.

Áreas

Tem-se: área lateral

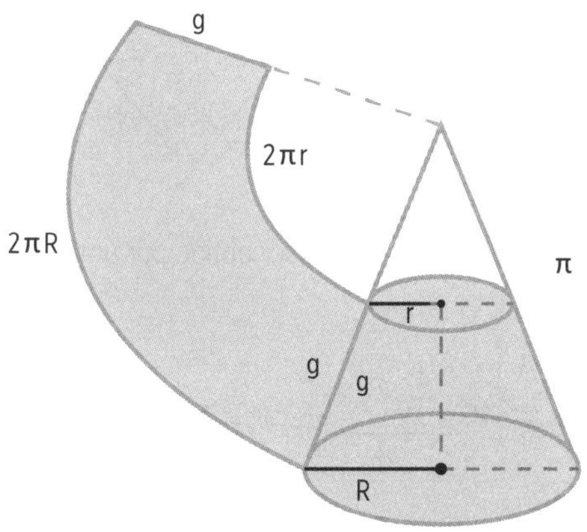

$$A_L = \pi(R + r)g$$

Área total

$$A_T = A_L + A_B + A_b = \pi(R + r)g + \pi R^2 + \pi r^2$$
$$\Downarrow$$
$$A_T = \pi[(R + r)g + R^2 + r^2]$$

Volume

$$V = \frac{h}{3}\left(A_B + A_b + \sqrt{A_B A_b}\right) = \frac{h}{3}\left(\pi R^2 + \pi r^2 + \sqrt{\pi R^2 \cdot \pi r^2}\right)$$
$$\Downarrow$$
$$V = \frac{\pi h}{3}(R^2 + r^2 + Rr)$$

Sendo V o volume do cone e V' o volume do cone obtido pela seção, são válidas as relações:

$$\frac{r}{r'} = \frac{H}{h'}$$

$$\frac{A_B}{A_b} = \left(\frac{H}{h'}\right)^2$$

$$\frac{V}{V'} = \left(\frac{H}{h'}\right)^3$$

17.6 Esfera

Chama-se de esfera de centro O e raio R o conjunto de pontos do espaço cuja distância ao centro é menor ou igual ao raio R.

Considerando a rotação completa de um semicírculo em torno de um eixo e, a esfera é o sólido gerado por essa rotação. Assim, ela é limitada por uma superfície esférica e formada por todos os pontos pertencentes a essa superfície e ao seu interior.

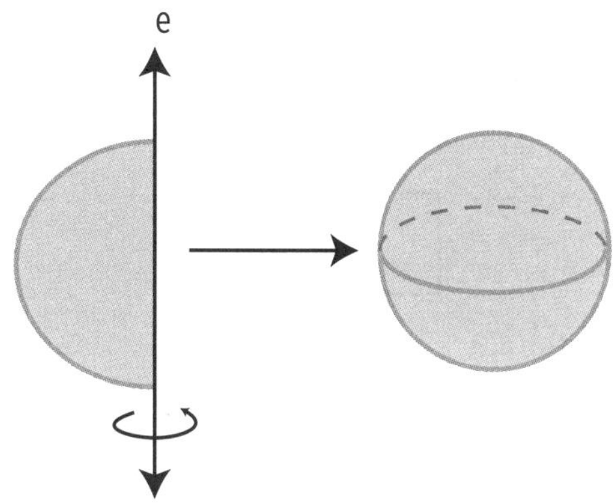

17.6.1 Volume

O volume da esfera de raio R é dado por:

$$V_e = \frac{4}{3} \cdot \pi R^3$$

17.6.2 Partes da Esfera

Superfície Esférica

A superfície esférica de centro O e raio R é o conjunto de pontos do espaço cuja distância ao ponto O é igual ao raio R.

Se considerar a rotação completa de uma semicircunferência em torno de seu diâmetro, a superfície esférica é o resultado dessa rotação.

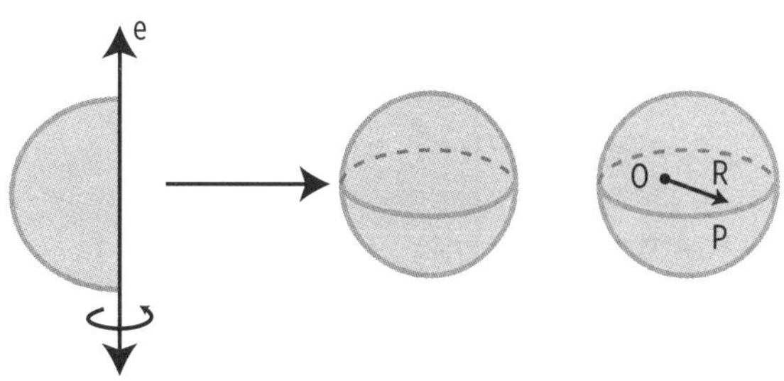

A área da superfície esférica é dada por:

$$A_s = 4\pi R^2$$

Zona Esférica

É a parte da esfera gerada do seguinte modo:

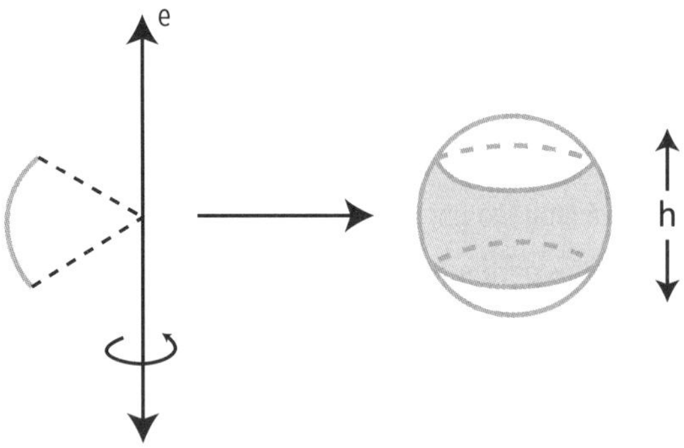

A área da zona esférica é dada por:

$$S = 2\pi Rh$$

Calota Esférica

É a parte da esfera gerada do seguinte modo:

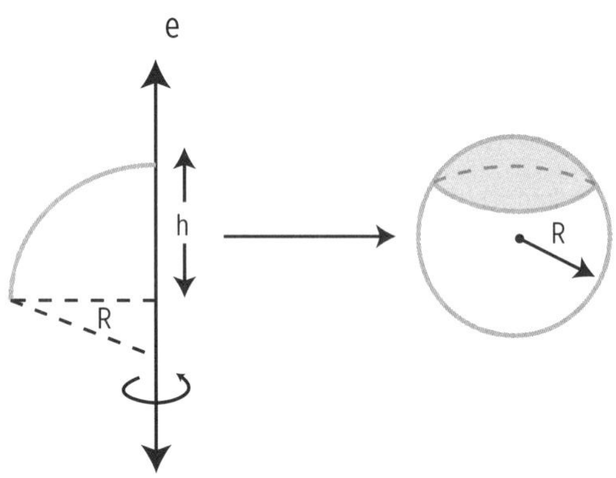

A área da calota esférica é dada por:

$$S = 2\pi Rh$$

Fuso Esférico

O fuso esférico é uma parte da superfície esférica que se obtém ao girar uma semicircunferência de um ângulo $\alpha(0< \alpha<2\pi)$ em torno de seu eixo:

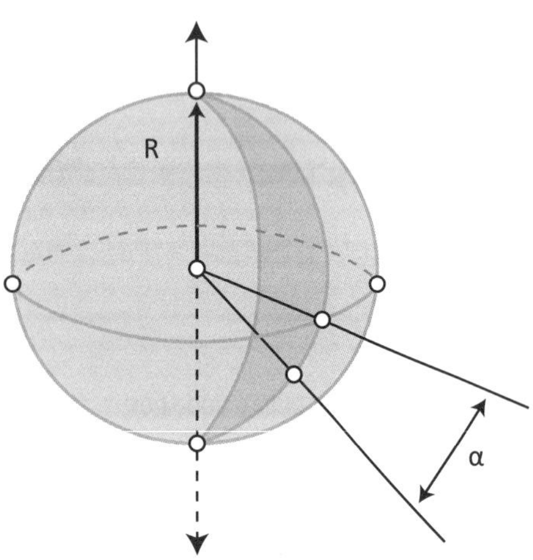

A área do fuso esférico pode ser obtida por uma regra de três simples:

$$\begin{matrix} A_S - 2\pi \\ A_F - \alpha \end{matrix} \quad A_F = \frac{4\pi R^2\alpha}{2\pi} \Rightarrow A_F = 2R^2\alpha \text{ (α em radianos)}$$

$$\begin{matrix} A_S = 360^o \\ A_F - \alpha \end{matrix} \quad A_F = \frac{4\pi R^2\alpha}{360^o} \Rightarrow A_F = \frac{\pi R^2\alpha}{90^o} \text{ (α em graus)}$$

Cunha Esférica

Parte da esfera que se obtém ao girar um semicírculo em torno de seu eixo de um ângulo $\alpha(0< \alpha< 2\pi)$:

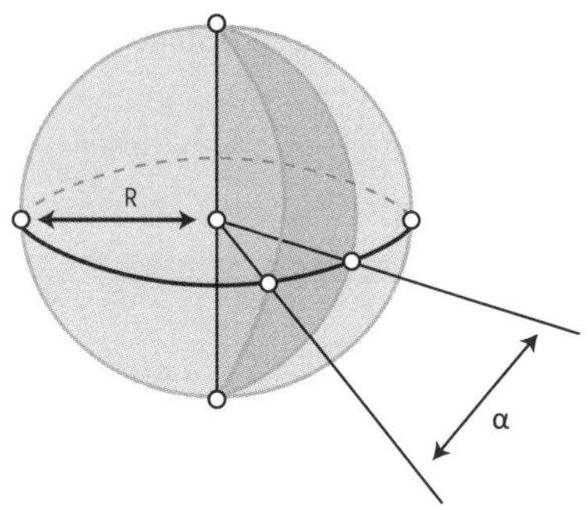

O volume da cunha pode ser obtido por uma regra de três simples:

$$\left.\begin{matrix} V_e - 2\pi \\ V_c - \alpha \end{matrix}\right\} \Rightarrow V_c = \frac{\frac{4}{3}\pi R^3\alpha}{2\pi} \Rightarrow V_c = \frac{2}{3} \cdot R^3\alpha \text{ (α em radianos)}$$

$$\left.\begin{matrix} V_e - 360^o \\ V_c - \alpha \end{matrix}\right\} \Rightarrow V_c = \frac{\frac{4}{3}\pi R^3\alpha}{360^o} \Rightarrow V_c = \frac{\pi R^3\alpha}{270^o} \text{ (α em graus)}$$

Questões

01. (CESPE) – 2018. O volume de um cubo que tem seus vértices sobre uma superfície esférica de raio igual $5\sqrt{3}$ a centímetros é menor que 1.000 cm3.

Certo ( ) Errado ( )

02. (CESPE) – 2018. A figura seguinte mostra a planta baixa de um condomínio. O terreno ocupado pelo condomínio é um quadrado de lados que mede 60 m. Nesse condomínio, as áreas indicadas por E1, E2 e E3 correspondem aos locais onde estão construídos os prédios residenciais, e as regiões em branco correspondem às vias de livre circulação para pedestres e veículos.

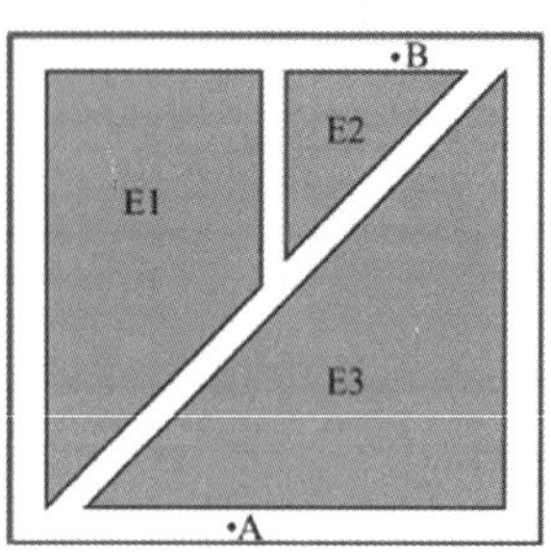

A partir da figura e das informações precedentes, julgue o item a seguir, considerando que a área de E2 seja igual a 200 m2.

Considere que um edifício residencial de 8 andares a partir do térreo ocupe toda a área E2. Nesse caso, se a altura de cada andar desse edifício for de 3 m, então o edifício forma um sólido de volume inferior a 5.000 m3.

Certo ( ) Errado ( )

03. (CESPE) – 2018 Os biscoitos de sal de determinada marca têm a forma de um paralelepípedo retângulo: a base é um quadrado de lados medindo 6 cm; a altura mede 0,25 cm. Os biscoitos são acondicionados em caixas com capacidade para 5.184 cm 3.

Nesse caso, a quantidade de biscoitos que podem ser acondicionados em uma dessas caixas é 576.

Certo ( ) Errado ( )

04. (CESPE) – 2018. Em um almoxarifado há, em estoque, 100 caixas na forma de paralelepípedos retângulos. Na tabela a seguir são mostrados alguns valores da frequência absoluta, da frequência relativa e da porcentagem da variável volume interno da caixa, em litros (L).

volume da caixa (L)	frequência absoluta	frequência relativa	porcentagem (%)
10	10	*	*
20	*	*	*
45	*	0,2	*
60	*	*	40
Total	100	1	100

Considerando essas informações, julgue o seguinte item.

Se a área interna da base do paralelepípedo de uma caixa de 60 L for igual a 2.000 cm^2, então a altura interna dessa caixa medirá menos de 35 cm.

Certo ( ) Errado ( )

05. (CESPE) – 2018. A figura a seguir mostra uma mesa em que o tampo é um hexágono regular cujo lado mede 80 cm.

Julgue o item que se segue, a respeito da geometria do tampo dessa mesa.

Se esse tampo tiver espessura de 2 cm, então o seu volume será superior a 0,04 m3.

Certo ( ) Errado ( )

Gabaritos

01	ERRADO
02	CERTO
03	CERTO
04	CERTO
05	ERRADO

1. SOFTWARE 634
1.1 Licenças de Software 634
1.2 Tipos de Software 634
2. LINUX 640
2.1 Conceitos Básicos 640
3. WINDOWS 7 642
3.1 Componentes 642
4. SISTEMA WINDOWS 10 646
4.1 Requisitos Mínimos 646
4.2 Novidades 646
5. WORD 2016 660
5.1 Tela de Abertura 660
5.2 Janela do programa 660
5.3 Menu Arquivo 661
5.4 Aba Página Inicial 663
5.5 Aba Inserir 668
5.6 Aba Design 670
5.7 Aba Layout 670
5.8 Aba Referências 671
5.9 Aba Correspondências 672
5.10 Aba Revisão 672
5.11 Aba Exibir 673
6. EXCEL 2016 676
6.1 Janela Inicial 676
6.2 Formatos de arquivos 676
6.3 Novidades 676
6.4 Operadores 677
6.5 Operadores de Referência 678
6.6 Funções 679
6.7 Seleção de Células 681
6.8 Alça de Preenchimento 681
6.9 Endereçamento de Células 682
7. POWERPOINT 2016 685
7.1 Tela de abertura 685
7.2 Tela de Edição 685
7.3 Formato de Arquivo 685
7.4 Aba Página Inicial 685
7.5 Aba Inserir 688
7.6 Aba Design 689
7.7 Aba Transações 689
7.8 Aba Animações 689
7.9 Aba Apresentação de Slides 690
7.10 Aba Revisão 690
7.11 Aba Exibir 690
7.12 Slide Mestre 691

SUMÁRIO

8. BROFFICE WRITER – EDITOR DE TEXTO 693
8.1 Formatos de Arquivos 693
8.2 Formatação de Texto 693
8.3 Ferramentas 696
8.4 Barra de Menus 697
9. BROFFICE CALC – EDITOR DE PLANILHAS 704
9.1 Planilha 704
9.2 Célula 704
9.3 Operadores 705
9.4 Elemento Fixador 706
9.5 Alça de Preenchimento 706
9.6 Funções 707
9.7 Formatos de Células 709
10. BROFFICE IMPRESS - EDITOR DE APRESENTAÇÃO 711
10.1 Janela do Programa 711
10.2 Mestre 711
10.3 Layouts 712
10.4 Formatos de Arquivos 712
10.5 Modos de Exibição 712
10.6 Inserir Slide 713
10.7 Menu Apresentação de Slides 714
10.8 Impressão 715
11. BANCO DE DADOS 717
11.1 Introdução 717
11.2 Arquiteturas de Banco de Dados 717
11.3 Sistema Gerenciador de Banco de Dados (SGBD) 718
11.4 Banco de Dados Relacional 718
11.5 Data Mining 720
11.6 Data WareHouse 721
11.7 SISTEMA GERENCIADOR DE BANCO DE DADOS - SGBD 721
11.8 Arquitetura de Sistema de Banco de Dados 722
11.9 O Conceito de Chave no Modelo Relacional 723
11.10 Normalização de Dados 723
11.11 SQL [linguagem SQL (SQL2008) 724
11.12 Linguagem HIVEQL (HIVE 2.2.0) 726
12. SERVIDORES 728
12.1 Paradigma Cliente Servidor 728
12.2 Tipos de Servidores 728
12.3 Virtualização de Servidores 729
13. PROGRAMAÇÃO 731
13.1 Conceitos Básicos 731
13.2 Lista encadeada, pilha, fila, noções sobre árvore binária 734
13.3 Noções de algoritmos de aprendizado supervisionado e não supervisionados 734
13.4 Busca sequencial e busca binária sobre arrays 735
13.5 Busca sequencial 736
13.6 Busca binária 736
13.7 Ordenação - métodos da bolha, ordenação por seleção, ordenação por inserção 736

13.8 Ordenação Bolha - Bubble Sort 736
13.9 Ordenação - métodos da bolha, ordenação por seleção, ordenação por inserção 736
13.10 Lista encadeada, pilha, fila, noções sobre árvore binária 737
13.11 JavaScript 738
13.12 Linguagem R 3.4.2 e R Studio 5.1, OLAP 738
13.13 MapReduce 741
13.14 YARN 2.7.4, Ferramentas de ingestão de dados (Sqoop 1.4.6, Flume 1.7.0, NiFi 1.3.0 e Kafka 0.11.0) 741

14. REDES DE COMPUTADORES 744

14.1 Paradigma de Comunicação 744
14.2 Dispositivos de Rede 744
14.3 Topologia de Rede 744
14.4 Firewall 745
14.5 Tipos de Redes 745
14.6 Padrões de Infraestrutura 746
14.7 Correio Eletrônico 746
14.8 URL (Uniform Resource Locator) 747
14.9 Navegadores 747
14.10 Conceitos Relacionados à Internet 748

15. CLOUD COMPUTING 750

15.1 Características 750

16. ARQUITETURA DE REDES 752

16.1 Modelo OSI 752
16.2 Modelo TCP/IP 753
16.3 Endereços 754
16.4 Endereçamento IPv4 754

17. SEGURANÇA DA INFORMAÇÃO 758

17.1 Princípios Básicos da Segurança da Informação 758
17.2 Criptografia 758
17.3 Ataques 759

1. SOFTWARE

Cerca de 90% das questões de Informática abordam conceitos relacionados aos softwares, na forma de definições e de modos de operação, tanto em provas de nível médio como de nível superior. Por esse motivo, ele será abordado em nosso primeiro tópico.

O software é a parte **abstrata** de um computador, também conhecido como a parte **lógica**. É um programa instalado em um dispositivo, que pode ser um computador ou mesmo um celular.

Os Programas são a aplicação de regras de maneira digital, para que, dada uma situação, ocorra uma reação pré-programada. Assim, temos que um programa é uma representação de tarefas manuais; com eles podemos automatizar processos, o que torna as tarefas mais dinâmicas.

1.1 Licenças de Software

Uma licença de software define o que um usuário pode ou não fazer com ele, ela se baseia essencialmente no direito autoral. Existem vários tipos de licenças de software, mas, no que tange ao concurso público, apenas duas são de valor significativo: a licença de software livre e a licença de software proprietário.

Software Proprietário

A licença de software proprietário procura reservar o direito de autor do programa.

Um software proprietário é também conhecido como software não livre, pois uma de suas principais características é manter o **Código Fonte[1] fechado.**

Há vários softwares proprietários gratuitos. Por outro lado, existem aqueles que, para o usuário adquirir o direito de uso, exigem a compra de uma licença de uso, a qual não lhe dá direito de propriedade sobre o programa, apenas concede a ele o direito de utilizá-lo, além de impor algumas regras quanto ao seu uso.

São exemplos de softwares proprietários: Windows, Microsoft Office, Mac OS, aplicativos da Adobe, Corel Draw, WinRAR, WinZip, MSN entre outros tantos.

Software Livre

Em contrapartida ao software proprietário, um grupo criou o software livre. Como princípio atribuem-se às leis que regem a definição de **liberdades** como forma de protesto em relação ao software proprietário.

O software livre tem como primordial característica o **Código Fonte Aberto.**

A principal organização que mantém e promove o software livre é a Free Software Foundation (FSF).

Para que um software seja classificado como Software Livre, ele deve obedecer a quatro **liberdades de software** do projeto **GNU** - *General Public License* (Licença Pública Geral) - idealizado por Richard Matthew Stallman, ativista e fundador do movimento software livre:

Liberdade 0: a liberdade para executar o programa, para qualquer propósito;

Liberdade 1: a liberdade de estudar como o programa funciona e adaptá-lo às suas necessidades;

Liberdade 2: a liberdade de redistribuir cópias do programa de modo que você possa ajudar ao seu próximo;

Liberdade 3: a liberdade de modificar o programa e distribuir essas modificações, de modo que toda a comunidade se beneficie.

A GPL (*CopyLeft*) é um reforço a essas quatro liberdades, garantindo que o código fonte de um programa software livre não possa ser apropriado por outra pessoa ou empresa, principalmente para que não seja transformado em software proprietário.

A GPL só possui versão em inglês devido a possíveis erros de tradução que possam vir a ser inseridos em sua descrição.

São exemplos de softwares livres: Apache, Linux, BrOffice, LibreOffice, Mozilla Firefox, Mozilla Thunderbird, entre outros.

O Linux é um dos principais projetos desenvolvidos sob a licença de software livre, assim como o BrOffice, mas o principal responsável por alavancar o software livre, assim como o próprio Linux, foi o projeto Apache[2] que no início só rodava em servidores Linux e hoje é multiplataforma.

Shareware

A Licença do tipo Shareware é comumente usada quando se deseja permitir ao usuário uma degustação do programa, é uma licença que oferece funcionalidades reduzidas ou mesmo em sua totalidade, porém, com um prazo para esse uso que, depois de encerrado, o programa limita as funcionalidades ou pode deixar de funcionar.

Um exemplo de software popular que utiliza essa licença é o WinRAR, que, após os 40 dias, começa a exibir uma mensagem toda vez que é aberto, contudo, continua funcionando mesmo que o usuário não adquira a licença.

Esta permite a cópia e redistribuição do software, porém, não permite a alteração, pois o código fonte não é público.

1.2 Tipos de Software

Existem diversos tipos de software, mas somente alguns nos interessam durante a prova. Dessa forma, iremos focar o estudo no que nos é pertinente.

Podemos classificar os softwares de acordo com os itens a seguir:

- **Firmwares;**
- **Sistemas Operacionais;**
- **Escritório;**
- **Utilitários;**
- **Entretenimento;**
- **Malwares.**

1 Código Fonte: conjunto de instruções feitas em uma linguagem de programação, que definem o funcionamento e o comportamento do programa.

2 Apache: servidor responsável pelo processamento da maior parte das páginas disponibilizadas atualmente na Internet, cerca de 51%..

Firmwares

Um Firmware é normalmente um software embarcado, ou seja, ele é um software desenvolvido para operar sobre um hardware específico. De forma geral, um Firmware é incorporado ao hardware já no momento de sua fabricação, mas, dependendo do tipo de memória em que é armazenado, ele pode ser atualizado ou não. O software do tipo Firmware que interessa ao nosso estudo é o BIOS.

BIOS (Basic Input/Output System)

O Sistema Básico de Entrada e Saída é um software embarcado em uma **memória do tipo ROM**, nos computadores atuais é mais comum em memórias do tipo **Flash ROM.**

O BIOS é o primeiro programa que roda quando ligamos o computador. Ele é composto pelo **SETUP,** que são suas configurações, e pelo **POST,** responsável por realizar os testes de hardware.

Durante o processo de boot[3], o BIOS aciona a memória CMOS[4], onde ficam armazenadas as últimas informações sobre o hardware do computador e sobre a posição de início do sistema operacional no disco. Em posse dessas informações, o BIOS executa o POST, a etapa que verifica se todos os dispositivos necessários estão conectados e operantes.

Após as verificações de compatibilidade, o BIOS inicia o processo de leitura do disco indicado como primário a partir do ponto onde se encontra o sistema operacional, que é carregado para a memória principal do computador.

Em um mesmo computador podem ser instalados dois ou mais sistemas operacionais diferentes, ou mesmo versões diferentes do mesmo sistema.

Quando há apenas um sistema operacional instalado no computador, este é iniciado diretamente pelo BIOS, porém, se houver dois ou mais se faz necessário optar por qual dos sistemas se deseja utilizar.

Em uma situação em que existem dois sistemas operacionais atribui-se a caracterização de Dual boot.

Um computador que possua uma distribuição Linux instalada e uma versão Windows, por exemplo, ao ser concluído o processo do BIOS, inicia um gerenciador de boot. Em geral é citado nas provas ou o **GRUB** ou o **LILO**, que são associados ao Linux.

Sistemas Operacionais (SO)

O conteúdo de sistemas operacionais é cobrado de duas formas nas provas: prática e conceitual. Questões de caráter conceitual são colocadas de forma comparativa entre os sistemas, enquanto que as práticas estão associadas às ferramentas e modos de operação de cada sistema. O conteúdo referente à parte prática é abordado em específico nos tópicos Windows e Linux.

O sistema operacional é o **principal programa do computador**. Ele é o responsável por facilitar a interação do usuário com a máquina, além de ter sido criado para realizar as tarefas de controle do hardware, livrando assim os aplicativos de conhecer o funcionamento de cada peça existente no mundo.

3 boot: processo de inicialização do sistema operacional.

4 CMOS: uma pequena memória RAM alimentada por uma pilha de 9V.

As tarefas de responsabilidade do SO são, principalmente, de níveis gerenciais. O sistema operacional é o responsável por administrar a Entrada e a Saída de dados de forma que, quando um usuário seleciona uma janela, ele está trazendo-a para o primeiro plano de execução. Assim, sempre que o usuário digita um texto, por exemplo, o SO tem de gerenciar qual a janela, ou seja, qual aplicativo irá receber as informações entradas pelo teclado, mas ao mesmo tempo o SO irá receber uma solicitação do aplicativo para que exiba na tela as informações recebidas.

É de responsabilidade do SO gerenciar o uso da memória RAM e do processador. O controle estabelecido pelo sistema operacional dita que programa será executado naquele instante e quais espaços de memória estão sendo usados por ele e pelos demais aplicativos em execução.

Para que o sistema operacional consiga se comunicar com cada dispositivo, aquele precisa saber antes como estes funcionam, para tanto, é necessário instalar o **driver**[5] do dispositivo. Atualmente, a maioria dos drivers são identificados automaticamente pelo SO, mas o sistema nem sempre possui as informações sobre hardwares recém-lançados. Nesse caso, o sistema, ao não conseguir o driver específico, solicita ao usuário que informe o local onde ele possa encontrar o driver necessário.

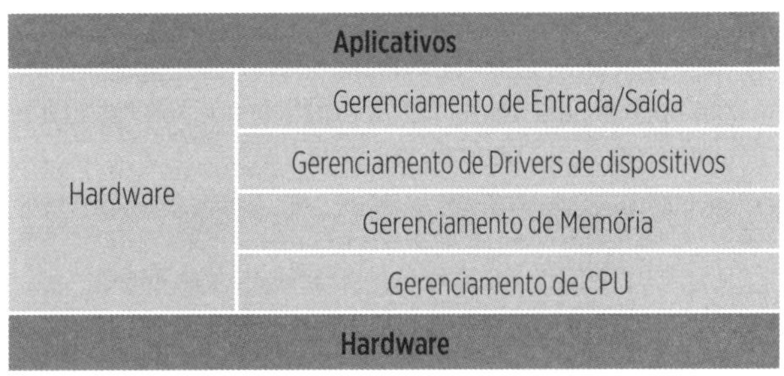

Dentre os sistemas operacionais modernos, o Windows ainda é o que mais se destaca em termos de número de usuários em computadores pessoais. Por outro lado, quando se questiona em relação ao universo de servidores na Internet, nos deparamos com o Linux como mais utilizado; o principal motivo relaciona-se à segurança mais robusta oferecida pelo Linux.

Os exemplos de SO para computadores pessoais (PC) que podem ser citados em provas são:

- Windows;
- Linux;
- Mac OS;
- Chrome OS;
- Solaris.

Porém, esses sistemas derivaram de duas vertentes principais o **DOS** e o **UNIX**. É de interesse da prova saber que o DOS foi o precursor do Windows e que a plataforma UNIX foi a base do Linux e também do Mac OS.

Contudo, não encontramos SO apenas em PCs. Celulares, smartphones e tablets também utilizam sistemas operacionais. Atualmente, fala-se muito no sistema do Google para esses dispositivos, o Google Android, no entanto, a Microsoft lançou em 2012 o Windows 8, inclusive para o mercado de dispositivos móveis.

5 Driver: Conjunto de informações sobre como funciona um dispositivo de hardware.

Os Sistemas Operacionais podem ser divididos em duas partes principais: Núcleo e Interface.

O **Núcleo de um Sistema Operacional** é chamado de **Kernel**. Ele é a parte responsável pelo gerenciamento do hardware, como já explanado, enquanto que a **interface** é parte de interação com o usuário, seja ela uma interface apenas textual ou uma interface com recursos gráficos.

O Kernel é a principal parte do Sistema Operacional.

A interface com recursos gráficos é comumente chamada de **GUI (Graphic User Interface)**, Interface Gráfica do Usuário, também citada como gerenciador de interface gráfica. O nome Windows foi baseado, justamente, nessa característica de trabalhar com janelas gráficas como forma de comunicação com o usuário.

Sistema Operacional	Kernel
Windows XP	NT 5.2
Windows Vista	NT 6.0
Windows 7	NT 6.1
Windows 8	NT 6.2
Linux	Linux 3.10

Em relação às **GUIs**, cada versão do Windows utiliza e trabalha com apenas uma única interface gráfica, que só passou a ter um nome específico a partir do Windows Vista.

Windows	GUI
XP	Sem nomenclatura
Vista	Aero
7	Aero
8	Metro

Por outro lado, existem diversas GUIs para o Linux, algumas Distribuições Linux[6] trabalham com apenas um gerenciador de interface gráfica, enquanto que outras trabalham com múltiplas. As principais GUIs do Linux são:

Ao contrário do Windows, o Linux tem suporte a várias Interfaces Gráficas.

- Gnome;
- KDE;
- Unity;
- XFCE;
- FluxBox;
- BlackBox;
- Mate;
- Cinnamon.

Características de um Sistema Operacional

Os Sistemas Operacionais podem ser classificados de acordo com suas características comportamentais.

6 Distribuição Linux: uma cópia do Linux desenvolvida, geralmente, com base em outra cópia, mas com algumas adaptações.

Multitarefa

Um Sistema Operacional é dito multitarefa quando consegue executar mais de uma tarefa simultânea, como: tocar uma música enquanto o usuário navega na Internet e escreve um texto no Word.

Contudo, há duas formas de multitarefa empregadas pelos SO modernos: Multitarefa Preemptiva e Multitarefa Real.

Windows, Linux e Mac OS.

Monotarefa

Sistema Monotarefa é o sistema que, para executar uma tarefa, deve aguardar a que está em execução terminar ou mesmo forçar o seu término para que possa executar. Trabalha com um item de cada vez.

DOS e algumas versões UNIX.

Multiusuário

É quando o Sistema Operacional permite mais de uma **sessão** de usuário ativa simultaneamente.

Se dois ou mais usuários estiverem com sessões iniciadas, elas são de certa maneira tratadas independentemente, ou seja, um usuário não vê o que o outro estava fazendo, como também, em um uso normal, não interfere nas atividades que estavam sendo executadas pelo outro usuário.

O sistema multiusuário geralmente possui a opção trocar de usuário, que permite bloquear a sessão ativa e iniciar outra sessão simultânea.

Monousuário

Em um Sistema Monousuário, para que outro usuário inicie sessão, é necessário finalizar a do usuário ativo, também conhecido como efetuar *Logoff*.

Softwares de Escritório

São aplicativos com utilização mais genérica, de forma a possibilitarem as diversas demandas de um escritório como também suprirem muitas necessidades acadêmicas em relação à criação de trabalhos.

Nesta seção apenas é apresentado um comparativo entre as suítes de escritório que são cobradas na prova.

Editor	Microsoft Office	BrOffice
Texto	Word	Writer
Planilha	Excel	Calc
Apresentação de Slides	PowerPoint	Impress
Desenho	Publisher	Draw
Banco de Dados	Access	Base
Fórmula	Equation	Math

Os editores de Texto, Planilha e Apresentação são os mais cobrados em provas de concursos. Sobre esses programas podem aparecer perguntas a respeito do seu funcionamento, ainda que sobre editores de apresentação sejam bem menos frequentes.

Outro ponto importante a se ressaltar é que o **Microsoft Outlook** é componente da suíte de aplicativos Microsoft Office. Não foi destacado na tabela acima por não existir programa equivalente no BrOffice.

Por vezes o concursando pode se deparar na prova com o nome **LibreOffice**, o que está correto, pois o BrOffice é utilizado no Brasil apenas, mas ele é baseado no Libre Office. Até a versão 3.2, o BrOffice era fundamentado no OpenOffice e, após a compra da Sun pela Oracle a comunidade decidiu mudar para o Libre por questões burocráticas.

Softwares Utilitários

Alguns programas ganharam tamanho espaço no dia a dia do usuário que, sem eles, podemos por vezes ficar sem acesso às informações contidas em arquivo, por exemplo.

São classificados como utilitários os programas compactadores de arquivos e leitores de PDF. Esses programas assumiram tal patamar por consolidarem seus formatos de arquivos. Entre os compactadores temos os responsáveis pelo formato de arquivos ZIP, apesar de que, desde sua versão XP, o Windows já dispunha de recurso nativo para compactar e descompactar arquivos nesse formato, muitos aplicativos se destacavam por oferecer o serviço de forma mais eficiente ou prática. Os compactadores mais conhecidos são: WinZip, BraZip e 7-Zip. Outro compactador que ganhou espaço no mercado foi o WinRar com o formato .RAR, que permite uma maior compactação do que o ZIP.

Softwares de Entretenimento

Nesta categoria, entram os aplicativos multimídias como players de áudio e vídeo, como o Windows Media Player, o Winamp, o iTunes, VLC player e BS player, dentre inúmeros outros, assim como também os jogos como Campo Minado, Paciência, Pinball e outros tantos de mais alto nível.

Malwares (Malicious Softwares)

Os Malwares são programas que têm finalidade mal intencionada, na maioria das vezes ilícita. Grande parte das bancas cita-os como pragas cibernéticas que infectam o computador do usuário e trazem algum prejuízo; por outro lado, há bancas que especulam sobre os diferentes tipos de malwares. A seguir são destacados os principais tipos de malwares.

Para ser um malware tem que ser um software, do contrário pode ser uma prática maliciosa, mas não um malware.

Vírus

O Vírus é apenas um dos tipos de malware, ou seja, ao contrário do que a maioria das pessoas fala, nem tudo que ataca o computador é um vírus. As questões que tangem ao que é um vírus, em geral, são cobradas em prova como forma de saber se o concursando conhece as diferenças entre os malwares.

Um vírus tem por características:

> **Infectar** os arquivos do computador do usuário, principalmente arquivos do sistema.

> **Depender de ação do usuário,** como executar o arquivo ou programa que está contaminado com o vírus.

> Ter finalidades diversas, dentre as quais **danificar** tanto arquivos e o sistema operacional, como também as peças.

Vírus mutante

É um vírus mais evoluído, que tem a capacidade de alterar algumas de suas características a fim de burlar o antivírus.

Vírus de Macro

O Vírus de Macro explora falhas de segurança das suítes de escritório, principalmente da Microsoft. Uma macro, ao ser criada de certa forma, anexa ao documento uma programação (comandos geralmente em Visual Basic[7]), ele pode inserir seu código dentro deste código em VB.

O Vírus de Macro geralmente danifica a suíte de escritório, inutilizando-a, além de poder apagar documentos do computador.

Para que seja executado esse vírus, é necessário que o usuário execute o arquivo contaminado.

Worm

O Worm é por vezes citado nas provas em português, verme, como forma de confundir o concursando. Ao contrário do vírus, ele **não depende de ação do usuário** para executar; ele executa automaticamente: no momento em que um pendrive é conectado a um computador, ele é contaminado ou contamina este.

Um Worm tem como finalidade se replicar, porém, não infecta outros arquivos, apenas **cria cópias de si** em vários locais, o que pode encher o HD do usuário. Outra forma utilizada de se replicar é através da exploração de falhas dos programas, principalmente os clientes de e-mail, enviando por correio eletrônico cópias de si para os contatos do usuário armazenados no cliente de e-mail.

Um Worm, muitas vezes, instala no computador do usuário um bot, transformando aquele em um robô controlado à distância. Os indivíduos que criam um Worm fazem-no com a finalidade de infectar o maior número possível de computadores, para que possam utilizá-los em um ataque de DDoS[8], ou como forma de elevar a estatística de acessos a determinados sites. Também pode ser utilizado para realizar um ataque a algum computador ou servidor na Internet a partir do computador infectado.

Trojan Horse (Cavalo de Troia)

O Cavalo de Troia foi batizado com esse nome, pois suas características se assemelham muito às da guerra da Grécia com Troia. Na História, os gregos deram aos troianos um grande cavalo feito de madeira e coberto de palha para disfarçar que era oco, dentro do cavalo foram colocados vários soldados gregos que deveriam abrir os gigantes e fortes portões da cidade de Troia para que o exército grego pudesse invadir a fortaleza.

Um Cavalo de Troia é recebido pelo usuário como um **presente**, presente de grego, de forma a levar o usuário a abri-lo, ou seja, ele **depende de ação do usuário**. Os presentes geralmente podem parecer um cartão virtual, uma mensagem, álbuns de

7 Visual Basic (VB): é uma linguagem de programação criada pela Microsoft.
8 DDoS: Ataque de negação de serviço distribuído, veja mais no tópico segurança desse material.

fotos, e-mails com indicações de prêmios, falsas respostas de orçamentos, folhas de pagamento, sempre alguma forma de chamar a atenção do usuário para que ele abra o Trojan.

Podemos tratá-lo em essência como um **meio** para que outro malware seja instalado no computador. Da mesma forma como o cavalo da história serviu como meio para infiltrar soldados e como os soldados abriram os portões da cidade, o malware também pode abrir as portas do computador para que outros malwares o infectem, o que acontece na maioria dos casos, portanto, pode trazer em seu interior qualquer tipo de malware.

Esse malware executa as ações para as quais, aparentemente, fora criado; como exibir uma mensagem, ou crackear[9] um programa. Essa tarefa é realizada com o intuito de distrair o usuário enquanto que os malwares são instalados.

Spyware

Também conhecido como **software espião,** o Spyware tem por finalidade capturar dados do usuário e enviá-los para terceiros: nº de cartões de crédito, CPF, RG, nomes, data de nascimento e tudo mais que for pertinente para que transações eletrônicas possam ser feitas utilizando seus dados.

Existem dois tipos de spywares: os **KeyLoggers** e os **ScreenLoggers**.

KeyLogger

Key = chave, Log = registro de ações.

O KeyLogger é um spyware cuja característica é capturar os dados digitados pelo usuário. Na maioria das situações o KeyLogger não captura o que é digitado a todo instante, mas o que é teclado após alguma ação prévia do usuário, como por exemplo abrir uma página de um banco ou de uma mídia social - alguns keyloggers são desenvolvidos para capturar conversas em programas de *messenger*.

ScreenLogger

Screen = Tela

O ScreenLogger é uma evolução do KeyLogger na tentativa de capturar, principalmente, as senhas de bancos, pois o ScreenLogger captura fotos avançadas da tela do computador a cada clique do mouse. Essa foto avançada, na verdade, é uma foto de uma pequena área que circunda o mouse, mas grande o suficiente para que seja possível ver em que número o usuário clicou.

Muitos serviços de Internet Banking[10] utilizam um **teclado virtual,** no qual o usuário clica nos dígitos de sua senha ao invés de digitar. Assim, ao forçar que o usuário não utilize o teclado, essa ferramenta de segurança ajuda a evitar roubos de senhas por KeyLoggers. Por outro lado, foi criado o ScreenLogger, que captura imagens; então, como forma de oferecer segurança maior, alguns bancos utilizam um dispositivo chamado de **Token**.

O Token é um dispositivo que gera uma chave de segurança aleatória, a qual uma vez utilizada para acessar a conta, se torna inválida para novos acessos. Assim, mesmo sendo capturada, ela se torna inútil ao invasor.

9 Crackear: é uma quebra de licença de um software para que não seja necessário adquirir a licença de uso, caracterizando pirataria.

10 Internet Banking: acesso à conta bancária pela Internet, para realizar algumas movimentações e consultas.

Cuidado para não confundir: Teclado Virtual em uma página de Internet Banking é um recurso de segurança, enquanto o teclado virtual que faz parte do Windows é um recurso de acessibilidade.

Hijacker

O Hijacker é um malware que tem por finalidade **capturar** o **navegador** do usuário, principalmente o Internet Explorer. Esse programa **fixa uma página inicial** no navegador, que pode ser uma página de propaganda ou um site de venda de produtos, ou mesmo um site de pornografia, como os mais perigosos que fixam páginas falsas de bancos (veja mais na seção Segurança no tópico ataques).

As alterações realizadas por ele no navegador dificilmente são reversíveis. Na maioria dos casos, é necessário reinstalar o navegador várias vezes até formatar o computador. Existem, no mercado, alguns programas que tentam restaurar as configurações padrões dos navegadores, são conhecidos por Hijacker This, porém, esses programas não são ferramentas de segurança, mas apenas uma tentativa de consertar o estrago feito.

Adware

Adware (Advertising Software) é um software especializado em apresentar propagandas.

O Adware é tratado como malware, quando apresenta algumas características de spywares, além de, na maioria dos casos, se instalar no computador explorando falhas do usuário, por exemplo, durante a instalação de um programa em que o indivíduo não nota que em uma das etapas estava instalando outro programa diferente do desejado.

Um exemplo clássico é o Nero gratuito, que é patrocinado pelo ASK[11]. Durante a instalação, uma das telas apresenta algumas opções: deseja instalar a barra de ferramenta do ASK; deseja tornar o motor de busca do ASK como seu buscador padrão; deseja tornar a página do ASK como sua página inicial, que, por padrão, aparecem marcadas esperando que o usuário clique indiscriminadamente na opção "avançar".

Muitos Adwares monitoram o comportamento do usuário durante a navegação na Internet e vendem essas informações para as empresas interessadas.

Backdoors

Backdoor, basicamente, é uma **porta dos fundos** para um ataque futuro ao computador do usuário.

Um Backdoor pode ser inserido no computador por meio de Trojan Horse, como também pode ser um programa adulterado recebido de fonte pouco confiável. Por exemplo, um usuário baixa em um site qualquer, diferente do oficial, o BrOffice, nada impede que o programa tenha sido ligeiramente alterado com a inserção de brechas para ataques futuros.

11 Ask: Motor de buscas na Internet.

Rootkits

RootKit vem de Root = administrador do ambiente Linux. Kit = conjunto de ferramentas e ações.

Um Rootkit altera aplicativos do Sistema, como gerenciadores de arquivos, com o intuito de **esconder arquivos maliciosos** que estejam presentes no computador. Por meio dele também o invasor pode criar Backdoors no computador, para que possa voltar a atacar o micro sem se preocupar em ter de contaminá-lo novamente.

Questões

01. A respeito de sistemas operacionais e de aplicativos de edição de textos e planilhas, julgue o item a seguir.

Windows e Linux são exemplos de sistemas operacionais de núcleo monolítico, em que um único processo executa as principais funções.

Certo ( ) Errado ( )

02. A respeito de sistemas operacionais e de aplicativos de edição de textos e planilhas, julgue o item a seguir.

A técnica de swapping consiste em transferir temporariamente um processo da memória para o disco do computador e depois carregá-lo novamente em memória.

Certo ( ) Errado ( )

03. A respeito dos conceitos de organização, de segurança e de gerenciamento de informações, arquivos, pastas e programas, julgue o item a seguir.

O tipo de um arquivo armazenado em disco e já definido não poderá ser alterado.

Certo ( ) Errado ( )

04. Com relação a noções de informática, julgue o item que se segue.

No sistema operacional de um computador, a função de boot ou reinicialização faz que o computador seja formatado para melhorar o desempenho da memória e limpar espaço em disco.

Certo ( ) Errado ( )

05. Acerca de sistema operacional e do editor de texto BrOffice Writer, julgue o item a seguir.

Os ambientes Linux e Windows têm estruturas de diretórios semelhantes, como, por exemplo, o diretório /bin, que no Linux é responsável por manter os principais comandos do sistema.

Certo ( ) Errado ( )

Gabaritos

01	CERTO
02	CERTO
03	ERRADO
04	ERRADO
05	ERRADO

2. LINUX

Linux é um Sistema Operacional criado por Linus Torvald, com base na plataforma UNIX. Muitas bancas de concurso apenas o citam no edital de conteúdo programático. Uma parte dos conceitos cobrados relacionados ao Linux já foram vistos na seção Sistemas Operacionais, onde são apontadas características baseadas no seu funcionamento.

2.1 Conceitos Básicos

Nesta seção são abordados os demais conceitos relacionados diretamente a algumas funcionalidades e definições do Linux.

Dual Boot

É possível instalar em um mesmo computador múltiplos sistemas operacionais, de forma que, ao ligar o computador, o usuário escolhe qual sistema deseja utilizar. A etapa de escolha do sistema é controlada por gerenciadores de boot; quando se instala o Linux, ele instala automaticamente um gerenciador de boot. Os gerenciadores de boot mais populares são o GRUB e o LILO.

Distribuições

Uma Distribuição é uma cópia modificada e compartilhada com a comunidade; o Linux possui várias distribuições diferentes. Isso se deve ao fato de ele ser um software livre e, assim, é permitido alterar uma distribuição e repassar a outras pessoas que, por sua vez, também podem efetuar as suas alterações.

No site da dristrowatch existem mais de 300 distribuições Linux registradas. As principais são:

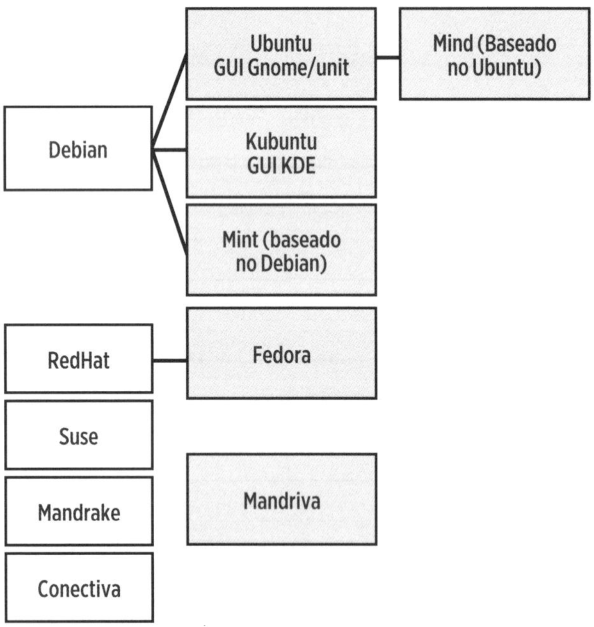

Estrutura de Diretórios

A estrutura de diretórios define quais são as pastas do Sistema e quais as suas finalidades perante os programas e o próprio sistema operacional.

As questões sobre a estrutura de diretórios do Linux assumem um formato relacional, cabendo ao concursando associar as pastas às suas finalidades.

A estrutura de diretório do Linux, assim como a do Windows, possui caráter hierárquico que toma como partida a raiz do Sistema - no caso do Linux, a raiz do SO é o diretório / (barra). O termo raiz é atribuído, pois a estrutura de diretórios observada de forma inversa apresenta características de uma árvore que, a partir da Raiz, possui seus galhos, as pastas e por fim, suas folhas, os arquivos.

/dev	(devices): Armazena os drivers /dev dos dispositivos.
/bin	(binaries): Armazena os binários essenciais para o funcionamento do sistema. Como também comandos básicos do SO como: rm, pwd, su, tar entre outros.
/ Sbin	(binaries): Armazena os binários essenciais para o funcionamento do sistema que sejam vinculados ao Super Usuário (administrador).
/mnt	(Mount): Conhecido como ponto de montagem padrão, é o local através do qual se tem acesso às unidades de armazenamento, CD-Roms e Pendrives conectados no computador.
/ etc	Armazena os arquivos de configuração do Sistema /etc Operacional.
/boot	Arquivos necessários para o boot do Sistema.
/tmp	Arquivos Temporários
/home	Armazena as pastas dos Usuários.
/root	Diretório do Administrador

Gerenciadores de Arquivos

Gerenciador de Arquivo é o programa que permite navegar entre as pastas do computador, como também realizar tarefas do tipo copiar, recortar, colar, renomear e mover arquivos e pastas.

O Nautilus é o gerenciador de arquivos utilizado nas distribuições Linux que trabalham com a interface gráfica Gnome, enquanto que as distribuições que utilizam o KDE têm como gerenciador de arquivos o Konqueror. O Konqueror também pode ser utilizado como navegador de Internet, já no Nautilus essa opção foi desabilitada por segurança.

Terminal Linux

O Shell é o aplicativo que permite operar com o Sistema Operacional Linux através de linhas de comandos, ou seja, é o responsável por ler e interpretar um comando do usuário. Ele é similar ao Prompt de comandos no Windows (DOS).

Comandos Linux

Embora o Linux possua várias interfaces gráficas que podem ser utilizadas, a boa e velha linha de comando ainda é o caminho mais prático e rápido para a execução de muitas tarefas.

Os comandos são cobrados no concurso justamente porque é a parte similar entre as diversas distribuições Linux. Mas você não precisa se desesperar, pois o que é pedido são apenas os comandos básicos e para que servem, ou seja, não é pedido a linha de comando e suas opções, mas apenas o comando. Assim, vejamos os principais comandos cobrados e suas ações:

cd	Permite navegar entre as pastas.
ls	Listar arquivos e pastas do diretório atual
clear	Limpa a Tela.
exit	Sair do terminal.
cp	Copiar um arquivo ou pasta especificado.
rm	Remover um arquivo ou pasta especificado.
init 0	Desliga o Computador (é necessário ser administrador para executar este comando).
init 6	Reinicia o Computador (é necessário ser administrador para executar este comando)
chmod	Permite alterar as permissões de arquivos e pastas
mv	Mover arquivos e pastas. Também pode ser utilizado para renomear um arquivo ou pasta
pwd	Mostra o diretório em que você está
mkdir	Criar um diretório
reboot	Reinicia o Sistema Operacional
tar	Empacota os arquivos e pastas em um único arquivo. (Não compacta)
gzip	Compacta os arquivos e/ou pastas em um mesmo arquivo

Questões

01. Julgue o item, relativo aos sistemas operacionais Linux e Windows e ao editor de texto Microsoft Word 2013.

No Linux, a senha de usuário pode ser alterada via terminal por meio do comando passwd, mas o usuário, com exceção do root, não consegue alterar sua própria senha.

Certo ( ) Errado ( )

02. Acerca dos conceitos de organização e de gerenciamento de arquivos, dos procedimentos e dos aplicativos para segurança da informação, julgue o item subsequente.

No sistema operacional Linux, é possível criar arquivos sem nenhum conteúdo.

Certo ( ) Errado ( )

03. João recebeu a tarefa de criar um arquivo de texto que contivesse a lista com os nomes dos subdiretórios e arquivos constantes no seu diretório home como usuário do Linux.

Nessa situação, uma das formas de João executar essa tarefa é, por exemplo, acessar o diretório /tmp e digitar o seguinte comando.

ls -la /home/joao > lista.txt

Certo ( ) Errado ( )

04. No item seguinte, referente a conceitos de organização e de gerenciamento de informações e segurança da informação, é apresentada uma situação hipotética, seguida de uma assertiva a ser julgada.

Em seu diretório home no Linux, Simão tem os seguintes arquivos e subdiretórios.

/home/simao/teste.txt

/home/simao/agosto/lista.sh

/home/simao/julho

O subdiretório julho não tem arquivos e(ou) subdiretórios.

Nessa situação, caso Simão execute o comando rm -Rf /home/ a partir de /tmp, os arquivos teste.txt e lista.sh serão deletados, mas os subdiretórios dentro de /home/simao/ serão preservados.

Certo ( ) Errado ( )

Gabaritos

01	ERRADO
02	CERTO
03	CERTO
04	ERRADO

3. WINDOWS 7

O Windows é o sistema operacional mais cobrado sobre ações e tarefas executadas pelo usuário. Nesta seção, serão abordadas algumas de suas ferramentas e características.

3.1 Componentes

Neste tópico, são apresentadas as principais opções do Windows que são cobradas nas provas dos concursos.

Área de Trabalho

A Área de Trabalho do Windows é composta pela Barra de Tarefas, Menu ou Botão Iniciar, ícones e papel de parede. A figura acima ilustra a área de trabalho do Windows 7.

Meu Computador

Na janela Computador são disponibilizadas informações sobre as unidades de disco e armazenamento que estão conectadas ao computador. Por meio dessa janela podemos obter a informação do tamanho das unidades e o quanto estão ocupadas.

A cada novo dispositivo que conectamos, observamos que uma nova letra é usada, por exemplo, a figura a seguir ilustrando a janela Computador do Windows 7. Ela indica a presença do HD primário C: e de uma unidade de CD no D:; se um pendrive for conectado a esse computador, então será atribuída a ele a letra E:.

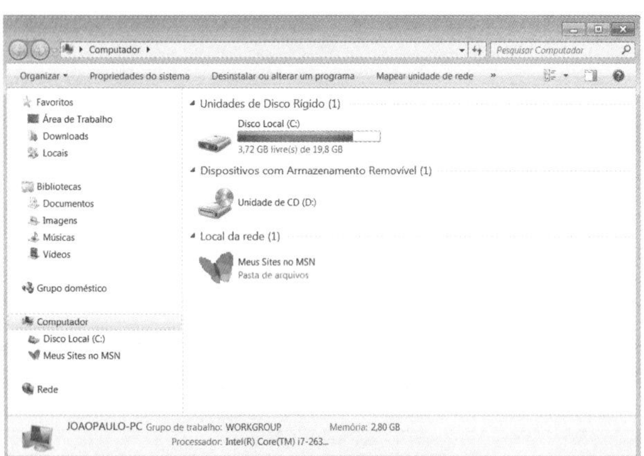

A opção Computador ou Meu Computador usa a janela do Windows Explorer.

Mapear Unidade de Rede

O recurso Mapear Unidade de Rede auxilia o acesso a uma pasta compartilhada na rede, criando uma espécie de atalho para ela na janela Computador, como se fosse mais uma unidade.

Para realizar esse procedimento, basta clicar com o botão direito do mouse sobre a opção Computador ou sobre a opção Rede e escolher a opção Mapear Unidade de Rede, como ilustra a figura a seguir:

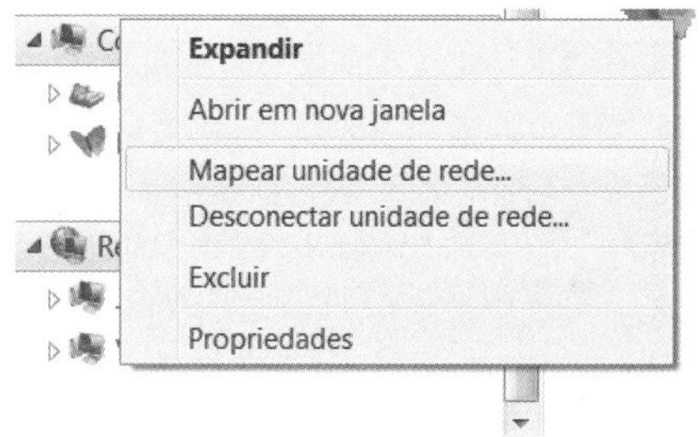

Após realizado esse passo, uma janela será aberta como a ilustrada a seguir, na qual o usuário pode navegar pela rede e escolher a pasta que deseja mapear e a letra que quer atribuir a esta unidade que será criada. Letras em uso não podem ser usadas, como o C:.

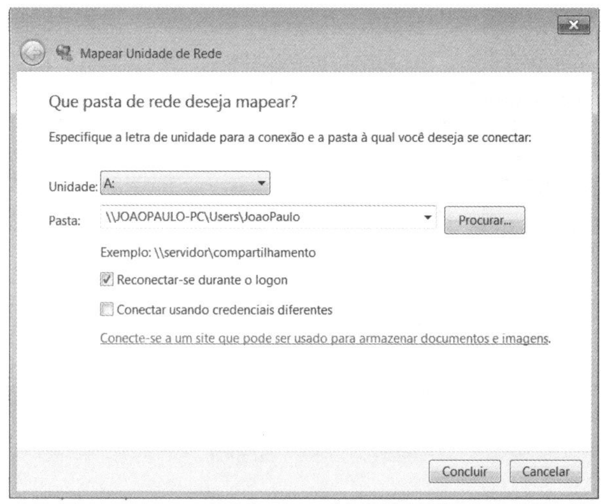

Findos esses passos, na janela Computador encontrar-se-á a pasta da rede mapeada para um acesso mais rápido a ela.

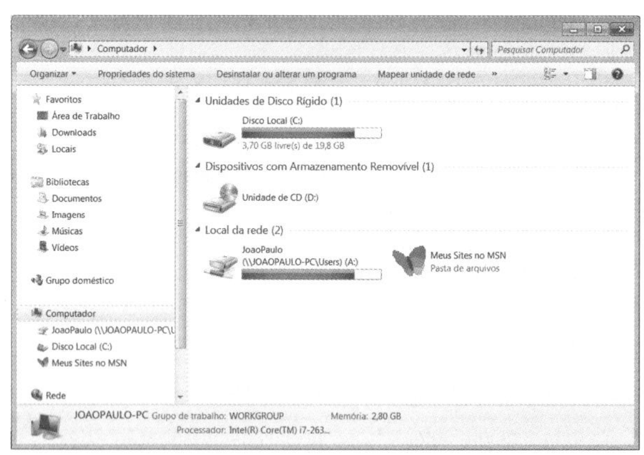

Windows Explorer

O Windows Explorer é um programa responsável por possibilitar a navegação entre as pastas e arquivos armazenados no computador. Por definição, ele é um Gerenciador de arquivos, mas por meio dele é possível acessar páginas na Internet, basta digitar o endereço desejado na barra de endereços do programa. Ao detectar que é o endereço de um site, ele abre o navegador com o site digitado.

Para abrir a janela Windows Explorer, podemos ir por meio do botão iniciar - Todos os Programas - Acessórios - e, por fim, Windows Explorer, ou podemos lançar mão do conjunto de teclas de atalho Windows + E.

Operação com Arquivos e Pastas

Quando estamos em um gerenciador de arquivos, tanto no Windows quanto no Linux, podemos realizar algumas ações com os arquivos e pastas, como Copiar, Colar e Recortar. Contudo, esses procedimentos podem ser feitos com maior agilidade, utilizando o mouse combinado com o teclado.

Vamos tratar das situações em que o usuário clica, mantém clicado e arrasta um arquivo ou pasta.

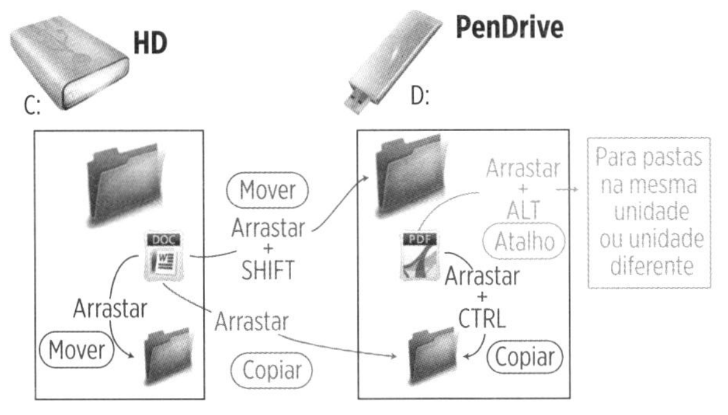

Na figura anterior temos duas unidades: **C: (HD) e D: (pendrive)**. Quando tratamos de clicar e arrastar, a regra é de acordo com as unidades. Se for clicado e arrastado um arquivo ou pasta de uma pasta para outra da mesma unidade, os arquivos ou pastas selecionados serão movidos. Porém, se a ação tivesse como destino outra unidade de armazenamento, então a ação padrão seria criar uma cópia dos arquivos ou pastas selecionados na pasta de destino.

Por outro lado, podemos inverter essas ações com o uso simultâneo de teclas de atalho. Quando formos arrastar um arquivo ou pasta dentro da mesma unidade com o intuito de criar apenas uma cópia, em vez de mover, devemos segurar pressionada a tecla CTRL. Já ao arrastarmos para uma pasta de unidade diferente sem que seja criada uma cópia, mas seja movido para a pasta de destino, devemos realizar o procedimento com a tecla SHIFT pressionada.

Outra situação é quando arrastamos com a tecla ALT pressionada. Neste caso, independentemente se for para uma pasta da mesma unidade ou de unidade diferente, o resultado será o mesmo: será criado um atalho.

Modos de Exibição

Por meio da janela do Windows Explorer também podemos optar entre alguns modos de exibição diferentes para visualizar os arquivos e pastas dispostos em uma pasta.

Para alterar entre os modos de exibição, podemos usar a tecla CTRL pressionada enquanto rolamos o Scrool do mouse (rodinha); e a barra à esquerda da figura abaixo é alterada de acordo com o zoom.

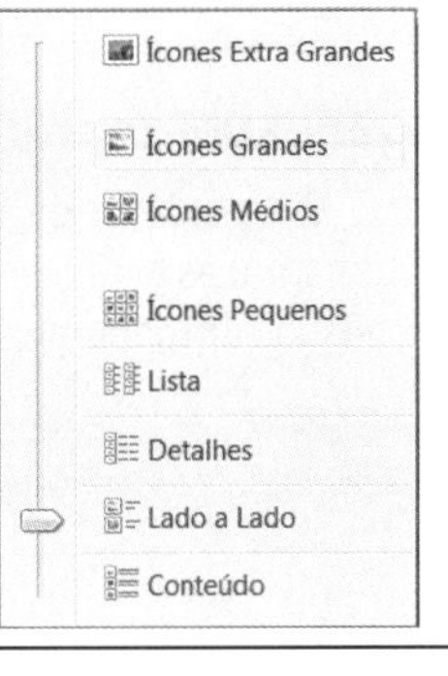

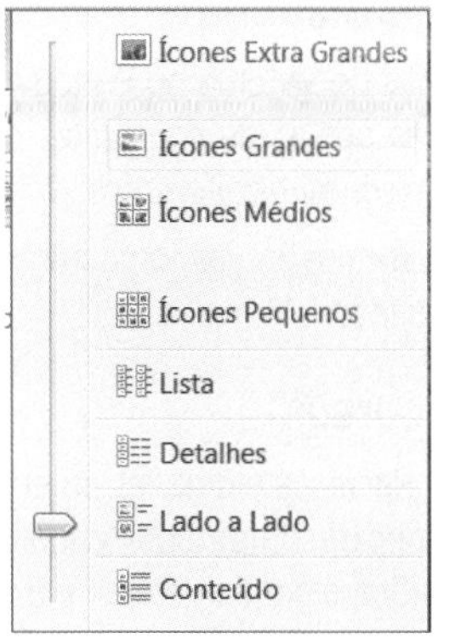

Ou podemos clicar no botão Modos de Exibição, que pode assumir a forma de qualquer um dos botões ilustrados nesta seção de acordo com o modo que estiver em exibição.

No Windows 7, está disponível o modo de exibição Conteúdo, que não existia no Windows XP.

O modo de exibição mais importante é o modo Detalhes, pois, por meio dele, podemos visualizar diversas informações sobre um arquivo sem abri-lo, além de permitir a organização dos dados por diversos critérios.

Lixeira

Por padrão, a Lixeira no Windows pode ocupar até 10% da capacidade da unidade, mas é possível alterar esse tamanho por meio das propriedades dela.

Nem todo arquivo que é deletado é enviado para a lixeira. Por exemplo, um arquivo apagado de um disquete ou pendrive não são enviados para a lixeira do computador, no caso dos pendrives é criado uma espécie de lixeira dentro do próprio pendrive, mas isto depende do driver do dispositivo.

Por outro lado, toda forma de remoção de um arquivo, quando combinada com a tecla SHIFT pressionada, remove o arquivo ou pasta sem enviar para a lixeira, ou seja, é uma remoção permanente.

Painel de Controle

O Painel de Controle é o local onde são concentradas as opções de configuração do sistema Windows.

Acessórios

O Windows conta com um conjunto de acessórios que são programas de uso geral que auxiliam tarefas do usuário. São os acessórios do Windows:

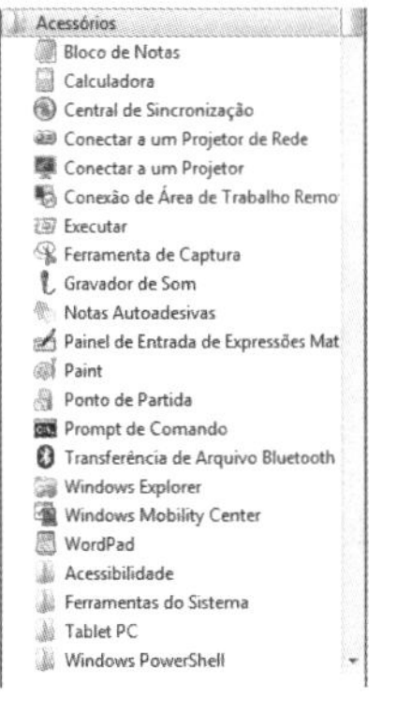

Ferramentas de Sistema

As Ferramentas de Sistema do Windows 7 têm sido muito cobradas nas últimas provas de concursos, por fornecerem um conjunto de opções e conceitos diferentes.

Nesta seção, faremos breves comentários sobre essas ferramentas e suas finalidades.

Monitor de Recursos

O Monitor de Recursos é uma ferramenta que nos permite verificar o desempenho do computador, visualizando o uso da memória e do processador, a banda de rede e o espaço em disco. A figura a seguir ilustra a visão do consumo do processador do meu computador no momento em que estava escrevendo este material. Na imagem são ilustrados até o CPU7, porque se trata de um processador i7 com 8 núcleos.

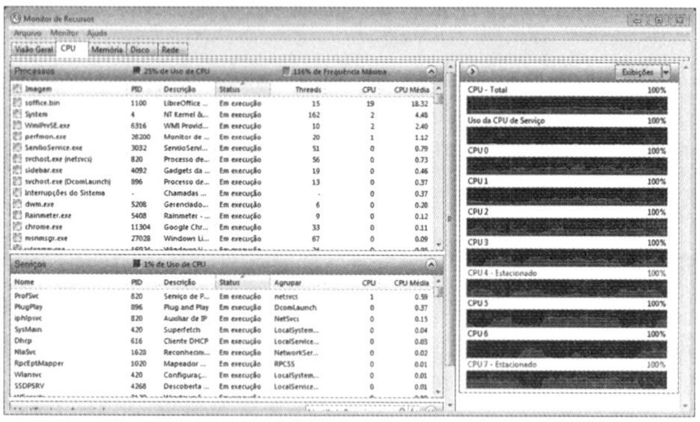

Limpeza de Disco

A Limpeza de Disco é uma ferramenta que permite limpar (apagar) os arquivos temporários do computador como forma de obter mais espaço livre. A figura a seguir ilustra a janela da Limpeza de Disco.

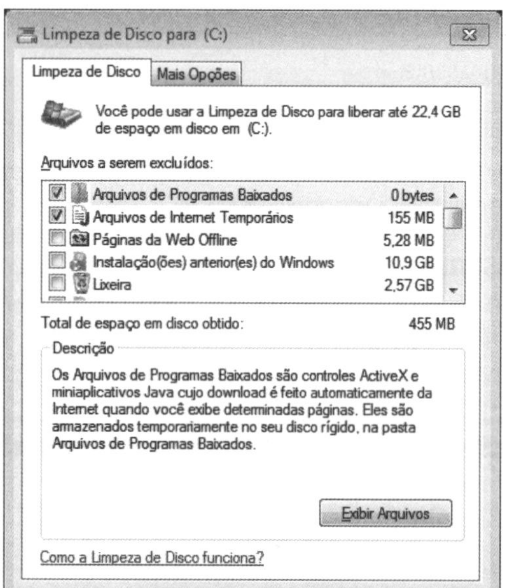

No Windows 7, além de se poder esvaziar a lixeira e apagar os arquivos temporários de navegação da Internet, existe a opção de apagar as miniaturas criadas quando arquivos de imagem são visualizados no Windows Explorer no modo de miniaturas (ícones grandes).

Desfragmentador

O Desfragmentador de Disco é a ferramenta de Sistema responsável por organizar os arquivos no disco, pois, com o tempo, usando o computador, copiamos, colamos, recortamos e movemos muitos arquivos criando fragmentos no HD. Um HD muito fragmentado se torna mais lento para ser lido.

O processo de Desfragmentação, por realizar uma leitura e escrita intensa no disco, torna-se um processo lento, portanto não se recomenda seu uso muito frequentemente. Deve-se obedecer a uma regularidade, mas nada exagerado.

Para que o desfragmentador seja executado, é necessário possuir espaço em disco. Caso não haja, será sugerido ao usuário que realize uma Limpeza de Disco a fim de liberar mais espaço.

> O Desfragmentador não corrige falhas de disco muito menos a Limpeza de Disco, essa tarefa é responsabilidade do ScanDisk.

Ao final do processo, os dados estarão organizados, a maioria, de maneira contígua para serem acessados mais rapidamente, bem como será organizado o espaço livre em disco de forma que fique contínuo também para minimizar futuras fragmentações.

Informações do Sistema

O recurso Informações do Sistema também pode ser acessado por meio das teclas de atalho (Windows) + Pause.

A janela de Informações do Sistema exibe dados sobre o usuário e sobre a chave de ativação do Windows. No caso do Windows 7, também é exibida uma avaliação do hardware por parte do sistema, além de informação do tamanho da memória RAM e do nome do processador. A figura a seguir mostra a janela das Informações sobre o Sistema.

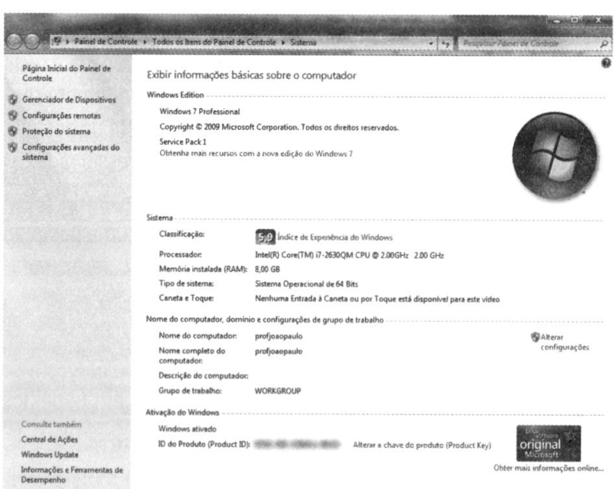

Agendador de Tarefas

O Agendador de Tarefas permite que você agende tarefas automatizadas para que realizem ações em um horário específico ou quando um determinado evento ocorrer.

Transferência Fácil do Windows

O recurso de Transferência Fácil do Windows é uma ferramenta criada para copiar as configurações e preferências de um usuário em um computador e passá-las para outro, não necessitando ao usuário reconfigurar todas suas preferências novamente quando trocar de computador.

Restauração do Sistema

A Restauração do Sistema permite retornar o estado do sistema a um ponto anterior no tempo, chamado de ponto de restauração, que é criado automaticamente pelo Windows quando um novo programa é instalado no sistema. Ele também pode ser criado manualmente pelo usuário.

A ferramenta restaura somente o sistema e a instalação dos programas. Os arquivos criados, alterados ou excluídos entre os pontos de restauração não são afetados, ou seja, a restauração do Sistema não recupera arquivos.

Tipos de Backup

Um backup, algumas vezes descrito como becape, nada mais é do que uma **cópia de segurança** dos dados. Essa cópia tem por finalidade manter os dados mais atuais salvos, de maneira que se porventura os dados originais sejam perdidos por falha ou exclusão, a perda não tenha um grande impacto, pois é possível restaurar a partir das versões salvas, minimizando assim a perda. Um backup não impede que os dados sejam acessados por terceiros.

Em um backup devem ser salvos os **dados do usuário**, ou seja, não é necessário, muito menos indicado, salvar os arquivos dos sistemas, como os que ficam na pasta Arquivos de Programas. Os dados devem ser salvos, preferencialmente, em outras unidades de armazenamento, diferentes de onde estão os dados originais como CD, DVD, BluRay, Pendrive, outro HD, disquetes e até mesmo fitas magnéticas.

A **frequência** de realização de uma cópia de segurança depende da importância dos dados, bem como da sua alteração, ou melhor, se os dados sofrem constante alteração, o backup deve ser realizado com maior regularidade. Já, se raramente sofrem alteração, a frequência de backup também cai.

Existem diversos tipos de backup, dos quais podemos destacar o **Backup Completo, o Backup Incremental e o Backup Diferencial.**

Backup Completo

Também chamado de Backup Total, é aquele em que todos os dados são salvos em uma única cópia de segurança. Ele é indicado para ser feito com menor frequência, pois é o mais demorado para ser processado como também para ser recuperado. Contudo, localizar um arquivo fica mais fácil, já que se tem apenas uma cópia dos dados.

Backup Incremental

Neste tipo de backup, são salvos apenas os dados que foram alterados após a última cópia de segurança realizada. Esse procedimento é mais rápido de ser processado, porém, leva mais tempo para ser restaurado, pois envolve restaurar todos os backups anteriores. Os arquivos criados são menores do que os gerados pelo backup diferencial.

Backup Diferencial

Este procedimento de backup grava os dados alterados desde o último backup completo; assim, no próximo backup diferencial, somente são salvos os dados modificados desde o último backup completo. No entanto, esse becape é mais lento de ser processado do que o incremental, porém é mais rápido de ser restaurado, pois é necessário apenas restaurar o último backup completo e o último backup diferencial.

Questões

01. No que diz respeito ao Windows 7, julgue o item subsequente.

Se o computador estiver conectado à Internet, o perfil do usuário será criado na nuvem da Microsoft.

Certo ( ) Errado ( )

02. No que diz respeito ao Windows 7, julgue o item subsequente.

Quando um usuário cria um perfil no Windows 7, suas configurações ficam registradas e são disponibilizadas sempre que ele efetua login no computador.

Certo ( ) Errado ( )

03. No que diz respeito ao Windows 7, julgue o item subsequente.

Um perfil é criado automaticamente para o usuário na primeira vez em que ele efetua o login no referido sistema operacional.

Certo ( ) Errado ( )

04. A respeito do gerenciamento de arquivos, pastas e programas no Windows 7, julgue o item seguinte.

No Windows 7, uma mesma pasta pode conter dois arquivos com o mesmo nome e a mesma extensão.

Certo ( ) Errado ( )

05. A respeito do gerenciamento de arquivos, pastas e programas no Windows 7, julgue o item seguinte.

Além de permitir que uma mesma pasta contenha arquivos de vídeo, imagem e música, o Windows 7 possibilita a criação de subpastas com arquivos ocultos.

Certo ( ) Errado ( )

Gabaritos

01	ERRADO
02	CERTO
03	CERTO
04	ERRADO
05	CERTO

4. SISTEMA WINDOWS 10

O Windows 10 é um sistema operacional da Microsoft lançado em 29 de julho de 2015. Essa versão trouxe inúmeras novidades, principalmente, por conta da sua portabilidade para celulares e também tablets.

4.1 Requisitos Mínimos

Para instalar o Windows 10, o computador deve possuir no mínimo 1 GB de memória RAM para computadores com processador 32 bits de 1GHz, e 2GB de RAM para processadores de 32bits de 1GHz. Todavia, recomenda-se um mínimo de 4GB.

A versão 32 bits do Windows necessita, inicialmente, de 16GB de espaço livre em disco, enquanto o Windows 64 bits utiliza 20GB. A resolução mínima recomendada para o monitor é de 1024 x 768.

4.2 Novidades

O Windows 10 nasce com a promessa de ser o último Windows lançado pela Microsoft. Isso não significa que não será atualizado. A proposta da Microsoft é não lançar mais versões, a fim de tornar as atualizações mais constantes, sem a necessidade de aguardar para atualizar junto de uma versão enumerada. Com isso, ao passar dos anos, a empresa espera não usar mais a referência Windows 10, mas apenas Windows.

O novo sistema trouxe inúmeras novidades como também alguns retrocessos.

O objetivo do projeto do novo Windows foi baseado na interoperabilidade entre os diversos dispositivos como tablets, smartphones e computadores, de modo que a integração seja transparente, sem que o usuário precise, a cada momento, indicar o que deseja sincronizar.

A barra Charms, presente no Windows 8 e 8.1, foi removida, e a tela inicial foi fundida ao botão (menu) Iniciar.

Algumas outras novidades apresentadas pela Microsoft são:

> Xbox Live e o novo Xbox app que proporcionam novas experiências de jogo no Windows 10. O Xbox, no Windows 10, permite que jogadores e desenvolvedores acessem à rede de jogos do Xbox Live, tanto nos computadores Windows 10 quanto no Xbox One. Os jogadores podem capturar, editar e compartilhar seus melhores momentos no jogo com Game DVR, e disputar novos jogos com os amigos nos dispositivos, conectando a outros usuários do mundo todo. Os jogadores também podem disputar jogos no seu computador, transmitidos por stream diretamente do console Xbox One para o tablet ou computador Windows 10, dentro de casa.

> Sequential Mode: em dispositivos 2 em 1, o Windows 10 alterna facilmente entre teclado, mouse, toque e tablet. À medida que detecta a transição, muda convenientemente para o novo modo.

> Novos apps universais: o Windows 10 oferece novos aplicativos de experiência, consistentes na sequência de dispositivos, para fotos, vídeos, música, mapas, pessoas e mensagens, correspondência e calendário. Esses apps integrados têm design atualizado e uniformidade de app para app e de dispositivo para dispositivo. O conteúdo é armazenado e sincronizado por meio do OneDrive, e isso permite iniciar uma tarefa em um dispositivo e continuá-la em outro.

Área de Trabalho

A barra de tarefas do Windows 10 apresenta como novidade a busca integrada.

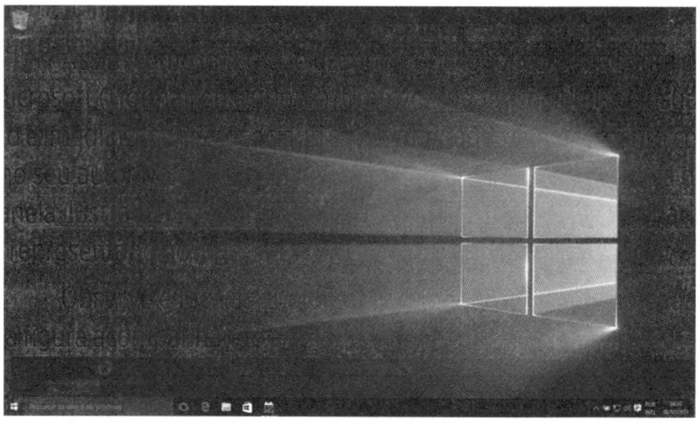

Cortana

Tal recurso opera junto ao campo de pesquisa localizado na barra de tarefas do Windows.

Está é uma ferramenta de execução de comandos por voz. Porém, ainda não conta com versão para o Português do Brasil. Outro ponto importante é a privacidade, pois tal ferramenta guarda os dados.

Continue de onde Parou

Tal característica, presente no Windows 10, permite uma troca entre computador – tablet – celular, sem que o usuário tenha de salvar os arquivos e os enviar para os aparelhos; o próprio Windows se encarrega da sincronização.

Ao abrir um arquivo, por exemplo, em um computador e editá-lo, basta abri-lo em outro dispositivo, de modo que as alterações já estarão acessíveis (a velocidade e disponibilidade dependem da velocidade da conexão à Internet).

Desbloqueio Imediato de Usuário

Trata-se de um recurso disponível, após a atualização do Windows, que permite ao usuário que possua *webcam*, devidamente instalada, usar uma forma de reconhecimento facial para *logar* no sistema, sem a necessidade de digitar senha.

Múltiplas Áreas de Trabalho

Uma das novidades do Windows 10 é a possibilidade de manipular "múltiplas Áreas de Trabalho", uma característica que já estava há tempos presente no Linux e no MacOS. Ao usar o atalho Windows + Tab, é possível criar uma nova Área de Trabalho e arrastar as janelas desejadas para ela.

Botão Iniciar

Com essa opção em exibição, ao arrastar o mouse ligeiramente para baixo, são listados os programas abertos pela tela inicial. Programas abertos dentro do desktop não aparecem na lista, conforme ilustrado a seguir:

Aplicativos

Os aplicativos podem ser listados clicando-se no botão presente na parte inferior do Botão Iniciar, mais à esquerda.

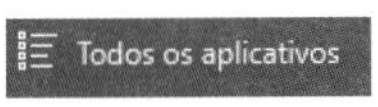

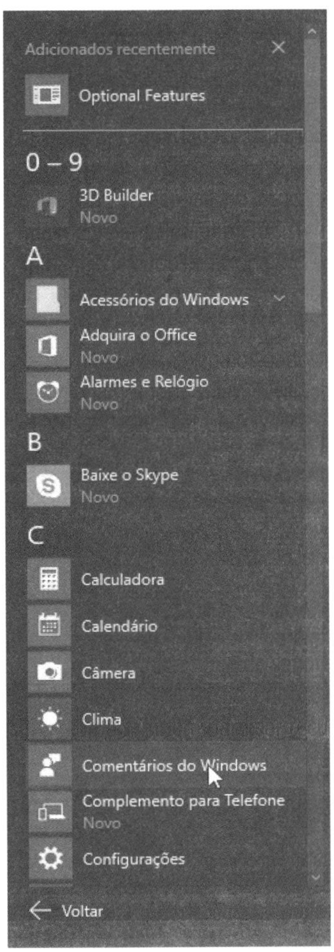

Acessórios

O Windows 10 reorganizou seus acessórios ao remover algumas aplicações para outro grupo (sistema do Windows).

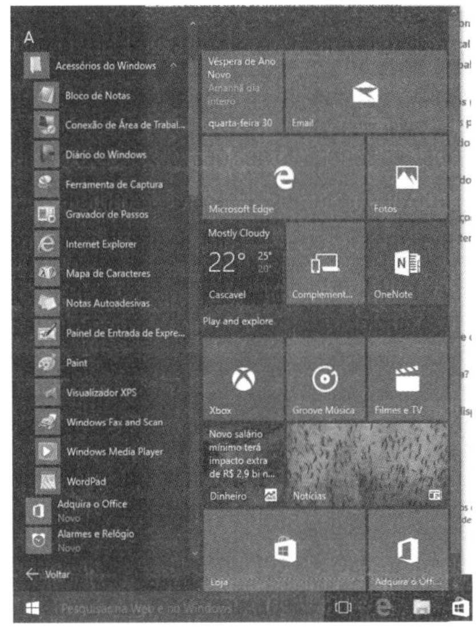

Os aplicativos listados como acessórios são, efetivamente:

- Bloco de Notas
- Conexão de Área de Trabalho Remota
- Diário do Windows
- Ferramenta de Captura
- Gravador de Passos
- Internet Explorer
- Mapa de Caracteres
- Notas Autoadesivas
- Painel de Entrada de Expressões Matemática
- Paint
- Visualizador XPS
- Windows Fax and Scan
- Windows Media Player
- Wordpad

Bloco de Notas

O Bloco de Notas é um editor de texto simples, e apenas texto, ou seja, não aceita imagens ou formatações muito avançadas. A imagem a seguir ilustra a janela do programa.

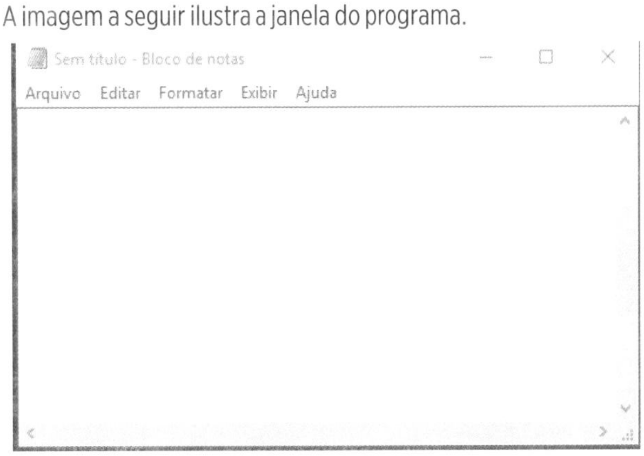

Contudo, são possíveis algumas formatações de fonte:

> Tipo/nome da fonte;

> Estilo de fonte (Negrito Itálico);

> Tamanho da fonte.

Atenção, pois a cor da fonte não é uma opção de formatação presente. A janela a seguir ilustra as opções.

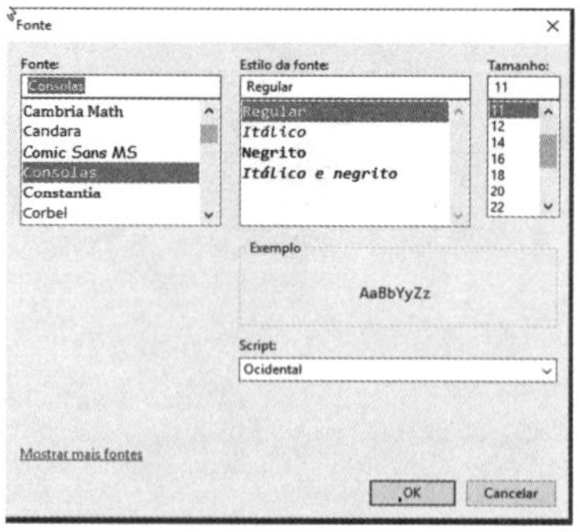

Conexão de Área de Trabalho Remota

A conexão remota do Windows não fica ativa por padrão, por questões de segurança.

Para habilitar a conexão, é necessário abrir a janela de configuração das Propriedades do Sistema, ilustrada a seguir. Tal opção é acessível pela janela Sistema do Windows.

A conexão pode ser limitada à rede por restrição de autenticação em nível de rede, ou pela Internet usando contas de e-mail da Microsoft.

A figura a seguir ilustra a janela da Conexão de Área de Trabalho Remota.

Diário do Windows

A ferramenta Diário do Windows é uma novidade no Windows 8. Ela permite que o usuário realize anotações como em um caderno.

Os recursos de formatação são limitados, de modo que o usuário pode escrever manuscritamente ou por meio de caixas de texto.

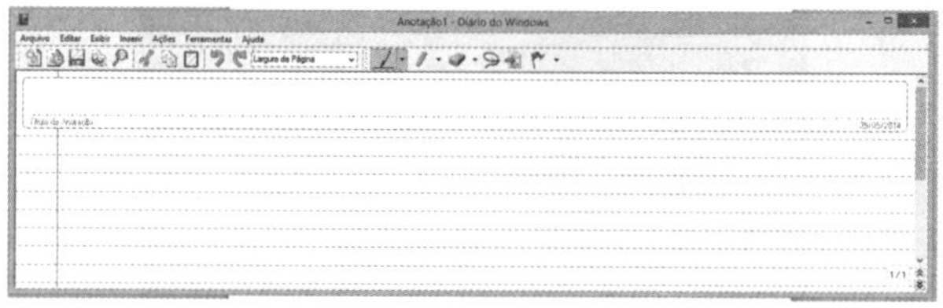

Ferramenta de Captura

A ferramenta de captura, presente desde o Windows 7, permite a captura de partes da tela do computador. Para tanto, basta selecionar a parte desejada usando o aplicativo.

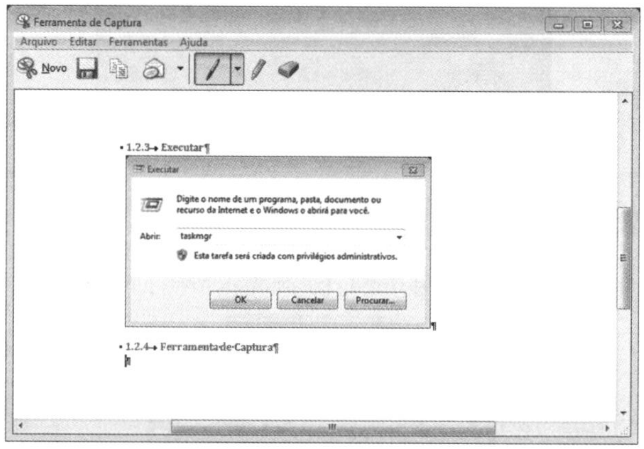

Gravador de Passos

O Gravador de Passos é um recurso novo do Windows 8, muito útil para atendentes de suporte que precisam apresentar o passo a passo das ações que um usuário precisa executar para obter o resultado esperado.

A figura a seguir ilustra a ferramenta com um passo gravado para exemplificação.

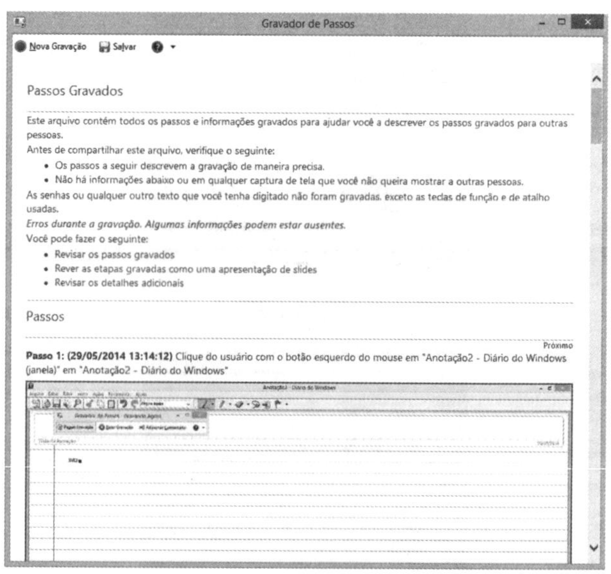

Mapa de Caracteres

Frequentemente, faz-se necessário utilizar alguns símbolos diferenciados. Esses símbolos são chamados de caracteres especiais. O Mapa de Caracteres permite listar os caracteres não presentes no teclado para cada fonte instalada no computador e copiá-los para a área de transferência do Windows.

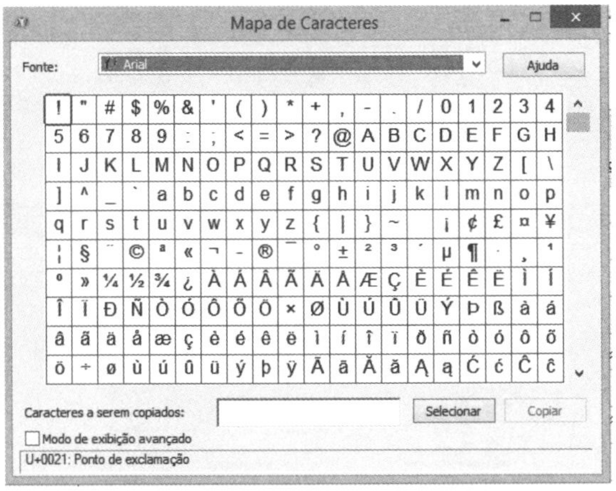

Notas Autoadesivas

Por padrão, as notas autoadesivas são visíveis na Área de Trabalho, elas se parecem com Post its.

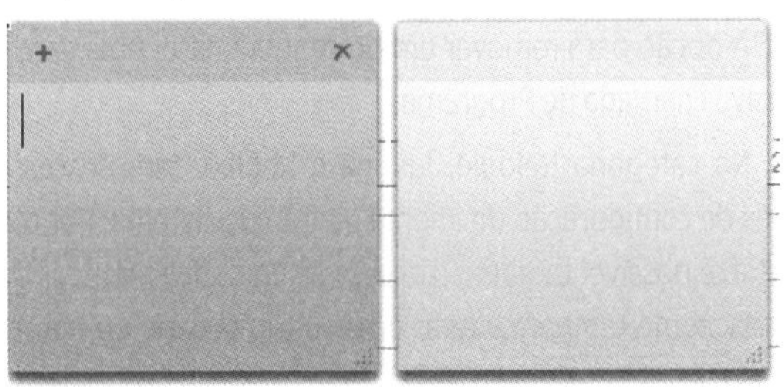

Painel de Entrada de Expressões Matemáticas

Esta ferramenta possibilita o usuário de desenhar, utilizando o mouse ou outro dispositivo de inserção como *tablet canetas*, fórmulas matemáticas como integrais e somatórios, e ainda colar o resultado produzido em documentos.

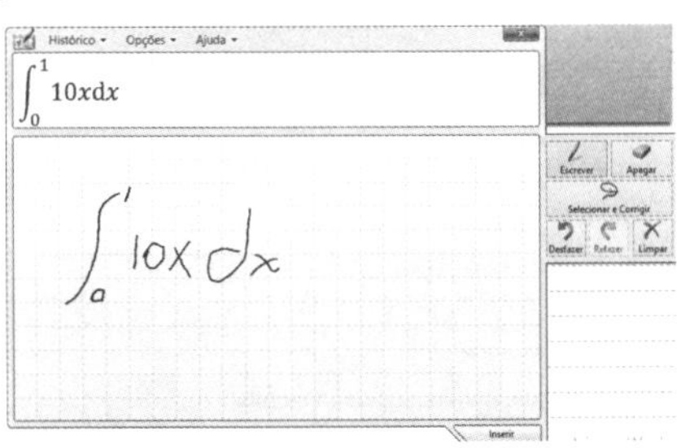

Paint

O tradicional editor de desenho do Windows, que salva seus arquivos no formato PNG, JPEG, JPG, GIF, TIFF e BMP (Bitmap), não sofreu mudanças em comparação com a versão presente no Windows 7.

WordPad

É um editor de texto que faz parte do Windows, ao contrário do MS Word, com mais recursos que o Bloco de Notas.

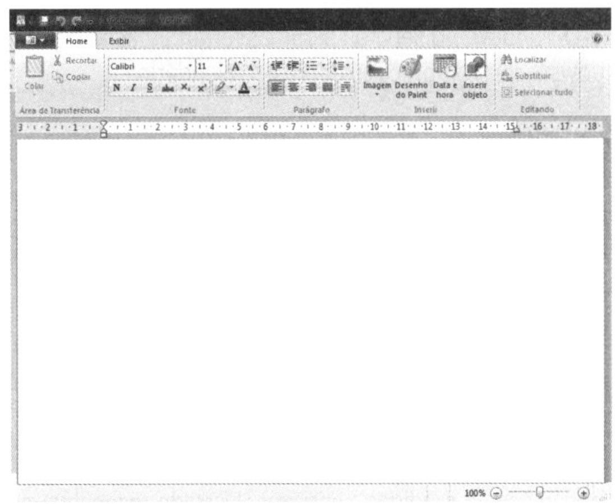

Facilidade de Acesso

Anteriormente conhecida como ferramentas de acessibilidade, são recursos que têm por finalidade auxiliar pessoas com dificuldades para utilizar os métodos tradicionais de interação com o computador.

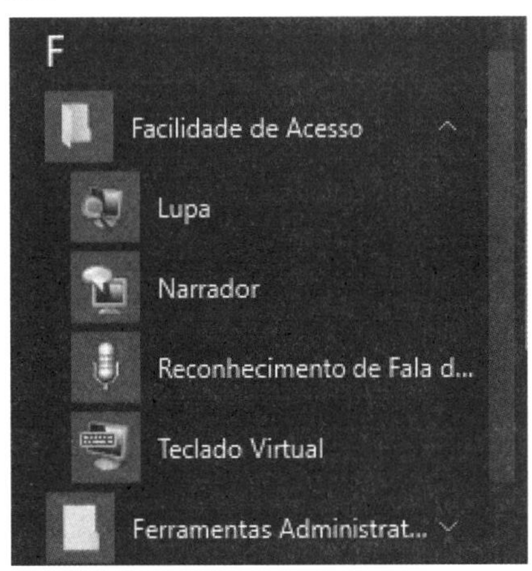

Lupa

Ao utilizar a lupa, pode-se ampliar a tela ao redor do ponteiro do mouse, como também é possível usar metade da tela do computador exibindo a imagem ampliada da área próxima ao ponteiro.

Narrador

O narrador é uma forma de leitor de tela que lê o texto das áreas selecionadas com o mouse.

Teclado Virtual

É preciso ter muito cuidado para não confundir o teclado virtual do Windows com o teclado virtual usado nas páginas de Internet Banking.

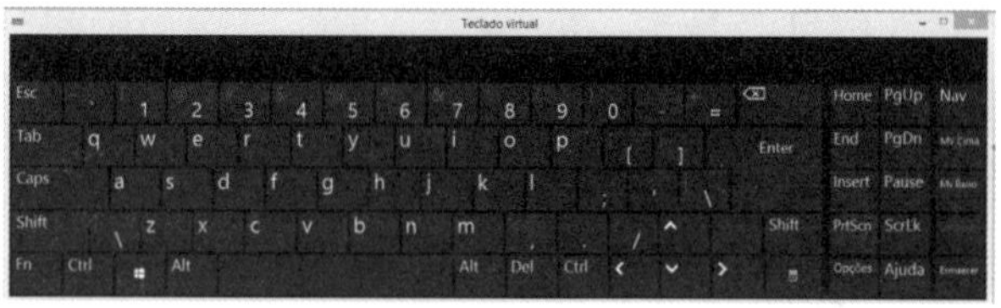

Outras Ferramentas

O Windows 10 separou algumas ferramentas a mais que o Windows 8, tais como a calculadora e o calendário.

Calculadora

A calculadora do Windows 10 deixa de ser associada aos acessórios. Outra grande mudança é o fato de que sua janela pode ser redimensionada, bem como perde um modo de exibição, sendo eles:

> Padrão;
> Científica;
> Programador;

A calculadora do Windows 10 apresenta inúmeras opções de conversões de medidas, conforme ilustrado respectivamente ilustradas a seguir.

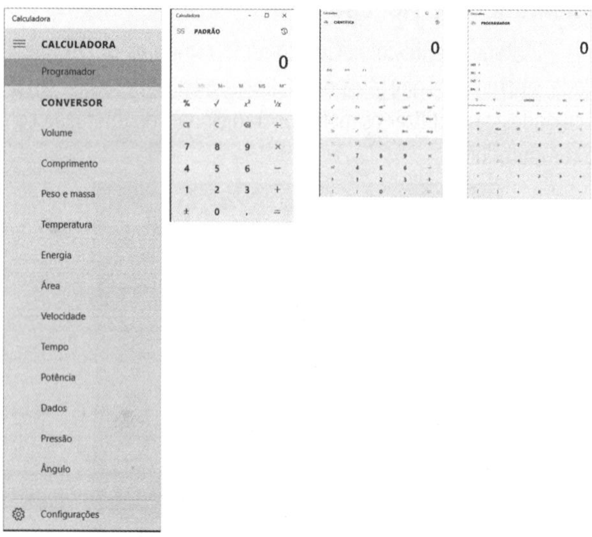

Painel de Controle

O Painel de Controle do Windows é o local onde se encontram as configurações do sistema operacional Windows.

Ele pode ser visualizado em dois modos: ícones ou categorias. As imagens a seguir representam, respectivamente, o modo ícones e o modo categorias.

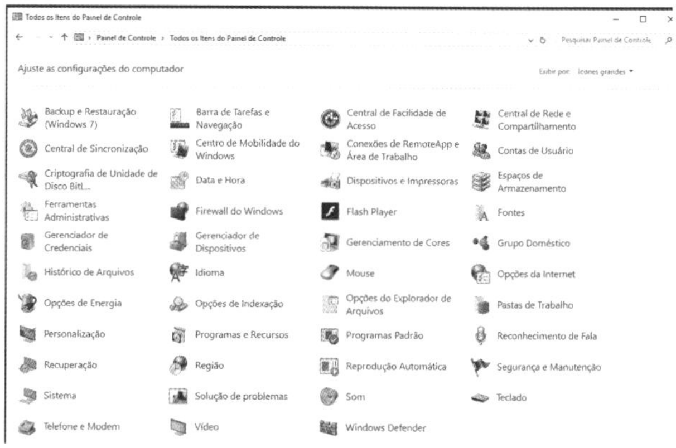

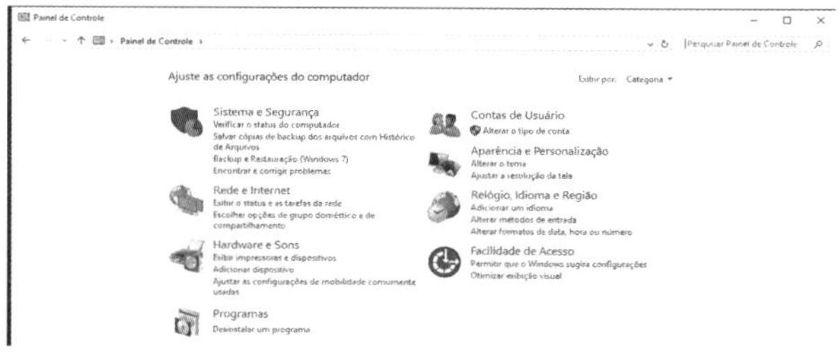

No modo Categorias, as ferramentas são agrupadas de acordo com sua similaridade, como na categoria Sistema e Segurança, que envolve o Histórico de Arquivos e a opção Corrigir Problemas.

A opção para remover um programa possui uma categoria exclusiva chamada de Programas.

Na categoria Relógio, Idioma e Região, temos acesso às opções de configuração do idioma padrão do sistema. Por consequência, é possível também o acesso às unidades métricas e monetárias, como também alterar o layout do teclado ou botões do mouse.

Algumas das configurações também podem ser realizadas pela janela de configurações acessível pelo botão Iniciar.

Segurança e Manutenção

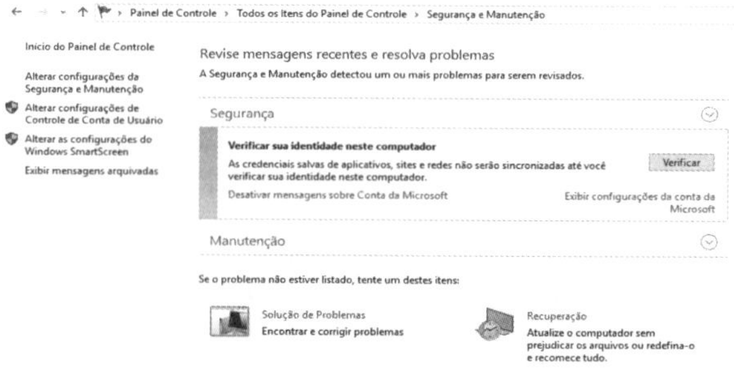

Dispositivos e Impressoras

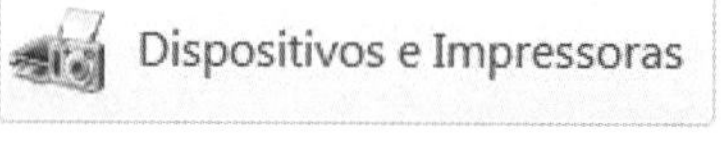

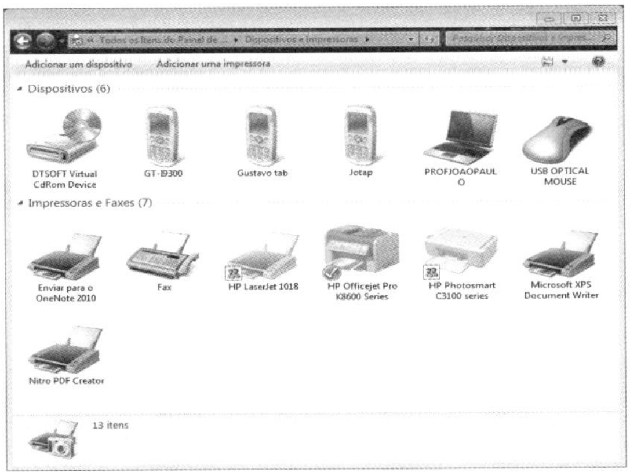

Firewall do Windows

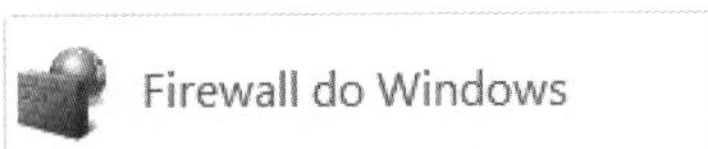

Data e Hora

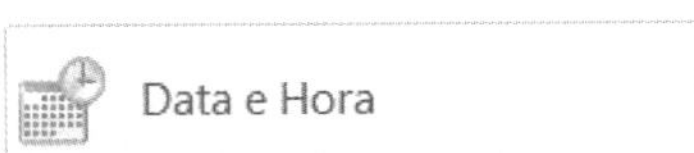

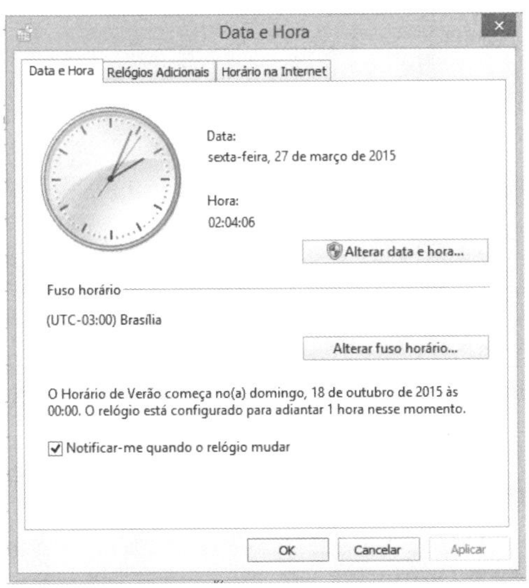

Contas de Usuário

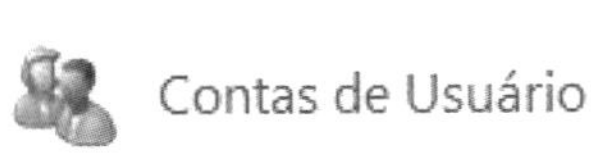

Opções de Energia

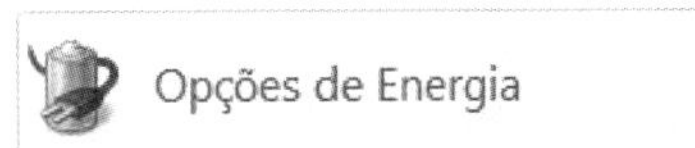

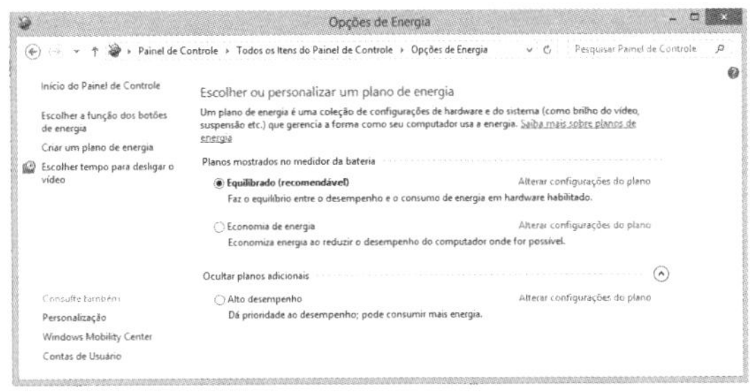

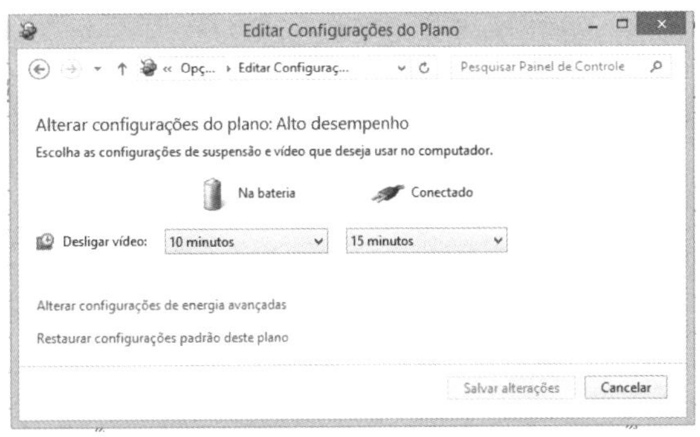

Opções do Explorador de Arquivos

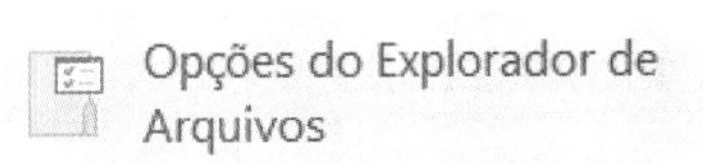

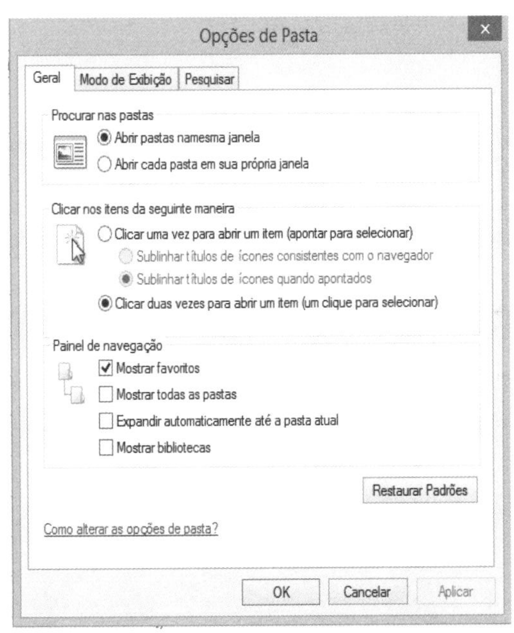

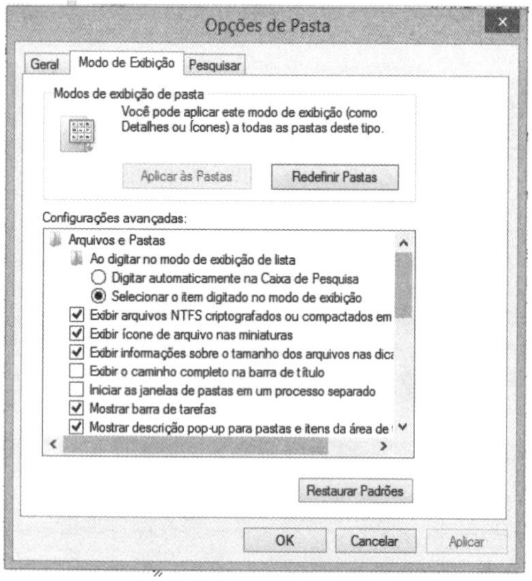

Programas e Recursos

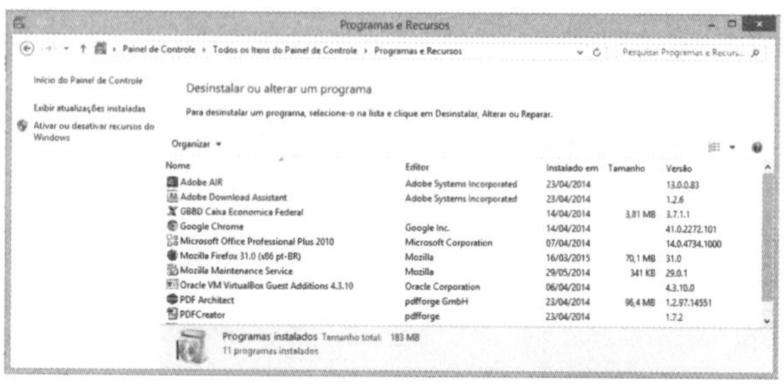

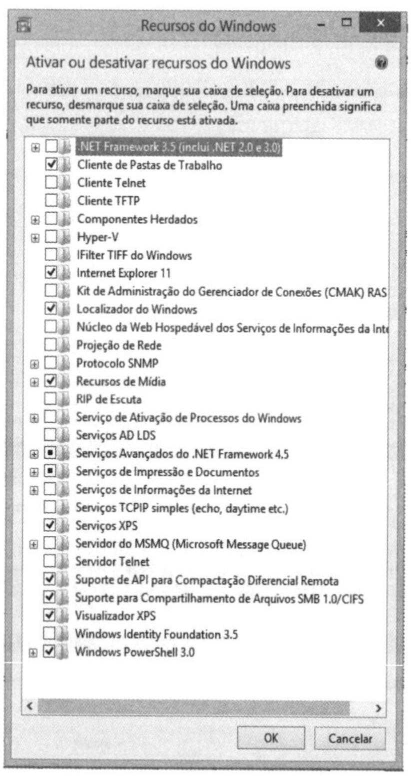

Programas Padrão

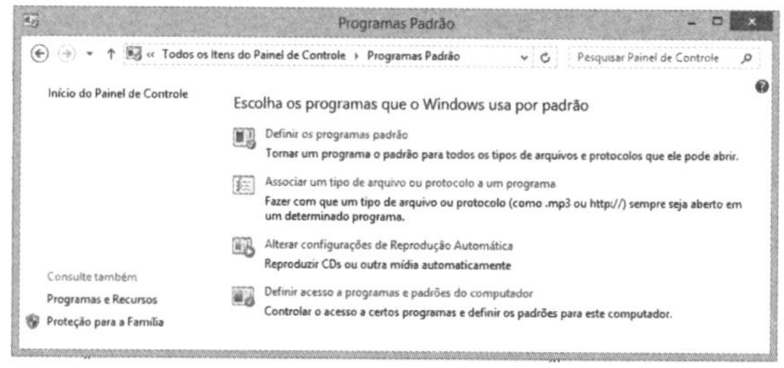

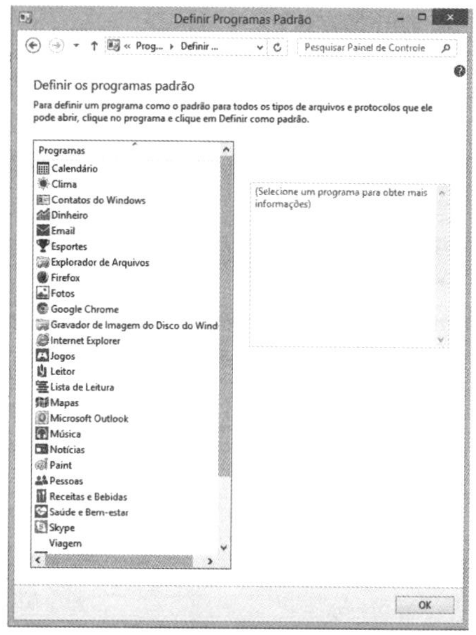

Sistema

Windows Defender

No Windows 10, o Windows Defender passou a ser também antivírus além de ser antispyware.

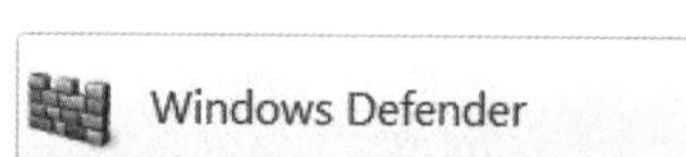

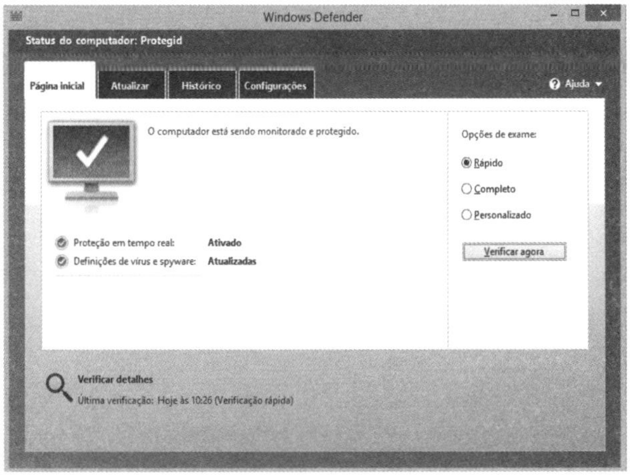

Estrutura de Diretórios

Uma estrutura de diretórios é como o Sistema Operacional organiza os arquivos, separando-os de acordo com sua finalidade.

O termo diretório é um sinônimo para pasta, que se diferencia apenas por ser utilizado, em geral, quando se cita alguma pasta Raiz de um dispositivo de armazenamento ou partição.

Quando citamos o termo Raiz, estamos fazendo uma alusão a uma estrutura que se parece com uma árvore que parte de uma raiz e cria vários ganhos, que são as pastas, e as folhas dessa árvore são os arquivos.

Dessa maneira, observamos que o **diretório Raiz do Windows** é o diretório **C:** ou **C:** enquanto que o **diretório Raiz do Linux** é o **/**.

Podemos ser questionados com relação à equivalência dos diretórios do Windows em relação ao Linux.

Principais Diretórios Windows

Diretório	Função
C:\windows	**Armazena os arquivos do Sistema Operacional Windows.**
C:\Arquivos de Programas	**Armazena os arquivos dos programas instalados no Computador.**
C:\Usuários	**Armazena as configurações, arquivos e pastas de cada usuário do sistema.**

Ferramentas Administrativas

Limpeza de Disco

Apaga os arquivos temporários, como, por exemplo, arquivos da Lixeira, da pasta Temporários da Internet e, no caso do Windows, a partir da versão Vista, as miniaturas.

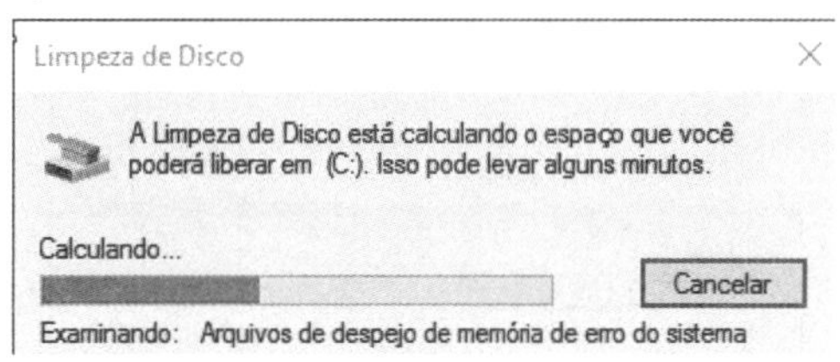

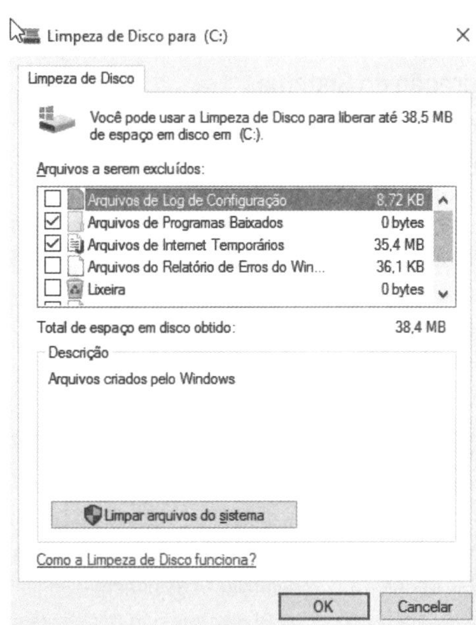

Lixeira

A capacidade da Lixeira do Windows é calculada. Assim, para HDs de até 40GB, a capacidade é de 10%. Todavia, para discos rígidos maiores que 40GB, o cálculo não é tão direto. Vamos a um exemplo: caso um HD possua o tamanho de 200GB, então é necessário descontar 40GB, pois até 40GB a lixeira possui capacidade de 10%; assim, sobram 160GB. A partir desse valor, deve-se calcular mais 5%, ou seja, 8GB. Com isso, a capacidade total da lixeira do HD de 200GB fica com 4GB + 8GB = 12GB.

É importante, ainda, destacar que a capacidade da lixeira é calculada para cada unidade de armazenamento. Desse modo, se um HD físico de 500GB estiver particionado, é necessário calcular separadamente a capacidade da lixeira para cada unidade.

A Lixeira é um local, e não uma pasta. Ela lista os arquivos que foram excluídos, porém nem todos arquivos excluídos vão para a Lixeira. Vejamos a lista de situações em que um arquivo não será movido para a lixeira:

> Arquivos maiores do que a capacidade da Lixeira;
> Arquivos que estão compartilhados na rede;
> Arquivos de unidades removíveis;
> Arquivos que foram removidos de forma permanente pelo usuário.

Desfragmentar e Otimizar Unidades

É responsabilidade do Desfragmentador organizar os dados dentro do HD de forma contínua/contígua para que o acesso às informações em disco seja realizado mais rapidamente.

Configuração do Sistema

A Configuração do Sistema é também acessível ao ser digitado o comando msconfig na janela Executar. Permite configurar quais serviços serão carregados com o Sistema. No entanto, para configurar quais programas serão carregados junto com o sistema operacional, deve-se proceder ao acesso pelo Gerenciador de Tarefas.

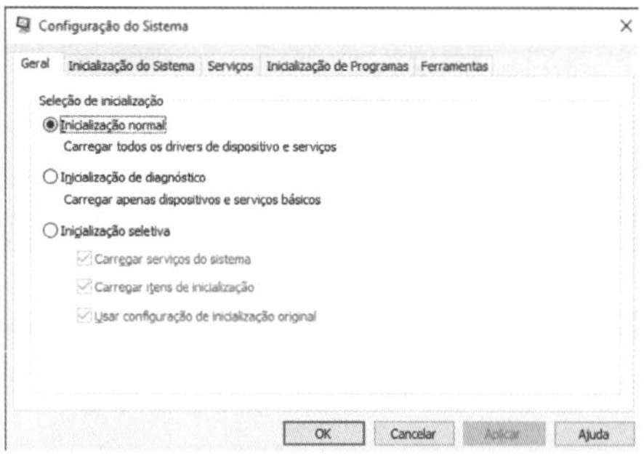

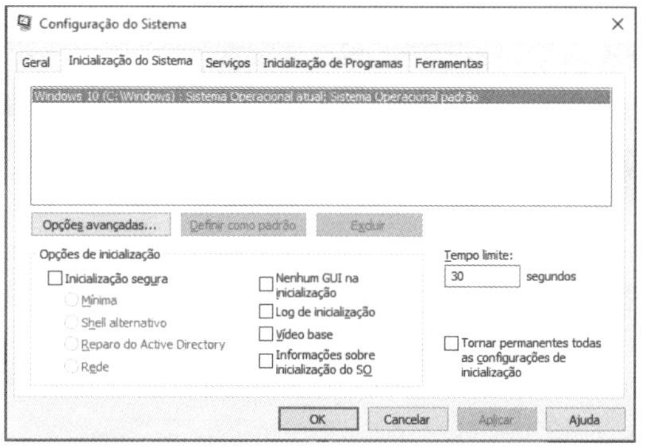

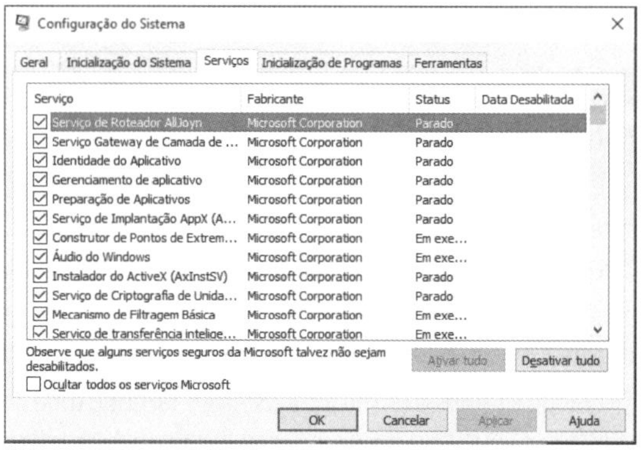

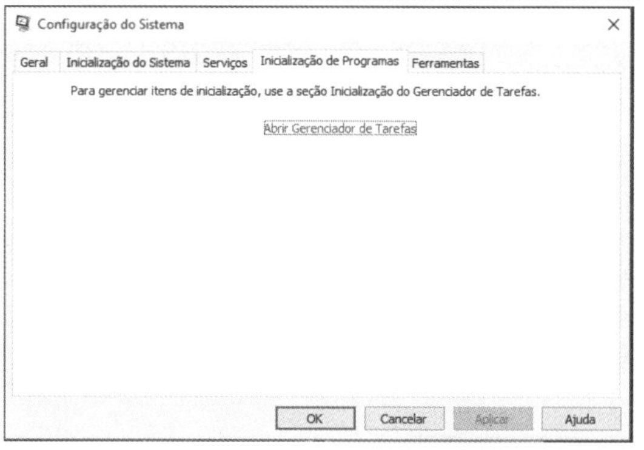

Monitor de Recursos

Permite monitorar os recursos do computador e qual o uso que está sendo realizado.

ScanDisk

O ScankDisk é o responsável por verificar o HD em busca de falhas de disco. Às vezes, ele consegue corrigi-las.

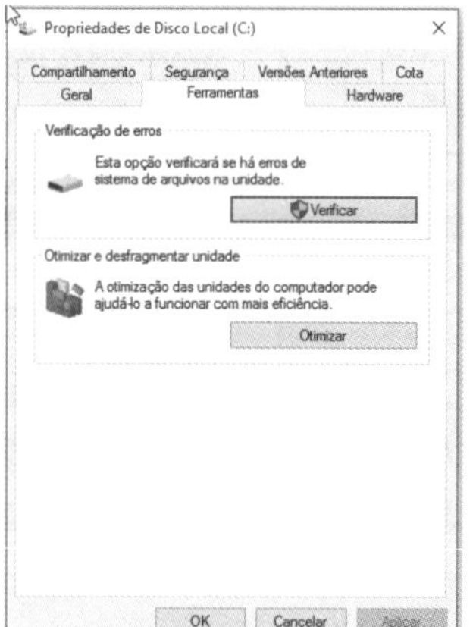

Configurações

Uma novidade do Windows 10 é a opção Configurações, presente no Botão Iniciar, que apresenta uma estrutura similar ao Painel de Controle, inclusive realizando a separação por categorias de ferramentas, conforme ilustra a figura a seguir.

Opção Sistema

Nesta opção, são apresentadas as ferramentas de configuração de resolução de tela, definição de monitor principal (caso possua mais de um), modos de gestão de energia (mais utilizados em notebooks).

Também é possível encontrar a opção Mapas Offline, que permite o download de mapas para a pesquisa e o uso por GPS, principalmente usado em dispositivos móveis ou dotados de GPS.

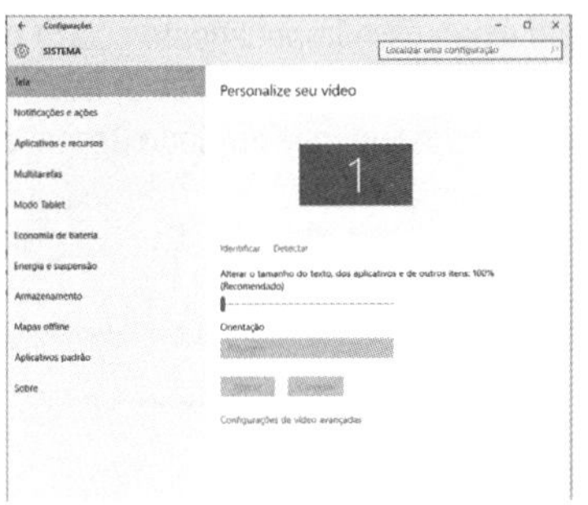

Opção Dispositivos

A opção Dispositivos lista os dispositivos que foram instalados em algum momento no sistema, como as impressoras.

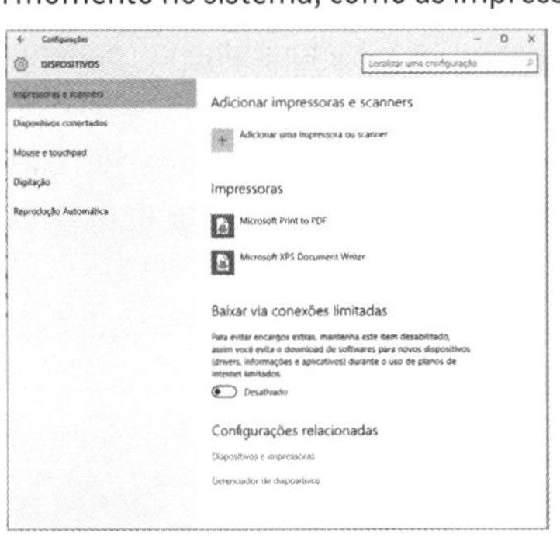

Opção Rede e Internet

Para configurar rapidamente o proxy de uma rede, ou ativar/desativar a wi-fi, a opção Rede e Internet oferece tais opções com facilidade, inclusive a opção para configurar uma VPN.

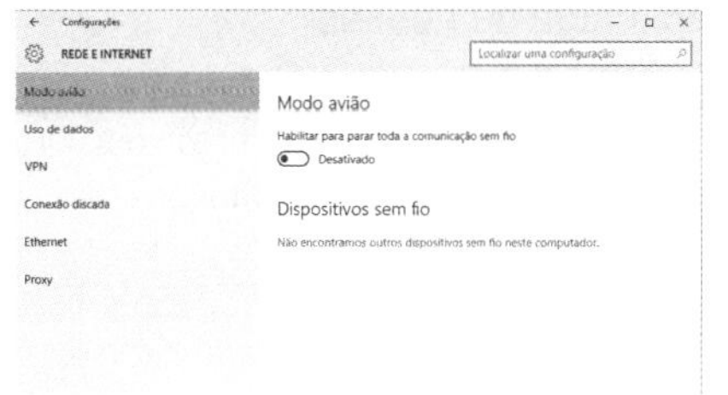

Opção Personalização

Para personalizar os temas de cores da Área de Trabalho do Windows e os papéis de parede, a opção de personalização pode ser acessada pelas Configurações. Também é possível clicar com o botão direito do mouse sobre uma área vazia da Área de Trabalho e selecionar a opção Personalizar.

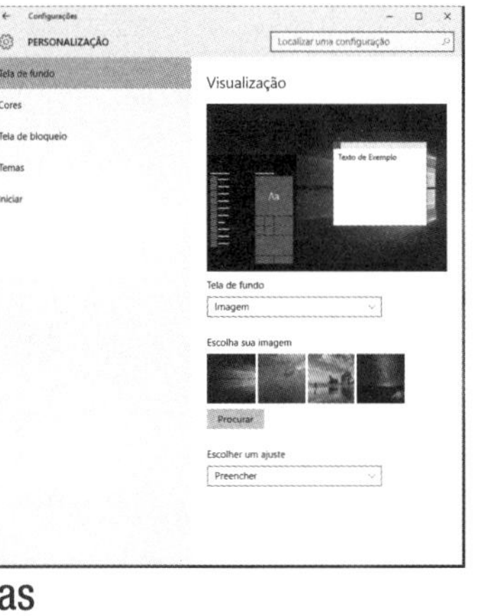

Opção Contas

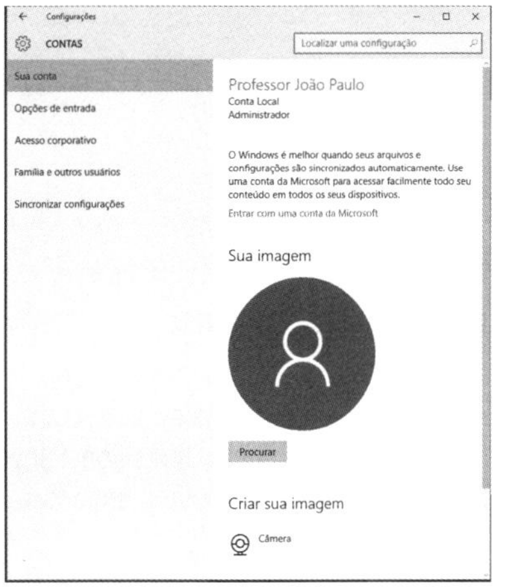

Opção Hora e Idioma

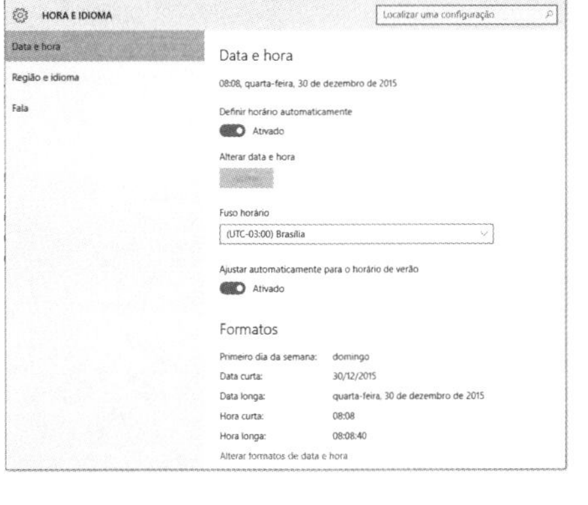

Opção Facilidade de Acesso

Além de contar com as ferramentas para acessibilidade, é possível configurar algumas características com Alto Contraste para melhorar o acesso ao uso do computador.

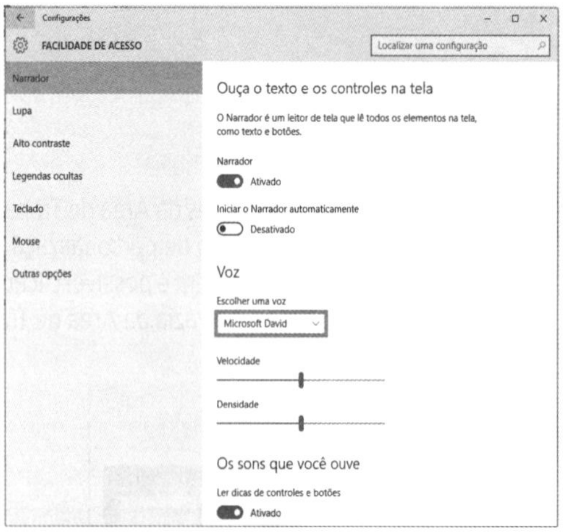

Opção Privacidade

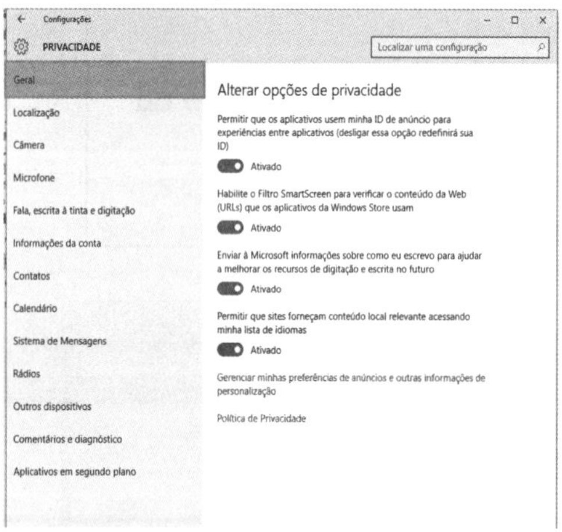

Opção Atualização e Segurança

A opção Atualização e Segurança talvez seja uma das principais opções da janela de configurações, pois, como necessidade mínima para a segurança, o Sistema Operacional deve estar sempre atualizado, assim como precisa possuir um programa antivírus que também esteja atualizado.

Vale lembrar que a realização periódica de backups também é considerada como um procedimento de segurança.

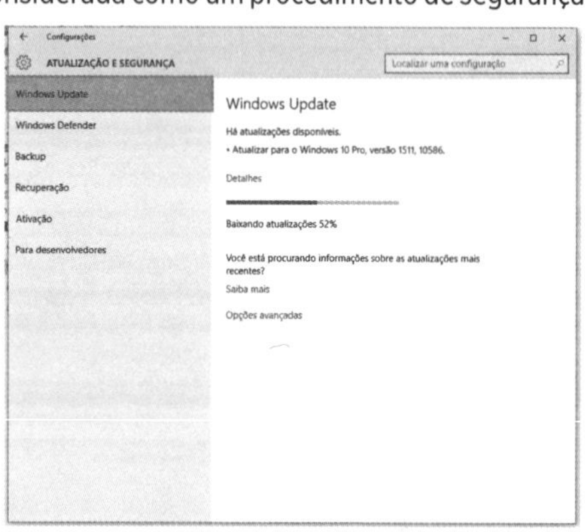

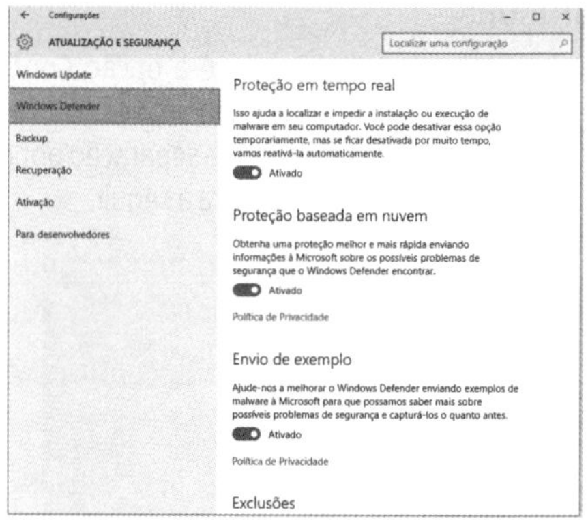

O Windows 10 realiza o backup dos arquivos usando a ferramenta Histórico de Arquivos (conforme ilustra a figura a seguir), embora ainda permita realizar backups como no Windows 7.

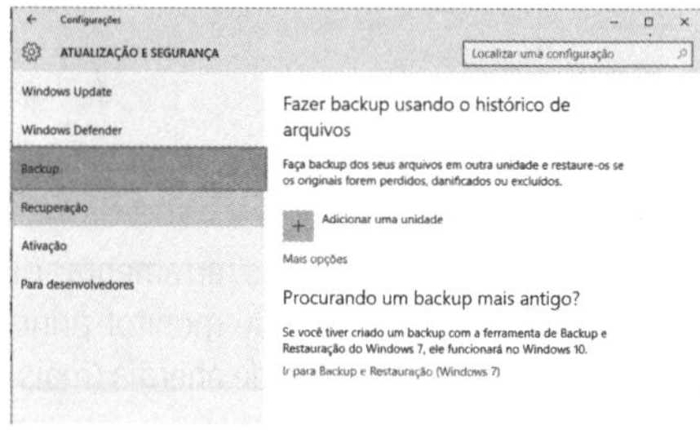

A opção Para desenvolvedores é uma novidade do Windows que assusta alguns usuários desavisados, pois, ao tentarem instalar algum aplicativo que não seja originário da Loja da Microsoft, não logram êxito. Esse impedimento ocorre por segurança. De qualquer forma, para poder instalar aplicativos "externos", basta selecionar a opção Sideload ou Modo Desenvolvedor.

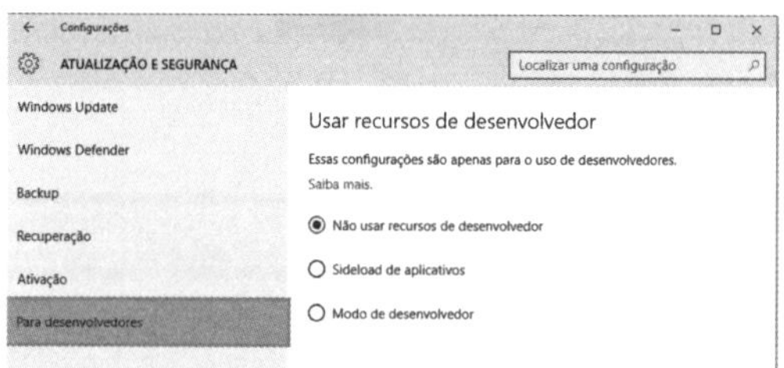

Backup no Windows 10

Um backup consiste em uma cópia de segurança dos Arquivos, que deve ser feita periodicamente, preferencialmente em uma unidade de armazenamento separada do computador.

Apesar do nome cópia de segurança, um backup não impede que os dados sejam acessados por outros usuários. Ele é apenas uma salvaguarda dos dados para amenizar os danos de uma perda.

No Windows 8 e Windows 10, o backup é gerenciado pelo Histórico de Arquivos, ilustrado a seguir.

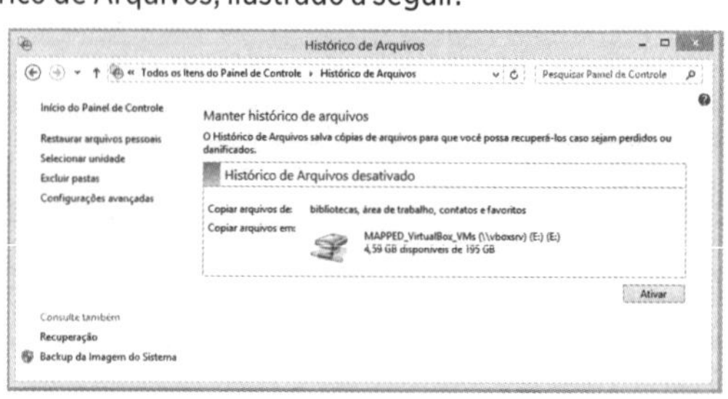

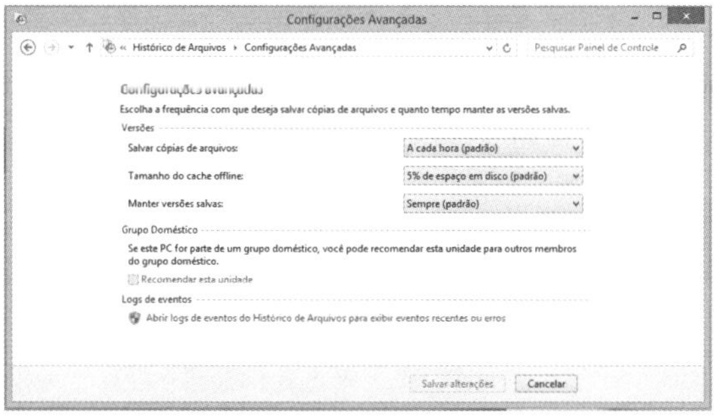

Backup e Restauração (Windows 7)

Esta ferramenta existe para manter a compatibilidade com a versão anterior de backup do Windows.

Na sequência, são citados os tipos de backup e ferramentas de backup.

Backup da Imagem do Sistema

O Backup do Windows oferece a capacidade de criar uma imagem do sistema, que é uma imagem exata de uma unidade. Uma imagem do sistema inclui o Windows e as configurações do sistema, os programas e os arquivos. É possível usar uma imagem do sistema para restaurar o conteúdo do computador, se em algum momento o disco rígido ou o computador pararem de funcionar. Quando se restaura o computador a partir de uma imagem do sistema, trata-se de uma restauração completa; não é possível escolher itens individuais para a restauração, e todos os atuais programas, as configurações do sistema e os arquivos serão substituídos. Embora esse tipo de backup inclua arquivos pessoais, é recomendável fazer backup dos arquivos regularmente, usando o Backup do Windows, a fim de que seja possível restaurar arquivos e pastas individuais conforme a necessidade. Quando for configurado um backup de arquivos agendado, o usuário poderá escolher se deseja incluir uma imagem do sistema. Essa imagem do sistema inclui apenas as unidades necessárias à execução do Windows. É possível criar manualmente uma imagem do sistema, caso o usuário queira incluir unidades de dados adicionais.

Disco de Restauração

O disco de restauração armazena os dados mais importantes do sistema operacional Windows, em geral, o que é essencial para seu funcionamento. Esse disco pode ser utilizado quando o sistema vier a apresentar problemas, por vezes decorrentes de atualizações.

Tipos de Backup

Completo/Normal

Também chamado de Backup Total, é aquele em que todos os dados são salvos em uma única cópia de segurança. Ele é indicado para ser feito com menor frequência, pois é o mais demorado para ser processado, como também para ser recuperado. Contudo, localizar um arquivo fica mais fácil, pois se tem apenas uma cópia dos dados.

Diferencial

Este procedimento de backup grava os dados alterados desde o último backup completo. Assim, no próximo backup diferencial, somente serão salvos os dados modificados desde o último backup completo. No entanto, esse backup é mais lento de ser processado do que o backup incremental, porém é mais rápido de ser restaurado do que o incremental, pois é necessário apenas restaurar o último backup completo e o último backup diferencial.

Incremental

Neste tipo de backup, são salvos apenas os dados que foram alterados após a última cópia de segurança realizada. Este procedimento é mais rápido de ser processado, porém leva mais tempo para ser restaurado, pois envolve restaurar todos os backups anteriores. Os arquivos gerados são menores do que os gerados pelo backup diferencial.

Backup Diário

Um backup diário copia todos os arquivos selecionados que foram modificados no dia de execução do backup diário. Os arquivos não são marcados como arquivos que passaram por backup (o atributo de arquivo não é desmarcado).

Backup de Cópia

Um backup de cópia copia todos os arquivos selecionados, mas não os marca como arquivos que passaram por backup (ou seja, o atributo de arquivo não é desmarcado). A cópia é útil caso o usuário queira fazer backup de arquivos entre os backups normal e incremental, pois ela não afeta essas outras operações de backup.

Explorador de Arquivos

Conhecido até o Windows 7 como Windows Explorer, o gerenciador de arquivos do Windows usa a chamada Interface Ribbon (por faixas) no Windows 8 e 10. Com isso, torna mais acessíveis algumas ferramentas como a opção para exibir as pastas e os arquivos ocultos.

A figura a seguir ilustra a janela Este Computador que apresenta os dispositivos e unidades de armazenamento locais como HDs e Drives de mídias ópticas, bem como as mídias removíveis.

Um detalhe interessante sobre o Windows 10 é que as bibliotecas, ilustradas na figura, não estão visíveis por padrão; o usuário precisa ativar sua exibição.

Na figura a seguir, é ilustrada a guia Exibir da janela Este Computador.

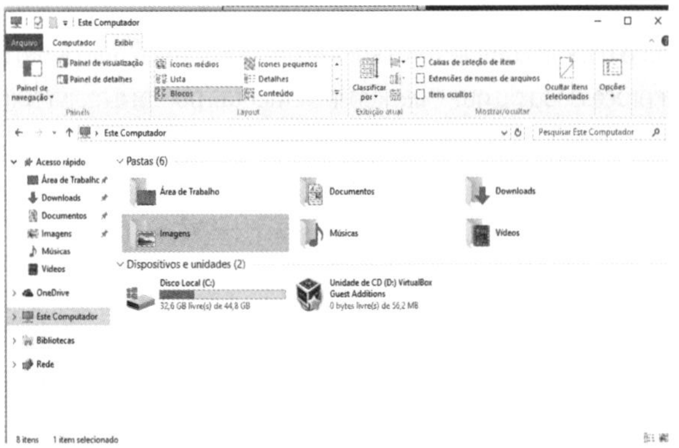

Ao selecionar arquivos ou pastas de determinados tipos, como imagens, algumas guias são exibidas como ilustra a série de figuras a seguir.

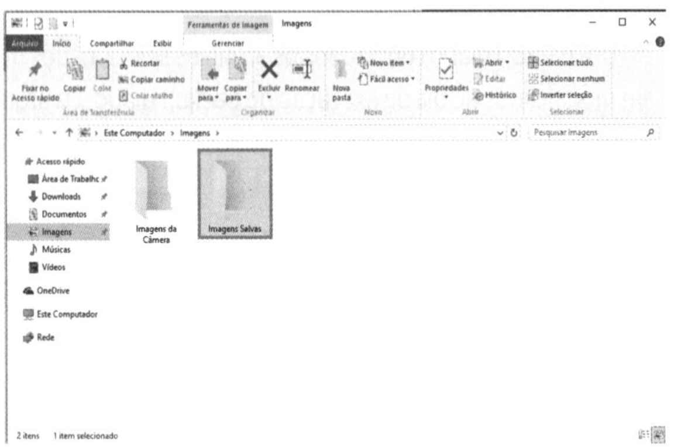

É possível notar que há opções específicas para facilitar o compartilhamento dos arquivos e pastas.

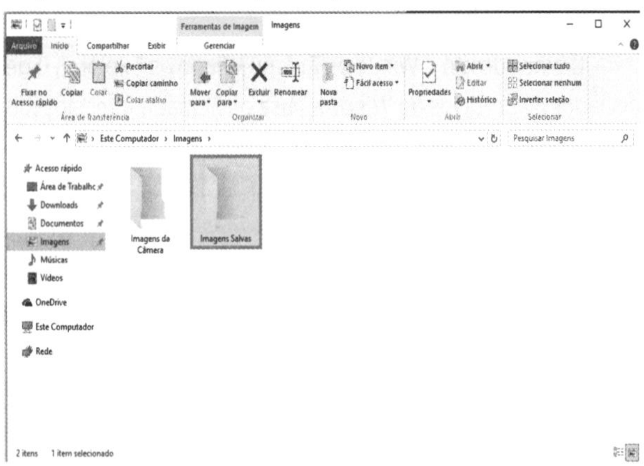

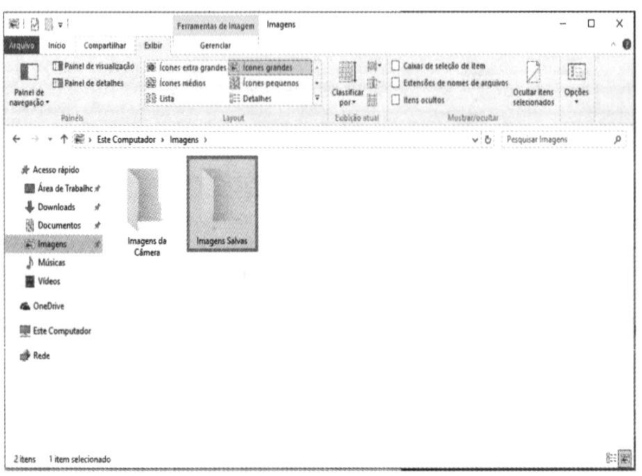

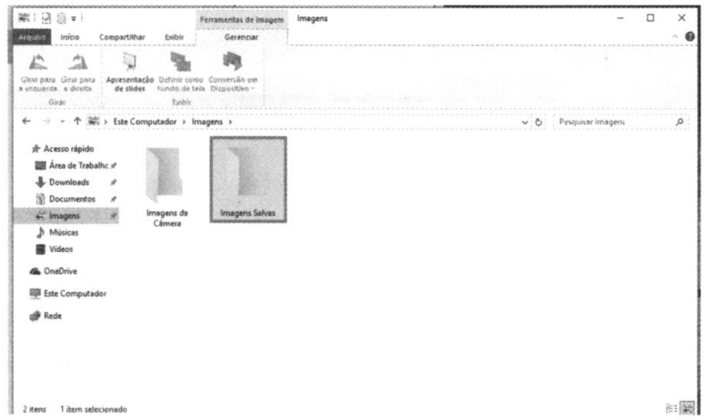

Questões

01. Com relação a sistemas operacionais e ferramentas de edição de texto e planilhas, julgue o item a seguir.

Programas e arquivos que estejam abertos e em uso no ambiente Windows podem ser acessados pelo Painel de controle, que é uma barra horizontal localizada na parte inferior da tela.

Certo ( ) Errado ( )

02. Julgue o item, relativo aos sistemas operacionais Linux e Windows e ao editor de texto Microsoft Word 2013.

O Windows 10 pode ser configurado para que, ao se clicar o menu Iniciar, seja disponibilizada uma lista de aplicativos instalados no computador, classificados em ordem alfabética.

Certo ( ) Errado ( )

03. Julgue o item, a respeito de becape em estações de trabalho Windows.

O Windows 10 permite que o usuário configure as opções de becape para um disco de rede. Assim, o becape copia, para o local definido, todo o conteúdo da pasta C:\Users\<username>, em que <username> equivale ao nome do usuário que configurou o becape.

Certo ( ) Errado ( )

04. Acerca dos ambientes Linux e Windows, julgue o item que se segue.

Cortana é um aplicativo disponível no sistema operacional Windows desde a versão XP e que possibilita criar o efeito de dupla exposição, unindo vídeos ou fotos, ou esses dois elementos juntos.

Certo ( ) Errado ( )

05. No item a seguir, é apresentada uma situação hipotética, seguida de uma assertiva a ser julgada, a respeito de sistemas operacionais, intranet e Internet.

Depois de fazer login em uma estação de trabalho com Windows 10, o usuário de nome delegado verificou que estava sem acesso de escrita na pasta c:\temp\bo. Uma das possíveis causas seria o fato de o referido usuário não ser o dono da pasta e(ou) não ter acesso específico a ela. Nessa situação, o administrador da máquina pode eliminar essa restrição por meio do comando chown +w delegado c:\temp\bo, executado no power shell do sistema operacional, que aceita tanto comandos DOS quanto alguns comandos Linux.

Certo ( ) Errado ( )

Gabaritos

01	ERRADO
02	CERTO
03	CERTO
04	ERRADO
05	ERRADO

5. WORD 2016

5.1 Tela de Abertura

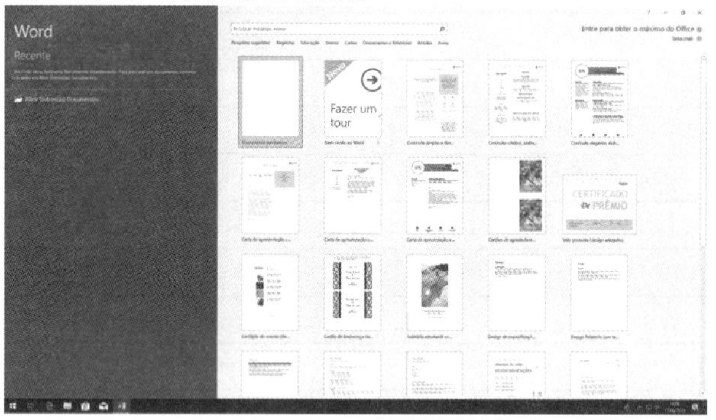

Figura 1: Tela de abertura Word 2016.

Assim como o MS Office 2013, o MS Office 2016 exibe uma tela de abertura ao iniciar algum programa da suíte, em vez de iniciar diretamente com um documento em branco. Vejamos a Figura 1.

Nessa janela, o usuário tem acesso à lista dos documentos abertos recentemente no programa, bem como pode criar um novo documento: ou um documento em branco, ou a partir de um modelo a ser baixado da Internet.

Os modelos disponíveis são atualizados, em sua maioria, pelos próprios usuários. Para facilitar a localização de um modelo que seja mais adequado à necessidade do usuário, há opção para pesquisa, assim como sugestões de categorias.

5.2 Janela do programa

A Figura 2 ilustra a janela do Microsoft Word 2016 com um documento em branco em edição.

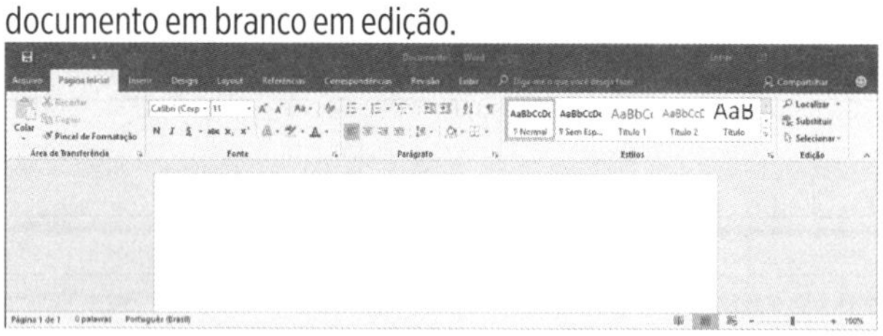

Figura 2: Janela Word 2016, aba Página Inicial.

A janela do Word 2016 apresenta pequenas mudanças nas opções da janela de edição em comparação com a versão anterior:

> **Cor das guias inativas: agora a cor segue o padrão de cores escolhido. Existem 3 temas que podem ser usados: Colorido; Cinza-Escuro e Branco. Na Figura 2 é ilustrado o padrão (Colorido), a seguir os demais.**

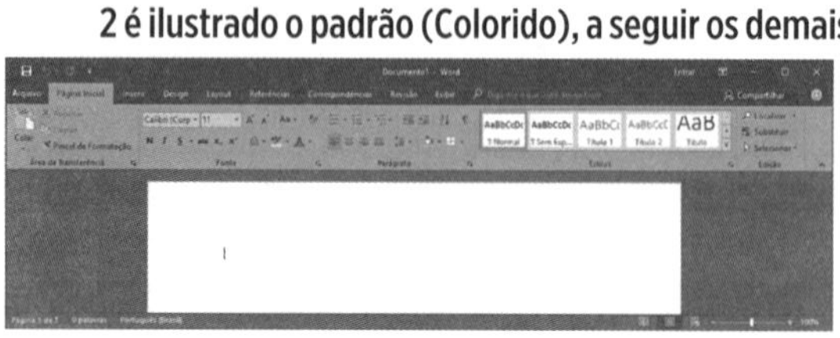

Figura 3: Janela do Word 2016, tema Cinza Escuro.

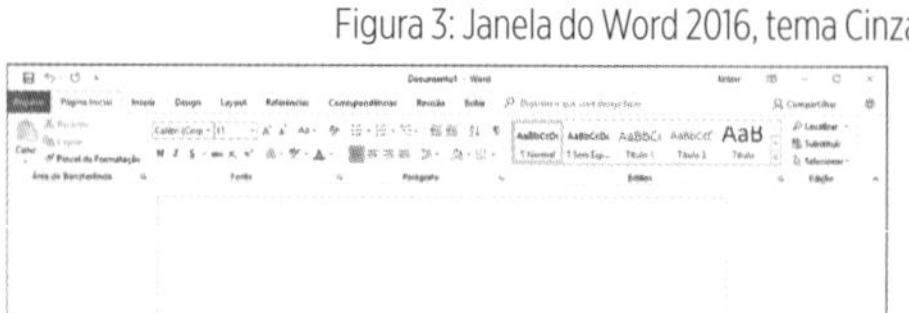

Figura 4: Janela Word 2016, tema Branco.

> Diga-me o que você deseja fazer: note que ao lado da guia Exibir existe um espaço para digitar, que não existia no 2016. Ele serve para acessar as ferramentas e opções; sua finalidade é facilitar a localização de ferramentas que o usuário não lembra em que aba estão. Conforme o usuário digita, vão sendo sugeridas opções relacionadas aos caracteres inseridos.

> Opção Entrar: foi movida para a barra de títulos; antes ficava onde aparece a carinha feliz (smile). Esse smile é o feedback ou também chamado de comentários, porém para a Microsoft, serve para o usuário contar sobre sua experiência em usar o MF Office 2016.

> Guias: no 2013 os títulos eram todos em caixa alta (maiúsculas) e a guia Layout era Layout de Página.

Assim como no 2013, o usuário pode logar com sua conta da Microsoft (Hotmail ou Outlook). Uma vez logado, o nome do usuário é imediatamente associado às propriedades do documento como seu autor. Observe a parte mais à direta da barra de títulos da janela ilustrada na Figura 2. Ao efetuar o login, o nome do usuário é representado no lugar da expressão "Entrar".

Observe e faça as anotações das partes da janela indicadas na figura acompanhando a aula.

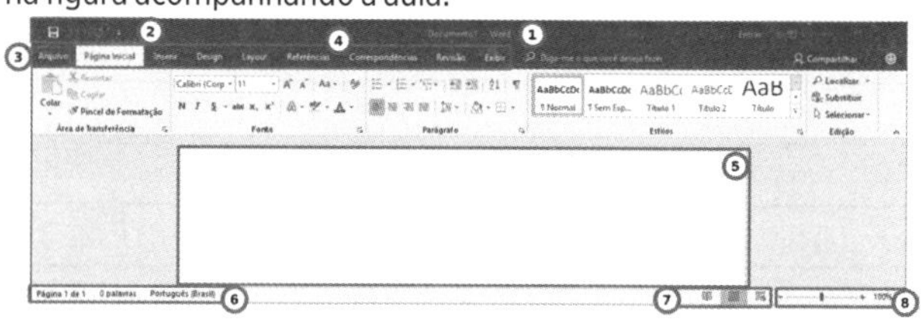

Figura 5: Janela do Word 2016, itens enumerados.

01. Barra de título: nesta barra são apresentadas as informações sobre o nome do documento em edição e seu formato, bem como o nome do programa que no caso da figura indica Microsoft Word. Também se observa na figura que não há a indicação do formato do arquivo. Isso significa que o documento em questão ainda não foi salvo em disco.

02. Barra de Ferramentas de Acesso Rápido: apresenta as opções mais frequentemente usadas, principalmente por meio das teclas de atalho. Por padrão mostra as opções Salvar, Desfazer e a opção que se alterna entre Repetir e Refazer. A opção () Repetir repete a última ação executada; corresponde a utilizar a tecla de atalho: F4, como também CTRL + R quando esta opção está exibida na barra. Já a opção Refazer () é como um desfazer para a ação Desfazer.

03. Menu Arquivo: a versão 2016 utiliza a mesma forma do menu Arquivo que a versão 2013, ou seja, mantém a interface Backstage view que exibe as opções do menu Arquivo, de modo que ocupem toda a tela da janela do programa.

04. Faixa de Opções: é possível aumentar a área útil da tela, fazendo com que as opções só sejam exibidas quando clicado na opção na Faixa de opções; basta utilizar o clique duplo do mouse sobre uma das Guias. O Word 2013 acrescentou ainda duas opções (botões) para poder alterar entre os modos de

exibição das guias, um ao lado esquerdo do botão Minimizar, conforme ilustra a Figura 7, e outro logo acima da barra de rolagem vertical (dentro da faixa de opções). Este último é uma seta para cima, que lembra o sinal gráfico ^ (acento circunflexo). Essas características se mantêm no 2016.

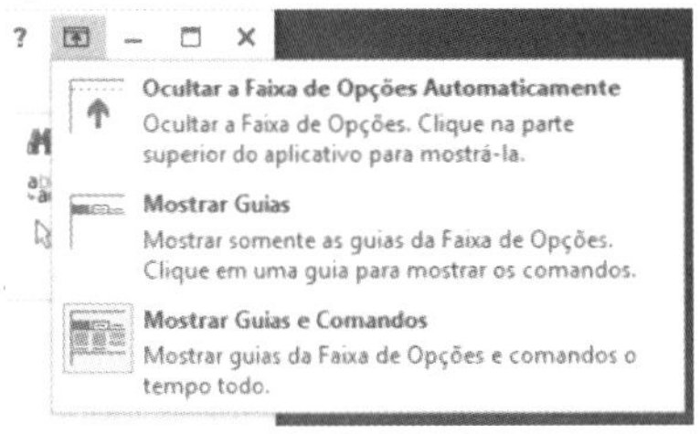

Figura 6: Modos de Exibição da Faixa de Opções em destaque.

05. Página do Documento em edição.
06. Barra de Status: nela são apresentadas algumas informações como número da página atual e total, total de palavras selecionadas e no documento inteiro.
07. Modos de Exibição: apenas três dos modos de exibição que o Word oferece estão dispostos nesse espaço para acesso rápido.
08. Zoom: o zoom também pode ser alterado utilizando-se a combinação da roda do mouse (scroll), enquanto se mantém pressionada a tecla CTRL.

Barra de Ferramentas de Acesso Rápido

A Figura 8 destaca a Barra de Ferramentas de acesso Rápido, na qual se encontram por padrão os botões Salvar, Desfazer e Repetir/Refazer.

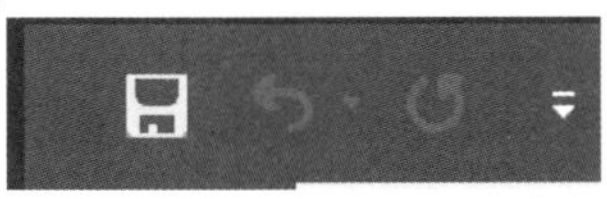

Figura 7: Barra de Ferramentas de Acesso Rápido.

O Botão Desfazer 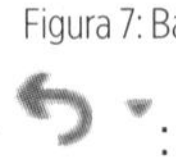: permite voltar uma ou mais ações realizadas no programa, cuja tecla de atalho é a famosa combinação CTRL + Z. Note que há uma seta à sua direita, é possível desfazer um conjunto de ações de uma única vez.

O botão Repetir : esta opção repete a última ação realizada, como aplicar negrito a um texto, ou mudar a cor de uma fonte. A combinação de teclas de atalho para esta opção é CTRL + R no Word 2013.

O Botão Refazer : este botão só é exibido quando o Desfazer é acionado, permitindo retroceder uma ação desfeita. As teclas de atalho são as mesmas do botão Repetir, até porque aparece no lugar dele.

5.3 Menu Arquivo

O menu Arquivo do Office 2016 utiliza a interface BackStage, que ocupa toda a tela do programa e oferece vários recursos integrados.

Por padrão, ao abrir o menu Arquivo, ele apresenta selecionada a opção Informações, a qual oferece dois conjuntos de opções: ferramentas de geração de documento e as propriedades do documento em edição.

Opção Informações

A Figura 9 apresenta a opção Informações do menu Arquivo do Office 2016 e suas opções.

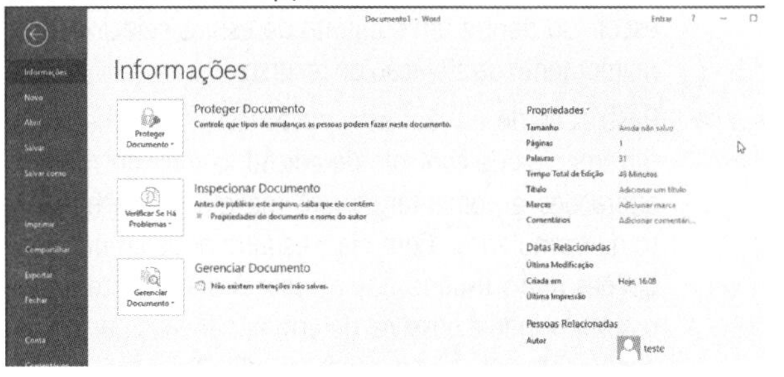

Figura 8: o menu Arquivo.

Na janela de informações, temos acesso a um dos conjuntos de opções mais importantes (em termos de concurso) do menu Arquivo. Também se deve observar o painel de propriedades à direta da janela.

Opção Proteger Documento

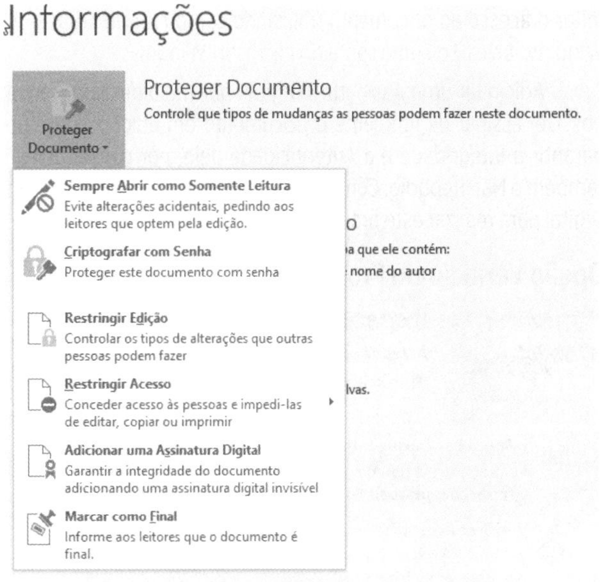

Figura 9: Opção Proteger Documento, a partir do menu Arquivo.

Marcar Como Final: a opção serve para salvar o arquivo como Somente leitura, assim ajuda a evitar que sejam feitas alterações no arquivo, ou seja, desabilita ou desativa a inserção de texto, a edição e as marcas de controle. Além disso, define o "Status" do documento como Final. Contudo, o comando Marcar como Final não é um recurso de segurança, pois basta que o usuário remova o Status Marcar como Final para que possa editar novamente o arquivo.

O Recurso Marcar como Final só tem efeito se o documento for aberto pela mesma versão do Ms Office; se for aberto por versões anteriores, como no 2003, irá abrir normalmente, permitindo ao usuário alterar o arquivo.

Criptografar com Senha: por meio desta opção, é possível definir uma senha para que o documento possa ser acessado. Contudo, vale ressaltar que a criptografia realizada pela opção Criptografar com Senha não tem relação com Certificação Digital.

Restringir Edição: por intermédio da opção Restringir Edição, é possível escolher dentre três opções de ação:

> Restrições de Formatação: pela qual é possível limitar as opções de formatação, permitindo apenas que seja escolhido dentre um conjunto de estilos selecionados no momento da ativação do recurso.

> Restrições de edição: esta opção está relacionada às ferramentas de controle de edição, como controle de alterações e comentários, até mesmo preenchimento de formulários. Com ela o usuário pode limitar que opções outro usuário que acessar o documento pode realizar. Ainda é possível determinar apenas partes do documento para que possam ser editadas, protegendo assim o resto das alterações.

> Aplicar proteção: depois de configuradas as opções de um ou ambos os itens acima, a opção Sim, Aplicar Proteção fica habilitada. Com isso, será aberta uma janela para determinar uma senha ou para que seja utilizado um ID (e-mail) de usuários.

Restringir Permissão por Pessoas: esta opção permite limitar o acesso ao documento utilizando como critério contas do Windows Live ID ou uma conta do Microsoft Windows.

Adicionar uma Assinatura Digital: por meio desta opção, é possível assinar digitalmente o documento em edição, a fim de garantir a Integridade e a Autenticidade dele, por consequência também o Não Repúdio. Contudo, é necessário possuir Certificado Digital para realizar este procedimento.

Opção Verificando Problemas

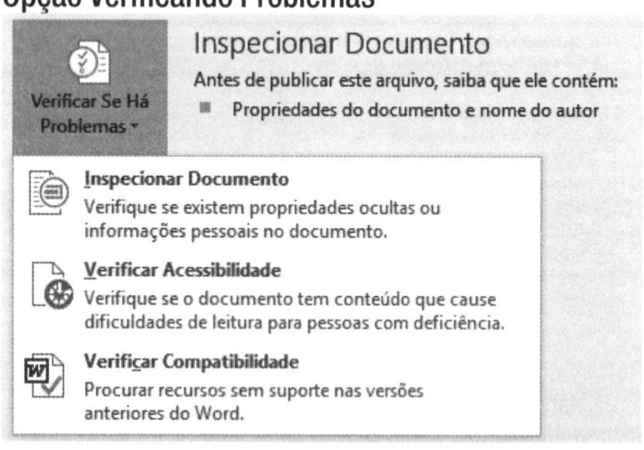

Figura 10: Opção Verificando Se Há Problemas.

Inspecionar Documento: esta opção também pode ser citada como Inspetor do documento, que possibilita diversas opções, com a finalidade de buscar no documento por dados pessoais, informações ocultas, marcas, comentários, estruturas de controle, dentre outras, para que possam ser facilmente removidas, com o auxílio desta opção.

Verificar Acessibilidade: permite verificar se a estrutura do elemento possui recursos ou formatações que dificultem a leitura por pessoas com deficiência, por exemplo, documentos que serão lidos por leitores de telas, utilizados por pessoas com baixa visão ou ausência dela.

Verificar Compatibilidade: esta opção permite verificar se o documento possui estruturas que não existem nas versões anteriores do Word. Assim, quando o documento for salvo em .DOC, não apresentará problemas de compatibilidade.

Opção Novo

Já a opção Novo abre no próprio menu Arquivo as opções de criação de um novo documento, conforme Figura 12.

Note que, além de criar um simples documento em branco, podemos criar um arquivo com base em um modelo da Internet.

Figura 11: Opção Novo, menu Arquivo.

Opção Imprimir

O Word 2016 apresenta diretamente no menu Arquivo →Imprimir as propriedades da Impressão, que também podem ser acessadas por meio da combinação de teclas CTRL+P. Com isso, uma etapa é reduzida no procedimento para impressão, o que torna a ação mais simples e direta. Nesta mesma opção, é ilustrada a pré-visualização do documento a ser impresso.

Vale observar que desde o Word 2013 a opção Configurar Página também é encontrada no menu Arquivo, exatamente na opção imprimir. A Figura 13 representa estas observações.

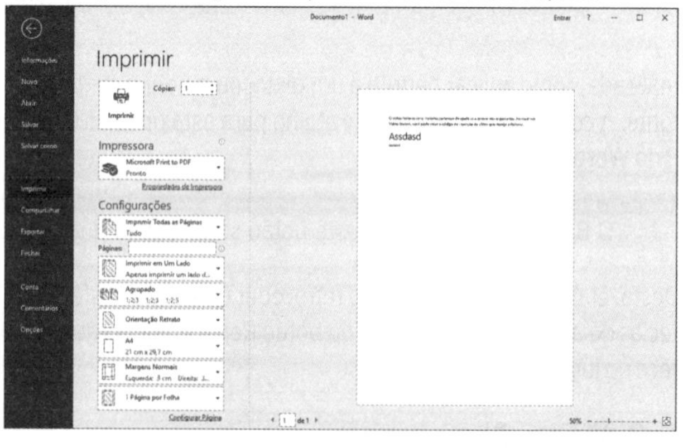

Figura 12: Opção Imprimir.

Outro fato importante é a pré-visualização, que também é ilustrada junto à opção imprimir.

Opção Salvar e Enviar

Figura 13: Opção Salvar Como.

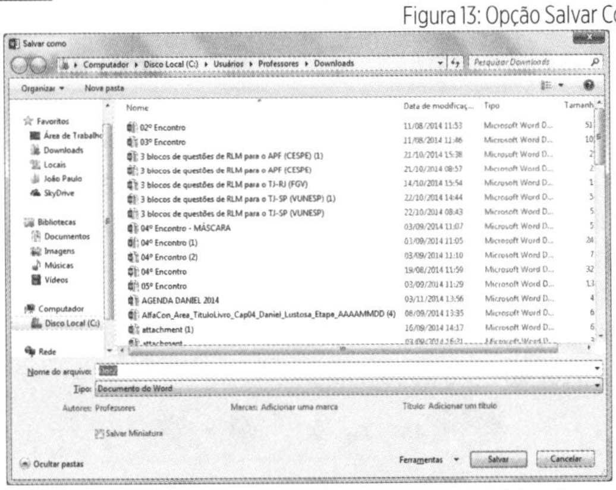

Figura 14: Janela para Salvar Documento.

Devemos dar ênfase no que diz respeito à integração com o Microsoft OneDrive. Uma vez logado na contra do MS Office, consequentemente o usuário estará logado com sua conta do OneDrive, assim possibilitando salvar o arquivo diretamente em sua conta na Nuvem.

5.4 Aba Página Inicial

Na Aba Página Inicial do Word 2013, encontramos as opções divididas nos blocos: Área de Transferência; Fonte; Parágrafo; Estilo; Edição, conforme ilustra a figura a seguir.

A Área de Transferência é uma área temporária, onde são colocadas as estruturas (textos, imagens, etc.) que são copiadas de algum lugar, seja um documento, página da Internet, ou mesmo do Sistema Operacional, para que possam ser coladas.

A Área de Transferência do Word possui 24 posições, conforme figura a seguir, de forma que armazena não apenas a última informação copiada, mas sim as 24 últimas. Com isso, é possível colar trechos copiados ou recortados em momentos anteriores. Vale lembrar que a área de transferência fica em memória RAM, portanto quando o computador é desligado, ela é esvaziada.

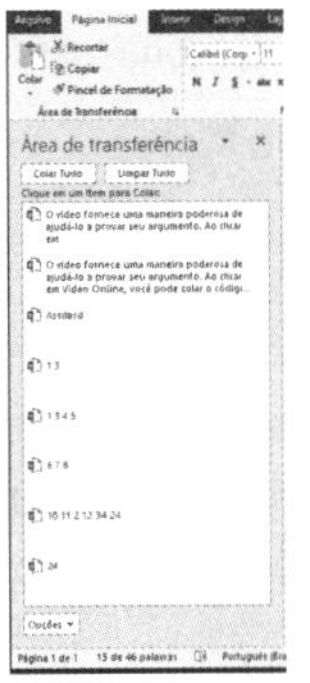

Opção Colar

No bloco Transferência, encontra-se a opção Colar. Deve-se atentar ao detalhe do botão que, quando sobreposto pelo mouse, apresenta uma divisão, como ilustrado na sequência, ou seja, executa duas ações diferentes: ao clicar na parte superior, é colado o dado que foi colocado por último na área de transferência de forma equivalente a utilizar as teclas de atalho CTRL + V; já ao clicar na parte inferior, o Word exibe uma lista de opções de colagem, bem como dá acesso à opção Colar Especial.

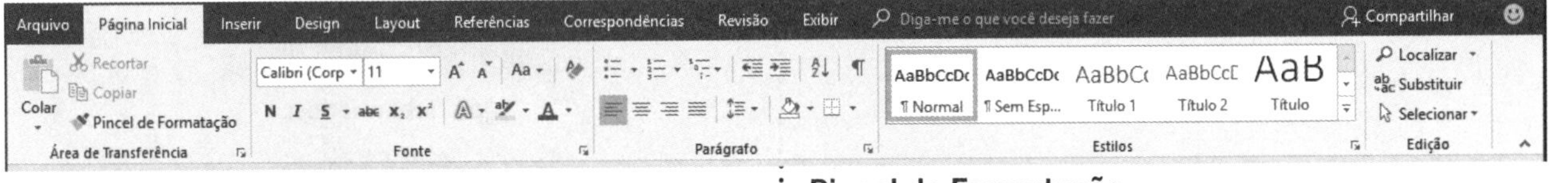

Bloco Área de Transferência

Pincel de Formatação

O Pincel de Formatação, ilustrado a seguir, permite realizar a cópia de formatação de um trecho de texto previamente selecionado e aplicar em outro trecho de texto a ser selecionado a posteriori, clique no botão Pincel.

Bloco Fonte

Neste bloco, são encontradas as ferramentas mais usadas durante a edição de um documento, as opções relacionadas à formatação de Fonte. A figura a seguir ilustra as opções existentes neste bloco, que analisaremos na sequência.

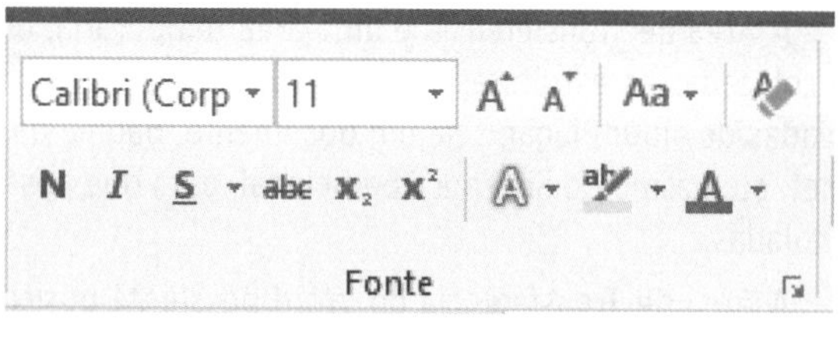

Tipo/Nome da Fonte

Esta opção permite alterar a grafia da fonte, ou seja, o seu traço. Ao alterar o tipo da fonte, ela pode sofrer alteração no seu tamanho, no entanto mantendo o mesmo valor numérico de tamanho de fonte. A figura a seguir destaca o campo; por padrão, no estilo normal do Word 2013, a fonte predefinida é a Calibri.

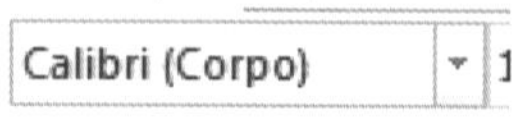

Tamanho da Fonte

A opção de tamanho de fonte oferece um campo, ilustrado na sequência, para definir o tamanho das letras de um texto selecionado. É possível também selecionar o tamanho pela alça.

Aumentar e Diminuir Fonte

Também é possível controlar o tamanho das fontes pelos botões Aumentar Fonte, à esquerda da figura a seguir, e Diminuir Fonte, à direita da figura a seguir, que alteram o tamanho da fonte de um texto previamente selecionado, de acordo com os valores da lista disponibilizada na alça Tamanho da Fonte. Também se podem acionar estas opções por meio das teclas de atalho CTRL + SHIFT + > para aumentar o tamanho da fonte como CTRL + SHIFT + < para diminuir o tamanho da fonte.

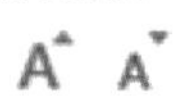

Maiúsculas e Minúsculas

A opção, ilustrada acima, permite alterar o trecho selecionado entre letras maiúsculas e minúsculas, de acordo com as opções ilustradas a seguir.

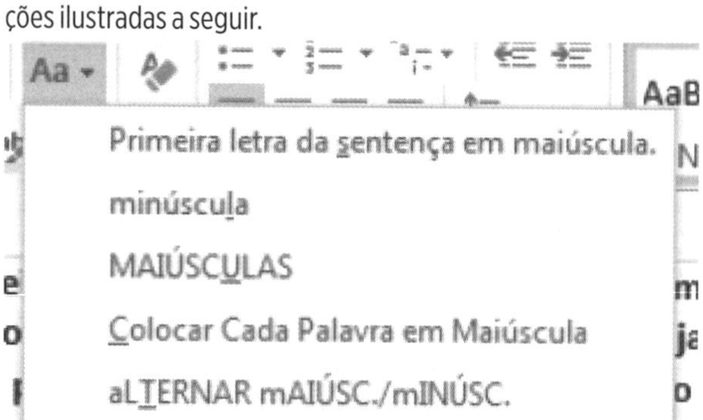

Limpar Formatação

A opção acima é útil quando se deseja limpar a formatação de um texto de forma rápida e prática, como um texto extraído da Internet, que possui fontes grandes, fundo e letras coloridas. Basta que o usuário selecione o trecho no qual deseja limpar a formatação e, em seguida, clique no botão.

Estilos de Fonte

Cuidado para não confundir o efeito de texto com o estilo de fonte, ou ainda com os estilos de formatação. As opções de efeito de fonte são a opção de **Negrito,** *Itálico* e Sublinhado, conforme ilustrado na figura a seguir. As teclas de atalho para estas funções são, respectivamente, CTRL + N, CTRL + I, CTRL + S.

Observe que o sublinhado no Word 2013 apresenta uma seta para baixo, indicando mais opções de formatação do traço do sublinhado, permitindo escolher entre o traço simples (padrão) e outros como: duplo, espesso, pontilhado, tracejado, traço/ponto, traço/ponto/ponto, dentre outros. A figura a seguir ilustra o resultado de se acionar a alça do sublinhado. Também é possível se alterar a cor do traço do sublinhado.

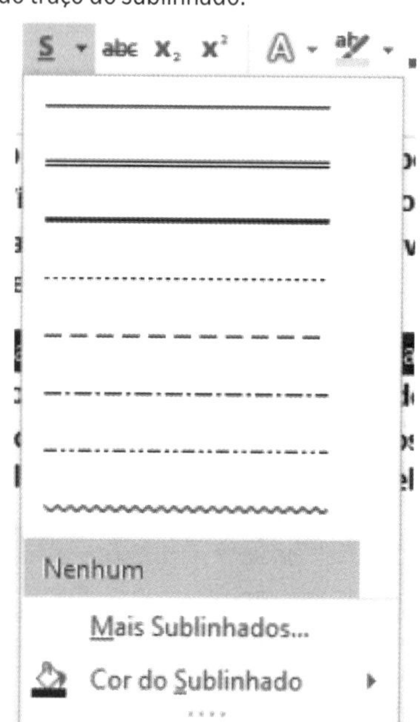

Tachado

A propriedade Tachado é comumente utilizada em textos de lei e resoluções, sobre itens que foram revogados e que, contudo, permanecem no corpo da lei. Para acionar esta opção, basta selecionar o texto desejado e clicar no botão Tachado, ilustrado a seguir.

O efeito proporcionado por esta opção é o de um traço à meia altura da linha, sobrepondo às palavras, como o ~~exemplo. Também é possível utilizar o tachado duplo por meio da janela Propriedades de Fonte, como exemplo.~~

Subscrito e Sobrescrito

Por vezes, desejamos escrever um texto com estruturas diferenciadas, ou mesmo indicar numerais de forma reduzida, como primeiros = 1ᵒˢ. Para colocar as letras "os" com fonte reduzida na parte superior da linha, basta clicar no botão Sobrescrito, que o cursor de texto será posicionado no topo, digitar o texto desejado, e clicar novamente no Sobrescrito. O botão Sobrescrito fica à direita do botão Subscrito, conforme figura a seguir, que permite escrever um texto com fonte reduzida na parte inferior da linha, como utilizado em algumas equações químicas, por exemplo: texto normal texto subscrito.

Efeitos de Texto

O Office 2007 inovou nos recursos de efeitos de texto. Essas propriedades e ferramentas foram mantidas e melhoradas no Office 2013; para o 2016 não houve mudanças na ferramenta. Os efeitos de texto permitem formatar os caracteres de texto de maneira mais chamativa visualmente, a fim empregar destaque a um texto, como exemplo.

Para utilizar este recurso, basta selecionar o texto desejado e clicar no botão Efeitos de Texto no bloco Fonte, indicado por um A com efeito de brilho azul ao redor, ilustrado no canto superior esquerdo da figura a seguir.

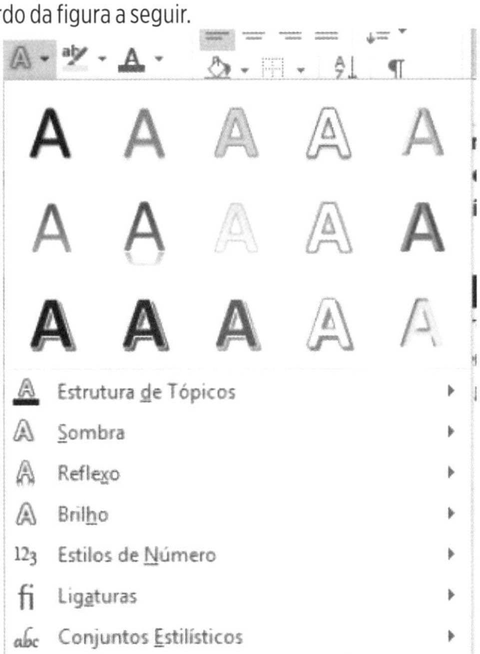

Este recurso ainda permite trabalhar as características de formatação de maneira separada, como a sombra, o reflexo e o brilho do caractere dado à cor escolhida.

Realce

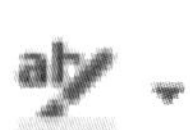

A ferramenta Realce é uma opção que aplica um resultado similar ao obtido por uma caneta marca-texto. Inclusive, o conjunto de cores disponibilizado é bem limitado; apenas algumas cores estão disponíveis, como ilustra a figura a seguir.

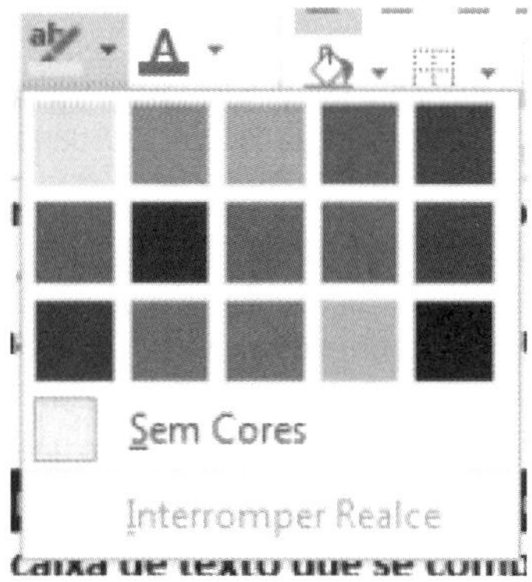

Cor da Fonte

Já quando falamos nas cores que podem ser aplicadas ao caractere (fonte), por exemplo, estas abrangem um conjunto maior, também citado nas provas como Paleta de Cores do MS Office.

O botão que corresponde a esta opção é a letra A com uma barra abaixo, que indica a última cor utilizada, como ilustrado no canto superior esquerdo da figura a seguir.

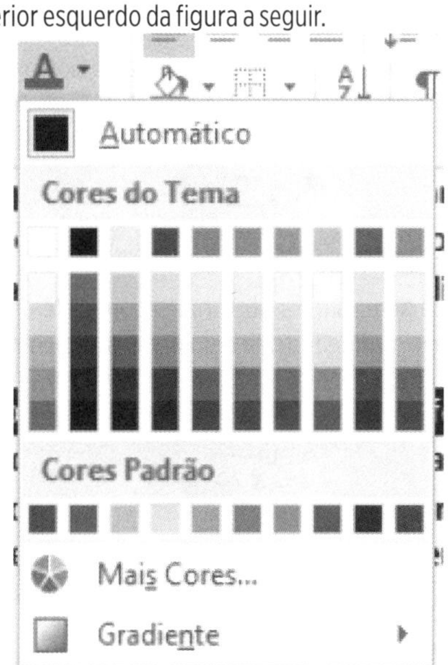

Observe que o botão Cor da Fonte apresenta uma ligeira divisão da seta à sua direita. Isso deve ser levado em conta na resolução das questões, pois se apenas o A for indicado como clicado, significa que será aplicada diretamente sobre o texto selecionado a última cor utilizada; enquanto que se for indicada a seta para baixo também, significa que foi clicado sobre ela, assim a alça exibe mais opções de cores e gradientes.

1.1. Bloco Parágrafo

Na aba Página Inicial encontram-se também as opções de formatação de parágrafo mais utilizadas, como ilustrado a seguir. Algumas opções menos frequentemente usadas estão no bloco Parágrafo da aba Layout de Página.

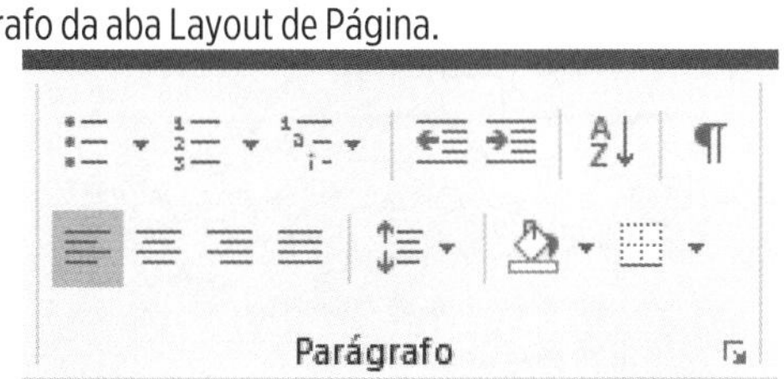

Marcadores

A opção Marcadores permite acrescentar símbolos, caracteres ou mesmo imagens, como uma foto do usuário, como itens de marcação de tópicos para cada parágrafo.

A figura a seguir ilustra o botão Marcadores, que como pode ser observado apresenta uma sutil divisão. Desse modo, se a figura apresentada nas questões de prova for igual à figura a seguir, significa que o clique foi dado na seta à direta do botão, o que remete a mais opções, como escolher o símbolo que se deseja utilizar. Mas caso seja apresentado sem a seta, o resultado é a inserção do último marcador utilizado.

Numeração

Cuidado com a diferença entre os marcadores e a numeração. A finalidade de ambos é similar, porém a Numeração segue uma sequência que pode ser numérica, utilizando-se números romanos maiúsculos ou minúsculos, letras maiúsculas ou minúsculas ou ainda números arábicos. A figura a seguir ilustra o botão Numeração que, de forma equivalente ao botão Marcadores, apresenta seta à direta apontando para baixo.

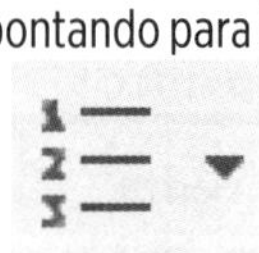

Lista de Vários Níveis

Permite gerenciar e atribuir marcadores diferentes para níveis diferentes, mas de forma a manter a relação entre eles como de título, subtítulo e tópico. A figura a seguir ilustra o botão Lista de Vários Níveis.

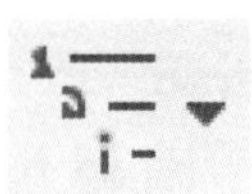

Quando clicado na seta à direita, um menu Dropdown é aberto, como ilustrado a seguir.

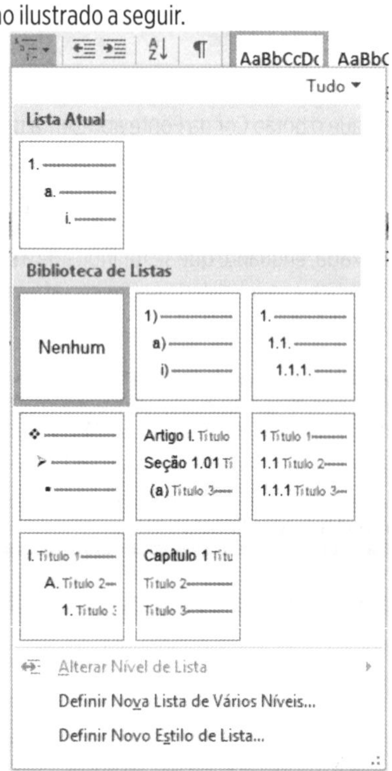

Além dos formatos de listas sugeridos pelo Word, é possível que o usuário crie a sua própria configuração de lista. Esta configuração pode ser criada para ser utilizada apenas no documento em edição, como também pode ser atribuída ao programa de forma que fique disponível para a criação e edição de outros documentos.

Diminuir e Aumentar Recuo

As opções de Diminuir e Aumentar o Recuo estão relacionadas ao recuo esquerdo do parágrafo selecionado. Ao aumentar o recuo, com o botão da direita na figura a seguir, é aumentado inclusive o recuo da primeira linha na mesma proporção. O espaço acrescido é o mesmo de uma tabulação, ou seja, o mesmo de quando pressionada a tecla TAB (1,25 cm por padrão).

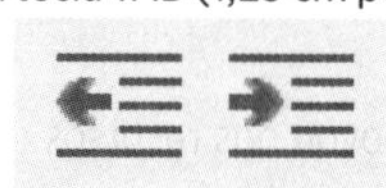

Classificar

Esta opção pode parecer estanha ao pensá-la no grupo de opções do bloco Parágrafo. Contudo, com isso, demonstra-se que é possível ordenar os textos de parágrafos, e não apenas dados em tabelas.

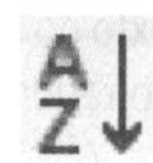

Uma vez clicado no botão classificar ilustrado acima, é aberta uma janela ilustrada a seguir, pela qual é possível parametrizar as regras de classificação, que pode ser por colunas em caso de tabelas. Os tipos de dados que podem ser selecionados, de maneira que o programa possa classificá-los em ordem crescente ou decrescente, são: Texto, Número e Data.

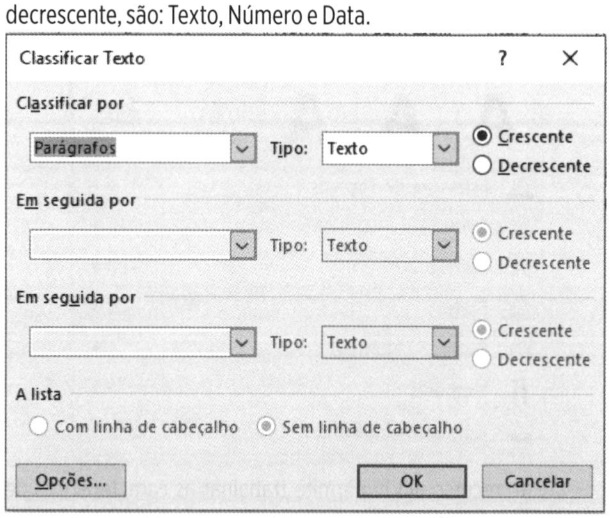

Mostrar Tudo

A opção Mostrar Tudo, ilustrada a seguir, é responsável por exibir os caracteres não imprimíveis, que auxiliam na edição de um documento ao exibir marcas de edição, espaços e marcações de parágrafos. Esta opção é muito importante para que se possa definir onde inicia e onde termina um parágrafo no texto.

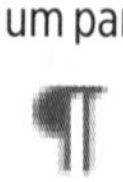

O trecho a seguir ilustra o que é apresentado quando tal opção é selecionada.

Exemplo·de·texto·para·a·vídeo·aula·do·professor·João·Paulo·de·Informática·com·o·botão·Mostrar·Tudo·habilitado.¶

Segundo·parágrafo...¶

———Quebra de página———¶

Muitas pessoas entram em pânico quando, sem querer, ativam esta opção e cometem o equívoco de utilizar o Desfazer com a esperança de remover tais símbolos e acabam perdendo informações ou formatações executadas. No entanto, para remover tais marcas, basta desabilitar a opção, clicando-se novamente no botão. Alinhamentos de Parágrafo

Muito cuidado com as opções de alinhamento, pois existe também o alinhamento de Tabulação, que oferece opções diferentes das do alinhamento de parágrafo, porém com fins similares.

A figura anterior ilustra os quatro únicos alinhamentos de parágrafo: Esquerdo, Centralizado, Direito e Justificado. Também é possível acionar tais opções por meio das respectivas teclas de atalho: CTRL+Q, CTRL+E, CTRL+G, CTRL+J.

Espaçamento Entre Linhas

A opção Espaçamento entre Linhas, disponível no bloco Parágrafo, apresenta alguns valores que não são ilustrados diretamente na janela Propriedades de Parágrafo, como 1,15. Contudo é possível chegar a ela de maneira manual, como selecionar a opção Múltiplos e, em seguida, digitar o valor 1,15.

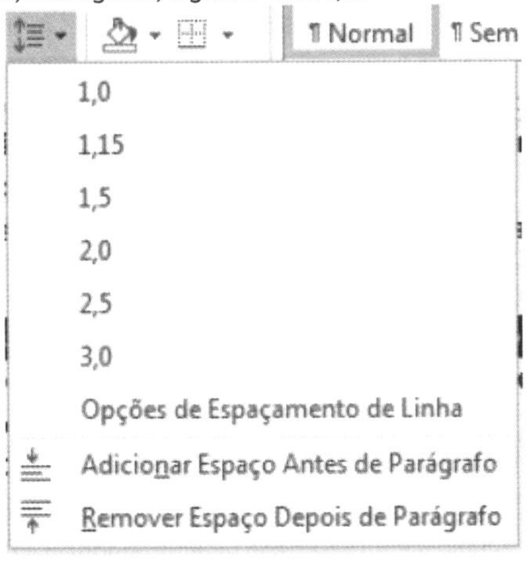

A figura anterior ilustra o botão Espaçamento entre Linhas aberto. Ele é apresentado no canto superior esquerdo da figura. Convém perceber que, por meio dele, é possível também alterar o espaçamento antes e depois do parágrafo.

Sombreamento

A opção Sombreamento permite atribuir uma cor ao plano de fundo de um parágrafo, como no exemplo:

Exemplo: mesmo o parágrafo sendo menor que a linha, toda ela - espaço de margem a margem - é preenchida com a cor selecionada.

A figura a seguir ilustra o botão Sombreamento - balde de yinta - selecionado pela alça, assim ilustrando a paleta de cores do Word para que seja determinada a cor desejada.

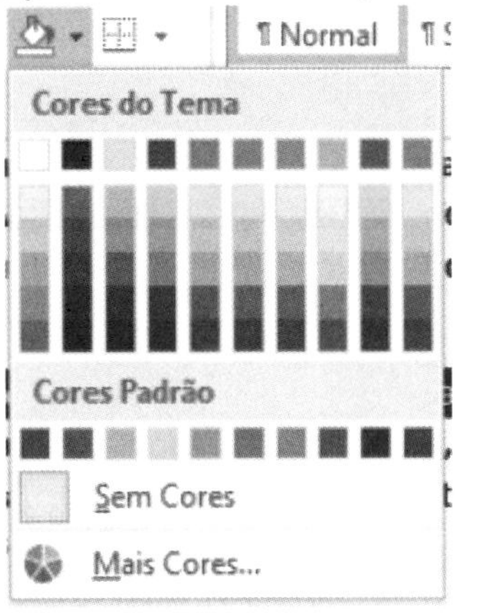

Bordas

Também é possível se atribuir uma borda a um parágrafo, como também à página do documento. A opção Bordas, apresentada a seguir, pode ser utilizada tanto para aplicar uma borda a um parágrafo como a uma tabela, caso esteja selecionada.

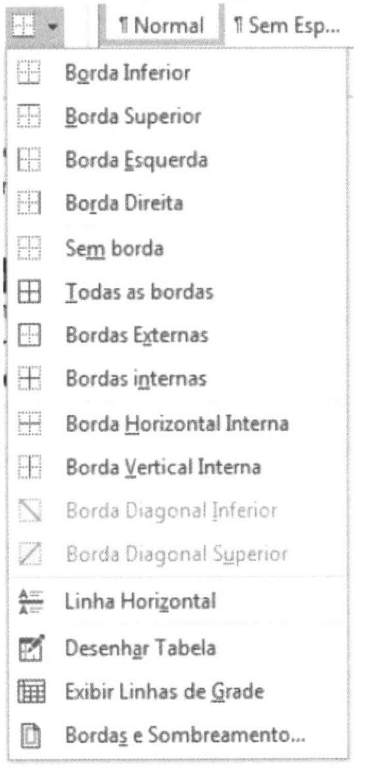

Bloco Estilos

Os estilos de formatação são uma importante ferramenta que auxiliam e otimizam o processo de edição de documentos que devam obedecer a padrões de formatação, além de serem necessários para a inserção de sumário automático.

O Office 2007 inovou muitos estilos, como também melhorou alguns, estes foram mantidos no Office 2013. O estilo padrão apresentado é o estilo Normal, que define, por exemplo, a fonte como Calibri, tamanho 11, espaçamento entre linhas múltiplo de 1,15 e espaço após o parágrafo de 10pt.

A figura a seguir ilustra o bloco Estilo com vários dos estilos de formatação. Para sumário, devem-se utilizar os estilos de título.

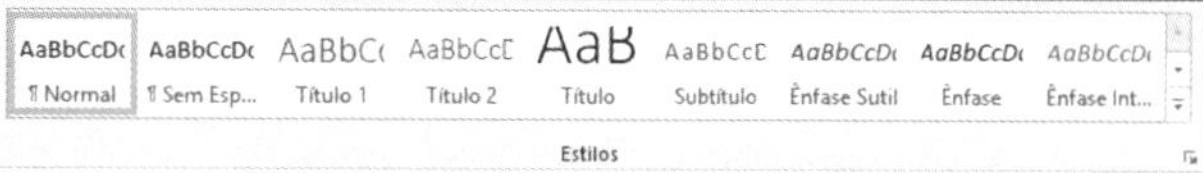

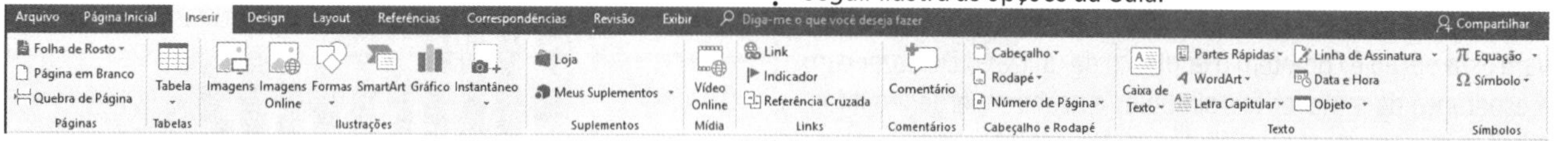

Aba Inserir

Bloco Edição

O bloco Edição é o bloco no qual foram disponibilizadas as opções que estavam no menu Editar do Office 2003, e ficaram perdidas, pode-se assim dizer. A figura a seguir ilustra o bloco com suas opções.

Localizar

A opção Localizar oferece três opções quando se clica na seta: Localizar, Localização Avançada... e Ir Para....

Clicar direto no botão Localizar é o mesmo que clicar na opção que ele oferece como Localizar. O Word abre um painel à esquerda da janela do programa, ilustrada na sequência. O mesmo painel pode ser acionado por opção encontrada na aba Exibir.

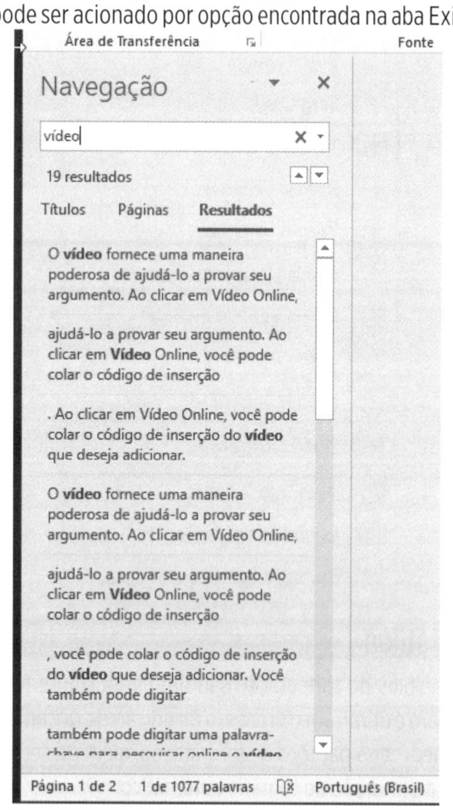

Por meio deste painel, é possível realizar uma busca rápida de forma incremental, ou seja, à medida que o usuário insere o texto no campo de busca, o Word vai filtrando no texto as ocorrências.

As opções Localização Avançada..., Ir Para... e Substituir, ao serem acionadas, abrem a mesma janela, porém com as respectivas abas selecionadas. Vale lembrar que a combinação de teclas de atalho CTRL + U no Word abre a opção Substituir.

5.5 Aba Inserir

A aba Inserir é alvo de várias questões capciosas, então é preciso ter muita atenção com relação às suas opções. A figura a seguir ilustra as opções da Guia.

Bloco Páginas

No Bloco Páginas, ilustrado a seguir, é onde se encontra uma das Quebras possíveis de se inserir em um documento, e justamente a que pode ser alvo de questões que visem confundir o candidato, pois na Aba Inserir é encontrada apenas a opção Quebra de Página; as demais ficam na aba Layout de Página.

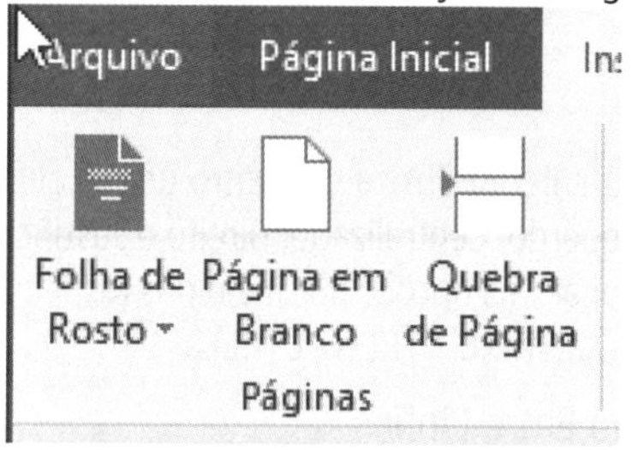

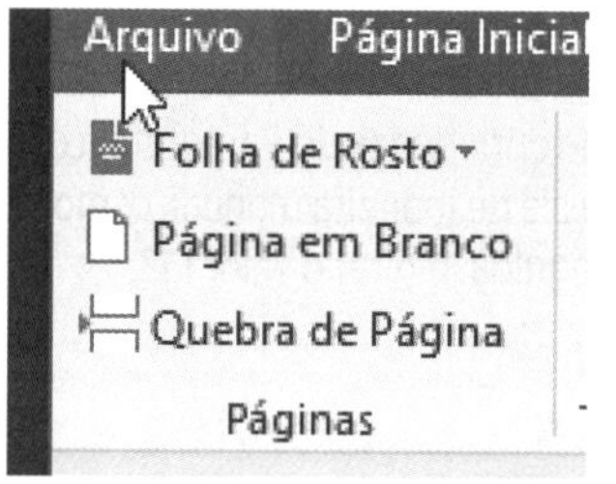

Figura 15: Bloco Páginas, Aba Inserir (à direita com forma reduzida).

A opção Folha de Rosto é uma opção para inserir uma página no documento em edição com mais recursos gráficos com o intuito de dar uma ênfase ao documento.

A opção Página em Branco permite inserir uma página em branco no documento a partir da posição do cursor de texto.

Bloco Tabelas

No bloco Tabelas é disponibilizada apenas a opção Tabela, ilustrada a seguir, por meio da qual podemos tanto inserir uma Tabela no documento em edição como uma Planilha.

Opção Tabela

Ao clicar na opção Tabela, é aberto o menu Dropdown, ilustrado a seguir, no qual se pode observar a opção Planilha, que permite inserir uma planilha no documento. Mas, cuidado: a estrutura de planilhas é diferente de uma tabela.

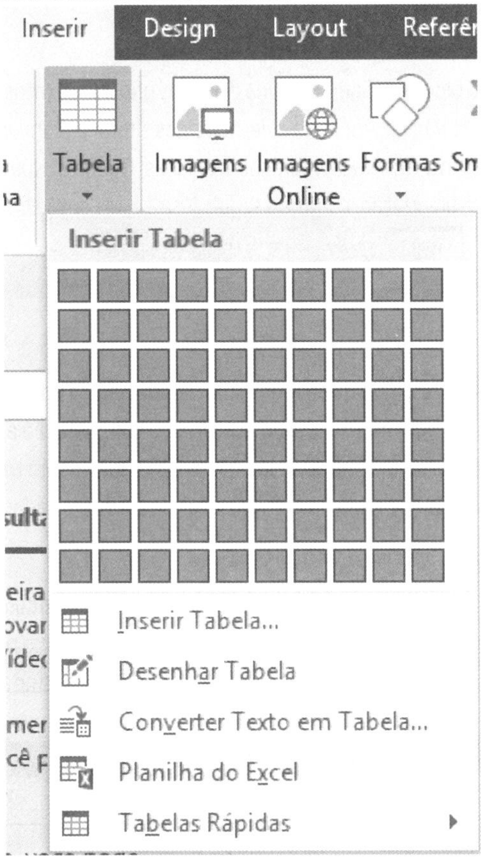

Bloco Ilustrações

A figura abaixo ilustra o bloco Ilustrações. Esta figura, como as demais deste material, foi obtida por meio da ferramenta Instantâneo.

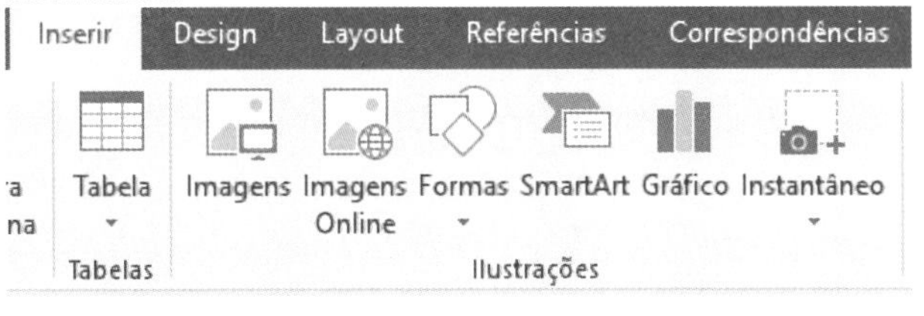

Outra funcionalidade apresentada no MS Office 2013 e mantida no 2016 é a possibilidade de incorporar recursos de aplicativos disponíveis na Windows Store, como também a opção Vídeo Online.

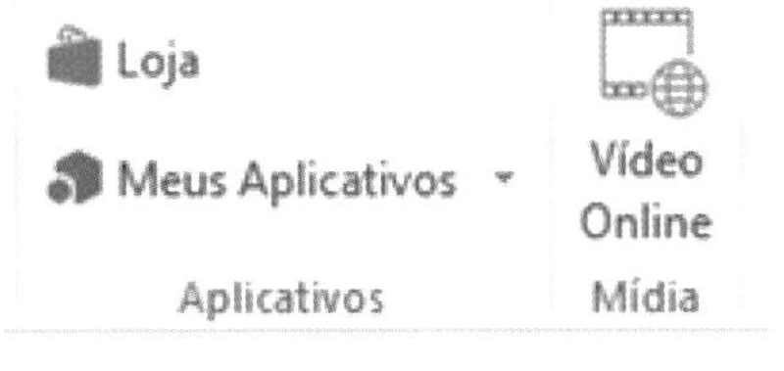

Mas devemos tomar cuidado com a opção Comentário, que, além de existir na aba Revisão, também é apresentada na aba Inserir.

Bloco Links

No bloco Links, são disponibilizadas três opções: Hiperlink, Indicador e Referência Cruzada. A opção Hiperlink tem como tecla de atalho a combinação CTRL+K.

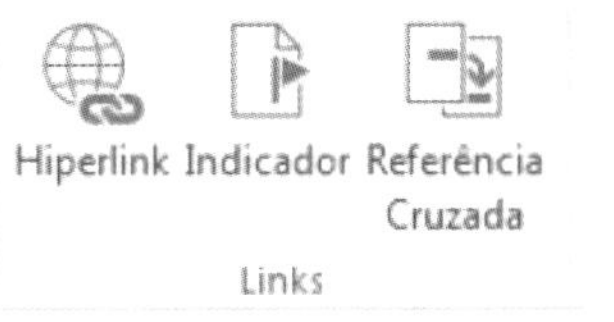

Hiperlink

A respeito da opção Hiperlink, é importante ressaltar que é possível linkar um site da Internet como arquivos da Internet, bem como arquivos do computador do usuário.

Indicador

A opção Indicador serve para criar um link para um ponto do documento em edição. Assim, é possível criar um link por meio da opção Hiperlink para este ponto.

Referência Cruzada

Esta opção permite criar referências para citações, como figuras, tabelas, quadros, entre outros.

Bloco Cabeçalho e Rodapé

A estrutura de cabeçalho e rodapé é utilizada principalmente quando se deseja inserir uma informação em várias páginas de um documento, como numeração de páginas ou uma figura. Mas, cuidado: em um mesmo documento é possível utilizar cabeçalhos e rodapés diferentes, pois essas estruturas são as mesmas para todas as páginas da mesma seção.

Bloco Texto

No bloco Texto devemos destacar a opção WordArt e Linha de Assinatura.

A opção WordArt 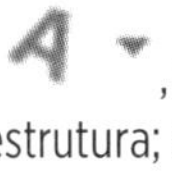, desde o Office 2010, mudou sua forma de formatação e estrutura; ela gera agora resultado similar ao obtido pela opção Efeitos de Texto da Aba Página Inicial.

Já a opção Linha de Assinatura  permite inserir uma assinatura digital no documento em edição. Contudo, para isso, é necessário possuir um Certificado Digital. Esta opção também pode ser utilizada para inserir as linhas normalmente usadas para posterior assinatura manual.

Observe a diferença sutil entre o botão Caixa de Texto 

e o botão Letra Capitular .

Bloco Símbolos

O bloco Símbolos oferece as opções Equação e Símbolo, conforme figura a seguir. A opção Equação auxilia a escrever, em um documento de texto, funções complexas. Entretanto, ela não resolve as equações, apenas desenha; por exemplo, inserir um somatório

Já a opção Símbolo permite que sejam inseridos símbolos, como caracteres especiais, em meio ao texto.

5.6 Aba Design

A Aba Design surge no Word 2013 como uma forma de liberar espaço para as opções que, no 2010, estavam na guia Layout da Página.

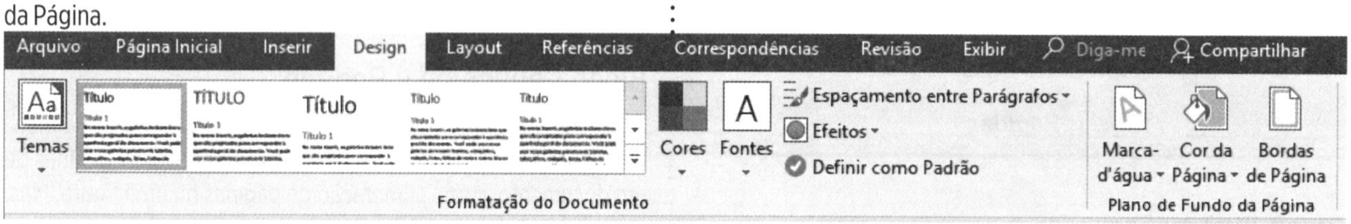

Além de possibilitar a escolha do tema de cores e estilo de formatação que será utilizado no documento, o bloco Plano de Fundo da Página merece ser destacado dentre as opções da guia, pois são comuns as questões capciosas a respeito de suas opções.

Quanto a este tema, a opção que mais tem gerado confusão em provas é a Marca d'Água, pois para "inserir" uma marca d'água, a opção específica encontra-se na guia Design, diferentemente do que a ideia de ação produz.

5.7 Aba Layout

A aba Layout é muito importante durante a edição de um documento, pois concentra as ferramentas de formatação de páginas.

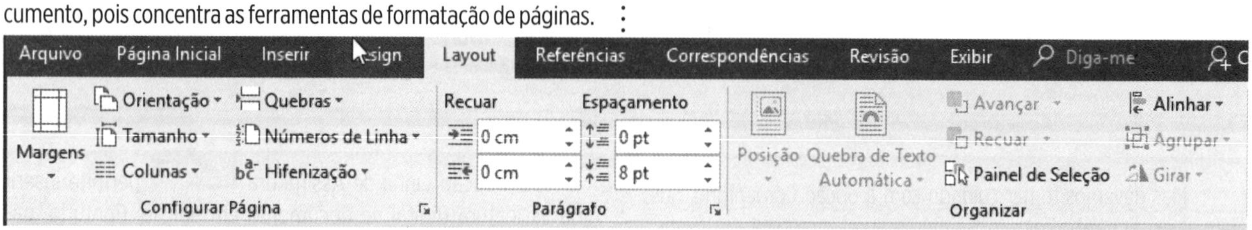

Na Aba Layout são disponibilizados os blocos: Configurar Página; Parágrafo e Organizar, conforme ilustrado na figura a seguir.

Muito cuidado com as provas que podem apresentar o termo Leiaute, o qual não está errado.

Bloco Configurar Página

O bloco Configurar Página é um dos principais blocos da Aba Layout de Página. Por meio dele, podemos alterar as configurações de: Margens; Orientação; Tamanho; Colunas; Quebras; Números de Linhas e Hifenização. A figura a seguir ilustra estas opções.

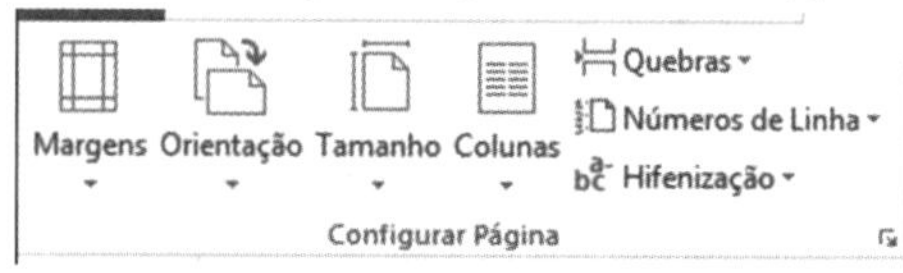

Vale ressaltar que as configurações de página podem ser diferentes em um mesmo documento, pois a configuração é aplicada à seção. Assim, é possível em um mesmo documento trabalhar com páginas na orientação retrato e paisagem intercaladas.

Quebras

As quebras permitem empurrar para a próxima estrutura os dados, como também criar divisões dentro de um documento para que se possam utilizar formatações de página distintas no mesmo arquivo.

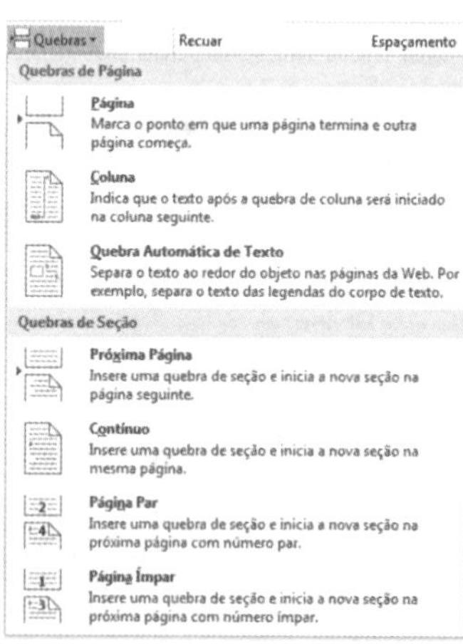

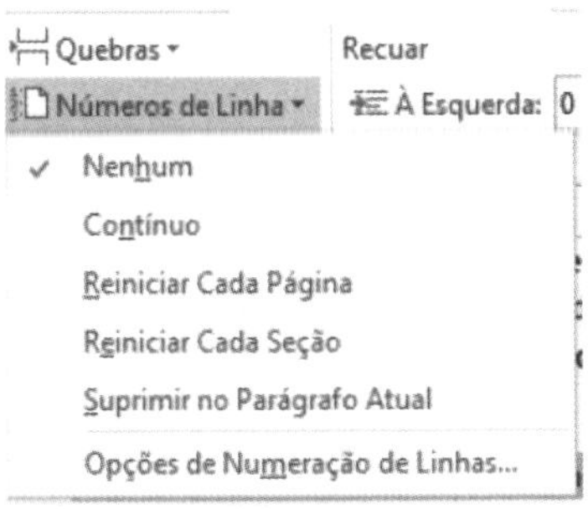

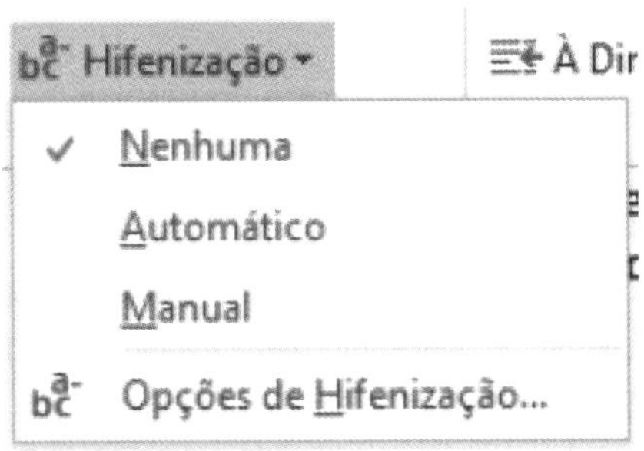

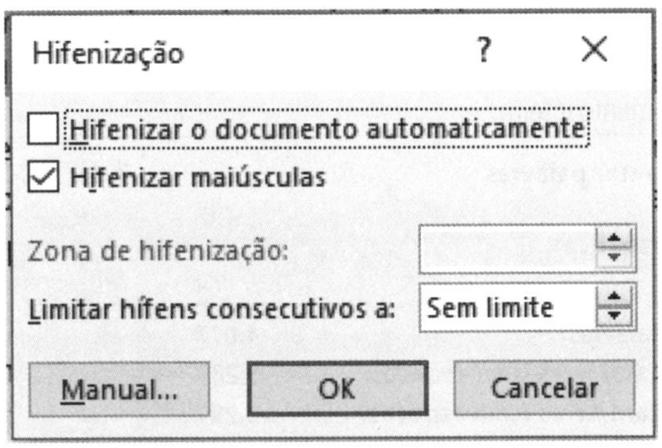

5.8 Aba Referências

A guia Referências dispõe os blocos: Sumário; Notas de Rodapé; Citações e Bibliografia; Legendas; Índice e Índice de Autoridades, conforme ilustrado a seguir.

Se novos títulos forem adicionados no documento após a inserção do sumário, o sumário deverá ser atualizado por inteiro; caso apenas sejam mudadas as páginas em que os títulos estavam, pode-se atualizar o sumário por meio da opção Atualizar Apenas Números de Páginas.

Bloco Notas de Rodapé

Por meio do bloco Notas de Rodapé, é possível inserir tanto notas de rodapé como notas de fim. A diferença é que as notas de rodapé são exibidas no rodapé das páginas em que são citadas, já as notas de fim podem ser configuradas para aparecerem no fim da seção ou no fim do documento.

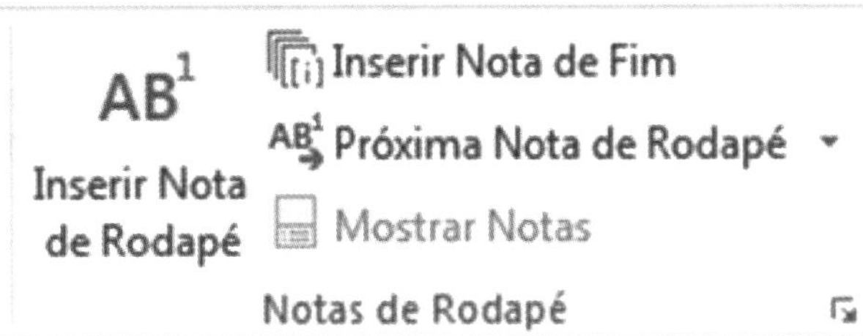

Bloco Citações e Bibliografia

O Word oferece opções de criar um cadastro de fontes bibliográficas para uso facilitado. Assim, quando desejar citar alguma referência, basta utilizar a opção Inserir Citação, disponível no Bloco Citações e Bibliografia, ilustrado a seguir.

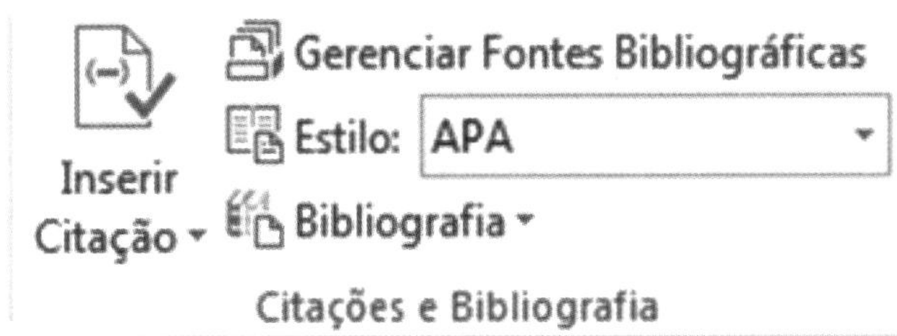

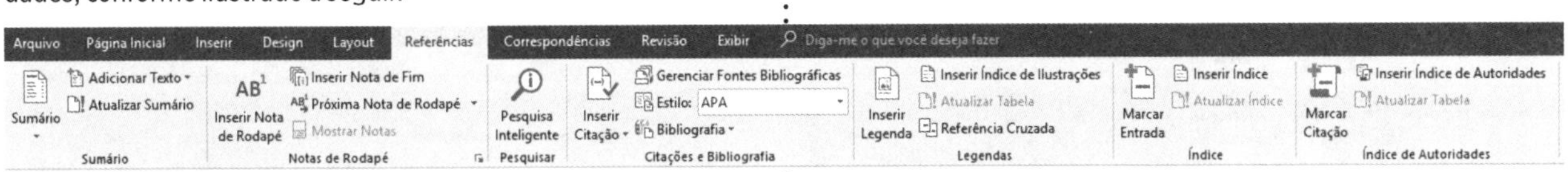

Bloco Sumário

Por meio do Bloco Sumário, pode-se ter acesso à opção Sumário para a inserção do Sumário Automático no documento em edição. Lembrando que o sumário depende da utilização dos estilos de formatação de título ao longo do documento para poder listar tais títulos e as referidas páginas em que aparecem.

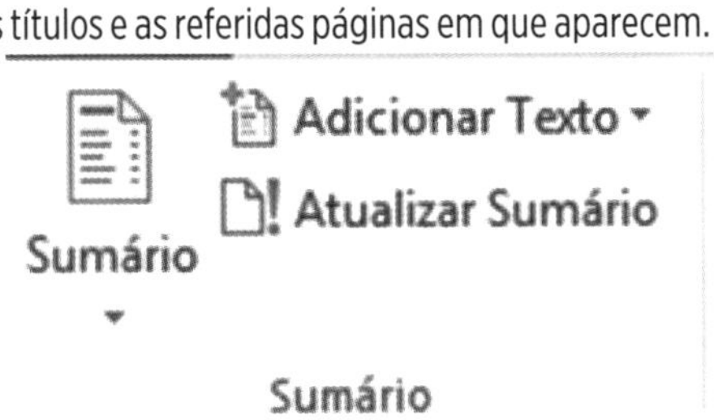

Bloco Legendas

O bloco Legenda permite inserir legendas acima ou abaixo das figuras, tabelas, quadros e outras estruturas inseridas no documento em edição, de maneira que, quando necessário, é possível inserir um índice automático que indique cada figura e a página em que é citada.

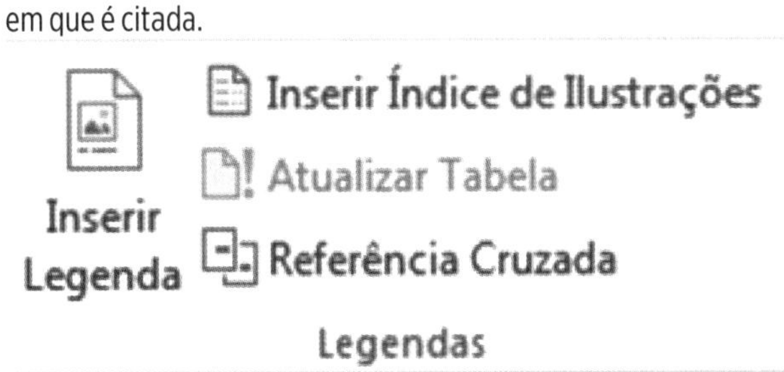

Bloco Índice

O Bloco Índice oferece a opção Marcar Entrada e Inserir Índice, que funciona de forma similar ao sumário, mas com a finalidade de criar um índice remissivo.

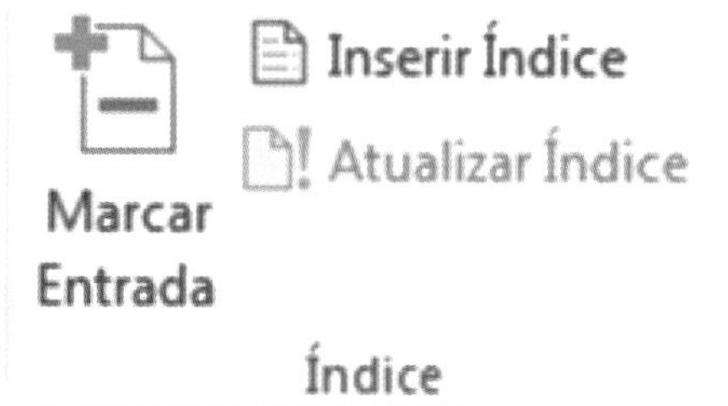

Bloco Índice de Autoridades

Os Índices de Autoridades são novidade no Word 2013. Por meio destas opções, podem-se criar listas de leis, artigos, resoluções, dentre outras estruturas da legislação que sejam citadas em meio ao documento.

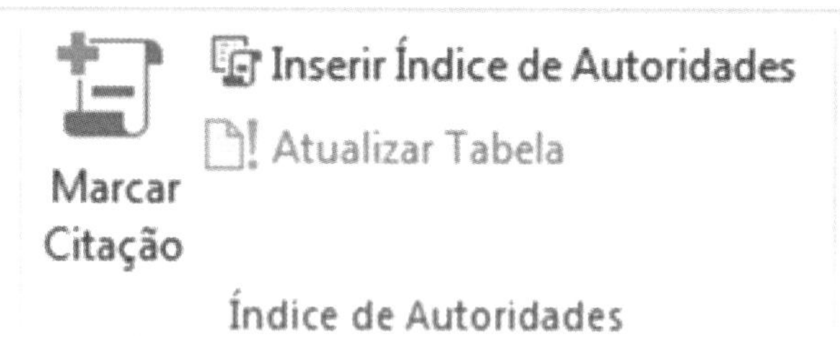

5.9 Aba Correspondências

A aba Correspondências é bastante utilizada por escritórios, pois é nela que encontramos as opções de trabalhar com Mala Direta para a geração de envelopes e etiquetas, de forma facilitada e dinâmica. Mas, atenção: é comum se questionar sobre como montar a lista de "contatos" para se trabalhar com a mala direta; para isso, é possível criar a lista utilizando o Excel ou o Access.

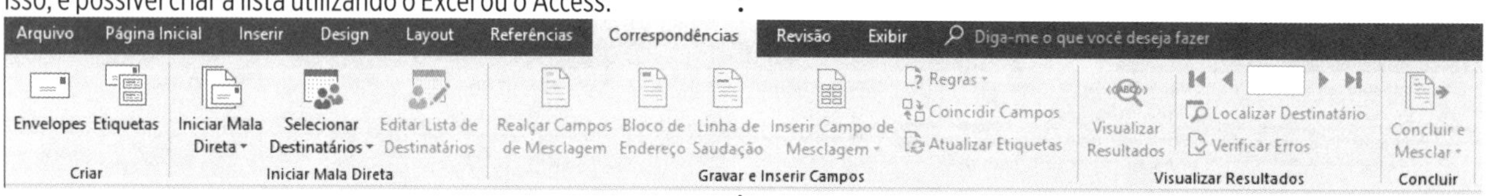

5.10 Aba Revisão

A aba Revisão oferece opções de correção e controle do conteúdo do documento, por meio dos blocos: Revisão de Texto; Idioma; Comentários; Controle; Alterações; Comparar e Proteger, conforme ilustrado a seguir.

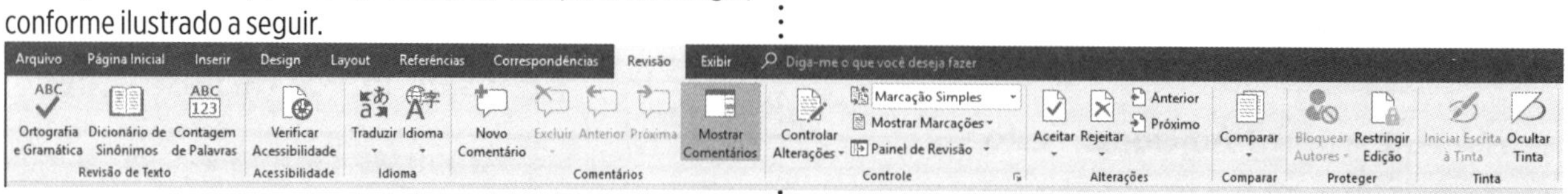

Bloco Revisão de Texto

Neste Bloco é que se encontra a ferramenta Ortografia e Gramática, que pode ser acionada por meio da tecla de atalho F7. Há também a ferramenta Pesquisar. Mas, cuidado: esta ferramenta serve para pesquisar na Internet, e não no documento em edição.

Outra opção interessante é o Dicionário de Sinônimos, que se torna muito útil quando é preciso encontrar uma palavra diferente para se referenciar a algo de forma a fugir de ter de repetir algum termo.

A ferramenta Contar Palavras, ao ser acionada, abre a janela ilustrada a seguir, na qual é informada a quantidade de palavras em várias situações. O que conta mais para a prova é saber que, se um trecho do texto foi selecionado previamente à seleção da opção, os dados apresentados serão apenas referentes à seleção; porém, se nada estiver selecionado, os dados serão referentes ao documento inteiro.

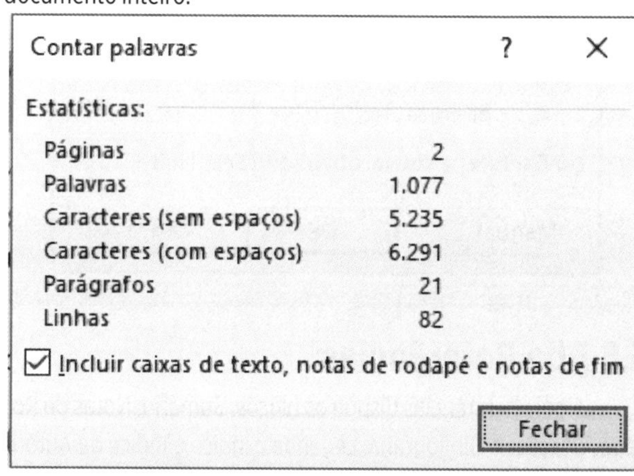

Bloco Idioma

Uma novidade também no Word 2013 é a opção Traduzir, disponível no bloco Idioma, que permite traduzir um texto selecionado utilizando a ferramenta de tradução online da Microsoft. Obviamente observa-se a necessidade de estar conectado à Internet.

Muitas vezes, precisamos digitar trecho ou textos inteiros em outro idioma e ficamos em dúvida se as palavras estão corretas, pois aparecem sublinhadas em vermelho indicando erro. Porém, o MS Word é mais inteligente, uma vez que busca detectar o idioma automaticamente, de forma a se autoajustar. Contudo, às vezes precisamos definir manualmente o idioma de algumas palavras, para isso podemos utilizar a opção Idioma do Bloco Idioma.

Bloco Comentários

É possível inserir comentários no documento em edição, principalmente com a finalidade de explicar alguma alteração realizada.

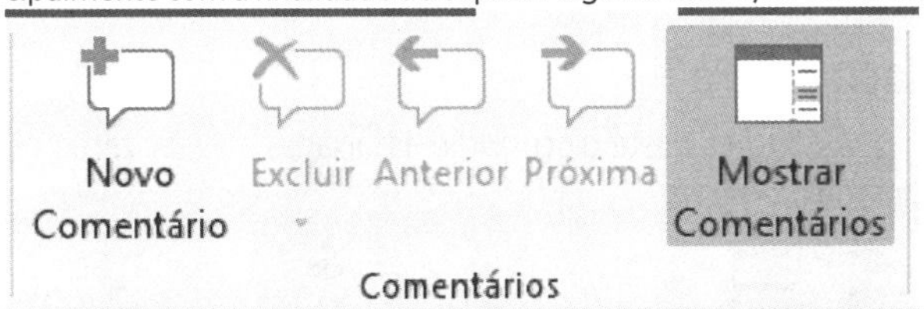

Cuidado: embora a aba Inserir apresente a opção Comentários, as demais ferramentas e opções relacionadas aos comentários e à correção de texto se encontram na aba Revisão.

Bloco Controle

O bloco Controle é uma excelente ferramenta para a correção de documentos, de forma que o escritor, ao terminar sua parte, ativa a opção Controlar Alterações e salva o documento, e envia-o para um corretor, que simplesmente apaga trechos do texto, insere novas estruturas, porém estas ações apenas são marcadas no documento, como ilustrado na sequência, de forma que o corretor, ao terminar, salva novamente o documento e o envia ao escritor para que aceite ou não as alterações realizadas.

~~Texto a ser excluído~~ Inserir este texto do documento, para o exemplo.¶

Bloco Alterações

Ao receber o documento com as sugestões de alteração, o escritor apenas tem o trabalho de aceitar ou rejeitar as sugestões realizadas.

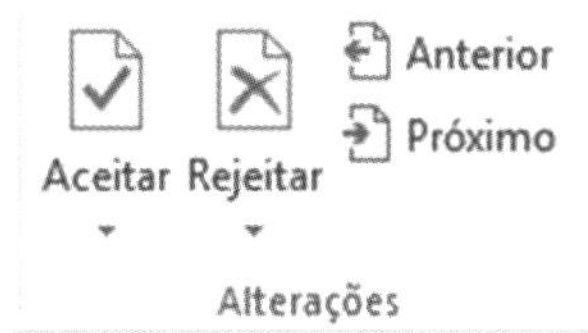

Bloco Comparar

O bloco Comparar oferece a opção Comparar pela qual é possível escolher dentre as opções: Comparar... ou Combinar...

A opção Comparar... permite comparar versões diferentes de um mesmo documento, a fim de destacar as diferenças. Já a opção Combinar... serve para combinar as diferentes sugestões de alteração que várias pessoas fizeram com base no mesmo documento.

Bloco Proteger

A opção Restringir Edição, disponível no Bloco Proteger, é a mesma apresentada no menu Arquivo.

5.11 Aba Exibir

Note que no Word 2013 o nome da aba era Exibição; na versão 2016 ficou mais sucinta. As opções encontradas nesta Guia estão relacionadas a itens que se remetem à forma de apresentação da janela, do zoom, entre outas visões. A figura a seguir ilustra a aba que é composta pelos blocos: Modos de Exibição de Documento; Mostrar; Zoom; Janela e Macros.

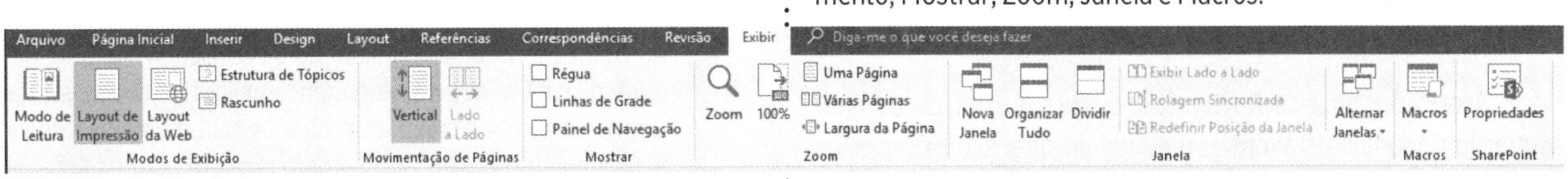

Bloco Modos de Exibição

Trata-se de um dos principais blocos da aba Exibição, em relação à cobrança nas provas, pois neste bloco são disponibilizados os cinco modos de exibição da janela do Word: Layout de Impressão; Leitura em Tela Inteira; Layout da Web; Estrutura de Tópicos e Rascunho, conforme ilustra a figura a seguir.

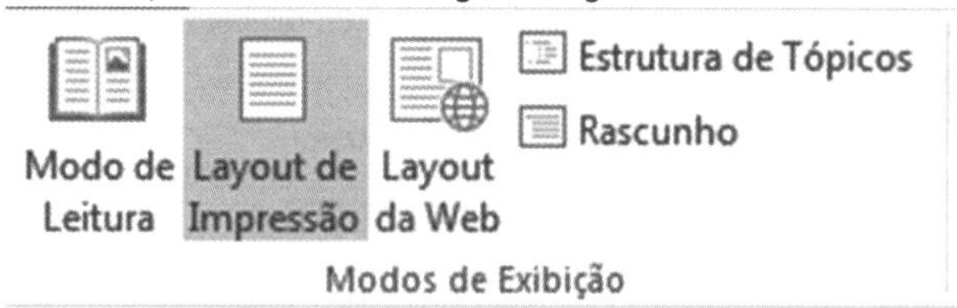

O modo Layout de impressão é o padrão. Quando ele esta ativado, é possível se visualizar os limites das páginas, e as réguas são exibidas tanto da horizontal como da vertical.

O modo Leitura em Tela Inteira oferece uma visualização na qual o tamanho da fonte é aumentado, bem como os espaçamentos, proporcionando assim uma melhor visualização do texto.

No Layout da Web não há a divisão em páginas, e apenas aparece a régua da horizontal.

A Estrutura de Tópicos exibe o texto com um marcador para cada parágrafo, como ilustrado a seguir.

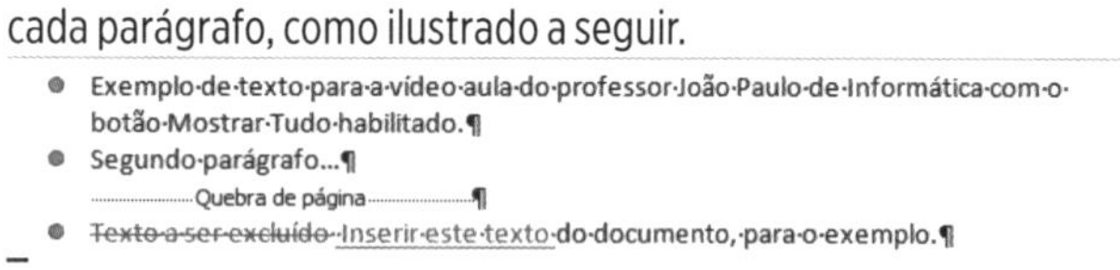

O modo Rascunho é o mais simples, as figuras são omitidas, e apenas o texto é exibido.

Bloco Mostrar

Por meio deste bloco é possível se exibir ou ocultar algumas estruturas do Word, como: a Régua, as Linhas de Grade e o Painel de Navegação, conforme a figura a seguir.

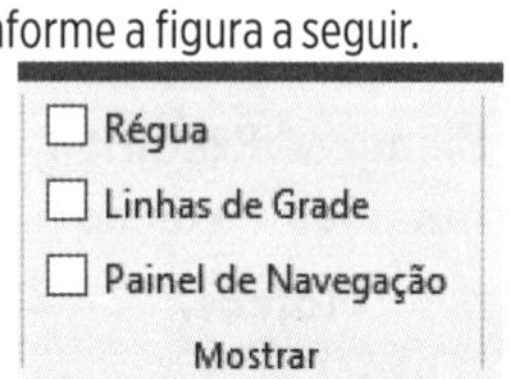

A opção Régua, por padrão, é habilitada; mas, ao desativá-la, apenas são ocultadas as réguas da janela.

Já a opção Linhas de Grade exibe o reticulado, a fim de auxiliar na edição do documento como ilustrado a seguir.

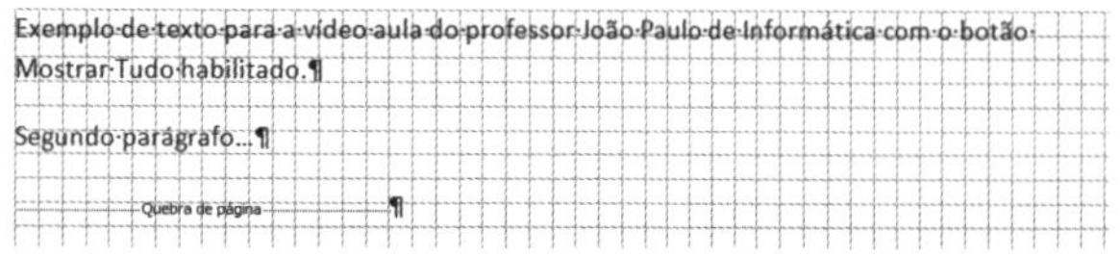

A opção Painel de Navegação habilita a exibição ao lado esquerdo da janela do Word, um painel no qual são exibidos os títulos do documento, como ilustrado a seguir. Ao se clicar em um título, o cursor de texto é disposto na posição do título clicado, também é possível se reorganizar o documento clicando e mantendo clicado, arrastar o arquivo para o local desejado.

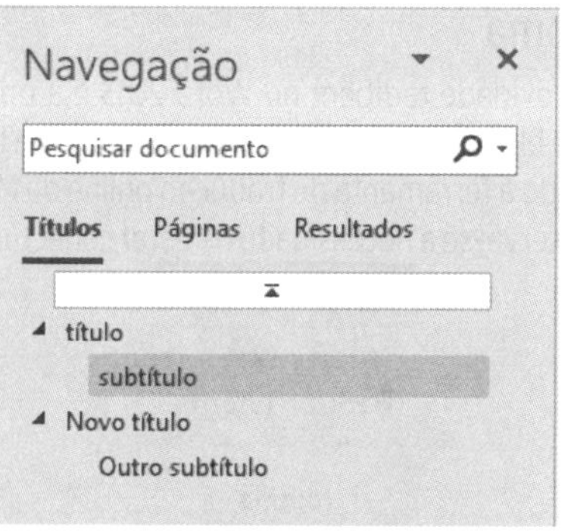

Bloco Zoom

Por meio deste bloco, ilustrado a seguir, é possível se alternar entre os diversos níveis de zoom do documento.

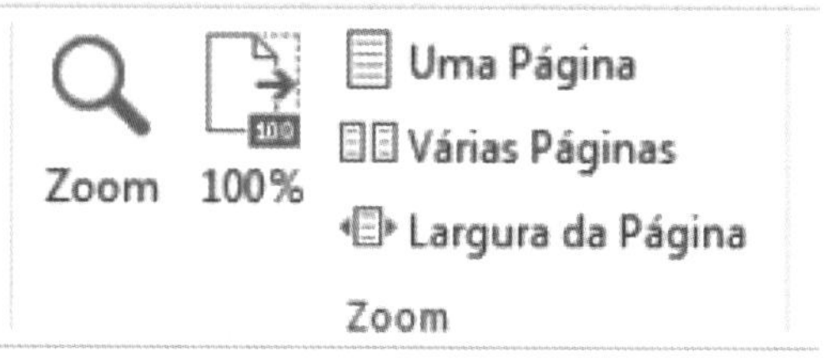

Bloco Janela

As opções deste bloco estão associadas à visualização da janela do programa.

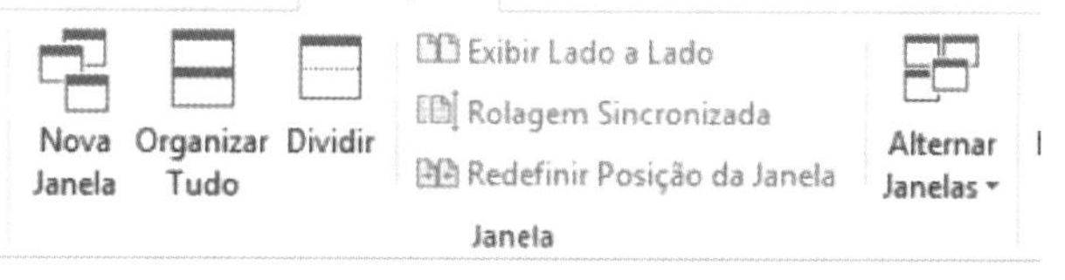

A opção mais usual é a opção Dividir, que permite dividir a tela em duas, de forma a possibilitar a visualização de duas partes distantes de um mesmo documento simultaneamente, como ver a primeira e a última página de um documento com várias páginas.

Questões

01. Com relação a sistemas operacionais e ferramentas de edição de texto e planilhas, julgue o item a seguir.

Na edição de um documento no Microsoft Word, a inserção de recuos nos parágrafos deve ser feita por meio da barra de espaço do teclado, uma vez que nem sempre a régua está visível e os comandos de recuo só funcionam para tabelas.

Certo ( ) Errado ( )

02. No seguinte item, é apresentada uma situação hipotética, seguida de uma assertiva a ser julgada, com relação à edição de textos, planilhas e apresentações.

Ao editar um documento utilizando o Microsoft Word 2016, um usuário verificou que estava gastando muito tempo para atualizar manualmente o índice, com títulos e subtítulos e os respectivos números de páginas; isso porque, entre outros fatores, a inserção de novos textos ocorre ao longo de todo o documento, e não apenas ao seu final, o que muda os números das páginas em que se localizam os títulos a serem inseridos no índice. Nessa situação, para resolver o problema, o usuário pode utilizar a ferramenta do Word que permite criar índices automaticamente por meio do uso de estilos, tais como título 1 e título 2.

Certo ( ) Errado ( )

03. A respeito de sistemas operacionais e de aplicativos de edição de textos e planilhas, julgue o item a seguir.

No Word, as macros são construídas com o uso da linguagem de programação VBO (Visual Basic for Office)

Certo ( ) Errado ( )

04. Com relação a noções de informática, julgue o item que se segue.

No Microsoft Word, o recurso Inserir Legenda possibilita ao usuário inserir abaixo de uma figura uma breve descrição do objeto apresentado.

Certo ( ) Errado ( )

05. Com relação ao sistema operacional Windows, à edição de texto e à navegação na Internet, julgue o item seguinte.

Para se editar um documento em formato PDF no Word 2016, é necessário que o documento seja composto exclusivamente de texto.

Certo ( ) Errado ( )

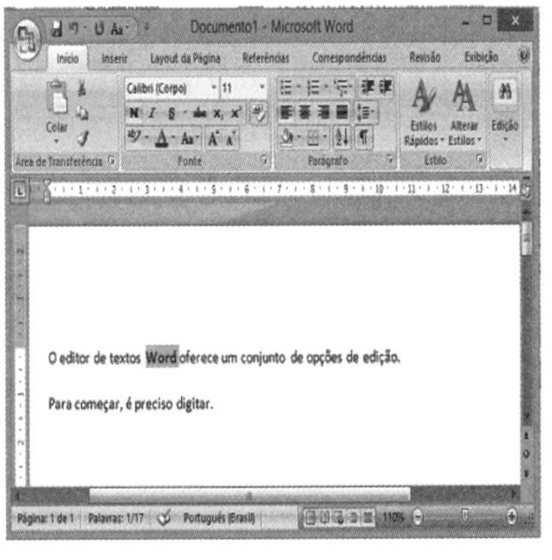

Gabaritos

01	ERRADO
02	CERTO
03	ERRADO
04	CERTO
05	ERRADO

6. EXCEL 2016

6.1 Janela Inicial

Assim como no Word e no PowerPoint 2016, o Excel inicia, por padrão, com a tela que exibe os documentos recentes e modelos, disponíveis online, como sugestões para iniciar um novo documento.

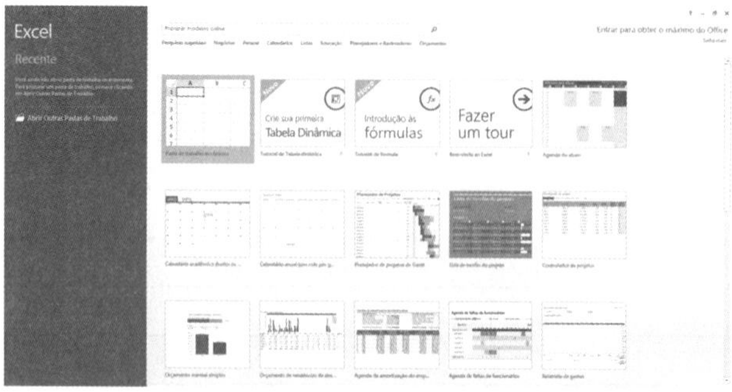

6.2 Formatos de arquivos

Um arquivo do Excel é uma **Pasta de Trabalho, composta por uma ou mais Planilhas.**

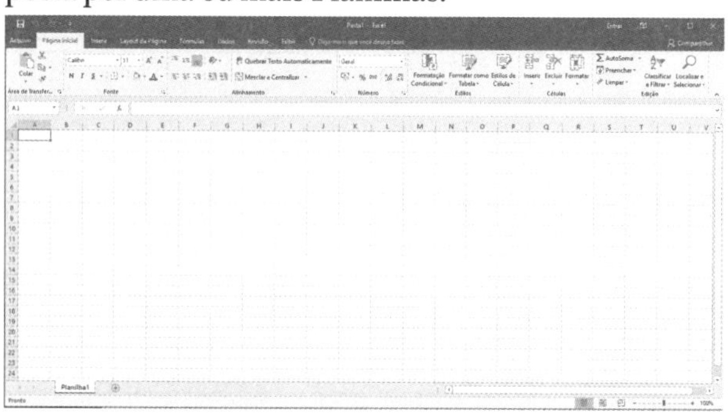

Note que, na versão 2016, o nome padrão das planilhas não é mais Plan1, e sim Planilha1, similar ao BrOffice/LibreOffice Calc.

Formato	Excel 2003	Excel 2007 e 2010	Excel 2013 e 2016	Calc
Pasta de trabalho	XLS	XLSX	XLSX	ODS
Modelo	XLT	XLTX	XLTX	OTS
Demais formatos	csv e CML	XLS, ODS, csv e XML	XLS, ODS, csv e XML	XLSX, XLS, csv e XML
PDF	Não trabalha com	SALVA em PDF	Exporta em PDF	Exporta em PDF

Nota: cada pasta de Trabalho agora opera em uma janela diferente. Assim, torna-se possível utilizar recursos como o AERO SNAP para exibir duas janelas do Excel lado a lado na tela.

Em uma tabela, o comportamento é diferente do comportamento de uma planilha. Em uma planilha, as células possuem endereços que podem ser referenciados em fórmulas e funções.

Ainda comparando tabela com planilha, ao inserir uma tabela são desejadas as células já com suas bordas em evidência, e a quantia de linhas e colunas pode ser inserida na tabela indefinidamente, ao contrário das planilhas que ao criar uma planilha ela exibe apenas suas linhas de grade e não suas bordas, tanto que se visualizarmos a impressão irá aparecer uma página em branco.

	Nº de Linhas	Nº Colunas
Excel 2003	65.536	256
Excel 2007 → 2016	$1.048.576 = 2^{20}$	$16.384 = 2^{14}$
Calc	1.048.576	$1.024 = 2^{10}$

Contudo, as planilhas já são criadas com um número específico de linhas e colunas. Este número é fixo, ou seja, não podemos criar novas linhas ou colunas muito menos excluí-las. Neste ponto você deve estar se perguntando: mas o Excel tem uma opção para inserir linhas e colunas. É... infelizmente você acabou de descobrir que o programa está lhe enganando.

6.3 Novidades

Uma das maiores novidades (pelo menos para efeito de provas em concursos) do Excel 2016 são os novos gráficos disponíveis.

Note, na figura a seguir, que os minigráficos continuam a existir no 2016, e ainda são apresentados separadamente dos gráficos tradicionais, por conta da forma que são representados. Os minigráficos são limitados ao tamanho de uma célula, enquanto os gráficos tradicionais podem ser incorporados como figuras ou como uma guia de planilha.

No Excel 2016, recomenda-se selecionar os dados antes de inserir um gráfico, pois o programa busca apresentar primeiramente os gráficos recomendados de acordo com o conjunto de dados selecionados. Por exemplo, se apenas uma linha, ou apenas uma coluna for selecionada o mais indicado será um gráfico de Pizza, ou sua variação Rosca. A figura a seguir representa os gráficos disponíveis no programa.

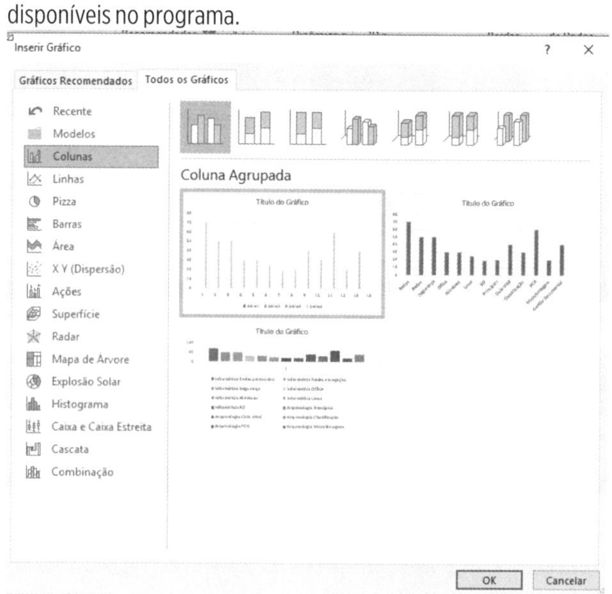

Dos gráficos disponíveis são novos, ou seja, não existiam na versão anterior, os seguintes:

> Mapa de Árvore;
> Explosão Solar;
> Histograma;
> Caixa e Caixa Estreita (boxplot);
> Cascata;
> Funil.

Os demais gráficos já existiam na versão anterior:

> Coluna (Agrupada ou empilhadas - 2D e 3D);
> Barra (Agrupada ou empilhadas - 2D e 3D);
> Linha;
> Pizza;
> Rosca (é uma variação de pizza);
> Área;
> X Y (também chamado de Dispersão);
> Bolhas (variação de dispersão);
> Ações;
> Superfície;
> Combinação (inserido no Excel 2013);
> Radar.

A seguir consta um exemplo do gráfico de explosão solar. Veja que é possível, e necessário, usar mais que duas colunas, ou linhas. Este gráfico permite analisar dados categorizados e sua participação (%) dentro de cada categoria.

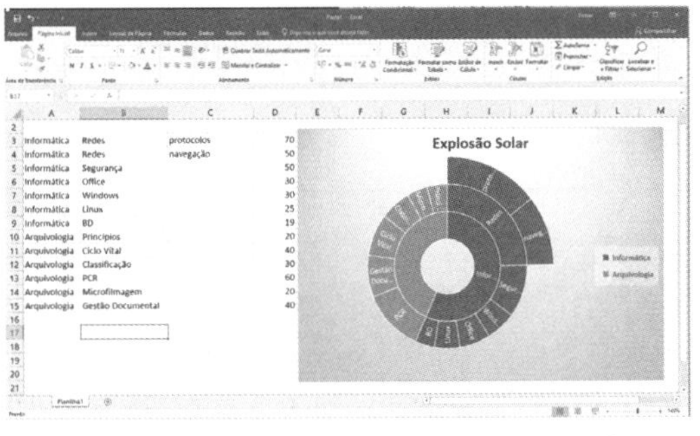

Outro gráfico, excepcional, adicionado que auxilia e muito a área de estatística é o gráfico boxplot (Caixa) que apresenta várias informações estatísticas, como máximos e mínimos, média entre outras informações.

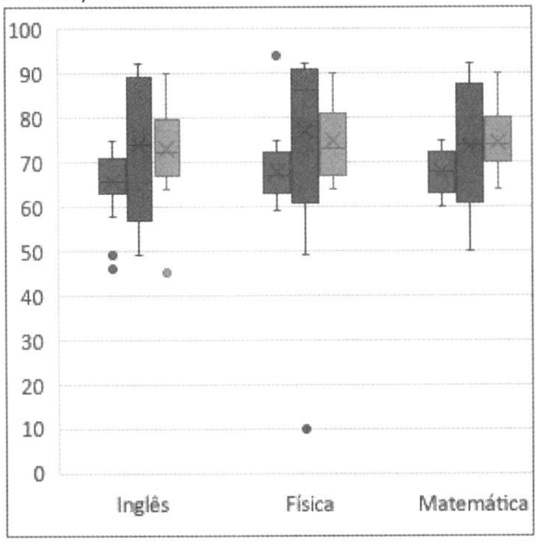

Um gráfico caixa e caixa estreita mostra a distribuição dos dados em quartis, realçando a média e as exceções. As caixas podem ter linhas estendendo-se verticalmente chamadas de "caixa estreita". Essas linhas indicam variabilidade fora do quartis superiores e inferiores e qualquer ponto fora dessas linhas ou caixas estreitas é considerado uma exceção (Microsoft).

Os gráficos de caixa estreita são frequentemente usados na análise estatística. Por exemplo, você poderia usar um gráfico de caixa estreita para comparar os resultados de avaliações médicas ou as pontuações de teste de professores (Microsoft).

6.4 Operadores

1.1. Células de Absorção

Uma das principais funcionalidades de um editor de planilhas é permitir a realização de cálculos matemáticos e operar com diversas funções lógicas não somente com números, mas também com textos. Contudo, é necessário informar ao programa quando temos a intenção de realizarmos alguma destas operações. Para isso, devemos utilizar um indicador antes das fórmulas e funções.

Dentre os símbolos utilizados para iniciar uma Fórmula ou Função o mais conhecido e cobrado é o sinal de igualdade **"="**, porém ele não é o único que pode ser utilizado Na tabela a seguir estão descritos os demais sinais que podem ser utilizados.

Fórmulas	*Exemplo*	*Funções*	*Exemplo*
=	=5+5	=	=SOMA(A1:A5)
+	+5+5	+	+SOMA(A1:A5)
-	-5+5	-	-SOMA(A1:A5)
		@	@SOMA(A1:A5)

A observação sobre estes sinais está relacionada à origem do Excel. Nas primeiras versões do programa era utilizado o símbolo "@" (arroba) para indicar ao programa o início de uma função, enquanto para fórmulas se utilizava o "=", Como forma de padronizar, a Microsoft alterou o programa para que as funções também aceitassem o sinal de igualdade como indicar de início. Portanto o @ só funciona associado a funções no Excel.

Você deve estar se perguntando neste momento qual a diferença entre Fórmula e Função. Entenda por fórmula aquelas operações que envolvem os operadores matemáticos, as sentenças aritméticas, ou mesmo operações que envolvem mais de uma função.

Não podemos dizer que uma fórmula pode iniciar pelo sinal "@" pelo fato de que existe situação em que ele não funciona, como por exemplo, se for inserido em uma célula o seguinte "@5+5" Excel apresentará erro; mas se o que for inserido, por exemplo, "@B3+C3" o Excel também apresentará erro. Porém após fechar a caixa da mensagem de erro ele traz o trecho "@B3" selecionado. Assim quando o usuário clicar em alguma célula o trecho selecionado será substituído pelo sinal "=" seguido do endereço da célula selecionada.

Contudo, algumas bancas como CESPE e FCC consideraram em provas anteriores que o sinal "@" pode ser utilizado tanto para indicar o início de Fórmulas como também Funções. E, na prova o que considerar? Considere a forma correta, pois se a banca considerar o diferente utilize o exemplo dado, da situação que ocorre o erro, para anular a questão.

Operadores Aritméticos

Quando trabalhamos com expressões aritméticas ou fórmulas, utilizamos constantemente os operadores, e, por este fato, muitas bancas colocam cobram questões a respeito. Os principais operadores são ilustrados na tabela a seguir.

Operador	*Ação*	*Exemplo*	*Resultado*
+	*Soma*	*=5+5*	*10*
-	*Subtração*	*=5-5*	*0*
*	*Multiplicação*	*=5*5*	*25*
/	*Divisão*	*=5/5*	*1*
%	*Percentagem*	*=200 * 10%*	*20*
^	*Potenciação*	*=2^3*	*8*

Quando uma célula estiver selecionada no Excel e se pressionar a tecla "/", o menu Arquivo será selecionado no Excel 2003 e, a partir do 2007, irá exibir as letras de cada guia da faixa de opções, ou seja, no Excel a barra faz o mesmo que a tecla Alt. Para iniciar o conteúdo de uma célula com a barra, deve-se posicionar o cursor de texto dentro da célula.

NOTA: o operador % equivale a uma divisão por 100.

Operador de Texto

O operador de texto é o & que realiza a operação de concatenação, ou seja, junta os dados das células indicadas na célula em que foi inserida a fórmula.

	A
1	AB
2	7
3	=A2&A1
4	=A3&A2
5	=A4&A3
6	

	A
1	AB
2	7
3	7AB
4	7AB7
5	7AB77AB
6	
7	

Outros exemplos:

	A	B	C	D
1	10	40	=A1&B1	=C1+1
2	AB	CD	=B2&A2	
3	=A1&A2	=B2&B1		
4				

Resultados:

	A	B	C	D	E
1	10	40	1040	1041	
2	AB	CD	CDAB		
3	10AB	CD40			
4					

6.5 Operadores de Referência

Em conjunto com o uso de funções, necessitamos utilizar um indicador para especificar os valores que devem ser considerados em uma função. A presença desses indicadores é tão importante, que houve questões nas quais o erro era justamente o uso incorreto desses sinais. A tabela a seguir mostra o sinal e como o devemos ler em uma expressão.

;	*E*	*União*
:	*Até*	*Intervalo*

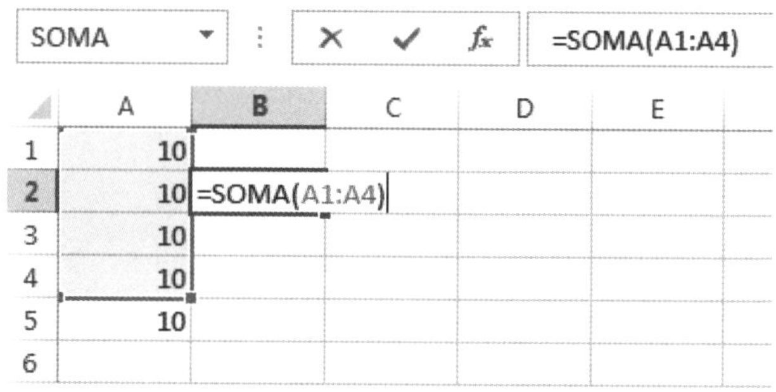

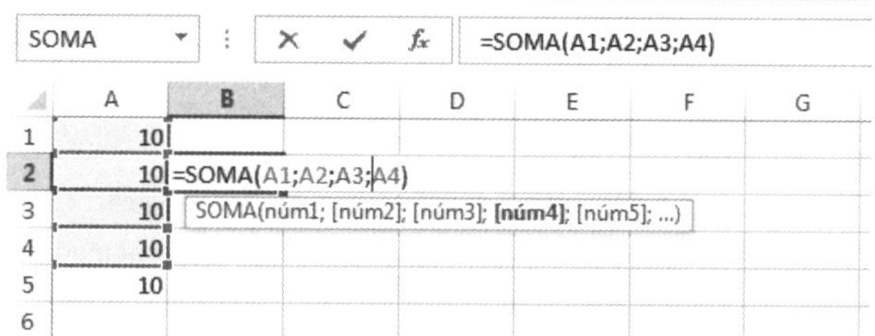

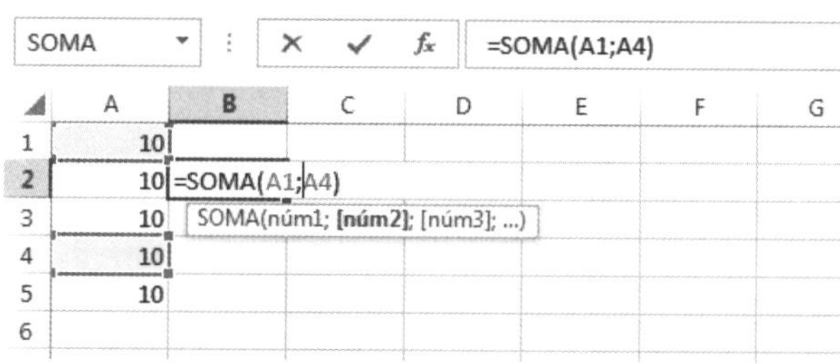

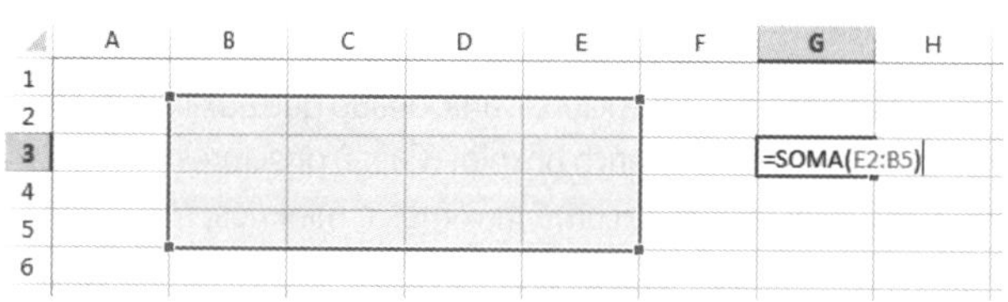

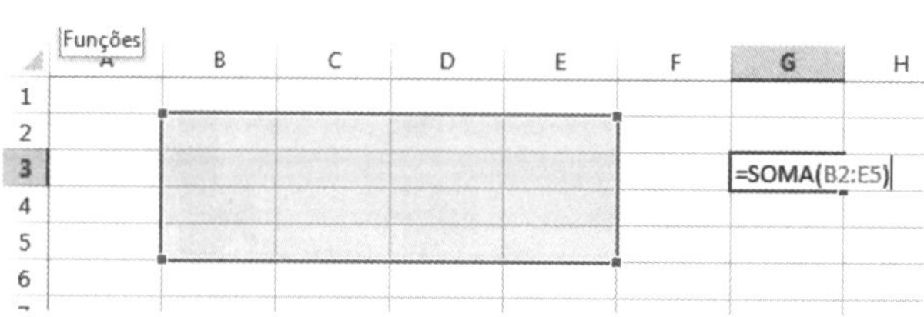

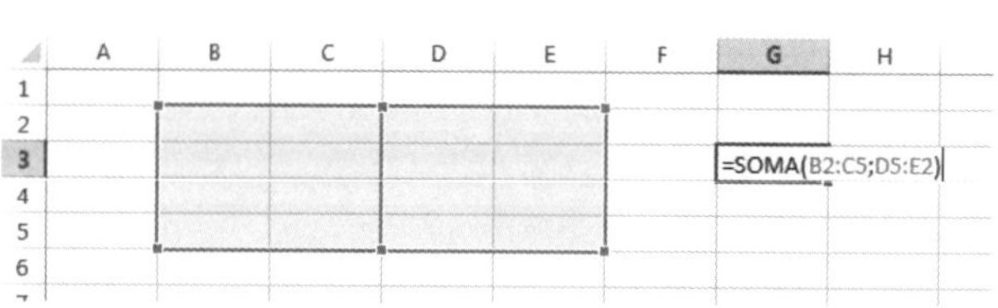

O sinal de ponto e vírgula ainda pode ser entendido como operador de união, e o sinal dois-pontos define um intervalo.

Ex.: dadas as funções

=SOMA(A3:A6)

=SOMA(A3;A6)

Na primeira função será apresentado o resultado da soma dos valores das células A3, A4, A5 e A6, enquanto que na segunda será apenas calculada a soma dos valores das células A3 e A6.

Operador de Comparação

Operador	Símb.	Exemplo de uso	Resultado
Menor que	<	=7<10	VERDADEIRO
Maior que	>	=7>10	FALSO
Igual à	=	=7=10	FALSO
Maior ou igual à	>=	=7>=10	FALSO
Menor ou igual à	<=	=7<=10	VERDADEIRO
Diferente de	<>	=7<>10	VERDADEIRO

6.6 Funções

OO Excel oferece diversas funções para a realização de operações e cálculos. Para auxiliar o usuário a encontrar a função necessária, o programa as separa em grupos, separadas em uma biblioteca de funções. O recurso citado pode ser encontrado na aba Fórmulas, como ilustra a figura a seguir.

Categorias

- Financeira;
- Lógica;
- Texto;
- Data e Hora;
- Pesquisa e Referência;
- Matemática e Trigonométrica;
- Mais funções:
  - Estatística;
  - Engenharia;
  - Cubo;
  - Informações;
  - Compatibilidade
  - Web.

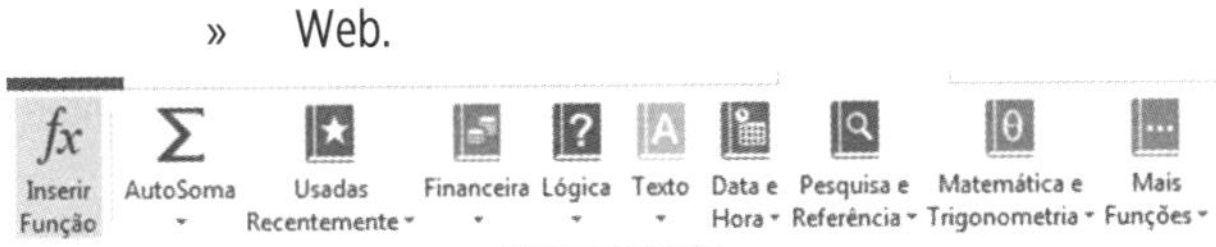

Também é possível inserir uma função por meio do botão Inserir Função 

presente nesta mesma aba, como pelo mesmo botão representado na aba barra de fórmulas ilustrada a seguir.

Dentre as tantas funções existentes no programa, vamos destacar as principais, ou seja, as que têm maior probabilidade de serem cobradas nas provas.

Soma

A função Soma apresenta o resultado da soma dos valores contidos nas células indicadas no espaço de parâmetros da mesma.

Logo, tomando o recorte da planilha abaixo, e seus dados, ao inserir a função =SOMA(A1:A5), obtemos como resposta o valor 20.

	A	B	C
1	7	3	
2	3	7	
3		7	
4	7	3	
5	3	5	
6			
7			

Média

O cálculo da média é a obtenção do resultado da soma de um conjunto de valores e dividir essa soma pelo total de elementos desse conjunto.

A sintaxe da função é

=MÉDIA(<parâmetros>)

Em que: os <parâmetros> são o conjunto de endereços das células que serão consideradas. Dada a figura anterior, consideremos a função: =MÉDIA(A1:A5). O resultado dessa função será 20, pois a função Média ignora células vazias.

	A	B	C
1	7	3	
2	3	7	
3		7	
4	7	3	
5	3	5	
6			
7			

Mediana

A mediana calcula o elemento central de um conjunto de dados. Mas, cuidado: devemos lembrar que esta é uma função estatística que considera os valores ordenados. Assim, ao aplicar a função:

=MED(B1:B5)

Obteremos como resposta o valor 5, pois se encontra no centro do conjunto de dados. Já no caso de aplicar a função:

=MED(A1:A5)

A resposta será também 5, porque quando o conjunto de dados possui uma quantidade par de elementos, a mediana corresponde à média dos dois elementos centrais do conjunto.

Mod

A função MOD calcula o resto de uma divisão inteira. Dessa forma, ao aplicar a função:

=MOD(A1;A2) teremos como resposta 1, uma vez que o número 7 dividido por 3 resulta em 2 e sobra 1.

Potência

Esta função calcula um valor elevado a outro. Sua sintaxe é a seguinte:

=POTÊNCIA(<número>;<potência>)

Como exemplo, temos:

=POTÊNCIA(2;3)

que resulta em 8.

Ainda, podemos comparar com o uso do operador de potenciação:

=2^3

Máximo

A função Máximo retorna o valor mais alto do conjunto de dados especificados, ao aplicar a função para o conjunto de dados inicial.

=MÁXIMO(B1:B5)

A resposta será 7.

Maior

A função maior possui dois campos em sua sintaxe.

=MAIOR(<intervalo>;<Número de Ordem>)

Ao aplicar

=MAIOR(B1:B5;3)

Podemos entender como a busca pelo terceiro maior número de B1 até B5.

Mínimo

Esta função resulta no valor mais baixo de um conjunto de dados. Logo ao aplicar:

=MÍNIMO(B1:B5)

a resposta obtida será 3.

Menor

Assim como a função Maior a função menor possui dois campos obrigatórios, seja o exemplo:

=MENOR(B1:B5;4)

Em que se lê: quarto menor número de B1 até B5, que resulta em 7.

Agora

Outro grupo de funções é o das funções de data, no caso específico a função Agora é um exemplo.

Esta função não recebe parâmetros, apenas é escrita:

=AGORA( )

Seu resultado é a expressão da data e da hora atual, ou seja, do momento em que foi inserida. Cuidado: por padrão, o resultado desta função não se atualiza automaticamente. No entanto, ao inserir uma outra função ou cálculo em outra célula e teclar Enter, os dados da função Agora serão atualizados.

Hoje

A função Hoje retorna apenas a Data atual. Para usá-la, basta inserir =HOJE( ) e a data será impressa na célula.

Dias

A função DIAS retorna a diferença entre duas datas.

=DIAS(<data_Final> ; <data_Inicial>)

Cont.Núm

Esta função realiza a contagem de células cujo conteúdo é um valor numérico. Sua sintaxe apresenta-se da seguinte forma:

=CONT.NÚM(A1:A5)

Para o conjunto de dados inicial, a resposta será 4, pois uma célula está vazia.

Cont.Se

Enquanto a função Cont.Núm contabiliza a quantidade de células de conteúdo numérico, a função Cont.Se conta a quantidade de células que possuem conteúdo que atendam a um critério fornecido como parâmetro.

=CONT.SE(<intervalo>;<Critério>)

Assim, se aplicarmos:

=CONT.SE(B1:B5; "=7")

A resposta obtida será 2, pois existem apenas duas células com conteúdo igual a 7. Observe atentamente a necessidade do uso das aspas duplas.

SomaSe

Por meio da função SomaSe, podemos realizar a soma apenas das células que interessam.

Sua sintaxe é apresentada de seguinte forma:

=SOMASE(<intervalo a ser comparado> ; <critério> ; <intervalo a ser somado>)

Para isso, utilizaremos o conjunto de dados a seguir:

	A	B	C	D
1	7	3	A	
2	3	7	A	
3		3	B	
4	7	7	C	
5	3	5	A	
6		5	C	
7				

Ao utilizar a função:

=SOMASE(C1:C6; "=A"; B1:B6)

A resposta será 15, pois corresponde à soma das células presentes na coluna B, que estão na mesma linha das células da coluna C, que tem como conteúdo o texto comparado "A".

SE

A função SE também é conhecida como condicional. Esta função é utilizada para a tomada de decisões, pois permite analisar os dados e realizar uma ação de acordo com o que for encontrado.

A sintaxe da função possui por padrão três campos:

=SE(<teste lógico> ; <ação caso teste verdadeiro> ; <ação caso teste falso>)

Assim, dado o exemplo:

=SE(7>5;"verdade";"falso")

A resposta será verdade, pois é o texto expresso na ação, caso a condição seja verdadeira. Como 7 é maior do 5, isso se confirma.

=SE(7<5; "verdade"; "falso")

Como 7 não é menor do que 5, a condição é falsa; o que leva ao resultado Falso.

E

A função E retorna o resultado do tipo lógico, sendo verdadeiro somente quando todas as expressões sejam verdadeiras. A seguir consta a sintaxe desta função:

=E(expressão1; Expressão2; Expressão n)

Ou

A função OU retorna o resultado do tipo lógico, sendo falso somente quando todas as expressões sejam falsas. A seguir consta a sintaxe desta função:

=OU(expressão1; Expressão2; Expressão n)

Não

A função Não é a negação. Ela aceita apenas um parâmetro e inverte o resultado deste. Assim, se o valor da expressão resulta em verdadeiro, a resposta gerada por ela é falso e vice-versa. A seguir consta a sintaxe desta função:

=Não(Expressão)

Ou exclusivo

A função XOR retorna o resultado lógico verdadeiro apenas quando o número de proposições verdadeiras for ímpar.

=XOR(Expressão1 ; Expressão2; Expressão n)

Maiúsculas

No Excel, ao contrário do Word, para formatar um texto para letras maiúsculas não existe uma ferramenta, mas apenas a função Maiúsculas . A seguir consta a sintaxe desta função:

=MAIÚSCULA("texto")

O resultado será TEXTO.

Minúsculas

Assim como para formatar como maiúsculas, também é possível utilizar a função Minúsculas. A seguir consta a sintaxe desta função:

=MINÚSCULA("TexTo")

O resultado será texto.

6.7 Seleção de Células

Durante a edição de uma planilha, podemos usar um comando do teclado para navegar entre as células. Dentre uma das ações mais comuns está o uso da tecla ENTER que, em uma planilha, seleciona a célula abaixo da célula em edição, enquanto que em uma tabela do Word é inserido um novo parágrafo na nova linha dentro da mesma célula.

	Shift + Enter	
Shift + Tab		Tab
	Enter	

Já a tecla Tab produz o mesmo resultado tanto em uma Planilha como em uma tabela no Word. Ao teclar TAB, a célula à direita da célula em uso será selecionada.

O uso da tecla HOME tanto no Word como no Excel posiciona o cursor na primeira posição da linha atual. No caso das planilhas, a primeira posição trata-se da primeira célula.

Ao utilizar a combinação CTRL + HOME, a primeira célula é selecionada, ou seja, a célula A1.

A combinação CTRL + END seleciona a última posição do documento; esta, por sua vez, é a célula do encontro da última coluna com a última linha com conteúdo.

De modo geral, também podemos realizar a seleção de um conjunto de células.

6.8 Alça de Preenchimento

A alça de preenchimento é um dos recursos que mais possui possibilidades de uso e, por consequência, respostas diferentes.

Antes de entendê-la vamos ver quem é ela. Veja a figura a seguir.

Observe que, quando uma ou mais células estão selecionadas, sempre no canto inferior direito é ilustrado um quadrado um pouco mais destacado; essa é a alça de preenchimento.

Ela possui esse nome porque é utilizada para facilitar o preenchimento de dados que obedeçam a uma regra ou padrão.

Quando uma única célula está selecionada e o seu conteúdo é um valor numérico, ao clicar sobre a alça de preenchimento e arrastar, seja na horizontal ou vertical, em qualquer sentido, exceto diagonal, no Excel o valor presente na célula é copiado para as demais sobre as quais foi arrastada a alça. A figura a seguir ilustra tal comportamento.

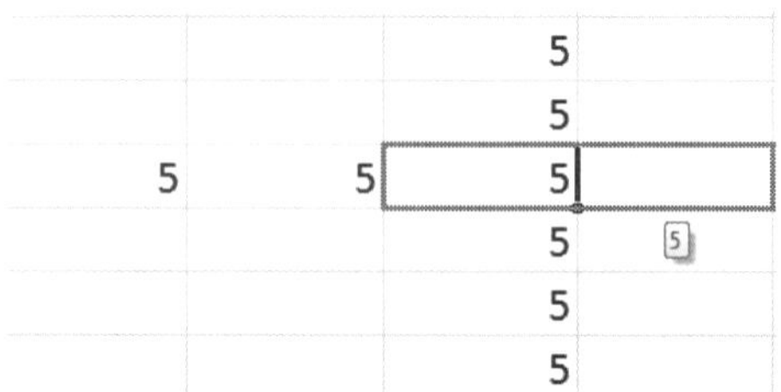

Já em uma situação em que existem duas células adjacentes selecionadas contendo valores numéricos diferentes entre si, ao se arrastar pela alça de preenchimento as células serão preenchidas com uma PA, cuja razão é a diferença entre os dois valores selecionados. A figura a seguir ilustra esse comportamento. Podemos observar que o valor que irá ser exibido na célula B6 será o número 30. Com isso observamos que a célula B4 receberá o valor 20, enquanto que B5 receberá 25, conforme vemos na figura da direita.

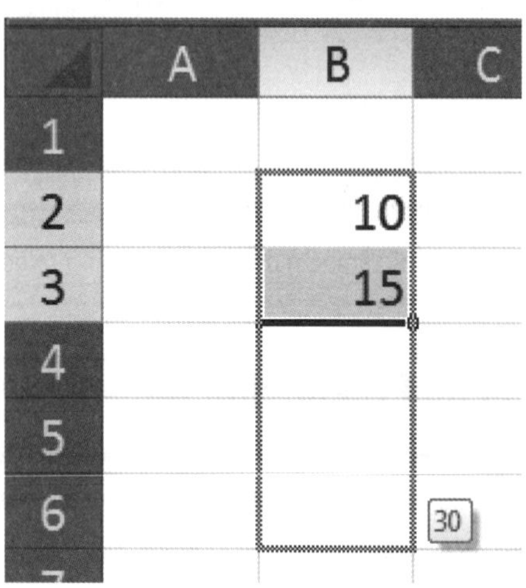

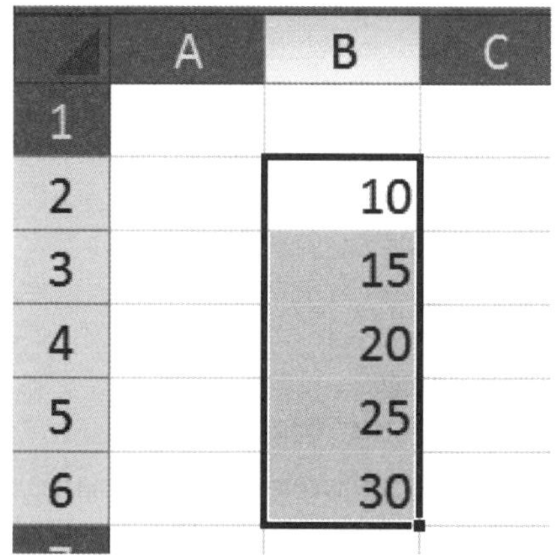

Mas devemos nos lembrar da exceção do Excel, em que se forem duas células selecionadas uma abaixo da outra, ao arrastar na horizontal as células são preenchidas com o mesmo valor; caso sejam duas células uma ao lado da outra as selecionadas, ao arrastar na vertical também apenas será copiado o valor das células selecionadas. Veja a figura a seguir ilustrando esse comportamento.

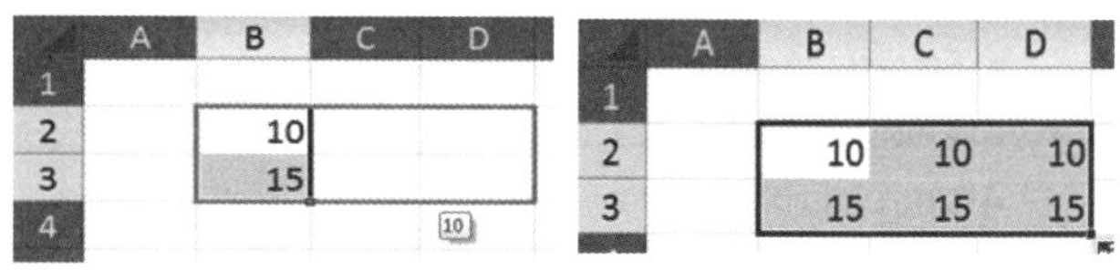

Quando o conteúdo de uma única célula selecionada for um texto, esse será copiado para as demais células. Mas se o conteúdo, mesmo sendo um texto, fizer parte de uma série conhecida pelo programa, as células serão preenchidas com o próximo valor da série. Por exemplo, se Janeiro for o conteúdo inserido na célula, então ao arrastar pela alça de preenchimento para a direita ou para baixo, a célula adjacente será preenchida com Fevereiro. Por outro lado, se for arrastado para cima ou para a esquerda, a célula adjacente será preenchida com Dezembro. O mesmo vale para as sequências Jan, Seg e Segunda-feira. Atenção: A, B, C não são conhecidos como série nos programas, mas o usuário pode criá-las.

Já na situação em que haja duas células que contenham textos diferentes selecionadas, ao arrastar será preenchido com o padrão encontrado. Veja o exemplo abaixo.

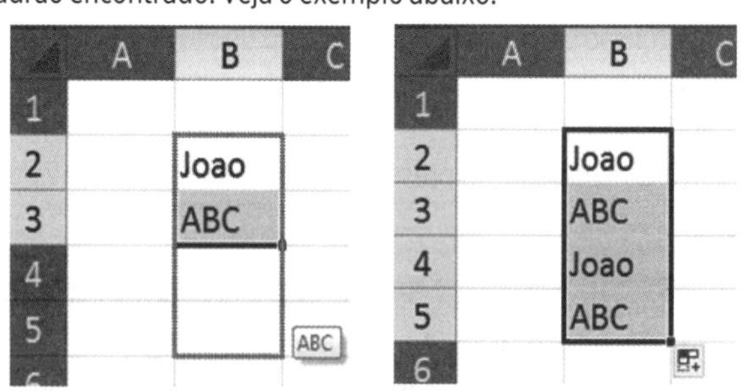

6.9 Endereçamento de Células

Para endereçar uma célula, podemos utilizar 3 modos diferentes: Relativo, Misto e Absoluto.

Os modos de endereçamento não mudam em nada o valor ou qual célula está sendo utilizada, apenas influenciam a ação de copiar a célula com um endereço para outra célula.

Relativo	Misto		Absoluto
Coluna Linha	$Coluna Linha	Coluna $Linha	$Coluna$Linha
CL	$CL	C$L	CL
A2	$A2	A$2	$A$2

Endereçamento Relativo

Fórmulas

Deslocamento	
Origem	*Destino*
L=	
C=	

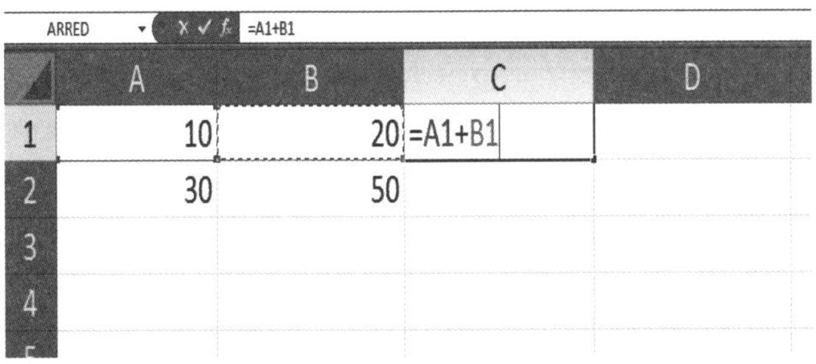

Resultados

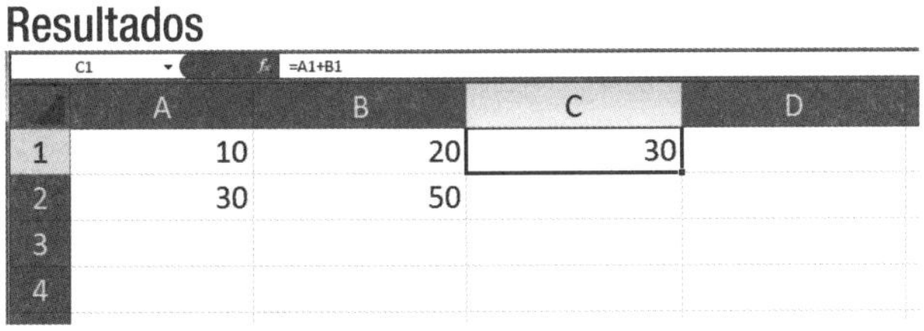

Endereçamento Misto

Deslocamento	
Origem	*Destino*
L=	
C=	

Fórmulas

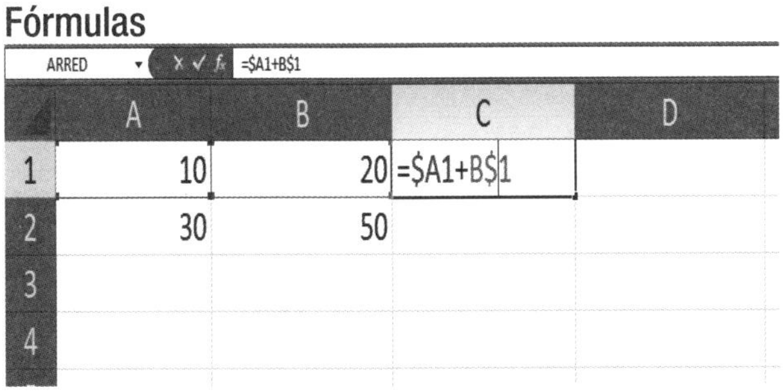

Resultados

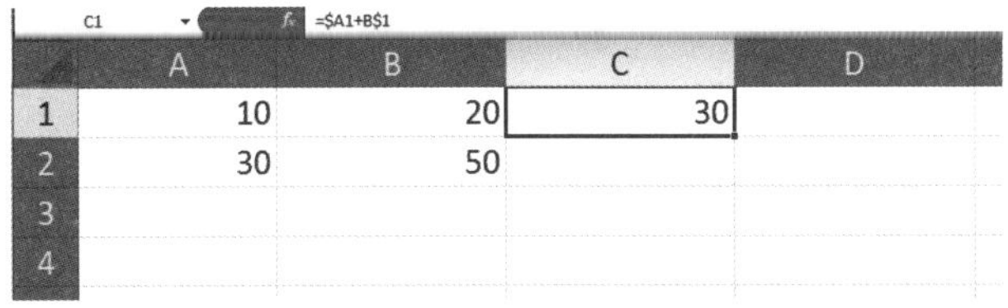

Endereçamento Absoluto

Fórmulas

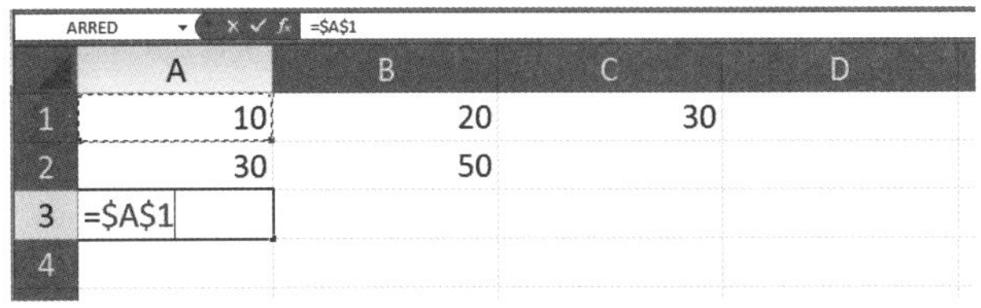

Resultados

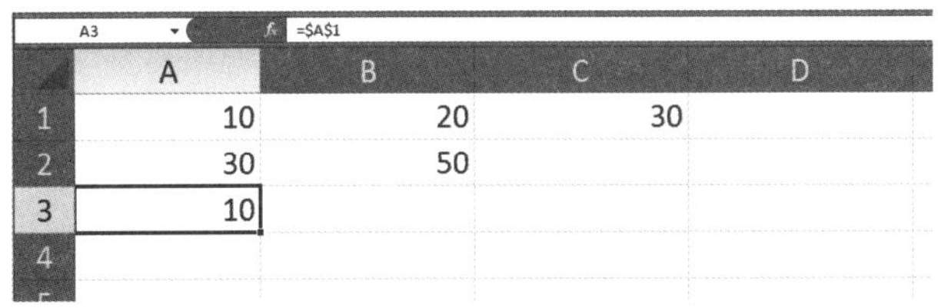

Questões

01. Acerca do sistema operacional Linux, do gerenciador de arquivos Windows Explorer e do Microsoft Excel 2016, julgue o item subsequente.

A menos que o texto esteja entre aspas, o Microsoft Excel 2016 não diferencia letras minúsculas e maiúsculas; assim, as fórmulas =soma(c5:c10) e =SOMA(C5:C10) produzirão o mesmo resultado.

Certo ( )   Errado ( )

02. Com relação a sistemas operacionais e ferramentas de edição de texto e planilhas, julgue o item a seguir.

No Excel, para uma fórmula que tenha vários operadores, as operações serão realizadas na seguinte ordem: adição ou subtração (+ ou –); multiplicação ou divisão (* ou /); exponenciação (^); porcentagem (%).

Certo ( )   Errado ( )

03. Com relação a sistemas operacionais e ferramentas de edição de texto e planilhas, julgue o item a seguir.

No Excel, o uso de referências absolutas com auxílio do sinal $ (cifrão) garante que uma fórmula não seja alterada quando for copiada.

Certo ( )   Errado ( )

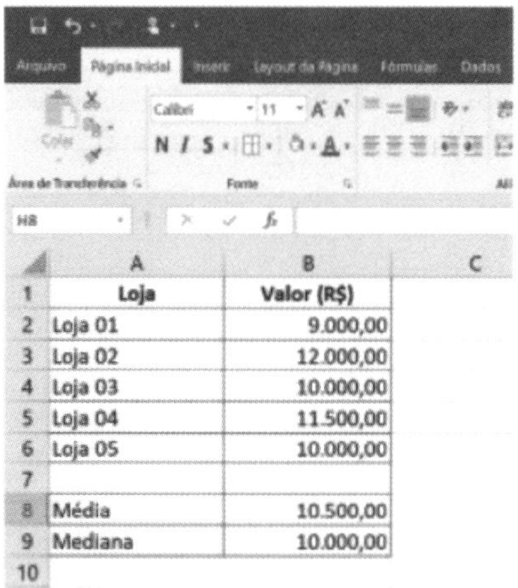

04. Para fins de orçamentação de uma obra, foi feita a cotação de um equipamento em cinco diferentes lojas. Os valores obtidos foram registrados na coluna B, da linha 2 à linha 6, de uma planilha elaborada em Excel, conforme ilustrado na figura anterior. Nas linhas 8 e 9 da coluna B dessa planilha, estão registradas, respectivamente, a média aritmética e a mediana dos preços cotados, calculadas usando-se comandos do próprio Excel.

A partir das informações precedentes, julgue o item que se segue, a respeito das fórmulas da ferramenta Excel.

A fórmula estatística MED(B2:B6) permite o cálculo da mediana entre os preços cotados.

Certo ( ) Errado ( )

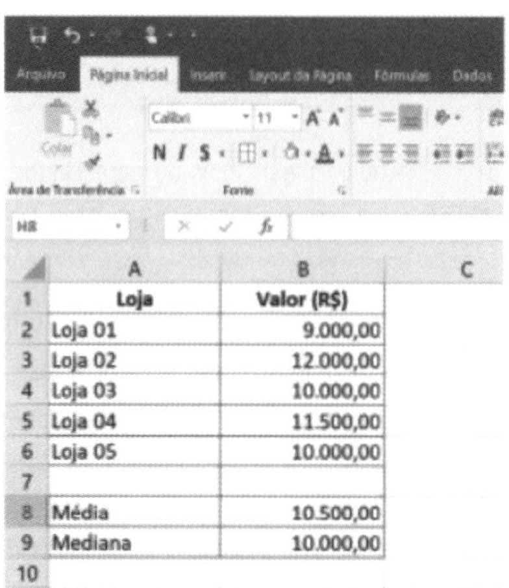

05. Para fins de orçamentação de uma obra, foi feita a cotação de um equipamento em cinco diferentes lojas. Os valores obtidos foram registrados na coluna B, da linha 2 à linha 6, de uma planilha elaborada em Excel, conforme ilustrado na figura anterior. Nas linhas 8 e 9 da coluna B dessa planilha, estão registradas, respectivamente, a média aritmética e a mediana dos preços cotados, calculadas usando-se comandos do próprio Excel.

A partir das informações precedentes, julgue o item que se segue, a respeito das fórmulas da ferramenta Excel.

A fórmula SOMA(B2:B6)/CONT.NÚM(B2:B6) permite o cálculo da média aritmética dos preços cotados, em substituição à fórmula estatística padrão do Excel para esse cálculo.

Certo ( ) Errado ( )

Gabaritos

01	CERTO
02	ERRADO
03	ERRADO
04	CERTO
05	CERTO

7. POWERPOINT 2016

O PowerPoint é o editor de Apresentações de Slides da Microsoft.

Atenção: algumas provas podem citar o termo slides em português: eslaide.

7.1 Tela de abertura

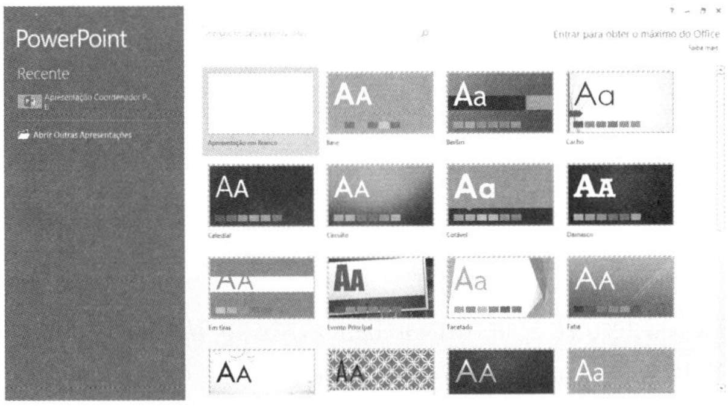

7.2 Tela de Edição

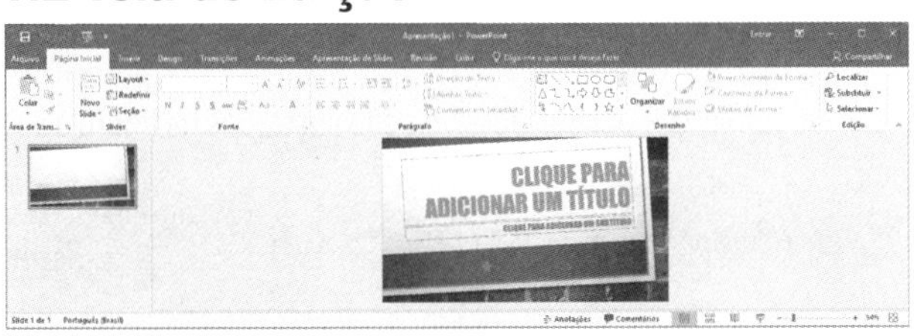

7.3 Formato de Arquivo

O PowerPoint possui dois formatos principais: um relacionado à edição dos slides (PPTX), e outro que abre diretamente no modo de exibição (PPSX).

7.4 Aba Página Inicial

Ao comparar a Página Inicial do Word com o PowerPoint, é possível notar algumas diferenças, como o bloco Slides e o Bloco Desenho, como também algumas diferentes opções nos Blocos Fonte e Parágrafo. A figura a seguir ilustra esta aba.

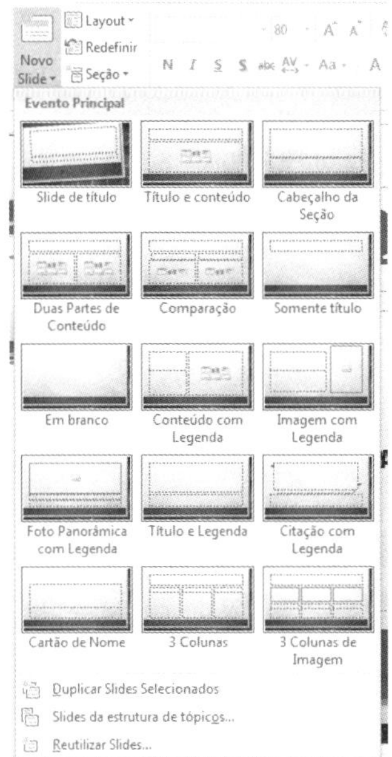

Contudo, é possível mudar o Layout (organização) de um slide mesmo após sua inserção, bastando para tanto selecionar o slide desejado e alterar seu layout pela opção Layout.

Já a opção Redefinir possibilita reestabelecer às configurações padrões de posicionamento, tamanho e formatação dos espaços reservados de um slide.

Bloco Fonte

O bloco Fonte apresenta as opções: sombra de texto e espaçamento entre caracteres que não aparecem no Word, como ilustra a figura a seguir.

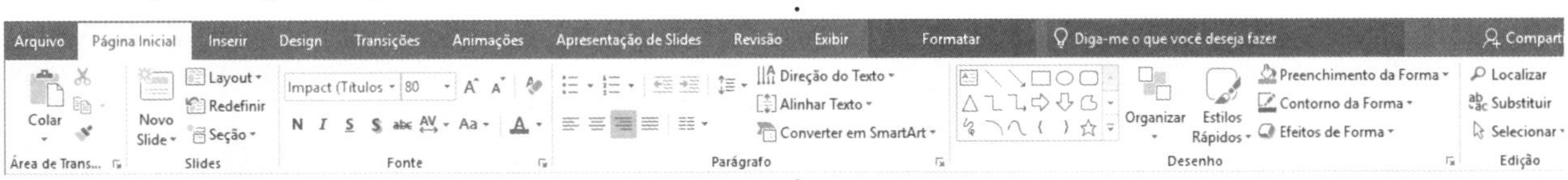

Bloco Slides

Este é um dos blocos mais utilizados. Atente à opção Novo Slide na figura a seguir, ela apresenta uma seta para baixo, o que significa que um menu Dropdown será aberto, conforme ilustra a figura da sequência, permitindo que seja selecionado o layout do slide a ser inserido.

A opção Sombra indicada pela letra S mais espessa, conforme ilustrado a seguir, permite aplicar um efeito de sombra que confere um destaque ao texto, dando a impressão de volume.

No PowerPoint também é possível alterar o espaço entre os caracteres de texto, a fim de distribuir melhor um texto em um slide. Para isso, basta selecionar o texto e a opção desejada junto à alça da opção Espaçamento Entre Caracteres, ilustrada a seguir.

Bloco Parágrafo

Neste bloco há novas funcionalidades, como: colunas, Direção do Texto, Alinhar Texto e Converter em SmartArt, como pode ser visualizado na figura a seguir.

A opção Colunas permite formatar uma caixa de texto selecionada para que exiba seu texto em diversas colunas. Para isso, pode-se utilizar a opção ilustrada a seguir.

A opção **Direção do Texto permite alterar a forma como um texto é exibido no PowerPoint**, a fim de causar um efeito mais chamativo. A opção Direção do Texto é ilustrada a seguir.

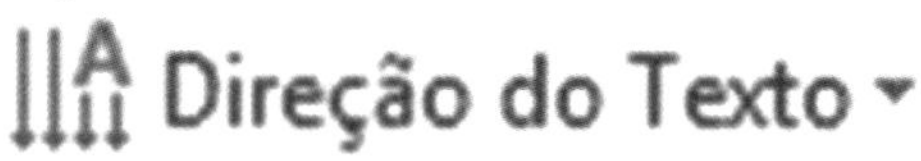

As opções encontradas ao clicar na opção Direção do Texto são: Horizontal; Girar em 90º; Girar em 270º e Empilhado, conforme ilustrado na sequência.

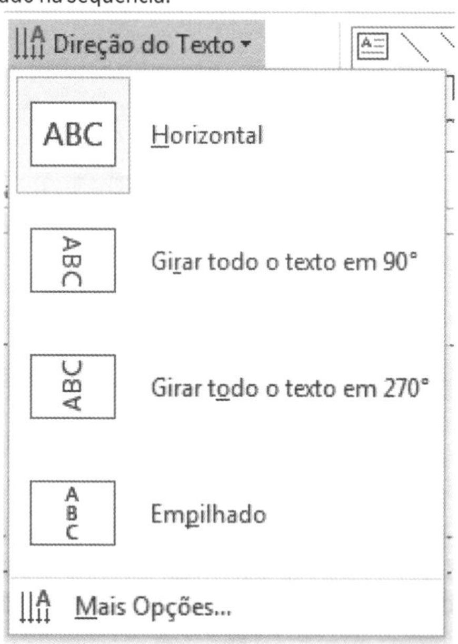

Também é possível alinhar o texto verticalmente na caixa de texto. Para isso, pode-se utilizar a opção Alinhar Texto, representada pela figura que se segue.

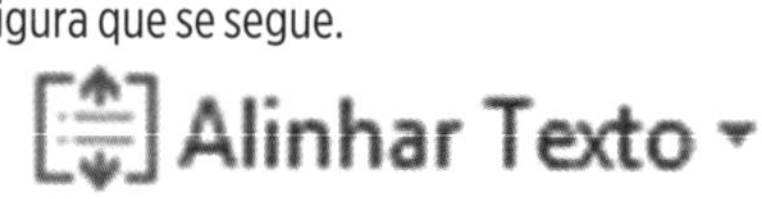

As opções são: Em Cima, no Meio e Embaixo.

O recurso SmartArt também existe no Word, contudo no PowerPoint é possível converter uma estrutura de um texto, em parágrafo ou tópicos, em um esquema do SmartArt.

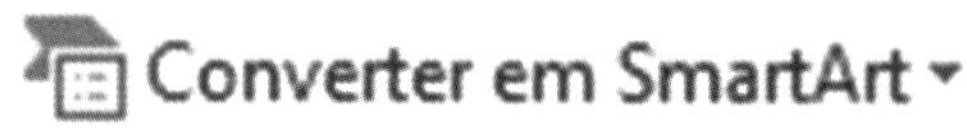

Algumas das opções possíveis são ilustradas na figura a seguir.

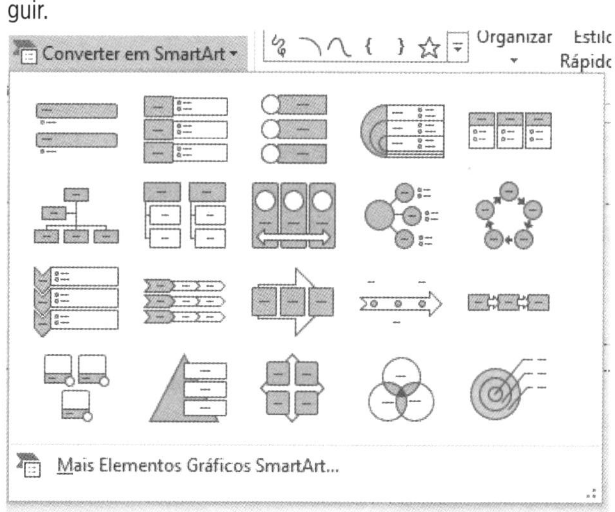

Bloco Desenho

O bloco Desenho é o substituto da barra de ferramentas de desenho encontrada no Microsoft Office 2003. Nele encontramos as mesmas opções e algumas a mais. A figura a seguir ilustra o bloco.

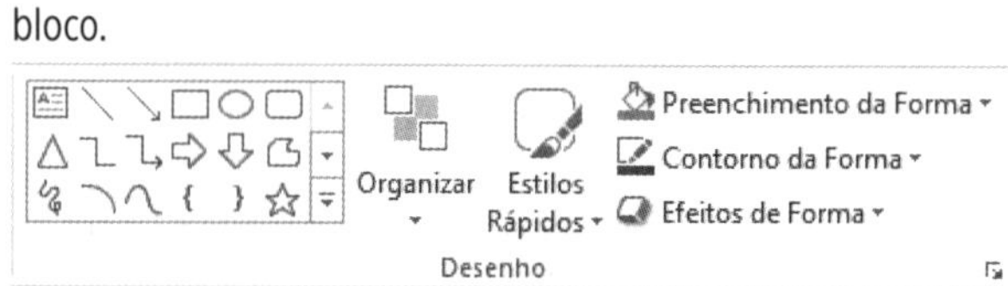

Formas

A opção Formas permite inserir um desenho no documento em edição que pode ser dimensionado e preenchido.

Algumas das opções de formas são ilustradas na figura a seguir.

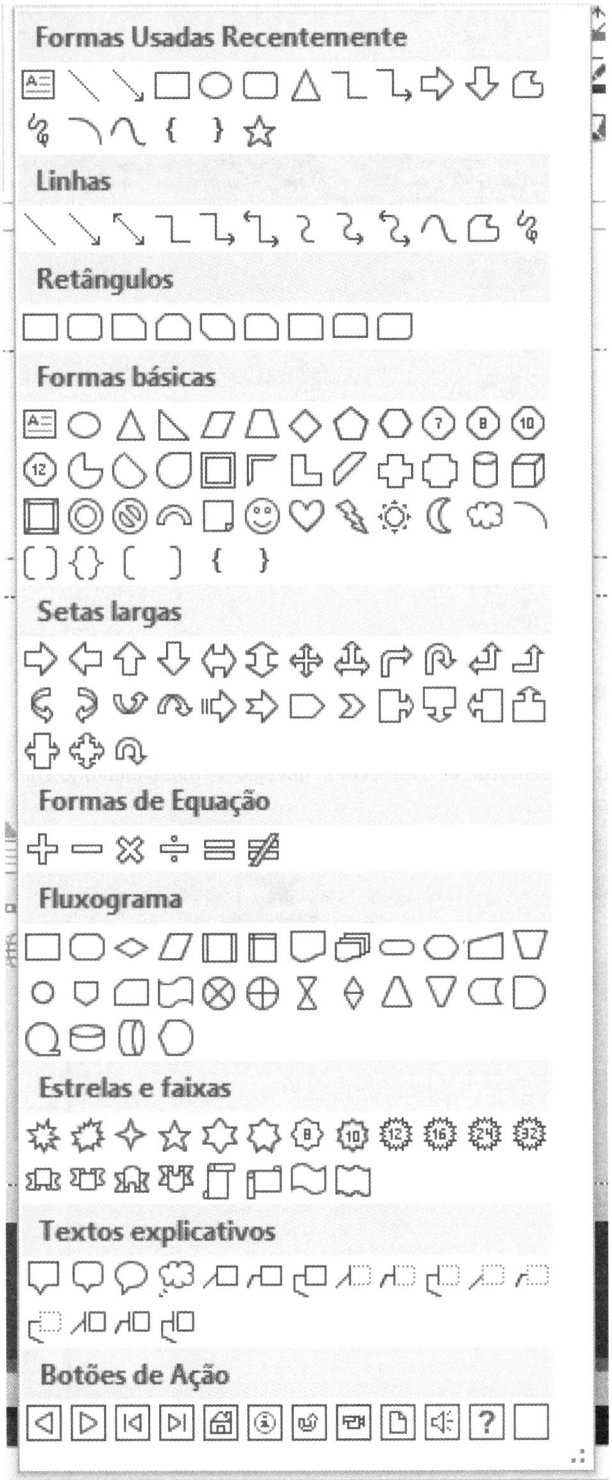

Organizar

A opção Organizar oferece recursos de posicionamento dos objetos em relação a outros, como ordená-los um à frente do outro, ou seja, controlar a sobreposição dos itens. Como também podemos agrupar os itens para movimentá-los e dimensioná-los de maneira uniforme.

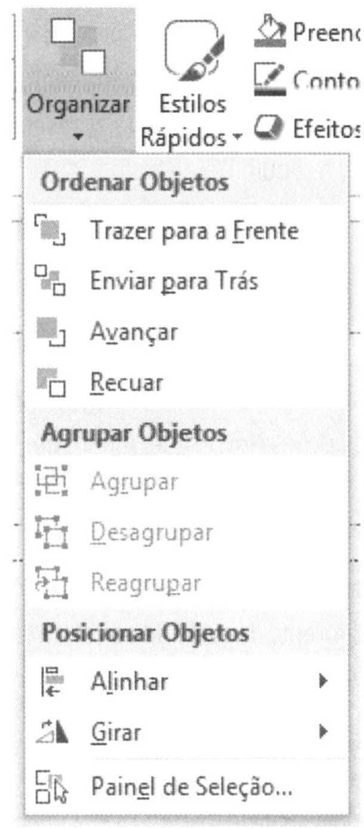

Efeitos

Os efeitos são recursos do Office 2007 que permitem atribuir mais vida às estruturas, como a possibilidade de formatar uma imagem de modo que ela pareça um botão utilizando o efeito Bisel.

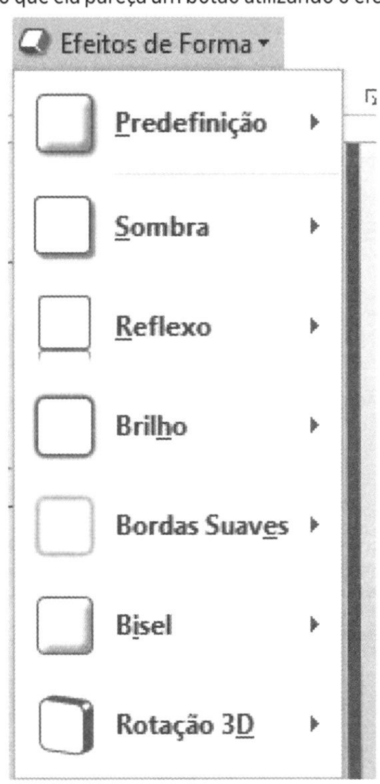

1.1. Bloco Edição

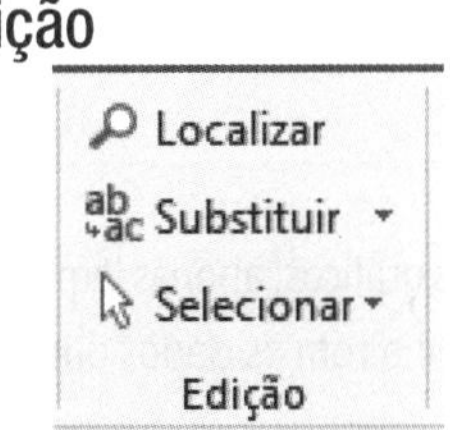

7.5 Aba Inserir

Na aba Inserir são disponibilizadas inúmeras opções de estruturas que podem ser inseridas na apresentação em edição, conforme ilustrado a seguir.

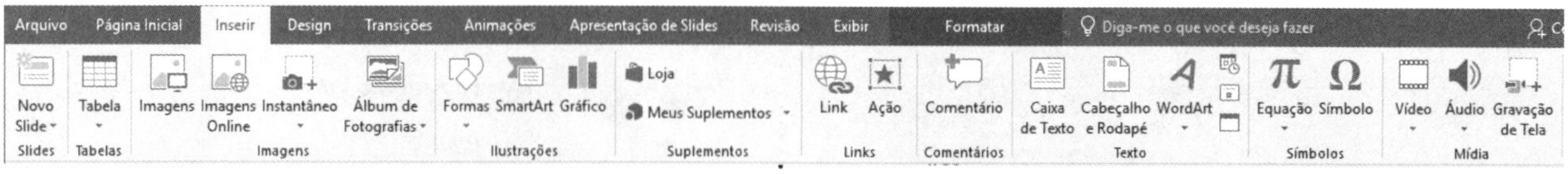

A grande maioria das opções também é encontrada no Word, todavia, as opções Novo Slide, Álbum de Fotografias, Ação, número do Slide, Vídeo e Áudio são específicas do editor de apresentação de slides.

Vale também destacar que a estrutura de cabeçalho e rodapé de um slide é diferente daquela do editor de texto. Observe que o botão apresenta a característica das duas funções em um.

Álbum de fotografias

Pode-se enfatizar a opção Álbum de Fotografias, opção que permite criar rapidamente, por meio da seleção de uma pasta contendo as imagens um álbum de fotos, colocando apenas uma foto por slide ou mais.

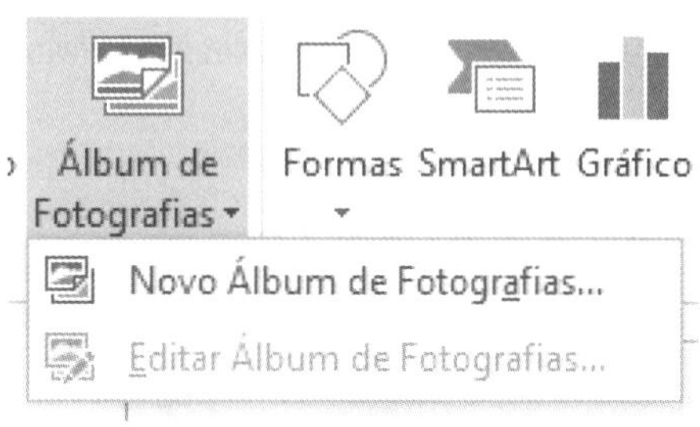

SmartArt

O recurso SmartArt permite criar esquemas organizacionais; tal recurso passou a existir a partir da versão 2007 do MsOffice

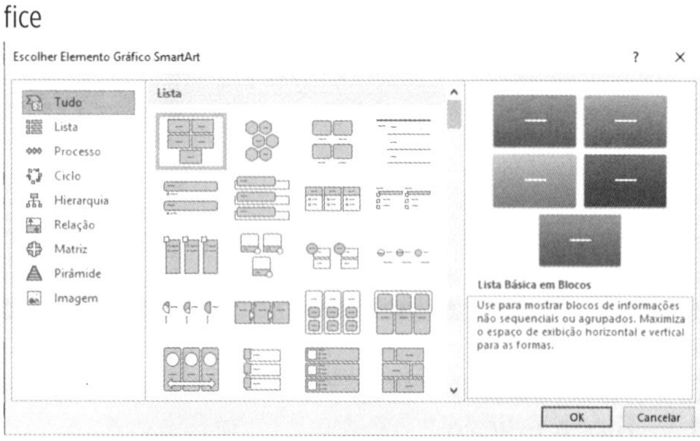

Gráficos

Com relação aos gráficos, apenas lembre-se de que eles necessitam de uma planilha com os dados que serão representados no gráfico.

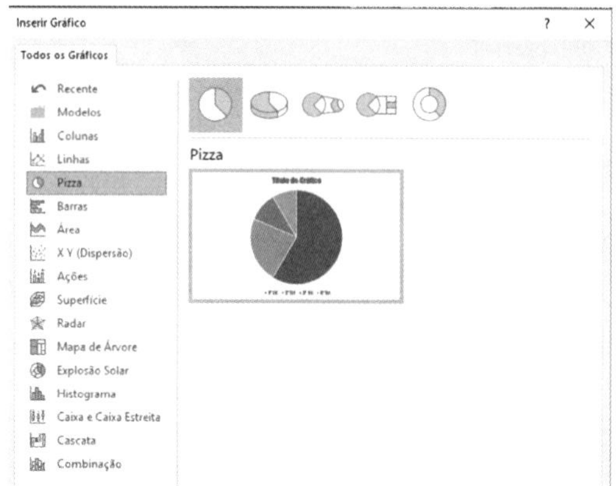

Ação

Por meio do botão Ação, podemos criar interações em meio à apresentação de slides, como navegar de modo aleatório entre os slides.

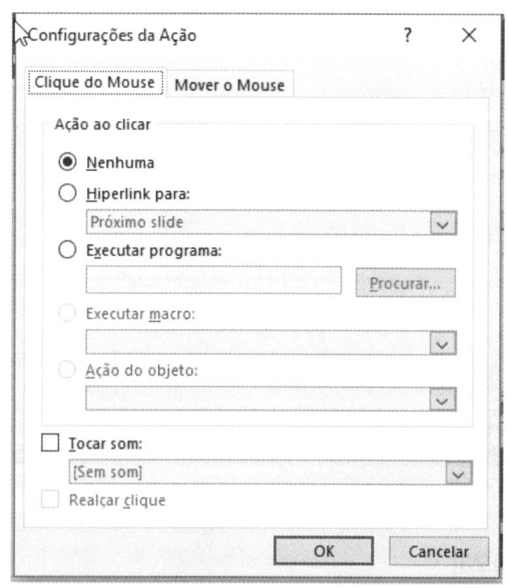

Cabeçalho e Rodapé

Cuidado com a estrutura de cabeçalho e rodapé, pois no Word ela opera de modo diferente do que no PowerPoint. Nos slides também podemos trabalhar com rodapé, mas não cabeçalhos, apesar de a ferramenta possuir este nome. Na verdade, é porque o cabeçalho pode ser inserido no formato das anotações e folhetos, como mostra a segunda figura que ilustra a aba **Anotações e Folhetos.**

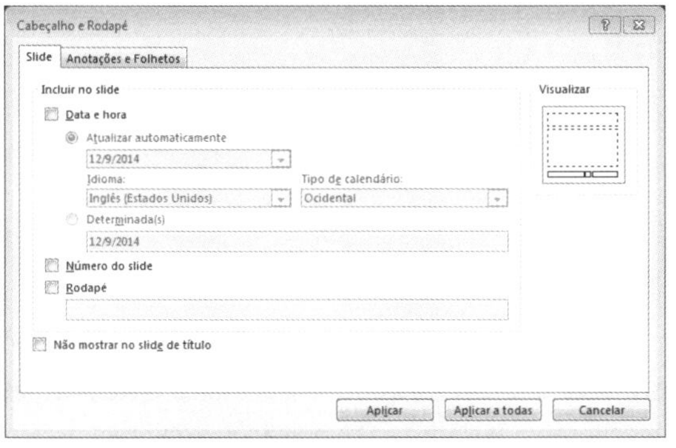

Observe ainda que existem espaços específicos para cada campo: o canto esquerdo inferior é reservado para a Data e Hora, enquanto que o rodapé ocupa o espaço ao centro e o número de slide à direita.

Contudo, este posicionamento pode variar de acordo com o Design usado na apresentação, ou seja, de acordo com a formatação do Slides Mestre.

Já nos folhetos e anotações, o cabeçalho ocupa o canto superior esquerdo, enquanto que o rodapé usa o campo inferior esquerdo. Na posição superior direita, podemos exibir a data e a hora, enquanto que no canto inferior direto, temos o espaço para o número da página.

1.1. Bloco Mídia

Aqui, notamos que é possível inserir em uma apresentação de slides um filme. como também um arquivo de áudio.

Uma outra novidade da versão 2016 é a opção Gravação de Tela, que permite gravar a tela inteira ou apenas uma área selecionada. Incluindo ou não o ponteiro do mouse e som, normalmente alguma narração.

7.6 Aba Design

Por meio desta aba, é possível mudar a configuração de um slide, colocando-o com orientação diferente do padrão, paisagem, ou mesmo mudar suas dimensões, bem como alterar o conjunto de cores de fundo e fontes por meio dos temas.

7.7 Aba Transações

Na Aba Transições, encontram-se as opções referentes à troca dos slides durante a apresentação. No Office 2016, não há novas transições se comparado à versão anterior. Contudo, a renderização passou por melhorias para que os efeitos possuam uma melhor qualidade visual. Também é possível configurar tempos para cada slide e para o efeito de transição, por meio das opções disponibilizadas no bloco Intervalo.

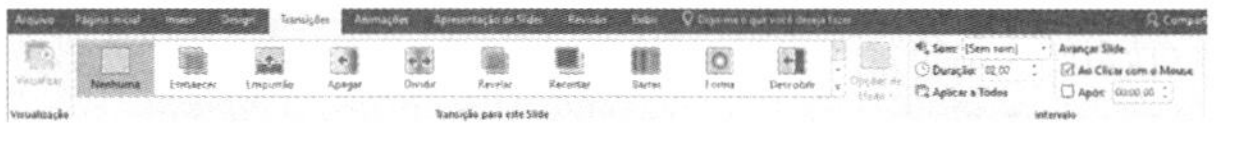

Efeitos de Transição

7.8 Aba Animações

Já na aba animações são encontradas opções que podem ser aplicadas a elementos em um slide, como figuras e textos. Da mesma maneira que é possível configurar o tempo de uma troca de slides, é possível configurar a duração de uma animação.

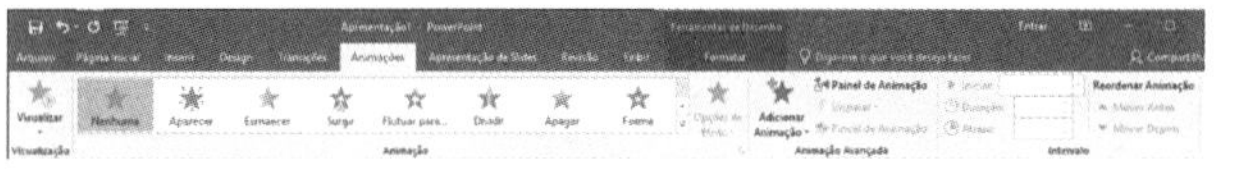

Efeitos de Animações

Os efeitos de animação são organizados em 4 grupos: Entrada, Ênfase, Saída e Caminhos de Animação, sendo os 3 primeiros os principais.

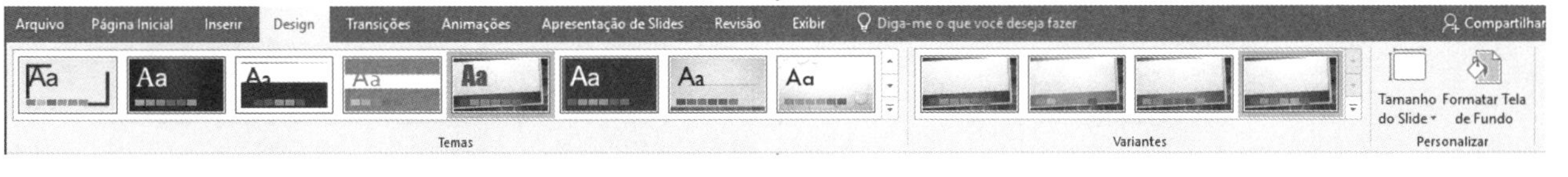

É possível utilizar mais de um efeito por objeto, porém é necessário usar a opção Adicionar Animação caso já tenha aplicado alguma ao elemento, pois se for apenas selecionada outra animação, ela irá substituir o efeito selecionado anteriormente.

7.9 Aba Apresentação de Slides

Na Aba apresentação podemos configurar a apresentação como um todo.

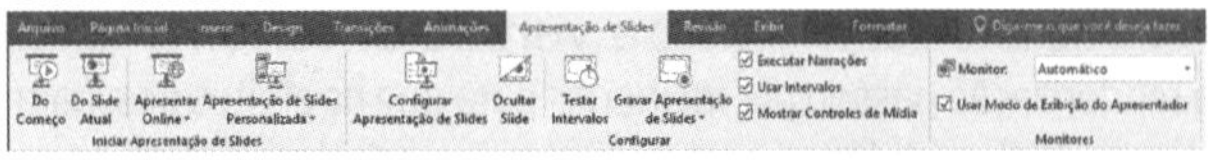

A opção do começo exibe a apresentação de slides a partir do primeiro Slide. A tecla de atalho correspondente é a tecla F5, já a opção do Slide atual exibe a apresentação a partir do slide selecionado, a tecla de atalho para esta opção é SHIFT + F5.

O PowerPoint 2016 é integrado com recursos Online, como a opção Apresentar Online, que possibilita disponibilizar uma apresentação de slides para que possa ser visualizada via Internet enquanto é exibida. Para tanto, é necessário utilizar uma Windows Live ID.

Outra opção Interessante é a opção Modo de Exibição de apresentador, que permite a um monitor e um projetor, ou mesmo dois monitores conectados ao computador, exibir a apresentação em um (normalmente no projetor) e no outro monitor uma tela de acompanhamento que exibe as anotações de cada slide, a sua miniatura e o tempo decorrido do início da apresentação.

1.1. Bloco Configurar Apresentação

Configurar Apresentação de Slides

A configuração de uma apresentação permite definir se a apresentação será exibida em tela inteira ou na forma de janela, bem como a forma de avanço dos slides e quais serão os slides.

Ocultar Slide

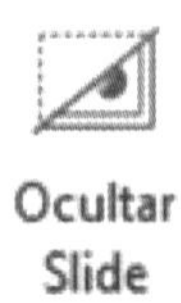

Essa opção permite ocultar o slide selecionado; tal slide também não é exibido na apresentação.

Testar Intervalos

Esse recurso é muito utilizado para animações com textos com transição automática. Uma vez acionada essa função, a apresentação de slides é iniciada e, a cada vez que um slide é avançado, o tempo é gravado a fim de que esse tempo seja usado na exibição dos slides.

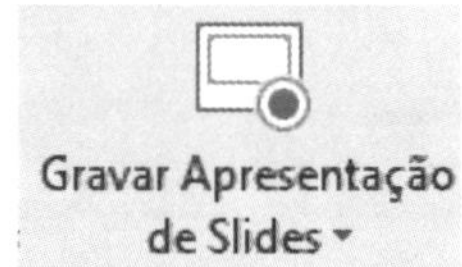

Modo Apresentador

Outra opção Interessante é a opção modo de exibição de apresentador, que permite a um monitor e um projetor, ou mesmo dois monitores conectados ao computador, exibir a apresentação em um (normalmente no projetor) e no outro monitor uma tela de acompanhamento que exibe as anotações de cada slide, a sua miniatura e o tempo decorrido do início da apresentação.

7.10 Aba Revisão

A aba Revisão do PowerPoint apresenta as mesmas opções que o Word. Portanto, a probabilidade é que, seja cobrada alguma função em questões sobre o editor de texto, por conta da sua relevância.

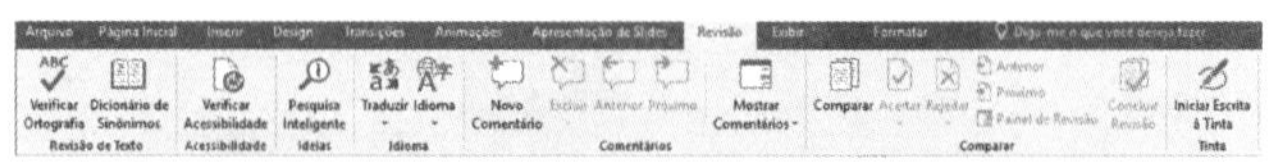

7.11 Aba Exibir

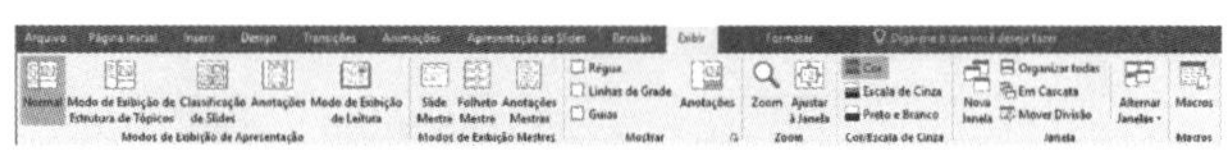

No PowerPoint, temos os seguintes modos de exibição que podem ser selecionados mediante a Aba Exibição.

Normal

O modo normal é o modo padrão de edição. Neste modo, a finalidade é a edição dos slides. Na lateral esquerda são exibidas as miniaturas dos slides em edição. É importante notar que há uma linha bem sutil abaixo do slide principal (em edição) que se encontra com a linha que separa as miniaturas. Essa linha pode ser movida para cima, a fim de exibir o espaço das anotações do slide. Também é possível clicar na opção Anotações que está na barra de Status.

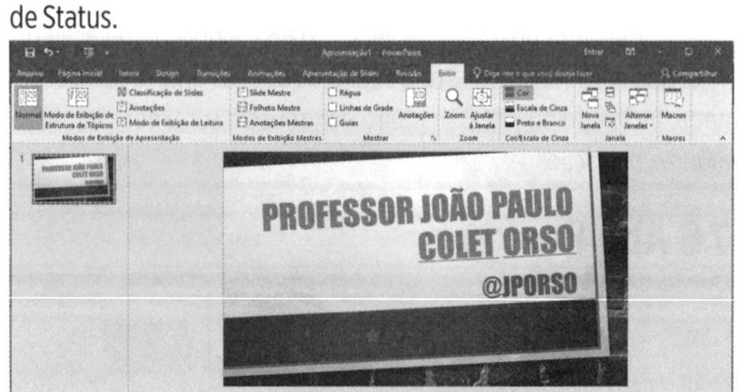

Estrutura de Tópicos

A principal característica desse modo é não apresentar características visuais, como imagens ou plano de fundo. Observe que esse modo altera apenas a visualização do painel à esquerda. Nele são indicados os slides e cada parágrafo é apresentado como um tópico.

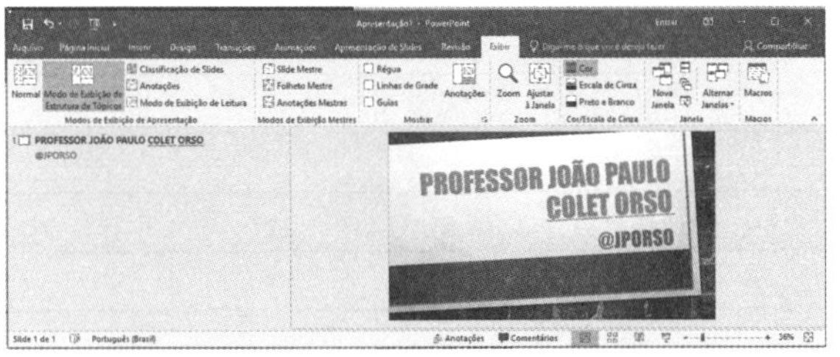

Classificação de Slides

Este modo de visualização é útil para reordenar os slides da apresentação, visualizando-os em miniatura.

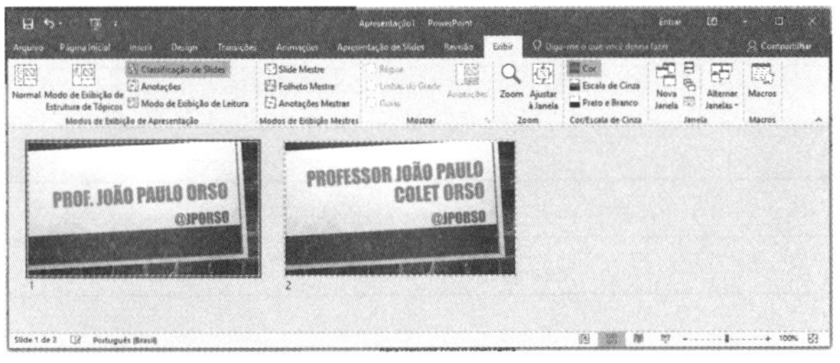

Anotações

Esta opção permite que sejam inseridas anotações que podem ser impressas, porém que não aparecem no momento da apresentação de slides.

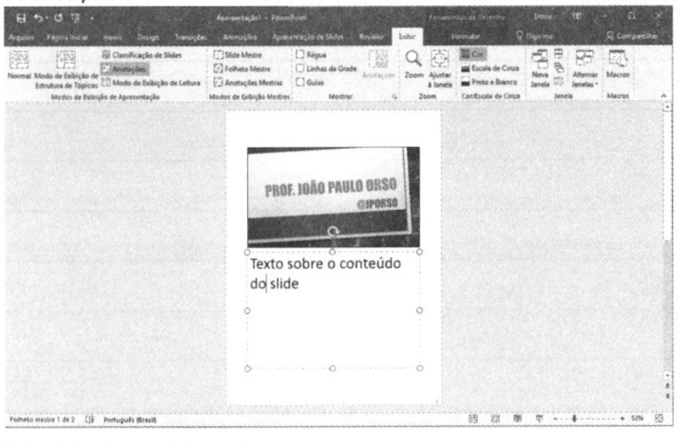

7.12 Slide Mestre

Por meio do **Slide Mestre é possível alterar os espaços reservados para os slides, os cabeçalhos e os rodapés.**

Mediante o **Folheto Mestre** é possível alterar cabeçalhos e rodapés.

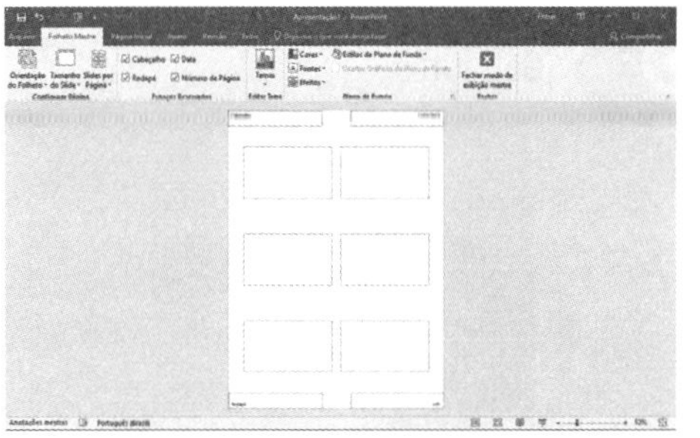

Já nas **Anotações Mestras podemos alterar os espaços reservados para os slides, as anotações, os cabeçalhos e** os rodapés.

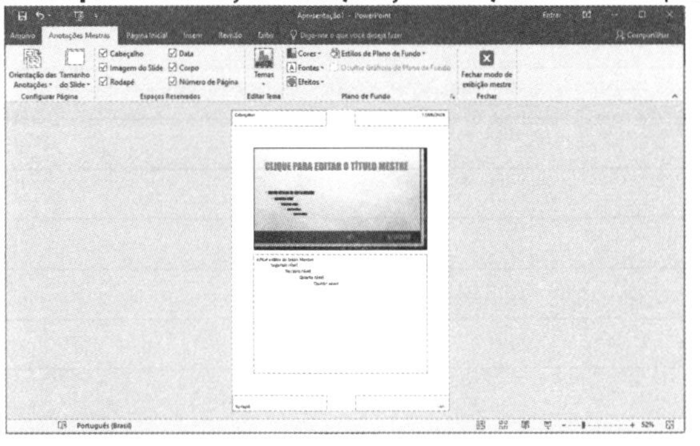

Questões

01. Julgue o item que se segue, acerca da edição de textos, planilhas e apresentações nos ambientes Microsoft Office e BrOffice.

Na versão 2016 do PowerPoint do Microsoft Office Professional, é possível abrir arquivos no formato .odp, do Impress do BrOffice; contudo, não é possível exportar ou salvar arquivos .pptx originais do PowerPoint como arquivos .odp.

Certo ( ) Errado ( )

02. Julgue o item que se segue, acerca da edição de textos, planilhas e apresentações nos ambientes Microsoft Office e BrOffice.

O PowerPoint 2016 possui recurso que permite duplicar um slide selecionado: realiza-se a cópia do referido slide, mantendo-se o seu conteúdo e a sua formatação.

Certo ( ) Errado ( )

03. Julgue o item que se segue, acerca da edição de textos, planilhas e apresentações nos ambientes Microsoft Office e BrOffice.

A opção Ocultar Slide, do PowerPoint 2016, permite ocultar um slide selecionado para que ele não seja mostrado na apresentação.

Certo ( ) Errado ( )

04. Julgue o próximo item, relativo aos aplicativos para edição de textos, planilhas e apresentações do ambiente Microsoft Office 2016.

Uma apresentação criada no PowerPoint 2016 não poderá ser salva em uma versão anterior a esta, visto que a versão de 2016 contém elementos mais complexos que as anteriores.

Certo ( ) Errado ( )

05. Acerca da edição de textos, planilhas e apresentações no ambiente Microsoft Office 2016, julgue o item subsequente.

No PowerPoint 2016, é possível salvar um arquivo no formato de Apresentação de Slides do PowerPoint, o qual possuirá a extensão ppsx.

Certo ( ) Errado ( )

Gabaritos

01	ERRADO
02	CERTO
03	CERTO
04	ERRADO
05	CERTO

8. BROFFICE WRITER – EDITOR DE TEXTO

8.1 Formatos de Arquivos

Quando se fala nos editores do BrOffice (Libre Office), devemos conhecer seus formatos de arquivos padrões, ou seja, o formato com o qual será salvo um arquivo ao acionar a opção **Salvar Como.**

A suíte de aplicativos como um todo possui um formato genérico ODF (Open Document File – Formato de Documento Aberto). Assim, é, possível no editor de texto, salvar neste formato, bem como no Calc e Impress.

No entanto, o formato específico do Writer é o ODT (Open Document Text). As provas costumam relacionar os formatos com as versões dos editores. Então, vale lembrar que o Word2003 não consegue trabalhar com esse formato de arquivo. Mas, pelo Writer, é possível salvar um documento de modo que ele possa ser aberto pelo Word 2003, ou seja, é possível salvar nos formatos DOC e DOCX. Em relação ao Word 2007 e 2010, por padrão, esses programas conseguem abrir e salvar arquivos no formato ODT.

8.2 Formatação de Texto

A principal finalidade do Writer é editar textos. Portanto, suas principais ferramentas são para a formatação de documentos. Podemos encontrar essas opções de formatação por meio de quatro caminhos:

Barra de Ferramentas de Formatação

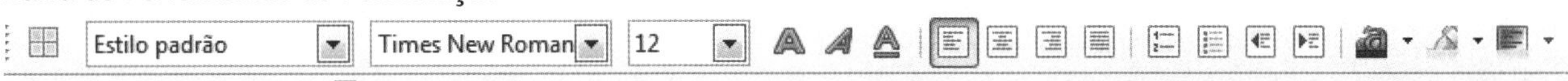

Menu Formatar

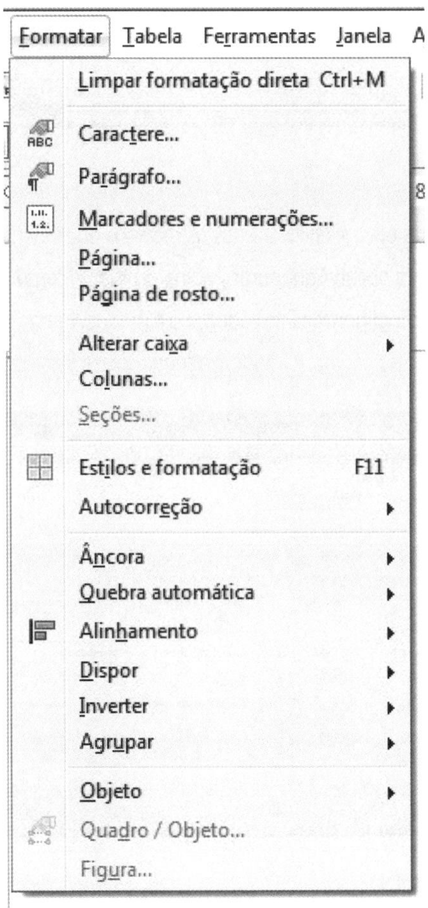

Atalhos

Botão Direito do Mouse

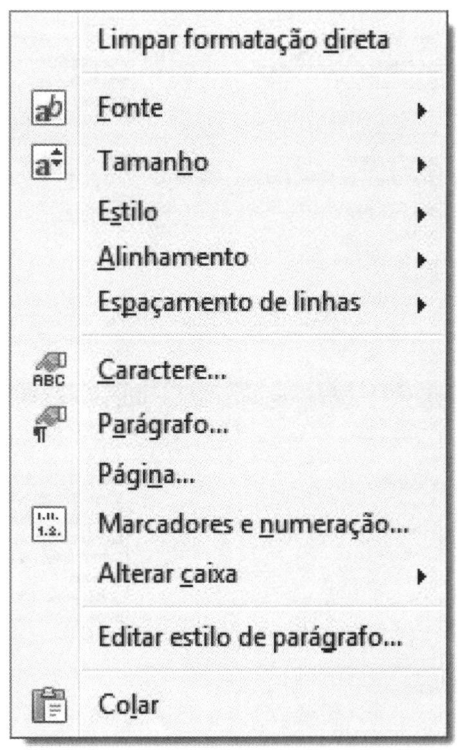

Menu Formatar

Caractere

Ao acionar esta opção, será aberta a janela ilustrada a seguir, por meio da qual podemos formatar as propriedades de fonte, como tipo/nome, estilo e tamanho e, pela aba Efeitos de Fonte, alterar a cor da fonte.

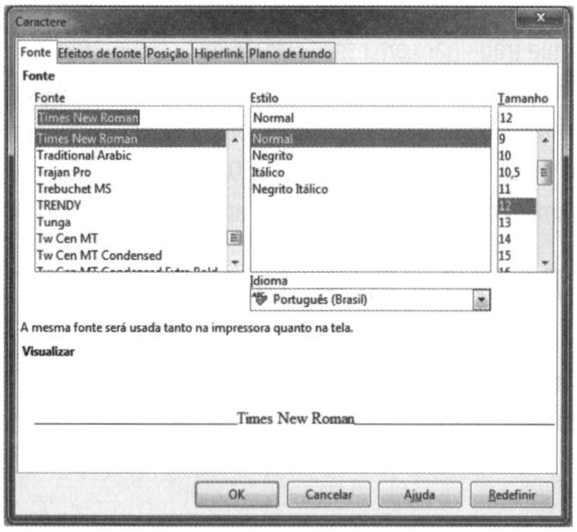

Parágrafo

As propriedades de Parágrafo englobam opções como recuos, espaçamento e alinhamentos, conforme ilustrado nas figuras na sequência:

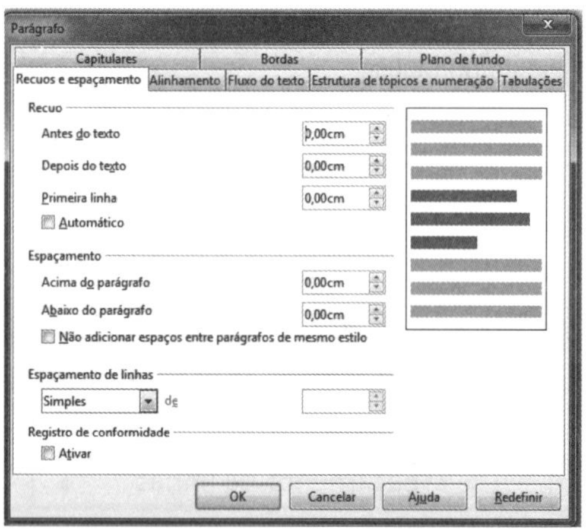

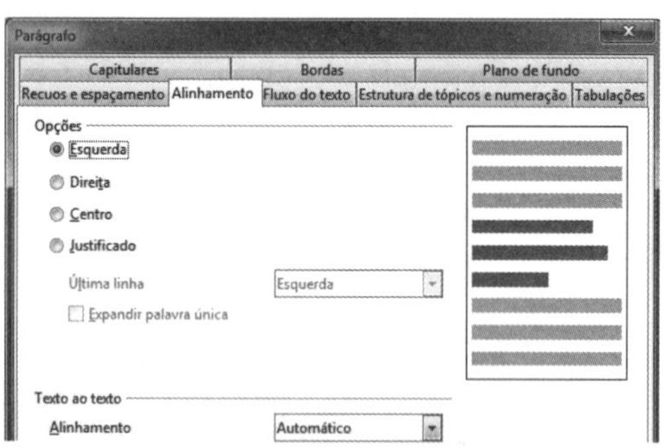

Marcadores e Numeração

Fique atento à identificação de uso deste recurso, pois, pelo menu Formatar, elas estão descritas em conjunto. Porém, na barra de Ferramentas padrão elas são apresentadas em dois botões separados.

Ao acionar a opção pelo menu Formatar, a janela aberta apresenta os Marcadores em uma guia e a numeração em outra, conforme ilustram as duas figuras da sequência:

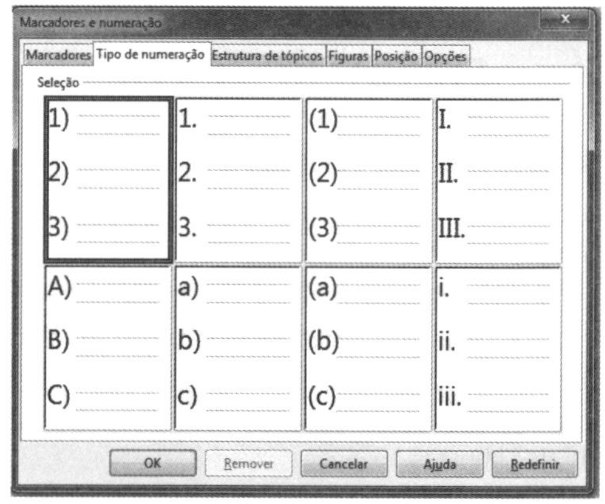

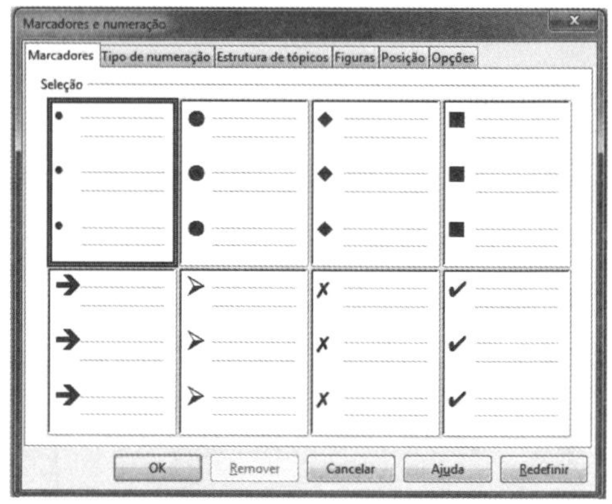

Página

Nesta opção, encontramos os recursos equivalentes aos encontrados na opção Configurar Página do Word, como dimensões das margens, dimensões de cabeçalho e rodapé, tamanho do papel e orientação da página. A imagem a seguir ilustra parte dessa janela:

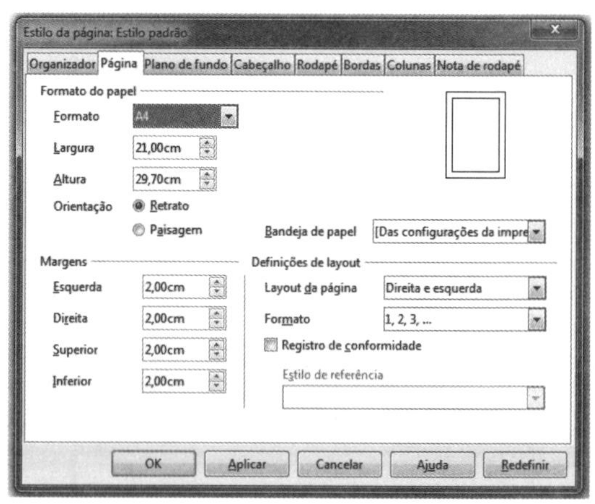

Página de Rosto

Por meio deste recurso, é possível inserir páginas em uma seção separada, para que, de uma forma mais simples, sejam trabalhadas com cabeçalhos e rodapés diferentes em um mesmo documento, mais especificamente, no que tange à numeração de páginas.

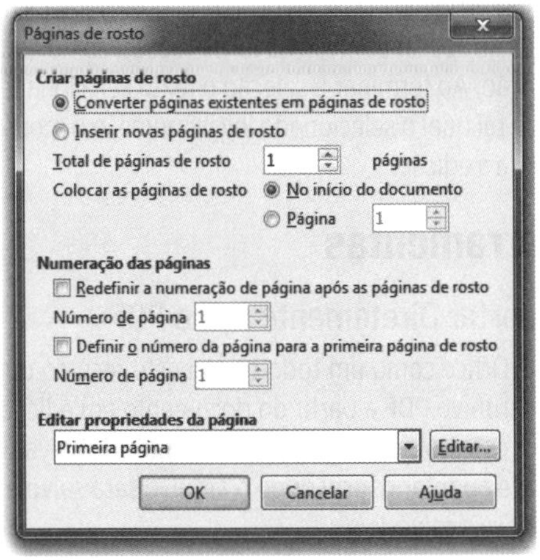

Alterar Caixa ▶

Equivalente à opção Maiúsculas e Minúsculas do Word, essa opção permite alterar a forma do caractere de texto. É importante conhecer as cinco opções desse recurso, conforme ilustrado a seguir:

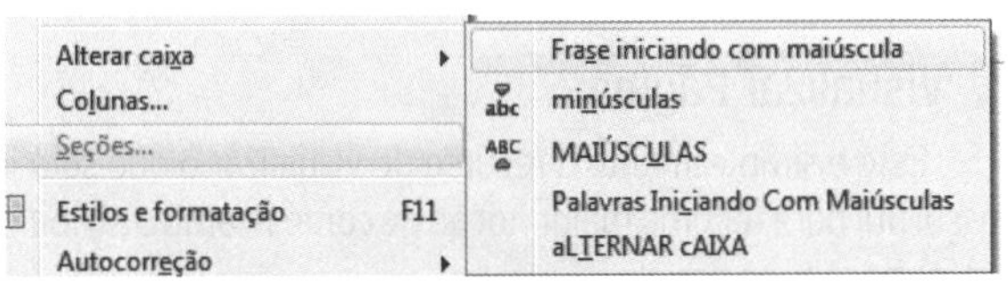

Estilos de Formatação (F11)

Por essa opção, podemos definir estilos de formatação para o texto selecionado, como título 1, título 2, título 3, entre outros, para que a edição do documento seja mais prática, além de favorecer a padronização.

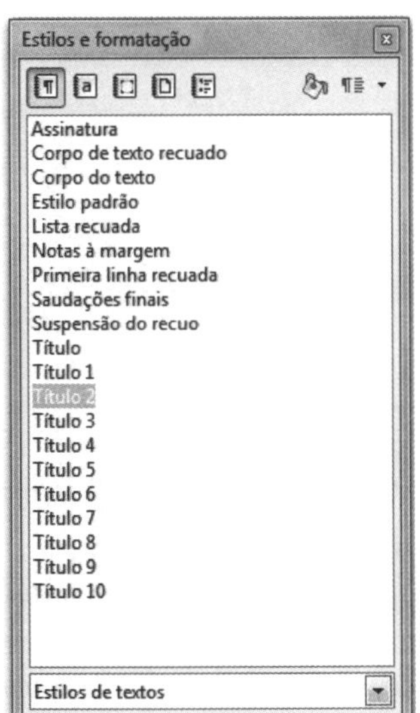

Ferramentas de Formatação

Caractere

O campo descrito por Times New Roman define a grafia com que o texto será escrito, a exemplo: ARIAL, TIMES, Vivaldi . Este campo também é conhecido como Tipo/Nome da Fonte.

- Negrito (CTRL + B)
- Itálico (CTRL + I)
- Sublinhado (CTRL + U)
- Cor da Fonte
- Realçar (exemplo do efeito)

Parágrafo

- Alinhamento à Esquerda (CTRL + L)
- Alinhamento Centralizado (CTRL + E)
- Alinhamento à Direita (CTRL + R)
- Alinhamento Justificado (CTRL + J)
- Ativar/Desativar Numeração (F12)
- Ativar/Desativar Marcadores (Shift + F12)
- Diminuir o Recuo
- Aumentar o Recuo

Tabulações

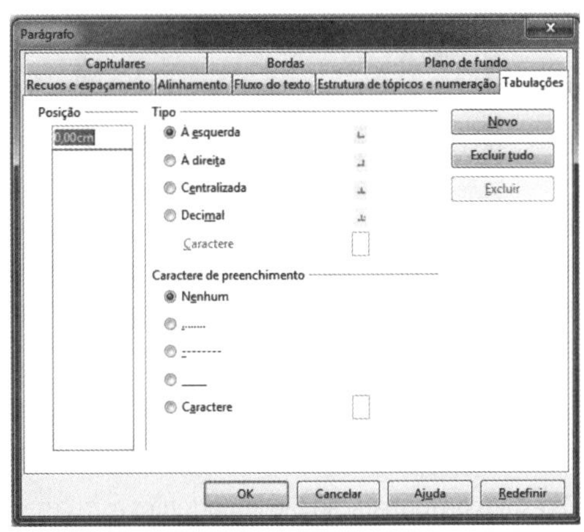

Caracteres não imprimíveis (CTRL + F10)

Exibe as marcas de edição, que, como o próprio nome já informa, não aparecem na impressão. Essas marcações são úteis para um maior controle do documento em edição, como ilustrado a seguir. Os pontos à meia altura da linha representam um espaço e o mesmo símbolo do botão indica o final de um parágrafo. Assim, no exemplo a seguir, existem dois parágrafos.

Cor do Plano de Fundo

Atenção para não confundir a cor do fundo do parágrafo com a ferramenta Realçar, pois a função Realçar aplica uma cor ao fundo do texto selecionado, enquanto que a opção do Plano de Fundo aplica ao parágrafo, mesmo que tenha sido selecionada apenas uma palavra.

Estilos e Formatação (F11)

Por meio deste botão ou pela tecla de atalho, é exibido o painel de estilos que oferece diversos estilos para a formatação do texto, por exemplo: Título 1, título 2, título 3, entre outros. A imagem a seguir ilustra o painel:

Além desse painel, também é possível escolher e aplicar um estilo por meio do Campo Estilos, ilustrado a seguir, presente na barra de ferramentas de formatação logo à esquerda do campo do tipo da fonte.

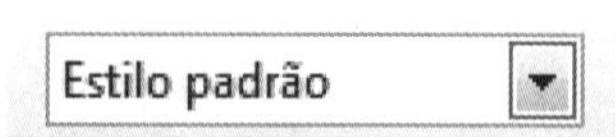

Os estilos de formatação são importantes estruturas na edição de um texto, principalmente se for necessário trabalhar com sumário, pois para utilizar o recurso de sumário, de forma que ele seja automático, é necessário utilizar os estilos de título.

Pincel de Estilo

A ferramenta de Pincel de Estilo serve para copiar apenas a formatação. Ela não copia textos, apenas as suas características, como cor da fonte, tamanho, tipo de fonte entre outras, com o intuito de aplicar em outro trecho de texto.

O funcionamento da ferramenta parte de uma seleção prévia do trecho de texto que possui a formatação desejada, clicar no botão pincel de estilo, na sequência selecionar o trecho de texto ao qual se deseja aplicar as mesmas formatações, como que pintando a formatação. Ao terminar a seleção o texto selecionado já estará formatado tal qual o selecionado inicialmente, e o mouse volta ao normal para a edição.

8.3 Ferramentas

Exportar Diretamente como PDF

O BrOffice como um todo possui este recurso que permite gerar um arquivo PDF a partir do documento em edição. A janela aberta por este botão é muito similar à janela de Salvar Como, em que se deve apontar o local onde o arquivo será salvo e com qual nome se deseja salvá-lo.

Imprimir Arquivo Diretamente

Este é um recurso diferente da impressão habitual pelo atalho CTRL+P. Essa ferramenta de impressão direta manda o arquivo diretamente para a impressora que estiver definida, pelo painel de controle, como padrão, usando as propriedades padrão de impressão.

Visualizar Página

Este é simplesmente o recurso de visualizar o que será impresso, útil para ter uma maior noção de como ficarão distribuídas as informações no papel.

Ortografia e Gramática (F7)

Essa ferramenta exibe uma janela, ilustrada a seguir, por meio da qual é possível corrigir as palavras "erradas" no texto. Erradas porque na verdade, são indicadas as palavras não conhecidas pelo dicionário do programa. Uma vez que ela esteja correta, é possível acrescentá-la ao dicionário.

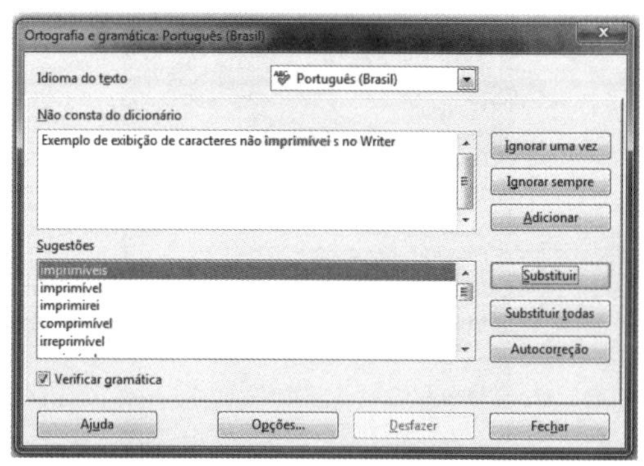

Autoverificação Ortográfica

A Autoverificação é uma ferramenta presente apenas no BrOffice, cuja finalidade é apenas habilitar ou desabilitar a exibição do sublinhado vermelho das palavras desconhecidas.

Navegador (F5)

O Navegador tem aparecido nas provas apenas a título de conhecimento de seu nome, associado ao símbolo e atalho. Essa ferramenta é um recurso para navegar no texto, a partir das suas estruturas, como títulos, tabelas, figuras e outros itens que podem ser visualizados na figura a seguir:

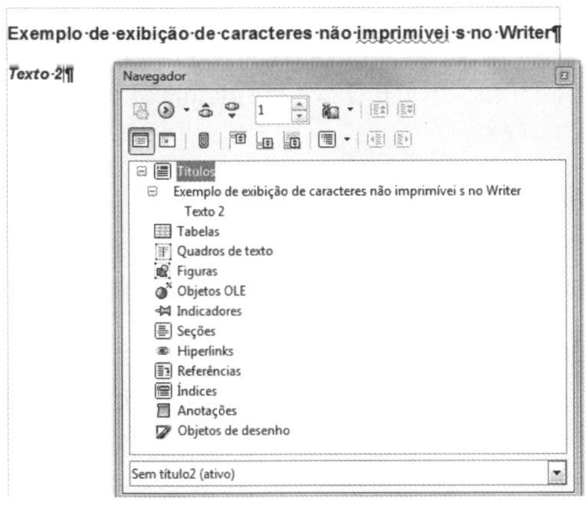

Galeria

O recurso Galeria tem peso similar ao Navegador nas provas. Acionar essa ferramenta resulta na exibição do painel ilustrado a seguir, por meio do qual é possível inserir, em meio ao documento, estruturas de navegação Web, como botões, sons e outros itens.

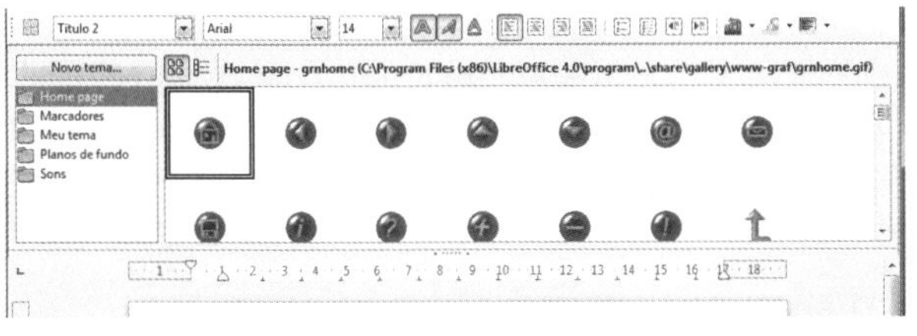

- Tabela (CTRL + F12)

O botão Tabela pode ser usado de duas maneiras. Clicando no desenho da tabela, é aberta a janela ilustrada a seguir. Caso seja clicado na flecha, é exibido um reticulado, pelo qual é possível selecionar a quantidade de células que se deseja criar numa tabela.

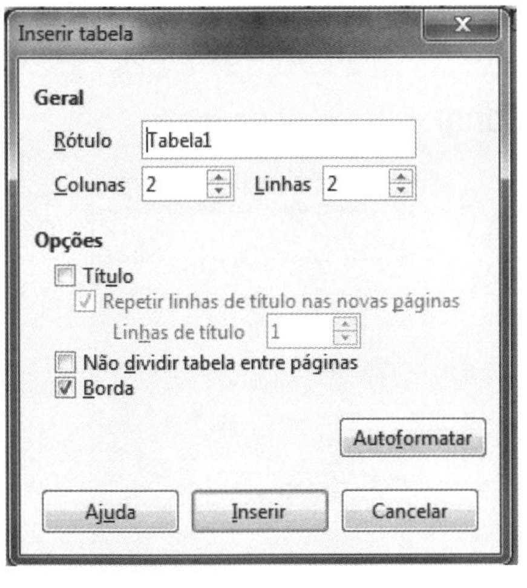

Formatar → Página

Aba Página

A aba Página é a principal da janela de formatação de página. A figura a seguir ilustra essa aba. Observe que as margens estão definidas por padrão em 2cm, e que o tamanho do papel padrão é o A4.

Também é possível determinar a orientação da página. Vale lembrar que, em um mesmo documento, é possível intercalar páginas com orientações diferentes. Para isso, devem ser utilizadas seções.

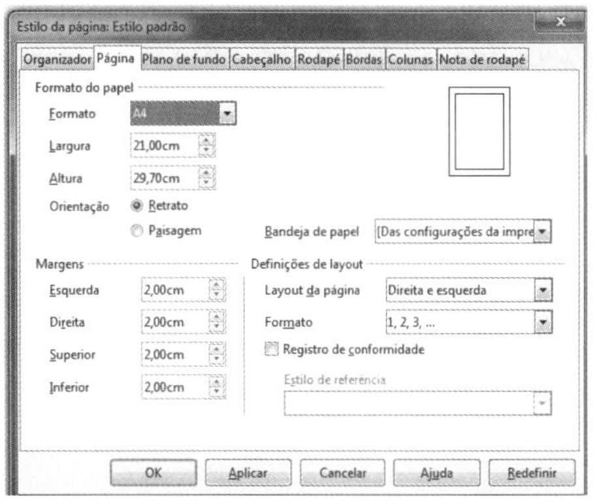

8.4 Barra de Menus

A seguir, é ilustrada a Barra de Menus e, por meio dela, temos acesso a quase todas as funcionalidades do programa. Observe que cada menu possui uma letra sublinhada. Por exemplo, o menu Arquivo possui a letra A sublinhada, essa letra sublinhada é a letra que pode ser utilizada após pressionar a tecla ALT, com o intuito de abrir o devido menu. Não é uma combinação necessariamente simultânea. Ela pode ser sequencial, ou seja, teclar ALT soltar e então pressionar a letra.

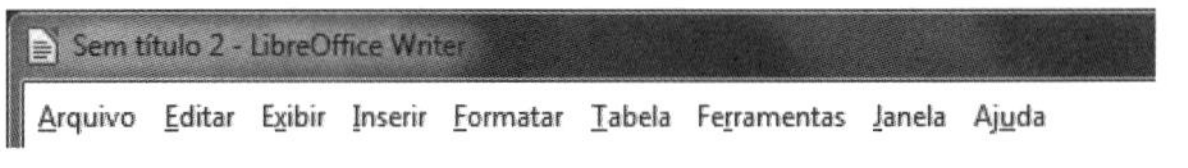

Menu Arquivo

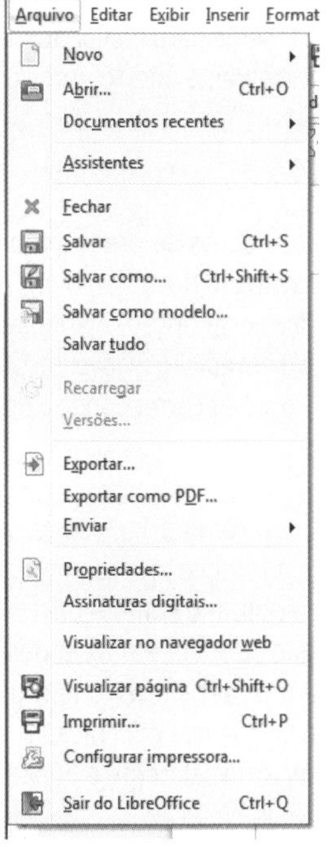

Novo ►

Dentre as opções do menu Arquivo, damos destaque para a opção **Novo. Ela aponta a característica do BrOffice de ser uma suíte de aplicativos integrada, pois, mesmo estando no Writer, é possível criar uma planilha do Calc. No entanto, ao escolher na**

opção Novo, uma planilha será criada no Calc. Porém, ao realizar o acesso por meio deste caminho, o Calc é carregado mais rapidamente do que se o BrOffice estivesse fechado.

Para criar um Novo Documento em Branco podemos também utilizar a opção do atalho CTRL + N.

Abrir (Ctrl + O)

Permite abrir um arquivo existente em uma unidade de armazenamento, navegando entre os arquivos e pastas.

Documentos Recentes ▶

Exibe a lista com os últimos documentos abertos, como também aqueles salvos, no Writer, com o intuito de fornecer um acesso mais rápido a eles.

Assistentes ▶

Conforme ilustrado a seguir, existem vários assistentes no BrOffice. Eles são nada mais do que procedimentos realizados em etapas, a fim de auxiliar na criação ou estruturação de informações.

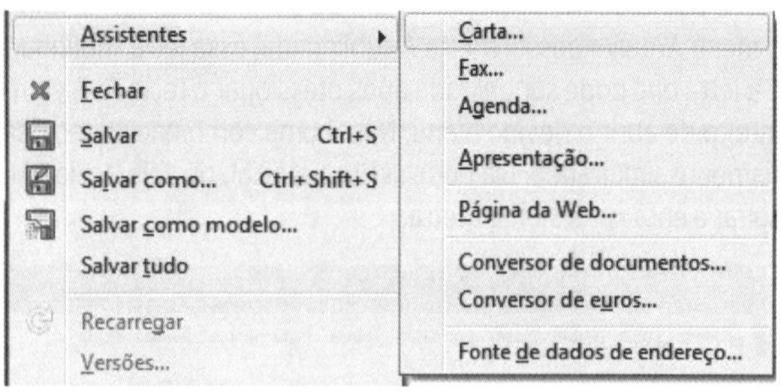

Fechar

A opção Fechar serve para fechar apenas o documento em edição, mantendo o programa aberto. Tem como teclas de atalho CTRL+W ou CTRL + F4.

Salvar

A opção Salvar apenas se preocupa em salvar as últimas alterações realizadas em um documento em edição. Seu atalho é CTRL + S no Writer. Mas essa opção possui uma situação de exceção, quando o arquivo em edição é novo, ou seja, que nunca tenha sido salvo. Essa opção salvar corresponde à opção Salvar Como.

Salvar Como

Esse recurso tem como princípio gerar um novo arquivo. Assim, se um arquivo for aberto e sejam realizadas várias alterações, sem salvar, e utilizar o comando Salvar Como, será aberta uma janela em que se solicita o local desejado e o nome do arquivo. Também é possível alterar o tipo de documento, após salvá-lo. O documento que fica em edição é o que acabou de ser salvo. O arquivo aberto inicialmente é apenas fechado, sem nenhuma alteração.

Salvar como Modelo

Podemos criar um documento-base para outros documentos, utilizando formatações específicas. Assim, essa opção é a utilizada para salvar este arquivo, de modo que possa ser utilizado para esse fim.

Salvar Tudo

Essa ferramenta aplica o comando salvar todos os documentos em edição no BrOffice, até mesmo os que estiverem em edição no Calc.

Recarregar

Ao acionar essa opção, a última versão salva do documento é restaurada. Com isso, as alterações não salvas serão perdidas.

Exportar

É possível pelo BrOffice exportar o documento de texto para outros formatos utilizados por outros programas como: XML, HTML, HTM, ou mesmo o PDF.

Exportar como PDF

A opção Exportar como PDF é basicamente um caminho mais curto e explícito para gerar um arquivo PDF, a partir do documento em edição.

Assinaturas Digitais

Assim como o Microsoft Office no BrOffice, é possível assinar um documento digitalmente. Claro que, para utilizar a funcionalidade por completo, é necessário possuir um certificado digital. Contudo, mesmo não possuindo um, é possível utilizar esse recurso para assinar um documento. Porém, apenas será garantida a integridade do mesmo e apenas no próprio computador do usuário.

Visualizar no Navegador Web

Já que podemos criar páginas da Internet, é interessante que, no mínimo, possamos visualizar como ela ficaria no navegador. Diante disso, ao acionar essa ferramenta, será aberto o navegador de Internet (Browser) padrão exibindo como página o documento em edição.

Sair

Em comparação com a opção Fechar, a opção Sair fecha o programa inteiro, podendo utilizar, para isso, os atalhos ALT+F4 ou CTRL + Q.

Menu Editar

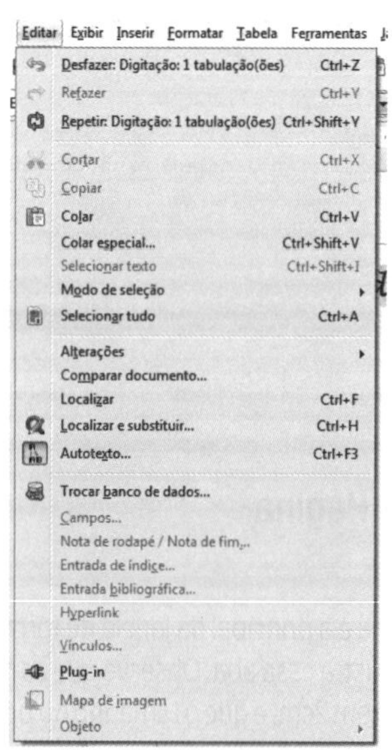

Do menu Editar anteriormente ilustrado, podemos destacar duas opções principais:

Colar Especial

Esse recurso permite colar um determinado dado de acordo com a necessidade de formatação, ou seja, é possível manter a formatação igual à do local de onde foi copiado ou não utilizar formatação.

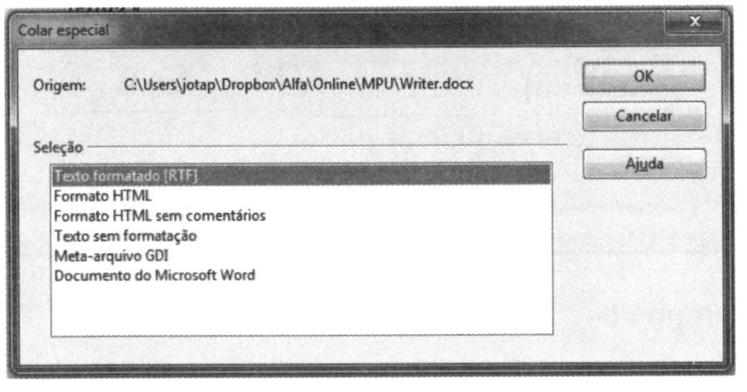

Selecionar Tudo

A opção Selecionar Tudo tem como observação a sua tecla de atalho CTRL + A, que é a mesma utilizada para selecionar todos os arquivos e pastas de um diretório por meio dos gerenciadores de arquivos.

Menu Exibir

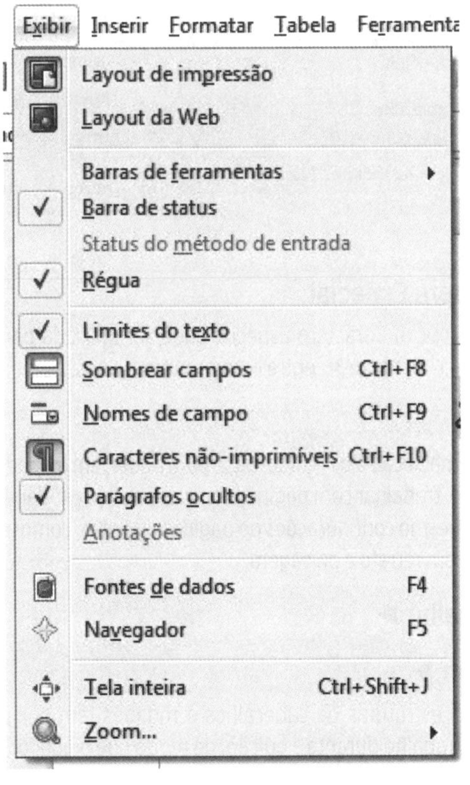

Do menu Exibir devemos conhecer os modos de exibição, bem como alguns itens importantes, listados a seguir. Mas, de modo geral, podemos pensar que as opções que normalmente encontramos nesse menu são coisas que não vemos e gostaríamos de ver, ou que estamos vendo, mas não desejamos mais ver.

Modos de Exibição

São dois os Modos de Exibição: Layout de Impressão (Padrão) e Layout da Web. Contudo, poderíamos até considerar, dependendo da situação, a opção Tela Inteira como um modo de exibição.

Barra de Ferramentas

A principal Barra de Ferramentas questionada nas provas é a barra de Desenho, que existe também no Writer e Calc, mas que é exibida por padrão apenas no Impress. A figura a seguir ilustra as barras disponíveis:

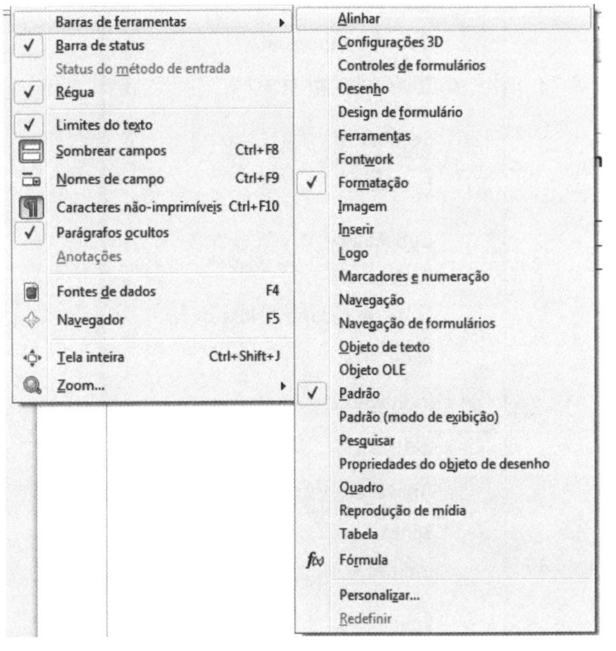

Barra de *Status*

Essa é a barra que aparece por padrão nos editores. Ela fica localizada no fim da janela, ou seja, é a última barra dentro do programa. Nela encontramos informações como número da página atual e total de páginas do documento, idioma em uso e a ferramenta de zoom à direita.

Régua

Para ocultar a régua, basta desabilitar essa opção.

Limites de Texto

Os Limites de Texto que são exibidos por padrão são, na verdade, as linhas que indicam as margens da página, ou seja, a área útil do documento.

Caracteres Não Imprimíveis (CTRL + F10)

Os caracteres não imprimíveis também podem ser ativados pelo menu Exibir, como pelas teclas de atalho.

Navegador (F5)

O Navegador, anteriormente citado, também é encontrado no menu Exibir.

Tela Inteira (CTRL + SHIFT + J)

Modo de exibição que oculta as barras e ferramentas, objetivando a leitura do documento.

Zoom

Também podemos alterar o zoom utilizando o scroll do mouse, combinado com a tecla CTRL.

Menu Inserir

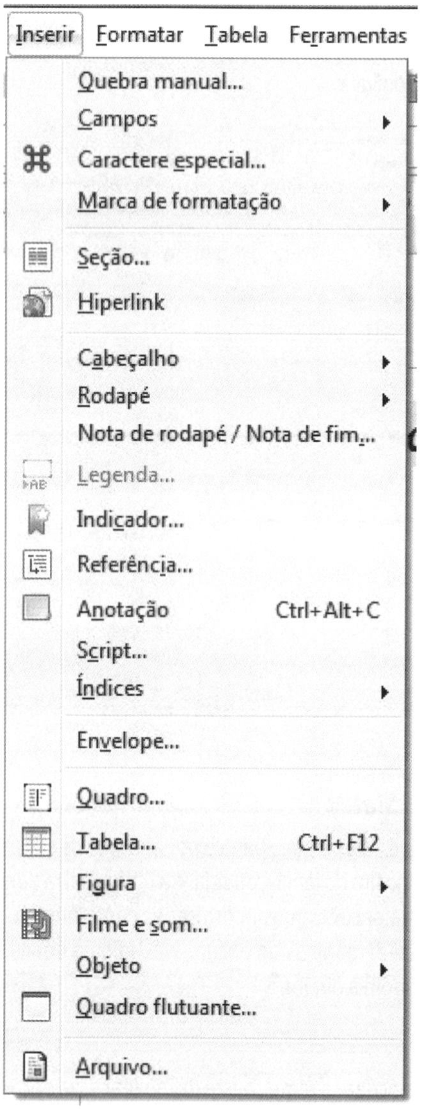

Quebra Manual

Este recurso permite utilizar estruturas que sejam auto-organizadas, como as quebras de página. Existem três quebras de texto possíveis, além das quebras de seção.

Quebra de Linha (SHIFT + ENTER)

Faz com que o conteúdo, após a quebra, seja iniciado na próxima linha.

Quebra de Coluna (CTRL + SHIFT + ENTER)

Faz com que o conteúdo, após a quebra, seja iniciado na próxima coluna.

Quebra de Página (CTRL + ENTER)

Faz com que o conteúdo, após a quebra, seja iniciado na próxima página.

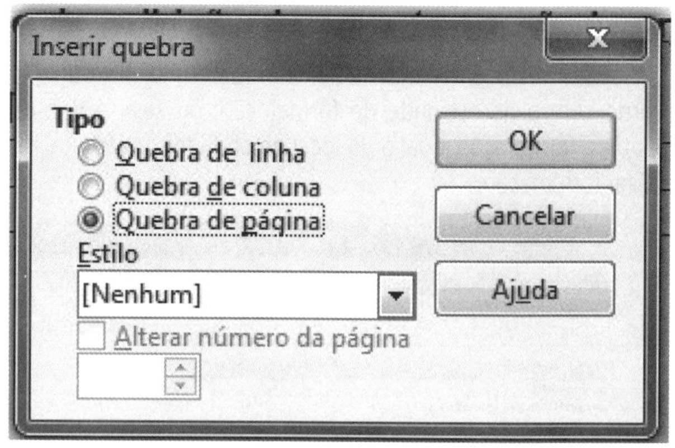

Campos ▶

Os Campos são estruturas de dados que utilizam propriedades do arquivo como nome do autor, título, dentre outras como Data e Hora do sistema.

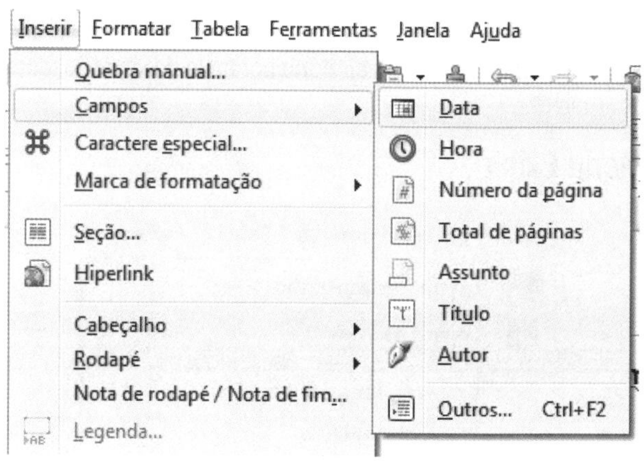

Caractere Especial

A opção Caractere Especial pode ser utilizada para inserir símbolos como este ▶ entre inúmeros outros possíveis.

Seção

Uma Seção é o recurso-base para poder, em um mesmo documento, trabalhar com páginas com cabeçalhos e rodapés distintos, ou mesmo configurações de páginas distintas, como intercalar páginas em retrato e paisagem.

Cabeçalho ▶

Rodapé ▶

As estruturas de cabeçalhos e rodapés têm por princípio poupar trabalho durante a edição, de modo que o que for inserido nestas estruturas se repete nas demais páginas, não necessariamente do documento como um todo, mas em todas as páginas da mesma Seção.

Hiperlink

Um link nada mais é do que um caminho, um atalho para algum lugar. Esse lugar pode ser uma página na Internet, ou

computador, como um arquivo que esteja na Internet ou mesmo no computador local. Também é possível fazer com que um link aponte para algum ponto do mesmo documento, criando uma espécie de navegação. Contudo, para realizar esse procedimento, deve-se antes inserir Indicadores. A imagem a seguir ilustra a janela de inserir Hiperlink:

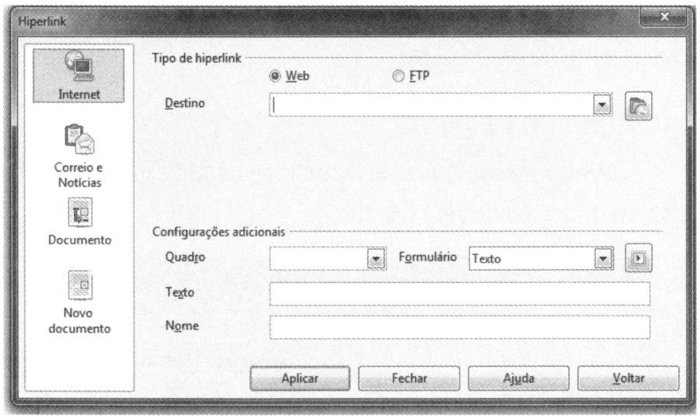

Nota de Rodapé/Nota de Fim

Notas de Rodapé e Notas de Fim são observações que, por vezes, utilizamos para explicar algo que fugiria ao contexto de uma frase[1]. A identificação ao lado da palavra/frase serve para que, no rodapé da mesma página ou ao final do documento, o leitor busque a devida explicação para a observação.

Legenda

Uma Legenda é um recurso que poderia ser utilizado neste documento para identificar as figuras e referenciá-las em meio ao texto, mas como a estrutura de apresentação do conteúdo é linear e procura ser direta, não utilizamos esse recurso.

Indicador

Um Indicador é um ponto de referência para ser apontado por um hiperlink.

Referência

Uma Referência é uma citação pela qual utilizamos a ideia de informar algo do tipo, "conforme **Figura 1". Em vez de escrever a palavra figura 1, estaria utilizando uma referência a ela, para que caso seja inserida uma nova figura antes da 1 no documento, os locais em que havia sido citado como figura 1 sejam refatorados para 2.**

Anotação

É o recurso de comentário que pode ser inserido em um documento como uma anotação do que deve ser feito.

Índices ►

Os Índices são os sumários e listas automáticas que podem ser inseridas em um documento, desde que se tenha utilizado os estilos de título e o recurso de legenda.

Quadro

Um quadro, basicamente, é uma caixa de texto para que seja inserido em seu interior uma estrutura qualquer.

1 Por exemplo, aqui falaria sobre o que é uma frase.

Tabela

É mais um caminho possível para inserir uma tabela dentro do editor, dentre as quatro formas possíveis, como o atalho CTRL + F12.

Figura ►

O recurso Figura permite inserir imagens de diferentes formatos (PNG, GIF, JPG) em um documento.

Filme e Som

É possível inserir uma música ou um vídeo em meio a um documento de texto.

Objeto ►

Destaque para a opção Objeto OLE (Object Linked Embeded) pela qual podemos inserir uma Planilha do Calc dentro de um documento de texto e ainda utilizá-la com suas características de planilha.

Menu Tabela

O menu Tabela apresenta as opções próprias de trabalho com uma tabela, como inicialmente inserir uma tabela no documento em edição. Várias opções aparecem desabilitadas, isso ocorre porque uma tabela não foi selecionada.

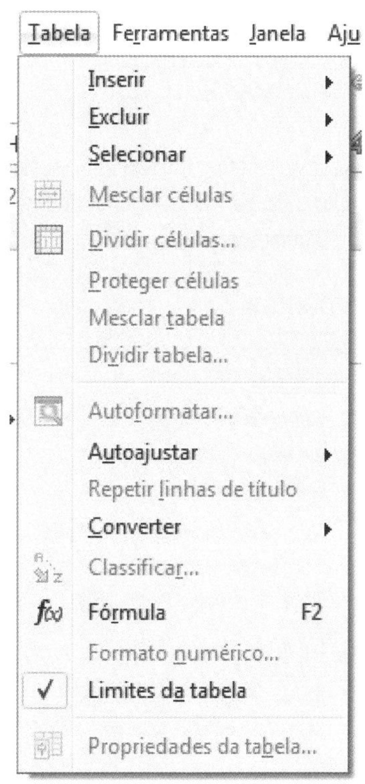

Outro caminho para se inserir uma tabela, além do menu Inserir e do atalho, dá-se por meio do menu Tabela opção Inserir e somente depois a opção Tabela.

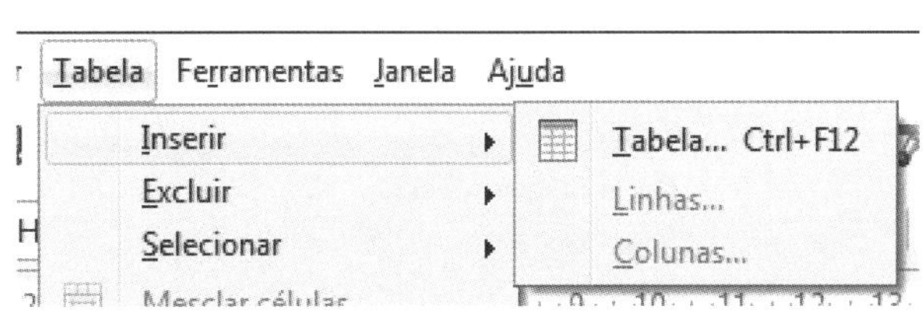

Mesclar Células

Essa ferramenta só fica habilitada quando duas ou mais células de uma tabela estão selecionadas. Ao acioná-las, as células se tornam uma, ou seja, são mescladas.

Dividir Células

Atente-se para esse recurso, pois somente em uma tabela é possível dividir células, ou seja, esse recurso não existe para planilhas.

Proteger Células

É um recurso que pode ser utilizado para bloquear as alterações em uma determinada célula e em uma tabela.

Dividir Tabela

Assim como é possível dividir uma célula, também podemos dividir uma tabela em duas ou mais, mas apenas tabelas.

Repetir Linhas de Título

Quando se trabalha com tabelas muito extensas, que se distribuem em várias páginas, é difícil manter a relação do que se tem em cada coluna e linha. Para não ter que copiar manualmente os títulos, podemos utilizar o recurso repetir linhas de título.

Converter ►

É possível converter tanto um texto em tabela como uma tabela em texto, utilizando, para isso, alguns critérios como espaços entre palavras ou tabulações, entre outros.

Menu Ferramentas

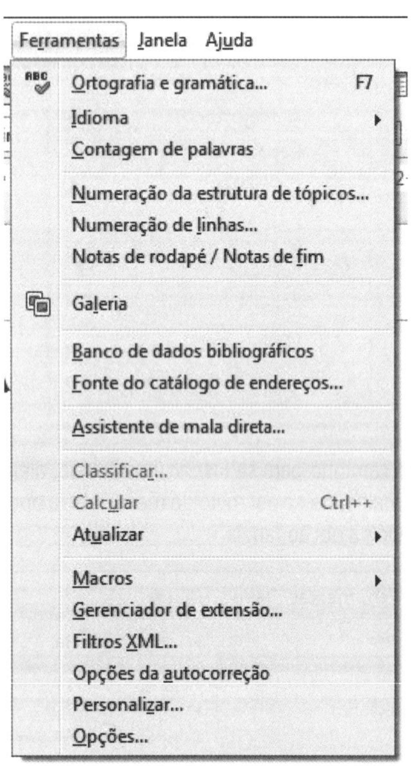

Ortografia e Gramática (F7)

Abre uma janela para verificar o documento em busca de palavras desconhecidas ao dicionário do programa.

Idioma ►

No BrOffice Writer, podemos definir o idioma que está sendo trabalhado no texto selecionado, como no parágrafo e até para o documento de modo geral.

Contagem de Palavras

O Writer também possui recurso de contabilização de total de palavras que compõem o texto.

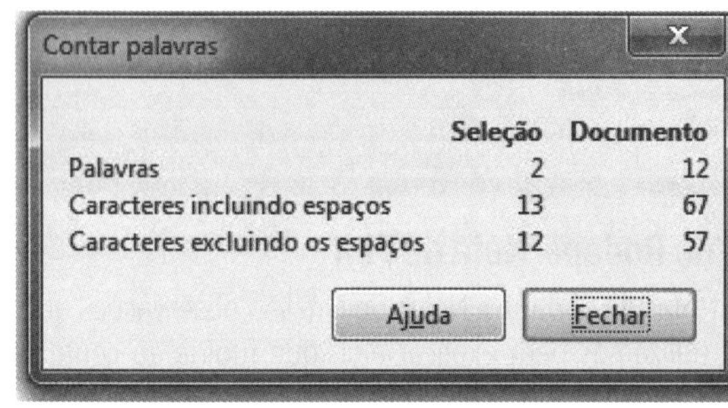

Numeração de Linhas

Este recurso é bastante utilizado nas provas de Língua Portuguesa, em que ao lado das linhas, nos textos apresentados, aparece uma numeração, que não necessita ser exibida em todas as linhas. Atenção às questões que o comparam com o recurso Numeração, usado para numerar parágrafos.

Uma forma de identificar a diferença é pela presença dos indicadores de fim de parágrafo, visíveis quando a ferramenta "caracteres não imprimíveis" está ativa.

Notas de Rodapé/Notas de Fim

Já vimos esse nome no menu Inserir. No entanto, são ferramentas distintas, mas relacionadas, pois esse recurso do menu Ferramentas abre a janela de configuração das notas, conforme ilustrado a seguir:

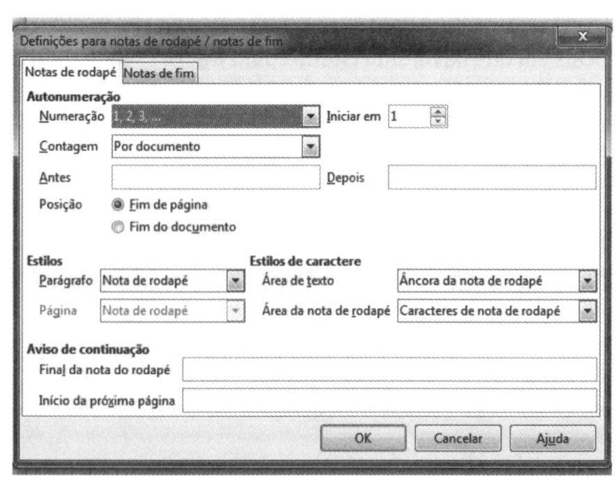

Galeria

A ferramenta que exibe a galeria também é encontrada no menu Ferramentas, além da barra de ferramentas padrão.

Assistente de Mala Direta

Uma ferramenta interessante para quem quer começar a entender o recurso de mala direta. Por meio dela, é possível criar uma mala direta passo a passo.

Macros ▶

De uma forma geral, as Macros são regras criadas para automatizar tarefas repetitivas. Por meio dessa ferramenta é possível executar as macros existentes.

Opções de Autocorreção

O recurso de Autocorreção é o responsável por corrigir palavras logo após a sua inserção, como colocar acento na palavra, caso digitada sem.

Opções

Esse recurso concentra as opções do programa como dados do usuário e recursos.

Questões

01. Com relação a noções de informática, julgue o item que se segue.

O BrOffice Writer é uma ferramenta que permite edição de textos, inserção de figuras nesses textos e criação de desenhos diretamente dentro dos documentos de texto.

Certo ( ) Errado ( )

02. Com relação a informática, julgue o item que se segue.

Para se editar o cabeçalho de um documento no Writer, deve-se clicar o topo da página para abrir o espaço para edição. Por limitações técnicas desse editor de textos, não é possível colar textos ou imagens nesse espaço.

Certo ( ) Errado ( )

03. Situação hipotética: Elisa recebeu a tarefa de redigir uma minuta de texto a ser enviada para sua chefia superior, com a condição de que todos os servidores do setor pudessem colaborar com a redação da minuta, ficando Elisa encarregada de consolidar o documento final. Após digitar a primeira versão do documento, Elisa compartilhou o respectivo arquivo, a partir de sua estação de trabalho. Todos realizaram a edição do texto no mesmo arquivo por meio do LibreOffice Writer com a função Gravar alterações ativada. Assertiva: Nessa situação, quando da revisão final do texto, Elisa terá acesso a diversas informações, tais como: tipo de alteração, data e hora da alteração e autor da alteração.

Certo ( ) Errado ( )

04. Julgue o próximo item, acerca da edição de textos e planilhas.

No BrOffice Writer 3, a opção Marcador do menu Inserir permite que o fundo de um texto seja pintado com cor diferenciada, de forma similar a um marcador de texto.

Certo ( ) Errado ( )

05. Acerca do sistema operacional Windows 8.1, do editor de texto BrOffice Writer e do programa de navegação Internet Explorer 11, julgue o item a seguir.

Por meio de recursos disponíveis no BrOffice Writer, é possível realizar cálculos complexos utilizando-se funções que podem ser inseridas nos campos de uma tabela.

Certo ( ) Errado ( )

Gabaritos

01	CERTO
02	CERTO
03	CERTO
04	ERRADO
05	CERTO

9. BROFFICE CALC – EDITOR DE PLANILHAS

O BrOffice Calc é um editor de planilhas eletrônicas pelo qual pode-se estruturar um controle de livro-caixa ou estoque, dentre inúmeras outras estruturas para atender a necessidades básicas de um escritório, por exemplo, que deseja controlar suas atividades. A figura a seguir ilustra a janela principal desse programa.

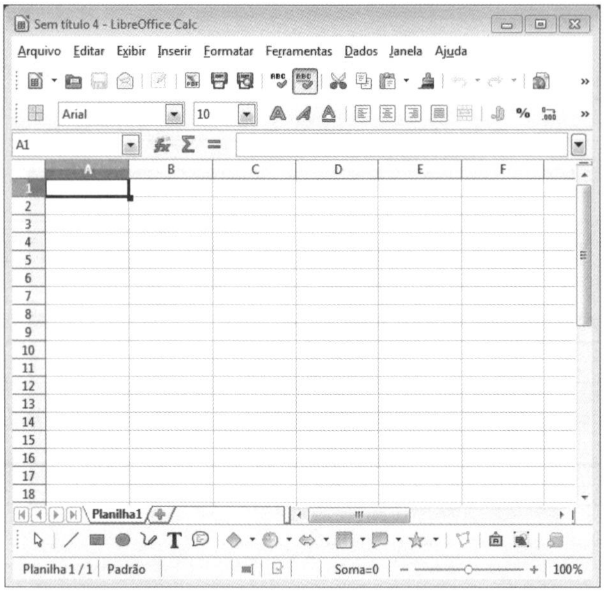

Para utilizar adequadamente esse programa, devemos entender as suas estruturas, com as quais iremos operar, como o formato de arquivo gerado.

Por padrão, um arquivo salvo no Calc é salvo no formato ODS (*Open Document Spreadsheet*), no entanto é possível por meio deste editor também salvar nos formatos padrões do Microsoft Office Excel, XLS (2003) e XLSX (2007 e 2010).

Vale lembrar que o formato ODF é o formato genérico do BrOffice, conhecido como *Open Document Format*, ou seja, Formato de Documento Aberto. Fique atento, pois o PDF (Formato de Documento Portátil) também e possível de ser gerado pelo Calc, porém por meio da opção Exportar como PDF.

9.1 Planilha

Uma planilha nada mais é do que um reticulado de linhas e colunas, as quais são preenchidas com dados e fórmulas com o intuito de se obter algum resultado ou estruturar alguma informação.

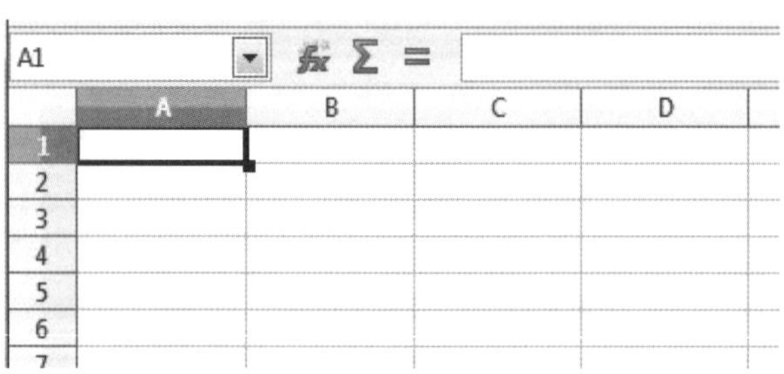

Por padrão, as linhas são identificadas por números enquanto que as colunas são identificadas por letras, conforme ilustrado na figura acima. Vale lembrar que, uma vez que existe um padrão, que existe também outra forma de se trabalhar, neste caso, é possível utilizar números para as colunas, mas é necessário alterar as opções do programa.

Uma planilha já possui um total de 1.048.576 linhas por 1024 colunas, contudo, como o alfabeto vai apenas até a letra Z, a próxima coluna é dada pela combinação AA, seguida por AB até chegar a AZ, seguida por BA, BB e assim por diante até completar as 1024 colunas, sendo a última representada pela combinação AMJ.

O mais importante a ser observado sobre essa característica é que esses valores são fixos, ou seja, uma planilha sempre terá essa estrutura, mas quando usado o recurso inserir Linhas ou Colunas, ocorre um deslocamento de conteúdo para baixo, no caso de linhas, e para a direita, no caso de colunas.

9.2 Célula

Uma célula é a menor unidade estrutural de um editor de planilhas, elas são dadas pelo encontro de uma coluna com uma linha. Assim são identificadas pelos títulos das colunas e das linhas que são exibidas.

A célula A1 é a primeira célula de uma planilha, ou seja, é a célula que se encontra na coluna A e na linha 1.

Células de Absorção

Dentre as características das células podemos citar as de Absorção, também conhecidas como células de resultado. Basicamente são aquelas que apresentam o resultado de algum cálculo.

Os indicadores de Células de Absorção são símbolos usados para identificar para o programa quais células devem ser calculadas. No Calc, são três os indicadores de células de absorção:

=	=5+5	10
+	+5+5	10
-	-5+5	0

Modos de Endereçamento

Os modos de endereçamento são formas de identificar o endereço de uma célula, contudo para fins de identificação os três modos de endereçamento não possuem diferença, sua aplicação é apenas para os procedimentos de copiar e colar uma célula cujo conteúdo é uma fórmula, por vezes citado pelo clicar e arrastar.

Relativo: no modo de endereçamento relativo apenas precisamos indicar a coluna e a linha de uma célula. Como o exemplo: B2, ou seja, a célula que se encontra na junção da linha 2 com a coluna B.

Misto: no modo de endereçamento misto é utilizado o símbolo $ (cifrão) para indicar que o dado que estiver imediatamente à sua direita será sempre o mesmo, ou seja, não poderá ser alterado.

Existem duas formas de endereçamento misto, em uma bloqueamos a coluna, enquanto que na outra a linha é que é bloqueada.

Quando desejamos travar a coluna, escrevemos o endereço da célula, =$B2, assim a linha pode ser alterada quando houver deslocamento, porém a coluna será sempre a coluna B.

Por outro lado, quando desejamos fixar uma linha, devemos escrever o $ antes da linha, exemplo, =B$2, dessa forma, a coluna pode ser alterada quando houver deslocamento em relação à coluna, contudo a linha será sempre a linha 2.

Absoluto: no endereçamento absoluto tanto a coluna quanto a linha são fixadas, assim podemos dizer que a célula será sempre a mesma.

Endereço da Planilha

<nome da Planilha>.<endereço da célula>

=Planilha1.B4+Planilha2.B4

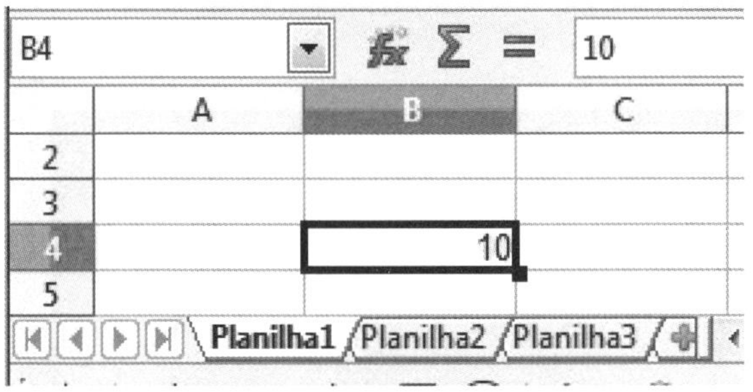

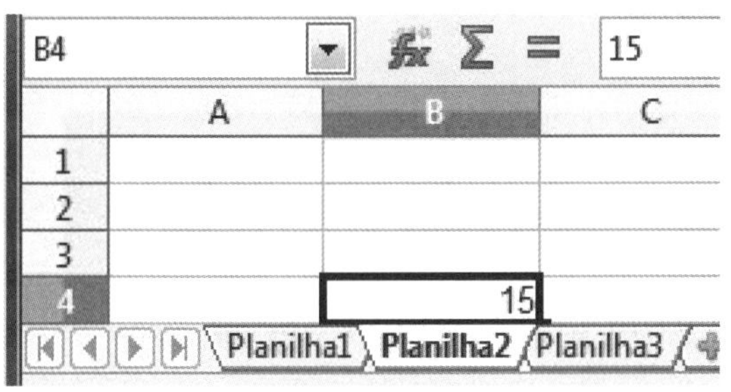

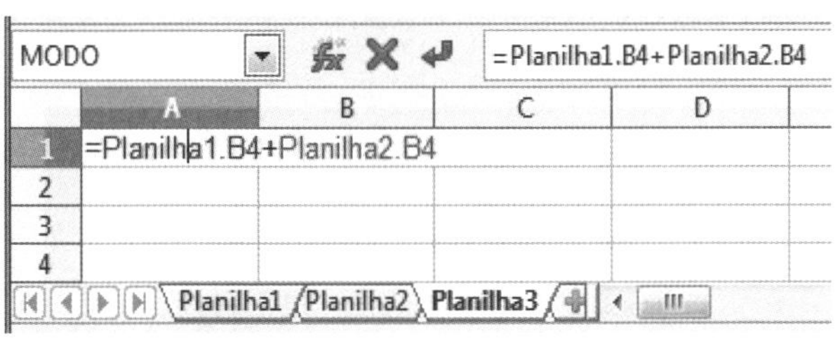

9.3 Operadores

No BrOffice Calc existem quatro tipos de operadores básicos: aritméticos, texto, referência e comparação, cada qual com suas peculiaridades.

Operadores Aritméticos

Sobre Operadores Aritméticos, assim como sobre Células de Absorção, a maioria das perguntas é direta, mas as questões são colocadas na matemática destes operadores, ou seja, as regras de prioridade de operadores devem ser observadas para que não seja realizado um cálculo errado.

Operador	Símbolo	Exemplo de uso	Resultado
Adição	+	=5+5	10
Subtração	-	=5-5	0
Multiplicação	*	=5*5	25
Divisão	/	=5/5	1
Potenciação	^	=5^2	25
Percentagem	%	=200*10%	20

Operador de Texto

Os editores também contam com um operador que permite atuar com texto. O operador de concatenação **&** tem a função de reunir o conteúdo das células na célula resultado. Atenção, nesse caso a ordem dos operadores altera o resultado.

A figura a seguir ilustra as células com operações de concatenação.

	A	B	C	D
1	3	4	=B1&A1	=C1+8
2	ab	cd	=A2&B2	
3	=A1&A2&A4	=CONCATENAR(A1;A2;A4)		
4	=A2&A1			
5				

A figura a seguir mostra os resultados obtidos pelas fórmulas inseridas, atente aos resultados e perceba que a ordem dos fatores muda o resultado. Também observe que, por ter sido utilizado um operador de texto, o resultado por padrão fica alinhado à esquerda.

	A	B	C	D
1	3	4	43	51
2	ab	cd	abcd	
3	3abab3	3abab3		
4	ab3			
5				

Referência

Os operadores de referência são aqueles utilizados para definir o intervalo de dados que uma função deve utilizar.

;	E	União
:	Até	Intervalo
!		Interseção

Considere o seguinte conjunto de dados em uma planilha em edição no Calc:

	A
1	10
2	20
3	30
4	40
5	50
6	
7	
8	

=SOMA(A1 : A4)

A função é lida como Soma de A1 até A4, ou seja, todas as células que estão no intervalo de A1 até A4 inclusive. No caso de exemplo o resultado = 100.

De forma equivalente pode-se escrever a função como se segue:

=SOMA(A1 ; A2 ; A3 ; A4)

A qual se lê Soma de A1 e A2 e A3 e A4, assim é possível especificar células aleatórias de uma planilha para realizar um cálculo.

=SOMA(A1 ; A4)

Neste caso fique atento pois, a leitura é Soma de A4 e A1, ou seja, apenas estão sendo somadas as células A1 com A4 as demais não entram no conjunto especificado. Sendo assim, o resultado seria 50.

=SOMA(A1 : A4 ! A3 : A5)

Já nesta última situação apresentada, deseja-se somar apenas as células que são comuns ao intervalo de A1 até A4 com A3 até A5, que no caso são as células A3 e A4, assim a soma destas células resulta em 70.

9.4 Elemento Fixador

O $ (cifrão) é um símbolo usado para travar alguma informação, via de regra o que estiver vinculado à direita.

As questões normalmente descrevem uma planilha e citam que uma determinada fórmula foi inserida em uma célula. Na sequência, a célula é selecionada, copiada e colada em outra célula, ou mesmo clicado pela alça de preenchimento e arrastado para outra célula.

No caso a seguir, foi inserida na célula C1 a fórmula =A1+$A2+A$2, após foi arrastada pela alça de preenchimento desta célula para a célula C2, assim a fórmula presente em C2 será:

1º de C1 para C2 foi acrescido apenas uma linha, sem alterar a coluna, assim as letras não são alteradas, mas existem modos de endereçamento misto, em que aparece $2 significa que a linha será sempre a linha 2, não podendo modificá-la.

	A	B	C	D
1	10	100	=A1+$A2+A$2	
2	50	200	=A2+$A3+A$2	
3	=$A$1+A1			
4		=$A$1+B2		
5				=B5+$A6+B$2
6				

	A	B	C	D
1	10	100	110	
2	50	200	120	
3	20			
4		210		
5				200
6				

C1	→	C2
Origem		Destino

	Destino		Origem	Deslocamento
Linha	2	-	1	1
Coluna	C 3ª	-	C 3ª	0

C1	→	D5
Origem		Destino

	Destino		Origem	Deslocamento
Linha	5	-	1	4
Coluna	D 4ª	-	C 3ª	1

A3	→	B4
Origem		Destino

	Destino		Origem	Deslocamento
Linha	4	-	3	1
Coluna	B 2ª	-	A 1ª	1

	→	
Origem		Destino

	Destino		Origem	Deslocamento
Linha		-		
Coluna		-		

9.5 Alça de Preenchimento

A Alça de Preenchimento é um dos recursos que mais possui possibilidades de uso e por consequência respostas diferentes.

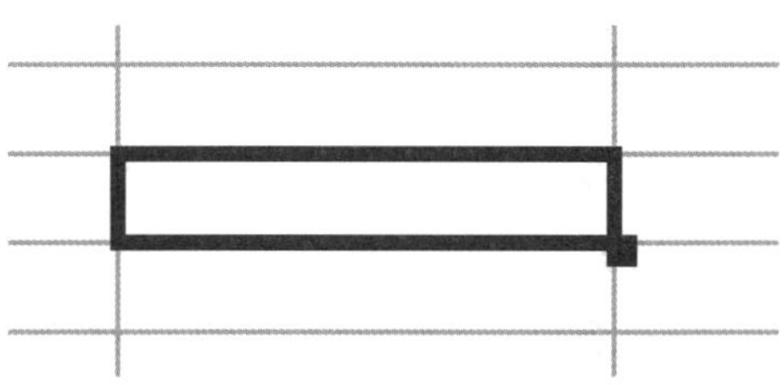

Observe que, quando uma ou mais células estão selecionadas, sempre no canto direito inferior é ilustrado um quadrado um pouco mais destacado, essa é a alça de preenchimento.

Ela possui esse nome porque é utilizada para facilitar o preenchimento de dados que obedeçam a uma regra ou padrão.

Quando uma única célula está selecionada e o seu conteúdo é um valor numérico. Ao clicar sobre a alça de preenchimento e arrastar seja na horizontal ou vertical, em qualquer sentido, exceto diagonal, será preenchido com uma Progressão Aritmética (PA) de razão 1, caso seja arrastado para esquerda ou para cima a razão é -1. A figura a seguir ilustra o comportamento.

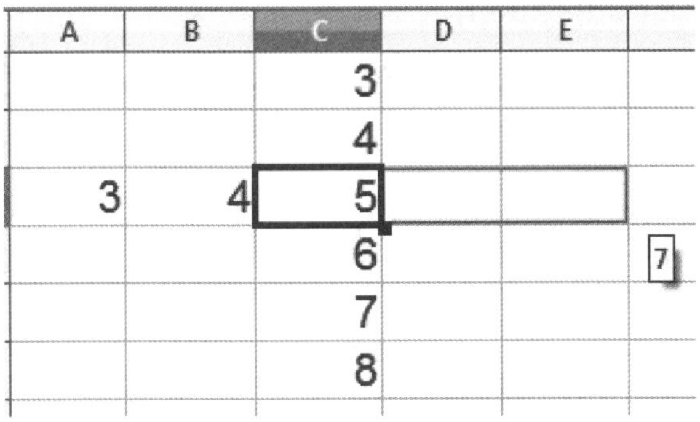

Já na situação em que existem duas células adjacentes selecionadas contendo valores numéricos diferentes entre si, ao se arrastar pela alça de preenchimento as células serão preenchidas com uma PA cuja razão é a diferença entre os dois valores selecionados. A figura a seguir ilustra esse comportamento. Podemos observar que o valor que irá ser exibido na célula B6 será o número 30, com isso a célula B4 receberá o valor 20, enquanto que a B5 receberá 25, conforme vemos na figura da direita.

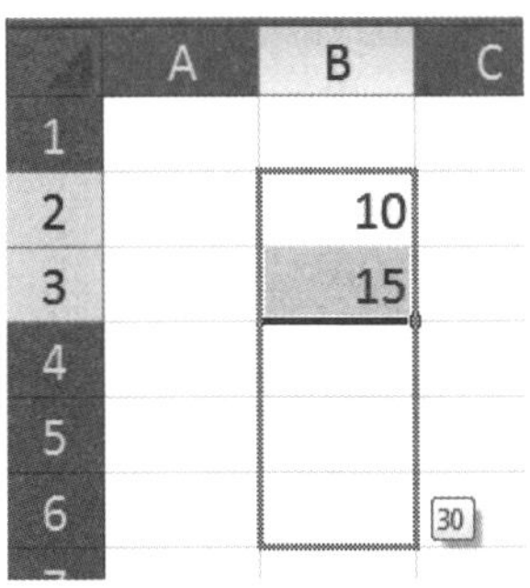

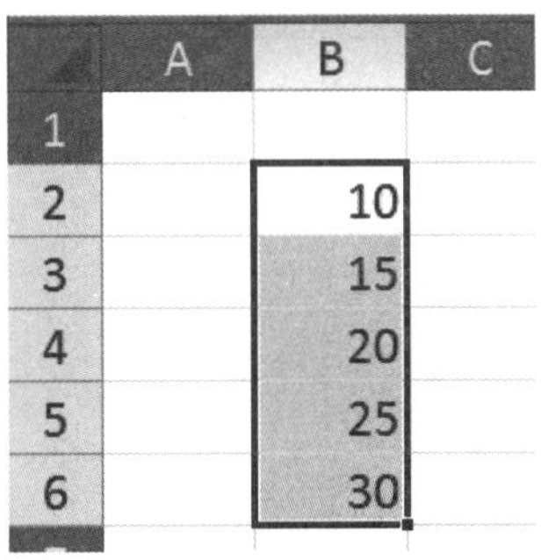

Quando o conteúdo de uma única célula selecionada for um texto esse, será copiado para as demais células. Mas se o conteúdo, mesmo sendo um texto, fizer parte de uma série conhecida pelo programa às células serão preenchidas com o próximo valor da série. Por exemplo, se **Janeiro** for o conteúdo inserido na célula então ao arrastar pela alça de preenchimento para a direita ou para baixo a célula adjacente será preenchida com **Fevereiro**, por outro lado se for arrastado para cima ou para a esquerda a célula adjacente será preenchida com **Dezembro.** O mesmo vale para as sequências Jan, Seg e Segunda-feira. Atenção: A, B, C não são conhecidos como série nos programas, mas o usuário pode criá-las.

Já na situação em que haja duas células que contenham textos diferentes selecionadas, ao arrastar será preenchido com o padrão encontrado, veja o exemplo abaixo.

Quando o conteúdo da célula for uma fórmula ao arrastar pela alça de preenchimento o resultado é o mesmo, ou seja, deverá ser calculada a nova fórmula de acordo com o deslocamento.

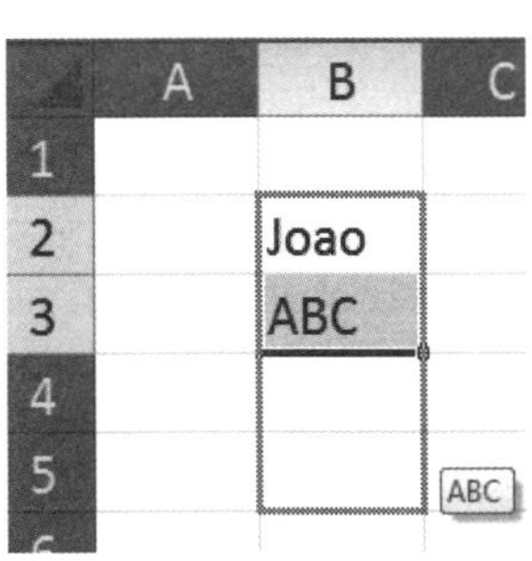

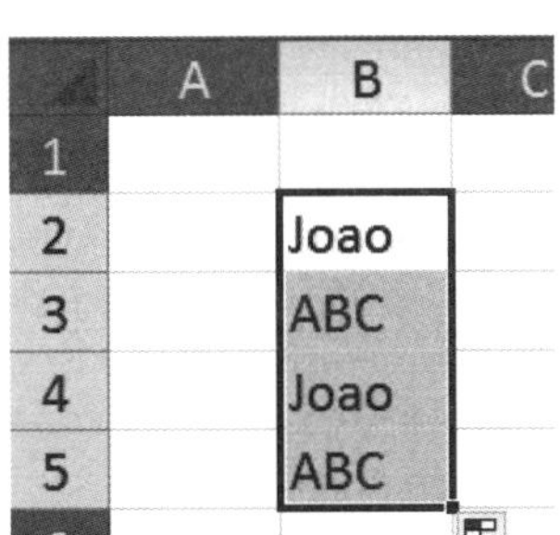

9.6 Funções

As Funções são estruturas prontas criadas para que o usuário não se preocupe em como elas funcionam, mas apenas com que informações devem descrever para obter o resultado. Contudo, para as provas de concurso precisamos saber como elas funcionam.

A figura acima ilustra a barra de fórmulas e funções do Calc, por meio dela podemos inserir as funções, além de poder digitá-las diretamente. Essa barra também tem importante informação, pois é nela que é exibido o real conteúdo de uma célula, ou seja, se o que foi inserido foi uma fórmula ou um dado (valor) direto.

Caso ainda não conheça muito bem as funções é possível contar com o assistente de funções, que pode ser acessado pelo ícone *fx* presente nessa mesma barra. À direita dele encontra-se o botão SOMA, que pode ser usado para inserir a função =SOMA( ) já o sinal de igual presente na sequência é o mesmo que digitar o símbolo na célula selecionada a fim de inserir uma fórmula ou função, tanto que seu nome é Função.

Principais Funções

=SOMA( )

=MÉDIA( )

=MED( )

=MÁXIMO( )

=MAIOR(;)

=MÍNIMO( )

=MENOR(;)

=MODO( )

	A	B	C	D
1	3	7	10	
2	7	3	20	
3		7	30	
4	3	3	40	
5	7	5	10	
6				
7				

=MÉDIA(A1:A5)

Calcula-se a Média de A1 até A5. O cálculo da média é a soma de um conjunto de valores dividido pelo total de valores **somados**, assim para o caso apresentado na figura acima o resultado da média de A1 até A5 é 20/4 totalizando 5, ou seja, as células vazias são ignoradas. Caso a célula A3 possua o valor 0, o resultado seria 4, pois 0 (zero) é número.

=MÉDIA(A1;A2;A3;A4;A5)

Nesta segunda forma, apenas se mudou os operadores de referência, mas o resultado será o mesmo, pois o conjunto de dados é o mesmo.

=MÉDIA(B1:B5)

O conjunto apresentado também resulta em 5.

=SOMA(B1:B5)/5

Muito comum de ser usado nas provas as estruturas de funções combinadas com expressões aritméticas como somar o conjunto de B1 até B5 e na sequência dividir o resultado por 5. Atente-se, pois para o caso em questão a expressão acima calcula a média, porém não se pode dizer o mesmo para a frase, **a função =SOMA(B1:B5)/5 calcula a média dos valores de B1 até B5 qualquer que seja o valor nas células**, pois se alguma célula estiver vazia não será dividido por 5 o total somado, a fim de calcular a média.

=B1+B2+B3+B4+B5/5

Cuidado com a expressão acima, porque ela não calcula a média, mas é bastante usada nas provas para induzir o candidato ao erro, lembre-se que os cálculos devem ser realizados respeitando as precedências de operadores. Assim, a expressão para calcular a média seria **=(B1+B2+B3+B4+B5)/5** usando os parênteses para mudar a precedência indicando que o que está entre eles é que deve ser calculado por primeiro.

=MED(B1:B5)

Atenção a essa função, pois as provas induzem o candidato a pensar que se trata da função que calcula a média, contudo o que ela calcula é a **Mediana**, que é o elemento central de um conjunto de elementos. Porém, outra questão recorrente pode ser apresentada: ocorre quando o conjunto de dados é similar ao apresentado, ou seja, com números repetidos e fora de ordem, devemos lembrar que a mediada leva em consideração os valores em ordem e que estes se repetem. Desse modo, na mediana de B1 até B5 devemos observar os valores (3, 3, 5, 7, 7), com base nesse conjunto tem-se que a mediana é 5, pois é o elemento central.

=MED(A1:A5)

Contudo, quando o conjunto possui uma quantidade par de elementos, a mediana é a média dos elementos centrais. Dado do conjunto (3, 3, 7, 7) a mediana é a média de 3 e 7, ou seja, 5.

=MÁXIMO(B1:B5)

Essa função retorna o valor mais alto do conjunto de dados especificado.

=MAIOR(B1:B5;3)

Em comparação com a função Máximo, é comum aparecer a função Maior que permite identificar o enésimo termo de um conjunto.

No exemplo anterior podemos ler como o terceiro maior número do intervalo de B1 a B5.

Neste caso, como se deseja o maior valor o conjunto, deve ser considerado em ordem decrescente (7, 7, 5, 3, 3), assim o terceiro maior número é 5.

=MÍNIMO(B1:B5)

Enquanto que o máximo traz como resposta o valor mais alto, o mínimo retorna o mais baixo.

Para o exemplo acima a resposta é 3.

=MENOR(B1:B5;1)

A função Menor exibe o enésimo menor número de um conjunto, desta forma, no exemplo dado, pede-se o primeiro menor número do intervalo de B1 a B5 (3, 3, 5, 7, 7), na função menor o conjunto de dados deve ser considerado em ordem crescente, assim o primeiro menor é 3, o mesmo que o mínimo de B1 até B5.

=MODO(A1:A5)

Esta função retorna o valor que aparece com maior frequência no conjunto especificado. No caso do exemplo, a resposta é 3.

=MODO(B1:B5)

Observe que o resultado será sempre o valor mais baixo que mais se repete, mesmo que outro valor apareça com a mesma frequência, como no segundo exemplo a resposta também é 3.

Outras Funções Comuns

	A	B	C	D	E
1	3	7	10	A	
2	7	3	20	B	
3		7	30	A	
4	3	3	40	A	
5	7	5	10	B	
6					

=SE(; ;)

A função SE é também conhecida como condicional, por meio dela é possível definir ações a serem executadas diante de determinadas situações (condições).

Sua sintaxe é composta por três campos sendo que no primeiro é colocado um teste lógico, após o ponto e vírgula temos o campo que contém a ação a ser executada, caso o teste lógico seja verdadeiro e na sequência. No último campo, contém a ação caso o teste lógico seja falso.

=CONT.NÚM( )

Esta função exibe o total de células de um intervalo que possui como conteúdo um valor numérico.

=CONT.SE(;)

Enquanto que a função CONT.SE retorna a quantidade de células que atendem ao critério estabelecido no segundo campo.

=SOMASE(; ;)

Já a função SOMASE, permite somar apenas o conteúdo das células de interesse ao montante.

Assim se aplicada a função **=SOMASE(D1:D5;"=A";C1:C5)** a resposta será o montante da soma das células da coluna C que estiverem na mesma linha das células da coluna D que possuírem a letra A como conteúdo. Assim a resposta é 80.

Exs.:

=SE(C1>=10; "maior ou igual"; "Menor")

Se o valor contido na célula C1 for maior ou igual a 10, então será escrito na célula o texto expresso no segundo campo da função. Por ser um texto, a ação desejada ele obrigatoriamente deve ser expresso entre aspas, contudo as aspas não serão exibidas na resposta.

Mas se o valor da célula C1 for menor do que então será escrito como resposta o texto **Menor.**

=CONT.NÚM(A1:A5)

Como a célula A3 está vazia, a resposta desta função é 4, pois existem apenas 4 células cujo conteúdo é um número.

=CONT.SE(D1:D5; "=A")

Ao se aplicar a função acima, ela irá contar quantas células possuem o texto A, neste caso a resposta é 3.

9.7 Formatos de Células

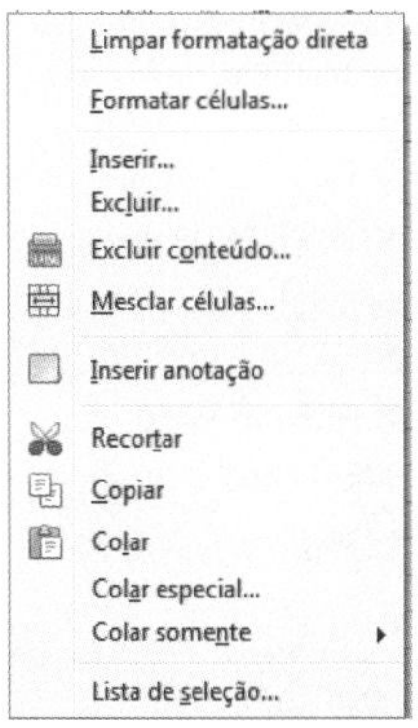

Ao clicar com o botão direito do mouse sobre uma ou mais células selecionadas é aberto o menu suspenso, ilustrado a seguir. Neste momento nos interessa a opção Formatar Células que, ao ser acionada, abre a janela de formatação de células.

Guia Números

A figura a seguir ilustra a janela Formatar Células exibindo as opções da aba Números, as principais abas são as guias Número e Alinhamento.

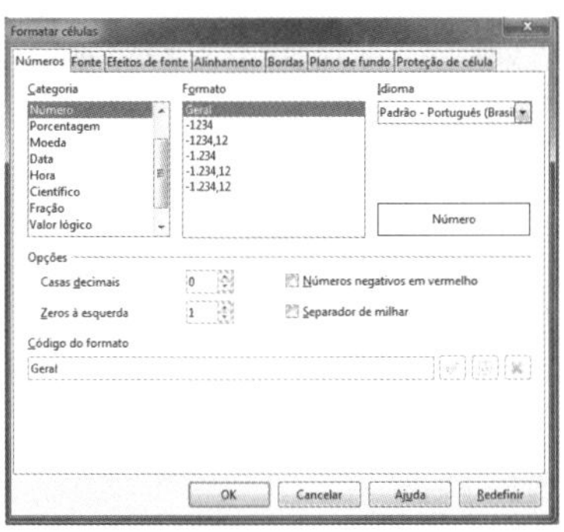

Na figura abaixo estão listados os formatos de células e exibidas as células formatadas.

	A	B
1	Número	5,70
2	Porcentagem	500,00%
3	Moeda	R$ 50,00
4	Data	09/04/13
5	Hora	23:20:00
6	Científico	5,00E+000
7	Fração	3/4
8	Valor Lógico	VERDADEIRO
9	Texto	teste
10		

Os formatos Moeda e Percentagem também podem ser definidos pelas opções da barra de Ferramentas de Formatação. A figura a seguir ilustra parte desta barra com as opções citadas.

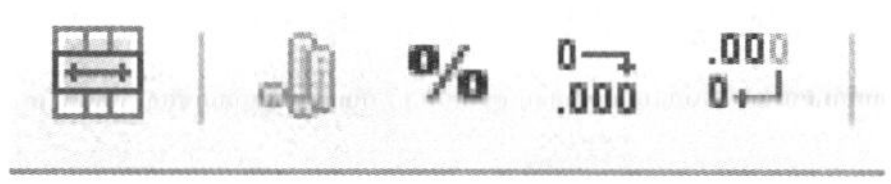

Guia Alinhamento

Por meio desta guia, podemos formatar o alinhamento vertical e/ou horizontal de uma célula bem como a orientação do texto, ou seja, sua direção aplicando um grau de inclinação.

Também encontramos a opção Quebra Automática de texto que permite distribuir o conteúdo de uma célula em várias linhas de texto dentro da mesma célula. A figura a seguir ilustra estas opções.

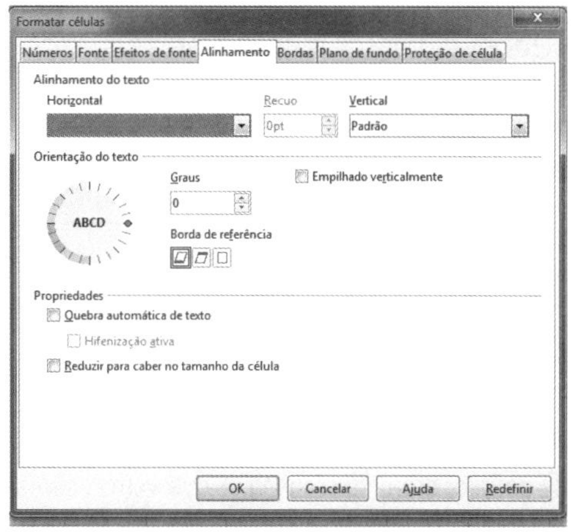

Outras Ferramentas

Mesclar e Centralizar 

A opção Mesclar e Centralizar do Calc centraliza tanto na horizontal como na vertical. Porém, é possível exibir apenas o conteúdo da célula superior esquerda, como também se pode mover o conteúdo das células selecionadas que serão ocultas para a célula superior esquerda.

A sequência de imagens a seguir ilustra a operação de mesclar em que se opta por exibir apenas a célula superior esquerda, observe que as demais células são apenas ocultas, assim seus valores são mantidos e podem ser referenciados.

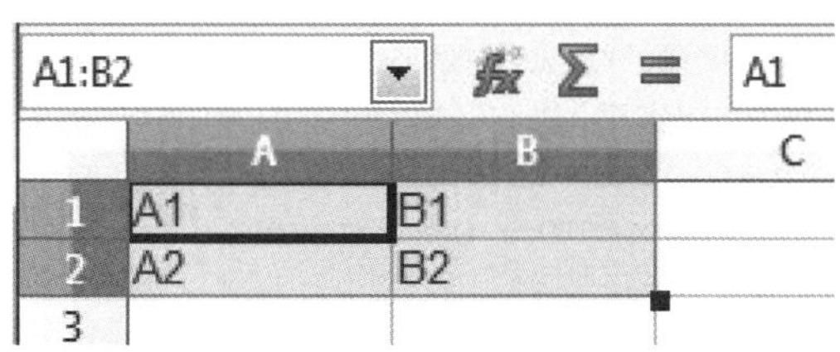

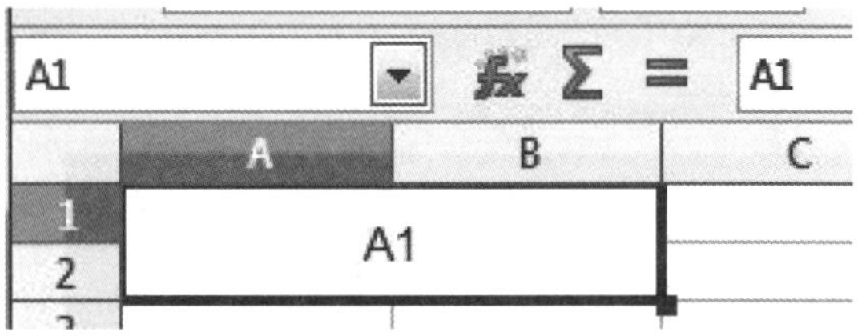

Nessa próxima sequência foi optado por mover o conteúdo para a célula superior esquerda, atente que a ordem dos dados é a mesma de leitura (esquerda para a direita e de cima para baixo).

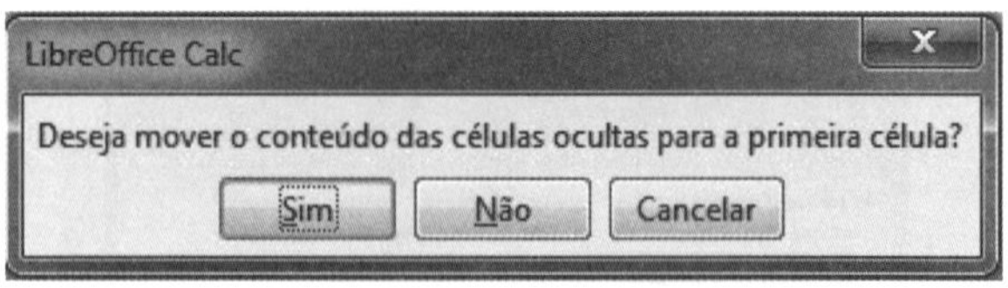

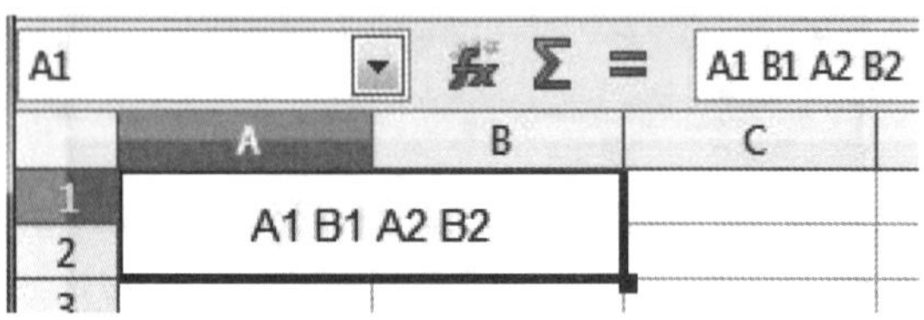

Bordas 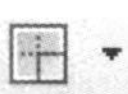

Por padrão, em uma planilha, o que vemos são as linhas de grade e não as bordas das células, tanto que se realizarmos a impressão nenhuma divisão aparece. As bordas devem ser aplicadas manualmente de acordo com a necessidade, para isso, pode-se usar o botão Bordas presente na barra de ferramentas de formatação que, ao ser acionado, exibe as opções de bordas, como: bordas externas, internas, esquerda, direita, dentre as demais que podem ser visualizadas na figura abaixo.

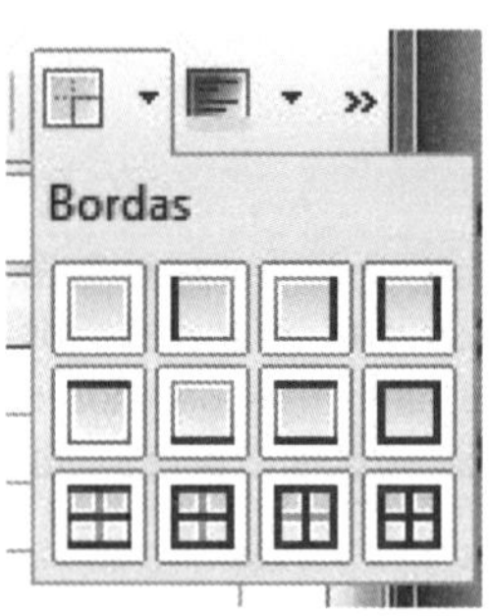

Classificar 

Outra opção que podemos destacar é a de classificação de dados, pela qual podemos ordenar um conjunto de dados selecionados em ordem crescente ou mesmo decrescente, por meio dos ícones acima representados, respectivamente.

Questões

01. Acerca de aplicativos para edição de textos e planilhas e do Windows 10, julgue o próximo item.

Situação hipotética: Fábio, servidor do INSS, recebeu a listagem dos cinco últimos rendimentos de um pensionista e, para que fosse calculada a média desses rendimentos, ele inseriu os dados no LibreOffice Calc, conforme planilha mostrada abaixo.

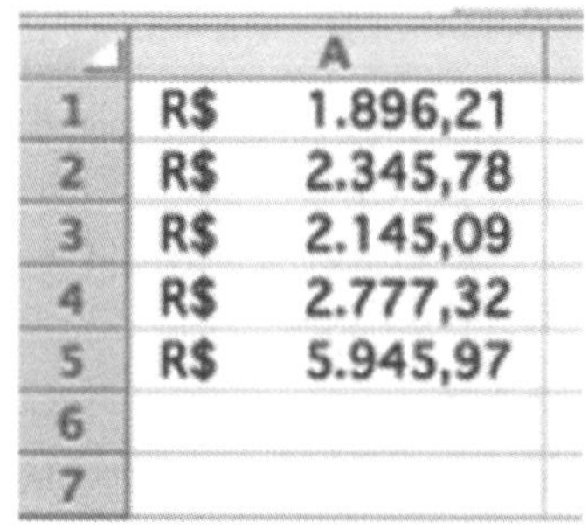

Assertiva: Nessa situação, por meio da fórmula =MED(A1:A5;5), inserida na célula A6, Fábio poderá determinar corretamente a média desejada.

Certo ( ) Errado ( )

02. Julgue o próximo item, acerca da edição de textos e planilhas.

No BrOffice Calc 3, a opção Atingir Metas do menu Ferramentas permite formatar de maneira condicional a cor de uma célula (fundo e fontes), ao se atingir determinado valor ou meta.

Certo ( ) Errado ( )

03. Julgue o item a seguir, referente à instalação de ferramentas de escritório e ao suporte para essas ferramentas.

A ferramenta CALC, da suíte Apache OpenOffice 4.1, é nativa do Linux, razão por que não pode ser instalada em sistemas Windows. Isso se deve, em parte, à incompatibilidade da arquitetura dessa ferramenta com sistemas de arquivos NTFS.

Certo ( ) Errado ( )

04. Julgue o item a seguir relativo à edição de textos, planilhas e apresentações em ambientes Microsoft Office e BrOffice.

A partir da funcionalidade Atingir Meta do menu Ferramentas do BrOffice Calc 3.3.4, o usuário pode resolver uma equação com uma variável, o que permite aplicar o resultado e o valor de destino diretamente dentro de uma célula.

Certo ( ) Errado ( )

05. No que diz respeito ao sistema operacional Linux e ao programa BrOffice Calc, julgue o item seguinte.

No BrOffice Calc, é possível fazer a cópia de uma planilha para uso tanto no mesmo arquivo quanto em outro arquivo do Calc.

Certo ( ) Errado ( )

Gabaritos

01	ERRADO
02	ERRADO
03	ERRADO
04	CERTO
05	CERTO

10. BROFFICE IMPRESS - EDITOR DE APRESENTAÇÃO

É também conhecido como editor de slides. Fique atento com as palavras expressas em português como eslaide, que aparenta ser errada, pelo fato de não ser empregada com frequência, comumente usada para induzir o candidato ao erro.

10.1 Janela do Programa

Devemos, primeiramente, conhecer algumas funções da Janela do Editor para melhor entender seus recursos.

A primeira barra ao topo, onde encontramos os botões Fechar, Maximizar/Restaurar e Minimizar é a chamada Barra de Título, pois expressa o nome do arquivo e o programa no qual está sendo trabalhado.

A barra logo abaixo é a Barra de Menu, onde se encontram as ferramentas do programa. Observe, à direita do menu Ferramentas, a existência de um menu diferente dos encontrados no Writer e Calc, o menu Apresentação de Slides. Nele, são encontradas as opções específicas das operações com slides como Cronometrar, Transição e Apresentação de Slides.

Na sequência, são exibidas as duas barras de ferramentas (Padrão e de Formatação). Fique atento às divisões da janela. Na lateral esquerda, está o painel Slides, nele são exibidas as miniaturas dos slides a fim de navegação na apresentação, bem como de organização. Uma vez que, para deslocar o slide, basta clicar e arrastá-lo para o local desejado.

A última é a barra de Status, por meio dela podemos visualizar em qual slide estamos, além de poder alterar o zoom do slide em edição.

Acima da barra de Status está a barra de Desenhos, ilustrada a seguir. Essa barra é comum aos demais editores (Calc e Writer). Porém, ela só aparece por padrão no Impress. Para ocultá-la ou exibi-la, basta selecionar a barra no menu Exibir → Barras de Ferramentas → Desenho.

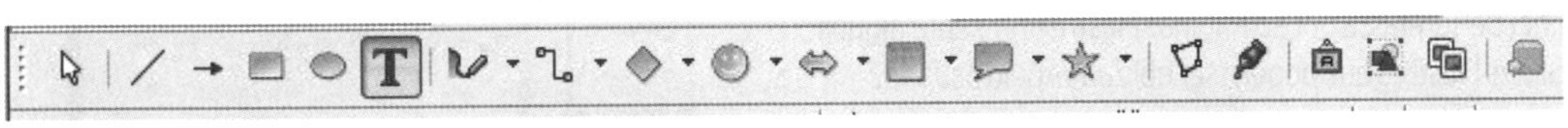

A área central da tela é onde fica o slide em edição, também conhecida como palco, quem sabe uma associação ao espaço onde o artista expõe a sua obra.

Já à direita, é exibido o Painel de Tarefas. Essa estrutura oferece diversas opções, conforme ilustrado a seguir:

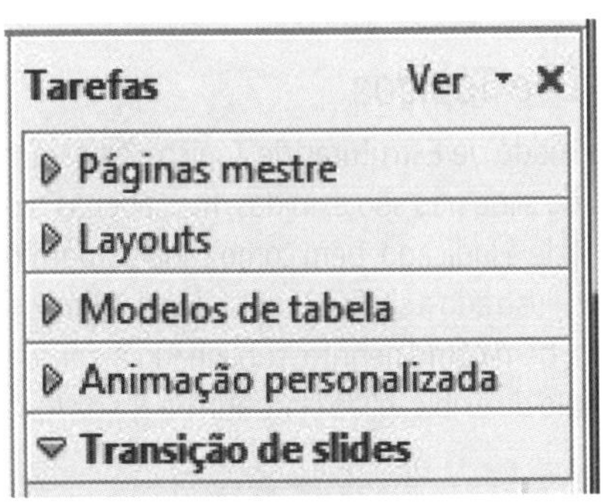

Acima do slide em edição, podem-se encontrar cinco opções, elas são modos de exibição que podem ser alternados.

10.2 Mestre

Um mestre é aquele que deve ser seguido, ou seja, uma estrutura base para a criação de um conjunto de slides. Por meio dele podemos criar um modelo no qual se definem estilos de título, parágrafo, tópicos, planos de fundo e os campos de data/hora, rodapé e número do slide, conforme pode ser visualizado na imagem a seguir:

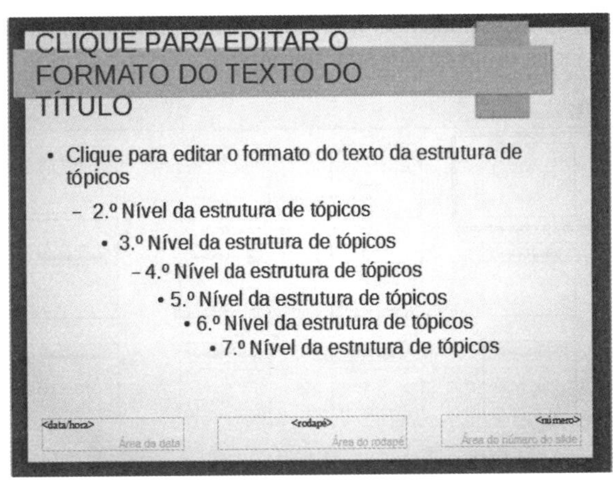

Para acionar o modo exibido, basta clicar no menu Exibir → Mestre → Slide Mestre.

A Nota Mestre serve para formatar as características das anotações (notas) que podem ser associadas a cada slide, conforme ilustrado a seguir.

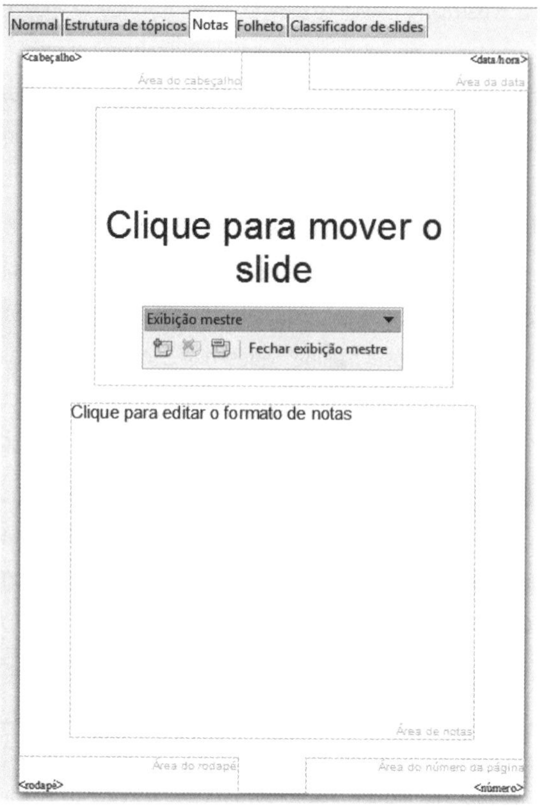

Já o item Elementos do Slide Mestre, serve para indicar quais elementos devem aparecer nos slides ou notas.

No painel de Tarefas, a opção Páginas Mestre apresenta alguns modelos de Slides Mestres que podem ser utilizados pelo usuário.

10.3 Layouts

Também podendo ser citado como Leiaute, são as estruturas que um slide pode possuir, como slides de título, título e subtítulo, slide em branco entre outros.

A figura a seguir ilustra os diversos layouts disponíveis no Impress. Esses podem ser definidos a qualquer momento da edição, inclusive após o slide já ter sido inserido.

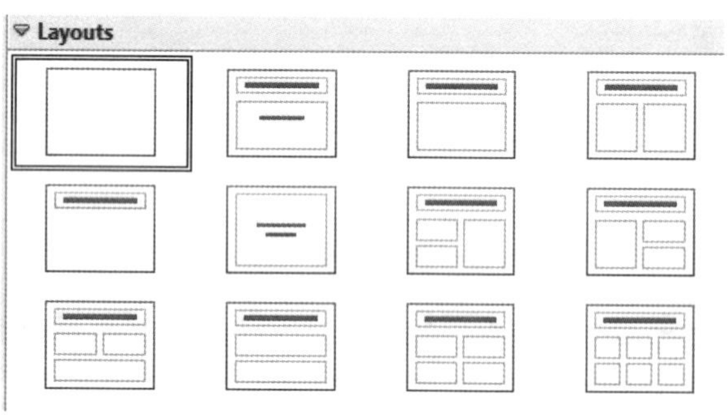

Por meio do botão Inserir Slide , presente na barra de ferramentas padrão, é possível escolher no momento da inserção o layout do slide. Após este já ter sido inserido, basta selecioná-lo no painel de slides, à esquerda, e escolher o novo layout desejado pelo botão de Layout do Slide ou pelo painel de Tarefas.

10.4 Formatos de Arquivos

O Formato de Arquivo salvo por padrão no BrOffice (LibreOffice) Impress é o ODP (*Open Document Presentation*). Contudo, é possível salvar uma apresentação no formato PTT do PowerPoint (2003) ou PTTX do PowerPoint 2007 e 2010.

Existe também um formato de arquivo PPS (2003) e PPSX (20007 e 2010). Ele é um formato de autoplay, ou seja, ao ser acionado o arquivo com esse formato ele automaticamente é exibido no modo de exibição de slides.

10.5 Modos de Exibição

Os Modos de Exibição refletem em diferentes estruturas e não apenas formas de visualizar os slides. No Impress existem cinco modos de exibição principais, mas pode-se acrescentar também o modo de Apresentação de Slides como sendo um modo de exibição.

Para alternar entre os modos de exibição, pode-se escolher o modo desejado pelo Menu Exibir ou pelas opções presentes no topo do palco de edição.

Normal

Este é o modo de exibição padrão para a edição dos slides, conforme ilustrado a seguir. Com esse modo, é possível alterar os textos do slide, bem como suas formatações de texto, layout e plano de fundo.

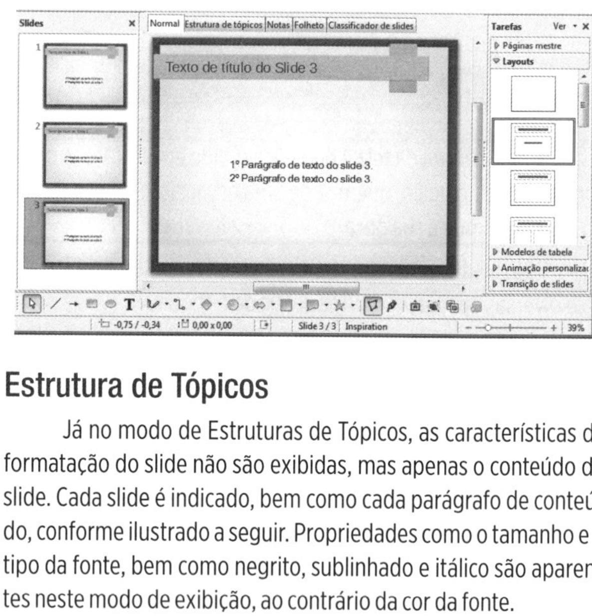

Estrutura de Tópicos

Já no modo de Estruturas de Tópicos, as características de formatação do slide não são exibidas, mas apenas o conteúdo do slide. Cada slide é indicado, bem como cada parágrafo de conteúdo, conforme ilustrado a seguir. Propriedades como o tamanho e o tipo da fonte, bem como negrito, sublinhado e itálico são aparentes neste modo de exibição, ao contrário da cor da fonte.

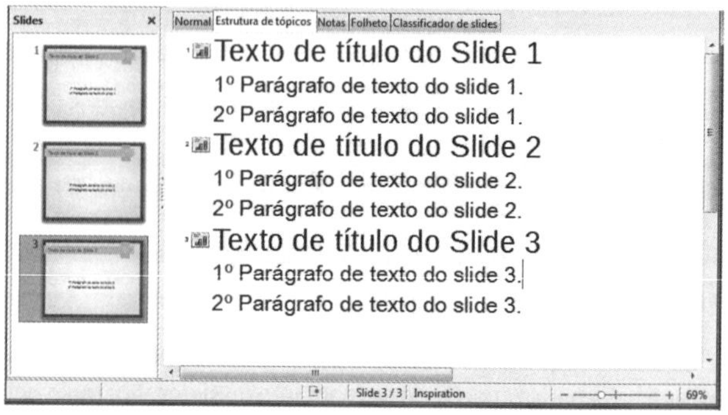

Notas

Este modo de exibição serve para que se possa inserir as anotações sobre um slide, muitas vezes usadas para descrever o assunto, ou conteúdo do slide, ou seja, são os tópicos a serem seguidos e apontados. Assim, as notas servem como um lembrete.

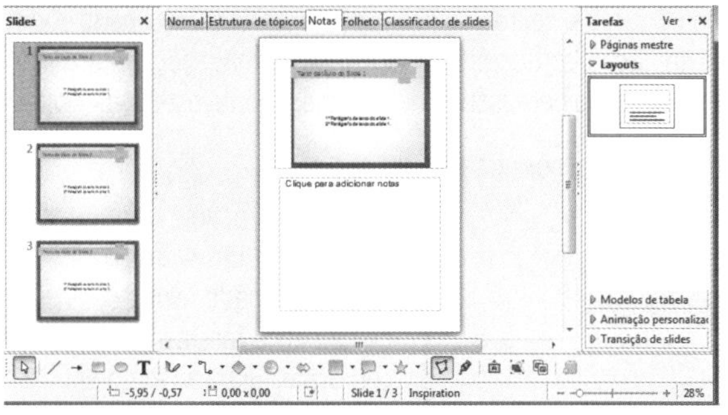

Folhetos

O modo de exibição de Folhetos, ilustrado a seguir, tem por objetivo as estruturas de cabeçalho e rodapé do modo de impressão de folhetos, ou seja, aquele em que são impressos vários slides por página.

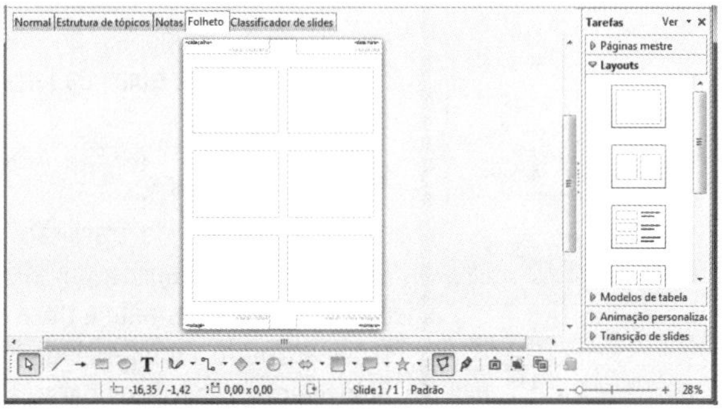

Também é possível dimensionar como ficaram os slides. Além do conteúdo do cabeçalho e rodapé, é possível inserir dados como data, hora e números de páginas. A figura a seguir ilustra com maior precisão os detalhes deste modo de exibição:

Classificador de Slides

O modo Classificador de Slides serve para organizar a sequência dos slides na apresentação, oferecendo uma interface onde são exibidas as miniaturas das telas para que, ao clicar e arrastar os slides, seja possível movê-los para às posições desejadas. Na imagem a seguir, pode-se observar sua disposição:

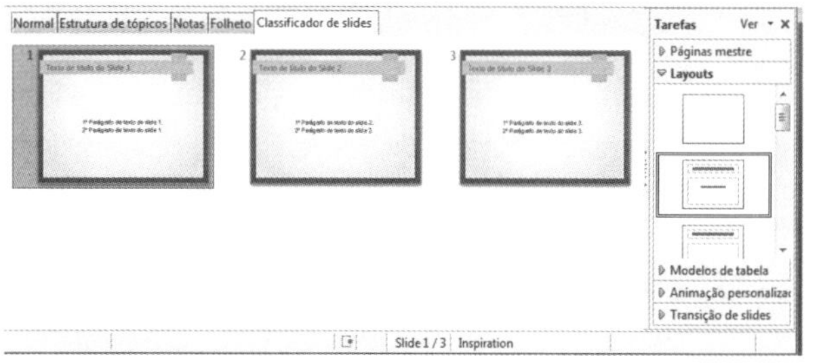

10.6 Inserir Slide

Para inserir um slide em uma apresentação, podemos contar com o recurso Inserir Slide, que pode ser acionado a partir de três locais, dentro do editor de apresentação Impress: Menu Inserir, Botão direito do mouse e Barra de Ferramentas.

Além de poder inserir um novo slide pelo Menu Inserir, é possível duplicá-lo, ou seja, criar uma cópia do(s) slide(s) selecionado(s), conforme ilustrado a seguir.

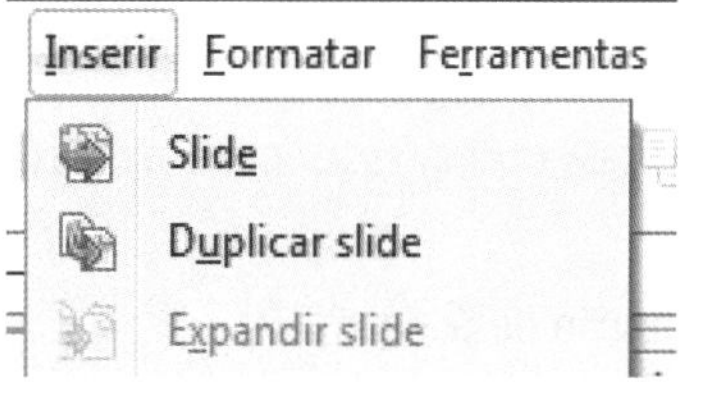

Com o clique do botão direito do mouse sobre um slide, é exibida a lista suspensa ilustrada a seguir, que possui tanto a opção de inserir novo slide, como duplicar o slide selecionado.

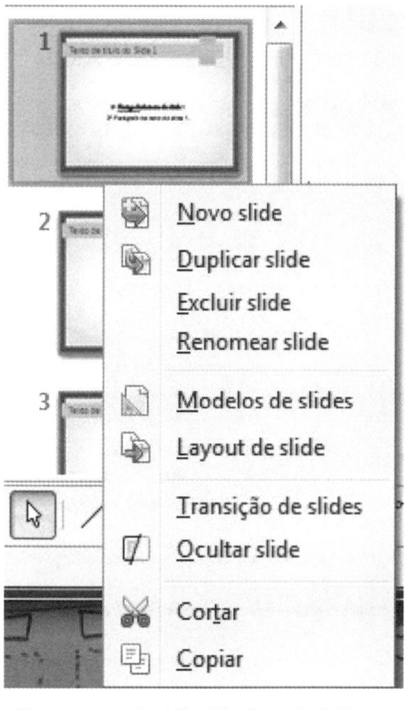

Caso o clique com o botão direito seja feito no espaço vazio, entre os slides é exibida apenas a opção Novo Slide, conforme ilustrado a seguir.

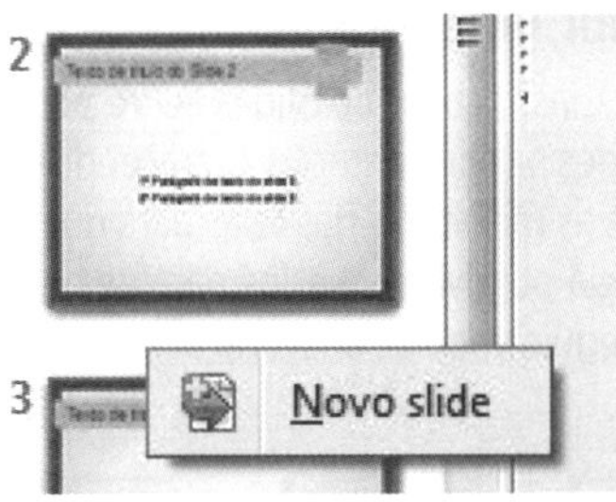

Já na barra de Ferramentas padrão, encontramos o ícone  que permite a inserção de um slide. Caso seja clicado na seta à sua direita, é possível ainda escolher o layout do slide que está sendo inserido.

10.7 Menu Apresentação de Slides

Neste menu é que se encontram as opções específicas de uma edição de apresentação de slides, como os efeitos de animação e transição de slides. Assim, se a prova citar alguma opção solicitando o menu em que ela é apresentada, se a opção tiver relação à apresentação de slides, então provavelmente estará no menu Apresentação de Slides.

Dentre os itens deste menu, podem-se destacar:

Apresentação de Slides

É a opção que permite exibir a apresentação de slides em tela cheia, de forma a poder visualizá-la. Também é possível encontrar essa opção no Menu Exibir, assim como acioná-la por meio da tecla de atalho F5 que, no caso do Impress, sempre inicia a partir do slide selecionado.

Configuração da Apresentação de Slides

Por meio desta opção é possível configurar características da exibição da apresentação como tempo de transição de slides automática e também a possibilidade padrão de trocar de slide a cada clique do mouse ou com tecla do teclado. A figura a seguir ilustra a janela de configurações de apresentação:

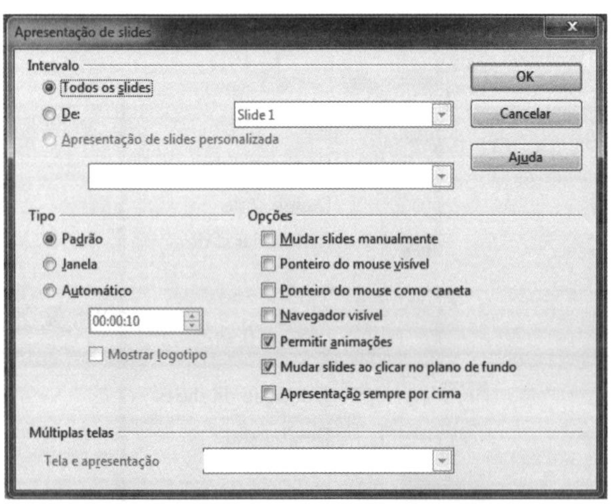

Cronometrar

A opção Cronometrar do Impress é muito inferior ao mesmo recurso no PowerPoint, se comparados. Em teoria, essa ferramenta deveria permitir marcar o tempo que seria gasto para explanar sobre uma apresentação. Contudo, o tempo é marcado por slide e exibido apenas enquanto este está sendo exibido, após, no próximo slide, o contador é novamente zerado.

Interação

Por meio deste recurso é possível modificar a sequência de exibição de uma apresentação, atribuindo a elementos do slide, como figuras e textos, ações como ir para determinado slide da apresentação, como que criando botões de navegação. Para isso, no entanto, faz-se necessário que algum elemento esteja selecionado.

Animação Personalizada

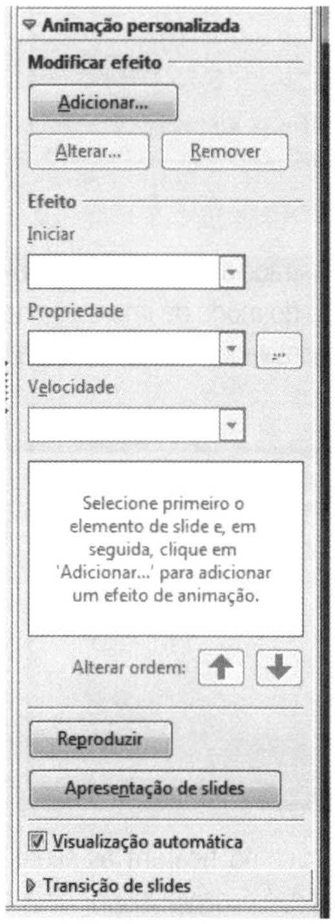

Esse recurso permite atribuir um efeito a um elemento no slide. Ao ser acionado, exibe suas opções no Painel de Tarefas à direita da tela, conforme ilustrado a seguir.

Para adicionar um efeito, é necessário selecionar algum elemento do slide, como texto ou figura e, na janela que se abre ao clicar em Adicionar (ilustrada a seguir), selecionar o efeito desejado, de acordo com categorias pré-definidas na forma de guias da janela, conforme ilustrado:

Transição de Slides

Já a opção de Transição de Slides serve para aplicar um efeito a ser executado durante a troca de slide para outro. Permite, ainda, definir tempos específicos para cada slide em uma exibição automática.

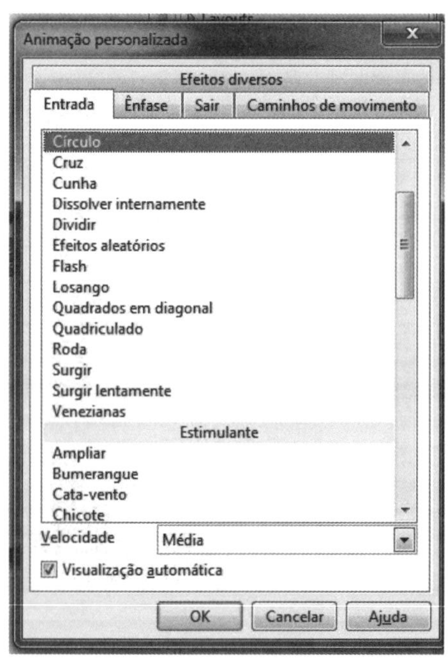

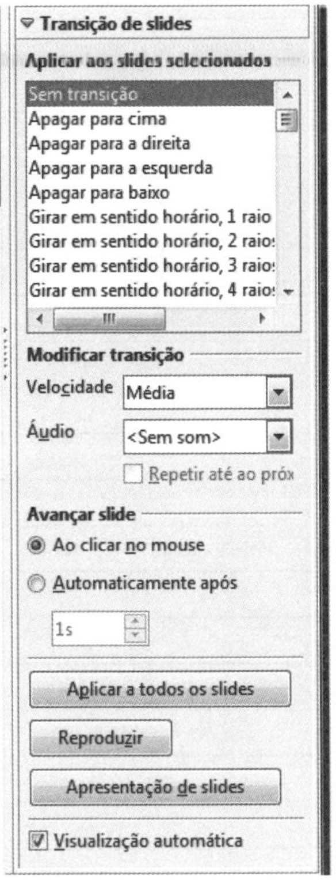

10.8 Impressão

É possível também imprimir a apresentação de slides de acordo com a necessidade, como imprimir um slide em cada página, como ilustrado na sequência, no modo **Slide:**

Slide

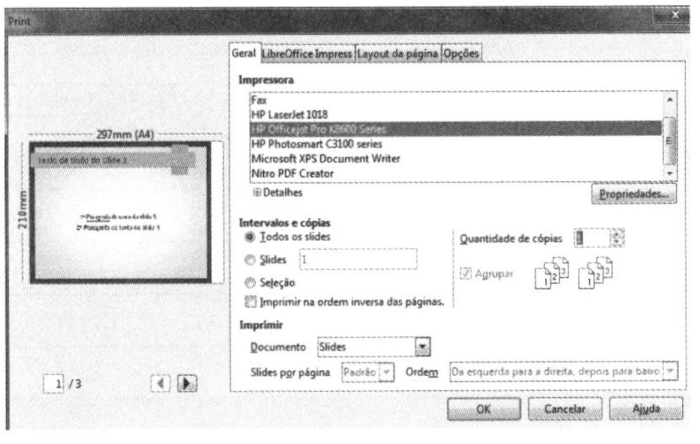

Folhetos

Caso necessário, para imprimir mais de um slide por página, pode-se escolher a opção Folheto, no campo Documento:

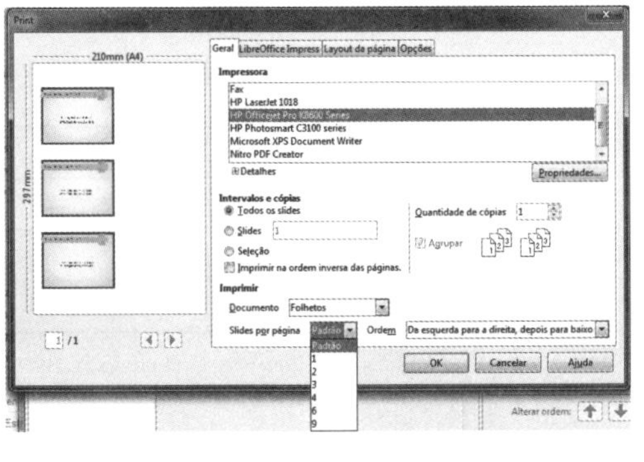

É importante observar que a janela anterior está com o número de três Slides por página, notando-se, assim, na pré-visualização à esquerda, que os slides ficam um abaixo do outro, nesta opção de impressão, enquanto que nas demais quantias os slides são distribuídos como representado a seguir, no modo de impressão de quatro slides por página:

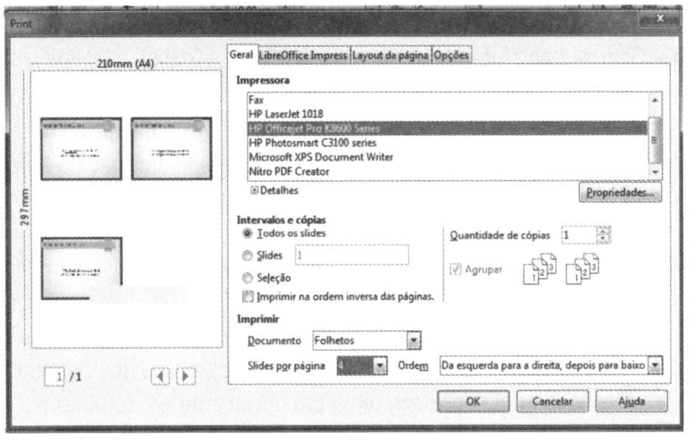

Notas

No modo de impressão de Notas, cada folha recebe um slide e, abaixo dele, são impressas as anotações referentes a ele.

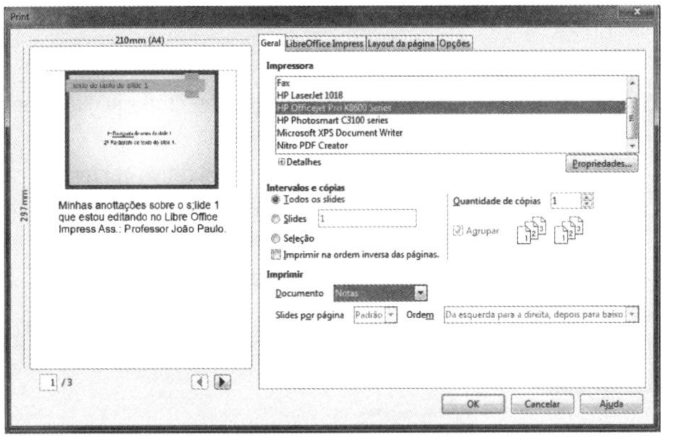

Estrutura de Tópicos

Já na forma de impressão de Estrutura de Tópicos, a impressão fica tal qual ao modo de exibição.

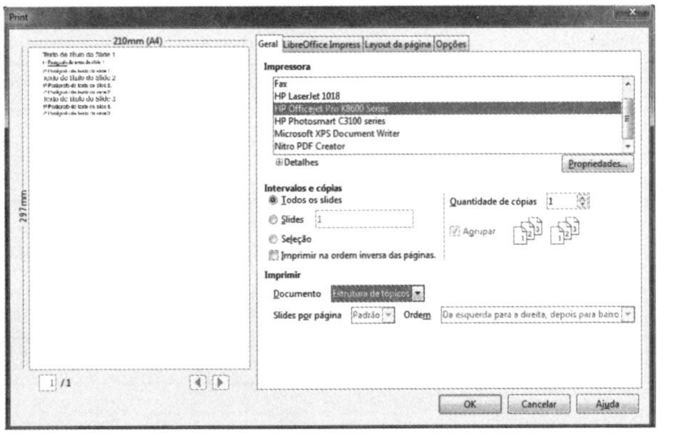

Questões

01. Julgue o item a seguir, acerca de noções básicas de informática.

No BrOffice Impress, a opção de duplicar um eslaide editado permite que, dentro de uma apresentação, seja criado um novo eslaide com o mesmo estilo e a mesma estrutura do eslaide editado, mas com conteúdo vazio.

Certo ( ) Errado ( )

02. Com relação a informática, julgue o item que se segue.

Em um texto ou imagem contido em eslaide que esteja em edição no programa Libre Office Impress, é possível, por meio da opção Hyperlink, criar um link que permita o acesso a uma página web.

Certo ( ) Errado ( )

03. Com relação ao sistema operacional Windows e aos ambientes Microsoft Office e BrOffice, julgue o próximo item.

Após elaborar uma apresentação de eslaides no Impress, o usuário poderá exportá-la para o formato pdf, opção que permite a anexação da apresentação a um documento em formato pdf e sua leitura por qualquer editor de textos.

Certo ( ) Errado ( )

04. Acerca de noções de sistemas operacionais e editores de textos e planilhas, julgue o item que se segue.

O Impress e o Writer são aplicativos de edição de textos do Unix e, portanto, não podem ser utilizados em sistemas operacionais Windows.

Certo ( ) Errado ( )

05. Com referência ao suporte de ferramentas de escritório, julgue o item que se segue.

Ao se configurar um eslaide mestre no aplicativo Impress do pacote BrOffice, a configuração desse eslaide será aplicada a todos os eslaides da apresentação em aberto.

Certo ( ) Errado ( )

Gabaritos

01	ERRADO
02	CERTO
03	ERRADO
04	ERRADO
05	CERTO

11. BANCO DE DADOS

11.1 Introdução

Os primeiros métodos de armazenamento de dados utilizavam sistemas de arquivos, ou seja, estruturas de pastas e arquivos em que os programas (aplicativos) tinham a responsabilidade de operar.

Contudo, tal forma de acesso começou a apresentar-se ineficiente diante da necessidade de compartilhamento junto ao aumento da demanda por acesso aos mesmos arquivos.

Com isso, fez-se necessária a utilização de ferramentas de controle e gerenciamento dos dados. Assim, surgiram os Sistemas Gerenciadores de Banco de Dados (SGBDs).

Hoje existem diferentes SGBDs, dentre eles se destacam: Access, Oracle, MS SQL Server, MySQL, PostgreSQL, Firebird, Db4o e DB2. Com as pesquisas, várias formas foram desenvolvidas para representar e armazenar os dados, com o intuito de obter melhor desempenho. Essas formas de representação são chamadas de Modelos de Dados.

Modelos de Dados

Um modelo de dados é uma forma de representar a estrutura de como os dados são armazenados, ou seja, como se dá a ligação entre eles.

Os principais são:

> **Hierárquico**: neste modelo os dados são organizados similarmente à organização de pastas do computador, pois foi a primeira construção de uma base de dados em substituição ao sistema de arquivos, por isso a semelhança. Assim, quando um dado está ligado ao outro significa que se trata de uma informação associada a ele; pode-se dizer que esse modelo trabalha com a forma de uma árvore. Também é sua característica de que cada registro ser uma coleção de atributos, sendo que cada um contém apenas um valor.

> **Em Redes**: o modelo de rede é constituído de vários registros conectados uns aos outros por meio de ligações (ponteiros). Estas consistem em relações entre os registros. Esse modelo oferece maior segurança do que o hierárquico, uma vez que o acesso não passa por um nó raiz.

> **Relacional:** também chamado de MR, esse é o modelo atualmente mais utilizado. Ele oferece maior independência entre os dados; é baseado em tabelas, ao contrário dos modelos anteriormente citados, que se apoiam nos registros. Sua teoria baseia-se na dos conjuntos e álgebra relacional, tanto para armazenar como recuperar os dados.

> **Orientado a Objetos**: são bancos criados baseados no modo de programação orientada a objetos, em que são elaboradas classes que descrevem o objeto, ou seja, uma classe é um conjunto de informações, características, relações, ações e atributos que definem o objeto. Apesar da grande praticidade, esse modelo deixa algumas incógnitas que favorecem o emprego e o uso do modelo relacional.

11.2 Arquiteturas de Banco de Dados

A arquitetura de um banco de dados depende da arquitetura computacional usada, se baseada em *mainframes*, modelo cliente/servidor ou paralela.

O sistema pode ainda ser dividido em duas categorias principais:

> ***Front-end***: (interface de usuário) uma interface gráfica familiar mais simplificada para o usuário como formulários, tabelas, geradores de relatórios, por uso de linguagens de consulta SQL.

> ***Back-end***: (servidor) responsável por interpretar a linguagem SQL e executar a consulta, bem como gerenciar o acesso e controle de recuperação e execução simultânea (concorrência).

Deve-se avaliar o desempenho do sistema de banco de dados por meio de:

> ***Throughput***: que descreve a quantidade de tarefas por período de tempo.

> ***Tempo de resposta*:** ou tempo de execução de cada tarefa.

Os principais sistemas são descritos a seguir.

Sistemas Centralizados

Baseada no uso de *mainframes*, o que gera custo elevado para a manutenção do supercomputador. Nesse modelo o *mainframe* concentra os dados que são acessados pelos terminais.

Local

O modelo local é empregado no próprio computador de uso pessoal. Geralmente é usado para aplicações que funcionam isoladamente, de modo que o PC funciona como hospedeiro do banco como terminal de acesso. Ele é mais simples, pois isenta-se da necessidade de sincronização e controle de acesso simultâneo.

Cliente/Servidor

Formato popularmente usado e que utiliza amplamente o formato *front-end* e *back-end*. Apresenta a necessidade de confirmações de gravação, após a realização correta das ações *(commit)*, possibilidade de retroceder em caso de erros *(rollback)*, funções de consulta *(store procedures)* e execução automatizada de tarefas de acordo com gatilhos *(triggers)*. Nesse modelo, ao invés de terminais, usa-se como clientes os computadores pessoais.

Distribuídos

As informações (banco de dados) são armazenadas em computadores diferentes que interagem por meio da rede, a exemplo de sites que, quando um servidor apresenta problema, demais mantêm-se em funcionamento, até mesmo podendo substituir o servidor com problema (nesse caso necessita-se da replicação dos dados). A desvantagem desse formato é a dificuldade em desenvolvê-lo e sistemas que mantenham a simetria e precisão das informações.

Paralelos

Os sistemas paralelos são usados em limitadas situações, pois é necessário que o conjunto de dados possa ser dividido em partes para que sejam processadas simultaneamente por computadores diferentes, ou seja, cada computador executa uma parte da informação. Nesse método pode haver compartilhamento da memória ou disco, ou mesmo sem realizar o compartilhamento do hardware.

11.3 Sistema Gerenciador de Banco de Dados (SGBD)

Um SGBD é um conjunto de programas que possibilita ao usuário manipular e gerenciar uma base de dados, ou seja, uma coleção de dados que estão relacionados entre si.

Em via de regra, um SGBD deve permitir definir um banco de dados, construí-lo e manipular as informações.

Características de um SGBD

Controle de Redundância: um SGBD deve ser capaz de gerenciar os arquivos, de modo a evitar a duplicação de dados que leva tanto ao desperdício de espaço de armazenamento como também à possível inconsistência, uma vez que apenas um dos arquivos pode ser alterado.

Compartilhamento de Dados: também é responsabilidade do gerenciador. Controla o acesso simultâneo aos dados, para que as alterações sejam devidamente salvas sem que haja duplicidade. Normalmente um arquivo pode ser lido por vários usuário ao mesmo tempo, porém, somente um pode ser salvo por vez.

Restrições de Acesso Multiusuário: o SGBDs devem ter a capacidade de controlar o acesso de forma hierárquica aos dados, de modo que impeça o acesso por pessoas sem a devida autorização.

Fornecimentos de Múltiplas Interfaces: os programas atendem às necessidades dos usuários; alguns precisam de interfaces mais simples como a de um formulário, outros tem conhecimento mais aprofundado e desenvolvem programas. Oferecem também interfaces para consultas diretas.

Representação de Relacionamento Complexo entre os Dados: as bases de dados muitas vezes possuem sentido por meio de seus inter-relacionamento de dados, logo, os SGBDs devem oferecem estruturas que permitam organizá-los, relacionando-os da maneira mais eficiente.

Reforçar Restrições de Integridade: a integridade preza por manter os dados fidedignos às suas definições, como definir um atributo do tipo numérico. Nesse caso, o SGBD deve viabilizar a restrição para que não possa ser inserido um texto nesse campo.

Fazer Backup e Restauração: é comum a ocorrência de falhas nos processos de comunicação e armazenamento, logo, as ferramentas devem oferecem o mínimo de recursos para regredir ao último estado estável dos dados.

Modelagem dos dados

Um modelo de dados é forma mais visual de se compreender a organização e vinculação dos dados armazenados em um banco de dados, chamado na área como modelo de abstração.

Na informática, são amplamente utilizados os termos Alto Nível e Baixo Nível; Alto Nível relaciona-se ao entendimento da estrutura de modo mais visual e não muito concreto, enquanto que Baixo Nível descreve como a coisa é realmente, como é definida e feita. À exemplo, a maioria das linguagens de programação são conhecidas como sendo de alto nível, mas quando se usa Assembly, que é uma linguagem de máquina, cita-se uma linguagem mais próxima à representação que o computador efetivamente entende, mas que não é tão trivial para nós. Já, quando citamos os bits, estamos falando do mais baixo nível na informática, pois se trata daquilo que é intimamente ligado ao hardware.

Logo, na descrição de modelos de dados, há aqueles de mais alto nível, ou seja, mais próximos ao nosso entendimento, e aqueles de baixo nível, que descrevem efetivamente a estrutura da base de dados.

Um esquema alto nível é importante para conhecer os dados armazenados e suas relações, sem efetivamente vê-los. De modo geral, são definidos três níveis de abstração:

Nível Físico: é o nível de menor abstração. Ele descreve como os dados estão efetivamente armazenados.

Nível Lógico: é o nível intermediário; ele descreve quais são os dados armazenados e seus relacionamentos um com o outro. Nesse modelo são tomadas as decisões de projeto como o que por e onde por.

Nível de Visão: é o passo inicial no projeto de um banco de dados, no qual são definidas as organizações dos dados antes mesmo de defini-los detalhadamente. Esse é o nível de maior abstração.

11.4 Banco de Dados Relacional

Um banco de dados relacional é descrito por tabelas conhecidas como entidades, que armazenam dados com várias características chamadas atributos, dispostas em colunas. O conjunto de atributos de um dado em uma tabela é chamado de tupla, que pode ser entendido como uma linha de uma tabela.

Modelo Entidade Relacionamento

Também conhecido como MER, é a forma mais abstrata de compreender os dados de um banco de dados, é usada a etapa inicial da descrição de um banco de dados.

Esse modelo apresenta basicamente as entidades, que são definições de estruturas independentes como pessoa, carro, empregado. Cada uma possui atributos, ou seja, características que a definem, por exemplo, a entidade pessoa contém dados do tipo nome, RG, CPF, nascimento, idade, endereço. A essa coleção de dados de cada pessoa dá-se o nome de tupla.

A priori, em uma construção de um banco de dados consistente deve-se utilizar atributos atômicos, ou seja, que não possam ser divididos. O atributo endereço pode ser separado em logradouro, número, bairro, CEP e complemento; logo, endereço não é atômico. Já o atributo número de um endereço é, assim como, o CPF.

No caso do CPF, ainda pode-se notar uma outra característica da descrição de atributos de uma entidade: uma vez que o número de CPF de uma pessoa é único, pode ser utilizado para identificar esse dado (pessoa) no conjunto de dados armazenados, logo, CPF é o que se chama de **chave candidata**, que passa a ser uma **chave primária**, a partir do momento em que efetivamente é definida para identificar a tupla de uma entidade.

Ex.:

Uf(**UF_Codigo**, UF_Sigla, UF_Nome)

Cidade(**Cdd_Codigo**, UF_Codigo, Cdd_Nome, Cdd_DDD)

PssFisica(PssFsc_Codigo, PssFsc_Nome, PssFsc_CPF, PssFsc_RG, PssFsc_Rua, PssFsc_Numero, PssFsc_Bairro, PssFsc_Complemento, PssFsc_Tel1, PssFsc_Tel2, PssFsc_Cel, Cdd_Codigo)

Docente(**Dcn_Codigo**,PssFsc_Codigo)

DcnCnt(**Cnt_Codigo, Dcn_Codigo**)

Centro(**Cnt_Codigo**, Cnt_Nome, Dcn_Codigo)

Curso(**Crs_Codigo**, Crs_Nome, Cnt_Codigo)

Academico(**RA**, PssFsc_Codigo, Acd_Satus)

AcdCrs(**RA**, Crs_Codigo, Ano)

Projeto(**Prj_Codigo**, Prj_Descricao)

AcdPrj(**RA**, **Prj_Codigo**, AcdPrj_CrgHoraria)

Disciplina(**Dsc_Codigo**,Dsc_Nome)

AcdDsc(**RA**, **Dsc_Codigo**, **Ano**, AcdDsc_Faltas, AcdDsc_Situacao, AcdDsc_Nota)

DcnDsc(**Dsc_Codigo**, **Ano**, **Dcn_Codigo**)

O nome no início descreve o nome da entidade, normalmente no singular; os dados entre parênteses descrevem os atributos, sendo os sublinhados identificados como chaves. Quando há dois atributos marcados como chave são conhecidas como chaves compostas.

Mas um MER precisa de regras para ser construído e elas são as dependências funcionais entre os dados.

Ex.: o número do RA deve levar a conseguir informações do tipo Nome do acadêmico e seu Status.

RA →Acd_Nome, Acd_Status

RA, Prj_Codigo →Prj_CrgHoraria

Dcn_Codigo → Dcn_Nome

Dsc_Codigo → Dsc_Nome

Dsc_Codigo, Ano → Dcn_Nome

RA, Dsc_Codigo, Ano → AcdDsc_Nota, AcdDsc_Faltas, AcdDsc_Situacao, Dsc_Nome

Crs_Codigo → Crs_Nome, Crs_Coordenador, Cnt_Codigo

Cnt_Codigo → Cnt_Nome, Cnt_Diretor

Uf_Codigo → Uf_nome, Uf_Sigla

RA, Crs_Codigo → Crs_Nome

Prj_Codigo → Prj_Descricao

DER

O Diagrama Entidade Relacionamento é o detalhamento de um MER, ou seja, é uma estrutura mais visual das ligações entre as entidades. A figura a seguir ilustra os símbolos usados na descrição desse modelo.

Resumo da notação para diagramas ER fonte: Navathe, 2005

Os atributos podem ser classificados em:

Simples ou compostos: os atributos simples são aqueles que são únicos e não possuem subdivisão. Já os compostos podem ser divididos como endereço, que pode ser estruturado em logradouro, número, bairro, CEP e complemento.

Monovalorados ou multivalorados: um exemplo de um atributo monovalorado poderia ser o atributo CPF, o qual teria associado apenas um número de CPF. Pode acontecer, no entanto, que uma determinada instância possua um conjunto de valores para uma única entidade. Por exemplo, o atributo filho, da entidade pessoa, que pode ter um, nenhum ou vários filhos cadastrados.

Nulo: um atributo é nulo quando pode ser vazio, como o nome do filho, caso a pessoa não possua filhos; ao contrário do campo CPF, que por ser chave jamais poderá ser nulo.

Derivado: ou calculado, é o atributo que pode ser obtido por intermédio de consultas, como a idade de uma pessoa, que, por decisões de projeto, pode ser guardada, sendo que poderia ser calculada com base na data de nascimento.

Ao definir um relacionamento entre duas entidades, é necessário definir qual é essa relação, bem como a sua cardinalidade. Esta define se uma entidade pode ter apenas uma instância de outra entidade atrelada a ela (um para um) ou se ela pode ter várias (um para muitos). Também é possível que várias instâncias de uma entidade sejam relacionadas com uma de outra, que, por sua vez, pode ser ligada a várias outras instâncias da primeira entidade (muitos para muitos).

Ex.:

Um para muitos: um departamento de uma empresa pode ter vários empregados, mas um empregado só pode estar em um departamento dela.

Muitos para muitos: podemos pegar o exemplo similar ao anterior, mas dessa vez um empregado pode trabalhar em dois departamentos diferentes ao mesmo tempo.

SQL

A linguagem padrão para criação, manipulação e consulta a banco de dados é Standard Query Location, ou simplesmente SQL. Trata-se de uma linguagem estruturada que baseia-se nas operações da Álgebra Relacional para seleção de linhas e colunas de dados das tabelas ou de junções destas em um Banco de Dados.

As principais cláusulas (comandos) SQL são SELECT, FROM, WHERE, que podemos ler: **selecionar** (o que se deseja selecionar), **de** (entidade ou relação de entidade de onde será obtida a informação) e **que** (regras que limitam o resultado de dados para os que se deseja).

11.5 Data Mining

Em tradução literal "Mineração de Dados", o data mining nada mais é do que um conjunto de ferramentas e técnicas utilizadas para se extrair conhecimento de base de dados em destaque de warehouse.

Refere-se à extração ou descoberta de novas informações de grandes quantidades de dados.

Dentre os aspectos da técnica, destaca-se o reconhecimento de padrões por meio de comparação e análise dos dados, um dos principais exemplos de aplicação da técnica foi pelo Walmart. A empresa buscava conhecer o seu cenário de vendas, como que tipo de produto era mais vendido em determinado dia da semana; a ferramenta de data mining usada apontou que nas sextas-feiras os produtos mais vendidos eram cerveja e fralda.

Percebe-se a importância de se saber **extrair o conhecimento** da informação, pois, a princípio, se pergunta qual a relação entre cerveja e fralda. Seriam crianças bebendo cerveja? Logo, o dado intrigante levou a uma investigação, a qual revelou que os pais passavam ao final do expediente para comprar fraldas para os filhos e aproveitavam pra repor o estoque de cerveja.

O que isso trouxe de benefícios para a empresa? Simples, a gôndola de fraldas passou a ficar ao lado da de cerveja, o que levou a um aumento de 30% na venda destas.

De forma geral, as técnicas de mineração são hoje aplicadas principalmente no mercado financeiro, que o diga a receita federal, que é uma das pioneiras a utilizar tais técnicas para encontrar inconsistências nas declarações de IR. Contudo, não se limita apenas a esse nicho, podendo ser usada também na medicina; apesar de pouco utilizadas neste segmento, possuem potencial para chegar até ao autoatendimento médico.

As técnicas consistem em três etapas:

> Preparação: são definidos quais e que tipo de dados são importantes. Nota-se a necessidade da participação de um especialista no assunto para fazer os apontamentos;

> Data Mining: é a etapa da coleta dos dados e transformação para que seja mais fácil identificar as relações como a explanação dos dados na forma de gráficos;

> Análise de Dados: os dados são comparados, e busca-se entender o que eles podem representar e como podem ser usados.

Nessas etapas, nota-se a utilização de algumas tecnologias como:

> IA e sistemas especialistas;

> Redes neurais e seus paradigmas de aprendizado supervisionado e não supervisionado;

> Data Wharehouse na organização dos dados.

Assim, o maior desafio é entender as relações entre os dados obtidos pela técnica.

Descoberta de Conhecimento

A mineração de dados é apenas parte do processo de descoberta do conhecimento. A descoberta de conhecimento em banco de dados é também chamada de KDD (Knowledge Discovery in Databases). Por sua vez, o processo de descoberta em si é dividido em seis fases:

1º - Seleção de dados;

2º - Limpeza de dados;

3º - Enriquecimento;

4º - Transformação ou codificação de dados;

5º - Mineração de dados;

6º - Relatório e exibição da informação descoberta.

A limpeza faz parte do pré-processamento dos dados, para a aplicação devida das técnicas de mineração e para a criação de data warehouse.

Como resultado, a mineração pode fornecer diferentes tipos de informações **novas**:

> Regras de associação: comportamentos que se relacionam, como comprar uma vara de pescar e uma lanterna;

> Padrões sequenciais: comportamentos que se levam a outro no futuro, como comprar um smartphone e futuramente algum gadget para ele;

> Árvores de classificação: repetições que podem ser tipificadas.

Os resultados podem ser apresentados na forma de listas, tabelas, descritiva ou mesmo na forma de gráficos; esta última mais frequentemente utilizada.

A mineração é normalmente aplicada com o intuito de obter informações que possibilitem prever situações futuras; identificar padrões de comportamento/evento; classificar dados ou itens, como um mercado classificar quais produtos são comprados para fins de merenda escolar; e, também, as informações são utilizadas para otimização, por exemplo, aumentar as vendas de determinado produto que esteja associado a outro.

O conhecimento obtido pela mineração é comumente descrito em:

> **Regras de associação**: busca a relação entre dados do tipo o que um produto comprado tem a ver com outro;

- > **Hierarquias de classificação**: objetiva descrever de forma hierarquizada as informações como classes sociais e o que cada uma compra;
- > **Padrões sequencias**: exemplo de um paciente que apresenta um resfriado, mas volta após um período com uma gripe e que mais adiante apresenta sintomas de pneumonia;
- > **Padrões dentro de série temporal**: quando o padrão é o espaço de tempo, ou seja, a frequência com que um cliente compra o mesmo produto;
- > **Agrupamento**: definição de grupos de dados ou indivíduos que estejam propensos a determinada ação ou situação.

As dificuldades da Mineração de dados são atreladas a vários fatores, como a cardinalidade, ou seja, a um vasto volume de dados relacionados entre si a serem analisados; a variabilidade dos dados, que na maioria dos casos precisa ser refinada; a grande quantidade de classificações diferentes; bem como a qualidade dos dados armazenados.

O uso bem sucedido das aplicações de data mining depende da construção de um data warehouse.

11.6 Data WareHouse

Em tradução livre, Armazém/celeiro de dados consiste nos dados armazenados ao longo da história de uso de um sistema, utilizados para se obter respostas como quantidade de itens vendidos por determinado vendedor. O objetivo de um data warehouse é dar sustentação à tomada de decisão com base nos dados.

O acesso ao armazém pode ser feito por meio de um servidor OLAP, cujo papel é interpretar as consultas realizadas pelos usuários, convertendo em consultas adequadas para o acesso, análise e geração de relatórios, com também para ferramentas de Data Mining.

"OLAP (processamento analítico on-line) é um termo usado para descrever a análise de dados complexos do data warehouse" (Navathe, 2011).

Características dos Armazéns de Dados

Um data warehouse é um armazém de dados integrados, provenientes de várias fontes, os quais são processados para serem armazenados em um modelo multidimensional. Consiste em uma base de dados à parte do banco de dados principal, pois não sofre alterações e interações com a mesma intensidade, logo, são chamadas de estruturas não voláteis, por manterem suas características por um maior período de tempo que os Bancos de Dados.

Antes de atualizar ou preencher o armazém com os dados, é necessário realizar a limpeza deles, ou seja, efetuar um pré-processamento, principalmente para eliminar dados inconsistentes, ou falhas, como dados vazios. Também faz parte do pré-processamento a reformatação dos dados, como padronizar códigos e outros atributos.

Os data warehouses também são diferenciados pelas seguintes características:

- > Visão conceitual em múltiplas dimensões;
- > Dimensões variáveis;
- > Dimensões e níveis de agregação ilimitados;
- > Operacionalização sem restrição entre as dimensões;
- > Tratamento dinâmico de matriz esparsa;
- > Arquitetura Cliente-Servidor;
- > Multiusuário;
- > Oferecer acessibilidade;
- > Ser Transparente;
- > Intuitivos.

Um armazém deve aceitar consultas ocasionais que solicitem qualquer combinação.

Para preencher um warehouse, é necessário realizar 5 etapas:

1º - Extração dos dados das fontes;

2º - Formatação dos dados de forma a possibilitar relacionamentos;

3º - Limpeza dos dados;

4º - Ajustar ao modelo multidimensional;

5º - Carregar os dados no armazém.

Um banco de dados é uma coleção de dados inter-relacionados, representando informações sobre um domínio específico, ou seja, sempre que for possível agrupar informações que se relacionam e tratam de um mesmo assunto, pode-se dizer que há um banco de dados.

É possível exemplificar situações clássicas como:

- uma lista telefônica;
- um catálogo de CDs; ou
- um sistema de controle de RH de uma empresa.

Porém, possui algumas características comuns:

- é projetado, construído e povoado com dados para algum objetivo específico;
- pode ser gerado e mantido manualmente ou informatizado.

11.7 SISTEMA GERENCIADOR DE BANCO DE DADOS - SGBD

Uma vez que estabelecemos que um banco de dados é tão somente um conjunto de arquivos, que contém os dados referentes a um sistema qualquer, podemos nos fazer as seguintes perguntas:

- Mas como esses dados são administrados?
- Como definimos a estrutura de cada registro?
- Como definir regras de acesso aos dados?

Todas as tarefas acima, e ainda outras, são realizadas por meio do uso de um conjunto de softwares conhecidos por **Sistema Gerenciador de Banco de Dados**.

Definindo um SGBD

Coleção de programas que possibilita a definição, construção e manutenção de um banco de dados:

- Definir: especificar os tipos de dados, estruturas e restrições para os dados do banco;
- Construir: armazenar os dados em um meio de armazenamento controlado pelo SGBD;
- Manipular: funções para consultas e atualizações nos dados armazenados.

Muitas outras funções são disponibilizadas pelos SGBDs atuais, como, por exemplo, ferramentas para backup e restore, extração e importação de dados, gerenciamento de transações e acesso concorrente, geração de relatórios, análise de dados etc.

Há vários produtos disponíveis no mercado. Cada um deles com suas próprias características e disponibilizando diferentes funcionalidades, dependendo da versão escolhida. Nos últimos anos, praticamente todas as empresas disponibilizam alguma versão sem necessidade de pagamento de licença dos seus SGBDs. Algumas dessas versões possuem limitações em relação às versões pagas; outros produtos somente existem em versões livres. Os mais conhecidos no mercado são ORACLE, IBM DB2, MS-SQL Server, MYSQL, PostGreSQl, FireBird, DB4 e SYBASE.

11.8 Arquitetura de Sistema de Banco de Dados

Os SGBD possuem algumas características operacionais elementares, listadas a seguir:

01. Controle de Redundâncias - A redundância consiste no armazenamento de uma mesma informação em locais diferentes, provocando inconsistências. Em um Banco de Dados, as informações só se encontram armazenadas em um único local, não existindo duplicação descontrolada dos dados. Quando existem replicações dos dados, estas são decorrentes do processo de armazenagem típica do ambiente Cliente-Servidor, totalmente sob controle do Banco de Dados.

02. Compartilhamento dos Dados - O SGBD deve incluir software de controle de concorrência ao acesso dos dados, garantindo em qualquer tipo de situação a escrita/leitura de dados sem erros.

03. Controle de Acesso - O SGDB deve dispor de recursos que possibilitem selecionar a autoridade de cada usuário. Assim, um usuário poderá realizar qualquer tipo de acesso, outros poderão ler alguns dados e atualizar outros, e outros ainda poderão somente acessar um conjunto restrito de dados para escrita e leitura.

04. Interfaceamento - Um Banco de Dados deverá disponibilizar formas de acesso gráfico, em linguagem natural, em SQL ou ainda via menus de acesso, não sendo uma "caixa-preta" somente sendo passível de ser acessada por aplicações.

05. Esquematização - Um Banco de Dados deverá fornecer mecanismos que possibilitem a compreensão do relacionamento existente entre as tabelas e de sua eventual manutenção.

06. Controle de Integridade - Um Banco de Dados deverá impedir que aplicações ou acessos pelas interfaces possam comprometer a integridade dos dados.

07. Backups - O SGBD deverá apresentar facilidade para recuperar falhas de hardware e software, por meio da existência de arquivos de "pré-imagem" ou de outros recursos automáticos, exigindo minimamente a intervenção de pessoal técnico.

Para garantir que essas características sejam satisfeitas, os sistemas de banco de dados são implementados em diferentes camadas. Cada uma representa um nível de abstração e possui diferentes responsabilidades.

A modelagem de dados está dividida em

Modelo conceitual: a modelagem conceitual baseia-se no mais alto nível e deve ser usada para envolver o cliente, pois o foco aqui é discutir os aspectos do negócio do cliente, e não da tecnologia. Os exemplos de modelagem de dados vistos pelo modelo conceitual são mais fáceis de compreender, já que não há limitações ou aplicação de tecnologia específica. O diagrama de dados que deve ser construído aqui é o Diagrama de Entidade e Relacionamento, no qual deverão ser identificadas todas as entidades e os relacionamentos entre elas. Este diagrama é a chave para a compreensão do modelo conceitual de dados.

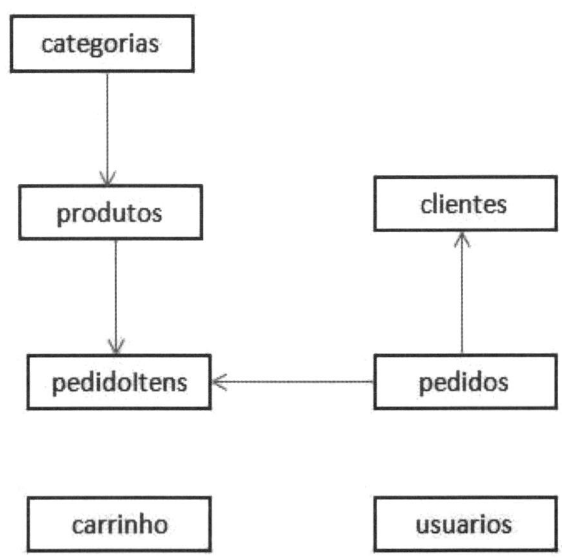

Exemplo simples de Diagrama de Entidade e Relacionamento

Modelo lógico: o modelo lógico já leva em conta algumas limitações e implementa recursos, como adequação de padrão e nomenclatura; define as chaves primárias e estrangeiras, normalização, integridade referencial, entre outras. O modelo lógico deve ser criado levando em conta os exemplos de modelagem de dados criados no modelo conceitual.

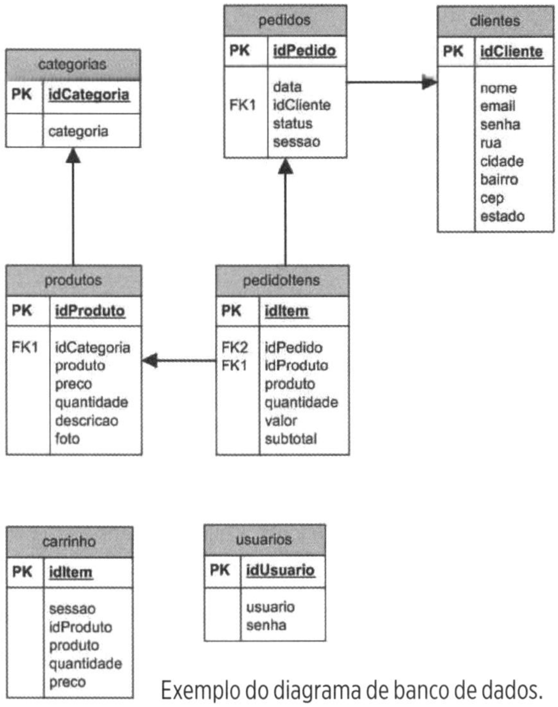

Exemplo do diagrama de banco de dados.

11.9 O Conceito de Chave no Modelo Relacional

Chave Primária (Primary Key): em uma tabela, existe uma coluna ou conjunto de colunas concatenados, cujo valor é único na tabela, ou seja, nunca se repete aquele valor em nenhuma outra linha da tabela, e que identifica uma e somente uma única linha da tabela.

Então, dizemos que esta coluna ou conjunto de colunas formam a chave primária da tabela.

Chave Estrangeira (Foreign Key): quando dizemos que duas tabelas estão relacionadas por intermédio de atributos (colunas) comuns, devemos observar que esta coluna é a chave primária em uma das tabelas. Na outra tabela, este atributo irá caracterizar o que chamamos de "chave estrangeira", propiciando, assim, uma ligação lógica (relacionamento) entre as tabelas.

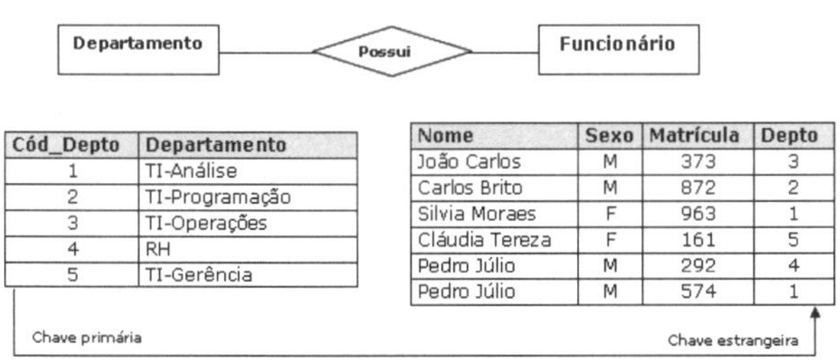

Cód_Depto	Departamento
1	TI-Análise
2	TI-Programação
3	TI-Operações
4	RH
5	TI-Gerência

Nome	Sexo	Matrícula	Depto
João Carlos	M	373	3
Carlos Brito	M	872	2
Silvia Moraes	F	963	1
Cláudia Tereza	F	161	5
Pedro Júlio	M	292	4
Pedro Júlio	M	574	1

Chave Candidata: uma tabela relacional pode assumir alternativas de identificador único, ou seja, várias colunas ou concatenações delas podem ter essa propriedade. Esses identificadores são candidatos à chave primária.

Como somente um poderá ser o escolhido (uma tabela só pode ter uma chave primária - que pode ser composta pela concatenação de mais de uma coluna), o restante passa a ser considerado como chave alternativa (secundária).

Chave Secundária (Secundary Key): serve para definir uma "segunda chave primária", por meio da criação de índices únicos de pesquisa. As chaves secundárias mantêm a integridade das tabelas que possuem mais de uma chave candidata.

11.10 Normalização de Dados

Conceito

Normalização é o processo de modelar o banco de dados, projetando a forma como as informações serão armazenadas, a fim de eliminar, ou pelo menos minimizar, a redundância no banco. Tal procedimento é feito a partir da identificação de uma anomalia em uma relação, decompondo-as em relações mais bem estruturadas.

Normalmente, precisamos remover uma ou mais colunas da tabela, dependendo da anomalia identificada, e criar uma segunda tabela, obviamente com suas próprias chaves primárias, e relacionarmos a primeira com a segunda para assim tentarmos evitar a redundância de informações.

O processo de normalização compreende o uso de um conjunto de regras, chamado de "formas normais". Ao analisarmos o banco de dados e verificarmos que ele respeita as regras da primeira forma normal, então podemos dizer que o banco está na "primeira forma normal". Caso o banco respeite as primeiras três regras, então ele está na "terceira forma normal". Mesmo existindo mais conjuntos de regras para outros níveis de normalização, a terceira forma normal é considerada o nível mínimo necessário para grande parte das aplicações.

[Microsoft 2007]

Formas Normais

Primeira Forma Normal: uma relação está na primeira forma normal quando todos os atributos contêm apenas um valor correspondente, singular, e não existem grupos de atributos repetidos — ou seja, não se admitem repetições ou campos que tenham mais que um valor.

O procedimento inicial é identificar a chave primária da tabela. Após, devemos reconhecer o grupo repetitivo e removê-lo da entidade. Em seguida, criamos uma nova tabela com a chave primária da tabela anterior e o grupo repetitivo.

Código	Nome	Endereço	Telefone
1001	Diego Machado	Rua Tal 321 Porto	5312345678 5398765432
1002	Fulano de Tal	Avenida Tal 71 Centro	5187654321 5143215678

Tabela 1: A tabela não está na primeira forma normal.

Analisando o exemplo acima, podemos observar dois problemas: temos uma pessoa com dois números de telefone e um endereço com diferentes valores, a rua e o bairro. A fim de normalizar, teremos que colocar cada informação em uma coluna diferente e criar uma nova tabela, relacionando a pessoa a seus números de contato.

Código	Nome	Endereço	Bairro
1001	Diego Machado	Rua Tal 321	Porto
1002	Fulano de Tal	Avenida Tal 71	Centro

Tabela 2: A tabela está na primeira forma normal.

Dessa forma, como mostrado na tabela acima, temos uma tabela na primeira forma normal, evitando assim repetições e campos com múltiplos valores, conforme observamos na tabela abaixo:

Código	Telefone
1001	5312345678
1001	5398765432
1002	5112345678
1002	5187654321

Tabela 3: Nova tabela criada para evitar campos com mais de um valor.

Segunda Forma Normal: diz-se que uma tabela está na segunda forma normal se ela atende a todos os requisitos da primeira forma normal e se os registros na tabela, que não são chaves, dependam da chave primária em sua totalidade, e não apenas de parte dela. A segunda forma normal trabalha com essas irregularidades e previne que haja redundância no banco de dados.

Para isso, devemos localizar os valores que dependem parcialmente da chave primária e criar tabelas separadas para conjuntos de valores que se aplicam a vários registros e relacionar estas tabelas com uma chave estrangeira.

cd_locacao	cd_filme	titulo_filme	devolucao	cd_cliente
1010	201	The Matrix	2011-10-12	743
1011	302	O Grito	2011-12-10	549
1012	201	The Matrix	2011-12-30	362

Tabela 4: A tabela não está na segunda forma normal.

Podemos observar que a tabela acima apresenta uma coluna responsável por armazenar o título do filme, onde este foi alugado e está associa-se a um número de locação. Porém, ele também está associado a um código, tornando-o então um valor que não é totalmente dependente da chave primária da tabela.

cd_filme	titulo_filme
201	The Matrix
302	O Grito

Tabela 5: Tabela criada para armazenar os filmes.

Se, em algum momento, tivermos que alterar o título de um filme, teríamos que procurar e alterar os valores em cada tupla (linha) da tabela. Isso demandaria trabalho e tempo desnecessários. Porém, ao criarmos uma tabela e as vincularmos com o recurso da chave estrangeira, tornamos o nosso banco mais organizado e ágil para as futuras consultas e manutenções que podem vir a ser necessárias.

cd_locacao	cd_filme	devolucao	cd_cliente
1010	201	2011-10-12	743
1011	302	2011-12-10	549
1012	201	2011-12-30	362

Tabela 6: Tabela na segunda forma normal.

Terceira Forma Normal: se analisarmos uma tupla e não encontrarmos um atributo não chave dependente de outro atributo não chave, podemos dizer que a entidade em questão está na terceira forma normal - contanto que esta não vá de encontro às especificações da primeira e da segunda forma normal.

Como procedimento principal para configurar uma entidade que atenda às regras da terceira forma normal, identificamos os campos que não dependem da chave primária e dependem de outro campo não chave. Depois, separamo-los para criar outra tabela distinta, se necessário.

placa	modelo	qtd_kmetro	cod_fab	nome_fab
qwe1234	Modelo1	867	3004	fabricante1
asd456	Modelo2	928	3005	fabricante2

Tabela 7: A tabela não está na terceira forma normal.

No exemplo acima, temos uma entidade que lista os carros cadastrados, bem como o modelo, a quantidade de quilômetros rodados, o código do fabricante e o nome do fabricante. Observamos que "nome_fab" se dá em função de "cod_fab". Para adequarmos esta tabela de acordo com os padrões da terceira forma normal, devemos remover a coluna do nome do fabricante.

placa	modelo	qtd_kmetro	cod_fab
qwe1234	Modelo1	867	3004
asd456	Modelo2	928	3005

Tabela 8: Tabela na terceira forma normal.

A coluna que removemos deve ser colocada em uma nova tabela, relacionando corretamente o nome do fabricante com o seu código. Abaixo, podemos observar como ficaria esta nova entidade.

cod_fab	nome_fab
3004	fabricante1
3005	fabricante2

Tabela 9: Tabela criada para armazenar o nome do fabricante.

11.11 SQL [linguagem SQL (SQL2008)

SQL

É a linguagem padrão para a manipulação de bancos de dados relacionais. Por corresponder a um padrão aceito pela indústria, é suportada por todos os SGBDs relacionais - o que inclui produtos como Oracle, Microsoft SQL Server, MySQL, PostgreSQL, SQLite e IBM DB2.

Embora seja uma linguagem muito poderosa, o escopo da SQL é claro e direto, oferecendo instruções para a recuperação e manipulação de dados em tabelas, controle de transações, definição de objetos e controle de acesso. A tabela abaixo apresenta as principais instruções SQL e suas respectivas funções.

Instruções SQL

INSTRUÇÃO	FUNÇÃO
SELECT	Recuperação de dados.
INSERT UPDATE DELETE	Manipulação de dados.
CREATE ALTER DROP RENAME TRUNCATE	Definição de objetos.
COMMIT ROLLBACK SAVEPOINT	Controle de transações.
GRANT REVOKE	Controle de acesso.

A SQL possui a limitação de ser uma linguagem declarativa. Isto significa que não é possível criar um programa inteiro em SQL, pois a linguagem não possui comandos para tomada de decisão (ex.: IF-ELSE) e nem para execução de laços (ex.: WHILE e FOR).

Classificação das Declarações SQL

Existem cinco categorias do SQL, que são comumente usadas em todos os bancos de dados.

Data Definition language (DDL) - Linguagem de Definição de Dados: usada para a estrutura ou o esquema do banco de dados.

> A declaração CREATE cria objetos.

> A declaração ALTER altera a estrutura dos objetos no banco de dados.

> A declaração DROP apaga os objetos do banco de dados.

Data Control Language (DCL) Linguagem de controle de dados: usada para controlar o acesso aos dados e garantir a segurança. A seguir, constam algumas declarações importantes:

> GRANT - usada para atribuir privilégios de acesso aos objetos do banco para um usuário.

> REVOKE - usada para retirar privilégios de acesso usando a declaração GRANT.

> DENY - usada para proibir determinados usuários de desempenhar certas tarefas.

Data Manipulation Language (DML): usada para gerenciar os dados no esquema de objetos. A seguir, constam algumas importantes declarações:

> INSERT - Para inserir dados na tabela.

> UPDATE - para modificar um dado já existente na tabela.

> DELETE - para deletar o que foi gravado na tabela.

> SELECT - para selecionar o que está gravado na tabela.

Data Transaction Language (DTL): utilizado pelos desenvolvedores em transações. Os principais comandos são:

> COMMIT - Finaliza a transação tornando as alterações permanentes.

> ROLLBACK [TO SAVEPOINT nome].

> ROLLBACK - Finaliza a transação descartando as alterações pendentes. Com a opção TO SAVEPOINT descarta as alterações subsequentes ao savepoint escolhido.

> SAVEPOINT - Marca um ponto de gravação dentro da transação atual

Data Query Language (DQL): o mais importante dentre estes, pois consultas são realizadas a todo instante. O comando que é utilizado pelo DQL é o:

> SELECT - para selecionar o que está gravado na tabela.

Principais Instruções em SQL

SELECT: esta instrução seleciona registros e campos específicos de uma tabela. A sintaxe geral da instrução SELECT é a seguinte:

SELECT <Campos> FROM <Tabelas> WHERE <Critérios>

Vamos dar um exemplo e selecionar apenas um determinado produto da tabela Animais, mostrando todos os campos da tabela:

SELECT * FROM Produtos WHERE CódigoDoProduto=1234

Sobre a instrução acima, temos que:

SELECT Campos: instrução SQL que seleciona para apresentar os campos determinados. O sinal de * (asterisco) indica que TODOS os campos da entidade (tabela) serão mostrados. Se for necessário especificar os nomes dos campos a serem mostrados, eles devem ser separados por , (vírgula).

FROM Tabelas: indica de que tabelas os campos serão selecionados, para informar mais de uma tabela, separe seus nomes por, (vírgula).

WHERE Critérios: indica a condição que deverá ser respeitada (avaliada) para a seleção dos registros da tabela.

INSERT: permite inserir dados nas tabelas do BD. A Sintaxe geral é assim:

INSERT INTO <Tabela (campo1, campo2, campo3)> VALUES <(valor1, valor2, valor3>)

Por exemplo, caso o usuário deseja inserir um novo Produto de código 1235, Nome Impressora HP 380sx, preço 120,80 pode fazer o seguinte:

INSERT INTO Produtos (CodigoDoProduto, NomedoProduto, PreçoUnitário) VALUES (1235, "Impressora HP 380sx", 120,80).

A instrução INSERT INTO não retorna uma listagem de registros, como a instrução SELECT, mas modifica os dados de uma tabela, inserindo um registro novo no fim da tabela.

UPDATE: a Instrução UPDATE da linguagem SQL permite que o usuário altere os valores contidos em um ou vários registros específicos da tabela. Esta instrução se escreve assim:

UPDATE <Tabela> SET <Campo=Valor> WHERE <Critérios>

Vamos dar um exemplo: se todos os Produtos cujos códigos sejam maiores que 1000, receberam um reajuste de 15% no seu valor, pode-se fazer o seguinte:

UPDATE Produtos SET PreçoUnitário=PreçoUnitário*1,15 WHERE CódigoDoProduto>1000

DELETE: como o nome já mostra, esta instrução exclui um ou mais registros de acordo com um critério. A sintaxe desta instrução é:

DELETE * FROM <Tabela> WHERE <Critérios>

Um exemplo pode ser o seguinte: vamos excluir o Produto 1234 da tabela Produtos do nosso Banco de Dados. DELETE * FROM Produtos WHERE CódigoDoProduto=1234

Lembre-se: a instrução DELETE não apaga apenas um campo do registro (como, por exemplo, apagar apenas os nomes dos produtos). Esta instrução exclui o registro inteiro da tabela.

Funções

MAX(exp) – Máximo da expressão.

MIN(exp) – Mínimo da expressão.

AVG(n) – Valor médio de n ignorando valores nulos.

SUM(n) – Soma os valores de n ignorando valores nulos.

COUNT(*) – Conta todas as linhas selecionadas, incluindo as repetidas e que contenham valores nulos.

11.12 Linguagem HIVEQL (HIVE 2.2.0)

O projeto Apache Hive é uma solução de data warehousing de software livre construída pela Equipe de Infraestrutura de

Dados do Facebook no ambiente Hadoop. O principal objetivo do projeto é levar conceitos de bancos de dados relacionais (por exemplo, tabelas, colunas, partições) e um subconjunto de SQL ao mundo desestruturado do Hadoop, ao mesmo tempo em que mantém a extensibilidade e a flexibilidade desfrutada no Hadoop. Assim, ele oferece suporte a todos os principais tipos primitivos (por exemplo, números inteiros, flutuações, sequências) e tipos complexos (por exemplo, mapas, listas, estruturas). O Hive oferece suporte às consultas expressas em HiveQL (Hive Query Language), uma linguagem declarativa similar à SQL e, portanto, pode ser entendido facilmente por qualquer pessoa familiarizada com a SQL. Essas consultas são compiladas automaticamente nas tarefas do MapReduce que são executadas usando Hadoop. Além disso, a HiveQL permite que os usuários realizem o plug in de scripts customizados de MapReduce nas consultas.

A HiveQL oferece suporte às instruções de Linguagem de Definição de Dados (DDL), que podem ser usadas para criar, eliminar e alterar as tabelas de um banco de dados. Ela permite que os usuários carreguem dados de fontes externas e insiram os resultados das consultas em tabelas do Hive por meio do carregamento e inserção de instruções de Linguagem de Manipulação de Dados (DML), respectivamente.

No entanto, atualmente a HiveQL não oferece suporte à atualização e exclusão de linhas das tabelas existentes (em particular, as instruções INSERT, UPDATE e DELETE INTO), o que permite o uso de mecanismos bastante simples para lidar com operações simultâneas de leitura e gravação sem precisar implementar protocolos de bloqueio complexos. O componente de metaloja é o catálogo do sistema Hive, que armazena metadados sobre a tabela subjacente. Esses metadados são especificados durante a criação da tabela e são reutilizados sempre que é feita referência à tabela na HiveQL. A metaloja distingue o Hive como uma solução tradicional de warehousing em comparação aos sistemas similares de processamento de dados que são construídos em arquiteturas similares ao MapReduce, como a Pig Latin.

Abaixo, constam exemplos das instruções de HiveQL que descrevem as operações para criar uma tabela, carregar dados e consultar o conteúdo das tabelas.

CREATE TABLE employee (empID INT, name STRING, salary BIGINT)

ROW FORMAT DELIMITED

FIELDS TERMINATED BY '\t'

STORED AS TEXTFILE;

LOAD DATA INPATH "employee_data" INTO TABLE employee;

SELECT * FROM employee WHERE salary > 100000 SORT BY salary DESC;

O Hive também oferece suporte à manipulação de dados por meio de funções criadas pelos usuários.

INSERT OVERWRITE TABLE employee

SELECT

TRANSFORM (empID, name, salary, address, department)

USING 'python employee_mapper.py'

AS (empID, name, salary, city)

FROM employee_data;

Em geral, o Hive é uma ótima interface para qualquer pessoa envolvida no mundo de bancos de dados relacionais, embora os detalhes da implementação subjacente não sejam completamente ocultos. Ainda, é preciso se preocupar com algumas diferenças em termos da melhor maneira para especificar as junções para o melhor desempenho e alguns recursos ausentes de linguagem. O Hive oferece a capacidade de fazer *plug in* de códigos customizados para situações que não se ajustam à SQL, bem como muitas ferramentas para manipular as entradas e saídas. Ele sofre algumas limitações, como a falta de suporte às instruções UPDATE ou DELETE ,INSERT em linhas únicas, e tipos de dados de data ou horário, já que elas são tratadas como sequências.

Questões

01. Acerca dos sistemas de banco de dados relacionais, julgue o - seguinte item.

A independência lógica dos dados é mais difícil de se obter que a independência física, uma vez que os programas são muito dependentes da estrutura lógica dos dados que acessam.

Certo ( ) Errado ( )

02. No que se refere ao conceito de banco de dados relacional, julgue o item seguinte.

Denomina-se chave estrangeira o conjunto de um ou mais atributos que nunca se repetem. As chaves estrangeiras poderão ser utilizadas como um índice para a tabela de banco de dados.

Certo ( ) Errado ( )

03. Julgue o item seguinte acerca da modelagem de dados, considerando diagramas entidade-relacionamento e mapeamento para modelo relacional.

Uma visão de banco de dados é uma coleção de objetos que estão disponíveis para um determinado usuário ou grupo. Os objetos de uma visão são estruturas lógicas que se referem diretamente aos dados do banco.

Certo ( ) Errado ( )

04. Com relação a qualidade de software, bancos de dados e suas tecnologias, julgue o item.

A independência lógica de dados é a habilidade de modificar o esquema físico sem a necessidade de reescrever os programas aplicativos. A independência lógica dos dados é mais difícil de ser alcançada que a independência física, porém os programas são bastante dependentes da estrutura lógica dos dados que eles acessam.

Certo ( ) Errado ( )

05. Julgue o item a seguir, relativo à linguagem de consulta estruturada (SQL).

Divergência de impedância é o termo usado para se referir aos problemas que ocorrem devido às diferenças entre o modelo de banco de dados e o modelo da linguagem de programação.

Certo ( ) Errado ( )

Gabaritos

01	CERTO
02	ERRADO
03	ERRADO
04	ERRADO
05	CERTO

12. SERVIDORES

12.1 Paradigma Cliente Servidor

Paradigma é um padrão a ser seguido, e no caso das redes o padrão a ser seguido é o modelo Cliente/Servidor. Nesse modelo o usuário é o cliente que envia uma solicitação ao servidor, ao receber a solicitação o servidor a analise e, se for de sua competência, prove a informação/dado solicitada(o).

Dispositivos de Rede

Os dispositivos de rede são citados até mesmo em provas cujo conteúdo programático não cita a matéria de Hardware. E, na maioria das vezes que aparecem questões sobre o assunto, questiona-se em relação à finalidade de cada dispositivo na rede, portanto nesta seção são descritos alguns dos principais dispositivos de rede:

Modem	Modulador/Demulador Responsável por converter o sinal analógico da linha telefonica em um sinal digital para o computador e vice-versa.
Hub	Conecta vários dispositivos em rede, mas não oferece muita seguraça, pois envia as informações para todos na rede.
Roteador	Um roteador já trabalha no nível de rede, em um mesmo roteador podemos definir várias redes diferentes, ele também cria uma rota para os dados.
Acess Point	Um Ponto de Acesso opera de forma similar a um Switch só que em redes sem fio.
Backbone	É a estrutura principal dentro de uma rede, na Internet é a espinha dorsal que a suporta, ou seja, as principais ligações internacionais.

12.2 Tipos de Servidores

Um servidor é um computador mais sofisticado e possui um Sistema Operacional, normalmente específico, responsável pelo gerenciamento de Usuários da rede, controlando seu acesso aos periféricos e arquivos compartilhados, bem como oferecer serviços para a rede.

Um dos mecanismos de segurança utilizados em servidores é a técnica de Hardening que consiste criar um plano de instalação mínima de aplicações necessárias, uma vez que quanto mais programas são utilizados maior é a demanda de atualização, possibilidade de falhas de segurança dos programas aumenta o risco de manutenção do serviço.

Outro mecanismo é a instalação de um Sistema de Detecção de Intrusos (IDS), que detecta anomalias nas comunicações e comandos da rede.

Também podemos destacar o papel do Firewall responsável por filtrar os pacotes de dados que transitam pela rede, ou seja, ele é o responsável por analisar os pacotes de acordo com as portas, as quais são endereçadas verificando se estão condizentes com o protocolo associado à porta e às regras especificadas pelo administrador da rede.

Os servidores normalmente recebem o nome do serviço que ofertam, ou protocolo principal protocolo usado na comunicação com o Cliente.

Os principais tipos de servidores são:

> Servidor de Arquivos;
> Servidor de Banco de Dados;
> Servidor de Impressão;
> Servidor de E-mail;
> Servidor de autenticação;
> Servidor de Proxy;
> Servidor Web;
> Servidor de DNS.

Servidor de Arquivos

Também chamado de servidor FTP é uma máquina específica ou não para este fim, que compartilha em rede arquivos organizados em pastas. Uma máquina não específica é um computador de usuário que pode tornar pastas públicas para que os demais dispositivos da rede tenham acesso a elas. Hoje é comum o uso dessa definição para cria centrais multimídias compartilhando arquivos do computador pessoal para acessá-los via SmartTv.

Servidor de Banco de Dados

Um servidor de banco de dados é responsável por armazenar bases de dados para que sejam acessadas simultaneamente por vários clientes que precisam recuperar e armazenar dado no banco de dados.

Atualmente o modelo mais utilizado é o de banco de dados relacional.

Servidor de Impressão

Os servidores de impressão por serem muito específicos não depende de um hardware muito poderoso, tanto que é comum encontrar modelos portáteis a venda no mercado para usuários domésticos. Claro que quanto maior o número de dispositivos conectados maior a necessidade de recursos.

Atualmente dado aumento na capacidade aquisitiva das pessoas, é comum em uma residência existirem vários computadores e apenas uma impressora, usar um print server. Nesse cenário se torna interessante, uma vez que evita o transtorno de ficar ligando a impressora hora em um dispositivo hora em outro. Por conta dessa situação é cada vez mais fácil encontrar Modems e roteadores de rede que incorporem a função de servidores de impressão.

Servidor de e-mail

Os servidores de e-mail são os mais frequentemente nomeados pelos protocolos com os quais operam. Como o servidor de envio de mensagens que utiliza o protocolo SMTP acaba por ser chamado de servidor SMTP.

Para as mensagens que são recebidas na caixa de entrado do usuário existe outro servidor, chamado de servidor de recebimento. Esse pode ser configurado com protocolo específico dependendo da necessidade. Assim surgem os servidores POP e IMAP.

Também há o servidor de Webmail que hoje é o mais utilizado pelos usuários de serviço de e-mail. Esse servidor oferece uma visão web do serviço de envio e recebimento de mensagens.

Servidores de Autenticação

São servidores utilizados como intermediários entre sistemas e serviços com o intuito de aplicar a política Single Sign-On, ou seja, único login para estruturas diferentes.

Com o uso de SSO é possível estabelecer um maior controle sobre a rotina dos usuários e níveis de acesso.

O protocolo usado para oferecer tal serviço é o LDAP (Lightweight Directory Access Protocol). Dois grandes software disputam esse mercado OpenLDAP (software Livre) e Active Directory da Microsoft. Enquanto o OpenLDAP funciona tanto em Windows como em Linux o AD opera apenas nas plataformas Windows.

Servidor de Proxy

Um servidor de Proxy pode ser utilizado para três finalidades: cache de rede; controle e autenticação. No entanto sua definição principal é a realização da Cache.

O objetivo do proxy é, portanto, armazenar informações como conteúdo multimídia da Internet que é acessado com frequência pelos usuários da Intranet, a fim de diminuir o tráfego de dados da banda de Internet, com isso pode-se manter um link de acesso a Internet menor (mais barato).

Servidor Web

Ou também conhecido como Servidor de páginas para a Internet é encarregado de fornecer o conteúdo multimídia que visualizamos ao acessar um site, logo ele opera com os protocolos HTTP ou HTTPS. Mas apesar da relação do nome indicar páginas da Internet é totalmente possível criar um servidor web em uma Intranet, limitando inclusive o acesso às páginas a apenas os funcionários.

Servidor de DNS

É o servidor ou conjunto de servidores responsável pelo gerenciamento do Sistema de Nomes de Domínio, ou seja, na associação de um domínio ao endereço IP do host que oferece o serviço ou que se deseja acessar.

Na Internet ele possui natureza hierárquica e distribuída, já em uma Intranet ele é mais simples, mas não menos importante.

Os serviço (protocolo) DNS utiliza por padrão a porta 53 do protocolo UDP.

O serviço é mantido por três diferentes classes de servidores: Raiz, TLD e servidores DNS com autoridade.

Dentre sua distribuição na Internet existem 13 servidores de DNS ditos Raiz, pode parecer pouco, mas existem diversos mirrors (espelhos, ou seja, cópias) deles espalhados, no Brasil mesmo só há espelhos nenhum raiz. Eles estão distribuídos de modo que 10 se encontram nos EUA, 2 na Europa e 1 na Ásia; dos 10 nos EUA, a maioria é operada por agências governamentais americanas. A exemplo, tem-se o servidor Raiz da letra E localizado na NASA.

Os servidores de Top Level Domain (TLD), ou seja, servidores de domínio de alto nível são responsáveis pelos domínios como .com, .org, .net, .edu e .gov, chamados de domínios genéricos por não apresentar um país ao lado. Também são armazenados nestes servidores os países como .br, .uk, .ar, .ag, .py e demais.

Fica, para os servidores de DNS com autoridade, o papel de armazenar a vinculação do endereço IP de todo host que esteja acessível pela Internet, como servidores de páginas da Internet e de e-mail.

Grandes Intranets mantém internamente servidores de DNS primário e secundário como um backup dos servidores de autoridade com o objetivo de minimizar o acesso ao serviço externo demandando menos de comunicação UDP.

12.3 Virtualização de Servidores

Virtualizar consiste em criar computadores virtuais, um computador é, a principio, um dispositivo completo de hardware, agora imagine que esse computador simule outros computadores dentro dele essa é a ideia de virtualizar.

É possível utilizar máquinas virtuais em computadores pessoais, nesse segmento destacam-se as máquinas virtuais: virtual Box e VmWare.

O objetivo de utilizar servidores virtuais é a segmentação de um servidor físico, que talvez não seria utilizado plenamente, em vários servidores. Com isso também é promovida uma maior segurança, pois os serviços podem ser escalonados cada um em um servidor, uma vez que um serviço apresentar uma brecha de segurança ela dificilmente afetará os demais serviços.

Também há otimização de infraestrutura, espaço físico e redução de custo operacional.

Grandes servidores utilizam técnicas de redundância em caso de falhas, ou seja, se uma máquina física que suporta vários servidores virtuais deixar de funcionar outra assume o papel dela.

Questões

01. A respeito de computação em nuvem, julgue o próximo item.

A computação em nuvem do tipo software as a service (SaaS) possibilita que o usuário acesse aplicativos e serviços de qualquer local usando um computador conectado à Internet.

Certo ( ) Errado ( )

02. Julgue o item, a respeito de computação na nuvem, sistemas de informações e teoria da informação.

Atualmente, as empresas de comércio na Internet podem disponibilizar suas aplicações na nuvem, como, por exemplo, na plataforma Azure da Microsoft; da mesma forma, as organizações podem fazer migrar suas aplicações de email para a nuvem. Essas nuvens oferecem ambientes de computação e armazenamento escaláveis, mas, por questões afetas à segurança, impedem o acesso implícito às suas redes privativas de alto desempenho.

Certo ( ) Errado ( )

03. Julgue o seguintes item, a respeito da computação em nuvem e da teoria geral de sistemas (TGS).

Em função da necessidade de acionamento de fornecedores, a computação em nuvem demora mais que a computação tradicional para colocar novas aplicações em execução.

Certo ( ) Errado ( )

04. Julgue o seguintes item, a respeito da computação em nuvem e da teoria geral de sistemas (TGS).

Na computação em nuvem, elasticidade é a capacidade de um sistema de se adaptar a uma variação na carga de trabalho quase instantaneamente e de forma automática.

Certo ( ) Errado ( )

05. Julgue o item a respeito de redes de computadores e de cloud computing.

As nuvens do tipo híbridas são implementadas por organizações que possuem interesses em comum, como na área de segurança, por exemplo.

Certo ( ) Errado ( )

Gabaritos

01	CERTO
02	ERRADO
03	ERRADO
04	CERTO
05	ERRADO

13. PROGRAMAÇÃO

Um programa de computador é uma série de ações a serem realizadas em decorrência de interações ou não com o usuário, por um ou mais algoritmos.

Um algoritmo é uma sequência de passos ou ações que são realizados de forma lógica e ordenada, a qual tem como objetivo a solução de um problema ou situação previamente determinada. Por exemplo: para realizarmos uma operação de soma de dois números inteiros, além de reconhecer a existência deles, precisamos também saber como realizar o procedimento de soma, ou seja, temos o número 'X' e o número 'Y' e a fórmula para solução dessa equação é a seguinte: X + Y.

Criar um algoritmo ou mesmo um programa inicia-se basicamente na estruturação da resolução do problema em etapas, como se estivesse definindo uma sequência de estados, análises para tomada de decisão e repetição de tarefas, até que seja atingido o estado esperado.

13.1 Conceitos Básicos

Uma linguagem de programação é aquela com a qual o programador expressa as ações que o computador deverá executar. Existem várias linguagens de programação e que são também classificadas por linguagem de alto nível ou baixo nível.

Um programa de computador normalmente é desenvolvido em uma linguagem de alto nível, ou seja, uma linguagem que possua várias ferramentas, recursos e artifícios prontos para serem apenas utilizados de maneira mais simples pelo programador, sem que ele necessite definir toda sequência que o hardware deverá executar detalhadamente, pois a linguagem de programação se encarrega dessas tarefas. São linguagens de alto nível: Java, Ruby, C, C++, Pascal, Basic, C#, Lisp, Prolog, JavaScript, PHP, VisualBasic, Phyton, Delphi, Cobol, Fortran etc.

Já uma de baixo nível é aquela que é executada diretamente pelo hardware, considerada pela maioria dos programadores como a mais difícil, talvez mais pela demanda de maior critério e empenho na programação, porque as linguagens de baixo nível normalmente são compostas por comandos mais simples e em pequena quantidade, enquanto que as de alto nível possuem inúmeras bibliotecas de opções e comandos. O principal exemplo de linguagem de máquina é o Assembler.

Quando um programa é escrito, precisa ser processado para então virar um programa, nesse caso ele passa por um Compilador, ou seja, um tradutor de programas, que tem por fim básico transcrever a linguagem de alto nível na de baixo nível, para ser executada pelo hardware.

Contudo, também existem os interpretadores, que operam juntamente com as linguagens interpretadas. PHP e JavaScript são exemplos de linguagens que são apenas interpretadas, quer dizer, não passam por um compilador. Elas são utilizadas na criação de páginas para a Internet, logo, o browser que utilizamos para visualizar as páginas nada mais é do que um interpretador de código que lê o código do programa e, linha por linha, vai produzindo o resultado.

Lógica de Programação

São duas as principais lógicas de programação, a mais usada é a lógica de Boole, a qual se baseia nos operadores aritméticos que produzem resultado VERDADEIRO ou FALSO, pois se aproxima da forma de operação do próprio computador, na linguagem dos bits 0 e 1.

A outra lógica é fundamentada nos conceitos da lógica de Fuzzi, também conhecida como lógica da relatividade, porque se baseia em relações e apresenta o conceito da indecisão, por exemplo: quando é indagado a um grupo de pessoas como está a temperatura do ambiente, as respostas podem variar em: está frio, está quente ou está bom.

Estruturas de programação

A estrutura da programação é firmada em instruções ou comandos que definem o fluxo de realização das ações. Elas podem ser classificadas como: sequenciais, de decisão ou condicional e de repetição.

Os fluxogramas a seguir ilustram a ideia das estruturas de controle.

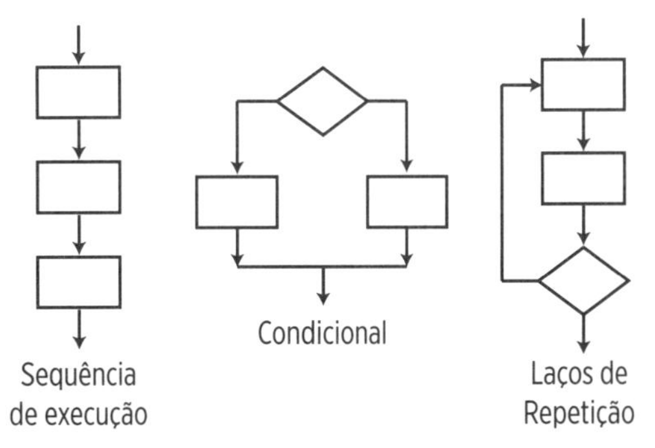

Observe que a condicional é a tomada de decisão diante de uma situação, expressa no esquema por um losango, que, uma vez satisfeita (verdadeiro), realiza um seguimento; caso contrário (falso), executa outra sequência de instruções, podendo ou não ao final retornar para a mesma linha de execução.

Existem vários formatos de laços de repetição, mas, de forma objetiva e esquematizada, é o desvio do fluxo normal para repetir comandos existentes, orientada por uma condição.

A estrutura sequencial é baseada em comandos executados **imperativamente** sem mudar de curso; caso ocorra mudança, conclui-se que um erro ocorreu.

As estrutura de decisão utilizadas na programação são:

> Se-então;

> Se-então-senão;

> Caso.

Se Então

A estrutura é representada baseada em uma expressão lógica.

Se <expressão lógica> então <faça/execute estas instruções>

Se o resultado produzido pela expressão lógica for **verdadeiro**, então a sequência de instruções descritas deve ser executada, mas, se for falsa, deve pular para a próxima instrução que esteja após o grupo de instruções da condicional.

Se Então Senão

Similar ao se então, mas com mais um espaço para descrição de instruções, caso a expressão lógica seja falsa.

Se <expressão lógica> então <faça/execute estas instruções> Senão <faça/execute estas instruções>

Caso

A estrutura caso é um comando de escolha dentre várias situações.

Laços de Repetição

Os laços de repetição possibilitam a repetição de comandos. As estruturas de repetição são:

Enquanto Faça (While)

Ela executa a sequência de instruções, enquanto a condição de controle for satisfeita (verdadeira). Nesse laço primeiramente é feita a comparação e somente são executadas os comandos, se a condição for verdadeira.

Repita Até (Do While)

Similar ao enquanto faça, mas diferenciando-se em relação ao momento da comparação, os comandos são executados pelo menos uma única vez antes da condição ser analisada.

Para Até Faça (For to)

Neste laço há uma estrutura de controle que baseia-se no número de interações, ou seja, o número de vezes que se deseja que determinada sequência de comandos seja executada.

Recursão

A recursão também pode ser compreendida como um laço, mas que interage consigo própria, normalmente aplicada na forma de função; essa técnica oferece excelentes soluções para muitos problemas. Para entender uma recursão, podemos pensar no exemplo de um filho que é aguardado em casa pela mãe e a envia a seguinte mensagem: "Chegarei em casa em 10 minutos, se não tiver chegado após esse tempo, leia esta mensagem novamente."

Operadores

As expressões lógicas usadas são baseadas em operadores da lógica de Boole. Assim, é possível utilizar proposições com conectivos lógicos: E, OU e NÃO, como comparar se um valor é ou não igual a outro, maior ou menor.

Os símbolos utilizados para representar a lógica Booleana em um algoritmo variam de linguagem para linguagem, mas há um consenso em parte das linguagem que utilizam os seguintes símbolos:

- == (Igualdade);
- = (Atribuição);
- && (E lógico);
- || (OU Lógico);
- != (Diferente na maioria das linguagens);
- <> (Diferente na linguagem Pascal).

Estruturas de Dados

Variável: é um espaço reservado na memória do computador para o armazenamento de um dado. Uma variável pode possuir diversos tipos, dentre eles: float (real), int (inteiro), boolean (lógico), byte, short, long, double e char, podendo ter algumas variações, dependendo da linguagem usada.

Vetor: ou matriz de uma única linha, é uma sequência de variáveis que pode ser acessada linearmente ou de forma alternada.

Matriz: é uma tabela de dados em que as linhas e colunas indicam um endereço que armazena um dado; pode se compreender cada endereço como uma variável.

Listas: uma lista é literalmente uma lista de variáveis, que pode ser composta por vetores, ou ponteiros, o que é mais usual. Uma lista pode ser simplesmente ligada ou circular.

Ponteiro: é uma estrutura de dados dinâmica, uma vez que os dados não são armazenados necessariamente em série ou bloco contínuo como nos vetores e matrizes. Um ponteiro armazena um dado e também o endereço de memória que contém o próximo ponteiro da lista.

Orientação a Objetos

A programação orientada a objetos é ordenada por classes, que são as definições de um objeto; pode-se dizer que este é uma classe instanciada. Para ficar mais claro, imagine que se trata literalmente de um objeto, como um carro: ele possui características, ou seja, um objeto as possui. Contudo, também percebemos que o carro executa algumas funções de acordo com suas configurações, como: se estiver com a primeira marcha engatada, não freado e soltar a embreagem, ele tende a andar; claro, se estiver ligado, com combustível e assim por diante. Perceba que são muitas as variáveis de controle para que o objeto produza o resultado da iteração esperada.

Prolog

Prolog é uma linguagem de programação que se baseia em relacionamentos, para estabelecer conclusões. Esses relacionamentos são declarações que podem ser compreendidas como axiomas. A lógica usada em Prolog é a dedutiva.

Ex.:

Primeiramente as regras devem ser definidas:

avo(X,Z) :- pai(X,Y), pai(Y,Z).

irmao(P, Q) :- filho(P,R), filho(Q,R).

declarações

pai (Jose, Ana).

pai (Jose, Maria).

Verificação

?- irmao(Ana, Maria).

Resposta pelo programa

Yes.

Essa linguagem é importante, pois seu uso é intenso pela Receita Federal do Brasil nas consultas às declarações de IR.

Questões

01. No que se refere às linguagens de programação e a scripts, julgue o item subsequente.

Considere o seguinte código escrito em Perl.

```
if (a < 0) {
  /* Code blocking */
}
```

O código acima apresentado pode ser escrito, de forma equivalente, na linguagem Python, usando os comandos a seguir.

```
if (a.lt.0)
  then
  C Code blocking
endif
```

Certo ( ) Errado ( )

02. Julgue o item que se segue, acerca de linguagens de programação.

Na linguagem Phyton, uma função lambda atribui à nova função o nome que está no cabeçalho, em vez de retorná-la como resultado.

Certo ( ) Errado ( )

03. Acerca das linguagens de implementação de regras de negócio, julgue o item seguinte.

No Python 3.0, foi disponibilizado um módulo de debug, chamado faulthandler, aplicável exclusivamente para os casos de falha de sistema.

Certo ( ) Errado ( )

04. As linguagens de script podem ser utilizadas para estender funcionalidades de um programa.

Acerca da linguagem Python, julgue o item seguinte.

O Python, no modo interpretador, aborta a execução do código com o status de erro, imprime a pilha dos erros na console e gera o log correspondente, quando o erro ocorre dentro do bloco try.

Certo ( ) Errado ( )

05. As linguagens de script podem ser utilizadas para estender funcionalidades de um programa.

Acerca da linguagem Python, julgue o item seguinte.

O código abaixo está sintaticamente correto e será executado sem erros.

```
›››while True print 'SERPRO'
 File "<stdin>", line 2, in ?
  while True print 'SERPRO'
```

Certo ( ) Errado ( )

Gabaritos

01	ERRADO
02	ERRADO
03	ERRADO
04	ERRADO
05	ERRADO

13.2 Lista encadeada, pilha, fila, noções sobre árvore binária

Árvore binária

Até o momento, estudamos a organização dos dados de uma maneira linear, em que a propriedade básica é a relação sequencial mantida entre seus elementos.

Agora, vamos tratar de outra forma de organizar os dados, chamada genericamente de "não linear". Essa forma permite que outros tipos de relação entre dados possam ser representados, como, por exemplo, hierarquia e composição. Um dos exemplos mais significativos de estruturas não lineares é a árvore.

Em uma árvore binária, encontramos alguns nomes específicos para classificar alguns tipos características e informações. Veremos algumas das principais delas:

Nó = é um dado armazenado em uma árvore binária, é de um tipo específico ao qual a árvore está preparada para armazenar, uma árvore é um container para N nós semelhantes em sua estrutura.

Raiz = é o primeiro item de uma árvore binária, ele começa uma estrutura que se repete da seguinte forma: cada item tem 0, 1 ou 2 itens relacionados à eles, dessa forma a raiz é denominada pai e os itens relacionados são os seus filhos. Cada filho pode ter outros filhos, até o final da árvore.

Subárvores = são partes da árvore principal que usam como raiz qualquer nó que não seja a raiz inicial e criam outras árvores menores; são árvores sempre menores que a árvore principal e que têm as mesmas características estruturais dessa árvore. Dessa forma, é fácil entender que uma árvore binária é a soma de todos os nós da subárvore com a raiz sendo o seu filho esquerdo e a subárvore com a raiz sendo o seu filho direito.

Folha = é um nó que não possui filhos.

Altura de um nó = a quantidade de pais que é necessária para se chegar até a raiz é a altura desse nó. Por exemplo, se tivermos uma árvore com uma configuração dessa forma: A tem B e C como filhos, B tem X e Y como filhos, teríamos o seguinte: A tem altura 0, B e C, 1 e X e Y, com altura 2.

Grau de um nó = é semelhante à altura, mas sendo que é a contagem inversa. Ao invés de a quantidade de pais até a raiz, a contagem se baseia pela quantidade de filhos até a folha mais longe. No exemplo acima, teríamos: A com grau 2, B e C com grau 1 e X e Y com grau 0.

Uma árvore binária é uma estrutura de dados de árvore binária baseada em nós, em que todos os nós da subárvore esquerda possuem um valor numérico inferior ao nó raiz e todos os nós da subárvore direita possuem um valor superior ao nó raiz.

PERCURSO

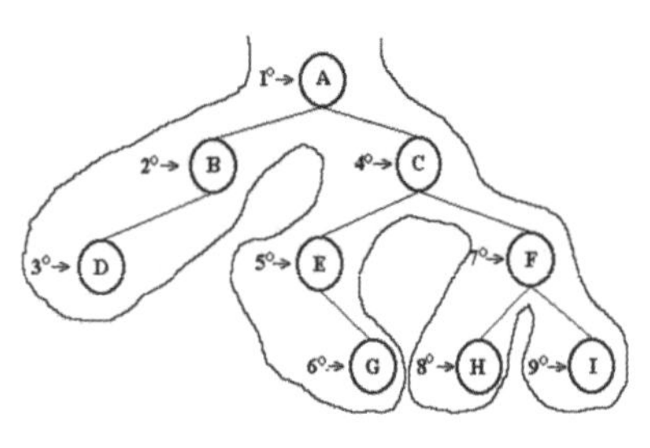

Percorrer uma árvore visitando cada nó uma única vez gera uma sequência linear de nós, e então passa a ter sentido falar em sucessor e predecessor de um nó segundo um determinado percurso. Há três maneiras recursivas de percorrer árvores binárias.

Travessia em Pre-Ordem

01. se árvore vazia, fim;
02. visitar o nó raiz;
03. percorrer em pré-ordem a subárvore esquerda;
04. percorrer em pré-ordem a subárvore direita.

ABDCEGFHI

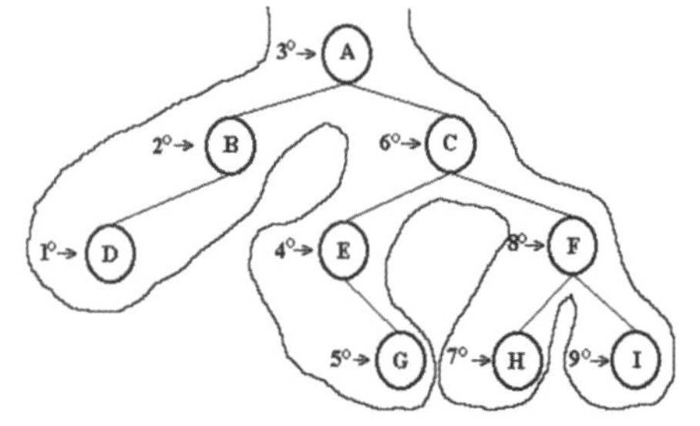

Travessia em In-Ordem

01. se árvore vazia, fim;
02. percorrer em in-ordem a subárvore esquerda;
03. visitar o nó raiz;
04. percorrer em in-ordem a subárvore direita.

DBAEGCHFI

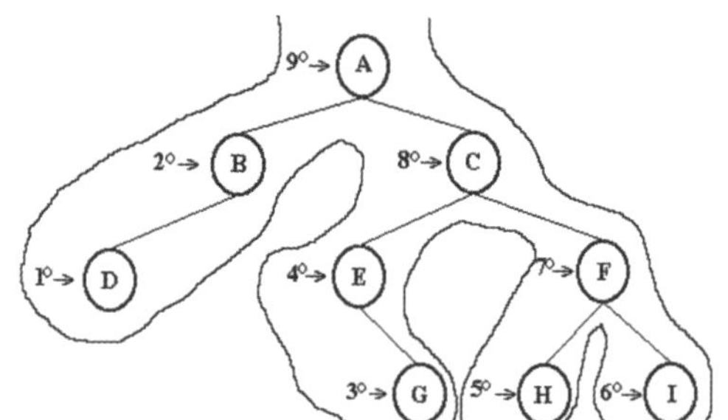

Travessia em Pós-Ordem

01. se árvore vazia, fim;
02. percorrer em pós-ordem a subárvore esquerda;
03. percorrer em pós-ordem a subárvore direita;
04. visitar o nó raiz.

13.3 Noções de algoritmos de aprendizado supervisionado e não supervisionados

O uso aprendizagem de máquina abrange desde jogos passando pela detecção de fraudes até a análise estatísticas da bolsa de valores. É utilizada para construir sistemas como Netflix e Spotify, que recomendam músicas e/ou vídeos aos usuários com base no seu histórico de acesso, seus favoritos e outros dados, ou sistemas que encontram todos os artigos de notícias similares em um determinado dia.

Usando algoritmos que aprendem interativamente a partir de dados, o aprendizado de máquinas permite que os computadores encontrem insights ocultos sem serem explicitamente programados para procurar algo específico.

O aspecto interativo do aprendizado de máquinas é importante porque, conforme os modelos são expostos a novos dados, eles são capazes de se adaptar de forma independente. Eles aprendem com os cálculos anteriores para produzir decisões e resultados confiáveis e reproduzíveis.

Aqui, estão alguns exemplos amplamente divulgados de aplicações do machine learning com os quais você pode já estar familiarizado:

- Os carros autônomos do Google que dirigem sozinhos? A essência do aprendizado de máquina.
- Ofertas de recomendações on-line como as da Amazon e Netflix? Aplicações de aprendizado de máquina na vida cotidiana.
- Saber o que os clientes estão dizendo sobre você no Twitter? Aprendizado de máquina combinado com a criação de regra linguística.
- Detecção de fraudes? Um dos usos mais óbvios e importantes em nosso mundo atual.

Dois dos métodos de aprendizado de máquina mais adotados são o aprendizado supervisionado e o aprendizado não supervisionado. A maior parte do aprendizado de máquina – cerca de 70% – é de aprendizado supervisionado. O aprendizado não supervisionado é responsável por 10% a 20%. O aprendizado semissupervisionado e por reforço são duas outras tecnologias que são por vezes utilizadas.

- Aprendizagem Supervisionada (Supervised Learning): é o termo usado sempre que o programa é "treinado" sobre um conjunto predefinido de dados. Baseado no treinamento com os dados predefinidos, o programa pode tomar decisões precisas quando recebe novos dados. Exemplo: pode-se usar um conjunto de dados de recursos humanos para treinamento da Machine Learning, que tenha tweets marcados como positivos, negativos e neutros e assim treinar um classificador de análise de sentimento. Problemas de aprendizagem supervisionados são classificados em problemas de "regressão" e "classificação". Em um problema de regressão, estamos tentando prever os resultados em uma saída contínua, o que significa que estamos a tentando mapear variáveis de entrada para alguma função contínua. Em um problema de classificação, estamos tentando prever os resultados em uma saída discreta. Em outras palavras, estamos tentando mapear variáveis de entrada em categorias distintas.
  - Classificação (Classification): a classificação é uma subcategoria de aprendizagem supervisionada. Classificação é o processo de tomar algum tipo de entrada e atribuir um rótulo a ela. Sistemas de classificação são usados geralmente quando as previsões são de natureza distinta, ou seja, um simples "sim ou não". Exemplo: dada uma imagem de homem/mulher, temos de prever sua idade com base em dados da imagem.
  - Regressão (Regression): outra subcategoria de aprendizagem supervisionada usada quando o valor que está sendo previsto difere de um "sim ou não" e que siga um espectro contínuo. Sistemas de regressão poderiam ser usados, por exemplo, para responder às perguntas: "Quanto custa?" ou "Quantos existem?". Exemplo: Dada um exemplo de tumor cancerígeno, temos de prever se ele é benigno ou maligno por meio do seu tamanho e idade do paciente.
- Aprendizagem Não Supervisionada (Unsupervised Learning): termo usado quando um programa pode automaticamente encontrar padrões e relações em um conjunto de dados. Exemplo: análise de um conjunto de dados de e-mails e agrupamento automático de e-mails relacionados ao tema, sem que o programa possua qualquer conhecimento prévio sobre os dados.

Com aprendizagem não supervisionada não há feedback com base nos resultados da previsão, ou seja, não há professor para corrigi-la.

  - Clustering é o processo de agrupar itens, com base em similaridades entre os itens de um grupo. Pode ser utilizado para a compressão de dados, data mining, reconhecimento de padrões e aprendizado de máquina (campo da inteligência artificial dedicado ao desenvolvimento de algoritmos e técnicas que permitam ao computador aprender, isto é, que permitam ao computador aperfeiçoar seu desempenho em alguma tarefa).

Exemplos de aplicações incluem agrupamento de consumidores em segmentos de mercado, classificação de unidades manufaturadas por seus padrões de falhas, identificar pontos sujeitos a crimes e identificar regiões com características geográficas similares. Uma vez que os agrupamentos (clusters) são definidos, o próximo passo deve ser construir um modelo preditivo.

13.4 Busca sequencial e busca binária sobre arrays

Quando trabalhamos com listas, existem ocasiões em que necessitamos ordená-las para facilitar uma busca de um de seus elementos. Esta ordenação dos valores de uma lista pode ser tanto em ordem crescente como decrescente, mas sem esse tipo de ordenação pesquisa em uma lista seria muito difícil e demorada.

Basicamente, teríamos que posicionar o "ponteiro" no topo da lista e ir comparando cada um dos elementos com o valor procurado. Para uma lista pequena, esse "método" não é assim algo tão complexo e talvez seja o mais utilizado. Mas para matrizes um pouco maiores, esse método consome muito tempo de processamento, tempo este de que muitas vezes o sistema não dispõe. Nesses casos, o melhor é ordenar a matriz para somente então começar as pesquisas. As modalidades de buscas descritas acima são chamadas de *sequencial* e *binária*, respectivamente.

13.5 Busca sequencial

Compara o elemento desejado com cada item na array ou lista, até encontrar um item cujo valor é igual ao valor do elemento desejado.

Lista = [Márcio, Dayana, Thales, Eduarda, Dexter, Emanoella, Rafael, Kellen]

Márcio	Dayana	Thales	Eduarda	Dexter	Emanoella	Rafael	Kellen
0	1	2	3	4	5	6	7

Algoritmo de busca sequencial em um array Lista, com 8 posições (0 até N-1), sendo Dexter o elemento procurado for (i=0; i<8; i++) {

```
if (Lista[i]=="Dexter"){ return(i); /*elemento encontrado*/
    }
}
return("Não consta na lista"); /*elemento não encontrado*/
```

13.6 Busca binária

Estando o array ou a lista ordenados, podemos tirar vantagens dessa ordenação usando a busca binária. Neste caso, o elemento procurado é comparado ao elemento do meio do arranjo e:

> se igual, busca bem-sucedida;

> se menor, busca-se na metade inferior do array;

> se maior, busca-se na metade superior do array.

Compara o elemento desejado com cada item na array ou lista, até encontrar um item cujo valor é igual ao valor do elemento desejado.

Lista = [Dayana, Dexter, Eduarda, Emanoella, Kellen, Márcio, Rafael, Thales]

Lista[4] = "Dexter" (Falso, Dexter é menor)

Dayana	Dexter	Eduarda	Emanoella	Kellen	Márcio	Rafael	Thales
0	1	2	3	4	5	6	7

Procura na metade inferior do array

Lista[2] = "Dexter" (Verdadeiro, busca bem-sucedida)

Dayana	Dexter	Eduarda	Emanoella
0	1	2	3

13.7 Ordenação - métodos da bolha, ordenação por seleção, ordenação por inserção

Em Ciência da Computação, usamos um algoritmo de ordenação para colocarmos os elementos de uma dada sequência em uma certa ordem. Em outras palavras, efetua sua ordenação completa ou parcial. O objetivo da ordenação é facilitar a recuperação dos dados de uma lista.

Neste material, vamos tratar de alguns dos principais métodos de ordenação:

> Bolha;

> Seleção;

> Inserção.

13.8 Ordenação Bolha - Bubble Sort

Bubble sort é o algoritmo mais simples, mas o menos eficiente. Neste algoritmo, cada elemento da posição i será comparado com o elemento da posição i + 1, ou seja, um elemento da posição 2 será comparado com o elemento da posição 3. Se o elemento da posição 2 for maior que o da posição 3, eles trocam de lugar, e assim sucessivamente. Por causa dessa forma de execução, o vetor terá que ser percorrido quantas vezes forem necessárias, tornando o algoritmo ineficiente para listas muito grandes.

1ª Passagem do Bubble Sort

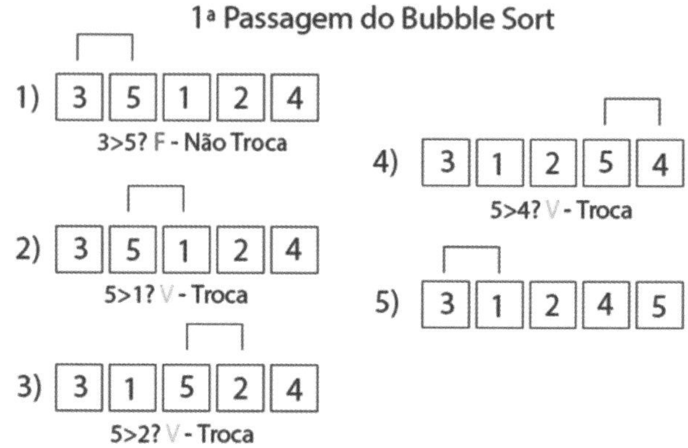

Funcionamento do Buble Sort

> É verificado se o 3 é maior que 5; por essa condição ser falsa, não há troca.

> É verificado se o 5 é maior que 1; por essa condição ser verdadeira, há uma troca.

> É verificado se o 5 é maior que 2; por essa condição ser verdadeira, há uma troca.

> É verificado se o 5 é maior que 4; por essa condição ser verdadeira, há uma troca.

> O método retorna ao início do vetor realizando os mesmos processos de comparações, isso é feito até que o vetor esteja ordenado.

13.9 Ordenação - métodos da bolha, ordenação por seleção, ordenação por inserção

Ordenação por Seleção - Selection Sort

Este algoritmo é baseado em se passar sempre o menor valor do vetor para a primeira posição (ou o maior dependendo da ordem requerida), depois o segundo menor valor para a segunda posição, e assim sucessivamente, até os últimos dois elementos.

Neste algoritmo de ordenação, é escolhido um número a partir do primeiro. Este número escolhido é comparado com os números a partir da sua direita. Quando encontrado um número menor, o número escolhido ocupa a posição do menor número encontrado. Este número encontrado será o próximo número escolhido. Caso não for encontrado nenhum número menor que este escolhido, ele é colocado na posição do primeiro número escolhido, e o próximo número à sua direita vai ser o escolhido para fazer as comparações. É repetido esse processo até que a lista esteja ordenada.

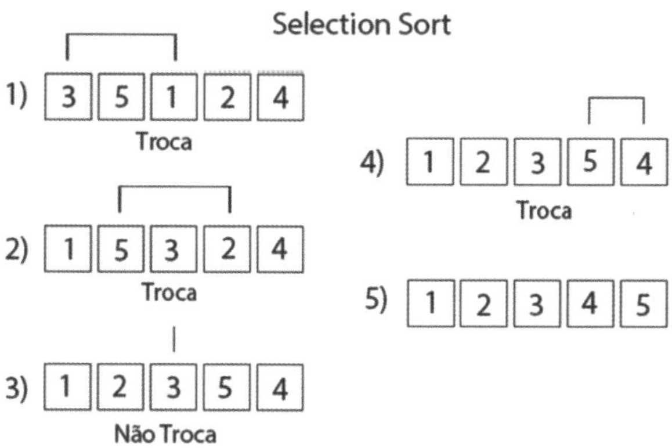

Funcionamento do Selection Sort

> Neste passo, o primeiro número escolhido foi o 3; ele foi comparado com todos os números à sua direita, e o menor número encontrado foi o 1, então os dois trocam de lugar.

> O mesmo processo do passo 1 acontece; o número escolhido foi o 5, e o menor número encontrado foi o 2.

> Não foi encontrado nenhum número menor que 3, então ele fica na mesma posição.

> O número 5 foi escolhido novamente, e o único número menor que ele à sua direita é o 4, então eles trocam.

> Vetor já ordenado.

Ordenação por Inserção - Insertion sort

O Insertion sort é um algoritmo simples e eficiente quando aplicado em pequenas listas. Neste algoritmo, a lista é percorrida da esquerda para a direita. À medida que avança, vai deixando os elementos mais à esquerda ordenados.

O algoritmo funciona da mesma forma como as pessoas usam para ordenar cartas em um jogo de baralho como o pôquer.

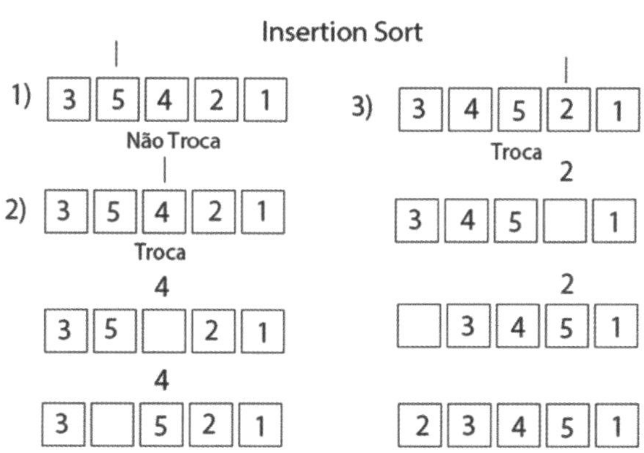

Funcionamento do Insertion Sort

> Neste passo, é verificado se o 5 é menor que o 3; como essa condição é falsa, então não há troca.

> É verificado se o 4 é menor que o 5 e o 3; ele só é menor que o 5, então os dois trocam de posição.

> É verificado se o 2 é menor que o 5, 4 e o 3; como ele é menor que 3, então o 5 passa a ocupar a posição do 2, o 4 ocupa a posição do 5, e o 3 ocupa a posição do 4; assim a posição do 3 fica vazia, e o 2 passa para essa posição.

> O mesmo processo de comparação acontece com o número 1; após esse processo o vetor fica ordenado.

13.10 Lista encadeada, pilha, fila, noções sobre árvore binária

Lista encadeada

Uma lista é uma sequência finita de elementos ligados entre si, em que cada elemento (ou nó) da lista tem a seguinte estrutura:

> um atributo com o valor do elemento; e

> um atributo com uma referência para o próximo elemento da lista (será nula se for o último elemento).

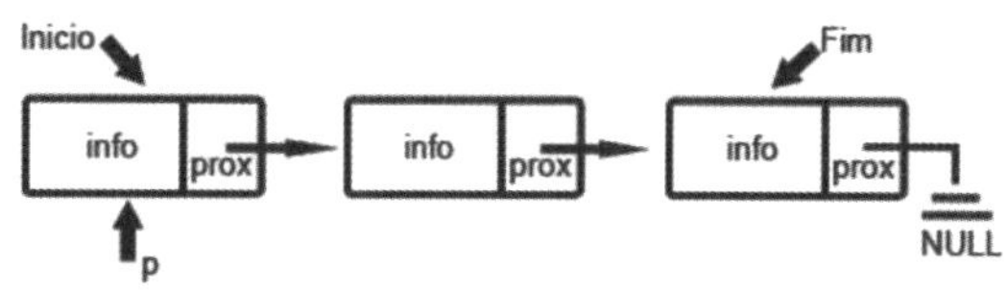

Observações:

> a ordem dos elementos na lista é relevante;

> os elementos de uma lista são todos do mesmo tipo;

> o armazenamento de uma lista não requer uma área contígua de memória.

Pilha

Pilhas são listas em que a inserção de um novo item ou a remoção de um item já existente se dá em uma única extremidade, no topo.

Em uma estrutura de pilha (stack), estabelecemos uma política LIFO - last in, first out.

Uma estrutura de pilha também oferece basicamente duas operações de

manipulação, PUSH, para inserção no topo da pilha, e POP, para retirada do topo da pilha.

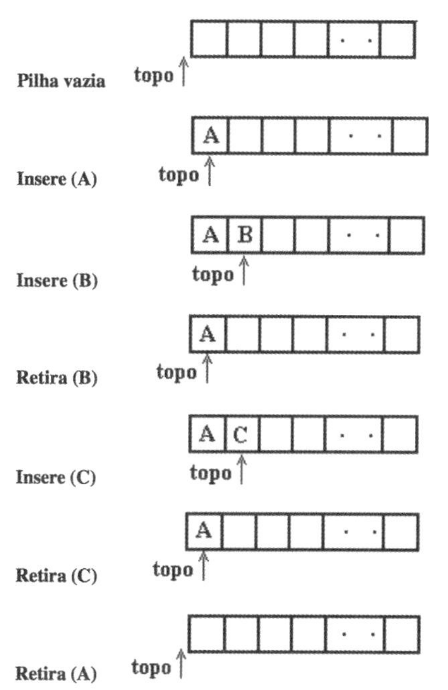

Fila

Uma fila (queue) tipicamente estabelece uma política FIFO - first in, first out - de acesso aos dados. Em outras palavras, a ordem estabelecida na lista é a ordem de inserção. No momento de retirar um nó da lista, o nó mais antigo (o primeiro que entrou) é o primeiro a ser retirado.

(a1, a2 , ... , an)

eliminações no início — inserções no final

Python 3.6

Python é uma linguagem de programação interpretada, de código-fonte aberto e disponível para vários sistemas operacionais. Diz-se que uma linguagem é interpretada se esta não precisar compilada (traduzida para uma linguagem da máquina), mas sim "lida" por um outro programa (chamado de interpretador) que traduzir para a máquina o que seu programa quer dizer.

Variáveis:

Em Python, os tipos de dados básicos são: tipo **inteiro** (armazena números inteiros), tipo **float** (armazena números em formato decimal), e tipo **string** (armazena um conjunto de caracteres). Cada variável pode armazenar apenas um tipo de dado a cada instante.

Python é uma linguagem dinamicamente tipada. Diferentemente de outras linguagens de programação, não é preciso declarar de que tipo será cada variável no início do programa. Quando se faz uma atribuição de valor, automaticamente a variável se torna do tipo do valor armazenado, como apresentado nos exemplos a seguir:

Exemplos:

>>> a = 10 >>> a 10

A variável *a* se torna uma variável do tipo inteiro.

Listas, Tuplas e Dicionários:

> **Lista** é um conjunto sequencial de valores, em que cada valor é identificado por meio de um índice. O primeiro valor tem índice 0. Uma lista em Python é declarada da seguinte forma:

13.11 JavaScript

JavaScript é uma linguagem de programação interpretada, ou seja, não depende de compilação para ser executada. Foi originalmente implementada como parte dos navegadores web, sendo responsável por praticamente qualquer tipo de dinamismo que queiramos em nossas páginas.

Os códigos JavaScript podem ser inseridos na página HTML de duas formas:

> Interno no documento: para inserir o código direto na estrutura do HTML, utilizamos as tags <script> e </script>, conforme mostrado abaixo.

```
<!DOCTYPE html>
<html>
  <head>
    <script type="text/javascript">
      //código JavaScript
    </script>
  </head>
  <body>
  </body>
</html>
```

Externo ao documento: o código JavaScript também pode ser mantido em um arquivo separado do HTML. Para isso, deve-se referenciar tal arquivo na página, como podemos ver abaixo.

```
<!DOCTYPE html>
<html>
  <head>
    <script type="text/javascript" src="meuArquivo.js"></script>
  </head>
  <body>
  </body>
</html>
```

Observações:

01. O arquivo deve ser salvo com a extensão .JS e sua estrutura é a mesma utilizada quando o código é posto internamente no documento.
02. A tag <script> requer a tag de fechamento separada, não podendo ser fechada em si própria como <script type=./>.

Declaração de variáveis

Na maioria das linguagens de programação, o escopo das variáveis locais é vinculado ao bloco no qual elas são declaradas.

Sendo assim, elas "morrem" ao final da instrução em que estão sendo executadas.

Em JavaScript, toda variável é "elevada" (hoisting) até o topo do seu contexto de execução. Esse mecanismo move as variáveis para o topo do seu escopo antes da execução do código.

É por esse mesmo motivo que é possível usar uma variável antes de ela ter sido declarada: em tempo de execução, a variável será elevada (hoisting) e automaticamente inicializada com o valor undefined (caso não seja atribuído nenhum outro valor) e tudo funcionará corretamente.

13.12 Linguagem R 3.4.2 e R Studio 5.1, OLAP

R 3.4.2 e R Studio 5.1

A linguagem R é utilizada por cientistas, estatísticos e, mais recentemente, cientistas de dados como um meio conveniente para a análise exploratória de dados interativos. Ao contrário do que se imagina sobre a linguagem R, ela não é limitada a apenas sessões iterativas, pois devido ao fato de ser uma linguagem de programação, os scripts podem ser criados e empacotados como bibliotecas. As soluções com base em scripts fornecem resultados mais consistentes e confiáveis do que os fluxos de trabalho tradicionais, que requerem uma grande quantidade de interações manuais com uma interface gráfica de usuário.

Essa linguagem, muitas vezes, não é considerada como uma linguagem de programação, sendo mais comparada a um produto estatístico especializado, como é o caso do SAS. Este é um tema amplamente discutido quando se considera a manipulação de dados usando planilhas do Excel ou um banco de dados relacional como o servidor SQL. A linguagem R é mais usada para manipulação de conjuntos de dados de tamanho médio, análises estatísticas e produção de documentos e apresentações centradas em dados. Além disso, fornece-nos uma ampla variedade de modelagens lineares e não lineares, testes estatísticos clássicos, análise de séries temporais, clustering, além de ser altamente extensível.

Um dos pontos fortes do R é a facilidade que podemos ter com uma melhor qualidade em relação a plotagens bem desenhadas, inclusão de símbolos matemáticos e de fórmulas, quando estas passam a ser necessárias, já que o R é um conjunto integrado de facilidades de software voltado para manipulação de dados e exibição gráfica. Duas das maiores empresas presentes no mercado, Facebook e FourSquare, utilizam a linguagem R tanto para recomendações quanto para modelagem de comportamentos dos usuários.

Conceitos de MapReduce, HDFS/Hadoop

Com a evolução das aplicações e a dependência do ser humano pelas informações, mais e mais aplicações vêm surgindo, deixando o homem cada vez mais refém da informação. Para isso, basta pensar na evolução da relação homem/computador em que num passado existiam muitas pessoas para uma máquina (como o mainframe), em seguida uma pessoa por máquina (o caso do computador pessoal) e, nos tempos atuais, cada pessoa possui várias máquinas (notebook, ultrabook, PC, tablet, smartphone, etc.). Com tantos aplicativos surgindo, as informações são geradas exponencialmente, com isso a capacidade de gerenciar tantas informações se torna primordial para as aplicações atuais. Esse mesmo crescimento de dados acontece nos aplicativos empresariais com crescimento anual de 60%. Estima-se que uma empresa com mil funcionários gera anualmente 1000 terabytes, sem falar que essa quantidade tende a aumentar cinquenta vezes até 2020.

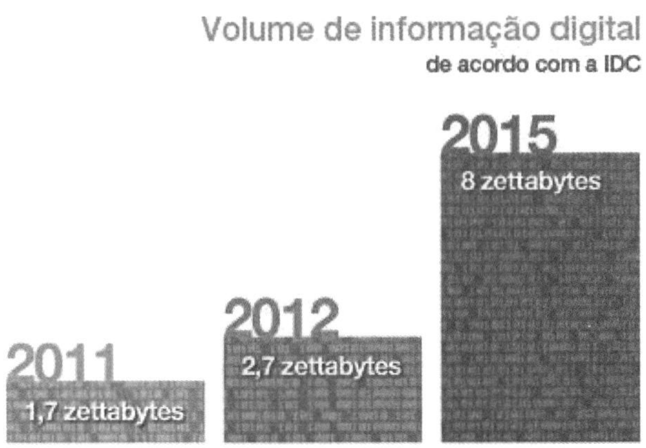

Quando pensamos em Big Data, é comum fazermos uma tradução literal da expressão e imaginarmos o termo "Grandes Dados", relacionado à grande quantidade de dados a ser analisada. Mas a significação é um pouco mais abrangente, levando como base os 3 Vs do Big Data.

> Volume, que está relacionado à grande quantidade de dados que possuímos dentro e fora da empresa.
> Velocidade, pois a cada segundo muitos dados novos são criados na internet, e alguns destes dados podem ser interessantes para sua empresa.
> Variedade, sendo que o dado pode ser um compartilhamento de um texto em uma rede social, um post no blog, um review em um e-commerce.

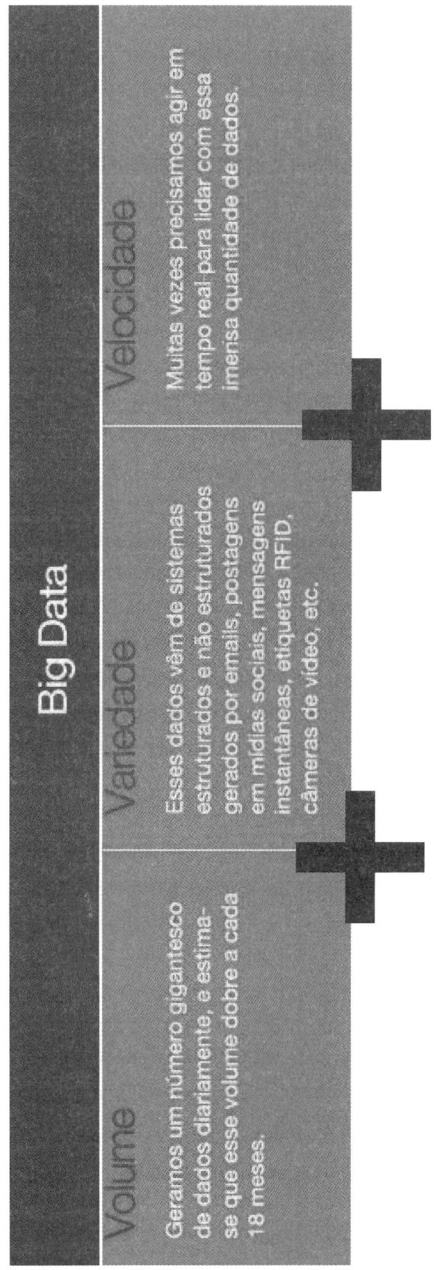

Juntando estes três pilares, é possível analisar praticamente tudo o que está público, envolvendo dados estruturados, no caso de nós conhecermos a estrutura de armazenamento daquele contexto, e também os dados não estruturados, como imagens, vídeos, áudios e documentos.

Na organização de dados visando à análise, podemos classificar como:

> Estruturados (bancos de dados corporativos relacionais).
> Semiestruturados (arquivos de logs de servidores, por exemplo).
> Não estruturados (não relacionais, fora do ambiente corporativo e de inúmeras fontes e de várias formas e meios diferentes).

Trabalhar com tantos dados assim exige que a indústria se adapte a novas formas de avaliar e compreender esses dados. Novas ferramentas e soluções surgem a todo o momento, e uma delas é o framework de código aberto Hadoop, criado pela Fundação Apache.

O que o Hadoop faz é organizar melhor esse volume exaustivo de dados para encontrar informações específicas sobre eles, de maneira mais rápida e eficiente. Trata-se de conjuntos de clusters que trabalham para executar um grande número de tarefas simultâneas sem comprometer a infraestrutura de processamento da rede.

Hadoop

O Apache Hadoop é considerado atualmente uma das melhores ferramentas para processamento de alta demanda de dados. Entre os benefícios de utilizá-lo, podem-se destacar:

> Código aberto: todo projeto de software livre de sucesso tem por trás uma comunidade ativa. No projeto Apache Hadoop, essa comunidade é composta por diversas empresas e programadores independentes partilhando seus conhecimentos no desenvolvimento de melhorias, funcionalidades e documentação.
> Economia: um dos grandes benefícios para quem faz uso do Hadoop é a possibilidade realizar o processamento da sua massa de dados utilizando máquinas e redes convencionais.
> Robustez: outro diferencial do Hadoop é que como ele foi projetado para ser executado em hardware comum, já considera a possibilidade de falhas frequentes nesses equipamentos e oferece estratégias de recuperação automática para essas situações.
> Escalabilidade: o aumento no volume de dados só fica limitado aos recursos, espaço em disco e capacidade de processamento, disponíveis nos equipamentos do aglomerado, sem a necessidade de alteração da codificação.
> Simplicidade: o Hadoop retira do desenvolvedor a responsabilidade de gerenciar questões relativas à computação paralela, tais como tolerância a falhas, escalonamento e balanceamento de carga, ficando estas a cargo da própria ferramenta.

Podemos afirmar que o framework do Hadoop é formado por diversos componentes, entre eles encontramos dois principais que tratam do armazenamento e processamento. O primeiro é o HDFS (*Hadoop Distributed File System*), que manipula o armazenamento de dados entre todas as máquinas nas quais o cluster do Hadoop está sendo executado. O segundo, o MapReduce, manipula a parte do processamento do framework. Vamos observar as duas individualmente.

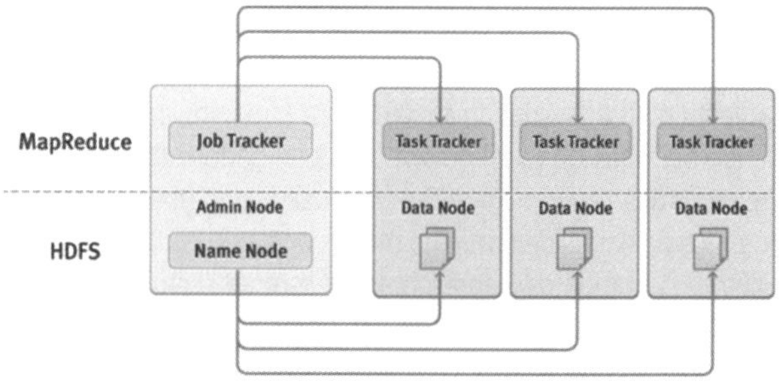

HDFS (Hadoop Distributed File System)

O HDFS é um sistema de arquivos escalonável e distribuído, cujo desenho é baseado fortemente no GFS (*Google File System*), que também é um sistema de arquivo distribuído. Sistemas de arquivo distribuídos são necessários, uma vez que os dados se tornem grandes demais para serem armazenados em apenas uma máquina. Por conta disso, toda a complexidade e as incertezas provenientes do ambiente de rede entram em cena, o que faz com que sistemas de arquivos de rede sejam mais complexos do que sistemas de arquivos comuns. O HDFS armazena todos os arquivos em blocos. O tamanho do bloco padrão é 64Mb. Todos os arquivos no HDFS possuem múltiplas réplicas, o que auxilia o processamento em paralelo.

Em termos de funcionamento, o HDFS necessita de dois tipos de nós de armazenamento: um namenode (mestre) e um ou mais datanodes (trabalhadores). O mestre comanda todo o sistema de arquivos, mantendo metadados para todos os arquivos e diretórios da árvore de diretórios e arquivos do sistema. Ele também sabe quais datanodes possuem os blocos de determinado arquivo. Já os datanodes guardam e recuperam blocos, quando mandados pelo nó mestre (os datanodes não fazem nada por conta própria), e enviam relatórios ao namenode periodicamente, com as listas dos blocos que eles estão armazenando.

Como o namenode é fundamental para o uso do sistema de arquivos, por comandá-lo, ele deve ser altamente resistente a falhas. Pensando nisso, o Hadoop fornece dois mecanismos. O primeiro deles é a realização de um backup dos arquivos essenciais do sistema de arquivos. Isto faz com que, em caso de problemas, seja possível retornar ao estado imediatamente anterior ao erro, de acordo com o backup, evitando perdas de dados muito significativas. A outra opção é utilizar um namenode secundário, que, apesar do nome, não atua como mestre, inicialmente. Este nó é utilizado apenas em caso de erro no namenode. O papel principal do "mestre secundário" é realizar uma junção, periodicamente, da imagem do sistema de arquivos com o log de edição, evitando que o log fique muito grande. Assim, como o estado desse namenode secundário é praticamente o mesmo do primário, em caso de falha do nó primário, é muito mais simples a recuperação do sistema. Basta copiar os arquivos de metadados do mestre para o secundário e rodar este como o novo primário.

> **Namenode**: administra o namespace do sistema de arquivos. Ele gerencia todos os arquivos e diretórios. Namenodes possuem o mapeamento entre arquivos e os blocos nos quais estes estão armazenados. Todos os arquivos são acessados usando esses namenodes e datanodes.

- **Datanode**: armazena os dados em forma de blocos. Datanodes se reportam a namenodes sobre os arquivos que possuem armazenados para que o namenode esteja ciente e os dados possam ser processados. Namenode é talvez o principal ponto crucial de falha do sistema, sem o qual os dados não podem ser acessados.
- **Namenodes secundários**: esse node é responsável por checar a informação do namenode. No caso de falha, podemos usar esse nó para reiniciar o sistema.

13.13 MapReduce

MapReduce é um modelo de programação projetado para processamento paralelo e distribuído de grandes conjuntos de dados. A distribuição dos dados é feita no formato chave-valor, em que a chave é o identificador do registro, e valor é o seu conteúdo.

Como o próprio nome diz, as funções do MapReduce são:

- Mapeamento: os dados são separados em pares (chave-valor) e assim distribuídos para os nodes e então processados.
- Redução: os dados são agregados em conjuntos de dados (datasets) menores.
- O processo do MapReduce se inicia com a requisição feita pelo usuário e assim os dados são distribuídos pelos nodes do cluster no formato chave-valor e divididos em fragmentos.

A etapa de redução processa cada fragmento e produz um output (saída de dados) que são distribuídos pelos diferentes nodes do cluster.

Ao final do processo, um output é gravado.

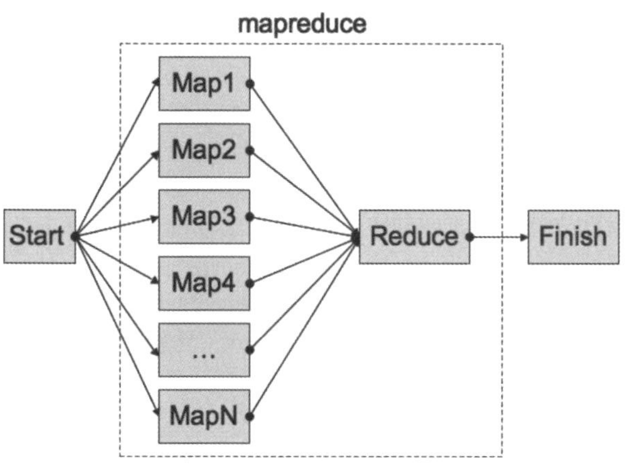

Ambas as tarefas rodam paralelamente no cluster. O armazenamento necessário para essa funcionalidade é fornecido pelo HDFS. A seguir estão os principais componentes do MapReduce.

- **Job Tracker**: tarefas de MapReduce são submetidas ao Job Tracker. Ele precisa falar com o Namenode para conseguir os dados. O Job Tracker submete a tarefa para os nós task trackers. Esses task tracker precisam se reportar ao Job Tracker em intervalos regulares, especificando que estão "vivos" e efetuando suas tarefas. Se o task tracker não se reportar a eles, então o nó é considerado "morto" e seu trabalho é redesignado para outro task tracker. O Job tracker é novamente um ponto crucial de falha. Se o Job Tracker falhar, não poderemos rastrear as tarefas.
- **Task Tracker**: o Task Tracker aceita as tarefas to Job Tracker. Essas tarefas são tanto de map, reduce ou ambas (shuffle). O Task Tracker cria um processo JVM separado para cada tarefa a fim de se certificar de que uma falha no processo não resulte em uma falha de Task Tracker. Task trackers também se reportam ao Job Tracker continuamente para que este possa manter o registro de tarefas bem ou mal sucedidas.

13.14 YARN 2.7.4, Ferramentas de ingestão de dados (Sqoop 1.4.6, Flume 1.7.0, NiFi 1.3.0 e Kafka 0.11.0)

Linguagens orientadas a objetos são, atualmente, dominantes na maioria dos sistemas corporativos em funcionamento. Com diversos benefícios como o baixo acoplamento e a divisão de responsabilidades, a criação e manutenção de aplicações projetadas a partir desse conceito se torna uma tarefa extremamente produtiva e, devido a isso, altamente atrativa para a indústria.

Essa produtividade se deve, principalmente, à capacidade de reúso de componentes criados seguindo os conceitos da orientação a objeto. Explicando um pouco mais, linguagens que seguem esse tipo de paradigma (orientado a objetos) tendem a permitir que o desenvolvedor crie módulos totalmente desacoplados, ou seja, sem nenhuma dependência entre si. Portanto, a solução de um problema maior pode ser dividida em diversas soluções menores que, em conjunto, resolvem o objetivo principal.

A vantagem disso é que, caso surja um novo projeto que seja semelhante a um já resolvido, essas pequenas soluções podem ser reaproveitadas, evitando duplicação de código e outros problemas.

No entanto, para projetos de grande porte, a configuração manual dessas bibliotecas se torna extremamente complexa e custosa, especialmente do ponto de vista de manutenção da aplicação, o que pode gerar um oneroso trabalho na busca e inclusão de todos os arquivos necessários para o funcionamento de uma biblioteca.

Visando resolver esse problema, foram criadas algumas ferramentas chamadas de Gerenciadores de dependências, que têm como objetivo gerenciar essas bibliotecas externas ao projeto.

Ferramentas para gerenciar suas dependências

Os chamados gerenciadores de dependências servem para que seja possível, ao desenvolvedor, facilmente definir as bibliotecas que devem ser incluídas, bem como a versão de cada uma.

Além disso, uma das grandes vantagens desse tipo de ferramenta é a capacidade de realizar o download das bibliotecas automaticamente, por meio do uso de certos sites que fornecem o chamado "repositório de dependências".

Esses repositórios servem como uma espécie de arquivo público com diversos pacotes, que por sua vez podem ser baixados por meio dos gerenciadores de dependências.

A maioria das principais linguagens do mercado possui algum gerenciador de dependências, vamos a alguns exemplos:

> PHP tem o Composer (https://getcomposer.org/);
> Ruby tem o RubyGems (https://rubygems.org/);
> C# (e todo o ecossistema .NET) tem o Nuget (https://www.nuget.org/);
> Java tem o Maven que, dentre várias coisas, também consegue desempenhar essa função.
> (https://maven.apache.org/)

YARN 2.7.4

No dia 11 de outubro de 2016, o Facebook anunciou o seu novo gerenciador de pacotes para Javascript: o Yarn, que vem com a proposta de ser mais rápido, seguro e confiável que o NPM. O Yarn é open source, e nasceu com a colaboração, também, das empresas Exponent, Google, e Tilde.

O Yarn funciona exatamente como o NPM e o Bower, abrangendo, inclusive, as bibliotecas que estão presentes nestes gerenciadores. Uma das coisas mais interessantes, além da rapidez, é a possibilidade de instalação de pacotes off-line. Quando você instala um pacote, ele cria um cache em sua máquina que possibilita a futura instalação deste sem precisar estar conectado à internet.

O Yarn por padrão realiza o download de dependências de um pacote de forma paralela. O que em alguns casos faz com que ele seja até 10x mais rápido que o NPM que realiza a mesma tarefa de forma sequencial.

SQOOP 1.4.6

O Apache Sqoop – abreviação de "SQL para Hadoop" – tem como objetivo executar a transferência eficiente e bidirecional de dados entre o Hadoop e diversos serviços de armazenamento externo de dados estruturados.

Apache Hadoop é um framework projetado para o processamento massivo de dados de diversos tipos (estruturados, semiestruturados e não estruturados), no qual esses são armazenados no HDFS (*Hadoop Distributed File System*) e manipulados por tarefas MapReduce. As tarefas MapReduce são responsáveis por fazer o processamento, a combinação entre dados e, por fim, a produção de algum resultado a partir desse processamento.

Apesar de o Hadoop ser amplamente conhecido por sua capacidade de armazenamento e processamento de grandes quantidades de dados, muita informação ainda hoje está armazenada em bancos de dados relacionais. Assim, surgiu o Apache Sqoop, cujo objetivo é executar a transferência eficiente e bidirecional de dados entre o Hadoop e diversos serviços de armazenamento externo de dados estruturados.

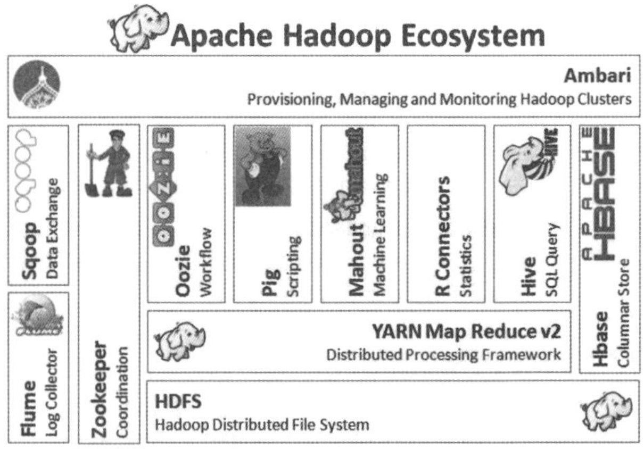

O Apache Sqoop pode ser útil quando se deseja utilizar ferramentas de Big Data para o processamento de bases relacionais, para a integração de bases relacionais e mainframes com dados já presentes no Hadoop ou, ainda, para o arquivamento dos dados no Hadoop.

O Sqoop atualmente possui duas frentes de desenvolvimento. Uma delas, chamada de Sqoop 1, é a evolução natural do projeto inicial. Encontra-se na versão 1.4.6, responsável em realizar o processo de importação de um banco relacional para o HDFS. Esse processo será apoiado pelo Sqoop.

Uma das facilidades oferecidas pelo Sqoop é a capacidade de importação dos dados direto para o Hive. Hive é um dos projetos mais famosos do ecossistema Hadoop e foi iniciado pelo Facebook em 2007, mas atualmente é um projeto toplevel da Apache Software Foundation, assim como o Sqoop, e recebe contribuição de outras grandes empresas.

O data warehouse do Facebook havia sido construído inicialmente com soluções comerciais de bancos de dados relacionais. Contudo, devido à necessidade de processamento e armazenamento de grandes volumes de dados exigida pelo Facebook, foi decidido utilizar o Hadoop, por permitir aumentar a capacidade de armazenamento com baixo custo e sem tempo de inatividade e por possuir um framework de processamento distribuído que reduziu consideravelmente o tempo de execução das consultas.

Bancos de dados suportados

Por padrão, o Sqoop utiliza JDBC (*Java Database Connectivity*) para se conectar aos bancos e, por esse motivo, acredita-se que ele é compatível com uma grande quantidade de bancos de dados, uma vez que os fornecedores implementam essa API. No entanto, o Sqoop não garante a compatibilidade e a performance com todos os bancos que possuem conectores JDBC, devido às formas de implementação dessa API e a ligeiras diferenças que possam existir na sintaxe SQL de cada banco.

A Tabela a seguir contém uma relação completa dos bancos e suas respectivas versões que foram testadas com o Sqoop. Pode ser necessário instalar os drivers de conexão, mesmo com o banco de dados estando presente na lista.

Banco de dados	Versão	String de conexão
HSQLDB	1.8.0+	jdbc:hsqldb:*//
MySQL	5.0+	jdbc:mysql://
Oracle	10.2.0+	jdbc:oracle:*//
PostgreSQL	8.3+	jdbc:postgresql://
CUBRID	9.2+	jdbc:cubrid:*

FLUME 1.7.0

Logs são uma fonte básica de informação e ajudam a monitorar a "saúde" de sistemas, detectando falhas em hardwares e serviços. Podem ajudar também na solução de problemas. Embora, de uma forma geral, um log represente registro de eventos, esta é uma ferramenta importante na administração de sistemas.

Com o surgimento de tecnologias e ferramentas para Big Data, a geração ea utilização dos logs se tornaram cada vez mais importantes, uma vez que agora é possível "prever" quando um equipamento precisa de manutenção, o comportamento de um indivíduo em um e-commerce e a geração de recomendações, entre outras coisas.

Administrar o volume de logs que é gerado por diversos sistemas/ dispositivos não é uma tarefa fácil. Em 2011, a Cloudera criou o Flume, um sistema distribuído, confiável e disponível para coletar, agregar e mover grandes quantidades de dados de muitas fontes diferentes para um armazenamento de dados centralizado. Em 2012, esse passou a ser um projeto top level na Apache Software Foundation.

O Apache Flume não se restringe apenas à coleta de logs, e pode ser usado para transportar grandes quantidades de dados, como os gerados em *social media*, e-mails e qualquer fonte de dados possível.

O objetivo principal do Flume é ingerir dados de eventos no HDFS (*Hadoop Distributed File System*) de forma simples e automatizada. Porém, seu uso não se limita apenas ao HDFS; é possível enviar também dados para um arquivo ou banco de dados, entre outros.

NiFi 1.3.0

Com o Apache NiFi, podemos fazer desde uma análise de tráfego de redes até conversões de um banco de dados para outro (quem já converteu ou tentou converter sabe o quanto é difícil); podemos analisar e transformar mensagens do twitter e outras redes sociais e, principalmente, usá-lo para IoT.

No caso da Internet das Coisas, ao contrário de outros sensores que só enviam dados para "fora", o software precisará receber esses dados e se comunicar com o dispositivo novamente, e o NiFi se encaixa muito bem neste processo.

O Apache NiFi é um projeto de software da Apache Software Foundation, que permite a automação do fluxo de dados entre sistemas.

KAFKA 0.11.0

Apache Kafka é uma plataforma distribuída de mensagens e streaming.

> O usuário produz uma mensagem.
> Essa mensagem é anexada em um tópico.
> O usuário então consome essa mensagem.

No mundo atual, dados em tempo real estão sendo continuamente gerados por todos os tipos de aplicativos (ERP, CRM, Web Sites, Mídias Sociais, Vídeos, Logs, Sensores e muito mais) e estes dados precisam estar disponíveis de forma confiável e rápida para diferentes tipos de receptores. Na maioria das vezes, as aplicações que produzem os dados e as aplicações que precisam receber estes dados não "conversam" umas com as outras. Estas aplicações heterogêneas, requerem algum tipo de desenvolvimento para que exista uma integração entre elas. Com o aumento do volume de dados, isso se torna um ponto ainda mais crítico.

Com a explosão do Big Data, o primeiro desafio é coletar a imensa quantidade de dados e o segundo desafio, analisar tudo isso. Analytics é frequentemente apontando como um dos maiores desafios associados com Big Data, mas antes de a análise acontecer, os dados devem ser ingeridos e disponibilizados para os usuários. É onde entra o Apache Kafka.

O Apache Kafka foi originalmente desenvolvido pelo LinkedIn e posteriormente liberado como um projeto open-source, em 2011. O Apache Kafka é um sistema para gerenciamento de fluxos de dados em tempo real, gerados a partir de web sites, aplicações e sensores. Algumas das empresas que usam Kafka: LinkedIn, Netflix, PayPal, Spotify, Uber, AirBnB, Cisco, Goldman Sachs e SalesForce. Recentemente a IBM anunciou a criação de dois projetos envolvendo o Apache Kafka. O LinkedIn possui o maior ambiente Kafka do qual se tem notícia, com 1.1 trilhões de mensagens por dia.

Essencialmente, o Kafka age como uma espécie de "sistema nervoso central", que coleta dados de alto volume, como, por exemplo, a atividade de usuários (clicks em um web site), logs, cotações de ações etc. e torna estes dados disponíveis como um fluxo em tempo real para o consumo por outras aplicações. O Kafka vem ganhando cada vez mais popularidade em Big Data, pois além de ser um projeto open-source de alta qualidade, possui a capacidade de lidar com fluxos de alta velocidade de dados, característica cada vez mais procurada para uso em Internet das Coisas, por exemplo.

14. REDES DE COMPUTADORES

Dois computadores conectados entre si já caracterizam uma rede. Contudo, ela normalmente é composta por diversificados dispositivos como: celulares, smartphones, tablets, computadores, servidores, impressoras, roteadores, switches, hubs, modens, etc. Devido a essa grande variedade de dispositivos, o nome genérico HOST é atribuído aos dispositivos conectados na rede.

Todo Host possui um endereço que o identifica na rede, o qual é o endereço IP. Mas também cada peça possui um número único de fábrica que o identifica, o MAC Address.

14.1 Paradigma de Comunicação

Paradigma é um padrão a ser seguido e, no caso das redes, é o modelo Cliente/Servidor. Nesse modelo, o usuário é o cliente que envia uma solicitação ao servidor; ao receber a solicitação, o servidor a analisa e, se é de sua competência, provê a informação/dado.

14.2 Dispositivos de Rede

Os Dispositivos de Rede são citados até mesmo em provas cujo conteúdo programático não cita a matéria de Hardware. E na maioria das vezes em que aparecem questões sobre o assunto, se questiona em relação à finalidade de cada dispositivo na rede, portanto, nesta seção são descritos alguns dos principais dispositivos de rede:

Modem	Modulador/Demulador Responsável por converter o sinal analógico da linha telefônica em um sinal digital para o computador e vice-versa.
Hub	Conecta vários dispositivos em rede, mas não oferece muita segurança, pois envia as informações para todos na rede.
Switch	É um dispositivo que permite interligar vários dispositivos de forma mais inteligente que o Hub, pois no switch os dados são direcionados aos destinos corretos.
Roteador	Um roteador já trabalha no nível de rede; em um mesmo roteador podemos definir várias redes diferentes. Ele também cria uma rota para os dados.
Access Point	Um Ponto de Acesso opera de forma similar a um Switch, só que em redes sem fio.
Backbone	É a estrutura principal dentro de uma rede, na Internet é a espinha dorsal que a suporta, ou seja, as principais ligações internacionais.

14.3 Topologia de Rede

Topologia diz respeito à estrutura de organização dos dispositivos em uma rede.

Barramento

Na Topologia de Barramento, todos os dispositivos estão conectados no mesmo canal de comunicação, o que torna o tráfego de dados mais lento e, se o barramento se rompe, pode isolar parte da rede.

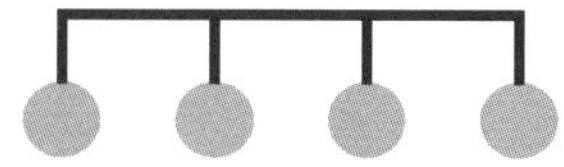

Anel

A estrutura em Anel conecta um dispositivo no outro; para que todos os computadores estejam conectados, é necessário que estejam ligados. Se o anel for simples, ou seja, de única via de dados, um computador desligado já é suficiente para tornar a rede inoperante para algum outro computador; o problema pode ser resolvido em partes, utilizando o anel duplo, trafegando dados em duas direções da rede, porém, se dois pontos forem desconectados, pode-se chegar à situação de duas redes isoladas.

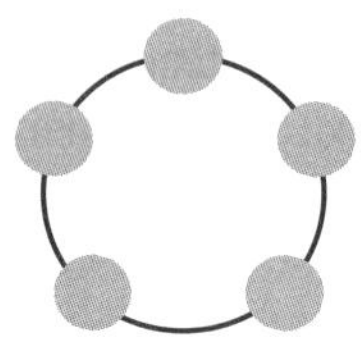

Estrela

Uma rede organizada em forma de estrela possui um nó centralizador. Esse modelo é um dos mais utilizados, pois um nó pode estar desconectado sem interferir no resto da rede, porém, o centro é o ponto crítico.

Estrela Estendida

A Estrela Estendida é utilizada em situações como, por exemplo, em uma universidade multicampi, em que um nó central é a conexão principal, a partir da qual se conecta com a Internet, enquanto que os outros campi possuem centrais secundárias como conexão entre seus computadores. A estrutura entre o nó principal e as centrais secundárias é o que chamamos de Backbone dessa rede.

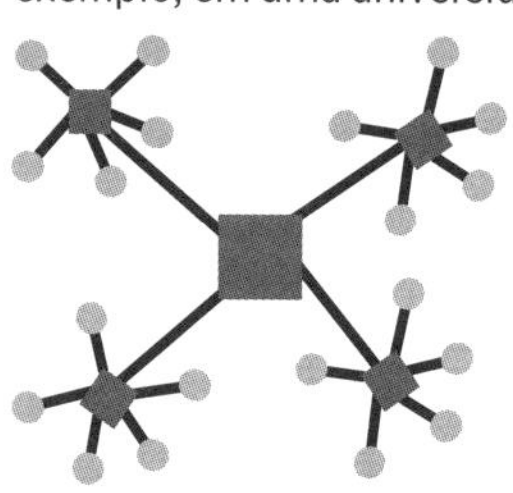

Malha

A conexão em malha é o modelo da Internet, em que encontramos vários nós principais, mas também várias ligações entre diversos nós.

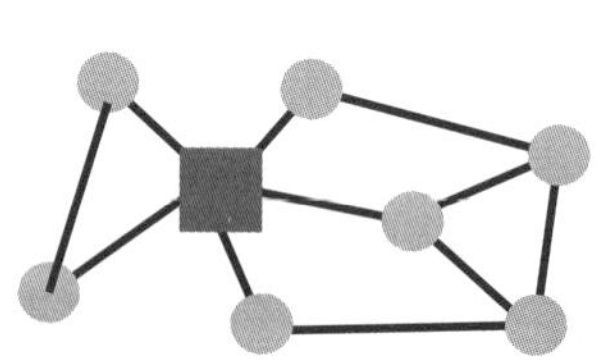

Pilhas de Protocolos

Também colocadas pelas bancas examinadoras como modelos, as pilhas de protocolos definem um conjunto de protocolos e em quais camadas de rede devem operar.

Neste tópico temos dois tipos de questões que podem ser associados na prova. Questões que fazem relação com os tipos de redes e questões que tratam da finalidade dos principais protocolos utilizados em uma navegação na Internet.

As pilhas de protocolos são:

TCP/IP	OSI

O modelo TCP/IP é o **padrão utilizado nas redes.** Mas, em redes privadas, mesmo o TCP/IP sendo padrão, pode ser implantado o modelo OSI.

Como o modelo TCP/IP é o padrão na seção seguinte são destacados os principais protocolos de navegação.

Principais Protocolos

Um protocolo é uma regra de comunicação em redes, portanto, a transferência de arquivos, mesmo entre computadores de uma mesma rede, utiliza um protocolo como forma de padronizar o entendimento entre os dois.

HTTP

HTTP (Hyper Text Transport Protocol) é o protocolo de transferência de hipertexto. É o mais utilizado pelo usuário em uma navegação pela Internet. Hipertexto **consiste em um arquivo no formato HTML** (HyperText Markup Language) - Linguagem de Marcação de Hipertexto.

HTML é um arquivo que pode ser gerado por qualquer editor de texto, pois, quando é aberto no bloco de notas ou wordpad, ele apresenta apenas informações de texto. No entanto, quando é aberto pelo navegador, este interpreta o código em HTML e monta o conteúdo **Multimídia** na página. Entende-se por conteúdo multimídia: textos, áudio, vídeos e imagens.

HTTPS

HTTPS (Hyper Text Transport Protocol Secure), também conhecido como HTTP Seguro, é um protocolo que tem como diferença entre o HTTP apenas a segurança que oferece, pois, assim como o HTTP, serve para visualizar o conteúdo multimídia.

O que se questiona em relação a sua segurança é como ela é feita. O protocolo HTTPS utiliza o processo de **Criptografia** para manter sigilo sobre os dados transferidos entre o usuário e o servidor, para isso, são utilizados os protocolos **TLS** ou **SSL**.

Um detalhe muito importante é o de saber identificar se a navegação está sendo realizada por meio do protocolo HTTP ou pelo protocolo HTTPS. A forma mais confiável é observar a barra de endereços do navegador:

Firefox 10.02

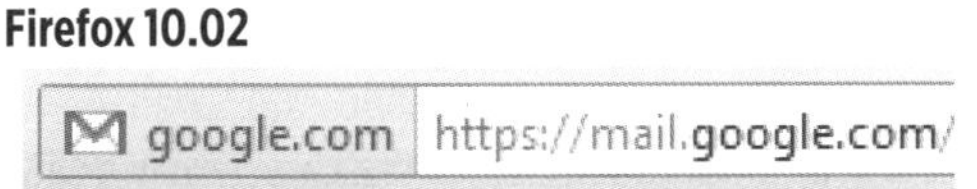

IE 9

Google Chrome

Logo no início da barra, observamos a indicação do protocolo HTTPS, que, sempre que estiver em uso, deverá aparecer. Porém, deve-se ter muita atenção, pois, quando é utilizado o HTTP, alguns navegadores atuais têm omitido a informação no começo da barra de endereços.

Outra informação que nos ajuda a verificar se o acesso é por meio de uma conexão segura é o símbolo do cadeado fechado.

FTP

FTP (File Transport Protocol) é o protocolo de transferência de arquivos utilizado quando um usuário realiza download ou upload de um arquivo na rede.

O protocolo FTP tem como diferencial o fato de operar sobre duas portas: uma para tráfego dos dados e outra para autenticação e controle.

14.4 Firewall

O Firewall pode ser Software, Hardware, ou ambos. Ele é o responsável por **monitorar as portas da rede/computador,** permitindo ou negando a passagem dos dados na rede, seja na entrada ou saída.

O Firewall é o monitor que fica na porta olhando para uma lista na qual contém as regras que um dado tem de cumprir para passar por ela. Essa lista são os protocolos, por exemplo, o Firewall monitorando a porta 80, relativa ao protocolo HTTP, o qual só trabalha com conteúdo multimídia. Então, se um arquivo .EXE tentar passar pela porta 80, ele deve ser barrado; essa é a função do Firewall.

14.5 Tipos de Redes

Podemos classificar as redes de acordo com sua finalidade; neste tópico expõe-se a diferença entre as redes: Internet vs Intranet vs Extranet.

Internet

É a rede das redes, também conhecida como rede mundial de computadores.

Muitas provas citam o sinônimo WWW (World Wide Web) para internet, ou por vezes apenas Web. Ela é definida como uma rede **Pública** a qual todos com computador e servidor de acesso podem conectar-se.

Intranet

É uma rede empresarial, também chamada de rede corporativa. Tem como principal característica ser uma rede **Privada**, portanto, possui controle de acesso, o qual é restrito somente a pessoas autorizadas.

Uma Intranet geralmente é constituída com o intuito de compartilhar recursos entre os funcionários de uma empresa, de maneira que pessoas externas não tenham acesso a eles. Os recursos compartilhados podem ser: impressoras, arquivos, sistemas, entre outros.

Extranet

É quando parte de uma Intranet é disponibilizada por meio da Internet.

Também dizemos que Extranet é quando duas empresas com suas distintas Intranets possuem um sistema comum que acessam apenas parte de cada uma das Intranets.

VPN

VPN é uma forma de criar uma Intranet entre localizações geograficamente distantes, com um custo mais baixo do que ligar cabos entre os pontos. Para isso, emprega-se o processo de criptografia nos dados antes de enviá-los por meio da Internet e, quando o dado chega na outra sede, passa pelo processo de descriptografia. Dessa maneira, quem está navegando na Internet não tem acesso às informações da empresa, que continuam restritas; esse processo também é chamado de tunelamento.

14.6 Padrões de Infraestrutura

São padrões que definem como deve ser organizada e quais critérios precisam ser seguidos para montar uma estrutura de rede de acordo com os padrões estabelecidos pelo IEEE (Instituto de Engenheiros Eletricistas e Eletrônicos).

O padrão Ethernet define as regras para uma infraestrutura cabeada, como tipos de cabos que devem ser utilizados, distância máxima, tipos e quantidade de dispositivos, entre outras. Já o padrão 802.11 define as regras para uma estrutura Wi-Fi, ou seja, para a rede sem fio.

14.7 Correio Eletrônico

O serviço de e-mail é outro ponto bastante cobrado nos concursos públicos. Em essência, o que se pede é se o concursando sabe sobre as diferentes formas de se trabalhar com ele.

O e-mail é uma forma de comunicação assíncrona, ou seja, no momento do envio apenas o emissor precisa estar conectado.

Formas de Acesso

Podemos ler e escrever e-mail utilizando duas formas diferentes. Na última década, o webmail ganhou mais espaço no mercado e se tornou majoritário no ramo de e-mails, mas muitas empresas utilizam ainda os clientes de e-mail:

Webmail

O Webmail é uma interface de acesso para o e-mail via Browser (navegador de Internet), ou seja, uma forma de visualizar o e-mail via uma página de web. Diante disso, é possível destacar que usamos os protocolos HTTP ou HTTPS para visualizar páginas da Internet. Dessa forma, ao acessar sites de e-mail como gmail.com, hotmail.com, yahoo.com.br e outlook.com, fazemos uso desses protocolos, sendo o HTTPS o mais usado atualmente pelos grandes serviços de e-mail, pois confere ao usuário maior segurança no acesso.

Dizemos que o webmail é uma forma de ler e escrever e-mails, dificilmente citado como forma de enviar e receber, uma vez que quem realmente envia é o servidor e não o computador do usuário.

Quando um e-mail é enviado, ele parte diretamente do servidor no qual o remetente possui conta para o servidor do serviço de e-mail do destinatário.

Cliente de E-mail

Um Cliente de E-mail é um programa específico para enviar e receber mensagens de e-mail e que é, necessariamente, instalado no computador do usuário.

Exs.:

Outlook;

Mozilla Thunderbird;

Eudora;

IncredMail;

Outlook Express;

Windows Live Mail.

Os programas clientes de e-mail usam protocolos específicos para envio e recebimento das mensagens de e-mail.

Protocolos utilizados pelos Clientes de E-mail

Para o envio, um cliente de e-mail utiliza o protocolo SMTP (Simple Mail Transport Protocol – Protocolo de transporte de mensagens simples). Como todo protocolo, o SMTP também opera sobre uma porta específica, que pode ser citada como sendo a porta 25, correspondente ao padrão, mas atualmente ela foi bloqueada para uso dos usuários, vindo a ser substituída pela 587.

Com isso, em questões de Certo e Errado, apenas a 587 é a correta, quando abordado sobre o usuário, pois entre servidores a 25 ainda é utilizada. Já nas questões de múltipla escolha, vale o princípio da menos errada, ou seja, se não tiver a 587, a 25 responde a questão.

Mesmo que a mensagem de e-mail possua arquivos anexos a ela, envia-se por SMTP; assim o protocolo FTP não é utilizado.

Já para o recebimento, o usuário pode optar em utilizar o protocolo POP ou o protocolo IMAP, contudo, deve ser observada a diferença entre os dois, pois essa diferença é ponto para muitas questões.

O protocolo POP tem por característica baixar as mensagens de e-mail para o computador do usuário, mas por padrão, ao baixá-las, elas são apagadas do servidor. Portanto, as mensagens que um usuário está lendo estão, necessariamente, em seu computador.

Por outro lado, se o usuário desejar, ele pode configurar o protocolo de forma que sejam mantidas cópias das mensagens no servidor, no entanto, a que o usuário está lendo, efetivamente, está em seu computador. Sobre essa característica são citadas questões relacionando à configuração a uma espécie de backup das mensagens de e-mail.

Atualmente o protocolo POP encontra-se na versão 3; dessa forma ele pode aparecer nos textos de questão como POP3, não afetando a compreensão da mesma. Uma vez que o usuário necessita conectar na internet apenas para baixar as mensagens, é possível que ele desconecte-se da internet e mesmo assim leia seus e-mails. E, uma vez configurado o SMTP, também é possível redigir as respostas off-line, sendo necessário, no entanto, conectar-se novamente para que as mensagens possam ser enviadas.

Ao invés de utilizar o POP, o usuário pode optar em fazer uso do protocolo IMAP, que é para acesso a mensagens de e-mail, as quais, por sua vez, residem no servidor de e-mails. Portanto, se faz necessário estar conectado à internet para poder ler o e-mail por meio do protocolo IMAP.

Spam

Spam é uma prática que tem como finalidade divulgar propagandas por e-mail, ou mesmo utilizar-se de e-mails que chamem a atenção do usuário e o incentivem a encaminhar para inúmeros outros contatos, para que, com isso, levantem uma lista de contatos que pode ser vendida na Internet ou mesmo utilizada para encaminhar mais propagandas.

Geralmente um spammer utiliza-se de e-mail com temas como: filantropia, hoax (boatos), lendas urbanas, ou mesmo assuntos polêmicos.

14.8 URL (Uniform Resource Locator)

É um endereço que identifica um site, um serviço, ou mesmo um endereço de e-mail. Abaixo temos um exemplo de URL; observe que podemos dividi-la em várias partes.

Domínio

É o nome registrado de um site para que possa ser acessado por meio da Internet. Assim como a URL, um Domínio também pode ser dividido em três partes, como ilustra a figura abaixo.

site.com.br

O .br indica que esse site está registrado no conjunto de domínios do Brasil, que é administrado e regulamentado pelo Registro.Br, componente do CGI (Comitê Gestor de Internet no Brasil).

O Registro.Br define várias normas em relação à criação de um domínio, como por exemplo o tamanho máximo de 26 caracteres, a limitação para apenas letras e números e recentemente a opção de criar domínios com letras acentuadas e o caractere **ç**.

Também compete ao Registro.Br a normatização da segunda parte do domínio, representado na figura pelo **.com**. Essa informação diz respeito ao ramo de atividade a que se destina o domínio, mas não nos garante qual a real finalidade do site. A última parte, por fim, é o próprio nome do site que se deseja registrar.

Protocolo IP

Cada equipamento na rede ganha o nome genérico de Host, o qual deve possuir um endereço para que seja localizado na rede. Esse é o endereço IP.

O protocolo IP é o responsável por trabalhar com essa informação, para tanto, um endereço IP possui versões: IPv4 e IPv6.

Um IP também é um endereço, portanto, pode ser inserido diretamente na barra de endereços de um navegador.

O IPv4 é composto por até quatro grupos de três dígitos que atingem valor máximo de 255 cada grupo, suportando, no máximo, cerca de 4 bilhões (4.294.967.296) de endereços.

200.201.88.30 endereço IP da Unioeste[1].

O IPv6 é uma proposta que está gradativamente substituindo o IPv4, justamente pela pouca quantidade de endereço que ele oferece. O IPv6 é organizado em 8 grupos de 4 dígitos hexadecimais, suportando cerca de 3,4 x 1038, aproximadamente 3,6 undecilhões de endereços IP.

0123:4567:89AB:CDEF:1011:1314:5B6C:88CC2

DNS (Domain Name System)

O Sistema de Nomes de Domínios é o responsável por traduzir (resolver por meio de consultas aos servidores Raiz da Internet) um Domínio para o endereço IP do servidor que hospeda (armazena) o site desejado. Esse processo ocorre em questão de segundos e obedece uma estrutura hierárquica.

14.9 Navegadores

Navegadores são programas que permitem acesso às páginas da Internet, são muitas vezes citados em provas pelo termo em inglês Browser.

Internet Explorer

Mozilla Firefox

Opera

Google Chrome

Safari

Também são cobrados os conceitos dos tipos de dados de navegação que estão relacionados aos navegadores.

Cache

É um armazenamento temporário. No caso dos navegadores, trata-se de uma pasta onde são armazenados os conteúdos multimídias como imagens, vídeos, áudio e inclusive textos, para que, no segundo momento em que o mesmo conteúdo for acessado, ele possa ser mostrado ao usuário mais rapidamente.

Cookies

São pequenas informações que alguns sites armazenam no computador do usuário. Exemplos de informações armazenadas nos Cookies: Senhas, obviamente que são armazenadas criptografadas; também são muito utilizados em sites de compras, para armazenar o carrinho de compras.

Dados de Formulários

Quando preenchemos um formulário, os navegadores oferecem opção para armazenar os dados digitados em cada campo, assim, quando necessário preencher o mesmo formulário ou ainda outro formulário com campos de mesmo nome, o navegador sugere os dados já usados a fim de autocompletar o preenchimento do campo.

1 Universidade Estadual do Oeste do Paraná

2 IP fictício.

14.10 Conceitos Relacionados à Internet

Nesta seção são apresentados alguns conceitos, tecnologias e ferramentas relacionadas à Internet que são cobrados nas provas dos concursos.

Motores de Busca

Os Motores de Busca são normalmente conhecidos por buscadores e têm como representante mor o Google. Dentre os principais estão:

- > Google;
- > Yahoo;
- > Cadê? - O primeiro buscador nacional (comprado pelo Yahoo), pode ser chamado de Yahoo! Cadê?;
- > Aonde;
- > Altavista;
- > MSN transformado em Bing.

É importante observar que, nos navegadores atuais, os motores de busca são integrados, com isso podemos definir qual se deseja utilizar, por exemplo: o Google Chrome e o Mozilla Firefox utilizam como motor de busca padrão o Google, já o Internet Explorer utiliza o Bing. Essa informação é relevante, pois é possível nesses navegadores digitar os termos buscados diretamente na barra de endereços, ao invés de acessar previamente o site do motor de busca.

Busca Avançada

Os motores de busca oferecem alguns recursos para otimizar a busca, como operadores lógicos, também conhecidos como operadores booleanos3. Dentre eles podemos destacar a negação (-). Ao realizar uma busca na qual se deseja encontrar resultados que sejam relacionados a determinado assunto, porém os termos usados são comuns a outro, podemos utilizar o sinal de menos precedendo o termo do assunto irrelevante, como o exemplo de uma questão que já caiu em prova: realizar a busca por leite e cão, contudo, se for inserido apenas estes termos na busca, muitos resultados serão relacionados a gatos e leite. Para que as páginas que contenham a palavra gato não sejam exibidas na lista de páginas encontradas, basta digitar o sinal de menos (-) antes da palavra gato (sem espaço entre o sinal e a palavra), assim a pesquisa a ser inserida no buscador fica **Cão Leite -Gato**.

Também é possível realizar a busca por uma frase exata, assim, somente serão listados os sites que contenham exatamente a mesma expressão. Para isso, basta digitar a frase desejada entre aspas duplas.

Busca por/em Domínio Específico: para buscar sites que possuam determinado termo em seu nome de domínio, basta inserir o texto site: seguido da palavra desejada, lembrando que não deve haver espaço entre site: e o termo desejado. De forma similar, também pode-se utilizar **inurl: termo** para buscar sites que possuam o termo na URL.

Quando o domínio já é conhecido, é possível realizar a busca por determinado termo apenas nas páginas do domínio. Para tanto, deve-se digitar **site:Dominiodosite termo.**

3 Em referência à lógica de Boole, ou seja, a lógica que você estuda para o concurso.

Calculadora: é possível, ainda, utilizar o Google como uma calculadora, bastando digitar a expressão algébrica que se deseja resolver como 2+2 e, como resultado da "pesquisa", é apresentado o resultado da operação.

Operador: quando não se sabe exatamente qual é a palavra para completar uma expressão, pode-se completar a lacuna com um asterisco, assim o motor de busca irá entender que naquele espaço pode ser qualquer palavra.

Busca por tipo de arquivo: podemos refinar as buscas a resultados que consistam apenas em determinado formato de arquivo. Para tanto, podemos utilizar o operador filetype: assim, para buscar determinado tema, mas que seja em PDF, por exemplo, pode-se digitar **filetype: pdf tema.**

Tipos de Busca

Os principais motores de busca permitem realizar as buscas de forma orientada a conteúdos gerais da web, como refinar a busca para exibir apenas imagens, vídeos ou mapas relacionados aos termos digitados.

Chat

Um chat é normalmente citado como um bate-papo em tempo real; é a forma de comunicação em que ambos os interlocutores estão conectados (on-line) simultaneamente. Muitos chats operam com salas de bate-papo. Um chat pode ser em um site específico como o chat do Uol. Conversas pelo MSN ou Facebook podem ser consideradas como Chat, desde que ambos interlocutores estejam conectados.

Fórum

Também conhecidos como Listas de Discussão, os fóruns funcionam como debates sobre determinados assuntos. Em um fórum não é necessário que os envolvidos estejam conectados para receberem os comentários, pois estes ficam disponíveis para acesso futuro pelo usuário ou mesmo por pessoas que não estejam cadastradas no fórum, contudo, existem muitos fóruns fechados, nos quais só se entra por convite ou mediante aquisição. A maioria deles vincula o e-mail dos envolvidos a uma discussão, alertando-os assim, caso um novo comentário seja acrescentado.

Moodle

O Moodle é uma ferramenta fortemente utilizada pelo setor público, e também privado, para dar suporte ao Ensino a Distância (EAD).

Questões

01. Acerca das características de Internet, intranet e rede de computadores, julgue o item.

O modelo de referência de rede TCP/IP, se comparado ao modelo OSI, não contempla a implementação das camadas física, de sessão e de apresentação.

Certo ( ) Errado ( )

02. Uma empresa tem unidades físicas localizadas em diferentes capitais do Brasil, cada uma delas com uma rede local, além de uma rede que integra a comunicação entre as unidades. Essa rede de integração facilita a centralização do serviço de email, que é compartilhado para todas as unidades da empresa e outros sistemas de informação.

Tendo como referência inicial as informações apresentadas, julgue o item subsecutivo.

Se as redes locais das unidades da empresa estiverem interligadas por redes de operadoras de telecomunicação, então elas formarão a WAN (wide area network) da empresa.

Certo ( ) Errado ( )

03. Uma empresa tem unidades físicas localizadas em diferentes capitais do Brasil, cada uma delas com uma rede local, além de uma rede que integra a comunicação entre as unidades. Essa rede de integração facilita a centralização do serviço de email, que é compartilhado para todas as unidades da empresa e outros sistemas de informação.

Tendo como referência inicial as informações apresentadas, julgue o item subsecutivo.

Definir os processos de acesso ao meio físico e fornecer endereçamento para a camada de aplicação são funções do controle de acesso ao meio físico (MAC).

Certo ( ) Errado ( )

04. Uma empresa tem unidades físicas localizadas em diferentes capitais do Brasil, cada uma delas com uma rede local, além de uma rede que integra a comunicação entre as unidades. Essa rede de integração facilita a centralização do serviço de email, que é compartilhado para todas as unidades da empresa e outros sistemas de informação.

Tendo como referência inicial as informações apresentadas, julgue o item subsecutivo.

Em uma rede local que possui a topologia estrela, podem ser utilizados switches para integrar a comunicação entre os computadores.

Certo ( ) Errado ( )

05. Julgue o item a respeito de redes de computadores e de cloud computing.

Uma das vantagens da rede de computadores com tipologia mesh é a varredura de diversas possibilidades de roteamento para identificar a mais eficiente.

Certo ( ) Errado ( )

Gabaritos

01	CERTO
02	CERTO
03	ERRADO
04	CERTO
05	CERTO

15. CLOUD COMPUTING

Em português, Computação na Nuvem é o nome usual para identificar o paradigma de computação em que as infraestruturas, serviços e aplicações ficam nas redes, principalmente na Internet. No entanto, também pode ser empregado para distinguir serviços de processamento dos serviços de armazenamento.

Pode-se dizer que a computação na nuvem é uma forma de evolução do conceito de Mainframes.

Os Mainframes são supercomputadores normalmente usados em redes privadas (intranets), os quais são responsáveis pelo trabalho pesado de processamento de informações. De forma geral, quando se emprega o uso de mainframes, associa-se o uso de thin clients pelos usuários, ou seja, terminais burros, apenas pontas para interação do usuário, pois os dados coletados e apresentados a ele são processados e armazenados nos mainframes.

A computação na nuvem é uma ideia similar a ser feito uso de computadores (servidores) localizados na Internet, otimizando assim seu uso, em vez de manter supercomputadores internamente na empresa.

A Figura 1 ilustra um serviço em que os dados são processados na nuvem e os resultados são exibidos no computador do usuário.

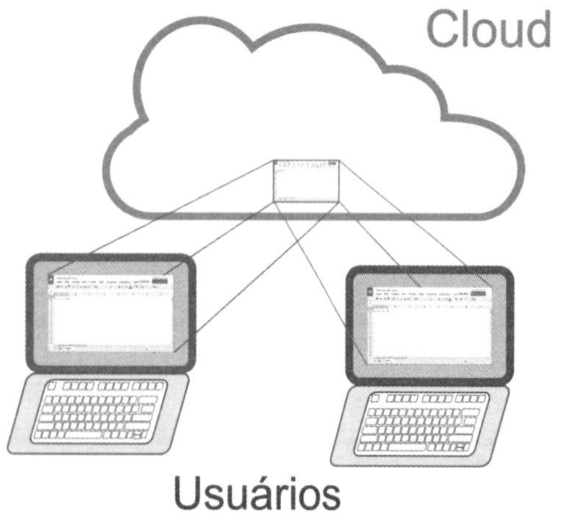

Figura 1: Cloud Computing

15.1 Características

Estuda-se, nesta seção, as características comuns tanto ao armazenamento quanto ao processamento de dados em nuvem.

Ao utilizar os serviços da nuvem não é preciso instalar aplicativos, porém, é possível. Ou seja, a instalação de aplicações relacionadas aos serviços da nuvem é apenas de caráter opcional.

Com isso, os serviços da nuvem se tornam uma prática alternativa, pois o usuário precisa do básico em seu computador para acessar aos serviços. Assim, basta ter um computador conectado à Internet e que seja dotado de um browser para utilizar os serviços da nuvem.

Contudo, uma característica negativa do serviço é a dependência frente aos servidores e provedores de serviço, pois, uma vez que não se tenha acesso à Internet ou o serviço esteja fora do ar, o usuário não tem condições de utilizar os serviços da nuvem, salvo exceção do modelo on premise.

É importante observar que, dentre os pré-requisitos básicos, o sistema operacional não foi citado, porque os serviços da nuvem independem do sistema instalado, pois normalmente são serviços que utilizam protocolos de navegação como HTTP e HTTPS, dentre outros.

Assim, como também não dependem de hardware específico para funcionar, podem inclusive ser citadas como multiplataforma, tanto no sentido de diferentes hardwares como no de diferentes sistemas operacionais. É comum usar serviços da nuvem também em tablets e smartphones, além dos computadores pessoais.

Outra característica dos serviços em nuvem diz respeito à segurança dos dados, em que o usuário não precisa se preocupar em fazer backups, controlar a segurança ou ter que realizar manutenção, pois essas são atribuições do fornecedor do serviço contratado.

A computação em nuvem também oferece praticidade no compartilhamento de informações, além de eximir o usuário de ter conhecimento sobre como funciona o serviço, possibilitando utilizá-lo sem preocupações.

Com todos esses detalhes, pode-se ainda destacar que a nuvem possibilita iniciar um trabalho em um computador e dar continuidade a ele por meio de outro computador.

Processamento na Nuvem

É o processamento realmente dito nos termos de Cloud Computing, em que os dados são processados na nuvem.

É bastante comum hoje nos aparelhos celulares, smartphones e tablets, em aplicações como o talk to text (fale para escrever). Lembre-se de que a instalação não é obrigatória, mas pode ser feita. Nos aparelhos em que o usuário pode simplesmente pronunciar próximo a eles o texto que deseja escrever, o recurso usado precisa que o aparelho esteja conectado à Internet para poder funcionar.

Isso ocorre porque os aparelhos atuais, por mais que possuam alta tecnologia e capacidade de processamento, ainda não são suficientes para processar dados como identificação de texto em falas. Com isso, a alternativa é usar servidores localizados na Internet (nuvem) que recebem o áudio que os aparelhos gravam e processam a informação, oferecendo ao usuário o resultado na forma de texto.

Outro exemplo são os serviços do Google e da Microsoft, conhecidos respectivamente como Google Docs e Microsoft WebApps. Mas atenção às nomeclaturas, pois Google Drive/Disco ou Skydrive/OneDrive são serviços de outra natureza.

No Google Docs WebApps, o usuário encontra recursos como editores de texto, planilhas, apresentação, formulários e desenhos on-line usando a computação em nuvem. Ao utilizar esses serviços, o usuário não precisa possuir em seu computador editores similares, uma vez que basta executar o navegador de internet e nele acessar o site do serviço; ao logar, terá acesso aos recursos.

Armazenamento na Nuvem

Já o armazenamento na nuvem, em inglês Cloud Storage, identifica os serviços que têm por característica armazenar os dados do usuário, de modo que, para acessá-los, seja necessário apenas um dispositivo (computador, smartphone ou tablet) conectado à Internet e que possua um browser. Com a ascensão desse tipo de serviço, pode-se apostar na queda da venda de dispositivos para transporte de dados como os Pendrives.

São exemplos citados nas provas o Google Drive/Disco, o Microsoft Skydrive, atualmente chamado de OneDrive, o Dropbox, Mega, Minus e Copy. A maioria deles oferece contas gratuitas com limite de armazenamento, a fim de demonstrar seus serviços. Mas, caso o usuário deseje e/ou precise, ele pode adquirir mais espaço de armazenamento.

A grande maioria dos serviços de Storage possui uma aplicação (opcional) que o usuário pode instalar em vários dispositivos, com o intuito de manter seus dados sincronizados. Ao instalar o aplicativo, ele criará uma pasta no dispositivo que estará em sincronia com a pasta on-line do usuário. Desse modo, todo arquivo salvo na referida pasta automaticamente (quando conectado à Internet) será enviado para a pasta on-line.

> Pode-se então afirmar que possuir a pasta com os arquivos locais (no dispositivo) e on-line, simultaneamente, é uma forma de backup dos dados.

O Google Drive oferece gratuitamente aos usuários 15GB de espaço, no entanto, ele é compartilhado com a caixa de entrada de e-mails.

O One Drive também oferece 15GB, mas inicialmente são 7GB; para ganhar mais, o usuário deve enviar convites.

O Dropbox inicialmente oferece 2GB gratuitos, mas, por meio de convites, o usuário pode ter até 18GB; recebendo um convite, o usuário ganha 500MB.

Já o Copy oferece inicialmente 20GB gratuitos e, a cada convite enviado e recebido, o usuário ganha mais 5GB de espaço.

Questões

01. Julgue o item, a respeito de computação na nuvem, sistemas de informações e teoria da informação.

Atualmente, as empresas de comércio na Internet podem disponibilizar suas aplicações na nuvem, como, por exemplo, na plataforma Azure da Microsoft; da mesma forma, as organizações podem fazer migrar suas aplicações de email para a nuvem. Essas nuvens oferecem ambientes de computação e armazenamento escaláveis, mas, por questões afetas à segurança, impedem o acesso implícito às suas redes privativas de alto desempenho.

Certo ( ) Errado ( )

02. No item subsequente, concernente a redes de computadores, é apresentada uma situação hipotética, seguida de uma assertiva a ser julgada.

Um usuário pretende contratar um serviço em nuvem no qual possa desenvolver e compilar aplicações.

Nessa situação, a PaaS (plataforma como serviço) será indicada, pois, assim como a IaaS (infraestrutura como serviço), a PaaS inclui infraestrutura de armazenamento e de rede, além de middleware e ferramentas de desenvolvimento.

Certo ( ) Errado ( )

03. Com relação aos conceitos básicos e modos de utilização de tecnologias, ferramentas, aplicativos e procedimentos associados à Internet e à intranet, julgue o próximo item.

Na Internet, existem ferramentas que otimizam a tarefa de manipular arquivos, como o Google Docs, que permite o armazenamento online e o compartilhamento de arquivos, dispensando a necessidade, por exemplo, de um usuário enviar um mesmo arquivo por email para vários destinatários.

Certo ( ) Errado ( )

04. Julgue o item a seguir, acerca de noções básicas de informática.

A computação em nuvem é utilizada para, de forma segura, armazenar arquivos em uma região criptografada do disco rígido do usuário, que só terá acesso liberado a essa região após autenticação de uma assinatura eletrônica via Internet.

Certo ( ) Errado ( )

05. No que diz respeito aos ambientes e aplicativos de acesso a Internet, julgue o próximo item.

Computação em nuvem é a forma de utilizar memória computacional e local de armazenamento de arquivos em computadores interligados à Internet, podendo esses arquivos ser acessados de qualquer lugar do mundo conectado a esta rede.

Certo ( ) Errado ( )

Gabaritos

01	ERRADO
02	CERTO
03	CERTO
04	ERRADO
05	CERTO

16. ARQUITETURA DE REDES

Uma rede consiste em uma forma de ligação e comunicação de dispositivos que utilizam regras, denominadas de protocolos, para estabelecer a organização e padronização da comunicação.

Existem vários protocolos em diferentes níveis de organização de comunicação. Estes protocolos são organizados em grupos denominados suítes de protocolos. Embora existam duas principais suítes de protocolos, foi preciso eleger uma como padrão para a comunicação de dados entre os dispositivos em rede.

Apesar de usarmos apenas uma suíte na prática, faz-se necessário conhecer as duas, pois cada uma das coleções organiza os protocolos em quantidades de camadas diferentes. As suítes são: TCP/IP, proposto pela empresa RAND Co, em 1964, e OSI (*Open Systems Interconnection*), proposto pela ISO (*Iternational Organization for Standarization*), em 1984. O modelo TCP/IP, também conhecido como Pilha TCP/IP, é o adotado como padrão atualmente, após padronização e implementação pela ARPAnet entre 1980 e 1985, enquanto o OSI é utilizado como modelo de referência para a criação de novos protocolos.

Antes de abordar as estruturas, é necessário entender alguns conceitos:

> Camada: é a forma encontrada para dividir os problemas de comunicação em redes, segmentando em níveis distintos de responsabilidade. Assim, os dados trafegam entre os equipamentos de rede sem que, necessariamente, tenham de acessar os dados transmitidos. Uma camada presta serviços para a camada superior a ela e usa serviços da camada inferior a ela; não é possível pular camadas.

> Interface: é parte que realiza a comunicação direta entre duas máquinas; dentre os níveis de camada, é uma das mais inferiores.

16.1 Modelo OSI

O modelo OSI foi proposto como um sistema aberto de regras. Para atender a objetivos como: Portabilidade da aplicação; Interoperabilidade; Interconectividade e Estabilidade. Assim, diferentes equipamentos, com sistemas operacionais distintos, podem se comunicar.

A organização do modelo OSI se divide entre 7 camadas:

Nº	Camada	Finalidade
7	Aplicação	Manipulação de conteúdo específico (conteúdo multimídia, acesso remoto, e-mail, transferência de Arquivos).
6	Apresentação	Formatar os dados e converter códigos e caracteres.
5	Sessão	Estabelecer uma sessão de comunicação com outros dispositivos, ou seja, gerencia a *conversa* entre os equipamentos.
4	Transporte	Estabelecer conectividade fim a fim entre as aplicações, além de oferecer métodos de entrega de dados com ou sem controle de entrega.
3	Rede	Realizar o endereçamento dos dados e roteamento das informações na rede.
2	Enlace de dados	Verificar se os dados trafegados estão livres de erros de comunicação antes de entregá-los à camada de rede.
1	Física	Especificação das interfaces físicas; responsável pela transmissão dos bits através do meio físico.

As três camadas de nível mais alto, 7, 6 e 5, representadas na tabela 1, não se preocupam em como os dados serão transmitidos pela rede, pois seu objetivo é manipular a informação para atender às necessidades do usuário e dos aplicativos. Além dos conceitos gerais apresentados na tabela 1, as provas de concursos costumam cobrar alguns conceitos mais específicos das principais camadas.

A **camada de Aplicação** é a de nível mais alto na organização de camadas, pois é a camada que, em níveis de abstração, mais se aproxima do usuário. Nesta camada encontram-se os protocolos que manipulam diretamente os dados das aplicações (programas). Pode-se dizer que ela usa os serviços prestados pela camada de Apresentação.

Os principais protocolos da camanda de aplicação são: HTTP, RTP, SMTP, FTP, SSH, Telnet, IRC, SNMP, NNTP, POP3, IMAP, BitTorrent, DNS, Ping. O detalhamento dos protocolos é apresentado em outra seção deste material.

Na camada de transporte, podem-se destacar dentre os protocolos desta camada o **TCP** e o **UDP**, enquanto na **camada de Rede** destacam-se IP, IPsec, ICMP, NAT e ARP. A **camada de Enlace**, presente entre a camada de rede e física, é responsável, também, pela preparação dos dados para que sejam enviados para o meio físico. Para tanto, utiliza protocolos como: Ethernet, IEEE 802.1Q, Token Ring, PPP, Frame ralay.

Já a **camada Física** é a de mais baixo nível por estar mais próxima ao *hardware*, sendo em alguns casos o próprio *hardware* de transmissão de dados. Ela é conhecida como camada 1, conforme classificado na tabela anterior.

Pode-se dizer que uma camada encapsula outra. Deste modo, a camada de nível inferior conterá os dados da superior a ela e ainda acrescentará alguns dados de cabeçalho, conforme ilustra o quadro a seguir.

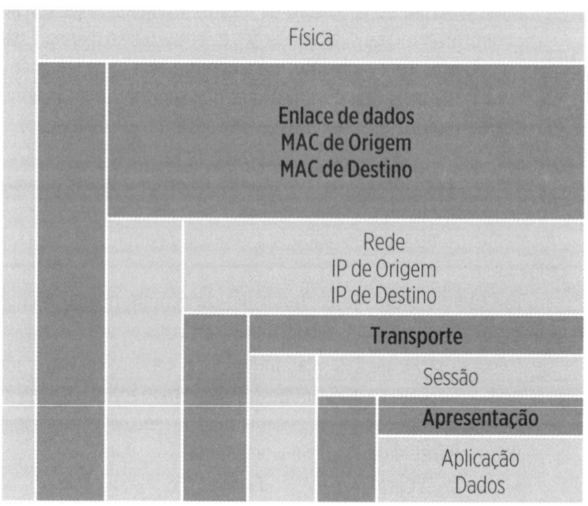

Os protocolos são divididos em camadas para que cada uma seja responsável por ações isoladas, que são utilizadas por vários protocolos da camada superior. Assim, a tabela a seguir, representa quais recursos conseguem acessar as camadas.

Camada	Usada por
Aplicação	Programas e aplicativos em nível do usuário
Apresentação	
Sessão	
Transporte	Sistema Operacional de Rede
Rede	
Enlace de dados	
Física	Hardware

16.2 Modelo TCP/IP

A arquitetura TCP/IP surge com os primórdios da Internet, ainda quando estava no ventre acadêmico, para interligar os centros de computação das universidades dos Estados Unidos. Seu nome origina-se dos principais protocolos usados na comunicação de redes o TCP (Transport Control Protocol – Protocolo de Controle de Transporte) e o IP (Internet Protocol – Protocolo de Internet).

Este modelo permite a interconexão de redes e sistemas heterogêneos, ou seja, redes em que existam diferentes tecnologias, equipamentos e softwares desenvolvidos por fabricantes diferentes.

Embora tenha uma origem comercial, a suíte TCP/IP pode ser (e é) utilizada livremente, tanto que é o atual modelo de organização de protocolos aplicados nas redes. Mesmo uma rede isolada da Internet utiliza por padrão o conjunto TCP/IP.

Para conectar duas ou mais redes, é necessário utilizar um equipamento específico, denominado Roteador.

A arquitetura TCP/IP se divide em 4 camadas:

Nº	Camada	Finalidade
4	Aplicação	Manipulação de conteúdo específico (conteúdo multimídia, acesso remoto, e-mail, transferência de Arquivos)
3	Transporte	Estabelecer conectividade fim a fim entre as aplicações, além de oferecer métodos de entrega de dados com ou sem controle de entrega.
2	Rede (Rede Lógica)	Realizar o endereçamento dos dados e roteamento das informações na rede.
1	Interface de Rede (Rede Física)	Preparar e transmitir os dados.

Embora na prática o modelo TCP/IP seja o empregado, ele possui algumas relações e similaridades com a suíte OSI. A tabela 4 representada a seguir ilustra as camadas do modelo TCP/IP que agregam funcionalidades de diferentes camadas do modelo OSI.

Modelo OSI		Modelo TCP/IP	
Nº	Camada	Camada	Nº
7	Aplicação	Aplicação	4
6	Apresentação		
5	Sessão		
4	Transporte	Transporte	3
3	Rede	Rede	2
2	Enlace de dados	Interface de Rede	1
1	Física		

O modelo TCP/IP proposto inicialmente apresenta 4 camadas, conforme ilustra a tabela 3. Entretanto, na prática e nas provas, ele é considerado com 5 camadas (também conhecido como TCP/IP híbrido), conforme ilustrado na tabela anterior.

Nº	Camada
5	Aplicação
4	Transporte
3	Rede (Rede Lógica)
2	Enlace
1	Física

Para memorizar as camadas, podemos usar a mnemônica **OFERTA**:

O TCP/IP é dividido nas camadas:

F ísica

E nlace

R ede

T ransporte

A plicação

Convém notar que no modelo TCP/IP de 5 camadas, a camada de Interface de Rede se divide em camadas Física e de Enlace, como no modelo de referência OSI. Para o TCP/IP a camada física consiste no meio físico por onde são trafegados os dados.

Os principais protocolos do conjunto TCP/IP que devem ser estudados são listados a seguir.

Camada de Aplicação: DHCP, DNS, FTP, HTTP, HTTPS, IMAP, Ping, POP, SMTP, SNMP, SSH, Telnet, BitTorrent e TLS/SSL.

> Camada de Transporte: TCP e UDP.
> Camada de Rede: ARP, ICMP, NAT, IPv4 e IPv6.
> Camada de Enlace: MAC, Ethernet.
> Camada Física: Modem, Bluetooth, Cabos, Wi-fi.

Encapsulamento

Como já visto, o protocolo da camada de aplicação é que manipula os dados diretamente. Contudo, muitas vezes, os dados são grandes e é necessário segmentá-los para transmiti-los pela rede. Assim, as camadas dividem os dados em outros tipos de informação, além de acrescentar um pedaço, chamado de cabeçalho.

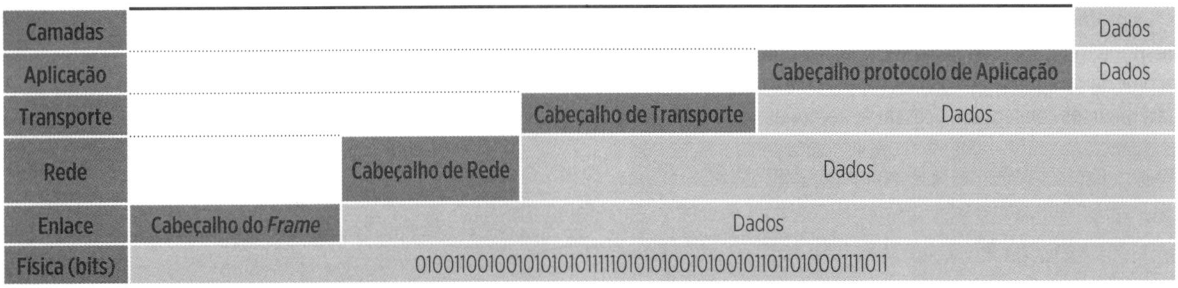

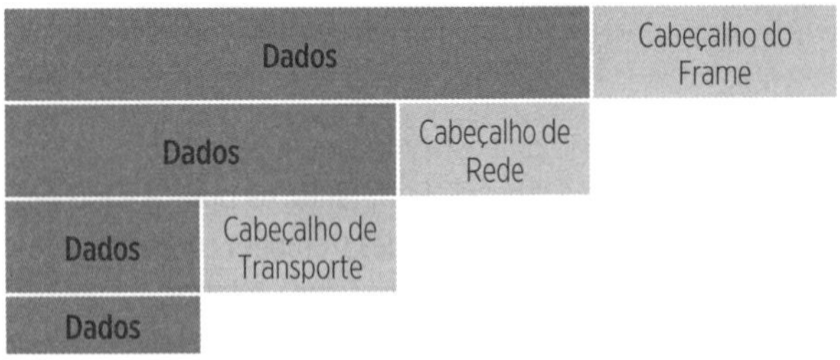

TCP

O protocolo TCP é um dos protocolos da família de protocolos do TCP/IP. Ele oferece um serviço **orientando a Conexão**, além de ser um serviço confiável que **garante a entrega** dos dados ao cliente.

Durante a fase de transferência, o TCP está equipado com vários mecanismos que asseguram confiabilidade e robustez:

> números de sequência que garantem a **entrega ordenada**;

> código detector de erros (***checksum***) para detecção de falhas em segmentos específicos;

> confirmação de recepção e temporizadores que permitem o ajuste e contorno de eventuais atrasos e perdas de segmentos.

UDP (*User Datagram Protocol* – Protocolo de Datagrama de Usuário)

É um protocolo simples da camada de transporte. Ele permite que a aplicação escreva um datagrama encapsulado em um pacote IPv4 ou IPv6, e então enviado ao destino. Mas não garante se o segmento irá chegar ou não. Este protocolo também não oferece segurança na comunicação, portanto não é um serviço confiável. Também dizemos que o UDP é um serviço sem conexão.

Este protocolo é utilizado pelos serviços de Stream e pelo DNS.

ARP (*Address Resolution Protocol*)

É um protocolo usado para mapear um endereço da camada de enlace (Ethernet, por exemplo) a partir do endereço da camada de rede (como um endereço IP).

A tabela ARP é a estrutura utilizada para mapear os endereços MAC dos dispositivos aos seus respectivos endereços IP.

Tabela NAT (*Network Address Translation*)

A tabela NAT é utilizada apenas no IPv4 nas conexões de borda de rede, ou seja, para mapear endereços de sub-redes, ou mesmo da rede "fria" (Intranet) para endereços da rede "quente" (Internet).

Em IPv6 a tabela NAT não se faz necessária.

16.3 Endereços

Em uma rede de computadores trabalhamos com endereços para os dispositivos. Estes dispositivos recebem endereços lógicos e endereços Físicos.

Endereço Físico

Um endereço Físico é um endereço original de fábrica, que é único no mundo. Tal endereço é controlado pela IANA, que distribui (vende) as faixas de endereços para as empresas fabricantes. Cada endereço é armazenado em uma memória do tipo ROM, ou seja, não alterável.

O MAC é o endereço Físico de uma rede. Ele identifica o equipamento, mas não a rede; assim, ele não é roteável; é descrito com 48 bits.

Endereço Lógico

Endereço lógico é o endereço IP, que pode ser definido por *software*. Ele é utilizado para identificar tanto a rede como também o Host. Este endereço é roteável.

16.4 Endereçamento IPv4

Um endereço IPv4 possui tamanho de 32 bits, o que viabiliza um total de 4.294.967.296 combinações possíveis, ou seja, pouco mais de 4 bilhões. Considerando que todo dispositivo em rede recebe um endereço IP que deve ser único para identificá-lo, rapidamente nota-se que não há endereços para todos os dispositivos conectados à rede, ainda mais se considerarmos um dispositivo para cada pessoa no mundo.

Inicialmente, o IPv4 foi organizado em classes de endereços (*Classful*) para que as redes locais não utilizassem endereços IPs reais nos seus dispositivos internos. Deste modo, se uma empresa possui uma rede com 100 computadores, para a Internet é como se todos eles fossem apenas um. Neste cenário a tabela NAT se torna necessária.

Porém, com o tempo, até mesmo essa proposta se mostrou ineficiente para atender à alta demanda de endereços. Logo, novas versões de protocolo IP foram apresentadas, mas até que estivessem aptas para uso no mercado outra solução provisória foi tomada: a criação do Classless para o gerenciamento de endereços de redes e sub-redes.

Classful

Na divisão classful foram apresentadas cinco classes distintas, sendo as mais usadas as classes A, B e C, pois D e E são classes de endereços reservados. Assim, na primeira concepção as classes eram tomadas pelo endereço IP, conforme ilustra a tabela a seguir.

Classe	Gama de Endereços
A	0.0.0.0 até 127.255.255.255
B	128.0.0.0 até 191.255.255.255
C	192.0.0.0 até 223.255.255.255
D	224.0.0.0 até 239.255.255.255
E	240.0.0.0 até 255.255.255.254

Classe	Nº de Endereços por Rede
A	16.777.216
B	65.536
C	256

Como identificado anteriormente, tal proposta logo se tornou obsoleta, e o emprego de máscaras foi utilizado para identificar as classes de rede. Na anterior são identificados quantos endereços cada classe (*classful*) suporta por rede. Contudo, destas quantias é necessário reduzir dois endereços (de rede e de *broadcast*) para saber quantos endereços poderão ser usados por dispositivos de rede. Desse modo, uma rede classe C suporta 256 endereços por rede dos quais 254 podem ser usados por *Hosts*, uma vez que dois são reservados.

Uma máscara é um número de estrutura similar ao endereço IP. Porém, relaciona-se a este por cálculos lógicos bit a bit para identificar o endereço que representa a rede e o endereço de *broadcast*.

Portanto, como o IP, cada grupo pode ter o valor máximo 255. Porém, no caso das máscaras, o mais comum é usar estes valores máximos, como identifica a tabela a seguir.

Classe	Máscara de Rede	CIDR
A	255.0.0.0	/8
B	255.225.0.0	/16
C	255.255.255.0	/24

Máscaras

O número que expressa uma máscara normalmente é alto, pois ele representa os bits mais à esquerda de um octeto marcados como 1 e os demais zeros. Com isso, as máscaras podem sumir apenas valores, como apresenta a tabela a seguir.

Octeto (8 bits)	Decimal
1000 0000	128
1100 0000	192
1110 0000	224
1111 0000	240
1111 1000	248
1111 1100	252
1111 1110	254
1111 1111	255

É importante lembrar que o IPv4 é composto por 4 grupos, chamados octetos quando trabalhados em binário. Por isso, cada grupo pode assumir valor máximo 255, pois é o maior valor possível de ser representado com 8 bits.

Uma máscara assumirá apenas os valores apresentados, postos à esquerda. No exemplo a seguir, a máscara é 255.0.0.0. Cumpre observar os respectivos octetos: os números identificados com 1 representam uma rede. Assim, se algum número deles for alterado no endereço IP de um *Host*, significa que este se encontra em uma rede diferente.

1111 1111	0000 0000	0000 0000	0000 0000
255	0	0	0

Caso 1:

Se um *Host* X possui endereço IP 10.0.0.0, um *Host* Y possui endereço IP 10.12.14.0 e um *Host* Z possui endereço IP 15.0.3.1 e os três pertençam ao classful A, ou seja, possuem a máscara 255.0.0.0, anteriormente representada, pode-se concluir que X e Y pertencem à mesma rede, uma vez que o primeiro grupo não tem seu valor alterado. Já o *Host* Z apresenta um número diferente para o primeiro grupo, indicando não pertencer à mesma rede que X e Y. Na prática, o computador realiza um AND bit a bit com o IP binário e a máscara para verificar se pertencem à mesma rede.

255	0	0	0	Máscara
1111 1111	0000 0000	0000 0000	0000 0000	Classe A
0000 1010	0000 0000	0000 0000	0000 0000	IP X
10	0	0	0	
0000 1010	0000 0000	0000 0000	0000 0000	Endereço Rede

255	0	0	0	Máscara
1111 1111	0000 0000	0000 0000	0000 0000	Classe A
0000 1010	0000 1100	0000 1110	0000 0000	IP Y
10	12	14	0	
0000 1010	0000 0000	0000 0000	0000 0000	Endereço Rede

255	0	0	0	Máscara
1111 1111	0000 0000	0000 0000	0000 0000	Classe A
0000 1111	0000 0000	0000 0011	0000 0001	IP Z
15	0	3	1	
0000 1111	0000 0000	0000 0000	0000 0000	Endereço Rede

Caso 2: Um exemplo Classful C

Se um *Host* X possui endereço IP 192.168.0.100, um *Host* Y possui endereço IP 192.168.0.250 e um Host Z possui endereço IP 192.168.5.120, sendo classful C possuem a máscara 255.255.255.0, pode-se concluir que X e Y pertencem à mesma rede, uma vez que o primeiro, o segundo e o terceiro octetos não têm seus valores alterados. Já o *Host* Z apresenta um número diferente para o terceiro grupo, assim o *Host* Z não pertence à mesma rede que X e Y.

255	255	255	0	Máscara
1111 1111	1111 1111	1111 1111	0000 0000	Classe C
1100 0000	1010 1000	0000 0000	0110 0100	IP X
192	168	0	100	
1100 0000	1010 1000	0000 0000	0000 0000	Endereço Rede

255	255	255	0	Máscara
1111 1111	1111 1111	1111 1111	0000 0000	Classe C
1100 0000	1010 1000	0000 0000	1111 1010	IP Y
192	168	0	250	
1100 0000	1010 1000	0000 0000	0000 0000	Endereço Rede

255	255	255	0	Máscara
1111 1111	1111 1111	1111 1111	0000 0000	Classe C
1100 0000	1010 1000	0000 0101	0111 1000	IP Z
192	168	5	120	
1100 0000	1010 1000	0000 0101	0000 0000	Endereço Rede

Observa-se que o endereço de rede obtido para X e Y é o mesmo, mas para Z é outro.

Para saber quantos são os endereços por rede, a máscara é de fundamental ajuda, principalmente se for dada pela questão na forma CIDR, como apresenta a tabela 8. Este é um dos tópicos mais cobrados nas provas.

Sabe-se que o endereço IPv4 possui 32 bits e que uma máscara identifica os bits à esquerda que serão usados para identificar a rede. Assim, os bits que sobram à direita (zerados) são usados para identificar endereços por rede. Um CIDR representa exatamente o total de bits da máscara que são marcados como 1, ou seja, o total de bits que representam redes.

Portanto, ao calcular pelo complemento, temos:

32 (tamanho do IPv4, portanto sempre será 32) – CIDR (normalmente informado pela questão) = X

Para calcular quantos são os endereços por rede, deve-se elevar 2 por X, ou seja, 2X=Y.

Já para identificar a quantidade de Host utilizáveis, basta calcular Y-2.

Deste modo, dado o exemplo:

Em uma rede classe C, quantos endereços IPs podem ser usados por *Hosts*?

Classe C = 255.255.255.0, ou seja, CIDR /24.

32-24=8

28=256 endereços por rede.

256-2 = 254 endereços para Hosts.

Classless

Como a proposta de divisão em *classful* também se mostrou limitada, surge a proposta classless, agora permitindo uma maior subdivisão, além de apresentar melhor aproveitamento das faixas de endereços IPs.

A lógica de trabalho e cálculo é similar ao *classful*, com a diferença de que agora parte de um octeto pode ser usada como máscara. Assim, os valores apresentados na tabela a seguir são mais presentes.

No exemplo a seguir, dado o endereço IP 192.168.1.0 e a máscara 255.255.255.240, quantos são os endereços por rede?

1100 0000	1010 1000	0000 0001	0000 0000	**IP**
192	168	1	0	
1111 1111	1111 1111	1111 1111	**1111** 0000	**Máscara**
255	255	255	240	

A forma mais simples vista até aqui é utilizar o CIDR. Mas é possível notar que nem sempre a questão o irá informar. Se o candidato possuir habilidades em converter decimais para binários ou mesmo se tiver decorado a tabela 9, então só resta contar os números 1, ou neste caso, usar o menor esforço e contar os zeros da máscara, que afinal é o que se deseja. Portanto, a máscara apresentada corresponde ao CIDR /28, ou seja, os 4 últimos dígitos são os endereços por rede. Calculando, temos:

256 – 240 = 16 endereços por rede

Ou

32 – 28 = 4

24=16 endereços por rede

Para a quantidade de Hosts utilizáveis, é importante lembrar-se de subtrair destes 16 os 2 endereços reservados.

Nota-se que as máscaras 255.255.255.254 e 255.255.255.255 não fazem muito sentido: a primeira por não existirem endereços para Hosts; e a segunda, além de não possuir endereços por rede, é um endereço reservado, utilizado para *broadcast*.

Vejamos, a seguir, as diferentes redes que podem ser criadas com o endereço 192.168.1.0/27, lembrando que o /27 é o CIDR, ou seja, os 27 bits à esquerda serão para rede, e os 5 bits que sobram são para cada rede. Verifica-se que ao mudar um dos três bits à esquerda do último octeto (em destaque) se tem uma rede distinta. À direita os valores indicam o primeiro endereço IP de cada rede, que é o endereço que a identifica.

0 … 23	27	31	
1100 0000 1010 1000 0000 0001	000	0 0000	192.168.1.0/27
1100 0000 1010 1000 0000 0001	001	0 0000	192.168.1.32/27
1100 0000 1010 1000 0000 0001	010	0 0000	192.168.1.64/27
1100 0000 1010 1000 0000 0001	011	0 0000	192.168.1.94/27
1100 0000 1010 1000 0000 0001	100	0 0000	192.168.1.128/27
1100 0000 1010 1000 0000 0001	101	0 0000	192.168.1.160/27
1100 0000 1010 1000 0000 0001	110	0 0000	192.168.1.192/27
1100 0000 1010 1000 0000 0001	111	0 0000	192.168.1.224/27

Assim, podemos concluir que a primeira rede/sub-rede que pode ser composta vai de 192.168.1.0/27 até 192.168.1.31/27, o endereço 192.168.1.32/27 marca o início da segunda rede/sub-rede. A tabela a seguir, destaca os intervalos de endereços e os respectivos endereços reservados.

Endereço de rede	Faixa de endereços utilizáveis por *Hosts*		Endereço de *broadcast*	Sub--rede
192.168.1.0	192.168.1.1	192.168.1.30	192.168.1.31	0
192.168.1.32	192.168.1.33	192.168.1.62	192.168.1.63	1
192.168.1.64	192.168.1.65	192.168.1.92	192.168.1.93	2
192.168.1.94	192.168.1.95	192.168.1.126	192.168.1.127	3
192.168.1.128	192.168.1.129	192.168.1.158	192.168.1.159	4
192.168.1.160	192.168.1.161	192.168.1.190	192.168.1.191	5
192.168.1.192	192.168.1.193	192.168.1.222	192.168.1.223	6
192.168.1.224	192.168.1.225	192.168.1.254	192.168.1.255	7

Conversão Binário → Decimal

A conversão de número binários para decimais é obtida somando-se potências de base 2, conforme ilustra a figura a seguir.

1001

$$\begin{array}{cccc} 1 & 0 & 0 & 1 \\ \times & \times & \times & \times \\ 2^3 + & 2^2 + & 2^1 + & 2^0 = 9 \end{array}$$

Conversão Decimal → Binário

Para converter um número decimal para um número binário, devemos realizar divisões inteiras sucessivas por 2, ou seja, mantendo o resto. Ao final deve-se pegar do último resto ao primeiro. Vejamos o exemplo.

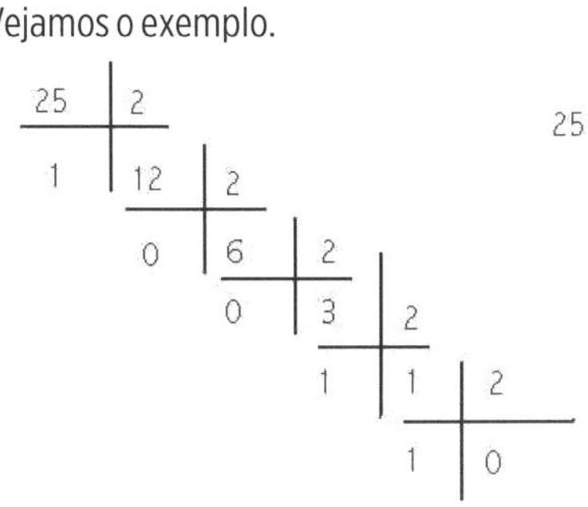

25 = 11001

Questões

01. Julgue o item subsequente, a respeito de conceitos e modos de utilização de tecnologias, ferramentas, aplicativos e procedimentos associados à Internet.

As versões mais modernas dos navegadores Chrome, Firefox e Edge reconhecem e suportam, em instalação padrão, os protocolos de Internet FTP, SMTP e NNTP, os quais implementam, respectivamente, aplicações de transferência de arquivos, correio eletrônico e compartilhamento de notícias.

Certo ( ) Errado ( )

02. A respeito de protocolos que dão suporte ao funcionamento da Internet, de intranets e de correio eletrônico, julgue o item subsecutivo.

O protocolo DNS, entre outras funcionalidades, transforma um nome em um endereço MAC da placa de rede.

Certo ( ) Errado ( )

03. No item a seguir, é apresentada uma situação hipotética, seguida de uma assertiva a ser julgada, a respeito de sistemas operacionais, intranet e Internet.

Em determinado computador, no histórico de navegação de um usuário do Google Chrome, observou-se que havia, na lista de endereços acessados, mais sítios com endereços iniciados com https:// do que com http://. Nessa situação, com base somente nessa informação, conclui-se que esse usuário acessa mais sítios de intranet do que de Internet, uma vez que uma das prerrogativas da intranet é o caráter limitado ao seu acesso.

Certo ( ) Errado ( )

04. A respeito da utilização de tecnologias, ferramentas, aplicativos e procedimentos associados a Internet/intranet, julgue o item seguinte.

Nas aplicações de transferência de arquivos por fluxo contínuo, os dados são transferidos como uma série de blocos precedidos por um cabeçalho especial de controle.

Certo ( ) Errado ( )

05. Uma empresa tem unidades físicas localizadas em diferentes capitais do Brasil, cada uma delas com uma rede local, além de uma rede que integra a comunicação entre as unidades. Essa rede de integração facilita a centralização do serviço de email, que é compartilhado para todas as unidades da empresa e outros sistemas de informação.

Tendo como referência inicial as informações apresentadas, julgue o item subsecutivo.

SMTP é o protocolo utilizado para envio e recebimento de email e opera na camada de aplicação do modelo TCP/IP.

Certo ( ) Errado ( )

Gabaritos

01	ERRADO
02	ERRADO
03	ERRADO
04	ERRADO
05	CERTO

17. SEGURANÇA DA INFORMAÇÃO

A Segurança da Informação é um ponto crucial para o concurso público para muitas bancas examinadoras e também de interesse da instituição que irá receber os aprovados. Afinal, ao ser aprovado, o candidato estará compondo o quadro de uma instituição pública que possui uma Intranet e sistemas sobre os quais há necessidade de se manter uma boa política de segurança.

Segundo o CGI[1], para um sistema ser classificado como seguro, ele deve atentar a três requisitos básicos: confidencialidade, integridade e disponibilidade. Esses conceitos são abordados neste material no tópico de princípios básicos da segurança da informação.

Faz-se necessário que sejam atendidos alguns requisitos mínimos para uma segurança do microcomputador, que dependem tanto de recursos tecnológicos como de bom senso e discernimento por parte dos usuários.

Para manter um computador com o mínimo de segurança deve-se:

- Manter o **Sistema Operacional sempre atualizado**, pois a maioria dos malwares exploram as vulnerabilidades do SO.
- Possuir um sistema **Antivírus** e manter tanto o aplicativo quanto as assinaturas[2] de vírus atualizadas.
- Manter o Firewall sempre ativo.
- Para se proteger contra os spywares também é indicada a instalação de um antispyware. Atualmente a maioria dos antivírus já possuem esse recurso integrado a eles.

17.1 Princípios Básicos da Segurança da Informação

Os Princípios Básicos de Segurança em TI[3] incluem os processos que devem ser garantidos para manter um sistema de informações seguro. Podemos destacar quatro conceitos como principais:

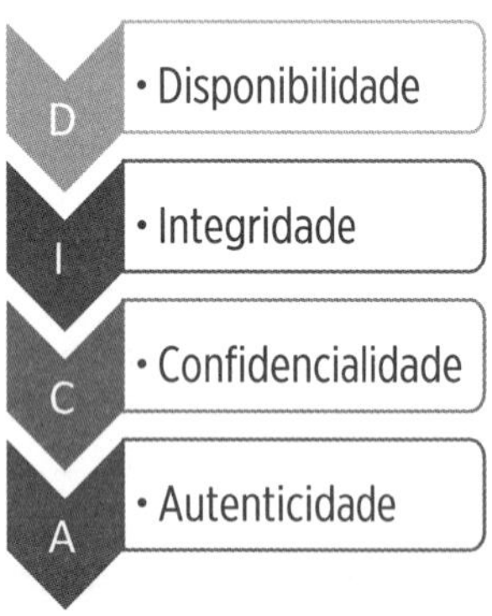

Disponibilidade

O Princípio da Disponibilidade deve garantir que os serviços ou recursos que forem necessários para uma tarefa, principalmente relacionados ao próprio processo de segurança, estejam sempre disponíveis.

1 Comitê Gestor de Internet no Brasil.
2 Assinatura de vírus: é uma sequência de caracteres que identifica a presença do vírus em um arquivo.
3 TI: Tecnologia da Informação.

Podemos estreitar esse princípio sobre a garantia de que as chaves públicas do processo de Certificação Digital (estes conceitos são abordados na seção sobre Certificados Digitais) estejam sempre disponíveis para quem precisar delas.

Também é aplicado, por exemplo, na situação de entrega da declaração de imposto de renda, em que o serviço deve suportar a alta demanda que possa surgir sem afetar o usuário.

Integridade

A Integridade garante a **não alteração** de uma informação/dado tanto no armazenamento quanto durante a troca dessas informações por algum meio. Por meio da integridade, verificamos se, durante o tráfego de uma informação, ela não foi alterada por alguém ou mesmo por falhas do processo de transmissão. No armazenamento ela garante que o dado não foi corrompido.

O processo que protege a integridade consiste na geração de um código de cerca de 20 caracteres, o **código HASH,** também conhecido como **resumo** de um dado; um exemplo é o MD5. O processo é realizado em uma via única, em que, a partir de um dado, gera-se o resumo dele. Porém, a partir do resumo, não é possível gerar o dado novamente. Para verificar se houve alteração em um arquivo, deve-se comparar dois códigos HASH, um gerado por quem disponibiliza o dado e outro por quem o recebe. Se uma vírgula for diferente, os códigos gerados ficam completamente diferentes, é possível que dois dados diferentes gerem o mesmo HASH, mas é uma possibilidade ínfima.

Confidencialidade

O Princípio da Confidencialidade é a garantia de que há sigilo sobre uma informação, de forma que o processo deve garantir que um dado não seja acessado por pessoas diferentes daquelas às quais ele se destina.

Para garantir a confidencialidade, utilizamos algum processo de criptografia de informações.

Autenticidade

A Autenticidade garante o autor de uma informação, ou seja, por meio dela podemos confirmar se uma mensagem é de autoria de quem diz.

Assim como a confidencialidade, a autenticidade é garantida por meio de criptografia.

17.2 Criptografia

A Criptografia é a arte ou ciência de escrever em códigos, quer dizer, transformar um texto em algo ilegível de forma que este possa ser armazenado ou enviado por um canal de comunicação; sendo assim, se alguém interceptá-lo, não conseguirá entender o que está escrito e o destinatário, ao receber a informação, deve fazer o processo inverso: decifrar o dado, para que consiga lê-lo.

Temos dois principais métodos de criptografia: a de chave simétrica e a de chaves assimétricas.

Criptografia de Chave Simétrica

Uma chave de criptografia é uma informação a partir da qual seja possível transcrever uma mensagem criptografada.

A de chave simétrica é também conhecida como criptografia de chave única, em que a mesma chave é usada tanto para codificar uma mensagem quanto para decifrá-la. Um bom exemplo desse modelo é a criptografia maçônica.

A informação acima está criptografada. Para decifrar o que ela diz, precisamos da chave de criptografia que, na simétrica, é a mesma usada para gerar a mensagem. A seguir temos a chave que abre a mensagem.

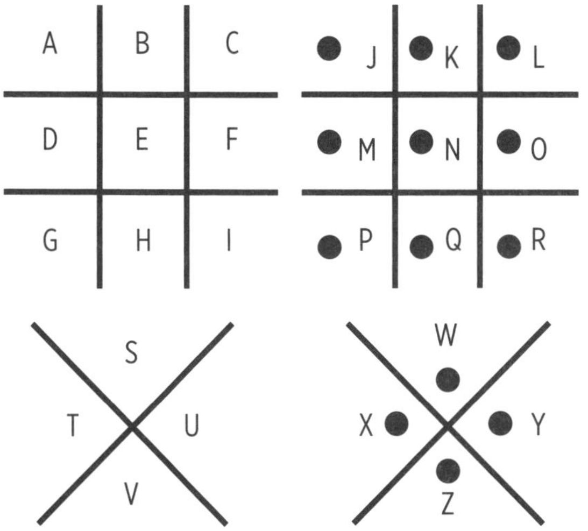

Ao substituirmos os símbolos pelas letras correspondentes, obtemos a palavra ALFA.

Criptografia de Chaves Assimétricas

Na Criptografia de Chaves Assimétricas, em vez de uma chave como na simétrica, são usadas duas chaves que são diferentes entre si. Elas são chamadas de **Chave Pública** e a outra de **Chave Privada,** por conta da característica de cada uma.

A Chave Pública é uma informação (código) que fica disponível em um servidor de Chaves Públicas na Internet, para quem precisar dela; enquanto que a Chave Privada é um código que somente o dono deve conhecer.

O par de Chaves é único e correspondente, ou seja, uma mensagem/dado cifrada pela chave pública de um usuário só pode ser aberta pela chave privada do mesmo usuário. E o inverso também, uma mensagem cifrada com a chave privada de um usuário só pode ser descriptografada pela chave pública dele próprio.

Certificado Digital

Um Certificado Digital é um documento eletrônico assinado digitalmente e cumpre o papel de associar um usuário a uma chave pública, pode ser comparado ao CPF ou CNPJ para empresas.

Ele também apresenta junto com a chave pública algumas informações essenciais como:

> Nome do dono da chave pública;
> Prazo de validade do certificado, que varia de 1 a 3 anos dependendo da classe contratada;
> Um número de série, critério de correspondência para identificar o usuário;
> E, juntamente, o certificado possui a assinatura da entidade de certificação, para comprovar sua validade.

Para adquirir um certificado digital, o usuário ou entidade deve procurar uma Autoridade Certificadora (AC) ou uma Autoridade de Registro (AR). Aquela é a responsável por criar o par de Chaves de um usuário, enquanto que esta é um intermediário entre o usuário e uma AC. Cabe a AR a responsabilidade de verificar os dados do usuário e encaminhar o pedido do certificado para a AC, entretanto, o usuário também pode se dirigir direto à AC. A Caixa Econômica Federal é a única instituição financeira que é uma AC.

Assinatura Digital

Uma Assinatura Digital é um procedimento similar a uma assinatura de um documento impresso. Quando assinamos um contrato, normalmente ele possui mais de uma página, rubricamos[4] todas elas exceto a última, pois a assinatura precisa ser completa. Mas qual o intuito de rubricar todas as páginas? A rubrica não prova que o documento foi lido, mas sim para que aquela folha não seja substituída. Além disso, é preciso recorrer a um cartório para reconhecer e certificar a assinatura na última página.

Esse procedimento realizado no papel, juntamente com as garantias, foi adaptado para o mundo digital, afinal, papel ocupa espaço.

> Na Assinatura Digital somente o resumo é criptografado; a mensagem enviada é a original, que não é cifrada.

Quando falamos sobre a rubrica garantir a não alteração de um documento, citamos o princípio da Integridade. Portando, uma assinatura digital deve garantir também esse princípio, enquanto que a certificação de quem assinou é o princípio da Autenticidade, que também deve ser garantido pela assinatura digital.

Assim temos que a assinatura digital garante os princípios da Autenticidade e da Integridade.

17.3 Ataques

Nem todos os ataques são realizados por malwares, atualmente existem duas práticas muito comuns utilizadas pelos criminosos cibernéticos para obter dados do usuário e realizar invasões.

Phishing

Phishing é uma expressão derivada do termo "pescar" em inglês, pois o que esse tipo de ataque faz é induzir o usuário a informar seus dados pessoais por meio de páginas da Internet ou e-mails falsos.

Podemos identificar a página do tipo Phishing pelo endereço do site na barra de endereços do navegador, porque a página de phishing possui um endereço parecido, mas diferente do que o endereço desejado. Por exemplo, você certamente já deve ter visto ou ouvido falar de alguém que teve sua conta do facebook[5]

4 Rubrica: assinatura abreviada.
5 facebook: Mídia Social, definida erroneamente como rede social, assim como as demais.

hackeada[6]; esse ataque procede a partir de um recado que o usuário recebe em sua conta.

Imagine o seguinte cenário: um usuário está navegando no site www.facebook.com.br, conectado em sua conta e clica no recado que normalmente traz um anúncio chamativo como "veja as fotos/vídeos do fim de semana passado", "cara, olha o que vc aprontou no fds", entre outros tantos. Quando clicado, uma nova aba ou janela é carregada no navegador, apenas como uma distração para o usuário, pois, enquanto ele fica vendo a nova aba carregar, a anterior muda, ligeiramente, para um endereço do gênero www.facebooks.com.br ou www.facebooki.com.br e mostra uma página idêntica à página de login de usuário do Facebook. Sem perceber, pensa que, ao clicar no recado, acabou saindo de sua conta e redigita seu usuário e senha novamente e é redirecionado novamente para sua conta, porém, o usuário em nenhum momento havia saído. A página de login que lhe foi mostrada era uma página falsa que capturou o seu usuário e senha; cerca de dois dias depois o perfil dele começa a enviar propagandas para os amigos e o mesmo recado e logo mais, em uma ou duas semanas, o usuário já não consegue mais entrar em sua conta.

Pharming

O Pharming é uma evolução do Phishing, uma forma de deixar este mais difícil de ser identificado. O Pharming, na maioria das questões, é cobrado com relação ao seus sinônimos: DNS Poisoning, Cache Poisoning, sequestro de DNS, sequestro de Cache, Envenenamento de DNS e Envenenamento de Cache.

Negação de Serviço (DoS e DDoS)

Um ataque de negação de serviço se dá quando um servidor ou serviço recebe mais solicitações do que é capaz de suprir.

DoS (Denial of Service) é um ataque individual, geralmente com o intuito de tornar um serviço inoperante para o usuário.

DDoS (Distributed Denial of Service) é um ataque realizado em massa; utiliza-se de vários computadores contaminados com um malware que dispara solicitações de acesso a determinados serviços ou sites, derrubando o serviço. Muitas vezes, enquanto o servidor tenta suprir a demanda, ele se torna vulnerável a inserções de códigos maliciosos. Um grupo intitulado Anonymous realizou vários ataques de DDoS em sites de governos em protesto às suas ações como, por exemplo, em retaliação à censura do portal WikiLeaks e também do WikiLeaks[7] e The Pirate Bay[8].

6 Hackear: termo utilizado como sinônimo para invasão ou roubo.

7 WikiLeaks: portal com postagens de fontes anônimas com documentos, fotos e informações confidenciais, vazadas de governos ou empresas, sobre assuntos sensíveis.

8 The Pirate Bay: um dos maiores portais de compartilhamento Peer to peer.

Questões

01. Acerca dos conceitos de organização e de gerenciamento de arquivos, dos procedimentos e dos aplicativos para segurança da informação, julgue o item subsequente.

Treinamento e conscientização dos empregados a respeito de segurança da informação são mecanismos preventivos de segurança que podem ser instituídos nas organizações, uma vez que as pessoas são consideradas o elo mais fraco da cadeia de segurança.

Certo ( ) Errado ( )

02. A respeito da Internet e suas ferramentas, julgue o item a seguir.

Integridade, confidencialidade e disponibilidade da informação, conceitos fundamentais de segurança da informação, são adotados na prática, nos ambientes tecnológicos, a partir de um conjunto de tecnologias como, por exemplo, criptografia, autenticação de usuários e equipamentos redundantes.

Certo ( ) Errado ( )

03. Julgue o item seguinte, acerca de segurança, planejamento de segurança, segurança corporativa estratégica e gestão da segurança das comunicações.

Confidencialidade é a garantia de que a informação será protegida contra alterações não autorizadas e que será mantida sua exatidão e inteireza, tal como foi ela armazenada e classificada em níveis de disponibilização, de acordo com as necessidades da empresa disponibilizadora da informação.

Certo ( ) Errado ( )

04. Julgue o item subsequente, a respeito de organização e gerenciamento de arquivos, pastas e programas, bem como de segurança da informação.

A principal diferença entre crackers e hackers refere-se ao modo como esses malfeitores da área de segurança da informação atacam: os crackers são mais experientes e realizam ataques sem utilizar softwares, ao passo que os hackers utilizam códigos maliciosos associados aos softwares para realizar ataques ao ciberespaço.

Certo ( ) Errado ( )

05. A respeito de segurança da informação, julgue o item subsecutivo.

No âmbito organizacional, a segurança da informação deve ser vista como um processo responsável por tratar exclusivamente a informação pertencente à área de tecnologia.

Certo ( ) Errado ( )

Gabaritos

01	CERTO
02	CERTO
03	ERRADO
04	ERRADO
05	ERRADO

PDF

1. CONCEITOS INICIAIS 767
1.1 Conceito de Contabilidade 767
1.2 Objeto 767
1.3 Finalidade 767
1.4 Usuários 767
1.5 Funções da Contabilidade 767
1.6 Aspectos Patrimoniais 767
1.7 Campo de Aplicação 767
1.8 Técnicas Contábeis 767
2. PATRIMÔNIO 769
2.1 Conceitos 769
2.2 Componentes Patrimoniais 769
2.3 Equação Fundamental da Contabilidade 769
2.4 Estados Patrimoniais 770
3. CONTAS 772
3.1 Conta 772
3.2 Tipos de Contas 772
3.3 Classificação das Contas 772
3.4 Elementos essenciais da conta 773
3.5 Plano de Contas 773
3.6 Função da Conta – Razão de sua Existência 773
3.7 Teoria das Contas 773
3.8 Situações das Contas: Débitos e Créditos 773
3.9 Razonete 774
3.10 Saldo das Contas 774
3.11 Balancete 774
4. ESCRITURAÇÃO 776
4.1 Conceitos 776
4.2 Processos de Escrituração 776
4.3 Métodos de Escrituração 776
4.4 Funcionamento das Contas 777
4.5 Fórmulas de Lançamento 778
4.6 Erros de Escrituração 779
4.7 Regimes de Escrituração 780
4.8 Livros de Escrituração 780
4.9 Balancete de Verificação 781
4.10 Fatos Contábeis 781
5. COMPONENTES PATRIMONIAIS TEORIA E/OU CONTABILIZAÇÃO 784
5.1 Despesa Antecipada e Receita Antecipada 784
5.2 Aplicações Financeiras 785
5.3 Empréstimos 786
5.4 Debêntures 787
5.5 Folha de Pagamento 788
5.6 Ativo Diferido (Extinto pela Lei nº 11.941/09) 789
5.7 Reserva de Reavaliação 790
5.8 Estimativa de Crédito de Liquidação Duvidosa 790
5.9 Duplicata Descontada 791
5.10 Duplicata x Nota Promissória 792

6. OPERAÇÕES COM MERCADORIAS ... 793
6.1 Estoques – Conceito e Composição ... 793
6.2 Mensuração do Estoque ... 793
6.3 Operações de Compra ... 794
6.4 Custo da Mercadoria Vendida ... 800
6.5 Operações de Venda ... 800
6.6 Apuração do ICMS ... 803
6.7 Resultado com Mercadoria (RCM) ... 803
6.8 Sistema de Inventário ... 803
6.9 Critério de Avaliação dos Estoques ... 803
6.10 Registro nas Fichas de Controle de Estoque ... 804
6.11 Baixa do Estoque ... 807

7. DEPRECIAÇÃO, AMORTIZAÇÃO E EXAUSTÃO ... 810
7.1 Conceito ... 810
7.2 Imobilizado ... 810
7.3 Depreciação ... 812
7.4 Métodos de Depreciação ... 813
7.5 Alteração da Vida útil doImobilizado ... 816
7.6 Baixa do Ativo Não Circulante ... 816
7.7 Intangível ... 817
7.8 Amortização ... 817
7.9 Exaustão ... 818

8. DEMONSTRAÇÕES CONTÁBEIS ... 821
8.1 Lei nº 6.404/76 ... 821
8.2 Balanço Patrimonial ... 822
8.3 Conceitos ... 823
8.4 Ativos ... 824
8.5 Passivos ... 825
8.6 Patrimônio Líquido ... 826
8.7 Demonstração do Resultado do Exercício ... 829

9. CPC 00 (R1) - ESTRUTURA CONCEITUAL PARA ELABORAÇÃO E DIVULGAÇÃO DE RELATÓRIO CONTÁBIL-FINANCEIRO ... 843
9.1 Relatório Contábil-Financeiro de Propósito Geral ... 843
9.2 Características Qualitativas da Informação Contábil-Financeira ... 844
9.3 Estrutura Conceitual das Demonstrações Contábeis ... 845
9.4 Conceitos de Capital ... 850

10. CPC 04 (R1)- ATIVO INTANGÍVEL ... 852
10.1 Definição ... 852
10.2 Classificação ... 852
10.3 Reconhecimento e Mensuração ... 853
10.4 Reconhecimento Inicial de um Ativo Intangível ... 854
10.5 Origem dos Ativos Intangíveis ... 854
10.6 Método de Custo ... 856
10.7 Método de Reavaliação ... 857
10.8 Ativo Intangível com Vida Útil Definida ... 857
10.9 Ativo Intangível com Vida Útil Indefinida ... 858
10.10 Baixa e Alienação ... 859

11. CPC 06 (R1) - OPERAÇÕES DE ARRENDAMENTO MERCANTIL....................................860
11.1 Definições....................860
11.2 Alcance....................860
11.3 Classificação....................860
11.4 Início do Arrendamento Mercantil....................860
11.5 Começo do Prazo do Arrendamento Mercantil....................861
11.6 Prazo do Arrendamento Mercantil....................861
11.7 Pagamentos Mínimos do Arrendamento Mercantil....................861
11.8 Arrendamento Mercantil Financeiro....................861
11.9 Arrendamento Mercantil nas Demonstrações Contábeis....................862

12. ARRENDAMENTO OPERACIONAL....................864
12.1 Arrendatário....................864
12.2 Arrendador....................865

13. TRANSAÇÃO DE VENDA E *leaseback*.................... *865*

14. CPC 07 (R1) - SUBVENÇÃO E ASSISTÊNCIA GOVERNAMENTAIS....................867
14.1 Definição....................867
14.2 Perda da Subvenção Governamental....................870

15. CPC 18 (R2) - INVESTIMENTO EM COLIGADA, EM CONTROLADA E EM EMPREENDIMENTO CONTROLADO EM CONJUNTO....................871
15.1 Alcance....................871
15.2 Conceitos....................871
15.3 Método da Equivalência Patrimonial....................872
15.4 Método de Equivalência Patrimonial....................873
15.5 Fundos de Capital de Risco....................873
15.6 Datas de Avaliação pelo MEP....................874
15.7 Procedimentos para o Método da Equivalência Patrimonial....................875
15.8 Resultados Não Realizados....................875
15.9 Ajuste Acumulado de Conversão....................879
15.10 Equivalência Patrimonial dos Prejuízos Apurados pela Coligada/Controlada....................879
15.11 Descontinuidade do Uso do Método da Equivalência Patrimonial....................879

16. CPC 23 - POLÍTICAS CONTÁBEIS, MUDANÇA DE ESTIMATIVA E RETIFICAÇÃO DE ERRO....................881
16.1 Objetivo....................881
16.2 Conceitos Importantes....................881
16.3 Políticas Contábeis....................881
16.4 Mudança nas Estimativas Contábeis....................882
16.5 Retificação de Erro....................882

17. CPC 25 - PROVISÕES, PASSIVOS CONTINGENTES E ATIVOS CONTINGENTES....................884
17.1 Conceitos....................884
17.2 Provisão e Outros Passivos....................884
17.3 Relação entre provisão e Passivo Contingente....................884
17.4 Reconhecimento de uma Provisão....................884
17.5 Uso de Provisão....................885
17.6 Mensuração Melhor Estimativa....................885
17.7 Alienação Esperada de Ativo....................885
17.8 Reembolso....................885

17.9 Mudança na Provisão 885
17.10 Divulgação 885
17.11 Passivo Contingente 885
17.12 Ativo Contingente 886
17.13 Perda Operacional Futura 886

18. CPC 28 – PROPRIEDADE PARA INVESTIMENTO 888

18.1 Conceitos 888
18.2 Classificação de Propriedade como Propriedade para Investimento ou Propriedade Ocupada pelo Proprietário 888
18.3 Reconhecimento 889
18.4 Mensuração no Reconhecimento 889
18.5 Transferência 890
18.6 Alienação 891

19. CPC 31 - ATIVO NÃO CIRCULANTE MANTIDO PARA VENDA E OPERAÇÃO DESCONTINUADA 892

19.1 Definições 892
19.2 Objetivo 892
19.3 Alcance 892
19.4 Classificação de Ativo não Circulante como Mantido para Venda 892
19.5 Ativo não Circulante a ser Baixado 893
19.6 Mensuração de Ativo Não Circulante Mantido para Venda 894
19.7 Reconhecimento de Perda por Redução ao Valor Recuperável e Reversão 894
19.8 Alteração em Plano de Venda 894
19.9 Apresentação e Divulgação 895
19.10 Apresentação de Ativo Não Circulante Classificado como Mantido para Venda 896
19.11 Divulgações Adicionais 896

20. RESOLUÇÃO CFC Nº 1.055/05 897

20.1 Cria o Comitê De Pronunciamentos Contábeis – (CPC), e dá outras Providências 897

1. CONCEITOS INICIAIS

1.1 Conceito de Contabilidade

Iniciaremos o estudo desta disciplina entendendo o que é Contabilidade. Para isso, vejamos dois conceitos: o primeiro foi apresentado no 1º Congresso Brasileiro de Contabilidade, e o segundo já foi abordado em prova da ESAF:

Contabilidade é a ciência que estuda e pratica as funções de orientação, controle e registro relativos aos atos e fatos da administração econômica. (1º Congresso Brasileiro de Contabilidade – 1924)

Contabilidade é a ciência que estuda, registra, controla e interpreta os fatos ocorridos no patrimônio das entidades com fins lucrativos ou não. (ESAF)

1.2 Objeto

Na Contabilidade, o objeto é sempre o patrimônio de uma entidade, definido como um conjunto de bens, direitos e de obrigações.

1.3 Finalidade

A Contabilidade é mantida com a finalidade de fornecer às pessoas interessadas (usuários) informações sobre um patrimônio.

1.4 Usuários

As informações contábeis são elaboradas e apresentadas para usuários externos em geral, tendo em vista suas finalidades distintas e necessidades diversas. Essas informações se destinam, primariamente, aos seguintes usuários externos:

> Investidores.
> Financiadores;
> Outros credores.

Por meio da Contabilidade, elaboram-se algumas demonstrações contábeis que são usadas pelos usuários para obter as informações que desejam.

1.5 Funções da Contabilidade

A Contabilidade possui as seguintes funções:

Função administrativa: controle do patrimônio. O patrimônio é composto por bens, direitos e obrigações. Portanto, a função administrativa é responsável por controlar os bens que a entidade possui, tudo que ela tem a receber de terceiros (direitos) e aquilo que ela irá pagar a terceiros (obrigações).

Função econômica: apurar o lucro ou prejuízo, ou seja, calcular o resultado (rédito). O resultado será apurado por meio do confronto entre as receitas e despesas, e poderá ser um lucro ou prejuízo. A função econômica é responsável pela apuração de quanto a empresa lucrou ou perdeu no período.

1.6 Aspectos Patrimoniais

A Contabilidade se ocupa de dois aspectos patrimoniais:

Qualitativos: relacionados à identificação da **natureza dos elementos** que compõem o patrimônio (bens, direitos e obrigações).

Quantitativos: relacionados à identificação em **valores monetários** dos elementos que compõem o patrimônio.

1.7 Campo de Aplicação

O campo de aplicação da Contabilidade é a azienda (patrimônio considerado juntamente com a pessoa que tem sobre ele poderes de administração e disponibilidade. Patrimônio + pessoa que o administra).

Muito cuidado neste item! É fácil confundir o campo de aplicação (azienda) com o objeto da Contabilidade (patrimônio). O que ocorre é que muitos concurseiros pensam: "Ora, se o objeto de estudo da Contabilidade é o patrimônio, então ele (o patrimônio) será o local onde aplicarei a Contabilidade (campo de aplicação), certo?" Errado! A Contabilidade é aplicada em um patrimônio que sofre variação, e o patrimônio não sofrerá variação sozinho. Para que ele sofra variação, é necessária a figura do gestor, capaz de administrar o patrimônio. Ou seja, para que possamos aplicar a Contabilidade, é necessário um patrimônio sob gestão organizada.

> *Azienda é também conhecida como entidade econômico-administrativa = patrimônio + gestão.*

1.8 Técnicas Contábeis

As técnicas contábeis são quatro:

> Escrituração:(**registrará** os fatos que alteram o patrimônio).
> Demonstração:(**expor**á, por meio de relatórios, todos os fatos contábeis).
> Análise das Demonstrações Contábeis:(**interpretará** os fatos contábeis expostos nas demonstrações).
> Auditoria:(**revisará** os fatos contábeis expostos nas demonstrações).

Questões

01. (CESPE – 2019) A classificação de ativos e passivos como circulantes ou não circulantes deve obedecer ao ciclo operacional da empresa.

Certo ( ) Errado ( )

02. (CESPE – 2018) Os valores concernentes às contas retificadoras do ativo e do passivo devem constar das colunas de saldos credores e devedores, respectivamente.

Certo ( ) Errado ( )

03. (CESPE – 2018) A natureza de uma conta, se devedora ou credora, pode ser conhecida no plano de contas.

Certo ( ) Errado ( )

04. (CESPE – 2018) O principal objetivo da contabilidade é fornecer informações úteis sobre o patrimônio da entidade para finalidades diversas, entre as quais, planejamento, controle e auxílio no processo decisório.

Certo ( ) Errado ( )

05. (CESPE – 2018) O objeto da contabilidade se restringe ao aspecto quantitativo do patrimônio organizacional.

Certo ( ) Errado ( )

Gabaritos

01	ERRADO
02	CERTO
03	CERTO
04	CERTO
05	ERRADO

2. PATRIMÔNIO

2.1 Conceitos

Como vimos no capítulo anterior, o patrimônio é formado pelo conjunto de bens, direitos e obrigações pertencentes a uma pessoa física ou jurídica, **que possam ser avaliados economicamente**.

Se não for possível atribuir valor ao bem, direito ou obrigação, estes não serão registrados no patrimônio da entidade.

2.2 Componentes Patrimoniais

Bens: são os itens que pertencem a uma pessoa (física ou jurídica), e que podem ser avaliados economicamente, ou seja, é possível estabelecer um valor em moeda, um preço.

É importante citar que bens estão ligados a direitos legais, inclusive a direito de propriedade. Porém, ao determinar a existência de um Ativo, o direito de propriedade não é essencial. Assim, um bem pode ser considerado um Ativo mesmo que a entidade não tenha o direito de propriedade sobre esse bem, bastando que ela tenha controle e que o bem lhe seja útil.

Os bens podem ser classificados como tangíveis ou intangíveis.

Bens tangíveis (também chamados de corpóreos) são aqueles que têm existência física. Exemplos: máquinas, equipamentos, veículos, imóveis, estoques, móveis e utensílios, dinheiro, terrenos, ferramentas.

Bens intangíveis (também chamados de incorpóreos) são aqueles que não têm existência física, mas são registrados e controlados pela Contabilidade. Exemplos: *softwares*, marcas, patentes de fabricação, pontos comerciais, propriedades científicas.

Direitos: são os valores a receber/recuperar de terceiros. Exemplos: duplicatas a receber, clientes, aluguel a receber, impostos a recuperar, notas promissórias emitidas por terceiros, duplicatas emitidas pela empresa, empréstimos concedidos, adiantamentos a fornecedores, adiantamentos a empregados.

Obrigações: são os valores a pagar/recolher/compensar em transações com terceiros. Exemplos: impostos a recolher, salários a pagar, fornecedores, duplicatas a pagar, contas a pagar, duplicatas aceitas pela empresa, notas promissórias emitidas pela empresa, empréstimos obtidos, adiantamentos de clientes, duplicatas descontadas. As obrigações também são chamadas de Passivo Exigível.

Os bens, direitos e obrigações fazem parte do patrimônio de uma entidade, e devem ser classificados em Ativo e Passivo.

> **Os bens e direitos serão classificados no Ativo.**

> **As obrigações serão classificadas no Passivo.**

Além das obrigações com terceiros, temos, no Passivo, um grupo chamado **Patrimônio Líquido**. Esse grupo irá registrar as obrigações da empresa com os sócios e é formado a partir de aporte de recursos dos sócios (Capital Social).

De acordo com o Pronunciamento Técnico 00 do CPC (Comitê de Pronunciamentos Contábeis), Ativo, Passivo e Patrimônio Líquido podem ser conceituados como:

Ativo: é um recurso controlado pela entidade como resultado de eventos passados e do qual se espera que resultem futuros benefícios econômicos para a entidade.

Passivo: é uma obrigação presente da entidade, derivada de eventos já ocorridos, cuja liquidação se espera que resulte em saída de recursos capazes de gerar benefícios econômicos.

Patrimônio Líquido: é o valor residual dos Ativos da entidade depois de deduzidos todos os seus Passivos.

A demonstração contábil responsável por organizar e apresentar os bens, direitos e obrigações chama-se **Balanço Patrimonial:**

Na coluna da esquerda, demonstramos os itens do **Ativo** (bens e direitos), que representam **Aplicações de Recursos**.

Na coluna da direita, demonstramos os itens do **Passivo** (obrigações e patrimônio líquido), que representam **Origens de Recursos.**

APLICAÇÕES = Bens + Direitos = Ativo Total

ORIGENS = Obrigações + PL = Passivo Total

Os bens e direitos representam o aspecto positivo patrimonial, e as obrigações, o aspecto negativo.

Ativo	Passivo
Bens Direitos	Obrigações Patrimônio Líquido

Duplicatas emitidas pela empresa	Direito. Classificação: Ativo
Duplicatas aceitas pela empresa / emitidas por terceiros	Obrigação. Classificação: Passivo
Notas promissórias emitidas pela empresa	Obrigação. Classificação: Passivo
Notas promissórias emitidas por terceiros / recebidas pela empresa	Direito. Classificação: Ativo
Adiantamento a fornecedores	Direito. Classificação: Ativo
Adiantamento de clientes	Obrigação. Classificação: Passivo

2.3 Equação Fundamental da Contabilidade

Ativo	Passivo
Bens Direitos	Obrigações Patrimônio Líquido

Ou seja:

Ativo = Bens + Direitos

Passivo = Obrigações + Patrimônio Líquido (PL)

Os itens de Ativo e Passivo deverão ser demonstrados com seus respectivos valores monetários, por exemplo:

Ativo	Passivo
Veículos: R$ 30.000 Duplicatas a receber: R$ 20.000	Salários a pagar: R$ 15.000 Patrimônio Líquido: R$ 35.000
Total do Ativo = R$ 50.000	Total do Passivo = R$ 50.000

Convém observar que o total do Ativo é exatamente igual ao total do Passivo. Isso é fundamental para que o Balanço Patrimonial esteja apresentado corretamente. Portanto:

Total do Ativo = Total do Passivo

Com base em todas essas informações, podemos formar a Equação Fundamental da Contabilidade:

Ativo	Passivo
Bens Direitos	Obrigações (Passivo Exigível) Patrimônio Líquido

A = P

A = Bens + Direitos

P = Obrigações + PL = Passivo Exigível + PL

* Obrigações = Passivo Exigível

Com base nessas informações, chegamos à equação fundamental:

A = P

A = Passivo Exigível + PL

Os componentes patrimoniais possuem alguns sinônimos que são usados em questões de prova, por isso é muito importante conhecê-los:

> Ativo = Ativo Total = Ativo Patrimonial = Patrimônio Bruto = Capital Investido

> Direitos Reais = Bens

> Direitos Pessoais = Direitos

> Passivo = Passivo Total = Passivo Patrimonial

> Passivo Exigível = Passivo = Capital de Terceiros = Capital Alheio

> Passivo Real = Passivo Circulante + Passivo Não Circulante = Passivo Exigível

> Patrimônio Líquido = Situação líquida = Capital Próprio = Recursos Próprios

> Capital Total à Disposição = Capital Próprio + Capital de Terceiros

→ Equação Fundamental: A = Passivo Exigível + PLSinônimos:

> Ativo = Ativo Total = Ativo Patrimonial = Patrimônio Bruto = Capital Investido

> Direitos Reais = Bens

> Direitos Pessoais = Direitos

> Passivo = Passivo Total = Passivo Patrimonial

> Passivo Exigível = Passivo = Capital de Terceiros = Capital Alheio

> Passivo Real = Passivo Circulante + Passivo Não Circulante = Passivo Exigível

> Patrimônio Líquido = Situação líquida = Capital Próprio = Recursos Próprios

> Capital Total à Disposição = Capital Próprio + Capital de Terceiros

2.4 Estados Patrimoniais

A diferença entre o Ativo e o Passivo Exigível é denominada Situação Líquida (Patrimônio Líquido).

Se A = P + SL, então SL = A - P

Existem três espécies de situações líquidas:

- Situação Líquida Nula;

- Situação Líquida Positiva;

- Situação Líquida Negativa.

- Situação Líquida Nula:

Também denominada compensada ou equilibrada. Nessa situação, o Ativo é igual ao Passivo exigível e a empresa não possui situação líquida (igual a zero).

Ativo	Passivo Exigível

A = P

SL = Zero

- Situação Líquida Positiva:

Também denominada ativa, superavitária ou favorável. Nessa situação, o Ativo é maior que o Passivo exigível, e a situação líquida é positiva (maior que zero).

Ativo	Passivo Exigível
	Situação Líquida

A > P

SL > 0

- Situação Líquida Negativa:

Também denominada passiva, deficitária, desfavorável ou Passivo a Descoberto. Nessa situação, o Ativo é menor que o Passivo exigível, e a situação líquida é negativa (menor que zero).

Ativo	Passivo
SL	Exigível

A < P

SL < 0

- Situação Líquida Nula: SL = 0 e A = P

- Situação Líquida Positiva: SL > 0 e A > P

- Situação Líquida Negativa: SL < 0 e A < P

Questões

01. (CESPE – 2018) No que diz respeito aos estados patrimoniais, é possível que ativo e passivo tenham valor igual a zero, respectivamente, na constituição e no encerramento das atividades da empresa.

Certo ( ) Errado ( )

02. (CESPE – 2018) Se, ao final de determinado ano, o ativo de uma empresa era de R$ 60.000 e o passivo, de R$ 200.000, então o valor de seu patrimônio líquido era negativo em R$ 140.000.

Certo ( ) Errado ( )

03. (CESPE – 2018) Os bens capazes de gerar benefícios econômicos futuros para uma entidade, independentemente de estarem ou não sob seu controle, integram o ativo patrimonial dessa entidade.

Certo ( ) Errado ( )

04. (CESPE – 2018) O patrimônio líquido constitui uma obrigação da entidade para com outras pessoas físicas ou jurídicas.

Certo ( ) Errado ( )

05. (CESPE – 2018) Por convenção, no lado esquerdo da representação gráfica do patrimônio, são representados os elementos que exigirão sacrifício de elementos capazes de gerar resultados econômicos positivos.

Certo ( ) Errado ( )

Gabaritos

01	ERRADO
02	CERTO
03	ERRADO
04	CERTO
05	ERRADO

3. CONTAS

3.1 Conta

É um título que identifica um elemento patrimonial com características semelhantes (bem, direito, obrigação ou PL) ou uma variação patrimonial (receitas e despesas).

Conta Sintética: conta genérica. Nome que indica um conjunto de contas. Assim, o valor patrimonial de uma conta sintética é igual à soma dos valores patrimoniais das contas analíticas que a compõem.

Conta Analítica: conta específica. É aquela que demanda controle e acompanhamento em separado das demais. Apresenta um maior grau de detalhamento e, por isso, recebe o registro contábil.

Conta Sintética Banco conta movimento = 100	
Conta analítica	Conta analítica
Banco do Brasil = 80	Bradesco = 20

3.2 Tipos de Contas

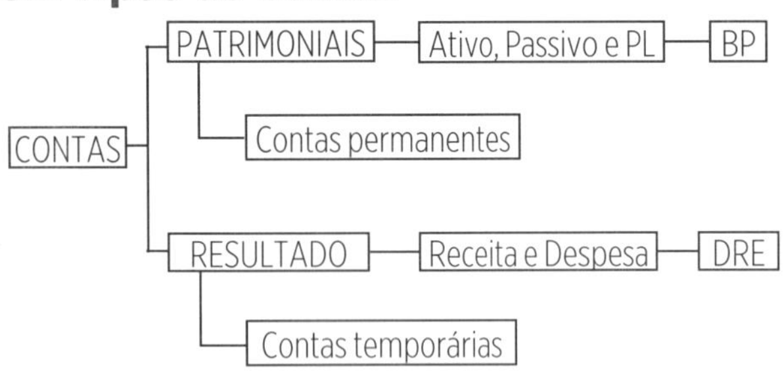

> Contas permanentes: saldos acumulados de um período para outro.
> Contas transitórias: saldos encerrados ao final de cada período.

CONTAS PATRIMONIAIS: utilizadas para controle e apuração do patrimônio, registram bens, direitos, obrigações e situação líquida. Consideradas contas permanentes, saldos acumulados de um período para outro. São elas:

> Contas do Ativo.
> Contas do Passivo.
> Contas do Patrimônio Líquido.
> Contas Retificadoras: têm a função de reduzir o saldo de outra conta.

CONTAS PATRIMONIAIS	
ATIVO	**PASSIVO**
Ativo Circulante	Passivo Circulante
Ativo Não Circulante	Passivo Não Circulante
ARLP Investimento Imobilizado Intangível	**PATRIMÔNIO LÍQUIDO**
	Capital Social (-) Capital a Realizar Reserva de Capital (+/-) Ajuste de Avaliação Patrimonial Reservas de Lucro (-) Prejuízo Acumulado (-) Ações em Tesouraria

CONTAS DE RESULTADO: utilizadas para a apuração do resultado do exercício (lucro ou prejuízo). Consideradas contas transitórias, visto que seu tempo de vida é limitado a um exercício social, pois, ao final de cada exercício, seus saldos serão zerados (encerrados) a fim de que se possa apurar o resultado do período. São elas:

> Contas de Receita.
> Contas de Despesa.

CONTAS RESULTADO	
DESPESAS	RECEITAS

3.3 Classificação das Contas

3.3.1 Quanto aos Elementos que Registrem

Patrimoniais: registram bens, direitos, obrigações e PL. São contas **estáticas**, compõem o Balanço Patrimonial.

Ex.: caixa, fornecedor, capital social.

Resultado: registram receitas e despesas. São contas **dinâmicas**, compõem a DRE.

Ex.: juros Ativos, salários, desconto concedido, desconto obtido.

3.3.2 Quanto à Necessidade de Desdobramento ou Divisão

Sintéticas: conta genérica. Nome que indica um conjunto de contas (funciona como agregadora, possuindo conta em nível inferior).

Ex.: Passivo Circulante.

Analíticas: conta específica. Apresentam um maior grau de detalhamento e, por isso, recebem o registro contábil.

Ex.: fornecedor, imposto a recolher.

3.3.3 Quanto à Natureza do Saldo

Devedora: Ativo, Retificadora do Passivo (-) P, Retificadora do PL (-) PL, Despesa.

Ex.: caixa, capital a integralizar, salários.

Credora: Retificadora do Ativo (-) A, Passivo, PL, Receita.

Ex.: depreciação acumulada, fornecedor, juros Ativos.

3.3.4 Quanto à Movimentação

Unilaterais: recebem registro apenas a débito ou a crédito (sofrem variações somente em um sentido).

Ex.: receitas, despesas.

Bilaterais: recebem registro tanto a débito quanto a crédito (sofrem variações nos dois sentidos).

Ex.: fornecedor, clientes, caixa.

3.3.5 Quanto à Variação na Natureza do Saldo

Estáveis: contas cujo saldo só pode ser devedor ou credor, sem variação.

Ex.: fornecedor, capital a integralizar, caixa.

Instáveis: contas cujo saldo ora pode ser devedor, ora, credor.

Ex.: ajuste de avaliação patrimonial.

Classificação das contas		
	Elementos	Patrimonial e estática
		Resultado e dinâmica
	Necessidade	Sintética
		Analítica
	Natureza	Devedora
		Credora
	Movimentação	Unilateral
		Bilateral
	Variação do saldo	Estável
		Instável

3.4 Elementos essenciais da conta

- Nome;
- Data da ocorrência do fato (período);
- Saldo (em valor monetário);
- Valor debitado e creditado (movimento);
- Histórico do fato contábil.

3.5 Plano de Contas

3.5.1 Conceito

É o conjunto composto pela relação ordenada e codificada das contas utilizadas pela entidade, com objetivo de uniformizar seus registros contábeis.

O plano de contas deve ser flexível, permitindo a exclusão ou inclusão de contas, acompanhando a dinâmica das operações da entidade.

3.5.2 Composição

Um plano de contas é composto, basicamente, pelos seguintes elementos:

- **Elenco de Contas:** é a estrutura do plano de contas. Compreende a relação ordenada e codificada de todas as contas utilizadas pela entidade (listagem das contas a serem adotadas nos registros contábeis).

1. ATIVO - Grupo

1.1. Ativo Circulante – Subgrupo (primeiro grau)

1.1.1. Disponibilidades – Subgrupo (segundo grau)

1.1.1.1. Caixa – Conta (primeiro grau)

1.1.1.1.0001 Caixa matriz – conta (segundo grau)

- **Manual de Contas:** evidencia o uso adequado de cada conta, definindo os seguintes elementos:

3.6 Função da Conta – Razão de sua Existência

- Funcionamento da Conta – quando a conta será debitada ou creditada, bem como seu saldo.
- Natureza do Saldo – devedor ou credor.
- **Modelos de demonstrações padronizadas**

3.7 Teoria das Contas

Teoria Personalista: vincula a conta à pessoa responsável pelos procedimentos administrativos a ela relacionados.

- Agentes Consignatários: bens da empresa.
- Agentes Correspondentes: direitos e obrigações da empresa.
- Conta dos Proprietários: patrimônio líquido, receitas e despesas.

Teoria Materialista: as contas representam valores materiais, são apenas valores positivos ou negativos no patrimônio.

Contas Integrais: bens, direitos e obrigações.

- Contas Diferenciais: receita, despesa e patrimônio líquido.

Teoria Patrimonialista: reconhece o patrimônio como objeto da Contabilidade. Distingue os elementos que compõem o patrimônio (contas patrimoniais) dos elementos que o modificam (contas de resultado).

- Contas Patrimoniais: bens, direitos, obrigações e patrimônio líquido.
- Contas de Resultado: receita e despesa.

Teoria das Contas			
	Personalista	Agente Consignatário	Bens
		Agente Correspndente	Direitos e Obrigações
		Conta de Proprietário	Receita, Despesa e PL
	Materialista	Integrais	Bens, Direitos e Obrigações
		Diferenciais	Receitas, Despesas e PL
	Patrimonialista	Patrimonial	Ativo, Passivo e PL
		Resultado	Receita e Despesa

Não se deve confundir débito de uma conta com débito da empresa. O primeiro representa uma dívida da conta (direito da empresa), o segundo uma dívida da empresa (Passivo Exigível). O mesmo vale para crédito de uma conta e crédito da empresa: este representa um direito da empresa (Ativo) e aquele um direito da conta, portanto, uma obrigação da empresa.

3.8 Situações das Contas: Débitos e Créditos

DÉBITO→ Situação de dívida da conta.

CRÉDITO→ Situação de direito da conta.

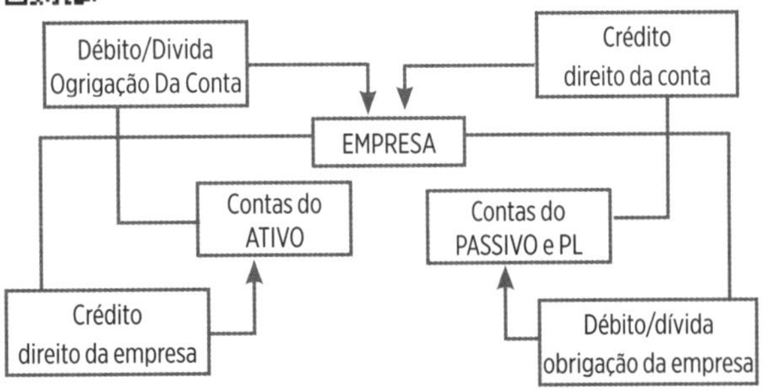

Na identificação dos débitos e créditos nas contas, aplicaremos o seguinte raciocínio:

> **ATIVO, (-) PASSIVO e (-) PL** - natureza devedora (saldo devedor):
> Toda vez que aumentar, DEBITAR a respectiva conta.
> Toda vez que diminuir, CREDITAR a respectiva conta.
> **(-) ATIVO, PASSIVO e PATRIMÔNIO LÍQUIDO** - natureza credora (saldo credor):
> Toda vez que aumentar, CREDITAR a respectiva conta.
> Toda vez que diminuir, DEBITAR a respectiva conta.

CONTAS PATRIMONIAIS	NATUREZA	DÉBITO	CRÉDITO	SALDO
Ativo	DEVEDORA	↑ (aumentam)	↓ (diminuem)	DEVEDOR
Retificadora do Passivo (-) P				
Retificadora do PL (-) PL				
Retificadora do Ativo (-) A	CREDORA	↓ (diminuem)	↑ (aumentam)	CREDOR
Passivo				
PL				

DESPESAS – natureza devedora (saldo devedor):

> Toda vez que ocorrer uma Despesa, DEBITAR a respectiva conta.
> Creditadas somente para efeito de apuração do resultado do período.
> RECEITAS - natureza credora (saldo credor):
> Toda vez que ocorrer uma Receita, CREDITAR a respectiva conta.
> Debitadas somente para efeito de apuração do resultado do período.

CONTAS DE RESULTADO	NATUREZA	DÉBITO	CRÉDITO	SALDO
Despesa	DEVEDORA	↑ (aumentam)	Encerramento do Exercício	DEVEDOR
Receita	CREDORA	Encerramento do Exercício	↑ (aumentam)	CREDOR

3.9 Razonete

Representação gráfica de uma conta = T, em que o lado esquerdo é o lado dos débitos, e o lado direito, dos créditos.

D	C

3.10 Saldo das Contas

Diferença positiva entre o total de débitos e o total de créditos efetuados na conta.

> Saldo Credor: total dos créditos > total dos débitos.
> Saldo Devedor: total dos créditos < total dos débitos.
> Saldo Nulo: total dos créditos = total dos débitos.

Importante!

As contas de natureza devedora apresentarão saldos DEVEDORES.

Ex.:

Caixa------------ débitos = 10.000,00
créditos = 3.000,00
saldo final = 7.000,00 (devedor)

CAIXA

10.000	3.000
7.000	

As contas de natureza credora apresentarão saldos CREDORES.

Exemplo.

Fornecedor----- débitos = 6.000,00
créditos = 13.000,00
saldo final = 7.000,00 (devedor)

FORNECEDOR

6.000	13.000
	7.000

3.11 Balancete

O balancete de verificação é um demonstrativo auxiliar, levantado unicamente para fins operacionais, composto por todas as contas com seus respectivos saldos, que são extraídos do Livro Razão, com a finalidade de verificar se o total dos débitos é exatamente igual ao total dos créditos, ou seja, verifica se o método das partidas dobradas foi aplicado corretamente.

Balancete de Verificação = pré-balanço

Saldo DEVEDOR = Saldo CREDOR

A + (- P) + (- PL) + D = (- A) + P + PL + R

APLICAÇÃO = ORIGEM

Existem erros que não podem ser detectados pelo levantamento do balancete. O fato de o somatório dos saldos devedores ser igual ao somatório dos saldos credores não significa que a escrituração está 100% correta.

Ex.: registro em duplicidade ou omissão de registro, erros não detectados no balancete.

Questões

01. (CESPE – 2019) A conta ajuste de avaliação patrimonial, integrante do patrimônio líquido, registra a variação de valor justo de instrumentos patrimoniais designados ao valor justo em outros resultados abrangentes (VJORA) e será creditada quando ocorrer variação positiva desse valor justo.

Certo ( ) Errado ( )

02. (CESPE – 2018) Contas podem ser criadas para registros quantitativos monetários ou não monetários, sendo essencial que expressem um fato patrimonial.

Certo ( ) Errado ( )

03. (CESPE – 2018) Plano de contas é uma lista de rubricas patrimoniais e de resultado organizada de forma sistemática e que possui, geralmente, uma parte numérica — código contábil da conta — e uma parte alfabética — denominação da conta.

Certo ( ) Errado ( )

04. (CESPE – 2018) A descrição do mecanismo de funcionamento das rubricas contábeis presentes no plano de contas se faz por meio de um documento complementar.

Certo ( ) Errado ( )

05. (CESPE – 2018) A conta ajuste a valor presente, que registra valores decorrentes de operações financeiras realizadas, não pode ser considerada como retificadora de passivo.

Certo ( ) Errado ( )

Gabaritos

01	CERTO
02	CERTO
03	ERRADO
04	ERRADO
05	ERRADO

4. ESCRITURAÇÃO

4.1 Conceitos

Escrituração é a técnica contábil responsável pelo registro dos fatos contábeis (todos os acontecimentos que alteram a situação patrimonial da empresa).

Ex.: Quando uma entidade efetua o pagamento de uma dívida, é preciso que ocorra a escrituração desse pagamento, para que o fato seja registrado na contabilidade da entidade.

Vejamos o que a Lei nº 6.404/76 e o Código Civil dispõem sobre esse tema:

Lei 6.404/76

Escrituração

Art. 177. *A escrituração da companhia será mantida em registros permanentes, com obediência aos preceitos da legislação comercial e desta Lei e aos princípios de contabilidade geralmente aceitos, devendo observar métodos ou critérios contábeis uniformes no tempo e registrar as mutações patrimoniais segundo o regime de competência.*

§ 1º. *As demonstrações financeiras do exercício em que houver modificação de métodos ou critérios contábeis, de efeitos relevantes, deverão indicá-la em nota e ressaltar esses efeitos.*

§ 2º. *A companhia observará exclusivamente em livros ou registros auxiliares, sem qualquer modificação da escrituração mercantil e das demonstrações reguladas nesta Lei, as disposições da lei tributária, ou de legislação especial sobre a atividade que constitui seu objeto, que prescrevam, conduzam ou incentivem a utilização de métodos ou critérios contábeis diferentes ou determinem registros, lançamentos ou ajustes ou a elaboração de outras demonstrações financeiras.*

§ 3º. *As demonstrações financeiras das companhias abertas observarão, ainda, as normas expedidas pela Comissão de Valores Mobiliários e serão obrigatoriamente submetidas à auditoria por auditores independentes nela registrados.*

§ 4º. *As demonstrações financeiras serão assinadas pelos administradores e por contabilistas legalmente habilitados.*

§ 5º. *As normas expedidas pela Comissão de Valores Mobiliários a que se refere o § 3º deste Artigo deverão ser elaboradas em consonância com os padrões internacionais de contabilidade adotados nos principais mercados de valores mobiliários.*

§ 6º. *As companhias fechadas poderão optar por observar as normas sobre demonstrações financeiras expedidas pela Comissão de Valores Mobiliários para as companhias abertas.*

Código Civil

Art. 1.*179. O empresário e a sociedade empresária são obrigados a seguir um sistema de contabilidade, mecanizado ou não, com base na escrituração uniforme de seus livros, em correspondência com a documentação respectiva, e a levantar anualmente o balanço patrimonial e o de resultado econômico.*

§ 2º. *É dispensado das exigências deste artigo o pequeno empresário a que se refere o Art. 970.*

Art. 970. *A lei assegurará tratamento favorecido, diferenciado e simplificado ao empresário rural e ao pequeno empresário, quanto à inscrição e aos efeitos daí decorrentes.*

O Conselho Federal de Contabilidade (CFC), por meio da ITG 2.000 (R1), dispõe sobre as formalidades e estabelece critérios e procedimentos a serem adotados pela entidade para a escrituração contábil de seus fatos patrimoniais:

ITG 2000 (R1) – Escrituração Contábil

Formalidades da Escrituração Contábil

3. A escrituração contábil deve ser realizada com observância dos Princípios de Contabilidade.

4. O nível de detalhamento da escrituração contábil deve estar alinhado às necessidades de informação de seus usuários. Nesse sentido, esta Interpretação não estabelece o nível de detalhe ou mesmo sugere um plano de contas a ser observado. O detalhamento dos registros contábeis é diretamente proporcional à complexidade das operações da entidade e dos requisitos de informação a ela aplicáveis e, exceto nos casos em que uma autoridade reguladora assim o requeira, não devem necessariamente observar um padrão predefinido.

5. A escrituração contábil deve ser executada:

a) *em idioma e em moeda corrente nacionais;*

b) *em forma contábil;*

c) *em ordem cronológica de dia, mês e ano;*

d) *com ausência de espaços em branco, entrelinhas, borrões, rasuras ou emendas; e*

e) *com base em documentos de origem externa ou interna ou, na sua falta, em elementos que comprovem ou evidenciem fatos contábeis.*

6. A escrituração em forma contábil de que trata o item 5 deve conter, no mínimo:

a) *data do registro contábil, ou seja, a data em que o fato contábil ocorreu;*

b) *conta devedora;*

c) *conta credora;*

d) *histórico que represente a essência econômica da transação ou o código de histórico padronizado, neste caso baseado em tabela auxiliar inclusa em livro próprio;*

e) *valor do registro contábil;*

f) *informação que permita identificar, de forma unívoca, todos os registros que integram um mesmo lançamento contábil.*

4.2 Processos de Escrituração

Os processos de escrituração contábil são os seguintes:

Manual: a escrituração é feita à mão.

Maquinizado ou semimecanizado: a escrituração é feita por meio de máquinas de escrever.

Mecanizado: a escrituração é feita por meio de máquinas de escrituração. São máquinas específicas, destinadas a esse fim.

Computadorizado ou por processamento eletrônico: a escrituração é executada por meio de computadores.

O processo mais utilizado nos dias atuais é o computadorizado.

4.3 Métodos de Escrituração

Método de escrituração é a forma utilizada para o registro dos fatos contábeis.

É nesse momento da disciplina que iniciaremos o estudo de débitos e créditos. A partir daqui o estudante aprenderá a efetuar as contabilizações de fatos que alteram o patrimônio de uma entidade. As contabilizações são feitas por meio de lançamentos contábeis. Lançamento nada mais é que o registro de um fato contábil, utilizando débito e crédito. Um lançamento deve conter local e data do registro, contas debitadas, contas creditadas, histórico da operação (descrição do evento que gerou a contabilização) e valor da operação.

Antes de saber aplicar o débito e o crédito, é preciso saber qual é o método adotado na contabilidade para registrar tais débitos e créditos.

Todos os registros contábeis são feitos por meio do método das partidas dobradas, mas existem outros dois métodos que, apesar de estarem em desuso, podem ser cobrados em prova:

Método das partidas simples: nesse método, há somente o registro dos direitos e obrigações. Está em desuso.

Método das partidas mistas: são mantidas contas para o registro dos bens, direitos e obrigações. Está em desuso.

Método das partidas dobradas: esse é o método adotado na contabilidade. Ele determina que a soma dos valores dos débitos deve ser igual à soma dos valores dos créditos. Convém notar que ele não informa que teremos apenas um débito e apenas um crédito, ou que registraremos apenas direitos, ou bens. Esse método registra qualquer situação que modifique o patrimônio, seja um bem, direito, obrigação, receita ou despesa. E uma modificação patrimonial pode dar origem ao registro de um ou mais débitos e um ou mais créditos. O importante é que o valor total dos débitos seja igual ao valor total de créditos.

Um lançamento contábil pode ser feito por meio do chamado "razonete". Razonete é a representação gráfica de uma conta, em que é possível registrar toda a movimentação que ocorre (aumentos e diminuições de saldo).

Ele é apresentado da seguinte forma:

Título da Conta	
Valor a débito	Valor a crédito
Saldo	

Saldo = total de débitos – total de créditos, se:

> **Total de débitos > total de créditos:** a conta terá saldo devedor;

> **Total de créditos > total de débitos:** a conta terá saldo credor.

4.4 Funcionamento das Contas

Para iniciar o estudo do funcionamento das contas, é preciso entender o seguinte:

Pensemos na conta "caixa", que registra os valores que a empresa tem em caixa, e suas respectivas entradas e saídas de dinheiro:

Quando fazemos um pagamento utilizando o dinheiro do caixa, nosso saldo de caixa aumenta ou diminui? Diminui, certo?! Saiu dinheiro, diminuiu o saldo do caixa.

E quando recebemos um valor em dinheiro e guardamos esse dinheiro no caixa, o que ocorre com o saldo do caixa nessa situação? Aumenta ou diminui? Aumenta, certo?! Se entra dinheiro, o saldo de caixa aumenta.

É importante saber que essa movimentação (entrada e saída de recursos) é registrada, na contabilidade, por meio de débitos e créditos. Quando desejamos registrar o aumento do saldo de caixa, debitamos; quando desejamos registrar a diminuição do saldo de caixa, creditamos. E isso ocorre em todas as contas contábeis. Todas as contas são movimentadas por meio de débitos e créditos.

E para que saibamos registrar as movimentações que ocorrem em uma conta, é fundamental conhecer o funcionamento das contas.

Já vimos que, na contabilidade, existem contas de natureza devedora e contas de natureza credora. É essencial lembrar a natureza das contas para que seja possível movimentá-la por meio de débitos e créditos. Vamos relembrar:

Contas de Ativo e Despesas: possuem natureza devedora.

Contas de Passivo, Patrimônio Líquido e Receita: possuem natureza credora.

Contas retificadoras: possuem natureza inversa ao grupo a que pertencem, ou seja:

> Retificadoras do Ativo possuem natureza credora. **Exs.:** (-) PECLD (Perdas Estimadas com Créditos de Liquidação Duvidosa), (-) Depreciação Acumulada, (-) Amortização Acumulada, (-) Provisão para ajuste a valor de mercado.

> Retificadoras do Passivo e Patrimônio Líquido possuem natureza devedora. **Exs.:** (-) Encargos a transcorrer, (-) Capital a Integralizar, (-) Ações em Tesouraria, (-) Prejuízos Acumulados.

A seguir, aprenderemos como movimentar as contas. ATENÇÃO!

Contas de Ativo, Passivo e Patrimônio Líquido: sempre que desejarmos aumentar o saldo de uma conta, deveremos seguir a natureza que ela possui. Para diminuir o saldo, deveremos proceder ao lançamento inverso, ou seja:

Contas de Ativo, Retificadoras do Passivo e Retificadoras do PL: possuem **natureza devedora**, então, quando desejarmos **aumentar** o saldo dessas contas, deveremos **debitar**! Para **diminuir**, deveremos realizar o lançamento inverso, ou seja, um **crédito**.

Contas de Passivo, Patrimônio Líquido e Retificadoras do Ativo: possuem **natureza credora**, então, quando desejarmos **aumentar** o sado dessas contas, deveremos **creditar**! Para **diminuir**, deveremos realizar o lançamento inverso, ou seja, um **débito**.

Natureza Devedora	
↑ D	↓ C
Natureza Credora	
↑ C	↓ D

Contas de Receitas e Despesas:

Despesa – **D**ebitamos;

Receita – Creditamos.

Se o estudante preferir, pode memorizar as informações abaixo:

Contas de Ativo, Retificadoras do Passivo e Retificadoras do PL: possuem natureza devedora;

> Para aumentar o saldo: DEBITA-SE

> Para diminuir o saldo: CREDITA-SE

Contas do Passivo, Patrimônio Líquido e Retificadoras do Ativo: possuem natureza credora;

> Para aumentar o saldo: CREDITA-SE

> Para diminuir o saldo: DEBITA-SE

Procedimentos para efetuar um lançamento:

1º) Identificar as contas que deverão ser utilizadas.

2º) Depois de identificá-las, devemos determinar a que grupo de contas elas pertencem (Ativo, Passivo Exigível, PL, Receitas ou Despesas).

3º) Identificar se o saldo da conta aumenta ou diminui.

4º) Aplicar o mecanismo de débito e crédito.

Ex.: Efetuar o lançamento de um depósito de R$ 50.000, feito em conta corrente do Banco do Brasil com dinheiro extraído do caixa.

1º) Identificar as contas que deverão ser utilizadas.

Nesse caso, utilizaremos as contas "Caixa" (de onde sairá o dinheiro para depósito) e "Bancos" (o dinheiro será depositado no banco).

2º) Depois de identificá-las, devemos determinar a que grupo de contas elas pertencem (Ativo, Passivo Exigível, PL, Receitas ou Despesas).

Caixa: os valores em caixa são considerados bens numerários, portanto, registrados no Ativo.

Bancos: depósitos bancários são considerados, pela ESAF, bens numerários, portanto, registrados no Ativo.

3º) Identificar se o saldo da conta aumenta ou diminui.

Caixa: quando ocorre a saída de dinheiro do caixa, o saldo diminui (nesse caso, diminuiu o saldo, porque a empresa tira dinheiro do caixa para depositar na conta bancária).

Bancos: quando entra dinheiro por meio de um depósito bancário, o saldo de caixa aumenta.

4º) Aplicar o mecanismo de débito e crédito:

D: Bancos R$ 50.000,00

C: Caixa: R$ 50.000,00

OU

Bancos

a Caixa R$ 50.000,00[1]

	Aumentar	Diminuir
Ativo	D	C
Retificadoras do Ativo	C	D
Passivo	C	D
Retificadoras do Passivo	D	C
Patrimônio Líquido	C	D
Retificadoras do Patrimônio Líquido	D	C
Receitas	C	
Despesas	D	

1 Essa maneira de demonstrar a contabilização é bastante cobrada em prova. A conta que não recebe nenhuma informação na frente (nesse caso, Bancos) sempre será a conta debitada, e a conta que recebe "a" (nesse caso, Caixa) na frente sempre será a conta creditada.

4.5 Fórmulas de Lançamento

Vimos que um lançamento deve ter, de acordo com o Método das Partidas Dobradas, o valor total de débitos igual ao valor total de créditos. Vimos também que podem existir uma ou mais contas debitadas e uma ou mais contas creditadas. Vejamos quais são os tipos (fórmulas) de lançamento que existem:

1ª Fórmula: uma conta debitada e uma conta creditada. (11)

2ª Fórmula: uma conta debitada e duas ou mais contas creditadas. (12)

3ª Fórmula: duas ou mais contas debitadas e uma conta creditada. (21)

4ª Fórmula: duas ou mais contas debitadas e duas ou mais contas creditadas. (22)

	Conta (s) Debitada (s)	Conta (s) Creditada (s)
1ª Fórmula	1	1
2ª Fórmula	1	2
3ª Fórmula	2	1
4ª Fórmula	2	2

Para memorizar, é importante lembrar a ordem das fórmulas: 11, 12, 21, 22.

Para entender como funcionam as fórmulas de lançamento, vejamos o exemplo a seguir:

01. Compra de um veículo, à vista, no valor de R$ 30.000,00. Pagamento efetuado em cheque.

    D: Veículos R$ 30.000,00;

    C: Bancos R$ 30.000,00;

    1 débito e 1 crédito => 11 => lançamento de 1ª fórmula.

02. Compra de veículo sendo parte à vista em dinheiro (R$ 10.000,00) e parte com prazo de 30 dias. O valor do veículo é de R$ 30.000,00.

    D: Veículos R$ 30.000,00;

    C: Caixa R$ 10.000,00;

    C: Duplicatas a pagar R$ 20.000,00;

    1 débito e 2 créditos => 12 => 2ª fórmula.

03. Pagamento com atraso de uma duplicata no valor de R$ 15.000,00, com acréscimo de juros de 10%.

    D: Duplicatas a pagar R$ 15.000,00;

    D: Juros Passivos (o mesmo que Despesas com Juros) R$ 1.500,00;

    C: Caixa R$ 16.500,00;

    2 débitos e 1 crédito => 21 => 3ª fórmula.

04. A empresa PC comprou um computador no valor de R$ 1.200,00 e uma motocicleta no valor de R$ 6.000,00. Efetuou o pagamento em dinheiro no valor de R$ 3.000,00 e o restante da quantia será pago em 30 dias.

    D: Computadores e periféricos R$ 1.200,00;

    D: Veículos R$ 6.000,00;

C: Caixa R$ 3.000,00;

C: Duplicatas a pagar R$ 4.200,00;

2 débitos e 2 créditos => 22 => 4ª fórmula.

4.6 Erros de Escrituração

Durante o processo de escrituração, podem ocorrer alguns erros, como:

Erro na identificação da conta debitada ou creditada: quando o débito ou o crédito são feitos incorretamente.

Ex.:

Lançamento correto:

D: Caixa R$ 1.000,00;

C: Duplicatas a receber R$ 1.000,00;

Histórico: Recebimento da duplicata nº 100 em dinheiro.

Erro na identificação da conta debitada ou creditada:

D: Bancos R$ 1.000,00;

C: Duplicatas a receber R$ 1.000,00;

Histórico: Recebimento da duplicata nº 100 em dinheiro.

Inversão de contas: quando ocorre a inversão do lançamento contábil, ou seja, debita-se a conta que deveria ser creditada e credita-se a conta que deveria ser debitada.

Ex.:

Lançamento correto:

D: Caixa R$ 1.000,00;

C: Duplicatas a receber R$ 1.000,00;

Histórico: Recebimento da duplicata nº 100 em dinheiro.

Inversão de contas:

D: Duplicatas a receber R$ 1.000,00;

C: Caixa R$ 1.000,00;

Histórico: Recebimento da duplicata nº 100 em dinheiro.

Erro na identificação do valor: quando o valor é registrado incorretamente (maior ou menor do que o correto).

Ex.:

Lançamento correto:

D: Caixa R$ 1.000,00

C: Duplicatas a receber R$ 1.000,00

Histórico: Recebimento da duplicata nº 100 em dinheiro.

Erro na identificação do valor:

D: Caixa R$ 100,00

C: Duplicatas a receber R$ 100,00

Histórico: Recebimento da duplicata nº 100 em dinheiro.

Erro no histórico: quando ocorre erro no histórico que acompanha o lançamento.

Ex.:

Lançamento correto:

D: Caixa R$ 1.000,00;

C: Duplicatas a receber R$ 1.000,00;

Histórico: Recebimento da duplicata nº 100 em dinheiro.

Erro no histórico:

D: Caixa R$ 1.000,00;

C: Duplicatas a receber R$ 1.000,00;

Histórico: Recebimento da duplicata nº 1.000 em dinheiro.

Lançamento em duplicidade: a entidade contabiliza duas vezes o mesmo fato.

Ex.:

Lançamento correto:

D: Caixa R$ 1.000,00;

C: Duplicatas a receber R$ 1.000,00;

Histórico: Recebimento da duplicata nº 100 em dinheiro.

Lançamento em duplicidade: a entidade contabiliza duas vezes o mesmo fato.

D: Caixa R$ 1.000,00;

C: Duplicatas a receber R$ 1.000,00;

Histórico: Recebimento da duplicata nº 100 em dinheiro.

Omissão de lançamento: quando a entidade deixa de escriturar um fato.

Ex.:

Lançamento correto:

D: Caixa R$ 1.000,00;

C: Duplicatas a receber R$ 1.000,00;

Histórico: Recebimento da duplicata nº 100 em dinheiro.

Omissão de lançamento: ocorre quando a entidade deixa de escriturar um fato.

4.6.1 Técnicas de Correção

Estorno: anulação integral do lançamento incorreto por meio de um lançamento inverso.

Transferência: utilizado para corrigir a conta indevidamente debitada ou creditada. Por meio da transferência, é possível a correção do erro mediante um único lançamento, sem a necessidade de se estornar integralmente o lançamento incorreto.

Complementação: lançamento feito posteriormente para complementar, aumentando ou reduzindo o valor anteriormente registrado.

Ressalva: correção de erro no histórico por meio de expressões como "digo", "ou melhor", "em tempo" etc. O erro deve ser corrigido imediatamente após ter ocorrido.

ITG 2000 (R1) – Escrituração Contábil

Retificação de lançamento contábil

31. Retificação de lançamento é o processo técnico de correção de registro realizado com erro na escrituração contábil da entidade e pode ser feito por meio de:

***a)** estorno;*

***b)** transferência; e*

***c)** complementação.*

32. Em qualquer das formas citadas no item 31, o histórico do lançamento deve precisar o motivo da retificação, a data e a localização do lançamento de origem.

> *33. O estorno consiste em lançamento inverso àquele feito erroneamente, anulando-o totalmente.*
>
> *34. Lançamento de transferência é aquele que promove a regularização de conta indevidamente debitada ou creditada, por meio da transposição do registro para a conta adequada.*
>
> *35. Lançamento de complementação é aquele que vem, posteriormente, complementar, aumentando ou reduzindo o valor anteriormente registrado.*
>
> *36. Os lançamentos realizados fora da época devida devem consignar, nos seus históricos, as datas efetivas das ocorrências e a razão do registro extemporâneo.*

Estorno: anulação integral do lançamento incorreto por meio de um lançamento inverso.

Transferência: utilizado para corrigir a conta indevidamente debitada ou creditada. Por meio da transferência, é possível a correção do erro mediante um único lançamento, sem a necessidade de se estornar integralmente o lançamento incorreto.

Complementação: lançamento feito, posteriormente, para complementar, aumentando ou reduzindo o valor anteriormente registrado.

Ressalva: correção de erro no histórico por meio de expressões como "digo", "ou melhor", "em tempo" etc. O erro deve ser corrigido imediatamente após ter ocorrido.

4.7 Regimes de Escrituração

Corresponde ao processo de reconhecimento das contas de resultado na escrituração da empresa.

Existem dois regimes de escrituração na contabilidade, porém apenas um deles é aceito pela Lei 6.404/76:

Lei 6.404/76

Escrituração

> ***Art. 177.*** *A escrituração da companhia será mantida em registros permanentes, com obediência aos preceitos da legislação comercial e desta Lei e aos princípios de contabilidade geralmente aceitos, devendo observar métodos ou critérios contábeis uniformes no tempo* ***e registrar as mutações patrimoniais segundo o regime de competência****.*

4.7.1 Regime de Caixa

O reconhecimento das receitas e despesas por esse método deve ser feito quando ocorre impacto nas disponibilidades da empresa. O que importa é a efetiva entrada de recursos, no que diz respeito às **receitas**, e do efetivo pagamento ou saída de recursos, no que diz respeito às **despesas**.

4.7.2 Regime de Competência

Considera que o reconhecimento das receitas deve ser feito quando elas são geradas e, das despesas, quando são incorridas, ou seja, no período da ocorrência dos seus fatos geradores, independentemente de seu recebimento (receitas) ou pagamento (despesas).

4.8 Livros de Escrituração

Livros de escrituração são os livros nos quais a entidade registra os fatos que alteram o patrimônio. Existem livros contábeis em formato não digital, e livros contábeis em formato digital.

A ITG 2000 (R1) determina que os livros contábeis obrigatórios, entre eles o Livro Diário e o Livro Razão, **em forma não digital**, devem revestir-se de formalidades extrínsecas, tais como:

> serem encadernados;
> terem suas folhas numeradas sequencialmente;
> conterem termo de abertura e de encerramento assinados pelo titular ou representante legal da entidade e pelo profissional da contabilidade regularmente habilitado no Conselho Regional de Contabilidade.

Determina também que os livros contábeis obrigatórios, entre eles o Livro Diário e o Livro Razão, **em forma digital**, devem revestir-se de formalidades extrínsecas, tais como:

serem assinados digitalmente pela entidade e pelo profissional da contabilidade regularmente habilitado;

quando exigível por legislação específica, serem autenticados no registro público ou entidade competente.

4.8.1 Livro Diário

No Livro Diário devem ser lançadas, em ordem cronológica, com individualização, clareza e referência ao documento probante, todas as operações ocorridas, e quaisquer outros fatos que provoquem variações patrimoniais.

As principais características do Livro Diário são:

> Obrigatório (exigido pelo Código Civil).
> Principal (registra todos os fatos que alteram o patrimônio).
> Cronológico (os fatos são registrados em ordem cronológica de dia, mês e ano).

O Livro Diário possui formalidades intrínsecas e extrínsecas:

Formalidades Intrínsecas: são as formalidades relacionadas ao lançamento contábil.

> deve ser escriturado em ordem cronológica;
> não são permitidos borrões, rasuras, emendas, espaços em branco e ocupação de margens ou entrelinhas;
> a escrituração deve ser feita em língua e moeda nacionais.

Formalidades Extrínsecas: são as formalidades relacionadas à apresentação ou aparência dos livros.

> deve ser encadernado;
> suas páginas devem ser numeradas sequencialmente;
> termos de abertura e encerramento;
> deve ser registrado em repartição competente.

Requisitos necessários para o registro de uma operação no Livro Diário:

> Local e data da operação.
> Conta a ser debitada.
> Conta a ser creditada.
> Histórico da operação.
> Valor da operação em moeda nacional.

Ex.: Cascavel, 01 de julho de 2016

Mercadorias

a Caixa R$ 1.200,00

Pela aquisição à vista, nesta data, de mercadorias para revenda NF 07.

Atenção!

> A conta que não vem precedida de "a" é a conta debitada. Nesse caso, a conta "Mercadorias".

> A conta que vem precedida de "a" é a conta creditada. Nesse caso, a conta "Caixa".

Essa contabilização também poderia ser apresentada da seguinte forma:

D: Mercadorias R$ 1.200,00.

C: Caixa R$ 1.200,00.

4.8.2 Livro Razão

O Razão é um livro principal (registra todos os fatos que alteram o patrimônio), sistemático (registra os fatos por contas, e não por ordem cronológica), obrigatório pela Legislação do IR (para aquelas entidades sujeitas à tributação do IR pelo Lucro Real) e facultativo pela Legislação Comercial. Cada página do Livro Razão representa uma conta.

Ex.:

Conta Mercadorias

Data	Histórico	Débito	Crédito	Saldo
24/04/2016	Compra NF07	R$ 1.200,00		R$ 1.200,00
25/04/2016	Compra NF11	R$ 800,00		R$ 2.000,00
25/04/2016	Venda NF33		R$ 500,00	R$ 1.500,00

4.8.3 Livros Especiais

São considerados obrigatórios apenas para determinadas pessoas ou atividades. O Art. 100 da Lei 6.404/76 descreve os livros que as sociedades anônimas estão obrigadas a escriturar. Vejamos:

Lei nº 6.404/76

> ***Art. 100.*** *A companhia deve ter, além dos livros obrigatórios para qualquer comerciante, os seguintes, revestidos das mesmas formalidades legais:*
>
> ***I.*** *O livro de Registro de Ações Nominativas, para inscrição, anotação ou averbação:*
>
> ***a)*** *do nome do acionista e do número das suas ações;*
>
> ***b)*** *das entradas ou prestações de capital realizado;*
>
> ***c)*** *das conversões de ações, de uma em outra espécie ou classe;*
>
> ***d)*** *do resgate, reembolso e amortização das ações, ou de sua aquisição pela companhia;*
>
> ***e)*** *das mutações operadas pela alienação ou transferência de ações;*
>
> ***f)*** *do penhor, usufruto, fideicomisso, da alienação fiduciária em garantia ou de qualquer ônus que grave as ações ou obste sua negociação.*
>
> ***II.*** *O livro de "Transferência de Ações Nominativas", para lançamento dos termos de transferência, que deverão ser assinados pelo cedente e pelo cessionário ou seus legítimos representantes;*
>
> ***III.*** *O livro de "Registro de Partes Beneficiárias Nominativas" e o de "Transferência de Partes Beneficiárias Nominativas", se tiverem sido emitidas, observando-se, em ambos, no que couber, o disposto nos números I e II deste artigo;*
>
> ***IV.*** *O livro de Atas das Assembleias Gerais;*
>
> ***V.*** *O livro de Presença dos Acionistas;*
>
> ***VI.*** *Os livros de Atas das Reuniões do Conselho de Administração, se houver, e de Atas das Reuniões de Diretoria;*
>
> ***VII.*** *O livro de Atas e Pareceres do Conselho Fiscal.*
>
> ***§ 1º.*** *A qualquer pessoa, desde que se destinem a defesa de direitos e esclarecimento de situações de interesse pessoal ou dos acionistas ou do mercado de valores mobiliários, serão dadas certidões dos assentamentos constantes dos livros mencionados nos incisos I a III, e por elas a companhia poderá cobrar o custo do serviço, cabendo, do indeferimento do pedido por parte da companhia, recurso à Comissão de Valores Mobiliários.*
>
> ***§ 2º.*** *Nas companhias abertas, os livros referidos nos incisos I a V do "caput" deste artigo poderão ser substituídos, observadas as normas expedidas pela Comissão de Valores Mobiliários, por registros mecanizados ou eletrônicos.*

4.9 Balancete de Verificação

É uma relação de todas as contas abertas em um exercício. Possui a finalidade de verificar e demonstrar a correta aplicação do método das partidas dobradas, ou seja, verificar se o total de saldos devedores é igual ao total de saldos credores. O balancete é feito a partir do Livro Razão, do qual são extraídos os saldos para a sua elaboração.

Ex.:

Contas	Natureza do Saldo	
	Devedora	Credora
Mercadorias	R$ 3.200,00	
Caixa	R$ 800,00	
Fornecedores		R$ 700,00
Capital Social		R$ 3.300,00
Total	R$ 4.000,00	R$ 4.000,00

Existem dois tipos de Balancetes:

Balancete Inicial: possui contas patrimoniais (contas de Ativo, Passivo Exigível e Patrimônio Líquido) e contas de resultado (receitas e despesas). É elaborado antes da Apuração do Resultado do Exercício.

Balancete Final: composto apenas por contas patrimoniais (contas de Ativo, Passivo Exigível e Patrimônio Líquido). É elaborado depois da Apuração do Resultado do Exercício.

4.10 Fatos Contábeis

Fatos contábeis são todos os fatos que ocorrem em uma empresa, e que alteram qualitativamente e/ou quantitativamente seu patrimônio.

Se a ação praticada pela administração não afetar o patrimônio da empresa, será considerado um Ato Administrativo. Os atos relevantes podem ser controlados em contas de compensação.

Os fatos podem ser classificados como:

> Fatos Permutativos.
> Fatos Modificativos.
> Fatos Mistos.

4.10.1 Fatos Permutativos, Qualitativos ou Compensativos

São aqueles que não provocam alterações quantitativas no Patrimônio Líquido.

Ex.: Compra de mercadoria à vista, pagamento de uma duplicata, compra de máquina a prazo.

4.10.2 Fatos Modificativos ou Quantitativos

São aqueles que provocam alterações quantitativas no Patrimônio Líquido, seguidos de alterações no Ativo ou no Passivo Exigível. Podem ser classificados em modificativos aumentativos (aumentam o PL) ou modificativos diminutivos (diminuem o PL).

Ex.: Prescrição de dívidas, faturamento de um serviço, compra de ações da própria empresa, reconhecimento de despesas de salários.

4.10.3 Fatos Mistos ou Compostos

São aqueles que provocam alterações qualitativas e quantitativas no patrimônio da entidade. Uma "parte" do fato é permutativa e outra "parte" do fato é modificativa. Também podem ser aumentativoEx.: s ou diminutivos, conforme aumentam ou diminuem o PL.

Recebimento de duplicatas com juros e pagamento de duplicata com desconto.

Fatos Permutativos	Contabilizações que ocorrem entre os seguintes grupos: ***A – A** ***A – P** ***P – P** *** PL – PL** (aumentando e reduzindo o saldo do PL, provocando uma alteração quantitativa nula [alterando apenas qualitativamente o PL]).
Fatos Modificativos	Contabilizações que ocorrem entre os seguintes grupos: *** A – PL (ou Receitas ou Despesas**)** *** P – PL (ou Receitas ou Despesas**)** ** Receitas provocam alterações aumentativas no PL e Despesas provocam alterações diminutivas no PL.
Fatos Mistos	Contabilizações que ocorrem entre os seguintes grupos: *** A – A – PL (ou Receitas ou Despesas**)** *** A – P – PL (ou Receitas ou Despesas**)** *** P – P – PL (ou Receitas ou Despesas**)** ** Receitas provocam alterações aumentativas no PL e Despesas provocam alterações diminutivas no PL.

Exemplo sobre atos e fatos:

01. Assinatura de um contrato publicitário para veiculação de mídia dentro do período de 6 meses.

Ato administrativo

02. Aquisição de máquinas e equipamentos à vista, pelo valor de R$ 80.000,00.

D: Máquinas e Equipamentos (A) R$ 80.000,00.

C: Caixa (A) R$ 80.000,00.

> *Essa contabilização movimentou os seguintes grupos:*

A – A: Fato Permutativo.

03. A empresa Pátria Ltda. prestou serviços e cobrou a quantia de R$ 25.000,00 recebidos no ato.

D: Caixa (A) R$ 25.000,00.

C: Receita (Rec.) R$ 25.000,00.

> *Essa contabilização movimentou os seguintes grupos:*

A – Rec.: Fato Modificativo Aumentativo.

04. Aquisição de equipamentos a prazo. Valor dos bens adquiridos: R$ 12.000,00. Prazo para pagamento: em quota única com vencimento em 90 dias.

D: Equipamentos (A) R$12.000,00.

C: Duplicatas a pagar (P) R$ 12.000,00.

> *Essa contabilização movimentou os seguintes grupos:*

A – P: Fato Permutativo.

05. Pagamento de títulos no valor de R$ 18.000,00. Os títulos foram pagos em dinheiro, após a data de vencimento e com cobrança de juros no valor de R$ 250,00.

D: Títulos a pagar (P) R$ 18.000,00.

D: Juros Passivos (Desp.) R$ 250,00.

C: Caixa (A) R$ 18.250,00.

> *Essa contabilização movimentou os seguintes grupos:*

A – P – Desp.: Fato Misto Diminutivo.

Questões

01. (CESPE – 2018) Para registrar uma devolução de compras de mercadorias adquiridas à vista, considerando-se que a empresa adote o método da conta mista com inventário periódico, será adequado o lançamento a débito da conta caixa e a crédito da conta compras canceladas.

Certo ( ) Errado ( )

02. (CESPE – 2018) Para registrar a correção monetária pós-fixada referente a empréstimo anteriormente contratado, por ocasião do vencimento da referida obrigação, será adequado o lançamento a débito da conta variação monetária passiva e a crédito da conta empréstimo a pagar.

Certo ( ) Errado ( )

03. (CESPE – 2018) Situação hipotética: Ao final do período de apuração, a conta IPI a recuperar tem saldo devedor de R$ 2.000, e a conta IPI a recolher tem saldo credor de R$ 3.000. Assertiva: Nessa situação, o lançamento de ajuste a ser realizado por ocasião da apuração do IPI a pagar implicará um débito na conta IPI a recolher, no valor de R$ 2.000, e um crédito de mesmo valor na conta IPI a recuperar.

Certo ( ) Errado ( )

04. (CESPE – 2018) Os juros decorrentes de pagamento em atraso e relativos à compra de mercadorias são registrados na contabilidade do fornecedor em conta representativa de receita financeira com contrapartida na conta clientes.

Certo ( ) Errado ( )

05. (CESPE - 2018) Enquanto o livro-razão — que agrupa as contas sempre com lançamentos de débito e crédito — é essencial para o levantamento do balancete e, em decorrência, do balanço, o livro diário reúne os fatos em ordem cronológica, sendo independente da escrituração no livro-razão.

Certo ( ) Errado ( )

Gabaritos

01	ERRADO
02	CERTO
03	CERTO
04	ERRADO
05	ERRADO

5. COMPONENTES PATRIMONIAIS TEORIA E/OU CONTABILIZAÇÃO

5.1 Despesa Antecipada e Receita Antecipada

5.1.1 Despesa Antecipada = Aplicação de Recurso em Despesas do Exercício Seguinte

As despesas antecipadas representam pagamentos antecipados, cujos benefícios ou prestação de serviço à empresa ocorrerão em momento posterior. O fato gerador ainda não ocorreu, por isso, não há despesa. Em obediência ao regime de competência serão registradas, em regra, no Ativo representando um direito (de usar ou consumir).

Exs.: aluguéis antecipados, seguros passivos a vencer, assinatura de jornal a apropriar, comissões passivas a transcorrer.

Pagamento de prêmio de seguro contra incêndio no dia 30/09/x1.

Período de cobertura: 01/10/x1 a 30/09/x2.

Valor pago: R$ 1.524,00 (à vista).

Lançamento:

Registro em 30/09/x1, data do pagamento do seguro:

D- Seguros a Vencer

C- Caixa-----------------------------------1.524,00

Apropriação da despesa com seguro mês a mês, pela fluência do prazo, conforme regime de competência:

D- Seguros

C- Seguros a Vencer------------ 127,00 (1.524/12)

Existem casos específicos em que as despesas antecipadas não significam desembolso imediato de recursos, e sim valores a pagar em curto prazo.

Ex.:

Contratação de prêmio de seguro contra incêndio no dia 30/09/x1.

Período de cobertura: 01/10/x1 a 30/09/x2.

Valor pago: R$ 1.524,00 (a prazo, em 3 parcelas).

Lançamento:

Registro em 30/09/x1, data da contratação do seguro:

D- Seguros a vencer

C- Seguros a pagar------------------------1.524,00

Apropriação da despesa com seguro mês a mês, pela fluência do prazo, conforme regime de competência:

D- Seguros

C- Seguros a Vencer------------ 127,00 (1.524/12)

Pagamento das parcelas do seguro:

D- Seguros a pagar

C- Caixa------------------------- 508,00 (1.524/3)

Quando uma despesa vier acompanhada dos seguintes termos: **a apropriar, a transcorrer, a incorrer, a vencer** significa que o fato gerador da despesa ainda vai ocorrer. Portanto, não são contas de resultado, visto que o fato gerador não aconteceu. São contas patrimoniais, pertencentes, em geral, ao Ativo, por representar um direito.

Despesa Antecipada (contas patrimoniais)	Despesa a **vencer**
	Despesa a **apropriar**
	Despesa a **Incorrer**
	Despesa a **transcorrer**

5.1.2 Receita Antecipada

As receitas antecipadas representam recebimentos antecipados, cuja entrega do bem ou prestação do serviço ocorrerão em momento posterior. O fato gerador ainda não ocorreu, por isso, não há receita. Em obediência ao regime de competência serão registradas, em regra, no Passivo representando uma obrigação (de entregar o produto ou prestar o serviço).

Exs.: adiantamento de cliente, receita de serviço a apropriar.

Uma empresa recebeu de um cliente o valor de R$ 1.200.000,00 para prestar serviços de manutenção pelo prazo de um ano.

Recebimento antecipado para prestar serviços de seguro pelo prazo de um ano no dia 30/09/x1.

Período para prestação do serviço: 01/10/x1 a 30/09/x.2

Valor pago: R$ 1.524,00 (à vista).

Lançamento:

Registro em 30/09/x1, data do recebimento do seguro:

D- Caixa

C- Receita de Serviço a Apropriar---------1.524,00

Apropriação da receita mês a mês, pela fluência do prazo, conforme regime de competência:

D- Receita de Serviço a Apropriar

C- Receita de Serviço ----------- 127,00 (1.524/12)

Ex.:

A empresa Chaves recebeu do cliente Alfa em 01.04.X1 a quantia de R$ 1.000,00 para entrega de mercadorias em 20.06.X1. A receita só será reconhecida por Chaves quando da entrega das mercadorias ao cliente. Quando o cliente efetua o pagamento à empresa, essa passa a ter a obrigação de entregar o produto ao cliente.

Lançamento:

Em 01.04.X1 - recebimento em dinheiro:

D – Caixa

C - Adiantamento de clientes ------------ 1.000,00

No dia 20.06.X1, quando a mercadoria for entregue, devemos reconhecer a receita:

D – Adiantamento de clientes

C – Receita de vendas ------------------- 1.000,00

Quando uma receita vier acompanhada dos seguintes termos: **a apropriar, a transcorrer, a realizar, a vencer** significa que o fato gerador da receita ainda vai ocorrer. Portanto, não são contas de resultado, visto que, o fato gerador não aconteceu. São contas patrimoniais, pertencentes, em geral, ao Passivo, por representar uma obrigação.

Despesa Antecipada (contas patrimoniais)	Receita a **vencer**
	Receita a **apropriar**
	Receita a **Incorrer**
	Receita a **transcorrer**

5.2 Aplicações Financeiras

5.2.1 Aplicações Financeiras de Liquidez Imediata

Aplicações de curtíssimo prazo, resgate em até 3 meses. Possui alta liquidez, o dinheiro aplicado pode ser resgatado em qualquer dia dentro desse prazo máximo. Registrada no grupo disponível.

Ex.: aplicações em caderneta de poupança.

5.2.2 Aplicações com Rendimento Pré-Fixado (Rendimento Antes)

Quando o investidor já sabe o valor do rendimento no próprio dia da aplicação, ou seja, na data da aplicação já sabe quanto será resgatado.

O valor da receita financeira será apropriado proporcionalmente ao número de dias da aplicação (*pro rata die*), excluindo o primeiro dia e incluindo o último.

Ex.:

Em 01/11/X1, a empresa Alfa efetuou uma aplicação no valor de R$ 100.000,00, com rendimento (total) pré-fixado de R$ 5.400,00. O prazo da aplicação é de 90 dias. IRRF (Imposto de Renda Retido na Fonte) de 1,5%.

Obs.: como o rendimento total foi pré-fixado, independentemente do regime de capitalização (simples ou composto), o rendimento será o mesmo, então haverá a apropriação da receita financeira de forma linear.

Registro da aplicação financeira (1/11/X1):

D- Aplicação Financeira-----------------105.400,00

C- Receita Financeira a Apropriar-------- 5.400,00

C- Banco--------------------------------100.000,00

ATIVO

APLICAÇÃO FINANCEIRA

Aplicações com rendimento pré-fixado

Aplicação Financeira-------------------105.400,00

(-) Receita Financeira a Apropriar *--- (5.400,00)

* Receita financeira a apropriar: receita antecipada.

O fato gerador ainda não ocorreu, por isso, não há receita. Em obediência ao regime de competência, serão registradas, em regra no Passivo, representando uma obrigação. Quando essas receitas antecipadas estiverem relacionadas a itens do Ativo, como aplicações financeiras ou empréstimos concedidos, serão contabilizadas como conta retificadora do respectivo Ativo.

Em 30/11/X1- Apropriação da Receita Financeira, pela fluência do prazo, atendendo ao regime de competência.

Rendimento do período: 5.400/90 = R$ 60/dia.

Nov./X1 = 29 dias x 60 = R$ 1.740,00.

D- Receita Financeira a Apropriar

C- Receita Financeira---------------------1.740,00

Em 31/12/X1- Apropriação da Receita Financeira, pela fluência do prazo, atendendo ao regime de competência.

Rendimento do período: 5.400/90 = R$ 60/dia.

Dez/X1 = 31 dias x 60 = R$ 1.860,00.

Apresentação no Balanço Patrimonial de 31/12/X1	Apresentação na DRE de 31/12/X1
ATIVO APLICAÇÃO FINANCEIRA Aplicações com rendimento pré-fixado Aplicação Financeira----------------------105.400,00 (-) Receita Financeira a Apropriar- (1.800,00)	Receita financeira------3.600,00

Em 30/01/X2 – Data do resgate da aplicação financeira

Apropriação do restante da Receita Financeira

Rendimento do período: 5.400/90 = R$ 60/dia.

Jan/X2 = 30 dias x 60 = R$ 1.800,00.

D- Receita Financeira a Apropriar

C- Receita Financeira---------------------1.800,00

Cálculo do IRRF

IRRF: 5.400 x 1,5% = R$ 81,00.

D- IRRF a Compensar

C- Aplicação Financeira----------------------81,00

Obs.: a conta IRRF a Compensar representa um crédito da empresa contra a Receita Federal. É, portanto, uma conta de Ativo, e poderá ser compensada com o Imposto de Renda sobre o lucro real.

Resgate:

Saldo da conta aplicação financeira = 105.400 – 81 = R$ 105.319,00.

D- Banco

C- Aplicação Financeira-------105.319,00

5.2.3 Aplicações com Rendimento Pós-Fixado (Rendimento Depois)

Quando o investidor não sabe o valor do rendimento na data da aplicação. Esse rendimento somente será conhecido à medida que o tempo vai passando e o dinheiro permanece aplicado.

Ex.:

Em 01/11/X1, a empresa Alfa efetuou uma aplicação no valor de R$ 100.000,00. O prazo da aplicação é de 3 meses. IRRF (Imposto de Renda Retido na Fonte) de 1,5%.

Obs.: como o rendimento é pós-fixado, somente será conhecido o rendimento ao final de cada mês, pelo tempo que o dinheiro se mantiver aplicado.

Em 1/11/X1 - Registro da aplicação financeira

D- Aplicação Financeira

C- Banco--------------------------------100.000,00

ATIVO

APLICAÇÃO FINANCEIRA

Aplicações com rendimento pós-fixado

Aplicação financeira-------------------100.000,00

Em 30/11/X1 - Reconhecimento da Receita Financeira, ao final do primeiro mês de aplicação (novembro).

Rendimento do período: 2% ao mês.

Nov./X1 = 100.000 x 2% = R$ 2.000,00

D- Aplicação financeira

C- Receita Financeira---------------------2.000,00

Em 31/12/X1- Reconhecimento da Receita Financeira do período (dezembro)

Rendimento do período: 2,3% ao mês.

Dez./X1 = 102.000 x 2,3% a.m = R$ 2.346,00

D- Aplicação financeira

C- Receita Financeira---------------------2.346,00

Apresentação no Balanço Patrimonial de 31/12/X1	Apresentação na DRE de 31/12/X1
ATIVO APLICAÇÃO FINANCEIRA Aplicações com rendimento pós-fixado Aplicação Financeira-------104.346,00	Receita financeira--------4.346,00

Em 30/01/X2 – Data do resgate da aplicação financeira

Reconhecimento da Receita Financeira do período (janeiro).

Rendimento do período: 2,1% a.m

Jan./X2 = 104.346 x 2,1% am = R$ 2.191,27

D- Aplicação financeira

C- Receita Financeira---------------------2.191,27

Cálculo do IRRF

Rendimento = 2.000,00 + 2.346,00 + 2.191,27 = R$ 6.537,27

IRRF: 6.537,27 x 1,5% = R$ 98,06

D- IRRF a Compensar

C- Aplicação Financeira----------------------98,06

Obs.: a conta IRRF a Compensar representa um crédito da empresa contra a Receita Federal. É, portanto, uma conta de Ativo, e poderá ser compensada com o Imposto de Renda sobre o lucro real.

Resgate:

Saldo da conta aplicação financeira = 100.000,00 + 6.537,27 - 98,06 = R$ 106.439,21.

D- Banco

C- Aplicação Financeira----------------106.439,21

5.3 Empréstimos

5.3.1 Empréstimos Pré-Fixados

Caracterizam-se quando a empresa já sabe, no dia da transação, qual o valor dos encargos financeiros incidentes sobre a operação.

Ex.: A empresa Alfa contraiu, em 1/11/X1, um empréstimo no valor de R$101.500,00 que deverá ser pago em 90 dias. Foi descontada, no ato da liberação do referido empréstimo, a importância de R$ 1.200,00, a título de juros e um custo de transação de R$ 300,00.

Em 01/11/X1: contrato empréstimo

D- Banco------------------------------------100.000,00

D- Juros passivos a transcorrer *-------------1.200,00

D- Custo de transação a amortizar-----------300,00

C- Empréstimo Obtido-----------------------101.500,00

PASSIVO

EMPRÉSTIMO PRÉ-FIXADO

Empréstimo Obtido---------------------101.500,00

Juros passivos a transcorrer--------------(1.200,00)

Custo de transação a amortizar-----------(300,00)

*Juros passivos a transcorrer: despesa antecipada, em regra, registrada no Ativo.

Quando essas despesas antecipadas estiverem relacionadas a itens do Passivo, como financiamentos ou empréstimos, serão contabilizadas como conta retificadora do respectivo Passivo.

30/11/X1: Apropriação da Despesa

D- Despesa Financeira------------------------------------ 400,00

D- Despesa com amortização do custo de transação ------100,00

C- Juros passivos a transcorrer---------------------------- 400,00

C- Custo de transação a amortizar------------------------ 100,00

31/12/X1: Apropriação da Despesa

D- Despesa Financeira------------------------- ---------400,00

D- Despesa com amortização do custo de transação --- 100,00

C- Juros passivos a transcorrer-------------------------- 400,00

C- Custo de transação a amortizar---------------------- 100,00

Apresentação no Balanço Patrimonial de 31/12/X1	Apresentação na DRE de 31/12/X1
PASSIVO EMPRÉSTIMO PRÉ- FIXADO Empréstimo Obtido--101.500,00 Juros passivos a transcorrer ------ -----------------------(400,00) Custo de transação a amortizar -------------------------(100,00)	Encargos Financeiros Despesa financeira------- 800,00 Despesa com amortização do custo de transação--------200,00

31/01/X2: Data do pagamento do empréstimo

Apropriação do restante da despesa

D- Despesa Financeira----------------------------------400,00

D- Despesa com amortização do custo de transação ----100,00

C- Juros passivos a transcorrer------------------------- 400,00

C- Custo de transação a amortizar---------------------- 100,00

Pagamento do empréstimo

D- Empréstimo Obtido

C – Banco--------------------------------101.500,00

CPC 20 – Custo dos Empréstimos

Custos de empréstimos são juros e outros custos que a entidade incorre em conexão com o empréstimo de recursos.

Custos de empréstimos incluem:

(a) encargos financeiros calculados com base no método da taxa efetiva de juros como descrito nos Pronunciamentos Técnicos CPC 08 - Custos de Transação e Prêmios na Emissão de Títulos e Valores Mobiliários e CPC 38 – Instrumentos Financeiros: Reconhecimento e Mensuração;

(b) (eliminada);

(c) (eliminada);

(d) encargos financeiros relativos aos arrendamentos mercantis financeiros reconhecidos de acordo com o Pronunciamento Técnico CPC 06 – Operações de Arrendamento Mercantil;

(e) variações cambiais decorrentes de empréstimos em moeda estrangeira, na extensão em que elas sejam consideradas como ajuste, para mais ou para menos, do custo dos juros.

CPC 08 – Custo de Transação

Custos de transação são somente aqueles incorridos e diretamente atribuíveis às atividades necessárias exclusivamente à consecução das seguintes transações:

> Distribuição primária de ações ou bônus de subscrição,

> Aquisição e alienação de ações próprias,

> Captação de recursos por meio da contratação de empréstimos ou financiamentos ou pela emissão de títulos de dívida, bem como dos prêmios na emissão de debêntures e outros instrumentos de dívida ou de patrimônio líquido.

Exemplos de custos de transação são:

01. gastos com elaboração de prospectos e relatórios;
02. remuneração de serviços profissionais de terceiros (advogados, contadores, auditores, consultores, profissionais de bancos de investimento, corretores etc.);
03. gastos com publicidade (inclusive os incorridos nos processos de road-shows);
04. taxas e comissões;
05. custos de transferência;
06. custos de registro etc.

Custos de transação não incluem ágios ou deságios na emissão dos títulos e valores mobiliários, despesas financeiras, custos internos administrativos ou custos de carregamento.

Empréstimos Pós-Fixados

A empresa não sabe o valor dos juros incidentes na operação na data do empréstimo. Esses juros somente serrão conhecido ao final de cada período, pela fluência do prazo do empréstimo.

Ex.: A empresa Alfa contraiu, em 1/12/X1, um empréstimo no valor de R$100.300,00 que deverá ser pago em 60 dias. Os juros serão calculados ao final de cada mês.

Em 01/12/X1: contrato empréstimo

D- Banco--------------------------------100.000,00

C- Empréstimo Obtido------------------100.000,00

PASSIVO

EMPRÉSTIMO PÓS-FIXADO

Empréstimo Obtido--------------------100.000,00

31/12/X1: Reconhecimento dos juros do período. Taxa de 1,5% a.m.

Empréstimo obtido = 100.000 x 1,5% = R$ 1.500,00

D- Despesa financeira

C- Empréstimo Obtido ------------------ 1.500,00

Apresentação no Balanço Patrimonial de 31/12/X1	Apresentação na DRE de 31/12/X1
PASSIVO EMPRÉSTIMO PÓS-FIXADO Empréstimo Obtido---101.500,00	Encargos Financeiros Despesa financeira----- 1.500,00

30/01/X2: Data do pagamento do empréstimo

Reconhecimento dos juros do período. Taxa de 2% a.m.

Empréstimo obtido = 101.500 x 2,0% = R$ 2.030,00

D- Despesa financeira

C- Empréstimo Obtido ------------------ 2.030,00

Pagamento do empréstimo (principal + juros)

D- Empréstimo Obtido

C – Banco--------------------------------103.530,00

5.4 Debêntures

Títulos de crédito, com valor nominal, negociado com o intuito de captar recursos.

Lei 6.404/76

> ***Art. 52.*** *A companhia poderá emitir debêntures que conferirão aos seus titulares direito de crédito contra ela, nas condições constantes da escritura de emissão e, se houver, do certificado.*
>
> ***Art. 56.*** *A debênture poderá assegurar ao seu titular juros, fixos ou variáveis,* ***participação no lucro*** *da companhia e* ***prêmio de reembolso****.*
>
> ***Art. 57.*** *A debênture poderá ser* ***conversível em ações*** *nas condições constantes da escritura de emissão. (Grifo nosso)*

Para a companhia emissora, as debêntures representam uma espécie de empréstimos, em que os credores são os próprios debenturistas (essência sobre forma).

Formas de emissão de debêntures:

Emissão ao par: debêntures negociadas sem ágio ou deságio.

Valor nominal = Valor de venda.

Ex.:

1.000 debêntures

Valor nominal = R$ 10,00

Valor de venda: R$ 10,00

D- Caixa

C- Debênture a resgatar------------------10.000,00

ATIVO	PASSIVO
Caixa-----------------10.000,00	Debênture a resgatar--10.000,00

Emissão abaixo do par: debêntures negociadas com deságio.

Valor nominal > Valor de venda.

Ex.:

1.000 debêntures

Valor nominal = R$ 10,00

Valor de venda: R$ 8,00

D- Caixa---------------------------------8.000,00

D- Deságio a amortizar-------------------2.000,00

C- Debênture a resgatar------------------10.000,00

ATIVO	PASSIVO
Caixa-------------8.000,00	Debênture a resgatar-------10.000,00 (-) Deságio a amortizar-----(2.000,00)

Emissão acima do par: debêntures negociadas com prêmio (ágio).

Valor nominal < Valor de venda.

Ex.:

1.000 debêntures

Valor nominal = R$ 10,00

Valor de venda: R$ 12,00

D- Caixa---------------------------------12.000,00

C- Debênture a resgatar-----------------10.000,00

C- Prêmio recebido na emissão de debênture a apropriar------------------------------------2.000,00

ATIVO	PASSIVO
Caixa-----------------12.000,00	Debênture a resgatar--10.000,00 PRED a apropriar--------2.000,00

Ex.:

1.000 debêntures

Valor nominal = R$ 10,00

Valor de venda: R$ 12,00

Custo de transação: R$ 500,00

D- Caixa--------------------------------11.500,00

D- Custo de transação a amortizar--------500,00

C- Debênture a resgatar--------------------------------10.000,00

C- Prêmio recebido na emissão de debênture a apropriar----2.000,00

ATIVO	PASSIVO
Caixa------------------11.500,00	Debênture a resgatar--10.000,00 (-) Custo de transação a amortizar----------------500,00 PRED a apropriar-------2.000,00

CPC 08 – Custo de Transação

Os custos de transação incorridos na captação de recursos por meio da contratação de instrumento de dívida (empréstimos, financiamentos ou títulos de dívida tais como debêntures, notas comerciais ou outros valores mobiliários) devem ser contabilizados como redução do valor justo inicialmente reconhecido do instrumento financeiro emitido, para evidenciação do valor líquido recebido. Em outras palavras, será reconhecido inicialmente como conta retificadora do Passivo.

Os encargos financeiros incorridos na captação de recursos junto a terceiros devem ser apropriados ao resultado em função da fluência do prazo, pelo custo amortizado usando o método dos juros efetivos.

5.5 Folha de Pagamento

Documento elaborado ao final de cada mês contendo os valores das remunerações dos funcionários da entidade. Engloba o nome dos empregados, seus cargos, valores que integram suas remunerações, categorias como contribuintes da Previdência.

Os salários, encargos e contribuições trabalhistas e previdenciárias a cargo do empregador, representam DESPESAS para empresa, conforme o regime de competência. Valores retidos dos empregados, como Imposto de Renda e contribuição, não são despesas da empresa, e sim do próprio empregado.

No modelo de folha de pagamento, inicialmente são feitas as descrições individuais de cada empregado e, no final, o resumo geral. Registraremos o resumo geral.

Ex.:

FOLHA DE PAGAMENTO/ RESUMO MENSAL

Empresa:

Mês/Ano:

Código	Empregado	Evento	Referência	Provento (R$)	Desconto(R$)
Cargo:	Nome do Empregado Cargo		Descrição individual de cada empregado		
Resumo Mensal					
		Salário-base		200.000,00	
		Auxílio-Maternidade		2.000,00	
		Salário-Família		500,00	
		INSS			9.500,00
		IRRF			6.000,00
				202.500,00	**15.500,00**
	FGTS: 16.000,00	Líquido a Receber			**187.000,00**
		BC-FGTS: 200.000,00		BC-INSS: 200.000,00	

As questões que abordam esse assunto podem solicitar o total da despesa da empresa, então precisamos identificar essas despesas.

Salário-base	Despesa da empresa	200.000,00
Auxílio-Maternidade	Despesa da Previdência	2.000,00
Salário-Família	Despesa da Previdência	500,00
INSS (empregado)	Despesa do empregado	9.500,00
IRRF	Despesa do empregado	6.000,00
FGTS	Despesa da empresa	16.000,00
INSS (patronal)	Despesa da empresa	40.000,00 (guia INSS)
TOTAL DESPESA DA EMPRESA		R$ 256.000,00

Contabilização da folha de pagamento.

1º passo: reconhecimento da despesa com salário

D- Salários

C- Salários a pagar-------------------- 200.000,00

* Neste exemplo, os salários serão pagos no quinto dia útil do mês subsequente. Caso o salário seja pago dentro do próprio mês, a contrapartida será o caixa, não sendo reconhecida nenhuma obrigação.

Salários

a Caixa

2º passo: INSS do segurado e IRRF

INSS - Despesa do próprio empregado. Funciona como uma espécie de seguro social para o qual ele contribui ao longo dos anos, na expectativa de receber uma aposentadoria no futuro.

IRRF – Despesa do próprio empregado. É uma obrigação tributária principal em que a pessoa jurídica ou equiparada (empresa), está obrigada a reter do beneficiário da renda (empregado), o imposto correspondente.

Nas duas situações, **o valor devido pelo empregado é descontado pelo empregador do montante do salário a pagar e repassado à Previdência ou Secretaria da Fazenda**. Em contrapartida, a empresa reconhece a obrigação de repassar os valores aos órgãos competentes.

D- Salários a pagar-----------------------15.500,00

C-INSS a recolher-------------------------9.500,00

C- IRRF a recolher-------------------------6.000,00

3º passo: Auxílio-Maternidade e Salário-Família

Auxílio-Maternidade - Despesa da Previdência. É um benefício pago às seguradas que acabaram de ter um filho, seja por parto ou adoção, ou aos segurados que adotem uma criança.

Salário-Família - Despesa da Previdência. É um valor pago ao empregado (inclusive o doméstico) e ao trabalhador avulso, segurados da Previdência, de acordo com o número de filhos ou equiparados que possua. Filhos maiores de quatorze anos não têm direito, exceto no caso dos inválidos (para quem não há limite de idade).

Nas duas situações, são gastos assumidos pela Previdência que deverão ser pagos ao empregado pelo empregador (aumentando o montante do salário a pagar) e compensados com o valor devido a título de contribuição previdenciária patronal (diminuindo o saldo do INSS a recolher).

D- INSS a recolher

C- Salários a pagar------------ 2.500,00

4º passo: INSS patronal

Para o empregador, o INSS patronal é um tributo, visto que o contribuinte não recebe uma contrapartida pelos valores pagos. Assim, a empresa lança como despesa do período e em contrapartida assume a obrigação de recolher à Previdência no mês subsequente.

D- INSS

C- INSS a recolher---------------------- 40.000,00

5º passo: FGTS

Criado com o objetivo de proteger o trabalhador demitido sem justa causa, mediante a abertura de uma conta vinculada ao contrato de trabalho. Os depósitos são feitos pelo empregador em nome do empregado, na Caixa Econômica Federal. Portanto, é uma despesa do empregador, que não poderá ser descontada do salário do empregado.

D- FGTS

C- FGTS a recolher----------------------16.000,00

Total do Passivo---------------------- 256.000,00

Salários a pagar: 200.000,00 - 15.500,00 + 2.500,00 = 187.000,00

INSS a recolher: 9.500,00 - 2.500,00 + 40.000,00 = 47.000,00

IRRF a recolher: 6.000,00

FGTS a recolher: 16.000,00

No mês subsequente, pagamento das obrigações:

D- Salários a pagar----------------------187.000,00

D- FGTS a recolher---------------------- 16.000,00

D- INSS a recolher-----------------------47.000,00

D- IRRF a recolher-----------------------6.000,00

C- Caixa----------------------------------256.000,00

5.6 Ativo Diferido (Extinto pela Lei nº 11.941/09)

> ***Art. 299-A**, Lei 6.404/76 - O saldo existente em 31 de dezembro de 2008 no Ativo diferido que, pela sua natureza, não puder ser alocado a outro grupo de contas, poderá permanecer no Ativo sob essa classificação até sua completa amortização, sujeito à análise sobre a recuperação de que trata o § 3o do art. 183 desta Lei. (Grifo nosso) CPC 13 – Adoção Inicial da Lei nº 11.638/07 e da Medida Provisória no 449/08*

A Lei nº. 11.638/07 restringiu o lançamento de gastos no Ativo diferido, mas, após isso, a Medida Provisória nº 449/08 extinguiu esse grupo de contas. Assim, os ajustes iniciais de adoção das novas Lei e Medida Provisória devem ser assim registrados: os gastos ativados que não possam ser reclassificados para outro grupo de ativos, devem ser baixados no balanço de abertura, na data de transição, mediante o registro do valor contra lucros ou prejuízos acumulados, líquido dos efeitos fiscais ou mantidos nesse grupo até sua completa amortização, sujeito à análise sobre recuperação.

Conclusão: o Ativo Diferido foi extinto pela Lei 11.941/09.

Consequências:

Se puderem ser classificados em outro grupo de contas: serão alocadas para esse grupo.

Exemplo: transferência para Intangível ou Imobilizado.

D- Ativo Diferido

C- Imobilizado ou Intangível

Caso não possam ser reclassificados em outro grupo de contas.

2.1. Poderá permanecer no *Ativo sob essa classificação até sua completa amortização, sujeito à análise sobre a recuperação/ teste de* ***impairment***. (Lei 6.404/76 e CPC 13).

D- Despesa com Amortização

C- Amortização Acumulada

2.2. Poderá ter seus saldos baixados no balanço de abertura, na data de transição, mediante o registro do valor contra lucros ou prejuízos acumulados, líquido dos efeitos fiscais (CPC 13).

D- Lucros ou Prejuízos Acumulados

C- Ativo Diferido

Com a extinção do Ativo Diferido, as despesas pré-operacionais de implantação ou reorganização serão classificadas diretamente no resultado como despesa, quando incorridas.

5.7 Reserva de Reavaliação

A reavaliação não é mais permitida no Brasil desde a vigência da Lei 11.638/07.

> ***Art. 178****, Lei 6.404/76*
>
> ***§2º, d)*** *patrimônio líquido, dividido em capital social, reservas de capital, ajustes de avaliação patrimonial, reservas de lucros, ações em tesouraria e prejuízos acumulados.*

Os saldos existentes nas reservas de reavaliação deverão ser mantidos até a sua efetiva realização ou estornados até o final do exercício social em que esta Lei entrar em vigor.

CPC 13 – Adoção Inicial da Lei nº 11.638/07 e da Medida Provisória no 449/08

A Lei nº 11.638/07 eliminou a possibilidade de reavaliação espontânea de bens.

Assim, os saldos existentes nas reservas de reavaliação constituídas antes da vigência dessa Lei, inclusive as reavaliações reflexas de controladas e coligadas, devem:

(a) ser mantidos até sua efetiva realização; ou

(b) ser estornados até o término do exercício social de 2008.

Conclusão: a reserva de reavaliação foi extinta pela Lei 11.638/07.

Consequências:

Se optarem por manter o saldo da reserva até sua completa realização:

O valor do Ativo Imobilizado reavaliado existente no início do exercício social passa a ser considerado como o novo valor de custo para fins de mensuração futura e determinação do valor recuperável. A reserva de reavaliação, no patrimônio líquido, continuará sendo realizada para a conta de lucros ou prejuízos acumulados, na mesma base que vinha sendo efetuada antes da promulgação da Lei nº. 11.638/07.

D- Reserva de reavaliação

C- Lucros acumulados

A reserva será realizada na mesma proporção que o bem reavaliado vai sendo depreciado, amortizado, exaurido, baixado por perecimento ou venda.

Se optarem por estornar o saldo da reserva até o término de 2008:

O estorno retroagirá à data de transição estabelecida pela entidade quando da adoção inicial da Lei nº 11.638/07. O mesmo tratamento deve ser dado com referência à reversão dos impostos e contribuições diferidos, que foram registrados por ocasião da contabilização de reavaliação.

D- Reserva de Reavaliação

C- Bem reavaliado

D- Imposto de Renda Diferido

C- Tributo s/ Reserva de Reavaliação

5.8 Estimativa de Crédito de Liquidação Duvidosa

Conta retificadora dos créditos a receber de clientes, diante da possibilidade de inadimplência deles. Pode-se afirmar que o termo *Estimativa de Crédito de Liquidação Duvidosa* é um eufemismo para se referir aos "CALOTEIROS".

O valor da provisão é obtido aplicando-se um percentual (baseado nas perdas com clientes de períodos anteriores) sobre os valores a receber existentes na época do Balanço Patrimonial. A constituição da estimativa de perda faz com que as contas a receber sejam avaliadas de acordo com o critério do valor provável de realização (valor recuperável).

Ex.:

Em 31/12/X1, a Cia Alfa Ltda. possuía saldo de duplicatas e outras contas a receber no montante de R$ 500.000,00. O departamento de crédito e cobrança estimou em 4% as perdas prováveis no recebimento desses créditos.

Em 31/12/X1 – Constituição PDD

D- Perdas com Créditos de Liquidação Duvidosa

C- Estimativa de Créditos de Liquidação Duvidosa

--20.000 (500.000 x 4%)

Assim, no balanço patrimonial de 31/12/x1, teremos:

AC

Duplicatas a Receber-------------------------------- 500.000,00

(-) Estimativa de Créditos de Liquidação Duvidosa-----(20.000,00)

As perdas reconhecidas em um período serão confirmadas no exercício seguinte, à medida que as duplicatas forem ou não sendo recebidas. De modo que no período seguinte, as estimativas de perda do período anterior, podem ter quatro consequências:

Em X2 (Exercício seguinte):

1ª consequência: perda comprovada

Durante o exercício de X2, foram recebidos R$ 480.000,00 do total de duplicatas a receber, sendo comprovada uma inadimplência de R$ 20.000,00, exatamente o valor estimado.

D- Caixa

C- Duplicatas a receber-----------------480.000,00

O que fazer com a ECLD? Baixar em contrapartida do saldo da duplicata pois, entendemos que esse direito não será exercido.

D- Estimativa de Créditos de Liquidação Duvidosa

C- Duplicata a Receber------------------ 20.000,00

2ª consequência: perda não comprovada, ou seja, todo valor foi recebido.

Durante o exercício de X2, foram recebidos R$ 500.000,00 das duplicatas a receber, não havendo inadimplência.

D- Caixa

C- Duplicatas a receber-----------------500.000,00

O que fazer com a ECLD? Reverter, reconhecendo uma receita.

D- Estimativa de Créditos de Liquidação Duvidosa

C- Reversão de Estimativa de Créditos de Liquidação Duvidosa ---20.000,00

3ª consequência: Perda > Estimativa

Vamos considerar uma perda de R$ 30.000,00, como exemplo.

Durante o exercício de X2, foram recebidos R$ 470.000,00 do total de duplicatas a receber, sendo comprovada uma inadimplência de R$ 30.000,00, uma perda maior que a estimada.

D- Caixa

C- Duplicatas a receber--------------------------------470.000,00

O que fazer com o excesso de perda? Registrar diretamente no resultado como despesa, usaremos a conta perda com clientes.

D- Estimativa de Créditos de Liquidação Duvidosa------20.000,00

D- Perda com Clientes----------------------------------10.000,00

C- Duplicata a Receber---------------------------------30.000,00

4ª consequência: Perda < Provisão

Vamos considerar uma perda de R$ 15.000,00, como exemplo.

Durante o exercício de X2, foram recebidos R$ 485.000,00 do total de duplicatas a receber, sendo comprovada uma inadimplência de R$ 15.000,00, uma perda menor que a estimada.

D- Caixa

C- Duplicatas a receber--------------------------------485.000,00

O que fazer com a diferença? Registrar diretamente no resultado como receita.

D- Estimativa de Créditos de Liquidação Duvidosa----------20.000

C- Reversão de Estimativa de Créditos de Liquidação Duvidosa-----5.000

C- Duplicata a Receber--------------------------------------15.000

5ª consequência: a partir de X3

Em X2 a duplicata foi considerada incobrável e, portanto, baixada como perda. A partir de X3, a qualquer tempo, o cliente resolve pagar a dívida. Neste caso, o ganho vai diretamente para o resultado como receita.

D- Caixa

C- Receita Eventual----------------------20.000,00

Para reconhecermos essa receita eventual, a duplicata deverá ter sido baixada em um momento anterior, por ser considerada incobrável.

5.9 Duplicata Descontada

O desconto de duplicatas é uma operação financeira em que a empresa entrega determinadas duplicatas para o banco e este lhe antecipa o valor em conta corrente, cobrando juros antecipadamente.

Embora a propriedade dos títulos negociados seja transferida para a instituição, a empresa está coobrigada, juntamente com os devedores, ao pagamento das duplicatas, isto é, caso os devedores não paguem ao banco, a empresa assumirá a dívida.

Com a aplicação do conceito da essência sobre a forma, o desconto de duplicatas é semelhante a um empréstimo bancário, no qual as duplicatas são entregues ao banco em garantia. Por esse motivo, a conta duplicata descontada será evidenciada no Passivo e os encargos incidentes na operação e cobrados antecipadamente, serão registrados como conta retificadora do Passivo e apropriados ao resultado pela fluência do prazo, obedecendo ao regime de competência.

Ex.:

No dia 01/03/X1 a empresa Alfa efetuou o desconto de duplicatas vencíveis em dois meses, no valor de R$ 20.000,00, junto ao Banco Sul, cobrando, este, antecipadamente juros de R$ 1.200,00 e mais despesas bancárias de R$ 300,00 pela operação. Nesta data foi creditado na conta corrente da empresa o valor líquido de R$ 18.500,00.

01/03/x1- Desconto da Duplicata

D- Banco---------------------------------- 18.500,00

D- Juros passivos a vencer------------------1.200,00

D- Custo de transação a amortizar----------300,00

C- Duplicata descontada--------------------20.000,00

PASSIVO

PASSIVO CIRCULANTE

Duplicata Descontada----------------------20.000,00

(-) Juros Passivos a Vencer-----------------(1.200,00)

(-) Custo de Transação a amortizar----------(300,00)

ATIVO

Banco--------------------------------------18.500,00

Duplicata a receber--------------------20.000,00 **(saldo inicial do Ativo)**

31/03/x1 – Apropriação dos encargos financeiros (adotaremos o método linear, a fim de simplificar os cálculos)

D- Encargos financeiros ----------------------------------750,00

C- Juros passivos a vencer-------------------------------- 600,00

C- Custo de transação a amortizar------------------------- 150,00

30/04/x1 – Apropriação do restante dos encargos financeiros

D- Encargos financeiros ----------------------------------750,00

C- Juros passivos a vencer-------------------------------- 600,00

C- Custo de transação a amortizar------------------------- 150,00

30/04/x1 – Vencimento da Duplicata

1ª consequência: o banco recebe os R$ 20.000,00 referentes à duplicata. É remetido um aviso à empresa Alfa, que só então efetua a baixa das duplicatas descontadas, mediante o seguinte lançamento:

D- Duplicata Descontada

C- Duplicata a Receber--------------------------20.000,00

Quando o devedor vai ao banco e paga a duplicata, dois problemas serão resolvidos de uma só vez. Ou seja, o cliente resolve seu problema com a empresa Alfa (baixa do direito) e esta com o banco (baixa da obrigação).

2ª consequência: o banco não recebeu as duplicatas. Neste caso, a empresa Alfa terá que arcar com o pagamento da dívida junto ao banco, e continuará com o direito de receber a duplicata do cliente.

D- Duplicata Descontada

C- Banco--------------------------------------20.000,00

5.10 Duplicata x Nota Promissória

5.10.1 Duplicata: Título Comercial

Além da fatura, que é de emissão obrigatória nas vendas a prazo, o comerciante pode emitir duplicata. Sua emissão é comum nas vendas a prazo.

VENDEDOR (credor) Emite NF, Fatura e Duplicata.	COMPRADOR (devedor) Aceita a duplicata.

Obs.: o aceite é o reconhecimento da dívida representada pelo título de crédito, mediante a assinatura do devedor.

Duplicata emitida (de nossa emissão)	Direito	Ativo	Duplicata a Receber
Duplicata aceita (de nosso aceite)	Obrigação	Passivo	Duplicata a Pagar

5.10.2 Nota Promissória: Título Financeiro

A nota promissória é uma promessa de pagamento feita pelo devedor em favor de seu credor. O emitente assina uma declaração de que pagará, na data combinada, certa quantia ao credor indicado no título. É utilizada por bancos, sociedades imobiliárias e demais pessoas que não operem com mercadorias ou prestação de serviços.

Ao contrário da duplicata, quem emite a nota promissória é o próprio devedor.

CREDOR Aceita a Nota Promissória.	DEVEDOR Emite a Nota Promissória.

Obs.: não há necessidade de aceite da nota promissória, uma vez que, ao emitir o título, o devedor já reconhece a dívida.

Nota promissória emitida (de nossa emissão)	Obrigação	Passivo	NP a Pagar
Nota promissória aceita (emitida por terceiro)	Direito	Ativo	NP a receber

Questões

01. (CESPE – 2018) As aplicações de recursos em despesas do exercício seguinte são classificadas no ativo circulante.

Certo ( ) Errado ( )

02. (CESPE – 2018) A capacidade de geração de benefício econômico futuro não deve ser considerada para fins de mensuração do valor justo de ativos não financeiros.

Certo ( ) Errado ( )

03. (CESPE – 2018) Em muitos casos, a colocação de debêntures no mercado demanda a contratação de instituições financeiras para coordenar o processo, o que gera os chamados gastos com colocação de debêntures. Esses gastos integram os encargos financeiros e devem ser amortizados durante o prazo de vigência das debêntures.

Certo ( ) Errado ( )

04. (CESPE – 2018) Se determinada empresa emitir debêntures conversíveis em ações, seus acionistas terão direito de preferência para subscrever tais debêntures.

Certo ( ) Errado ( )

05. (FCC – 2018) Uma subvenção governamental recebida deve ser reconhecida diretamente no patrimônio líquido, desde que não haja obrigações a serem cumpridas pela entidade.

Certo ( ) Errado ( )

Gabaritos

01	CERTO
02	ERRADO
03	CERTO
04	CERTO
05	ERRADO

6. OPERAÇÕES COM MERCADORIAS

6.1 Estoques – Conceito e Composição

6.1.1 Conceito

São bens adquiridos ou produzidos pela empresa com o objetivo de venda ou utilização própria no curso normal de suas atividades

Definição segundo **CPC 16- Estoques:**

Estoques são Ativos:

a) mantidos para venda no curso normal dos negócios;

b) em processo de produção para essa venda; ou

c) na forma de materiais ou suprimentos, a serem consumidos ou transformados no processo de produção ou na prestação de serviços.

6.1.2 Componentes do Grupo Estoque

Bens adquiridos e destinados à venda, incluindo, por exemplo, mercadorias compradas por um varejista para revenda, ou terrenos e outros imóveis para revenda;

Produtos acabados e produtos em processo de produção e incluem matérias-primas e materiais aguardando utilização no processo de produção, tais como: componentes, embalagens e material de consumo.

6.2 Mensuração do Estoque

6.2.1 Lei 6.404/76

Os estoques devem ser mensurados pelo valor de custo ou pelo valor justo, dos dois, o menor.

***Art. 183**, Lei 6.404/76*

II - os direitos que tiverem por objeto mercadorias e produtos do comércio da companhia, assim como matérias-primas, produtos em fabricação e bens em almoxarifado, pelo custo de aquisição ou produção, deduzido de provisão para ajustá-lo ao valor de mercado, quando este for inferior;

***§ 1º** Para efeitos do disposto neste artigo, considera-se valor justo:*

***a)** das matérias-primas e dos bens em almoxarifado, o preço pelo qual possam ser repostos, mediante compra no mercado;*

***b)** dos bens ou direitos destinados à venda, o preço líquido de realização mediante venda no mercado, deduzidos os impostos e demais despesas necessárias para a venda, e a margem de lucro.*

Ativo Circulante
Estoque
(-) Estimativa de Ajuste ao Valor de Mercado

6.2.2 CPC 16 – Estoques

Os estoques devem ser mensurados pelo valor de custo ou pelo valor realizável líquido, dos dois, o menor.

Ativo Circulante
Estoque
(-) Estimativa de Ajuste ao Valor Realizável Líquido

A prática de reduzir o valor de custo dos estoques para o valor realizável líquido é consistente com o ponto de vista de que os Ativos não devem ser escriturados por quantias superiores àquelas que se espera que sejam realizadas com a sua venda ou uso.

Valor realizável líquido é o preço de venda estimado no curso normal dos negócios deduzido dos custos estimados para sua conclusão e dos gastos estimados necessários para se concretizar a venda.

6.2.3 Custo do Estoque

O valor de custo dos estoques deve incluir todos os custos de aquisição e de transformação, bem como outros custos incorridos para trazer os estoques à sua condição e localização atuais.

CPC 16 – Estoques:

O custo de aquisição dos estoques compreende:

> o preço de compra;

> os impostos de importação e outros tributos (exceto os recuperáveis junto ao Fisco);

> os custos de transporte, seguro, manuseio e outros diretamente atribuíveis à aquisição de produtos acabados, materiais e serviços.

* Descontos comerciais, abatimentos e outros itens semelhantes devem ser deduzidos na determinação do custo de aquisição.

Preço de compra,
+ Impostos de importação e outros tributos
(-) Impostos recuperáveis junto ao Fisco
+ Custos de transporte, seguro, manuseio e outros diretamente atribuíveis à aquisição de produtos acabados, materiais e serviços.
(-) Descontos comerciais, abatimentos e outros itens semelhantes
CUSTO DE AQUISIÇÃO

Armazenagem de matéria-prima = CUSTO DE PRODUÇÃO
Armazenagem de mercadorias ou produtos acabados = DESPESA

Outros Custos

Outros custos que não são de aquisição nem de transformação devem ser incluídos nos custos dos estoques somente na medida em que sejam incorridos para colocar os estoques no seu local e na sua condição atuais. Por exemplo, pode ser apropriado incluir no custo dos estoques gastos gerais que não sejam de produção ou os custos de desenho de produtos para clientes específicos.

Itens **não incluídos no custo dos estoques** e reconhecidos como **despesa** do período em que são incorridos:

a) valor anormal de desperdício de materiais, mão de obra ou outros insumos de produção;

b) gastos com armazenamento, a menos que sejam necessários ao processo produtivo entre uma e outra fase de produção;

c) despesas administrativas que não contribuem para trazer o estoque ao seu local e condição atuais; e

d) despesas de comercialização, incluindo a venda e a entrega dos bens e serviços aos clientes.

O Pronunciamento CPC 20 – Custos de Empréstimos – estabelece que os custos de empréstimos que são diretamente atribuíveis à aquisição, construção ou produção de um Ativo qualificável formam parte do custo de tal Ativo, ou seja, os custos de empréstimos incorridos para financiar a construção de Ativos qualificáveis são apropriados ao custo do Ativo. Outros custos de empréstimos devem ser reconhecidos como despesa no período em que são incorridos.

* Custos de empréstimos são juros e outros custos que a entidade incorre em conexão com o empréstimo de recursos.

* Ativo qualificável é um Ativo que, necessariamente, demanda um período de tempo substancial para ficar pronto para seu uso ou venda pretendidos. Pode ser estoque, imobilizado, Ativo Intangível, plantas para manufaturas, e outros.

6.3 Operações de Compra

6.3.1 Impostos Recuperáveis

De acordo com a CF/88, o **IPI** e o **ICMS**:

> Impostos recuperáveis ou não cumulativos: o adquirente da mercadoria tem o direito de se creditar do imposto cobrado em operações anteriores, para compensá-lo com o imposto devido na operação seguinte.

Compra = crédito = imposto a recuperar

Venda = obrigação = imposto a recolher

Os impostos incidentes nas operações de compras, quando recuperáveis, não integrarão o custo de aquisição.

a) ICMS

Características:

> Competência estadual.

> Incide sobre a circulação de mercadorias e prestação de serviços de transporte interestadual e intermunicipal e de comunicação.

> Imposto "por dentro"; seu valor está incluso no preço da mercadoria, ou seja, faz parte da sua própria base de cálculo.

> Como o ICMS é um tributo não cumulativo, o valor do ICMS pago ao fornecedor por ocasião da compra corresponde a um direito da empresa classificado no Ativo Circulante, caso a empresa seja contribuinte do imposto, e não integra o custo dos estoques de mercadorias.

> Mercadoria é a coisa móvel destinada ao comércio. Para efeito do ICMS a energia é tratada como mercadoria. Exclui os bens imóveis, ainda que sejam destinados à venda;

> Contribuinte do imposto: Comércio/ Indústria.

A compra gera CRÉDITO de ICMS – ICMS a recuperar.
A venda da mercadoria gera DÉBITO de ICMS- ICMS a recolher.

No período de apuração da conta, os créditos e débitos de ICMS serão comparados para se conhecer a parcela do imposto a recuperar ou a recolher:

Se o DÉBITO de ICMS for maior que o Crédito de ICMS (ICMS a recolher > ICMS a recuperar) há obrigação de recolher o imposto.

Se o DÉBITO de ICMS for menor que o Crédito de ICMS (ICMS a recolher < ICMS a recuperar) há crédito do imposto.

A alíquota do ICMS pode variar de acordo com o tipo da mercadoria ou do serviço, sua origem e destinação.

O ICMS é recuperável quando se adquirem:

> Mercadorias para comercialização e/ou Industrialização.

> Bens para ativo imobilizado.

b) IPI

Características:

> Competência Federal.

> Incide sobre produtos industrializados ou manufaturados, é devido por empresas industriais ou equiparadas.

> Imposto "por fora", o seu valor não está incluso no preço dos produtos.

> Como o IPI é um tributo não cumulativo, o valor do IPI pago ao fornecedor por ocasião da compra corresponde a um direito da empresa classificado no Ativo Circulante, caso a empresa seja contribuinte do imposto, e não integra o custo dos estoques de mercadorias.

> Contribuinte do imposto: indústria ou equiparadas.

A compra gera CRÉDITO de IPI – IPI a recuperar;
A venda do produto manufaturado gera DÉBITO de IPI – IPI a recolher.

No período de apuração da conta, os créditos e débitos de IPI serão comparados para se conhecer a parcela do imposto a recuperar ou a recolher:

Se o DÉBITO de IPI for maior que o Crédito de IPI (IPI a recolher > IPI a recuperar) há obrigação de recolher o imposto.

Se o DÉBITO de IPI for menor que o Crédito de IPI (IPI a recolher < IPI a recuperar) há crédito do imposto.

A alíquota do IPI pode variar de acordo com o tipo de produto produzido, sua origem e destinação.

O IPI é recuperável quando se adquirem:

> Matérias-primas e demais bens em almoxarifado destinados ao processo de industrialização de produtos sujeitos ao imposto.

O IPI não é recuperável quando:

> Adquirem-se bens para o ativo imobilizado;

> Adquire-se material de uso ou consumo da indústria (produtos não utilizados no processo produtivo);

> O adquirente não é contribuinte do IPI (neste caso, o IPI integra o custo de aquisição).

ATIVIDADE	IMPOSTOS APLICÁVEIS
INDÚSTRIA	IPI
	ICMS
	PIS/ COFINS
COMÉRCIO	ICMS
	PIS/ COFINS
CONSUMIDOR FINAL	NÃO É CONTRIBUINTE DE NENHUM IMPOSTO

ICMS – imposto por dentro

IPI – imposto por fora

Então, no preço da mercadoria inclui o ICMS, mas não inclui o IPI.

Exemplo:

Mercadorias ------------------R$ 3.000,00

IPI de 20% --------------- + R$ 600,00 (3.000 x 20%)

Valor da NF --------------- R$ 3.600,00

ICMS de 10% está incluso no valor da mercadoria = R$ 300,00 (3000 x10%)

Cumpre observar que o valor do IPI foi adicionado ao valor da mercadoria para calcularmos o total da NF de R$3.600,00. O ICMS está embutido no valor da mercadoria.

É preciso ter cuidado com as questões que mencionam o "valor da nota fiscal" ou o "valor pago", este já inclui o IPI. Quando a questão fizer referência ao total da nota, neste valor estão embutidos o ICMS e IPI.

No total da nota de R$ 3.600,00 já estão embutidos o ICMS de R$ 300,00 e o IPI de R$ 600,00.

6.3.2 Operações de Compras

SITUAÇÃO 1: Vendedor (indústria) x Comprador (comércio)

Indústria (vendedor): Destaque do ICMS e IPI na nota fiscal, pois contribui com os dois impostos.	→	**Empresa comercial (comprador):** Contribuinte somente do **ICMS**. Significa que terá o direito de **compensar** o ICMS na compra. O IPI fará parte do **custo de aquisição**, pois não será recuperado.

Vendedor: Indústria
Mercadorias ---R$ 3.000,00
IPI de 20% -------------------------------+R$ 600,00 (3.000 x 20%)
Valor da NF ------------------------------- R$ 3.600,00
ICMS de 10% incluso no valor da operação = R$ 300,00 (3000 x 10%)

Comprador: Comércio
Compra Líquida:
3.000 – 300(ICMS recuperável) + 600(IPI não recuperável) = R$ 3.300,00 ou
3.600 – 300 = R$ 3.300,00

Lançamento:
D- Mercadorias ---3.300,00
D- ICMS a Recuperar---300,00
C- Caixa/ Fornecedor ---------------------------------------3.600,00

SITUAÇÃO 2: Vendedor (indústria) x Comprador (indústria)

Indústria (vendedor): Destaque do ICMS e IPI na nota fiscal, pois contribui com os dois impostos.	→	**Indústria (comprador):** Contribuinte do ICMS e IPI. Significa que terá o direito de **recuperá-los na compra.**

Vendedor: Indústria
Mercadorias -------------R$ 3.000,00
IPI de 20% ---------------+R$ 600,00 (3.000 x 20%)
Valor da NF --------------R$ 3.600,00
ICMS de 10% incluso no valor da operação = R$ 300,00 (3000 x10%)

Comprador: Indústria
Compra Líquida:
= 3.600 – 300(ICMS recuperável) – 600(IPI recuperável) = R$ 2.700,00 ou
3.000 – 300(ICMS recuperável) = R$ 2.700,00
Lançamento:
D- Mercadorias ----------------2.700,00
D- ICMS a Recuperar------------300,00
D- IPI a Recuperar--------------600,00
C- Caixa/ Fornecedor-------3.600,00

Em regra geral, o IPI incide sobre o ICMS.
O ICMS é calculado por dentro, ou seja, está embutido no valor da mercadoria.
O ICMS não incide sobre o IPI.

SITUAÇÃO 3: vendedor (comércio) x Comprador (comércio)

Comércio (vendedor): Destaque do ICMS, pois, é contribuinte do imposto.	→	**Comércio (comprador):** Contribuinte somente do ICMS. Significa que terá o direito de **compensar o ICMS** na compra.

Vendedor: comércio
Mercadorias --R$ 3.000,00
Valor da NF --R$ 3.000,00
ICMS de 10% incluso no valor da operação = R$ 300,00 (ICMS = 3.000 x 10%= 300,00)

Comprador: comércio
Compra Líquida: 3.000-300= R$ 2.700,00
Lançamento:
D- Mercadoria--2.700,00
D-ICMS a Recuperar--300,00
C- Caixa/Fornecedor---------------------------------------3.000,00

SITUAÇÃO 4: BEM DE CONSUMO

Vendedor (Indústria) x Comprador (Consumidor Final)

Se o produto é destinado a consumo ou a ativo fixo do adquirente, o IPI integra a base de cálculo do ICMS do remetente.

Vendedor: Indústria
Bem --R$ 3.000,00
IPI-20%-- + R$ 600,00
NF--- R$ 3.600,00
ICMS de 10% incluso no valor da operação = 3.600 x 10% = R$ 360,00

Comprador: Consumidor Final
Custo de Aquisição: R$ 3.600,00
Lançamento
D- Estoque/ Material de Consumo
C- Caixa/Fornecedor -----------------------------------R$ 3.600,00

Composição da NF de venda (em reais):
Vendedor: Indústria e Comércio
250 latas -----C_{un} 120,00
IPI + 6,00 (120 x 5%)
NF 126,00
ICMS = 120 x 12% = 14,40

Comprador: Indústria e Comércio
A tinta adquirida foi contabilizada conforme sua natureza contábil funcional:
50 latas para consumo interno: assume o papel do consumidor final, não recupera nenhum dos impostos. Vale ressaltar que nessa situação o ICMS seria de R$ 15,12 (126 x 12%), mas de qualquer forma não seria recuperado.
100 latas para revender: assume o papel de empresa comercial, recupera apenas o ICMS.
100 latas para usar como matéria-prima: assume o papel de indústria, recupera tanto ICMS quanto o IPI.
Estoque
- consumo interno: 50 x 126 = R$ 6.300,00.
- para revender: 100 x (126 – 14,40) = 100 x 111,60 = R$ 11.160,00
- para usar como matéria-prima = 100 x (126 - 6 - 14,40) = 100 x 105,60 = R$ 10.560,00

Total do estoque: R$ 28.020,00

Frete e Seguro na Compra

SITUAÇÃO 5: Frete e seguro

Se a questão não informar, deve-se considerar que o frete e o seguro foram realizados por uma transportadora (terceiros). Neste caso, a empresa compradora receberá duas NFs, a nota que acompanha o produto e a nota do transporte. Só destacaremos ICMS sobre frete se a questão mencionar expressamente.

Se o transporte for dentro do município, não incidirá ICMS, somente ISS.

SITUAÇÃO 6: Frete e seguro

Transporte realizado por terceiros e pago pelo vendedor. **Despesa com vendas.**	→	Para o comprador não há custo com transporte.

Vendedor: Indústria
Mercadoria-------------------------------- R$ 3.000,00
IPI de 20%--------------------------------R$ 600,00 (3.000 x 20%)
Total NF --------------------------------R$ 3.600,00
ICMS de 10% = R$ 300,00 (3.000,00 X 10%)
NFCT: 400 ICMS: 400 x 10% = 40
Pago pelo vendedor = despesa com vendas
Lançamento:
D- Frete sobre venda
C- Caixa/ Duplicata a pagar----------------400,00
Como o frete foi pago pelo vendedor, não compõe o custo de aquisição do comprador.
O vendedor deverá reconhecer uma despesa operacional/despesa com vendas.
Comprador: comércio
CL = 3.000 + 600 – 300 = 3.300
Lançamento:
D- Mercadorias--------------------------3.300,00
D- ICMS a Recuperar---------------------- 300,00
C- Caixa/ Fornecedor--------------------- 3.600,00

CIF = frete pago pelo vendedor
FOB = frete pago pelo comprador

6.3.3 PIS e COFINS

Características:

> contribuições Federais;
> contribuições "por dentro", seus valores estão inclusos no preço da mercadoria;
> a partir da vigência da lei 10.637/02 e da Lei 10.833/03, o PIS e COFINS estão sujeitos a duas regras gerais de apuração:
  » Regime de incidência cumulativa;
  » Regime de incidência não cumulativa.

Regime Cumulativo: PIS e COFINS não são recuperáveis, seus valores integram o custo de aquisição da mercadoria. Incidem somente na saída (venda), gerando a obrigação de pagar o imposto.

Contribuintes: pessoas jurídicas de direito privado e as que lhes são equiparadas pela legislação do IR, que apurem o IR com base no lucro presumido ou arbitrado.

Fato Gerador: faturamento mensal = receita bruta.

Receita bruta abrange:

> produto da venda de bens nas operações de conta própria;
> preço da prestação de serviço em geral;
> resultado auferido nas operações de conta alheia;
> receitas da atividade ou objeto principal da PJ não compreendidas nos itens anteriores.

Exclusão da Base de Cálculo:

Para fins de determinação da base de cálculo, podem ser excluídos do faturamento, quando o tenham integrado, os valores:

> das receitas isentas ou não alcançadas pela incidência da contribuição ou sujeitas à alíquota 0 (zero);
> das vendas canceladas e os descontos incondicionais concedidos;
> do IPI e do ICMS, quando destacado em nota fiscal e cobrado pelo vendedor dos bens ou prestador dos serviços na condição de substituto tributário;
> as reversões de provisões e recuperações de créditos baixados como perda, que não representem ingresso de novas receitas, o resultado positivo da avaliação de investimento pelo valor do Patrimônio Líquido e os lucros e dividendos derivados de participações societárias, que tenham sido computados como receita bruta;
> a receita decorrente da venda de bens classificados no Ativo Não Circulante que tenha sido computada como receita bruta;

> a receita reconhecida pela construção, recuperação, ampliação ou melhoramento da infraestrutura, cuja contrapartida seja Ativo Intangível representativo de direito de exploração, no caso de contratos de concessão de serviços públicos.

Regime não cumulativo: admite o direito a ***crédito*** relativo à entrada de mercadorias, bens e serviços no estabelecimento do contribuinte, além de permitir o ***desconto de créditos apurados*** com base em custos, despesas e encargos da pessoa jurídica.

Contribuintes: pessoas jurídicas de direito privado, e as que lhe são equiparadas pela legislação do Imposto de Renda, que apurem o IRPJ com base no ***Lucro Real***, exceto instituições financeiras, cooperativas de crédito, pessoas jurídicas que tenham por objeto a securitização de créditos imobiliários e financeiros, operadoras de planos de assistência à saúde, empresas particulares que explorem serviços de vigilância e de transporte de valores de que trata a Lei nº 7.102/83, e sociedades cooperativas.

Incidência: as contribuições para o PIS/PASEP e COFINS ***não cumulativas*** incidem sobre o ***total das receitas auferidas*** no mês pela pessoa jurídica.

O total das receitas compreende a receita bruta e todas as demais receitas auferidas pela pessoa jurídica, com os respectivos valores decorrentes do ***ajuste a valor presente***.

Não integram a base de cálculo a que se refere este artigo as receitas:

I - isentas ou não alcançadas pela incidência da contribuição ou sujeitas à alíquota 0 (zero).

Alíquota zero: venda de livro técnico, ***as receitas financeiras das pessoas jurídicas sujeitas ao regime de incidência não cumulativa, exceto as receitas financeiras de JSCP;***

Isenção: exportação de mercadoria para exterior, prestação de serviço para PF ou PJ domiciliadas no exterior; venda a empresa comercial exportadora com o fim específico de exportação.

II - decorrentes da venda de bens do Ativo Não Circulante, classificado como investimento, imobilizado ou intangível;

III - auferidas pela pessoa jurídica revendedora, na revenda de mercadorias em relação às quais a contribuição seja exigida da empresa vendedora, na condição de substituta tributária;

IV - referentes a:

a) vendas canceladas e aos descontos incondicionais concedidos;

b) reversões de provisões e recuperações de créditos baixados como perda que não representem ingresso de novas receitas, o resultado positivo da avaliação de investimentos pelo valor do Patrimônio Líquido e os lucros e dividendos derivados de participações societárias, que tenham sido computados como receita;

V- decorrentes de transferência onerosa a outros contribuintes do Imposto sobre Operações relativas à Circulação de Mercadorias e sobre Prestações de Serviços de Transporte Interestadual e Intermunicipal e de Comunicação - ICMS de créditos de ICMS originados de operações de exportação;

VI - financeiras decorrentes do ajuste a valor presente, referentes a receitas excluídas da base de cálculo da Contribuição para o PIS/Pasep;

VII - relativas aos ganhos decorrentes de avaliação de Ativo e Passivo com base no valor justo;

VIII - de subvenções para investimento, inclusive mediante isenção ou redução de impostos, concedidas como estímulo à implantação ou expansão de empreendimentos econômicos e de doações feitas pelo poder público;

IX - reconhecidas pela construção, recuperação, reforma, ampliação ou melhoramento da infraestrutura, cuja contrapartida seja Ativo intangível representativo de direito de exploração, no caso de contratos de concessão de serviços públicos;

X - relativas ao prêmio na emissão de debêntures.

Crédito do PIS e da COFINS para o sistema não cumulativo.

I - bens adquiridos para revenda;

II - bens e serviços utilizados como insumo na prestação de serviços e na produção ou fabricação de bens ou produtos destinados à venda, inclusive combustíveis e lubrificantes; (adquiridos no mês)

III - energia elétrica e energia térmica, inclusive sob a forma de vapor, consumidas nos estabelecimentos da pessoa jurídica; (incorridos no mês)

IV - aluguéis de prédios, máquinas e equipamentos, pagos a pessoa jurídica, utilizados nas atividades da empresa; (incorridos no mês)

V - valor das contraprestações de operações de arrendamento mercantil de pessoa jurídica, exceto de optante pelo SIMPLES; (incorridos no mês)

VI - máquinas, equipamentos e outros bens incorporados ao Ativo Imobilizado, adquiridos ou fabricados para locação a terceiros, ou para utilização na produção de bens destinados à venda ou na prestação de serviços; (incorridos no mês)

VII - edificações e benfeitorias em imóveis próprios ou de terceiros, utilizados nas atividades da empresa; (incorridos no mês)

VIII - bens recebidos em devolução cuja receita de venda tenha integrado faturamento do mês ou de mês anterior, e tributada conforme o disposto nesta Lei; (devolvidos no mês)

IX - armazenagem de mercadoria e frete na operação de venda, nos casos dos incisos I e II, quando o ônus for suportado pelo vendedor; (incorridos no mês)

IX - armazenagem de mercadoria e frete na operação de venda, nos casos dos incisos I e II, quando o ônus for suportado pelo vendedor; (incorridos no mês)

X - vale-transporte, vale-refeição ou vale-alimentação, fardamento ou uniforme fornecidos aos empregados por pessoa jurídica que explore as atividades de prestação de serviços de limpeza, conservação e manutenção;

XI - bens incorporados ao Ativo Intangível, adquiridos para utilização na produção de bens destinados a venda ou na prestação de serviços (incorridos no mês).

O direito ao crédito aplica-se, exclusivamente, em relação:

I - aos bens e serviços adquiridos de pessoa jurídica domiciliada no País;

II - aos custos e despesas incorridos, pagos ou creditados a pessoa jurídica domiciliada no País.

O crédito não aproveitado em determinado mês pode ser utilizado nos meses subsequentes

	CUMULATIVO	NÃO CUMULATIVO
PIS	0,65%	1,65%
COFINS	3%	7,6%
TOTAL	3,65%	9,25%

Na demonstração do resultado do exercício, a COFINS incidente sobre a receita bruta é apresentada como dedução da receita bruta. Já a COFINS incidente sobre as demais receitas classifica-se como despesa operacional.

SITUAÇÃO 7: Empresa comercial (optante do Lucro Real) adquire mercadorias de outra empresa comercial.

Vendedor: Comércio	→	Comprador: Comércio Optante do Lucro Real

Vendedor: comércio
Mercadorias ---- R$ 3.000,00
NF R$ 3.000,00
ICMS -10% x 3.000 = R$ 300,00
Comprador: comércio
PIS e COFINS não Cumulativo
PIS- 1,65% x 3.000 = R$ 49,50
COFINS- 7,6% x 3.000 = R$ 228,00
CL: 3.000 – 300 (ICMS) – 49,50 (PIS) – 228 (COFINS) = 2.422,50
Lançamento:
D- Mercadorias--------------------2.422,50
D- ICMS a Recuperar--------------300,00
D- PIS a Recuperar-------------------49,50
D- COFINS a Recuperar-------------228,00
C- Caixa/Fornecedor-------------3.000,00

SITUAÇÃO 8: Indústria (optante do Lucro Real) adquire mercadorias de indústria.

Vendedor: Indústria	→	Comprador: Indústria Optante do Lucro Real

Vendedor: indústria
Mercadoria ------- R$ 3.000,00
IPI-20%---------- R$ 600,00 (**recuperável= não compõe o custo**)
NF ---------------R$ 3.600,00
ICMS de 10% x 3.000 = R$ 300,00
Comprador: indústria
PIS e COFINS não Cumulativo
PIS- 1,65% x **3.000** = R$ 49,50
COFINS- 7,6% x **3.000** = R$ 228,00
CL = 3.600 – 600 (IPI)- 300 (ICMS) – 49,50 (PIS) – 228 (COFINS) = R$ 2.422,50
Lançamento:
D- Mercadorias--------------------2.422,50
D- IPI a Recuperar------------------600,00
D- ICMS a Recuperar--------------300,00
D- PIS a Recuperar-------------------49,50
D- COFINS a Recuperar-------------228,00
C- Caixa/Fornecedor-------------3.600,00

SITUAÇÃO 9: Empresa comercial (optante do Lucro Real) adquire mercadorias de indústria.

Vendedor: Indústria	→	Comprador: comércio Optante do Lucro Real

Vendedor: indústria
Mercadoria ------- R$ 3.000,00
IPI-20%------------- R$ 600,00 (**não recuperável = compõe custo de aquisição**)
NF ------------------R$ 3.600,00
ICMS de 10% X 3.000 = R$ 300,00
Comprador: comércio
PIS e COFINS não Cumulativo
PIS- 1,65% x **3.600** = R$ 59,40
COFINS- 7,6% x **3.600** = R$ 273,60
CL= 3.000 + 600 – 300(ICMS) – 59,40(PIS) – 273,60(COFINS) = R$ 2.967,00
Lançamento:
D- Mercadoria----------2967,00
D- ICMS a recuperar---300,00
D- PIS a recuperar---------59,40
D- COFINS a recuperar---273,60
C- Cx./Fornecedor-------3.600

IPI recuperável - Seu valor não entra na base de cálculo do:

> ICMS;

> PIS; e

> COFINS.

-IPI não recuperável, e o bem é destinado à venda:

> Seu valor integra a base de Cálculo do: PIS e COFINS.

> Seu valor não entra na base de cálculo do: ICMS

6.3.4 Fatores que alteram as Compras

a) **Devoluções (ESTORNO)**

Ato pelo qual a mercadoria retorna ao fornecedor, por estar em desacordo com o pedido inicial, por defeito de fabricação, por estar fora das especificações técnicas ou por entrega fora do prazo. A devolução poderá ser total ou parcial, acompanhada de NF de devolução.

SITUAÇÃO 10: empresa comercial (optante do Lucro Real) adquire mercadorias de indústria.

Vendedor: indústria
Mercadoria ------- R$ 3.000,00
IPI-20%------------- R$ 600,00 (não recuperável = compõe custo de aquisição)
NF ------------------R$ 3.600,00
ICMS de 10% X 3000 = R$ 300,00
Comprador: comércio
PIS e COFINS não Cumulativo
PIS- 1,65% x 3.600= R$ 59,40
COFINS - 7,6% x 3.600= R$ 273,60
CL= 3.000 + 600 – 300(ICMS) – 59,40(PIS) – 273,60(COFINS) = R$ 2.967,00
Lançamento:
D- Mercadoria----------2967,00
D- ICMS a recuperar---300,00
D- PIS a recuperar---------59,40
D- COFINS a recuperar---273,60
C- Cx./Fornecedor-------3.600

Devolução de 50% dessa compra:

Estorno

Nesse primeiro registro utilizamos a conta transitória que precisará ser encerrada ao final do período, para ajuste do estoque.

Lançamento

D- Cx./Fornecedor----------------------1.800,00

C- Devolução de compra ----------------1.483,50

C- ICMS a recuperar----------------------150,00

C- PIS a recuperar--------------------------29,70

C- COFINS a recuperar-------------------136,80

AC/ Mercadoria-------------------------2.967,00

(-) Devolução de Compra------ ---(1.483,50)

Ajuste do estoque:

Lançamento

D- Devolução de compra

C- Mercadoria-----------------------------1.483,50

Saldo Final:

AC/ Mercadoria------------------------ 1.483,50

Estorno

Nesse segundo registro o estorno foi realizado diretamente na conta mercadorias.

Lançamento

D - Cx./Fornecedor----------------------1.800,00

C- Mercadoria---------------------------1.483,50

C- ICMS a recuperar----------------------150,00

C- PIS a recuperar--------------------------29,70

C- COFINS a recuperar-------------------136,80

Havendo frete na compra, caso esta seja totalmente devolvida, tal frete será considerado despesa operacional referente ao período em que ocorrer a devolução.

Se a devolução for parcial, a perda com frete será proporcional ao valor da devolução.

b) **Abatimento sobre Compra**

Redução no valor da mercadoria concedido pelo vendedor com objetivo de evitar uma devolução. Concedido em razão de: avarias, divergência em qualidade ou quantidade entre a entrega e o pedido. O abatimento é concedido após o ato da venda, consequentemente, após emissão da NF, não diminuindo a base de cálculo dos impostos.

Em função de o abatimento ser concedido após a emissão da NF, este valor não influenciará os impostos que incidiram na operação, prevalecendo o montante calculado quando da ocorrência do fato gerador.

SITUAÇÃO 11: comércio (optante do Lucro Real) adquire mercadorias de Indústria.

Vendedor: indústria
Espelho da NF:
Mercadoria ------- R$ 3.000,00
IPI-20%------------- <u>R$ 600,00</u> (não recuperável)
NF ------------------R$ 3.600,00
ICMS de 10% X 3000 = R$ 300,00
Comprador: comércio (optante do Lucro Real)
* PIS e COFINS não Cumulativo
PIS- 1,65% x 3.600= R$ 59,40
COFINS- 7,6% x 3.600= R$ 273,60
Custo de aquisição:
Mercadoria (NF) – ICMS – PIS - COFINS = CL
3.600 300 59,40 273,60 2.967,00
<u>Lançamento:</u>
D- Mercadoria--------------2967,00
D- ICMS a recuperar--------300,00
D- PIS a recuperar-------------59,40
D- COFINS a recuperar--------273,60
C- Cx./Fornecedor-------------3.600

FATO: Abatimento s/ compra de R$ 500,00

Lançamento:

D- Caixa/Fornecedor

C- Abatimento s/ Compra*-----------R$ 500,00

* Conta transitória redutora da conta Mercadoria.

AC/Mercadoria--------------------------2.967,00

(-) Abatimento sobre compra-------(500,00)

Ajuste do estoque

Lançamento

D- Abatimento s/ compra

C- Mercadoria------------------------R$ 500,00

Saldo Final:

AC/Mercadoria--------------------------2.467,00

c) **Descontos Incondicionais ou Comerciais**

Desconto dado incondicionalmente pelo fornecedor ao cliente, visto que não depende das condições de pagamento. Concedido no ato da transação, portanto, é destacado na NF. Também chamado de desconto comercial.

O lançamento do desconto comercial obtido, regra geral, não é contabilizado pelo comprador. A mercadoria é registrada pelo valor líquido, já deduzido o desconto, obedecendo ao conceito de custo histórico ou valor original.

Os descontos incondicionais Influenciam o valor dos tributos incidentes sobre a operação, da seguinte forma:

- O crédito de ICMS é reduzido.
- Os créditos de PIS/Pasep e COFINS serão também reduzidos; e
- O crédito de IPI não é afetado (isso porque o desconto incondicional é irrelevante para apuração do IPI, conforme legislação de regência).

Lei nº 4.502/64

Art. 14. *II - quanto aos produtos nacionais, o valor total da operação de que decorrer a saída do estabelecimento industrial ou equiparado a industrial. (Redação dada pela Lei nº 7.798, de 1989)*

§ 1º. O valor da operação compreende o preço do produto, acrescido do valor do frete e das demais despesas acessórias, cobradas ou debitadas pelo contribuinte ao comprador ou destinatário. (Redação dada pela Lei nº 7.798, de 1989)

§ 2º. Não podem ser deduzidos do valor da operação os descontos, diferenças ou abatimentos, concedidos a qualquer título, ainda que incondicionalmente. (Redação dada pela Lei nº 7.798, de 1989)

SITUAÇÃO 12: desconto incondicional concedido de 10%.

Vendedor: indústria
Mercadoria ------- R$ 3.000,00
Desconto Incondicional (R$ 300,00)
IPI-20%------------- R$ 600,00 (não recuperável)
NF -----------------R$ 3.300,00
ICMS de 10% X (3000 – 300) = R$ 270,00
Comprador: comércio
* PIS e COFINS não Cumulativo
PIS- 1,65% x 3.300 = R$ 54,45
COFINS- 7,6% x 3.300 = R$ 250,80
CL= 3.000 – 300 + 600 – 270(ICMS) – 54,45(PIS) – 250,80(COFINS) = R$ 2724,75
Lançamento:
D- Mercadoria----------2724,75
D- ICMS a recuperar---270,00
D- PIS a recuperar---------54,45
D- COFINS a recuperar---250,80
C- Cx./Fornecedor-------3.300

Importante!

O STF reconheceu a inconstitucionalidade parcial desse dispositivo (art.14, §2°), estabelecendo que os descontos incondicionais NÃO INTEGRAM a base de cálculo do IPI.

P.S 1: a decisão foi no julgamento do RE nº 567.935, ou seja, foi em sede de controle incidental de constitucionalidade. Logo, não tem efeito vinculante e sua eficácia é apenas inter partes.

P.S 2: o Regulamento do IPI segue o art. 14, § 2º, ou seja, a legislação que rege o assunto não foi modificada.

Blog prof. Ricardo Vale. http://www.estrategiaconcursos.com.br/blog/questao-garantida-proximo-concurso-da-receita-federal/

Fatores que alteram as compras	Efeitos nos tributos
Devolução	Diminui a base de cálculo do IPI, ICMS, PIS e COFINS.
Abatimento	Não diminui a base de cálculo dos impostos.
Desconto Incondicional (NF)	Diminui a base de cálculo do ICMS, PIS e COFINS. Não diminui base de cálculo do IPI.

6.4 Custo da Mercadoria Vendida

CMV = EI + CL - EF

CMV = Custo da Mercadoria Vendida = Custo da Venda

EI = estoque Inicial

EF = estoque Final

CL = compra líquida

6.5 Operações de Venda

Venda bruta
(-) devoluções de venda
(-) abatimentos s/ venda
(-) descontos incondicionais
(-) impostos incidentes s/ venda.
Receita Líquida

6.5.1 Tributos Incidentes sobre as Vendas

> ICMS-Imposto s/ Circulação de Mercadorias e Serviço de Transporte Interestadual e Intermunicipal e de Comunicação (imposto estadual);

> ISS- Imposto sobre Serviços (imposto municipal);

> PIS- Contribuição do Programa de Integração Social (contribuição federal);

> COFINS- Contribuição Social sobre Faturamento (contribuição federal);

> IPI - Imposto s/ Produtos Industrializados (imposto federal)

Obs.: o IPI incidente sobre a venda não é uma dedução da receita de venda, pois é um imposto por fora e, portanto, deve ser adicionado à receita para compor o faturamento bruto.

A base de cálculo do IPI é o valor bruto da venda, desconsiderados, portanto, os descontos incondicionais concedidos, ou seja, o IPI incide sobre o valor cheio.

SITUAÇÃO 13: Vendedor = Indústria

DRE
Faturamento Bruto--3.600,00
IPI s/ Faturamento--(600,00)
= Receita Bruta--3.000,00
Impostos s/ Venda--(577,50)
= Receita Líquida---2.422,50
CMV---(800,00)
= Lucro Bruto---1.622,50

Vendedor: indústria
Mercadoria ----------------------- R$ 3.000,00
IPI-20%---------------------------- R$ 600,00
NF ---------------------------------R$ 3.600,00
ICMS de 10% X 3.000 = R$ 300,00
PIS- 1,65% x 3.000 = R$ 49,50
COFINS- 7,6% x 3.000 = R$ 228,00
*CMV: R$ 800,00
Lançamento:
D- Duplicata a Receber/ Caixa
C- Faturamento Bruto -----------------3.600,00
D- IPI s/ Faturamento
C- IPI a Recolher------------------------600,00
D- Impostos s/ Venda--------------------577,50
C- ICMS a Recolher---------------------300,00
C- PIS a Recolher-------------------------49,50
C- COFINS a Recolher-------------------228,00
D- CMV
C- Mercadoria--------------------800,00

SITUAÇÃO 14: Vendedor: Comércio

Receita Bruta-----------------------------------3.000,00
Impostos s/ Venda-----------------------------------(577,50)
= Receita Líquida-----------------------------------2.422,50
CMV-----------------------------------(800,00)
= Lucro Bruto-----------------------------------1.622,50

Vendedor: comércio
Mercadorias ---- R$ 3.000,00
NF R$ 3.000,00
ICMS -10% x 3.000 = R$ 300,00
PIS- 1,65% x 3.000 = R$ 49,50
COFINS- 7,6% x 3.000 = R$ 228,00
CMV: R$ 800,00
Lançamento:
D- Duplicata a Receber/Caixa
C- Receita Bruta -----------------------3.000,00
D- Impostos s/ Venda--------------------577,50
C- ICMS a Recolher----------------------300,00
C- PIS a Recolher--------------------------49,50
C- COFINS a Recolher--------------------228,00
D- CMV
C- Mercadoria----------------------------800,00

6.5.2 Fatores que alteram as vendas

a) **Devolução de Vendas = ESTORNO**

Ocorre quando o adquirente da mercadoria devolve parte ou toda compra efetuada.

As devoluções de Vendas ou Vendas Canceladas são registradas em uma conta redutora da Receita de Vendas, denominada Devolução de Vendas, diminuindo o resultado da empresa vendedora.

SITUAÇÃO 15:

DRE
Faturamento Bruto-----------------------------------3.600,00
Devolução de venda-----------------------------------1.800,00)
IPI s/ Faturamento-----------------------------------(300,00)
= Receita Bruta-----------------------------------1.500,00
Impostos s/ Venda-----------------------------------(288,75)
= Receita Líquida-----------------------------------1.211,25
CMV-----------------------------------(400,00)
= Lucro Bruto-----------------------------------811,25

Vendedor: indústria
Mercadoria ------- R$ 3.000,00
IPI-20%------------- R$ 600,00
NF -------------------R$ 3.600,00
ICMS de 10% X 3.000 = R$ 300,00
PIS- 1,65% x 3.000 = R$ 49,50
COFINS- 7,6% x 3.000 = R$ 228,00
*CPV: R$ 800,00

Devolução de 50% da venda
Lançamento da devolução :
D- ***Devolução de Venda***
C- Duplicata a Receber/ Caixa ---1.800,00
D- IPI a Recolher
C- IPI s/ Faturamento-----------300,00
D- ICMS a Recolher----------150,00
D- PIS a Recolher--------------24,75
D- COFINS a Recolher-------114,00
C -Impostos s/ Venda-------288,75
D- Mercadoria
C – CPV------------------------400,00

SITUAÇÃO 16:

DRE
Receita Bruta-----------------------------------3.000,00
(-) Devolução de Venda----------------------------------- (1.500,00)
Impostos s/ Venda-----------------------------------(288,75)
= Receita Líquida-----------------------------------1.211,25
CMV-----------------------------------(400,00)
= Lucro Bruto-----------------------------------811,25

Lançamento da Venda:
D- Duplicata a Receber/ Caixa
C- Faturamento Bruto ---3.600,00
D- IPI s/ Faturamento
C- IPI a Recolher------------600,00
D- Impostos s/ Venda-------577,50
C- ICMS a Recolher----------300,00
C- PIS a Recolher--------------49,50
C- COFINS a Recolher-------228,00
D- CPV
C- Mercadoria-----------800,00
Vendedor: comércio
Mercadorias ----------------------------------- R$ 3.000,00
NF-----------------------------------R$ 3.000,00
ICMS -10% x 3.000 = R$ 300,00
PIS- 1,65% x 3.000 = R$ 49,50
COFINS- 7,6% x 3.000 = R$ 228,00
Lançamento Venda:
D- Duplicata a Receber/ Caixa
C- Receita Bruta-----------------------------------3.000,00
D- Impostos s/ Venda-----------------------------------577,50
C- ICMS a Recolher-----------------------------------300,00
C- PIS a Recolher-----------------------------------49,50
C- COFINS a Recolher-----------------------------------228,00
D- CMV
C- Mercadoria-----------------------------------800,00
Devolução de 50% da venda
Lançamento:
D- Devolução de Venda
C- Duplicata a Receber/Caixa -----------------------------------1.500
D- ICMS a Recolher-----------------------------------150,00
D- PIS a Recolher----------------------------------- 24,75
D- COFINS a Recolher-----------------------------------114,00
C- Impostos s/ Venda----------------------------------- 288,75
D- Mercadoria
C- CMV-----------------------------------400,00

b) **Abatimento sobre Venda**

O abatimento concedido reduz o resultado e deverá ser contabilizado em uma conta redutora da Receita de Vendas, denominada Abatimento sobre Venda. São concedidos pelo vendedor, com objetivo de evitar devoluções.

SITUAÇÃO 17: Abatimento sobre Venda

DRE
Faturamento-----------------------------------3.600,00
(-) IPI-----------------------------------(600,00)
Receita Bruta-----------------------------------3.000,00
(-) Abatimento s/ Venda-----------------------------------(500,00)
Impostos s/ Venda-----------------------------------(577,50)
= Receita Líquida-----------------------------------1.922,50
CMV-----------------------------------(800,00)
= Lucro Bruto-----------------------------------1.122,50

Vendedor: indústria
Mercadoria -- R$ 3.000,00
IPI-20%-- R$ 600,00
NF ---R$ 3.600,00
ICMS de 10% X 3.000 = R$ 300,00
PIS- 1,65% x 3.000 = R$ 49,50
COFINS- 7,6% x 3.000 = R$ 228,00
*CPV: R$ 800,00
Lançamento da Venda:
D- Duplicata a Receber/ Caixa
C- Faturamento Bruto -----------------------------------3.600,00
D- IPI s/ Faturamento
C- IPI a Recolher--600,00
D- Impostos s/ Venda--577,50
C- ICMS a Recolher--300,00
C- PIS a Recolher---49,50
C- COFINS a Recolher--228,00
D- CPV
C- Mercadoria---800,00
Foi concedido um abatimento de -----------------------R$ 500,00
D- Abatimento s/ Venda
C- Caixa/Duplicata a Receber-------------------------------500,00

SITUAÇÃO 18:

DRE
Receita Bruta-- 3.000,00
(-) Abatimento s/ Venda-----------------------------------(500,00)
Impostos s/ Venda---(577,50)
= Receita Líquida---1.922,50
CMV--(800,00)
= Lucro Bruto---1.122,50

Vendedor: comércio
Mercadorias -- R$ 3.000,00
NF---R$ 3.000,00
ICMS -10% x 3.000 = R$ 300,00
PIS- 1,65% x 3.000 = R$ 49,50
COFINS- 7,6% x 3.000 = R$ 228,00
Lançamento Venda:
D- Duplicata a Receber/ Caixa
C- Receita Bruta---3.000,00
D- Impostos s/ Venda--577,50
C- ICMS a Recolher--300,00
C- PIS a Recolher--49,50
C- COFINS a Recolher--228,00
D- CMV
C- Mercadoria---800,00
Foi concedido um abatimento de R$ 500,00
D- Abatimento s/ Venda
C- Caixa/Duplicata a Receber--------------------------------500,00

c) **Desconto Incondicional ou Comercial**

São concedidos no momento da venda, portanto, constam na NF. Diminuem o resultado, sendo registrados em uma conta redutora da receita de vendas, denominada Desconto Incondicional Concedido.

Não Esquecer!

Observa-se que os tributos s/ as vendas são calculados após a dedução do desconto comercial concedido. Exceção seria o IPI, que é calculado sobre o valor bruto das operações.

SITUAÇÃO 19:

DRE
Faturamento Bruto---3.600,00
IPI--(600,00)
Receita Bruta---3.000,00
Desconto Comercial--(300,00)
Impostos s/ Venda---(519,75)
= Receita Líquida---2.180,25
CPV--(800,00)
= Lucro Bruto---1.380,25

Desconto incondicional de R$ 300,00
Vendedor: indústria
Mercadoria -- R$ 3.000,00
Desconto Incondicional---------------------------------(300,00)
IPI-20%--- R$ 600,00
NF --R$ 3.300,00
ICMS de 10% X 2.700 = R$ 270,00
PIS- 1,65% x 2.700 = R$ 44,55
COFINS- 7,6% x 2.700 = R$ 205,20
*CPV: R$ 800,00
Lançamento:
D- Duplicata a Receber/ Caixa -----------------------------3.300,00
D- Desconto Incondicional-----------------------------------300,00
C- Faturamento Bruto --------------------------------------3.600,00
D- IPI s/ Faturamento
C- IPI a Recolher---600,00
D- Impostos s/ Venda--519,75
C- ICMS a Recolher--270,00
C- PIS a Recolher--44,55
C- COFINS a Recolher--205,20
D- CPV
C- Mercadoria---800,00

SITUAÇÃO 20:

DRE
Receita Bruta---3.000,00
Desconto Comercial--(300,00)
Impostos s/ Venda---(519,75)
= Receita Líquida---2.180,25
CPV--(800,00)
= Lucro Bruto---1.380,25

Desconto incondicional de R$ 300,00
Vendedor: comércio
Mercadorias ---R$ 3.000,00
Desconto Incondicional--------------------------------R$(300,00)
NF---R$ 2.700,00
ICMS -10% x 2.700 = R$ 270,00
PIS- 1,65% x 2.700 = R$ 44,55
COFINS- 7,6% x 2.700 = R$ 205,20
CMV: R$ 800,00
Lançamento:
D- Duplicata a Receber/Caixa-------------------------------2.700,00
D- Desconto Incondicional-----------------------------------300,00
C- Receita Bruta ---3.000,00
D- Impostos s/ Venda--519,75
C- ICMS a Recolher--270,00
C- PIS a Recolher--44,55
C- COFINS a Recolher--205,20
D- CMV
C- Mercadoria---800,00

Desconto Incondicional		Desconto Condicional
↓	≠	↓
Desconto Comercial		Desconto Financeiro

DESCONTO FINANCEIRO OU CONDICIONAL:

Características:

01. condicionado à antecipação do prazo de pagamento;
02. não constam da nota fiscal, são indicados apenas na fatura comercial;
03. serão tratados como Despesa Financeira quando concedidos e como Receita Financeira quando obtidos.

6.6 Apuração do ICMS

No final de cada período é feito um confronto entre os valores a compensar do ICMS (compras) e a Recolhe r(vendas), a fim de apurarmos o saldo final do ICMS.

ICMS a Compensar >ICMS a Recolher, a empresa ficará com créditos para serem compensados em períodos seguintes.

ICMS a Recolher > ICMS a Compensar, a empresa recolhe a diferença.

Obs.: o mesmo raciocínio será aplicado ao IPI e ao PIS e COFINS quando não cumulativos.

6.7 Resultado com Mercadoria (RCM)

RCM = VL - CMV

Onde; VL = Vendas Líquidas e CMV = Custo da Mercadoria Vendida

Se, VL > CMV = Lucro Bruto

Se, VL < CMV = Prejuízo Bruto.

6.8 Sistema de Inventário

O controle das mercadorias em estoque e de sua movimentação nas compras e vendas pode ser realizado de duas formas:

6.8.1 Sistema de Inventário Periódico

- Não há controle dos custos de cada venda, pois a empresa não controla seus estoques (entradas e saídas) ao longo do período.
- Necessidade de levantamento físico (contagem física) para a verificação e valoração dos estoques existentes no final do período ou em determinada data.
- O Custo da Mercadoria Vendida somente será reconhecido no final do período, por meio da fórmula do CMV.
- O lucro bruto será obtido pela diferença entre receita líquida e o CMV.

CMV = EI + CL - EF

6.8.2 Sistema de Inventário Permanente

- Controle permanente (continuo) dos estoques, por meio da utilização de fichas de controle para cada espécie de mercadoria.
- Registro das aquisições e das saídas de forma imediata e concomitante, com a ocorrência física desses fatos. Assim, tem-se a qualquer momento o valor de todas as compras do período, o valor de todas as saídas do período (custo das mercadorias vendidas), bem como o valor do estoque final e inicial.
- A cada venda é possível determinar o seu lucro, pela diferença entre a receita de venda e o custo da venda.
- Escrituração no Livro Registro de Inventário, sem contagem física.
- Métodos de Controle:
  - Preço específico;
  - PEPS: **P**rimeiro que **E**ntra, **P**rimeiro que **S**ai;
  - UEPS: **Ú**ltimo que **E**ntra, **P**rimeiro que **S**ai;
  - MPM: **M**édia **P**onderada **M**óvel;

6.9 Critério de Avaliação dos Estoques

CPC 16- Estoques

O custo dos estoques de itens que não são normalmente intercambiáveis e de bens ou serviços produzidos e segregados para projetos específicos deve ser atribuído pelo uso da identificação específica dos seus custos individuais.

A identificação específica do custo significa que são atribuídos **custos específicos** a itens identificados do estoque. Este é o tratamento apropriado para itens que sejam segregados para um projeto específico, independentemente de eles terem sido comprados ou produzidos.

A legislação do IR (art. 195, RIR) e o CPC 16- Estoques não aceitam o método UEPS como critério de avaliação dos estoques.

O custo dos estoques, que não sejam os tratados pelo custo específico, deve ser atribuído pelo uso do critério Primeiro a Entrar, Primeiro a Sair (PEPS) ou pelo critério do custo médio ponderado.

a) **Preço Específico**

Segundo o CPC 16 este critério de avaliação relaciona cada venda ao seu custo efetivo. Significa valorizar cada unidade do estoque ao preço efetivamente pago para cada item especificamente determinado.

Utilizado em revenda de itens de alto valor, como veículos, máquinas, equipamentos pesados.

Este método é aceito pela legislação do IR e pelo CPC 16.

Obs.: quando há grandes quantidades de itens de estoque que sejam geralmente intercambiáveis, a identificação específica de custos não é apropriada. Em tais circunstâncias, um critério de valoração dos itens que permanecem nos estoques deve ser usado.

b) **PEPS: Primeiro que Entra, Primeiro que Sai (FIFO)**

Segundo o CPC 16, o critério PEPS (Primeiro a Entrar, Primeiro a Sair) pressupõe que os itens de estoque que foram comprados ou produzidos primeiro sejam vendidos em primeiro lugar e, consequentemente, os itens que permanecerem em estoque no fim do período sejam os mais recentemente comprados ou produzidos.

Obs.: é necessário proceder a um controle por lotes de compras.

Este método é aceito pela legislação do IR e pelo CPC 16.

c) **Média Ponderada Móvel ou Custo Médio Ponderado**

Segundo o CPC 16, pelo critério do custo médio ponderado, o custo de cada item é determinado a partir da média ponderada do custo de itens semelhantes no começo de um período e do custo dos mesmos itens comprados ou produzidos durante o período. A média pode ser determinada em base periódica ou à medida que cada lote seja recebido, dependendo das circunstâncias da entidade.

Este método é aceito pela legislação do IR e pelo CPC 16.

d) **UEPS ou LIFO: Último a Entrar, Primeiro a Sair (LIFO – last in first out)**

O critério UEPS (Último a Entrar, Primeiro a Sair) pressupõe que os itens de estoque que foram comprados ou produzidos por último sejam vendidos em primeiro lugar e, consequentemente, os itens que permanecerem em estoque no fim do período sejam os mais antigos, os primeiros comprados ou produzidos.

Obs.: é necessário proceder a um controle por lotes de compras.

Este método é aceito pela legislação do IR e pelo CPC 16.

6.10 Registro nas Fichas de Controle de Estoque

Compras — Compras

DATA	ENTRADA			SAÍDA			SALDO		
	Quant.	Vr.Unit	Vr.Total	Quant.	Vr.Unit	Vr.Total	Quant.	Vr.Unit	Vr.Total
									E.I
	(-)			(-)					
			(-)						
									E.F

Devolução de Compra — Devolução de venda — Abatimento s/ compra

Lembre-se: Estoque Final (EF) de um período = Estoque Inicial (EI) do período seguinte

Procedimentos a serem observados no registro de controle de estoque:

> O **estoque inicial** deverá ser indicado na **coluna de Saldo** com a indicação da quantidade, custo unitário e o valor total.

> As **compras** efetuadas serão anotadas pelo valor líquido de impostos recuperáveis na **coluna das entradas**, inclusive os fretes, seguros, instalação, quando pagos pelo comprador. Na coluna de entrada devemos registrar também as devoluções de compras e os abatimentos sobre compra.

Devolução de Compra = na ficha de controle de estoque, a Devolução de Compras é lançada nas três colunas de 'Entradas' (Q/V.U/VT) com sinal negativo. Nesta operação o estoque irá diminuir pela saída da mercadoria devolvida ao fornecedor.

Abatimento sobre Compra = na ficha de controle de estoques o Abatimento sobre Compras é lançado somente na coluna **total** de 'Entradas'(V.T) com sinal negativo, pois não altera a quantidade de unidades de mercadorias.

Frete na compra = o frete na compra compõe o custo de aquisição quando pago pelo comprador. Na ficha de controle de estoque o valor do frete é lançado somente na coluna total de 'Entradas'(V.T), aumentando, portanto, o valor total das mercadorias em estoque, sem alterar a quantidade de unidades existentes **ou** como o valor é embutido no custo de aquisição, já compõe o próprio custo, não sendo necessário destacá-lo na ficha.

> **A baixa da mercadoria vendida (CMV)** – será registrada pelo custo de aquisição nas as três colunas de 'Saídas' (Q/V.U/V.T) considerando ainda o critério de avaliação permitido. Na coluna de saída devemos registrar também as devoluções de vendas.

> **Vendas** - o **preço de venda** será utilizado para calcularmos a **receita na DRE**. Não será evidenciado na ficha de controle de estoque.

Devolução de Venda = na ficha de controle de estoque, a devolução de vendas, é lançada nas três colunas de 'Saídas'(Q, V.U,V.T) com sinal negativo, ou seja, diminui o CMV. Nesta operação o estoque irá aumentar pela entrada da mercadoria devolvida pelo cliente.

Abatimento s/ venda = não é mencionado na ficha de controle de estoque, pois não altera o estoque de mercadorias nem o CMV. É contabilizado como **dedução de venda na DRE**.

Uma entidade deve usar o mesmo critério de custeio para todos os estoques que tenham uma natureza e um uso semelhantes para a entidade.

Para os estoques que tenham outra natureza ou uso, poderão justificar-se diferentes critérios de valoração.

Desconto incondicional = não é mencionado na ficha de controle de estoque, pois não altera o estoque de mercadorias nem o CMV. É contabilizado como dedução de venda na DRE.

Frete s/ venda = despesa da empresa vendedora, registrado diretamente no resultado.

Exemplo:

Suponha-se que o estoque inicial em 01/12/15 é composto por 60 unidades (1º lote) adquiridas por R$ 50,00 cada e que no mês de dezembro ocorreram as seguintes operações:

01/12 – compra de 40 unidades (2º lote) por R$ 60,00 cada;
05/12 – venda de 20 unidades por R$ 120 cada;
10/12 – venda de 50 unidades por R$ 130 cada;
18/12 – compra de 50 unidades (3º lote) por R$ 70 cada;
28/12 - venda de 60 unidades por R$ 140 cada.

6.10.1 PEPS- Primeiro que Entra, Primeiro que Sai (FIFO)

DATA	ENTRADAS			SAÍDA			SALDO		
	Qtd.	Vr. Un	Vr. Tot	Qtd.	Vr. Un	Vr. Tot	Qtd.	Vr. Un	Vr. Tot
S.I							60 1º	50	3.000
01/12	40	60	2.400				60 1º 40 2º	50 60	3.000 2.400
05/12				20 1º	50	1.000	40 1º 40 2º	50 60	2.000 2.400
10/12				40 1º 10 2º	50 60	2.000 600	30 2º	60	1.800
18/12	50 3º	70	3.500				30 2º 50 3º	60 70	1.800 3.500
28/12				30 2º 30 3º	60 70	1.800 2.100	20 3º	70	1.400
Soma			5.900= Compras			7.500 =CMV			1.400 = E.F

Saldo inicial (final do período anterior)= 60 x 50 = 3.000

Dia 1/12 – aquisição de 40 x 60 = 2.400. Ao final do dia 1/12 teremos dois lotes de mercadorias, o primeiro adquirido a R$ 50 cada e o segundo a R$ 60,00 cada.

Dia 5/12 - venda de 20 unidades ao preço de venda de R$ 120. O preço de venda será utilizado para calcularmos a receita de venda na DRE, não sendo, portanto, evidenciado na ficha de estoque. A mercadoria será baixada pelo seu custo de aquisição e, como o método adotado é o PEPS, as primeiras mercadorias compradas serão as primeiras a serem vendidas.
CMV = 20 X 50 = 1.000. Restaram 40 unidades do primeiro lote a R$ 50 cada e 40 unidades do segundo lote a R$ 60 cada.

Dia 10/12 - venda de 50 unidades ao preço de venda de R$ 130. O preço de venda será utilizado para calcularmos a receita de venda na DRE, não sendo, portanto, evidenciado na ficha de estoque. A mercadoria será baixada pelo seu custo de aquisição e como o método adotado é o PEPS, as primeiras mercadorias compradas serão as primeiras a serem vendidas.
CMV = 40 x 50 = 2.000, não sendo suficiente, entramos no lote seguinte e retiramos mais 10 x 60 = 600. Cumpre notar que só entramos no segundo lote quando baixamos todo o primeiro (PEPS). Restaram 30 unidades do segundo lote a R$ 60 cada.

Dia 18/12 – aquisição de 50 x 70 = 3.500 (3º lote). Ao final do dia 18/12 teremos dois lotes de mercadorias, um lote adquirido a R$ 60 cada, e o outro a R$ 70,00 cada.

Dia 28/12 - venda de 50 unidades ao preço de venda de R$ 130. O preço de venda será utilizado para calcularmos a receita de venda na DRE, não sendo, portanto, evidenciado na ficha de estoque. A mercadoria será baixada pelo seu custo de aquisição e como o método adotado é o PEPS, as primeiras mercadorias compradas serão as primeiras a serem vendidas.
CMV = 30 x 60 = 1.800, não sendo suficiente, entramos no lote seguinte e retiramos mais 30 x 70 = 2.100. Cumpre notar que só entramos no terceiro lote quando baixamos todo o segundo (PEPS).
Restaram 20 unidades do terceiro lote a R$ 70 cada.

Estoque final = R$ 1.400 = Estoque inicial do período seguinte.

Elaborada a ficha, podemos fazer algumas indagações?

Exemplos:

- Qual o valor do estoque final do dia 18/12?

Resp. EF = 1.800 + 3.500 = R$ 5.300,00

- Qual o valor do CMV no dia 10.12?

Resp. CMV = R$ 2.600,00

- Qual o lucro da venda do dia 10.12?

Resp. Receita = 50 x 130 = 6.500 (receita calculada a partir do preço de venda)

CMV -------------------------------------- (2.600)

LB---3.900

- Lucro do período?

Receita total = 20 x 120 + 50 x 130 + 60 x140 = 2.400 + 6.500 + 8.400 = 17.300

CMV--------------------------------------(7.500)

Lucro Bruto---------------------------------9.800

6.10.2 MPM - Média Ponderada Móvel

DATA	ENTRADAS			SAÍDA			SALDO		
	Qtd.	Vr. Un.	Vr. Tot.	Qtd.	Vr. Un.	Vr. Tot	Qtd.	Vr. Un.	Vr. Tot.
S.I							60	50	3.000
01/12	40	60	2.400				100	54	5.400
05/12				20	54	1080	80	54	4.320
10/12				50	54	2.700	30	54	1.620
18/12	50	70	3.500				80	64	5.120
28/12				60	64	3.840	20	64	1.280
Soma			5.900 Compras			7.620= CMV			1.280 = EF

Saldo inicial (final do período anterior)= 60 x 50 = 3.000
Dia 1/12 – aquisição de 40 x 60 = 2.400. A cada compra tiramos uma média entre o saldo existente e a mercadoria adquirida. O resultado encontrado será o saldo final do dia. Qtd. 60 + 40 = 100 Vr. 3.000 + 2.400 = 5.400 Vr/Qtd = 5.400/100 = 54 (vr. unitário)
Dia 5/12 - venda de 20 unidades ao preço de venda de R$ 120. O preço de venda será utilizado para calcularmos a receita de venda na DRE, não sendo, portanto, evidenciado na ficha de estoque. A mercadoria será baixada pelo seu custo médio. CMV = 20 X 54 = 1.080. Restaram 80 unidades ao custo unitário médio de R$ 54.
Dia 10/12 - venda de 50 unidades ao preço de venda de R$ 130. O preço de venda será utilizado para calcularmos a receita de venda na DRE, não sendo, portanto, evidenciado na ficha de estoque. A mercadoria será baixada pelo seu custo médio. CMV = 50 X 54 = 2.700. Restaram 30 unidades ao custo unitário médio de R$ 54.
Dia 18/12 – aquisição de 50 x 70 = 3.500. A cada compra tiramos uma média entre o saldo existente e a mercadoria adquirida. O resultado encontrado será o saldo final do dia. Qtd. 30 + 50 = 80 Vr. 1.620 + 3.500 = 5.120 Vr/Qtd = 5.120/80 = 64 (vr. unitário)
Dia 28/12 - venda de 60 unidades ao preço de venda de R$ 140. O preço de venda será utilizado para calcularmos a receita de venda na DRE, não sendo, portanto, evidenciado na ficha de estoque. A mercadoria será baixada pelo seu custo médio. CMV = 60 X 64 = 3.840. Restaram 20 unidades ao custo unitário médio de R$ 64.
Estoque final = R$ 1.280 = Estoque inicial do período seguinte.

Elaborada a ficha, podemos fazer algumas indagações? Exemplos:

- Qual o valor do estoque final do dia 18/12?

Resp. EF = R$ 5.120,00

- Qual o valor do CMV no dia 10.12?

Resp. CMV = R$ 2.700,00

- Lucro do período?

Receita total = 20 x 120 + 50 x 130 + 60 x140 = 2.400 + 6.500 + 8.400 = 17.300

CMV--(7.620)

Lucro Bruto----------------------------------- 9.680

6.10.3 UEPS- Último a Entrar, Primeiro a Sair (LIFO)

DATA	ENTRADAS			SAÍDA			SALDO		
	Qtd.	Vr. Un.	Vr. Tot.	Qtd.	Vr. Un	Vr. Tot.	Qtd.	Vr. Un.	Vr. Tot.
S.I							60 1º	50	3.000
01/12	40	60	2.400				60 1º 40 2º	50 60	3.000 2.400
05/12				20 2º	60	1.200	60 1º 20 2º	50 60	3.000 1.200
10/12				20 2º 30 1º	60 50	1.200 1.500	30 1º	50	1.500
18/12	50 3º	70	3.500				30 1º 50 3º	50 70	1.500 3.500
28/12				50 3º 10 1º	70 50	3.500 500	20 1º	50	1.000
Soma			5.900= Compras			7.900= CMV			1.000 = E.F

Saldo inicial (final do período anterior)= 60 x 50 = 3.000

Dia 1/12 – aquisição de 40 x 60 = 2.400. Ao final do dia 1/12 teremos dois lotes de mercadorias, o primeiro adquirido a R$ 50 cada, e o segundo a R$ 60,00 cada.

Dia 5/12 - venda de 20 unidades ao preço de venda de R$ 120. O preço de venda será utilizado para calcularmos a receita de venda na DRE, não sendo, portanto, evidenciado na ficha de estoque. A mercadoria será baixada pelo seu custo de aquisição e, como o método adotado é o UEPS, as últimas mercadorias compradas serão as primeiras a serem vendidas.
CMV = 20 x 60 = 1.200.
Restaram 60 unidades do primeiro lote a R$ 50 cada, e 20 unidades do segundo lote a R$ 60 cada.

Dia 10/12 - venda de 50 unidades ao preço de venda de R$ 130. O preço de venda será utilizado para calcularmos a receita de venda na DRE, não sendo, portanto, evidenciado na ficha de estoque. A mercadoria será baixada pelo seu custo de aquisição e como o método adotado é o UEPS, as últimas mercadorias compradas serão as primeiras a serem vendidas.
CMV = 20 x 60 = 1.200, não sendo suficiente, voltamos ao lote anterior e retiramos mais 30 x 50 = 1.500. Convém notar que só entramos no primeiro lote quando baixamos todo o segundo (UEPS).
Restaram 30 unidades do primeiro lote a R$ 50 cada.

Dia 18/12 – aquisição de 50 x 70 = 3.500 (3º lote). Ao final do dia 18/12 teremos dois lotes de mercadorias, um lote adquirido a R$ 50 cada, e o outro a R$ 70,00 cada.

Dia 28/12 - venda de 50 unidades ao preço de venda de R$ 130. O preço de venda será utilizado para calcularmos a receita de venda na DRE, não sendo, portanto, evidenciado na ficha de estoque. A mercadoria será baixada pelo seu custo de aquisição e como o método adotado é o UEPS, as últimas mercadorias compradas serão as primeiras a serem vendidas.
CMV = 50 x 70 = 3.500, não sendo suficiente, voltamos ao lote anterior e retiramos mais 10 x 50 = 500.
Restaram 20 unidades do primeiro lote a R$ 50 cada.

Estoque final = R$ 1.000 = Estoque inicial do período seguinte.

Elaborada a ficha, podemos fazer algumas indagações? Exs.:

- Qual o valor do estoque final do dia 18/12?

Resp. EF = R$ 5.000,00

- Qual o valor do CMV no dia 10.12?

Resp. CMV = R$ 2.700,00

- Lucro do período?

Receita total = 20 x 120 + 50 x 130 + 60 x140 = 2.400 + 6.500 + 8.400 = 17.300

CMV---------------------------------------(7.900)

Lucro Bruto---------------------------------- **9.400**

Comparando os principais métodos:

Item	PEPS	MPM	UEPS
RECEITA	17.300	17.300	17.300
CMV	7.500	7.620	7.900
RCM = LB	9.800	9.680	9.400
EF	1.400	1.280	1.000

Obs.: a necessidade de escolha de um método de avaliação de estoque decorre da instabilidade de preços. Se tivermos uma economia com preços perfeitamente estáveis, qualquer que seja o método adotado, o resultado será igual.

INFLAÇÃO					
CMV	PEPS	<	MPM	<	UEPS
LUCRO	PEPS	>	MPM	>	UEPS
EF	PEPS	>	MPM	>	UEPS

DEFLAÇÃO					
CMV	PEPS	>	MPM	>	UEPS
LUCRO	PEPS	<	MPM	<	UEPS
EF	PEPS	<	MPM	<	UEPS

6.11 Baixa do Estoque

Os estoques são baixados quando:

> As receitas a que se vinculam os estoques são reconhecidas;

> Os estoques são consumidos nas atividades a que estavam destinados; e

> Há redução dos estoques ao valor realizável líquido ou quaisquer outras perdas.

CPC 16 – Estoque: o valor do estoque baixado, reconhecido como uma despesa durante o período, o qual é denominado frequentemente como custo dos produtos, das mercadorias ou dos serviços vendidos, consiste nos custos que estavam incluídos na mensuração do estoque que agora é vendido.

Obs.: quando os estoques são vendidos, o custo escriturado desses itens deve ser reconhecido como despesa do período em que a respectiva receita é reconhecida. A quantia de qualquer redução dos estoques para o valor realizável líquido e todas as perdas de estoques deve ser reconhecida como despesa do período em que a redução ou a perda ocorrerem. A quantia de toda reversão de redução de estoques, proveniente de aumento no valor realizável líquido, deve ser registrada como redução do item em que for reconhecida a despesa ou a perda, no período em que a reversão ocorrer.

PEPS – PRIMEIRO QUE ENTRA, PRIMEIRO QUE SAI				
	Quantidade	Vr. Unitário	Vr. Total	
Saldo Inicial	100 (1º lote)	2,70	270	
Compra (02/10)	600 (2º lote)	2,70	1620	Cl= 1800 – 180 = 1.620/600 = 2,70
Venda (03/10)	400	2,70	1080	
Saldo (03/10)	300 (2º lote)	2,70	810	
Compra (05/10)	200 (3º lote)	3,60	720	CL = 800-80 = 720/200 = 3,60
Venda (10/10)	300 (2º lote)	2,70	810	
Saldo	200 (3º lote)	3,60	720	
Compra (15/10)	500 (4º lote)	4,50	2.250	CL = 2500 – 250 = 2250/500 = 4,5
Venda (16/10)	200 (3º lote) 100 (4º lote)	3,60 4,50	720 450	
Saldo final	400 (4º lote)	4,50	1.800	

- O saldo inicial já está líquido do ICMS.
- Precisamos ficar atentos às datas, pois os fatos devem ser registrados em ordem cronológica.
- Do total das compras devemos deduzir o ICMS, pois este será recuperado. A mercadoria deve entrar no estoque pelo seu valor líquido.
- Como o custo unitário do saldo inicial é o mesmo das primeiras compras, essas mercadorias podem ser estocadas num mesmo lote.

MPM – MÉDIA PONDERADA MÓVEL				
	Quantidade	**Vr. Unitário**	**Vr. Total**	
Saldo Inicial	100	2,70	270	
Compra (02/10)	600	2,70	1620	Cl= 1800 – 180 = 1.620/600 = 2,70
Venda (03/10)	400	2,70	1080	
Saldo (03/10)	300	2,70	810	
Compra (05/10)	200	3,60	720	CL = 800-80 = 720/200 = 3,60
Saldo/média	500	3,06	1.530	Média = 810 + 720 = 1530/500 = 3,06
Venda (10/10)	300	3,06	918	
Saldo	200	3,06	612	
Compra (15/10)	500	4,50	2.250	CL = 2500 – 250 = 2250/500 = 4,5
Saldo/média	700	4,09	2862	Média = 612 + 2.250 = 2862/700 = 4,09
Venda (16/10)	300	4,09	1.227	
Saldo final	400	4,09	1.636	

UEPS – ÚLTIMO QUE ENTRA, PRIMEIRO QUE SAI				
	Quantidade	Vr. Unitário	Vr. Total	
Saldo Inicial	100 (1º lote)	2,70	270	
Compra (02/10)	600 (2º lote)	2,70	1620	CI= 1800 – 180 = 1.620/600 = 2,70
Venda (03/10)	400	2,70	1080	
Saldo (03/10)	300 (2º lote)	2,70	810	
Compra (05/10)	200 (3º lote)	3,60	720	CL = 800-80 = 720/200 = 3,60
Venda (10/10)	200 (3º lote) 100 (2º lote)	3,60 2,70	720 270	
Saldo	200 (2º lote)	2,70	540	
Compra (15/10)	500 (4º lote)	4,50	2.250	CL = 2500 – 250 = 2250/500 = 4,5
Venda (16/10)	300 (4º lote)	4,50	1.350	
Saldo final	200 (2º lote) 200 (4º lote)	2,70 4,50	540 900	

Questões

01. (FCC – 2019) No dia 30/11/2018 uma empresa adquiriu mercadorias por R$ 150.000,00, tendo pago o valor à vista. A empresa incorreu, adicionalmente, nos seguintes gastos:

- Frete para transporte das mercadorias até a empresa: R$ 3.000,00.

- Seguro para o transporte até a empresa: R$ 1.200,00.

Nos diversos valores pagos pela empresa, estavam incluídos:

- Tributos recuperáveis: R$ 12.000,00.

- Tributos não recuperáveis: R$ 500,00.

Sabendo-se que a empresa não tinha estoque antes dessa compra e que nenhuma mercadoria foi vendida, o valor do Estoque evidenciado pela empresa no Balanço Patrimonial de 31/12/2018 foi, em reais, 142.200 00.

Certo ( ) Errado ( )

02. (CESPE – 2019) Uma empresa iniciou suas atividades sem estoques e adquiriu, a prazo, mercadorias para revenda, por R$ 30.000, tendo pagado adiantado R$ 300 de frete. Quando do pagamento das mercadorias ao fornecedor, por pagar no prazo estipulado, a empresa obteve 2% de desconto financeiro sobre o preço de aquisição.

Com referência a essa situação hipotética, julgue o seguinte item, desconsiderando quaisquer efeitos tributários.

Se, em vez de ter sido adiantado, o frete fosse pago somente após 30 dias da entrega das mercadorias pelo fornecedor, mantidas as demais condições, o valor das mercadorias adquiridas a ser registrado seria de R$ 30.300.

Certo ( ) Errado ( )

03. (CESPE – 2019) Uma empresa iniciou suas atividades sem estoques e adquiriu, a prazo, mercadorias para revenda, por R$ 30.000, tendo pagado adiantado R$ 300 de frete. Quando do pagamento das mercadorias ao fornecedor, por pagar no prazo estipulado, a empresa obteve 2% de desconto financeiro sobre o preço de aquisição.

Com referência a essa situação hipotética, julgue o seguinte item, desconsiderando quaisquer efeitos tributários.

Caso não haja venda, aquisição ou baixa de mercadorias no período, o valor registrado dos estoques, após o pagamento da fatura ao fornecedor, será de R$ 30.300.

Certo ( ) Errado ( )

04. (FCC – 2019) Os valores relacionados com as compras de mercadorias, por uma empresa, ocorridas durante o ano de 2018, foram os seguintes:

- Pagamento efetuado para o fornecedor das mercadorias: R$ 431.250,00.

- Pagamento de seguro para cobertura de riscos até a mercadoria chegar à sede da empresa: R$ 30.000,00

- Valor do frete pago para transportar as mercadorias até a empresa: R$ 20.250,00.

Nos diversos valores pagos pela empresa, estão incluídos tributos recuperáveis no valor de R$ 33.750,00 e tributos não recuperáveis no valor de R$ 24.000,00.

A empresa conseguiu negociar no ano abatimentos sobre as diversas compras efetuadas no valor de R$ 45.000,00. O estoque inicial de mercadorias estava registrado pelo valor de R$ 150.000,00 e no final do período o saldo apresentado era R$ 112.500,00.

O custo das mercadorias vendidas (CMV) evidenciado no resultado do ano de 2018 foi, em reais, 440.250, 00.

Certo ( ) Errado ( )

05. (CESPE – 2019) Em uma compra de mercadorias para composição dos estoques de entidade que utiliza inventário permanente, o lançamento do imposto de circulação de mercadorias e serviços (ICMS) deve ser feito em uma conta de natureza devedora, no ativo.

Certo ( ) Errado ( )

Gabaritos

01	CERTO
02	CERTO
03	CERTO
04	CERTO
05	CERTO

7. DEPRECIAÇÃO, AMORTIZAÇÃO E EXAUSTÃO

7.1 Conceito

Depreciações, Amortizações e Exaustões: reduções de valor de Ativos, em virtude de desgaste pelo uso, ação da natureza, superação tecnológica, exercício de direitos, ou esgotamento de reservas minerais/ florestais.

Para bens materiais ⟷ depreciação
Para bens materiais ⟷ amortização
Para recursos minerais e florestais ⟷ exaustão

Lei 6.404/76

Art. 183. *No balanço, os elementos do Ativo serão avaliados segundo os seguintes critérios:*

V - os direitos classificados no imobilizado, pelo custo de aquisição, deduzido do saldo da respectiva conta de depreciação, amortização ou exaustão;

VII- os direitos classificados no intangível, pelo custo incorrido na aquisição, deduzido do saldo da respectiva conta de amortização;

§ 2º *A diminuição de valor dos elementos do Ativo Imobilizado e Intangível será registrada periodicamente nas contas de:*

a) *depreciação, quando corresponder à perda do valor dos direitos que têm por objeto bens físicos sujeitos a desgaste ou perda de utilidade por uso, ação da natureza ou obsolescência;*

b) *amortização, quando corresponder à perda do valor do capital aplicado na aquisição de direitos da propriedade industrial ou comercial e quaisquer outros com existência ou exercício de duração limitada, ou cujo objeto sejam bens de utilização por prazo legal ou contratualmente limitado;*

c) *exaustão, quando corresponder à perda do valor, decorrente da sua exploração, de direitos cujo objeto sejam recursos minerais ou florestais, ou bens aplicados nessa exploração.*

§ 3º *A companhia deverá efetuar, periodicamente, análise sobre a recuperação dos valores registrados no imobilizado e no intangível, a fim de que sejam:*

I – registradas as perdas de valor do capital aplicado quando houver decisão de interromper os empreendimentos ou atividades a que se destinavam ou quando comprovado que não poderão produzir resultados suficientes para recuperação desse valor; ou

II – revisados e ajustados os critérios utilizados para determinação da vida útil econômica estimada e para cálculo da depreciação, exaustão e amortização.

7.2 Imobilizado

7.2.1 Conceito

CPC 27 - Imobilizado

Ativo Imobilizado é o item tangível que:

(a) é mantido para uso na produção ou fornecimento de mercadorias ou serviços, para aluguel a outros, ou para fins administrativos; e

(b) se espera utilizar por mais de um período.

Lei 6.404/76

Art. 179*, IV – Ativo Imobilizado: os direitos que tenham por objeto bens corpóreos destinados à manutenção das atividades da entidade ou exercidos com essa finalidade, inclusive os decorrentes de operações que transfiram a ela os benefícios, os riscos e o controle desses bens.*

A parte final do Art. 179,

IV - ...inclusive os decorrentes de operações que transfiram a ela os benefícios, os riscos e o controle desses bens" - faz referência aos bens adquiridos por meio de arrendamento mercantil financeiro.

CPC 06 (R1) Arrendamento Mercantil

A classificação de um arrendamento mercantil como arrendamento mercantil financeiro ou arrendamento mercantil operacional depende da essência da transação e não da forma do contrato.

Arrendamento Mercantil	Financeiro	há transferência substancial dos riscos e benefícios
	Operacional	não há transferência substancial dos riscos e benefícios

> O bem objeto de leasing financeiro deve ser reconhecido no balanço patrimonial do arrendatário como Ativo.

> O bem objeto de leasing operacional não deve ser reconhecido no balanço patrimonial do arrendatário como Ativo, e sim como despesa.

7.2.2 Reconhecimento

O custo de um item de Ativo Imobilizado deve ser reconhecido como Ativo se, e apenas se:

a) for provável que futuros benefícios econômicos associados ao item fluirão para a entidade; e

b) o custo do item puder ser mensurado confiavelmente.

7.2.3 Custo de um Imobilizado

O custo de um item do Ativo Imobilizado compreende:

a) seu preço de aquisição, acrescido de impostos de importação e impostos não recuperáveis sobre a compra, depois de deduzidos os descontos comerciais e abatimentos;

b) quaisquer custos diretamente atribuíveis para colocar o Ativo no local e condição necessárias para o mesmo ser capaz de funcionar da forma pretendida pela administração;

c) a estimativa inicial dos custos de desmontagem e remoção do item e de restauração do local (sítio) no qual este está localizado. Tais custos representam a obrigação em que a entidade incorre quando o item é adquirido ou como consequência de usá-lo durante determinado período para finalidades diferentes da produção de estoque durante esse período.

Exemplos de **custos diretamente atribuíveis** são:

(a) custos de benefícios aos empregados (tal como definidos no Pronunciamento Técnico CPC 33 – Benefícios a Empregados) decorrentes diretamente da construção ou aquisição de item do Ativo Imobilizado;

(b) custos de preparação do local;

(c) custos de frete e de manuseio (para recebimento e instalação);

(d) custos de instalação e montagem;

(e) custos com testes para verificar se o Ativo está funcionando corretamente, após dedução das receitas líquidas provenientes da venda de qualquer item produzido, enquanto se coloca o Ativo nesse local e condição (tais como amostras produzidas quando se testa o equipamento);

(f) honorários profissionais.

Exemplos que **não são custos de um item do Ativo Imobilizado**:

(a) custos de abertura de nova instalação.

(b) custos incorridos na introdução de novo produto ou serviço (incluindo propaganda e atividades promocionais).

(c) custos da transferência das atividades para novo local ou para nova categoria de clientes (incluindo custos de treinamento). e

(d) custos administrativos e outros custos indiretos.

A Legislação Fiscal permite abater como despesa operacional do período o custo de aquisição de bens do Imobilizado, se o valor unitário não ultrapassar R$ 1.200,00 ou o prazo de vida útil não exceder um ano. (art. 301 RIR/99/ art. 15 Lei 11.973/14).

O custo de um item de Ativo Imobilizado é equivalente ao preço à vista na data do reconhecimento. Se o prazo de pagamento excede os prazos normais de crédito, a diferença entre o preço equivalente à vista e o total dos pagamentos deve ser reconhecida como despesa com juros durante o período (...), a menos que seja passível de capitalização de acordo com o Pronunciamento Técnico CPC 20 – Custos de Empréstimos.

Ex.:

Equipamento à vista: R$ 40.000,00

Equipamento a prazo = arrendamento financeiro = R$ 52.000,00 (6 parcelas – efeito relevante)

Juros embutidos: R$ 12.000,00

<u>Lançamento</u>

D- Equipamento---------------------------40.000

D- Juros Passivos a transcorrer-------------12.000

C- Arrendamento financeiro a pagar------52.000

O custo do equipamento foi equivalente ao preço à vista.

ATIVO Equipamento------R$ 40.000,00	PASSIVO Arrendamento Financeiro a pagar---------52.000,00 (-) Juros Passivos a transcorrer-----(12.000,00)

A diferença entre o preço equivalente à vista e o total dos pagamentos deve ser reconhecida como despesa com juros durante o período, consequentemente, mês a mês a despesa financeira será apropriada ao resultado segundo o regime de competência.

D- Juros Passivos

C - Juros Passivos a transcorrer-------R$ 2.000,00

(...) a menos que seja passível de capitalização de acordo com o Pronunciamento Técnico CPC 20 – Custos de Empréstimos.

O Pronunciamento Técnico CPC 20 – Custos de Empréstimos estabelece critérios para o reconhecimento dos juros e outros custos que a entidade incorre em conexão com o empréstimo de recursos para aquisição ou construção de Ativo qualificável, como componente do valor contábil desse Ativo.

Os juros de empréstimos contratados para a construção ou aquisição de Ativo qualificável (Ativo que demanda um período de tempo substancial para seu uso ou venda pretendidos) devem ser capitalizados, ou seja, contabilizados como custo do Ativo qualificado. Podemos citar como exemplos de Ativos qualificáveis o imobilizado, o estoque, dentre outros. A entidade deve reconhecer os outros custos de empréstimos como despesa no período em que são incorridos.

Após o Ativo qualificável ficar pronto para o uso, os juros do empréstimo serão computados no resultado como despesa financeira.

Até que o Ativo fique pronto, os juros serão contabilizados como componente do valor contábil do Ativo Imobilizado. Depois de pronto, os juros serão registrados diretamente no resultado como despesa financeira.

7.2.4 Custos Subsequentes

A entidade não reconhece no valor contábil de um item do Ativo Imobilizado os custos da manutenção periódica do item. Pelo contrário, esses custos são reconhecidos no **resultado** quando incorridos. Os custos da manutenção periódica são principalmente os custos de mão de obra e de produtos consumíveis, e podem incluir o custo de pequenas peças. A finalidade desses gastos é, muitas vezes, descrita como sendo para "**reparo e manutenção**" de item do Ativo Imobilizado.

Partes de alguns itens do Ativo Imobilizado podem requerer substituição em intervalos regulares. Por exemplo, um forno pode requerer novo revestimento após um número específico de horas de uso; ou o interior dos aviões, como bancos e equipamentos internos, pode exigir substituição diversas vezes durante a vida da estrutura. Segundo o princípio de reconhecimento, a entidade reconhece no **valor contábil** de um item do Ativo Imobilizado o **custo da peça reposta**.

Custos Subsequentes	Manutenção e Reparo	**Não compõe** o custo do imobilizado	Despesa
	Reposição	**Compõe** o custo do imobilizado	Imobilizado

> Manutenção e Reparo – não aumentam a vida útil do bem de forma relevante.

> Reposição – aumentam a vida útil do bem por mais de um ano.

Sobressalentes, peças de reposição, ferramentas e equipamentos de uso interno são classificados como Ativo Imobilizado quando a entidade espera usá-los por mais de um período. Da mesma forma, se puderem ser utilizados somente em conexão com itens do Ativo Imobilizado, também são contabilizados como Ativo Imobilizado.

7.3 Depreciação

Lei nº 6.404/76

Depreciação corresponde à perda do valor dos direitos que têm por objeto bens físicos sujeitos a desgaste ou perda de utilidade por uso, ação da natureza ou obsolescência.

CPC 27 – Imobilizado

Depreciação é a alocação sistemática do valor depreciável de um Ativo ao longo da sua vida útil. Dessa forma, o custo de tais Ativos deve ser alocado de maneira sistemática aos exercícios beneficiados por seu uso no decorrer de sua vida útil.

7.3.1 Lançamento Contábil

D- Despesa (ou Custo) com Depreciação

C- Depreciação Acumulada

A depreciação do período deve ser normalmente reconhecida no resultado. No entanto, por vezes os benefícios econômicos futuros incorporados no Ativo são absorvidos para a produção de outros Ativos. Nesses casos, a depreciação faz parte do custo de outro Ativo, devendo ser incluída no seu valor contábil (Por exemplo, a depreciação de máquinas e equipamentos de produção é incluída nos custos de produção de estoque).

7.3.2 Bens Depreciáveis – Dec. 3000/99 RIR

Art. 307. *Podem ser objeto de depreciação todos os bens sujeitos a desgaste pelo uso ou por causas naturais ou obsolescência normal, inclusive:*

I. *edifícios e construções, observando-se:*

a) *a quota de depreciação é dedutível a partir da época da conclusão e início da utilização;*

b) *o valor das edificações deve estar destacado do valor do custo de aquisição do terreno, admitindo-se o destaque baseado em laudo pericial;*

II. *projetos florestais destinados à exploração dos respectivos frutos*

7.3.3 Vedações a Depreciação – Legislação IR

- Terrenos, salvo em relação a benfeitorias e construções.
- Bens que aumentam de valor com o tempo, como antiguidades e obras de arte.
- Bens para os quais sejam registradas quotas de amortização ou exaustão.
- Prédios ou construções não alugados, nem utilizados na produção de bens ou serviços, destinados à venda.

Obs.: um prédio registrado no grupo Investimento que esteja alugado a terceiros estará sujeito à depreciação. Portanto, apesar de a Lei 6.404/76 destacar a depreciação apenas no imobilizado, é admitida a depreciação no investimento, como é o caso dos imóveis alugados.

7.3.4 Início da Depreciação

A depreciação do Ativo se inicia quando este está disponível para uso, ou seja, quando está no local e em condição de funcionamento na forma pretendida pela administração. A depreciação de um Ativo deve cessar na data em que o Ativo é classificado como mantido para venda (ou incluído em um grupo de Ativos classificado como mantido para venda de acordo com o Pronunciamento Técnico CPC 31 – Ativo Não Circulante Mantido para Venda e Operação Descontinuada) ou, ainda, na data em que o Ativo é baixado, o que ocorrer primeiro. Portanto, a depreciação não cessa quando o Ativo se torna ocioso ou é retirado do uso normal, a não ser que o Ativo esteja totalmente depreciado. No entanto, de acordo com os métodos de depreciação pelo uso, a despesa de depreciação pode ser zero enquanto não houver produção.

Vale ressaltar que, independente do dia do mês que o bem é posto em funcionamento ou condições de uso, conta-se o primeiro mês integralmente, exceto, no último dia do mês quando a depreciação poderá ser calculada a partir do mês seguinte.

Dec. 3000/99 RIR

Art. 309*, § 2º A depreciação poderá ser apropriada em quotas mensais, dispensado o ajuste da taxa para os bens postos em funcionamento ou baixados no curso do mês.*

Art. 305*, § 2º A quota de depreciação é dedutível a partir da época em que o bem é instalado, posto em serviço ou em condições de produzir.*

7.3.5 Conceitos Importantes

VidaÚtil (V.U)

a) o período de tempo durante o qual a entidade espera utilizar o Ativo; ou

b) o número de unidades de produção ou de unidades semelhantes que a entidade espera obter pela utilização do Ativo.

Valor Residual (V.R)

É o valor estimado que a entidade obteria com a venda do Ativo, após deduzir as despesas estimadas de venda, caso o Ativo já tivesse a idade e a condição esperadas para o fim de sua vida útil. Trata-se de parcela do bem que não sofre depreciação.

Obs.: o valor residual pode ser zero.

O valor residual e a vida útil de um Ativo são revisados pelo menos ao final de cada exercício.

Valor Depreciável (V.D)

É o custo de um Ativo ou outro valor que substitua o custo, menos o seu valor residual.

Valor Contábil (V.C)

É o valor pelo qual um Ativo é reconhecido após a dedução da depreciação e da perda por redução ao valor recuperável acumulada.

Custo de aquisição (-) depreciação acumulada (-) perda por redução ao valor recuperável acumulada.

7.3.6 Base de Cálculo da Depreciação

Custo de aquisição + Gastos necessários para colocação do bem em funcionamento (-) Valor residual Valor Depreciável

7.3.7 Taxas de Depreciação baseadas na vida útil do Ativo

O RIR/99 estabelece os critérios básicos de depreciação. No entanto, as taxas máximas anuais de depreciação permitidas, para os bens utilizados num período normal de 8 horas diárias, são publicadas separadamente pela Receita Federal. Seguem alguns exemplos, utilizados apenas para fins fiscais:

Bem	Anos de Vida Útil	Taxa Anual
Edifícios e Benfeitorias	25	4%
Máquinas e Equipamentos	10	10%
Instalações	10	10%
Móveis e Utensílios	10	10%
Veículos de passageiro e carga	5	20%
Computadores e Periféricos	5	20%
Tratores	4	25%

Por sua vez, a legislação societária determina que a vida útil de um Ativo seja definida em termos da utilidade esperada do Ativo para a entidade. Os benefícios econômicos futuros incorporados no Ativo são consumidos pela entidade principalmente por meio do seu uso. Porém, outros fatores, tais como obsolescência técnica ou comercial e desgaste normal enquanto o Ativo permanece ocioso, muitas vezes dão origem à diminuição dos benefícios econômicos que poderiam ter sido obtidos do Ativo. Consequentemente, todos os seguintes fatores são considerados na determinação da vida útil de um Ativo:

a) uso esperado do Ativo, que é avaliado com base na capacidade ou produção física esperadas do Ativo;

b) desgaste físico normal esperado, que depende de fatores operacionais tais como o número de turnos durante os quais o Ativo será usado, o programa de reparos e manutenção e o cuidado e a manutenção do Ativo enquanto estiver ocioso;

c) obsolescência técnica ou comercial proveniente de mudanças ou melhorias na produção, ou de mudança na demanda do mercado para o produto ou serviço derivado do Ativo. Reduções futuras esperadas no preço de venda de item que foi produzido usando um Ativo podem indicar expectativa de obsolescência técnica ou comercial do bem, que, por sua vez, pode refletir uma redução dos benefícios econômicos futuros incorporados no Ativo;

d) limites legais ou semelhantes no uso do Ativo, tais como as datas de término dos contratos de arrendamento mercantil relativos ao Ativo.

7.4 Métodos de Depreciação

O método de depreciação utilizado reflete o padrão de consumo pela entidade dos benefícios econômicos futuros.

Vários métodos de depreciação podem ser utilizados para apropriar de forma sistemática o valor depreciável de um Ativo ao longo da sua vida útil. Tais métodos incluem:

> o método da linha reta;
> o método dos saldos decrescentes;
> o método de unidades produzidas.

A entidade seleciona o método que melhor reflita o padrão do consumo dos benefícios econômicos futuros esperados incorporados no Ativo. Esse método é aplicado consistentemente entre períodos, a não ser que exista alteração nesse padrão.

Método linear	resulta em despesa constante durante a vida útil do ativo, caso o seu valor residual não se altere.
Saldos decrescentes	resulta em despesa decrescente durante a vida útil.
Unidades produzidas	resulta em despesa baseada no uso ou produção esperado.

7.4.1 Linear ou Quotas Constantes

Corresponde ao método de depreciação em que a depreciação acumulada é diretamente proporcional ao tempo, originando assim uma função linear.

A depreciação pode ser calculada de duas formas:

1ª forma: aplicando-se uma taxa constante sobre o valor a ser depreciado.

$$\text{Taxa de depreciação} = \frac{100\%}{\text{Tempo de vida útil}}$$

2ª forma: dividindo-se o valor a ser depreciado pelo tempo de vida útil.

$$\frac{\text{Valor depreciável}}{\text{Tempo de vida útil}}$$

Exemplo 1:

Custo do bem: R$ 60.000,00

Vida útil estimada: 5 anos → tx. anual = 100%/5 anos = 20%a.a

(Encargo) Despesa de depreciação (anual): 60.000 x 20% = 12.000 a.a ou

$\frac{60.000,00}{5 \text{ anos}} = 12.000$ a.a

Lançamento:

D- Despesa com Depreciação

C- Depreciação Acumulada---------R$ 12.000,00

Tempo de uso: 3 anos

- Depreciação acumulada: uso = 3 anos

Tx. acumulada: 20%aa x 3 anos = 60%

D/AC: 60.000 x 60% = 36.000 **ou**

$\frac{60.000}{5} = 12.000 \times 3 = 36.000$

Depreciação acumulada: R$ 36.000,00

Valor contábil: custo de aquisição (-) dep. Acumulada = 60.000 – 36.000 = R$ 24.000,00

Exemplo 2:

Custo do bem: R$ 60.000,00

Vida útil estimada: 5 anos ou 60 meses

Tx. anual = 20%a.a = Tx. mensal: 20/12 = 1,666% a.m

(Encargo) Despesa de Depreciação (mensal): 60.000 x 1,666% = 1.000 a.m ou

60.000,00 = 1.000 a.m

60 meses

Lançamento:

D- Despesa com Depreciação

C- Depreciação Acumulada----------R$ 1.000,00

Exemplo 3:

Custo do bem: R$ 60.000,00

Data da aquisição: 10.04.13 (depreciação do período será proporcional ao tempo de uso)

Tempo de uso no exercício = 9 meses (abril a dezembro)

Vida útil estimada: 5 anos ou 60 meses

Tx. anual = 20%a.a = Tx. mensal: 20/12 = 1,666% a.m

Depreciação do exercício:

Tx. proporcional = 1,6666%am x 9 meses = 14,999% = 15%aa

(Encargo) Despesa depreciação = 60.000 x 15% = 9.000ou

60.000 x 9 meses(uso) = 9.000

60 meses (v. útil)

Lançamento:

D- Despesa com Depreciação

C- Depreciação Acumulada----------R$ 9.000,00

Exemplo 4:

Custo do bem: R$ 60.000,00

Vida útil estimada: 5 anos

Valor residual: 10% (não sofre depreciação)= 60.000 x 10% = 6.000

(Encargo) Despesa depreciação: Custo de aquisição= 60.000

(-) V. residual = (6.000)

=V. depreciável = 54.000

x 20%

10.800

Lançamento:

D- Despesa com Depreciação

C- Depreciação Acumulada---------R$ 10.800,00

Depreciação acumulada: uso = 3 anos

Tx. Acumulada = 20% x 3 = 60%

Depreciação Acumulada: Custo de aquisição= 60.000

(-) V. residual= (6.000)

=V. depreciável= 54.000

x 60%

R$ 32.400,00

Valor contábil: custo de aquisição (-) dep. acumulada = 60.000 – 32.400 = R$ 27.600,00

Dec. 3000/99 RIR

Art. 309. *A quota de depreciação registrável na escrituração como custo ou despesa operacional será determinada mediante a aplicação da taxa anual de depreciação sobre o custo de aquisição dos bens depreciáveis (Lei nº 4.506, de 1964, artigo 57, § 1º).*

§ 1º *A quota anual de depreciação será ajustada proporcionalmente no caso de período de apuração com prazo de duração inferior a doze meses, e de bem acrescido ao Ativo, ou dele baixado, no curso do período de apuração.*

§ 2º *A depreciação poderá ser apropriada em quotas mensais, dispensado o ajuste da taxa para os bens postos em funcionamento ou baixados no curso do mês.*

7.4.2 Método Decrescente ou Soma dos Dígitos ou Método de Cole

1ºpasso - somam-se os algarismos que compõem o número de anos de vida útil do bem.

2º passo – multiplica-se o valor a ser depreciado, a cada ano, pela fração, cujo denominador (constante) é a soma encontrada no 1º passo, e o numerador (variável), para o primeiro ano, é o tempo de vida útil do bem (n), para o segundo ano é n-1, e assim sucessivamente.

Ex.:

O denominador é constante e o numerador é decrescente.

Custo do bem: R$ 60.000,00

Vida útil estimada: 5 anos

Soma dos algarismos que compõem o número de anos da vida útil: **1+2+3+4+5 = 15** (denominador da fração)

Quotas Decrescentes: o método dos saldos decrescentes resulta em despesa decrescente durante a vida útil.

Ano	Fração	Despesa Depreciação Anual
1	**5**/15 x 60.000,00	20.000
2	**4**/15 x 60.000,00	16.000
3	**3**/15 x 60.000,00	12.000
4	**2**/15 x 60.000,00	8.000
5	**1**/15 x 60.000,00	4.000

Tempo de uso = 3 anos

Depreciação Acumulada: 20.000 + 16.000 + 12.000 = R$ 48.000,00

O denominador é constante e o numerador é crescente.

Valor contábil: custo de aquisição (-) dep. acumulada = 60.000 – 48.000 = R$ 12.000,00

Quotas Crescentes: o método dos saldos crescentes resulta em despesa crescente durante a vida útil.

Ano	Fração	Despesa Depreciação Anual
1	**1**/15 x 60.000,00	4.000
2	**2**/15 x 60.000,00	8.000
3	**3**/15 x 60.000,00	12.000
4	**4**/15 x 60.000,00	16.000
5	**5**/15 x 60.000,00	20.000

Tempo de uso = 3 anos

Depreciação Acumulada: 4.000 + 8.000 + 12.000 = R$ 24.000,00

Valor contábil: custo de aquisição (-) dep. acumulada = 60.000 – 24.000 = R$ 36.000,00

> Se a questão não especificar se as quotas são crescentes ou decrescentes, deve-se utilizar o MÉTODO DECRESCENTE!

7.4.3 Unidades Produzidas ou Horas Trabalhadas

Depreciação do bem em função de sua capacidade total de produção ou das horas totais estimadas.

Unidade produzida = Quota anual de depreciação = <u>nº de unidades produzidas no ano</u>

Capacidade total de produção

Horas de trabalho= Quota anual de depreciação = <u>nº de horas trabalhadas no ano</u>

Total de horas de trabalho estimadas

Ex.:

Custo do Bem: R$ 60.000,00

Capacidade produtiva estimada: 1.200.000 unidades

Produção anual: 300.000 unidades

Taxa anual: produção anual/capacidade produtiva = 300.000/ 1.200.000 = 25%

(Encargo) Despesa depreciação: 60.000 x 25% = 15.000 ou

60.000/1.200.000 = R$0,05 por unid. x 300.000 = 15.000

<u>Lançamento:</u>

D- Despesa com Depreciação

C- Depreciação Acumulada---------R$ 15.000,00

7.4.4 Depreciação Acelerada

Utilizada quando o bem for usado em mais de um turno de 8 horas diárias.

Consiste em atribuir coeficientes multiplicativos em função do número de horas trabalhadas por bens móveis sujeitos ao desgaste pelo uso.

Nesse caso, consideram-se os seguintes coeficientes (limites admitidos pela legislação fiscal RIR/99):

Turno	Coeficiente
8 h	1,0
16 h	1,5
24 h	2,0

Dec. 3000/99- RIR

Art. 312. *Em relação aos bens móveis, poderão ser adotados, em função do número de horas diárias de operação, os seguintes coeficientes de depreciação acelerada (Lei nº 3.470, de 1958, artigo 69):*

I. *um turno de oito horas............................1,0;*

II. *dois turnos de oito horas.......................1,5;*

III. *três turnos de oito horas.......................2,0.*

Parágrafo único. *O encargo de que trata este artigo será registrado na escrituração comercial.*

Ex.:

Uma máquina adquirida por R$ 60.000,00 com vida útil estimada em cinco anos, operando durante 16 horas diárias, terá como quota de depreciação anual:

V.u = 5 anos= 20% a.a.

Uso = 16h/dia = coeficiente de depreciação acelerada = 1,5

Tx. Acelerada = 20% x 1,5 = 30%

(Encargo) Despesa depreciação: Despesa com Depreciação: 60.000 x 30% = R$ 18.000

<u>Lançamento:</u>

D- Despesa com Depreciação

C- Depreciação Acumulada----------------18.000

Valor contábil: custo de aquisição (-) dep. acumulada = 60.000 – 18.000 = R$ 42.000,00

Dec. 3000/99- RIR

Art. 312. *Em relação aos bens móveis, poderão ser adotados, em função do número de horas diárias de operação, os seguintes coeficientes de depreciação acelerada (Lei nº 3.470, de 1958, artigo 69):*

I. *um turno de oito horas............................1,0;*

II. *dois turnos de oito horas.......................1,5;*

III. *três turnos de oito horas.......................2,0.*

Parágrafo único. *O encargo de que trata este artigo será registrado na escrituração comercial*

Aspectos Importantes- CPC 27

I. Valor depreciável e período de depreciação

A depreciação é reconhecida mesmo que o valor justo do Ativo exceda o seu valor contábil, desde que o valor residual do Ativo não exceda o seu valor contábil. A reparação e a manutenção de um Ativo não evitam a necessidade de depreciá-lo.

O valor residual de um Ativo pode aumentar. A despesa de depreciação será zero enquanto o valor residual subsequente for igual ou superior ao seu valor contábil.

II. Depreciação do imobilizado com custo significativo

De acordo com CPC 27, cada componente de um item do Ativo Imobilizado com custo significativo em relação ao custo total do item deve ser depreciado separadamente.

A entidade aloca o valor inicialmente reconhecido de um item do Ativo Imobilizado aos componentes significativos desse item e os deprecia separadamente. Por exemplo, pode ser adequado depreciar separadamente a estrutura e os motores de aeronave, seja ela de propriedade da entidade ou obtida por meio de operação de arrendamento mercantil financeiro. Um componente significativo de um item do Ativo Imobilizado pode ter a vida útil e o método de depreciação que sejam os mesmos que a vida útil e o método de depreciação de outro componente significativo do mesmo item. Esses componentes podem ser agrupados no cálculo da despesa de depreciação.

Ex.:

A empresa Beta adquiriu em 01.01.2012 uma aeronave para transporte de seus diretores por R$ 50.000.000,00. Sabe-se que as duas turbinas representam 25% do custo total. A aeronave possui uma vida útil de 20 anos e valor residual de 10%, enquanto que as turbinas têm uma vida útil de 10 anos.

Cálculo da depreciação.

Custo das turbinas = 50.000.000 x 25% = 12.500.000

Custo da Aeronave s/ turbina = 50.000.000 x 75% = 37.500.000

Depreciação em 2012

Turbinas = 12.500.000 x 10% = 1.250.000

Aeronave s/ turbina = 37.500.000

VR = 10% (3.750.000)

VD 33.750.000

X 5%

Depreciação: **1.687.500**

(Encargo) Despesa depreciação: 1.250.000 + 1.687.500 = 2.937.500

7.5 Alteração da Vida útil doImobilizado

O valor depreciável de um Ativo deve ser apropriado de forma sistemática ao longo da sua vida útil estimada.

O valor residual e a vida útil de um Ativo são revisados pelo menos ao final de cada exercício e, se as expectativas diferirem das estimativas anteriores, a mudança deve ser contabilizada como mudança de estimativa contábil, segundo o Pronunciamento Técnico CPC 23 – Políticas Contábeis, Mudança de Estimativa e Retificação de Erro.

CPC 23 - Políticas Contábeis, Mudança de Estimativa e Retificação de Erro.

***Mudança na estimativa contábil* é um ajuste nos saldos contábeis** de Ativo ou de Passivo, ou nos montantes relativos ao consumo periódico de Ativo, que decorre da avaliação da situação atual e das obrigações e dos benefícios futuros esperados, associados aos Ativos e aos Passivos. As alterações nas estimativas contábeis decorrem de nova informação ou inovações e, portanto, não são retificações de erros.

A estimativa envolve julgamentos baseados na última informação disponível e confiável. Por exemplo, podem ser exigidas estimativas de:

a) créditos de liquidação duvidosa;

b) obsolescência de estoque;

c) valor justo de Ativos financeiros ou Passivos financeiros;

d) vida útil de Ativos depreciáveis ou o padrão esperado de consumo dos futuros benefícios econômicos incorporados nesses Ativos; e

e) obrigações decorrentes de garantias.

O efeito de mudança na estimativa contábil deve ser reconhecido **prospectivamente**, incluindo-o nos resultados do:

a) período da mudança, se a mudança afetar apenas esse período; ou

b) período da mudança e futuros períodos, se a mudança afetar todos eles.

O reconhecimento prospectivo do efeito de mudança na estimativa contábil significa que a mudança é aplicada a transações, a outros eventos e a condições **a partir da data da mudança na estimativa.**

7.6 Baixa do Ativo Não Circulante

CPC 27 - O valor contábil de um item do Ativo Imobilizado deve ser baixado:

a) por ocasião de sua alienação;

b) quando não há expectativas de benefícios econômicos futuros com a sua utilização ou alienação.

Ex.1: baixa de uma máquina totalmente depreciada, com custo histórico de R$ 10.000,00.

Ativo Imobilizado

Máquina 10.000

(-) Depreciação Acumulada 10.000

D – Depreciação Acumulada

C – Máquinas -----------------------R$ 10.000,00

Ex.2: baixa de uma máquina obsoleta, com custo de R$ 10.000,00 e depreciação acumulada de R$ 7.000,00.

Ativo Imobilizado

Máquina 10.000

(-) Depreciação Acumulada 7.000

D – Depreciação Acumulada---------R$ 7.000,00

D – Outras Despesa

Prejuízos na Baixa de Imobilizado---R$ 3.000,00

C – Máquinas------------------------R$ 10.000,00

Ex.3: máquina vendida a prazo por R$ 3.200,00 com custo de R$ 10.000,00 e depreciação acumulada de R$ 7.000,00

Imobilizado

Máquina 10.000

(-) Depreciação Acumulada 7.000

D – Depreciação Acumulada--------- R$ 7.000,00

D – Contas a Receber/Caixa----------R$ 3.200,00

C – Máquinas------------------------R$ 10.000,00

C – Outras Receitas

Lucro na Venda de Imobilizado-------R$ 200,00

Ganho de capital: preço de venda > valor contábil

Perda de capital: preço de venda < valor contábil

7.7 Intangível

7.7.1 Conceito

Ativo Intangível é um Ativo não monetário identificável sem substância física.

Um Ativo satisfaz o critério de identificação, em termos de definição de um Ativo Intangível, quando:

a) for separável, ou seja, puder ser separado da entidade e vendido, transferido, licenciado, alugado ou trocado, individualmente ou junto com um contrato, Ativo ou Passivo relacionado, independente da intenção de uso pela entidade; ou

b) resultar de direitos contratuais ou outros direitos legais, independentemente de tais direitos serem transferíveis ou separáveis da entidade ou de outros direitos e obrigações.

7.7.2 Reconhecimento

Um Ativo Intangível deve ser **reconhecido** apenas se:

a) for provável que os benefícios econômicos futuros esperados atribuíveis ao Ativo serão gerados em favor da entidade; e

b) o custo do Ativo possa ser mensurado com confiabilidade.

Obs.: a norma deixa claro que, se as condições não puderem ser atendidas, os gastos devem ser lançados como DESPESA.

7.7.3 Custo de Aquisição

Um Ativo Intangível deve ser reconhecido inicialmente ao custo.

O custo de Ativo Intangível adquirido separadamente inclui:

a) seu preço de compra, acrescido de impostos de importação e impostos não recuperáveis sobre a compra, depois de deduzidos os descontos comerciais e abatimentos; e

b) qualquer custo diretamente atribuível à preparação do Ativo para a finalidade proposta.

Exemplos de custos diretamente atribuíveis são:

a) custos de benefícios aos empregados (conforme CPC 33 – Benefícios a Empregados) incorridos diretamente para que o Ativo fique em condições operacionais (de uso ou funcionamento);

b) honorários profissionais diretamente relacionados para que o Ativo fique em condições operacionais; e

c) custos com testes para verificar se o Ativo está funcionando adequadamente.

Exemplos de gastos que não fazem parte do custo de Ativo Intangível:

a) custos incorridos na introdução de novo produto ou serviço (incluindo propaganda e atividades promocionais);

b) custos da transferência das atividades para novo local ou para nova categoria de clientes (incluindo custos de treinamento); e

c) custos administrativos e outros custos indiretos.

O reconhecimento dos custos no valor contábil de Ativo Intangível cessa quando esse Ativo está nas condições operacionais pretendidas pela administração.

7.7.4 Vida Útil

A entidade deve avaliar se a vida útil de Ativo Intangível é definida ou indefinida e, no primeiro caso, a duração ou o volume de produção ou unidades semelhantes que formam essa vida útil.

A entidade deve atribuir vida útil indefinida a um Ativo Intangível quando, com base na análise de todos os fatores relevantes, não existe um limite previsível para o período durante o qual o Ativo deverá gerar fluxos de caixa líquidos positivos para a entidade.

A contabilização de Ativo Intangível baseia-se na sua vida útil.

Ativo Intangível	**Vida útil Definida**	Sobre amortização
		Sujeito ao teste de recuperabilidade
	Vida útil Indefinida	Não sobre amortização
		Sujeito ao teste de recuperabilidade

7.8 Amortização

Amortização é a alocação sistemática do valor amortizável de Ativo Intangível ao longo da sua vida útil.

Aplicável aos bens imateriais (direito), intangíveis, ou incorpóreos.

7.8.1 Bens Intangíveis sujeitos à Amortização - Art. 325/RIR

Poderão ser amortizados:

I. *o capital aplicado na aquisição de direitos cuja existência ou exercício tenha duração limitada, ou de bens cuja utilização pelo contribuinte tenha o prazo legal ou contratualmente limitado, tais como:*

a) *patentes de invenção, fórmulas e processos de fabricação, direitos autorais, licenças, autorizações ou concessões;*

b) *investimento em bens que, nos termos da lei ou contrato que regule a concessão de serviço público, devem reverter ao poder concedente, ao fim do prazo da concessão, sem indenização;*

c) *custo de aquisição, prorrogação ou modificação de contratos e direitos de qualquer natureza, inclusive de exploração de fundos de comércio;*

d) *custos das construções ou benfeitorias em bens locados ou arrendados, ou em bens de terceiros, quando não houver direito ao recebimento de seu valor;*

e) *o valor dos direitos contratuais de exploração de florestas de que trata o art. 328.*

7.8.2 Início da Amortização

A amortização deve ser iniciada a partir do momento em que o Ativo estiver disponível para uso, ou seja, quando se encontrar no local e nas condições necessários para que possa funcionar da maneira pretendida pela administração.

A amortização deve cessar na data em que o Ativo é classificado como mantido para venda ou incluído em um grupo de Ativos classificado como mantido para venda.

7.8.3 Método de Amortização

O valor amortizável de Ativo Intangível com vida útil definida deve ser apropriado de forma sistemática ao longo da sua vida útil estimada.

Podem ser utilizados vários métodos de amortização para apropriar de forma sistemática o valor amortizável de um Ativo ao longo da sua vida útil. Tais métodos incluem o método linear, também conhecido como método de linha reta, o método dos saldos decrescentes e o método de unidades produzidas.

7.8.4 Método Linear ou Quotas Constantes (mais utilizado)

A taxa de amortização é fixada tendo em vista o tempo de utilização do bem intangível, podendo tal tempo ser fixado em lei que regule os direitos sobre o bem, em contrato ou ser proveniente da natureza do bem com existência limitada.

Ex.:

Em 02.01.X8 a Cia. Alfa adquiriu o direito de explorar a linha de transporte pelos 10 anos subsequentes. O custo para obter a concessão foi R$ 600.000,00.

Concessão obtida: R$ 600.000,00

Tx. amortização: 100%/10 = 10%a.a

(Encargo) Despesa Amortização Anual: 600.000x 10% = R$ 60.000,00 a.a ou

600.000 = 60.000 a.a

10

Amortização acumulada

Tempo se uso: 3 anos

Tx. acumulada: 10% x 3 = 30%

Amortização Acumulada: 600.000 x 30%= 180.000 ou

600.000 x 3 = 180.000

10

Valor contábil: custo de aquisição (-) Amort. Acumulada = 600.000 – 180.000 = R$ 420.000,00

7.8.5 Lançamento Contábil

A amortização deve normalmente ser reconhecida no resultado. No entanto, por vezes, os benefícios econômicos futuros incorporados no Ativo são absorvidos para a produção de outros Ativos. Nesses casos, a amortização faz parte do custo de outro Ativo, devendo ser incluída no seu valor contábil.

D- Despesa (custo) com Amortização.

C- Amortização Acumulada.

A despesa com amortização (conta de resultado) é anual.

A amortização acumulada (conta patrimonial) acumula as depreciações desde a aquisição e o funcionamento do bem.

7.9 Exaustão

7.9.1 Conceito

Corresponde à perda do valor, decorrente da sua exploração, de direitos cujo objeto seja recursos minerais ou florestais, ou bens aplicados nessa exploração.

Valor desembolsado para exercer o direito de exploração

<u>+ todos os dispêndios necessários a essa exploração</u>

Base de Cálculo da Exaustão

<u>Lançamento:</u>

D- Despesa Exaustão.

C- Exaustão Acumulada.

7.9.2 Não Devem Sofrer Exaustão

> Recursos minerais que não têm previsão de esgotamento.

> As florestas destinadas à exploração dos respectivos frutos sujeitam-se à depreciação e não à exaustão.

> florestas plantadas com a finalidade de proteção do solo ou do meio ambiente como um todo também não se sujeitam ao cômputo dos encargos das inversões (depreciação, amortização ou exaustão).

> Os direitos contratuais para a exploração de recursos florestais por prazo determinado (inferior ao esgotamento dos recursos) estão sujeitos à amortização, e não à exaustão, cujo critério econômico será o prazo de vigência do contrato.

7.9.3 Exaustão de Recursos Minerais

Exaustão em função do prazo de concessão:

Ex.:

Custo de Concessão = R$ 150.000,00

Prazo de concessão = 20 anos

Taxa de exaustão anual = 100%/20 = 5% a.a

(Encargo) Despesa de exaustão (anual): 5% x 150.000,00 = 7.500

Tempo de uso: 9 anos

Tx. Acumulada: 5% x 9 = 45%

Exaustão Acumulada: 150.000 x 45% = 67.500

Valor Contábil: Custo = 150.000

(-) E/Ac: = (67.500)

R$ 82.500,00

Exaustão em função da relação do período e da possança conhecida da mina:

Método das unidades extraídas.

Ex.:

Custo de concessão = R$ 150.000,00

Possança conhecida = 50.000m3

Produção do ano = 2.000m3

Taxa de exaustão do ano =prod. ano/possança = 2.000/50.000 = 4%a.a ou

Tempo previsto para esgotamento da mina = possança/ prod. ano = 50.000/2.000 = 25 anos = 4%a.a

(Encargo) Despesa de Exaustão do ano = 4% x R$ 150.000,00 = 6.000,00 ou

Escolha do método:

Se o prazo de concessão for menor do que o prazo previsto para o esgotamento dos recursos minerais, a exaustão será calculada em função do prazo de concessão. (RIR,330§2)-Se o prazo de concessão for maior do que o prazo previsto para o esgotamento dos recursos minerais, a exaustão será calculada em função dos recursos efetivamente extraídos.

Obs.: somente se sujeitam à exaustão as minas que estiverem sob o regime de concessão. A exploração de recursos minerais sob a forma de arrendamento ou licenciamento não pode ser objeto de exaustão.

7.9.4 Exaustão de Recursos Florestais

Só haverá exaustão de recursos florestais quando o esgotamento dos recursos estiver previsto para ocorrer antes do fim do prazo contratual, ou quando o prazo de exploração dos recursos for indeterminado.

Hipóteses de exploração dos recursos florestais:

01. Quando o prazo contratual for inferior ao período previsto para esgotamento dos recursos florestais, a perda de valor será contabilizada como amortização, e não como exaustão, visto que, antes do esgotamento dos recursos, o direito de exploração terá terminado.
02. Quando o esgotamento dos recursos estiver previsto para ocorrer antes do fim do prazo contratual, a perda de valor será contabilizada como exaustão.
03. Quando o prazo de exploração dos recursos for indeterminado, a perda de valor será contabilizada como exaustão.
04. Os projetos florestais destinados à exploração dos respectivos frutos sujeitam-se à depreciação, calculada com base na vida útil estimada dos recursos florestais objeto da exploração.

Ex.:

Bem a ser exaurido = Plantação de eucaliptos para utilização em uma siderúrgica.

Valor de Aquisição = R$ 600.000,00.

Quantidade total = 400 hectares de floresta com eucalipto plantado.

Extração do ano = 80 hectares da floresta.

Taxa de exaustão do ano = 80/400 = 20%.

Despesa de exaustão = 600.000 x 20% = R$ 120.000,00.

Dec. 3000/99 RIR

Art. 334. *Poderá ser computada, como custo ou encargo, em cada período de apuração, a importância correspondente à diminuição do valor de recursos florestais, resultante de sua exploração (Lei nº 4.506, de 1964, artigo 59, e Decreto-Lei nº 1.483, de 1976, artigo 4º).*

§ 1º *A quota de exaustão dos recursos florestais destinados a corte terá como base de cálculo o valor das florestas (Decreto-Lei nº 1.483, de 1976, artigo 4º, § 1º).*

2º Para o cálculo do valor da quota de exaustão será observado o seguinte critério (Decreto-Lei nº 1.483, de 1976, artigo 4º, § 2º):

I - apurar-se-á, inicialmente, o percentual que o volume dos recursos florestais utilizados ou a quantidade de árvores extraídas durante o período de apuração representa em relação ao volume ou à quantidade de árvores que no início do período de apuração compunham a floresta;

II - o percentual encontrado será aplicado sobre o valor contábil da floresta, registrado no Ativo, e o resultado será considerado como custo dos recursos florestais extraídos.

§ 3º *As disposições deste artigo aplicam-se também às florestas objeto de direitos contratuais de exploração por prazo indeterminado, devendo as quotas de exaustão ser contabilizadas pelo adquirente desses direitos, que tomará como valor da floresta o do contrato (Decreto-Lei nº 1.483, de 1976, artigo 4º, § 3º).*

Questões

01. (FCC – 2019) Um caminhão foi adquirido pelo valor de R$ 900.000,00 e a empresa ainda instalou uma carroceira no valor de R$ 300.000,00, sendo que ambos os valores foram pagos à vista. A compra ocorreu em 30/06/2017, a empresa definiu a vida útil do conjunto (caminhão e carroceria) em 8 anos e estimou o valor residual esperado para sua venda no final do prazo de vida útil em R$ 400.000,00. Sabendo-se que a vida útil do conjunto para fins fiscais é 5 anos e que a empresa adota o método das quotas constantes para determinar a depreciação, o saldo contábil evidenciado no Balanço Patrimonial de 31/12/2018 foi, em reais 1.050.000,00.

Certo ( ) Errado ( )

02. (CESPE - 2019) A amortização de ativo intangível com vida útil indefinida será iniciada quando o mesmo estiver disponível para uso.

Certo ( ) Errado ( )

03. (FCC – 2019) Uma empresa adquiriu, à vista, um equipamento por R$ 8.000.000,00. A compra ocorreu em 30/06/2015. A empresa definiu a vida útil do equipamento em 8 anos e estimou o valor residual esperado para sua venda no final do prazo de vida útil em R$ 1.280.000,00. A empresa vendeu o equipamento em 31/12/2017 por R$ 5.960.000,00, valor este que foi recebido à vista. Sabendo que a empresa adota o método das quotas constantes para determinar a despesa de depreciação, o resultado apurado na venda do equipamento evidenciado na Demonstração do Resultado de 2017 foi Lucro no valor de R$ 60.000,00.

Certo ( ) Errado ( )

04. (CESPE – 2019) Situação hipotética: Em janeiro de 2016, uma empresa adquiriu por R$ 1 milhão determinado equipamento, que tem tempo de vida útil de 5 anos, período após o qual não haverá valor residual. Assertiva: Nesse caso, a depreciação acumulada do referido bem até janeiro de 2019 é de R$ 600 mil.

Certo ( ) Errado ( )

05. (CESPE – 2018) As contas representativas de direitos autorais e da correspondente amortização acumulada devem figurar no ativo não circulante, no subgrupo intangível.

Certo ( ) Errado ( )

Gabaritos

01	CERTO
02	ERRADO
03	CERTO
04	CERTO
05	CERTO

8. DEMONSTRAÇÕES CONTÁBEIS

8.1 Lei nº 6.404/76

8.1.1 Exercício Social

Art. 175. *O exercício social terá duração de 1 (um) ano e a data do término será fixada no estatuto.*

Parágrafo único. *Na constituição da companhia e nos casos de alteração estatutária o exercício social poderá ter duração diversa.*

8.1.2 Demonstrações Financeiras

Art. 176. *Ao fim de cada exercício social, a diretoria fará elaborar, com base na escrituração mercantil da companhia, as seguintes demonstrações financeiras, que deverão exprimir com clareza a situação do patrimônio da companhia e as mutações ocorridas no exercício:*

I. *balanço patrimonial;*

II. *demonstração dos lucros ou prejuízos acumulados;*

III. *demonstração do resultado do exercício; e*

IV. *demonstração dos fluxos de caixa; e*

V. *se companhia aberta, demonstração do valor adicionado.*

§ 1º *As demonstrações de cada exercício serão publicadas com a indicação dos valores correspondentes das demonstrações do exercício anterior. (Demonstrações Comparativas)*

§ 2º *Nas demonstrações, as contas semelhantes poderão ser agrupadas; os pequenos saldos poderão ser agregados, desde que indicada a sua natureza e não ultrapassem 0,1 (um décimo) do valor do respectivo grupo de contas; mas é vedada a utilização de designações genéricas, como "diversas contas" ou "contas correntes".*

§ 3º *As demonstrações financeiras registrarão a destinação dos lucros segundo a proposta dos órgãos da administração, no pressuposto de sua aprovação pela assembleia geral.*

§ 4º *As demonstrações serão complementadas por notas explicativas e outros quadros analíticos ou demonstrações contábeis necessários para esclarecimento da situação patrimonial e dos resultados do exercício.*

§ 5º *As notas explicativas devem:*

I. *apresentar informações sobre a base de preparação das demonstrações financeiras e das práticas contábeis específicas selecionadas e aplicadas para negócios e evens significativos;*

II. *divulgar as informações exigidas pelas práticas contábeis adotadas no Brasil que não estejam apresentadas em nenhuma outra parte das demonstrações financeiras;*

III. *fornecer informações adicionais não indicadas nas próprias demonstrações financeiras e consideradas necessárias para uma apresentação adequada; e*

IV. *indicar:*

a) *os principais critérios de avaliação dos elementos patrimoniais, especialmente estoques, dos cálculos de depreciação, amortização e exaustão, de constituição de provisões para encargos ou riscos, e dos ajustes para atender a perdas prováveis na realização de elementos do Ativo;*

b) *os investimentos em outras sociedades, quando relevantes (art. 247, parágrafo único);*

c) *o aumento de valor de elementos do Ativo resultante de novas avaliações (art. 182, § 3º);*

d) *os ônus reais constituídos sobre elementos do Ativo, as garantias prestadas a terceiros e outras responsabilidades eventuais ou contingentes;*

e) *a taxa de juros, as datas de vencimento e as garantias das obrigações a longo prazo;*

f) *o número, espécies e classes das ações do capital social;*

g) *as opções de compra de ações outorgadas e exercidas no exercício;*

h) *os ajustes de exercícios anteriores (art. 186, § 1o); e*

j) *os eventos subsequentes à data de encerramento do exercício que tenham, ou possam vir a ter, efeito relevante sobre a situação financeira e os resultados futuros da companhia.*

§ 6º *A companhia fechada com patrimônio líquido, na data do balanço, inferior a R$ 2.000.000,00 (dois milhões de reais) não será obrigada à elaboração e publicação da demonstração dos fluxos de caixa." (NR)*

§ 7º *A Comissão de Valores Mobiliários poderá, a seu critério, disciplinar de forma diversa o registro de que trata o § 3o deste artigo.*

Lei nº 6.404/76 x CPC 26 Demonstrações Contábeis	
Lei 6.404/76	CPC 26 – Apresentação das DCs
Balanço Patrimonial.	Balanço patrimonial ao final do período.
Demonstração dos lucros ou prejuízos acumulados.	Demonstração do resultado do período.
Demonstração do resultado do exercício.	Demonstração do resultado abrangente do período.
Demonstração dos fluxos de caixa.	Demonstração das mutações do patrimônio líquido do período.
Se companhia aberta, demonstração do valor adicionado.	Demonstração dos fluxos de caixa do período.
§ 6º A companhia fechada com patrimônio líquido, na data do balanço, inferior a R$ 2.000.000,00 (dois milhões de reais) não será obrigada à elaboração e publicação da demonstração dos fluxos de caixa.	Balanço patrimonial do início do período mais antigo, comparativamente apresentado, quando a entidade aplicar uma política contábil retrospectivamente ou proceder à reapresentação retrospectiva de itens das demonstrações contábeis, ou quando proceder à reclassificação de itens de suas demonstrações contábeis.
	Demonstração do valor adicionado do período.

A CVM determina que as cias abertas devam publicar a Demonstração das Mutações do Patrimônio Líquido – DMPL, ficando desobrigadas, portanto, de elaborar a Demonstração de Lucros ou Prejuízos Acumulados- DLPA.

O CPC 26 inclui na composição do conjunto completo de demonstrações contábeis:

a) notas explicativas, compreendendo as políticas contábeis significativas e outras informações elucidativas;

b) informações comparativas com o período anterior.

Demonstrações Financeiras de Sociedades de Grande Porte

Lei 11.638/07, Art. 3º Aplicam-se às sociedades de grande porte, ainda que não constituídas sob a forma de sociedades por ações, as disposições da Lei nº 6.404/76, sobre escrituração e elaboração de demonstrações financeiras e a obrigatoriedade de auditoria independente por auditor registrado na Comissão de Valores Mobiliários.

Parágrafo único. *Considera-se de **grande porte**, para os fins exclusivos desta Lei, a sociedade ou conjunto de sociedades sob controle comum que tiver, no **exercício** social **anterior**, **Ativo total superior a R$ 240.000.000,00** (duzentos e quarenta milhões de reais) **ou receita bruta anual superior a R$ 300.000.000,00** (trezentos milhões de reais). (Grifo nosso)*

8.1.3 Escrituração

Art. 177. *A escrituração da companhia será mantida em registros permanentes, com obediência aos preceitos da legislação comercial e desta Lei e aos princípios de contabilidade geralmente aceitos, devendo observar métodos ou critérios contábeis uniformes no tempo e registrar as mutações patrimoniais segundo o regime de competência.*

§ 1º *As demonstrações financeiras do exercício em que houver modificação de métodos ou critérios contábeis, de efeitos relevantes, deverão indicá-la em nota e ressaltar esses efeitos.*

§ 2º *A companhia observará exclusivamente em livros ou registros auxiliares, sem qualquer modificação da escrituração mercantil e das demonstrações reguladas nesta Lei, as disposições da lei tributária, ou de legislação especial sobre a atividade que constitui seu objeto, que prescrevam, conduzam ou incentivem a utilização de métodos ou critérios contábeis diferentes ou determinem registros, lançamentos ou ajustes ou a elaboração de outras demonstrações financeiras.*

§ 3º *As demonstrações financeiras das companhias abertas observarão, ainda, as normas expedidas pela Comissão de Valores Mobiliários e serão obrigatoriamente submetidas a auditoria por auditores independentes nela registrados.*

§ 4º *As demonstrações financeiras serão assinadas pelos administradores e por contabilistas legalmente habilitados.*

§ 5º *As normas expedidas pela Comissão de Valores Mobiliários a que se refere o § 3o deste artigo deverão ser elaboradas em consonância com os padrões internacionais de contabilidade adotados nos principais mercados de valores mobiliários.*

§ 6º *As companhias fechadas poderão optar por observar as normas sobre demonstrações financeiras expedidas pela Comissão de Valores Mobiliários para as companhias abertas.*

8.2 Balanço Patrimonial

Antes de iniciarmos o estudo do Balanço Patrimonial, é importante que saibamos quais são as **demonstrações contábeis obrigatórias**.

A Lei 6.404/76 determina, em seu Art. 176, que ao fim de cada exercício social*, a diretoria fará elaborar, com base na escrituração mercantil da companhia, as seguintes demonstrações financeiras, que deverão exprimir com clareza a situação do patrimônio da companhia e as mutações ocorridas no exercício:

> Balanço Patrimonial - BP.

> Demonstração dos Lucros ou Prejuízos Acumulados - DLPA.

> Demonstração do Resultado do Exercício - DRE.

> Demonstração dos Fluxos de Caixa – DFC**; e

> Se companhia aberta, Demonstração do Valor Adicionado.

* O exercício social terá duração de 1 ano e a data do término será fixada no estatuto. Na constituição da companhia e nos casos de alteração estatutária o exercício social poderá ter duração diversa.

** A companhia fechada com Patrimônio Líquido, na data do balanço, inferior a R$ 2.000.000,00 (dois milhões de reais) não será obrigada à elaboração e publicação da demonstração dos fluxos de caixa.

As demonstrações financeiras auxiliarão a Contabilidade a cumprir sua finalidade de fornecer informações aos usuários. Cada demonstração contábil fornecerá uma informação específica.

O Balanço Patrimonial fornecerá informações sobre a composição do patrimônio de uma entidade (seus bens, direitos e obrigações). Veremos, no capítulo 7, as demais demonstrações obrigatórias.

A Lei 6.404/76 também determina que:

> As demonstrações de cada exercício serão publicadas com a indicação dos valores correspondentes das demonstrações do exercício anterior.

> Nas demonstrações, as contas semelhantes poderão ser agrupadas; os pequenos saldos poderão ser agregados, desde que indicada a sua natureza e que não ultrapassem 0,1 (um décimo) do valor do respectivo grupo de contas; mas é vedada a utilização de designações genéricas, como "diversas contas" ou "contas correntes".

> As demonstrações serão complementadas por **notas explicativas** e outros quadros analíticos ou demonstrações contábeis necessários para esclarecimento da situação patrimonial e dos resultados do exercício.

> As demonstrações financeiras registrarão a destinação dos lucros segundo a proposta dos órgãos da Administração, no pressuposto de sua aprovação pela assembleia geral.

> A demonstração de lucros ou prejuízos acumulados deverá indicar o montante do dividendo por ação do capital social e **poderá ser incluída na demonstração das mutações do Patrimônio Líquido, se elaborada e publicada pela companhia**.

As **notas explicativas** devem:

Apresentar informações sobre a base de preparação das demonstrações financeiras e das práticas contábeis específicas selecionadas e aplicadas para negócios e eventos significativos;

Divulgar as informações exigidas pelas práticas contábeis adotadas no Brasil que não estejam apresentadas em nenhuma outra parte das demonstrações financeiras;

Fornecer informações adicionais não indicadas nas próprias demonstrações financeiras e consideradas necessárias para uma apresentação adequada; e

> Indicar:

» os principais critérios de avaliação dos elementos patrimoniais, especialmente estoques, dos cálculos de depreciação, amortização e exaustão, de constituição de provisões para encargos ou riscos, e dos ajustes para atender a perdas prováveis na realização de elementos do Ativo;

» os investimentos em outras sociedades, quando relevantes;

» o aumento de valor de elementos do Ativo resultante de novas avaliações;

» os ônus reais constituídos sobre elementos do Ativo, as garantias prestadas a terceiros e outras responsabilidades eventuais ou contingentes;

» a taxa de juros, as datas de vencimento e as garantias das obrigações de longo prazo;

» o número, espécies e classes das ações do capital social;

» as opções de compra de ações outorgadas e exercidas no exercício;

» os ajustes de exercícios anteriores; e

» os eventos subsequentes à data de encerramento do exercício que tenham, ou possam vir a ter, efeito relevante sobre a situação financeira e os resultados futuros da companhia.

O Pronunciamento Técnico CPC 26 (R1) - Apresentação das Demonstrações Contábeis, que define a base para apresentação das demonstrações contábeis, determina que o conjunto completo de demonstrações contábeis inclui:

> Balanço Patrimonial ao final do período;

> Demonstração do Resultado do período;

> Demonstração do Resultado Abrangente do período;

> Demonstração das Mutações do Patrimônio Líquido do período;

> Demonstração dos Fluxos de Caixa do período;

> Notas explicativas, compreendendo as políticas contábeis significativas e outras informações elucidativas;

> Informações comparativas com o período anterior;

> Balanço Patrimonial do início do período mais antigo, comparativamente apresentado, quando a entidade aplicar uma política contábil retrospectivamente ou proceder à reapresentação retrospectiva de itens das demonstrações contábeis, ou quando proceder à reclassificação de itens de suas demonstrações contábeis; e

> - Demonstração do Valor Adicionado do período, se exigida legalmente ou por algum órgão regulador, ou mesmo se apresentada voluntariamente.

O CPC 26 (R1) determina que o conjunto completo das demonstrações contábeis deve ser apresentado pelo menos anualmente (inclusive informação comparativa).

Quando se altera a data de encerramento das demonstrações contábeis da entidade, e as demonstrações contábeis são apresentadas para um período mais longo ou mais curto do que um ano (exercício social), a entidade deve divulgar, além do período abrangido pelas demonstrações contábeis:

> A razão para usar um período mais longo ou mais curto; e

> O fato de que não são inteiramente comparáveis os montantes comparativos apresentados nessas demonstrações.

Demonstrações Contábeis	
Lei nº 6.404/76	CPC 26 (R1) - Apresentação das Demonstrações Contábeis
- Balanço Patrimonial; - Demonstração dos Lucros ou Prejuízos Acumulados; - Demonstração do Resultado do Exercício; - Demonstração dos Fluxos de Caixa*; e - se companhia aberta, Demonstração do Valor Adicionado. * A companhia fechada com Patrimônio Líquido, na data do balanço, inferior a R$ 2.000.000,00 (dois milhões de reais) não será obrigada à elaboração e publicação da demonstração dos fluxos de caixa.	- Balanço Patrimonial; - Demonstração do Resultado do Período; - Demonstração do Resultado Abrangente do período; - Demonstração das Mutações do Patrimônio Líquido do período; - Demonstração dos Fluxos de Caixa do período; - Notas explicativas; - Demonstração do Valor Adicionado.

8.3 Conceitos

Balanço Patrimonial é a representação gráfica equilibrada do patrimônio de uma entidade em determinada data, evidenciando todas as contas patrimoniais e seus respectivos saldos. Ele é preparado com o objetivo de fornecer informações sobre a situação patrimonial da entidade. É considerado como sendo a situação estática do patrimônio.

Será composto por uma parte positiva, apresentada do lado esquerdo da demonstração, chamada de Ativo. Como já vimos em capítulos anteriores, no Ativo são demonstrados os bens e direitos da entidade. Também será composto por uma parte negativa, apresentada do lado direito da demonstração, chamada de Passivo. Vimos em capítulos anteriores que o Passivo será composto por obrigações e Patrimônio Líquido.

A Lei 6.404/76, em seu Art. 178, trata do Balanço Patrimonial. Vejamos:

> ***Art. 178.*** *No balanço, as contas serão classificadas segundo os elementos do patrimônio que registrem, e agrupadas de modo a facilitar o conhecimento e a análise da situação financeira da companhia.*
>
> ***§ 1º*** *No* ***Ativo****, as contas serão dispostas em* ***ordem decrescente de grau de liquidez*** *dos elementos nelas registrados, nos seguintes grupos:*
>
> ***I. Ativo Circulante****; e*
>
> ***II. Ativo Não Circulante****, composto por* **Ativo Realizável a Longo Prazo, Investimentos, Imobilizado** *e* **Intangível**.
>
> ***§ 2º*** *no* ***Passivo****, as contas serão classificadas nos seguintes grupos:*
>
> ***I. Passivo Circulante****;*
>
> ***II. Passivo Não Circulante****; e*
>
> ***III. Patrimônio Líquido****, dividido em* ***Capital Social, Reservas de Capital, Ajustes de Avaliação Patrimonial, Reservas de Lucros, Ações em Tesouraria*** *e* ***Prejuízos Acumulados****.*
>
> ***§ 3º*** *Os saldos devedores e credores que a companhia não tiver direito de compensar serão classificados separadamente." (Grifo nosso)*

Portanto, de acordo com a Lei, o Balanço Patrimonial será composto pelos seguintes grupos e subgrupos:

Balanço Patrimonial	
Ativo	Passivo
Ativo Circulante Ativo Não Circulante - Ativo Realizável a Longo Prazo - Investimentos - Imobilizado - Intangível	Passivo Circulante Passivo Não Circulante Patrimônio Líquido - Capital Social - Reservas de Capital - Ajustes de Avaliação Patrimonial - Reservas de Lucros - Ações em Tesouraria - Prejuízos Acumulados

De acordo com o CPC 26, o Balanço Patrimonial deve apresentar, respeitada a legislação, as seguintes contas:

> Caixa e Equivalentes de Caixa.

> Clientes e Outros Recebíveis.

> Estoques.
> Ativos Financeiros.
> Ativos classificados como disponíveis para venda - Instrumentos Financeiros e Ativo Não Circulante de Operação Descontinuada.
> Ativos Biológicos.
> Investimentos avaliados pelo método da equivalência patrimonial.
> Propriedades para Investimento;
> Imobilizado.
> Intangível.
> Contas a Pagar comerciais e outras;
> Provisões.
> Obrigações Financeiras;
> Obrigações e Ativos relativos à tributação corrente.
> Impostos diferidos Ativos e Passivos;
> Obrigações associadas a Ativos à disposição para venda;
> Participação de não controladores, apresentada de forma destacada dentro do Patrimônio Líquido; e
> Capital Integralizado e reservas e outras contas atribuíveis aos proprietários da entidade.

O Pronunciamento Técnico não prescreve a ordem ou o formato que deva ser utilizado na apresentação das contas do Balanço Patrimonial. O parágrafo anterior simplesmente lista os itens que são suficientemente diferentes na sua natureza ou função para assegurar uma apresentação individualizada no Balanço Patrimonial.

A entidade deve apresentar contas adicionais, cabeçalhos e subtotais nos balanços patrimoniais sempre que sejam relevantes para o entendimento da posição financeira e patrimonial da entidade.

8.4 Ativos

Ativo é um recurso controlado pela entidade como resultado de eventos passados e do qual se espera que resultem futuros benefícios econômicos para a entidade. Agora, detalharemos a composição desse grupo.

De acordo com o Art. 179 da Lei 6.404/76 as contas do Ativo serão classificadas do seguinte modo:

> ***I.*** *no Ativo Circulante: as disponibilidades, os direitos realizáveis no curso do exercício social subsequente e as aplicações de recursos em despesas do exercício seguinte;*
>
> ***II.*** *no Ativo Realizável a Longo Prazo: os direitos realizáveis após o término do exercício seguinte, assim como os derivados de vendas, adiantamentos ou empréstimos a sociedades coligadas ou controladas, diretores, acionistas ou participantes no lucro da companhia, que não constituírem negócios usuais na exploração do objeto da companhia;*
>
> ***III.*** *em investimentos: as participações permanentes em outras sociedades e os direitos de qualquer natureza, não classificáveis no Ativo Circulante, e que não se destinem à manutenção da atividade da companhia ou da empresa;*
>
> ***IV.*** *no Ativo Imobilizado: os direitos que tenham por objeto bens corpóreos destinados à manutenção das atividades da companhia ou da empresa ou exercidos com essa finalidade, inclusive os decorrentes de operações que transfiram à companhia os benefícios, riscos e controle desses bens;*
>
> ***VI.*** *no Intangível: os direitos que tenham por objeto bens incorpóreos destinados à manutenção da companhia ou exercidos com essa finalidade, inclusive o fundo de comércio adquirido.*
>
> ***Parágrafo único.*** *Na companhia em que o ciclo operacional da empresa tiver duração maior que o exercício social, a classificação no Circulante ou Longo Prazo terá por base o prazo desse ciclo.*

O CPC 26 determina que o Ativo deve ser classificado como Circulante quando satisfizer qualquer dos seguintes critérios:

> Espera-se que seja realizado, ou pretende-se que seja vendido ou consumido no decurso normal do ciclo operacional* da entidade;
> Esteja mantido essencialmente com o propósito de ser negociado;
> Espera-se que seja realizado até doze meses após a data do balanço; ou
> Seja caixa ou equivalente de caixa**, a menos que sua troca ou uso para liquidação de Passivo se encontre vedada durante pelo menos doze meses após a data do balanço.

Todos os demais Ativos devem ser classificados como Não Circulantes.

O Ativo Não Circulante deve ser subdividido em **Realizável a Longo Prazo, Investimentos, Imobilizado** e **Intangível**.

* O ciclo operacional da entidade é o tempo entre a aquisição de Ativos para processamento e sua realização em caixa ou seus equivalentes. Quando o ciclo operacional normal da entidade não for claramente identificável, pressupõe-se que sua duração seja de doze meses.

** Equivalentes de caixa são aplicações financeiras de curto prazo, de alta liquidez, que são prontamente conversíveis em montante conhecido de caixa e que estão sujeitas a um insignificante risco de mudança de valor.

Então, de acordo com a Lei 6.404/76 e com o CPC 26, o Ativo será composto pelos seguintes itens:

8.4.1 Ativo Circulante

> Disponibilidades

Representam os bens numerários, ou seja, serão classificados em Disponibilidades os itens que representem dinheiro ou que possam ser convertidos imediatamente em dinheiro.

Ex.: Caixa, Bancos, Numerários em trânsito e Aplicações financeiras de liquidez imediata (aplicações financeiras de curto prazo – até 90 dias – que não tenham quase nenhum risco de mudança de valor e que possuam alta liquidez).

> Direitos realizáveis no curso do exercício social subsequente

Podemos classificar como direitos realizáveis no curso do exercício social subsequente os direitos realizáveis pessoais e os direitos realizáveis reais.

Direitos realizáveis pessoais representam os créditos da empresa.

Ex.: Duplicatas a receber, Adiantamento a fornecedores, Adiantamento a empregados.

Direitos realizáveis reais representam os bens de propriedade da companhia.

Ex.: Estoque de mercadorias, Estoque de material de consumo.

- Aplicações de recursos em despesas do exercício seguinte

Registraremos os itens que correspondem às despesas pagas no exercício atual, mas os fatos geradores ocorrerão apenas no exercício seguinte. São as chamadas despesas antecipadas (despesas cujo fato gerador ainda não aconteceu).

Ex.: Prêmios de seguros a apropriar (também conhecidos como Seguros a vencer), Despesas pagas antecipadamente, Aluguéis pagos antecipadamente.

8.4.2 Ativo Não Circulante

> Realizável a Longo Prazo:

Classificaremos os direitos realizáveis após o término do exercício seguinte, assim como os derivados de vendas, adiantamentos ou empréstimos a sociedades coligadas ou controladas, diretores, acionistas ou participantes no lucro da companhia, que não constituírem negócios usuais na exploração do objeto da companhia.

Direitos realizáveis após o término do exercício seguinte são os valores cujo prazo de realização extrapole o período de 12 meses de exercício social, ou após o período operacional seguinte, caso o ciclo operacional seja superior a 12 meses.

Ex.: Duplicatas a receber em longo prazo, Despesas antecipadas em longo prazo.

"Valores derivados de vendas, adiantamentos ou empréstimos a sociedades coligadas ou controladas, diretores, acionistas ou participantes no lucro da companhia, que não constituírem negócios usuais na exploração do objeto da companhia": estes direitos independem do prazo!

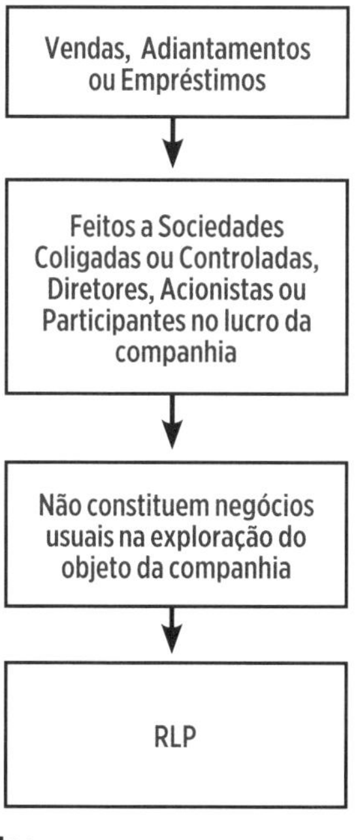

Investimentos

Classificaremos as participações permanentes em outras sociedades e os direitos de qualquer natureza, não classificáveis no Ativo Circulante, e que não se destinem à manutenção da atividade da companhia ou da empresa.

Ex.: Ações de coligadas, Imóvel para alugar, Ações de controladas, Obras de arte.

Imobilizado

Classificaremos os direitos que tenham por objeto bens corpóreos destinados à manutenção das atividades da companhia ou da empresa ou exercidos com essa finalidade, inclusive os decorrentes de operações que transfiram à companhia os benefícios, os riscos e o controle desses bens*.

Ex.: Móveis e utensílios, Máquinas e equipamentos, Imóveis, Veículos, (-) Depreciação acumulada.

** os itens que não pertencem juridicamente à companhia, mas dos quais ela detém os benefícios, os riscos e o controle, serão classificados no Imobilizado. Trataremos desses itens no Capítulo 6, mais especificamente em Arrendamento Mercantil.*

Dessa forma, podemos afirmar que Ativo Imobilizado é o item tangível que:

> É mantido para uso na produção ou fornecimento de mercadorias ou serviços, para aluguel a outros, ou para fins administrativos; e que

> Se espera utilizar por mais de um período.

Intangível

Classificaremos os direitos que tenham por objeto bens incorpóreos destinados à manutenção da companhia ou exercidos com essa finalidade, inclusive o fundo de comércio adquirido.

Ex.: Softwares, Direitos autorais, Direitos de exploração de recursos minerais, (-) Amortização acumulada.

Alguns componentes patrimoniais também podem ser encontrados em prova com as seguintes denominações:

Bens numerários: equivalem ao disponível, como Caixa, Bancos e Aplicações financeiras de liquidez imediata.

Bens de venda: são os bens que a empresa vende, como Estoque de mercadorias.

Bens de renda: são os bens adquiridos com a intenção de obter renda para a empresa, como Imóveis para alugar e Obras de arte.

Bens fixos: são os bens utilizados nas atividades da empresa, como Veículos, Máquinas e equipamentos, e Móveis e utensílios.

Bens imateriais: são os bens que não têm existência física, mas podem ser traduzidos em moeda, como Softwares.

Créditos de funcionamento: valores a receber decorrentes das atividades da empresa, como Duplicatas a receber e Impostos a recuperar.

Créditos de financiamento: valores a receber decorrentes de financiamentos, como Empréstimos a terceiros.

8.5 Passivos

Passivo é uma obrigação presente da entidade, derivada de eventos já ocorridos, cuja liquidação se espera que resulte em saída de recursos capazes de gerar benefícios econômicos. Assim como fizemos com o Ativo, detalharemos a composição desse grupo.

De acordo com o Art. 180 da Lei 6.404/76, as contas do Passivo serão classificadas do seguinte modo:

Art. 180. *As obrigações da companhia, inclusive financiamentos para aquisição de direitos do Ativo Não Circulante, serão classificadas no Passivo Circulante, quando se vencerem no exercício seguinte, e no Passivo Não Circulante, se tiverem vencimento em prazo maior, observado o disposto no parágrafo único do Art. 179 desta Lei.*

Art. 179. *Parágrafo único. Na companhia em que o ciclo operacional* da empresa tiver duração maior que o exercício social**, a classificação no circulante ou Longo Prazo terá por base o prazo desse ciclo.*

* O ciclo operacional da entidade é o tempo entre a aquisição de Ativos para processamento e sua realização em caixa ou seus equivalentes. Quando o ciclo operacional normal da entidade não for claramente identificável, pressupõe-se que sua duração seja de doze meses.

** O exercício social terá duração de 1 ano, e a data do término será fixada no estatuto. Na constituição da companhia e nos casos de alteração estatutária, o exercício social poderá ter duração diversa.

O CPC 26 determina que o Passivo deve ser classificado como Circulante quando satisfizer qualquer dos seguintes critérios:

> Espera-se que seja liquidado durante o ciclo operacional normal da entidade;

> Esteja mantido essencialmente para a finalidade de ser negociado;

> Deve ser liquidado no período de até doze meses após a data do balanço; ou

> A entidade não tem direito incondicional de diferir a liquidação do Passivo durante pelo menos doze meses após a data do balanço. Os termos de um Passivo que podem, à opção da contraparte, resultar na sua liquidação por meio da emissão de instrumentos patrimoniais não devem afetar a sua classificação.

Todos os outros Passivos devem ser classificados como Não Circulantes.

Então, de acordo com a Lei 6.404/76 e com o CPC 26, o Passivo será composto pelos seguintes itens:

8.5.1 Passivo Circulante

Classificaremos nesse grupo as obrigações da companhia, quando vencerem no exercício seguinte.

Ex.: Duplicatas a pagar, Salários a pagar, Impostos a recolher, Dividendos a pagar, Adiantamento de clientes, Aluguéis a pagar, Multas a pagar.

Passivo Não Circulante

Classificaremos nesse grupo as obrigações da companhia, quando tiverem vencimento após o término do exercício seguinte.

Porém, se o ciclo operacional da empresa tiver duração maior que o exercício social, utilizaremos o ciclo operacional para fazer a classificação entre Circulante e em Longo Prazo.

Ex.: Duplicatas a pagar em Longo Prazo, Financiamentos a pagar em Longo Prazo, Empréstimos a pagar em Longo Prazo.

Alguns componentes patrimoniais também podem ser encontrados em prova com as seguintes denominações:

> Capital de Terceiros: corresponde ao Passivo Exigível, ou seja, Passivo Circulante + Passivo Não Circulante.

> Débitos de Funcionamento: correspondem às dívidas decorrentes das atividades normais da empresa, como Fornecedores, Salários a pagar e Impostos a recolher.

> Débitos de Financiamento: correspondem às dívidas decorrentes de recursos obtidos para ampliação e desenvolvimento da empresa, como Empréstimos a pagar e Financiamentos obtidos.

8.6 Patrimônio Líquido

Patrimônio Líquido é o valor residual dos Ativos da entidade depois de deduzidos todos os seus Passivos. Agora, detalharemos a composição desse grupo.

De acordo com a Lei 6.404/76, as contas do Patrimônio Líquido serão classificadas do seguinte modo:

Art. 178. *§ 2º III – Patrimônio Líquido, dividido em capital social, reservas de capital, ajustes de avaliação patrimonial, reservas de lucros, ações em tesouraria e prejuízos acumulados.*

Art. 182. *A conta do capital social discriminará o montante subscrito e, por dedução, a parcela ainda não realizada.*

§ 1º *Serão classificadas como reservas de capital as contas que registrarem:*

a) *a contribuição do subscritor de ações que ultrapassar o valor nominal e a parte do preço de emissão das ações sem valor nominal que ultrapassar a importância destinada à formação do capital social, inclusive nos casos de conversão em ações de debêntures ou partes beneficiárias;*

b) *o produto da alienação de partes beneficiárias e bônus de subscrição;*

c) *(revogada);*

d) *(revogada).*

§ 2º *Será ainda registrado como reserva de capital o resultado da correção monetária do capital realizado, enquanto não capitalizado.*

§ 3º *Serão classificadas como ajustes de avaliação patrimonial, enquanto não computadas no resultado do exercício em obediência ao regime de competência, as contrapartidas de aumentos ou diminuições de valor atribuídos a elementos do Ativo e do Passivo, em decorrência da sua avaliação a valor justo, nos casos previstos nesta Lei ou, em normas expedidas pela Comissão de Valores Mobiliários, com base na competência conferida pelo § 3º do Art. 177 desta Lei*.*

§ 4º *Serão classificados como reservas de lucros as contas constituídas pela apropriação de lucros da companhia.*

§ 5º *As ações em tesouraria deverão ser destacadas no balanço como dedução da conta do Patrimônio Líquido que registrar a origem dos recursos aplicados na sua aquisição.*

* Art. 177, § 3º: As demonstrações financeiras das companhias abertas observarão, ainda, as normas expedidas pela Comissão de Valores Mobiliários e serão obrigatoriamente submetidas a auditoria por auditores independentes nela registrados."

Então, de acordo com a Lei 6.404/76, o Patrimônio Líquido será composto pelos seguintes itens:

8.6.1 Capital Social

Lei 6.404/76

Art. 182. *A conta do capital social discriminará o montante subscrito e, por dedução, a parcela ainda não realizada.*

Capital Social: parte do Patrimônio Líquido formada por ações ou quotas subscritas na constituição ou no aumento do capital de uma entidade.

Capital a Realizar (a Integralizar/ não Realizado): ações ou quotas subscritas que ainda não foram realizadas/integralizadas pelos acionistas.

Capital Realizado (Integralizado): ações ou quotas subscritas e realizadas pelos acionistas ou sócios em dinheiro ou quaisquer outros bens suscetíveis de avaliação em dinheiro.

8.6.2 Reservas de Capital

Lei 6.404/76

Art. 182.

§ 1º *Serão classificadas como reservas de capital as contas que registrarem:*

a) *a contribuição do subscritor de ações que ultrapassar o valor nominal e a parte do preço de emissão das ações sem valor nominal que ultrapassar a importância destinada à formação do capital social, inclusive nos casos de conversão em ações de debêntures ou partes beneficiárias;*

§ 2º *Será ainda registrado como reserva de capital o resultado da correção monetária do capital realizado, enquanto não capitalizado.*

Art. 200. *As reservas de capital* ***somente poderão ser utilizadas para:***

I. *absorção de prejuízos que ultrapassarem os lucros acumulados e as reservas de lucros;*

II. *resgate, reembolso ou compra de ações;*

III. *resgate de partes beneficiárias;*

IV. *incorporação ao capital social;*

V. *pagamento de dividendo a ações preferenciais, quando essa vantagem lhes for assegurada.*

Parágrafo único. *A reserva constituída com o produto da venda de partes beneficiárias poderá ser destinada ao resgate desses títulos." (Grifo nosso)*

Bônus de Subscrição: são títulos negociáveis, emitidos por sociedades anônimas, que conferem aos seus titulares direito de preferência para subscrever ações do capital social.

Ágio na Subscrição: a contribuição do subscritor que ultrapassar o valor nominal constituirá reserva de capital, representando ágio na emissão das ações.

Partes Beneficiárias: são títulos negociáveis, sem valor nominal, emitidos por sociedades anônimas de capital fechado. Esses títulos conferem aos seus titulares o direito de participação nos lucros da empresa emissora (máximo de 10%). Companhias abertas não podem emitir partes beneficiárias.

8.6.3 (+/-) Ajustes de Avaliação Patrimonial

Lei 6.404/76

Art. 182.

§ 3º *Serão classificadas como ajustes de avaliação patrimonial, enquanto não computadas no resultado do exercício em obediência ao regime de competência, as contrapartidas de aumentos ou diminuições de valor atribuídos a elementos do Ativo e do Passivo, em decorrência da sua avaliação a valor justo, nos casos previstos nesta Lei ou, em normas expedidas pela Comissão de Valores Mobiliários.*

8.6.4 Reservas de Lucros

Lei 6.404/76

Art. 182.

§ 4º *Serão classificados como reservas de lucros as contas constituídas pela apropriação de lucros da companhia."*

Reserva Legal

Lei 6.404/76

Art. 193. *Do lucro líquido do exercício, 5% (cinco por cento) serão aplicados, antes de qualquer outra destinação, na constituição da reserva legal, que não excederá de 20% (vinte por cento) do capital social.*

§ 1º *A companhia poderá deixar de constituir a reserva legal no exercício em que o saldo dessa reserva, acrescido do montante das reservas de capital de que trata o § 1º do Art. 182, exceder de 30% (trinta por cento) do capital social.*

§ 2º *A reserva legal tem por fim assegurar a integridade do capital social e somente poderá ser utilizada para compensar prejuízos ou aumentar o capital.*

Para o cálculo da Reserva Legal:

> Res. Legal = 5% x Lucro Líquido

Limite máximo obrigatório:

> 20% do Capital Social (a reserva legal só pode ser constituída até esse valor)

> Limite facultativo:

> A empresa poderá deixar de constituir a reserva legal quando:

> Reserva Legal + Reserva de Capital > 30% do Capital Social

Ex.:

A empresa "X" possui as seguintes contas e saldos:

Lucro líquido: R$ 4.000,00

Capital Social: R$ 10.000,00

Reservas de Capital: R$ 2.500,00

Reserva Legal: R$ 1.800,00

Cálculo da Reserva Legal:

Res. Legal = 5% x Lucro Líquido = 5% x 4.000 = 200,00

Limite obrigatório = 20% do Capital Social = 20% x 10.000 = 2.000,00 (valor máximo permitido para a conta de Reserva Legal)

Limite facultativo = Res. Legal + Res. Capital = 1.800 + 2.500 = 4.300,00

30% x Capital Social = 30% x 10.000 = 3.000,00

Convém observar que o limite facultativo já foi atingido e, por isso, a empresa já pode deixar de constituir a reserva legal. Caso resolva constituí-la, deverá observar o limite obrigatório.

Reserva Estatutária

Lei 6.404/76

Art. 194. *O estatuto poderá criar reservas desde que, para cada uma:*

I. *indique, de modo preciso e completo, a sua finalidade;*

II. *fixe os critérios para determinar a parcela anual dos lucros líquidos que serão destinados à sua constituição; e*

III. *estabeleça o limite máximo da reserva.*

Reserva de Contingências

Lei 6.404/76

Art. 195. *A assembleia geral poderá, por proposta dos órgãos da administração, destinar parte do lucro líquido à formação de reserva com a finalidade de compensar, em exercício futuro, a* *diminuição do lucro decorrente de perda julgada provável, cujo valor possa ser estimado.*

§ 1º *A proposta dos órgãos da administração deverá indicar a causa da perda prevista e justificar, com as razões de prudência que a recomendem, a constituição da reserva.*

§ 2º *A reserva será revertida no exercício em que deixarem de existir as razões que justificaram a sua constituição ou em que ocorrer a perda.*

Reserva de Incentivos Fiscais

Lei 6.404/76

Art. 195-A. *A assembleia geral poderá, por proposta dos órgãos de administração, destinar para a reserva de incentivos fiscais a parcela do lucro líquido decorrente de doações ou subvenções governamentais para investimentos, que poderá ser excluída da base de cálculo do dividendo obrigatório.*

Reserva de Retenção de Lucros

Lei 6.404/76

Art. 196. *A assembleia geral poderá, por proposta dos órgãos da administração, deliberar reter parcela do lucro líquido do exercício prevista em orçamento de capital por ela previamente aprovado.*

§ 1º *O orçamento, submetido pelos órgãos da administração com a justificação da retenção de lucros proposta, deverá compreender todas as fontes de recursos e aplicações de capital, fixo ou circulante, e poderá ter a duração de até 5 (cinco) exercícios, salvo no caso de execução, por prazo maior, de projeto de investimento.*

§ 2º *O orçamento poderá ser aprovado pela assembleia geral ordinária que deliberar sobre o balanço do exercício e revisado anualmente, quando tiver duração superior a um exercício social."*

Reserva de Lucros a Realizar

Lei 6.404/76

Art. 197. *No exercício em que o montante do dividendo obrigatório ultrapassar a parcela realizada do lucro líquido do exercício, a assembleia geral poderá, por proposta dos órgãos de administração, destinar o excesso à constituição de reserva de lucros a realizar.*

§ 1º *Para os efeitos deste artigo, considera-se realizada a parcela do lucro líquido do exercício que exceder da soma dos seguintes valores:*

I. *o resultado líquido positivo da equivalência patrimonial; e*

II. *o lucro, rendimento ou ganho líquidos em operações ou contabilização de Ativo e Passivo pelo valor de mercado, cujo prazo de realização financeira ocorra após o término do exercício social seguinte.*

§ 2º *A reserva de lucros a realizar somente poderá ser utilizada para pagamento do dividendo obrigatório e serão considerados como integrantes da reserva os lucros a realizar de cada exercício que forem os primeiros a serem realizados em dinheiro."*

Reserva especial de dividendos obrigatórios não distribuídos

Lei 6.404/76

Art. 202.

§ 5º *Os lucros que deixarem de ser distribuídos nos termos do § 4º* serão registrados como reserva especial e, se não absorvidos por prejuízos em exercícios subsequentes, deverão ser pagos como dividendo assim que o permitir a situação financeira da companhia.*

* § 4º O dividendo previsto neste artigo não será obrigatório no exercício social em que os órgãos da administração informarem à assembleia geral ordinária ser ele incompatível com a situação financeira da companhia. O conselho fiscal, se em funcionamento, deverá dar parecer sobre essa informação e, na companhia aberta, seus administradores encaminharão à Comissão de Valores Mobiliários, dentro de 5 (cinco) dias da realização da assembleia geral, exposição justificativa da informação transmitida à assembleia."

8.6.5 (-) Ações em Tesouraria

Lei 6.404/76

Art. 182.

§ 5º *As ações em tesouraria deverão ser destacadas no balanço como dedução da conta do Patrimônio Líquido que registrar a origem dos recursos aplicados na sua aquisição."*

Questões

01. (FCC – 2019) Em 01/12/2014, uma empresa obteve um empréstimo a uma taxa de juros de 1,2% ao mês. O valor solicitado foi R$ 30.000.000,00 e os pagamentos para liquidação do empréstimo seriam realizados da seguinte forma:

- Os juros, no valor de R$ 360.000,00, são pagos mensalmente, tendo a primeira parcela vencido em 01/01/2015; e
- O principal será pago integralmente em uma única parcela que vencerá em 01/12/2020.

A empresa pagou, adicionalmente, na data da obtenção do empréstimo, despesas relacionadas com o contrato no valor de R$ 1.000.000,00, o que fez com que a taxa de custo efetivo da operação fosse de 1,2709% ao mês.

O valor dos encargos financeiros evidenciados pela empresa, na Demonstração do Resultado de 2014, foi, em reais, 368.561,00.

Certo ( ) Errado ( )

02. (CESPE – 2019) No decorrer do exercício de 2018, uma empresa pública de tratamento de resíduos apresentou as seguintes movimentações de caixa.

recebimentos	em R$
prestação de serviços de coleta	9.200.000
empréstimos obtidos	1.300.000
alienação de ativos	150.000
amortização de empréstimos concedidos	280.000
pagamentos	**em R$**
salários e encargos	5.800.000
aquisição de maquinário pesado	2.600.000
aquisição de materiais para tratamento de resíduos	550.000
despesas operacionais	980.000

O fluxo de caixa operacional gerado pela entidade foi de R$ 1.870.000.

Certo ( ) Errado ( )

03. (CESPE – 2019) A receita deve ser reconhecida no momento da transferência do bem ou serviço prometido ao cliente, cumpridas as demais condições normativas, independentemente da emissão do respectivo instrumento fiscal.

Certo ( ) Errado ( )

04. (CESPE - 2019) Embora não transite por caixa e equivalentes, a conversão de dívidas em capital social deve ser apresentada na demonstração dos fluxos de caixa, o que afeta o fluxo de caixa das atividades de financiamento e de investimento.

Certo ( ) Errado ( )

05. (CESPE - 2019) Situação hipotética: Durante o ano de 2017, uma companhia aberta fez alteração da sua política contábil, de maneira retrospectiva ao ano de 2016. Assertiva: Conforme pronunciamento técnico do Comitê de Pronunciamentos Contábeis, nas demonstrações financeiras de 2017 dessa companhia, devem constar três balanços patrimoniais: um relativo ao final de 2017; um relativo ao final do período de 2016; e outro referente ao início do período de 2016.

Certo ( ) Errado ( )

Gabaritos

01	CERTO
02	CERTO
03	CERTO
04	ERRADO
05	CERTO

8.7 Demonstração do Resultado do Exercício

8.7.1 Lei nº 6.404/76

Art. 187. *A demonstração do resultado do exercício discriminará:*

I. *a receita bruta das vendas e serviços, as deduções das vendas, os abatimentos e os impostos;*

II. *a receita líquida das vendas e serviços, o custo das mercadorias e serviços vendidos e o lucro bruto;*

III. *as despesas com as vendas, as despesas financeiras, deduzidas das receitas, as despesas gerais e administrativas, e outras despesas operacionais;*

IV. *o lucro ou prejuízo operacional, as outras receitas e as outras despesas;*

V. *o resultado do exercício antes do Imposto sobre a Renda e a provisão para o imposto;*

VI. *as participações de debêntures, empregados, administradores e partes beneficiárias, mesmo na forma de instrumentos financeiros, e de instituições ou fundos de assistência ou previdência de empregados, que não se caracterizem como despesa;*

VII. *o lucro ou prejuízo líquido do exercício e o seu montante por ação do capital social.*

§ 1º *Na determinação do resultado do exercício serão computados:*

a) *as receitas e os rendimentos ganhos no período, independentemente da sua realização em moeda; e*

b) *os custos, despesas, encargos e perdas, pagos ou incorridos, correspondentes a essas receitas e rendimentos.*

Demonstração do Resultado do Exercício – Lei nº 6.404/76
RECEITA BRUTA
Vendas Brutas
Prestação de Serviços
(-) DEDUÇÕES DA RECEITA
Impostos s/ Vendas e Serviços (ICMS, ISS, PIS, COFINS)
Devoluções ou Cancelamentos
Descontos Incondicionais e Abatimentos
(=) RECEITA LÍQUIDA
(-) Custo das mercadorias vendidas ou dos produtos e serviços vendidos
(=) LUCRO BRUTO OU RESULTADO OPERACIONAL BRUTO
(-) DESPESAS OPERACIONAIS
(-) Despesas com Vendas
(-) Despesas Administrativas
(-) Despesas Financeiras
(+) Receitas Financeiras
(-) Outras Despesas Operacionais
(+) Outras Receitas Operacionais
(=) RESULTADO OPERACIONAL LÍQUIDO OU LUCRO/PREJUÍZO OPERACIONAL
(+) Outras Receitas
(-) Outras Despesas
(=) RESULTADO ANTES DO IMPOSTO DE RENDA = LAIR
(-) Contribuição Social s/ o Lucro (CSLL)

(-) Imposto de Renda s/ o Lucro
(=) LUCRO APÓS O IMPOSTO DE RENDA = LAPIR
(-) PARTICIPAÇÕES ESTATUTÁRIAS
Debêntures
Empregados
Administradores
Partes Beneficiárias
Fundos de Assistência de Empregados
(=) LUCRO/ PREJUÍZO LÍQUIDO DO EXERCÍCIO
LUCRO/PREJUÍZO LÍQUIDO POR AÇÃO = Lucro líquido/Nº de ações em circulação

Outras receitas e outras despesas = ganho ou perda de capital decorrente da venda de Ativo fixo (investimento, imobilizado ou intangível) ou perda de capital pela baixa do Ativo fixo por perecimento, obsolescência ou extinção.

Participações estatutárias = são participações no lucro previstas no estatuto. São determinadas sucessivamente e nessa ordem, pois cada participação diminui a base de cálculo da participação seguinte.

(=) LUCRO APÓS O IMPOSTO DE RENDA = LAPIR--------10.000

(-) PARTICIPAÇÕES ESTATUTÁRIAS

Debêntures = 10% x 10.000 = ***1.000***

Empregados = 10% (10.000 - 1.000) = ***900***

Administradores = 0

Partes Beneficiárias = 5% (9.000 - 900) = ***405***

Fundos de Assistência de Empregados = 0

8.7.2 CPC 26

Além dos itens requeridos em outros Pronunciamentos do CPC, a demonstração do resultado do período deve, no mínimo, incluir as seguintes rubricas, obedecidas também as determinações legais:

(a) receitas;

(aa) ganhos e perdas decorrentes de baixa de Ativos financeiros mensurados pelo custo amortizado;

(b) custos de financiamento;

(c) parcela dos resultados de empresas investidas reconhecida por meio do método da equivalência patrimonial;

(d) tributos sobre o lucro;

(ea) um único valor para o total de operações descontinuadas (ver Pronunciamento Técnico CPC 31);

(f) em atendimento à legislação societária brasileira vigente na data da emissão deste Pronunciamento, a demonstração do resultado deve incluir ainda as seguintes rubricas:

(i) custo dos produtos, das mercadorias e dos serviços vendidos;

(ii) lucro bruto;

(iii) despesas com vendas, gerais, administrativas e outras despesas e receitas operacionais;

(iv) resultado antes das receitas e despesas financeiras;

(v) resultado antes dos tributos sobre o lucro;

(vi) resultado líquido do período.

Demonstração do Resultado do Exercício – CPC 26
RECEITA LÍQUIDA
(-) Custo das mercadorias vendidas ou dos produtos e serviços vendidos
(=) LUCRO BRUTO OU RESULTADO OPERACIONAL BRUTO
(-) Despesas com Vendas
(-) Despesas Administrativas
(-) Despesas gerais
(-) Outras Despesas Operacionais/ Outras despesas
(+) Outras Receitas Operacionais/ Outras receitas
(=) RESULTADO ANTES DAS RECEITAS E DESPESAS FINANCEIRAS
(-) Despesas Financeiras
(+) Receitas Financeiras
(=) RESULTADO ANTES DO IMPOSTO DE RENDA = LAIR
(-) Contribuição Social s/ o Lucro (CSLL)
(-) Imposto de Renda s/ o Lucro
(=) RESULTADO DAS OPERAÇÕES CONTINUADAS
(+/-) RESULTADO LÍQUIDO DAS OPERAÇÕES DESCONTINUADAS
= RESULTADO LÍQUIDO DO PERÍODO.

Novidades CPC 26

01. Início a partir da receita líquida

CPC 30, Item 8: Para fins de divulgação na demonstração do resultado, a receita inclui somente os ingressos brutos de benefícios econômicos recebidos e a receber pela entidade quando originários de suas próprias atividades. As quantias cobradas por conta de terceiros – tais como tributos sobre vendas, tributos sobre bens e serviços e tributos sobre valor adicionado não são benefícios econômicos que fluam para a entidade e não resultam em aumento do patrimônio líquido. Portanto, são excluídos da receita.

02. Separação das receitas e despesas financeiras

No modelo previsto no CPC 26, as receitas e despesas financeiras devem ser destacadas após o resultado antes das receitas e despesas financeiras. A separação do resultado financeiro evidencia com mais propriedade o resultado oriundo das operações da empresa.

03. Resultado de operações descontinuadas

Segundo ED Luiz Ferrari:

> Operações continuadas: são aquelas que a empresa pretende realizar para o presente e futuro, pois tais operações têm, por prazo indeterminado, o potencial de gerar receitas e atrair a atenção dos consumidores.

> Operações descontinuadas: operações que a empresa apoio no passado, mas não irá dar continuidade no futuro. Estão em processo de acabar até acabar e não necessariamente aquelas que já acabaram, de forma que num determinado período presente ainda podem gerar resultados para empresa até o momento de efetivamente acabarem.

CPC 31 – Ativo Não Circulante Mantido para Venda e Operação Descontinuada, item 32, define:

Uma operação descontinuada é um componente da entidade que foi baixado ou está classificado como mantido para venda e

(a) representa uma importante linha separada de negócios ou área geográfica de operações;

(b) é parte integrante de um único plano coordenado para venda de uma importante linha separada de negócios ou área geográfica de operações; ou

(c) é uma controlada adquirida exclusivamente com o objetivo da revenda.

Vale ressaltar que não são as vendas normais de Ativo Imobilizado e sim vendas relativas a divisões, produtos ou atividades que a empresa abandonou que não existirão mais no futuro.

CPC 26:

A entidade deve apresentar uma análise das despesas utilizando uma classificação baseada na sua natureza, se permitida legalmente, ou na sua função dentro da entidade, devendo eleger o critério que proporcionar informação confiável e mais relevante, obedecidas as determinações legais.

A primeira forma de análise é o método da natureza da despesa. As despesas são agregadas na demonstração do resultado de acordo com a sua natureza (por exemplo, depreciações, compras de materiais, despesas com transporte, benefícios aos empregados e despesas de publicidade), não sendo realocados entre as várias funções dentro da entidade. Esse método pode ser simples de aplicar, porque não são necessárias alocações de gastos a classificações funcionais. Um exemplo de classificação que usa o método da natureza do gasto é o que se segue:

Receitas	X
Outras Receitas	X
Variação do estoque de produtos acabados e em elaboração	X
Consumo de matérias-primas e materiais	X
Despesa com benefícios a empregados	X
Depreciações e amortizações	X
Outras despesas	X
Total da despesa	(X)
Resultado antes dos tributos	X

A segunda forma de análise é o método da função da despesa ou do "custo dos produtos e serviços vendidos", classificando-se as despesas de acordo com a sua função como parte do custo dos produtos ou serviços vendidos ou, por exemplo, das despesas de distribuição ou das atividades administrativas. No mínimo, a entidade deve divulgar o custo dos produtos e serviços vendidos segundo esse método separadamente das outras despesas. Esse método pode proporcionar informação mais relevante aos usuários do que a classificação de gastos por natureza, mas a alocação de despesas às funções pode exigir alocações arbitrárias e envolver considerável julgamento. Um exemplo de classificação que utiliza o método da função da despesa é a seguinte:

Receitas	X
Custo dos produtos e serviços vendidos	(X)
Lucro bruto	X
Outras receitas	X
Despesas de vendas	(X)
Despesas administrativas	(X)
Outras despesas	(X)
Resultado antes dos tributos	X

A escolha entre o método da função das despesas e o método da natureza das despesas depende de fatores históricos e setoriais e da natureza da entidade. Ambos os métodos proporcionam uma indicação das despesas que podem variar, direta ou indiretamente, com o nível de vendas ou de produção da entidade.

Dado que cada método de apresentação tem seu mérito conforme as características de diferentes tipos de entidade, o Pronunciamento Técnico estabelece que cabe à administração eleger o método de apresentação mais relevante e confiável, atendidas as exigências legais. Entretanto, tendo em vista que a informação sobre a natureza das despesas é útil ao prever os futuros fluxos de caixa, é exigida divulgação adicional quando for usada a classificação com base no método da função das despesas.

8.7.3 Lucro, Participações e Destinações.

Dedução de Prejuízos e Imposto sobre a Renda

> ***Art. 189.*** *Do resultado do exercício serão deduzidos,* ***antes de qualquer participação, os prejuízos acumulados*** *e a provisão para o Imposto sobre a Renda.*
>
> ***Parágrafo único.*** *O prejuízo do exercício será obrigatoriamente absorvido pelos lucros acumulados, pelas reservas de lucros e pela reserva legal, nessa ordem.*
>
> ***Art. 200.*** *As reservas de capital somente poderão ser utilizadas para:*
>
> ***I.*** *absorção de prejuízos que ultrapassarem os lucros acumulados e as reservas de lucros (artigo 189, parágrafo único). (Grifo nosso)*

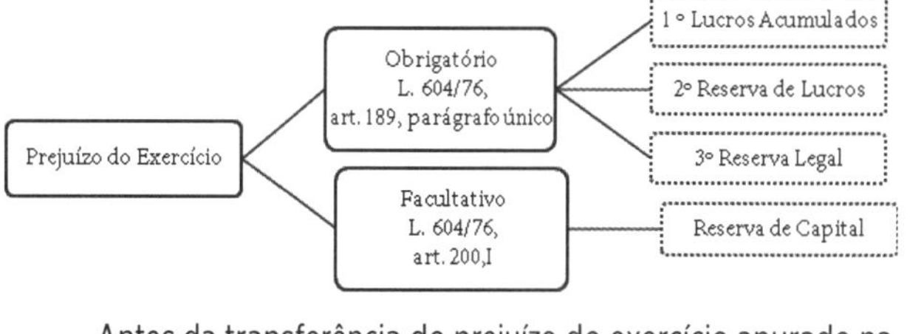

Antes da transferência do prejuízo do exercício apurado na DRE para a conta de prejuízo acumulado, deve-se observar o parágrafo único do art. 189 e, havendo saldo remanescente, a transferência é concluída.

Participações

> ***Art. 190.*** *As participações estatutárias de* ***empregados, administradores e partes beneficiárias*** *serão determinadas, sucessivamente e nessa ordem, com base nos lucros que remanescerem depois de deduzida a participação anteriormente calculada.*
>
> ***Parágrafo único.*** *Aplica-se ao pagamento das participações dos administradores e das partes beneficiárias o disposto nos parágrafos do artigo 201. (Grifo nosso)*

Convém observar que apesar de o Art. 190 não fazer referência aos debenturistas, esta participação deverá ser a primeira a ser calculada (vide Art. 187).

A conta Prejuízo Acumulado não faz parte da DRE, mas ela influência na base de cálculo das participações estatutárias (vide Art. 190). A DRE evidencia as receitas e despesas do período, o prejuízo acumulado corresponde a prejuízos de períodos anteriores. Por esse motivo, não devem contar na DRE do exercício atual, fazendo-se necessários cálculos extracontábeis.

8.7.4 Demonstração do Lucro ou Prejuízo Acumulado – DLPA

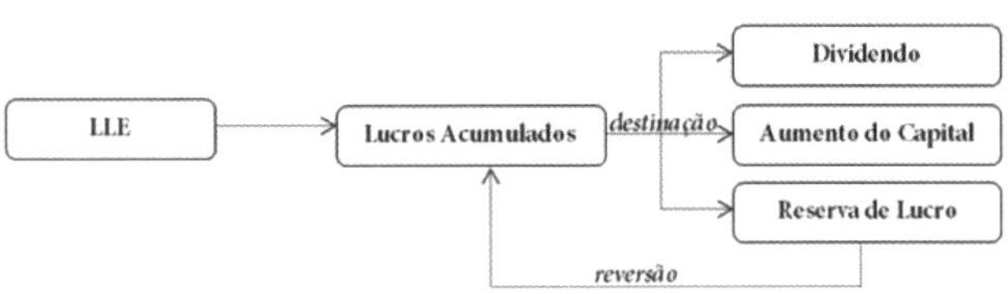

Lei 6.404/76- Art. 186.

> *A demonstração de lucros ou prejuízos acumulados discriminará:*
>
> ***I.*** *o saldo do início do período, os ajustes de exercícios anteriores e a correção monetária do saldo inicial;*
>
> ***II.*** *as reversões de reservas e o lucro líquido do exercício;*
>
> ***III.*** *as transferências para reservas, os dividendos, a parcela dos lucros incorporada ao capital e o saldo ao fim do período.*
>
> ***§ 1º*** *Como ajustes de exercícios anteriores serão considerados apenas os decorrentes de efeitos da mudança de critério contábil, ou da retificação de erro imputável a determinado exercício anterior, e que não possam ser atribuídos a fatos subsequentes.*
>
> ***§ 2º*** *A demonstração de lucros ou prejuízos acumulados deverá indicar o montante do dividendo por ação do capital social e poderá ser incluída na demonstração das mutações do patrimônio líquido, se elaborada e publicada pela companhia.*

ESTRUTURA DE DEMONSTRAÇÃO DE LUCROS OU PREJUÍZOS ACUMULADOS

Saldo no Início do Período
(+/-) Ajuste de Exercícios Anteriores
(+) Reversões de Reservas de Lucros
(+/-) Lucro (Prejuízo) Líquido do Exercício
(-) Transferências para reservas de lucros
(-) Dividendos (indicando o dividendo por ação)
(-) Parcela dos lucros incorporada ao capital
(-) Dividendos antecipados (art.204)
(=) Saldo ao final do período

→ Sd. Inicial = 0 (S/A)	
Razonete da conta Lucros ou Prejuízos Acumulados - DLPA	
Sd. Inicial = devedor Ajuste de Exercícios Anteriores Prejuízo Líquido do Exercício Transferências para reservas de lucros Dividendos Parcela dos lucros incorporada ao capital	Sd. Inicial = credor Ajuste de Exercícios Anteriores Reversões de Reservas de Lucros Lucro Líquido do Exercício
Sd. Final = devedor	→ Sd. Final= credor
	Sd. Final = 0 (S/A)

Ajuste de Exercícios Anteriores

> ***Art. 186.*** *§ 1º Ajustes de Exercícios anteriores*
>
> *Como ajustes de exercícios anteriores serão considerados apenas os decorrentes de efeitos da mudança de critério contábil, ou da retificação de erro imputável a determinado exercício anterior, e que não possam ser atribuídos a fatos subsequentes. (Grifo nosso)*

Todo ajuste de exercício anterior será corrigido diretamente na conta de lucros ou prejuízo acumulado.

CPC 23 - Políticas Contábeis, Mudança de Estimativa e Retificação de Erro.

Mudança na estimativa contábil é um ajuste nos saldos contábeis de Ativo ou de Passivo, ou nos montantes relativos ao consumo periódico de Ativo, que decorre da avaliação da situação atual e das obrigações e dos benefícios futuros esperados, associados aos Ativos e Passivos. As alterações nas estimativas contábeis decorrem de nova informação ou inovações e, portanto, não são retificações de erros. Aplicação retrospectiva.

Erros de períodos anteriores são omissões e incorreções nas demonstrações contábeis da entidade de um ou mais períodos anteriores decorrentes da falta de uso, ou uso incorreto, de informação confiável que: (a) estava disponível quando da autorização para divulgação das demonstrações contábeis desses períodos; e (b) pudesse ter sido razoavelmente obtida e levada em consideração na elaboração e na apresentação dessas demonstrações contábeis. Tais erros incluem os efeitos de erros matemáticos, erros na aplicação de políticas contábeis, descuidos ou interpretações incorretas de fatos e fraudes. Aplicação retrospectiva.

Ex.:

No exercício de 2015 a Cia. Chaves deixou de registrar uma nota fiscal de venda a prazo no valor de R$ 10.000,00. Isso provocou a redução do lucro daquele exercício.

O erro foi percebido somente em 2016. Não sendo possível contabilizar uma venda de 2015 em 2016, devido ao regime de competência, é feito um ajuste diretamente na conta de lucros acumulados por meio do seguinte lançamento:

D- Duplicata a receber.

C- Lucros Acumulados.

É importante lembrar que as contas de resultado são encerradas ao final de cada período. Por isso, uma receita de exercícios anteriores não pode ser reconhecida no período atual. Já as contas patrimoniais têm os seus saldos acumulados de um período para outro, permitindo a correção diretamente na conta de lucros acumulados e duplicata a receber.

8.7.5 Demonstração das Mutações do Patrimônio Líquido

A demonstração das Mutações do Patrimônio Líquido é aquela destinada a evidenciar as mudanças, em natureza e valor, ocorridas no patrimônio líquido da entidade, em um determinado período de tempo.

A Lei n° 6.404/76 não obriga a divulgação da demonstração das mutações do patrimônio líquido, tornando-a apenas facultativa. Esse demonstrativo passou a ser obrigatório para as empresas de capital aberto por exigência da Comissão de Valores Mobiliários.

CPC 26 – Apresentação das DCs

A demonstração das mutações do patrimônio líquido inclui as seguintes informações:

(a) o resultado abrangente do período, apresentando separadamente o montante total atribuível aos proprietários da entidade controladora e o montante correspondente à participação de não controladores;

(b) para cada componente do patrimônio líquido, os efeitos da aplicação retrospectiva ou da reapresentação retrospectiva, reconhecidos de acordo com o Pronunciamento Técnico CPC 23 – Políticas Contábeis, Mudança de Estimativa e Retificação de Erro;

(c) (eliminada);

(d) para cada componente do patrimônio líquido, a conciliação do saldo no início e no final do período, demonstrando-se separadamente as mutações decorrentes:

(i) do resultado líquido;

(ii) de cada item dos outros resultados abrangentes; e

(iii) de transações com os proprietários realizadas na condição de proprietário, demonstrando separadamente suas integralizações e as distribuições realizadas, bem como modificações nas participações em controladas que não implicaram perda do controle.

Informação a ser apresentada na demonstração das mutações do patrimônio líquido ou nas notas explicativas

Para cada componente do patrimônio líquido, a entidade deve apresentar, ou na demonstração das mutações do patrimônio líquido ou nas notas explicativas, uma análise dos outros resultados abrangentes por item.

O patrimônio líquido deve apresentar o capital social, as reservas de capital, os ajustes de avaliação patrimonial, as reservas de lucros, as ações ou quotas em tesouraria, os prejuízos acumulados, se legalmente admitidos os lucros acumulados e as demais contas exigidas pelos Pronunciamentos Técnicos emitidos pelo CPC.

A entidade deve apresentar, na demonstração das mutações do patrimônio líquido ou nas notas explicativas, o montante de dividendos reconhecidos como distribuição aos proprietários durante o período e o respectivo montante dos dividendos por ação.

Alteram o Patrimônio Líquido

a) LLE ou PLE (prejuízo líquido do exercício);
b) redução por dividendos distribuídos;
c) aumento de capital pelos sócios;
d) acréscimos pela constituição de reservas de capital;
e) decréscimos pela aquisição de ações da própria companhia/ ações em tesouraria;
f) acréscimo ou redução por ajustes de exercícios anteriores;
g) acréscimo ou redução por ajustes de avaliação patrimonial.

Razonete do Patrimônio Líquido – DMPL	
Devedor	Credor
	Saldo Inicial
PLE	LLE
Dividendo distribuído	Aumento de capital pelos sócios
Aquisição de ações da própria companhia/ ações em tesouraria	Constituição de reservas de capital
Ajustes de exercícios anteriores	Ajustes de exercícios anteriores
Ajustes de avaliação patrimonial	Ajustes de avaliação patrimonial
	Saldo Final

Não alteram o Patrimônio Líquido

a) aumento de capital com utilização de reservas e lucros;
b) constituição de reservas de lucros;
c) reversão de reservas para conta de lucros acumulados;
d) compensação de prejuízos com reserva.

8.7.6 Demonstração do Valor Adicionado - DVA

Lei 6.404/76

> ***Art. 188*** *- II - demonstração do valor adicionado - o valor da riqueza gerada pela companhia, a sua distribuição entre os elementos que contribuíram para a geração dessa riqueza, tais como empregados, financiadores, acionistas, governo e outros, bem como a parcela da riqueza não distribuída.*

CPC 09 - DVA

I. Conceito

O valor adicionado é a diferença entre receita gerada e insumos.

II. Objetivo

A entidade deve elaborar a DVA e apresentá-la como parte integrante das suas demonstrações contábeis divulgadas ao final de cada exercício social.

A DVA deve proporcionar aos usuários das demonstrações contábeis informações relativas à riqueza criada pela entidade em determinado período e a forma como tais riquezas foram distribuídas.

A distribuição da riqueza criada deve ser detalhada, minimamente, da seguinte forma:

(a) pessoal e encargos;

(b) impostos, taxas e contribuições;

(c) juros e aluguéis;

(d) juros sobre o capital próprio (JCP) e dividendos;

(e) lucros retidos/prejuízos do exercício.

III. Características das informações da DVA

A DVA está fundamentada em conceitos macroeconômicos, buscando apresentar, eliminados os valores que representam dupla contagem, a parcela de contribuição que a entidade tem na formação do Produto Interno Bruto (PIB). Essa demonstração apresenta o quanto a entidade agrega de valor aos insumos adquiridos de terceiros e que são vendidos ou consumidos durante determinado período.

Existem, todavia, diferenças temporais entre os modelos contábil e econômico no cálculo do valor adicionado. A ciência econômica, para cálculo do PIB, baseia-se na produção, enquanto a contabilidade utiliza o conceito contábil da realização da receita, isto é, baseia-se no regime contábil de competência. Como os momentos de realização da produção e das vendas são normalmente diferentes, os valores calculados para o PIB por meio dos conceitos oriundos da Economia e os da Contabilidade são naturalmente diferentes em cada período. Essas diferenças serão tanto menores quanto menores forem as diferenças entre os estoques inicial e final para o período considerado. Em outras palavras, admitindo-se a inexistência de estoques inicial e final, os valores encontrados com a utilização de conceitos econômicos e contábeis convergirão.

Para os investidores e outros usuários, essa demonstração proporciona o conhecimento de informações de natureza econômica e social e oferece a possibilidade de melhor avaliação das atividades da entidade dentro da sociedade na qual está inserida. A decisão de recebimento por uma comunidade (Município, Estado e a própria Federação) de investimento pode ter nessa demonstração um instrumento de extrema utilidade e com informações que, por exemplo, a demonstração de resultados por si só não é capaz de oferecer.

IV. Modelo DVA

Modelo I - Demonstração do Valor Adicionado – EMPRESAS EM GERAL

DESCRIÇÃO	20X1	20X0
1 - RECEITAS		
1.1) Vendas de mercadorias, produtos e serviços		
1.2) Outras receitas		
1.3) Receitas relativas à construção de Ativos próprios		
1.4) Provisão para créditos de liquidação duvidosa – Reversão / (Constituição)		
2 - INSUMOS ADQUIRIDOS DE TERCEIROS		
(inclui os valores dos impostos – ICMS, IPI, PIS e COFINS)		
2.1) Custos dos produtos, das mercadorias e dos serviços vendidos		
2.2) Materiais, energia, serviços de terceiros e outros		
2.3) Perda / Recuperação de valores ativos		
2.4) Outras (especificar)		
3 - VALOR ADICIONADO BRUTO (1-2)		
4 - DEPRECIAÇÃO, AMORTIZAÇÃO E EXAUSTÃO		
5 - VALOR ADICIONADO LÍQUIDO PRODUZIDO PELA ENTIDADE (3-4)		
6 - VALOR ADICIONADO RECEBIDO EM TRANSFERÊNCIA		
6.1) Resultado de equivalência patrimonial		
6.2) Receitas financeiras		
6.3) Outras		
7 - VALOR ADICIONADO TOTAL A DISTRIBUIR (5+6)		
8 - DISTRIBUIÇÃO DO VALOR ADICIONADO (*)		
8.1) Pessoal		
8.1.1 – Remuneração direta		
8.1.2 – Benefícios		
8.1.3 – F.G.T.S		
8.2) Impostos, taxas e contribuições		
Federais/ Estaduais/ Municipais		
8.3) Remuneração de capitais de terceiros		
8.3.1 – Juros		
8.3.2 – Aluguéis		
8.3.3 – Outras		
8.4) Remuneração de Capitais Próprios		
8.4.1 – Juros sobre o Capital Próprio		
8.4.2 – Dividendos		
8.4.3 – Lucros retidos / Prejuízo do exercício		
8.4.4 – Participação dos não controladores nos lucros retidos (só p/ consolidação)		

V. Definições

Valor adicionado representa a riqueza criada pela empresa, de forma geral medida pela diferença entre o valor das vendas e os insumos adquiridos de terceiros. Inclui também o valor adicionado recebido em transferência, ou seja, produzido por terceiros e transferido à entidade.

A DVA, em sua primeira parte, deve apresentar de forma detalhada a riqueza criada pela entidade.

a) Receitas

Receita de venda de mercadorias, produtos e serviços representa os valores reconhecidos na contabilidade a esse título pelo regime de competência e incluídos na demonstração do resultado do período.

- Venda de mercadorias, produtos e serviços - inclui os valores dos tributos incidentes sobre essas receitas (por exemplo,

ICMS, IPI, PIS e COFINS), ou seja, corresponde ao ingresso bruto ou faturamento bruto, mesmo quando na demonstração do resultado tais tributos estejam fora do cômputo dessas receitas.

Outras receitas representam os valores que sejam oriundos, principalmente, de baixas por alienação de Ativos Não Circulantes, tais como resultados na venda de Imobilizado, de investimentos, e outras transações incluídas na demonstração do resultado do exercício que não configuram reconhecimento de transferência à entidade de riqueza criada por outras entidades.

Diferentemente dos critérios contábeis, também incluem valores que não transitam pela demonstração do resultado, como, por exemplo, aqueles relativos à construção de Ativos para uso próprio da entidade e aos juros pagos ou creditados que tenham sido incorporados aos valores dos Ativos de longo prazo (normalmente, imobilizados).

No caso de estoques de longa maturação, os juros a eles incorporados deverão ser destacados como distribuição da riqueza no momento em que os respectivos estoques forem baixados; dessa forma, não há que se considerar esse valor como outras receitas.

Provisão para créditos de liquidação duvidosa – Constituição/Reversão - inclui os valores relativos à constituição e reversão dessa provisão.

b) Insumo adquirido de terceiros representa os valores relativos às aquisições de matérias-primas, mercadorias, materiais, energia, serviços etc. que tenham sido transformados em despesas do período. Enquanto permanecerem nos estoques, não compõem a formação da riqueza criada e distribuída.

- Custo dos produtos, das mercadorias e dos serviços vendidos - inclui os valores das matérias-primas adquiridas junto a terceiros e contidas no custo do produto vendido, das mercadorias e dos serviços vendidos adquiridos de terceiros; não inclui gastos com pessoal próprio.

Materiais, energia, serviços de terceiros e outros - inclui valores relativos às despesas originadas da utilização desses bens, utilidades e serviços adquiridos junto a terceiros.

Obs.: nos valores dos custos dos produtos e mercadorias vendidos, materiais, serviços, energia etc. consumidos, devem ser considerados os tributos incluídos no momento das compras (por exemplo, ICMS, IPI, PIS e COFINS), recuperáveis ou não. Esse procedimento é diferente das práticas utilizadas na demonstração do resultado.

- Perda e recuperação de valores ativos - inclui valores relativos a ajustes por avaliação a valor de mercado de estoques, imobilizados, investimentos etc. Também devem ser incluídos os valores reconhecidos no resultado do período, tanto na constituição quanto na reversão de provisão para perdas por desvalorização de Ativos, conforme aplicação do CPC 01 – Redução ao Valor Recuperável de Ativos (se no período o valor líquido for positivo, deve ser somado).

c) Depreciação, amortização e exaustão representam os valores reconhecidos no período e normalmente utilizados para conciliação entre o fluxo de caixa das atividades operacionais e o resultado líquido do exercício.

d) Valor adicionado recebido em transferência representa a riqueza que não tenha sido criada pela própria entidade, e sim por terceiros, e que a ela é transferida, como, por exemplo, receitas financeiras, de equivalência patrimonial, dividendos, aluguel, royalties etc. Precisa ficar destacado, inclusive, para evitar dupla contagem em certas agregações.

- Resultado de equivalência patrimonial - o resultado da equivalência pode representar receita ou despesa; se despesa, deve ser considerado como redução ou valor negativo.

- Receitas financeiras - inclui todas as receitas financeiras, inclusive as variações cambiais ativas, independentemente de sua origem.

- Outras receitas - inclui os dividendos relativos a investimentos avaliados ao custo, aluguéis, direitos de franquia etc.

e) Distribuição da Riqueza

A segunda parte da DVA deve apresentar de forma detalhada como a riqueza obtida pela entidade foi distribuída. Os principais componentes dessa distribuição estão apresentados a seguir:

Pessoal – valores apropriados ao custo e ao resultado do exercício na forma de:

> Remuneração direta - representada pelos valores relativos a salários, 13º salário, honorários da administração (inclusive os pagamentos baseados em ações), férias, comissões, horas extras, participação de empregados nos resultados etc.

> Benefícios - representados pelos valores relativos a assistência médica, alimentação, transporte, planos de aposentadoria etc.

> FGTS – representado pelos valores depositados em conta vinculada dos empregados.

Impostos, taxas e contribuições - valores relativos ao imposto de renda, contribuição social sobre o lucro, contribuições aos INSS (incluídos aqui os valores do Seguro de Acidentes do Trabalho) que sejam ônus do empregador, bem como os demais impostos e contribuições a que a empresa esteja sujeita. Para os impostos compensáveis, tais como ICMS, IPI, PIS e COFINS, devem ser considerados apenas os valores devidos ou já recolhidos, e representam a diferença entre os impostos e contribuições incidentes sobre as receitas e os respectivos valores incidentes sobre os itens considerados como "insumos adquiridos de terceiros".

> Federais – incluem os tributos devidos à União, inclusive aqueles que são repassados no todo ou em parte aos Estados, Municípios, Autarquias etc., tais como: IRPJ, CSSL, IPI, CIDE, PIS, COFINS. Incluem também a contribuição sindical patronal.

> Estaduais – incluem os tributos devidos aos Estados, inclusive aqueles que são repassados no todo ou em parte aos Municípios, Autarquias etc., tais como o ICMS e o IPVA.

> Municipais – incluem os tributos devidos aos Municípios, inclusive aqueles que são repassados no todo ou em parte às Autarquias, ou quaisquer outras entidades, tais como o ISS e o IPTU.

Remuneração de capitais de terceiros - valores pagos ou creditados aos financiadores externos de capital.

> Juros - incluem as despesas financeiras, inclusive as variações cambiais passivas, relativas a quaisquer tipos de empréstimos e financiamentos junto a instituições financeiras, empresas do grupo ou outras formas de obtenção de recursos. Incluem os valores que tenham sido capitalizados no período.

> Aluguéis - incluem os aluguéis (inclusive as despesas com arrendamento operacional) pagos ou creditados a terceiros, inclusive os acrescidos aos Ativos.

> Outras - incluem outras remunerações que configurem transferência de riqueza a terceiros, mesmo que originadas em capital intelectual, tais como royalties, franquia, direitos autorais etc.

Remuneração de capitais próprios - valores relativos à remuneração atribuída aos sócios e acionistas.

> Juros sobre o capital próprio (JCP) e dividendos - incluem os valores pagos ou creditados aos sócios e acionistas por conta do resultado do período, ressalvando-se os valores dos JCP transferidos para conta de reserva de lucros. Devem ser incluídos apenas os valores distribuídos com base no resultado do próprio exercício, desconsiderando-se os dividendos distribuídos com base em lucros acumulados de exercícios anteriores, uma vez que já foram tratados como "lucros retidos" no exercício em que foram gerados.

> Lucros retidos e prejuízos do exercício - incluem os valores relativos ao lucro do exercício destinados às reservas, inclusive os JCP quando tiverem esse tratamento; nos casos de prejuízo, esse valor deve ser incluído com sinal negativo.

> As quantias destinadas aos sócios e acionistas na forma de Juros sobre o Capital Próprio – JCP, independentemente de serem registradas como Passivo (JCP a pagar) ou como reserva de lucros, devem ter o mesmo tratamento dado aos dividendos no que diz respeito ao exercício a que devem ser imputados.

Casos especiais - Ativos construídos pela empresa para uso próprio

A construção de Ativos dentro da própria empresa para seu próprio uso é procedimento comum. Nessa construção diversos fatores de produção são utilizados, inclusive a contratação de recursos externos (por exemplo, materiais e mão de obra terceirizada) e a utilização de fatores internos como mão de obra, com os consequentes custos que essa contratação e utilização provocam. Para elaboração da DVA, essa construção equivale à produção vendida para a própria empresa, e por isso seu valor contábil integral precisa ser considerado como receita. A mão de obra própria alocada é considerada como distribuição dessa riqueza criada, e eventuais juros ativados e tributos também recebem esse mesmo tratamento. Os gastos com serviços de terceiros e materiais são apropriados como insumos.

À medida que tais Ativos entrem em operação, a geração de resultados desses Ativos recebe tratamento idêntico aos resultados gerados por qualquer outro Ativo adquirido de terceiros; portanto, sua depreciação também deve receber igual tratamento.

Para evitar o desmembramento das despesas de depreciação, na elaboração da DVA, entre os componentes que serviram de base para o respectivo registro do Ativo construído internamente (materiais diversos, mão de obra, impostos, aluguéis e juros), os valores gastos nessa construção devem, no período da construção, ser tratados como Receitas relativas à construção de Ativos próprios. Da mesma forma, os componentes de seu custo devem ser alocados na DVA seguindo-se suas respectivas naturezas.

O referido procedimento de reconhecimento dos valores gastos no período como outras receitas, além de aproximar do conceito econômico de valor adicionado, evita controles complexos adicionais, que podem ser custosos, durante toda a vida útil econômica do Ativo.

8.7.7 Demonstração do Fluxo de Caixa

Lei nº 6.404/76

> ***Art. 176**, IV – demonstração dos fluxos de caixa; e (Redação dada pela Lei nº 11.638,de 2007)*
>
> ***§ 6º** A companhia fechada com patrimônio líquido, na data do balanço, inferior a R$ 2.000.000,00 (dois milhões de reais) não será obrigada à elaboração e publicação da demonstração dos fluxos de caixa. (Redação dada pela Lei nº 11.638,de 2007)*

8.7.8 CPC 03 - DFC

I. Conceitos

A DFC tem o objetivo de apresentar aos usuários a variação do disponível de uma empresa em determinado período.

Δ Variação do Disponível = SF Disponível - SI Disponível

Obs.: SF = saldo final; SI = saldo inicial

As informações dos fluxos de caixa de uma entidade são úteis para proporcionar aos usuários das demonstrações contábeis uma base para avaliar a capacidade de a entidade gerar caixa e equivalentes de caixa, bem como as necessidades da entidade de utilização desses fluxos de caixa. As decisões econômicas que são tomadas pelos usuários exigem avaliação da capacidade de a entidade gerar caixa e equivalentes de caixa, bem como da época de sua ocorrência e do grau de certeza de sua geração.

Disponível = caixa + equivalente de caixa

* Equivalente de Caixa = Banco + Aplicações Financeiras de Liquidez Imediata + numerários em trânsito

Os equivalentes de caixa são mantidos com a finalidade de atender a compromissos de caixa de curto prazo, e não para investimento ou outros propósitos. Para que um investimento seja qualificado como equivalente de caixa, ele precisa ter conversibilidade imediata em montante conhecido de caixa e estar sujeito a um insignificante risco de mudança de valor. Portanto, um investimento normalmente qualifica-se como equivalente de caixa somente quando tem vencimento de curto prazo, por exemplo, três meses ou menos, a contar da data da aquisição.

O CPC 03 requer que todas as entidades apresentem demonstração dos fluxos de caixa.

II. Benefícios da informação dos fluxos de caixa

A demonstração dos fluxos de caixa, quando usada em conjunto com as demais demonstrações contábeis, proporciona informações que permitem que os usuários avaliem as mudanças nos Ativos líquidos da entidade, sua estrutura financeira (inclusive sua liquidez e solvência) e sua capacidade para mudar os montantes e a época de ocorrência dos fluxos de caixa, a fim de adaptá-los às mudanças nas circunstâncias e oportunidades.

As informações sobre os fluxos de caixa são úteis para avaliar a capacidade de a entidade gerar caixa e equivalentes de caixa e possibilitam aos usuários desenvolver modelos para avaliar e comparar o valor presente dos fluxos de caixa futuros de diferentes entidades.

Informações históricas dos fluxos de caixa são frequentemente utilizadas como indicador do montante, época de ocorrência e grau de certeza dos fluxos de caixa futuros. Também são úteis para averiguar a exatidão das estimativas passadas dos fluxos de caixa futuros, assim como para examinar a relação entre lucratividade e fluxos de caixa líquidos e o impacto das mudanças de preços.

III. Apresentação de uma Demonstração dos Fluxos de Caixa

A demonstração dos fluxos de caixa deve apresentar os fluxos de caixa de período classificados por atividades operacionais, de investimento e de financiamento.

Fluxos de caixa são as entradas e saídas de caixa e equivalentes de caixa.

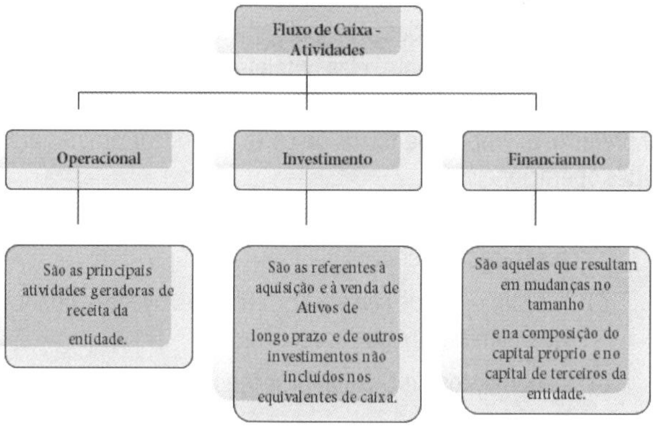

IV. Métodos de Elaboração da DFC

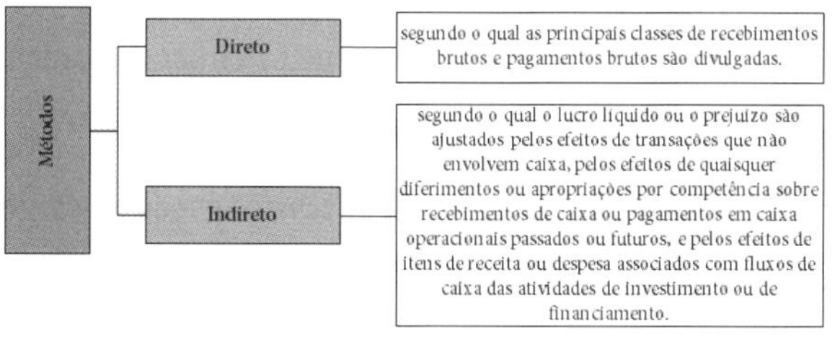

O que diferencia um método do outro é a forma de determinação da variação do caixa em função das atividades operacionais.

a) Método Direto

Pelo método direto, as informações sobre as principais classes de recebimentos brutos e de pagamentos brutos podem ser obtidas alternativamente:

(a) dos registros contábeis da entidade; ou

(b) pelo ajuste das vendas, dos custos dos produtos, mercadorias ou serviços vendidos (no caso de instituições financeiras, pela receita de juros e similares e despesa de juros e encargos e similares) e outros itens da demonstração do resultado ou do resultado abrangente referentes a:

(i) variações ocorridas no período nos estoques e nas contas operacionais a receber e a pagar;

(ii) outros itens que não envolvem caixa; e

(iii) outros itens tratados como fluxos de caixa advindos das atividades de investimento e de financiamento.

Vendas	→	Clientes
Compras	→	Fornecedores
Despesas	→	Contas a Pagar

Recebimento de Clientes	Pagamento a Fornecedor	Pagamento de Despesa
SI Clientes	SI Fornecedor	SI Contas a Pagar
(-) SI PDD	+ Compras (CO)	+ Despesas
(-) SI Duplicata Descontada	(-) SF Fornecedor	(-) SI Despesas Antecipadas
(-) SI Adiantamento de Cliente	Saída de Recurso	+ SF Despesas Antecipadas
+ Vendas Líquidas		(-) SF Contas a Pagar
(-) SF Clientes	CMV = EI + CO - EF	Saída de Recurso
+ SF Duplicata Descontada		
+ SF Adiantamento de Cliente		
(-) Perdas com Clientes		
+ Reversão de PDD		
Ingresso de Recurso		

Demonstração dos Fluxos de Caixa pelo Método Direto	20X2
Fluxos de caixa das atividades operacionais	
Recebimentos de clientes	
Pagamentos a fornecedores e empregados	
Caixa gerado pelas operações	
Juros pagos	
Imposto de renda e contribuição social pagos	
Imposto de renda na fonte sobre dividendos recebidos	
Caixa líquido proveniente das atividades operacionais	
Fluxos de caixa das atividades de investimento	
Aquisição da controlada X líquido do caixa incluído na aquisição (Nota A)	
Compra de Ativo Imobilizado (Nota B)	
Recebido pela venda de equipamento	
Juros recebidos	
Dividendos recebidos	
Caixa líquido usado nas atividades de investimento	

Fluxos de caixa das atividades de financiamento	
Recebido pela emissão de ações	
Recebido por empréstimo a logo prazo	
Pagamento de Passivo por arrendamento	
Dividendos pagos*	
Caixa líquido usado nas atividades de financiamento	
Aumento líquido de caixa e equivalentes de caixa	
Caixa e equivalentes de caixa no início do período (Nota C)	
Caixa e equivalentes de caixa ao fim do período (Nota C)	

b) Método Indireto

De acordo com o método indireto, o fluxo de caixa líquido advindo das atividades operacionais é determinado ajustando o lucro líquido ou prejuízo quanto aos efeitos de:

(a) variações ocorridas no período nos estoques e nas contas operacionais a receber e a pagar;

(b) itens que não afetam o caixa, tais como depreciação, provisões, tributos diferidos, ganhos e perdas cambiais não realizados e resultado de equivalência patrimonial quando aplicável; e

(c) todos os outros itens tratados como fluxos de caixa advindos das atividades de investimento e de financiamento.

Alternativamente, o fluxo de caixa líquido advindo das atividades operacionais pode ser apresentado pelo método indireto, mostrando-se as receitas e as despesas divulgadas na demonstração do resultado ou resultado abrangente e as variações ocorridas no período nos estoques e nas contas operacionais a receber e a pagar.

A conciliação entre o lucro líquido e o fluxo de caixa líquido das atividades operacionais deve ser fornecida, obrigatoriamente, caso a entidade use o método direto para apurar o fluxo líquido das atividades operacionais. A conciliação deve apresentar, separadamente, por categoria, os principais itens a serem conciliados, à semelhança do que deve fazer a entidade que usa o método indireto em relação aos ajustes ao lucro líquido ou prejuízo para apurar o fluxo de caixa líquido das atividades operacionais.

Demonstração dos Fluxos de Caixa pelo Método Indireto	20X2
Fluxos de caixa das atividades operacionais	
Lucro líquido antes do imposto de renda e contribuição social	
Ajustes por:	
Depreciação	
Perda cambial	
Renda de investimentos	
Despesas de juros	
Aumento nas contas a receber de clientes e outros	
Diminuição nos estoques	
Diminuição nas contas a pagar – fornecedores	
Caixa proveniente das operações	
Juros pagos	
Imposto de renda e contribuição social pagos	
Imposto de renda na fonte sobre dividendos recebidos	
Caixa líquido proveniente das atividades operacionais	
Fluxos de caixa das atividades de investimento	
Aquisição da controlada X menos caixa líquido	
incluído na aquisição (Nota A)	
Compra de Ativo Imobilizado (Nota B)	
Recebimento pela venda de equipamento	
Juros recebidos	
Dividendos recebidos	
Caixa líquido usado nas atividades de investimento	
Fluxos de caixa das atividades de financiamento	
Recebimento pela emissão de ações	
Recebimento por empréstimos em longo prazo	
Pagamento de obrigação por arrendamento	
Dividendos pagos*	
Caixa líquido usado nas atividades de financiamento	
Aumento líquido de caixa e equivalente de caixa	
Caixa e equivalente de caixa no início do período	
Caixa e equivalente de caixa no fim do período	

V. Fluxo de Caixa por Atividade

a) Atividade Operacional:

Atividade Operacional: Δ AC e Δ PC

Os fluxos de caixa advindos das atividades operacionais são basicamente derivados das principais atividades geradoras de receita da entidade. Portanto, eles geralmente resultam de transações e de outros eventos que entram na apuração do lucro líquido ou prejuízo. Exemplos de fluxos de caixa que decorrem das atividades operacionais são:

a) recebimentos de caixa pela venda de mercadorias e pela prestação de serviços;

b) recebimentos de caixa decorrentes de royalties, honorários, comissões e outras receitas;

c) pagamentos de caixa a fornecedores de mercadorias e serviços;

d) pagamentos de caixa a empregados ou por conta de empregados;

e) recebimentos e pagamentos de caixa por seguradora de prêmios e sinistros, anuidades e outros benefícios da apólice;

f) pagamentos ou restituição de caixa de impostos sobre a renda, a menos que possam ser especificamente identificados com as atividades de financiamento ou de investimento; e

g) recebimentos e pagamentos de caixa de contratos mantidos para negociação imediata ou disponíveis para venda futura.

Algumas transações, como a venda de item do imobilizado, podem resultar em ganho ou perda, que é incluído na apuração do lucro líquido ou prejuízo. Os fluxos de caixa relativos a tais transações são fluxos de caixa provenientes de atividades de investimento. Entretanto, pagamentos em caixa para a produção ou a aquisição de Ativos mantidos para aluguel a terceiros que, em sequência, são vendidos, são fluxos de caixa advindos das atividades operacionais. Os recebimentos de aluguéis e das vendas subsequentes de tais Ativos são também fluxos de caixa das atividades operacionais.

A entidade pode manter títulos e empréstimos para fins de negociação imediata ou futura (dealing or trading purposes), os quais, no caso, são semelhantes a estoques adquiridos especificamente para revenda. Dessa forma, os fluxos de caixa advindos da compra e venda desses títulos são classificados como atividades operacionais. Da mesma forma, as antecipações de caixa e os empréstimos feitos por instituições financeiras são comumente classificados como atividades operacionais, uma vez que se referem à principal atividade geradora de receita dessas entidades.

Também são classificados como operacionais, as seguintes atividades:
- Dividendos recebidos.
- Juros pagos e recebidos.

b) Atividades de Financiamento:

Atividade Financiamento: Δ PNC e Δ PL + Empréstimos Obtidos

A divulgação separada dos fluxos de caixa advindos das atividades de financiamento é importante por ser útil na predição de exigências de fluxos futuros de caixa por parte de fornecedores de capital à entidade. Exemplos de fluxos de caixa advindos das atividades de financiamento são:

a) caixa recebido pela emissão de ações ou outros instrumentos patrimoniais;

b) pagamentos em caixa a investidores para adquirir ou resgatar ações da entidade;

c) caixa recebido pela emissão de debêntures, empréstimos, notas promissórias, outros títulos de dívida, hipotecas e outros empréstimos de curto e longo prazo;

d) amortização de empréstimos e financiamentos; e

e) pagamentos em caixa pelo arrendatário para redução do Passivo relativo a arrendamento mercantil financeiro.

- Os Empréstimos Obtidos, assim como as Notas Promissórias a Pagar (título financeiro), Debêntures a Resgatar, Arrendamento Mercantil Financeiro a pagar (Financiamento) serão classificadas como atividade de financiamento, independente de estarem registrados no PC ou no PNC.
- Os dividendos e JSC pagos são classificados como financiamento, pois, representam devolução de recursos aos sócios.

Obs.: apesar de ser atividade relacionada à Ativo Imobilizado (arrendamento mercantil financeiro), o pagamento em caixa para redução de Passivo relativo a arrendamento mercantil financeiro é fluxo de caixa de financiamento.

C) Atividades de Investimento:

Atividade Investimento: -> ANC + Empréstimos Concedidos

A divulgação em separado dos fluxos de caixa advindos das atividades de investimento é importante em função de tais fluxos de caixa representarem a extensão em que os dispêndios de recursos são feitos pela entidade com a finalidade de gerar lucros e fluxos de caixa no futuro. Somente desembolsos que resultam em Ativo reconhecido nas demonstrações contábeis são passíveis de classificação como atividades de investimento. Exemplos de fluxos de caixa advindos das atividades de investimento são:

a) pagamentos em caixa para aquisição de Ativo Imobilizado, intangíveis e outros Ativos de longo prazo. Esses pagamentos incluem aqueles relacionados aos custos de desenvolvimento ativados e aos Ativos Imobilizados de construção própria;

b) recebimentos de caixa resultantes da venda de Ativo Imobilizado, intangíveis e outros Ativos de longo prazo;

c) pagamentos em caixa para aquisição de instrumentos patrimoniais ou instrumentos de dívida de outras entidades e participações societárias em joint ventures (exceto aqueles pagamentos referentes a títulos considerados como equivalentes de caixa ou aqueles mantidos para negociação imediata ou futura);

d) recebimentos de caixa provenientes da venda de instrumentos patrimoniais ou instrumentos de dívida de outras entidades e participações societárias em joint ventures (exceto aqueles recebimentos referentes aos títulos considerados como equivalentes de caixa e aqueles mantidos para negociação imediata ou futura);

e) adiantamentos em caixa e empréstimos feitos a terceiros (exceto aqueles adiantamentos e empréstimos feitos por instituição financeira);

f) recebimentos de caixa pela liquidação de adiantamentos ou amortização de empréstimos concedidos a terceiros (exceto aqueles adiantamentos e empréstimos de instituição financeira);

g) pagamentos em caixa por contratos futuros, a termo, de opção e swap, exceto quando tais contratos forem mantidos para negociação imediata ou futura, ou os pagamentos forem classificados como atividades de financiamento; e

h) recebimentos de caixa por contratos futuros, a termo, de opção e *swap*, exceto quando tais contratos forem mantidos para negociação imediata ou venda futura, ou os recebimentos forem classificados como atividades de financiamento.

- Os Empréstimos Concedidos serão classificados como atividade de investimento, independentemente de estarem registrados no AC ou no ANC.

Obs.: os fluxos das atividades de financiamento e de investimentos são iguais nos dois métodos.

Juros e dividendos

Os juros pagos e recebidos e os dividendos e os juros sobre o capital próprio recebidos são comumente classificados como fluxos de caixa operacionais em instituições financeiras. Todavia, não há consenso sobre a classificação desses fluxos de caixa para outras entidades. Os juros pagos e recebidos e os dividendos e os juros sobre o capital próprio recebidos podem ser classificados como fluxos de caixa operacionais, porque eles entram na determinação do lucro líquido ou prejuízo. Alternativamente, os juros pagos e os juros, os dividendos e os juros sobre o capital próprio recebidos podem ser classificados, respectivamente, como fluxos de caixa de financiamento e fluxos de caixa de investimento, porque são custos de obtenção de recursos financeiros ou retornos sobre investimentos.

Os dividendos e os juros sobre o capital próprio pagos podem ser classificados como fluxo de caixa de financiamento porque são custos da obtenção de recursos financeiros. Alternativamente, os dividendos e os juros sobre o capital próprio pagos podem ser classificados como componente dos fluxos de caixa das atividades operacionais, a fim de auxiliar os usuários a determinar a capacidade de a entidade pagar dividendos e juros sobre o capital próprio utilizando os fluxos de caixa operacionais.

> **Este Pronunciamento encoraja fortemente as entidades a classificarem os juros, recebidos ou pagos, e os dividendos e juros sobre o capital próprio recebido como fluxos de caixa das atividades operacionais, e os dividendos e juros sobre o capital próprio pago como fluxos de caixa das atividades de financiamento.**
> **Alternativa diferente deve ser seguida de nota evidenciando esse fato.**

Juros Recebidos ou pagos	→	Atividades Operacionais
Dividendos e Juros sobre o capital próprio recebidos	→	Atividades operacionais
Dividendos e Juros sobre o capital próprio pagos	→	Atividades de financiamento

Imposto de renda e contribuição social sobre o lucro líquido

Os fluxos de caixa referentes ao imposto de renda (IR) e contribuição social sobre o lucro líquido (CSLL) devem ser divulgados separadamente e devem ser classificados como fluxos de caixa das atividades operacionais, a menos que possam ser identificados especificamente como atividades de financiamento e de investimento.

Os impostos pagos são comumente classificados como fluxos de caixa das atividades operacionais. Todavia, quando for praticável identificar o fluxo de caixa dos impostos com uma determinada transação, da qual resultem fluxos de caixa que sejam classificados como atividades de investimento ou de financiamento, o fluxo de caixa dos impostos deve ser classificado como atividade de investimento ou de financiamento, conforme seja apropriado. Quando os fluxos de caixa dos impostos forem alocados em mais de uma classe de atividade, o montante total dos impostos pagos no período também deve ser divulgado.

VI. Transação que não envolve caixa ou equivalentes de caixa

Transações de investimento e financiamento que não envolvem o uso de caixa ou equivalentes de caixa devem ser excluídas da demonstração dos fluxos de caixa. Tais transações devem ser divulgadas nas notas explicativas às demonstrações contábeis, de modo que forneçam todas as informações relevantes sobre essas atividades de investimento e de financiamento.

Exemplos de transações que não envolvem caixa ou equivalente de caixa são:

a) a aquisição de Ativos, quer seja pela assunção direta do Passivo respectivo, quer seja por meio de arrendamento financeiro;

b) a aquisição de entidade por meio de emissão de instrumentos patrimoniais; e

c) a conversão de dívida em instrumentos patrimoniais.

8.7.9 Resumo

MÉTODO INDIRETO A = P + PL Disponível + Outras contas do AC + ANC = PC + PNC + PL Δ Disponível = PC - AC + PNC + PL – ANC		
A. Operacional: ΔAC e ΔPC	A. Financiamento: ΔPNC e ΔPL	A. Investimento: ΔANC
LLE ajustado	↑ PNC ↑Disp.	↑ ANC ↑Disp.
↑ PC ↑Disp.	↑ PL ↑Disp.	↑ ANC ↑Disp.
↑ AC ↑Disp.	↑ PNC ↑Disp.	
↑ PC ↑Disp.	↑ PL ↑Disp.	
↑ AC ↑Disp.		
ΔDisponível = A. Operacional + A. Financiamento + A. Investimento = SF Disponível - SI Disponível		

Não esquecer!

Empréstimos	Obtenção/Pagamento PC/PNC	Concessão/ Recebimento AC/ANC
Principal	A. Financiamento	A. Investimento
Juros	Pago = A. Operacional	Recebido = A. Operacional

Arrendamento Mercantil	Financeiro	Operacional
	A. Financiamento	A. Operacional

Ações	Compra	Venda
De outras companhias	Participação Societária = A. Investimento.	Participação Societária = A. Investimento.
Da própria companhia	Ações em tesouraria = A. Financiamento	Capital Social = A. Financiamento

Dividendo/JSCP	Pago	Recebido
	A. Financiamento	A. Operacional

Duplicata Descontada	A. Operacional

Notas Promissórias a Pagar (título financeiro) / Debêntures a Resgatar/ Arrendamento Mercantil Financeiro a pagar (Financiamento) = Atividade de financiamento, independentemente de estarem registrados no PC ou no PNC.

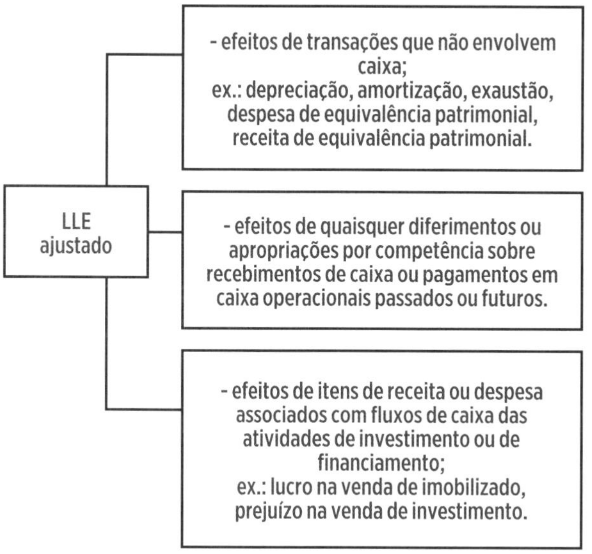

8.7.10 8. Demonstração do Resultado Abrangente

Conceito

Resultado abrangente é a mutação que ocorre no patrimônio líquido durante um período que resulta de transações e outros eventos que não sejam derivados de transações com os sócios na sua qualidade de proprietários. Compreende todos os componentes da "demonstração do resultado" e da "demonstração dos outros resultados abrangentes".

Resultado Abrangente = resultado do exercício + outros resultados abrangentes

Ajuste de reclassificação é o valor reclassificado para o resultado no período corrente que foi inicialmente reconhecido como outros resultados abrangentes no período corrente ou em período anterior, ou seja, os resultados abrangentes se transformarão em algum momento no futuro em resultado, integrando a DRE como receita ou despesa.

Outros Resultados Abrangentes/ Estrutura

Outros resultados abrangentes compreendem itens de receita e despesa (incluindo ajustes de reclassificação) que não são reconhecidos na demonstração do resultado como requerido ou permitido pelos Pronunciamentos, Interpretações e Orientações emitidos pelo CPC.

Os componentes dos outros resultados abrangentes incluem:

(a) variações na reserva de reavaliação, quando permitidas legalmente;

(b) ganhos e perdas atuariais em planos de pensão com benefício definido reconhecidos conforme item 93A do Pronunciamento Técnico CPC 33 – Benefícios a Empregados;

(c) ganhos e perdas derivados de conversão de demonstrações contábeis de operações no exterior (Ajuste Acumulado de Conversão – CPC 02 Efeitos das Mudanças nas Taxas de Câmbio e Conversão de Demonstrações Contábeis);

(d) ganhos e perdas na remensuração de Ativos financeiros disponíveis para venda (ajuste de Avaliação Patrimonial); e

(e) parcela efetiva de ganhos ou perdas advindos de instrumentos de hedge em operação de hedge de fluxo de caixa (ver Pronunciamento Técnico CPC 38).

Demonstração do Resultado Abrangente - Estrutura

LLE
+ Outros Resultados Abrangentes
(-) Outros Resultados Abrangentes
= Resultado Abrangente

Demonstração do Resultado Abrangente - Estrutura

Lucro ou prejuízo líquido do exercício (vindo da DRE)
(+/-) variações na reserva de avaliação (se ainda permitida)
(+/-) ganhos e perdas atuariais em planos de pensão
(+/-) conversão câmbio de operações no exterior
(+/-) avaliação de instrumentos disponíveis para venda
(+/-) ganhos e perdas em operações de hedge de fluxo de caixa
(+/-) parcela de outros resultados abrangentes de investidas avaliadas pelo MEP
= resultado abrangente do período (RA)
parcela do RA de sócios não controladores
parcela do RA de controladores (detentores do capital próprio)

Obs.: os itens que aparecem na DRA não estão contabilizados na DRE. Passarão da DRA para a DRE no momento em que forem realizados, por meio do processo de reclassificação.

Outros resultados abrangentes do período

A entidade deve divulgar o montante do efeito tributário relativo a cada componente dos outros resultados abrangentes, incluindo os ajustes de reclassificação na demonstração do resultado abrangente ou nas notas explicativas.

Os componentes dos outros resultados abrangentes podem ser apresentados:

(a) líquidos dos seus respectivos efeitos tributários; ou

(b) antes dos seus respectivos efeitos tributários, sendo apresentado em montante único o efeito tributário total relativo a esses componentes.

A entidade deve divulgar ajustes de reclassificação relativos a componentes dos outros resultados abrangentes.

A demonstração do resultado e outros resultados abrangentes (demonstração do resultado abrangente) devem apresentar, além das seções da demonstração do resultado e de outros resultados abrangentes:

(a) o total do resultado (do período);

(b) o total de outros resultados abrangentes;

(c) o resultado abrangente do período, sendo o total do resultado e de outros resultados abrangentes.

Se a entidade apresenta a demonstração do resultado separada da demonstração do resultado abrangente, ela não deve apresentar a demonstração do resultado incluída na demonstração do resultado abrangente.

Obs.: a legislação societária brasileira vigente na data da emissão deste Pronunciamento requer que a demonstração do resultado seja apresentada em uma demonstração separada.

A entidade deve apresentar os seguintes itens, além da demonstração do resultado e de outros resultados abrangentes, como alocação da demonstração do resultado e de outros resultados abrangentes do período:

(b) resultado abrangente atribuível a:

(i) participação de não controladores; e

(ii) sócios da controladora.

Informação a ser apresentada na demonstração do resultado e na demonstração do resultado abrangente

Outros resultados abrangentes devem apresentar rubricas para valores de:

(a) outros resultados abrangentes [excluindo valores previstos na alínea (b)], classificados por natureza e agrupados naquelas que, de acordo com outros pronunciamentos:

(i) não serão reclassificados subsequentemente para o resultado do período; e

(ii) serão reclassificados subsequentemente para o resultado do período, quando condições específicas forem atendidas;

(b) participação em outros resultados abrangentes de coligadas e empreendimentos controlados em conjunto contabilizados pelo método da equivalência patrimonial, separadas pela participação nas contas que, de acordo com outros pronunciamentos:

(i) não serão reclassificadas subsequentemente para o resultado do período; e

(ii) serão reclassificadas subsequentemente para o resultado do período, quando condições específicas forem atendidas.

Ajustes de reclassificação

Alguns Pronunciamentos Técnicos, Interpretações e Orientações do CPC especificam se e quando itens anteriormente registrados como outros resultados abrangentes devem ser reclassificados para o resultado do período. Tais ajustes de reclassificação são incluídos no respectivo componente dos outros resultados abrangentes no período em que o ajuste é reclassificado para o resultado líquido do período. Por exemplo, o ganho realizado na alienação de Ativo financeiro disponível para venda é reconhecido no resultado quando de sua baixa. Esse ganho pode ter sido reconhecido como ganho não realizado nos outros resultados abrangentes do período corrente ou de períodos anteriores. Dessa forma, os ganhos não realizados devem ser deduzidos dos outros resultados abrangentes no período em que os ganhos realizados são reconhecidos no resultado líquido do período, evitando que esse mesmo ganho seja reconhecido em duplicidade.

Os ajustes de reclassificação podem ser apresentados na demonstração do resultado abrangente ou nas notas explicativas. A entidade que apresente os ajustes de reclassificação nas notas explicativas deve apresentar os componentes dos outros resultados abrangentes após os respectivos ajustes de reclassificação.

Os ajustes de reclassificação são cabíveis, por exemplo, na baixa de investimentos em entidade no exterior (ver Pronunciamento Técnico CPC 02 – Efeitos das Mudanças nas Taxas de Câmbio e Conversão de Demonstrações Contábeis), no desreconhecimento (baixa) de Ativos financeiros disponíveis para a venda (ver Pronunciamento Técnico CPC 38 – Instrumentos Financeiros: Reconhecimento e Mensuração) e quando a transação anteriormente prevista e sujeita à hedge de fluxo de caixa afeta o resultado líquido do período (ver item 100 do Pronunciamento Técnico CPC 38 no tocante à contabilização de operações de hedge de fluxos de caixa).

Ajustes de reclassificação não decorrem de mutações na reserva de reavaliação (quando permitida pela legislação vigente) reconhecida de acordo com os Pronunciamentos Técnicos CPC 27 – Ativo Imobilizado e CPC 04 – Ativo Intangível ou de ganhos e perdas atuariais de planos de benefício definido, reconhecidos em consonância com o Pronunciamento Técnico CPC 33 – Benefícios a Empregados. Esses componentes são reconhecidos como outros resultados abrangentes e não são reclassificados para o resultado líquido em períodos subsequentes. As mutações na reserva de reavaliação podem ser transferidas para reserva de lucros retidos (ou prejuízos acumulados) na medida em que o Ativo é utilizado ou quando é baixado (ver Pronunciamentos Técnicos CPC 27 e CPC 04). Ganhos e perdas atuariais devem ser reconhecidos na reserva de lucros retidos (ou nos prejuízos acumulados) no período em que forem reconhecidos como outros resultados abrangentes (ver o Pronunciamento Técnico CPC 33).

9. CPC 00 (R1) - ESTRUTURA CONCEITUAL PARA ELABORAÇÃO E DIVULGAÇÃO DE RELATÓRIO CONTÁBIL-FINANCEIRO

O CPC 00 (R1) é um Pronunciamento do Comitê de Pronunciamentos Contábeis (CPC), que dispõe sobre a Estrutura Conceitual para Elaboração e Divulgação de Relatório Contábil-Financeiro.

As demonstrações contábeis são elaboradas de acordo com este Pronunciamento e apresentadas para usuários externos em geral, tendo em vista suas finalidades distintas e necessidades diversas.

Demonstrações contábeis elaboradas dentro do que prescreve esta Estrutura Conceitual objetivam fornecer informações que sejam úteis na tomada de decisões econômicas e avaliações por parte dos usuários em geral, não tendo o propósito de atender à finalidade ou necessidade específica de determinados grupos de usuários.

Demonstrações contábeis elaboradas com tal finalidade satisfazem as necessidades comuns da maioria dos seus usuários, uma vez que quase todos eles utilizam essas demonstrações contábeis para a tomada de decisões econômicas, tais como:

a) decidir quando comprar, manter ou vender instrumentos patrimoniais;
b) avaliar a administração da entidade quanto à responsabilidade que lhe tenha sido conferida e quanto à qualidade de seu desempenho e de sua prestação de contas;
c) avaliar a capacidade de a entidade pagar seus empregados e proporcionar-lhes outros benefícios;
d) avaliar a segurança quanto à recuperação dos recursos financeiros emprestados à entidade;
e) determinar políticas tributárias;
f) determinar a distribuição de lucros e dividendos;
g) elaborar e usar estatísticas da renda nacional; ou
h) regulamentar as atividades das entidades.

Pode haver um número limitado de casos em que seja observado um conflito entre a Estrutura Conceitual e um Pronunciamento Técnico, uma Interpretação ou uma Orientação. Nesses casos, as exigências do Pronunciamento Técnico, da Interpretação ou da Orientação específicos devem prevalecer sobre a Estrutura Conceitual. É importante citar que o CPC 00 (R1) não é um Pronunciamento Técnico propriamente dito e, portanto, não define normas ou procedimentos para qualquer questão particular sobre aspectos de mensuração ou divulgação.

A Estrutura Conceitual aborda:

> o objetivo da elaboração e divulgação de relatório contábil-financeiro;
> as características qualitativas da informação contábil-financeira útil;
> a definição, o reconhecimento e a mensuração dos elementos a partir dos quais as demonstrações contábeis são elaboradas; e
> os conceitos de capital e de manutenção de capital.

9.1 Relatório Contábil-Financeiro de Propósito Geral

De acordo com a Estrutura Conceitual, o objetivo do relatório contábil-financeiro de propósito geral é fornecer informações contábil-financeiras acerca da entidade que reporta essa informação (*reporting entity*) que sejam úteis a investidores existentes e em potencial, a credores por empréstimos e a outros credores, quando da tomada decisão ligada ao fornecimento de recursos para a entidade.

Essas decisões envolvem comprar, vender ou manter participações em instrumentos patrimoniais e em instrumentos de dívida, e a oferecer ou disponibilizar empréstimos ou outras formas de crédito.

Ex.: Decisões a serem tomadas por investidores relacionadas a comprar, vender ou manter instrumentos patrimoniais dependem do retorno esperado dos investimentos feitos nos referidos instrumentos.

Os investidores, credores por empréstimo e outros credores, existentes e em potencial, são os usuários primários para quem relatórios contábil-financeiros de propósito geral são direcionados. Isso porque eles não podem requerer que as entidades que reportam a informação prestem a eles diretamente as informações de que necessitam, devendo, desse modo, confiar e utilizar os relatórios contábil-financeiros de propósito geral que são fornecidos pelas entidades. Estes usuários têm diferentes (e possivelmente conflitantes) desejos e necessidades de informação. Por esse motivo, a entidade pode prestar informações adicionais que sejam mais úteis a um subconjunto particular de usuários primários.

Os relatórios contábil-financeiros de propósito geral não são elaborados para se chegar ao valor da entidade que reporta a informação; a rigor, fornecem informação para auxiliar investidores, credores por empréstimo e outros credores, existentes e em potencial, a estimarem o valor da entidade que reporta a informação.

Os relatórios contábil-financeiros de propósito geral fornecem informação acerca da posição patrimonial e financeira da entidade que reporta a informação, e sobre os efeitos de transações e outros eventos que alteram os recursos econômicos da entidade. Essas informações podem auxiliar usuários a identificarem a fraqueza e o vigor financeiro da entidade que reporta a informação.

Mudanças nos recursos econômicos da entidade que reporta a informação resultam da *performance* financeira da entidade e de outros eventos ou transações, como, por exemplo, a emissão de títulos de dívida ou de títulos patrimoniais.

O CPC 00 (R1) também apresenta a importância de registrar as receitas e despesas segundo o regime de competência (aquele que determina o registro de receitas e despesas quando ocorre o fato gerador, independentemente de recebimento ou pagamento), quando cita que ele retrata com propriedade os efeitos de transações e outros eventos e circunstâncias sobre os recursos econômicos da entidade que reporta a informação nos períodos em que ditos efeitos são produzidos, ainda que os recebimentos e pagamentos em caixa derivados ocorram em períodos distintos.

9.2 Características Qualitativas da Informação Contábil-Financeira

As características qualitativas da informação contábil-financeira útil identificam os tipos de informação que muito provavelmente são reputadas como as mais úteis para investidores, credores por empréstimos e outros credores, existentes e em potencial, para tomada de decisões acerca da entidade que reporta com base na informação contida nos seus relatórios contábil-financeiros. Estas características devem ser aplicadas à informação contábil-financeira.

Se a informação contábil-financeira objetiva ser útil, ela precisa ser **relevante** e **representar com fidedignidade** o que se propõe a representar. A utilidade da informação contábil-financeira é melhorada se ela for **comparável**, **verificável**, **tempestiva** e **compreensível**.

As **características qualitativas fundamentais** são relevância e representação fidedigna. Comparabilidade, verificabilidade, tempestividade e compreensibilidade são características qualitativas que melhoram a utilidade da informação que é relevante e que é representada com fidedignidade e, por isso, são chamadas de **características qualitativas de melhoria**.

9.2.1 Relevância

Informação contábil-financeira relevante é aquela capaz de fazer diferença nas decisões que possam ser tomadas pelos usuários. A informação pode ser capaz de fazer diferença em uma decisão, mesmo no caso de alguns usuários decidirem não a levar em consideração, ou mesmo se já tiverem tomado ciência de sua existência por outras fontes. A informação contábil-financeira é capaz de fazer diferença nas decisões se tiver valor preditivo, valor confirmatório ou ambos.

Valor Preditivo

A informação contábil-financeira tem valor preditivo se puder ser utilizada como dado de entrada em processos empregados pelos usuários para predizer futuros resultados. A informação contábil-financeira não precisa ser uma predição ou uma projeção para que possua valor preditivo. A informação contábil-financeira com valor preditivo é empregada pelos usuários ao fazerem suas próprias predições.

Valor Confirmatório

A informação contábil-financeira tem valor confirmatório se for retroalimentar – servir de feedback – avaliações prévias (confirmá-las ou alterá-las).

O valor preditivo e o valor confirmatório da informação contábil-financeira estão inter-relacionados. A informação que tem valor preditivo muitas vezes também tem valor confirmatório. Por exemplo, a informação sobre receita para o ano corrente, a qual pode ser utilizada como base para predizer receitas para anos futuros, também pode ser comparada com predições de receita para o ano corrente, as quais foram feitas nos anos anteriores. Os resultados dessas comparações podem auxiliar os usuários a corrigirem e a melhorarem os processos que foram utilizados para fazer tais predições.

9.2.2 Representação Fidedigna

Os relatórios contábil-financeiros representam um fenômeno econômico em palavras e números. Para ser útil, a informação contábil-financeira não tem só que representar um fenômeno relevante, mas tem também que representar com fidedignidade o fenômeno que se propõe representar. Para ser representação perfeitamente fidedigna, a realidade retratada precisa ter três atributos. Ela tem que ser **completa**, **neutra** e **livre de erro**.

Informação Completa

O retrato da realidade econômica completo deve incluir toda a informação necessária para que o usuário compreenda o fenômeno sendo retratado, incluindo todas as descrições e explicações necessárias. Por exemplo, um retrato completo de um grupo de Ativos incluiria, no mínimo, a descrição da natureza dos Ativos que compõem o grupo, o retrato numérico de todos os Ativos que compõem o grupo, e a descrição acerca do que o retrato numérico representa (por exemplo, custo histórico original, custo histórico ajustado ou valor justo).

Para alguns itens, um retrato completo pode considerar, ainda, explicações de fatos significativos sobre a qualidade e a natureza desses itens, fatos e circunstâncias que podem afetar a qualidade e a natureza deles, e os processos utilizados para determinar os números retratados.

Informação Neutra

Um retrato neutro não deve ser distorcido com contornos que possa receber, dando a ele maior ou menor peso, ênfase maior ou menor, ou qualquer outro tipo de manipulação que aumente a probabilidade de a informação contábil-financeira ser recebida pelos seus usuários de modo favorável ou desfavorável.

Informação neutra não significa informação sem propósito ou sem influência no comportamento dos usuários. A bem da verdade, informação contábil-financeira relevante, por definição, é aquela capaz de fazer diferença nas decisões tomadas pelos usuários.

Informação Livre de Erro

Um retrato da realidade econômica livre de erros significa que não há erros ou omissões no fenômeno retratado, e que o processo utilizado, para produzir a informação reportada, foi selecionado e foi aplicado livre de erros. Nesse sentido, um retrato da realidade econômica livre de erros não significa algo perfeitamente exato em todos os aspectos. Por exemplo, a estimativa de preço ou valor não observável não pode ser qualificada como sendo algo exato ou inexato. Entretanto, a representação dessa estimativa pode ser considerada fidedigna se o montante for descrito claramente e precisamente como sendo uma estimativa, se a natureza e as limitações do processo forem devidamente reveladas, e nenhum erro tiver sido cometido na seleção e aplicação do processo apropriado para desenvolvimento da estimativa.

9.2.3 Características Qualitativas de Melhoria

Comparabilidade, verificabilidade, tempestividade e compreensibilidade são características qualitativas que melhoram a utilidade da informação que é relevante e que é representada com fidedignidade. As características qualitativas de melhoria podem também auxiliar a determinar qual de duas alternativas, que sejam consideradas equivalentes em termos de relevância e fidedignidade de representação, deve ser usada para retratar um fenômeno.

Comparabilidade

As decisões de usuários implicam escolhas entre alternativas, como, por exemplo, vender ou manter um investimento, ou investir em uma entidade ou em outra. Consequentemente, a informação acerca da entidade que reporta informação será mais útil caso possa ser comparada com informação similar sobre outras entidades e com informação similar sobre a mesma entidade para outro período ou para outra data.

Comparabilidade é a característica qualitativa que permite que os usuários identifiquem e compreendam similaridades dos itens e diferenças entre eles. Diferentemente de outras características qualitativas, a comparabilidade não está relacionada com um único item. A comparação requer, no mínimo, dois itens.

A consistência, embora esteja relacionada com a comparabilidade, não possui o mesmo significado que ela. A consistência refere-se ao uso dos mesmos métodos para os mesmos itens, tanto de um período para outro, considerando a mesma entidade que reporta a informação, quanto para um único período entre entidades. A comparabilidade é o objetivo; a consistência auxilia a alcançar esse objetivo.

Comparabilidade não significa uniformidade. Para que a informação seja comparável, coisas iguais precisam parecer iguais e coisas diferentes precisam parecer diferentes. A comparabilidade da informação contábil-financeira não é aprimorada ao se fazer com que coisas diferentes pareçam iguais ou ainda ao se fazer coisas iguais parecerem diferentes.

Verificabilidade

A verificabilidade ajuda a assegurar aos usuários que a informação representa fidedignamente o fenômeno econômico que se propõe representar. A verificabilidade significa que diferentes observadores, cônscios e independentes, podem chegar a um consenso, embora não cheguem necessariamente a um completo acordo, quanto ao retrato de uma realidade econômica em particular ser uma representação fidedigna. A informação quantificável não necessita ser um único ponto estimado para ser verificável. Uma faixa de possíveis montantes com suas probabilidades respectivas pode também ser verificável.

A verificação pode ser direta ou indireta. Verificação direta significa averiguar um montante ou outra representação por meio de observação direta, como, por exemplo, por meio da contagem de caixa. Verificação indireta significa checar os dados de entrada do modelo, fórmula ou outra técnica e recalcular os resultados obtidos por meio da aplicação da mesma metodologia. Um exemplo é a verificação do valor contábil dos estoques por meio da checagem dos dados de entrada (quantidades e custos) e por meio do recálculo do saldo final dos estoques utilizando a mesma premissa adotada no fluxo do custo (por exemplo, utilizando o método PEPS).

Tempestividade

Tempestividade significa ter informação disponível para tomadores de decisão a tempo de poder influenciá-los em suas decisões. Em geral, a informação mais antiga é a que tem menos utilidade. Contudo, certa informação pode ter o seu atributo tempestividade prolongado após o encerramento do período contábil, em decorrência de alguns usuários, por exemplo, necessitarem identificar e avaliar tendências.

Compreensibilidade

Classificar, caracterizar e apresentar a informação com clareza e concisão torna-a compreensível.

Certos fenômenos são inerentemente complexos e não podem ser facilmente compreendidos. A exclusão de informações sobre esses fenômenos dos relatórios contábil-financeiros pode tornar a informação constante em referidos relatórios mais facilmente compreendida. Contudo, os referidos relatórios seriam considerados incompletos e potencialmente distorcidos (*misleading*).

Relatórios contábil-financeiros são elaborados para usuários que têm conhecimento razoável de negócios e de atividades econômicas e que revisem e analisem a informação diligentemente. Por vezes, mesmo os usuários bem informados e diligentes podem sentir a necessidade de procurar ajuda de consultor para compreensão da informação sobre um fenômeno econômico complexo.

9.3 Estrutura Conceitual das Demonstrações Contábeis

As demonstrações contábeis retratam os efeitos patrimoniais e financeiros das transações e outros eventos, por meio do grupamento deles em classes amplas de acordo com as suas características econômicas. Essas classes amplas são denominadas de elementos das demonstrações contábeis. Os elementos diretamente relacionados à mensuração da posição patrimonial e financeira no balanço patrimonial são os Ativos, os Passivos e o Patrimônio Líquido. Os elementos diretamente relacionados com a mensuração do desempenho na demonstração do resultado são as receitas e as despesas. A demonstração das mutações na posição financeira usualmente reflete os elementos da demonstração do resultado e as alterações nos elementos do balanço patrimonial. Assim, esta Estrutura Conceitual não identifica qualquer elemento que seja exclusivo dessa demonstração.

Os elementos diretamente relacionados com a mensuração da posição patrimonial e financeira são os Ativos, os Passivos e o Patrimônio Líquido. Estes são definidos como segue:

Ativo: recurso controlado pela entidade como resultado de eventos passados e do qual se espera que fluam futuros benefícios econômicos para a entidade;

Passivo: obrigação presente da entidade, derivada de eventos passados, cuja liquidação se espera que resulte na saída de recursos da entidade capazes de gerar benefícios econômicos;

Patrimônio Líquido: interesse residual nos Ativos da entidade, depois de deduzidos todos os seus Passivos.

9.3.1 Posição Patrimonial e Financeira

Ativos

O benefício econômico futuro incorporado a um Ativo é o seu potencial em contribuir, direta ou indiretamente, para o fluxo de caixa ou equivalentes de caixa para a entidade. Tal potencial pode ser produtivo, quando o recurso for parte integrante das atividades operacionais da entidade. Pode também ter a forma de conversibilidade em caixa ou equivalentes de caixa ou pode ainda ser capaz de reduzir as saídas de caixa, como no caso de processo industrial alternativo que reduza os custos de produção.

A entidade geralmente emprega os seus Ativos na produção de bens ou na prestação de serviços capazes de satisfazer os desejos e as necessidades dos consumidores. Tendo em vista que esses bens ou serviços podem satisfazer esses desejos ou necessidades, os consumidores se predispõem a pagar por eles e a contribuir, assim, para o fluxo de caixa da entidade. O caixa por si só rende serviços para a entidade, visto que exerce um comando sobre os demais recursos.

Os benefícios econômicos futuros incorporados a um Ativo podem fluir para a entidade de diversas maneiras. Por exemplo, o Ativo pode ser:

a) usado isoladamente ou em conjunto com outros Ativos na produção de bens ou na prestação de serviços a serem vendidos pela entidade;
b) trocado por outros Ativos;
c) usado para liquidar um Passivo; ou
d) distribuído aos proprietários da entidade.

Muitos Ativos, como, por exemplo, itens do imobilizado, têm forma física. Entretanto, a forma física não é essencial para a existência de Ativo. Assim sendo, as patentes e os direitos autorais, por exemplo, são considerados Ativos, caso deles sejam esperados que benefícios econômicos futuros fluam para a entidade e caso eles sejam por ela controlados.

Muitos Ativos, como, por exemplo, contas a receber e imóveis, estão associados a direitos legais, incluindo o direito de propriedade. Ao determinar a existência do Ativo, o direito de propriedade não é essencial. Assim, por exemplo, um imóvel objeto de arrendamento mercantil será um Ativo, caso a entidade controle os benefícios econômicos que são esperados que fluam da propriedade. Embora a capacidade de a entidade controlar os benefícios econômicos normalmente resulte da existência de direitos legais, o item pode, contudo, satisfazer a definição de Ativo, mesmo quando não houver controle legal. Por exemplo, o conhecimento (*know-how*) obtido por meio da atividade de desenvolvimento de produto pode satisfazer a definição de Ativo quando, mantendo esse conhecimento (*know-how*) em segredo, a entidade controlar os benefícios econômicos que são esperados que fluam desse Ativo.

Os Ativos da entidade resultam de transações passadas ou de outros eventos passados. As entidades normalmente obtêm Ativos por meio de sua compra ou produção, mas outras transações ou eventos podem gerar Ativos. Pode-se citar como exemplos um imóvel recebido de ente governamental como parte de programa para fomentar o crescimento econômico de dada região, ou a descoberta de jazidas minerais. Transações ou eventos previstos para ocorrer no futuro não dão origem, por si só, ao surgimento de Ativos. Desse modo, por exemplo, a intenção de adquirir estoques não atende, por si só, à definição de Ativo.

Há uma forte associação entre incorrer em gastos e gerar Ativos, mas ambas as atividades não são necessariamente indissociáveis. Assim, o fato de a entidade ter incorrido em gasto pode fornecer uma evidência de busca por futuros benefícios econômicos, mas não é prova conclusiva de que um item que satisfaça à definição de Ativo tenha sido obtido. De modo análogo, a ausência de gasto relacionado não impede que um item satisfaça à definição de Ativo e se qualifique para reconhecimento no balanço patrimonial. Por exemplo, itens que foram doados à entidade podem satisfazer a definição de Ativo.

Passivos

Uma característica essencial para a existência de Passivo é que a entidade tenha uma obrigação presente. Uma obrigação é um dever ou responsabilidade de agir ou de desempenhar uma dada tarefa de certa maneira. As obrigações podem ser legalmente exigíveis em consequência de contrato ou de exigências estatutárias. Esse é normalmente o caso, por exemplo, das contas a pagar por bens e serviços recebidos. Entretanto, obrigações surgem também de práticas usuais do negócio, de usos e costumes e do desejo de manter boas relações comerciais ou agir de maneira equitativa. Desse modo, se, por exemplo, a entidade que decida, por questão de política mercadológica ou de imagem, retificar defeitos em seus produtos, mesmo quando tais defeitos tenham-se tornado conhecidos depois da expiração do período da garantia, as importâncias que espera gastar com os produtos já vendidos constituem Passivos.

Deve-se fazer uma distinção entre obrigação presente e compromisso futuro. A decisão da administração de uma entidade para adquirir Ativos no futuro não dá origem, por si só, a uma obrigação presente. A obrigação normalmente surge somente quando um Ativo é entregue ou a entidade ingressa em acordo irrevogável para adquirir o Ativo. Nesse último caso, a natureza irrevogável do acordo significa que as consequências econômicas de deixar de cumprir a obrigação, como, por exemplo, em função da existência de penalidade contratual significativa, deixam a entidade com pouca, caso haja alguma, liberdade para evitar o desembolso de recursos em favor da outra parte.

A liquidação de uma obrigação presente geralmente implica a utilização, pela entidade, de recursos incorporados de benefícios econômicos a fim de satisfazer a demanda da outra parte. A liquidação de uma obrigação presente pode ocorrer de diversas maneiras, como, por exemplo, por meio de:

a) pagamento em caixa;
b) transferência de outros Ativos;
c) prestação de serviços;
d) substituição da obrigação por outra; ou
e) conversão da obrigação em item do Patrimônio Líquido.

A obrigação pode também ser extinta por outros meios, tais como pela renúncia do credor ou pela perda dos seus direitos.

Passivos resultam de transações ou outros eventos passados. Assim, por exemplo, a aquisição de bens e o uso de serviços dão origem a contas a pagar (a não ser que pagos adiantadamente ou na entrega), e o recebimento de empréstimo bancário resulta na obrigação de honrá-lo no vencimento. A entidade também pode ter a necessidade de reconhecer como Passivos os futuros abatimentos baseados no volume das compras anuais dos clientes. Nesse caso, a venda de bens no passado é a transação que dá origem ao Passivo.

Alguns Passivos somente podem ser mensurados por meio do emprego de significativo grau de estimativa. No Brasil, denominam-se esses Passivos de provisões. A definição de Passivo segue uma abordagem ampla. Desse modo, caso a provisão envolva uma obrigação presente e satisfaça os demais critérios da definição, ela é um Passivo, ainda que seu montante tenha que ser estimado. Exemplos concretos incluem provisões para pagamentos a serem feitos para satisfazer acordos com garantias em vigor e provisões para fazer em face de obrigações de aposentadoria.

Patrimônio Líquido

Embora o Patrimônio Líquido seja definido como algo residual, ele pode ter subclassificações no balanço patrimonial. Por exemplo, na sociedade por ações, recursos aportados pelos sócios, reservas resultantes de retenções de lucros e reservas representando ajustes para manutenção do capital podem ser demonstrados separadamente. Tais classificações podem ser relevantes para a tomada de decisão dos usuários das demonstrações contábeis quando indicarem restrições legais ou de outra natureza sobre a capacidade que a entidade tem de distribuir ou aplicar de outra forma os seus recursos patrimoniais. Podem também refletir o fato de que determinadas partes com direitos de propriedade sobre a entidade têm direitos diferentes com relação ao recebimento de dividendos ou ao reembolso de capital.

A constituição de reservas é, por vezes, exigida pelo estatuto ou por lei para dar à entidade e a seus credores uma margem maior de proteção contra os efeitos de prejuízos. Outras reservas podem ser constituídas em atendimento a leis que concedem isenções ou reduções nos impostos a pagar quando são feitas transferências para tais reservas. A existência e o tamanho de tais reservas legais, estatutárias e fiscais representam informações que podem ser importantes para a tomada de decisão dos usuários. As transferências para tais reservas são apropriações de lucros acumulados; portanto, não constituem despesas.

O montante pelo qual o Patrimônio Líquido é apresentado no balanço patrimonial depende da mensuração dos Ativos e Passivos. Normalmente, o montante agregado do Patrimônio Líquido somente por coincidência corresponde ao valor de mercado agregado das ações da entidade ou da soma que poderia ser obtida pela venda dos seus Ativos Líquidos em uma base de item por item, ou da entidade como um todo, tomando por base a premissa da continuidade (going concern basis).

Atividades comerciais e industriais, bem como outros negócios, são frequentemente exercidas por meio de firmas individuais, sociedades limitadas, entidades estatais e outras organizações cujas estruturas, legal e regulamentar, em regra, são diferentes daquelas aplicáveis às sociedades por ações. Por exemplo, pode haver poucas restrições, caso haja, sobre a distribuição aos proprietários ou a outros beneficiários de montantes incluídos no Patrimônio Líquido. Não obstante, a definição de Patrimônio Líquido e os outros aspectos dessa Estrutura Conceitual que tratam do Patrimônio Líquido são igualmente aplicáveis a tais entidades.

9.3.2 Performance

O resultado é frequentemente utilizado como medida de performance ou como base para outras medidas, tais como o retorno do investimento ou o resultado por ação. Os elementos diretamente relacionados com a mensuração do resultado são as receitas e as despesas. O reconhecimento e a mensuração das receitas e despesas e, consequentemente, do resultado, dependem em parte dos conceitos de capital e de manutenção de capital adotados pela entidade na elaboração de suas demonstrações contábeis.

Os elementos de receitas e despesas são definidos como segue:

> **Receitas** são aumentos nos benefícios econômicos durante o período contábil, sob a forma da entrada de recursos ou do aumento de Ativos ou diminuição de Passivos, que resultam em aumentos do Patrimônio Líquido, e que não estejam relacionados com a contribuição dos detentores dos instrumentos patrimoniais.

> **Despesas** são decréscimos nos benefícios econômicos durante o período contábil, sob a forma da saída de recursos ou da redução de Ativos ou assunção de Passivos, que resultam em decréscimo do Patrimônio Líquido, e que não estejam relacionados com distribuições aos detentores dos instrumentos patrimoniais.

As definições de receitas e despesas identificam suas características essenciais, mas não correspondem a uma tentativa de especificar os critérios que precisam ser satisfeitos para que sejam reconhecidas na demonstração do resultado.

As receitas e as despesas podem ser apresentadas na demonstração do resultado de diferentes maneiras, de modo a serem prestadas informações relevantes para a tomada de decisões econômicas. Por exemplo, é prática comum distinguir os itens de receitas e despesas que surgem no curso das atividades usuais da entidade daqueles que não surgem. Essa distinção é feita considerando que a origem de um item é relevante para a avaliação da capacidade que a entidade tem de gerar caixa ou equivalentes de caixa no futuro. Por exemplo, atividades incidentais, como a venda de um investimento de longo prazo, são improváveis de voltarem a ocorrer em base regular. Quando da distinção dos itens dessa forma, deve-se levar em conta a natureza da entidade e suas operações. Itens que resultam das atividades usuais de uma entidade podem não ser usuais em outras entidades.

A distinção entre itens de receitas e de despesas e a sua combinação de diferentes maneiras também permitem demonstrar várias formas de medir a performance da entidade, com maior ou menor grau de abrangência dos itens. Por exemplo, a demonstração do resultado pode apresentar a margem bruta, o lucro ou o prejuízo das atividades usuais antes dos tributos sobre o resultado, o lucro ou o prejuízo das atividades usuais depois desses tributos e o lucro ou prejuízo líquido.

Receitas

A definição de receita abrange tanto receitas propriamente ditas quanto ganhos. A receita surge no curso das atividades usuais da entidade e é designada por uma variedade de nomes, tais como vendas, honorários, juros, dividendos, *royalties*, aluguéis.

Ganhos representam outros itens que se enquadram na definição de receita e podem ou não surgir no curso das atividades usuais da entidade, representando aumentos nos benefícios econômicos e, como tais, não diferem, em natureza, das receitas. Consequentemente, não são considerados como elemento separado nesta Estrutura Conceitual.

Ganhos incluem, por exemplo, aqueles que resultam da venda de Ativos não circulantes. A definição de receita também inclui ganhos não realizados. Por exemplo, citam-se os que resultam da reavaliação de títulos e valores mobiliários negociáveis e os que resultam de aumentos no valor contábil de Ativos de longo prazo. Quando esses ganhos são reconhecidos na demonstração do resultado, eles são usualmente apresentados separadamente, porque sua divulgação é útil para fins de tomada de decisões econômicas. Os ganhos são, em regra, reportados líquidos das respectivas despesas.

Vários tipos de Ativos podem ser recebidos ou aumentados por meio da receita; exemplos incluem caixa, contas a receber, bens e serviços recebidos em troca de bens e serviços fornecidos. A receita também pode resultar da liquidação de Passivos. Por exemplo, a entidade pode fornecer mercadorias e serviços ao credor por empréstimo em liquidação da obrigação de pagar o empréstimo.

Despesas

A definição de despesas abrange tanto as perdas quanto as despesas propriamente ditas que surgem no curso das atividades usuais da entidade. As despesas que surgem no curso das atividades usuais da entidade incluem, por exemplo, o custo das vendas, dos salários e da depreciação. Geralmente, tomam a forma de desembolso ou redução de Ativos como caixa e equivalentes de caixa, estoques e Ativo imobilizado.

Perdas representam outros itens que se enquadram na definição de despesas e podem ou não surgir no curso das atividades usuais da entidade, representando decréscimos nos benefícios econômicos e, como tais, não diferem, em natureza, das demais despesas. Consequentemente, não são consideradas como elemento separado nesta Estrutura Conceitual.

Perdas incluem, por exemplo, as que resultam de sinistros, como incêndio e inundações, assim como as que decorrem da venda de Ativos Não Circulantes. A definição de despesas também inclui as perdas não realizadas. Por exemplo, as que surgem dos efeitos dos aumentos na taxa de câmbio de moeda estrangeira, com relação aos empréstimos da entidade a pagar em tal moeda. Quando as perdas são reconhecidas na demonstração do resultado, elas são geralmente demonstradas separadamente, pois sua divulgação é útil para fins de tomada de decisões econômicas. As perdas são, em regra, reportadas líquidas das respectivas receitas.

9.3.3 Reconhecimento dos Elementos das Demonstrações Contábeis

Reconhecimento é o processo que consiste na incorporação ao balanço patrimonial ou à demonstração do resultado de item que se enquadre na definição de elemento e que satisfaça os critérios de reconhecimento descritos a seguir:

> for provável que algum benefício econômico futuro associado ao item flua para a entidade ou flua da entidade; e

> o item tiver custo ou valor que possa ser mensurado com confiabilidade.

O reconhecimento envolve a descrição do item, a mensuração do seu montante monetário e a sua inclusão no balanço patrimonial ou na demonstração do resultado. Os itens que satisfazem os critérios de reconhecimento devem ser reconhecidos no balanço patrimonial ou na demonstração do resultado. A falta de reconhecimento de tais itens não é corrigida pela divulgação das práticas contábeis adotadas nem tampouco pelas notas explicativas ou pelo material elucidativo.

Probabilidade de Futuros Benefícios Econômicos

O conceito de probabilidade deve ser adotado nos critérios de reconhecimento para determinar o grau de incerteza com que os benefícios econômicos futuros referentes ao item venham a fluir para a entidade ou a fluir da entidade. O conceito está em conformidade com a incerteza que caracteriza o ambiente no qual a entidade opera. As avaliações acerca do grau de incerteza atrelado ao fluxo de benefícios econômicos futuros devem ser feitas com base na evidência disponível quando as demonstrações contábeis são elaboradas. Por exemplo, quando for provável que uma conta a receber devida à entidade será paga pelo devedor, é então justificável, na ausência de qualquer evidência em contrário, reconhecer a conta a receber como Ativo. Para uma ampla população de contas a receber, entretanto, algum grau de inadimplência é normalmente considerado provável. Dessa forma, reconhece-se como despesa a esperada redução nos benefícios econômicos.

Confiabilidade da Mensuração

O segundo critério para reconhecimento de um item é que ele possua custo ou valor que possa ser mensurado com confiabilidade. Em muitos casos, o custo ou valor precisa ser estimado. O uso de estimativas razoáveis é parte essencial da elaboração das demonstrações contábeis e não prejudica a sua confiabilidade. Quando, entretanto, não puder ser feita estimativa razoável, o item não deve ser reconhecido no balanço patrimonial ou na demonstração do resultado. Por exemplo, o valor que se espera receber de uma ação judicial pode enquadrar-se nas definições tanto de Ativo quanto de receita, assim como nos critérios probabilísticos exigidos para reconhecimento. Todavia, se não é possível mensurar com confiabilidade o montante que será recebido, ele não deve ser reconhecido como Ativo ou receita. A existência da reclamação deve ser, entretanto, divulgada nas notas explicativas ou nos quadros suplementares.

Reconhecimento de Ativos

Um Ativo deve ser reconhecido no balanço patrimonial quando for provável que benefícios econômicos futuros dele provenientes fluirão para a entidade e seu custo ou valor puder ser mensurado com confiabilidade.

Um Ativo não deve ser reconhecido no balanço patrimonial quando os gastos incorridos não proporcionarem a expectativa provável de geração de benefícios econômicos para a entidade além do período contábil corrente. Ao invés disso, tal transação deve ser reconhecida como despesa na demonstração do resultado. Esse tratamento não implica dizer que a intenção da administração ao incorrer nos gastos não tenha sido a de gerar benefícios econômicos futuros para a entidade, ou que a administração tenha sido mal conduzida. A única implicação é que o grau de certeza quanto à geração de benefícios econômicos para a entidade, além do período contábil corrente, é insuficiente para garantir o reconhecimento do Ativo.

Reconhecimento de Passivos

Um Passivo deve ser reconhecido no balanço patrimonial quando for provável que uma saída de recursos detentores de benefícios econômicos seja exigida em liquidação de obrigação presente e o valor pelo qual essa liquidação se dará puder ser mensurado com confiabilidade. Na prática, as obrigações originadas de contratos ainda não integralmente cumpridos de modo proporcional – proportionately unperformed (Ex.: Passivos decorrentes de pedidos de compra de produtos e mercadorias ainda não recebidos) – não são geralmente reconhecidas como Passivos nas demonstrações contábeis. Contudo, tais obrigações podem enquadrar-se na definição de Passivos caso sejam atendidos os critérios de reconhecimento nas circunstâncias específicas, e podem qualificar-se para reconhecimento. Nesses casos, o reconhecimento dos Passivos exige o reconhecimento dos correspondentes Ativos ou despesas.

Reconhecimento de Receitas

A receita deve ser reconhecida na demonstração do resultado quando resultar em aumento nos benefícios econômicos futuros, relacionado com aumento de Ativo ou com diminuição de Passivo, e puder ser mensurado com confiabilidade. Isso significa, na prática, que o reconhecimento da receita ocorre simultaneamente com o reconhecimento do aumento nos Ativos ou da diminuição nos Passivos (Ex.: o aumento líquido nos Ativos, originado da venda de bens e serviços, ou o decréscimo do Passivo, originado do perdão de dívida a ser paga).

Os procedimentos normalmente adotados, na prática, para reconhecimento da receita, como, por exemplo, a exigência de que a receita tenha sido ganha, são aplicações dos critérios de reconhecimento definidos nesta Estrutura Conceitual. Tais procedimentos são geralmente direcionados para restringir o reconhecimento como receita àqueles itens que possam ser mensurados com confiabilidade e tenham suficiente grau de certeza.

Reconhecimento de Despesas

As despesas devem ser reconhecidas na demonstração do resultado quando resultarem em decréscimo nos benefícios econômicos futuros, relacionado com o decréscimo de um Ativo ou o aumento de um Passivo, e puder ser mensurado com confiabilidade. Isso significa, na prática, que o reconhecimento da despesa ocorre simultaneamente com o reconhecimento de aumento nos Passivos ou de diminuição nos Ativos (Ex.: a alocação por competência de obrigações trabalhistas ou da depreciação de equipamento).

As despesas devem ser reconhecidas na demonstração do resultado com base na associação direta entre elas e os correspondentes itens de receita. Esse processo, usualmente chamado de confrontação entre despesas e receitas (regime de competência), envolve o reconhecimento simultâneo ou combinado das receitas e despesas que resultem diretamente ou conjuntamente das mesmas transações ou outros eventos. Por exemplo, os vários componentes de despesas que integram o custo das mercadorias vendidas devem ser reconhecidos no mesmo momento em que a receita derivada da venda das mercadorias é reconhecida. Contudo, a aplicação do conceito de confrontação, de acordo com esta Estrutura Conceitual, não autoriza o reconhecimento de itens no balanço patrimonial que não satisfaçam a definição de Ativos ou Passivos.

Quando se espera que os benefícios econômicos sejam gerados ao longo de vários períodos contábeis e a associação com a correspondente receita somente possa ser feita de modo geral e indireto, as despesas devem ser reconhecidas na demonstração do resultado com base em procedimentos de alocação sistemática e racional. Muitas vezes, isso é necessário ao reconhecer despesas associadas com o uso ou o consumo de Ativos, tais como itens do imobilizado, ágio pela expectativa de rentabilidade futura (*goodwill*), marcas e patentes. Em tais casos, a despesa é designada como depreciação ou amortização. Esses procedimentos de alocação destinam-se a reconhecer despesas nos períodos contábeis em que os benefícios econômicos associados a tais itens sejam consumidos ou expirem.

A despesa deve ser reconhecida imediatamente na demonstração do resultado quando o gasto não produzir benefícios econômicos futuros ou quando, e na extensão em que, os benefícios econômicos futuros não se qualificarem, ou deixarem de se qualificar, para reconhecimento no balanço patrimonial como Ativo.

A despesa também deve ser reconhecida na demonstração do resultado nos casos em que um Passivo é incorrido sem o correspondente reconhecimento de Ativo, como no caso de Passivo decorrente de garantia de produto.

9.3.4 Mensuração dos Elementos das Demonstrações Contábeis

Mensuração é o processo que consiste em determinar os montantes monetários por meio dos quais os elementos das demonstrações contábeis devem ser reconhecidos e apresentados no balanço patrimonial e na demonstração do resultado. Esse processo envolve a seleção da base específica de mensuração.

Um número variado de bases de mensuração é empregado em diferentes graus e em variadas combinações nas demonstrações contábeis. Essas bases incluem o que segue:

Custo histórico: os Ativos são registrados pelos montantes pagos em caixa ou equivalentes de caixa ou pelo valor justo dos recursos entregues para adquiri-los na data da aquisição. Os Passivos são registrados pelos montantes dos recursos recebidos em troca da obrigação ou, em algumas circunstâncias (como, por exemplo, Imposto de Renda), pelos montantes em caixa ou equivalentes de caixa que se espera sejam necessários para liquidar o Passivo no curso normal das operações.

Custo corrente: os Ativos são mantidos pelos montantes em caixa ou equivalentes de caixa que teriam de ser pagos se esses mesmos Ativos ou Ativos equivalentes fossem adquiridos na data do balanço. Os Passivos são reconhecidos pelos montantes em caixa ou equivalentes de caixa, não descontados, que se espera sejam necessários para liquidar a obrigação na data do balanço.

Valor realizável (valor de realização ou de liquidação): os Ativos são mantidos pelos montantes em caixa ou equivalentes de caixa que poderiam ser obtidos pela sua venda em forma ordenada. Os Passivos são mantidos pelos seus montantes de liquidação, isto é, pelos montantes em caixa ou equivalentes de caixa, não descontados, que se espera sejam pagos para liquidar as correspondentes obrigações no curso normal das operações.

Valor presente: os Ativos são mantidos pelo valor presente, descontado, dos fluxos futuros de entradas líquidas de caixa que se espera sejam gerados pelo item no curso normal das operações. Os Passivos são mantidos pelo valor presente, descontado, dos fluxos futuros de saídas líquidas de caixa que se espera sejam necessários para liquidar o Passivo no curso normal das operações.

A base de mensuração mais comumente adotada pelas entidades na elaboração de suas demonstrações contábeis é o custo histórico. Ele é normalmente combinado com outras bases de mensuração. Por exemplo, os estoques são geralmente mantidos pelo menor valor entre o custo e o valor líquido de realização, os títulos e valores mobiliários negociáveis podem em determinadas circunstâncias ser mantidos a valor de mercado, e os Passivos decorrentes de pensões são mantidos pelo seu valor presente. Ademais, em algumas circunstâncias, determinadas entidades usam a base de custo corrente como resposta à incapacidade de o modelo contábil de custo histórico enfrentar os efeitos das mudanças de preços dos Ativos não monetários.

9.4 Conceitos de Capital

O conceito de capital financeiro (ou monetário) é adotado pela maioria das entidades na elaboração de suas demonstrações contábeis. De acordo com o conceito de capital financeiro, tal como o dinheiro investido ou o seu poder de compra investido, o capital é sinônimo de Ativos líquidos ou Patrimônio Líquido da entidade. Segundo o conceito de capital físico, tal como capacidade operacional, o capital é considerado como a capacidade produtiva da entidade baseada, por exemplo, nas unidades de produção diária.

O conceito de capital dá origem aos seguintes conceitos de manutenção de capital:

Manutenção do capital financeiro: de acordo com esse conceito, o lucro é considerado auferido somente se o montante financeiro (ou dinheiro) dos Ativos líquidos no fim do período exceder o seu montante financeiro (ou dinheiro) no começo do período, depois de excluídas quaisquer distribuições aos proprietários e seus aportes de capital durante o período. A manutenção do capital financeiro pode ser medida em qualquer unidade monetária nominal ou em unidades de poder aquisitivo constante.

Manutenção do capital físico: de acordo com esse conceito, o lucro é considerado auferido somente se a capacidade física produtiva (ou capacidade operacional) da entidade (ou os recursos ou fundos necessários para atingir essa capacidade), no fim do período, exceder a capacidade física produtiva no início do período, depois de excluídas quaisquer distribuições aos proprietários e seus aportes de capital durante o período.

O conceito de manutenção de capital está relacionado com a forma pela qual a entidade define o capital que ela procura manter. Ele representa um elo entre os conceitos de capital e os conceitos de lucro, pois fornece um ponto de referência para medição do lucro; é uma condição essencial para a distinção entre o retorno sobre o capital da entidade e a recuperação do capital; somente os ingressos de Ativos que excedam os montantes necessários para manutenção do capital podem ser considerados como lucro e, portanto, como retorno sobre o capital. Portanto, o lucro é o montante remanescente depois que as despesas (inclusive, os ajustes de manutenção do capital, quando for apropriado) tiverem sido deduzidas do resultado. Se as despesas excederem as receitas, o montante residual será um prejuízo.

Questões

01. (CESPE – 2018) Considere os dados da tabela a seguir, retidos da contabilidade de determinada sociedade empresarial, com valores em reais (R$).

caixa e equivalentes	10.000
duplicatas a receber	80.000
estoques	50.000
máquinas	100.000
terrenos	160.000
marcas e patentes	100.000
fornecedores	200.000
duplicatas descontadas	40.000
salários e encargos a pagar	200.000
capital social	150.000
vendas de mercadorias	1.000.000
custo das mercadorias vendidas	600.000
despesas administrativas	90.000
despesas comerciais	160.000
despesas financeiras	33.000
outras despesas	41.000
IR e CSLL	26.000

O patrimônio líquido da empresa em questão soma R$ 200.000.

Certo ( ) Errado ( )

02. (CESPE – 2018) O balancete de verificação pode ser levantado em modelos que vão de um mínimo de duas colunas a um máximo de seis colunas.

Certo ( ) Errado ( )

03. (CESPE – 2018) Uma instituição europeia, ao analisar demonstrações contábeis de entidades brasileiras com a finalidade de realizar investimentos, tomou conhecimento de que os relatórios financeiros publicados no Brasil possuem diversos atributos, entre eles as características qualitativas fundamentais da relevância e da representação fidedigna.

A respeito dessa situação hipotética, julgue o próximo item.

Se uma demonstração contábil analisada tiver valor confirmatório para a investidora, então a característica da relevância estará presente na informação.

Certo ( ) Errado ( )

04. (CESPE – 2018) Uma instituição europeia, ao analisar demonstrações contábeis de entidades brasileiras com a finalidade de realizar investimentos, tomou conhecimento de que os relatórios financeiros publicados no Brasil possuem diversos atributos, entre eles as características qualitativas fundamentais da relevância e da representação fidedigna.

A respeito dessa situação hipotética, julgue o próximo item.

Por serem passíveis de comparação com demonstrações contábeis de entidades de outros países, os relatórios publicados pelas entidades brasileiras representam para a investidora uma informação relevante e fidedigna.

Certo ( ) Errado ( )

05. (CESPE – 2018) Uma instituição europeia, ao analisar demonstrações contábeis de entidades brasileiras com a finalidade de realizar investimentos, tomou conhecimento de que os relatórios financeiros publicados no Brasil possuem diversos atributos, entre eles as características qualitativas fundamentais da relevância e da representação fidedigna.

A respeito dessa situação hipotética, julgue o próximo item.

Na situação descrita, o fato de a representação fidedigna ser um atributo das demonstrações contábeis garante para a investidora estrangeira que as informações publicadas apresentam exatidão em todos os seus aspectos.

Certo ( ) Errado ( )

Gabaritos

01	CERTO
02	ERRADO
03	CERTO
04	ERRADO
05	ERRADO

10. CPC 04 (R1)- ATIVO INTANGÍVEL

10.1 Definição

Ativo intangível é um Ativo não monetário identificável sem substância física.

> Ativo Monetário

É aquele representado por dinheiro ou por direitos a serem recebidos em uma quantia fixa ou determinável de dinheiro. O Ativo Intangível é não monetário, portanto, não deve ser representado por dinheiro ou por direitos que gerem dinheiro.

> Identificável

É identificável quando for separável ou resultar de direitos contratuais ou outros direitos legais.

> Sem substância física

Bem incorpóreo, imaterial.

10.2 Classificação

Um Ativo é classificado como Intangível quando for **simultaneamente** identificável, controlado e gerador de benefício econômico.

INTANGÍVEL	Simultaneamente	Identificável	Separável
			Resulta de direitos contratuais ou legais
		Controlado	Obtém benefícios econômicos futuros gerados pelo ativo
			Restringi o acesso de terceiros a esses benefícios
		Gerador de benefício econômico	Receita de venda
			Redução de custos

Caso um item abrangido pelo presente CPC não atenda à definição de Ativo Intangível, o gasto incorrido na sua aquisição ou geração interna deve ser reconhecido como despesa quando incorrido.

10.2.1 Critério de Identificação

a) Identificáveis

A definição de Ativo Intangível

requer que ele seja identificável, para diferenciá-lo do ágio derivado da expectativa de rentabilidade futura (*goodwill*).

O ágio derivado da expectativa de rentabilidade futura (*goodwill*) reconhecido em uma combinação de negócios é um Ativo que representa benefícios econômicos futuros gerados por outros Ativos adquiridos em uma combinação de negócios, que **não são identificados individualmente e reconhecidos separadamente**. Tais benefícios econômicos futuros podem advir da sinergia entre os Ativos identificáveis adquiridos ou de Ativos que, individualmente, não se qualificam para reconhecimento em separado nas demonstrações contábeis. Nestes casos, deve ficar contabilizado em conta separada no ANC - Investimentos, aumentando o valor do investimento a que se refere.

O ágio derivado da expectativa de rentabilidade futura ou *goodwill*, **caso possa ser identificado**, deve ficar contabilizado em conta separada, no **ANC - Intangível**.

Um Ativo satisfaz o **critério de identificação**, em termos de definição de um Ativo Intangível, quando:

(a) for **separável**, ou seja, puder ser separado da entidade e vendido, transferido, licenciado, alugado ou trocado, individualmente ou junto com um contrato, Ativo ou Passivo relacionado, independentemente da intenção de uso pela entidade;

ou

(b) **resultar de direitos contratuais ou outros direitos legais**, independentemente de tais direitos serem transferíveis ou separáveis da entidade ou de outros direitos e obrigações.

	Critério de Identificação	Amortização	Teste de Recuperabilidade	Balanço Individual	Balanço Consolidado
Intangível	Identificáveis Separáveis	Sim	Sim	Intangível	Intangível
Goodwill	Não Identificáveis Não Separáveis	Não	Sim	Investimento	Intangível

b) Controle

A entidade controla um Ativo quando detém o poder de obter benefícios econômicos futuros gerados pelo Ativo e de restringir o acesso de terceiros a esses benefícios. Normalmente, a capacidade da entidade de controlar os benefícios econômicos futuros de Ativo Intangível advém de **direitos legais** (exemplo, as concessões de serviços públicos podem ter prazo de exploração estabelecido em contrato) **que possam ser exercidos num tribunal**.

A ausência de direitos legais dificulta a comprovação do controle. No entanto, a imposição legal de um direito não é uma condição imprescindível para o controle, visto que a entidade pode controlar benefícios econômicos futuros de outra forma.

Exs.:

01. O conhecimento de mercado e o técnico podem gerar benefícios econômicos futuros. A entidade controla esses benefícios se, por exemplo, o conhecimento for protegido por direitos legais, tais como direitos autorais, uma limitação de um acordo comercial (se permitida) ou o dever legal dos empregados de manterem a confidencialidade.

02. A entidade pode dispor de equipe de pessoal especializado e ser capaz de identificar habilidades adicionais que gerarão benefícios econômicos futuros a partir do treinamento. A entidade pode também esperar que esse pessoal continue a disponibilizar as suas habilidades. Entretanto, o controle da entidade sobre os eventuais benefícios econômicos futuros gerados pelo pessoal especializado e pelo treinamento é insuficiente para que esses itens se enquadrem na definição de Ativo Intangível. Por razão semelhante, raramente um talento gerencial ou técnico específico atende à definição de Ativo Intangível, a não ser que esteja protegido por direitos legais sobre a sua utilização e obtenção dos benefícios econômicos futuros, além de se enquadrar nos outros aspectos da definição.

03. A entidade pode ter uma **carteira de clientes** ou participação de mercado e esperar que, em virtude dos seus esforços para criar relacionamentos e fidelizar clientes, estes continuarão a negociar com a entidade. No entanto, a **ausência de direitos legais** de proteção ou de outro tipo de controle sobre as relações com os clientes ou a sua fidelidade **faz com que a entidade normalmente não tenha controle suficiente sobre os benefícios econômicos previstos**, gerados do relacionamento com os clientes e de sua fidelidade, **para considerar que tais itens** (por exemplo, carteira de clientes, participação de mercado, relacionamento e fidelidade dos clientes) se enquadrem na **definição de Ativo Intangível**. Entretanto, na ausência de direitos legais de proteção do relacionamento com clientes, a capacidade de realizar operações com esses clientes ou similares por meio de relações não contratuais (que não sejam as advindas de uma combinação de negócios) fornece evidências de que a entidade é, mesmo assim, capaz de controlar os eventuais benefícios econômicos futuros gerados pelas relações com clientes. Uma vez que tais operações também fornecem evidências que esse relacionamento com clientes é separável, ele pode ser definido como Ativo Intangível.

-Conhecimentos protegidos por direitos legais podem se enquadrar como intangível.
-Conhecimentos de equipes e pessoas não podem se enquadrar como intangível, devido ao insuficiente controle.
-Carteiras de clientes podem vir a ser reconhecidas como intangível, se atenderem aos critérios.

c) Benefício econômico futuro

Os benefícios econômicos futuros gerados por Ativo Intangível podem incluir receita da venda de produtos ou serviços, redução de custos ou outros benefícios resultantes do uso do Ativo pela entidade. Por exemplo, o uso da propriedade intelectual em um processo de produção pode reduzir os custos de produção futuros em vez de aumentar as receitas futuras.

10.3 Reconhecimento e Mensuração

O reconhecimento de um item como Ativo Intangível exige que a entidade demonstre que ele atende:

(a) a definição de Ativo Intangível (Ativo não monetário identificável sem substância física); e

(b) os critérios de reconhecimento (provável geração de benefício econômico para a entidade e custo do Ativo mensurado com confiabilidade).

Quesitos para reconhecimento	
Definição de Ativo Intangível	Critérios de reconhecimento
Ativo não monetário Identificável Sem substância física	Provável geração de benefício econômico Custo mensurado com confiabilidade

Este requerimento é aplicável a custos incorridos inicialmente para adquirir ou gerar internamente um Ativo Intangível e aos custos incorridos posteriormente para acrescentar algo, substituir parte ou recolocá-lo em condições de uso.

A natureza dos Ativos Intangíveis implica, em muitos casos, não haver o que ser adicionado ao Ativo nem se poder substituir parte dele. Por conseguinte, a maioria dos gastos subsequentes, provavelmente, é efetuada para manter a expectativa de benefícios econômicos futuros incorporados ao Ativo Intangível existente, e não atende à definição de Ativo Intangível, tampouco aos critérios de reconhecimento do presente Pronunciamento.

Além disso, dificilmente gastos subsequentes são atribuídos diretamente a determinado Ativo Intangível em vez da entidade como um todo. Portanto, somente em raras ocasiões os gastos subsequentes (incorridos após o reconhecimento inicial de Ativo Intangível adquirido ou a conclusão de item gerado internamente) devem ser reconhecidos no valor contábil de um Ativo.

Gastos subsequentes com marcas, títulos de publicações, logomarcas, listas de clientes e itens de natureza similar (quer sejam eles adquiridos externamente ou gerados internamente) sempre devem ser reconhecidos no resultado, quando incorridos, uma vez que não se consegue separá-los de outros gastos incorridos no desenvolvimento do negócio como um todo.

10.3.1 Critérios de Reconhecimento

Um Ativo Intangível deve ser reconhecido apenas se:

(a) for provável que os benefícios econômicos futuros esperados atribuíveis ao Ativo serão gerados em favor da entidade; e

(b) o custo do Ativo possa ser mensurado com confiabilidade.

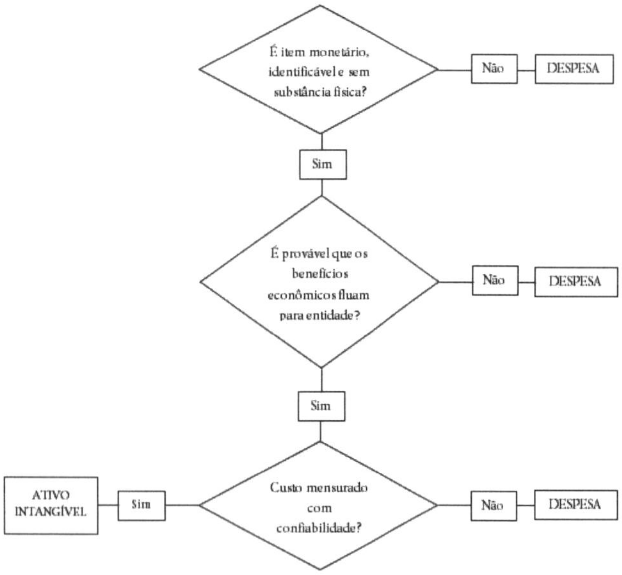

Não são todos os Ativos Intangíveis que são reconhecidos no balanço patrimonial.

Marcas, títulos de publicações, listas de clientes e outros itens similares, gerados internamente, não devem ser reconhecidos como Ativos Intangíveis.

10.4 Reconhecimento Inicial de um Ativo Intangível

Um Ativo Intangível deve ser reconhecido inicialmente ao custo.

10.5 Origem dos Ativos Intangíveis

- Adquiridos de compra.
- Combinação de negócio.
- Gerados Internamente.
- Subvenção ou Assistências Governamentais.
- Permuta de Ativos.

10.5.1 Aquisição Separada

O custo de Ativo Intangível adquirido separadamente inclui:

(a) seu preço de compra, acrescido de impostos de importação e impostos não recuperáveis sobre a compra, depois de deduzidos os descontos comerciais e abatimentos; e

(b) qualquer custo diretamente atribuível à preparação do Ativo para a finalidade proposta.

Preço de compra
(+) Impostos de importação e impostos não recuperáveis sobre a compra
(-) Descontos comerciais e abatimentos
(+) Qualquer custo diretamente atribuível à preparação do Ativo para a finalidade proposta.
Custo do Ativo Intangível

Exemplos de custos diretamente atribuíveis são:

(a) custos de benefícios aos empregados incorridos diretamente para que o Ativo fique em condições operacionais (de uso ou funcionamento);

(b) honorários profissionais diretamente relacionados para que o Ativo fique em condições operacionais; e

(c) custos com testes para verificar se o Ativo está funcionando adequadamente.

Exemplos de gastos que não fazem parte do custo de Ativo Intangível:

(a) custos incorridos na introdução de novo produto ou serviço (incluindo propaganda e atividades promocionais);

(b) custos da transferência das atividades para novo local ou para nova categoria de clientes (incluindo custos de treinamento); e

(c) custos administrativos e outros custos indiretos.

O reconhecimento dos custos no valor contábil de Ativo Intangível cessa quando esse Ativo está nas condições operacionais pretendidas pela administração. Portanto, os custos incorridos no uso ou na transferência ou reinstalação de Ativo Intangível não devem ser incluídos no seu valor contábil, como, por exemplo, os seguintes custos:

a) custos incorridos durante o período em que um Ativo capaz de operar nas condições operacionais pretendidas pela administração não é utilizado; e

b) prejuízos operacionais iniciais, tais como os incorridos enquanto a demanda pelos produtos do Ativo é estabelecida.

Como essas atividades não são necessárias para que um Ativo fique em condições de funcionar da maneira pretendida pela administração, as receitas e as despesas relacionadas devem ser reconhecidas imediatamente no resultado e incluídas nas suas respectivas classificações de receita e despesa.

Se o prazo de pagamento de Ativo Intangível excede os prazos normais de crédito, seu custo deve ser o equivalente ao preço à vista. A diferença entre esse valor e o total dos pagamentos deve ser reconhecida como despesa com juros, durante o período, a menos que seja passível de capitalização, como custo financeiro diretamente identificável de Ativo, durante o período em que esteja sendo preparado para o uso pretendido pela administração.

10.5.2 Combinação de Negócio

Se um Ativo Intangível for adquirido em uma combinação de negócios, o seu custo é o valor justo na data de aquisição, o qual reflete as expectativas sobre a probabilidade de que os benefícios econômicos futuros incorporados no Ativo serão gerados em favor da entidade.

Portanto, a probabilidade de que os benefícios econômicos futuros esperados atribuíveis ao Ativo sejam gerados em favor da entidade é sempre considerada atendida para Ativos Intangíveis adquiridos em uma combinação de negócios.

Se um Ativo Intangível adquirido em uma combinação de negócios for separável ou resultar de direitos contratuais ou outros direitos legais, haverá a presunção de que o valor justo possa ser estimado com segurança.

10.5.3 Ágio Derivado da expectativa de rentabilidade futura (*goodwill*) Gerado Internamente

O ágio derivado da expectativa de rentabilidade futura (***goodwill***) **gerado internamente não deve ser reconhecido como Ativo**, porque não é um recurso identificável, não é separável nem advém de direitos contratuais ou outros direitos legais adquiridos pela entidade. Não pode ser mensurado ao custo com confiabilidade, embora haja avaliação de mercado.

As diferenças entre valor justo da entidade e o valor contábil de seu patrimônio líquido, a qualquer momento, podem incluir uma série de fatores que afetam o valor justo da entidade. No entanto, essas diferenças não representam o custo dos Ativos Intangíveis controlados pela entidade.

10.5.4 Ativo Intangível Gerado Internamente

Por vezes, é difícil avaliar se um Ativo Intangível gerado internamente se qualifica para o reconhecimento, devido às dificuldades para:

(a) identificar se e quando existe um Ativo identificável que gerará benefícios econômicos futuros esperados; e

(b) determinar com confiabilidade o custo do Ativo.

Fase Pesquisa x Desenvolvimento

Para avaliar se um Ativo Intangível gerado internamente atende aos critérios de reconhecimento, a entidade deve classificar a geração do Ativo:

(a) na fase de pesquisa; e/ou

(b) na fase de desenvolvimento.

Fase Pesquisa ≠ Desenvolvimento

"Pesquisa é a investigação original e planejada realizada com a expectativa de adquirir novo conhecimento e entendimento científico ou técnico."

"Desenvolvimento é a aplicação dos resultados da pesquisa ou de outros conhecimentos em um plano ou projeto visando à produção de materiais, dispositivos, produtos, processos, sistemas ou serviços novos ou substancialmente aprimorados, antes do início da sua produção comercial ou do seu uso."

O Pronunciamento define a seguinte forma de contabilização:

(a) gastos de pesquisa – como despesa quando incorridos;

(b) gastos de desenvolvimento que não atendem aos critérios de reconhecimento como Ativo Intangível – como despesa quando incorridos; e

(c) gastos de desenvolvimento em conformidade com os referidos critérios de reconhecimento – contabilizados no Ativo Intangível.

Gastos	Classificação
Fase de Pesquisa	Despesa, quando incorridos.
Fase de Desenvolvimento	Despesas, quando não atendem aos critérios de reconhecimento.
Fase de Desenvolvimento	Ativo Intangível, quando atendem aos critérios de reconhecimento.

Caso a entidade não consiga diferenciar a fase de pesquisa da fase de desenvolvimento de projeto interno de criação de Ativo Intangível, o gasto com o projeto deve ser tratado como incorrido apenas na fase de pesquisa.

Fase de Pesquisa

Durante a fase de pesquisa de projeto interno, a entidade não está apta a demonstrar a existência de Ativo Intangível que gerará prováveis benefícios econômicos futuros. Portanto, tais gastos devem ser reconhecidos como despesa quando incorridos.

São exemplos de atividades de pesquisa:

(a) atividades destinadas à obtenção de novo conhecimento;

(b) busca, avaliação e seleção final das aplicações dos resultados de pesquisa ou outros conhecimentos;

(c) busca de alternativas para materiais, dispositivos, produtos, processos, sistemas ou serviços; e

(d) formulação, projeto, avaliação e seleção final de alternativas possíveis para materiais, dispositivos, produtos, processos, sistemas ou serviços novos ou aperfeiçoados.

Fase de Desenvolvimento

Um Ativo Intangível resultante de desenvolvimento (ou da fase de desenvolvimento de projeto interno) deve ser reconhecido somente se a entidade puder demonstrar todos os aspectos a seguir enumerados:

(a) viabilidade técnica para concluir o Ativo Intangível de forma que ele seja disponibilizado para uso ou venda;

(b) intenção de concluir o Ativo Intangível e de usá-lo ou vendê-lo;

(c) capacidade para usar ou vender o Ativo Intangível;

(d) forma como o Ativo Intangível deve gerar benefícios econômicos futuros.

Entre outros aspectos, a entidade deve demonstrar a existência de mercado para os produtos do Ativo Intangível ou para o próprio Ativo Intangível ou, caso este se destine ao uso interno, a sua utilidade;

(e) disponibilidade de recursos técnicos, financeiros e outros recursos adequados para concluir seu desenvolvimento e usar ou vender o Ativo Intangível; e

(f) capacidade de mensurar com segurança os gastos atribuíveis ao Ativo Intangível durante seu desenvolvimento.São exemplos de atividades de desenvolvimento:

(a) projeto, construção e teste de protótipos e modelos pré-produção ou pré-utilização;

(b) projeto de ferramentas, gabaritos, moldes e matrizes que envolvam nova tecnologia;

(c) projeto, construção e operação de fábrica-piloto, desde que já não esteja em escala economicamente viável para produção comercial; e

(d) projeto, construção e teste da alternativa escolhida de materiais, dispositivos, produtos, processos, sistemas e serviços novos ou aperfeiçoados.

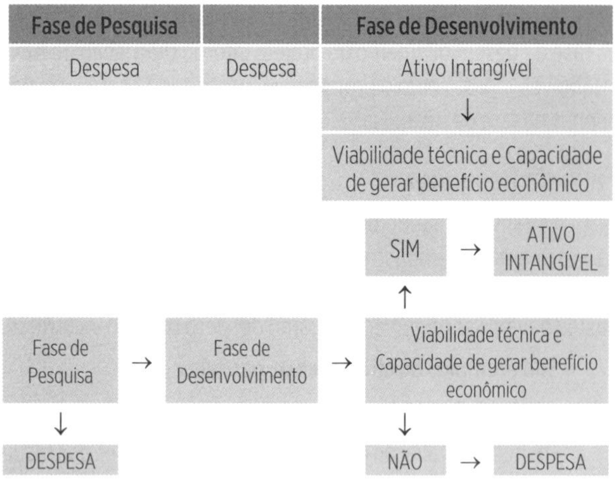

Custo de Ativo Intangível Gerado internamente

O custo de Ativo Intangível gerado internamente inclui todos os gastos diretamente atribuíveis, necessários à criação, produção e preparação do Ativo para ser capaz de funcionar da forma pretendida pela administração.

Exemplos de custos diretamente atribuíveis:

a) gastos com materiais e serviços consumidos ou utilizados na geração do Ativo Intangível;

b) custos de benefícios a empregados (conforme definido no Pronunciamento Técnico CPC 33 – Benefícios a Empregados) relacionados à geração do Ativo Intangível;

c) taxas de registro de direito legal; e

d) amortização de patentes e licenças utilizadas na geração do Ativo Intangível.

Os seguintes itens não são componentes do custo de Ativo Intangível gerado internamente:

a) gastos com vendas, administrativos e outros gastos indiretos, exceto se tais gastos puderem ser atribuídos diretamente à preparação do Ativo para uso;

b) ineficiências identificadas e prejuízos operacionais iniciais incorridos antes do Ativo atingir o desempenho planejado; e

c) gastos com o treinamento de pessoal para operar o Ativo.

Ex.:

Uma entidade está desenvolvendo novo processo de produção. No exercício de 20X5, os gastos incorridos foram de $ 1.000, dos quais $ 900 foram incorridos antes de 1º de dezembro de 20X5 e $ 100 entre essa data e 31 de dezembro de 20X5. A entidade está apta a demonstrar que em 1º de dezembro de 20X5 o processo de produção atendia aos critérios para reconhecimento como Ativo Intangível. O valor recuperável do know-how incorporado no processo (inclusive futuras saídas de caixa para concluí-lo e deixá-lo pronto para uso) está estimado em $ 500. Ao final de 20X5, o processo de produção está reconhecido como Ativo Intangível ao custo de $ 100 (gasto incorrido desde a data em que os critérios de reconhecimento foram atendidos, ou seja, 1º de dezembro de 20X5). Os gastos de $ 900 incorridos antes de 1º de dezembro de 20X5 devem ser reconhecidos como despesa porque os critérios de reconhecimento só foram atendidos nessa data, não podendo ser incluídos no custo do processo de produção reconhecido na data do balanço. No exercício de 20X6, os gastos incorridos são de $ 2.000. Ao final de 20X6, o valor recuperável do know-how incorporado no processo (inclusive futuras saídas de caixa para concluí-lo e deixá-lo pronto para uso) está estimado em $1.900. Ao final de 20X6, o custo do processo de produção é de $ 2.100 (gastos de $ 100 reconhecidos no final de 20X5 mais $ 2.000 reconhecidos em 20X6). A entidade deve reconhecer uma perda de valor de $ 200 para ajustar o valor contábil do processo antes dessa perda de valor ($ 2.100) ao seu valor recuperável ($ 1.900). Essa perda por redução no valor recuperável será revertida em um período posterior se os requerimentos de reversão de perda de valor, previstos no Pronunciamento Técnico CPC 01 - Redução ao Valor Recuperável de Ativos, forem atendidos.

10.5.5 Aquisição por meio de Subvenção ou Assistência Governamentais

Em alguns casos, um Ativo Intangível pode ser adquirido sem custo ou por valor nominal, por meio de subvenção ou assistência governamentais. Isso pode ocorrer quando um governo transfere ou destina a uma entidade Ativos Intangíveis, como direito de aterrissagem em aeroporto, licenças para operação de estações de rádio ou de televisão, licenças de importação ou quotas ou direitos de acesso a outros recursos restritos.

De acordo com o Pronunciamento Técnico CPC 07 – Subvenção e Assistência Governamentais, uma entidade tem a faculdade de reconhecer inicialmente ao valor justo tanto o Ativo Intangível quanto à concessão governamental. Se uma entidade optar por não reconhecer inicialmente ao valor justo o Ativo, ela deve reconhecer o Ativo inicialmente ao valor nominal (o CPC 07) acrescido de quaisquer gastos que sejam diretamente atribuídos à preparação do Ativo para o uso pretendido.

10.5.6 Permuta de Ativos

Um ou mais Ativos Intangíveis podem ser adquiridos por meio de permuta por Ativo ou Ativos não monetários, ou conjunto de Ativos monetários e não monetários. O Ativo ou Ativos que sejam objeto de permuta podem ser de mesma natureza ou de naturezas diferentes.

O custo de Ativo Intangível é mensurado pelo valor justo, a não ser que (a) a operação de permuta não tenha natureza comercial ou (b) o valor justo do Ativo recebido e do Ativo cedido não possa ser mensurado com confiabilidade. O Ativo adquirido deve ser mensurado dessa forma mesmo que a entidade não consiga dar baixa imediata ao Ativo cedido. Se o Ativo adquirido não for mensurável ao valor justo, seu custo deve ser determinado pelo valor contábil do Ativo cedido.

10.6 Método de Custo

Após o seu reconhecimento inicial, um Ativo Intangível deve ser apresentado ao custo, menos a eventual amortização acumulada e a perda acumulada.

Valor Contábil = custo (-) amortização acumulada (-) perda cumulada

10.6.1 Vida Útil

A entidade deve avaliar se a vida útil de um Ativo Intangível é **definida** ou **indefinida** e, no primeiro caso, a duração ou o volume de produção ou unidades semelhantes que formam essa vida útil. A entidade deve atribuir vida útil indefinida a um Ativo Intangível quando, com base na análise de todos os fatores relevantes, não existe um limite previsível para o período durante o qual o Ativo deverá gerar fluxos de caixa líquidos positivos para a entidade.

A contabilização de Ativo Intangível baseia-se na sua vida útil:

Ativo intangível com vida útil definida ® sujeito à amortização e ao teste de recuperabilidade.

Ativo intangível com vida útil indefinida ® não sofre amortização, mas está sujeito ao teste de recuperabilidade.

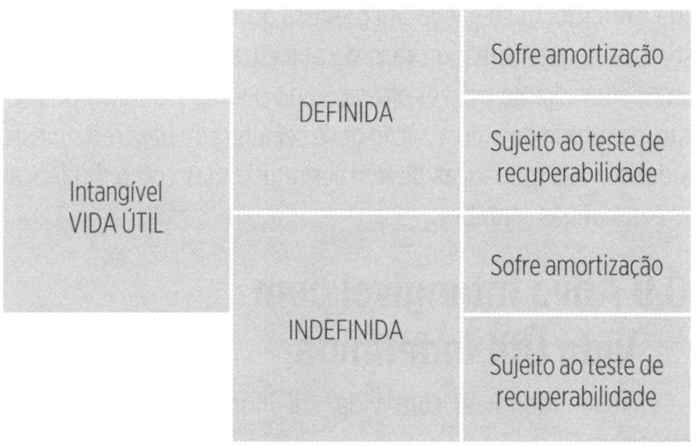

O termo "indefinida" não significa "infinita". A vida útil de Ativo Intangível deve levar em consideração apenas a manutenção futura exigida para mantê-lo no nível de desempenho avaliado no momento da estimativa da sua vida útil e capacidade e intenção da entidade para atingir tal nível. A conclusão de que a vida útil de Ativo Intangível é indefinida não deve estar fundamentada em uma previsão de gastos futuros superiores ao necessário para mantê-lo nesse nível de desempenho.

A vida útil de Ativo Intangível resultante de direitos contratuais ou outros direitos legais não deve exceder a vigência desses direitos, podendo ser menor dependendo do período durante o qual a entidade espera utilizar o Ativo. Caso os direitos contratuais ou outros direitos legais sejam outorgados por um prazo limitado renovável, a vida útil do Ativo Intangível só deve incluir o prazo de renovação, se existirem evidências que suportem a renovação pela entidade sem custo significativo.

Podem existir tanto fatores econômicos como legais influenciando a vida útil de Ativo Intangível. Os fatores econômicos determinam o período durante o qual a entidade receberá benefícios econômicos futuros, enquanto os fatores legais podem restringir o período durante o qual a entidade controla o acesso a esses benefícios. A vida útil a ser considerada deve ser o menor dos períodos determinados por esses fatores.

10.7 Método de Reavaliação

Após o seu reconhecimento inicial, se permitido legalmente, um Ativo Intangível pode ser apresentado pelo seu valor reavaliado, correspondente ao seu valor justo à data da reavaliação. Para efeitos de reavaliação, nos termos do presente Pronunciamento Técnico, o valor justo deve ser mensurado em relação a um mercado ativo. A reavaliação deve ser realizada regularmente para que, na data do balanço, o valor contábil do Ativo não apresente divergências relevantes em relação ao seu valor justo.

10.8 Ativo Intangível com Vida Útil Definida

10.8.1 Período e Método de Amortização

O valor amortizável de Ativo Intangível com vida útil definida deve ser apropriado de forma sistemática ao longo da sua vida útil estimada. A amortização deve ser iniciada a partir do momento em que o Ativo estiver disponível para uso, ou seja, quando se encontrar no local e nas condições necessários para que possa funcionar da maneira pretendida pela administração. A amortização deve cessar na data em que o Ativo é classificado como mantido para venda ou incluído em um grupo de Ativos classificado como mantido para venda ou, ainda, na data em que ele é baixado, o que ocorrer primeiro. O método de amortização utilizado reflete o padrão de consumo pela entidade dos benefícios econômicos futuros. Se não for possível determinar esse padrão com confiabilidade, deve ser utilizado o método linear.

A despesa de amortização para cada período deve ser reconhecida no resultado, a não ser que outra norma ou pronunciamento contábil permita ou exija a sua inclusão no valor contábil de outro Ativo.

Podem ser utilizados vários métodos de amortização para apropriar de forma sistemática o valor amortizável de um Ativo ao longo da sua vida útil. Tais métodos incluem o método linear, também conhecido como método de linha reta, o método dos saldos decrescentes e o método de unidades produzidas. A seleção do método deve obedecer ao padrão de consumo dos benefícios econômicos futuros esperados, incorporados ao Ativo, e aplicado consistentemente entre períodos, a não ser que exista alteração nesse padrão.

Há uma presunção refutável de que o método de amortização baseado na receita gerada por atividade que inclui o uso de Ativo Intangível não é apropriado. A receita gerada por atividade que inclui o uso de Ativo Intangível reflete fatores típicos que não estão diretamente ligados ao consumo dos benefícios econômicos incorporados no Ativo Intangível. Por exemplo, a receita é afetada por outros insumos e processos, atividades de venda e mudanças nos volumes e preços de venda. O componente de preço da receita pode ser afetado pela inflação, o que não tem qualquer influência sobre a maneira como o Ativo é consumido. Essa presunção só pode ser superada em circunstâncias limitadas:

(a) em que o Ativo Intangível é expresso como mensuração de receitas; ou

(b) quando possa ser demonstrado que as receitas e o consumo dos benefícios econômicos do Ativo Intangível são altamente correlacionados.

Na escolha do método de amortização adequado, de acordo com o item anterior, a entidade pode determinar o fator limitante predominante que é inerente ao Ativo Intangível. Por exemplo, o contrato que estabelece os direitos da entidade sobre o uso do Ativo Intangível pode especificar o uso do Ativo Intangível pela entidade como número predeterminado de anos (ou seja, tempo), como número de unidades produzidas ou como montante total fixo da receita a ser gerada. A identificação do fator limitante predominante pode servir de ponto de partida para a identificação da base adequada da amortização, mas outra base pode ser aplicada se refletir de forma mais próxima o padrão esperado de consumo de benefícios econômicos.

Na circunstância em que o fator limitante predominante, que é inerente ao Ativo Intangível, é a obtenção de um limite de receita, a receita a ser gerada pode ser a base adequada para a amortização. Por exemplo, a entidade pode adquirir uma concessão para explorar e extrair ouro de uma mina de ouro. O fim do contrato pode estar baseado no valor fixo da receita total a ser gerada a partir da extração (por exemplo, o contrato pode permitir a extração de ouro da mina até que a receita total acumulada com a venda de ouro atinja $ 2 bilhões) e não ser baseado no tempo ou na quantidade de ouro extraído. Em outro exemplo, o direito de operar a estrada com pedágio pode estar baseado no montante total fixo de receita a ser gerado a partir de pedágios cobrados cumulativos (por exemplo, o contrato pode permitir a operação da estrada com pedágio até que o montante acumulado de pedágios gerados a partir da operação da estrada atinja $ 100 milhões). No caso em que a receita foi estabelecida como o fator limitante predominante no contrato para a utilização do Ativo Intangível, a receita que será gerada pode ser a base adequada para a amortização do Ativo Intangível, desde que o contrato especifique o valor fixo total da receita a ser gerado sobre o qual a amortização deve ser determinada.

A amortização deve normalmente ser reconhecida no resultado. No entanto, por vezes os benefícios econômicos futuros incorporados no Ativo são absorvidos para a produção de outros Ativos. Nesses casos, a amortização faz parte do custo de outro Ativo, devendo ser incluída no seu valor contábil. Por exemplo, a amortização de Ativos Intangíveis utilizados em processo de produção faz parte do valor contábil dos estoques.

10.8.2 Valor Residual

Deve-se presumir que o valor residual de Ativo Intangível com vida útil definida é zero, a não ser que:

(a) haja compromisso de terceiros para comprar o Ativo ao final da sua vida útil; ou

(b) exista mercado ativo (como definido no CPC 46) para ele e: (alterado pela Revisão CPC 03)

(i) o valor residual possa ser determinado em relação a esse mercado; e

(ii) seja provável que esse mercado continuará a existir ao final da vida útil do Ativo.

O valor residual diferente de zero implica que a entidade espera a alienação do Ativo Intangível antes do final de sua vida econômica.

A estimativa do valor residual baseia-se no valor recuperável pela alienação, utilizando os preços em vigor na data da estimativa para a venda de Ativo similar que tenha atingido o final de sua vida útil e que tenha sido operado em condições semelhantes àquelas em que o Ativo será utilizado. O valor residual deve ser revisado pelo menos ao final de cada exercício. Uma alteração no valor residual deve ser contabilizada como mudança na estimativa contábil.

O valor residual de Ativo Intangível pode ser aumentado. A despesa de amortização de Ativo Intangível será zero enquanto o valor residual subsequente for igual ou superior ao seu valor contábil.

10.8.3 Revisão do Período e do Método de Amortização

O período e o método de amortização de Ativo Intangível com vida útil definida devem ser revisados pelo menos ao final de cada exercício. Caso a vida útil prevista do Ativo seja diferente de estimativas anteriores, o prazo de amortização deve ser devidamente alterado. Se houver alteração no padrão de consumo previsto, o método de amortização deve ser alterado para refletir essa mudança. Tais mudanças devem ser registradas como mudanças nas estimativas contábeis.

10.9 Ativo Intangível com Vida Útil Indefinida

Ativo Intangível com vida útil indefinida não deve ser amortizado.

De acordo com o Pronunciamento Técnico CPC 01 – Redução ao Valor Recuperável de Ativos, a entidade deve testar a perda de valor dos Ativos Intangíveis com vida útil indefinida, comparando o seu valor recuperável com o seu valor contábil:

(a) anualmente; e

(b) sempre que existam indícios de que o Ativo Intangível pode ter perdido valor.

10.9.1 Revisão da Vida Útil

A vida útil de Ativo Intangível que não é amortizado deve ser revisada periodicamente para determinar se eventos e circunstâncias continuam a consubstanciar a avaliação de vida útil indefinida. Caso contrário, a mudança na avaliação de vida útil de indefinida para definida deve ser contabilizada como mudança de estimativa contábil.

CPC 04 x CPC 01			
Ativo Intangível	Amortização	Teste de Recuperabilidade	Reversão de Perda Estimada
Vida útil definida	Sim	Sim	Sim
Vida útil indefinida	Não	Sim	Sim
Goodwill	Não	sim	Não

10.10 Baixa e Alienação

O Ativo Intangível deve ser baixado:

(a) por ocasião de sua alienação; ou

(b) quando não são esperados benefícios econômicos futuros com a sua utilização ou alienação.

Os ganhos ou perdas decorrentes da baixa de Ativo Intangível devem ser determinados pela diferença entre o valor líquido da alienação, se houver, e o valor contábil do Ativo. Esses ganhos ou perdas devem ser reconhecidos no resultado quando o Ativo é baixado, mas os ganhos não devem ser classificados como receitas de venda. Os ganhos correspondem aos lucros.

Ganhos ou perdas decorrentes da baixa de Ativo Intangível » DRE

Ganho = valor líquido de alienação > valor contábil do Ativo » Outras receitas

Perda = valor líquido de alienação < valor contábil do Ativo » Outras despesas

Questões

01. (CESPE - 2019) Determinado clube brasileiro de futebol adquiriu, por R$ 20 milhões, o passe de um jogador uruguaio, de um clube uruguaio de futebol. Imediatamente após a aquisição, o clube brasileiro recebeu uma proposta de um clube argentino para a compra do passe desse jogador uruguaio por R$ 40 milhões.

O clube brasileiro deverá reconhecer, a custo histórico, um intangível, abstendo-se de qualquer procedimento quanto à proposta recebida do clube argentino.

Certo ( ) Errado ( )

02. (CESPE - 2018) O início da amortização dos ativos intangíveis, que se caracterizam como itens imateriais, não depende da colocação desse tipo de ativo em condições operacionais.

Certo ( ) Errado ( )

03. (CESPE - 2018) Caso não seja possível definir o padrão de consumo do item intangível ou caso a definição dada não seja confiável, a amortização do ativo intangível deverá ser realizada pelo método linear.

Certo ( ) Errado ( )

04. (CESPE - 2018) O reconhecimento de um ativo intangível gerado internamente é possível, desde que sejam identificados os custos incorridos para sua geração e preenchidos os requisitos normativos para seu reconhecimento.

Certo ( ) Errado ( )

05. (CESPE - 2018) Um ativo proveniente de projeto de desenvolvimento somente poderá ser classificado como ativo intangível se a empresa for capaz de demonstrar a viabilidade técnica de concluir o desenvolvimento do ativo, se houver comprovação da geração efetiva de resultados e se a empresa tiver a intenção de concluir o desenvolvimento desse ativo e a capacidade para usá-lo e vendê-lo.

Certo ( ) Errado ( )

Gabaritos

01	CERTO
02	ERRADO
03	CERTO
04	CERTO
05	CERTO

11. CPC 06 (R1) - OPERAÇÕES DE ARRENDAMENTO MERCANTIL

11.1 Definições

Arrendamento mercantil é um acordo pelo qual o arrendador transmite ao arrendatário em troca de um pagamento ou série de pagamentos o direito de usar um Ativo por um período de tempo acordado.

Arrendamento mercantil não cancelável (difícil cancelamento) é um arrendamento mercantil que é cancelável apenas:

> Após a ocorrência de alguma contingência remota;

> Com a permissão do arrendador;

> Se o arrendatário contratar um novo arrendamento mercantil para o mesmo Ativo ou para um Ativo equivalente com o mesmo arrendador; ou

> Após o pagamento pelo arrendatário de uma quantia adicional tal que, no início do arrendamento mercantil, a continuação do arrendamento mercantil seja razoavelmente certa.

Valor residual garantido é:

> Para um arrendatário, a parte do valor residual que seja garantida por ele ou por parte a ele relacionada (sendo o valor da garantia o valor máximo que possa, em qualquer caso, tornar-se pagável); e

> Para um arrendador, a parte do valor residual que seja garantida pelo arrendatário ou por terceiro não relacionado com o arrendador que seja financeiramente capaz de satisfazer as obrigações cobertas pela garantia.

Valor residual não garantido é a parte do valor residual do Ativo arrendado, cuja realização pelo arrendador não esteja assegurada ou esteja unicamente garantida por uma parte relacionada com o arrendador.

Investimento bruto no arrendamento mercantil é a soma:

> Dos pagamentos mínimos do arrendamento mercantil a receber pelo arrendador segundo um arrendamento mercantil financeiro; e

> De qualquer valor residual não garantido atribuído ao arrendador.

Investimento líquido no arrendamento mercantil é o investimento bruto no arrendamento mercantil descontado à taxa de juros implícita no arrendamento mercantil.

Arrendador: locador ou proprietário (parte que compra ou produz o bem e o disponibiliza para o arrendatário).

Arrendatário: locatário ou inquilino (parte que recebe o bem).

11.2 Alcance

Este Pronunciamento deve ser aplicado na contabilização de todas as operações de arrendamento mercantil (*leasing*) que não sejam:

> Arrendamentos mercantis para explorar ou usar minério, petróleo, gás natural e recursos similares não regeneráveis; e

> Acordos de licenciamento para itens tais como fitas cinematográficas, registros de vídeo, peças de teatro, manuscritos, patentes e direitos autorais (***copyrights***).

Este Pronunciamento, entretanto, **não deve** ser aplicado como base de mensuração para:

> Propriedade detida por arrendatário que seja contabilizada como **propriedade de investimento**;

> **Propriedade de investimento** fornecida pelos arrendadores sob a forma de arrendamentos mercantis operacionais;

> **Ativos biológicos** dentro do alcance do Pronunciamento Técnico CPC 29 – Ativo Biológico e Produto Agrícola detidos por arrendatários sob a forma de arrendamentos mercantis financeiros; ou

> Ativos biológicos dentro do alcance do Pronunciamento Técnico CPC 29 fornecidos por arrendadores sob a forma de arrendamentos mercantis operacionais.

O CPC 06 aplica-se a acordos que transfiram o direito de usar Ativos mesmo que existam serviços substanciais relativos ao funcionamento ou à manutenção de tais Ativos prestados pelos arrendadores. Este Pronunciamento **não** se aplica a acordos que sejam contratos de serviço que não transfiram o direito de usar os Ativos de uma parte contratante para a outra.

11.3 Classificação

A classificação de arrendamentos mercantis é baseada na extensão em que os riscos e benefícios inerentes à propriedade de Ativo arrendado permanecem no arrendador ou no arrendatário.

Os **riscos** incluem as possibilidades de perdas devidas à capacidade ociosa ou obsolescência tecnológica e de variações no retorno em função de alterações nas condições econômicas.

Os **benefícios** podem ser representados pela expectativa de operações lucrativas durante a vida econômica do Ativo e de ganhos derivados de aumentos de valor ou de realização do valor residual.

A classificação de um arrendamento mercantil como arrendamento mercantil financeiro ou arrendamento mercantil operacional depende da essência da transação e não da forma do contrato.

Arrendamento Financeiro	≠	Arrendamento Operacional
HÁ transferência substancial dos riscos e benefícios		NÃO HÁ transferência substancial dos riscos e benefícios
Essência de uma compra financiada		Essência de um aluguel

11.4 Início do Arrendamento Mercantil

É a mais antiga entre a data do acordo de arrendamento mercantil e a data de um compromisso assumido pelas partes quanto às principais disposições do arrendamento mercantil.

Nessa data:

(a) um arrendamento mercantil deve ser classificado como arrendamento mercantil financeiro ou arrendamento mercantil operacional; e

(b) no caso de arrendamento mercantil financeiro, as quantias a reconhecer no começo do prazo do arrendamento mercantil são determinadas.

11.5 Começo do Prazo do Arrendamento Mercantil

É a data a partir da qual o arrendatário passa a poder exercer o seu direito de usar o Ativo arrendado. É a data do reconhecimento inicial do arrendamento mercantil (isto é reconhecimento dos Ativos, Passivos, receita ou despesas resultantes do arrendamento mercantil, conforme for apropriado).

11.6 Prazo do Arrendamento Mercantil

É o período não cancelável pelo qual o arrendatário contratou o arrendamento mercantil do Ativo juntamente com quaisquer prazos adicionais pelos quais o arrendatário tem a opção de continuar a arrendar o Ativo, com ou sem pagamento adicional, quando no início do arrendamento mercantil for razoavelmente certo que o arrendatário exercerá a opção.

11.7 Pagamentos Mínimos do Arrendamento Mercantil

São os pagamentos durante o prazo do arrendamento mercantil que o arrendatário está ou possa vir a ser obrigado a fazer, excluindo pagamento contingente, custos relativos a serviços e impostos a serem pagos pelo arrendador e a ele serem reembolsados, juntamente com:

> Para o arrendatário, quaisquer quantias garantidas pelo arrendatário ou por parte relacionada a ele; ou

> Para o arrendador, qualquer valor residual garantido ao arrendador:

  » pelo arrendatário;

  » por parte relacionada com o arrendatário; ou

  » por terceiro não relacionado com o arrendador que seja financeiramente capaz de dar cumprimento às obrigações segundo a garantia.

Contudo, se o arrendatário tiver a opção de comprar o Ativo por um preço que se espera seja suficientemente mais baixo do que o valor justo na data em que a opção se torne exercível, para que, no início do arrendamento mercantil, seja razoavelmente certo que a opção será exercida, os pagamentos mínimos do arrendamento mercantil compreendem os pagamentos mínimos a serem feitos durante o prazo do arrendamento mercantil até à data esperada do exercício dessa opção de compra e o pagamento necessário para exercê-la.

11.8 Arrendamento Mercantil Financeiro

As transações e outros eventos devem ser contabilizados e apresentados de acordo com a sua essência e realidade financeira, e não meramente com a sua forma legal. Embora a forma legal de um acordo de arrendamento mercantil seja a de que o arrendatário possa não adquirir a propriedade legal do Ativo arrendado, no caso dos arrendamentos mercantis financeiros, a essência e a realidade financeira são tais que o arrendatário adquire os benefícios econômicos do uso do Ativo arrendado durante a maior parte da sua vida econômica em troca da obrigação de pagar por tal direito uma quantia que se aproxima, no início do arrendamento mercantil, do valor justo do Ativo e do respectivo encargo financeiro.

A classificação de um arrendamento mercantil como arrendamento mercantil financeiro ou arrendamento mercantil operacional **depende da essência da transação e não da forma do contrato**. Exemplos de situações que individualmente ou em conjunto levariam normalmente a que um arrendamento mercantil fosse classificado como arrendamento mercantil financeiro são:

> Arrendamento mercantil transfere a propriedade do Ativo para o arrendatário no fim do prazo do arrendamento mercantil;

> O arrendatário tem a opção de comprar o Ativo por um preço que se espera seja suficientemente mais baixo do que o valor justo à data em que a opção se torne exercível de forma que, no início do arrendamento mercantil, seja razoavelmente certo que a opção será exercida.

> O prazo do arrendamento mercantil refere-se à maior parte da vida econômica do Ativo, mesmo que a propriedade não seja transferida.

> No início do arrendamento mercantil, o valor presente dos pagamentos mínimos do arrendamento mercantil totaliza pelo menos substancialmente todo o valor justo do Ativo arrendado; e

> Os Ativos arrendados são de natureza especializada de tal forma que apenas o arrendatário pode usá-los sem grandes modificações.

Os indicadores de situações que, individualmente ou em combinação, também podem levar a que um arrendamento mercantil seja classificado como arrendamento mercantil financeiro são:

> Se o arrendatário puder cancelar o arrendamento mercantil, as perdas do arrendador associadas ao cancelamento são suportadas pelo arrendatário;

> Os ganhos ou as perdas da flutuação no valor justo do valor residual são atribuídos ao arrendatário (por exemplo, na forma de abatimento que equalize a maior parte do valor da venda no fim do arrendamento mercantil); e

> O arrendatário tem a capacidade de continuar o arrendamento mercantil por um período adicional com pagamentos que sejam substancialmente inferiores ao valor de mercado.

A classificação do arrendamento mercantil deve ser feita no início do arrendamento mercantil. Se em qualquer momento o arrendatário e o arrendador concordarem em modificar as disposições do arrendamento mercantil, exceto por renovação do contrato, de tal maneira que resulte em uma classificação diferente, o acordo revisto é considerado como um novo acordo durante o seu prazo.

Quando o arrendamento mercantil contempla tanto terreno quanto edifícios, a entidade deve avaliar individualmente cada elemento objeto do contrato de arrendamento para fins de classificação e enquadramento como arrendamento operacional ou financeiro. Ao julgar se um dos elementos objeto do contrato é um arrendamento operacional ou financeiro, um aspecto importante a ser considerado é o fato de que o terreno, em regra, apresenta uma vida útil econômica indefinida. Por isso, pode ser mais adequado classificar seu arrendamento como operacional.

Para classificar e contabilizar um arrendamento mercantil de terreno e edifícios, os pagamentos mínimos do arrendamento mercantil (incluindo qualquer pagamento inicial, antecipado), sempre que for necessário, devem ser alocados no início do período do arrendamento mercantil entre os elementos terreno e edifícios na proporção dos valores justos relativos das participações no terreno e nas edificações objeto do arrendamento no início do arrendamento mercantil. Se os pagamentos do arrendamento mercantil não puderem ser alocados com confiabilidade entre esses dois elementos, a totalidade do arrendamento mercantil deve ser classificada como arrendamento mercantil financeiro, a não ser que esteja claro que ambos os elementos são arrendamentos mercantis operacionais, em cujo caso a totalidade do arrendamento mercantil deve ser classificada como arrendamento mercantil operacional.

A mensuração separada dos elementos terreno e edifícios não é exigida quando os interesses do arrendatário, tanto com o terreno quanto com os edifícios, forem classificados como propriedade de investimento, de acordo com o Pronunciamento Técnico CPC 28 – Propriedade para Investimento, e for adotado o modelo do valor justo. São necessários cálculos pormenorizados para essa avaliação apenas se a classificação de um ou de ambos os elementos for incerta.

11.9 Arrendamento Mercantil nas Demonstrações Contábeis

11.9.1 Arrendamento Mercantil Financeiro

Arrendatário

Reconhecimento inicial

No começo do prazo de arrendamento mercantil, os arrendatários devem reconhecer, em contas específicas, os arrendamentos mercantis financeiros como Ativos e Passivos nos seus balanços por quantias iguais ao valor justo da propriedade arrendada ou, se inferior, ao valor presente dos pagamentos mínimos do arrendamento mercantil, cada um determinado no início do arrendamento mercantil.

No começo do prazo de arrendamento mercantil, o arrendatário deve reconhecer, em contas específicas, os arrendamentos finaceiros como ATIVOS E PASSIVOS SIMULTANEAMENTE	MENOR	VALOR JUSTO da propriedade arrendada
		VALOR PRESENTE dos pagamentos mínimos do arrendamento mercantil

A taxa de desconto a ser utilizada no cálculo do valor presente dos pagamentos mínimos do arrendamento mercantil deve ser a taxa de juros implícita no arrendamento mercantil, se for praticável determinar essa taxa; se não for, deve ser usada a taxa incremental de financiamento do arrendatário. Quaisquer custos diretos iniciais do arrendatário devem ser adicionados à quantia reconhecida como Ativo.

Mensuração Subsequente

Os pagamentos mínimos do arrendamento mercantil devem ser segregados entre encargo financeiro e redução do Passivo em aberto. O encargo financeiro deve ser apropriado a cada período durante o prazo do arrendamento mercantil de forma a produzir uma taxa de juros periódica constante sobre o saldo remanescente do Passivo. Os pagamentos contingentes devem ser contabilizados como despesa nos períodos em que são incorridos.

Um arrendamento mercantil financeiro dá origem a uma despesa de depreciação (amortização) relativa a Ativos depreciáveis (amortizáveis), assim como uma despesa financeira para cada período contábil.

O valor depreciável de um Ativo arrendado deve ser alocado a cada período contábil durante o período de uso esperado em base sistemática consistente com a política de depreciação que o arrendatário adote para os Ativos depreciáveis de que seja proprietário. Se houver certeza razoável de que o arrendatário virá a obter a propriedade no fim do prazo do arrendamento mercantil, o período de uso esperado é a vida útil do Ativo; caso contrário, o Ativo deve ser depreciado durante o prazo do arrendamento mercantil ou da sua vida útil, dos dois o menor.

Divulgação

Os arrendatários, além de cumprirem os requisitos do Pronunciamento Técnico CPC 40 – Instrumentos Financeiros: Evidenciação, devem fazer as seguintes divulgações para os arrendamentos mercantis financeiros:

- Para cada categoria de Ativo, valor contábil líquido ao final do período;
- Conciliação entre o total dos futuros pagamentos mínimos do arrendamento mercantil ao final do período e o seu valor presente. Além disso, a entidade deve divulgar o total dos futuros pagamentos mínimos do arrendamento mercantil ao final do período, e o seu valor presente, para cada um dos seguintes períodos:
  - até um ano;
  - mais de um ano e até cinco anos;
  - mais de cinco anos.
- Pagamentos contingentes reconhecidos como despesa durante o período;
- Valor, no final do período, referente ao total dos futuros pagamentos mínimos de subarrendamento mercantil que se espera sejam recebidos nos subarrendamentos mercantis não canceláveis;
- Descrição geral dos acordos materiais de arrendamento mercantil do arrendatário incluindo, mas não se limitando ao seguinte:
  - base pela qual é determinado o pagamento contingente a efetuar;

» existência e condições de opções de renovação ou de compra e cláusulas de reajustamento; e

» restrições impostas por acordos de arrendamento mercantil, tais como as relativas a dividendos e juros sobre o capital próprio, dívida adicional e posterior arrendamento mercantil.

11.9.2 Arrendatário

Reconhecimento Inicial

D- Bem (imobilizado)	30.000
D- Juros Passivos a Transcorrer	3.900
D- Juros Passivos a Transcorrer de LP	8.790,76
C- Arrendamento Mercantil Financeiro a Pagar	8.500
C- Arrendamento Mercantil Financeiro a Pagar de LP	34.190,76 (incluso o valor residual)

	SD. INICIAL	JUROS (% x Sd. inicial)	VR. INICIAL + JUROS	PAGAMENTO (parcela)	SALDO Sd. final
1	30.000	3.900	33.900	8500	25.400
2	25.400	3.302	28.702	8.500	20.202
3	20.202	2.626,26	22.828,26	8.500	14.328,26
4	14.328,26	1.862,67	16.190,93	8.500	7.690,93
5	7.690,93	999,82	8.690,76	8.500	190,76

ATIVO		PASSIVO CIRCULANTE	
Bem (imobilizado)	30.000	Arrendamento Mercantil Financeiro a Pagar	8.500
		Juros Passivos a Transcorrer	(3.900)
		PASSIVO NÃO CIRCULANTE	
		Arrendamento Mercantil Financeiro a Pagar LP	34.190,76
		Juros Passivos a Transcorrer LP	(8.790,76)
TOTAL	30.000	TOTAL	30.000

Mensuração Subsequente/ ANO 1

O encargo financeiro deve ser apropriado a cada período durante o prazo do arrendamento mercantil, originando uma despesa financeira.

D- Juros Passivos	
C- Juros Passivos a Transcorrer	3.900

Um arrendamento mercantil financeiro dá origem a uma despesa de depreciação relativa a Ativos depreciáveis.

D- Despesa com Depreciação	
C- Depreciação Acumulada	6.000 (30.000/5)

Pagamentos anuais:	
D- Financiamento	
C- Caixa	8.500

11.9.3 Arrendador

Reconhecimento Inicial

Os arrendadores devem reconhecer os Ativos mantidos por arrendamento mercantil financeiro nos seus balanços e apresentá-los como **conta a receber por valor igual ao investimento líquido** no arrendamento mercantil.

Em um arrendamento mercantil financeiro, substancialmente todos os riscos e benefícios inerentes à propriedade legal são transferidos pelo arrendador e, portanto, os pagamentos do arrendamento mercantil a serem recebidos são tratados pelo arrendador como amortização de capital e receita financeira para reembolsá-lo e recompensá-lo pelo investimento e serviços.

Os custos diretos iniciais são muitas vezes incorridos por parte dos arrendadores e incluem valores como comissões, honorários legais e custos internos que sejam incrementais e diretamente atribuíveis à negociação e estruturação do arrendamento mercantil. Esses custos excluem gastos gerais como aqueles que são incorridos por equipe de vendas e marketing.

Para arrendamentos mercantis financeiros que não sejam os que envolvem arrendadores fabricantes ou comerciantes (quando isso for permitido legalmente), os custos diretos iniciais devem ser incluídos na mensuração inicial da conta a receber de arrendamento mercantil financeiro e reduzem o valor da receita reconhecida durante o prazo do arrendamento mercantil. A taxa de juros implícita no arrendamento mercantil deve ser definida de tal forma que os custos diretos iniciais sejam automaticamente incluídos na conta a receber de arrendamento mercantil financeiro e não haja necessidade de adicioná-los separadamente. Os custos incorridos pelos arrendadores fabricantes ou comerciantes relacionados com a negociação e a estruturação de um arrendamento mercantil estão excluídos da definição de custos diretos iniciais. Como resultado, os referidos custos devem ser excluídos do investimento líquido no arrendamento mercantil e devem ser reconhecidos como despesa quando o lucro da venda for reconhecido. Normalmente, em um arrendamento mercantil financeiro, esse lucro é reconhecido no começo do prazo do arrendamento mercantil.

Mensuração Subsequente

O reconhecimento da receita financeira deve basear-se no padrão que reflita a taxa de retorno periódica constante sobre o investimento líquido do arrendador no arrendamento mercantil financeiro.

Um arrendador tem como meta apropriar a receita financeira durante o prazo do arrendamento mercantil em base sistemática e racional. Essa apropriação da receita baseia-se no padrão que reflete o retorno periódico constante sobre o investimento líquido do arrendador no arrendamento mercantil financeiro. Os pagamentos do arrendamento mercantil relacionados ao período, excluindo custos de serviços, devem ser aplicados ao investimento bruto no arrendamento mercantil para reduzir tanto o principal quanto as receitas financeiras não realizadas.

Os arrendadores fabricantes ou comerciantes devem reconhecer lucro ou prejuízo de venda no período, de acordo com a política seguida pela entidade para vendas definitivas.

Os fabricantes ou comerciantes, quando legalmente permitido, oferecem muitas vezes a clientes a escolha entre comprar ou arrendar um Ativo. Um arrendamento mercantil financeiro de Ativo por arrendador fabricante ou comerciante dá origem a:

> Lucro ou prejuízo equivalente ao lucro ou prejuízo resultante de uma venda definitiva do Ativo objeto do arrendamento mercantil a preços de venda normais praticados, refletindo quaisquer descontos aplicáveis por quantidade ou por motivos comerciais; e

> Receita financeira durante o prazo do arrendamento mercantil.

A receita de vendas reconhecida no começo do prazo do arrendamento mercantil por arrendador fabricante ou comerciante é o valor justo do Ativo, ou, se inferior, o valor presente dos pagamentos mínimos do arrendamento mercantil devidos ao arrendador, calculado a uma taxa de juros do mercado. O custo de venda reconhecido no começo do prazo do arrendamento mercantil é o custo, ou o valor contábil se diferente, da propriedade arrendada menos o valor presente do valor residual não garantido. A diferença entre a receita da venda e o custo de venda é o lucro bruto da venda, que deve ser reconhecido de acordo com a política seguida pela entidade para as vendas definitivas.

Divulgação

Os arrendadores, além de cumprir os requisitos do Pronunciamento Técnico CPC 40 – Instrumentos Financeiros: Evidenciação, devem fazer as seguintes divulgações para os arrendamentos mercantis financeiros:

> Conciliação entre o investimento bruto no arrendamento mercantil no final do período e o valor presente dos pagamentos mínimos do arrendamento mercantil a receber nessa mesma data. Além disso, a entidade deve divulgar o investimento bruto no arrendamento mercantil e o valor presente dos pagamentos mínimos do arrendamento mercantil a receber no final do período, para cada um dos seguintes períodos:
>
> » até um ano;
>
> » mais de um ano e até cinco anos;
>
> » mais de cinco anos;

> Receita financeira não realizada;

> Valores residuais não garantidos que resultem em benefício do arrendador;

> Provisão para pagamentos mínimos incobráveis do arrendamento mercantil a receber;

> Pagamentos contingentes reconhecidos como receita durante o período;

> Descrição geral dos acordos materiais de arrendamento mercantil do arrendador.

12. ARRENDAMENTO OPERACIONAL

12.1 Arrendatário

Os pagamentos da prestação do arrendamento mercantil segundo um arrendamento mercantil operacional devem ser reconhecidos como despesa na base da linha reta durante o prazo do arrendamento mercantil, exceto se outra base sistemática for mais representativa do padrão temporal do benefício do usuário.

Divulgação

Os arrendatários, além de cumprir os requisitos do Pronunciamento Técnico CPC 40 – Instrumentos Financeiros: Evidenciação, devem fazer as seguintes divulgações relativas aos arrendamentos mercantis operacionais:

> Total dos pagamentos mínimos futuros dos arrendamentos mercantis operacionais não canceláveis para cada um dos seguintes períodos:
>
> » até um ano;
>
> » mais de um ano e até cinco anos;
>
> » mais de cinco anos;

> Total dos pagamentos mínimos futuros de subarrendamento mercantil que se espera que sejam recebidos nos subarrendamentos mercantis não canceláveis ao final do período;

> Pagamentos de arrendamento mercantil e de subarrendamento mercantil reconhecidos como despesa do período, com valores separados para pagamentos mínimos de arrendamento mercantil, pagamentos contingentes e pagamentos de subarrendamento mercantil;

> Descrição geral dos acordos de arrendamento mercantil significativos do arrendatário, incluindo, mas não se limitando a, o seguinte:

(i) base pela qual é determinado o pagamento contingente;

(ii) existência e termos de renovação ou de opções de compra e cláusulas de reajustamento; e

(iii) restrições impostas por acordos de arrendamento mercantil, tais como as relativas a dividendos e juros sobre o capital próprio, dívida adicional e posterior arrendamento mercantil.

Ex.:

Bem arrendado – máquina;

Tipo de arrendamento – operacional;

Valor mensal do arrendamento: R$ 10.000,00.

Os pagamentos da prestação do arrendamento mercantil segundo um arrendamento mercantil operacional devem ser reconhecidos como despesa.

D- Despesa de Arrendamento Mercantil.	
C- Caixa ou Contas a Pagar	10.000.

12.2 Arrendador

Os arrendadores devem apresentar os Ativos sujeitos a arrendamentos mercantis operacionais nos seus balanços de acordo com a natureza do Ativo.

A receita de arrendamento mercantil proveniente de arrendamentos mercantis operacionais deve ser reconhecida no resultado na base da linha reta durante o prazo do arrendamento mercantil, a menos que outra base sistemática seja mais representativa do padrão temporal em que o benefício do uso do Ativo arrendado é diminuído.

Os custos diretos iniciais incorridos pelos arrendadores quando da negociação e estruturação de um arrendamento mercantil operacional devem ser adicionados ao valor contábil do Ativo arrendado e devem ser reconhecidos como despesa durante o prazo do arrendamento mercantil na mesma base da receita do arrendamento mercantil.

O arrendador fabricante ou o comerciante não devem reconhecer qualquer lucro da venda ao celebrar um arrendamento mercantil operacional porque não é o equivalente a uma venda.

Divulgação

Os arrendadores, além de cumprir os requisitos do Pronunciamento Técnico CPC 40 – Instrumentos Financeiros: Evidenciação, devem fazer as seguintes divulgações para os arrendametos mercantis operacionais:

> Pagamentos mínimos futuros de arrendamentos mercantis operacionais não canceláveis no total e para cada um dos seguintes períodos:
  » até um ano;
  » mais de um ano e até cinco anos;
  » mais de cinco anos;
  » total dos pagamentos contingentes reconhecidos como receita durante o período;
  » descrição geral dos acordos de arrendamento mercantil do arrendador.

Ex.:

Bem arrendado – máquina;

Tipo de arrendamento – operacional;

Valor mensal do arrendamento: R$ 10.000,00.

A receita de arrendamento mercantil proveniente de arrendamentos mercantis operacionais deve ser reconhecida no resultado

D – Caixa ou Contas a Receber.	
C - Receita de Arrendamento Mercantil	10.000.

13. TRANSAÇÃO DE VENDA E *LEASEBACK*

Uma transação de venda e *leaseback* (retroarrendamento pelo vendedor junto ao comprador) envolve a venda de um Ativo e o concomitante arrendamento mercantil do mesmo Ativo pelo comprador ao vendedor. O pagamento do arrendamento mercantil e o preço de venda são geralmente interdependentes por serem negociados como um pacote. O tratamento contábil de uma transação de venda e leaseback depende do tipo de arrendamento mercantil envolvido.

***Leaseback* é um arrendamento mercantil financeiro**

Se uma transação de venda e ***leaseback* resultarem em arrendamento mercantil financeiro**, qualquer excesso de receita de venda obtido acima do valor contábil **não** deve ser imediatamente reconhecido como **receita** por um vendedor arrendatário. Em vez disso, tal valor deve ser **diferido** e **amortizado** durante o prazo do arrendamento mercantil.

Se o *leaseback* for um arrendamento mercantil financeiro, a transação é um meio pelo qual o arrendador financia o arrendatário, com o Ativo como garantia. Por essa razão, não é apropriado considerar como receita um excedente do preço de venda obtido sobre o valor contábil. Tal excedente deve ser diferido e amortizado durante o prazo do arrendamento mercantil.

Ex.:

Máquina	1.800,00.
Depreciação Acumulada	(800,00).
Valor contábil	1.000,00.

Leaseback que resultou em arrendamento financeiro.

PV = R$ 1.600,00.

D- Contas a Receber	1.600,00.
D- Depreciação Acumulada	800,00.
C- Máquinas	1.800,00.
C- Receita a Apropriar	600,00.

Receita a apropriar = retificadora de contas a receber.

Leaseback é um arrendamento mercantil *operacional*

Se uma transação de venda e ***leaseback* resultar em arrendamento mercantil operacion**al, e se estiver claro que a transação é estabelecida pelo **valor justo**, qualquer **lucro ou prejuízo** deve ser **imediatamente reconhecido**.

Ex.:

Imóvel com valor contábil de R$ 10.000,00.

PV = Valor Justo = R$ 12.000,00.	
D- Contas a Receber	12.000,00.
C- Imóvel	10.000,00.
C- Receita de Arrendamento Mercantil	2.000,00.

E se a transação não for estabelecida pelo valor justo?

Temos duas situações:

1ª situação: preço de venda abaixo do valor justo: qualquer lucro ou prejuízo deve ser imediatamente reconhecido, exceto se o prejuízo for compensado por futuros pagamentos do arrendamento mercantil a preço inferior ao de mercado, situação em que esse prejuízo deve ser diferido e amortizado proporcionalmente aos pagamentos do arrendamento mercantil durante o período pelo qual se espera que o Ativo seja usado.

2ª situação: preço de venda acima do valor justo: o excedente sobre o valor justo deve ser diferido e amortizado durante o período pelo qual se espera que o Ativo seja usado.

Resumo

	Arrendamento Financeiro	Arrendamento Operacional
Transferência dos riscos e benefícios do bem	Deve haver	Não pode haver
Reconhecimento no arrendatário	Bem no Ativo e dívida no Passivo, mais despesas de juros.	Despesa de arrendamento
Reconhecimento no arrendador	Conta a receber no Ativo e receita de juros	Bem no Ativo, e receita de arrendamento
Depreciação	Arrendatário	Arrendador
Recuperabilidade	Arrendatário	Arrendador

Questões

01. (FCC - 2019) Um contrato de arrendamento foi realizado por uma empresa para a utilização de um equipamento industrial. O contrato será pago em 36 parcelas mensais de R$ 32.135,00 e uma parcela adicional no valor de R$ 100.000,00 que deverá ser paga juntamente com a 36ª parcela mensal. As demais informações sobre o contrato são as seguintes:

- Data do contrato: 01/12/2018
- Taxa implícita de juros do contrato: 1,2% ao mês
- Valor presente das parcelas em 01/12/2018: R$ 1.000.000,00
- Vida útil do equipamento para a empresa: 7 anos
- Valor residual esperado de venda do equipamento pela empresa: R$ 328.000,00

O valor total das despesas que afetaram o resultado de dezembro de 2018, decorrentes do contrato de arrendamento citado foi, em reais, de 20.000,00.

Certo ( ) Errado ( )

02. (FCC - 2019) Uma empresa obteve um equipamento industrial por meio de um contrato de arrendamento. O contrato foi realizado em 31/12/2016, o prazo total é de 8 anos e a empresa pagará 8 parcelas anuais de R$ 502.403,29, vencendo-se a primeira parcela em 31/12/2017. O valor presente das parcelas do contrato, na data de início do arrendamento, era R$ 3.000.000,00 e foi calculado com a taxa implícita de juros do contrato que era 7% ao ano.

No final do prazo do contrato o equipamento será transferido gratuitamente para a empresa que pretende ficar com o mesmo após este prazo. Sabendo-se que a empresa estimou a vida útil para o equipamento em 10 anos e o valor residual esperado em R$ 480.000,00, a despesa total reconhecida na Demonstração do Resultado de 2017, decorrente da operação de arrendamento realizada foi, em reais, de 462.000 00.

Certo ( ) Errado ( )

03. (FCC – 2019) Em 30/11/2017, a Cia. Segura adquiriu um caminhão por meio de um contrato de arrendamento mercantil. O contrato estabelecia o pagamento de 36 prestações mensais, iguais e consecutivas no valor de R$ 8.000,00 cada, vencendo a primeira prestação em 31/12/2017. O valor presente das prestações, na data de início do contrato, era R$ 245.000,00 (igual ao valor justo do caminhão nessa data) e a taxa de juros implícita na operação era 0,9% ao mês. A vida útil estimada do caminhão na data de aquisição foi 6 anos e o valor residual estimado pela empresa foi R$ 29.000,00. A empresa adota o método das quotas constantes para a despesa de depreciação e pretende ficar com o caminhão no final do prazo do arrendamento.

A Cia. Segura reconheceu, em 30/11/2017, um passivo no valor líquido de R$ 245.000,00 e despesa financeira no valor de R$ 2.205,00, no mês de dezembro de 2017.

Certo ( ) Errado ( )

04. (FCC - 2018) Uma empresa realizou, em 31/12/2016, um contrato de arrendamento mercantil de um equipamento industrial. O contrato tem prazo de 8 anos, a empresa pagará 8 parcelas anuais de R$ 837.338,81, vencendo-se a primeira parcela em 31/12/2017, e a taxa implícita de juros no contrato é 7% ao ano. O valor presente das parcelas do contrato, na data de início do arrendamento, era R$ 5.000.000,00 (igual ao valor justo do equipamento) e a empresa pretende ficar com o equipamento após o término do contrato. A vida útil estimada para o equipamento é 10 anos e o valor residual esperado é R$ 800.000,00. Com base nestas informações, a despesa total reconhecida na Demonstração do Resultado de 2017, decorrente da operação de arrendamento mercantil realizada foi, em reais, de 770.000,00.

Certo ( ) Errado ( )

05. (FCC - 2018) A empresa Não Compro Nada S.A. realizou um contrato de arrendamento mercantil financeiro para a aquisição de um caminhão. O contrato será pago em 36 parcelas mensais de R$ 16.067,50 e uma parcela adicional no valor de R$ 50.000,00 que deverá ser paga juntamente com a 24ª parcela mensal. As demais informações sobre o contrato são as seguintes:

- Data do contrato: 01/12/2016
- Taxa implícita de juros do contrato: 1,2% ao mê
- Valor presente das parcelas em 01/12/2016: R$ 500.000,00
- Valor justo do caminhão em 01/12/2016: R$ 550.000,00
- Vida útil do caminhão para a empresa: 7 anos
- Valor residual esperado de venda do caminhão: R$ 164.000,00

O valor total das despesas que afetaram o resultado de dezembro de 2016, decorrentes do contrato de arrendamento mercantil financeiro citado foi, em reais, de 10.000,00.

Certo ( ) Errado ( )

Gabaritos

01	CERTO
02	CERTO
03	CERTO
04	CERTO
05	CERTO

14. CPC 07 (R1) - SUBVENÇÃO E ASSISTÊNCIA GOVERNAMENTAIS

14.1 Definição

Subvenção governamental é uma assistência governamental, geralmente na forma de contribuição de natureza pecuniária, mas não só restrita a ela, concedida a uma entidade normalmente em troca do cumprimento passado ou futuro de certas condições relacionadas às atividades operacionais da entidade. Não são subvenções governamentais aquelas que não podem ser razoavelmente quantificadas em dinheiro e as transações com o governo que não podem ser distinguidas das transações comerciais normais da entidade.

Assistência governamental é a ação de um governo destinada a fornecer benefício econômico específico a uma entidade ou a um grupo de entidades que atendam a critérios estabelecidos. Não inclui os benefícios proporcionados única e indiretamente por meio de ações que afetam as condições comerciais gerais, tais como o fornecimento de infraestruturas em áreas em desenvolvimento ou a imposição de restrições comerciais sobre concorrentes.

A assistência governamental é gênero de cuja subvenção governamental é espécie. A norma diz "*subvenção governamental é uma assistência governamental*".

Subvenções relacionadas a Ativos são subvenções governamentais cuja condição principal para que a entidade se qualifique é a de que ela compre, construa ou de outra forma adquira Ativos de longo prazo. Também podem ser incluídas condições acessórias que restrinjam o tipo ou a localização dos Ativos, ou os períodos durante os quais devem ser adquiridos ou mantidos.

Subvenções relacionadas a resultado são as outras subvenções governamentais que não aquelas relacionadas a Ativos.

A assistência governamental toma muitas formas, variando sua natureza ou condições. O propósito da assistência pode ser o de encorajar a entidade a seguir certo rumo que ela normalmente não teria tomado se a assistência não fosse proporcionada. **A contabilização deve sempre seguir a essência econômica**.

14.1.1 Reconhecimento

A subvenção governamental **não** deve ser reconhecida até que exista uma razoável segurança de que:

> A entidade cumprirá todas as condições estabelecidas e relacionadas à subvenção; e

> A subvenção será recebida.

A forma como a subvenção é recebida não influencia no método de contabilização a ser adotado. Assim, por exemplo, a contabilização deve ser a mesma independentemente de a subvenção ser recebida em dinheiro ou como redução de Passivo.

14.1.2 Contabilização

Uma subvenção governamental deve ser reconhecida como receita ao longo do período e confrontada com as despesas que pretende compensar, em base sistemática, desde que atendidas às condições deste Pronunciamento.

A subvenção governamental NÃO pode ser creditada diretamente no Patrimônio Líquido.

O tratamento contábil da subvenção governamental como receita deriva dos seguintes principais argumentos:

> Uma vez que a subvenção governamental é recebida de uma fonte que não os acionistas e deriva de ato de gestão em benefício da entidade, não deve ser creditada diretamente no Patrimônio Líquido, mas sim reconhecida como receita nos períodos apropriados;

> Subvenção governamental raramente é gratuita. A entidade ganha efetivamente essa receita quando cumpre as regras das subvenções e cumpre determinadas obrigações. A subvenção, dessa forma, deve ser reconhecida como receita na demonstração do resultado nos períodos ao longo dos quais a entidade reconhece os custos relacionados à subvenção que são objeto de compensação;

> Assim como os tributos são despesas reconhecidas na demonstração do resultado, é lógico registrar a subvenção governamental que é, em essência, uma extensão da política fiscal, como receita na demonstração do resultado.

Enquanto não atendidos os requisitos para reconhecimento da receita com subvenção na demonstração do resultado, a contrapartida da subvenção governamental registrada no Ativo deve ser feita em conta específica do **Passivo**.

Há situações em que é necessário que o valor da subvenção governamental não seja distribuído ou de qualquer forma repassado aos sócios ou acionistas, fazendo-se necessária a retenção, após trânsito pela demonstração do resultado, em conta apropriada de Patrimônio Líquido, para comprovação do atendimento dessa condição. Nessas situações, tal valor, após ter sido reconhecido na demonstração do resultado, pode ser creditado à reserva própria (reserva de incentivos fiscais), a partir da conta de lucros ou prejuízos acumulados.

LLE → Lucros Acumulados → Reserva de Lucro/ R. Incentivo Fiscal

É fundamental, pelo regime de competência, que a receita de subvenção governamental seja reconhecida em bases sistemáticas e racionais, ao longo do período necessário e confrontada com as despesas correspondentes. Assim, o reconhecimento da receita de subvenção governamental no momento de seu recebimento somente é admitido nos casos em que não há base de alocação da subvenção ao longo dos períodos beneficiados.

Na maioria dos casos, essa correlação pode ser feita, e a subvenção deve ser reconhecida em confronto com as despesas correspondentes. Semelhantemente, a subvenção relacionada a Ativo depreciável deve ser reconhecida como receita ao longo do período da vida útil do bem e na mesma proporção de sua depreciação.

Exemplificando: uma subvenção que transfira a propriedade definitiva de um terreno pode ter como condição a construção de uma planta industrial e deve ser apropriada como receita na mesma proporção da depreciação dessa planta.

Subvenção relacionada a Ativo não depreciável pode requerer o cumprimento de certas obrigações. O reconhecimento como receita deve então acompanhar a apropriação das despesas necessárias ao cumprimento das obrigações.

Uma subvenção governamental na forma de compensação por gastos ou perdas já incorridos ou para finalidade de dar suporte financeiro imediato à entidade sem qualquer despesa futura relacionada deve ser reconhecida como receita no período em que se tornar recebível.

> Subvenção relacionada a Ativo:
> Depreciável: reconhecer na mesma base da depreciação.
> Não depreciável: acompanhar a apropriação das despesas necessárias ao cumprimento das obrigações.
> Compensação por gastos ou perdas já incorridos ou para finalidade de dar suporte financeiro imediato sem qualquer despesa futura relacionada: receita no período em que se tornar recebível.

14.1.3 Ativo não Monetário Obtido como Subvenção Governamental

A subvenção governamental pode estar representada por Ativo não monetário, como terrenos e outros, para uso da entidade. Nessas circunstâncias, tanto esse Ativo quanto a subvenção governamental devem ser reconhecidos pelo seu valor justo. Apenas na impossibilidade de verificação desse valor justo é que o Ativo e a subvenção governamental podem ser registrados pelo valor nominal.

14.1.4 Apresentação da Subvenção no Balanço Patrimonial

A subvenção governamental relacionada a Ativos, incluindo aqueles Ativos não monetários mensurados ao valor justo, deve ser apresentada no balanço patrimonial de duas formas:

> Em conta de Passivo, como receita diferida; ou

> Deduzindo o valor contábil do Ativo relacionado.

Um dos métodos reconhece a subvenção governamental como receita diferida no Passivo, sendo reconhecida como receita em base sistemática e racional durante a vida útil do Ativo.

O outro método deduz a subvenção governamental do valor contábil do Ativo relacionado com a subvenção para se chegar ao valor escriturado líquido do Ativo, que pode ser nulo. A subvenção deve ser reconhecida como receita durante a vida do Ativo depreciável por meio de crédito à depreciação registrada como despesa no resultado.

Ex.:

A empresa Alfa recebeu uma subvenção do governo estadual na forma de um terreno no valor de R$ 100.000,00 para instalação de uma fábrica.

1º passo:

Reconhece um Passivo pela obrigação assumida em razão da subvenção recebida. Se a empresa não instalar o parque fabril, ela deverá devolver o terreno.

D - Terreno.	
C - Passivo - Doações e subvenções	100.000,00.

2º passo:

Vamos supor que a empresa tenha instalado o parque fabril. Após a instalação, a empresa cumpriu a condição necessária. O terreno agora pertence a ela. O valor da doação passa para receita diferida (já pertence à empresa, receita líquida e certa).

D - Passivo - Doações e subvenções.	
C - Receita diferida de Subvenção (**PNC**)	100.000,00.

São considerados aceitáveis dois métodos de apresentação, nas demonstrações contábeis, da subvenção (ou parte apropriada de subvenção) não vinculada a obrigações futuras, relacionada com Ativos.

Um dos métodos reconhece a subvenção governamental como receita diferida no Passivo (receita diferida = receita líquida e certa), sendo reconhecida como receita em base sistemática e racional durante a vida útil do Ativo.

ATIVO		PASSIVO NÃO CIRCULANTE	
Terreno	100.000	Receita Diferida de Subvenção	100.000

3º passo:

É fundamental, pelo regime de competência, que a receita de subvenção governamental seja reconhecida em bases sistemáticas e racionais, ao longo do período necessário e confrontada com as despesas correspondentes. A subvenção relacionada a Ativo depreciável deve ser reconhecida como receita ao longo do período da vida útil do bem e na mesma proporção de sua depreciação.

Obs.: deve-se considerar que o tempo de vida útil da unidade fabril é de 10 anos e que o valor da edificação é de R$ 300.000,00.

Pela depreciação da fábrica:	
D- Despesa com depreciação.	
C- Depreciação acumulada	30.000,00 (10% x 300.000).

Apropriação da receita:	
D- Receita Diferida de Subvenção.	
C- Receita de Subvenção	10.000,00 (10% x 100.000).

A subvenção é algumas vezes apresentada como crédito na demonstração do resultado, quer separadamente sob um título geral tal como "outras receitas", quer, alternativamente, como dedução da despesa relacionada. A subvenção por acréscimo de rendimento proporcionado ao empreendimento, ou por meio de redução de tributos ou outras despesas, deve ser registrada na demonstração do resultado no grupo de contas de acordo com a sua natureza.

4º passo:

Há situações em que é necessário que o valor da subvençao governamental não seja distribuído ou de qualquer forma repassado aos sócios ou acionistas, fazendo-se necessária a retenção, após trânsito pela demonstração do resultado, em conta apropriada de Patrimônio Líquido, para comprovação do atendimento dessa condição. Nessas situações, tal valor, após ter sido reconhecido na demonstração do resultado, pode ser creditado à reserva própria (reserva de incentivos fiscais), a partir da conta de lucros ou prejuízos acumulados.

> ***Lei 6.404/76, Art. 195 –A.*** *A assembleia geral poderá, por proposta dos órgãos de administração, destinar para a reserva de incentivos fiscais a parcela do lucro líquido decorrente de doações ou subvenções governamentais para investimentos, que* ***poderá ser excluída da base de cálculo do dividendo obrigatório****. (Grifo nosso)*
>
> ***Lei 12.973/14, Art. 30.*** *As subvenções para investimento, inclusive mediante isenção ou redução de impostos, concedidas como estímulo à implantação ou expansão de empreendimentos econômicos e as doações feitas pelo poder público não serão computadas na determinação do lucro real, desde que seja registrada em reserva de lucros a que se refere o art. 195-A da Lei nº 6.404, de 15 de dezembro de 1976, que somente poderá ser utilizada para:*
>
> ***I.*** *absorção de prejuízos, desde que anteriormente já tenham sido totalmente absorvidas as demais Reservas de Lucros, com exceção da Reserva Legal; ou*
>
> ***II.*** *aumento do capital social.*
>
> ***§ 1º*** *Na hipótese do inciso I do caput, a pessoa jurídica deverá recompor a reserva à medida que forem apurados lucros nos períodos subsequentes.*
>
> ***§ 2º*** *As doações e subvenções de que trata o caput serão tributadas caso não seja observado o disposto no § 1º ou seja dada destinação diversa da que está prevista no caput, inclusive nas hipóteses de:*
>
> ***I.*** *capitalização do valor e posterior restituição de capital aos sócios ou ao titular, mediante redução do capital social, hipótese em que a base para a incidência será o valor restituído, limitado ao valor total das exclusões decorrentes de doações ou subvenções governamentais para investimentos;*
>
> ***II.*** *restituição de capital aos sócios ou ao titular, mediante redução do capital social, nos 5 (cinco) anos anteriores à data da doação ou da subvenção, com posterior capitalização do valor da doação ou da subvenção, hipótese em que a base para a incidência será o valor restituído, limitada ao valor total das exclusões decorrentes de doações ou de subvenções governamentais para investimentos; ou*
>
> ***III.*** *integração à base de cálculo dos dividendos obrigatórios.*

Receita Diferida R$ 100.000,00 | → | Receita R$ 10.000,00 | → | Compõe o LLE

Lucro Acumulado | → | Reserva de Incentivo Fiscal R$ 10.000,00

D- Lucros Acumulados.	
C- Reserva de Incentivo Fiscal	R$ 10.000,00.

RESUMO

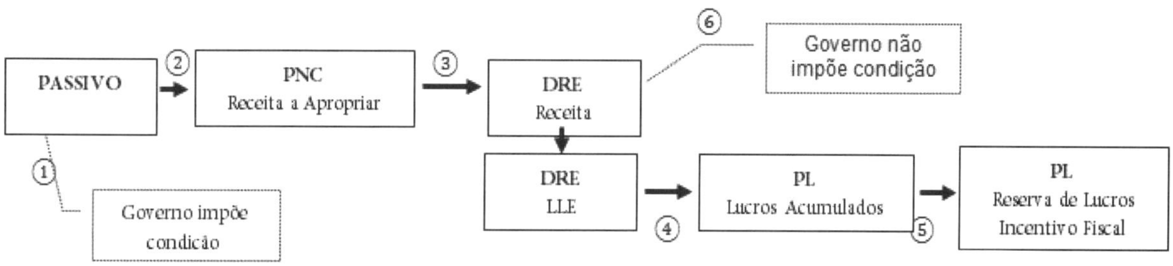

DOAÇÕES E SUBVENÇÕES GOVERNAMENTAIS - CONTABILIZAÇÃO	
Governo impõe condição	Governo NÃO impõe condição
1 Governo impõe condição: D - Bem. C - Passivo - Doações e subvenções. 2 Condição é cumprida: D - Passivo - Doações e subvenções. C - Receita diferida (PNC). 3 **Apropriação da receita** = regime de competência: D- Receita Diferida de Subvenção. C- Receita de Subvenção. 4 Após apuração do resultado: D- Resultado do Exercício. C- Lucros Acumulados. 5 Destinação do LLE: D- Lucros Acumulados. C- Reserva de Incentivo Fiscal.	6 Governo não impõe condição: D- Bem. C- Receita de Subvenção. 7 Após apuração do resultado: D- Resultado do Exercício. C- Lucros Acumulados. 8 Destinação do LLE: D- Lucros Acumulados. C- Reserva de Incentivo Fiscal.

> 6 - O reconhecimento da receita de subvenção governamental no momento de seu recebimento somente é admitido nos casos em que não há base de alocação da subvenção ao longo dos períodos beneficiados.

Ex.:

A empresa Alfa recebeu uma subvenção do governo estadual na forma de um terreno no valor de R$ 100.000, para instalação de uma fábrica.

1º passo:

Reconhece um Passivo pela obrigação assumida em razão da subvenção recebida. Se a empresa não instalar o parque fabril, ela deverá devolver o terreno.

D – Terreno.	
C - Passivo - Doações e subvenções	100.000,00.

2º passo:

Imaginemos que a empresa tenha instalado o parque fabril. Após a instalação, a empresa cumpriu a condição necessária. O terreno agora pertence a ela. O valor da doação passa para receita diferida (já pertence à empresa, receita líquida e certa).

D - Passivo - Doações e subvenções.	
C- Receita Diferida de Subvenção (ANC)	100.000,00.

São considerados aceitáveis dois métodos de apresentação, nas demonstrações contábeis, da subvenção (ou parte apropriada de subvenção) **não vinculada a obrigações futuras**, relacionada com Ativos.

O outro método deduz a subvenção governamental do valor contábil do Ativo relacionado com a subvenção para se chegar ao valor escriturado líquido do Ativo, que pode ser nulo. A subvenção deve ser reconhecida como **receita durante a vida do Ativo depreciável por meio de crédito à depreciação registrada como despesa no resultado**.

ATIVO	
Terreno	100.000
Receita Diferida de Subvenção	(100.000)

3º passo:

Consideremos que o valor da edificação construída sobre o terreno é de R$ 300.000,00.

A subvenção deve ser reconhecida como receita durante a vida do Ativo depreciável por meio de crédito à depreciação registrada como despesa no resultado.

Pela depreciação da fábrica:	
D- Despesa com depreciação.	
C- Depreciação acumulada	30.000,00.

D- Receita Diferida de Subvenção (ANC).	
C- Despesa com depreciação	10.000,00.

14.2 Perda da Subvenção Governamental

Uma subvenção governamental que tenha que ser devolvida deve ser contabilizada como revisão de estimativa contábil (ver Pronunciamento Técnico CPC 23 – Políticas Contábeis, Mudança de Estimativa e Retificação de Erro).

O reembolso deve ser aplicado em primeiro lugar contra qualquer crédito diferido não amortizado relacionado à subvenção.

D- Receita diferida de Subvenção (**PNC**).

C- Caixa.

Na medida em que o reembolso exceda tal crédito diferido, ou quando não exista crédito diferido, o reembolso deve ser reconhecido imediatamente como despesa.

D- Despesa com Reembolso de Subvenção.

C- Caixa.

O reembolso de subvenção relacionada a Ativo (Ativo é devolvido) deve ser registrado aumentando o valor escriturado do Ativo ou reduzindo o saldo da receita diferida pelo montante reembolsável. A depreciação adicional acumulada que deveria ter sido reconhecida até a data como despesa na ausência da subvenção deve ser imediatamente reconhecida como despesa.

D- Receita diferida de Subvenção (PNC).

D- Despesa com perda de subvenção (perda do que já havia sido amortizado).

C- Bem (devolvido).

Ou

D- Receita diferida de Subvenção (PNC).

C- Devolução de Subvenção a pagar.

Questões

01. (FCC – 2018) Uma subvenção governamental recebida deve ser reconhecida diretamente no patrimônio líquido, desde que não haja obrigações a serem cumpridas pela entidade.

Certo ( ) Errado ( )

02. (FCC – 2018) Subvenção relacionada a ativo depreciável deve ser reconhecida como receita ao longo do período da vida útil do bem e na mesma proporção de sua depreciação.

Certo ( ) Errado ( )

03. (FCC – 2018) Caso uma subvenção governamental não possa ser distribuída aos acionistas, ela deve ser reconhecida diretamente na conta Reserva de Incentivos Fiscais, no Patrimônio Líquido.

Certo ( ) Errado ( )

04. (FCC – 2018) A subvenção governamental relacionada a ativos não monetários e com obrigações a serem cumpridas deve ser apresentada no balanço patrimonial em conta de passivo, como receita diferida, ou deduzindo o valor contábil do ativo relacionado.

Certo ( ) Errado ( )

Gabaritos

01	CERTO
02	CERTO
03	ERRADO
04	CERTO

15. CPC 18 (R2) - INVESTIMENTO EM COLIGADA, EM CONTROLADA E EM EMPREENDIMENTO CONTROLADO EM CONJUNTO

15.1 Alcance

Este Pronunciamento deve ser aplicado por todas as entidades que sejam investidoras com o controle individual ou conjunto de investida ou com influência significativa sobre ela.

15.2 Conceitos

15.2.1 Coligada

É a entidade sobre a qual o investidor tem influência significativa.

Influência significativa é o poder de participar das decisões sobre políticas financeiras e operacionais de uma investida, mas sem que haja o controle individual ou conjunto dessas políticas.

Se o investidor mantém direta ou indiretamente (por meio de controladas, por exemplo), **vinte por cento ou mais do poder de voto da investida, presume-se que ele tenha influência significativa, a menos que possa ser claramente demonstrado o contrário**. Por outro lado, se o investidor detém, direta ou indiretamente (por meio de controladas, por exemplo), **menos de vinte por cento do poder de voto da investida, presume-se que ele não tenha influência significativa, a menos que essa influência possa ser claramente demonstrada**. A propriedade substancial ou majoritária da investida por outro investidor não necessariamente impede que um investidor tenha influência significativa sobre ela.

> *A investidora pode ser titular de mais de 20% do capital votante da investida e não ter influência significativa e ser titular de menos de 20% do capital votante da investida e ter influência significativa.*

A existência de influência significativa por investidor geralmente é evidenciada por uma ou mais das seguintes formas:

- Representação no conselho de administração ou na diretoria da investida;
- Participação nos processos de elaboração de políticas, inclusive em decisões sobre dividendos e outras distribuições;
- Operações materiais entre o investidor e a investida;
- Intercâmbio de diretores ou gerentes;
- Fornecimento de informação técnica essencial.

Ex.: Se o investidor mantém direta ou indiretamente (por meio de controladas, por exemplo), **vinte por cento ou mais do poder de voto da investida, presume-se que ele tenha influência significativa, a menos que possa ser claramente demonstrado o contrário**.

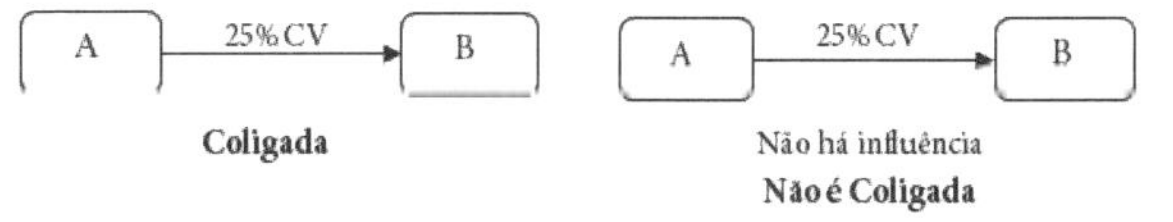

Ex.: Se o investidor detém, direta ou indiretamente (por meio de controladas, por exemplo), **menos de vinte por cento do poder de voto da investida, presume-se que ele não tenha influência significativa, a menos que essa influência possa ser claramente demonstrada**.

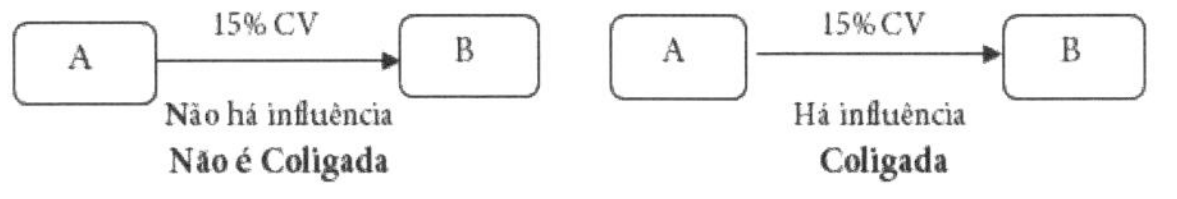

> *Poder de voto potencial*
>
> *A entidade pode ter, em seu poder, direitos de subscrição, opções não padronizadas de compras de ações (warrants), opções de compra de ações, instrumentos de dívida ou patrimoniais conversíveis em ações ordinárias ou outros instrumentos semelhantes com potencial de, se exercidos ou convertidos, conferir à entidade poder de voto adicional ou reduzir o poder de voto de outra parte sobre as políticas financeiras e operacionais da investida (isto é, potenciais direitos de voto).*

A existência e a efetivação dos potenciais direitos de voto prontamente exercíveis ou conversíveis, incluindo os potenciais direitos de voto detidos por outras entidades, **devem ser consideradas na avaliação de a entidade possuir ou não influência significativa ou controle**.

Os potenciais direitos de voto não são exercíveis ou conversíveis quando, por exemplo, não podem ser exercidos ou convertidos até uma data futura ou até a ocorrência de evento futuro.

Ex.:

15% CV

A → B

O investidor detém diretamente menos de vinte por cento do poder de voto da investida e a influência significativa não é claramente demonstrada. Conclui-se que o investimento NÃO É UMA COLIGADA.

Agora, considere a seguinte situação: a Investidora A possui debêntures **prontamente conversíveis** em 10% de ações com direito a voto da Investida B.

* Participação = 15% CV

Potenciais direito de voto = 10% CV

Percentual no capital votante = 25% (influência presumida)

A existência e a efetivação dos potenciais direitos de voto prontamente exercíveis ou conversíveis foram consideradas na avaliação da influência significativa e o investimento passou a ser classificado como COLIGADA.

Resumindo: a investidora não tem participação relevante, mas tem opção de comprar essa participação. Essa opção é livre. Logo, existe influência significativa presumida.

Perda da influência significativa:

A entidade perde a influência significativa sobre a investida quando ela perde o poder de participar nas decisões sobre as políticas financeiras e operacionais daquela investida. A perda da influência significativa pode ocorrer com ou sem mudança no nível de participação acionária absoluta ou relativa. Isso pode ocorrer, por exemplo, quando uma coligada torna-se sujeita ao controle de governo, tribunal, órgão administrador ou entidade reguladora. Isso pode ocorrer também como resultado de acordo contratual.

15.2.2 Controlada

Lei 6.404/76, art. 243, § 2° *: É a sociedade na qual a controladora, diretamente ou através de outras controladas, é titular de direitos de sócio que lhe assegurem, de modo permanente, preponderância nas deliberações sociais e o poder de eleger a maioria dos administradores.*

Controladora é uma entidade que controla uma ou mais controladas (CPC 36).

Controlada é a entidade que é controlada por outra entidade (CPC 36).

Controle de investida: um investidor controla a investida quando está exposto a, ou tem direitos sobre, retornos variáveis decorrentes de seu envolvimento com a investida e tem a capacidade de afetar esses retornos por meio de seu poder sobre a investida (CPC 36).

Ex.:

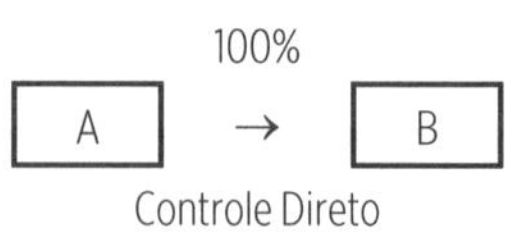

Se a empresa A possui 100% do capital votante de B, a empresa B será subsidiária integral de A, ou seja, a empresa A controla B.

Ex.:

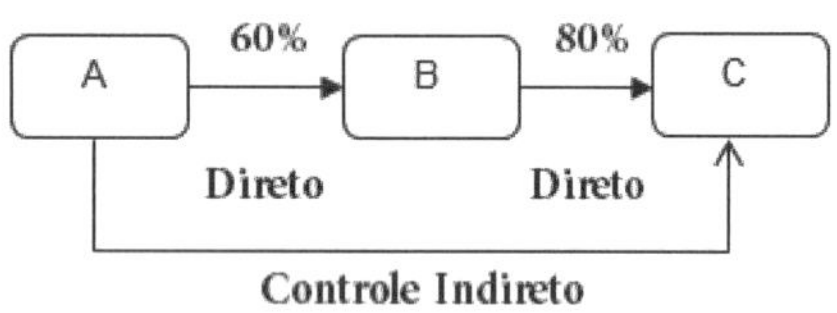

Verifica-se que o importante é o conceito de controle, e não o de propriedade.

A empresa A controla a empresa B(60%). A empresa B, por sua vez, controla C (80%).

Então A indiretamente controla C por meio de B.

Propriedade de A na C = 48% (80% x 60).

Ou seja, A detém 48% do patrimônio de C (propriedade), mas detém o controle indireto de C por meio de B.

Negócio em conjunto é um negócio do qual duas ou mais partes têm controle conjunto.

Controle conjunto é o compartilhamento, contratualmente convencionado, do controle de negócio, que existe somente quando decisões sobre as atividades relevantes exigem o consentimento unânime das partes que compartilham o controle.

Empreendimento controlado em conjunto (joint venture) é um acordo conjunto por meio do qual as partes, que detêm o controle em conjunto do acordo contratual, têm direitos sobre os Ativos líquidos desse acordo.

Investidor conjunto (*joint venturer*) é uma parte de um empreendimento controlado em conjunto (*joint venture*) que tem o controle conjunto desse empreendimento.

Ex.:

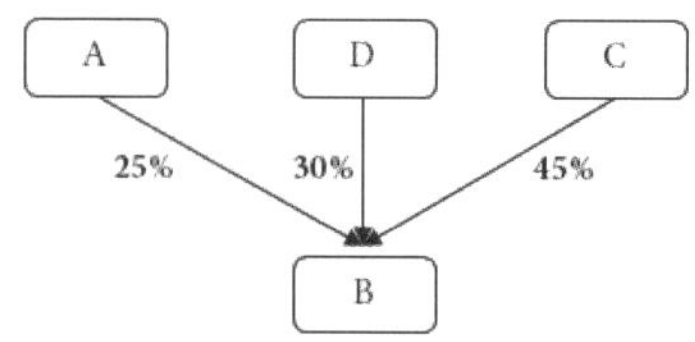

Alfa + Delta = 25% + 30% = 55%
Controle Conjunto

Avaliação do controle

O investidor controla a investida se, e somente se, o investidor possuir todos os atributos seguintes: (CPC 36)

(a) poder sobre a investida;

(b) exposição a, ou direitos sobre, retornos variáveis decorrentes de seu envolvimento com a investida; e

(c) a capacidade de utilizar seu poder sobre a investida para afetar o valor de seus retornos.

Se a controladora perder o controle da controlada, a controladora deve: (CPC 36)

(a) desreconhecer os Ativos e Passivos da ex-controlada do balanço patrimonial consolidado;

(b) reconhecer o investimento remanescente na ex-controlada, se houver, e, subsequentemente, contabilizar esse investimento e quaisquer montantes a pagar ou a receber da ex-controlada, de acordo com os Pronunciamentos Técnicos, Orientações e Interpretações aplicáveis do CPC. Essa participação mantida deve ser remensurada. O valor remensurado no momento que esse controle é perdido deve ser considerado como o valor justo no reconhecimento inicial de Ativo financeiro de acordo com o Pronunciamento Técnico CPC 38 – Instrumentos Financeiros: Reconhecimento e Mensuração ou, quando apropriado, como custo no reconhecimento inicial de investimento em coligada ou empreendimento controlado em conjunto, se for o caso;

(c) reconhecer o ganho ou a perda associado à perda do controle atribuível à ex-controladora.

15.3 Método da Equivalência Patrimonial

É o método de contabilização por meio do qual o investimento é inicialmente reconhecido pelo custo e, a partir daí, é ajustado para refletir a alteração pós-aquisição na participação do investidor sobre os Ativos líquidos da investida. As receitas ou as despesas do investidor incluem sua participação nos lucros ou prejuízos da investida, e os outros resultados abrangentes do investidor incluem a sua participação em outros resultados abrangentes da investida.

15.4 Método de Equivalência Patrimonial

Pelo método da equivalência patrimonial, o investimento em **coligada**, em **empreendimento controlado em conjunto** e em **controlada** (neste caso, no balanço individual) deve ser inicialmente reconhecido pelo custo e o seu valor contábil será aumentado ou diminuído pelo reconhecimento da participação do investidor nos lucros ou prejuízos do período, gerados pela investida após a aquisição.

A participação do investidor no lucro ou prejuízo do período da investida deve ser reconhecida no resultado do período do investidor. As distribuições recebidas da investida reduzem o valor contábil do investimento.

Ajustes no valor contábil do investimento também são necessários pelo reconhecimento da participação proporcional do investidor nas variações de saldo dos componentes dos outros resultados abrangentes da investida, reconhecidos diretamente em seu patrimônio líquido. Tais variações incluem aquelas decorrentes da reavaliação de Ativos Imobilizados, quando permitida legalmente, e das diferenças de conversão em moeda estrangeira, quando aplicável. A participação do investidor nessas mudanças deve ser reconhecida de forma reflexa, ou seja, em outros resultados abrangentes diretamente no patrimônio líquido do investidor (vide Pronunciamento Técnico CPC 26 – Apresentação das Demonstrações Contábeis), e não no seu resultado.

Quando existirem potenciais direitos de voto ou outros derivativos que contenham potenciais direitos de voto, os interesses da entidade na investida devem ser determinados exclusivamente com base nos interesses de propriedade existentes e não devem refletir o possível exercício ou conversão dos potenciais direitos de voto ou de outros instrumentos derivativos.

15.4.1 Aplicação do Método da Equivalência Patrimonial

A entidade com o controle individual ou conjunto (compartilhado), ou com influência significativa sobre uma investida, deve contabilizar esse investimento utilizando o método da equivalência patrimonial, a menos que o investimento se enquadre nas exceções previstas neste Pronunciamento.

O valor do investimento avaliado pelo MEP é obtido aplicando-se o percentual de participação no capital social sobre o valor do PL da investida.

Participação Societária = % no capital social x PL investida.

15.4.2 Exceções à Aplicação do Método da Equivalência Patrimonial

A entidade não precisa aplicar o método da equivalência patrimonial aos investimentos em que detenha o controle individual ou conjunto (compartilhado), ou exerça influência significativa, se a entidade for uma controladora, que, se permitido legalmente, **estiver dispensada de elaborar demonstrações consolidadas, ou se todos os seguintes itens forem observados:**

- A entidade é controlada (integral ou parcial) de outra entidade, a qual, em conjunto com os demais acionistas ou sócios, incluindo aqueles sem direito a voto, foram informados a respeito e não fizeram objeção quanto à não aplicação do método da equivalência patrimonial;
- Os instrumentos de dívida ou patrimoniais da entidade não são negociados publicamente (bolsas de valores domésticas ou estrangeiras ou mercado de balcão, incluindo mercados locais e regionais);
- A entidade não arquivou e não está em processo de arquivamento de suas demonstrações contábeis na Comissão de Valores Mobiliários (CVM) ou outro órgão regulador, visando à emissão e/ou distribuição pública de qualquer tipo ou classe de instrumentos no mercado de capitais; e
- A controladora final ou qualquer controladora intermediária da entidade disponibiliza ao público suas demonstrações contábeis, elaboradas em conformidade com os Pronunciamentos, Interpretações e Orientações do CPC, em que as controladas são consolidadas ou são mensurados ao valor justo por meio do resultado de acordo com o Pronunciamento Técnico CPC 36.

15.5 Fundos de Capital de Risco

Se a investidora for uma organização de capital de risco, ela pode adotar a mensuração ao valor justo por meio do resultado.

Quando a entidade possuir investimento em coligada ou em controlada, ou em empreendimento controlado em conjunto, cuja parcela da participação seja detida indiretamente por meio de organização de capital de risco, a entidade pode adotar a mensuração ao valor justo por meio do resultado, independentemente de a organização de capital de risco exercer influência significativa sobre essa parcela da participação. Se a entidade fizer essa escolha contábil, deve adotar o método da equivalência patrimonial para a parcela remanescente da participação que detiver no investimento em coligada ou em controlada, ou em empreendimento controlado em conjunto que não seja detida indiretamente por meio de uma organização de capital de risco.

15.5.1 Participação Classificada como Mantida para Venda

A entidade deve aplicar o Pronunciamento Técnico CPC 31 em investimento, ou parcela de investimento, em coligada ou em controlada, ou em empreendimento controlado em conjunto que se enquadre nos critérios requeridos para sua classificação como "mantido para venda".

Qualquer parcela retida de investimento em coligada ou em controlada, ou em empreendimento controlado em conjunto, que não tenha sido classificada como "mantido para venda", deve ser contabilizada por meio do uso do método da equivalência patrimonial até o momento da baixa efetiva da parcela classificada como mantido para venda. Após a baixa efetiva, a entidade deve contabilizar qualquer interesse remanescente no investimento em coligada, em controlada, ou em empreendimento controlado em conjunto, em consonância com o Pronunciamento Técnico CPC 38, a menos que o interesse remanescente qualifique-se para a aplicação do método da equivalência patrimonial, o qual deverá ser adotado nesse caso.

Quando o investimento, ou parcela de investimento, em coligada, em controlada ou em empreendimento controlado em conjunto, previamente classificado como "mantido para venda", não mais se enquadrar nas condições requeridas para ser classificado como tal, a ele deve ser aplicado o método da equivalência patrimonial de modo retrospectivo, a partir da data de sua classificação como "mantido para venda". As demonstrações contábeis para os períodos abrangidos desde a classificação do investimento como "mantido para venda" deverão ser ajustadas de modo a refletir essa informação.

15.6 Datas de Avaliação pelo MEP

1º momento: aquisição do investimento.

2º momento: encerramento do exercício social.

15.6.1 Data de Aquisição

Nesse momento, a investidora realiza a sua primeira avaliação, a fim de contabilizar o investimento avaliado pelo MEP inicialmente ao custo de aquisição e determinar a existência de ágio por expectativa de rentabilidade futura (goodwill), de Mais-Valia de Ativos líquidos ou ganho por compra vantajosa (deságio) na aquisição, caso o custo de aquisição não coincida com o valor do investimento avaliado pelo MEP.

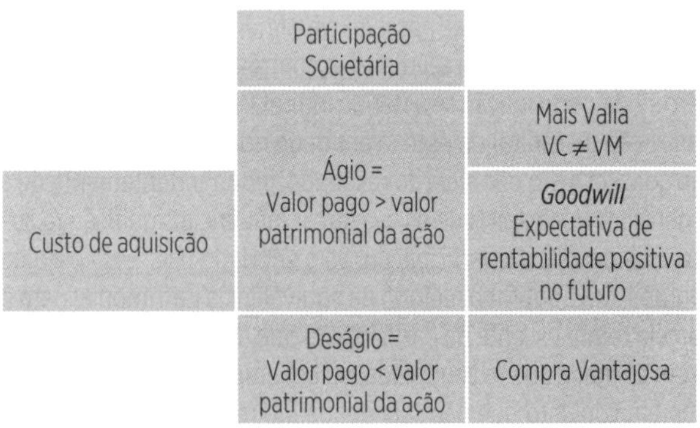

O valor da participação societária avaliada pelo MEP é obtido aplicando-se o percentual de participação no capital social sobre o valor do PL da investida.

Na aquisição do investimento, quaisquer diferenças entre o custo do investimento e a participação do investidor no valor justo líquido dos Ativos e Passivos identificáveis da investida devem ser contabilizadas como segue:

(a) o ágio fundamentado em rentabilidade futura (*goodwill*) relativo a uma coligada, a uma controlada ou a um empreendimento controlado em conjunto (neste caso, no balanço individual da controladora) deve ser incluído no valor contábil do investimento e sua amortização não é permitida;

(b) qualquer excedente da participação do investidor no valor justo líquido dos Ativos e Passivos identificáveis da investida sobre o custo do investimento (ganho por compra vantajosa) deve ser incluído como receita na determinação da participação do investidor nos resultados da investida no período em que o investimento for adquirido.

15.6.2 Ágio = Valor pago > Valor Patrimonial da Ação

Mais-Valia: representado pela diferença positiva entre parte proporcional do Valor Justo dos Ativos Líquidos da Investida e a parte proporcional do Valor Contábil dos Ativos Líquidos Ativos Líquidos;

*Ativos Líquidos = Patrimônio Líquido.

Mais-Valia = Valor Justo da Participação Societária – Valor Contábil da Participação Societária.

Sendo: Valor Justo da Participação Societária = % × PL (Valor Justo da Investida).

Valor Contábil da Participação Societária = % x PL (Valor Contábil da Investida).

Ágio pago por expectativa de rentabilidade futura (*goodwill*): representada pela diferença positiva entre o valor pago (ou valores a pagar) e a parte proporcional do Valor Justo dos Ativos Líquidos.

***Goodwill* = Valor Pago no Investimento– Valor Justo da Participação Societária.**

Sendo: Valor Justo da Participação Societária = % × PL (Valor Justo da Investida).

Nas demonstrações individuais da investidora, a Mais-Valia e o Goodwill ficam classificados no Ativo Não Circulante – Investimentos em subcontas específicas. A amortização do Goodwill não é permitida.

No balanço consolidado, a Mais-Valia será eliminada contra os Ativos e Passivos que lhe deram origem. O Goodwill, por sua vez, será transferido para o intangível, em conta específica.

Deságio = Valor pago < valor patrimonial da ação

Quando o valor pago < valor patrimonial da ação, essa diferença é o ganho por compra vantajosa que deve ser reconhecido como receita no resultado do exercício do investidor no período em que o investimento foi adquirido.

Amortização do Ágio

Amortização do *Goodwill*

O ágio *por rentabilidade de expectativa futura*, regra geral, *não pode ser amortizado*. No caso de investimento em coligadas e em joint venture o goodwill permanecerá ate a baixa do investimento por alienação ou teste de recuperabilidade.

Amortização da Mais-Valia

Com relação à Mais-Valia, a sua amortização tem como contrapartida a conta de resultado de equivalência patrimonial. A amortização da Mais-Valia deve ser feita na proporção em que o Ativo for sendo realizado na coligada ou controlada, por depreciação, amortização, exaustão ou baixa decorrente de alienação ou perecimento desses bens ou do investimento.

Lançamento

D- Resultado da Equivalência Patrimonial.

C- Mais-Valia por diferença de valor de Ativos.

Obs.: no caso de ágio Mais-Valia que tem como origem terreno, obras de arte ou intangíveis com vida útil indefinida, a realização do ágio somente ocorrerá quando da baixa dos respectivos Ativos por alienação, perda parcial ou total, ou quando a investidora reconhecer perdas pela redução do investimento ao valor recuperável.

15.6.3 Encerramento do Exercício

Situação 1: pelo método da equivalência patrimonial, o investimento em coligada, em empreendimento controlado em conjunto e em controlada (neste caso, no balanço individual) deve ser inicialmente reconhecido pelo custo e o seu valor contábil será aumentado ou diminuído pelo reconhecimento da participação do investidor nos lucros ou prejuízos do período, gerados pela investida após a aquisição.

> A participação do investidor no lucro ou prejuízo do período da investida deve ser reconhecida no resultado do período do investidor.

Lançamentos:

I - Ganho de Equivalência Patrimonial:

REP = % no capital social x Lucro Líquido da Investida.

D- Participações Societárias (Ativo Não Circulante).

C- Receita de Equivalência Patrimonial (Receita).

II - Perda de Equivalência Patrimonial:

DEP = % no capital social x Prejuízo Líquido da Investida.

D- Despesa de Equivalência Patrimonial (Despesa).

C- Participações Societárias (Ativo Não Circulante).

As distribuições recebidas da investida reduzem o valor contábil do investimento.

Lançamentos:

III- Dividendos Distribuídos:

D- Caixa ou Dividendos a Receber (Ativo Circulante).

C- D- Participações Societárias (Ativo Não Circulante)

15.7 Procedimentos para o Método da Equivalência Patrimonial

Deve ser utilizada a demonstração contábil mais recente da coligada, da controlada ou do empreendimento controlado em conjunto para aplicação do método da equivalência patrimonial. Quando o término do exercício social do investidor for diferente daquele da investida, esta deve elaborar, para utilização por parte do investidor, demonstrações contábeis na mesma data das demonstrações do investidor, a menos que isso seja impraticável.

Quando as demonstrações contábeis da investida utilizadas para aplicação do método da equivalência patrimonial forem de data diferente da data usada pelo investidor, ajustes pertinentes devem ser feitos em decorrência dos efeitos de transações e eventos significativos que ocorrerem entre aquela data e a data das demonstrações contábeis do investidor. Independentemente disso, a defasagem máxima entre as datas de encerramento das demonstrações da investida e do investidor não deve ser superior a dois meses. A duração dos períodos abrangidos nas demonstrações contábeis e qualquer diferença entre as respectivas datas de encerramento devem ser as mesmas de um período para outro.

As demonstrações contábeis do investidor devem ser elaboradas utilizando práticas contábeis uniformes para eventos e transações de mesma natureza em circunstâncias semelhantes.

Se a investida utilizar práticas contábeis diferentes daquelas adotadas pelo investidor em eventos e transações de mesma natureza em circunstâncias semelhantes, devem ser efetuados ajustes necessários para adequar as demonstrações contábeis da investida às práticas contábeis do investidor quando da utilização destas para aplicação do método da equivalência patrimonial.

15.8 Resultados Não Realizados

O ganho ou a perda não realizado deve ser eliminado contra o investimento contabilizado de acordo com o método da equivalência patrimonial e não deve ser apresentado como ganho ou perda diferido no balanço patrimonial consolidado ou no balanço patrimonial individual da entidade em que os investimentos são contabilizados com base no método da equivalência patrimonial.

E o que é lucro não realizado? É o lucro obtido em uma transação entre companhias do mesmo grupo. Considera-se realizado o lucro quando o Ativo for vendido para terceiros.

Os resultados decorrentes de transações ascendentes (*upstream*) e descendentes (*downstream*), envolvendo Ativos que não constituam um negócio, entre o investidor (incluindo suas controladas consolidadas) e a coligada ou o empreendimento controlado em conjunto devem ser reconhecidos nas demonstrações contábeis do investidor somente na extensão da participação de outros investidores sobre essa coligada ou empreendimento controlado em conjunto, desde que esses outros investidores sejam partes independentes do grupo econômico ao qual pertence a investidora. As transações ascendentes são, por exemplo, vendas de Ativos da coligada ou do empreendimento controlado em conjunto para o investidor. A participação da entidade no resultado de coligada ou empreendimento controlado em conjunto resultante dessas transações deve ser eliminada. As transações descendentes são, por exemplo, vendas de Ativos do investidor para a coligada ou para o empreendimento controlado em conjunto.

Os resultados decorrentes de transações descendentes (*downstream*) entre a controladora e a controlada não devem ser reconhecidos nas demonstrações contábeis individuais da controladora enquanto os Ativos transacionados estiverem no balanço de adquirente pertencente ao mesmo grupo econômico. O disposto neste parágrafo deve ser aplicado inclusive quando a controladora for, por sua vez, controlada de outra entidade do mesmo grupo econômico.

Os resultados decorrentes de transações ascendentes (*upstream*) entre a controlada e a controladora e de transações entre as controladas do mesmo grupo econômico devem ser reconhecidos nas demonstrações contábeis da vendedora, mas não devem ser reconhecidos nas demonstrações contábeis individuais da controladora enquanto os Ativos transacionados estiverem no balanço de adquirente pertencente ao grupo econômico.

Transações ascendentes = *upstream* = a investida vende para a investidora.

Transações descendentes = *downstream* = a investidora vende para a investida.

15.8.1 Lucro Não Realizado em Operações com Coligadas

01. Nas operações de vendas de Ativos de uma investidora para uma coligada (ICPC 09)

Nas operações de vendas de Ativos de uma investidora para uma coligada (*downstream*), são considerados lucros não realizados, na proporção da participação da investidora na coligada, aqueles obtidos em operações de Ativos que, à época das demonstrações contábeis, ainda permaneçam na coligada. Por definição, essa coligada deve ter um controlador que não seja essa investidora a fim de que sobre a investidora e a coligada possa existir apenas relação de significativa influência e não de controle, e para que ambas não sejam consideradas sob controle comum. Equiparam-se a venda, para fins de lucro não realizado, os aportes de Ativos para integralização de capital na investida.

Dessa forma, na venda da investidora para a coligada, deve ser considerada realizada, na investidora, a parcela do lucro proporcional à participação dos demais sócios na coligada que sejam partes independentes da investidora ou dos controladores da investidora. Afinal, a operação de venda se dá entre partes independentes, por ter a coligada um controlador diferente do controlador da investidora. Esses procedimentos também devem ser aplicados para o caso de coligada e/ou investidora sem sócio controlador. Por exemplo, um Ativo com valor contábil de $ 1.000.000 é vendido pela empresa A por $ 1.400.000 para a sua coligada B, na qual A participa com 20% do capital votante. O tributo sobre esse lucro é de $ 150.000, de forma que o resultado da investidora está afetado pelo valor líquido de $ 250.000. Ao vender à coligada, é como se estivesse vendendo com lucro apenas na parte da venda aos investidores que detêm 80% do capital social de B. A empresa A não deve considerar realizada a parcela relativa à sua própria participação, ou seja, 20% de $ 250.000 = $ 50.000.

O lucro não realizado deverá ser reconhecido à medida que o Ativo for vendido para terceiros, for depreciado, sofrer impairment ou sofrer baixa por qualquer outro motivo.

A operação de venda deve ser registrada normalmente pela investidora (receitas e despesas correspondentes) e a eliminação dos lucros não realizados deve ser feita no resultado individual da investidora, na rubrica de resultado da equivalência patrimonial (e se for o caso no resultado consolidado), pelo registro da parcela não realizada a crédito da conta de investimento, até a efetiva realização do Ativo na coligada (ou empreendimento controlado em conjunto). No exemplo anterior, debita-se o resultado (em conta do mesmo grupo da receita ou despesa da equivalência patrimonial por tratar-se de efeito decorrente do seu envolvimento com a investida), creditando-se uma subconta retificadora do investimento em B pelos $ 50.000 de lucro não realizado. Não devem ser eliminadas na demonstração do resultado da investidora as parcelas de venda, custo da mercadoria ou produto vendido, tributos e outros itens aplicáveis, já que a operação como um todo se dá com genuínos terceiros, ficando como não realizada apenas a parcela devida do lucro. Devem ser reconhecidos, quando aplicável, conforme Pronunciamento Técnico CPC 32 – Tributos sobre o Lucro, os tributos diferidos.

Ex.:

A Cia. Alfa adquiriu à vista 20% do capital social da Cia. Beta por R$ 200.000,00. A Cia. Alfa vendeu mercadorias para a Cia. Beta por R$ 1.400.000,00 com um lucro de R$ 400.000,00. Referidas mercadorias permaneciam nos estoques da Cia. Beta ao final do exercício (não foram vendidos a terceiros). Sabe-se que a Cia. Beta é coligada da Cia. Alfa e apurou um lucro líquido de R$ 300.000,00. Qual o valor da equivalência patrimonial?

20% ALFA → BETA	
Participação Societária = R$ 200.000,00 1 Participação Societária = + 140.000 ↑ ANC Participação Societária = 340.000 Lucros a apropriar = (80.000) Operação de Venda Pv→ R$ 1.400.000,00 Custo = (R$ 1.000.000) Lucro = R$ 400.000,00 x20% 2 LNR = R$ 80.000,00 DRE Receita de Eq. Patrimonial-------- 140.000,00 Lucro não realizado-----------(80.000,00) Resultado com Equivalência--------60.000,00	PL = R$ 1.000.000,00 LLE = 700.000↑ Estoque = R$ 1.400.000,00

Lançamento:

1 Calcular REP:

REP = % no capital social x Lucro Líquido da Investida.

REP= 20% x 700.000 = R$ 140.000,00.

D- Participação Societária.

C- Receita de Equivalência

Patrimonial---------------------------- 140.000,00.

2 D- Lucro não realizado (resultado).

C- Lucros a apropriar (- ANC)---------80.000,00.

Obs.: a conta "Lucros a Apropriar" fica, na Controladora, como redutora da equivalência patrimonial. E, conforme a controlada venda os Ativos para terceiros, a controladora vai transferindo tal valor para resultado.

D - Lucros a apropriar (-ANC).

C - Lucros não realizados (resultado).

02. Nas operações de vendas de Ativos de uma coligada para a investidora

Nas operações de venda da coligada (ou empreendimento controlado em conjunto) para sua investidora, os lucros não realizados por operação de Ativos ainda em poder da investidora ou/e suas controladas devem ser eliminados da seguinte forma: para o cálculo do valor da equivalência patrimonial, do lucro líquido da investida é deduzida a integralidade do lucro que for considerado como não realizado pela investidora. Por exemplo, a coligada D obteve um lucro líquido de $ 800.000, dentro dos quais estão $ 300.000 de lucro (já líquido do tributo sobre o resultado) de operação de venda para a investidora C de bem que ainda está no Ativo de C. Essa investidora possui 30% de D. Assim, a investidora

C não deve reconhecer a parte que lhe caberia de 30% sobre o lucro de $ 300.000 da operação entre a coligada e ela, por não estar realizado, aplicando a equivalência de 30% sobre o restante do lucro líquido de C, ou seja, 30% x ($ 800.000 - $ 300.000) = $ 150.000. Os demais $ 90.000 (30% x $ 300.000) serão reconhecidos por C à medida da realização do Ativo em questão. Observa-se que esse tratamento automaticamente reduz o saldo contábil do investimento, uma vez que ao invés de serem debitados $ 240.000 (30% x $ 800.000) serão debitados somente $ 150.000 ($ 240.000 - $ 90.000)

Ex.:

A Cia. Celta adquiriu à vista 30% do capital social da Cia. Delta por R$ 300.000,00. A Cia. Delta (investida) vendeu mercadorias para a Cia. Celta (investidora) por R$ 1.000.000,00 com um lucro de R$ 300.000,00. As referidas mercadorias permaneciam nos estoques da Cia. Celta ao final do exercício (não foram vendidas a terceiros). Sabe-se que a Cia. Delta é coligada da Cia. Celta e apurou um lucro líquido de R$ 800.000,00. Qual o valor da equivalência patrimonial?

30% CELTA → DELTA	
Participação Societária = R$ 300.000,00 1 Participação Societária = + 150.000 ↑ ANC Participação Societária = 450.000 Estoque = 1.000.000,00 DRE Receita de Eq. Patrimonial--------- 150.000,00	PL = R$ 1.000.000,00 LLE = 800.000 LNR = (300.000) 500.000↑ Operação de Venda Pv= R$ 1.000.000,00 Custo = (R$ 700.000) Lucro = R$ 300.000,00

Lançamento:

1 Calcular REP:

REP = % no capital social x (Lucro Líquido da Investida – LNR).

REP= 30% x 500.000 = R$ 150.000,00.

D- Participação Societária.

C- Receita de Equivalência

Patrimonial----------------- 150.000,00.

Observa-se que esse tratamento automaticamente reduz o saldo contábil do investimento, uma vez que ao invés de serem debitados $ 240.000 (30% x $ 800.000) serão debitados somente $ 150.000 ($ 240.000 - $ 90.000).

15.8.2 Lucros não Realizados em Operações entre Controladora e Controlada e entre Controladas

Nas operações com controladas, os lucros não realizados devem ser totalmente eliminados nas operações de venda da controladora para a controlada, os quais devem ser reconhecidos no resultado da controladora somente quando os Ativos transacionados forem realizados (por uso, venda ou perda) na investida. São considerados não realizados os lucros contidos no Ativo de qualquer entidade pertencente ao mesmo grupo econômico, não necessariamente na controlada para a qual a controladora tenha feito a operação original.

03. Operações de venda de Ativos da controladora para suas controladas

Nas demonstrações individuais, quando de operações de venda de Ativos da controladora para suas controladas (downstream), a eliminação do lucro não realizado deve ser feita no resultado individual da controladora, deduzindo-se cem por cento do lucro contido no Ativo ainda em poder do grupo econômico, em contrapartida da conta de investimento (como se fosse uma devolução de parte desse investimento), até sua efetiva realização pela baixa do Ativo na(s) controlada(s).

A eliminação de que trata o parágrafo anterior na demonstração do resultado deve ser feita em linha logo após o resultado da equivalência patrimonial, com destaque na própria demonstração do resultado ou em nota explicativa. Podem ser eliminadas na demonstração do resultado da controladora as parcelas de venda, custo da mercadoria ou produto vendido, tributos e outros itens aplicáveis, já que a operação como um todo não se dá com genuínos terceiros. Se não eliminados, valores devem ser evidenciados na própria demonstração do resultado ou em notas explicativas.

Ex.:

A Cia. Alfa adquiriu à vista 70% do capital social da Cia. Beta por R$ 700.000,00. A Cia. Alfa vendeu mercadorias para a Cia. Beta por R$ 1.400.000,00 com um lucro de R$ 400.000,00. As referidas mercadorias permaneciam nos estoques da Cia. Beta ao final do exercício (não foram vendidas a terceiros). Sabe-se que a Cia. Beta é controlada da Cia. Alfa e apurou um lucro líquido de R$ 700.000,00. Qual o valor da equivalência patrimonial?

70% ALFA → BETA	
Participação Societária = R$ 700.000,00 1 Participação Societária = + 490.000 ↑ ANC Participação Societária = 1.190.000 Lucros a apropriar = (400.000) Operação de Venda Pv= R$ 1.400.000,00 Custo = (R$ 1.000.000) 2 LNR = R$ 400.000,00 DRE Receita de Eq. Patrimonial--------------- 490.000,00 Lucro não realizado-------(400.000,00) Resultado com Equivalência----------------90.000,00	PL = R$ 1.000.000,00 LLE = 700.000↑ Estoque = R$ 1.400.000,00

Lançamento:

1 Calcular REP:

REP = % no capital social x Lucro Líquido da Investida.

REP= 70% x 700.000 = R$ 490.000,00.

D- Participação Societária.

C- Receita de Equivalência Patrimonial------- 490.000,00.

2A eliminação do lucro não realizado deve ser feita no resultado individual da controladora, deduzindo-se cem por cento do lucro contido no Ativo ainda em poder do grupo econômico.

D- Lucro não realizado (resultado).

C- Lucros a apropriar (-ANC) -------400.000,00.

Obs.: a conta "Lucros a Apropriar"fica, na Controladora, como redutora da equivalência patrimonial. E, conforme a controlada venda os Ativos para terceiros, a controladora vai transferindo tal valor para resultado.

D - Lucros a apropriar (-ANC).

C - Lucros não realizados (resultado).

04. Operações de venda da controlada para a controladora

Nas operações de venda da controlada para a controladora (upstream) ou para outras controladas do mesmo grupo econômico, o lucro deve ser reconhecido na vendedora normalmente. No caso de coligada e de empreendimento controlado em conjunto, adota-se o mesmo procedimento.

Nas demonstrações individuais da controladora, quando de operações de venda de Ativos da controlada para a controladora ou entre controladas, o cálculo da equivalência patrimonial deve ser feito deduzindo-se, do patrimônio líquido da controlada, cem por cento do lucro contido no Ativo ainda em poder do grupo econômico. Com isso, a controladora deve registrar como resultado valor nulo, não tendo, por isso, afetação no seu resultado e no seu patrimônio líquido como decorrência do resultado reconhecido pela controlada.

No balanço consolidado, a parte do resultado da controlada que for atribuível aos sócios não controladores deve ser ajustada em decorrência da eliminação dos lucros não realizados.

Ex.:

A Cia. Celta adquiriu à vista 70% do capital social da Cia. Delta por R$ 700.000,00. A Cia. Delta (investida) vendeu mercadorias para a Cia. Celta (investidora) por R$ 1.000.000,00 com um lucro de R$ 300.000,00. As referidas mercadorias permaneciam nos estoques da Cia. Celta ao final do exercício (não foram vendidas a terceiros). Sabe-se que a Cia. Delta é controlada da Cia. Celta e apurou um lucro líquido de R$ 800.000,00. Qual o valor da equivalência patrimonial?

70% CELTA → DELTA	
Participação Societária = R$ 700.000,00 4 Participação Societária = + 260.000 ↑ ANC Participação Societária = 960.000 Estoque = 1.000.000,00 DRE Receita de Eq. Patrimonial--------- 260.000,00	PL = R$ 1.000.000,00 LLE = 800.000↑ x 70% 560.000 LNR = (300.000) REP 260.000 Operação de Venda Pv= R$ 1.000.000,00 Custo = (R$ 700.000) LNR = R$ 300.000,00

Lançamento:

1 Calcular REP:

REP = % no capital social x Lucro Líquido da Investida (-) LNR.

REP= 70% x 800.000 = 560.000,00 - 300.000 = R$ 260.000,00.

D- Participação Societária.

C- Receita de Equivalência

Patrimonial------------- 260.000,00.

Nas demonstrações individuais da controladora, quando de operações de venda de Ativos da controlada para a controladora ou entre controladas, o cálculo da equivalência patrimonial deve ser feito deduzindo-se, do patrimônio líquido da controlada, cem por cento do lucro contido no Ativo ainda em poder do grupo econômico. Com isso, a controladora deve registrar como resultado valor nulo, não tendo, por isso, afetação no seu resultado e no seu patrimônio líquido como decorrência do resultado reconhecido pela controlada.

70% CELTA → DELTA	
Participação Societária$_{in}$ = R$ 700.000,00 **(-)** Participação Societária$_{fin}$ = R$ 960.000,00 = REP = R$ 260.000,00 Estoque = 1.000.000,00	PL$_{in}$ = R$ 1.000.000,00 LLE = 800.000,00 PL$_{fim}$ = R$ 1.800.000,00 Operação de Venda Pv= R$ 1.000.000,00 Custo = (R$ 700.000) LNR = R$ 300.000,00

Cálculo da participação societária:

No início do período:

Participação Societária: % no capital social x PL (Valor Contábil da Investida).

Participação Societária: 70% x 1.000.000 = 700.000.

No fim do período:

Participação Societária: (% no capital social x PL) – LNR.

Participação Societária: 70% x 1.800.000 = 1.260.000 - 300.000 = 960.000.

REP = Participação Societáriafin - Participação Societáriain = 960.000 – 700.000 = R$ 260.000,00.

D- Participação Societária.

C- Receita de Equivalência

Patrimonial-----------260.000,00.

LUCROS NÃO REALIZADOS	
Transações Descendentes (Investidora para investida)	
Coligadas: % (com base na participação no capital) do lucro obtido na venda de Ativos que, na data das DCs, ainda permaneçam na coligada.	Controladas: 100% do lucro contido no Ativo ainda em poder do grupo econômico.
Transações Ascendentes (Investida para investidora)	
Coligadas: % (com base na participação no capital) do lucro obtido na venda de Ativos que, na data das DCs, ainda permaneçam na investidora, deduzido do valor da equivalência patrimonial calculada sobre o lucro líquido.	Controladas: 100% do lucro contido no Ativo ainda em poder do grupo econômico, deduzido do PL da investida para apuração da equivalência patrimonial.

15.9 Ajuste Acumulado de Conversão

As variações cambiais advindas de itens monetários que fazem parte do investimento líquido em entidade no exterior da entidade que reporta a informação devem ser reconhecidas no resultado nas demonstrações contábeis separadas da entidade que reporta a informação ou nas demonstrações contábeis individuais da entidade no exterior, conforme apropriado. Nas demonstrações contábeis que incluem a entidade no exterior e a entidade que reporta a informação (por exemplo: demonstrações contábeis individuais com avaliação das investidas por equivalência patrimonial, ou demonstrações contábeis consolidadas quando a entidade no exterior é uma controlada), tais variações cambiais devem ser reconhecidas, inicialmente, em outros resultados abrangentes em conta específica do patrimônio líquido, e devem ser transferidas do patrimônio líquido para a demonstração do resultado quando da baixa do investimento líquido.

Se houver ganho cambial:

D- Participação Societária.

C- Outros Resultados abrangentes/Ajuste Acumulado de Conversão.

Se houver perda cambial:

D- Outros Resultados abrangentes/Ajuste Acumulado de Conversão.

C- Participação Societária.

15.10 Equivalência Patrimonial dos Prejuízos Apurados pela Coligada/Controlada

Quando a participação do investidor nos prejuízos do período da coligada ou do empreendimento controlado em conjunto se igualar ou exceder o saldo contábil de sua participação na investida, o investidor deve descontinuar o reconhecimento de sua participação em perdas futuras. A participação na investida deve ser o valor contábil do investimento nessa investida, avaliado pelo método da equivalência patrimonial, juntamente com alguma participação de longo prazo que, em essência, constitui parte do investimento líquido total do investidor na investida. Por exemplo, um componente, cuja liquidação não está planejada, nem tampouco é provável que ocorra num futuro previsível, é, em essência, uma extensão do investimento da entidade naquela investida. Tais componentes podem incluir ações preferenciais, bem como recebíveis ou empréstimos de longo prazo, porém não incluem componentes como recebíveis ou exigíveis de natureza comercial ou quaisquer recebíveis de longo prazo para os quais existam garantias adequadas, tais como empréstimos garantidos. O prejuízo reconhecido pelo método da equivalência patrimonial que exceda o investimento em ações ordinárias do investidor deve ser aplicado aos demais componentes que constituem a participação do investidor na investida em ordem inversa de interesse residual - seniority (isto é prioridade na liquidação).

Após reduzir até zero o saldo contábil da participação do investidor, perdas adicionais devem ser consideradas, e um Passivo deve ser reconhecido, somente na extensão em que o investidor tiver incorrido em obrigações legais ou construtivas (não formalizadas) ou tiver feito pagamentos em nome da investida.

Se a investida subsequentemente apurar lucros, o investidor deve retomar o reconhecimento de sua participação nesses lucros somente após o ponto em que a parte que lhe cabe nesses lucros posteriores se igualar à sua participação nas perdas não reconhecidas.

Lançamento:

D- Resultado Negativo de Equivalência Patrimonial.

C- Provisão do Passivo.

Obs.: a regra acima não vale no caso de apresentação dos balanços individuais das controladoras, caso em que, havendo ou não a obrigação de assunção de pagamentos em nome da investida, deverá ser feita, pela controladora, provisão para perdas futuras em virtude dos prejuízos da controlada.

Prejuízo - Equivalência Patrimonial	Perdas > Valor contábil do Investimento	Coligada	Só há reconhecimento da provisão se houver obrigação.
		Controlada	Sempre há reconhecimento da provisão.

15.11 Descontinuidade do Uso do Método da Equivalência Patrimonial

A entidade deve descontinuar o uso do método da equivalência patrimonial a partir da data em que o investimento deixar de se qualificar como coligada, controlada, ou como empreendimento controlado em conjunto, conforme a seguir orientado:

(a) (Eliminada).e no investimento, antes qualificado como coligada, controlada, ou empreendimento controlado em conjunto, for um **Ativo financeiro**, a entidade deve **mensurá-lo ao valor justo**. O valor justo do interesse remanescente deve ser considerado como seu valor justo no reconhecimento inicial tal qual um Ativo financeiro, em consonância com o Pronunciamento Técnico CPC 38. A entidade deve reconhecer na demonstração do resultado do período, como **receita** ou **despesa**, qualquer **diferença** entre:

(i) o valor justo de qualquer interesse remanescente e qualquer contraprestação advinda da alienação de parte do interesse no investimento; e

(ii) o valor contábil líquido de todo o investimento na data em que houve a descontinuidade do uso do método da equivalência patrimonial.

Valor justo > valor contábil = receita

Valor justo < valor contábil = despesa

(c) Quando a entidade descontinuar o uso do método da equivalência patrimonial, deve contabilizar todos os montantes previamente reconhecidos em seu patrimônio líquido em rubrica de outros resultados abrangentes, e que estejam relacionados com o investimento objeto da mudança de mensuração contábil, na mesma base que seria requerido caso a investida tivesse diretamente se desfeito dos Ativos e Passivos relacionados.

Desse modo, assim como a receita ou a despesa previamente reconhecida em outros resultados abrangentes pela investida seria reclassificada para a demonstração do resultado do período como receita ou despesa quando da baixa e da liquidação de Ativos e Passivos relacionados, **a entidade deve reclassificar a receita ou a despesa reconhecida no seu patrimônio líquido para a demonstração do resultado (como um ajuste de reclassificação)** quando o método da equivalência patrimonial for descontinuado. Por exemplo, se a coligada, controlada, ou o empreendimento controlado em conjunto tiver diferenças de conversão acumuladas relacionadas à entidade no exterior e a investidora decidir descontinuar o uso do método da equivalência patrimonial, a investidora deve reclassificar para a demonstração do resultado do período, como receita ou despesa, a receita ou despesa previamente reconhecida de forma reflexa em outros resultados abrangentes, relacionada à entidade no exterior.

Se o investimento em coligada tornar-se investimento em controlada ou em controlada em conjunto (de modo compartilhado), a entidade deve continuar adotando o método da equivalência patrimonial e não proceder à remensuração do interesse retido.

Questões

01. (FCC – 2018) Em 31/12/2016, a Cia. Rosa adquiriu 90% das ações da Cia. Colorida pelo Valor de R$ 15.000.000,00 à vista. Na data da aquisição, o patrimônio líquido contabilizado da Cia. Colorida era R$ 9.000.000,00 e o valor justo líquido dos seus ativos e passivos identificáveis era R$ 13.000.000,00, sendo a diferença decorrente de um ativo imobilizado adquirido anteriormente e avaliado pelo custo.

O valor do ágio pago pela Cia. Rosa na aquisição do investimento na Cia. Colorida foi, em reais, 4.000.000,00.

Certo ( ) Errado ( )

02. (FCC – 2018) Em 31/12/2016, a Cia. Rosa adquiriu 90% das ações da Cia. Colorida pelo Valor de R$ 15.000.000,00 à vista. Na data da aquisição, o patrimônio líquido contabilizado da Cia. Colorida era R$ 9.000.000,00 e o valor justo líquido dos seus ativos e passivos identificáveis era R$ 13.000.000,00, sendo a diferença decorrente de um ativo imobilizado adquirido anteriormente e avaliado pelo custo.

O valor do ágio pago pela Cia. Rosa na aquisição do investimento na Cia. Colorida foi, em reais, 3.300.000,00.

Certo ( ) Errado ( )

03. (CESPE – 2018) A empresa controlada que se encontrar em circunstância de perda de continuidade e tiver seu patrimônio avaliado em valores de liquidação poderá ser excluída da consolidação das demonstrações contábeis.

Certo ( ) Errado ( )

Gabaritos

01	CERTO
02	CERTO
03	CERTO

16. CPC 23 - POLÍTICAS CONTÁBEIS, MUDANÇA DE ESTIMATIVA E RETIFICAÇÃO DE ERRO

16.1 Objetivo

O Pronunciamento tem como objetivo melhorar a relevância e a confiabilidade das demonstrações contábeis da entidade, bem como permitir sua comparabilidade ao longo do tempo com as demonstrações contábeis de outras entidades.

16.2 Conceitos Importantes

Aplicação retrospectiva é a aplicação de nova política contábil a transações, a outros eventos e a condições, como se essa política tivesse sido sempre aplicada.

Reapresentação retrospectiva é a correção do reconhecimento, da mensuração e da divulgação de valores de elementos das demonstrações contábeis, como se um erro de períodos anteriores nunca tivesse ocorrido.

Aplicação prospectiva de mudança em política contábil e de reconhecimento do efeito de mudança em estimativa contábil representa, respectivamente:

a) A aplicação da nova política contábil a transações, a outros eventos e a condições que ocorram após a data em que a política é alterada; e

b) O reconhecimento do efeito da mudança na estimativa contábil nos períodos corrente e futuro afetados pela mudança.

Aplicação impraticável de requisito ocorre quando a entidade não pode aplicá-lo depois de ter feito todos os esforços razoáveis nesse sentido.

16.3 Políticas Contábeis

Políticas contábeis são os princípios, as bases, as convenções, as regras e as práticas específicas aplicados pela entidade na elaboração e na apresentação de demonstrações contábeis.

16.3.1 Seleção e Aplicação de Políticas Contábeis

Essas políticas não precisam ser aplicadas quando o efeito da sua aplicação for imaterial.

Na ausência de Pronunciamento, Interpretação ou Orientação que se aplique especificamente a uma transação, outro evento ou condição, a administração exercerá seu julgamento no desenvolvimento e na aplicação de política contábil que resulte em informação que seja:

a) Relevante para a tomada de decisão econômica por parte dos usuários; e

b) Confiável, de tal modo que as demonstrações contábeis:

(i) representem adequadamente a posição patrimonial e financeira, o desempenho financeiro e os fluxos de caixa da entidade;

(ii)reflitam a essência econômica de transações, outros eventos e condições e, não, meramente a forma legal;

(iii)sejam neutras, isto é, que estejam isentas de viés;

(iv)sejam prudentes; e

(v)sejam completas em todos os aspectos materiais.

16.3.2 Uniformidade de Políticas Contábeis

A entidade deve selecionar e aplicar suas políticas contábeis **uniformemente** para transações **semelhantes**, outros eventos e condições, a menos que Pronunciamento, Interpretação ou Orientação especificamente exijam ou permitam a classificação de itens para os quais possam ser aplicadas diferentes políticas.

Se um Pronunciamento, Interpretação ou Orientação exigirem ou permitirem tal classificação, uma política contábil apropriada deve ser selecionada e aplicada uniformemente para cada categoria.

16.3.3 Mudança nas Políticas Contábeis

A entidade deve alterar uma política contábil apenas se a mudança:

a) For exigida por Pronunciamento, Interpretação ou Orientação; ou

b) Resultar em informação confiável e mais relevante nas demonstrações contábeis sobre os efeitos das transações, outros eventos ou condições acerca da posição patrimonial e financeira, do desempenho ou dos fluxos de caixa da entidade.

Os usuários das demonstrações contábeis devem ter a possibilidade de comparar as demonstrações contábeis da entidade ao longo do tempo para identificar **tendências** na sua posição patrimonial e financeira, no seu desempenho e nos seus fluxos de caixa. Por isso, devem ser aplicadas as mesmas políticas contábeis em cada período e de um período para o outro, a menos que uma mudança em política contábil esteja em conformidade com um dos critérios enunciados no parágrafo anterior.

Não constituem mudanças nas políticas contábeis:

a) A adoção de política contábil para transações, outros eventos ou condições que difiram em essência daqueles que ocorriam anteriormente; e

b) Adoção de nova política contábil para transações, outros eventos ou condições que não ocorriam anteriormente ou eram imateriais.

16.3.4 Aplicação de Mudanças de Políticas Contábeis

Quando a entidade muda uma política contábil na adoção inicial de Pronunciamento, Interpretação ou Orientação que não incluam disposições transitórias específicas que se apliquem a essa mudança, ou quando muda uma política contábil voluntariamente, ela deve aplicar a **mudança retrospectivamente**.

Obs.: quando uma mudança na política contábil é aplicada, retrospectivamente, a entidade deve ajustar o saldo de abertura de cada componente do Patrimônio Líquido afetado para o período anterior mais antigo apresentado e os demais montantes comparativos divulgados para cada período anterior apresentado, como se a nova política contábil tivesse sempre sido aplicada.

16.4 Mudança nas Estimativas Contábeis

* **Mudança na estimativa contábil** é um ajuste nos saldos contábeis de Ativo ou de Passivo, ou nos montantes relativos ao consumo periódico de Ativo, que decorre da avaliação da situação atual e das obrigações e dos benefícios futuros esperados, associados aos Ativos e Passivos. As **alterações nas estimativas contábeis decorrem de nova informação ou inovações e, portanto, não são retificações de erros**.

Como consequência das incertezas inerentes às atividades empresariais, muitos itens nas demonstrações contábeis não podem ser mensurados com precisão, podendo apenas ser estimados. A estimativa envolve julgamentos baseados na última informação disponível e confiável. Por exemplo, podem ser exigidas estimativas de:

a) Créditos de liquidação duvidosa;

b) Obsolescência de estoque;

c) Valor justo de Ativos financeiros ou Passivos financeiros;

d) Vida útil de Ativos depreciáveis ou o padrão esperado de consumo dos futuros

A estimativa pode necessitar de revisão se ocorrerem alterações nas circunstâncias em que a estimativa se baseou ou em consequência de novas informações ou de maior experiência. Dada a sua natureza, a revisão da estimativa não se relaciona com períodos anteriores nem representa correção de erro.

A mudança na base de avaliação é uma mudança na política contábil e não uma mudança na estimativa contábil. Quando for difícil distinguir uma mudança na política contábil de uma mudança na estimativa contábil, a mudança é tratada como mudança na estimativa contábil.

O efeito de mudança na estimativa contábil deve ser reconhecido **prospectivamente**, incluindo-o nos resultados do:

a) Período da mudança, se a mudança afetar apenas esse período; ou

b)Período da mudança e futuros períodos, se a mudança afetar todos eles.

O reconhecimento prospectivo do efeito de mudança na estimativa contábil significa que a mudança é aplicada a transações, a outros eventos e a condições a partir da data da mudança na estimativa.

16.5 Retificação de Erro

* **Erros de períodos anteriores** são omissões e incorreções nas demonstrações contábeis da entidade de um ou mais períodos anteriores decorrentes da falta de uso, ou uso incorreto, de informação confiável que:

a) **Estava disponível** quando da autorização para divulgação das demonstrações contábeis desses períodos; e

b) **Pudesse** ter sido **razoavelmente** obtida e levada em consideração na elaboração e na apresentação dessas demonstrações contábeis.

Omissão material ou incorreção material correspondem à omissão ou à informação incorreta que possam, individual ou coletivamente, influenciar as decisões econômicas que os usuários das demonstrações contábeis tomam com base nessas demonstrações. A materialidade depende da dimensão e da natureza da omissão ou da informação incorreta, julgadas à luz das circunstâncias às quais estão sujeitas. A dimensão ou a natureza do item, ou a combinação de ambas, pode ser o fator determinante.

Tais erros incluem os efeitos de erros matemáticos, erros na aplicação de políticas contábeis, descuidos ou interpretações incorretas de fatos e fraudes.

Erros podem ocorrer no registro, na mensuração, na apresentação ou na divulgação de elementos de demonstrações contábeis. As demonstrações contábeis não estarão em conformidade com os Pronunciamentos, Interpretações e Orientações deste CPC se contiverem erros materiais ou erros imateriais cometidos intencionalmente para alcançar determinada apresentação da posição patrimonial e financeira, do desempenho ou dos fluxos de caixa da entidade. Os potenciais erros do período corrente descobertos nesse período devem ser corrigidos antes de as demonstrações contábeis serem autorizadas para publicação. Contudo, os erros materiais, por vezes, não são descobertos até um período subsequente, e esses erros de períodos anteriores são corrigidos na informação comparativa apresentada nas demonstrações contábeis desse período subsequente.

A entidade deve corrigir os erros materiais de períodos anteriores **retrospectivamente** no primeiro conjunto de demonstrações contábeis cuja autorização para publicação ocorra após a descoberta de tais erros:

a) Por reapresentação dos valores comparativos para o período anterior apresentado em que tenha ocorrido o erro; ou

b) Se o erro ocorreu antes do período anterior mais antigo apresentado, da reapresentação dos saldos de abertura dos Ativos, dos Passivos e do Patrimônio Líquido para o período anterior mais antigo apresentado.

Questões

01. (FCC – 2919) As demonstrações contábeis estão em conformidade com os Pronunciamentos, Interpretações e Orientações se contiverem erros imateriais cometidos intencionalmente e especificamente para alcançar determinada apresentação da posição patrimonial e financeira deficitária do desempenho ou dos fluxos de caixa negativos da entidade.

Certo ( ) Errado ( )

02. (FCC – 2019) As demonstrações contábeis estão em conformidade com os Pronunciamentos, Interpretações e Orientações se contiverem erros imateriais cometidos involuntariamente que distorçam determinada apresentação da posição patrimonial e financeira, do desempenho ou dos fluxos de caixa da entidade.

Certo ( ) Errado ( )

03. (FCC – 2019) materiais ou erros imateriais cometidos involuntariamente para alcançar determinada apresentação da posição patrimonial ou econômica, do desempenho ou dos fluxos de receitas da entidade.

Certo ( ) Errado ( )

Gabaritos

01	ERRADO
02	CERTO
03	ERRADO

17. CPC 25 - PROVISÕES, PASSIVOS CONTINGENTES E ATIVOS CONTINGENTES

17.1 Conceitos

Provisão é um Passivo de prazo ou de valor incertos.

Passivo é uma obrigação presente da entidade, derivada de eventos já ocorridos, cuja liquidação se espera que resulte em saída de recursos da entidade capazes de gerar benefícios econômicos.

Obrigação legal é uma obrigação que deriva de:

a) Contrato (por meio de termos explícitos ou implícitos);

b) Legislação; ou

c) Outra ação da lei.

Obrigação não formalizada é uma obrigação que decorre das ações da entidade em que:

a) Por via de padrão estabelecido de práticas passadas, de políticas publicadas ou de declaração atual suficientemente específica, a entidade tenha indicado a outras partes que aceitará certas responsabilidades; e

b) Em consequência, a entidade cria uma expectativa válida nessas outras partes de que cumprirá com essas responsabilidades.

Passivo Contingente é:

a) Uma obrigação possível que resulta de eventos passados e cuja existência será confirmada apenas pela ocorrência ou não de um ou mais eventos futuros incertos não totalmente sob controle da entidade; ou

b) Uma obrigação presente que resulta de eventos passados, mas que não é reconhecida porque:

i) não é provável que uma saída de recursos que incorporam benefícios econômicos seja exigida para liquidar a obrigação; ou

ii) o valor da obrigação não pode ser mensurado com suficiente confiabilidade.

Ativo Contingente é um Ativo possível que resulta de eventos passados e cuja existência será confirmada apenas pela ocorrência ou não de um ou mais eventos futuros incertos não totalmente sob controle da entidade.

Contrato oneroso é um contrato em que os custos inevitáveis de satisfazer as obrigações do contrato excedem os benefícios econômicos que se esperam sejam recebidos ao longo do mesmo contrato.

17.2 Provisão e Outros Passivos

As provisões podem ser distintas de outros Passivos tais como contas a pagar e Passivos derivados de apropriações por competência (accruals) porque há incerteza sobre o prazo ou o valor do desembolso futuro necessário para a sua liquidação. Por contraste:

a) As contas a pagar são Passivos a pagar por conta de bens ou serviços fornecidos ou recebidos e que tenham sido faturados ou formalmente acordados com o fornecedor; e;

b) Os Passivos derivados de apropriações por competência (accruals) são Passivos a pagar por bens ou serviços fornecidos ou recebidos, mas que não tenham sido pagos, faturados ou formalmente acordados com o fornecedor, incluindo valores devidos a empregados (por exemplo, valores relacionados com pagamento de férias). Embora algumas vezes seja necessário estimar o valor ou prazo desses Passivos, a incerteza é geralmente muito menor do que nas provisões.

Os Passivos derivados de apropriação por competência (*accruals*) são frequentemente divulgados como parte das contas a pagar, enquanto as provisões são divulgadas separadamente.

17.3 Relação entre provisão e Passivo Contingente

Em sentido geral, todas as provisões são contingentes porque são incertas quanto ao seu prazo ou valor. Porém, no CPC 25 o termo "contingente" é usado para Passivos e Ativos que não sejam reconhecidos porque a sua existência somente será confirmada pela ocorrência ou não de um ou mais eventos futuros incertos não totalmente sob o controle da entidade. Adicionalmente, o termo Passivo Contingente é usado para Passivos que não satisfaçam os critérios de reconhecimento.

O CPC 25 distingue entre:

a) Provisões – que são reconhecidas como Passivo (presumindo-se que possa ser feita uma estimativa confiável) porque são obrigações presentes e é provável que uma saída de recursos que incorporam benefícios econômicos seja necessária para liquidar a obrigação; e

b) Passivos Contingentes – que não são reconhecidos como Passivo porque são:

i) obrigações possíveis, visto que ainda há de ser confirmado se a entidade tem ou não uma obrigação presente que possa conduzir a uma saída de recursos que incorporam benefícios econômicos, ou

ii) obrigações presentes que não satisfazem os critérios de reconhecimento (porque não é provável que seja necessária uma saída de recursos que incorporem benefícios econômicos para liquidar a obrigação, ou não pode ser feita uma estimativa suficientemente confiável do valor da obrigação).

17.4 Reconhecimento de uma Provisão

Uma provisão deve ser reconhecida quando:

a) A entidade tem uma obrigação presente (legal ou não formalizada) como resultado de evento passado;

b) Seja provável que será necessária uma saída de recursos que incorporam benefícios econômicos para liquidar a obrigação; e

c) Possa ser feita uma estimativa confiável do valor da obrigação.

17.5 Uso de Provisão

Uma provisão deve ser usada somente para os desembolsos para os quais a provisão foi originalmente reconhecida.

Somente os desembolsos que se relacionem com a provisão original são compensados com a mesma provisão. Reconhecer os desembolsos contra uma provisão que foi originalmente reconhecida para outra finalidade esconderia o impacto de dois eventos diferentes.

17.6 Mensuração Melhor Estimativa

O valor reconhecido como provisão deve ser a melhor estimativa do desembolso exigido para liquidar a obrigação presente na data do balanço.

A melhor estimativa do desembolso exigido para liquidar a obrigação presente é o valor que a entidade racionalmente pagaria para liquidar a obrigação na data do balanço ou para transferi-la para terceiros nesse momento.

Ex.:

A entidade vende bens com uma garantia segundo a qual os clientes estão cobertos pelo custo da reparação de qualquer defeito de fabricação que se tornar evidente dentro dos primeiros seis meses após a compra. Se forem detectados defeitos menores em todos os produtos vendidos, a entidade irá incorrer em custos de reparação de 1 milhão. Se forem detectados defeitos maiores em todos os produtos vendidos, a entidade irá incorrer em custos de reparação de 4 milhões. A experiência passada da entidade e as expectativas futuras indicam que, para o próximo ano, 75 por cento dos bens vendidos não terão defeito, 20 por cento dos bens vendidos terão defeitos menores e 5 por cento dos bens vendidos terão defeitos maiores.

A entidade avalia a probabilidade de uma saída para as obrigações de garantias como um todo.

O valor esperado do custo das reparações é: (75% x 0) + (20% x $ 1 milhão) + (5% de $ 4 milhões) = $ 400.000.

17.7 Alienação Esperada de Ativo

Os ganhos na alienação esperada de Ativos não devem ser levados em consideração ao mensurar a provisão, mesmo se a alienação esperada estiver intimamente ligada ao evento que dá origem à provisão. Em vez disso, a entidade deve reconhecer ganhos nas alienações esperadas de Ativos no momento determinado pelo Pronunciamento Técnico que trata dos respectivos Ativos.

17.8 Reembolso

Quando se espera que algum ou todos os desembolsos necessários para liquidar uma provisão sejam reembolsados por outra parte, o reembolso deve ser reconhecido quando, e somente quando, for praticamente certo que o reembolso será recebido se a entidade liquidar a obrigação. O reembolso deve ser tratado como Ativo separado. O valor reconhecido para o reembolso não deve ultrapassar o valor da provisão.

Na demonstração do resultado, a despesa relativa a uma provisão pode ser apresentada líquida do valor reconhecido de reembolso.

Algumas vezes, a entidade é capaz de esperar que outra parte pague parte ou todo o desembolso necessário para liquidar a provisão (por exemplo, por intermédio de contratos de seguro, cláusulas de indenização ou garantias de fornecedores). A outra parte pode reembolsar valores pagos pela entidade ou pagar diretamente os valores.

Na maioria dos casos, a entidade permanece comprometida pela totalidade do valor em questão de forma que a entidade teria que liquidar o valor inteiro se a terceira parte deixasse de efetuar o pagamento por qualquer razão. Nessa situação, é reconhecida uma provisão para o valor inteiro do Passivo e é reconhecido um Ativo separado pelo reembolso esperado, desde que seu recebimento seja praticamente certo se a entidade liquidar o Passivo.

Em alguns casos, a entidade não está comprometida pelos custos em questão se a terceira parte deixar de efetuar o pagamento. Nesse caso, a entidade não tem nenhum Passivo relativo a esses custos, não sendo assim incluídos na provisão.

17.9 Mudança na Provisão

As provisões devem ser reavaliadas em cada data de balanço e ajustadas para refletir a melhor estimativa corrente. Se já não for mais provável que seja necessária uma saída de recursos que incorporam benefícios econômicos futuros para liquidar a obrigação, a provisão deve ser revertida.

Lançamento

Constituição da provisão: D- Despesa C- Provisão	Reversão da provisão: D- Provisão C- Receita

Quando for utilizado o desconto a valor presente, o valor contábil da provisão aumenta a cada período para refletir a passagem do tempo. Esse aumento deve ser reconhecido como despesa financeira.

17.10 Divulgação

Para cada classe de provisão, a entidade deve divulgar:

(a)o valor contábil no início e no fim do período;

(b) provisões adicionais feitas no período, incluindo aumentos nas provisões existentes;

(c) valores utilizados (ou seja, incorridos e baixados contra a provisão) durante o período;

(d) valores não utilizados revertidos durante o período; e

(e) o aumento durante o período no valor descontado a valor presente proveniente da passagem do tempo e o efeito de qualquer mudança na taxa de desconto.

Não é exigida informação comparativa.

17.11 Passivo Contingente

A entidade não deve reconhecer um Passivo Contingente.

O Passivo Contingente é divulgado em nota explicativa, a menos que seja remota a possibilidade de uma saída de recursos que incorporam benefícios econômicos.

Os Passivos Contingentes podem desenvolver-se de maneira não inicialmente esperada. Por isso, são periodicamente avaliados para determinar se uma saída de recursos que incorporam benefícios econômicos se tornou provável. Se for provável que uma saída de benefícios econômicos futuros for exigida para um item previamente tratado como Passivo Contingente, a provisão deve ser reconhecida nas demonstrações contábeis do período no qual ocorre a mudança na estimativa da probabilidade (exceto em circunstâncias extremamente raras, em que nenhuma estimativa suficientemente confiável possa ser feita).

A menos que seja remota a possibilidade de ocorrer qualquer desembolso na liquidação, a entidade deve divulgar, para cada classe de Passivo Contingente na data do balanço, uma breve descrição da natureza do Passivo Contingente e, quando praticável:

a) A estimativa do seu efeito financeiro;
b) A indicação das incertezas relacionadas ao valor ou momento de ocorrência de qualquer saída; e
c) A possibilidade de qualquer reembolso.

17.12 Ativo Contingente

A entidade não deve reconhecer um Ativo Contingente.

Os Ativos Contingentes surgem normalmente de evento não planejado ou de outros não esperados que dão origem à possibilidade de entrada de benefícios econômicos para a entidade. Um exemplo é uma reivindicação que a entidade esteja reclamando por meio de processos legais, em que o desfecho seja incerto.

Os Ativos Contingentes não são reconhecidos nas demonstrações contábeis, uma vez que existe a possibilidade de que se trate de resultado que nunca venha a ser realizado. Porém, quando a realização do ganho é praticamente certa, então o Ativo relacionado não é um Ativo Contingente, e o seu reconhecimento é adequado.

O Ativo Contingente é divulgado em nota explicativa, quando for provável a entrada de benefícios econômicos.

Os Ativos Contingentes são avaliados periodicamente para garantir que os desenvolvimentos sejam apropriadamente refletidos nas demonstrações contábeis. Se for praticamente certo que ocorrerá uma entrada de benefícios econômicos, o Ativo e o correspondente ganho são reconhecidos nas demonstrações contábeis do período em que ocorrer a mudança de estimativa. Se a entrada de benefícios econômicos se tornar provável, a entidade divulga o Ativo Contingente.

17.13 Perda Operacional Futura

Provisões para perdas operacionais futuras não devem ser reconhecidas.

As perdas operacionais futuras não satisfazem à definição de Passivo, nem os critérios gerais de reconhecimento.

A expectativa de perdas operacionais futuras é uma indicação de que certos Ativos da unidade operacional podem não ser recuperáveis. A entidade deve testar esses Ativos quanto à recuperabilidade segundo o Pronunciamento Técnico CPC 01 – Redução ao Valor Recuperável de Ativo.

PROVISÃO E PASSIVO CONTINGENTE

São caracterizados em situações nas quais, como resultado de eventos passados, pode haver uma saída de recursos envolvendo benefícios econômicos futuros na liquidação de: (a) obrigação presente; ou (b) obrigação possível cuja existência será confirmada apenas pela ocorrência ou não de um ou mais eventos futuros incertos não totalmente sob controle da entidade.		
Há obrigação presente que provavelmente requer uma saída de recursos.	Há obrigação possível ou obrigação presente que pode requerer (mas provavelmente não irá requerer) uma saída de recursos.	Há obrigação possível ou obrigação presente cuja probabilidade de uma saída de recursos é remota.
A provisão é reconhecida.	Nenhuma provisão é reconhecida.	Nenhuma provisão é reconhecida.
Divulgação é exigida para a provisão.	Divulgação é exigida para o Passivo Contingente.	Nenhuma divulgação é exigida.

ATIVO CONTINGENTE

São caracterizados em situações nas quais, como resultado de eventos passados, há um Ativo possível cuja existência será confirmada apenas pela ocorrência ou não de um ou mais eventos futuros incertos não totalmente sob controle da entidade.		
A entrada de benefícios econômicos é praticamente certa.	A entrada de benefícios econômicos é provável, mas não praticamente certa.	A entrada não é provável.
O Ativo não é contingente.	Nenhum Ativo é reconhecido.	Nenhum Ativo é reconhecido.
	Divulgação é exigida.	Nenhuma divulgação é exigida.

MEMORIZAR

Ativo Contingente		
Praticamente Certa	Provável	Remota
Ativo Registra no B.P	Não registra no B.P Não divulga em N.E	Não registra no B.P Divulga em N.E

Obs.: se a entrada de benefício econômico gerada pelo Ativo for praticamente certa, então o bem ou valor relacionado não correspondem a um Ativo Contingente, e sim a um Ativo. Por isso, em tal hipótese, o ganho e o Ativo correspondente devem ser reconhecidos contabilmente.

Provisões p/ Contingências		
Provável	Possível	Remota
Não registra no B.P Divulga em N.E	Não registra no B.P Não divulga em N.E	Registra no B.P Divulga em N.E

Questões

01. (CESPE – 2018) Os ativos contingentes não devem ser objeto de reconhecimento pela contabilidade.

Certo ( ) Errado ( )

02. (CESPE – 2018) Com relação ao tratamento contábil, um passivo contingente com "probabilidade possível" de saída de recursos deve ser reconhecido no passivo, na conta de provisões.

Certo ( ) Errado ( )

03. (CESPE – 2018) Com relação ao tratamento contábil, um passivo contingente com "probabilidade possível" de saída de recursos deve ser divulgado em notas explicativas.

Certo ( ) Errado ( )

04. (CESPE – 2018) Com relação ao tratamento contábil, um passivo contingente com "probabilidade possível" de saída de recursos deve ser reconhecido no passivo, na conta de ajustes de avaliação patrimonial.

Certo ( ) Errado ( )

05. (CESPE – 2018) Um técnico tributário, ao analisar ações judiciais nas quais a empresa XYZ S.A. figura como ré, identificou um processo decorrente de uma autuação fiscal no valor total de R$ 1.000.000 e cujo julgamento final estava próximo. Considerando que a perda do processo pela XYZ S.A. era provável, os advogados da empresa e peritos independentes estimaram quatro cenários de probabilidades de desembolsos futuros, como mostra o quadro seguinte.

cenário	desembolso	probabilidade
1	R$ 1.000.000	5%
2	R$ 800.000	70%
3	R$ 500.000	10%
4	R$ 300.000	15%

Nesse caso, a empresa XYZ S.A. deverá reconhecer uma provisão de R$ 800.000.

Certo ( ) Errado ( )

Gabaritos

01	CERTO
02	ERRADO
03	CERTO
04	ERRADO
05	CERTO

18. CPC 28 – PROPRIEDADE PARA INVESTIMENTO

18.1 Conceitos

Propriedade para Investimento é a propriedade (terreno ou edifício - ou parte de edifício - ou ambos) mantida (pelo proprietário ou pelo arrendatário em arrendamento financeiro):

- Para auferir aluguel,

- Para valorização do capital, ou

- Para ambas;

e não para:

> Uso na produção ou fornecimento de bens ou serviços ou para finalidades administrativas, ou

> Venda no curso ordinário do negócio.

Obs.: nesse conceito, incluem-se não só os imóveis próprios, mas também os mantidos pelo arrendatário em arrendamento financeiro.

Propriedade para Investimento	ANC/Investimento	auferir aluguel
		valorização do capital
		para ambas

Propriedade ocupada pelo proprietário é a propriedade mantida (pelo proprietário ou pelo arrendatário sob arrendamento financeiro) para uso na produção ou fornecimento de bens ou serviços ou para finalidades administrativas.

Propriedade ocupada pelo proprietário	ANC/Imobilizado	uso na produção ou fornecimento de bens ou serviços
		finalidades administrativas

18.2 Classificação de Propriedade como Propriedade para Investimento ou Propriedade Ocupada pelo Proprietário

Uma propriedade que seja mantida por arrendatário sob arrendamento operacional pode ser classificada e contabilizada como propriedade para investimento se, e apenas se, a propriedade iria de outra forma satisfazer à definição de propriedade para investimento e o arrendatário usar o método do valor justo para o Ativo reconhecido.

Essa alternativa de classificação deve ser analisada propriedade a propriedade. Entretanto, uma vez escolhida essa alternativa de classificação para um interesse em propriedade desse gênero mantido sob arrendamento operacional, todas as propriedades classificadas como propriedade para investimento devem ser contabilizadas usando o método do valor justo.

As **propriedades para investimento** são mantidas para obter rendas ou para valorização do capital ou para ambas, e por isso classificadas no subgrupo I**nvestimentos, dentro do Ativo Não Circulante**. Por isso, uma propriedade para investimento gera **fluxos de caixa altamente independentes dos outros Ativos mantidos pela entidade**. Isso distingue as propriedades para investimento de propriedades ocupadas pelos proprietários.

A produção ou fornecimento de bens ou serviços (ou o uso de propriedades para finalidades administrativas) gera **fluxos de caixa que são atribuíveis não apenas às propriedades, mas também a outros Ativos** usados no processo de produção ou de fornecimento. O Pronunciamento Técnico CPC 27 - **Ativo Imobilizado aplica-se a propriedades ocupadas pelos proprietários**.

18.2.1 Características das Propriedades para Investimento

a) São mantidas para obter rendas ou para valorização do capital ou para ambas.

b) São classificadas no subgrupo Investimentos, dentro do Ativo Não Circulante.

c) Uma propriedade para investimento gera fluxos de caixa altamente independentes dos outros Ativos mantidos pela entidade.

O que se segue são exemplos de **propriedades para investimento**:

a) Terrenos mantidos para valorização de capital a longo prazo e não para venda a curto prazo no curso ordinário dos negócios;

b) Terrenos mantidos para futuro uso correntemente indeterminado (se a entidade não tiver determinado que usará o terreno como propriedade ocupada pelo proprietário ou para venda a curto prazo no curso ordinário do negócio, o terreno é considerado como mantido para valorização do capital);

c) Edifício que seja propriedade da entidade (ou mantido pela entidade em arrendamento financeiro) e que seja arrendado sob um ou mais arrendamentos operacionais;

d) Edifício que esteja desocupado, mas mantido para ser arrendado sob um ou mais arrendamentos operacionais;

e) Propriedade que esteja sendo construída ou desenvolvida para futura utilização como propriedade para investimento.

Seguem-se exemplos de itens que n**ão são propriedades para investimento**, estando, por isso, fora do alcance deste Pronunciamento:

a) Propriedade destinada à venda no decurso ordinário das atividades ou em vias de construção ou desenvolvimento para tal venda (CPC 16 - Estoques), como, por exemplo, propriedade adquirida exclusivamente com vista à alienação subsequente no futuro próximo ou para desenvolvimento e revenda;

b) Propriedade em construção ou desenvolvimento por conta de terceiros (CPC 17 - Contratos de Construção);

c) Propriedade ocupada pelo proprietário (ver Pronunciamento Técnico CPC 27), incluindo (entre outras coisas) propriedade mantida para uso futuro como propriedade ocupada pelo proprietário, propriedade mantida para desenvolvimento futuro e uso subsequente como propriedade ocupada pelo proprietário, propriedade ocupada por empregados (paguem ou não aluguéis a taxas de mercado) e propriedade ocupada pelo proprietário no aguardo de alienação;

d) (eliminado);

e) Propriedade que é arrendada a outra entidade sob arrendamento financeiro.

Algumas propriedades compreendem uma parte que é mantida para obter rendimentos ou para valorização de capital e outra parte que é mantida para uso na produção ou fornecimento de bens ou serviços ou para finalidades administrativas. Se essas partes puderem ser vendidas separadamente (ou arrendadas separadamente sob arrendamento financeiro), a entidade contabiliza as partes separadamente.

Se as partes não puderem ser vendidas separadamente, a propriedade só é propriedade para investimento se uma parte insignificante for mantida para uso na produção ou fornecimento de bens ou serviços ou para finalidades administrativas.

Se a entidade proporciona serviços de apoio aos ocupantes da propriedade que ela mantém, deve tratá-la como propriedade para investimento se os serviços forem insignificantes em relação ao acordo como um todo.

Se os serviços prestados são significativos, a propriedade é propriedade ocupada pelo proprietário e não propriedade para investimento.

A entidade proporciona serviços de apoio aos ocupantes da propriedade que ela mantém	
Serviços insignificantes em relação ao acordo como um todo.	Serviços significantes em relação ao acordo como um todo.
Propriedade para investimento.	Propriedade é propriedade ocupada pelo proprietário/ Imobilizado.

Em alguns casos, a entidade possui propriedade que está arrendada e ocupada por sua controladora ou por outra controlada. A propriedade não se qualifica como propriedade para investimento nas demonstrações contábeis consolidadas, porque a propriedade está ocupada pelo proprietário sob a perspectiva do grupo. Porém, da perspectiva da entidade que a possui, tal propriedade é propriedade para investimento. Por isso, o arrendador trata a propriedade como propriedade para investimento nas suas demonstrações contábeis individuais.

18.3 Reconhecimento

A propriedade para investimento deve ser reconhecida como Ativo quando, e apenas quando:

> For provável que os benefícios econômicos futuros associados à propriedade para investimento fluirão para a entidade; e

> O custo da propriedade para investimento possa ser mensurado confiavelmente.

A entidade não reconhece no valor contábil da propriedade para investimento os custos de serviços diários da propriedade. Pelo contrário, esses custos são reconhecidos na demonstração do resultado quando incorridos. Os custos de serviços diários são basicamente os custos da mão de obra e dos bens consumíveis, e podem incluir o custo de pequenas peças. A finalidade dessas despesas é muitas vezes descrita como sendo para "reparo e manutenção" da propriedade.

Partes de propriedades para investimento podem ter sido adquiridas por substituição. Por exemplo, as paredes interiores podem ser substituições das paredes originais. Segundo o princípio do reconhecimento, a entidade reconhece, no valor contábil de propriedade para investimento, o custo da parte de substituição da propriedade para investimento existente no momento em que o custo é incorrido se os critérios de reconhecimento forem cumpridos. O valor contábil das partes que são substituídas é baixado de acordo com as disposições de baixa deste Pronunciamento.

18.4 Mensuração no Reconhecimento

A propriedade para investimento deve ser inicialmente mensurada pelo seu custo. Os custos de transação devem ser incluídos na mensuração inicial.

O custo de uma propriedade para investimento comprada compreende o seu preço de compra e qualquer dispêndio diretamente atribuível. Os dispêndios diretamente atribuíveis incluem, por exemplo, as remunerações profissionais de serviços legais, impostos de transferência de propriedade e outros custos de transação.

O custo de uma propriedade para investimento não é aumentado por:

> Custos de início de atividades (start-up) (a não ser que sejam necessários para trazer a propriedade à condição necessária para que seja capaz de funcionar da forma pretendida pela administração).

> Perdas operacionais incorridas antes de a propriedade para investimento ter atingido o nível de ocupação previsto; ou

> Quantidades anormais de material, mão de obra ou outros recursos consumidos incorridos na construção ou desenvolvimento da propriedade.

Se o pagamento de uma propriedade para investimento for a prazo, o seu custo é o equivalente ao valor à vista. A diferença entre esta quantia e os pagamentos totais é reconhecida como despesa financeira durante o período do crédito.

18.4.1 Mensuração Após o Reconhecimento Inicial

A entidade deve escolher como sua política contábil de mensuração após o reconhecimento inicial de propriedade para investimento um dos seguintes métodos:

> Método do valor justo; ou
> Método do custo.

18.4.2 Método do Valor Justo

Após o reconhecimento inicial, a entidade que escolhe o método do valor justo deve mensurar todas as suas propriedades para investimento pelo valor justo, exceto se não puder ser determinado de forma confiável.

Quando um interesse em propriedade mantido por arrendatário em arrendamento operacional for classificado como propriedade para investimento deixa de ser opcional; o método do valor justo deve ser aplicado.

O ganho ou a perda proveniente de alteração no valor justo de propriedade para investimento deve ser reconhecido no **resultado do período** em que ocorra.

Ao determinar o valor justo da propriedade para investimento, a entidade não conta duplamente Ativos ou Passivos que estejam reconhecidos como Ativos ou Passivos separados.

Por exemplo:

> Equipamento, tal como elevador ou ar-condicionado, é muitas vezes uma parte integrante de edifício e está geralmente incluído no valor justo da propriedade para investimento, não sendo reconhecido separadamente como Ativo Imobilizado;
> Se o escritório for arrendado mobiliado, o valor justo do escritório inclui geralmente o valor justo da mobília, porque o lucro das rendas se relaciona com o escritório mobiliado.

Quando a mobília for incluída no valor justo da propriedade para investimento, a entidade não reconhece a mobília como Ativo separado;

> O valor justo da propriedade para investimento exclui o lucro do arrendamento operacional acrescido ou pago antecipadamente, porque a entidade o reconhece como Passivo ou Ativo separado;
> O valor justo da propriedade para investimento mantida em arrendamento reflete os fluxos de caixa esperados (incluindo a receita contingente que se espera que se torne pagável).

18.4.3 Método de Custo

Após o reconhecimento inicial, a entidade que escolher o método do custo deve mensurar todas as suas propriedades para investimento de acordo com os requisitos do Pronunciamento Técnico CPC 27 para esse método, exceto aquelas que satisfaçam os critérios de classificação como mantidas para venda (ou que estejam incluídas em grupo para alienação que esteja classificado como mantido para venda) de acordo com o Pronunciamento Técnico CPC 31 – Ativo Não Circulante Mantido para Venda e Operação Descontinuada.

18.5 Transferência

As transferências *para* ou *de* propriedades para investimento devem ser feitas quando, e apenas quando, houver alteração de uso, evidenciada pelo seguinte:

a) Início de ocupação pelo proprietário, para transferência de propriedade para investimento para propriedade ocupada pelo proprietário;
b) Início de desenvolvimento com objetivo de venda, para transferência de propriedade para investimento para estoque;
c) Fim de ocupação pelo proprietário, para transferência de propriedade ocupada pelo proprietário para propriedade para investimento;
d) Começo de arrendamento operacional para outra entidade, para transferência de estoques para propriedade para investimento; ou
e) (eliminado).

A entidade **deve transferir a propriedade de propriedade para investimento para estoque** quando, e apenas quando, houver uma **alteração no uso, evidenciada pelo começo de desenvolvimento com ao objetivo de venda**. Quando a entidade decidir **alienar** a propriedade para investimento **sem desenvolvimento**, ela **continua a tratar a propriedade como propriedade para investimento até que seja baixada**.

Quando a entidade usar o método do custo, as transferências entre propriedades para investimento, propriedades ocupadas pelo proprietário e estoque não alteram o valor contábil da propriedade transferida e não alteram o custo dessa propriedade para finalidades de mensuração ou divulgação.

Para a **transferência de propriedade para investimento escriturada pelo valor justo para propriedade ocupada pelo proprietário ou para estoque, o custo considerado** da propriedade para subsequente contabilização de acordo com o Pronunciamento Técnico CPC 27 ou o CPC 16 deve ser **o seu valor justo à data da alteração** de uso.

Se o **imóvel ocupado pelo proprietário se tornar propriedade para investimento que seja escriturada pelo valor justo**, a entidade deve aplicar o Pronunciamento Técnico CPC 27 até a data da alteração de uso. A entidade deve tratar qualquer diferença nessa data entre o valor contábil do imóvel de acordo com o Pronunciamento Técnico CPC 27 e o seu valor justo.

Até a data em que o imóvel ocupado pelo proprietário se torne propriedade para investimento escriturada pelo valor justo, a entidade deprecia a propriedade e reconhece quaisquer perdas por redução no valor recuperável (*impairment*) que tenham ocorrido. **A entidade trata qualquer diferença nessa data entre o valor contábil da propriedade e o seu valor justo da seguinte forma:**

a) Qualquer diminuição resultante no valor contábil da propriedade é reconhecida no resultado. Porém, até o ponto em que a quantia esteja incluída em reavaliação anteriormente procedida nessa propriedade, a diminuição é debitada contra esse excedente de reavaliação;

b) Qualquer aumento resultante no valor contábil é tratado como se segue:

> i) Até o ponto em que o aumento reverta perda anterior por ***impairment*** dessa propriedade, o aumento é reconhecido no resultado. A quantia reconhecida no resultado não pode exceder a quantia necessária para repor o valor contábil para o valor contábil que teria sido determinado (líquido de depreciação) caso nenhuma perda por ***impairment*** tivesse sido reconhecida;

> ii) Qualquer parte remanescente do aumento é creditada diretamente no Patrimônio Líquido, em ajustes de avaliação patrimonial, como parte dos outros resultados abrangentes. Na alienação subsequente da propriedade para investimento, eventual excedente de reavaliação incluído no Patrimônio Líquido deve ser transferido para lucros ou prejuízos acumulados, e a transferência do saldo remanescente excedente de avaliação também se faz diretamente para lucros ou prejuízos acumulados, e não por via da demonstração do resultado.

Para uma transferência **de estoque para propriedade para investimento que seja escriturada pelo valor justo**, qualquer diferença entre o valor justo da propriedade nessa data e o seu valor contábil anterior deve ser **reconhecida no resultado.**

18.6 Alienação

A propriedade para investimento deve ser baixada (eliminada do balanço patrimonial) na alienação ou quando a propriedade para investimento for permanentemente retirada de uso e nenhum benefício econômico for esperado da sua alienação.

A alienação de propriedade para investimento pode ser alcançada pela venda ou pela celebração de arrendamento financeiro.

Ganhos ou perdas provenientes da retirada ou alienação de propriedades para investimento devem ser determinados como a diferença entre os valores líquidos da alienação e o valor contábil do Ativo e devem ser reconhecidos no resultado no período da retirada ou da alienação.

Questões

01. (FCC – 2018) As propriedades para investimento devem ser inicialmente mensuradas pelo seu custo. Os custos de transação devem ser incluídos na mensuração inicial.

Certo ( ) Errado ( )

02. (FCC – 2018) Para propriedades para investimento mensuradas ao valor justo, as alterações no seu valor justo devem ser reconhecidas no resultado do período se for perda e no patrimônio líquido se for ganho.

Certo ( ) Errado ( )

03. (FCC – 2018) As entidades devem mensurar o valor justo das propriedades para investimento, mesmo escolhendo o método de custo para fins de mensuração, uma vez que precisa divulgar esta informação para estas propriedades.

Certo ( ) Errado ( )

Gabaritos

01	CERTO
02	ERRADO
03	CERTO

19. CPC 31 - ATIVO NÃO CIRCULANTE MANTIDO PARA VENDA E OPERAÇÃO DESCONTINUADA

19.1 Definições

Ativo Não Circulante mantido para venda é aquele cujo valor contábil será recuperado, principalmente, por meio de transação de venda em vez do uso contínuo. Em regra, é um elemento patrimonial classificado como investimento, imobilizado ou intangível cuja mudança de destinação provoca sua reclassificação para o **Ativo Circulante**.

Operação descontinuada é o componente da entidade que tenha sido alienado ou esteja classificado como mantido para venda e:

(a) representa uma importante linha separada de negócios ou área geográfica de operações;

(b) é parte integrante de um único plano coordenado para vender uma importante linha separada de negócios ou área geográfica de operações; ou

(c) é uma controlada adquirida exclusivamente com o objetivo de revenda.

Grupo de Ativos mantido para venda (colocado à venda) é um grupo de Ativos a ser alienado, por venda ou de outra forma, em conjunto como um grupo de Ativos em uma só transação, e Passivos diretamente associados a esses Ativos que serão transferidos na transação. O grupo de Ativos inclui ágio por expectativa de rentabilidade futura (*goodwill*) adquirido em combinação de negócios se o grupo de Ativos for uma unidade geradora de caixa à qual tenha sido alocado ágio (*goodwill*) de acordo com o Pronunciamento Técnico CPC 01 - Redução ao Valor Recuperável de Ativos ou se for uma operação dentro dessa unidade geradora de caixa.

19.2 Objetivo

O objetivo deste Pronunciamento Técnico é estabelecer a contabilização de Ativos Não Circulantes mantidos para venda (colocados à venda) e a apresentação e a divulgação de operações descontinuadas. Em particular, o Pronunciamento exige que os Ativos que satisfazem aos critérios de classificação como mantidos para venda sejam:

(a) Mensurados pelo menor entre o valor contábil até então registrado e o valor justo menos as despesas de venda, e que a depreciação ou a amortização desses Ativos cesse;

(b) Apresentados separadamente no balanço patrimonial e que os resultados das operações descontinuadas sejam apresentados separadamente na demonstração do resultado.

19.3 Alcance

Os requisitos de classificação e de apresentação deste Pronunciamento Técnico aplicam-se a todos os Ativos Não Circulantes reconhecidos e a todos os grupos de Ativos mantidos para venda da entidade. Os requisitos de mensuração deste Pronunciamento aplicam-se a todos os Ativos Não Circulantes reconhecidos e aos grupos de Ativos mantidos para venda, com exceção dos Ativos listados a seguir, que devem continuar a ser mensurados de acordo com os pronunciamentos específicos aplicáveis.

Os Ativos classificados como não circulantes, não devem ser reclassificados para Ativos Circulantes enquanto não satisfizerem aos critérios de classificação como mantidos para venda de acordo com este Pronunciamento.

As regras de mensuração deste Pronunciamento não se aplicam aos Ativos listados a seguir, os quais são abrangidos pelos Pronunciamentos Técnicos indicados, seja como Ativos individuais, seja como parte de grupo de Ativos mantido para venda:

(a) imposto de renda diferido Ativo (Pronunciamento Técnico CPC 32 – Tributos sobre o Lucro);

(b) Ativos provenientes de benefícios a empregados (Pronunciamento Técnico CPC 33 – Benefícios a Empregados);

(c) Ativos financeiros no alcance do Pronunciamento Técnico CPC 38 - Instrumentos Financeiros: Reconhecimento e Mensuração;

(d) Ativos Não Circulantes que sejam contabilizados de acordo com o valor justo nos termos do Pronunciamento Técnico CPC 28 - Propriedade para Investimento;

(e) Ativos Não Circulantes que sejam mensurados pelo valor justo menos as despesas estimadas no ponto de venda, de acordo com o Pronunciamento Técnico CPC 29 – Ativo Biológico e Produto Agrícola;

(f) direitos contratuais de acordo com contratos de seguro tal como definido no Pronunciamento Técnico CPC 11 - Contratos de Seguro.

Obs.: a classificação, a apresentação e a mensuração requeridas neste Pronunciamento Técnico aplicáveis a Ativo Não Circulante (ou grupo de Ativos) classificado como mantido para venda também se aplicam a Ativo Não Circulante (ou grupo de Ativos) que seja classificado como destinado a ser distribuído aos sócios na sua condição de proprietários (mantido para distribuição aos proprietários).

19.4 Classificação de Ativo não Circulante como Mantido para Venda

A entidade deve classificar um Ativo Não Circulante **como mantido para venda** se o seu valor contábil vier a ser recuperado, principalmente, por meio de transação de **venda em vez do uso contínuo**.

Para que esse seja o caso, o Ativo ou o grupo de Ativos mantido para venda deve estar disponível para **venda imediata** em suas condições atuais, sujeito apenas aos termos que sejam habituais e costumeiros para venda de tais Ativos mantidos para venda. Com isso, a sua **venda deve ser altamente provável.**

Ex.:

A entidade está comprometida com o plano de venda do prédio de sua sede e iniciou ações para localizar um comprador.

(a) A entidade pretende transferir o prédio a um comprador após desocupá-lo. O tempo necessário para desocupar o prédio é usual e habitual para vendas desse tipo de Ativo.

O bem estará disponível para venda imediata na data de adesão ao plano.

(b) A entidade continua a usar o prédio até que a construção de novo prédio sede seja concluída. A entidade não pretende transferir o prédio existente a um comprador até que a construção do novo prédio seja concluída (e ela desocupar o prédio existente). O atraso no momento da transferência do prédio existente imposto pela entidade (vendedor) demonstra que o prédio não está disponível para venda imediata. O critério não seria cumprido até que a construção do novo prédio esteja concluída, mesmo se um compromisso firme de compra para a transferência futura do prédio existente for obtido antecipadamente.

Para que a **venda** seja **altamente provável**, o **nível hierárquico de gestão apropriado deve estar comprometido com o plano de venda do Ativo**, e deve ter sido **iniciado um programa firme para localizar um comprador e concluir o plano**. Além disso, o Ativo mantido para venda deve ser efetivamente colocado à venda por preço que seja razoável em relação ao seu valor justo corrente. Ainda, deve-se esperar que a venda se qualificasse como **concluída em até um ano a partir da data da classificação**, com exceção do que é permitido pelo parágrafo seguinte, e as ações necessárias para concluir o plano devem indicar que é improvável que possa haver alterações significativas no plano ou que o plano possa ser abandonado.

Acontecimentos ou circunstâncias podem estender o período de conclusão da venda para além de um ano. A extensão do período durante o qual se exige que a venda seja concluída não impede que o Ativo seja classificado como mantido para venda se o atraso for causado por acontecimentos ou circunstâncias fora do controle da entidade e se houver evidência suficiente de que a entidade continua comprometida com o seu plano de venda do Ativo.

Ex.:

A entidade está comprometida com o plano de venda de Ativo Não Circulante e classifica o Ativo como mantido para venda nessa data.

(a) Durante o período inicial de um ano, as condições de mercado que existiam na data em que o Ativo foi classificado inicialmente como mantido para venda deterioraram-se e, como resultado, o Ativo não é vendido até o fim desse período. Durante esse período, a entidade solicitou ativamente, mas não recebeu nenhuma oferta razoável para comprar o Ativo e, em resposta, reduziu o preço. O Ativo continua a ser ativamente negociado a um preço que é razoável, considerando as mudanças nas condições de mercado. No final do período inicial de um ano, o Ativo continuaria a ser classificado como mantido para venda.

(b) Durante o período seguinte de um ano, as condições de mercado se deterioram ainda mais e o Ativo não é vendido até o final desse período. A entidade acredita que as condições de mercado melhorarão e não mais reduziu o preço do Ativo. O Ativo continua a ser mantido para venda, porém a um preço acima de seu valor justo atual. Nessa situação, a ausência de uma redução de preço demonstra que o Ativo não está disponível para venda imediata. Portanto, as condições para uma exceção, não seriam cumpridas. O Ativo seria reclassificado como mantido.

Se os critérios para classificação do Ativo Não Circulante como mantido para venda forem satisfeitos após a data do balanço, a entidade não deve classificar o Ativo Não Circulante ou o grupo de Ativos mantido para venda como tais nessas demonstrações contábeis quando forem divulgadas. Contudo, quando esses critérios forem satisfeitos após a data de balanço, mas antes da autorização para emissão das demonstrações contábeis, a entidade deve divulgar informação específica nas notas explicativas.

O Ativo Não Circulante (ou grupo de Ativos) é classificado como mantido para **distribuição aos sócios** quando a entidade está comprometida para distribuir esse Ativo (ou grupo de Ativos) aos proprietários. Para isso é necessário que os Ativos estejam disponíveis para imediata distribuição na sua condição atual e que a distribuição seja altamente provável. Para essa distribuição ser altamente provável, ações para completar a distribuição devem já ter sido iniciadas e deve estar presente a expectativa de serem completadas dentro de um ano a partir da classificação.

Ações requeridas para completar a distribuição devem indicar não ser provável que mudanças significativas na distribuição sejam feitas ou que a distribuição virá a não ser feita. A probabilidade da aprovação dos sócios (se requerida legal ou estatutariamente) deve ser considerada como fator na verificação de ser a distribuição classificável como altamente provável.

19.5 Ativo não Circulante a ser Baixado

A entidade não deve classificar como mantido para venda o Ativo Não Circulante ou o grupo de Ativos destinado a ser baixado. Isso se deve ao fato de o seu valor contábil ser recuperado principalmente por meio do uso contínuo. Contudo, se o grupo de Ativos classificado como mantido para venda que será baixado for uma operação descontinuada, entidade deve apresentar os resultados como um montante único na Demonstração do Resultado, e deve evidenciar os fluxos de caixa líquidos do Ativo mantido para venda como operações descontinuadas, na data na qual ele deixar de ser usado.

Ex.:

Em outubro de 20x5, uma entidade decide abandonar todas as suas fábricas de fiação de algodão, que constituem uma importante linha de negócios. Todos os trabalhos são paralisados nas fábricas de fiação de algodão durante o ano encerrado em 31 de dezembro de 20x6. Nas demonstrações contábeis do exercício encerrado em 31 de dezembro de 20x5, os resultados e os fluxos de caixa das fábricas de fiação de algodão são tratados como operações em continuidade. Nas demonstrações contábeis do exercício encerrado em 31 de dezembro de 20x6, os resultados e os fluxos de caixa das fábricas de fiação de algodão são tratados como operações descontinuadas.

Os Ativos Não Circulantes a serem baixados incluem Ativos que devem ser usados até o final da sua vida econômica e Ativos Não Circulantes que devem ser fechados em vez de vendidos.

A entidade não deve contabilizar o Ativo Não Circulante que tenha sido temporariamente retirado de serviço como se tivesse sido baixado.

19.6 Mensuração de Ativo Não Circulante Mantido para Venda

A entidade deve mensurar o Ativo ou o grupo de Ativos Não Circulantes classificado como mantido para venda pelo **menor entre o seu valor contábil e o valor justo menos as despesas de venda.**

A entidade deve mensurar o Ativo Não Circulante (ou grupo de Ativos) mantido para distribuição aos sócios pelo menor entre seu valor contábil e seu valor justo diminuído das despesas de distribuição(*).

(*) Despesas de distribuição são as despesas incrementais diretamente atribuíveis à distribuição, excluídos as financeiras e os tributos sobre o lucro.

Quando se espera que a venda ocorra após um ano, a entidade deve mensurar as despesas de venda pelo valor presente. Qualquer aumento no valor presente das despesas de venda que resulte da passagem do tempo deve ser apresentado nos resultados como despesa financeira.

A entidade não deve depreciar (ou amortizar) o Ativo Não Circulante enquanto estiver classificado como mantido para venda ou enquanto fizer parte de grupo de Ativos classificado como mantido para venda. Os juros e os outros gastos atribuíveis aos Passivos de grupo de Ativos classificado como mantido para venda devem continuar a ser reconhecidos.

19.7 Reconhecimento de Perda por Redução ao Valor Recuperável e Reversão

A entidade deve reconhecer, nos termos do Pronunciamento Técnico CPC 01 – Redução ao Valor Recuperável de Ativos, a perda por redução ao valor recuperável relativamente a qualquer redução inicial ou posterior do Ativo ou do grupo de Ativo mantido para venda ao valor justo menos as despesas de venda.

A entidade deve reconhecer o ganho para qualquer aumento posterior no valor justo menos as despesas de venda de um Ativo, limitado à perda por redução ao valor recuperável acumulada que tenha sido reconhecida.

19.8 Alteração em Plano de Venda

Se a entidade tiver classificado um Ativo como mantido para venda ou como mantido para distribuição aos proprietários, mas os critérios já não estiverem mais satisfeitos, a entidade deve deixar de classificar o Ativo (ou grupo de Ativos) como mantido para venda ou como mantido para distribuição aos proprietários (respectivamente).

Se a entidade reclassificar um Ativo (ou grupo de Ativos) diretamente de mantido para venda para mantido para distribuição aos proprietários, ou diretamente de mantido para distribuição aos proprietários para mantido para venda, então, a mudança na classificação deve ser considerada como continuação do plano original de alienação. A entidade:

(a) **não** deve seguir a orientação para Ativos que deixaram de ser classificados como mantido para venda. A entidade deve aplicar os requisitos de classificação, apresentação e mensuração deste pronunciamento aplicáveis ao novo método de alienação;

(b) deve mensurar o Ativo Não Circulante (ou grupo de Ativos), pelo menor entre o seu valor contábil e o valor justo menos as despesas de venda e deve reconhecer qualquer redução ou aumento do valor justo menos as despesas de venda ou de distribuição do Ativo Não Circulante (ou grupo de Ativos), como perda ao valor recuperável ou reversão.

(c) não deve alterar a data da classificação. Isso não impede a extensão do período necessário para concluir a venda ou a distribuição aos proprietários.

A entidade deve mensurar o Ativo Não Circulante (ou grupo de Ativos) que deixar de ser classificado como mantido para venda ou como mantido para distribuição aos proprietários (ou deixar de ser incluído em grupo de Ativos classificado como mantido para venda ou como mantido para distribuição aos proprietários) pelo valor mais baixo entre:

(a) o seu valor contábil antes de o Ativo ou o grupo de Ativos ser classificado como mantido para venda (ou como mantido para distribuição aos proprietários), ajustado por qualquer depreciação, amortização ou reavaliação (se permitida legalmente) que teria sido reconhecida se o Ativo ou o grupo de Ativos não estivesse classificado como mantido para venda (ou como mantido para distribuição aos proprietários); e

(b) o seu montante recuperável à data da decisão posterior de não vender ou distribuir aos proprietários. (*) (Alterado pela Revisão CPC 08)

(*) Se o Ativo Não Circulante fizer parte de unidade geradora de caixa, o seu montante recuperável é o valor contábil que teria sido reconhecido após a alocação de qualquer perda por redução ao valor recuperável resultante dessa unidade geradora de caixa de acordo com o Pronunciamento Técnico CPC 01 – Redução ao Valor Recuperável de Ativos.

A entidade deve incluir no resultado qualquer ajuste exigido no valor contábil de Ativo Não Circulante que deixe de ser classificado como mantido para venda ou como mantido para distribuição aos proprietários (*) de operações em continuidade no período em que os critérios, já não estiverem mais satisfeitos.

Demonstrações contábeis relativas aos períodos desde a classificação como mantido para venda ou como mantido para distribuição aos proprietários devem ser alteradas se o Ativo Não Circulante que deixar de ser classificado como mantido para venda ou como mantido para distribuição aos proprietários for controlada, operação em conjunto, empreendimento controlado em conjunto, coligada, ou parcela de participação em empreendimento controlado em conjunto ou em coligada. A entidade deve apresentar esse ajuste na mesma linha da demonstração do resultado usada para apresentar o ganho ou a perda, se houver, deve ser incluído nos resultados das operações em continuidade.

(*) A não ser que o Ativo seja um imobilizado ou um intangível que tenha sido reavaliado (se permitido legalmente) de acordo com o Pronunciamento Técnico CPC 04 ou CPC 27 antes da classificação como mantido para venda, quando o ajuste deve ser tratado como acréscimo ou decréscimo da reavaliação. (Alterado pela Revisão CPC 03)

Se a entidade remover um Ativo ou um Passivo individual de um grupo de Ativos classificado como mantido para venda, os Ativos e os Passivos restantes do grupo de Ativos a ser vendido devem continuar a ser mensurados como um grupo de Ativos. Se a entidade remover um Ativo ou um Passivo individual de um grupo de Ativos classificado como mantido para distribuição aos proprietários, os Ativos e Passivos restantes do grupo de Ativos a serem distribuídos devem continuar a ser mensurados como grupo.

De outro modo, os Ativos Não Circulantes restantes do grupo de Ativos que satisfizerem individualmente aos critérios de classificação como mantidos para venda (ou como mantidos para distribuição aos proprietários) devem ser mensurados individualmente pelo menor valor entre os seus valores contábeis e os valores justos menos as despesas de venda (ou de distribuição) nessa data.

Quaisquer Ativos Não Circulantes que não satisfaçam aos critérios para serem mantidos para venda devem deixar de ser classificados como mantidos para venda.Os Ativos Não Circulantes que não cumpram com os critérios para serem mantidos para distribuição aos proprietários devem deixar de ser classificados como mantidos para distribuição aos proprietários.

19.9 Apresentação e Divulgação

A entidade deve apresentar e divulgar informação que permita aos usuários das demonstrações contábeis avaliarem os efeitos financeiros das operações descontinuadas e das baixas de Ativos Não Circulantes mantidos para venda.

19.9.1 Apresentação de Operação Descontinuada

Um componente da entidade compreende operações e fluxos de caixa que podem ser claramente distinguidos, operacionalmente e para fins de divulgação nas demonstrações contábeis, do resto da entidade. Em outras palavras, um componente da entidade terá sido uma unidade geradora de caixa ou um grupo de unidades geradoras de caixa enquanto mantido em uso.

Uma operação descontinuada é um componente da entidade que foi baixado ou está classificado como mantido para venda e

(a) representa uma importante linha separada de negócios ou área geográfica de operações;

(b) é parte integrante de um único plano coordenado para venda de uma importante linha separada de negócios ou área geográfica de operações; ou

(c) é uma controlada adquirida exclusivamente com o objetivo da revenda.

Devemos entender a diferença entre "Ativo Não Circulante mantido para venda" e "operações descontinuadas".

No primeiro caso, a empresa pode alienar alguns Ativos e substituir por outros novos. Não afeta a sua operação. Por exemplo, uma transportadora decide vender 20 caminhões que serão substituídos por veículos novos. Nesse caso, trata-se se Ativo Não Circulante mantido para venda.

No caso das operações descontinuadas, a empresa decide vender uma importante linha separada de negócios ou área geográfica de operações.

Por exemplo, uma transportadora decide não operar mais na região Norte. Por conta dessa decisão, coloca 20 caminhões à venda, os quais não serão substituídos. Nesse caso, há uma operação descontinuada.

A entidade deve evidenciar:

(a) um montante único na demonstração do resultado compreendendo:

(i) o resultado total após o imposto de renda das operações descontinuadas; e

(ii) os ganhos ou as perdas após o imposto de renda reconhecidos na mensuração pelo valor justo menos as despesas de venda ou na baixa de Ativos ou de grupo de Ativos(s) mantidos para venda que constituam a operação descontinuada.

(b) análise da quantia única referida na alínea (a) com:

(i) as receitas, as despesas e o resultado antes dos tributos das operações descontinuadas;

(ii) as despesas com os tributos sobre o lucro relacionadas conforme exigido pelo item 81(h) do Pronunciamento Técnico CPC 32 – Tributos sobre o Lucro;

(iii) os ganhos ou as perdas reconhecidas na mensuração pelo valor justo menos as despesas de venda ou na alienação de Ativos ou de grupo de Ativos mantidos para venda que constitua a operação descontinuada; e

(iv) as despesas de imposto de renda relacionadas conforme exigido pelo item 81(h) do Pronunciamento Técnico CPC 32 - Tributos sobre o Lucro.

A análise pode ser apresentada nas notas explicativas ou na demonstração do resultado. Se for na demonstração do resultado, deve ser apresentada em seção identificada e que esteja relacionada com as operações descontinuadas, isto é, separadamente das operações em continuidade. A análise não é exigida para grupos de Ativos mantidos para venda que sejam controladas recém-adquiridas que satisfaçam aos critérios de classificação como destinadas à venda no momento da aquisição.

(c) os fluxos de caixa líquidos atribuíveis às atividades operacionais, de investimento e de financiamento das operações descontinuadas. Essas evidenciações podem ser apresentadas nas notas explicativas ou nos quadros das demonstrações contábeis. Essas evidenciações não são exigidas para grupos de Ativos mantidos para venda que sejam controladas recém-adquiridas que satisfaçam aos critérios de classificação como destinadas à venda no momento da aquisição (ver item 11);

(d) o montante do resultado das operações continuadas e o das operações descontinuadas atribuível aos acionistas controladores. Essa evidenciação pode ser apresentada alternativamente em notas explicativas que tratam do resultado.

Se a entidade deixar de classificar um componente da entidade como mantido para venda, os resultados das operações do componente anteriormente apresentado em operações descontinuadas devem ser reclassificados e incluídos no resultado das operações em continuidade em todos os períodos apresentados. Os montantes relativos a períodos anteriores devem ser descritos como tendo sido novamente apresentados.

19.9.2 Ganho ou Perda Relacionado com Operação em Continuidade

Qualquer ganho ou perda relativos à remensuração de Ativo Não Circulante classificado como mantido para venda que não satisfaça à definição de operação descontinuada deve ser incluído nos resultados das operações em continuidade.

19.10 Apresentação de Ativo Não Circulante Classificado como Mantido para Venda

A entidade deve apresentar o Ativo Não Circulante classificado como mantido para venda separadamente dos outros Ativos no balanço patrimonial. Os Passivos de grupo de Ativos classificado como mantido para venda devem ser apresentados separadamente dos outros Passivos no balanço patrimonial. Esses Ativos e Passivos não devem ser compensados nem apresentados em um único montante.

As principais classes de Ativos e Passivos classificados como mantidos para venda devem ser divulgadas separadamente no balanço patrimonial ou nas notas explicativas.

A entidade deve apresentar separadamente qualquer receita ou despesa acumulada reconhecida diretamente no Patrimônio Líquido (outros resultados abrangentes), relacionada a um Ativo Não Circulante ou a um grupo de Ativos classificado como mantido para venda.

Se o grupo de Ativos mantido para venda for controlada recém-adquirida que satisfaça aos critérios de classificação como destinada à venda no momento da aquisição, não é exigida a divulgação das principais classes de Ativos e Passivos.

A entidade não deve reclassificar ou reapresentar montantes divulgados de Ativos Não Circulantes ou de Ativos e Passivos de grupos de Ativos classificados como mantidos para venda nos balanços de períodos anteriores para refletir a classificação no balanço do último período apresentado.

19.11 Divulgações Adicionais

A entidade deve divulgar a seguinte informação nas notas explicativas do período em que o Ativo Não Circulante tenha sido classificado como mantido para venda ou vendido:

(a) descrição do Ativo (ou grupo de Ativos) não circulante;

(b) descrição dos fatos e das circunstâncias da venda, ou que conduziram à alienação esperada, forma e cronograma esperados para essa alienação;

(c) ganho ou perda reconhecido(a) de acordo com os itens 20 a 22 e, se não for apresentado(a) separadamente na demonstração do resultado, a linha na demonstração do resultado que inclui esse ganho ou perda;

(d) se aplicável, segmento em que o Ativo Não Circulante ou o grupo de Ativos mantido para venda está apresentado de acordo com o Pronunciamento Técnico CPC 22 - Informações por Segmento.

Questões

01. (IADES - 2019) Considere um grupo de ativos classificado como mantido para venda proveniente de uma operação descontinuada, cujas ações necessárias para a conclusão do plano de vendas já foram iniciadas e serão encerradas em até um ano. Nesse caso, os ativos mantidos para venda deverão ser reclassificados para o ativo não circulante.

Certo ( ) Errado ( )

02. (IADES - 2019) Considere um grupo de ativos classificado como mantido para venda proveniente de uma operação descontinuada, cujas ações necessárias para a conclusão do plano de vendas já foram iniciadas e serão encerradas em até um ano. Nesse caso, os ativos mantidos para venda deverão ser reclassificados para o ativo circulante.

Certo ( ) Errado ( )

03. (CESPE - 2018) Sabe-se que o valor recuperável de uma unidade geradora de caixa é o maior valor entre valor justo líquido de despesas de venda e valor em uso. Nesse sentido, a opção que apresenta uma possível unidade geradora de caixa, no caso de se determinar o montante recuperável, é um veículo.

Certo ( ) Errado ( )

04. (CESGRANRIO - 2018) As Normas Brasileiras de Contabilidade apresentam procedimentos técnicos que, às vezes, entram em conflito com o estatuído na Lei das Sociedades por Ações. Um desses campos discordantes é o conteúdo técnico das operações descontinuadas, tratado pela NBC TG 31 (R4).

De acordo com as orientações dessa norma, a entidade deve "mensurar o ativo não circulante mantido para venda" pelo menor entre o seu valor contábil e o valor justo menos as despesas de venda.

Certo ( ) Errado ( )

Gabaritos

01	ERRADO	03	CERTO
02	CERTO	04	CERTO

20. RESOLUÇÃO CFC Nº 1.055/05

20.1 Cria o Comitê De Pronunciamentos Contábeis – (CPC), e dá outras Providências

O CONSELHO FEDERAL DE CONTABILIDADE, no exercício de suas atribuições legais e regimentais, CONSIDERANDO que a crescente importância da internacionalização das normas contábeis vem levando inúmeros países a caminhar para um processo de convergência que tenha como consequência:

a) a redução de riscos nos investimentos internacionais (quer os sob a forma de empréstimo financeiro quer os sob a forma de participação societária), bem como os créditos de natureza comercial, redução de riscos essa derivada de um melhor entendimento das demonstrações contábeis elaboradas pelos diversos países por parte dos investidores, financiadores e fornecedores de crédito;

b) a maior facilidade de comunicação internacional no mundo dos negócios com o uso de uma linguagem contábil bem mais homogênea;

c) a redução do custo do capital que deriva dessa harmonização, o que no caso é de interesse, particularmente, vital para o Brasil;

CONSIDERANDO que a importância crescente da Contabilidade levou à tendência mundial de se contar, no processo de emissão de pronunciamentos contábeis, com a participação não só dos Contadores preparadores das informações dessa natureza e dos seus Auditores Independentes, mas também com a dos usuários dessas informações, como os profissionais de investimentos e órgãos reguladores, dos que fiscalizam esse processo e dos que pesquisam e estudam, academicamente, a Ciência Contábil;

CONSIDERANDO que a confiabilidade nas Demonstrações Contábeis por toda a sociedade interessada torna-se maior quando uma entidade for responsável pelo preparo e pela emissão e divulgação das regras que as regem;

CONSIDERANDO que a tendência da grande maioria dos países desenvolvidos e dos países de economia mais relevantes em desenvolvimento é a da adoção dessa entidade única com a participação de todos esses interessado na informação contábil, inclusive sendo esse o modelo adotado pelos órgãos internacionais de maior relevância no mundo de hoje, como o IASB – International Accounting Standards Board;

CONSIDERANDO que, no Brasil, diversas entidades representativas desses segmentos de preparadores de informações contábeis, seus auditores, profissionais de investimentos, usuários, fiscalizadores e pesquisadores já vêm trabalhando juntos nesse processo de maneira ainda não totalmente sistematizada e unificada, mas com a acumulação de experiência suficiente para formalizar agora a definitiva implantação de um comitê que as reúna e possa, de maneira central, elaborar pronunciamentos técnicos contábeis;

CONSIDERANDO que algumas dessas entidades, de natureza regulatória governamental, vem demonstrando seu interesse em se beneficiar do processo de elaboração desses pronunciamentos, para posterior deliberação em suas áreas de competência, bem como vem incentivando a criação desse comitê aglutinador dos diversos interessados;

CONSIDERANDO o papel que o Conselho Federal de Contabilidade vem desempenhando nesse processo há muitos anos, sua experiência nesse campo e sua estrutura; e

CONSIDERANDO a confiança nele depositada por essas referidas entidades na criação e na manutenção de um comitê autônomo, democrático e independente e que deverá representar, de maneira mais ampla, os pensamentos e os interesses da coletividade em relação às normas contábeis;

20.1.1 Capítulo I - Da Criação e da Composição

Art. 1º *Fica criado o COMITÊ DE PRONUNCIAMENTOS CONTÁBEIS - (CPC).*

Art. 2º *O Comitê de Pronunciamentos Contábeis - (CPC) será composto pelas seguintes entidades:*

a- *ABRASCA - Associação Brasileira das Companhias Abertas;*

b- *APIMEC NACIONAL - Associação dos Analistas e Profissionais de Investimento do Mercado de Capitais;*

c- *BM&FBOVESPA S.A. Bolsa de Valores, Mercadorias e Futuros; (Redação dada pela Resolução CFC nº 1.339/11)*

d- *CFC - Conselho Federal de Contabilidade;*

e- *IBRACON - Instituto dos Auditores Independentes do Brasil;*

f- *FIPECAFI - Fundação Instituto de Pesquisas Contábeis, Atuarias e Financeiras.*

Parágrafo único. *Por aprovação de 3/4 (três quartos) das entidades representadas no Comitê de Pronunciamentos Contábeis - (CPC), outras entidades ou instituições vinculadas a contadores, auditores, analistas de investimentos ou de Demonstrações Contábeis, relacionadas ao mercado financeiro, em geral, ou ao mercado de capitais, em particular, bem como representantes de universidades que possuam cursos de Contabilidade, reconhecidos como de alta qualidade ou institutos de pesquisas na área contábil vinculado a universidades que mantenham tais cursos, poderão vir a ser convidadas a integrar o Comitê de Pronunciamentos Contábeis - (CPC), assim como poderão ser excluídas do CPC, observada a manutenção de equilíbrio entre os setores nele representados.*

20.1.2 Capítulo II - Do Objetivo

Art. 3º *O Comitê de Pronunciamentos Contábeis - (CPC) tem por objetivo o estudo, o preparo e a emissão de Pronunciamentos Técnicos sobre procedimentos de Contabilidade e a divulgação de informações dessa natureza, para permitir a emissão de normas pela entidade reguladora brasileira, visando à centralização e uniformização do seu processo de produção, levando sempre em conta a convergência da Contabilidade Brasileira aos padrões internacionais.*

Art. 4º *É atribuição do Comitê de Pronunciamentos Contábeis - (CPC) estudar, pesquisar, discutir, elaborar e deliberar sobre o conteúdo e a redação de Pronunciamentos Técnicos.*

§ 1º *O Comitê de Pronunciamentos Contábeis - (CPC) poderá emitir Orientações e Interpretações, além dos Pronunciamentos Técnicos, sendo que todos poderão ser consubstanciados em Norma Brasileira de Contabilidade pelo CFC e em atos normativos pelos órgãos reguladores brasileiros, visando dirimir dúvidas quanto à implementação desses Pronunciamentos Técnicos.*

§ 2º *O Comitê de Pronunciamentos Contábeis - (CPC) dará ampla divulgação dos documentos que produzir, tanto na etapa de audiência quanto da emissão dos mesmos.*

§ 3º A aprovação dos Pronunciamentos Técnicos, das Orientações e de suas Interpretações dar-se-á, em conformidade com o regulamento interno, mas sempre por, no mínimo, 2/3(dois terços) dos seus membros.

§ 4º Definir suas diretrizes de atuação, sempre em consonância com suas finalidades.

Art. 5º *Para o cumprimento de seus objetivos, o Comitê de Pronunciamentos Contábeis - (CPC) poderá realizar quaisquer atividades que com eles sejam compatíveis e necessárias, entre as quais:*

a- *desenvolver e implementar ações educativas, tais como, cursos, simpósios, seminários, congressos, conferências, palestras ou quaisquer outros eventos;*

b- *realizar pesquisas;*

c- *manter serviço de divulgação e de distribuição de informações, dados, trabalhos, estudos técnicos e documentos relacionados com os seus objetivos;*

d- *colaborar ou participar de programas governamentais ou desenvolvidos por instituições privadas ou da sociedade civil que afetem ou sejam afins à sua área de atuação, podendo, para tanto, participar e/ou aceitar assentos em comitês, comissões, câmaras, fóruns, redes e outros;*

e- *subsidiar o Conselho Federal de Contabilidade (CFC) nas suas necessidades de firmar convênios, contratos, acordos ou recorrer a quaisquer outras formas de colaboração ou cooperação com pessoas físicas ou jurídicas, públicas ou privadas, nacionais ou estrangeiras, incluindo governamentais, associações de classe, organismos internacionais, setores acadêmicos, organizações não governamentais e demais instituições assemelhadas;*

f- *realizar quais outras atividades ou praticar quaisquer outros atos necessários ao cumprimento de seus objetivos.*

Art. 6º *O Comitê de Pronunciamentos Contábeis - (CPC) deverá submeter à audiência pública as minutas dos Pronunciamentos Técnicos.*

Parágrafo único. *No processo de audiência, o Comitê de Pronunciamentos Contábeis - (CPC) consultará outras entidades e/ou instituições, como: Secretaria da Receita Federal, agências reguladoras, associações ou institutos profissionais, associações ou federações representativas da indústria, do comércio, da agricultura, do setor financeiro, da área de serviços, de investidores, instituições de ensino e/ou de pesquisa de Contabilidade e outras que tenham interesse direto nas questões definidas nos objetivos do Comitê de Pronunciamentos Contábeis - (CPC), devendo, para cada uma delas, haver uma correspondência direta e individualizada.*

20.1.3 Capítulo III - Da Administração e Funcionamento

Art. 7º *O Comitê de Pronunciamentos Contábeis - (CPC) será formado, em sua maioria, por contadores, com registro ativo em Conselho Regional de Contabilidade, todos de ilibada reputação e reconhecido conhecimento técnico na área contábil e de divulgação de informações, eleitos a partir das indicações feitas pelas entidades referidas no art. 2º.*

§ 1º *As pessoas físicas, com a representação delegada pelas entidades referidas no art. 2º terão autonomia em todas as suas deliberações e votações.*

§ 2º *Cada entidade indicará 2(dois) membros efetivos para compor o Comitê de Pronunciamentos Contábeis -(CPC).*

§ 3º *O mandato dos membros do Comitê de Pronunciamentos Contábeis - (CPC) será de 4 (quatro) anos, permitindo-se reconduções, encerrando-se com a assinatura do termo de posse do sucessor formalmente indicado pela correspondente entidade.*

§ 4º *Na primeira indicação de cada entidade, um dos membros terá mandato de 2 (dois) anos.*

§ 5º *As reuniões do Comitê de Pronunciamentos Contábeis - (CPC) instalar-se-ão com a presença de um número superior a 50% (cinquenta por cento) dos seus membros.*

Art. 8º. *O Comitê de Pronunciamentos Contábeis (CPC) elegerá, dentre seus membros, 4 (quatro) Coordenadores, a saber: Coordenador de Operações, Coordenador de Relações Institucionais, Coordenador de Relações Internacionais e Coordenador Técnico, e respectivos Vice Coordenadores, com mandatos de 2 (dois) anos, permitindo-se reeleições, fixando-lhes a competência em Regimento Interno. (Redação dada pela Resolução CFC nº 1.075/06)*

Art. 9º. *Os membros do Comitê de Pronunciamentos Contábeis - (CPC) desempenharão suas funções e atribuições sem remuneração.*

Art. 9A. *A extinção ou a perda do mandato dos membros do Comitê de Pronunciamentos Contábeis (CPC) ocorrerá:*

a) *em caso de renúncia;*

b) *por superveniência de causa de que resulte inabilitação para o exercício da representação, mesmo que temporária;*

c) *por ausência, no ano, a três reuniões ordinárias consecutivas ou a cinco intercaladas, exceto quando estiver representando oficialmente o CPC na mesma data;*

d) *em caso de substituição da representação delegada pelas entidades que compõem o CPC;*

e) *por falecimento.*

§ 1º *Em caso de vacância, a entidade-membro indicará formalmente o sucessor, a fim de manter a composição de 2 (dois) membros efetivos por entidade-membro, o qual completará o mandato do membro que deu a vaga.*

§ 2º *O sucessor completará o mandato do membro do CPC em que se deu a vacância. (Incluído pela Resolução CFC nº 1.339/11)*

Art. 10. *O Comitê de Pronunciamentos Contábeis - (CPC), em conformidade com o Regimento Interno, poderá nomear Grupos de Trabalho para auxiliá-lo no desempenho de suas atribuições.*

20.1.4 Capítulo IV - Do Conselho Federal de Contabilidade

Art. 11. *Ao Conselho Federal de Contabilidade competirá:*

a) *convidar e firmar com as instituições referidas no art. 2º;*

b) *fornecer estrutura física, biblioteca, recursos humanos, tecnológicos e outros para o pleno atendimento dos objetivos da presente Resolução que criou o Comitê de Pronunciamentos Contábeis - (CPC);*

c) *dar ampla divulgação das minutas dos Pronunciamentos Técnicos, das suas Interpretações e das Orientações emanadas do Comitê de Pronunciamentos Contábeis - (CPC);*

d) *viabilizar a promoção de audiências públicas para discussão das minutas de matéria técnica cima referidas;*

e) *firmar convênios visando à adoção dos atos do Comitê de Pronunciamentos Contábeis - (CPC) pelas instituições interessadas na matéria técnica;*

f) *manter os contatos necessários para questionar, quando aplicável, as razões pelas quais uma entidade não aderiu e não aprovou ou aprovou os procedimentos técnicos recomendados pelo Comitê de Pronunciamentos Contábeis - (CPC);*

g) *firmar convênios, contratos, acordos ou recorrer a quaisquer outras formas de colaboração ou cooperação para o atendimento ao disposto na presente Resolução;*

h) *proceder à divulgação, inclusive por via eletrônica, dos atos do Comitê de Pronunciamentos Contábeis - (CPC) e editar, no mínimo a cada seis meses, material de divulgação de tais atos;*

i) *firmar convênios com os órgãos reguladores contábeis brasileiros para que estes implementem, em suas respectivas áreas de abrangência, os Pronunciamentos Técnicos, as*

Orientações e as Interpretações emitidos pelo Comitê de Pronunciamentos Contábeis - (CPC) e/ou as Normas Brasileiras de Contabilidade, emitidas pelo CFC, deles derivadas; e

***j)** fomentar a divulgação dos atos e decisões do Comitê de Pronunciamentos Contábeis - (CPC) nas instituições de ensino contábil no Brasil.*

20.1.5 Capítulo V - Do Prazo de Duração

***Art. 12.** A duração do Comitê de Pronunciamentos Contábeis - (CPC) é por prazo indeterminado.*

***Art. 13.** Esta Resolução entra em vigor na data de sua publicação.*

Questão

O Comitê de Pronunciamentos Contábeis, criado por meio da Resolução CFC n. 1.055, de 7 de outubro de 2005, possui como atribuições, entre outras, a de estudar, pesquisar, discutir, elaborar e deliberar sobre o conteúdo e a redação de Pronunciamentos Técnicos, podendo ainda emitir Interpretações, Orientações, Comunicados e Boletins.

São entidades-membro do Comitê de Pronunciamentos Contábeis, assinale certo ou errado:

01. Instituto dos Auditores Independentes do Brasil (IBRACON).
Certo ( ) Errado ( )

02. Comissão de Valores Mobiliários (CVM).
Certo ( ) Errado ( )

03. Fundação Instituto de Pesquisas Contábeis, Atuariais e Financeiras (FIPECAFI).
Certo ( ) Errado ( )

04. Associação Brasileira das Companhias Abertas (ABRASCA).
Certo ( ) Errado ( )

05. Bolsa de Valores, Mercadorias e Futuros (BM&FBOVESPA S.A).
Certo ( ) Errado ( )

Gabarito

01	ERRADO
02	CERTO
03	ERRADO
04	ERRADO
05	ERRADO

1. ARQUIVÍSTICA: PRINCÍPIOS E CONCEITOS 902
1.1 Arquivologia ou Arquivística 902
1.2 Conceitos básicos 903
1.3 Profissional da Informação 903
1.4 Documentos de Arquivo 904
1.5 Princípios Arquivísticos 904
1.6 Função do Arquivo 905
1.7 Características dos Arquivos 905
1.8 Distinção entre Arquivo, Biblioteca e Museu 906
1.9 Classificação dos Arquivos 906
1.10 Classificação dos Documentos 909
1.11 Prazo de Guarda dos Documentos 911
1.12 Destinação Final dos Documentos 912
2. GESTÃO DA INFORMAÇÃO E DE DOCUMENTOS 914
2.1 Objetivos 914
2.2 Planejamento do Sistema de Arquivamento 914
2.3 Fases da Gestão de Documentos 914
2.4 Métodos de Arquivamento 918
2.5 Etapas do Arquivamento 921
2.6 Histórico da Gestão Documental 923
3. TIPOLOGIAS DOCUMENTAIS E SUPORTES FÍSICOS 930
3.1 Introdução 930
3.2 Mudança de Suporte 930
3.3 Condições Ambientais 934
3.4 Preservação e Conservação 934
4. DOCUMENTOS ELETRÔNICOS E DIGITAIS 937
4.1 GED: Gerenciamento Eletrônico de Documentos ou Gestão Eletrônica de Documentos 937
4.2 GDE: Gerenciamento de Documentos Eletrônicos 937
4.3 GPE: Gerenciamento de Produtos Eletrônicos 938
4.4 Sistema de Informação 938
5. LEGISLAÇÃO ARQUIVÍSTICA 944
5.1 CONARQ 944
5.2 SINAR 945
5.3 Arquivo Nacional 946
5.4 O Que é o SIGA? 947
5.5 Lei nº 8.159, de 08 de Janeiro de 1991 953
5.6 Lei nº 12.527, de 18 de Novembro de 2011 955
5.7 Lei nº 5.433, de 8 de Maio de 1968 961
5.8 Decreto nº 1.799, de 30 de Janeiro de 1996 961
5.9 Decreto nº 4.073, de 3 de Janeiro de 2002 962

SUMÁRIO

1. ARQUIVÍSTICA: PRINCÍPIOS E CONCEITOS

Segundo o Dicionário Internacional de Terminologia Arquivística publicado pelo Conselho Internacional de Arquivos (CIA), um arquivo é *o conjunto de documentos, quaisquer que sejam suas datas, suas formas ou seus suportes materiais, produzidos ou recebidos por pessoas físicas ou jurídicas, de direito público ou privado, no desempenho de suas atividades.* (1984, p. 25).

Para a Lei nº 8.159, de 8/1/1991 – que dispõe sobre a política nacional de arquivos públicos e privados:

> ***Art. 2º*** *Consideram-se arquivos, para os fins desta Lei, os conjuntos de documentos produzidos e recebidos por órgãos públicos, instituições de caráter público e entidades privadas, em decorrência do exercício de atividades específicas, bem como por pessoa física, qualquer que seja o suporte da informação ou a natureza dos documentos.*

Segundo a historiadora Heloísa Liberalli Bellotto, ***a natureza dos arquivos é administrativa, é jurídica, é informacional,*** *é probatória, é orgânica, é serial, é contínua, é cumulativa. A soma de todas essas características faz do arquivo uma instituição única e inconfundível.*

A Arquivologia ou Arquivística é uma das disciplinas que vem crescendo em importância nos últimos anos devido ao alto grau de especialização exigido nos concursos públicos atualmente.

Se fizermos uma análise superficial, facilmente perceberemos que matérias da área do Direito, há muito tempo, já não fazem a diferença em concursos. O nível de concorrência e competição entre os concurseiros tornou o conhecimento dessas disciplinas obrigatório.

Inicialmente, é importante ressaltar que os conceitos arquivísticos englobam uma infinidade de nomenclaturas e termos próprios, muitos desses capazes de confundir pela similaridade. Dito isso, será esquematizado todo o conteúdo para uma fácil e rápida assimilação, dando ênfase naquilo que vem sendo mais cobrado pela banca nos últimos certames.

1.1 Arquivologia ou Arquivística

É a ciência que tem por objetivo o conhecimento dos arquivos e das teorias, métodos e técnicas a serem observadas na sua **constituição, organização, desenvolvimento e utilização.** As palavras destacadas constituem a chave para o entendimento dessa disciplina.

Pode ser entendida como um dos ramos da **Ciência da Informação,** que engloba também a **Biblioteconomia** e a **Museologia.** Posteriormente, veremos o que as diferencia.

Apresenta-se como ciência capaz de oferecer subsídios para a realização da **gestão da informação.** Essa característica faz da arquivologia uma ciência ímpar, pois sua principal função é auxiliar o gestor, nos diferentes níveis hierárquicos, a tomar decisões.

A disciplina de Arquivologia fornecerá subsídios para a Gestão da Informação com a função de auxiliar o gestor nos diferentes níveis hierárquicos a tomar decisões e ter acesso rápido e fácil à documentação necessária.

Segundo o Conselho Nacional de Arquivos – CONARQ – em seu glossário, versão 2010, encontramos as seguintes definições para **Arquivo**:

01. Um conjuto de documentos produzidos e acumulados por uma entidade coletiva, pública ou privada, pessoa ou família, no desempenho de suas atividades, independentemente da natureza do suporte;
02. Uma instituição ou serviço que tem por finalidade a custódia, o processamento técnico, a conservação e o acesso a documento arquivístico, salientando-se, ainda que, Arquivo Digital é o Conjunto de bits que formam uma unidade lógica interpretável por um programa de computador e armazenada em suporte apropriado.

Em suma: **Arquivologia = Arquivística = Estudo dos Arquivos.**

O termo "ARQUIVO" também é utilizado para:

- Órgão de documentação: Arquivo Nacional.
- Conjunto de documentos.
- Móvel para guarda de documentos.

Segundo o Arquivo Nacional, 2006, p. 27: *conjunto de documentos produzidos e acumulados por uma entidade coletiva pública ou privada, pessoa ou família, no desempenho de suas atividades, independentemente da natureza do suporte.*

O arquivo não trata somente do armazenamento de documentos, pois se encontra muito associado à informação nele contida. Os documentos de arquivo são caracterizados por serem um conjunto orgânico, resultado das atividades de uma entidade pública, de uma pessoa física ou jurídica.

A informação não orgânica, existe muitas vezes nos setores de trabalho, mas, também, na biblioteca, no centro de documentação, sob a forma de publicações, de bancos de dados ou de dossiês temáticos, etc de acordo com Jean-Yves Rousseau e Carol Couture, em Os Fundamentos da Disciplina Arquivística, Capítulo 2: O Lugar da arquivística na gestão da informação, página 65, 1998.

A informação orgânica arquivística é utilizada pelos setores de trabalho da organização com o objetivo de decidir, de agir e de controlar as decisões e as ações empreendidas e, ainda, a fim de efetuar pesquisas sobre o passado que ponham em evidência decisões ou ações efetuadas anteriormente. Assim, reduzimos as incertezas e fazemos com que a tomada de decisões seja mais segura devido aos aprofundamentos do conhecimento da cultura institucional e do processo decisório.

"No Setor de Recursos Humanos são armazenadas uma quantidade relativamente grande de informações. Temos o registro da frequência dos empregados, o registro do pagamento de salários, encargos sociais etc. Essas informações são mantidas, produzidas, revisadas a partir das atribuições regimentais do setor, que é de gerenciar os recursos humanos. Entretanto, é possível encontrar outras informações que são mantidas no setor para subsidiar as suas ações, tais como: Diário Oficial da União, Coleção IOB, Manual da RAIS, CLT, dentre outras. São, portanto, informações não orgânicas".

Fonte: http://www.arquivoememoria.files.wordpress.com/Renato Tarciso Barbosa de Sousa.

"A significação orgânica entre os documentos é característica fundamental dos arquivos, de modo que um documento destacado de seu conjunto pode perder valor, pois o Arquivo é um todo orgânico e origina-se das atividades de um órgão e reflete o dia-a-dia dessas atividades. É, portanto, um organismo vivo que nasce, cresce e sofre transformações. Cada Arquivo é um Arquivo, possuindo cada um, características próprias. Um documento fora de seu dossiê pode não ter significado".

Fonte: http://www.senado.gov.br/senado.

1.2 Conceitos básicos

Para a melhor compreensão do que é Arquivo, devemos conhecer três conceitos básicos: Documento, Informação e Suporte.

1.2.1 Documento

É toda informação registrada em um suporte material, suscetível de consulta, estudo, prova e pesquisa, que comprova ou atesta os fatos, fenômenos, formas de vida e pensamento do gênero humano em determinada época ou lugar.

Atualmente, não devemos mais associar os arquivos ao mero armazenamento de papel. Temos um novo paradigma arquivístico, muito mais associado à informação do que necessariamente ao suporte em que essa informação é armazenada ou transmitida.

1.2.2 Informação

É uma ideia ou conhecimento, um elemento de referência ou uma mensagem contida no documento. De acordo com o Dicionário Brasileiro de Terminologia Arquivística por informação temos um elemento referencial, noção, ideia ou mensagem contidos em um documento.

"As práticas arquivísticas de acesso e suas normas e orientações no contexto informacional estabelecem que o documento de arquivo exerça sua função social somente ao ser divulgado e conhecido. É a descrição arquivística que torna possível ao cidadão e ao pesquisador o acesso às informações e aos testemunhos contidos nos documentos, situando-os em seu contexto de produção. O Programa de Assistência Técnica visa a alcançar, a curto e médio prazos, os seguintes resultados: i) conscientização da função social dos arquivos como instrumento de apoio ao Estado e ao cidadão, bem como à pesquisa histórica e ao desenvolvimento científico e cultural".

Fonte: Resolução nº 3, de 26 de dezembro de 1995. ARQUIVO NACIONAL. Conselho Nacional de Arquivos - CONARQ.

1.2.3 Suporte

É o meio material no qual a informação é registrada. Meio físico.

Ex.: papel, CD, DVD, fotografia, filme.

Ao se tratar com de Documentos de Arquivo devemos considerar que:

- São produzidos ou recebidos;
- São recebidos por uma Instituição ou pessoa;
- São acumulados.

Documento = Informação + Suporte

1.3 Profissional da Informação

O Decreto nº 82.590/1978 regulamenta a profissão criada pela Lei nº 6.546, de 4 de julho de 1978, que, pela evolução em suas atribuições passou a ser denominada de "gestão de documentos" que é definida pela Lei nº 8.159/1991:

Art. 3º. *Conjunto de procedimentos e operações técnicas referentes à produção, tramitação, uso, avaliação e arquivamento do documento em fase corrente e intermediária, visando a sua eliminação ou recolhimento para guarda permanente.*

No livro Arquivística, Temas Contemporâneos, Vanderlei Batista dos Santos (org.), Editora Senac, 3ª edição, p. 188 afirma: *(...) o arquivista, ou o profissional da informação de forma geral, seja atuante no ciclo decisório que envolve os objetivos institucionais. (...) atuar de forma pró-ativa significa antecipar demandas e elaborar instrumentos que permitam aos clientes de informação concatenarem fontes e chegarem às suas próprias decisões com base em insumos de alto valor agregado.*

1.3.1 Atribuições do Arquivista

A Lei nº 6.546, de 04 de julho de 1978 regulamenta a profissão de arquivista e, em seu Art. 2°, determina quais são as atribuições do arquivista:

01. planejamento, organização e direção de serviços de arquivo;
02. planejamento, orientação e acompanhamento do processo documental e informativo;
03. planejamento, orientação e direção das atividades de identificação das espécies documentais e participação no planejamento de documentos e controle de multicópias;
04. planejamento, organização e direção de serviços e centros de documentação e informação constituídos de acervos arquivísticos e mistos;
05. planejamento, organização e direção de serviços de microfilmagem aplicada aos arquivos e orientação do planejamento da automação aplicada aos arquivos;
06. orientação quanto a classificação, arranjo e descrição de documentos e orientação da avaliação e seleção de documentos para fins de preservação;
07. adoção de medidas necessárias à conservação de documentos;
08. elaboração de pareceres e trabalhos de complexidade sobre assuntos arquivísticos e assessoramento aos trabalhos de pesquisa científica ou técnico-administrativa;
09. desenvolvimento de estudos sobre documentos culturalmente importantes.

1.3.2 Atribuições dos Técnicos de Arquivo

A mesma Lei, em seu Art. 3º, estabelece quais são as atribuições dos Técnicos de Arquivo:

01. recebimento, registro e distribuição dos documentos, bem como controle de sua movimentação;
02. classificação, arranjo, descrição e execução de demais tarefas necessárias à guarda e conservação dos documentos, assim como prestação de informações relativas aos mesmos;
03. preparação de documentos de arquivos para microfilmagem e conservação e utilização do microfilme;
04. preparação de documentos de arquivo para processamento eletrônico de dados.

No Art. 4º da referida lei temos, ainda: *O exercício das profissões de Arquivista e de Técnico de Arquivo depende de registro na Delegacia Regional do Trabalho do Ministério do Trabalho*, que foi regulamentado pelo Decreto nº 93.480, de *29 de outubro de 1986. E em seu Art. 5º a Lei nº 6.546/1978 diz: Não será permitido o exercício das profissões de Arquivista e de Técnico de Arquivo aos concluintes de cursos resumidos, simplificados ou intensivos, de férias, por correspondência ou avulsos.*

Os arquivistas devem obedecer às naturezas dos documentos, pois documentos sigilosos não devem ter seu conteúdo divulgado enquanto permanecerem sob sigilo. De acordo com o Dicionário Brasileiro de Terminologia Arquivística, acesso significa a "possibilidade de consulta a documentos e informações ou a Função arquivística destinada a tornar acessíveis os documentos e a promover sua utilização".

1.4 Documentos de Arquivo

Conceitualmente, são aqueles mantidos por uma instituição ou pessoa ao longo de suas atividades administrativas, com valor de prova. Os documentos de arquivo são produzidos ou recebidos. Isso significa que são acumulados dessa forma. Os documentos de arquivo apresentam as seguintes características:

> **Autenticidade:** está ligada ao processo de criação, manutenção e custódia; os documentos são produtos de rotinas processuais que visam ao cumprimento de determinada função ou consecução de alguma atividade; e são autênticos, quando são criados e conservados, de acordo com procedimentos regulares que podem ser comprovados a partir dessas rotinas estabelecidas.
>
> **Os documentos devem possuir marcas, sinais ou símbolos que indicam sua origem. Não devemos confundir com veracidade da informação, pois esta pode ser falsa ou verdadeira.**

> **Naturalidade:** os registros arquivísticos não são coletados artificialmente, mas acumulados de modo natural nas instituições, em função das atividades desenvolvidas por elas; os registros arquivísticos se acumulam de maneira contínua e progressiva. São como sedimentos sobrepostos e isso os dotam de um elemento de coesão natural, embora estruturada.

> **Inter-relacionamento:** os documentos estabelecem relações no decorrer do andamento das transações para as quais foram criados; eles estão ligados por um elo que é criado no momento em que são produzidos ou recebidos; os registros arquivísticos são um conjunto indivisível de relações.

> **Unicidade:** cada registro documental assume um lugar único na estrutura documental do grupo ao qual pertence.

> **Imparcialidade:** Os documentos só servem à administração e são isentos de parcialidade. Os documentos são inerentemente verdadeiros, livres da suspeita de preconceito no que diz respeito aos interesses em nome dos quais são usados hoje. Os arquivos não têm interesses, paixões, vontades ou ambições, eles simplesmente registram.

1.5 Princípios Arquivísticos

Como toda ciência, a Arquivologia é composta e regida por princípios e conceitos. Alguns são mais cobrados pelas bancas, outros nem tanto. Dentre os que mais aparecem em questões de concursos, destacam-se:

> **Proveniência ou respeito aos fundos:** respeitar que todos os documentos recebidos ou produzidos devem ser imediatamente anexados à pasta do funcionário. Visa fixar a identidade dos documentos relativa ao seu produtor. Os documentos devem ser observados e organizados segundo a competência e as atividades da instituição ou de uma pessoa; devem manter individualidade, não sendo misturados aos de origem diversa. Os documentos são arquivados respeitando-se a separação por pessoa, setor, divisão, departamento e instituição de origem. O Objetivo desta separação é facilitar o acesso, a consulta e o manuseio para acelerar a acessibilidade à informação contida no documento. Ao tratar documentação de uso não corrente deve-se obedecer ao princípio da proveniência, segundo o qual, devem ser mantidos reunidos, num mesmo fundo, todos os documentos provenientes de uma mesma fonte geradora de arquivo.

> **Organicidade:** também chamado de Respeito pela Estrutura. Este princípio reflete a estrutura, as funções e as atividades da instituição produtora ou acumuladora em suas relações internas e externas. Os documentos não devem ser misturados com de outras entidades produtivas. Para verificar a sua organicidade enquanto documento de arquivo, é necessário fazer a vinculação do documento com a estrutura da empresa e suas atividades, se o documento reflete essa estrutura ele é orgânico, se não refletir não é orgânico.

Relação orgânica são os vínculos que os documentos arquivísticos guardam entre si e que expressam as funções e atividades da pessoa ou organização que os produziu.

> **Unicidade:** qualidade pela qual os documentos de arquivo, a despeito de forma, espécie ou tipo, conservam caráter único em função de seu contexto de origem.

> **Integridade:** um fundo deve ser preservado sem dispersão, mutilação, alienação, destruição não autorizada ou acréscimo indevido.

> **Cumulatividade:** os documentos possuem uma formação progressiva, natural e orgânica. Este princípio é fundamentado pelas ideias do italiano Elio Lodolini ao afirmar que o arquivo é uma informação espontânea, natural e sedimentar já que o documento de arquivo é aquele que foi produzido no transcurso de uma atividade administrativa.

O princípio da cumulatividade é um dos princípios fundamentais que rege a organização dos arquivos e serve de base à análise tipológica dos documentos arquivísticos. A análise tipológica dos documentos pressupõe conhecimento dos princípios arquivísticos: a estrutura orgânico-funcional da instituição; as reorganizações; o fluxo de informação; as funções/atividades definidas por lei e as atípicas. O Princípio da Cumulatividade também pode ser conhecido por Naturalidade.

> **Ordem original:** levam-se em consideração as relações estruturais e funcionais que presidem a gênese dos arquivos.

Pelo Princípio do respeito à Ordem Original o arquivo deve conservar o arranjo dado pela entidade produtora, pois a aplicação deste princípio garante a manutenção da organicidade dos documentos de arquivo. Saliente-se que este princípio não faz referência à ordem material, ele faz referência à ordem intelectual de acumulação dos documentos.

> **Territorialidade:** jurisdição a que pertence cada documento de acordo com a área territorial, a esfera de poder e o âmbito administrativo em que foi produzido e recebido (nacional, regional e institucional).

O princípio da Territorialidade, portanto, tem entre seus objetivos a necessidade de manter os documentos no território em que foram produzidos, haja vista que, alguns postulados jurídicos de um Estado só são válidos e aplicáveis dentro dos limites territoriais em que esse Estado exerce a sua soberania.

> **Princípios da legalidade:** os registros arquivísticos são provas confiáveis das ações a que se referem e devem essa confiabilidade às circunstâncias de sua criação e às necessidades de prestar contas.

> **Imprescritibilidade:** princípio pelo qual é assegurado ao Estado o direito sobre os arquivos públicos, sem limitação de tempo, por serem estes considerados bens públicos inalienáveis.

> **Inalienabilidade:** princípio pelo qual é impedida a alienação de arquivos públicos a terceiros.

> **Pertinência Territorial:** é um princípio que possui um conceito oposto ao do princípio da proveniência e segundo o qual, documentos ou arquivos, deveriam ser transferidos para a custódia de arquivos com jurisdição arquivística sobre o território ao qual se reporta o seu conteúdo, sem levar em conta o lugar em que foram produzidos.

> **Princípio da Pertinência: p**rincípio segundo o qual os documentos deveriam ser reclassificados por assunto sem ter em conta a proveniência e a classificação original. Também pode aparecer em suas provas com o nome de princípio temático.

> **Princípio da Reversibilidade:** princípio segundo o qual todo procedimento ou tratamento empreendido em arquivos pode ser revertido, se necessário.

1.6 Função do Arquivo

> Guardar e organizar os documentos que circulam na instituição, tornando disponíveis as informações mantidas sob sua guarda, utilizando, para isso, técnicas que permitam um arquivamento ordenado e eficiente (**Valor Primário**).

> Garantir a preservação dos documentos, utilizando formas adequadas de acondicionamento, levando em consideração temperatura, umidade e demais aspectos que possam danificá-los os mesmos.

> Atendimento aos pedidos de consulta e desarquivamento de documentos pelos diversos setores da instituição, de forma a atender rapidamente à demanda pelas informações ali depositadas.

Além dessas funções principais, podemos destacar outras de relativa importância, como a expedição da correspondência, criação dos modelos para documentos e criação das normas de gestão documental da instituição.

1.7 Características dos Arquivos

Os Arquivos possuem as seguintes características básicas:

01. A exclusividade de criação e recepção por uma repartição, firma ou instituição.
02. A origem no curso de suas atividades, devendo os documentos servir de prova de transações realizadas e o caráter orgânico que liga o documento aos outros do mesmo conjunto. Segundo Solon Buck, ex-arquivista dos Estados Unidos, no livro de Marilena Leite Paes: Arquivo: Teoria e prática, Ed. FGV, 2013, página 19: ***(...) Desse conceito, podemos deduzir três características básicas que distinguem os arquivos***:

    a) *Exclusividade de criação e recepção por uma repartição, firma ou instituição. Não se considera arquivo uma coleção de manuscritos históricos reunidos por uma pessoa.*

    b) *Origem no curso de suas atividades – os documentos devem servir de prova de transações realizadas.*

    c) *Caráter orgânico que liga o documento aos outros do mesmo conjunto. Um documento, destacado de seu conjunto, do todo a que pertence, significa muito menos do que quando em conjunto...*

Para alcançar esses objetivos, é necessário que o arquivo disponha dos seguintes requisitos:

> contar com pessoal qualificado e em número suficiente;

> estar instalado em local apropriado;

> dispor de instalações e materiais adequados;

> utilizar sistemas racionais de arquivamento, fundamentados na teoria arquivística moderna;

> contar com normas de funcionamento;

> contar com dirigente qualificado, preferencialmente formado em Arquivologia;

A importância do arquivo para a instituição está associada ao aumento expressivo do volume de documentos que ela se utiliza no exercício de suas atividades e a necessidade de se estabelecerem critérios de guarda e de eliminação de documentos quando estes já não são mais úteis para a organização.

A adoção de técnicas arquivísticas adequadas permite não apenas a localização eficiente da informação desejada, mas também a economia de recursos para a instituição.

Entende-se, então, que a finalidade do Arquivo é facilitar a consulta aos documentos e, com isso, servir à administração no processo de aquisição de conhecimento e tomada de decisão.

1.8 Distinção entre Arquivo, Biblioteca e Museu

Embora arquivo, museu e biblioteca tenham a mesma finalidade (guardar documentos), seus objetivos são diferentes, tendo em vista os tipos documentais que cada instituição trata.

Objetivos Comuns
Guardar documentos
Preservar documentos
Dar acesso aos documentos

1.8.1 Arquivo

É o conjunto de documentos criados ou recebidos (acumulados) por uma instituição ou pessoa, no exercício de sua atividade, preservados para garantir a consecução de seus objetivos. Os documentos não são objetos de coleção (escolha artificial) e sim da acumulação natural, no decurso de atividades administrativas.

Relembrando: os documentos de Arquivo são **produzidos** ou **recebidos.** Isto significa que são **acumulados** dessa forma.

Sua função é guardar e organizar os documentos, tornando disponíveis as informações mantidas sob sua guarda. E sua finalidade é servir à Administração e **secundariamente** servir à História.

Os documentos de arquivos provêm de atividades públicas ou privadas, servidas pelo arquivo e são produzidos um único exemplar ou em número restrito de cópias. Há, assim, uma significação orgânica entre os documentos. Saliente-se que o Princípio da Cumulatividade afirma que os arquivos são uma formação progressiva, natural e orgânica.

Dentro de sua finalidade funcional, preservam as informações que evidenciam o funcionamento da instituição ao longo do tempo.

1.8.2 Biblioteca

É o conjunto de material, em sua maioria, impresso e não produzido pela instituição em que está inserida. Normalmente constituída de coleções temáticas.

A biblioteca tem finalidade essencialmente **cultural** - guardar informações para estudo. Seus documentos são acumulados por meio de **compra, doação** ou **permuta.**

1.8.3 Museu

É uma instituição de interesse público, criada com a finalidade de conservar, estudar e colocar à disposição do público conjuntos de peças e objetos de valor cultural.

Podemos verificar que, enquanto o arquivo tem finalidade funcional, a finalidade das bibliotecas e dos museus é essencialmente **histórica e cultural**, embora o arquivo também possa adquirir, com o tempo, caráter cultural, a partir do caráter histórico que alguns de seus documentos podem adquirir.

A presença de peças tridimensionais em um conjunto documental indica tratar-se de museu e os documentos de museus são peças e objetos de valor cultural, tendo os mais variados tipos e dimensões e, por serem objetos, são caracterizados como tridimensionais.

As finalidades da biblioteca e do museu são didáticas, culturais, técnicas ou científicas. A diferença entre os arquivos e as bibliotecas pode ser reconhecida na função administrativa que os arquivos têm para uma organização pública ou privada, diferentemente da função cultural das bibliotecas, pois o arquivo caracteriza-se por ser um conjunto orgânico, resultado das atividades de uma pessoa física ou jurídica, e não uma coleção de documentos de diversas fontes. O arquivo de um órgão é o conjunto de documentos recebidos ou expedidos por esse órgão no exercício de suas atividades. Esse conjunto de documentos pode ser formado por qualquer espécie documental. A biblioteca é um órgão colecionador, enquanto o arquivo é um órgão receptor. As finalidades da biblioteca e do museu são didáticas, culturais, técnicas ou científicas.

Quadro comparativo entre **biblioteca, museu** e **arquivo:**

Diferenças		
	Biblioteca e Museu	**Arquivo**
Objetivos	Objetivos Culturais	Objetivos Funcionais
	Provêm de várias fontes (colecionadores, doações, compra)	Provém somente das atividades públicas ou privadas
	Existem vários exemplares	Há um número de cópias restritas
Avaliar	Unidades isoladas	Conjunto (refere-se a uma atividade)
	Caráter revogável	Caráter irrevogável
	Questão de conveniência e não de preservação	Normalmente se encontra em uma única via
Classificar	Métodos determinados previamente	Métodos variáveis de acordo com o órgão
Descrição	Unidades discriminadas	Conjunto de documentos

1.9 Classificação dos Arquivos

Os arquivos podem ser classificados em 4 tipos:

> **Quanto à entidade mantenedora**
» Público ou privado.

> **Quanto à natureza dos documentos**
» Especial ou especializado.

> **Quanto ao estágio de evolução**
» Intermediário ou Corrente.

> **Quanto à extensão de sua atuação**
» Setorial ou central.

> **Quanto à Entidade Mantenedora**
» Dividem-se em público e privado.

Público

Órgãos dos Poderes Executivo, Legislativo e Judiciário, nas esferas Federal, Estadual, Municipal e do DF. Também são considerados públicos os arquivos das Fundações Públicas e Empresas Públicas.

> ***Art. 7º, Lei nº 8.159/1991.*** *Os arquivos públicos são os conjuntos de documentos produzidos e recebidos, no exercício de suas atividades, por órgãos públicos de âmbito federal, estadual, do distrito federal e municipal em decorrência de suas funções administrativas, legislativas e judiciárias;*
>
> ***§ 1º.*** *São também públicos os conjuntos de documentos produzidos e recebidos por instituições de caráter público, por entidades privadas encarregadas da gestão de serviços públicos no exercício de suas atividades.*

Privado

São aqueles mantidos por instituição de caráter particular. Exemplos: arquivo de instituições financeiras, arquivo de grandes redes de lojas, arquivo de imprensa.

Existe, ainda, na doutrina, a seguinte divisão: públicos, institucionais, comerciais, pessoais ou familiares. Sobre isso, devemos lembrar que os institucionais, comerciais, pessoais ou familiares devem ser entendidos como arquivos privados.

1.9.1 Quanto à Natureza dos Documentos

Podem ser especiais ou especializados.

Arquivos Especiais

São arquivos cuja forma física (suporte) dos documentos exige cuidado especial, diferenciado, por causa da sua preservação ou manuseio. Exemplos: foto, filme, negativo, microfilme.

Especializados

São aqueles que mantêm em sua guarda documentos de determinada área do conhecimento, relacionados a assunto específico. Exemplo: arquivo médico, arquivo cartográfico, arquivos de engenharia.

1.9.2 Quanto ao Estágio de Evolução ou Teoria das Três Idades

Ciclo Vital Arquivístico			
	Corrente	Intermediário	Permanente
Características	Ainda em tramitação	Consultados esporadicamente	Aqueles que serão arquivados definitivamente
Características	Também chamado de aquivos ativos	Normalmente, por já terem cumprido seu objetivo administrativo, são transferidos para um arquivo central	Não serão jamais eliminados
Características	Possuem valor administrativo para a organização, valor primário	Cumprem prazos prescricionais e precaucionais antes de sua destinação final (guarda permanente ou destruição)	Valor secundário, ou seja, histórico-cultural
Características	Definido devido a sua frequente utilização e consulta	Arquivos chamados também de semiativos	Arquivo são abertos ao público
Características	Arquivos fechados ao público	Possuem também valor primário	São chamados de arquivos inativos
Características		Arquivos fechados ao público	
Exemplo	Protocolo, arquivamento, consulta, empréstimo, expedição		Documentos que contam a história da organização: sua origem, constituição, normas e regulamentos

Segundo a Teoria da Três Idades, os documentos de arquivo passam por três estágios distintos de arquivamento, de acordo com a frequência de utilização, a utilidade administrativa para a instituição e o valor intrínseco do documento. Geralmente, as questões de prova podem ser facilmente respondidas observando-se as seguintes características:

1ª IDADE: Arquivo Corrente – valor primário – uso restrito aos produtores do documento. Estes arquivos também podem ser chamados de Arquivo Corrente, Arquivo Ativo ou Arquivo de Movimento. São consultados frequentemente pelos administradores ou gestores, assim, devem permanecer em locais de fácil acesso. Os documentos que fazem parte desse arquivo possuem elevado Valor Primário.

2ª IDADE: Arquivo Intermediário - documentos que aguardam destinação final – depósito temporário – valor primário – acesso com autorização do órgão produtor. Estes arquivos também podem ser chamados de Arquivo Semiativo, Arquivo Intermediário, "limbo" ou "purgatório" e deixaram de ser consultados com frequência, portanto, não é necessário conservá-lo próximo ao local de uso, todavia, ainda possuem Valor Primário. Um dos motivos que fazem com que esses arquivos permaneçam distante do local de uso é em função dos custos de manutenção dos mesmos.

3ª IDADE: Arquivo Permanente - é o arquivo propriamente dito – valor secundário e histórico. Estes arquivos são chamados de Arquivo Inativo, Arquivo Permanente ou Arquivo de Custódia. Os documentos que estão neste arquivo perderam seu valor de natureza administrativa, no entanto, conservam seu valor histórico e documental, portanto, possuem Valor Secundário: histórico, probatório ou informativo. É o arquivo propriamente dito.

1.9.3 Arquivo Corrente

É onde se localizam os documentos mais utilizados, sendo esta, a fase em que são criados os documentos e sua tramitação é acentuada, bem como, o índice de consultas elevado, assim, sua localização deve ser de fácil acesso.

Os documentos com alta frequência de uso ou com grande possibilidade de uso fazem parte de um Arquivo Corrente e um documento de elevado valor primário deve permanecer próximo ao seu local de uso em função de constantes consultas por parte dos gestores ou administradores.

Arquivo corrente, para alguns autores, também pode ser denominado: arquivo de prosseguimento, arquivo imediato, arquivo de andamento, arquivo de vigilância ou arquivo "follow up".

Os arquivos correntes localizam-se nos próprios setores que produzem/recebem os documentos (**arquivos setoriais**) ou em locais próximos a estes (**arquivo central/geral**).

As principais rotinas que envolvem o arquivamento na fase corrente são:

> **Inspeção**: verificação se realmente o arquivo destina-se ao arquivamento, pois pode ser apenas para anexar ou apensar ou simplesmente para ser fornecida uma informação.

- **Análise:** consiste em classificar e determinar como será codificado, caso não tenha sido feita a classificação no protocolo.
- **Ordenação:** dispor os documentos conforme a codificação.
- **Arquivamento:** inserir o documento na unidade pré-estabelecida.
- **Empréstimo ou consulta:** retirada para empréstimo ou consulta.

Arquivo Intermediário

São os arquivos que guardam os documentos utilizados com menor frequência pela instituição. No arquivo intermediário, os documentos possuem baixa frequência de uso, mas ainda possuem fim administrativo.

Devemos lembrar que:

- É a fase em que os documentos ainda têm valor administrativo, mas são pouco consultados.
- A sua transferência para o arquivo intermediário permite que os setores otimizem seu espaço.
- Não há necessidade de serem conservados próximos aos setores.
- Nesta fase, os documentos aguardam sua destinação final (**eliminação ou guarda permanente** – aqueles que possuem valor histórico para a instituição).

Saliente-se que a transferência e o recolhimento são feitos em razão da frequência de uso do documento e não do seu valor. Assim, a divisão em corrente, intermediário e permanente são gradações de frequência de uso e não de valor documento.

Observe, todavia, que as Bancas têm colocado em suas provas a existência de uma gradação de valor, ou seja, há uma diminuição do valor primário, assim, os documentos serão transferidos para o Arquivo Intermediário.

O arquivo intermediário também pode ser chamado de transitório, pois os documentos que estão no arquivo intermediário conservam a classificação que lhes foi dada no arquivo corrente. Aqueles que produziram o documento mantém poder sobre o mesmo podendo dar autorização para que outros o consultem. O arquivo deve, portanto, ser dirigido por profissionais de arquivo conhecedores dos métodos tradicionais de classificação e elaboração de instrumentos de pesquisa.

De acordo com Marilena Leite Paes na obra Arquivo: Teoria e Prática (2002, p.117), tratando-se do arquivo intermediário: ***Sua função principal consiste em proceder a um arquivamento transitório, isto é, em assegurar a preservação de documentos que não são mais movimentados, utilizados pela administração e que devem ser guardados temporariamente, aguardando pelo cumprimento dos prazos estabelecidos pelas comissões de análise ou, em alguns casos, por um processo de triagem que decidirá pela eliminação ou arquivamento definitivo, para fins de prova ou de pesquisa***.

Arquivo Permanente

De acordo com a Lei nº 8.159, de 8 de janeiro de 1991:

> ***Art. 8º, § 3º.*** *Consideram-se permanentes os documentos de valor histórico, probatório e informativo e devem ser definitivamente preservados.*

Ou seja, são os documentos que possuem Valor Secundário. São os arquivos que guardam os documentos que, já tendo cumprido seu fim administrativo, sua função administrativa, agora são preservados e conservados pelo seu valor histórico para a Instituição (**valor secundário**).

Dicas que ajudarão a identificá-lo:

- É o arquivo em que os documentos já perderam seu valor administrativo e são guardados pelo seu valor histórico, probatório ou informativo.
- Permitem conhecer a História da Instituição.
- Revelam a origem e constituição da Instituição.
- Os documentos desta fase jamais serão eliminados.

→ **Processo mnemônico:**

1ª idade	Corrente	Valor primário
2ª idade	Intermediário	Valor primário
3ª idade	Permanente	Valor secundário

Valor do Documento

O documento só é guardado e preservado pela instituição porque possui algum valor. Esse valor pode ser **Administrativo** ou **Histórico**.

A Arquivologia denomina o valor administrativo como valor primário.

Sobre o valor primário, é preciso lembrar-se de que:

- Serve à Administração dando suporte/apoio às atividades da instituição.
- É um valor temporário – em determinado momento o valor administrativo irá acabar (quando ocorre a destinação final).
- Todo documento nasce com valor administrativo.
- Finalidade: servir à administração.

A Arquivologia denomina o valor histórico como valor secundário.

Sobre o valor secundário, lembre-se de que:

- Está presente no documento que perdeu seu valor administrativo, mas adquiriu valor histórico.
- Serve de fonte de pesquisa para terceiros e/ou para própria instituição.
- Finalidade: servir à História.
- O documento que possuir valor secundário será recolhido ao Arquivo Permanente.
- O documento de valor secundário jamais poderá ser eliminado.

1.9.4 Quanto à Extensão de sua Atuação

Classificação relativa ao local de instalação do arquivo.

Arquivos Setoriais

São aqueles instalados nos setores que utilizam os documentos de uso constante e cotidiano. Dicas:

> É um arquivo descentralizado.

> Cada setor de trabalho possui o seu.

Arquivos Centrais

São aqueles localizados fora do local de trabalho e acumulam, em um único local, documentos provenientes dos diversos setores da instituição, de forma centralizada.

É relevante destacar que extensão da atuação não se confunde com estágio de evolução ou ciclo de vida do documento. É muito comum a confusão entre arquivo central e fase ou arquivo intermediário.

1.10 Classificação dos Documentos

O Arranjo e a Classificação têm o mesmo significado, pois, segundo Schellenberg, classificação, em se tratando de documentos públicos, significa o arranjo dos mesmos segundo um plano destinado a facilitar o seu uso corrente.

Os documentos de arquivos possuem as seguintes classificações:

> Gênero.

> Espécie/tipologia documental.

> Forma.

> Formato.

> Natureza do assunto.

1.10.1 Gênero

Esta classificação está relacionada ao suporte no qual a informação é registrada; o gênero proporciona ao arquivista o devido tratamento ao documento, especialmente nas políticas de conservação e preservação. Existem sete tipos diferentes de gênero documental:

> Escritos ou textuais.

> Iconográficos.

> Sonoros.

> Filmográficos.

> Informáticos ou digitais.

> Cartográficos.

> Micrográficos.

Escritos ou textuais

Documentos cuja informação esteja manuscrita ou impressa. Exemplos: contrato, atas, relatórios, certidões.

Iconográficos

Documentos cuja informação esteja em forma de imagem estática. Exemplos: fotografias, negativos, diapositivos (slides), desenho e gravuras.

Sonoros

Documentos cuja informação esteja em forma de som/áudio. Exemplos: escuta telefônica, gravador analógico.

Filmográficos

Documentos cuja informação esteja em forma de imagem em movimento (com ou sem som). Exemplos: películas filmográficas, filmagens, vídeos.

Informáticos ou Digitais

Documentos gravados em meio digital e que, por isso, necessitam de equipamentos eletrônicos para serem lidos. Exemplos: arquivo em MP3, arquivo do Word, etc.

Cartográficos

Documentos que representem, de forma reduzida, uma área maior. Exemplos: mapas e plantas de engenharia.

Micrográficos

Documentos em microformas. Exemplos: microfilmes e microfichas.

1.10.2 Espécie/Tipologia Documental

Enquanto a **Espécie** é a denominação que se dá ao aspecto formal de um documento, a Tipologia Documental corresponde à denominação que se dá quando reunimos determinada espécie à função ou atividade que o documento irá exercer. A doutrina admite diversas espécies documentais. Exemplos: ofício, memorando, declaração, certidão.

Da mesma forma, dentre as diferentes espécies, encontramos tipos peculiares. Exemplos: declaração de imposto de renda, certidão de nascimento.

Exemplos de Espécie e Tipo Documental:

Espécie	Tipologia
Contrato	Contrato de locação
Alvará	Alvará de funcionamento
Certidão	Certidão de casamento
Declaração	Declaração de Imposto de Renda

1.10.3 Forma

É a classificação relacionada quanto à forma do estágio de preparação do documento. São as formas documentais: rascunho ou minuta; original e cópia. O original é o documento com o sinal de subscrição (ou assinatura), que lhe dá autenticidade jurídica e arquivística. O rascunho é o documento com rasuras ou anotações suplementares, anterior à elaboração do original. A minuta não é rascunho e sim um pré-original, com um aspecto limpo, elaborado, mas sem a assinatura da autoridade responsável. E a cópia é o teor documental reproduzido na íntegra.

1.10.4 Formato

Denomina-se formato de um documento o seu aspecto físico, independentemente da informação nele registrada. São formatos documentais: ficha, livro, caderno, pergaminho, apostila, etc.

1.10.5 Natureza do Assunto

Em relação à natureza dos assuntos, ou seja, o grau ou nível de acessibilidade às informações contidas nos documentos, eles são classificados como ostensivos ou sigilosos.

Ostensivos

É a classificação dada ao documento cuja divulgação não prejudica a segurança ou as atividades desenvolvidas pela instituição. O documento ostensivo pode ser de livre conhecimento do público em geral.

Sigilosos

Documento que, por sua natureza, deve ser de conhecimento restrito.

A Legislação brasileira prevê apenas três graus de sigilo – ultrassecreto, secreto e reservado – nos documentos, portanto, fique atento, quando questões fazem referência aos documentos confidenciais. Documentos Confidenciais NÃO possuem previsão em nossa legislação. Todavia, é bom ter conhecimento que documento confidencial não requer alto grau de segurança, mas seu conhecimento por pessoa não autorizada pode ser prejudicial ou criar embaraços administrativos.

01. Ultrassecreto

Excepcional grau de segurança. Conhecimento somente de pessoas intimamente ligadas ao seu estudo e manuseio. Possui prazo máximo de restrição de acesso à informação de 25 anos que entra em vigor a partir da data de sua produção.

02. Secreto

Alto grau de segurança. Acesso a pessoas autorizadas. Possui prazo máximo de restrição de acesso à informação de 15 anos que entra em vigor a partir da data de sua produção.

03. Reservado

Não deve ser do conhecimento do público em geral. Possui prazo máximo de restrição de acesso à informação de 5 anos que entra em vigor a partir da data de sua produção.

Não há impedimento legal para a reprodução de documento classificado como sigiloso, pois, de acordo com a Lei nº 12.527, de 18 de novembro de 2011:

> ***Art. 1º.*** *(....), com o fim de garantir o acesso a informações (...).*
>
> ***Art. 3º***, *os procedimentos previstos nesta lei destinam-se a assegurar o direito fundamental de acesso à informação e devem ser executados em conformidade com os princípios básicos da administração pública e com as seguintes diretrizes:*
>
> ***I.*** *Observância da publicidade como preceito geral e do sigilo como exceção;*
>
> ***II.*** *Divulgação de informações de interesse público, independentemente de solicitações;*
>
> ***III.*** *Utilização de meios de comunicação viabilizados pela tecnologia da informação.*

Decreto nº 7.845, de 14 de novembro de 2012 regulamenta os procedimentos para credenciamento de segurança e tratamento de informação classificada em qualquer grau de sigilo, e dispõe sobre o Núcleo de Segurança e Credenciamento e sobre a Reprodução:

> ***Art. 33: A reprodução do todo ou de parte de documento com informação classificada em qualquer grau de sigilo terá o mesmo grau de sigilo do documento;***
>
> ***§ 1º A reprodução total ou parcial de informação classificada em qualquer grau de sigilo condiciona-se à autorização expressa da autoridade classificadora ou autoridade hierarquicamente superior com igual prerrogativa;***
>
> ***§ 2º As cópias serão autenticadas pela autoridade classificadora ou autoridade hierarquicamente superior com igual prerrogativa.***
>
> ***Art. 34.*** *Caso a preparação, impressão ou reprodução de informação classificada em qualquer grau de sigilo for efetuada em tipografia, impressora, oficina gráfica ou similar, essa operação será acompanhada por pessoa oficialmente designada, responsável pela garantia do sigilo durante a confecção do documento.*

O recebimento de documento sigiloso deve ser informado ao remetente no menor prazo de tempo possível e de acordo com o Decreto nº 7.845, de 14 de novembro de 2012 em seu Art. 29: *Cabe aos responsáveis pelo recebimento do documento com informação classificada em qualquer grau de sigilo, independente do meio e formato:*

> ***I.*** *Registrar o recebimento do documento;*
>
> ***II.*** *Verificar a integridade do meio de recebimento e registrar indícios de violação ou de irregularidade, comunicando ao destinatário, que informará imediatamente ao remetente; e*
>
> ***III.*** *Informar ao remetente o recebimento da informação, no prazo mais curto possível.*

A Lei de Acesso à informação – Lei nº 12.527, de 18 de novembro de 2011:

> ***Art. 12:*** *O serviço de busca e fornecimento da informação é gratuito, salvo nas hipóteses de reprodução de documentos pelo órgão ou entidade pública consultada, situação em que poderá ser cobrado exclusivamente o valor necessário ao ressarcimento do custo dos serviços e dos materiais utilizados.*
>
> ***Parágrafo único.*** *Estará isento de ressarcir os custos previstos no caput todo aquele cuja situação econômica não lhe permita fazê-lo sem prejuízo do sustento próprio ou da família, declarada nos termos da Lei nº 7.115, de 29 de agosto de 1983.*

Lei nº 12.527, de 18 de novembro de 2011

Os documentos ditos sigilosos eram regulados pela Lei nº 8.159/1991, cujos artigos foram revogados pela Lei nº 12.527 de 18 de novembro de 2011, que, a partir de então, estabelece as regras para os diferentes graus de sigilo.

Vale destacar, ainda, em se tratando de graus de sigilo dos documentos, a mesma Lei nº 12.527, de 18 de novembro de 2011:

> ***Art. 7º***, *§ 2º. Quando não for autorizado acesso integral à informação por ser ela parcialmente sigilosa, é assegurado o acesso à parte não sigilosa por meio de certidão, extrato ou cópia com ocultação da parte sob sigilo.*

O processo descrito é de responsabilidade da Comissão Mista de Reavaliação de Informações, conforme o determinado pela Lei nº 12.527, de 18 de novembro de 2011, em seu Art. 35, I.

Seção II

Da classificação da informação quanto ao grau e prazos de sigilo

> ***Art. 24.*** *A informação em poder dos órgãos e entidades públicas, observado o seu teor e em razão de sua imprescindibilidade à segurança da sociedade ou do estado, poderá ser classificada como ultrassecreta, secreta ou reservada.*
>
> ***§ 1º*** *os prazos máximos de restrição de acesso à informação, (...), a partir de sua produção (...):*
>
> ***I.*** *ultrassecreta: 25 anos;*
>
> ***II.*** *secreta: 15 anos;*
>
> ***III.*** *reservada: 5 anos.*

§ 2º As informações que puderem colocar em risco a segurança do presidente e vice-presidente da república e respectivos cônjuges e filhos(as) serão classificadas como reservadas e ficarão sob sigilo até o término do mandato em exercício ou do último mandato, em caso de reeleição.

§ 3º Alternativamente aos prazos previstos no § 1o, poderá ser estabelecida como termo final de restrição de acesso a ocorrência de determinado evento, desde que este ocorra antes do transcurso do prazo máximo de classificação.

§ 4º Transcorrido o prazo de classificação ou consumado o evento que defina o seu termo final, a informação tornar-se-á, automaticamente, de acesso público.

Seção V

Das informações pessoais

Art. 31. *O tratamento das informações pessoais deve ser feito de forma transparente e com respeito à intimidade, vida privada, honra e imagem das pessoas, bem como às liberdades e garantias individuais.*

§ 1o *as informações pessoais, a que se refere este artigo, relativas à intimidade, vida privada, honra e imagem:*

I. *terão seu acesso restrito, independentemente de classificação de sigilo e pelo prazo máximo de 100 (cem) anos a contar da sua data de produção, a agentes públicos legalmente autorizados e à pessoa a que elas se referirem; e*

II. *poderão ter autorizada sua divulgação ou acesso por terceiros diante de previsão legal ou consentimento expresso da pessoa a que elas se referirem.*

§ 2º *aquele que obtiver acesso às informações de que trata este artigo será responsabilizado por seu uso indevido.*

Não poderá ter acesso negado à informação necessária à tutela judicial ou administrativa de direitos fundamentais.

É relevante mencionar que o §1º do Art. 24 da Lei nº 12.527, de 18 de novembro de 2011, dispõe que os prazos máximos de restrição de acesso à informação, conforme a classificação prevista no caput, vigoram a partir da data de sua produção e são os seguintes:

I. *ultrassecreta: 25 (vinte e cinco) anos;*

II. *secreta: 15 (quinze) anos; e*

III. *reservada: 5 (cinco) anos.*

Você deve ter observado que a referida lei só traz três graus de sigilo, excetuando-se o grau confidencial.

1.11 Prazo de Guarda dos Documentos

O prazo de guarda dos documentos é o período em que o documento deve ser mantido nos arquivos corrente e intermediário, e vincula-se à determinação do valor do documento, de acordo com os seguintes fatores:

> Frequência do uso das informações contidas nos documentos.

> Existência de leis ou decretos que regulem a prescrição legal dos documentos (prazo prescricional).

> Existência de outras fontes com as mesmas informações (documentos repetitivos).

	Arquivo	Biblioteca	Museu	Centro de documentação
Tipo de Suporte	Manuscritos, impressos, audiovisuais, exemplar único	Impressos, manuscritos, audiovisuais, exemplares,	Objetos bi/ tridimensionais, exemplar único	Audiovisuais (reproduções) Exemplar único ou múltiplo
Tipo de Conjunto	Fundos, documentos unidos pela origem	Coleção, documentos unidos pelo conteúdo	Coleção, documentos unidos pelo conteúdo ou pela função	Coleção, documentos unidos pelo conteúdo
Produtor	A máquina administrativa	Atividade humana individual e coletiva	Atividade humana, a natureza	Atividade humana
Fins de Produção	Administrativos, jurídicos, funcionais, legais	Culturais, científicos, técnicos, artísticos, educativos	Culturais, artísticos, funcionais	Científicos
Fins de Produção	Provar, testemunhar	Instruir, informar	Informar e Entreter	Informar
Entrada de documentos	Passagem natural de fonte geradora única	Compra, doação, permuta de fontes múltiplas	Compra, doação, permuta, de fontes múltiplas	Compra, doação, pesquisa
Processamento técnico	Registro, arranjo, descrição: guias, inventários, catálogos etc.	Tombamento, classificação, catalogação, fichários	Tombamento, catalogação, inventários, catálogos	Tombamento, classificação catalogação, fichários ou computador
Público	Administrador e pesquisador	Grande público e pesquisador	Grande público e pesquisador	Pesquisador

> Necessidade de guarda de documentos por precaução, em virtude das práticas administrativas (prazos precaucionais).

1.12 Destinação Final dos Documentos

Todo documento, seguindo o ciclo vital, deverá ser encaminhado à sua destinação final, que irá ocorrer no momento em que ele perder seu valor administrativo ou valor primário. Existem duas situações, a saber:

> Eliminação.
> Recolhimento.

1.12.1 Eliminação

Ocorre quando o documento perde o valor administrativo e não apresenta valor histórico.

A esse respeito, a Resolução nº 25, de 27 de abril de 2007 define que a Gestão Arquivística de Documentos tem como objetivo principal o recolhimento de documentos para guarda permanente ou, então, a sua eliminação, pois estabelece em seu Artigo 1º: ***Recomendar aos órgãos e entidades integrantes do Sistema Nacional de Arquivos – SINAR, a adoção do Modelo de Requisitos para Sistemas Informatizados de Gestão Arquivística de Documentos - e-ARQ Brasil***: (aprovado na 43ª reunião plenária do CONARQ, realizada no dia 4 de dezembro de 2006, disponibilizada em www.conarq.arquivonacional.gov.br). e Temos no §1º: ***Considera-se gestão arquivística de documentos o conjunto de procedimentos e operações técnicas referentes à produção, tramitação, uso, avaliação e arquivamento de documentos em fase corrente e intermediária, visando a sua eliminação ou recolhimento para guarda permanente***.

As primeiras preocupações em relação à eliminação dos documentos arquivísticos surgem em meados do século XX e, assim, aparecem dois modelos para o processo de eliminação documental:

01. **Modelo Inglês**

Estabelece que a eliminação seria responsabilidade exclusiva da entidade produtora. Esta é a proposta defendida por Hilary Jenkinson para quem ***a eliminação de documentos não deveria fazer parte das atribuições dos arquivistas***.

02. **Modelo Alemão**

Sustenta que a "***importância que da tarefa de eliminação exige a intervenção do arquivista***".

Para o norte-americano Teodoro Roosevelt Schellenberg,***os documentos arquivísticos têm um valor primário, que por estar ligado aos motivos da criação dos documentos diz respeito à entidade produtora, e um valor secundário, que por estar ligado ao seu conteúdo de caráter informativo diz respeito à investigação científica***.

1.12.2 Guarda Permanente

Ocorre quando o documento perde o valor administrativo, mas apresenta valor histórico.

1.12.3 Transferência

É a passagem dos documentos da fase corrente para a intermediária.

1.12.4 Recolhimento

É a passagem dos documentos das fases corrente e intermediária para a fase permanente.

Ao longo do ciclo vital dos documentos, existem quatro possibilidades:

> O documento foi criado na fase corrente; cessada essa fase, ele será eliminado sem passar pela fase intermediária.
> O documento foi criado na fase corrente, cumpre seu prazo de guarda nessa fase, posteriormente será transferido para o arquivo intermediário, em que cumprirá seu prazo de guarda; cessada essa fase, ele será eliminado.
> O documento foi criado na fase corrente; cessada essa fase, ele será recolhido ao arquivo permanente.
> O documento foi criado na fase corrente; cessada essa fase, ele será transferido para o arquivo intermediário, no qual cumprirá seu prazo de guarda; cessada essa fase, ele será recolhido ao arquivo permanente.

Questões

01. (CESPE – 2019) A respeito de princípios e conceitos arquivísticos, julgue o item a seguir.

A constituição do fundo arquivístico de determinado órgão público é resultado da aplicação do princípio da proveniência.

Certo ( ) Errado ( )

02. (CESPE – 2019) A respeito de princípios e conceitos arquivísticos, julgue o item a seguir.

A manutenção do arranjo original dos documentos de arquivo público é determinada pelo princípio da pertinência.

Certo ( ) Errado ( )

03. (CESPE – 2018) Acerca dos princípios e conceitos arquivísticos, julgue o item que se segue.

A relação entre documentos de um arquivo, a qual decorre das atividades da instituição que os tenha acumulado, constitui a organicidade dos documentos de arquivo.

Certo ( ) Errado ( )

04. (CESPE – 2018) A respeito de legislação, princípios e conceitos arquivísticos, julgue o item a seguir.

A reunião de documentos de instituições distintas em um único acervo fere o princípio da proveniência.

Certo ( ) Errado ( )

05. (CESPE – 2018) A respeito dos princípios e conceitos arquivísticos, julgue o item a seguir.

A aplicação do princípio da reversibilidade permite manter os documentos da forma como eles foram acumulados pela pessoa jurídica ou física que o tiver produzido.

Certo ( ) Errado ( )

Gabaritos

01	CERTA
02	ERRADO
03	CERTO
04	CERTO
05	ERRADO

2. GESTÃO DA INFORMAÇÃO E DE DOCUMENTOS

Segundo a Lei nº 8.159/1991, a Gestão de Documentos envolve o conjunto de procedimentos e operações técnicas referentes às atividades de produção, tramitação e uso, avaliação e arquivamento de documentos em fase corrente e intermediária, visando a sua eliminação ou recolhimento para guarda permanente.

Ainda na mesma Lei: ***É dever do poder público a gestão documental e a proteção especial a documentos de arquivo, como instrumento de apoio à administração, à cultura e ao desenvolvimento científico e como elemento de prova e informação.***

A gestão de documentos é atingida por meio do planejamento, organização, controle, coordenação dos recursos humanos, do espaço físico e dos equipamentos, com o objetivo de aperfeiçoar o ciclo documental.

É qualquer atividade que vise a controlar o fluxo de documentos existentes, de forma a assegurar a eficiência das atividades.

2.1 Objetivos

- Garantir, assegurar, de forma eficiente: produção, administração, manutenção e destinação de documentos.
- Garantir que a informação estará disponível no momento necessário ao usuário (instituição, estado, pessoa).
- Eliminação de documentos que não possuem valor administrativo, fiscal, legal ou para fins de pesquisa científica ou histórica.
- Assegurar uso adequado da Micrográfica, processamento automatizado de dados, e outras técnicas da gestão de informação.
- Contribuir para o acesso e a preservação dos documentos que deverão ser guardados e preservados por seus valores históricos, científicos, valores secundários.

2.2 Planejamento do Sistema de Arquivamento

Primeiramente, antes de se implantar um gerenciamento de informação, necessita-se de um planejamento. Assim, tem que se definir um importante aspecto: se há centralização ou descentralização dos arquivos correntes. Ou seja, no planejamento a organização deve definir se os arquivos ficaram centralizados - reunidos em um arquivo central — ou descentralizados - arquivados nos setores da organização.

A opção pela descentralização ocorre apenas na fase corrente. Na fase intermediária e permanente, é OBRIGATÓRIA a centralização.

Ao planejamento também cabe a função de definir a coordenação dos serviços arquivísticos organizacionais. Assim, recomenda-se que haja uma centralização referente às normas, controle e orientação para evitar que haja tratamento diferenciado aos arquivos de uma mesma instituição.

Como os arquivos correntes são aqueles que ainda estão em processo de tramitação, ou seja, são consultados de modo frequente, eles devem ficar armazenados junto aos setores organizacionais que os produziram. Assim, por meio de técnicas de gerenciamento de informação, também chamado de gestão de documentos, deve-se estabelecer padronização quanto ao tratamento dos arquivos, definindo-se um planejamento e implementando um programa de gerenciamento de informação na organização. Dessa forma, já deve ser implementado nos setores um Plano de Classificação de Documentos e uma Tabela de Temporalidade e Destinação dos Documentos.

Os **arquivos intermediários** têm como sua principal função a econômica, pois se torna muito caro manter esse tipo de arquivo (semiativo, que possui baixo nível de consulta, ou seja, tem pouco interesse administrativo para a organização que o produziu) nos setores de trabalho em que foram produzidos, já que, para isso, seria necessário um espaço físico grande. Assim, é interessante guardar esses documentos em depósitos centralizados, pois sua guarda é devido principalmente a prazos prescricionais e precaucionais. Mesmo estando em um depósito central, vale ressaltar que os arquivos intermediários continuam sendo de propriedade do departamento que o gerou e que somente esse setor, ou alguém por ele autorizado, pode consultar os arquivos.

2.3 Fases da Gestão de Documentos

São três as fases básicas da gestão documental:

- Produção.
- Utilização.
- Destinação.

2.3.1 Produção

Elaboração de documentos em razão das atividades específicas de uma instituição ou setor.

Pode ser chamada de 1ª fase e possui as seguintes características:

- Otimização na criação de documentos, evitando a reprodução desnecessária de documentos.
- Acontece na fase corrente.

2.3.2 Utilização

Elaboração de documentos em razão das atividades específicas de uma instituição ou setor.

Essa fase refere-se ao fluxo percorrido pelos documentos, necessários ao cumprimento de sua função administrativa, assim como sua guarda após o trâmite. Pode ser chamada de 2ª fase e possui as seguintes características:

- Envolve as atividades de protocolo, classificação de documentos, controle de acesso e recuperação da informação, bem como a elaboração de instrumentos de recuperação.
- É desenvolvida na gestão de arquivos correntes e intermediários.

Observe nas questões a seguir como a gestão apareceu em alguns concursos públicos:

(Cespe/MMA/AGENTE ADMINISTRATIVO/2009). Na gestão de documentos, as atividades de protocolo, a recuperação de informações e a elaboração de normas de acesso à documentação são desenvolvidas na fase de utilização de documentos. Gabarito: Certo.

(Cespe/AGU/AGENTE ADMINISTRATIVO/2010) A fase da gestão de documentos que inclui as atividades de protocolo, de expedição, de organização e de arquivamento de documentos em fase corrente e intermediária é denominada fase de utilização de documentos. Gabarito: Certo.

2.3.3 Destinação

Envolve as atividades de análise, seleção e fixação de prazos de guarda dos documentos, ou seja, implica decidir quais documentos serão eliminados e quais serão preservados permanentemente. Acontece no arquivo corrente e intermediário.

Alguns documentos têm valor temporário, enquanto outros têm valor permanente. Além disso, alguns deles são frequentemente utilizados, enquanto outros nem tanto.

2.3.4 Eliminação de Documentos

Deve-se avaliar e selecionar os documentos para determinar o prazo de vida dos mesmos de acordo com seus valores informativo e probatório e, caso não os tenha, a eliminação.

Schellenberg ressaltou que a gestão na fase corrente tem como objetivo ***fazer com que os documentos sirvam aos propósitos de sua criação, tanto econômica quanto eficientemente possível, e realizar sua adequada destinação depois que tiverem atendido aos seus objetivos***.

Devido a essas diferenças relativas ao valor e à frequência de uso, surge a necessidade de avaliar, selecionar e eliminar os documentos.

Essas três atividades objetivam estabelecer o prazo de vida dos documentos, de acordo com seus valores informativo e probatório.

→ **Em relação ao seu valor, os documentos podem ser:**

- **Permanentes vitais:** devem ser conservados indefinidamente por serem de importância vital para a organização.
- **Permanentes:** devem ser conservados indefinidamente — apesar de não serem vitais, a informação que contêm deve ser preservada em caráter permanente.
- **Temporários:** podem ser descartados, após determinado prazo, quando cessa o valor do documento.

Funções Arquivísticas

Segundo Jean-Yves Rousseau e Carol Couture, na obra "Os fundamentos da disciplina arquivística", Lisboa: Publicações Dom Quixote, 1998, as funções arquivísticas são sete: Produção; Avaliação; Aquisição; Conservação; Classificação; Descrição e Difusão.

01. Produção

Criação ou recebimento de informações dentro da instituição, evitando a criação de documentos com informações desnecessárias e atentando para sua veracidade e autenticidade. É o momento que o documento passa a existir para a instituição.

Quando se trata da criação de documentos arquivísticos digitais é importante estar atento em tudo que possa alterar a veracidade ou autenticidade das informações contidas no documento, sendo extremamente importante a elaboração de normas e regras para a produção da documentação, assim como utilizar métodos como assinatura digital, marca d'água e procedimentos padrão.

02. Avaliação

Processo que consiste na atribuição de valores, primário ou secundário, para os documentos, assim como prazos de guarda e destinação final que pode ser a guarda permanente ou eliminação.

A avaliação também deve ser feita nos documentos em suporte digital, pois nem toda a documentação produzida possui a necessidade de ser preservada permanentemente, garantindo assim economia de recursos materiais e financeiros.

03. Aquisição

É a entrada dos documentos nos arquivos corrente, intermediário e permanente. Abrange o arquivamento corrente, assim como a transferência e recolhimento da documentação.

O processo de aquisição deverá ter uma atenção e cuidado especial nos documentos arquivísticos digitais, pois seu controle é mais difícil de ser realizado e não possuem métodos que assegurem questões como autenticidade e veracidade.

04. Conservação

É um conjunto de procedimentos que visa a manutenção da integridade física do documento, desacelerando o processo de degradação.

A principal questão a ser levantada em relação à conservação dos documentos digitais é sobre a constante mudança que ocorre nos aparelhos e softwares tecnológicos, tornando os equipamentos obsoletos e causando a perda de informações. O profissional responsável deve estar atento às novas tecnologias para evitar que a documentação, ou parte dela, seja perdida.

05. Classificação

É a forma como os documentos serão reagrupados de acordo com características comuns. A Classificação deverá ser feita dentro dos padrões estabelecidos pelos profissionais responsáveis pelo acervo, que conhecem a melhor maneira de agrupamento para realização de suas atividades.

Os documentos digitais devem, também, ser classificados e ordenados para evitar que a documentação fique desorganizada em meio digital e para que não perca seu contexto dentro da instituição.

06. Descrição

É o conjunto de elementos facilitadores na recuperação e localização dos documentos e abrange a elaboração de instrumentos de pesquisa e meios de busca, utilizando termos específicos, palavras-chave, indexadores, dentre outros.

A descrição será mais eficaz e precisa em meio digital, se realizada de forma correta, garantindo a recuperação e localização mais rápida da informação solicitada.

07. Difusão

Está relacionada à divulgação do acervo, bem como a acessibilidade dos documentos, aproximando o arquivo e o usuário da informação.

A difusão também será realizada de forma mais rápida, pois a maioria das pessoas possui acesso à internet e utilizam deste meio para suas pesquisas. Desta forma, o arquivo pode divulgar amplamente suas atividades, serviços e documentação, assim como disponibilizar informações com maior praticidade e eficácia.

É evidente que a eliminação de documentos não pode ser feita indiscriminadamente. Dessa forma, há pontos-chave que sempre devem ser observados:

> Importância do documento com relação aos valores administrativo, fiscal ou legal (=primário) ou informativo, probatório (=secundário).

> Possibilidade e custos de reprodução (e.g. microfilmagem).

> Espaço, equipamento utilizado e custos de arquivamento.

> Prazos de prescrição e decadência de direitos, de acordo com a legislação vigente.

> Número de cópias existentes.

Art. 9º da Lei nº 8.159/91*: a eliminação de documentos produzidos por instituições públicas e de caráter público será realizada mediante autorização da instituição arquivística pública, na sua específica esfera de competência.*

Níveis de Gestão de Documentos

Segundo a UNESCO, a aplicação de um programa de gestão de documentos públicos pode ser desenvolvida em quatro níveis:

01. Nível Mínimo:

Estabelece que os órgãos devam contar, ao menos, com programa de retenção e eliminação de documentos e estabelecer procedimentos para recolher à instituição arquivística pública aqueles de valor permanente.

02. Nível Mínimo Ampliado:

Complementa o primeiro, com a existência de um ou mais centros de arquivamento intermediário.

03. Nível Intermediário:

Compreende os dois primeiros, bem como a adoção de programas básicos de elaboração e gestão de formulários e correspondência e a implantação de sistemas de arquivos.

04. Nível Máximo:

Inclui todas as atividades já descritas, complementadas por gestão de diretrizes administrativas, de telecomunicações e o uso de recursos da automação.

Instrumentos de Destinação

Nas atividades de avaliação e destinação são utilizados os instrumentos de destinação, que são os atos normativos elaborados pela organização, nos quais são fixadas diretrizes quanto ao tempo e local de guarda dos documentos.

Os dois principais instrumentos de destinação são:

> Tabela de Temporalidade de Documentos.

> Lista de Eliminação.

Tabela de Temporalidade de Documentos

É o instrumento resultante da etapa de avaliação dos documentos. É ela, a tabela de temporalidade, que determina o prazo de guarda dos documentos nas fases corrente e intermediária, bem como indica a destinação final (eliminação ou recolhimento para guarda permanente).

Em uma tabela de temporalidade de uma empresa, por exemplo, poderia estar definido que os cartões de ponto deveriam ser conservados por sete anos no Serviço de Pessoal e depois eliminados; ou que os contratos de prestação de serviços de limpeza deveriam ser conservados em caráter definitivo no arquivo permanente.

A tabela de temporalidade será elaborada pela CPAD — Comissão Permanente de Avaliação de Documentos ou Comissão de Análise de Documentos.

> Estrutura da Tabela de Temporalidade

A Tabela de Temporalidade e Destinação deve apresentar em sua estrutura básica os seguintes elementos:

01. Código de classificação;
02. Prazos de guarda nas fases corrente e intermediária;
03. Destinação final (eliminação ou guarda permanente);
04. Observações necessárias à sua aplicação.

Deve-se elaborar um índice alfabético para agilizar a localização dos assuntos no plano ou código e na tabela.

Tabela de Temporalidade com exemplos hipotéticos.

Documentos	Prazos de guarda		Destinação final	Observação
	Corrente	Intermediário		
Legislação de pessoal	10 anos	10 anos	Guarda Perm.	-
Admissão de pessoal	5 anos	47 anos	Eliminação	-
Férias	7 anos	-	Eliminação	
Frequência	5 anos	47 anos	Eliminação	Microfilmar após 5 anos
Aposentadoria	5 anos	95 anos	Eliminação	Microfilmar após 5 anos
Greves	5 anos	5 anos	Guarda Perm.	-
Normas Internas	Enqto. Vig.	-	Guarda Perm.	-

Lista de Eliminação

Consiste em uma relação específica de documentos a serem eliminados de uma só vez e que necessita ser aprovada pela autoridade competente.

Agora, veremos as ações coordenadas pelos instrumentos de destinação dentro da rotina para a destinação de documentos na fase corrente:

> Verificar se os documentos a serem destinados estão organizados de acordo com os conjuntos definidos na tabela de temporalidade.

   » A tabela de temporalidade organiza os documentos a serem destinados, a partir de prazos e critérios para recolhimento e eliminação.
- Verificar se cumpriram o prazo de guarda estabelecido.
   » Para proceder com a destinação, é preciso verificar, na tabela de temporalidade, os prazos de guarda estabelecidos.
- Registrar os documentos a serem eliminados.
   » As listas de eliminação, como vimos, relacionam os documentos a serem eliminados.
- Proceder à eliminação.
   » O ato de eliminar os documentos também faz parte da fase de destinação.
- Elaborar termo de eliminação.
   » O termo de eliminação é o instrumento do qual consta o registro de informações sobre documentos eliminados após terem cumprido o prazo de guarda.
- Elaborar lista de documentos destinados à fase intermediária.
   » De forma semelhante à lista de eliminação, existem as listas de transferência (documentos destinados à fase intermediária) e as listas de recolhimento (documentos destinados à fase permanente).
- Operacionalizar a passagem ao arquivo intermediário.
   » Permitir que os documentos passem ao arquivo intermediário também faz parte da fase de destinação.

→ **Principais rotinas e procedimentos na destinação:**

- **Análise:** são procedidos estudos dos documentos recebidos.
- **Seleção:** é feita a triagem dos documentos que devem permanecer no arquivo.
- **Avaliação:** procedimento mais importante da destinação, pois nela ocorre a verificação do valor probatório (de prova) ou informativo, de pesquisa dos documentos e estabelecimento de prazos de vida dos documentos.

Esse processo está vinculado à legislação, já que deve cumprir os prazos legais de armazenamento de alguns documentos, bem como a discricionariedade da organização, quando falamos dos prazos precaucionais.

Recomenda-se, de acordo com a doutrina, que a avaliação seja feita nos documentos no arquivo corrente para se evitar que documentos sejam transferidos para o arquivo intermediário de forma desnecessária, o que gera burocracia e dispêndio de recursos desnecessários.

Visando à garantia da eficiência administrativa, a avaliação deve ser precedida pela classificação dos documentos visando ao correto arquivamento em suas classes.

→ **Benefícios da avaliação documental:**

- Eficiência administrativa.
- Eliminação de documentos inúteis.
- Agilidade na hora de encontrar um documento ou informação, pois há redução do volume de documentos.
- Prévia identificação dos documentos de guarda permanente.

No fim da fase de destinação, há duas possibilidades para o documento que perdeu o seu valor administrativo:

- **Recolhimento:** que é o deslocamento de um documento do arquivo intermediário para o arquivo permanente, para aqueles documentos dotados de valor histórico ou secundário.
- **Eliminação:** destruição, doação ou venda de documentos julgados destituídos do valor permanente, feito por uma Comissão Permanente de Avaliação.

Comissão Permanente de Avaliação de Documentos

A Comissão Permanente de Avaliação de Documentos também é conhecida como Comissão de Análise de Documentos, ou simplesmente, CPAD. E é esta Comissão quem elabora a Tabela de Temporalidade e que deverá ser aprovada por autoridade competente do órgão para que possa ser aplicada na instituição. Cada instituição cria sua Tabela de Temporalidade, uma vez que, concluída e aplicada, as eventuais alterações ou inclusões deverão ser submetidas à Comissão que a criou. Não há prazo de guarda padrão e nem prazo máximo para os documentos nas fases corrente e nem intermediária, pois cada documento terá seu próprio prazo de acordo com o estabelecido na Comissão.

De acordo com a legislação em vigor, a responsabilidade de orientar e realizar o processo de análise, avaliação e seleção da documentação produzida e acumulada no seu âmbito de atuação é pertinente à Comissão Permanente de Avaliação de Documentos de acordo com o Decreto nº 4.073, de 3 de janeiro de 2002 em seu Capítulo IV, DA GESTÃO DE DOCUMENTOS DA ADMINISTRAÇÃO PÚBLICA FEDERAL, Seção I: Das Comissões Permanentes de Avaliação de Documentos, Art. 18: *Em cada órgão e entidade da Administração Pública Federal será constituída Comissão Permanente de Avaliação de Documentos, que terá a responsabilidade de orientar e realizar o processo de análise, avaliação e seleção da documentação produzida e acumulada no seu âmbito de atuação, tendo em vista a identificação dos documentos para guarda permanente e a eliminação dos destituídos de valor.*

Nos órgãos públicos a garantia de acesso, pelo cidadão, aos documentos de arquivo e informações contidas nos mesmos, a disseminação de normas relativas à gestão de documentos de arquivo, a racionalização da produção documental arquivística pública e a preservação do patrimônio documental arquivístico da administração pública federal são finalidades do SIGA - Sistema Informatizado de Gestão Arquivística de Documentos.

→ **Síntese dos pontos mais importantes da gestão de documentos:**

Gestão de Documentos	Produção	Elaboração dos documentos em decorrência das atividades da instituição. Criação de documentos essenciais à administração, evitando duplicação e emissão de vias desnecessárias.
	Utilização	Protocolo, classificação, organização e arquivamento durante a idade corrente e intermediária. Normas de acesso à documentação e à recuperação de informações.
	Destinação	Análise e avaliação dos documentos (valor). Definição de quais serão objetos de arquivo permanente e quais serão eliminados.

- **Produção**
  - Elaboração dos documentos em decorrência das atividades da instituição.
  - Criação de documentos essencias à administração, evitando duplicação e emissão de vias desnecessárias.
- **Utilização**
  - Protocolo, classificação, organização e arquivamento durante a idade corrente e intermediária.
  - Normas de acesso à documentação e à recuperação de informações.
- **Destinação**
  - Análise e avaliação dos documentos (valor).
  - Definição de quais serão objeto de arquivo permanente e quais serão eliminados.

2.4 Métodos de Arquivamento

Arquivamento é a técnica de como serão acondicionados e armazenados os documentos, ou seja, o arquivamento corresponde à forma como os documentos serão armazenados, visando obter precisamente a sua localização no futuro. O método de arquivamento é determinado pela natureza dos documentos a serem arquivados e pela estrutura da entidade.

Os sistemas de arquivamento apenas fornecem a estrutura mecânica em relação à qual os documentos devem ser arranjados. Os documentos podem ser eficazmente arranjados em quase todos os sistemas de arquivamento. Qualquer sistema de arquivamento, não importa qual seja, pode apresentar resultados satisfatórios se for adequadamente aplicado. A insuficiência do arquivamento deve-se, com mais frequência às falhas humanas do que a falhas do sistema. Na escolha de um método de arquivamento devem-se levar em consideração três premissas básicas: o sistema escolhido deve ser simples, flexível e deve admitir expansões.

São duas classes – métodos básicos e padronizados – e integram dois grandes sistemas – direto e indireto.

Existe, ainda, um método Semi-indireto que não pertence às classes de métodos básicos e padronizados, é o método alfanumérico que consiste numa combinação de letras e números.

- **Direto:** ocorre quando a localização dos documentos é encontrada de forma direta, ou seja, é encontrado diretamente no local onde se encontra arquivado.
- **Indireto:** ocorre quando se necessita consultar antes em outro lugar para se encontrar a localização do documento, como exemplo, um índice ou código.

As principais classes utilizadas para organizar o arquivamento dos documentos estão divididas em dois grandes métodos: Básicos e Padronizados.

Básicos	Alfabético		
	Geográfico		
	Numéricos	Simples	
		Cronológico	
		Dígito-terminal	
	Ideográficos	Alfabéticos	Enciclopédico
			Dicionário
		Numéricos	Duplex
			Decimal
			Unitermo ou Indexação coordenada
Padronizados	Variadex		
	Automático		
	Soudex		
	Mneumônico		
	Rôneo		

2.4.1 Métodos Básicos

a) Alfabético ou onomástico

b) Geográfico – conforme o local de produção

c) Numéricos

c.1 - Simples – é indireto. Para se encontrar os documentos é feito um índice alfabético no qual pode se descobrir qual número foi conferido ao documento.

c.2 - Cronológico – normalmente a data da produção (notas fiscais).

c.3 - Dígito-Terminal – conforme os dois últimos números do documento, grande volume e números longos.

d) Ideográfico ou Temático

Conforme o assunto. Exige-se a interpretação e um vasto conhecimento da organização. Dividido em Alfabético – Enciclopédico ou Dicionário e Numérico – Duplex, Decimal e Unitermo ou Indexação Coordenada.

Método Alfabético (método básico)

Método alfabético é o mais simples. É um método direto. Nesse método, as fichas ou pastas são dispostas em ordem rigorosamente alfabética, respeitadas as normas gerais para alfabetação.

As notações nas guias podem ser abertas ou fechadas; simples ou compostas. Notações simples abertas: A, B, C, Ab, Ac etc; notações compostas e fechadas: Aa-Al , Am-Az etc.

Sua desvantagem é a alta incidência de erros de arquivamento quando o volume de documentos é muito grande, devido ao cansaço visual e à variedade de grafia dos nomes.

Esse método preza pelo ordenamento de pastas e fichas pela ordem alfabética divididas por guias divisórias (estas devem ser assinaladas com anotações que façam referência aos documentos ali arquivados), e também devem respeitar as normas gerais para a alfabetação.

Regras de Alfabetação

01. Nos nomes de pessoas físicas, considera-se o último sobrenome e depois o prenome.

Renata Guimarães; José Carvalho; Maria Silva; Paulo Lima.

Arquivam-se:

Carvalho, José;

Guimarães, Renata;

Lima, Paulo;

Silva, Maria.

Obs.: com sobrenomes iguais prevalece a ordem alfabética do prenome.

Patrícia Melo, Jandira Melo, Inês Melo, José Melo.

Arquivam-se:

Melo, Inês;

Melo, Jandira;

Melo, José;

Melo, Patrícia.

02. Sobrenomes compostos de um substantivo e um adjetivo ou ligados por hífen não se separam.

Heitor Villa-Lobos; Eduardo Montes Altos; Sérgio Praia Vermelha.

Arquivam-se:

Montes Altos, Carlos;

Praia Vermelha, Sérgio;

Villa-Lobos, Heitor.

03. Os sobrenomes formados com as palavras Santa, Santo ou São seguem a regra dos sobrenomes compostos por um adjetivo e um substantivo.

Wilmar Santo Cristo; Maria Santa Rita; Alexandre Santo Antonio.

Arquivam-se:

Santa Rita, Maria;

Santo Antonio, Alexandre;

Santo Cristo, Wilmar.

04. As iniciais abreviativas de pronomes têm precedência na classificação de sobrenomes iguais.

R. Oliveira, Roberto Oliveira, Ricardo Oliveira.

Arquivam-se:

Oliveira, R.;

Oliveira, Ricardo;

Oliveira, Roberto.

05. Os artigos e preposições, tais como a, o, de, d, do, e, um, uma, não são considerados na alfabetação. (ver também regra nº 9)

Paulo de Farias; Ricardo d'Ferreira; Roberto d'Albuquerque.

Arquivam-se:

Albuquerque, Roberto d',

Farias, Paulo de;

Ferreira, Ricardo d'.

06. Os sobrenomes que exprimem grau de parentesco como Filho, Júnior, Neto, Sobrinho são considerados parte integrante do último sobrenome, mas não considerados na ordenação alfabética.

Marco Antônio Neto, José Maria Sobrinho, Sílvio Martins Filho.

Arquivam-se:

Antônio Neto, Marco;

Maria Sobrinho, José;

Martins Filho, Sílvio.

Obs.: os graus de parentesco da alfabetação só serão considerados quando servirem de elemento de descrição.

César Oliveira Filho; César Oliveira Neto, César Oliveira Sobrinho.

Arquivam-se:

Filho, César Oliveira;

Neto, César Oliveira;

Sobrinho, César Oliveira.

07. Os títulos não são considerados na alfabetação. São colocados após o nome completo, entre parênteses.

Doutora Maria Helena, Juiz Armando Marques, Capitão Silva Monteiro.

Arquivam-se:

Helena, Maria (Doutora);

Marques, Armando (Juiz);

Monteiro, Silva (Capitão).

08. Os nomes estrangeiros são considerados pelo último sobrenome, salvo nos casos de nomes espanhóis e orientais (ver também regras nº 10 e 11).

Sigmund Freud; Carl Gustav Jung; Francis Coppola.

Arquivam-se:

Coppola, Francis;

Freud, Sigmund;

Jung, Carl Gustav.

09. As partículas dos nomes estrangeiros podem ou não ser consideradas. O mais comum é considerá-las como parte integrante do nome quando escritas com letra maiúscula.

Guilio di Capri; Esteban De Penedo; Charles Du Pont.

Arquivam-se:

Capri, Guilio di;

De Penedo, Esteban;

Du Pont; Charles.

10. Os nomes espanhóis são registrados pelo penúltimo sobrenome, que corresponde ao sobrenome de família do pai.

José de Oviedo y Baños, Francisco de Pina de Mello, Esteban Del Arco y Molinero.

Arquivam-se:

Arco y Molinero, Esteban Del;

Oviedo y Baños, José de;

Pina de Mello, Francisco de.

11. Os nomes orientais – japoneses, chineses e árabes – são registrados como se apresentam.

Tetsuyuki Morita; Mao Tsé Tung; Xiang Lee Peng.

Arquivam-se:

Mao Tsé Tung;

Tetsuyuki Morita;

Xiang Lee Peng.

12. Os nomes de firmas, empresas, instituições e órgãos governamentais devem ser transcritos como se apresentam, não se considerando, porém, para fins de ordenação, os artigos e preposições que os constituem. Admite-se, para facilitar a ordenação, que os artigos sejam colocados entre parênteses após o nome.

Embratel, A Colegial, Fundação Getúlio Vargas, The Library of Congress.

Arquivam-se:

Colegial (A);

Embratel;

Fundação Getúlio Vargas;

Library of Congress (The).

13. Nos títulos de congressos, conferência, reuniões, assembleias e assemelhados, os números arábicos, romanos ou escritos por extenso deverão aparecer no fim, entre parênteses.

III Conferência de Cirurgia Cardíaca, Oitavo Congresso de Engenharia Civil; 1º Congresso de Odontologia.

Arquivam-se:

Conferência de Cirurgia Cardíaca (III);

Congresso de Engenharia Civil (Oitavo);

Congresso de Odontologia (1º).

14. As correspondências recebidas de uma unidade de uma empresa ou de uma instituição (setor, seção, gerência, departamento, superintendência) devem ser arquivadas pelo nome da empresa e não da unidade.

Gerência de Atendimento da TELERJ, Superintendência Financeira da TELERJ.

Arquivam-se:

TELERJ – Gerência de Atendimento;

TELERJ - Superintendência Financeira

15. Os números que fazem parte dos nomes das empresas devem ser escritos por extenso.

3M do Brasil, Fábrica Estrela de 4 pontas, Madeiras Cachoeira dos 4.

Arquivam-se:

Fábrica Estrela de Quatro Pontas;

Madeiras Cachoeira dos Quatro;

Três M do Brasil.

Essas regras podem ser alteradas para melhor servir à organização, desde que o arquivista observe sempre o mesmo critério e faça as remissivas necessárias para evitar dúvidas futuras. As regras de ordenação podem ser adotadas segundo critério de letra por letra ou de palavra por palavra, consideradas uma após a outra.

Exemplo de critério letra por letra:

Canto dos Cisnes, Canto dos Frades, Cantoneira Alegre, Canto Raiado.

Exemplo de critério palavra por palavra:

Canto dos Cisnes, Canto dos Frades, Canto Raiado, Cantoneira Alegre.

OBS: Como se pode observar, no critério letra por letra não se consideram os espaços entre palavras.

B. Método Geográfico (método básico)

É um método direto com ordenação alfabética e de fácil arquivamento, a desvantagem é a utilização de mais de um dado para a pesquisa. Principais critérios utilizados:

01. Nome do Estado, Cidade e Correspondente.

Na ordenação por estados, as capitais têm preferência na classificação em relação aos demais municípios que seguem a ordem alfabética.

Exemplo:

Estado	Cidade	Correspondente
Paraná	Curitiba (Capital)	Oliveira, César
Paraná	Cascavel	Almeida, João
Paraná	Londrina	Fonseca, Luis
Rio Grande do Sul	Porto Alegre (Capital)	Teles, João
Rio Grande do Sul	Gramado	Xavier, Francisco
Rio Grande do Sul	Passo Fundo	Soares, Oliveira

02. Nome da Cidade, Estado, Correspondente.

O nome da própria cidade é a principal referência na ordenação, sem considerar as capitais e os estados. Segue ordenação alfabética.

Exemplo:

Cidade	Estado	Correspondente
Cascavel	Paraná	Almeida, João
Curitiba (Capital)	Paraná	Oliveira, César
Gramado	Rio Grande do Sul	Xavier, Francisco
Londrina	Paraná	Fonseca, Luis
Passo Fundo	Rio Grande do Sul	Soares, Oliveira
Porto Alegre (Capital)	Rio Grande do Sul	Teles, João

03. Nome do País, Cidade, Correspondente.

Na formatação por país, o nome da Capital é a principal referência na ordenação, seguida das demais cidades em ordem alfabética.

País	Cidade	Correspondente
Brasil	Brasília (Capital)	Oliveira, César
Brasil	Cascavel	Soares, Oli
Brasil	Uberlândia	Soares, César
Itália	Roma (Capital)	Macarrone, Pietra
Itália	Milão	Bernardotte, Nícola
França	Paris (Capital)	François, Paul
França	Toulouse	Pierre, Jean

C. MÉTODOS PADRONIZADOS

C.1. Variadex

Há uma associação de cores designadas às letras do alfabeto para facilitar a localização e arquivamento de documentos.

Exemplos: A, B, C e abreviações em verde. D, E, F e abreviações em amarelo, G, H, I e abreviações em azul. As cores são atribuídas à segunda letra do nome de entrada e não do nome inicial, assim sendo, César Oliveira deve constar na pasta de cor amarela. Não há uma tabela de cores fixas

C.2. Automático

Os documentos são arquivados com guias em pastas que já indicam as divisões das letras do alfabeto.

C.3. Soundex

Documentos são arquivados por semelhança de pronúncia (som/fonética) desconsiderando-se a grafia das palavras.

C.4. Mnemônico

As letras são consideradas símbolos.

C.5. Rôneo

Combina letras, números e cores.

Os métodos automático, soundex, mnemônico e rôneo estão praticamente em desuso.

Arquivamento é a sequência de operações intelectuais e físicas que visam à guarda ordenada de documentos, ou ainda, um método de arquivamento ou sistema de arquivamento. É, ainda, a ação pela qual uma autoridade determina a guarda de um documento quando cessada a sua tramitação. O arquivamento deve ser feito de acordo com um plano ou quadro previamente estabelecido. Arquivamento é a guarda do documento propriamente dito.

2.5 Etapas do Arquivamento

2.5.1 A. Inspeção

É quando o arquivista examina a documentação para verificar se os mesmos se destinam ao arquivamento.

2.5.2 B. Estudo

É a leitura cuidadosa de cada documento para verificar a entrada que deverá ser atribuída.

2.5.3 C. Classificação

Após o estudo do documento a classificação consiste na determinação da entrada e das referências cruzadas que lhe serão atribuídas, é a interpretação dos documentos e, para tanto, é indispensável conhecer o funcionamento e as atividades desenvolvidas pelos órgãos que recebem e produzem os documentos remetidos aos arquivos.

2.5.4 D. Codificação

O arquivista apõe nos documentos os símbolos correspondentes ao método de arquivamento adotado, nesta etapa podem ser feitas correções, quando necessárias.

2.5.5 E. Ordenação

É a disposição dos documentos de acordo com a classificação e a codificação dadas. Os documentos podem ser dispostos em pilhas, escaninhos ou classificadores. Seus objetivos principais são agilizar o arquivamento e racionalizar o trabalho reunindo documentos de uma mesma pessoa ou assunto. Algumas bancas tem considerado tal atividade como intelectual e não atividade mecânica.

2.5.6 F. Guarda do documento

É o arquivamento propriamente dito, ou seja, a colocação do documento em sua respectiva pasta, caixa ou arquivo.

O processo descrito no texto consiste na classificação e registro que ocorrem no protocolo.

2.5.7 Tipos de Arquivamento

Diz respeito à posição em que são colocados os documentos e não ao tipo de modelo mobiliário utilizado.

Tipo Horizontal:

Os documentos são colocados uns sobre os outros (sobrepostos).

Tipo Vertical:

Os documentos são colocados uns atrás dos outros, facilitando o manuseio durante a consulta.

Esse método é considerado de arquivamento indireto.

Vale destacar que não há um método superior ao outro, a escolha de um método em detrimento de outro deve ser feito, levando em consideração as necessidades da organização.

2.5.8 Acondicionamento e Armazenamento de Documentos de Arquivo

O armazenamento é a guarda de documentos em depósitos destinados para esse fim. Já o acondicionamento é a colocação de documentos em mobiliário e invólucros apropriados, que assegurem a sua preservação.

Armazenamento

Todos os documentos devem ser armazenados em instalações que ofereçam um ambiente adequado a sua preservação.

Apesar dos avanços tecnológicos em matéria de restauração documental, é um princípio de preservação arquivística quase consensual que a manutenção de um ambiente de armazenamento dentro dos padrões convencionais (umidade relativa e temperatura) para o material que está sendo armazenado é a medida mais eficaz, em termos de custo-benefício, para uma maior sobrevida dos documentos arquivísticos. Quando falamos de armazenamento de documentos magnéticos ou ópticos, há que se observarem as recomendações específicas ou especiais quanto às melhores condições possíveis de armazenamento. O ambiente deve ser constantemente monitorado e as leituras verificadas com regularidade.

Rotinas de Armazenamento

- mapas, plantas, cartazes = horizontalmente;
- não deve ser armazenado sobre o chão;
- campos magnéticos estragam fitas de vídeo, áudio, computadores;
- mobiliário de aço tratado com pintura sintética, antiestética;
- embalagens protegem contra poeira e acidentes e minimizam as variações de Temperatura e umidade relativa (UR);
- diminuem os riscos em caso de desastres (água, fogo);
- caixas devem suportam o peso de empilhamento;
- medidas padronizadas;
- caixas em papéis especiais – cartão alcalino;
- umidade relativa baixa = risco de quebra das fibras;
- pergaminhos e encadernações em couro = entre 40% e 55%;
- temperatura ideal = 20º C;
- climatização – umidificadores, desumidificadores, exaustores, ventiladores;
- ar condicionado é o ideal = 24 horas de funcionamento.

Acondicionamento

A escolha da forma de acondicionar os documentos será em função do suporte documental e suas peculiaridades.

A confecção e a disposição do mobiliário deverão acatar as normas existentes sobre qualidade e resistência e sobre segurança no trabalho. A observância desses preceitos proporciona:

- facilidade de acesso aos documentos;
- proteção contra eventuais danos físicos, químicos e mecânicos.

Uma medida que vem ao encontro da necessidade de preservação dos documentos é a opção de utilizar em sua guarda, arquivos, estantes, armários ou prateleiras, apropriados a cada suporte e formato.

Algumas Peculiaridades no Acondicionamento e Armazenamento de Documentos

Devido as suas características, certos documentos como mapas, plantas e cartazes devem ser armazenados horizontalmente em móveis especiais para o acondicionamento horizontal com gavetas próprias para a sua guarda sem a necessidade de dobrá-las de acordo com suas medidas. Um móvel que atende a essa finalidade é a Mapoteca. Outra opção é enrolá-los em tubos confeccionados em cartão alcalino e acondicioná-los em armários ou gavetas.

Campos magnéticos causam a distorção ou a perda de dados em mídias magnéticas, como fitas de vídeo, áudio e de computador, que, por isso, devem ser armazenadas em locais onde haja proteção contra essa influência.

O armazenamento será preferencialmente em mobiliário de aço tratado com pintura sintética, de efeito antiestático.

Vantagens do Acondicionamento em Embalagens

Os documentos de valor permanente que apresentam grandes formatos, como mapas, plantas e cartazes, devem ser armazenados horizontalmente, em mapotecas – móveis especiais para o acondicionamento horizontal com gavetas próprias para a guarda de mapas, cartas geográficas, históricas, sem a necessidade de dobrá-las — adequadas às suas medidas, ou enrolados sobre tubos confeccionados em cartão alcalino e acondicionados em armários ou gavetas.

- Nenhum documento deve ser armazenado diretamente sobre o chão.
- As mídias magnéticas, como fitas de vídeo, áudio e de computador, devem ser armazenadas longe de campos magnéticos que possam causar a distorção ou a perda de dados.
- O armazenamento será preferencialmente em mobiliário de aço tratado com pintura sintética, de efeito antiestático.

Vantagens do Acondicionamento em Embalagens

- Protegem os documentos contra a poeira e danos acidentais.
- Minimizam as variações externas de temperatura e umidade relativa.
- Diminuem a probabilidade de danos em eventual contato com água e fogo em casos de desastre.

Características das Caixas de Acondicionamento de Documentos de Arquivo

- Devem suportar o peso dos documentos e a pressão, caso tenham de ser empilhadas.
- Devem ser limpos e conservados, de forma a proteger os documentos.
- As medidas de caixas, envelopes ou pastas devem respeitar formatos padronizados, devendo exceder a dos documentos que irão abrigar.
- Não devem ser utilizados para o armazenamento de documentos permanentes materiais quimicamente instáveis, devido ao risco quanto à preservação dos documentos.
- Para a confecção de caixas para o acondicionamento dos documentos, devem ser utilizados papéis especiais, que atendam à necessidade de preservação e conservação dos documentos.

No caso de caixas não confeccionadas em cartão alcalino, recomenda-se o uso de invólucros internos de papel alcalino, para evitar o contato direto de documentos com materiais instáveis.

Condições Ambientais

O estudo das condições ambientais para o armazenamento e preservação de documentos subdivide-se na análise da:

- Temperatura.
- Umidade relativa do ar (UR).

As condições adequadas de temperatura e de umidade relativa do ar são elementos vitais para postergar a sobrevivência dos registros.

Fatores importantes a se considerar na UR:

> se os níveis de umidade relativa (UR) são muito baixos, aumenta-se o risco de quebra das fibras e esfarelamento dos materiais orgânicos fibrosos;

> para pergaminhos e encadernações em couro, a UR abaixo de 40% é perigosa e o papel também sofre abaixo desses níveis. Já nas faixas de UR acima de 65% crescem micro-organismos e ocorrem reações químicas danosas;

> a faixa segura de umidade relativa é entre 45% e 55%, com variação diária de +/- 5%.

Fatores importantes a se considerar na Temperatura:

> a temperatura deve também estar relacionada com a umidade relativa;

> a temperatura ideal para documentos é 20° C, com variação diária de +/- 1° C.

Observações:

> a estabilidade da temperatura e da UR é especialmente importante, e as mudanças bruscas ou constantes são muito danosas;

> no caso de não existir a possibilidade de se instalar um sistema de climatização, a instalação de umidificadores, desumidificadores, exaustores e ventiladores pode surtir bons resultados;

> o sistema de ar condicionado ideal é aquele que controla a temperatura, a umidade e ainda filtra os agentes poluentes, antes de insuflar o ar no ambiente interno. Ele deve ficar em funcionamento durante as 24 horas do dia. Os custos iniciais de instalação e os de manutenção são muito altos.

2.6 Histórico da Gestão Documental

01. Comissão Hoover – Estados Unidos durante a década de 1940. Apresentou-se em duas versões, a primeira em 1947 e a segunda em 1955. Ocorreu, nos Estados Unidos, uma revolução na arquivologia em função de três aspectos: a herança multicultural, o crescimento geométrico do volume de documentos produzidos desde a Guerra da Independência em 1776 e a Guerra Civil em 1861 e o progresso tecnológico e econômico associado ao grande interesse em relação à eficácia e à eficiência na administração presente nos Estados Unidos.
02. Fim da década de 1940 – "Record manager": Gestor de Documentos.
03. Schellenberg – década de 1970; Valor Primário e Secundário.
04. Pensamento Arquivístico = duas correntes:
    a) Arquivística Tradicional – Europa; Valores históricos; Sir Hilary Jenkinson.
    b) Arquivística Administrativa – Estados Unidos; Schellenberg; gestão de documentos.
05. Congresso de Quebec – Arquivística Integrada = Arquivística Tradicional + Arquivística Administrativa. Canadenses Rousseau e Couture.

O marco fundador ou inaugural, segundo alguns autores, da disciplina arquivística foi em 1898, com a publicação do Manual dos Holandeses. Nesse período inicial da arquivologia como campo do conhecimento, a descrição arquivística foi citada pelo Manual dos Arquivistas Holandeses – obra clássica publicada no ano de 1898 pela Associação dos Arquivistas Holandeses – e considerada por Fonseca (2005) como o marco inicial da arquivologia moderna, apresentando regras para as atividades próprias dos arquivistas e iniciando um entendimento normatizado para a prática da atividade em arquivos. O Manual acentua a necessidade de que a documentação seja descrita uniformemente, sem privilegiar este ou aquele documento e tendo por base um suposto grau de valor histórico que é identificado ou atribuído pelo agente descritor. Citava ainda a necessidade de uma descrição que partia do conjunto documental mais geral até a descrição das unidades específicas do acervo (Associação dos Arquivistas Holandeses, 1973). A importância da obra resultou na sua tradução para diversos idiomas, como o francês (em 1910), o alemão (em 1905), o inglês, o italiano (em 1908), o português (em 1960), o chinês e outros (BRUEBACH, 2003; FONSECA, 2005).

Fonte: http://www.arquivoestado.sp.gov.br.

A arquivologia no Brasil tem seu início da década de 1970, pois foi criada a Associação dos Arquivistas Brasileiros em 1971, embora seja um órgão não oficial. Desde esta época foram realizados 13 congressos sobre arquivologia, sendo que, apenas 5 deles tiveram seus anais publicados. A revista Arquivo & Administração foi o primeiro periódico brasileiro especializado em Arquivologia com periodicidade regular até 1986 e seu último número saiu em 1999.

O curso superior em arquivologia foi aprovado em 1972 e a regulamentação da profissão de arquivista e de técnico de arquivo foi regulamentado pela Lei nº 6.546, de 4 de julho de 1978, embora devido à inexistência de um curso profissionalizante a profissão de técnico não chegou a ser regulamentada.

A década de 1980 foi marcada pelo fortalecimento das instituições arquivísticas públicas, sob a liderança do Arquivo Nacional que, por meio do sistema Nacional de Arquivos (SINAR), permitiu a realização de diversos cursos da capacitação regionais e da Conferência Nacional de Arquivos Públicos.

A partir de 1993, a Revista Acervo em cada número dedicava-se a um tema diferenciado e após 1996, a revista passou a publicar artigos, exclusivamente, historiográficos. O Brasil passou a ocupar um cargo na Secretaria Executiva do Conselho Internacional de Arquivos, bem como a presidência e a vice-presidência da Associação Latino-americana de Arquivos. Durante a década de 1990, tivemos no campo arquivístico: aumento no número de cursos de arquivologia; grande parte dos artigos especializados sobre o tema foram produzidos por autores vinculados às universidades; a desmobilização do Arquivo Nacional durante o governo Collor como parte do desmonte das estruturas administrativas do Estado dentro da política neoliberal do Estado mínimo praticada por seu governo, fato que foi revertido nos governos seguintes; Consolidação do Conselho Nacional de Arquivos (CONARQ) que exerce um papel de liderança mais na busca de soluções normativas do que na formulação e implementação de uma política nacional de arquivos. Deve-se observar o que dispõe o Decreto nº 4.073, de 3 de janeiro de 2002 que regulamentou a Lei nº 8.159, de 8 de janeiro de 1991, que dispõe sobre a política nacional de arquivos públicos e privados em seu Art. 1º: O Conselho Nacional de Arquivos - CONARQ, órgão colegiado, vinculado ao Arquivo Nacional, criado pelo Art. 26 da Lei nº 8.159, de 8 de janeiro de 1991, tem por finalidade definir a política nacional de arquivos públicos e privados, bem como exercer orientação normativa visando à gestão documental e à proteção especial aos documentos de arquivo.

2.6.1 Manual de Gestão Arquivística de Documentos

Deve contemplar todos os tipos de documentos necessários à condução das atividades do órgão ou entidade, independentemente do suporte, incluindo atividades-meio e atividades-fim. O manual pode compreender os seguintes pontos:

a) definição e identificação de todos os documentos arquivísticos produzidos e identificação e separação dos documentos não arquivísticos, como documentos pessoais, cópias extras, publicações, entre outros;

b) classificação dos documentos de acordo com a atividade desenvolvida;

c) classificação dos documentos quanto a segurança e sigilo, e sua desclassificação;

d) estabelecimento da forma documental no que diz respeito a logomarca, título, numeração, local, data, origem, destinatário, assunto, anexos, normas de redação, formas de tratamento, assinatura, regras de digitação, rubrica, autenticação (selo, carimbo, carimbo de tempo, assinatura digital) etc.;

e) procedimentos para captura, registro, autuação, recebimento, tramitação, distribuição, expedição e reprodução dos documentos;

f) procedimentos para implementação do plano de classificação, da tabela de temporalidade e destinação e da destinação dos documentos.

O órgão ou entidade deve elaborar um manual com o objetivo de estabelecer procedimentos regulares no tocante à produção, tramitação, arquivamento e destinação dos documentos arquivísticos, de acordo com as normas e a legislação vigente.

O Manual pode compreender os seguintes pontos: definição e identificação de todos os documentos arquivísticos produzidos e identificação e separação dos documentos não arquivísticos, como documentos pessoais, cópias extras, publicações, entre outros; classificação dos documentos de acordo com a atividade desenvolvida; classificação dos documentos quanto a segurança e sigilo, e sua desclassificação; estabelecimento da forma documental no que diz respeito a logomarca, título, numeração, local, data, origem, destinatário, assunto, anexos, normas de redação, formas de tratamento, assinatura, regras de digitação, rubrica, autenticação (selo, carimbo, carimbo de tempo, assinatura digital) etc.; procedimentos para captura, registro, autuação, recebimento, tramitação, distribuição, expedição e reprodução dos documentos; procedimentos para implementação do plano de classificação, da tabela de temporalidade e destinação e da destinação dos documentos. O órgão ou entidade deve elaborar um manual com o objetivo de estabelecer procedimentos regulares no tocante à produção, tramitação, arquivamento e destinação dos documentos arquivísticos, de acordo com as normas e a legislação vigente. Fonte: http://www.conarq.arquivonacional.gov.br/

2.6.2 Diagnóstico

É a análise detalhada dos aspectos relacionados ao funcionamento do arquivo da instituição, de forma a identificar as falhas ou lacunas existentes, permitindo a adoção de medidas que visem a aumentar a eficiência dele.

O diagnóstico proporciona informações como:

> Instalações físicas (infiltrações, goteiras, poeira, luz solar etc.).
> Condições ambientais (temperatura, umidade, luminosidade).
> Condições de armazenamento.
> Estado de conservação do documento.
> Espaço físico ocupado.
> Volume documental.
> Controle de empréstimos (frequência de consultas).
> Recursos humanos (número de pessoas, nível de escolaridade, formação profissional).
> Acesso à informação.
> Gênero dos documentos (escritos ou textuais, audiovisuais, cartográficos, iconográficos, micrográficos e informáticos).
> Arranjo e classificação dos documentos (métodos de arquivamento adotados).
> Tipo de acondicionamento (pastas, caixas, envelopes, amarrados, etc.).

De posse dos dados acima citados, o arquivista está habilitado a analisar objetivamente a real situação dos serviços de arquivo e fazer seu diagnóstico para propor as alterações e medidas mais indicadas, em cada caso, a serem adotadas no sistema a ser implantado.

Tipos de Diagnósticos:

Maximalista

Diagnóstico feito a partir de uma visão geral da instituição.

Minimalista

Diagnóstico feito a partir de uma visão mais específica da instituição/setores de trabalho. O diagnóstico da situação arquivística do tipo minimalista tem como objetivo organizar os documentos de arquivo em uma instituição e dentre seus objetivos encontra-se a elaboração de instrumentos de gestão arquivística, como o Plano ou o Código de Classificação e a Tabela de Temporalidade de Documentos.

Este tema foi abordado pela Banca Cespe em 2010 em provas para a ANEEL e MPU para o cargo de Analista – Arquivologia da seguinte forma: ***A preparação de instrumentos de gestão arquivística, como o Plano de Classificação e a Tabela de Temporalidade, é um dos objetivos do diagnóstico da situação arquivística do tipo minimalista. Gabarito – CERTO.***

Podemos concluir que o diagnóstico seria uma forma de encontrar falhas e problemas no processo de arquivamento que possam dificultar ou impedir o eficiente funcionamento do arquivo e propor soluções viáveis para o equacionamento dos problemas.

2.6.3 Gestão de Documentos Correntes

O estabelecimento de normas para o tratamento de documentos em fase corrente permite aproveitar ao máximo a informação disponível e necessária à tomada de decisões, bem como os recursos humanos e materiais existentes. Essas normas visam aumentar a eficácia administrativa, facilitar a recuperação mais rápida dos documentos e/ou informações neles contidas e racionalizar sua guarda e conservação.

O documento corrente é aquele necessário ao desenvolvimento das atividades de rotina de uma instituição e, por consequência, os procedimentos realizados para a sua classificação, registro, autuação e controle da tramitação, expedição, e arquivamento têm por objetivo facilitar o acesso às informações neles contidas. Esse conjunto de operações técnicas caracteriza os serviços de gestão dos documentos correntes. Nas administrações pública e privada, as unidades responsáveis por tais serviços são intituladas protocolo e arquivo, arquivo e comunicações administrativas, serviço de comunicações etc.

2.6.4 Gestão de Documentos Intermediários

Encerrado o período de arquivamento na fase corrente, alguns documentos podem ser eliminados imediatamente, desde que assim definidos na Tabela de Temporalidade da instituição. Mas uma parte relativamente importante destes deverá ser conservada por um período mais longo em função de razões legais ou administrativas. Nesse caso, não se justifica a sua guarda junto aos organismos que os produziram, pois esses documentos ocupariam um espaço em locais onde o metro quadrado é extremamente caro. Os depósitos de armazenagem temporária constituem uma alternativa cujo objetivo principal é minimizar o custo público da guarda de documentos intermediários, racionalizando espaço físico, equipamentos e recuperação da informação.

Responsáveis pela guarda física dos documentos de uso pouco frequente, os arquivos intermediários:

- Atendem às consultas feitas pelos órgãos depositantes.
- Coordenam as transferências de novos documentos aos seus depósitos.
- Procedem à aplicação de tabelas de temporalidade por meio de seleção de documentos para eliminação ou recolhimento.
- Coordenam o recolhimento de documentos permanentes para o arquivo de terceira idade.

Os documentos só devem ser aceitos para guarda intermediária quando for conhecido o seu conteúdo, o prazo de guarda e a data de eliminação ou recolhimento.

A unidade administrativa que transfere os documentos ao arquivo intermediário conserva seus direitos sobre eles, podendo consultá-los ou tomá-los por empréstimo. O atendimento às consultas e empréstimos deve ser rápido e preciso. A consulta por parte de terceiros só é permitida com a autorização da unidade administrativa que transferiu os documentos.

Geralmente, os depósitos de arquivamento intermediário estão localizados fora dos centros urbanos (terrenos mais baratos), mas em locais de acesso fácil e rápido.

A construção e os equipamentos são simples, mas devem permitir a conservação adequada do acervo documental contra elementos que possam danificá-los, como incêndios, inundações, poluição atmosférica, excesso de umidade e de luz solar.

2.6.5 Gestão de Documentos Permanentes

Sua administração é bem mais complexa que os arquivos Correntes e Intermediários e suas atividades principais são:

01. Arranjo:

    Reunião e ordenação dos documentos em fundos, as atividades desenvolvidas no arranjo são intelectuais – análise dos documentos quanto à sua forma, origem funcional e conteúdo – e físicas – colocação dos papéis nas estantes ou caixas, seu empacotamento, etc.

02. Descrição e Publicação:

    Acesso aos documentos para consulta e divulgação do acervo; O processo da descrição consiste na elaboração de instrumentos de pesquisa que possibilitem identificar, rastrear, localizar dados, seja pela via sumária, seja pela analítica.

03. Conservação:

    Medidas de proteção para evitar a destruição do acervo documental.

04. Referência

    Estabelece as políticas de acesso e uso dos documentos.

Marilena Leite Paes, *há considerável diferença entre o arranjo do arquivo corrente e o do arquivo permanente. (...). No arquivo corrente a documentação é recente e provém de setores próximos, que a utilizam com frequência. No arquivo permanente os documentos, procedentes dos arquivos correntes, já vem ordenados, (...), o arquivista se ocupa da ordenação de todos os documentos sob sua guarda e que provêm de múltiplos órgãos. (...). Quanto aos arquivos intermediários, não existem métodos ou princípios específicos de arranjo (...).*

As políticas de acesso a documentos de arquivo estão ligadas às condições específicas de cada entidade arquivística e estão inseridas no contexto das políticas públicas arquivísticas e nas políticas públicas de informação.

As políticas públicas arquivísticas, com o objetivo de preservar a informação arquivística, tanto de natureza pública quanto privada, constituem conjuntos de premissas, decisões e ações produzidas pelo Estado em nome do interesse social e contemplam diversos aspectos relativos a produção e uso dos documentos. A obra Princípios de Acesso aos Arquivos, publicada pelo Conselho Internacional de Arquivos oferece aos arquivistas uma base de referência internacional para avaliação das práticas e políticas de acesso existentes e um quadro para uso quando do desenvolvimento ou modificação de regras de acesso.

Fonte: http://www.conarq.arquivonacional.gov.br.

A Lei de Acesso à Informação nº 12.527, de 18 de novembro de 2011:

> ***Art. 1º:*** *Esta Lei dispõe sobre os procedimentos a serem observados pela União, Estados, Distrito Federal e Municípios, com o fim de garantir o acesso a informações previsto no inciso XXXIII do Art. 5º, no inciso II do § 3º do Art. 37 e no § 2º do Art. 216 da Constituição Federal.*
>
> ***Parágrafo único.*** *Subordinam-se ao regime desta Lei:*
>
> ***I.*** *os órgãos públicos integrantes da administração direta dos Poderes Executivo, Legislativo, incluindo as Cortes de Contas, e Judiciário e do Ministério Público;*
>
> ***II.*** *as autarquias, as fundações públicas, as empresas públicas, as sociedades de economia mista e demais entidades controladas direta ou indiretamente pela União, Estados, Distrito Federal e Municípios.*

O Decreto nº 4.073, de 3 de janeiro de 2002 em seu Art. 10: ***O SINAR tem por finalidade implementar a política nacional de arquivos públicos e privados, visando à gestão, à preservação e ao acesso aos documentos de arquivo.***

De acordo com Heloísa Liberalli Bellotto, ***A atividade educativa é inerente aos arquivos públicos, mas aflora circunstancialmente. (...) A aproximação estudante-documento pode ser abordada por dois ângulos: o contato direto do aluno com as fontes primárias e a possibilidade de selecionar documentos para o ensino da história, dentro dos conteúdos programáticos escolares. É preciso ressalvar que o referido contato, nos moldes de um serviço educativo em arquivo, (...), não se faz aleatoriamente. Não se configuram aqui as tradicionais visitas aos arquivos e museus, nas quais as crianças veem o documento ou a peça como objeto de curiosidade. Seu fim é muito mais amplo e profundo e, neste sentido, obviamente mais árduo.*** Não segue, portanto, o modelo tradicional de Museus.

Segundo Heloisa Liberalli Bellotto, ***(...), a função arquivística é hoje considerada um todo indivisível, ao contrário da conceituação obsoleta de tomar-se, de um lado, administração de documentos e, de outro, o arranjo e descrição de fundos como atividades estanques e desvinculadas uma da outra. (...) cabe ao arquivista desempenhar ao longo de três fases bem definidas: o controle dos arquivos em formação; a destinação; a custódia definitiva***.

2.6.6 Tipos Básicos de Instrumentos de Pesquisa

Segundo Heloísa Liberalli Bellotto, ***os instrumentos de pesquisa são, (...), obras de referência que identificam, resumem e localizam, em diferentes graus e amplitudes, os fundos, as séries documentais e/ou as unidades documentais em um arquivo permanente. (...). Há instrumentos de pesquisa genéricos e globalizantes, como os guias, há os parciais, que são detalhados e específicos, tratando de parcelas do acervo, como os inventários, catálogos, catálogos seletivos e índices, e há também a publicação de documentos na íntegra, a chamada "edição de fontes". (...). Quanto aos instrumentos por definição, aqueles destinados ao público como meio de acesso ao acervo, eles devem constituir uma espécie de família hierárquica, na qual o guia ocupa o vértice***.

01. Guia

Obra destinada à orientação dos usuários no conhecimento e na utilização dos fundos que integram o acervo de um arquivo permanente. Guia é o instrumento de pesquisa que oferece informações gerais sobre fundos e coleções existentes em um ou mais arquivos. É o instrumento de pesquisa mais genérico, pois se propõe a informar sobre a totalidade dos fundos existentes no arquivo.

O guia, principal instrumento de pesquisa, permite uma visão ampla do acervo, disponibiliza dados institucionais do arquivo e informações sobre a documentação. De acordo com o Dicionário Brasileiro de Terminologia Arquivística, guia é o instrumento de pesquisa que oferece informações gerais sobre fundos e coleções existentes em um ou mais arquivos. Guia é o instrumento mais popular, pois é encontrado em praticamente todas as instituições arquivísticas por ser o instrumento mais genérico. Permite uma visão panorâmica do acervo, com informações sobre o histórico, a natureza, a estrutura, o período e a quantidade de cada fundo integrante do acervo total do arquivo.

02. Inventário

Inventário é o Instrumento de pesquisa que descreve, sumária ou analiticamente, as unidades de arquivamento de um fundo ou parte dele, cuja apresentação obedece a uma ordenação lógica que poderá refletir ou não a disposição física dos documentos.

O documento que descreve conjuntos ou unidades documentais na ordem em que foram arranjados é denominado inventário e este é um instrumento de pesquisa muito utilizado em todos os arquivos públicos, pois descreve os conjuntos documentais de maneira sumária, facilitando a consulta e o acesso aos documentos.

Administração de Arquivo é a direção, supervisão e coordenação das atividades administrativas e técnicas de uma instituição ou órgão arquivístico. Também chamada de gestão de arquivos.

O inventário pode ser:

a) Sumário:

As unidades de arquivamento de um fundo ou de uma de suas divisões são identificadas e descritas sucintamente. Inventário Sumário é o instrumento de pesquisa no qual as unidades de arquivamento de um fundo ou de uma de suas divisões são identificadas e brevemente descritas.

b) Analítico:

As unidades de arquivamento de um fundo ou de uma de suas divisões são identificadas detalhadamente.

03. Catálogo

Instrumento de pesquisa elaborado segundo um critério temático, cronológico, onomástico ou geográfico, incluindo todos os documentos, pertencentes a um ou mais fundos, são descritos de forma sumária ou pormenorizada.

O catálogo, instrumento de pesquisa recomendado para uso em fundos pessoais ou em fundos fechados, descreve cada peça documental do acervo de maneira analítica, descrevendo documento a documento. Segundo o Dicionário Brasileiro de Terminologia Arquivística o catálogo é um Instrumento de pesquisa organizado segundo critérios temáticos, cronológicos, onomásticos ou toponímicos, reunindo a descrição individualizada de documentos pertencentes a um ou mais fundos, de forma sumária ou analítica.

Para Marilena Leite Paes, é "instrumento de pesquisa elaborado segundo um critério temático, cronológico, onomástico ou geográfico, incluindo todos os documentos, pertencentes a um ou a mais fundos, descritos de forma sumária ou pormenorizada. Sua finalidade é agrupar os documentos que versem sobre um mesmo assunto o que tenham sido produzidos num dado período de tempo ou que digam respeito determinada pessoa, ou a lugares específicos existentes num ou mais fundos".

Para Heloísa Liberalli Bellotto, "é o instrumento que descreve unitariamente as peças documentais de uma série ou mais séries, ou ainda de um conjunto de documentos, respeitada ou não a ordem da classificação. (...) O tratamento analítico proporcionado pelo catálogo aplica-se melhor aos fundos pessoais, aos fundos fechados de órgãos de pequena amplitude e curta duração (...).

O catálogo seletivo, antes da consolidação da terminologia, estabelecida pela publicação de Dicionários de Termos Arquivísticos, era conhecido como Repertório. Catálogo seletivo é um instrumento de pesquisa que traz uma "relação seletiva de documentos pertencentes a um ou mais fundos e no qual cada peça integrante de uma unidade de arquivamento é descrita minuciosamente. (...) O que difere, fundamentalmente, os catálogos seletivos dos inventários e catálogos é que nestes últimos – depois de escolhido o fundo, a série ou a parte dela a descrever – não há seleção, e nele sim. Anteriormente chamado de repertório, por influência da terminologia francesa, é mais conhecido hoje, no Brasil, pela mesma denominação que tem em Portugal e na Espanha: catálogo seletivo".

Fonte: Heloísa Liberalli Bellotto, Arquivos Permanentes, Tratamento documental, ed. FGV, 4ª edição 2013, página 213.

04. Repertório

Descreve pormenorizadamente documentos previamente selecionados, pertencentes a um ou mais fundos, segundo um critério temático, cronológico, onomástico ou geográfico. Pressupõe um juízo de valor que estabelece ou não a inclusão de determinados documentos.

Instrumentos de Pesquisa Auxiliares

01. Índice

É uma lista sistemática, pormenorizada, dos elementos do conteúdo de um documento ou grupo de documentos, disposta em determinada ordem para indicar sua localização no texto. Pelo Dicionário Brasileiro de Terminologia Arquivística temos a seguinte definição: Índice é a relação sistemática de nomes de pessoas, lugares, assuntos ou datas contidos em documentos ou em instrumentos de pesquisa, acompanhados das referências para sua localização.

02. Tabela de Equivalência ou Concordância

"É um instrumento de pesquisa auxiliar que dá a equivalência de antigas notações para as novas que tenham sido adotadas, em decorrência de alterações no sistema de arranjo".

Fonte: Marilena Leite Paes em Arquivo: Teoria e Prática. 3ª ed. Rio de Janeiro: FGV, 2012, Página 139.

Para o estudo dos documentos arquivísticos, algumas disciplinas auxiliares são importantes, entre elas podemos destacar:

Antroponímia – estuda os nomes próprios das pessoas.

Diplomática – tem por objeto o estudo da estrutura formal e da autenticidade dos documentos. A Diplomática ocupa-se da estrutura formal dos atos escritos de origem governamental e/ou notarial. Trata, portanto, dos documentos que, emanados, das autoridades supremas, delegadas ou legitimadoras (como é o caso dos notários), são submetidos, para efeito de validade, à sistematização imposta pelo direito. Por isso mesmo, esses documentos tornavam-se eivados de fé pública, que lhes garante a legitimidade de disposição e a obrigatoriedade de imposição e utilização no meio sóciopolítico regido por aquele mesmo direito.

Genealogia – estuda a origem, a ascendência e a descendência dos indivíduos e as relações entre as famílias.

Heráldica – estuda os brasões e emblemas.

Numismática – estuda as moedas e medalhas.

Paleografia – estuda a escrita antiga, suas formas e variações no tempo.

Sigilografia – estuda os selos, sinetes e carimbos, chamada de esfragística.

Toponímia – estuda os nomes dos lugares.

03. Edição de fontes

De acordo com Heloísa Liberalli Bellotto, "(...) compreende a publicação de um instrumento de pesquisa no qual os documentos não recebem resumos indicativos e/ou informativos, (...) figurando o texto integral. A forma ideal é a que prevê não só o texto, mas também estudos introdutórios e fontes paralelas. (...) Um arquivo público faz imprimir documentos na íntegra com a finalidade de preservá-los, poupando os originais do manuseio, ou com a finalidade de facilitar o acesso ao texto completo, possibilitando a pesquisa "a distância". Entretanto, essa prática, se sistemática e cotidiana, demandaria uma enormidade de recursos humanos e financeiros com que os arquivos, em geral, não podem contar".

2.6.7 Protocolo

Conjunto de operações e procedimentos visando ao controle dos documentos que ainda tramitam no órgão, de modo a assegurar e garantir a imediata localização e recuperação do documento, garantindo assim o acesso à informação. É uma atividade típica de arquivo corrente. Este setor é típico da fase corrente, pois é nessa fase que os documentos possuem grande tramitação.

O Protocolo realiza as seguintes atividades/operações:

> Recebimento.
> Registro.
> Autuação.
> Classificação.
> Expedição/Distribuição.
> Controle/Movimentação.

Atividades e Operações do Protocolo

As atividades de protocolo podem ser enumeradas da seguinte forma: Recebimento; Registro; Classificação; Autuação; Expedição/Distribuição; Controle/Movimentação.

O Registro e Movimentação funcionam como um centro de distribuição e redistribuição de documentos. Suas atribuições podem ser descritas em 6 passos e rotinas, a saber:

01. Preparar a ficha de protocolo;
02. Anexar a segunda via da ficha ao documento, encaminhando-o ao seu destino;
03. Inscrever os dados constantes da ficha de protocolo nas fichas de procedência e assunto;

04. Arquivar as fichas de protocolo, em ordem numérica;
05. Receber dos vários setores os documentos a serem redistribuídos;
06. Encaminhar os documentos aos respectivos destinos, de acordo com despacho de autoridade competente.

Marilena Leite Paes, Arquivo: Teoria e Prática, ed. FGV, 3ª edição, 2012, Página 56.

Recebimento

Ato de receber os documentos produzidos pela instituição ou aqueles produzidos por outras instituições que para lá foram encaminhados.

Devemos observar o fluxograma do documento a partir da sua produção ou recebimento:

> Recebimento da correspondência chegada à instituição geralmente pelo malote e separação da correspondência oficial da particular.
> Distribuição da correspondência particular e encaminhamento da correspondência sigilosa aos seus destinatários.
> Separação da correspondência oficial de caráter ostensivo das de caráter sigiloso.
> Abertura da correspondência ostensiva.
> Interpretação da correspondência e sua classificação de acordo com o código adotado pela empresa e definido pelo arquivista.
> Carimbo do documento no canto superior direito.
> Elaboração do resumo do assunto tratado no documento.
> Encaminhamento dos papéis ao setor responsável pelo registro e movimentação.

"A correspondência pode ser ainda oficial ou particular. Oficial é a aquela que trata de assunto de serviço ou de interesse específico das atividades de uma instituição. Particular é a de interesse pessoal de servidores de uma instituição. Quando a correspondência é encaminhada, em geral fechada, a uma instituição, há que se identificá-la por suas características externas, para que, se oficial, possa ser aberta, devidamente registrada e remetida ao destino correto. É importante observar que a correspondência oficial, mesmo quando enquadrada em qualquer dos itens descritos, não deverá ser aberta quando o envelope contiver as indicações de confidencial, reservado, particular ou equivalente". Marilena Leite Paes, Arquivo: Teoria e Prática, 3º edição, pág. 31 a 33, 2013. Ressalva: trata-se de reimpressão, portanto, lembre-se de que após a Lei nº 12.527/2011 e o Decreto nº 7.724/2012 que regulamenta a lei, a classificação "confidencial" não existe mais.

Registro

Procedimento no qual o protocolo cadastra os dados básicos do documento, em um sistema de controle (manual ou informatizado), no qual posteriormente esses dados possam ser utilizados para localização do documento.

Autuação

Atividade de transformação de documentos em processos:

> **Processo:** é a reunião de dois ou mais documentos. Sem isso, eles perderiam o seu valor administrativo ou probatório. Possuem um caráter detalhado e são protocolados e autuados pelos órgãos produtores ou receptores.
> **Formação de Processo:** caracteriza a abertura do processo. Assim, nessa fase deverão ser observados os documentos que necessitam de análises, informações e decisões de vários setores da organização.
> **Juntada:** é a união de um documento ao restante do processo ou de um processo a outro. Realiza-se por apensação ou anexação.
» **Por anexação**: é uma união definitiva e irreversível de processos de um mesmo interessado desde que tenham o mesmo assunto.
» **Por apensação**: é uma união provisória de um processo a outro mais antigo, visando à uniformidade, a dar um tratamento semelhante, com o mesmo interessado ou não.

De modo inverso, a desapensação é a separação física de um documento unido temporariamente a um processo.

Procedimentos adotados para a Autuação:

> Inserção de capa específica.
> Numeração das páginas.
> Atribuição de número de identificação do processo.

Durante a sua tramitação interna, o processo pode exigir a adoção de alguns procedimentos administrativos:

> **Despacho:** é a decisão da autoridade administrativa, pode ser favorável (deferido) ou desfavorável (indeferido).
> **Diligência:** é quando um processo é devolvido ao órgão para que sane as formalidades que foram descumpridas.

Outras definições relacionadas ao processo:

> **Folha de Processo:** são duas faces de uma mesma página.
> **Peça do processo:** são documentos que fazem parte do processo. Exemplos: fita de vídeo, nota fiscal, contratos etc.
> **Desentranhamento de peças:** é a retirada de alguma peça do processo, isso ocorre devido à necessidade da administração ou do interessado.
> **Desmembramento:** é a retirada de uma parte do processo para formar um novo processo. Isso só pode ocorrer com autorização do órgão autorizado.

Classificação

Uma vez recebido no protocolo, o documento será analisado para identificar o assunto e classificado de acordo com o código de classificação de documentos.

A classificação consiste na rotina de "interpretação" de documentos, que se dispõe conforme a função de criação do documento. O seu objetivo é, basicamente, dar visibilidade às funções e às atividades do organismo produtor do documento de arquivo, deixando claras as ligações entre os documentos.

O Código de Classificação é um instrumento utilizado nos órgãos federais para agrupar os documentos de arquivo em classes e subclasses, segundo as funções e atividades desempenhadas pelo órgão. Também são identificados espécies e tipos documentais, que são chamados de assuntos e recebem códigos numéricos. Tal Código de Classificação é derivado de um plano de classificação, cujo objetivo é o tornar a informação disponível no mais breve espaço de tempo possível quando solicitada pelos gestores. Por classificação entende-se a organização dos documentos de um arquivo ou coleção, de acordo com um plano de classificação, código de classificação ou quadro de arranjo.

Pode ser, ainda, a análise e identificação do conteúdo de documentos, seleção da categoria de assunto sob a qual sejam recuperados, podendo-se lhes atribuir códigos. Classificação é também a atribuição a documentos, ou informações neles contidas, de graus de sigilo, conforme legislação específica. Também chamada de classificação de segurança. A classificação, ainda, pode ser chamada de arranjo.

Procedimentos de Classificação

Inicialmente, analisam-se os documentos produzidos por determinada instituição para a posterior criação de categorias e classes genéricas que correspondam às funções e atividades desenvolvidas pela instituição. A classificação considera a forma e os motivos que determinaram a existência do documento (como e por que foram produzidos), sendo condição precípua para a sua compreensão plena, tanto para quem organiza como para quem consulta. Esse procedimento é conhecido como elaboração do "plano de classificação" do arquivo na fase corrente.

Para os documentos recebidos – de origem externa à instituição: a abertura daqueles que estiverem em envelopes fechados deverá ser procedida no setor de Protocolo, com exceção dos documentos particulares e sigilosos. Já os documentos ostensivos (natureza do assunto) deverão ser abertos, analisados, classificados e registrados, antes de serem encaminhados aos seus destinatários.

Rotinas do Recebimento e Classificação

01. receber a correspondência;
02. separar a correspondência oficial da particular;
03. distribuir a correspondência particular;
04. separar a correspondência oficial de caráter ostensivo daquelas que são sigilosas;
05. encaminhar a correspondência sigilosa ao seu destinatário;
06. abrir a correspondência ostensiva;
07. ler a correspondência ostensiva e verificar a existência de antecedentes;
08. solicitar os antecedentes ao Arquivo;
09. interpretar e classificar a correspondência;
10. colocar carimbo de protocolo – numerador no canto superior direito;
11. anotar abaixo do número e da data a primeira distribuição e o código de assunto, se houver;
12. fazer um resumo do assunto para a ficha de protocolo;
13. encaminhar ao Setor de Registro e Movimentação.

Expedição/Distribuição

É o envio dos documentos para os seus respectivos destinatários, sendo que, na **expedição**, esse destinatário encontra-se no âmbito **externo** ao órgão, enquanto na **distribuição,** a remessa de documentos ocorre **dentro** do próprio órgão.

Controle de Movimentação/Tramitação

Atividade que consiste em identificar os setores pelos quais passam os documentos, para recuperá-los com agilidade, quando necessário, auxiliando o Gestor na tomada de decisão, bem como identificar possíveis atrasos na tramitação. É realizado por sistemas informatizados ou manuais (livro, ficha de protocolo).

Outros termos relacionados ao setor de protocolo:

> **Protocolo central:** é uma unidade ou órgão que centraliza as atividades de protocolo.

> **Protocolo setorial:** descentraliza as atividades do protocolo central, pois é instalado em cada unidade visando a dar suporte às atividades de recebimento e expedição de documentos.

Questões

01. (CESPE – 2019) A respeito de princípios e conceitos arquivísticos, julgue o item a seguir.

O arquivo intermediário armazena, por determinado intervalo de tempo, documentos que ainda podem ser solicitados pelas unidades organizacionais que os acumularem.

Certo ( ) Errado ( )

02. (CESPE – 2019) A respeito de princípios e conceitos arquivísticos, julgue o item a seguir.

Documento de arquivo de valor primário pertence ao arquivo permanente.

Certo ( ) Errado ( )

03. (CESPE – 2019) Com relação às disposições da legislação arquivística, julgue o item seguinte.

Os documentos públicos são identificados como correntes, intermediários ou permanentes.

Certo ( ) Errado ( )

04. (CESPE – 2019) Com relação às disposições da legislação arquivística, julgue o item seguinte.

A eliminação de documentos acumulados por instituições públicas deverá ser realizada mediante autorização da secretaria de justiça, no âmbito federal, ou de seu similar, nos estados.

Certo ( ) Errado ( )

05. (CESPE – 2019) Acerca da gestão de documentos, julgue o item que segue.

Os procedimentos para organização dos documentos devem obedecer à seguinte sequência: primeiro faz-se a ordenação dos documentos e, em seguida, faz-se a classificação dos documentos de arquivo.

Certo ( ) Errado ( )

Gabaritos

01	CERTO
02	ERRADO
03	CERTO
04	ERRADO
05	ERRADO

3. TIPOLOGIAS DOCUMENTAIS E SUPORTES FÍSICOS

3.1 Introdução

O arquivo pode ser formado por documentos de qualquer gênero (a configuração que assume um documento, dependendo do sistema de signos utilizados na comunicação de seu conteúdo). Ou seja, o documento pode ser textual, iconográfico, sonoro, audiovisual, informático etc.

O arquivo também é composto de documentos que podem ser confeccionados por diversos tipos de materiais, sobre os quais as informações são registradas (suporte).

São exemplos disso: papel, filme, disco ótico, disco magnético etc. Para que você não confunda os gêneros de documentos, vamos recordar os mais importantes:

> Escritos ou textuais: textos manuscritos, datilografados ou impressos.

> Cartográficos: representações geográficas, arquitetônicas ou de engenharia (mapas, plantas, perfis etc.).

> Iconográficos: suporte sintético, em papel emulsionado, como fotografias, diapositivos, desenhos etc.

> Filmográficos: películas cinematográficas e fitas magnéticas de imagens, com ou sem sonorização, contendo imagens em movimento.

> Sonoros: registros fonográficos (discos e fitas magnéticas).

> Micrográficos: documentos resultantes de microrreprodução de imagens (microfilme, microficha, rolo etc.).

> Informáticos: tratados e armazenados em sistemas computacionais (disquete, CD-ROM, DVD-ROM, HD etc.).

3.2 Mudança de Suporte

Muitas vezes, dentro do ciclo de vida de um documento, o suporte pode ser alterado devido a questões funcionais, administrativas ou legais. Nesse sentido, a microfilmagem é um processo bastante utilizado e oferece como resultado a economicidade de espaço e a garantia da preservação de originais passíveis de destruição.

É necessário observar que a adoção de recursos tecnológicos para alteração do suporte da informação requer a observância de determinados critérios:

> Questões legais concernentes à alteração do suporte, observando-se as garantias jurídicas, a normalização dos procedimentos, as especificações e os padrões de qualidade estabelecidos pela legislação brasileira e por organismos internacionais.

> Capacidade de recuperação das informações antes e depois de processar a alteração do suporte.

> Custo da operação.

> Definição da melhor técnica, de forma a assegurar a qualidade da reprodução, a durabilidade do novo suporte e o acesso à informação.

> Existência de depósitos e equipamentos de segurança que venham a garantir a preservação do novo suporte.

Organizados e avaliados os documentos, deve-se proceder ao estudo da viabilidade econômica, de acordo com a disponibilidade de pessoal, espaço e recursos financeiros do órgão, além do cálculo dos equipamentos, materiais e acessórios necessários.

Deve-se, ainda, verificar as instalações dos arquivos de segurança, bem como as condições de tratamento técnico, armazenamento e acesso às informações.

Somente a partir desses procedimentos, recomenda-se propor as eventuais alterações de suporte documental.

3.2.1 Microfilmagem

A microfilmagem é um processo realizado mediante captação da imagem por meio fotográfico ou eletrônico. É uma técnica utilizada para alterar o suporte em que a informação está contida e atualizar os arquivos. Assim, a microfilmagem cria uma cópia do documento original em gênero micrográfico (microfilme ou microficha).

Tem como objetivos:

> Reduzir o tamanho do acervo, propiciando otimização de espaço e economicidade para a instituição.

> Prolongar a vida útil dos documentos originais, uma vez que, a partir da microfilmagem — via de regra —, o documento estará disponível para consulta apenas através do rolo de microfilme, preservando-se, dessa forma, o original.

Podemos resumir as vantagens do microfilme nos seguintes pontos:

> Economia de espaço.

> Acesso fácil e rápido.

> Segurança e garantia da confidencialidade das informações.

É regulamentada pela Lei no 5.433/68 e regulamentada pelo Decreto no 1.799/96. A microfilmagem pode ser utilizada com o objetivo de preservar os documentos originais de manuseio. Deve-se também considerar os custos dos equipamentos e filmes, bem como os recursos humanos necessários ao preparo da documentação para tal procedimento. O especialista responsável pelo processo de microfilmagem deverá proceder um estudo sobre a viabilidade econômica de acordo com a disponibilidade financeira da instituição. Decreto nº 1.799, de 30 de janeiro de 1996:

> ***Art. 3º:*** *Entende-se por microfilme, para fins deste Decreto, o resultado do processo de reprodução em filme, de documentos, dados e imagens, por meios fotográficos ou eletrônicos, em diferentes graus de redução.*

Microfilmagem pode ser:

01. **Eletrônica**

Captura de documentos por meio da digitalização.

02. **Convencional**

Captação das imagens de documentos por processo fotográfico.

As finalidades da microfilmagem são:

01. **Substituição**

Ocorre nos arquivos corrente e intermediário quando da necessidade de substituir os originais pelo fato destes poderem ser eliminados.

02. **Preservação**

Com objetivo de preservar os originais garantindo sua segurança, ocorre nos arquivos permanentes.

A legislação que autoriza e regulamenta a microfilmagem de documentos no Brasil é a Lei no 5.433, de 8 de maio de 1968 :

> ***Art. 1º**; § 4º - Os filmes negativos resultantes de microfilmagem ficarão arquivados na repartição detentora do arquivo, vedada sua saída sob qualquer pretexto.*

A microfilmagem, para fins de regulamentação, é definida como o processo de reprodução fiel de documentos e dados em filme por meios fotográficos ou eletrônicos.

De acordo com a Lei nº 5.433, de 8 de maio de 1968:

> ***Art. 1º.** É autorizada, em todo o território nacional, a microfilmagem de documentos particulares e oficiais arquivados, estes de órgãos federais, estaduais e municipais"; em seu Artigo 4º - "É dispensável o reconhecimento da firma da autoridade que autenticar os documentos oficiais arquivados, para efeito de microfilmagem e os traslados e certidões originais de microfilmes.*
>
> ***§ 7º.** Quando houver conveniência, ou por medida de segurança, poderão excepcionalmente ser microfilmados documentos ainda não arquivados, desde que autorizados por autoridade competente.*

Pelo Decreto nº 1.799, de 30 de janeiro de 1996 em seu Art. 6° - *Na microfilmagem poderá ser utilizado qualquer grau de redução, garantida a legibilidade e a qualidade de reprodução.* Quando o documento é maior que o campo fotográfico do equipamento, a microfilmagem é feita em etapas, sendo obrigatório repetir uma parte da imagem anterior na imagem subsequente, isto é o que estabelece o Decreto nº 1.799, de 30 de janeiro de 1996:

> ***Art. 6º**; Parágrafo único – Quando se tratar de original cujo tamanho ultrapasse a dimensão máxima do campo fotográfico do equipamento em uso, a microfilmagem poderá ser feita por etapas, sendo obrigatória a repetição de uma parte da imagem anterior na imagem subsequente, de modo que se possa identificar, por superposição, a continuidade entre as seções adjacentes microfilmadas.*

O Decreto nº 1.799, de 30 de janeiro de 1996 em seu Art. 4° - A microfilmagem será feita em equipamentos que garantam a fiel reprodução das informações, sendo permitida a utilização de qualquer microforma" e no Artigo 5º; § 2° - "Fica vedada a utilização de filmes atualizáveis, de qualquer tipo, tanto para a confecção do original, como para a extração de cópias.

Deve-se salientar, ainda, sobre o mesmo Decreto, o seu Art. 9° - Os documentos da mesma série ou sequência, eventualmente omitidos quando da microfilmagem, ou aqueles cujas imagens não apresentarem legibilidade, por falha de operação ou por problema técnico, serão reproduzidos posteriormente, não sendo permitido corte ou inserção no filme original.

A imagem de abertura que precede cada série, na microfilmagem, deve conter, obrigatoriamente, informações sobre o equipamento, unidade filmadora e grau de redução é o que determina o Decreto nº 1799, de 30 de janeiro de 1996:

> ***Art. 7°.** Na microfilmagem de documentos, cada série será precedida de imagem de abertura, com os seguintes elementos:*
>
> ***I.** identificação do detentor dos documentos, a serem microfilmados;*
>
> ***II.** número do microfilme, se for o caso;*
>
> ***III.** local e data da microfilmagem;*
>
> ***IV.** registro no Ministério da Justiça;*
>
> ***V.** ordenação, identificação e resumo da série de documentos a serem microfilmados;*
>
> ***VI.** menção, quando for o caso, de que a série de documentos a serem microfilmados é continuação da série contida em microfilme anterior;*
>
> ***VII.** identificação do equipamento utilizado, da unidade filmadora e do grau de redução;*
>
> ***VIII.** nome por extenso, qualificação funcional, se for o caso, e assinatura do detentor dos documentos a serem microfilmados;*
>
> ***IX.** nome por extenso, qualificação funcional e assinatura do responsável pela unidade, cartório ou empresa executora da microfilmagem.*

Imediatamente após o último documento microfilmado de cada série, deve ser reproduzida uma imagem de encerramento e nesta deve aparecer a identificação do detentor dos documentos de acordo com o Decreto nº 1.799, de 30 de janeiro de 1996:

> ***Art. 8º** - No final da microfilmagem de cada série, será reproduzida a imagem de encerramento, imediatamente após o último documento, com os seguintes elementos:*
>
> ***I.** identificação do detentor dos documentos microfilmados;*
>
> ***II.** informações complementares relativas ao inciso V do artigo anterior;*
>
> ***III.** termo de encerramento atestando a fiel observância às disposições deste Decreto;*
>
> ***IV.** menção, quando for o caso, de que a série de documentos microfilmados continua em microfilme posterior;*
>
> ***V.** nome por extenso, qualificação funcional e assinatura do responsável pela unidade, cartório ou empresa executora da microfilmagem.*

De acordo com o Decreto nº 1.799, de 30 de janeiro de 1996, que regulamenta a Lei n° 5.433, de 8 de maio de 1968, que regula a microfilmagem de documentos oficiais:

> ***Art. 5º.** A microfilmagem, de qualquer espécie, será feita sempre em filme original, com o mínimo de 180 linhas por milímetro de definição, garantida a segurança e a qualidade de imagem e de reprodução.*
>
> ***§ 1°** Será obrigatória, para efeito de segurança, a extração de filme cópia do filme original.*
>
> ***§ 2°** Fica vedada a utilização de filmes atualizáveis, de qualquer tipo, tanto para a confecção do original, como para a extração de cópias.*

Segundo a legislação, a microfilmagem só pode ser realizada por cartórios ou empresas devidamente registradas e autorizadas pelo Ministério da Justiça. Isso garante o valor legal dos microfilmes.

Para o exercício legal da microfilmagem, as empresas, cartórios e órgãos públicos que prestam serviços a terceiros devem requerer registro no Ministério da Justiça. Isto é determinado pelo Decreto nº 1.799, de 30 de janeiro de 1996 que regulamenta a Lei n° 5.433, de 8 de maio de 1968, que regula a microfilmagem de documentos oficiais em seu Art. 15 – *A microfilmagem de documentos poderá ser feita por empresas e cartórios habilitados nos termos deste Decreto.* Parágrafo único. *Para exercer a atividade de microfilmagem de documentos, as empresas e cartórios a que se refere este artigo, além da legislação a que estão sujeitos, deverão requerer registro no Ministério da Justiça e sujeitar-se à fiscalização que por este será exercida quanto ao cumprimento do disposto no presente Decreto.* No Art. 16 – *As empresas e os cartórios que se dedicarem a microfilmagem de documentos de terceiros, fornecerão, obrigatoriamente, um documento de garantia, declarando:*

> ***I.*** *que a microfilmagem foi executada de acordo com o disposto neste Decreto;*
>
> ***II.*** *que se responsabilizam pelo padrão de qualidade do serviço executado;*
>
> ***III.*** *que o usuário passa a ser responsável pelo manuseio e conservação das microformas.*

A microfilmagem por si só não exime a observância dos critérios e procedimentos estabelecidos aos demais documentos relativos à eliminação ou guarda permanente.

Devido ao valor legal do microfilme, existe uma legislação específica que deve ser seguida pelas instituições envolvidas em sua produção. Nesse sentido, a Lei nº 5.433/68, regulamentada pelo Decreto nº 1799/96, que disciplina toda produção de microfilme, estabelece que:

> ***§ 1º*** *Os microfilmes de que trata esta Lei, assim como as certidões, os traslados e as cópias fotográficas obtidas diretamente dos filmes produzirão os mesmos efeitos legais dos documentos originais em juízo ou fora dele.*

Os documentos microfilmados são dotados de valor probatório, ou seja, produzem os mesmos efeitos legais que os dos originais.

É importante destacar que há restrições à microfilmagem. Quando se produz um microfilme, podemos eliminar quase toda papelada microfilmada, no entanto, não os documentos considerados de valor histórico (Ex.: documentos referentes à construção de um monumento).

Arquivos	Tipos de documentos	Microformas
Documentos	Processos, recibos, escrituras, fichas, balancetes, balanços, licitações, concursos, leis, portarias, decretos, resoluções, atos, contratos	Rolo, cartucho, com filme 16mm
Documentos administrativos e contábeis de arquivo corrente	Prontuário de empregados, alunos, cadastro de fornecedores e clientes	Jaquetas de 105mm com filme de 16mm - 5 canais Tab-Jac-cartão tabuláveis com filme de 16mm de 1 a 3 canais
Documentos técnicos	Livros, plantas, mapas, jornais	Rolo ou cartucho com filme de 35mm Cartão-janela com filme de 35mm jaqueta de 105mm com filme de 35mm Tab-jac-cartão tabuláveis com filme de 35mm
Biblioteca	Livros, revistas	Rolo de 16mm e 35mm m
Informações volumosas contidas em arquivos	Cadastro do IPTU, INSS, dívida ativa, dotações orçamentárias.	COM microficha Filme de 105mm x 148mm

3.2.2 Automação

Pode ser entendida como a transposição do suporte inicial do documento (papel, fita magnética, etc.) para um suporte digital (CD, DVD, etc.) por meio de computadores.

Alteração de Suporte

Dentre as vantagens da alteração do suporte, destacam-se:

01. Agilizar a recuperação das informações, bem como o seu intercâmbio;
02. Garantir a preservação de documentos originais passíveis de destruição pelo manuseio, bem como a segurança do acervo contra furto, incêndios, inundações etc;
03. Preencher lacunas nos acervos arquivísticos;
04. Substituir, em situações específicas, grandes volumes de documentos destinados à eliminação, mas de prazos de guarda muito extensos, proporcionando melhor aproveitamento do espaço, reduzindo o custo de manutenção, concentrando as informações e facilitando o seu manuseio.

Não devemos confundi-la com o processo de automação de arquivo (Gestão Eletrônica de Documentos - GED), pois este é muito mais abrangente e envolve a automação de todo o sistema (protocolo, sistema de busca do documento).

Digitalização é o processo de conversão de um documento em qualquer suporte ou formato para o formato digital, por meio de dispositivo apropriado.

Uma das principais formas de alteração de suporte atualmente adotadas nos arquivos é a digitalização, que consiste na conversão de um documento para o formato digital com uso de escâner ou outro dispositivo apropriado. A adoção de recursos tecnológicos para alteração do suporte da informação requer a observância de determinados critérios que levem em consideração os preceitos técnicos da arquivologia, a legislação em vigor e a relação custo/benefício de sua implantação. Conquanto tais recursos permitam a redução das necessidades de armazenamento da informação, podem, por outro lado, acarretar elevada despesa para o órgão, sem que se obtenha resultados positivos.

Os métodos utilizados para automatizar (digitalizar) um documento são:

> Por meio da transferência da informação para um CD ou mesmo para o meio virtual pelo processo de escaneamento de um documento em papel.

> Gravando as informações de uma fita magnética, disco de vinil etc. para um CD ou DVD, por exemplo.

» A digitalização de documentos é uma política de arquivo baseada em quatro fundamentos principais:

> Diminuição do tamanho do acervo.

> Preservação dos documentos.

> Possibilidade de acesso ao mesmo documento por várias pessoas ao mesmo tempo.

> Maior agilidade (ao menos em tese) na busca e recuperação da informação.

> Acondicionamento e armazenamento de documentos de arquivo.

O armazenamento é a guarda ou acondicionamento de documentos em depósitos. E o acondicionamento é a colocação de documentos em mobiliário e invólucros apropriados, que assegurem sua preservação.

3.2.3 Armazenamento

Todos os documentos devem ser armazenados em instalações que possibilitem condições ambientais apropriadas às suas necessidades de preservação, pelo prazo de guarda estabelecido em tabela de temporalidade e destinação. Apesar dos avanços tecnológicos em matéria de restauração documental, é um princípio de preservação arquivística quase consensual que a manutenção de um ambiente de armazenamento dentro dos padrões convencionais (umidade relativa e temperatura) para o material que está sendo armazenado é a medida mais eficaz, em termos de custo-benefício, para uma maior sobrevida dos documentos arquivísticos. Quando falamos de armazenamento de documentos magnéticos ou ópticos, há que se observar as recomendações específicas ou especiais quanto às melhores condições possíveis de armazenamento. O ambiente deve ser constantemente monitorado e as leituras verificadas com regularidade.

Recomendações para a produção e o armazenamento de documentos de **arquivo do CONARQ, Rio de Janeiro, 2005, página 8:** As presilhas dos papéis devem ser de plástico ou em metal não oxidável; As práticas de grampear e de colar documentos devem ser evitadas; Os papéis das capas de processos devem ser alcalinos; Os dossiês, processo e volumes devem ser arquivados em pastas suspensas ou em caixas, de acordo com suas dimensões. Todos os documentos devem ser preservados em condições adequadas ao seu uso, pelos prazos de guarda estabelecidos nas Tabelas de Temporalidade e Destinação de documentos.

Diretamente relacionado ao tipo de suporte em que se encontra a informação, uma das principais funções dos arquivos é a proteção de seu acervo, portanto, a escolha de materiais de construção, de acabamento e de equipamentos devem obedecer especificações de segurança, proteção e conservação.

Alguns cuidados especiais

Mobiliário

Em áreas onde são realizadas consultas e áreas administrativas devem ser de aço ou de madeira tratada contra insetos e fogo. As mesas utilizadas para pesquisas devem ser mais largas que o usual em função dos diferentes formatos e tamanhos de documentos.

Estantes

Altura superior a 2,20 metros em fileiras geminadas; os corredores devem ter, no mínimo, 0,70 metro que, também, é a distância recomendada em relação ao fim das estantes e as paredes para facilitar movimentação de pessoas, circulação de ar e limpeza; devem ser afastadas das paredes no mínimo 0,30 metro, o ideal é 0,70 metro; a última prateleira deve estar a pelo menos 10 centímetros do solo e, no mínimo a 0,30 metro do teto.

Prateleiras

Não devem ultrapassar 1 metro de comprimento e 0,40 metro de profundidade.

3.2.4 Acondicionamento

A escolha da forma de acondicionar os documentos deverá ser feita observando-se as características físicas e a natureza de cada suporte. A confecção e a disposição do mobiliário deverão acatar as normas existentes sobre qualidade e resistência e sobre segurança no trabalho. O mobiliário facilita o acesso seguro aos documentos, promove a proteção contra danos físicos, químicos e mecânicos. Os documentos devem ser guardados em arquivos, estantes, armários ou prateleiras apropriados a cada suporte e formato.

Algumas peculiaridades no acondicionamento e armazenamento de documentos:

> Os documentos de valor permanente que apresentam grandes formatos, como mapas, plantas e cartazes, devem ser armazenados horizontalmente em mapotecas – móveis especiais para o acondicionamento horizontal com gavetas próprias para guardar mapas, cartas geográficas, históricas, sem a necessidade de dobrá-las - adequadas às suas medidas ou enrolados sobre tubos confeccionados em cartão alcalino e acondicionados em armários ou gavetas.

> Nenhum documento deve ser armazenado diretamente sobre o chão.

> As mídias magnéticas, como fitas de vídeo, áudio e de computador, devem ser armazenadas longe de campos magnéticos que possam causar a distorção ou a perda de dados.

> O armazenamento será preferencialmente em mobiliário de aço tratado com pintura sintética, de efeito antiestático.

Vantagens do acondicionamento em embalagens:

> Protegem os documentos contra a poeira e danos acidentais.

> Minimizam as variações externas de temperatura e umidade relativa.

> Reduzem os riscos de danos por água e fogo em casos de desastre.

Características das caixas de acondicionamento de documentos de arquivo:

> Devem ser resistentes ao manuseio, ao peso dos documentos e à pressão, caso tenham de ser empilhadas.

> Precisam ser mantidas em boas condições de conservação e limpeza, de forma a proteger os documentos.

> As medidas de caixas, envelopes ou pastas devem ser sempre superiores às dos documentos que irão abrigar.

> Todos os materiais usados para o armazenamento de documentos permanentes devem manter-se quimicamente estáveis ao longo do tempo, não podendo provocar quaisquer reações que afetem a preservação dos documentos.

> Os papéis e cartões empregados na produção de caixas e invólucros devem ser alcalinos e corresponder às expectativas de preservação dos documentos.

Suportes diferentes requerem tratamentos específicos:

Papel – prateleiras, estantes e arquivos devem ser de metal pintado;

Fotografia – exigem proteção individualizada e de qualidade;

Microfilmes – deve ser feito em cofres, arquivos ou armários à prova de fogo, compartimentos vedados à umidade;

Disquetes e CD-ROM – devem ser mantidos distantes de materiais magnéticos;

Diapositivos – arquivos metálicos; produzir duplicatas para projeções que são exibidas com frequência.

No caso de caixas não confeccionadas em cartão alcalino, recomenda-se o uso de invólucros internos de papel alcalino, para evitar o contato direto de documentos com materiais instáveis.

3.3 Condições Ambientais

O estudo das condições ambientais para o armazenamento e preservação de documentos subdivide-se na análise da:

Temperatura.

Umidade relativa do ar (UR).

As condições adequadas de temperatura e de umidade relativa do ar são elementos vitais para postergar a sobrevivência dos registros.

Fatores importantes a se considerar na UR:

> Se os níveis de umidade relativa (UR) são muito baixos, aumenta-se o risco de quebra das fibras e esfarelamento dos materiais orgânicos fibrosos.

> Para pergaminhos e encadernações em couro, a UR abaixo de 40% é perigosa e o papel também sofre abaixo desses níveis. Já nas faixas de UR acima de 65%, crescem micro-organismos e ocorrem reações químicas danosas.

> A faixa segura de umidade relativa é entre 45% e 55%, com variação diária de +/- 5%.

Fatores importantes a se considerar na temperatura:

> A temperatura deve também estar relacionada com a umidade relativa.

> A temperatura ideal para documentos é 20° C, com variação diária de +/- 1° C.

A estabilidade da temperatura e da UR é especialmente importante, e as mudanças bruscas ou constantes são muito danosas. No caso de não existir a possibilidade de se instalar um sistema de climatização, a instalação de umidificadores, desumidificadores, exaustores e ventiladores pode surtir bons resultados.

> O sistema de ar condicionado ideal é aquele que controla a temperatura, a umidade e ainda filtra os agentes poluentes, antes de insuflar o ar no ambiente interno. Ele deve ficar em funcionamento durante as 24 horas do dia. Os custos iniciais de instalação e os de manutenção são muito altos.

3.4 Preservação e Conservação

Os documentos podem sofrer degradação causada por diversos agentes, normalmente classificados em:

→ **Físicos - luminosidade, temperatura, umidade etc.**

→ **Químicos - acidez do papel, poluição atmosférica, tintas, etc.**

→ **Biológicos - insetos, fungos, roedores etc.**

→ **Ambientais - ventilação, poeira etc.**

Assim, o arquivo permanente, além da guarda, deve se preocupar também com a preservação dos documentos da instituição, de forma a garantir que os valores secundários (histórico e cultural, probatório e informativo), inerentes a essa idade do arquivo, não sejam perdidos.

→ **A preservação de documentos compreende três atividades:**

> Conservação.

> Armazenamento.

> Restauração.

A preservação dos documentos se dá por meio de adequado controle ambiental e tratamento físico ou químico. Dessa forma, procura-se prevenir a deterioração dos documentos.

3.4.1 Conservação

O principal objetivo é estender, dilatar a vida útil dos documentos, procurando mantê-los o mais próximo possível do estado físico em que foram criados/recebidos.

Fatores que influenciam na conservação dos documentos:

> Luminosidade: deve-se procurar usar luz artificial (com parcimônia), e a luz do dia deve ser evitada, pois acelera o desaparecimento da tinta e enfraquece o papel.

> Umidade: ar muito seco enfraquece o papel e ambientes muito úmidos causam o aparecimento de mofo; o ideal é uma umidade intermediária (45%-60%).

> Temperatura: não deve sofrer muitas oscilações; ambientes muito quentes podem destruir a fibra do papel.

Dos fatores acima, destaca-se negativamente a luminosidade que, mesmo em baixo nível, é danosa para a manutenção de um bom estado de conservação dos documentos.

As quatro principais operações de conservação são:

> Desinfestação.

> Limpeza.

> Alisamento.

> Restauração ou reparo.

Desinfestação

Processo de destruição ou inibição da atividade de insetos.

Higienização ou limpeza

Retirada, por meio de técnicas apropriadas, de poeira e outros resíduos de quaisquer espécies da superfície ou interior dos documentos, bem como do espaço físico onde se encontram.

Alisamento

Consiste em colocar os documentos em bandejas de aço inoxidável e expô-los à ação do ar com forte percentagem de umidade, durante uma hora e, em seguida, passá-los a ferro, folha por folha.

Restauração ou reparo

Conjunto de procedimentos específicos para recuperação e reforço de documentos deteriorados e danificados. Inclui medidas que objetivam a estabilização ou a reversão de danos físicos ou químicos adquiridos pelo documento ao longo do tempo e do uso, intervindo de modo a não comprometer sua integridade e seu caráter histórico. Tem por objetivo revitalizar a concepção original, ou seja, a legibilidade do documento.

A seguir, veremos alguns métodos de restauração de documentos:

Silking

Esse método utiliza tecido de grande durabilidade, mas devido ao uso de adesivo à base de amido, afeta suas qualidades permanentes. Tanto a legibilidade quanto a flexibilidade, a reprodução e o exame pelos raios ultravioletas e infravermelhos são pouco prejudicados. É, no entanto, um processo de difícil execução, cuja matéria-prima é de alto custo.

Banho de gelatina

Consiste em mergulhar o documento em banho de gelatina ou cola o que aumenta a sua resistência, não prejudica a visibilidade e flexibilidade e proporciona a passagem dos raios ultravioletas e infravermelhos. Os documentos, porém, tratados por este processo, que é manual, tornam-se suscetíveis ao ataque de insetos e fungos, além de exigir habilidade do executor.

Tecido

Processo de reparação em que são usadas folhas de tecido muito fino, aplicadas com pasta de amido. A durabilidade do papel é aumentada consideravelmente, mas o emprego do amido propicia o ataque de insetos e fungos, impede o exame pelos raios ultravioletas e infravermelhos, além de reduzir a legibilidade e flexibilidade.

Laminação

Envolve o documento nas duas faces com papel de seda e acetato de celulose e prensado em temperatura elevada por uma prensa hidráulica com pressão entre 7 a 8 kg/cm e temperatura entre 145° a 155° C. O volume do documento é reduzido, mas o peso duplica.

A durabilidade e as qualidades permanentes do papel são asseguradas sem a perda da legibilidade e da flexibilidade, tornando-o imune à ação de fungos e pragas. Qualquer mancha resultante do uso pode ser removida com água e sabão.

A aplicação, por ser mecanizada, é rápida e a matéria-prima, de fácil obtenção. O material empregado na restauração não impede a passagem dos raios ultravioletas e infravermelhos. O método de laminação é o que mais se aproxima do método ideal de restauração de documentos, dado que eleva a resistência do papel.

Segundo Marilena Leite Paes, Laminação é um processo em que se envolve o documento, nas duas faces, (...) A durabilidade e as qualidades permanentes do papel são asseguradas sem perda da legibilidade e da flexibilidade, tornando-o imune à ação de fungos e pragas. (...) não impede a passagem dos raios ultravioletas e infravermelhos. (...) são as que mais se aproximam do método ideal.

Laminação manual

Utiliza a matéria-prima básica da laminação mecanizada, embora não empregue calor nem pressão, que são substituídos pela acetona. Esta ao entrar em contato com o acetato, transforma-o em camada semiplástica que, ao secar, adere ao documento, juntamente com o papel de seda.

A laminação manual, também chamada de laminação com solvente oferece grande vantagem àqueles que não dispõem de recursos para instalar equipamentos mecanizados. Foi desenvolvida na Índia.

Encapsulação

Utiliza basicamente películas de poliéster e fita adesiva de duplo revestimento. O documento é colocado entre duas lâminas de poliéster fixadas nas margens externas por fita adesiva nas duas faces; entre o documento e a fita deve haver um espaço de 3mm, deixando o documento solto dentro das duas lâminas.

A Encapsulação é considerada um dos mais modernos processos de restauração de documentos.

Velatura

Aplicável em grandes acervos é um processo de restauração que consiste na aplicação de reforço de papel ou tecido em qualquer face de uma folha.

Liofilização

Os volumes danificados são colocados em uma câmara a vácuo, onde é feita a extração da água, na forma de vapor, é o mesmo que secagem por congelamento ou secagem a frio e consiste no tratamento de documentos molhados por congelamento e subsequente secagem mediante vácuo e elevação gradual da temperatura.

Higienização

Para gravuras e desenhos podem ser usados um pincel macio ou algodão hidrófilo, sendo uma das formas mais simples, baratas e eficientes de proceder à limpeza leve de gravuras e desenhos por se tratar de instrumentos de trabalho extremamente macios, neutros e sem a presença de produtos químicos.

Alisamento

Os documentos são colocados em bandejas de aço inoxidável, dispostos em uma câmara de umidificação com alta taxa de umidade, entre 90% e 95% durante aproximadamente uma hora, após este período de tempo devem ser passados a ferro.

Questões

01. (CESPE – 2018) Acerca dos princípios e conceitos arquivísticos, julgue o item que se segue.

Todo documento emitido pelo poder público ou por instituições de direito privado e que seja capaz de produzir efeitos de ordem jurídica na comprovação de um fato é um documento sigiloso.

Certo ( ) Errado ( )

02. (CESPE – 2018) Julgue o item subsequente, relativo à preservação dos documentos e às tipologias documentais.

Entre os tipos documentais, inclui-se a portaria de instauração de inquérito.

Certo ( ) Errado ( )

03. (CESPE – 2018) Julgue o item subsequente, relativo à preservação dos documentos e às tipologias documentais.

Os caracteres externos do tipo documental são o código da série, o destinatário e a tramitação.

Certo ( ) Errado ( )

04. (CESPE – 2018) Com relação às partes de um livro, julgue o seguinte item.

As guardas são formadas pela contraguarda e pela folha de rosto.

Certo ( ) Errado ( )

05. (CESPE – 2018) Em relação às partes de um livro, julgue o item a seguir.

Virada, ou canaleta, designa o espaço deixado entre os papelões das capas e da lombada para se permitir o movimento das capas.

Certo ( ) Errado ( )

Gabaritos

01	ERRADO
02	CERTO
03	ERRADO
04	ERRADO
05	ERRADO

4. DOCUMENTOS ELETRÔNICOS E DIGITAIS

Documentos Eletrônicos

Um documento eletrônico é uma informação registrada, codificada em forma analógica ou em dígitos binários, acessível por meio de um equipamento eletrônico e no seu processo de digitalização não é obrigatória a manutenção da confidencialidade do documento digital. Isso é o que estabelece a Lei nº 12.682, de 9 de julho de 2012 em seu Art. 3º - ***O processo de digitalização deverá ser realizado de forma a manter a integridade, a autenticidade e, se necessário, a confidencialidade do documento digital, com o emprego de certificado digital emitido no âmbito da Infraestrutura de Chaves Públicas Brasileira - ICP – Brasil***. Observe o termo "e, se necessário, portanto, não é obrigatório".

Um documento eletrônico é acessível e interpretável por meio de um equipamento eletrônico (aparelho de videocassete, filmadora, computador), podendo ser registrado e codificado em forma analógica ou em dígitos binários.

Documentos Digitais

Um documento digital é um documento eletrônico caracterizado pela codificação em dígitos binários e acessado por meio de sistema computacional.

Assim, todo documento digital é eletrônico, mas nem todo documento eletrônico é digital.

Os documentos eletrônicos se mantêm autênticos por meio de processos contínuos de cópia e migração. Tais processos se fazem necessários devido à fragilidade do suporte, magnético ou óptico, e à obsolescência tecnológica.

É importante ressaltar que cópia e migração têm consequências diferentes para a autenticação dos documentos. A cópia consiste em uma reprodução completa dos elementos de forma e conteúdo de um documento. Consequentemente, os documentos copiados se constituem em reproduções fiéis dos documentos originais. Entretanto, há que ressaltar que, apesar de menos invasiva, a cópia de documentos eletrônicos também se constitui em uma intervenção, logo, interfere na autenticidade desses documentos.

Quanto à migração, esta implica mudanças na configuração que afetam o documento por inteiro. Na verdade, após serem migrados os documentos podem parecer os mesmos, mas não são. Sua forma física é profundamente alterada, com perda de alguns dados e acréscimos de outros. Fonte: Rosely Curi Rondinelli, Gerenciamento arquivístico de documentos eletrônicos. Rio de Janeiro: editora FGV, 2007, página 70.

As diretrizes para a gestão arquivística do correio eletrônico corporativo, elaboradas pelo Conselho Nacional de Arquivos (CONARQ) estabeleceu que as instituições que possuem política de preservação digital devem prever a inserção das mensagens de correio eletrônico como documento digital. Isto ficou estabelecido pela Resolução nº 20, de 16 de julho de 2004 em seu Art. 1º - ***Os órgãos e entidades integrantes do Sistema Nacional de Arquivos deverão identificar, dentre as informações e os documentos produzidos, recebidos ou armazenados em meio digital, aqueles considerados arquivísticos para que sejam contemplados pelo programa de gestão arquivística de documentos.***

§1º - Considera-se documento arquivístico como a informação registrada, independente da forma ou do suporte, produzida e recebida no decorrer das atividades de um órgão, entidade ou pessoa, dotada de organicidade e que possui elementos constitutivos suficientes para servir de prova dessas atividades.

§2º - Considera-se documento arquivístico digital o documento arquivístico codificado em dígitos binários, produzido, tramitado e armazenado por sistema computacional. São exemplos de documentos arquivísticos digitais: planilhas eletrônicas, mensagens de correio eletrônico, sítios na internet, bases de dados e também textos, imagens fixas, imagens em movimento e gravações sonoras, dentre outras possibilidades, em formato digital.

Art. 2º - Um programa de gestão arquivística de documentos é aplicável independente da forma ou do suporte, em ambientes convencionais, digitais ou híbridos em que as informações são produzidas e armazenadas.

4.1 GED: Gerenciamento Eletrônico de Documentos ou Gestão Eletrônica de Documentos

É um conjunto de tecnologias que permite o gerenciamento de documentos em forma digital, auxiliando a produção, controle, armazenagem, compartilhamento e recuperação de suas informações.

Tecnologias relacionadas ao GED:

01. **Gerenciamento da Imagem dos Documentos (*Document Imaging* – DI):**

    Conversão de documentos do meio físico para o digital. Não se deve confundir digitação com digitalização;

02. **Gerenciamento de Documentos (*Document Management* – DM):**

    Gerenciar a criação, revisão, aprovação e descarte de documentos eletrônicos de forma eficiente e eficaz;

03. **Fluxo de Trabalho (*Workflow* - BPM):**

    Controla e gerencia processos para garantir que as tarefas sejam executadas por pessoas corretas, em tempo hábil, com objetividade e segurança;

04. **Gerenciamento da Informação e das Gravações (*Records and Information Management* – RIM):**

    É o gerenciamento do ciclo de vida de um documento, não importando a mídia em que se encontre. Por meio desse sistema, ocorre o gerenciamento da criação, do armazenamento, processamento, manutenção, disponibilização e descarte dos documentos sob controle de categorização e da Tabela de Temporalidade. Fonte: Arquivologia, George Melo Rodrigues, 2ª Edição, Editora Juspodivm, Salvador, 2012.

4.2 GDE: Gerenciamento de Documentos Eletrônicos

É o gerenciamento de documentos produzidos exclusivamente em meio eletrônico. É de grande auxílio para políticas de recuperação de documentos e manutenção das atividades da empresa em caso de acidente e facilita as atividades que envolvem colaboração entre pessoas e equipes.

O **GED** e o **GDE** permitem acesso rápido às informações desejadas, pelo fato de que os documentos podem ser acessados de qualquer lugar simultaneamente.

A principal preocupação em se adotar uma ferramenta de gestão eletrônica está na preservação dos dados e informações armazenados devido às constantes atualizações de softwares e hardwares.

Exatamente como os documentos arquivísticos convencionais, os eletrônicos se constituem em elementos que podem ser identificados e avaliados por meio da diplomática – estudo da estrutura formal e da autenticidade dos documentos. Os documentos podem e devem ser identificados por seus constituintes formais, e não pela informação que transmitem.

4.3 GPE: Gerenciamento de Produtos Eletrônicos

Gestão de documentos criados em meio eletrônico e cujo original permanece neste meio, embora também englobe os documentos digitalizados.

4.3.1 Suporte

Em relação ao suporte que contém o documento

> Os documentos convencionais não existem até que sejam afixados em um suporte.

> Nos documentos eletrônicos o suporte é uma parte física separada do conteúdo.

Os documentos eletrônicos não tem no suporte um elemento significativo, mas um simples carregador físico, assim sendo, em cada reprodução de um documento eletrônico em que a única alteração é o suporte, o documento continua sendo idêntico ao que foi reproduzido.

4.3.2 Forma ou Estrutura

Em relação à Forma ou Estrutura, sua forma física consiste em atributos que determinam a sua forma externa e, no caso dos documentos eletrônicos, esses atributos são:

> O texto escrito (tipo de fonte, tamanho, formato, cores, idioma, existência de anexos, logomarca, assinatura digital, etc.);

> A tecnologia associada ao documento, a qual não interessa ao usuário.

Os atributos físicos de um documento eletrônico, quando alterados, geram um documento distinto, diferentemente do suporte.

Nos documentos convencionais, a existência de data e assinatura são suficientes para que sejam considerados completos, o mesmo não ocorre com os documentos eletrônicos, que necessitam de complementos como: à data do documento é necessário acrescentar a hora de sua transmissão; a facilidade de se digitar uma assinatura torna necessário o nome do autor no cabeçalho do documento, que é feito automaticamente pelo sistema ou por meio de uma assinatura eletrônica, (uso pelo computador de qualquer símbolo adotado ou autorizado) ou digital (baseada em métodos criptográficos de autenticação do originador, podem ser verificados a identidade de quem assina e a integridade do dado).

A idoneidade de um sistema eletrônico é garantida pela prevenção e pela verificação. A prevenção inclui a limitação de acesso à tecnologia por meio de senhas, cartões magnéticos, etc, e definição de regras de ***workflow*** (conjunto de regras formais que são definidas para melhorar a eficiência de um processo específico – Sawaya, 1999) que definem o que será feito e como será feito. Por verificação, temos a trilha de auditoria a qual é um mecanismo que permite registrar todas as intervenções feitas no documento, garante a autenticidade do documento arquivístico. Segundo MacNeil, 2000, ***autenticidade é a capacidade de se provar que um documento arquivístico é o que diz ser***.

A digitalização de acervos é uma das ferramentas essenciais ao acesso e à difusão dos acervos arquivísticos, além de contribuir para a sua preservação, uma vez que restringe o manuseio de documentos originais, constituindo-se como instrumento capaz de dar acesso simultâneo local ou remoto. Possui natureza complexa de um ambiente tecnológico de rápidas mudanças e, em geral, de custos elevados para sua implementação e manutenção.

4.4 Sistema de Informação

Conjunto organizado de políticas, procedimentos, pessoas, equipamentos e programas computacionais que produzem, processam, armazenam e proveem acesso à informação originária de fontes internas e externas para apoiar o desempenho das atividades de um órgão ou entidade.

4.4.1 Gestão Arquivística de Documentos

Conjunto de procedimentos e operações técnicas referentes à produção, tramitação, uso, avaliação e arquivamento dos documentos em fase corrente e intermediária, visando a sua eliminação ou seu recolhimento para a guarda permanente.

4.4.2 Sistema de Gestão Arquivística de Documentos

Conjunto de procedimentos e operações técnicas, cuja interação permite a eficiência e a eficácia da gestão arquivística de documentos.

4.4.3 Gerenciamento Eletrônico de Documentos (GED)

Conjunto de tecnologias utilizadas para organização da informação não-estruturada de um órgão ou entidade, que pode ser dividido nas seguintes funcionalidades: captura, gerenciamento, armazenamento e distribuição. Entende-se por informação não-estruturada, aquela que não está armazenada em banco de dados, tais como mensagem de correio eletrônico, arquivo de texto, imagem ou som, planilhas, etc. O **GED** pode englobar tecnologias de digitalização, automação de fluxos de trabalho (***workflow***), processamento de formulários, indexação, gestão de documentos, repositórios, entre outras.

4.4.4 Sistema Informatizado de Gestão Arquivística de Documentos (SIGAD)

É um conjunto de procedimentos e operações técnicas, característico do sistema de gestão arquivística de documentos, processado por computador. O SIGAD e aplicável em sistemas híbridos, isto é, que utilizam documentos digitais e documentos convencionais.

Com base nos documentos e resoluções elaborados pelo Conselho Nacional de Arquivos (CONARQ), um documento arquivístico digital é a informação registrada, codificada em dígitos binários; produzida ou recebida; tramitada e armazenada por sistema computacional; dotada de organicidade e com elementos suficientes para servir como prova das atividades de um órgão, entidade ou pessoa. Segundo o MODELO DE REQUISITOS PARA SISTEMAS INFORMATIZADOS DE GESTÃO ARQUIVÍSTICA DE DOCUMENTOS - e-ARQ – Brasil – 2006, dezembro.

Um sistema informatizado de gestão arquivística de documentos (SIGAD), é um conjunto de procedimentos e operações técnicas apoiado em um sistema informatizado, que, de acordo com os princípios da gestão arquivística, visa ao controle do ciclo de vida dos documentos, desde a produção até a destinação final. O sucesso do SIGAD, dependerá fundamentalmente da implementação prévia de um programa de Gestão Arquivística de Documentos. A produção de documentos digitais levou à criação de sistemas informatizados de gerenciamento de documentos. Entretanto, para assegurar que documentos arquivísticos digitais sejam confiáveis e autênticos e que possam preservar suas características, é fundamental que os sistemas acima referidos incorporem os conceitos arquivísticos e suas implicações no gerenciamento dos documentos digitais.

4.4.5 Documento Arquivístico

É o documento produzido e/ou recebido por uma pessoa física ou jurídica, no decorrer das suas atividades, qualquer que seja o suporte, e dotado de organicidade.

4.4.6 Documento Arquivístico Digital

É o documento arquivístico codificado em dígitos binários, produzido, tramitado e armazenado por sistema computacional. São exemplos de documentos arquivísticos digitais: textos, imagens fixas, imagens em movimento, gravações sonoras, mensagens de correio eletrônico, páginas web, bases de dados, dentre outras possibilidades de um vasto repertório de diversidade crescente. Portanto, um documento arquivístico digital é a informação registrada acessível por meio de sistema computacional, produzida ou recebida por pessoa física ou jurídica, tratada e gerenciada em um sistema de arquivos.

Documento digital é a informação acessível por meio de sistema computacional, e são considerados como arquivísticos quando são produzidos ou recebidos pelo órgão ou entidade no decorrer de suas atividades, possuindo relação orgânica entre si. Os documentos digitais apresentam especificidades que podem comprometer sua autenticidade e seu acesso, uma vez que são suscetíveis à degradação física dos seus suportes, à obsolescência tecnológica de hardware, software, de formatos e a intervenções não autorizadas. O resultado disso é a sua adulteração e/ou destruição. Portanto, é fundamental que sejam desenvolvidas estratégias de preservação digital que considerem as características do documento arquivístico, principalmente no que diz respeito à forma fixa, ao conteúdo estável e à relação orgânica.

Os documentos digitais devem ser armazenados de forma a estarem protegidos da destruição, reprodução, alteração, uso e acesso não autorizados, pois de acordo com a Lei nº 12.682/2012 que dispõe sobre a elaboração e o arquivamento de documentos em meios eletromagnéticos, em seu Art. 3º - ***O processo de digitalização deverá ser realizado de forma a manter a integridade, a autenticidade e, se necessário, a confidencialidade do documento digital, com o emprego de certificado digital emitido no âmbito da Infraestrutura de Chaves Públicas Brasileira - ICP – Brasil.***

> ***Parágrafo único.*** *Os meios de armazenamento dos documentos digitais deverão protegê-los de acesso, uso, alteração, reprodução e destruição não autorizados.*

As estratégias de preservação de documentos arquivísticos, devem ser selecionadas com base em sua capacidade de manter as características desses documentos e na avaliação custo-benefício. Podem incluir monitoramento e controle ambiental, restrições de acesso, cuidados no manuseio direto e obtenção de suportes e materiais mais duráveis (papel, tinta, disco óptico, fita magnética). No caso específico dos documentos digitais, essas estratégias incluem a prevenção da obsolescência tecnológica e de danos físicos ao suporte, por meio de procedimentos de migração, como atualização (refreshing) e conversão. O Objetivo é identificar o originador do documento, fornecer informação sobre o contexto de produção do documento, demonstrar a autenticidade de um documento, indicando o responsável legal pela sua emissão.

Credencial de segurança - Atributo ou conjunto de atributos associados a um usuário que definem as categorias de segurança, segundo as quais o acesso é concedido.

Marca d'água digital - Marca que serve para distinguir uma imagem digital com informação sobre sua proveniência e características, utilizada para proteger a propriedade intelectual. As marcas d'água sobrepõem, no mapa de bits de uma imagem, um desenho complexo, visível ou invisível, que só pode ser suprimido mediante a utilização de um algoritmo e de uma chave protegida. (I) Digital watermark.

Trilha de auditoria - Conjunto de informações registradas que permite o rastreamento de intervenções ou tentativas de intervenção no documento arquivístico digital ou no sistema computacional. (I) Audit trail.

Criptografia simétrica - Método de criptografia que utiliza uma chave simétrica, de maneira que o texto seja cifrado e decifrado com esta mesma chave.

Criptografia assimétrica - Método de criptografia que utiliza um par de chaves diferentes que se relacionam, matematicamente, por meio de um algoritmo, de modo que o texto cifrado por uma chave só possa ser decifrado pela outra que forma com ela um par. As duas chaves envolvidas na criptografia assimétrica são denominadas chave pública e chave privada.

4.4.7 Documento Eletrônico

Os documentos eletrônicos se mantêm autênticos por meio de processos contínuos de cópia e migração. Tais processos se fazem necessários devido à fragilidade do suporte, magnético ou óptico, e à obsolescência tecnológica.

É importante ressaltar que cópia e migração têm consequências diferentes para a autenticação dos documentos. A cópia consiste em uma reprodução completa dos elementos de forma e conteúdo de um documento. Consequentemente, os documentos copiados se constituem em reproduções fiéis dos documentos originais. Entretanto, há que ressaltar que, apesar de menos invasiva, a cópia de documentos eletrônicos também se constitui em uma intervenção, logo, interfere na autenticidade desses documentos.

Quanto à migração, esta implica mudanças na configuração que afetam o documento por inteiro. Na verdade, após serem migrados os documentos podem parecer os mesmos, mas não são. Sua forma física é profundamente alterada, com perda de alguns dados e acréscimos de outros.

Os documentos eletrônicos são identificados e avaliados por meio da análise diplomática, da mesma forma que são analisados os documentos convencionais, já que na diplomática os documentos podem e devem ser identificados por meios de sues constituintes formais e não pela informação que está sendo transmitida.

Fidedignidade é a capacidade de um documento arquivístico sustentar os fatos que atesta e está ligada ao momento da produção do documento. Em documentos convencionais bastam data e assinatura, porém os eletrônicos necessitam de acréscimos, tais como a hora de sua transmissão aos destinatários junto com a data do documento. O sistema acrescenta, automaticamente, o nome do autor no cabeçalho do documento ou uma assinatura digital ou eletrônica. Segundo MacNeill (2000) assinatura digital ***é um tipo especial de assinatura eletrônica, baseada em métodos criptográficos de autenticação do originador" e assinatura eletrônica é a compilação, por computador, "de qualquer símbolo ou séries de símbolos executados, adotados ou autorizados por um indivíduo para ser o laço legalmente equivalente à assinatura manual do indivíduo***.

Com base nos requisitos funcionais e nas regras de produção, delineou-se um conjunto de metadados e esses foram delineados para permitir futura identificação e rastreamento dos documentos encapsulados em metadados e distribuídos em 6 camadas: Registro; Termos e condições de acesso, usoe destinação; Estrutura que garante seu valor de prova ao longo do tempo; Contexto que identifica a proveniência do documento e possui algumas subcamadas: instituição, quem recebeu a transação e o horário, tipo de transação; Conteúdo; História do uso desde sua criação que possui ainda informações sobre quando e por quem foi usado, como foi usado (copiado, editado, arquivado).

Governo Eletrônico – e-Gov

Decreto Presidencial de 3 de abril de 2000 criou o Grupo de Trabalho Interministerial – conhecido por GTTI ou Grupo de Trabalho em Tecnologia da Informação com o objetivo de examinar e propor políticas, diretrizes e normas relacionadas com as novas formas eletrônicas de interação com ênfase na universalização dos serviços, governo ao alcance de todos e infra-estrutura avançada. Em julho do mesmo ano foi apresentado pelo GTTI a criação do Governo Eletrônico.

O CONARQ por meio de sua portaria nº 60, de 7 de março de 2002 reformulou a Câmara Técnica de Documentos eletrônicos que passou a ser integrada por uma equipe interdisciplinar.

As diretrizes para a gestão arquivística do correio eletrônico corporativo, elaboradas pelo Conselho Nacional de Arquivos (CONARQ), estabeleceu que as instituições que possuem política de preservação digital devem prever a inserção das mensagens de correio eletrônico como documento digital. Isto ficou estabelecido pela Resolução nº 20, de 16 de julho de 2004 em seu Art. 1º - ***Os órgãos e entidades integrantes do Sistema Nacional de Arquivos deverão identificar, dentre as informações e os documentos produzidos, recebidos ou armazenados em meio digital, aqueles considerados arquivísticos para que sejam contemplados pelo programa de gestão arquivística de documentos***.

> ***§1º*** *- Considera-se documento arquivístico como a informação registrada, independente da forma ou do suporte, produzida e recebida no decorrer das atividades de um órgão, entidade ou pessoa, dotada de organicidade e que possui elementos constitutivos suficientes para servir de prova dessas atividades.*
>
> ***§2º -*** *Considera-se documento arquivístico digital o documento arquivístico codificado em dígitos binários, produzido, tramitado e armazenado por sistema computacional. São exemplos de documentos arquivísticos digitais: planilhas eletrônicas, mensagens de correio eletrônico, sítios na internet, bases de dados e também textos, imagens fixas, imagens em movimento e gravações sonoras, dentre outras possibilidades, em formato digital.*
>
> ***Artigo 2º*** *- Um programa de gestão arquivística de documentos é aplicável independente da forma ou do suporte, em ambientes convencionais, digitais ou híbridos em que as informações são produzidas e armazenadas.*

Câmara Técnica de Documentos Eletrônicos

Perguntas Frequentes

01. **O que é considerado um documento arquivístico num ambiente digital?**

Resposta: Um documento em formato digital é considerado arquivístico quando produzido (elaborado ou recebido) no curso de uma atividade, ou seja, de um processo de trabalho, como instrumento ou resultado de tal atividade, e retido para ação ou referência.

textos, e-mail, fotografias, filmes, plantas de arquitetura, bases de dados, áudio ou mesmo websites, desde que atendam aos critérios definidos anteriormente.

02. **Documento digital é a mesma coisa que documento eletrônico?**

Resposta: Na literatura arquivística internacional, ainda é corrente o uso do termo "documento eletrônico" como sinônimo de "documento digital". Entretanto, do ponto de vista tecnológico, existe uma diferença entre os termos "eletrônico" e "digital".

Um documento eletrônico é acessível e interpretável por meio de um equipamento eletrônico (aparelho de videocassete, filmadora, computador), podendo ser registrado e codificado em forma analógica ou em dígitos binários. Já um documento digital é um documento eletrônico caracterizado pela codificação em dígitos binários e acessado por meio de sistema computacional. Assim, todo documento digital é eletrônico, mas nem todo documento eletrônico é digital.

Apesar de ter seu foco atualmente direcionado para os documentos digitais, a CTDE (Câmara Técnica de Documentos Eletrônicos) mantém seu nome, uma vez que este escopo pode ser expandido ao longo do desenvolvimento de seus trabalhos.

Exs.:

1) documento eletrônico: filme em VHS, música em fita cassete.

2) documento digital: texto em PDF, planilha de cálculo em Microsoft Excel, áudio em MP3, filme em AVI.

03. **As fotografias e filmes digitais produzidos na minha instituição podem ser considerados documentos arquivísticos?**

Resposta: Sim, desde que tenham sido produzidos (elaborados ou recebidos) no curso de uma atividade, ou seja, de um processo de trabalho, como instrumentos ou resultados de tal atividade, e retidos para ação ou referência. Esses documentos devem ser contemplados pelo programa de gestão arquivística da instituição.

As fotografias e filmes que documentam eventos e atividades da instituição.

04. **Um website pode ser considerado um documento arquivístico?**

Resposta: Sim, desde que tenha sido elaborado no curso de uma atividade, ou seja, de um processo de trabalho, como instrumento ou resultado de tal atividade, e retido para ação ou referência. O website deve ser contemplado pelo programa de gestão arquivística da instituição.

05. **Mensagens de correio eletrônico (e-mails) podem ser consideradas documentos arquivísticos?**

Resposta: Sim, desde que tenham sido produzidas (elaboradas ou recebidas) no curso de uma atividade, ou seja, de um processo de trabalho, como instrumentos ou resultados de tal atividade, e retidas para ação ou referência. Na qualidade de documentos arquivísticos, as mensagens devem ser completas e criadas por pessoa s autorizadas, e é recomendável que sejam redigidas de acordo com normas oficiais de comunicação. Não devem ser tratados assuntos fora da matéria que originou o documento e devem existir procedimentos que controlem a tramitação e o arquivamento, de forma a garantir sua autenticidade. Esses documentos devem ser contemplados pelo programa de gestão arquivística da instituição.

Ex.:

E-mail convocando para uma reunião da Câmara Técnica de Documentos Eletrônicos do CONARQ.

06. **Um documento digital sem assinatura digital pode ser considerado autêntico?**

Resposta: Sim. Um documento pode ter sua autenticidade presumida por meio de procedimentos que controlem sua produção, transmissão, armazenamento, manutenção e preservação. Um sistema informatizado de gestão arquivística de documentos (SIGAD) idôneo e confiável oferece um alto grau de presunção de autenticidade dos documentos. Porém o uso da assinatura digital é recomendável nos casos em que é obrigatório garantir a autoria e/ou a integridade de um documento transmitido entre sistemas ou entre usuários e sistemas.

a) Um boletim de notas de uma disciplina produzido, mantido e acessado por meio de um sistema acadêmico informatizado não necessita ser assinado digitalmente pelo professor, desde que este sistema seja idôneo e confiável. Para isso, os controles de segurança exigem a identificação e autenticação do professor ao acessar o sistema, e só ele tem permissão para lançar as notas e autorizar a emissão do boletim.

b) Ao ser transmitida de um sistema de gestão de pessoas para o sistema de uma instituição financeira (como um banco), uma autorização de pagamento precisa de assinatura digital para garantir sua autenticidade.

c) Em documentos encaminhados por meio de correio eletrônico, é recomendado o uso de assinatura digital, quando for necessário garantir sua autenticidade.

07. **O documento digital e o documento digitalizado são a mesma coisa?**

Resposta: O documento digitalizado é um tipo de documento digital. Os documentos digitais têm duas origens distintas: os que já nascem digitais e os que são gerados a partir de digitalização. Ambos são codificados em dígitos binários, acessíveis e interpretáveis por meio de um sistema computacional.

O documento digitalizado é a representação digital de um documento produzido em outro formato e que, por meio da digitalização, foi convertido para o formato digital. Geralmente, esse representante digital visa a facilitar a disseminação e o acesso, além de evitar o manuseio do original, contribuindo para a sua preservação.Todo documento digitalizado é um documento digital, mas nem todo documento digital é um documento digitalizado.

Ex.:

1) Documento nato digital (born digital): Textos em Microsoft Word, fotografias tiradas em câmeras digitais, plantas de arquitetura e urbanismo criadas em AutoCAD, mensagens de correio eletrônico, planilhas eletrônicas.

2) Documento digitalizado: Cópia digitalizada da Lei Áurea; negativos e fotografias escaneados.

08. **A digitalização permite a eliminação imediata do original?**

Não. A eliminação do original não pode ser feita apenas porque ele foi digitalizado. A eliminação do documento original, bem como de sua cópia digital, dependerá de uma avaliação prévia que definirá seu prazo de guarda e sua destinação.

A eliminação de documentos, no setor público, obedece a procedimentos previstos na legislação arquivística específica, entre os quais, a constituição de comissão permanente de avaliação de documentos, a elaboração de tabela de temporalidade e destinação de documentos e o cumprimento do disposto nas resoluções do Conselho Nacional de Arquivos (CONARQ) que tratam da eliminação de documentos. Caso o original seja considerado de valor permanente, este não poderá ser eliminado, conforme também determina a legislação.

No setor privado, recomenda-se a elaboração de tabela de temporalidade e destinação e que se institua comissão de avaliação de documentos para aplicar os prazos previstos na tabela e realizar os procedimentos de eliminação.

A finalidade principal da digitalização não é a eliminação, e sim facilitar a disseminação e o acesso, além de evitar o manuseio do original, contribuindo para a sua preservação.

09. **Posso eliminar documentos arquivísticos digitais? Como fazê-lo?**

Sim. A eliminação de documentos arquivísticos segue o mesmo processo, sejam eles convencionais ou digitais.

No setor público, a eliminação deve ser precedida pela elaboração de listagem de eliminação de documentos, que, depois de aprovada pela instituição arquivística na específica esfera de competência, deverá ser publicada e, quando for efetivada a eliminação, será lavrado o termo de eliminação de documentos, segundo a legislação vigente. Caso o original seja considerado de valor permanente, este não poderá ser eliminado, conforme também determina a legislação.

No setor privado, recomenda-se a elaboração de tabela de temporalidade e destinação e que se institua comissão de avaliação de documentos para aplicar os prazos previstos na tabela e realizar os procedimentos de eliminação.

Em ambos os setores, deve-se observar ainda os seguintes procedimentos:

a) os documentos arquivísticos que estiverem pendentes sob litígio ou investigação não poderão ser destruídos;
b) a eliminação deverá ser realizada de forma a impossibilitar a recuperação posterior de qualquer documento eliminado; e
c) todas as cópias dos documentos eliminados, incluindo cópias de segurança e cópias de preservação, independentemente do suporte, deverão ser destruídas.

10. **Quando um documento digital é produzido e depois impresso, qual deles é o original?**

Depende do contexto em que se dá a produção do documento:

a) Se o documento digitado em processador de texto é impresso e assinado, tramita e é arquivado em papel, ele será considerado original. Neste caso, o computador foi utilizado como uma ferramenta para apoiar a produção do documento em papel.
b) Se o documento é produzido em sistema informatizado e, após a assinatura e a tramitação, é arquivado em meio digital, a impressão em papel será eventual, e o documento dela resultante será considerado uma cópia.

11. **O que é um sistema informatizado de gestão arquivística de documentos (SIGAD), proposto pelo e-ARQ Brasil?**

É um sistema desenvolvido para realizar as operações técnicas da gestão arquivística de documentos, processado eletronicamente e aplicável em ambientes digitais ou em ambientes híbridos, isto é, ambientes que incluem documentos digitais e convencionais.

Um SIGAD contempla funcionalidades, tais como: gestão e aplicação do plano e código de classificação; captura; avaliação e destinação (aplicação da tabela de temporalidade); pesquisa, localização e apresentação; segurança; armazenamento e preservação. Pode incluir ainda outras funcionalidades, como tramitação e fluxo de trabalho, e características, como usabilidade; interoperabilidade; disponibilidade; e desempenho e escalabilidade.

12. **Qual é a diferença entre o SIGAD e o gerenciamento eletrônico de documentos (GED)?**

Um SIGAD tem por objeto o documento arquivístico e visa a gerenciá-lo em todo o seu ciclo de vida. Portanto é capaz de realizar todas as operações técnicas da gestão arquivística desde a produção até a destinação final do documento.

Já o GED tem por objeto o documento sem a perspectiva arquivística. Portanto não gerencia o ciclo de vida dos documentos, nem é capaz de manter a relação orgânica ou controlar a temporalidade e a destinação.

Isso não significa que um é melhor do que outro; simplesmente, eles possuem objetivos diferentes. A escolha de um ou de outro, ou a adoção de ambos, depende das necessidades da organização.

Apesar das diferenças, existe, inclusive, uma tendência de GEDs incorporarem as funcionalidades de um SIGAD.

13. **Qual é a diferença entre autenticidade e autenticação?**

A autenticidade é uma qualidade do documento; a autenticação é uma declaração desta qualidade.

Autenticidade é a qualidade de um documento ser autêntico e merecedor de aceitação, isto é, a característica de um documento ser o que diz ser e de estar livre de adulteração e corrupção.

Autenticação é a declaração de autenticidade de um documento, num determinado momento, por uma pessoa física ou jurídica investida de autoridade para fazer tal declaração (servidor público, notário, autoridade certificadora). Ela tem a forma de uma declaração que se insere no documento para atestar que ele é autêntico.

Observação: A assinatura digital é um exemplo de autenticação, visto que ela identifica o emissor de um documento e permite a verificação de que seu conteúdo não foi adulterado. A autoria e a integridade são alguns dos elementos do documento que apoiam a presunção de autenticidade de um documento digital, mas não são suficientes para assegurá-la.

14. **Como posso preservar documentos em formato digital?**

A instituição deve possuir um programa de preservação de documentos arquivísticos que incorpore os documentos convencionais e digitais.

A preservação digital é o conjunto de estratégias e metodologias destinadas a preservar os documentos em formato digital. Ela pode implicar desde transferências periódicas dos suportes de armazenamento até a conversão para outros formatos digitais, bem como a atualização do ambiente tecnológico, o hardware e o software.

Tais estratégias devem alcançar todas as características essenciais que definem um documento digital, que são: físicas (suporte / registro físico), lógicas (software e formato digital) e conceituais (estrutura / conteúdo exibido). Além disso, elas devem levar em conta os elementos necessários para a produção, a manutenção e o acesso aos documentos digitais.

Deve-se compreender, ainda, que a preservação digital não é a digitalização de documentos que se apresentam em outros suportes. A digitalização é uma ação que serve à captura de documentos para sistemas de informação como forma de facilitar seu gerenciamento e acesso, bem como auxiliar a preservação dos originais. Já a preservação digital visa exclusivamente à preservação dos documentos digitais.

Disponível em: http://www.conarq.arquivonacional.gov.br/documentos-eletronicos-ctde/perguntas-mais-frequentes.html

4.4.8 Correio Eletrônico

Organização das Nações Unidas – ONU

A Organização das Nações Unidas – ONU, ao estabelecer orientações sobre como gerenciar a mensagem de correio eletrônico, aponta situações em que é possível identificá-la como documento arquivístico; dentre elas, destacamos (UNITED NATIONS, 2010):

- Mensagem cujo conteúdo inicia, autoriza ou completa uma ação de um órgão ou entidade.
- Mensagem trocada entre pessoas da mesma equipe ou de outras equipes, em trabalho conjunto, e cujo conteúdo se refere à atividade do órgão ou entidade.
- Mensagem recebida de fonte externa (pessoa física ou jurídica) que compõe um documento arquivístico oficial.
- Mensagem cujo conteúdo refere-se à pauta ou registro de reunião.
- Mensagem cujo conteúdo é nota, relatório final ou recomendação para uma ação em desenvolvimento ou finalizada.

As mesmas orientações da ONU apontam situações em que a mensagem de correio eletrônico NÃO é considerada documento arquivístico; dentre elas, destacamos:

- Mensagem cujo conteúdo é de caráter pessoal (não tem relação com as atividades do órgão ou entidade).
- Mensagem cujo conteúdo se refere a "correntes", propagandas, promoções e afins.
- Cópia de mensagem enviada para grupos de trabalho ou coordenações, com a única finalidade de referência ou informação.
- Material de referência, isto é, documentos usados apenas para subsídio teórico no desenvolvimento de uma atividade.

A mensagem de correio eletrônico considerada como um documento arquivístico precisa ser declarada como tal, ou seja, incorporada ao conjunto de documentos do órgão ou entidade, a fim de manter sua autenticidade, confiabilidade e acessibilidade pelo tempo que for necessário.

Fonte: CONARQ - Conselho Nacional de Arquivo - Câmara Técnica de Documentos Eletrônicos. Diretrizes para a Gestão Arquivística do Correio Eletrônico Corporativo, Rio de Janeiro, 2012

Um sistema informatizado de gestão arquivística de documentos (SIGAD) é um conjunto de procedimentos e operações técnicas apoiado em um sistema informatizado, que, de acordo com os princípios da gestão arquivística, visam ao controle do ciclo de vida dos documentos, desde a produção até a destinação final. O sucesso do SIGAD dependerá fundamentalmente da implementação prévia de um programa de Gestão Arquivística de Documentos. A produção de documentos digitais levou à criação de sistemas informatizados de gerenciamento de documentos. Entretanto, para se assegurar que documentos arquivísticos digitais sejam confiáveis e autênticos e que possam preservar suas características é fundamental que os sistemas acima referidos incorporem os conceitos arquivísticos e suas implicações no gerenciamento dos documentos digitais.

Programa AN Digital

Tem como objetivo implantar os procedimentos necessários e dotar o Arquivo Nacional de um repositório para receber, descrever, armazenar, preservar e dar acesso aos documentos arquivísticos digitais sob sua custódia. Neste sentido o programa deverá incluir: definição da abordagem de preservação digital do Arquivo Nacional; definição de procedimentos; definição de padrões; desenvolvimento e implantação de um repositório; aquisição de equipamentos; formação de equipe especializada.

Fonte: www.siga.arquivonacional.gov.br. AN Digital - Política de Preservação Digital.

Questões

01. (CESPE - 2018) Acerca da análise diplomática e tipológica de documentos de arquivo, julgue o item subsecutivo.

Na análise diplomática de um documento arquivístico digital, a assinatura eletrônica é considerada um elemento extrínseco.

Certo ( ) Errado ( )

02. (CESPE - 2018) No que se refere a repositórios digitais e aos repositórios digitais arquivísticos confiáveis (RDC-Arq), julgue o item seguinte.

Documentos arquivísticos digitais são exemplos de documentos eletrônicos.

Certo ( ) Errado ( )

03. (CESPE - 2018) A respeito da gestão eletrônica de documentos, julgue o item que se segue.

Documentos eletrônicos, ao contrário dos convencionais, não podem ser considerados completos em relação à sua forma intelectual somente pela inclusão de data e assinatura.

Certo ( ) Errado ( )

04. (CESPE - 2018) A respeito da gestão eletrônica de documentos, julgue o item que se segue.

O documento digital que não permite alteração de forma e conteúdo é considerado estático.

Certo ( ) Errado ( )

05. (CESPE - 2018) A respeito da gestão eletrônica de documentos, julgue o item que se segue.

O conteúdo de bases de dados dinâmicas não pode ser considerado documento arquivístico.

Certo ( ) Errado ( )

Gabaritos

01	CERTO
02	CERTO
03	CERTO
04	CERTO
05	CERTO

5. LEGISLAÇÃO ARQUIVÍSTICA

5.1 CONARQ

Fonte: \\www.conarq.arquivonacional.gov.br

O Conselho Nacional de Arquivos - (CONARQ) é um órgão colegiado, vinculado ao Arquivo Nacional do Ministério da Justiça, que tem por finalidade definir a política nacional de arquivos públicos e privados, como órgão central de um Sistema Nacional de Arquivos, bem como exercer orientação normativa visando à gestão documental e à proteção especial aos documentos de arquivo.

A **Constituição Federal** de 1988 e, particularmente, a **Lei nº 8.159, de 8 de janeiro de 1991** que dispõe sobre a política nacional de arquivos públicos e privados, delegaram ao Poder Público estas responsabilidades, consubstanciadas pelo **Decreto nº 4.073, de 3 de janeiro de 2002**, que consolidou os decretos anteriores - nºs 1.173, de 29 de junho de 1994; 1.461, de 25 de abril de 1995; 2.182, de 20 de março de 1997 e 2.942, de 18 de janeiro de 1999.

De acordo com estes dispositivos legais, as ações visando à consolidação da política nacional de arquivos deverão ser emanadas do **Conselho Nacional de Arquivos – CONARQ**.

O Conselho Nacional de Arquivos (**CONARQ) foi criado pelo art. 26 da Lei nº 8.159/91 e regulamentado pelo Decreto nº 4.073, de 3 de janeiro de 2002** e tem como competências:

01. Estabelecer **diretrizes para o funcionamento do Sistema Nacional de Arquivos - SINAR**, visando à gestão, à preservação e ao acesso aos documentos de arquivos.
02. **Promover o inter-relacionamento de arquivos públicos e privados** com vistas ao intercâmbio e à integração sistêmica das atividades arquivísticas.
03. Propor ao Ministro de Estado da Justiça **normas legais necessárias ao aperfeiçoamento e à implementação da política nacional de arquivos públicos e privados**.
04. **Zelar pelo cumprimento dos dispositivos constitucionais e legais** que norteiam o funcionamento e o acesso aos arquivos públicos.
05. **Estimular programas de gestão e de preservação de documentos públicos de âmbito federal, estadual, do Distrito Federal e municipal**, produzidos ou recebidos em decorrência das funções executiva, legislativa e judiciária.
06. **Subsidiar a elaboração de planos nacionais de desenvolvimento**, sugerindo metas e prioridades da política nacional de arquivos públicos e privados.
07. **Estimular a implantação de sistemas de arquivos nos Poderes Executivo, Legislativo e Judiciário da União, dos Estados, do Distrito Federal e nos Poderes Executivo e Legislativo dos Municípios**.
08. **Estimular a integração e modernização dos arquivos públicos e privados**; identificar os arquivos privados de interesse público e social, nos termos do Art. 12 da Lei nº 8.159, de 1991.
09. **Propor ao Presidente da República, por intermédio do Ministro de Estado da Justiça, a declaração de interesse público e social de arquivos privados**.
10. **Estimular a capacitação técnica dos recursos humanos** que desenvolvam atividades de arquivo nas instituições integrantes do SINAR.
11. **Recomendar providências para a apuração e a reparação de atos lesivos à política nacional de arquivos públicos e privados.**
12. **Promover a elaboração do cadastro nacional de arquivos públicos e privados**, bem como desenvolver atividades censitárias referentes a arquivos.
13. **Manter intercâmbio com outros conselhos e instituições**, cujas finalidades sejam relacionadas ou complementares às suas, para prover e receber elementos de informação e juízo, conjugar esforços e encadear ações.
14. **Articular-se com outros órgãos do Poder Público formuladores de políticas nacionais nas áreas de educação, cultura, ciência, tecnologia, informação e informática**.

O funcionamento do CONARQ é regulamentado pelo seu regimento interno aprovado pela Portaria nº 2.588, de 24 de novembro de 2011.

O CONARQ é constituído por dezessete membros conselheiros: o Diretor-Geral do Arquivo Nacional, que o presidirá, representantes dos poderes Executivo Federal, Judiciário Federal, Legislativo Federal, do Arquivo Nacional, dos arquivos públicos estaduais e do Distrito Federal, dos arquivos públicos municipais, das instituições mantenedoras de curso superior de Arquivologia, de associações de arquivistas e de instituições que congreguem profissionais que atuem nas áreas de ensino, pesquisa, preservação ou acesso a fontes documentais. Cada Conselheiro tem um suplente.

Sua composição espelha, portanto, a convergência de interesses do Estado e da Sociedade, de modo a compatibilizar as questões inerentes à responsabilidade funcional e social do Poder Público perante a gestão e preservação do patrimônio arquivístico público e privado brasileiro e o direito dos cidadãos de acesso às informações.

Para melhor funcionamento do CONARQ e maior agilidade na operacionalização do **Sistema Nacional de Arquivos - SINAR**, foi prevista a criação de **Câmaras Técnicas e Câmaras Setoriais** e **Comissões Especiais**, com a incumbência de elaborar estudos e normas necessárias à implementação da política nacional de arquivos públicos e privados e ao funcionamento do SINAR.

Ao Arquivo Nacional cabe dar suporte técnico e administrativo ao CONARQ.

As **Câmaras Técnicas**, constituídas pelo Plenário, **são de caráter permanente** e visam a elaborar estudos e normas necessárias à implementação da política nacional de arquivos públicos e privados e ao funcionamento do SINAR.

Desde a implantação do CONARQ foram criadas as seguintes câmaras técnicas:

- Câmara Técnica de Avaliação de Documentos.
- Câmara Técnica de Capacitação de Recursos Humanos.
- Câmara Técnica de Classificação de Documentos.
- Câmara Técnica de Documentos Audiovisuais, Iconográficos e Sonoros.
- Câmara Técnica de Documentos Eletrônicos.

> Câmara Técnica de Normalização da Descrição Arquivística.
> Câmara Técnica de Paleografia e Diplomática.
> Câmara Técnica de Preservação de Documentos.

5.1.1 Câmaras Setoriais

A Portaria nº 2.588, de 24 de novembro de 2011, do Ministério da Justiça que aprova o recente Regimento Interno do CONARQ, institui no Capítulo IV Da Organização e do Funcionamento, as Câmaras Setoriais, de caráter permanente visando a identificar, discutir e propor soluções para questões temáticas que se repercutirem na estrutura e organização de segmentos específicos de arquivos, interagindo com as câmaras técnicas.

Câmara Setorial de Arquivos de Instituições de Saúde; Câmara Setorial sobre Arquivos de Empresas Privatizadas ou em Processo de Privatização; Câmara Setorial sobre Arquivos do Judiciário; Câmara Setorial sobre Arquivos Municipais; Câmara Setorial sobre Arquivos de Arquitetura, Engenharia e Urbanismo; Câmara Setorial sobre Arquivos Privados.

5.2 SINAR

5.2.1 A História do SINAR

Fonte: \\www.conarq.arquivonacional.gov.br

Em 25 de setembro de 1978, o **Decreto nº 82.308**, instituiu o Sistema Nacional de Arquivos -SINAR.

A implementação do Sistema foi bastante prejudicada já que sua **área de abrangência ficou restrita aos arquivos intermediários e permanentes**, tendo em vista os limites impostos na criação, pelo Governo Federal, em 1975, do **Sistema de Serviços Gerais - SISG**, ao qual se vinculariam os **arquivos correntes da Administração Pública Federal**.

A postura equivocada de limitar a atuação do SINAR confrontava-se radicalmente com o princípio da organicidade dos documentos de arquivo, que preconiza a complementaridade entre as três idades que compõem o ciclo vital dos documentos.

Embora formalmente criado, o Sistema nunca chegou a ser implantado uma vez que trazia em seu bojo dispositivos conflitantes e que não atendiam às necessidades e à realidade de nossos arquivos.

Mesmo assim, esse decreto teve o mérito de despertar a atenção de vários governos estaduais para a importância dos arquivos na administração pública, motivando-os a criarem seus sistemas estaduais de arquivos. Foi o caso dos governos do Rio Grande do Norte, do Pará, de Sergipe e do Espírito Santo.

Com a **"recriação" do Sistema Nacional de Arquivos - SINAR, pela Lei nº 8.159, de 08 de janeiro de 1991 e pelos Decretos nº 1.173, de 29 de junho de 1994 e 1.461, de 25 de abril de 1995**, consolidados e revogados pelo Decreto nº 4.073, de 3 de janeiro de 2002, o SINAR desenvolverá suas atividades de forma integrada com esses sistemas e estimulará os demais Estados bem como os municípios, que ainda não dispõem desse moderno instrumento de administração, a criarem também seus sistemas de arquivo.

O Art. 26 da Lei nº 8.159/91, não só criou o Conselho Nacional de Arquivos - CONARQ como institui também o Sistema Nacional de Arquivos - SINAR, cuja competência, organização e funcionamento estão regulamentados pelo Decreto nº 4.073, de 3 de janeiro de 2002.

De acordo com esse dispositivo legal, o SINAR tem por finalidade implementar a política nacional de arquivos públicos e privados, visando à gestão, à preservação e ao acesso aos documentos de arquivo.

Integram o SINAR, que tem como órgão central o CONARQ:

> O Arquivo Nacional.
> Os arquivos do Poder Executivo Federal.
> Os arquivos do Poder Legislativo Federal.
> Os arquivos do Poder Judiciário Federal.
> Os arquivos estaduais dos Poderes Executivo, Legislativo e Judiciário.
> Os arquivos do Distrito Federal dos Poderes Executivo, Legislativo e Judiciário; os arquivos municipais dos Poderes Executivo e Legislativo.

Os arquivos referidos acima, exceto o Arquivo Nacional, quando organizados sistemicamente, passam a integrar o SINAR por intermédio de seus órgãos centrais.

As pessoas físicas e jurídicas de direito privado, detentoras de arquivos, podem integrar o SINAR mediante acordo ou ajuste com o órgão central.

Compete aos integrantes do SINAR:

01. Promover a gestão, a preservação e o acesso às informações e aos documentos na sua esfera de competência, em conformidade com as diretrizes e normas emanadas do órgão central.
02. Disseminar, em sua área de atuação, as diretrizes e normas estabelecidas pelo órgão central, zelando pelo seu cumprimento; implementar a racionalização das atividades arquivísticas, de forma a garantir a integridade do ciclo documental.
03. Garantir a guarda e o acesso aos documentos de valor permanente; apresentar sugestões ao CONARQ para o aprimoramento do SINAR.
04. Prestar informações sobre suas atividades ao CONARQ; apresentar subsídios ao CONARQ para a elaboração de dispositivos legais necessários ao aperfeiçoamento e à implementação da política nacional de arquivos públicos e privados.
05. Promover a integração e a modernização dos arquivos em sua esfera de atuação.
06. Propor ao CONARQ os arquivos privados que possam ser considerados de interesse público e social.
07. Comunicar ao CONARQ, para as devidas providências, atos lesivos ao patrimônio arquivístico nacional.
08. Colaborar na elaboração de cadastro nacional de arquivos públicos e privados, bem como no desenvolvimento de atividades censitárias referentes a arquivos; possibilitar a participação de especialistas nas câmaras técnicas, câmaras setoriais e comissões especiais constituídas pelo CONARQ.

09. Proporcionar aperfeiçoamento e reciclagem aos técnicos da área de arquivo, garantindo constante atualização.

Os integrantes do SINAR seguirão as diretrizes e normas emanadas do CONARQ, sem prejuízo de sua subordinação e vinculação administrativa.

5.3 Arquivo Nacional

O Arquivo Nacional, criado em 1838, é o órgão central do Sistema de Gestão de Documentos de Arquivo - SIGA, da administração pública federal.

Subordinado ao Ministério da Justiça - MJ desde a publicação do **Decreto nº 7.430, de 17 de janeiro de 2011**, no Diário Oficial da União nº 12, de 18 de janeiro de 2011.

Tem por finalidade:

> Implementar e acompanhar a política nacional de arquivos, definida pelo Conselho Nacional de Arquivos - CONARQ, por meio da gestão, do recolhimento, do tratamento técnico, da preservação e da divulgação do patrimônio documental do País,

> Garantir pleno acesso à informação, visando apoiar as decisões governamentais de caráter político-administrativo, o cidadão na defesa de seus direitos,

> Incentivar a produção de conhecimento científico e cultural.

O que são documentos de arquivo?

São documentos produzidos, recebidos e mantidos por órgãos e entidades da administração pública federal, em decorrência do exercício de funções e atividades específicas, qualquer que seja o suporte da informação ou a natureza dos documentos.

O que é gestão de documentos?

É o conjunto de procedimentos e operações técnicas referentes à produção, tramitação, uso, avaliação e arquivamento de documentos em fase corrente e intermediária, independentemente do suporte, visando a sua eliminação ou recolhimento para guarda permanente.

Para que uma política de gestão de documentos?

Porque é dever do Poder Público a gestão documental e a proteção especial aos documentos de arquivo, como instrumento de apoio à administração, à cultura, ao desenvolvimento científico e como elementos de prova e informação.

Quem integra o SIGA?

→ O Arquivo Nacional, como órgão central **do SIGA.**

→ As unidades responsáveis pela **coordenação das atividades de gestão de documentos de arquivo nos Ministérios e órgãos equivalentes, como órgãos setoriais.**

→ **As unidades vinculadas aos Ministérios e órgãos equivalentes, como órgãos seccionais.**

Órgãos equivalentes a Ministério, isto é, cujo titular possui status de Ministro de Estado. Atualmente, são órgãos equivalentes: Advocacia-Geral da União - AGU, Casa Civil da Presidência da República, Controladoria-Geral da União - CGU, Gabinete de Segurança Institucional da Presidência da República - GSI-PR, Secretaria de Assuntos Estratégicos da Presidência da República - SAE/PR, Secretaria de Aviação Civil - SAC, Secretaria de Comunicação Social da Presidência da República - SECOM-PR, Secretaria de Direitos Humanos - SDH, Secretaria de Políticas de Promoção da Igualdade Racial - SEPPIR, Secretaria de Políticas para as Mulheres - SPM, Secretaria de Portos - SP, Secretaria de Relações Institucionais da Presidência da República - SRI/PR, Secretaria-Geral da Presidência da República - SGPR.

Qual é a função do Arquivo Nacional como órgão central do SIGA?

> **Acompanhar e orientar**, junto aos órgãos setoriais do SIGA, **a aplicação das normas relacionadas à gestão de documentos** de arquivo aprovadas pelo Ministro-Chefe da Casa Civil da Presidência da República.

> Orientar a implementação, **a coordenação e o controle das atividades e rotinas de trabalho relacionadas à gestão de documentos** nos órgãos setoriais.

> **Promover a disseminação de normas técnicas** e informações de interesse para o aperfeiçoamento do sistema junto aos órgãos setoriais do SIGA.

> **Promover e manter intercâmbio de cooperação técnica com instituições e sistemas afins, nacionais e internacionais.**

> **Estimular e promover a capacitação, o aperfeiçoamento, o treinamento e a reciclagem dos servidores** que atuam na área de gestão de documentos de arquivo.

> **Qual é a função dos órgãos setoriais no SIGA?**

> **Implantar, coordenar e controlar as atividades de gestão de documentos de arquivo**, em seu âmbito de atuação e de seus seccionais, em conformidade com as normas aprovadas pelo Ministro-Chefe da Casa Civil da Presidência da República.

> **Implementar e acompanhar rotinas de trabalho desenvolvidas**, no seu âmbito de atuação e de seus seccionais, **visando à padronização dos procedimentos técnicos relativos às atividades de produção, classificação, registro, tramitação, arquivamento, preservação, empréstimo, consulta, expedição, avaliação, transferência e recolhimento ou eliminação de documentos de arquivo e ao acesso às informações neles contidas.**

> **Coordenar a elaboração de código de classificação de documentos de arquivo**, com base nas funções e atividades desempenhadas pelo órgão ou entidade, e acompanhar a sua aplicação no seu âmbito de atuação e de seus seccionais.

> **Coordenar a aplicação do código de classificação e da tabela de temporalidade e destinação de documentos de arquivo relativos às atividades-meio, instituída para a Administração Pública Federal**, no seu âmbito de atuação e de seus seccionais.

> Elaborar, por intermédio da Comissão Permanente de Avaliação de Documentos e de que trata o Art. 18 do Decreto nº 4.073, de 3 de janeiro de 2002, e **aplicar, após aprovação do Arquivo Nacional, a tabela de temporalidade e destinação de documentos de arquivo relativos às atividades-fim.**

> **Promover e manter intercâmbio de cooperação técnica com instituições e sistemas afins, nacionais e internacionais.**

> **Proporcionar aos servidores** que atuam na área de gestão de documentos de arquivo **a capacitação, o aperfeiçoamento, o treinamento e a reciclagem, garantindo constante atualização**.

Devo me registrar no Cadastro Nacional dos Integrantes do SIGA?

Devem se cadastrar os servidores federais e os empregados de empresas públicas da esfera federal ou de economia mista, que atuem na área de gestão de documentos, ainda que ocupe somente um cargo comissionado ou por prazo determinado. Não estão incluídos nesse grupo os funcionários terceirizados, estagiários ou servidores e empregados de empresas públicas da esfera estadual, distrital ou municipal.

5.4 O Que é o SIGA?

Documentos de Arquivo - SIGA, da Administração Pública Federal, pelo qual se organizam, sob a forma de sistema, as atividades de gestão de documentos de arquivo no âmbito dos órgãos e entidades da administração pública federal.

O **Sistema de Gestão de Documentos de Arquivo – SIGA**, da Administração Pública Federal, tem por **finalidade garantir ao cidadão e aos órgãos e entidades da Administração Pública Federal, de forma ágil e segura, o acesso aos documentos de arquivo e às informações neles contidas**, resguardados os aspectos de sigilo e as restrições administrativas ou legais; integrar e coordenar as atividades de gestão de documentos de arquivo desenvolvidas pelos órgãos setoriais e seccionais que o integram; disseminar normas relativas à gestão de documentos de arquivo; racionalizar a produção da documentação arquivística pública; racionalizar e reduzir os custos operacionais e de armazenagem da documentação arquivística pública; preservar o patrimônio documental arquivístico da Administração Pública Federal; articular-se com os demais sistemas que atuam direta ou indiretamente na gestão da informação pública federal.

Para efeitos de acompanhar, coordenar, controlar, orientar e promover a gestão de documentos de arquivo, o **SIGA tem o Arquivo Nacional como órgão central, e uma Comissão de Coordenação, presidida pelo Diretor-Geral do Arquivo Nacional e integrada por representantes do Arquivo Nacional, dos Ministérios e dos órgãos equivalentes**, cabendo aos Ministérios e aos órgãos equivalentes a criação de Subcomissões de Coordenação do SIGA que reúnam representantes dos órgãos seccionais de seu âmbito de atuação, com vistas a identificar necessidades e harmonizar as proposições a serem apresentadas à Comissão de Coordenação. As normas emanadas e deliberadas pela Comissão de Coordenação do SIGA serão aprovadas pela Ministra-Chefe da Casa Civil da Presidência da República.

É instituído por este Decreto um sistema de informações a fim de proceder à operacionalização do SIGA, visando à integração dos serviços arquivísticos dos órgãos e entidades da Administração Pública Federal.

A reunião de instalação da Comissão de Coordenação do SIGA foi realizada no dia 28 de janeiro de 2004, às 9h30, no auditório da Secretaria de Imprensa e Divulgação da Presidência da República, localizado no subsolo do Palácio do Planalto, com a participação dos presidentes ou coordenadores **das Subcomissões de Coordenação do SIGA**, criadas no âmbito dos Ministérios e órgãos equivalentes.

5.4.1 Objetivos

01. **Garantir ao cidadão e aos órgãos e entidades da administração pública federal**, de forma ágil e segura, o **acesso aos documentos de arquivo e às informações neles contidas**, resguardados os aspectos de sigilo e as restrições administrativas ou legais.
02. **Integrar e coordenar as atividades de gestão de documentos de arquivo** desenvolvidas pelos órgãos setoriais e seccionais que o integram.
03. **Disseminar normas relativas à gestão de documentos de arquivo**.
04. **Racionalizar a produção da documentação arquivística pública**.
05. Racionalizar e reduzir os custos operacionais e de armazenagem da documentação arquivística pública.
06. **Preservar o patrimônio documental arquivístico da administração pública federal**.
07. Articular-se com os demais sistemas que atuam direta ou indiretamente na gestão da informação pública federal.

5.4.2 Histórico

Década de 1980

Programa de Modernização do **Arquivo Nacional**: desenvolvimento de ações e programas de assistência técnica, publicação de manuais, treinamento de recursos humanos, promoção de seminários e cursos, recolhimento de documentos públicos federais, implantação do Registro Geral de Entrada de Acervos Arquivísticos no Arquivo Nacional. Essas ações permitiram delinear uma política arquivística para o governo federal.

Década de 1990

Concepção do Sistema Federal de Arquivos do Poder Executivo – SIFAR.

Anos 2000 e 2001

Aperfeiçoamento do SIFAR, que passou a ser denominado Sistema de Gestão de Documentos de Informações – SGDI, do Poder Executivo Federal.

Instituição do SIGA

12 de dezembro de 2003

O **Decreto nº 4.915 cria o Sistema de Gestão de Documentos de Arquivo - SIGA, da Administração Pública Federal**, organizando, sob a forma de sistema, as atividades de gestão de documentos de arquivo no âmbito dos órgãos e entidades da Administração Pública Federal.

A **Lei de Acesso à Informação (Lei nº 12.527, de 18 de novembro de 2011)** estabelece que as **informações de interesse coletivo ou geral devem ser divulgadas pelos órgãos públicos, espontânea e proativamente, independentemente de solicitações**.

Com esse objetivo o Arquivo Nacional apresenta nesta seção, um conjunto significativo de dados de interesse público, de forma organizada, de modo a oferecer ao cidadão um padrão claro e uniforme de acesso, que facilite a localização e a obtenção das informações.

Aqui estão disponíveis, entre outros, dados sobre o funcionamento, a base jurídica e a própria história da Instituição, além daqueles referentes a diárias e passagens, licitações, relatórios de gestão, despesas, programas e ações, reforçando a missão do Arquivo Nacional de fornecer amplo acesso às informações, incluindo aquelas que se relacionam à transparência pública.

Neste sentido, destacam-se ainda a criação do **SIC-AN** que se destina a atender aos pedidos de informações sobre o acervo produzido pela Instituição de 1985 até o presente, e o fácil acesso à Ouvidoria, que recebe reclamações, denúncias e sugestões visando aperfeiçoar a qualidade dos serviços prestados pelo Arquivo Nacional.

A Instituição também apresenta um amplo conjunto de informações reunidas no item Perguntas Frequentes que, de modo objetivo, visa a esclarecer as dúvidas e questões encaminhadas habitualmente às áreas técnicas e ao Gabinete da Direção-Geral.

Atento à importância das diversas ferramentas de acesso à informação e, ao mesmo tempo, à necessidade de um contínuo aperfeiçoamento deste portal, o Arquivo Nacional busca contribuir, com esta seção, para a modernização dos serviços arquivísticos governamentais.

Câmara Técnica de Documentos Eletrônicos

Disponível em:<http://www.conarq.arquivonacional.gov.br>Adaptado.

O que é e-ARQ Brasil?

Estabelece um conjunto de condições a serem cumpridas pela organização produtora/recebedora de documentos, pelo sistema de gestão arquivística e pelos próprios documentos a fim de garantir a sua confiabilidade e autenticidade, assim como seu acesso. Pode ser usado para orientar a identificação de documentos arquivísticos digitais, estabelecer requisitos mínimos para um **Sistema Informatizado de Gestão Arquivística de Documentos – SIGAD** – independentemente da plataforma tecnológica em que for desenvolvido e/ou implantado.

O objeto do e-ARQ Brasil é o documento arquivístico digital. Este documento não trata de processos de digitalização, isto é, de procedimentos técnicos de conversão de um documento em qualquer suporte ou formato para o formato digital, por meio de dispositivo apropriado, como o escâner.

O e-ARQ Brasil especifica todas as atividades e operações técnicas da gestão arquivística de documentos desde a produção, tramitação, utilização e arquivamento até a sua destinação final. Todas essas atividades poderão ser desempenhadas pelo SIGAD, o qual, tendo sido desenvolvido em conformidade com os requisitos aqui apresentados, conferirá credibilidade à produção e à manutenção de documentos arquivísticos.

O que é SIGAD?

É um conjunto de procedimentos e operações técnicas, característico do sistema de gestão arquivística de documentos, processado por computador. O sucesso do SIGAD dependerá fundamentalmente da implementação prévia de um programa de gestão arquivística de documentos. A produção de documentos digitais levou à criação de sistemas informatizados de gerenciamento de documentos. Entretanto, para se assegurar que documentos arquivísticos digitais sejam confiáveis e autênticos e que possam preservar suas características é fundamental que os sistemas acima referidos incorporem os conceitos arquivísticos e suas implicações no gerenciamento dos documentos digitais.

Diferença entre Sistema de Informação, Gestão Arquivística de Documentos, Sistema de Gestão Arquivística de Documentos, Gerenciamento Eletrônico de Documentos (GED) e Sistema Informatizado de Gestão Arquivística de Documentos (SIGAD).

Sistema de Informação: conjunto organizado de políticas, procedimentos, pessoas, equipamentos e programas computacionais que produzem, processam, armazenam e proporcionam acesso à informação, proveniente de fontes internas e externas para apoiar o desempenho das atividades de um órgão ou entidade.

Gestão Arquivística de Documentos: conjunto de procedimentos e operações técnicas referentes à produção, tramitação, uso, avaliação e arquivamento dos documentos em fase corrente e intermediária, visando a sua eliminação ou seu recolhimento para a guarda permanente.

Sistema de Gestão Arquivística de Documentos: conjunto de procedimentos e operações técnicas, cuja interação permite a eficiência e a eficácia da gestão arquivística de documentos.

Gerenciamento Eletrônico de Documentos (GED): conjunto de tecnologias utilizadas para organização da informação não-estruturada de um órgão ou entidade, que pode ser dividido nas seguintes funcionalidades: captura, gerenciamento, armazenamento e distribuição. Entende-se por informação não estruturada aquela que não está armazenada em banco de dados, tal como mensagem de correio eletrônico, arquivo de texto, imagem ou som, planilhas, etc. O **GED** pode englobar tecnologias de digitalização, automação de fluxos de trabalho (*workflow*), processamento de formulários, indexação, gestão de documentos, repositórios, entre outras.

Sistema Informatizado de Gestão Arquivística de Documentos (SIGAD): é um conjunto de procedimentos e operações técnicas, característico do sistema de gestão arquivística de documentos, processado por computador. O **SIGAD** é aplicável em sistemas híbridos, isto é, que utilizam documentos digitais e documentos convencionais.

Requisitos arquivísticos que caracterizam um SIGAD:

01. Captura, armazenamento, indexação e recuperação de todos os tipos de documentos arquivísticos.
02. Captura, armazenamento, indexação e recuperação de todos os componentes digitais do documento arquivístico como uma unidade complexa.
03. Gestão dos documentos a partir do plano de classificação para manter a relação orgânica entre os documentos.
04. Implementação de metadados associados aos documentos para descrever os contextos desses mesmos documentos (jurídico-administrativo, de proveniência, de procedimentos, documental e tecnológico), integração entre documentos digitais e convencionais.
05. Foco na manutenção da autenticidade dos documentos.
06. Avaliação e seleção dos documentos para recolhimento e preservação daqueles considerados de valor permanente.

07. Aplicação de tabela de temporalidade e destinação de documentos.
08. Transferência e o recolhimento dos documentos por meio de uma função de exportação.
09. Gestão de preservação dos documentos.

Câmara Técnica de Documentos Eletrônicos / CONARQ

Níveis dos requisitos:

Neste documento os requisitos foram classificados em obrigatórios, altamente desejáveis e facultativos, de acordo com o grau maior ou menor de exigência para que o SIGAD possa desempenhar suas funções.

No e-ARQ Brasil, os requisitos foram considerados da seguinte forma:

> São obrigatórios quando indicados pela frase: "O SIGAD tem que...";

> Altamente desejáveis quando indicados pela frase: "O SIGAD deve...";

> Facultativos quando indicados pela frase: "O SIGAD pode...".

Cada requisito numerado é classificado como:

> (O) = Obrigatório = "O SIGAD tem que ...";

> (AD) = Altamente Desejável = "O SIGAD deve ...";

> (F) = Facultativo = "O SIGAD pode ...".

> TEM = significa que o requisito é imprescindível.

> DEVE = significa que podem existir razões válidas em circunstâncias particulares para ignorar um determinado item, mas a totalidade das implicações deve ser cuidadosamente examinada antes de escolher uma proposta diferente.

> PODE = significa que o requisito é opcional.

Tanto para os requisitos considerados altamente desejáveis como para os requisitos facultativos, deve ser observado que uma implementação que não inclui um determinado item altamente desejável ou facultativo deve estar preparada para interoperar com uma outra implementação que inclui o item, mesmo tendo funcionalidade reduzida. De forma inversa, uma implementação que inclui um item altamente desejável ou facultativo deve estar preparada para interoperar com uma outra implementação que não inclui o item.

> Um SIGAD tem que incluir e ser compatível com o plano de classificação do órgão ou entidade.

O plano de classificação dos integrantes do SINAR deve estar de acordo com a legislação e ser aprovado pela instituição arquivística na específica esfera de competência. **Obrigatório.**

> Um SIGAD tem que garantir a criação de classes, subclasses, grupos e subgrupos nos níveis do plano de classificação de acordo com o método de codificação adotado, por exemplo, quando se adotar o método decimal para codificação, cada classe poderá ter até no máximo dez subordinações e assim sucessivamente. **Obrigatório.**

> Um SIGAD tem que permitir a usuários autorizados acrescentar novas classes sempre que se fizer necessário. **Obrigatório.**

> Um SIGAD tem que registrar a data de abertura de uma nova classe no respectivo metadado. **Obrigatório.**

> Um SIGAD tem que registrar a mudança de nome de uma classe já existente no respectivo metadado. **Obrigatório.**

> Um SIGAD tem que permitir o deslocamento de uma classe inteira, incluindo as subclasses, grupo, subgrupos e os documentos ali classificados, para um outro ponto do plano de classificação. Nesse caso, é necessário fazer o registro do deslocamento nos metadados do plano de classificação. **Obrigatório.**

> Um SIGAD deve permitir que usuários autorizados tornem inativa uma classe onde não serão mais classificados documentos. **Altamente Desejável.**

> Um SIGAD tem que permitir que um usuário autorizado apague uma classe inativa. Só pode ser apagada uma classe que não tenha documentos ali classificados. **Obrigatório.**

> Um SIGAD tem que impedir a eliminação de uma classe que tenha documentos ali classificados. Essa eliminação poderá ocorrer a partir do momento em que todos os documentos ali classificados tenham sido recolhidos ou eliminados, e seus metadados apagados, ou que esses documentos tenham sido reclassificados. **Obrigatório.**

> Um SIGAD tem que permitir a associação de metadados às classes, conforme estabelecido no padrão de metadados, e deve restringir a inclusão e alteração desses mesmos metadados somente a usuários autorizados. **Obrigatório.**

> Um SIGAD tem que disponibilizar pelo menos dois mecanismos de atribuição de identificadores a classes do plano de classificação, prevendo a possibilidade de se utilizar ambos, separadamente ou em conjunto, na mesma aplicação:
>
> » atribuição de um código numérico ou alfanumérico;
>
> » atribuição de um termo que identifique cada classe. **Obrigatório.**

> Um SIGAD deve prever um atributo associado às classes para registrar a permissão de uso daquela classe para classificar um documento. Em algumas classes não é permitido incluir documentos, nesses casos os documentos devem ser classificados apenas nos níveis subordinados. Por exemplo, no código de classificação previsto na Resolução do CONARQ nº 14:

  - Não é permitido classificar documentos no grupo 021 (ADMINISTRAÇÃO GERAL: PESSOAL: RECRUTAMENTO E SELEÇÃO). Os documentos de recrutamento e seleção devem ser classificados nos subgrupos 021.1 (ADMINISTRAÇÃO GERAL: PESSOAL: RECRUTAMENTO E SELEÇÃO: CANDIDATOS A CARGO E EMPREGO PÚBLICOS) e 021.2 (ADMINISTRAÇÃO GERAL: PESSOAL: RECRUTAMENTO E SELEÇÃO: EXAMES DE SELEÇÃO). **Altamente Desejável.**
- Um SIGAD tem que utilizar o termo completo para identificar uma classe. Entende-se por termo completo toda a hierarquia referente àquela classe. Por exemplo:
  - MATERIAL: AQUISIÇÃO: MATERIAL PERMANENTE: COMPRA
  - MATERIAL: AQUISIÇÃO: MATERIAL DE CONSUMO: COMPRA. **Obrigatório.**
- Um SIGAD tem que assegurar que os termos completos, que identificam cada classe, sejam únicos no plano de classificação. **Obrigatório.**
- Um SIGAD pode prever a pesquisa e navegação na estrutura do plano de classificação por meio de uma interface gráfica. **Facultativo.**
- Um SIGAD deve ser capaz de importar e exportar total ou parcialmente um plano de classificação. **Altamente Desejável.**
- Um SIGAD tem que prover funcionalidades para elaboração de relatórios para apoiar a gestão do plano de classificação, incluindo a capacidade de:
  - gerar relatório completo do plano de classificação;
  - gerar relatório parcial do plano de classificação a partir de um ponto determinado na hierarquia;
  - gerar relatório dos documentos ou dossiês/processos classificados em uma ou mais classes do plano de classificação;
  - gerar relatório de documentos classificados por unidade administrativa. **Obrigatório.**
- Um SIGAD deve possibilitar consulta ao plano de classificação a partir de qualquer atributo ou combinação de atributos e gerar relatório com os resultados obtidos. **Altamente Desejável.**

Classificação e metadados das unidades de arquivamento

Os requisitos desta seção referem-se à formação e classificação e reclassificação das unidades de arquivamento (dossiês/processos e pastas) e à associação de metadados.

- Um SIGAD tem que permitir a classificação das unidades de arquivamento somente nas classes autorizadas. **Obrigatório.**
- Um SIGAD tem que permitir a classificação de um número ilimitado de unidades de arquivamento dentro de uma classe. **Obrigatório.**
- Um SIGAD tem que utilizar o termo completo da classe para identificar uma unidade de arquivamento, tal como especificado no item 1.1.13. **Obrigatório.**
- Um SIGAD tem que permitir a associação de metadados às unidades de arquivamento e deve restringir a inclusão e alteração desses mesmos metadados somente a usuários autorizados. **Obrigatório.**
- Um SIGAD tem que associar os metadados das unidades de arquivamento conforme estabelecido no padrão de metadados. **Obrigatório.**
- Um SIGAD tem que permitir que uma nova unidade de arquivamento herde da classe em que foi classificada, determinados metadados pré-definidos.
- Exemplos desta herança são: temporalidade prevista e restrição de acesso. **Obrigatório.**
- Um SIGAD deve relacionar os metadados herdados de forma que uma alteração no metadado de uma classe seja automaticamente incorporada à unidade de arquivamento que herdou esse metadado. **Altamente Desejável.**
- Um SIGAD pode permitir a alteração conjunta de um determinado metadado em um grupo de unidades de arquivamento previamente selecionado. **Facultativo.**
- Um SIGAD tem que permitir que uma unidade de arquivamento e seus respectivos volumes e/ou documentos sejam reclassificados por um usuário autorizado, e tem que permitir que todos os documentos já inseridos permaneçam na(s) unidade(s) de arquivamento e volume(s) que estão sendo transferidos, mantendo a relação entre os documentos, volumes e unidades de arquivamento. **Obrigatório.**
- Quando uma unidade de arquivamento ou documento é reclassificado, um SIGAD deve manter registro de suas posições anteriores à reclassificação, de forma a manter um histórico. **Altamente Desejável.**
- Quando uma unidade de arquivamento ou documento é reclassificado, um SIGAD deve permitir que o administrador introduza as razões para a reclassificação. **Altamente Desejável.**
- Um SIGAD pode permitir que os usuários criem referências cruzadas para unidades de arquivamento afins. **Facultativo.**

Gerenciamento dos dossiês/processos

Os requisitos desta seção referem-se ao gerenciamento dos documentos arquivísticos no que diz respeito a controles de abertura e encerramento de dossiês/processos e seus respectivos volumes e inclusão de novos documentos nesses dossiês/processos e respectivos volumes ou em pastas virtuais.

- Um SIGAD tem que registrar nos metadados a data de abertura e de encerramento do dossiê/processo. Essa data pode se constituir em parâmetro para aplicação dos prazos de guarda e destinação do dossiê/processo. **Obrigatório.**
- Um SIGAD tem que permitir que um dossiê/processo seja encerrado através de procedimentos regulamentares e somente por usuários autorizados. **Obrigatório.**

- Um SIGAD tem que permitir a consulta aos dossiês/processos já encerrados por usuários autorizados. **Obrigatório.**
- Um SIGAD tem que impedir o acréscimo de novos documentos a dossiês/processos já encerrados. Dossiês/processos encerrados deverão ser reabertos para receber novos documentos. **Obrigatório.**
- Um SIGAD deve ser capaz de registrar múltiplas entradas para um documento digital (objeto digital) em mais de um dossiê/processo ou pasta, sem duplicação física desse documento. Quando um documento digital estiver associado a mais de um dossiê ou processo, o SIGAD deverá criar um registro para cada referência desse documento. Cada registro estará vinculado ao mesmo objeto digital. **Altamente Desejável.**
- Um SIGAD tem que impedir a eliminação de uma unidade de arquivamento digital ou de qualquer parte de seu conteúdo em todas as ocasiões, a não ser quando estiver de acordo com a tabela de temporalidade e destinação de documentos; A eliminação será devidamente registrada em trilha de auditoria. **Obrigatório.**
- Um SIGAD tem que garantir a integridade da relação hierárquica entre classe, dossiê/processo, volume e documento e entre classe, pasta e documento em todos os momentos, independentemente de atividades de manutenção, ações do usuário ou falha de componentes do sistema. Em hipótese alguma poderá ocorrer uma situação em que qualquer ação do usuário ou falha do sistema dê origem a uma inconsistência na base de dados do SIGAD. **Obrigatório.**

Requisitos adicionais para o gerenciamento de processos

A formação e manutenção de processos no setor público apresentam regras específicas, que os diferenciam dos dossiês, e que apóiam a manutenção de sua autenticidade. O detalhamento dessas regras está previsto em normas e legislação específica, que deverão ser respeitadas pelo órgão ou entidade, de acordo com a sua esfera e âmbito. Esta seção inclui requisitos específicos para a gestão dos processos, que são aplicáveis se o SIGAD capturar esse tipo de documento.

- Um SIGAD tem que prever a formação/autuação de processos, por usuário autorizado conforme estabelecido em legislação específica. **Obrigatório.**
- Um SIGAD deve prever funcionalidades para apoiar a pesquisa de existência de processo relativo à mesma ação/interessado. **Altamente Desejável.**
- Um SIGAD tem que prever que os documentos integrantes do processo digital recebam numeração sequencial sem falhas, não se admitindo que documentos diferentes recebam a mesma numeração. **Obrigatório.**
- Um SIGAD tem que controlar a renumeração dos documentos integrantes de um processo digital. Este requisito tem por objetivo impedir a exclusão não autorizada de documentos de um processo. Casos especiais que autorizem a renumeração devem obedecer à legislação específica na devida esfera e âmbito de competência. **Obrigatório.**
- Um SIGAD tem que prever procedimentos para juntada de processos segundo a legislação específica na devida esfera e no âmbito de competência.

A juntada pode ser por anexação ou por apensação. Este procedimento deverá ser registrado nos metadados do processo. **Obrigatório.**

- Um SIGAD tem que prever procedimentos para desapensação de processos segundo a legislação específica na devida esfera e no âmbito de competência.

Esse procedimento deverá ser registrado nos metadados do processo. **Obrigatório.**

- Um SIGAD tem que prever procedimentos para desentranhamento de documentos integrantes de um processo, segundo norma específica na devida esfera e no âmbito de competência.

Esse procedimento deverá ser registrado nos metadados do processo. **Obrigatório.**

- Um SIGAD tem que prever procedimentos para desmembramento de documentos integrantes de um processo segundo norma específica na devida esfera e no âmbito de competência.

Esse procedimento deverá ser registrado nos metadados do processo. **Obrigatório.**

- Um SIGAD tem que prever o ence rramento33 dos processos incluindo seus volumes e seus metadados. Obrigatório.
- Um SIGAD tem que prever o desarquivamento para reativação dos processos por usuário autorizado obedecendo procedimentos legais e administrativos.

Para manter a integridade do processo somente o último volume receberá novos documentos ou peças. **Obrigatório.**

Volumes: abertura, encerramento e metadados

Em alguns casos os dossiês/processos são compartimentados em volumes ou partes, de acordo com normas e instruções estabelecidas. Essa divisão não está baseada no conteúdo intelectual dos dossiês/processos, mas em outros critérios, como a dimensão, o número de documentos, períodos de tempo etc. Essa prática tem como objetivo facilitar o gerenciamento físico dos dossiês/processos.

Os requisitos desta seção referem-se à utilização de volumes para subdividir dossiês/processos.

- Um SIGAD deve ser capaz de gerenciar volumes para subdividir dossiês/processos, fazendo distinção entre dossiês/processos e volumes. Altamente Desejável.

> Um SIGAD deve permitir a associação de metadados aos volumes e deve restringir a inclusão e a alteração desses mesmos metadados somente a usuários autorizados. **Altamente Desejável.**

> Um SIGAD tem que permitir que um volume herde automaticamente do dossiê/processo ao qual pertence, determinados metadados pré-definidos, como por exemplo, procedência, classes e temporalidade. **Obrigatório.**

> Um SIGAD tem que permitir a abertura de volumes a qualquer dossiê/processo que não esteja encerrado. **Obrigatório.**

> Um SIGAD deve permitir o registro de metadados correspondentes as datas de abertura e de encerramento de volumes. **Altamente Desejável.**

> Um SIGAD tem que assegurar que um volume somente conterá documentos. Não é permitido que um volume contenha outro volume ou um outro dossiê/processo. **Obrigatório**.

> Um SIGAD tem que permitir que um volume seja encerrado através de procedimentos regulamentares e somente por usuários autorizados. **Obrigatório**.

> Um SIGAD tem que assegurar que, ao abrir um novo volume, o volume precedente seja automaticamente encerrado. Apenas o volume produzido mais recentemente pode estar aberto, todos os outros volumes existentes nesse dossiê/processo têm que estar fechados. **Obrigatório**.

> Um SIGAD tem que impedir a reabertura de um volume já encerrado para acréscimo de documentos. **Obrigatório**.

Gerenciamento de documento e processos/dossiês arquivísticos convencionais, híbridos

O arquivo de uma organização pode conter documentos ou dossiês/processos digitais e convencionais. Um SIGAD deve registrar os documentos ou dossiês/processos convencionais, que devem ser classificados com base no mesmo plano de classificação usado para os digitais e deve ainda possibilitar a gestão de documentos ou dossiês/processos híbridos. Os documentos ou dossiês/processos híbridos são formados por uma parte digital e uma parte convencional.

> Um SIGAD tem que capturar documentos ou dossiês/processos convencionais e gerenciá-los da mesma forma que os digitais. **Obrigatório**.

> Um SIGAD tem que ser capaz de gerenciar a parte convencional e a parte digital integrantes de dossiês/processos híbridos, associando-as com o mesmo número identificador atribuído pelo sistema e título, além de indicar que se trata de um documento arquivístico híbrido. **Obrigatório**.

> Um SIGAD tem que permitir que um conjunto específico de metadados seja configurado para os documentos ou dossiês/processos convencionais e tem que incluir informações sobre o local de arquivamento. **Obrigatório**.

> Um SIGAD tem que ter mecanismos para acompanhar a movimentação do documento arquivístico convencional de forma que se evidencie ao usuário a localização atual do documento. **Obrigatório**.

> Um SIGAD deve ser capaz de oferecer ao usuário funcionalidades para solicitar ou reservar a consulta a um documento arquivístico convencional, enviando uma mensagem para o detentor atual desse documento ou para o administrador. **Obrigatório**.

> Um SIGAD pode incluir mecanismos de impressão e reconhecimento de códigos de barra para automatizar a introdução de dados e acompanhar as movimentações de documentos ou dossiês/processos convencionais. **Facultativo**.

> Um SIGAD tem que assegurar que a recuperação de um documento ou dossiê/processo híbrido permita igualmente a recuperação dos metadados tanto da parte digital como da parte convencional. **Obrigatório.**

> Sempre que os documentos ou dossiês/processos híbridos estiverem classificados quanto ao grau de sigilo, um SIGAD deve garantir que a parte convencional e a parte digital correspondente recebam a mesma classificação de sigilo. **Obrigatório**.

> Um SIGAD tem que poder registrar na trilha de auditoria todas as alterações efetuadas nos metadados dos documentos ou dossiês/processos convencionais e híbridos. **Obrigatório**.

Os elementos de metadados da estrutura de organização do e-ARQ Brasil são agrupados em entidades e a entidade documento trata da identificação de documentos arquivísticos. Relacionados entre si, tais documentos formam processos ou dossiês, que podem conter um ou mais volumes. Um volume pode conter um ou mais documentos que, por sua vez, são constituídos por um ou mais componentes digitais. Foram definidos metadados para as entidades: documento, evento de gestão, classe, agente, componente digital e evento de preservação. (e-ARQ)

http://www.conarq.arquivonacional.gov.br/media/publicacoes/earq/conarq_earqbrasil_model_requisitos_2009.pdf.

A pesquisa é o processo de identificação de documentos arquivísticos por meio de parâmetros definidos pelo usuário com o objetivo de confirmar, localizar e recuperar esses documentos, bem como seus respectivos metadados.

> Um SIGAD tem que fornecer uma série flexível de funções que atuem sobre os metadados relacionados com os diversos níveis de agregação (documento, unidade de arquivamento e classe) e sobre os conteúdos dos documentos arquivísticos por meio de parâmetros definidos pelo usuário, com o objetivo de localizar e acessar os documentos e/ou metadados, quer individualmente quer reunidos em grupo.

> Um SIGAD tem que executar pesquisa de forma integrada, isto é, apresentar todos os documentos e dossiês/processos, sejam eles digitais, híbridos ou convencionais, que satisfaçam aos parâmetros da pesquisa.

- Um SIGAD tem que permitir que todos os **metadados de gestão** de um documento ou dossiê/processo possam ser pesquisados.
  - Os metadados de gestão são aqueles que apóiam a gestão arquivística do documento, tais como temporalidade e destinação prevista, código de classificação, entre outros.
- Um SIGAD deve permitir que os conteúdos sob a forma de texto dos documentos possam ser pesquisados.
- Um SIGAD tem que permitir que um documento ou dossiê/processo possa ser recuperado por meio de um número identificador .
- Um SIGAD tem que permitir que um documento ou dossiê/processo possa ser recuperado por meio de todas as formas de identificação implementadas, incluindo no mínimo:
- Identificador; título; assunto; datas; procedência/interessado; autor/escritor/originador e classificação de acordo com o plano ou código de classificação.
- 5.2.7 Um SIGAD deve fornecer uma interface que possibilite a pesquisa combinada de metadados e de conteúdo do documento por meio dos operadores **booleanos**: "E", "OU" e "NÃO".

A expressão booleano vem de George Boole, matemático inglês. Operadores booleanos são palavras que têm o objetivo de definir para o sistema de busca como deve ser feita a combinação entre os termos ou expressões de uma pesquisa.

- Um SIGAD deve permitir que os termos utilizados na pesquisa possam ser qualificados, especificando-se um metadado ou o conteúdo do documento como fonte de busca.
- Um SIGAD pode permitir o uso de períodos típicos nos pedidos de pesquisa nos campos de data, como por exemplo: "semana anterior", "mês corrente" etc.
- Um SIGAD deve permitir a utilização de caracteres coringa e de truncamento à direita para a pesquisa de metadados.
  - Por exemplo: O argumento de pesquisa "Bra*il" pode recuperar "Brasil" e "Brazil".
  - O argumento de pesquisa "Arq*" pode recuperar "Arquivo", "Arquivística" etc.
- Um SIGAD deve permitir a utilização de caracteres coringa e de truncamento à direita para a pesquisa no conteúdo do documento.
- Um SIGAD deve proporcionar a pesquisa por proximidade, isto é, que uma palavra apareça no conteúdo do documento a uma distância máxima de outra.
- Um SIGAD deve permitir que os usuários possam armazenar pesquisas para reutilização posterior.
- Um SIGAD deve permitir que os usuários possam refinar as pesquisas já realizadas.
- Quando o órgão ou entidade utilizar tesauros ou vocabulário controlado, um SIGAD deve ser capaz de realizar pesquisa dos documentos e dossiês/processos por meio da navegação destes instrumentos.
- Um SIGAD deve permitir que usuários autorizados configurem e alterem os campos default de pesquisa de forma a definir metadados como campos de pesquisa.
- Um SIGAD tem que permitir a pesquisa e recuperação de uma unidade de arquivamento completa e exibir a lista de todos os documentos que o compõem, como uma unidade, em um único processo de recuperação.
- Um SIGAD tem que restringir o acesso a qualquer informação (metadado ou conteúdo do documento arquivístico) nos casos em que restrições de acesso e questões de segurança assim determinarem.

Destacamos, para efeito de leitura e fixação, as seguintes normas legais:

5.5 Lei nº 8.159, de 08 de Janeiro de 1991

Dispõe sobre a política nacional de arquivos públicos e privados e dá outras providências.

Decreto nº 2.942, de 18.1.99, regulamenta os Arts. 7º, 11 e 16 (revogado)

Decreto nº 4.073, de 03.01.02, regulamenta a Lei nº 8.159/91

O PRESIDENTE DA REPÚBLICA, faço saber que o Congresso Nacional decreta e eu sanciono a seguinte lei:

Capítulo I - Disposições Gerais

Art. 1º *É dever do Poder Público a gestão documental e a de proteção especial a documentos de arquivos, como instrumento de apoio à administração, à cultura, ao desenvolvimento científico e como elementos de prova e informação.*

Art. 2º *Consideram-se arquivos, para os fins desta lei, os conjuntos de documentos produzidos e recebidos por órgãos públicos, instituições de caráter público e entidades privadas, em decorrência do exercício de atividades específicas, bem como por pessoa física, qualquer que seja o suporte da informação ou a natureza dos documentos.*

Art. 3º *Considera-se gestão de documentos o conjunto de procedimentos e operações técnicas referentes à sua produção, tramitação, uso, avaliação e arquivamento em fase corrente e intermediária, visando a sua eliminação ou recolhimento para guarda permanente.*

Art. 4º *Todos têm direito a receber dos órgãos públicos informações de seu interesse particular ou de interesse coletivo ou geral, contidas em documentos de arquivos, que serão prestadas no prazo da lei, sob pena de responsabilidade, ressalvadas aquelas cujo sigilo seja imprescindível à segurança da sociedade e do Estado, bem como à inviolabilidade da intimidade, da vida privada, da honra e da imagem das pessoas.*

Art. 5º *A Administração Pública franqueará a consulta aos documentos públicos na forma desta lei.*

Art. 6º *Fica resguardado o direito de indenização pelo dano material ou moral decorrente da violação do sigilo, sem prejuízo das ações penal, civil e administrativa.*

Capítulo II - Dos Arquivos Públicos

Art. 7º *Os arquivos públicos são os conjuntos de documentos produzidos e recebidos, no exercício de suas atividades, por órgãos públicos de âmbito federal, estadual, do Distrito Federal e municipal em decorrência de suas funções administrativas, legislativas e judiciárias.*

§ 1º *São também públicos os conjuntos de documentos produzidos e recebidos por instituições de caráter público, por entidades privadas encarregadas da gestão de serviços públicos no exercício de suas atividades.*

§ 2º *A cessação de atividades de instituições públicas e de caráter público implica o recolhimento de sua documentação à instituição arquivística pública ou a sua transferência à instituição sucessora.*

Art. 8º *Os documentos públicos são identificados como correntes, intermediários e permanentes.*

§ 1º *Consideram-se documentos correntes aqueles em curso ou que, mesmo sem movimentação, constituam de consultas frequentes.*

§ 2º *Consideram-se documentos intermediários aqueles que, não sendo de uso corrente nos órgãos produtores, por razões de interesse administrativo, aguardam a sua eliminação ou recolhimento para guarda permanente.*

§ 3º *Consideram-se permanentes os conjuntos de documentos de valor histórico, probatório e informativo que devem ser definitivamente preservados.*

Art. 9º *A eliminação de documentos produzidos por instituições públicas e de caráter público será realizada mediante autorização da instituição arquivística pública, na sua específica esfera de competência.*

Art. 10. *Os documentos de valor permanente são inalienáveis e imprescritíveis.*

Capítulo III - Dos Arquivos Privados

Art. 11. *Consideram-se arquivos privados os conjuntos de documentos produzidos ou recebidos por pessoas físicas ou jurídicas, em decorrência de suas atividades.*

Art. 12. *Os arquivos privados podem ser identificados pelo Poder Público como de interesse público e social, desde que sejam considerados como conjuntos de fontes relevantes para a história e desenvolvimento científico nacional.* (Por exemplo, o que dispõe o DECRETO DE 9 DE MAIO DE 2012, que Declarou de interesse público e social o acervo documental privado da Cúria Diocesana de Nova Iguaçu, no Estado do Rio de Janeiro).

Art. 13. *Os arquivos privados identificados como de interesse público e social não poderão ser alienados com dispersão ou perda da unidade documental, nem transferidos para o exterior.*

Parágrafo único. Na alienação desses arquivos o Poder Público exercerá preferência na aquisição.

Art. 14. *O acesso aos documentos de arquivos privados identificados como de interesse público e social poderá ser franqueado mediante autorização de seu proprietário ou possuidor.*

Art. 15. *Os arquivos privados identificados como de interesse público e social poderão ser depositados a título revogável, ou doados a instituições arquivísticas públicas.*

Art. 16. *Os registros civis de arquivos de entidades religiosas produzidos anteriormente à vigência do Código Civil ficam identificados como de interesse público e social.*

Capítulo IV - Da Organização e Administração de Instituições Arquivísticas Públicas

Art. 17. *A administração da documentação pública ou de caráter público compete às instituições arquivísticas federais, estaduais, do Distrito Federal e municipais.*

§ 1º *São Arquivos Federais o Arquivo Nacional do Poder Executivo, e os arquivos do Poder Legislativo e do Poder Judiciário. São considerados, também, do Poder Executivo os arquivos do Ministério da Marinha, do Ministério das Relações Exteriores, do Ministério do Exército e do Ministério da Aeronáutica.*

§ 2º *São Arquivos Estaduais o arquivo do Poder Executivo, o arquivo do Poder Legislativo e o arquivo do Poder Judiciário.*

§ 3º *São Arquivos do Distrito Federal o arquivo do Poder Executivo, o Arquivo do Poder Legislativo e o arquivo do Poder Judiciário.*

§ 4º *São Arquivos Municipais o arquivo do Poder Executivo e o arquivo do Poder Legislativo.*

§ 5º *Os arquivos públicos dos Territórios são organizados de acordo com sua estrutura político-jurídica.*

Art. 18. *Compete ao Arquivo Nacional a gestão e o recolhimento dos documentos produzidos e recebidos pelo Poder Executivo Federal, bem como preservar e facultar o acesso aos documentos sob sua guarda, e acompanhar e implementar a política nacional de arquivos.*

Parágrafo único. *Para o pleno exercício de suas funções, o Arquivo Nacional poderá criar unidades regionais.*

Art. 19. *Competem aos arquivos do Poder Legislativo Federal a gestão e o recolhimento dos documentos produzidos e recebidos pelo Poder Legislativo Federal no exercício das suas funções, bem como preservar e facultar o acesso aos documentos sob sua guarda.*

Art. 20. *Competem aos arquivos do Poder Judiciário Federal a gestão e o recolhimento dos documentos produzidos e recebidos pelo Poder Judiciário Federal no exercício de suas funções, tramitados em juízo e oriundos de cartórios e secretarias, bem como preservar e facultar o acesso aos documentos sob sua guarda.*

Art. 21. *Legislação estadual, do Distrito Federal e municipal definirá os critérios de organização e vinculação dos arquivos estaduais e municipais, bem como a gestão e o acesso aos documentos, observado o disposto na Constituição Federal e nesta lei.*

Capítulo V - Do Acesso e do Sigilo dos Documentos Públicos

Art. 22. *É assegurado o direito de acesso pleno aos documentos públicos (Revogado pela Lei 12.527, de 18 de novembro de 2011)*

Art. 23. *Decreto fixará as categorias de sigilo que deverão ser obedecidas pelos órgãos públicos na classificação dos documentos por eles produzidos. (Revogado pela Lei 12.527, de 18 de novembro de 2011).*

§ 1º *Os documentos cuja divulgação ponha em risco a segurança da sociedade e do Estado, bem como aqueles necessários ao resguardo da inviolabilidade da intimidade, da vida privada, da honra e da imagem das pessoas são originariamente sigilosos. (Revogado pela Lei 12.527, de 18 de novembro de 2011).*

§ 2º *O acesso aos documentos sigilosos referentes à segurança da sociedade e do Estado será restrito por um prazo máximo de 30 (trinta) anos, a contar da data de sua produção, podendo esse prazo ser prorrogado, por uma única vez, por igual período. (Revogado pela Lei 12.527, de 18 de novembro de 2011)*

§ 3º *O acesso aos documentos sigilosos referente à honra e à imagem das pessoas será restrito por um prazo máximo de 100 (cem) anos, a contar da sua data de produção.*

Art. 24. *Poderá o Poder Judiciário, em qualquer instância, determinar a exibição reservada de qualquer documento sigiloso, sempre que indispensável à defesa de direito próprio ou esclarecimento de situação pessoal da parte. (Revogado pela Lei 12.527, de 18 de novembro de 2011)*

Parágrafo único. *Nenhuma norma de organização administrativa será interpretada de modo a, por qualquer forma, restringir o disposto neste artigo. (Revogado pela Lei 12.527, de 18 de novembro de 2011)*

Disposições Finais

Art. 25. *Ficará sujeito à responsabilidade penal, civil e administrativa, na forma da legislação em vigor, aquele que desfigurar ou destruir documentos de valor permanente ou considerado como de interesse público e social.*

Art. 26. *Fica criado o Conselho Nacional de Arquivos (Conarq), órgão vinculado ao Arquivo Nacional, que definirá a política nacional de arquivos, como órgão central de um Sistema Nacional de Arquivos (Sinar).*

§ 1º *O Conselho Nacional de Arquivos será presidido pelo Diretor-Geral do Arquivo Nacional e integrado por representantes de instituições arquivísticas e acadêmicas, públicas e privadas.*

§ 2º *A estrutura e funcionamento do conselho criado neste artigo serão estabelecidos em regulamento.*

Art. 27. *Esta lei entra em vigor na data de sua publicação.*

Art. 28. *Revogam-se as disposições em contrário.*

5.6 Lei nº 12.527, de 18 de Novembro de 2011

Regula o acesso a informações previsto no inciso XXXIII do Art. 5º, no inciso II do § 3º do Art. 37 e no § 2º do Art. 216 da Constituição Federal; altera a Lei nº 8.112, de 11 de dezembro de 1990; revoga a Lei nº 11.111, de 5 de maio de 2005, e dispositivos da Lei nº 8.159, de 8 de janeiro de 1991; e dá outras providências.

A PRESIDENTA DA REPÚBLICA Faço saber que o Congresso Nacional decreta e eu sanciono a seguinte Lei:

Capítulo I - Disposições Gerais

Art. 1º *Esta Lei dispõe sobre os procedimentos a serem observados pela União, Estados, Distrito Federal e Municípios, com o fim de garantir o acesso a informações previsto no inciso XXXIII do Art. 5º, no inciso II do § 3º do Art. 37 e no § 2º do Art. 216 da Constituição Federal.*

Parágrafo único. *Subordinam-se ao regime desta Lei:*

I. *os órgãos públicos integrantes da administração direta dos poderes executivo, legislativo, incluindo as cortes de contas, e judiciário e do ministério público;*

II. *as autarquias, as fundações públicas, as empresas públicas, as sociedades de economia mista e demais entidades controladas direta ou indiretamente pela união, estados, distrito federal e municípios.*

Art. 2º *Aplicam-se as disposições desta Lei, no que couber, às entidades privadas sem fins lucrativos que recebam, para realização de ações de interesse público, recursos públicos diretamente do orçamento ou mediante subvenções sociais, contrato de gestão, termo de parceria, convênios, acordo, ajustes ou outros instrumentos congêneres.*

Parágrafo único. *A publicidade a que estão submetidas as entidades citadas no caput refere-se à parcela dos recursos públicos recebidos e à sua destinação, sem prejuízo das prestações de contas a que estejam legalmente obrigadas.*

Art. 3º *Os procedimentos previstos nesta Lei destinam-se a assegurar o direito fundamental de acesso à informação e devem ser executados em conformidade com os princípios básicos da administração pública e com as seguintes diretrizes:*

I. *observância da publicidade como preceito geral e do sigilo como exceção;*

II. *divulgação de informações de interesse público, independentemente de solicitações;*

III. *utilização de meios de comunicação viabilizados pela tecnologia da informação;*

IV. *fomento ao desenvolvimento da cultura de transparência na administração pública;*

V. *desenvolvimento do controle social da administração pública.*

Art. 4º *Para os efeitos desta Lei, considera-se:*

I. *informação: dados, processados ou não, que podem ser utilizados para produção e transmissão de conhecimento, contidos em qualquer meio, suporte ou formato;*

II. *documento: unidade de registro de informações, qualquer que seja o suporte ou formato;*

III. *informação sigilosa: aquela submetida temporariamente à restrição de acesso público em razão de sua imprescindibilidade para a segurança da sociedade e do Estado;*

IV. *informação pessoal: aquela relacionada à pessoa natural identificada ou identificável;*

V. *tratamento da informação: conjunto de ações referentes à produção, recepção, classificação, utilização, acesso, reprodução, transporte, transmissão, distribuição, arquivamento, armazenamento, eliminação, avaliação, destinação ou controle da informação;*

VI. *disponibilidade: qualidade da informação que pode ser conhecida e utilizada por indivíduos, equipamentos ou sistemas autorizados;*

VII. *autenticidade: qualidade da informação que tenha sido produzida, expedida, recebida ou modificada por determinado indivíduo, equipamento ou sistema;*

VIII. *integridade: qualidade da informação não modificada, inclusive quanto à origem, trânsito e destino;*

IX. *primariedade: qualidade da informação coletada na fonte, com o máximo de detalhamento possível, sem modificações.*

Art. 5º *É dever do Estado garantir o direito de acesso à informação, que será franqueada, mediante procedimentos objetivos e ágeis, de forma transparente, clara e em linguagem de fácil compreensão.*

Capítulo II - Do Acesso a Informações e da sua Divulgação

Art. 6º *Cabe aos órgãos e entidades do poder público, observadas as normas e procedimentos específicos aplicáveis, assegurar a:*

I. *gestão transparente da informação, propiciando amplo acesso a ela e sua divulgação;*

II. *proteção da informação, garantindo-se sua disponibilidade, autenticidade e integridade; e*

III. *proteção da informação sigilosa e da informação pessoal, observada a sua disponibilidade, autenticidade, integridade e eventual restrição de acesso.*

Art. 7º *O acesso à informação de que trata esta Lei compreende, entre outros, os direitos de obter:*

I. *orientação sobre os procedimentos para a consecução de acesso, bem como sobre o local onde poderá ser encontrada ou obtida a informação almejada;*

II. *informação contida em registros ou documentos, produzidos ou acumulados por seus órgãos ou entidades, recolhidos ou não a arquivos públicos;*

III. *informação produzida ou custodiada por pessoa física ou entidade privada decorrente de qualquer vínculo com seus órgãos ou entidades, mesmo que esse vínculo já tenha cessado;*

IV. *informação primária, íntegra, autêntica e atualizada;*

V. *informação sobre atividades exercidas pelos órgãos e entidades, inclusive as relativas à sua política, organização e serviços;*

VI. *informação pertinente à administração do patrimônio público, utilização de recursos públicos, licitação, contratos administrativos;*

VII. *informação relativa:*

a) à implementação, acompanhamento e resultados dos programas, projetos e ações dos órgãos e entidades públicas, bem como metas e indicadores propostos;

b) ao resultado de inspeções, auditorias, prestações e tomadas de contas realizadas pelos órgãos de controle interno e externo, incluindo prestações de contas relativas a exercícios anteriores.

§ 1º O acesso à informação previsto no caput não compreende as informações referentes a projetos de pesquisa e desenvolvimento científicos ou tecnológicos cujo sigilo seja imprescindível à segurança da sociedade e do Estado.

§ 2º Quando não for autorizado acesso integral à informação por ser ela parcialmente sigilosa, é assegurado o acesso à parte não sigilosa por meio de certidão, extrato ou cópia com ocultação da parte sob sigilo.

§ 3º O direito de acesso aos documentos ou às informações neles contidas utilizados como fundamento da tomada de decisão e do ato administrativo será assegurado com a edição do ato decisório respectivo.

§ 4º A negativa de acesso às informações objeto de pedido formulado aos órgãos e entidades referidas no Art. 1º, quando não fundamentada, sujeitará o responsável a medidas disciplinares, nos termos do Art. 32 desta Lei.

§ 5º Informado do extravio da informação solicitada, poderá o interessado requerer à autoridade competente a imediata abertura de sindicância para apurar o desaparecimento da respectiva documentação.

§ 6º Verificada a hipótese prevista no § 5º deste artigo, o responsável pela guarda da informação extraviada deverá, no prazo de 10 (dez) dias, justificar o fato e indicar testemunhas que comprovem sua alegação.

***Art. 8º** É dever dos órgãos e entidades públicas promover, independentemente de requerimentos, a divulgação em local de fácil acesso, no âmbito de suas competências, de informações de interesse coletivo ou geral por eles produzidas ou custodiadas.*

§ 1º Na divulgação das informações a que se refere o caput, deverão constar, no mínimo:

I. registro das competências e estrutura organizacional, endereços e telefones das respectivas unidades e horários de atendimento ao público;

II. registros de quaisquer repasses ou transferências de recursos financeiros;

III. registros das despesas;

IV. informações concernentes a procedimentos licitatórios, inclusive os respectivos editais e resultados, bem como a todos os contratos celebrados;

V. dados gerais para o acompanhamento de programas, ações, projetos e obras de órgãos e entidades; e

VI. respostas a perguntas mais frequentes da sociedade.

§ 2º Para cumprimento do disposto no caput, os órgãos e entidades públicas deverão utilizar todos os meios e instrumentos legítimos de que dispuserem, sendo obrigatória a divulgação em sítios oficiais da rede mundial de computadores (internet).

§ 3º Os sítios de que trata o § 2º deverão, na forma de regulamento, atender, entre outros, aos seguintes requisitos:

I. conter ferramenta de pesquisa de conteúdo que permita o acesso à informação de forma objetiva, transparente, clara e em linguagem de fácil compreensão;

II. possibilitar a gravação de relatórios em diversos formatos eletrônicos, inclusive abertos e não proprietários, tais como planilhas e texto, de modo a facilitar a análise das informações;

III. possibilitar o acesso automatizado por sistemas externos em formatos abertos, estruturados e legíveis por máquina;

IV. divulgar em detalhes os formatos utilizados para estruturação da informação;

V. garantir a autenticidade e a integridade das informações disponíveis para acesso;

VI. manter atualizadas as informações disponíveis para acesso;

VII. indicar local e instruções que permitam ao interessado comunicar-se, por via eletrônica ou telefônica, com o órgão ou entidade detentora do sítio;

VIII. adotar as medidas necessárias para garantir a acessibilidade de conteúdo para pessoas com deficiência, nos termos do Art. 17 da Lei nº 10.098, de 19 de dezembro de 2000, e do Art. 9º da Convenção sobre os Direitos das Pessoas com Deficiência, aprovada pelo Decreto Legislativo nº 186, de 9 de julho de 2008.

§ 4 Os Municípios com população de até 10.000 (dez mil) habitantes ficam dispensados da divulgação obrigatória na internet a que se refere o § 2º, mantida a obrigatoriedade de divulgação, em tempo real, de informações relativas à execução orçamentária e financeira, nos critérios e prazos previstos no Art. 73-B da Lei Complementar nº 101, de 4 de maio de 2000 (Lei de Responsabilidade Fiscal).

***Art. 9º** O acesso a informações públicas será assegurado mediante:*

I. criação de serviço de informações ao cidadão, nos órgãos e entidades do poder público, em local com condições apropriadas para:

a) atender e orientar o público quanto ao acesso a informações;

b) informar sobre a tramitação de documentos nas suas respectivas unidades;

c) protocolizar documentos e requerimentos de acesso a informações; e

II. realização de audiências ou consultas públicas, incentivo à participação popular ou a outras formas de divulgação.

Capítulo III - Do Procedimento de Acesso à Informação

Seção I - Do Pedido de Acesso

***Art. 10.** Qualquer interessado poderá apresentar pedido de acesso a informações aos órgãos e entidades referidos no Art. 1º desta Lei, por qualquer meio legítimo, devendo o pedido conter a identificação do requerente e a especificação da informação requerida.*

§ 1º Para o acesso a informações de interesse público, a identificação do requerente não pode conter exigências que inviabilizem a solicitação.

§ 2º Os órgãos e entidades do poder público devem viabilizar alternativa de encaminhamento de pedidos de acesso por meio de seus sítios oficiais na internet.

§ 3º São vedadas quaisquer exigências relativas aos motivos determinantes da solicitação de informações de interesse público.

***Art. 11.** O órgão ou entidade pública deverá autorizar ou conceder o acesso imediato à informação disponível.*

§ 1º Não sendo possível conceder o acesso imediato, na forma disposta no caput, o órgão ou entidade que receber o pedido deverá, em prazo não superior a 20 (vinte) dias:

I. comunicar a data, local e modo para se realizar a consulta, efetuar a reprodução ou obter a certidão;

II. indicar as razões de fato ou de direito da recusa, total ou parcial, do acesso pretendido; ou

III. comunicar que não possui a informação, indicar, se for do seu conhecimento, o órgão ou a entidade que a detém, ou, ainda, remeter o requerimento a esse órgão ou entidade, cientificando o interessado da remessa de seu pedido de informação.

§ 2º O prazo referido no § 1º poderá ser prorrogado por mais 10 (dez) dias, mediante justificativa expressa, da qual será cientificado o requerente.

§ 3º Sem prejuízo da segurança e da proteção das informações e do cumprimento da legislação aplicável, o órgão ou entidade poderá oferecer meios para que o próprio requerente possa pesquisar a informação de que necessitar.

§ 4º Quando não for autorizado o acesso por se tratar de informação total ou parcialmente sigilosa, o requerente deverá ser informado sobre a possibilidade de recurso, prazos e condições para sua interposição, devendo, ainda, ser-lhe indicada a autoridade competente para sua apreciação.

§ 5º A informação armazenada em formato digital será fornecida nesse formato, caso haja anuência do requerente.

§ 6º Caso a informação solicitada esteja disponível ao público em formato impresso, eletrônico ou em qualquer outro meio de acesso universal, serão informados ao requerente, por escrito, o lugar e a forma pela qual se poderá consultar, obter ou reproduzir a referida informação, procedimento esse que desonerará o órgão ou entidade pública da obrigação de seu fornecimento direto, salvo se o requerente declarar não dispor de meios para realizar por si mesmo tais procedimentos.

***Art. 12.** O serviço de busca e fornecimento da informação é gratuito, salvo nas hipóteses de reprodução de documentos pelo órgão ou entidade pública consultada, situação em que poderá ser cobrado exclusivamente o valor necessário ao ressarcimento do custo dos serviços e dos materiais utilizados.*

***Parágrafo único.** Estará isento de ressarcir os custos previstos no caput todo aquele cuja situação econômica não lhe permita fazê-lo sem prejuízo do sustento próprio ou da família, declarada nos termos da Lei nº 7.115, de 29 de agosto de 1983.*

***Art. 13.** Quando se tratar de acesso à informação contida em documento cuja manipulação possa prejudicar sua integridade, deverá ser oferecida a consulta de cópia, com certificação de que esta confere com o original.*

***Parágrafo único.** Na impossibilidade de obtenção de cópias, o interessado poderá solicitar que, a suas expensas e sob supervisão de servidor público, a reprodução seja feita por outro meio que não ponha em risco a conservação do documento original.*

***Art. 14.** É direito do requerente obter o inteiro teor de decisão de negativa de acesso, por certidão ou cópia.*

Seção II - Dos Recursos

***Art. 15.** No caso de indeferimento de acesso a informações ou às razões da negativa do acesso, poderá o interessado interpor recurso contra a decisão no prazo de 10 (dez) dias a contar da sua ciência.*

***Parágrafo único.** O recurso será dirigido à autoridade hierarquicamente superior à que exarou a decisão impugnada, que deverá se manifestar no prazo de 5 (cinco) dias.*

***Art. 16.** Negado o acesso a informação pelos órgãos ou entidades do Poder Executivo Federal, o requerente poderá recorrer à Controladoria-Geral da União, que deliberará no prazo de 5 (cinco) dias se:*

I. o acesso à informação não classificada como sigilosa for negado;

II. a decisão de negativa de acesso à informação total ou parcialmente classificada como sigilosa não indicar a autoridade classificadora ou a hierarquicamente superior a quem possa ser dirigido pedido de acesso ou desclassificação;

III. os procedimentos de classificação de informação sigilosa estabelecidos nesta Lei não tiverem sido observados; e

IV. estiverem sendo descumpridos prazos ou outros procedimentos previstos nesta Lei.

§ 1º O recurso previsto neste artigo somente poderá ser dirigido à Controladoria-Geral da União depois de submetido à apreciação de pelo menos uma autoridade hierarquicamente superior àquela que exarou a decisão impugnada, que deliberará no prazo de 5 (cinco) dias.

§ 2º Verificada a procedência das razões do recurso, a Controladoria-Geral da União determinará ao órgão ou entidade que adote as providências necessárias para dar cumprimento ao disposto nesta Lei.

§ 3º Negado o acesso à informação pela Controladoria-Geral da União, poderá ser interposto recurso à Comissão Mista de Reavaliação de Informações, a que se refere o Art. 35.

***Art. 17.** No caso de indeferimento de pedido de desclassificação de informação protocolado em órgão da administração pública federal, poderá o requerente recorrer ao Ministro de Estado da área, sem prejuízo das competências da Comissão Mista de Reavaliação de Informações, previstas no Art. 35, e do disposto no Art. 16.*

§ 1º O recurso previsto neste artigo somente poderá ser dirigido às autoridades mencionadas depois de submetido à apreciação de pelo menos uma autoridade hierarquicamente superior à autoridade que exarou a decisão impugnada e, no caso das Forças Armadas, ao respectivo Comando.

§ 2º Indeferido o recurso previsto no caput que tenha como objeto a desclassificação de informação secreta ou ultrassecreta, caberá recurso à Comissão Mista de Reavaliação de Informações prevista no Art. 35.

***Art. 18.** Os procedimentos de revisão de decisões denegatórias proferidas no recurso previsto no Art. 15 e de revisão de classificação de documentos sigilosos serão objeto de regulamentação própria dos Poderes Legislativo e Judiciário e do Ministério Público, em seus respectivos âmbitos, assegurado ao solicitante, em qualquer caso, o direito de ser informado sobre o andamento de seu pedido.*

Art. 19. (VETADO).

§ 1º (VETADO).

§ 2º Os órgãos do Poder Judiciário e do Ministério Público informarão ao Conselho Nacional de Justiça e ao Conselho Nacional do Ministério Público, respectivamente, as decisões que, em grau de recurso, negarem acesso a informações de interesse público.

***Art. 20.** Aplica-se subsidiariamente, no que couber, a Lei nº 9.784, de 29 de janeiro de 1999, ao procedimento de que trata este Capítulo.*

Capítulo IV - Das Restrições de Acesso à Informação

Seção I - Disposições Gerais

***Art. 21.** Não poderá ser negado acesso à informação necessária à tutela judicial ou administrativa de direitos fundamentais.*

Parágrafo único. As informações ou documentos que versem sobre condutas que impliquem violação dos direitos humanos praticada por agentes públicos ou a mando de autoridades públicas não poderão ser objeto de restrição de acesso.

***Art. 22.** O disposto nesta Lei não exclui as demais hipóteses legais de sigilo e de segredo de justiça nem as hipóteses de segredo industrial decorrentes da exploração direta de atividade econômica pelo Estado ou por pessoa física ou entidade privada que tenha qualquer vínculo com o poder público.*

Seção II - Da Classificação da Informação quanto ao Grau e Prazos de Sigilo

Art. 23. *São consideradas imprescindíveis à segurança da sociedade ou do Estado e, portanto, passíveis de classificação as informações cuja divulgação ou acesso irrestrito possam:*

I. *pôr em risco a defesa e a soberania nacionais ou a integridade do território nacional;*

II. *prejudicar ou pôr em risco a condução de negociações ou as relações internacionais do País, ou as que tenham sido fornecidas em caráter sigiloso por outros Estados e organismos internacionais;*

III. *pôr em risco a vida, a segurança ou a saúde da população;*

IV. *oferecer elevado risco à estabilidade financeira, econômica ou monetária do País;*

V. *prejudicar ou causar risco a planos ou operações estratégicos das Forças Armadas;*

VI. *prejudicar ou causar risco a projetos de pesquisa e desenvolvimento científico ou tecnológico, assim como a sistemas, bens, instalações ou áreas de interesse estratégico nacional;*

VII. *pôr em risco a segurança de instituições ou de altas autoridades nacionais ou estrangeiras e seus familiares; ou*

VIII. *comprometer atividades de inteligência, bem como de investigação ou fiscalização em andamento, relacionadas com a prevenção ou repressão de infrações.*

Art. 24. *A informação em poder dos órgãos e entidades públicas, observado o seu teor e em razão de sua imprescindibilidade à segurança da sociedade ou do Estado, poderá ser classificada como ultrassecreta, secreta ou reservada.*

§ 1º *Os prazos máximos de restrição de acesso à informação, conforme a classificação prevista no caput, vigoram a partir da data de sua produção e são os seguintes:*

I. *ultrassecreta: 25 (vinte e cinco) anos;*

II. *secreta: 15 (quinze) anos; e*

III. *reservada: 5 (cinco) anos.*

§ 2º *As informações que puderem colocar em risco a segurança do Presidente e Vice-Presidente da República e respectivos cônjuges e filhos(as) serão classificadas como reservadas e ficarão sob sigilo até o término do mandato em exercício ou do último mandato, em caso de reeleição.*

§ 3º *Alternativamente aos prazos previstos no § 1º, poderá ser estabelecida como termo final de restrição de acesso a ocorrência de determinado evento, desde que este ocorra antes do transcurso do prazo máximo de classificação.*

§ 4º *Transcorrido o prazo de classificação ou consumado o evento que defina o seu termo final, a informação tornar-se à, automaticamente, de acesso público.*

§ 5º *Para a classificação da informação em determinado grau de sigilo, deverá ser observado o interesse público da informação e utilizado o critério menos restritivo possível, considerados:*

I. *a gravidade do risco ou dano à segurança da sociedade e do Estado; e*

II. *o prazo máximo de restrição de acesso ou o evento que defina seu termo final.*

Seção III - Da Proteção e do Controle de Informações Sigilosas

Art. 25. *É dever do Estado controlar o acesso e a divulgação de informações sigilosas produzidas por seus órgãos e entidades, assegurando a sua proteção. (Regulamento)*

§ 1º *O acesso, a divulgação e o tratamento de informação classificada como sigilosa ficarão restritos a pessoas que tenham necessidade de conhecê-la e que sejam devidamente credenciadas na forma do regulamento, sem prejuízo das atribuições dos agentes públicos autorizados por lei.*

§ 2º *O acesso à informação classificada como sigilosa cria a obrigação para aquele que a obteve de resguardar o sigilo.*

§ 3º *Regulamento disporá sobre procedimentos e medidas a serem adotados para o tratamento de informação sigilosa, de modo a protegê-la contra perda, alteração indevida, acesso, transmissão e divulgação não autorizados.*

Art. 26. *As autoridades públicas adotarão as providências necessárias para que o pessoal a elas subordinado hierarquicamente conheça as normas e observe as medidas e procedimentos de segurança para tratamento de informações sigilosas.*

Parágrafo único. *A pessoa física ou entidade privada que, em razão de qualquer vínculo com o poder público, executar atividades de tratamento de informações sigilosas adotará as providências necessárias para que seus empregados, prepostos ou representantes observem as medidas e procedimentos de segurança das informações resultantes da aplicação desta Lei.*

Seção IV - Dos Procedimentos de Classificação, Reclassificação e Desclassificação

Art. 27. *A classificação do sigilo de informações no âmbito da administração pública federal é de competência: (Regulamento)*

I. *no grau de ultrassecreto, das seguintes autoridades:*

a) *Presidente da República;*

b) *Vice-Presidente da República;*

c) *Ministros de Estado e autoridades com as mesmas prerrogativas;*

d) *Comandantes da Marinha, do Exército e da Aeronáutica; e*

e) *Chefes de Missões Diplomáticas e Consulares permanentes no exterior;*

II. *no grau de secreto, das autoridades referidas no inciso I, dos titulares de autarquias, fundações ou empresas públicas e sociedades de economia mista; e*

III. *no grau de reservado, das autoridades referidas nos incisos I e II e das que exerçam funções de direção, comando ou chefia, nível DAS 101.5, ou superior, do Grupo-Direção e Assessoramento Superiores, ou de hierarquia equivalente, de acordo com regulamentação específica de cada órgão ou entidade, observado o disposto nesta Lei.*

§ 1º *A competência prevista nos incisos I e II, no que se refere à classificação como ultrassecreta e secreta, poderá ser delegada pela autoridade responsável a agente público, inclusive em missão no exterior, vedada a subdelegação.*

§ 2º *A classificação de informação no grau de sigilo ultrassecreto pelas autoridades previstas nas alíneas "d" e "e" do inciso I deverá ser ratificada pelos respectivos Ministros de Estado, no prazo previsto em regulamento.*

§ 3º *A autoridade ou outro agente público que classificar informação como ultrassecreta deverá encaminhar a decisão de que trata o Art. 28 à Comissão Mista de Reavaliação de Informações, a que se refere o Art. 35, no prazo previsto em regulamento.*

Art. 28. *A classificação de informação em qualquer grau de sigilo deverá ser formalizada em decisão que conterá, no mínimo, os seguintes elementos:*

I. *assunto sobre o qual versa a informação;*

II. *fundamento da classificação, observados os critérios estabelecidos no Art. 24;*

III. *indicação do prazo de sigilo, contado em anos, meses ou dias, ou do evento que defina o seu termo final, conforme limites previstos no Art. 24; e*

IV. *identificação da autoridade que a classificou.*

Parágrafo único. *A decisão referida no caput será mantida no mesmo grau de sigilo da informação classificada.*

Art. 29. *A classificação das informações será reavaliada pela autoridade classificadora ou por autoridade hierarquicamente superior, mediante provocação ou de ofício, nos termos e* *prazos previstos em regulamento, com vistas à sua desclassificação ou à redução do prazo de sigilo, observado o disposto no Art. 24. (Regulamento)*

§ 1º *O regulamento a que se refere o caput deverá considerar as peculiaridades das informações produzidas no exterior por autoridades ou agentes públicos.*

§ 2º *Na reavaliação a que se refere o caput, deverão ser examinadas a permanência dos motivos do sigilo e a possibilidade de danos decorrentes do acesso ou da divulgação da informação.*

§ 3º *Na hipótese de redução do prazo de sigilo da informação, o novo prazo de restrição manterá como termo inicial a data da sua produção.*

Art. 30. *A autoridade máxima de cada órgão ou entidade publicará, anualmente, em sítio à disposição na internet e destinado à veiculação de dados e informações administrativas, nos termos de regulamento:*

I. *rol das informações que tenham sido desclassificadas nos últimos 12 (doze) meses;*

II. *rol de documentos classificados em cada grau de sigilo, com identificação para referência futura;*

III. *relatório estatístico contendo a quantidade de pedidos de informação recebidos, atendidos e indeferidos, bem como informações genéricas sobre os solicitantes.*

§ 1º *Os órgãos e entidades deverão manter exemplar da publicação prevista no caput para consulta pública em suas sedes.*

§ 2º *Os órgãos e entidades manterão extrato com a lista de informações classificadas, acompanhadas da data, do grau de sigilo e dos fundamentos da classificação.*

Seção V - Das Informações Pessoais

Art. 31. *O tratamento das informações pessoais deve ser feito de forma transparente e com respeito à intimidade, vida privada, honra e imagem das pessoas, bem como às liberdades e garantias individuais.*

§ 1º *As informações pessoais, a que se refere este artigo, relativas à intimidade, vida privada, honra e imagem:*

I. *terão seu acesso restrito, independentemente de classificação de sigilo e pelo prazo máximo de 100 (cem) anos a contar da sua data de produção, a agentes públicos legalmente autorizados e à pessoa a que elas se referirem; e*

II. *poderão ter autorizada sua divulgação ou acesso por terceiros diante de previsão legal ou consentimento expresso da pessoa a que elas se referirem.*

§ 2º *Aquele que obtiver acesso às informações de que trata este artigo será responsabilizado por seu uso indevido.*

§ 3º *O consentimento referido no inciso II do § 1º não será exigido quando as informações forem necessárias:*

I. *à prevenção e diagnóstico médico, quando a pessoa estiver física ou legalmente incapaz, e para utilização única e exclusivamente para o tratamento médico;*

II. *à realização de estatísticas e pesquisas científicas de evidente interesse público ou geral, previstos em lei, sendo vedada a identificação da pessoa a que as informações se referirem;*

III. *ao cumprimento de ordem judicial;*

IV. *à defesa de direitos humanos; ou*

V. *à proteção do interesse público e geral preponderante.*

§ 4º *A restrição de acesso à informação relativa à vida privada, honra e imagem de pessoa não poderá ser invocada com o intuito de prejudicar processo de apuração de irregularidades em que o titular das informações estiver envolvido, bem como em ações voltadas para a recuperação de fatos históricos de maior relevância.*

§ 5º *Regulamento disporá sobre os procedimentos para tratamento de informação pessoal.*

Capítulo V - Das Responsabilidades

Art. 32. *Constituem condutas ilícitas que ensejam responsabilidade do agente público ou militar:*

I. *recusar-se a fornecer informação requerida nos termos desta Lei, retardar deliberadamente o seu fornecimento ou fornecê-la intencionalmente de forma incorreta, incompleta ou imprecisa;*

II. *utilizar indevidamente, bem como subtrair, destruir, inutilizar, desfigurar, alterar ou ocultar, total ou parcialmente, informação que se encontre sob sua guarda ou a que tenha acesso ou conhecimento em razão do exercício das atribuições de cargo, emprego ou função pública;*

III. *agir com dolo ou má-fé na análise das solicitações de acesso à informação;*

IV. *divulgar ou permitir a divulgação ou acessar ou permitir acesso indevido à informação sigilosa ou informação pessoal;*

V. *impor sigilo à informação para obter proveito pessoal ou de terceiro, ou para fins de ocultação de ato ilegal cometido por si ou por outrem;*

VI. *ocultar da revisão de autoridade superior competente informação sigilosa para beneficiar a si ou a outrem, ou em prejuízo de terceiros; e*

VII. *destruir ou subtrair, por qualquer meio, documentos concernentes a possíveis violações de direitos humanos por parte de agentes do Estado.*

§ 1º *Atendido o princípio do contraditório, da ampla defesa e do devido processo legal, as condutas descritas no caput serão consideradas:*

I. *para fins dos regulamentos disciplinares das Forças Armadas, transgressões militares médias ou graves, segundo os critérios neles estabelecidos, desde que não tipificadas em lei como crime ou contravenção penal; ou*

II. *para fins do disposto na Lei nº 8.112, de 11 de dezembro de 1990, e suas alterações, infrações administrativas, que deverão ser apenadas, no mínimo, com suspensão, segundo os critérios nela estabelecidos.*

§ 2º *Pelas condutas descritas no caput, poderá o militar ou agente público responder, também, por improbidade administrativa, conforme o disposto nas Leis nºs 1.079, de 10 de abril de 1950, e 8.429, de 2 de junho de 1992.*

Art. 33. *A pessoa física ou entidade privada que detiver informações em virtude de vínculo de qualquer natureza com o poder público e deixar de observar o disposto nesta Lei estará sujeita às seguintes sanções:*

I. *advertência;*

II. *multa;*

III. *rescisão do vínculo com o poder público;*

IV. *suspensão temporária de participar em licitação e impedimento de contratar com a administração pública por prazo não superior a 2 (dois) anos; e*

V. *declaração de inidoneidade para licitar ou contratar com a administração pública, até que seja promovida a reabilitação perante a própria autoridade que aplicou a penalidade.*

§ 1º *As sanções previstas nos incisos I, III e IV poderão ser aplicadas juntamente com a do inciso II, assegurado o direito de defesa do interessado, no respectivo processo, no prazo de 10 (dez) dias.*

§ 2º *A reabilitação referida no inciso V será autorizada somente quando o interessado efetivar o ressarcimento ao órgão ou entidade dos prejuízos resultantes e após decorrido o prazo da sanção aplicada com base no inciso IV.*

§ 3º *A aplicação da sanção prevista no inciso V é de competência exclusiva da autoridade máxima do órgão ou entidade* *pública, facultada a defesa do interessado, no respectivo processo, no prazo de 10 (dez) dias da abertura de vista.*

Art. 34. *Os órgãos e entidades públicas respondem diretamente pelos danos causados em decorrência da divulgação não autorizada ou utilização indevida de informações sigilosas ou informações pessoais, cabendo a apuração de responsabilidade funcional nos casos de dolo ou culpa, assegurado o respectivo direito de regresso.*

Parágrafo único. *O disposto neste artigo aplica-se à pessoa física ou entidade privada que, em virtude de vínculo de qualquer natureza com órgãos ou entidades, tenha acesso a informação sigilosa ou pessoal e a submeta a tratamento indevido.*

Capítulo VI - Disposições Finais e Transitórias

Art. 35. (VETADO).

§ 1º *É instituída a Comissão Mista de Reavaliação de Informações, que decidirá, no âmbito da administração pública federal, sobre o tratamento e a classificação de informações sigilosas e terá competência para:*

- ***I.*** *requisitar da autoridade que classificar informação como ultrassecreta e secreta esclarecimento ou conteúdo, parcial ou integral da informação;*
- ***II.*** *rever a classificação de informações ultrassecretas ou secretas, de ofício ou mediante provocação de pessoa interessada, observado o disposto no Art. 7º e demais dispositivos desta Lei; e*
- ***III.*** *prorrogar o prazo de sigilo de informação classificada como ultrassecreta, sempre por prazo determinado, enquanto o seu acesso ou divulgação puder ocasionar ameaça externa à soberania nacional ou à integridade do território nacional ou grave risco às relações internacionais do País, observado o prazo previsto no § 1º do Art. 24.*

§ 2º *O prazo referido no inciso III é limitado a uma única renovação.*

§ 3º *A revisão de ofício a que se refere o inciso II do **§ 1º** deverá ocorrer, no máximo, a cada 4 (quatro) anos, após a reavaliação prevista no Art. 39, quando se tratar de documentos ultrassecretos ou secretos.*

§ 4º *A não deliberação sobre a revisão pela Comissão Mista de Reavaliação de Informações nos prazos previstos no § 3º implicará a desclassificação automática das informações.*

§ 5º *Regulamento disporá sobre a composição, organização e funcionamento da Comissão Mista de Reavaliação de Informações, observado o mandato de 2 (dois) anos para seus integrantes e demais disposições desta Lei. (Regulamento)*

Art. 36. *O tratamento de informação sigilosa resultante de tratados, acordos ou atos internacionais atenderá às normas e recomendações constantes desses instrumentos.*

Art. 37. *É instituído, no âmbito do Gabinete de Segurança Institucional da Presidência da República, o Núcleo de Segurança e Credenciamento (NSC), que tem por objetivos: (Regulamento)*

- ***I.*** *promover e propor a regulamentação do credenciamento de segurança de pessoas físicas, empresas, órgãos e entidades para tratamento de informações sigilosas; e*
- ***II.*** *garantir a segurança de informações sigilosas, inclusive aquelas provenientes de países ou organizações internacionais com os quais a República Federativa do Brasil tenha firmado tratado, acordo, contrato ou qualquer outro ato internacional, sem prejuízo das atribuições do Ministério das Relações Exteriores e dos demais órgãos competentes.*

Parágrafo único. *Regulamento disporá sobre a composição, organização e funcionamento do NSC.*

Art. 38. *Aplica-se, no que couber, a Lei nº 9.507, de 12 de novembro de 1997, em relação à informação de pessoa, física ou jurídica, constante de registro ou banco de dados de entidades governamentais ou de caráter público.*

Art. 39. *Os órgãos e entidades públicas deverão proceder à reavaliação das informações classificadas como ultrassecretas e secretas no prazo máximo de 2 (dois) anos, contado do termo inicial de vigência desta Lei.*

§ 1º *A restrição de acesso a informações, em razão da reavaliação prevista no caput, deverá observar os prazos e condições previstos nesta Lei.*

§ 2º *No âmbito da administração pública federal, a reavaliação prevista no caput poderá ser revista, a qualquer tempo, pela Comissão Mista de Reavaliação de Informações, observados os termos desta Lei.*

§ 3º *Enquanto não transcorrido o prazo de reavaliação previsto no caput, será mantida a classificação da informação nos termos da legislação precedente.*

§ 4º *As informações classificadas como secretas e ultrassecretas não reavaliadas no prazo previsto no caput serão consideradas, automaticamente, de acesso público.*

Art. 40. *No prazo de 60 (sessenta) dias, a contar da vigência desta Lei, o dirigente máximo de cada órgão ou entidade da administração pública federal direta e indireta designará autoridade que lhe seja diretamente subordinada para, no âmbito do respectivo órgão ou entidade, exercer as seguintes atribuições:*

- ***I.*** *assegurar o cumprimento das normas relativas ao acesso a informação, de forma eficiente e adequada aos objetivos desta Lei;*
- ***II.*** *monitorar a implementação do disposto nesta Lei e apresentar relatórios periódicos sobre o seu cumprimento;*
- ***III.*** *recomendar as medidas indispensáveis à implementação e ao aperfeiçoamento das normas e procedimentos necessários ao correto cumprimento do disposto nesta Lei; e*
- ***IV.*** *orientar as respectivas unidades no que se refere ao cumprimento do disposto nesta Lei e seus regulamentos.*

Art. 41. *O Poder Executivo Federal designará órgão da administração pública federal responsável:*

- ***I.*** *pela promoção de campanha de abrangência nacional de fomento à cultura da transparência na administração pública e conscientização do direito fundamental de acesso à informação;*
- ***II.*** *pelo treinamento de agentes públicos no que se refere ao desenvolvimento de práticas relacionadas à transparência na administração pública;*
- ***III.*** *pelo monitoramento da aplicação da lei no âmbito da administração pública federal, concentrando e consolidando a publicação de informações estatísticas relacionadas no art. 30;*
- ***IV.*** *pelo encaminhamento ao Congresso Nacional de relatório anual com informações atinentes à implementação desta Lei.*

Art. 42. *O Poder Executivo regulamentará o disposto nesta Lei no prazo de 180 (cento e oitenta) dias a contar da data de sua publicação.*

Art. 43. *O inciso VI do Art. 116 da Lei nº 8.112, de 11 de dezembro de 1990, passa a vigorar com a seguinte redação:*

"Art. 116....

> ***VI.*** *levar as irregularidades de que tiver ciência em razão do cargo ao conhecimento da autoridade superior ou, quando houver suspeita de envolvimento desta, ao conhecimento de outra autoridade competente para apuração;*

(Art. 44. *O Capítulo IV do Título IV da Lei nº 8.112, de 1990, passa a vigorar acrescido do seguinte Art. 126-A:*

"Art. 126-A. *Nenhum servidor poderá ser responsabilizado civil, penal ou administrativamente por dar ciência à autoridade superior ou, quando houver suspeita de envolvimento desta, a outra autoridade competente para apuração de informação concernente à prática de crimes ou improbidade de que tenha conhecimento, ainda que em decorrência do exercício de cargo, emprego ou função pública."*

Art. 45. *Cabe aos Estados, ao Distrito Federal e aos Municípios, em legislação própria, obedecidas as normas gerais estabelecidas nesta Lei, definir regras específicas, especialmente quanto ao disposto no Art. 9º e na Seção II do Capítulo III.*

Art. 46. *Revogam-se:*

I. *a Lei nº 11.111, de 5 de maio de 2005; e*

II. *os Arts. 22 a 24 da Lei nº 8.159, de 8 de janeiro de 1991.*

Art. 47. *Esta Lei entra em vigor 180 (cento e oitenta) dias após a data de sua publicação.*

5.7 Lei nº 5.433, de 8 de Maio de 1968

Regulamento Regula a microfilmagem de documentos oficiais e dá outras providências.

O PRESIDENTE DA REPÚBLICA , faço saber que o CONGRESSO NACIONAL decreta e eu sanciono a seguinte Lei:

Art. 1º. *É autorizada, em todo o território nacional, a microfilmagem de documentos particulares e oficiais arquivados, êstes de órgãos federais, estaduais e municipais.*

§ 1º *Os microfilmes de que trata esta Lei, assim como as certidões, os traslados e as cópias fotográficas obtidas diretamente dos filmes produzirão os mesmos efeitos legais dos documentos originais em juízo ou fora dêle.*

§ 2º *Os documentos microfilmados poderão, a critério da autoridade competente, ser eliminados por incineração, destruição mecânica ou por outro processo adequado que assegure a sua desintegração.*

§ 3º *A incineração dos documentos microfilmados ou sua transferência para outro local far-se-á mediante lavratura de têrmo, por autoridade competente, em livro próprio.*

§ 4º *Os filmes negativos resultantes de microfilmagem ficarão arquivados na repartição detentora do arquivo, vedada sua saída sob qualquer pretexto.*

§ 5º *A eliminação ou transferência para outro local dos documentos microfilmados far-se-á mediante lavratura de têrmo em livro próprio pela autoridade competente.*

§ 6º *Os originais dos documentos ainda em trânsito, microfilmados não poderão ser eliminados antes de seu arquivamento.*

§ 7º *Quando houver conveniência, ou por medida de segurança, poderão excepcionalmente ser microfilmados documentos ainda não arquivados, desde que autorizados por autoridade competente.*

Art. 2º. *Os documentos de valor histórico não deverão ser eliminados, podendo ser arquivados em local diverso da repartição detentora dos mesmos.*

Art. 3º. *O Poder Executivo regulamentará, no prazo de 90 (noventa) dias, a presente Lei, indicando as autoridades competentes, nas esferas federais, estaduais e municipais para a autenticação de traslados e certidões originárias de microfilmagem de documentos oficiais.*

§ 1º *O decreto de regulamentação determinará, igualmente, quais os cartórios e órgãos públicos capacitados para efetuarem a microfilmagem de documentos particulares, bem como os requisitos que a microfilmagem realizada por aquêles cartórios e órgãos públicos devem preencher para serem autenticados, a fim de produzirem efeitos jurídicos, em juízo ou fora dêle, quer os microfilmes, quer os seus traslados e certidões originárias.*

§ 2º *Prescreverá também o decreto as condições que os cartórios competentes terão de cumprir para a autenticação de microfilmes realizados por particulares, para produzir efeitos jurídicos contra terceiros.*

Art. 4º. *É dispensável o reconhecimento da firma da autoridade que autenticar os documentos oficiais arquivados, para efeito de microfilmagem e os traslados e certidões originais de microfilmes.*

Art. 5º. *Esta lei entra em vigor na data de sua publicação.*

Art. 6º *Revogam-se as disposições em contrário.*

5.8 Decreto nº 1.799, de 30 de Janeiro de 1996

Regulamenta a Lei nº 5.433, de 8 de maio de 1968, que regula a microfilmagem de documentos oficiais, e dá outras providências.

O PRESIDENTE DA REPÚBLICA , no uso da atribuição que lhe confere o Art. 84, inciso IV, da Constituição, e tendo em vista o disposto na Art. 3º da Lei nº 5.433, de 8 de maio de 1968,

Art. 1º *A microfilmagem, em todo território nacional, autorizada pela Lei nº 5.433, de 8 de maio de 1968, abrange os documentos oficiais ou públicos, de qualquer espécie e em qualquer suporte, produzidos e recebidos pelos órgãos dos Poderes Executivo, Judiciário e Legislativo, inclusive da Administração indireta da União, dos Estados, do Distrito Federal e dos Municípios, e os documentos particulares ou privados, de pessoas físicas ou jurídicas.*

Art. 2º *A emissão de cópias, traslados e certidões extraídas de microfilmes, bem assim a autenticação desses documentos, para que possam produzir efeitos legais, em juízo ou fora dele, é regulada por este Decreto.*

Art. 3º *Entende-se por microfilme, para fins deste Decreto, o resultado do processo de reprodução em filme, de documentos, dados e imagens, por meios fotográficos ou eletrônicos, em diferentes graus de redução.*

Art. 4º *A microfilmagem será feita em equipamentos que garantam a fiel reprodução das informações, sendo permitida a utilização de qualquer microforma.*

Parágrafo único. *Em se tratando da utilização de microfichas, além dos procedimentos previstos neste Decreto, tanto a original como a cópia terão, na sua parte superior, área reservada à titulação, à identificação e à numeração seqüencial, legíveis com a vista desarmada, e fotogramas destinados à indexação.*

Art. 5º *A microfilmagem, de qualquer espécie, será feita sempre em filme original, com o mínimo de 180 linhas por milímetro de definição, garantida a segurança e a qualidade de imagem e de reprodução.*

§ 1º *Será obrigatória, para efeito de segurança, a extração de filme cópia do filme original.*

§ 2º *Fica vedada a utilização de filmes atualizáveis, de qualquer tipo, tanto para a confecção do original, como para a extração de cópias.*

§ 3º *O armazenamento do filme original deverá ser feito em local diferente do seu filme cópia.*

Art. 6º *Na microfilmagem poderá ser utilizado qualquer grau de redução, garantida a legibilidade e a qualidade de reprodução.*

Parágrafo único. *Quando se tratar de original cujo tamanho ultrapasse a dimensão máxima do campo fotográfico do equipamento em uso, a microfilmagem poderá ser feita por etapas, sendo obrigatória a repetição de uma parte da imagem anterior na imagem subseqüente, de modo que se possa identificar, por superposição, a continuidade entre as seções adjacentes microfilmadas.*

Art. 7º *Na microfilmagem de documentos, cada série será precedida de imagem de abertura, com os seguintes elementos:*

I. *identificação do detentor dos documentos, a serem microfilmados;*

II. *número do microfilme, se for o caso;*

III. *local e data da microfilmagem;*

IV. *registro no Ministério da Justiça;*

V. ordenação, identificação e resumo da série de documentos a serem microfilmados;

VI. menção, quando for o caso, de que a série de documentos a serem microfilmados é continuação da série contida em microfilme anterior;

VII. identificação do equipamento utilizado, da unidade filmadora e do grau de redução;

VIII. nome por extenso, qualificação funcional, se for o caso, e assinatura do detentor dos documentos a serem microfilmados;

IX. nome por extenso, qualificação funcional e assinatura do responsável pela unidade, cartório ou empresa executora da microfilmagem.

Art. 8º No final da microfilmagem de cada série, será reproduzida a imagem de encerramento, imediatamente após o último documento, com os seguintes elementos:

I. identificação do detentor dos documentos microfilmados;

II. informações complementares relativas ao inciso V do artigo anterior;

III. termo de encerramento atestando a fiel observância às disposições deste Decreto;

IV. menção, quando for o caso, de que a série de documentos microfilmados continua em microfilme posterior;

V. nome por extenso, qualificação funcional e assinatura do responsável pela unidade, cartório ou empresa executora da microfilmagem.

Art. 9º Os documentos da mesma série ou seqüência, eventualmente omitidos quando da microfilmagem, ou aqueles cujas imagens não apresentarem legibilidade, por falha de operação ou por problema técnico, serão reproduzidos posteriormente, não sendo permitido corte ou inserção no filme original.

1º A microfilmagem destes documentos será precedida de uma imagem de observação, com os seguintes elementos:

a) identificação do microfilme, local e data;

b) descrição das irregularidades constatadas;

c) nome por extenso, qualificação funcional e assinatura do responsável pela unidade, cartório ou empresa executora da microfilmagem.

2º É obrigatório fazer indexação remissiva para recuperar as informações e assegurar a localização dos documentos.

3º Caso a complementação não satisfaça os padrões de qualidade. exigidos, a microfilmagem dessa série de documentos deverá ser repetida integralmente.

Art. 10. Para o processamento dos filmes, serão utilizados equipamentos e técnicas que assegurem ao filme alto poder de definição, densidade uniforme e durabilidade.

Art. 11. Os documentos, em tramitação ou em estudo, poderão, a critério da autoridade competente, ser microfilmados, não sendo permitida a sua eliminação até a definição de sua destinação final.

Art. 12. A eliminação de documentos, após a microfilmagem, dar-se-á por meios que garantam sua inutilização, sendo a mesma precedida de lavratura de termo próprio e após a revisão e a extração de filme cópia.

Parágrafo único. A eliminação de documentos oficiais ou públicos só deverá ocorrer se prevista na tabela de temporalidade do órgão, aprovada pela autoridade competente na esfera de sua atuação e respeitado o disposto no art. 9º da Lei nº 8.159, de 8 de janeiro de 1991.

Art. 13. Os documentos oficiais ou públicos, com valor de guarda permanente, não poderão ser eliminados após a microfilmagem, devendo ser recolhidos ao arquivo público de sua esfera de atuação ou preservados pelo próprio órgão detentor.

Art. 14. Os traslados, as certidões e as cópias em papel ou em filme de documentos microfilmados, para produzirem efeitos legais em juízo ou fora dele, deverão estar autenticados pela autoridade competente detentora do filme original.

1º Em se tratando de cópia em filme, extraída de microfilmes de documentos privados, deverá ser emitido termo próprio, no qual constará que o filme que o acompanha é cópia fiel do filme original, cuja autenticação far-se-á nos cartórios que satisfizerem os requisitos especificados no artigo seguinte.

2º Em se tratando de cópia em papel, extraída de microfilmes de documentos privados, a autenticação far-se-á por meio de carimbo, aposto em cada folha, nos cartórios que satisfizerem os requisitos especificados no artigo seguinte.

3º A cópia em papel, de que trata o parágrafo anterior, poderá ser extraída utilizando-se qualquer meio de reprodução, desde que seja assegurada a sua fidelidade e a sua qualidade de leitura.

Art. 15. A microfilmagem de documentos poderá ser feita por empresas e cartórios habilitados nos termos deste Decreto.

Parágrafo único. Para exercer a atividade de microfilmagem de documentos, as empresas e cartórios a que se refere este artigo, além da legislação a que estão sujeitos, deverão requerer registro no Ministério da Justiça e sujeitar-se à fiscalização que por este será exercida quanto ao cumprimento do disposto no presente Decreto.

Art. 16. As empresas e os cartórios que se dedicarem a microfilmagem de documentos de terceiros, fornecerão, obrigatoriamente, um documento de garantia, declarando:

I. que a microfilmagem foi executada de acordo com o disposto neste Decreto;

II. que se responsabilizam pelo padrão de qualidade do serviço executado;

III. que o usuário passa a ser responsável pelo manuseio e conservação das microformas.

Art. 17. Os microfilmes e filmes cópias, produzidos no exterior, somente terão valor legal, em juízo ou fora dele, quando:

I. autenticados por autoridade estrangeira competente;

II. tiverem reconhecida, pela autoridade consular brasileira, a firma da autoridade estrangeira que os houver autenticado;

III. forem acompanhados de tradução oficial.

Art. 18. Os microfilmes originais e os filmes cópias resultantes de microfilmagem de documentos sujeitos à fiscalização, ou necessários à prestação de contas, deverão ser mantidos pelos prazos de prescrição a que estariam sujeitos os seus respectivos originais.

Art. 19. As infrações às normas deste Decreto, por parte dos cartórios e empresas registrados no Ministério da Justiça sujeitarão o infrator, observada a gravidade do fato, às penalidades de advertência ou suspensão do registro, sem prejuízo das sanções penais e civis cabíveis.

Parágrafo único. No caso de reincidência por falta grave, o registro para microfilmar será cassado definitivamente.

Art. 20. O Ministério da Justiça expedirá as instruções que se fizerem necessárias ao cumprimento deste Decreto.

Art. 21. Revoga-se o Decreto nº 64.398, de 24 de abril de 1969.

Art. 22. Este Decreto entra em vigor na data de sua publicação.

5.9 Decreto nº 4.073, de 3 de Janeiro de 2002

Regulamenta a Lei nº 8.159, de 8 de janeiro de 1991, que dispõe sobre a política nacional de arquivos públicos e privados.

O PRESIDENTE DA REPÚBLICA, no uso da atribuição que lhe confere o Art. 84, inciso IV, da Constituição, e tendo em vista o disposto na Lei nº 8.159, de 8 de janeiro de 1991,

Capítulo I - Do Conselho Nacional de Arquivos

Art. 1º O Conselho Nacional de Arquivos - CONARQ, órgão colegiado, vinculado ao Arquivo Nacional, criado pelo Art. 26 da Lei nº 8.159, de 8 de janeiro de 1991, tem por finalidade definir a política nacional de arquivos públicos e privados, bem como exercer orientação normativa visando à gestão documental e à proteção especial aos documentos de arquivo.

Art. 2º Compete ao CONARQ:

I. estabelecer diretrizes para o funcionamento do Sistema Nacional de Arquivos - SINAR, visando à gestão, à preservação e ao acesso aos documentos de arquivos;

II. promover o inter-relacionamento de arquivos públicos e privados com vistas ao intercâmbio e à integração sistêmica das atividades arquivísticas;

III. propor ao Ministro de Estado da Justiça normas legais necessárias ao aperfeiçoamento e à implementação da política nacional de arquivos públicos e privados; (Redação dada pelo Decreto nº 7.430, de 2011) Vigência

IV. zelar pelo cumprimento dos dispositivos constitucionais e legais que norteiam o funcionamento e o acesso aos arquivos públicos;

V. estimular programas de gestão e de preservação de documentos públicos de âmbito federal, estadual, do Distrito Federal e municipal, produzidos ou recebidos em decorrência das funções executiva, legislativa e judiciária;

VI. subsidiar a elaboração de planos nacionais de desenvolvimento, sugerindo metas e prioridades da política nacional de arquivos públicos e privados;

VII. estimular a implantação de sistemas de arquivos nos Poderes Executivo, Legislativo e Judiciário da União, dos Estados, do Distrito Federal e nos Poderes Executivo e Legislativo dos Municípios;

VIII. estimular a integração e modernização dos arquivos públicos e privados;

IX. identificar os arquivos privados de interesse público e social, nos termos do Art. 12 da Lei nº 8.159, de 1991;

X. propor ao Presidente da República, por intermédio do Ministro de Estado da Justiça, a declaração de interesse público e social de arquivos privados; (Redação dada pelo Decreto nº 7.430, de 2011) Vigência

XI. estimular a capacitação técnica dos recursos humanos que desenvolvam atividades de arquivo nas instituições integrantes do SINAR;

XII. recomendar providências para a apuração e a reparação de atos lesivos à política nacional de arquivos públicos e privados;

XIII. promover a elaboração do cadastro nacional de arquivos públicos e privados, bem como desenvolver atividades censitárias referentes a arquivos;

XIV. manter intercâmbio com outros conselhos e instituições, cujas finalidades sejam relacionadas ou complementares às suas, para prover e receber elementos de informação e juízo, conjugar esforços e encadear ações;

XV. articular-se com outros órgãos do Poder Público formuladores de políticas nacionais nas áreas de educação, cultura, ciência, tecnologia, informação e informática.

Art. 3º São membros conselheiros do CONARQ:

I. o Diretor-Geral do Arquivo Nacional, que o presidirá;

II. dois representantes do Poder Executivo Federal;

III. dois representantes do Poder Judiciário Federal;

IV. dois representantes do Poder Legislativo Federal;

V. um representante do Arquivo Nacional;

VI. dois representantes dos Arquivos Públicos Estaduais e do Distrito Federal;

VII. dois representantes dos Arquivos Públicos Municipais;

VIII. um representante das instituições mantenedoras de curso superior de arquivologia;

IX. um representante de associações de arquivistas;

X. três representantes de instituições que congreguem profissionais que atuem nas áreas de ensino, pesquisa, preservação ou acesso a fontes documentais.

§ 1º Cada Conselheiro terá um suplente.

§ 2º Os membros referidos nos incisos III e IV e respectivos suplentes serão designados pelo Presidente do Supremo Tribunal Federal e pelos Presidentes da Câmara dos Deputados e do Senado Federal, respectivamente.

§ 3º Os conselheiros e suplentes referidos nos inciso II e V a X serão designados pelo Presidente da República, a partir de listas apresentadas pelo Ministro de Estado da Justiça, mediante indicações dos dirigentes dos órgãos e entidades representados. (Redação dada pelo Decreto nº 7.430, de 2011) Vigência

§ 4º O mandato dos Conselheiros será de dois anos, permitida uma recondução.

§ 5º O Presidente do CONARQ, em suas faltas e impedimentos, será substituído por seu substituto legal no Arquivo Nacional.

Art. 4º Caberá ao Arquivo Nacional dar o apoio técnico e administrativo ao CONARQ.

Art. 5º O Plenário, órgão superior de deliberação do CONARQ, reunir-se-á, em caráter ordinário, no mínimo, uma vez a cada quatro meses e, extraordinariamente, mediante convocação de seu Presidente ou a requerimento de dois terços de seus membros.

§ 1º O CONARQ funcionará na sede do Arquivo Nacional.

§ 2º As reuniões do CONARQ poderão ser convocadas para local fora da sede do Arquivo Nacional, por deliberação do Plenário ou ad referendum deste, sempre que razão superior indicar a conveniência de adoção dessa medida.

Art. 6º O CONARQ somente se reunirá para deliberação com o quorum mínimo de dez conselheiros.

Art. 7º O CONARQ poderá constituir câmaras técnicas e comissões especiais, com a finalidade de elaborar estudos, normas e outros instrumentos necessários à implementação da política nacional de arquivos públicos e privados e ao funcionamento do SINAR, bem como câmaras setoriais, visando a identificar, discutir e propor soluções para questões temáticas que repercutirem na estrutura e organização de segmentos específicos de arquivos, interagindo com as câmaras técnicas.

Parágrafo único. Os integrantes das câmaras e comissões serão designados pelo Presidente do CONARQ, ad referendum do Plenário.

Art. 8º É considerado de natureza relevante, não ensejando qualquer remuneração, o exercício das atividades de Conselheiro do CONARQ e de integrante das câmaras e comissões.

Art. 9º A aprovação do regimento interno do CONARQ, mediante proposta deste, é da competência do Ministro de Estado da Justiça. (Redação dada pelo Decreto nº 7.430, de 2011) Vigência

Capítulo II - Do Sistema Nacional de Arquivos

Art. 10. O SINAR tem por finalidade implementar a política nacional de arquivos públicos e privados, visando à gestão, à preservação e ao acesso aos documentos de arquivo.

Art. 11. O SINAR tem como órgão central o CONARQ.

Art. 12. Integram o SINAR:

I. o Arquivo Nacional;

II. os arquivos do Poder Executivo Federal;

III. os arquivos do Poder Legislativo Federal;

IV. os arquivos do Poder Judiciário Federal;

V. *os arquivos estaduais dos Poderes Executivo, Legislativo e Judiciário;*

VI. *os arquivos do Distrito Federal dos Poderes Executivo, Legislativo e Judiciário;*

VII. *os arquivos municipais dos Poderes Executivo e Legislativo.*

§ 1º *Os arquivos referidos nos incisos II a VII, quando organizados sistemicamente, passam a integrar o SINAR por intermédio de seus órgãos centrais.*

§ 2º *As pessoas físicas e jurídicas de direito privado, detentoras de arquivos, podem integrar o SINAR mediante acordo ou ajuste com o órgão central.*

Art. 13. *Compete aos integrantes do SINAR:*

I. *promover a gestão, a preservação e o acesso às informações e aos documentos na sua esfera de competência, em conformidade com as diretrizes e normas emanadas do órgão central;*

II. *disseminar, em sua área de atuação, as diretrizes e normas estabelecidas pelo órgão central, zelando pelo seu cumprimento;*

III. *implementar a racionalização das atividades arquivísticas, de forma a garantir a integridade do ciclo documental;*

IV. *garantir a guarda e o acesso aos documentos de valor permanente;*

V. *apresentar sugestões ao CONARQ para o aprimoramento do SINAR;*

VI. *prestar informações sobre suas atividades ao CONARQ;*

VII. *apresentar subsídios ao CONARQ para a elaboração de dispositivos legais necessários ao aperfeiçoamento e à implementação da política nacional de arquivos públicos e privados;*

VIII. *promover a integração e a modernização dos arquivos em sua esfera de atuação;*

IX. *propor ao CONARQ os arquivos privados que possam ser considerados de interesse público e social;*

X. *comunicar ao CONARQ, para as devidas providências, atos lesivos ao patrimônio arquivístico nacional;*

XI. *colaborar na elaboração de cadastro nacional de arquivos públicos e privados, bem como no desenvolvimento de atividades censitárias referentes a arquivos;*

XII. *possibilitar a participação de especialistas nas câmaras técnicas, câmaras setoriais e comissões especiais constituídas pelo CONARQ;*

XIII. *proporcionar aperfeiçoamento e reciclagem aos técnicos da área de arquivo, garantindo constante atualização.*

Art. 14. *Os integrantes do SINAR seguirão as diretrizes e normas emanadas do CONARQ, sem prejuízo de sua subordinação e vinculação administrativa.*

Capítulo III - Dos Documentos Públicos

Art. 15. *São arquivos públicos os conjuntos de documentos:*

I. *produzidos e recebidos por órgãos e entidades públicas federais, estaduais, do Distrito Federal e municipais, em decorrência de suas funções administrativas, legislativas e judiciárias;*

II. *produzidos e recebidos por agentes do Poder Público, no exercício de seu cargo ou função ou deles decorrente;*

III. *produzidos e recebidos pelas empresas públicas e pelas sociedades de economia mista;*

IV. *produzidos e recebidos pelas Organizações Sociais, definidas como tal pela Lei nº 9.637, de 15 de maio de 1998, e pelo Serviço Social Autônomo Associação das Pioneiras Sociais, instituído pela Lei nº 8.246, de 22 de outubro de 1991.*

Parágrafo único. *A sujeição dos entes referidos no inciso IV às normas arquivísticas do CONARQ constará dos Contratos de Gestão com o Poder Público.*

Art. 16. *Às pessoas físicas e jurídicas mencionadas no Art. 15 compete a responsabilidade pela preservação adequada dos documentos produzidos e recebidos no exercício de atividades públicas.*

Art. 17. *Os documentos públicos de valor permanente, que integram o acervo arquivístico das empresas em processo de desestatização, parcial ou total, serão recolhidos a instituições arquivísticas públicas, na sua esfera de competência.*

§ 1º *O recolhimento de que trata este artigo constituirá cláusula específica de edital nos processos de desestatização.*

§ 2º *Para efeito do disposto neste artigo, as empresas, antes de concluído o processo de desestatização, providenciarão, em conformidade com as normas arquivísticas emanadas do CONARQ, a identificação, classificação e avaliação do acervo arquivístico.*

§ 3º *Os documentos de valor permanente poderão ficar sob a guarda das empresas mencionadas no § 2º, enquanto necessários ao desempenho de suas atividades, conforme disposto em instrução expedida pelo CONARQ.*

§ 4º *Os documentos de que trata o caput são inalienáveis e não são sujeitos a usucapião, nos termos do Art. 10 da Lei nº 8.159, de 1991.*

§ 5º *A utilização e o recolhimento dos documentos públicos de valor permanente que integram o acervo arquivístico das empresas públicas e das sociedades de economia mista já desestatizadas obedecerão às instruções do CONARQ sobre a matéria.*

Capítulo IV - Da Gestão de Documentos da Administração Pública Federa

Seção I - Das Comissões Permanentes de Avaliação de Documentos

Art. 18. *Em cada órgão e entidade da Administração Pública Federal será constituída comissão permanente de avaliação de documentos, que terá a responsabilidade de orientar e realizar o processo de análise, avaliação e seleção da documentação produzida e acumulada no seu âmbito de atuação, tendo em vista a identificação dos documentos para guarda permanente e a eliminação dos destituídos de valor.*

§ 1º *Os documentos relativos às atividades-meio serão analisados, avaliados e selecionados pelas Comissões Permanentes de Avaliação de Documentos dos órgãos e das entidades geradores dos arquivos, obedecendo aos prazos estabelecidos em tabela de temporalidade e destinação expedida pelo CONARQ.*

§ 2º *Os documentos relativos às atividades-meio não constantes da tabela referida no § 1o serão submetidos às Comissões Permanentes de Avaliação de Documentos dos órgãos e das entidades geradores dos arquivos, que estabelecerão os prazos de guarda e destinação daí decorrentes, a serem aprovados pelo Arquivo Nacional.*

§ 3º *Os documentos relativos às atividades-fim serão avaliados e selecionados pelos órgãos ou entidades geradores dos arquivos, em conformidade com as tabelas de temporalidade e destinação, elaboradas pelas Comissões mencionadas no caput, aprovadas pelo Arquivo Nacional.*

Seção II - Da Entrada de Documentos Arquivísticos Públicos no Arquivo Nacional

Art. 19. *Os documentos arquivísticos públicos de âmbito federal, ao serem transferidos ou recolhidos ao Arquivo Nacional, deverão estar avaliados, organizados, higienizados e acondicionados, bem como acompanhados de instrumento descritivo que permita sua identificação e controle.*

Parágrafo único. *As atividades técnicas referidas no caput, que precedem à transferência ou ao recolhimento de documentos, serão implementadas e custeadas pelos órgãos e entidades geradores dos arquivos.*

Art. 20. *O Ministério do Planejamento, Orçamento e Gestão deverá, tão logo sejam nomeados os inventariantes, liquidantes ou administradores de acervos para os órgãos e entidades extintos, solicitar ao Ministro de Estado da Justiça a assistência técnica do Arquivo Nacional para a orientação necessária à preservação e à destinação do patrimônio documental acumulado, nos termos do § 2º do Art. 7º da Lei nº 8.159, de 1991. (Redação dada pelo Decreto nº 7.430, de 2011) Vigência*

Art. 21. *O Ministro de Estado da Justiça, mediante proposta do Arquivo Nacional, baixará instrução detalhando os procedimentos a serem observados pelos órgãos e entidades da administração pública federal, para a plena consecução das medidas constantes desta Seção. (Redação dada pelo Decreto nº 7.430, de 2011) Vigência*

Capítulo V - Da Declaração de Interesse Público e Social de Arquivos Privados

Art. 22. *Os arquivos privados de pessoas físicas ou jurídicas que contenham documentos relevantes para a história, a cultura e o desenvolvimento nacional podem ser declarados de interesse público e social por decreto do Presidente da República.*

§ 1º *A declaração de interesse público e social de que trata este artigo não implica a transferência do respectivo acervo para guarda em instituição arquivística pública, nem exclui a responsabilidade por parte de seus detentores pela guarda e a preservação do acervo.*

§ 2º *São automaticamente considerados documentos privados de interesse público e social:*

I. *os arquivos e documentos privados tombados pelo Poder Público;*

II. *os arquivos presidenciais, de acordo com o Art. 3º da Lei nº 8.394, de 30 de dezembro de 1991;*

III. *os registros civis de arquivos de entidades religiosas produzidos anteriormente à vigência da Lei nº 3.071, de 1º de janeiro de 1916, de acordo com o Art. 16 da Lei nº 8.159, de 1991.*

Art. 23. *O CONARQ, por iniciativa própria ou mediante provocação, encaminhará solicitação, acompanhada de parecer, ao Ministro de Estado da Justiça, com vistas à declaração de interesse público e social de arquivos privados pelo Presidente da República. (Redação dada pelo Decreto nº 7.430, de 2011) Vigência*

§ 1º *O parecer será instruído com avaliação técnica procedida por comissão especialmente constituída pelo CONARQ.*

§ 2º *A avaliação referida no § 1o será homologada pelo Presidente do CONARQ.*

§ 3º *Da decisão homologatória caberá recurso das partes afetadas ao Ministro de Estado da Justiça, na forma prevista na Lei nº 9.784, de 29 de janeiro de 1999 . (Redação dada pelo Decreto nº 7.430, de 2011)Vigência*

Art. 24. *O proprietário ou detentor de arquivo privado declarado de interesse público e social deverá comunicar previamente ao CONARQ a transferência do local de guarda do arquivo ou de quaisquer de seus documentos, dentro do território nacional.*

Art. 25. *A alienação de arquivos privados declarados de interesse público e social deve ser precedida de notificação à União, titular do direito de preferência, para que manifeste, no prazo máximo de sessenta dias, interesse na aquisição, na forma do parágrafo único do Art. 13 da Lei nº 8.159, de 1991.*

Art. 26. *Os proprietários ou detentores de arquivos privados declarados de interesse público e social devem manter preservados os acervos sob sua custódia, ficando sujeito à responsabilidade penal, civil e administrativa, na forma da legislação em vigor, aquele que desfigurar ou destruir documentos de valor permanente.*

Art. 27. *Os proprietários ou detentores de arquivos privados declarados de interesse público e social poderão firmar acordos ou ajustes com o CONARQ ou com outras instituições, objetivando o apoio para o desenvolvimento de atividades relacionadas à organização, preservação e divulgação do acervo.*

Art. 28. *A perda acidental, total ou parcial, de arquivos privados declarados de interesse público e social ou de quaisquer de seus documentos deverá ser comunicada ao CONARQ, por seus proprietários ou detentores.*

Capítulo VI - Disposições Finais e Transitórias

Art. 29. *Este Decreto aplica-se também aos documentos eletrônicos, nos termos da lei.*

Art. 30. *O Ministro de Estado da Justiça baixará instruções complementares à execução deste Decreto. (Redação dada pelo Decreto nº 7.430, de 2011) Vigência*

Art. 31. *Fica delegada competência ao Ministro de Estado da Justiça, permitida a subdelegação, para designar os membros do CONARQ de que trata o § 3º do Art. 3º. (Redação dada pelo Decreto nº 7.430, de 2011) Vigência*

Art. 32. *Este Decreto entra em vigor na data de sua publicação.*

Art. 33. *Ficam revogados os Decretos nºs 1.173, de 29 de junho de 1994, 1.461, de 25 de abril de 1995, 2.182, de 20 de março de 1997, e 2.942, de 18 de janeiro de 1999.*

Questões

01. (CESPE – 2019) Com relação às disposições da legislação arquivística, julgue o item seguinte.

O indivíduo que destruir documento público ficará sujeito à responsabilidade penal, civil e administrativa.

Certo ( )　　Errado ( )

02. (CESPE – 2018) De acordo com a Lei n.º 8.159/1991, que dispõe sobre a política nacional de arquivos públicos e privados e dá outras providências, julgue o item que se segue.

Em instituições públicas, é permitida a guarda de arquivos intermediários em locais distantes de onde foram produzidos, se houver essa necessidade em razão do volume crescente de documentos físicos.

Certo ( )　　Errado ( )

03. (CESPE – 2018) A política de acesso aos documentos de arquivo no Brasil é recente, tendo sua normatização passado a ser mais efetiva a partir do início da década de 90 do século passado. No que se refere à política de acesso aos documentos de arquivo, julgue o item que se segue.

O acesso aos documentos de arquivo deve ser contemplado no âmbito da gestão de documentos e informações arquivísticas, observados os prazos legais e(ou) administrativos em vigência de cada instituição.

Certo ( )　　Errado ( )

04. (CESPE – 2018) A política de acesso aos documentos de arquivo no Brasil é recente, tendo sua normatização passado a ser mais efetiva a partir do início da década de 90 do século passado. No que se refere à política de acesso aos documentos de arquivo, julgue o item que se segue.

O usuário cujo pedido de acesso a documentos de determinada instituição seja negado não terá direito de apresentar recurso contra a negativa à instituição mantenedora do acervo.

Certo ( )　　Errado ( )

05. (CESPE – 2018) De acordo com a Lei n.º 8.159/1991, que dispõe sobre a política nacional de arquivos públicos e privados e dá outras providências, julgue o item que se segue.

O trajeto da documentação, que inclui sua tramitação até sua destruição ou destinação à guarda permanente, de acordo com suas funções, corresponde ao ciclo vital do documento.

Certo ( ) Errado ( )

Gabaritos

01	CERTO
02	CERTO
03	CERTO
04	ERRADO
05	CERTO

Utilize seu código de acesso e descubra mais sobre o seu material didático!

CÓDIGO DE ACESSO

AEPF | AGENESCR | RESGATAR

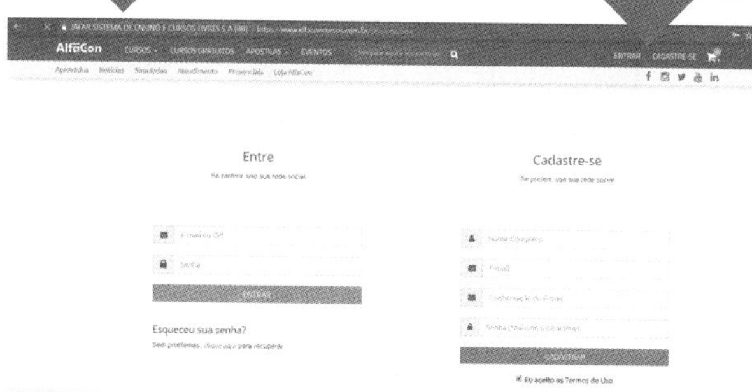

1

ACESSE O SITE:

www.alfaconcursos.com.br

CLIQUE **ENTRAR** PARA EFETUAR SEU **LOGIN**

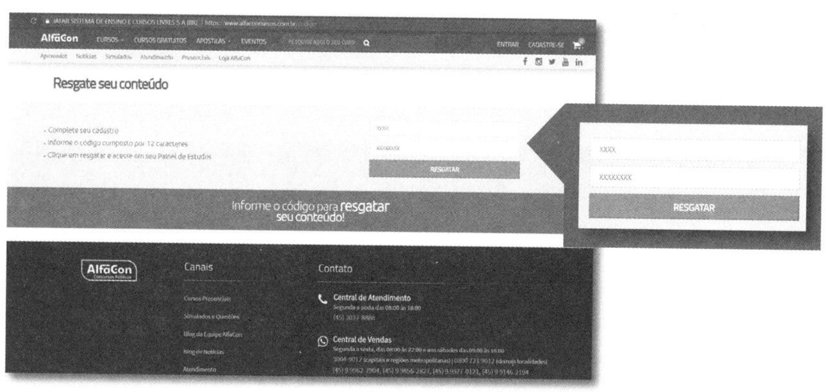

2

DIGITE O CÓDIGO:

Insira o **código** que se encontra Na **última página** do material.

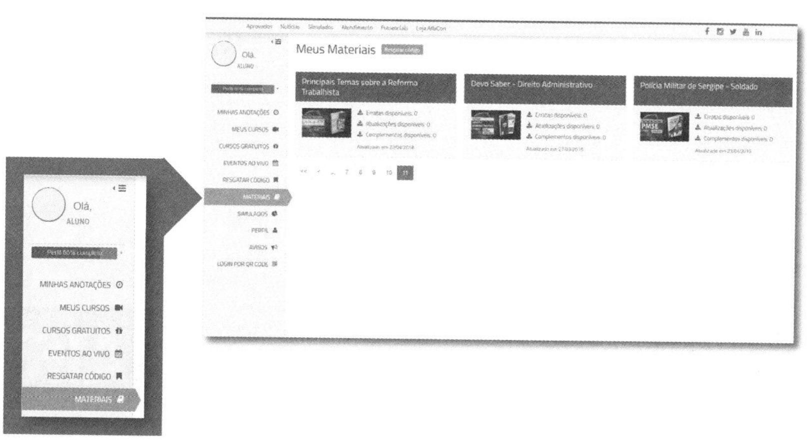

3

VISUALIZE SEUS MATERIAIS:

Você será redirecionado para a página onde constam os seus **materiais**

4

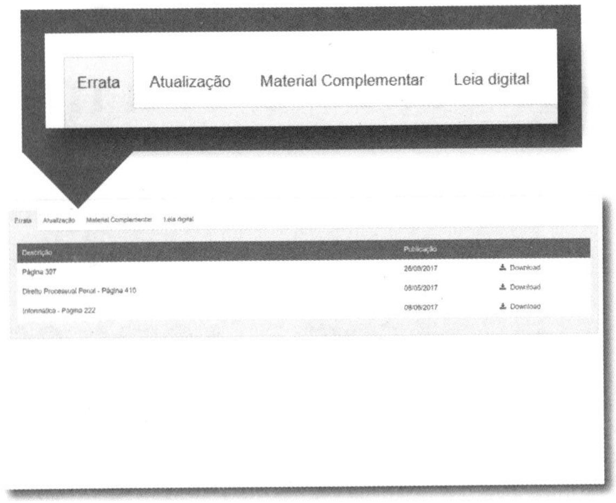

CLIQUE:

Nessa tela você terá acesso as erratas, atualizações, material complementar e o leia digital.

5

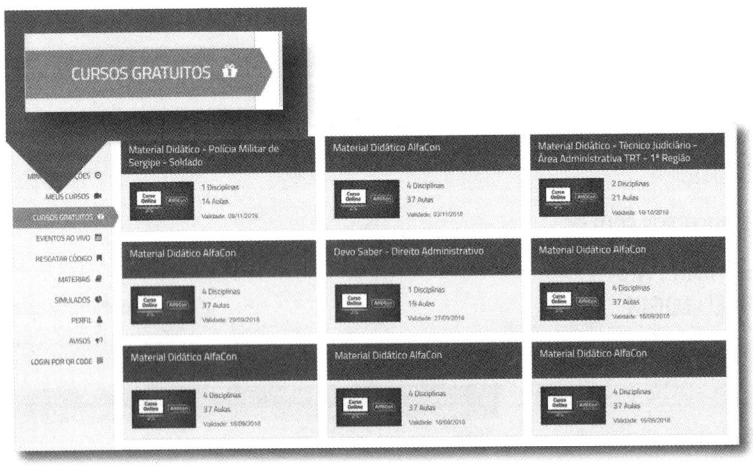

Navegue:

Nessa tela você também terá aesso ao conteúdo gratuito disponibilizado no material.

CÓDIGO DE ACESSO

AEPF AGENESCR RESGATAR

Pronto!

Agora é só aproveitar todo o conteúdo impresso e digital que SÓ o AlfaCon proporciona para você!